钱江隧道贯通仪式

钱江隧道展示厅

盾构始发工作井基坑

盾构到达接收井

隧道洞口施工

管片运输

钱江隧道内部施工

隧道穿越钱江潮

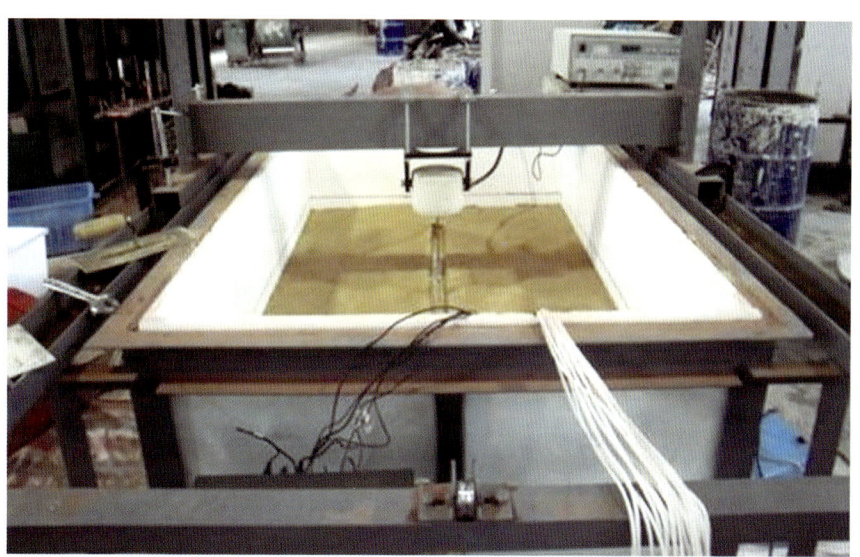

钱江涌潮影响大型模拟试验

钱江隧道内部施工

开挖土体生态绿化

冬天雪景

钱江隧道关键技术创新与实践

主　编　杨　磊　章仁财
副主编　吴惠明　梁广彦　万　波

中国建筑工业出版社

图书在版编目（CIP）数据

钱江隧道关键技术创新与实践/杨磊，章仁财主编．—北京：中国建筑工业出版社，2013.12
ISBN 978-7-112-16105-8

Ⅰ.①钱… Ⅱ.①杨…②章… Ⅲ.①公路隧道-隧道施工-浙江省 Ⅳ.①U459.2

中国版本图书馆CIP数据核字（2013）第269297号

国际上大型盾构法隧道工程建设方兴未艾，随着我国经济建设发展，越江跨海大型盾构法隧道越来越多，已得到了广泛的运用，而超大、复杂地质环境下盾构法隧道建设一直是国内外关注的热点和难点。

全书共分三篇14章，钱江隧道是首条超大直径盾构法公路隧道，采用世界上最大直径之一的盾构完成，紧扣钱江流域地质和环境特点，创造了继钱江潮千古奇观后的又一工程奇迹。本书着重介绍钱江隧道环境特点和建设概况、设计原理、计算方法及相关研究、施工关键技术及相关研究。书中突出总体设计方案、施工技术和工程面临的诸多挑战以及新技术、新材料、新工艺、新设备的运用。同时结合研究成果还介绍了一些新的见解与工程实践，并在工程实践中得到了检验。

本书对钱江隧道关键技术和工程实践作了系统、全面的总结和阐述，可为工程设计人员、科研人员提供很好的借鉴并有所参考助益。

* * *

责任编辑：王　跃　吉万旺
责任校对：姜小莲　陈晶晶

钱江隧道关键技术创新与实践

主　编　杨　磊　章仁财
副主编　吴惠明　梁广彦　万　波

*

中国建筑工业出版社出版、发行（北京西郊百万庄）
各地新华书店、建筑书店经销
北京科地亚盟排版公司制版
北京画中画印刷有限公司印刷

*

开本：880×1230毫米　1/16　印张：56¼　插页：2　字数：1750千字
2013年12月第一版　　2013年12月第一次印刷
定价：150.00元
ISBN 978-7-112-16105-8
(24858)

版权所有　翻印必究
如有印装质量问题，可寄本社退换
（邮政编码　100037）

本书编委会名单

顾　问：孙　钧　龚晓南　李永盛　卞钧镕　刘千伟　洪发生
　　　　杨我清　杨国祥

主　编：杨　磊　章仁财

副主编：吴惠明　梁广彦　万　波

编　委（按姓氏笔画排序）：

丁光莹　吕　锦　朱凯宇　朱雁飞　朱楚荣　刘　健
刘　宽　汤　渊　孙　伟　苏卫平　李春杰　李福清
杨宏燕　肖晓春　汪　涛　张子新　张立寒　张兴军
张　迪　陈　涛　陈博略　陈　璐　林新华　郑国平
赵义诚　姚　荔　徐　浩　徐　铭　高　兴　蒋晓嵘
韩　新　曾林鹤　温锁林　虞哲端　潘学政　薛卫新

序

汹涌澎湃的钱江潮以"一线横江"被誉为天下奇观。海宁观潮之风汉时即已蔚然，至唐宋更盛。钱江通道及接线工程位于观潮胜地——盐官镇，为了保护钱江涌潮的自然奇观，钱江通道的隧道方案就成了必然的选择。钱江隧道是钱江通道及其两岸接线工程的关键控制性工程，它南连杭州萧山、北接嘉兴海宁，建设时要穿越百年历史的南北防洪大堤。隧道施工中攻克了一系列技术难题，形成了许多亮点，已成为当今国内外最大越江隧道工程之一，是钱塘江流域第一条超大型的水下通道。钱江隧道的建成通车，对加强钱江南北两岸诸重要城市间的相互联系和经济往来具有十分重要的意义。

伴随钱江隧道工程建设过程，先后开展了工程环境特征、盾构立体化掘进及其对隧道结构影响的试验研究；以及钱江涌潮对隧道结构影响、大断面隧道开挖面土体稳定技术、隧道泥水处理及周近建（构）筑物保护技术、长期运营中火灾救援技术和隧道数字化监控和运营管理技术等十数项研究。本书基于上述研究成果和一线盾构工程建设的技术资料，结合理论分析与工程实践对比，对钱江隧道工程建设的关键施工技术创新进行了回顾和总结，并精心凝练，可为今后类似建设工程提供有益的借鉴。参与本书编写的作者都是从事盾构法隧道施工的资深技术人员和专家，具有丰富的实际经验，对大型盾构法隧道施工技术又有切身的深刻认识，他们将钱江隧道的成功建设实践经验与对盾构法隧道施工技术的领悟融会于本书，是一笔宝贵的财富，也更鲜明地突出了本书的实用性。

本书对大型盾构法隧道工程设计和施工具有非常重要的参考使用价值，我作为当年钱江隧道专家委员会的主任委员，在本书付梓问世之时乐于写述了上面一点文字，特此郑重推荐本书给国内盾构工程业界的广大同仁建设技术人员、工程维护管理人员和相关专业的大专院校师生，是为序。

孙 钧

2013 年 12 月于上海

* 孙钧先生，同济大学资深荣誉一级教授、中国科学院技术科学学部院士

前　言

钱江通道及接线工程是《浙江省公路交通规划》(2003-2020年)中"两纵、两横、十八连、三绕、三通道"公路主骨架的重要组成部分，建成后将成为环杭州湾地区接轨上海市，北通苏州市及苏州、嘉兴到达萧山国际机场及绍兴市的最快捷通道。

钱江隧道是钱江通道及接线工程的关键性控制工程，隧道全长4.45km，位于著名的观潮胜地——海宁盐官镇上游约2.5km处，北岸属嘉兴海宁市辖地，南岸属杭州市萧山区辖地。钱江隧道与钱塘江河道垂直相交，采用直径15.43m超大直径盾构，进行一次折返式长距离掘进，叠次穿越明清古防洪大堤。钱江隧道的施工给建设者带来了世界第一的荣耀，同时也提出了巨大的挑战。盾构隧道施工过程中克服了一系列的难点和风险点，诸如钱江涌潮的巨大影响、开挖面的稳定控制、立体化交叉施工、泥水处理和开挖土体的环保利用、数字化监控及防灾逃生技术和运营管理技术等。这样一项高施工风险的工程，在论证之初，就像一个新嫁娘，没揭开盖头之前谁都不敢妄下定论。在工程建设过程中，钱江隧道接受了方方面面的检验，国内外专家认为它的建成，将是钱江流域国家级重大工程中出类拔萃的代表，是继钱江潮之后的又一大奇迹。

创造钱江隧道奇迹靠的是什么？别人在回答的时候会加上冗长的修饰语，可是上海隧道工程股份有限公司的建设者们给出了满意的答案。正如钱江隧道的项目经理上海市劳模章仁财所说，我们靠的是创新，是上海隧道人半个世纪孜孜不倦的追求。为此，作者依托钱江隧道工程，在凝练钱江隧道施工关键技术基础上编写此书。

本书各章节均由参与钱江隧道工程的一线技术人员编写，其中第一篇由章仁财、张子新、张迪、郑国平、万波、汤渊等编写；第二篇的第1、2章由张迪、郑国平、苏卫平等编写，第3、4和5章由汪涛、陈博略、张迪、韩新等编写；第三篇的第1、2章由梁广彦、刘宽、孙伟、蒋晓嵘等编写，第3章由万波、陈璐等编写，第4、5章由刘宽、陈博略、汪涛等编写，第6章由汤渊、张子新、李春杰、韩新、张兴军等编写，在编写过程中参考了国内外大量的技术文献和课题研究成果，并得到了上海隧道工程股份有限公司、同济大学、中铁第四勘察设计院集团有限公司、浙江省交通规划设计研究院、上海防灾救灾研究所、上海交通大学等单位的大力支持和帮助，在此作者一并表示诚挚谢意，并向支持本书出版的各级领导和专家表示衷心感谢。

鉴于作者水平及认识的局限性，书中难免有不妥之处，恳请作者批评指正！

编　者
2013年12月于上海

目　录

第一篇　绪论 1

第1章　引言 1
 1.1　钱江隧道缘起 1
 1.2　国内外超大直径盾构隧道规划 2
 1.3　钱江流域岸线及其特点 2
 1.4　钱江隧道建设意义 6

第2章　钱江隧道环境及特点 7
 2.1　钱江隧道的建设环境 7
 2.2　钱江隧道的基本特点 40

第3章　钱江隧道建设概况 43
 3.1　国内外超大直径盾构隧道综述 43
 3.2　国内外主要越江隧道简介 46
 3.3　钱江隧道简介 50

第二篇　钱江隧道设计原理、计算方法及相关研究 56

第1章　概述 56

第2章　工程设计计算 57
 2.1　总体设计 57
 2.2　线路与道路设计 59
 2.3　建筑、装修及景观设计 67
 2.4　主体结构设计 73
 2.5　防水设计 116
 2.6　通风系统设计 117
 2.7　给排水及消防系统设计 126
 2.8　供电及照明系统设计 131
 2.9　监控系统设计 140
 2.10　防灾救援系统设计 175
 2.11　附属工程及接线工程设计 184
 2.12　防洪设计 194
 2.13　环境保护及水土保持 199
 2.14　节能设计 206
 2.15　施工组织设计 207
 2.16　隧道运营期结构安全监测 209
 2.17　隧道养护维修与运营管理 213

第3章 盾构施工对隧道结构影响试验研究·················216
- 3.1 概述·················216
- 3.2 盾构施工对隧道结构影响因素和作用机理分析·················216
- 3.3 盾构施工对隧道结构影响现场试验·················242
- 3.4 研究成果及工程应用·················298

第4章 钱江隧道涌潮对越江隧道结构影响研究·················300
- 4.1 概述·················300
- 4.2 钱江潮下隧道结构动力测试·················300
- 4.3 钱江涌潮对隧道结构纵向变形的影响·················344
- 4.4 研究成果及工程应用·················376

第5章 钱江隧道火灾排烟及疏散救援技术研究·················378
- 5.1 概述·················378
- 5.2 钱江隧道火灾危险性与危害性分析·················378
- 5.3 全比例火灾试验与数值仿真研究·················394
- 5.4 立体逃生模式下疏散模拟研究·················411
- 5.5 试验成果及应用·················441

第三篇 钱江隧道施工关键技术及相关研究·················443

第1章 概述·················443
- 1.1 背景及功能定位·················443
- 1.2 工程建设面临的难点和挑战·················443
- 1.3 关键技术的决策、解决方案和创新点·················445

第2章 钱江隧道总体筹划·················449
- 2.1 工程概述及目标·················449
- 2.2 施工总平面设计·················450
- 2.3 施工进度筹划·················453
- 2.4 施工资源的需求及计划·················455

第3章 钱江隧道盾构法施工技术·················464
- 3.1 概述·················464
- 3.2 管片预制技术·················464
- 3.3 盾构掘进技术·················465
- 3.4 管片拼装技术·················491

第4章 钱江隧道内部结构·················494
- 4.1 概述·················494
- 4.2 预制构件制作·················494
- 4.3 预制构件安装·················496
- 4.4 现浇混凝土结构·················496

第5章 钱江隧道岸边段(含工作井)·················498
- 5.1 概述·················498
- 5.2 岸边段建设条件·················498

5.3 岸边段工程难点 … 499
5.4 施工准备 … 499
5.5 围护结构施工 … 500
5.6 基坑降水、支撑与开挖 … 509
5.7 岸边段监控监测 … 521

第6章 钱江隧道施工关键技术研究 … 526
6.1 总概述 … 526
6.2 钱江流域大型隧道工程精益施工技术及风险控制研究 … 526
6.3 钱江流域大直径泥水平衡盾构开挖面稳定性研究 … 565
6.4 钱江流域大直径盾构泥水处理及环境保护技术研究 … 696
6.5 钱江流域大型隧道数值化监控和安全运营管理综合技术研究 … 787

附录 工程大事记 … 864

附录 … 866
附录A 钱江隧道东线掘进统计 … 866
附录B 隧道内部施工调研表格 … 876
附录C 东线同步施工进度 … 876
附录D 施工运输调研表格 … 878

参考文献 … 879

第一篇 绪 论

第1章 引 言

1.1 钱江隧道缘起

钱江通道是浙江省公路水路交通建设规划中"两纵两横十八连三绕三通道"高速公路主骨架的"一通道",是《长三角都市圈高速公路网规划方案》中"七纵之一"江苏盐城至绍兴高速公路组成部分,是杭州市、嘉兴市、绍兴市公路水路交通建设规划的重要组成部分。它的建成将沟通钱塘江南北两岸,连接沪杭高速、杭浦高速、杭甬高速、杭绍甬高速四条高速公路,北接苏震桃高速,南接诸绍高速,与诸永高速相连,是环杭州湾地区接轨上海市、北通苏州市及苏州、嘉兴到达萧山国际机场及绍兴市的最快捷通道,在路网布局中具有重要地位。该项目的建设将进一步加强钱塘江南北两岸各重要城市间的相互联系;加强项目沿线地区与上海、宁波等沿海经济发达地区的往来;加快沿线三市经济开发区和各类工业园区之间的开发建设;对于加速环杭州湾产业带的形成、加快"接轨上海,融入长三角"步伐和促进三地经济发展具有重要意义。钱江通道及接线工程线路总长为43.584km,设钱江隧道1座,特大、大桥3座,中桥12座,涵洞46道;互通立交8处;分离立交18处,通道29处。

钱江潮以"一线横江"被誉为天下奇观。海宁观潮之风汉时即已蔚然,至唐宋更盛。钱江通道及接线工程因北岸临近观潮胜地——盐官镇,为了保护钱江涌潮的自然奇观,本项目经反复论证最终决定采用钱江隧道过江方案。

钱江隧道,是钱江通道及接线工程的控制性、关键性工程,是钱塘江流域第一条超大型的越江隧道。钱江隧道全长4.45km,其位于著名的观潮胜地——海宁盐官镇上游约2.5km,北岸位于嘉兴海宁市辖地,南岸位于杭州市萧山区辖地(图1.1.1),拟建隧道与钱塘江河道呈垂直相交。

图1.1.1 钱江隧道区位图

钱江隧道是继宁波跨杭州湾大桥、杭州湾嘉绍跨江大桥之后又一重点工程。其建成将沟通钱塘江南北两岸，对加强钱塘江南北两岸各重要城市的相互联系和经济往来具有十分重要的意义。它是南连杭州萧山、北接嘉兴海宁的特大越江公路隧道。隧道截弯取直，向北延伸与沪杭高速公路连接，向南延伸与杭甬高速相沟通，建成后将改变从萧山至钱江以北需往西从杭州绕行的现状，是项目沿线萧山、绍兴部分地区与嘉兴、上海及江苏东南部地区沟通的最便捷通道，上海与萧山间的距离也将缩短70km。

1.2 国内外超大直径盾构隧道规划

1.2.1 国外超大直径盾构隧道发展趋势

在超大直径盾构隧道建设方面，意大利的Sparvo隧道，长2.5km，为2条3车道隧道工程，采用1台ϕ15.55m土压盾构施工，2011始发，预计2015年建成通车。

美国西雅图金郡拟修建一条长3.5km地下道路隧道（SR99），2011施工，计划2015年通车。盾构直径16.5m，为上下双层2来2去4车道隧道，采用日本日立造船公司制造的ϕ17.52m土压盾构。

俄罗斯圣彼得堡穿越涅瓦河的奥洛夫斯基隧道，设计为双层3来3去6车道隧道，将采用德国海瑞克公司制造的世界最大直径ϕ19.25m的混合型盾构掘进施工。盾构将在2013年春季始发，计划于2016年建成运营。

拟建的白令海峡海底隧道长103km，可以从俄罗斯的西伯利亚连接美国的阿拉斯加。白令海峡长约60km，宽35～86km，平均水深42m，最大水深52m。海底隧道将包括一条高速铁路和一条高速公路、多条输油管道，海底隧道将由俄罗斯和美国、加拿大共同修建，拟采用19.2m盾构掘进机施工。隧道建成后将形成从伦敦到纽约跨越四分之三个地球的终极铁路。

随着盾构隧道断面的增大，单管双层隧道结构已成为发展趋势。西雅图的地下道路为双层2来2去4车道，外径为16.5m；奥洛夫斯基隧道为双层3来3去6车道隧道，外径为18.7m。双层车行隧道具有断面有效利用率高、工程成本低的优点，成为发展方向。盾构制造技术的发展，为超大直径隧道提供了基础。从14m直径到15m，经历了10年，从15m发展到16m、17m、19m，仅不到5年时间。直径15m的隧道断面积为178m²，而直径19m的隧道断面积为283m²，增大了1.5倍。

1.2.2 国内超大直径盾构隧道发展趋势

上海正在建设的越江道路隧道有长江西路隧道、虹梅南路隧道，均为双管3来3去6车道隧道，各采用1台超大直径盾构掘进施工。在建的地下道路隧道有位于虹桥机场地区的迎宾三路隧道，为3来3去单孔隧道。拟建的南北通道全长16km，双向6车道，大部分为地下道路，北起位于东北的中环线大柏树立交，沿曲阳路下穿公平路、黄浦江、浦东南路、浦三路、杨高路后，再出地接中环线杨高南路立交。地下道路采用超大直径隧道、单孔双层3来3去6车道布置。

已贯通的杭州钱江隧道为双管3来3去6车道，全长4.45km，主隧道外径15m，采用1台ϕ15.43m泥水盾构施工，掘进长度3245m。

南京的纬三路过江通道工程为穿越长江的双向双层8车道隧道，南线隧道长5290m（盾构段长3995m），北线隧道长4990m（盾构段长3688m）。隧道外径为14.5m，采用2台ϕ14.9m泥水盾构掘进施工。

北京的道路交通拥堵已严重影响城市的发展，修建地下道路将是解决交通拥堵的有效方案。北京将开建西二环、东二环、首体南路、学院南路、台基厂大街、北辰东路等6条地下道路，总长度约30km。超大直径盾构隧道将是地下道路工程建设的首选。

1.3 钱江流域岸线及其特点

1.3.1 气象与水文条件

(1) 气象条件

本工程位于浙江省海宁市至杭州市萧山区，跨越钱塘江。本区域属于亚热带季风气候区，四季交替明显；冬季受西北高压控制，盛行西北风，以晴冷、干燥天气为主，是低温少雨季节；夏季受太平洋副热带高压控制，以东南风为主，海洋带来充沛的水气，空气湿润、是高温、强光照季节；春季降水丰富，且降水时间长；秋季干燥，冷暖变化大。

据浙江省气象中心、萧山及杭州市气象局资料，杭州常年平均气温 16.2℃，极端最高气温为 40.3℃（2003 年 8 月 1 日），极端最低气温为 −9.2℃（1967 年 1 月 16 日）；历年平均降雨量 1464.2mm，年最大降雨量 2356.1mm（1954 年），年最小降雨量 954.6mm（1967 年）。最大 24h 降雨量 114mm，最大 3d 降雨量 139mm。1998 年 6 月 24 日～7 月 1 日连续降大雨五天，总降雨量达 412mm。降雨主要集中在 4～6 月（梅雨季）和 7～9 月（台风雨季），年总降雨日 130～160d。年蒸发量为 1350～1472mm，其中 8 月份蒸发量大于降雨量。多年平均相对湿度 80%～82%；多年平均雷暴日数 36d，最多雷暴年 56 天；多年平均大雾 51d，最多大雾年 64d；全年平均日照 1899.9h，无霜期 209d；最大积雪厚度为 15cm。

夏季盛行南-西南风，年平均风速 1.3～2.4m/s，冬季盛行西北风，全年主导风向以西南风和西北风为主，其频率分为 10%～25%。全年 0～3.0m/s 风速所见比例为 92.4%。7～9 月份易受台风影响，据杭州气象台实测历史最大风速为 28m/s（1967 年 8 月），风向 ESE。

（2）水文条件

钱塘江是浙江省第一大河流，其发源于安徽休宁县，干流长度 668km，流域面积 55558km^2，在浙江省海盐县澉浦注入杭州湾。据富春江水文站资料，其最大流量达 6850m^3/s，最小流量 141m^3/s，多年平均流量 1020m^3/s，多年年径流量 320 亿 m^3 左右。据闸口水文站资料，重汛期高潮位百年一遇为 10.35m，50 年一遇为 10.05m，20 年一遇为 9.50m（吴淞高程）。

钱塘江属感潮型河流，呈不规则半日潮型，水位直接受潮汐影响，变化幅度大。据盐官水文站资料，钱塘江历年最高潮水位 7.75m（1997 年 8 月 19 日，国家 85 高程，下同），历年最低潮水位为 −2.34m（1955 年 2 月 21 日），多年平均高潮位 3.87m，多年平均低潮位 0.67m，多年平均潮差 3.20m，历年最大潮差 7.26m（1933 年 12 月 19 日），多年平均涨潮历时 2h21min，多年平均落潮历时 10h04min。海宁潮以"一线横江"被誉为"天下奇观"。

由于钱塘江水动力条件复杂，测区盐官段河槽极不稳定，历史上曾发生大冲大淤的变化，随着近年来标准海塘的建成，岸线受海塘制约已基本趋于稳定，测时隧道区江面宽约 2345m，河床主要受潮水和洪水的交替冲刷作用下处于动态变化中。勘探期间水深一般为 1～3m，勘察时受涌潮影响时，潮差约 2～3m。

1.3.2 地形地貌及环境条件

（1）地形地貌

拟建场地位于浙北平原区，为钱塘江河口冲海（湖）积平原地貌，根据沉积环境、软土与粉土分布、土层层序特征，将钱塘江过江通道沿线细划为三个沉积地貌单元：

1）海积平原区

设计里程桩号：K11+400～K12+361，全长约 221m。主要分布于钱塘江北岸岸区，地形开阔平坦，地面标高一般为 4.10～5.20m，表部以水稻田为主。

2）钱塘江河床区

设计里程桩号：K12+361～K14+670，全长 2309m 左右。该区域主要为钱塘江河床，沿线主要为水域，河流水深受潮汐及洪汛影响变化较大，勘察期间一般水深为 1～3m，北侧受河道主流线冲刷影响，局部较深，可达 7～8m。南侧在退潮时或旱季局部可出露大面积滩涂。

3）冲海积平原区

设计里程桩号：K14+670～K15+850，全长 1180m。本区分布于钱塘江南岸陆域区，地形开阔平坦，地面标高一般为 5.77～6.86m，受人为改造，如围垦、鱼塘开挖等影响，微地貌有一定起伏，局部标高达 9.80m。本区现场鱼塘密集分布，地表水网发育。

(2) 环境条件

钱塘江原水面宽度约 10~11km，1960 年上游修建了新安江水库，对汛期洪峰行洪进行了有效地调节，随着两岸标准堤塘的建筑成，江面水域宽度得到了有效控制，隧道线附近宽度约为 2345m，河床高程 0.38~1.81m，勘察钻孔时江水深约 1~3m；北岸沿江侧为著名的明清老海塘，堤顶高程 8.86m，沿线海塘间距 250m 建有丁坝群，丁坝长度约 50m。

拟建隧道沿线分为江北段、江中盾构段和江南段三部分，江北段位于海宁市盐官镇荆山村附近，多为农田，种植桑树、农作物，两侧分布少量民房，拟建工作井位置现为水田。南岸为杭州市萧山区头蓬镇围垦地，现为棋格状养殖塘，拟建工作井位于养殖塘中（详见图 1.3.1~图 1.3.6）。

图 1.3.1　北岸桑田

图 1.3.2　北岸水田和村落

图 1.3.3　北岸工作井地貌

图 1.3.4　南岸工作井地貌

图 1.3.5　北岸盐官江景

图 1.3.6　南岸棋格状养殖塘

江北 K12+230 附近为新塘河，河岸为自然边坡，植被发育。江南 K15+100 附近为抢险河，现河岸为自然土坡，岸坡稳定。

1.3.3 区域地质条件

（1）区域地层

根据区域出露的地层主要为下白垩统朝川组粉砂岩及第四系全新统冲海积、冲湖积淤泥质粉质黏土、砂质粉土、粉质黏土。

1）前第四纪地层

① 上侏罗统劳村组（J3l）

岩性主要为晶玻屑熔结凝灰岩，出露岩体呈灰黄、黄褐色，强—中等风化，大块状，厚层状结构，完整性较好。主要分布在本工程用地范围以外较远的猫头山、金白山、壶瓶山等地。根据初勘深孔勘探孔资料，江南段深层基岩主要为含砾凝灰岩，层位埋深在 109.6～110.2m 对拟建工程无影响。

② 下白垩统朝川组（K1c）

岩性为粉砂岩、泥质粉砂岩，岩体一般呈黄、黄褐色，强—中等风化，厚层—中厚层状构造，粉砂—泥质结构，完整性一般，具强度低、易风化的特点。主要在线路东部约 2.5km 的亭山、驼峰山等地大量出露。根据初勘深孔勘探点资料，本隧道江北深部岩层主要为粉砂岩，局部夹砾岩，埋深 110.2m 左右，对拟建工程无影响。

2）第四纪地层

拟建钱江隧道及接线工程跨越两个地层区，即杭嘉湖冲湖积平原地层区、钱塘江河口冲海积平原区。其中杭嘉湖冲湖积平原地层区主要分布在钱塘江以北盐官镇—桐乡镇广大地区，其地势平坦，水网众多；钱塘江河口地层区主要分布钱塘江南岸，由钱塘江潮水携带的泥沙于全新世中期、晚期堆积形成，沿线第四系土层总厚度约 110m，为本隧道工程主要穿越地层。

（2）区域地质构造

沿线场地广义上区域地质构造单元隶属扬子准地台钱塘台褶带，浙西北大复向斜的翼部。自中生代以来，本区主要经历了印支、燕山两期构造运动，其中印支运动以强烈褶皱的活动方式在本区形成北东向的褶皱和断裂构造，表现为北东向的紧密线型褶皱构造。燕山运动本区处于陆缘活动阶段，由于受太平洋板块的俯冲作用，造成固化地台的再次活动，沿断裂带岩浆岩喷出和侵入活动强烈，堆积了巨厚层的陆相火山碎屑岩，燕山后期沿断裂带发生一系列断陷盆地，盆地内堆积了白垩系红色岩系。第四纪以来，受东西向断裂带差异活动控制，杭州湾以北地区大幅度下沉，新构造运动主要以震荡性升降运动为主。

近场区区域断裂中有近东西走向的昌化——普陀断裂（F19），北东向的苏州——安吉断裂（F3），湖州——临安断裂（F4），马金——乌镇断裂（F5）及次级断层珊瑚砂——七格断层（fa）、梵村——南星桥断层（fb），北西向的孝丰—三门湾断裂（F14）、长兴——奉化断裂（F13）；北东向的萧山——球川深断裂（F6），其中 F14、F6 断裂对本工程影响较大，其余构造均在工程区外围通过，距工程区有一定距离。

与本工程范围内隐伏的主要断裂有：

1）F14 孝丰——三门湾断裂：该断裂由安吉障吴往南经临浦、嵊县盆地，到海宁以北伸入三门湾，走向 290°～310°，全长约 250km。该断裂切错了北东、北北东向的构造线，两侧与不同时代地层接触。本断裂可能形成于燕山早期，于燕山晚期和喜马拉喜雅都有强烈活动。

2）F6 萧山——球川深断裂：该断裂起自球川经建德至萧山，西南延至江西境内，北延平湖进入上海，本省内长约 350km，地表由一系列平行的断层组成宽约 1km 的断层带，多为逆冲断层，该断层主要形成于晚古生代，第四纪晚更新世到中更新世活动，晚更新世以来活动不明显。该断层与本隧道呈斜交。

浙江省地震局在对拟建钱江隧道场地地震安全性评价中采用浅层人工地震勘探，结果表明：通过钱江隧道工程场地未发现全新世古地震遗迹及全新世活动断裂，本区不存在发生7级地震的构造背景，但存在发生6~7级地震的构造背景；近场区地震构造主要为次级活动断层，这些断裂均于晚更新世晚期前结束断错地层的强烈活动；经对本场地水域、陆域勘探结果，本场地的断层有3条，3条次级断层中的F6-1和F6-2的活动年代为晚更新世早期，F6-3的活动年代为晚更新世前，与钱江隧道呈斜交，断层与钱江隧道的位置见表1.3.1，断层上断点埋深在100m左右，而隧道盾构段的层位最大埋深在28m左右，断层没有伸入该层位（在盾构层位以下），根据《建筑抗震设计规范》GB 50011—2001可不考虑断层对工程的影响。

通过钱江通道（隧道）断层一览表　　　　　　表1.3.1

编　号	断层产状	通道处上断点埋深（m）	断层性质	断层的最新活动时代	断点在通道处的大地坐标（X，Y）	
F6-1	40°/SE∠50°	100.0	逆	Q3早期	549531.0	3364617.0
F6-2	45°/NW∠70°	91.0	逆	Q3早期	549550.0	3364415.0
F6-3	50°/NW∠70°	104.0	正	Q3前	549658.0	3363265.0

1.4　钱江隧道建设意义

钱江隧道工程是钱江通道及接线工程的过江隧道段，启动自2003年8月，通过25项专题研究，经过线位论证、桥隧比选、桥改隧等方案变更后，于2008年6月28日先行启动钱江隧道试验井工程，整体工程于2013年1月竣工。钱江隧道的建设在社会经济和工程技术领域都具有重大意义。

一方面，钱江隧道是钱江通道及接线工程项目的控制性、关键性工程，是钱塘江流域第一条大型的越江隧道，钱江隧道的建成将沟通钱塘江南北两岸，对加强钱塘江南北两岸各重要城市的相互联系和经济往来具有十分重要的意义。

另一方面，随着我国城市建设的发展，大型越江跨海隧道工程建设逐步进入了高速发展阶段，正在修建或筹建的跨海隧道工程日益增多，规模不断加大。然而，目前传统的隧道工程设计与施工方法难以满足超长、特大断面隧道的要求，并且超大型隧道工程试验、测试手段与方法的实施标准也必须上升到更高层次。因此，这些总投资规模达数十亿元的宏伟艰巨工程面临着一系列技术难题。钱江隧道不仅为钱塘江流域的隧道建设开辟了先河，同时推动了对超大特长越江跨海隧道工程的结构设计、施工技术、安全与防灾等关键技术的研究，为国内其他大型越江跨海隧道工程建设提供示范、借鉴和指导作用。

第 2 章 钱江隧道环境及特点

2.1 钱江隧道的建设环境

2.1.1 工程地质特征

2.1.1.1 岩土层分层

(1) 各岩土层分层原则

对本场地所揭露土层根据区域地质情况按成土层不同时代结合成因划分出工程地质层,采用阿拉伯数字表示,具体有:

1层——人工填土层（m1Q4）,由近代文化期人类活动堆填;

2层——全新世晚期冲海、海相相成因（a1-mQ43、m-1Q43）,主要为表层氧化层和现代河床沉积物;

3层——全新世中期冲海、河口相成因（a1-mQ43）,主要为粉性土;

4层——全新世中期海积成因（mQ42）,主要为软土;

5层——全新世早期冲海相、冲湖相沉积（a1-1Q41、a1-mQ41）;

6层——晚更新世晚期冲湖相、海相沉积（a1-1Q32-2、mQ32）;

7层——晚更新世中期冲湖相沉积（a1-mQ32-1）。

工程地质亚层编号以划分的工程地质层为基础,再由土层的工程地质特性划分出的不同亚层,采用后续"-"接阿拉伯数字表示;对于局部出露的夹层、透镜体层,则按照土层的空间埋藏特征划分为夹层,采用后续英文字母表示。例:3-1层,表示全新世晚期河口相沉积的粉性土,5-3a表示存在于全新世早期冲海相沉积的粉土层中下部的粉砂夹层。

根据上述表示方法,按地基的成因时代、岩性特征、埋藏条件及物理力学性质可将岩土体划分为7个工程地质层,采用阿拉伯数字区分,细划为19个亚层,采用后续英文字母区分,4个夹层。图2.1.1为钱江隧道附近地区区域地质构造纲要图。

(2) 各岩土层的构成与分布特征

根据本次勘察钻孔揭露的地层结构、岩性特征、埋藏条件、物理力学性质以及原位测试成果、室内土工试验成果,结合区域地质资料,同时综合整理了初勘阶段勘察资料,勘探深度范围内具体可分为7个工程地质层层组,细划为19个亚层。现自上而下分述如下:

1-1层 素填土（mlQ4）

南岸主要成分为粉土,灰、灰黄色,湿、松散,无层理,均匀性较差;北岸以黏性土为主,灰、灰黄、灰褐色,软塑—可塑,无层理,粘塑性一般,均匀性一般,局部可见铁锰质氧化斑点。

层厚:0.20~9.00m,平均层厚2.93m,顶板标高:-2.04~9.81m,平均标高5.68m。分布情况:本层主要分布于江南、江北堤坝附近,多为现有河塘堤坝等人工填筑,局部为块石,如钱塘江堤坝迎水面有抛石,堤坝处侧基础位置有沉井。

1-2层 塘坝素填土

灰色,稍密,稍湿,无层理。成分主要由粉性土组成,土质较均一,局部可见铁锰质氧化斑点,摇振反应迅速,刀切面粗糙,干强度低,韧性低。

层厚:0.70~6.50m,平均层厚4.95m,顶板标高:4.29~9.73m,平均标高7.96m。分布情况:主要分布于钱塘江两岸现有海塘堤身。

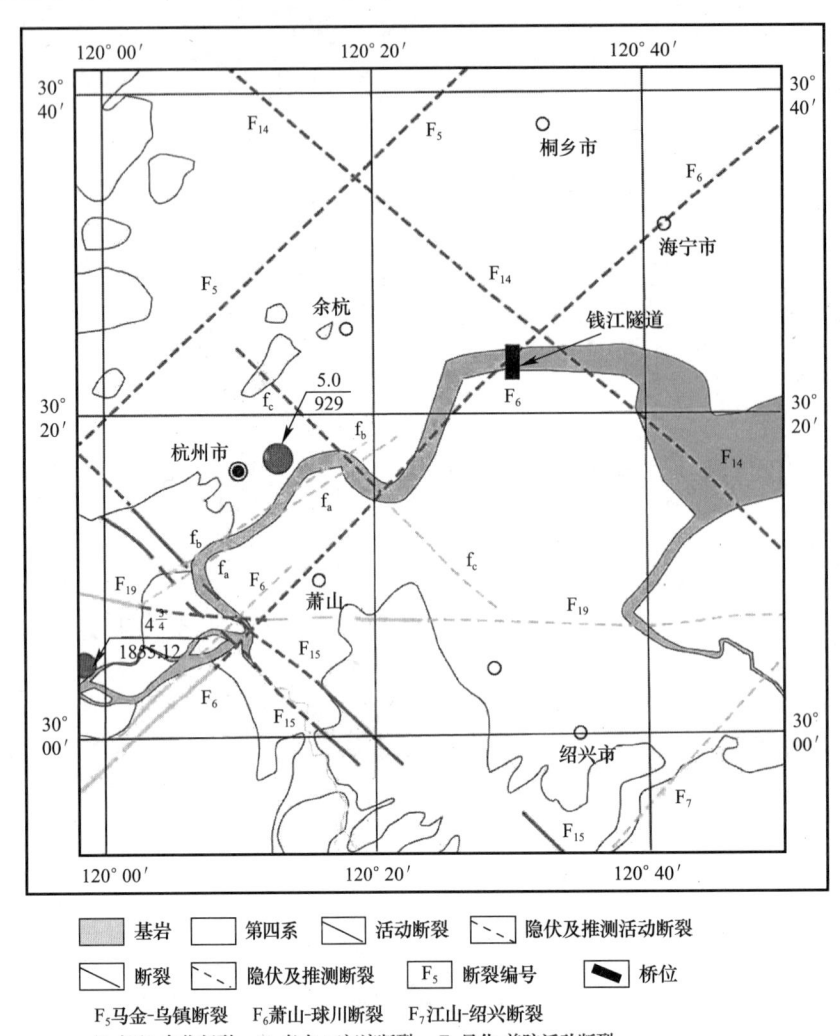

图 2.1.1　区域地质构造纲要图

2-1 层　砂质粉土（al-mQ43）

灰、黄灰色，稍密，很湿，层状构造，层理不明显。土质较均匀，局部夹粉砂，含细小云母片。中等压缩性，摇振反应迅速，刀切面粗糙，干强度低，韧性低，手捏可成团。

层厚：2.50～7.60m，平均层厚4.610m，顶板标高：−0.81～2.47m，平均标高1.08m。分布情况：本层主要分布于钱塘江江中，性质近似于浮土。

2-1a　抛石层

灰白，灰黄色，岩质以凝灰岩为主，中风化状，岩质致密坚硬，锤击声脆、不易碎，碎石一般砾径为40～80cm，最大直径大于1m，钻探岩芯多20～40cm呈柱状。

层厚：1.35～2.40m，平均层厚1.95m，顶板标高：−1.59～−0.92m，平均标高−1.22m。分布情况：主要分布于钱塘江北岸近岸区，江中段、江南段未见，本次勘察揭露钻孔有Jz-Ⅲ07-25、Jz-Ⅲ07-26、Jz-Ⅲ07-27。

2-2 层　粉质黏土（mQ43）

黄灰色、灰褐色，软塑—可塑，厚层状构造。含少量铁锰质氧化斑点，土质比较均匀。摇振反应无，土刀切面稍具光滑，干强度中等，韧性中等。

层厚：1.10～6.58m，平均层厚3.05m，顶板标高：2.40～5.47m，平均标高3.75m。分布于钱塘江江北地表，俗称"硬壳层"，分布较普遍，由于江北表部农作物普遍，其耕植土一般厚度为0.4～0.6m，局部树根深度可达1m，对本工程意义不大，故未专门独立划分，归并入本层之内。

3-1层　砂质粉土（al-mQ43）

黄灰色、灰色，稍密，湿—很湿，薄层状构造，一般单层厚度为0.2～5cm。土质均匀性一般，层面多见细小云母片，局部夹粉砂微层理。中等压缩性。摇振反应迅速，土刀切面粗糙，干强度低，韧性低。

层厚：4.50～11.00m，平均层厚7.59m，顶板标高：5.47～3.75m，平均标高3.75m。分布情况：本层主要分布于钱塘江江中河床浅部及江南浅部，江北缺失。

3-2层　粉砂（al-mQ43）

暗绿灰色、灰色，中密为主，局部密实，饱和，薄层状构造，一般单层厚0.5～5cm。砂质分选一般，局部夹粉土薄层，底部偶见黏性土微层理，土层均匀性略差。摇振反应迅速，刀切面粗糙，干强度低，韧性低。

层厚：1.65～13.70m，平均层厚9.56m，顶板标高：−7.51～−1.40m，平均标高−4.06m。分布情况：本层分布于钱塘江江中及江南，江北岸缺失。

3-3层　淤泥质（粉质）黏土　黏土（m-lQ43）

灰色，流塑，饱和，厚层状构造。黏塑性好，含少量黑色有机质斑点，土质均匀，局部易污手，底部一般可见少量贝壳碎片。无摇震反应，刀切面光滑，干强度高，韧性高。

层厚：2.50～6.50m，平均层厚4.24m，顶板标高：−0.32～3.21m，平均标高1.32m。分布情况：本层主要分布于江北7m以浅，钱塘江江中及江南缺失。

4-1层　淤泥质（粉质）黏土（mQ42）

灰色，流塑，饱和，鳞片状构造，一般片径2mm左右。黏塑性较好，含少量有机质斑点，局部易污手，土质均匀，偶见灰白色贝壳碎片，局部见少量粉土小团块。无摇振反应，刀切面光滑，干强度高，韧性中等。

层厚：1.50～14.50m，平均层厚8.46m，顶板标高：−16.24～−1.46m，平均标高−8.76m。分布情况：本层全线分布，自北向南呈下倾趋势，江北主要分布于深度3～20m，钱塘江江中主要分布于深度10～18m，南岸陆域渐缺失。

4-2层　粉质黏土　淤泥质粉质黏土（mQ42）

灰色，软塑—流塑，饱和，薄层状构造，一般单层厚度0.5～10cm不等。黏塑性一般，含薄层粉土膜或粉土团块，偶见黑色有机质斑点，土质不甚均匀。无摇振反应，刀切面稍有光滑，干强度高，韧性低。

层厚：1.56～14.60m，平均层厚8.78m，顶板标高：−20.81～−13.46m，平均标高−16.77m。分布情况：基本全线有分布，江中局部地段有缺失。

4-2a层　黏质粉土　淤泥质粉质黏土夹粉土（mQ42）

灰色，稍密，很湿，薄层状构造。土质不甚均一，多见云母屑。摇振反应中等，刀切面较粗糙，干强度中等，韧性低。

层厚：0.70～1.95m，平均层厚0.99m，顶板标高：−17.51～−15.37m，平均标高−15.91m。分布情况：本层仅个别孔有零星分布。

4-3层　淤泥质粉质黏土夹粉土、黏质粉土（mQ42）

灰色，流塑—软塑，饱和，薄层状构造，一般单层厚0.2～4cm。土质均匀性较差，多呈互层状，局部以粉土为主，含少量腐殖物碎屑。摇振反应中等，刀切面较粗糙，干强度中等，韧性低。

层厚：1.20～6.50m，平均层厚4.02m，顶板标高：−26.64～−18.71m，平均标高−22.91m。分布情况：本层在江北、江中有分布，其层厚及空间分布不均匀，江南缺失。

5-1层　粉质黏土（al-lQ41）

褐灰色、青灰色、绿灰色，软塑—可塑，厚层状构造。黏塑性一般，含少量粉粒，偶见泥质小结核，土层均匀性略差，局部多见蓝灰色淋滤纹。无摇振反应，刀切面稍有光滑，干强度中等，韧性中等。

层厚：0.80～4.90m，平均层厚3.19m，顶板标高：−19.14～−3.82m，平均标高−16.63m。分布情况：本层仅在局部地段分布，沿线大多呈缺失。

5-2层　粉质黏土（al-lQ41）

灰黄色、黄褐色，可塑，厚层状构造。黏塑性一般，含铁锰质氧化斑点，土质比较均匀，局部粉粒含量略高。无摇震反应，刀切面稍有光滑，干强度高，韧性中等。

层厚：0.90～11.05m，平均层厚5.11m，顶板标高：−26.37～−15.43m，平均标高−19.35m。分布情况：本层全线局部地段有分布，江中、江南部分地段缺失。

5-3层　黏质粉土（al-mQ41）

灰黄色、黄灰色、灰色，稍密—中密，湿，薄层状构造，层理不太明显。含云母片碎屑，土层均匀性一般，顶部偶见黏性土微层理。摇振反应迅速，刀切面粗糙，干强度及韧性低。

层厚：1.40～9.20m，平均层厚4.60m，顶板标高：−29.19～−18.05m，平均标高−22.87m。分布情况：本层全线局部地段分布。

5-3a层　粉砂（al-mQ41）

灰黄色、黄灰色、灰色，局部略显灰绿色，中密，饱和，薄层状构造。砂质分选一般，含云母碎屑，自上而颗粒渐粗。摇振反应迅速，刀切面粗糙，干强度及韧性低，手捏可呈团。

层厚：2.20～8.50m，平均层厚5.31m，顶板标高：−37.09～−20.14m，平均标高−29.64m。分布情况：本层仅江中个别地段分布，一般位于5-3层下部。

5-4层　粉质黏土（mQ41）

褐灰色、灰色，软塑，厚层状构造。黏塑性一般，局部腐殖物碎屑，土质均匀，偶见泥质小结核。无摇振反应，刀切面稍有光滑，干强度中等，韧性中等。

层厚：2.64～25.40m，平均层厚15.06m，顶板标高：−40.89～−22.72m，平均标高−28.00m。分布情况：本层全线分布。

6-1层　粉质黏土（al-lQ32-2）

灰黄色，可塑—硬塑，厚层状构造。黏塑性一般，含铁锰质氧化斑点，土质比较均匀，局部地段顶部0.5m左右呈灰绿色。无摇振反应，刀切面稍有光滑，干强度高，韧性中等。

层厚：1.40～7.90m，平均层厚3.70m，顶板标高：−47.86～−32.98m，平均标高−41.60m。分布情况：本层全线局部地段分布。

6-2层　黏质粉土（al-mQ32-2、mQ32）

灰黄色、黄灰色，中密—密实，湿，厚层状构造。土质比较均匀，黏粒含量较高，含细小云母片，偶见铁锰质氧化斑，局部见铁锰质结核。刀切面较粗糙，摇振反应迅速，干强度及韧性低。

层厚：1.60～7.30m，平均层厚3.92m，顶板标高：−83.86～−38.30m，平均标高−49.06m。分布情况：本层全线大部分地段缺失，仅局部地段有揭露。

6-3层　粉质黏土（黏土）（mQ32-2）

灰色，软塑，厚层状构造。黏塑性好，土质均匀，搓条可呈手掌长，偶见灰白色泥质小结核。无摇振反应，刀切面非常光滑，干强度高，韧性高。

层厚：0.56～16.80m，平均层厚7.12m，顶板标高：−58.45～−39.50m，平均标高−45.51m。分布情况：本层全线分布。

7-1层　粉质黏土（mQ32-1）

灰色，稍密—中密，薄层状构造。土质不甚均匀，夹有粉土、粉砂微层理，多含云母片碎屑。摇振反应迅速，刀切面粗糙，干强度低，韧性低。

层厚：1.90～6.10m，平均层厚 4.18m，顶板标高：-60.40～-52.82m，平均标高-55.72m。分布情况：该层全线大部分布。

7-2 层　粉砂（al-mQ32-1）

灰色，稍密—中密，饱和，薄层状构造。砂质不均，局部为砂质粉土，下部近似细砂。摇振反应迅速，土面粗糙，干强度低，韧性低。

层厚：0.80～9.70m，平均层厚 7.00m，顶板标高：-63.31～-52.57m，平均标高-60.11m。分布情况：本层沿线普遍分布，本次勘察仅少量钻孔有揭露。

各地层分布详见工程地质剖面图和钻孔柱状图。

2.1.1.2　岩土层物理力学特性

（1）各岩土层常规物理力学性质指标统计

根据前述所划分的工程地质层作为统计单元，对地基土室内土工试验常规物理力学性质指标进行统计。统计方法执行《岩土工程勘察规范》GB 50021—2001 第 14.2 条。统计前，剔除个别不合理偏值，统计各土层物理力学性质指标的最大值、最小值、平均值、变异系数和样本数。

（2）各岩土层特殊试验性质指标统计

本次勘察针对隧道工程和深基坑特点主要开挖土层进行了高压固结、三轴剪切、无侧限抗压强度、静止侧压力系数等力学性试验，还进行了渗透系数、有机质含量、基床系数等物理性状指标的测定。针对盾构施工可能采用的冷冻法和隧道通风设计需要，对盾构施工段主要开挖层还进行了部分比热容、导温系数等特殊土工试验。

（3）各岩土层原位试验指标统计

原位试验主要有标准贯入试验、静力触探试验、十字板剪切试验、扁铲侧胀试验等。本报告提供的标贯试验成果均为原始锤击数，未经深度修正。静力触探成果单孔先按工程地质亚层对试验采集点进行分层算术平均，然后再将所有单孔单层按相同工程地质亚层进行统计。

扁铲侧胀试验按相关公式计算成土层性状指标，其中水平应力指数计算中静止水压力按实测地下水位进行计算，下部实测值因贯入过程中形成的孔隙水压力较大，部分成果计算中孔隙水压力值按经验值进行了修正后重新计算，指标按单孔单层进行了算术平均。

（4）各岩土层物理力学指标统计成果分析及选用建议

通过对各种指标的综合分析对比，基本指标反映了土体的基本特性，指标准确可靠。从统计成果分析，一般各地基土层主要常规物理性质指标（W、γ、e、W_L、W_P 等）的变异系数在 0.1 左右，属低变异性指标，力学性质指标（a_{1-2}、c、φ 等）的变异系数在 0.2～0.3 之间，属中等变异性指标，个别指标的变异系数大于 0.3，主要是由于土层呈互层状或多夹有微层理，表现不均匀，也反映了地基土的真实性质。总体而言，对于同一层位的试验数据离散性较小，说明本次划分的层位是合理的。

原位试验指标离散性相对较大，标准贯入试验成果主要受土层的不均匀性、试验位置清孔程度等影响。扁铲侧胀试验主要是江南 3-3 层粉砂层由于受测试设备限制，指标与经验值存有一定偏差，其他指标与经验值较吻合，选用时宜结合相关工作经验，舍弃不合理指标。

特殊土工试验由于所取试验项目样本数有限，在剔除了不合理指标及离散较大指标后，主要以算术平均值为主，因此，剪切指标（三轴固快 CU、三轴快剪 UU）尚应结合土层具体受力情况选择采取。室内渗透试验与现场钻孔抽水试验成果较为接近，宜选择大值进行计算。部分分层位静止侧压力系数与现场扁铲试验存有一定差异，是受土层性状、试验方法和选用计算经验公式的不同而异，一般使用上可取二者的平均值。

2.1.1.3　场地地震效应

（1）场地地震历史

场区地震活动主要受下扬子—南黄海地震带控制，根据文献记载，杭州市自公元 929 至 2001 年，近场区曾发生3级以上以来有感地震55次，其中$M \geqslant 4$级地震4次，$M \geqslant 4\frac{3}{4}$级以上地震2次，分别为929年发生在浙江杭州（纬度30.3°、经度120.2°）的5级地震、1855年发生在浙江富阳（纬度30.1°、经度120.0°）的$4\frac{3}{4}$级地震。地震活动水平较弱，自1970年以来，地震仪器仅记录到近场区$ML \geqslant 1.0$级地震10次，其中2.0级以上地震6次，最大为$ML2.7$级，杭州地区附近自1970年来仪器记录到地震为20次，其中$ML \geqslant 2.0$主要有6次（见表2.1.1）。

近场区现今地震目录（$ML \geqslant 2.0$）　　　　表2.1.1

发震日期	纬度	经度	震级 M	参考地名
1976.09.15	30.15°	120.32°	2.4	萧山
1977.04.15	30.37°	120.40°	2.7	萧山
1979.05.19	30.20°	120.12°	2.2	杭州
1989.03.11	30.27°	120.42°	2.2	萧山南阳镇
2002.08.05	30.43°	120.32°	2.2	余杭临平镇
2005.08.30	30.32°	120.25°	2.1	杭州

综上所述，工程区域新构造运动不明显，工程区及周边地区近代地震皆为微震，震级均在4级以下。近场区构造活动微弱，地震震级小，强度弱，频度低。图2.1.2为钱江流域场地地震动峰值加速度区划图。根据《中国地震动参数区划图》GB 18306—2001，本地区地震动峰值加速度为$0.05g$，地震基本烈度为6度，区域构造稳定性较好。根据本场地地震安全性评价报告，本工程场地北岸50年超越概率10%的地表地震动峰值加速度为$0.067g$，南岸50年超越概率10%的地表地震动峰值加速度为$0.076g$，相应的地震烈度为6度，两者是基本吻合的。

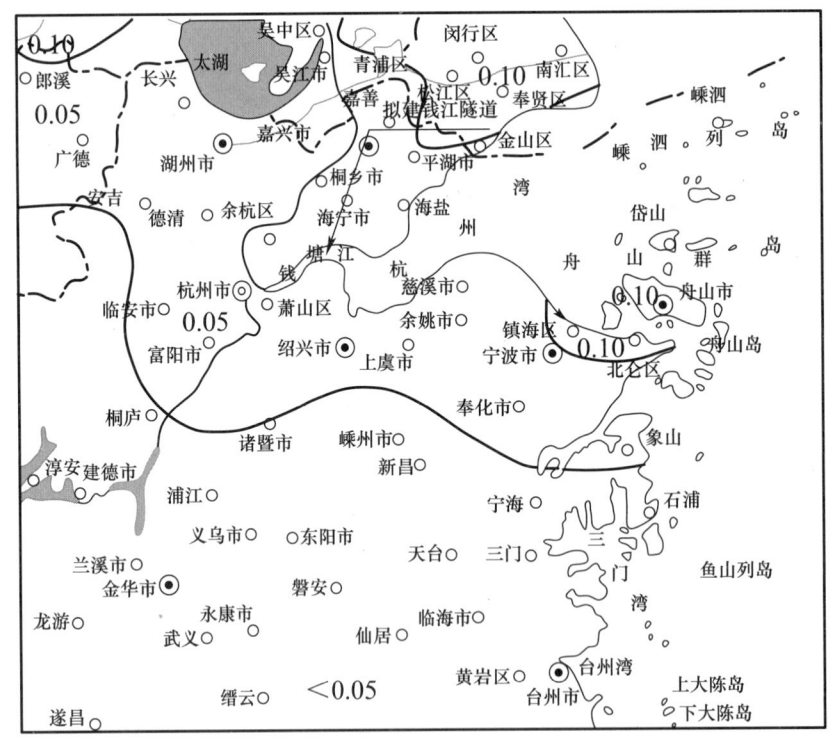

图2.1.2　场地地震动峰值加速度区划图

（2）场地类别及地基土类型

根据《建筑抗震设计规范》GB 50011—2001、《中国地震动参数区划图》GB 18306—2001（图2.1.2），本场地抗震设防烈度为6度，设计基本地震加速度值为$0.05g$，设计地震分组为第一组。本次勘察未进行专门土层波速测试，根据浙江省工程地震研究所提供的《钱江通道及接线工程（隧道部分）

场地地震安全性评价报告》的单孔波速试验成果,本书对此进行了整理,各土层平均剪切波速和土的类型见表2.1.2。

各土层 V_s 剪切波速表　　　表2.1.2

层 号	土层名称	土层平均剪切波速（m/s）				土的类型
		ZK7	ZK12	ZK20	平均值	
1	素填土	90	94	94	92.7	软弱土
2-2	粉质黏土	94			94.0	软弱土
3-1	砂质粉土		117	144	130.5	软弱土
3-2	粉砂		129	183	156.0	中软土
4-1	淤泥质粉质黏土	106	161	151	139.3	软弱土
4-2	淤泥质粉质黏土	130			130.0	软弱土
5-1	粉质黏土	181			181.0	中软土
5-2	粉质黏土	240			240.0	中软土
5-3	黏质粉土			199	199.0	中软土
5-4	粉质黏土	272	260	247	259.7	中硬土
6-3	粉质黏土	318	304	319	313.7	中硬土
7-1	粉质黏土	309			309.0	中硬土
7-2	粉砂、细砂	357	352	361	356.7	中硬土
7-3	含黏性土圆砾、卵石	807	533	602	647.3	坚硬土
8-1	全风化含砾凝灰岩	650		656	653.0	岩石
8-2	强风化含砾凝灰岩			823	823.0	岩石

根据浙江省工程地震研究所现场波速试验结果计算,江北段(K11+400~K12+361)地面下20m范围内各土层等效剪切波值 V_{se}<140m/s,场地覆盖层厚度大于80m,依据《建筑抗震设计规范》GB 50011—2001,该工程场地土的类型属软弱场地土,建筑场地类别为Ⅳ类;江中及江南段(K12+361~K15+850)地面下20m范围内各土层等效剪切波值140m/s<V_{se}<250m/s,场地覆盖层厚度大于80m,依据《建筑抗震设计规范》GB 50011—2001,属中软土,建筑场地类别为Ⅲ类。

根据国标《建筑抗震设计规范》的附录1确定:杭州市区抗震设防烈度为6度,设计地震分组为第一组,设计基本地震加速度为0.05g。根据《钱塘江及接线工程(隧道部分)场地地震安全性评价报告》,本工程场地地震动参数值见下表2.1.3。

工程场地地震动参数　　　表2.1.3

计算点	地震动参数	A_m（g）	β_m	α_m（g）	T_1（s）	T_2（s）
北岸	50年超越概率63%	0.034	2.25	0.077	0.1	0.35
	50年超越概率10%	0.067	2.25	0.151	0.1	0.7
	50年超越概率3%	0.084	2.25	0.189	0.1	0.9
	100年超越概率10%	0.075	2.25	0.169	0.1	0.85
	100年超越概率5%	0.088	2.25	0.198	0.1	0.9
	100年超越概率3%	0.097	2.25	0.218	0.1	1.0
南岸	50年超越概率63%	0.030	2.25	0.068	0.1	0.3
	50年超越概率10%	0.076	2.25	0.171	0.1	0.5
	50年超越概率3%	0.094	2.25	0.212	0.1	0.65
	100年超越概率10%	0.089	2.25	0.200	0.1	0.6
	100年超越概率5%	0.099	2.25	0.223	0.1	0.7
	100年超越概率3%	0.105	2.25	0.236	0.1	0.8

(3)沿线砂土液化判别

根据《中国地震动参数区划图》GB 18306—2001,本区地震动峰值加速度为0.05g,按照《建筑抗震设计规范》GB 50011—2001,本场地抗震设防烈度为6度。根据《建筑抗震设计规范》GB 50011—2001第4.3.1条:在6度抗震设防烈度下可不考虑液化问题。

若考虑工程重要性,按7度烈度进行设防,则浅部20m范围内饱和砂土、粉性土时存有液化的可能性。按《建筑抗震设计规范》GB 50011—2001 和《公路工程抗震设计规范》GB 50011—2001 采用标准贯入试验法对深度 20m 范围粉、砂性土层进行液化判别。

《建筑抗震设计规范》GB 50011—2001 临界值计算公式采用第 4.3.4 条中式（4.3.4-1）、式（4.3.4-2），本次勘察应用标准贯入试验判别法，在地面下 20m 以浅的液化土应符合下式要求：

$$N < N_{cr}$$

$$N_{cr} = N_0 \times [0.9 + 0.1(d_s - d_w)] \times \sqrt{3/\rho_c} \cdots\cdots\cdots\cdots 深度 15m 以下$$

$$N_{cr} = N_{cr} = N_0 \times [2.4 - 0.1 d_s] \times \sqrt{3/\rho_c} \cdots\cdots\cdots\cdots 深度 15 \sim 20m$$

式中　N——饱和土标准贯入锤击数实测值；
　　　N_{cr}——标准贯入锤击数临界值；
　　　N_0——标准贯入锤击数基准值，地震分组为第一组（7 度取 6）；
　　　d_s——标准贯入点深度（m）；
　　　d_w——地下水位埋深，按场地常年最高水位计算，取值 0.00m；
　　　ρ_c——黏粒含量百分比，当 $\rho_c < 3$ 时，取 $\rho_c = 3$。

按《公路工程抗震设计规范》JTJ 004 计算临界击数：

$$N_c = C_n N_{63.5}$$

$$N_c = \left(11.8 \times \sqrt{1 + 13.06 \frac{\sigma_0}{\sigma_e} K_h C_v}\right) \times \zeta$$

式中　C_n——标准贯入锤击数的修正系数；
　　　$N_{63.5}$——实测的标准贯入锤击数；
　　　K_h——不平地震系数；
　　　σ_0——标准贯入点处土的上覆土压力（kPa）；
　　　σ_e——标准贯入点处土的有效覆盖土压力（kPa）；
　　　C_v——地震剪应力随深度折减系数；
　　　ζ——黏粒含量修正系数，$\zeta = 1 - 0.17 P_c/2$；
　　　P_c——黏粒含量百分比（%）。

饱和砂土液化判别详见附表 5。判定结果表明：场地浅部地基土层在地震烈度为 7 度时，沿线场地 3-1 层、3-2 层局部点将发生液化，场地液化指数 2.77～8.91，液化等级为轻微—中等。

2.1.1.4　不良地质作用

(1) 浅层气

据初勘资料 ZK21 孔（桩号 K15+150）钻探揭露，有沼气呈气泡状逸出，深度为 27.20-27.70m，该处土层为 5-2 层淤泥质粉质黏土中夹有大量贝壳，为可能储气带。

本次勘察过程中发现，江北工作井附近 Jz—Ⅲ07—12 孔 Jz—Ⅲ07—10 孔处深度 24.3～33.10m 有少量冒气现象，套管内可听见少量间歇性的水泡声，孔内水位较高，冒气现象不明显，当水位下降时，水泡声明显。

勘探过程中发现的浅层气主要为零星沼气，表现为间歇性冒水泡状，一般出气量小。根据钻探岩芯分析，贮气层主要为 4-3 层粉土，间夹淤泥质粉质黏土微层理，含少量腐殖物，具明显泥腥臭，腐殖物腐化产生的微量气体经地下水运行富集在 4-3 层孔隙含水层中，其主要成分是沼气，由于土层钻孔压力释放造成气体释出现象。因储气量非常小，施工期间辅以通风措施，对隧道施工不构成影响。

(2) 地下障碍物

工程钻孔施工过程中均未发现大片抛石、防洪堤等地下障碍物，但钱塘江两岸存在防洪堤及丁坝、木桩、抛石等地下障碍物，可能对盾构施工造成影响，本次勘察过程通过收集资料、钻探取芯和物探等多种手段进行了勘查分析。

根据中国地质大学所做高密度磁法探测工作在水上的磁异常图来看，最大的磁异常的绝对值都没有超过115nT，说明都是较弱的磁异常，特别是从磁异常剖面图来看，所测三条曲线的异常形态总体相似，具有可比性，故不存在高幅度，高梯度和大范围的沉船及铁磁性构件的磁异常。因此，测区内不存在类似沉船和大型铁制构件（体积大于$8m^3$）的磁性障碍物。

钱江通道附近北岸临江海塘为明清老海塘，该段海塘堤顶高程按百年遇标准设计，新修海塘基础以旧海塘基础为主，迎水侧沿塘坝轴线方向坝底以下设有宽度约4.2m，长度约6m左右的木桩，迎水侧有抛石。南岸防洪堤即为萧围北线海塘，堤顶高程按50年一遇标准设计。

本次勘察过程中发现，Jz-Ⅲ07-25、Jz-Ⅲ07-26、Jz-Ⅲ07-27施工过程在深度2.5～2.9m深度以下遇抛石层，岩性为凝灰岩，岩芯呈20～40cm柱状，厚度有1.35～2.40m，最低标高－3.69～－2.50m，分布于盾构段江北海塘外侧区域。根据可研报告，该段隧道顶标高－23.17～－24.88m，分析认为：该段抛石没有下沉入影响施工界限范围内，对其无影响，但计算围岩压力时需考虑既有抛石作用。

（3）暗塘暗浜

江北现以农田为主，现有江堤为明清旧海塘，根据调查江北沿线沟渠及地形在近代无明显改造，地面勘察过程中未发现明显暗塘暗浜。北岸海塘断面图（吴淞基面）如图2.1.3所示。江南早期为钱塘江河漫滩，新中国成立后经人工围垦形成，现经人工修整成为大面积鱼塘，不具备形成暗塘暗浜的条件。南岸海塘断面图（新围内侧，吴淞基面）如图2.1.4和图2.1.5所示。

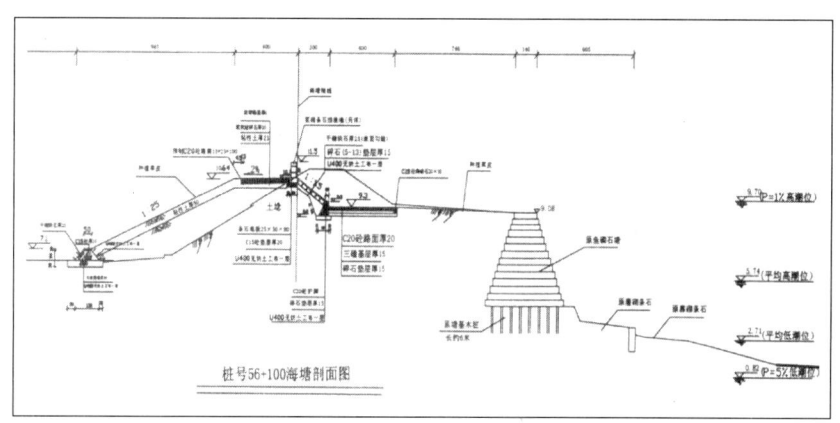

图2.1.3 北岸海塘断面图（吴淞基面）

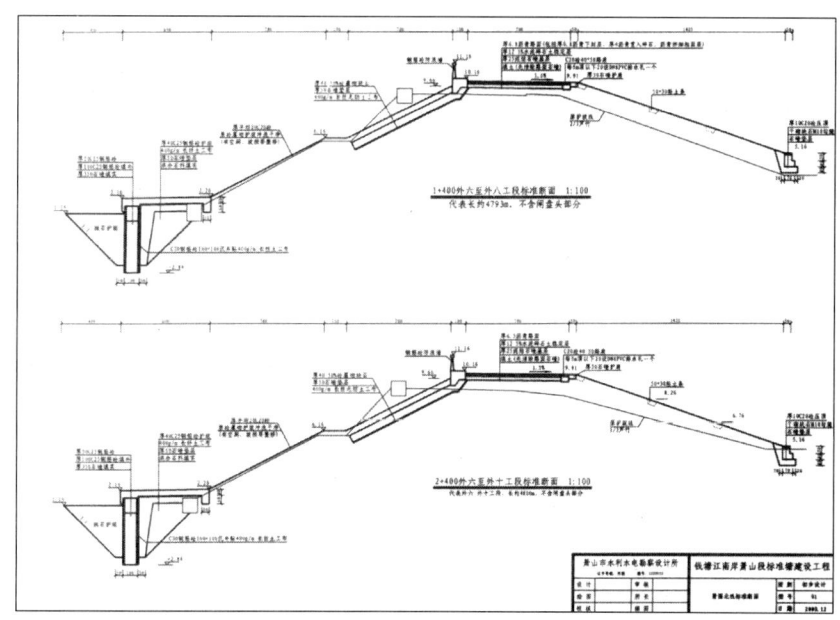

图2.1.4 南岸海塘断面图（新围内侧，吴淞基面）

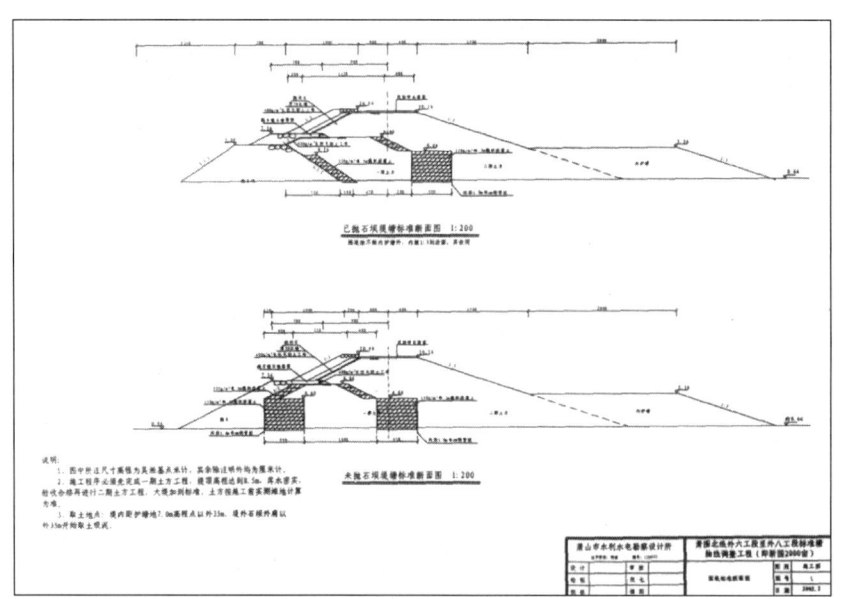

图 2.1.5 南岸海塘断面图（新围内侧，吴淞基面）

2.1.1.5 沿线河塘岸坡稳定性

(1) 钱塘江河道及岸坡稳定性

钱江通道所在的老盐仓—尖山河段，长 34.5km，称为海宁河段，沿江北岸是著名的明清老海塘。20 世纪 60 年代开始的大规模治江围涂，该河段河宽大幅度缩窄，河道特性发生较大的变化。主要表现在缩窄加强了洪水的造床作用、约束了深泓摆动、增强了新仓下游的弯道效应等三个方面。

工程河段历史中河床的冲淤变化规律基本上"洪冲潮也冲"，在潮弱水少的冬季发生淤积，一般年内以 11 月河床高程较低，4 月河床最高。床冲淤幅度在 2m 左右；年际间受连续丰、枯不同水文年的影响较大，冲淤幅度可达 3~5m。围垦整治后，这一冲淤规律未发生变化，深泓线摆幅及河床容积的变化幅度明显减小，河床基本接近平衡状态。但由于河宽大为缩窄，加强了水流的作用，根据盐官断面主槽的统计，围垦前，1959~1967 年主槽在距北岸 5km 以外的南岸，其余大多测次该断面为单一北槽，南槽出现次数极少。双槽的持续出现在围垦到位后的 1988 年，此后，该断面基本维持双槽形态。两槽中通常北槽较深，南槽较深的测次基本都是大潮期后的 11 月。根据《杭州湾第三（萧山）通道工程水文条件及河床演变分析》，工程河段断面的深泓无论高程还是离岸距离变幅均较大。根据历年以来河道断面的统计，断面最深点高程为 -5.1m，出现在南岸约 300m 处，出现时间为 1955 年 7 月，具体情况见图 2.1.6。

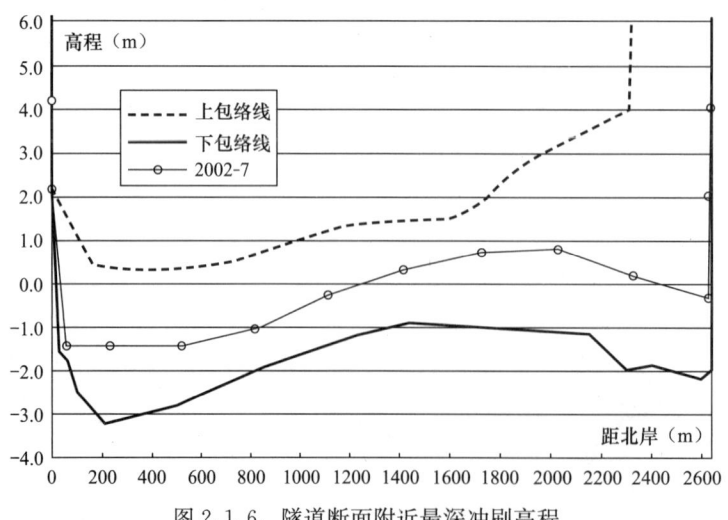

图 2.1.6 隧道断面附近最深冲刷高程

现钱塘江江北岸海塘（图2.1.7）已按百年一遇要求修建筑成为标准堤塘，堤顶高程为8.86m，挡浪墙高程为9.66m，江南岸（图2.1.8）已按五十年一遇修筑，高程为8.32m，该段海塘于2003年年初闭合，现为抛石堆体，还未作护面。新海塘（图2.1.9）的修筑有效加固了现在钱塘江岸坡，为保护海塘塘脚免受涌潮破坏，北岸沿线海塘（海宁盐仓段、海宁段）建有丁坝群，丁坝坝长一般为50m，坝顶高程为1.5m左右，丁坝间距为250m，钱江通道西线盾构隧道位于丁坝的下方，东线盾构隧道丁坝下游约10m。

图2.1.7 江北现海塘近景

图2.1.8 南岸堤坝远景

图2.1.9 新塘河现况

（2）沿线边坡稳定性

桩号K12+220～K12+235处新塘河为排涝河，河道两侧现为自然土坡，南侧为原沪杭老公路，高差近2m左右，边坡土质以黏性土为主，无护坡，植被发育，边坡固坡能力较好，现有岸坡稳定。

南岸桩号K15+705～K15+770为长乐江河，为南岸主要排涝抢险河，岸坡土质以粉性土为主，边坡高差较小，无护坡，由于河道内水位起落不大，对岸坡的冲刷作用较小。

2.1.1.6 场地稳定性与适宜性评价

（1）场地稳定性评价

本工程场地属平原区，场地中存在软弱土和可液化土层，根据《建筑抗震设计规范》GB 50011—2001第4.1.1条，属抗震不利地段。

从地貌形态分析，场地未见如泥石流、滑坡、崩塌等地质灾害，拟建隧道下部不具备开采含水层，深部基岩无可溶岩，不存在地面塌陷、岩溶等地质灾害。

从地震活动分析，本场地具震级小、强度弱、频率低的特点，且有一个比较稳定的趋势，近代地震均为微震，烈度接近破坏性地震仅发生在外围区域。

从新构造活动性分析，场地新构造运动表现出大面积间歇性升降，但无明显的升降差异运动，新构造活动微弱，区域稳定性良好。

（2）建筑适宜性评价

修建隧道区域新第四纪构造活动不明显，新构造运动表现出大面积间歇性升降，但无明显的升降差异运动，且趋于稳定。本工程两岸为平原区，无泥石流、滑坡、崩塌以及岩溶作用等地质灾害发生。

隧道沿线现状地质灾害主要表现为江北段因超量开采地下水引发的区域地面沉降地质灾害。根据区域观测资料，现状累计沉降量均小于300mm。近年来，由于政策影响，江北地下水开采明显减少，地面沉降趋缓，现状地面沉降地质灾害危险性较小。

沿线两岸现有河塘岸坡高差较小，水流冲刷作用弱，自然岸坡稳定。钱塘江两岸已建有百年一遇的标准堤塘，并设有抗冲刷的丁坝、抛石等，南北岸坡稳定性良好。

结合本次勘察，隧址范围工程地质条件一般，适宜工程建设。

2.1.2 水文地质特征
2.1.2.1 地下水类型及赋存分布特征

隧道场地地下水按其含水层水理特征、分布埋藏条件可分为第四系松散岩类孔隙潜水和孔隙承压水、深部基岩裂隙水。因基岩裂隙水埋深大，水量贫乏，对本工程意义不大，与隧道工程关系密切的主要为孔隙潜水和孔隙承压水。

（1）第四纪孔隙潜水

主要赋存于沿线浅部人工填土及江中、江南浅部的粉、砂性土层内，地下水分布连续，其富水性和透水性具有各向异性，特别是钱塘江两岸的表部填土层，透水性良好，下部粉性土层透水性弱。

1）江北岸潜水主要分于主表层填土层和2-2层内，其中表层填土由于均匀性较差，其透水性呈各向异性，且为局部分布，2-2层"硬壳层"下部为巨厚层淤泥质土层，具微透水性，属相对隔水层，2-2层渗透系数一般为$1.35E-6 \sim 1.64E-6$cm/s，根据区域民井调查，江北潜水层单井涌水量一般小于10m^3/d。勘察期间据我院北岸观测资料，潜水位埋深$0.30 \sim 4.50$m，相对于标高为$2.93 \sim 4.50$m（85国家高程，下同），平均标高为3.78m，水位变幅一般为$1.0 \sim 2.0$m。

2）江南岸孔隙潜水含水层主要分布于表层填土、3-1层砂质粉土和3-2层粉砂层内，土层水平向呈广泛而连续，垂向上具有一定的水平层状沉积韵律变化，根据本次室内试验，潜水含水层的渗透系数为$1.57E-4 \sim 3.51E-4$cm/s，属弱透水性。据区域资料，江南潜水含水层其单井涌水量一般为$10 \sim 30$m^3/d。江南潜水含水层与钱塘江水体及附近河塘地表水体水力联系密切，勘察期间我院南岸观测资料，潜水位埋深$0.60 \sim 4.10$m，相对于标高为$3.52 \sim 6.61$m，平均标高为4.96m，水位变幅一般为$1.0 \sim 1.5$m。

孔隙潜水受大气降水竖向入渗补给及地表水体下渗补给为主，径流缓慢，以蒸发方式排泄和向附近河塘侧向径流排泄为主，潜水位受地形控制，随季节气候动态变化明显，与钱塘江河水位水力联系密切，一般丰水期时，由地表水体补给潜水含水层，枯水期时，由潜水含水层补给地表水体。

（2）第四纪孔隙承压水

根据勘探揭露，结合区域地质资料，沿线第四纪孔隙承压水含水层主要有三层，具体自上而下分述如下：

第一承压水含水层赋存于南北两岸4-3层粉土中，属陆相与海相沉积的过渡性质，局部夹有黏性土微层理，具有透水性弱、水量小的特点。含水层多呈透镜体分布于江北、江中段，厚度分布不均且范围有限，具微承压性质。据本次勘察江北抽水孔资料，第一承压含水层地下水位埋深$2.90 \sim 3.37$m，平均值3.10m，对应标高1.19m。根据现场钻孔抽水试验结果，其综合渗透系数为$6.359E-3$m/d（$7.36E-5$cm/s）。另据《1/20万杭州幅区域水文地质普查报告》（1980.11）资料：本场地水位埋深3.48m左右。第一承压含水层少量接受上部地下水下渗补给，向下部土层下渗排泄，由于距钱塘江水域较近，其地下水位受潮汐、季节性、气候等影响呈不规律波动，但水量变化不大。

第二承压水含水层赋存于5-3层粉土、粉砂，分布广泛，暗灰绿色，其水量水位变化较小，一般具弱渗透性，沿线分布不均匀。含水层一般呈局部分布，连续性较差。根据本次江南抽水孔观测，地下水位埋深为2.90m，相对于标高3.20m，其综合渗透系数为8.373m/d（$9.69E-4$cm/s）。另据《1/20万杭州幅区域水文地质普查报告》（1980.11）资料：本场地水位埋深3.96m。第二承压含水层少量接受上部地下水下渗补给，向下部土层下渗排泄，由于距钱塘江水域较近，其地下水位受潮汐、季节性、气候等影响呈不规律波动，但水量变化较小。

第三承压含水层赋存于 7 层粉细砂、含泥圆砾、含泥卵石层，上覆盖粉质黏土，构成了相对隔水的承压顶板。含水层以封存型地下水为主，受气候、潮汐影响不明显，主要接受上游潜水入渗补给，少量接受上部地下水下渗补给，侧向径流缓慢，一般以人工深井开采和向下游径流排泄为主要排泄途径。结合初勘资料分析，第三承压含水层埋藏深度一般在 54m 以下，含水层厚度（包括下部含泥圆砾、含泥卵石层）一般大于 10m，且具有明显河床相沉积的"二元结构"特征，含水量丰富。勘察期间，我院在 Jz-Ⅲ07-10 孔对第三承压含水层层进行了地下水位长期观测，水位单日和多日波动监测结果如图 2.1.10 和图 2.1.11 所示。结果如下：地下水位埋深 3.20～5.30m，相对于标高 1.09～-1.01m，平均标高 0.36m。据《1/20 万杭州幅区域水文地质普查报告》（1980.11）资料：本场地水位埋深 3.99～5.32m。

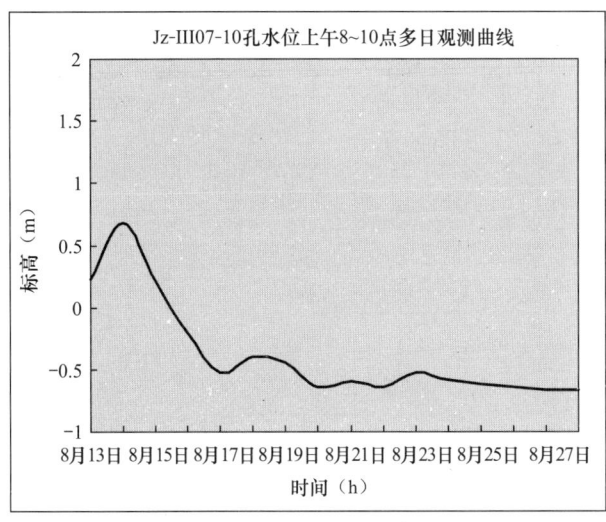 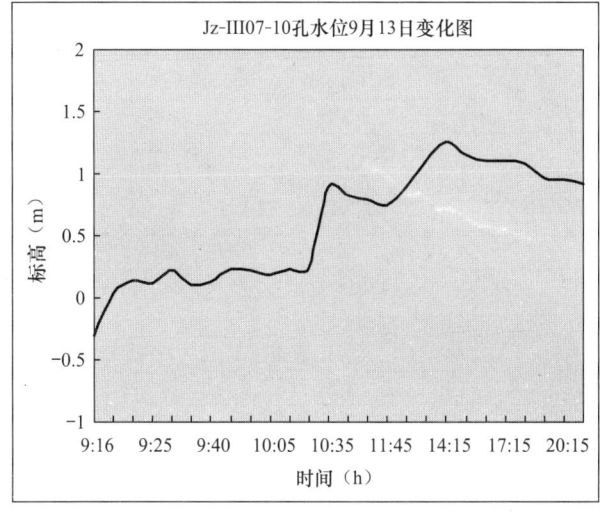

图 2.1.10　第三承压含水层水位单日波动　　　图 2.1.11　第三承压含水层水位多日水位观测

2.1.2.2　水质分析与评价

（1）环境水物理指标

水样在不同构筑物路段采取，所取水样能够代表取样地段水质，取样后及时加入稳定剂并封装送化验室。所取水样物理指标详见表 2.1.4。

环境水主要物理指标表　　　表 2.1.4

水样编号	里程桩号	构筑物	水样类型	主要物理指标
B1	K11+500	江北引道段	地表水（沟水）	无色、无味、无嗅、透明
B2	K11+500	江北引道段	潜水（井水）	无色、微咸、无嗅、透明
B3	K11+650	江北引道段	地表水（沟水）	无色、无味、无嗅、透明
B4	K11+650	江北引道段	潜水	无色、微咸、无嗅、透明
B5	K11+850	明挖暗埋段	地表水（沟水）	无色、无味、无嗅、透明
B6	K11+850	明挖暗埋段	潜水	无色、微咸、无嗅、透明
B7	K12+150	江北工作井	地表水（沟水）	无色、无味、无嗅、透明
B8	K12+150	江北工作井	潜水（井水）	无色、无味、无嗅、透明
B9	K11+988	江北工作井	承压水（抽水孔）	微黄绿色，咸味、无嗅、透明
J1		江中盾构段	江水（平潮）	无色、无味、无嗅、透明
J2		江中盾构段	江水（低潮）	无色、无味、无嗅、透明
J3		江中盾构段	江水（高潮）	无色、无味、无嗅、透明
N1	K15+119	江南盾构段	地表水（河水）	无色、无味、无嗅、透明
N2	K15+645	江南引道段	潜水（井水）	无色、无味、无嗅、透明
N3	K14+700	江南盾构段	潜水	无色、无味、无嗅、透明
N4	K14+700	江南盾构段	地表水（塘水）	无色、微咸、无嗅、透明
N5	K15+313	明挖暗埋段	承压水（抽水孔）	无色、咸味、无嗅、微混
N6	K15+313	明挖暗埋段	地表水（塘水）	无色、微咸、无嗅、透明

(2) 环境水化学指标

本次所采取的水样，进行了室内水质简分析和侵蚀性 CO_2 测定，鉴于本场地无明显污染源存在，试验资料具有代表性。各水样化学类型、矿化度、硬度、酸碱度指标详见表 2.1.5。

环境水主要化学指标表 表 2.1.5

水样编号	里程桩号	构筑物	水化学类型	矿化度	类型	总硬度	类型	pH 值	类型
B1	K11+500	江北引道段	Cl. HCO_3-Na. Ca	529.26	淡水	4.25	微硬水	7.1	中性
B2	K11+500	江北引道段	HCO_3. Cl-Na. Ca. Mg	1191.40	微咸水	9.60	极硬水	7.2	中性
B3	K11+650	江北引道段	Cl. HCO_3-Na. Ca	614.12	淡水	4.40	微硬水	7.4	中性
B4	K11+650	江北引道段	SO_4. Cl. HCO_3-Mg. Ca	1561.12	微咸水	16.90	极硬水	7.0	中性
B5	K11+850	明挖暗埋段	HCO_3. Cl-Na. Ca	505.24	淡水	4.00	微硬水	6.9	中性
B6	K11+850	明挖暗埋段	HCO_3-Na. Mg. Ca	1095.86	微咸水	8.15	硬水	7.0	中性
B7	K12+150	江北工作井	Cl. HCO_3-Ca. Na	596.97	淡水	5.10	微硬水	7.1	中性
B8	K12+150	江北工作井	HCO_3. SO_4-Na. Mg	962.94	淡水	8.60	硬水	6.9	中性
B9	K11+988	江北工作井	Cl-Na	7105.88	咸水	32.00	极硬水	7.1	中性
J1		江中盾构段	HCO_3-Ca. Na	173.09	淡水	1.62	软水	7.1	中性
J2		江中盾构段	HCO_3-Ca. Na	201.02	淡水	1.70	软水	8.2	弱碱性
J3		江中盾构段	HCO_3. Cl-Ca. Na	185.82	淡水	1.58	软水	7.3	中性
N1	K15+119	江南盾构段	Cl-Na	949.9	淡水	6.00	硬水	7.7	中性
N2	K15+645	江南引道段	HCO_3. Cl-Mg. Ca	1472.7	微咸水	16.6	极硬水	7.4	中性
N3	K14+700	江南盾构段	Cl. HCO_3-Na. Mg	980.48	淡水	5.50	微硬水	8.4	弱碱性
N4	K14+700	江南盾构段	Cl-Na	1168.01	微咸水	6.70	硬水	7.4	中性
N5	K15+313	明挖暗埋段	Cl-Na	6218.39	咸水	26.50	极硬水	7.0	中性
N6	K15+313	明挖暗埋段	Cl-Na	1160.93	微咸水	6.70	硬水	7.4	中性

(3) 地下水腐蚀性评价

根据《岩土工程勘察规范》GB 50021—2001 中 12.2 条按Ⅲ场地环境类别（湿润区含水量≤30% 的弱透水土层）对地下水进行判别详细判别见表 2.1.6 和表 2.1.7。

环境水对混凝土结构的腐蚀性评价 表 2.1.6

种类	项目	SO_4^{2-} mg/L	Mg^{2+} mg/L	NH_4^+ mg/L	侵 CO_2 mg/L	HCO_3^- mol/L	矿化度 mg/L	pH 值	评价结果
《规范》标准		1500~3000	3000~4000	800~1000	30~60	—	50000~60000	4.0~5.0	弱腐蚀性
江北地表水	B1	50.0	20.1	0.50	11.00	34.38	529.26	7.1	无腐蚀性
江北潜水	B2	80.0	58.3	0.10	3.30	45.3	1191.40	7.2	无腐蚀性
江北地表水	B3	50.0	23.1	0.06	1.10	36.90	614.12	7.4	无腐蚀性
江北潜水	B4	360.0	113.1	0.14	8.80	27.52	1561.12	7.0	无腐蚀性
江北地表水	B5	80.0	16.4	1.40	11.0	38.28	505.24	6.9	无腐蚀性
江北潜水	B6	160.0	51.1	<0.04	12.10	48.08	1095.86	7.0	无腐蚀性
江北地表水	B7	30.0	22.5	3.00	6.60	0.00	596.97	7.1	无腐蚀性
江北潜水	B8	200.0	54.1	<0.04	26.40	35.00	962.94	6.9	无腐蚀性
江北承压水	B9	6.0	267.4	24.00	13.20	4.76	7105.88	7.1	无腐蚀性
江水	J1	12.0	6.9	0.04	5.72	62.65	173.09	7.1	无腐蚀性
江水	J2	30.0	4.9	2.60	0.00	45.03	201.02	8.2	无腐蚀性
江水	J3	24.0	5.8	0.04	3.08	52.21	185.82	7.3	无腐蚀性
江南地表水	N1	14.0	36.5	1.4	0.0	3.5	949.9	7.7	无腐蚀性
江南潜水	N2	140.3	115.6	1.0	0.00	11.8	1472.7	7.4	无腐蚀性
江南潜水	N3	160.0	46.2	1.60	0.00	35.09	980.48	8.4	无腐蚀性
江南地表水	N4	80.0	37.7	0.50	0.00	20.02	1168.01	7.4	无腐蚀性
江南承压水	N5	4.0	205.4	30.00	24.20	6.39	6218.39	7.0	无腐蚀性
江南地表水	N6	80.0	38.9	0.80	1.10	20.23	1160.93	7.4	无腐蚀性

环境水对钢筋混凝土结构中钢筋、钢结构的腐蚀性评价　　　　表 2.1.7

种类	项目	钢筋混凝土结构中钢筋			钢结构		评价结果
		Cl^- mg/L	长期浸水 评价结果	干湿交替 评价结果	pH 值	$Cl^-+SO_4^{2-}$ mg/L	
《规范》标准		长期浸水：>5000 干湿交替：100~500	弱腐蚀性	弱腐蚀性	3~11	<500	弱腐蚀性
江北地表水	B1	165.3	无腐蚀性	弱腐蚀性	7.1	202.8	弱腐蚀性
江北潜水	B2	202.6	无腐蚀性	弱腐蚀性	7.2	262.6	弱腐蚀性
江北地表水	B3	184.4	无腐蚀性	弱腐蚀性	7.4	221.9	弱腐蚀性
江北潜水	B4	316.9	无腐蚀性	弱腐蚀性	7.0	586.9	中腐蚀性
江北地表水	B5	119.3	无腐蚀性	无腐蚀性	6.9	179.3	无腐蚀性
江北潜水	B6	174.7	无腐蚀性	弱腐蚀性	7.0	294.7	弱腐蚀性
江北地表水	B7	170.6	无腐蚀性	弱腐蚀性	7.1	193.1	弱腐蚀性
江北潜水	B8	167.0	无腐蚀性	弱腐蚀性	6.9	317.0	弱腐蚀性
江北承压水	B9	4114.0	无腐蚀性	中腐蚀性	7.1	4118.5	中腐蚀性
江水	J1	24.3	无腐蚀性	无腐蚀性	7.1	33.3	弱腐蚀性
江水	J2	33.0	无腐蚀性	无腐蚀性	8.2	55.5	弱腐蚀性
江水	J3	30.8	无腐蚀性	无腐蚀性	7.3	48.8	弱腐蚀性
江南地表水	N1	411.2	无腐蚀性	弱腐蚀性	7.7	421.7	弱腐蚀性
江南潜水	N2	251.3	无腐蚀性	弱腐蚀性	7.4	356.6	弱腐蚀性
江南潜水	N3	242.1	无腐蚀性	弱腐蚀性	8.4	362.1	弱腐蚀性
江南地表水	N4	498.6	无腐蚀性	弱腐蚀性	7.4	558.6	中腐蚀性
江南承压水	N5	3581.8	无腐蚀性	中腐蚀性	7.0	3584.8	中腐蚀性
江南地表水	N6	491.5	无腐蚀性	弱腐蚀性	7.4	551.5	中腐蚀性

注：环境水对混凝土中钢筋评价 Cl^- 含量为氯化物中的 Cl^- 与硫酸盐折算后 Cl^- 之和。

江北地表水：对混凝土结构无腐蚀性，长期浸水条件下对钢筋混凝土结构中的钢筋无腐蚀性，干湿交替条件下地下水可能产生 Cl-弱腐蚀性，对钢结构有弱腐蚀性。

江北承压水：对混凝土结构无腐蚀性，长期浸水条件下对钢筋混凝土结构中的钢筋无腐蚀性，干湿交替条件下地下水可能产生 Cl-中腐蚀性，对钢结构有中腐蚀性。

钱塘江江水：对混凝土结构无腐蚀性，长期浸水条件下对钢筋混凝土结构中的钢筋无腐蚀性，干湿交替条件下对钢筋混凝土结构中的钢筋无腐蚀性，对钢结构有弱腐蚀性。

江南地表水：对混凝土结构无腐蚀性，长期浸水条件下对钢筋混凝土结构中的钢筋无腐蚀性，干湿交替条件下对钢筋混凝土结构中的钢筋有弱腐蚀性，对钢结构有中腐蚀性。

江南潜水：对混凝土结构无腐蚀性，长期浸水条件下对钢筋混凝土结构中的钢筋无腐蚀性，干湿交替条件下对钢筋混凝土结构中的钢筋有弱腐蚀性，对钢结构有弱腐蚀性。

江南承压水：对混凝土结构无腐蚀性，长期浸水条件下对钢筋混凝土结构中的钢筋无腐蚀性，干湿交替条件下对钢筋混凝土结构中的钢筋有中腐蚀性，对钢结构有中腐蚀性。

2.1.2.3 地下水的不良作用

（1）流砂、管涌判别

隧道江北段浅部以黏性土为主，不存在流砂、管涌问题。江中段、江南段浅部均属饱和粉、砂性土，基坑开挖时，由于坑内外存在水头差作用，产生较大的动水压力，在渗透水流作用下，土中的细颗粒被冲走，使土的孔隙不断扩大，从而渗流速度不断增加，较粗的颗粒也随之相继被流水带走，最终逐渐形成管状渗流通道，即管涌现象。当产生的动水力坡度大于砂土层的极限水力坡度时，砂土颗粒就会处于悬浮状态，在水动力作用下形成流砂现象。施工中所遇流砂和管涌通常有以下三种情况：

1）轻微涌砂：由于围护结构缝隙不密，有一部分粉、细砂随地下水一起穿缝而流入基坑，将形成坑底的泥泞；

2) 中等涌砂：往往发生在基坑底部，出现一堆细砂缓缓冒出，砂堆中形成较多细小排水槽，冒出的水夹杂一些细小粉、细砂粒呈缓慢流动；

3) 严重涌砂：在出现轻微甚至中等涌砂时未及时处理，流砂的冒速加快，出现"沸水"翻泡现象，此时坑底土多处于流动状态。

根据工程建设规范《岩工程勘察规范》DGJ 08—37—2002 中 11.3.4 条"可能产生流砂现象的条件：地层中砂质粉土或粉砂的厚度大于 25cm；颗粒级配不均匀系数小于 5；土的含水率大于 30%；土的孔隙率大于 43%；土的颗粒组成中黏粒含量小于 10%；粉粒含量大于 75%"。据此判断，沿线粉、砂性土产生流砂可能性见表 2.1.8。

沿线饱和粉、砂性土流砂可能性判别表　　　表 2.1.8

层　号	土层名称	层　厚	不均匀系数 C_u	含水率 W (%)	孔隙率 n (%)	黏粒含量 (%)	粉粒含量 (%)	土粒比重 G	临界坡降 I_c
规范 DGJ 08—37—2002		>25cm	<5	>30	>43	>10	>75		
3-1	砂质粉土	2.90~13.00m	8.96	26.87	43.8	8.8	73.9	2.70	1.174
3-2	粉砂	1.65~18.00m	21.53	23.81	40.1	7.5	36.1	2.68	1.207
4-3	淤泥质粉质黏土夹粉土	0.80~7.00m	9.32	28.40	45.9	12.5	72.7	2.72	1.160
5-3	粉土粉砂	0.90~11.50m	8.23	30.90	46.5	10.5	68.2	2.70	1.174

满足发生流砂除以上基本条件外，尚需产生水力坡度的必要条件，这里按临界水力坡降的方法进行判别：

管涌临界坡降：$I_c=(G-1)(1-n)+0.5n$

流砂临界坡降：$I_c=(G-1)(1-n)+0.5n$

式中　I_c——临界水力坡降；

　　　G——土颗粒相对密度；

　　　n——土的孔隙率（%），可按本报告 $n=100e/(1+e)$ 换算，e 为土层孔隙比。

当含水层水力坡降达到 1.16~1.20 时，沿线 3-1 层、3-2 层、4-3 层、5-3 层均可能产生流砂、管涌现象。

管涌、流砂的一般防治措施：

① 降低地下水位，使水位降至可能产生流砂的土层以下；

② 加深围护结构，即可加固坑壁，增长地下水的渗流路径，以减小水力坡度；

③ 施工过程若出现管涌、流砂，则可采用回灌水或抛入块石，可提高水力平衡和上覆土压力。

（2）基坑突涌分析

场地存在承压含水层，在开挖基坑过程中当基坑底部隔水层的厚度减到一定程度时，承压水的水头压力会冲破基坑底板，形成突涌现象。因此，当基坑底部与承压含水层相距较近时，应确定以防止基坑被水冲破的最小隔水层厚度。最小隔水层按下式计算：

$$\gamma w \cdot H_0 < \gamma w \cdot h_0$$

即：$h_0 > \gamma w \cdot H_0 / \gamma$

式中　h_0——基坑底部所需的最小隔水层厚度（m）；

　　　H_0——承压水头，由承压水头最大标高与最高承压含水层顶面标高取值（m）；

　　　γw——水的重度，取 $10 kN/m^3$；

　　　γ——隔水层土的重度。

计算表明：当基坑下挖至标高 −7.09m 时，存在基坑突涌可能，当基坑挖深至标高 −11.67m 时，极易形成基坑突涌可能，基坑突涌可能性具体情况分析见表2.1.9。

基坑突涌可能性分析表 表2.1.9

层 号	含水层	静止水位标高（m）	隔水层重度（kN/m³）	含水层最小顶板标高（m）	含水层最大顶板标高（m）	可能发生突涌挖深标高（m）	极易发生突涌挖深标高（m）
4-3	第一承压含水层	1.19	18.6	−26.64	−18.71	−8.01	−11.67
5-3	第二承压含水层	3.20	19.4	−29.19	−18.05	−7.09	−12.49
7-2	第三承压含水层	0.36	19.7	−63.31	−52.57	−25.70	−30.99

(3) 地下水的上浮（顶托）作用

随着基坑的不断挖深，当达到一定深度时，存在坑底土体土体自重小于地下水浮力作用问题，且基坑开挖和上部构筑的建设存有时间差，因此，基坑开挖需要考虑基坑的抗浮问题。

理论上，地下水的浮力可按阿基米德原理计算，实际工程中地下水的上浮力作用尚需考虑土层的渗透性，江北基坑开挖范围内以黏性土层为主，具微透水性，地下水透水性一般按隔水层考虑，故基底所受浮力小于水柱高度，根据地区经验值实际浮力一般为理论值的85%～90%左右。而江南潜水含水层厚度达23.3m，具弱透水性，透水性相对较好，上浮力计算时，宜选择静止水位按阿基米德原理估算。

结合场地水文地质特征，隧道抗浮计算水位取值应按场地常年最高水位，由于本隧道基坑临近钱塘江，考虑场地地下水位与江水位水力联系密切，因此，设计地下水位尚需考虑钱塘江江水位。

本次勘察期间场地潜水水位埋深0.30～4.50m，相对于标高2.93～4.50m。据钱塘江水位观测资料，多年平均高潮位3.87m，多年平均低潮位0.67m，设计高水位计算采用《城市防洪工程设计规范》推荐的极值Ⅰ型分布，统计系列中考虑了钱塘江围垦缩窄的影响，对围垦前年极值样本进行修正。同时采用距平值分析方法进行校核计算，具体做法是，以逐年年最高潮位与当年平均潮位的差值，即距平值，作为统计样本，采用皮尔逊Ⅲ型适线进行重现期分析。仓前、盐官两站高、低水位统计结果列于表2.1.10。

仓前、盐官站设计高、低水位（m） 表2.1.10

频 率	仓 前*		盐 官*		隧址断面	
	高水位	低水位	高水位	低水位	高水位	低水位
0.20%	8.82		8.36		8.62	
0.33%	8.63		8.18		8.44	
1%	8.23	0.10	7.81	−1.89	8.07	−1.89
2%	7.98	0.35	7.57	−1.59	7.83	−1.59
5%	7.64	0.85	7.24	−1.14	7.50	−1.14

注：*未考虑尖山河湾及杭州湾南岸进一步围垦缩窄的影响。

勘察建议：钱塘江江中盾构段抗浮水位需综合考虑钱塘江高水位值，南、北岸两岸岸区设计抗浮水位可按场地埋深0.0m取值。

2.1.2.4 基坑降水

(1) 基坑降水方式分析

1) 江北基坑降水

江北基坑开挖土层以黏性土为主，根据试验结果，其土层渗透系数为1.10E-7～1.46E-6cm/s，属微透水性，单井涌水量为2.201L/(h·m)，鉴于此，江北基坑降水可采用开挖明沟集水降水，坑内设置集水沟汇入集水井内，统一采用水泵排出坑外。

2) 江南基坑降水

江南基坑开挖土层以粉性土为主，根据试验结果，其土层渗透系数为5.00E-5～6.27E-4cm/s，属弱透水性，单井涌水量为228.25L/(h·m)，且场地周边存在大面积鱼塘，地下水位较高，基坑开挖前必须疏干地表水，并应做好基坑内的降水、排水和基坑外围的截水、排水工作。粉性土应注意在饱水情况下受人为施工振动，易引起液化，造成地面沉陷，影响施工。粉性土常用基坑降水方法可选择如下：

① 轻型井点降水：在一般基坑降水中较常用，本法适用基坑降水要求小于10m时配合施工挖土进行。潜水含水层粉、砂性土渗透性较好，施工时可沿基坑周边按0.8～1.5m间隔用水冲下沉或钻孔沉管法将井管埋入土层中，井管下部为滤水管（通常为1m），加包滤网或棕皮，由地面集水井总管与井管连通，在泵房内设真空泵或离心泵，由管道内形成真空的原理进行降水。本方法降深效果取决于抽吸系统中真空度的大小，一般单级井点降深可达4～5m，当要求降深较大时，可分级进行。

② 管井井点降水：当涌水量较大，轻型井点降水不能满足要求时，可采用管井井点降水，本法适用降水深度要求高的施工。施工时，先在基坑周边以10～50m间距用泥浆护壁钻孔，孔径一般大于滤管的外径（通常为150～300mm），成孔后下沉井管、滤管，滤管外加包滤网，外围可采用砾料回填充作过滤层。然后洗孔至水清砂净，根据单井管径及涌水量选择抽水泵，可选择一泵一孔，也可一泵多孔，以达到设计降深要求。

综合考虑两岸明挖段（含工作井）开挖深度、地层特点及承压含水层分布，推荐采用明排和管井井点降水的基坑降（排）水方案。

(2) 基坑降水的影响

基坑降水需要充分考虑本工程紧邻钱塘江的特点，浅部潜水与钱塘江水体具有一定的水力联系，临近钱塘江堤塘附近降水时，地下水将受到钱塘江水体的补给。因此，降水需要控制好单井的漏斗半径。潜水含水层降水时，影响半径一般可按经验公式计算：

$$R = 2S\sqrt{KH}$$

式中　R——影响半径（m）；

　　　S——水位降深（m）；

　　　K——渗透系数（m/s）；

　　　H——含水层厚度（m）。

大面积降水将引起场地及周边地面的沉降，除因地基土排水固结引起的沉降外，还有因抽水时土层中细颗粒的流失造成的地面沉降。地面沉降将威胁拟建工程邻区建（构）筑物的安全，如地面道路、管线、钱塘江大堤。因此，建议降水前根据水位降深进行计算地面沉降量。同时，采取必要的防水措施（含基坑围壁、坑底部）以适当减小地下水降深和影响范围，并在施工期间加强监测。

2.1.3　分段工程地质条件评价

2.1.3.1　江北引道段 K11+400～K11+650

(1) 地基土分布

江北引道段全长250m，最大挖深约10m。本路段共完成勘探点15个，土层空间分布空间上呈层状，土层起伏情况和厚度较稳定，本路段地基土层厚、顶板标高及土质可挖性详见表2.1.11。

江北引道段地基土分布表　　　　表2.1.11

层号	土层名称	土层性状	分布情况	层厚（m）	顶板标高（m）	围岩可挖性分类
2-2	粉质黏土	黄灰色，软—可塑，厚层状构造，中压缩性	普遍	1.30～3.90	3.04～5.04	Ⅰ
3-3	淤泥质粉质黏土	灰色，流塑，鳞片状构造，质均，高压缩性	普遍	2.60～6.20	0.32～3.01	Ⅰ
4-1	淤泥质粉质黏土	灰色，流塑，厚层状构造，质均，高压缩性	普遍	10.10～13.05	−4.48～−1.46	Ⅰ
4-2	粉质黏土	灰色，软塑，薄层状构造，中偏高压缩性	局部	6.90～14.50	−16.68～−13.46	Ⅰ
5-2	粉质黏土	灰黄色，可塑，厚层状构造，中压缩性	局部	3.90～9.50	−21.64～−12.36	Ⅱ
5-3	黏质粉土	灰黄色，稍—中密，厚层状构造，中压缩性	局部	1.40～7.30	−26.47～−20.32	Ⅰ
5-4	粉质黏土	灰色，软塑，厚层状构造，中压缩性	普遍	2.64～16.50	−29.68～−27.62	Ⅰ

注：围岩可挖性按《公路工程地质勘察规范》JTJ 064—1998划分。

(2) 地基土物理力学性质指标的选用

根据勘探揭露及室内土工试验成果，通过计算修正，并结合地区经验确定。对评价岩土性状的指标（如常规物理指标：天然重度、天然孔隙比、液限、塑性指数、液性指数等）和正常使用极限状态计算需要的岩土指标（如压缩系数、压缩模量、渗透系数等），以统计成果的平均值作为设计参数，对于承载能力极限状态计算需要的岩土参数（如抗剪强度指标）应以标准值作为设计参数。本报告针对江北引道段提供了江北工作井地基承载力及基坑设计参数推荐指标，以供设计使用，详见表2.1.12。

(3) 基础方案分析与评价

江北引道段挖深为0～10m，开挖土层主要为3-3、4-1层，属"软土类"，具高灵敏度、高压缩性、高触变性、低承载力的特点，开挖土体稳定性差，易产生塑性坍塌及蠕动破坏，且土质易受人为扰动从而降低土体原始强度。基坑采用分段分层开挖，本段基坑开挖方式可以选择采用无支护开挖和支护开挖，具体如下：

基坑挖深0～2m段，可以采用直接放坡开挖；

基坑挖深2～5m段，采用水泥搅拌桩或SMW工法围护施工；

基坑挖深5～10m段，采用SMW工法或钻孔灌注桩围护施工，深度较大的地段需设置内支撑。设置钻孔桩时，宜在外侧设防渗帷幕，可采用深层搅拌桩。

根据本次勘察试验分析，开挖层范围内有机质含量为0.32%～3.66%，适宜水泥搅拌桩施工。引道段和敞开段局部基坑围护拟采用深层搅拌桩内插型钢的SMW工法，根据《建筑地基基础设计规范》DB 33/1001—2003第11.2.4节深度大于7m时需考虑采用钻孔灌注桩排桩式挡土加多头水泥搅拌桩止水进围护。

江北引道段开挖土层均属微透水性，单井涌水量小，故基坑降水可基坑内设置一定数量的集水沟、集水井，采用系统明沟排水。

由于隧道出口至引道段无上覆土压力，基底及周边地下水将对基坑产生浮托力，该段设计时，应考虑地下水浮力对其产生的影响，防止基底隆起破坏，同时应进行抗浮验算，采取必要的抗浮措施。施工时，应加强管理，避免坑外水流入坑内，确保施工安全，建议避开雨期施工。

随着基坑不断加深，因基坑开挖造成土体竖向应力的减小，由于基底土卸荷，使基坑底部产生一定量回弹变形，若基坑内不积水、坑底暴露时间较短时，可认为基底土相当于瞬时弹性变形，可将挖出的土重作为负荷载处理计算回弹量。当基坑内积水时，因土体吸水使体积增大，抗剪强度降低，回弹变形量将随之加大。因此，基坑开挖过程中应充分考虑土体卸荷的时空效应，及时加固坑底土层。

(4) 软土路基处理及施工注意事项

1) 本路段基坑挖深较大，基坑支护方式应结合不同开挖深度选择相应措施，悬臂式结构开挖深度不宜大于5m，建议采用内支撑方式。

2) 基坑边界周围地面应设排水沟，避免漏水、渗水进入坑内。挖深较浅直接放坡开挖时，应对坡面、坡顶、坡脚采取防、排水措施。

3) 引道段路基均属软土路基，因开挖土体深度不同及道路路面荷载差异，路基易产生沉降问题。需对软土路基进行处理，处理方法可采用塑板排水法配合堆载预压处理、水泥搅拌桩加固处理等。

4) 基坑周边严禁堆载，加强监理和监测工作。

5) 本路基坑为软土路段，基坑必需分层均衡开挖，层高不宜超过1m。施工时应尽量避免因人工扰动降低坑底土层原始结构强度。

6) 为保证开挖工作顺利进行，建议基坑开挖前对拟开挖土体进行真空预压处理。

2.1.3.2 江北暗埋段K11+650～K11+977

(1) 地基土分布

江北暗埋段全长328m，最大挖深19.2m。本路段共完成勘探点21个，土层空间分布空间上呈层状，土层起伏情况和厚度较稳定，本路段地基土层厚、顶板标高及土质可挖性详见表2.1.13。

表 2.1.12

江北引道段承载力及基坑设计参数推荐表

层号	名称	天然含水量 %	孔隙比	天然重度 γ kN/m³	渗透系数 垂直 K_v cm/s	渗透系数 水平 K_h cm/s	有机质含量 %	压缩模量 E_{s1-2} MPa	承载力特征值 f_a kPa	钻孔桩 极限侧阻力标准值 q_{sik} kPa	钻孔桩 极限端阻力标准值 q_{pk} kPa	抗拔系数 λ_i	直剪固快 内聚力 c kPa	直剪固快 内摩擦角 φ (°)	直接快剪 内聚力 c kPa	直接快剪 内摩擦角 φ (°)	三轴CU 内聚力 c kPa	三轴CU 内摩擦角 φ (°)	三轴UU 内聚力 c kPa	三轴UU 内摩擦角 φ (°)	无侧限抗压强度 q_u kPa	静止侧压力系数 k_0	基床系数 K MPa/m	泊松比 μ
2-2	粉质黏土	28.3	19.3	0.81	1.92E-6	2.30E-6	0.49	5.1	100	16		0.7	30.7	16.0	30.2	12.6	15.0	19.8	67.1	1.5	103.5	0.54	17.9	0.35
3-3	淤泥质黏土	38.4	18.3	1.09	2.08E-7	4.17E-7	1.45	2.8	70	16		0.7	11.4	10.9	12.3	6.2	15.2	19.1	19.3	0.3	37.8	0.67	8.6	0.40
4-1	淤泥质粉质黏土	40.5	18.0	1.15	2.87E-7	4.10E-7	11.05	2.9	75	20		0.7	16.7	10.8	15.9	4.8	16.3	16.4	19.1	0.2	36.3	0.71	13.3	0.42
4-2	粉质黏土	33.9	18.3	1.03	3.66E-7	5.25E-7	0.64	3.8	100	25		0.7	20.3	12.3	21.4	6.7	22.2	14.4	24.9	1.0	43.9	0.57	17.8	0.36
5-2	粉质黏土	28.4	19.5	0.82	7.75E-7	3.70E-7		6.2	170	60	700	0.7	28.5	17.7	28.9	13.4	24.8	20.1	55.0	1.5	95.6	0.47	21.3	0.32
5-3	黏质粉土	31.0	19.0	0.88	4.30E-7	3.27E-7		6.4	150	55	850	0.6	13.0	21.0	14.7	17.7	23.9	27.7	39.1	1.6	71.0	0.48	23.9	0.32
5-4	粉质粉土	34.5	18.7	0.96	2.51E-7	3.27E-7	0.88	6.7	135	46	550	0.7	23.9	15.0	24.5	10.7	24.6	16.8	45.8	1.4	109.2	0.49	22.1	0.33

注：剪切指标为峰值强度。

江北暗埋段地基土分布表　　　　表 2.1.13

层 号	土层名称	土层性状	分布情况	层厚（m）	顶板标高（m）	围岩可挖性分类
2-2	粉质黏土	黄灰色，软—可塑，厚层状构造，中压缩性	普遍	1.30～4.00	3.00～5.47	Ⅰ
3-3	淤泥质黏土	灰色，流塑，鳞片状构造，质均，高压缩性	普遍	3.30～6.50	0.42～3.21	Ⅰ
4-1	淤泥质粉质黏土	灰色，流塑，厚层状构造，高压缩性	普遍	11.00～14.50	-4.48～-2.53	Ⅰ
4-2	粉质黏土	灰色，软塑，薄层状构造，中偏高压缩性	普遍	4.80～14.50	-17.30～-13.53	Ⅰ
4-3	黏质粉土	灰色，稍密，湿，薄层状构造，中压缩性	局部	2.50～6.05	-24.24～-20.85	Ⅰ
5-4	黏质粉土	灰黄色，稍—中密，厚层状构造，中压缩性	普遍	3.82～12.70	-29.84～-24.17	Ⅰ

注：围岩可挖性按《公路工程地质勘察规范》JTJ 064—1998 划分。

（2）地基土物理力学性质指标的选用

根据勘探揭露及室内土工试验成果，通过计算修正，并结合地区经验确定。对评价岩土性状的指标（如常规物理指标：天然重度、天然孔隙比、液限、塑性指数、液性指数等）和正常使用极限状态计算需要的岩土指标（如压缩系数、压缩模量、渗透系数等），以统计成果的平均值作为设计参数，对于承载能力极限状态计算需要的岩土参数（如抗剪强度指标）应以标准值作为设计参数，详见表 2.1.14。

（3）基础方案分析与评价

江北明挖暗埋段基坑开挖深度 10～19.2m，属于一级基坑，采用明挖法施工，从基坑开挖深度内地层来分析，开挖深度内地层以淤泥质粉质黏土为主，为保证基坑稳定性，应根据基坑开挖深度及场地岩土工程条件，对基坑坑壁进行支护，基坑宜采用连续墙加内支撑进行围护，地下连续墙及其围护结构应嵌入 5-4 层粉质黏土及其以下土层一定深度为宜，并满足隔渗稳定验算条件。

暗埋段由于基坑开挖深度大，结构物所受浮力较大，宜结合结构物自重及上覆填土进行抗浮验算。场地勘察期间地下水水位埋深普遍在 0.30～4.50m 左右，验算水位可取 0.0m，根据验算结果确定是否采抗浮措施。

随着基坑的不断挖深，坑底土将出现明显弹性隆起现象（基坑回弹量估算可参照江北工作井），其特征为坑底中部隆起最高，随着开挖深度的加大及坑内土体开挖范围的扩大，坑底土还可能出现塑性隆起，表现为隆起量四周较中部要大。为减少开挖施工中的基坑回弹变形，应设法减少土体中有效应力的变化，减少基坑暴露时间，防止基坑地基土浸水。因此，基坑开挖及基础施工期间，应保证降水工作的正常进行，在挖至设计标高后应尽快浇筑混凝土垫层及基础底板，必要时应预先对基础结构下部土层进行加固处理。

（4）施工注意事项

1）本路段基坑开挖深度及基坑长度均较大，施工时必须遵循先支撑后开挖原则，宜分段分层下挖。

2）当基坑挖深至一定深度时，下部承压水存在突涌可能。

3）施工前宜进行墙槽成槽试验，确定施工工艺流程，选择操作技术参数。

4）基坑周边严禁堆载，加强监理和监测工作。

5）根据《建筑基坑支护技术规程》JGJ 120，地下连续墙宜采用声波透射法检测墙身结构质量，检测槽段数应不少于总槽段数的 20%，且不应小于 3 个槽段。

2.1.3.3　江北工作井 K11+977～K12+000

（1）地基土分布

江北工作井长 23m，宽 45.8m，基坑最大挖深 26.8m。本次勘察共完成勘探点 3 个，土层空间分布空间上呈层状，土层起伏情况和厚度较稳定，本路段地基土层厚、顶板标高及土质可挖性详见表 2.1.15。

表 2.1.14 江北暗埋段承载力及基坑设计参数推荐表

层号	名称	天然含水量 %	孔隙比	天然重度 γ kN/m³	渗透系数 垂直 K_v cm/s	渗透系数 水平 K_h cm/s	有机质含量 %	压缩模量 E_{s1-2} MPa	承载力特征值 f_a kPa	钻孔桩 极限侧阻力标准值 q_{sik} kPa	钻孔桩 极限端阻力标准值 q_{pk} kPa	抗拔系数 λ_i	直剪固快 内聚力 c kPa	直剪固快 内摩擦角 φ °	直接快剪 内聚力 c kPa	直接快剪 内摩擦角 φ °	三轴CU 内聚力 c kPa	三轴CU 内摩擦角 φ °	三轴UU 内聚力 c kPa	三轴UU 内摩擦角 φ °	无侧限抗压强度 q_u kPa	静止侧压力系数 k_0	基床系数 K MPa/m	泊松比 μ
2-2	粉质黏土	28.3	0.81	19.3	1.92E-6	2.30E-6	0.49	5.1	100	16		0.7	30.7	16.0	30.2	12.6	15.0	19.8	67.1	1.5	103.5	0.54	17.9	0.35
3-3	淤泥质黏土	38.4	1.09	18.3	2.08E-7	4.17E-7	1.45	2.8	70	16		0.7	11.4	10.9	12.3	6.2	15.2	19.1	19.3	0.3	37.8	0.67	8.6	0.40
4-1	淤泥质粉质黏土	40.5	1.15	18.0	2.87E-7	4.10E-7	1.05	2.9	75	20		0.7	16.7	10.8	15.9	4.8	16.3	16.4	19.1	0.2	36.3	0.71	13.3	0.42
4-2	粉质黏土	33.9	1.03	18.3	3.66E-7	5.25E-7	0.64	3.8	100	25		0.7	20.3	12.3	21.4	6.7	22.2	14.4	24.9	1.0	43.9	0.57	17.8	0.36
4-3	黏质粉土	28.1	0.84	18.9	2.86E-5	3.64E-5	0.32	7.0	125	35	300	0.6	12.9	17.4	14.6	11.9	40.5	26.4	34.1	0.9		0.55	15.0	0.35
5-4	黏质粉土	34.5	0.96	18.7	2.51E-7	3.27E-7	0.88	6.7	135	46	550	0.7	23.9	15.0	24.5	10.7	24.6	16.8	45.8	1.4	109.2	0.49	22.1	0.33

注：剪切指标为峰值强度。

江北工作井地基土分布表 表 2.1.15

层号	土层名称	土层性状	分布情况	层厚（m）	顶板标高（m）	围岩可挖性分类
2-2	粉质黏土	灰黄，可塑，属"硬壳层"，中压缩性	普遍	3.20～4.00	3.59～4.46	I
3-3	淤泥质黏土	灰色，流塑，饱和，鳞片状，高压缩性	普遍	3.30～3.90	0.39～0.86	I
4-1	淤泥质粉质黏土	灰色，流塑，饱和，厚片状，高压缩性	普遍	12.30～13.70	-3.21～-2.84	I
4-2	粉质黏土	灰色，软塑，薄层状构造，中偏高压缩性	普遍	8.70～9.90	-16.74～-15.51	I
4-3	黏质粉土	灰色，稍密，湿，薄层状构造，中压缩性	普遍	2.50～4.60	-26.64～-24.21	I
5-4	粉质黏土	灰黄色，稍-中密，厚层状构造，中压缩性	普遍	5.25～9.55	-30.19～-26.74	I
6-1	粉质黏土	灰黄色，可-硬塑，厚层状构造，中压缩性	普遍	3.25～6.85	-39.14～-34.06	II
6-3	粉质黏土	灰色，软塑，厚层状构造，中压缩性	普遍	7.90～16.70	-43.54～-39.54	I
7-2	粉砂	灰色，中密，薄层状构造，中压缩性	普遍	4.90～4.95	-62.34～-56.24	I

注：围岩可挖性按《公路工程地质勘察规范》JTJ 064—1998 划分。

（2）地基土物理力学性质指标的选用

根据勘探揭露及室内土工试验成果，通过计算修正，并结合地区经验确定。对评价岩土性状的指标（如常规物理指标：天然重度、天然孔隙比、液限、塑性指数、液性指数等）和正常使用极限状态计算需要的岩土指标（如压缩系数、压缩模量、渗透系数等），以统计成果的平均值作为设计参数，对于承载能力极限状态计算需要的岩土参数（如抗剪强度指标）应以标准值作为设计参数，详见表 2.1.16。

（3）基础方案分析与评价

江北工作井为盾构到达井，开挖深度 26.8m 左右，分别设置集中排风机房、高压消防泵房等。设计拟采用明挖法施工，从地层结构上来看，开挖深度内地层以淤泥质粉质黏土为主，为保证基坑稳定性，应根据基坑开挖深度及场地岩土工程条件，对基坑坑壁进行支护，建议采用连续墙加内支撑进行围护，其围护结构宜嵌入 6-1 层及其以下土层一定深度为宜，并满足渗流稳定验算条件。

由于江北工作井底板为 4-3 层黏质粉土，间夹淤泥质土微层理，该层具弱～微透水性，且具有一定承压性质，建议采用地下连续墙辅助降水法进行基坑施工，墙体插入 6-1 层及以下土层中，不仅可以隔离 4-3 层地下水的补给，基坑支护后可作为永久承载结构。

场地地下水水位较高，潜水位埋深一般为 0.5～3.0m，下部第一承压含水层静止水位埋深为 3.10m 左右，地下水浮力很大，若结构荷载和上覆土压力难以抵抗地下水的浮力，减小浮力作用的措施有：

① 设置一定数量深井进行降水，以减小地下水上浮水压力；
② 设计抗浮桩，提高基坑土体强度；
③ 基坑底板设置必要的泄水孔，以消除地下水浮力；
④ 基坑施工期间坑底土中设配重，以抵消浮力。

综合考虑场地及地层特点，抗浮桩时可采用钻孔灌注桩，桩长应根据上部荷载情况、地下水浮力以及场地工程地质条件确定。

因基坑开挖造成土体竖向应力的减小，基底地基土将引起回弹变形，特别是沿线土层存在饱和软黏土层（4-1 层），在进行深基坑开挖时，坑底土可能出现隆起现象。按弹性理论的初始沉降公式，将压力 P 变换为卸荷土自重（$\gamma \cdot d$），即为回弹量计算式：

$$S_{dr} = -\gamma d b(1-\nu^2) I_i / E_{sr}$$

式中 S_{dr}——地基回弹量（m）；

γ——土重度（kN/m³）；

d——基础埋置深度（m）；

b——基础宽度（m），取值按工作井宽度 23m；

ν——泊松比，按 $\nu = k_0/(1+k_0)$ 估算，k_0 为静止侧压力系数；

E_{sr}——基坑下地基土回弹变形模量（kPa）；

I_i——影响因数，查《岩土工程勘察设计手册》（林宗元 1995 年编）表 5.5-38。

表 2.1.16 江北工作井承载力及基坑设计参数推荐表

层号	名称	天然含水量 %	孔隙比	天然重度 γ kN/m³	渗透系数 垂直 K_v cm/s	渗透系数 水平 K_h cm/s	热物理指标 比热容 c kJ/(kg·K)	热物理指标 导温系数 $\lambda \times 10^{-3}$ M²/h	热物理指标 导热系数 a W/(m·K)	压缩模量 E_{s1-2} MPa	承载力特征值 f_a kPa	钻孔桩 极限侧阻力标准值 q_{sik} kPa	钻孔桩 极限端阻力标准值 q_{pk} kPa	抗拔系数 λ_i	直剪固快 内聚力 c kPa	直剪固快 内摩擦角 φ °	直接快剪 内聚力 c kPa	直接快剪 内摩擦角 φ °	三轴CU 内聚力 c kPa	三轴CU 内摩擦角 φ °	三轴UU 内聚力 c kPa	三轴UU 内摩擦角 φ °	无侧限抗压强度 q_u kPa	静止侧压力系数 k_0	基床系数 K MPa/m	泊松比 μ	回弹模量 E_{v200} MPa
2-2	粉质黏土	28.3	0.81	19.3	1.92E-6	2.30E-6				5.1	100	16		0.7	30.7	16.0	30.2	12.6	15.0	19.8	67.1	1.5	103.5	0.54	17.9	0.35	2.67
3-3	淤泥质黏土	38.4	1.09	18.3	2.08E-7	4.17E-7	1.79	1.78	2.29	2.8	70	16		0.7	11.4	10.9	12.3	6.2	15.2	19.1	19.3	0.3	37.8	0.67	8.6	0.40	2.67
4-1	淤泥质粉质黏土	40.5	1.15	18.0	2.87E-7	4.10E-7	1.68	1.59	2.08	2.9	75	20		0.7	16.7	10.8	15.9	4.8	16.3	16.4	19.1	0.2	36.3	0.71	13.3	0.42	3.42
4-2	粉质黏土	33.9	1.03	18.3	3.66E-5	5.25E-7	1.41	1.64	1.56	3.8	100	25		0.7	20.3	12.3	21.4	6.7	22.2	14.4	24.9	1.0	43.9	0.57	17.8	0.36	10.9
4-3	黏质粉土	28.1	0.84	18.9	2.86E-5	3.64E-5	1.45	1.78	1.59	7.0	125	35	300	0.6	12.9	17.4	14.6	11.9	40.5	26.4	34.1	0.9	61.2	0.55	15.0	0.35	3.76
5-4	粉质黏土	34.5	0.96	18.7	2.51E-7	3.27E-7	1.71	1.50	1.96	6.7	135	46	550	0.7	23.9	15.0	24.5	10.7	24.6	16.8	45.8	1.4	109.2	0.49	22.1	0.33	2.67
6-1	粉质黏土	29.0	0.79	19.2	1.58E-7	7.42E-7				7.7	160	58	650	0.7	31.8	18.4	26.3	13.2	39.0	14.0	72.1	0.9	179.9	0.50	41.6	0.33	3.38
6-3	粉质黏土	33.4	0.97	18.8						6.5	140	50	700	0.7	27.8	15.4	27.6	9.1	17.6	14.2	52.5	2.73		0.56	28.1	0.36	
7-2	粉砂	22.0	0.68	19.6						9.8	170	55	1300	0.6													

注：剪切指标为峰值强度。

本研究对江北工作井基坑回弹量进行估算，假定6-3层（深度55m）以下地层为刚性不压缩土层，概化坑底以下土层为均质体，基坑中心点最大回弹量估算结果见表2.1.17。

基坑回弹量估算表　　　　表2.1.17

构筑物类型	孔号	估算深度d（m）	基础宽度b（m）	基坑回弹量S_{dr}（m）
江北工作井	Jz-III$_{07}$-12	10	23	1.57
		15	23	2.35
		20	23	1.49
		25	23	2.63

工作井开挖支护后，作为盾构的到达井，洞口范围及作为盾构反力范围的土体必须有足够的强度，若井壁强度以及洞体土体稳定性不能满足要求，应该对其进行加固处理，可采用冻结法、注浆法进行加固处理。

(4) 施工注意事项

1) 工作井属深基坑工程，应采取分层开挖，一次开挖深度不宜过大，并应及时做好支撑，否则将引起墙体过大变形，其至造成破坏。

2) 开挖土层主要为2层、3层、4层属黏土类，其中3-3层、4-1层均属高触变性土层，容易受人为、机械设备等影响而扰动结构，从而降低土层原始结构强度，因此，施工过程应尽量防止对土体的过大扰动而出现土体边坡失稳。

3) 基坑开挖后，土体经卸荷作用将会出现一定回弹，特别是4-1层为淤泥质土类，具明显触变性及流动性。施工应注意土体回弹对基坑支护结构的影响，并及时做好对坑底土层的保护工作。

4) 江北工作井坑底土层为4-3层黏质粉土，属弱透水性—微透水性，该层地下水具有承压性质，但涌水量较小，施工时应注意防止基础因内、外侧存在的水头压力出现流砂现象，影响施工安全。建议施工期间设置长期观测孔对该层地下水进行监测。

5) 严禁基坑外侧堆载，同时加强监测，做到智能化、信息化管理。

6) 根据《建筑基坑支护技术规程》JGJ 120-99第4.7.6条，地下连续墙宜采用声波透射法检测墙身结构质量，检测槽段数应不少于总槽段数的20%，且不应小于3个槽段。

2.1.3.4 特征工程段 K12+000～K15+200

(1) 地基土分布

本工程盾构段采用双线，左线全长3251m，右线全长3247.09m，最大埋深约35m左右。沿线共完成勘探点108个，土层空间分布空间上呈层状，土层起伏情况和厚度较稳定，本路段地基土层厚、顶板标高及土质可挖性详见表2.1.18。

盾构段地基土分布表　　　　表2.1.18

层号	土层名称	土层性状	分布情况	层厚（m）	顶板标高（m）	隧道围岩分类
3-1	砂质粉土	黄灰色、灰色，稍密，薄层状构造，中压缩性	局部	4.50～11.00	0.81～3.45	VI
3-2	粉砂	暗绿色、灰色，中密，薄层状构造，中压缩性	局部	1.65～14.60	−8.24～−1.40	VI
3-3	淤泥质黏土	灰色，流塑，饱和，鳞片状构造，高压缩性	局部	2.50～4.70	0.39～2.08	VI
4-1	淤泥质粉质黏土	灰色，流塑，饱和，厚层状构造，高压缩性	普遍	1.50～14.50	−17.61～−1.58	VI
4-2	粉质黏土	灰色，软塑，薄层状构造，中偏高压缩性	局部	1.56～11.30	−20.81～−14.42	VI
4-3	黏质粉土	灰色，稍密，湿，薄层状构造，中压缩性	局部	1.20～6.50	−26.64～−18.71	VI
5-1	粉质黏土	褐黄色，软—可塑，厚层状构造，中压缩性	局部	0.80～4.90	−19.14～−13.82	V
5-2	粉质黏土	灰黄色，可塑，厚层状构造，中压缩性	局部	0.60～11.05	−32.00～−15.43	V
5-3	黏质粉土	灰黄色，中密，薄层状构造，中压缩性	局部	1.40～8.65	−26.76～−18.05	VI
5-4	粉质黏土	灰色，软塑，厚层状构造，中压缩性	普遍	3.85～25.40	−35.86～−22.73	VI
6-2	黏质粉土	灰黄色，中密，厚层状构造，中压缩性	局部	1.60～7.30	−53.86～−46.71	V
6-3	粉质黏土	灰色，软塑，厚层状构造，中压缩性	局部	0.56～16.70	−56.86～−39.50	VI

注：隧道围岩类别按《公路隧道设计规范》JTGD 70—2004划分。

(2) 地基土物理力学性质指标的选用

根据勘探揭露及室内土工试验成果，本报告通过计算修正，并结合地区经验确定。对评价岩土性状的指标（如常规物理指标：天然重度、天然孔隙比、液限、塑性指数、液性指数等）和正常使用极限状态计算需要的岩土指标（如压缩系数、压缩模量、渗透系数等），以统计成果的平均值作为设计参数。对于承载能力极限状态计算需要的岩土参数（如抗剪强度指标）应以标准值作为设计参数，详见表 2.1.19。

(3) 基础方案分析与评价

根据可研报告，本隧道拟采用圆形隧道穿越钱塘江，盾构段洞身最深处设计路面标高达−26.9m。盾构施工主要开挖土层为 4 淤泥质粉质黏土、5 层粉质黏土、6 层粉质黏土层内，该土层具有以下特点：

1) 其中 4-1 层淤泥质粉质黏土工程性质差，具明显的高触变性，在动力作用下，土层结构强度易破坏；4 层、5 层、6 层土性质各不相同，呈层状差异，盾构在推进过程中受各土层土质差异影响，所受阻力不均匀，因此，盾构推进时应根据地层情况适当控制速率，合理控制盾构参数，以防止盾构体偏离设计轴线。

2) 5-1 层、5-2 层粉质黏土层俗称"硬土层"和 6 层粉质黏土、黏土力学性质相对较好，且空间分布稳定性好，透水性差，且土层的性状较均匀，适宜盾构施工。

3) 5-3 层、6-2 层为粉土、粉砂层，以中—密实为主，对盾构推进将会产生较大阻力。该层为承压含水层，其透水性相对较好，单位涌水量大。

4) 隧道洞身呈"V"字形下切，所处土层 4 层、5 层、6 层，其土层力学性质差异较大，设计应注意隧道洞身开挖过程和运行后的不均匀沉降问题。

本隧道在满足线路设计要求的同时，尚应考虑施工时对沿线环境、城市规划、建设所起的环境改变，及应采取的环境保护措施。特别是钱塘江两岸现有标准海塘的安全，下部隧道开挖将引起深部土层的应力卸荷，隧道开挖过程中降水、排水将对隧道周边土层的进一步排水固结，局部地段因降水形成土体细颗粒的流失，使现有地面发生差异沉降，从而引起现有海塘坝体的沉降和变形，影响标准海塘的正常运行。

(4) 施工注意事项

1) 近几年修建的南北钱塘江标准堤塘产生的附加应力引起基础下土体固结沉降，也会从一定程度对盾构开挖产生影响。钱塘江潮汐作用、冲淤作用为动态变化，对隧道洞身的建设运行产生一定影响，故设计、施工时应对上覆土体根据具体应力条件进行分析。

2) 4 层、5 层、6 层多呈水平层状，竖向土均一性较差，盾构在推进过程中受土质差异影响，故所受阻力不均匀，因此，盾构推进时应根据地层情况适当控制速率，合理控制盾构参数。盾构推进中应减少导致土体发生坍塌和挤密现象的超挖欠挖，避免对周边环境产生较大影响，特别是对钱塘江两岸现有道路、堤坝的影响。

3) 盾构法施工属系统工程，应重视各施工环节的相互协调工作、监测工作和信息反馈工作，做到有问题及时反馈、及时处理。

2.1.3.5 江南工作井 K15+200～K15+225

(1) 地基土分布

江南工作井宽 21m，长 45.8m，最大挖深 27.34m，为盾构始发井。因场地表部以养殖鱼塘为主，现土地未征用无法进行施工，本路段仅完成勘探点 1 个，根据区域地质资料和沉积规律分析，土层空间分布空间上呈层状，土层起伏情况和厚度较稳定，本路段地基土层厚、顶板标高及土质可挖性详见表 2.1.20。

第2章 钱江隧道环境及特点

盾构段承载力及基坑设计参数推荐表

表 2.1.19

层号	名称	天然含水量 %	孔隙比	天然重度 γ kN/m³	渗透系数 垂直 K_v cm/s	渗透系数 水平 K_h cm/s	热物理指标 比热容 c kJ/(kg·K)	热物理指标 导温系数 $\lambda \times 10^{-3}$ M²/h	热物理指标 导热系数 a W/(m·K)	不均匀系数 C_u	标贯原始锤击数 $N_{63.5}$ 击	压缩模量 E_{1-2} MPa	承载力特征值 f_a kPa	直剪固快 内聚力 c kPa	直剪固快 内摩擦角 φ °	直接快剪 内聚力 c kPa	直接快剪 内摩擦角 φ °	三轴CU 内聚力 c kPa	三轴CU 内摩擦角 φ °	三轴UU 内聚力 c kPa	三轴UU 内摩擦角 φ °	无侧限抗压强度 q_u kPa	静止侧压力系数 k_0	基床系数 K MPa/m	泊松比 μ
3-1	砂质粉土	26.4	0.76	19.5	1.40E-4	1.95E-4				8.96	10.3	11.7	140	5.0	28.1	8.5	27.1	27.0	22.7				0.50	18.7	0.33
3-2	粉砂	23.8	0.67	19.9	3.13E-4	3.58E-4	1.71	1.78	2.44	21.53	14.7	11.9	160	5.3	29.2	5.5	27.6	24.7	34.3	24.8	3.00		0.41	21.3	0.29
3-3	淤泥质黏土	38.4	1.09	18.3	2.08E-7	4.17E-7	1.79	1.78	2.29		3.0	2.8	70	11.4	10.9	12.3	6.2	15.2	19.1	19.3	0.3	37.8	0.67	8.6	0.40
4-1	淤泥质粉质黏土	40.5	1.15	18.0	2.87E-7	4.10E-7	1.68	1.59	2.08	24.14	5.1	2.9	75	16.7	10.8	15.9	4.8	16.3	16.4	19.1	0.2	36.3	0.71	13.3	0.42
4-2	粉质黏土	33.9	1.03	18.3	3.66E-7	5.25E-7	1.41	1.64	1.56	16.75	8.2	3.8	100	20.3	12.3	21.4	6.7	22.2	14.4	24.9	1.0	43.9	0.57	17.8	0.36
4-3	黏质粉土	28.1	0.84	18.9	2.86E-5	3.64E-5	1.45	1.78	1.59	9.32	11.6	7.0	125	12.9	17.4	14.6	11.9	40.5	26.4	34.1	0.9		0.55	15.0	0.35
5-1	粉质黏土	27.5	0.79	19.4	2.38E-7	3.70E-7	1.55	1.83	1.41		12.6	5.4	140	27.2	16.3	26.0	9.5	22.4	19.8	81.9	1.6	144.3	0.52	23.5	0.34
5-2	粉质黏土	28.4	0.82	19.5	7.75E-7	3.70E-7	1.52	1.48	1.96	16.66	14.6	6.2	170	28.5	17.7	28.9	13.4	24.8	20.1	55.0	1.5	95.6	0.47	21.3	0.32
5-3	粉质黏土	31.0	0.88	19.0	4.30E-7	3.27E-7	1.45	1.78	1.59	8.23	15.5	6.4	150	13.0	21.0	14.7	17.7	23.9	27.7	39.1	1.6	71.0	0.48	23.9	0.32
5-4	粉质黏土	34.5	0.96	18.7	2.51E-7	3.27E-7	1.71	1.50	1.96	14.28	10.4	6.7	135	23.9	15.0	24.5	10.7	24.6	16.8	45.8	1.4	109.2	0.49	22.1	0.33
6-2	黏质粉土	24.0	0.70	19.8	4.98E-4	7.42E-4				19.43	12.2	9.4	130	5.8	26.7	10.0	24.0	25.5	15.5	30.0	1.2	63.5	0.47	21.0	0.32
6-3	粉质黏土	33.4	0.97	18.8						15.00	23.7	6.5	140	27.8	15.4	27.6	9.1	17.6	14.2	52.5	2.73		0.56	28.1	0.36

注：剪切指标为峰值强度。

江南工作井地基土分布表　　　　　　　　表 2.1.20

层号	土层名称	土层性状	分布情况	层厚（m）	顶板标高（m）	围岩可挖性分类
3-1	砂质粉土	黄灰色、灰色，稍密，薄层状构造，中压缩性	普遍	5.80	1.77	I
3-2	粉砂	暗绿色、灰色，中密，薄层状构造，中压缩性	普遍	11.50	-4.03	I
4-1	淤泥质粉质黏土	灰色，流塑，饱和，厚层状构造，高压缩性	普遍	10.00	-15.53	I
5-3	粉砂	灰黄色，中密，薄层状构造，中压缩性	普遍	6.60	-25.53	I
5-4	粉质黏土	灰色，软塑，厚层状构造，中压缩性	普遍	17.70	-32.13	I

注：围岩可挖性按《公路工程地质勘察规范》JTJ 064—1998 划分。

（2）地基土物理力学性质指标的选用

根据勘探揭露及室内土工试验成果，本报告通过计算修正，并结合地区经验确定。对评价岩土性状的指标（如常规物理指标：天然重度、天然孔隙比、液限、塑性指数、液性指数等）和正常使用极限状态计算需要的岩土指标（如压缩系数、压缩模量、渗透系数等），以统计成果的平均值作为设计参数，对于承载能力极限状态计算需要的岩土参数（如抗剪强度指标）应以标准值作为设计参数，详见表 2.1.21。

（3）基础方案分析与评价

江南工作井为盾构始发井，开挖深度 27.34m 左右，分别设置集中排风机房、高压消防泵房等。设计拟采用明挖法施工，从地层结构上来看，开挖深度内地层以粉砂、粉土层为主，坑底为 4-1 层淤泥质粉质黏土。基坑宜采用连续墙加内支撑进行围护，其围护结构宜嵌入 6-3 层及其以下土层一定深度为宜，并满足渗流稳定验算条件。

江南工作井开挖土层 3-1 层砂质粉土、3-2 层粉砂具弱透水性，水量丰富，且与地表水体，特别是钱塘江水有一定水力联系，下部 5-3 层粉砂层具有一定承压性质，对基坑围护有影响。建议采用地下连续墙并辅助以降水法进行基坑施工，墙体宜插入 5-3 层及以下土层中，施工时，可对 5-3 层进行降压处理，基坑支护后可作为永久挡土墙。

场地地下水水位较高，潜水含水层与地表水体联系密切，其静止水位一般为 0.60~2.00m 左右，且下部第二承压含水层静止水位为 2.90m，地下水浮力很大，若结构荷载和上覆土压力难以抵抗地下水的浮力时，需采取必要的抗浮措施，一般可考虑采用以下方法：

① 设置一定数量深井进行降水，以减小地下水上浮水压力；
② 设计抗浮桩，提高基坑土体强度；
③ 基坑底板设置必要的泄水孔，以消除地下水浮力；
④ 基坑施工期间坑底土中设配重，以抵消浮力。

综合考虑场地及地层特点，可采用钻孔灌注桩，桩长应根据上部荷载情况、地下水浮力以及场地工程地质条件确定，桩端宜进入 6-3 层及以下土层中，并满足施工期间抗浮稳定验算要求。本场地潜水含水层及承压水含水层水量均较丰富，降水、降压均是江南工作井基坑研究的主要问题，因此，建议在施工过程中对相应含水层进行进一步水文地质试验和建立长期水文观测孔。

因基坑开挖造成土体竖向应力的减小，基底地基土将引起回弹变形，特别是坑底土层存在饱和软黏土层（4-1 层），当进行深基坑开挖时，坑底土可能出现隆起现象。按弹性理论的初始沉降公式，将压力 P 变换为卸荷土自重（$\gamma \cdot d$），计算回弹量。

本报告对江南工作井基坑回弹量进行估算（详见表 2.1.22），假定 6-3 层（深度 50m）以下地层为刚性不压缩土层，概化坑底以下土层为均质体，估算基坑中心点最大回弹量。

第 2 章 钱江隧道环境及特点

表 2.1.21 江南工作井承载力及基坑设计参数推荐表

层号	名称	天然含水量 %	孔隙比	天然重度 γ kN/m³	渗透系数 垂直 K_v cm/s	渗透系数 水平 K_h cm/s	热物理指标 比热容 c kJ/(kg·K)	热物理指标 导温系数 $\lambda \times 10^{-3}$ M²/h	热物理指标 导热系数 a W/(m·K)	压缩模量 E_{s1-2} MPa	承载力特征值 f_a kPa	钻孔桩 极限侧阻力标准值 q_{sik} kPa	钻孔桩 极限端阻力标准值 q_{pk} kPa	抗拔系数 λ_i	直剪固快 内聚力 c kPa	直剪固快 内摩擦角 φ °	直接快剪 内聚力 c kPa	直接快剪 内摩擦角 φ °	三轴 CU 内聚力 c kPa	三轴 CU 内摩擦角 φ °	三轴 UU 内聚力 c kPa	三轴 UU 内摩擦角 φ °	无侧限抗压强度 q_u kPa	静止侧压力系数 k_0	基床系数 K MPa/m	泊松比 μ	回弹模量 E_{r200} MPa
3-1	砂质粉土	26.4	0.76	19.5	1.40E-4	1.95E-4				11.7	140	16		0.6	5.0	28.1	8.5	27.1	27.0	22.7				0.50	18.7	0.33	
3-2	粉砂	23.8	0.67	19.9	3.13E-4	3.58E-4	1.71	1.78	2.44	11.9	160	40		0.6	5.3	29.2	5.5	27.6	24.7	34.3	24.8	3.00		0.41	21.3	0.29	
4-1	淤泥质粉质黏土	40.5	1.15	18.0	2.87E-7	4.10E-7	1.68	1.59	2.08	2.9	75	20		0.7	16.7	10.8	15.9	4.8	16.3	16.4	19.1	0.2	36.3	0.71	13.3	0.42	
5-3	粉砂（粉土）	31.0	0.88	19.0	4.30E-7	3.27E-7	1.45	1.78	1.59	6.4	150	55	850	0.6	13.0	21.0	14.7	17.7	23.9	27.7	39.1	1.6	71.0	0.48	23.9	0.32	10.8
5-4	粉质黏土	34.5	0.96	18.7	2.51E-7	3.27E-7	1.71	1.50	1.96	6.7	135	46	550	0.7	23.9	15.0	24.5	10.7	24.6	16.8	45.8	1.4	109.2	0.49	22.1	0.33	3.4

注：剪切指标为峰值强度。

基坑回弹量估算表 表 2.1.22

构筑物类型	孔号	估算深度 d (m)	基础宽度 b (m)	基坑回弹量 S_{dr} (m)
江南工作井	Jz-Ⅲ07-106	10	23	1.74
		15	23	2.61
		20	23	2.32
		25	23	2.41

工作井基坑完成后，作为盾构的始发段，洞口范围及作为盾构反力范围的土体必须有足够的强度，在地下连续墙接头部分结合高压注浆形成水帷幕进行施工，以增强其整体性及稳定性。若井壁强度以及洞体土体稳定性不能满足要求，应该对其进行加固处理，施工可采用冻结法进行加固处理。

（4）施工注意事项

1）江南工作井浅部土层 3-1 层砂质粉土、3-2 层粉砂为潜水含水层，具弱透水性，水量丰富，建议施工前疏干地表水体，施工时需在工作井围护结构完成后开挖，结合采用坑内降水、坑外降压的方式进行。

2）地下连续墙施工时，3-1 层、3-2 层的坍塌问题是本工程主要研究对象之一，由于潜水含水层地下水水位高、水量丰富，对成槽施工有一定影响，建议在基坑外侧设置一定数量轻型井点降水降低水头压力，使槽内泥浆形成良好保护，以防止粉砂、粉土的坍塌。

3）江南工作井坑底土层为 4-1 层淤泥质粉质黏土，具有明显"软土"特征，具高灵敏性、高触变性，且随基坑开挖后的基坑暴露时间出现明显的基坑回弹现象，施工时应注意时空效应，及时对坑底土层进行加固，并尽量避免因人为影响降低坑底土体的原始结构强度造成基坑失稳。

4）江南工作井下部存在 5-3 层粉砂，属第二承压含水层，水量较丰富，弱透水性，施工时应注意基坑突涌问题。

5）严禁基坑外侧堆载，同时加强监测，做到智能化、信息化管理。

6）根据《建筑基坑支护技术规程》JGJ 120—99 第 4.7.6 条，地下连续墙宜采用声波透射法检测墙身结构质量，检测槽段数应不少于总槽段数的 20%，且不应小于 3 个槽段。

7）本次勘察江南工作井范围仅完成一个勘探点，不能满足勘察设计精度要求，待土地落实后应按规范要求进行补充勘察，再提交补勘报告。

2.1.3.6 江南暗埋段 K15+225～K15+575

（1）地基土分布

江南暗埋段全长 227m，共完成勘探点 12 个，土层空间分布空间上呈层状，土层起伏情况和厚度较稳定，本路段地基土层厚、顶板标高及土质可挖性详见表 2.1.23。

江南暗埋段地基土分布表 表 2.1.23

层号	土层名称	土层性状	分布情况	层厚 (m)	顶板标高 (m)	围岩可挖性分类
3-1	砂质粉土	黄灰色、灰色，稍密，薄层状构造，中压缩性	普遍	6.20～9.20	1.01～3.72	Ⅰ
3-2	粉砂	暗绿色、灰色，中密，薄层状构造，中压缩性	普遍	10.30～12.00	-5.99～-4.49	Ⅰ
4-2	淤泥质粉质黏土	灰色，软塑，薄层状构造，中偏高压缩性	局部	10.63～12.30	-17.39～-15.69	Ⅰ
5-3	粉砂	灰黄色，中密，薄层状构造，中压缩性	局部	5.00～9.20	-29.19～-27.29	Ⅰ
5-4	粉质黏土	灰色，软塑，厚层状构造，中压缩性	局部	13.30～16.20	-42.89～-33.13	Ⅰ
6-3	粉质黏土	灰色，软塑，厚层状构造，中压缩性	局部	7.00～8.76	-50.44～-36.08	Ⅰ

注：围岩可挖性按《公路工程地质勘察规范》JTJ 064—1998 划分。

（2）地基土物理力学性质指标的选用

根据勘探揭露及室内土工试验成果，本研究通过计算修正，并结合地区经验确定。对评价岩土性状的指标（如常规物理指标：天然重度、天然孔隙比、液限、塑性指数、液性指数等）和正常使用极限状态计算需要的岩土指标（如压缩系数、压缩模量、渗透系数等），以统计成果的平均值作为设计参数，对于承载能力极限状态计算需要的岩土参数（如抗剪强度指标）应以标准值作为设计参数，详见表 2.1.24。

表 2.1.24 江南暗埋段承载力及基坑设计参数推荐表

层号	名称	天然含水量 %	孔隙比	天然重度 γ kN/m³	渗透系数 垂直 K_v cm/s	渗透系数 水平 K_h cm/s	有机质含量 %	压缩模量 E_{s1-2} MPa	承载力特征值 f_a kPa	钻孔桩 极限侧阻力标准值 q_{sik} kPa	钻孔桩 极限端阻力标准值 q_{pk} kPa	抗拔系数 λ	直剪固快 内聚力 c kPa	直剪固快 内摩擦角 φ °	直接快剪 内聚力 c kPa	直接快剪 内摩擦角 φ °	三轴 CU 内聚力 c kPa	三轴 CU 内摩擦角 φ °	三轴 UU 内聚力 c kPa	三轴 UU 内摩擦角 φ °	无侧限抗压强度 q_u kPa	静止侧压力系数 k_0	基床系数 K MPa/m	泊松比 μ
3-1	砂质粉土	26.4	0.76	19.5	1.40E-4	1.95E-4	1.02	11.7	140	16		0.6	5.0	28.1	8.5	27.1	27.0	22.7				0.50	18.7	0.33
3-2	粉砂	23.8	0.67	19.9	3.13E-4	3.58E-4		11.9	160	40		0.6	5.3	29.2	5.5	27.6	24.7	34.3	24.8	3.00		0.41	21.3	0.29
4-1	淤泥质粉质黏土	40.5	1.15	18.0	2.87E-7	4.10E-7	1.05	2.9	75	20		0.7	16.7	10.8	15.9	4.8	16.3	16.4	19.1	0.2	36.3	0.71	13.3	0.42
4-2	粉质黏土	33.9	1.03	18.3	3.66E-7	5.25E-7	0.64	3.8	100	25		0.7	20.3	12.3	21.4	6.7	22.2	14.4	24.9	1.0	43.9	0.57	17.8	0.36
5-3	黏质粉土	31.0	0.88	19.0	4.30E-7	3.27E-7		6.4	150	55	850	0.6	13.0	21.0	14.7	17.7	23.9	27.7	39.1	1.6	71.0	0.48	23.9	0.32
5-4	粉质粉土	34.5	0.96	18.7	2.51E-7	3.27E-7	0.88	6.7	135	46	550	0.7	23.9	15.0	24.5	10.7	24.6	16.8	45.8	1.4	109.2	0.49	22.1	0.33
6-3	粉质黏土	33.4	0.97	18.8				6.5	140	50	700	0.6	27.8	15.4	27.6	9.1	17.6	14.2	52.5	2.73		0.56	28.1	0.36

注：剪切指标为峰值强度。

(3) 基础方案分析与评价

江南暗埋段拟采用地下连续墙施工。施工需注意墙体在成槽过程中上部粉性土坍落及饱和粉土在水动力作用下的流砂、管涌现象，宜选择合理泥浆相对密度，确保导孔的垂直度和完整性，并建议在基坑外侧设置一定数量轻型井点降水降低水头压力，使槽内泥浆形成良好保护，以防止粉砂、粉土的坍塌。

本工程暗埋段线路距离较长，基坑开挖应遵循"大基坑小开挖"原则，以机械开挖和人工修整相结合，分层分段下挖，按"排水→挖土→土体外运→再挖深"的施工流程，开挖时应注意开挖面土体的水土围压，控制掘进速率和自立面高度。开挖后，应注意饱和粉、砂性土的触变性和流变性；由于大面积的卸荷作用，坑底土层将出现卸荷回弹和涌土、涌砂现象，施工时应注意基坑开挖的时空效应，及时做好坑底土层的保护、加固工作。

基坑降水、止水是本工程的主要研究对象之一，由于地下水补给表现为三维性，不仅在沿线纵向有水平补给，粉砂性土在垂向上会随水压力的改变而潜流补给。基坑内降水宜分级进行，一般可采用轻型井点降水工艺，开挖过程中可根据实际情况设临时集水井，基坑外侧地下水的下降会引起地面沉陷，从而影响路面、地下管线以及周围建筑的安全，施工时应引起足够重视。

下部5-3层粉砂为承压含水层，其透水性好，单位涌水量大，在水头压力下存在基坑突水可能，导致施工事故，设计、施工应引起足够重视，应对不同挖深段进行基坑稳定性验算。

(4) 施工注意事项

1) 沿线浅部均为饱和粉、砂性土，在饱水情况下受人工机械振动易引起毛细水大幅上升、砂土液化等不良地质现象，影响施工安全。

2) 底部4-1层淤泥质粉质黏土工程性质差，具明显的高触变性，在动力作用下，土层结构强度易破坏。

3) 本路段沿线场地存在大面积水塘，施工前宜疏干地表水体。同时应加强对潜水含水层、承压水含水层的水位长期观测工作。

4) 严禁基坑外侧堆载，同时加强监测，做到智能化、信息化管理。

5) 根据《建筑基坑支护技术规程》JGJ 120—99第4.7.6条，地下连续墙宜采用声波透射法检测墙身结构质量，检测槽段数应不少于总槽段数的20%，且不应小于3个槽段。

2.1.3.7 江南引道段 K15+575～K15+850

(1) 地基土分布

江南引道段全长275m，共完成勘探点13个，土层空间分布空间上呈层状，土层起伏情况和厚度较稳定，本路段地基土层厚、顶板标高及土质可挖性详见表2.1.25。

江南引道段地基土分布表　　　　　　　　表2.1.25

层　号	土层名称	土层性状	分布情况	层厚（m）	顶板标高（m）	围岩可挖性分类
3-1	砂质粉土	黄灰色、灰色，稍密，薄层状构造，中压缩性	普遍	6.00～10.20	2.06～4.39	I
3-2	粉砂	暗绿色、灰色，中密，薄层状构造，中压缩性	普遍	10.50～15.50	-5.81～-2.55	I
4-2	粉质黏土	灰色，软塑，薄层状构造，中偏高压缩性	局部	11.00～18.40	-18.05～-14.95	I
5-4	粉质黏土	灰色，软塑，厚层状构造，中压缩性	局部	4.00～19.20	-31.04～-28.94	I

注：围岩可挖性按《公路工程地质勘察规范》JTJ 064—1998划分。

(2) 地基土物理力学性质指标的选用

根据勘探揭露及室内土工试验成果，本报告通过计算修正，并结合地区经验确定。对评价岩土性状的指标（如常规物理指标：天然重度、天然孔隙比、液限、塑性指数、液性指数等）和正常使用极限状态计算需要的岩土指标（如压缩系数、压缩模量、渗透系数等），以统计成果的平均值作为设计参数，对于承载能力极限状态计算需要的岩土参数（如抗剪强度指标）应以标准值作为设计参数。本报告针对江北明挖段提供了江北工作井地基承载力及基坑设计参数推荐指标，以供设计使用，详见表2.1.26。

第 2 章 钱江隧道环境及特点

表 2.1.26

江南引道段承载力及基坑设计参数推荐表

层号	名称	天然含水量 %	天然重度 γ kN/m³	孔隙比	渗透系数 垂直 K_v cm/s	渗透系数 水平 K_h cm/s	有机质含量 %	压缩模量 $E_{s_{1-2}}$ MPa	承载力特征值 f_a kPa	钻孔桩 极限侧阻力标准值 q_{sik} kPa	钻孔桩 极限端阻力标准值 q_{pk} kPa	抗拔系数 λ_i	直剪固快 内聚力 c kPa	直剪固快 内摩擦角 φ °	直接快剪 内聚力 c kPa	直接快剪 内摩擦角 φ °	三轴 CU 内聚力 c kPa	三轴 CU 内摩擦角 φ °	三轴 UU 内聚力 c kPa	三轴 UU 内摩擦角 φ °	无侧限抗压强度 q_u kPa	静止侧压力系数 k_0	基床系数 K MPa/m	泊松比 μ
3-1	砂质粉土	26.4	19.5	0.76	1.40E-4	1.95E-4		11.7	140	16		0.6	5.0	28.1	8.5	27.1	27.0	22.7				0.50	18.7	0.33
3-2	粉砂	23.8	19.9	0.67	3.13E-4	3.58E-4		11.9	160	40		0.6	5.3	29.2	5.5	27.6	24.7	34.3	24.8	3.00		0.41	21.3	0.29
4-2	粉质黏土	33.9	18.3	1.03	3.66E-7	5.25E-7		3.8	100	25		0.7	20.3	12.3	21.4	6.7	22.2	14.4	24.9	1.0	43.9	0.57	17.8	0.36
5-4	粉质黏土	34.5	18.7	0.96	2.51E-7	3.27E-7		6.7	135	46	550	0.7	23.9	15.0	24.5	10.7	24.6	16.8	45.8	1.4	109.2	0.49	22.1	0.33

注：剪切指标为峰值强度。

(3) 基础方案分析与评价

对于开挖深度小于5m的敞开段，根据我院多年工作经验，杭州地区粉性土层一般挖深5m以内（相当于《浙江建筑基坑设计规范》中三级基坑），可采用轻型井点降水直接放坡开挖，鉴于暗埋段、引道段沿线两侧现均为荒地，特别是江南段，无建筑物分布，建议在挖深小于5m段采用配合井点降水放坡开挖，必要时可采用土钉墙进行支挡。

对于开挖深度5~10m段，根据我院工作经验，粉性土层内对于水泥搅拌桩施工效果较差，且根据《建筑地基基础设计规范》DB 33/1001"水泥土挡墙……坑深不大于7m"，因此，深度大于5m时需考虑采用钻孔灌注桩排桩式挡土加多头水泥搅拌桩止水进围护，施工时，宜适当降低地下水位，以确保基坑安全。

江南引道段开挖土层均属弱透水性，单井涌水量一般为10~$20m^3/d$，故基坑降水可分级进行，并设置一定数量的集水沟、集水井，实行系统化排水。由于隧道出口至引道段无上覆土压力，基底及周边地下水将对基坑产生浮托力，该段设计时，应考虑地下水浮力对其产生的影响，防止基底隆起破坏，同时应进行抗浮验算，必要时需采取抗浮措施。

施工时，应加强管理，避免坑外水流入坑内，确保施工安全，建议避开雨期施工。

(4) 填方路基处理

江南引道段存在大面积鱼塘，本工程建设局部存在填方问题。该路段鱼塘一般水深1.2~1.8m，底部存有0.2~0.6m不等浮土，塘底有机质含量较高，多呈灰黑色，鱼塘回填宜清淤后再行回填，根据本区施工经验，多用吹填法进行。

本路段沿线均为饱和粉、砂性土，在饱水情况下受人工机械振动易引起毛细水大幅上升、砂土液化等不良地质现象，影响施工安全，施工时应引起注意。

2.2 钱江隧道的基本特点

2.2.1 工程特点

(1) 建设意义重大

钱江通道及接线工程是浙江省公路水路交通建设规划中"两纵两横十八连三绕三通道"高速公路主骨架的"一通道"，是长三角都市圈高速公路网规划中"七纵之一"江苏盐城至绍兴高速公路的组成部分，在区域公路网中有着极其重要的作用。同时，该项目的建设对加强沿线地区于周边省市间的经济联系和物资、人员交流也具有十分重要的意义。

钱江隧道是钱江通道及接线工程项目的控制性工程、关键工程。钱江隧道的建成将沟通钱塘江南北两岸，对加强钱塘江南北两岸各重要城市的相互联系和经济往来具有十分重要的意义。

(2) 建设工期紧张，质量要求高

本工程项目建设计划总工期为42个月。考虑到本工程为多工种交叉，工序先后搭接紧密，过江隧道直径大、里程长、技术难度大，且地质条件复杂，上述因素在一定程度上制约着工程的建设进度。质量方面，本工程建成后必须达到群体工程优良，主体工程必须优良。

(3) 工程涉及多领域技术

本工程包括盾构机采购和安装、盾构进出洞加固、大型泥水平衡盾构法掘进、联络通道施工、两岸段明挖施工、机电设备安装调试等多项工程技术，而且对大直径公路隧道工程各类施工标准也趋向国际标准。另一方面，随着社会的进步，对建设过程中对环境影响的控制、隧道抗灾及运营阶段高效、低成本监控的要求越来越高。因而本工程不仅为多专业、多领域、多工作面施工，也是一个将各种最新隧道施工技术得到最大应用的综合性技术性工程。

2.2.2 工程难点

(1) 建设工期紧

本工程规模宏大，又是采用超大型泥水盾构在钱塘江下进行长距离施工，施工技术难度大，采用超大直径的盾构机施工,内部结构采用同步施工方式,其相应配套的泥水处理、交通运输、施工协调等也相当复杂。因此,在42个月内完成岸上段结构施工、两条盾构的推进、道路结构施工、机电设备安装调试的施工难度相当大。

(2) 施工条件复杂

本工程里程长,跨越杭州和嘉兴两地,沿线的条件相当复杂。

1) 防洪堤保护

江南、江北各两道大堤,分为一堤和二堤。因此,将八次穿越钱塘江防洪堤。同时,隧道掘进引起的地面沉降会对大堤产生一定的影响,如沉降过大会导致大堤的破坏。此外,江北大堤为鱼鳞石塘,按设计要求,江北防汛墙的沉降标准被定为2cm,控制要求相当很严格。因此,必须采取有效的措施确保大堤的安全。

2) 交通运输条件较差

拟建工程虽然周边区域有杭州绕城公路、沪杭甬高速公路、沪杭铁路和钱塘江航道等重要的交通干线,为工程的建设提供了良好的交通运输条件,但是,场地周边进场道路满足大型施工设备顺利进场还有一定的困难,特别是盾构大件设备运输。

图 2.2.1　钱塘江大堤

① 由于钱塘江施工段水位和潮汐的影响,主要的大型机械设备和盾构大件设备运输必须采用陆路运输。

江南场地:进场道路较窄,须修建800m长×8m宽进场便道。江北场地:周围为农田,没有进场的施工道路。根据现场勘查,需修建一座60m长×12m宽钢筋混凝土桥梁和约120m长×12m宽(30cm厚塘渣+30cm厚C25+双层双向$\phi 16$钢筋网片)进场道路。

② 盾构大件运输:由于盾构大件的体积和重量都比较大,通过详细的调研和方案比选,盾构部件只能通过钱塘江海运到萧山电厂码头,然后再通过陆路运输至施工现场。通过现场调查研究,并走访相关管理部门,需对沿线42座桥梁进行评估及加固改造处理;修建60m长×6m宽临时钢便桥。另外需对靠近施工现场3.8km的小道两侧的电力、通信杆、树木以及转弯道路一侧进行小的加固改造。以满足盾构大件(最重大件盾构轴承210t)及时运输到现场安装调试的要求。

3) 施工场地多河塘低洼地带

拟建工程岸边段施工场地为网格式鱼塘,因此,在征(借)地边线上需先行修建围堰,保证施工区域的封闭施工。同时施工前必须对施工场地范围的河塘进行抽水、清淤、回填、整平,经过初步计算须填土方约为40万 m^3。

4) 筑路材料较缺乏

沿线工程材料比较贫乏,必须远运购买。

(3) 不确定因素较多,对协调管理要求较高

本工程盾构直径是国际最大,推进距离为2×3245m,其技术覆盖的范围和涉及的领域均比较广泛,因而必然带来较多的不确定影响因素。除工程本身所涉及的各部位、各环节的衔接和有关资源的配置方面产生的种种问题外,还涉及方方面面的协调、组织等。

由此可见,对于本工程的项目管理者,必须综合考虑上述因素,协调好各方面的关系,通盘安排最合理施工进度,利用最优施工技术与高效的管理理念来减少各因素之间的矛盾与冲突。

(4) 盾构推进施工技术重点与难点

本工程盾构推进施工存在诸多难题,主要包括:大型泥水平衡盾构进出洞、不良地质条件、钱塘江

下长距离掘进、浅覆土施工、两隧道间净距小、隧道断面大、大直径隧道通用楔形管片错缝拼装、长距离泥水输送、大断面隧道施工期间抗浮问题、盾构推进与道路结构同步施工、钱塘江防洪堤保护、泥水配制、调整及弃土处理要求较高等。

(5) 岸上段施工技术重点与难点

本工程岸上段施工存在以下施工技术重点、难点：盾构工作井、地下水治理、地下连续墙施工、基坑的开挖稳定、岸边段构件及材料施工、结构防渗防腐蚀、季节施工、防台风和防洪等。

第 3 章 钱江隧道建设概况

3.1 国内外超大直径盾构隧道综述

超大直径盾构隧道自东京湾道路隧道于 1996 年建成以来，已建成工程 12 项，总长度 80km，采用盾构 18 台，其中 15 台为泥水平衡盾构，3 台为土压平衡盾构。12 项工程中，道路隧道占 10 项，铁路隧道 1 项，地铁工程 1 项。在 12 项道路隧道工程中，水底隧道 7 项，长度约 50km，占超大直径盾构隧道总长度的 60%。

从发展趋势来看，超大直径的城市道路隧道采用双层结构因断面利用率高而成为发展方向。单孔双层 4 车道和 6 车道已在国内外多项隧道工程中成功地得到应用。拟建中的白令海峡隧道工程将采用 19.2m 盾构掘进机施工 103km，在超大直径和超长距离盾构技术领域成为世界隧道工程史上的又一次新的挑战。

3.1.1 国外超大直径盾构隧道建设

国外盾构法隧道工程技术在近 20 年来向大深度、大断面、长距离的方向发展并建成一批超大直径的海底隧道和城市道路隧道。世界上第一个直径大于 14m 的超大直径盾构隧道工程是日本东京湾的海底道路隧道工程。长 9.4km 的隧道采用 8 台 ϕ14.14m 泥水盾构掘进施工，于 1996 年竣工，如图 3.1.1、图 3.1.2 所示。盾构采用先进的自动掘进管理系统、自动测量管理系统和自动拼装系统，8 台盾构各掘进了约 2.6km 并在海底实现了对接，体现了高新技术在盾构法隧道工程中的应用。隧道最大埋深 60m，在黏土和砂性土中掘进，隧道管片分为 11 块，厚度 65cm，结构计算采用弹性地基梁模型，接头弹簧系数经管片接头试验取得。

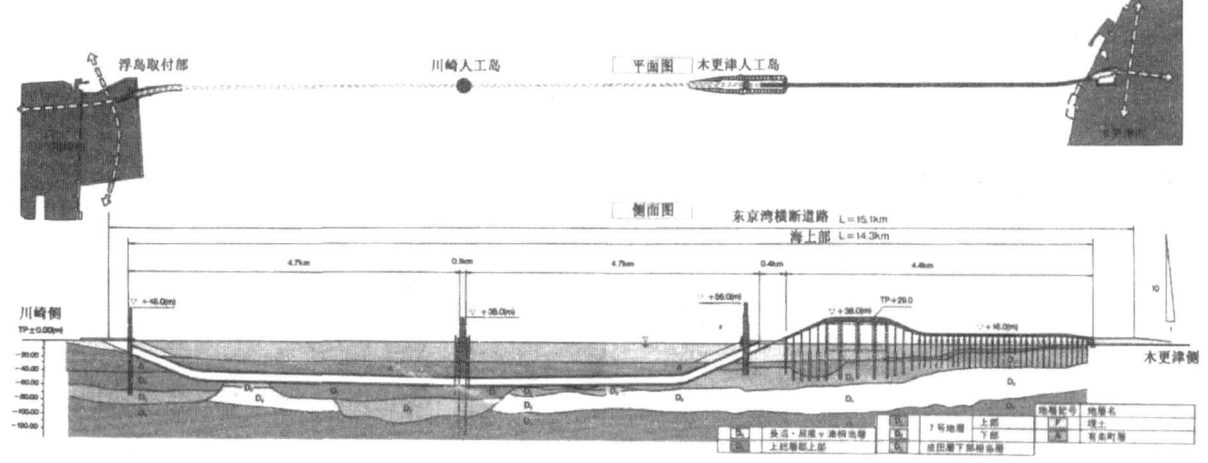

图 3.1.1 东京湾隧道概要图

1997 年 6 月，日本东京营团地铁 7 号线麻布站工程，采用 1 台 ϕ14.18m 母子式泥水盾构掘进机，掘进一条长 364m 的 3 线地铁隧道后进入通风井，然后从大盾构中推出 ϕ9.70m 的盾构掘进 77m 的双线隧道。这是世界第一台大直径的母子式盾构，体现了盾构技术的新发展。

1997 年开工的德国汉堡易北河第 4 隧道工程，长度 2.6km，河底最小覆土仅为 7m（小于 0.5D），采用海瑞克公司制造的 ϕ14.2m 复合型泥水盾构，如图 3.1.3 所示。穿越的地层为坚硬的黏土、砾石，含水丰富，透水系数大，掘进施工十分困难。盾构机中心设有 3m 直径的先行小刀盘，泥水舱下部设有可破碎

图3.1.2 东京湾隧道盾构

直径达120mm巨砾的破碎机；另一项新技术是地震测量系统，称为"声波软土测探系统"（SSP），可为整条隧道推进过程采集数据测量，提供盾构前20～30m的三维反射图像。这台盾构掘进机还设计了在常压状态下的刀盘更换设施。盾构技术体现了国际先进水平。易北河第4隧道工程于2003年竣工。该14.2m复合型泥水盾构经维修保养后于2003年用于俄罗斯莫斯科lefortovo地下道路隧道工程，掘进长度2.5km，为单管3车道隧道；以后又在莫斯科西部掘进2条2.2km的道路隧道。φ14.2m复合型泥水盾构总共掘进4条道路隧道，总长度为9.5km。

荷兰格累恩哈特隧道，是阿姆斯特丹到布鲁塞尔高速铁路隧道工程，长度7156m，中间设3座工作竖井，穿越地层为砂土，隧道埋深30m，采用法国NFM厂制造的外径为14.87m的泥水气平衡盾构机，如图3.1.4所示，于2005年竣工。

图3.1.3 易北河隧道盾构

图3.1.4 荷兰绿色心脏盾构

马德里M30地下道路隧道工程一期南环线，2条3来3去隧道各长3.67km，穿越地层为坚硬、有裂隙的灰色或绿色泥灰岩质黏土和石膏。北隧道采用德国海瑞克制作的φ15.2m世界最大双子星土压盾构，于2005年11月始发施工，2007年3月北隧道建成通车。南隧道采用日本三菱重工制作的15.2m土压盾构掘进了3664m，创造了日掘进46m的记录。

国外直径超过14m的盾构隧道工程完成7项，掘进长度约43.7km。采用盾构13台，其中11台为泥水平衡盾构，2台土压盾构。7项工程中，5项为道路隧道，1项为铁路隧道，1项为地铁隧道，如表3.1.1所示。

国外超大直径盾构隧道工程一览表　　　　　　表3.1.1

工程名称	盾构直径、机型	隧道长度（km）	埋深（m）	建设时间
东京湾道路隧道	8台14.14m泥水盾构	9.4×2	60	1989—1996
东京地铁7号线	14.18m母子泥水盾构	1.1	42	1997—1999
易北河第4隧道	14.2m泥水盾构	2.56	41	1995—2003
莫斯科地下道路隧道		2.5+2.2×2		2003—2009
绿色心脏隧道	14.9m泥水盾构	7	35	2001—2006
马德里M30环线隧道	2台15.01m土压盾构	3.67×2	—	2004—2007
总计	13台	43.7	—	—

3.1.2 国内超大直径盾构隧道建设

(1) 直径14.5m的上海上中路隧道工程

2004年，上海上中路越江隧道工程引进当时世界最大直径的φ14.87m泥水加压盾构（曾用于荷兰绿心隧道工程掘进7.15km），在黄浦江下掘进施工2条隧道，掘进长度1250m，隧道结构为双管双层双向8车道。隧道衬砌采用单层衬砌，为通用环楔形管片，采用全圆周错缝拼装工艺。圆形隧道的下层车道板结构采用预制构件和现浇钢筋混凝土相结合的形式。隧道穿越地层为饱和含水的淤泥质黏土、淤泥质粉质黏土，隧道最大埋深45m，最浅覆土8.6m。2009年建成通车。

(2) 直径15m的上海长江隧道工程

2005年，上海长江隧桥工程开工，其中隧道段长8.95km，设计车速80km/h。全线道路为双向6车道。隧道最大埋深55m，穿越地层为软弱的淤泥质黏土、淤泥质粉质黏土、黏质粉土、砂质粉土。圆隧道衬砌环外径1500mm，环宽2000mm，壁厚650mm。采用装配式钢筋混凝土通用楔形管片错缝拼装，混凝土强度等级C60，抗渗等级P12。衬砌圆环共分为10块，根据埋深不同，分浅埋、中埋、深埋和超深埋管片。管片环、纵向采用斜螺栓连接。环间采用38根T30纵向螺栓连接，块与块间以2根T39的环向螺栓相连。衬砌管片接缝采用压缩永久变形小、应力松弛小、耐老化性能佳的三元乙丙橡胶条与遇水膨胀橡胶条组成两道防水线。在浅覆土地段、地层变化位置和连接通道处衬砌环间增设了剪力销，以提高特殊区段衬砌环间的抗剪能力，减少环间高差。

隧道采用直径15.43m泥水平衡盾构施工，掘进长度7470m。该工程技术难点表现为：超大断面盾构衬砌结构设计、开挖面稳定、隧道抗浮、管片制作与拼装等；7.47km的一次掘进中其关键部件的检修、三维轴线控制、隧道通风与降温、公路与轨道交通共用隧道火灾控制与救援疏散、施工等；高水压下软土复杂地质条件，需要考虑隧道防水、耐久性等难题；多工序隧道内部结构阶梯流水同步施工、施工风险防范与控制、全寿命周期隧道建养一体化管理等问题。长江隧桥工程于2009年11月建成通车。

(3) 南京长江隧道工程

南京长江隧道位于南京长江大桥与三桥之间，连接河西新城区—江心洲—浦口区。工程通道总长约6.2km，按6车道城市快速通道规模建设，设计车速为80km/h，采用"左汊盾构隧道+右汊桥梁"方案。左汊盾构隧道长度为3835m，隧道外径为14.5m，为双管3来3去6车道，采用2台14.9m泥水盾构施工。盾构于2007年12月始发推进，隧道最大埋深56m，穿越地层复杂，有软弱的淤泥质粉质黏土、细砂、粉细砂，也有砾砂、黏土混卵石。盾构掘进砾砂和卵石地层时，对刀具的磨损较大。南京长江隧道于2010年5月建成通车。

(4) 上海外滩地下道路隧道工程

2007年，上海外滩道路隧道（3来3去6车道）开工建设，其北段1098m为盾构隧道，采用φ14.27m土压平衡盾构施工，为国内首次采用大直径土压平衡盾构在城市密集区施工，成功完成"1桥2隧33栋"等建构筑物的穿越施工，浦江饭店桩基与盾构边线仅1.7m。隧道的最小覆土厚度仅为8.52m，约为0.6D，属于浅覆土施工。外滩隧道于2010年3月28日建成运营，缓解了交通拥堵，改善了外滩景观。

(5) 上海虹桥枢纽迎宾三路隧道工程

2009年，上海虹桥综合交通枢纽迎宾三路隧道工程（双层3来3去6车道）开工建设，又一次采用φ14.27m土压平衡盾构，盾构成功穿越七莘路高架、北横泾、机场滑行道、机场主跑道、机场航油管、停机坪、101铁路及历史保护建筑物，掘进长度为1862m。迎宾三路隧道于2011年3月22日全线贯通。

近6年来，我国超大直径盾构隧道建成通车运营5项，其中上海4项，南京1项，采用盾构掘进机6台，掘进长度达37.1km，如表3.1.2所示。接近了国外20年来超大直径隧道工程的总长度43.7km。

我国超大直径盾构隧道工程一览表　　表 3.1.2

工程名称	盾构直径、机型	隧道长度（km）	埋深（m）	建设时间
上海上中路隧道 上海军工路隧道	1 台 14.89m 泥水盾构	1.25×2 1.525×2	23~43	2005—2009 2008—2010
上海长江隧道	2 台 15.43m 泥水盾构	7.47×2	23~55	2005—2009
南京长江隧道	2 台 14.9m 泥水盾构	3.835×2	56	2005—2010
上海外滩道路隧道 上海迎宾三路隧道	1 台 14.27m 土压盾构	1.098 1.682	—	2007—2010 2009—2011
杭州钱江隧道	1 台 15.43m 泥水盾构	3.02×2	—	2008—2011
总计	6 台	37.53	—	—

目前正在施工的超大直径盾构隧道还有上海的长江西路越江隧道工程和虹梅南路越江隧道工程，南京纬三路过江通道工程。

3.2　国内外主要越江隧道简介

3.2.1　国外典型工程

（1）东京湾公路隧道

东京湾海底隧道是横贯东京湾公路的一部分，位于首都圈内的干线公路——东京湾海岸公路、东京外围环形公路、首都中央联络汽车道路和东关东汽车联成一体，构成了广阔领域的干线公路网。

日本横贯东京湾公路西端连接产业区域的神奈川县川崎市，东端连接自然田园区域的叶县木更津市，全长为 15.1km，其海上部分由三大段组成：一为船舶航行较多的川崎侧，长为 9.6km 的海底隧道；二为处在水深较浅的木更津侧，长为 4.4km 的海上桥梁；三为川崎侧岸边浮岛的引道部分。整条长度为 9.6km 的海底隧道由 8 台直径为 14.14m 的超大型泥水平衡盾构在海底地层中穿越贯通。

该隧道设计速度为 80km/h，近期为双向四车道，远期扩展为双向六车道。近期隧道为双管盾构隧道，外径为 13.9m，隧道一次衬砌环由 11 块管片用螺栓连接而成，每块管片厚 0.65m，宽 1.5m，长约 4m，二次衬砌厚 0.35m，为钢筋混凝土结构，如图 3.2.1 所示。

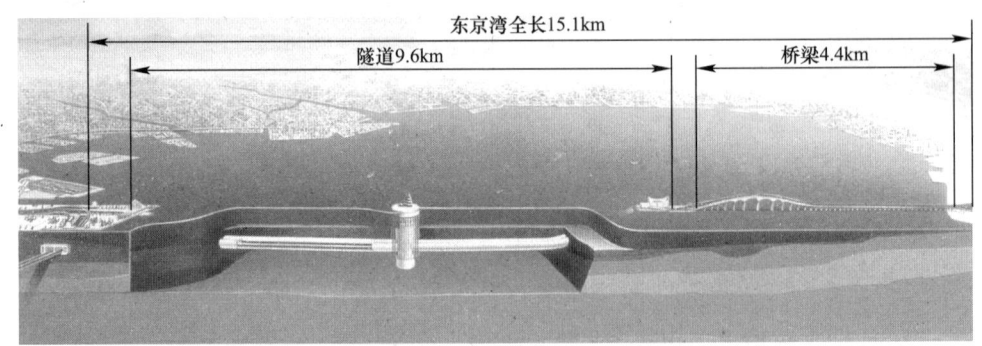

图 3.2.1　东京湾海底隧道主要工程布置图

工程于 1966 年由日本的建设省开始调查起，经 1976 年日本道路公团继续进行调查，并于 1986 年成立了横贯东京湾公路工程公司。工程于 1989 年着手开始建设，1996 年 8 月全线贯通，并于 1997 年 12 月竣工并投入营运。

（2）英法海底隧道

英吉利海峡隧道又称英法海底隧道或欧洲隧道，是一条把英国英伦三岛连接往欧洲法国的铁路隧道，于 1994 年 5 月 6 日开通。它由三条长 51km 的平行隧洞组成，总长度 153km，其中海底段的隧洞长度为 3×38km，是目前世界上最长的海底隧道。两条铁路洞衬砌后的直径为 7.6m，开挖洞径为 8.36~8.78m；中间一条后勤服务洞衬砌后的直径为 4.8m，开挖洞径为 5.38~5.77m，如图 3.2.2 所示。工程建设历时 8 年多，耗资 150 亿美元。

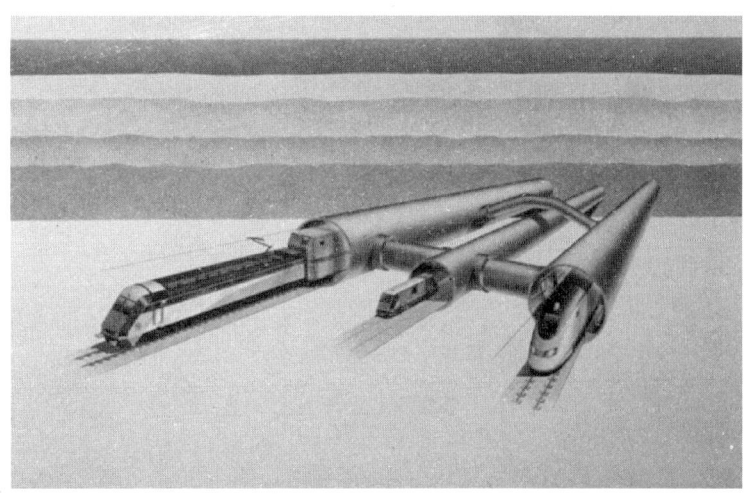

图 3.2.2　英法海峡隧道效果图

（3）荷兰西斯凯尔特河（WesterSchelde）隧道

荷兰西斯凯尔特河（WesterSchelde）公路隧道下穿 WesterSchelde 河，是连接荷兰南部 Terneuzen 和 Zuid-Beveland 的双孔、双线公路隧道，如图 3.2.3 所示。隧道内径 10.1m，外径 11.3m，长 6.6km，设计速度 80km/h，如图 3.2.4。

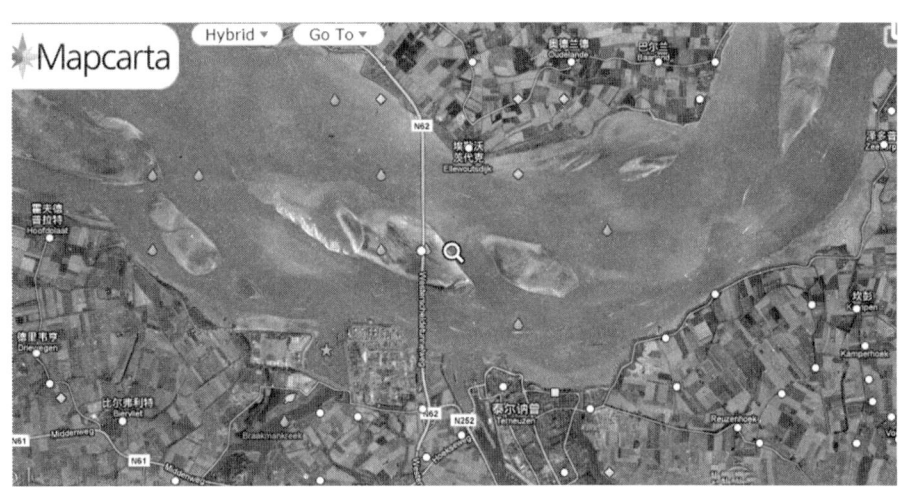

图 3.2.3　隧道线路图

图 3.2.4　隧道入口

(4) 青函隧道（Seikantunnel）

青函隧道由 3 条隧道组成。主隧道全长 53.85km，其中海底部分 23.3km，陆上部分本州一侧为 13.55km，北海道一侧为 17km。主坑道宽 11.9m，高 9m，断面 80m²。除主隧道外，还有两条辅助坑道：一是调查海底地质用的先导坑道；二是搬运器材和运出砂石的作业坑道。这两条坑道高 4m、宽 5m，均处在海底。现在，先导坑道用于换气和排水。漏到隧道的海水会被引到先导坑道的水槽，然后再用高压泵排出地面。作业坑道则用作列车修理和轨道维修的场所，如图 3.2.5 所示。

3.2.2 国内典型工程

(1) 上海长江公路隧道

上海长江隧桥工程位于上海市东部，跨越长江口的南、北港，连接上海市陆域、长兴岛和崇明岛，最终通过崇明岛内高速公路及长江北支跨江工程与江苏启东市相连。工程采用"南隧北桥"的建设方案。其中，上海长江隧道外径为 15m，内径为 13.7m，采用双向 6 车道高速公路标准设计，隧道横断面内分为三层，顶部是排烟道，中部高速公路层，净高有 6.6m，可通行 5.0m 高的车辆，下部为预留轨道交通空间，净高 4.2m。工程包括浦东岸边段、江中段和长兴岛边段三部分，全长约 8955m，其中，江中段采用盾构法施工，一次掘进 7470m 的长度完成，如图 3.2.6 所示。设计使用年限为 100 年，建设工期为 5 年。

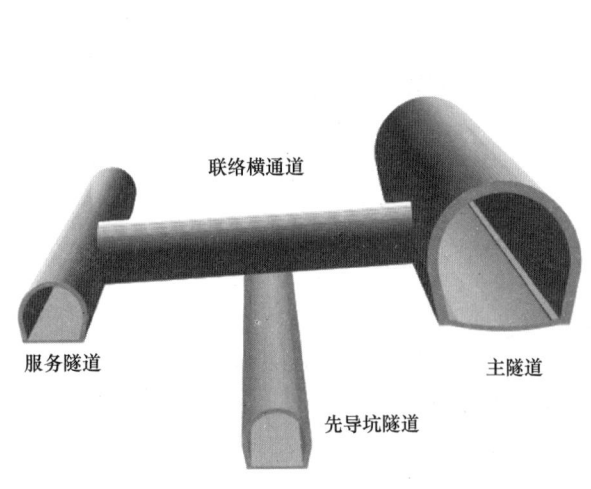

图 3.2.5 青函隧道示意图

图 3.2.6 上海长江隧道断面布置示意图

(2) 南京长江隧道

南京长江隧道工程是连接南京浦口区与河西新城区的市内快速通道，是南京市主城区"井字加一环"快速路系统跨江成环的重要组成部分。南京过江通道位于长江一桥、在建的长江三桥之间，上距长江三桥 9km，下距长江一桥 10km。

该越江工程总长 5853m，包括接线道路、收费广场、左汊隧道、梅子洲道路与疏解、右汊桥梁、管理中心与服务区六部分，平面图和纵断面图分别见图 3.2.7 和图 3.2.8。其中左汊盾构隧道全长约 3930m，分为岸边段与江中盾构段，其中盾构段长度 2925m，设计行车速度为 80km/h，盾构隧道内径 13.3m，外径 14.5m。

(3) 武汉长江隧道

武汉长江隧道位于武汉长江一桥、二桥之间，上距长江大桥 3.9km，下距长江二桥 3.1km，是一条解决内环线内主城区过江交通的城市主干道。隧道全长 3600m，其中盾构段 2550m，隧道内设双向四车道，设计车速 50km/h。盾构隧道内径为 10.0m，外径 11.0m，如图 3.2.9、图 3.2.10 所示。

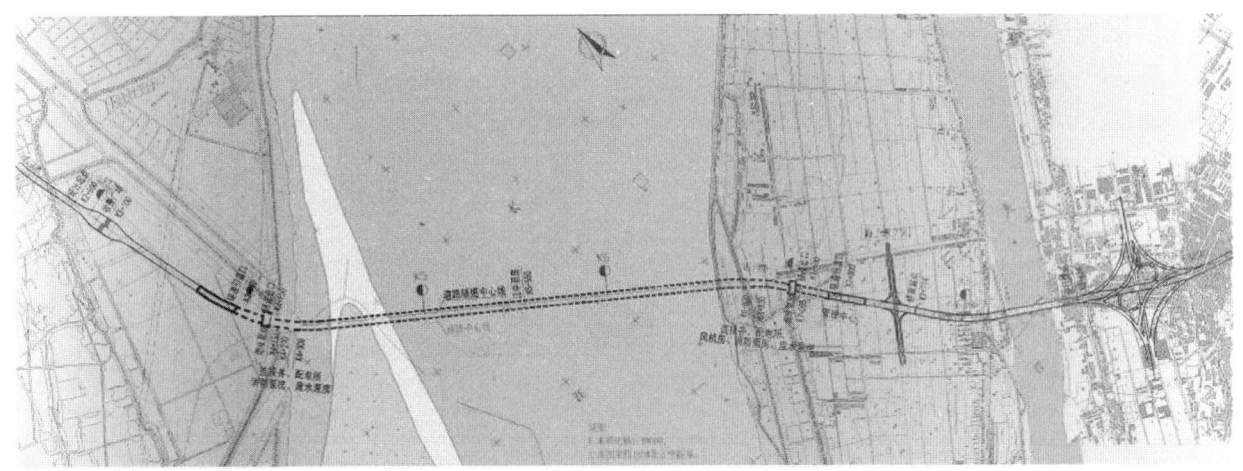

图 3.2.7　南京长江隧道工程平面示意图

图 3.2.8　南京长江隧道工程入口

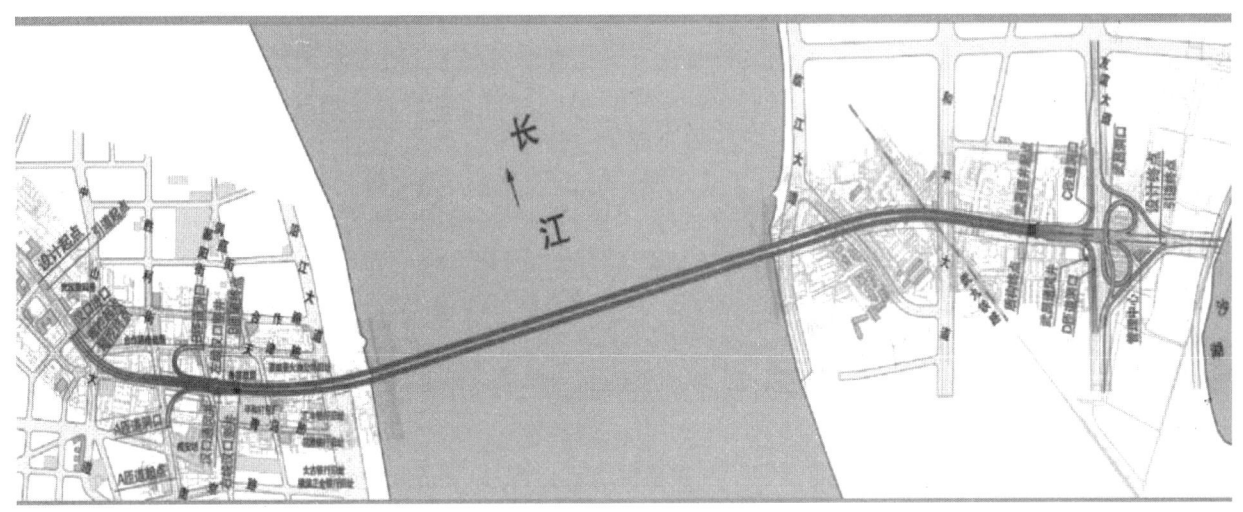

图 3.2.9　武汉长江隧道平面图

武汉长江隧道是国内第一个立项研究、第一个由国家批准、第一个开工建设、第一个盾构掘进、第一个建成通车的长江水底隧道，被誉为"万里长江第一隧"。该隧道是当时国内水压力最高、一次推进距离最长的大直径盾构隧道之一；是国内大直径盾构首次在全断面砂层中施工的隧道。隧道沿线地面建筑物密集，并且以浅覆土下穿省级文物保护建筑，环境保护要求高，技术难度大。

工程于 2004 年 11 月开工建设，于 2008 年 12 月通车运营。

图 3.2.10 武汉长江隧道汉口侧洞口

3.3 钱江隧道简介

3.3.1 前期工作

2003年5月由中国公路工程咨询总公司和杭州市交通规划设计研究院组成项目组开始进行研究，2003年11月完成了预可行性研究报告的编制。

2004年11月26至27日，浙江省发改委和交通厅在杭州联合主持召开了《钱江十桥及接线工程预可行性报告》的预审查会议。会议认为本项目是浙江省和长三角的路网规划中具有重要地位，对区域之间的经济交流与合作等具有重要的意义，因此，"本项目的建设是必要的"。专家组原则赞同双向六车道高速公路标准，设计速度120km/h、路基宽34.5m；原则赞同5个路线方案中推荐的B线方案；基本赞同过江工程采用建桥方案。

2005年12月，杭州市交通规划设计研究院完成了钱江十桥及接线工程隧道方案研究。

2006年3月，杭州市交通规划设计研究院完成了钱江通道及接线工程（隧道专题）补充预可行研究设计方案，并于3月31日向杭州市公路局进行设计方案汇报。

2006年3月，浙江省发改委下发浙发改办交通函[2006]10号，本项目名称定为"钱江通道及接线工程"。

2006年5月，中国公路工程咨询总公司和杭州市交通规划设计研究院及铁道第四勘察设计院分别完成了本工程补充预可行性研究报告。2006年5月23日，省发改委和省交通厅在杭州联合组织了《钱江通道及接线工程补充预可行性研究报告》（以下简称《补充报告》）审查会议。会议认为本项目是浙江省公路水路交通建设规划中"两纵两横十八连三绕三通道"高速公路主骨架的"一通道"，是《长三角都市圈高速公路网规划方案》中"七纵之一"江苏盐城至绍兴高速公路的组成部分，也是杭州市、嘉兴市、绍兴市公路水路交通建设规划的重要组成部分。该项目连接沪杭、杭浦、杭甬、杭绍甬（规划中）四条高速公路，北接苏震桃高速、南接诸绍高速（规划中）、与诸永高速相连，是环杭州湾地区接轨上海市、北通苏州市及苏州、嘉兴到达萧山国际机场及绍兴市的最快捷通道，在路网布局中具有重要地位。项目的建设不仅符合规划要求，而且将桐乡经济开发区、海宁经济开发区、杭州江东工业园区、临江工业园区及绍兴的柯桥组团连为一体，对于加速环杭州湾产业带的形成、加快"接轨上海，融入长三角"步伐和促进三地社会经济发展都具有十分重要的意义，因此，"本项目的建设是必要的"。专家组原则赞同双向六车道高速公路标准，设计速度120km/h、路基宽34.5m；原则赞同推荐优化的B线方案；为保护钱江涌潮景观并根据沿线地方政府协商意见，专家组赞同补充报告推荐的隧道方案（盾构工法）。

2006年7月初，浙江省发改委下发浙发改办交通函[2006]30号，明确了本项目名称、建设的必要型、建设规模和内容。

2006年8月，中国公路工程咨询总公司和杭州市交通规划设计研究院及铁道第四勘察设计院联合完成了本工程可行性研究报告。2006年9月8日浙江省发改委及交通厅在杭州主持召开了《钱江通道及接线工程可行性研究报告》（简称《工可报告》）审查会议，与会专家和代表在认真审阅《工可报告》

及相关专题研究资料的基础上，本着科学、客观、公正的态度，进行了认真的研究讨论，并形成了专家审查意见，随后设计单位根据专家审查意见对《工可报告》进行了修改。

2007年5月，铁四院开始钱江隧道的勘察、地质详勘及初步设计工作。2007年9月，杭州市公路局与杭州建元隧道发展有限公司联合主持召开了钱江隧道初步设计重大技术方案专家研讨会，并形成了专家意见。

2007年10月，杭州市交通规划设计研究院完成钱江隧道工程初步设计。

3.3.2 自然条件和基本资料

（1）杭州市公路局钱江通道及接线工程建设指挥部与杭州市建元隧道发展有限公司联合对铁道第四勘察设计院关于钱江隧道工程的设计委托书；

（2）《钱江通道及接线工程可行性研究报告》（杭州交通规划设计研究院、中国公路工程咨询总公司及铁道第四勘察设计院共同编制）及评审会专家组意见；

（3）《钱江通道及接线工程过江隧道河床最大冲刷深度试验研究》（浙江省水利河口研究院）；

（4）《钱江通道及接线工程环境影响报告书》（浙江省环境保护科学设计研究院）；

（5）《关于钱江通道及接线工程环境影响报告书审查意见的函》（浙环建[2007]21号，浙江省环境保护局）；

（6）《关于〈嘉兴至绍兴跨江通道工程可行性研究报告〉、〈钱江通道及接线工程可行性研究报告〉有关意见的函》（浙水河[2006]24号，浙江省水利厅）；

（7）《钱江通道及接线工程过江隧道综合防灾及救援报告》（同济大学）及专家评审意见；

（8）《钱江通道及接线工程隧道设计速度标准及交通安全综合分析评价专题报告》（浙江省交通规划设计研究院）及专家评审意见；

（9）《钱江隧道及接线工程防洪评价报告》（浙江省钱塘江管理局设计院）；

（10）浙江省钱塘江管理局"关于印发钱江通道及接线工程防洪评价报告专家评审意见的函"（浙钱会纪[2006]13号）；

（11）《杭州湾第三（萧山）通道高速公路工程可行性研究水文条件及河床演变分析》及《杭州湾第三（萧山）通道高速公路工程可行性研究潮流数学模型及定床模型试验研究》（浙江省水利河口研究院）；

（12）《钱江通道及接线工程隧道疏散救援通道设置方案专题研究报告》（铁道第四勘察设计院）；

（13）《钱江通道及接线工程过江隧道安全疏散设计专家论证会会议纪要》；

（14）《钱江通道及接线工程水土保持方案报告书》（浙江省水利水电勘测设计院）；

（15）浙江省水利厅《关于钱江通道及接线工程水土保持方案的批复》（浙水许[2006]107号）；

（16）《钱江通道（隧道）工程场地地震安全性评价报告》（浙江省工程地震研究所、浙震工函[2006]18号浙江省地震局）。

3.3.3 设计概要

（1）主要技术标准

1）公路等级：高速公路

2）设计速度：隧道80km/h

3）车道数：双向六车道

4）车道宽度：2×(3.75+3.75+3.5) m

5）车道净高：5m

6）左、右侧余宽：0.25m

7）左侧向净宽：0.5m；右侧向宽度0.75m

8）公路最小平曲线半径：4000m（不设超高）

9）最大纵坡：主线不超过3.0%

10）竖曲线最小半径：道路凸形竖曲线最小半径为11847.25m，凹形竖曲线最小半径为12000m

11）抗震设防：按100年基准期超越概率10％的地震动参数设计，按超越概率3％的地震动参数验算

12）设计使用年限：100年

13）设计洪水位：按百年一遇设计，按三百年一遇校核

14）汽车荷载：公路—Ⅰ级

15）公路路面：沥青混凝土路面

(2) 线路设计

隧道线路于里程桩号LK11+400（RK11+398.707）接自江北盐官西互通高架主线路基，之后向南于江北堤防8号丁坝东侧下穿江北明清鱼鳞石塘堤防后，左（东）、右（西）线隧道基本垂直钱塘江平行下穿钱塘江及江南堤防，然后下穿江南抢险河后出地面，于LK15+850（RK15+846.067）接江南主线路基，而后以路基至本段设计终点桩号LK16+200止。主线最大纵坡为2.8％。

(3) 隧道建设规模

见表3.3.1。

隧道建设规模　　表3.3.1

线 别	结构形式	里程桩号	长度（m）
左（东）线	江北引道（敞开段）	LK11+400.000～KK11+650.500	250.5
	江北明挖暗埋段	LK11+650.500～LK11+978.000	327.5
	江北工作井	LK11+978.000～LK11+999.000	21
	盾构段	LK11+999.000～LK15+250.000	3251
	江南工作井	LK15+250.000～LK15+273.005	23.005
	江南明挖暗埋段	LK15+273.005～LK15+599.500	326.495
	江南引道（敞开段）	LK15+599.500 LK15+850.000	250.5
	江南接线路基	LK15+850～LK16+200	350
	隧道长度		3949
	隧道建筑长度		4450
	工程范围长度		4800

(4) 隧道总体布置

在江中圆形盾构隧道段车道板下方设置管廊通道及安全逃生通道，车道板右侧每隔120m设置一个逃生口和逃生滑梯，每隔240m设置灭火救援入口，两者之间的距离为60m。在行车道上方设置排烟道，利用建筑限界与内轮廓之间的空间设置各种监控、信号等设施。江南、江北两端明挖暗埋段分别设置三处人行横通道，在盾构工作井内设置车行横通道。

(5) 主体结构设计

1）江中隧道盾构段主要设计参数为：隧道外径15.0m，隧道内径13.7m，管片厚度65cm，环宽2.0m，环向分块采用9+1，采用通用楔形环方式，错缝拼装，斜螺栓连接。管片接缝处采用弹性密封垫止水，外侧采用遇水膨胀止水条挡水。

2）岸坡隧道明挖矩形暗埋段采用箱形框架结构，明挖矩形敞开段采用U形框架结构。根据基坑深度基坑围护分别采用地下连续墙，SMW工法桩等形式。

(6) 机电系统设计

为满足隧道的正常运营及防灾等的需要，隧道设置有通风、给排水与消防、供电及照明、通信及中央监控、FAS/BAS等设备设施。

(7) 工程投资

工程范围4.8km，工程概算总额为35508.94万元，技术经济指标为73976.95万元/公路公里。

(8) 施工组织及工期

根据工可评审专家组意见，本工程推荐采用2台泥水平衡盾构机组织施工，工程总工期48个月。

3.3.4 施工概况

(1) 总体施工方案

通过对本工程分析，结合同类工程的施工经验，为优质、安全、快速、经济地完成整个工程施工，根据工程施工的阶段和专业类别，将全部施工任务划分成六个工区来完成，分别为江北隧道工区、江南隧道工区、盾构隧道工区、机电安装工区、预制构件厂和其他工程工区。各工区的主要施工任务划分见表3.3.2。

主要施工任务划分　　　　　　　　　　　　　　　表3.3.2

序 号	工区名称	主要施工任务
1	江北明挖工区	江北侧前期工程、江北工作井及明挖段的施工
2	江南明挖工区	江南侧前期工程、江南工作井及明挖段的施工
3	盾构隧道工区	盾构隧道除管片预制、路面及附属工程和设备安装外的所有工程
4	机电设备安装工区	本工程机电设备采购、安装工程
5	预制构件厂	盾构隧道管片以及路面箱涵的制作
6	其他工程工区	路面、管理用房、泵房等以上五个工区未包括的工程任务

根据本工程情况，在工程总体施工安排时以前期工程、两岸明挖暗埋隧道、盾构工作井、盾构隧道为主线条，辅以道路工程、机电设备安装工程、其他工程为次线条组织施工。盾构隧道采用两台盾构机先后从江南盾构工作井向江北盾构工作井掘进施工。本工程方案的总体施工顺序，见图3.3.1。

(2) 建设工期安排

1) 施工进度指标

各主要工程的施工进度指标如下：

工作井及明挖段主体施工：14个月

盾构机制作及运输：15个月

盾构机组装及调试：3个月

盾构掘进：200m/月

盾构机拆卸：1.5个月

2) 施工工期安排

工程建设开始时间为2008年1月8日，工期不含征地拆迁等前期工作，工程竣工时间2013年11月8日，总工期70个月，符合工可报告专家组评审意见。

(3) 施工用地及弃渣处理

1) 隧道征地及施工临时用地

江北隧道建设征地面积共需61.96亩（海宁市范围，含江北救援中心用地6.32亩）；江南隧道建设征地面积85.54亩（杭州市萧山区范围，含管理中心用地21亩），江南接线工程建设征地26.96亩。施工临时用地面积：江北约70亩；江南约300亩。

2) 施工弃土处理

本隧道出口明挖段弃土主要为普通开挖泥土，隧道洞身将采用泥水平衡盾构法进行施工，根据预测计算，隧道开挖弃土总量约为178.3万 m^3；其中盾构段施工将会产生大量的无化学毒害的泥水，施工设置泥浆沉淀池，采用机械分离的方法，将泥土和水分分离，水再生后循环使用，稀泥排放到泥浆池。江南明挖段弃渣以及盾构段弃渣改良后除用于接线路基填土外，其余由萧山区渣土办统一调配用于江南围垦。江北明挖段弃渣调配用于江北路基填土。

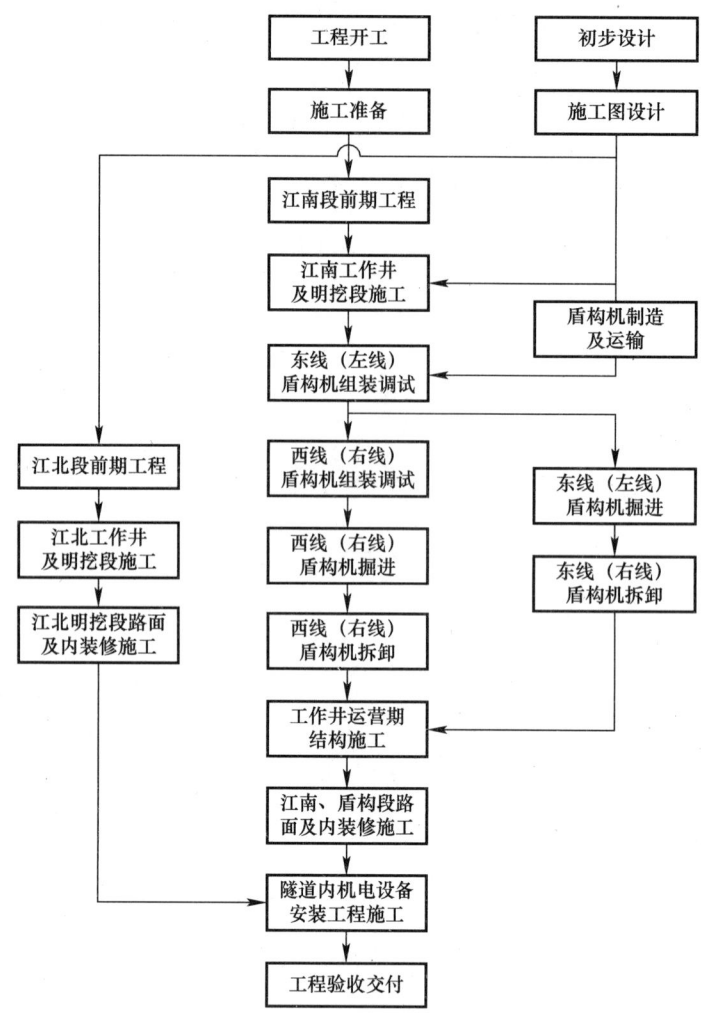

图 3.3.1 工程总体施工顺序示意

3.3.5 主要科研工作

基于钱江隧道——这一世界上最大开挖直径的软土盾构隧道工程，以同济大学为主研单位，联手上海交通大学、西南交通大学、上海防灾救灾研究所、中铁第四勘察设计院集团有限公司、上海宝信软件股份有限公司、杭州建元隧道发展有限公司、黑旋风工程机械开发有限公司、海申机电总厂等几家高校、科研、设计、研发单位进行了名为《钱塘江流域大断面盾构隧道关键技术研究》的工作。

（1）课题分类

《钱塘江流域大断面盾构隧道关键技术研究》下设四个子课题，分别为钱江流域大型隧道工程施工综合技术及风险控制技术研究；钱江流域大断面越江盾构隧道泥水处理及环境保护技术研究；钱江流域特殊水文地质条件下隧道结构设计及防灾技术研究；钱江流域大型隧道数值化监控和安全运营管理综合技术研究。

（2）研究目标

隧道施工技术方面满足在钱江流域建造大型盾构法施工隧道设计所必需的要求，为在钱江流域的隧道最优化交叉提供技术支持和标准；解决大型盾构隧道在钱江流域特殊环境下施工的关键技术；探索钱江流域大型盾构隧道施工的新型工艺；完善我国隧道建设的体系；提升行业的国际竞争力。

隧道设计技术方面，依照研究内容，满足在钱江流域建造大型盾构法施工隧道设计所必需的要求；为在钱江流域的隧道最优化设计提供技术支持和标准；建立高度集成的数字化监控平台。

泥水处理和环保方面，依照研究内容，满足在钱江流域建造大型盾构法施工隧道设计所必需的要求；为在钱江流域的隧道泥水有效处理和环境保护提供保证；解决大型盾构隧道在钱江流域特殊环境下固化处理技术；探索钱江流域大型盾构环保新工艺；完善我国隧道建设泥水处理体系，提升行业的国际竞争力。

隧道的风险控制与防灾技术方面，制定科学的隧道全寿命期风险管理与防灾控制措施。提升我国盾构隧道的管养水平，延长隧道使用周期。

培养高水平的技术与管理人才，为我国超级跨海越江隧道的建设奠定坚实的技术基础。

第二篇　钱江隧道设计原理、计算方法及相关研究

第 1 章　概　　述

钱江隧道工程是一项大型的市政工程，其规模宏大、施工工期紧、涉及领域多、综合性强、工程质量要求高、工程结构复杂、施工技术难度较大、施工困难较多。

钱江通道工程的复杂性和挑战，主要体现在以下几点：

(1) 本工程盾构将两次穿越钱塘江防洪堤，因此对于防洪堤都是 2 次扰动的过程，对防洪堤需重点加以保护。

(2) 施工场地没有直达的交通干线，运输条件较差、盾构大件运输困难；且场地周围多为农田和水塘，施工前必须对施工场地范围的河塘进行整平以满足施工的要求。沿线虽然水源丰富，但是水质不满足施工和生活用水的需要，几乎所有用水均需从数公里外运至工地。

(3) 大型泥水平衡盾构进出洞是大型泥水平衡盾构最关键的技术之一。其中，止水装置是盾构进出洞顺利与否的关键。同时施工还面临不良地质条件、水下长距离推进、局部覆土很浅和隧道间距小等困难。

(4) 钱江隧道外径为 15.43m，内径为 13.7m，为世界最大直径的超大型泥水平衡盾构机。这给施工中的水平运输、地面沉降控制、隧道稳定性控制、隧道安全保证、长距离泥水输送、隧道抗浮等方面带来了极高的难度。同时，大直径断面给管片的拼装质量、渗漏水状况及轴线控制提出了非常高的要求。

(5) 本工程受限于工期要求，必须进行盾构推进与道路结构的同步施工。这就带来了交叉作业方面的一系列问题，这也就要求在实际施工中必须全面优化作业流程、合理安排各道工序进行的时间与空间、统一协调指挥、减少两者之间的相互冲突，保证盾构推进与道路结构施工能够高效优质安全顺利的齐头并进。

(6) 本工程区别于国内外现有大直径越江隧道的特点主要有两点：钱江涌潮和不设联络通道的越江方案。钱江涌潮不仅会对隧道产生额外荷载，也可能会改变覆土深度，产生隧道上浮、渗水等问题。无联络通道的方案在国内外比较少见，需要进行充分的研究，以保证隧道的安全。

为了保证钱江隧道工程的顺利完成，对隧道的线路、建筑景观、主体结构、防水、通风、给排水及消防、供电照明、监控系统、防灾救援系统、附属工程、防洪、环保节能、施工组织、运营养护等方面做了精心设计。

除此之外，为了解决隧道设计过程中的问题，钱江隧道对盾构施工对隧道结构影响和涌潮对越江隧道结构影响展开了大量的科研。盾构施工对隧道结构影响研究主要包括：盾构掘进姿态的力学耦合作用研究、管片拼装应力的形成机理与时效特性研究、浆液压力及其填充分布与时效特性研究和大直径隧道结构承载性能的施工控制与设计对策研究。涌潮对越江隧道结构影响研究主要通过现场观测和理论分析，简化了分析隧道纵向振动的方法，进一步对比验证数值模拟、简化方法与室内试验，验证了简化方法的正确性。最终，得到隧道在涌潮作用下动力响应的影响因素和处理方法。开展了钱江隧道火灾危险性分析、全比例火灾试验、钱江隧道人员疏散模拟研究，为钱江隧道后期运营中防火防灾方面提供了全面的理论依据和实践方法。

第 2 章 工程设计计算

2.1 总体设计

越江隧道的设计是一项复杂的系统工程，它需要满足多方面的技术要求，包括施工阶段、运营阶段、极端工况等；同时这也是一门学问，需要不断吸收消化已有技术手段，更需要在此基础之上的创新与优化。工程的总体方案可以是多种多样的，并无适用于所有条件的"标准设计"。任何一个工程，都需要设计人员对工程背景、条件、场址等因素充分理解，综合自己的专业知识、工程经验，充分发挥创造力，以创新的态度，通过对不同方案进行细致的探索和比较，进而才能确定所谓"最优方案"。

2.1.1 隧道主要设计项目

(1) 线路设计

1) 线路平面设计

如图 2.1.1 所示，线路平面的设计应遵循一下几个原则：

① 综合考虑接线与隧道，接线与盐官西互通的连接。

② 江中盾构范围尽量绕避既有勘察钻孔孔位及江北丁坝桩基。

③ 平面线形指标尽量取高值。

图 2.1.1 线路平面图

2) 线路纵剖面设计

如图 2.1.2 所示，线路纵断面的设计应遵循一下几个原则：

① 隧道路线设计纵坡最大不超过 3%，最小不小于 0.3%，满足隧道行车安全及隧道排水要求。

② 纵段面设计避免盾构隧道掘进遇到海塘及桩基。

③ 满足盐官西互通主线上跨杭浦高速的要求。

④ 满足盾构隧道施工期及运营期抗浮安全性的要求。因为钱塘江河床主槽变化很大，所以正确选用纵坡控制点（河床最低冲刷点）非常重要。

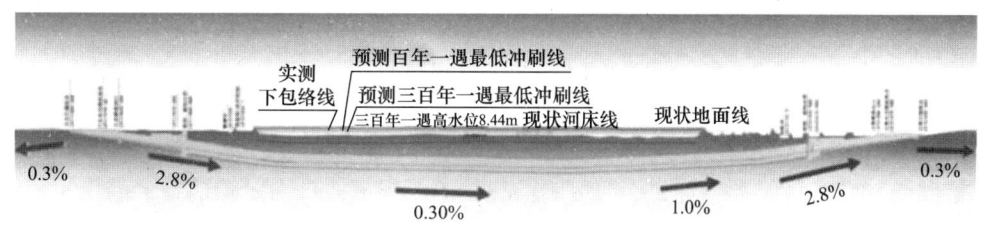

图 2.1.2 线路纵剖面图

(2) 通风设计

本工程通风系统设计范围为两洞口间明挖暗埋段、盾构段车道通风设计，逃生通道、电缆廊道通风设计，江南、江北工作井通风空调设计。

1) 正常交通情况下，通风系统应能稀释隧道内汽车行驶时排出的废气（废气以 CO 和烟雾为代表）达到卫生标准，为乘用人员、维修人员提供合适的洞内条件，为安全行车提供良好的空气、清晰的能见度。

2) 火灾事故情况下，通风系统应具有排烟功能，并能控制烟雾和热量的扩散，而且为逗留在隧道内的乘用人员、消防人员提供一定的新风量，为司乘人员安全疏散及消防人员救援创造条件。

3) 隧道通风系统设计按各设计年份的相应交通流量、汽车污染物排放量水准进行计算，避免系统设备过多，造成不必要的浪费。

4) 通风空调设备按远期高峰小时配置，土建一次到位，设备安装考虑初、近、远期分期实施的经济性及工程实施的可行性。

5) 工作井设备管理用房根据功能需要进行空调和通风换气，满足各种设备正常运转及合理使用寿命要求。

6) 在确保通风效果可靠性及节能运行、节约工程投资的前提下优选适当的通风方式。

7) 充分贯彻国家能源政策。系统设计应考虑运营能耗，并有依照流量大小来调整的可调性，以降低运营成本；设备选型选用高效节能产品。

8) 洞口及风井废气排放和空调通风设备运行噪声均应满足本工程环境质量要求。

(3) 防灾救援设计

本设计中，隧道工程的抗灾体系是通过隧道工程结构、建筑、给排水、消防、通风、照明、供电等各子系统的安全或功能的冗余设计来实现，并通过监控系统将各子系统构成一个有机的整体，以实现隧道总体的防灾、减灾和救援功能。

(4) 供电及照明系统设计

本工程为重要的高速公路交通工程，用电负荷量大，一级负荷多。为保证供电要求，江南、江北工作井内各设一座双电源 10kV 配电所，10kV 配电所主结线均采用单母线母联分段，两路电源同时运行，互为备用。具体供电方案如下：

江北 10kV 配电所由当地电力系统接引两路相互独立的 10kV 专线电源供电，江南 10kV 配电所由钱江隧道"大临工程"中建设的变电站接引两路相互独立的 10kV 专线电源供电。江南、江北工作井 10kV 配电所馈出线供电范围以隧道中心里程为界，南、北两端分别供电。两配电所之间设一条 10kV 联络线，正常情况下，两座 10kV 配电所独立运行，互为备用。当某座配电所两路 10kV 电源同时停电时，可合上 10kV 联络线断路器，由另一座 10kV 配电所供电，联络线断路器采用手动和自动合闸方式。

(5) 施工设计

根据本工程情况，在工程总体施工安排时以前期工程、两岸明挖暗埋隧道、盾构工作井、盾构隧道为主线条，辅以道路工程、机电设备安装工程、其他工程为次线条组织施工。盾构隧道采用一台盾构机从江南盾构工作井向江北盾构工作井掘进，在江北工作井调头后向南推进另一条隧道。盾构掘进速度为 200m/月，总工期为 48 个月。

2.1.2 不设联络通道越江方案的确定

对于水底隧道，地质及水文条件一般都比较恶劣，给隧道疏散通道带来较高的施工风险及潜在的运营期风险。从国内外已有情况来看，疏散通道的设置是比较灵活的，确定疏散通道的设置方案，需从日常运营风险、防灾救援、施工风险、工程经济等进行综合考虑。表 2.1.1 对各种疏散通道设置方式进行了比较。

水底隧道安全疏散通道设置比较　　　　表 2.1.1

比较项目	设置方式			
	水平辅助通道疏散	双孔隧道横向联络通道疏散	纵向通道疏散	
			滑行坡道向下纵向疏散	隧道内上下层互通疏散
应用情况	部分长大海底隧道，英法海底隧道，日本清函隧道，厦门翔安海底隧道	大部分山岭隧道、地铁隧道	有部分应用，如东京湾海底隧道、南京长江隧道、开罗 ELAzhar 隧道、莫斯科 Lefortovo 隧道	应用较少，如法国 A86 公路隧道、上海上中路隧道
疏散效果	通过横通道水平疏散，进入辅助通道内疏散环境好，避难效率高	水平方向的避难比竖向的车道板下方式的避难效率高	通过缩短逃生口的设置间距可以得到与水平方向同样的避难效率	待检验
施工风险	借助先期施工导洞形成，联络横通道施工存在一定风险	一般采用冻结法施工，地层条件恶劣时风险很高	两条隧道之间不打通，几乎不存在施工风险	两条隧道之间不打通，同一条隧道内几乎不存在施工风险
救急车辆	辅助隧道兼作服务隧道，小型救援车辆可以通过辅助隧道到达	救急车辆通过行走车道到达事故地点，须进行交通控制	专用车辆通过车道板下的专用救援通道可到达，空间受限	救急车辆通过行走车道到达事故地点须进行交通控制
结构受力影响	主隧道与辅助隧道连接处产生集中应力，易开裂，止水难度大	易使接口部位产生局部附加应力和变形，开裂漏水，地层软弱、不均质时尤为明显	主隧道不开口，不产生附加应力和变形	主隧道不开口，不产生附加应力和变形
施工经济性	可以利用施工先期导洞，增加一条隧道，增加工程投资	横通道施工，地层加固引起工期延长，增大工程风险，增加工程投资	在一条隧道内施工作紧急出口及滑行道，经济性较好	在一条隧道内施作上下通道，经济性较好，但仅适用于大断面隧道

通过国内外水底隧道的疏散通道设置情况进行了调研分析，比较了三种疏散通道设置方式的特点。得出结论如下：

（1）从国内外已有情况来看，水底隧道的疏散通道的设置是比较灵活的，确定疏散通道的设置方案，需从日常运营风险、防灾救援、施工风险、工程经济等多方面进行综合分析确定。

（2）对于人员逃生而言，水平辅助通道疏散方式最佳、双孔隧道横向联络通道疏散方式次之，纵向通道疏散方式受空间尺寸影响较大。

（3）对于大直径的圆形盾构隧道，车道板下部具有较大的空间，可以充分利用该空间构筑纵向逃生、救援通道，使工程设计、施工风险及经济性更趋于合理，同时需要设置与其逃生方式、功能相适应的防灾、消防及救援设施。

通过从水底隧道疏散通道设置方式、钱江隧道运营状态、交通事故响应时间、隧道封闭对路网影响、交通事故下的交通组织、隧道火灾危险性和危害性、隧道防灾通风系统的优化设置、隧道人员安全疏散、横通道运营风险以及隧道防灾救援系统开展专题研究，对钱江隧道疏散通道的设置合理性进行综合论证。研究结果证明不设联络通道的越江方案是安全可靠的，故决定在两条隧道间不设置联络通道，在保证安全的前提下，尽量缩短工期，降低工程难度。

2.2 线路与道路设计

2.2.1 隧道线位方案比选

2.2.1.1 设计总原则

（1）在遵循总体规划的基础上，根据隧道的特点和要求，各项技术标准和指标选用恰当、合理，平纵指标均衡连续，行车舒适；

（2）通过多方案比选，寻求功能、风险、造价和工程建设条件之间最佳结合方案，以充分发挥工程最大的社会、环境、经济效益；

(3) 路线设计应满足匝道设置的要求,应妥善处理隧道进出口和接线道路、交叉道路的交通组织,满足交通疏解的要求;

(4) 根据两岸的总体规划,设计遵循"以人为本",做到隧道与周边环境的自然协调,和谐统一。

2.2.1.2 越江线路的选定

路线走向建设方案采用《钱江通道及接线工程可行性研究》推荐的主线线位方案,符合《工可报告》专家组评审意见。专家组认为:《钱江通道及接线工程可行性研究》推荐的主线线位基本是合理的,即起点位于骑塘(接杭甬高速公路),在盐官上游 2.5km 以隧道过江,过新塘镇西侧。终点与杭甬高速公路相接于梅海线西侧方案。

推荐主线线位方案向北可与苏震桃高速公路连接,符合长三角公路网规划和嘉兴城市规划,从与公路网的协调性、与城市规划的协调性、实施可行性及经济合理性、河势演变、工程地质条件、工程造价等方面进行了综合比较,过江距离短,工程总体规模小,建设条件好,投资小。

2.2.2 隧道线路平面设计

钱江通道及接线工程是浙江省公路水路交通建设规划中"两纵两横十八连三绕三通道"高速公路主骨架的"一通道",是《长三角都市圈高速公路网规划方案》中"七纵之一"江苏盐城至绍兴高速公路的组成部分,也是杭州市、嘉兴市、绍兴市公路水路交通建设规划的重要组成部分。该项目连接沪杭、杭浦、杭甬三条高速公路,北接苏震桃高速、南接诸绍高速(规划中)、与诸永高速相连,是环杭州湾地区接轨上海市、北通苏州市及苏州、嘉兴到达萧山国际机场及绍兴市的最快捷通道,在路网布局中具有重要地位。

2.2.2.1 平面设计的主要控制因素

钱江通道及接线工程过江隧道平面控制因素主要有以下三点:

(1) 盐官西互通。钱江通道及接线工程与杭浦高速公路交叉,互通位置影响整个路线走向。

(2) 江北防洪堤 8 号丁坝。过江隧道路线必须绕避丁坝,防止丁坝的桩基影响盾构掘进。

(3) 江中钻孔。过江隧道路线必须绕避初勘及详勘时的江中钻孔,避免江中钻孔封孔可能不密实给隧道施工带来的风险。

2.2.2.2 两岸接线道路现状

(1) 江北接线道路

江北接线接盐官西互通,与杭浦高速公路交叉,杭浦高速公路为双向六车道,预计 2008 年初通车。接线道路设计速度采用 120km/h,路基宽 34.5m,为双向六车道。

(2) 江南接线道路

过江隧道穿越钱塘江,路线进入杭州市萧山区。路线布设在义蓬组团的江东工业园区和临江工业园区之间,经六工段东,跨围垦后横河、滨江二路,接六工段互通立交。

2.2.2.3 线路平面方案及比选

(1) 方案一

东线隧道设置 2 个交点,左线平曲线半径分别为 $R_1=7740.942$m、$R_2=6592.125$m;西线隧道布置 3 个交点,平曲线半径分别为 $R_1=7210.743$m、$R_2=6500$m、$R_3=6607.875$m。在主线圆曲线起点处两盾构中心线分别通过设置半径为 $R=7400$m(东线)、$R=7210.743$m(西线)的圆曲线向两侧分散,拉开左右行车道的间距,江中段两条盾构中心线间距为 35m。江中段以直线过江,与钱塘江基本垂直相交,两条盾构隧道平行由江北向江南前进。穿过钱塘江后两条盾构中心线向内收拢,左线通过设半径为 $R=6592.125$m 的圆曲线向道路中心线靠拢,西线通过设半径为 $R_2=6500$m、$R_3=6607.875$m 的同向圆曲线向道路中心线靠拢,夹直线为 350m,左、右幅中心线与标准路段顺接,接主线标准双向六车道断面。

(2) 方案二

东线隧道设置 4 个交点,左线平曲线半径分别为 $R_1=7740.942$m、$R_2=4000$m、$R_3=9000$m、$R_4=$

6592.125m；西线隧道布置 3 个交点，平曲线半径分别为 $R_1=7210.743$m、$R_2=6500$m、$R_3=6607.875$m。在主线圆曲线起点处两条盾构中心线分别通过设置半径为 $R=7400$m（东线）、$R=7210.743$m（西线）的圆曲线向两侧分散，为快速拉开车道的间距左线设置同向曲线，夹直线为 413m，江中段两条盾构中心线间距为 35m。江中段以直线过江，与钱塘江基本垂直相交，两条盾构隧道平行由江北向江南前进。穿过钱塘江后两条盾构中心线向内收拢，东线通过设半径为 $R=6592.125$m 的圆曲线向道路中心线靠拢，西线通过设半径为 $R_2=6500$m、$R_3=6607.875$m 的同向圆曲线向道路中心线靠拢，夹直线为 350m，左、右幅中心线与标准路段顺接，接主线标准双向六车道断面。

(3) 方案比选

两个方案江南路线平面设计基本一致，不同之处在于江北路线平面设计。方案一江北路线平面设计采用两条单一圆曲线，线形圆顺，但工作井附近盾构隧道净距小于 1D 的长度为 550m，比方案二长 400m，因此给盾构施工时的控制带来一定难度，但对主体结构影响不大（详见主体结构设计相关章节），同时方案一完全避开了地质初勘及详勘的钻孔，避免了盾构掘进穿地质钻孔时的施工风险；方案二过江北工作井后快速拉开东、西线间距，工作井附近盾构隧道净距小于 1D 的长度为 150m，比方案一短 400m，有利于盾构施工，但路线平面设计设有同向曲线且夹直线，线形较差，不能完全避开勘探孔位，且江北明挖段工程量远大于方案一。综合比较路线平面设计选定方案一为推荐方案。

2.2.2.4 路线平面设计主要技术标准及指标

路线平面设计主要技术标准及指标见表 2.2.1。

平面主要技术标准　　　　　　　　　　　　　　　　　　　表 2.2.1-1

序号	项目		单位	隧道主线
				规范值
1	计算行车速度		km/h	80
2	圆曲线半径	不设缓和曲线最小半径	m	2500
3		不设超高最小半径	m	2500
4		设超高推荐半径	m	400
5		设超高最小半径	m	270
6	平曲线最小长度		m	140
7	圆曲线最小长度		m	140
8	缓和曲线最小长度		m	70
9	停车视距		m	110

平面线形设计技术指标表　　　　　　　　　　　　　　　　表 2.2.1-2

序号	项目	单位	推荐 K 方案	A 方案
			采用值	采用值
1	计算行车速度	km/h	80	80
2	圆曲线最大半径	m	7740.942	9000
3	圆曲线最小半径	m	6592.125	4000
4	圆曲线最小长度	m	340.954	340.954
5	平曲线最小长度	m	340.954	340.954
6	缓和曲线最小长度	m	0	0
7	停车视距	m	140	140

2.2.2.5 隧道平面与江北 8 号丁坝的关系

本次路线平面设计，从 8 号丁坝东侧绕避，隧道离 8 号丁坝的净距最小处约 13m，隧道与丁坝的断面关系见图 2.2.1。根据《钱江通道及接线工程防洪评价报告书》，盾构的施工对丁坝的安全性影响较小。

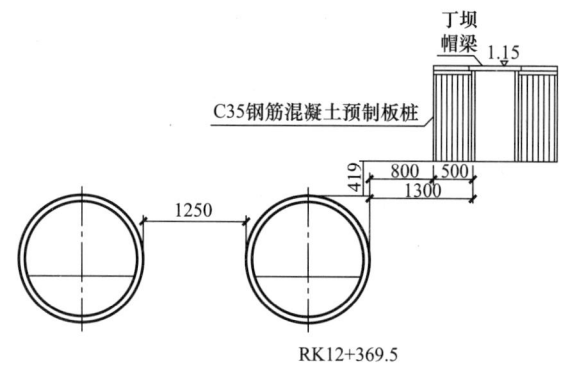

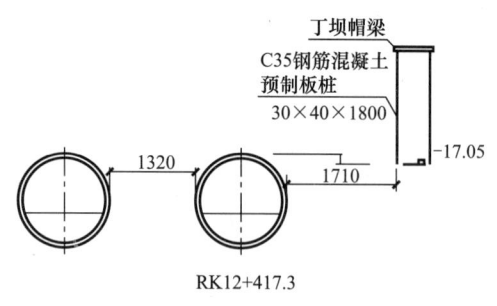

图 2.2.1 隧道与丁坝桩基断面关系图
（尺寸单位：cm）

2.2.3 隧道线路纵断面设计

2.2.3.1 纵断面设计控制因素

根据过江隧道施工期、运营期覆土要求，影响隧道路线纵断面设计的控制因素如下：

（1）江北接线盐官西互通主线上跨杭浦高速的最低高程；

（2）江北的堤防堤脚及明清海塘下的木桩高程；

（3）河床冲刷条件下的江北深泓、江南深泓高程；

（4）江南的抢险河河床标高。

2.2.3.2 最大纵坡的取用值

根据纵断面设计原则，在钱塘江预测百年一遇最大冲刷包络线下考虑盾构段抗浮所必要的覆土厚度要求，确定了如下方案。

隧道东线纵断面在江底采用 0.3% 的坡度，以满足排水要求；江北先设 1.7% 的缓坡，然后接 2.8% 的坡度上坡，爬升到地面时主线设置一个 0.3% 反坡，形成"驼峰"，防止地面道路的雨水倒灌入隧道。江南先设 0.95% 的缓坡，然后接 2.8% 的坡度上坡，即将爬升到地面时主线设置一个 0.3% 反坡，形成"驼峰"，防止地面道路的雨水倒灌。

隧道西线进入江底后，江北西线设 1.7% 的缓坡上坡，然后接 2.8% 的坡度上坡，爬升到地面时主线设置一个 0.3% 反坡，形成"驼峰"，防止地面道路的雨水倒灌入隧道。江南西线先设 0.95% 的缓坡，接 2.8% 的坡度上坡，出洞后设置 0.3% 反坡，形成"驼峰"，防止地面道路的雨水倒灌。

2.2.3.3 线路纵断面方案及比选

根据上述纵断面设计原则，在钱塘江预测百年一遇最大冲刷包络线下考虑盾构段抗浮所必要的覆土厚度要求，提出了两个纵段面设计方案，分述如下。

（1）方案一：施工期抗浮安全系数 1.1 方案

隧道东线纵断面在江底采用 0.3% 的坡度，以满足排水要求；江北先设 1.7% 的缓坡，然后接 2.8% 的坡度上坡，爬升到地面时主线设置一个 0.3% 反坡，形成"驼峰"，防止地面道路的雨水倒灌入隧道。江南先设 0.95% 的缓坡，然后接 2.8% 的坡度上坡，即将爬升到地面时主线设置一个 0.3% 反坡，形成"驼峰"，防止地面道路的雨水倒灌。隧道西线进入江底后，江北西线设 1.7% 的缓坡上坡，然后接 2.8% 的坡度上坡，爬升到地面时主线设置一个 0.3% 反坡，形成"驼峰"，防止地面道路的雨水倒灌入隧道。江南西线先设 0.95% 的缓坡，接 2.8% 的坡度上坡，出洞后设置 0.3% 反坡，形成"驼峰"，防止地面道路的雨水倒灌。盾构隧道控制里程桩号处的覆土厚度及抗浮安全系数见表 2.2.2。

控制里程桩号出的覆土厚度及抗浮安全系数表　　　表 2.2.2

控制点桩号	控制点特征	路面标高（m）	历年实测冲刷线下覆土厚度（m）	施工期安全系数	百年一遇最低冲刷线下覆土厚度（m）	运营期安全系数
K12+366	江北堤脚	−22.08	10.58	1.14	8.58	1.19
K12+552	江北深泓	−25.25	10.55	1.14	8.75	1.2
K14+683	江南深泓	−22.64	10.64	1.15	8.14	1.16

（2）方案二：施工期抗浮安全系数 1.2 方案

隧道左线纵断面在江底采用 0.3% 的坡度，以满足排水要求；江北采用 2.8% 的坡度上坡，爬升到地面时主线设置一个 0.3% 缓坡，为防止地面道路的雨水倒灌入隧道，形成"驼峰"。江南采用先设 1%

的缓坡,接2.8%的坡度上坡,出洞后设置0.3%缓坡形成"驼峰"防止雨水倒灌。隧道右线江北进入江底后,隧道右线采用2.8%的坡度上坡;江南采用先设1%的缓坡,接2.8%的坡度上坡,出洞后设置0.3%缓坡形成"驼峰"防止雨水倒灌。盾构隧道控制里程桩号处的覆土厚度及抗浮安全系数见表2.2.3。

控制里程桩号出的覆土厚度及抗浮安全系数表　　表2.2.3

控制点桩号	控制点特征	路面标高(m)	历年实测冲刷线下覆土厚度(m)	施工期安全系数	百年一遇最低冲刷线下覆土厚度(m)	运营期安全系数
K12+366	江北堤脚	−23.55	12.05	1.24	10.05	1.28
K12+552	江北深泓	−26.6	11.9	1.22	10.1	1.28
K14+683	江南深泓	−14.63	12.6	1.27	10.13	1.28

(3) 方案比选

本次初步设计在"钱江隧道设计方案研讨会专家组意见"的基础上,纵断面设计对隧道的埋深设置提出了在隧道施工期抗浮安全系数分别为1.1和1.2两种埋深设置方案,即方案一和方案二。方案一在百年一遇最低冲刷线下的最小覆土厚度为8.5m,运营期抗浮安全系数为1.19;方案二在百年一遇最低冲刷线下的最小覆土厚度为10m,运营期抗浮安全系数为1.28,两方案综合比较如下:

1) 盾构隧道抗浮安全性

方案二盾构隧道在历年实测最低冲刷下包络线下及预测百年一遇最低冲刷线下覆土厚度均比方案一对应覆土厚度大,鉴于隧道位于8号丁坝附近,由于丁坝的扰流作用,水流对隧址处河床的局部冲刷具有一定的不确定性,特别是大潮过程中的局部冲刷深度没有实测资料,因此施工及运营期采用大抗浮安全系数方案,施工及运营安全更有保障。

2) 纵坡运营条件

方案一盐官西互通与隧道口之间可置302m长0.3%的反坡,隧道段2.8%最大纵坡坡长912m,2.8%坡与江中0.3%坡之间设置一段长415m,坡度为1.7%的缓坡。方案二隧道段2.8%最大纵坡坡长1157m,比施工期抗浮安全系数1.1方案长245m,盐官西互通与隧道口之间同样设置302m长0.3%的反坡,但2.8%坡与0.3%坡之间没有设置坡度较小的缓坡。两方案隧道洞口至盐官西互通渐变段起点距离均不小于1000m,满足在洞外设置相应的标志、标牌等交通安全设施的要求,因此隧道纵坡设计均能保证行车安全性,相比较而言方案一纵坡运营条件略优于方案二。

3) 工程造价

两方案明挖段覆土厚度基本相同,明挖段长度也相同,因此两方案工程造价差别很小。

综上所述,选定方案二作为纵断面设计推荐方案。

推荐方案隧道工程建设规模见表2.2.4。

隧道工程建设规模　　表2.2.4

线 别	结构形式	里程桩号	长度(m)
隧道东(左)线	江北引道(敞开段)	LK11+400.000~KK11+650.500	250.5
	江北明挖暗埋段	LK11+650.500~LK11+978.000	327.5
	江北工作井	LK11+978.000~LK11+999.000	21
	盾构段	LK11+999.000~LK15+250.000	3251
	江南工作井	LK15+250.000~LK15+273.005	23.005
	江南明挖暗埋段	LK15+273.005~LK15+599.500	326.495
	江南引道(敞开段)	LK15+599.500~LK15+850.000	250.5
	隧道长度		3949
	隧道建筑长度		4450

续表

线 别	结构形式	里程桩号	长度（m）
隧道西（右）线	江北引道（敞开段）	RK11+398.707~RK11+648.604	249.897
	江北明挖暗埋段	RK11+648.604~RK11+975.209	326.605
	江北工作井	RK11+975.209~RK11+996.210	21.001
	盾构段	RK11+996.210~RK15+244.893	3248.683
	江南工作井	RK15+244.893~RK15+267.908	23.015
	江南明挖暗埋段	RK15+267.908~RK15+594.938	327.03
	江南引道（敞开段）	RK15+594.938~RK15+846.067	251.129
	隧道长度		3946.334
	隧道建筑长度		4447.36
江南接线工程		K15+850~K16+200	350
工程设计范围		LK11+400~LK16+200	4800

2.2.3.4 纵断面设计主要技术指标

纵断面设计时充分考虑平纵结合，平纵结合较好。纵断面设计主要技术指标见表2.2.5。

纵断面设计采用主要技术指标表　　　　表2.2.5

项目	单位	左线方案1	右线方案1	左线方案2	右线方案2
计算行车速度	km/h	80	80	80	80
线路总长	m	4450	4450	4450	4450
平均坡长	m	805.714	805.714	805.714	939.25
竖曲线总长度	m	1581.43	1583.028	1551.667	1543.265
凸竖曲线总长度	m	838.93	840.528	840.667	832.265
凹竖曲线总长度	m	742.5	742.5	711	711
最大凸竖曲线半径	m	15000	15000	15000	15000
最大凹竖曲线半径	m	15000	15000	15000	15000
最小凸竖曲线半径	m	11935	11901	12118	11847.25
最小凹竖曲线半径	m	12000	12000	12000	12000
最大切线长	m	234.46	235.8	232.5	237.5
最小切线长	m	82.5	82.5	97.5	97.5
最大坡长	m	1224.729	1227.223	1554.548	1555.962
最小坡长	m	415	413.354	925.452	923.188
最大坡度	%	2.8	2.8	2.8	2.8
最小坡度	%	0.3	0.3	0.3	0.3

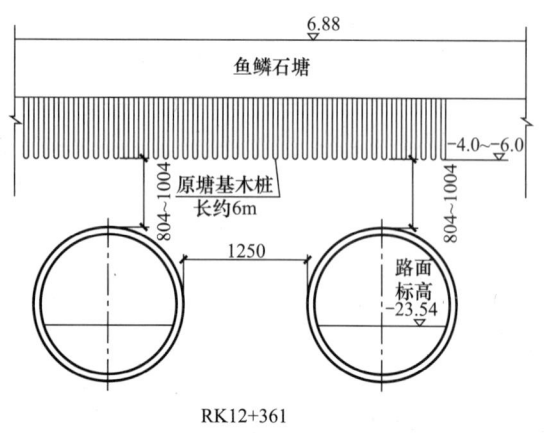

图2.2.2 隧道与江北提防关系图（尺寸单位：cm）

2.2.3.5 纵断面设计与江北防洪堤坝的关系

盾构隧道从江北明清鱼鳞石塘下木桩下穿过，见图2.2.2。

2.2.3.6 隧道纵断面与江南抢险河的关系

隧道纵断面设计盾构隧道于LK15+095.3~+152.0下穿江南抢险河，盾构隧道顶上覆土层厚7.3m，满足运营期隧道抗浮安全要求，但不能满足施工期抗浮安全，拟采取旋喷桩加固地层的措施来满足施工期安全。

2.2.3.7 隧道纵断面与江南长乐江河的关系

隧道纵段面设计江南敞开段于LK15+705~770与江南长乐江河相交，该河为一环形河流并与抢险河连通，经与萧山相关职能部门联系，该河在增加一处与抢险河的连接口后可直接截断。

2.2.4 横断面设计

全线采用全封闭、全立交、六车道高速公路标准，设计速度120km/h，过江隧道设计速度80km/h，路基宽度34.5m，其中行车道宽2×3×3.75m，硬路肩宽2×3.00m，土路肩宽2×0.75m，中间带宽4.50m（其中：中央分隔带宽3.00m，左侧路缘带宽2×0.75m），详细尺寸见图2.2.3。

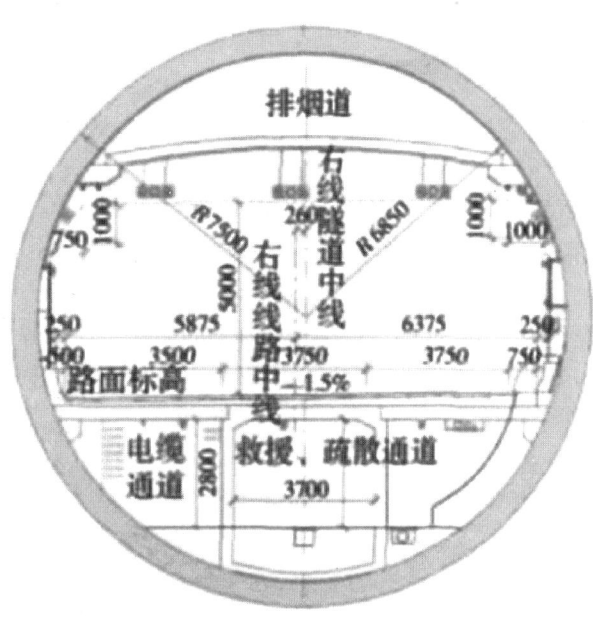

图2.2.3 隧道横断面图

2.2.5 盐官西互通与隧道口区域交通组织

2.2.5.1 盐官西互通环境条件

盐官西互通立交中心桩号K10+296，被交路为施工中的杭浦高速公路，对应杭浦高速公路中心桩号为K26+608.069，立交等级为一级枢纽型互通。拟建立交处地势开阔，建设条件良好，见图2.2.4。

图2.2.4 施工中的杭浦高速

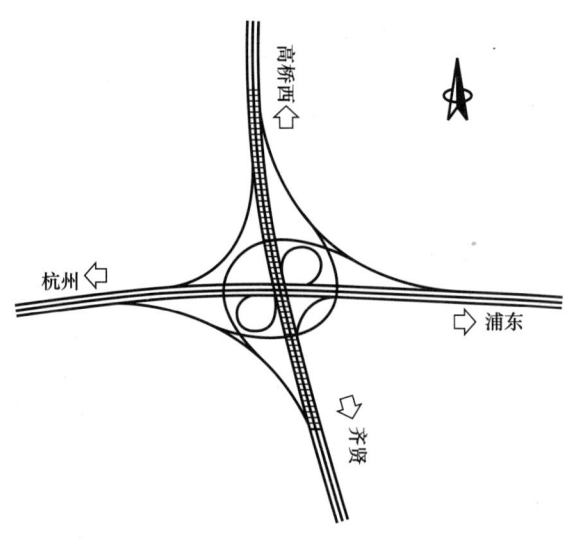

图 2.2.5 盐官西互通示意图

2.2.5.2 盐官西互通方案

为了尽量不影响杭浦高速公路的运营，根据工可评审专家意见，盐官西互通采用钱江通道主线上跨杭浦高速公路方案。互通形式为混合型双层互通，采用半定向半苜蓿叶式，如图 2.2.5。该互通将交通量最大的左转匝道设为半定向匝道，另外两条交通量略小的左转匝道为环形匝道，按象限对称布设。同时为满足隧道出口至互通立交出口渐变段起点的距离不小于 1000m 且隧道引道纵坡保持较缓的坡度，齐贤往浦东的右转匝道就要尽量向杭浦高速靠拢。这就使得杭州往高桥西的左转匝道无法用环形布设，故设为半定向匝道。两条直连式左转匝道均下穿（上跨）主线，上跨杭浦高速公路，设计时结合地形地貌合理布设匝道，尽量减少匝道桥工程量。右转匝道和直连式匝道设计速度 60km/h，平曲线最小半径 150m；环形匝道设计速度 40km/h，平曲线最小半径 70m。钱江通道及接线工程与杭浦高速公路交叉，隧道江北段从江中先采用 2.8% 的坡度迅速上升，坡长为 1157m，出隧道洞口后设置 0.3% 的反坡，利于行车安全和排水，坡长 302m，进入盐官西互通范围，接着设置 1.95% 坡度上跨杭浦高速公，本方案与杭浦高速公路交叉桩号为 K10+296.292，交叉桩号处设计高程为 16.46m。

2.2.5.3 连接区域交通组织

由于条件受限，隧道与盐官西互通之间的距离较短。交通部公路司《新理念公路设计指南》（2005 版）规定：原则上隧道与互通立交两者之间的距离应满足设置一系列出口预告标志的需要，当条件受限时，标准规定洞口至前方互通式立交出口渐变段起点的距离不得小于 1000m，但在之前路段应设置完善的预告标志。研究结果也表明，如果仅从驾驶人的反应需要和避免对主线直行交通流产生大的干扰出发，这个距离应不小于 600m。对于短隧道，其与互通式立交的间距可不受控制。根据交通量预测，齐贤至浦东方向转向交通量最大为 14556pcu/d（双向），因而齐贤至浦东方向出口分流匝道采用单车道即可满足交通需求。据此，隧道洞口至盐官西互通立交出口渐变段起点的距离为 1078m，可以满足不得小于 1000m 的规定。隧道与互通间交通组织示意见图 2.2.6。

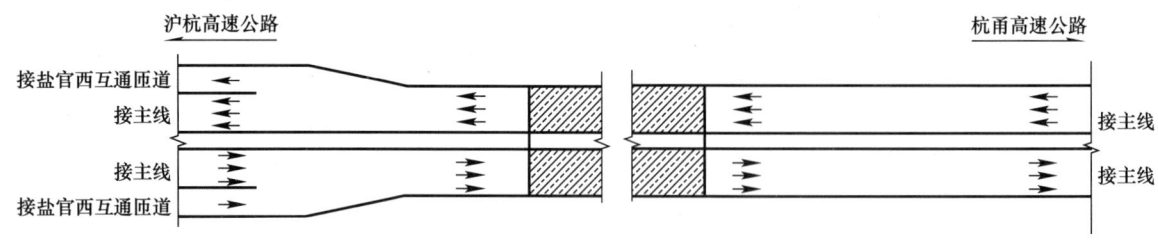

图 2.2.6 隧道口区域交通组织

2.2.5.4 隧道与接线设计速度衔接安全措施

根据浙江省交通规划设计研究院 2006 年 6 月编制的《钱江通道及接线工程隧道设计速度标准及交通安全综合分析评价专题报告》和本段安全需求，因隧道内未设置紧急停车带，需在隧道两侧互通立交出口完善设置容错标志，另外，为保障隧道运行安全，建议在隧道两侧增设小型停车区；因本段设计速度 80km/h，而两端接线设计速度均为 120km/h，故需在隧道两侧增设减速措施，见图 2.2.7。相关措施具体如下：

（1）配合盐官西互通江北至江南方向出口预告标志、出口标志增设"前方越江隧道，车辆检查"标志，颜色为黄底黑字，形式宜为门架式；配合隧道南侧互通江南至江北方向出口预告标志、出口标志增设"前方越江隧道，车辆检修"标志，颜色为黄底黑字，形式宜为门架式。

（2）结合隧道运营管理中心、救援站的设置位置，在隧道两侧进洞口上游合适位置增设小型停车区，应能分别提供大、中、小三类车辆停车位至少2个，停车区内应同时设置紧急救援电话。

（3）在隧道两侧进洞口上游加强减速措施设计，可采用路面薄层铺装配合路面文字标记、震颤标线等方式，铺装的防滑要求、宽度、间隔尺寸应满足相关规范要求。标志速度120km/h至标志速度100km/h，标志速度100km/h至标志速度80km/h的过渡路段长度均至少按2km设置；左线标志速度100km/h设置于LK19+675，标志速度80km/h设置于LK17+675；右线标志速度100km/h设置于RK7+648.604，标志速度80km/h设置于RK9+648.604。

（4）设置快速自动事件检测

目前隧道内使用效果较好的事件检测设施为视频事件检测设备。本设计在本隧道内间隔120~150m设置一处固定摄像机，实时对隧道内的交通进行监视。同时，对每处摄像机视频进行自动视频事件检测，检测设备在检测到事件时能自动报警，通过声光报警器发出报警声音和闪烁，提醒工作人员注意。

（5）实行入口流量控制

从安全和顺利救援角度考虑，应在隧道入口实行入口流量控制。在满足救援时间、方便性的前提下，制定入口流量阀值。接近流量时，应在监控中心发出警告，提醒管理人员注意。当超过流量阀值时，监控系统软件应能够启动入口流量控制预案，控制进入隧道内的车辆数。

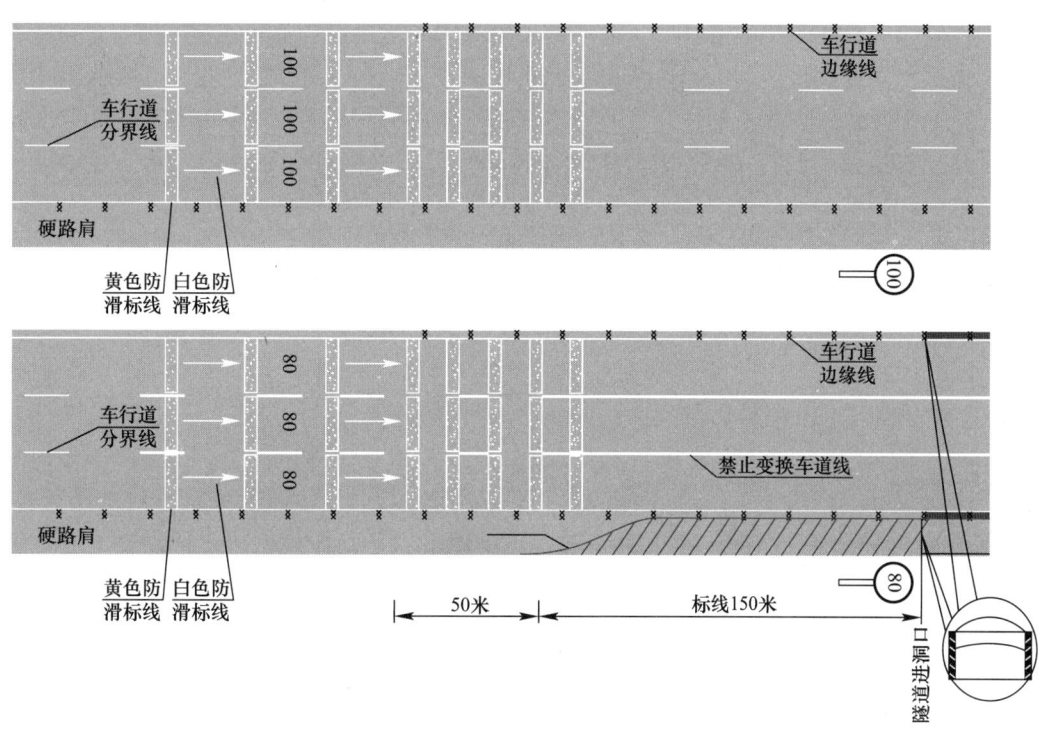

图 2.2.7 速度差衔接措施示意图

2.3 建筑、装修及景观设计

建筑设计是庞大、复杂的隧道工程中的重要一环，它需要与功能设计、结构设计、线路设计、防灾设计、运营设计等充分协调，才能获得符合预定功能要求及环境要求的最优方案。

2.3.1 横断面设计

2.3.1.1 圆形隧道

隧道盾构段横断面设计中，主要考虑以下几方面的因素：

(1) 满足隧道建筑限界要求

根据《公路工程技术标准》JTGB 01 及《公路隧道设计规范》JTGD 70 的有关规定,设计车速取为 80km/h,并且不设检修通道和紧急停车带,并结合盾构法隧道的实际情况以及国内外已建盾构隧道的实践经验,圆隧道单向三条车道的宽度取 2×3.75m+3.50m,左侧向宽度 0.5m,右侧向宽度 0.75m,左右侧余宽均为 0.25m。建筑限界净宽 12.75m,限界高度 5.0m。根据隧道内排水需要,路面设置倾向内侧的单面横坡,坡度为 1.5%。隧道建筑限界见图 2.3.1。

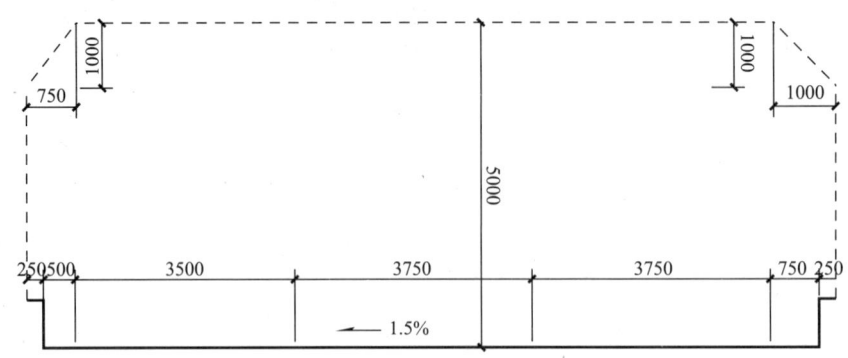

图 2.3.1 隧道建筑界限图

(2) 考虑防灾救援的需要

根据《钱江隧道及接线工程隧道疏散救援通道设置方案专题研究》及《钱江通道及接线工程过江隧道综合防灾及救援专题研究报告》的研究结论及专家评审意见,本隧道盾构段两隧道间仅在工作井处设置了横通道,一旦发生火灾,如不能快速有效地将有害气体、烟雾排出隧道外并快速疏散人员,将会严重危及隧道本身及隧道内人员的安全。设计中在隧道顶部设置纵向排烟通道,间隔一定距离设置排烟口;路面下部空间布置安全通道及救援通道,增强了防救灾功能和灵活性。

(3) 考虑各种运营设备布置的需要

维持隧道正常运营的设备、电缆和管线需要一定的空间,布置这些设备的基本原则是:

1) 满足各设备的工艺要求。

2) 不得侵入建筑限界。

3) 维修保养方便。

圆隧道内的设备分为两种类型。

一类为各种电气和给排水设备:包括车道信号灯、照明灯具(基本照明灯具、应急照明灯具)、火灾探测器、扬声器、水喷雾头、监控摄像机、CO-VI 检测仪、可变情报板、各种设备箱(包括消火栓箱、灭火器箱、电话箱、照明配电箱、风机控制箱)、环形线圈等。这类设备根据不同的工艺要求,采用大分散小集中的原则有序布置,即沿圆隧道纵向分散布置,而在横断面上相对集中布置:VMS 智能指示牌、点式火灾探测器、漏泄电缆布置在车道上方;照明灯具、监控摄像机、CO-VI 检测仪等布置在侧墙的上部;各类设备箱分别布置在行车方向右侧侧墙中下部(防撞侧石上面);环形线圈则埋在车道路面中。另一类是以传输功能为主的电缆、水管等管线:包括 DN150 消火栓管、DN250 水喷雾管、DN250 排水管及各种电缆(包括动力电缆及变压器、照明电缆、漏泄电缆、监控电缆)。除漏泄电缆布置在车道上方外,电缆均布置在车道板下专用电缆通道内。

(4) 考虑隧道内装修的要求

隧道内装修主要目的是提供安全、舒适、美观的行车环境。顶部装修要求具有防水、防火、吸声的功能,装修层厚度为 3~5cm。

(5) 误差及变形

盾构隧道施工误差、测量误差、线路拟合误差以及后期变形是不可避免的,结合本工程的地质条件及盾构机的选型情况，并参考既有盾构法隧道的施工经验，隧道径向误差及变形余量按100mm考虑。综合考虑上述各因素，圆形隧道内径确定为13.7m，通过计算分析，管片厚度650mm可满足结构受力、变形等要求，故管片外径为15.0m。盾构隧道横断面设计如图2.3.2所示，图中各设备编号的含义详见横断面设计图。

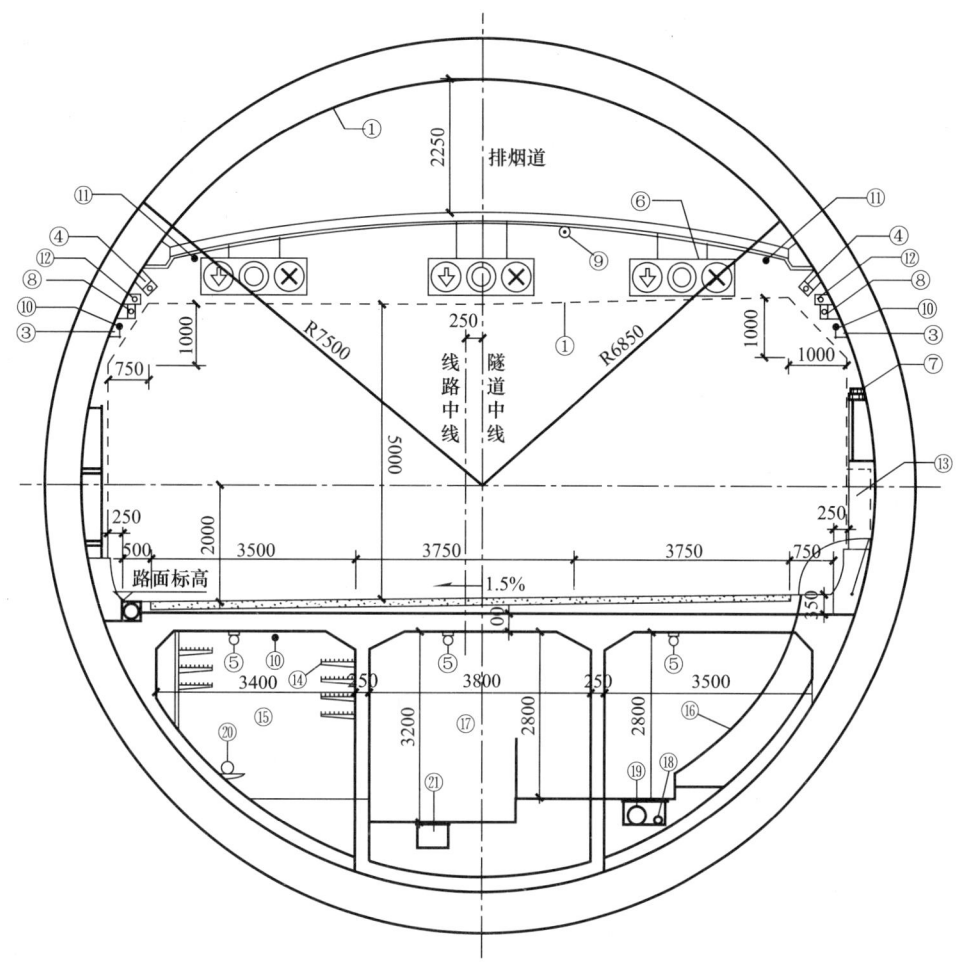

图2.3.2　隧道盾构断面布置图

2.3.1.2　矩形隧道

矩形隧道横断面设计中，主要考虑以下几方面的因素：

(1) 满足隧道建筑限界要求

根据《公路工程技术标准》及《公路隧道设计规范》的有关规定拟定了本隧道的隧道建筑限界，隧道建筑限界与圆形隧道相同。根据隧道内排水需要，路面设置倾向内侧的单面横坡，坡度为1.5%。

(2) 考虑各种运营设备布置的需要

维持隧道正常运营的设备、电缆和管线需要一定的空间，布置这些设备的基本原则是：

1) 满足各设备的工艺要求。
2) 不得侵入建筑限界。
3) 维修保养方便。

矩形隧道内主要运营设备有：给排水管、消防箱、照明灯具、配电箱、电话箱、车道信号、扬声器、电视监控摄像机、CO-VI仪以及各种电缆等。其中各种设备箱布置在隧道内两侧内衬预留孔洞内。通信信号电缆及电力电缆布置在结构中隔廊的上部，各种给排水管布置在中隔廊的底部，考虑电缆桥架及检修道的宽度，中隔廊的宽度最小取180cm。其余设备均根据设备安装、使用、维护要求布置在隧道顶部或侧墙。顶部设备安装空间为40cm，侧墙设备安装空间为20cm。

（3）考虑隧道内装修的要求

隧道内装修主要目的是提供舒适、美观的行车环境。顶部装修要求具有防水、防火、吸收噪声的功能，隧道两侧采用装饰板（骨架安装）进行装修，装修层厚度为5cm。

（4）各种误差

侧墙考虑施工误差5cm，顶板考虑施工误差5cm。

（5）结构变形及不均匀沉降

顶板预留5cm。

（6）路面层

路面层有基层和面层组成，厚度取40cm。综合考虑上述因素：隧道结构内净空高度＝40（设备安装）+5（施工误差）+5（装修）+5（不均匀沉降、结构变形）+500（行车道）+40（路面）＝595cm。隧道结构内净空宽度＝（350+2×375）(车道）+（50+75）(侧向净宽）+2×25（余宽）+2×20（设备安装含装修）+2×5（施工误差）＝1325cm。矩形隧道岸边暗埋段采用双孔一管廊的矩形横断面形式，中间设置设备管廊及安全疏散通道。各种设备箱均通过两侧侧墙预留孔洞嵌入结构内，各种管线则布置在设备管廊内，其余设备均布置在隧道顶部，限界与顶板底的高度为55.0cm，矩形隧道标准横断面如图2.3.3所示。

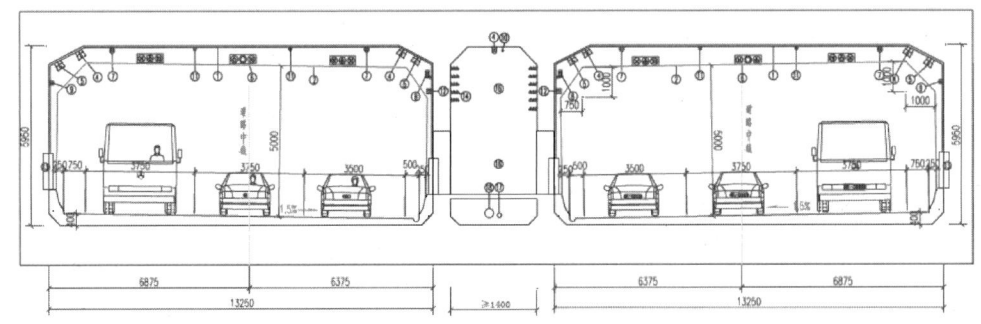

图2.3.3　主线矩形隧道标准横断面图

矩形隧道段需设置射流风机，采用壁龛式局部加高矩形隧道内净空高度解决，加高高度为1.47m。路面层（含混凝土基层）厚度为40cm。

2.3.1.3　引道段

引道段采用U形结构，其内净空宽度在满足建筑限界的基础上仍为13.25m，其设备主要布置在两侧边墙上，管线由矩形隧道穿过结构到隧道外后引到地面。考虑引道段道路排水的问题，引道段道路横坡采用1.5%。其断面如图2.3.4所示。

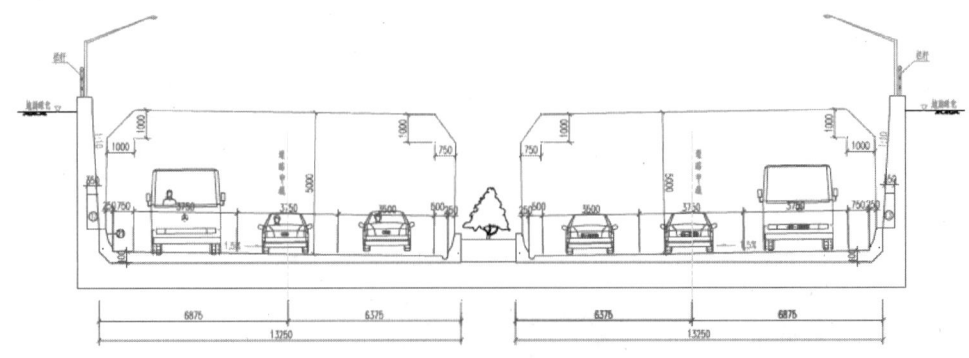

图2.3.4　引导横断面图

2.3.2 盾构工作井设计
2.3.2.1 江北工作井
江北工作井东西线合并设置一处,起点里程LK11+978,终点里程LK11+999,顶盖埋深约4.5m。工作井外包尺寸长×宽为45.8m×21.0m,基坑最大挖深27.3m,施工时作为盾构接收井。整个工作井运营阶段分为四层,地下一层布置了隧道集中排风机房、消防泵房、10kV高压室、0.4kV低压室、UPS室、民用通信机房、弱电设备用房、气瓶间及疏散楼梯。地下二层为车道层,设有连接二条隧道之间的紧急连接通道;地下三层布置了安全通道、风机房、废水泵房及电瓶车停放点;地下四层为电缆通道并布置有废水池。送风井、排风井及各电缆井从地下三层贯穿至地下一层,送风井、排风井通至地上通风塔。建筑面积:5062.1m²。

2.3.2.2 江南工作井
江南工作井东西线合并设置一处,起点里程LK15+250,终点里程LK15+273.003,顶盖埋深约5.0m。工作井外包尺寸长×宽为45.80m×23.40m,基坑最大挖深28.0m,施工时作为盾构始发井。整个工作井运营阶段分为四层,地下一层布置了隧道集中排风机房、消防泵房、10kV高压室、0.4kV低压室、UPS室、民用通信机房、弱电设备用房、气瓶间及疏散楼梯。地下二层为车道层,设有连接二条隧道之间的紧急连接通道;地下三层布置了安全通道、风机房、废水泵房及电瓶车停放点;地下四层为电缆通道并布置有废水池。送风井、排风井及各电缆井从地下三层贯穿至地下一层,送风井、排风井通至地上通风塔。建筑面积:5451.3m²。

2.3.3 横通道及疏散口的设置
根据《钱江隧道及接线工程隧道疏散救援通道设置方案专题研究》及《钱江通道及接线工程过江隧道综合防灾及救援专题研究报告》的研究结论及专家评审意见,为防灾救援的需要,隧道在江南工作井与江北工作井内分别设置了两处联络车行横通道;在江北明挖暗埋段设3处人行横通道,间距为100m;江南明挖暗埋段设3处人行横通道,间距为100m。盾构段紧急疏散口设在前进方向隧道右侧路缘带及防撞侧石处,纵向间隔120m布置一个疏散口,疏散口通过滑梯与路面下的安全通道相连,能有效快速地将人员疏散。同时纵向每隔240m设置灭火救援入口,该入口具有疏散救援功能,人员疏散出口和灭火救援入口距离60m。疏散口不小于700mm×1600mm,疏散口通过滑梯和楼梯与路面下的安全通道相连,能有效快速地将人员疏散。

2.3.4 泵房设计
根据隧道布置和自动化集控运行的特点,为防止隧道引道段汇集的大气降雨进入隧道内部,减少工程运行费用,设计中在隧道出入口暗埋段附近各设一个雨水泵房,在江中盾构段最低处每条隧道设一处废水泵房,以排出隧道内的路面冲洗水和少量的渗漏水。同时还在每个盾构工作井内设置了一座废水泵房,以收集明挖暗埋段内的冲洗水和渗漏水。泵房的布置表如表2.3.1。

泵房设置图　　　　　　　　　　　　　表2.3.1

名　称	位　置	里　程
江北雨水泵房	江北洞口	LK11+658.5
江南雨水泵房	江南洞口	LK15+589.5
江北废水泵房	江北工作井	LK11+990
江南废水泵房	江南工作井	LK15+260
东线江中废水泵房	东线最低点	LK13+960
西线江中废水泵房	西中最低点	RK13+960

2.3.5 隧道内装修设计
2.3.5.1 隧道内装修设计的原则
过江隧道作为地下交通性建筑,在完全封闭单调的空间环境里,容易对驾驶员造成一定的心理压力。因此，根据其功能要求及环境景观要求，做适当的装修设计，在满足交通功能的同时，为人们创造一个安全、舒适、便捷的过江通道。在进行隧道内部装修设计时，从色彩、线条、光环境等方面，以安全为基本，着重解决行车视觉疲劳问题、火灾情况下的结构安全保护、装修材料的绿色环保条件下的安全使用问题等。

(1) 解决行车视觉疲劳问题

一方面，在设计隧道线路时，根据地形及结构要求，线路断面的起伏变化，可以改变单一平直线路给驾驶员带来的惯性和惰性；另一方面，则可通过色彩、灯光的处理来提高司机的视觉兴奋点和精神注意力。

(2) 隧道侧墙面的色彩处理

为了改变墙面单一、单调的色彩，将侧墙面分为上下两大色块。上部采用涂刷深蓝灰色高级防火涂料；下部采用乳白色隧道装饰面板（3.5m 高度内），使墙面在灯光条件下增加亮度，提高墙面的光线漫反射，改善光线视觉效应和隧道内的照明效果。隧道内线条以简洁、流畅为宜，醒目的竖线条会扰乱司机视觉。在上下色块交界部位设一条平行于路面宽 0.2m 宽蓝色腰线，与顶部两条光带一起贯通整条隧道，给人以导向和流畅的感觉。

(3) 隧道顶部色彩的处理

由于隧道本身的封闭性和空间的有限性，为了减少隧道顶棚造成的压抑感，并减少隧道上方众多设备给视线带来的干扰，顶棚及设备外表面都涂刷深蓝灰色高级防火涂料，拉大空间感觉，同时各种信号灯和电子情报板在深色背景下可以跃出，提高识别性。顶棚露明管线均与顶棚同色而不显杂乱。

2.3.5.2 建筑装修设计对正常运营的维护、运营便捷性的考虑

隧道装修是隧道的形象工程，装修设计包括方案、材料和构造形式需要考虑耐久性、维护的便利性、运营维护的经济性。

(1) 装修耐久性

隧道装修设计坚固、耐久，能大大减少维护的工作量、降低运营成本，并能长期保持较好的形象环境，保证服务质量。隧道由于其车辆交通的功能，环境有特殊性；有汽车尾气污染、潮湿、振动、活塞风压等不利因素；隧道通车后也不宜经常关闭进行维修。隧道侧墙、顶部均采用在隧道环境下仍能较好维持稳定性的材料及构造，减少损耗，耐久性不小于 25 年。

(2) 维护便利

隧道侧墙采用隧道专用装饰面板，侧墙上安装的所有箱孔设备均与墙面取平，日常清洗墙面时不会破坏设备。隧道顶部采用深色顶面，污染空气对其影响视觉效果不明显，保证视觉环境的清洁舒适。根据《建筑设计防火规范》GB 50016 相关规定，并考虑到本工程为水底隧道，结构失效后难以修复的特点，结构耐火极限取 3.0h，并采用 RABT 标准升温曲线测试，耐火极限判定标准参见《建筑防火规范》附录 A。根据隧道内不同地段和部位，防火层的设计如下：

1) 明挖暗埋段及工作井段，侧墙及顶板内壁均采用隧道专用厚型防火涂料，厚度 t 根据不同产品的具体性能确定，一般为 10~20mm；

2) 盾构段防撞侧石以上 2.5m 范围内侧壁采用防火搪瓷钢板做装修处理；烟道板下表面以及烟道板与侧壁装修之间的衬砌表面安装防火板；烟道板上方的衬砌内表面采用隧道专用厚型防火涂料。

2.3.6 景观及绿化设计

隧道建筑景观设计，以点、线、面结合的方式，将传统与现代相结合，建筑融入环境，形成高速公路上的一条亮丽的风景带。隧道出入口遮光带、风塔作为这条景观轴线上的点，与周围的农居及农田环境串接，其造型在满足功能要求的同时，与周边环境融合与协调。在进入 21 世纪的今天，环保与可持续化发展应予以重视，在满足使用功能的同时，尽可能地增加绿化带，洞口在无法做平面绿化的情况下，增设了垂直绿化。平面绿化，垂直绿化，洞口形式三者同时考虑，使车行，地面人行，高层鸟瞰等从不同角度都具有欣赏性。绿化设计以点，线，面的方式展开。洞口壁的吊兰为点式绿化，分隔带为线

式绿化,同时留出尽可能多的面积做面式绿化。点式绿化中配以色彩丰富的植物,点缀其中,成为活跃元素。线状绿化色彩统一,使行进中的车有节奏快捷感。面状绿化,在大面积的对比中加以造型流畅活泼的构架,创造轻盈活泼的气氛。

2.4 主体结构设计

2.4.1 主要设计原则

(1) 结构设计应满足施工和运营安全要求,并具有足够的耐久性,做到安全、经济、适用、先进。

(2) 结构的内净空尺寸应满足建筑限界和功能使用以及施工工艺的要求,并考虑施工误差、测量误差、结构变形及后期沉降的影响。

(3) 主体结构设计基准期100年,环境作用等级D级;结构安全等级为一级,重要性系数取1.1。

(4) 设计洪水位:按百年一遇设计,按三百年一遇校核。

(5) 抗震按100年基准期超越概率10%的地震动参数设计,按超越概率3%的地震动参数验算。

(6) 结构计算应根据施工阶段和运营阶段可能出现的最不利荷载组合分别进行强度、刚度、稳定性验算。

(7) 对施工期和运营期结构抗浮稳定性分别验算。施工阶段抗浮安全系数在不考虑侧壁摩阻力时不得小于1.05;当计及侧壁摩阻力时不得小于1.15;运营阶段不考虑侧壁摩阻力时不得小于1.1;当计及侧壁摩阻力时不得小于1.2。

(8) 地下结构中主要构件的耐火等级为一级。

(9) 结构构件在永久荷载和基本荷载作用下,应按荷载短期效应组合并考虑长期效应组合的影响进行结构构件裂缝验算。混凝土构件的裂缝宽度应不大于0.2mm。当计及地震等偶然荷载作用时,可不验算结构的裂缝宽度。

(10) 结构防水贯彻"以防为主,刚柔结合,多道设防,综合治理"的原则。

(11) 在不影响结构正常使用且充分考虑施工可行性的前提下,附属结构尽可能采用预制结构,以实现快速施工、缩短工期。

(12) 基坑设计应满足安全可靠、经济合理、施工便利的要求。

(13) 应根据周围环境条件,基坑开挖深度,支护结构功能等确定基坑工程等级,并按相应要求进行设计;应根据不同工程段的设计要求,分段采用合理的支护体系。

(14) 支护结构应进行承载力、变形、坑内外土体稳定性、抗渗等验算。

(15) 应根据基坑围护结构及工程地质、水文地质条件合理选择控制地下水位的方法。

(16) 明挖结构计算中考虑施工过程中形成的永久支护结构的作用。

(17) 明挖主体结构连续墙段侧墙采用复合墙、全包防水。

2.4.2 盾构段结构设计

2.4.2.1 盾构段衬砌结构设计

(1) 结构选型

1) 衬砌形式

从国内外大直径盾构法隧道的实例来看,采用单层、双层衬砌结构的都有。各种水文地质条件下江(海)底盾构隧道的实践经验证明,采用单层衬砌完全可以满足圆形衬砌环变形、接缝张开量、混凝土裂缝及耐久性等方面的设计要求。采用单层衬砌具有施工工艺简单、工期短、投资节省的优点,因此本工程盾构段设计采用单层衬砌。

2) 管片结构形式

盾构隧道常用的管片从材料上区分有混凝土管片、钢管片、铸铁管片等,从管片结构形状上区分有平板型管片、箱型管片和中子型管片。其中平板型混凝土管片从结构耐久性、工程造价等方面有较大的优越性,是目前世界范围内盾构隧道衬砌管片的主要形式,故本工程设计采用平板型混凝土管片。

3) 衬砌环类型

本工程设计采用通用楔形环，其优点表现在：

① 通过管片环旋转，满足全线直线段、平曲线段、竖曲线及施工纠偏要求，特别是避免了其他类型管片在高水压条件下通过设置垫片拟合竖曲线施工的缺点，从而减少了施工风险，加强了防水性能。

② 本工程东西线盾构段总长约 6.5km，不需要再设计直线环或专用的转弯环，减少了钢模数量。

③ 通过管片不同的旋转角度实现曲线的拟合，可最大限度地减小曲线拟合误差的积累，隧道轴线偏差可控制在 5mm 以内，满足隧道轴线拟合误差的要求。

④ 便于管片的贮存、运输及施工管理。

通用楔形环的缺点在于管片需根据拟合需要旋转不同角度，拼装方式不固定。但盾构机采用计算机软件辅助管片的拼装，可以实现线路拟合自动化，同时通过优化结构设计，使管片环纵向螺栓及榫槽具备精确定位的效果，提高管片拼装质量。

(2) 管片结构设计

1) 衬砌环宽、厚度、分块及楔形量

① 衬砌环宽

在满足盾构曲线段施工的条件下，增大环宽可以提高施工速度，并减小环缝数量。因此适当增大环宽对于快速施工以及降低造价、提高防水性能等多方面均有利。考虑到千斤顶的行程、盾构机械制造难度及造价以及施工水平，本隧道管片幅宽取 2.0m。

② 管片厚度

管片的厚度设计得过小，则衬砌环的变形量很大，对施工中的拼装和隧道防水不利。如果管片的厚度设计得太大，则会增加工程造价。根据工程类比以及不同厚度下管片结构的受力状态分析，设计选择管片的厚度为 650mm。

③ 分块方式

在管片环宽及衬砌分块方式上，本次设计采用"9+1"的分块方式。

④ 封顶块的接头角度和插入角度本隧道封顶块采用半纵向插入的方式，以提高管片接头抗剪能力。在 2m 环宽的条件下，考虑施工机械的实际条件，封顶块拼装采用先径向搭接 1.2m，然后再纵向插入的方式。封顶块接头角取 4.0°，纵向插入角度 7.125°。

2) 管片连接构造

本隧道管片环向、纵向均采用斜螺栓连接。衬砌环间通过 38 个纵向 M30 螺栓连接，块与块之间环向通过 2 个 M39 螺栓连接，螺栓机械性能等级 6.8 级。

根据隧道纵向分析，部分地段管片环间仅采用 38 个纵向螺栓连接强度较低，故在纵向设置 19 个剪力销以增加环间抗剪能力。

3) 管片接缝构造

管片接缝应满足防水构造设计要求、结构强度要求及盾构施工要求，并根据通用楔形环的特点为管片拼装提供一定的定位功能。管片环面设置 4mm 的单面凸形传力面，以防止出现局部混凝土破碎。为了便于拼装定位，在端面设置定位杆。

(3) 工程材料

标准衬砌环：钢筋混凝土强度等级 C60，抗渗等级为 P12；钢筋：HPB235、HRB335。

预埋钢板：Q235 钢。

管片连接螺栓：6.8 级。

螺栓套预埋件：聚酰胺材料。

(4) 管片预制及施工精度要求

为保证盾构装配式衬砌良好的受力性能，提供符合结构计算假定的工作条件，管片的制作和组装必须达到以下精度：

1) 单块管片制作的允许偏差见表 2.4.1。

预制成型管片允许偏差   表 2.4.1

序号	项目	允许偏差（mm）	检查数量
1	宽度	±0.4	3点
2	弧弦长	±1	3点
3	厚度	+3/-1	3点
4	螺栓孔位及孔径	±1	所有螺栓孔

2) 整环拼装的允许偏差见表 2.4.2。

管片水平拼装检验允许偏差   表 2.4.2

序号	项目	允许偏差（mm）	检验频率
1	环向缝间隙	0.8	每环测6点
2	纵向缝间隙	2	每条缝测2点
3	成环后内径	±2	测4条（不放衬垫）
4	成环后外径	+6, -2	测4条（不放衬垫）

3) 推进时轴线误差≤50mm。

2.4.2.2 结构横向计算

(1) 计算模型与计算简图

由于管片采用错缝拼装，计算模型的选择必须考虑管片接头部位抗弯刚度的下降、环间螺栓等对隧道结构总体刚度的补强作用，根据国内外常用的模型和计算方法，选择两种模型进行分析：匀质圆环法和梁-弹簧模型法。设计采用两种模型计算结果的包络值作为设计依据。所用的荷载系统如图 2.4.1 所示，梁-弹簧模型法结构计算模型见图 2.4.2。

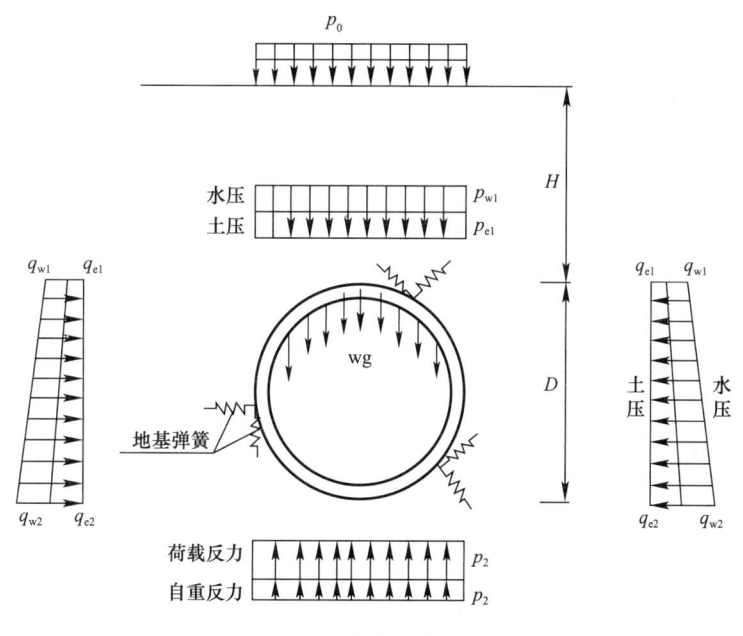

图 2.4.1 荷载系统示意图

(2) 荷载与组合

1) 荷载

根据公路隧道设计规范以及盾构隧道的特点，荷载取值与分类见表 2.4.3。

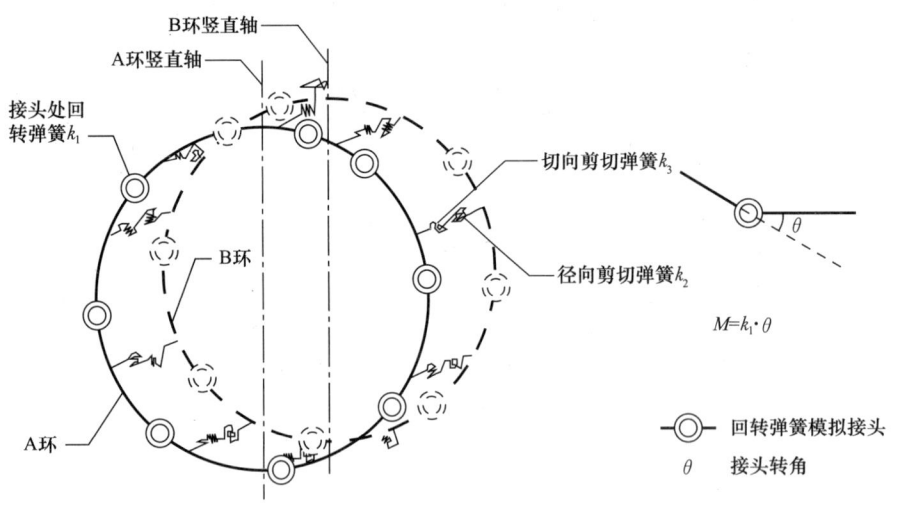

图 2.4.2 梁-弹簧模型图

结构荷载表　　　　　　　　　　　　表 2.4.3

荷载类型	荷载名称		荷载计算及取值	备 注
永久荷载		结构自重	按构件实际重量计算	
		覆土压力	取隧顶以上的全部土柱重量	最大覆土厚度小于 30m
		侧向地层压力	侧向土压力和地基抗力	
		静水压力	按最不利水位计算静水压力	
		隧道上方荷载	隧道上方或破坏棱柱影响范围内的建（构）筑物压力	根据实际情况考虑
可变荷载	基本可变荷载	地面车辆荷载	一般按 20kPa 考虑；如有施工机械，根据实际情况按 30～50kPa 均布荷载考虑	
		地面车辆荷载	按上述均布面荷载引起的侧向地层压力计算	
		隧道内车辆荷载引起侧向力	施工期根据实际荷载计算，运营期按照公路-Ⅰ级荷载计算	
	其他可变荷载	施工荷载	包括千斤顶推力、注浆压力，盾构设备荷载等	根据实际情况确定
		温度作用	±10℃	
偶然荷载		地震作用	100 年基准期超越概率 10% 的地震动参数计算	
		车辆爆炸荷载		
		人防荷载	按照人防规范计算	
		沉船荷载	按 20kPa 计	

2）结构荷载组合表

衬砌结构以及内部附属结构计算所采用的荷载组合如表 2.4.4 所示，设计中取其最不利组合作为设计依据。

荷载组合表　　　　　　　　　　　　表 2.4.4

序 号	荷载类型作用效应组合	永久荷载	可变荷载		偶然荷载
			基本可变荷载	施工荷载	
1	基本组合（强度计算）	1.35	1.4	/	/
2	标准组合（裂缝验算）	1.0	1.0	/	/
3	偶然组合	1.2	/	/	1.0
4	施工阶段效应组合	1.0	/	1.0	/

(3) 计算断面

由于盾构所穿越的地层变化比较大,在结构计算时根据隧道所处地层特点、上覆土变化、地下水位不同等特征选取不同的断面进行计算,其中具有代表性的断面分布见表 2.4.5。

典型计算断面　　　　　　　　　　　　　　　　表 2.4.5

序 号	里 程	特 征	水土荷载模式
计算断面一	K12+000	覆土厚度最小处	水土合算,取最高和最低水位
计算断面二	K13+120	江中覆土最大处	水土合算,取最高和最低水位
计算断面三	K14+676.5	岸边覆土最大处	水土合算,取最高和最低水位

(4) 计算结果

典型断面内力及变形计算结果如表 2.4.6 所示。

典型计算断面内力及变形表　　　　　　　　　　表 2.4.6

断面里程	计算模型	最大正弯矩 (kN·m)	对应轴力 (kN)	最大负弯矩 (kN·m)	对应轴力 (kN)	最大剪力 (kN)	直径变形 (mm)
K12+000	均质圆环模型	839.5	2261.1	−476.1	2902.7	211.4	13.7
	梁-弹簧模型	850.0	2266.7	−495.4	2857.4	372.4	13.9
K13+120	均质圆环模型	1769.9	4959.4	−950.2	6161.0	444.9	30.4
	梁-弹簧模型	1766.8	4939.2	−1016.7	6092.7	1137.2	29.8
K14+676.5	均质圆环模型	2054.7	5544.9	−1194.0	7008.2	513.9	34.3
	梁-弹簧模型	2047.3	5509.2	−1280.7	7252.0	1299.9	33.3

经过计算比较分析,圆隧道的最大弯矩值位于南岸江堤段,位于里程 K14+676.5 处,计算得到内力标准值及变形图见图 2.4.3～图 2.4.10。

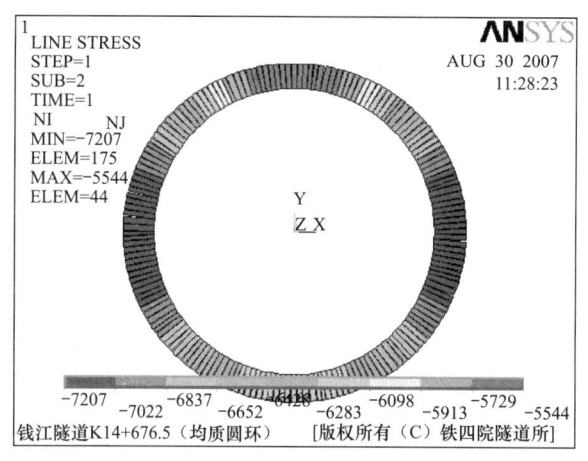

图 2.4.3　弯矩图(均质圆环)(kN·m/环)

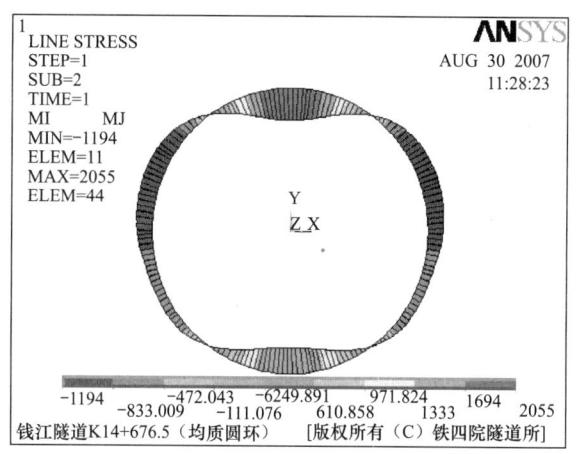

图 2.4.4　轴力图(均质圆环)(kN/环)

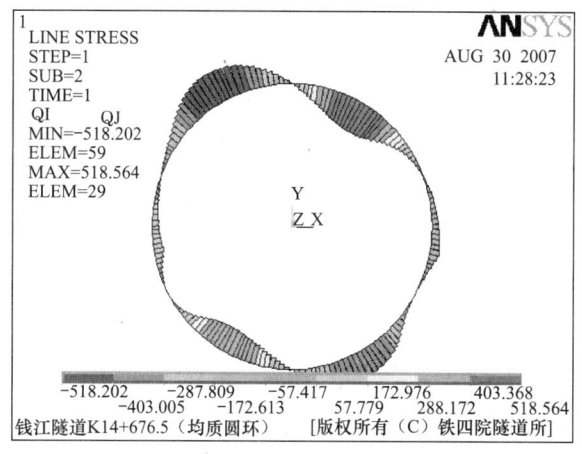

图 2.4.5　剪力图(均质圆环)(kN/环)

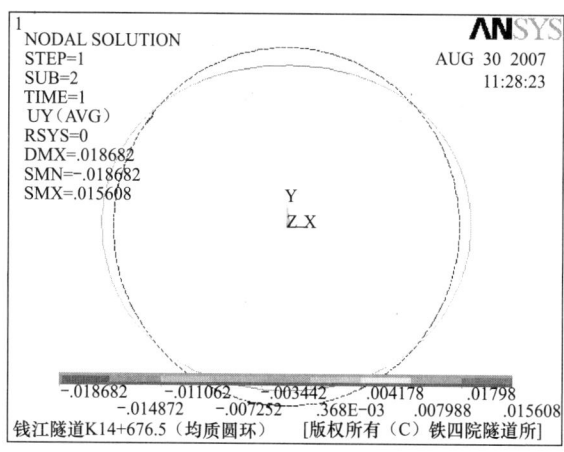

图 2.4.6　竖直直径变形图(均质圆环)(m)

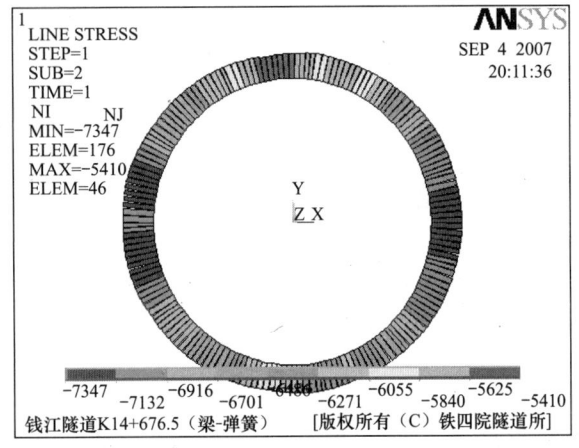

图 2.4.7 弯矩图（梁-弹簧）（kN·m/环）

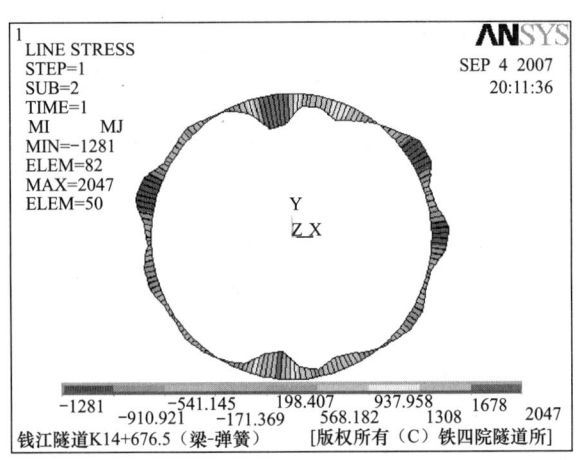

图 2.4.8 轴力图（梁-弹簧）（kN/环）

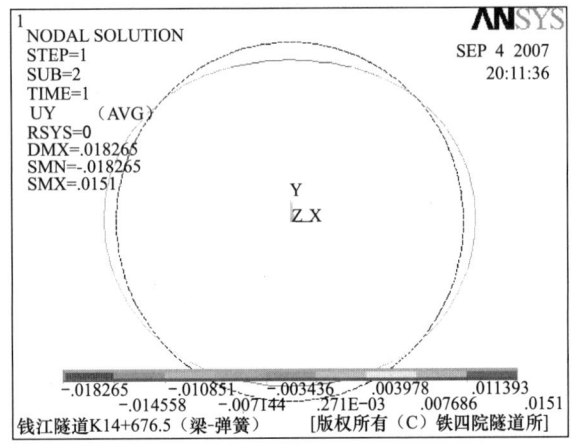

图 2.4.9 剪力图（梁-弹簧）（kN/环）

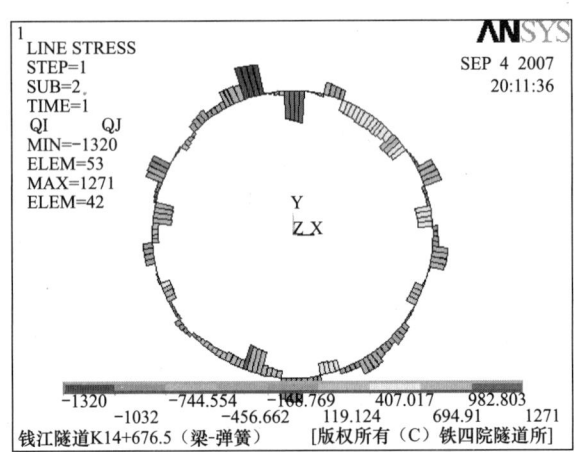

图 2.4.10 竖直直径变形图（梁-弹簧）（m）

综合所有计算断面的计算结果，并从便于施工操作考虑，本隧道设计采用三种配筋方式，针对不同的隧道埋深、工程地质条件等选用不同的配筋方式。三种配筋方式及适用地段见表 2.4.7。

配筋方式及分段表　　　　　　　　　表 2.4.7

配筋类型	管片内侧配筋	管片外侧配筋	适用里程
A	4Φ28+12Φ25	4Φ28+12Φ20	LK11+999.000～LK12+200； LK15+100～LK15+250； RK11+996.210～RK12+200； RK15+100～RK15+243.3
B	16Φ28	4Φ28+12Φ22	LK12+400～LK14+600； LK14+800～LK15+100； RK12+400～RK14+600； RK14+800～RK15+100
C	16Φ32	4Φ32+12Φ25	LK12+200～LK12+400； LK14+600～LK14+800； RK12+200～RK12+400； RK14+600～RK14+800

2.4.2.3 结构纵向计算

(1) 与工作井连接处纵向计算

从结构防水安全、可靠方面考虑，盾构段与工作井连接处采用刚性连接。由于盾构工作井的施工工法、外形尺寸与盾构段均不相同，且盾构工作井上需修建风塔，故在运营期间工作井与盾构段可能出现不均匀沉降，使得接口附近衬砌环的内力及变形增大。因此需对该位置的盾构纵向接头内力以及纵向变形进行分析。

根据工作井沉降计算结果，并参考类似工程的实践经验，计算中取工作井与盾构段的不均匀沉降为30mm。

衬砌结构采用梁-弹簧模型模拟，计算得到衬砌环弯矩如图2.4.11～图2.4.13所示。相应的接头最大弯矩为21476kN·m，最大剪力13330kN，环间最大相对位移10.6mm，环缝张开量4.2mm。经验算，接头抗剪、抗弯能力及防水能力均满足要求。但为安全考虑，工作井外第一环管片之间设置变形缝。

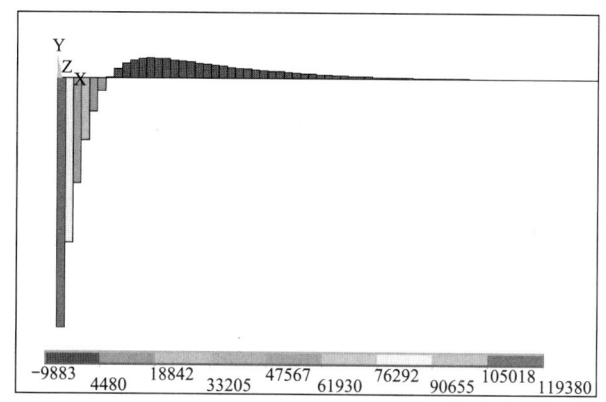

图 2.4.11 衬砌环弯矩图（kN·m）

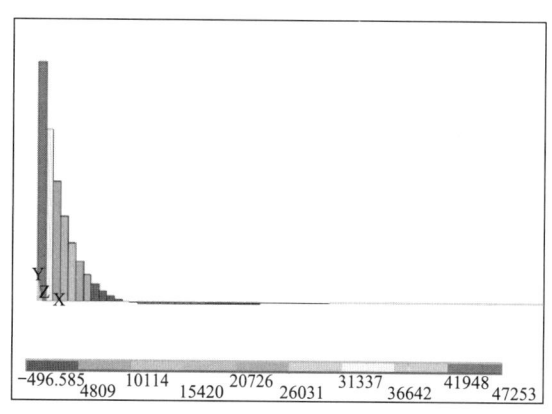

图 2.4.12 衬砌环轴力图（kN）

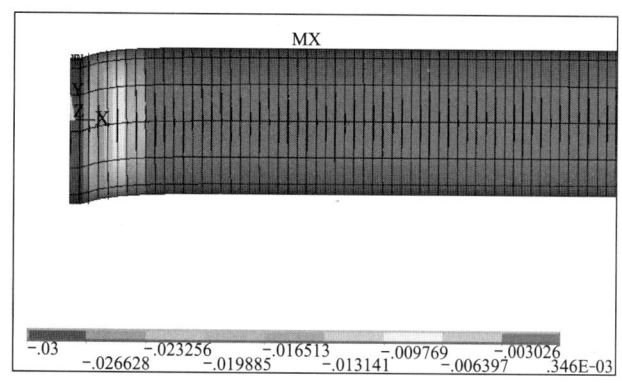

图 2.4.13 衬砌环变形图（m）

(2) 河床冲淤及潮差引起的纵向变形计算

河床冲刷或淤积造成隧道上方覆土厚度土压力的变化以及潮差水压力的变化均会引起隧道的不均匀变形。由于两岸堤坝处不能冲刷，故在冲刷作用下堤坝附近为最不利位置。根据河床演变分析，百年一遇最大冲刷线低于现状河床6.5m，相当于隧道在江中段卸掉6.5m厚的覆土荷载。根据上述条件，对隧道纵向进行计算，得到的结果如图2.4.14～图2.4.16所示。

根据计算得到接头最大弯矩13620kN·m，最大剪力3400kN，环间最大相对位移1.7mm，环缝最大张开量0.5mm，均不控制设计。对河床淤积以及潮差（8.9m）引起的隧道纵向变形进行了分析计算，计算结果表明该种工况同样不控制设计。

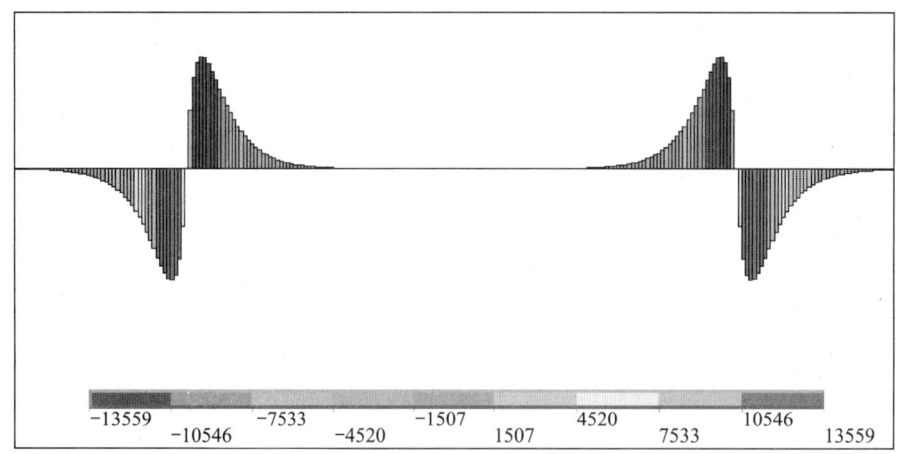

图 2.4.14　衬砌环弯矩图（kN·m）

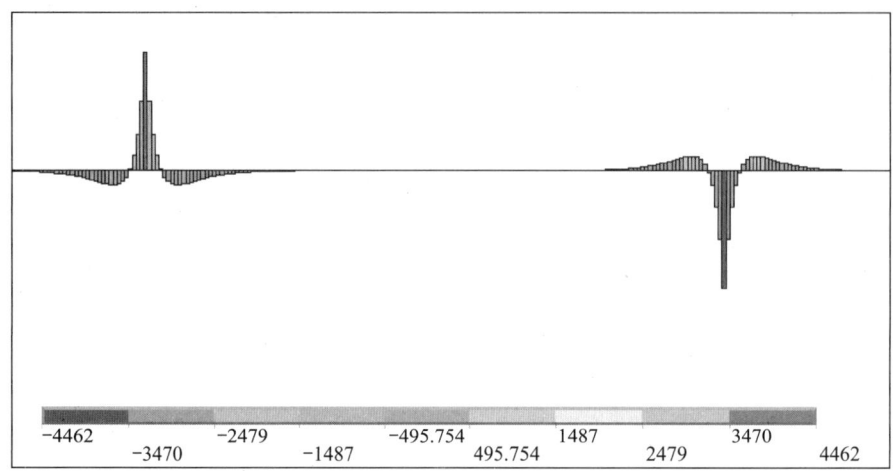

图 2.4.15　衬砌环剪力图（kN）

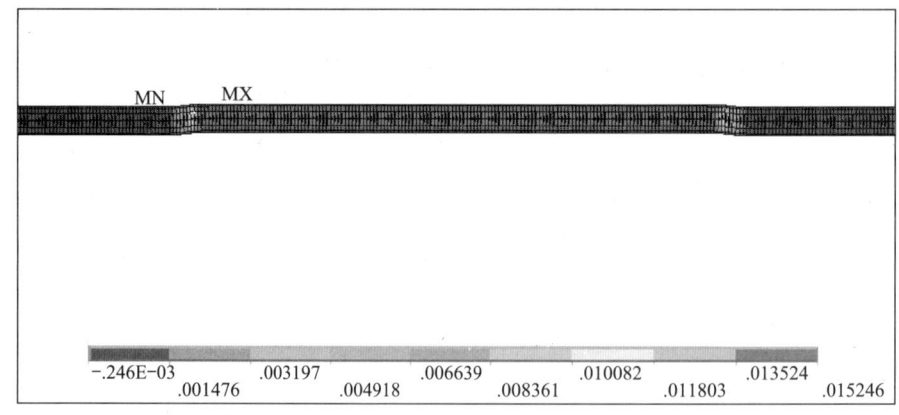

图 2.4.16　衬砌环变形图（m）

2.4.2.4　隧道抗浮计算及措施

（1）江中段抗浮计算

在施工阶段，以历年实测最低冲刷深度（相当于50年一遇）对江中段隧道最小覆土截面进行抗浮计算。江北深泓处覆土最小厚度11.9m，施工阶段抗浮最小安全系数 $K=1.22$；运营期以百年一遇最低冲刷线进行计算，隧道最小抗浮安全系数 $K=1.28$，三百年一遇最低冲刷条件下抗浮系数 $K=1.26$，均满足抗浮要求。

(2) 岸边段

江南始发井加固区外最小覆土厚度 10.3m，江北到达井加固区外最小覆土厚度 9.1m，施工及运营阶段均能满足抗浮要求。江南 LK15+095.3～LK15+152.0 过抢险河段，隧道顶部最小覆土 7.3m，运营期隧道抗浮系数 $K=1.1$，可以满足要求，但施工期抗浮系数为 0.94，需要采取抗浮措施。设计对抢险河底深 15m 范围内地层进行高压旋喷加固（隧道范围内不加固），以满足施工期抗浮要求。

2.4.2.5 盾构近距离施工影响分析

根据盾构法施工一般经验，当先后施工的隧道净距大于 $2D$ 时（D 为隧道外径），先后施工的隧道间几乎无影响；当隧道的净距大于 $1D$ 时，两隧道的相互影响很小，可以不予考虑；当隧道净距小于 1 倍隧道外径时，需要考虑两隧道先后施工的影响。本工程在工作井附近，东西线隧道间净距为：江北到达段 7.8m，江南始发段 8.3m，始发和到达段隧道净距均小于 $1D$，设计和施工时需要充分考虑近距离施工时二条隧道的相互影响。

(1) 江北到达段施工影响分析

江北到达段覆土厚度 9.1m，两隧道中心距离 22.8m。采用有限元法根据施工步骤逐步计算，分析时假定先施工东线隧道。计算得到西线隧道施工对东线隧道的位移影响如图 2.4.17、图 2.4.18 所示。

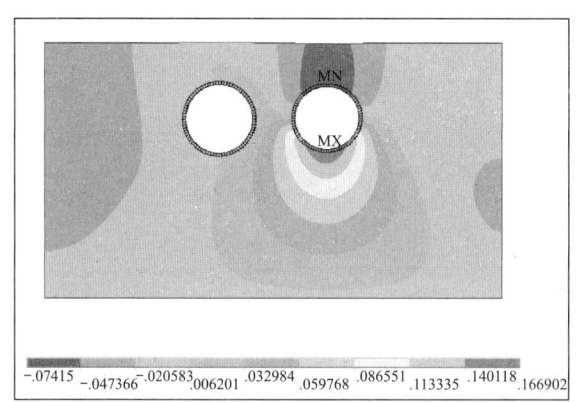

图 2.4.17　西线施工时东线隧道水平位移（mm）　　图 2.4.18　西线施工时东线隧道竖向位移（mm）

通过分析可知，西线隧道掘进过程中引起东线隧道向西线隧道偏移约 10mm 且东线隧道发生逆时针方向转动，转动量约为 10mm。根据以上分析结果可知本工程江北到达段近距离施工对两隧道的影响较小，施工中不需采取其他措施。但是计算得到的地面沉降最大可达 10cm，施工中需引起注意，及时采取注浆等措施。

(2) 江南始发段施工影响分析

江南始发段覆土厚度 10.3m，两隧道中心距离 23.3m。采用有限元法根据施工步骤逐步计算，分析时假定先施工东线隧道。计算得到西线隧道施工对东线隧道的位移影响如图 2.4.19、图 2.4.20 所示。

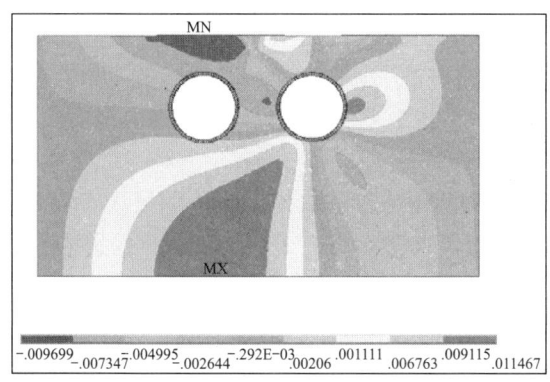 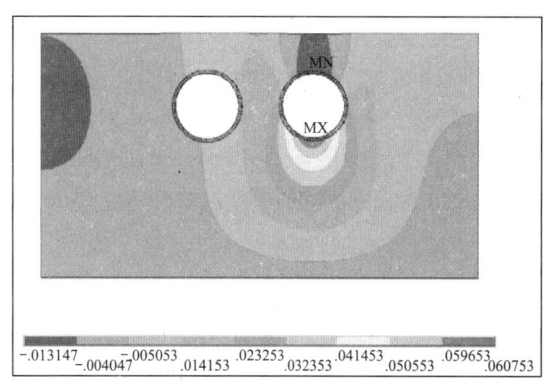

图 2.4.19　西线施工时东线隧道水平位移（mm）　　图 2.4.20　西线施工时东线隧道竖向位移（mm）

通过分析可知，西线隧道掘进过程中引起东线隧道向西线侧偏移约3mm且东线隧道发生逆时针方向转动，转动量约为5mm。根据以上分析结果可知本工程江南始发段近距离施工对两隧道的影响较小，施工中不需采取特别工程措施。

2.4.2.6 盾构施工对堤防的影响分析及对策

（1）盾构施工对江北堤防工程影响分析

江北大堤基底到隧道顶部的覆土为18.5m，堤坝高4.0m，东西线隧道净距12.3m。在盾构掘进施工过程中，盾构从岸边堤防结构下穿越，可能会因地层位移而导致堤防工程结构产生不同程度的沉降变形。为了预测盾构隧道施工穿越堤防时引起的堤防沉降量，本此设计采用有限元法进行了分析计算。根据地质和施工条件，假定地层为弹塑性介质，将沉降视为力学过程，采用平面应变问题来考虑，并考虑隧道先后施工的影响。

计算结果为：东线隧道先穿越堤防时，大堤顶部产生的最大沉降为42mm；西线隧道穿越后，地表最大沉降为54mm。不均匀沉降斜率0.13%。地层竖向位移详见图2.4.21、图2.4.22，堤顶沉降曲线见图2.4.23。

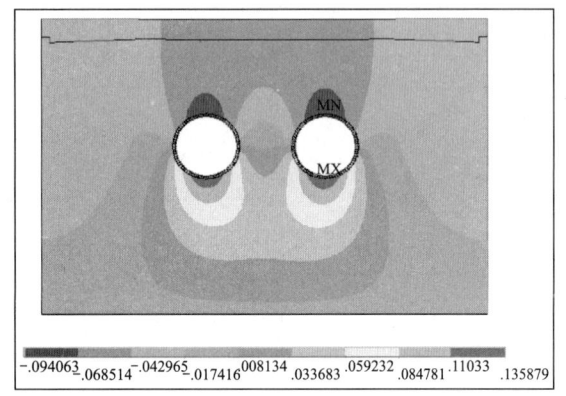

图2.4.21 东线隧道施工时地层竖向位移（m）

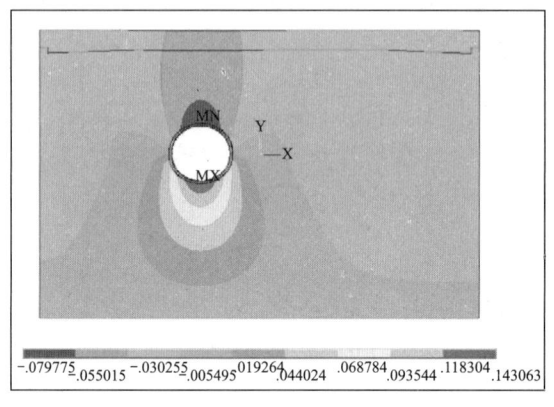

图2.4.22 西线隧道施工后地层竖向位移（m）

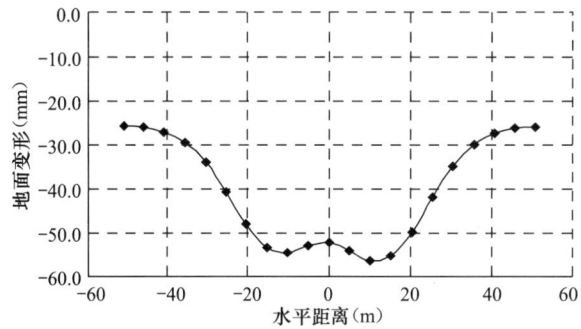

图2.4.23 东、西线施工后堤顶沉降曲线

从分析结果来看，与防洪评价报告中分析得到的一条隧道施工时地面沉降30.38mm、两条隧道施工时地面沉降46.14mm较为接近，不能满足防洪评价报告中"北岸最大沉降量2cm，不均匀沉降斜率0.1%"的要求。故隧道施工穿越江北大堤时需要采取一定的保护措施。

设计在该段大堤前采用船抛块石混合料（表层为块石）作镇压平台的加固措施，以增强该段大提的稳定性。同时施工时加强监测，控制掘进速度，选择合适的施工参数，并对监测到的大堤沉降数据进行实时分析，必要时采取跟踪注浆的加固措施，对堤坝基地进行注浆加固。

（2）盾构施工对江南堤防工程影响分析

江南大堤基底到隧道顶部的覆土为20.5m，堤坝高5.0m，东西线隧道净距20.52m。计算结果为：东线隧道先穿越堤防时，大堤产生的最大沉降为28mm；西线隧道均穿越后，大堤产生最大沉降为

33mm。地层竖向位移详见图 2.4.24、图 2.4.25，地面最终变形如图 2.4.26 所示。

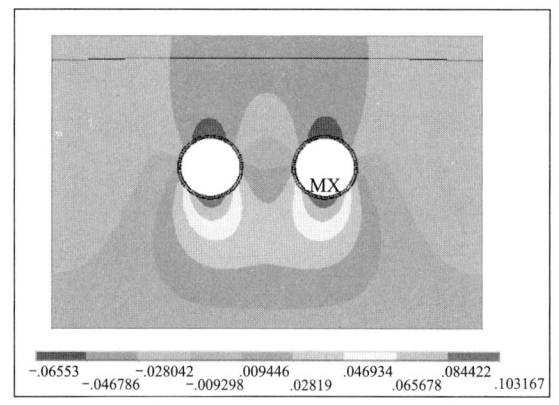

图 2.4.24　东线隧道施工时地层竖向位移（m）

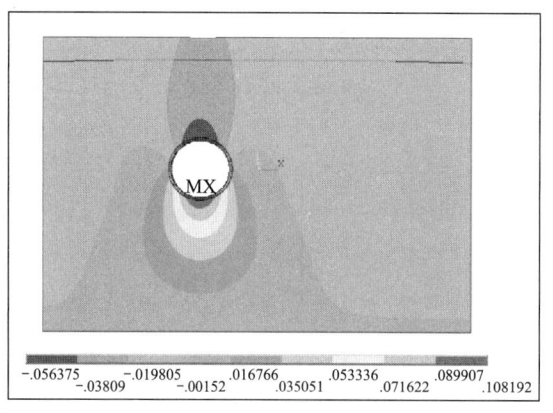

图 2.4.25　西线隧道施工后地层竖向位移（m）

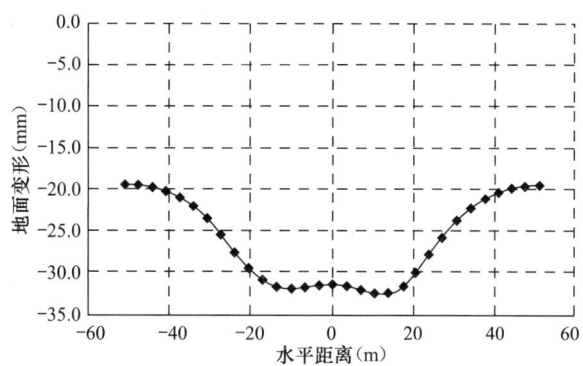

图 2.4.26　东、西线施工后地面沉降曲线

从分析结果看，隧道施工穿越江南大堤时，堤坝最大沉降为33mm，不均匀沉降斜率0.06％，均小于防洪评价报告中"南岸最大沉降量5cm，不均匀沉降斜率0.3％"的要求。故隧道施工穿越江南大堤时不需要采取特殊的保护措施，但仍需要加强监测，加强泥水压力及掘进速度的控制，提高施工水平，尽量降低施工对堤坝的影响。

2.4.2.7　盾构段附属结构设计

（1）路面结构设计

为了缩短工期，本工程路面结构与衬砌管片同步施工。根据路面下层空间的利用情况，结合盾构管片运输的需要，路面板分为三跨（如图2.4.27所示）。中间一跨采用箱形预制结构，随着盾构掘进铺设，及时提供管片运输道路。两边跨以及隧底弧形板采用现浇结构，其中边跨路面板钢筋通过与预制箱涵预埋接驳器连接，使路面板横向形成连续结构。

中间预制箱涵结构的顶板厚度300mm，侧墙厚度250mm，底板厚200mm。边跨现浇路面板厚300mm，弧形板厚250mm。预制箱涵以及路面板均采用C40混凝土，弧形板采用C30混凝土。

路面面层采用10cm厚的沥青混凝土路面，组成为4cm细粒式沥青混凝土＋6cm中粒式沥青混凝土中面层。路面基层为C25混凝土，厚8.4～25cm。

（2）江中泵房结构设计

东西线隧道分别在LK13＋960、RK13＋960处设置江中泵房。泵房最宽处3.4m，深2.8m，纵向长度20.0m。江中泵房设置在车道板下方，利用右侧疏散滑道的间隔布置，并在路面板设置3个800mm×1000mm的设备吊装孔。

（3）烟道板设计

行车道层上方的烟道板设计有如下三种方案：

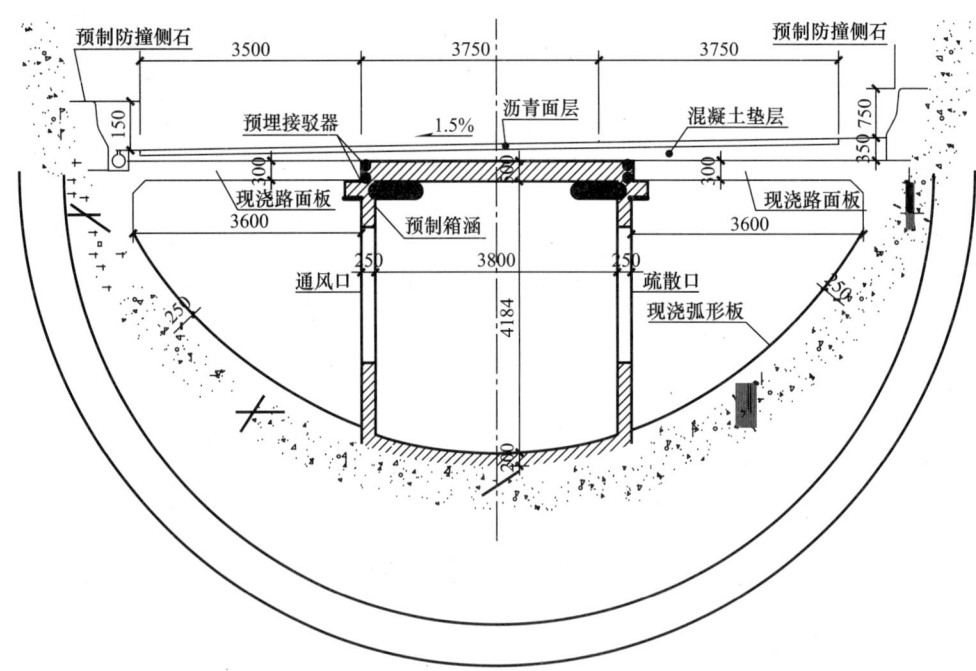

图 2.4.27 标准段路面结构图

方案一：如图 2.4.28 所示，烟道结构横向采用两块弧长 5.36m、宽 2.0m、厚 150mm 的 C30 预制弧形混凝土板在中间通过预埋件焊接，两端与现浇牛腿连接。预制板采用抛物线形，矢高 0.6m，连接后跨度 10.6m。

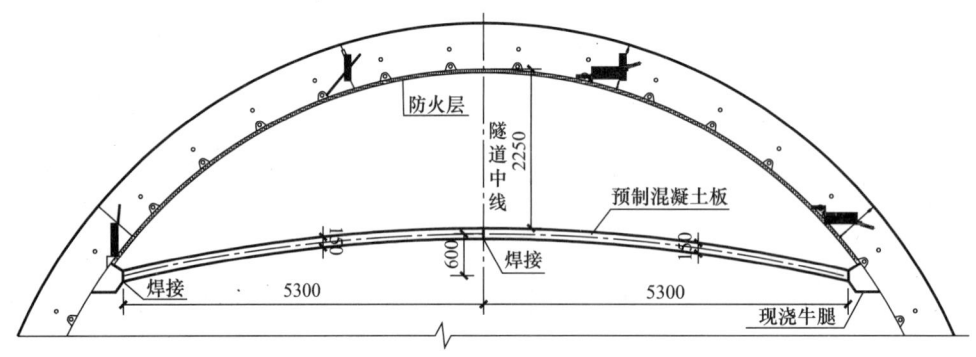

图 2.4.28 烟道板设计方案一（推荐方案）

方案二：如图 2.4.29 所示，烟道结构采用弧形现浇结构，两端搁置在现浇牛腿上。烟道板采用 150mm 厚 C30 钢筋混凝土板。

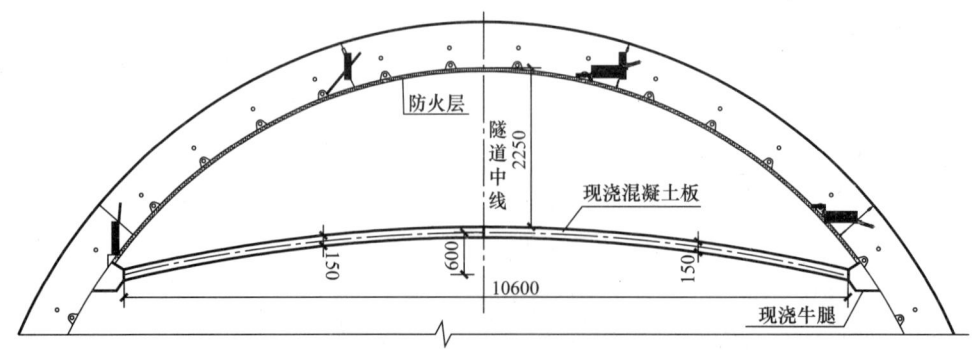

图 2.4.29 烟道板设计方案二

方案三：如图 2.4.30 所示，采用 1000mm×2000mm×60mm 的预制 C30 混凝土板作烟道板，烟道板搁置在纵向间距 2m 的 20 号槽钢上，槽钢两端搭在现浇牛腿上，跨中通过两根吊杆与衬砌环纵向螺栓连接。

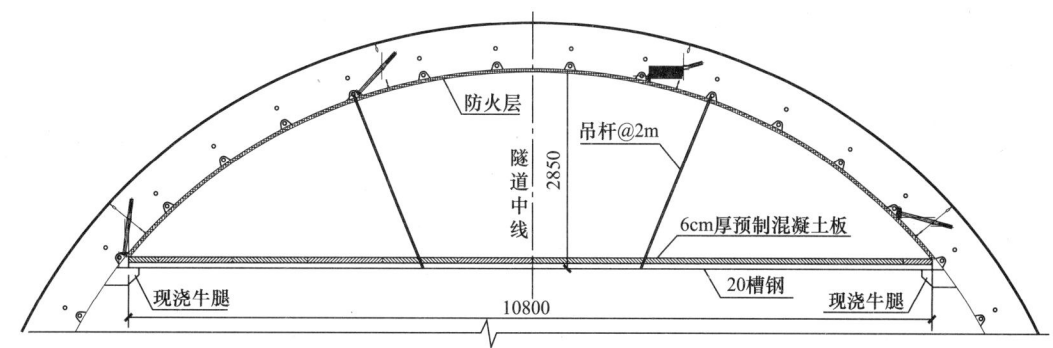

图 2.4.30　烟道板设计方案三

经过比较，方案一有施工速度快、耐久性较好的优点，作为推荐方案。

2.4.3　明挖结构设计

2.4.3.1　围护结构设计

（1）基坑安全等级

本工程明挖段所处场地地势空旷，周边主要为农田和鱼塘，无重要构筑物与地下管线。参考《建筑基坑支护技术规程》JGJ 120 及其他有关规范确定基坑的安全等级：

1）基坑安全等级：基坑深度 $h\geqslant 15$m 时，为一级基坑，重要性系数为 1.1；基坑深度 h 为 7~15m 时，为二级基坑，重要性系数为 1.0；$h\leqslant 7$m 时，为三级基坑，重要性系数为 0.9。

2）基坑变形量限值为：

一级：围护墙顶水平位移 $\leqslant 2‰h_0$；围护墙体最大水平位移 $\leqslant 3‰h_0$；坑外地表最大沉降 $\leqslant 2‰h_0$；

二级：围护墙顶水平位移 $\leqslant 5‰h_0$；围护墙体最大水平位移 $\leqslant 7‰h_0$；坑外地表最大沉降 $\leqslant 5‰h_0$。

其中 h_0 为基坑深度。

（2）围护结构形式的选择

基坑围护形式的选择必须根据基坑开挖深度、地质情况、场地条件、环境条件以及施工条件，通过多方案比选确定，所采用的围护结构应安全可靠、技术可行、施工方便、经济合理。

基坑工程根据其施工、开挖方法可以分为无支护开挖和有支护开挖。无支护开挖目前应用较广的是放坡开挖。放坡开挖具有经济、无支撑施工、主体工程施工时作业空间宽敞、工期短等优点，但是在软弱地基中不宜开挖深度过大。在具备施工场地的条件下，放坡开挖往往是实施的首选方案。

有支护的开挖需要选择合理的围护结构。基坑的围护结构主要承受基坑开挖卸荷所产生的水、土压力，并将此压力传递到支撑，是稳定基坑的一种施工临时挡墙结构，部分形式的围护结构也可以兼作永久结构。国内常用的基坑围护结构形式有土钉墙、SMW 工法桩、钻孔桩、地下连续墙等多种结构形式。

江北明挖段（岸边段及竖井）从上至下地层主要为 1-1 层素填土、2-2 层粉质黏土、3-3 层淤泥质粉质黏土、4-1 层淤泥质粉质黏土、4-2 层粉质黏土、5-2 层粉质黏土、5-3 层黏土、5-4 层粉质黏土、6-1 层粉质黏土、6-3 层粉质黏土、7-2 层粉砂等。基坑开挖及支护深度内土层分别为 1-1 层素填土、2-2 层粉质黏土、3-3 层淤泥质粉质黏土、4-1 层淤泥质粉质黏土，结构底板主要位于 2-2 层粉质黏土、3-3 层淤泥质粉质黏土、4-1 层灰色淤泥质粉质黏土中。

江南明挖段（岸边段及竖井）从上至下地层主要为 1-1 层素填土、3-1 层砂质粉土、3-2 层粉砂、4-1 层淤泥质粉质黏土、4-2 层粉质黏土、5-3 层粉土粉砂、5-4 层粉质黏土、6-3 层粉质黏土等。基坑开挖及支护深度内土层主要为1-1层素填土、3-1层砂质粉土、3-2层粉砂、4-1层淤泥质粉质黏土、4-2层粉质黏土。结构底板主要位于3-1层砂质粉土、3-2层粉砂、4-1层淤泥质粉质黏土、4-2层粉质黏土中。

工程场地的地下水位较高，一般地下水平均水位位于地表下0.5m左右，雨期基本与地面标高平齐。

本工程明挖段所处场地地势空旷，周边主要为农田和鱼塘，场地开阔。具有放坡开挖的条件。从工程施工方便程度的角度出发，结合工程造价的比较，对于基坑深度5m以内较浅的部分，设计采用放坡开挖或重力式挡墙的无支护形式。对于基坑深度5m以上较深的部分，设计采用有支撑支护形式。

江北岸边段，结构主要位于2-2层粉质黏土、3-3层淤泥质粉质黏土、4-1层灰色淤泥质粉质黏土、4-2层粉质黏土中，结合基坑深度采用水泥土重力式挡墙、SMW工法桩、600~1000mm地下连续墙的有支撑围护结构形式。江南岸边段，结构主要位于1-1层素填土、3-1层砂质粉土、3-2层粉砂、4-1层淤泥质粉质黏土、4-2层粉质黏土中，设计采用水泥土重力式挡墙、SMW工法桩和600~1000mm地下连续墙的围护结构形式。

江北接收井，基坑深度为27.5m，属一级深基坑，基坑开挖深度内主要土层为1-1层素填土、2-2层粉质黏土、3-3层淤泥质粉质黏土、4-1层灰色淤泥质粉质黏土中。由于3-3层淤泥质粉质黏土、4-1层灰色淤泥质粉质黏土属高触变性及流动性土层，孔壁易坍塌，工程性能差，地下水位较高，基本与地面平齐，坑底土层为4-3层黏质粉土，属弱透水性-微透水性，该层地下水具有承压性质，存在水头压力时出现流砂现象，采用地下连续墙的围护形式。

江南盾构始发井基坑深度为28.2m，属一级深基坑，且主要位于1-1层素填土、3-1层砂质粉土、3-2层粉砂、4-1层淤泥质粉质黏土、4-2层粉质黏土中。由于3-1层砂质粉土、3-2层粉砂易产生流砂、坍塌等不良地质现象，4-1层淤泥质粉质黏土，具有明显"软土"特征，具高灵敏性、高触变性，孔壁易坍塌，工程性能差，地下水位较高，基本与地面平齐。采用地下连续墙的围护形式。

根据以上的分析，按开挖深度的不同，经工程经济、技术综合比较后，推荐采用的基坑围护形式见表2.4.8和表2.4.9。

江北岸边段及工作井基坑围护结构形式表　　　　　表2.4.8

工程段	里　程	基坑深度（m）	基坑宽度（m）	支护类型
岸边段	LK11+400.000~+425.000	3.1~3.6	32.2	1:2.0放坡
	LK11+425.000~+500.000	3.6~5.6	32.2~33.2	水泥土围护墙
	LK11+500.000~+600.000	5.6~8.5	33.2~34.4	φ650SMW桩
	LK11+600.000~+650.000	8.5~10.0	34.4~35.1	φ850SMW桩
	LK11+650.000~+745.500	10.0~12.9	34.5~35.2	600mm连续墙
	LK11+745.500~+814.500	12.9~15.0	35.2~36.4	800mm连续墙
	LK11+814.500~+978.000	15.0~19.7	36.4~38.2	1000mm连续墙
工作井	LK11+978.000~+999.000	27.5	45.8	1200mm连续墙

江南岸边段及工作井基坑围护结构形式表　　　　　表2.4.9

工程段	里　程	基坑深度（m）	基坑宽度（m）	支护类型
工作井	LK15+250.000~+273.005	28.2	46.5	1200mm连续墙
岸边段	LK15+273.005~+318.500	25.0~23.8	37.0~38.7	1000mm连续墙
	LK15+318.500~+462.500	19~15.0	33.0~37.0	800mm连续墙
	LK15+462.500~+600.000	15.0~11.0	32.2~33.0	600mm连续墙
	LK15+600.000~+700.000	11.0~8.0	32.2~32.8	φ850SMW桩
	LK15+700.000~+795.000	8.0~5.0	31.6~32.2	φ650SMW桩
	LK15+795~+850.000	5.0~3.3	31.3~31.6	水泥土围护墙

(3) 支撑形式比选

支撑常用的形式有外锚方案、内支撑方案。

外锚方案：由于本基坑所在土层以淤泥质类土或砂质类土为主，且位于水位以下，淤泥质类土，锚杆（索）孔成孔困难。另外，施作锚杆（索）对周围地块造成地下空间长期"污染"且锚具处结构防水处理较困难。

内支撑方案：内支撑安全可靠，且钢支撑可多次倒换使用，用钢量较省，经济适用，适用大型深基坑。

设计采用内支撑的支护方案。引道段及明挖暗埋段主要采用钢管内支撑，工作井主要采用钢筋混凝土支撑，支撑布置见各段围护结构布置图。引道段及明挖暗埋段基坑宽度较大，约32~38m，根据计算考虑钢管支撑强度及稳定性的要求，分别设置1~2排格构柱。工作井根据支撑的受力及稳定性设置相应的格构柱。

(4) 基坑加固处理

基坑加固措施目前较为常用的有水泥土搅拌桩、高压旋喷桩等。

水泥土搅拌桩：相对经济，适用于16~20m以内的地层加固，较适用于较为松散的粉土、黏土，但加固对土体扰动大。

高压旋喷桩：加固深度大，效果优于水泥土搅拌桩，但是造价比水泥土搅拌桩高。

江北明挖段：江北岸边段与工作井的结构基底处主要以2-2层粉质黏土、3-3层淤泥质粉质黏土、4-1层灰色淤泥质粉质黏土、4-2层粉质黏土作为基底层，其地基允许承载力较低，只有70~100kPa。JB01~JB10节引道段U形槽结构，其结构底板设置有大量抗拔桩，且结构基底附加应力较小，基底不用加固处理。JB10~JB22节段基坑较深，结构基底应力较大，而基底的承载力较低，土层压缩模量小，坑底开挖卸载和施作结构和回填土后基底变形大，因此需要对基底土体加固处理。为防止基坑加固对基坑土造成过大扰动，加固处理采用高压旋喷桩。采用裙边和抽条加固的方式，裙边加固为宽4m、深4m，抽条加固为宽3m、深3m、纵向净间距3m。

江南明挖段：江南岸边段JN01~JN21节结构主要以3-1层砂质粉土、3-2层粉砂作为基底层，其地基允许承载力较好，有140~160kPa，但3-1层砂质粉土、3-2层粉砂具有轻微~中等地震液化问题；JN21~JN22节盾构始发加深段和工作井结构以4-2层粉质黏土作为基底层，4-2层粉质黏土的地基允许承载力比较低，只有75kPa。JN01~JN10节U形槽段结构，其结构底板设置有大量抗拔桩，且结构基底附加应力较小，基底不用加固处理；JN10~JN18节段以3-1层砂质粉土、3-2层粉砂作为基底层，基底加固处理采用高压旋喷桩，采用裙边加固方式，加固范围为宽4m、深4m；JN19~JN22节盾构始发加高、加深段，基坑深度大于18m，以4-2层粉质黏土作为基底层，基底加固处理采用高压旋喷桩，采用裙边和抽条加固的方式，裙边加固为宽4m、深4m，抽条加固为宽3m、深3m、纵向净间距3m。敞开段采用抗拔桩处理液化问题，暗埋段3-1层土体已全部被挖掉，3-2层粉砂局部液化点埋深在15m以下，且液化程度轻微，对工程安全无影响。

(5) 基坑承压水处理

明挖段内主要有三层第四纪孔隙承压水含水层，具体自上而下分述如下：

第一承压水含水层赋存于北岸4-3层粉土中，属陆相与海相沉积的过渡性质，局部夹有黏性土微层理，具有透水性弱、水量小的特点。含水层多呈透镜体分布，厚度分布不均且范围有限，具微承压性质。第一承压含水层地下水位埋深2.90~3.37m，平均值3.10m，对应标高1.19m。根据现场钻孔抽水试验结果，其综合渗透系数为6.359×10^{-2}m/d（7.36×10^{-5}cm/s）。第一承压含水层少量接受上部地下水下渗补给，向下部土层下渗排泄，由于距钱塘江水域较近，其地下水位受潮汐、季节性、气候等影响呈不规律波动，但水量变化不大。

第二承压水含水层赋存于5-3层粉土、粉砂，分布广泛，暗灰绿色，其水量水位变化较小，一般具弱渗透性，沿线分布不均匀。含水层一般呈局部分布，连续性较差。地下水位埋深为2.90m，相对于标高3.20m，其综合渗透系数为0.837m/d（9.69×10^{-4}cm/s）。第二承压含水层少量接受上部地下水下渗补给，向下部土层下渗排泄，由于距钱塘江水域较近，其地下水位受潮汐、季节性、气候等影响呈不规律波动，但水量变化较小。

第三承压含水层赋存于7层粉细砂、含泥圆砾、含泥卵石层，上覆盖粉质黏土，构成了相对隔水的承压顶板。含水层以封存型地下水为主，受气候、潮汐影响不明显，主要接受上游潜水入渗补给，少量接受上部地下水下渗补给，侧向径流缓慢，一般以人工深井开采和向下游径流排泄为主要排泄途径。结合初勘资料分析，第三承压含水层埋藏深度一般在54m以下，含水层厚度（包括下部含泥圆砾、含泥卵石层）一般大于10m，且具有明显河床相沉积的"二元结构"特征，含水量丰富。地下水位埋深3.20～5.30m，相对于标高1.09～-1.01m，平均标高0.36m。

处理基坑承压水措施目前较为常用的有轻型井点降水、管井井点降水、止水帷幕隔水等。

① 轻型井点降水：在一般基坑降水中较常用，适用基坑降水要求小于10m时配合施工挖土进行。

② 管井井点降水：当涌水量较大，轻型井点降水不能满足要求时，可采用管井井点降水，本法适用降水深度要求高的施工。

③ 止水帷幕水：当承压水压力较大、基坑底以下隔水层薄、而承压水层不厚时，可以采用止水帷幕穿过承压水层，把承压水水源隔断。

根据明挖段（含工作井）各段基坑开挖深度、地层特点及承压含水层分布情况，对三层承压水处理措施详见如下：

第一层承压水：第一层承压水主要位于江北岸边段的JB13节～江北工作井段。JB01～12节基底下无4-3层土，即无第一层承压水，无需处理，而JB13～22节及江北竖井下有4-3层土，即有第一承压水含水层。JB13～22节段基坑开挖深度为11.2～19.8m，基底第一层承压水水头标高为2.4m，基底隔水层厚度只有11.5～20.85m，而承压水水头高出4-3层24.2～28.8m，基底隔水层不能满足抗突涌要求，需对该层承压水进行降压处理。其中JB13～14节需对承压水降3.0m水头；JB15～16节需对承压水降5.0m水头；JB17～18节需对承压水降7.0m水头；JB19～20节需要对承压水降10m水头；JB21～22节需要对承压水降13m水头；江北竖井的连续墙已经穿过4-3层，只需疏干降水就能满足要求。

第二层承压水：第二层承压水贯通整个江南段。江南岸边段JN01～12节基坑开挖深度为3.40～12.55m，基底承压水水头高出承压水顶板32.75m，基坑开挖基底下隔水层厚度有22.56m，基底抗突涌安全系数为1.24，满足抗突涌要求，不需要对承压水进行处理；JN13～18节基坑开挖深度为12.55～17.00m，基底下隔水层厚15.70～22.56m，承压水水头高出隔水层底板高度为30.71～32.75m，隔水层厚度不能满足抗突涌要求，需要对承压水降压处理，其中JN13～14节需降2.0m水头；JN15节需降4.0m水头；JN16节需降6.0m水头；JN17节需降8.0m水头；JN18节需降9.0m水头；JN19～22节及江南工作井因基坑较深，隔水层较薄，需降较大的水头才能满足要求，其中JN19节需降11m水头；JN20节需降12m水头；JN21节需降19.0m水头；JN22节需降21.0m水头；江南工作井需降27.0m水头。经对JN19～工作井段基坑降水、隔水方案进行比较，推荐采用隔水方案处理。

第三层承压水：江北工作井基坑开挖深度为28.0m，基底第三承压水水头高程位于1.09～-1.01m处，按最高处1.09m处计算，则承压水高出基底24.09m，隔水层层底标高为-56.24m，基底下隔水层厚度有33.6m，隔水层重度为19.7kN/m³，其抗突涌安全系数为1.15，不需要对该层承压水进行处理；江南竖井基坑开挖深度为28.3m，基底标高为-22.8m，基底承压水水头最高时标高为1.09，高出基坑底23.89，基底承压水隔水层板厚度为33.44m，基底隔水层抗突涌安全系数为1.15，基本满足抗突涌要求，不需要对该层承压水进行处理；JN22节基坑开挖深度为24.9m，基底标高为-19.4m，基底承压水水头标高为1.09，高出基坑底20.49，基底承压水隔水层板厚度为36.84m，基底隔水层抗突涌安全系数为1.26，满足抗突涌要求，不需要对该层承压水进行降压处理。其余岸边段底板下隔水层厚度较大，能够抵抗该层承压水。根据勘察分析结果可能发生突涌的基坑开挖标高为-25.70m，距现设计最深基坑底标高-22.8还有2.9m，因此基坑设计中不考虑第三层承压水的影响，但施工时需要进行严密监测。

(6) 围护结构计算

1) 基坑设计安全系数

水泥土围护墙基坑设计安全系数和板式围护结构基坑设计安全系数分别见表2.4.10和表2.4.11。

水泥土围护墙基坑设计安全系数表　　　表 2.4.10

整体稳定性	墙底抗滑	墙体抗倾覆	墙底抗隆起	抗 渗
1.05	1.2	1.1	1.2	3.0

板式围护结构基坑设计安全系数表　　　表 2.4.11

整体稳定性	基底抗隆起	墙底抗隆起	抗管涌	基底抗突涌	抗倾覆稳定性
1.1	1.8	2.0	1.5	1.20	1.15

2) 荷载与荷载组合

水土压力：地下水位以上采用水土合算；地下水位以下，黏性土和粉土采用水土合算，砂性土采用水土分算。

混凝土结构自重：$25kN/m^3$。

地面超载：$20kN/m^2$。

施工荷载：按实际情况计。

3) 主要工程材料

钻孔桩、地下连续墙：C30 水下混凝土。

混凝土支撑、围檩：C30 补偿收缩混凝土；导墙：C20。

冠梁：C25。

钢筋：HRB400，HRB335，HPB235。

型钢：采用 Q235-B。

钢支撑：ϕ609 钢管（壁厚14mm、16mm）钢连系梁：HN 型。

钢围檩：56b 双拼工字钢喷射混凝土：C20。

焊条采用 E43-系列型。

4) 计算模型

岸边段与工作井结构采用明挖顺作法施工。围护结构的设计按地质情况、水文情况、周边环境以及基坑安全等级的不同，根据工程实践，结合结构计算分析确定。

结构计算分析分施工阶段和使用阶段进行。施工阶段按"先变形、后支撑"的原则，模拟施工开挖、支撑全过程分工况进行结构计算。支护形式为多支点桩结构，即采用弹性支点杆系有限元法计算。围护结构在施工阶段，按施工过程进行受力计算分析，开挖期间围护结构作为支挡结构，承受全部的水土压力及路面超载引起的侧压力。结构的位移及内力采用有限元方法计算，考虑分步开挖施工各工况实际状态下的位移变化，并按弹性情况考虑。

基坑以下土的作用采用弹簧模拟，弹簧刚度按"K"法模式计算。支护形式为多支点桩结构，采用弹性支点杆系有限元法计算，被动土压力按弹性地基梁考虑，其水平抗力系数采用 m 法。

5) 计算结果及分析

① 江北工作井 1200mm 厚地下连续墙

基坑深度 27.5m，连续墙深 48m。内力与位移包络图详见图 2.4.31。

混凝土支撑最大轴力：第一道 1892.6kN，第二道 6952.0kN，第三道 8707.2kN，第四道 11540.4kN；钢支撑最大轴力：第五道斜撑 3218.0kN，对撑 2338.8kN；第六道斜撑 2596.2kN，对撑 1886.8kN；第七道斜撑 1620.3kN，对撑 1177.5kN。

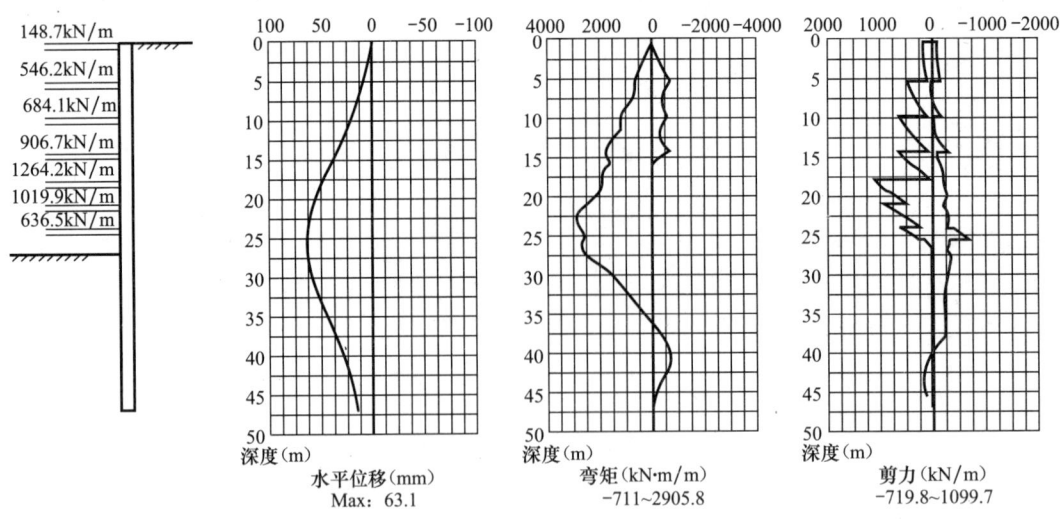

图 2.4.31　江北工作井围护结构内力与位移包络图

连续墙每延米最大弯矩：基坑外侧－711.0kN·m，基坑内侧2905.8kN·m。连续墙最大剪力：1099.7kN。

支护结构最大水平位移：63.1mm，墙身最大水平位移限值为82mm，满足要求。

整体稳定性安全系数：$K=1.15$

墙底抗隆起安全系数：$K=2.21$

坑底抗隆起安全系数：$K=1.99$

抗管涌验算安全系数：$K=2.14$

带支撑抗倾覆：$K=1.51$

结果计算表明，围护结构内力分布合理，配筋率在合理范围之内，变形满足要求。

② 江北岸边段1000mm厚地下连续墙段

该部分基坑深15.0～19.7m。取基坑深度19.7m断面，连续墙深36m，计算结果详见图2.4.32。

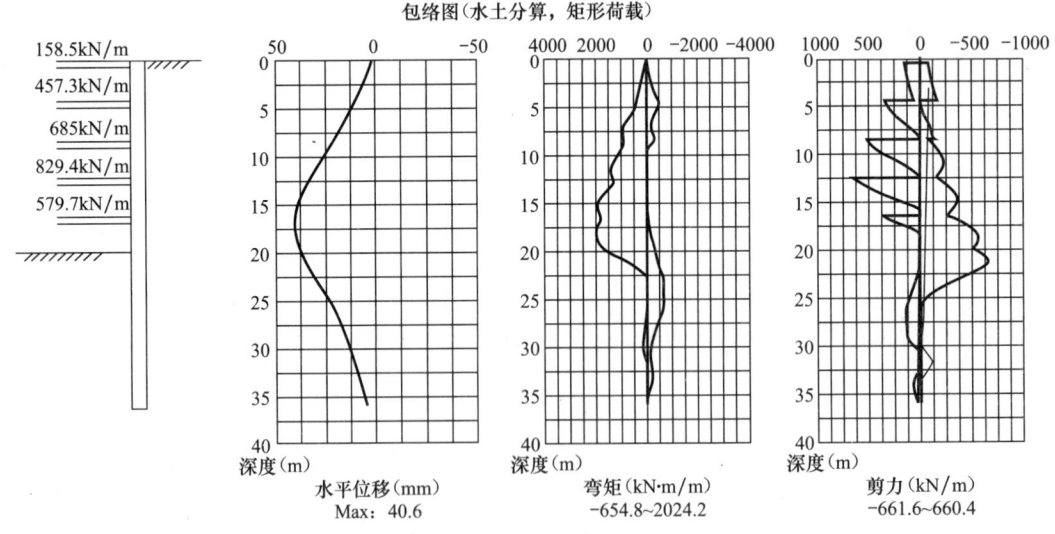

图 2.4.32　江北岸边段1000mm厚地下连续墙围护结构内力与位移包络图

支撑最大轴力：2488kN。

最大弯矩：基坑外侧－654.8kN·m/m，基坑内侧2024kN·m/m。

最大剪力：662kN/m。

支护结构最大水平位移：40.6mm，墙身最大水平位移限值为59mm，满足要求。
整体稳定性安全系数：$K=1.34$
墙底抗隆起安全系数：$K=3.01$
坑底抗隆起安全系数：$K=2.00$
抗管涌验算安全系数：$K=2.2$
带支撑抗倾覆：$K=1.61$
结果计算表明，围护结构内力分布合理，配筋率在合理范围之内，变形满足要求。

③ 江北岸边段800厚地下连续墙段

该部分基坑深12.9~15.0m。取基坑深度15.0m断面，连续墙29m深，计算结果详见图2.4.33。

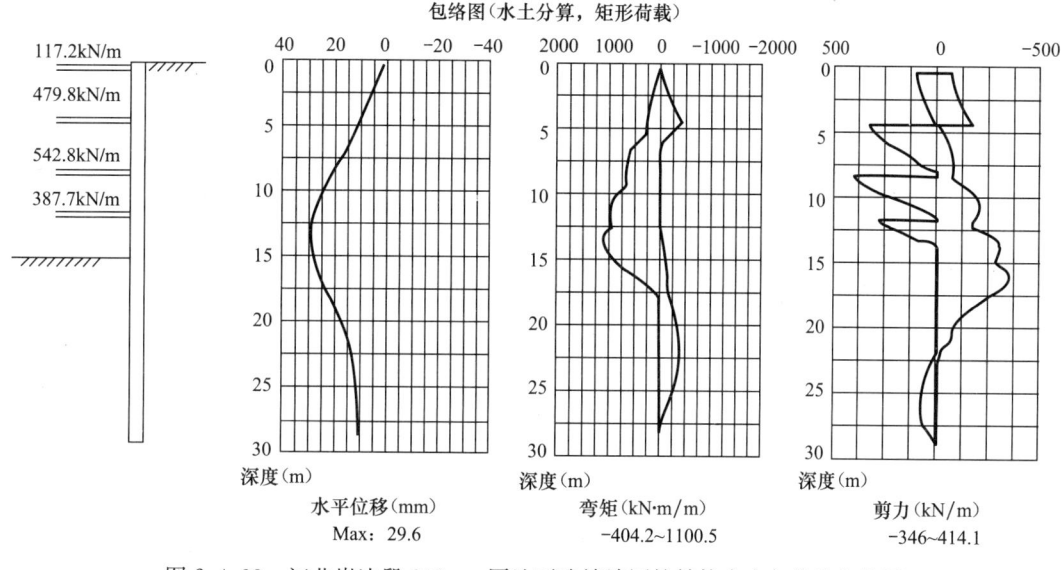

图2.4.33 江北岸边段800mm厚地下连续墙围护结构内力与位移包络图

支撑最大轴力：1628kN。
最大弯矩：基坑外侧－404kN·m/m，基坑内侧1100kN·m/m。
最大剪力：414kN/m。
支护结构最大水平位移：29.6mm，墙身最大水平位移限值为105mm，满足要求。
整体稳定性安全系数：$K=1.15$
墙底抗隆起安全系数：$K=2.03$
坑底抗隆起安全系数：$K=1.85$
抗管涌验算安全系数：$K=2.34$
带支撑抗倾覆：$K=1.22$
结果计算表明，围护结构内力分布合理，配筋率在合理范围之内，变形满足要求。

④ 江北岸边段600mm厚地下连续墙段

该部分基坑深10.0~12.9m。最深处内力与位移包络图详见图2.4.34。
支撑最大轴力：1770kN。
最大弯矩：基坑外侧－267.3kN·m/m，基坑内侧799.6kN·m/m；
最大剪力：412kN/m。
支护结构最大水平位移：33.8mm，墙身最大水平位移限值为90mm，满足要求。
整体稳定性安全系数：$K=1.22$
墙底抗隆起安全系数：$K=2.06$
坑底抗隆起安全系数：$K=1.82$

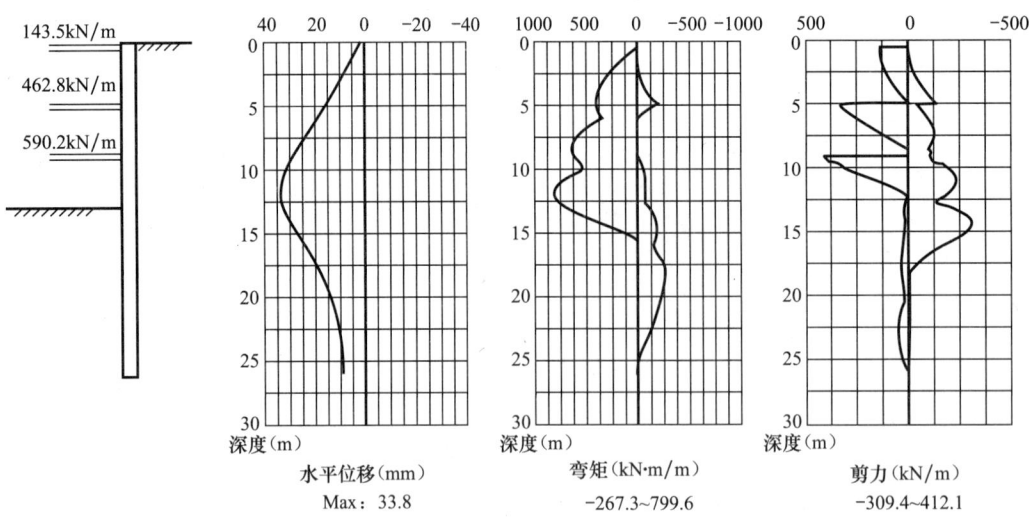

图 2.4.34 江北岸边段 600mm 厚地下连续墙围护结构内力与位移包络图

抗管涌验算安全系数：$K=2.44$

带支撑抗倾覆：$K=1.27$

结果计算表明，围护结构内力分布合理，配筋率在合理范围之内，变形满足要求。

⑤ 江北 SMW 工法段

SMW 工法主要用于引道段 JB05～10 节段。该部分基坑深 5.6～10.0m。取基坑深度 10.0m 断面，计算结果详见图 2.4.35。

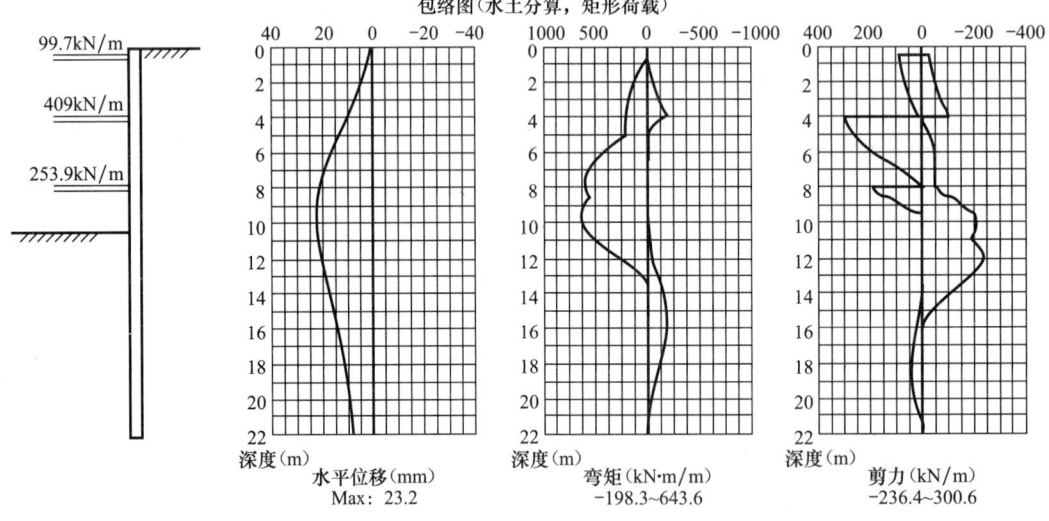

图 2.4.35 江北岸边段 SMW 工法围护结构内力与位移包络图

支撑最大轴力：1227kN。

最大弯矩：基坑外侧 198kN·m/m，基坑内侧 643.6kN·m/m。

最大剪力：300.6kN/m。

支护结构最大水平位移：23.2mm，桩身最大水平位移限值为 70mm。可以满足要求。

整体稳定性安全系数：$K=1.26$

墙底抗隆起安全系数：$K=2.18$

坑底抗隆起安全系数：$K=1.81$

抗管涌验算安全系数：$K=2.56$
带支撑抗倾覆：$K=1.28$

⑥ 江北重力式挡土墙段

重力式挡土墙用于引道段 JB02～04 节，该部分基坑深 3.3～5.6m。取基坑深度 5.6m 断面，计算结果详见图 2.4.36。

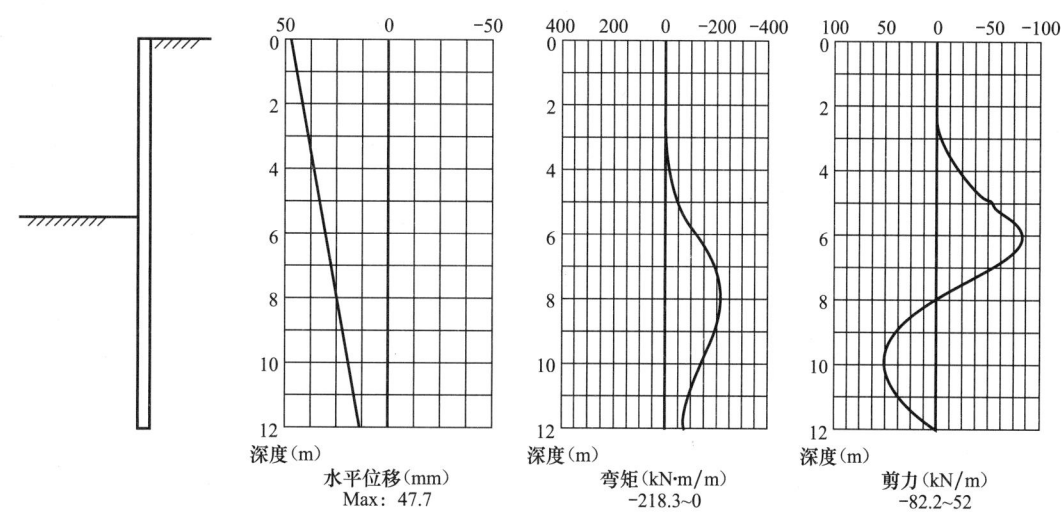

图 2.4.36　江北岸边段重力式挡墙围护结构内力与位移包络图

支护结构最大水平位移：47.7mm，桩身最大水平位移限值为 100mm。可以满足要求。
整体稳定性安全系数：$K=1.54$
墙底抗隆起安全系数：$K=2.06$
整体抗倾覆/滑移安全系数：$K=1.38/1.75$
抗管涌验算安全系数：$K=2.60$

⑦ 江南工作井 1200 厚地下连续墙

基坑深度 28.200m。其内力与位移包络图详见图 2.4.37。

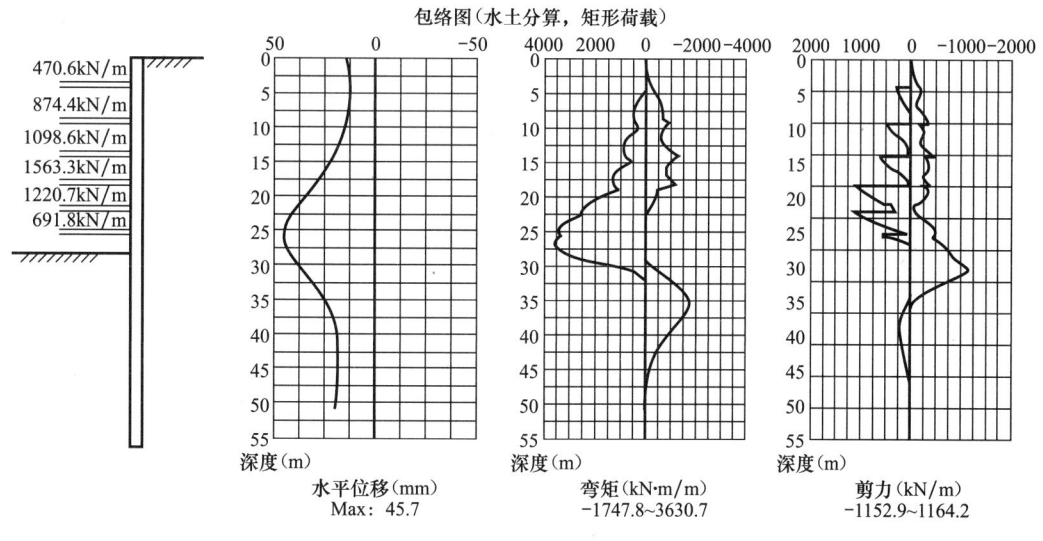

图 2.4.37　江南工作井围护结构内力与包络图

混凝土支撑最大轴力：第一道 5657.0kN，第二道 10186.4kN，第三道 13206.1kN，第四道 18792.1kN，第五道 14673.8kN；钢支撑最大轴力：第六道 1956.7kN。

连续墙每延米最大弯矩：基坑外侧-1747.8kN·m，基坑内侧3630.7kN·m。连续墙最大剪力：1164.2kN。

墙身最大水平位移：45.7mm，小于墙身最大水平位移限值0.30%h（h为基坑深度）即852mm，满足要求。

整体稳定性安全系数：$K=1.17$

墙底抗隆起安全系数：$K=2.21$

坑底抗隆起安全系数：$K=2.02$

抗管涌验算安全系数：$K=2.27$

带支撑抗倾覆：$K=1.2$

结果计算表明，围护结构内力分布合理，配筋率在合理范围之内，变形满足要求。

⑧ 江南井后续段1000mm厚地下连续墙段

该部分基坑深23.8~25.0m。最深段内力与位移包络图详见图2.4.38。

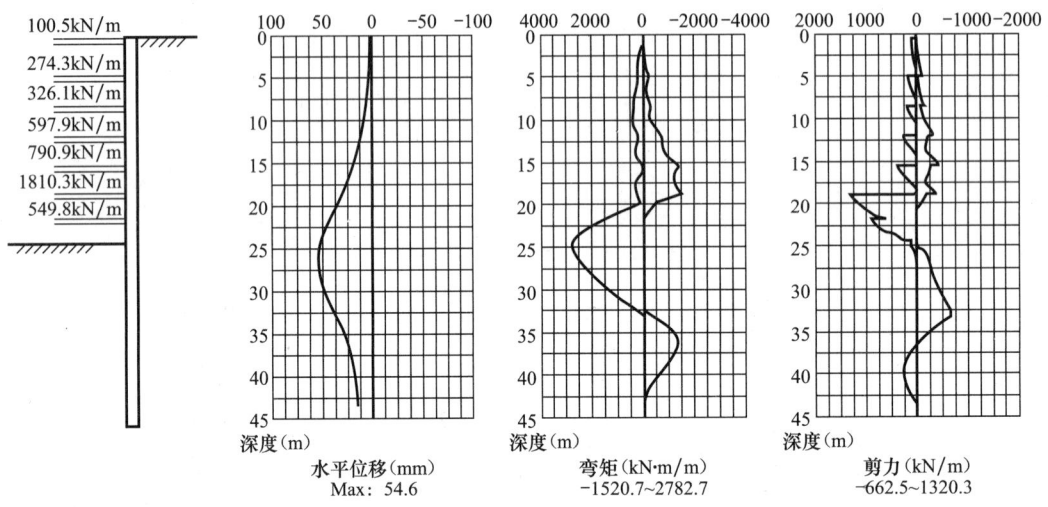

图2.4.38　江南岸边段1000mm厚地下连续墙围护结构内力与包络图

支撑最大轴力：5430.9kN（第六道双拼）、2372.7kN（单根）。最大弯矩：基坑外侧-1520.7kN·m/m，基坑内侧2782.7kN·m/m。

最大剪力：1320.3kN/m。

支护结构最大水平位移：54.6mm，墙身最大水平位移限值为75mm，满足要求。

整体稳定性安全系数：$K=1.81$

墙底抗隆起安全系数：$K=2.26$

坑底抗隆起安全系数：$K=2.06$

抗管涌验算安全系数：$K=2.38$

带支撑抗倾覆：$K=1.37$

结果计算表明，围护结构内力分布合理，配筋率在合理范围之内，变形满足要求。

⑨ 江南800mm厚地下连续墙段

该部分基坑深15.0~19.0m。最深段内力与位移包络图详见图2.4.39。

支撑最大轴力：2290.8kN。

最大弯矩：基坑外侧-438.8kN·m/m，基坑内侧1148.9kN·m/m。

最大剪力：592.1kN/m。

支护结构最大水平位移：29.0mm，墙身最大允许水平位移限值为57mm，满足要求。

整体稳定性安全系数：$K=1.98$

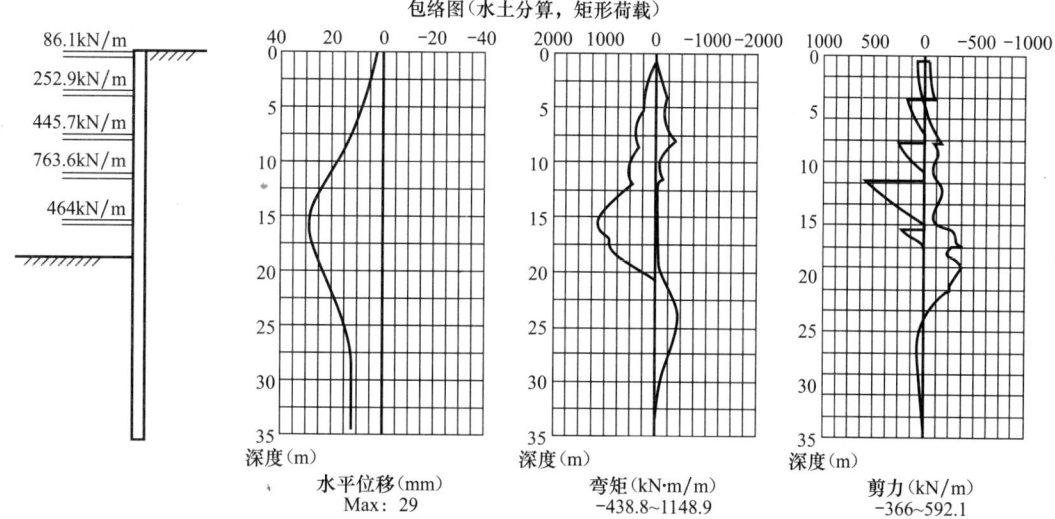

图 2.4.39　江南岸边段 800mm 厚地下连续墙围护结构内力与包络图

墙底抗隆起安全系数：$K=2.59$
坑底抗隆起安全系数：$K=2.21$
抗管涌验算安全系数：$K=2.99$
带支撑抗倾覆：$K=1.75$

结果计算表明，围护结构内力分布合理，配筋率在合理范围之内，变形满足要求。

⑩ 江南 600mm 地下连续墙段

该部分基坑深 11.0～15.0m。基坑内力与位移包络图详见图 2.4.40。

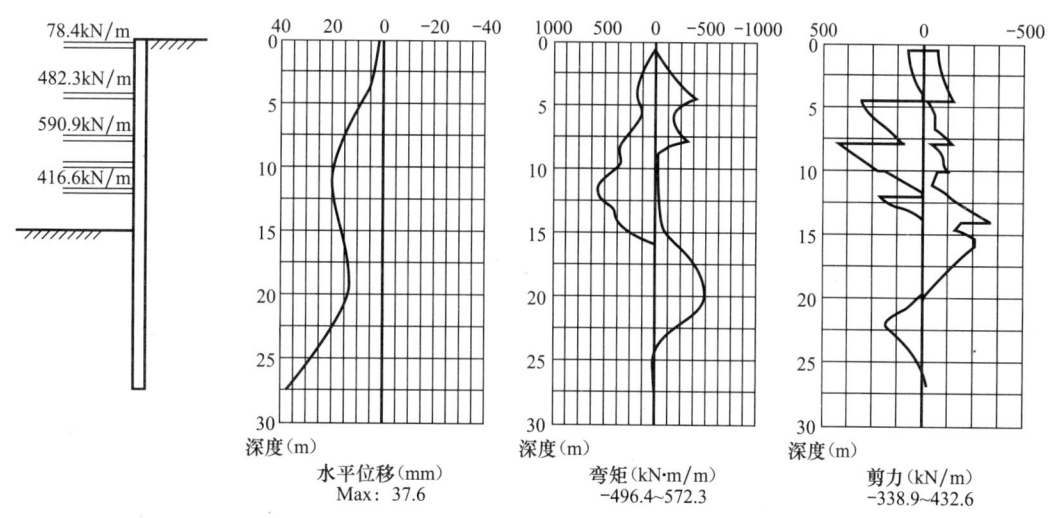

图 2.4.40　江南岸边段 600mm 厚地下连续墙围护结构内力与包络图

支撑最大轴力：1772.7kN。
最大弯矩：基坑外侧 －496.4kN·m/m，基坑内侧 572.3kN·m/m。
最大剪力：432.6kN/m。
支护结构最大水平位移：37.6mm，墙身最大水平位移限值为 105mm，满足要求。
整体稳定性安全系数：$K=1.23$
墙底抗隆起安全系数：$K=2.04$
坑底抗隆起安全系数：$K=1.85$
抗管涌验算安全系数：$K=1.83$

带支撑抗倾覆：$K=1.23$

结果计算表明，围护结构内力分布合理，配筋率在合理范围之内，变形满足要求。

⑪ SMW 工法桩段

该部分基坑深 5.0~11.0m。基坑内力与位移包络图详见图 2.4.41。

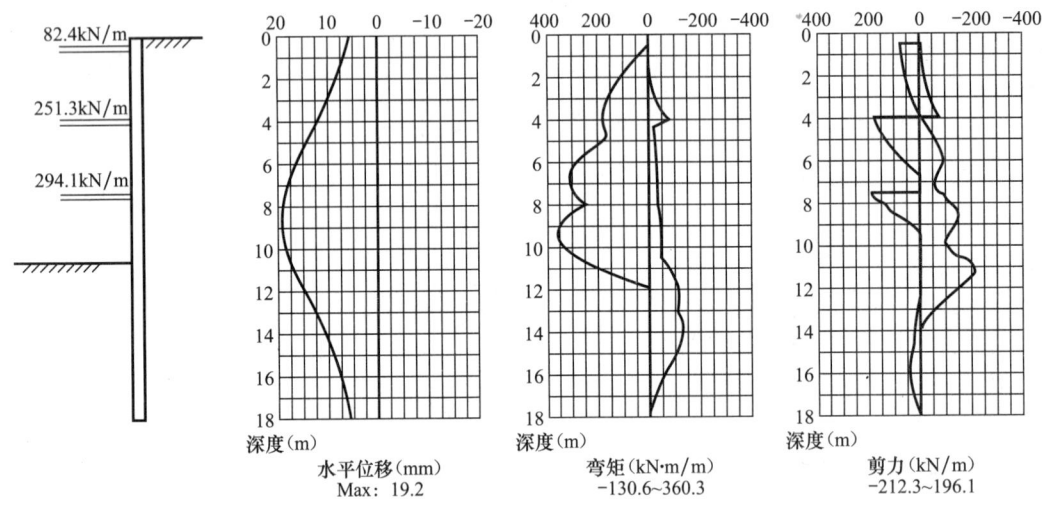

图 2.4.41　江南岸边段 SMW 工法围护结构内力与包络图

支撑轴力：882.3kN/m。

最大弯矩：基坑外侧 −130.6kN·m/m，基坑内侧 360.3kN·m/m。最大剪力：212.3kN/m。

支护结构最大水平位移：19.2mm，桩身最大水平位移限值为 77mm，满足要求。

整体稳定性安全系数：$K=1.85$

墙底抗隆起安全系数：$K=4.45$

坑底抗隆起安全系数：$K=2.45$

抗管涌验算安全系数：$K=2.97$

带支撑抗倾覆：$K=1.68$

结果计算表明，围护结构内力分布合理，配筋率在合理范围之内，变形满足要求。

⑫ 江南重力式挡土墙段

重力式挡土墙用于引道段 JN01~03 节，该部分基坑深 3.3~5.5m。取基坑深度 5.5m 断面，计算结果详见图 2.4.42。

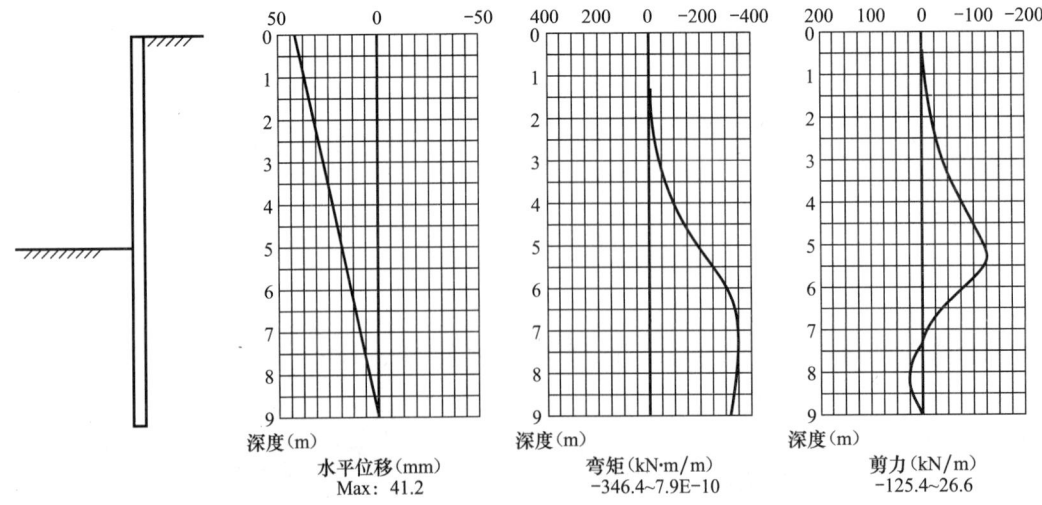

图 2.4.42　江南岸边段重力式挡墙围护结构内力与包络图

支护结构最大水平位移：41.2mm，桩身最大水平位移限值为100mm。可以满足要求。
整体稳定性安全系数：$K=2.21$
墙底抗隆起安全系数：$K=7.8$
整体抗倾覆/滑移安全系数：$K=1.42/1.75$
抗管涌验算安全系数：$K=2.77$

2.4.3.2 主体结构设计

（1）荷载确定及组合

根据运营阶段行车及设备布置要求，并考虑埋深、施工工法等因素，采用U形槽结构（引道段）及箱形框架结构（暗埋标准段、暗埋加高加深段及工作井）。基坑采用连续墙支护段结构侧墙采用复合墙形式。

结构计算荷载类型和计算取值按下表"结构荷载表"采用。结构设计时应根据结构类型，按结构整体和单个构件可能出现的最不利组合，依相应的规范要求进行计算，并考虑施工过程中荷载变化情况分阶段计算。

荷载按结构承载能力极限状态及正常使用极限状态进行组合，采用荷载-结构模式，按荷载最不利组合进行结构的抗弯、抗剪、抗压、抗扭强度和裂缝宽度验算。结构荷载详见表2.4.12-1，结构荷载组合详见表2.4.12-2。

结构荷载表　　　　表2.4.12-1

荷载类型		荷载名称	荷载计算及取值
永久荷载		结构自重	按构件实际重量计算
		覆土地层压力	计算截面以上的全部土柱重量
		侧向地层土压力	主、被动土压力按朗金土压力公式计算
		静水压力	按最不利地下水位计算静水压力
		混凝土收缩及徐变影响作用	混凝土收缩的影响按降低温度的方法计算，对整体浇筑的钢筋混凝土结构相当于降低温度15℃
		设备荷载	设备区一般按8kPa考虑，对于重要设备按实际设备重量考虑，对动力设备考虑动力系数
		地基反力	按结构形式及其在荷载作用下的变形、结构与地层刚度、施工方法等情况及土层性质，根据所采用的结构计算简图和计算方法加以确定
可变荷载	基本可变荷载	地面超载	一般按20kPa考虑，如有施工机械，根据实际情况按30~50kPa均布荷载考虑
		地面超载引起的侧向力	按考虑地面车载的均布荷载作用在地层上考虑
		车辆荷载	公路-Ⅰ级
		人群荷载	按4kPa计算
	其他可变荷载	施工荷载	根据实际情况确定
		温度作用	使用阶段温度作用根据杭州市地区实际温度情况考虑隧道内外侧温差±10℃
		人防荷载	6级人防
		偶然荷载地震作用	100年基准期超越概率10%的地震动参数

结构荷载组合表　　　　表2.4.12-2

序号	荷载类型荷载组合	永久荷载	可变荷载	偶然荷载		备注
				地震	人防	
1	基本组合构件强度计算	1.35（1.0）	1.4（1.3）			括号内数值为结构自重对结构有利时取用
2	短期效应组合构件抗裂验算	1.0	1.0			
3	长期效应组合构件变形验算	1.0	1.0			
4	抗震偶然组合构件强度验算	1.2（1.0）		1.0		
5	人防偶然组合构件强度验算	1.0			1.0	
6	基本组合抗浮稳定验算	1.0（0.9）				

(2) 主要构件的材料

工程材料根据结构类型、受力条件、使用要求和所处环境等因素选用,并考虑其经济性、可靠性和耐久性。结构构件采用钢筋混凝土。主要构件的材料为:

底板、侧墙和顶板:C45 防水钢筋混凝土,抗渗等级不小于 P8,20m 深度以下抗渗等级 P10;内部构件:C35 钢筋混凝土;混凝土垫层:C20 早强混凝土;钢筋:HPB235、HRB335 钢筋。

(3) 构造要求

变形缝的设计:纵向间隔最大不宜超过 30m,缝宽 8mm,底板设置剪切榫,侧墙及顶板设置剪力杆,缝内设置止水带。变形缝两侧的差异沉降须不影响车辆的正常运行和安全。

主筋保护层厚度:不小于钢筋的最小公称直径和以下的最小值,且在一般环境条件下应符合下表规定。箍筋、分布筋和构造筋的混凝土保护层厚度不得小于 30mm。裂缝验算保护层厚度大于 30mm 时,可取 30mm。受力钢筋的混凝土保护层最小厚度详见表 2.4.13。

受力钢筋的混凝土保护层最小厚度(mm)　　　　表 2.4.13

结构类别	顶板、底板		侧墙		中板	柱	钻孔桩	地下连续墙
	外侧	内侧	外侧	内侧				
保护层厚度	55	40	55	40	30	30	70	70

当主筋混凝土保护层厚度≥40mm 时,分布筋放在外侧。

(4) 结构计算

1) 江北工作井

① 计算模型

建立三维有限元模型,梁柱按梁柱单元,底板和内衬墙按板壳单元模拟。底板置于弹性地基上,按设置竖向压弹簧模拟,结构侧墙与围护墙为复合墙,施工期连续墙与主体结构之间采用压杆模拟相互作用,底板以下连续墙采用地基弹簧模拟约束。按施工阶段和使用阶段的实际工况进行分析,取内力包络值进行配筋计算。基坑开挖施工阶段,地下连续墙承担全部水土压力及施工荷载;盾构施工阶段,主体结构与连续墙共同承担施工期全部荷载;运营期间顶板及中板已完成,与侧墙及底板形成可靠的结构承力结构,主体结构承担使用阶段的全部荷载。

计算采用荷载-结构模式,按荷载最不利组合进行结构的抗弯、抗剪、抗压、抗扭强度和裂缝宽度验算。

计算结果显示盾构施工阶段的侧墙及底板内力较大,其有限元计算模型及其网格划分详见图 2.4.43。

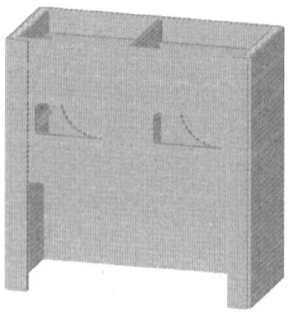

整体结构模型　　　　主体结构模型

图 2.4.43 江北工作井主体结构计算模型及网格划分

② 计算结果

根据三维有限元空间计算,其各部位构件内力分布云图详见图 2.4.44。

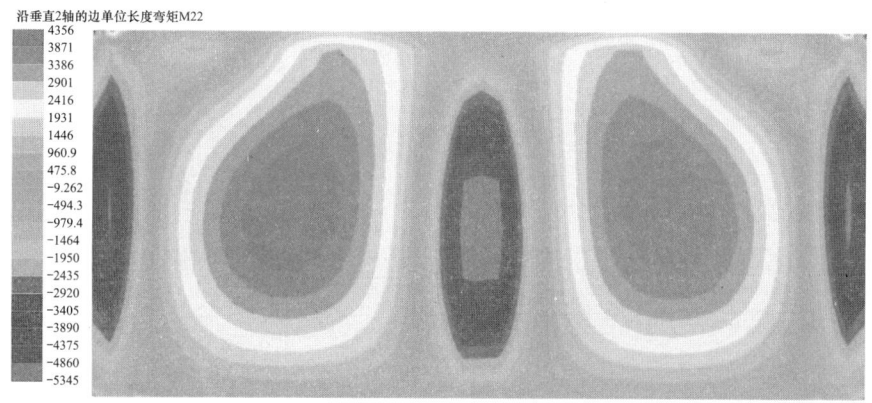
底板横向弯矩

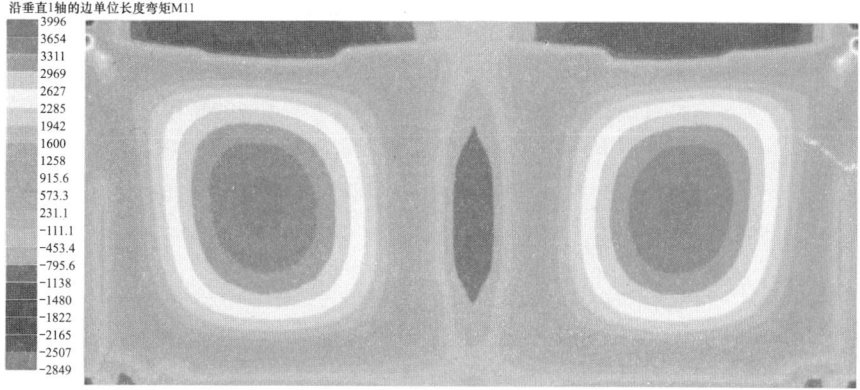
底板纵向弯矩

底板横向剪力

底板纵向剪力

图 2.4.44　江北工作井主体结构内力包络图（一）

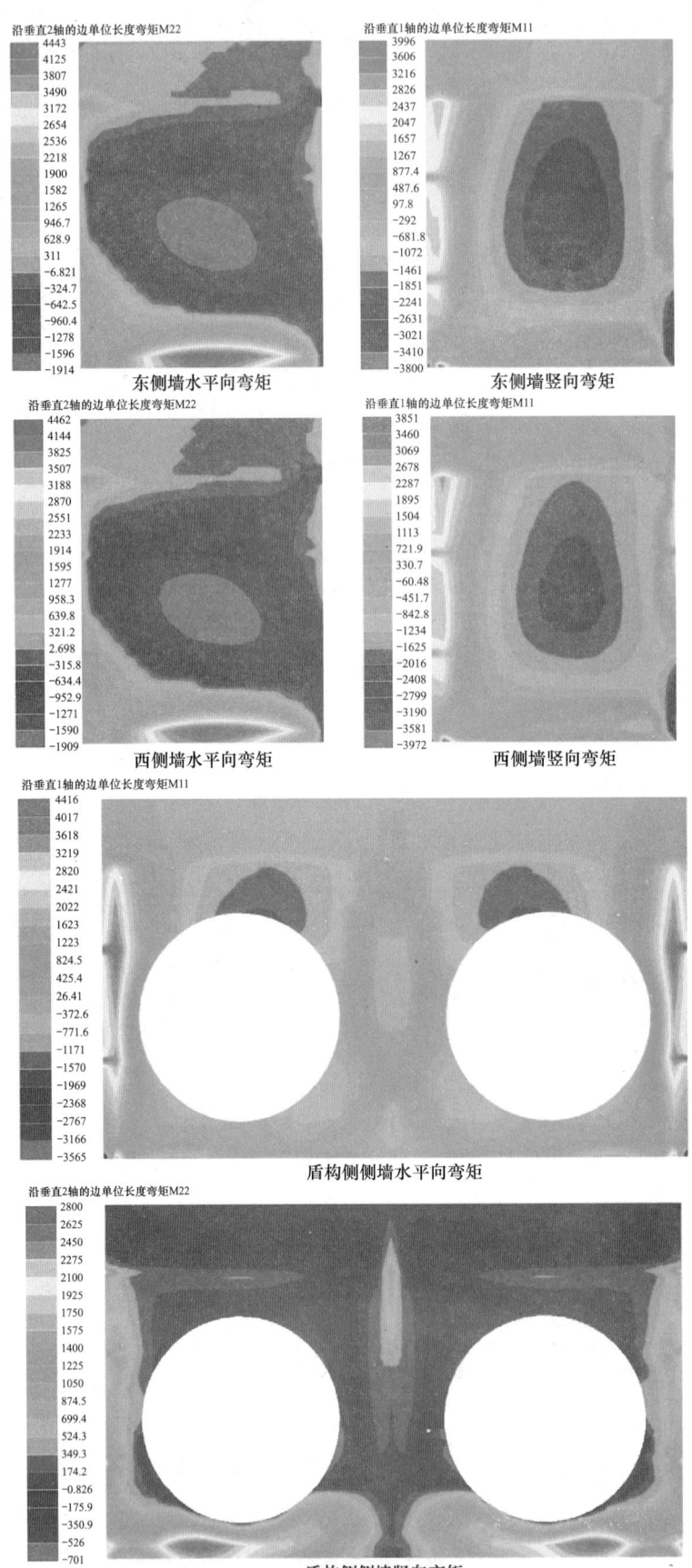

图 2.4.44　江北工作井主体结构内力包络图（二）

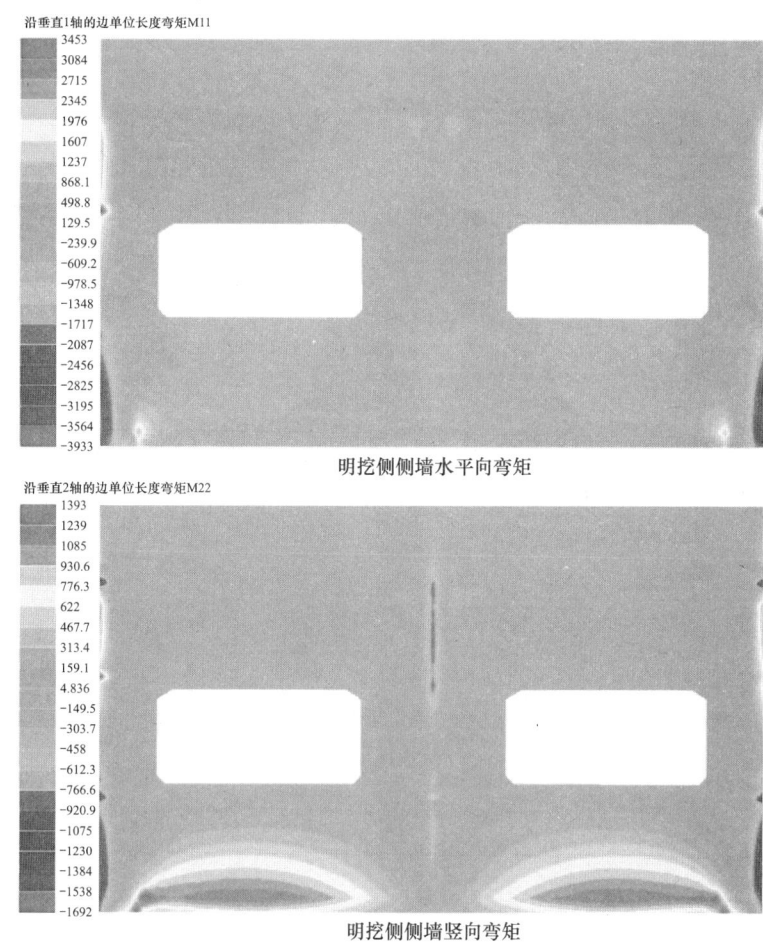

图 2.4.44　江北工作井主体结构内力包络图（三）

依据计算结果，工作井主体结构断面构件尺寸、控制内力及配筋详见表 2.4.14。

江北工作井主体结构控制内力表（每延米）　　　　　表 2.4.14

断　　面	构件名称	结构部位	结构尺寸 (m)	计算内力			配筋率	裂缝宽度 (mm)	备　注
				弯矩 (kN·m)	轴力 (kN)	剪力 (kN)			
顶框梁纵向（侧墙）	水平	外侧	1.7×2.3	25320	15000	7273	1.13%	0.195	端部削峰
		内侧		15000			0.86%	0.197	中间
顶框梁横向（明挖侧）	水平	外侧	1.7×2.3	3918	23600	1520	0.30%	0.085	端部
		内侧		690			0.30%		中间
顶框梁横向（盾构侧）	水平	外侧	1.7×2.3	3060	9880	1839	0.30%	0.05	端部
		内侧		4710			0.30%	0.105	中间
中腰梁	水平	外侧	1.5×2.0	6900	13700	2012	0.51%	0.198	端部
		内侧		9400			0.80%	0.181	中间
底腰梁	水平	外侧	1.2×2.0	5350	8894	1743	0.50%	0.171	端部
		内侧		5800			0.57%	0.184	中间

续表

断面	构件名称	结构部位	结构尺寸(m)	计算内力 弯矩(kN·m)	计算内力 轴力(kN)	计算内力 剪力(kN)	配筋率	裂缝宽度(mm)	备注
底板	纵向	上缘	1.8	3996	—	3685	0.58%	0.192	中间
底板	纵向	下缘	1.8	2849	—	3685	0.40%	0.165	端部
底板	横向	上缘	1.8	4356	—	4276	0.67%	0.194	中间
底板	横向	下缘	1.8	5345	—	4276	0.89%	0.195	端部
明挖侧墙	竖向	外侧	1.2	1393	—	1887	0.46%	0.128	底部
明挖侧墙	竖向	内侧	1.2	1692	—	1887	0.54%	0.187	中间
明挖侧墙	水平	外侧	1.2	3933	—	4705	1.47%	0.2	端部
明挖侧墙	水平	内侧	1.2	1607	—	4705	0.54%	0.159	中间
东西侧墙	竖向	外侧	1.3	4462	—	3807	1.42%	0.199	底部
东西侧墙	竖向	内侧	1.3	1909	—	3807	0.49%	0.189	中间
东西侧墙	水平	外侧	1.3	2800	—	4391	0.93%	0.185	端部
东西侧墙	水平	内侧	1.3	2678	—	4391	0.85%	0.176	中间
盾构侧墙	竖向	外侧	1.2	2800	—	2389	1.07%	0.196	底部
盾构侧墙	竖向	内侧	1.2	701	—	2389	0.30%		中间
盾构侧墙	水平	外侧	1.2	4416	—	2792	1.59%	0.187	端部
盾构侧墙	水平	内侧	1.2	2368	—	2792	0.92%	0.173	中间

2）江南工作井

① 计算模型

计算模型同江北工作井。

② 计算结果

工作井断面构件尺寸、控制内力及配筋详见表2.4.15。

江南工作井主体结构控制内力表（每延米）　　表2.4.15

断面	构件名称	结构部位	结构尺寸(m)	计算内力 弯矩(kN·m)	计算内力 轴力(kN)	计算内力 剪力(kN)	配筋率	裂缝宽度(mm)	备注
顶框梁纵向（侧墙）	框梁水平	外侧	1.7×2.6	23000	21900	13620	1.08%	0.195	端部
顶框梁纵向（侧墙）	框梁水平	内侧	1.7×2.6	21950	21900	13620	0.91%	0.197	中间
顶框梁横	框梁水平	上缘	1.7×2.6	19580	24790	2193	0.95%	0.2	端部
顶框梁横	框梁水平	下缘	1.7×2.6	2118	24790	2193	0.30%	0	中间
顶框梁横向（盾构侧）	框梁水平	外侧	1.7×2.6	23000	13410	2561	1.08%	0.195	端部
顶框梁横向（盾构侧）	框梁水平	内侧	1.7×2.6	12440	13410	2561	0.95%	0.197	中间
中腰梁	水平	外侧	1.5×2.0	4665	14750	1707	0.36%	0.2	端部
中腰梁	水平	内侧	1.5×2.0	7429	14750	1707	0.62%	0.191	中间
底腰梁	水平	外侧	1.2×2.0	4059	13920	1688	0.24%	0.193	端部
底腰梁	水平	内侧	1.2×2.0	4509	13920	1688	0.46%	0.161	中间
底板	纵向	上缘	1.8	4778	—	4648	0.79%	0.192	中间
底板	纵向	下缘	1.8	4019	—	4648	0.61%	0.194	端部
底板	横向	上缘	1.8	4874	—	4985	0.89%	0.178	中间
底板	横向	下缘	1.8	4510	—	4985	0.79%	0.18	端部

续表

断　面	构件名称	结构部位	结构尺寸(m)	计算内力 弯矩(kN·m)	计算内力 轴力(kN)	计算内力 剪力(kN)	配筋率	裂缝宽度(mm)	备　注
明挖侧墙	竖向	外侧	1.2	1580	—	1887	0.73%	0.128	底部
		内侧		604			0.54%	0.187	中间
	水平	外侧	1.2	2141	—	4811	0.73%	0.178	端部
		内侧		1164			0.54%	0.159	中间
东西侧墙	竖向	外侧	1.3	3328	—	3901	1.09%	0.199	底部
		内侧		2111			0.58%	0.189	中间
	水平	外侧	1.3	3019	—	4541	0.95%	0.185	端部
		内侧		2265			0.67%	0.176	中间
盾构侧墙	竖向	外侧	1.2	3189	—	2285	0.82%	0.196	底部
		内侧		618			0.48%	0	中间
	水平	外侧	1.2	4892	—	2522	0.73%	0.184	端部
		内侧		3680			0.72%	0.173	中间

3）明挖段结构

① 计算模型

计算采用荷载-结构模式，抗拔桩采用拉弹簧模拟，地基反力采用压弹簧模拟。各结构断面形式的计算简图 2.4.45～图 2.4.47。

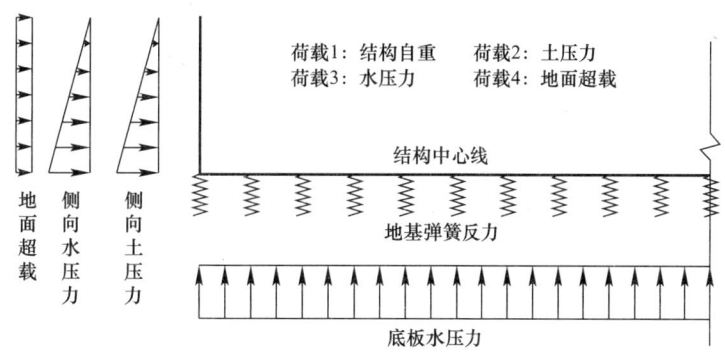

图 2.4.45　引道段结构计算简图

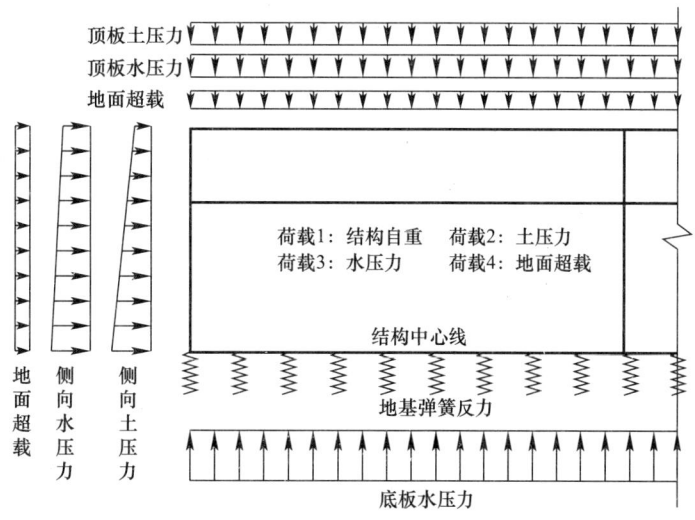

图 2.4.46　暗埋标准段结构计算简图

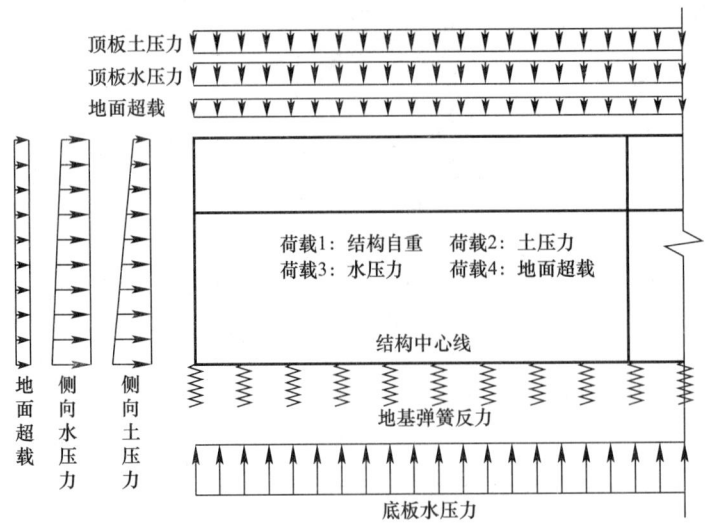

图 2.4.47 暗埋加高段结构计算简图

② 计算结果及分析

a. 江北岸边段运营期结构

江北岸边段运营期结构构件断面尺寸、控制内力及配筋详见表 2.4.16。

江北岸边段主体结构控制内应力表（每延米） 表 2.4.16

断 面	构件名称	结构部位	结构尺寸(mm)	计算内力 弯矩(kN·m)	轴力(kN)	剪力(kN)	配筋率	裂缝展开宽度(mm)	备 注
引道段（U形槽断面）	侧墙	外侧	1300	3090	−254	836	1.04%	0.197	底部
	底板	上缘	1300	483	−836	684	0.30%	0.053	
		下缘		3090			1.04%	0.197	
暗埋标准段（框架断面）	顶板	上缘	1300	3443	−642	1775	1.10%	0.193	
		下缘		3177			1.05%	0.185	
	侧墙	外侧	1000	2469	−1801	944	1.37%	0.192	
		内侧		0			0.30%	0.00	
	底板	上缘	1300	2819	−944	1658	0.93%	0.183	
		下缘		2469			0.68%	0.197	
	中墙	—	600	247	−2756	15	0.30%	0.00	
暗埋加高段（框架断面）	顶板	上缘	1400	1811	−694	1458	0.52%	0.114	
		下缘		2525			0.63%	0.194	
	侧墙	外侧	1200	3009	−1476	1523	1.14%	0.196	
		内侧		300			0.30%	0.050	
	底板	上缘	1500	3009	−1515	17394	0.70%	0.179	
		下缘		3009			0.70%	0.179	
	中墙	—	600	475	−2819	158	0.57%	0.197	
	中板	—	700	501	−1023	184	0.0049	0.145	

b. 江南岸边段运营期结构

江南岸边段运营期结构构件断面尺寸、控制内力及配筋详见表2.4.17。

江南岸边段主体结构控制内应力表（每延米）   表2.4.17

断面	构件名称	结构部位	结构尺寸（mm）	计算内力			配筋率	裂缝宽度（mm）	备注
				弯矩（kN·m）	轴力（kN）	剪力（kN）			
引道段（U形槽断面）	侧墙	外侧	1200	3511	−259	1017	1.20%	0.181	底部
	底板	上缘	1200	358	−1017	659	0.30%	0.044	
		下缘		3511			1.20%	0.181	
暗埋标准段（框架断面）	顶板	上缘	1300	2319	−576	1878	0.66%	0.193	
		下缘		1894			0.49%	0.167	
	侧墙	外侧	1100	1503	−1650	752	0.30%	0.171	
		内侧		0			0.30%	0.000	
	底板	上缘	1300	2745	−931	1828	0.81%	0.201	
		下缘		4208			1.32%	0.173	
	中墙		600	175	−2272	21	0.3%	0.080	
暗埋加高段（框架断面）	顶板	上缘	1300	2967	−663	1489	1.04%	0.200	
		下缘		2505			0.76%	0.178	
	侧墙	外侧	1100	3391	−2198	1655	1.61%	0.182	
		内侧		981			0.36%	0.192	
	底板	上缘	1500	3305	−1895	2003	0.75%	0.198	
		下缘		3981			1.002%	0.178	
	中墙	—	600	62	−3026	171	0.30%	0.021	
	中板	—	700	133	−1589	167	0.30%	0.062	

c. 江南盾构始发段（施工期）结构

江南盾构始发段（施工期）结构计算模型详见图2.4.48：

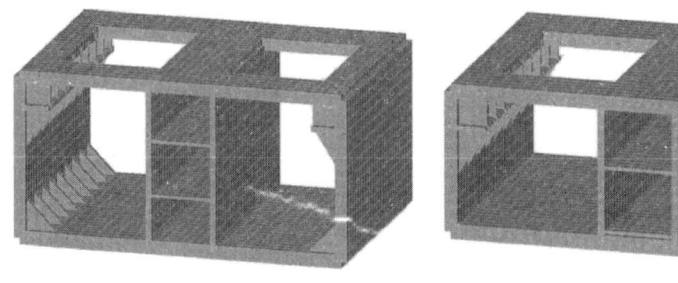

图2.4.48 江南始发段（施工期）结构计算模型

根据三维有限元空间计算，江南盾构始发段（施工期）结构各部位构件内力分布云图详见图2.4.49、图2.4.50。

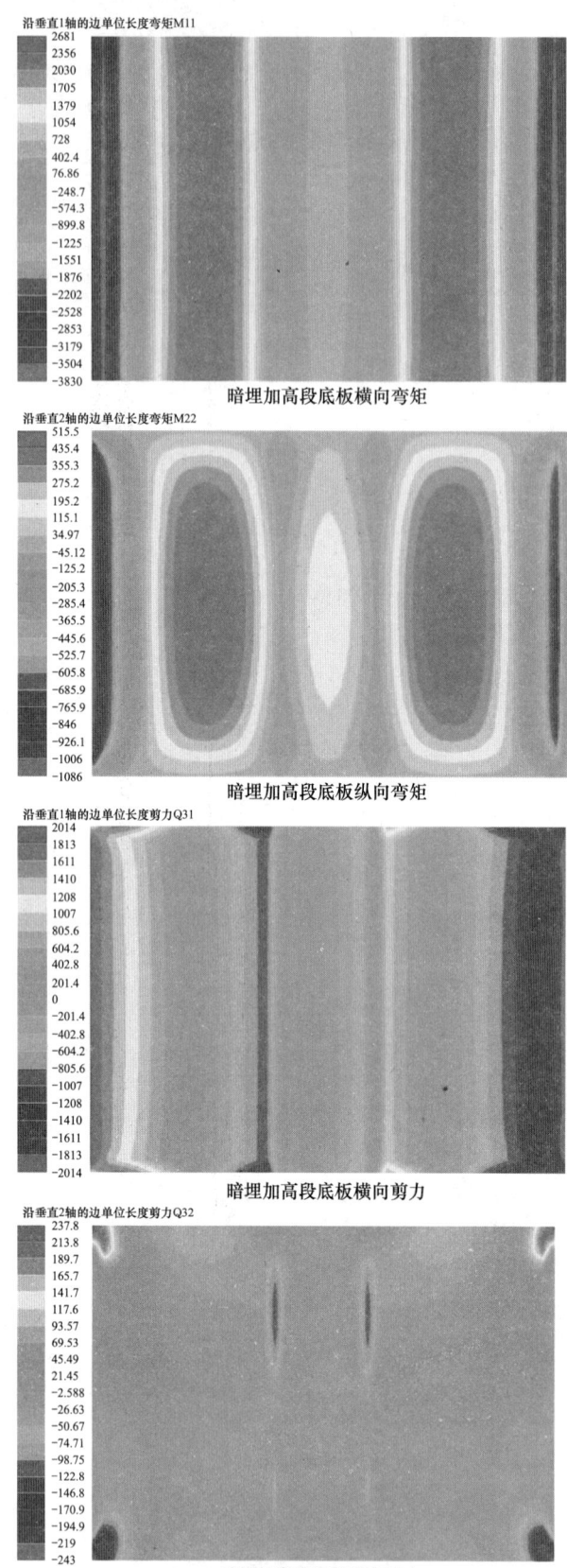

图 2.4.49　江南盾构始发（施工期）暗埋加高段结构主体结构内力包络图（一）

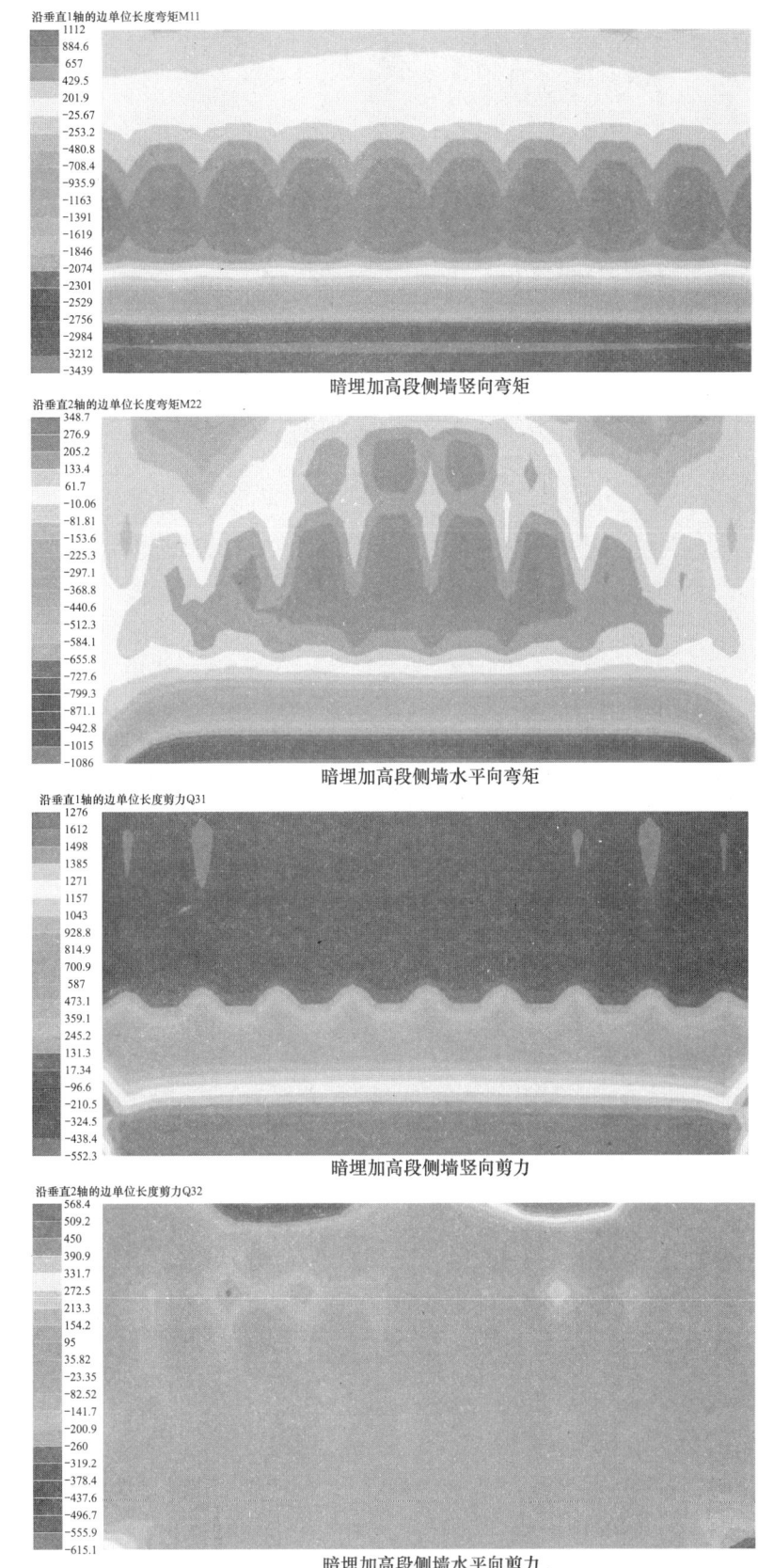

图 2.4.49　江南盾构始发（施工期）暗埋加高段结构主体结构内力包络图（二）

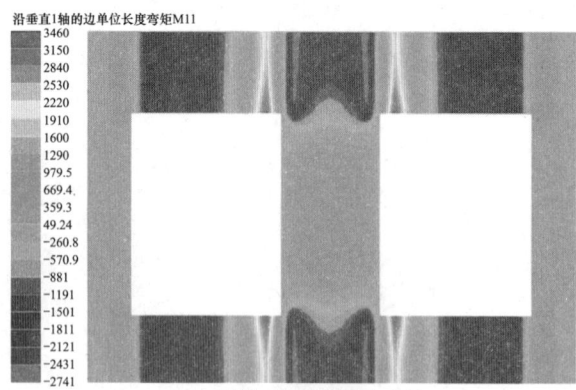

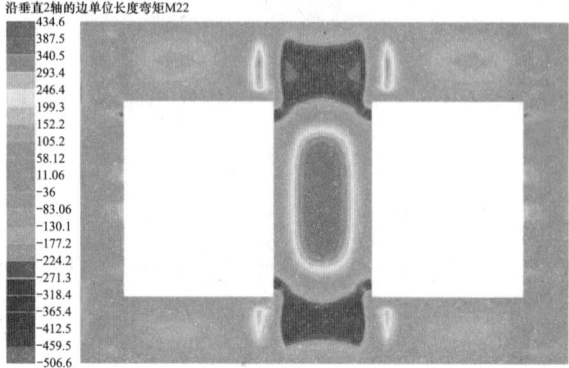

图 2.4.49　江南盾构始发（施工期）暗埋加高段结构主体结构内力包络图（三）

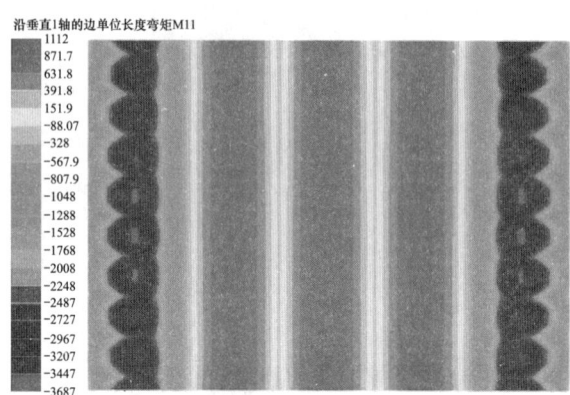

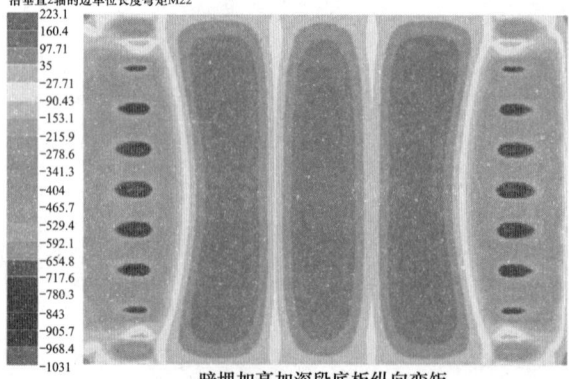

图 2.4.50　江南盾构始发（施工期）暗埋加高加深段结构主体结构内力包络图（一）

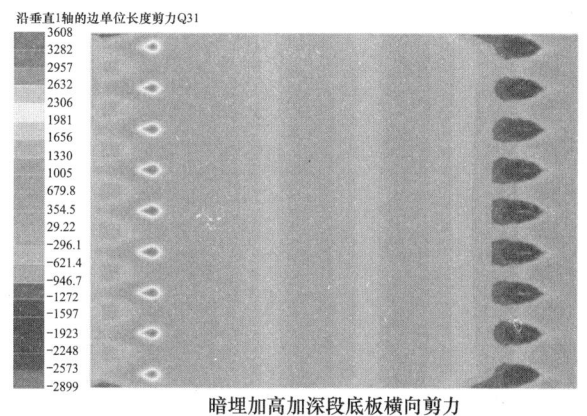
暗埋加高加深段底板横向剪力

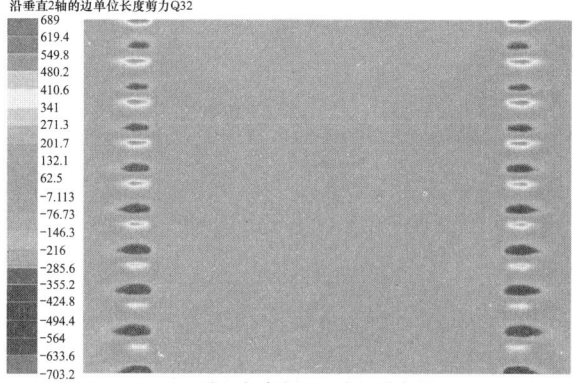
暗埋加高加深段底板纵向剪力

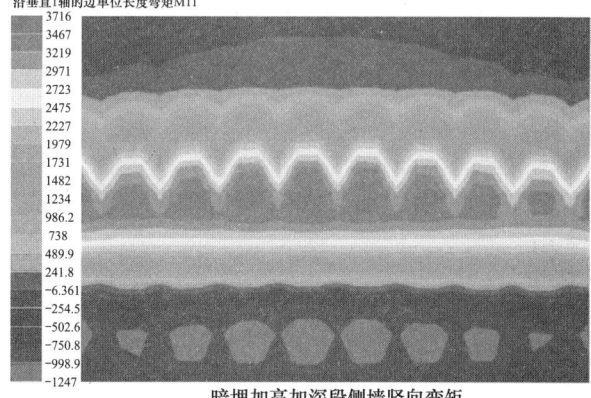
暗埋加高加深段侧墙竖向弯矩

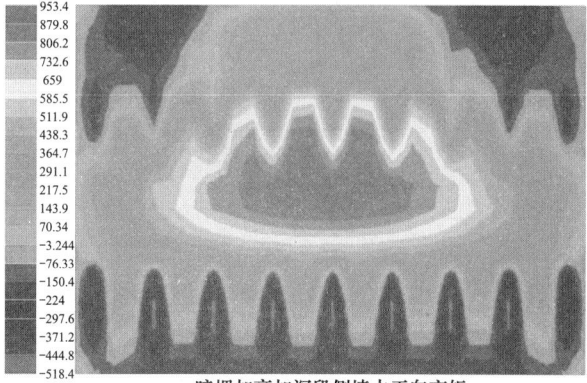
暗埋加高加深段侧墙水平向弯矩

图 2.4.50　江南盾构始发（施工期）暗埋加高加深段结构主体结构内力包络图（二）

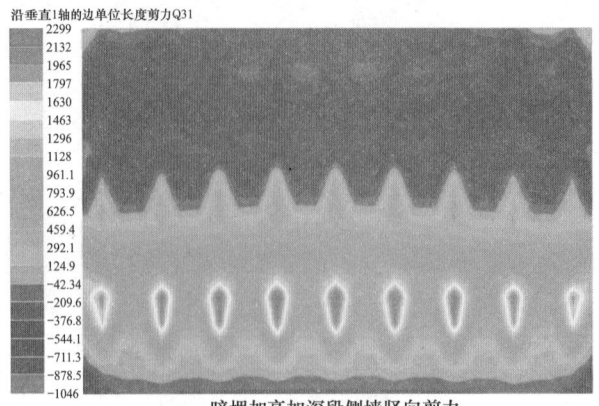

暗埋加高加深段侧墙竖向剪力

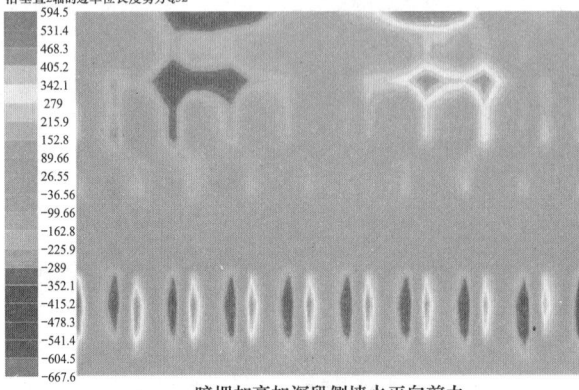

暗埋加高加深段侧墙水平向剪力

暗埋加高加深段顶板横向弯矩

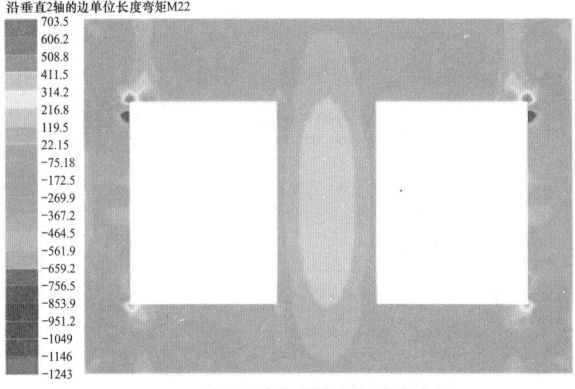

暗埋加高加深段顶板纵向弯矩

图 2.4.50　江南盾构始发（施工期）暗埋加高加深段结构主体结构内力包络图（三）

依据计算结果,江南盾构始发段施工期结构构件断面尺寸、控制内力及配筋计算结果分析详见表2.4.18。

江南盾构始发段主体结构控制内力表(每延米)　　　　表2.4.18

断面	构件名称	结构部位	结构尺寸(mm)	计算内力 弯矩(kN·m)	轴力(kN)	剪力(kN)	配筋率	裂缝宽度(mm)	备注
暗埋加高段(框架断面)	顶板横向	上缘	1300	3460		2474	1.11%	0.195	中墙顶
		下缘		2431			0.74%	0.195	跨中
	顶板纵向	上缘	1300	507		1427	0.30%	0.087	中隔廊端部
		下缘		435			0.30%	0.064	中隔廊部
	侧墙水平	外侧	1200	1086		615	0.30%	0.198	底端
		内侧		349			0.30%	0.000	跨中
	侧墙竖向	外侧	1200	3439		1726	1.34%	0.192	底端
		内侧		1112			0.30%	0.183	跨中
	底板横向	上缘	1400	2681		2014	0.62%	0.184	跨中
		下缘		3830			0.94%	0.175	端部
	底板纵向	上缘	1400	516		243	0.30%	0.020	跨中
		下缘		1086			0.30%	0.090	端部
暗埋加高加深段(框架断面)	顶板横向	上缘	1300	2850		1962	0.82%	0.179	中墙顶
		下缘		2954			0.85%	0.181	跨中
	顶板纵向	上缘	1300	703		2505	0.30%	0.067	中隔廊端部
		下缘		1243			0.30%	0.198	中隔廊部
	侧墙水平	外侧	1300	518		668	0.30%	0.048	底端跨中
		内侧		953			0.30%	0.081	
	侧墙竖向	外侧	1300	3716		2299	1.08%	0.182	底端跨中
		内侧		1247			0.30%	0.200	
	底板横向	上缘	1500	1112		3608	0.30%	0.071	跨中
		下缘		3667			0.73%	0.197	蔽板处
	底板纵向	上缘	1500	223		703	0.30%	0.050	跨中
		下缘		1031			0.30%	0.068	蔽板处

2.4.3.3 抗浮设计

施工阶段,采取基坑内(或基坑外)降水解决抗浮问题。

使用阶段,地下水位标高按照设计地面标高考虑,即江北为5.0m、江南为5.5m。目前常用的抗浮措施有考虑围护结构联合抗浮、设置倒滤层、抗拔桩、抗浮锚杆以及设置墙趾等主要措施。倒滤层由于运营期间需要养护,大型工程一般不采用;锚杆适用的地层有限,在淤泥质类土不宜采用,且作为永久结构也不宜采用;设置墙趾在需要的抗浮力较小时采用,否则工程量较大。因此,结合本工程的地质、水文等情况,抗浮设计首先考虑永久围护结构的作用,不够时采用抗拔桩。

(1)岸边段

引道段:结构为敞口U形槽结构,由于引道段结构埋深较深、宽度大且无覆土荷载,结构自重抗浮不能满足抗浮要求。依靠增加底板、侧墙厚度解决抗浮不经济。使用阶段抗浮不满足要求时,底板设置抗拔桩的措施。当浮力很大需要较深、桩径较大和较密的抗拔桩时,考虑适当增加底板厚度和抗拔桩共同作用解决抗浮问题。抗拔桩采用直径0.8~1.2m的钻孔灌注桩。桩的布置及桩长根据结构所受浮力的大小设置,但桩长不宜大于25m。

暗埋段:一般覆土到设计地面标高计算均满足要求,江南暗埋段位于鱼塘和抢险河中,如需要维持现有地面标高,则暗埋标准段需要考虑永久围护结构的作用,在围护结构顶部设置压顶梁。

(2) 工作井

在基坑开挖及内部结构浇筑阶段，考虑在基坑内进行降水满足抗浮要求。

在施工阶段，考虑地下连续墙侧壁与周围土体的摩阻力，地下水位标高按取至既有地面标高计算，抗浮安全系数 $K_f=0.95<1.15$，不满足抗浮要求，采用基坑降水、底板设置泄水孔等措施解决抗浮问题。

在运营阶段，考虑地下连续墙、覆土和地下连续墙侧壁与周围土体的摩阻力，地下水位标高按设计地面计算，抗浮安全系数 $K_f=1.23>1.2$，满足抗浮要求。

2.4.4 抗震设计

2.4.4.1 抗震设计原则

(1) 地下结构抗震设计，主要是保证结构在整体上的安全，允许局部出现裂缝和塑性变形。

(2) 结构应具有必要的承载力和良好的延展性。

(3) 为使结构具有整体性和连续性，在装配式钢筋混凝土结构设计中采取必要措施，加强构件间连接。

(4) 因地震波长比本隧道短，故隧道纵向将产生不同相位的变形，通过间隔一定距离设置的变形缝（防震缝），将内力控制在容许限度内。

2.4.4.2 抗震计算

本工程抗震设计主要采用动力数值分析方法，针对钱江隧道工程合成的人工地震波，以100年基准期概率水准为3%的加速度时程曲线的前10s作为输入，首先计算分析工程场地地层的地震响应，在获得地层地震响应的基础上，利用反应位移法对本工程典型地段盾构隧道横截面进行横断面方向的地震响应分析；利用ANSYS瞬态模块，采用多载荷步手段，对隧道纵向进行了地震响应分析。

(1) 隧道横断面抗震计算

盾构隧道横断面进行抗震分析中，把管片与管片接头作为弹性铰单元处理，同时选取三环作为计算对象，考虑环间接头的影响。除此之外，把地震作用分成两部分：一部分是盾构隧道周边天然地层的剪切力，另一部分是盾构隧道两侧受到的强制位移，惯性荷载在地下结构中的影响很小，被忽略。首先选取隧道典型断面进行常时荷载下的静力分析，在静力分析基础上叠加地震作用动力分析结果。基于反应位移法的盾构隧道的抗震计算模型如图2.4.51所示。

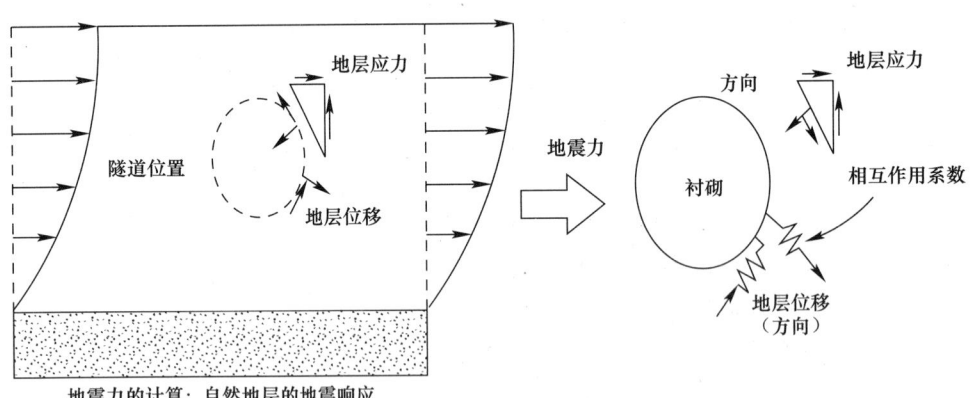

图2.4.51 反应位移法计算模型

从计算结果看，无论从变形上，结构内力上，叠加地震作用后的结果都有所增大，相对静力常时荷载单独作用而言，附加动力作用后的最大负弯矩、最大正弯矩、最大轴力均有增加。同样对明挖结构采用反应位移法和《公路隧道规范》中的拟静力法进行了计算。计算表明考虑地震作用时，由于其材料的参数可以提高，而水平地震作用与水土荷载相比较所占的比例很小，且当计及地震或其他偶然荷载作用时可不验算结构的裂缝宽度，其内力值不控制断面配筋设计。

(2) 隧道纵向抗震计算

隧道纵向抗震计算采用ANSYS瞬态动力学分析方法进行分析，利用行波理论进行了剪切波和压缩波作用下结构和土层的动力响应。模型计算范围在三个坐标轴Z、X、Y方向即长×宽×高为1000m×150m×80m。盾构隧道用梁单元模拟，选用中空的三维线性Beam188梁单元类型，地层边界用弹簧阻尼单元Combine14模拟。把盾构隧道简化成刚度沿纵向不变的连续梁时考虑环间接头的影响，根据在拉压、剪切或弯矩作用下变位相等的原则，可以求得盾构隧道分别在拉压、剪切或弯矩作用下的刚度折减系数。动力计算采用瞬态多载荷文件循环求解方式，采用隧址场地100年3%超越概率水准的人工地震波作行波输入。计算结果如表2.4.19和表2.4.20所示。

超越概率10%计算主要结果汇总表　　　　　　　　　　　　　　　　　　　　　　表2.4.19

横向剪切波作用			纵向压缩波作用		
项目	单位	结果	项目	单位	结果
X最大方向变位	m	0.12	Y方向最大变位	m	0.006
Y最大方向变位	m	0.003	Z方向最大变位	m	0.22
最大轴力	kN	800	最大轴力	kN	3200
最大剪力V_x	kN	1200	最大剪力V_y	kN	280
最大弯矩M_y	kN·m	9600	最大弯矩M_x	kN·m	2500
最大主拉应力σ_1	MPa	0.11	最大主拉应力σ_1	MPa	0.16
最大主压应力σ_3	MPa	0.14	最大主压应力σ_3	MPa	0.12

隧道超越概率3%计算主要结果汇总表　　　　　　　　　　　　　　　　　　　　表2.4.20

横向剪切波作用			纵向压缩波作用		
项目	单位	结果	项目	单位	结果
X最大方向变位	m	0.18	Y方向最大变位	m	0.009
Y最大方向变位	m	0	Z方向最大变位	m	0.2
最大轴力	kN	1.8	最大轴力	kN	7900
最大剪力V_x	kN	1700	最大剪力V_y	kN	230
最大弯矩M_y	kN·m	15000	最大弯矩M_x	kN·m	3400
最大主拉应力σ_1	MPa	0.18	最大主拉应力σ_1	MPa	0.19
最大主压应力σ_3	MPa	0.18	最大主压应力σ_3	MPa	0.3

计算结果显示，断面无论在剪切波作用下还是在压缩波作用下，盾构隧道结构变位均受地层强制变位的影响。在不同时刻，隧道与地层的变位曲线基本一致，但是由于隧道与地层之间相对位移的存在，使得隧道变位值略小于地层位移。隧道结构受行波效应的影响明显，当隧道遭遇完全横方向的剪切波作用时，隧道在水平方向的位移较大，但是曲率半径也很大，所以相邻单元的相对转角很小。根据隧道纵向抗震分析的计算结果，对接缝张开量、纵向螺栓强度、管片强度进行了验算，均满足要求。

2.4.4.3　隧道抗震措施

盾构隧道的设计可以满足抗震需要，但为了加强盾构隧道的抗震性能，需要采取相应的减震措施。设计采取以下的减震措施：

（1）盾构隧道的纵向拉伸量主要产生在隧道纵向接头处，因此增强盾构隧道纵向接头的变形能力是减震的有效措施。纵向接头采用斜螺栓并通过加长纵向螺栓长度、在接头处加弹性垫圈等方式吸收地震能量，从而达到减震的目的。

（2）在盾构隧道接头处采用回弹能力强的弹性密封垫，且适当增加密封材料的厚度，可达到地震时有效止水的目的，保证隧道的正常运营。

（3）在盾构隧道与竖井的结合部位以及地层发生突变的位置通过设置变形缝，增加环间接头抗震性能。

在后续工作中将对隧道抗震进行进一步的专题研究。

2.4.5 结构耐久性设计

2.4.5.1 结构的设计使用年限及分级

本工程主体结构的设计基准期100年，级别为一级。

2.4.5.2 环境分类与环境作用等级

根据《公路工程混凝土结构防腐蚀技术规范》JTG/TB 07—01中结构所处环境的分类办法，本工程环境类别为近海或海洋环境，环境作用等级为D级，即环境作用对配筋混凝土结构的侵蚀程度严重。

2.4.5.3 结构耐久性设计

(1) 混凝土材料耐久性设计

本工程所处位置为近海环境，地下水氯离子浓度较高。为了减缓氯离子扩散速度，延长结构使用寿命，盾构管片采用强度等级C60的高性能混凝土，明挖结构采用C45高性能混凝土。结构混凝土的其他技术要求见表2.4.21。

隧道主体结构混凝土耐久性技术要求　　　　表2.4.21

工程部位		盾构管片	工作井	岸边段
混凝土抗渗等级		≥P12	≥P8	≥P8
耐久性措施		1. 高性能混凝土；2. 封闭所有手孔与嵌缝槽；3. 对靠近排风井一侧约100环范围内涂布硅烷类涂料	1. 高性能混凝土；2. 通风井内表面涂布硅烷类涂料	高性能混凝土
水泥及添加材料	水泥及矿物掺合料	强度等级≥52.5MPa PⅠ和PⅡ型水泥+高炉矿渣微粉或优质粉煤灰等超细矿物掺合料	强度等级≥42.5MPa的低水化热的PⅠ或PⅡ型水泥+高炉矿渣微粉或优质粉煤灰等超细矿物掺合料	强度等级≥42.5MPa的低水化热的PⅠ或PⅡ型水泥+高炉矿渣微粉或优质粉煤灰等超细矿物掺合料
	用量（kg/m³）	400~500	320~400	320~400
	水灰比	≤0.35	≤0.45	≤0.45
混凝土氯离子扩散系数（m²/s）		<4×10⁻¹²	<7×10⁻¹²	<7×10⁻¹²
碱含量（kg/m³）		≤3.0	≤3.0	≤3.0
氯离子含量（%）		不超过0.1（与凝胶材料重量的比值）		

(2) 构造及裂缝要求

1) 最小保护层厚度

根据《公路工程混凝土结构防腐蚀技术规范》对混凝土保护层最小厚度的相关规定，考虑到盾构管片为工厂预制构件，混凝土设计强度比最低值（C45）高15MPa，且采取了附加防腐措施，因此主筋的保护层厚度取55mm，分布筋和箍筋的保护层厚度不小于40mm。其他现浇结构保护层厚度按照规范取用，各部位保护层厚度取值如表2.4.22所示。

各部位混凝土结构保护层厚度　　　　表2.4.22

部 位	混凝土强度等级	保护层厚度（mm）		备 注
		背土面	迎土面	
盾构管片	C60	40	40	管片外涂防腐涂料
竖井	C45	40	55	
矩形隧道段	C45	40	55	
U形槽隧道段	C45	40	55	
雨水泵房	C45	40	55	
隧道内部结构	C30~C40	30		

2) 裂缝宽度

混凝土表面裂缝计算宽度的允许值取 0.2mm。

(3) 提高混凝土耐久性的附加措施

盾构衬砌结构发生破坏后果非常严重,且维修困难,故采用在混凝土管片外表面设防腐涂料保护层,以及同步注浆采用耐久性砂浆的附加防腐措施来提高结构的耐久性。

明挖段提高混凝土耐久性所采用的措施主要有:①最大限度提高混凝土的密实性;②确保混凝土保护层厚度,迎水侧保护层厚度为 55mm;③最大限度防止混凝土裂缝产生;④混凝土外表面设置全包防水。

(4) 防水材料耐久性要求

明挖岸边段及工作井结构采用全包防水层防水,盾构段采用三元乙丙弹性密封垫以及聚醚聚氨酯防水条防水,防水材料的耐久性要求必须与结构耐久性要求相一致。防水材料除满足规范要求的物理力学指标外,还应进行耐久性测试,防水层材料通过 1.5% NaOH、KOH 溶液浸泡 90d 后老化系数大于 0.90 来判断其耐久性。以橡塑材料长期始终浸泡下的树脂抑出率与反复干湿循环下拉伸强度、延伸率、膨胀率的变化率认定其耐久性。

防水材料的使用年限需超过 100 年。

(5) 耐久性要求的施工工艺及质量保证措施

1) 施工采用的混凝土配比及其原材料,应在正式施工前的混凝土试配工作中,通过混凝土抗裂抗渗性能的对比试验进行优选,确定合适的混凝土配比。

2) 严格控制混凝土保护层的厚度,确保满足设计要求。保护层厚度应通过保护层定位夹或定型生产的纤维砂浆块控制。在浇筑混凝土前,应仔细检查保护层定位夹(块)的数量及其紧固程度以提高保护层混凝土厚度尺寸及钢筋位置的准确性。

3) 混凝土浇筑后应按照施工操作规程有序地进行振捣,并对混凝土表面抹光压平,以增加混凝土密实性,降低混凝土渗透性。喷淋到混凝土表面的冷水温度与混凝土表面温度差不宜大于 20℃,防止表面喷洒冷水,使混凝土水化热的热表面产生强烈的温度应力而导致混凝土表面开裂。采用塑料薄膜覆盖养护的混凝土,应注意塑料薄膜搭接处严密,保持塑料薄膜内有凝结水,防止混凝土内部水分蒸发。

4) 管片混凝土蒸汽养护时间不宜少于 2h,升温速度不宜超过 15℃/h,降温速度不宜超过 10℃/h,恒温最高温度不宜超过 60℃,出模时管片温度与环境温度差不得超过 20℃。

5) 防止过早拆模,严格按照《混凝土结构工程施工及验收规范》的规定执行,防止因过早拆模导致受力构件变形和开裂。

6) 施工部门应有切实良好的工程质量管理体系;保证所使用的原材料符合产品标准和设计规定;施工程序和临时支撑拆模日期均应有施工组织设计。

(6) 使用阶段的检测要求

1) 隧道耐久性质量检验内容

① 通过无损检测,测定钢筋的混凝土保护层实际厚度。

② 通过现场混凝土表层抗渗性测试仪,测定表层混凝土的抗渗性。

③ 从现场混凝土取样进行氯离子扩散系数的测定。

2) 混凝土耐久性长期监控措施

本项目将对结构健康监测进行专题研究,根据研究结果在管片内设置预埋式结构劣化的无损监测系统,以持续监测管片的裂缝发展、钢筋的锈蚀、接缝处的漏水等项目,为混凝土劣化的分析及制定修复措施提供依据。

2.5 防水设计

2.5.1 盾构段防水设计

2.5.1.1 盾构段防水等级及标准

根据《地下工程防水技术规范》，本工程防水等级为二级。相应的防水标准为：不允许漏水，结构表面可有少量湿渍，总湿渍面积不应大于总防水面积的 6/1000；任意 100m^2 防水面积上的湿渍不超过 4 处，单个湿渍的最大面积不大于 0.2m^2。

2.5.1.2 防水设计原则

(1) 贯彻"以防为主，多道设防，综合治理"的原则。
(2) 以混凝土衬砌结构自防水为根本，衬砌接缝防水为重点，确保隧道整体防水。

2.5.1.3 防水技术要求

(1) 管片抗渗等级 P12；裂缝宽度不得大于 0.2mm。
(2) 密封垫设计应保证在管片接缝张开量为 10mm、接缝错位 12mm、水压力 0.9MPa 作用下不渗漏。
(3) 管片完全接触条件下防水材料沟槽面积与防水材料面积的比值在 1.00～1.15 之间。
(4) 防水材料应具有良好的耐久性，有效使用年限大于 100 年。

2.5.1.4 管片自防水设计

隧道管片的混凝土等级为 C60，抗渗等级 P12，限制裂缝开展宽度≤0.2mm。

管片自防水的关键在于混凝土配置及质量控制。采用高性能硅酸盐水泥，掺入二级以上优质粉煤灰和粒化高炉矿渣等活性粉料（掺量≤20%）配置以抗裂、耐久为重点的高性能混凝土，减缓碳化速度和地下水的侵蚀速度。管片水泥采用抗水性能好、泌水性小、水化热较低、干缩性小的中热硅酸盐水泥，避免水泥水化热过高而产生膨胀裂缝。

本工程场地地下孔隙潜水对混凝土结构无腐蚀性，对混凝土结构中钢筋弱—中等腐蚀性，对钢结构有弱～中等腐蚀性。为了防止钢筋锈蚀，提高管片的耐久性，在管片外侧设防腐涂层。

2.5.1.5 接缝防水设计

盾构管片外侧防水采用 EPDM 弹性密封垫，紧靠弹性密封垫外侧，贴聚醚聚氨酯挡水条作为辅助防水措施。管片内侧嵌缝采用泡沫橡胶棒与聚硫密封胶。为了加强管片之间"T"形接缝处防水，在管片角部挡水条外侧覆贴遇水膨胀橡胶腻子薄片。

在变形缝处，弹性密封垫加贴 3mm 厚的遇水膨胀橡胶，外侧聚醚聚氨酯防水条同材料加厚。

2.5.1.6 螺栓孔防水设计

螺栓孔采用可更换的遇水膨胀橡胶密封圈作为螺栓孔密封圈。

2.5.1.7 工作井与圆形隧道接头防水

圆隧道与工作井连接的环形钢筋混凝土保护圈，保护圈混凝土与井壁内衬钢板、管片混凝土面之间均设有遇水膨胀橡胶止水条。并在洞门环框中预埋可重复注浆管。

2.5.2 明挖段防水设计

2.5.2.1 明挖段防水原则

(1) 结构防水应遵循"以防为主，多道设防，突出重点防线，综合治理"的原则，确保防水的可靠性和耐久性（使用期 100 年），以保证隧道结构和营运设备的正常使用和行车安全。

(2) 隧道防水等级：隧道结构防水等级为二级，顶部不允许滴漏，其他部分不允许漏水，结构表面可有少量湿渍，实际渗漏量不大于 0.1L/(m^2·d)，总湿渍面积不应大于总防水面积的 6‰；任意 100m^2 防水面积上的湿渍不超过 4 处，单个湿渍的最大面积不大于 0.2m^2。

(3) 以结构自防水为根本，结构采用 C45 防水钢筋混凝土，并采取措施提高混凝土的抗渗能力和减少裂缝。混凝土抗渗等级不低于 P8（0.8MPa），20m 深度以下采用 P10，限制裂缝开展宽度≤0.2mm。

(4) 结构防水设计和施工必须符合环境保护的要求，并根据具体情况采取相应对策，减少对环境影响。

(5) 以结构施工缝、变形缝等防水薄弱部位为重点防水对象，确保隧道整体防水。

(6) 所有防水构件、附加防水层、混凝土外加剂等，同时应满足耐久性要求。

(7) 采用全包防水，铺设双面自粘式防水卷材。

2.5.2.2 内衬结构混凝土自身防水

为提高内衬结构混凝土自防水功能，结构采用C45防水钢筋混凝土，并采取措施提高混凝土的抗渗能力和减少裂缝。混凝土的抗渗等级不低于P8（0.8MPa），限制裂缝开展宽度≤0.2mm。为减少裂缝的产生，考虑采用如下措施：①采用低水化热水泥，添加优质磨细粉煤灰（不低于二级灰的技术性能指标）与其他活性粉料（≤25%水泥用量）；②施工中采取基坑内降水和局部地基加固土体，严格控制基坑开挖过程中的地下连续墙变形和沉降，减少对底板下下卧层土体扰动，从而尽可能减少因变形和不均匀沉降对结构产生的影响；③添加有补偿收缩功能的膨胀防水剂，添加高效减水剂；限制水泥的用量；控制水胶比≤0.40，入模坍落度（12~14cm），加强养护：顶板蓄水养护、侧墙前期喷水、后期挂湿土工布或涂养护剂、延长养护期以控制混凝土初期开裂和收缩裂缝。

2.5.2.3 施工缝防水

对结构施工缝主要采取以下措施：①在施工缝中间设钢边橡胶止水带；②在外侧设背贴式止水带；③在新、老混凝土界面上涂刷水泥结晶渗透性防水涂料。

2.5.2.4 变形缝防水

变形缝防水设两道防线：①外防水，即侧墙，底板外设背贴式止水带，顶板面层粘贴防水材料；②中间防水，采用预埋钢边橡胶止水带。内侧预留嵌缝槽，采用密封胶嵌缝。为减少变形缝处的差异沉降，厚度≥800mm的底板设置凸凹榫槽，其余构件设置钢筋剪力杆，增加变形缝处的抗剪能力。

2.5.2.5 结构外侧采用全包防水

结构外侧采用双面自粘式橡胶防水卷材进行全包防水，防水效果可靠。双面自粘橡胶防水卷材由双面自粘防水底层与高分子防水面层组成的多道复合防水系统，该系统双面自粘防水底层不仅具备单独防水功能，同时兼作高分子面层的粘结层，克服了传统胶粘剂的不耐水与脱胶，因而极大提高了工程防水质量。

双面自粘橡胶沥青防水卷材具有粘结、密封、防腐、防水等功能。粘结力强，可直接粘在水泥、金属、木材、玻璃、合成高分子防水卷材、改性沥青防水卷材等基材上。施工简便快捷，可以任意裁剪、任意自粘拼接，修补破损处容易，通过自粘完成搭接，有整体密封无接缝的优点，有防水卷材厚度均匀的优势，有满粘法施工达到密封不窜水的特性，还有吸收应力变形等特征。

2.6 通风系统设计

2.6.1 概述

2.6.1.1 通风设计范围

本工程通风系统设计范围为两洞口间明挖暗埋段、盾构段车道通风设计，逃生通道、电缆廊道通风设计，江南、江北工作井通风空调设计。

2.6.1.2 主要设计原则

(1) 正常交通情况下，通风系统应能稀释隧道内汽车行驶时排出的废气（废气以CO和烟雾为代表）达到卫生标准，为乘用人员、维修人员提供合适的洞内条件，为安全行车提供良好的空气、清晰的能见度。

(2) 火灾事故情况下，通风系统应具有排烟功能，并能控制烟雾和热量的扩散，而且为逗留在隧道内的乘用人员、消防人员提供一定的新风量，为司乘人员安全疏散及消防人员救援创造条件。

(3) 隧道通风系统设计按各设计年份的相应交通流量、汽车污染物排放量水准进行计算，避免系统设备过多，造成不必要的浪费。

（4）通风空调设备按远期高峰小时配置，土建一次到位，设备安装考虑初、近、远期分期实施的经济性及工程实施的可行性。

（5）工作井设备管理用房根据功能需要进行空调和通风换气，满足各种设备正常运转及合理使用寿命要求。

（6）在确保通风效果可靠性及节能运行、节约工程投资的前提下优选适当的通风方式。

（7）充分贯彻国家能源政策。系统设计应考虑运营能耗，并有依照流量大小来调整的可调性，以降低运营成本；设备选型选用高效节能产品。

（8）洞口及风井废气排放和空调通风设备运行噪声均应满足本工程环境质量要求。

2.6.1.3 主要设计标准

（1）隧道内通风卫生标准

根据《公路隧道交通工程设计规范》中公路隧道交通工程分级可知，本隧道属于A级，通风控制设施均按规范执行。通风标准在本次设计中参考我国的《公路隧道通风照明设计规范》及PIARC的推荐值基础上，结合本隧道的具体条件综合确定。

《公路隧道通风照明设计规范》对于污染空气稀释标准为：当隧道长度≥3000m时，其CO设计浓度取值200ppm，交通阻滞时阻滞段平均CO设计浓度可取300ppm，经历时间不超过20min，阻滞段长不宜超过1km。

稀释空气中异味的需风量：对于特长隧道，空气不间断换气频率采用每小时3～4次。

目前PIARC推荐的通风标准见表2.6.1。

PIARC推荐通风卫生标准表　　　　　　　　　　　　　　　　　表2.6.1

交通状况	CO浓度（ppm）		烟雾浓度（m^{-1}）
设计时间	1995	2010	
正常	100	70	0.005
阻塞	100	70	0.007

本次设计在参考PIARC隧道空气质量标准的基础上，将《公路隧道通风照明设计规范》的卫生标准适当提高，详见表2.6.2所示。

通风卫生标准　　　　　　　　　　　　　　　　　表2.6.2

交通工况	车速（km/h）	CO浓度（ppm）	烟雾浓度（m^{-1}）
正常	80～40	150	0.0065～0.0075
局部阻塞（长度1km）	10	200（15min）	0.009

隧道内风速应满足稀释空气中异味的需风量要求风速，按每小时换气次数不少于4次。

（2）尾气排放标准

《公路隧道通风照明设计规范》（JTJ026.1）推荐：CO基准排放量取值为$0.01\text{m}^3/(辆 \cdot \text{km})$，并按每年1%～2%速度递减。烟雾的基准排放量参照规范的推荐值$2.5\text{m}^3/(辆 \cdot \text{km})$。本次计算按规范要求，按每年1.5%递减，并根据不同年份的尾气排放量及相应预测交通量进行需风量计算，相关污染物排放标准见表2.6.3。

汽车污染物基准排放量　　　　　　　　　　　　　　　　　表2.6.3

年份	基准排放量	
	CO [m^3/(辆·km)]	烟雾 [m^3/(辆·km)]
规范现行标准	0.01	2.5
2010	0.0080	1.99
2020	0.0069	1.71
2030	0.0059	1.47

(3) 防排烟设计标准

隧道通风按同时仅一处火灾进行设计，大型货车火灾规模为50MW。

(4) 交通阻滞标准

本工程按10km/h车速，局部阻塞阻滞段长度取1000m进行阻滞计算，阻滞段位置分别取隧道进、出口和隧道中部进行计算。

(5) 噪声标准

通风设备传至隧道内噪声标准参考《公路隧道通风照明设计规范》对通风设备噪声要求及《工业企业卫生设计标准》相关标准为≤90dB（A）通风设备传至隧道外噪声标准按4类地区考虑为昼间≤75dB（A），夜间≤55dB（A）。

(6) 环境空气质量标准

本工程执行《环境空气质量标准》中二级标准为：

CO：小时平均：10mg/m³，日平均：4mg/m³。

(7) 主要室外气象参数（杭州）海拔高度：41.7m

大气压力：1000.5hPa。

通风计算温度：夏季33℃；冬季4℃。

冬季平均风速2.3m，主导风向为NNW方位。

2.6.2 通风设计

2.6.2.1 设计交通量及车辆构成

根据交通量预测报告，钱江隧道过江交通量见表2.6.4。

钱江隧道预测交通量　　　　　表2.6.4

年　份	预测交通量单位：辆/日（小客车）
2011	32544
2020	61793
2030	79185

隧道内车型构成比例见表2.6.5。

隧道内车型比例　　　　　表2.6.5

车型	小型货车	中型货车	大型货车	小型客车	大型客车	拖挂车	集装箱车
比例	17.52%	19.94%	6.68%	43.67%	7.02%	2.12%	3.05%

2.6.2.2 通风方式选择及污染空气排放

(1) 运营通风方式选择

根据《钱江通道及接线工程环境影响报告书》，隧道内废气直接洞口排放会造成部分敏感点NOX超标，因此在两端洞口附近设置排风塔，风塔排风口高度不小于25m。隧道内大部分废气通过风塔高空排放，少量废气通过洞口直接排放。

(2) 火灾情况下通风方式的选择

火灾情况下烟气除出口段从出口排出外，其余经排烟道从排风塔排出。

2.6.2.3 通风计算工况

本次设计考虑了以下通风工况：

(1) 隧道内正常交通（40~80km/h车速）；

(2) 隧道内局部交通堵塞，考虑不同阻塞区段，堵塞长度按1000m计，其余地段正常行车；

(3) 火灾通风。

火灾发热量按50MW计算，此时的烟雾产生量约为130m³/s。

2.6.2.4 需风量计算

(1) 按规范及预测交通量计算需风量

按《公路隧道通风照明设计规范》要求,并考虑交通预测年份与汽车基准排放量逐年衰减的匹配,需风量计算结果见表2.6.6。

需风量计算结果(一)　　　　　　　　　　　　　　　表2.6.6

交通工况	车速 km/h	2011年		2020年		2030年		备注
		稀释CO (m^3/s)	稀释烟雾 (m^3/s)	稀释CO (m^3/s)	稀释烟雾 (m^3/s)	稀释CO (m^3/s)	稀释烟雾 (m^3/s)	
正常	80	59.8	208.7	99	372.5	109.1	410.4	
	60	99	197	129	349.8	139.2	385.4	
	40	114.4	209.6	189.6	416.7	208.9	459.1	
局部阻塞	10	135.2	219.9	175.1	484.1	212	531.6	进口
	10	117.9	206.8	152.6	492.1	187.6	544	中部
	10	119.2	205.7	153.1	501.2	189.2	550	出口

(2) 按适应交通量校核需风量

按各车速下适应交通量计算远期需风量结果见表2.6.7。

远期需风量计算结果(二)　　　　　　　　　　　　　　　表2.6.7

交通工况	车速 km/h	2030年		备注
		稀释CO (m^3/s)	稀释烟雾 (m^3/s)	
正常工况	80	132.3	497.6	
	60	168.8	467.2	
	40	253.2	556.6	
局部阻塞	10	270.8	601.4	进口
	10	252.9	615.3	中部
	10	254.2	622.3	出口

(3) 稀释空气中异味需风量

按照《公路隧道通风照明设计规范》规定,隧道内通风量还需考虑稀释空气中的异味,其不间断换气量不宜低于每小时5次,长大隧道可采用每小时3~4次。据此,本隧道按最小4次/h换气量计算,其单管计算通风量约为351m^3/s。

(4) 设计取用新风量

根据以上计算,将远景2030年、设计时速为40km/h时,计算所得最大需风量汇总在表2.6.8中。

计算需风量汇总表　　　　　　　　　　　　　　　表2.6.8

	计算方法	计算需风量	备注
1	国规、预测交通量	459.1	稀释烟雾
2	国规、适应交通量	556.6	稀释烟雾
3	国规、稀释异味	351	4次/h换气

现按照《公路隧道通风照明设计规范》JTJ 026.1之规定为依据,设计计算需风量取459.1m^3/s,同时考虑1.1的安全系数后,取通风量为505m^3/s。

按此风量校核车流量达到适应交通量、车速40km/h时,能保证隧道内CO浓度<85ppm,烟雾浓度<0.01m^{-1},由此可见,当隧道内交通流量达到适应交通量时,也基本能满足卫生要求。

2.6.3 通风方式
2.6.3.1 正常通风设计

隧道江南、江北分别设置排风塔，风塔内设置大型轴流风机，风机通过风口、风道与主隧道相连。正常及进口阻滞工况时，通风采用分流型纵向通风方式，隧道内大部分废气通过风塔高空排放，出口阻滞时，通风采用合流型纵向通风方式，隧道内废气全部通过风塔高空排放。以东线为例，通风气流组织示意图详见图2.6.1和图2.6.2。

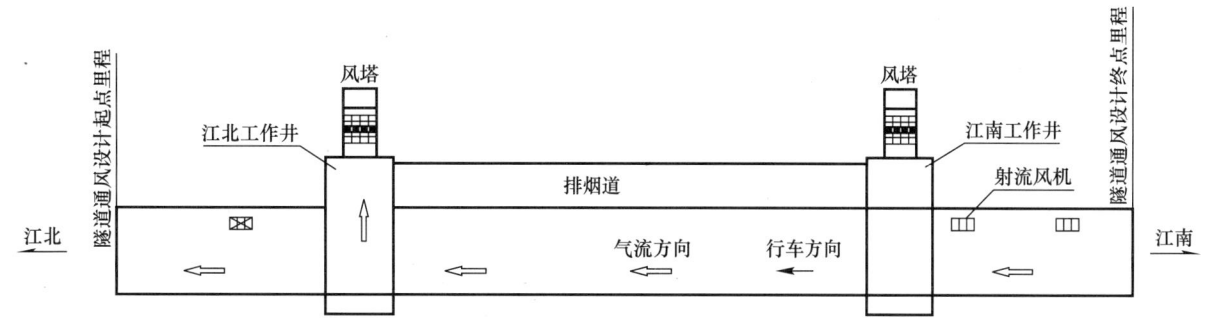

图 2.6.1　东线正常行车及进口阻滞工况气流组织示意图

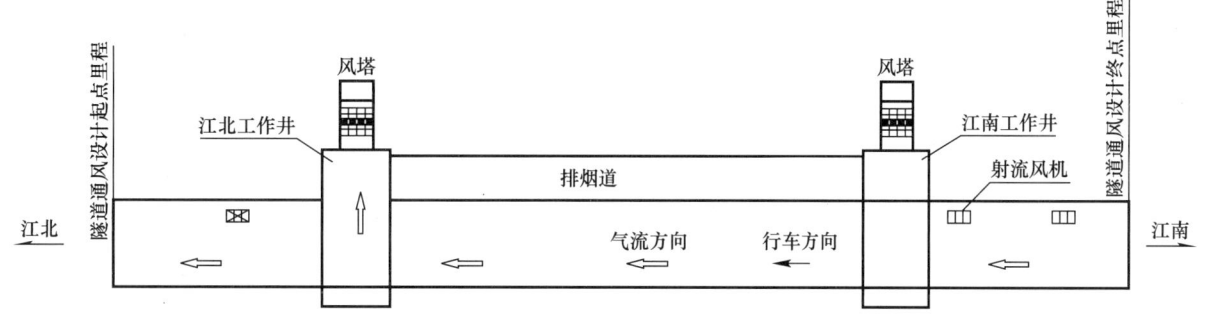

图 2.6.2　东线出口阻滞工况气流组织示意图

以东线为例，隧道各工况下实际运行风量见表2.6.9。

隧道实际风量表　　　　　　　　　　　　　　　　　　　　　　　　　表 2.6.9

工况	通风模式	行车速度	实际风量											竖井排污比例
			进口			出口					竖井			
			风量	换气次数	风速	风量	换气次数	风速	CO浓度	烟雾浓度	风量	风速	CO浓度	烟雾浓度	
		km/h	m³/s	次/h	m/s	m³/s	次/h	m/s	ppm	m⁻¹	m³/s	m/s	ppm	m⁻¹	%
正常	分流型	80	620	8.2	8.0	125	17.9	1.6	35	0.0574	494	6.2	24	0.0039	80%
正常	分流型	60	510	6.7	6.6	125	17.9	1.6	51	0.0667	384	4.8	37	0.0048	75%
正常	分流型	40	462	6.1	6.0	118	17.0	1.5	84	0.0074	342	4.3	62	0.0068	74%
进口段阻塞	分流型	10	587	7.8	7.6	174	25.0	2.3	80	0.0083	412	5.2	51	0.0075	70%
出口段阻塞	合流型	10	448	5.9	5.8	112	21.0	1.9	0	0	560	7.0	75	0.0086	100%

隧道盾构段利用顶部富余的拱形空间作为排烟风道，每隔60m设置专用排烟风阀，风阀面积2500mm×2000mm，用于火灾时的重点排烟。在隧道两端明挖段车行道顶部悬挂射流风机，辅助正常及阻塞交通时的诱导通风。

当火灾发生在入口段时，开启盾构段始端6个排烟口，利用排烟道将烟气排出隧道；当火灾发生在盾构段时，开启火灾点及前方共6个排烟口，同样利用排烟道将烟气排出隧道；当火灾发生在出口段时，开启射流风机，直接将烟气吹出洞外。

风机平面布置详见风机平面布置图，风机数量及性能见表2.6.10。

风机性能及数量表　　　　　　　　　　　　　　表2.6.10

序 号	设备名称	型号规格	功率（kW）	数量（台）	备 注
1	射流风机	SDS-11.2-4p-8-33° 出口风速：38m/s	55	14	耐高温250℃/h
2	射流风机	SDS（R）-11.2-4p-8-33° 出口风速：38m/s	55	8	耐高温250℃/h
3	轴流风机	DTF-28-10p $P=740Pa$ $Q=140m^3/s$	160	8	耐高温250℃/h

2.6.3.2　防灾通风设计

（1）隧道防灾通风目的

由于隧道内车流密集，空间狭小的特点，在国内外隧道中由于交通事故及车辆本身的质量问题引起的火灾时有发生，而且救援相当困难，因此通风设计必须满足防灾要求。

隧道防灾通风的目的是保证隧道内人员的疏散并为灭火救援提供通风方面的安全保证，主要表现在以下两点：

1）提供逃生人员需要的新鲜空气。由于火灾发生时需要消耗大量的氧气，导致隧道内滞留人员缺氧，威胁其生命安全。

2）阻止火灾产生的烟雾四处蔓延。在外界风力较弱的情况下，火灾产生的有毒烟雾四处蔓延，影响隧道内滞留人员的判断和行动能力，导致判断能力差、行动迟缓，严重影响人员逃生，并威胁其生命安全。

（2）逃生通道及电缆廊道通风设计

盾构段电缆廊道和安全通道共用一套通风系统，通过风口设置的风阀控制气流流动。通风采取江北送风、江南排风的通风方式，每小时换气5次，保证检修人员的安全和电缆散热的要求。通道内的新风由江北工作井引入，由江南工作井排出。

江北、江南明挖暗埋段行车道中间的廊道内设置有电缆廊道和人员逃生通道，在廊道靠洞口设置轴流风机，电缆廊道和逃生通道共用风机，新风通过设置在靠洞口行车道侧壁的风口引入，排风口设置在相邻隧道工作井处，满足电缆廊道内每小时5次的换气量，同时保证火灾情况下人疏散口风速≥0.7m/s。

（3）烟道的设置

由于越江段采用盾构法施工，盾构顶部行车限界外有一定的富裕空间，可以考虑作为排烟道使用；出口距离较短，当出口发生火灾时，可以将烟气直接吹出洞外；进口段发生火灾时，也可以利用盾构段始端排烟口排烟，因此，出入口段均不考虑设置排烟道。

（4）火灾通风气流组织

综上所述，东线防灾通风气流组织如图2.6.3所示

（5）模拟计算校核设计

1）模拟计算

采用SES（地铁环境模拟）软件计算火灾情况下隧道通风量、风速，然后利用CFD（计算流体动力学）软件重点模拟火灾区域温度场、速度场及排烟情况。具体模拟条件如下：

火灾规模：50MW。

隧道最大纵向坡度：2.8%。

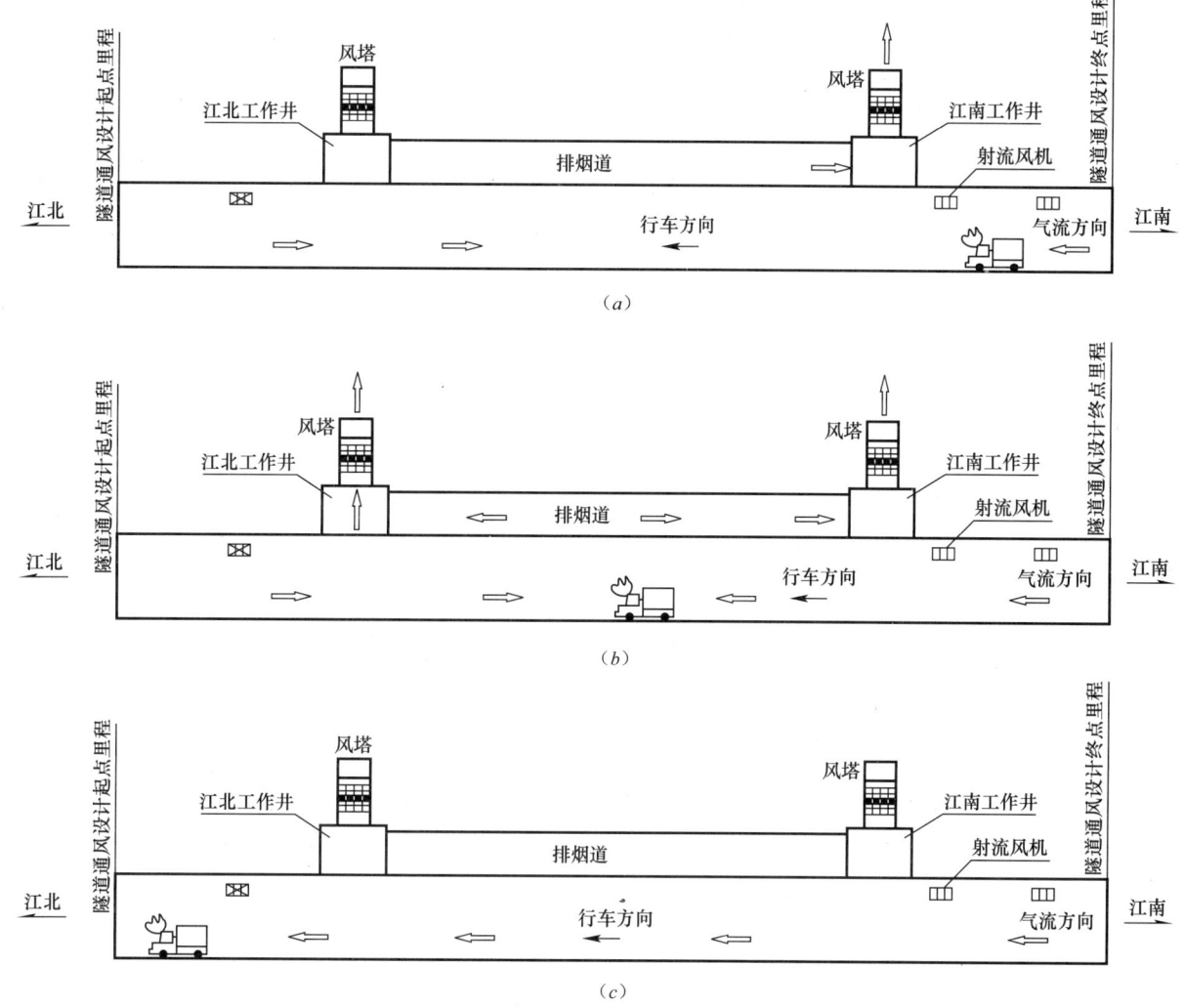

图 2.6.3 东线防灾通风气流组织

隧道横断面积：盾构段 79m²，暗埋段 73m²。

盾构段排烟烟道面积：17.3m²。

摩擦阻力系数：0.022。

本次模拟按照盾构段顶部设置排烟道进行。

2）火灾通风模拟

隧道内发生火灾时，在外界风力较弱的情况下，火灾产生的烟雾四处蔓延，严重影响人员逃生，并威胁生命安全。隧道防灾通风就是通过有效组织气流，将隧道内烟气迅速排除，创造一个有利于人员逃生的环境。

盾构段排烟是防排烟设计的重点。工作井两端排烟风机通过盾构段顶部的排烟道将火灾产生的烟气排出，同时射流风机还需提供阻止烟气回流的最小临界速度；另一方面，行车道内风速过大又会造成火势增强，因此，隧道内纵向风速应大于临界风速，并不宜超过 3m/s。设计中首先根据计算的烟道阻力来选择排烟风机和射流风机，然后用 SES 软件模拟火灾状况下整个隧道内通风情况，利用 CFD 软件重点观察着火点区域的排烟情况。

对于盾构段，下降坡度最大为 -2.8%，由射流风机提供的阻止烟雾回流的速度至少为 2.4m/s；排烟口间距为 60m，火灾发生时，开启着火点及前方 6 个排烟口，同时打开排烟风机排烟。盾构段排烟示意图如图 2.6.4 所示。

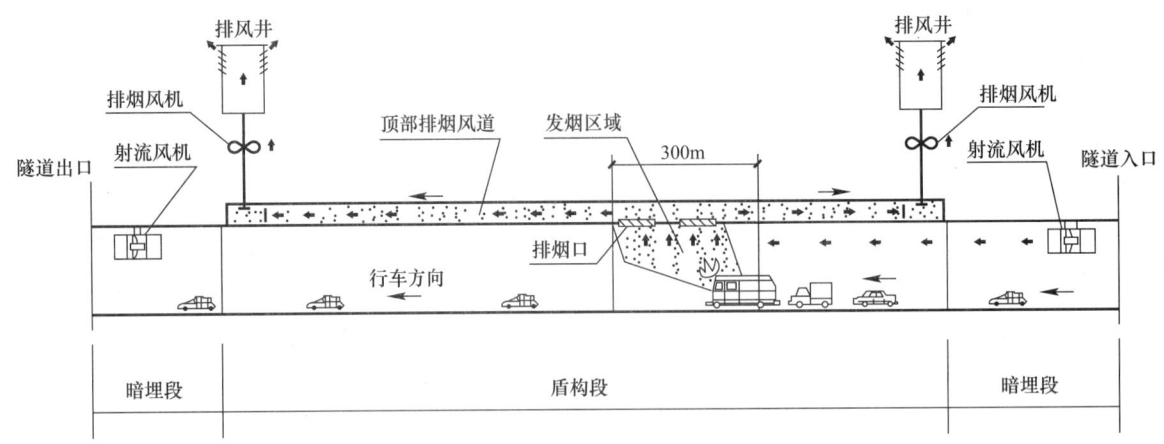

图 2.6.4　盾构段排烟示意图

以西线盾构段为例，假设着火点位于 5-6 处，首先根据隧道通风的形式先建立计算节点模型，然后输入火灾及隧道参数，通过计算可以得出盾构段内着火后典型断面处的计算结果如图 2.6.5 所示。

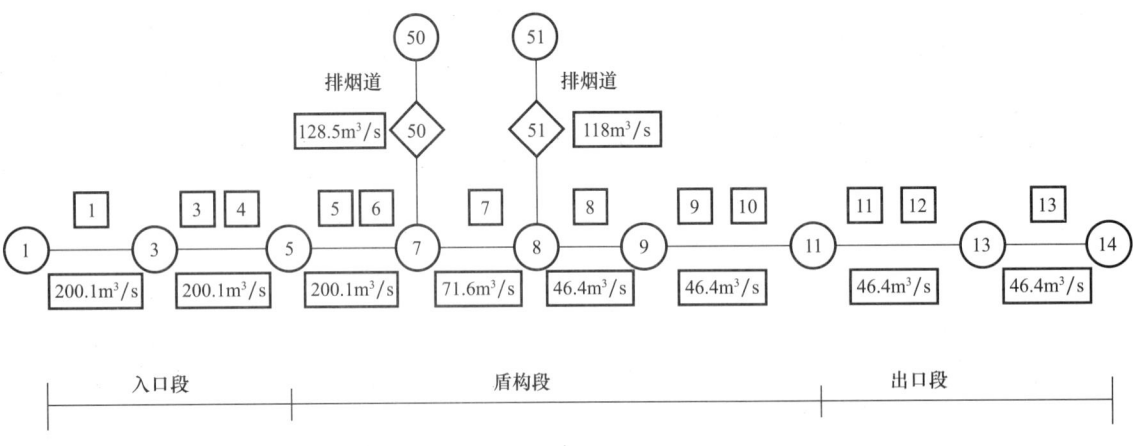

图 2.6.5　火灾通风模式下 SES 模拟节点图

由计算结果可知，稳定后着火处截面风速达到 2.6m/s，满足设计要求。对于不同地点的火灾，由于坡度不同，所以临界风速不同，排烟组织形式也不同。以下分别是对东线不同火灾位置的设备开启情况：

▲火灾发生在工作井后出口段，所需最大临界风速为 2.2m/s，此时关闭所有的排烟风机及排烟口，只需开启 6 台进口段射流风机往洞口排烟。

▲火灾发生在江南工作井和江北工作井之间的盾构段，则同时开启江南工作井、江北工作井 1 台轴流风机排烟，开启火灾前方位置 6 个排烟口，并开启进口段 6 台射流风机，同时逆转开启出口段 2 台射流风机，在着火点形成大于 2.4m/s 的风速，利用排烟道将烟气排除。

▲火灾发生在工作井前进口段，所需临界风速为 2.4m/s，此时开启洞口处的 6 台射流风机，形成一定的风速阻止烟雾逆向流动，同时打开排烟道起始端的 6 个排烟口，经排烟道由江南工作井的排烟风机排烟。

3）50MW 热源附近排烟的 CFD（计算流体动力学）仿真

对于顶部设排烟道的盾构段而言，着火时能否顺利将烟气从排烟道排除，是火灾通风的关键。为了检验排烟效果，取火灾附近 1000m 长的一段隧道，着火点前方六个排烟口开启，建立模型如图 2.6.6

所示，图中 Z 轴正向为车辆行驶方向。

隧道内着火后由于散热条件比洞外差，所以温升很快，10s 后火灾已经充分发展，2min 后顶板温度已达到最高值，而且炽热的烟气还能顺着气流方向传播很远，如果能够利用顶部的排烟口及时将烟气排除，就可以大大减少烟气对隧道内的影响。

图 2.6.7～图 2.6.10 是对 50MW 的热源模拟的结果图，模拟排烟时以二氧化碳为示踪粒子，从图 2.6.7 中可以看出，在火灾点临界风速下，可以有效地阻止烟气回流，并且大部分烟气被控制在着火点前方 300m 范围内，经顶部排烟道排除，少量烟气从出口纵向流出。

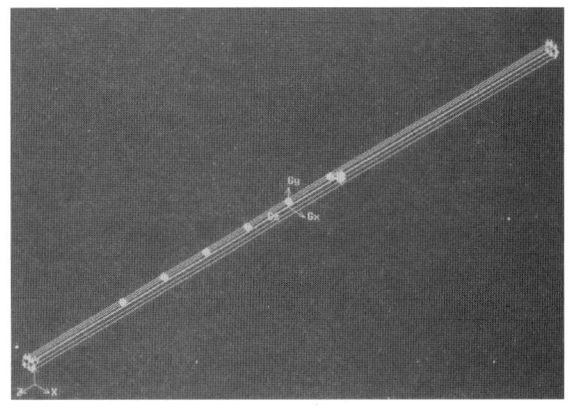

图 2.6.6 着火处隧道模型

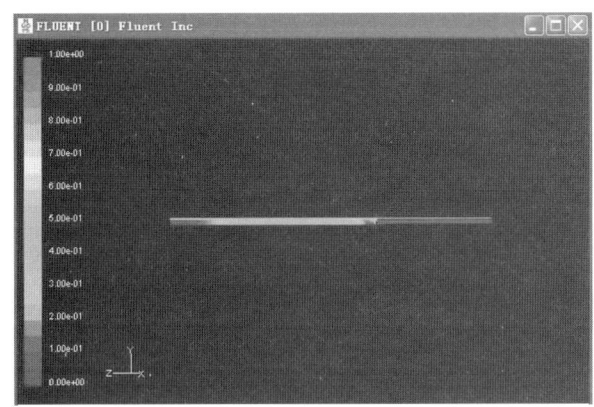

图 2.6.7 50MW 时排烟示意图

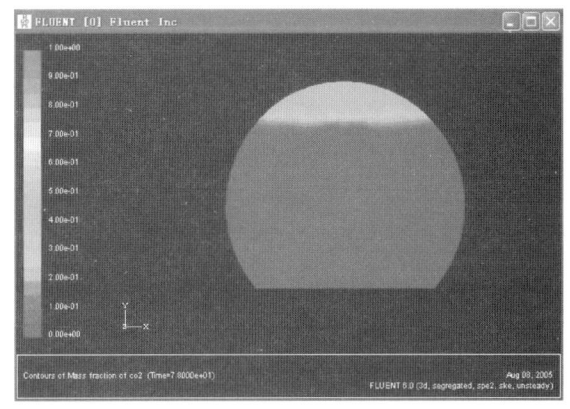

图 2.6.8 隧道着火点处前方 400m 烟气横截面云图

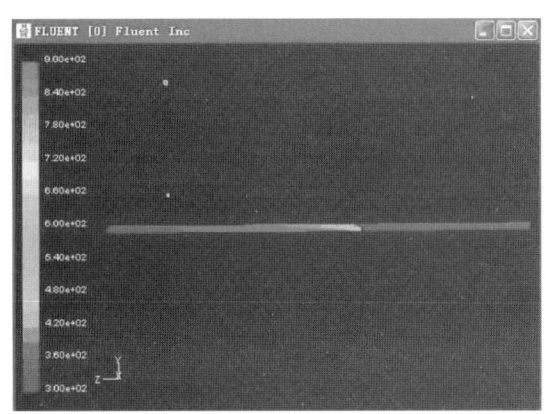

图 2.6.9 启动风机 300s 后隧道温度分布示意图

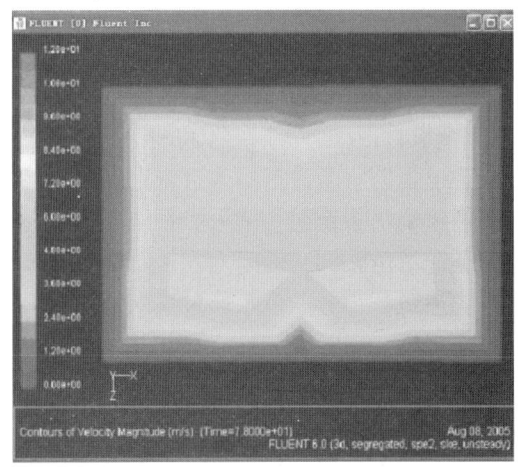

图 2.6.10 排烟口速度云图

图 2.6.8 是开启排烟风机后着火点前方 400m 处横截面烟气云图，可见行车道区域的烟气浓度很低，大部分烟气位于车道顶部的排烟道。

图 2.6.9 是开启排烟风机 300s 后整个隧道温度分布示意图。从图中可知，由于射流风机和排烟风机的作用，风机开启后炽热气流沿纵向流动，在热源前方，烟气传播很远，烟气与隧道的传热主要通过辐射进行，热传递随着烟气温度降低逐步衰减，一直到热源前方 270m 处隧道断面温度才降到 80℃ 以下，即在此范围内不具备人员维生条件。在热源后方，由于隧道风速大于临界风速，烟气无回流现象，

因此热量传递主要通过热源与隧道的热辐射进行，计算显示在热源后方附近温度较高，但温度梯度很大，后方 25m 以外温度已经在 80℃以下，由此可见，临界风速是控制隧道火灾通风的关键参数，当隧道风速大于临界风速时，能有效地控制烟气回流，并能大大降低热源后方温度，有利于后方人员疏散和救援，同时也降低了后方车辆被引燃的几率。

图 2.6.10 是离着火点最近的排烟口速度分布图，从图中可以清楚地看出，排烟口中心速度约为 7m/s，由于气体黏滞力的作用，由中心到边壁速度逐步衰减。

4）总结

根据模拟计算的结果，风道布置、射流风机和轴流风机的设置均能满足火灾通风需要，满足设计要求。

2.6.3.3 方案特点

（1）正常运营工况下，可充分利用汽车行驶时产生的活塞风进行通风，车速在 60km/h 以上时，射流风机可以不开启，运行费用低。

（2）交通阻滞时，若队列中发生火灾，该系统可就近排烟，控制烟气蔓延，以利于队列两端人员疏散和救援。

（3）正常及阻滞工况时，洞内污染空气通过排风塔集中高空排放，降低洞口排风对环境的影响。

2.6.4 工作井通风空调设计

（1）工作井设有机械送排风系统，排风系统兼作火灾工况下的排烟使用。控制室、高压室、低压室、弱电配电室及民用通信室根据工艺要求设置变频多联空调，室外机置于风塔二层屋顶。

（2）各房间的通风换气及排烟标准如下：泵房按 4 次/h 换气次数进行排风，电力用房按排除余热计算通风量，其他房间按 6 次/h 换气次数；每个防烟分区的消防排烟标准按 $60m^3/(m^2 \cdot h)$。

（3）日常情况下工作井内设备用房应进行通风换气，新风送至各层疏散走道，房间设置机械排风；高压室、低压室、UPS 室、弱电设备用房、控制室设有气体灭火装置，火灾发生时，关闭该房间排风口，待灭火后开启排风口排风。其余房间发生火灾时，排风系统进入排烟工况，同时送风机转为低档运行补风，补风量为排烟量的 50%。楼梯间设置机械加压送风系统，送风量为 25000m^3/h，楼梯间正压值为 25Pa。

2.7 给排水及消防系统设计

2.7.1 设计原则

（1）隧道消防水源采用城市自来水，隧道两端的消防泵房附近设消防水池。
（2）隧道消防系统包括消火栓系统、泡沫/水喷雾消防系统，并配置灭火器。
（3）隧道消防按同一时间内发生一处火灾考虑。
（4）隧道敞开部分的雨水通过雨水泵房提升，纳入市政规划雨水系统和附近沟渠。隧道敞开部分雨水按暴雨重现期 50 年一遇设计，地面集流时间采用 5min。
（5）隧道最低点处设排水泵房，以排除冲洗、渗漏及消防废水。
（6）在隧道工作井底部设置排水泵房，将隧道内废水分段收集，排出隧道。
（7）设消防水泵结合器作为辅助加压供水接口。

2.7.2 主要设计标准与参数

（1）隧道敞开部分雨水按暴雨重现期 50 年一遇设计，地面集流时间采用 5 分钟，径流系数 1.0。
（2）泡沫/水喷雾灭火系统供给强度≥6.5L/(min·m^2)，混合比为 3%，泡沫喷射时间为 20min，水喷雾防护冷却持续时间为 2h。
（3）隧道内消火栓系统用水量为 20L/s，隧道洞口外消火栓用水量为 30L/s。
（4）隧道两侧设置灭火器箱，间距 50m。
（5）结构渗水流量：1L/(m^2·d)。

(6) 冲洗水量：2L/(m² · d)（消防时不考虑冲洗用水）。

(7) 雨水管道按满管流设计，管顶平接，最小流速≥0.75m/s。

(8) 排水管道粗糙系数为：球墨铸铁管及钢筋混凝土管道：$n=0.013$；UPVC加筋塑料管：$n=0.010$。

2.7.3 生产给水系统

隧道两端道口处设置加水栓，供冲洗车加水。

2.7.4 隧道排水系统

2.7.4.1 江中废水排水系统

(1) 系统布置

江中隧道设有废水排水系统，江中废水在平时（无火灾时）的主要来源为冲洗废水、结构渗漏水、雨天车辆行驶带进隧道的雨水等。在发生火灾时废水的主要来源为消防废水，即隧道行车道水喷雾/泡沫联用灭火系统废水和消火栓废水。

根据隧道盾构断面的结构特点并结合消防系统的布置情况，在左、右线隧道的江中分别布置有废水泵房，其中右线江中废水泵房的中心里程为：LK13+960；左线江中废水泵房的中心里程为：RK13+960。

隧道最低处车道板下安全通道底部设有集水坑，收集隧道结构渗漏水，用小型潜水排污泵转输至江中废水泵房集水池内。

江中废水泵房集水池位于隧道车道板下安全通道右侧，平时收集隧道冲洗水和车行雨水，以及从集水坑转来的废水。隧道车辆发生火灾时收集隧道行车道水喷雾/泡沫联用灭火系统废水和隧道行车道消火栓废水。废水泵房排水泵选用潜水排污泵，水泵出水汇集到一根DN300的出水总管，沿隧道车道板下部纵向敷设，将废水送到江南工作井内的废水泵房集水池内。

(2) 设计参数

排水量以1次火灾最大的消防秒流量110L/s计，其中：

水喷雾/泡沫联用灭火系统废水：90L/s；

消火栓废水：20L/s。

(3) 江中废水泵房机械、设备

江中废水泵房设3台主泵（左线、右线隧道2个泵房共有6台），轮换使用，隧道火灾时可全部开启。水泵参数技术：$Q=140\sim240\text{m}^3/\text{h}$，$H=38\sim32\text{m}$，$N=37\text{kW}$。

车道板下安全通道底部集水坑设4台主泵（左线、右线隧道共有8台），2用2备，非常事故时可全部开启。水泵参数技术：$Q=10\text{m}^3/\text{h}$，$H=4.5\text{m}$，$N=1\text{kW}$。

江中废水泵房设活动起吊架和起吊设备一套。

(4) 废水泵房水泵控制方式

液位计自动控制启停，根据不同液位确定开启的泵的数量；控制中心远程控制，并在控制中心内显示水泵的工作运行状态及集水池水位高度；隧道车道板下安全通道内控制箱手动按钮控制启动。

2.7.4.2 工作井废水排水系统

(1) 系统布置

工作井废水泵房位于工作井最下部。分为2层，上层为泵房，下层为集水池。集水池旁的井底板设有集水坑收集工作井结构渗漏水，转输至集水池。工作井废水的主要来源为工作井消防泵房的外漏水、工作井结构渗漏水、隧道敞开段没有被雨水横截沟拦截到的剩余雨水、隧道道路冲洗水和火灾时的消防废水。江南工作井内废水泵房还承担江中废水泵房所输送过来的隧道废水。工作井废水泵房出水通过DN300管道至岸边污水处理场处理后排至附近沟渠里。

(2) 设计参数

总排水量以1次火灾最大的消防水量计：为110L/s。

水喷雾/泡沫联用灭火系统废水：90L/s。

消火栓废水：20L/s。

(3) 工作井废水泵房机械、设备

废水泵房设3台潜水排污泵，轮换使用，隧道火灾时可全部开启。水泵性能为：$Q=98\sim168\text{m}^3/\text{h}$，$H=46\sim32\text{m}$，$P=37\text{kW}$。

井底板集水坑设2台泵，1用1备，非常事故时可全部开启。水泵参数技术：$Q=10\text{m}^3/\text{h}$，$H=4.5\text{m}$，$N=1\text{kW}$。

工作井废水泵房设起吊设备一套。

(4) 工作井水泵控制方式

液位计自动控制启停，根据不同液位确定开启的泵的数量。

控制中心远程控制，并在控制中心内显示水泵的工作运行状态及集水池水位高度。

工作井废水泵泵房内手动按钮控制启动。

2.7.4.3 隧道敞开段雨水排水系统

(1) 系统布置

在江南、江北隧道洞口各设雨水泵房一座，在洞口设置横截沟拦截雨水进入泵房集水池。泵房内设雨水泵，将雨水提升至地面经压力排水井泄压后汇入附近沟渠里。

(2) 设计参数

雨水量计算采用杭州地区暴雨强度 i（mm/min）公式：

$$i = \frac{20.12 + 0.639 \lg P}{(t + 11.945)^{0.825}}$$

式中 $P=50$ 年；

降雨历时 $t = t_1 + mt_2$；

$t_1 = 5\text{min}$；

t_2——管内流行时间（min），$t_2 = 0\text{min}$。

雨水设计流量 $QR = \Psi \cdot q \cdot F$

式中 Ψ——径流系数，$\Psi = 1.0$；

F——汇水面积。

雨水泵房设计流量按 $Q_{泵} = 1.2QR$ 计。

(3) 江北雨水泵房

江北隧道敞开段雨水汇水面积为 16950m^2。雨水泵房设计流量为 $2249\text{m}^3/\text{h}$。

雨水泵房选用三台潜水排污泵，二用一备，水泵性能为：$Q=840\sim1440\text{m}^3/\text{h}$，$H=21\sim15\text{m}$，$P=90\text{kW}$。

(4) 江南雨水泵房

江南隧道敞开段雨水汇水面积为 14880m^2。雨水泵房设计流量为 $1981\text{m}^3/\text{h}$。

雨水泵房选用三台潜水排污泵，二用一备，水泵性能为：$Q=665\sim1140\text{m}^3/\text{h}$，$H=22.5\sim17\text{m}$，$P=90\text{kW}$。

(5) 雨水泵控制方式

液位计自动控制启停，根据不同液位确定开启泵的数量。

控制中心远程控制，并在控制中心内显示水泵的工作运行状态及集水池水位高度。

泵房内手动按钮控制启动。

2.7.4.4 污水处理系统

隧道两端设污水处理场对隧道内废水和管理中心生活污水进行处理后排入附近河、渠。隧道所处区域城市排水系统建成后，隧道内废水和管理中心生活污水纳入城市排水系统。

(1) 江北污水处理场

1) 系统布置

江北工作井附近设污水处理场对工作井废水泵房排出隧道废水处理后排入附近沟内。

2) 处理工艺

```
隧道废水 ——→ 调节沉淀隔油池 ——→ 排放
                    │
                    └──→ 污泥 ——→ 污泥干化场
```

3) 构筑物及设备

污水处理场设 100m³ 调节沉淀斜板隔油池一座，10m³ 污泥干化场一座。

(2) 江南污水处理场

1) 系统布置

江南工作井附近设污水处理场对工作井废水泵房排出隧道废水和管理中心生活污水处理后排入附近沟内。

2) 处理工艺

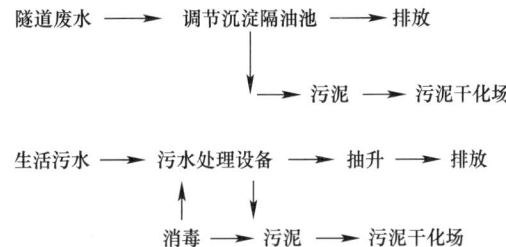

3) 构筑物及设备

污水处理场设 300m³ 调节沉淀斜板隔油池一座，10m³ 污泥干化场一座，3m³/hTWZ 污水处理设备一套，50g/h 二氧化氯消毒机二台，直径 2m、深 5m 污水抽升井一座，50QW14-9.9-1.1 型污水泵二台。

2.7.5 消防系统

2.7.5.1 消防水源

隧道消防水源采用城市自来水，隧道两端设 1000m³ 消防水池。发生火灾时隧道消防用水从消防水池吸水加压供给。隧道所处区域城市给水管网系统建成后，可直接从市政给水管网抽取消防用水。

2.7.5.2 补水

江南、江北工作井消防泵房附近各设 2 个消火栓水泵接合器和 7 个水喷雾水泵接合器。

江南和江北隧道入口各设 2 个消火栓水泵接合器。

2.7.5.3 隧道消防系统

隧道消防系统包括灭火器、消火栓系统和泡沫/水喷雾灭火系统。

(1) 消火栓系统

1) 系统布置

消火栓系统由消火栓、消火栓泵组、室内消火栓、消火栓总管和报警系统组成。

在隧道内侧墙上每隔 50m 设置暗装消火栓箱一组，两条隧道共有 182 组消防箱。消火栓箱门侧拉开启，内设 SN65 型消火栓 2 个、25m 衬胶水龙带 2 条、φ19mm 水枪 2 支、自救式软管卷盘及消防报警按钮等设施。

隧道两端消防泵房分别引出两根 DN150 的消火栓总管，沿两条隧道纵向敷设，全线贯通，形成安全可靠的消火栓总管环网，为隧道内消火栓供水。消火栓供水总管上每隔 5 个消火栓箱设 1 只阀门，在江中最低点设放水阀。

2) 设计参数

消火栓系统用水量为20L/s，最不利点水枪充实水柱不小于14m，发生火灾时两个消火栓箱内4个消火栓可同时使用。

3) 消防泵房消火栓水泵设备

工作井消防泵房内设二台消火栓泵，互为备用，水泵性能为：$Q=20$L/s，$H=55$m，$P=18.5$kW。

4) 消火栓泵启动方式

消火栓箱内的按钮启动；泵房内手动启动；控制中心远程启动，并显示其启闭状态。

(2) 泡沫/水喷雾灭火系统

1) 系统布置

泡沫/水喷雾灭火系统是以喷头为喷洒装置的自动低倍泡沫系统，它通过泡沫比例混合器将泡沫灭火剂与水按比例混合成泡沫混合液，经喷头施放泡沫到着火对象上实施灭火。它先喷洒一定时间的泡沫灭火，然后再喷雾冷却。

泡沫/水喷雾灭火系统主要由泡沫/水喷雾灭火系统喷头、雨淋阀组、比例混合器、水喷雾泵组、泡沫泵组、泡沫和水喷雾总管组成。

在隧道的暗埋段及圆形隧道段内设置泡沫/水喷雾灭火系统。每条隧道内纵向分为159组独立的保护区段，每区段长度为25m，设泡沫/水喷雾灭火系统喷头10只，对称布置在隧道两侧墙上部，每个区段设置独立的泡沫喷雾控制阀组（内含雨淋阀组、比例混合器、泡沫阀组）和报警系统。

隧道两端消防泵房内的水喷雾泵引出两根DN250管道，经泵加压后的水流分别经信号蝶阀、水流指示器后沿两条隧道纵向敷设，全线贯通，为隧道内水喷雾/泡沫联用系统供水。在水喷雾供水总管上每隔10组泡沫喷雾控制阀组设1只阀门，在总管的最高点设放气阀，在江中最低点设放水阀。

隧道两端消防泵房内的泡沫泵引出两根DN80泡沫管道，沿两条隧道纵向敷设，全线贯通，为隧道内水喷雾/泡沫联用系统输送泡沫液。

火灾发生时，相邻两保护区段50m范围内的20个泡沫/水喷雾灭火系统喷头同时动作，喷射低倍数泡沫灭火，持续时期20min左右，后改喷水喷雾，持续时间可达2h。

2) 设计参数

泡沫/水喷雾灭火系统采用低倍数泡沫：

供给强度：6.5L/(min·m^2)，混合比为3%。

泡沫喷射时间：20min。

单组喷雾总水量：45L/s。

最不利点压力：0.35MPa。

水喷雾防护冷却持续时间：2h。

3) 消防泵房泡沫/水喷雾灭火系统设备

消防泵房内各设两台水喷雾泵和泡沫泵，互为备用。水喷雾泵性能为：$Q=90$L/s，$H=80$m，$P=110$kW。

泡沫泵性能为：$Q=2.7$L/s，$H=87$m，$P=5$kW。

4) 泡沫/水喷雾灭火系统控制方式

自动报警启动。

现场手动控制。

中控室遥控并显示。

(3) 灭火器

因隧道内发生的火灾多为A、B类火灾和带电火灾，灭火器选用手提式磷酸铵盐干粉灭火器。

在隧道行车道两侧交错布置灭火器箱，间距50m，隧道共设灭火器180组。每组箱内设MFZL4型磷酸铵盐干粉灭火器 4 具，以供扑灭初期火灾时使用。

2.7.6 管材的选用

消防给水管采用镀锌钢管，泡沫液管采用不锈钢管。管径≥DN70 采用沟槽式连接，管径≤DN65 采用丝扣连接，一次镀锌二次安装。生产、生活给水管采用 PE 给水管，热熔连接。隧道压力排水管管材采用球墨铸铁管，承插式连接。排水重力管采用塑料排水管。

2.8 供电及照明系统设计

2.8.1 供电设计

2.8.1.1 设计原则

供电系统作为隧道附属工程的一个重要环节，其主要指导思想是：安全可靠、技术先进、经济合理、维护管理方便。具体设计原则如下：

(1) 结合隧道特点及当地供电电源情况，选择可靠合理的供电电源和供电方案。

(2) 设计采用经过实践证明、行之有效的新技术、新设备，努力创造与越江隧道相适应的经济效益、社会效益和环境效益。

(3) 隧道内用电设备多、负荷大，电气设计积极采取各项节能措施、努力降低电能损耗。

2.8.1.2 负荷等级分类

根据各类设备供电可靠性和中断供电在社会、经济上造成的损失或影响程度及隧道特点，越江隧道工程主要负荷分为三级：

一级负荷：消防水泵、雨水泵、废水泵、隧道基本照明、排烟风机等属一级负荷。应急照明、隧道内疏散指示和逃生口的电光标志、交通监控设施、通风及照明控制设施、紧急呼叫设施、火灾报警系统、中央控制设施等属特别重要一级负荷。

二级负荷：除一级负荷外的其他风机、雨水泵及其他较重要的负荷等。其余隧道电力负荷为三级负荷。

2.8.1.3 用电负荷容量

江北配电所装机容量为 4990kVA，其中动力设备容量为 2492kW，照明设备容量为 405.6kW。

江南配电所装机容量为 5620kVA，其中动力设备容量为 2960.9kW，照明设备容量为 509.6kW。

2.8.1.4 供电原则

与消防有关的一级负荷采用两路相互独立的 380/220V 电源至用电点附近经切换箱切换后供电，如消防用轴流送排风机、排烟风机、消防泵等。照明一级负荷采用两路电源交错供电方式。

其中一级负荷中的特别重要负荷，除两路电源供电外，另设不间断电源装置作为应急电源。

隧道内重要的二级负荷采用两路低压电源供电，其他一般二、三类负荷采用一路电源供电。

2.8.1.5 供电方案

本工程为重要的高速公路交通工程，用电负荷量大，一级负荷多。为保证供电要求，江南、江北工作井内各设一座双电源 10kV 配电所，10kV 配电所主结线均采用单母线母联分段，两路电源同时运行，互为备用。各供电方案如下：

方案一：江北 10kV 配电所由当地电力系统接引两路相互独立的 10kV 专线电源供电，江南 10kV 配电所由钱江隧道"大临工程"中建设的变电站接引两路相互独立的 10kV 专线电源供电。江南、江北工作井 10kV 配电所馈出线供电范围以隧道中心里程为界，南、北两端分别供电。两配电所之间不设 10kV 联络线。

方案二：江北 10kV 配电所由当地电力系统接引两路相互独立的 10kV 专线电源供电，江南 10kV 配电所由钱江隧道"大临工程"中建设的变电站接引两路相互独立的 10kV 专线电源供电。江南、江北工作井 10kV 配电所馈出线供电范围以隧道中心里程为界，南、北两端分别供电。两配电所之间设一条 10kV 联络线，正常情况下，两座 10kV 配电所独立运行，互为备用。当某座配电所两路 10kV 电源同时停电时，可合上10kV联络线断路器，由另一座10kV配电所供电，联络线断路器采用手动和自动合闸方式。

方案三：江南10kV配电所由钱江隧道"大临工程"中建设的变电站接引两路相互独立的10kV专线电源供电。江北10kV配电所由地方电力系统接引一路10kV专线电源，另一路10kV电源由江南工作井10kV配电所10kV馈线供电。江南、江北工作井10kV配电所主结线均采用单母线母联分段，两路电源同时运行方式，互为备用。江北工作井10kV配电所，正常运行时，两路10kV电源同时运行，母联断路器处于分闸状态，当江南工作井10kV配电所提供的10kV电源因故失压延时跳闸（延时时限避开江南工作井配电所母联合闸时限）退出运行后，母联断路器自动延时合闸；当地方提供的10kV电源因故失压跳闸退出运行后，母联断路器自动合闸，由另一路10kV电源给全所供电。当江南10kV配电所两路10kV电源均失压跳闸时，可通过手动操作，由江北10kV配电所反供江南10kV配电所10kV电源。

以上三个供电方案的综合技术经济比较见表2.8.1。

供电方案比较表 表2.8.1

项目\方案	方案一	方案二	方案三
供电可靠性	可靠，每座配电所均有两路可靠独立电源，接线及控制简单	很可靠，当其中一座配电所两路10kV电源全部停电时，隧道中重要设备可由另一座配电所供电	可靠，接线及控制复杂
投资	中	大	小
维修工作量	中	大	小
管理	分区供电，便于管理	正常时分区供电，只在紧急情况下跨区供电，需征得供电部门同意	跨区供电，需征得供电部门同意

根据以上技术经济比较，并结合隧道运行方式，安全要求及用电设备供电性质，更好地满足隧道供电安全性、可靠性、实用性要求，本设计采用方案二作为推荐方案。

2.8.1.6 变配电所设置

（1）10kV配电所

1）10kV配电所运行方式

江北10kV配电所设于江北工作井，江南10kV配电所设于江南工作井。江北10kV配电所规模为双电源二进十二出，土建预留四回；江南10kV配电所规模为双电源二进十四出，土建预留两回。10kV侧主结线均采用单母线断路器分段，正常时，两路独立的10kV电源同时运行，母联开关断开，当一路电源失电，母联开关自动投入，由另一路电源对全所一、二负荷供电。

2）10kV配电所保护及控制

10KV配电所保护采用微机综合自动化保护装置，各保护模块分散设于10kV开关柜内，该装置具有10kV电网运行必需的保护、测量、控制和指示功能，具有与远方通信的条件。各回路保护设置情况如下：

10kV进线断路器采用电流速断、过电流、失压保护；

10kV馈线断路器采用电流速断、过电流、零序保护；

10kV变压器馈线断路器采用电流速断、过电流、过负荷、温度、零序保护；

10kV母联断路器采用电流速断（只在合闸过程中投入）、备用电源自投；

10kV配电所之间联络线断路器采用电流速断、过电流、零序保护、备用电源自投；

主母互设母线绝缘监察装置。

3）电力监控

考虑到隧道供电的重要性，配电所按有人值班设计。根据隧道变电所布置和电力设备的控制权限要求,分别在江北、江南工作井 10kV 配电所内,设置具独立的、有电力设备分合闸操作权限的电力监控工作站,由电力监控系统主机完成对配电所遥控、遥信、遥测、遥调等功能。在管理中心设电力监控主站,但在正常状况下只监不控,特殊情况下可进行监控操作。在管理中心,电力监控主站不再单独设置专用服务器,与中央监控系统计算机系统服务器实现资源共享。

电力监控系统不设置专用的数据传输网络,利用通信专业设置的光纤通信网络,实现对电力监控系统数据的传输。

4) 10kV 配电所不设高压电容补偿装置,采用低压无功电容补偿方式。

(2) 10/0.4kV 变电所

1) 变电所规模

本设计根据负荷分布情况,设 10/0.4kV 变电所多座,各变电所规模及设置情况如下:

本设计共设 10/0.4kV 变电所 11 座,其中 4 座变电所与配电所合建,各变电所设置情况见表 2.8.2。

变电所设置表　　　　　　　　　　　　　　　表 2.8.2

序　号	设置地点	变压器容量(kVA)	数　量	变电所形式
1	江北洞口雨水泵房	2×315	1	10/0.4kV 变电所
2	江北隧道工作井	2×1000	2	与 10kV 配电所合建
3	左线隧道江中废水泵房	2×100	1	地埋式组合变电所(一)
4	左线隧道江中废水泵房	2×80	1	地埋式组合变电所(二)
5	右线隧道江中废水泵房	2×100	1	地埋式组合变电所(一)
6	右线隧道江中废水泵房	2×80	1	地埋式组合变电所(二)
7	江南隧道工作井	2×1000	2	与 10kV 配电所合建
8	江南洞口雨水泵房	2×315	1	10/0.4kV 变电所
9	江南管理控制中心	2×315	1	10/0.4kV 变电所

2) 变电所低压主接线

工作井 10/0.4kV 变电所低压主接线,采用单母线分段运行,正常情况下,两台变压器同时运行,母联开关断开,当一台变压器故障或停电时,切除三级负荷,母联开关自动投入,由一台变压器向全所一、二级负荷供电。

雨水泵房 10/0.4kV 变电所低压主接线,采用一主一备单母线不分段运行方式,正常情况下,两台变压器同时运行,变压器低压侧的两路低压电源经过双电源自动切换装置自动切换后,向母线供电。

3) 监视与控制

由电力监控系统实现对变电所 0.4kV 进线断路器、母线分段断路器及重要馈出回路断路器进行保护、控制,并监视 0.4kV 母线电压、电流和功率因数,还监视 0.4kV 馈出断路器的运行状态。

4) 无功补偿及电压调整

除 100kVA 及以下的 10/0.4kV 变电所不设低压电容补偿外,其余 10/0.4kV 变电所均进行低压集中补偿,将功率因数补偿到 0.9 以上。

2.8.1.7　应急电源系统

根据规范要求,隧道内设置应急电源供电系统,以确保隧道事故情况下,疏散及救援工作的安全进行。应急电源供电系统供电范围包括:隧道内应急照明、光电标志、监控系统、火灾报警系统、通信系统、控制中心等一级负荷中的特别重要负荷。

隧道采用集中式应急电源供电方式,在各工作井设置设 1 台 UPS 电源柜向工作井、隧道区间内监控、通信和火灾自动报警系统设备等供电,应急备用时间为 2h。在各工作井设置设 1 台 EPS 电源柜向工作井、隧道区间内应急照明供电。应急备用时间为 3h。

2.8.1.8 动力设备供电

本工程动力设备较多，主要包括隧道通风机、水泵等大容量设备以及分散设于隧道内的通信、监控、检修等小容量设备及管理中心等负荷。根据设备的负荷类型、运行特性及分布位置综合考虑相应配电方式。动力设备供电采用放射式和树干式结合的混合式供电网络。对于通风机、水泵等大容量用电设备，由变电所低压母线或箱式变电站接引独立回路采用放射式供电。对于隧道内用电容量较小，比较分散的用电设备，采用树干式供电方式对各用电设备供电。隧道内每隔50m设检修用插座箱一个，分别由附近的10/0.4kV埋地组合式变电所供电。射流风机、轴流风机和大容量的水泵、风机采用软启动，其他容量小的用电负荷采用直接启动方式。

2.8.1.9 主要设备、材料选择

本工程的所有电气设备选用技术先进、安全可靠、节能、价格合理，并有在类似工程环境运行经验的产品。由于受运行环境和维护条件的限制，要求产品应是低噪声、空气自冷、无自爆和免维护、符合防火安全和五防要求的产品。

根据本工程特点，隧道内的高、低压电缆均采用交联聚乙烯绝缘、聚乙烯护套无卤低烟阻燃铜芯电力电缆，消防用电设备电缆为交联聚乙烯绝缘、聚乙烯护套无卤低烟耐火铜芯电力电缆。管理中心和工作井内电力变压器采用SC10节能型干式变压器，隧道内的采用地埋式变压器。

2.8.2 防雷接地及安全

2.8.2.1 防雷设计

江北、江南通风井、隧道管理控制中心按二类防雷建筑物标准进行防雷设计。采用在通风竖井、屋顶设避雷带作为接闪器，并利用建筑内主钢筋引下线，工作井下部基础内主钢筋作接地装置。

引入建筑物和隧道内的电线路等考虑防止雷电波侵入的措施，在引入口设重复接地装置，各配电所母线设避雷器装置，高压开关柜真空断路器出线倒装设操作过电压吸收装置。低压开关柜电源进线处装设防浪涌保护装置。对弱电设备考虑防止内部电源过电压的保护设施。

2.8.2.2 接地设计

本工程采用联合接地体设计，防雷接地、强电、弱电系统接地装置共用。在江南、江北工作井内设总等电位连接箱，利用工作井结构钢筋网作接地极，接地电阻不大于1Ω。在每条隧道内全线敷设一条1×95铜芯电缆作为接地线，并在隧道内每隔400m左右作一次接地连接（管片外预埋接地铜板至隧道内），隧道沿线每隔100m左右设置一个局部等电位连接箱，隧道内接地电缆均与工作井内的总等电位连接箱可靠连接，形成电气通路。工作井、隧道内分别设置等电位、局部等电位和辅助等电位连接。低压配电系统采用TN-S接地系统。

2.8.3 照明系统设计

2.8.3.1 设计原则

隧道照明按设计行车速度80km/h，双管六车道，单向行驶三车道要求进行设计，隧道照明应能满足隧道建设标准规定下的正常交通运营和事故情况下消防的要求，设置一般照明和应急照明，照度应不低于相应规范的要求。

根据《公路隧道通风照明设计规范》JTJ 026.1，隧道各段长度和照度要求如下：

洞外亮度（L20）：南洞口4000cd/m²；北洞口5000cd/m²；

入口段（TH）：长度108m，南洞口亮度140cd/m²；北洞口亮度175cd/m²；过渡一段（TR1）：长度72m，南洞口亮度42cd/m²；北洞口亮度52.5cd/m²；

过渡二段（TR2）：长度89m，南洞口亮度14cd/m²；北洞口亮度17.5cd/m²；

过渡三段（TR3）：长度133m，南洞口亮度4.9cd/m²；北洞口亮度6.2cd/m²；

基本段（IN）：亮度4.5cd/m²；

出口段（IN）：长度60m，亮度22.5cd/m²；

路面亮度总均匀度0.5；纵向亮度均匀度0.8。

2.8.3.2 照明光源选择

在我国公路隧道的照明光源一般有四种：高压钠灯、金属卤化物灯、荧光灯、低压钠灯。

隧道及道路照明几种主要光源的综合技术指标见表2.8.3。

隧道照明光源综合技术指标表　　　　表2.8.3

光源	高压钠灯	荧光灯（T5系列）	金属卤化物灯	低压钠灯
光效（Lm/W）	60～120	87.1～98.6	70～90	100～150
平均寿命（h）	16000～24000	10000	5000～10000	5000～7000
显色指数	23～25	>80	65	差
再启动时间（min）	2	0.3	2	7～15

结合本工程具体情况，隧道照明主要有以下两种光源组合方案：

方案一为高压钠灯灯（配节能型电感镇流器）+荧光灯（配电子镇流器）的组合，该方案光源显色性好、投资及运营费相对较高。方案二为全部采用高压钠灯，该方案投资及运营费相对较低。从以上各种光源的综合技术指标进行分析，虽然高压钠灯的光效和使用寿命比荧光灯高，而高压钠灯光源比荧光灯光源的光色、照明总体感观较差，由于本工程属于钱塘江江底高速公路隧道，又为钱塘江观潮区，照明总体效果和质量要求较高，结合目前国内其他隧道光源设置情况，经比较推荐方案一。

敞开段道路照明采用高压钠灯光源。

2.8.3.3 照明布置方式

隧道内照明布灯设计既要考虑美观、舒适、流畅，又要考虑安装、检修方便，根据隧道主体工程规模，隧道入口照明按入口段、过渡段一、过渡段二段、过渡段三段和基本段照明要求分别设计；隧道出口照明按出口段要求设计；在隧道敞开段、光过渡段考虑夜间照明。

基本段采用2×58W双管荧光灯灯具沿隧道两侧顶部对称布置，吸顶安装；入口段、过渡段和出口段加强照明采用高压钠灯灯具，设于隧道两侧对称布置；敞开段根据外部环境，采用适合其总体建筑风格的灯具和布置方式。电缆通道、安全通道采用荧光灯灯具沿通道顶部吸顶安装。应急照明采用荧光灯灯具，正常时作为基本照明的一部分，事故时为应急照明；隧道逃生滑道和救援通道入口处上部设置紧急疏散指示标志灯。隧道行车道单侧设置疏散光电指示标志灯，电光标志灯可采用LED光源。

接引道路照明，根据道路宽度及布置形式，采用两侧布灯方案。

2.8.3.4 照明灯具

隧道内照明灯具均采用具有五防（防水、防尘、防震、防腐、防护）功能的隧道灯具，防护等级不低于IP65。灯具采用就地电容补偿，补偿后功率因数不低于0.9。

2.8.3.5 照明供电系统

（1）隧道正常照明

根据隧道特点，隧道照明供电采用0.38/0.22kV方式，隧道内基本照明负荷，由设于工作井和隧道区间的10/0.4kV变电所供电。隧道内基本照明灯具均由两台变压器交错供电，以确保在任一电源失电时，不致使隧道该区域的照明灯具全部熄灭。

工作井10/0.4kV变电所照明母线设电源稳压装置，入口段、过渡段和出口段加强照明由设于工作井内的10/0.4kV变电所供电。

工作井、隧道应急照明、隧道内疏散指示和逃生口的电光标志，由工作井内的EPS电源集中供电。

（2）应急照明系统

本设计隧道内应急照明采用集中式EPS电源装置供电方式，应急照明供电系统在正常外部电源全部失电或在正常母线电压低于额定电压的85%时，自动启动EPS不间断的交流电源，应急时间为3.0h。隧道行车道应急照明作为正常照明的一部分，正常工作时，作为基本照明，正常照明供电系统失电时则作为应急照明继续工作。

(3) 接地

照明采用三相四线或单相两线制配电，设专用 PE 线。所有照明灯具金属外壳、配电箱和保护钢管等均与 PE 线可靠连接，形成可靠的电气通路。配电箱与隧道局部等电位连接箱可靠连接。

(4) 照明控制

道路和隧道照明控制采用定时、就地和远程控制三种方式；出、入口照明根据洞外环境亮度、交通量的变化，按白天（晴朗）、傍晚（多云）、阴雨天、重阴、夜间、深夜六级标准对洞内照度进行控制。晴朗的白天基本照明和加强照明灯具全部开启，傍晚或多云天气加强照明灯减半，阴雨天加强照明灯开启 1/4，重阴天加强照明灯开启 1/8，夜间加强照明灯全部关闭，深夜交通量较小时基本照明灯具减半。

照明自动控制设计纳入设备监控系统，由设备监控专业负责，本设计在各相应的照明配电回路，提供自动控制的条件。

2.8.4 节能措施

本设计通过选用低能耗干式变压器，并合理选择变压器容量、优化配电方案和对单台较大容量用电设备配置软起动等措施，可以很好地达到节约能源的效果。通过采用低压集中电容自动补偿装置，以提高功率因数，减少无功损耗，有效节约能源。

通过设置光过渡段、智能照明控制系统、绿色节能电源稳压装置，高压钠灯采用节能型电感镇流器，采用 T5 或 T8 系列荧光灯配电子镇流器等措施，以实现降低照明用电能耗。隧道照明灯具内设电容补偿器，以提高功率因数，减少无功损耗，有效节能。

2.8.5 电力迁改原则

2.8.5.1 电力迁改范围

本工程 LK11+400～LK12+000 和 LK15+250～LK15+850 范围内影响过江隧道工程的电力线路迁改。

2.8.5.2 电力迁改原则

各种高、低压电力线路的迁改，必须满足国家和地方有关规程、规范中的要求。平行区段的电力线路迁改，原则上向外迁移，交叉区段的电力线路迁改，原则上迁离出该施工范围。

2.8.6 附件

管理中心、江中泵房、江南工作井、江北工作井及隧道入口雨水泵房各部位综合负荷计算表见表 2.8.4～表 2.8.8。

管理中心综合负荷计算表　　表 2.8.4

序号	用户名称	设备数量（台）	设备容量（kW）	需要系数 K_x	功率因数 $\cos f$	$\tan f$	计算负荷 有功 P_c (kW)	计算负荷 无功 Q_c (kvar)	视在 S_c (kVA)	变压器数量和容量
1	交流弧焊机	1	24	0.35	0.35	2.68	8.4	22.5		
2	砂轮机	1	2.25	0.25	0.5	1.73	0.563	1.0		
3	台钻	1	0.37	0.25	0.5	1.73	0.093	0.2		
4	电梯	1	6.6	0.85	0.5	1.73	5.6	9.7		
5	消防	2	22	0.85	0.8	0.75	18.7	14.0		
6	通信、监控	1	50	0.80	0.8	0.75	40	30.0		
7	民用通信	1	10	0.80	0.8	0.75	8	6.0		
8	暖通		325.6	0.85	0.8	0.75	276.8	208		
9	照明		104	0.8	0.9	0.48	83.2	40.27		
					0.66	1.26	441	331		

续表

序 号	用户名称	设备数量（台）	设备容量（kW）	需要系数 K_x	功率因数 $\cos f$	$\tan f$	计算负荷 有功 P_c（kW）	无功 Q_c（kvar）	视在 S_c（kVA）	变压器数量和容量
	*0.9（同时使用）					1.26	397.2	298.1	496.6	
	补偿到0.9				0.9	0.48		−309		
	补偿后						397.2	−10.7	397	2×315kVA

江中泵房综合负荷计算表　　表2.8.5

序 号	用户名称	设备数量（台）	设备容量（kW）	需要系数 K_x	功率因数 $\cos f$	$\tan f$	计算负荷 有功 P_c（kW）	无功 Q_c（kvar）	视在 S_c（kVA）	变压器数量和容量
1	排水泵	1	37	0.85	0.8	0.75	31.45	23.59		
2	隧道照明		24.13	0.9	0.9	0.48	21.72	10.42		
	小计									
					0.85	0.62	53.17	34.01		
	*0.85（同时使用）						45.19	28.91	53.6	2×80kVA
1	排水泵	2	74	0.85	0.8	0.75	62.9	47.18		
2	逃生滑道		15	0.85	0.8	0.75	12.75	9.563		
3	检修插座		10	0.80	0.8	0.75	8	6		
	小计									
					0.8	0.75	83.65	62.74		
	*0.85（同时使用）						71.1	53.33	88.9	2×100kVA

江南工作井综合负荷计算表 表2.8.6

序号	用户名称	设备数量（台）	设备容量（kW）	需要系数 K_x	功率因数 $\cos f$	$\tan f$	计算负荷 有功 P_c (kW)	计算负荷 无功 Q_c (kvar)	视在 S_c (kVA)	变压器数量和容量
1	射流风机	11	605	0.85	0.8	0.75	514.3	385.69		
2	轴流风机	4	640	0.85	0.8	0.75	544	408.0		
3	排烟口	55	11	0.85	0.8	0.75	9.4	7.0		
4	风向测速仪	2	0.5	0.85	0.8	0.75	0.425	0.3		
5	检测仪	2	0.5	0.85	0.8	0.75	0.425	0.3		
6	电动组合风阀	9	1.8	0.85	0.8	0.75	1.53	1.1		
7	地下一层轴流风机	5	31	0.85	0.8	0.75	26.4	19.8		
8	地下二层轴流风机	2	0.36	0.85	0.8	0.75	0.3	0.2		
9	地下三层轴流风机	2	34	0.85	0.8	0.75	28.9	21.7		
10	风阀		1.4	0.85	0.8	0.75	1.2	0.9		
11	废水泵	3	117	0.85	0.8	0.75	99.5	74.6		
12	消火栓泵	1	18.5	0.85	0.8	0.75	15.7	11.8		
13	水喷雾泵	1	110	0.85	0.8	0.75	93.5	70.1		
14	泡沫泵	1	6.5	0.85	0.8	0.75	5.525	4.1		
15	气瓶间	1	4	0.85	0.8	0.75	3.4	2.6		
16	通信、监控Fas/Bas	1	48	0.80	0.8	0.75	38.4	28.8		
17	民用通信	1	40	0.80	0.8	0.75	32	24.0		
18	检修插座箱	4	60	0.8	0.8	0.75	48	36		
19	暖通	1	70	0.85	0.8	0.75	59.5	44.6		
20	充电机	2	19	0.80	0.8	0.75	15.2	11.4		
21	逃生滑道	27	58.67	0.80	0.8	0.75	46.9	35.2		
22	电动葫芦	2	10.6	0.85	0.8	0.75	9.0	6.8		
23	EPS		95.55	0.9	0.9	0.48	86	41.6		
24	隧道照明		419.4	1.0	0.9	0.48	419.4	203.0		
					0.81	0.73	2099	1439.6		
	*0.8（同时使用）					0.75	1679	1152	2036	
	补偿到0.9				0.9	0.48		−453.3		
	补偿后						1679	698.38	1818	

江北工作井综合负荷计算表 表2.8.7

序号	用户名称	设备数量（台）	设备容量（kW）	需要系数 K_x	功率因数 $\cos f$	$\tan f$	计算负荷 有功 P_c (kW)	计算负荷 无功 Q_c (kvar)	视在 S_c (kVA)	变压器数量和容量
1	射流风机	11	605	0.85	0.8	0.75	514.3	385.69		
2	轴流风机	4	640	0.85	0.8	0.75	544	408.0		
3	排烟口	55	11	0.85	0.8	0.75	9.4	7.0		
4	风向测速仪	2	0.5	0.85	0.8	0.75	0.425	0.3		
5	检测仪	4	1	0.85	0.8	0.75	0.85	0.6		
6	电动组合风阀	9	1.8	0.85	0.8	0.75	1.53	1.1		
7	地下一层轴流风机	5	31	0.85	0.8	0.75	26.4	19.8		
8	地下二层轴流风机	2	0.36	0.85	0.8	0.75	0.3	0.2		
9	地下三层轴流风机	2	34	0.85	0.8	0.75	28.9	21.7		
10	风阀		1.4	0.85	0.8	0.75	1.2	0.9		
11	废水泵	3	117	0.85	0.8	0.75	99.5	74.6		

续表

序号	用户名称	设备数量（台）	设备容量（kW）	需要系数 K_x	功率因数 $\cos f$	$\tan f$	计算负荷 有功 P_c (kW)	计算负荷 无功 Q_c (kvar)	计算负荷 视在 S_c (kVA)	变压器数量和容量
12	消火栓泵	1	18.5	0.85	0.8	0.75	15.7	11.8		
13	水喷雾泵	1	110	0.85	0.8	0.75	93.5	70.1		
14	泡沫泵	1	6.5	0.85	0.8	0.75	5.525	4.1		
15	气瓶间	1	4	0.85	0.8	0.75	3.4	2.6		
16	通信、监控 Fas/Bas	1	48	0.80	0.8	0.75	38.4	28.8		
17	民用通信	1	40	0.80	0.8	0.75	32	24.0		
18	检修插座箱	4	60	0.8	0.8	0.75	48	36		
19	暖通	1	70	0.85	0.8	0.75	59.5	44.6		
20	充电机	2	19	0.80	0.8	0.75	15.2	11.4		
21	逃生滑道	12	30.0	0.80	0.8	0.75	24.0	18.0		
22	电动葫芦	2	10.6	0.85	0.8	0.75	9.0	6.8		
23	EPS		95.6	0.9	0.9	0.48	86	41.6		
24	隧道照明		419.4	1.0	0.9	0.48	419.4	203.0		
					0.81	0.73	2076	1422.8		
	*0.80（同时使用）					0.75	1661	1138	2014	
	补偿到0.9				0.9	0.48		−448.5		
	补偿后						1661	689.73	1799	

隧道入口雨水泵房综合负荷计算表　　　表 2.8.8

序号	用户名称	设备数量（台）	设备容量（kW）	需要系数 K_x	功率因数 $\cos f$	$\tan f$	计算负荷 有功 P_c (kW)	计算负荷 无功 Q_c (kvar)	计算负荷 视在 S_c (kVA)	变压器数量和容量
1	洞口雨水泵	3	270	0.9	0.8	0.75	229.5	172.1		
					0.8	0.75	229.5	172.1		
	*1.0（同时使用）					0.75	229.5	172.1	286.9	
	补偿到0.9				0.9	0.48		−62		
	补偿后						229.5	110.2	254.6	2×315kVA

2.9 监控系统设计

2.9.1 概述

2.9.1.1 工程概述及设计范围

钱江隧道机电系统主要包括排烟、通风、给排水、消防、供配电、照明及监控系统。监控系统的主要作用是实现各种机电设备的自动监控和管理，确保杭州钱江隧道实现正常运营，提高钱江隧道的安全性和应急应变能力，有效降低营运成本，提高管理水平及服务品质等。监控系统设计范围包括隧道、两岸工作井、接线道路及隧道控制中心等区域，综合监控系统应实现对以上设计范围的统一监控、集中管理，在疏导交通、防灾、消灾、保障隧道内交通安全等方面发挥非常重要的作用。

综合监控系统包括以下子系统：
- 中央计算机系统；
- 交通监控系统；
- 机电设备监控系统；
- 通信系统；
- 闭路电视监视系统及交通流视频监视系统；
- 火灾自动报警系统。

2.9.1.2 监控系统的组成及主要功能

监控系统是整个隧道管理的核心，它具备信息采集、数据处理、事件响应、事件处理、图形显示、统计查询、系统自诊断、信息共享等基本功能。监控系统包括中央计算机系统、交通监控系统、设备监控系统、通信系统、闭路电视监视系统及交通流视频监视系统、火灾自动报警（FAS）系统。系统构成如图 2.9.1 所示。

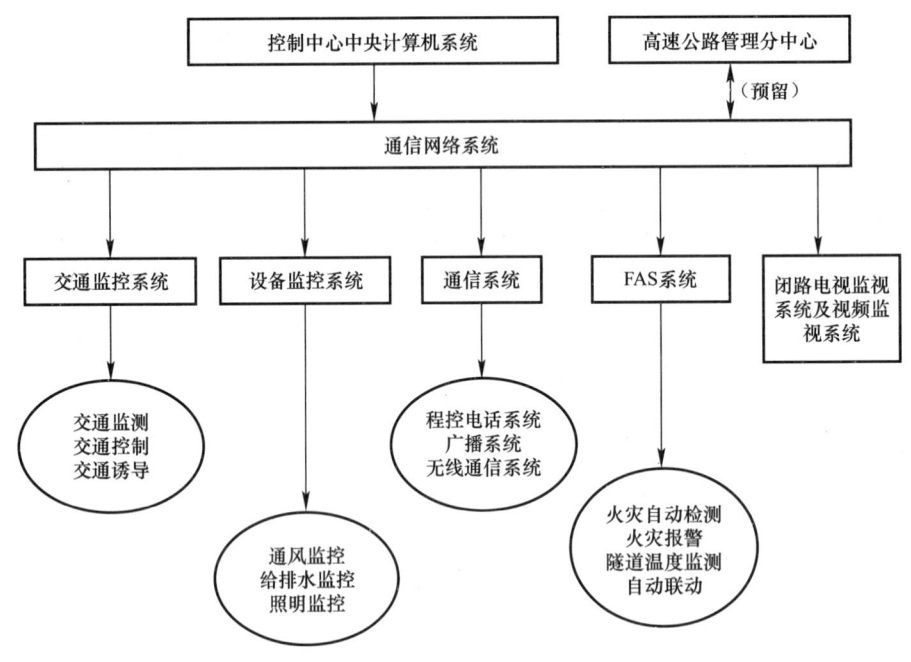

图 2.9.1 监控系统总体结构架构图

各系统主要功能如下：

（1）中央计算机系统

中央计算机系统是钱江隧道工程的智能管理中心，是集数据通信、处理、采集、控制、协调、图文显示为一体的综合监控系统，能在各种情况下准确、可靠、迅捷地作出反应，及时处理、协调各系统工作，达到实时监控的目的。中央计算机系统通过统一集成平台将各系统操作界面加以集成，通过统一数据库系统收集和管理所有监控信息，以提高运行效率，实现信息共享。

中央计算机系统由中央数据服务器、通信服务器、系统工作站、数据存储设备、多媒体大屏幕综合显示设备和网络组成。系统工作站可通过权限登录分为交通监控、设备监控、电力监控、火灾报警、闭路电视（CCTV）。

多媒体监视工作站，且互为备份。

(2) 交通监控系统

包括交通监测，交通控制及交通诱导三个部分。它通过环线和视频检测系统、超高检测器等现场设备，实时准确地获取各车道交通运行参数，以便于判断系统的交通状态和选择交通控制方式。提供隧道任意区段的交通事故检测、报警、事故回放等。按照一定的交通控制模式，针对不同交通情况（正常、堵塞、事故），实施不同的交通信号控制，改变各类交通信号。

(3) 设备监控系统 BAS

在支持火灾自动报警系统独立联动消防设施的同时，配合建立正常、火灾及交通堵塞、事故时的通风运行模式。对风机实现必要的监控操作，实现智能调节。

系统自动/手动调节出入口的过渡段照明。定时或手动控制隧道内的基本照明和节电照明。

系统实时地采集雨水泵、废水泵、消防泵等工作状态及相关水位状态；并能对雨水泵、废水泵实施必要的人工远动控制和对消防泵的强制性控制。

(4) 通信系统

由以下子系统组成：

电话系统：设置紧急电话用于隧道内告警、抢险救灾及各种特殊情况下的通信联络，直通控制中心；设置公务电话用于隧道管理系统内部及对外的公务通信，可呼叫杭州市"119"、"110"、"120"及其他相关部门。

无线通信系统：支持控制中心人员和维护管理人员之间在设计范围内通过无线对讲机互相通信。系统可实现转播交通信息台和其他 FM 各频段调频广播，并可对隧道内来往车辆驾驶员播放隧道信息、通知和命令等。满足消防、公安系统无线通信的要求。支持对系统主要设备的远程监测。

广播系统：通过中心有线或无线话筒，进行紧急疏散、紧急援救和日常业务管理广播；并参与相关位置的火灾自动报警（FA）系统联动广播。

(5) 闭路电视监视系统 CCTV 及交通流视频监视系统

CCTV 系统通过电视摄像头监视整个隧道，以提供整个隧道内部情况，并在交通事故或火灾发生时于第一时间提供迅速、准确的资料。它将隧道内交通图像经过数据处理，判断出是正常车速、慢速还是停顿。该系统能对交通停顿点及时探查出是否有火情或车祸，提醒值班监控人员作出判断并及时采取必要的、有效的措施。

交通流视频检测系统从 CCTV 系统获取监视图像，通过视频检测分析，实现事故检测和交通参数检测等。系统对事故进行检测报警，并能在一定时间范围内进行事故再现，提供事故数据库。

(6) 火灾自动报警系统 FAS

接受隧道内专用火灾探测器、消火栓按钮及手动报警按钮等设备的自动和手动报警信号。必要时能对消火栓泵、喷淋泵等进行强制性直接启动控制，并接受反馈信号。对隧道内的风机进行联动控制并接受反馈信号。报警点及消防设备状态能在智能火灾报警控制器及区域显示器上显示，也能在工作站以及综合显示屏上显示。与中央信息系统联网通信，将报警点信息传送给相关系统，使相关系统联动。

2.9.2 设计原则

(1) 遵循"以人为本、集中管理、分散控制"的设计原则，对钱江隧道工程实现有效的运营管理及维护提供支持。

(2) 监控系统构建及设备设置做到高度集成、安全可靠、功能先进、经济合理、人机界面友好。设备选型立足于国内外成熟的新技术、新产品、新工艺，并遵循国家或国际标准，有较好的工程运用实例，便于安装和维修，适合工程所在地的环境条件。

(3) 系统分为信息管理层、设备控制层、现场设备层三层结构。系统应具有很高的可扩展性、稳定性、开放性、可接入性和通用性。并预留与钱江通道及接线工程高速公路管理分中心的通信接口。

(4) 建立高度集成的中央计算机信息系统。通过集成监控、防灾报警、闭路电视、通信等系统，统一在中控室内完成智能监控、状态显示、操作、维护、监视、通信以及资源共享等诸多功能。各系统界面清楚，有优先级及工作权限设置，保持相对独立性，且均有自诊断功能，以便及时准确地发现异常和故障，并能迅速地排除故障。

(5) 建立智能化综合操作模式。包括有交通管理模式、环境管理模式、火灾报警及联动模式。

(6) 设备监控系统BAS遵循分散控制、集中管理、资源共享基本原则。BAS与FAS之间设置数据通信接口，能直接接受FAS的火灾信息。按火灾工况的规定，控制有关设备按火灾工况运行。对正常工况及火灾工况兼用的设备，在正常工况时由BAS控制，火灾工况时按FAS发布火灾模式指令，BAS优先执行相应的控制程序。

(7) 火灾自动报警系统（FAS）以消为主，防消结合。火灾自动报警系统采用控制中心报警方式，设有自动和手动两种触发装置。自动报警装置能尽可能早且准确地探测到火灾现象。设备选型为经国家有关产品质量检测单位检验合格的产品。

(8) 现场设备与应急电话、报警按钮、消火栓箱等尽量集中放置，便于施工、使用和维修。室外及隧道内设备的防护等级不低于IP65。

(9) 监控系统应尽量采用统一的硬、软件平台，具有良好的可扩展性，做到资源共享和降低运营维护成本，并满足近、远期快速路交通监控和运营管理的需要。

(10) 监控系统的现场设备均按工业级标准设计，满足现场的环境要求和机电设备电磁兼容的技术要求，以及环保与节能的要求。

2.9.3 监控系统基本功能要求

监控系统具备信息采集、数据处理、事件响应、事件处理、图形显示、统计查询、系统自诊断、信息共享等基本功能。

(1) 信息采集

监控系统能够收集到如下信息：

1) 交通流参数：包括交通量、车流速度、车道占有率、车行方向、交通事故记录等；
2) 电力变电所参数：用电负荷、运行状态数据、故障、预告警等；
3) 环境信息：包括能见度VI、CO浓度、光强度、水位值等；
4) 紧急电话呼叫信号；
5) 火灾参数：火灾确认信号、时间、地点、联动设备反馈信息；
6) 可变情报板、可变限速标志、交通信号灯、车道信号灯显示的反馈信息；
7) CCTV摄像机的拍摄画面；
8) 各种现场设备的工作状态反馈信息；
9) 其他监控设备的状态（以上信息属自动采集）；
10) 操作员输入的事件事故信息（手工输入）。

(2) 数据处理

监控系统对收集到的信息进行如下处理：

1) 处理视频监测系统及交通监控系统提供的各种数据，进行交通状态判断，如有异常，则通过人机接口报警；
2) 处理环境参数监测器、设备监控系统提供的各种数据，超过限值时，通过人机接口报警；

3) 处理火灾报警系统提供的各种数据，灾害情况下通过人机接口报警；
4) 处理各种外场设备工作状态的反馈信息。

(3) 事件响应

一般情况，监控系统直接获取所需信息后，按一定模式运作、存档、制表及显示，并通过所制定的控制模式提出决策建议及发布控制指令，供操作员参考。

对已经检测到的事件原则上需进行人工确认，明确事件发生的位置、性质及类型等信息。对系统自动提出的事件处理方案进行人工确认，或根据所确认事件的发生位置、性质及类型以及可能造成的损失的大小等实时信息，由管理人员快速作出适当的控制及救助策略。事件处理完毕，再次进行人工确认之后，交通恢复正常。如经人工确认，认为未发生异常，则仍按正常情况进行交通控制和信息的发布。

事件的人工确认依据为外场布置的摄像机、紧急电话。

(4) 事件处理

在隧道交通拥挤或事故情况下，对交通流进行紧急疏导，协调紧急救援部门对事件所涉及的人员和设备进行安全、快速的救助，使事件现场得到安全及时清除，尽快恢复通道的通行能力，并避免二次事故的发生。

根据所发生事件的类型和严重程度，对交通事件采取分类处理，提出相应的交通控制、设备运行提案，同时综合屏上也有相应的信息显示。利用车道信号灯、可变限速标志、有线广播，对隧道内车流进行控制，并向紧急救援车辆提供优先通行和诱导信息服务。更为严重的情况下，可以对隧道进行封闭，以避免事故的发生。

在火警情况下，综合屏上有声光报警；火灾报警器按最优原则经人工确认后将一般通风模式转换为火灾通风模式，并监视在相应地点执行系列的消防措施；同时在信息网发布火灾地点及特征信息，通知监控工作站计算机，提出相应的交通控制、设备运行方案，以便尽快疏散火灾地段的车辆。

(5) 图形、图表显示

中控室大屏幕显示屏、闭路电视监视工作站及控制台上的显示器相结合，可实时、动态、直观地显示交通、设备、电力、火灾、隧道结构安全等的运行状况、模拟图及处理预案，并可根据需要对某一局部予以放大或对某些信息进行列表，以便观察和看清细节。

除显示火灾信息及相关设备的工作状态外，火警还配有声光报警。

紧急电话使用时，通过程控交换机的网管工作站确认，并在大屏幕上显示出被使用电话的相关信息（地址、时间等）。

(6) 统计查询及数据存档

可显示和打印交通、事故事件、紧急电话使用情况、发布命令、设备工作状态、值班员值班记录、交通量趋势、隧道结构信息参数、隧道姿态变化趋势等各种图表；能完成系统每日检测的原始数据的备份及重要文件的存档，并带有时间记录；在需要时可复制每日的数据或调出历史数据进行各种统计和分析工作。各种图表以中文形式显示和打印。

可动态储存两年的数据，在每年的最后一天自动或提醒操作员将数据通过刻录机存入光盘保存，同时服务器清除上一年的数据，并自动进入下一年的数据储存。

(7) 系统自诊断功能

具有对监控系统的软硬件及外场设备的自动检测和故障报警功能。

中央计算机系统软件可监测外场终端设备的工作状态。在监控主程序运行过程中，设备监测程序根据各系统外场设备反馈信息，可发现故障或非正常运行状态，并通过人机接口向操作员发出信息。

(8) 信息共享

监控系统的所有图像、数据信息可与上级及同级主控中心共享，主控中心预留连接杭州市公路网监控中心主干通信网的接口条件，可以提供过隧道道相关的实时路况监视图像及相关的交通数据信息，同时可以获取相关路段的路网交通信息。

2.9.4 监控系统的运营管理

2.9.4.1 监控系统的运营模式

监控系统的运营模式是一套智能化综合操作模式。包括交通管理模式（分正常、短暂应变、长期性交通措施、超速预警、违规处理、超高检测、事故检测等）、环境管理模式（分空气质量检测及调控模式、照明检测及调控模式、节能模式等）、火灾报警及联动模式等。

为使钱江隧道交通安全、可靠运营，监控系统能昼夜不间断工作，正常情况下，系统对全线各部位设备的状态进行实时监控，异常情况下采用自动、人工方式按预案对事件进行响应。

2.9.4.2 监控系统管理的目的和作用

监控系统管理的主要目的是充分发挥系统设备的作用，并在此基础上改进和提高系统的整体功能，在最大程度上减少过江通道内车辆拥挤的影响；获得最大的运行安全；提供必要的信息，使钱江隧道内的各种设施得到有效的利用，并减轻管理人员在脑力和体力方面的紧张程度；对过江通道内遇到困难的车辆或人员提供及时有效的援助；减轻交通事故对环境和人员的危害。

2.9.4.3 主要内容

监控系统的管理主要包括系统的维护维修和人员管理两个方面。

（1）系统的日常维护及维修

监控系统的设备往往处于全天候不间断运行的状态，其日常维护及维修工作是保证系统设备完好，并处于良好运行状态的重要措施。设备完好的要求包括设备的主要技术指标和电气性能符合规定，结构完整；保持设备处于良好运行状态，要求能及时掌握设备状态并能对各种设备进行正确的保养、维护和修复。监控系统的日常维护及维修应重点做好以下几个方面的工作：

1）及时掌握设备状态

对监控系统的硬件设备除在采购时对平均无故障时间（MTBF）、平均修复时间（MTTR）等可靠性指标作出要求外，系统应对全线各部位主要设备的状态进行实时监控，并建立完备的设备运行档案和维修记录，提高故障预测性。

2）内场设备的日常保养和维护

主要包括控制中心及机房的防尘、防磁；设备的定期保养；定期检查、测试设备的运行状况；做好技术资料的保存管理等。

3）外场设备维护

主要包括外场设备的保洁；设备线路板检查；设备转动部位检查；发光元器件的检查及更换；电源线及插头的检查及修复等。

（2）系统的人员管理

系统的人员管理包括技术人员和操作人员的业务管理以及与之相关的各项规章制度的制定和执行。包括设置专门机械，配备专门人员负责监控系统的维护与管理；建立健全岗位责任制，严明各项规章制度；对技术和操作人员的业务培训等。

2.9.5 系统环保与节能要求

监控系统设备应考虑环保与节能，遵循如下原则：

（1）监控系统应符合国家环保法规，采用对环境无污染、无公害、可回收和环境安全、不会造成人身伤害的设备。

（2）在满足用户需求、质量可靠的条件下，选择高效节能、环保型设备。

（3）监控设备采取防雷、防腐蚀、防电磁干扰等措施。

（4）监控设备应遵循电力标准，具有电气安全性。

（5）监控设备采用防燃材料等防火措施，确保火警安全。

2.9.6 中央计算机系统
2.9.6.1 系统功能

(1) 中央计算机系统信息层网络为基于1000Mbps以太网的开放网络，采用C/S体系结构和TCP/IP通信协议，冗余双网结构。建立统一的数据库系统，以多台工作站分功能、分级别实现资源共享、网络协调运作。设置多台操作员工作站，互为备用，且可根据权限登录为交通监控、设备监控、电力监控、火灾报警、闭路电视（CCTV）监视等系统工作站；并有多媒体大屏幕综合显示。预留与钱江通道及接线工程高速公路管理分中心的通信接口，向钱江通道及接线工程高速公路管理分中心发送有关信息。

(2) 通过通信服务器、交换机及现场控制光环网从交通监控、设备监控等系统获得所需的各种信息，存入统一的数据库中；存储运行记录，供值班人员随时调用、显示、打印。现场设备控制光环网采用100M工业以太网。

(3) 中央计算机系统在控制方式上属最高级别；一旦本级计算机出现故障，下一级的区域控制器（ACU）或RTU能自动升级，完成与主控计算机相对应的功能。

(4) 针对每种异常情况，中央计算机系统将提供对应的各种处方或预案，操作员可通过键盘/鼠标选择某一处方提案，也可自行发出命令，以控制事故的蔓延。操作员键入的命令，以及发生事故的地点、时间和性质等参数将存入相应计算机及网络服务器，可随时调用、打印和显示。

(5) 中央计算机系统在统一的软件操作平台上工作，具有安全控制功能，不允许非法或越级操作。软件模块具备较强的冗余、校验、互锁、检错、纠错及自恢复功能；软件按功能分成输入/出、报警、报表和趋势服务器。设立网管工作站确保网络正常运转，达到各系统独立工作、彼此联动、显示、监视等作用。网管工作站还负责各机电系统的数据存取权限及资料分配。

(6) 实时数据库维护过程点和系统点的历史数据记录；历史数据可按照1秒到24小时的不同数据间隔采集数据。网管、维护工作站支持SNMP协议，并能检测系统故障和端口故障；设置保护口令等，工程师可以根据正确的口令入网完成不同的任务，根据用户权限管理网络和所有的计算机。可通过维护工作站用编程软件调试和维修各控制器的软件造成的故障。现场ACU支持通过以太网远程编程和调试。

(7) 应用软件功能

1) 人机界面：具有电力系统运行工况图、隧道内照明、风机、泵房的运行工况、水位状态图、事故报警点及报警参量图等各种画面。

2) 实时数据库管理：主机可按预定的程序，对数据进行实时处理并存盘，并提供给信息网服务器建立历史数据记录文件，供查询、统计、打印。

3) 报警功能：对报警事件设有时间标签。对于全部的报警，操作员对它确认的报警均予以登录，按组型或按级（严重性）列入动态的报警一览表。

4) 在线自诊断及故障切换：系统具有自诊断功能，并在显示器上及时显示故障信号。

5) 打印功能：能实时、定时报表打印；随机文件记录打印和追忆打印；设备故障打印。

6) 设备维修系统：建有设备档案。记录所有设备的运行时间，设备变位次数的计数等。在线维护任务的数据库，打印预防性保养报告。

2.9.6.2 系统构成方案

(1) 中央计算机系统组成

中央计算机系统设备设置在弱电设备室及中央控制室内，主要由主服务器及磁盘阵列、热备冗余服务器、通信服务器、操作工作站、工程师工作站、网管维护工作站、综合显示大屏、显示器、闭路电视视频显示器、打印机、以太网交换机、通信设备、网络及线缆、电源、防雷、接地、机柜等组成。

主、备数据服务器、磁盘阵列和数据库软件为全系统提供实时数据库功能，维护整个监控系统的过程点和系统点的历史数据。

中央计算机信息系统中设两台互为热备的主数据服务器。主数据服务器采用部件级冗余的工业标准容错服务器，服务器可靠性设计达到 99.999% 以上，电源、CPU、内存、I/O 控制组件均采用冗余配置；服务器完全采用硬件容错方式，冗余部件在同一时钟周期做同样的工作，不需要使用任何软件和编写脚本程序，就能够在发生故障时进行切换，切换时间在毫秒级；当出现硬件故障时，服务器具备自动故障自我检测、隔离和恢复功能，同时服务器可配置成自动报警，当服务器出现故障，能自动向管理人员报警，并可进行远程维护和管理；服务器硬盘，包括操作系统、应用软件和静态数据等均采用镜像（RAID1）方式保护；同时服务器还具有内存动态数据的镜像保护，保证实时数据的安全性。

主交换机采用千兆工业以太网交换机，具有高性能的交换能力和先进的操作软件及网络管理功能，支持 VLAN 和广泛的交换特征，有效地避免网络拥塞。

操作工作站计算机考虑采用工业计算机（均按采购时最新技术更新配置），基于 Intel 芯片组的最新技术，采用 P4 以上的处理器。

共设 3 台打印机，其中设备、交通监控系统配一台喷墨打印机，火灾报警配一台喷墨打印机打印火灾实时信息。一台网络及网管激光打印机，用于彩色打印及图表打印。

监控系统各分系统（包括中央计算机系统、通信系统、交通监控系统、设备监控系统、火灾自动报警系统）在控制管理中心弱电系统机房内的设备均采用不间断电源系统供电，并由中央计算机系统统一考虑。

（2）综合显示屏（OPS）

如图 2.9.2 所示，采用大屏和控制台显示器有机结合的显示方式。中央控制室综合显示大屏采用全背投方式，显示交通、设备、电力、闭路电视等信息。

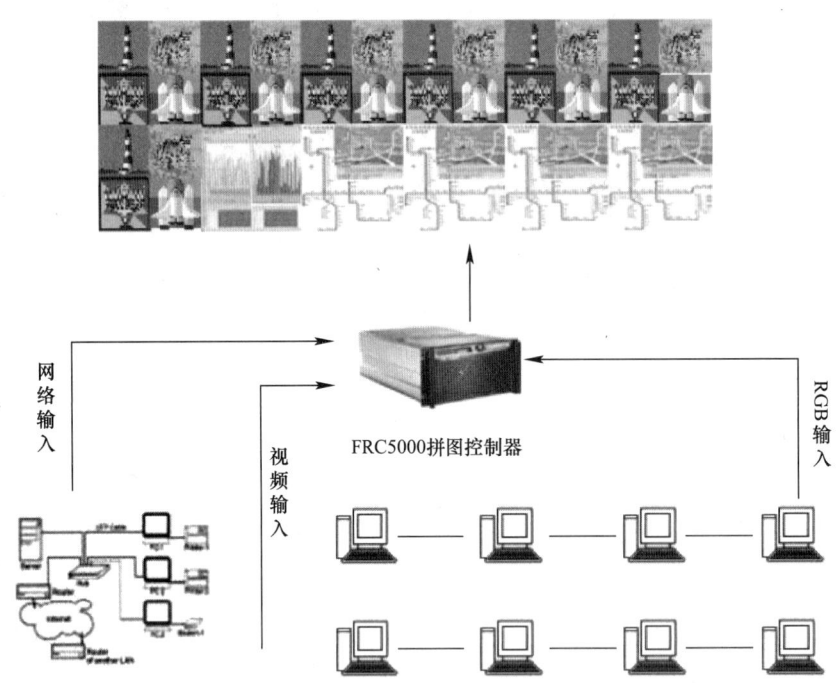

图 2.9.2　综合显示屏示意图

综合显示屏采用拼图式大屏幕背投影（DLP）屏显示方式，嵌装在统一色调、式样的骨架体上。拼图式大屏幕背投影仪用于显示中央计算机网络各站点界面和视频信号、电力监控界面。

OPS 整体拼接规模为 2（行)-7（列），共 14 个显示单元，整体尺寸为约：10000mm（宽）×3000mm（高）×1000mm（深）。投影单元的单屏对角线尺寸为 67 英寸，分辨率：1280×1024；MTBF>20000 小时。采用世界先进的无缝拼接技术，屏幕安装拼缝<0.8mm。

(3) 控制台

控制台各部分尺寸比例恰当，满足人机工程学的要求，布局设计上符合《电子设备控制台的布局、形式和基本尺寸》GB 7269—87 的要求，且与整个控制室融合，力求为操作人员提供一个轻松、舒适的操作环境。控制台为拼装式整体结构，色调和样式与其他柜体统一。桌身采用钢结构材料，计算机主机置于控制台桌面下柜内，并具有散热、防尘、防电磁干扰功能。放置计算机部分的桌面只摆放计算机显示器，以尽量减少对观察模拟屏或投影屏的影响。控制台桌面宽度除去计算机显示器所占宽度后，操作人员的操作宽度≥40cm。

由交通、设备监控、话务调度、广播及电视监视、火灾报警监控、电力监控操作席等独立控制部分组成主控台，并根据需要设置话务台、网管席位、维护席位等。

(4) 软件方案

监控系统软件配置如下：

系统支撑软件：WinXP、Win2003Server 中文版、网管软件。

操作系统：采用 WinXP 或 Win2003Server 作为监控系统网络操作系统。

数据库系统：采用企业级 Oracle 作为本系统的数据库系统。

图控组态软件：采用先进的 SCADA 组态软件，如美国 WONDERWARE 公司 InTouch 软件（含开发版及运行版）或 GEFanuc 公司 iFIX 软件（含开发版及运行版）。

组态软件应具有以下主要特性，并提供相关服务：

1) 可重用的面向对象的工程组态；
2) 建立完整的隧道交通运行系统模型，按照此模型组织工程；
3) 集中的完整的数据级的安全性定义；
4) 完全基于 Microsoft.Net 的灵活的分布式应用部署；
5) 容易实现的系统扩展能力；
6) 统一的全局命名空间；
7) 建立客户化的模板，轻松实现和维护客户应用；
8) 真正多用户的集成开发环境；
9) 基于事件的数据处理、脚本和计算能力；
10) 时间确定性的脚本和函数处理；
11) 分布式的点到点体系结构；
12) 报警和事件管理与历史记录能力；
13) 数据与设备级的安全定义；
14) 报表与实时查询能力；
15) 对于 OPC、SQL 及其他通信标准的支持；
16) 从任何工作站进行集中的系统诊断的能力；
17) 在线维护与扩充；
18) 基于组件的开发模型。

基本功能要求如下：

(1) 报警处理

1) 不正常状态出现时，触发声光报警；可使声报警确认后消除或定时消除。
2) 提供标准和分布式报警窗口，用以显示报警，并可组态颜色。
3) 开辟一块大小可调的缓存区来存储报警记录，并可设置将报警保存为文本文件。
4) 对于长期不正常事件可禁止报警和登录。
5) 可对每个报警点组态 999 个不同的优先级，同时发生多个报警信号时，可按优先级次序只允许一个重要主点报警闪光。

6）可监视电源状态，当停电时（UPS还在供电）可立即连续报警并事件登录，待确认后消除。

7）可以判断I/OServer和PLC以及工作站和I/OServer之间的通信故障。并且标记名都带有质量点域，用来诊断通信故障。

8）除了显示和打印报警以外，还允许报警记录到计算机硬盘上。其日志文件能从大多数文本编辑器读取。并可以配置各种参数，如要保存文件的长度及要记录的信息。

9）事件处理。

10）提供事件登记、事件检索和事件记录存储。

（2）人机界面

1）人机界面友好，易学易用。

2）可在线修改和编辑画面。

3）有丰富的三维图库。

4）带有联机帮助。

5）界面完全汉化。

6）显示图画能无级缩放，具有画面滚动、漫游及导游坐标。

7）画面能分层显示。

8）画面显示。

9）支持Windows2000和WindowsXP操作系统下人-机界面（HMI）的快捷和容易地应用。对象和对象组可以被快速和简单地移动、改变大小和动画化。提供有力的面向对象的设计工具，使画面容易绘制、安排、排列、分层、间隔、旋转、反转、复制、剪切、备份、粘贴和擦除对象。支持Microsoft的标准ActiveX技术，支持任何Windows支持的视频分辨率和多监视器配置。

10）具有全中文的菜单、对话框、在线帮助和电子手册，并可在画面中直接输入中文。

11）可满足显示包括文字、表格、图形、曲线、报警，可将主要受控设备的布置和地形图清晰地表示出来。

12）趋势图显示功能：

a. 可显示实时趋势和历史趋势，可在脚本语句中实现插入算法和拟合算法。

b. 可以同时显示不少于10只不同颜色的笔。

c. 有移动的标尺读取曲线上每个点的数据。

d. 可任意定义趋势曲线的起始时间和跨度。

e. 趋势所用的数据放在缓冲区中，并以新弃旧。

f. 可自动或预置垂直轴的定标，并可显示最大最小值。

g. 每条趋势曲线都可以分别定义自己的属性，包括可定义颜色、线宽、线型；可在脚本语句中实现插入算法和拟合算法；实时值位置可加标记。

（3）报表产生和打印

1）可用多种方法实现报表功能：可在Excel中用DDE的方式取得实时数据，产生实时报表；可用提供的工具将历史记录展开为文本格式的文件。

2）安全登录和密码保护。

3）提供数据库的多级访问控制，以防止对数据的非法访问。

4）操作级别可分为不少于100个级别，对各个级别的操作都可设置密码，并能记录操作人员工号、操作内容、时间等，防止非法操作，确保隧道监控设备安全有序运行。

在组态软件的基础上开发相应的应用软件，采用模块化程序结构，各功能模块相对独立，并能互相协调工作，同时可以扩展及升级，数据文件结构及程序采用开放式结构。主要包括：初始化及自诊断模块、交通监控模块、视频交通监控模块、设备监控模块、电力监控模块、照明控制模块、防灾报警模块、综合显示屏管理模块、监控电源监视模块、显示打印机模块、热备份机切换模块等。

应用软件具有以下基本画面：隧道工作状况总貌画面、交通信号监视及控制画面、通风工作状况总貌画面、CO和VI测试仪阀值调整画面、通风模式控制画面、CO日曲线画面、VI（能见度）曲线画面、风机运行时间累计画面、照明工作状况总貌画面、照明模式控制画面、供电工作状况总貌画面、UPS工作状况总画面、排水工作状况总貌画面、视频交通监控工作画面、紧急电话监视画面、广播监控画面、收费站监视画面等。以下是一些主要界面的基本要求：

a. 隧道工作状况总貌画面

隧道工作状况总图显示交通信号灯、环型线圈检测器、CO检测器、亮度检测器、能见度检测器、风机、排水泵、紧急电话、火灾报警、CCTV摄像机、照明灯具等在隧道内的安装位置、工作状态和有关参数。

b. 交通信号监视及控制画面

显示可变情报板、交通信号灯及环形线圈检测器在隧道的安装位置、工作状态和检测结果。监控人员可借助键盘或鼠标器，在画面上设置可变情报板显示内容；改变某交通信号灯的点亮、闪亮、熄灭状态。显示各时间段的各隧道的各种车辆流量统计表的画面。显示最近24h内车流量变化曲线的画面。

c. 通风工作状况总貌画面

在相应位置上用图形直观标现两隧道内所有风机组数的工作状况（启动、停止及风向）。在相应位置上用3种标记（低位、高位、限位）表明两隧道所有CO检测仪和所有VI检测仪的现时测量状况。

d. CO和VI测试仪阀值调整画面

在相应位置上用图形直观标出两隧道内所有CO检测器和VI检测器的现行值（工程量）和原设值（低位、高位、限位），并可用鼠标（或键盘）对阀值进行成组阀值（如若干组CO检测器的阀值）或单个检测器的阀值的在线修改，在确认后，由区域控制器及远程控制终端按新阀值进行控制。

e. 通风模式控制画面

用于对通风的特殊控制。在相应位置上标出两隧道内所有风机的工作状况，在画面上设ON/OFF软开关，键入命令进入或退出ON状态。在OFF状态时，由交通模式调用相应通风模式进行控制。当进入ON状态时，可用鼠标（或键盘）成组或单台改变风机的运行状态，取代原通风模式的控制，直至退出ON状态。

f. CO日曲线画面

以曲线（带标尺）表示CO检测器的日变化，并以数值标出每日最大值，此曲线可作存盘和打印。还时常保留最近7d的曲线数据，用作CO数据分析。

g. VI（能见度）曲线画面

功能与CO曲线图表类同，用作VI数据分析。

h. 风机运行时间累计画面

以柱形图表示每台风机的总运行时间累计，并用数字标出每台风机的运行起始日、最后运行日以及累计运行时间。

i. 照明工作状况总貌画面

在相应位置上用图形直观标出现时两隧道的所有照明灯组的工况（通、断）；在相应位置上用4种色标标出两隧道入口处亮度检测的现时状况。

j. 亮度检测阀值调整画面

在相应位置上用数字标出两组亮度检测器的现行值（工程量）和原设阀值，并可用鼠标（或键盘）对阀值进行在线修改。在确认后，区域控制器按新阀值进行控制。

k. 照明模式控制画面

用于对照明灯的特殊控制。在相应位置上标出两隧道所有组照明灯的工况。在画面上设置ON/OFF软开关，键入口令进入或退出ON状态。

在OFF状态时，由亮度检测器测得的数值决定调用相应的照明模式进行控制，当进入ON状态时，可用鼠标（或键盘）成批或单组改变照明灯组的运行状态，取代原照明模式的控制，直至退出 ON 状态。

l. 亮度日曲线画面

以曲线（带标尺）表示 2 个亮度检测器的日变化曲线，此曲线可作存盘或打印。正常时保留 7 天的曲线数据。

m. 供电工作状况总貌画面

在相应位置上用图形直观标现变电所内的断路器的运行工况（合闸、人工分断、事故跳闸）和 UPS 的 2 个工况（充电态、供电态）。

n. 排水工作状况总貌画面

o. 火灾报警状态画面

在相应位置上标出两隧道所有火灾探头、手动报警按钮、紧急电话及火灾区域控制的位置，并直观地显示其工作状况。

5）电源

系统设备按一类负荷供电，由相关变电所分别引接两路独立的三相交流电源进线，末端自切。电源受电点设置为中控室、弱电设备房设置交流电源自切柜，其容量分别为 15kW、45kW。在电源室设置一台模块化 UPS 为中央计算机系统集中供电，其容量为：60kVA，2h。

模块化 UPS 的主要特点是：具并联升级电力容量的能力；具有 N+X 并联冗余结构（智能控制模块与功率模块融合）；具热拔插功能、维修替换无须关闭电源，具有零停机维修时间。交流电源自切柜、UPS 受设备监控系统集中管理，内容包括系统设置、工作状态反映、故障分析及检测、远程维护等。

6）接地

供电专业为弱电设备提供公共地，接地电阻≤1Ω。

7）防雷及防过电压

在监控电源自切配电柜近端和里端设置三级保护设备（配备防雷器、电源过压保护装置），计算机网络重要设备端设置数据线保护器。电源过压保护装置具有工作状态显示，并且该装置的接入不会影响系统的正常运行。

8）与其他系统的接口

中央计算机信息系统与 FAS、通信、CCTV 监测等系统通过上层管理信息以太网进行数据通信。交通监控、设备监控等系统通过光纤通信接口设备接入现场设备控制光环网，再通过交换机接入上层管理信息网。

2.9.6.3　主要设备技术性能及指标

（1）系统主要技术指标：

1）系统采样周期：≤1～60s 可调；

2）主控机显示刷新周期：≤3s；

3）控制命令延时：≤2s；

4）网络传输速率：1000Mbps；

5）通信协议：TCP/IP；

6）系统平均无故障时间（MTBF）：≥30000h；

7）故障修复时间（MTTR）：≤30min；

8）24h 连续工作；

9）工作温度：−10～40℃；

10）相对湿度：5%～95%无凝露。

（2）数据库服务器主要技术指标

1）单路 IntelXeon 双核 2.0GHzCPU（5130），4MB 高速二级缓存；

2）最少内存配置为 2GBDDR，最大至少可扩充到 16GB 或以上（逻辑内存）；

3）Windows2003 简体中文企业版操作系统，并配置相应的服务器管理软件；

4）采用工业标准热插拔内置硬盘并作 RAID1 保护，系统及应用程序 73GB15000 转 SAS 硬盘；数据存储采用 4×250GB，7200rpmSATA 硬盘。

5）集成一对双口 10/100/1000 自适应 RJ45 以太网卡，四个网口可两两配对，互为冗余，每对网口可配置成同一 IP 地址，随时进行故障切换；

6）配置一对 16 倍可读写 DVD 光驱；

7）配置远程维护用的调制解调器或远程管理控制卡；

8）服务器维护要求简便，所有部件均可以模块化的方式进行热插拔，即 CPU、内存、电源、风扇、硬盘、网卡、所有 I/O 设备、甚至主机板出现故障时，均可不停机进行更换，能把硬件故障导致的平均停机时间控制在每年 5 分钟之内。

（3）磁盘阵列主要技术指标

1）主机接口为 FibreChannel，双 1000Mbps 网卡，传输带宽不小于 320MB/s；

2）高速缓存不小于 256MB；

3）支持 RAID0，1，5，1+0；

4）驱动器支持 Ultra3SCSI 接口，配置 14 个 10,000rpm146GB 硬盘，可扩展至不小于 6TB；

5）驱动器、控制器、电源、风扇均支持热插拔。

6）支持驱动器模块故障自动检测。

（4）工作站主要技术指标

1）IntelPentiumD 双内核 CPU，主频不低于 2.8GHz；

2）系统总线频率不低于 800MHz；

3）不少于 512MBDDR2 内存；

4）不少于 3 个 PCI 插槽，包括 1 个 PCIExpressX16 插槽；

5）不少于 2 个 120GB7200rpm 硬盘；

6）52xDVD、3.5 英寸软驱、USB 鼠标、100Base-T 网卡各 1 个；

7）不少于 4 个 USB2.0 接口；

8）19 英寸 TFTLCD 显示器。

（5）核心以太网交换机主要技术指标

1）网管型模块化三层交换机，至少配置 2 个 1000M 光口，24 个 100M 电口。

2）卡轨式安装，无风扇散热方式。

3）支持冗余环技术、冗余连接、冗余环网耦合，同时支持 RSTP，冗余 24V 电源，冗余信号触点；可组成环网、星形网、链网、双环网等。

4）支持 IEEE802.3/802.3U/802.3X；

5）1000Base-FX（SFP 接口），100BaseFX（多模/单模），10/100BaseT（X）（RJ45），10/100M，全/半双工，MDI/MDI-X 自适应；

6）广播风暴拟制，强大的 ACL，硬件支持 L2-L7 层数据过滤；

7）超级终端模式，TELNET（CLI），WEB 网元管理软件，基于 SNMP 的网络管理，支持 OPC 模式监控；

8）存储和转发交换方式；

9）可以对每个端口的流量、状态进行监视《RMON（统计、历史、报警、事件）》；

10）支持 QoS，VLAN；

11）支持 SNTP 服务器，PTP/IEEE1588，介质模块硬件支持；

12）支持组播 GMRP802.1D，VLANGVRP802.1Q；

13）支持802.3x流控制，802.1D/p优先级；

14）冗余电源输入支持12～36VDC；

15）具备电源正负极性反接保护；

16）电源采用工业级电源，具有过流及EMC保护；

17）电源及所有端口链路告警功能与查询；

18）IP40，铝制高强度外壳；

19）符合工业四级的电磁兼容标准；

20）通过cUL60950（E168643）工业控制设备安全认证；

21）工作温度范围：0～70℃。

(6) UPS系统主要技术指标

1）输入电源为三相五线制（380V/220V）交流电源，输入电压可调范围为－15～＋10；输出为三相五线制（220V）交流电源，输出电压稳压精度为±3%，输出电压不平衡≤5%；

2）输入频率为50Hz±4%（可调），频率跟踪率≤1Hz/s；输出频率为50Hz±0.5Hz；

3）输入功率因数不小于0.9；输出功率因数：≥0.8；

4）输出波形失真度≤3%；

5）市电电池切换时间＜4ms；

6）旁路逆变切换时间＜4ms（逆变器故障时）；

7）电源设备的效率：≥90%；

8）具有输出短路保护功能，在输出负载短路时，立即自动关闭输出，同时发出可闻、可视告警信号；

9）具有输出过载保护功能，在输出负载超过额定负载时，能发出声光告警，超出过载能力时，转为旁路供电；

10）处于逆变工作方式时，电池电压降至保护点时发出声光告警，停止供电；

11）输出电压超过设定的电压（过压、欠压）值时，发出声光告警，并转为旁路供电；

12）蓄电池能承受50kPa正压或负压而不破裂、不开胶，压力释放后壳体不变形；

13）蓄电池在正常工作过程中，无酸雾逸出；在充电过程中遇有明火，内部不引燃、不引爆。

(7) OPS系统主要技术指标

1）屏幕规模为14块67英寸大屏幕投影单元按照2×7方式拼接；采用一次反射式箱体结构；

2）投影机基于DLP™技术，分辨率为1024×768dpi，数据传输为DDR方式；必须通过CCC、UL、CE认证；

3）投影机对比度不小于1400∶1，机芯亮度不小于800ANSI流明；

4）任意一个投影单元必须无需内置处理器就能实现视频和RGB信号任意开窗功能，任意窗口可以自由漫游、移动和叠加，支持4路视频信号输入，并任意开窗显示；支持2路RGB信号输入，并任意开窗显示，任意窗口可以自由漫游、移动和叠加；

5）整套系统可以显示至少64路视频信号，所有视频信号在大屏幕上实时显示，任何信号在大屏幕上的显示速度均不应该有任何延迟，画面播放速度不小于24帧/秒；

6）整套系统可以显示至少32路RGB信号，所有RGB信号在大屏幕上实时显示，任何信号在大屏幕上的显示速度均不应该有任何延迟，画面播放速度不小于24帧/秒；

7）投影机屏幕采用专利的复合玻璃屏幕（提供屏幕的专利证书），屏幕安装物理拼缝＜0.8mm；

8）必须提供多屏显示墙整墙通过CCC认证的证书；

9）控制器必须通过中国CCC认证；

10）基于WindowsXP Professional操作系统，采用Intel奔腾4处理器，双120G热备份硬盘；

11）每块显卡输出4路DVI-I信号显卡显存为128兆，一共输出4个图形通道，每通道为32兆；

12）多路视频和RGB数据流通过网络方式能无延迟、实时的在大屏幕上显示；需提供软件支持。

13）综合屏屏面显示有足够的色差和标记尺寸，使操作员可以很容易区别屏上的不同显示部分。

2.9.6.4 控制中心用房

控制中心用房有：中央控制室、弱电设备房、维修室、电源室、值班员休息室、管理用房、会议室、电缆通道等用房及设备吊装孔。

中央控制室建筑要求：用房面积 300m^2，净高为 4.5m。采用吊平顶。采用集中空调。使用静电隔离地板，架空地板高为：300mm。地板均布荷载为 650kg/m^2 采用低亮度的漫散照明作为环境照明，而在墙屏和控制台上则采用交向投光照明，避免反射眩光。

弱电设备用房建筑要求：用房面积 120m^2，净高为 4.5m。布置多台 19 英寸标准机架、电源屏、UPS 等设备。采用吊平顶，采用集中空调使用静电隔离地板，架空地板高为：300mm。地板均布荷载为 650kg/m^2 留有隧道中电缆进入设备用房的电缆通道。

电源室建筑要求：用房面积 20m^2，净高为 4.5m。布置电源屏、UPS 等设备。采用吊平顶，采用集中空调使用静电隔离地板，架空地板高为：300mm。地板均布荷载为 1000kg/m^2。

2.9.7 交通监控系统

交通监控系统包括交通流检测设备和信息显示设备，主要包括可变情报板、可变限速标志、隧道用车道信号灯、路面用交通信号灯、疏散指示灯和声光报警器。交通流量检测包括车辆检测器及超高检测器等。

2.9.7.1 系统功能

（1）交通和设备监控区域控制器（ACU）通过现场设备网完成对现场信息的采集和对现场设备的自动控制；现场光环网通过交换机将 ACU 互联，并与中央计算机服务器和工作站建立联系。现场控制光环网采用 100Mbps 工业以太网。

（2）系统通过区域控制器、车辆检测器、超高车辆检测器等现场设备，实时、准确地获取各车道交通运行参数（车速、流量、占有率等），经预处理后，通过现场光环网送至交通监控计算机，并存入数据库。系统具有控制、疏导车流的功能，通过在接线道路区、引道区、隧道及其出入口区的信号指示，达到分流、启闭车道、迫使车辆改道等作用。

（3）通过中央计算机网络得到其他机电系统的如 CO/VI 检测、火警、交通事故、供电故障等现场数据信息及历史交通参数，按照确定的模型推断出隧道内各区段的交通状态（正常、拥挤、阻塞），并提供预先设定多种不同的交通控制模式供操作员参考、使用，还提供经分析处理后的控制决策；由区域控制器执行命令，通过信号灯、可变情报板、限速标志对车辆的运行实施动态诱导控制；同时将相关的交通信息上网发布。隧道内可变情报板可与火灾报警系统联动，实时发布救援、疏散信息。

（4）针对隧道交通运行要求，交通监控程序设计主要提供了车道正常运行的预设方案及异常警告，和交通信号灯系列控制管理方案，以便于控制室操作员对合适的方案作出选择。程序亦设有弹性操作模式，使操作员可以调控超出预设方案之外的方案。

（5）交通监控程序含有短暂快捷的车道封闭及重开运作模式；程序预设置车速的分级指标，在测量车速超出范围时，能发出指示，警告操作员注意，并可通过 CCTV 系统监视路况，分析原因，采取相应的交通措施，防止事态进一步恶化。

（6）交通分析功能包括：交通资料的统计功能、遥控功能、系统故障处理和自检功能、打印功能、查询功能，生成小时交通量、直方图、拥挤、阻塞时间、事故时间等信息。

（7）交通监控的相关信息可在中控室显示终端或大屏幕上显示，使操作人员直接获取信息；当中央计算机网络发生故障时，通过区域控制器箱可直接对交通设备进行操作。

（8）设置移动式电子警察。

2.9.7.2 系统构成方案

（1）现场设备组成

交通监控系统由交通信息采集与显示、交通状态检测、交通控制、交通诱导和计算机网络等部分组成。具体方案如下。

交通监控系统由交通监控工作站（属于中央计算机系统，与其他操作员工作站互为备用）、14台区域控制器（ACU）、车辆检测器、车道信号灯、交通信号灯、隧道禁闭指示灯、分流及转向指示灯、限速标志、可变情报板、超高检测器、声光报警器、I/O设备、工业以太网光交换机、通信接口、通信线缆、光缆、电源线缆等设备组成。ACU按就近数据采集的要求设置在隧道内救援通道的设备箱中。

隧道由二管并行三进（单向）、三出（单向）模式六车道组成。隧道被5个截面划分为多个区间，每个截面上配置3通道环型线圈检测器，相对应每个车道上埋设检测线圈，从而检测出每一截面每一车道上的车流量和车速等参数。

信号灯分为车道信号灯和交通信号灯。在隧道内每条车道平均间隔200m距离设置一组车道信号灯用于车辆诱导通行控制，保证驾驶员在隧道同一视野中同时看到前后两组灯指示，提高司机的反应能力；在两端工作井处设置转向车道信号灯；隧道内设交通疏散指示灯，用于紧急状态下的车辆疏散诱导控制。隧道内每间隔100m左右设置疏散通道指示灯，显示距最近逃生通道距离便于逃生。

在接线道路口、隧道入口处等分别设置多组交通信号灯和2套隧道禁闭指示灯和分流指示灯，用于车辆限制、禁止通行控制。

在隧道进入暗埋段方向前方、隧道中段转弯等位置，设置限速指示板。系统设置2块$10.0m \times 1.0m$可变情报板，分别置于隧道两端入口处前，它由10个显示模块和一个控制模块组成，以上显示板的可视距离为50~300m。

在隧道的每个入口前分别设置超高检测器，采用激光对射式，超高检测高度：4.50m。超高检测报警与其下路面上设置的车辆检测器做"与"门运算，以确认报警，并在中控室交通监控计算机及大屏幕上显示；同时激发可变情报板显示超高信号，并联动与之相关的交通信号灯（红灯）和附近的蜂鸣器共同报警。

（2）电源系统

为交通监控系统、通信系统、设备监控及火灾报警系统等所有弱电系统的现场设备、ACU等统一供电。按一类负荷供电，由相关变电所分别引接两路独立的三相交流电源进线，末端自切。电源总容量为40kW。配电箱及UPS由供电专业完成设置，总容量为40kVA。由设备监控系统集中管理，包括系统设置、工作状态反映、故障分析及检测、远程维护等。

（3）接地

为保证弱电类设备正常工作，由供电专业为弱电设备提供公共地。接地电阻≤1Ω。

（4）防雷及防过电压

在监控电源自切配电柜近端和里端设置新型DSOP三级保护设备（配备防雷器、电源过压保护装置），在可变情报板电源端设置第二级DSOP保护，情报板电源前端加装DSOP保护；计算机网络重要设备端设置数据线保护器。电源过压保护装置具有工作状态显示，并且该装置的接入不会影响系统的正常运行。外场监控专用电源及外场设施将结合设备情况考虑防雷、过电压保护。

（5）与其他系统及设备的接口

BAS系统的开关量控制及采集，直接通过交通监控系统区域控制器ACU的I/O模块完成，接口在ACU机柜ACU接线端子。BAS系统的相关信息通过现场设备光环网传送到中心计算机系统。

FAS系统在两侧工作井通过RS485或以太网接口与ACU连接。接口在ACU机柜ACU接线端子处。

交通监控系统为江中泵房变电所的SCADA系统提供通信信道；物理层采用10/100Base-FX，链路层采用IEEE802.3以太网协议，网络和传输层采用TCP/IP协议，高层协议考虑采用MODBUS/TCP。接口在ACU机柜内交换机接线端外侧。

2.9.7.3 主要设备技术性能及指标

（1）系统技术指标

1）系统的检测状态查询周期：<8s；

2) 控制周期：<30s；

3) 事故检测周期：<30s；

4) 控制命令最大延时：<1s；

5) 系统传输误码率：≤10^{-6}；

6) 系统可用率：99.9%；

7) 光环网通信速率：≥100Mbps；

8) 综合误差：<1.5%；

9) 开关量变位传送至主站：<1s；

10) 遥测越区传送：<1～3s；

11) 画面数据刷新：<1～8s。

(2) 光环现场网指标

1) 网络结构：冗余以太网环网；

2) 数据规约协议：MODBUS 等；

3) 网络协议：TCP/IP 等；

4) 数据速率：100Mbps 等；

5) 传输方式：同步或异步，全双工或半双工；

6) 通信距离：≥6km；

7) 网络接点数不少于99点；网络自愈时间小于500ms；

8) 网络速度不因长度变化而变化；

9) 支持 PLC 网络编程和图形监控；

10) 工作温度：0～70℃；

11) 相对湿度：5%～95%，无凝露；

12) 耐振动：0.04g/Hz。

(3) 主要现场设备技术指标

1) 工业级 ACU：

为提高 ACU 设备的可靠性，ACU 采用冗余电源模块。

对 ACU 设备选型的考虑主要集中在以下几个方面：产品的可靠性、通用性和易于实现；同类工程业绩；产品供应商的服务能力，能否提供行业的解决方案；技术的延续性；成本等。可选用的产品包括：施耐德公司的 ModiconTSXQuantum 冗余系列，罗克韦尔公司的 ControlLogix 系列以及欧姆龙公司的 CS1D 冗余系列产品。

主要技术指标如下：

① 模块化结构，所有硬件应是制造厂的标准产品或标准选件；

② 所有模板均通过权威机构的安全认证，包括：UL、CSA、CE；

③ 系统应能在电磁干扰和振动的工业环境下连续可靠运行；

④ 硬件可靠运行环境：温度-20～60℃、相对湿度0～95%；

⑤ 系统平均无故障运行时间≥100000h；

⑥ 系统 PLC 应为同一品牌，I/O 底板必须采用和 CPU 对应的同等级、同系列的模块；

⑦ 所有 I/O 模板的配置及编址通过软件实现，无跳线及 DIP 开关；

⑧ 系统中主要模块（CPU 模块、电源模块、I/O 模块、通信模块）支持热插拔，支持冗余供电；

⑨ 工业控制网络连接各 ACU/RTU 站，要求为采用透明传输的冗余以太光纤环网，通信速度100Mbps 自适应；支持 TCP/IP 协议，实现设备级控制网络与工业控制网络的连接，其应用层协议采用 MODBUS/TCP；

⑩ 设备级控制网络采用远程 I/O 方式时，通信速率应≥1.2Mbps，双缆冗余结构；支持最大远程

I/O 站的总数≥31；

⑪ CPU 时钟频率：≥233MHz，存储器容量：≥2M，控制点数≥50000，逻辑解算时间≤0.5ms/K，背板通信速率≥80MHz/s，集成以太网口（10/100M 自适应）和12MUSB 编程口；

⑫ I/O 模块应能软件编址，开关量和模拟量输出模块应具备故障状态预置功能，所有的机架按全部电源热冗余进行配置，系统应具有自检和故障诊断功能，I/O 模块应能检测每一个点的状态，采样时间：≤1ms；

⑬ I/O 模块输入/出端子应具有隔离装置，并可定义故障状态，以便系统在 CPU 或通信出现故障时，使所有的输出为关断、保持及安全预定义三种状态之一；

⑭ 编程软件支持 IEC1131-3 所有五种 IEC 语言；

⑮ 编程软件内置 32 位模拟仿真器；

⑯ 编程软件支持程序的上传功能；

⑰ 上位监控软件应基于 Server/Client 的结构形式。

2) 现场级网络交换机

① 采用工业以太网交换机，拓扑结构为冗余环网结构，10/100M 自适应。

② 支持 IEEE802.3/802.3u/802.x 协议，存储转发交换机制，不小于 1k 地址表。

③ 支持冗余环技术，网络故障时，网络愈合时间＜100ms。

④ 网络交换机应至少具有 4 个 10/100M 自适应 BASE-T 以太网接口，并可通过增加模块进行扩展；应至少具有 2 个 100Base-FX 光纤接口。同时，投标人（或供货商）应根据各站实际接入设备数量进行端口估算，确保至少预留 20% 的裕量。

⑤ 超级终端模式（CLI），TELNET，WEB 网元管理软件，支持 OPC 模式监控。

⑥ 支持 SNMPV1/V2c/V3 协议，可远程监控。各端口支持警报、事件、历史、主机等集成 RMON（远程监控）功能，支持安全防护配置和控制功能。

⑦ 具有划分 VLAN 的功能，可以通过 MAC 地址和 IP 地址来划分 VLAN，遵循 IEEE802.1q 或者 CGMP 标准。

⑧ 能够支持全双工的工作方式。

⑨ 具有处理数据冲突及超时传输功能。具备流量控制方法，能有效地防止包的丢失。能抑制广播风暴。

⑩ 具有安全功能，包括端口及组防侵入控制。

⑪ 支持端口耦合功能。

⑫ 支持 Qos-802.1p/Q 和 Tos/Diffserv，提供流量优先权选择。

⑬ 提供端口锁定功能，只允许列表中预设的静态 MAC 地址访问。

⑭ 端口镜像功能提供在线调试数据。

⑮ 具有高可靠性，模块化设计，核心组件（如管理卡、交换结构、接口模块、冷却系统等）采用冗余设计，可扩展设备支持热插拔。

⑯ 尺寸适中，并且适合放入标准的机架。支持导轨和面板式安装方式。

⑰ 产品 MTBF 在 20 年以上。能在宽温度范围（0~70℃）、湿热、粉尘、强电磁环境中工作。防护等级为 IP40。符合工业四级电磁兼容的要求。

⑱ 应通过相关电讯设备和民用电器安全标准及工业控制设备安全标准认证。

⑲ 应通过相关危险环境认证。

3) 环行线圈车辆检测器技术参数

环行线圈检测器负责提供实时数据，形成历史交通运行状况数据库，作为交通监控系统以及交警部门实施控制指令的辅助依据。

环形线圈检测器可采集车道交通运行参数，经区域控制器预处理后，送往交通监控计算机；经交通监控计算机或区域控制器运算后下发或执行指令；它是一个基于工控机技术的道路交通流量、速度、占有率等交通信息的自动采集、处理和传输的现场智能设备。

在本系统中，还设置了交通流视频检测系统，可以完成同样的工作。在系统运营初期环形线圈检测器的优先级高于交通流视频检测系统，两个系统可以互为验证。

主要技术指标如下：

① 工作温度：−35～+80℃；
② 环形线圈寿命：≥10年；
③ MTBF＞20000h；
④ 计数精度：≥98%；
⑤ 传输方式：MODBUS RS485/RS232；
⑥ 检测交通参数：流量/分钟·车道，平均车速/分钟·车道，($V\pm5\%$)；
⑦ 速度检测精度：＞95%；
⑧ 占有率检测精度：＞95%；
⑨ 车辆分类检测精度：＞90%；
⑩ 额定电压：AC 220V±20%，50Hz±2Hz；
⑪ 电感范围：11～2250μH；
⑫ 馈线长度不小于600m。

4) 限速标志

在隧道两洞口前方设置限速指示板用于控制车速。限速板显示具有自动和手动两种控制方式，手动级别高于自动控制。中央计算机系统根据环形线圈检测器的交通运行参数，通过数学模型计算，对限速板实施自动控制；控制中心值班人员也可根据需要，通过操作界面对限速板进行人工控制。

限速板使用全静态点灯显示方式使屏幕具有最高的亮度。采用户外型超亮度LED像素管。限速内容80、70、60、50、40、30、20等。

发光元件：红色外圈采用红色四元系LED组成的像素管，黄色数字部分采用黄色四元系LED组成的ϕ26mm像素管。隧道内像素管相应减小。

主要技术指标如下：

① 外形尺寸（隧道外）：1.3m（高）×1.3m（宽）×0.40m（厚）；
② 单灯亮度：黄色，2400mcd；
③ 亮度调整：L可调，自动或手动可调64级；
④ 通信方式：标准RS485接口或以太网；
⑤ 通信速率：1200～19200bit/s；
⑥ 防护等级：IP65；
⑦ 平均无故障时间（MTBF）：＞10000h；
⑧ 工作寿命：50000h。
⑨ 工作温度：−30～+60℃；
⑩ 工作湿度：5%～95%；
⑪ LED平均寿命＞100000h；
⑫ 支持显示汉字字符、英文字符、阿拉伯数字、特殊符号图形。

5) 可变情报板

可变情报板是通过文字方式对进入隧道、路面的车辆进行诱导指示，发布交通信息、运营指令、路面情况、气象资料等综合信息的电子显示设备，可由交通监控计算机按事先输入的文字自动控制，也可由值班人员通过键盘人工控制。

可变情报板使用全静态点灯显示方式，使显示屏幕具有最高的亮度；采用户外型超亮度LED像素管,可显示汉字、西文、数字及特殊符号。可变情报板显示点数:10个32×32点模组箱体(隧道外)。

情报板可显示内容包括:"准备停电开灯慢行"、"事故封洞严禁通行"、"隧道火警严禁通行"、"隧道检修严禁通行"、"前方阻塞慢速行驶"、"限制时速60km/h"、"保持车距谨慎驾驶"等,显示内容还可根据需要调整增加,并可通过人机界面直接进行编辑。

主要技术指标如下:

① 外形尺寸(隧道外):1.0m(高)×10m(宽)×0.40m(厚);
② 单灯亮度:黄色,2400mcd;
③ 可视距离:50~300m;
④ 通信方式:标准RS485接口或以太网;
⑤ 通信速率:1200~19200bit/s;
⑥ 防护等级:IP65;
⑦ 平均无故障时间(MTBF):>10000小时;
⑧ LED工作寿命:100000h;
⑨ 工作温度:-30~+60℃;
⑩ 工作湿度:5%~95%;
⑪ LED平均寿命>100000h;
⑫ 支持显示汉字字符、英文字符、阿拉伯数字、特殊符号图形。

6)信号灯

① 车道信号灯

为提高清晰度,信号灯光源采用户外型超亮度LED像素管;动态视认距离大于500m;发光面可双面显示;车道信号灯由前向指示灯(绿"↓")、变向/事故指示灯(黄灯)和禁行灯(红"×")等三色灯组成,显示车道开通、事故和关闭的情况。正常情况下显示绿色"↓",表示该车道打开;异常情况下显示黄灯或红色"×",表示该车道故障(提示慢行或变道)或关闭。

车道信号灯有自动、手动两种操作方式;手动控制级别高于自动控制;均受交通监控计算机控制。本产品必须符合交管部门及相应规范标准的规定和要求。

a. 光源:发光二极管LED;
b. 发光强度:≥200cd。

② 交通信号灯

在道路口、隧道入口处等分别设置交通信号灯用于车辆诱导控制。交通信号灯由红、黄、绿三色灯组成。有自动、手动遥控操作方式,手动级别高于自动控制,均受交通监控计算机控制。必须符合交管部门及相应规范标准的规定和要求。

a. 光源:发光二极管LED,功率:10~25W;
b. 发光强度:≥200cd。

2.9.8 通信系统

通信系统是为隧道运营管理服务的,是运营管理、抢险救灾和公务联络的重要手段。

在正常情况下为隧道工作人员之间以及隧道工作人员与外界有关业务部门之间建立可靠的通信联络;在紧急情况下为隧道内工作人员及车辆驾乘人员与中央控制室(以下简称中控室)管理人员、杭州市有关抢险部门(如消防、公安等)建立快速、可靠的通信联络,中控室管理人员还可以通过广播系统对隧道内工作人员及车辆驾乘人员进行疏散指导。

通信系统包括有线电话子系统、广播子系统及无线通信子系统。

2.9.8.1 有线电话子系统

(1)系统功能

有线电话子系统包括紧急电话、调度电话和公务电话。

紧急电话主要用于隧道口及隧道内报警、抢险救灾及各种特殊情况下的通信联络。各紧急电话分机均直通控制中心中控室的紧急话务台，属无键热线电话。紧急话务台允许多个操作员同时使用，当紧急电话分机呼叫时，操作台具有声、光报警功能，能自动显示呼叫分机位置。本系统可通过与中央计算机的接口将分机呼叫信号传至地图板系统显示地理位置，并联动电视监视系统，显示呼叫地区摄像机图像同时进行录像。紧急电话能自动录音，呼叫过程可以记录及打印。

调度电话主要用于隧道电力供应、日常维护、防灾救护及运营管理等方面的调度联络，要求迅速、直达，不允许与运营无关的其他用户接入该系统。调度电话总机具有组呼、全呼等功能，调度电话系统能够自动录音。

公务电话用于隧道管理系统内部及对外的公务联络，能将"119"、"110"和"120"等特种业务呼叫自动转移至公用电话网的"119"、"110"和"120"上。具有等待提示、中继遇忙回叫、分机遇忙回叫、内部缩位编号、强插、热线、呼出限制、呼入限制、呼叫等待、呼叫转移、缩位拨号、ISDN业务、多方会议电话、计费等功能；程控话务台具有强拆强插、监听、自动选组、全呼、直拨外线、会议电话等业务功能。

(2) 建设方案比选

有线电话子系统建设方案主要有以下两种方式：

方案一：隧道管理部门自建有线电话子系统，内部新设程控交换机，实现公务电话、调度电话和隧道内紧急电话功能。

方案二：隧道管理部门内部不设程控交换机，仅设紧急电话总机，其公务电话安装市话公网运营商的电话，利用其虚拟网功能实现隧道管理系统内部通信。

方案一与方案二相比，方案一初期投资较高，但后期运营费用较低，便于独立运营管理。为保证隧道系统的独立性、完整性及专业性要求，并参考多条已实施的上海、厦门等城市过江隧道及公路隧道常采用的方式，推荐有线电话子系统按本工程自建考虑（采用方案一），即紧急电话、调度电话和公务电话均由隧道内部自建，组成有线电话子系统。

(3) 系统组成

有线电话子系统由数字程控交换机、紧急电话操作台、调度电话总机、程控话务台、综合服务器（网管维护/计费/录音/CTI通信中间件）、总配线架、模拟电话机、数字电话机、电缆、用户线等组成。

紧急电话系统利用程控交换机的热线电话功能实现；紧急电话操作台设置在管理中心中央控制室内，紧急电话分机设置在本工程的隧道段，在两条隧道内分别沿车道右侧墙壁间隔100m左右设置紧急电话分机，隧道内的紧急电话分机设置在土建预留好的紧急电话箱体内，可与灭火器箱体合设。

调度电话由调度电话总机和各调度分机组成，系统利用程控交换机的热线电话及会议电话功能实现；调度电话总机（采用数字电话机）具有召开电话会议、组呼、全呼等功能，为隧道交通管理、防灾救灾、电力及日常维护提供服务，设置在管理中心大楼和工作井内的变电所、消防泵房等重要设备用房和值班室内。

数字程控交换机、综合服务器、总配线架等设备设置于管理中心通信机械室，紧急话务操作台、调度电话总机、程控话务台设置于管理中心中控室内；管理中心大楼的各管理用房、值班室及重要设备用房内均配有自动电话分机。

管理中心大楼实行智能化综合布线，采用UTP电缆（五类）、双口信息点满足管理中心办公信息化发展的需要。大楼内各管理办公部门均设置多个双口信息点。

数字程控交换机具有网络接口，直接连入隧道管理网，便于与其他服务器的通信及网络维护；综合服务器为系统提供交换机日常维护、系统参数设置、录音文件实时监听存储、网络查询等功能；总配线架将各分机线路从交换机引出并接入综合布线系统的语音部分，最终将电话线路连至用户。

系统对市话采用半自动或全自动中继转接方式，对用户设置分等级服务，限制一般用户的市话呼出权限。

程控交换机所需单相220V交流电源接自交通监控专业在管理中心统一设置的UPS。

(4) 主要设备技术性能及指标

1) 程控交换机
- 系统容量：300线；
- 信号发送电平：≥0dB；
- 信号接收灵敏度：≤-40dB；
- 音频输出电阻：600Ω；
- 最大允许线路衰耗（紧急电话）：30dB（3000Hz）；
- 局间数字中继符合DSS1或No.7信令方式；
- 用户信号应符合GB 3378—82标准；
- 铃流和信号应符合GB 3380—82标准；

2) 紧急电话分机
- 密闭、防水、防潮、防振、防晒的全天候电话机；
- 语音频带：300～3400Hz；
- 额定声压级强度：≥90dBA；（分机正前方40cm处测得）；
- 分机的工作温度：-25～+60℃；
- 分机的工作湿度：10%～95%；
- 非线性失真：≤5%；
- 接地电阻要求：≤10Ω；
- 信令方式：FSK；
- 信号发送电平：≥0dB；
- 信号接收灵敏度：≤-40dB；
- 平均无故障时间（MTBF）：≥100000h（蓄电池除外）；
- 防护等级：IP65；
- 分机待机功耗≤5mA，通话功耗≤200mA；
- 机箱颜色按照GB3181规定为橘黄色；
- 外壳上应有说明或图案，使用户易懂。

2.9.8.2 广播子系统

(1) 系统功能

广播子系统用于隧道日常业务管理广播和紧急疏散、急救广播。系统平时用于向隧道内发布交通信息、通知或工作指令，进行日常业务和管理广播；当收到火灾报警信号时，能自动切换至火灾紧急广播状态，实现与FAS的联动，实施紧急疏散、急救广播；当隧道内发生阻塞、车辆违章、交通事故或灾害等情况时，中控室值班人员可通过本系统对在隧道内任何区域的有关人员发布指令、通知，进行调度、组织疏散等工作。

系统具有程序控制自动广播、人工控制自动广播、FAS联动自动广播和监控系统联动协同广播等功能。

系统设置广播呼叫站，中控室可以通过广播呼叫站对隧道内、引道、工作井和管理中心大楼用话筒、预先录制的语音信息和其他信源进行选区广播。在微机控制下，任一信源可以播向一个或多个广播区域，多个信源可同时播向不同的负载区域。在隧道内能单音区或多音区广播，且左线隧道和右线隧道可播放不同的语音内容。

系统具有有线和无线调频两种广播方式，有线广播可通过音频接口接入无线子系统实现无线调频广播（具体描述见无线通信子系统）。

系统能够自动选信、选路、自动核算负载大小、自动确定扩音机介入数量，并具有语音合成功能。

系统具有自我检测功能,能监测系统的工作状态并对系统内部的设备进行故障大致定位,系统的操作维护功能可以集成到中央计算机系统中。

(2) 系统组成

系统由广播工作站、广播操作控制台、播音控制主机、功率放大器、均衡器、音源(CD、卡座、FM/AM 接收机等)、数字式延时器、监测监听设备、负载匹配装置、音区信号控制器、扬声器(含声压检测器)及传输线路等组成。其中频率均衡器用于提升或衰减某些频率,保证语音清晰度,数字式延时器用于隧道内双通道播音。

主机采用电脑控制,能进行智能化分路、自动监测、监听、预编程处理、优先级广播、音区选择。

广播操作控制台设有音区选择等按键,并配置用于播音的话筒。

系统可单独设置无线话筒以满足有关人员离台播音之需。

广播操作控制台功能可以集成到中央计算机系统中,使每个中控室操作台都具有广播操作控制功能。

功率放大器采用 $n+1$ 备用的方式,备用功率放大器可根据主机控制自动替换故障功率放大器。本项目共设 500W 功率放大器 6 台(主用 5 台、备用 1 台)。

系统设置一个广播工作站用于系统设置及维修。

广播系统按左线隧道区(含隧道盾构段、明挖暗埋段及江北工作井)、右线隧道区(含隧道盾构段、明挖暗埋段及江南工作井)、管理中心大楼区等几部分划分音区。其中隧道内音区按 200m 左右划分,每一音区由四只防水号角扬声器组成,在东、西线隧道内分别布置,管理中心为一个大音区,采用吸顶式扬声器和挂壁式音箱进行广播,扬声器和音箱的布置同时应符合消防要求。FAS 系统不再单独设置防灾广播,发生灾害时由通信广播系统自动切换至火灾紧急广播状态,实现紧急疏散广播。

广播系统在隧道内有以太网交换机接入的位置配置以太网/串口服务器,通过该服务器连接至附近的音区信号控制器,音频控制主机在中控室接入以太网。音频控制主机和所有广播信号控制器通过以太网和以太网/串口服务器实现分区控制和信息交换,解决了隧道长度较长,总线式的 RS485 网络工作不够稳定等问题。

广播系统由中央控制主机或广播工作站对音区信号控制器进行控制选区,并可控制定期的音区巡检。

中控室和弱电设备室的广播系统设备由交通监控专业在管理中心统一设置 UPS 提供单相 220V 交流电源,隧道内的音区信号控制器由电力专业在隧道两端工作井内分别配置 UPS 提供单相 220V 交流电源。

(3) 主要设备技术性能及指标

1) 功放

- 输入电平:≤0dB;
- 输入阻抗:≥10kΩ;
- 频率特性:40~16kHz (≤±1.5dB);
- 失真度:40~16kHz (≤0.5%);
- 信噪比:≥84dB;
- 输入过激励:≥20dB;
- 额定输出电压:120V;
- 额定输出功率:500W;
- 最大输出电压:150V。

2) 前级

- 话筒输入电平:-60dB;
- 输出电平:0~20dB;

- 频率特性：20～20kHz（≤±1.5dB）；
- 信噪比：≥52dB。

3) 广播控制主机
- 音频输入通道八路/模块：额定输入电平：6dB/10kΩ；
- 音频输出通道两路/模块：额定输出电平：0dB/600Ω；
- 最大输出电平：20dB；
- 频率特性：20～20kHz（≤±1dB）；
- 信噪比：≥52dB；
- 422/485 外部通信接口两路；
- RJ45 外部通信接口两路。

4) 扬声器
- 标准/最大功率：3W、20W、25W、30W（加设声压检测器）；
- 电压：70～100V；
- 灵敏度（1m，1W）：≥90dB；
- 响应频率：180～8000Hz。

2.9.8.3 无线通信子系统

无线通信子系统分为隧道专用移动调度通信系统、公安及消防用无线信号引入系统及民用通信信号引入系统。

由于隧道专用移动调度通信系统和公安及消防用无线信号引入系统在频段上较接近，故可将两系统传播平台合并，统一满足隧道内治安、消防、调度、运营、安全的需求，称为专用移动通信系统。

本设计将无线通信子系统分为专用移动通信系统及民用通信信号引入系统两部分考虑。

（1）专用移动通信系统

专用移动调度通信系统为在隧道内维修、抢救、巡逻等人员与控制管理人员之间建立灵活的通信联络，同时可通过调频广播发射台与车载 FM 接收机向驾驶员进行无线调频广播；公安及消防用无线信号引入系统为在火灾及其他紧急情况下提供隧道内消防人员与消防中心通信、隧道内公安人员与公安中心通信的信号中继。

专用移动调度通信系统可考虑在民用通信信号引入系统实施后直接购置各运营商业网的手机或电信 PHS 无线市话手机，加入其运营商业网。但过江隧道民用通信无线信号引入系统存在诸多不定因素，在隧道运营后不一定立即投入建设，加上运营商移动网本身出现故障或在隧道内设施出现故障均影响隧道专用移动调度通信效果，且从长远费用考虑，自建隧道专用移动调度通信系统维护费用较话费低，故本设计按隧道专用移动调度通信系统自建考虑。隧道专用移动调度通信系统工作频段暂按采用 150MHz 设计，必须向杭州市无线电管理委员会申请频点，由杭州市无线电管理委员会根据无线电频率规划批准所采用的频段及频点，以最终批复为准。

隧道内部移动人员设置手持台，管理中心内部用基地台能选呼、全呼、组呼内部专用无线手持台，采用双向异频半双工方式通信；手持台之间可相互通话，采用异频单工方式通信。工作频段采用 150MHz。

系统可实现管理中心对隧道内来往车辆上的车载收音机 FM 频道提供信号源，播放隧道信息、通知和命令。调频广播发射机工作频段为 87～108MHz，采用单频单向单工方式工作，与有线广播系统互补。

系统可实现消防手持台与消防中心基地台及移动消防指挥车之间以及消防手持台之间在隧道内的通信；可实现公安手持台与公安中心基地台及移动公安指挥车之间以及公安手持台之间在隧道内的通信；工作频段为 350～370MHz，均采用异频半双工方式、异频单工方式通信。

专用移动通信系统由发射基地台（350MHz 公安消防用中继转发台、350MHz 公安消防用模拟集群基站、内部用管理中心基地台、调频广播发射机)、中继器、光纤直放站、合路器、功分器、漏泄同轴电缆及其连接器件、手持台组成。

350MHz公安消防用模拟集群基站、公安及消防用中继转发台、内部用管理中心基地台、调频广播发射机、光纤直放站近端机、合路器设置于管理中心大楼；在工作井内设置光纤直放站远端机，使各发射基地台的射频信号延伸至江北工作井。

隧道内无线电波传播方式采用漏泄同轴电缆辐射方式，漏泄同轴电缆的频率范围为60～900MHz。各发射基地台通过低损耗射频电缆连接江南工作井内的功分器，将信号分成两路进入隧道内的漏泄同轴电缆，在每条隧道中根据需要各设双向中继器以提高上行和下行信号传播功率。各频段无线系统的信号通过敷设于隧道内的漏泄同轴电缆达到隧道内及引道场强覆盖，通过天线达到管理中心大楼、江南工作井、江北工作井的场强覆盖，实现各频段专用无线系统的隧道内通信联络。

(2) 民用通信信号引入系统

民用通信信号引入系统为提供隧道内各运营商业网的移动电话、电信PHS无线市话的引入系统，满足隧道内各移动手机的通信需要；系统提供转接隧道外900MHz频段数字蜂窝系统和800MHz频段CDMA系统和电信PHS无线市话移动用户间的通信服务接口，满足隧道内各运营商业网移动手机的通信需要。并预留将来GSM1800MHz、CDMA1900MHz或3G信号引入。

民用通信信号引入系统由GSM基站、CDMA基站、PHS小灵通无线市话基站、直放站、接口设备、滤波器、漏泄同轴电缆及其连接器件组成。其中各GSM基站、CDMA基站、PHS小灵通无线市话基站由各运营商自行提供并安装，分别设置于江北工作井及江南工作井，本系统提供接口。

根据我国公用移动电话通信网工作频段的划分，在漏泄电缆中，无线信号辐射方式可采用两种方式：一是上、下行信号共用同一条漏泄电缆辐射；二是上、下行信号通过不同的漏泄电缆辐射。上、下行信号共用同一条漏泄电缆辐射方式与通过不同的漏泄电缆辐射方式比较可节省二分之一的漏泄电缆，造价相对便宜。但是，随着GSM移动网的高速发展，GSM系统工作频段间隔更小，中国移动和联通两个GSM的工作频段的上行频段高端与下行频段低端间隔只有33MHz。当采用同缆辐射方式，上、下行之间信号的干扰难以彻底隔离，并且在功率较大情况下各系统还会产生严重的互调干扰。因此，本系统漏泄电缆采用上下行信号分缆辐射、单向中继器中继的方式。

隧道内无线电波传播方式采用漏泄同轴电缆辐射方式，漏泄同轴电缆的频率范围为800～2400MHz，分别敷设于两条隧道内顶部。隧道两端的GSM、CDMA基站各负责隧道内场强覆盖的一半，各基站通过接口设备及二路功分器，将信号分成两路进入隧道内的漏泄同轴电缆，在每条隧道中根据需要各设中继器以提高上行和下行信号传播功率。

各频段无线系统的信号通过敷设于隧道内的漏泄同轴电缆达到隧道内场强覆盖的目的，实现各频段无线系统的隧道内通信联络。

本设计按隧道建成后，由隧道运营部门自行建立民用通信信号引入系统。隧道两端的江北工作井及江南工作井内均预留与移动GSM基站、联通GSM基站、联通CDMA基站及PHS小灵通无线市话基站相连的接口设备，以便隧道建成后，各移动公网运营商增加基站使信号延伸，具体引入方式有待下一步落实。

(3) 主要设备技术性能及指标

1) 内部调度基地台

- 双工呼叫并通话；移动台异频单工通信时转发；
- 工作频率范围：136～150MHz；或430～460MHz；
- 波道间隔：25kHz；
- 发射功率：15～30W；
- 调制失真：≤3%；
- 音频输出功率：0.1～0.5W可调；

- 音频失真：≤3%；
- 选择性：≥85dB；
- 参考灵敏度：≤0.35μV。

2) 手持台
- 通信方式：同频或异频单工；
- 工作频率范围：136～150MHz；或430～460MHz；
- 发射功率：1～5W；
- 调制失真：≤3%；
- 音频输出功率：0.1～0.5W 可调；
- 音频失真：≤3%；
- 互调抗扰性：≥65dB；
- 参考灵敏度：≤0.35μV。

3) 调频广播发射机
- 通信方式：单频广播；
- 工作频率范围：87～108MHz；
- 发射功率：25W；
- 调制特性：±0.5dB（在10～15kHz范围内）
- 调制失真：≤0.05%；
- S/N：>75dB；
- 立体声分离度：不大于－50dB（在100Hz～10kHz范围内）。

4) 350M 中继转发台
- 工作频率：正向传输：360～365MHz；
           反向传输：350～355MHz；
- 增益：>90dB；
- 额定输入：－50dBm；
- 额定输出：≥40dBm；
- 互调抑制：≥30dB。

5) 漏泄同轴电缆
- 频率范围：60～900MHz；800～2400MHz；
- 环路直流电阻：<4Ω/km；
- 内、外导体间绝缘电阻：≥1000MΩ；
- 内、外导体间耐压：交流3000V，2min 不击穿；
- 特性阻抗：50Ω；
- 电压驻波比：在工作频率内<1.5；
- 耦合损耗：73dB（1-5/8）；
- 传输衰耗（900MHz频段）：≤30dB/km（1-5/8）；
- 传输衰耗（150MHz、450MHz频段）：≤18dB/km（1-5/8）；
- 电缆规格：阻燃、低烟、无毒、防腐蚀。

2.9.9 闭路电视监视系统（CCTV）

2.9.9.1 系统功能

闭路电视监视系统是保证人员、车辆和隧道安全的必要手段，主要用于中控室值班员对整个隧道、引道及所辖地面道路等处的交通运行状况实行全范围、全断面的监视以及对管理中心、工作井及变电所的工作状况实行监视，为隧道交通管理提供全面、直观的视频监视手段。在发生紧急情况时，为中控室值班员及时了解现场情况及进行指挥提供直观有效的帮助。此外，闭路电视监视系统还可为交通流视频检测系统提供基础视频信号。

本系统通过视频矩阵控制器的以太网接口与中央计算机系统进行通信。通过软件在多媒体工作站上显示实时图像信息，并可通过视频矩阵控制设备，在工作站上进行视频画面的切换与控制，同时对于带有云台的一体化摄像机进行远程控制。此外，本系统还可以在接收到联动信号时作出联动反应，完成详情监视器画面和大屏幕信号源的切换，方便中控室管理人员及时了解、核实紧急事件现场的情况。

系统内所有摄像机的图像均可叠加编号、日期与时间等信息，并可通过硬盘录像机进行数字化存储，以便一段时间内的备案及检索。

系统具有自动切换、循环和定点显示等功能。

系统预留将图像信息传送到公安、市政交管等部门的条件。

2.9.9.2 系统组成

系统由产生图像信号的前端设备、硬盘录像机、视频工作站、矩阵控制器、操作键盘、监视器等硬件设备和 CCTV 系统控制软件共同组成。

前端设备包括固定彩色摄像机、全方位一体化变焦球形摄像机以及传输图像信号的光端机、光缆和视频电缆等部件。

矩阵控制器主要负责现场摄像机的图像信号接入和切换，容量为 128 路输入 48 路输出；矩阵控制器可接 3～5 个分控键盘，并配置有与中央计算机系统相连的通信接口（为以太网 RJ45）。

中央控制室的控制台上配备彩色详情监视器，平常可显示任意全断面画面，当发生异常情况时，自动弹出现场图像的满屏画面，值班人员可对详情监视器上的画面进行自动或人工录像。

本系统配置的数字硬盘录像机可对所有图像以多画面方式进行不间断录像及存储；硬盘空间用尽后，重复使用硬盘。采用硬盘录像机分散式存储方式具有成本低、风险分散，可靠性高的特点，不会因为单点故障造成全部记录图像的丢失。

视频工作站不但可以对各监视点实施监视，还可以对视频控制矩阵的视频信号进行数字化编辑、存储、显示以及系统运行机制的设置。

本系统通过以太网接口与中央计算机控制系统连接，便于中控室值班员在监控工作站上调看视频图像，也可传送图像至中央控制室的投影大屏上。

隧道内摄像机以一定间距（100m 左右）布置，在两条隧道内均沿一侧隧道壁设置低照度摄像机。在隧道出入口开阔区域设置一体化全方位彩色摄像机。管理中心大楼内配置固定彩色摄像机，摄像机设置于楼梯附近的走廊及门厅。工作井变电所内配置固定彩色摄像机用于监视设备的工作状况。

为保证图像质量，隧道内、出入口、工作井变电所内等处的摄像机图像通过光纤传输，光端机采用四路合一视频光端机传输摄像机图像信号，光缆采用四芯单模光缆，每两对视频光端机占用一根光缆。管理中心内的摄像机由于距离较近采用视频电缆传输方式。

中控室和弱电设备室的 CCTV 系统设备由交通监控专业在管理中心统一设置 UPS 提供单相 220V 交流电源，隧道内摄像机由电力专业在隧道两端工作井分别配置 UPS 提供单相 220V 交流电源。

2.9.9.3 主要设备技术性能及指标

(1) 系统一般指标：
- 图像质量：4 级图像标准；
- 图像水平清晰度：大于 400 线（黑白）；
  大于 300 线（彩色）；
- 制式：PAL；
- 灰度等级：8 级；
- 系统的各路视频信号，在监视器输入端的电平值为：1VP-P±3dBVBS；
- 信噪比：大于 37dB；

- 系统在低照度使用时，监视画面达到可用图像，其系统噪比：不低于 25dB；
- 视频传输延迟：总延迟不超过 1s；
- 系统平均无故障时间（MTBF）：不小于 12000h；
- 系统平均修复时间（MTTR）：≤4h。

(2) 摄像机
- 彩色 1/3 英寸 CCD；图像格式；
- 扫描标准 625 线，50 场/S；
- 水平分辨率：>450 线；
- 最小照度：0.1Lux；
- 信噪比：50dB；
- 视频输出：1.0Vp-p，75 欧姆；
- 自动增益控制：30dB。

(3) 彩色全方位一体化球形摄像机
- 1/4 英寸 CCD；图像格式；
- 扫描标准 625 线，50 场/S；
- 128 倍变焦，16 倍光学变焦，8 倍数码变焦；
- 可变速的高速 360°摇摆/垂直云台；
- 远程摄像机设定；
- 信噪比：50dB；
- 自动增益控制：30dB；
- 亮度范围（AGC 开）：50,000∶1；
- 视频输出：1.0Vp-p，75Ω；
- 云台转动范围：0°～360°连续；
- 云台俯仰范围：0°～90°，以水平面为基准。

(4) 矩阵控制主机
- 128 路输入 48 路输出；可扩充至 256 路输入 128 路输出；
- 可接多个分控键盘；
- 有 RS232 和 RJ45 接口与中央计算机相连。

(5) 主操作键盘
- 螺旋变速变焦操纵杆；
- 摄像机/监视器选择；
- LED 显示（有亮度控制）；
- 透镜、巡视、成组切换、报警控制；
- 操作者控制的键盘开关；

(6) CCTV 控制管理软件
- 全中文界面；
- 通过键盘、鼠标器以及触摸屏实现控制；
- 配有用于摄像机、监视器、云台、门、灯光、画面分割器及 VCR 等控制设备的图形库；
- 自动响应报警生成报警区域平面图并取出相应视频信号；
- 报警事件登记与报告；
- 实时视频图像显示。

(7) 硬盘录像机
- 视频输入：1～16（BNC），NTSC、PAL 自动识别；

- 视频输出：1 路（BNC），NTSC、PAL 可选，支持 1/4/9/16 画面分割；
- 视频频率：1～25 帧/s 可调；
- 视频码率：16K～2M 可调；
- 控制接口：RS232、RS485 接口各 1 个；
- 至少支持 8 个 IDE 硬盘；
- 工作温度：－10～＋55℃；
- 工作湿度：10%～90%；
- 回放录像控制，准确定位，快速浏览，按帧查看，可按时间自动搜索；
- 定时录像，自定义录像时间，可设定时关机；
- 具有图像抓拍、放大、缩小、标识、打印功能。

(8) 四路视频光端机
- 视频接口数：4 路视频；
- 视频接口形式：BNC；
- 视频输入/输出阻抗：75Ω（不平衡）；
- 视频输入/输出电压：1VP-P（峰-峰值）；
- 视频带宽：5Hz～10MHz；
- 视频信噪比（加权）：S/N≥57dB；
- 光接口形式：ST 或 FC；
- 工作波长：1300nm；
- 光纤模式：单模；
- 接收机灵敏度：优于－25dBm。

(9) 一路视频＋一路反向数据光端机
- 视频接口数：1 路视频；
- 视频接口形式：BNC；
- 视频输入/输出阻抗：75Ω（不平衡）；
- 视频输入/输出电压：1VP-P（峰-峰值）；
- 视频带宽：5Hz～10MHz；
- 视频信噪比（加权）：S/N≥60dB；
- 数据接口数：反向数据 1 路；
- 接口信号：RS-232 或 RS-422 或 RS-485；
- 光接口形式：ST 或 FC；
- 工作波长：1310nm；
- 光纤模式：单模；

接收机灵敏度：优于－25dBm。

(10) 视频分配器
- 具有多路输入、多路输出；
- 视频输入信号幅度和阻抗：1.0～2.0VP-P/75Ω；
- 视频输出信号幅度和阻抗：1.0～2.0VP-P/75Ω；
- 视频增益：≥1dB；
- 视频频率响应：10Hz～8MHz（±0.3dB）。

(11) 图像处理器
- 视频输入路数：4 路；
- 视频输入信号幅度和阻抗：1.0VP-P/75Ω 或高阻；

- 视频输出信号幅度和阻抗：1.0VP-P/75Ω；
- 全压缩图像，对信号采用数字化技术处理；
- 具有分割画面显示、自动循环切换画面显示和全画面显示输出功能。

(12) 视频工作站

IntelP42.4GHz 处理器/512MBDDRSDRAM 内存/160GBIDE 硬盘/17 英寸液晶显示器/集成 Intel-Extreme 显卡/内置 CD-ROM/3.5 英寸软驱/集成 IntelPro10/100MT 网卡/PS2 键盘和鼠标。

2.9.10 交通流视频检测系统

2.9.10.1 主要系统功能

交通流视频检测是一套独立于区域控制器控制的交通检测系统。本系统在隧道全线范围内实时收集各类交通运行信息，对全线交通流的变化进行检测，作为中央控制中心实行交通引导控制的参考依据，并通过实时图像监视的配合，给出控制交通的命令。在发生交通事故时本系统能够自动报警，提示中控室值班员及时采取措施，疏通阻塞，畅通全线交通。

交通流检测系统可以实现事故检测（包括车辆停止、交通堵塞、行人进入隧道、车辆逆行、火灾检测）和交通参数检测（包括交通流量、速度、占有率、车距、排队长度）等。系统能即时报警，自动录像，大大提高事故的应急处理能力，减少了事故发生后带来的损失；不但减轻了操作人员的工作量，而且弥补了事故的遗漏。通过交通事故再现可及时判断事故产生的原因，正确作出合适的事故救援方式。系统存储的交通事故再现信息还可作为事故责任判定的依据。交通参数检测包括：每一车道交通流量（辆/h）、速度（km/h）、占有率（%）、车距（m）、排队长度（m）。

视频检测系统需提供检测数据的显示、打印，可实时用图表显示。可提供交通参数日、月、年历史数据的查询、显示、打印。交通参数可由存储设备备份。

2.9.10.2 系统组成

交通流视频检测系统主要由视频处理模块、数据采集专用软件、视频图像分析软件、监测工作站、电源模块等组成。

交通流视频检测系统是利用一套专用视频处理软、硬件设施对 CCTV 系统提供的视频信号进行处理分析，得出全面的交通数据信息和事故检测信息，它不改变 CCTV 系统原有方案，仅从 CCTV 系统中通过视频分配器获得所需的普通视频信号。

本系统采集的事故检测信息、交通参数信息等可与中央计算机子系统数据共享。中央计算机系统根据此信息及时调整交通策略，对隧道、相关路口信号灯、可变情报板等交通诱导指挥设备及时更新，优化交通状况。本次在管理中心设置多台视频分析器，考虑对所有隧道定焦摄像监视图像进行检测。

交通流视频检测系统所需单相 220V 交流电源接自由交通监控专业在管理中心统一设置的 UPS。

2.9.10.3 主要设备技术性能及指标

(1) 事故检测性能指标

车辆停止检测率大于 90%；交通堵塞检测率大于 90%；行人进入隧道检测率大于 90%；车辆逆行检测率大于 90%；火灾检测检测率大于 98%。

(2) 交通参数检测性能指标

交通流量精度大于 90%；速度精度大于 90%；占有率精度大于 90%；车距精度大于 90%；排队长度精度大于 90%。

(3) 系统其他要求

系统具有自诊断功能；能与原有交通数据采集系统匹配，提供便携通信接口；具有较高的耐久性和可靠性，维修方便。

2.9.11 设备监控系统（BAS）

2.9.11.1 系统组成

系统由两台互为热备份的设备监控工作站、RTU 机（包括 PLC、I/O 模块、现场总线设备、中继电器和变送器)、现场 I/O 模块箱、CO/VI 仪、风向风速仪、亮照度仪、通信接口及通信和电源线缆组成。

在隧道洞口外约 200m 处设置亮度分析仪和隧道洞口内设置照度仪；隧道内设置 CO/VI 仪和风向风速仪；I/O 现场模块箱设置在被监控设备较集中的隧道现场、泵房变电所等地方，通过通信线缆接入就近的 RTU 内；在南、北工作井和隧道管理中心设 RTU，负责整座隧道现场级机电设备监控工作。设备监控系统的中央级设备由中央监控系统设置。

2.9.11.2 系统功能

(1) 系统基本功能

1) 系统具有降级处理功能，当中央计算机或网络发生故障，下一级的站端机（RTU）能根据具体设置，自动升级，独立完成对设备的控制。

2) 实时数据管理：主机可按预定的程序，对数据进行压缩处理存盘，建立历史数据记录文件，供查询、统计、打印。

3) 人机界面：依靠图控软件，能方便地显示系统运行工况图，包括隧道内照明、风机、泵房的运行工况，水位状态图，事故报警点，报警参量图等各种用户需要的画面。

4) 报警功能：对报警事件设有时间标签。对于全部的报警，操作员对它确认的报警信息均予以登录，按类型或按级别列入动态的报警一览表。

5) 打印功能：实时、定时报表打印；随机文件记录打印和追印；设备故障打印。

6) 在线自诊断功能，并在 CRT 上及时显示故障信号。

7) 设备维修管理：建有设备档案（生产厂、型号、参数、技术条件）。记录所有设备的运行时间、动作次数等。在线维护任务的数据库，打印预防性保养报告。

(2) 系统监控功能

1) 通风系统

通风监控分正常和异常（如交通堵塞、火灾）工况，当隧道内发生异常情况时，通过对异常情况的监控，使异常情况的规模得到控制，并尽快恢复正常的营运环境。

正常运营模式：通风控制程序采用自动与手动相结合的方式，具有远程（中央控制室）和就地（隧道内）二级监控功能。一方面可根据 CO 浓度、VI 烟雾浓度、风向风速仪及交通量等综合数据，与预设置或历史等指标比较，决定风机开启的数量，在现场设备网上实现自动调节风量，以达到环保的标准；另一方面也可不考虑 CO、VI 浓度及交通量的变化情况，而是按时间段（如白昼与夜晚，节假日与平时）预先编成程序来控制风机。当自动控制出现异常情况下，可通过手动模式实现控制。

异常运营模式：当隧道内出现交通堵塞时，执行堵塞通风模式，设备监控系统根据交通监控系统送来的交通信息，对风机实现监控；当隧道内发生火灾时，通风控制程序设计提供了紧急运行模式，设备监控系统能根据 FAS 火灾信息，确定火灾地点，使隧道内风机自动执行防烟排烟模式，并停止隧道内非消防风机运行。

2) 给排水系统

对隧道、控制中心内设置的给排水、水消防系统实施水位监测、危险水位报警；显示雨水抽升泵、污水泵、废水泵等工作状态；能在就地和中央控制室对雨水抽升泵、污水泵、废水泵实施控制。

3) 照明系统

在照明监控中，既要保证隧道的舒适度、亮度要求，又要充分节约能源、降低运行费用。隧道基本照明控制采用时控、就地和遥控三种方式；出、入口照明采用照明控制仪进行光控、就地控制和遥控。根据洞外环境亮度、交通量的变化，按白天（晴朗）、傍晚（多云）、阴雨天、重阴、夜间、深夜六级标准对洞内照度进行控制。晴朗的白天基本照明和加强照明灯具全部开启，傍晚或多云天气加强照明灯减半，阴雨天加强照明灯开启 1/4，重阴天加强照明灯开启 1/8，夜间加强照明灯全部关闭，深夜交通量较小时基本照明灯具减半。

当隧道正常照明供电出现故障时，该区域的应急照明立即投入运行；当隧道发生火灾时，按事件控制程序关闭有关区域的照明设备，应急照明和疏散指示系统起到诱导疏散作用。

4）隧道管理中心

管理控制中心的通风、空调系统、给排水、电梯及楼内照明纳入本系统，通过设置在管理控制中心内 RTU 对楼内设备进行合理化以及节能方面的管理。

2.9.11.3　与其他监控系统接口

（1）BAS 与 FAS 系统的接口

BAS 与 FAS 之间通过可靠的数据通信接口，能直接接受 FAS 的火灾信息。按火灾工况的模式，控制有关设备按火灾工况运行。对正常工况及火灾工况兼用的设备，在正常工况时由 BAS 控制；火灾工况时按 FAS 发布火灾模式指令，BAS 优先执行相应的控制程序，BAS 并返回接收信号至 FAS。

（2）BAS 与中央控制系统的接口

现场的 RTU 利用中央控制系统提供的隧道现场光纤环行网络上传至隧道中央控制系统，完成 BAS 监控系统的中央级功能；BAS 通过中央控制系统提供的中央信息层的局域网络与其他监控系统信息共享。

（3）BAS 与交通监控系统的接口

BAS 通过中央控制室内的信息层的局域网络接受交通监控系统的交通量信息数据，对隧道内的通风模式及照明进行有效控制。

2.9.12　防灾报警系统（FAS）

2.9.12.1　设计原则

（1）隧道设有防排烟、消防灭火、排水、火灾自动报警系统防救灾设施，正常运营时监视灾情，采集灾情信息，灾害发生时及时、迅速将防救灾设施转入救灾运行模式，确保人员生命安全，减少灾害损失。

（2）FAS 系统的设计应针对公路隧道火灾的特点，贯彻"预防为主，防消结合"的消防工作方针，并应符满足地方公安消防部门的有关规定。

（3）FAS 系统设计按全线同一时间内发生一次火灾考虑。

（4）火灾报警保护等级：隧道内车道、设备管廊、工作井及隧道管理控制中心均按火灾报警一级保护对象设计。

（5）FAS 系统设计按两级监控方式设置，第一级为中央级，作为 FAS 系统集中报警中心，设置于隧道管理中心中央控制室；第二级为现场级，作为现场 FAS 系统报警，设置于隧道工作井内。全线消防系统所有的指挥调度权在中央级。隧道管理控制中心作为消防指挥中心，实现对隧道的消防集中监控管理。各工作井的消防控制，均能够接受管理控制中心的消防救灾指令并对其所管辖范围独立地进行消防监控管理。

（6）控制中心设消防值班员，负责管理全线的火灾报警，确认火灾灾情，向现场发出消防救灾指令，指挥救灾工作的开展，并与有关地方消防单位取得联系。

（7）防灾广播不单独设置，而与背景广播系统合用；平时为正常广播，灾害发生时，能在管理控制中心将广播系统强制转入救灾广播状态。

（8）正常工况和火灾工况兼用的设备由 BAS 系统统一监控，火灾工况由 FAS 发布火灾模式指令，BAS 优先执行相应的控制程序；火灾专用设备由 FAS 负责监控。

（9）FAS 系统与 CCTV 系统密切配合，确保火灾报警既迅速又准确；FAS 系统与 BAS 系统密切配合，确保在灾害工况时防灾设备简便、直接，力求损失降低到最低。

2.9.12.2　系统功能

本系统具有报警、显示及联动等功能，且为独立系统。通过 FAS 工作站的网卡，将确认报警信息送往中央控制系统，可在综合屏上显示，并作为相关系统及消防设备联动的依据。火灾报警的地址信息与相应的风机、广播音区、水喷雾分区、摄像机对应起来。

(1) 报警

系统接受隧道内的火焰探测器、线性感温探测器以及手动报警按钮等自动和手动报警信号；接受隧道工作井及管理中心内管理用房智能光电式感烟、感温探测器和手动报警按钮等自动和手动报警信号；接受隧道内变电所、泵房以及管理用智能光电式感烟、感温探测器和手动报警按钮等自动和手动报警信号。

(2) 联动控制

消火栓泵、水喷雾泵、泡沫泵、专用排烟轴流风机、电动排烟口、电动卷帘门为火灾专用设备，由FAS直接联动。其中消火栓泵、水喷雾泵、泡沫泵、专用排烟轴流风机除采用总线编码模块控制外，还在中央控制室设置手动直接控制装置。

1) 对消火栓系统的控制显示功能
- 控制消防水泵的启、停；
- 显示启动水泵按钮的位置；
- 显示消防水泵的工作、故障状态。

2) 对水喷雾灭火系统的控制显示功能
- 控制水喷雾泵的启、停；
- 显示雨淋阀及水流指示器状态；
- 显示水喷雾泵的工作及故障状态。

3) 对泡沫消防灭火系统的控制显示功能
- 控制泡沫泵及消防水泵的启、停；
- 显示系统工作状态。

4) 对专用排烟轴流风机的控制显示功能
- 控制消防水泵的启、停；
- 显示系统工作状态。

5) 对电动排烟口的控制显示功能
- 控制电动排烟口的开、合；
- 显示设备工作状态。

6) 对电动卷帘门的控制功能
- 按程序控制电动卷帘门分两步下降。

车道射流风机、废水泵为正常工况和火灾工况兼用的设备通过BAS联动控制；BAS系统通过供电照明系统切除非消防电源，启动火灾应急照明和疏散标志灯。由FAS发布火灾模式指令，BAS优先执行相应的控制程序。

参与联动的其他相关系统：
- 通过中央控制系统将广播系统强切进入火灾紧急广播状态；
- 通过中央控制系统，对发生火灾区域，FAS指令CCTV系统将相应的摄像机摄取的图像切换至详情监视器并录像。

(3) 显示

报警点及消防设备状态可在中央控制室FAS工作站以及综合显示屏上显示。

2.9.12.3 系统组成

本系统由火灾自动报警控制主机、火灾报警控制分机、中文彩色图像显示终端、双波长火焰探测器、感温电缆、区域显示盘、智能光电式感烟探测器、智能型感温探测器、信号模块（带地址）、控制模块（带反馈功能）、手动报警按钮、声光报警装置、警铃、信号线缆、控制电缆、电源线等组成。

(1) 车道火灾探测器的选择

隧道作为一种特殊的建筑结构，地形复杂，结构封闭，交通量大，一旦发生火灾将产生极大危害。

所以隧道车行道探测器的选择必须可靠、先进并具有高灵敏度和极低的误差。本设计中的两个方案均为目前隧道内火灾报警系统中常见方案。

方案一：车行道采用双波长点式火焰探测器。

该探测器捕捉火焰辐射光的闪动频率的两种波长进行比较从而判断火灾是否发生，能屏蔽行驶的车辆的头灯和尾灯，响应速度快。它具有防水型构造，使用温度-20～+50℃，因此安装在隧道侧壁易维护，并且是一种抗高污损的火焰探测器。

方案二：车行道采用分布式光纤感温探测器。

线型光纤感温探测器是一种先进的光纤技术应用于测温的产品，光纤感温探测器探测系统的灵敏度较高，可精确测定温度值，能对起火之前的烟雾进行报警。

方案一、方案二比较见表2.9.1。

点式火焰探测器与线型光纤感温探测器性能比 表2.9.1

方　案	方案一	方案二
性能比较	定位度在50m范围内	定位到1～5m
	火焰闪烁频率判定火灾	多级定温、差温判定火灾
	灵敏度不受隧道风影响	灵敏度较受隧道风影响
	在隧道侧墙，维护较方便	在隧道顶部，维护不方便
	安装较复杂，接线较多	安装方便，接线较少

根据公路隧道中最常见的火灾是汽车燃烧，其主要特征是耀眼的明火及强的辐射热（危险性在于汽车的动力燃料）且发展速度极快；公路隧道这种特殊的建筑物，终年阴冷且保持一定的风速，常年保持的风速为（2～10m/s），并且一年四季的季节变换，环境温度变化较大，给测温方式检测火灾带来不稳定性及滞后性等特点；而两者的价格相差不大，本设计推荐方案一。

电缆通道内引起火灾的主要因素是供电系统的电力电缆，由于供电系统目前大多采用阻燃、低烟、无卤电缆，引起明火的可能性不大，但电缆的过流发热可能存在，由于温度过高而产生火灾；疏散通道仅作为紧急情况使用，内部基本无可燃物，引起明火灾的火源存在可能性也不大。因此，只在电缆通道可采用感温电缆或感温光纤。通过以下性价比，在满足消防要求前提下，本设计采用感温电缆。两者性价比见表2.9.2。

感温电缆与感温光纤性价比 表2.9.2

感温电缆	感温光纤
反应灵敏	灵敏度高，反应迅速
维护费用较低	由于在一定时间内，需更换激光发光源，维护费用高
价格相对低	价格高

隧道管理中心及隧道内生产用房采用智能光电式感烟探测器、智能型感温探测器及线型感温探测器相结合的方式。

（2）系统设施布置

本工程主要是对隧道车道进行火灾报警控制，隧道的特别环境对火灾报警控制系统功能、可靠性提出极为严格的要求。为满足长距离、大范围隧道的火灾报警控制要求。分别在江北、江南两工作井设置了火灾报警控制分机，隧道控制中心设置一台火灾报警控制主机，通过专用网络建立了一套集散式网络化火灾报警系统。

隧道内双波长点式火灾探测器用于车行隧道段内，敷设于管段侧壁上，间距约为每45m设一只。

线型感温电缆用于电缆通道，敷设于电缆通道顶部，以感温电缆每段长度不超过200m的原则进行设置。

在车行隧道的一侧壁上，每隔约45m设置手动报警按钮，车行隧道引道段、电缆通道及疏散通道不设置手动报警按钮。

2.9.13 结构体健康监测系统

2.9.13.1 概述

过江通道结构体健康监测系统通过布设监测设备，对过江通道在运营期的结构行为及影响进行监测和数据分析，对过江通道的健康状况以及使用寿命进行评估，得出过江通道的安全程度指导运营，同时给出实时的安全报警以合理配置过江通道养护资源，降低成本、及时高效保证过江通道的运营状态健康和安全。

2.9.13.2 系统设计

结构体健康监测系统包括前端测量传感设备，编解码设备，实时数据采集处理设备，监测工作站及数据管理分析系统等。

（1）主要监测项目

在地质条件明显变化处、中心处、最大荷载断面等过江通道典型断面预埋监测仪器，通过监测仪器得到的数据可以分析过江通道的运营状态，对于发生的病害或者可能发生的病害提出相应的维护补强措施，确保过江通道的正常使用和耐久性。

主要采集以下监测仪器的信息：

1) 用在过江通道结构体上的土压监测。

该项主要用于探明过江通道在安装等施工过程中，长期作用在过江通道外侧上土压力量值及分布规律。测试仪器采用土压力计，采集信息转化为数据信号。

2) 用在过江通道结构体上的水压监测。

该项主要用于探明过江通道在安装、注浆等施工过程中，长期作用在过江通道外侧上水压力量值及分布规律。测试仪器采用水压力计，采集信息转化为数据信号。

3) 过江通道结构内力监测。

本项目用于探明在施工期间及长期运营阶段，过江通道结构在外侧荷载作用下所产生的内力值及其分布规律。测试断面内外侧各布置一个应变仪，应变仪和环向主筋在高度一致，将测试传输电缆导入专用走线孔。

4) 过江通道断面收敛变形监测。

用以测定过江通道断面的椭圆度。采用光波测距仪对过江通道断面形状以及建筑限界的富裕量进行测定。

5) 过江通道纵向不均匀沉降和水平位移监测本过江通道推荐采用光纤测试系统。

6) 漏水、水质、土砂流入量监测。

若在运营过程中发生漏水，应该对漏水的范围、漏水量、水温、水质以及污浊度进行监测。对水质的检查主要是判定衬砌有无劣化的可能。人工输入数据信息。

（2）实时数据采集系统

实时数据采集系统由测量控制单元 MCU 和网络模块等组成，负责对过江通道结构体的变位、位移、渗压等数据的采集并传送至控制中心的监测工作站；监测工作站负责完成所有数据的处理，实施显示结构体的安全信息，并对危险信号进行声光报警。实时数据采集系统的主要功能包括：

1) 可实现对各种监测传感器等仪器设备的信号采集和现场数据保存；
2) 每个 MCU 的信号类型和通讯数目可灵活调整；
3) 组态每种传感器及其工程换算关系；
4) 设定每个传感器采集时间策略；可对传感器分组，实现分组采样；
5) 可对各 MCU 远程复位、校正时间、读取状态等，记录通信过程并存入数据库提供远程读取数据接口；
6) 图形化设备布置及图形化的组态界面；
7) 分级管理；

8) 各 MCU 通讯链路配置显示界面。实时数据采集系统技术指标包括：

9) 网络性能：10M/100M 以太网；

10) 系统最大测点数：10000 点；

11) 测点访问速率：可调；

12) MCU 耗电：工作时≤1000mA，睡眠时≤50mA；

13) 停电保存数据：100 条数据记录/通道；

14) 防静电：15kV；

15) 工作温度：-20～+60℃。

(3) 数据管理分析系统

在中控室设置结构体健康检测工作站，接受监控网络自动传送或人工输入的现场设备采集的数据信息，实时检测过江通道结构体信息，打印、分析、比较及储存数据，结合专家分析，给出相应报警提示等处理。

数据管理分析系统包括监测数据管理，以及可视化和数据分析预测等模块。在过江通道工程的勘察、设计和施工过程中需要获取各种各样的信息和数据，并对这些数量大、种类多的信息和数据进行快速处理。数据管理分析系统必须具备的主要功能有以下几点：

1) 建立施工和运行监测数据库；
2) 监测数据自动分析处理；
3) 监测工程平面图显示；
4) 监测点布置图显示；
5) 绘制各种数据散点图及回归曲线图；
6) 进行围岩变形预测；
7) 监测报告的生成。

监测信息系统的功能结构如图 2.9.3 所示。

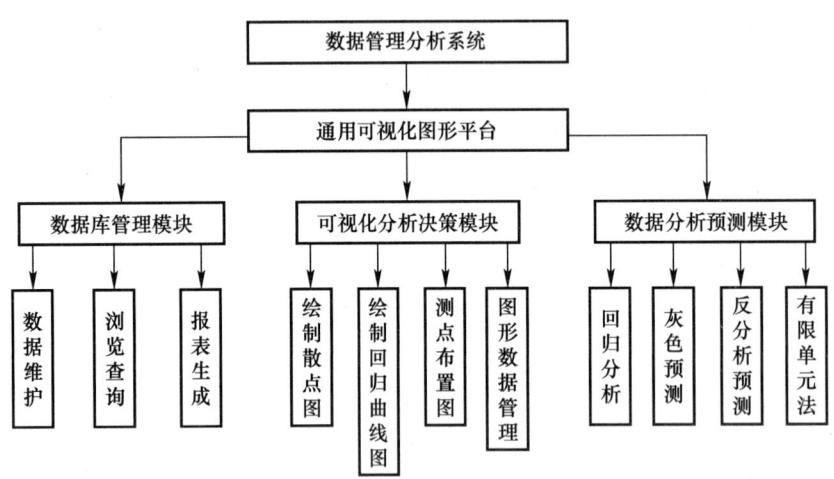

图 2.9.3 数据管理分析系统功能结构图

监测数据库是监测数据管理系统的重点，它存储各项监测数据、施工工况、工程地质及工程设计等工程数据。监测数据库主要包括工程信息库、量测断面库、监测仪器库以及各监测项目量测数据库等。

监测数据库管理系统包含以下几部分：

1) 监测数据

监测数据主要包括位移类、应力应变类及地质雷达探测数据等。其中位移类包括过江通道洞室收敛、拱顶下沉、地表下沉、建筑物倾斜、三维变形、地层与围岩多点位移、地下水位移等；应力应变类包括钢筋内力、土压力、锚杆轴力、锚杆抗拉拔力、孔隙水压力、围岩原位应力、混凝土应变等；地质雷达探测数据主要有围岩及工作面前方的地质超前探测和混凝土结构的质量检测数据等。此外根据工程需要，亦可进行爆破振动监测，它主要用于爆破参数设计的优化、控制超欠挖和减少对围岩的扰动等。

2）施工工况

施工工况主要是对施工情况的记录，用于量测数据的分析，尤其是岩土层与支护结构的时空变化规律的分析。

3）工程地质数据

工程中岩土层与支护结构的破坏与地质条件及其变化密切相关，工程地质特殊地段往往也是监测的重点，监测数据常常需结合地质情况进行分析。

工程地质数据主要包括：岩体物理力学性质；工程范围内的岩土层地质构造、地下水分布及围岩类别等。

4）工程设计数据

工程设计数据主要包括岩土工程结构断面设计参数、结构形式、支护方法、施工工艺等，可用于基于监测数据的有限元模拟分析，如过江通道与基坑施工的动态模拟。

2.9.13.3 与其他系统的接口

部分不具有以太网接口的实时数据采集设备，可通过附近的监控系统区域控制器 ACU/RTU 的 RS485/422 接口进入设备控制光环网或通过光缆直接接入中央计算机系统。具有以太网接口的实时数据采集设备直接连接到设备控制光环网的以太网交换机上。

监控专业与过江通道专业的接口在结构体健康监测数据采集设备箱以及 ACU/RTU 机柜的接线端子处。

2.10 防灾救援系统设计

2.10.1 国内外长大隧道防灾体系现状

隧道防灾体系的建立，在世界各国的隧道工程设计中都越来越得到重视。例如：

(1) 荷兰 Westerscheld 隧道

于 2003 年竣工的 Westerscheld 隧道将占总工程费用的 30% 用于隧道广泛的安全设防，并以防灾（预防）、减灾（防范）、救灾的"安全链"理论来考虑隧道的安全措施。

防灾方面：隧道内车辆同向行驶，避免发生迎面相撞事故，禁止装有高毒性物质车辆通行。

减灾措施（旨在减少灾害发生的可能性，减少可能造成的不良后果）：减少隧道入口处的"黑洞"效应，改善隧道内的能见度；在隧道内设通风系统，以驱散火灾工况时的烟雾，阻止燃烧；隧道设 CO-VI 检查系统；进行通行车辆高度、车速、车流密度监控。隧道内每隔 50m 设救助点（备有内部通信系统、灭火器、水龙带等）；圆形隧道段设置了开式水喷雾-泡沫联用系统、消火栓系统。同时还从结构内装修设计、电力供应、排水、照明设计等多方面作了考虑。

救灾：在两条隧道间每隔 250m 设一个联络横通道，以满足事故工况时救灾之需。

(2) 日本公路隧道安全标准

自 1967 年 Suzuka 隧道大火后，就开始考虑隧道的安全标准。其中有应急设备规范，对于隧道，规定每隔一定距离就要安装必要的设备，如阻止后来车辆的应急交通灯、每隔一定距离安置火灾自动检测器以及灭火器、消火栓、水喷雾等。

在 Nihonzaka 隧道发生火灾后，对安全设备又作了进一步改进，并就隧道每公里通过 2200 万辆车发生交通事故的可能性分为 AA、A、B、C、D 五个等级，并给出了不同等级隧道所必备的应急设备。同时根据建设部的要求，对通过水下隧道及长于 5km 隧道的车辆，禁止或限制携带危险品。

(3) 国内公路隧道安全标准

类似于日本公路隧道的情况，根据不同的隧道长度及交通量，设置不同的应急设备。

由上述分析可知，在本工程的风险防范对策中应特别重视防灾系统的设计。

2.10.2 隧道防灾系统的构成

本项目中，隧道工程的抗灾体系是通过隧道工程结构、建筑、给排水、消防、通风、照明、供电等各子系统的安全或功能的冗余设计来实现，并通过监控系统将各子系统构成一个有机的整体，以实现隧道总体的防灾、减灾和救灾功能。

隧道防灾体系设计基本要求如下：

（1）总体要求

设计中贯彻"预防为主，防消结合"的防灾方针，满足"火灾自动报警系统设计规范（GB 50116）"、"公路隧道交通工程设计规范（JTG/TD 71）"等有关规范和标准的要求。

另外，从总体设计上应考虑灾害情况下人员疏散、救援的便捷与可能。

（2）工程的安全性、耐久性

结构设计应有足够的安全度，能满足防水、防火、人防抗震等要求。另外，结构设计中应考虑关键部位防腐蚀、耐久性设计，以确保本工程100年的使用年限要求。

（3）隧道建筑防灾的考虑

建筑防灾的指导思想是以防为主。设计在车道限界上部设置专门的排烟道以及沿隧道纵向每隔一段距离设置安全逃生滑梯，以利于乘行人员的及时疏散；隧道的装修均选用不燃材料；在隧道顶部设置防火内衬。

（4）通风安全保障体系

确保火灾事故工况通风系统应具有足够的排烟功能，尽可能控制烟雾和热量扩散，并为逗留在隧道内的乘用人员、消防人员提供一定的新风量，以利于人员疏散和灭火扑救。

（5）给排水、消防体系

给排水、消防专业设计应有火灾工况下扑救措施。在隧道中除采用常规的消火栓系统、灭火器系统、火灾自动报警系统外，还设有水喷雾+泡沫联动自动灭火系统。

（6）监控系统

监控系统是以确保隧道运营、人身安全及提高车辆通过能力为目的，达到疏导交通、防灾和消灾的功能。它须综合考虑，承担对整条隧道诸如风机、水泵、电力、照明等设备的监视、控制和测试；设备发生故障时告警；并在正常和非正常情况下采取相应控制措施；对整个隧道及道口实现全范围、全断面的监视；具有预警通行、关闭隧道等功能；迅速检测隧道内可能发生的诸如火灾、车祸等各种灾情；对于隧道灾害时能实时判断和报警，并自动联动相应设备、抵御灾害、把损失降至最低。

（7）紧急照明系统

在隧道及安全通道设置有适当的应急照明，确保能在隧道供电中断及发生火灾时起到诱导疏散作用。

（8）隧道管理中心或工作井应急措施的考虑

在隧道管理中心或工作井内考虑设消防、牵引急救、检修等特种车辆，当灾情发生时，能迅速进入隧道进行救援、维修作业。

2.10.3 隧道工程防灾体系分系统设计

2.10.3.1 结构、防水防灾体系

（1）结构设计中对隧道结构施工阶段、正常运营阶段的强度、刚度、稳定性都进行了计算，并有合适的、足够的安全度。为确保工程使用100年的年限，在工程设计中结构的重要性系数取1.1。同时经抗震荷载分析计算，采取针对性的抗震措施能满足抗震设防要求。

（2）本工程环境类别为D级，最大裂缝宽度限值为0.2mm；圆隧道主筋的净保护层不小于50mm，并在关键部位辅以适当的防腐蚀措施，以满足防水、防腐蚀要求。

（3）从结构、接头、接缝设计；环境保护；施工监测等方面综合考虑，减少、控制结构的沉降及不

均匀沉降，防止结构开裂及渗漏。

(4) 以混凝土结构自防水为根本，以管片接头防水为重点，多道防线，综合治理的防水设计，能保证正常运营阶段结构无渗漏、接头水密，并能适应干缩应力、温度作用、地震作用、水土荷载、地基荷载作用所引起的变形。

2.10.3.2 建筑防灾

(1) 隧道顶部排烟道的设计

隧道顶部设置专门的排烟道，火灾发生时产生的烟雾可迅速通过排烟道及隧道两端的风井及时排出，使隧道的人员可以在无烟的环境下安全逃生。

(2) 疏散救援通道

1) 明挖段两隧道间设置连接人行横通道，江南、江北明挖段各设 3 条人行横通道，当隧道内发生火灾事故时，人员可由连通道进入另一孔隧道。在江南、江北工作井中，左右线隧道之间还设有紧急疏散车行横通道，紧急情况下车辆可以调头进入另一孔隧道。

2) 设置救援通道。在每条圆形隧道的车道板下设置了专门的安全逃生通道，人员能迅速安全地离开事故地点。

3) 在行车道右侧每隔 120m 设一个逃生口和逃生滑梯，每隔 240m 设置一个灭火救援入口和梯道，直达安全疏散救援通道。并由工作井经疏散楼梯直达地面。这样，当隧道内发生火灾事故时，人员可由逃生口进入安全通道，消防人员也可利用安全通道及灭火救援入口迅速进入火场进行扑救，详见图 2.10.1。

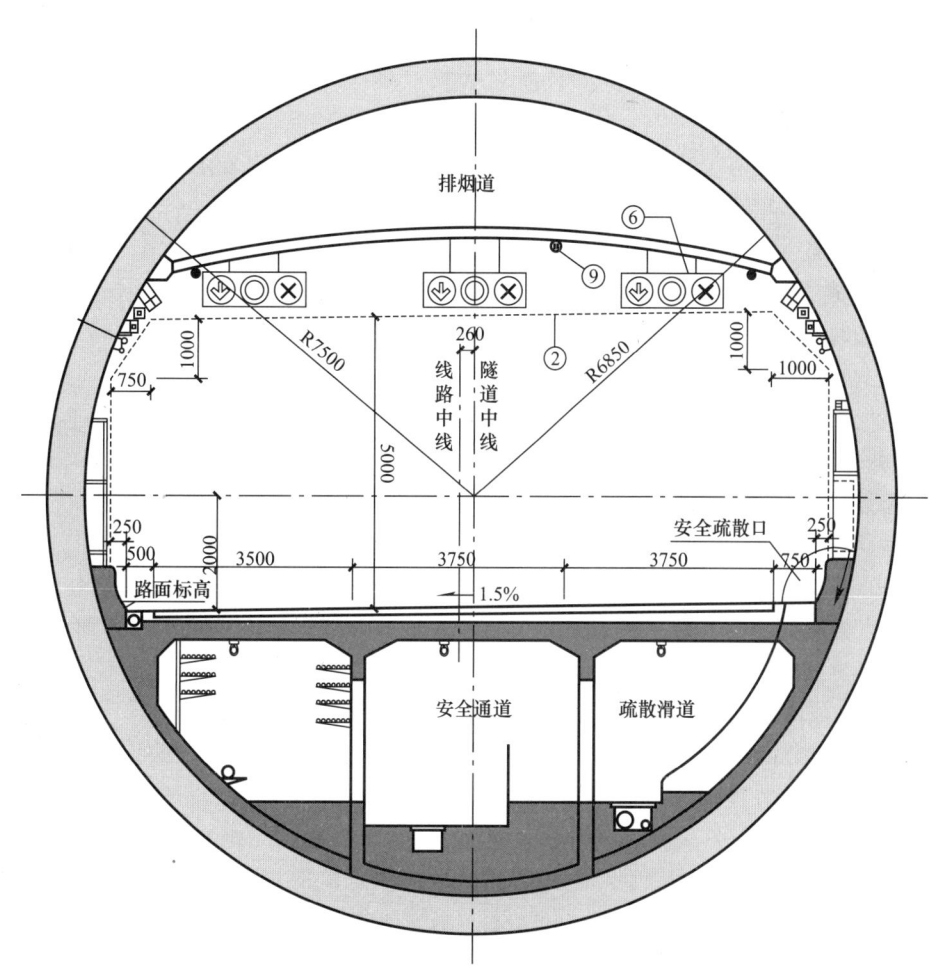

图 2.10.1 疏散救援通道布置示意图

(3) 防撞侧石

车道两侧的防撞侧石不仅在车辆行驶发生偏离时起缓冲和限制作用，而且也能有效保护隧道侧墙装修和结构不受难以修复的破坏。

(4) 防火设计

考虑耐火时间为 180min 的水平，并采用 RABT 耐火曲线进行耐火设计。为防止火灾对隧道结构的破坏作用，在隧道的顶部设置了防火内衬。

(5) 附属设施

隧道内设有安全疏散标志和安全口指示标志。

2.10.3.3 通风设计防灾措施

(1) 火灾排烟设计的标准和要求

1) 火灾工况按一次火警考虑进行设计。

2) 火灾规模根据预测交通量、交通方式和车种比例等选择 50MW 作为设计标准。

(2) 火灾工况的通风控制

本隧道采用"射流＋轴流组合式"分段纵向通风方式，每条隧道需采用 4 台 160kW 的轴流风机（工作井内）和东、西线隧道各 11 台射流风机（其中 4 台可逆转，明挖段内）。

正常运营时，隧道内车辆行驶方向为固定方向，火灾工况下，通风系统将火灾产生的烟雾通过排烟道从隧道洞口或排风口排出。

若火灾发生在进口明挖暗埋段，则可利用紧邻工作井的盾构段排烟风道排至风塔排出；若火灾发生在盾构段，则可利用着火点上方及前方的排烟口经排烟道由风塔排除；若火灾发生在出口明挖暗埋段，则利用射流风机直接排除洞口。同时开启着火点后方射流风气，避免烟雾回流。

根据 CFD 模拟计算的结果，火灾时纵向风速不小于 2.4m/s 已能控制烟层（详见 2.6.3.2 节）。

(3) 安全通道正压送风设计

安全通道按保持正压值 30Pa 计算风量。火灾时，设在两端洞口附近的两台送风机同时启动，形成通道内正压，使隧道内烟雾不向内扩散，确保人员疏散。

2.10.3.4 消防系统

(1) 消防系统组成

隧道的消防系统由以下几部分组成：

常规配置的消火栓系统；

泡沫/水喷雾消防系统；

灭火器设施等；

地面水消防系统。

(2) 消火栓系统

消火栓系统在隧道内全线布置，在隧道内侧墙上每隔 50m 设置暗装消火栓箱一组，两条隧道共有 182 组消防箱。消火栓箱门侧拉开启，内设 SN65 型消火栓 2 个、25m 衬胶水龙带 2 条、ϕ19mm 水枪 2 支、自救式软管卷盘及消防报警按钮等设施。

(3) 泡沫/水喷雾消防系统

在隧道的暗埋段及圆形隧道段内设置泡沫/水喷雾灭火系统。每条隧道内纵向分为 159 组独立的保护区段，每区段长度为 25m，设泡沫/水喷雾灭火系统喷头 10 只，对称布置在隧道两侧墙上部，每个区段设置独立的泡沫喷雾控制阀组（内含雨淋阀组、比例混合器、泡沫阀组）和报警系统。火灾发生时，相邻两保护区段 50m 范围内的 20 个泡沫/水喷雾灭火系统喷头同时动作，喷射低倍数泡沫灭火，持续时期 20min 左右，后改喷水喷雾，持续时间可达 2h。水喷雾系统用于火灾时的防护冷却，以保护隧道的主体结构，为消防队员进行扑救创造条件。喷淋系统效果见图 2.10.2。

(4) 灭火器设施

因隧道内发生的火灾多为 A、B 类火灾和带电火灾，灭火器选用手提式磷酸铵盐干粉灭火器。在隧道行车道两侧交错布置灭火器箱，间距 50m，隧道共设灭火器 180 组。每组箱内设 MFZL4 型磷酸铵盐干粉灭火器 4 具，以供扑灭初期火灾时使用。

(5) 地面水消防系统

江南、江北工作井消防泵房附近各设 2 个消火栓水泵接合器和 7 个水喷雾水泵接合器。江南和江北隧道入口各设 2 个消火栓水泵接合器，供敞开段消防用水。

图 2.10.2 水喷雾消防系统示意图

2.10.3.5 应急供电照明系统

(1) 在行车道，救援通道，电缆通道的应急照明及隧道安全门（逃生口）、隧道内（安全出口之间）、电话箱旁等处设应急照明指示标志。

(2) 根据规范要求，本工程隧道内设置应急电源供电系统，以确保隧道事故情况下，疏散及救援工作的安全进行。应急电源供电系统供电范围包括：隧道内应急照明、光电标志、监控系统、火灾报警系统、通信系统、控制中心等一级负荷中的特别重要负荷。

(3) 隧道采用集中式应急电源供电方式，在各工作井设置 1 台 UPS 电源柜向工作井、隧道区间内监控、通信和火灾自动报警系统设备等供电，应急备用时间为 2h。在各工作井设置 1 台 EPS 电源柜向工作井、隧道区间内应急照明供电。应急备用时间为 3h。

(4) 应急照明装置正常时由外电源直接供电，当外电源全部失去时，应急照明电源提供不间断的交流电源，切换时间小于 0.1s。本设计隧道内应急照明采用集中式 EPS 电源装置供电方式，应急照明供电系统在正常外部电源全部失电或在正常母线电压低于额定电压的 85% 时，自动启动 EPS 不间断的交流电源，应急时间为 3.0h。隧道行车道应急照明作为正常照明的一部分，正常工作时，作为基本照明，正常照明供电系统失电时则作为应急照明继续工作。

(5) 为确对保隧道内应急照明可靠供电，主车道内应急照明干线采用矿物绝缘电缆，以保证隧道发生意外火灾时应急照明回路的可靠畅通，满足救援工作的需要。

2.10.3.6 监控系统

(1) 系统总体结构

系统总体结构架构如图 2.10.3 所示。

(2) 中央计算机信息系统及中控室系统

系统工作站具有交通监控、设备监控、电力监控、火灾报警、闭路电视（CCTV）多媒体监视、隧道结构体健康检测等功能，并支持中控室内多媒体大屏幕综合显示。

(3) 交通监控系统

通过视频检测系统、超高检测器等现场设备，实时准确地获取各车道交通运行参数，如交通流量、速度、占有率、车头时距以及车辆是否超高等信息，为系统的交通状态判断和交通控制方式选择提供信息来源。并提供隧道任意区段的交通事故检测、报警、事故回放等。交通监控系统结构见图 2.10.4。

根据所检测的交通信息，按照一定的交通控制模行，针对不同交通情况（正常、堵塞、事故），实施不同的交通信号控制，改变各类交通信号，如：车道信号、隧道禁闭指示信号、分流指示信号、横通道指示信号等。

在不同的交通状态下，根据系统控制需要，对智能诱导显示设备的显示内容和控制状态进行灵活调整，对交通出行者进行一定的引导，辅助交通信号控制，从而达到整个交通通畅有序。同时将相关的交通信息上网（包括整个通道网、市政网等）发布，并获得相关道路的交通信息。显示设备除显示相关道路交通情况外，还可与火灾报警系统联动，实时发布救援、疏散信息。

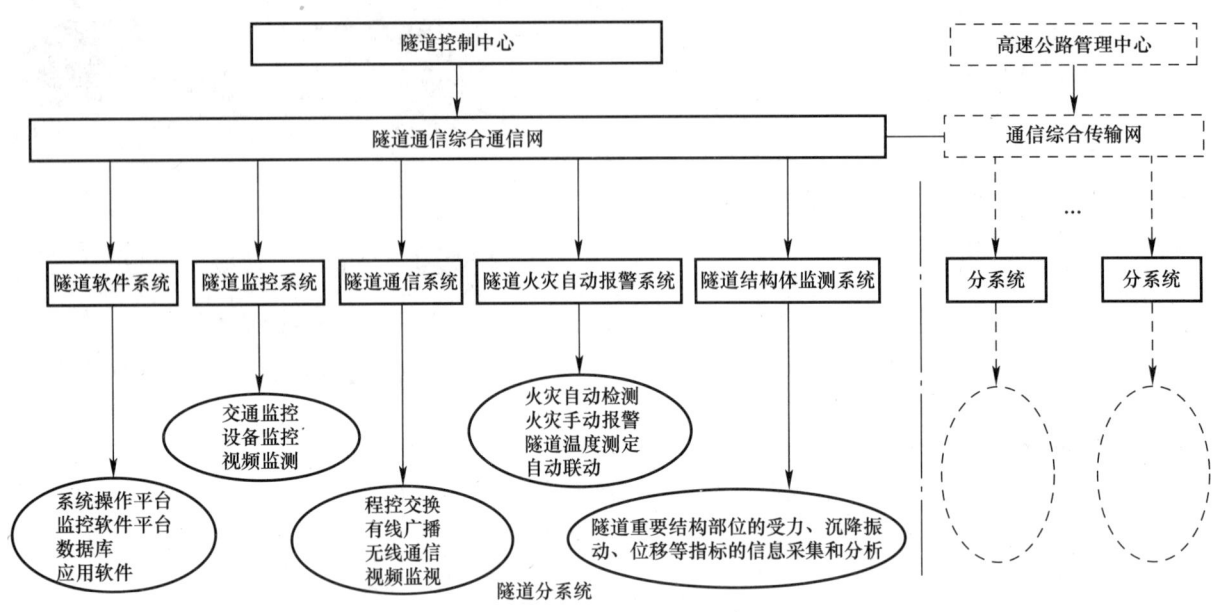

图 2.10.3 系统总体结构架构图

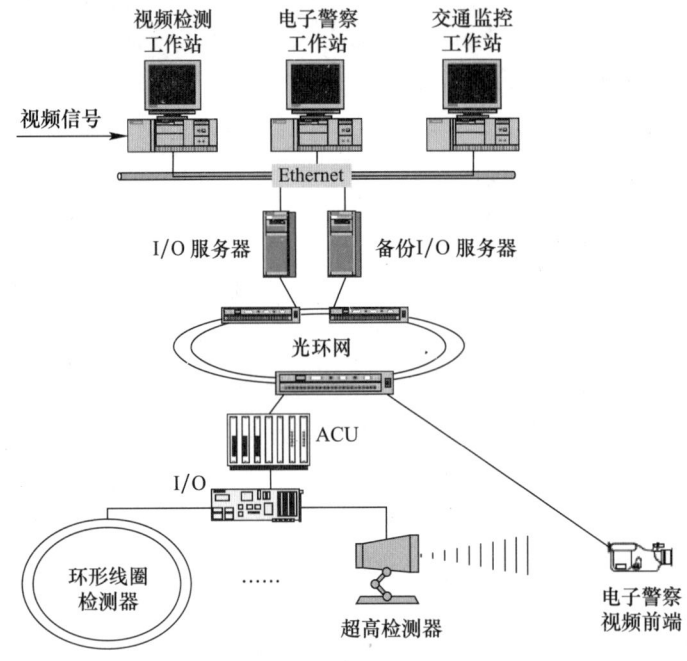

图 2.10.4 交通监控系统结构

(4) 设备监控系统

在支持火灾自动报警系统独立联动消防设施的同时,配合建立正常、火灾及交通堵塞、事故时的通风运行模式。对隧道风机、集中排风机实现必要的通断、控制、监测等操作,实现智能调节风量工作。

系统根据照度仪采集的数据,自动/手动调节出入口的过渡段(包括遮光棚段和出入口处段)照明。定时或手动控制隧道内的基本照明和节电照明,节电照明实施白天、夜间两种自控模式。

系统实时地采集雨水泵、废水泵、消防泵等工作状态及相关水位状态;并能对雨水泵、废水泵实施必要的人工远动控制和对消防泵的强制性控制。

实现现场级、中央级对电力系统的遥控、遥信和遥测等工作,支持现场 RTU 建立变电所就地信号屏,负责现场级预告信号、事故信号等的显示。

支持中心设置电力监控模拟屏，通过背投屏或等离子屏加马赛克方式显示（按分层、有事处理原则）。屏上显示各变电所的基本情况、开关运行状态、各变电所内主要电气参数、报警信号、隧道风机电力运行状态及隧道照明的运行状态等信息。

当隧道内发生火灾时，监控工作站能根据从局域网上及时获得的确认火灾信息，立即进入火灾工况，监视火灾地点风机和相关消防设施运行状况，自动起动、停止相关非消防设施，进入到火灾运行模式中。

支持系统降级处理功能。

(5) CCTV 系统

系统配置多媒体管理工作站，与中央信息网联网，参与火灾报警（FA）系统、交通监控系统等的相关联动；隧道摄像机与火灾探测器相对应设置，可由系统主机发出指令，启动CCTV切换主机将相应的摄像机摄取图像切换至详情监视器，并数字化存储、记录。多媒体管理工作站对系统设备管理、预设置、数字化编辑、存储，处理系统运行机制，接受来自以太网的报警信号并作出反应。

对监控图像信号充分利用，系统支持视频交通监控设备的设置，设备设置及功能设定满足交通管理的要求。

平常详情监视为任意断面监视，当有异常信息时，系统自动弹出画面（通过操作键盘也可任意切换所需画面）。系统通过中控室设立的监视大屏幕，对隧道情况实施全范围显示；隧道外的监视摄像机及变电所监视摄像机与详情监视器间采用对应方式切换显示；二个隧道管内的监视摄像机和综合投影屏间，采用两对一连接方式，经矩阵控制器控制，进行时序切换或人工切换交替显示。监视优先级：火灾→交通事故→偷盗→违规。

操作优先级：隧道中控室→交警监控中心→公路管理部门。

(6) 通信系统

1) 隧道设紧急电话和公务电话。紧急电话主要用于隧道内告警、抢险救灾及各种特殊情况下的通信联络，直通控制中心；公务电话用于隧道系统内部日常通信以及对外的公务通信，同时也满足与外界的数字通信的要求。系统支持隧道紧急电话使用时，在中控室综合显示屏上反映相应的地理位置的功能。

2) 控制中心人员能通过调度基地台呼叫隧道内和隧道口的无线对讲机人员；中控室基台能选呼、全呼无线对讲机，均采用双向异频半双工方式或异频单工方式工作；隧道内和隧道口处的无线对讲机人员之间可互相通信。系统可实现转播交通信息台和其他FM各频段调频广播；并可对隧道内来往车辆驾驶员播放隧道信息、通知和命令等。实现消防手机与固定消防中心台和移动消防指挥车与消防队员之间以及消防手机之间在隧道内的互相通信。能满足公安交巡警手机与公安中心台通信，满足公安一级网手机用户的通信要求。支持对系统主要设备的远程监测。

3) 通过中心有线或无线话筒，对隧道的接线道路段、引道段、暗埋段、工作井、圆隧道段、管理中心、分控中心等处，进行紧急疏散、紧急援救和日常业务管理广播；参与相关位置的火灾自动报警（FA）系统联动广播；具有有线与无线（提供调频信源）两种广播方式。

4) 隧道内发生火灾、阻塞、交通事故、自然灾害或车辆违章等情况时，中控室均可通过广播系统，对在相应区域内的有关人员发布指令、通知，进行人员、车辆调度和组织疏散引导等工作。预留在道口检查亭设置的区域呼叫站（为台式安装设备），用于道口检查亭对引道区域进行广播，与中控室的广播操作具有不同的优先级别，优先级别可以在广播系统的主机上进行调整。

(7) 火灾报警系统

接受隧道内的专用火灾探测器（分布式感温光纤）、消火栓按钮及手动报警按钮等设备的自动和手动报警信号；接受中控室等设备用房光电式感烟/温探测器、手动报警按钮等的报警信号。

必要时能对消火栓泵、喷淋泵等进行强制性直接启动控制，并接受反馈信号。对隧道内的风机进行联动控制并接受反馈信号。

报警点及消防设备状态在智能火灾报警控制器上、区域显示器上显示，也能在FA工作站（图形终端）以及综合显示屏上显示。

与中央信息系统联网通信，将经人工确认后的报警点信息上网发布给相关系统，使相关系统联动，如抑制交通联动、强切CCTV系统灾情图像至详情监视器上，强切广播系统为消防广播使用等。

2.10.4 事故工况处理及风险预案分析

突发事故是本项目防灾系统所要处理的工况，通过防灾系统对突发事故的应变模拟，即制定风险预案，不但可以验证本项目防灾系统的完备性与可靠性，而且可以进一步优化防灾系统的设计。

2.10.4.1 钱江隧道的基本事故种类

钱江隧道的基本事故种类包括正常交通、交通阻塞、特殊警告、车遗残骸、坏车、轻度交通意外、严重交通意外、火灾、洪水淹没、车道变速控制、停电、一氧化碳超标、车辆超高等。

2.10.4.2 交通事故工况的处理分析

交通事故工况一般按事发程度不同，划分为：轻度、中度和严重三种。针对这三种情况，处理方式将会有较大的变化。

一般轻度交通事故，可能造成隧道的短时间拥堵，车辆可以缓慢通行。系统处理将落实在以下三个方面：限制进入隧道车辆数量；启动交通监控拥堵工况，在隧道内至事故地点段区域预警指示，并重新组织车流分组通行；现场指挥，处理事故车辆，以免事态扩大。

中度交通事故，可能造成隧道的阻塞，事故前车辆将无法通行。系统处理将落实在以下四个方面：禁止车辆进入隧道；启动交通监控阻塞工况，向事故地点后车辆下发指令迅速离开；调用拖车至事故地点工作；中控室处理事故分析信息，判断责任人。

严重交通事故，可能造成隧道的阻塞、人员伤亡、火灾、隧道部分受损等。系统处理将落实在以下几个方面：隧道停止使用，中控室将根据事故地点情况，确定向江北或江南的"120"求助；启动交通监控阻塞工况，向事故地点后车辆指令迅速离开；组织相关人员处理事故车辆、抢修隧道、保护伤员；实时指令组织隧道内受阻车辆迅速离开。

2.10.4.3 火灾事故工况的处理分析

隧道火灾发生一般有三个原因：一、交通事故；二、电力系统故障；三、故意纵火等。无论是何种原因，只要火灾产生，隧道均将停止使用，并在中控室的统一指挥下，实施消灾、救灾和救护等工作。

在这里就隧道内因交通事故导致火灾发生的情况，简单分析一下系统的兼容性处理功能。首先监控系统中的火灾自动检测系统将实时火灾信息（时间、地点）发给中心，并在中控室产生报警。在经人工确认报警后，该系统将根据预先设置的联动流程，自动实施排烟、控火工作。监控系统的其他分系统也将根据火灾信息，在中央计算机系统的统一协调下，产生相应的联动动作。

按火灾工况模式图操作的应变步骤，一般分为六个阶段：

第一阶段：火灾检测、报警、警报等（用时：30~60s），确认报警设备种类（火灾探测器、手报按钮、紧急电话、接线道路管理中心接线道路报警等）。

第二阶段：通过CCTV设备，确认灾情报警（真报、误报）、方位、时间等（用时：0~30s），选择并确定预案，向隧道现场、接线道路管理中心发出警告/报、通知等。

第三阶段：执行预案（自动联动或按指令顺序操作）（用时：90~150s），确认交通流控制、排烟控制、消防控制预案，按流程执行，通过有/无线广播等设备指挥现场人员行动；根据具体情况，下达指令至应变部门组织抢险；同时上报消防部门、救护部门。

第一至第三阶段应变步骤见图2.10.5。

第四阶段：应变响应（用时：5~10min），救援救护人员到场，在中控中心的统一指挥下，执行应变计划流程，根据具体情况决定实施第五或根据第六阶段工作。

第五阶段：疏散与人员救助（用时：根据具体情况而定），现场应变人员指挥疏散，车辆撤离，有/无线广播和智能信息板配合指令、信息发布等。

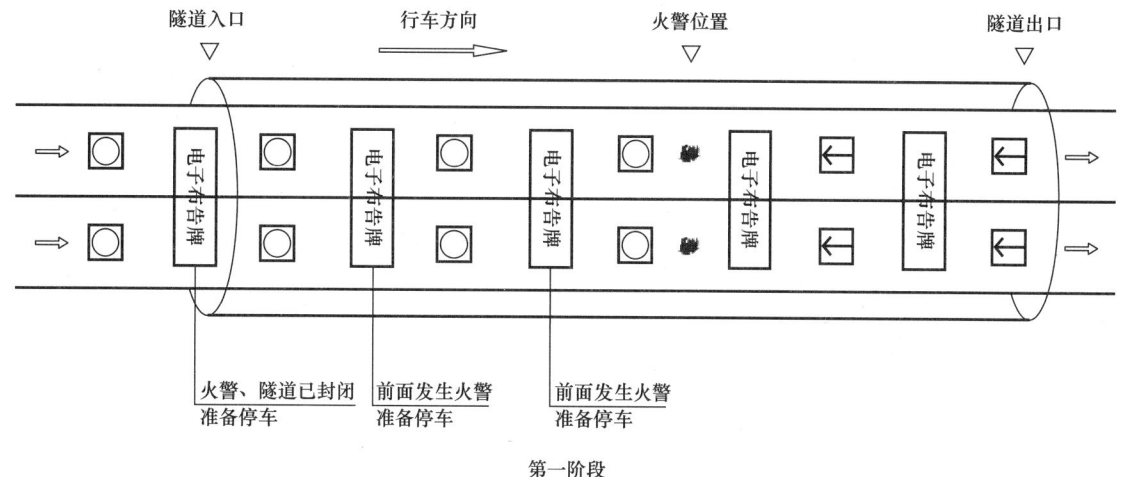

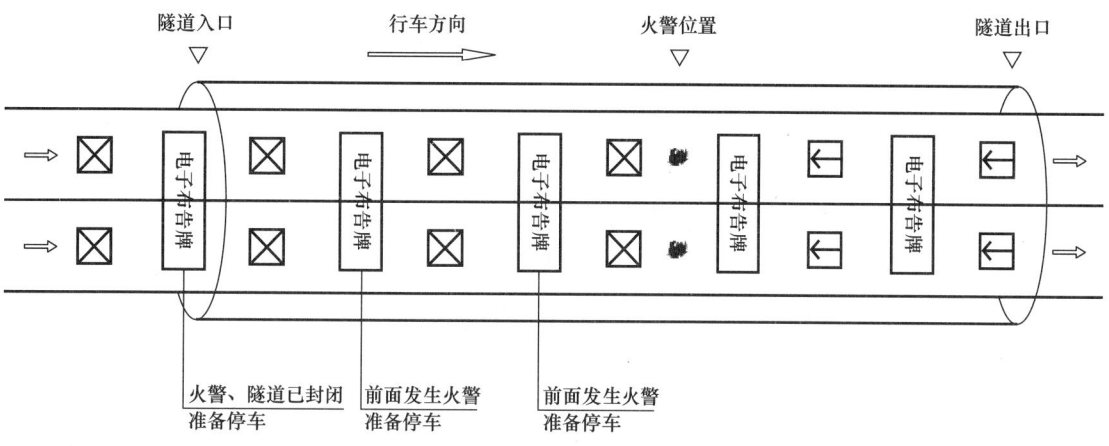

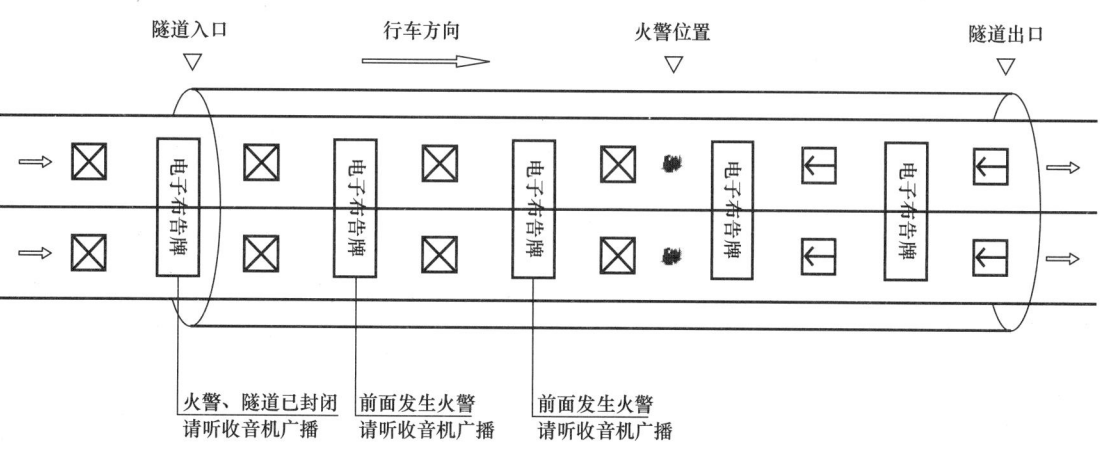

图 2.10.5 第一至第三阶段应变步骤

第六阶段：恢复及清理（用时：根据具体情况而定），确认灾情消除，清理现场，恢复现场通行条件，按恢复通行预案操作运营。

另外，通信系统应支持：自动连接到"119"、"120"报警、求援，同时与隧道内保持无间断联系，并实时发出相关指令和要求等；设备监控系统应支持：自动进入相关的火灾模式；在进入火灾工况模式后，重点监控电力情况，防止二次火灾的发生。

2.10.4.4 其他事故工况的处理分析

其他事故工况主要包括：系统内故障如中央计算机系统中断、现场网络通信中断；系统外其他设备如江中泵故障造成隧道内积水；隧道内车辆违章等。由于这些故障可能发生，也就可能造成上述突发事件工况，因此，在处理方面主要还是以防御为主，一旦发生按预案处理的原则。

在一般性隧道中，事故工况时很少考虑实施隧道内救援救护，但长、大隧道系统应针对逃生和救护编制相应的处理预案。

综上所述，本防灾救援系统的设计是完备、可靠的。

2.11 附属工程及接线工程设计

2.11.1 隧道内路面设计

针对隧道内路面使用环境恶劣、修补困难的特点，隧道内路面结构层采用改性沥青混凝土路面结构。结构设计如下：4cm 表层 SMA-13 改性细粒式沥青混凝土；其下 6cm 中面层 SMA-20 中粒式改性沥青混凝土；以下为主体混凝土结构填充层或钢筋混凝土结构路面板。

2.11.2 隧道管理中心设计

2.11.2.1 管理中心的功能

管理中心是隧道正常运营管理的中枢，设置隧道管理中心可集中承担隧道的通风、照明、消防、给排水、交通监控、设备监控、火灾报警等基本功能，并可承担隧道日常工程车、抢险车、故障车等车辆的停放，同时也可以提供隧道管理人员的办公场所，以便对隧道进行日常管理。

2.11.2.2 管理中心选址原则

管理中心的选址，主要考虑以下原则：
(1) 对地块规划用途的影响；
(2) 与周边环境的协调性；
(3) 与风亭分、合建的合理性；
(4) 车辆及人员进出管理中心的便利性；
(5) 从管理中心进出隧道的交通便利性；
(6) 管理中心的经济技术性。

2.11.2.3 管理中心选址

针对本工程的特点，结合隧道管理中心选址原则，初步选择江北 K10+800 附近路线前进方向的右侧或江南 LK16+200 附近路线前进方向的左侧设置管理中心进行比选。鉴于江北管理中心地块位于盐官西互通与隧道之间，且二者的距离近，仅约 1000m，管理中心车辆的进出对主线车辆行驶的影响比较大，而江南管理中心地块有利于管理中心车辆的通行及停放，推荐隧道管理中心设置于江南 LK16+200 以东处周围的地块中。

2.11.2.4 管理中心设计

(1) 建筑设计

1) 建筑规模和标准

管理中心大楼为地面四层建筑，建筑高度 19.35m，屋面板顶 18.8m，室内外高差 0.45m，其中，一层层高 4.8m，二、三层层高 3.9m，四层层高 6.3m，大楼内布置隧道管理所需控制室、办公室、生产车间、交警办公、设备用房和变电所等。

管理中心大楼建筑耐火等级为二级，建筑使用年限 50 年，屋面防水等级 Ⅱ 级。

总建筑面积：$3162.4m^2$。

2) 功能布置

一层：大楼底层结合入口门厅营造了一个通透的大空间，弧形的幕墙面向广场。主要布置变电所、机械维修车间、消防泵房、交警办公、值班等房间。

二、三层：主要布置办公用房、会议室、维修室、配电室和强弱电班。四层：布置中央控制室、弱电设备室和相关设备用房。

垂直设计：大楼设两部楼梯间作为主要的上下联系通道；另设一部1t无机房电梯供设备维修使用。楼梯之间以走廊和过厅连接。

3）立面造型设计

管理中心大楼的造型体现了办公性建筑的简洁、明快，体现时代感，沿主要道路方向采用通透的蓝色玻璃幕墙与银灰色实墙形成虚实对比，加上纵横两个方向的构架，形成网格化的线条和面的结合，突出主入口，创造出轻盈动感的视觉效果。整个建筑风格清新统一，严谨中富有变化，给人以端庄稳重感。

4）装修设计

管理中心大楼装修采用较高装修标准，重点装修部位，如门厅、中央控制室、会议室进行重点装修。主入口处采用玻璃幕墙，门厅地面采用花岗石；中央控制室及其设备用房采用防静电内装修设计，墙面、顶棚均采用防静电、防火A级防火材料。其他设备用房根据设备布置要求，选择合适的装修材料。办公室采用涂料墙面、玻化砖地面、矿棉板吊顶。消防泵房、变电所等设备用房根据专业要求选用装饰材料。

(2) 结构设计

1）荷载标准

① 永久荷载

结构自重：钢筋混凝土：$25kN/m^3$

素混凝土构件：$23kN/m^3$

钢：$78.5kN/m^3$

加气混凝土：$25kN/m^3$

电梯及其他定型产品，根据厂家提供的资料进行。

② 可变荷载

基本风压$0.5kN/m^2$，地面粗糙度为C类。基本雪压$0.5kN/m^2$。

一般楼面活荷载标准值按《建筑结构荷载规范》GB 50009执行，具体如下：办公室、会议室、更衣室$2.0kN/m^2$；门厅及外廊$2.5kN/m^2$；有分隔的蹲厕公共卫生间（包括填料、隔墙）$8.0kN/m^2$；中央控制室、民用通信机房$6.0kN/m^2$。

钢筋混凝土屋面：不上人：$0.5kN/m^2$，上人：$2.0kN/m^2$。地震作用：按抗震设防烈度6度。

其他工艺房屋按相关专业资料取值。

2）建筑材料

① 混凝土

地下室底板、侧墙、梁、柱、板、基础：C40。

地下室、基坑底板素混凝土垫层：C15。

混凝土结构的环境类别：室内正常环境属一类，室外（屋面板及外挑板）及±0.000以下属二a类。

混凝土保护层厚：梁一类环境25mm、二类环境30mm，柱30mm，楼板15mm，屋面板及外挑板20mm。

② 钢材

钢筋：HPB235级钢筋，HRB335级钢筋，HPB400级钢筋。

③ 砌体框架填充墙±0.000室内地坪标高以上采用蒸压加气混凝土砌块，±0.000室内地坪以下填充墙采用页岩砖。

3）耐火等级

本工程耐火等极为二级，结构构件按二级耐火等级要求设计选用。

4) 设计原则

① 满足相关的现行国家和地方设计规范和规程。

② 结构设计以满足使用功能为前提，确保结构安全可靠、技术先进、经济合理、受力明确、传力简捷，并具有较好的整体性和延性。

③ 结构设计分别按施工阶段和使用阶段进行强度、变形计算，并进行裂缝宽度验算，同时满足耐久性的要求和防火、防水、防锈、防雷、抗浮等要求。

④ 结构尺寸满足建筑净空、设备安装、使用功能以及施工工艺的要求。

⑤ 综合考虑上部结构类型、工程地质、水文地质条件、环境要求、使用要求等选择合理的持力层及基础形式。

⑥ 本工程建筑结构的安全等级定为二级，设计使用年限为50年。根据《建筑抗震设防分类标准》GB 50223—95、《建筑抗震设计规范》GB 50011—2001的有关规定，本工程建筑抗震设防类别为乙类，框架抗震等级为三级。结构设计时采取相应的构造处理措施，以提高结构的整体抗震性能。

⑦ 北岸场地土类别为软弱场地土，建筑场地类别为Ⅳ类，南岸场地土类别为中软场地土，建筑场地类别为Ⅲ类。考虑地下水有侵蚀性，基础采用钻孔灌注桩。

5) 结构布置

采用钢筋混凝土框架结构，主体结构四层。柱网尺寸横向3.3+7.8（6）+6.6m、纵向7.2+9m，框架柱截面尺寸中柱600mm×700mm，边柱500mm×600mm；框架梁截面尺寸纵向主要为300mm×800mm、300mm×700mm，横向主要为300mm×800mm。主要板跨3.9m，板厚一般为120mm。

基础采用柱下条形基础，桩径800mm，预计桩长30m，单桩承载力特征值1000kN。

结构自震周期和主要参数见表2.11.1。

结构自震周期和主要参数表　　　　　　表2.11.1

振　型	1	2	3
周期（s）	0.9868	0.9691	0.9354
平动系数	1.00	0.98	0.21
扭转系数	0.00	0.02	0.79
作用方向		x	y
楼层最大层间位移与该楼层平均值的最大比值		1.27	1.46
楼层层间最大位移与层高之比的最大值		1/907	1/714
底层地震剪力（kN）		2375	2380

(3) 空调设计

1) 室外设计参数：

夏季：干球温度35.7℃；空调湿球温度：28.5℃；冬季：空调干球温度：−4℃；相对湿度62%。

2) 管理中心大楼的控制室、机房及电源室根据工艺要求设置空调，其他办公室设置舒适性空调，夏季空调室内设计温度26～28℃，相对湿度＜65%，冬季室内设计温度18～20℃。空调系统采用变频多联空调，采用天花板嵌入导管内藏式室内机，空调室外机按层设置，分别布置在二、三、四层的阳台花园上。室外新风经全热新风换气机处理后直接送风各房间。

3) 冷凝水管采用塑料管。

(4) 通风设计

管理中心的配电室、卫生间、变电所、消防泵房和机械维修车间设置机械通风系统。其中消防泵房、卫生间分别按5次/h、10次/h换气次数计算通风量，其余房间按排除余热计算通风量。

(5) 给排水及消防设计

1) 给水水源采用城市自来水，供水压力为0.25MPa，由城市管网压力直接供水，供水管道采用

PP-R 塑料给水管，入口设水表计量。

2）排水采用雨污分流制。排水管道采用 UPVC 塑料排水管。

3）根据《建筑设计防火规范》设置室内消火栓灭火系统。消防水量为 15L/s，消火栓出水量不小于 5L/s，立管流量不小于 10L/s，消火栓管道布置呈环状，消火栓布置保证室内任何部位均有两股水柱同时到达，充实水柱不小于 10m，屋顶设置试验消火栓。

4）消防系统采用临时高压制式，屋顶设置消防水箱。消防水量和水压由消防加压泵房保证，泵房设置消防泵组，采用自灌式吸水。室外设置消防水泵接合器，消防水池由我院室外给排水专业设计。

5）消火栓系统管材采用热镀锌钢管，管径大于 $DN100$ 时采用沟槽连接，管径小于 $DN100$ 时采用丝接。

6）电源室、电器设备室设七氟丙烷无管网自动灭火装置。

7）除中央控制室、通信设备用房设二氧化碳灭火器外，其余房间设干粉灭火器。

2.11.3 风塔设计

2.11.3.1 建筑设计

风塔设于工作井顶板上，半地下一层地面标高为地面以下 4.4～5.0m（即工作井顶板面），地面以上高度约 30m。主要功能为通风、排烟。风口处设在离地面 25m 处，根据设备布置，主体分为四层：一层主要布置消声器，二层布置主风机，三层布置消声器，四层及以上为通风空间，建筑耐火等级一级，屋面防水等级 Ⅱ 级。并在一层设有疏散出入口。建筑面积：江北风塔 1253.5m^2，江南风塔 1387.7m^2。

风塔造型特点：以工艺体量为基础，结合体块穿插的手法，采用实面与虚面形式作对比，运用铝板与钢构架材料使建筑物具有较强的外部机理，体现时代感及现代气息。两风塔造型上表现为反对称布置，反映出空间的规则感。

2.11.3.2 结构设计

采用钢筋混凝土框架结构，主体结构四层。柱网尺寸横向：江南 7100＋6000＋7700，江北 7800＋7200＋7800，纵向：江南 4600＋5700（2）＋7200，江北 6750＋5700（2）＋5400。

框架柱截面尺寸 700mm×700mm，框架梁主要截面尺寸 300mm×700mm，300mm×600mm，设备层板厚 150mm，其余 100mm。基础落于工作井顶板上。

2.11.4 光过渡带

2.11.4.1 建筑设计

为了消除进隧道的"黑洞效应"及出隧道的"白洞效应"，确保行车安全，在隧道洞口暗埋段的两端，设置光过渡段遮光板。光过渡由自然光过渡及人工光过渡组成，长约 75m。自然光过渡段由隧道遮光带设计，采用轻型钢架结构，中部覆盖银灰色铝板及钢化夹胶玻璃采光带，附以少量装饰线条或色带，两边支撑于隧道侧壁上，中间立柱落于道路中央的隔离带上。光过渡段的屋盖横剖面呈弧形，顶棚上开有天窗，将自然光引入，由洞口向外逐步增多。光带的间隔由敞开段向暗埋段洞口处逐渐加密，使隧道内透光率逐渐减少，光线自然过渡，提高行车驾驶的视觉舒适性。采光带形成的连续阴影产生的趣味性使驾驶员们精神放松，心情愉快。同时，整个造型融入周围环境，美观而和谐。预计洞口处的天然照度比敞开段降低 60%～70%左右。

2.11.4.2 结构设计

本工程建筑结构的安全等级定为二级，设计使用年限为 50 年。根据《建筑抗震设防分类标准》GB 50223、《建筑抗震设计规范》GB 50011 的有关规定，本工程建筑抗震设防类别为乙类，框架抗震等级为三级。结构设计时采取相应的构造处理措施，以提高结构的整体抗震性能。

结构体系为钢管桁架结构。

主要构件选用：

钢梁上、下弦杆：截面 $\phi 273 \times 14$，材质 Q235-B 焊接钢管；

直腹杆、斜腹杆：截面 $\phi 54 \times 5.0$，材质 Q235-B 焊接钢管；

钢管柱：截面-500×20，材质 Q235-B 钢板；

加劲肋、钢板、封头板等次要构件：材质 Q235-B；

焊接材料：E43XX 型焊条。

2.11.5 隧道机械系统设计

2.11.5.1 疏散滑道

（1）概述

1949~1996 年世界道路协会国家发生的严重火灾报道，隧道重大火灾的平均伤亡率为 5.3%，其中死亡 2%，伤害 3.3%；2003 年 8 月 19 日发布的"隧道火灾数据库事故记录"中的严重火灾记录表明，隧道重大火灾的平均伤亡率为 10.8%，其中死亡 5.6%，伤害 5.2%。显而易见，隧道内发生火灾，严重威胁着人身安全。

在隧道中与火灾有关的风险如下：

1）大火本身对人所造成的危险——人会直接接触过高的热量；

2）大火对隧道结构和它的系统所造成的危害——混凝土的高温会导致混凝土剥落甚至可能引起坍塌；

3）大火产生的烟雾所造成的危害——能见度低，人会吸入有毒的气体等。

采用如下措施，可以为在隧道中的人改善安全性能，从而降低火灾所造成的危害和后果：

1）在火灾发生时缓解隧道中的交通堵塞；

2）防止隧道中交通堵塞的发生；

3）为在隧道中被困的人改善逃生的条件；

4）安装消防系统。

在隧道内设置疏散滑道，当火灾发生时，火灾中心附近的疏散滑道盖板打开（电动或手动），受困的人群可通过疏散滑道进入隧道下部的安全通道内，经由竖井出地面，确保将火灾所造成的危害和后果降到最低。

（2）设计原则

1）疏散滑道设计应能满足当火灾发生时，受困的人群可通过疏散滑道进入隧道下部的安全通道内，经由竖井出地面。

2）疏散滑道采用刚性弧形结构，滑道材料选用玻璃钢或不锈钢。

3）疏散滑道入口盖板采用侧开式，开启方式采用现场电动控制（停电或设备出现故障时，也可现场手动开启）。

4）疏散滑道入口处设置声光引导信号。

（3）疏散滑道方案设计

1）疏散滑道的形式及布置

在竖井之间的盾构隧道内设置疏散滑道（每 120m 设置一处，每条隧道设置 27 处，共设置 54 处），当火灾发生时，火灾中心附近的疏散滑道盖板打开（电动或手动），受困的人群可通过疏散滑道进入隧道下部的安全通道内，经由竖井出地面。

疏散滑道采用刚性弧形结构，滑道材料选用玻璃钢。

疏散滑道入口盖板采用侧开式，开启方式采用现场电动控制（停电或设备发生故障时，也可现场手动开启）。盖板采用钢结构，其强度满足汽车行驶要求。

2）疏散滑道引导系统

在疏散滑道入口处设置声光引导信号。隧道火灾发生时，疏散滑道盖板开启处发出声光信号，在隧道广播的引导下，被困人群可顺利逃往疏散滑道入口。

2.11.5.2 灭火救援梯道

为保证隧道发生火灾时,消防人员能够及时快速到达火灾现场,在盾构隧道内设置有消防灭火救援梯道。每隔240m设置一处(与疏散滑道间距60m),每条隧道设置13处,共设置26处。

灭火救援梯道由救援楼梯和救援出入口盖板组成。盖板采用侧开式,开启方式采用现场电动控制(停电或设备发生故障时,也可现场手动开启)。盖板采用钢结构,其强度满足汽车行驶要求。

2.11.5.3 其他设施

(1) 电瓶输送车

在盾构隧道下部安全通道内设2部电瓶输送车(每条隧道各1部)及充电设施,作为维修和抢修人员的交通工具。

(2) 电梯

在管理中心大楼内设1t电梯1部,用于工作人员和小型工具的垂直升降。

各种设备型号及数量见附件主要机械设备数量表。

2.11.5.4 维修设施及其他

疏散滑道、隧道通风系统的大、中修考虑委托专业机构进行,其日常保养由隧道管理机构负责。

电梯的大、中修由厂家负责,其日常保养由隧道管理机构负责。

疏散滑道和救援通道设施、密闭门及通风系统的维修设施一并考虑,维修设备型号及数量见附件主要机械设备数量表。

在管理中心大楼内设维修用房,面积约50m^2。

2.11.5.5 定员

疏散滑道、救援通道及电梯日常按无人值守设计,其维护定员与通风系统一并考虑,定员7人,由隧道管理机构统一调配。

2.11.6 交通工程设计

2.11.6.1 设计内容

交通安全设施在交通工程沿线设施中占有十分重要的地位,它对于确保道路交通安全、舒适、高效,最大限度地发挥高速公路的效益起着非常重要的作用。设计内容包括:道路交通标志,隔离设施,交通标线和标记、突起路标,路侧护栏及中央分隔带护栏,防眩设施,视线诱导设施。

2.11.6.2 交通标志

(1) 设计原则

交通标志是以确保交通和行车安全为目的,给全社会道路使用者提供方便为原则,结合道路线形、交通状况、沿线设施等情况,按交通标志的不同种类进行设置。本项目交通标志的设计主要以《道路交通标志和标线》GB 5768为依据,结合本项目的特点进行有针对性的设计。

(2) 版面设计

1) 版面布置

主线上标志汉字高度采用60cm。

所有交通标志除地名采用汉语拼音外均采用中英文对照,英文采用大写字母,字高约为汉字高度的一半。译名按照有关规则翻译。

主线上的指路标志采用绿底白字。

2) 版面材料及反光膜

本段版面主要按铝合金板加龙骨进行设计,部分版面按3mm挤压成形的铝合金板进行设计。其材料的物理、力学指标应符合《道路交通标志和标线》GB 5768规定。标志版面反光膜一般为二级。

(3) 结构设计

标志结构有单柱、单悬臂、门架(在设计范围以外)及附着式等。

标志铝合金板采用于A02(旧牌号为LF2-M),槽铝为LY2,结构设计中主要考虑风荷载,风荷载采用400Pa，标志支撑件采用Q235钢，桥上部分落地标志基础地脚螺栓采用冷拉Ⅳ级精轧螺纹粗钢筋，自行加工、螺母采用与地脚螺栓钢号相同或更高的螺母。所有钢构件采用热镀锌。金属构件镀锌层厚度≥600g/m²，紧固件镀锌层厚度≥350g/m²，镀锌后应清理螺纹或进行离心分离处理。

2.11.6.3 交通标线及标记

(1) 主线标线及突起路标

主线上道路标线包括车道分界线、车道边缘线、减速标线、车道指示标记等。主线上标线及标记颜色均为白色，设计均采用热熔2号标线。减速标线采用热塑振荡型标线。行车道边缘线为实线，宽度20cm。主线行车道分界线为6~9m虚线。标线厚度均为1.8（+/-0.2）mm，车距确认标线厚度采用4.5（+/-0.5）mm。施工时根据情况可采用预成形标线带。在高速公路上设置突起路标可增强标线视认性，同时当车辆越过突起路标时引起震动感可对驾驶员有一定的警示作用。因此本项目在全线道路左、右侧的行车道边缘线外侧连贯设置突起路标。突起路标布设间距根据情况为6~15m。该减速标线采用振荡型标线。

(2) 强制减速带

道路强制控速设施技术近年来国内业内取得很大的认同，很多地区都对事故多发路段使用强制减速措施进行车速的强制控制。鉴于过江隧道两端坡度较大，为了行车安全，本次设置强制减速带。设置如下：标志速度120km/h至标志速度100km/h、标志速度100km/h至标志速度80km/h的过渡路段长度均至少按2km设置；左线标志速度100km/h设置于LK19+675，标志速度80km/h设置于LK17+675；右线标志速度100km/h设置于RK7+648.604，标志速度80km/h设置于RK9+648.604。

减速带可采用路面薄层铺装配合路面文字标记、震颤标线等方式，铺装的防滑要求、宽度、间隔尺寸应满足相关规范要求。

(3) 标记

隧道内紧急电话指示标志和消防设备指示标志设置应与相关设备统筹考虑，该标志由相关专业设备厂家配套提供。

2.11.6.4 护栏

为了降低车辆越出路外或越过中央分隔带冲入对向车道时所造成事故的严重程度，本隧道敞开段路侧及中央分隔带根据需要设置必要的防撞护栏。设置护栏并不能避免交通意外的发生，但可以降低事故的严重度。护栏的设置应着眼于减轻对人、车的伤害。本段设置的护栏主要为加强型。加强型护栏立柱间距采用2m。

2.11.6.5 视线诱导设施、其他设施

轮廓标用于诱导驾驶员前方的视线。为提高视线诱导功能，轮廓标一般采用圆形，直径为0.1m。主线上轮廓标间距为50m。轮廓标颜色：沿行车方向的左侧为黄色，右侧为白色。

2.11.6.6 其他

交通标志施工时，应严格按照部颁施工规程进行，应注意反光膜张贴的精度和质量。反光膜拼接时应避免反光膜颜色及反光效果不同。

大型交通标志可采用拼装。拼装后的板面必须保持平整，避免因板面不平整导致反光效果差异。

门架标志的基础与通信管道之间有一定的相互影响。门架标志基础施工时，如果通信管道已经完工，则开挖时一定要做好对通信管道的保护。基础回填土时，通信管道周围一定范围内必须采用细土或细砂。

地点距离标志上的距离数值在施工前应进一步复核。

2.11.7 江南接线工程设计

2.11.7.1 概述

(1) 设计标准

采用中华人民共和国交通部颁发的《公路工程技术标准》JTGB 01—2003规定的六车道全封闭、

全立交、控制出入口的高速公路标准。设计车速120km/h，里程长350m，主要标准如下：

1) 计算行车速度：120km/h。
2) 路基宽度：

整体式断面：34.5m；

其中：行车道宽度：3×3.75m；

中央分隔带：3.0m；

左侧路缘带：2×0.75m；

硬路肩（含右侧路缘带0.5m）：2×3.0m；

土路肩：2×0.75m。

3) 设计荷载：

路面：标准轴载：100kN；

桥涵：计算荷载：公路-Ⅰ级。

(2) 占用土地情况

本段连接线沿线基本为围垦蟹塘、鱼塘，设计文件公路用地表中所列数量，是按路基用地界碑以内范围征用。全线共计需征用旱地12512m², 养殖塘5462m²。

2.11.7.2 路基路面及排水

(1) 一般路基的设计原则、依据及情况

1) 设计原则

① 设计遵循现行规范的要求，根据路基的填筑高度、地下水位情况以及填料性质划分本工程路基的干湿类型，借此确定路基设计方案和路面结构组合等。

② 路基设计要因地制宜，充分考虑地形、地质、气象和水文等自然条件及周围的社会条件，做到与地形、周围环境相协调，充分考虑不良地质对路基的影响，从而提出合理的路基防护和排水措施。

③ 路基工程在道路工程费用中所占比例较大，所以考虑路基工程的经济性质也是路基设计的重要原则。

④ 路基要与路面成为一体，且作为路面的基础工程，应严格掌握路基填筑材料的材性，并提出经济合理的填挖方案，确保路基的强度和密实度。

⑤ 路基设计要注意水土和环境保护，并加强沿线绿化，改善变化后的地形景观。

2) 设计依据

① 现行的国家或部颁规范，如《公路工程技术标准》JTGB 01、《公路路基设计规范》JTGD 30、《公路排水设计规范》JTJ 018；

② 《钱江通道及接线工程可行性研究报告》；

③ 省计委"关于钱江通道及接线工程可行性研究报告的批复"；

④ 沿线路基防护、排水和筑路材料调查报告。

3) 路基设计情况

① 路基横断面布置

整体式路基宽度为34.5m，布置如下：3.0m的中央分隔带+2×0.75m的内侧路缘带+2×11.25m的行车道+2×3.0m的硬路肩+2×0.75m的土路肩。其中两侧硬路肩各包括一道宽度0.5m的外侧路缘带。整体式路基设计线为路基中心线，设计标高为中央分隔带外侧边缘标高。行车道、路缘带及硬路肩横坡为2%，土路肩为3%。

对于土石混合料路基，路基填高<8m时，边坡坡率为1:1.5；路基填高>8m且≤16m时，路基顶向下8m处每侧设宽2m的护坡道，上级坡采用1:1.5的坡率，下级坡采用1:1.75的坡率。

② 土石混合料路基填筑材料和压实度全段路基填料采用土石混合料（岩渣），填料最大料径要求路槽以下0~80cm不大于10cm，80cm以下不大于15cm，零填及堑0~30cm内不大于10cm。

压实度要求采用重型击实试验标准。

具体压实度要求如表 2.11.2。

路基压实度　　　　　　　　表 2.11.2

项目分类		路面底面以下深度（cm）	填料最大粒径（cm）	填料最小强度（CBR）（%）	重型压实度（%）	固体体积率（%）
填方路基	上路床	0～30	10	8	>96	>86
	下路床	30～80	10	5	>96	>86
	上路堤	80～150	15	4	>94	>84
	下路堤	>150	15	3	>93	>82
零填及路堑路床		0～30	10	8	>96	>86

（2）不良地质路段及特殊路基设计原则、依据及方案

1）设计原则：

结合当地地质、地形地貌、气候等自然条件及周围的社会条件，因地制宜地选用经济合理的设计方案，力求根治，确保高速公路的安全。

2）设计依据：

①《钱江通道及接线工程可行性研究报告》；

②《公路路基设计规范》JTGD 30。

3）软土地基处理方案

① 接线工程地质条件描述

地质勘察在全线共揭示了 4 个工程地质层组，地层岩性描述如下：

a. 淤泥质黏土：为灰色，流塑状，厚度在 12～22m，南岸陆域部分为灰黄色，松散中密状的亚砂土层，厚度在 22～27m。该层岩土容许承载力 $[\sigma_0]=60\sim120$ kPa。

b. 粉质黏土、黏土：为灰色，饱和，软塑～硬塑状，含少量的江石。土层厚度为 44～72m。该层岩土容许承载力 $[\sigma_0]=80\sim250$ kPa。

c. 砂砾、卵石层：为白色、杂色，中密～密实状，有灰白色，厚层状稍密中密实的中砂夹层。该层岩土容许承载力 $[\sigma_0]=300\sim400$ kPa。

d. 晶屑熔结凝灰岩：主要分布于南岸和大部分水域，基岩顶板埋深在 118～141m，与北岸的泥质粉砂岩呈断层接触，断裂破碎带宽 10m，断距约 6m。

本线路穿越围垦鱼塘、蟹塘等，塘底分布 0.2～0.5m 的塘泥，呈流塑状，具高压缩性，若不清理直接堆积易发生不均匀沉降，使路堤失稳或路面开裂。另外，一般路段地层上表部均覆有 20m 左右的硬壳层，20m 以下为淤泥质黏土。

② 沉降及稳定控制

一般路段，工后沉降控制不大于 30cm，隧道引道与路基相邻处差异沉降不大于 10cm。稳定计算安全系数不小于 1.2。

③ 处理措施

一般地段（K15+900～K16+200 段）因填土不高、硬壳层较厚的路段，沉降与稳定均能满足要求，设计不进行处治，作一般超载预压处理，当此类路段经计算稳定安全系数不满足要求时，采用土工格栅提高路的整体刚度和适应变形的能力，土工格栅铺设层数根据计算确定。

而路基在 K15+850～K15+900 段为通道与路基过渡段且为挖方路基，为防止两者的差异沉降，改善路床干湿类型及施工基床，采用水泥搅拌桩改善地基力学性质，减少地下水影响。

④ 沿河、沿塘路段路基方案

沿河、沿塘路段，由于受水位浸泡，洪水冲刷等影响，路基填筑设计方案主要通过对洪水位标高的

调查分析，对洪水冲刷深度（特别是局部冲刷）的研究分析计算，确定路基防洪护面墙的设计方案。

(3) 路基防护加固工程

路基防护加固工程是防治路基病害，保证路基稳定，保护生态平衡的重要措施。本工程所选用的防护类型是针对当地气候、水文、地形、地质条件和筑路材料的分布情况确定，并与周围景观保持协调。

本工程的防护主要针对填方路基边坡和挖方边坡设置防护。

1) 一般填方路基防护

一般填方路基广泛采用植草防护或浆砌框格植草护坡，可起到景观绿化和防止水土流失的作用；框格上设置混凝土导水条，可有效避免坡面受雨水冲刷。

2) 过渡段挖方挡墙加固设计

考虑到与隧道边部结构顺接美观等问题，本次挖方段挡墙采用了L形钢筋混凝土挡墙，高度小于3m，设置长度50m，墙顶高出地面50cm。

(4) 路面设计原则、依据及结构类型

1) 设计原则

因地制宜，科学选材，技术可行，造价合理，方便施工，利于养护，使用寿命长。

2) 设计依据

①《公路沥青路面设计规范》JTGD 50；

②《钱江通道及接线工程可行性研究报告》；

③ 沿线路基土质调查和地质勘察报告；

④ 沿线筑路材料调查。

3) 路面设计参数

路面设计采用标准轴载为BZZ-100，设计年限为15年，沥青路面设计弯沉值为0.210mm；路面厚度根据设计弯沉值计算，并验算弯拉应力。本设计采用HPDS2003程序计算，利用计算和实践经验相结合的方法确定路面结构。

4) 路面结构的组合

本工程路基受地下水位影响较大，按规范并根据路基填筑高度，路基干湿类型为干燥、中湿两种状态。根据各个区段交通量的不同，分别拟定了相应的路面结构。连接线沥青混凝土路面结构组合如下：

填方干燥状态：4cm改性沥青抗滑表层＋6cm中粒式改性沥青混凝土＋8cm粗粒式沥青混凝土＋封层沥青＋20cm水泥稳定碎石（5%剂量）＋34cm水泥稳定碎石（4%剂量）。

挖方中湿状态：4cm改性沥青抗滑表层＋6cm中粒式改性沥青混凝土＋8cm粗粒式沥青混凝土＋封层沥青＋20cm水泥稳定碎石（5%剂量）＋34cm水泥稳定碎石（4%剂量）＋80cm级配碎石（整平层）。

低填路段应根据实际地下水情况设置一定厚度的级配碎石。

(5) 路基路面排水设计原则和设计情况

1) 路基路面排水设计原则

① 全面规划、合理布局少占农田，并与当地排灌系统协调，防止冲毁农田及水利设施；重视环境保护，防止水土流失和水源污染。

② 根据高速公路等级及沿线地形、地质、水文、气象等条件以及桥涵的设置等情况进行综合考虑，注意各种排水设施、排水构造物之间的联系，使全线形成完善的排水系统。

③ 在不断总结生产实践经验和科学实验的基础上，积极采用新材料、新技术和新工艺。

④ 对于所有排水设施的设计，均考虑便于施工、检查和养护维修。

2) 路基路面排水设计情况

① 路基排水设计

a. 填方边坡路基排水

填方边坡路基排水主要采用梯形排水沟，底宽50cm，顶宽150cm，沟深60～80cm，C20混凝土预制，下设 10cm 砂砾垫层。

b. 挖方边坡路基排水

本次挖方设计的钢筋混凝土挡墙高处地面 50cm，兼作阻水墙的作用，故不再考虑挖方边沟设计。

② 中央分隔带的排水设计

从以往的高速公路建设来看，中央分隔带的排水设计是非常重要的环节。如果中央分隔带排水处理不当的话，将严重影响路面结构的使用寿命。在整体形式填方路基的中央分隔带采用了植草及填黏土封堵，在其下设置纵向渗沟，使渗入中央分隔带的水通过间隔设置的横向渗沟（间隔 70~100m）排入填方排水沟。

③ 路面排水设计

降落在路面上的雨水，就通过路面横坡迅速排出路面范围，避免行车道路面范围内出现积水而影响行车安全。路面表面排水分两种情况：与引道相接段的路面排水和一般路段路面排水。

a. 与引道相接段的路面排水

K15+850~K15+950 路段，由于受线形纵坡及隧道引道横坡的影响，为使该段路面排水与隧道路面顺接，在靠近路缘石一侧设置"U"形沟，"U"形沟采用 C20 混凝土预制，与隧道路面内侧"U"形沟顺接。

b. 一般路段路面排水

一般路段路面雨水由双向横坡排至土路肩经边坡漫流入两侧边沟或排水沟。

2.12 防洪设计

根据浙江省钱塘江管理局勘测设计院 2006 年 7 月完成的《钱江通道（隧道）及接线工程防洪评价报告》（以下简称《防洪报告》）以及浙江省钱江钱塘江管理局文件（浙钱会纪 [2006] 13 号）关于《防洪报告》的专家评审意见，结合隧道工程主体结构设计及拟采用的泥水平衡盾构法施工工法，进行防洪设计。

2.12.1 堤防工程及其他水利设施情况及规划

2.12.1.1 堤防工程

20 世纪 90 年代，钱塘江河口及浙江沿海在洪水和台风暴潮影响下，接连突破历史最高潮位纪录，并造成河口两岸以及浙江沿海巨大潮灾损失。为此，引起浙江省人民政府重视，并开展了大规模的标准海塘建设。在此形势下，钱塘江两岸临江海塘陆续进行了加固建设，尤其是已到达治江规划岸线的海塘，均已基本建成达到百年一遇防洪标准的标准海塘。本项目工程所在河段即是其中一段，北岸为北岸险段标准塘工程（海宁段），南岸为萧围北线段标准塘，均分别是北岸、南岸沿江防洪封闭线的组成部分。现就工程处堤塘结构设计分述如下。

（1）北岸险段标准塘工程（海宁段）

该段标准塘工程建设于 1997~2003 年。工程建设范围为海宁临江一线，自上游秧田庙（海塘新桩号 81+000）至下游平屋头，利用原有老海塘进行加固加高改建。本隧道地处海塘桩号 82+800，该处海塘原由重力式鱼鳞石塘和塘顶土塝等组成，现状见图 2.12.1。该段堤防工程是保护杭嘉湖大平原的防洪安全的大型水利工程组成部分，确定为一级海塘，按防洪重现期 100 年的标准设计。加固改建的内容主要有塘顶原有土塝后移重建，鱼鳞石塘维持不变，石塘外海侧沿线间隔新建短丁坝群保滩护脚防冲，丁坝现状见图 2.12.2。

经加固改建后，土塝顶面高程 8.87m，顶面宽 4m，外口设有浆砌条石防浪墙，墙顶高程 9.67m，土塝内坡为坡比 1:2.5 的土坡及植草保护。鱼鳞石塘内侧塘面宽约 11m，高程在 6.88~7.37m，靠内侧建有 4m 宽的防汛道路，余下宽度为种植草皮。鱼鳞石塘始建于明清时期，高达 5m 多，下有木桩支撑，石塘外侧设有二级砌石护坦及木排桩护脚防冲。因石塘尚属完好，标准塘建设时基本保持原状，但为满足海塘整体抗滑稳定安全要求，在石塘外侧沿线间隔新建短丁坝群，丁坝布置为坝长 50m，坝距

图2.12.1 北岸海宁堤防现状

图2.12.2 北岸海宁堤防丁坝现状

250m，丁坝结构采用单排桩式丁坝。丁坝垂直堤线布置，坝面高程1.15m，坝面宽6.35m，坝头段板桩长18m，坝身段板桩长11m，板桩顶部设有钢筋混凝土帽梁及联系梁相连成整体，见图2.12.3。

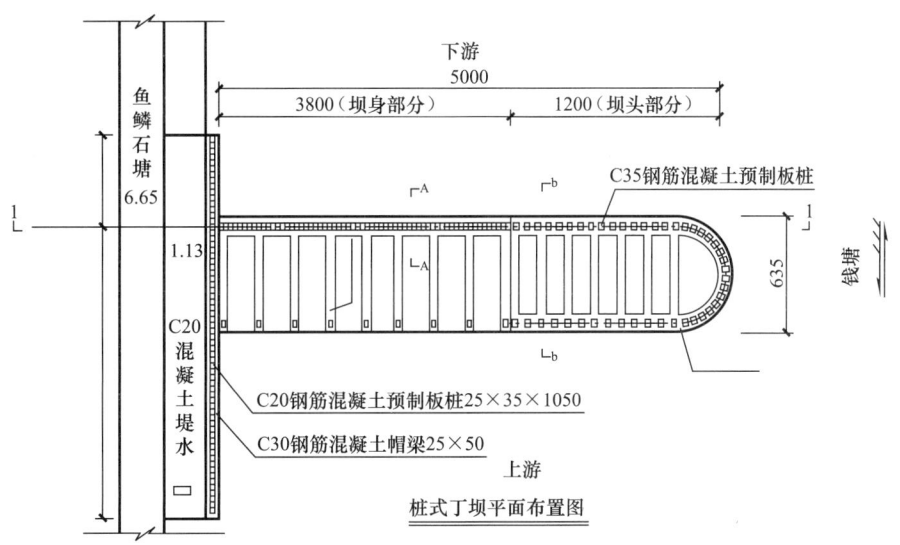

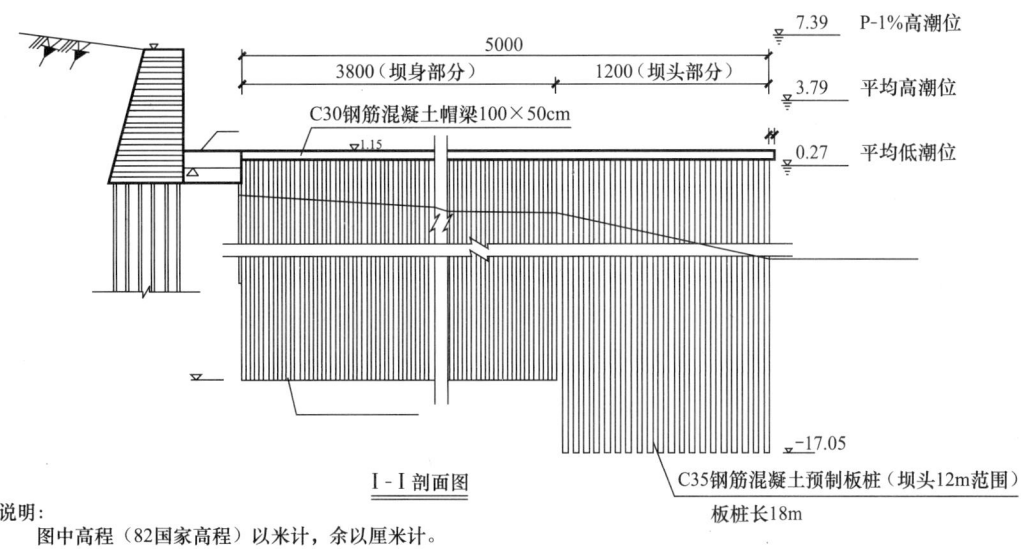

说明：图中高程（82国家高程）以米计，余以厘米计。

图2.12.3 北岸海宁堤防丁坝平剖面图

图 2.12.4 南岸抛石围堤

(2) 围北线标准海塘（外六～外八工段）

该段海塘始建于 1978 年，萧山围垦指挥部在南岸滩地上新建的单坡式斜坡围堤。2000 年萧山区水利局对萧围北线海塘进行了标准塘建设。由于当时萧山区已在该段海塘外侧又修筑了一条抛石围堤，见图 2.12.4，目的是使外六至外八的堤线顺直，故上述标准塘建设时在该段仅是完成一部分，主要是进行了堤身上部的拼宽改建和堤顶加高，而堤脚小沉井防冲加固等因堤外已新建抛石围堤而未实施，所以该段标准塘只能讲在堤顶高程上基本达到防御百年一遇高潮位，在外坡及堤脚防冲上还需与临江一线抛石围堤（此围堤外侧仅是抛石边坡，无专门防冲结构措施）组合共同达到防御设计标准。目前该段萧围标准海塘为复合式斜坡结构，堤顶宽 7m，铺设沥青路面，路面高程 9.92m。

2.12.1.2 其他水利设施情况

在本工程邻近已建有的水利设施除上下游相邻标准堤塘外，还有一些设在两岸防洪一线的排涝水闸，主要有：

(1) 盐官上河闸：位于本隧道下游钱塘江左岸 1.5km 处，1994 年建成，为杭嘉湖平原南排工程之一。该闸为中型水闸，闸孔 1m×8m，设计过闸流量 152m^3/s，排涝面积 38 万亩。

(2) 盐官下河闸：位于本隧道下游钱塘江左岸 3.0km 处，1999 年建成，为杭嘉湖平原南排工程之一。该闸为大Ⅱ型水闸，闸孔 6m×8m，设计过闸流量 1300m^3/s，排涝面积 315 万亩。

(3) 谈家埠排涝闸：位于本隧道上游左岸 2.4km 处，是早期打开老海塘的试验性水闸，1962 年建成，2000 年又进行加固改建。该闸为小Ⅰ型水闸，闸孔 1m×4m，设计过闸流量 44m^3/s，排涝面积 2 万亩。

(4) 萧围外六工段水闸：位于本隧道上游钱塘江右岸 1.5km 处，1980 年建成。该闸为中型水闸，闸孔 5m×4m，设计过闸流量 236m^3/s，排涝面积 67km^2。

(5) 萧围外八工段水闸：位于本隧道下游钱塘江右岸 7.0km 处，1982 年建成。该闸为中型水闸，闸孔 5m×4m，排涝面积 100km^2。

2.12.1.3 水利规划及实施安排

钱塘江河口是举世闻名的强潮河口，其中河口过渡段又以江宽水浅，潮流强劲，河床冲淤多变而著称。河口治理历史悠久，早在 20 世纪 20 年代就开始研究。30 年代首次制订了《杭州附近江岸整理计划》，在钱江大桥至七格河段抛筑了大量丁坝，以整治江道。40 年代制订了《钱塘江下游整理河床初步计划》，但系统地进行规划治理是在新中国成立以后。20 世纪 50 年代编制了《钱塘江下游稳定江槽初步设计》和《赭山湾整治工程初步设计》等治江计划。60～70 年代提出了全线缩窄江道，减少进潮量，加大山、潮水比值的治理原则，并拟订了整治江道规划和结合以围代坝的治江措施。在 1976 年，钱塘江工程管理局进一步修订了治江规划线，沿河宽为钱江大桥 1km，仓前 1.5km，海宁 2.5km。到 80 年代海宁十堡以上河段已基本实现了治江规划线，接着以下研究的重点则是下游尖山河段的治江规划调整。《钱塘江河口尖山河段整治规划》已于 2002 年经省政府批准同意，总的治江原则是按照全线缩窄的指导方针，实现"走中弯曲"的河势，稳定江道，减轻尖山河段河槽摆动对泄洪、防潮、排涝、航运及曹娥江口门大闸等不利影响。

2.12.2 防洪分析计算

2.12.2.1 类似隧道工程实例简介

随着社会经济的发展和建设的需要，国内外地铁、水底公路隧道、地下大型市政管道等工程的兴建日益广泛普遍。在钱塘江杭州河段，大型的穿堤排水管道工程曾于2001年开工建设，为杭州七格污水处理厂入江排放工程。排水管道直径2.0m，从七格标准海塘土层高程-10m以下穿越，采用顶管法，施工结果标准海塘产生明显沉降现象，影响堤段长约80m，堤身最大沉降19.1cm，挡浪墙沉降15.5cm，分缝处开裂宽3.4cm，事后进行了返修处理。在2003年七格二期排江工程中，兴建同样直径2.0m的穿堤入江管道，由于工艺改进，未发生明显沉降迹象。近几年来上海隧道工程发展很快，已建成黄浦江越江隧道10条，还建有陆域地铁、市政管线隧道等。上海工程地质情况与本工程区类似，均为软土地层，由于开挖隧道技术改进，采用盾构法施工，对上覆土层扰动影响较小，但也仍产生不同程度的地面沉降，个别区段还出现地面建筑物开裂。2003年，在上海轨道交通4号线浦西段隧道连接通道施工时，曾因发生流砂而造成地面急剧沉陷，并引起防洪墙体开裂倒塌。当时正值汛期，上海有关方面进行紧急抢险加固，致使免遭潮灾。由此可见，隧道穿堤工程对堤防可能会带来较大的不利影响，甚至会因施工不当造成灾害性损失。基于这点，讨论本隧道的影响，防止堤防变形破坏，以确保防洪安全，十分重要。

2.12.2.2 隧道工程影响地面沉降分析

本隧道拟采用泥水平衡盾构法施工。该工法为管道化、连续化出土方式，有利缩短施工周期，并有利于长距离掘进施工，方便大直径盾构的制造和掘进，并在技术上具有可靠的密封止水和开挖面稳定性能。在国外日本东京湾公路隧道（$\phi 14.14$m）、德国易北河第4隧道（$\phi 14.24$m）、荷兰"绿色心脏"高速铁路隧道（$\phi 14.87$m）均取得很好的工程效果。

（1）经采用经验公式计算及有限元数值模拟，钱塘江南岸海塘堤顶最大沉降为47.67mm；钱塘江北岸海塘土埝堤顶最大沉降为47.14mm；钱塘江北岸明清鱼鳞石塘表面最大沉降为49.50mm；钱塘江北岸海塘堤外丁坝地表最大沉降为53.39mm。

（2）海塘及石塘整体稳定性

在正常工况下，北岸海堤整体抗滑安全系数最小为$K_{min}=1.31$，与原标准塘设计计算基本一致。在隧道施工期，整体抗滑安全系数为$K_{南}=1.23$，$K_{北}=1.21$，满足有关设计规范要求。

明清石塘抗滑稳定安全系数$K_c=1.772 \geqslant [K_c]=1.35$，抗倾覆稳定性$K_0=4.377 \geqslant [K_0]=1.60$，基础最大压力$\sigma_{max}=127.29$kPa，小于地基允许承载力，满足设计规范要求。

2.12.3 防洪综合评价

2.12.3.1 与现有水利规划的关系及影响分析

本隧道工程项目所在河段为钱塘江河口已达规划岸线的河段，江道边界已固定，符合钱塘江整治规划。本项目为从河床深部穿越江道，对江道整治及水利规划上均无不利影响。

2.12.3.2 项目工程对河势稳定、行洪安全的影响分析

根据省水利河口研究院对过江隧道河床最大冲刷深度试验研究成果，隧道断面百年一遇设计条件下河床最低冲刷高程为-7.0m，而过江隧道顶面高程为-19.3m，即隧道顶面覆土厚度有12.3m。由于在河床发生最大冲深后，隧道工程仍不出露河床，不占用河道行洪面积，对江道水流动力、深槽、岸滩等均无影响，故对隧道附近河段的河势变化、水位变化、流速分布及河床冲淤变化情况均无影响。同时，参考《防洪标准》和《地铁设计规范》的规定，本工程也符合规定中提出的防洪标准重现期及管道埋深等有关要求。

2.12.3.3 对堤防工程设施的影响分析

从已建隧道或大型管道工程来看，除上海轨道交通4号线隧道局部段因施工时发生流砂导致防汛墙体倒塌外，其余均尚未见闻堤塘抗滑失稳现象。在本工程中，北岸隧道穿越土层为淤泥质粉质黏土夹粉土及粉质黏土层，南岸穿越土层为粉砂夹粉土及淤泥质黏土层，受扰动后易变形，强度降低，故《防洪报告》评价中，对受扰动后的钱塘江南北两岸海塘进行了稳定验算。盾构隧道施工条件下，南北两岸堤塘整体抗滑稳定安全系数分别为1.23和1.21，均大于1.20，故认为在隧道正常施工情况下，堤塘整体抗滑稳定能满足施工安全要求。在北岸鱼鳞石塘塘前布有8号桩式丁坝，坝头段桩长18m，桩底高程为

−17m，从隧道平面布置图上量测丁坝与隧道最小净距为 12m，《防洪报告》认为隧道布置对丁坝结构影响不大，但隧道掘进时仍需加强隧道轴线控制。隧道工程对堤防设施的不利影响主要是堤塘的土层沉降。根据地基变形计算，隧道施工后，钱塘江南岸海塘堤顶、北岸海塘土埝顶面、明清鱼鳞石塘地表、北岸海塘堤外丁坝地表最大沉降分别为 47.67mm、47.14mm、49.50mm、53.39mm，顺堤线方向呈凹形槽分布。由于该沉降分布性质为不均匀沉陷，有可能产生垂向裂缝或水平裂缝，对堤身结构及防渗稳定非常不利，故需予以防治和监测。

《防洪报告》提出堤塘沉降监控指标为：北岸不均匀沉陷斜率控制值为 0.1%，堤塘最大沉降量为 2cm；南岸不均匀沉陷斜率控制值为 0.3%，堤塘最大沉降量为 5cm。

2.12.3.4 项目建设防汛管理及防汛抢险影响分析

根据隧道工程设计资料的提供情况，隧道在两岸的施工场地均远离堤塘，故隧道施工交通组织对防洪堤抢险通道不会有大的影响，但隧道工程两端入口地坪标高的取用要重视对台风暴雨地面径流的阻挡，防止雨水灌入隧道，在隧道设计中配备必要的泵排设施，建议在隧道两端适当位置设防淹措施。

本隧道盾构方案的建设周期为 48 个月，需度过两个年度的汛期。因汛期外江水位较高，在这时候进行穿堤施工会有一定风险，为避免隧道施工防洪堤倒塌，隧道穿堤的施工宜选在非汛期进行。

2.12.3.5 项目建设对第三人合法水事权益的影响分析

通道附近涉水建筑物主要有：北岸的上河闸、下河闸，分别位于通道下游 1.5km 和 3.0km，南岸的外六工段排涝闸，位于通道上游 1.5km。因本工程是在河床最大冲刷深度以下深部穿越，未改变河段水域水位、水深等条件，盾构施工引起的河床床面沉陷幅度及范围均很小，故对水闸排水、河道通航等均无不利影响。

2.12.4 防洪与补救措施

2.12.4.1 建设项目影响的防治措施

根据《防洪报告》评价分析，本建设项目在防洪方面的影响主要是可能引起堤塘不均匀沉降变形，致使堤塘构筑物发生裂隙、倾斜等损害，直接影响堤塘防洪安全。为此，需研究防治对策，根据本隧道工程和堤塘工程特点，拟采用以下四项防治措施。

(1) 加强隧道工程技术控制，精心设计，精心施工。

隧道工程设计、施工是控制堤塘沉降变形的产生的关键。设计、施工得当将能使堤塘沉降降低到几毫米的量级。另外，须做好隧道结构防水措施，提高耐久性，防止发生渗漏水灾情。

(2) 建立堤塘沉降网点监测系统，及时掌握位移动态，控制沉降变形在允许值范围。鉴于本堤防特点主要是土石坝结构，又在隧道工程设计、施工控制下，沉降量可望很小。《防洪报告》认为可采用现场沉降变形观测监控手段，控制变形值在堤塘稳定允许范围。当出现较大变形趋势时，通过减慢隧道进展速度和调整工艺、参数等方法，达到防治预期安全目标。

(3) 采取必要的工程预防措施，并加强穿堤以后的变形观测检查，针对出现的堤塘损害实施补救措施。

北岸海宁险段标准塘工程是杭嘉湖平原防洪潮的重要屏障，后无二线堤防，一旦堤防出事，危害极大。由于隧道开挖可能会引起石塘沉降变位等导致海塘稳定度降低，因此需采取塘前抛块石预防措施，以对石塘滑动起到镇压抗滑作用，即在该段海塘前采用船抛块石混合料（表层为块石）作镇压平台，抛石范围为隧道工程岸段（约50m）及其相邻上下游岸段（各100m），共长约250m，抛石宽度为塘脚至塘前 10~15m 之间，抛石厚度 1.0~1.5m，预计抛石量约 5000m³。由于该岸段位于强涌潮作用地段，塘前抛石层稳定性差，故抛石时间宜安排在隧道开挖施工前 1~2 个月完成。

因在隧道穿堤后，仍会存在沉降变形现象，故需继续进行变形观测分析工作，同时结合巡视检查和进行地质静探孔对比判别，针对发现问题视轻重程度可待沉降基本稳定后（估计 1~2 个月）一并处理。一般来讲，当堤塘出现较大沉降后会出现裂缝、错位等迹象，可采用工程措施补救作处理。如采用塘身灌浆、混凝土结构返修或部分重新浇筑，在堤塘脚趾可采用建镇压护脚工程等。

（4）合理安排施工计划，避开汛期穿堤施工，南岸先行施工，总结经验，减小工程风险。

对堤防安全而言，重点是防汛期。在每年6~9月，外江常会遭遇较高水位。由于本堤防是保护两岸广大平原的生命线工程，一旦堤塘稍有险情，便将给防洪安全带来巨大压力，并急需实施防汛抢险重大举措，所以在汛期不宜进行穿堤施工，以防不测，减小风险。

两岸堤防均需穿堤施工，可分先后，以便总结经验，有利后者安全施工。根据南北两岸堤防重要性和结构特点分析比较，南岸海塘外侧临江已建有抛石围堤，又无明清鱼鳞石塘需要保护，故建议先安排南岸穿堤施工，较为合理和有利。

2.12.4.2 堤塘变形观测布置及观测要求

堤塘变形监测是一项技术性较强的工作，需委托专业单位进行设计。由专业单位根据观测目的要求提出观测设计方案，经有关方审查后付诸实施。本报告参照《土石坝安全监测技术规范》，以北岸堤塘为例，提出观测工作的初步方案设想如下。

根据本堤防工程特点和兴建隧道影响情况预测分析，拟在堤塘表面进行变形监测和测点布置。观测内容为竖向位移和水平位移。观测范围为隧道中心线两侧各50m共计100m长的堤段。观测点的布置为沿着堤线方向5排，分别位于明清鱼鳞石塘塘顶、丁坝坝面、塘顶防汛道路外口线、土埝顶面及内坡坡脚。每排共设25个测点（其中丁坝段3点除外），以隧道中心线设原点开始，向两侧方向间隔布点，组成观测网络，南岸大致相仿布设，两岸共计测点约210个。

观测时间拟从隧道进展到内坡坡脚前开始，至隧道穿堤以后2个月止，共计观测时间约3个月。在前1个月内每日观测2次，以后逐步减少到每1~7日观测1次。

资料管理上要求观测数据随时整理和计算，若数据异常应立即复测。资料整理后及时反馈建设或监理单位。当观测数据影响工程安全时，应及时分析原因，会同数据建设、监理、设计、施工单位讨论，采取对策，并上报堤防主管部门。

2.12.4.3 防治补救措施的预估工作量

根据上述防治及补救措施分析，主要有两个方面的工作量，一是监测网站的设置和分析整编工作，二是预防措施和隧道穿堤以后堤塘可能采取的补救措施。实际施工时施工单位应编制防洪防治补救预案，根据实际施工监测情况，决定采取的防治补救措施。实际施工时不一定会发生，或损害程度较轻，工程量会相应减少。工作量估算见表2.12.1，其费用已计入初步设计概算中。

防治补救措施工作量估算表 表2.12.1

工作项目	工作量
变形观测网站	南北两岸各100m长堤段，共设置观测点210个，观测时间3个月
工程预防措施	北岸250m长堤段鱼鳞石塘塘前抛填块石混合料
工程补救措施	南北两岸各100m长堤段，堤身灌浆处理，混凝土构筑物返修，外坡坡脚钢筋笼抛石建镇压层

2.13 环境保护及水土保持

2.13.1 环境保护

2.13.1.1 概述

（1）落实环境影响报告书的说明

1）环境影响报告书有关内容

浙江省环境保护局文件浙环建［2007］21号《关于钱江通道及接线工程环境影响报告书审查意见的函》，对隧道及接线道路工程全线下达了批复意见（摘录）如下：

① 道路沿线服务区、收费站、管理中心产生的生产、生活污水和隧道冲洗水等必须经污水处理装置处理，达到《污水综合排放标准》GB 8978 一级标准。

② 合理采取声屏障、门窗隔声、绿化、改变建筑用途等措施，确保沿途各敏感点达到相应功能区声环境标准要求。

根据以上批复意见及《钱江通道及接线工程环境影响报告书》要求，结合隧道工程设计范围起止里程 K11+400～K16+200，共 4.8km 范围内的环境敏感点，需要采取工程治理措施归纳如下：

① 有三个环境敏感点长乐片 3 组（20 户）、长乐片 2 组（19 户）和荆山村新民片 8 组（22 户）居民房屋超标，需要分别采取噪声治理措施。

② 将江北和江南隧道的排风塔排风口高度要求设置为 25m，同时在风塔内采取消声措施。

③ 隧道及管理中心办公楼产生的污水排放，要求达到《污水综合排放标准》一级标准。

2）执行情况说明

① 三个噪声敏感点的工程措施已在本工程设计中落实。

② 通风专业按照环评报告书的要求将排风塔排风口高度设计为 25m，满足《大气污染物综合排放标准》要求。

③ 给排水专业已落实了污水处理站对隧道及管理中心办公楼产生的污水进行处理，污水经过处理以后能够达到《污水综合排放标准》一级标准。

（2）环境功能及环境质量现状

1）环境功能概述

钱江隧道的江北出口位于盐官镇境内，位于盐官镇以西约 2.5km，隧道出口附近区域分布有疏散的农宅、农田，地势平坦开阔，尚未进行开发建设，属农业生态环境功能区；隧道的江南出口位于密集水塘区域，无村庄和农田，按照杭州市萧山区的城市总体规划该地区正在进行围河填塘工程，开发建设项目主要是城市道路和城市公共设施。

根据现场调查在工程范围内没有人文遗迹、自然遗迹和珍贵景观等特殊环境敏感点，采用隧道从钱塘江下通过不会影响钱塘江"观潮"活动。

按照杭州市环境保护规划，隧道出口两岸环境功能区划为：环境空气为二类环境空气质量区；过江隧道江面地表水为Ⅲ类水体，隧道附近没有饮用水源保护区；由于隧道两岸出口附近地区均为农村尚未进行声环境功能区划。

2）环境质量现状

根据《2006 年杭州市环境状况公报》，2006 年杭州市环境空气质量总体基本保持稳定，酸雨污染程度继续有所减轻，发生频率减少；全市各主要水系水质与上年相比略有好转；市区声环境质量多年持续好转。按照环境要素分类叙述如下：

① 声环境概况

2006 年市区域环境噪声平均等效声级为 55.8dB，生活噪声仍是环境噪声的主要来源，区域环境噪声质量评价结果为轻度污染；城市道路交通噪声为 67.8dB，比上年度下降 0.1dB，道路交通噪声质量评价为较好。

② 大气环境概况

杭州市区环境空气质量达到Ⅰ级（优）、Ⅱ级（良）的天数合计为 301 天，比上年增加 9 天，优良比例为 82.5%。市区二氧化硫年均值为 0.060mg/m^3，达到国家二级标准，二氧化氮年均值也达到了二级标准。从数据统计结果看，空气中首要污染物仍然为可吸入颗粒物。与上年相比较，二氧化硫、二氧化氮均达国家空气质量二级标准，浓度比上年略有升高，可吸入颗粒物浓度略有下降但仍超二级标准。

③ 水环境概况

钱塘江干支流 50%市控以上断面达到或优于Ⅲ类水质，功能区达标率为 27%，主要超标指标为粪大肠菌群、总磷、氨氮、石油类等。钱塘江流域污染类型由单一耗氧污染物型转变为以氨、磷、耗氧污染物为主的多重污染型,工业仍是主要污染来源,生活和农业面源为特征的污染日益加重。

钱江通道江北洞口所在地现状为农村地区,属盐官镇,现状尚无市政排水管网。目前该区域已建成处理能力10万t/d的丁桥污水处理厂,接纳处理包括周边工业园区、丁桥镇、马桥街道、斜桥镇、盐官镇的污水。根据有关给排水规划,该污水处理厂计划2007年底前完成三期(设计处理能力10万t/d)工程扩建,2013年底前通过技术进步和适当扩建再增加8万t/d处理能力,达到28万t/d的总处理规模。建立和完善配套的污水主管网,实现盐官镇的排污管道与中部集污管网的连接,并完善各区块的支网建设,增加下游主管道的流量能力,并建立相配套的泵站。因而对于本工程隧道废水江北段出水,现状尚不能具备接入市政排水管网条件,待盐官镇的污水管网敷设至该地区时,届时方可接入市政排水系统。

钱江通道江南洞口所在地现状也为农村地区,目前尚无市政排水管网。根据有关规划,该区域将建设萧山江东污水处理厂,收集处理江东工业园区废水及附近义蓬、河庄、新湾、靖江、南阳等镇的生活污水,当各支线管网配套完善时,本隧道江南段出水方可接入市政管网统一处理。

(3) 新建工程主要污染源分析

新建钱江隧道工程增加的污染源和主要污染物如下:

1) 噪声源

隧道工程运营期的噪声,主要来源于隧道出口敞开段车辆交通噪声、隧道通风风机及两端排风塔风机噪声和雨水泵房产生的噪声。

车辆交通噪声包括汽车发动机、尾气的排出,汽车轮胎与道路表面的挤压、摩擦和车辆的鸣笛。

隧道内射流风机运行时,隧道内噪声较大,风机正下方达到 80~90dBA;隧道峒口 71.9dBA;道路平面地段 69.2dBA。

2) 水污染源

运营期废水主要为隧道冲洗废水、消防废水、结构渗水、雨水和管理中心生活污水。其中冲洗废水中主要污染因子为 SS 和石油类,管理中心生活污水因子为 COD 和 BOD5。

3) 环境空气污染源

运营期主要空气污染源为汽车排放废气,对于隧道内的汽车尾气采取机械引风进入排风塔高空排放,隧道外行驶车辆产生的尾气,将沿道路空间自然扩散,主要污染物为一氧化碳、氮氧化物和碳氢化合物。

4) 固体废物

固体废物主要来源于施工期征地拆迁的建筑垃圾和隧道开挖所产生的弃土、弃渣。

(4) 影响生态环境质与量的变化

1) 工程投入运营后,可完善杭州市路网系统,提高路网的效能,并为钱塘江两岸交流提供一条快捷通道,有效缓解两岸交通压力;同时本工程的建设不仅能推动钱塘江两岸的经济发展,也能完善城市基础设施;只要对本工程排风塔外观和建筑风格进行恰当处理,排风塔可与周边环境保持协调统一。

2) 本工程施工阶段的征地拆迁、隧道开挖、土方运输及接线道路铺设等可能造成噪声、扬尘等环境污染,但是这种影响是短时性的,随着施工的结束而终止。

3) 隧道施工产生的大量弃土,如果处理不当,将造成水土流失影响环境。

4) 隧道敞开段施工开挖不可避免地会对原生地表植被造成一定损失量,工程完成以后采取绿化补救措施,可减轻对环境的影响。

(5) 采用的环境标准

根据环境影响报告书和工程设计情况确定采用的环境标准见表 2.13.1。

环境标准　　　　　　　　　　　　　　　　　　表 2.13.1

环境要素	标准号	标准名称	标准值与等级（类别）	适用范围
声环境	GB 3096	《城市区域环境噪声标准》	4类区：昼间70dBA 夜间55dBA	第一排建筑物面向道路一侧区域，以低于三层楼房（含开阔地的建筑为主，道路红线外75m以内区域）
			1类区：昼间55dBA 夜间45dBA	拟建工程两侧4类区以外区域
	GB 12523	《建筑施工场界噪声限值》	按照施工活动类别确定限值	施工工地场界
振动环境	GB 10070	《城市区域环境振动标准》	交通干线两侧昼间75dB、夜间72dB	噪声4类区标准适用区域
			居民、文教区昼间70dB、夜间67dB	噪声1类区标准适用区域
水环境	GB 8978	《污水综合排放标准》	一级标准	江北、江南排入钱塘江Ⅲ类水体
大气环境	GB 3095	《环境空气质量标准》	二级	沿线空气环境
	GB16297	《大气污染物综合排放标准》	二级	排风塔

2.13.1.2　生态环境保护

根据工程特点、隧道所处地理位置及隧道出口周围环境空旷，为农业生态环境等综合分析，工程设计保护生态环境的工程措施，主要侧重于隧道弃渣的处置。

本工程隧道出口明挖段弃土主要为普通开挖泥土，盾构段将采用泥水平衡盾构施工，施工将会产生大量的泥水。

本隧道出口明挖段弃土主要为普通开挖泥土，约61.5万 m^3，主要用于互通区的绿化造型或在采取技术措施对弃土改良符合路基填料后，可直接用于路基填料。盾构隧道洞身将采用泥水平衡盾构法进行施工，开挖弃土量估算为116万 m^3；施工将会产生大量的泥水，施工采用机械分离的方法，将泥土和水分分离，水再生后循环使用，稀泥排放到泥浆池，采取技术措施后对渣土进行改良，使其达到路基填料要求后，可直接用作路基填料。对于除作为路基填料的弃土外，余土可用于杭州经济技术开发区地块的场地平整。

2.13.1.3　噪声、振动污染控制措施

（1）敏感点噪声防护措施

根据钱江隧道及接线工程环境影响报告书要求，对隧道设计范围内（LK11+400～LK11+650）的三个环境敏感点长乐片3组（20户）、长乐片2组（19户）和荆山村新民片8组（22户）居民分别采取隔声窗和隔声门措施。

工程数量为：长乐片3组隔声窗面积1000m^2，隔声门120m^2。长乐片2组隔声窗面积950m^2，隔声门114m^2。荆山村新民片8组隔声窗面积1100m^2，隔声门132m^2。以上三个村庄合计：隔声窗面积3050m^2，隔声门366m^2。环保工程措施实施以后，能够满足敏感点的环境保护要求。

（2）隧道排风塔噪声治理措施

拟建隧道排风塔附近为空旷地区，近距离内没有对声环境要求较高的敏感点。但为了减小区域噪声水平，工程设计考虑到噪声排放要求，将江北和江南隧道的排风塔排风口高度设置为25m，同时在风塔内设置低噪声风机及低阻力片式消声器，其降噪量约20dB，采取上述措施后，排放噪声可达到排放标准。

2.13.1.4　环境空气污染控制措施

运营期主要空气污染源来自排风塔和地面线路的运行车辆，主要污染物为CO、NO_X 和 C_mH_n，工程采用排风塔强制排风，按隧道内空气量的80%由风塔排出，其余20%的污染物由洞口排出的设计

方案，江北和江南隧道的排风塔排风口高度设置为25m，根据环境影响报告书预测能够满足《大气污染物综合排放标准》。

2.13.1.5 水环境污染控制措施

本工程运营期废水主要来自：隧道冲洗水、隧道敞开段流入的雨水，隧道结构渗入水和控制中心排放的生活污水。

（1）隧道废水

隧道冲洗水量为60m³/d，隧道渗透水140m³/d，隧道废水的COD、石油类和SS浓度均可能超过《污水综合排放标准》GB 8978中的一级排放标准，本工程设计采取在江北、江南分别设置污水处理场，由于附近还没有城市污水干管，污水经过处理以后达到一级标准，排入附近沟渠；处理工艺如图2.13.1所示。

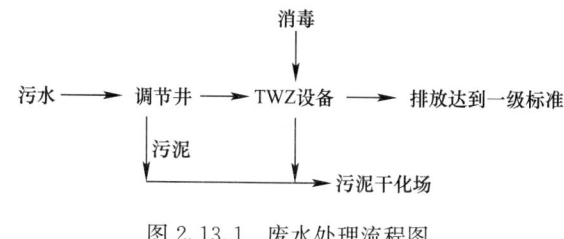

图2.13.1 废水处理流程图

（2）生活污水

管理中心位于LK16+200附近，地表水为Ⅲ～Ⅳ类水体，且水质现状较差，根据环境影响报告书的要求，排放的污水必须经处理达到《污水综合排放标准》的一级标准，才能排放至附近水体，待当地的市政排水管网建成后，再接入污水管网统一处理。

2.13.1.6 固体废弃物控制措施

隧道在运营期产生的固体废弃物主要是管理中心办公楼排放的生活垃圾；由于办公人员少，排放的少量垃圾量集中交给城市环卫部门统一处置，对环境基本没有影响。

2.13.1.7 环保工程投资

工程环境保护工程投资已计入隧道工程总投资中。

2.13.2 水土保持

2.13.2.1 水土保持方案评审意见及执行情况

（1）水土保持方案报告审查意见

浙江省水利厅文件浙水许［2006］107号《关于钱江通道及接线工程水土保持方案的批复》，其中与隧道工程有关内容如下：

盾构土方堆放场四周修建围墙，沿围墙外布置排水沟，在排水沟与周边排水设施相连接处设置沉沙池，并注意及时清理，防止泥沙流失。

（2）执行情况

按照审查意见要求本隧道工程初步设计中已落实该工程措施，相关工程费已列入工程概算。

2.13.2.2 水土保持现状

隧道周围地势平缓，江北出口分布有疏散的农宅、农田，地势平坦开阔，尚未进行开发建设；隧道的江南出口位于密集水塘区域，无村庄和农田。根据2004年遥感资料显示，属无明显水土流失区域，除水域外，地表土壤侵蚀背景强度250t/(km²·a)左右，小于浙江省容许流失程度[500t/(km²·a)]，水土流失类型主要是水力侵蚀，表现形式主要是坡面面蚀，桐乡市、绍兴市、萧山区和绍兴县的水土流失情况见表2.13.2所示。

各市（县、区）水土流失现状（km²）　　　　表2.13.2

地名	总面积	轻度	中度	强度	极强度	剧烈	流失小计	流失比例（%）
桐乡市	727.30	0	0	0	0	0	0	0
海宁市	698.18	0.40	0.92	0.25	0.15	0.00	1.72	0.25
萧山区	1420.00	22.79	21.85	2.56	1.20	0.24	48.64	3.43
绍兴县	1177.00	73.2	25.12	5.64	1.37	0.24	105.57	8.97

桐乡市、海宁市地处杭嘉湖平原地区，区域内河网密布，河道冲刷、河岸坍塌和河床淤积是水土流

失的主要表现形式。针对这一特点，工程区内各级人民政府通过采取疏浚河道，修建、加固、加高圩堤，砌石护岸、护坡等方式进行水土流失防治，取得了较好的效果，本工程设计借鉴了其成功的经验。

2.13.2.3 工程建设过程中水土流失预测

（1）水土流失预测时段的划分

本工程为建设类项目，根据《开发建设项目水土保持方案技术规范》SL 204 及工程建设特点，本工程建设过程中的水土流失预测分施工期和植被恢复期两个时段。从工程建设产生的水土流失原因分析，在施工期，由于土石方开挖、填筑等原因，破坏了原有地貌和植被，扰动了表土结构，土壤抗蚀能力降低，侵蚀加剧，施工时土石方的搬运和堆置过程中造成的水土流失量也较大，因此工程建设期是水土流失最为严重的时期。在植被恢复期，由于扰动地表的各项施工活动已基本停止，水土流失量将较施工期明显减少，侵蚀模数逐渐减弱，但仍有一定量的水土流失。因此，本工程水土流失预测的重点时段为工程施工期。

（2）可能造成的水土流失危害

根据上述分析，结合工程沿线地形、地质、土壤、植被以及施工方式等特点，本工程可能造成水土流失危害主要表现在以下几方面：

1）诱发多种形式的水力、重力侵蚀，危及安全

本工程建设引起的水土流失如不进行有效的防治，必将引发多种形式的水力侵蚀及重力侵蚀发生，对安全有较大威胁。

工程施工期间是水土流失最严重的时期，如不做好施工期间的临时防护和相应的管理措施，在施工区域内将产生雨滴击溅侵蚀、面蚀等多种形式的水土流失。

2）破坏景观

工程土石方的开挖及填筑、堆放场等处的水土流失若不加以治理，会使工程区内的植被等的自然条件遭到破坏，同时水土流失的发生也将对项目周边地区的自然环境带来不利影响。

3）破坏土地资源，造成土地退化

工程施工土石方的开挖、填筑等若处理不善，经雨水冲刷和溪流洪水漫溢等作用，将造成新的大面积的水土流失，流失的土石将会淤塞田间沟渠，甚至压占田面，对周围农耕带来不利影响。

由于工程开挖，引起地表植被损坏，使裸地在雨水的冲刷下引起水土流失，从而带走土壤表层的营养元素，降低土壤肥力，影响农作物生长，对土地资源带来不利影响。同时本工程开挖的土方，在开挖、堆置、搬迁过程中如不采取必要的防护，会造成大部分养分流失。

4）堵塞河道、影响水质

本工程建设所产生的水土流失，可能将随地表径流进入附近河流、水塘，携带的泥沙将产生沉积，造成河道淤积和水塘容量减少，影响河道泄洪排水，并使水质恶化。

2.13.2.4 预测结果及综合分析

隧道及接线工程扰动原地貌、损坏土地和植被的面积、土石方工程量及预测水土流失总量等情况详见表 2.13.3。

水土流失预测汇总表　　　　　　　　　　表 2.13.3

项　目		单　位	数　量
扰动原地貌、损坏土地和植被面积		hm^2	495.32
损坏水土保持设施		hm^2	103.74
土石方工程量	挖方	万 m^3	283.67
	填方	万 m^3	560.84
	借方	万 m^3	342.66
	弃方	万 m^3	65.49
	施工便道拆除物	万 m^3	1.68

续表

项　目		单　位	数　量
水土流失总量	施工前期	万 t	18.50
	施工后期	万 t	1.19
	植被恢复期	万 t	0.59
	合计	万 t	20.28
新增水土流失量	施工前期	万 t	18.20
	施工后期	万 t	1.00
	植被恢复期	万 t	0.38
	合计	万 t	19.58

由上表统计数据可知，施工前期水土流失远大于工程后期，同时临时用地范围产生的水土流失量相对较大。因此，施工期是水土流失重点时段，临时用地范围是本方案重点防治部位，必须制定切实可行的工程（拦挡、排水）和植物措施，对以上可能造成的水土流失部位进行治理，以有效地控制水土流失。

2.13.2.5　水土流失防治设计

（1）防治方案的设计原则

1）本方案贯彻"预防为主、全面规划、综合防治、因地制宜、加强管理、注重效益"的水土保持方针及"谁造成水土流失、谁负责治理"和"生态优先、综合利用"的原则。

2）根据《中华人民共和国水土保持法》和水利部《开发建设项目水土保持方案编报审批管理规定》的有关条文，水土保持设施必须与主体工程同时施工、同时设计、同时投入使用。

3）水土保持措施应与周围环境相协调，与主体工程的设计相协调。

4）水土保持措施作为钱江通道及接线工程的组成部分，结合工程总体设计，为主体工程服务。

5）水土流失防治采取分区防治的原则，根据各区域的不同特点提出符合实际的水土保持防治措施体系，做到科学合理、经济可行、操作性强。

（2）采用的设计标准与技术规范

《开发建设项目水土保持方案技术规范》SL 204

《水土保持综合治理规划通则》GB/T 15772

《水土保持综合治理技术规范》GB/T 16453.1～16453.6

《水土保持综合治理效益计算方法》GB/T 15774

《土壤侵蚀分类分级标准》SL 190

《主要造林树种苗木质量分级》GB 6000

（3）工程设计水土保持工程措施

隧道及接线工程设计中已采取排水措施、绿化等措施，其相应的费用已计入工程投资。水土保持功能的措施工程量见表 2.13.4。

水土保持功能的措施工程量汇总表　　　表 2.13.4

序　号	措施类型		名称或区域	单　位	数　量
1	工程措施	防护措施	M7.5浆砌片石	m³	36287
		排水措施	C20混凝土预制块	m³	15320
		土地整治	临时占地	hm²	37.2
	植物措施		路基边坡及分隔带	hm²	18.48
	临时防护措施		砖砌围墙	m³	2850
2	工程措施	防护措施	M7.5浆砌石挡墙	m³	11609
		防护措施	M7.5浆砌石挡墙	m³	6627
		排水措施	C20混凝土边坡	m³	4550

2.13.2.6 水土保持工程效益分析

水土保持效益包括生态效益、社会效益和经济效益三大效益。本工程属于铁路建设工程水土保持项目，其效益主要是生态效益和社会效益，即水土保持措施实施后，区内地面土壤侵蚀量和产沙量减少、生态环境质量改善，当地人民生活、生产环境质量将有所提高。

（1）生态效益

工程施工过程将不可避免地产生水土流失。本工程结合工程区施工布置和水土流失情况，制定了相应的工程措施和植物措施，并通过加强水土保持措施的施工监理、工程的竣工验收等管理措施，可使项目建设区内人为产生的水土流失得到有效治理，直接影响区内的水土流失得到全面的控制，此外，工程设计加强了施工期的地面排水工程，降低了施工期造成的土壤流失。

植草、植树等植物措施作为单项设计，经过1～2年后可形成绿化带，对防治水土流失，改善生态环境具有积极作用。

各项水土流失防治措施实施后，将使工程建设区土壤侵蚀强度恢复到该侵蚀类型区的容许值范围内，工程项目区内扰动土地得到全面治理。

（2）社会效益

新建隧道工程各项环、水保措施实施后，将能形成工程和生物措施相结合的综合防治体系，对建设过程中人为造成的水土流失能够有效地进行控制和治理，种草植树绿化，使该工程沿线成为一条绿色长廊，营造了优美的视觉景观，获得良好的社会形象，为该区域的长远开发建设规划准备好条件。

（3）经济效益

临时用地通过复耕还田、恢复利用等措施，在一定程度上缓解了该项目建设与当地社会生产用地之间的矛盾，有利于当地生产条件的改善和经济的可持续发展。

2.13.2.7 环保水保工程投资

隧道工程水土保持工程设施投资已计入初步设计投资中。

2.14 节能设计

隧道工程能耗点主要分布在供电照明、通风、给排水及消防设备等方面，其中供电照明、通风设备是维持隧道正常运营必须高频率的使用，因此这两种运营设备系统设计是否合理、使用是否恰当决定着整个工程的能耗大小。

2.14.1 通风系统节能

（1）隧道通风消耗的能量为风机运行时消耗的电能，而隧道配备的风机功率从大的方面主要与通风方案有关，从小的方面主要与隧道所处位置的常年风向以及隧道壁面的光滑程度有关。一个对通风存在较大影响的是外界自然风。外界自然风风向与隧道内设计气流方向一致时产生推力，反之产生阻力。由于在实际情况下，自然风向经常变化，难以完全保持一致，一般在设计时作为阻力考虑。但本隧道处在江边，掌握常年风向的规律后可以灵活开启运营风机和火灾备用风机顺风换气，同时最大限度地利用同向行车隧道车辆活塞效应诱导的自然通风，以节省能源。在隧道设计中主要的阻力除了自然风阻力外，就是通风阻抗力，隧道壁面的光滑程度决定了阻力的大小，通过增加壁面光滑程度，可以减小通风阻抗力，从而降低需要的风机压力，达到降低需要的风机功率的目的。

（2）采用计算机系统，根据隧道内空气污染状况（如CO浓度和空气清晰度等），自动调节风机运行台数，降低通风系统运行能耗。

（3）选择高效率轴流风机与射流风机。

2.14.2 供电照明系统节能

2.14.2.1 合理用电原则

合理的供电系统和控制方式是节约能源的最有效的措施。本设计各变配电所较靠近负荷中心，低压母线设无功功率补偿装置，大大降低电能损耗。动力、照明配电系统根据负荷性质、用途分回路供电，隧道通风机可根据隧道内空气的质量进行自动控制，有效地节约了能源。

2.14.2.2 节能措施

（1）隧道入口段照明采用天然光过渡与人工光过渡相结合的混合光过渡形式，以构筑物形式降低驾驶员进入隧道时的视野亮度，由此可以降低人工光过渡照明的入口起点照明亮度。

（2）设置智能照明控制系统，采用"照明控制仪"对入口及出口的加强照明灯具的点、面进行自动控制，以降低非必需时段开启照明所带来的不必要的照明能耗。

（3）采用高光效的灯具和照明线路及元器件，在确保行车安全的条件下，降低照明线路的无功损耗，以提高照明光效。通过设置绿色节能电源稳压装置，高压钠灯采用节能型电感镇流器，采用 T5 或 T8 系列荧光灯配电子镇流器等措施，以实现降低照明用电能耗。隧道照明灯具内设电容补偿器，以提高功率因数，减少无功损耗，有效节能。

（4）在其他电气设备的选用上采用高效、低耗、长寿命的设备。本设计通过选用低能耗干式变压器，并合理选择变压器容量、优化配电方案和对单台较大容量用电设备配置软起动等措施，可以很好地达到节约能源的效果。通过采用低压集中电容自动补偿装置，以提高功率因数，减少无功损耗，有效节约能源。

2.14.3 监控系统节能

监控系统以确保隧道运营、人身安全及提高车辆通过能力为目的，具有疏解交通、防灾、消灾及节能的功能。

监控系统各子系统在满足系统要求的前提下，选用各类节能型设备。此外，监控系统通过采集各类信息，根据各种工况及联动预案，有效实现对风机、泵机、照明、供电等各种机电设备的自动控制和科学管理、有效降低隧道的营运成本、提高隧道的安全性和应急应变能力，从而提高了隧道的管理水平及品质且达到节能的目的。

监控系统集图像、语音、控制数据于一体化综合监控联动预案，为钱江隧道的智能化设计提供参考，充分利用和挖掘信息资源，实现高度集中控制和子系统之间密切连锁控制，减少以往自动化信息孤岛所造成的能源浪费。

2.14.4 缩短运输距离

本项目建成后可以大量减少汽车运输距离，从而减少相应的运输距离而造成的能源消耗。

2.15 施工组织设计

2.15.1 总体施工方案

通过对本工程分析，结合同类工程的施工经验，为优质、安全、快速、经济地完成整个工程施工，根据工程施工的阶段和专业类别，将全部施工任务划分成六个工区来完成，分别为江北隧道工区、江南隧道工区、盾构隧道工区、机电安装工区、预制构件厂和其他工程工区。各工区的主要施工任务划分见表 2.15.1。

各工区施工任务分配表　　　　　表 2.15.1

序号	工区名称	主要施工任务
1	江北明挖工区	江北侧前期工程、江北工作井及明挖段的施工
2	江南明挖工区	江南侧前期工程、江南工作井及明挖段的施工
3	盾构隧道工区	盾构隧道除管片预制、路面及附属工程和设备安装外的所有工程
4	机电设备安装工区	本工程机电设备采购、安装工程
5	预制构件厂	盾构隧道管片以及路面箱涵的制作
6	其他工程工区	路面、管理用房、泵房等以上五个工区未包括的工程任务

根据本工程情况，在工程总体施工安排时以前期工程、两岸明挖暗埋隧道、盾构工作井、盾构隧道为主线条，辅以道路工程、机电设备安装工程、其他工程为次线条组织施工。盾构隧道采用两台盾构机先后从江南盾构工作井向江北盾构工作井掘进施工。本工程方案的总体施工顺序，见图2.15.1。

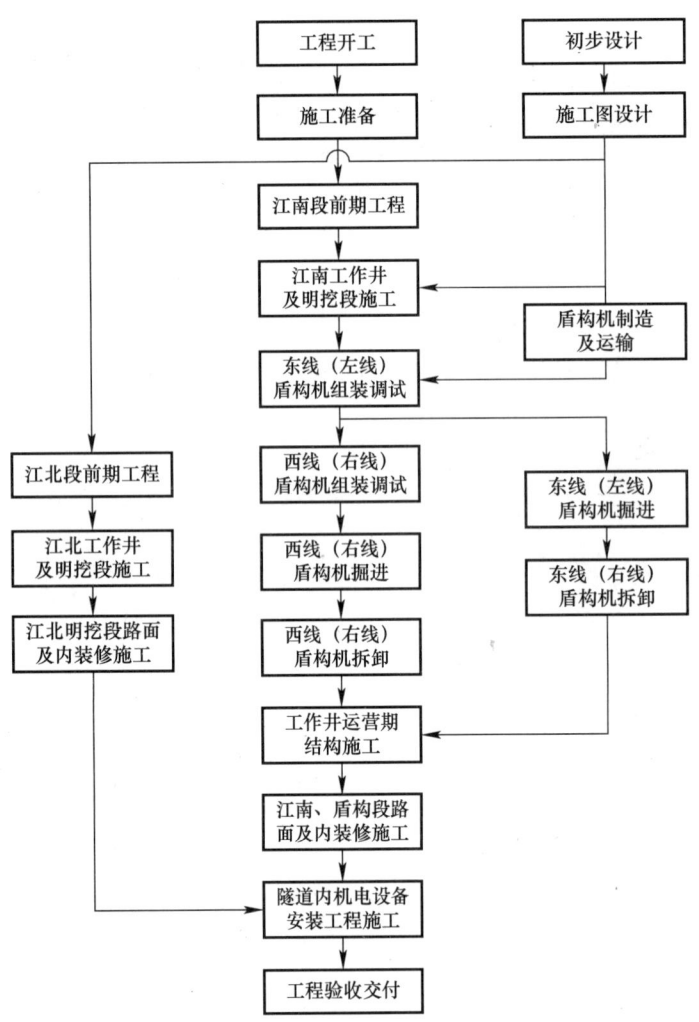

图 2.15.1　工程总体施工顺序示意图

2.15.2　建设工期安排

2.15.2.1　施工进度指标

各主要工程的施工进度指标如下：

工作井及明挖段主体施工：14个月；

盾构机制作及运输：15个月；

盾构机组装及调试：3个月；

盾构掘进：200m/月；

盾构机拆卸：1.5个月。

2.15.2.2　施工工期安排

工程建设开始时间预计为2007年12月18日，工期不含征地拆迁等前期工作，工程竣工时间2011年12月18日，总工期48个月，符合工可报告专家组评审意见。主要工程项目工期安排见表2.15.2。

主要项目施工工期安排表　　　　　　　　　　　　　　　　　表2.15.2

序　号	工程名称	开始日期	完成日期	工期（天）
1	江南工作井及明挖段主体结构施工	2007年12月18日	2009年2月28日	430
2	江北工作井及明挖段主体结构施工	2009年10月1日	2010年9月30日	360
3	盾构机设计、制造、运输	2007年12月28日	2009年3月30日	450
4	泥水系统采购（改造）安装调试	2008年6月1日	2008年3月30日	300
5	管片模具采购及管片制作	2007年6月1日	2009年12月30日	180
6	东（左）线盾构机下井组装、调试	2009年4月1日	2009年6月30日	90
7	西（右）线盾构机下井组装、调试	2009年7月1日	2008年9月30日	90
8	左线盾构隧道掘进及拆卸	2008年7月1日	2010年12月30日	540
9	右线盾构隧道掘进及拆卸	2008年10月1日	2011年3月30日	540
10	路面及建筑装修施工	2011年1月1日	2011年5月30日	240
11	机电设备系统安装调试	2010年7月1日	2011年8月30日	420
12	附属工程施工（风塔、绿化等）	2011年1月1日	2011年8月30日	240
13	竣工验收	2011年11月19日	2011年12月18日	30

2.15.3　施工用地及弃渣处理

2.15.3.1　隧道征地及施工临时用地

江北隧道建设征地面积共需61.96亩（海宁市范围，含江北救援中心用地6.32亩）；江南隧道建设征地面积85.54亩（杭州市萧山区范围，含管理中心用地21亩），江南接线工程建设征地26.96亩。

施工临时用地面积：江北约70亩；江南约300亩。

2.15.3.2　施工弃土处理

本隧道出口明挖段弃土主要为普通开挖泥土，隧道洞身将采用泥水平衡盾构法进行施工，根据预测计算，隧道开挖弃土总量约为178.3万m^3；其中盾构段施工将会产生大量的无化学毒害的泥水，施工设置泥浆沉淀池，采用机械分离的方法，将泥土和水分分离，水再生后循环使用，稀泥排放到泥浆池。江南明挖段弃渣以及盾构段弃渣改良后除用于接线路基填土外，其余由萧山区渣土办统一调配用于江南围垦。江北明挖段弃渣调配用于江北路基填土。

2.16　隧道运营期结构安全监测

2.16.1　隧道运营期间病害分析

本隧道盾构管片采用错缝拼装，经分析在施工和运营过程中可能产生病害如下：

(1) 隧道顶覆盖层不够而上浮；
(2) 管片开裂；
(3) 接缝张开度过大；
(4) 衬砌漏水；
(5) 土砂流入；
(6) 盾构隧道纵向不均匀沉降；
(7) 侵蚀性地下水对盾构隧道管片的腐蚀。

2.16.2　主要监测项目与维护对策

在地质条件明显变化处、江心段、竖井与隧道交接处，最大荷载断面等盾构隧道典型断面预埋监测仪器，通过监测仪器得到的数据可以分析隧道的运营状态，对于发生的病害或者可能发生的病害提出相应的维护补强措施，确保隧道的正常使用和耐久性。下面分述在运营过程中的主要监测项目、测试方法和测点布置。这些监测项目有需要预设元件的时候应在施工期间即预埋进隧道结构体或地层中。

(1) 作用在隧道结构体上的土压监测

该项主要用于探明盾构管片在安装、脱环注浆等施工过程中，以及长期作用在盾构隧道外侧上土压力量值及分布规律。测试仪器采用钢弦式土压力盒，量程为 1.0MPa，其安装采用嵌入式安装，将感应面与管片迎土面相平，保证感应面暴露并能感受外部压力。安装时，在土压力盒周围安装一层大约为 5mm 厚的弹性保护垫层，并用 Φ10 的钢筋将土压力盒背面（非感应面）与管片受力筋焊接固定，以固定测试元件位置。考虑到管片的耐久性，在焊接固定测试土压力盒与固定筋及受力筋表面涂抹环氧树脂，以确保钢筋不受锈蚀。测点布置见图 2.16.1。

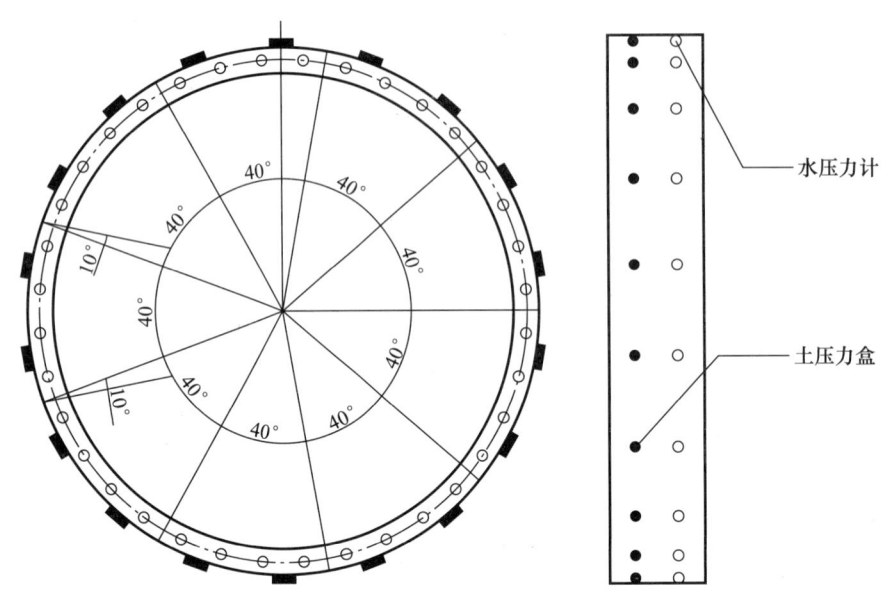

图 2.16.1 土压力盒与水压力计横断面布设示意图

(2) 作用在隧道结构体上的水压监测

该项主要用于探明盾构管片在安装、脱环注浆等施工过程中，以及长期作用在盾构隧道外侧上水压力量值及分布规律。孔隙水压测试仪器采用孔隙水压计，量程为 0.8MPa。在安装前，首先对水压力计外部渗水石进行保护，确保其在管片脱环时不被水泥砂浆封堵，充分发挥渗透作用，以感应水压力。为了保证其位置固定，将水压力计两端用 Φ10 的钢筋焊接在管片受力筋上。测试信号传输电缆导入专用走线孔，据土压力和水压力的量值及其分布变化规律判断结构的安全性。测点布置见图 2.16.1。

(3) 管片结构内力监测

本项目用于探明在施工期间及长期运营阶段，管片结构在外侧荷载作用下所产生的内力值及其分布规律。管片的内力测试仪器采用钢弦式钢筋应变仪，规格为 40MPa。安装时应变仪的应变感应方向和环向受力主筋方向平行固定，每个测试断面内外侧各布置一个应变仪，应变仪和环向主筋在高度一致，将测试传输电缆导入专用走线孔。测试横断面测点布设见图 2.16.2。

由于本隧道设计年限为 100 年，而传统埋入式传感器的使用寿命目前普遍不超过 10 年，因此一旦传感器发生故障或超过使用寿命则无法进行更换，无法保证长期监测的需要。预埋的水土压力计只作为辅助监测手段。

(4) 衬砌裂缝、管片接缝张开度和变位监测

用以量测隧道衬砌裂缝、衬砌管片的纵向和环向接

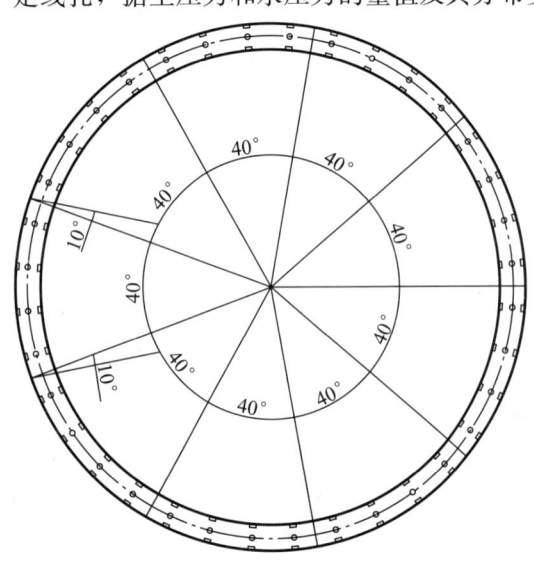

图 2.16.2 应变仪横断面布设示意图

缝的张开量、闭合量以及错动量，据以判断管片结构变形的发展趋势及其安全性。上述结构微小位移的量测拟采用国际上先进的光纤光栅传感器进行。光纤传感器以其极高的灵敏度和精度、抗电磁干扰、高绝缘强度、耐高温、耐腐蚀、质量轻、柔韧、频带宽等大量的技术优势，还具有集传感与传输于一体，能与数值通信系统兼容等优异的特性。

监测点的布置对于监测效果是比较重要的，但由于目前国际上还很少有系统地对隧道进行健康监测的实例，因此，测点的布置只能根据分析可能产生变位的盾构与竖井连接处、荷载变化处、最大荷载处、地质条件变化处等位置及认为需要加密处。传感器布设见表 2.16.1 所示。

传感器布设表　　　　　表 2.16.1

监测项目	布置原则与传感器	大致布点数
隧道横向变形	按 200m 左右布置一个监测断面。重点监测断面有：盾构与竖井连接处，隧底地质变化处，最大水压力处、最大土压力处。每个监测断面布置微小位移传感器，量测接缝张开量或管片段的位移，同时布置应力传感器，管片表面应变传感器，综合反映横断面的收敛变形。每个断面布设 4 只微小位移传感器、4 只应力传感器、4 只应变传感器	两条隧道共 24 个监测断面、288 个监测点
管片接缝及钢筋应力、螺栓应力	按 200m 左右布置一个监测断面，设置位置与断面横向监测基本相同。当测量隧道纵向管片接缝张开量时，每个断面布设 4 只微小位移传感器、4 只应力传感器；当测量隧道横向接缝张开量时，监测点布置同隧道横向变形	两条隧道共 24 个监测断面、192 个监测点
管片外水土压力	约 500m 布置一个监测断面，每断面布置 20 个监测点。布置时，可特制管片。两条隧道可错开布置	两条隧道共 8 个监测断面、160 个测点
渗漏	按 200m 左右布置一个监测断面，每断面在衬砌表面布置 9 个温度传感器	两条隧道共 24 个监测断面、216 个监测点
结构震动特性	按 200m 布置一个监测断面，断面监测点布置按结构振动最大点布置，每断面在管壁可布置 2 个振动传感器，车道板下布置 1 个振动传感器	两条隧道共 24 个监测断面、72 个监测点
钢筋锈蚀	按 500m 左右布置一个监测断面，每断面布置 3 个监测点。布置时，可特制管片	两条隧道共 8 个监测断面、24 个测点

对于适时连续监测系统未能检测到，并通过现场检测发现的裂缝监测，裂缝深度可采用开裂部分钻孔的方法。测量裂缝宽度时在裂缝两侧用膨胀螺丝设置成对基准点预埋件，测读裂缝宽度变化以及错位。量测方法见图 2.16.3。

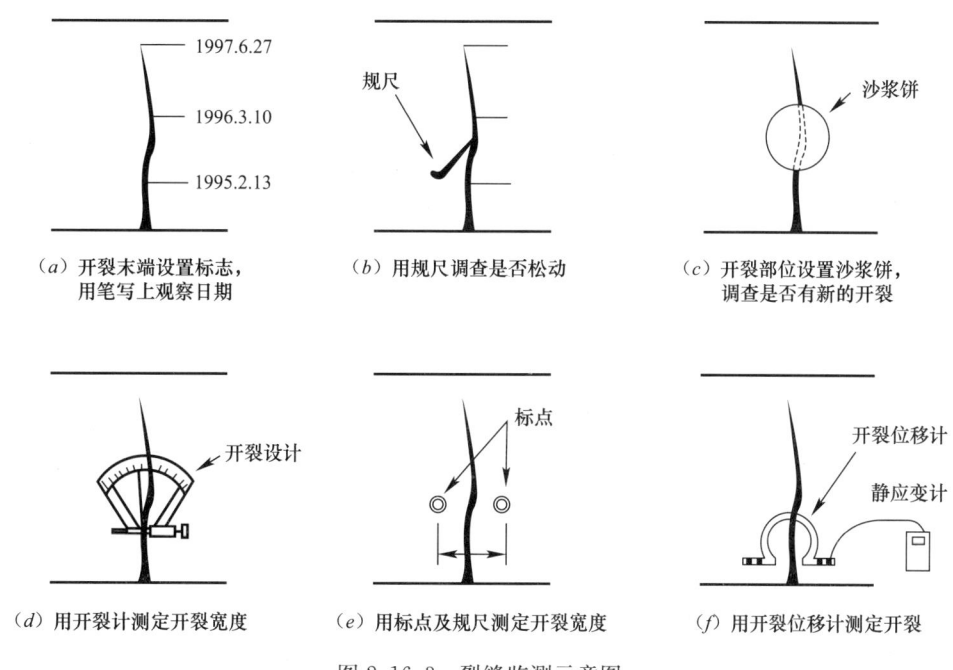

图 2.16.3　裂缝监测示意图

(5) 隧道断面收敛变形监测

用以测定隧道断面的椭圆度。采用光波测距仪对隧道断面形状以及建筑限界的富裕量进行测定。

(6) 隧道纵向不均匀沉降和水平位移监测

本隧道推荐采用瑞士 SMARTEC 公司研制的 SOFO 光纤测试系统。采用光纤测试系统分辨率高（$2\mu m$），不受周围温度、电磁场、湿度、振动和腐蚀的干扰，具有优越的长期稳定性，测量时间短，安装方便快捷，可以自动或远程测量，实现对隧道结构的实时监控。SOFO 是建立在低相干干涉原理基础上的，利用来自发光二极管（LED）的光源发射到标准的单模光纤，通过耦合器进入到两根埋入或安装在被测结构的光纤中。测量光纤与被测结构紧密接触，随着结构的变化而变形，包括伸长和收缩。第二根光纤是参考光纤，自由安装在同一个管子中。在两根光纤的末端有反射镜，把光反射回耦合器，然后传输到分析仪。SOFO 单元可以存储数据，也可以通过连接调制解调器（标准、无线、移动、电缆、光纤或以太网）进行远程控制。在盾构隧道的全长安设 SOFO 光纤测试系统可以测量隧道的纵向不均匀沉降和水平位移；通过在典型断面布设 SOFO 光纤倾角仪还可以监测盾构隧道的转动。

(7) 漏水、水质、土砂流入量监测

若在运营过程中发生漏水，应该对漏水的范围、漏水量、水温、水质以及污浊度进行监测。对水质的检查主要是判定衬砌有无劣化的可能。主要检查项目有温度和外观（水温、颜色、浓度、臭气等），pH 值（水的酸性、碱性）、碱性度（消耗 OH^-、CO_4^{2-}、HCO_3^- 等酸的成分的含有量）、导电度（推定全融解物质量）、主要阴离子（Cl^-、SO_4^{2-}、HCO_3^-）、主要阳离子（Ca^{2+}、Mg^{2+}、Na^+、K^+）。长期运营过程中，盾构隧道的接缝张开度增大或者防水材料老化失效则隧道周围围岩中的细粒成分（细砂、粉砂等）有可能流入隧道，由隧道下卧土层向隧道内漏入的水土越多，则隧道因之而产生的纵向弯曲愈严重，隧道底部环向裂缝愈大，水土流失的增加与裂缝的加宽恶性循环发展，导致隧道塌坏。因此应该对于流入土砂的量和位置，土砂的性质等进行测定，若土砂流入量较大，还应该及时调查管片后围岩的状态。

(8) 管片材料劣化监测

用以监测运营过程中，管片材料在各种因素的作用下是否发生劣化。可采用目视法、打击检查、超声波、炭化试验和化学分析等方法检查管片混凝土在长期运营状态下的材质、强度、炭化深度等的变化情况。采用混凝土回弹仪，用与弹簧相连的钢棒打击混凝土表面，根据回弹距离推定管片混凝土的强度。用混凝土回弹仪打击时在同一处打击 20 点以上且避免打击粗骨料。此法测定值的离散性较大，只能推定强度的大概值但偏于安全。

(9) 运营期隧址河床断面监测

由于钱塘江河床冲淤变化较大，且变化是长期的，隧道顶覆土厚度直接关系到盾构的抗浮稳定性，因此在隧道运营期内每年必须对河床断面进行多次实测，以维护隧道的安全。

多波束测深系统可用于测量、显示和输出水下"地域"内河底地貌及地物信息，对于江河湖泊的综合整治、海洋测绘、堤防险工险段监测及水下沉没实体的摸探、海底管线铺设、海上石油平台施工与打捞等具有重要的实用价值。本隧道呈条带状，非常适合采用多波束测深系统进行地形测量，实时监控隧道上方地形变化状况，相应的成果见图 2.16.4。

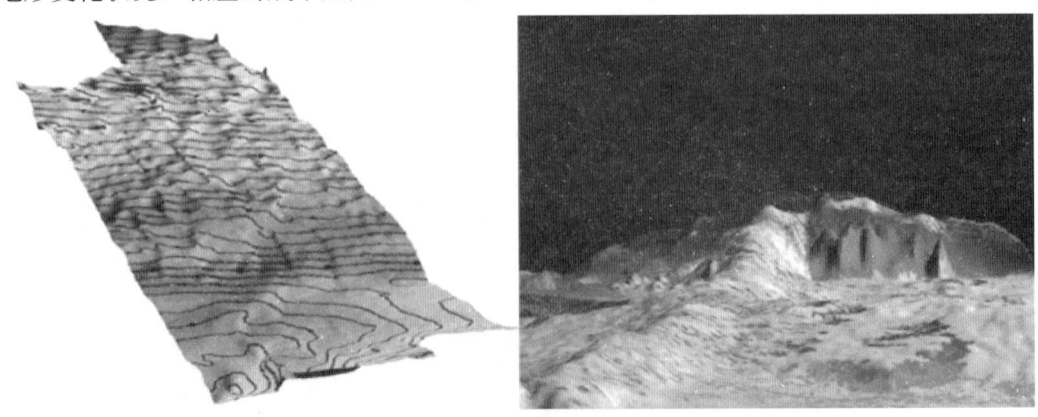

图 2.16.4 多波束成果图（水深等值线图、等值线与 3D 叠加图）

以测深模式工作时，对水下地形以带条全覆盖的方式进行测量，对细微地形的变化都能完全反映出来。由于测量是全覆盖的，一次作业能由后处理软件生成多种比例尺测图，可满足多种需要，优于单波束回声仪按比例尺设计断面和测点间距，一次作业仅有一种比例尺成果；同时因其全覆盖作业，对于大比例尺的测绘具有优越性。沿隧道平面线路方向布置测线，隧道轴线两侧共100m范围内间隔10m布置一条测线，每条测线上的纵向水深测点间距为10m。

2.17 隧道养护维修与运营管理

2.17.1 隧道运营养护维修方案

2.17.1.1 养护维修管理的工作原则和任务

（1）工作原则

隧道维护工作按照"预防为主、防治结合、有病治病、治病根除"的原则进行，采取综合维护和经常保养相结合的方式，有计划的整治病害，及时消除危及行车安全隐患，以保持隧道经常处于均衡完好状态。

（2）基本任务

1）运营维护和管理是搞好隧道安全运营的重要环节，其基本任务是：

① 经常保持隧道状态的均衡完好，以保证车辆不间断行驶和安全。

② 有计划地改善隧道主体和设备运营状态，满足强度和稳定要求，满足建筑限界、抗震要求，充分发挥隧道的使用功能，以适应运输发展的需要。

③ 保持隧道设计使用年限100年的要求。

2）为了做好隧道维护管理工作，必须掌握隧道的基本技术要求和维护技术标准：

① 基本技术要求和技术标准：

- 隧道通行车辆种类及限界要求：禁止或控制运输危险品车辆的通行；
- 隧道稳定要求：了解河床冲刷变化情况，控制隧道最小覆土厚度要求，同时对地震进行监测；
- 设备设施维护使用要求：掌握了解隧道各类设备设施的技术性能参数、维护要求、使用期限等，使各类设备设施处于正常运营状态；
- 隧道主体结构的位移、变形、应力等控制标准；
- 隧道渗漏水等控制、治理标准；
- 隧道混凝土结构表层剥落、裂纹等控制、治理标准；
- 外露钢构件、焊缝等强度要求和防腐、防锈及维护涂装等标准；
- 道路维修标准；
- 维护材料的选用标准；
- 隧道通风卫生标准；
- 隧道照明标准；
- 交通设施设置标准；
- 主要设备用房如变配电所、监控中心以及消防和防灾等均应执行相关行业标准。

② 为了做好隧道维护管理工作，应由专业管理单位全面负责，配备必要的机具、仪器及检修设备，根据运营维护管理要求，制定符合本隧道特殊要求的详细运营维护管理规章制度和维护计划等。

2.17.1.2 隧道运营设施和维护管理

隧道维护工作范围包括：主体结构、通风、给排水、消防、供电照明、监控等。

（1）隧道主体结构

隧道主体结构应满足安全和耐久性的要求。影响隧道安全和耐久性的因素主要有混凝土表层的剥落、混凝土裂缝、渗漏水、管片接缝的张开、隧道的下沉和上浮等变形和由此引起的附加应力、混凝土材料的劣化、外露铁件腐蚀等。另外还有道路路面的修整和内装修的维护。

(2) 通风系统

其维护与管理工作一般有以下几个方面：

1) 送排风系统应根据隧道内外温度计、CO—VI 浓度的变化要求进行连续或定期运转调整，以便其维持在最佳运行状态。

2) 在调整风机的风量、风压、功率的同时，应及时调整各调节阀。

3) 应定期检查轴承间的润滑是否良好，启动安全设备是否完善。

4) 风机、通风室、风道、消声器等设备应定期清扫。

5) 设备、管道表面，应定期检查及时按照防腐要求，作防腐处理。

6) 应定期检查电动阀、防火阀、排烟阀等配件，以确保其动作的可靠性、安全性。

(3) 给排水与消防

1) 排水系统

在隧道最低点设置江中排水泵房，泵房集水池设置于车道板下、逃生道内，为了充分利用这部分狭长空间，内部放置的潜水排水泵采用低流量、高扬程的小体积高效排水泵。

这种设置既能把消防废水顺畅排出，又充分利用了隧道横断面的角落空间，避免了在最低点设置下沉式泵房的做法，大大减少了盾构施工的难度和改善结构受力状况。

在隧道洞口附近设置地下雨水泵房，防止雨水流入隧道内，影响行车安全。雨水和废水泵房设置液位自动控制、控制中心远程控制。

2) 消防系统

除设置了常规消防系统外，同时针对隧道内空间狭小且处于相对密闭状态，火灾发生时烟雾大。升温快的特点，采用了先进的泡沫-水雾联动自动灭火系统。

3) 隧道底部管线廊内敷设有消防管、排水管，为便于检修，对每根消防管和排水管每隔一定间距设置一只手动蝶阀。

(4) 供电照明

本工程的供配电需要维护的设备有：

1) 变电房内：高低压配电装置，各类交直流屏、动力柜，变压器，各类给排水、消防泵控制柜，射流风机控制柜，各类电缆，工作井、变电站内照明设施，空调设备等。

2) 隧道内：小容量照明变压器，动力配电柜，EPS 柜，照明配电箱、检修箱，排水泵控制箱，各类电缆，诱导指示设备，隧道内各类照明设施等。

隧道运营与维护人员应根据不同供配电设备具体要求，定期对设备进行维护和保养，以满足隧道正常运行的要求。

(5) 监控系统

1) 隧道监控系统设备运行在特殊环境中，应对一些情况加以防范，尽可能使设备的运行正常，需做好防潮、防尘、防腐工作。

2) 防雷、防干扰。

防雷的主要措施是做好设备接地的防雷地网，应按等电力体方案做好独立的接地电阻小于 1 欧的综合接地网。

防干扰则主要做到布线时应坚持强弱电分开原则，严格按通信、监控及电力行业的布线规范施工。

3) 控制中心的系统维护。

> 运行维护：当应用系统出现软件升级、模块更换、故障确认、系统错误等问题时，工程师应在 24 小时内赶到现场。

> 数据库维护：数据备份、安全管理、性能调试、故障排除。

> 应用软件维护：检查数据库、服务器及各终端的运行状况、核实原始配置、检查各监控软件及软件运行环境。

> 系统及应用软件维护，主要由软件提供商的维护服务商完成，另系统集成商应提供例行检查、系统维护服务。

2.17.2 运营管理系统设置

2.17.2.1 运营管理部门的设置

为了隧道安全、正常、高效运行，应组建隧道管理机构，其人员配置和职责确定是体现"以计划养护为主，抢修为辅"的养护维修管理要求。

鉴于隧道全天候不间断运作的特点，需要准确、快速处理各类紧急情况，因此对其管理机构组成考虑如下：

设立隧道管理公司，实行经理负责制，隧道管理机构全额编制人员为 30 人。

运营部、工程部总监实行日班制工作。主要专业工作人员随班作业。紧急情况可按紧急呼叫方式联系，到岗履责。

隧道运行（包括设备运行）工作岗位采用 24 小时值班工作制。实行中控室主任为现场管理第一责任人的运行管理责任制。当班主任统一指挥、全面负责协调运行过程中的各项工作。中控室下设电调员、监控员负责监控隧道运行状况。

隧道运行工作实行"工作许可、回报"制度。中控室发布工作指令、收听工作结果和各种异常情况汇报，并作全过程记录。各控制点值勤人员接受工作指令、执行操作、汇报工作结果、运行动态和发现的异常情况。

对隧道设施设备和行车环境，由运行管理人员（包括道口管理班长、变电所值班人员）按规定周期巡检和巡逻，发现病害、缺陷和异常情况按规定时限要求处理。

对隧道环境控制，按环境控制标准实施通风开启方案。同时，按期保质地对隧道实施清洁工作。

本隧道工程必须联合交警，主要进行交通管理和交通事故处理等，运营管理部可协助进行交通管理；另外还需与消防部门建立紧密联系、配备消防救援车辆、消防救援人员。

建议组织机构设置如图 2.17.1 所示。

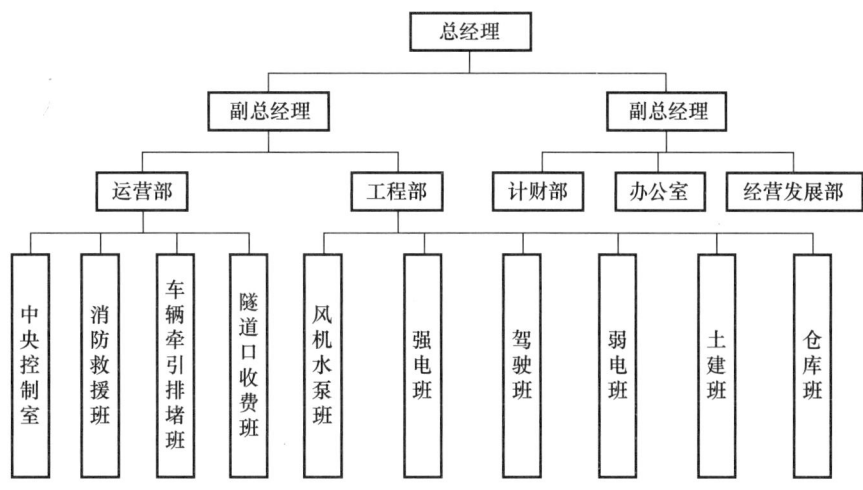

图 2.17.1 组织机构图

2.17.2.2 运营管理费用估算

根据估算，隧道通风照明等各种设备一年的耗电量约 1620 万度，按每度电 0.9 元计，共 1458 万元。设备的养护维修费用一年约 400 万元，隧道管理公司 30 人定员工资及办公费用人均 8 万元，计 240 万元，因此隧道一年的正常运营管理费用总计约为 2098 万元。

第3章 盾构施工对隧道结构影响试验研究

3.1 概述

本项目依托钱江盾构隧道工程，以减少施工阶段管片破损及提高隧道正常使用阶段的服役性能为出发点，对大直径盾构掘进力学效应及对现行隧道设计方法和标准进行重新评估，以利于通过施工和设计的双重控制达到提高隧道施工质量、耐久性及其实际力学工作性能的目的。

通过理论研究、数值模拟及现场实测，着重对以下关键问题进行研究和分析：

(1) 盾构掘进姿态的力学耦合作用研究
- 盾构直线段纠偏对隧道结构受力的影响；
- 盾构曲线段纠偏对隧道结构受力的影响。

(2) 管片拼装应力的形成机理与时效特性研究
- 管片拼装误差与先期变形影响的理论分析；
- 拼装过程中管片的应力与变形的实测分析；
- 拼装结束后管片的残存应力及其时效特性的实测分析。

(3) 浆液压力及其填充分布与时效特性研究
- 衬砌背后浆液填充分布规律；
- 注浆压力的作用与消散机理；
- 衬砌背后浆液的硬化规律；
- 隧道地层接触关系与共同作用。

(4) 大直径隧道结构承载性能的施工控制与设计对策研究
- 盾构施工力学参数对隧道结构最终内力的影响分析；
- 盾构掘进力学行为的控制措施研究；
- 考虑施工控制过程的盾构隧道衬砌设计参数研究。

3.2 盾构施工对隧道结构影响因素和作用机理分析

在复杂地层中掘进的大直径盾构，施工参数控制难度加大，导致作用在管片隧道上的施工荷载随之发生了改变，往往形成隧道设计中无法预计的最不利工况条件，造成管片破坏，这大大降低管片防水性能和受力能力，虽然不一定在施工阶段产生重大事故，但对于隧道的耐久性和隧道内环境的维护无疑具有极大的负面效应。

本节将对大直径盾构施工过程的不利工况进行阐述，并利用三维有限元数值模拟及理论解析方法着重对管片拼装时的多种不利工况进行研究和讨论。

3.2.1 大直径盾构隧道结构施工过程中的不利工况

大直径盾构管片所受到的作用及造成管片破损的原因主要有以下4个方面：

(1) 千斤顶推力的影响

作用于管片上的力是造成管片开裂的最基本因素，其中盾构掘进过程中总推力过大是致使管片开裂的最直接原因（见图3.2.1）。如国内地铁盾构隧道施工中，细砂土地层中总推力约12000~15000kN。而15m级大直径公路隧道盾构装备推力可达200000kN，细砂或砾砂混合地层中总推力达100000kN。当总推力过大时，对于养护不好并且配筋小的管片则有可能开裂。总推力的增大，开裂的频率也增大。

第3章 盾构施工对隧道结构影响试验研究

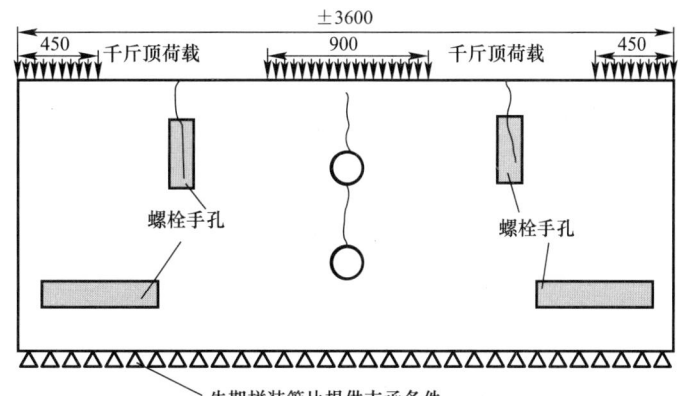

图3.2.1 封顶块破碎照片

另外，在施工过程中的千斤顶顶力的偏心（见图3.2.2）会对管片造成额外的影响，并且会导致管片在相应位置需要额外的配筋。

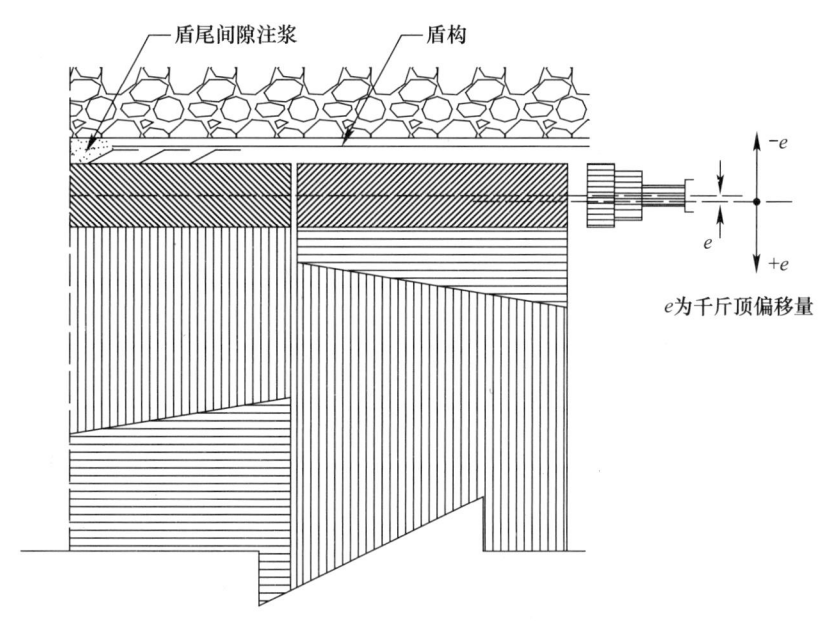

图3.2.2 千斤顶顶力偏心

（2）盾构机姿态控制与曲线段不匹配

管片是在盾构机尾部内进行拼装，拼装完成后，隧道管片在盾构机内部留有一定长度，管片外侧的空隙为5cm左右。盾构机在曲线段或复杂地层中掘进时，盾构机的姿态变化与管片的姿态变化不一致，盾尾密封刷挤压管片造成开裂（见图3.2.3）。盾壳之所以挤压管片，还与盾尾尾刷结块硬化、盾尾壳体椭变和隧道旋转、管片连接螺栓未拧紧（易使管环变形）等有关。

（3）同步注浆对隧道的受力状态的影响

盾构施工过程中盾尾注浆的填充效果对管片的受力有着重要影响（见图3.2.4）。在瑞士的Sorenberg隧道施工跟踪监测中发现，隧道拱顶受到地下水的冲刷作用下，注浆大量流失，造成拱顶部失去支撑而导致大量开裂。之后，改善填充物配比及性质后，开裂得到有效的控制。另外从以往的施工经验来看，浆液的可泵性和稳定性较差，注浆压力作用过大，都会对隧道的受力产生较大的不利影响。

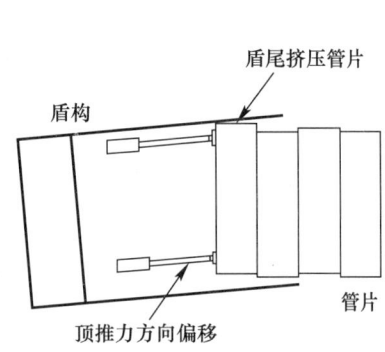 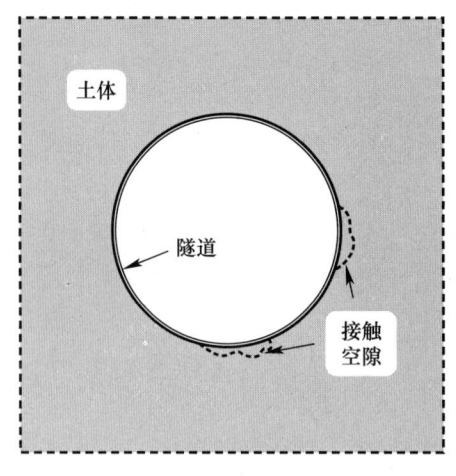

图 3.2.3　盾构纠偏推进过程管片受挤压状况　　　　图 3.2.4　注浆不足导致的隧道与土层的接触空隙

（4）先期拼装成环管片误差及变形的影响

既有管片环面由于制作精度误差累计、椭圆变形（见图 3.2.5），导致新管片须强制拼装入环时形成管片间巨大挤压剪切等拼装应力，同时盾构千斤顶推力作用在不平整的管片环面上将产生较大的劈裂力矩造成管片开裂（见图 3.2.6）。从以往的理论分析来看，即使仅有小于 1mm 的错位量，便会使管片内产生较大的劈裂应力。盾构管片虽然都属于精密管片，但在错缝拼装过程中任何不精细的操作（从结构刚度来说，错缝拼装优于通缝拼装），造成 0.5～1.0mm 错位的频率是较高的。

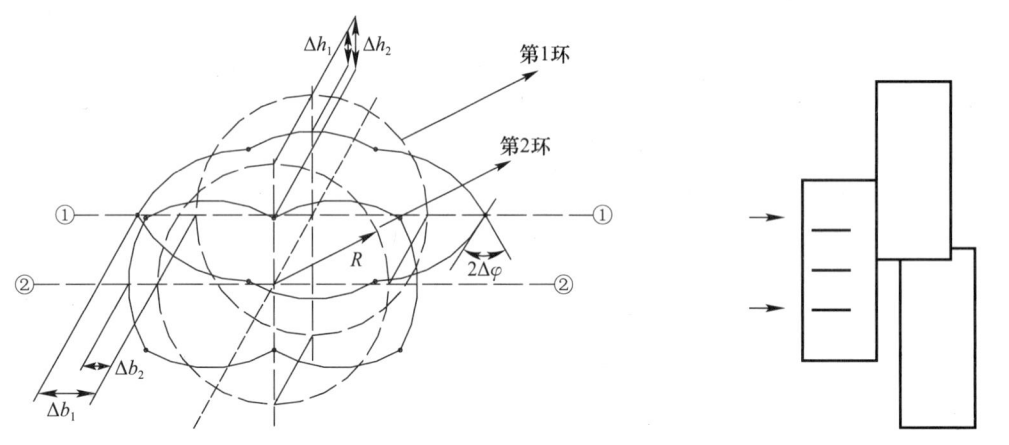

图 3.2.5　相邻两环的椭圆变形　　　　图 3.2.6　千斤顶顶进时环面不平整

3.2.2　大直径盾构隧道结构施工过程中结构受力的有限元分析

本小节的数值模型以钱江隧道为研究背景，隧道内径为 13.7m，外径为 15.0m，环宽 2.0m，厚度 0.65m。采用 9+1 块的分块方式，封顶块角度为 18.519°。衬砌环通过 38 个 M30 螺栓连接，块与块之间通过 2 个 M39 螺栓连接，如图 3.2.7 所示。

3.2.2.1　有限元模型介绍

管片单元采用 8 节点 6 面体单元，在管片厚度方向划分 2 个单元，宽度方向 8 个单元，螺栓采用杆单元模拟，模型网格图如图 3.2.8 所示。管片单元设置为接触体，程序自动通过单元节点接触来模拟管片间的非穿透接触，管片间可以相对错动和张开。

隧道全周设置地基弹簧（只能受压，不能受拉，弹簧刚度系数 $K_s=20\text{MPa/m}$）。拖出盾尾的环除自重作用外，还受到水土压力及地基弹簧约束，如图 3.2.9 所示；正在拼装的环由于还在盾壳的保护下只受到自重和纵向千斤顶的顶力，顶力大小为 150000kN。

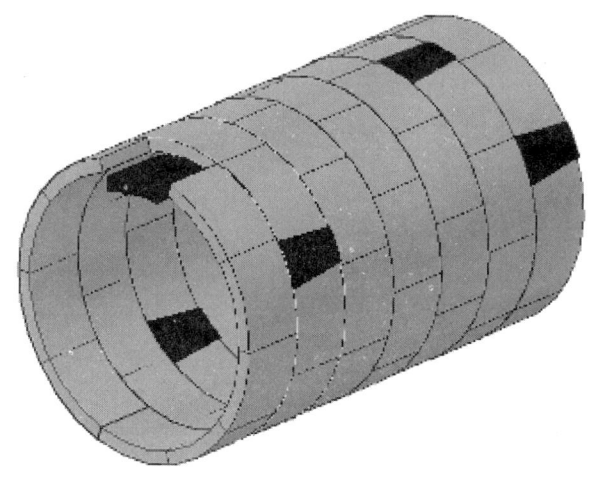

图 3.2.7 管片示意图

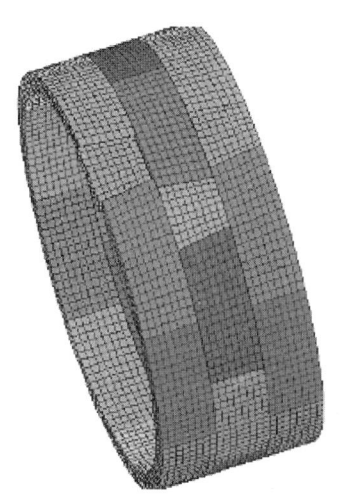

图 3.2.8 模型网格划分图

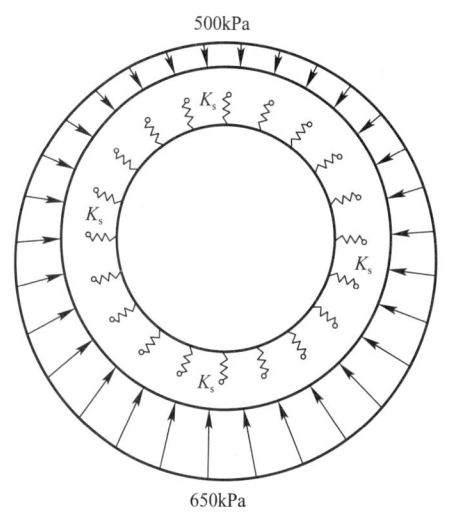

图 3.2.9 外部注浆压力及地基弹簧

3.2.2.2 先期变形对 K 形块插入时隧道受力的影响

由于已拼装成环的管片，在拖出盾尾后受到注浆、水土压力而发生变形，新拼装的一环管片是在后一环已经发生变形的管片上进行拼装。如果新拼装的一环与后面各环的变形协调一致的话，新拼装环管片的形状不再是一个标准的圆形，当拼装到最后一块（K 块）时，留给 K 块的空间大小与其本身尺寸不相匹配。而尺寸的不协调就会导致在管片中产生次生内力。

本小节将对以下两种模型进行分别讨论，得以到先期变形、盾尾长度对 K 形插入时隧道受力的影响规律。

模型一（3 环）：盾尾较长，有 2 环半处于盾尾的保护下，不受土体压力，仅后半环受到注浆压力（参考隧道实际情况），如图 3.2.10 所示。

模型二（2 环）：为进行对比分析，假设盾尾较短，仅能容纳 1 环半管片，之后的一环受到水土荷载及注浆作用，如图 3.2.11 所示。

另根据钱江隧道的管片拼装点位（如图 3.2.12），模型一中的 K 形块取以下 4 种点位。

模型一，K 形块旋转 $0 \times 18.9474°$ 时的计算结果如图 3.2.13 和图 3.2.14 所示。

从图 3.2.13 中可以得到，在 K 形块插入前，前两环由于在盾尾的保护下，应力远小于受到外部荷载的最后一块。前两环最大拉应力 0.6MPa，最大压应力 1.3MPa。从变形云图看，由于自重及最后一环的变形导致 K 形块的间隙减小了约 1mm。

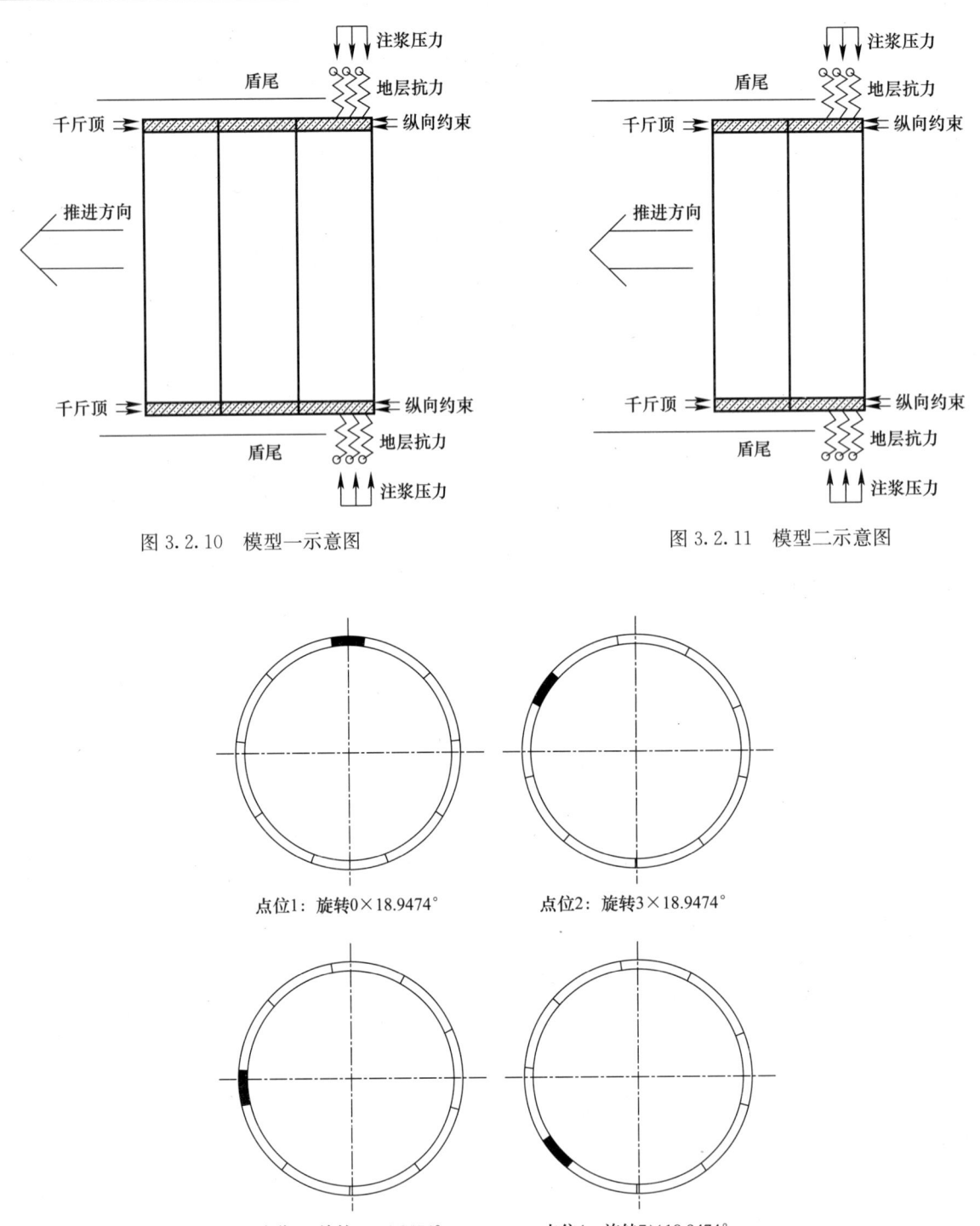

图 3.2.10　模型一示意图　　　　图 3.2.11　模型二示意图

图 3.2.12　K 形块的不同位置（阴影为 K 形块）

由于 K 形块前宽后窄，两侧上部略微向内收缩，在完全纵向插入 1.99m 之前，应力很小且几乎没有变化。可以认为之前 K 形块插入较顺利，与周边管片无过大的挤压应力。在插入至 1.99m 时，邻接块上的压力开始明显增加，并且在与后一环的纵缝接触处出现应力集中（如图 3.2.14a 所示）。当 K 形块完全插入时，压力增大的范围进一步扩散。值得注意的是，在邻接块管片内侧出现了较大范围的拉应力，最大值约 1.8MPa。除局部应力集中，压应力最大值为 3.7MPa，如图 3.2.14（b）所示。

模型一中，K 形块旋转 3×18.9474 时的计算结果如图 3.2.15 和图 3.2.16 所示。

第3章 盾构施工对隧道结构影响试验研究

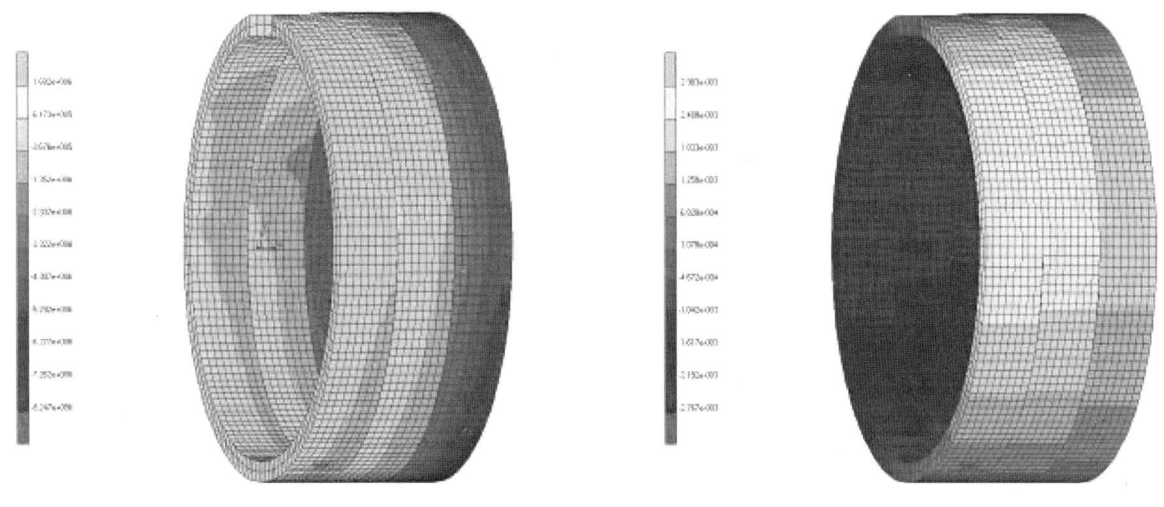

(a) K形块插入前的环向应力云图

(b) K形块插入前的环向变形云图

图 3.2.13 K形块插入前的应力及变形云图

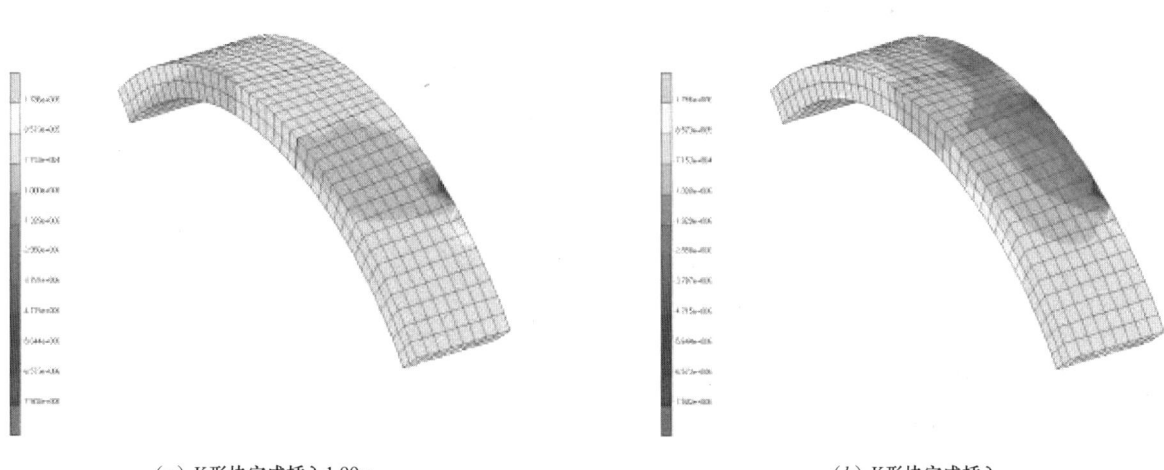

(a) K形块完成插入1.99m

(b) K形块完成插入

图 3.2.14 K形块的环向局部应力云图

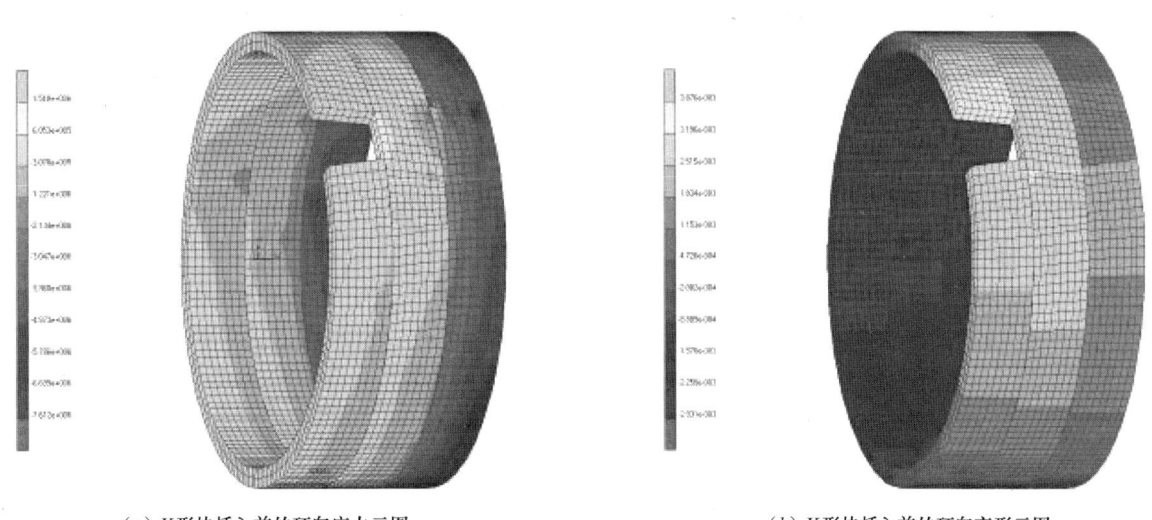

(a) K形块插入前的环向应力云图

(b) K形块插入前的环向变形云图

图 3.2.15 K形块插入前的应力及变形云图

从图 3.2.15 中可以看出，与 K 形块在顶部情形类似。在 K 形块插入前，前两环的应力较小，最大拉应力 0.6MPa，压应力 1.2MPa。从变形云图看，由于自重及最后一环的变形导致 K 形块的间隙减小了约 1.3mm。

当 K 形块开始插入后，类似的，在完全纵向插入 1.99m 之前，应力很小且几乎没有变化。在插入至 1.99m 时，在 K 形块与邻接块接缝处出现局部的应力集中，整体应力变化依然较小。直到当 K 形块完全插入时，压力增大的范围进一步扩散。在邻接块的环面内侧出现了较大范围的拉应力，最大值约 1.8MPa，压应力最大值为 3MPa，如图 3.2.16（b）所示。

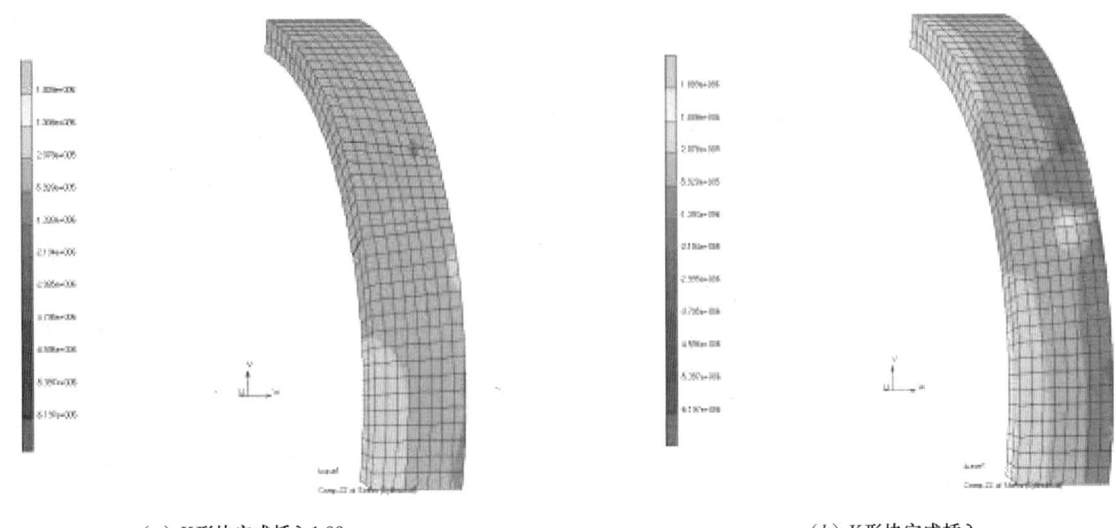

（a）K 形块完成插入 1.99m　　　　　　　　　　（b）K 形块完成插入

图 3.2.16　K 形块的环向局部应力云图

模型一中，K 形块旋转 5×18.9474 时的计算结果如图 3.2.17 和图 3.2.18 所示。

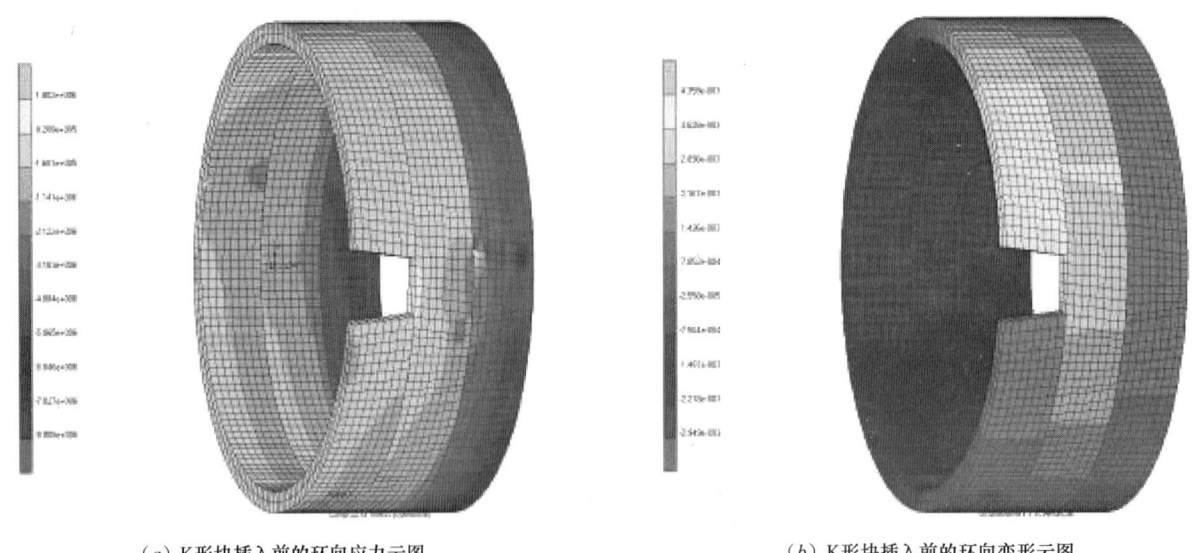

（a）K 形块插入前的环向应力云图　　　　　　　　（b）K 形块插入前的环向变形云图

图 3.2.17　K 形块插入前的应力及变形云图

从图 3.2.17 可以看出，在 K 形块插入前，前两环的应力较小，最大拉应力 0.8MPa，压应力 2.1MPa。从变形云图看，由于自重及最后一环的变形导致 K 形块的间隙减小了约 2mm。

从应力云图 3.2.18 中可以发现，K 形块在纵向插入 1.98m 时，在临界块的前后两侧应力有所增加。当纵向插入 1.99m 时，应力增大的范围扩散至环面绝大部分区域，并在与后一环的接缝处出现的应力集中。最终当 K 形块完全插入时，应力增大的范围进一步扩散。在邻接块的环面内侧出现较大拉应力，最大值为 2.3MPa，最大压应力为 4.8MPa。

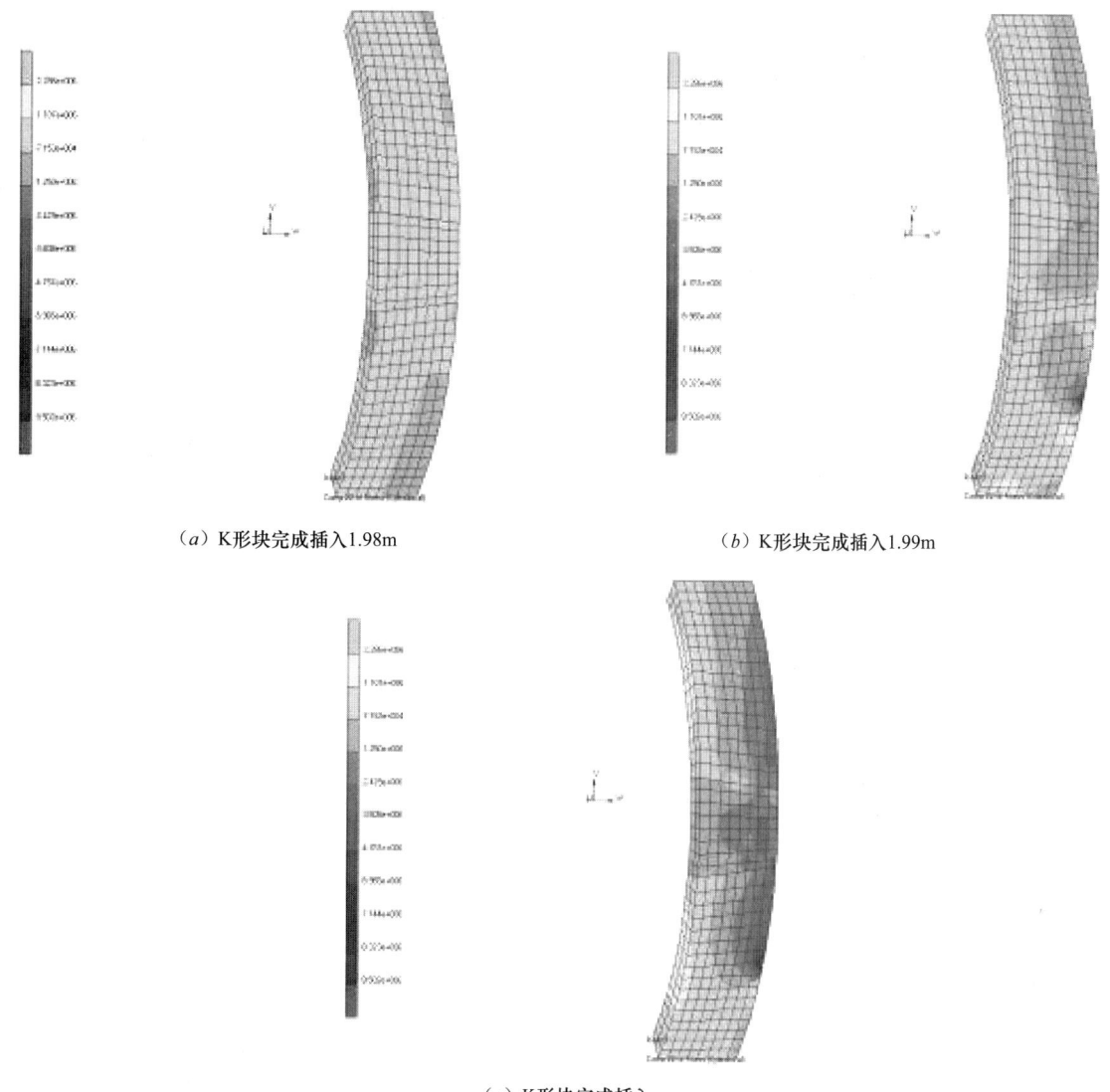

图 3.2.18　K 形块的环向局部应力云图

模型一中，K 形块旋转 7×18.9474 时的计算结果如图 3.2.19 和图 3.2.20 所示。

同样，在 K 形块插入前，前两环的应力较小，最大拉应力 1.1MPa，压应力 3MPa。从变形云图看，由于自重及最后一环的变形导致 K 形块的间隙减小了约 3mm，如图 3.2.19 所示。

从应力云图 3.2.20 中可以发现，K 形块在纵向插入 1.97m 时，在一块临界块的后侧应力有所增加。当纵向插入 1.99m 时，应力增大的范围扩散至环面绝大部分区域。最终当 K 形块完全插入时，应力增大的范围进一步扩大。同样在邻接块的环面内侧出现较大范围拉应力，最大值为 2.8MPa，最大压应力为 4.1MPa。

模型二，仅取 K 形块旋转 0×18.9473 时的计算结果，如图 3.2.21 和图 3.2.22 所示。

从图 3.2.21 可以看出，应力比相比于模型一中稍高。在 K 形块插入前，前一环的应力较小，最大拉应力 1.1MPa，压应力 3.3MPa。从变形云图看，由于自重及最后一环的变形导致 K 形块的间隙减小了约 1.6mm。

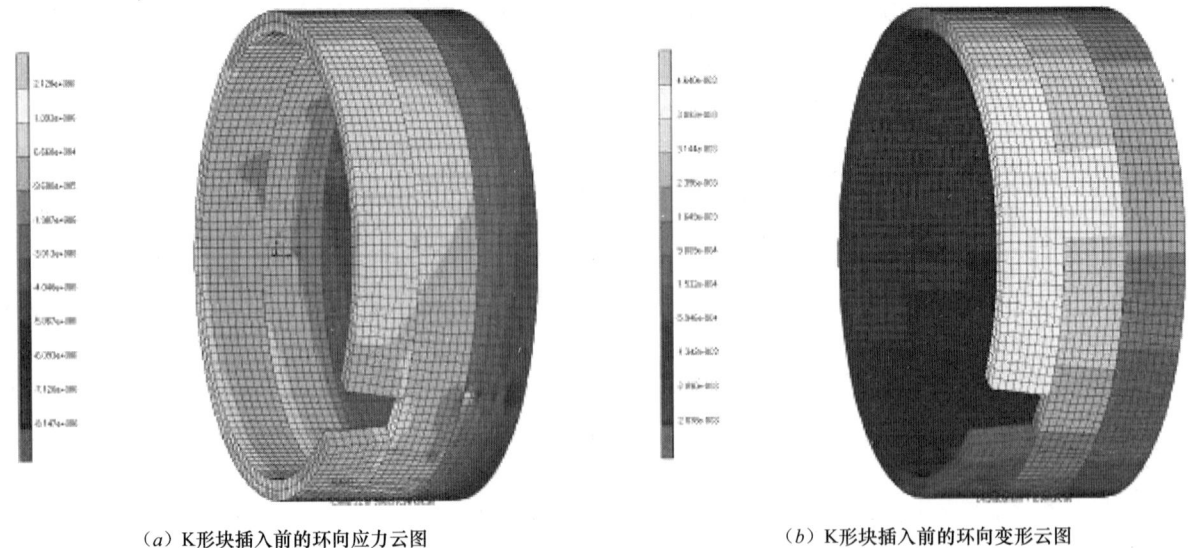

(a) K形块插入前的环向应力云图　　　　　　　(b) K形块插入前的环向变形云图

图 3.2.19　K形块插入前的应力及变形云图

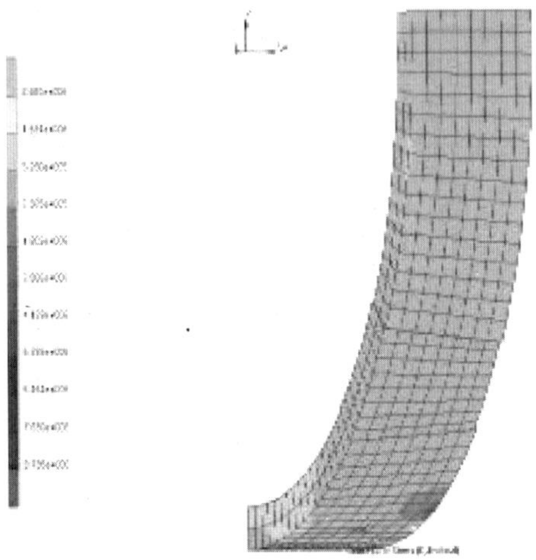

(a) K形块完成插入1.97m 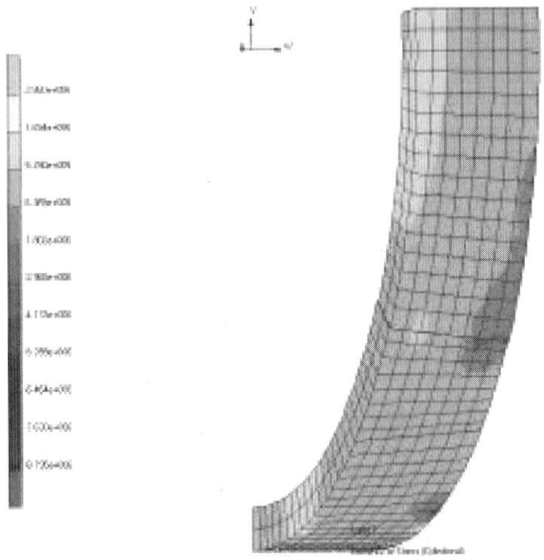　　　　　　　(b) K形块完成插入1.98m

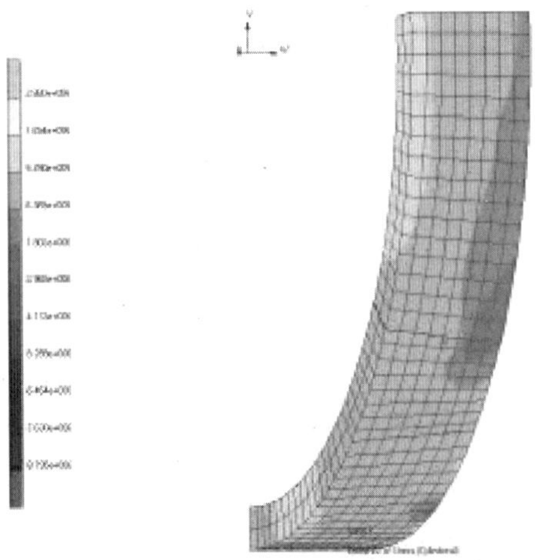

(c) K形块完成插入1.99m 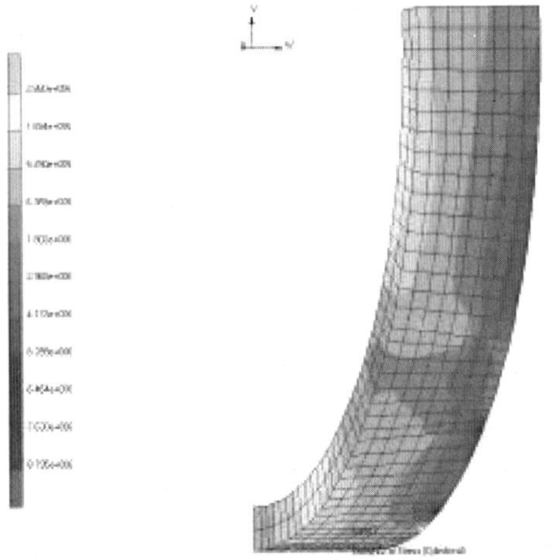　　　　　　　(d) K形块完成插入

图 3.2.20　K形块的环向局部应力云图

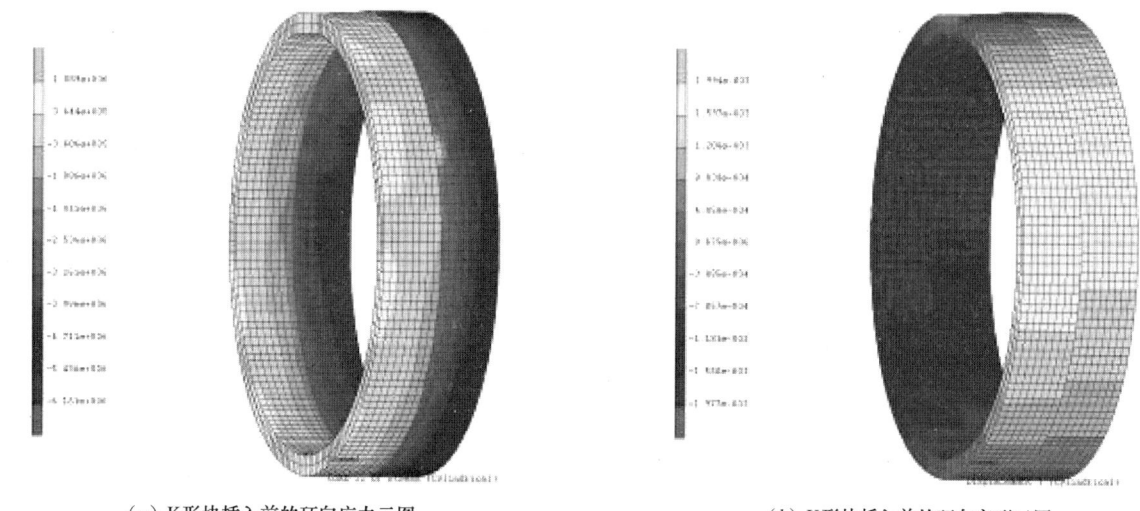

（a）K形块插入前的环向应力云图　　　　　　（b）K形块插入前的环向变形云图

图 3.2.21　K形块插入前的应力及变形云图

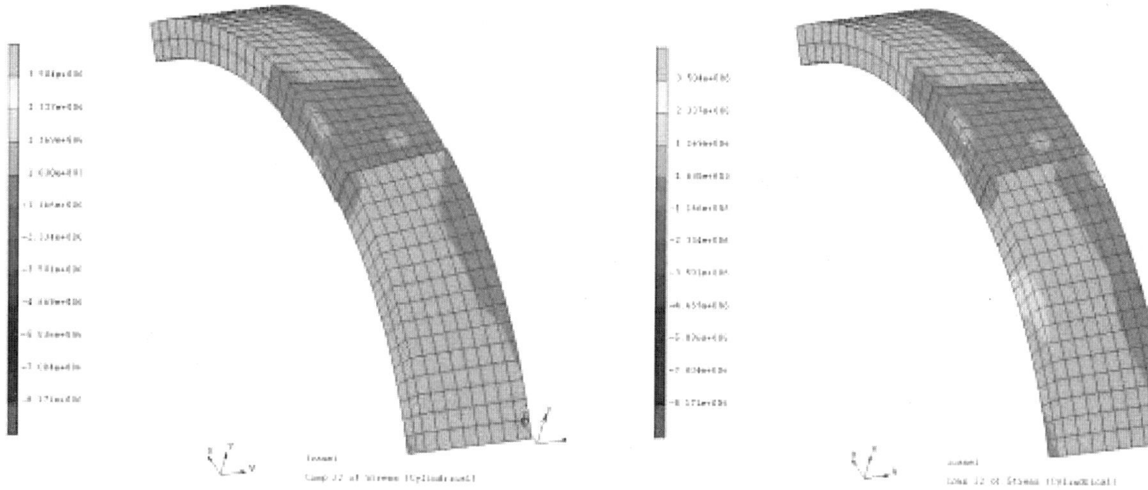

（a）K形块完成插入1.96m　　　　　　（b）K形块完成插入1.98m

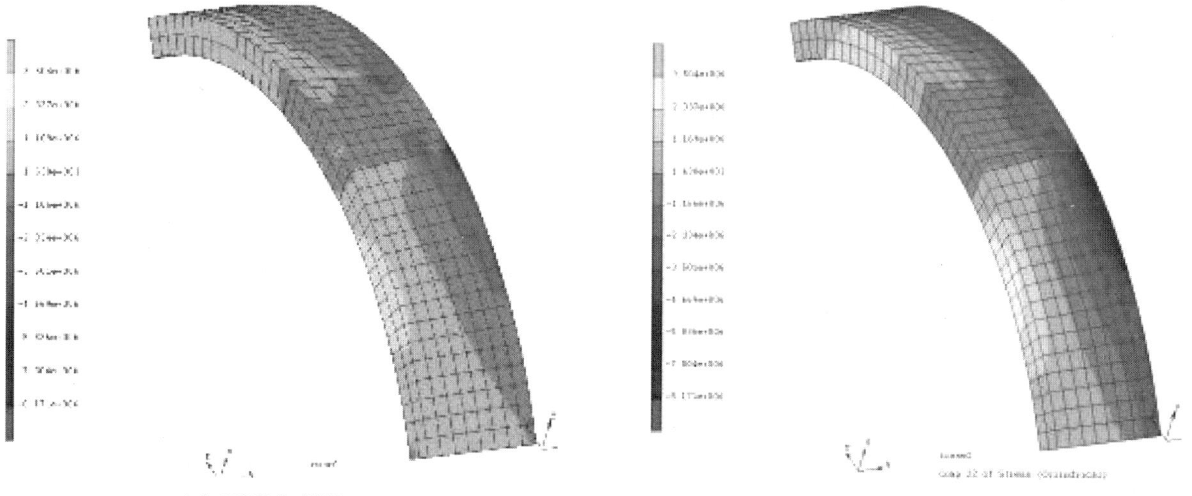

（c）K形块完成插入1.99m　　　　　　（d）K形块完成插入

图 3.2.22　K形块的环向局部应力云图

从应力云图3.2.22中可以发现，K形块在纵向插入1.98m时，在一块临界块的前侧以出现了一定范围拉应力，值为2.3MPa。当纵向插入1.99m时，云图显示应力增加的范围进一步扩大。最终当K形块完全插入时，在临界块出现应力最大值，最大拉应力达到3.5MPa，压应力为8.2MPa。

经过上述各工况的计算分析，两种模型不同点位下应力随K形块插入时变化如图3.2.23和图3.2.24所示，并可以得到以下结论：

（1）由于管片先期变形的影响，在所有情形下的K形块插入最终均会在管片中引起一定的附加应力，并均会在邻接块环面内侧引起较大的拉应力，最大拉应力为3.5MPa（模型一，点位1）

（2）模型一中的最大拉应力为2.8MPa，最大压应力为4.8MPa；而模型二中的最大拉应力为3.5MPa，最大压应力为8MPa。由此可以认为当盾尾较长时，更多的管片可以处在盾尾保护下不受外部荷载，管片的先期变形较小。从而有效地降低了K形块插入由于尺寸不协调引起的附加应力。

（3）当K形块的位置位于隧道横断面的中部（点位2）及中下部（点位4）时，插入时引起的附加应力较大。在K形块插入过程中，这两个点位更早地出现应力变化。最终产生的应力也较大，最大拉应力为2.8MPa，最大压应力为4.8MPa。

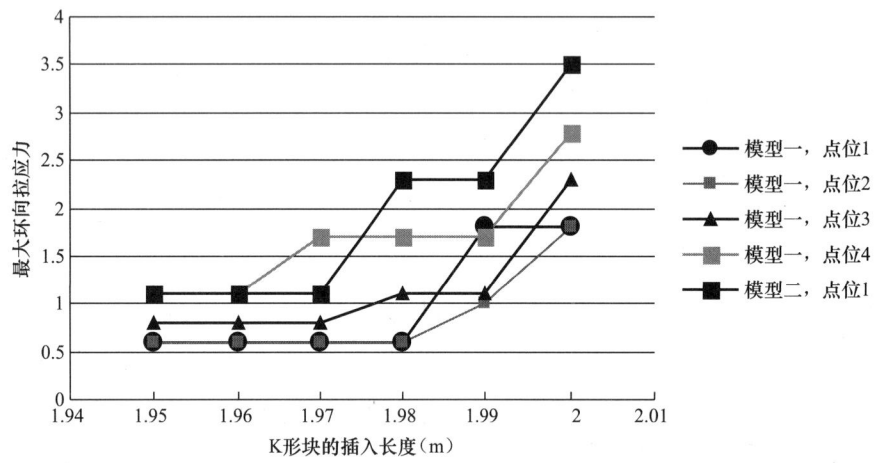

图3.2.23　拉应力随K形块的插入的变化

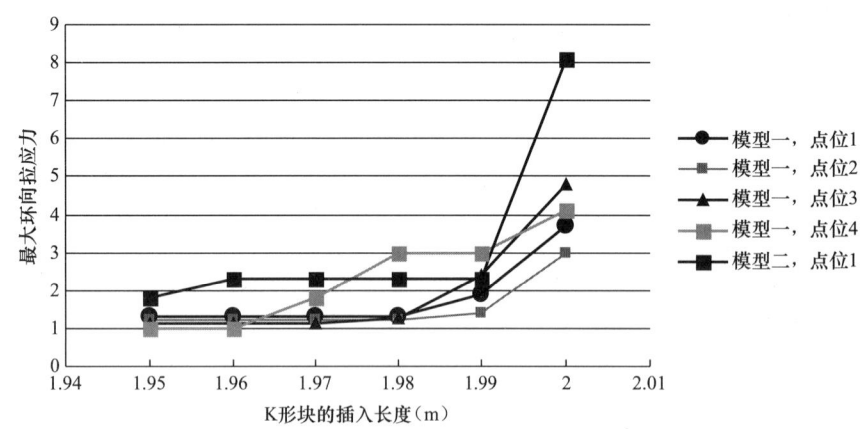

图3.2.24　压应力随K形块的插入的变化

3.2.2.3　均匀的注浆状态对隧道结构受力的影响

在盾构隧道施工过程中，为保持隧道周围土体的稳定性，可以从安装在盾尾的同步注浆设备将注浆材料注入管片与土体之间的环形空隙中。但通常由于地层或浆液性质，注浆体不能均匀密实地填充在隧道周围，隧道结构周围出现空洞，如图3.2.25所示，将会对圆形隧道结构受力产生不利的影响。

由于浆液本身物理性质的复杂性，需要通过一些假定来确定注浆压力的变化规律。计算分析中，采用一环管片，注浆压力通过作用在管片上的分布压力来模拟，注浆体对隧道的约束通过只能受压的弹簧来模拟，而注浆体未能填充的部位（空洞）去除分布力及弹簧。注浆压力在横断面上可近似认为随深度线性变化，顶部压力 500kPa，底部 650kPa。本小节将对隧道横断面上不同位置出现的空洞及空洞范围对隧道结构受力影响进行分析。

(1) 隧道周边全部被注浆体填充，未出现空洞（如图 3.2.26 所示）。

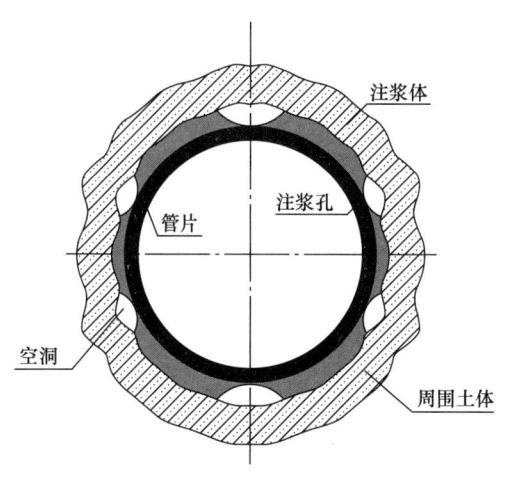

图 3.2.25 注浆填充示意图

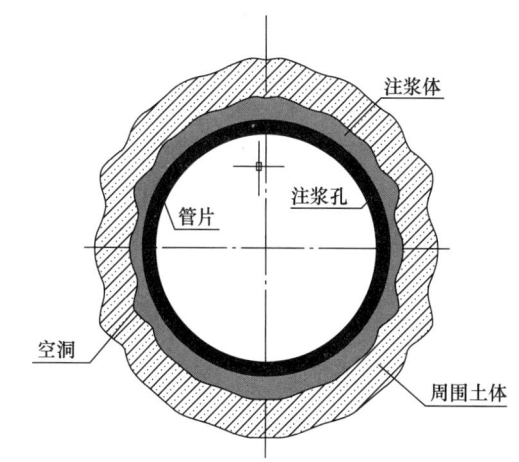

图 3.2.26 注浆填充示意图

隧道的变形及应力如图 3.2.27 所示，可以看出由于对称均匀的作用下，隧道的周向应力对称分布并全部为压应力，最大值为 11.5MPa，位于隧道中部两侧。隧道的径向变形也成对称分布，径向收缩最大值约 13mm。从计算结果可以看出，均匀对称的注浆压力有利于隧道圆形结构的受力。

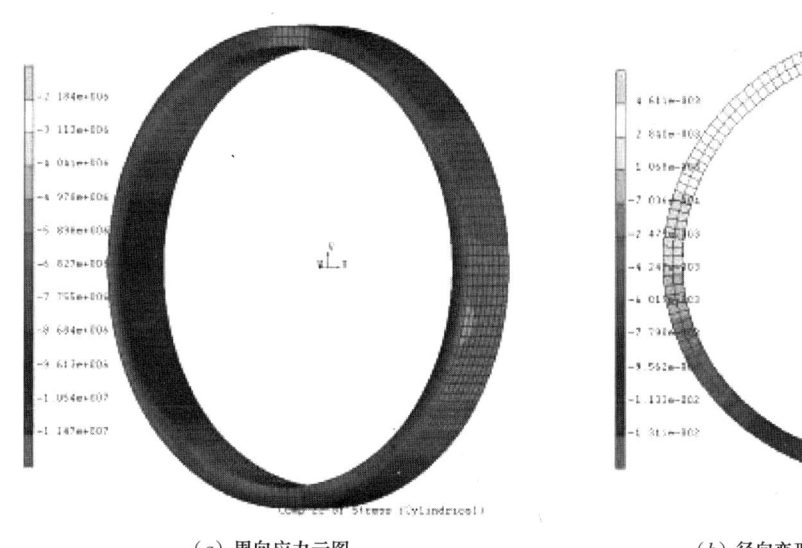

(a) 周向应力云图　　　　　　　(b) 径向变形云图（网格变形扩大100倍）

图 3.2.27 应力与变形结果

(2) 隧道中部一侧 2.5m 范围内未被注浆体填充，出现空洞，如图 3.2.28 所示。

隧道的变形及应力如图 3.2.29 所示。从变形图可以看出，隧道结构发生了较大的不均匀变形，管片结构未受到约束处明显向外侧突出，径向突出最大达 22.4mm。从应力云图中可以看出，空洞附近的隧道结构应力明显增大。该处隧道结构内侧受压（最大值达 36.8MPa），外侧受拉（最大值达 12MPa）。

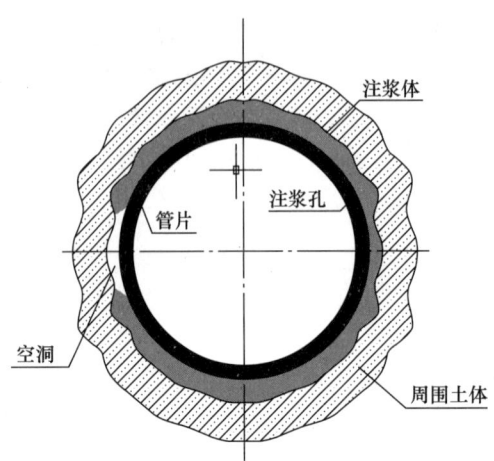

图 3.2.28 注浆填充示意图

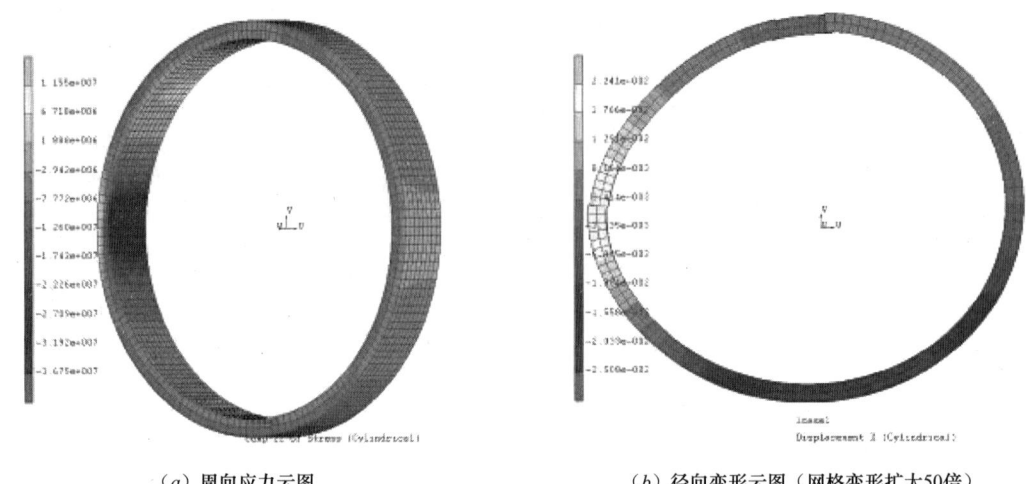

(a) 周向应力云图　　　　(b) 径向变形云图（网格变形扩大50倍）

图 3.2.29 应力与变形结果

(3) 隧道下方 45°一侧 2.5m 范围内未被注浆体填充，出现空洞，如图 3.2.30 所示。

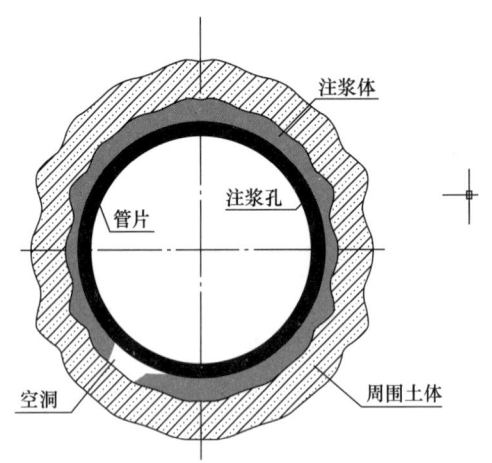

图 3.2.30 注浆填充示意图

隧道的变形及应力如图 3.2.31 所示。从图中可以看出，应力大小与（2）相近。管片整体向未受到约束处发生较大变形，该处管片向外突出呈斜鸭蛋形，最大变径向形为 23mm。周向压应力最大值为 31MPa（管片内侧），拉应力最大值为 14MPa（管片外侧），而最大值的位置变为下部 45°处，同样为未被注浆填充处。

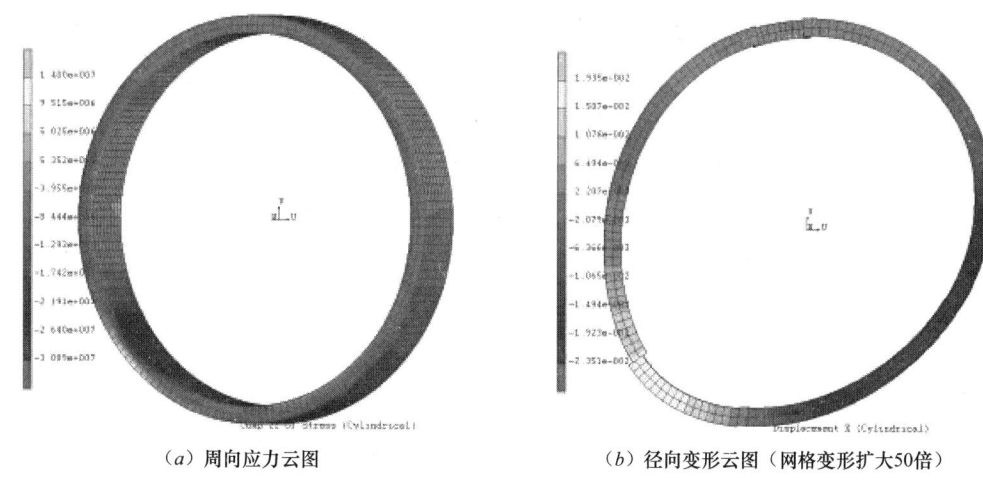

(a) 周向应力云图 (b) 径向变形云图（网格变形扩大50倍）

图 3.2.31 应力与变形结果

（4）隧道上方 45°一侧 2.5m 范围内未被注浆体填充，出现空洞，如图 3.2.32 所示。

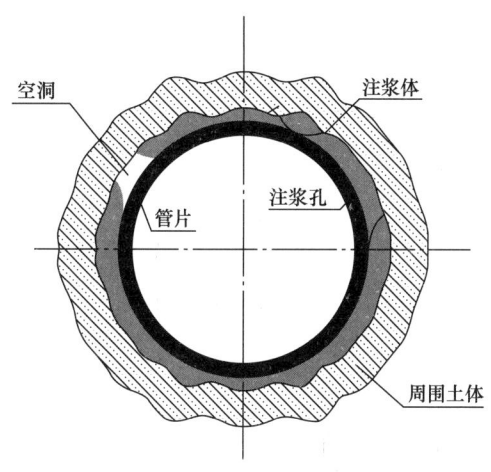

图 3.2.32 注浆填充示意图

隧道的变形及应力如图 3.2.33 所示，应力及变形大小与（2），（3）情况类似，在未被注浆填充处（上方 45°）隧道结构变形应力显著增加，压应力最大值为 33.4MPa（管片内侧），拉应力最大值为 9.1MPa（管片外侧），最大径向变形为 25mm。

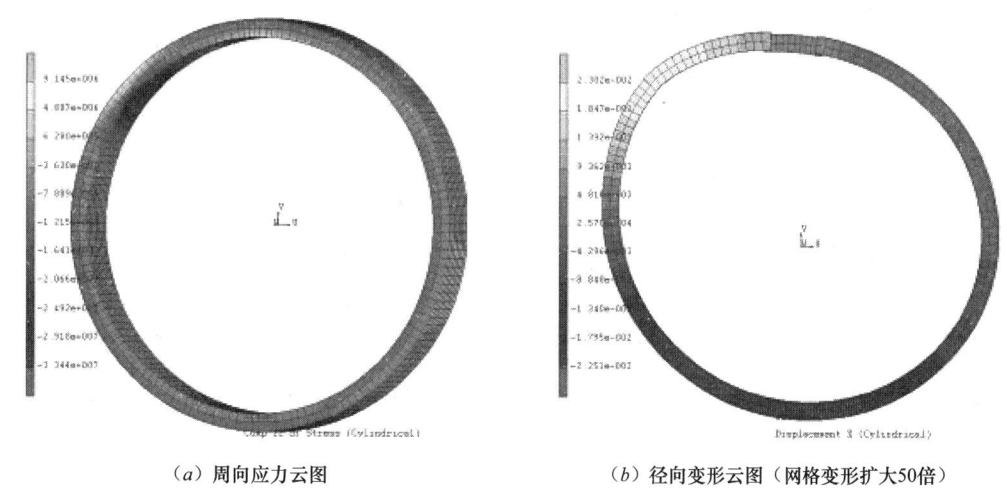

(a) 周向应力云图 (b) 径向变形云图（网格变形扩大50倍）

图 3.2.33 应力与变形结果

（5）隧道顶部 2.5m 范围内未被注浆体填充，出现空洞，如图 3.2.34 所示。

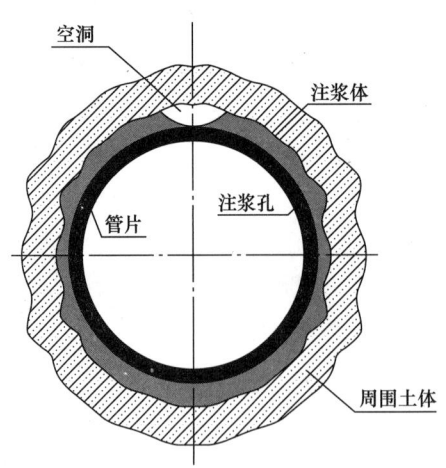

图 3.2.34　注浆填充示意图

隧道的变形及应力如图 3.2.35 所示。类似地，在未受到约束处（顶部），隧道结构应力显著增加，压应力最大值为 23.7MPa（管片内侧），拉应力最大值为 8.1MPa（管片外侧），最大径向变形为 18.1mm。

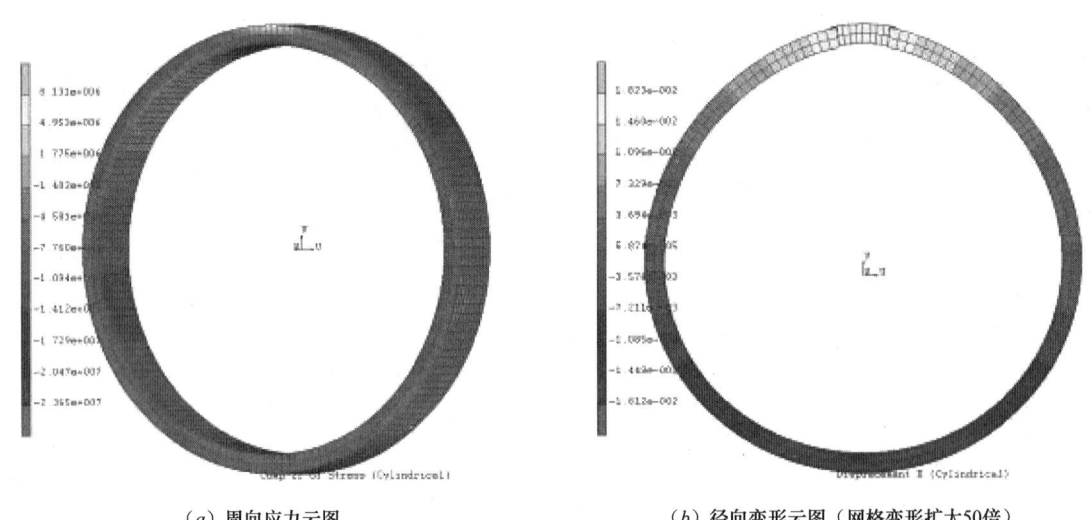

（a）周向应力云图　　　　　　　　　　　（b）径向变形云图（网格变形扩大50倍）

图 3.2.35　应力与变形结果

（6）空洞的范围对隧道结构的影响

工况（5）中的空洞范围为 2.5m，而当空洞范围逐渐缩小时隧道的应力相应逐渐变小，最终压应力减小为 11.5MPa，拉应力逐渐消失时，如图 3.2.36 所示。

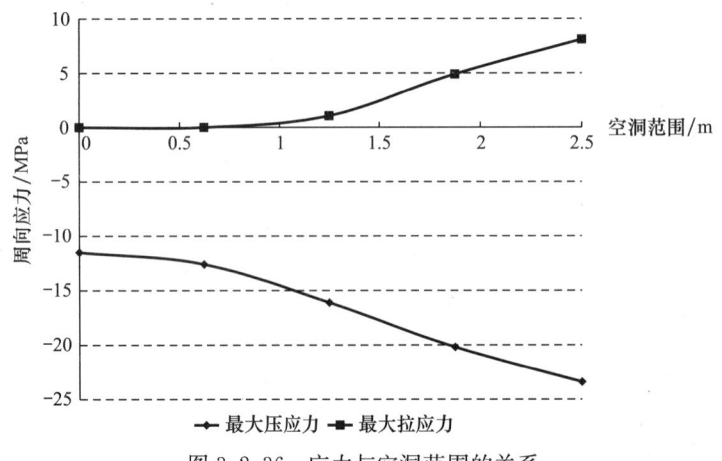

图 3.2.36　应力与空洞范围的关系

从以上的计算分析可以看出，可以得到以下结论：

1）盾构隧道的注浆填充效果对隧道结构的受力有着重要影响。无论空洞出现哪个部位，都会显著增加空洞附近结构中的应力及变形。

2）空洞范围为 2.5m 时，内侧侧压应力相比于均匀受力下的结构增大 1~2 倍，最大达到 36.8MPa，外侧拉应力增加至 8~12MPa。

3）当空洞范围逐渐缩小时隧道的应力相应逐渐变小，压应力最终减小为 11.5MPa，拉应力在空洞范围较小为 0.5m 时消失。

3.2.2.4 环面不平整对拼装过程中管片受力的影响

盾构施工过程中，由于制造或拼装误引起的环面不平整（如图 3.2.37a），造成盾构千斤顶在顶进时，在管片纵缝附近产生较大的劈裂应力导致管片开裂破损。为分析这一现象，本小节采用 3 块错缝拼装的有限元管片模型（如图 3.2.37 所示）讨论不同程度的管片错位对管片受力造成的影响。

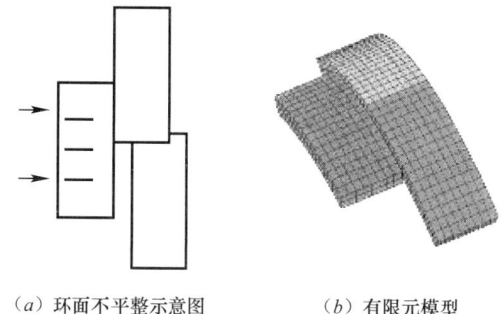

(a) 环面不平整示意图　　(b) 有限元模型

图 3.2.37　千斤顶顶进时环面不平整

(1) 错位 0.5mm 的分析结果，如图 3.2.38 所示。最大主拉应力为 2.2MPa，最大主压应力为 5MPa。

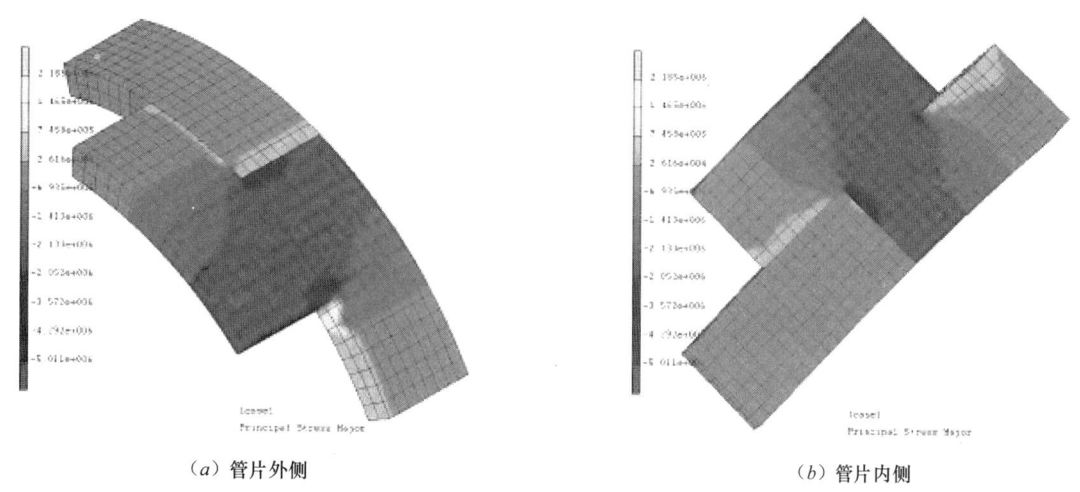

(a) 管片外侧　　(b) 管片内侧

图 3.2.38　错位 0.5mm 时的最大主应力云图

(2) 错位 1mm 的分析结果，如图 3.2.39 所示。最大主拉应力为 4.4MPa，最大主压应力为 10MPa。

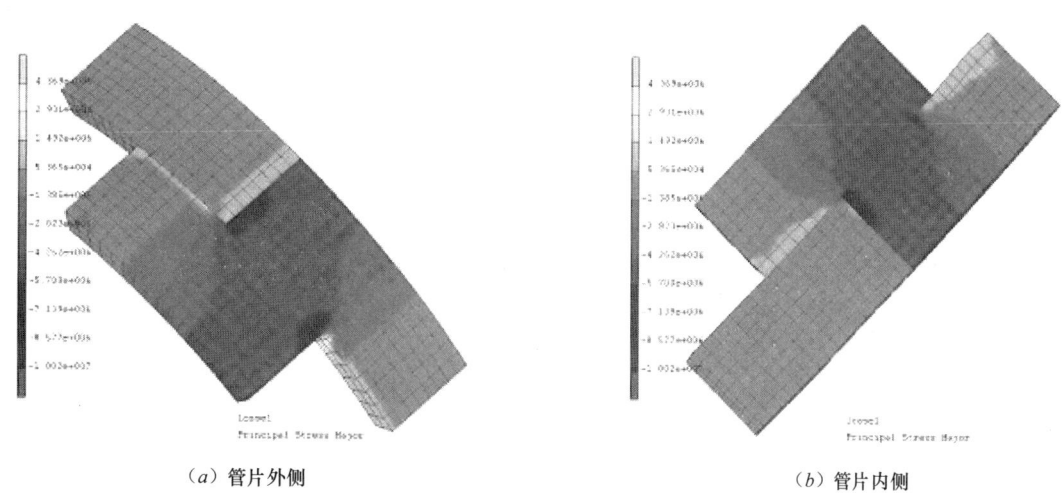

(a) 管片外侧　　(b) 管片内侧

图 3.2.39　错位 1mm 时的最大主应力云图

(3) 错位 2mm 的分析结果，如图 3.2.40 所示。最大主拉应力达到 8.7MPa，最大主压应力为 20MPa。

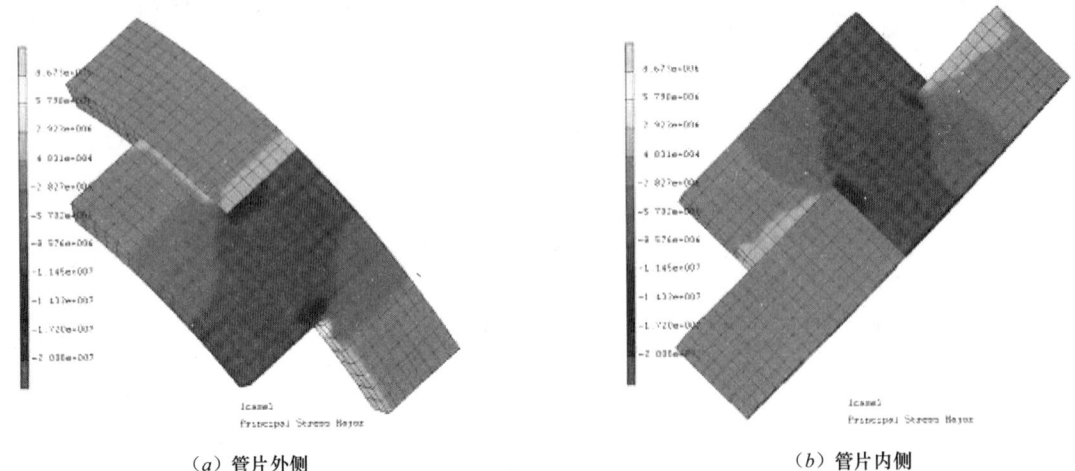

(a) 管片外侧　　　　　　　　　　　(b) 管片内侧

图 3.2.40　错位 2mm 时的最大主应力云图

(4) 错位 3mm 的分析结果，如图 3.2.41 所示。最大主拉应力达到 13.1MPa，最大主压应力为 30MPa。

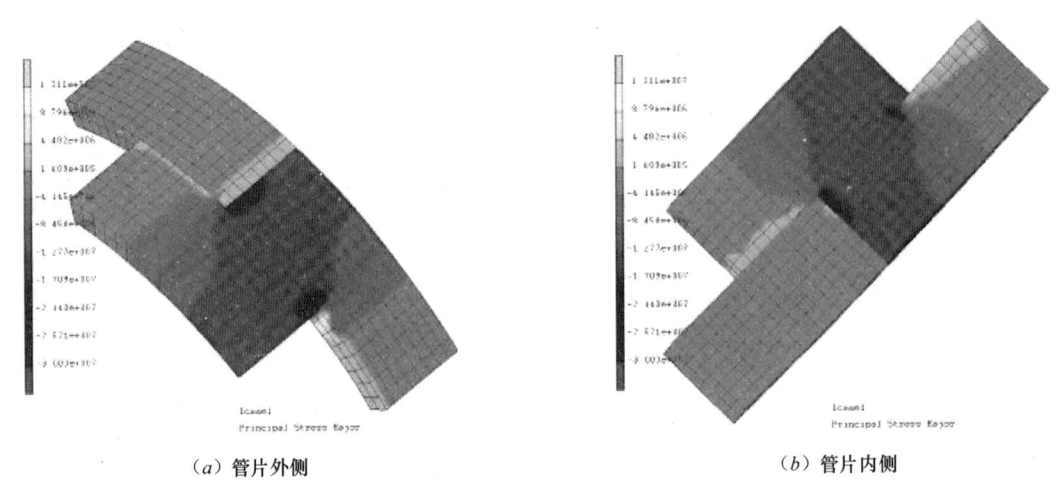

(a) 管片外侧　　　　　　　　　　　(b) 管片内侧

图 3.2.41　错位 3mm 时的最大主应力云图

(5) 错位 4mm 的分析结果，如图 3.2.42 所示。最大主拉应力达到 17.2MPa，最大主压应力为 40.1MPa。

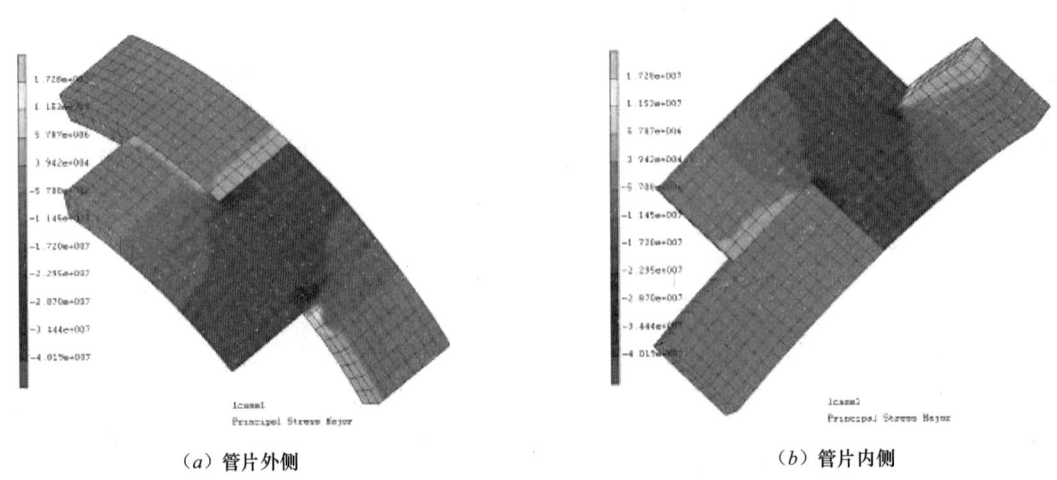

(a) 管片外侧　　　　　　　　　　　(b) 管片内侧

图 3.2.42　错位 4mm 时的最大主应力云图

(6) 错位5mm的分析结果,如图3.2.43所示。最大主拉应力达到21.6MPa,最大主压应力为50.2MPa。

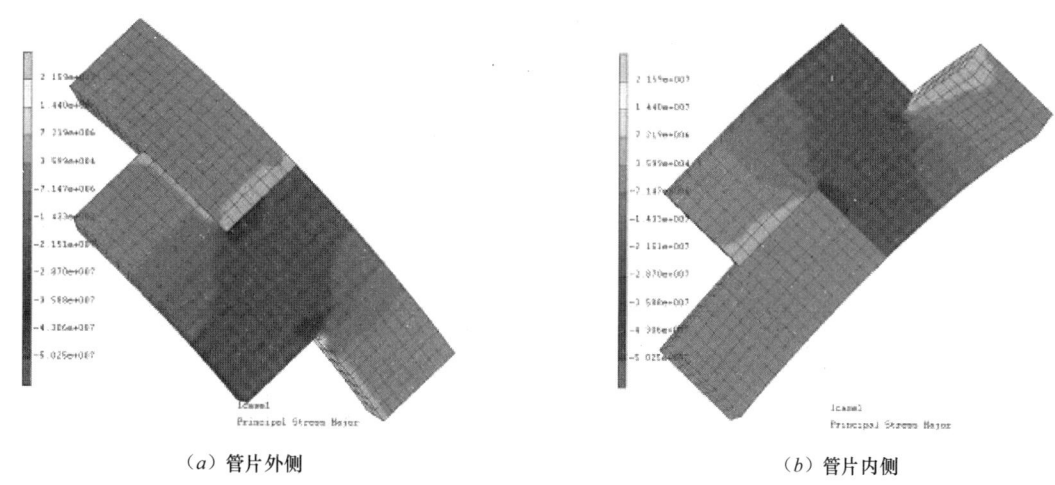

(a) 管片外侧　　　　　　　　　　　　　　(b) 管片内侧

图3.2.43　错位5mm时的最大主应力云图

经过分析可以得到管片的主拉(压)应力与错位量成近似线性的关系(如图3.2.44所示)。当发生2mm的错位时,管片中的主拉应力就已接近10MPa。为防止管片发生开裂破损,应严格控制管片制作及拼装的累积误差。

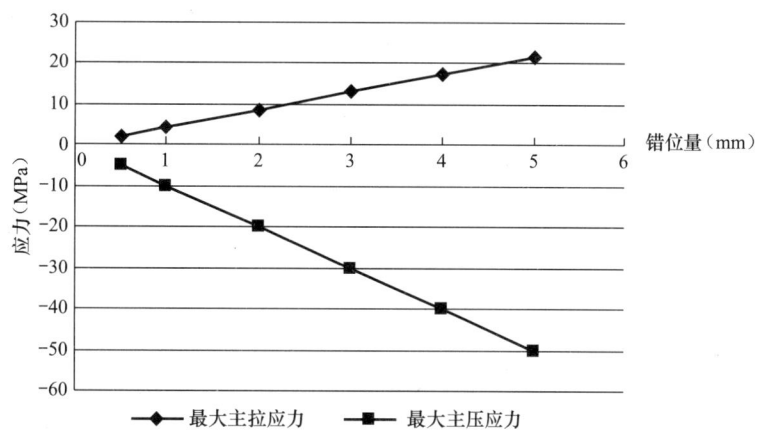

图3.2.44　管片应力与错位大小的关系

3.2.3　管片拼装过程的施工力学解析

本节将用解析的方法分析盾构隧道中新环在已变形的前一环上拼装产生的变形内力问题。本节考虑了一环从第一块的拼装时的各个工况中产生的变形内力。管片采用曲梁的结构,一环中的块与块之间采用弹簧铰相连,环与环之间以螺栓及榫槽中心作为协调条件,即两环间所有位置并不要求一致,但在上述几个位置应相同。考虑到管片螺栓及榫槽拼接时可能出现错位的现象,每一个位置的协调条件都不是绝对的,都有在一定范围错动的空间,这使得管片的拼装应力大大减小。由于错动空间的存在,管片最后的拼装形态及内力不确定,然而按照结构力学最小势能的理论,管片最终的形态应保持在其弹性势能最小的位置,并不是内力或应力最小的位置。

3.2.3.1　荷载

衬砌的荷载分布如图3.2.45所示,荷载分解方法如图3.2.46所示。

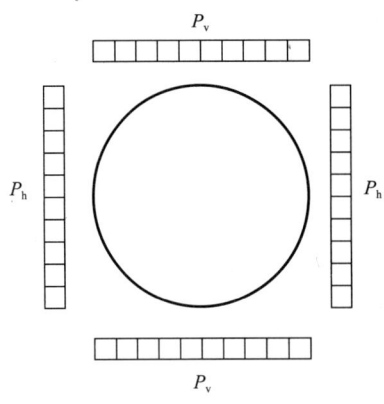

图 3.2.45　衬砌荷载图

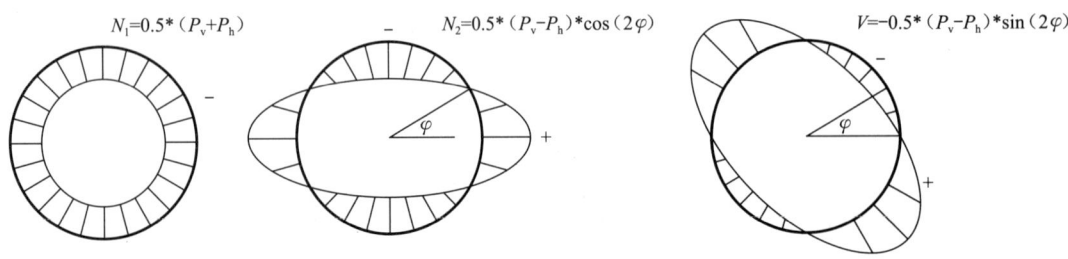

图 3.2.46　荷载分解图

3.2.3.2　前一环的受力分析

不考虑铰的情况下，根据椭圆变形法可得：

$$N = -0.5 \times (P_v + P_h) \times r \times b - \frac{1}{2} \times (P_v - P_h) \times r \times b \times \cos(2 \times \varphi) \tag{3.2.1}$$

（以拉力为正）

$$M = \frac{1}{4} \times (P_v - P_h) \times r^2 \times b \times \cos(2 \times \varphi) \tag{3.2.2}$$

（以外拉为正）

$$U = \frac{(P_v - P_h) \times r^4}{E_c \times d^3} \cos(2 \times \varphi) \tag{3.2.3}$$

（以径向向外为正）

$$V = \frac{(P_v - P_h) \times r^4}{E_c \times d^3} \sin(2 \times \varphi) \tag{3.2.4}$$

（以逆时针为正）

式中　r——隧道半径；

　　　b——管片宽度；

　　　φ——见图 3.2.46；

　　　E_c——混凝土弹模；

　　　d——管片厚度。

若考虑接头影响，则对内力变化可忽略不计，下面考虑接头转动对变形的影响。以钱江隧道为例，不考虑普通块、邻接块与封顶块的尺寸差异，则模型可以简化成如图 3.2.47 所示的 1/4 圆弧。

接下来的工作就是分析一个铰的转动对整体变形的影响，如图 3.2.48 所示，在上述 1/4 圆弧上 φ 处产生一个相对转角 1，在 θ 处产生径向位移为：

$$U = f(\theta, \varphi) = 2 \times \frac{r}{\pi} \times \left(\frac{\pi}{2} \times \cos\theta \times \sin\varphi - 1\right) \theta < \varphi \tag{3.2.5}$$

$$U = f(\theta,\varphi) = 2 \times \frac{r}{\pi} \times \left(\frac{\pi}{2} \times \sin\theta \times \cos\varphi - 1\right) \varphi \leqslant \theta \tag{3.2.6}$$

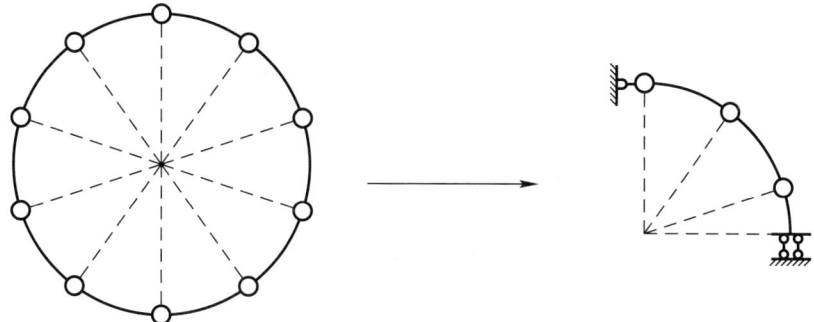

图 3.2.47 考虑铰接影响模型简化图

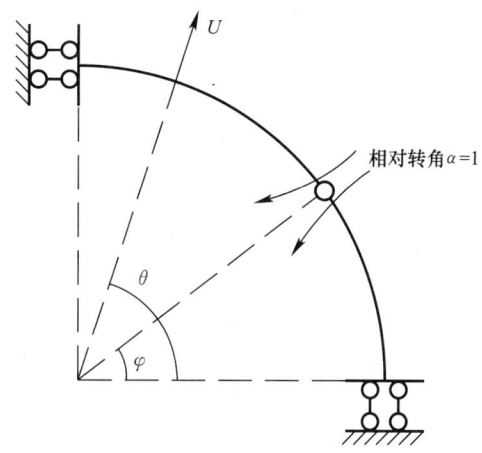

图 3.2.48 接头转角对径向变形影响计算示意图

接头转角对切向位移影响计算示意图如图 3.2.49 所示，在 φ 处产生一个相对转角 1，在 θ 处产生位移为切向位移为：

$$V = f(\theta,\varphi) = -2 \times \frac{r}{\pi} \times \left(\frac{\pi}{2} \times \sin\theta \times \sin\varphi - \varphi\right) \theta < \varphi \tag{3.2.7}$$

$$V = f(\theta,\varphi) = 2 \times \frac{r}{\pi} \times \left(\frac{\pi}{2} \times \cos\theta \times \cos\varphi - \frac{\pi}{2} + \varphi\right) \varphi \leqslant \theta \tag{3.2.8}$$

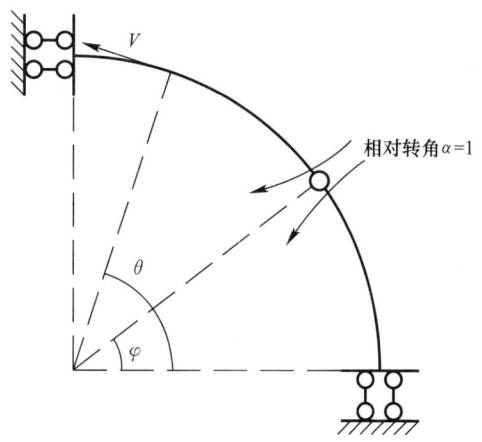

图 3.2.49 接头转角对切向位移影响计算示意图

假设转角处的弯矩即为均质圆环在相同位置所承担的弯矩（3.2.8），其转角即为：$\theta = -M/cr$ 其中 cr 为铰接处的抗弯刚度。

以钱江隧道为例进行计算：

$r = 7175$mm；

$d = 650$mm；

$b = 2000$mm；

$E_c = 40800$Mpa；

$cr = 3e12$N·mm/rad；

$P_v = 0.38$MPa（假设隧道埋深20m，泊松比为0.33）；

$P_h = 0.19$MPa。

其变形图如图3.2.50所示。

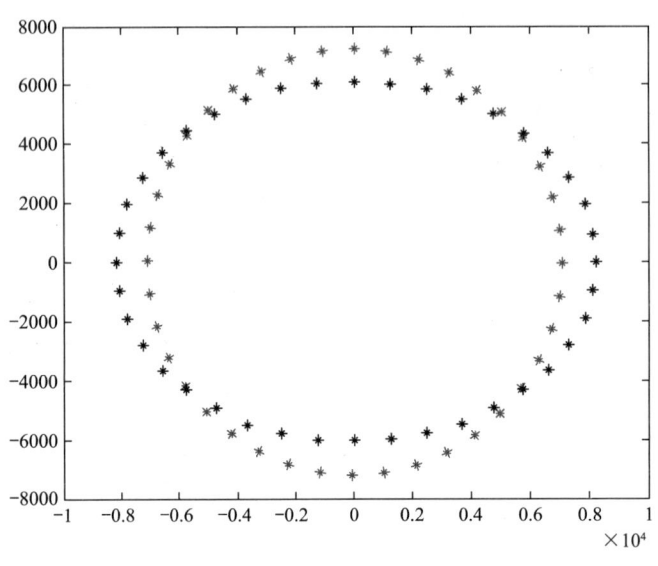

图3.2.50　钱江隧道前一环变形图

如图3.2.50所示，红色点为变形前标准圆，蓝色点为变形后椭圆，拱顶最大沉降值为55.54mm，而两侧则为52.91mm。

3.2.3.3　新环拼装过程的受力分析

我们先把管片的纵向螺栓作为位移协调条件，即后一环必须将相应的螺栓位置与前一环的对齐拼装。如图3.2.51所示，协调点1、2、3…10的角度 θ 分别为 $\dfrac{\pi}{20}$、$\dfrac{3\times\pi}{20}$、$\dfrac{5\times\pi}{20}$…$\dfrac{19\times\pi}{20}$。

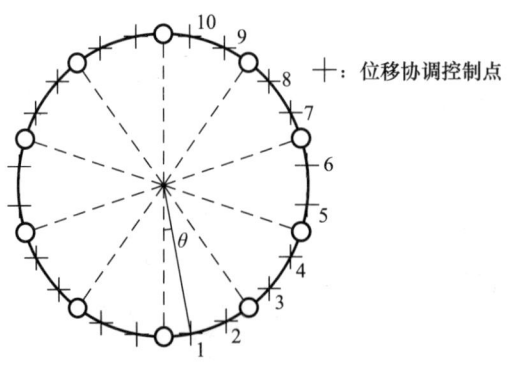

图3.2.51　管片协调点的选取

假设新一环的位置为图 3.2.51 环旋转半个管片封顶块在顶部，其拼装过程如图 3.2.52 所示。

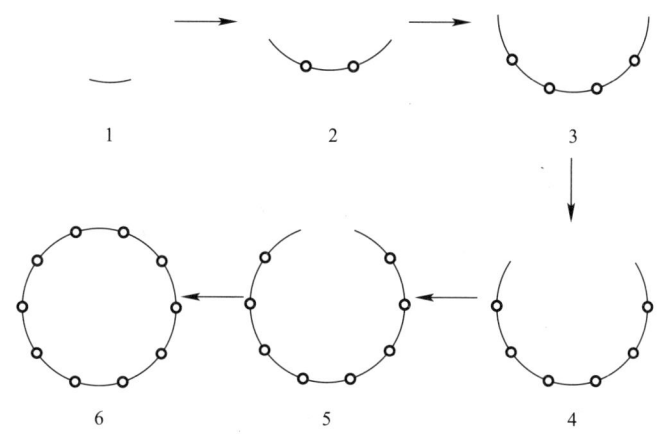

图 3.2.52 新环拼装过程示意图

(1) 工况一解析

首先，对第一步进行解析，第一块有两个螺栓协调点，其位移偏移量根据前一环确定。由于对称拼装，所有的拼装过程都可以简化为半结构，其计算结构如图 3.2.53 所示，由于此结构为可变结构，引入刚体竖向位移 Δ。其方程为：

$$\begin{bmatrix} K_{xx} & K_{xy} \\ K_{yx} & K_{yy} \end{bmatrix} \times \begin{bmatrix} \Delta X \\ \Delta Y - \Delta \end{bmatrix} = \begin{bmatrix} F_x \\ F_y \end{bmatrix} \tag{3.2.9}$$

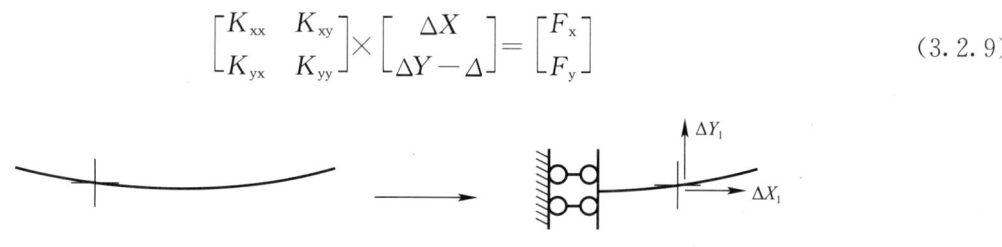

图 3.2.53 第一步计算简图

式中，K_{xx} 为刚度系数，ΔX 为后一环相对标准圆在 X 方向引起的位移，F_x 为后一环受到前一环的约束力。

又因为 $F_y = 0$，未知量变为 F_x 及 Δ，方程转变为：

$$\begin{bmatrix} K_{xx} & K_{xy} \\ K_{yx} & K_{yy} \end{bmatrix} \times \begin{bmatrix} \Delta X \\ \Delta Y \end{bmatrix} = \begin{bmatrix} 1 & K_{xy} \\ 0 & K_{yy} \end{bmatrix} \begin{bmatrix} F_x \\ \Delta \end{bmatrix} \tag{3.2.10}$$

最终可解得：

$$\begin{bmatrix} F_x \\ \Delta \end{bmatrix} = \begin{bmatrix} 1 & K_{xy} \\ 0 & K_{yy} \end{bmatrix}^{-1} \times \begin{bmatrix} K_{xx} & K_{xy} \\ K_{yx} & K_{yy} \end{bmatrix} \times \begin{bmatrix} \Delta X \\ \Delta Y \end{bmatrix} = \begin{bmatrix} 3.03e8 \\ 60.26 \end{bmatrix} \tag{3.2.11}$$

在螺栓处对管片产生的水平力为 3.04e8N，即 3 万多吨而整块上抬 6cm 左右，工况一所产生的内力见图 3.2.54 和图 3.2.55（轴力以拉应力为正，弯矩以外拉为正）。整块最大应力为 424.23MPa，为拉应力，管片肯定会被拉裂。这些数值有些夸张，这是因为没有考虑可错动空间的影响，之后会讨论在不同的可错动空间的条件下，内力及应力的变化情况。

(2) 工况二解析

对第二步进行解析，计算结构简图 3.2.56。

加上未知量——整体刚体位移 Δ 以及 y 方向平衡条件 $F_{y3} + F_{y2} + F_{y1} = 0$，并且将环向节点处抗弯刚度减小为前一环的 1/3 为 1e12N·mm/rad，可得方程：

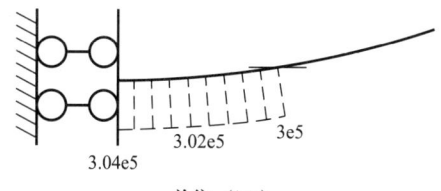

图 3.2.54 工况一轴力分布图

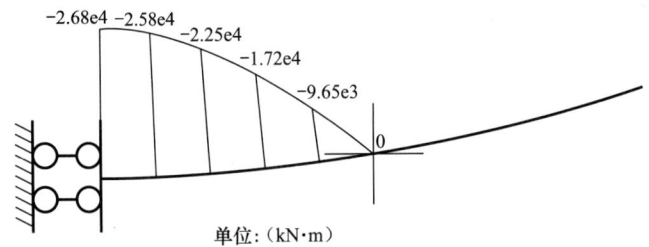

图 3.2.55 工况一弯矩分布图

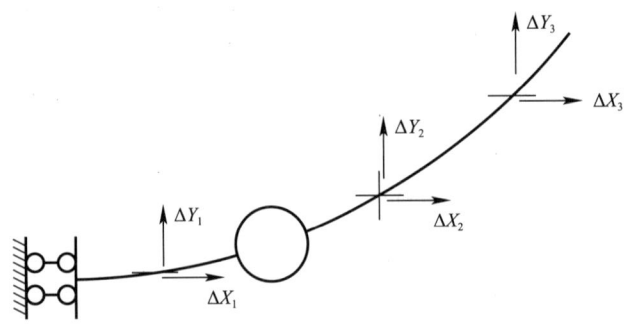

图 3.2.56 第二步计算简图

$$K \times \begin{bmatrix} \Delta X_1 \\ \Delta Y_1 - \Delta \\ \Delta X_2 \\ \Delta Y_2 - \Delta \\ \Delta X_3 \\ \Delta Y_3 - \Delta \end{bmatrix} = \begin{bmatrix} F_{x1} \\ F_{y1} \\ F_{x2} \\ F_{y2} \\ F_{x3} \\ F_{y3} \end{bmatrix} = \begin{bmatrix} F_{x1} \\ F_{y1} \\ F_{x2} \\ F_{y2} \\ F_{x3} \\ -F_{y1} - F_{y2} \end{bmatrix} \tag{3.2.12}$$

式中，K 为总刚度矩阵（6 阶方阵）。

经变化得：

$$\begin{bmatrix} F_{x1} \\ F_{y1} \\ F_{x2} \\ F_{y2} \\ F_{x3} \\ \Delta \end{bmatrix} = \begin{bmatrix} 1 & 0 & 0 & 0 & 0 & K_{x1y1}+K_{x1y2}+K_{x1y3} \\ 0 & 1 & 0 & 0 & 0 & K_{y1y1}+K_{y1y2}+K_{y1y3} \\ 0 & 0 & 1 & 0 & 0 & K_{x2y1}+K_{x2y2}+K_{x2y3} \\ 0 & 0 & 0 & 1 & 0 & K_{y2y1}+K_{y2y2}+K_{y2y3} \\ 0 & 0 & 0 & 0 & 1 & K_{x3y1}+K_{x3y2}+K_{x3y3} \\ 0 & -1 & 0 & -1 & 0 & K_{y3y1}+K_{y3y2}+K_{y3y3} \end{bmatrix}^{-1} \times K \times \begin{bmatrix} \Delta X_1 \\ \Delta Y_1 \\ \Delta X_2 \\ \Delta Y_2 \\ \Delta X_3 \\ \Delta Y_3 \end{bmatrix} \tag{3.2.13}$$

解得：

$$\begin{bmatrix} F_{x1} \\ F_{y1} \\ F_{x2} \\ F_{y2} \\ F_{x3} \\ \Delta \end{bmatrix} = \begin{bmatrix} 9.15e7\text{N} \\ -7.85e7\text{N} \\ 1.57e8\text{N} \\ 1.33e7\text{N} \\ 7.97e7\text{N} \\ 55.32\text{mm} \end{bmatrix}$$

此刻，已拼装完成的管片中内力分布见图 3.2.57 和图 3.2.58。由此产生的最大正应力为 367.04MPa，最小正应力为 -14.02MPa，相比前一工况有所减小但还是不能接受的，并已出现压应力。

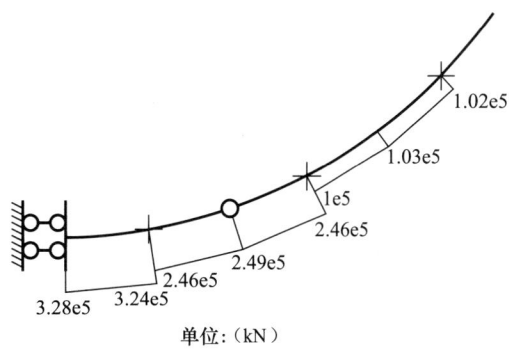

图 3.2.57　工况二轴力分布图

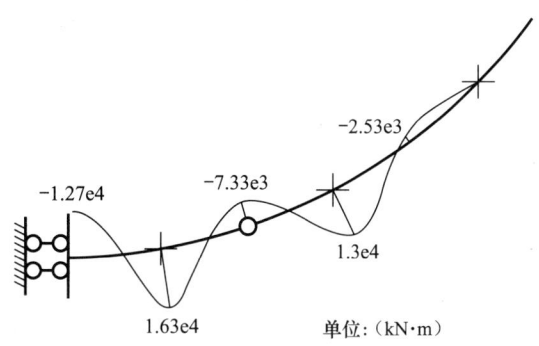

图 3.2.58　工况二弯矩分布图

(3) 各工况解析总结

从工况 1 至工况 5 方程的解如表 3.2.1 所述，在结构中产生的最大最小正应力如表 3.2.2 所示。

各工况约束力解　　　　　　　　　　　　　　　表 3.2.1

	工况 1	工况 2	工况 3	工况 4	工况 5
F_{x1}	3.04e8N	9.15e7N	9.11e7N	9.06e7N	9.05e7N
F_{y1}	0	−7.85e7N	−7.84e7N	−7.83e7N	−7.83e7N
F_{x2}		1.57e8N	1.59e8N	1.60e8N	1.60e8N
F_{y2}		1.33e7N	1.31e7N	1.29e7N	1.29e7N
F_{x3}		7.97e7N	1.41e8N	1.36e8N	1.36e8N
F_{y3}		6.52e7N	1.43e8N	1.41e8N	1.41e8N
F_{x4}			1.06e7N	2.70e7N	2.78e7N
F_{y4}			1.65e8N	1.74e8N	1.74e8N
F_{x5}			−7.30e7N	−8.43e7N	−8.61e7N
F_{y5}			−2.43e8N	6.15e7N	5.93e7N
F_{x6}				−9.00e7N	−8.54e7N
F_{y6}				−6.74e7N	−5.85e7N
F_{x7}				8.87e7N	2.74e7N
F_{y7}				−2.44e8N	−1.78e8N
F_{x8}					1.33e8N
F_{y8}					−1.27e8N
F_{x9}					−7.53e7N
F_{y9}					5.46e7N
Δ	60.26mm	55.32mm	55.35mm	55.38mm	55.38mm

各工况应力情况（MPa） 表 3.2.2

	工况 1	工况 2	工况 3	工况 4	工况 5
最大正应力	424.23	367.04	366.29	365.45	365.41
最小正应力	—	−14.2	−282.08	−383.01	−368.94

如表 3.2.2 所示，拼装前期，管片内没有压应力，这是因为轴力对内力产生的作用远远大于弯矩，随着拼装的进行，压应力逐渐出现并与拉应力基本持平，这是因为弯矩的作用逐渐替代轴力成为产生内应力的主要因素。

3.2.3.4 引入可错动空间对内应力分布的影响

首先，先对可错动空间的概念进行简述，如图 3.2.59 所示，位移协调点并非要一点不差地满足位移协调条件，而是可以固定在一个半径为 δ 的范围内任意位置，具体位置的确定需引入一个条件，即满足整个管片弹性势能最小。

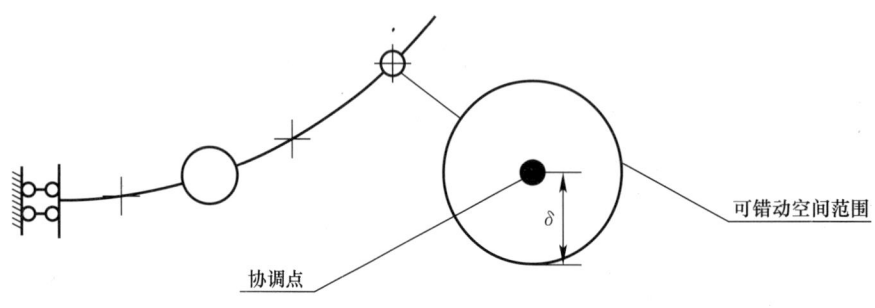

图 3.2.59　可错动空间示意图

关于可错动空间的来源，可能是因为螺栓、榫槽等制造缺陷，防水层的压缩，受力位置的局部破坏，管片的微小开裂等。这一方面需进一步理解论证。

以下先以第二步作为例子来说明如何使用弹性势能最小原理来解在一定可错动范围内的管片最终的位置及其内力情况。

先假设可错动范围 $\delta=0$；则此时的情况和上面所述的第二步工况一样，再释放协调点 1，使之可以自由变位，则 $F_{x1}=F_{x2}=0$，Δx_1、Δy_1 成为未知量，重新建立方程。解本方程的目的是解出新的 Δx_1、Δy_1，以便重新带入式（3.2.13）求解力。

$$\begin{bmatrix} \Delta X_1' \\ \Delta Y_1' \\ \Delta \end{bmatrix} = \begin{bmatrix} K_{x1x1} & K_{x1y1} & -K_{x1y1}-K_{x1y2}-K_{x1y3} \\ K_{y1x1} & K_{y1y1} & -K_{y1y1}-K_{y1y2}-K_{y1y3} \\ K_{y2x1}+K_{y3x1} & K_{y2y1}+K_{y3y1} & -K_{y2y1}-K_{y3y1}-K_{y2y2}-K_{y3y2}-K_{y2y3}-K_{y3y3} \end{bmatrix}^{-1} \times$$

$$\begin{bmatrix} K_{x1x2} & K_{x1y2} & K_{x1x3} & K_{x1y3} \\ K_{y1x2} & K_{y1y2} & K_{y1x3} & K_{y1y3} \\ K_{y2x2} & K_{y2y2} & K_{y2x3} & K_{y2y3} \\ K_{y3x2} & K_{y3y2} & K_{y3x3} & K_{y3y3} \end{bmatrix} \times \begin{bmatrix} \Delta X_2 \\ \Delta Y_2 \\ \Delta Y_3 \\ \Delta Y_3 \end{bmatrix} \tag{3.2.14}$$

如果 $(\Delta x_1' - \Delta x_1)^2 + (\Delta y_1' - \Delta y_1)^2 \leqslant \delta^2$ 则 $\begin{cases} \Delta x_1 = \Delta x_1' \\ \Delta y_1 = \Delta y_1' \end{cases}$ (3.2.15)

否则 $\begin{cases} \Delta x_1 = \Delta x_1 + \lambda \times (\Delta x_1' - \Delta x_1) \\ \Delta y_1 = \Delta y_1 + \lambda \times (\Delta y_1' - \Delta y_1) \end{cases}$

其中 $\lambda = \delta / \sqrt{(\Delta x_1' - \Delta x_1)^2 + (\Delta y_1' - \Delta y_1)^2}$

重新定义 $\begin{bmatrix} \Delta x_1 \\ \Delta y_1 \\ \Delta X_2 \\ \Delta Y_2 \\ \Delta X_3 \\ \Delta Y_3 \end{bmatrix}$ 按照式（3.2.13）重新计算内力，同样的做法分别释放另两个位移协调点。按照

图 3.2.60 流程多次迭代直到 $\begin{bmatrix} \Delta x_1 \\ \Delta y_1 \\ \Delta X_2 \\ \Delta Y_2 \\ \Delta X_3 \\ \Delta Y_3 \end{bmatrix}$ 达到稳定再代入式（3.2.13）即可得到可错动空间为 δ 条件下的内力情况。

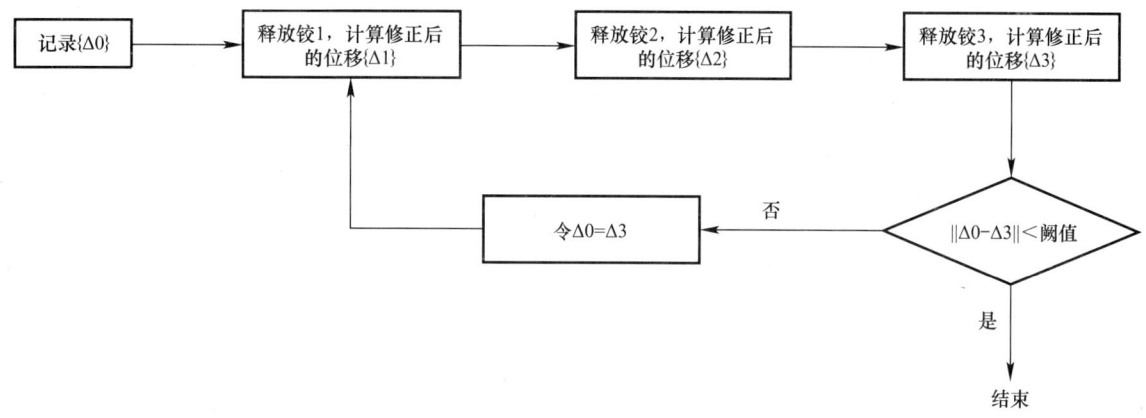

图 3.2.60　可错动空间迭代计算过程

如图 3.2.61 所示，管片内最大拉应力随着可错动空间 δ 的增大而减小，当 $\delta=60\mathrm{mm}$ 时，管片内不会出现拼装应力，而在 $\delta=25\mathrm{mm}$ 时，大约达到拐点位置，此时应力减小为原来的 15% 左右。由于本算例未考虑管片荷载在管片变形后的折减以及两侧抗力的影响。算例中的位移内力都比较大，否则初始（$\delta=0$）应力及可错动空间的值可进一步减小。图 3.2.62 为压应力随可错动空间的变化情况，规律性不强。

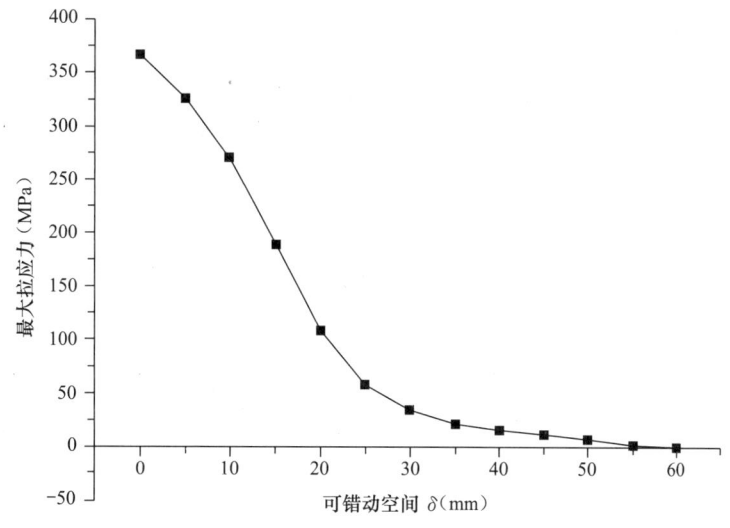

图 3.2.61　管片最大拉应力随可错动空间变化规律

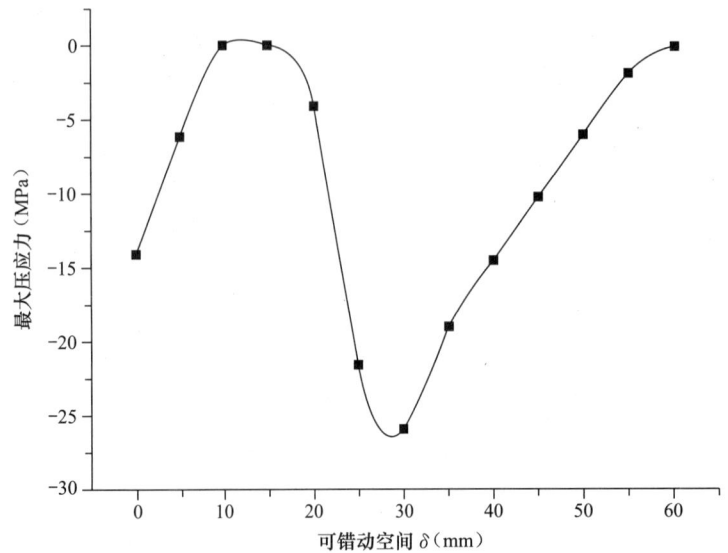

图 3.2.62　管片最大压应力随可错动空间变化规律

综上所述，我们可以得出结论，在完全弹性计算中，管片在前一环的初始位移条件下进行拼装所产生的内力是巨大的，管片的开裂或压裂几乎不可避免。但考虑到两环之间的拼装误差、橡胶垫的压缩以及螺栓孔和榫槽的局部塑性变形或破坏，在两环相互作用的位置（本文假设为螺栓处）会产生可以错动的位移，这表明后一环未必会完全按照前一环的螺栓孔或榫槽的位置进行拼装而是可能产生一些错动从而有效减小管片中的应力。计算发现，管片中应力的大小与可错动空间大小呈近似反比例函数的关系。

尽管可错动空间可以有效减小管片内的应力，但这现象在实际工程中是被动产生的，是以管片的局部破坏为代价的。如果利用上述原理人为减小螺栓及榫槽处的连接刚度并解决防水问题，可以有效解决管片拼装阶段的开裂问题。

3.3　盾构施工对隧道结构影响现场试验

3.3.1　试验内容、目的及意义

施工条件复杂多变导致盾构隧道管片破碎现象十分普遍，其背后反映的实质是隧道施工和设计缺陷的共同作用。由于相关设计理论发展不成熟以及实际施工控制不足，在施工期间经常由于各类原因造成管片损坏，降低了管片防水性能和受力能力，对隧道的耐久性和隧道内环境的维护无疑具有极大负面效应。

盾构施工阶段作用在管片上的荷载极为复杂且在不断变化之中。根据现有的隧道设计规范与方法进行结构设计，管片结构的施工的力学效应与验算尽管满足大直径隧道可靠性设计的要求，管片破碎仍时有发生。现已进行的相关研究缺少现场实测数据的支持，而这对修正大直径盾构隧道设计、改进盾构施工控制可能是至关重要的。迫切需要对盾构隧道结构的施工力学行为进行现场实测，从而对大直径盾构掘进力学效应及对现行隧道设计方法和标准进行优化，达到通过施工和设计的双重控制提高隧道施工质量、耐久性及其实际力学工作性能的目的。

课题组于2012年6月6日至9日在钱江隧道东线埋设了618环、619环和620环三整环试验环对隧道结构在拼装和使用阶段的力学响应进行监测，如图 3.3.1、图 3.3.2 所示。该测试为目前世界上第一次能够真实反映管片拼装阶段和使用阶段力学响应的超大直径软土盾构隧道现场测试。

3.3.1.1　试验内容

结合本课题研究内容，监测项目包括：管片结构环向应力测试、管片结构纵向应力测试、K块插入测试、管片环面纵向应变测试、纵向螺栓应力测试、土水压力测试、壁后注浆厚度测试和浆液性能试验八部分。

图 3.3.1　钱江隧道测试

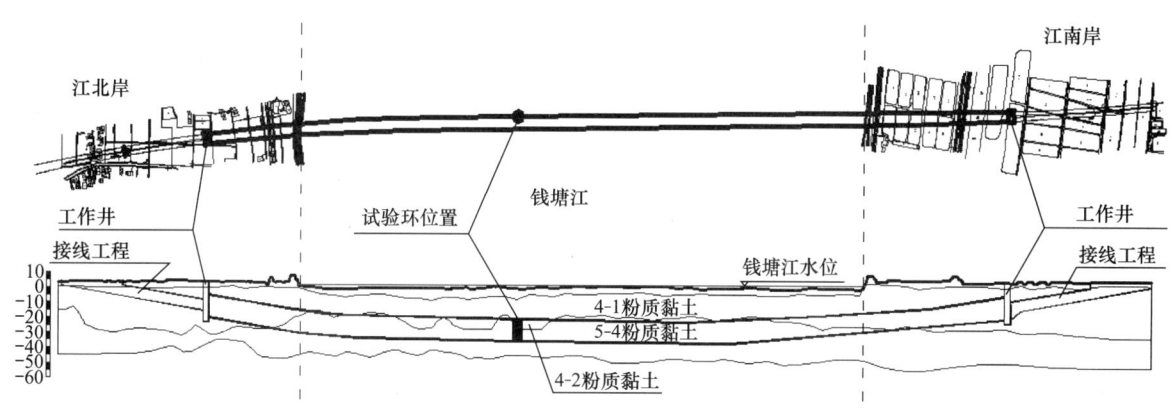

图 3.3.2　钱江隧道现场测试位置图

3.3.1.2　试验目的

拼装阶段，管片结构承受拼装误差、盾构纠偏、注浆缺陷、千斤顶反复加卸载等多种不利工况的组合作用，是隧道结构承受荷载最不利的工况。随着盾构掘进，隧道结构的应力状态逐渐趋于稳定。本试验自管片拼装开始对钱江隧道进行现场监测，考虑了管片拼装阶段的全过程力学响应，旨在为超大直径软土盾构隧道管片设计和盾构施工控制提供优化建议。

（1）保障钱江隧道结构安全

钱江隧道是截至目前施工的第二条超大直径软土盾构隧道，积累的盾构施工控制经验相对较少。隧道结构所处的水文条件和地质条件较为复杂，受到钱江涌潮的影响。在施工经验相对不足的条件下，考虑钱江涌潮的影响，保障施工阶段的隧道结构安全非常重要。开展现场监测，及时捕捉隧道结构力学行为的时变特征规律，实时发布监测信息预警信息，保障隧道结构安全。

（2）为管片设计提供优化建议

1）土水压力监测

钱江隧道土层垂直土压力取全覆土荷，地层水平土压力采用静止土压力。分析土水压力沿隧道结构的环向和纵向的分布特征，并与理论值进行对比，分析深埋（2D）条件下大直径盾构隧道土水压力取值方法和相关参数；对钱江涌潮引起的隧道结构承受的水土压力变化进行分析，评价钱江涌潮对隧道结构安全的影响程度。通过监测获得的土水压力的时变特征，分析隧道结构力学行为随时间的变化，为隧道管片设计提供参考。

2）管片结构应力监测

监测内容包括环向应力监测和纵向应力监测两部分。

盾构隧道是由不连续的管片连接而成的三维复杂空间结构，接头部位传递应力的效率与均质圆环结构存在较大差异，而设计中，通常采用二维均质圆环模型，在接头部位人为假定有效系数。钱江隧道采用匀质圆环模型计算，考虑管片接头的影响后刚度有效率系数 η 取值 0.75；考虑错缝拼装效应造成的管片间弯矩传递引起的弯矩增大系数 ζ 取值 0.3。通过监测，获得隧道结构环向典型部位的应力状态及时变特征，反推有效系数，为盾构隧道设计提供优化建议；获得隧道结构纵向典型部位的应力状态及其时变性规律，分析纵向应力对隧道结构力学行为的影响程度，分析二维简化模型的合理性，提出考虑纵向应力效应的三维简化分析模型。

3）K 块插入监测

管片拼装阶段，当存在较大的拼装误差时，K 块插入将引起隧道结构承受的应力水平显著变化，是隧道结构承受的不利工况之一，分析 K 块插入的影响对管片结构设计具有重要参考价值。在 L1 块、L2 块分别于 K 块相邻面预埋钢筋应力计监测 K 块插入引起的连接块应力变化；在其余管片中部预埋钢筋计监测 K 块插入引起的隧道结构整体响应。监测 K 块插入导致的隧道结构响应，并基于监测分析结果对管片结构设计提供参考。

4）管片环面纵向应变测试

环缝是隧道结构防水的薄弱部位。对钱江隧道东线 1400～1600 环渗漏水情况统计发现，近 80％的渗漏水发生在环缝部位。管片渗漏水与两方面因素有关，即，环面压密程度和壁后注浆质量。在典型部位（顶部、底部和两腰）的环面埋设应变计，监测管片环面的张开变形及其事变特征，为隧道结构接头防水设计优化提供建议。

5）纵向螺栓应力测试

隧道结构的抵抗纵向变形能力、环面防水性能与环面压密程度密切关联，反映环面压密程度的一项重要参数即为纵向螺栓应力。该监测结果与纵向应力监测和环面纵向应变监测配合，共同揭示隧道结构纵向应力松弛的规律；预测隧道结构抵抗纵向变形的能力；分析隧道结构防水薄弱部位。为隧道结构环面接头设计和螺栓复紧设计提供优化建议。

6）壁后注浆厚度测试

壁后注浆圈有三方面作用，即，为隧道结构防水提供第一道屏障、隧道结构"初衬"和控制地层变形。对壁后注浆厚度进行测试，明确浆液填充范围和厚度，为注浆压力和注浆量控制提供优化建议。

7）浆液性能试验

对钱江隧道统计发现，超过 90％的接缝渗漏水发生在隧道两肩及以上部位，这与浆液的流动性、凝结时间等密不可分。浆液性能试验包括：密度、流动度、凝结时间、抗压强度等。通过浆液性能试验，明确浆液硬化规律；明确注浆压力消散规律。有效分析隧道结构抵抗变形的能力，为管片结构和接头设计提供优化建议。

（3）为盾构施工控制提供优化建议

盾构操作不当极易造成注浆缺陷、环面不平整、K 块插入时剩余尺寸过小和盾构轴线偏离等，在千斤顶推力作用下易产生管片掉角、管片裂缝甚至管片破碎，影响隧道结构安全和耐久性。施工阶段，作用在管片结构上的荷载复杂多变，管片破裂现象时有发生，对盾构施工进行精细化控制极为重要。

钱江隧道是目前世界上最大直径的软土盾构隧道之一，工程地质、水文地质条件复杂，且盾构施工受到钱江涌潮的影响，国内外对大直径软土盾构越江隧道的施工控制积累的经验较少。将监测所得的隧道结构力学响应与盾构施工参数相结合进行研究，关注隧道力学行为和施工参数的时变性特征，分析得到盾构施工控制管片拼装的全过程引起的隧道结构的力学响应；得出千斤顶推力、同步注浆、同步施工等不同工况对隧道结构的影响程度；得出自管片拼装开始直到结构趋于稳定的动态全过程响应。

通过监测，研究盾构施工参数对隧道结构的影响程度；明确千斤顶推力合理范围；判别螺栓复紧和同步施工适宜时间等。为进一步规范和精细化超大直径软土盾构施工控制提供优化意见，为后续大直径越江隧道盾构施工控制提供参考。

3.3.1.3 试验意义

施工阶段的隧道结构响应受到如千斤顶反复加卸载、同步注浆、浆液硬化、同步施工、钱江涌潮等多重因素的共同作用，导致环面接头张开、错位，进而引起渗漏水，直接影响隧道结构的安全使用和耐久性。传统的分析模型和设计方法大多忽略了盾构施工过程的影响，而盾构施工过程具有明显的时效性特征，明确盾构施工对隧道纵向应力、应变状态的影响程度对保证隧道安全具有重要意义。

与室内模型试验、地铁隧道现场监测不同，本试验不包含人工边界和人工荷载条件，能够真实反映隧道结构在软土地层中的力学特征及其时变规律。本试验监测项目多，持续时间长，较为全面地获取了钱江隧道盾构施工过程的第一手监测数据。

本试验是目前国际上鲜有的大直径软土盾构法隧道现场监测之一，且首次获取了管片拼装阶段的动态、全过程力学响应规律，对后续隧道管片结构的设计、盾构施工控制、现场监测试验等均具有重要的指导意义。

结合盾构施工参数对监测结果进行分析，从超大直径软土盾构隧道管片设计和盾构施工控制两方面提出优化建议，将进一步提升大直径软土盾构法隧道设计和施工水平，为后续工程提供借鉴，具有显著的社会效益和经济效益。

3.3.1.4 小结

钱江隧道为目前世界上在建的最大直径的软土盾构法隧道，该试验为目前世界上鲜有的大直径盾构法现场监测之一，且首次测试了管片拼装全过程的力学响应。本节阐述了钱江隧道监测的必要性，监测内容，并阐明了试验目的和试验意义。

（1）本试验内容包括：管片结构的环向应力测试和纵向应力测试、K块插入测试、管片环面纵向应变测试、纵向螺栓应力测试、土水压力测试、壁后注浆厚度测试和浆液性能试验等八部分；

（2）本试验自管片拼装开始即开始现场监测，考虑了管片拼装阶段的全过程力学响应，旨在为超大直径软土盾构隧道管片设计和盾构施工控制提供优化建议；

（3）本试验对后续隧道管片结构设计、盾构施工控制、现场监测试验等均具有重要的指导意义和实用价值，将进一步提高大直径软土盾构法隧道设计和施工水平。

3.3.2 试验设计

3.3.2.1 试验元件及设备

本试验埋设的监测元件包括四类，即，V1000型振弦式钢筋计（图3.3.3）、V5000型振弦式应变

图3.3.3 钢筋计钱江隧道现场测试位置图

计（图3.3.4）、V2000G型振弦式土水压力板（图3.3.5）和纵向测力螺栓（图3.3.6），测试元件技术指标分别如表3.3.1、表3.3.2和表3.3.3所示，用于管片结构环向应力测试、管片结构纵向应力测试、K形块插入测试、管片环面纵向应变测试、纵向螺栓应力测试和土水压力测试等。

图3.3.4 应变计

图3.3.5 土水压力计

图3.3.6 纵向测力螺栓

埋设测试元件127个（应力计60、应变计44、土水压力板12、测力螺栓11），上述元件均采用远程监测单元DTRTU80G（图3.3.7）进行数据采集，设置采集频率5min/次。构建了基于WEB的远程监控平台，采用无线传输技术，实时、动态地监控采集数据，如图3.3.8所示。

第3章　盾构施工对隧道结构影响试验研究

钢筋计技术指标　　　　　　　　　　　　　　　表 3.3.1

规格	φ10、φ12、φ14、φ16、φ18、φ20、φ22、φ25、φ28、φ30、φ32、φ34、φ36、φ38、φ40	
测量范围	最大压应力：100MPa	最大拉应力：200MPa
分辨率%F·S	≤0.12	≤0.06
非直线度%F·S	≤1.0	
综合误差%F·S	≤1.2	
温度测量范围	−25～+60℃	
温度测量精度	±0.5℃	

应变计技术指标　　　　　　　　　　　　　　　表 3.3.2

	型号	JTM-V5000	JTM-V5000B	JTM-V500E	JTM-V500F、G
		埋入式			表面式
尺寸参数	有效直径 d（mm）	22			8
	端部直径 D（mm）	33		33	16
	标距 L（mm）	100/150/250			
测量范围	拉伸（$\mu\varepsilon$）	800	1200	1200	1200 1800 6000 12000
	压缩（$\mu\varepsilon$）	1200	1800	1800	1800 1200 4000 8000
性能参数	分辨率（%F·S）	≤0.04			
	不重复度（%F·S）	≤0.5			
	非直线度（%F·S）	≤1.5			
	综合误差（%F·S）	≤2.5			
	温度测量范围（℃）	−25～+70			
	温度测量精度（℃）	±0.5			
	温度修正系数 b（$\mu\varepsilon$/℃）	11.5		3～5	
	弹性模量 E_y（MPa）	300～500			
	绝缘电阻，MΩ	≥50			

土水压力板技术指标　　　　　　　　　　　　　表 3.3.3

型号	JTM-V2000GA、GB		
受力面尺寸（mm）	750×450		
厚度（mm）	4		
规格	6	10	20
测量范围（MPa）	0～0.6	0～1.0	0～2.0
分辨率（%FS）	≤0.04		
不重复度（%FS）	≤0.5		
滞后（%FS）	≤1.0		
非直线性（%FS）	≤1.5		
综合误差（%FS）	≤2.0		
工作温度（℃）	−25～+75		
测温精度（℃）	±0.5（根据用户要求另加）		

图 3.3.7　远程监测单元

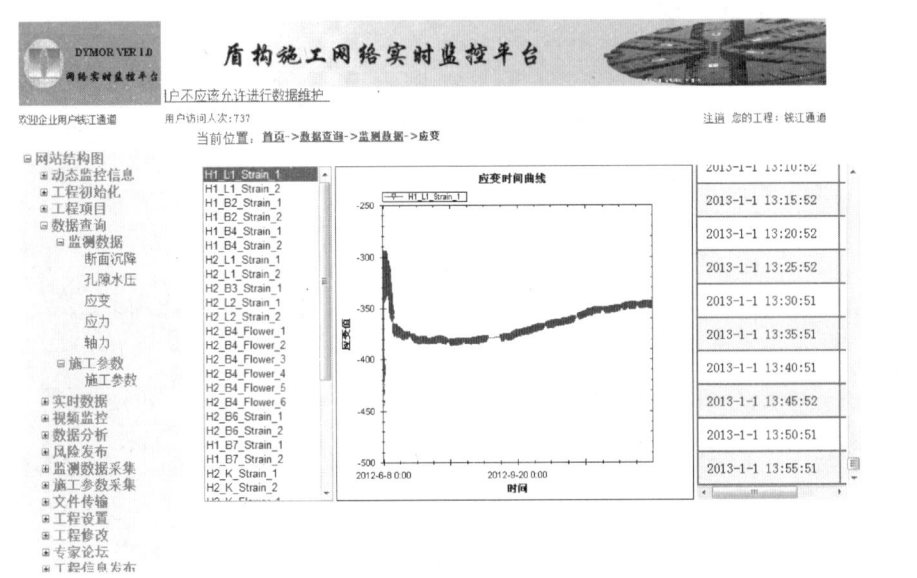

图 3.3.8　盾构施工网络实时监控

壁后注浆厚度测试采用地质雷达结合日本东北亚大学研发的地质雷达天线，如图 3.3.9 所示，探测

图 3.3.9　注浆厚度测试

位置尽量覆盖整个试验环。浆液性能试验包括浆液密度、流动性、凝结时间和抗压强度等，采用仪器包括电子秤、坍落度筒、捣固棒、剪切仪等常规室内实验仪器，如图 3.3.10 所示。

图 3.3.10 浆液性能试验

3.3.2.2 试验方案

为全面、客观反映管片不同分块和隧道结构典型部位的内力及变形、管片壁后土水压力荷载、纵向连接螺栓内力在管片拼装和盾构施工阶段的时变特征规律，在钱江隧道东线 RK13+120 位置（江中深埋段）埋设连续的 3 环试验环，不同的试验环的测试元件布置方法存在较大差异。

618 试验环 K 块位于隧道顶部向右侧偏转 18.947°。该试验环为整环布置测试元件，元件类型包括：钢筋计和应变计。该环元件大多位于管片结构中部的内外两侧，沿环向和隧道轴向布置，用于测试隧道结构各分块的环向响应和隧道典型部位的纵向响应；少数元件位于 618 环与 619 环相邻的环面附近，沿隧道轴向布置，用于测试隧道结构纵向响应。试验元件布置如图 3.3.11 所示。在 L1 块、L2 块分别与 K 块相邻的纵缝位置处埋设沿环向分布的 4 组钢筋计，用于测试 K 块插入引起的连接块内力两侧。试

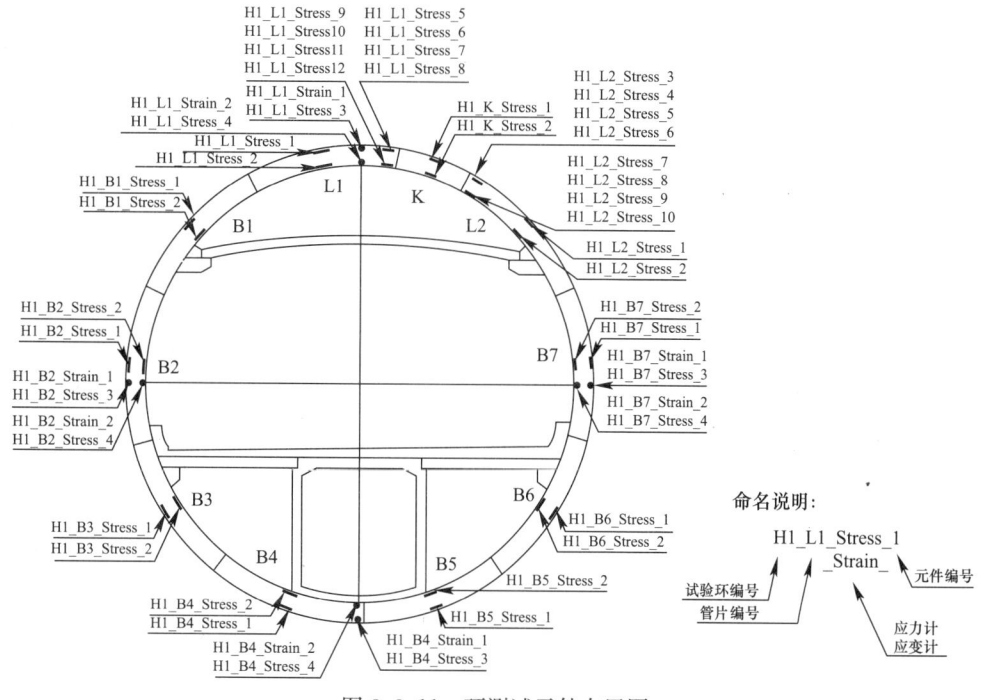

图 3.3.11 环测试元件布置图

验元件布置如图 3.3.12 所示。

图 3.3.12　K 块两侧钢筋计埋设图

619 试验环 K 块位于隧道顶部。该试验环为隧道典型部位布置测试元件，元件类型包括：钢筋计、应变计、纵向测力螺栓和压力板。该环元件大多位于管片结构中部的内外两侧，沿环向和隧道轴向布置，用于测试隧道结构典型部位的环向和纵向响应；土水压力板紧贴隧道管片结构的外侧面，用于测试隧道结构承受的土水压力的时变特征规律；纵向测力螺栓位于 619 环与 618 环间的环面典型部位，用于测试隧道结构环面应力的变化规律；应变花位于 619 环与 620 环间的环面典型部位附近，用于测试隧道结构环面应变的变化规律。试验元件布置如图 3.3.13 和图 3.3.14 所示。

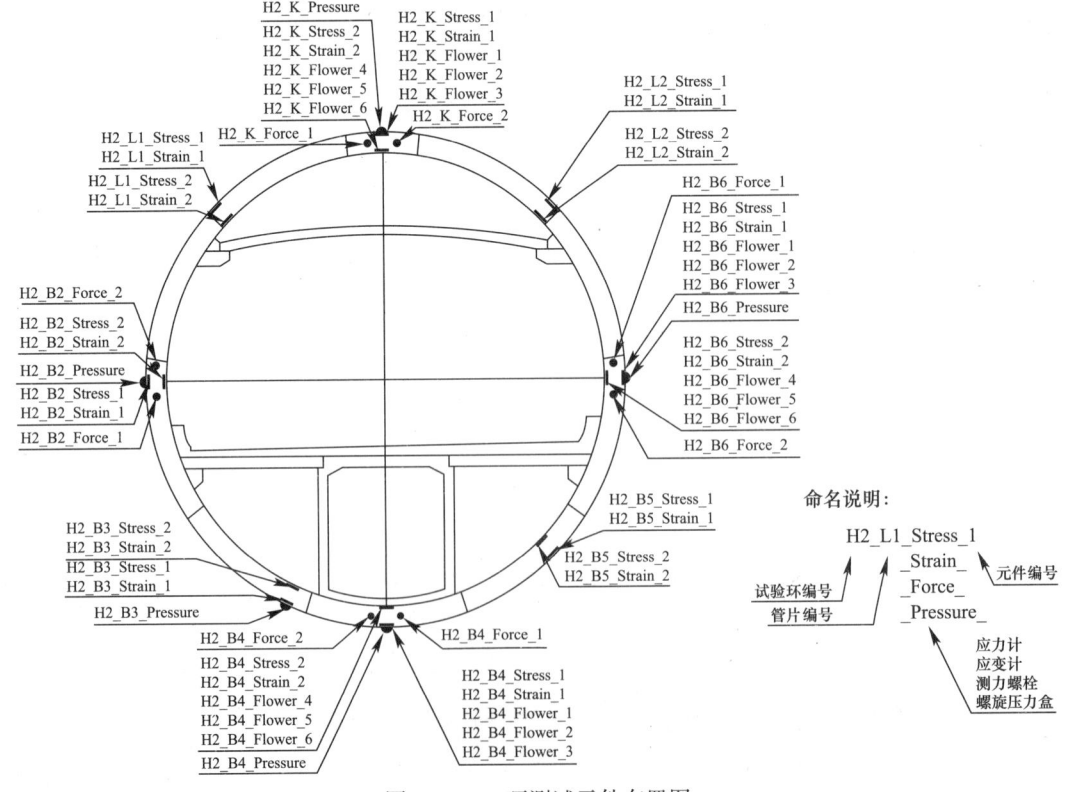

图 3.3.13　环测试元件布置图

图 3.3.14 应变花

620 试验环 K 块位于隧道顶部向左侧偏转 18.947°。该试验环测试元件包括土水压力板和纵向测力螺栓。土水压力板紧贴管片结构外侧面，用于测量隧道承受水土荷载的时变特征规律；纵向测力螺栓位于 620 环与 619 环间的典型部位，用于测试隧道结构环面应力的变化规律。试验元件布置如图 3.3.15 所示。

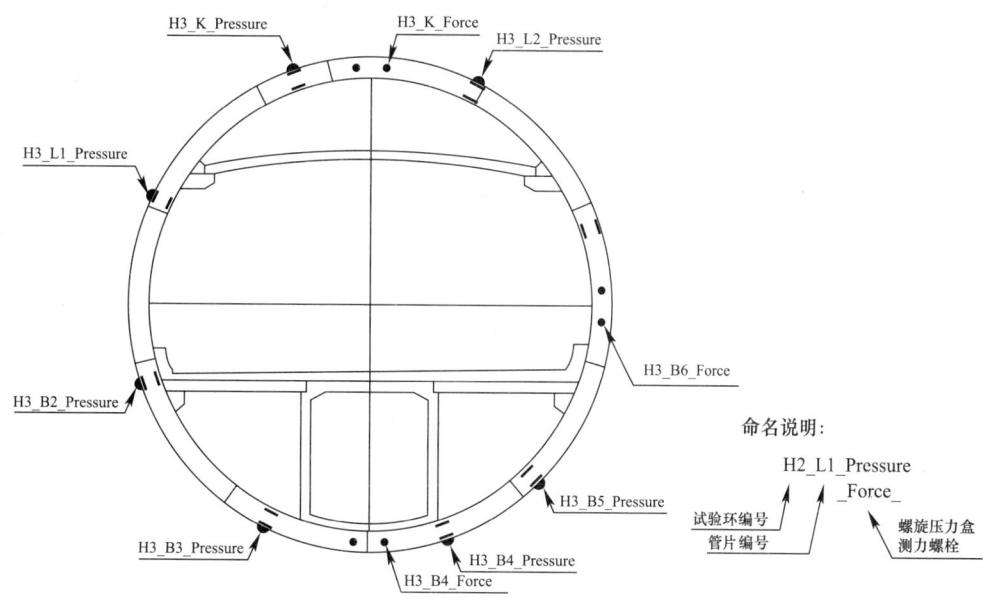

图 3.3.15 环测试元件布置图

3.3.2.3 试验进程及安排

本试验进程如下：

(1) 2011 年 12 月，619 环、620 环试验元件埋设、元件成活率测试。如图 3.3.16 所示。

(2) 2012 年 4 月，618 环试验元件埋设，619 环、620 环土水压力板埋设，如图 3.3.17 所示。

(3) 2012 年 6 月，钱江隧道试验环埋设，管片拼装测试（手动、自动）、K 块插入测试，并开始现场监测，如图 3.3.18 所示。

 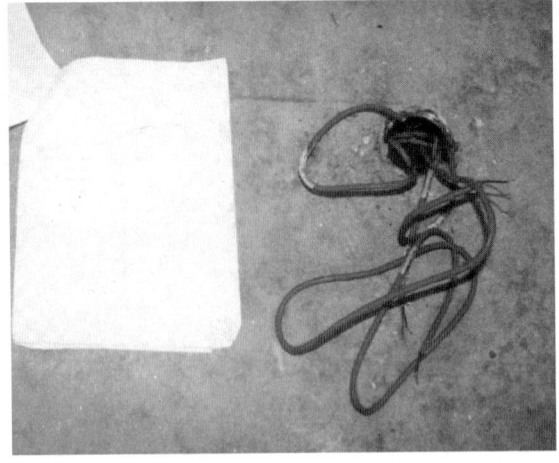

图 3.3.16　试验环元件埋设、成活率测试

图 3.3.17　元件埋设

图 3.3.18　钱江隧道现场监测

第一试验环拼装阶段通过人工方式采集数据，第二试验环拼装阶段通过 Datataker 自动化采集数据。具体测试流程见表 3.3.4 所示。

管片拼装阶段测试流程　　　　　　　　　　　　　表 3.3.4

工况		测试时间	所采集钢筋应力计数据
第一试验环 （618 环）拼装	B4 拼装完成	2012-6-6 6：16	B4
	B3 拼装完成	2012-6-6 6：33	B4、B3
	B5 拼装完成	2012-6-6 7：04	B4、B3、B5
	B2 拼装完成	2012-6-6 7：33	B4、B3、B5、B2
	机器修理完成	2012-6-6 23：45	B4、B3、B5、B2
	B6 拼装完成	2012-6-7 0：23	B4、B3、B5、B2、B6
	B1 拼装完成	2012-6-7 1：00	B4、B3、B5、B2、B6、B1
	B7 拼装完成	2012-6-7 1：20	B4、B3、B5、B2、B6、B1、B7
	L1 拼装完成	2012-6-7 1：50	B4、B3、B5、B2、B6、B1、B7、L1
	L2 拼装完成	2012-6-7 2：20	B4、B3、B5、B2、B6、B1、B7、L1、L2
	K 拼装完成	2012-6-7 3：30	B4、B3、B5、B2、B6、B1、B7、L1、L2、K
	拼装完 2 小时	2012-6-7 6：10	B4、B3、B5、B2、B6、B1、B7、L1、L2、K
第一试验环元件走线及 Datataker 安装测试			
第二试验环 （619 环）拼装	B4 拼装完成	2012-6-8 2：15	自动采集
	B3 拼装完成	2012-6-8 3：20	自动采集
	B5 拼装完成	2012-6-8 3：40	自动采集
	B2 拼装完成	2012-6-8 3：55	自动采集
	B6 拼装完成	2012-6-8 4：30	自动采集
	B1 拼装完成	2012-6-8 5：00	自动采集
	B7 拼装完成	2012-6-8 5：22	自动采集
	L1 拼装完成	2012-6-8 5：45	自动采集
	L2 拼装完成	2012-6-8 6：15	自动采集
	K 拼装完成	2012-6-8 6：55	自动采集

（4）2012 年 6 月，钱江隧道壁后注浆厚度测试，如图 3.3.19 所示。

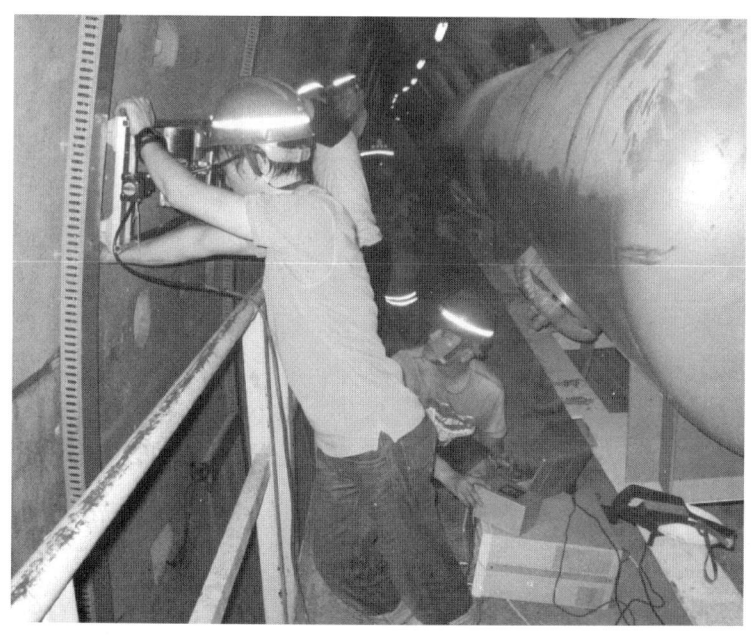

图 3.3.19　注浆范围测试

(5) 2012年8月，试验环螺栓再次复紧。
(6) 2012年11月至2013年1月，注浆浆液性能测试。

3.3.2.4 小结

本试验以现场监测为主。通过在钱江隧道东线埋设连续的3环试验环，对隧道结构在拼装阶段和盾构施工阶段的力学行为进行监测，并辅以室内试验对监测成果进行分析，旨在为大直径软土盾构隧道管片结构设计和盾构施工控制提供优化建议。

(1) 现场监测元件包括四类，即，振弦式钢筋计、振弦式应变计、振弦式土水压力板和纵向测力螺栓。采用远程监测单元DTRTU80G进行数据采集，采用无线传输技术进行数据传输和存储。

(2) 现场监测试验采用连续的3环试验环，埋设于钱江隧道东线RK13+120位置，监测关注的重点为不同管片分块和隧道结构典型部位在管片拼装和盾构施工阶段的力学响应规律及其时变特征。

(3) 室内试验包括浆液密度、流动性、泌水性和屈服强度等，用于辅助钱江隧道现场监测结果分析。

3.3.3 现场监测试验结果

通过现场监测试验判断隧道结构在管片拼装、盾构推进、同步施工等不同工况条件下的力学行为的时变特征规律，并基于现场试验结果进行反馈分析是评价隧道结构安全性、优化隧道结构设计方法和盾构施工控制的最有效手段。但是，现场试验测试元件成本高，试验环埋设过程影响盾构施工，现场监测耗时长，影响元件稳定性的因素较多，成功实施的案例较少。截至目前，极度缺少大直径软土盾构隧道施工力学行为的现场监测数据来支撑、验证、优化隧道结构的设计和盾构施工。

现场监测试验是本课题的重要内容之一。课题组于2012年6月6日至6月9日在钱江隧道东线RK13+120位置埋设了连续的3环试验环（618环、619环和620环）并自此开始进行现场监测；于2012年6月12日对试验环位置的注浆厚度进行了地质雷达探测。截至目前，试验环管片已经经历了管片拼装、盾构掘进、脱出盾尾、同步施工、螺栓复紧、钱江大潮（2012.9.28-10.7）等一系列典型（或特殊）工况，连续采集有效数据点值达280504次以上，试验环监测数据已基本趋于稳定。

本节将对钱江隧道现场监测试验数据进行分析和总结，侧重分析隧道结构力学行为的时变特征规律，具体内容包括：土水压力变化分析、隧道结构横向响应分析、隧道结构纵向响应分析和壁后注浆厚度分析。

3.3.3.1 监测计算原理

(1) 土水压力计算

V2000型振弦式土水压力计采集的土水压力计算公式为：

$$P = K(f_i^2 - f_0^2) + b(T_i - T_0)$$

式中 P——压力值（MPa）；
K——仪器标定系数（MPa/Hz²）；
f_0、f_i——土水压力计的初始频率、实时频率（Hz）；
b——土水压力计温度修正系数（MPa/℃）；
T_0、T_i——土水压力计的初始温度、实时温度（℃）。

(2) 管片内力计算

V1000型振弦式钢筋计采集的钢筋荷载计算公式为：

$$F = K\Delta f^2 + b\Delta T$$

式中 F——被测钢筋的荷载（kN）；
K——钢筋计的标定系数（kN/Hz²）；
Δf^2——钢筋计输出频率实时量测平方值相对于基准平方值的变化量（Hz²）；
b——钢筋计的温度修正系数（kN/℃）；
ΔT——钢筋计的温度实时量测值相对于基准值的变化量（℃）。

通过振弦式传感器获取钢筋计轴向力 F，根据下式计算钢筋应力计的应变：

$$\varepsilon = 4 \times F/(E_s \times \pi \times d^2)$$

式中 ε——钢筋计应变；

E_s——钢材弹性模量；

d——钢筋计直径。

V5000 型振弦式应变计采集的应变计算公式为：

$$\varepsilon = K(f_i^2 - f_0^2) + b(T_i - T_0)$$

式中 ε——被测物的应变量（$\mu\varepsilon$）；

K——应变计的灵敏度系数（$\mu\varepsilon/\mathrm{Hz}^2$）；

f_0、f_i——应变计的初始频率、实时频率（Hz）；

b——应变计的温度修正系数（$\mu\varepsilon/℃$）；

T_0、T_i——应变计的初始温度、实时温度（℃）。

通过埋设的钢筋应力计测得的应变以及平截面假定可以确定断面所受到的轴力以及弯矩。如图 3.3.20 所示，已知某断面内、外弧面钢筋应力计所测得的应变为 ε_1 和 ε_2，则断面上的平均应变 $\bar{\varepsilon}$ 可以表示为 $(\varepsilon_1+\varepsilon_2)/2$，管片断面上的轴力为：

$$N = \bar{\varepsilon} \times E_{sc} \times t \times b$$

式中 t——管片厚度；

b——管片宽度；

E_{sc}——钢筋混凝土管片的弹性模量。

断面上的弯矩可按下式计算：

$$M = E_{sc} \times b \times \int_0^t (\varepsilon - \bar{\varepsilon}) \times \left(x - \frac{t}{2}\right) \mathrm{d}x$$
$$= \frac{E_{sc} \times b \times (\varepsilon_1 - \varepsilon_2) \times t^3}{12 \times (t - 2a)}$$

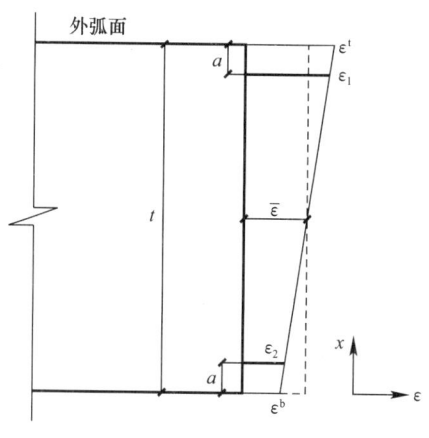

图 3.3.20 内力计算简图

3.3.3.2 土水压力变化

本试验在 619 环和 620 环分别埋设了水土压力计用以监测试验环施工阶段的荷载情况（如图 3.3.21 所示，由于原件埋设时管片编号出错，导致压力计分布不均匀），主要测试从试验环脱出盾尾开始受到注浆压力至浆液凝固、水土荷载稳定的过程。

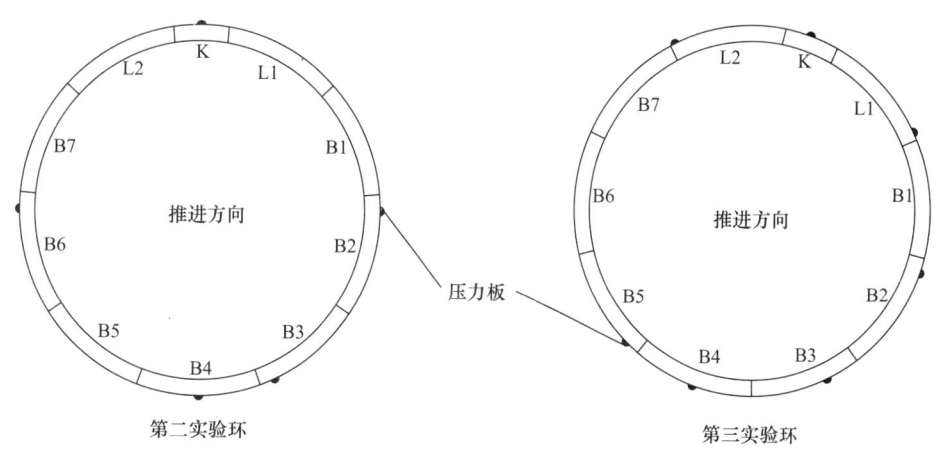

图 3.3.21 压力计埋设位置

(1) 试验环脱出盾尾荷载

第二试验环顶部（K块）荷载值脱出盾尾后数环施工过程中的荷载变化如图3.3.22所示。

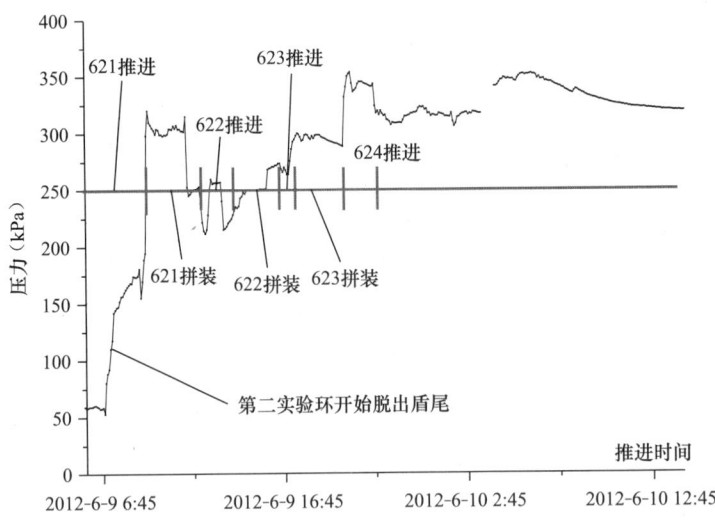

图3.3.22 施工阶段第二试验环顶部荷载变化

从图中可以看出，第二试验环在脱出盾尾前受到的荷载较小，大约为50～60kPa，可能仅由盾尾刷与密封油脂产生。随着621环开始推进，第二试验环开始脱出盾尾，此时试验环顶部由于受到注浆压力的作用，其荷载急剧增大，达到了300kPa的水平，之后随着盾构继续推进，施工过程在拼装与推进间循环，此时的试验环顶部外荷载处于非常不稳定的状态，但从上图中推测这一变化与盾构的施工过程没有明显的联系。初步判断，造成这种不稳定因素的原因可能是注浆体与水土的时效性作用，这一过程体现了浆液与水土荷载"耦合"的复杂性。

(2) 试验环荷载时效性

从后期的荷载曲线中发现钱江潮水对管片会产生周期性的压力变化，而这一变化产生的前提条件是管片脱出盾尾后浆液的凝固稳定。因此，从水土压力计的压力-时间曲线中寻找压力周期变化的起始时间即可知道浆液凝固的准确时间。所埋设的水土压力计（共12块，两块损毁）所测得的试验环荷载稳定时间如图3.3.23～图3.3.32所示。

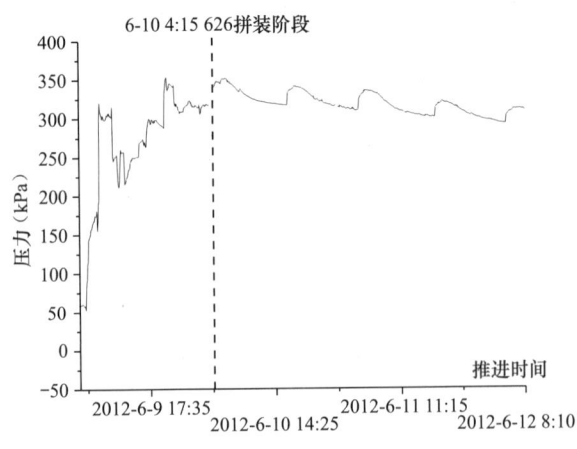

图3.3.23 第二试验环K块荷载稳定时间

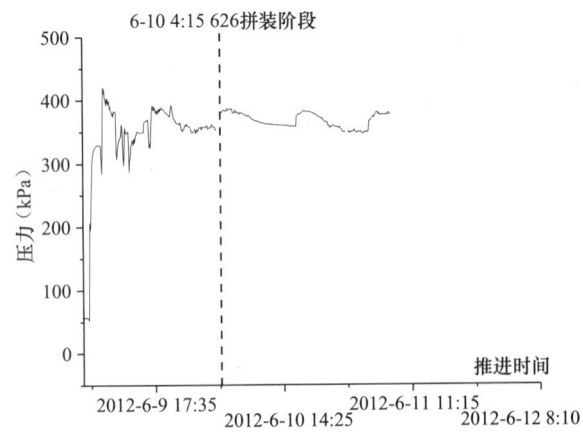

图3.3.24 第二试验环B2块荷载稳定时间

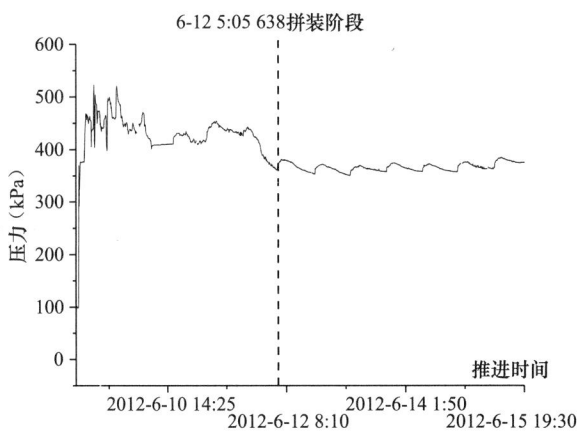
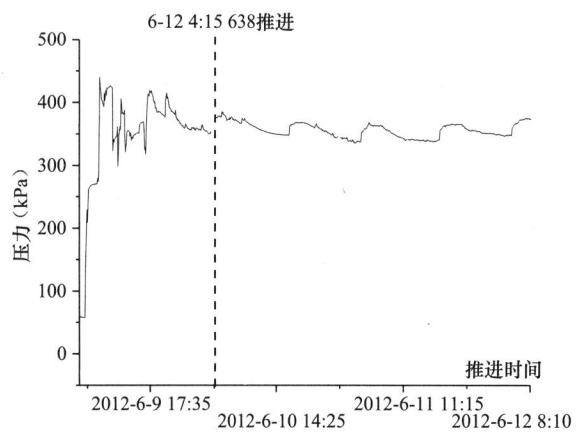

图 3.3.25　第二试验环 B4 块荷载稳定时间　　　　图 3.3.26　第二试验环 B6 块荷载稳定时间

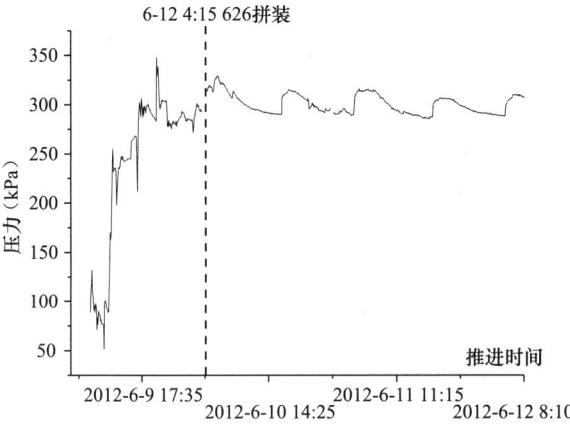
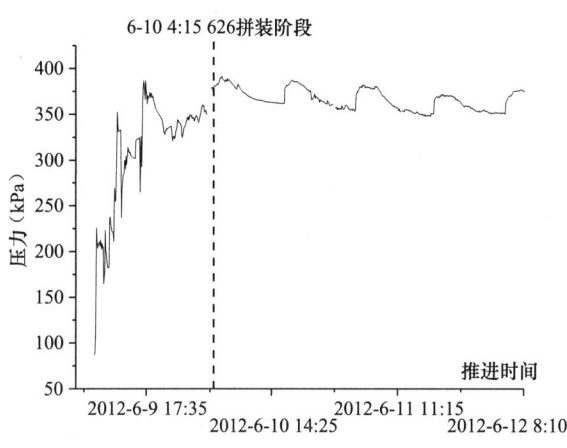

图 3.3.27　第三试验环 K 块荷载稳定时间　　　　图 3.3.28　第三试验环 L1 块荷载稳定时间

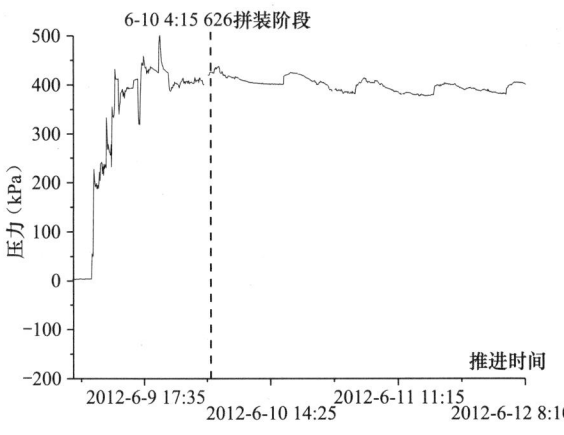
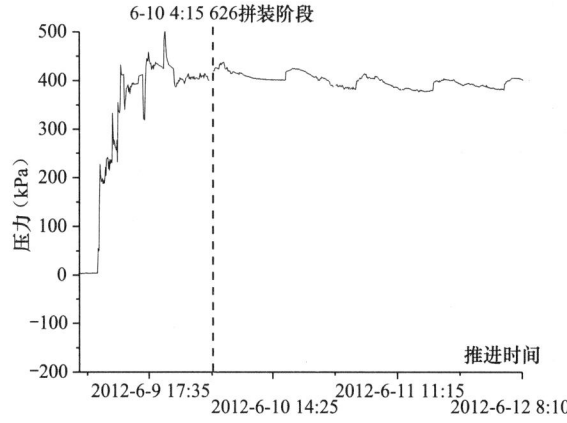

图 3.3.29　第三试验环 B2 块荷载稳定时间　　　　图 3.3.30　第二试验环 B3 块荷载稳定时间

尽管试验环荷载在脱出盾尾不久便产生稳定周期性变化，但从长期来看，其压力仍处于缓慢地变化中，由于后期压力计有 3 块出现损毁情况，原定的 12 块压力计仅有 9 块可进行管片荷载的长期时效性分析，9 块存活的水土压力计的时效性曲线如图 3.3.33～图 3.3.40 所示。

257

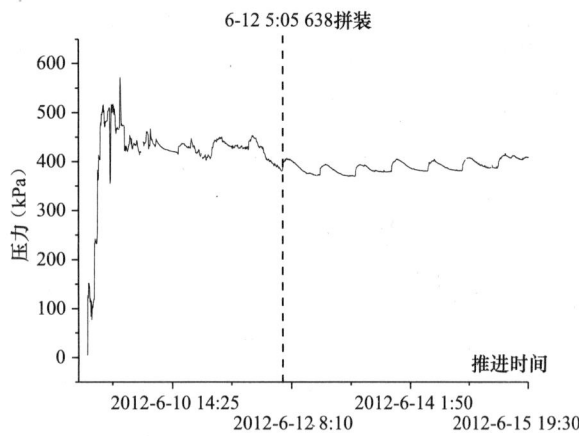
图 3.3.31　第三试验环 B4 块荷载稳定时间

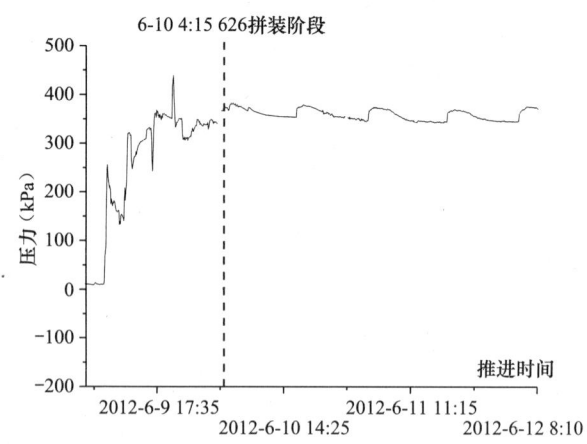
图 3.3.32　第三试验环 L2 块荷载稳定时间

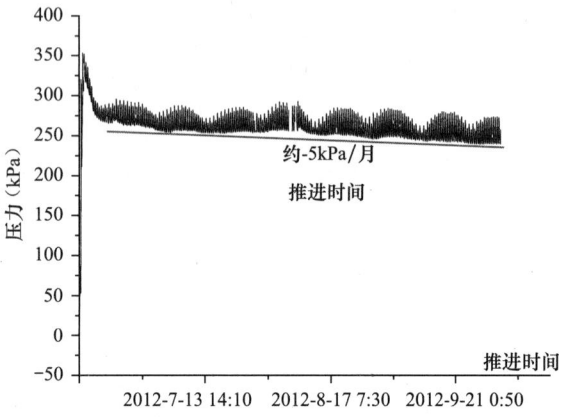
图 3.3.33　第二试验环 K 块荷载时效性曲线

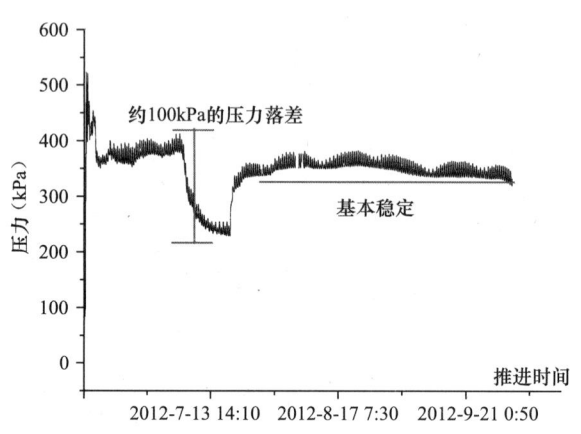
图 3.3.34　第二试验环 B4 块荷载时效性曲线

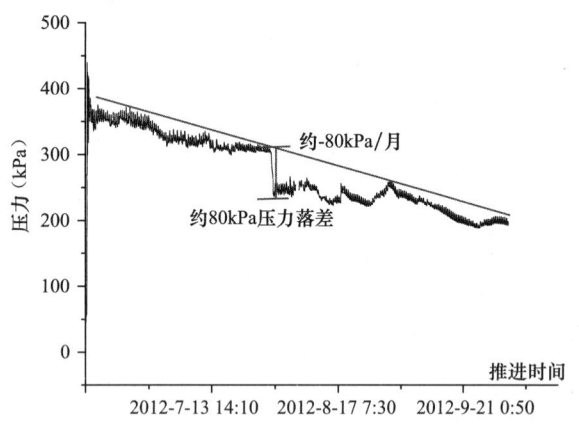
图 3.3.35　第二试验环 B6 块荷载时效性曲线

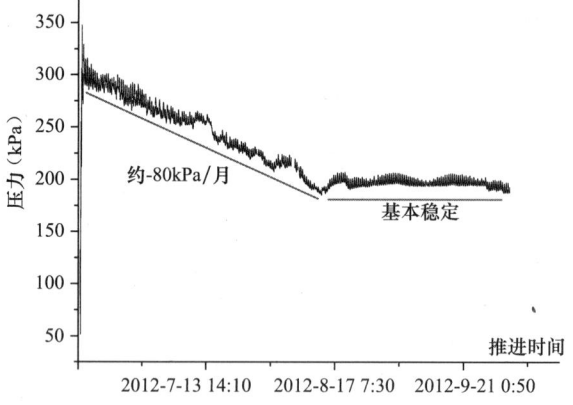
图 3.3.36　第三试验环 K 块荷载时效性曲线

如上图所示，试验环管片荷载总体上趋于逐渐减小的趋势，大小不一，相较而言，顶、底的压力变化较小，而两侧的压力变化较明显。曲线形态有渐变、转折及突变等特征，其具体原因需进一步分析确定。

从上图中可以得知，第二环试验环从 621 推进（6-9 6∶50）开始脱出盾尾至 626 环拼装前后，其顶部及右侧腰部压力区域周期性稳定，大约历时 20 个小时，由于之前监测仪器出现断电现象，这一时间也有可能提前，而至 638 环拼装前后，其底部与左侧腰部压力趋于周期性稳定，历时大约 70 个小时。

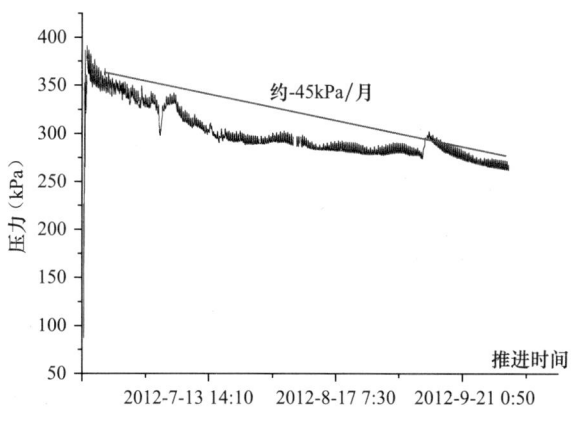
图 3.3.37　第三试验环 L1 块荷载时效性曲线

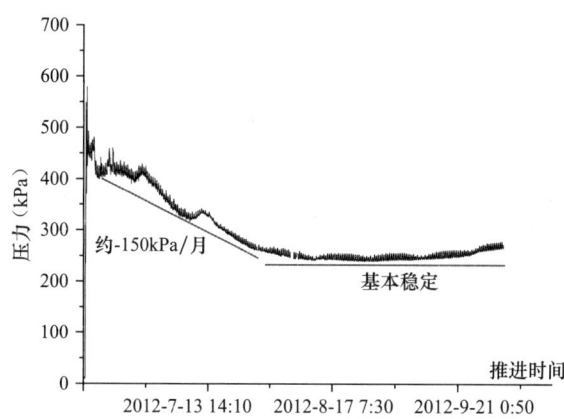
图 3.3.38　第三试验环 B3 块荷载时效性曲线

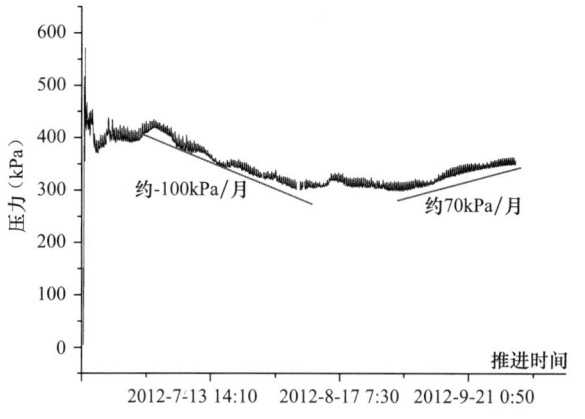
图 3.3.39　第三试验环 B4 块荷载时效性曲线

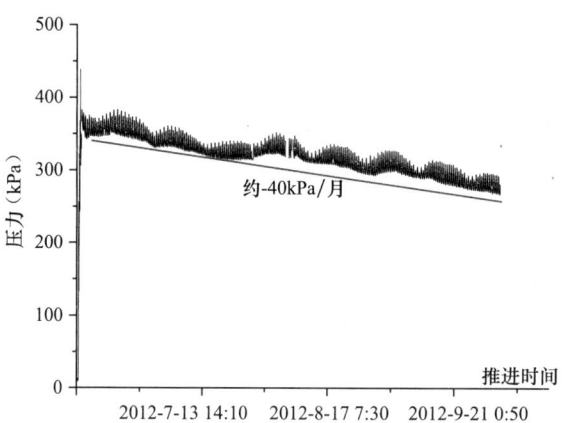
图 3.3.40　第三试验环 L2 块荷载时效性曲线

第三试验环从 622 推进（6-9 12：15）开始脱出盾尾至 626 拼装阶段前后，其大部分区域的压力都趋于周期性稳定，历时约 16 个小时，而仅有底部（B4 块所在位置）压力于 638 推进前后开始稳定，历时大约 64 个小时。

（3）钱塘江潮水对试验环荷载影响

本课题研究一大重点在于钱塘江潮水的影响，而本试验通过监测水土压力板的数据测到了钱塘江潮水对管片荷载变化的影响，以第二试验环顶部（K 块）、腰部（L1）及底部（B4）为例，分析钱塘江潮水对管片水土荷载的影响情况，其变化曲线见图 3.3.41～图 3.3.43。

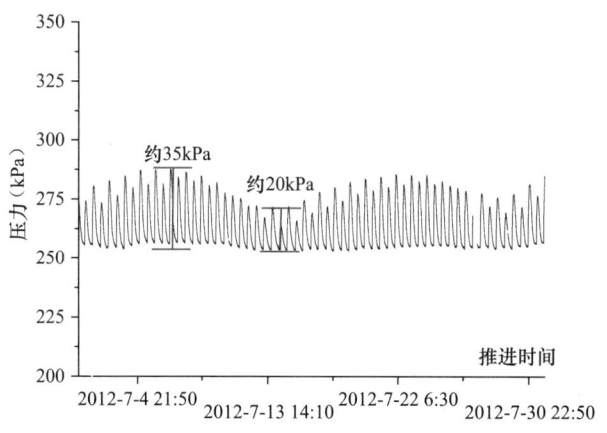
图 3.3.41　第二试验环 K 块压力周期曲线

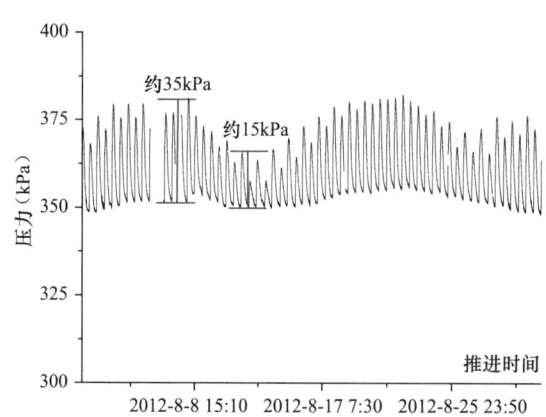
图 3.3.42　第二试验环 B4 块压力周期曲线

如图所示，以一个月为期限，期间压力变化呈现两次波浪形变化，大约在6号与22号前后出现大潮，顶、底压力在高潮期间变化幅度在35kPa左右，而低潮期间变化幅度仅20kPa左右；腰部压力在高潮期间变化幅度在12.5kPa左右，而低潮期间变化幅度在6kPa左右。类似地，以一天为期限，一天内也会产生两次周期性变化，凌晨潮水产生的压力变化幅度较大，而中午潮水则较小。同时发现压力峰值相比潮水到达时间稍晚1～2小时，说明从潮水到达至引起管片荷载变化存在迟滞现象。

每年农历八月十五日前后都会出现钱塘江大潮，通过比较钱江大潮期间管片压力的大小变化可探知其钱塘江大潮对管片的影响程度。图3.3.44为第二试验环顶部（K块）在钱塘江大潮期间管片压力变化。如图，钱江大潮期间，其潮水引起的压力变化约为35kPa，相较普通月份并没有增大，反而有所减少，可见钱塘江大潮对管片荷载并没有过大的影响。

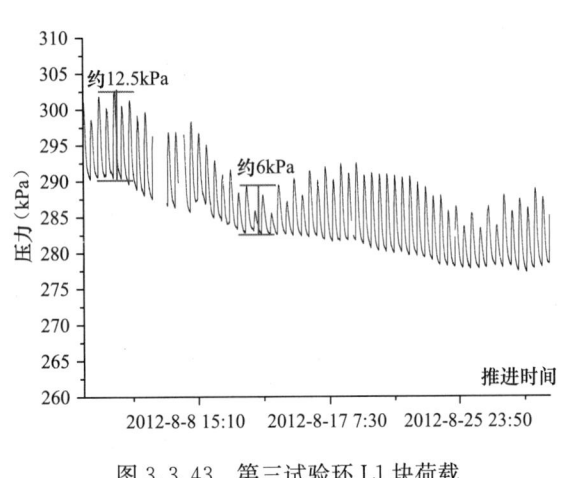

图3.3.43 第三试验环L1块荷载稳定时间

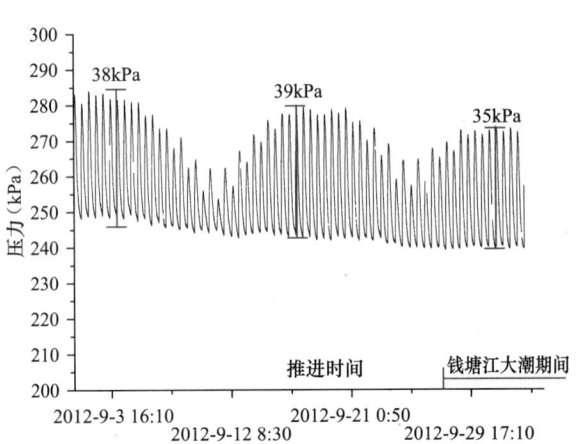

图3.3.44 钱江大潮期间第二试验环顶部（K块）压力变化

潮水的周期性活动会导致管片荷载、内力及接头相应的周期性响应，对管片的抗疲劳、防水性能产生不利的影响，需引起相关部门的重视。

3.3.3.3 隧道结构横向响应

（1）第一试验环拼装阶段内力分布

第一试验环在其拼装阶段轴力N分布的变化过程如图3.3.45所示，弯矩M分布如图3.3.46所示。

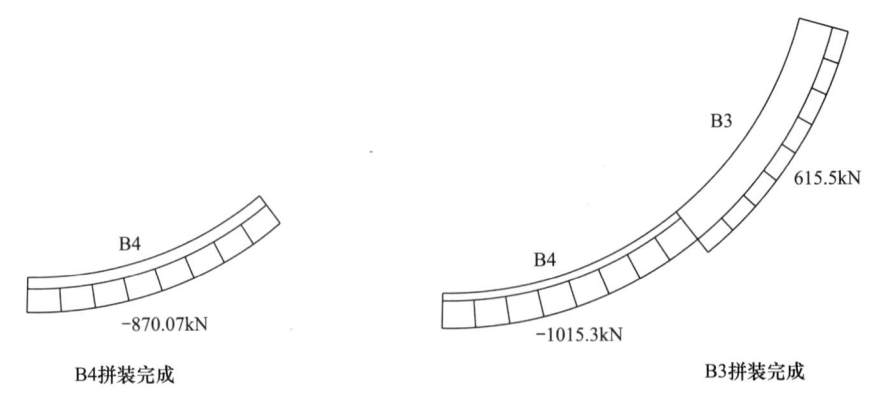

（a）B4、B3拼装阶段管片轴力分布

图3.3.45 第一试验环拼装阶段管片轴力分布（一）

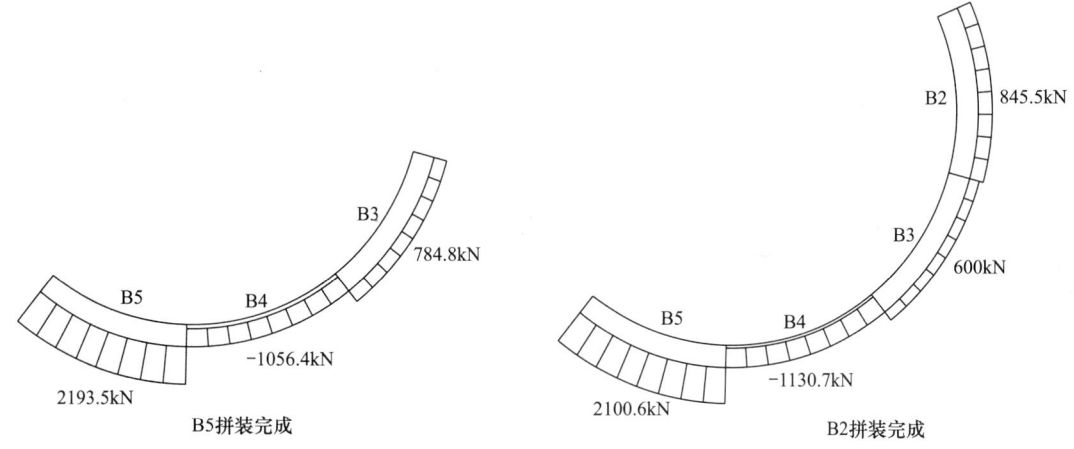

(b) B5、B2拼装阶段管片轴力分布

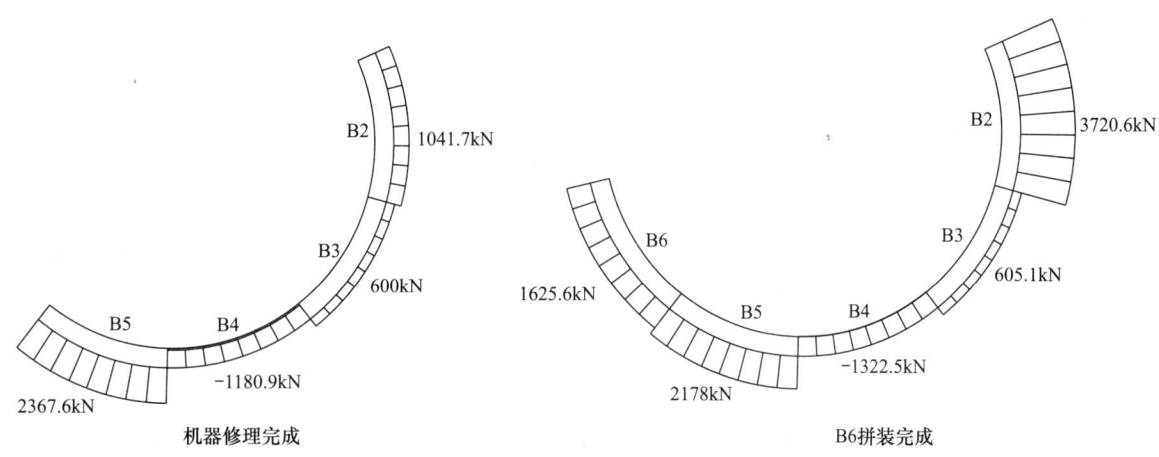

(c) 机器修理完成、B6拼装阶段管片轴力分布

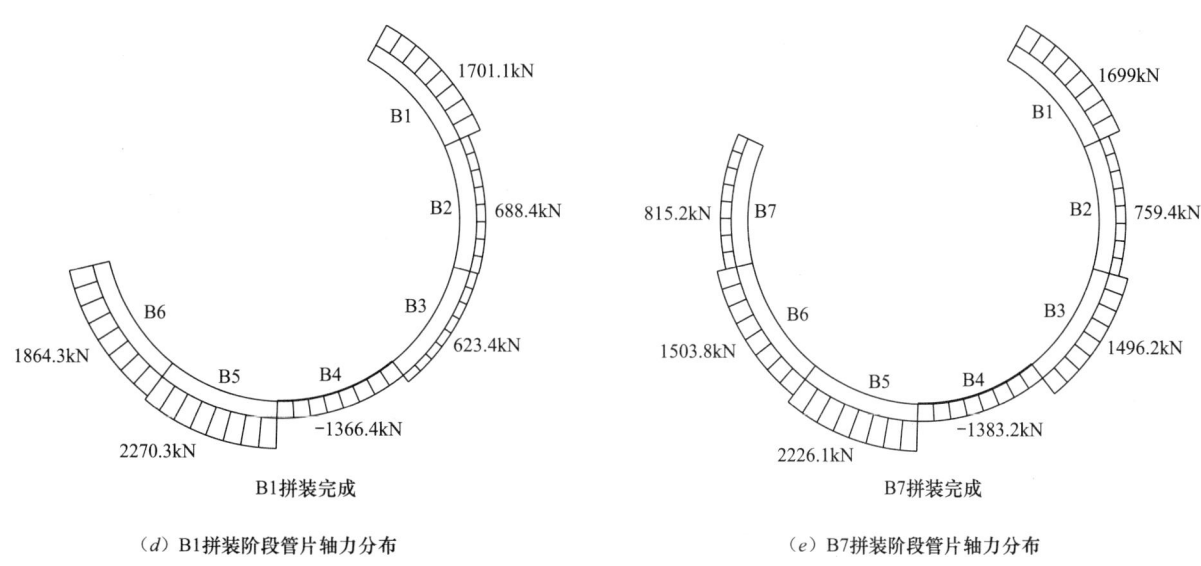

(d) B1拼装阶段管片轴力分布　　　　(e) B7拼装阶段管片轴力分布

图 3.3.45　第一试验环拼装阶段管片轴力分布（二）

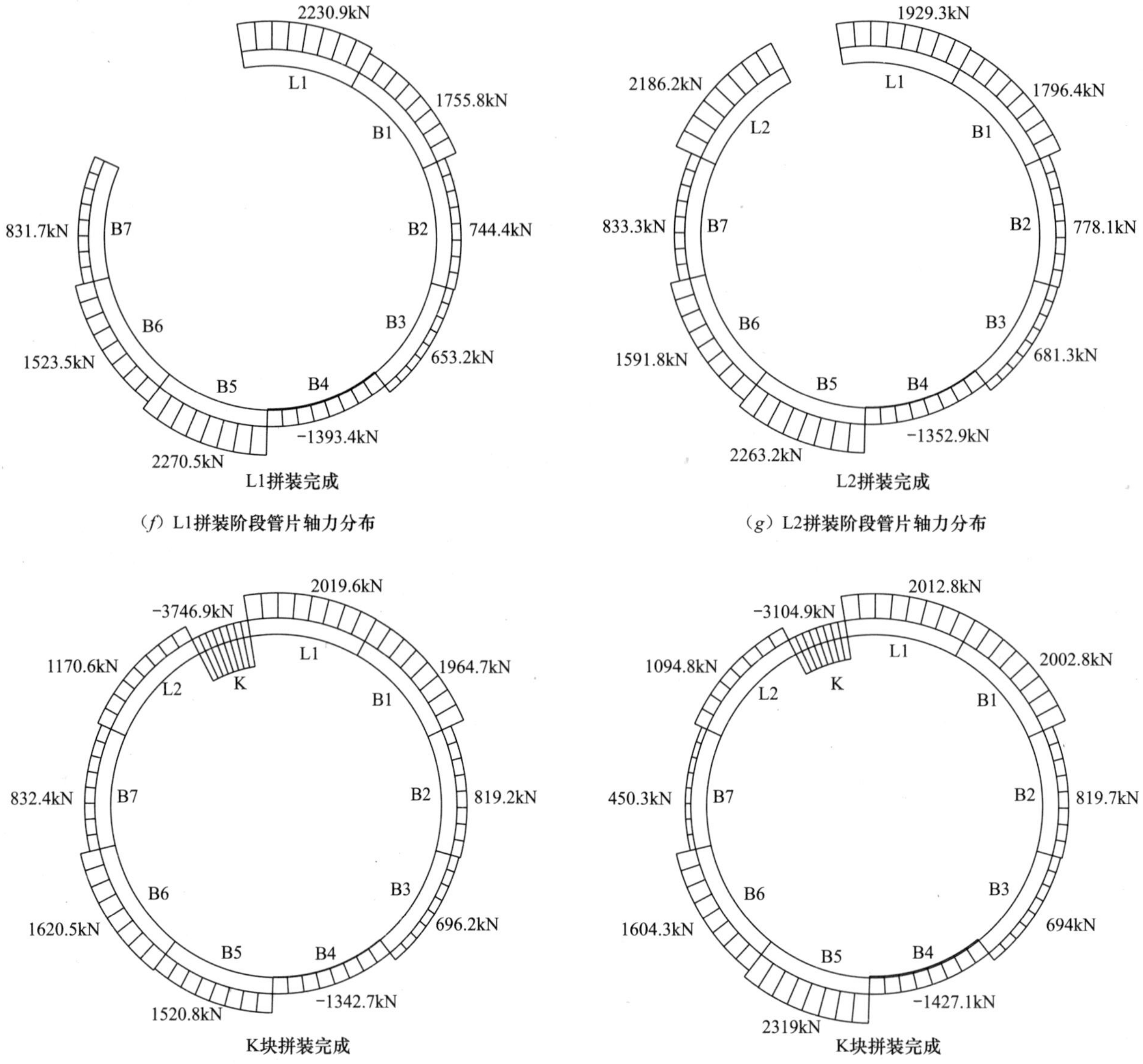

(f) L1拼装阶段管片轴力分布　　　　　(g) L2拼装阶段管片轴力分布

(h) K块拼装阶段管片轴力分布　　　　(i) K块拼装完成两小时后管片轴力分布

图 3.3.45　第一试验环拼装阶段管片轴力分布（三）

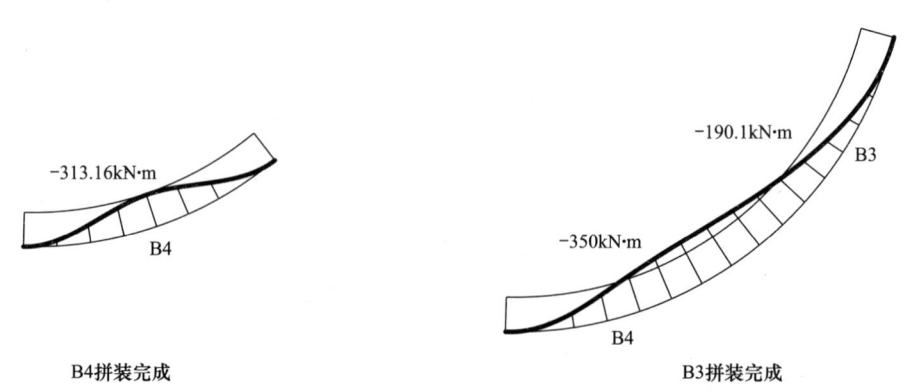

(a) B4、B3拼装阶段管片弯矩分布

图 3.3.46　第一试验环拼装阶段管片弯矩分布（一）

第 3 章 盾构施工对隧道结构影响试验研究

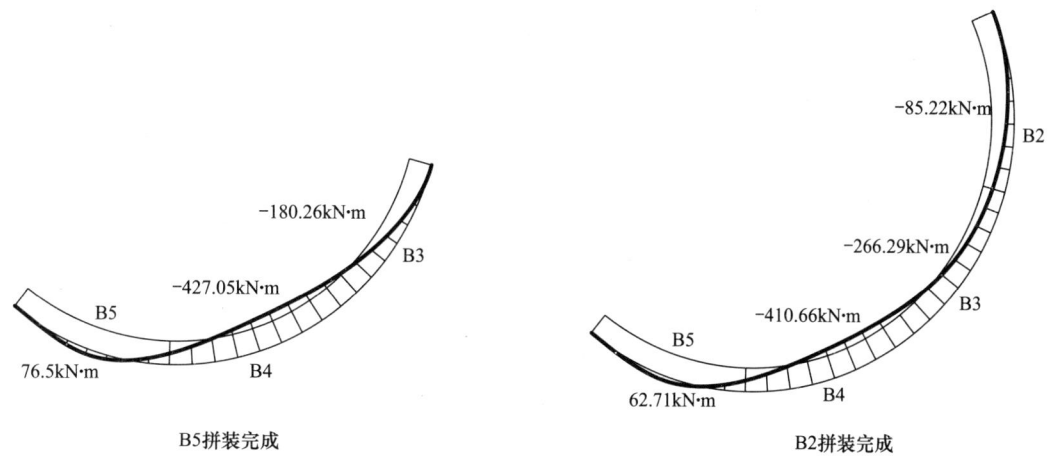

(b) B5、B2拼装阶段管片弯矩分布

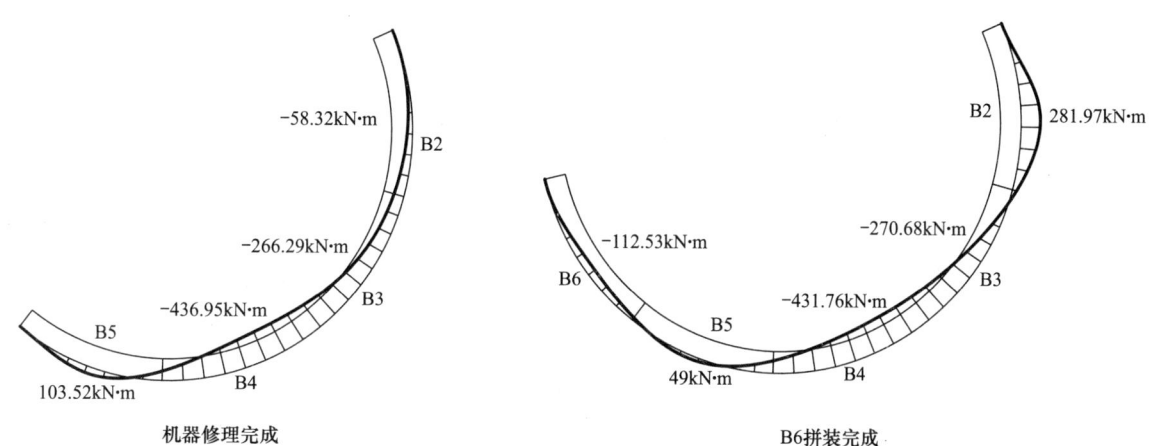

(c) 机器修理完成、B6拼装阶段管片弯矩分布

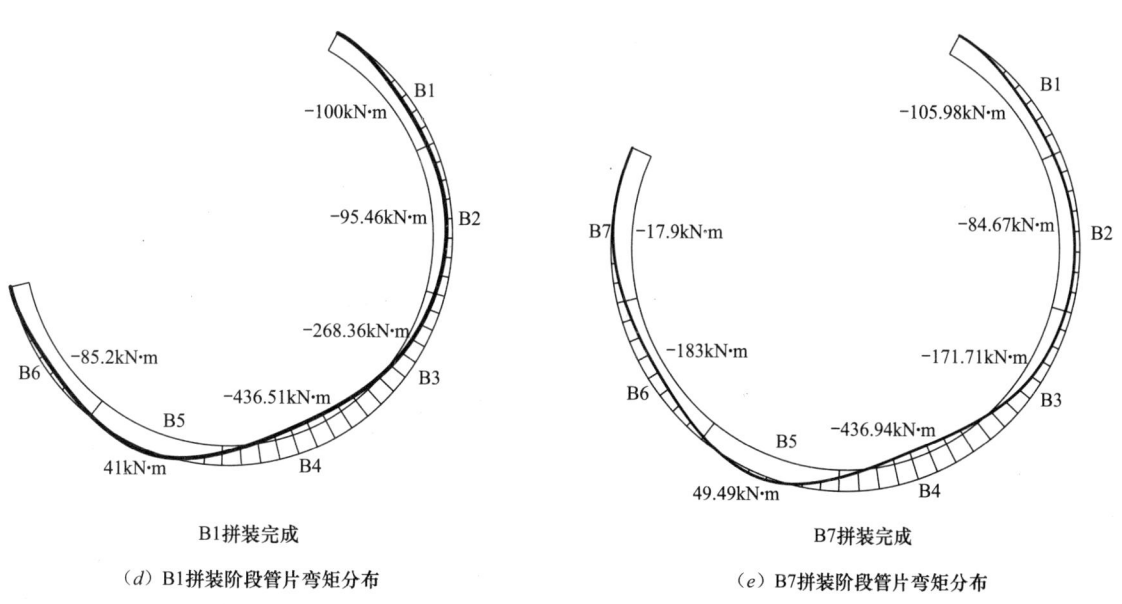

(d) B1拼装阶段管片弯矩分布　　(e) B7拼装阶段管片弯矩分布

图 3.3.46　第一试验环拼装阶段管片弯矩分布（二）

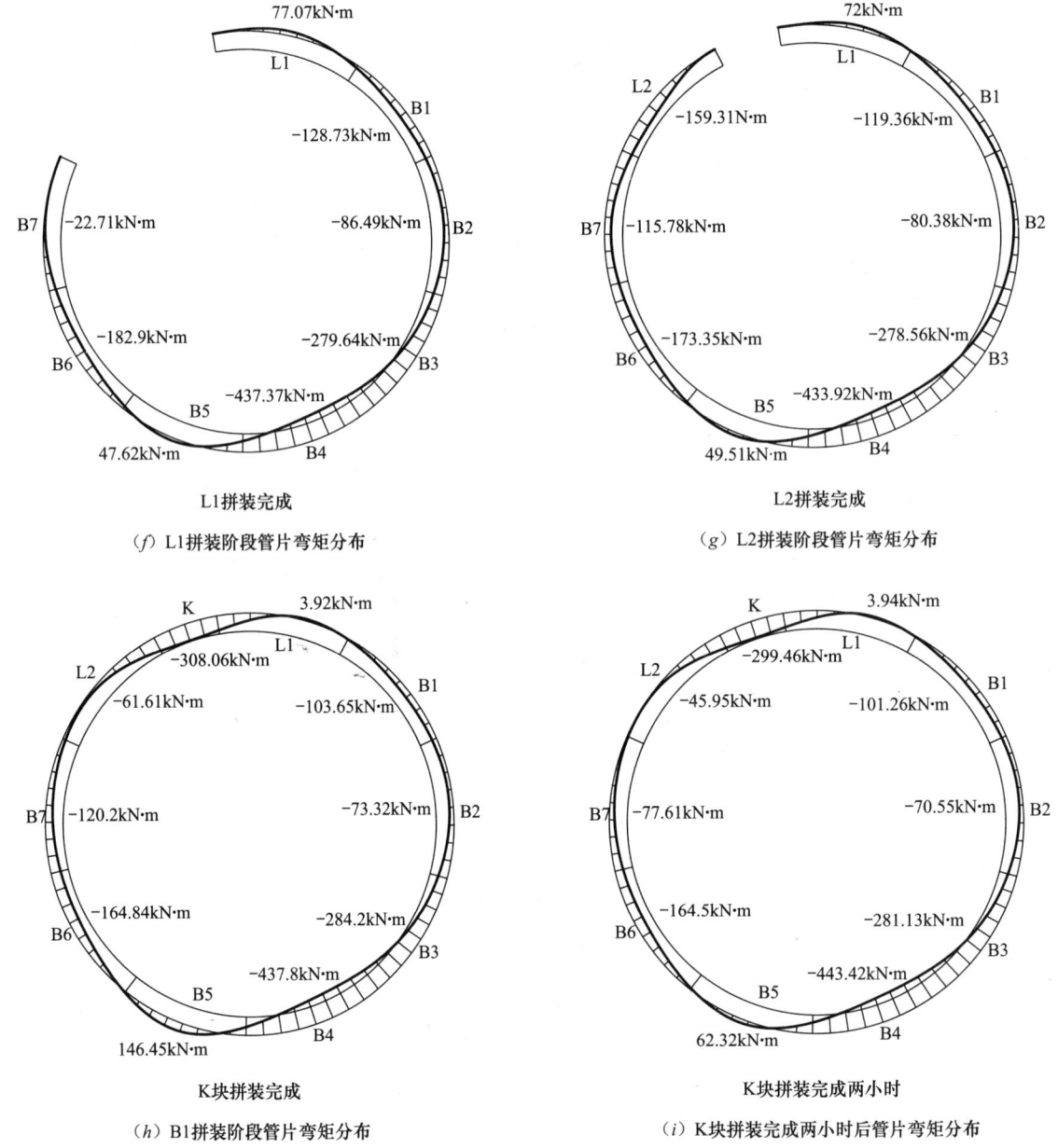

图 3.3.46　第一试验环拼装阶段管片弯矩分布（三）

从拼装过程轴力的分布中可以看出，试验环顶部（K 块）以及底部（B4）块处于受拉的状态，而其余部分处于受压的状态，因此可以初步判断试验环应处于"径向收缩"与"横鸭蛋"变形的共同作用（如图 3.3.47）。

从试验环拼装阶段弯矩的分布情况可以得出与轴力分布相同的结论，即试验环处于"径向收缩"与"横鸭蛋"变形共同作用。

第一试验环拼装阶段，管片在各工况条件下内力增量见表 3.3.5 和表 3.3.6，管片拼装阶段内力变化见表 3.3.7。

第一、二试验环拼装中间间隔了第一试验环走线及盾构的推进过程，历时大约 20 个小时，期间管片内力也发生了较大的变化。

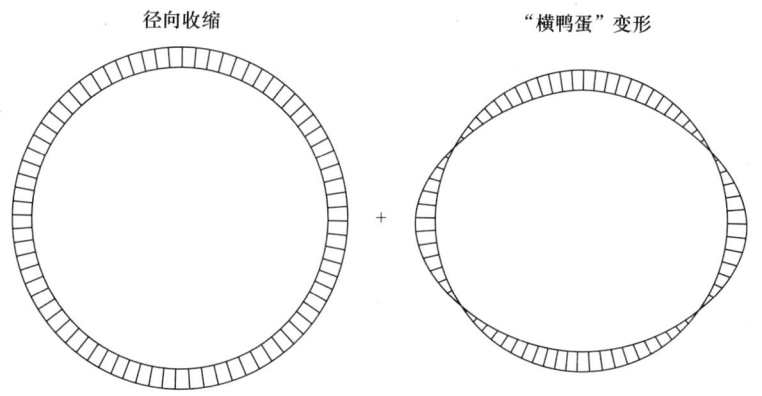

图 3.3.47 第一试验环拼装阶段变形分析

管片拼装阶段轴力增量 表 3.3.5

	工况	B4 轴力增量 (kN)	B3 轴力增量 (kN)	B5 轴力增量 (kN)	B2 轴力增量 (kN)	B6 轴力增量 (kN)	B1 轴力增量 (kN)	B7 轴力增量 (kN)	L1 轴力增量 (kN)	L2 轴力增量 (kN)	K 块轴力增量 (kN)
第一试验环（618 环）拼装	B4 拼装完成	—	—	—	—	—	—	—	—	—	—
	B3 拼装完成	**−145.3**	—	—	—	—	—	—	—	—	—
	B5 拼装完成	−41.1	169.3	—	—	—	—	—	—	—	—
	B2 拼装完成	−74.28	−184.8	−92.88	—	—	—	—	—	—	—
	机器修理完成	−50.2	0	267	196.12	—	—	—	—	—	—
	B6 拼装完成	−141.6	5.11	**−189.6**	2679	—	—	—	—	—	—
	B1 拼装完成	−43.84	18.22	92.26	**−3032**	238.75	—	—	—	—	—
	B7 拼装完成	−16.87	872.87	−44.12	71	**−360.5**	−2.05	—	—	—	—
	L1 拼装完成	−10.13	−843	44.35	−15	19.65	56.73	**16.57**	—	—	—
	L2 拼装完成	40.48	28.06	−7.34	33.71	68.33	40.64	1.59	**−301.6**	—	—
	K 拼装完成	10.14	14.9	−742.3	41.07	28.72	168.3	−0.88	90.33	**−1016**	—
	拼装完 2 小时	−84.38	−2.16	795.16	0.56	−16.23	38.1	−382.1	−6.83	−75.76	641.95

管片拼装阶段弯矩增量 表 3.3.6

	工况	B4 弯矩增量 (kN·m)	B3 弯矩增量 (kN·m)	B5 弯矩增量 (kN·m)	B2 弯矩增量 (kN·m)	B6 弯矩增量 (kN·m)	B1 弯矩增量 (kN·m)	B7 弯矩增量 (kN·m)	L1 弯矩增量 (kN·m)	L2 弯矩增量 (kN·m)	K 块弯矩增量 (kN·m)
第一试验环（618 环）拼装	B4 拼装完成	—	—	—	—	—	—	—	—	—	—
	B3 拼装完成	−36.83	—	—	—	—	—	—	—	—	—
	B5 拼装完成	**−77.06**	9.84	—	—	—	—	—	—	—	—
	B2 拼装完成	−16.39	−86.03	−13.78	—	—	—	—	—	—	—
	机器修理完成	−26.29	0	40.8	26.91	—	—	—	—	—	—
	B6 拼装完成	−5.19	−4.39	−54.52	340.3	—	—	—	—	—	—
	B1 拼装完成	−4.75	2.33	−8	**−377.4**	27.33	—	—	—	—	—
	B7 拼装完成	−0.43	96.64	8.5	11.79	**−97.8**	−6.11	—	—	—	—
	L1 拼装完成	−0.43	−107.9	−1.87	−2.82	0.1	**−22.74**	−4.82	—	—	—
	L2 拼装完成	3.45	1.08	1.89	6.11	9.55	9.37	**−93.07**	−5.07	—	—
	K 拼装完成	−3.89	−5.64	96.94	7.06	8.51	15.71	−4.41	**−68.09**	97.7	—
	拼装完 2 小时	−5.62	3.08	−84.13	2.77	0.34	2.38	42.58	0.03	15.66	8.57

管片拼装阶段内力变化 表 3.3.7

工况	日期与时间	B4轴力(kN)/弯矩(kN·m)	B3轴力(kN)/弯矩(kN·m)	B5轴力(kN)/弯矩(kN·m)	B2轴力(kN)/弯矩(kN·m)	B6轴力(kN)/弯矩(kN·m)	B1轴力(kN)/弯矩(kN·m)	B7轴力(kN)/弯矩(kN·m)	L1轴力(kN)/弯矩(kN·m)	L2轴力(kN)/弯矩(kN·m)	K块轴力(kN)/弯矩(kN·m)
第一环拼装完成2小时	2012-6-7 6:10	−1427/−443.42	694.03/−281.13	2319/62.32	819.72/−70.55	1604.3/−164.5	2002.8/−101.27	450.32/−77.61	2012.8/3.94	1094.8/−45.95	−3104/−299.46
第二环拼装开始	2012-6-8 1:55	1365.3/−437.46	1325.1/82.35	6390/102.93	8279.3/66.91	2490.8/252.19	4340/−231.6	3496/205.86	3858/−169.84	762.3/−10.29	−1810/−514.66

(2) 第二试验环拼装阶段第一试验环内力分布

第一试验环在第二试验环（619环）拼装阶段轴力 N 分布的变化过程见图 3.3.48，弯矩 M 分布见图 3.3.49。

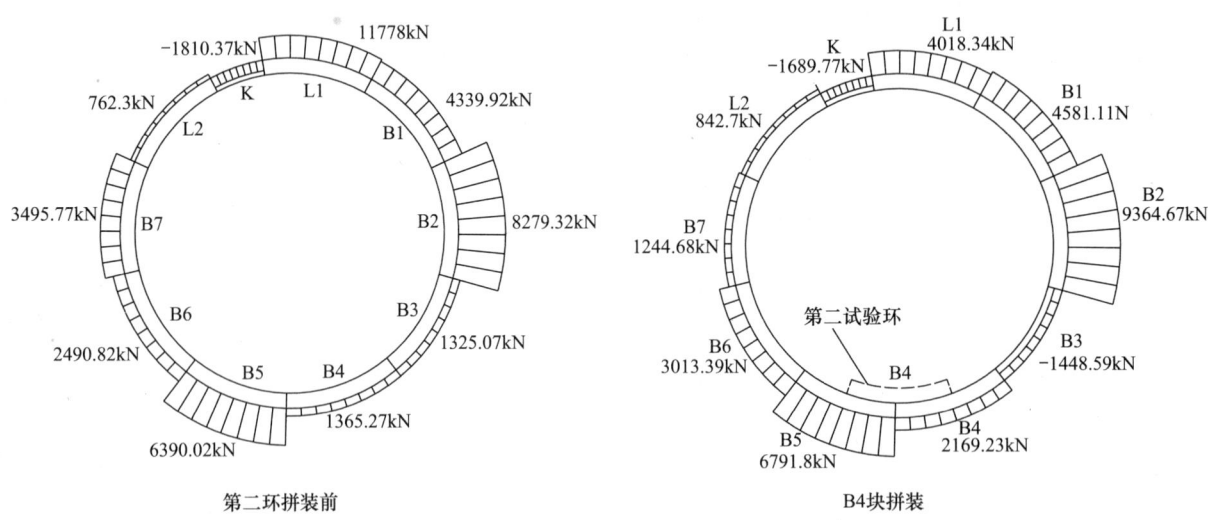

(a) 第二环拼装管片前轴力分布

(b) 第二试验环B4拼装阶段第一试验环管片轴力图

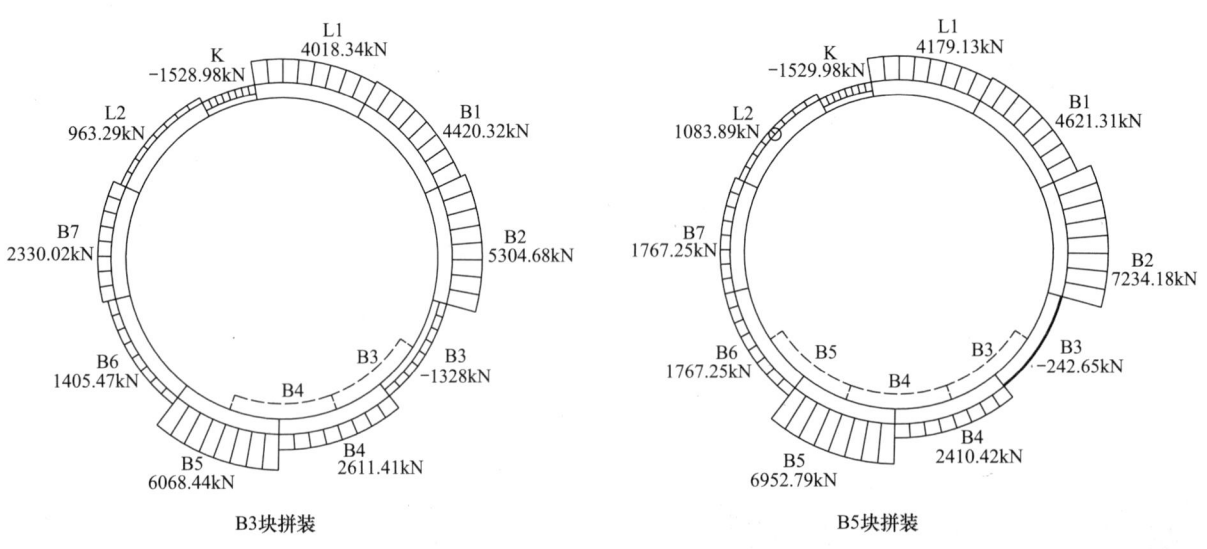

(c) 第二试验环B3拼装阶段第一试验环管片轴力图

(d) 第二试验环B5拼装阶段第一试验环管片轴力图

图 3.3.48 第二试验环拼装阶段第一试验环管片轴力分布第二试验环K块荷载时效性曲线（一）

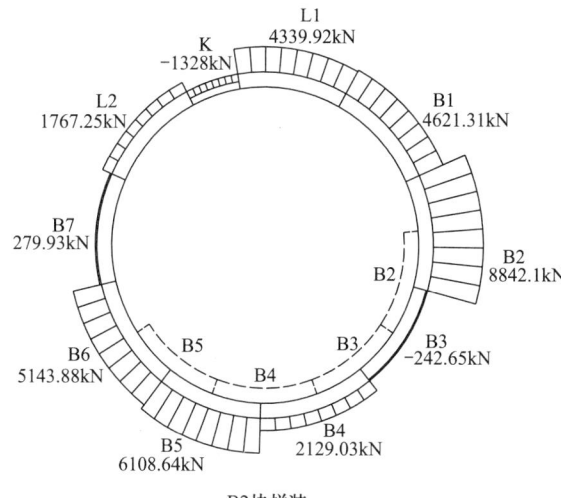

(e) 第二试验环B2拼装阶段第一试验环管片轴力图

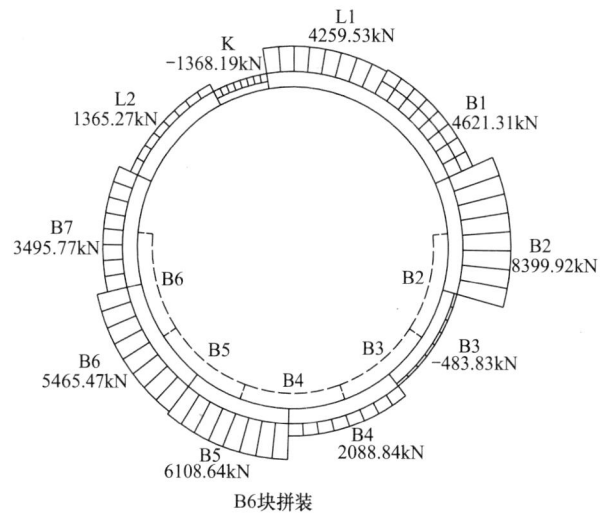

(f) 第二试验环B6拼装阶段第一试验环管片轴力图

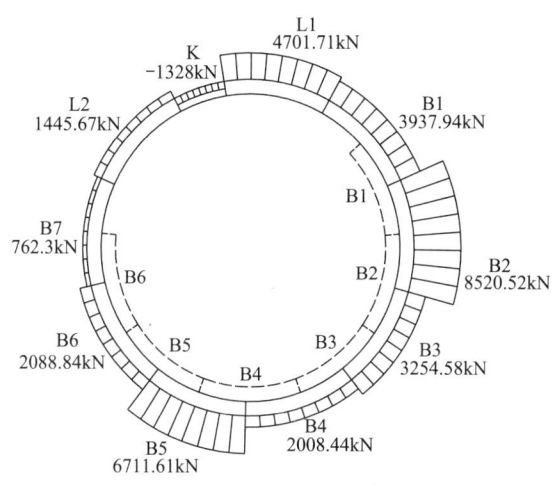

(g) 第二试验环B1拼装阶段第一试验环管片轴力图

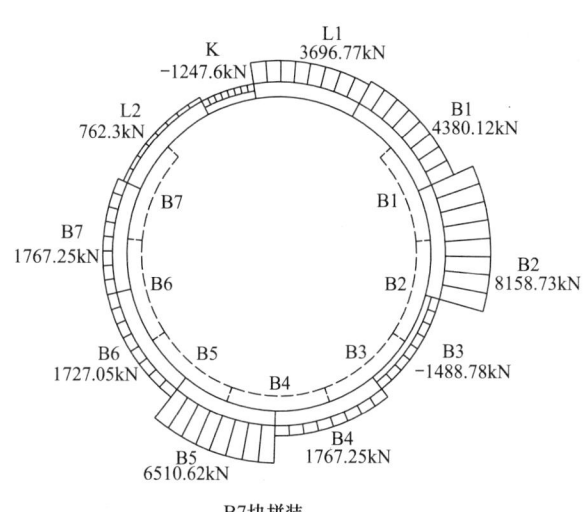

(h) 第二试验环B7拼装阶段第一试验环管片轴力图

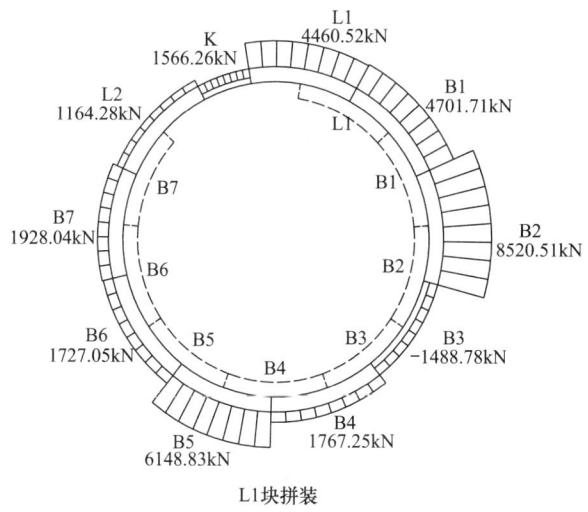

(i) 第二试验环L1拼装阶段第一试验环管片轴力图

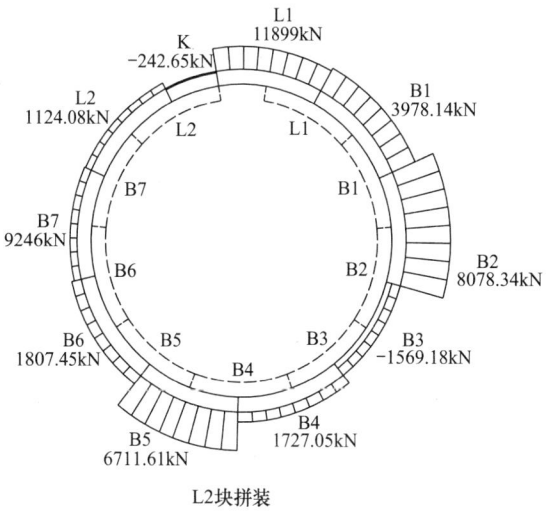

(j) 第二试验环L2拼装阶段第一试验环管片轴力图

图3.3.48　第二试验环拼装阶段第一试验环管片轴力分布第二试验环K块荷载时效性曲线（二）

K块拼装

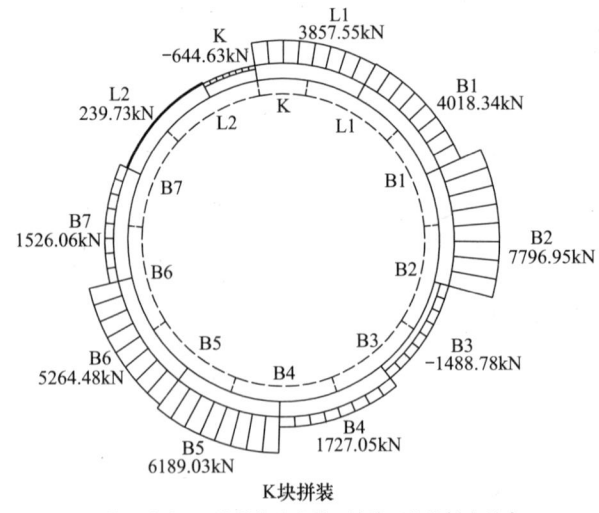

(k) 第二试验环K块拼装阶段第一试验环管片轴力分布

图 3.3.48　第二试验环拼装阶段第一试验环管片轴力分布第二试验环 K 块荷载时效性曲线（三）

第二环拼装前

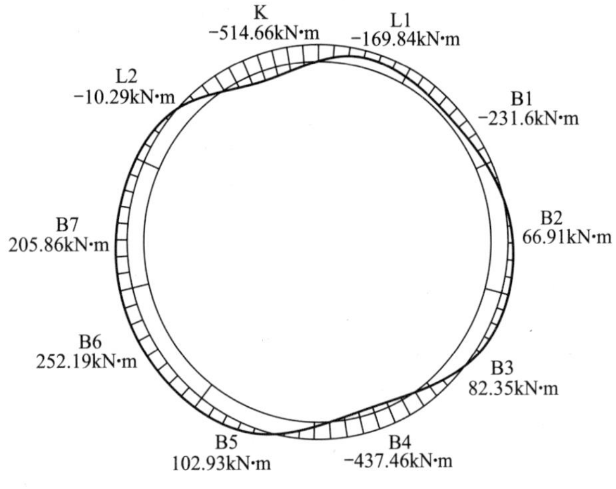

(a) 第二试验环拼装前第一试验环管片弯矩分布

第二环B4拼装

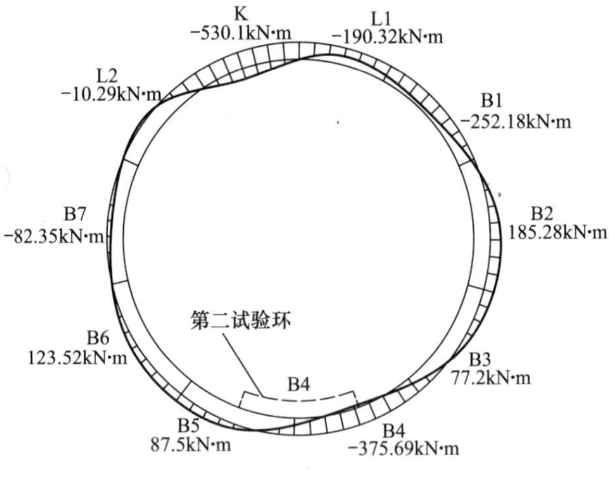

(b) 第二试验环B4拼装阶段第一试验环管片弯矩分布

第二环B3拼装

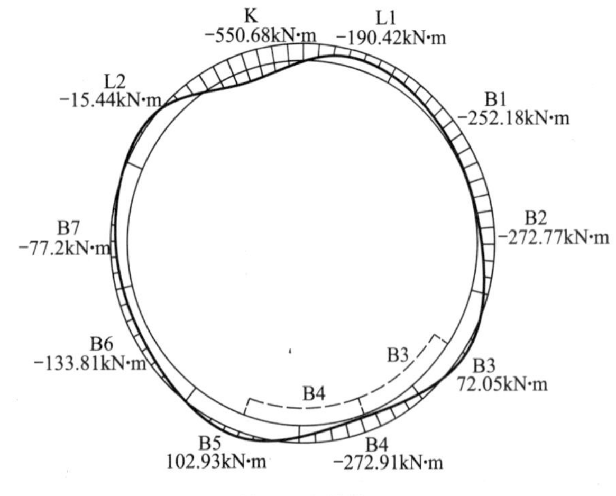

(c) 第二试验环B3拼装阶段第一试验环管片弯矩图

第二环B5拼装

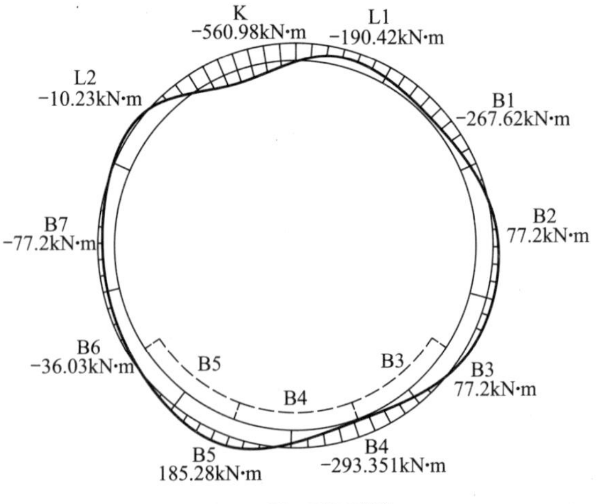

(d) 第二试验环B5拼装阶段第一试验环管片弯矩图

图 3.3.49　第二试验环拼装阶段第一试验环管片弯矩分布（一）

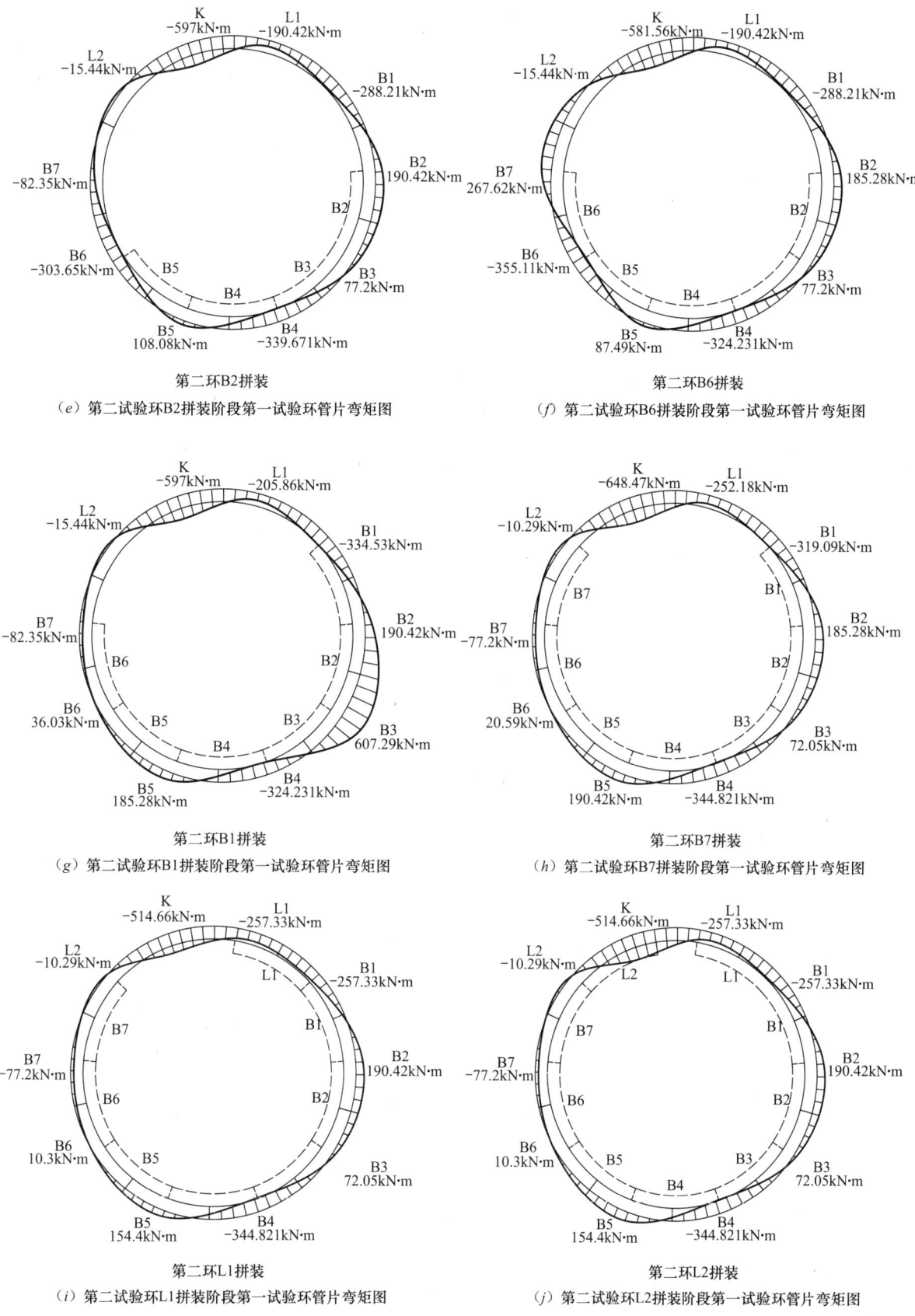

图 3.3.49 第二试验环拼装阶段第一试验环管片弯矩分布（二）

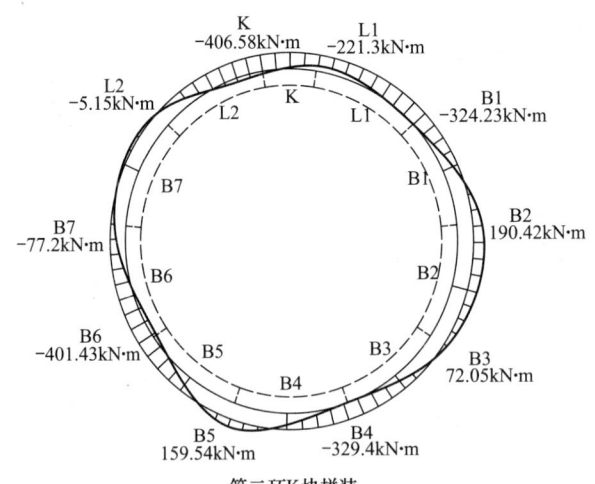

(k) 第二试验环K块拼装阶段第一试验环管片弯矩分布

图3.3.49　第二试验环拼装阶段第一试验环管片弯矩分布（三）

619环拼装阶段，618环管片在各工况条件下内力增量见表3.3.8和表3.3.9。

第二试验环拼装阶段第一试验环管片轴力增量　　　表3.3.8

	工况	B4轴力增量(kN)	B3轴力增量(kN)	B5轴力增量(kN)	B2轴力增量(kN)	B6轴力增量(kN)	B1轴力增量(kN)	B7轴力增量(kN)	L1轴力增量(kN)	L2轴力增量(kN)	K块轴力增量(kN)
第二试验环（618环）拼装	第二环拼装前	—	—	—	—	—	—	—	—	—	—
	B4拼装完成	803.96	−2774	361.78	1085.4	522.57	241.2	−2251	160.8	80.4	120.6
	B3拼装完成	442.18	120.6	−683.4	−4060	−1608	−160.8	1085.4	0	120.6	160.8
	B5拼装完成	−201	1085.4	884.36	1929.5	361.8	201	−562.8	160.8	120.6	0
	B2拼装完成	−281.4	0	−844.2	1607.9	3376.6	0	−1487	160.8	683.4	201
	B6拼装完成	−40.2	−241.2	0	−442.2	321.6	0	**3216**	−80.4	−402	−40.2
	B1拼装完成	−80.4	3738	603	120.59	−3377	**−683.4**	−2733	442.2	80.4	40.2
	B7拼装完成	−241.2	**−4743**	−201	−361.8	−361.8	442.2	1005	−1005	−683.4	80.4
	L1拼装完成	0	0	−361.8	361.8	0	321.6	160.8	763.8	402	2813.9
	L2拼装完成	−40.2	−80.4	562.77	−442.2	80.4	−201	−603	−482.4	−40.2	−1809
	K拼装完成	0	80.4	−522.6	−281.4	3457	−482.4	201	−120.6	−884.4	−402

第二试验环拼装阶段第一试验环管片弯矩增量　　　表3.3.9

	工况	B4弯矩增量(kN·m)	B3弯矩增量(kN·m)	B5弯矩增量(kN·m)	B2弯矩增量(kN·m)	B6弯矩增量(kN·m)	B1弯矩增量(kN·m)	B7弯矩增量(kN·m)	L1弯矩增量(kN·m)	L2弯矩增量(kN·m)	K块弯矩增量(kN·m)
第二试验环（618环）拼装	第二环拼装前	—	—	—	—	—	—	—	—	—	—
	B4拼装完成	61.76	−5.15	−15.44	118.37	−128.7	−20.59	−288.2	−20.59	0	−15.44
	B3拼装完成	97.78	−5.15	15.44	−458	−257.3	0	5.15	0	−5.15	−20.59
	B5拼装完成	−15.44	5.15	82.34	350	97.8	15.44	0	0	5.15	−10.29
	B2拼装完成	−46.32	0	−77.2	113.22	−267.6	−20.59	−5.15	−5.15	−5.15	−36.03
	B6拼装完成	15.44	0	−20.59	−5.15	−51.47	0	**−350**	0	0	15.44
	B1拼装完成	0	530.1	97.78	5.15	−391.1	−46.32	349.97	−15.44	0	−15.44
	B7拼装完成	−20.59	**−535.2**	5.15	−5.15	−15.44	15.44	5.15	−46.32	5.15	−51.47
	L1拼装完成	0	−36.03	5.15	−10.29	**61.76**	0	−5.15	0	0	133.81
	L2拼装完成	5.15	0	72.05	−5.15	20.59	−25.73	−5.15	10.29	−5.15	−128.7
	K拼装完成	10.29	0	−66.91	5.15	−432.3	−41.17	5.15	25.73	10.29	236.74

第二试验环在拼装时与第一试验环错开一个螺栓孔的角度，因此，理论上，除了 K 块第二环每一块管片在拼装时都会与前一环的两块管片发生接触（如图 3.3.50 所示）。从上表可以看出，第一环中仅有 B1、B3、B7 在第二环拼装过程中最大内力变化由与之接触的拼装块产生，这在一定程度上说明后一环管片拼装的接触、碰撞对第一环内力产生的变化有限。

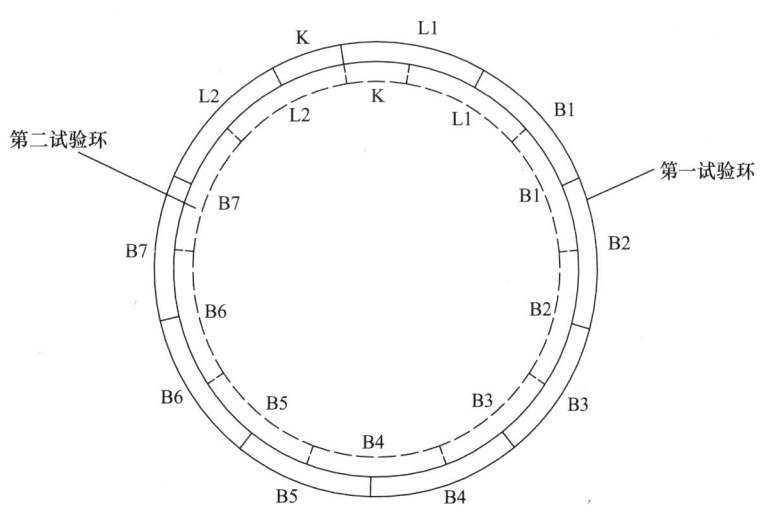

图 3.3.50　第一、二试验环管片位置关系

由后期的数据分析发现，K 块、L1 块及 B4 块的元件稳定性较高，元件分别为与试验的顶部及底部，以上述元件为例可以分析后一环拼装对前一环的影响，图 3.3.51 和图 3.3.52 显示了第一试验环 K 块、L1 块及 B4 块随着第二试验环拼装进行轴力、弯矩增量变化过程。

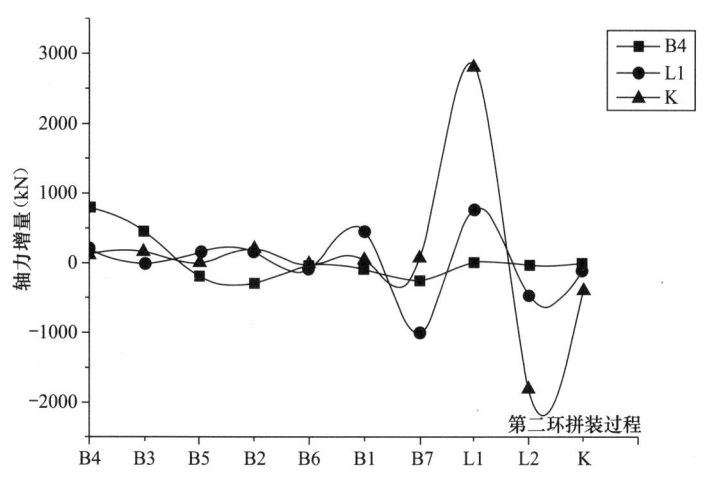

图 3.3.51　第二试验环拼装阶段第一试验环管片轴力分布

如上图可知，第一试验环 B4 块在第二环拼装期间前期（B4、B3、B5 拼装）内力变化较大，而后期变化较小，L1 与 K 块在第二环拼装后期内力变化较大，前期较小，可见，对于已拼装完成某块管片而言，后一环拼装的管片离得越近，内力变化越剧烈。

（3）试验环脱出盾尾阶段测试

第一试验环（618 环）在第二试验环拼装完成后至脱出盾尾阶段经历了复杂的施工过程，其时间节点及工况情况如图 3.3.53 所示。

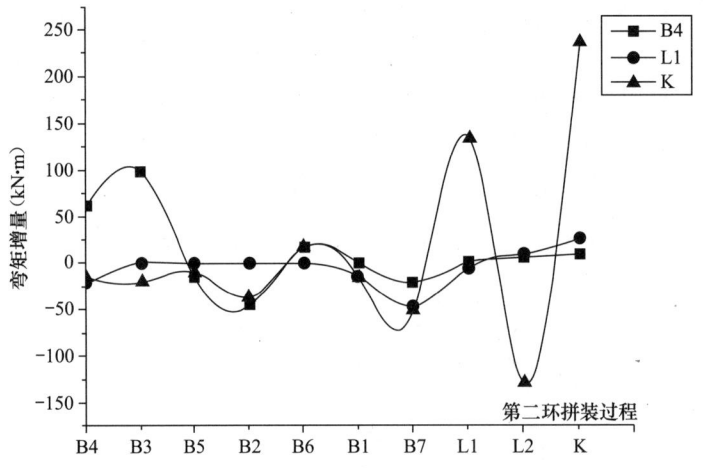

图 3.3.52　第二试验环拼装阶段第一试验环管片弯矩分布

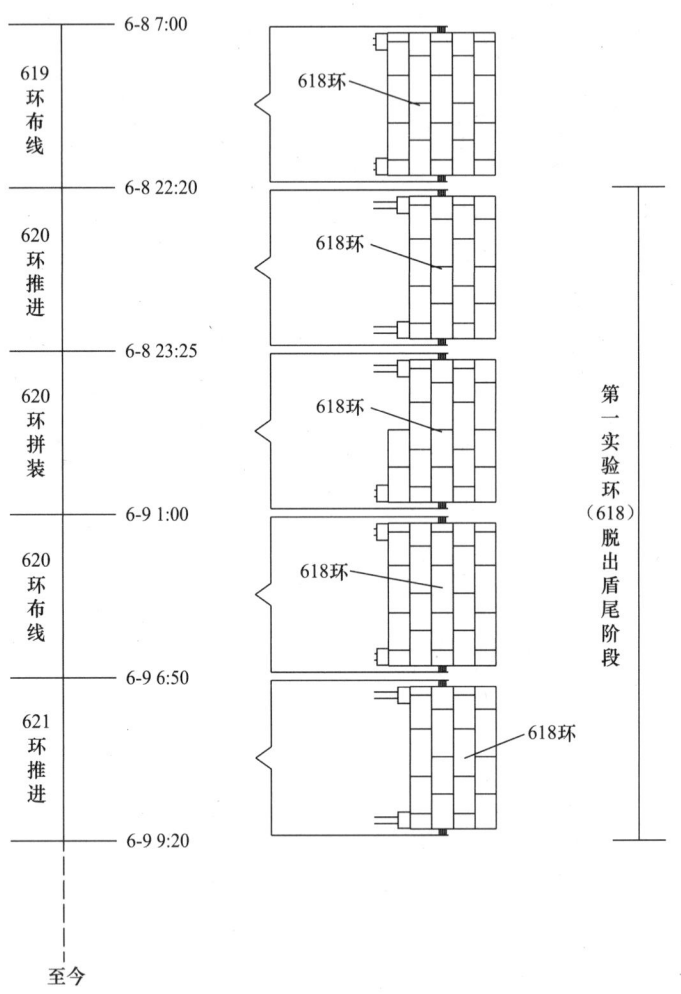

图 3.3.53　第一试验环（618）各工况及其时间节点

由于试验环拼装过程中试验环腰部测试元件均有损毁，因此以试验环顶部（L1）及底部（B4）为例（如图 3.3.54）分析管片环向内力的时效性。

试验环 L1 块及 B4 块在脱出盾尾前后的轴力变化如图 3.3.55 和图 3.3.56 所示。

第3章 盾构施工对隧道结构影响试验研究

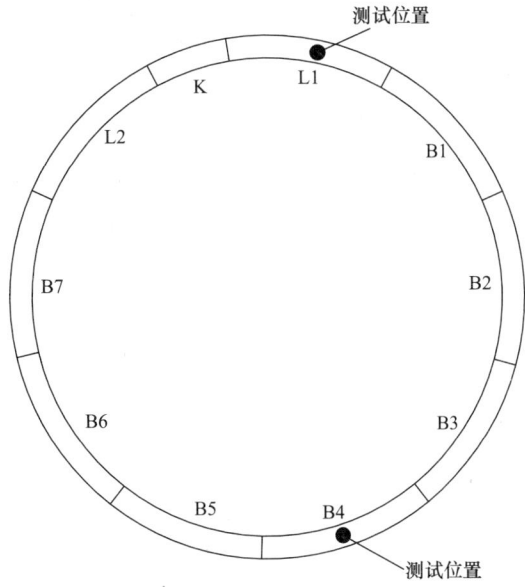

图 3.3.54 第一试验环时效性分析测试位置

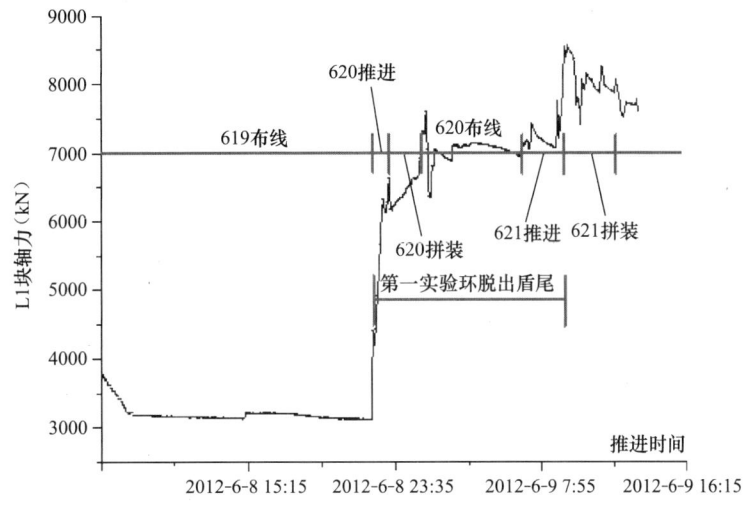

图 3.3.55 第一试验环 L1 块脱出盾尾阶段轴力变化

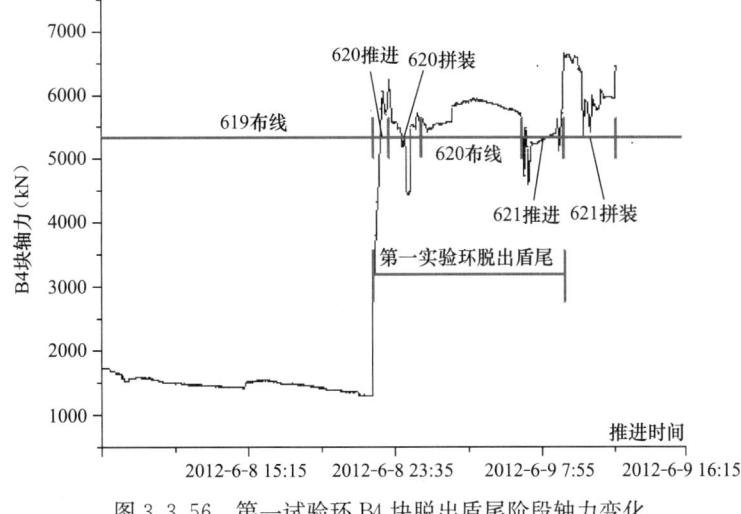

图 3.3.56 第一试验环 B4 块脱出盾尾阶段轴力变化

试验环 L1 块及 B4 块在脱出盾尾前后的弯矩变化如图 3.3.57 和图 3.3.58 所示。

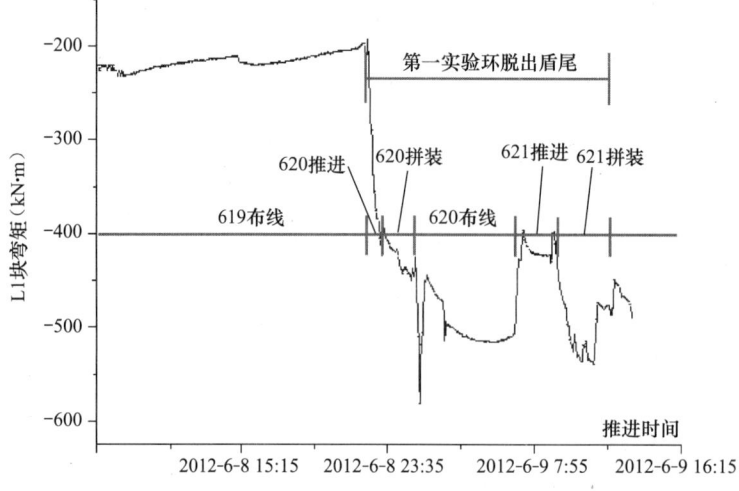

图 3.3.57　第一试验环 L1 块脱出盾尾阶段弯矩变化

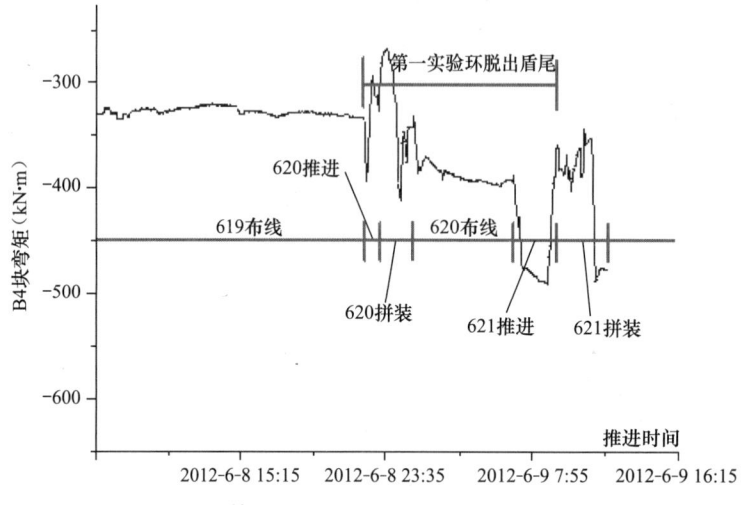

图 3.3.58　第一试验环 B4 块脱出盾尾阶段弯矩变化

（4）千斤顶加卸载作用测试

试验环脱出盾尾后，除了受到注浆压力及水土荷载外，在一定范围内，千斤顶的反复加卸载也会对试验环环向的内力产生影响，如图 3.3.59 和图 3.3.60 所示为试验环中 L1 块及 B4 块从 620 推进-拼装

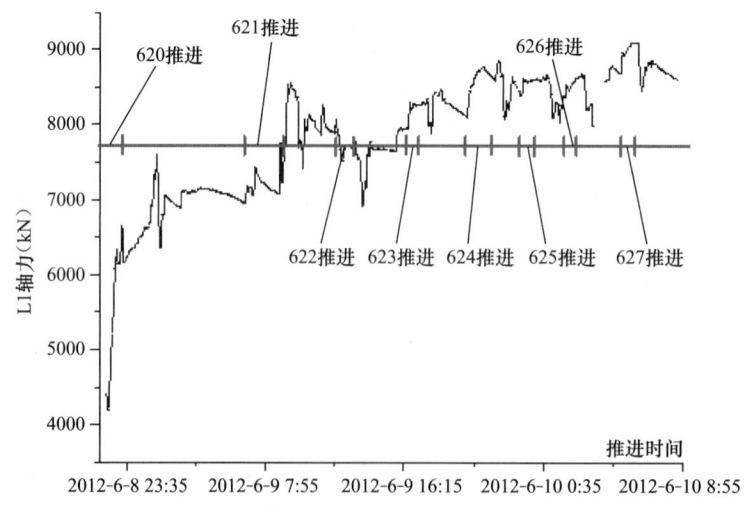

图 3.3.59　第一试验环 L1 块千斤顶加卸载条件下轴力变化

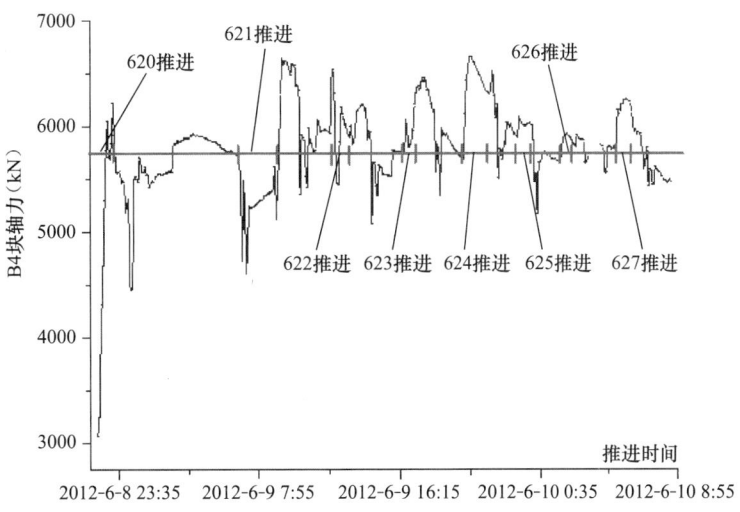

图 3.3.60　第一试验环 B4 块千斤顶加卸载条件下轴力变化

至 627 推进-拼装阶段的轴力变化；图 3.3.61 和图 3.3.62 为试验环中 L1 块及 B4 块从 620 推进-拼装至 627 推进-拼装阶段的弯矩变化。

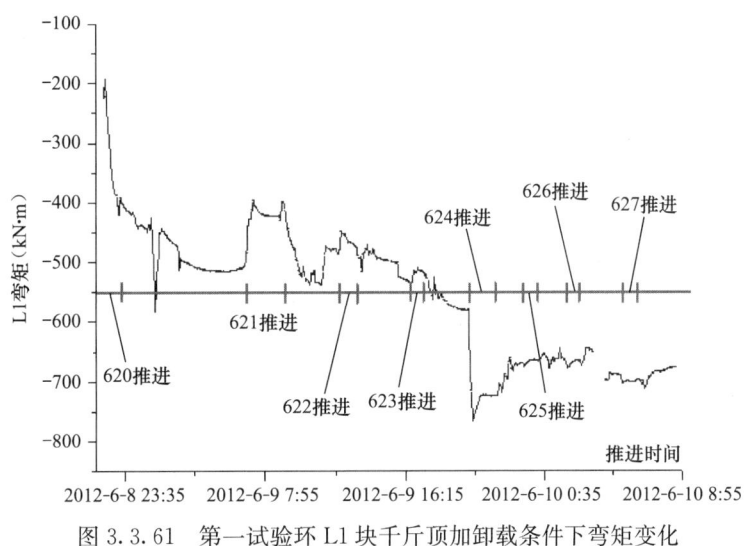

图 3.3.61　第一试验环 L1 块千斤顶加卸载条件下弯矩变化

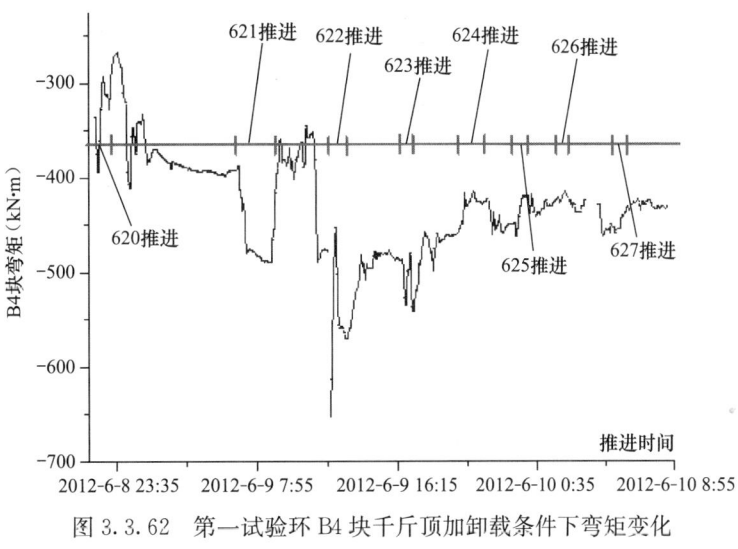

图 3.3.62　第一试验环 B4 块千斤顶加卸载条件下弯矩变化

（5）试验环内力时效性测试

通过后期监测元件数据发现，试验环内力会随着钱塘江潮水波动，但这一现象需在注浆体稳定后才可以清晰地观测到，据此可以判断试验环注浆体稳定的时间，试验环 L1、B4 块内力产生稳定波动内力变化的时间及其工况如图 3.3.63～图 3.3..66 所示。

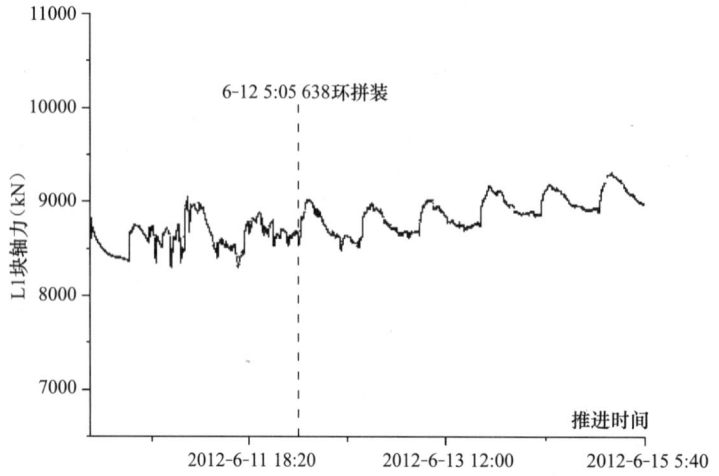

图 3.3.63　第一试验环 L1 块产生稳定轴力波动时间及工况

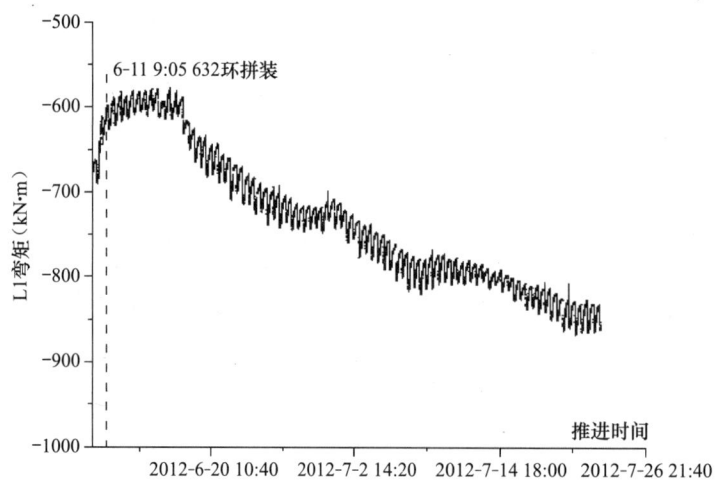

图 3.3.64　第一试验环 L1 块产生稳定弯矩波动时间及工况

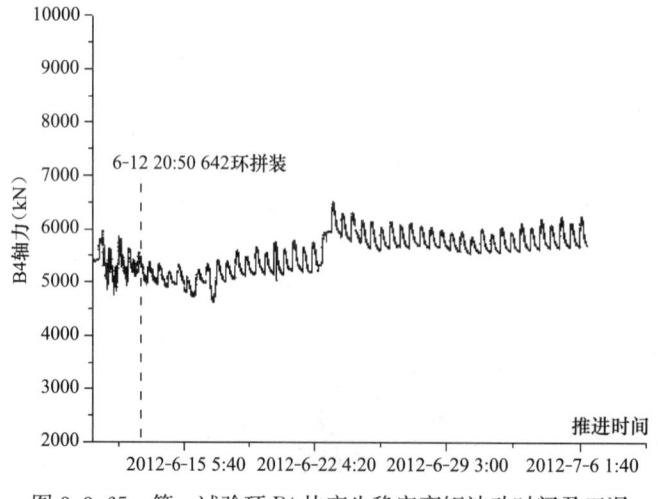

图 3.3.65　第一试验环 B4 块产生稳定弯矩波动时间及工况

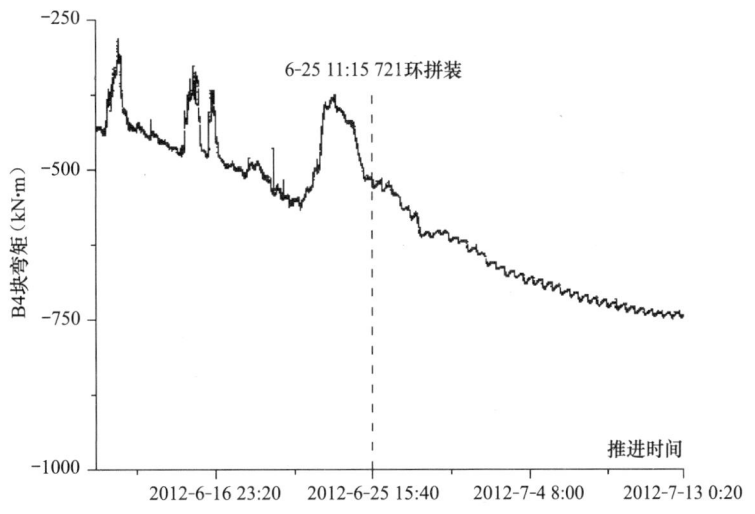

图 3.3.66 第一试验环 B4 块产生稳定弯矩波动时间及工况

至 2012 年 10 月 3 日 13 时 20 分，试验环的内力仍处于稳定的变化中，其中轴力和弯矩均有不同程度的增长，L1 块及 B4 块从数据采集伊始至最后一次采集数据期间内力的时效性特征曲线见图 3.3.67~图 3.3.70 所示。

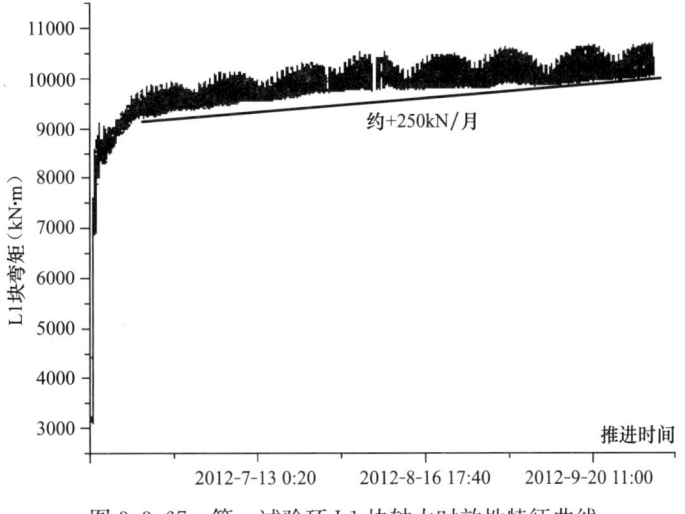

图 3.3.67 第一试验环 L1 块轴力时效性特征曲线

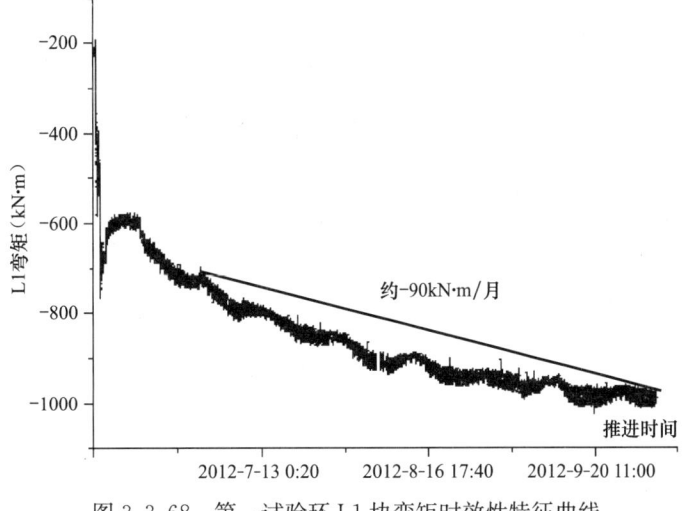

图 3.3.68 第一试验环 L1 块弯矩时效性特征曲线

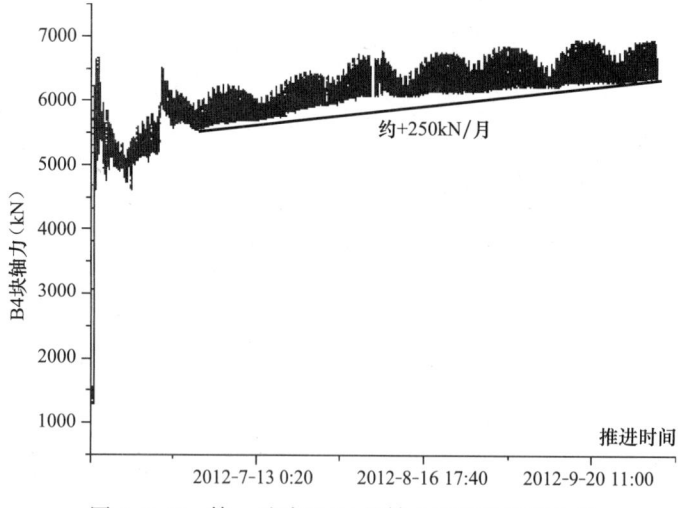

图 3.3.69　第一试验环 B4 块轴力时效性特征曲线

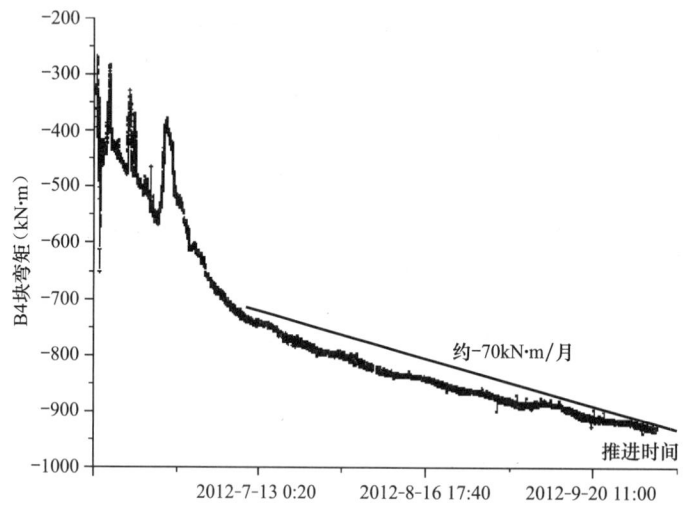

图 3.3.70　第一试验环 B4 块弯矩时效性特征曲线

（6）K 块插入测试

1）K 块插入工况分析

为了观察 K 块与邻接块间接触问题，本试验分别在两块邻接块 L1、L2 间埋设了八枚钢筋应力计，如图 3.3.71 所示。

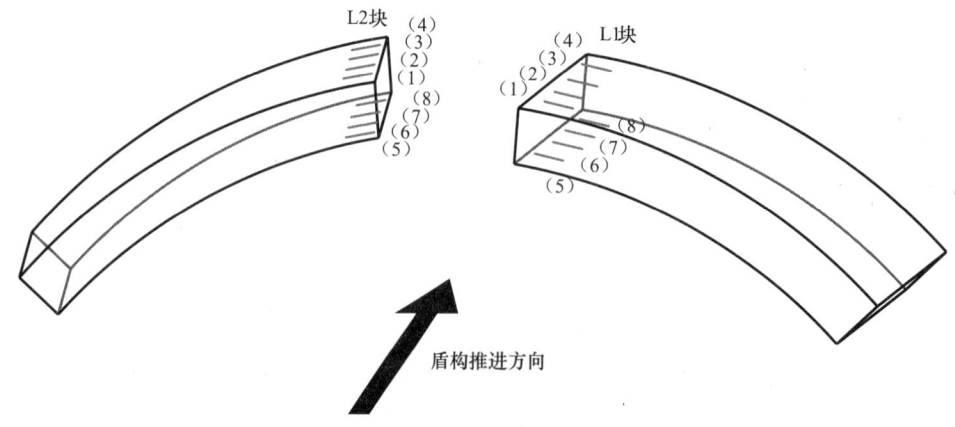

图 3.3.71　第一试验环拼脱出盾尾后内力分布

L1-K 接触面在 K 块插入后及 K 块拼装完成两小时后的应变增量如图 3.3.72 和图 3.3.73 所示。

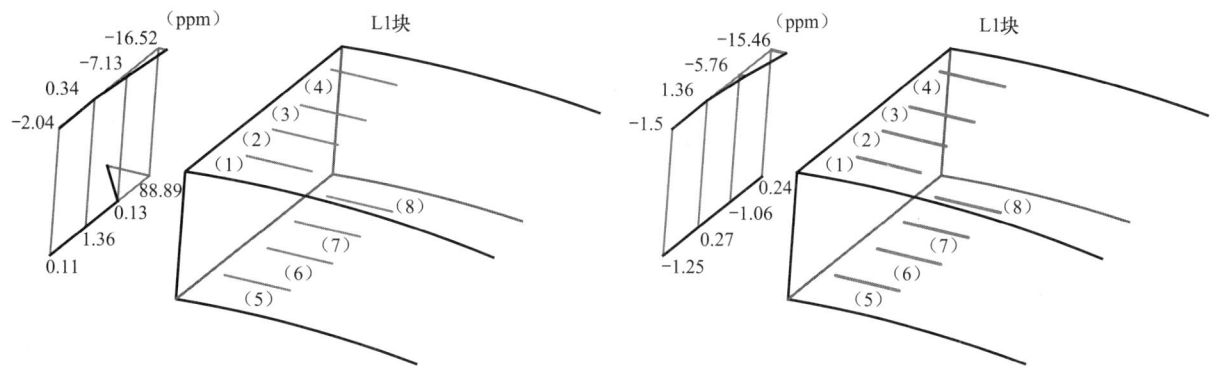

图 3.3.72　K 块插入时 L1-K 接触面应变增量分布　　图 3.3.73　K 块插入后两小时 L1-K 接触面应变增量分布

L2-K 接触面在 K 块插入后及 K 块拼装完成两小时后的应变增量如图 3.3.74 和图 3.3.75 所示。

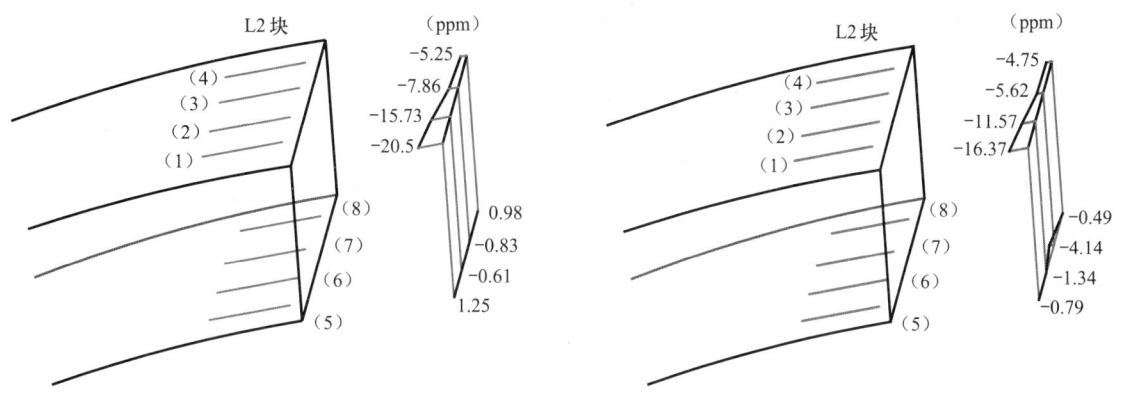

图 3.3.74　K 块插入时 L2-K 接触面应变增量分布　　图 3.3.75　K 块插入后两小时 L2-K 接触面应变增量分布

2）块接触面时效性分析

随着盾构施工的不断进行，K 块与邻接块接触面间的作用也与管片内力有着类似的时效性特性，L1-K 接触面应变的长期时效性特性见图 3.3.76～图 3.3.81（钢筋计 5、8 后期损坏）。

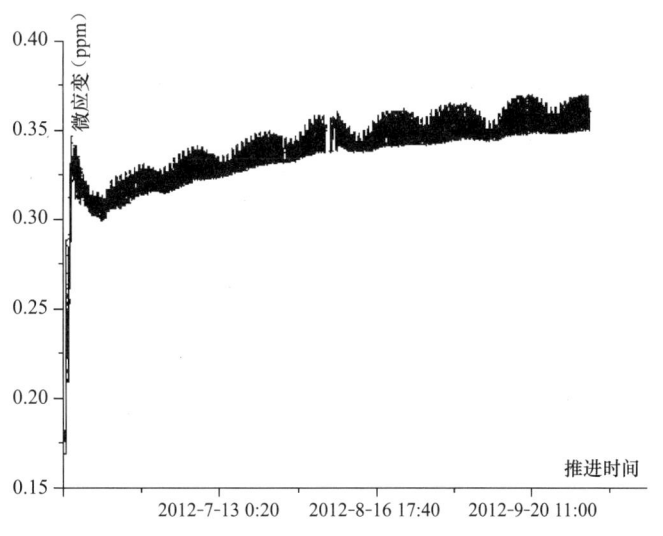

图 3.3.76　L1-K 接触面（1）处应变时效性特征曲线

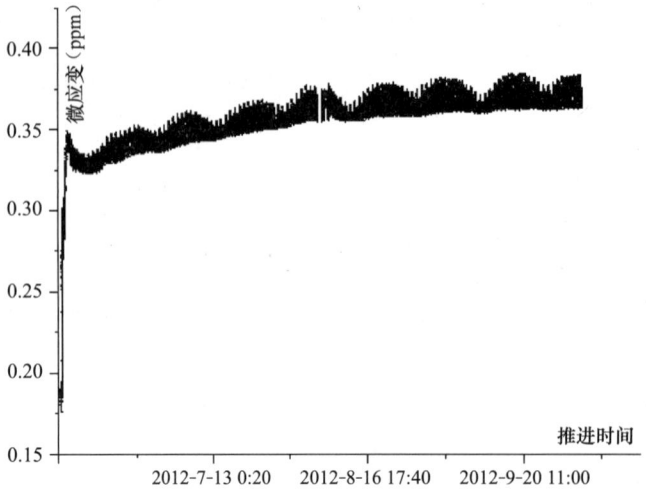

图 3.3.77　L1-K 接触面（2）处应变时效性特征曲线

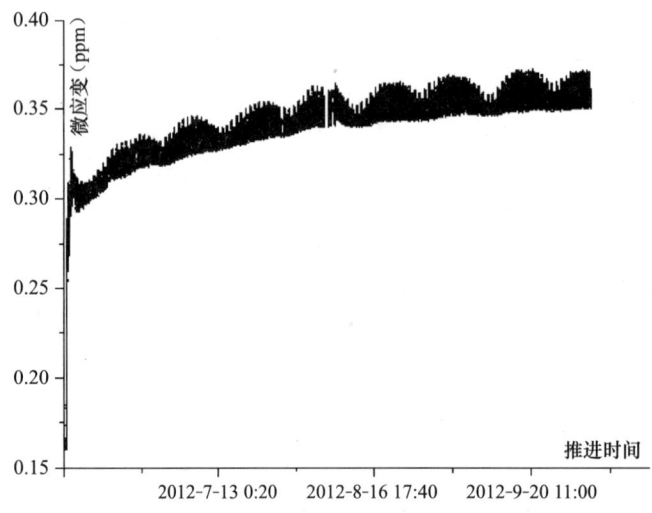

图 3.3.78　L1-K 接触面（3）处应变时效性特征曲线

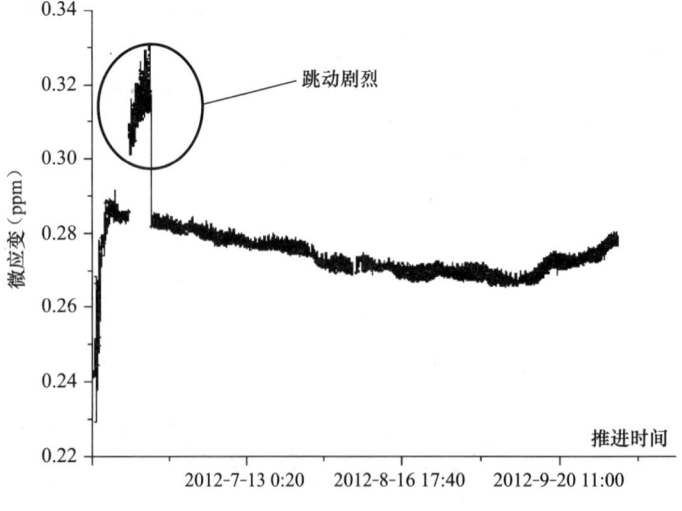

图 3.3.79　L1-K 接触面（4）处应变时效性特征曲线

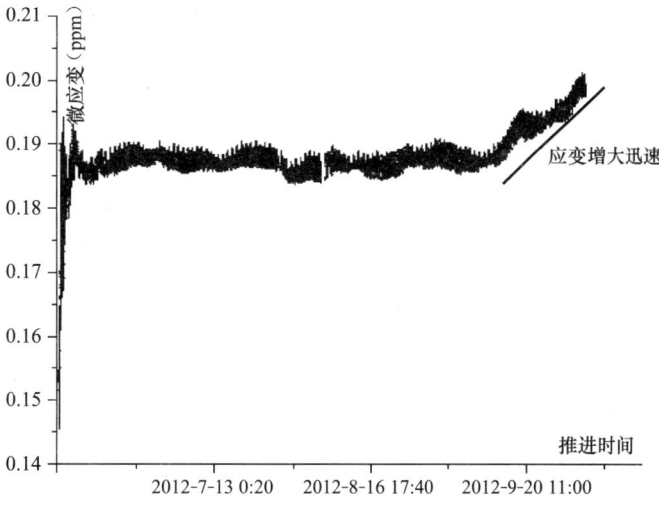

图 3.3.80　L1-K 接触面（6）处应变时效性特征曲线

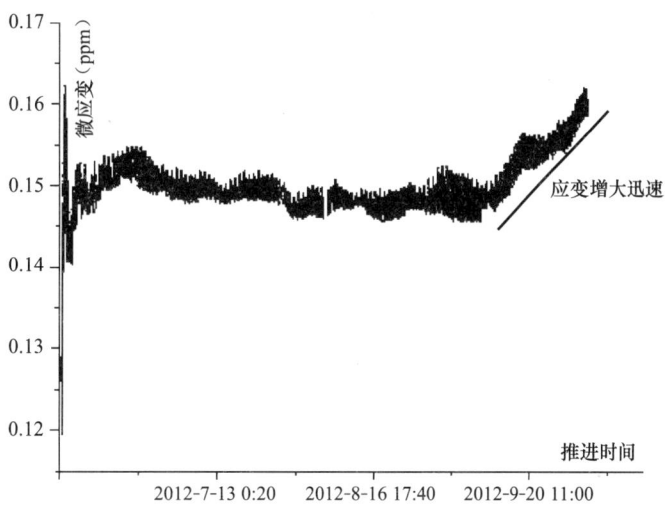

图 3.3.81　L1-K 接触面（7）处应变时效性特征曲线

L2-K 接触面应变的长期时效性特性见图 3.3.82～图 3.3.86（其中钢筋计 3、5、6 后期损坏）。

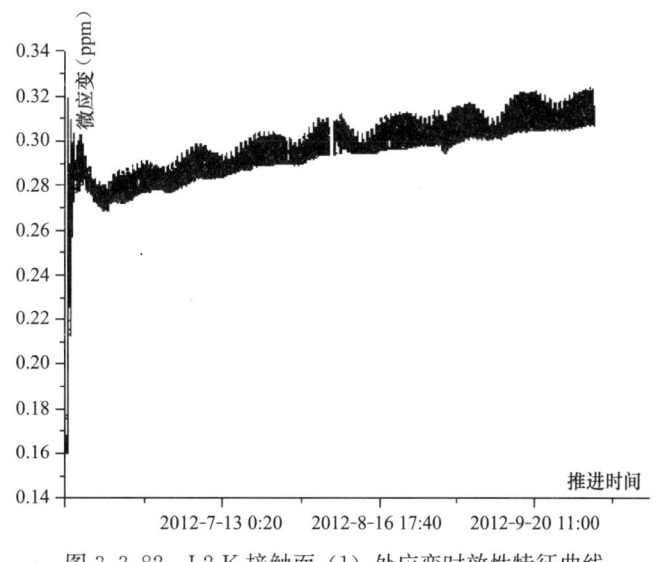

图 3.3.82　L2-K 接触面（1）处应变时效性特征曲线

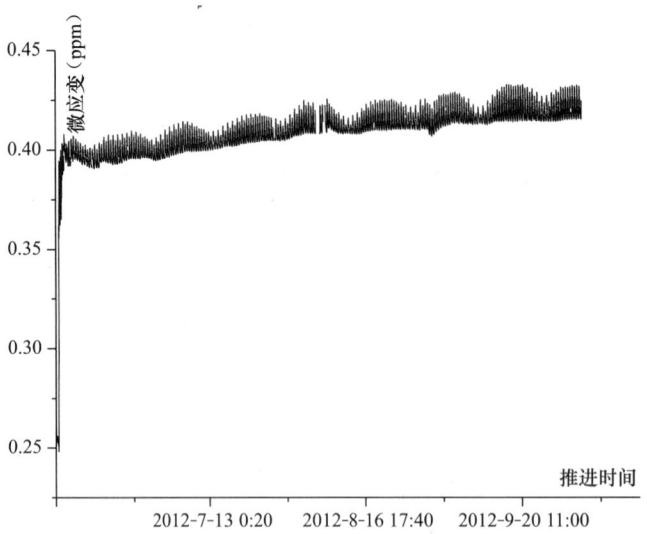

图 3.3.83 L2-K 接触面（2）处应变时效性特征曲线

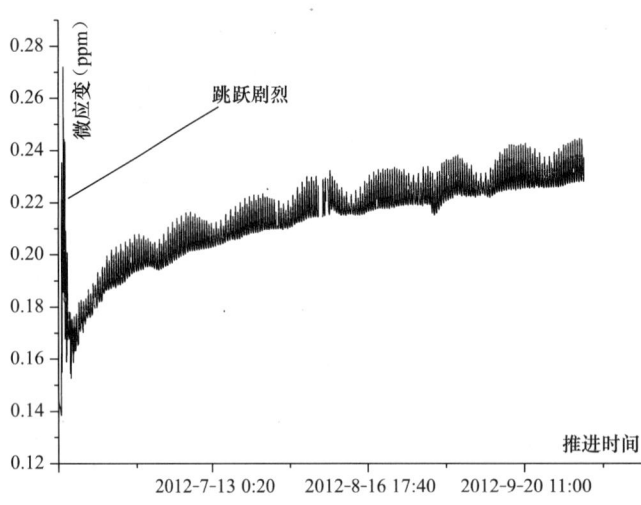

图 3.3.84 L2-K 接触面（4）处应变时效性特征曲线

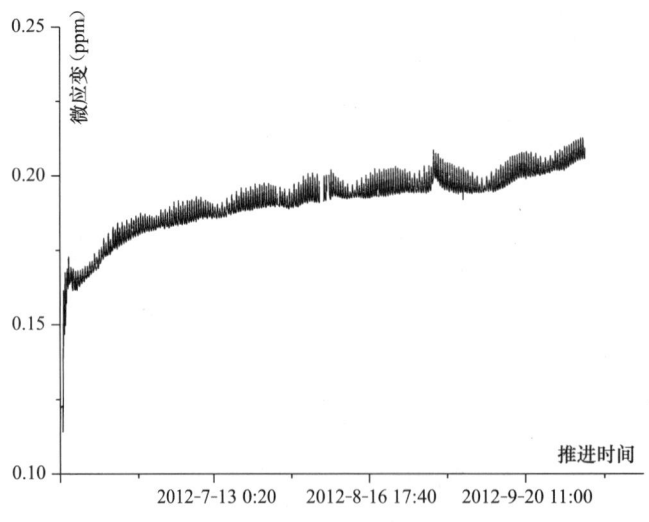

图 3.3.85 L2-K 接触面（7）处应变时效性特征曲线

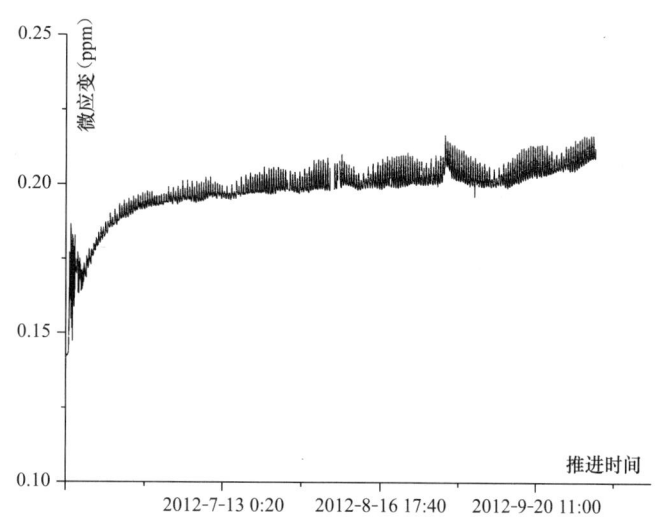

图 3.3.86　L2-K 接触面（8）处应变时效性特征曲线

除了后期损坏的原件外，从上图中可以看出其余原件基本都遵循一致的变化规律，但还是出现了一些较难解释的奇异变化，如 L1-K 接触面中 4 号钢筋计在某一段时间内出现了较大的不稳定波动，疑为原件短暂损坏，同样的现象也发生在 L2-K 4 号钢筋计上。此外，L1-K6、7 号钢筋计在后期发生突然增长的趋势，且至最后一次数据采集，未出现稳定的迹象，其原因及未来走向需待观察。

接触面上的应变大约为 0.2～0.4 个微应变（ppm），即（0.2～0.4）e-6，说明管片混凝土在接触面上的压应力大约为 7～14kPa，相比 K 块所承受的轴力较小，因此可以这样推测：K 块的大部分内力由环间管片之间的约束作用而非同一环中管片间的作用。

3.3.3.4　隧道结构纵向响应

隧道结构纵向响应是一个典型的三维问题，计算相当复杂，分析中多简化为一维问题，将隧道中心轴作为轴线的梁结构进行模拟化，如梁-弹簧模型、等效刚度梁模型等。截至目前，关于隧道结构纵向响应的试验研究极少。考虑盾构施工不同时间段（拼装、脱出盾尾、同步施工等）的受力状态，结合布置的纵向测试元件（钢筋计、应变计、应变花、测力螺栓）对盾构施工引起的隧道结构纵向响应进行分析，研究管片结构的纵向轴力、弯矩、环面应变和纵向连接螺栓的曲线变化特征，评价钱江隧道大直径盾构施工的复杂力学作用对隧道衬砌结构的影响程度。

工程实践表明，隧道结构自拼装至服役的相当长时间后才逐渐趋于稳定，期间隧道结构的纵向轴力必然发生变化，而传统的分析方法大多忽略了纵向轴力的时变特征。根据钱江隧道试验环（东线 618、619、620 环）布置的纵向钢筋计采集的监测数据，对试验环管片拼装、脱出盾尾、脱出车架、同步施工等不同时间点以及施工后相当长时间内的纵向轴力变化进行分析。

（1）管片拼装阶段变化特征

在管片拼装阶段，不同部位的轴力变化特征如图 3.3.87 所示（管片拼装过程中，盾构拼装机械故障，拼装过程中间有停顿）。由图可见，该试验环在管片拼装阶段纵向受力具有两个明显特征，即，拼装完成后管片结构承受的纵向荷载较大，而随着时间的推移，纵向荷载减小并逐渐趋于稳定；隧道结构承受的纵向荷载底部小、顶部大。尽管各测试元件的数据变化规律相同，但存在局部差异，说明管片纵向响应受到管片分块、管片位置、拼装操作等因素的综合影响。纵向荷载随时间逐渐降低与管片拼装后自身位置调整相关，而纵向荷载随测试位置高度不同存在差异则与盾构机姿态、盾构线路规划等相关。

管片拼装阶段，环面应变变化特征如图 3.3.88 所示。从图中可以看出，在管片拼装阶段，B4 块应变较小，其余分块应变量相当。拼装阶段环面应变与千斤顶的顶力相关，这进一步说明在管片拼装阶段，隧道底部承受的千斤顶推力较其他部位要小。

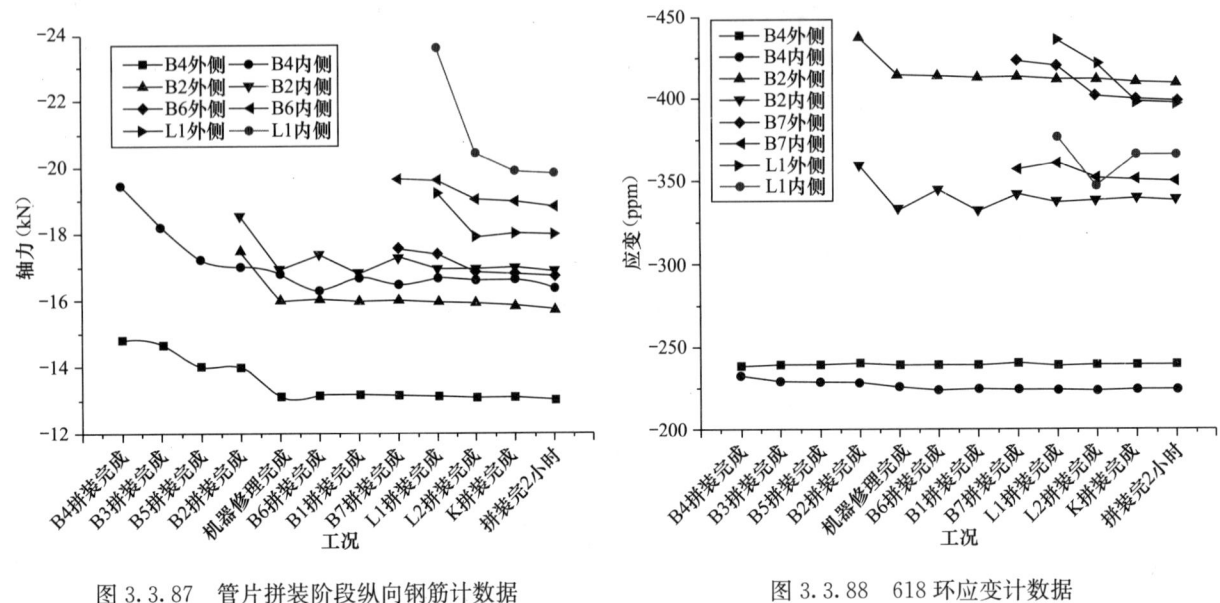

图 3.3.87　管片拼装阶段纵向钢筋计数据　　　　图 3.3.88　618 环应变计数据

以管片中点为力臂中心的弯矩增量变化如图 3.3.89 所示。由图可见，拼装相邻管片时对已拼装的管片的纵向弯矩产生影响，表现为相邻分块拼装时，已拼装管片的纵向弯矩产生波动，但是，弯矩变化值较小，且弯矩变化主要发生在相邻管片分块拼装时，具有明显的区域性特征。

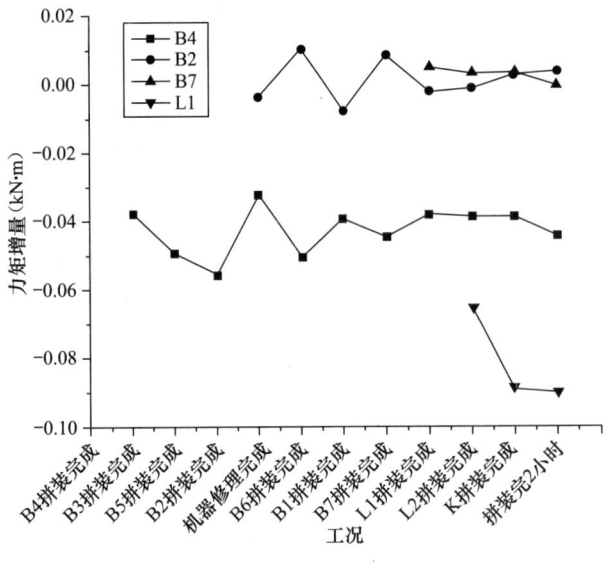

图 3.3.89　分块管片的纵向弯矩增量

在 620 环推进前准备、盾构掘进、管片拼装三阶段纵向螺栓的轴力变化特征如图 3.3.90 所示。由图可见，在盾构施工影响的范围内，在拼装阶段和盾构掘进阶段，纵向螺栓表现出不同的受力性能。在管片拼装完成后，纵向螺栓拉力稳定，环面承受的压应力基本保持不变；盾构推进过程中，螺栓拉力急剧降低（顶部螺栓拉力增大），说明，在盾构千斤顶的推力作用下，环面进一步压紧；管片拼装阶段，环面压应力一定程度的降低，螺栓拉力有增大趋势。顶部螺栓拉力在盾构推进阶段增大，考虑为管片位置发生局部调整引起的。

在千斤顶反复加卸载作用下，螺栓受力将产生松弛现象，表现为螺栓拉力一定程度的降低，甚至产生拉力为零的极端情况。因此，盾构施工中应对螺栓进行复紧，且应在盾构推进阶段进行。

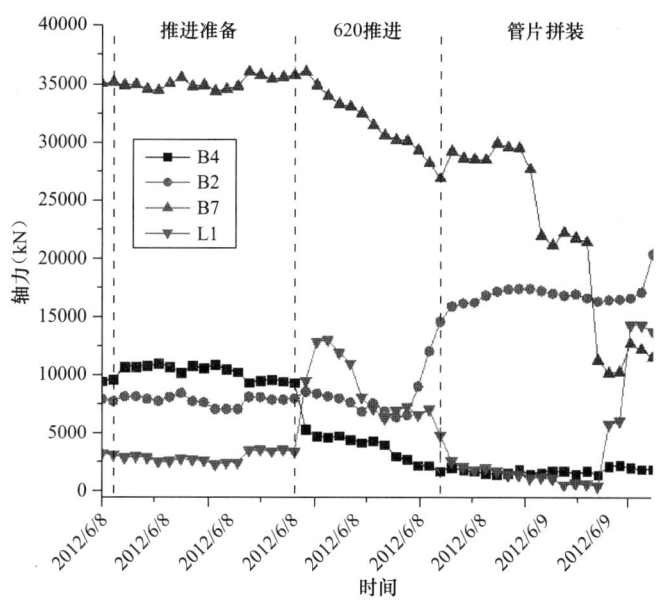

图 3.3.90 纵向螺栓受力变化

（2）盾构推进阶段变化特征

619 试验环埋设过程中，已埋设 618 试验环结构纵向轴力如图 3.3.91 所示。

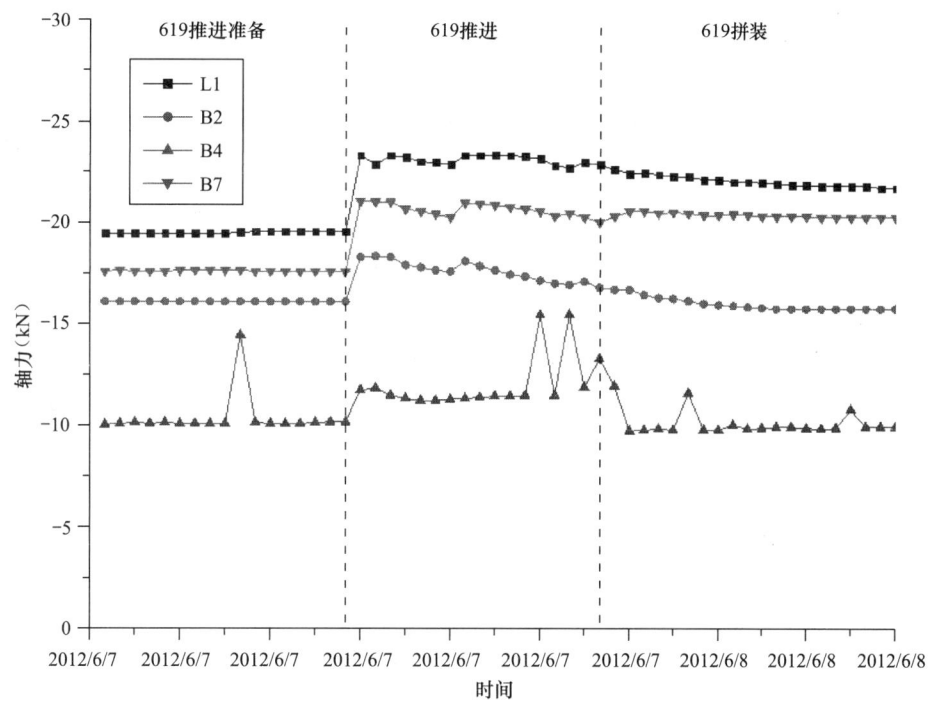

图 3.3.91 盾构推进阶段纵向轴力变化

由图可见，在盾构施工影响范围内，盾构掘进将引起隧道结构承受的纵向轴力增大，且增长量值基本相同；当盾构推进完成后，隧道结构承受的轴力降低，并最终趋于稳定。不同分块，管片结构承受的纵向轴力存在差异，如图 3.3.92 所示。盾构推进阶段，B4 块应力增大，且推进完成后轴力高于推进前。B4 块轴力增大与试验环即将脱出盾尾相关。

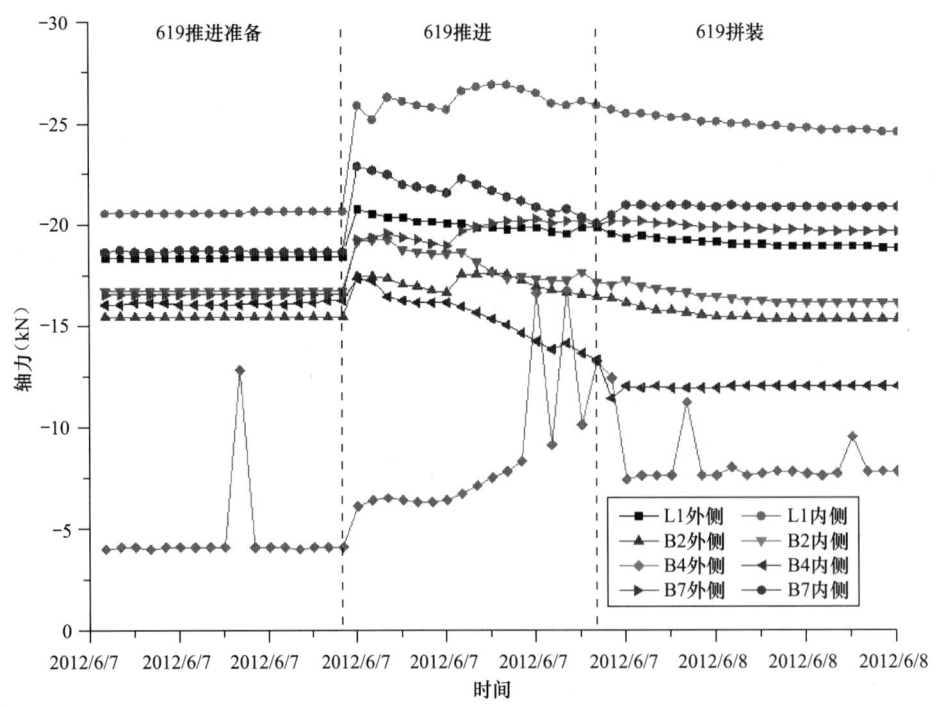

图 3.3.92　盾构推进阶段不同分块管片轴力变化

盾构推进引起的隧道结构典型部位的分块管片的弯矩增量如图 3.3.93 所示、环面应变如图 3.3.94 所示（因 B4 块环面应变计损坏，未能列出 B4 块环面应变变化）。

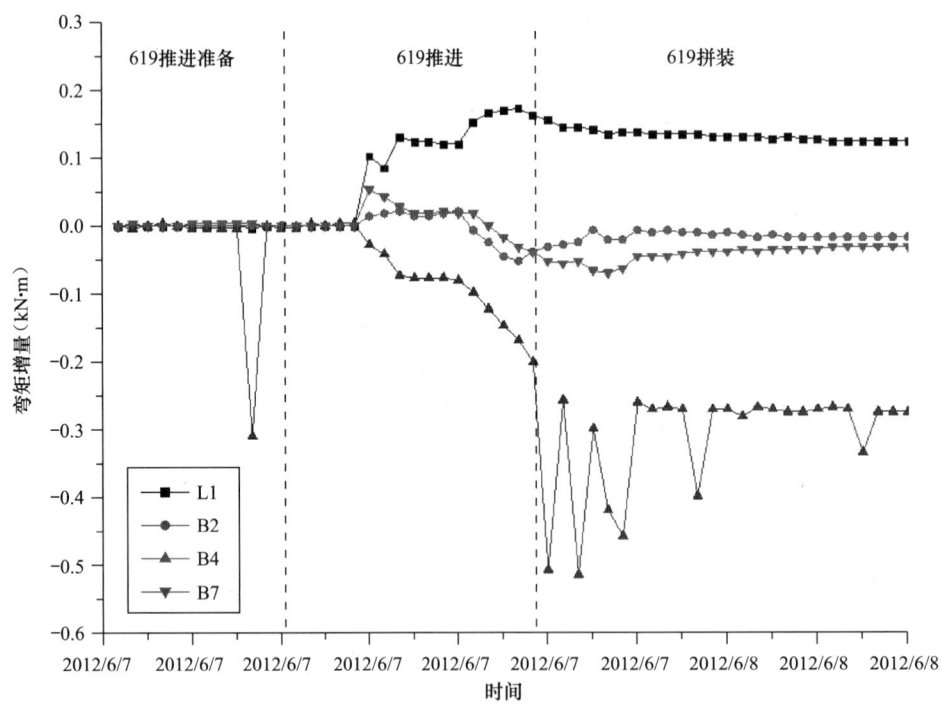

图 3.3.93　盾构推进阶段弯矩增量

由图可见，在盾构施工影响范围内，盾构推进引起千斤顶推力的增大，导致隧道结构承受的弯矩发生局部调整，且变化规律存在差异。上述变化可能是由于管片拼装过程中积累的部分变形能在千斤顶反复的加卸载作用下逐渐释放造成的。在盾构推进阶段，隧道环面压应力增大，导致环面压紧；在管片拼装阶段，环面压应变产生一定程度的降低，并基本回归到盾构推进前的水平。

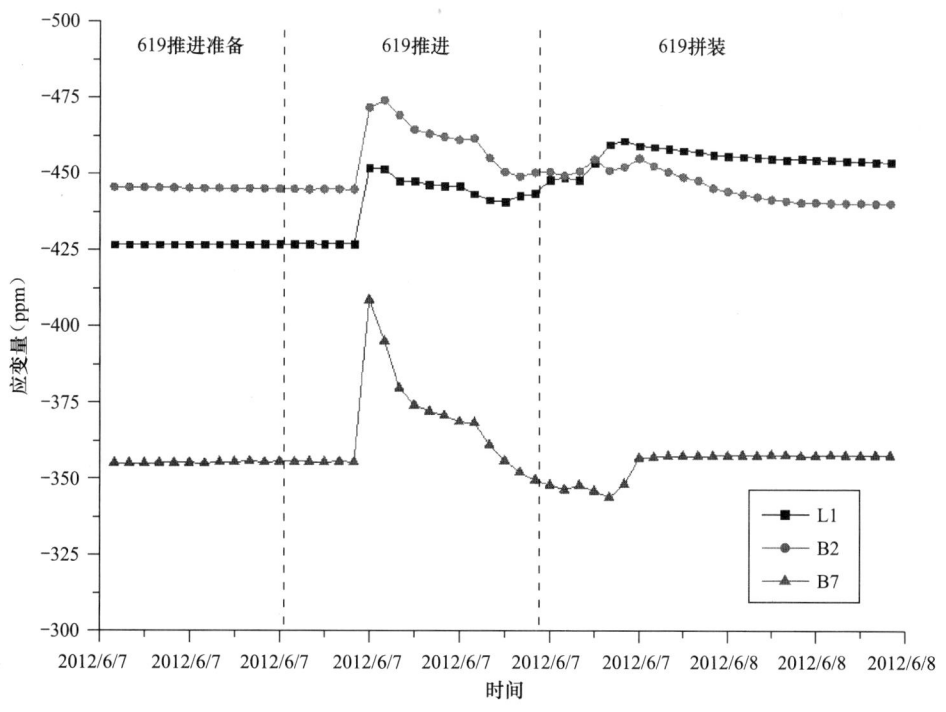

图 3.3.94 盾构推进阶段环面应变变化

需要指出的是，盾构施工对既有隧道结构产生的影响具有时效性和局域性的特点。即，在盾构施工影响范围内时，施工对既有管片结构产生随时间调整的加卸载作用；而当盾构前进到影响范围之外时，盾构施工的反复加卸载将对已拼装的试验环管片影响忽略不计。

（3）管片脱出盾尾阶段变化特征

以 618 试验环为研究对象对管片脱出盾尾阶段的力学行为的变化特征进行分析。自 620 环推进开始至 621 推进结束隧道结构典型部位纵向钢筋计轴力变化如图 3.3.95 所示，分块轴力变化如图 3.3.96 所示。

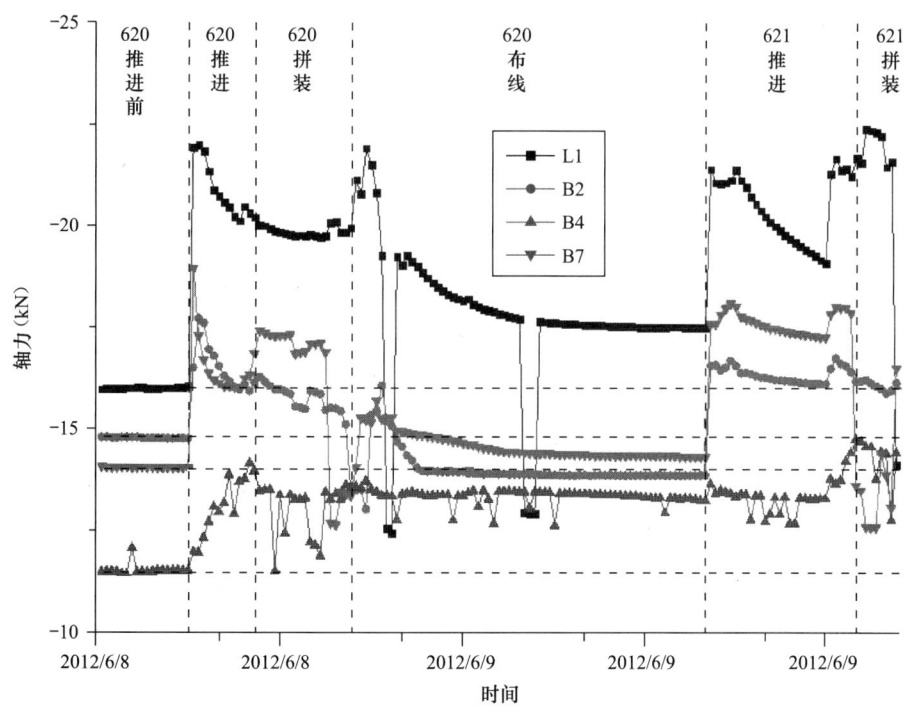

图 3.3.95 618 环脱出盾尾轴力变化

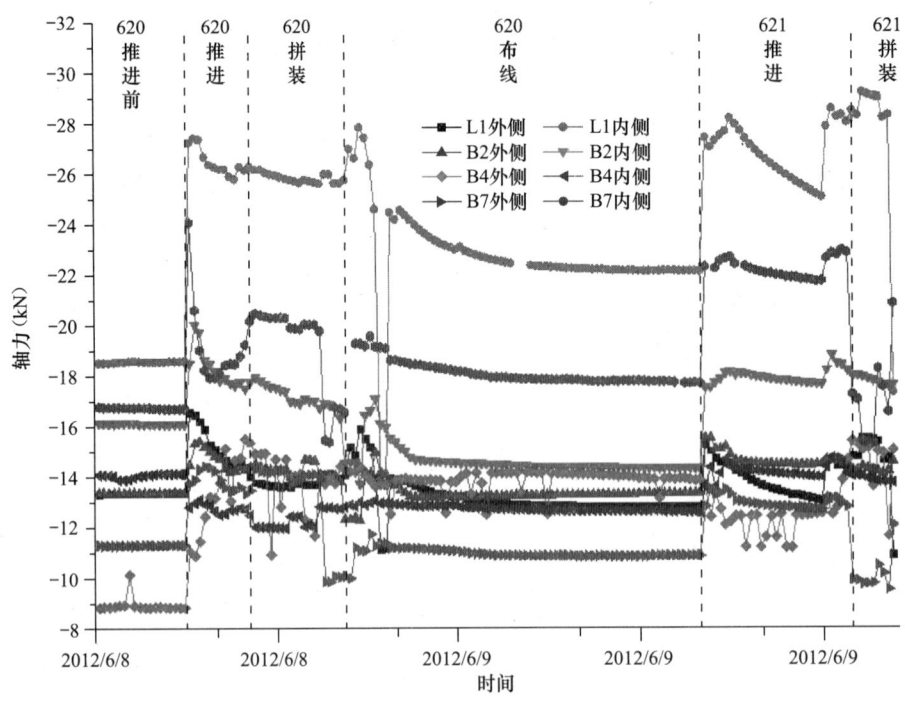

图 3.3.96　618 环脱出盾尾分块管片轴力

由图可见，试验环脱出盾尾后隧道结构承受的纵向轴力增大，且轴力变化趋势与管片的位置相关。腰部、顶部的测试管片在盾构推进阶段轴力增大，转入拼装阶段后轴力呈现一定程度的降低，但轴力值始终大于拼装开始前的初始值；底部测试管片在盾构推进阶段轴力增大，转入拼装阶段后轴力始终处于在一恒定值区域，试验环脱出盾尾后结构承受的轴力进一步增大。从分块管片轴力变化趋势可以发现，管片在盾壳内时，其承受的纵向轴力变化较为平缓，且分布明显，试验环脱出盾尾后，纵向轴力变化剧烈，轴力分布复杂多变。

618 环脱出盾尾前后，分块管片的弯矩增量变化如图 3.3.97 所示。弯矩增量呈现不同的变化形态，

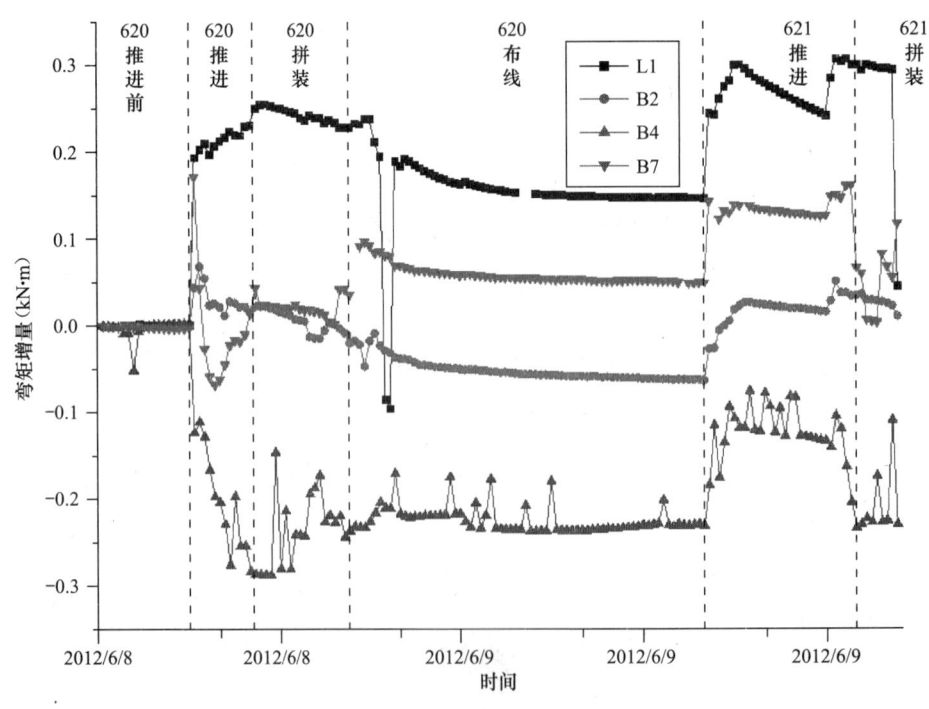

图 3.3.97　618 环脱出盾尾弯矩增量变化

说明，试验环脱出盾尾后，不同管片分块向内侧或外侧产生不同程度的变形。

618环试验环脱出盾尾前后纵向螺栓、环面应变分别如图3.3.98和图3.3.99所示。试验环脱出盾尾后，纵向螺栓应力发生急剧变化，腰部和底部纵向测力螺栓轴力增加；顶部测力螺栓轴力降低。螺栓应力的变化反映了隧道结构环面的闭合和张开的变化，对隧道结构防水具有重要影响。

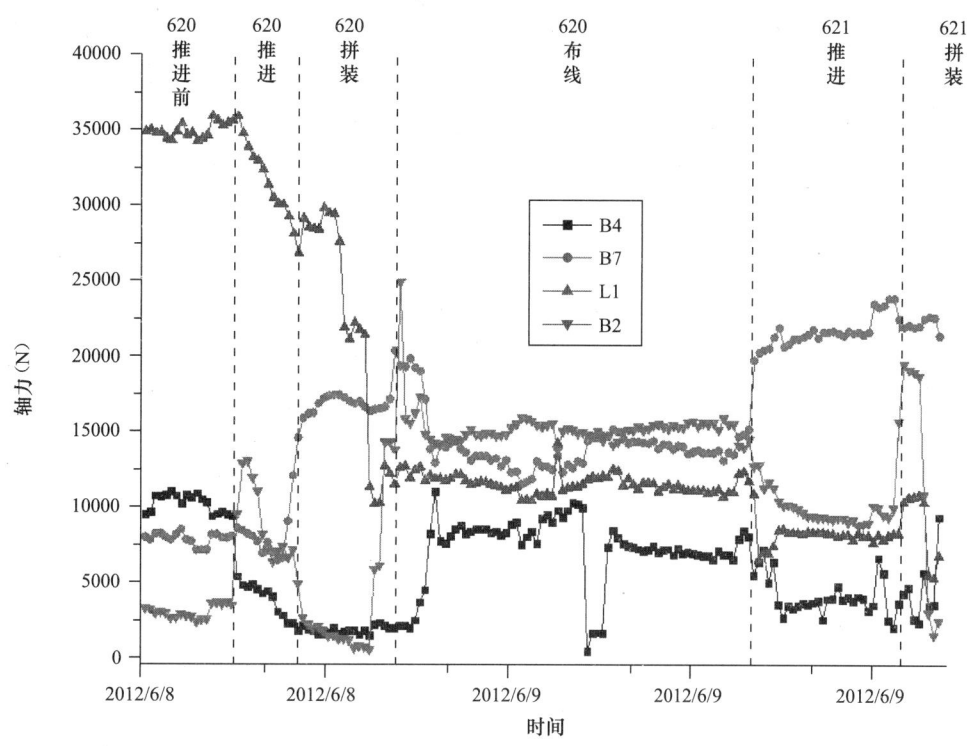

图3.3.98　盾尾脱出阶段纵向螺栓轴力变化

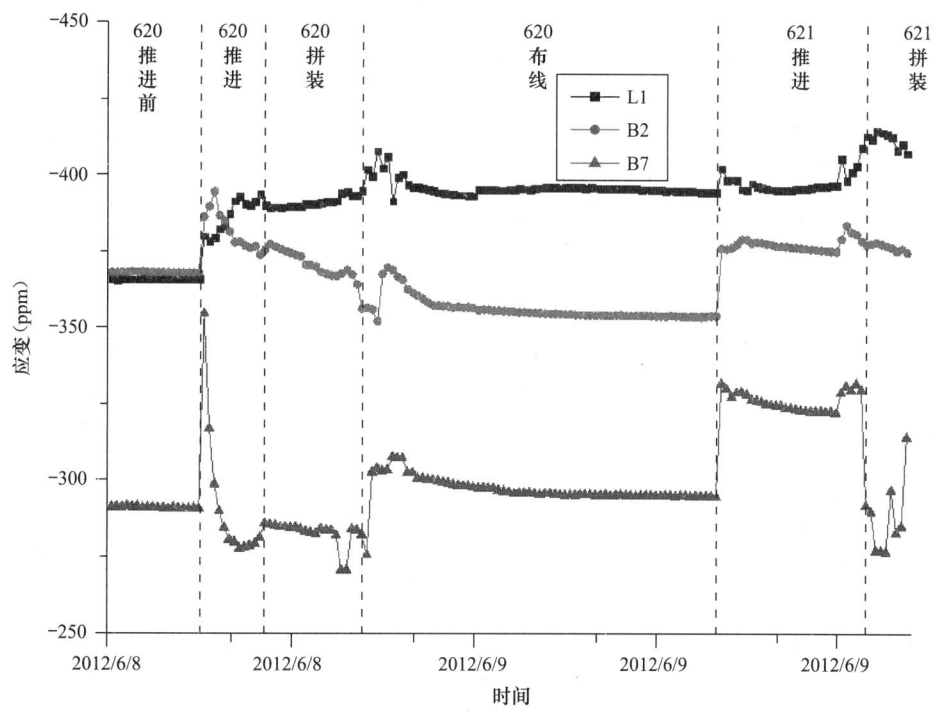

图3.3.99　盾尾脱出阶段环面应变变化

(4) 盾构施工短期（1~7天）响应

截至2012年6月13日15:00钱江隧道东线推进至649环，即，618试验环埋设完工后继续向前推进30环。对该时间段内618试验环埋设元件测试结果进行分析如图3.3.100~图3.3.102所示。

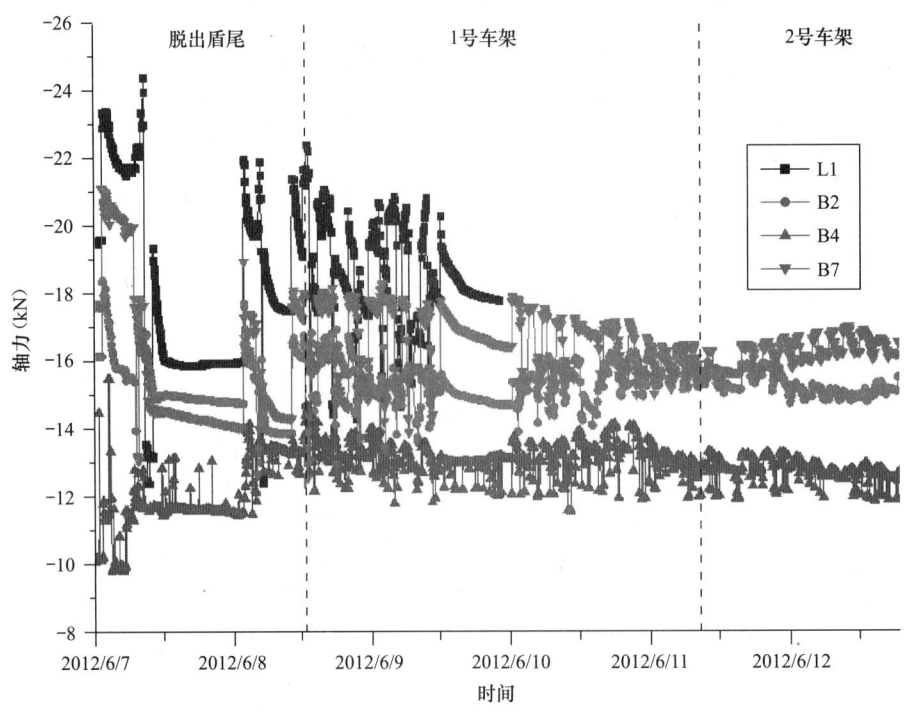

图 3.3.100　盾构施工引起的纵向钢筋计轴力变化

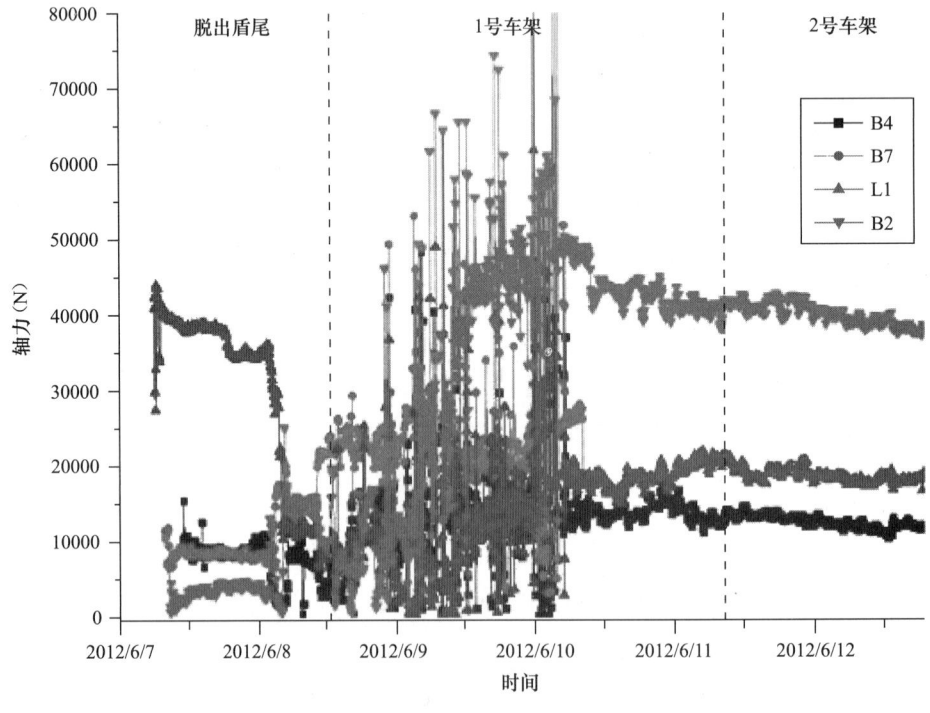

图 3.3.101　盾构施工引起的纵向螺栓拉力变化

由图可见，随着盾构前进，盾构施工对隧道结构的影响逐渐减小，隧道结构的纵向轴力变化规律逐

第3章 盾构施工对隧道结构影响试验研究

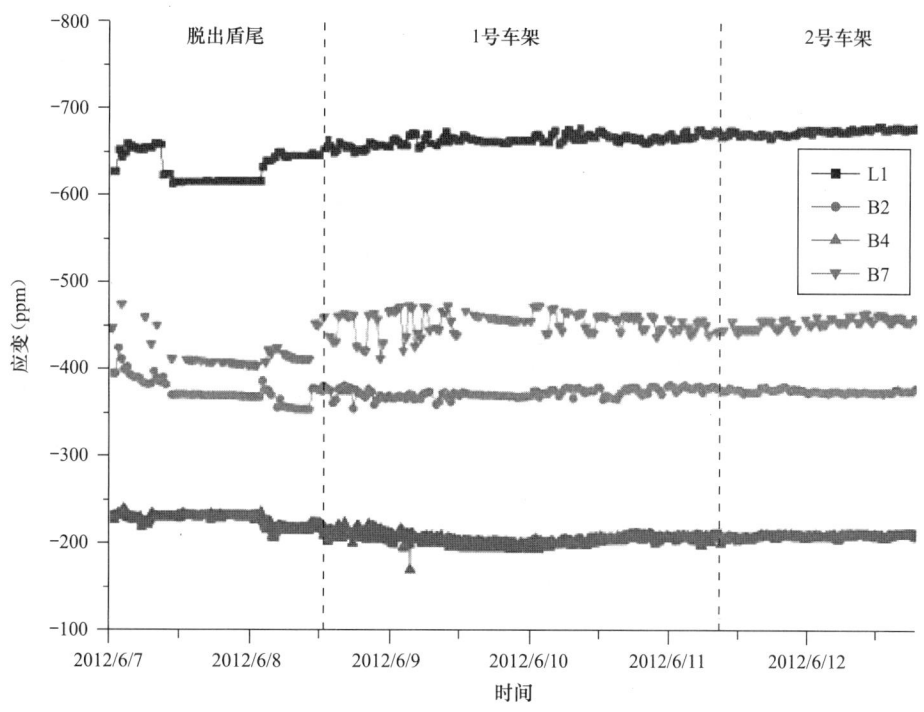

图 3.3.102 盾构施工阶段环面应变变化

渐明显。但在盾构穿过1号车架过程中,受到千斤顶推力、盾构机前进等因素的影响,隧道结构的纵向轴力变化异常复杂。与之对应的隧道结构纵向连接螺栓的受力也呈现剧烈的波动,说明,隧道结构环面经受反复的张开、闭合等复杂空间状态。盾构过1号车架是隧道结构纵向受力较为不利的工况。

(5) 试验环通过车架分析

根据钱江隧道盾构施工安排,当盾构推进621、638、663和678环时试验环分别对应脱出盾尾、通过1号车架、通过2号车架和通过3号车架的特殊工况。对该时间段内618试验环埋设元件测试结果进行分析如图3.3.103～图3.3.105所示(L1块埋设的钢筋计因线路损坏,数据不全)。

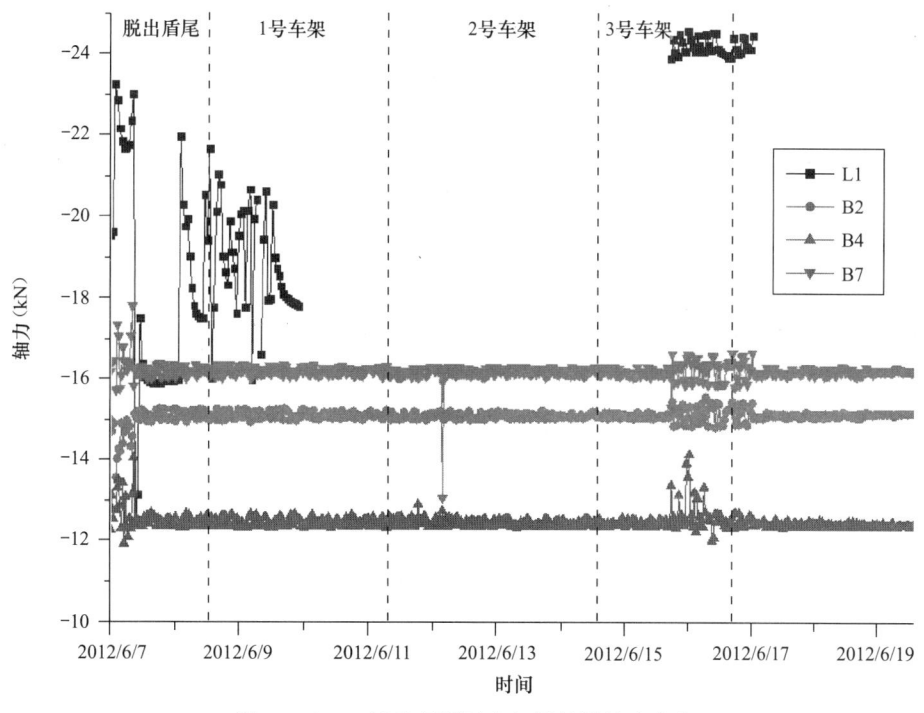

图 3.3.103 试验环通过车架钢筋计轴力变化

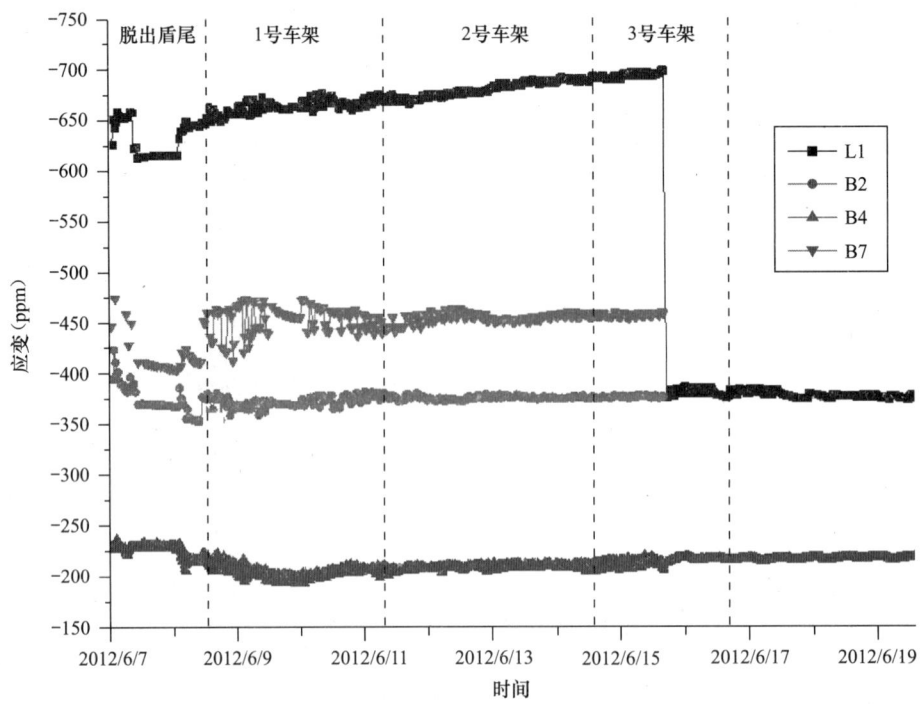

图 3.3.104 试验环通过车架环面应变变化

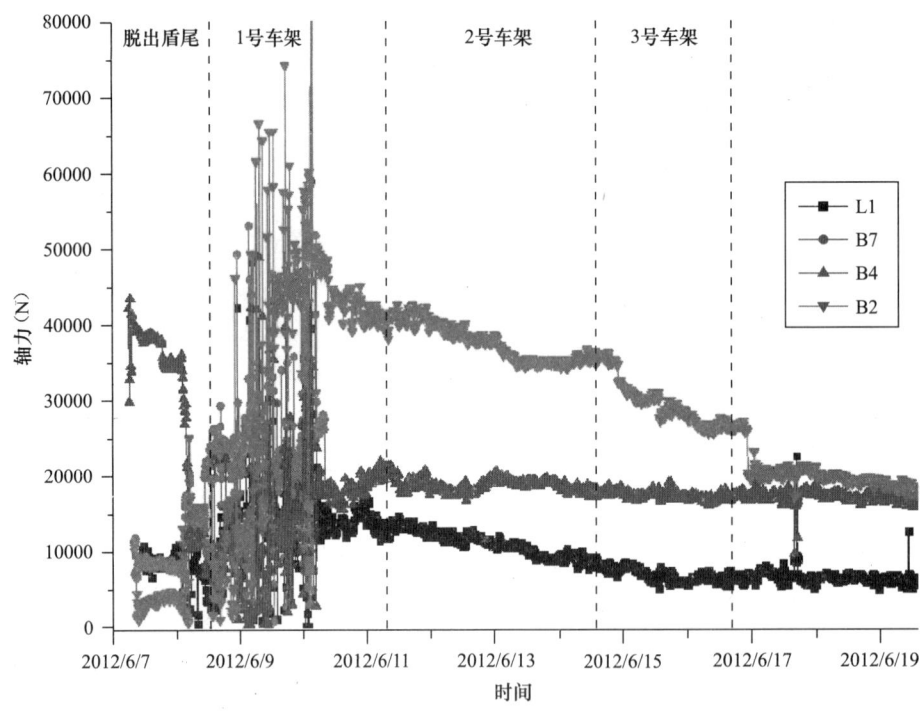

图 3.3.105 试验环通过车架纵向螺栓轴力变化

由图可见,试验环埋设纵向钢筋计和纵向应变计的数据变化集中在管片处于盾壳和1号车架区域。当监测试验环脱出1号车架后,纵向轴力基本区域稳定。此外,当管片处于3号车架内时,纵向钢筋计轴力产生局部波动,分析原因为试验环受3号车架底部滑轮的影响。顶部埋设的纵向应变计在3号车架通过时产生跳动后趋于稳定,分析原因为车架通过使个别管片位置发生局部调整。

纵向螺栓轴力的变化更为复杂。当试验环位于1号车架内时,隧道结构环面具有张开趋势,导致纵向螺栓拉力增大，分析原因为浆液尚未凝固，隧道结构产生纵向变形引起的。试验环处于 2 号车架和 3 号车架内时，环面逐渐压紧，螺栓拉力始终处于降低状态。

（6）盾构施工的长期响应

对试验环脱出车架后的响应进行分析，结果如图 3.3.106 和图 3.3.107 所示。

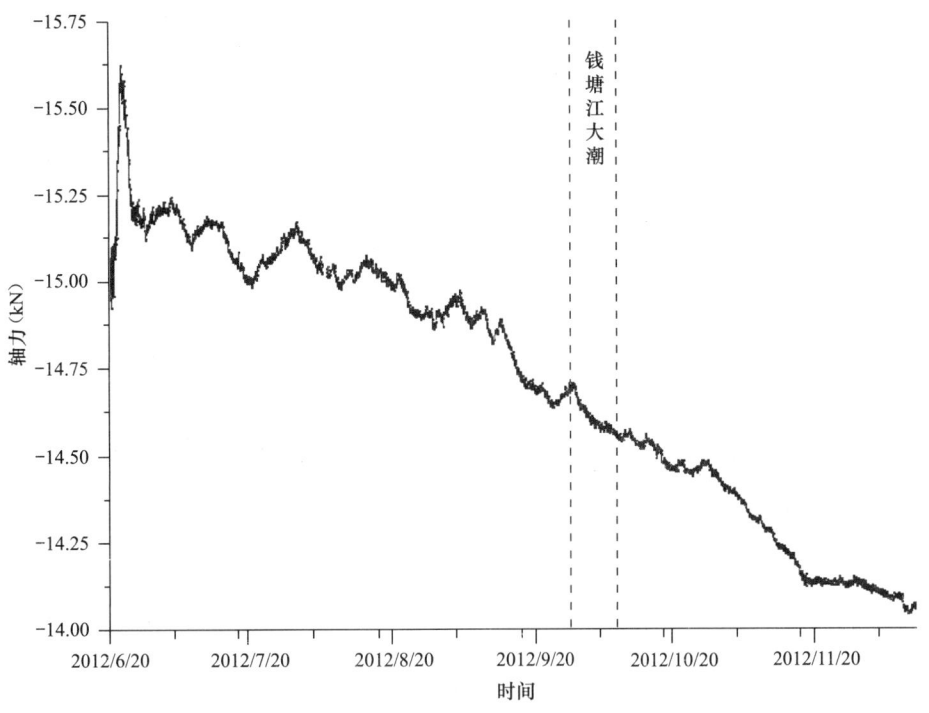

图 3.3.106　纵向钢筋计轴力变化

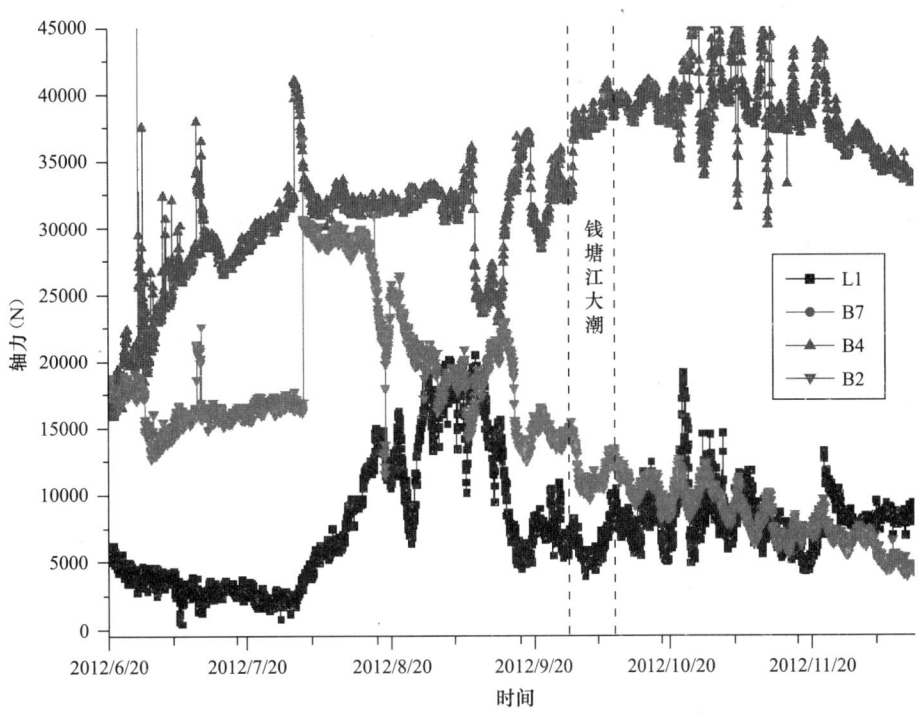

图 3.3.107　纵向测力螺栓拉力变化

由图可见，盾构施工完成后，隧道结构承受的纵向轴力逐渐降低，分析原因可能为隧道结构的纵向变形和土体固结。纵向测力螺栓拉力在盾构施工完成后的相当长时间内仍然存在较大波动，且各典型部位螺栓拉力的变化规律存在差异，因此，环面的张开、闭合属于管片个体的行为。此外，接头面的张开可能导致隧道接缝渗漏水。

盾构施工的长期监测过程经历了2012年9月28日至10月7日的钱塘江大潮，通过测试结果可以推测，钱塘江大潮对隧道结构的纵向受力和环缝的张开、闭合几乎不存在影响。但值得注意的是，钱江潮汐属于周期性的加卸载作用，长期作用下对隧道结构的耐久性和长期性能可能带来影响。

3.3.3.5 注浆效果探测

在盾构法隧道施工中，壁后注浆是隧道施工必不可少的重要环节之一，注浆分布对盾构隧道结构稳定具有重要作用。课题组于2012年6月12日采用探地雷达对壁后注浆效果进行了探测，由于空间限制，探测范围有限，不能覆盖隧道结构整环区域。

（1）探测图像

钱江隧道试验环3点方向（B7块）经地质雷达探测并整理后所得结果分别如图3.3.108～图3.3.111所示。

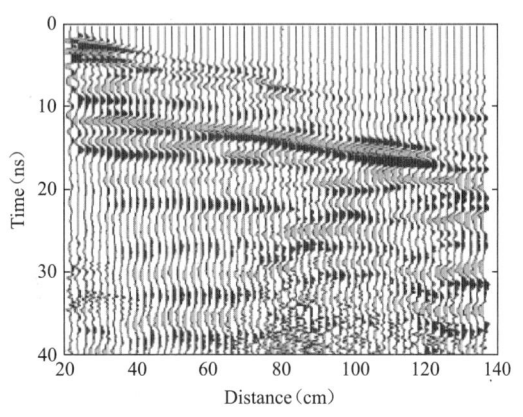

图3.3.108 探测原始图

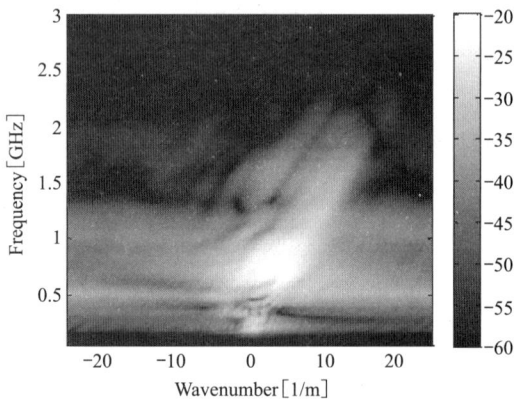

图3.3.109 频率-波数频谱

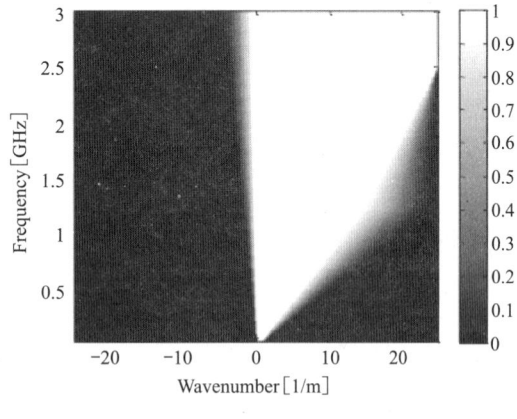

图3.3.110 设计滤波频谱

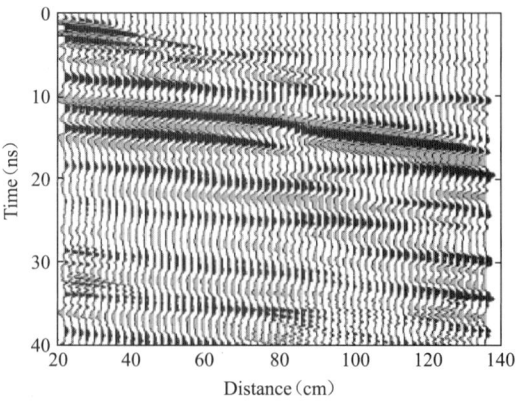

图3.3.111 滤波后探测结果

（2）探测结果

将上述探测结果进一步整理，可得速度频谱如图3.3.112所示，可得该测点注浆厚度为18.4cm。

3.3.3.6 小结

隧道结构的横向、纵向响应和土水压力变化的现场监测是本试验的主体内容，本节主要总结和简要分析了隧道结构的土水压力变化特征、隧道结构横向和纵向响应，并简要分析了注浆探测结果。研究发现：

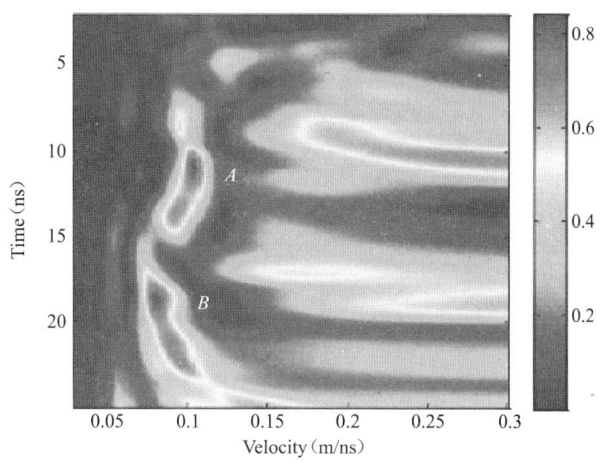

图 3.3.112 速度频谱

（1）试验环在脱出盾尾前受到的荷载较小，大约为 50~60kPa。随着盾构推进，试验环受到注浆压力的作用，其荷载急剧增大，达到了 300kPa 的水平，试验环顶部处于非常不稳定的状态；试验环顶部及右侧腰部压力区域周期性稳定大约历时 20 个小时，其底部与左侧腰部压力趋于周期性稳定历时大约 70 个小时。

（2）钱江潮汐导致土水压力呈现每月两次波浪形变化，大约在 6 号与 22 号前后出现大潮，顶、底压力在高潮期间变化幅度在 35kPa 左右，而低潮期间变化幅度仅 20kPa 左右；腰部压力在高潮期间变化幅度在 12.5kPa 左右，而低潮期间变化幅度在 6kPa 左右。

（3）试验环拼装中间间隔了试验环走线及盾构的推进过程，历时大约 20 个小时，期间管片内力也发生了较大的变化。对于已拼装完成某块管片而言，后一环拼装的管片离得越近，内力变化越剧烈。

（4）试验环脱出盾尾后隧道结构横向承受的应力急剧增大，而隧道结构纵向应力变化较小。盾构千斤顶对隧道结构的受力产生影响，但其影响范围在盾构施工的 25 天之内，约 250m 范围。

（5）K 块插入过程中，接触面上的应变大约为 0.2~0.4 个微应变（ppm），管片混凝土在接触面上的压应力大约为 7~14kPa，相比 K 块所承受的轴力较小。

（6）在管片拼装阶段，B4 块纵向应变较小，其余分块应变量相当。拼装阶段环面应变与千斤顶的顶力相关，隧道底部承受的千斤顶推力较其他部位要小；在管片拼装完成后，纵向螺栓拉力稳定，环面承受的压应力基本保持不变；盾构推进过程中，螺栓拉力急剧降低（顶部螺栓拉力增大）。

（7）在盾构施工影响范围内，盾构掘进将引起隧道结构承受的纵向轴力增大，且增长量值基本相同；当盾构推进完成后，隧道结构承受的轴力降低，并最终趋于稳定。

（8）试验环脱出盾尾后隧道结构承受的纵向轴力增大。腰部、顶部管片在盾构推进阶段轴力增大，转入拼装阶段后轴力呈现一定程度的降低，但轴力值始终大于拼装开始前的初始值；底部管片在盾构推进阶段轴力增大，转入拼装阶段后轴力始终处于在一恒定值区域，试验环脱出盾尾后结构承受的轴力进一步增大。

（9）管片通过 1 号车架过程中，结构的纵向轴力变化异常复杂，纵向连接螺栓的受力也呈现剧烈的波动，盾构过 1 号车架是隧道结构纵向受力较为不利的工况；当管片脱出 1 号车架后，纵向轴力基本区域稳定。

（10）盾构施工完成后，隧道结构承受的纵向轴力逐渐降低，而纵向测力螺栓拉力在盾构施工完成后的相当长时间内仍然存在较大波动，且各典型部位螺栓拉力的变化规律存在差异。

（11）通过注浆效果探测，试验环的 3 点方向注浆厚度为 18.4cm。

3.3.4 室内试验结果

同步注浆材料的好坏不仅关系着隧道施工的难易程度、地层位移的控制，还影响着隧道的结构质量和耐久性等。从以往的泥水盾构施工经验看，注浆盾尾注浆效果不好，可能会出现：(1) 盾尾拖出管片后，周围土体坍塌，沉降过大；(2) 拖出盾尾的隧道上浮，引起管片上弧面碎裂；(3) 隧道长期稳定不能保证。此外，考虑地震和车辆动荷载的影响，注浆材料还需要具备良好的动力力学性能。本节针对钱江隧道工程采用的注浆浆液进行室内试验，以补充和完善现场试验内容，为现场实测分析服务。

3.3.4.1 同步注浆指标

根据钱江隧道设计资料，同步注浆浆液参数控制指标如表3.3.10所示。

同步注浆指标　　　　　　　　　　　　　　　　　表3.3.10

坍落度	120±20（工地现场） 160±20（拌站）
重度	>1900kg/m³
剪切强度	>800Pa（20h）
压力泌水量	<35（mL）
抗压强度	>1MPa（28d）

3.3.4.2 试验内容及方法

(1) 试验内容

本试验由同济大学地下建筑与工程系、中铁第四勘察设计研究院和上海隧道工程股份有限公司钱江隧道项目经理部共同参与完成。试验内容包括：密度测试、坍落度测试、泌水率测试、剪切强度测试和抗压强度测试等。

(2) 试验方法

1) 密度测试

① 试验前称出容量筒重，精确至5g。

② 将砂浆拌合物装满容量筒并略有富余，由于浆料稠度在8cm以上，采用插捣法，将砂浆拌合物一次装满容量筒，使稍有富余，用捣棒均匀插捣25次，插捣过程中如砂浆沉落到低于筒口，则应随时添加砂浆，再敲击5~6下。

③ 捣实后将筒口多余的砂浆拌合物刮去，使表面平整，然后将容量筒外壁擦净，称出砂浆与容量筒总重，精确至5g。

④ 砂浆拌合物的质量密度以kg/m³计，按下列公式计算：

$$\rho = (m_2 - m_1)/V$$

式中　ρ——浆液密度；

　　　m_1——密度筒质量；

　　　m_2——密度筒及试验质量；

　　　V——密度筒体积。

2) 坍落度测试

① 湿润坍落度筒及其他用具，并把筒放在不吸水的水平底板上，然后用脚踩住两边的脚踏板，使坍落度筒在装料时保持位置固定。

② 将试样用小铲分三层均匀地装入筒内，使捣实后每层高度为筒高的三分之一左右。每层用捣棒插捣25次。插捣应沿螺旋方向由外向中心进行，各次插捣应在截面上均匀分布。插捣筒边混凝土时，捣棒可以稍稍倾斜。插捣底层时，捣棒应贯穿整个深度。插捣第二层和顶层时，捣棒应插透本层至下一层的表面。浇灌顶层时，混凝土应灌到高出筒口。插捣过程中，如浆液沉落到低于筒口，则应随时添加，顶层插捣完后，刮去多余的浆液，并用抹刀抹平。

③ 清除筒边底板上的浆液后，垂直平稳地提起坍落度筒。坍落度筒的提离过程应在5~10s内完成。从开始装料到提坍落度筒的整个过程应不间断地进行，并应在150s内完成。

④ 提起坍落度筒后，量测筒高与坍落后混凝土试体最高点之间的高度差，即为该混凝土拌合物的

坍落度值。

3）泌水率试验

① 采用 1000mL 的量筒，先称取量筒质量。

② 将调制好的浆体约 800mL 注入量筒内，称取总质量。

能将量筒上口加盖封好，从浆体注入量筒时算起，按 1、2、3 小时的时间间隔将上口盖打开，使量筒倾斜，用吸管吸出泌水，加以记录。

4）剪切强度测试

采用直接剪切试验仪测定浆液的内聚力 c 和内摩擦角 φ。

5）抗压强度测试

本方法采用测量 40mm×40mm×160mm 棱柱试体的抗压强度，浆料采用行星搅拌机搅拌，成型采用 40mm×40mm×160mm 三联胶砂试模成型，试体连模一起在湿气中养护，试体成型试验室的温度应保持在 20±2℃，相对湿度应不低于 50%。

3.3.4.3 室内试验结果

（1）密度测试

不同时间分别取三次样品对浆液密度进行测试，测试结果如表 3.3.11 所示，测试结果均满足浆液控制指标要求。

浆液密度测试结果　　　　　表 3.3.11

样品	1	2	3
密度（kg/m³）	2027	2062	2043

（2）坍落度测试

课题组于 2012 年 12 月底在钱江隧道对壁后注浆浆液坍落度进行了现场测试，测试结果如图 3.3.113 所示。可见，坍落度初始值略高于控制同步注浆控制指标。测试结果表明，浆液达到初凝时间约为 30h。

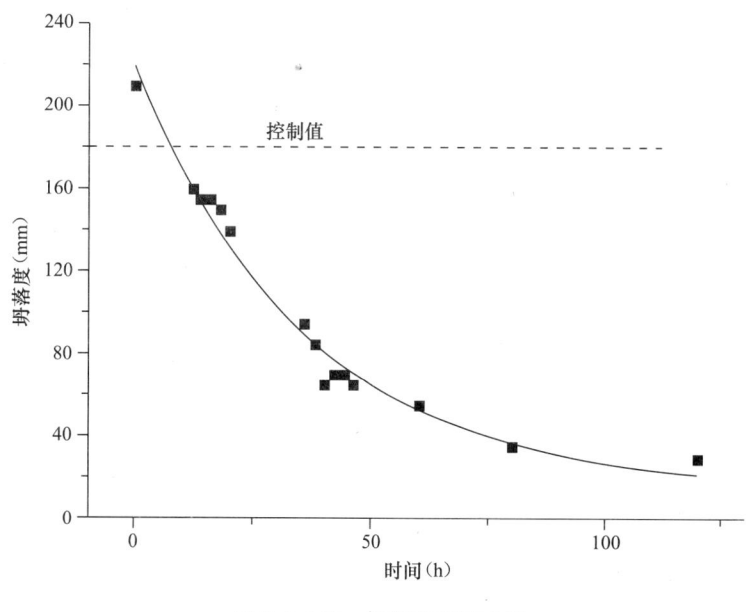

图 3.3.113　坍落度实测曲线

（3）泌水率测试

不同时间分别取三次样品对泌水率进行测试，测试结果如表 3.3.12 所示，测试结果均满足浆液控制指标要求。

泌水率测试结果			表 3.2.12
样品	1	2	3
泌水率（mL）	43	37	34

(4) 剪切强度测试

剪切强度测试结果如图 3.3.114 所示，可见，剪切强度满足浆液控制指标要求。

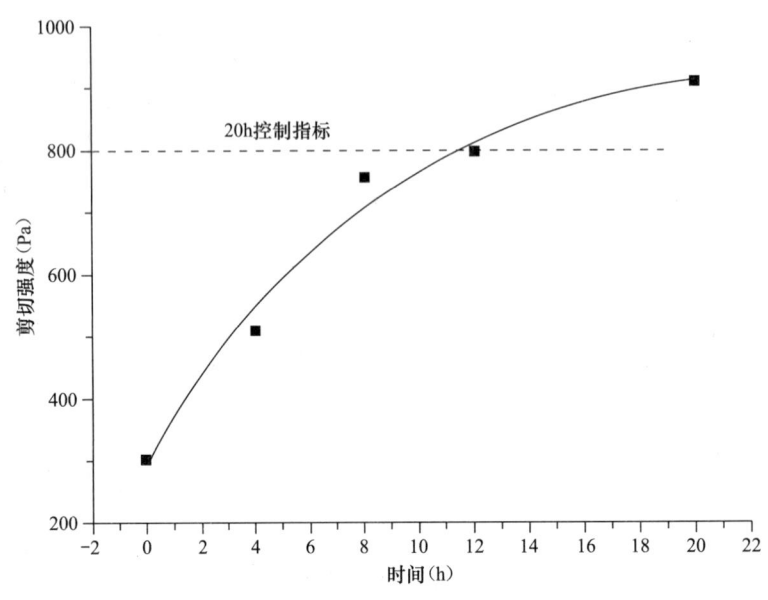

图 3.3.114　剪切强度测试曲线

3.3.4.4　小结

作为对现场检测试验的补充以充分、合理地阐释隧道结构在盾构施工阶段的复杂的力学行为，进行了必要的室内试验，具体包括：浆液密度测试、坍落度测试、泌水率测试和剪切强度测试。主要关注点为浆液性能的时变特征规律，通过试验发现：

（1）钱江隧道同步注浆浆液基本达到了控制要求；

（2）同步注浆浆液初凝时间约为 30h，浆液坍落度随时间呈指数型衰减规律，后期坍落度下降较为缓慢；

（3）浆液抗剪强度 20h 后达到 912Pa，抗剪强度指标随时间呈指数型增长趋势。

3.4　研究成果及工程应用

钱江隧道为目前世界上在建的最大直径的软土盾构法隧道。

通过研究盾构施工对隧道结构影响和作用机理得出，人为减小螺栓及榫槽处的连接刚度并解决防水问题，可以有效解决管片拼装阶段的开裂问题。

课题组于 2012 年 6 月在钱江隧道东线 RK13+120 位置埋设了连续 3 环试验环，并自管片拼装开始进行现场监测，并辅以有效的室内试验。该试验为目前世界上鲜有的大直径盾构法隧道施工现场监测之一，且首次测试了管片拼装全过程的力学响应。试验关注重点为不同管片分块和隧道结构典型部位在管片拼装和盾构施工阶段的力学响应规律及其时变特征，旨在为超大直径软土盾构隧道管片设计和盾构施工控制提供优化建议，为后续隧道管片结构设计、盾构施工控制、现场监测试验等提供参考。

通过试验发现：

（1）试验环在脱出盾尾前受到的外部荷载较小，大约为 50～60kPa。随着盾构推进，试验环受到注浆压力的作用，其荷载急剧增大，达到了 300kPa 的水平，试验环顶部处于非常不稳定的状态；试验环顶部及右侧腰部压力区域周期性稳定大约历时 20 个小时，其底部与左侧腰部压力趋于周期性稳定历时大约 70 个小时。

（2）钱江潮汐导致土水压力呈现每月两次波浪形变化，大约在 6 号与 22 号前后出现大潮，顶、底压力在高潮期间变化幅度在 35kPa 左右，而低潮期间变化幅度仅 20kPa 左右；腰部压力在高潮期间变化幅度在 12.5kPa 左右，而低潮期间变化幅度在 6kPa 左右。

（3）试验环拼装中间间隔了试验环走线及盾构的推进过程，历时大约 20 个小时，期间管片内力也发生了较大的变化。对于已拼装完成某块管片而言，后一环拼装的管片离得越近，内力变化越剧烈。

（4）试验环脱出盾尾后隧道结构横向承受的应力急剧增大，而隧道结构纵向应力变化较小。盾构千斤顶对隧道结构的受力产生影响，但其影响范围在盾构施工的 25 天之内，约 250m 范围。

（5）K 块插入过程中，在接触面上的压应力大约为 7~14kPa，相比 K 块所承受的轴力较小。

（6）在管片拼装阶段，B4 块纵向应变较小，其余分块应变量相当。拼装阶段环面应变与千斤顶的顶力相关，隧道底部承受的千斤顶推力较其他部位要小；在管片拼装完成后，纵向螺栓拉力稳定，环面承受的压应力基本保持不变；盾构推进过程中，螺栓拉力急剧降低。

（7）在盾构施工影响范围内，盾构掘进将引起隧道结构承受的纵向轴力增大，且增长量值基本相同；当盾构推进完成后，隧道结构承受的轴力降低，并最终趋于稳定。

（8）试验环脱出盾尾后隧道结构承受的纵向轴力增大。腰部、顶部管片在盾构推进阶段轴力增大，转入拼装阶段后轴力呈现一定程度的降低，但轴力值始终大于拼装开始前的初始值；底部管片在盾构推进阶段轴力增大，转入拼装阶段后轴力始终处于在一恒定值区域，试验环脱出盾尾后结构承受的轴力进一步增大。

（9）管片通过 1 号车架过程中，结构的纵向轴力变化异常复杂，纵向连接螺栓的受力也呈现剧烈的波动，盾构过 1 号车架是隧道结构纵向受力较为不利的工况；当管片脱出 1 号车架后，纵向轴力基本区域稳定。

（10）盾构施工完成后，隧道结构承受的纵向轴力逐渐降低，而纵向测力螺栓拉力在盾构施工完成后的相当长时间内仍然存在较大波动，且各典型部位螺栓拉力的变化规律存在差异。

（11）通过注浆效果探测，试验环的 3 点方向注浆厚度为 18.4cm。

（12）同步注浆浆液初凝时间约为 30h，浆液坍落度随时间呈指数型衰减规律，后期坍落度下降较为缓慢。

（13）浆液抗剪强度 20h 后达到 912Pa，抗剪强度指标随时间变化呈指数型增长趋势。

第4章 钱江隧道涌潮对越江隧道结构影响研究

4.1 概述

钱塘江从富春江电站至杭州湾口，全长282km。钱塘江（富春江电站）多年平均流量952m³/s，年际、年内分布不均。钱塘江澉浦站多年平均潮差5.57m，历史最大潮差9.0m。钱塘江陆域来沙很少，泥沙主要来自海域，泥沙属细粉砂，易冲易淤，在一个潮周期内含沙量变幅极大。钱塘江河口平面上呈喇叭形，河床宽浅。上述水动力条件、泥沙条件和边界条件导致了钱塘江河口河床冲淤剧烈，河势很不稳定。钱塘江大冲大淤的特性使得越江隧道上覆土层的厚度变化较大，在严重的时候上覆土层会被江水冲刷去6.5m的覆土，由于上覆土层自重应力的释放将导致土体出现回弹，这将带动越江隧道产生纵向变形，严重时可能引起隧道接缝处渗水等事故。此外，钱塘江涌潮的巨大潮差将形成对江底的波浪压力，该超载压力也会对越江隧道的纵向变形产生影响。因此本章中将对钱塘江越江隧道在冲淤和涌潮作用下得纵向变形特性做详细研究，并进一步基于现场测试研究涌潮作用下隧道动力响应。

4.2 钱江潮下隧道结构动力测试

4.2.1 引言

4.2.1.1 问题的提出和意义

钱塘江为感潮型河流，呈不规则半日潮型，水位直接受潮汐影响，变化幅度大。据盐官水文站资料记载，钱塘江历年最高潮水位为7.75m（1997年8月9日，国家85高程，下同），最低潮水位为−2.34m（1955年2月21日），最大潮差7.26m（1933年12月19日）；其多年平均高潮位3.87m，多年平均低潮位0.67m，平均潮差3.20m，平均涨潮历时2小时21分，平均落潮历时10小时04分。海宁潮以"一线横江"被誉为天下奇观。

钱江隧道是钱江通道及接线工程的关键控制性工程，南连杭州萧山、北接嘉兴海宁的特大越江公路隧道。隧道越江段长约2345m，水深一般为1～3m，观潮潮头一般为1～2m，最高可达3m。在涌潮推进时，受丁坝、凹岸的阻挡，能翻起高达10m的巨浪。涌潮由下游向上游推进的速度约每20km/h，最快时可以达到10m/s。涌潮造成潮水暴涨对河床冲击，产生动力荷载将引起隧道结构的振动响应，但是这种动力响应的影响程度如何，还没有清楚的认识。因而有必要针对钱江隧道进行涌潮作用下的现场动力测试，深入研究涌潮作用下隧道结构动力响应，尤其是隧道纵向变形特性研究。

4.2.1.2 国内外研究现状

隧道涌潮动力分析涉及水文学、土动力学、结构动力学和振动理论等领域众多理论交叉与技术热点的前沿性研究课题，其影响因素繁多而复杂。

(1) 涌潮理论以及涌潮对结构影响研究

涌潮是入海河流河口的一种潮水暴涨现象，通常出现在喇叭形河口。当涌潮来临之际，前锋几乎陡立，因为钱塘江这样特殊的条件，盐官因一线潮而闻名于世。涌潮在水力学中定义为移动的水跃，是两种不同流型流动的过渡形式，大多数涌潮是破碎的（陈希海，1993；林炳尧和余炯，1998）。涌潮前端陡立的水位称为潮头，常用涌潮高度作为衡量涌潮强度的标准。

邵卫云等（2002）浅水长波理论和驻波理论可用于涌潮压力的初估，利用波浪力经验公式对涌潮压力进行计算并与实测的涌潮压力进行对比和分析，得到实际的涌潮压力在以波面为零点的静水压力值附近波动，涌潮动压力在低潮位偏下的位置达到最大值，然后逐渐减小。

李未（2006）建立了求解二维浅水波方程的有限体积模型，应用于复杂地形下间断流和涌潮的数值模拟。作者通过数值计算，分别分析外海潮汐的强度、河道水深、河口放宽率以及河床溯源抬升等因素对涌潮发生的影响，并从大量的数值计算结果中总结各因素对涌潮的影响规律；较好地模拟了钱塘江涌潮产生、形成和传播的过程。

涌潮对周边结构物影响巨大，现有研究主要集中涌潮对丁坝冲刷以及涌潮波浪测试方面积累大量工作。

邵卫云等（2006）对钱塘江六桥三个桥墩上所受的正面涌潮压力及回头潮压力全过程的动态测试，得到涌潮压力呈近似正弦波的压力振动，且振幅逐渐减小，且涌潮压力值在预报涌潮高度所引起的静水压力附近波动。

宋洋（2006）进行钱江涌潮现场试验，对排桩式丁坝上的涌潮压力和动力响应进行了比较系统的研究。作者在现场实测基础上，对试验数据进行了整理，研究了排桩式丁坝上涌潮压力随时间和空间的变化情况，并研究了排桩桩身内力的大小以及分布情况，为工程设计和后面的数值模拟及理论计算提供了可靠的参考。

(2) 盾构隧道纵向变形研究

目前国内盾构隧道设计方法主要针对横截面结构特性。分析隧道的环向受力、变形性能是隧道设计重要参考指标。未考虑纵向变形影响。用于隧道衬砌管片横向理论解析分析方法主要有：惯用法、修正惯用法、多铰环法以及梁-弹簧模型四种。而纵向设计并没有直接相关设计说明。可借鉴现有大量管线分析研究方法。

《上海市地基基础设计规范》对盾构隧道纵向变形进行了一定的考虑，提出盾构隧道纵向不均匀沉降的影响是不可忽视的。隧道纵向变形尤其是不均匀变形对隧道的影响频繁出现，已经引起国内外工程界的重视。纵向分析理论一般假定隧道横向为均质圆环，通过土弹簧来模拟隧道结构与土体相互作用。依据隧道接缝和螺栓简化，隧道纵向理论模型主要有两种。小泉淳等（1988）提出以梁单元模拟衬砌环片、轴向弯曲弹簧模拟接缝和螺栓的梁-弹簧模型；以及志波由纪夫等（1989）提出的纵向等效连续化模型。

国内，姜启元等（1999）较早提出重视盾构隧道纵向设计方法，分别介绍了等效弹性压缩刚度、等效弹性拉伸刚度、等效弹性弯曲刚度，并利用这三种等效刚度，对盾构隧道的几个纵向静、动力问题，作了较深入的分析探讨。

廖少明等（2006）分析了软弱地基的不均匀沉降导致隧道结构产生附加结构变形与次生内力，根据大量工程实测资料，总结了包含盾构隧道施工与长期使用阶段在内的隧道地基沉降的4种典型模式，然后基于弹性地基理论，分别推导并给出了这四种地基沉降模式下隧道结构的纵向变形及结构内力解析表达式，探讨了不同地基变形模式下隧道结构的响应规律。

黄正荣（2007）用壳-弹簧模型对隧道的纵向等效弯曲刚度进行研究分析，考虑了纵缝、管片通缝拼装和错缝拼装纵向等效弯曲刚度的影响，研究隧道和地层共同作用时隧道纵向的力学特性，对隧道荷载沿纵向变化、地质条件变化对隧道纵向变形的影响，提出了具有指导意义的规律和结论。

(3) 隧道振动分析研究

动力问题相比静力学问题，差异在于动力问题是建立时间和应力的关系以及必须考虑质量和阻尼效应。隧道振动问题按照荷载作用时间分为稳态问题和瞬态问题，隧道振动分析属于土与结构动力相互作用问题，主要有数值方法和简化方法以及现场测试。

边界元法作为一种精度很高的数值计算方法，借助于已知的Green函数，较早地被用于基础与土体的动力分析之中。Kausel（1980，1981）及Kaynia和Kausel（1982）拓展了Apsel（1979）的研究成果给出了一个更为完整的解，并在此基础上深入地研究了刚性无质量高承台下群桩的稳态动力响应，然而Green函数严格的闭合解只适用于简谐荷载，一般问题边界元求解复杂，适用性不强，尚未形成通用的商业化程序。

李怡闻和周健（2007）采用有限元模拟打桩引起的隧道振动。利用 ANSYS 的瞬态分析和接触单元，通过对动力参数和接触参数进行合理设置，在验证了某盾构隧道动力响应可以简化为弹性地基上梁的振动分析，借鉴已有的地下管线和桩基础振动的分析研究成果。20 世纪六七十年代以来，动力作用下的管道和软土地基中的管道受力性状问题就成为很多国内外学者的研究对象。Newmark 早在 20 世纪 60 年代末就对地下管线进行了振动研究，但在其分析中忽略了惯性力的影响，而且假定管线与土体一起运动；Parmelee 等（1975）则首次将管线简化为半无限空间的圆柱壳，土与管线间作用采用 Mindlin 求解，为以后的半无限空间相互作用理论奠定了基础。

Novak 等（1972，1973）针对桩基振动问题，从波动理论出发，提出了一系列近似计算的简化方法，将弹性半空间问题简化为 Winker 模型。将土体等效为弹簧与阻尼，在频域内表示为与激振频率有关的函数。

Hindy 和 Novak（1979）提出平面动应变与 Mindlin 解相结合的方法来计算土与管线动力相互作用，引入土体管线动力相互作用概念。

Gazetas 和 Dobry（1984，1988）；Makris 和 Gazetas（1993）在 Novak 平面应变假定的基础上，考虑了纵波和横波在平面内的传播效应，针对桩水平以及竖向振动，提出更实用化弹簧系数以及阻尼取值方法。

Takata 等（1987-1990）采用传递矩阵法对管线进行三维拟静态分析，同时考虑接头的非线性和管土滑移，还采用壳模型和有限元法计算梁模型所不能涉及的管道环向应力和沿管周的土压力分布。

Wolf（1997）基于总结了地基表面以及埋置基础的水平、竖向以及摇摆振动情况下各种阻抗系数，为动力 Winkler 模型参数取值提供依据。

Ambrosini（2006）针对土体动力作用问题，将基础底部用弹簧、阻尼简化，研究了在结构物在不同土体材料阻尼和几何阻尼条件下抗震性能。

张曦等（2007）通过以上海地铁二号线静安寺站-江苏路站区间隧道周围饱和软黏土动态测试，对地铁振动荷载作用下饱和软黏土的响应频率、土体响应应力幅值随距离地铁隧道远近以及土体响应应力幅值随深度的变化规律进行研究，并提出了土体动力响应衰减计算公式。

刘卫丰等（2008，2010）针对北京地铁 1 号线东单站至建国门站区间地铁列车运行引起的振动响应，进行现场振动试验，获得了地铁引起隧道振动主频与振动规律。

(4) 室内隧道模型试验研究

物理模型试验可以将工程原型缩小成一定比例的模型进行研究，将工程现象在试验室的条件下进行反复研究。易于通过调整试验条件和改变试验参数来对问题进行集中研究，揭示工程问题的本质和机理。因而该研究方法一直是研究复杂工程问题的重要手段。目前，对于隧道的模型试验根据施加荷载的不同包括静力分析和动力试验。

静力试验方面：余占奎等（2006）通过上海典型地质条件下的盾构隧道结构的相似模型试验量测的模型结构纵向位移分布和纵向的地基土反力土压力的分布与结构原型相应理论结果的对比分析，表明尽管理论值比试验值大，但两者的规律相同，通过适当调整局部均布荷载作用下弹性地基梁解析解完全可以满足纵向设计需要。

吴华勇（2006）从模型试验的角度出发，对管土相互作用机理进行一定的探索和研究。针对不同的管线材料，管径和接头类型，对轴向和垂直向管土静力相互作用规律进行了试验研究。

闫栋等（2010）采用模型试验方法，进行了 4 组相似模型的对比试验，通过对模型隧道分级加载及沉降、螺栓受力、环缝张开量的测量，分析了螺栓材料强度、隧道管片的环宽、隧道结构形式（盾构法分块拼装隧道，顶管法整环拼装隧道）几个因素对隧道结构力学性能的影响。

动力试验方面：林皋等（2000）通过多年模型试验的实践与体会，提出了结构动力模型试验与动力模型破坏试验中保持模型与原型相似的 3 种基本要求与处理技巧。同时指出，对结构动力特性，弹性振动响应与破坏形态等试验目的不同，相似要求也有所差别。

刘志强等（2011）通过分析盾构隧道的运营受力特征，设计了物理模拟试验系统，对地铁盾构隧道下卧粉质黏土的动力特性进行了研究，分析了不同荷载幅值、不同频率条件下隧道下卧粉质黏土的动力响应特性，并对动荷载作用下隧道的沉降特征进行了分析。

N. I. Thusyanthan（2011）通过模型试验，分析了不同材质的管线在冲击和稳态荷载作用下的动力响应，得出结论：管线的动力响应与隧道自身材质、荷载特性等均有关联。不同材料的管线会倾向于吸收不同频率组分的振动能量。但是该试验中模型为小尺寸的等截面管线，同盾构隧道还具有较大差别。

4.2.1.3 研究的主要任务

通过现场观测和理论分析，提出分析隧道纵向振动的简化方法；并设计室内模型试验，通过数值模拟、简化方法与试验对比验证简化方法的正确性。最终，得到隧道在涌潮作用下动力响应的影响因素和处理方法。

4.2.2 现场微振动测试

地球表面每时每刻都在做不规则的微弱振动，其振动周期为 0.1～1.0s，位移幅值仅为微米量级。这种场地的微弱振动称为地脉动，又称常时微动或场地微振动。场地微振动是一种稳定的非重复性的随机波动，主要是由人工活动、气象、江湖、海洋、地下构造活动等造成。钱塘江隧道江底埋深约 30m，涌潮引起隧道振动比一般场地微振动幅值要明显增大，但仍属于低频的微振动，故选取超低频传感器进行动态采集。

4.2.2.1 测试方案

（1）测试目的

1）隧道内安静状态下振动测试，分析隧道振动幅值和主频；

2）涨潮期间隧道振动测试，分析涌潮对隧道结构整体振动影响；

3）隧道施工引起局部振动测试，分析过往车辆施工机具引起隧道振动幅值以及环境振动的干扰频率。

（2）测试仪器

考虑隧道埋置深度以及波浪影响，振动信号微弱，不同于城市地铁交通引起较大的外部激振信号，本次测试精度要求达到地脉动测试，因此对采集仪器灵敏度有较高要求，应采用高灵敏度的低频信号传感器。经比较，选择 LC0132T 传感器和 SVSA 动态数据采集系统，见图 4.2.1，相应参数见表 4.2.1

图 4.2.1　Lance 传感器示意图

传感器参数　　　　　　　　　　　　　　　表 4.2.1

型号	灵敏度（mv/g）	量程	频率范围（Hz）	抗冲击（g）	重量（g）
LC0132T	50000	0.1g	0.05～500	50	1550

内置 IC 系列压电加速度传感器，是内装微型 IC 集成电路放大器的压电加速度传感器，它将传统的压电加速度传感器与电荷放大器集于一体，能直接与采集仪连接，这样就简化了测试系统，提高了测试精度和可靠性。其突出特点如下：低阻抗输出，抗干扰，噪声小，性价比高，稳定可靠、抗潮湿、抗粉尘以及有害气体，安装方便，尤其适于多点测量。

如图 4.2.2 所示，传感器通过屏蔽线与采集仪连接，输入信号经采集仪 A/D 转换、放大后通过 USB 口输出到 PC 上进行分析处理，总共包含 16 个通道，动态采集可 8 个通道同时工作，定点采集可 16 个通道同时采集，测试仪器组成详情见表 4.2.2。

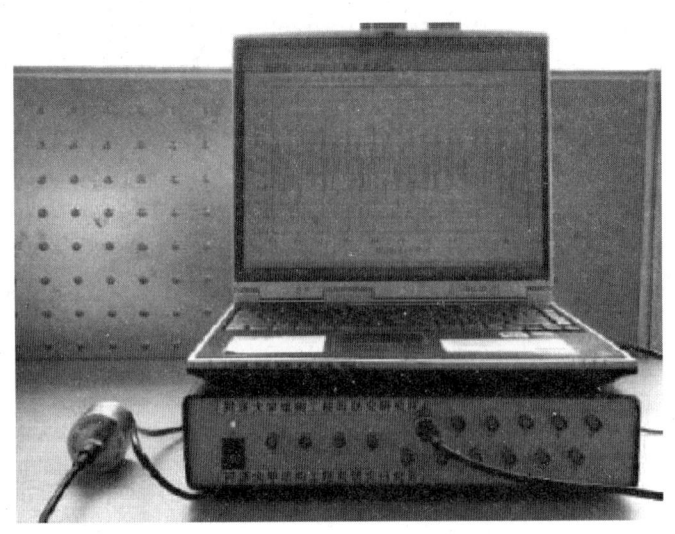

图 4.2.2　SVSA 信号处理系统

测试仪器列表　　　　　　　　　　　　　　　　　表 4.2.2

序号	仪器设备	数量	用途
1	SVSA 信号采集仪	1	信号采集、分析
2	Lance 拾振器	6	加速度测试
3	信号延长线	20m×6	信号中继延长
4	数据分析软件	1	分析数据
5	笔记本电脑	1	数据存储、分析

（3）测试工况

现场潮汐时刻如表 4.2.3 所示，阴历八月十八是盐官著名的观潮节，为当年涌潮最大时间段之一。据此拟定测试工况。

现场潮汐时间表　　　　　　　　　　　　　　　　表 4.2.3

大潮日	日潮	夜潮
八月十七（9.14）	12：45	00：35
八月十八（9.15）	13：23	01：15

第一个测试段：9 月 14 日 11：30～14：00，测量涨潮对隧道影响，来潮经过隧道上方时间为 12：52。

第二个测试段：9 月 14 日 23：00～2：00，测量夜潮对隧道影响，来潮经过隧道上方时间为 01：00。

第三个测试段：9 月 15 日 12：00～15：00，测量涨潮对隧道影响，来潮经过隧道上方时间为 13：32。

测试地点经由钱江隧道南岸工作井进入，位于 1110 环处，此处距离隧道北岸（盐官观潮点）约江面 1/3 距离，江面涌潮来潮较大。

（4）测试方法

隧道内径 13.7m，隧道两侧防撞墙与管片整体浇筑在一起，为振动测试提供了平整的工作测试平台。将防撞侧墙混凝土表面清理干净、平整后，沿隧道一个断面对称布置两个测点，每个点 3 个方向。

施工中隧道内部环境潮湿，这不利于传感器等电子元件稳定工作，拾振器经屏蔽电缆线与采集仪相连，能够最大程度避免传输干扰，因而确保振动测试信号的准确性以及有效性。

按照图 4.2.3 布置传感器，先打开采集仪，空采约 20 分钟，使得压电传感器内残余电荷清零，待信号平稳，然后开始正式记录数据，进行测试。隧道埋置于深厚软土中，主要特征为低频信号。根据采样定理，采样频率取 40Hz，为保证随机采样基于信号平稳性、各态历经性、周期性与正态性，要求每次记录时间不少于 15min。

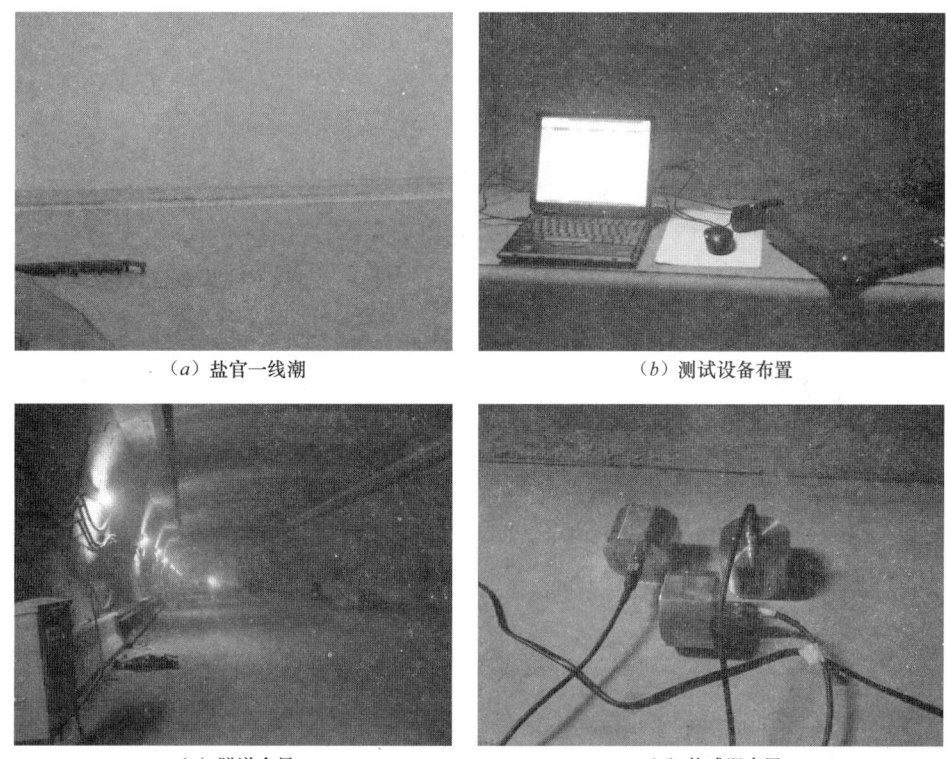

(a) 盐官一线潮　　(b) 测试设备布置

(c) 隧道全景　　(d) 传感器布置

图 4.2.3　测试现场布置图

4.2.2.2　数据分析

(1) 数据处理与频域分析

1) 数据预处理

振动数据处理是基于平稳随机过程假设，数据的基本特性是平稳性、各态历经性、周期性与正态性。然而，诸多因素的影响使得采集来的数据并不一定满足或基本满足该项假设，只有进行数据检验才能作出判断。

① 平稳性检验

平稳性检验是非常重要的，因为平稳数据与非平稳数据的分析方法有很大的不同，把非平稳数据当作平稳数据分析会得到错误的结果。

可根据采集、记录信号的波形特征来判断是否平稳。平稳性的特征是振动数据的平均值波动很小，且振动波形的峰谷变化比较均匀以及频率结构比较一致。符合这些特征的就是平稳的，否则是不平稳的。

② 各态历经性检验

若数据不是各态历经的，则要想得到随机过程的统计特性参数而只分析一个样本记录，前提就不正确。描述平稳过程的随机数据，一般都是各态历经的。

③ 周期性检验

数据的周期性检验可用各种数据分析方法引申而得到，如：a. 可根据概率密度函数图形判断，是盆形而不是数据则包含有周期数据；b. 根据功率谱密度函数判断，谱图峰值随滤波器带宽不断减小而成比例增加，则说明数据中包含有周期信号；c. 可以用自相关图来判断，因为对于无周期性的随机数据，自相关函数在滞后时间很大时，总是趋近于均值的平方，而周期数据的自相关函数，不管滞后时间怎样增大，总是一条连续振荡的曲线。

④ 正态性检验

将样本数据的概率密度函数或者概率分布函数与理论正态分布做比较，其形态与理论正态分布比较吻合，进一步说明数据中不含有周期信号。

2）频域分析

压电传感器经每个测现场测试数据，通过基线调零以及去趋势项，得到时域信号。经过 FFT 变换，得到采样历程上得频域信号，进行自功率谱分析，获得 3 个采样方向隧道结构自振频率。

每个测点布置 3 个方向加速度传感器动态采集实时响应。如图 4.2.4 所示，为便于表示方向，如图所示坐标系下，将隧道横向定义为 x 轴，沿隧道长度纵向定义为 y 轴，隧道竖向定义为 z 轴。

(2) 安静条件下振动分析

9 月 14 日夜间进入隧道 1100 环处，在隧道全线停工安静条件下，涌潮来临之前，测试隧道振动信号。

1）隧道竖向（z 方向）

根据图 4.2.5，安静状态下，隧道结构竖向（z 方向）振动幅值约 0.01Gal。

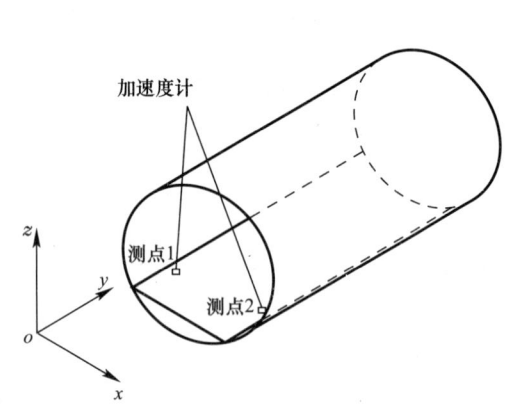

图 4.2.4　传感器布置方向示意图

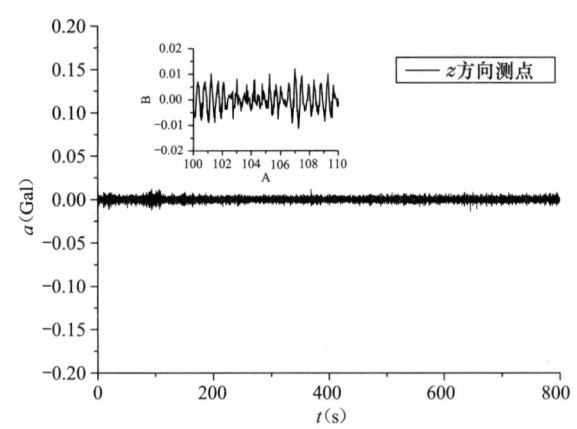

图 4.2.5　z 方向安静状态下振动时域信号

根据图 4.2.6，安静状态下，隧道竖向（z 方向）自功率谱分析，竖向自振频率约 2.1Hz。

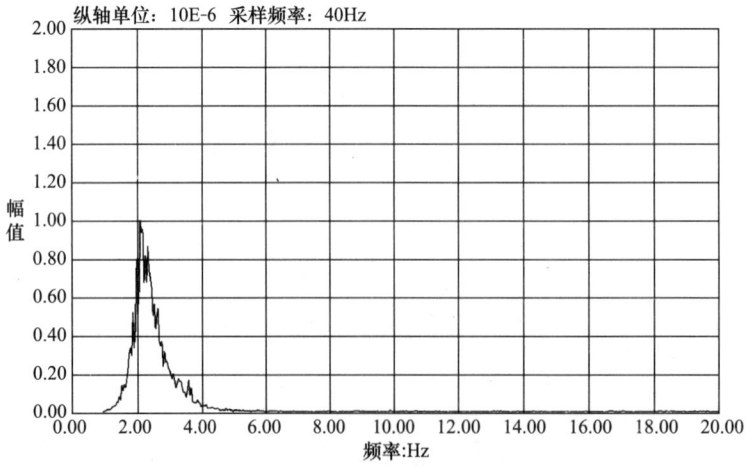

图 4.2.6　z 方向振动信号频域分析

2) 隧道横向（x 方向）

根据图 4.2.7，安静状态下，隧道结构横向（x 方向）振动幅值约 0.01Gal。

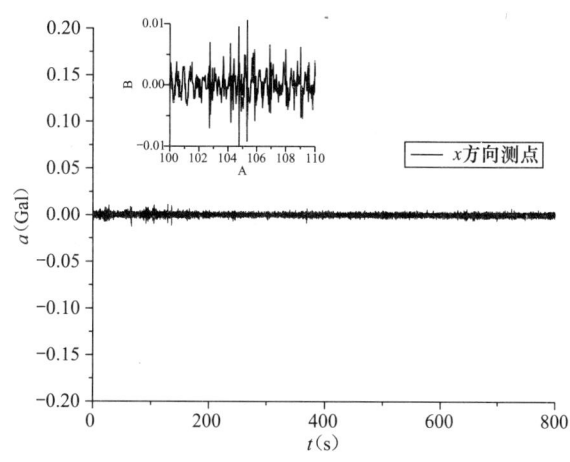

图 4.2.7　x 方向安静状态下振动时域信号

根据图 4.2.8，安静状态下，隧道结构横向（x 方向）自功率谱分析，横向自振频率约 1.9Hz。

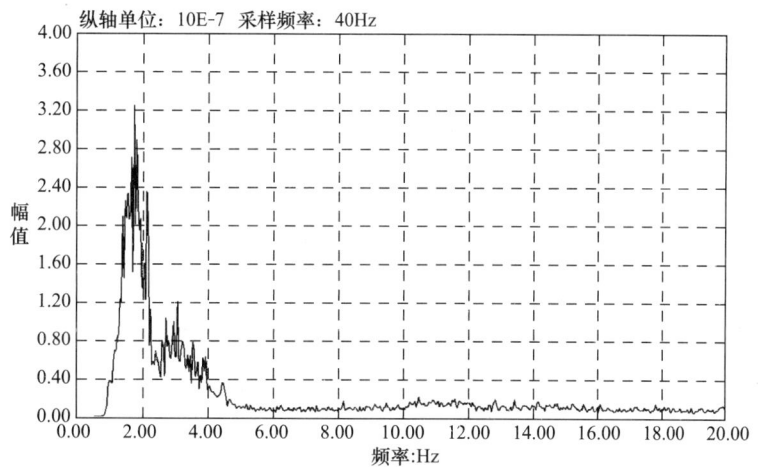

图 4.2.8　x 方向振动信号频域分析

3) 隧道纵向（y 方向）

根据图 4.2.9，安静状态下，隧道结构纵向（y 方向）相对不容易激振，脉动幅值约 0.005Gal。

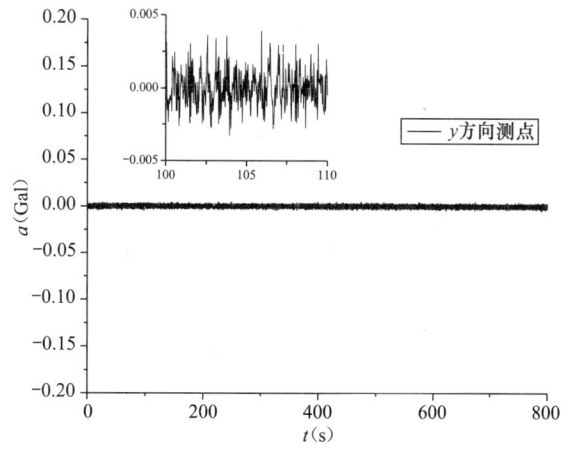

图 4.2.9　y 方向安静状态下振动时域信号

根据图 4.2.10，安静状态下，隧道结构纵向（y 方向）自功率谱分析，横向自振频率约 1.9Hz。

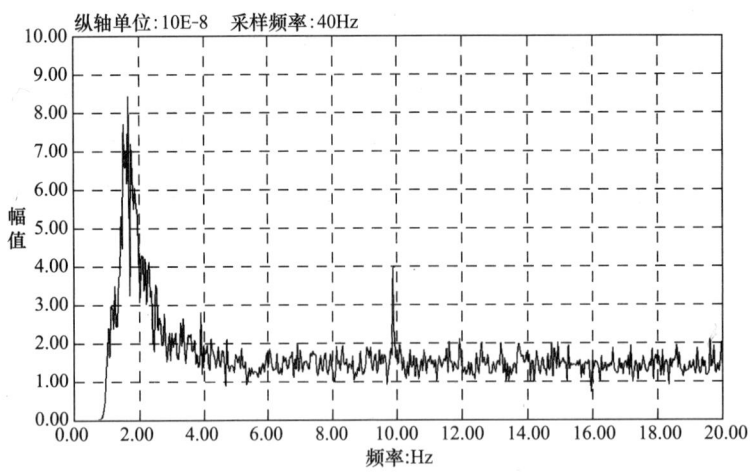

图 4.2.10　y 方向振动信号频域分析

(3) 涨潮期间隧道振动分析

9 月 14 日夜间进入隧道 1100 环处，测试隧道在涌潮经过隧道上方过程中隧道结构振动响应。

根据隧道大堤在隧道正上方观测。0:55 能看见一线潮远处，在 01:01 潮水经过隧道正上方，随即很快推进，经过隧道区域。潮水高度 2m，隧道两侧测点记录加速度响应如图 4.2.11 所示。

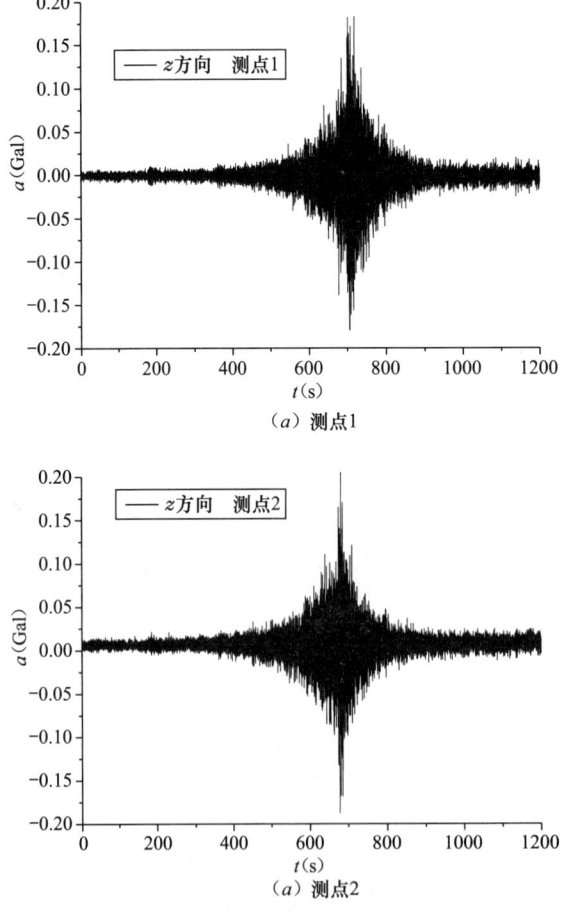

图 4.2.11　z 方向涌潮条件下振动时域信号

1) 隧道竖向（z方向）

沿隧道竖向加速度响应，在潮水来临时刻，响应明显，峰值达到0.2Gal（0.0002g），约为安静时刻振幅的20倍。

根据图4.2.12，隧道自功率谱分析可知，隧道结构z方向（竖向）振动频率在2.1Hz。

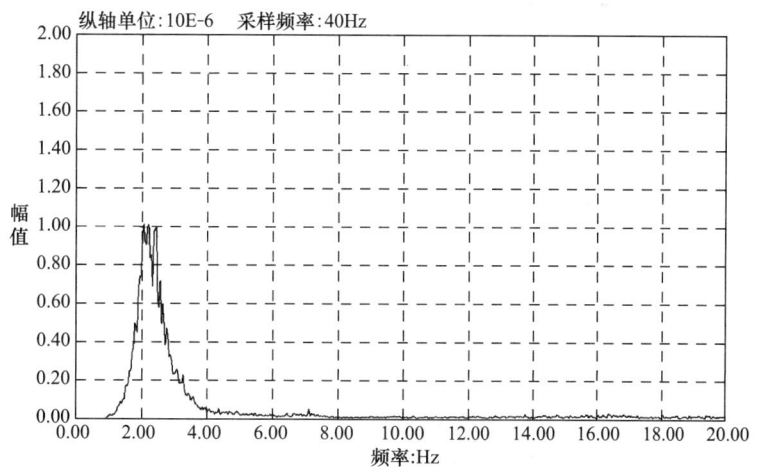

图4.2.12 z方向振动信号频域分析

2) 隧道横向（x方向）

如图4.2.13所示，沿隧道x加速度响应，在潮水来临时刻，峰值约0.1Gal，约为安静时刻振幅的10倍。

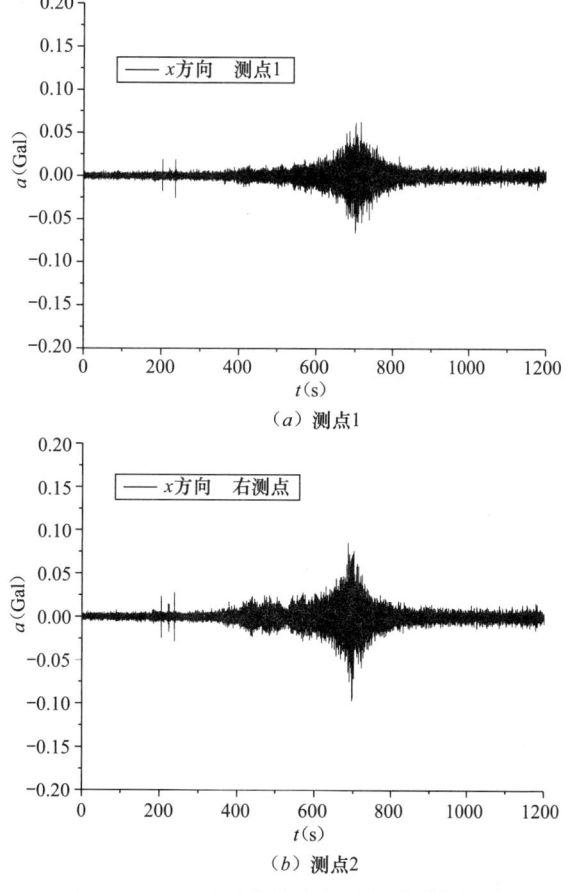

图4.2.13 x方向涌潮条件下振动时域信号

根据4.2.14,隧道自功率谱分析表明,隧道结构 x 方向(横向)振动频率在2.0Hz。

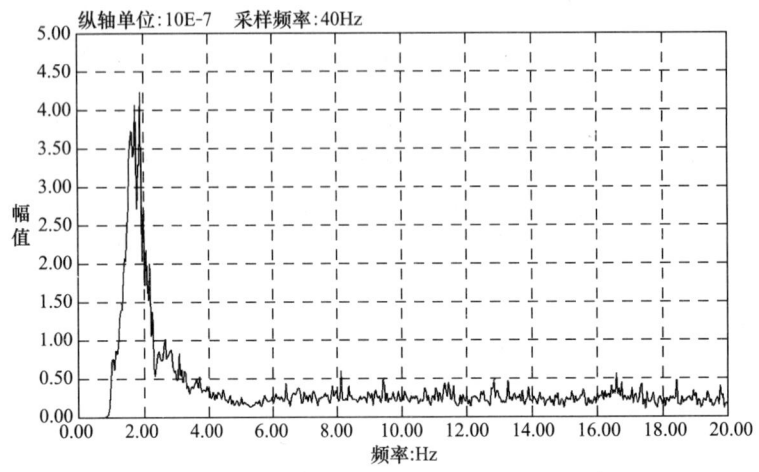

图4.2.14　x 方向振动信号频域分析

3)隧道横向(y 方向)

根据图4.2.15,沿隧道轴线方向(y 方向)加速度响应,不容易激振。潮水峰值约0.04Gal,是隧道脉动平均幅值的8倍。

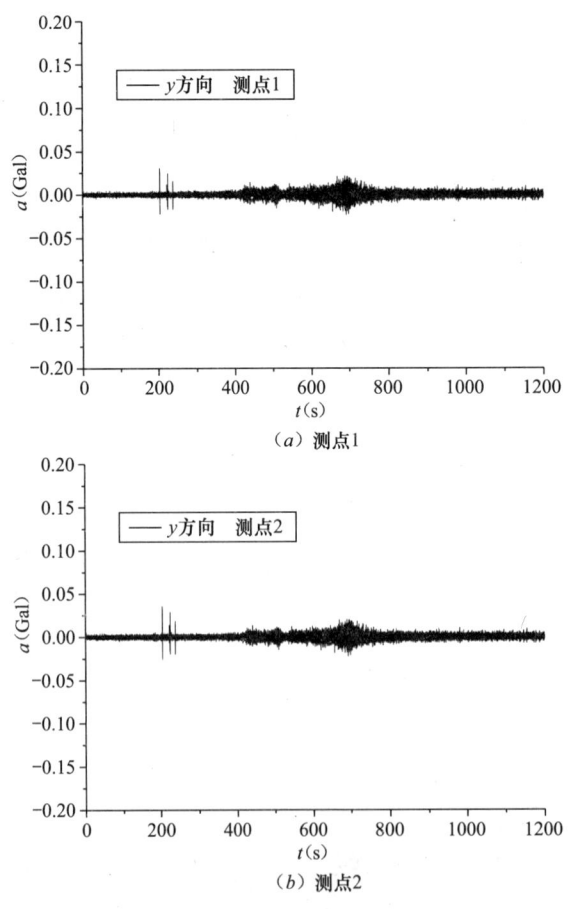

图4.2.15　y 方向涌潮条件下振动时域信号

隧道在纵向全长约3200m，在涌潮作用下纵向响应较小，根据图4.2.16，自功率谱分析可知，隧道结构y方向（纵向）振动频率在2.0Hz。由于纵向不易激振，外部干扰信号相对比较明显，下一工况分析中详细分析隧道环境振动信号强度和频谱特性。

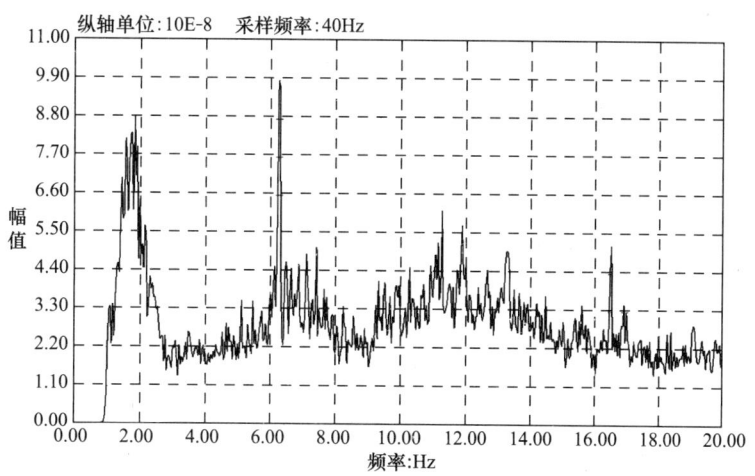

图4.2.16　y方向振动信号频域分析

（4）隧道施工环境振动分析

测试期间，9月14日以及15日测试大量数据中，除携带隧道自振频率以及涌潮等影响，还记录了过往车辆以及施工机具造成隧道局部振动。

通过夜间安静条件下测试分析可知，隧道结构振动频率约2Hz。而施工机械以及车辆振动频谱以高频信号为主，下面选取一组记录隧道内施工车辆引起振动信号分析。

1）隧道竖向（z方向）

根据图4.2.17，车辆经过传感器附近，引起隧道局部振动明显，竖向激振幅值约0.7Gal。如图4.2.18所示为z方向车辆行驶经过的频域分析。

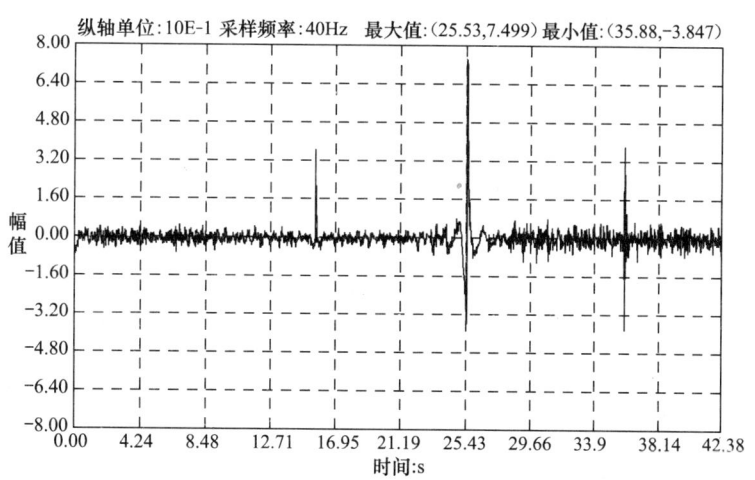

图4.2.17　z方向车辆行驶经过时域信号

2）隧道横向（x方向）

根据图4.2.19，车辆经过传感器附近，引起隧道横向振动约0.23Gal。

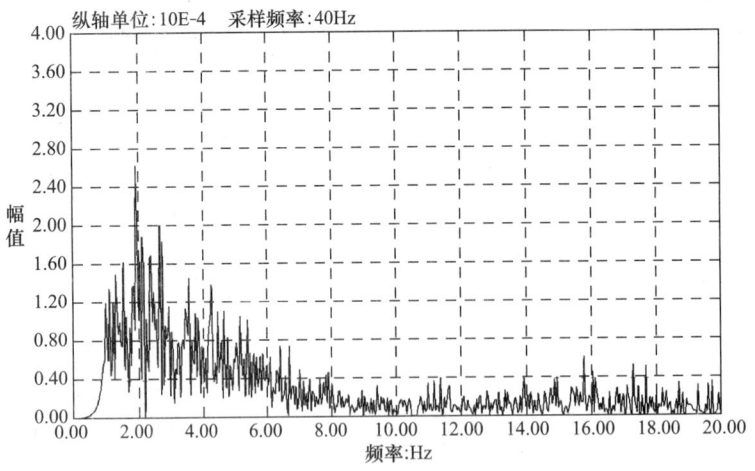

图 4.2.18　z 方向车辆行驶经过频域分析

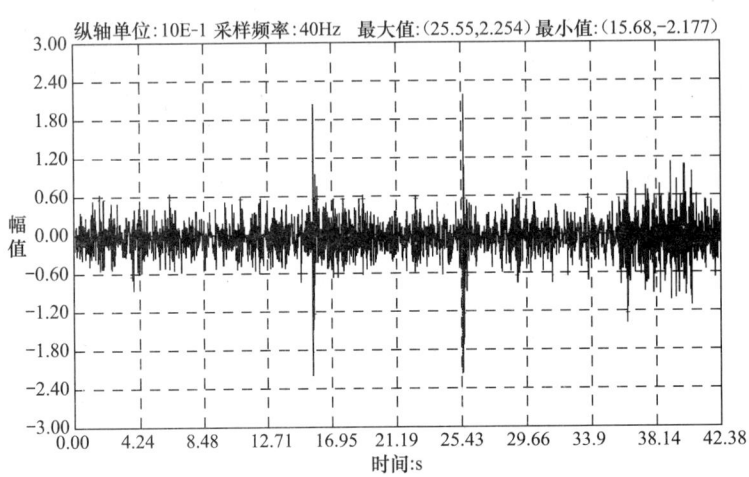

图 4.2.19　x 方向车辆行驶经过时域信号

如图 4.2.20 所示频域分析，隧道内车辆机械振动频域在高频范围比较丰富。

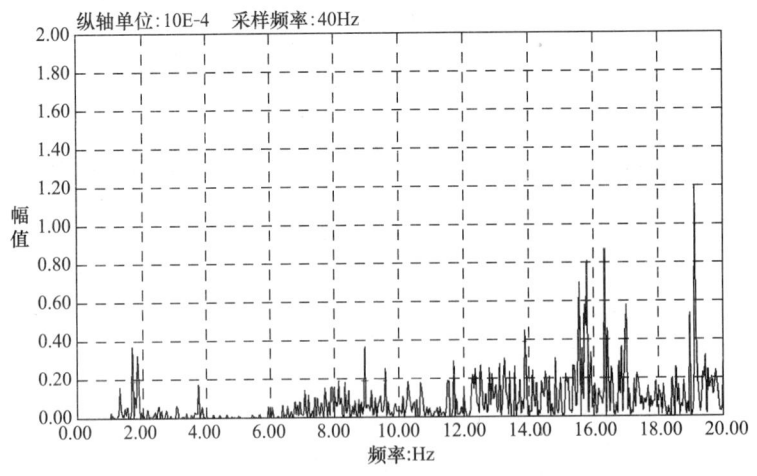

图 4.2.20　x 方向车辆行驶经过频域分析

3）隧道纵向（y 方向）

根据图 4.2.21，车辆经过传感器附近，引起隧道纵向振动约 0.27Gal。

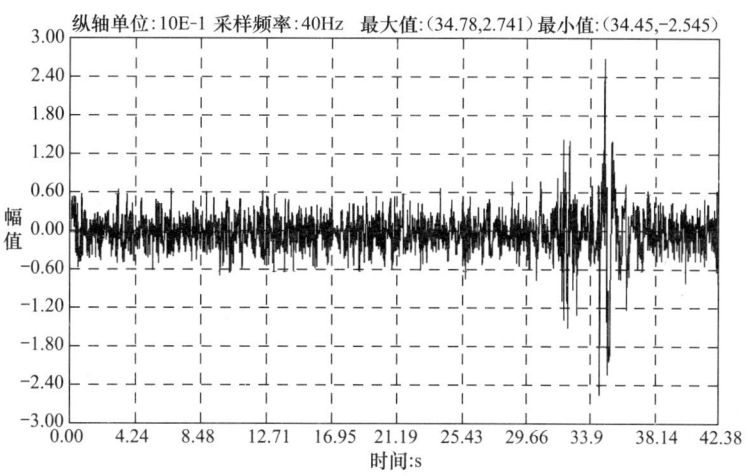

图 4.2.21　y 方向车辆行驶经过时域信号

根据图 4.2.22，施工环境测试说明，过往中型车辆经过引起隧道结构局部明显振动，加速度幅值与涌潮来时略大，频谱成分以高频为主。

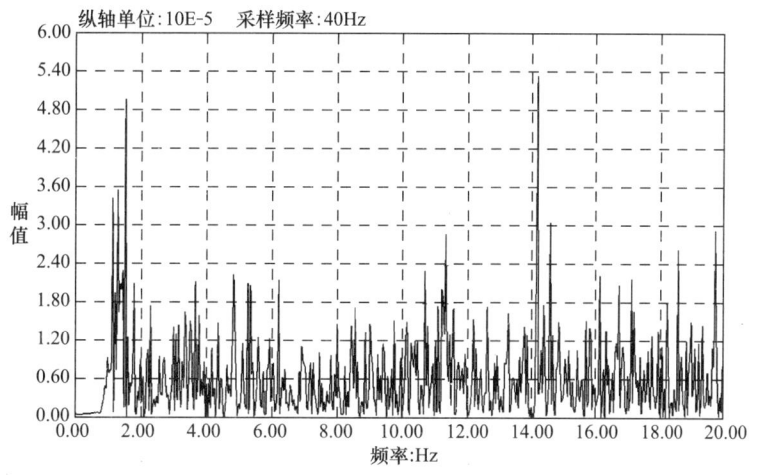

图 4.2.22　y 方向频域分析

4.2.3　理论分析方法

4.2.3.1　隧道纵向模型

隧道纵向模型常用如下几种：志波由纪夫（1988）提出的等效连续模型，如图 4.2.23 所示；小泉淳等（1988）提出梁-弹簧模型，如图 4.2.24 所示；以及近年来提出的壳-弹簧模型（黄正荣，2007）。其中壳-弹簧模型最为精细，但主要分析隧道局部管片内力变形，目前计算条件下不适用于沿隧道全长纵向变形分析。考虑转动弹簧难以模拟，现有纵向分析大多采用等效连续化模型，本文建立可以考虑转动弹簧的传递矩阵法。

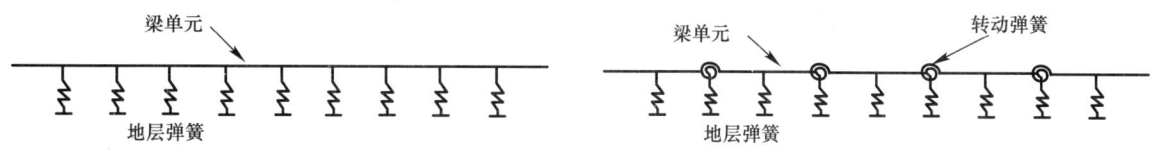

图 4.2.23　等效连续化模型　　　　　　图 4.2.24　梁-弹簧模型

等效连续化模型采用梁单元来模拟隧道结构，对隧道截面抗弯刚度整体予以折减。等效模型纵向变形荷载相同情况下与盾构隧道轴线纵向变形一致。如图 4.2.25 所示，简化模型不考虑管片环在圆周方向的不均匀性，并考虑因接头的存在对弯曲刚度的折减，将环间螺栓考虑为弹簧，受拉时按一定弹簧系数变形，受压时不变形。在弯矩作用下，以中性轴为界，受压侧管片受压，受拉侧管片和管片环接头一起受拉。

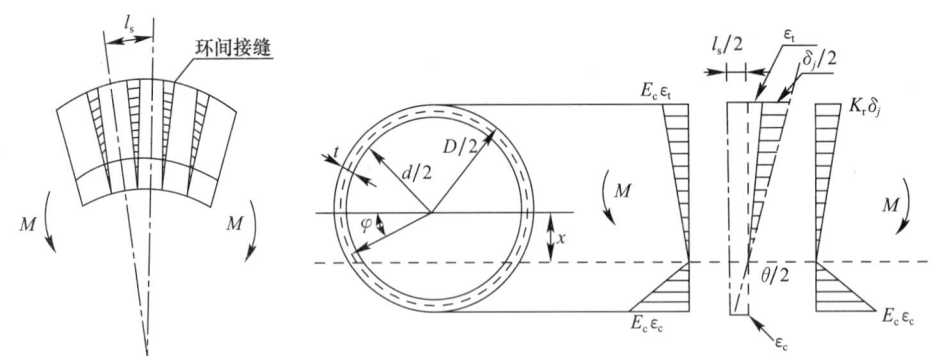

图 4.2.25　盾构隧道等效刚度示意图

盾构隧道的各物理量表示如下：D 为隧道外直径，t 为管片厚度，r 为隧道的平均半径，隧道截面惯性矩 $I_c=(D^4-(D-d)^4)\pi/64$，x 为隧道中性轴的位置，φ 为隧道中性轴位置的角度，δ_j 为离中性轴距离最远的受拉接头螺栓的变形，ε_j 为离中性轴距离最远的受拉接头螺栓的线应变 $\varepsilon_j=\delta_j/l$，ε_t 为管片截面的拉应变，ε_c 为管片截面的压应变，l_s 为管片的环宽，l 为隧道接头螺栓的长度，n 为同一断面纵向螺栓的个数，E 为螺栓材料的弹性模量，d 为螺栓的直径，单个螺栓横断面面积 $A=\pi d^2/4$，K_j 为接头螺栓的总线刚度 $K_j=nEA/l$，K_r 为接头螺栓的总刚度 $K_r=K_j/2\pi r$。

取隧道纵向两节管片环中心线之间两段长为 l_s 的单元作为计算单元，假设该单元受弯矩 M 作用时，相邻管片环之间的相对转角为 θ，管线的曲率为 θ/l_s。计算中有如下假设：

（1）管片与螺栓的联合体满足平截面假定；
（2）管片环单元的接头处，以中性轴为界，受压侧由管片单独承担，受拉侧为螺栓拉伸连接两侧的环单元；
（3）纵向螺栓的作用简化为沿环单元的连续分布弹簧；
（4）管片纵向接头处弯矩和转角满足线性关系。

以两管片连接断面为研究对象，由管片受压侧和受拉侧外围的变形协调条件可得到。

$$\varepsilon_c \frac{l_s}{2} = \left(\frac{D}{2}-x\right)\frac{\theta}{2} \tag{4.2.1}$$

$$\frac{r+x}{D/2+x}\varepsilon_t \frac{l_s}{2}+\frac{\delta_j}{2}=(r+x)\frac{\theta}{2} \tag{4.2.2}$$

由受压侧和受拉侧力的平衡条件可得到：

$$2\frac{E_c\varepsilon_c}{D/2-x}\int_0^{\frac{\pi}{2}-\varphi}(r\cos\alpha-x)rt\,\mathrm{d}\alpha=2\frac{E_c\varepsilon_t}{D/2-x}\int_0^{\frac{\pi}{2}+\varphi}(r\cos\alpha+x)rt\,\mathrm{d}\alpha \tag{4.2.3}$$

$$2\frac{E_c\varepsilon_c}{D/2-x}\int_0^{\frac{\pi}{2}-\varphi}(r\cos\alpha-x)rt\,\mathrm{d}\alpha=2\frac{K_r\varepsilon_j}{r+x}\int_0^{\frac{\pi}{2}+\varphi}(r\cos\alpha+x)r\,\mathrm{d}\alpha \tag{4.2.4}$$

由弯矩平衡条件可得到：

$$2\frac{E_c\varepsilon_c}{D/2-x}\int_0^{\frac{\pi}{2}-\varphi}(r\cos\alpha-x)^2rt\,\mathrm{d}\alpha+2\frac{E_c\varepsilon_t}{D/2+x}\int_0^{\frac{\pi}{2}+\varphi}(r\cos\alpha+x)^2rt\,\mathrm{d}\alpha=M \tag{4.2.5}$$

通过联合求解上述公式，可得到中性轴位置的角度 φ 为：

$$\cot\varphi+\varphi=\pi\left(\frac{1}{2}+\frac{K_r l_s}{E_c t}\right) \tag{4.2.6}$$

进而得到横截面转角 θ 为：

$$\theta = \frac{l_s}{E_c I_c} \frac{\cos\varphi + (\varphi + \pi/2)\sin\varphi}{\cos^3\varphi} M \tag{4.2.7}$$

由材料力学理论可得到隧道的等效抗弯刚度为：

$$(EI)_{eq} = \frac{M}{\theta} = \frac{\cos^3\varphi}{\cos\varphi + (\varphi + \pi/2)\sin\varphi} E_c I_c \tag{4.2.8}$$

采用梁弹簧模型，管片间转动弹簧刚度为：

$$k_\theta = \frac{(EI)_{eq}}{l_s} \tag{4.2.9}$$

4.2.3.2 隧道稳态振动简化分析方法

(1) 稳态分析模型

盾构隧道纵向与土体相互作用为复杂的三维问题，然而隧道纵向为长细结构，可以沿将埋置于土体中的隧道简化为弹性地基梁，采用动力 Winkler 模型等效弹性半空间模型，周围土体视为沿隧道四周均匀分布的弹簧和阻尼，如图 4.2.26 所示，隧道纵向长度为 L，隧道上方受到集中力 P 与均布荷载 q，单元所受弯矩 M 与剪力 H。

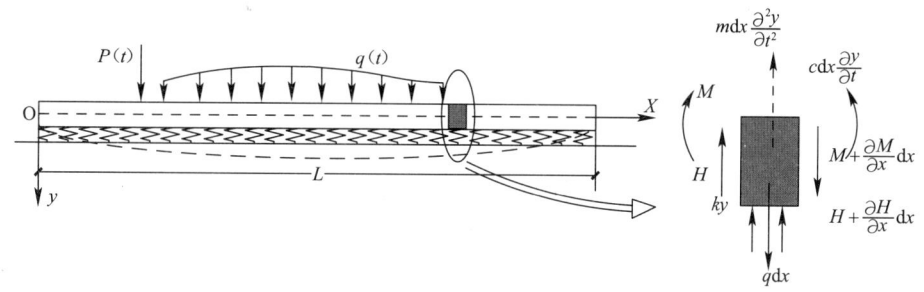

图 4.2.26 隧道 Winkler 地基模型

由达朗贝尔原理得振动控制微分方程如下所示：

$$\frac{\partial^2}{\partial x^2}\left(EI\frac{\partial^2 y(x,t)}{\partial x^2}\right) + m\frac{\partial^2 y(x,t)}{\partial t^2} + c\frac{\partial y(x,t)}{\partial t} + ky(x,t) = q(x,t) \tag{4.2.10}$$

式中，EI 为隧道截面抗弯刚度；m 为单位长度质量；k 为地基 Winkler 模量；c 为土体阻尼系数。

稳态分析也称为谐响应分析，是用于确定线性结构在受简谐荷载作用时的稳态响应，目的是计算出结构在不同频率下的动力响应，并得到响应随频率变化的曲线。稳态分析将将荷载视为简谐激励，隧道位移响应亦与荷载振动同相位。假设作用隧道上方的稳态荷载为 $P(x,t) = P(x)e^{i\omega t}$，$q(x,t) = q(x)e^{i\omega t}$，则有隧道位移响应满足 $y(x,t) = y(x)e^{i\omega t}$。

式 (4.2.10) 可以改写为：

$$\frac{d^4 y(x)}{dx^4} - \lambda^4 y(x) = \frac{q}{EI} \tag{4.2.11}$$

其中：

$$\lambda = \sqrt[4]{\frac{m\omega^2 - k - i\omega c}{EI}} \tag{4.2.12}$$

微分方程的解析解为：

$$y(x) = A\cosh(\lambda x) + B\sinh(\lambda x) + C\cos(\lambda x) + D\sin(\lambda x) - \frac{q}{EI\lambda^4} \tag{4.2.13}$$

为便于数学推导，引入克雷洛夫函数，表达式如式 (4.2.14) 所示。克雷洛夫函数循环求导示意图如图 4.2.27 和表 4.2.4 所示。

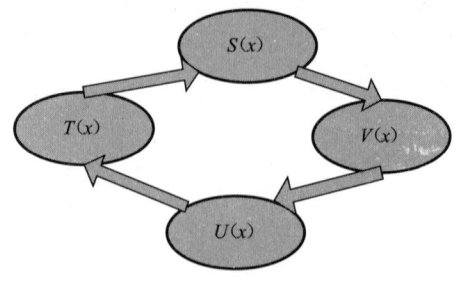

图 4.2.27 克雷洛夫函数循环求导示意图

$$S(x) = \frac{1}{2}[\cosh(x) + \cos(x)]$$
$$V(x) = \frac{1}{2}[\sinh(x) - \sin(x)]$$
$$U(x) = \frac{1}{2}[\cosh(x) - \cos(x)]$$
$$T(x) = \frac{1}{2}[\sinh(x) + \sin(x)]$$
(4.2.14)

克雷洛夫函数循环排列表 表 4.2.4

y	$S(\lambda x)$	$T(\lambda x)$	$U(\lambda x)$	$V(\lambda x)$
y'	$\lambda V(\lambda x)$	$\lambda S(\lambda x)$	$\lambda T(\lambda x)$	$\lambda U(\lambda x)$
y''	$\lambda^2 U(\lambda x)$	$\lambda^2 V(\lambda x)$	$\lambda^2 S(\lambda x)$	$\lambda^2 T(\lambda x)$
y'''	$\lambda^3 T(\lambda x)$	$\lambda^3 U(\lambda x)$	$\lambda^3 V(\lambda x)$	$\lambda^3 S(\lambda x)$
y''''	$\lambda^4 S(\lambda x)$	$\lambda^4 T(\lambda x)$	$\lambda^4 U(\lambda x)$	$\lambda^4 V(\lambda x)$

将式（4.2.14）代入式（4.2.13）则有：

$$y(x) = C_1 S(\lambda x) + C_2 T(\lambda x) + C_3 U(\lambda x) + C_4 V(\lambda x) - \frac{q}{EI\lambda^4} \tag{4.2.15}$$

如图 4.2.28 地基梁单元所示，单元 i 左端节点 i 处，$y(x) = y_i$，$y(x)' = \theta_i$，$y(x)'' = -M_i/EI$，$y(x)''' = -H_i/EI$，代入式（4.2.15）得：

$$C_1 = y_i + \frac{q}{EI\lambda^4}, C_2 = \theta_i \frac{1}{\lambda},$$
$$C_3 = -\frac{M_i}{EI\lambda^2}, C_4 = -\frac{H_i}{EI\lambda^3} \tag{4.2.16}$$

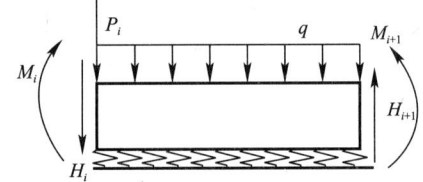

图 4.2.28 地基梁单元示意图

再将 C_1、C_2、C_3 和 C_4 代入式（4.2.16），可将梁单元内任意截面的位移以及内力表示为节点 i 变形和内力的函数关系。

$$\begin{aligned}
y(x) &= S(\lambda x) y_i + \frac{T(\lambda x)}{\lambda} \theta_i - \frac{U(\lambda x)}{EI\lambda^2} M_i - \frac{V(\lambda x)}{EI\lambda^3} H_i + \frac{q}{EI} \frac{S(\lambda x) - 1}{\lambda^4} \\
\theta(x) &= \lambda V(\lambda x) y_i + S(\lambda x) \theta_i - \frac{T(\lambda x)}{EI\lambda} M_i - \frac{U(\lambda x)}{EI\lambda^2} H_i + \frac{q}{EI} \frac{V(\lambda x)}{\lambda^3} \\
M(x) &= -EI\lambda^2 U(\lambda x) y_i - EI\lambda V(\lambda x) \theta_i + S(\lambda x) M_i + \frac{T(\lambda x)}{\lambda} H_i - q \frac{U(\lambda x)}{\lambda^2} \\
H(x) &= -EI\lambda^3 T(\lambda x) y_i - EI\lambda^2 U(\lambda x) \theta_i + \lambda V(\lambda x) M_i + S(\lambda x) H_i - q \frac{T(\lambda x)}{\lambda}
\end{aligned} \tag{4.2.17}$$

将式（4.2.17）写为矩阵形式，左端为节点 $i+1$ 各变量，右端为节点 i 各变量，公式如下：

$$\begin{Bmatrix} y \\ \theta \\ M \\ H \\ 1 \end{Bmatrix}_{i+1} = \begin{bmatrix} S(\lambda x) & \dfrac{T(\lambda x)}{\lambda} & -\dfrac{U(\lambda x)}{EI\lambda^2} & -\dfrac{V(\lambda x)}{EI\lambda^3} & \dfrac{q}{EI}\dfrac{S(\lambda x)-1}{\lambda^4} \\ \lambda V(\lambda x) & S(\lambda x) & -\dfrac{T(\lambda x)}{EI\lambda} & -\dfrac{U(\lambda x)}{EI\lambda^2} & \dfrac{q}{EI}\dfrac{V(\lambda x)}{\lambda^3} \\ -EI\lambda^2 U(\lambda x) & -EI\lambda V(\lambda x) & S(\lambda x) & \dfrac{T(\lambda x)}{\lambda} & -q\dfrac{U(\lambda x)}{\lambda^2} \\ -EI\lambda^3 T(\lambda x) & -EI\lambda^2 U(\lambda x) & \lambda V(\lambda x) & S(\lambda x) & -q\dfrac{T(\lambda x)}{\lambda^3} \\ 0 & 0 & 0 & 0 & 1 \end{bmatrix} \begin{Bmatrix} y \\ \theta \\ M \\ H \\ 1 \end{Bmatrix}_i \tag{4.2.18}$$

将梁单元节点处的挠度、转角、弯矩和剪力记为节点 i 处的状态矢量 $\boldsymbol{Z}_i$，即 $\boldsymbol{Z}_i=[y_i,\theta_i,M_i,H_i]^{\mathrm{T}}$。以上矩阵可以简化写作：

$$\boldsymbol{Z}_{i+1}=\boldsymbol{T}_i\boldsymbol{Z}_i+\boldsymbol{f}_i \tag{4.2.19}$$

式中，$\boldsymbol{f}_i$ 表示荷载列矢量，为式（4.2.18）中最后一列的 4 行与荷载有关变量；$\boldsymbol{T}_i$ 为单元 i 的传递矩阵。

后续运算中为便于矩阵连乘运算，将 4 阶状态矢量 $\boldsymbol{Z}_i$ 扩充为 5 阶，最后一位补上 1，不影响计算。利用状态矢量简化写作：

$$\boldsymbol{Z}_{i+1}=\boldsymbol{T}_i\boldsymbol{Z}_i \tag{4.2.20}$$

单元节点处，模型中受集中荷载作用处的节点，由于剪力的不连续需对传递矩阵进行修正，$H_i=H_i-P_i$，写作点矩阵 $\boldsymbol{U}$ 形式，通过点矩阵对传递矩阵进行修正 $\boldsymbol{T}=\boldsymbol{U}\boldsymbol{T}$。

$$\boldsymbol{U}=\begin{bmatrix} 1 & 0 & 0 & 0 & 0 \\ 0 & 1 & 0 & 0 & 0 \\ 0 & 0 & 1 & 0 & 0 \\ 0 & 0 & 0 & 1 & -P \\ 0 & 0 & 0 & 0 & 1 \end{bmatrix} \tag{4.2.21}$$

转动弹簧节点处，如图 4.2.29 所示，节点转动释放部分弯矩。节点处转角进行修正 $\theta_i=\theta_i-M_i/k_\theta$，定义节点点矩阵如下。

$$\boldsymbol{U}=\begin{bmatrix} 1 & 0 & 0 & 0 & 0 \\ 0 & 1 & -1/k_\theta & 0 & 0 \\ 0 & 0 & 1 & 0 & 0 \\ 0 & 0 & 0 & 1 & 0 \\ 0 & 0 & 0 & 0 & 1 \end{bmatrix} \tag{4.2.22}$$

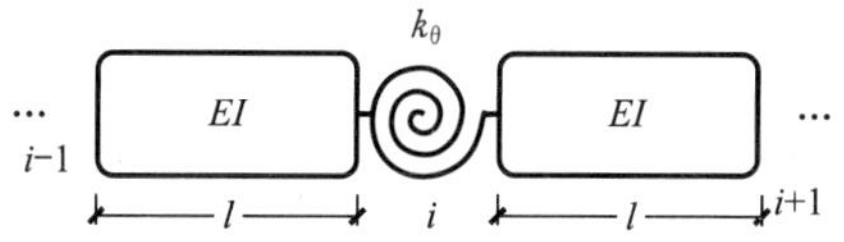

图 4.2.29 节点转动弹簧

根据节点传递矩阵递推关系，由各单元平衡条件和位移连续性可得到梁两端状态矢量传递关系如下：

$$\boldsymbol{Z}_{n+1}=\boldsymbol{T}\boldsymbol{Z}_1 \tag{4.2.23}$$

式中 $\boldsymbol{T}=\prod_{i=1}^{n}\boldsymbol{T}_i$。

（2）边界条件及求解

梁两端边界条件根据约束状态分为自由边界、简支边界以及固定边界。将传递矩阵 $\boldsymbol{T}$ 中各个元素定义为 $\boldsymbol{T}_{ij}$，其中 $i=1,2\cdots5$，$j=1,2\cdots5$。

1）自由边界，弯矩、剪力为 0，即 $\boldsymbol{Z}_1=[y_1,\theta_1,0,0,1]^{\mathrm{T}}$，$\boldsymbol{Z}_{n+1}=[y_{n+1},\theta_{n+1},0,0,1]^{\mathrm{T}}$。

$$\begin{bmatrix} T_{31} & T_{32} \\ T_{41} & T_{42} \end{bmatrix}\begin{bmatrix} y_1 \\ \theta_1 \end{bmatrix}=\begin{bmatrix} -T_{35} \\ -T_{45} \end{bmatrix} \tag{4.2.24}$$

2）简支边界，位移、弯矩为 0，即 $\boldsymbol{Z}_1=[0,\theta_1,0,H_1,1]^{\mathrm{T}}$，$\boldsymbol{Z}_{n+1}=[0,\theta_{n+1},0,H_{n+1},1]^{\mathrm{T}}$。

$$\begin{bmatrix} T_{12} & T_{14} \\ T_{32} & T_{34} \end{bmatrix}\begin{bmatrix} \theta_1 \\ H_1 \end{bmatrix}=\begin{bmatrix} -T_{15} \\ -T_{35} \end{bmatrix} \tag{4.2.25}$$

3）固端边界，位移、转角为 0，即 $\boldsymbol{Z}_1=[0,0,M_1,H_1,1]^{\mathrm{T}}$，$\boldsymbol{Z}_{n+1}=[0,0,M_{n+1},H_{n+1},1]^{\mathrm{T}}$。

$$\begin{bmatrix} T_{13} & T_{14} \\ T_{23} & T_{24} \end{bmatrix}\begin{bmatrix} M_1 \\ H_1 \end{bmatrix}=\begin{bmatrix} -T_{15} \\ -T_{25} \end{bmatrix} \tag{4.2.26}$$

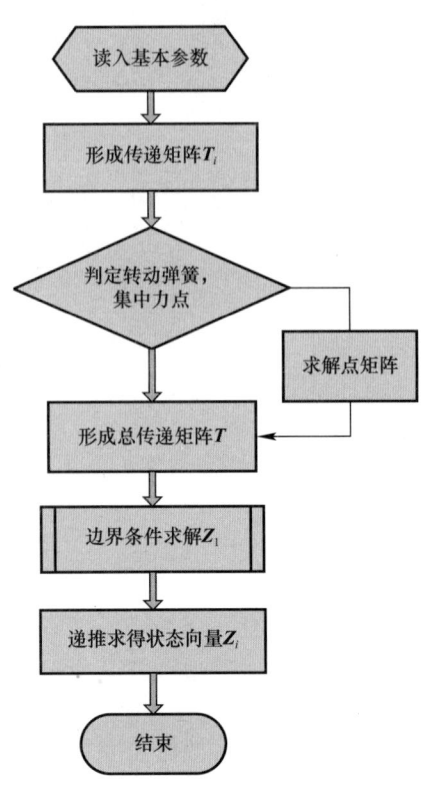

图 4.2.30 传递矩阵算法流程图

求解上述方程组确定初始状态矢量 Z_1 中各个未知量,依次递推可得到各截面的状态矢量。

$$Z_{i+1} = T_i T_{i-1} \cdots T_2 T_1 Z_1 \quad (4.2.27)$$

编制程序流程图如图 4.2.30 所示。

(3) 无量纲化与 Riccati 变换

1) 无量纲化

由以上内容可以看出,状态矢量中位移、转角和弯矩、剪力相比数量级相差较大。若单元划分较细,矩阵连乘使得求解过程中,矩阵方程条件数过大,方程刚性病态,分析结果数值误差积累显著。

为避免上述现象发生,首先将传递矩阵和状态矢量进行无量纲化,以提高计算精度。

$$\begin{bmatrix} y \\ l\theta \\ \dfrac{l^2}{EI}M \\ \dfrac{l^3}{EI}H \\ \dfrac{l^4}{EI} \end{bmatrix} = \bar{T}(x) \begin{bmatrix} y \\ l\theta \\ \dfrac{l^2}{EI}M \\ \dfrac{l^3}{EI}H \\ \dfrac{l^4}{EI} \end{bmatrix}_i \quad (4.2.28)$$

式中

$$\bar{T}(x) = \begin{bmatrix} S(\lambda x) & \dfrac{T(\lambda x)}{\lambda l} & -\dfrac{U(\lambda x)}{\lambda^2 l^2} & -\dfrac{V(\lambda x)}{\lambda^3 l^3} & q\dfrac{S(\lambda x)-1}{\lambda^4 l^4} \\ \lambda l V(\lambda x) & S(\lambda x) & -\dfrac{T(\lambda x)}{\lambda l} & -\dfrac{U(\lambda x)}{\lambda^2 l^2} & q\dfrac{V(\lambda x)}{\lambda^3 l^3} \\ -\lambda^2 l^2 U(\lambda x) & -\lambda l U(\lambda x) & S(\lambda x) & \dfrac{T(\lambda x)}{\lambda l} & -q\dfrac{U(\lambda x)}{\lambda^2 l^2} \\ -\lambda^3 l^3 T(\lambda x) & -\lambda^2 l^2 U(\lambda x) & \lambda l V(\lambda x) & S(\lambda x) & -q\dfrac{T(\lambda x)}{\lambda l} \\ 0 & 0 & 0 & 0 & 1 \end{bmatrix} \quad (4.2.29)$$

2) Riccati 变换

数值求解过程中由于传递矩阵 T 连续相乘,归一化后虽然可以避免由于计算机存储字长有限导致矩阵运算中"大数吃小数",经程序调试纵向长度达千米数量级后,依然发散。传统矩阵论理论,通过 m 阶矩阵连乘来得到总传递矩阵 T,运算过程中传递矩阵 T 谱半径大于 1,连续相乘计算必定导致数值发散,难以求解大规模模型。

Riccati 传递矩阵法(Horner, 1978)使用 $m/2$ 阶矩阵 S_i 递推来确定 S_{i+1},微分方程求解中通过 Riccati 变换,将微分方程两点边值问题转换为一个初值问题,从而有效提高算法数值稳定性与计算精度。Riccati 变换实现过程如下。

前述分析中状态矢量递推式 (4.2.18) 记为 $Z_{i+1}=T_i Z_i + f_i$。将状态矢量 Z_i 分块,其中输入点已知零元素记为 Z_a,包含 2 个状态变量;系统输入点状态矢量中未知的状态变量记为 Z_b,包含 2 个未知状态变量。展开式 (4.2.19) 可得:

$$\begin{bmatrix} Z_a \\ Z_b \end{bmatrix}_{i+1} = \begin{bmatrix} T_{11} & T_{12} \\ T_{21} & T_{22} \end{bmatrix} \begin{bmatrix} Z_a \\ Z_b \end{bmatrix}_i + \begin{bmatrix} f_a \\ f_b \end{bmatrix}_i \quad (4.2.30)$$

其中,T_{11}、T_{12}、T_{21} 和 T_{22} 分别为对应 2 阶分块矩阵。引入 Riccati 变化,得下式:

$$Z_{ai} = S_i Z_{bi} + e_i \quad (4.2.31)$$

其中，S_i 为 2 阶方阵，e_i 为包含 2 个元素的列向量。展开式（4.2.30），得：

$$\begin{cases} Z_{ai+1} = T_{11} Z_{ai} + T_{12} Z_{bi} + f_{ai} \\ Z_{bi+1} = T_{21} Z_{ai} + T_{22} Z_{bi} + f_{bi} \end{cases} \quad (4.2.32)$$

将式（4.2.31）代入式（4.2.32）并消去 Z_{ai}、Z_{bi} 得：

$$Z_{bi} = (S_i + T_{22})^{-1} Z_{bi+1} - (T_{21} S_i + T_{22})^{-1}(T_{21} e_i + f_{bi}) \quad (4.2.33)$$

$$Z_{ai+1} = S_{i+1} Z_{bi+1} + e_{i+1} \quad (4.2.34)$$

其中：

$$\begin{cases} S_{i+1} = (T_{11} S_i + T_{12})(T_{21} S_i + T_{22})^{-1} \\ e_{i+1} = T_{11} e_i + f_{ai} - S_{i+1}(T_{21} e_i + f_{bi}) \end{cases} \quad (4.2.35)$$

利用系统输出输入端边界条件，$Z_{a1} = 0$，$Z_{b1} \neq 0$ 代入式（4.3.35）可得初值 $S_1 = 0$，$e_1 = 0$，然后依次递推求出所有 S_i、e_i，$i = 1, 2 \cdots n+1$。

对于系统输出点，利用式（4.2.31），有：

$$Z_{an+1} = S_{n+1} Z_{bn+1} + e_{n+1} \quad (4.2.36)$$

求解上述非齐次线性方程组可得输出点状态矢量 Z_{an+1}、Z_{bn+1}。组合式（4.2.33）和式（4.2.31），即得到由输出点 Z_{an+1} 到输入点 Z_{a1} 的状态矢量递推表达式如下：

$$\begin{cases} Z_{bi} = (T_{21} S_i + T_{22})^{-1} Z_{bi+1} - (T_{21} S_i + T_{22})^{-1}(T_{21} e_i + f_{bi}) \\ Z_{ai} = S_i Z_{bi} + e_i \end{cases} \quad (4.2.37)$$

依据 Riccati 变换传递矩阵法编制流程图如图 4.2.31 所示。

基于 Riccati 变换的传递矩阵法，构造传递矩阵与传统方法一致，差别在于求解过程中将矩阵分块，降低矩阵阶数，将首尾连续乘法的运算转换为节点位移内力相互递推关系，数值精度稳定性显著提高。

4.2.3.3 瞬态振动简化分析方法

涌潮竖向压力是随时间变化的变量，涌潮移动过程中在河床上方对隧道形成一个瞬态激励，隧道受力为随着时间变化曲线。瞬态分析将波浪荷载从江面传到江底，再作用到盾构隧道，如图 4.2.32 所示。振动控制方程同式（4.2.10）。

利用傅里叶变换将时域偏微分方程转化为频域常微分方程，求得频域条件下方程的解，然后通过傅里叶逆变换得到时域解，如图 4.3.33 所示。

依据前节中弹性地基梁振动控制偏微分方程（4.2.10），将荷载和位移变量通过傅里叶变换，如下所示：

$$q(\omega) = \int_{-\infty}^{+\infty} q(t) e^{-i\omega t} \mathrm{d}t \quad (4.2.38)$$

$$y(\omega) = \int_{-\infty}^{+\infty} y(t) e^{-i\omega t} \mathrm{d}t \quad (4.2.39)$$

在频域范围内，控制方程式 4.2.10 简化为常微分方程，整理如下：

$$EI \frac{\mathrm{d}^4 y(x)}{\mathrm{d} x^4} + (-m\omega^2 + i\omega c + k) y(x) = q(x) \quad (4.2.40)$$

上述方程在频域范围内求解，对应每一点频率，频域方程是空间坐标 x 的函数。求解方法与稳态振动方程相同。在频域内，通过传递矩阵法求解得到 $\bar{y}(x, \omega)$，再利用傅里叶逆变换得到隧道振动时域解 $y(x, t)$，然后可求得隧道纵向截面的转角、弯矩以及剪力。

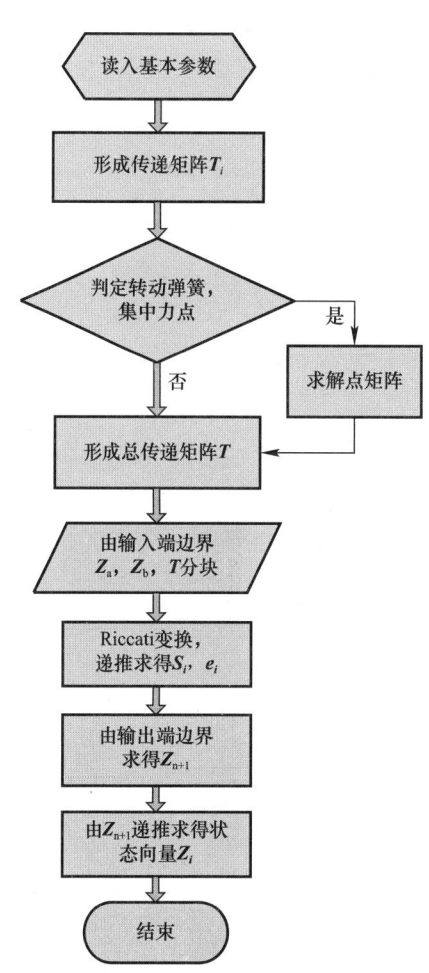

图 4.2.31 Riccati 变换算法流程图

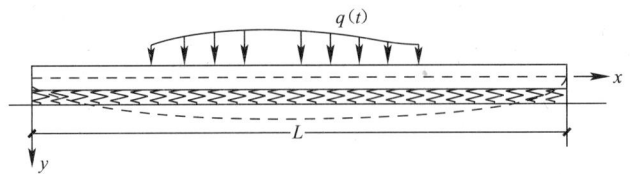

图 4.2.32 瞬态分析示意图

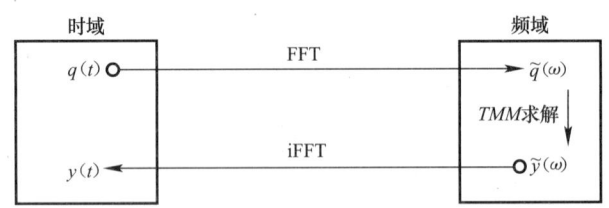

图 4.2.33 频域求解示意图

$$y(t) = \frac{1}{2\pi}\int_{-\infty}^{+\infty} y(\omega)e^{i\omega t}\,\mathrm{d}t \tag{4.2.41}$$

值得一提的是，若荷载时间曲线离散为 N 个点，由于 FFT 变换的共轭对称性，只需对 $1\sim N/2+1$ 个点进行频域计算，即得频域范围内的解。

4.2.4 室内振动模型试验与分析

4.2.4.1 试验方案

(1) 试验设备

本次动力模型试验，为 1g 模型试验，在模型箱内进行。试验设备由加载系统、测量系统、采集系统组成。

1) 模型箱

在动力模型试验中，边界的处理往往非常重要。实际工程中隧道处于土体当中为半无限体，而在模型试验中则被放置于一定尺寸的模型箱中。加载时，动荷载产生的应力波在遇到模型箱侧壁的阻挡后会发生反射，反射波与原来的波会在隧道模型处发生叠加，从而影响试验测量的准确性。所以，在试验前必须对模型箱边界进行一定的处理。在本试验中采用的是在模型箱侧壁添加一层厚 5cm 的塑料泡沫，可以吸收散射波的能量。考虑到模型隧道纵向具有一定的长度，最终模型箱的尺寸被定为：$1.5\mathrm{m}\times 1.0\mathrm{m}\times 1.0\mathrm{m}$ ($L\times B\times H$)，见图 4.2.34。

图 4.2.34 试验采用的模型箱

2) 加载系统

加载系统包括信号发生器、功率放大器、激振器和加载顶杆组成，如图4.2.35。

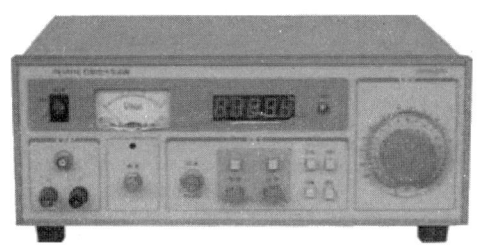

（a）信号发生器　　　　　　　　　　（b）激振器

（c）功率放大器　　　　　　　　　　（d）加载顶杆

图 4.2.35　模型试验加载系统布置图

3) 测量仪器

本次模型试验的测量仪器主要有：隧道模型上加速度传感器、加载顶杆上的力传感器，如图4.2.36所示。

由于本次试验中荷载为模拟涌潮荷载，所以荷载频率较低振动信号较弱，故对于采集仪的灵敏度有较高要求，应用高灵敏度、低频信号的传感器。同时，由于是在模型试验中，传感器需固定于模型隧道上，传感器质量不能太大否则将影响隧道振动特性。考虑以上因素最终决定采用的传感器为LC0120内置IC压电式加速度传感器，力传感器采用CL-YD-331A。详细参数见表4.2.5和表4.2.6。

（a）加速度传感器　　　　（b）力传感器

图 4.2.36　传感器

加速度传感器参数　　　　表 4.2.5

型号	灵敏度（mv/g）	量程	频率范围（Hz）	抗冲击（g）	重量（g）
LC0120	1000	5g	0.35～6000	500	23

力传感器参数　　　　　　　　　　　表 4.2.6

型号	灵敏度（pc/N）	量程	自振频率（Hz）	抗冲击（g）	重量（g）
CL-YD-331A	4	±1000N	55k	500	58

4）采集系统

本次试验的采集对象为：加速度、力以及应变。其中加速度的采集仪为 SVSA 信号采集系统。如图 4.2.37 所示，传感器通过屏蔽线与采集仪连接，输入信号经采集仪 A/D 转换、放大后通过 USB 口输出到 PC 上进行分析处理，总共包含 16 个通道，动态采集可 8 个通道同时工作，定点采集可 16 个通道同时采集。本次采集仪用到 6 个通道采集加速度，1 个通道采集力。

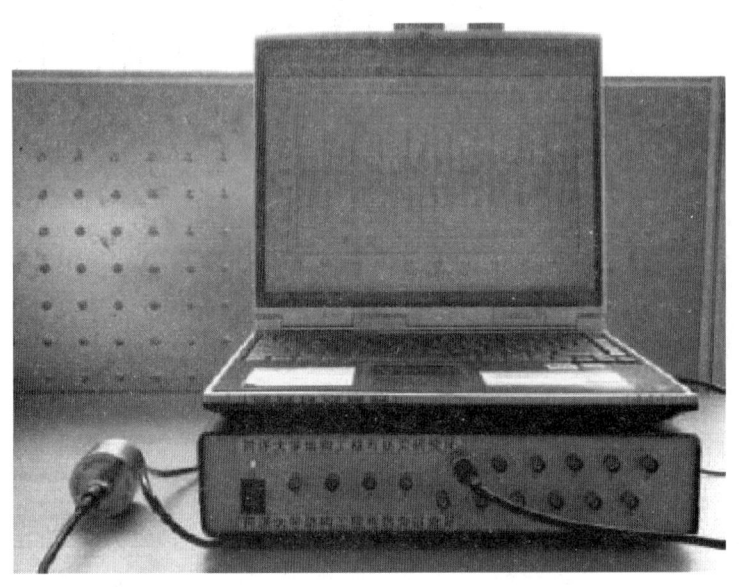

图 4.2.37　SVSA 信号采集系统

而应变的采集由于需要实时记录，所以需要动态的应变采集仪。本试验中选定的仪器是江苏泰斯特型号为 TST3827 的 8 测点采集仪（图 4.2.38）。TST3827 信号测试分析系统采用先进的数据传输手段

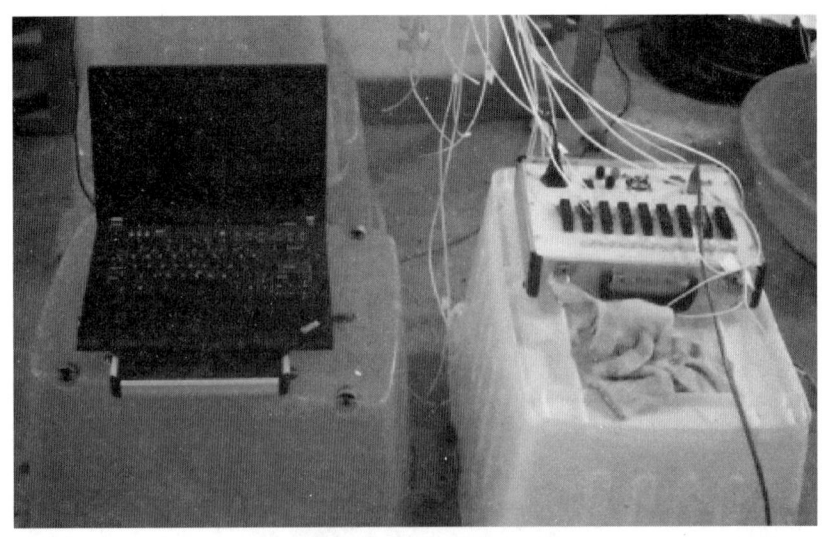

图 4.2.38　应变采集系统

以及综合了静态应变仪和动态应变仪的特点，最高采样频率为200Hz，满足了本次试验对于测量频率的要求。详细的仪器设备汇总见表4.2.7。

仪器设备汇总　　　　　　　　　　　　　　　表4.2.7

序号	仪器装置	数量	备注	
1	模型箱	1	1.5m×1.0m×1.0m	
2	激振器	1	JZK-5	激振力>50N
3	力传感器	1	CA-YD-331A 江苏联能	
4	加速度传感器	6	LC0120	
5	应变片	10	双向片	
6	应变采集仪	2	TST3827	
7	信号发生器	1	YE1311A	
8	功率放大器	1	YE5871	
9	信号采集仪	1	SVSA	
10	泡沫塑料板	4	1.0m×1.0m×5cm	

（2）试验仪器布置

本试验中，隧道纵向由50个管段拼接而成，加速度传感器测点的布置选取为隧道的中点和两端，分别在隧道的上下各布置一个加速度传感器。应变片布置选取5个截面测量。布置图如图4.2.39所示。管段内布置的加速度传感器和隧道外表面的应变片见图4.2.40和图4.2.41。

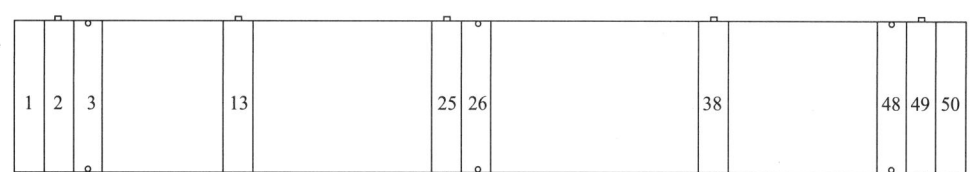

□——应变片
○——加速度传感器

图4.2.39　仪器布置

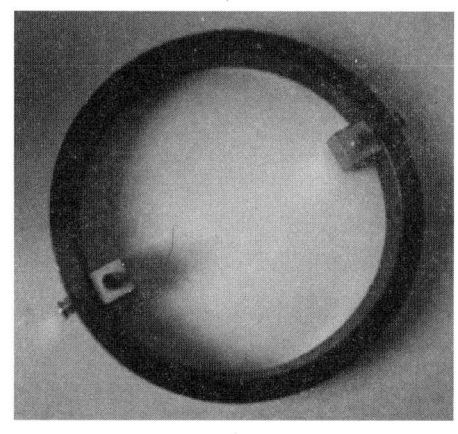

图4.2.40　管段内布置的加速度传感器

图 4.2.41　隧道外表面的应变片

(3) 试验工况

钱江隧道在施工过程中，不同区段由于土层的不同，盾构隧道的埋深也不尽相同，而隧道的埋深往往对于隧道动力特性有较大影响，所以隧道埋深必须作为一个关键研究因素。同时，由于涌潮荷载的复杂性，本次试验中选用不同频率的荷载进行施加，来研究荷载的频率组分与隧道动力响应的相关性。如图 4.2.42 所示为经过现场测试和理论分析得到的河床竖向波压力分布。

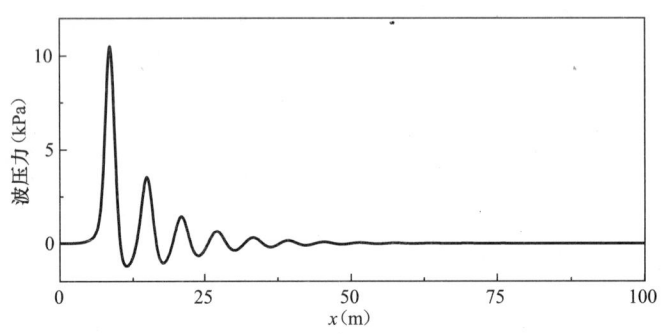

图 4.2.42　波压力分布图

从图中我们可以看出，隧道顶部河床上波压力分布近似为半正弦波形，故试验中可选择施加稳态振动的半正弦波形，来模拟涌潮经过时最大荷载振动情况。

埋深工况：试验中选取 3 种不同隧道埋深来测试隧道动力响应，见表 4.2.8 和图 4.2.43。

埋深工况　　　　　　表 4.2.8

工况	隧道埋深 C（cm）
工况 1	10
工况 2	15
工况 3	20

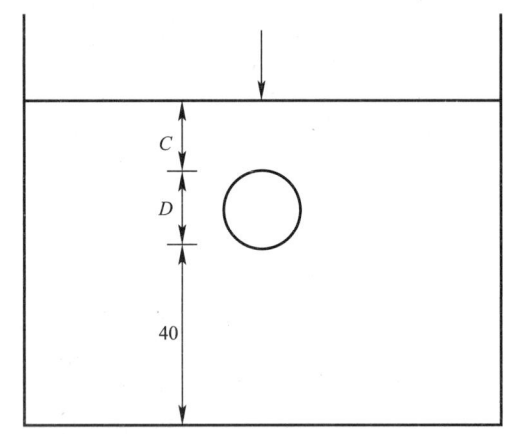

图 4.2.43　隧道埋深示意图

荷载工况：在每组埋深工况下，改变荷载频率进行 3 组荷载工况，见表 4.2.9 所示。

(4) 试验步骤

1）在模型箱铺设配制好含水率的砂土，试验填土方法：分层填筑、压实每层填筑高度为 10cm；

2）在模型箱中砂土填至预定高度时，将隧道模型放置于表面并将隧道两端用支架固定到指定位置；

3）回填覆土至设计标高；

4）安装上部加载设备，如图 4.2.44 所示；

5）连接好设备，开启仪器进行激振，打开采集仪，记录试验数据；

6）改变荷载频率和隧道埋深，进行不同工况下的试验。

荷载工况　　　表 4.2.9

	荷载频率（Hz）
工况 1	10
工况 2	15
工况 3	20

图 4.2.44　上部整体加载装置

4.2.4.2　试验结果与分析

（1）试验数据预处理

现场加速度拾振器，在原始振动信号采集过程中，将不可避免地混入周边干扰信号，一旦干扰信号参与运算后，更难以分辨并会干扰真实信号，因此需要对数据进行预处理。常用数据预处理方法为：信号初始项、直流项、趋势项的消除信号以及加窗滤波、数据平均去噪等一系列处理方法（丁美，2008）。采用 SVSA 采集仪器集成数据预处理模块，可方便实现数据预处理，基本原理如下：

1）去初始项。由于传感器放电不充分，残余电荷使得测试过程中振动时域信号"飘零"，引入初始项干扰。去初始项即通过对时域信号平移，去除"飘零"影响。

2）消除直流项。采集仪通过电源供电，直流项一般是工频信号引入。可采用硬件和软件来消除，其中硬件方式即在信号采集模块前端设置隔离放大模块来隔离直流信号和软件处理实现。软件去除主要利用高通滤波，设置合理滤波范围，可阻止无用频率信号混叠如振动信号，减少噪声干扰。

3）消除趋势项。振动信号趋势项在波形信号上表现为明显的移动趋势，这是由于传感器采集的是电压信号，周围电源的电压波动等电信号会对其产生干扰，而且仪器接通电源后电压需较长时间才能稳定，干扰信号反映在波形上表现为一定方向移动变化趋势。消除趋势项的原理是识别出振动信号时域波形中总体变化趋势，对振动信号进行修正。SVSA 采集集成系统提供两点拟合法、三点拟合法以及频域法三种实用快速方法。其中两点法采用曲线拟合思想，对信号两端选取一定长度平均值作为趋势曲线首末两端，将信号波动趋势用线性拟合，然后去除趋势项。三点法原理同两点法，采用抛物线二次拟合。频域法则通过数字滤波，对振动信号进行傅里叶变换，在频域内去除趋势项，然后利用傅里叶逆变换得到振动时程信号。

（2）频域分析

压电传感器测量得到的数据，通过一系列的数据与处理后，得到时域信号。为了分析隧道以及荷载的频域特性，我们需要获得其频域曲线。目前，常用方法为通过快速傅里叶变换（FFT）来得到采样历程上的频域信号。

傅里叶变换的表达式为：

$$F(\omega) = \int_{-\infty}^{+\infty} f(t)e^{-i\omega t} dt$$

$$f(t) = \frac{1}{2\pi} \int_{-\infty}^{+\infty} F(\omega) e^{-i\omega t} d\omega \tag{4.2.42}$$

其中，$\omega = 2\pi f$，为 $f(t)$ 时域数据，$F(\omega)$ 为频谱函数。

将离散时域信号记为 nx，对于离散数据序列，快速傅里叶变换公式如下：

$$X(k) = \sum_{n=0}^{N-1} x(n) e^{-i(2\pi/N)nk} \tag{4.2.43}$$

式中，n 为时间序列编号，k 为频域序列编号，$X(k)$ 是傅里叶振幅。

(3) 不同工况下试验结果

1) 不同埋深条件下隧道动力相应

由力传感器记录得到的加载荷载曲线如图 4.2.45 所示。

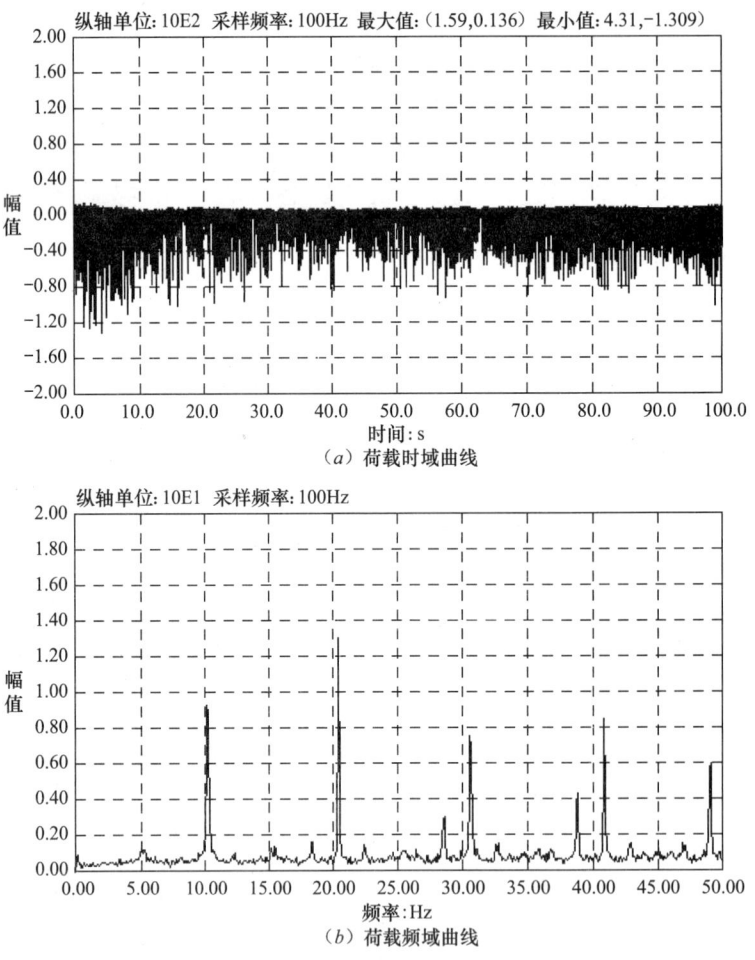

图 4.2.45 荷载时域及频谱曲线

在相同的激振力作用下，不同埋深的隧道上记录得到了完全不同的加速度响应曲线，如图 4.2.46～图 4.2.48 所示。

不同埋深下隧道响应的平均峰值加速度如表 4.2.10 所示。

从不同埋深的隧道动力响应时程曲线我们可以看出，随着隧道埋深的增加，隧道的结构动力响应明显减弱。而它们反映的频率特性也不一样，如图 4.2.49～图 4.2.51 所示。

第 4 章 钱江隧道涌潮对越江隧道结构影响研究

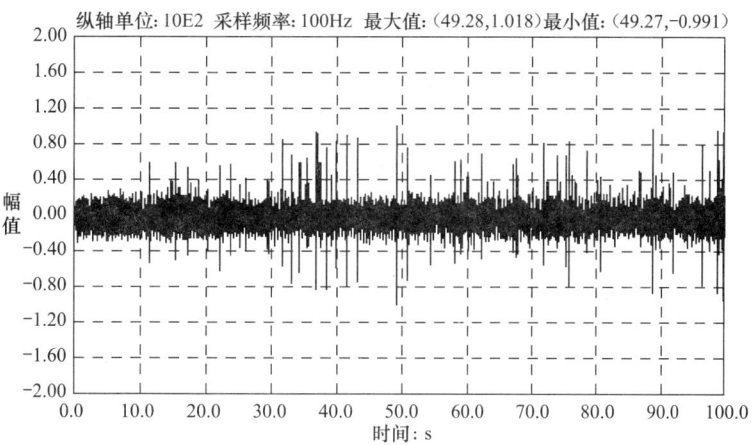

图 4.2.46 埋深 10cm 隧道动力响应

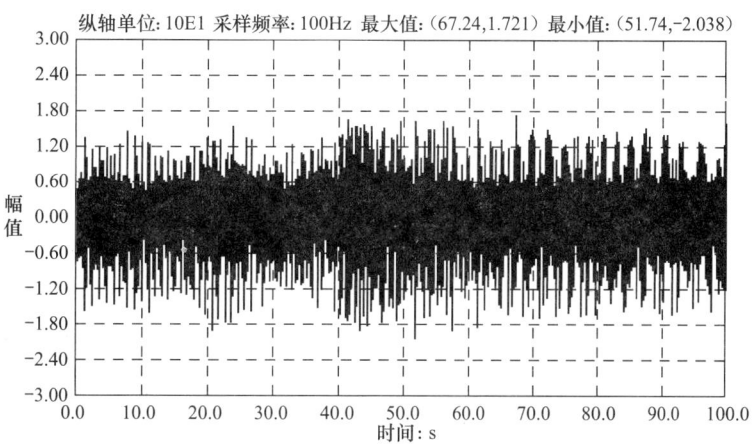

图 4.2.47 埋深 15cm 隧道动力响应

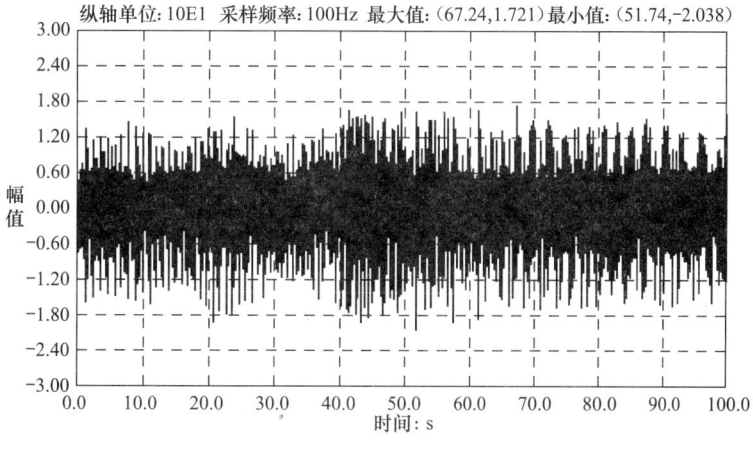

图 4.2.48 埋深 20cm 隧道动力响应

隧道动力响应　　　　　　　　　　　　　表 4.2.10

隧道埋深 C (cm)	平均峰值加速度 a (Gal)
10	35
15	12
20	8

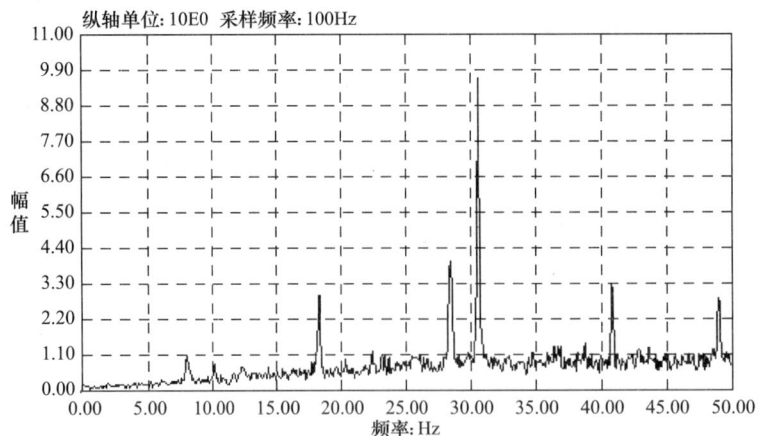

图 4.2.49　埋深 10cm 隧道频率响应

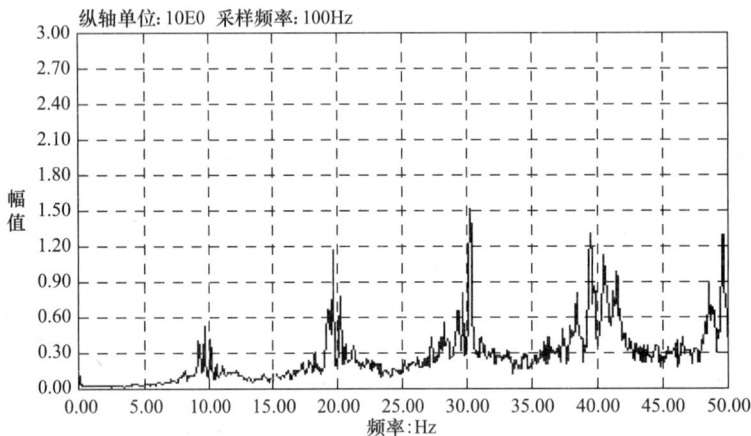

图 4.2.50　埋深 15cm 隧道频率响应

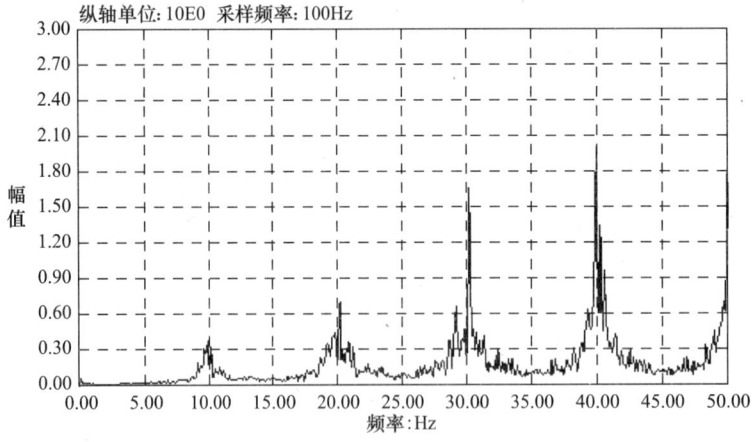

图 4.2.51　埋深 20cm 隧道频率响应

从以上埋深下的隧道频率响应图中可以发现，隧道埋深不同，具有最大幅值的频率也会不同。说明在外部激振荷载相同的情况下，随着隧道埋深的增加，隧道逐渐吸收更高频的能量。

2）不同荷载频率条件下隧道动力响应

在隧道的每个埋深位置，进行 3 组 3 种不同频率的激振。

在埋深 10cm 情况下，如图 4.2.52 和表 4.2.11 所示。

第 4 章 钱江隧道涌潮对越江隧道结构影响研究

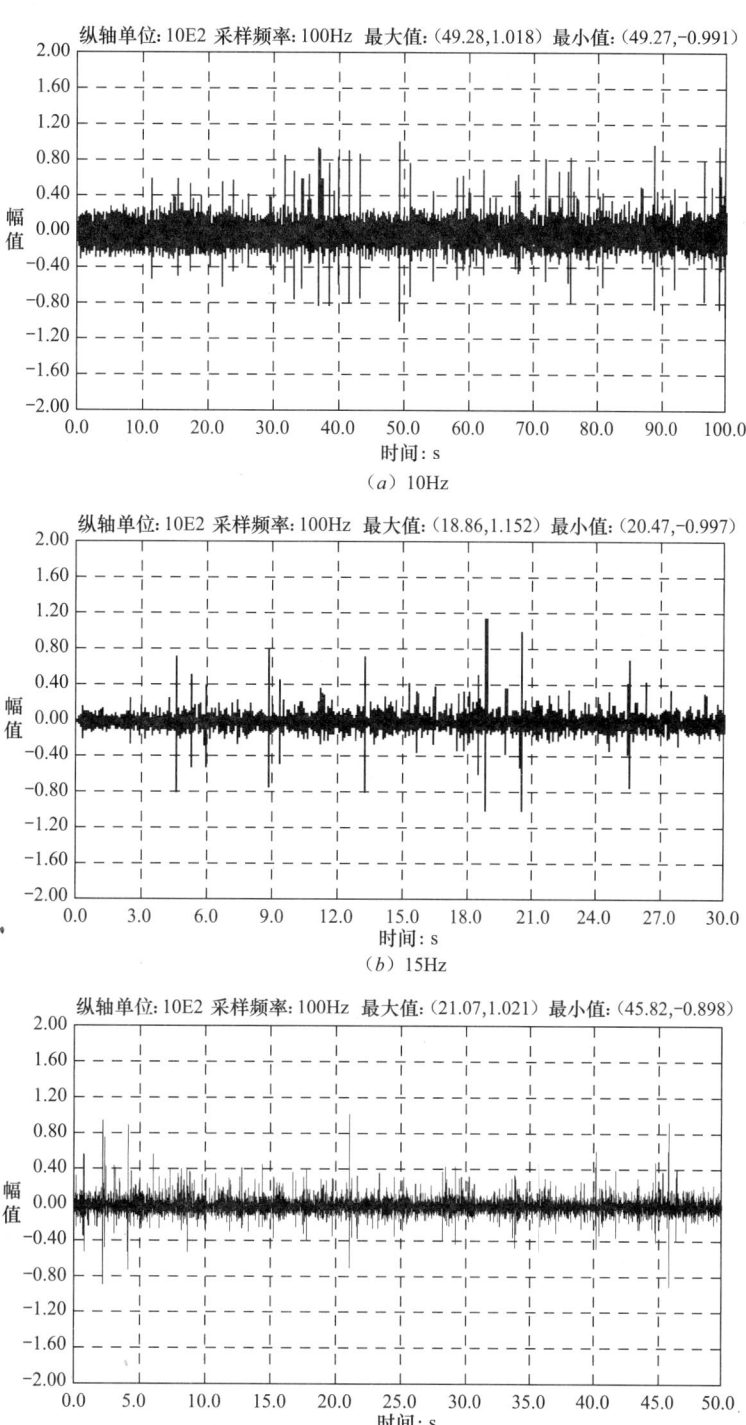

图 4.2.52 埋深 10cm 不同频率荷载作用下隧道动力响应

隧道埋深 10cm 动力响应 表 4.2.11

荷载频率 f（Hz）	平均峰值加速度 a（Gal）
10	35
15	36
20	37

从表 4.2.11 可以看出，在隧道埋深 10cm 情况下，将激振荷载从 10Hz 提高到 20Hz 对于隧道动力响应的平均峰值加速度并无太大影响。说明 10～20Hz 离隧道的固有频率仍相差较远，决定隧道动力响应的是荷载的大小而与频率无太大关系。

3 种工况下的频谱曲线，如图 4.2.53 所示。

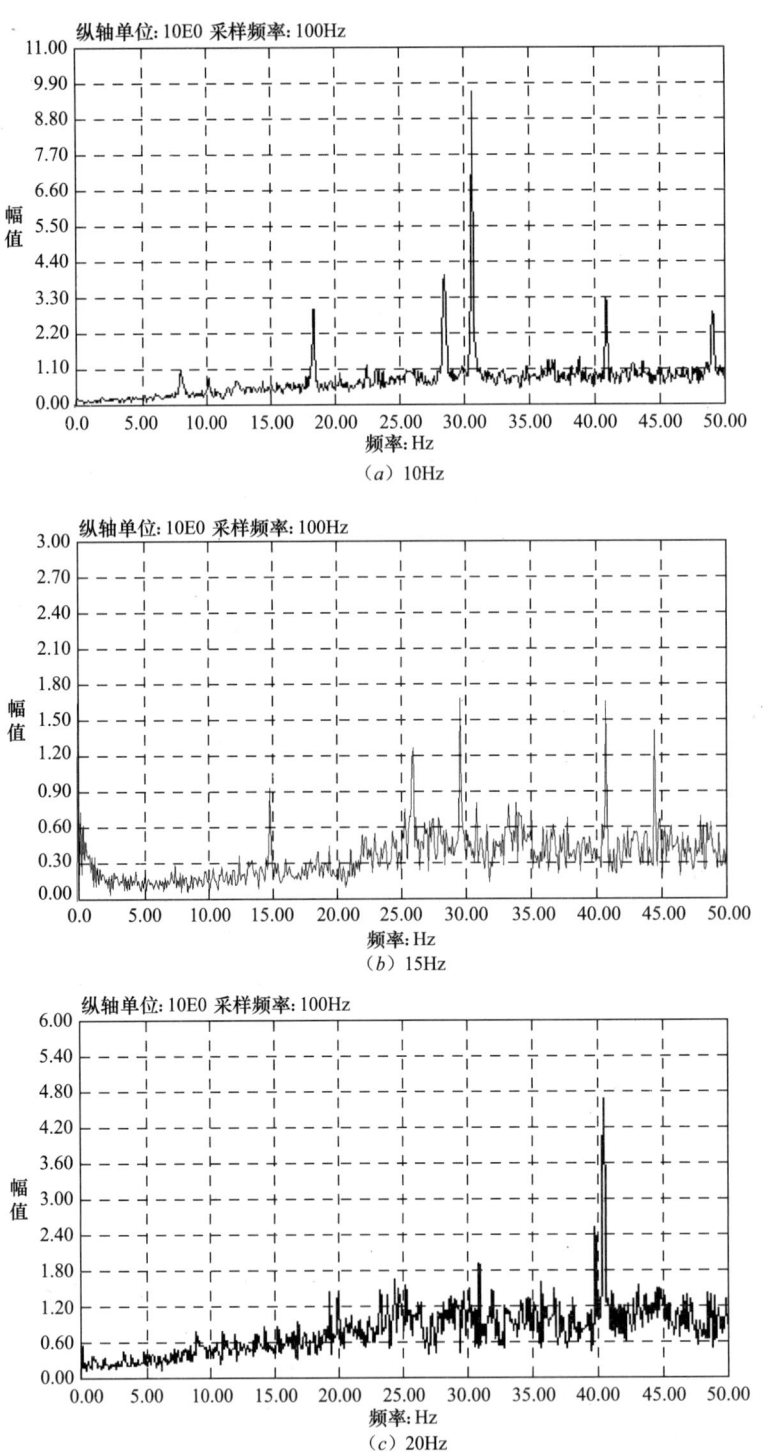

图 4.2.53　埋深 10cm 不同频率荷载作用下隧道响应频谱

从图 4.2.53 可以看出，隧道会吸收更高频的振动能量，说明隧道的固有频率要高于 20Hz 的输入频率。

在埋深15cm情况下，如图4.2.54和见表4.2.12。

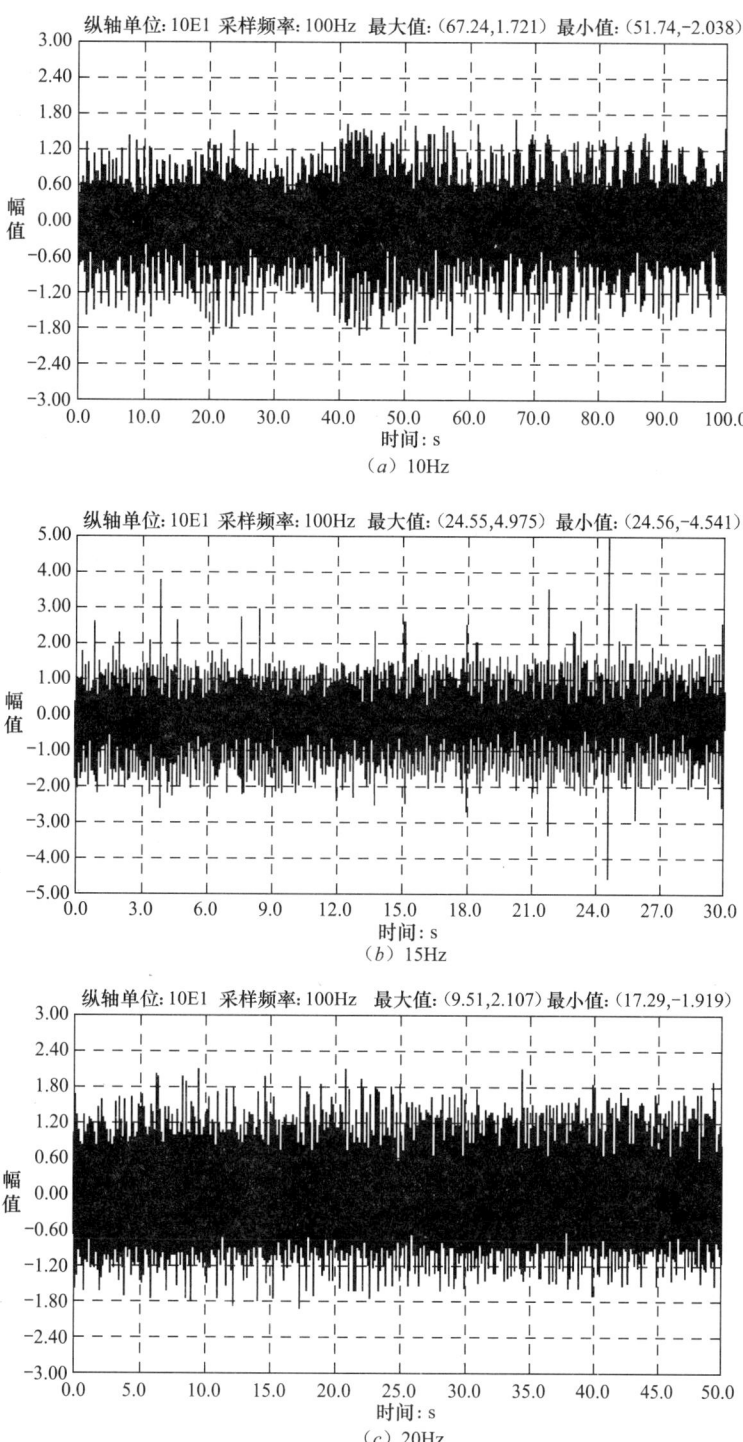

图4.2.54　埋深15cm不同频率荷载作用下隧道动力响应

从表4.2.12可以看出，在隧道埋深15cm情况下，将激振荷载从10Hz提高到20Hz对于隧道动力响应的平均峰值加速度会有一定的提高，如图4.2.55所示。

隧道埋深 15cm 动力响应 表 4.2.12

荷载频率 f（Hz）	平均峰值加速度 a（Gal）
10	12
15	16
20	17

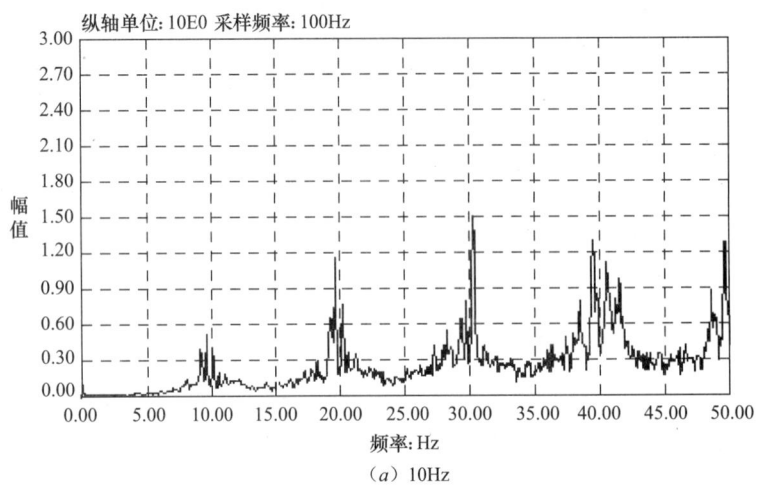

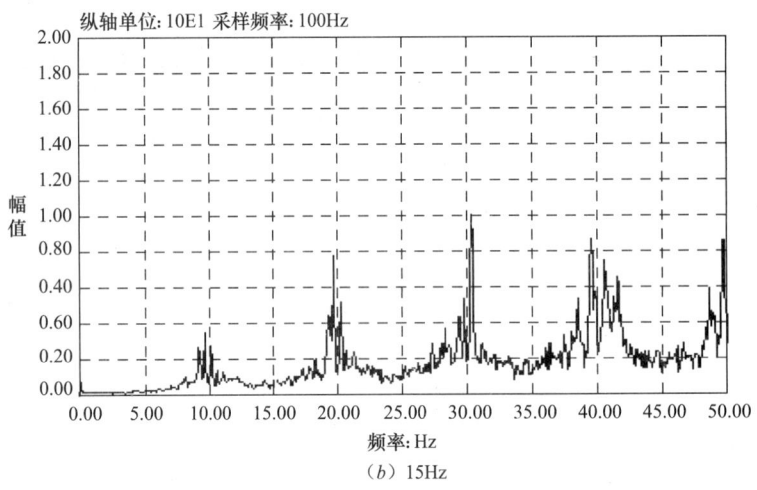

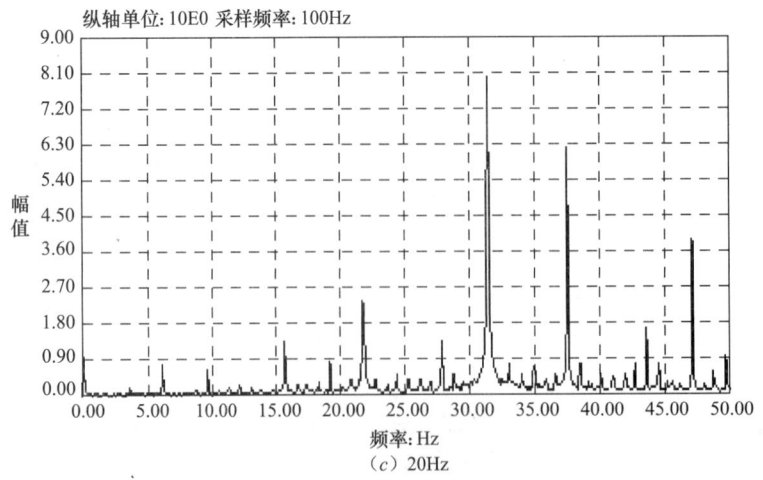

图 4.2.55　埋深 15cm 不同频率荷载作用下隧道响应频谱

从频谱分析可知，在埋深 15cm 情况下，模型隧道的自然频率接近于 30Hz，所以随着激振频率的增加，隧道动力响应也随之增大。

埋深 20cm 情况下，如图 4.2.56 和表 4.2.13 所示。

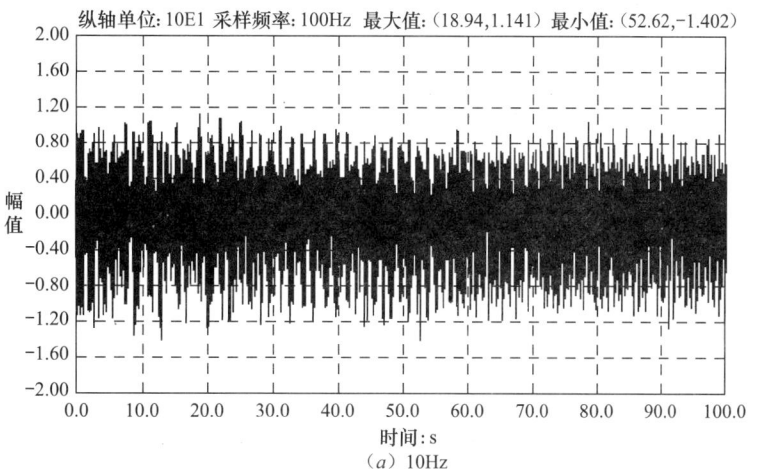

(a) 10Hz

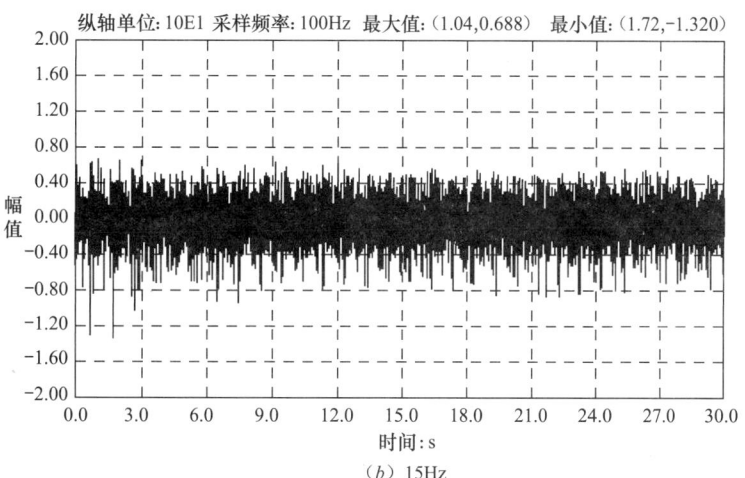

(b) 15Hz

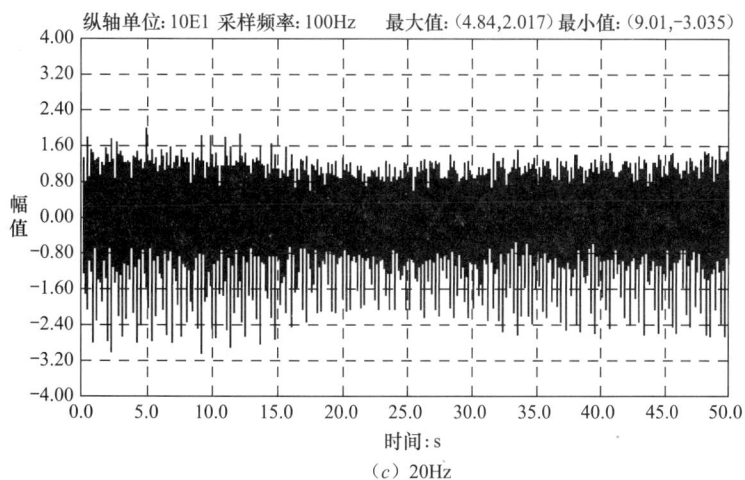

(c) 20Hz

图 4.2.56　埋深 20cm 不同频率荷载作用下隧道动力响应

隧道埋深 20cm 动力响应　　　　　　　　表 4.2.13

荷载频率 f（Hz）	平均峰值加速度 a（Gal）
10	8
15	8
20	15

在埋深 20cm 时，隧道的动力响应也随着荷载频率的提高而增大，反应的规律同埋深 15cm 时接近，如图 4.2.57 所示。

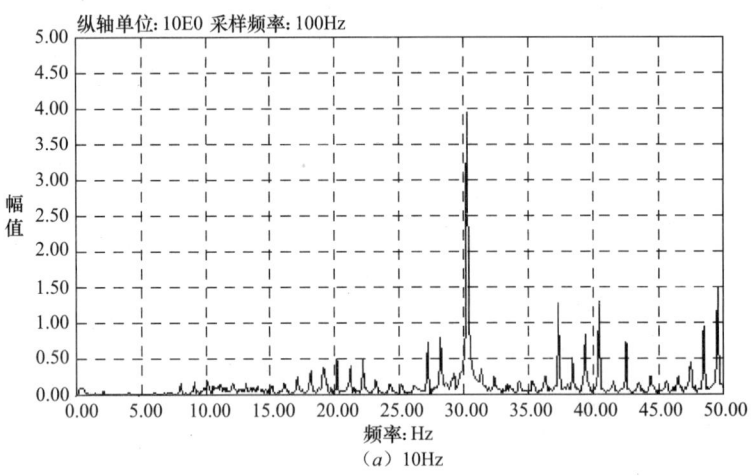

(a) 10Hz

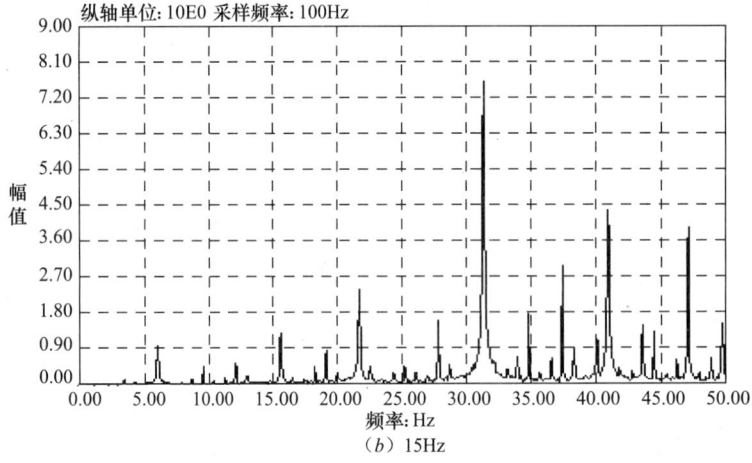

(b) 15Hz

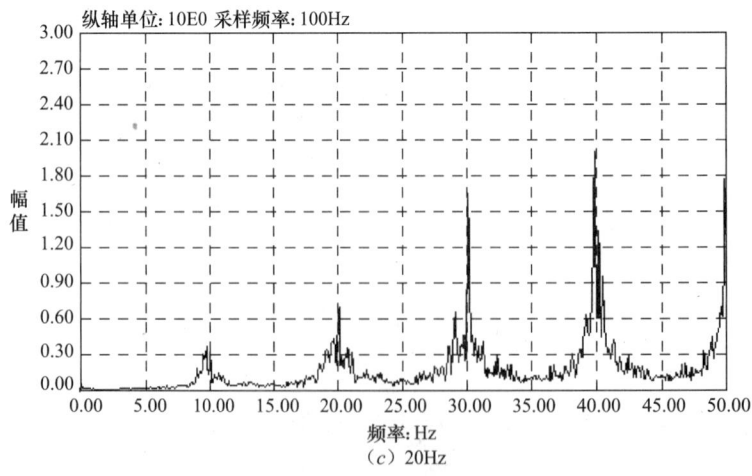

(c) 20Hz

图 4.2.57　埋深 20cm 不同频率荷载作用下隧道响应频谱

3）不同工况下隧道受力

在动力试验中，应变片的方向与隧道纵向一致，可测得隧道管片在纵向的应变，从而可获得隧道截面的变形和弯矩等数据。但由于施加的动力荷载太小，隧道管段发生的应变大约为3~5微应变，属测量误差范围，说明隧道在动荷载作用下变形较小，这与现场测试的结果相符合。

4.2.4.3 试验的数值模拟与分析

涌潮荷载作用下隧道动力响应属于典型的结构-土动力相互作用问题，有限单元法自提出以来，到现在已经发展成为一种十分成熟的数值计算方法，并已形成各种商业化程序。在结构-土动力相互分析中得到了广泛的应用，各国学者针对不同的边界条件处理方法提出了各种计算模型。

然而数值方法原理是基于结构和土体进行离散，尤其是土体范围庞大，导致最终的求解方程十分庞大，极大地限制了以上方法在工程中的应用。尽管随着现代计算机的发展，上述问题得到了一定程度的缓解，但是对于大型工程复杂结构的求解依然需要付出巨大的代价。针对以上问题，学者提出许多简化方法模拟结构与土共同作用。

具体到本课题中的内容，埋置于土中的盾构隧道动力响应是三维问题。如果进行全三维模拟将导致计算单元过多，分析过程耗时较长。故对于本课题的研究将采用二维有限元模拟和数值计算相结合的方法。首先运用有限元软件ANSYS对模型箱中的隧道进行二维分析，得到隧道上的节点的动力响应和隧道截面的受力。在隧道的纵向上将隧道看作弹性地基梁处理，运用传递矩阵法编制了计算弹性地基梁稳态和瞬态动力响应的程序。

（1）ANSYS动力有限元模拟

有限元求解动力问题和静力问题有诸多相同，主要区别在于动力分析考虑惯性力。静力问题的解得到物体受到外力的平衡。动力分析中需要定义结构质量分布的离散和一致时间来描述加速度和速度相关荷载，譬如阻尼等。瞬态分析可以计算任意荷载历程的响应。

采用Newmark时域积分求解动力问题，必须保证积分过程数值稳定性，时间步长选择过大，将损失高频成分，严重导致数值发散。积分时间步选择过小，动力分析开销大大增加。申跃奎（2007）认为在动力有限元分析问题中，时间步长一般应小于模型自振周期的1/10，当时间步长小于为自振周期的1/50时，计算结果的误差可以忽略。

对半无限空间数值模拟动力问题，有限元网格划分主要考虑波动对网格划分的影响。有限元将连续体离散化后引起"低通效应"和"频散效应"，使得波的传播性质改变。单元尺寸过大，则波动的高频部分难以通过。软件帮助手册中说明单元尺寸小于土体剪切波波长1/20时，计算误差可忽略不计；当单元尺寸小于波长1/12时可得到满意解答，即：

$$h_{\max} = \left(\frac{1}{20} \sim \frac{1}{12}\right)\frac{v_{\mathrm{s}}}{f_{\max}} \tag{4.2.44}$$

其中为v_{s}土体剪切波速，$f_{\max}$为截止上限频率。钱江隧道工程中土体最小剪切波速约100m/s，隧道结构自振频率约为几十赫兹，取上限截止频率100Hz。由此得到网格尺寸控制值为0.05~0.08m。

动力有限元的另一个关键因素是边界处理。动荷载产生的应力波当碰到模型箱的侧壁后会产生反射，反射波会与原来波发生叠加进而影响分析结果。目前常见的做法是添加人工边界。人工边界主要包括黏性边界、黏弹性边界和海绵层的做法。在局部人工边界的发展历程中，较早出现的黏性边界因其概念清楚、应用方便，在相当长的时间内得到了广泛应用。但黏性边界仅考虑了对散射波能量的吸收，从物理概念上理解，施加黏性边界后的力学模型为悬浮在空中的脱离体，在低频力作用下可能发生整体漂移；此外，黏性边界是基于一维波动理论提出的，简单地将其推广到多维情况将导致相当大的误差。为了克服上述缺点，Deeks、刘晶波（1997）基于柱面波动方程建立了二维黏弹性人工边界，并指出该边界相对于黏性边界的优点是能模拟人工边界外半无限介质的弹性恢复性

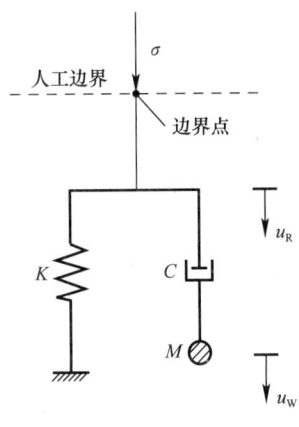

图 4.2.58 法向边界上施加的系统

能，具有良好的高频和低频稳定性。考虑到黏弹性边界具有方便添加、稳定性高等优点，所以决定采用黏弹性边界。

所谓黏弹性边界，即将无限连续介质截断，在截断处，即人工边界上施加连续的弹簧-阻尼器-集中质量系统，如图 4.2.58 所示。

弹簧系数和阻尼系数的确定：

$$K_b = \alpha \frac{G}{R} \quad (4.2.45)$$

$$C_b = \rho c \quad (4.2.46)$$

式中，G、R、c、ρ 分别指介质的剪切模量、节点至波源的距离、介质中波速和介质密度。

在本次模型试验中，试验土体控制参数为土体的密度和含水率。通过密度和含水率的可以推导出土体的动剪切模量。Hardin（1972）给出了经验计算公式：

$$G_{max} = \frac{100(3-e)^2}{1+e}(\sigma'_{av})^{0.5} \quad (4.2.47)$$

其中，e 为土体的孔隙比，σ'_{av} 为土中有效固结应力，即：

$$\sigma'_{av} = \frac{\sigma'_v + 2\sigma'_h}{3} \quad (4.2.48)$$

最终，ANSYS 计算的单元图如图 4.2.59 所示，土体单元采用 PLANE42 单元模拟，隧道为 beam3 单元；边界为 combine14 单元，添加弹簧和阻尼系数。

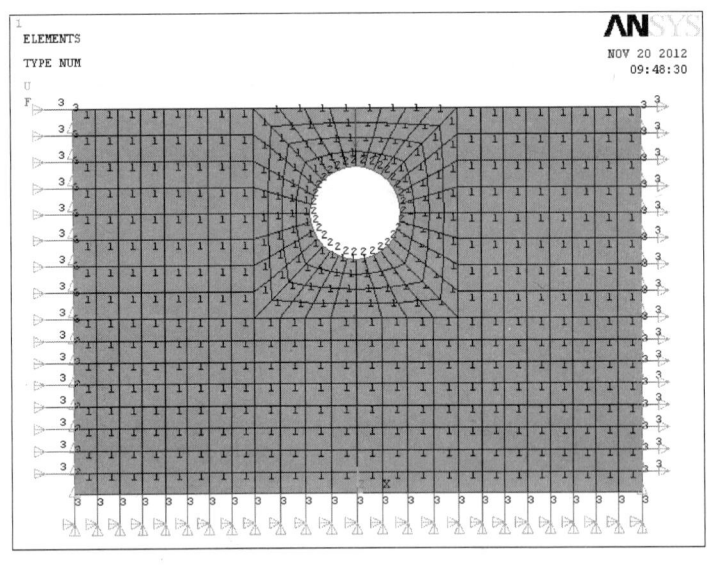

图 4.2.59 ANSYS 单元图

得到的计算结果如图 4.2.60 和图 4.2.61 所示。

在 ANSYS 中可以通过改变隧道埋深计算不同工况下的隧道顶端动力响应，从而获得隧道埋深与隧道动力响应的关系如图 4.2.62 所示。

图 4.2.63 中 C 为隧道埋深，D 为隧道直径从该图可以看出隧道的动力响应的强度会随着隧道埋深的增加而衰减。这与模型试验结果得出结论相一致。同时，在 $C/D=1$ 附近动力响应衰减较快。

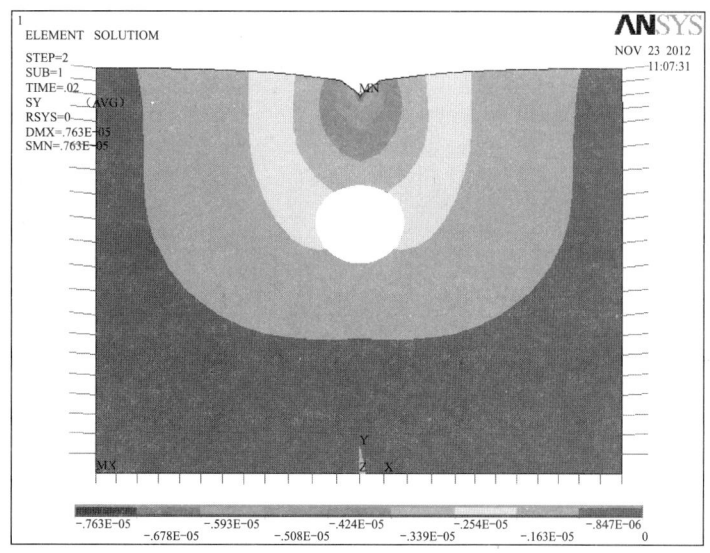

图 4.2.60　节点竖向位移云图

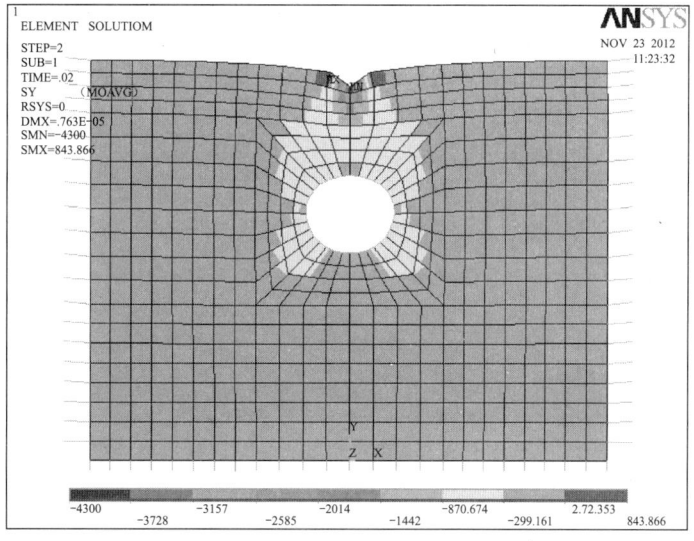

图 4.2.61　单元竖向应力云图

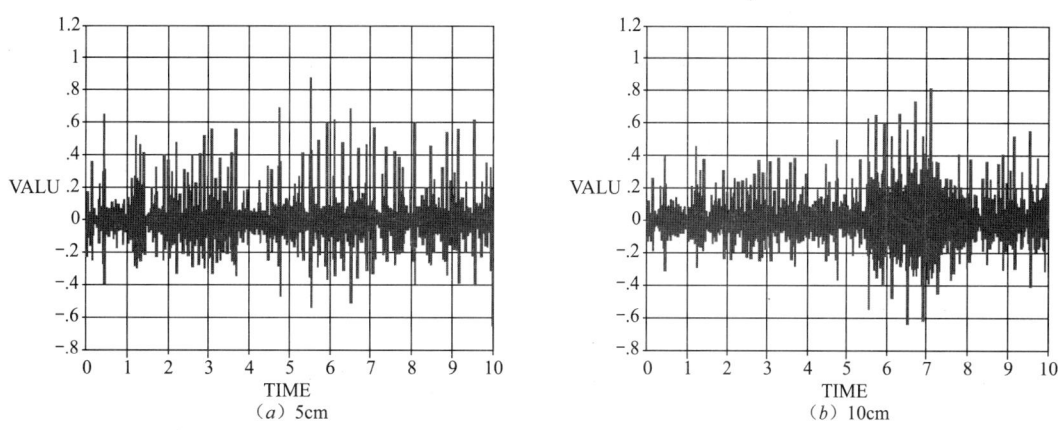

图 4.2.62　不同埋深隧道顶端加速度时域曲线（一）

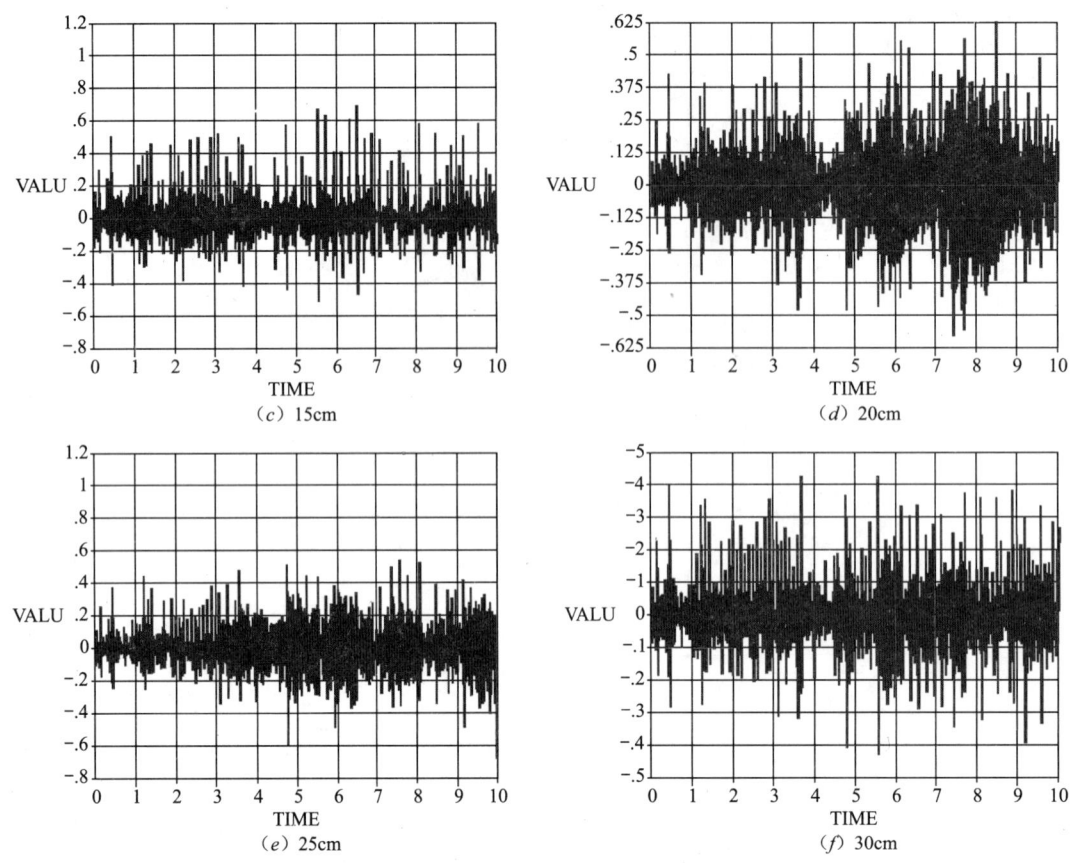

图 4.2.62 不同埋深隧道顶端加速度时域曲线（二）

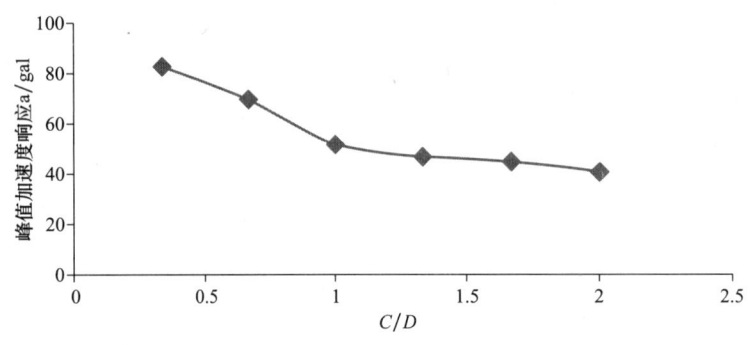

图 4.2.63 隧道埋深与动力响应关系图

(2) TMM 程序计算

简单的二维平面单元模拟，难以求解隧道纵向的动力响应。而盾构隧道在纵向上由众多管段拼装而成，不同管段之间接头受力问题往往成为关键，所以需要借助 4.3 中提出的简化计算方法来求解隧道纵向的变形。首先在 ANSYS 二维平面计算结束后提取隧道截面上的应力，经过积分处理后得到隧道整个截面上荷载，假设施加到隧道顶端。将隧道在纵向简化为弹性地基梁，采用 Winkler 模型求解，据此编制了传递矩阵法（TMM）计算程序，可在 MATLAB 中进行求解。

编制的瞬态振动分析程序流程图如图 4.2.64 所示。

经过 ANSYS 计算后，提取的隧道截面受力如图 4.2.65 和图 4.2.66 所示。

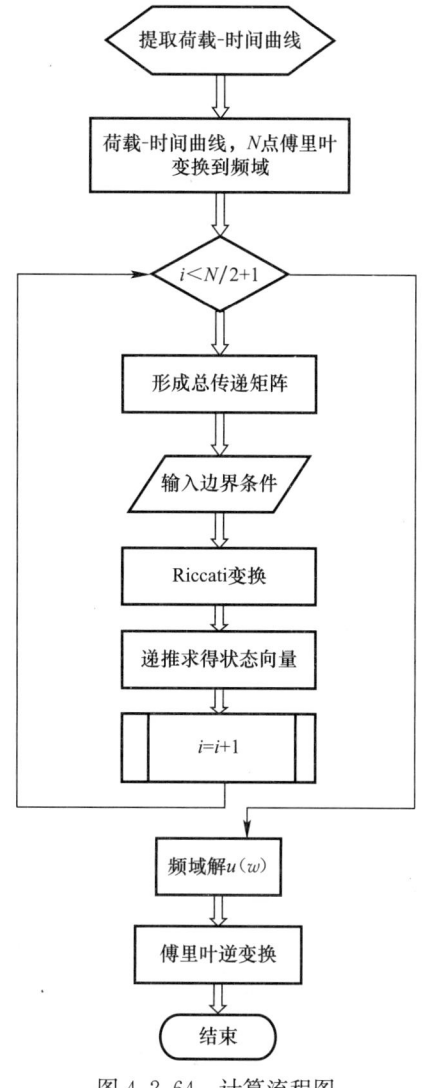

图 4.2.64　计算流程图

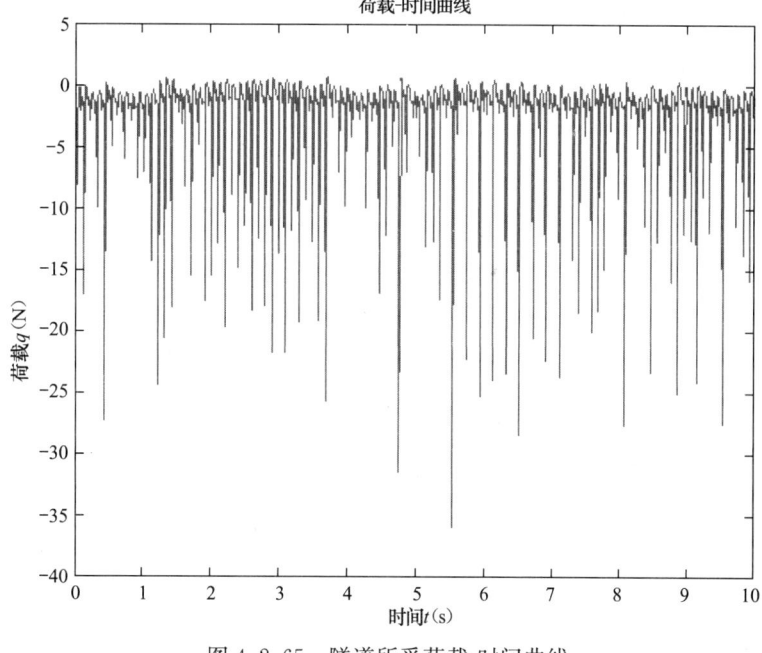

图 4.2.65　隧道所受荷载-时间曲线

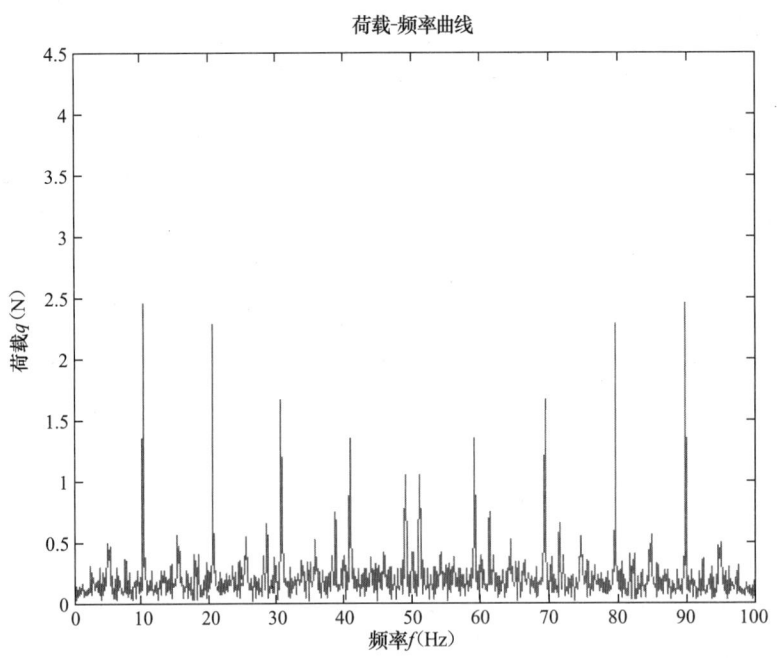

图 4.2.66 隧道所受荷载频谱曲线

在埋深不同的情况下,得到隧道中部第 25 环顶部的加速度响应,如图 4.2.67~图 4.2.69 所示。

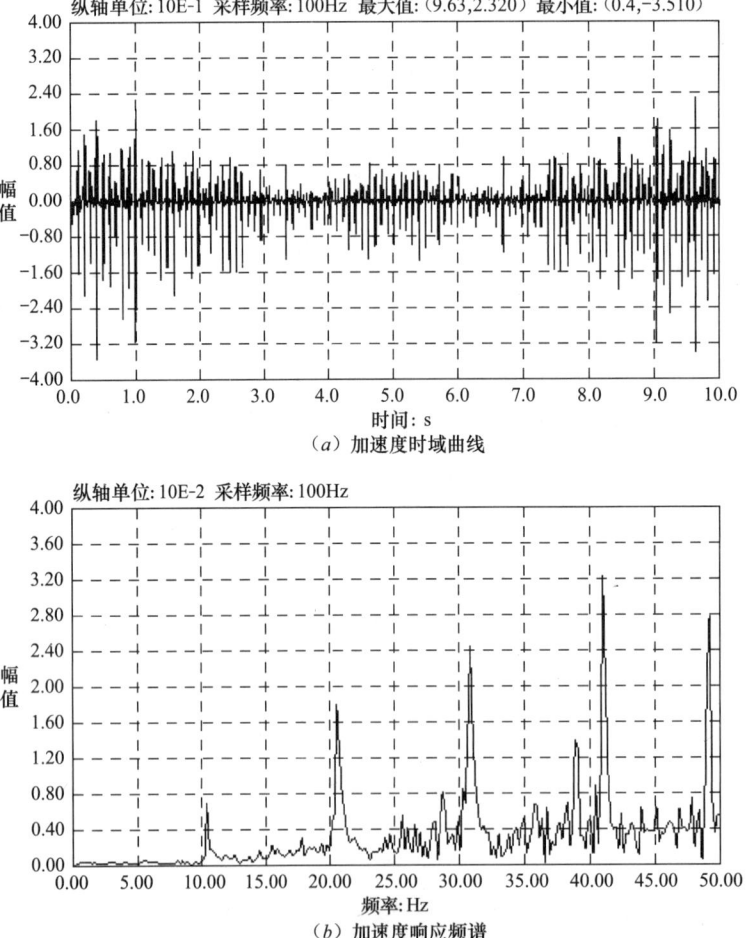

(a) 加速度时域曲线

(b) 加速度响应频谱

图 4.2.67 埋深 10cm 隧道第 25 环动力响应

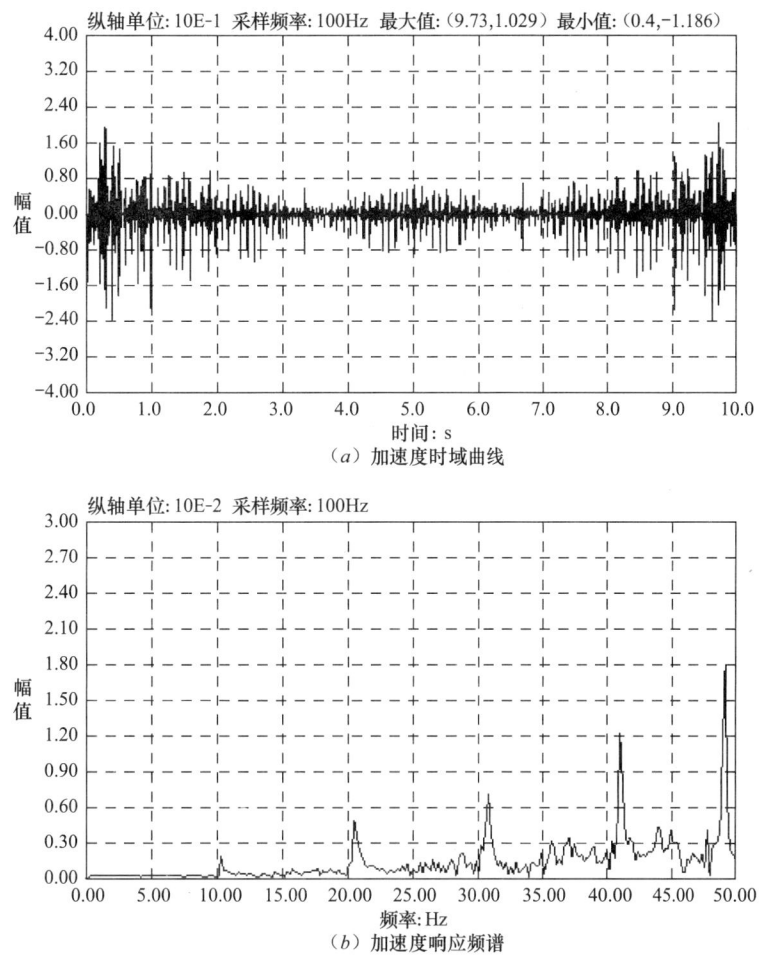

图 4.2.68 埋深 15cm 隧道第 25 环动力响应

比较不同埋深条件下得到的隧道动力响应，主要看峰值加速度和主频。通过峰值加速度可以分析动力响应的强弱，而分析主频可以看出埋深以及荷载频率对于隧道动力响应的影响。

通过表 4.2.14，可以发现隧道埋深增加，峰值加速度响应会有较快衰减，同时隧道的响应主频也会发生变化。说明隧道埋深会改变其自振频率，相同频率的激振荷载往往产生的响应会有较大差异。

（3）数值计算与试验对比

ANSYS 有限元模拟采用的是二维平面模型，TMM 程序计算基于隧道纵向假设为弹性地基梁，将两者结合与室内模型试验进行对比。首先通过 ANSYS 计算隧道顶部受力，再作为均布荷载施加到隧道整个纵向，运用 TMM 程序计算得到隧道顶端加速度响应，提取隧道跨中加速度响应并同试验结果对比，如图 4.2.70 和图 4.2.71 所示。波形虽稍有差异，但得到的平均峰值加速度均接近 8Gal，处于同一数量级范围。

提取不同埋深位置隧道跨中部位峰值加速度，如图 4.2.72 所示。

从图 4.2.72 可以看出，运用 TMM 程序计算不同埋深隧道动力响应的结果与试验记录得到的数据非常接近。

在不同工况下，沿隧道纵向不同位置的加速度响应值，同样存在差异。隧道中部动力响应往往要高于两端。在埋深 20cm、激振频率 20Hz 的工况下，沿隧道纵向分别提取隧道上 3 环、25 环、48 环上竖向加速度响应，如图 4.2.73 所示。得到的峰值加速度分别为 6.7Gal、11.8Gal、6.7Gal，与模型试验中隧道上 3 个截面分别实测得到的峰值加速度 8Gal、15Gal、8Gal 较为接近。说明了 TMM 方法的可靠性。

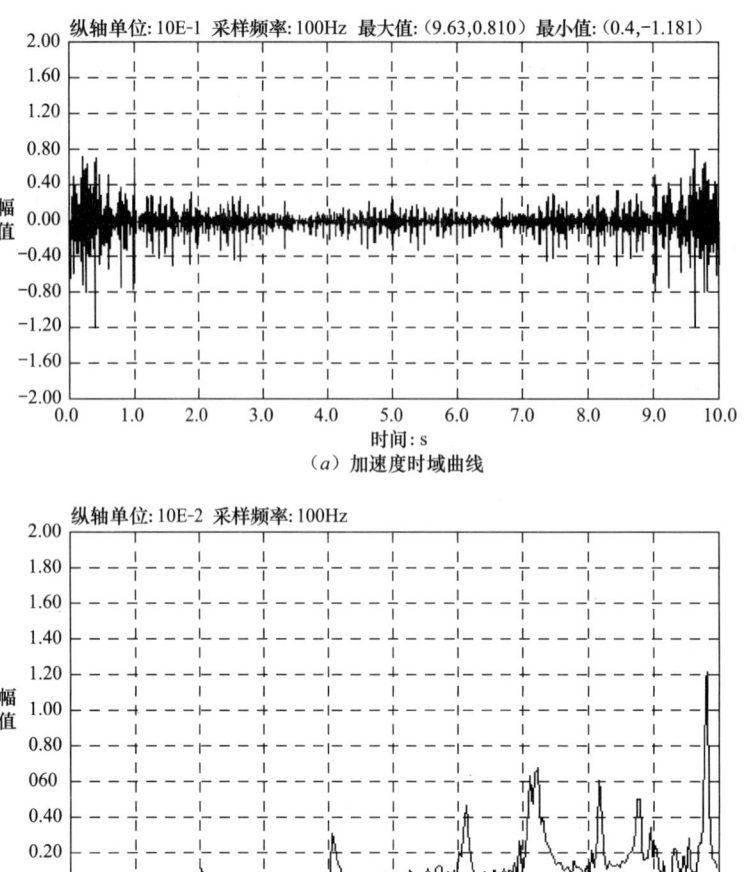

图 4.2.69　埋深 20cm 隧道第 25 环动力响应及频谱

不同埋深条件下隧道动力响应　　　　表 4.2.14

埋深（cm）	峰值加速度 a（Gal）	主频（Hz）
10	23	41
15	10	49
20	8	49

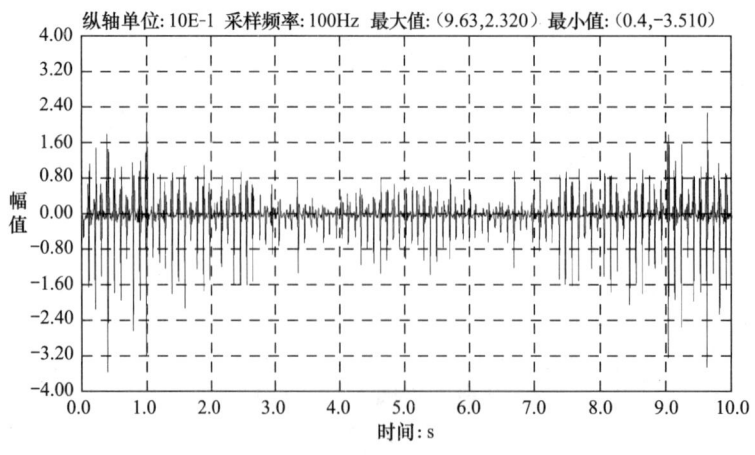

图 4.2.70　TMM 计算结果

第4章 钱江隧道涌潮对越江隧道结构影响研究

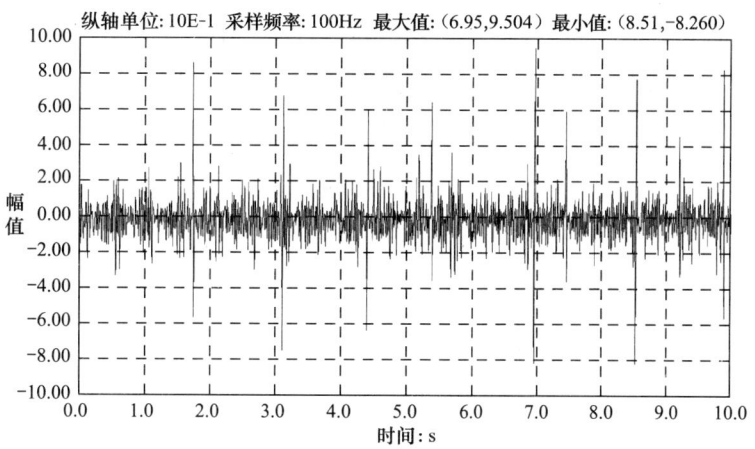

图 4.2.71 试验观测数据

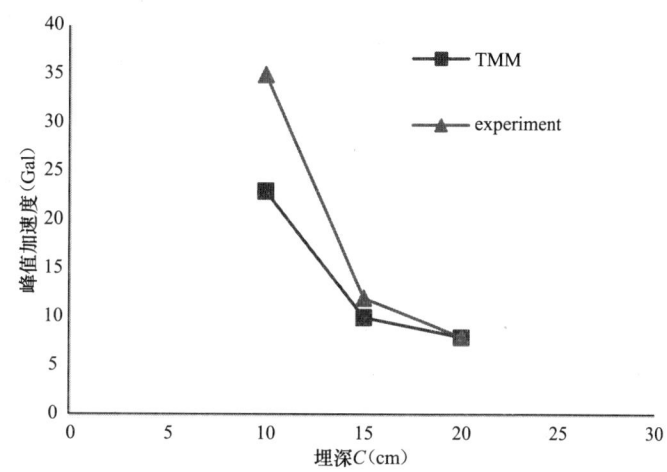

图 4.2.72 不同数据对比

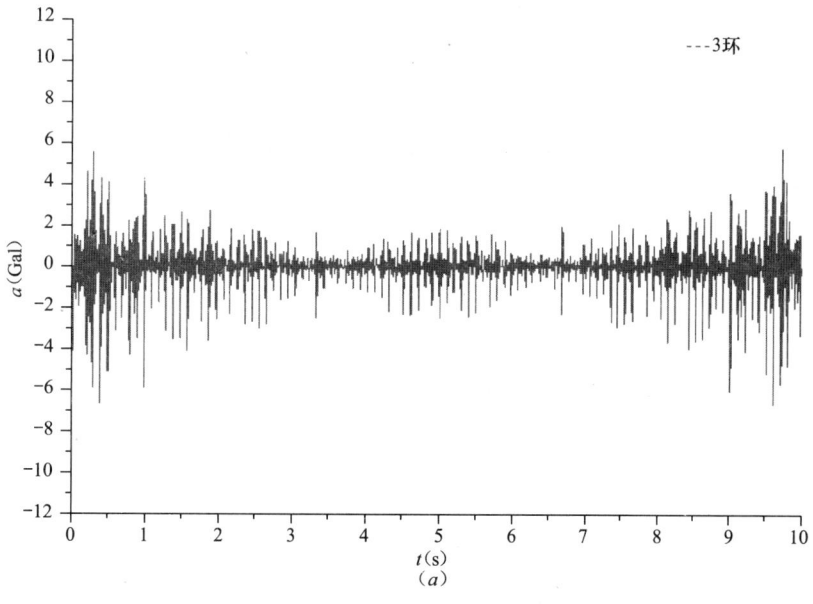

图 4.2.73 加速度时程（一）

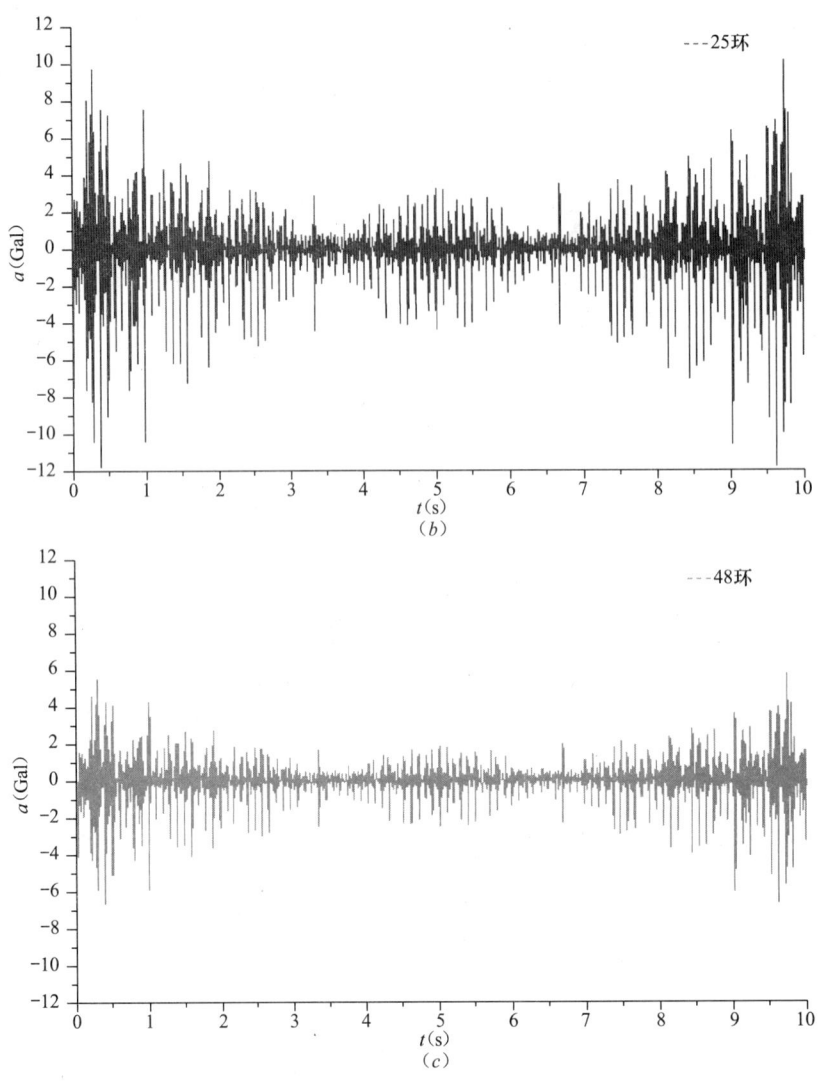

图 4.2.73 加速度时程（二）

4.3 钱江涌潮对隧道结构纵向变形的影响

4.3.1 冲淤对隧道纵向变形的影响分析

4.3.1.1 土体计算参数确定

在第 4.2 节中已对越江隧道的 5 个计算断面有所介绍，本节根据计算需要对部分数据进行处理。地质资料提供是 E_{s1-2}，即土体在荷载为 $100\sim200\mathrm{kPa}$ 间的压缩模量，实际上不同土层中土体的应力变化并不一定在这一范围内。因此如果采用 E_{s1-2} 显然是不合适的，应根据土层不同的应力范围进行修正。这里的根据已有的相关文献资料，给出了一种较为简化的修正方法：

$$E_s = E_{s1-2} \cdot \frac{\sigma_{cz}}{100} \tag{4.3.1}$$

式中 E_{s1-2}——地质报告提供的压缩模量；

E_s——修正后的土体压缩模量；

σ_{cz}——某层土体的平均自重应力（kPa）。

由于在程序计算中需要的是变形模量，因而还需要将土体的压缩模量转化为变形模量，转化的公式为：

$$E_0 = \beta \cdot E_s \tag{4.3.2}$$

式中，$\beta=1-2\nu K_0$，$\nu=\dfrac{K_0}{1+K_0}$，K_0 由地质报告提供。

经过上面修正转化后的土体弹性模量见表 4.3.1～表 4.3.5。根据工程经验，在实际的沉降固结计算中采用变形模量的一般是上述经过修正后的弹性模量的 2～4 倍，经过扩大后的变形模量也列于表 4.3.1～表 4.3.5 中。

钻孔编号 Jz-Ⅲ07-25 模量修正　　　　　　　　　　　表 4.3.1

层号	层顶标高（m）	天然重度（kN/m³）	静止侧压力系数 K_0	压缩模量（MPa）	泊松比	变形模量单倍（MPa）	变形模量四倍（MPa）
2-1	1.55	17.6	—	—	—	—	—
3-2	−3.32	19.9	0.41	11.9	0.29	9.06	36.25
4-1	−4.97	18.0	0.71	2.9	0.42	1.19	4.76
4-2	−14.42	18.3	0.57	3.8	0.36	3.41	13.65
5-1	−16.52	19.4	0.52	5.4	0.34	6.28	25.13
5-2	−20.52	19.5	0.47	6.2	0.32	9.18	36.72
5-3	−23.42	19.0	0.48	6.4	0.32	10.53	42.12
5-4	−26.57	18.7	0.49	6.7	0.33	14.57	58.27
6-3	−41.62	18.8	0.56	6.5	0.36	25.31	101.25

钻孔编号 Jz-Ⅲ07-30 模量修正　　　　　　　　　　　表 4.3.2

层号	层顶标高（m）	天然重度（kN/m³）	静止侧压力系数 K_0	压缩模量（MPa）	泊松比	变形模量单倍（MPa）	变形模量四倍（MPa）
2-1	0.04	17.6	—	—	—	—	—
3-2	−4.96	19.9	0.41	11.9	0.29	9.062567	36.25
4-1	−10.96	18.0	0.71	2.9	0.42	1.499636	6.00
5-1	−16.96	19.4	0.52	5.4	0.34	5.713825	22.86
5-2	−19.46	19.5	0.47	6.2	0.32	8.918271	35.6
5-3	−26.16	19.0	0.48	6.4	0.32	11.00736	44.03
5-4	−29.26	18.7	0.49	6.7	0.33	14.56887	58.27
6-3	−41.96	18.8	0.56	6.5	0.36	27.1025	108.41

钻孔编号 Jz-Ⅲ07-50 模量修正　　　　　　　　　　　表 4.3.3

层号	层顶标高（m）	天然重度（kN/m³）	静止侧压力系数 K_0	压缩模量（MPa）	泊松比	变形模量单倍（MPa）	变形模量四倍（MPa）
2-1	2.47	17.6	—	—	—	—	—
3-2	−3.23	19.9	0.41	11.9	0.29	9.06	36.25
4-1	−10.93	18.0	0.71	2.9	0.42	1.65	6.62
5-1	−15.03	19.4	0.52	5.4	0.34	6.15	24.61
5-2	−19.33	19.5	0.47	6.2	0.32	9.17	36.69
5-4	−22.73	18.7	0.49	6.7	0.33	14.46	57.70
6-3	−42.93	18.8	0.56	6.5	0.36	27.27	109.09

钻孔编号 Jz-Ⅲ07-73 模量修正　　　　　　表 4.3.4

层号	层顶标高（m）	天然重度（kN/m³）	静止侧压力系数 K₀	压缩模量（MPa）	泊松比	变形模量单倍（MPa）	变形模量四倍（MPa）
2-1	2.16	17.6	—	—	—		
3-2	-2.14	19.9	0.41	11.9	0.29	8.10	32.38
4-1	-13.39	18.0	0.71	2.9	0.42	1.90	7.59
5-1	-17.74	19.4	0.52	5.4	0.34	6.84	27.36
5-3	-21.64	19.0	0.48	6.4	0.32	10.17	40.70
5-4	-25.34	18.7	0.49	6.7	0.33	15.06	60.24
6-1	-44.04	19.8	0.48	9.4	0.32	28.79	115.18
6-2	-50.49	18.8	0.47	9.4	0.32	48.23	192.91

钻孔编号 Jz-Ⅲ07-88 模量修正　　　　　　表 4.3.5

层号	层顶标高（m）	天然重度（kN/m³）	静止侧压力系数 K₀	压缩模量（MPa）	泊松比	变形模量单倍（MPa）	变形模量四倍（MPa）
2-1	1.29	17.6	—	—	—		
3-2	-3.62	19.9	0.41	11.9	0.29	8.57	34.27
4-1	-14.81	18.0	0.71	2.9	0.42	1.96	7.84
4-2	-19.21	18.3	0.57	5.4	0.36	6.41	25.64
5-3	-23.21	19.0	0.48	6.4	0.32	10.43	41.73
5-4	-26.81	18.7	0.49	6.7	0.33	15.83	63.33
6-3	-48.10	18.8	0.56	6.5	0.36	28.33	113.34

4.3.1.2　隧道模型

隧道计算模型如图 4.3.1 所示，沿隧道纵向，环接接头模型常用等效连续性方法和梁-弹簧模型，以及最近出现的壳-弹簧模型（见图 4.3.2～图 4.3.4）。其中壳-弹簧模型最为精细，但主要分析隧洞局部管片内力变形，目前计算条件下不适用于沿隧道全长纵向变形分析。

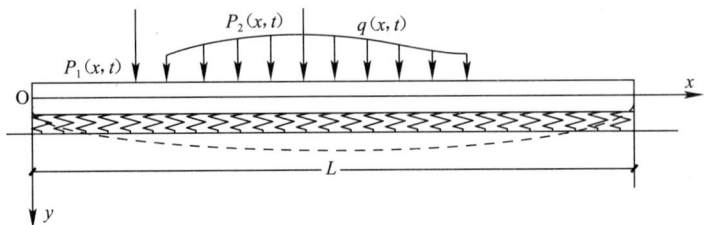

图 4.3.1　隧道计算模型

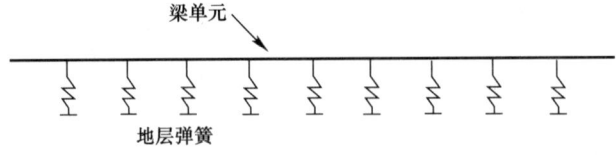

图 4.3.2　等效连续化模型

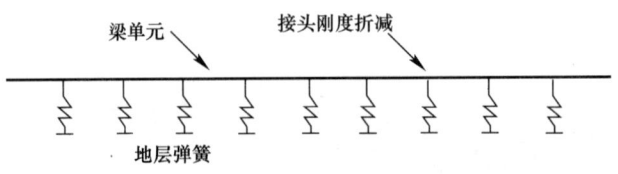

图 4.3.3　变刚度梁模型

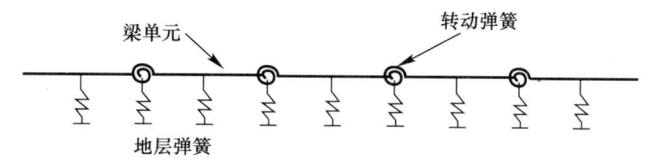

图 4.3.4　梁-弹簧模型

等效连续化模型采用梁单元来模拟隧道结构，不考虑管片环在圆周方向的不均匀性，并考虑因接头的存在对弯曲刚度的折减，将环间螺栓考虑为弹簧，受拉时按一定弹簧系数变形，受压时不变形。在弯矩作用下，以中性轴为界，受压侧管片受压，受拉侧管片和管片环接头一起受拉。

在图 4.3.5 中，盾构隧道的各物理量表示如下：D 为隧道外直径，t 为管片厚度，r 为隧道的平均半径，隧道截面惯性矩 $I_c=[D^4-(D-d)^4]\pi/64$，x 为隧道中性轴的位置，φ 为隧道中性轴位置的角度，δ_j 为离中性轴距离最远的受拉接头螺栓的变形，ε_j 为离中性轴距离最远的受拉接头螺栓的线应变 $\varepsilon_j=\delta_j/l$，ε_t 为管片截面的拉应变，ε_c 为管片截面的压应变，l_s 为管片的环宽，l 为隧道接头螺栓的长度，n 为同一断面纵向螺栓的个数，E 为螺栓材料的弹性模量，d 为螺栓的直径，单个螺栓横断面面积 $A=\pi d^2/4$，K_j 为接头螺栓的总线刚度 $K_j=nEA/l$，K_r 为接头螺栓的总刚度 $K_r=K_j/2\pi r$。

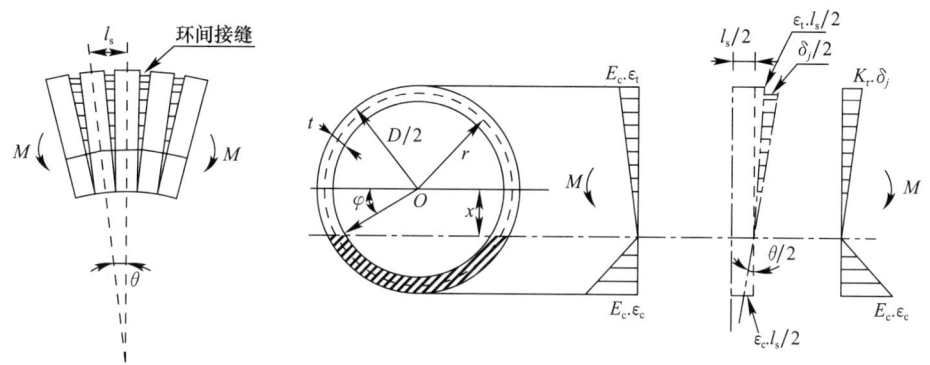

图 4.3.5　地铁盾构隧道计算模式图

取隧道纵向两节管片环中心线之间两段长为 l_s 的单元作为计算单元，假设该单元受弯矩 M 作用时，相邻管片环之间的相对转角为 θ，管线的曲率为 θ/l_s。计算中有如下假设：

（1）管片与螺栓的联合体满足平截面假定；

（2）管片环单元的接头处，以中性轴为界，受压侧由管片单独承担，受拉侧为螺栓拉伸连接两侧的环单元；

（3）纵向螺栓的作用简化为沿环单元的连续分布弹簧。

以两管片连接断面为研究对象，由受压侧和受拉侧外围的变形协调条件可得到：

$$\varepsilon_c \frac{l_s}{2}=\left(\frac{D}{2}-x\right)\frac{\theta}{2} \qquad (4.3.3)$$

$$\frac{r+x}{D/2+x}\varepsilon_t \frac{l_s}{2}+\frac{\delta_j}{2}=(r+x)\frac{\theta}{2} \qquad (4.3.4)$$

由受压侧和受拉侧力的平衡条件可得到：

$$2\frac{E_c\varepsilon_c}{D/2-x}\int_0^{\pi/2-\varphi}(r\cos\alpha-x)rt\,d\alpha=2\frac{E_c\varepsilon_t}{D/2-x}\int_0^{\pi/2+\varphi}(r\cos\alpha+x)rt\,d\alpha \qquad (4.3.5)$$

$$2\frac{E_c\varepsilon_c}{D/2-x}\int_0^{\pi/2-\varphi}(r\cos\alpha-x)rt\,d\alpha=2\frac{K_r\varepsilon_j}{r+x}\int_0^{\pi/2+\varphi}(r\cos\alpha+x)r\,d\alpha \qquad (4.3.6)$$

由弯矩平衡条件可得到：

$$2\frac{E_c\varepsilon_c}{D/2-x}\int_0^{\pi/2-\varphi}(r\cos\alpha-x)^2rt\,d\alpha+2\frac{E_c\varepsilon_t}{D/2+x}\int_0^{\pi/2+\varphi}(r\cos\alpha+x)^2rt\,d\alpha=M$$

通过联合求解上述公式，可得到中性轴位置的角度 φ：

$$\cot\varphi + \varphi = \pi\left(\frac{1}{2} + \frac{K_r l_s}{E_c t}\right) \tag{4.3.7}$$

进而得到横截面转角 θ：

$$\theta = \frac{l_s}{E_c I_c} \frac{\cos\varphi + (\varphi + \pi/2)\sin\varphi}{\cos^3\varphi} M \tag{4.3.8}$$

由材料力学理论可得到隧道的等效抗弯刚度为：

$$(EI)_{eq} = \frac{M}{\theta} = \frac{\cos^3\varphi}{\cos\varphi + (\varphi + \pi/2)\sin\varphi} E_c I_c \tag{4.3.9}$$

若采用梁弹簧模型，则管片间转动弹簧系数为：

$$k_\theta = \frac{(EI)_{eq}}{l} \tag{4.3.10}$$

4.3.1.3 隧道计算简化方法

根据图 4.3.6 每个节点有如下弯矩平衡条件：

$$M_i = -[(i-1)h(R_1 - f_1) + (i-1)h(R_2 - f_2) + \cdots + h(R_{i-1} - f_{i-1})]$$

$$= -h\sum_{j=1}^{i-1}(i-j)(R_j - f_j) = -E_i I_i \frac{w_{i-1} - 2w_i + w_{i+1}}{h^2} \tag{4.3.11}$$

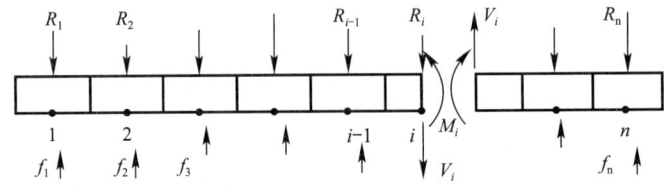

图 4.3.6 节点平衡示意图

其中，R 为外力，f 为土体反力，w 为隧道位移再补充整体弯矩和力的平衡条件，即：

$$\sum M = h\sum_{j=1}^{n-1}(n-j)(R_i - f_i) = 0 \tag{4.3.12}$$

$$\sum F = \sum_{j=1}^{n}(R_i - f_i) = 0 \tag{4.3.13}$$

对上述 $n+1$ 各方程联立，可写成如下矩阵形式：

$$[K_p]\{w\} - [H](\{R\} - \{f\}) = 0 \tag{4.3.14}$$

其中矩阵如下：

$$[K_p] = \begin{bmatrix} E_2 I_2 & -2E_2 I_2 & E_2 I_2 & & & \\ & E_3 I_3 & -2E_3 I_3 & E_3 I_3 & & \\ & \cdots & \cdots & \cdots & & \\ & & E_{n-1} I_{n-1} & -2E_{n-1} I_{n-1} & E_{n-1} I_{n-1} \\ 0 & \cdots & \cdots & 0 & 0 \\ 0 & \cdots & \cdots & \cdots & 0 \end{bmatrix}$$

$$[H] = h^3 \begin{bmatrix} 1 & & & & \\ 2 & 1 & & & \\ \cdots & \cdots & \cdots & & \\ n-2 & & \cdots & 1 & \\ \frac{n-1}{h^2} & \frac{n-2}{h^2} & \cdots & \frac{2}{h^2} & \frac{1}{h^2} \\ \frac{1}{h^3} & \frac{1}{h^3} & \cdots & \frac{1}{h^3} & \frac{1}{h^3} \end{bmatrix}$$

考虑土与隧道不脱开，则有如下位移连续条件：
$$\{w\} = [\lambda]\{f\} \Rightarrow [K_s]\{w\} = \{f\} \tag{4.3.15}$$

其中柔度矩阵 $[\lambda]$ 如下；若采用层状弹性理论法求解该问题，则需要引入层状弹性力学解，该解将在下文中做简单介绍；若采用 Winkler 地基模型，那么 $[\lambda]$ 可退化至最后的形式，其中 k 表示采用 Winkler 模型时的地基模量。

$$[\lambda] = \begin{bmatrix} \lambda_{11} & \lambda_{21} & \cdots & \cdots & \cdots & \lambda_{n1} \\ \lambda_{12} & \lambda_{22} & & & & \cdot \\ \cdot & & \cdot & & & \cdot \\ \cdot & & & \cdot & & \cdot \\ \cdot & & & & \cdot & \lambda_{n(n-1)} \\ \lambda_{1n} & \cdots & \cdots & \cdots & \lambda_{(n-1)n} & \lambda_{nn} \end{bmatrix} \Rightarrow \begin{bmatrix} \lambda_{11} & & & & \\ & \lambda_{22} & & O & \\ & & \cdot & & \\ & O & & \cdot & \\ & & & & \lambda_{nn} \end{bmatrix} = \begin{bmatrix} \dfrac{1}{kh} & & & & \\ & \dfrac{1}{kh} & & O & \\ & & \cdot & & \\ & O & & \cdot & \\ & & & & \dfrac{1}{kh} \end{bmatrix}$$

将上式代入则有最终方程：
$$([K_p] + [H][K_s])\{w\} = [H]\{F_z\} \tag{4.3.16}$$

式（4.3.16）为不考虑隧道管片间接口非连续化的求解方程；然而我们知道隧道的管片接口与隧道管片的抗弯机理是不同的，管片为截面抗弯（式 4.3.17）、接头处为转角抗弯（式 4.3.18）。

$$M = -EI\dfrac{d^2w}{dx^2} \tag{4.3.17}$$

$$M = -K \cdot \beta \tag{4.3.18}$$

因此，对于转角抗弯的差分点，本文给出如下差分格式：

$$M_i = -\dfrac{1}{\dfrac{1}{hk_i} + \dfrac{1}{EI}} \dfrac{w_{i-1} - 2w_i + w_{i+1}}{h^2} \tag{4.3.19}$$

将式（4.3.19）代入式（4.3.16）便可得到考虑隧道接头转角刚度的求解方程，表达式与式（4.3.16）相同，仅将矩阵 $[K_p]$ 改写为如下形式：

$$[K_p] = \begin{bmatrix} k_{p1} & -2k_{p1} & k_{p1} & & & & 0 \\ & \cdots & \cdots & \cdots & & & \\ & & k_{pi} & -2k_{pi} & k_{pi} & & \\ & & & \cdots & \cdots & \cdots & \\ & & & & k_{p(n-1)} & -2k_{p(n-1)} & k_{p(n-1)} \\ & & & & & & 0 \\ 0 & & & & & & 0 \end{bmatrix}_{(n+1)\times(n+1)} \tag{4.3.20}$$

差分点为截面抗弯时 $k_{pi} = EI$，差分点为转角抗弯时 $k_{pi} = \left(\dfrac{1}{hk_{jsi}} + \dfrac{1}{EI}\right)^{-1}$。

为了确定地基模量 k，首先介绍采用如下层状弹性力学解，该解用于确定层状弹性理论法中的柔度矩阵 $[\lambda]$，进而利用层状弹性理论法可以确定 winkler 模型下的地基模量 k。

Burmister 利用 Hankel 变换和矩阵传递技术将在单层弹性体中作用集中的弹性力学解推广至任意一个土层，下式为轴对称荷载下单层土体的传递矩阵：

$$\{\bar{G}(\xi,z)\} = [\Phi(\xi,z)]\{\bar{G}(\xi,0)\} \tag{4.3.21}$$

其中，$\{\bar{G}(\xi,z)\} = \{\bar{u}(\xi,z), \bar{w}(\xi,z), \bar{\tau}(\xi,z), \bar{\sigma}(\xi,z)\}^T$ 是在每层土体间传递的应力以及位移分量；$[\Phi(\xi,z)]$ 是 4×4 阶的矩阵具体的表达式可以参考艾智勇等（2002）。

假设土层为任意层，每层厚为 ΔH_i，那么考虑集中力荷载作用下，应力和位移分量从第一层传至

第 n 层的情况可用下式表示：

$$\{\overline{G}(\xi, H_n^-)\} = [f]\{\overline{G}(\xi, 0)\} - [s]\{p\} \tag{4.3.22}$$

其中：$[f] = [\Phi(\xi, \Delta H_n)][\Phi(\xi, \Delta H_{n-1})]\cdots[\Phi(\xi, \Delta H_1)]$，

$[s] = [\Phi(\xi, \Delta H_n)][\Phi(\xi, \Delta H_{n-1})]\cdots[\Phi(\xi, \Delta H_{m2})]$

$\{p\} = \left[0, 0, 0, \dfrac{P}{2\pi}\right]$，$P$ 是集中力的大小，h_{m1} 是集中力作用点深度，ΔH_{m2} 是集中力作用点到其下一土层的距离。

为了求解式（4.3.22）需要引入如下边界条件：在 $z=0$ 时 $\tau_{zr}=\sigma_z=0$；在 $z=h_n$ 时 $u=w=0$。至此可以得到层状弹性半空间中，集中力作用下任意点的位移。

在求解式（4.3.16）时，若利用上述层状弹性力学解给出式（4.3.23）柔度矩阵中的系数，则得到的层状弹性理论法的解为：

$$[\lambda] = \begin{bmatrix} \lambda_{11} & \lambda_{21} & \cdots & \cdots & \cdots & \lambda_{n1} \\ \lambda_{12} & \lambda_{22} & & & & \cdot \\ \cdot & & \cdot & & & \cdot \\ \cdot & & & \cdot & & \cdot \\ \cdot & & & & \cdot & \lambda_{n(n-1)} \\ \lambda_{1n} & \cdots & \cdots & \cdots & \lambda_{(n-1)n} & \lambda_{nn} \end{bmatrix} \tag{4.3.23}$$

若利用式（4.3.24）求解则得到 Winkler 模型下的解：

$$[\lambda] = \begin{bmatrix} \dfrac{1}{kh} & & & & \\ & \dfrac{1}{kh} & & O & \\ & & \cdot & & \\ & & & \cdot & \\ & O & & & \dfrac{1}{kh} \end{bmatrix} \tag{4.3.24}$$

由于在应用时，Winkler 模型的意义更明确并且计算稳定性更好，因此先通过 Vesic 提出的方法——通过对比集中力作用下弹性理论法以及 Winkler 模型下分别得到的隧道弯矩图，通过调整地基模量 k 使得两者得到的弯矩图的第一零点重合，这样可以使得 Winkler 模型下的解与弹性理论法下的解相似。图 4.3.7 给出了拟合的示意过程，表 4.3.6 给出了各计算断面在各种工况下得地基模量。

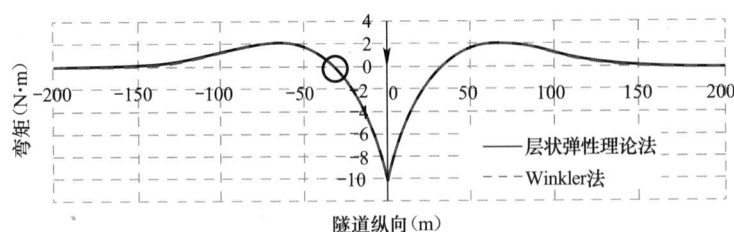

图 4.3.7 地基模量拟合示意图

地基模量　　　　　　　　　　　　　　　　　　　　　　　表 4.3.6

	断面 1（MPa）	断面 2（MPa）	断面 3（MPa）	断面 4（MPa）	断面 5（MPa）
百年一遇冲刷线	31	32	42	48	33
实测最低冲刷线	34	36	46	51	35
现实河床	42	48	55	57	42

4.3.1.4 简化方法计算结果

在利用上节推导的求解隧道纵向变形的方程时,首先要得到上覆土层被冲刷走后,在隧道处引起的附加应力。首先假设隧道不存在,在该情况下利用上节中介绍的层状弹性力学解得到冲刷引起的土体卸载后土层中的附加应力场;然后将该应力场对隧道外径进行积分,这样就得到了冲刷后隧道受到的附加力。这里对五个标准断面的两种工况进行计算:工况一现河床高程冲刷至实测最低河床高程;工况二现河床高程冲刷至百年一遇河床高程。以下为计算结果。

工况一(现河床高程冲刷至实测最低河床高程)所得计算结果见图 4.3.8。

工况二(现河床高程冲刷至百年一遇河床高程)所得计算结果见图 4.3.9。

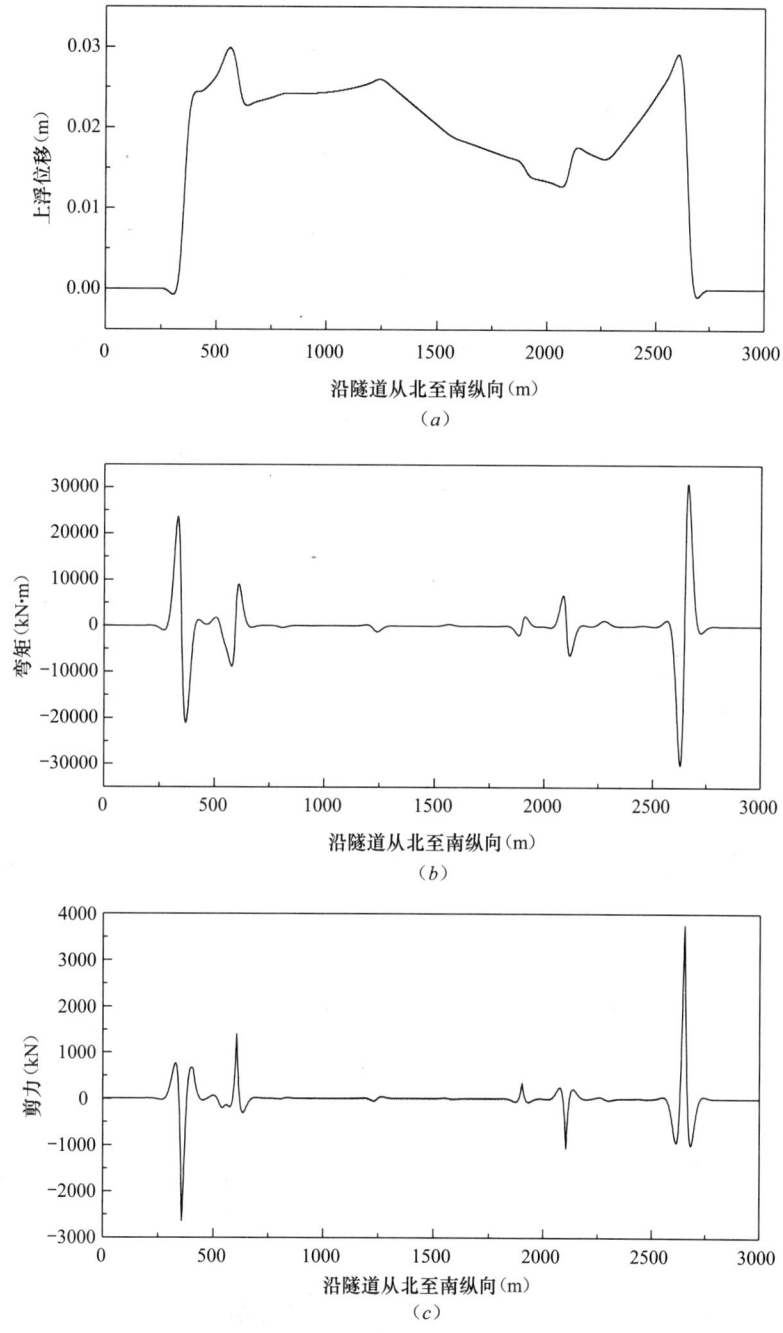

图 4.3.8 工况一下隧道纵向变形(一)

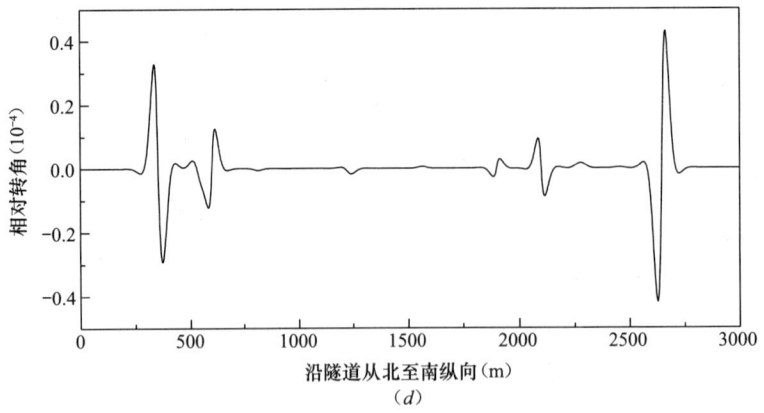

图 4.3.8　工况一下隧道纵向变形（二）

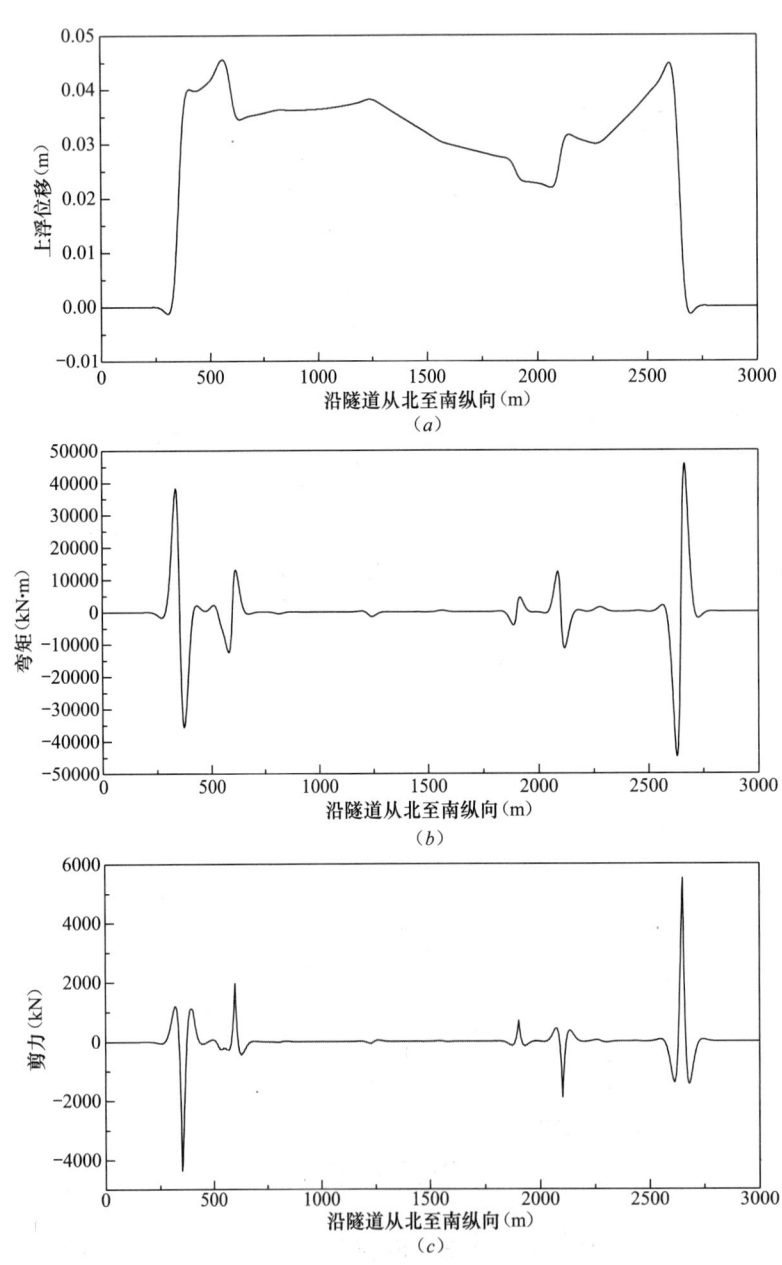

图 4.3.9　工况二下隧道纵向变形（一）

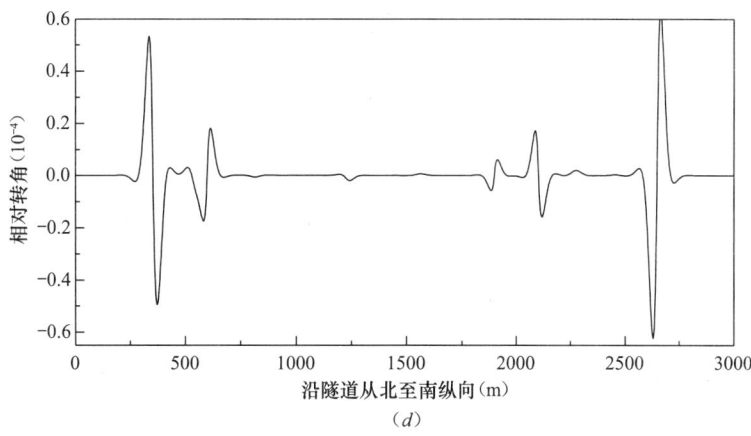

图 4.3.9 工况二下隧道纵向变形（二）

以上计算结果分别显示百年一遇情况下冲刷引起的隧道位移更大为 4.5cm，引起隧道接口的最大张开量为 0.87mm，以上结果说明冲刷将引起隧道的纵向变形，但并不成为隧道设计时的主要控制因素。

4.3.1.5 有限元计算结果

利用商业有限元软件 abaqus 对简化方法计算结果进行验证，为建模方便起见，这里仅对标准断面三进行建模计算，这样将不考虑隧道在江底实际埋深的变化。对于土体参数的选取可参见表 4.3.3，隧道埋深 30m，抗弯形式采用等效连续抗弯模型。土体采用 C3D8R 减缩积分单元，隧道用梁单元进行模拟，单元类型为 B32。在计算时，首先对土体进行地应力平衡，再将上覆被冲刷走的土体所在单元杀死。对两种工况计算结果如下。

工况一（现河床高程冲刷至实测最低河床高程）具体计算结果及对比分析如图 4.3.10～图 4.3.12 所示。

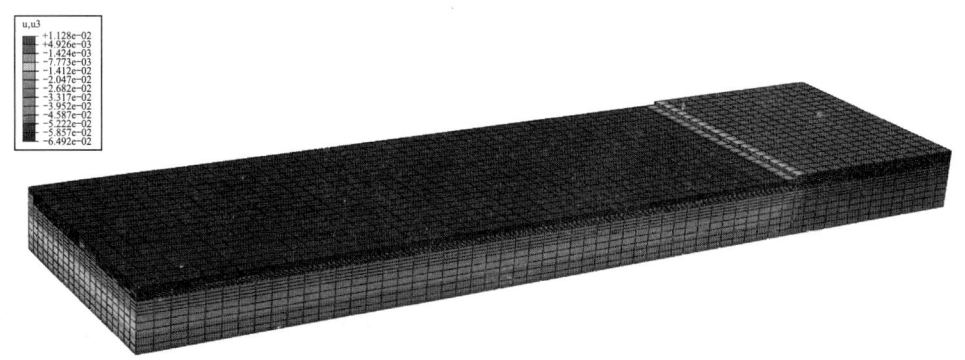

图 4.3.10 土体上浮位移图

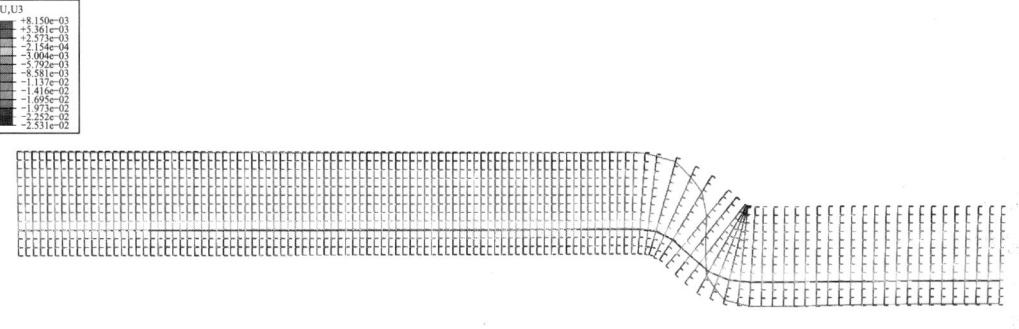

图 4.3.11 隧道上浮位移图

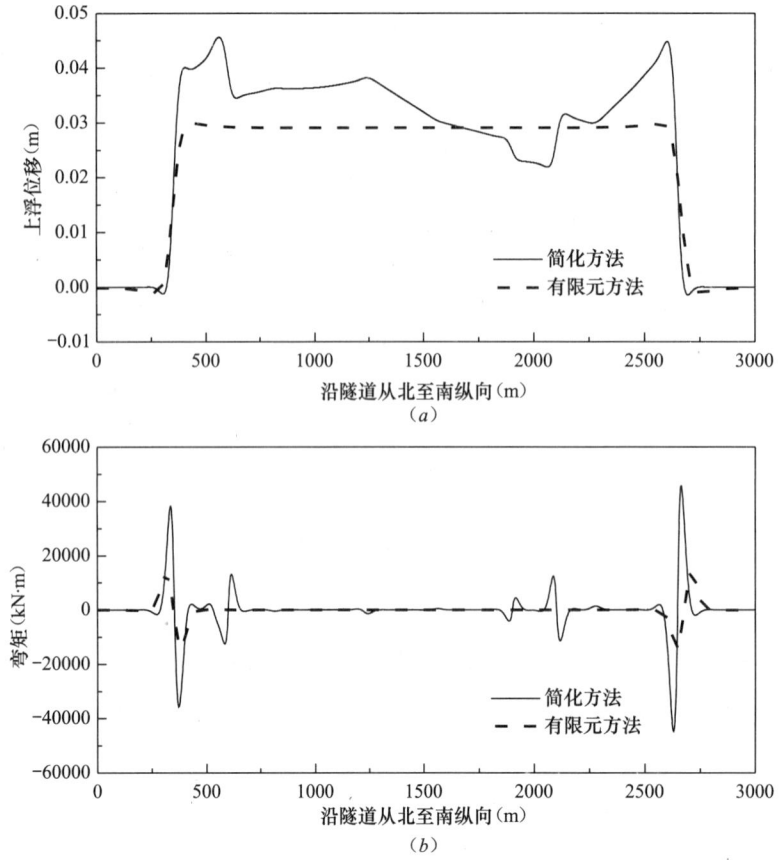

图 4.3.12 有限元与简化方法对比

工况二（现河床高程冲刷至百年一遇河床高程）具体计算结果及对比分析如图 4.3.13～图 4.3.15 所示。

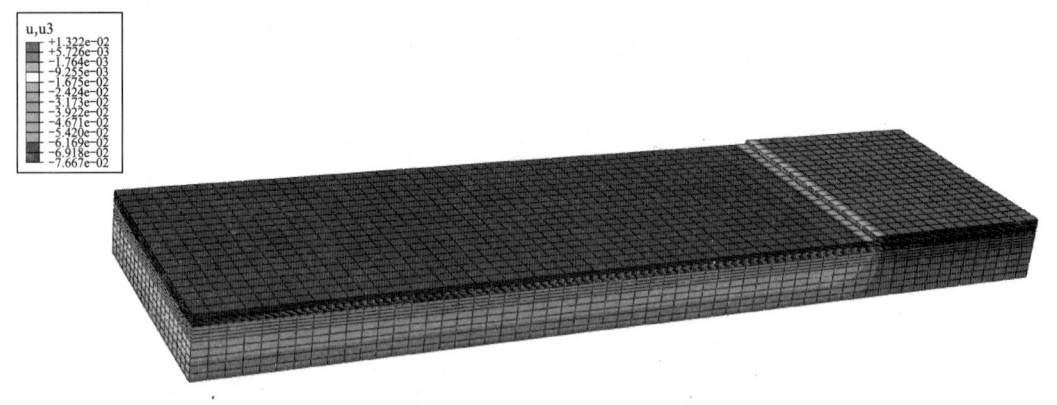

图 4.3.13 土体上浮位移图

通过将有限元计算结果与简化方法计算结果对比可知，简化方法的计算结果较有限元大但基本一致，这是由于简化方法对五个断面分别进行了计算，并考虑了隧道在江底埋深的变化，由于在靠近岸边时隧道埋深较浅，而江中埋深较大，因此在较靠近岸边时简化方法得到的结果较大；因为有限元所采用的断面三正好处于江中位置，因此与简化方法结果相近。至此简化方法的正确性得到验证，并且能比有限元更为简便地考虑复杂的工况组合。

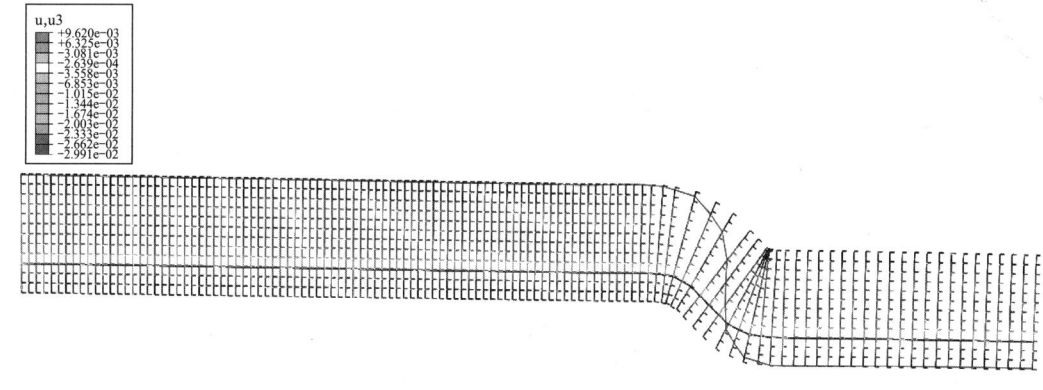

图 4.3.14 隧道上浮位移图

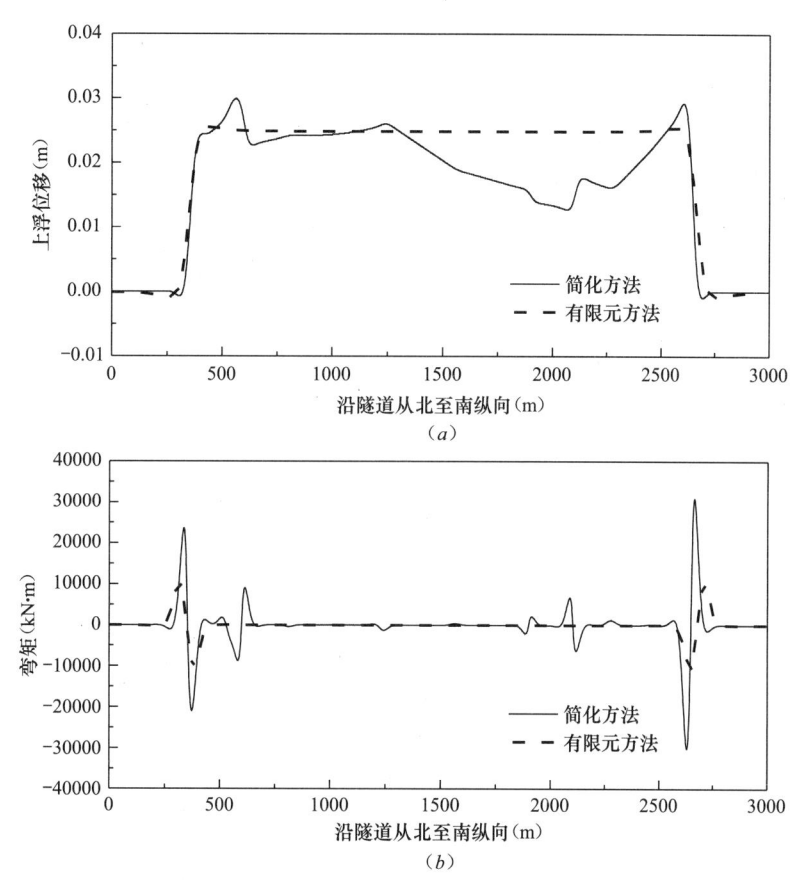

图 4.3.15 有限元与简化方法对比

4.3.2 涌潮对隧道纵向变形的影响

4.3.2.1 涌潮模型

涌潮模型如图 4.3.16 所示,图中 h_1 为潮前水深;h_2 为朝后水深;R 为涌波速度;v 为水流速度。从图 4.3.16 可以看出,涌潮不同于一般的波浪在同一水平位置振动,它潮前水位和潮后的水深有较大的变化,并且涌波在潮后水位进行振动,称为间断波。

这里定义相对于涌波的流速 $\tilde{v}$,其大小等于流速与涌波行进波速的差值:

$$\tilde{v} = v - r \tag{4.3.25}$$

式中,v 为流速,r 为涌波的速度。

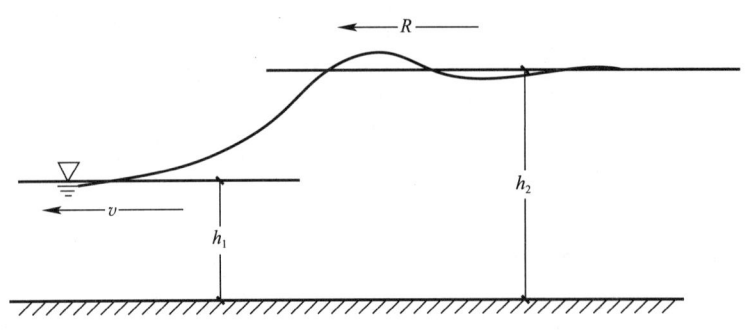

图 4.3.16 涌潮模型

根据涌波，水体的质量守恒有如下关系成立：

$$[h\tilde{v}^2 + P]_1 = [h\tilde{v}^2 + P]_2 \tag{4.3.26}$$

其中压力 $P = \frac{1}{2}gh^2$，化简为：

$$h_1(v_1 - R)^2 = h_2(v_2 - R)^2 + P_2 - P_1 \tag{4.3.27}$$

由此可以得到：

$$R = v_1 \pm \sqrt{gh_1}\sqrt{\frac{1}{2}\frac{h_2}{h_1}\left(1 + \frac{h_2}{h_1}\right)} \tag{4.3.28}$$

令 $fr = \frac{v-r}{\sqrt{gh}}$，称为相对 Froude 数，则

$$\left(\frac{h_2}{h_1}\right)^2 + \left(\frac{h_2}{h_1}\right) - 2fr_1^2 = 0 \tag{4.3.29}$$

求解该方程可得潮后水深：

$$\frac{h_2}{h_1} = \frac{1}{2}\sqrt{1 + 8fr_1^2} - 1 \tag{4.3.30}$$

根据上式，可以计算涌潮引起的水平抬升高度。

4.3.2.2 浅水流动高阶方程及涌波压力分布的高阶近似公式

由涌潮铅垂方向水流运动方程为：

$$-\frac{1}{\rho}p_z = g + w_t + vw_x + ww_z \tag{4.3.31}$$

可以得到压强沿水深分布的高阶表达式，将其代入关于水平流速分量的方程，继而对此方程沿水深积分，得到浅水流动的高阶方程为：

$$h_t + (vh)_x = 0 \tag{4.3.32}$$

$$(vh)_t + (v^2h)_x - (ah^2vv_x)_x + ghh_x - \left[\frac{1}{3}h^3(vv_{xxx} + v_{xx} - v_xv_{xx})\right] = 0 \tag{4.3.33}$$

其中 a 为耗散系数。动量连续方程（式 4.3.33）中第三项是二阶耗散项，方括号内的是三阶的色散项。并可以得到压力分布的高阶近似公式：

$$\frac{1}{\rho}p_z = g(s - z) - \frac{1}{2}(s^2 - z^2)(vv_{xx} + v_{xt} - v_xv_x) \tag{4.3.34}$$

其中，s 为河床到自由面的高度，z 河床到所求点的高度。

4.3.2.3 求解浅水流动高阶方程

将自变量 (x, t) 组合成一个变量，偏微分方程可能简化成常微分方程。之前，坐标系随涌潮一起移动，则在此坐标系上，涌潮静止了。新自变量构成的坐标系称为"波架坐标系"。在此坐标系下，波形不变，所以称为"永形波"。

引入新变量：

$$\xi = x - rt \tag{4.3.35}$$

对任何变量都有如下关系成立：

$$\phi_x = \phi_\xi \quad \phi_t = -r\phi_\xi \tag{4.3.36}$$

将浅水流动高阶方程变换到"波架坐标系"下有：

$$[h(v-r)]_\xi = 0 \tag{4.3.37}$$

$$[hv(v-r)]_\xi - (ah^2 \mid v \mid v_\xi)_\xi + ghh_\xi - \frac{1}{3}h^3[(v-r)v_{\xi\xi\xi} - v_\xi v_{\xi\xi}] = 0 \tag{4.3.38}$$

将上述方程做消去变量 h，并将其无量纲化，有：

$$h = \frac{q}{v-r} \tag{4.3.39}$$

对其求导：

$$h_\xi = \frac{-v_\xi q}{(v-r)^2} \tag{4.3.40}$$

在将上式代入式（4.3.39）得：

$$h_\xi = -\frac{1}{q}h^2 v_\xi \tag{4.3.41}$$

代入方程式（4.3.38），则得到：

$$qv_\xi - \frac{g}{q}h^3 v_\xi - (ah^2 \mid v \mid v_\xi)_\xi - \frac{1}{3}h^2 q v_{\xi\xi\xi} + \frac{1}{3}h^3 v_\xi v_{\xi\xi} = 0 \tag{4.3.42}$$

无量纲化时，选择潮前水深及相对流速 h_1、(v_1-r) 为基，即：

$$\bar{h} = \frac{h}{h_1} \quad \bar{v} = \frac{v}{v_1 - r} \quad \bar{\xi} = \frac{\xi}{h_1} \tag{4.3.43}$$

则上式改写为：

$$\left(1 - \frac{1}{fr_1^2}\bar{h}^3\right)\bar{v}_{\bar{\xi}} - (a\bar{h}^2 \mid \bar{v} \mid \bar{v}_{\bar{\xi}})_{\bar{\xi}} - \frac{1}{3}\bar{h}^2 \bar{v}_{\bar{\xi}\bar{\xi}\bar{\xi}} + \frac{1}{3}\bar{h}^3 \bar{v}_{\bar{\xi}} \bar{v}_{\bar{\xi}\bar{\xi}} = 0 \tag{4.3.44}$$

方程中 $\bar{h}$ 与 $\bar{v}$ 满足如下关系：

$$\bar{h} = \frac{1}{\bar{v} - \bar{r}} \tag{4.3.45}$$

其中 $\bar{r} = \frac{Fr_1}{fr_1} - 1$，$Fr_1$ 为绝对流速的 Froude 数，$Fr_1 = \frac{v_1}{\sqrt{gh_1}}$。

以上改写后的微分方程说明，涌波的形成不仅与相对 Froude 数有关，还受绝对 Froude 数的影响。上式可用五阶龙格-库塔方法求解，方法如下。

将高阶方程转化一阶的方程组，定义各阶导数为未知量，于是问题转化成：

$$\frac{d\bar{v}}{d\bar{\xi}} = u_1 \tag{4.3.46}$$

$$\frac{du_1}{d\bar{\xi}} = u_2 \tag{4.3.47}$$

$$\frac{du_2}{d\bar{\xi}} = f(\bar{\xi}, u, u_1, u_2, \bar{h}) \tag{4.3.48}$$

其中

$$f = \frac{3}{\bar{h}^2}\left[\left(1 - \frac{1}{fr_1^2}\bar{h}^3\right)u_1 + 2a\bar{h}^3 \mid \bar{v} \mid u_1 u_1 - a\bar{h}^2 \mid \bar{v} \mid u_1 u_1 - a\bar{h}^2 \mid \bar{v} \mid u_2 + \frac{1}{3}\bar{h}^3 u_1 u_2\right] \tag{4.3.49}$$

选定计算步长 $\Delta \bar{\xi}$ 以后，可引用龙格-库塔公式，罗列于表 4.3.7。

定义中间变量 k_i、l_i、m_i，记前一步的解为 $(\bar{v}^0, u_1^0, u_2^0)$，则本步解为：

$$\bar{v} = \bar{v}^0 + \frac{1}{6}(k_1 + 2k_2 + 2k_3 + k_4) \tag{4.3.50}$$

$$u_1 = u_1^0 + \frac{1}{6}(l_1 + 2l_2 + 2l_3 + l_4) \qquad (4.3.51)$$

$$u_2 = u_2^0 + \frac{1}{6}(m_1 + 2m_2 + 2m_3 + m_4) \qquad (4.3.52)$$

龙格-库塔公式　　　　　　　　　　　　表 4.3.7

i	k	l	m
1	$\Delta\xi u_1^0$	$\Delta\xi u_2^0$	$\Delta\xi f(\bar{v}^0, u_1^0, u_2^0)$
2	$\Delta\xi(u_1^0 + l_1/2)$	$\Delta\xi(u_2^0 + m_1/2)$	$\Delta\xi f(\bar{v}^0 + k_1/2, u_1^0 + l_1/2, u_2^0 + m_1/2)$
3	$\Delta\xi(u_1^0 + l_2/2)$	$\Delta\xi(u_2^0 + m_2/2)$	$\Delta\xi f(\bar{v}^0 + k_2/2, u_1^0 + l_2/2, u_2^0 + m_2/2)$
4	$\Delta\xi(u_1^0 + l_3/2)$	$\Delta\xi(u_2^0 + m_3/2)$	$\Delta\xi f(\bar{v}^0 + k_3, u_1^0 + l_3, u_2^0 + m_3)$

不同 Froude 数下浪高计算结果如图 4.3.17 所示。图 4.3.18 显示了同水深下浪高为 2m 时的江底波压力。

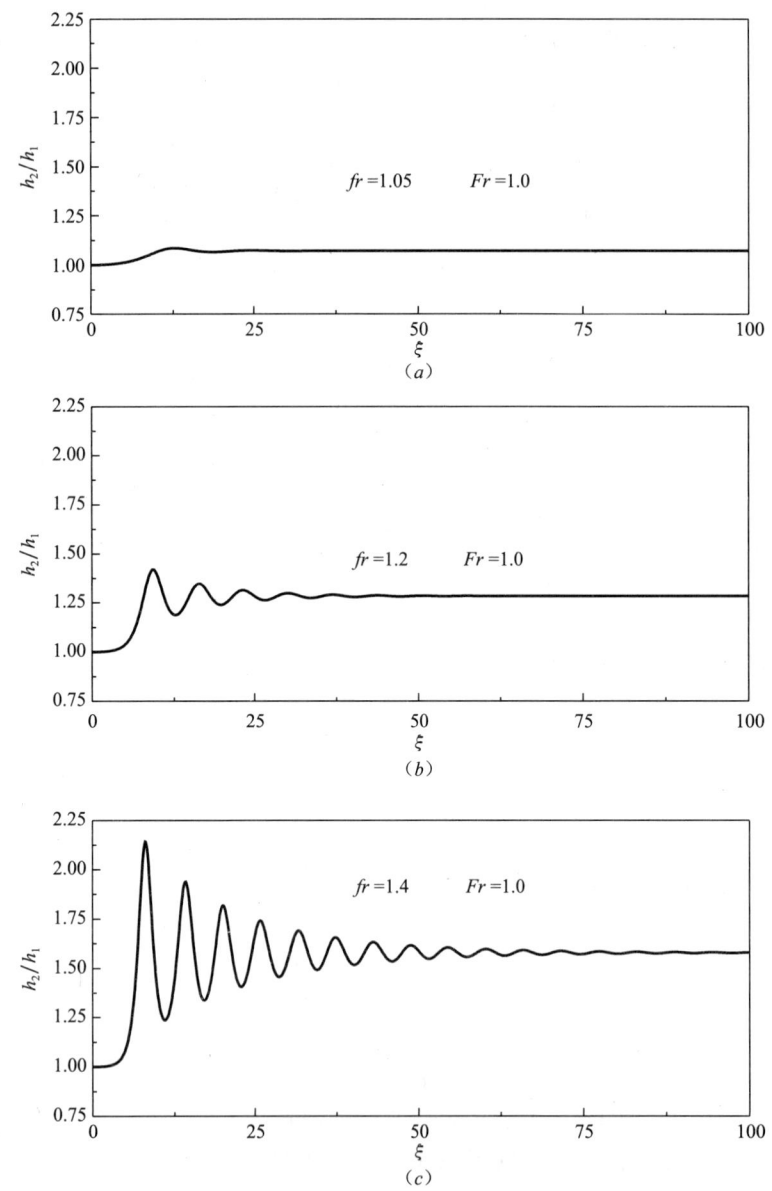

图 4.3.17　浪高示意图

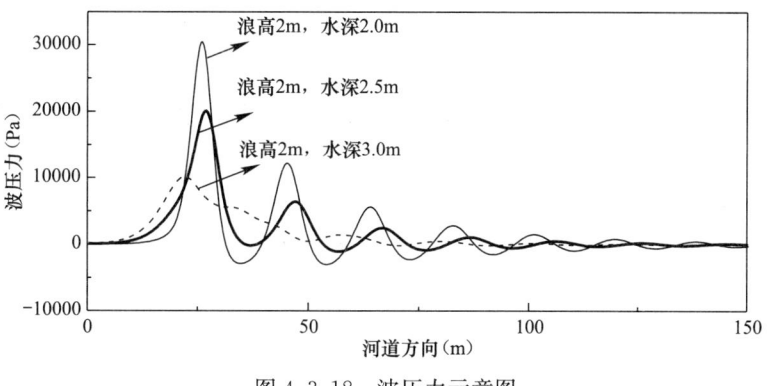

图 4.3.18 波压力示意图

4.3.2.4 简化方法计算结果

根据资料可知,隧道所在区域江面水深为 2~3m,最大浪高为 2m,根据图 4.3.16 可知水深越浅,涌潮对江底的压力越大,因此对水深 2m 的情况采用 4.3.1 节推导的简化方法计算隧道在两种工况下的纵向变形。

工况一(在实测最低高程下水深 2m,浪高 2m)所得具体计算结果如图 4.3.19 所示。

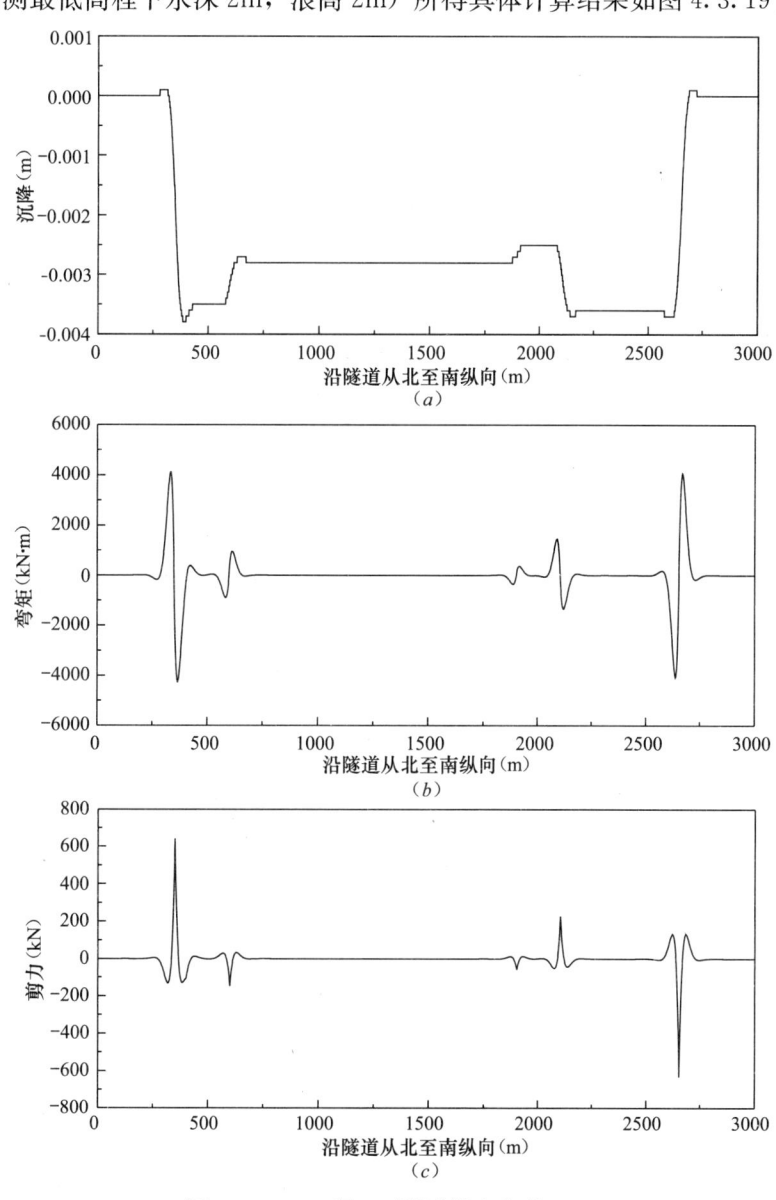

图 4.3.19 工况一下隧道纵向变形(一)

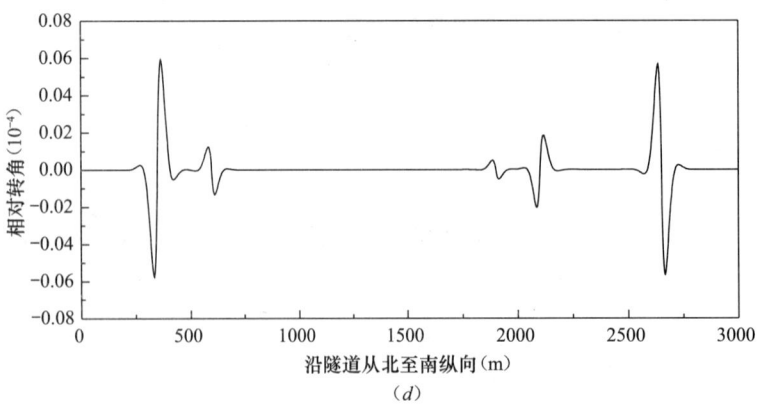

图 4.3.19　工况一下隧道纵向变形（二）

工况二（在百年一遇高程下水深 2m，浪高 2m）所得具体计算结果如图 4.3.20 所示。

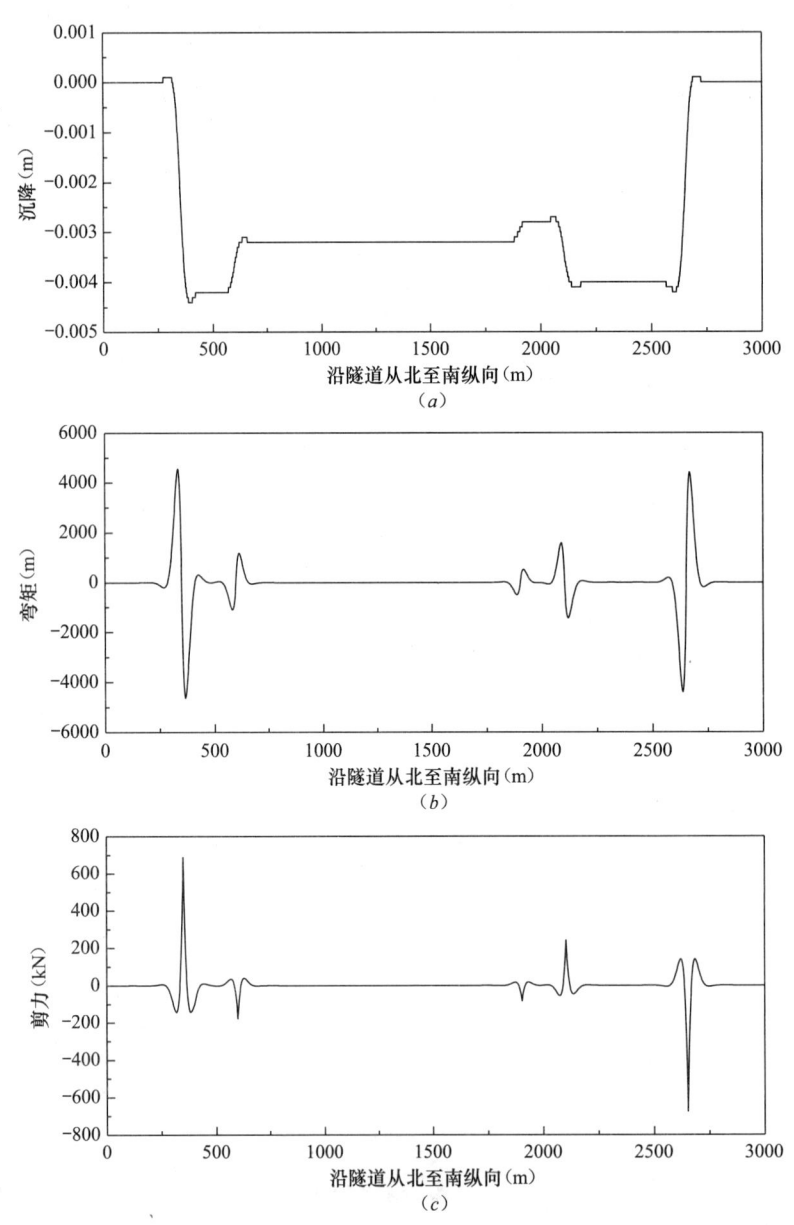

图 4.3.20　工况二下隧道纵向变形（一）

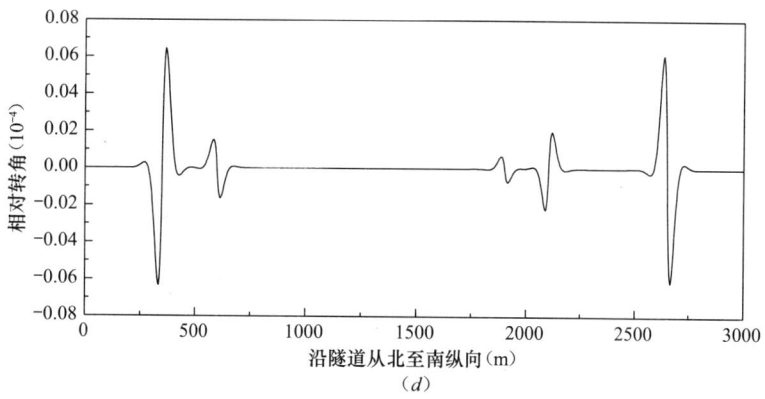

图 4.3.20 工况二下隧道纵向变形（二）

与冲淤引起的隧道纵向变形而言，涌潮荷载下隧道的纵向变形更小，因此一般无需作为设计时主要考虑因素。

4.3.2.5 有限元计算结果

利用商业有限元软件 abaqus 对简化方法计算结果进行验证，为建模方便起见，这里仅对标准断面三进行建模计算，这样将不考虑隧道在江底实际埋深的变化。隧道埋深 30m，抗弯形式采用等效连续抗弯模型。在计算时，将前文计算得到的波压力作用与江底，如图 4.3.21 所示。对两种工况计算结果如下。

图 4.3.21 模型示意图

工况一（在实测最低高程下水深 2m，浪高 2m）计算所得隧道沉降位移情况及对比分析结果如图 4.3.22 和图 4.3.23 所示。

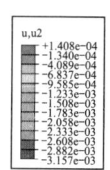

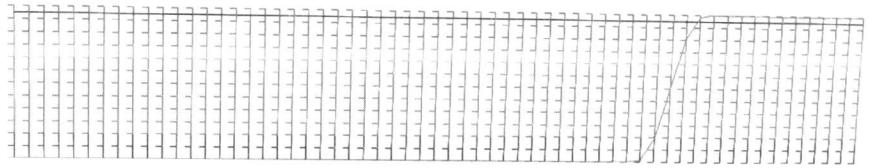

图 4.3.22 隧道沉降位移图

工况二（在百年一遇高程下水深 2m，浪高 2m）计算所得隧道沉降位移情况及对比分析结果如图 4.3.24 和图 4.3.25 所示。

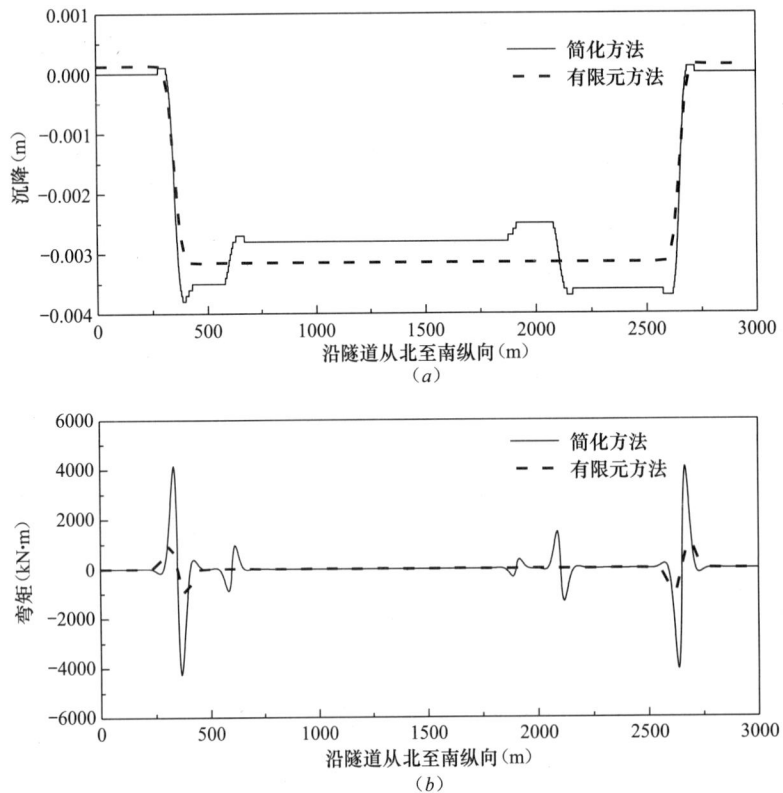

图 4.3.23 有限元与简化方法对比

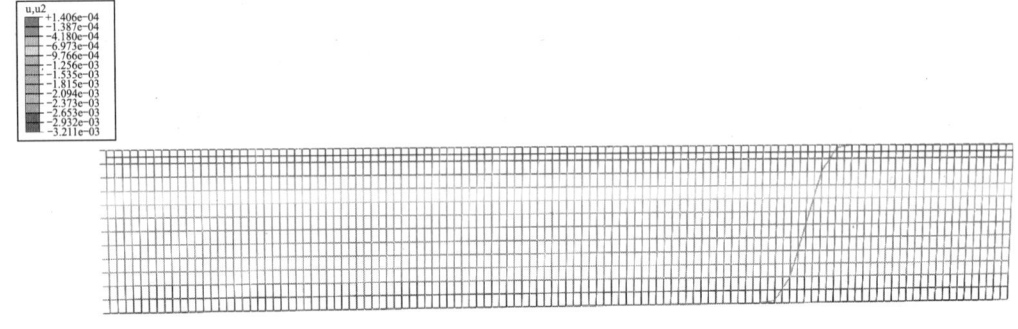

图 4.3.24 隧道沉降位移图

与冲淤时对比情况相类似,简化方法的计算结果与有限元在江中时基本一致,在靠近岸边时隧道埋深较浅,产生上述情况的结果在上一节中已经阐述。至此简化方法的正确性在涌潮作用下也得到验证,并且能比有限元更为简便的考虑复杂的工况组合。

4.3.3 隧道结构纵向变形现场实测

4.3.3.1 工后沉降的连续沉降

钱塘江隧道西线完工后施工方配合对环片的工后沉降进行了监测。监测利用全站仪从地面引入水准点的方法进行测试。测试内容分为两部分:(1)对环片进行一段时间的连续监测;(2)在2~3天内对所有管片进行监测。本小节对第一部分监测数据进行整理。

对于第一部分的监测内容,若对所有管片进行长期同时监测需要大量的人力物力,实现比较困难,因此监测过程中以每100个管片作为一个单元,每隔半个月对该单元进行同时监测。具体单元分组以及监测起始截止日期见表4.3.8。而对于第二部分的监测内容,虽然为全部管片全部量测,但是仅限一次,尚可实施,该部分监测数据将在下一小节中作介绍。

第 4 章 钱江隧道涌潮对越江隧道结构影响研究

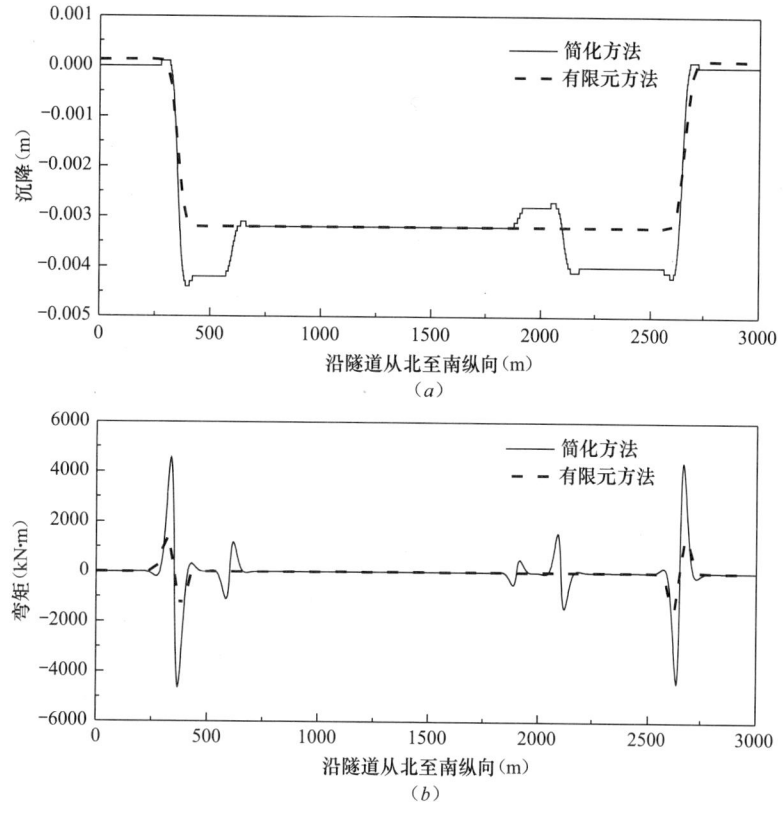

图 4.3.25 有限元与简化方法对比

监测起始日期 表 4.3.8

监测管段	1~200	200~300	300~400	400~500	500~600
起始日期	2010-9-1	2010-10-7	2010-11-4	2010-11-27	2010-12-20
截止日期	2011-4-13	2011-4-12	2011-4-29	2011-4-29	2011-4-5
监测管段	600~700	700~800	800~900	900~1000	1000~1100
起始日期	2011-1-18	2011-1-18	2011-2-23	2011-2-23	2011-4-1
截止日期	2011-4-5	2011-4-15	2011-4-8	2011-4-8	2011-6-21
监测管段	1100~1200	1200~1300	1300~1400	1400~1500	
起始日期	2011-4-1	2011-4-29	2011-4-29	2011-5-30	
截止日期	2011-6-21	2011-7-26	2011-7-26	2011-7-26	

图 4.3.26 给出了每个监测单元中上浮及沉降最为显著的管片号，以及他们位移随时间的变化。变化最为剧烈的是 470 号环片，最大上浮位移达到 8mm，沉降最为严重的为 300 号管片，其下沉量达到 5mm。但通过一段时间的监测可以发现，隧道对于较大的位移变化具有一定的协调能力，尽管上述管片的最大位移量十分可观，但是随着时间的增长，它们的位移量又逐步向初始状态恢复，并没有出现继续发展的迹象。这一结论亦可以从下节的监测结果中发现。对于监测日期较为靠后的管片位移量普遍较小，说明工后的大部分沉降或上浮已于监测前完成。

4.3.3.2 工后整体沉降

经过对各个单元的连续监测后，于 2012 年 4 月 24 日至 27 日，对所有管片进行了一次性整体监测，所得结果如图 4.3.27 所示，并与初始值进行比对。测试方法仍采用全站仪引入水准点的测试方法。由于前后测试日期十分接近，故可以近似认为该结果表征了隧道在该时刻的整体位移。

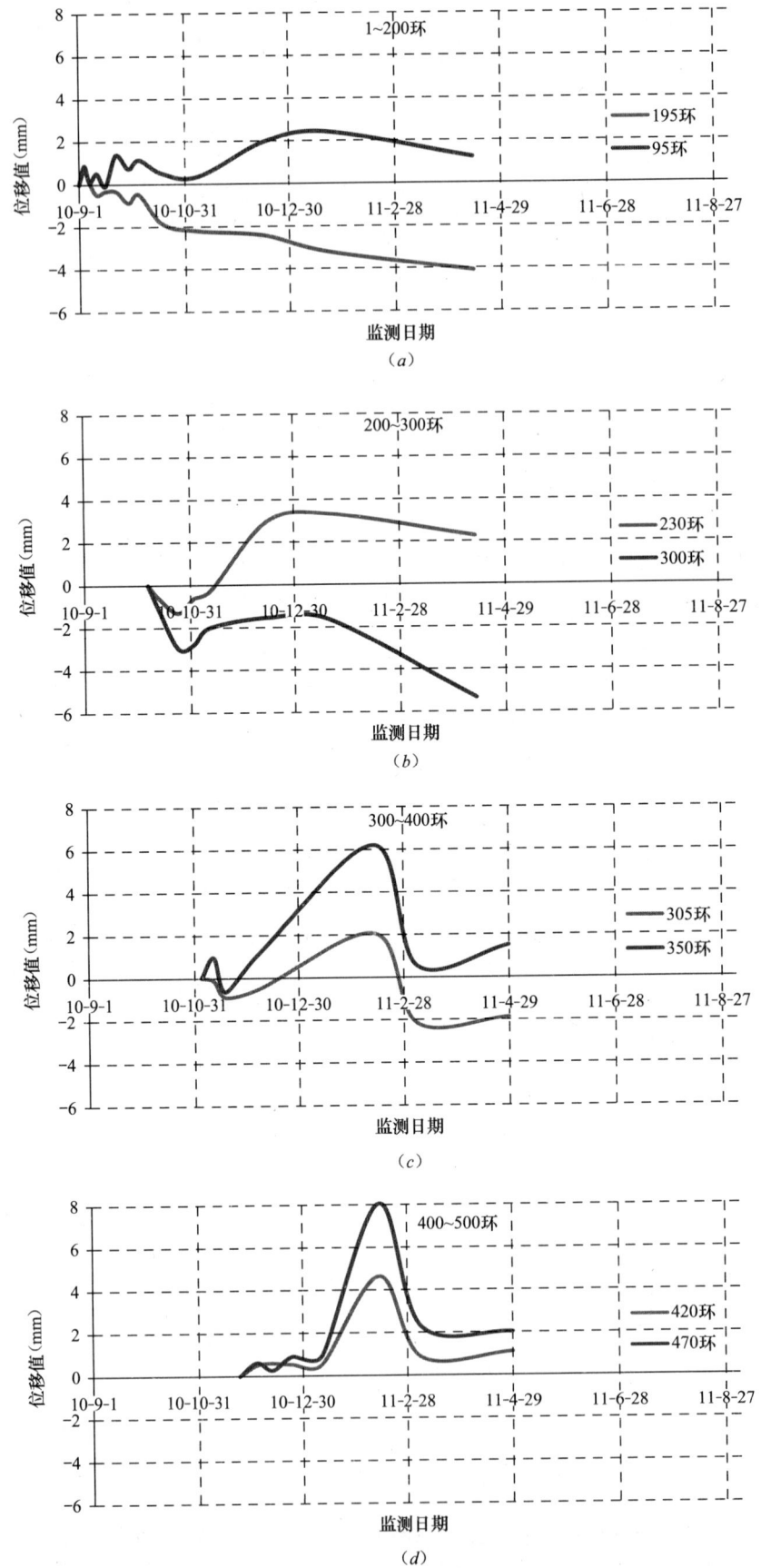

图 4.3.26 试验采用的模型箱（一）

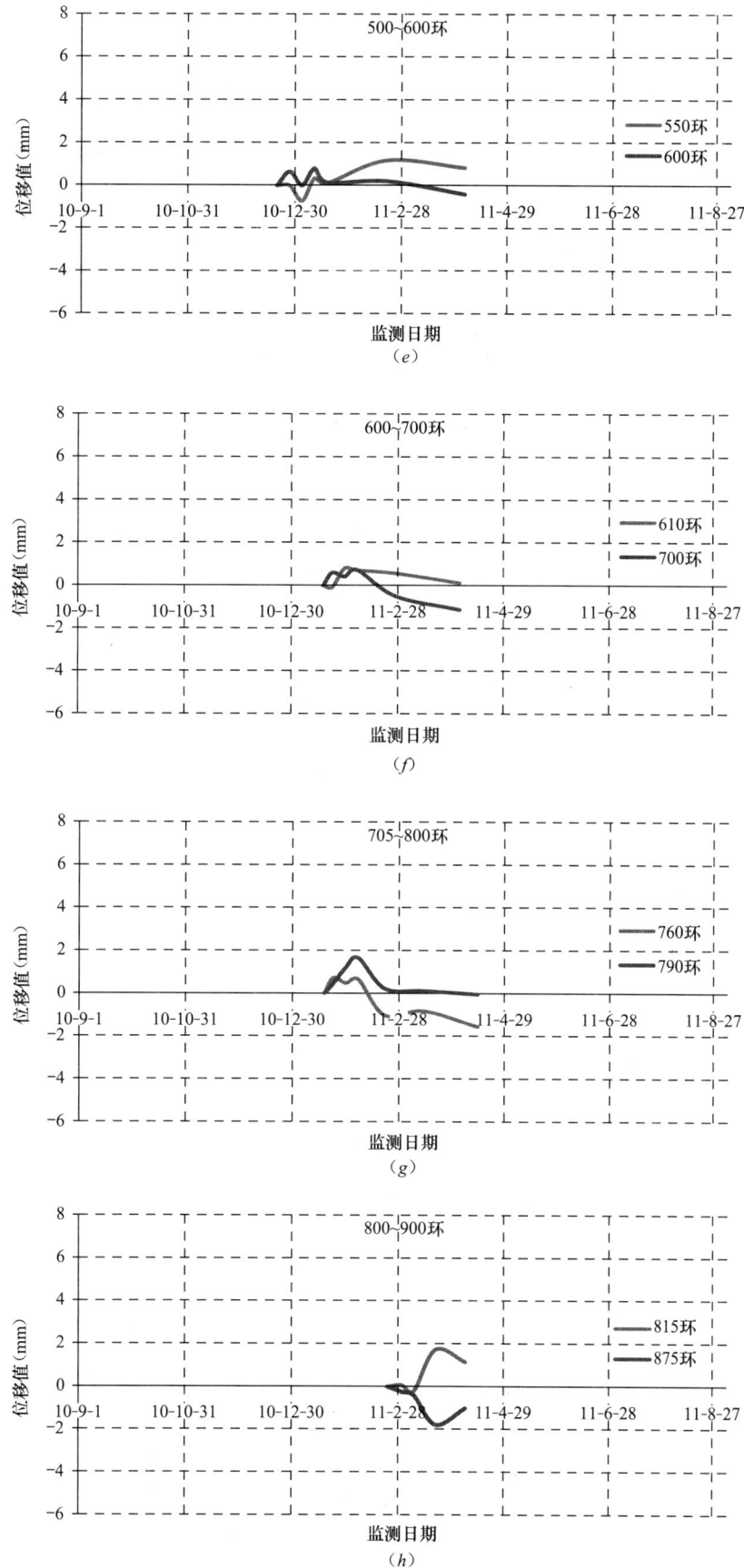

图 4.3.26 试验采用的模型箱（二）

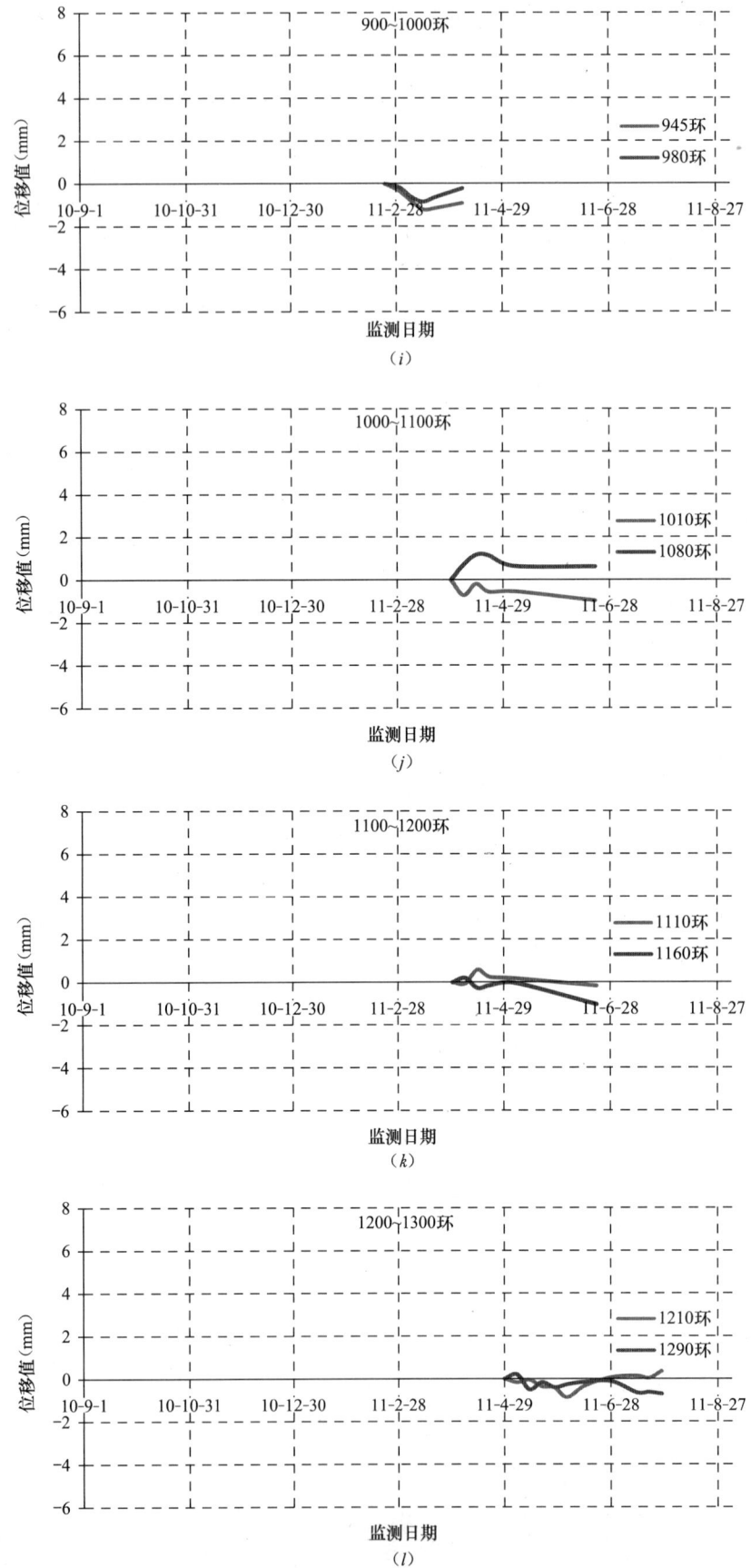

图 4.3.26 试验采用的模型箱（三）

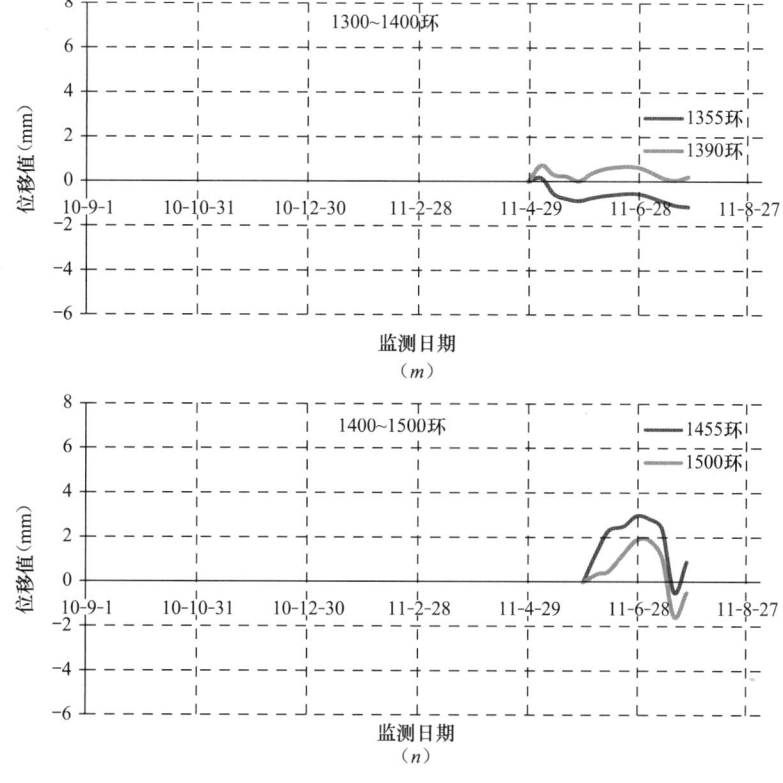

图 4.3.26 试验采用的模型箱（四）

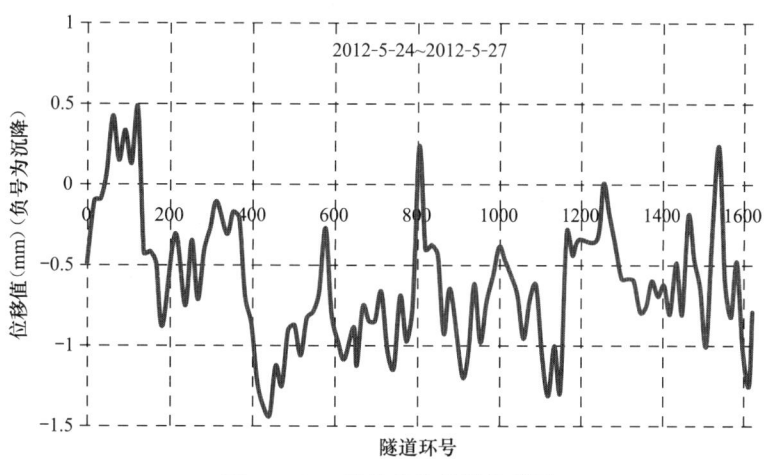

图 4.3.27 管片整体检测位移图

在隧道施工完成两年左右且未通车的情况下隧道的最大沉降量约 1.5mm，最大上浮量 0.5mm。而在上节的监测过程中已经发现部分管片的位移量达到 −6mm 和 8mm，这说明在没有外部因素的继续干扰下，隧道通过长期的调整，会使得隧道趋于相对稳定的状态。而根据现有资料表明，隧道的大量沉降往往不发生在工后，而是通车后。

4.3.4 室内模型试验与分析

4.3.4.1 模型试验原理

在一个物理过程或物理现象中，如何来确定相似的条件和如何模拟一个物理现象，这就是物理相似的作用和目的。在一个力学过程中，常常涉及以下物理量的相似问题：力的相似，方向相同，大小成比例。作用点相同，分布相似，质量相似，质量大小成比例，分布相似。变形相似，对应的变形成比例，或应变相同。速度和加速度相似，对应质点的速度和加速度成比例，或者它们的分布成比例。

由此可以看出，所谓物理量的相似，是指原型物理量与模型物理量在方向、大小、分布上存在某种确定的关系，而且有一个确定比例的系数，可以表示为：

原型物理量/模型物理量＝相似常数

如常用的应力、时间、长度的相似常数就可以表示为：

应力相似常数 $\quad C_\sigma = \sigma_p / \sigma_m$

时间相似常数 $\quad C_t = t_p / t_m$

几何相似常数 $\quad C_l = l_p / l_m$

在物理过程或物理现象的相似问题中，物理量蕴于物理过程之中，物理现象的相似是通过这个现象的各个特征物理量的相似来表现的。一个物理现象的各个物理量之间是相互联系相互影响的；相似的物理现象之间的各个特征物理量之间也存在一定的关系，这个关系就是两个物理现象相似的条件，也是进行模拟试验必须遵守的原则。

对一般的力学现象而言，应当满足以下的相似条件：

1) 物理相似，指物质本身的力学特性相似，如：质量、密度、强度、模量等物理量的相似。
2) 几何相似。
3) 动力学相似。
4) 运动学相似。

以上四个方面的内容不过是一般相似的概念，对于相似的现象与过程有什么性质，如何应用现象的相似，如何才能使现象相似，相似的三个定理可以回答解释上述问题。

(1) 相似的正定理

彼此相似的现象，相似准数的数值相同或相似指标等于1。

下面以牛顿第二定律为例，来解释相似准数与相似指标的含义。

对于原型：
$$F_p = m_p \frac{dv_p}{dt_p} \tag{4.3.53}$$

对于模型：
$$F_m = m_m \frac{dv_m}{dt_m} \tag{4.3.54}$$

令 $F_p = C_F F_m$，$m_p = C_m m_m$，$V_p = C_v V_m$，$t_p = C_t t_m$

根据相似原理，带入各式，得：

$$\frac{C_F C_t}{C_m C_v} F_m = m_m \frac{dv_m}{dt_m} \tag{4.3.55}$$

只有当 $\frac{C_F C_t}{C_m C_v} = 1$ 模型与原型相似。我们把 $\frac{C_F C_t}{C_m C_v}$ 称为相似指标，同样由上式得到：

$$\frac{F_p t_p}{m_p v_p} = \frac{F_m t_m}{m_m v_m} \tag{4.3.56}$$

而 $\frac{F_p t_p}{m_p v_p}$、$\frac{F_m t_m}{m_m v_m}$ 是无量纲量，称为相似准数，相似现象的相似准数相同。

(2) π 定理

一个物理现象或物理过程往往涉及多个物理量。相似准数也往往超过一个，这时需要运用 π 定理的表述：描述一个物理现象的函数有 n 个物理量，其中有 k 个物理量（$x_1 \cdots x_k$）是相互独立的，那么这个函数可以改变为由 ($n-k$) 个无量纲准数（π）的函数式，可以得到 ($n-k$) 个相似准数，即，描述物理现象的方程：

$$f(x_1, x_2, x_3, \cdots x_k, y_{k+1}, \cdots y_n) = 0 \tag{4.3.57}$$

可以改写成：

$$\varphi(\pi_1, \pi_2, \cdots, \pi_{n-k}) = 0 \tag{4.3.58}$$

其中：

$$\pi_1 = \frac{y_{k+1}}{x_1^{\alpha_1} x_2^{\alpha_2} \cdots x_k^{\alpha_k}}$$

$$\pi_2 = \frac{y_{k+2}}{x_1^{\beta_1} x_2^{\beta_2} \cdots x_k^{\beta_k}} \cdots$$

$$\pi_{n-k} = \frac{y_n}{x_1^{\xi_1} x_2^{\xi_2} \cdots x_k^{\xi_k}}$$

即 $n-k$ 个无量纲 π 数，可由这 k 个独立物理量的幂乘积得到。对于相似的现象，在对应点和对应时刻的相似准数都保持同值，则它们的 π 关系式也应相同，即：

原型：$\quad \varphi(\pi_{p1}, \pi_{p2}, \cdots, \pi_{p(n-k)}) = 0$ (4.3.59)

模型：$\quad \varphi(\pi_{m1}, \pi_{m2}, \cdots, \pi_{m(n-k)}) = 0$ (4.3.60)

其中：$\quad \pi_{p1} = \pi_{m1}, \pi_{p2} = \pi_{m2}, \pi_{p(n-k)} = \pi_{m(n-k)}$

π 定理表明在彼此相似的现象中，只要将物理量之间的关系式转换成无量纲的形式，其关系方程式的各项，就是相似准数。

(3) 相似逆定理

对于同一类物理现象，当单值条件（系统的几何性质，介质的物理性质，起始、边界条件）彼此相似，且由单值条件的物理量所组成的相似准数的数值上相同，则现象相似。

相似的正定理给出了相似现象的必要条件，描述可相似现象的特征与基本性质，相似的逆定理则规定了物理现象之间相似的必要与充分条件。在模型试验中，应根据相似的正定理与逆定理来设计模型，才能得到正确的结果。

本次试验为1g动力模型试验。纵向上将隧道简化为一维弹性地基梁模型。理论上，相似试验应保证隧道结构与周围土体的相同物理量具有一致的相似比，而事实上一般很难保证相似模型与原型各物理量都满足相似条件。林皋等（2000）在总结了大量模型试验后发现：在动力模型试验中，应根据不同的试验目的选择不同的相似准则。

1) 弹性相似律：惯性力与弹性恢复力相似：

$$t_p/t_m = \lambda \sqrt{\rho_p/\rho_m \cdot E_m/E_p} \tag{4.3.61}$$

式中 t_p、ρ_p、E_p——分别为原型的时间、密度和弹性模量；

t_m、ρ_m、E_m——分别为模型的时间、密度和弹性模量。

2) 重力相似律：保持惯性力与重力相似：

$$t_p/t_m = \sqrt{\lambda} \tag{4.3.62}$$

式中 λ——几何比尺。

3) 弹性力-重力相似律：重力对结构振动产生重要影响，不可忽略。

$$\lambda = \lambda_E \cdot \lambda_\rho^{-1} \tag{4.3.63}$$

本次盾构隧道相似试验主要模拟隧道纵向变形，因而可只保持结构长度方向相似，截面保持刚度相似即可。按弹性阶段相似的原则进行设计，相似比见表4.3.9所示。

模型试验主要相似比   表 4.3.9

参数	量值	相似常数	相似常数的关系式	相似比
隧道几何参数	L	C_L	由所选管片材料的尺寸决定	93.75
隧道弹性模量	E	C_E	由所选管片材料的性质决定	25.53
抗弯刚度	EI	C_{EI}	$C_{EI} = C_E C_L^4$	1.97e9
弹性刚度系数	k	C_k	$C_k = C_E/C_L$	0.272
变形	δ	C_δ	$C_\delta = C_L$	93.75
应力	σ	C_σ	$C_\sigma = C_E$	25.53
纵向弯矩	M	C_M	$C_M = C_E C_L^3$	2.10e7

4.3.4.2 试验方案

（1）试验设备

本次动力模型试验，为1g模型试验，在模型箱内进行。试验设备由加载系统、测量系统、采集系统组成。

1) 模型箱

本部分试验目的在于测试超载引起模型隧道纵向变形以模拟江底面超载对于过江隧道的影响。模型箱尺寸为：1.5m×1.0m×1.0m（$L×B×H$），如图4.3.28所示。

图4.3.28 试验采用的模型箱

2) 加载系统

由加载板和砝码组成，如图4.3.29所示。

（a）加载板（长×宽：1000mm×50mm）　　　（b）砝码（20kg/块）

图4.3.29 模型试验加载系统布置图

3) 测量仪器

本次模型试验的测量仪器主要有：模型隧道的位移测量原件千分表和应变片，如图 4.3.30 所示。

图 4.3.30　千分表、磁性支座和位移顶杆

(2) 模型及试样制备

1) 土体制备

按照钱江隧道地质勘察报告，在隧道埋深 20～30m 范围内，土体分布存在黏质粉土、粉砂，故本次试验采用砂土作为试验土体（见图 4.3.31）。

图 4.3.31　试验采用的干砂

将市场上购买得到的黄砂晒干至含水率尽可能为零后，获得干砂，然后在试验室内再将干砂和水按一定比例进行搅拌至均匀，得到一定含水率的试验土体，如图 4.3.32 所示。

砂土土粒容度：$G_z = 2.68 \text{g/cm}^3$

含水率：$\omega = 15\%$

砂土干密度：$\gamma_d = 15 \text{kN/m}^3$

空隙比：$e = \dfrac{G_s(1+\omega)\gamma_w}{\gamma} - 1 = 0.79$

饱和度：$S_r = 50\%$

图 4.3.32 试验中搅拌砂土

2) 隧道模型制作

工程实际中盾构隧道外径 15m，壁厚 65cm，C60 混凝土，弹性模量 30GPa，密度 2.5g/cm³，管片通过螺栓拼接。模型采用聚乙烯环片（PE）拼接而成，环片间用螺丝和塑料片固定。模型具体参数见表 4.3.10。

隧道原型和模型参数对比   表 4.3.10

	外径（mm）	壁厚（mm）	环宽（mm）	弹性模量（MPa）	密度（kg/m³）
原型隧道	15000	650	2000	3×10^4	2500
模型隧道	160	9	21	1175	950

环片间连接用 pp 材料制成的接头，厚度为 1mm，尺寸和连接方式如图 4.3.33 和图 4.3.34 所示。

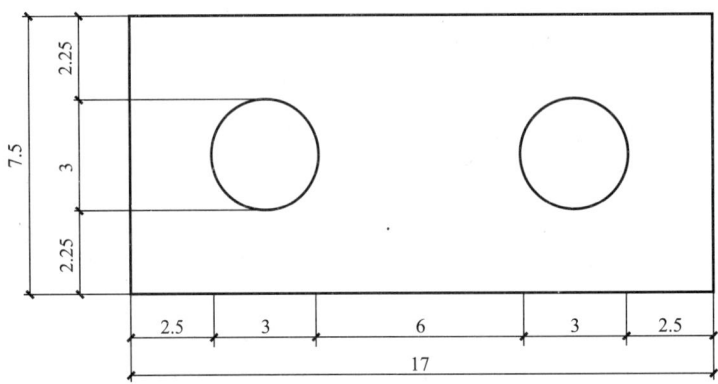

图 4.3.33 隧道管段间连接片（单位：mm）

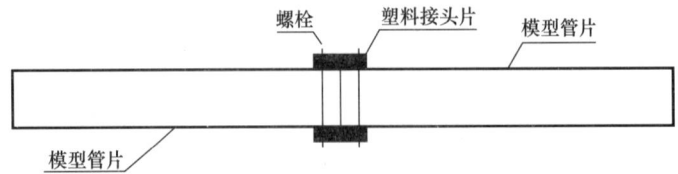

图 4.3.34 管片连接方式

加工后的管片和连接好的隧道如图 4.3.35 所示。

(3) 试验仪器布置

本试验中，隧道纵向由 50 个管段拼接而成，位移测点的均匀分布于隧道的 6 个管片上。应变片布置选取 5 个截面测量。布置图如图 4.3.36～图 4.3.38 所示。

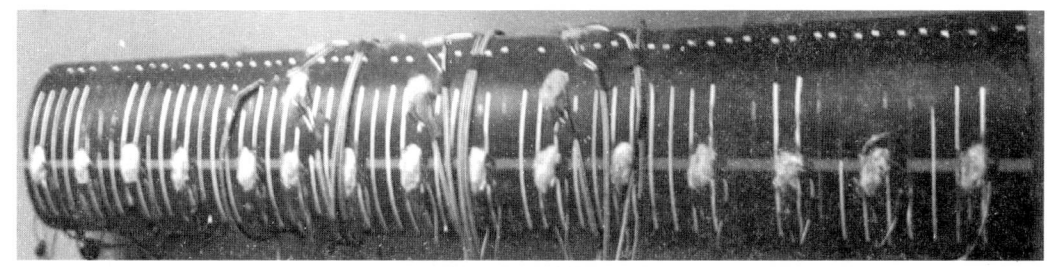

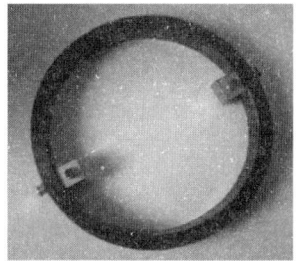

图 4.3.35 隧道与管片

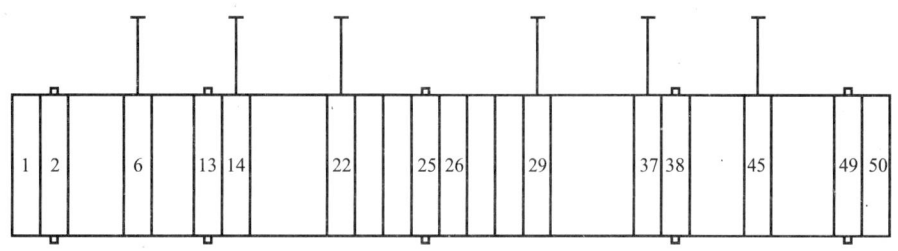

位移顶杆
应变片

图 4.3.36 仪器布置

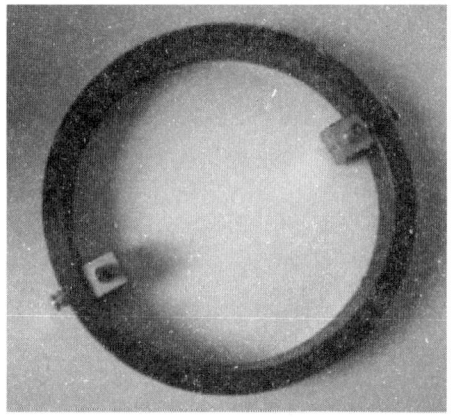

图 4.3.37 管段内布置的加速度传感器

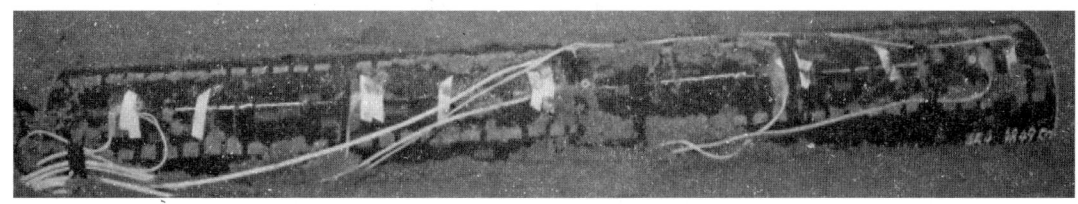

图 4.3.38 隧道外表面的应变片

(4) 试验工况

隧道埋深如图 4.3.39 所示。

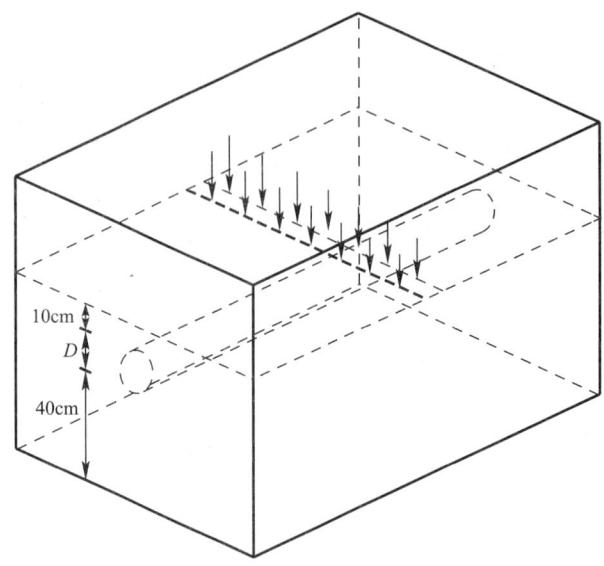

图 4.3.39　隧道埋深示意图

荷载工况为三级荷载，见表 4.3.11。

荷载工况　　　　　　　　　　　　　　　　　　　表 4.3.11

	砝码块数（20kg/块）	等效均布荷载（kPa）
工况 1	2	8
工况 2	4	16
工况 3	6	24

(5) 试验步骤

1) 在模型箱铺设配制好含水率的砂土，试验填土方法：分层填筑，压实每层填筑高度为 10cm，室内操作如图 4.3.40 所示。

2) 在模型箱中砂土填至预定高度时，将隧道模型放置于表面并将隧道两端用支架固定到指定位置，如图 4.3.41 所示。

图 4.3.40　填土压实过程

图 4.3.41　放置隧道

3）回填覆土至设计标高，如图 4.3.42 所示。

4）连接好设备并打开应变采集仪，记录试验数据。

5）进行不同工况下的试验，如图 4.3.43 所示。

图 4.3.42　隧道已埋置土中　　　　　　　　图 4.3.43　模型加载示意图

4.3.4.3　试验结果与分析

通过读取每级荷载下千分表和应变片的数据，经过换算得到各级荷载对应的隧道的上浮位移和弯矩如图 4.3.44 和图 4.3.45 所示。

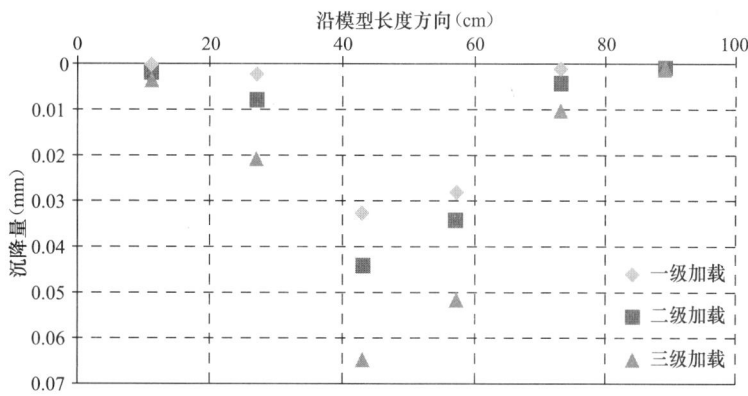

图 4.3.44　隧道上浮位移

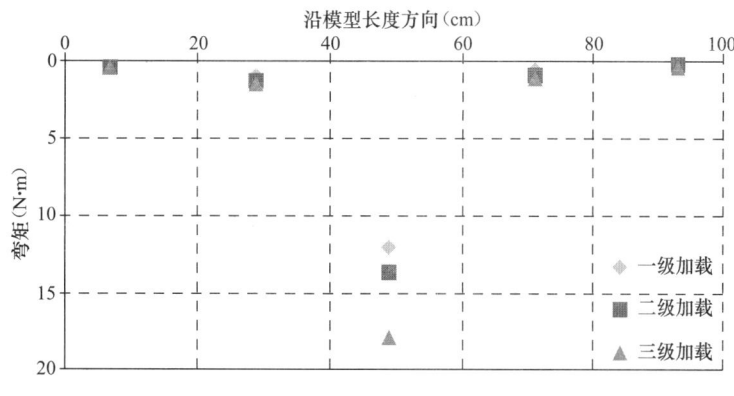

图 4.3.45　隧道弯矩

观察隧道位移发现，随着加载级数的增加，位移并不呈现简单的线性增加，而是出现的了一定的非线性,同样的现象在弯矩图中也能发现。对比两图,可知超载对位移的影响范围较之弯矩要大得多。因此,上覆超载的影响将更多体现在对隧道各管片间的不均匀沉降。

4.3.4.4 理论模拟与分析

Hardin(1972)给出了通过密度和含水率可以推导出土体的最大剪切模量的经验计算公式为:

$$G_{\max} = \frac{1230(2.97-e)^2}{1+e}(\sigma'_{av})^{0.5} \tag{4.3.64}$$

式中 e——土体的孔隙比;

σ'_{av}——土中有效固结应力,为:

$$\sigma'_{av} = \frac{\sigma'_v + 2\sigma'_h}{3} \tag{4.3.65}$$

为了从一定程度上考虑由于加载引起的土体非线性,可以采用 Vorster(2005)提出的上限方法初步估算隧道周围土体的剪应变,并应用 Ishibashi&Zhang(1993)提出的刚度弱化曲线求出相应的割线模量。由于应用 Vorster(2005)的方法,需要提前得到模型隧道处的位移曲线,因此需要用以下弹性力学公式初步计算荷载作用下的自由场位移:

$$s = \frac{P(1+v)}{\pi E}\left(\frac{x^2}{\sqrt{x^2+y^2}} - \frac{2}{1+v}\ln\sqrt{x^2+y^2}\right) \tag{4.3.66}$$

从图 4.3.46 和图 4.3.47 可以看出,应用本节理论方法计算结果与试验结果相差较大,由于本文方法的基础——层状弹性力学解是基于弹性半空假定,而试验所用的模型箱具有明显的边界效应。土体在模型箱边界上的位移受到约束,因此使得隧道位移在边界处得到约束,明显小于计算值,但在加载区附加位移值较为接近。弯矩也同样由于上述原因使得两者结果偏差较大。

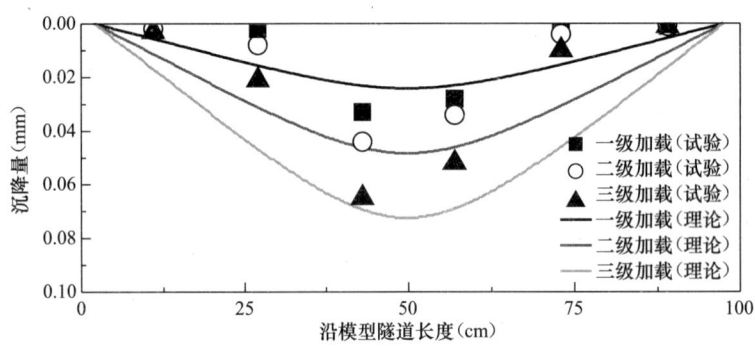

图 4.3.46 隧道位移

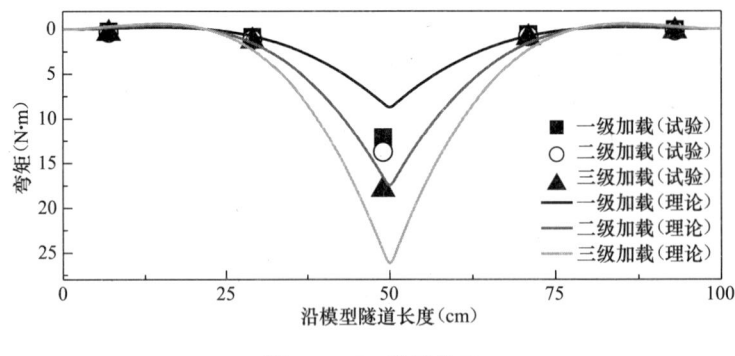

图 4.3.47 隧道位移

4.4 研究成果及工程应用

通过现场测试、室内模型试验、理论分析和数值方法以及三者之间的相互对比验证,关于钱江涌潮作用下隧道动力响应，提出了隧道纵向振动的简化分析方法以及影响隧道动力响应强弱的关键因素。得到了以下几点结论：

（1）成功地进行了动力荷载作用下隧道动力响应模型试验，试验过程中基本消除了边界效应，试验结果能够正确反映隧道动力响应的关键因素，本试验的经验可以为同类模型试验所借鉴。

（2）隧道动力响应强弱除了与涌潮荷载大小相关外，还与隧道自身频率以及涌潮荷载频率相关。可通过现场测试的方法，分析得到隧道结构振动的主频。当荷载频率离隧道振动主频较远时，引起的隧道动力响应就会较小，相反荷载强度较小也会产生大的响应。

（3）增大隧道埋深是控制隧道动力响应的最有效方法，结合模型试验、现场测试和有限元分析，C/D（隧道埋深/隧道直径）在 $1\sim1.5$ 范围内；隧道动力响应衰减较快，当 C/D 达到 2 时涌潮荷载对隧道纵向变形产生的影响将会非常小。

（4）在隧道两端为自由端的情况下，隧道跨中部位加速度响应要明显高于两端。

采用理论分析及有限元数值模拟研究了冲淤和涌潮对隧道结构纵向变形的影响，分析结果表明：

（1）推导的非连续化模型下隧道纵向变形求解方法和涌潮作用下江底受到的波浪压力，与有限元结果的较为接近，验证了以上方法的正确性。

（2）通过两种工况的计算，说明在百年一遇的冲刷高程下，隧道的上浮量较之实测最低冲刷高程更大，环缝张开量也更大，但并未达到作为设计控制主导因素的地步。因此冲淤作用对隧道的纵向变形有一定的影响，但影响不大。

（3）隧道会在涌潮荷载作用下产生一定的纵向变形，但其变形量远小于由冲淤所引起的隧道变形，张开量也可忽略。因此可忽略涌潮荷载对隧道纵向变形的影响。

（4）隧道沉降监测表明：隧道的工后沉降或者上浮在工后一年内就基本完成，以后在通车之前基本趋于稳定。并且隧道对于个别管片的过大位移具有一定自我调节能力，使过大的位移渐渐恢复并趋于稳定。

（5）模型试验表明：上覆超载对位移的影响范围较之弯矩要大得多。因此，上覆超载的影响将更多体现在对隧道各管片间的不均匀沉降。

第 5 章　钱江隧道火灾排烟及疏散救援技术研究

5.1　概述

近年来,随着我国经济的快速发展,一大批投资巨大、超长、超大特点的大型跨江水下隧道开始建设并陆续投入使用,如武汉长江公路隧道、南京长江公路隧道、上海长江隧道等。大量跨江隧道的建设,在缩短行车距离、提高车速、保护环境、推动地方经济发展等方面发挥了积极作用,取得了巨大的社会和经济效益。

但由于水下隧道环境的封闭性和逃生的困难性,而且一旦发生火灾,很容易得不到有效控制,将造成重大的社会影响和巨大损失。过去 20 年,世界上发生了几起非常严重的隧道火灾,其中举世瞩目的英法海底隧道,在 1996 年和 2008 年分别发生两次大火,给人们留下了深刻的印象和教训。因此,水下隧道的消防安全问题受到各方面人员的高度重视。

水下公路隧道车辆和人员密集,火灾时散热条件差、烟雾浓度大、人员疏散和救援困难,如何保障火灾等突发事件下的人员疏散安全是大断面水下公路盾构隧道修建的关键技术问题之一。公路隧道疏散通道包括人行/车行横通道、疏散滑梯、疏散/救援楼梯等结构形式。我国《公路隧道交通工程设计规范》JTG/TD71 要求双洞上下分离的公路隧道之间应设置避难设施,包括行人横洞和行车横洞;我国《地铁设计规范》GB 50157 要求两条单线区间隧道之间,当隧道连贯长度大于 600m 时,应设联络通道。国外日本东京湾隧道、国内武汉长江隧道、南京长江隧道采用疏散滑梯的方式,上海长江隧道采用横通道+楼梯的方式来保证隧道人员的疏散安全,但现今为止,水下盾构隧道各种疏散通道的通过能力、人员疏散速度等关键基础数据没有,也无相关设置标准,设计依据也主要根据国外经验。

钱江隧道是钱江通道及接线工程的关键控制工程,位于钱江观潮胜地——盐官以西 2.5km 处,南连杭州萧山、北接嘉兴海宁的特大越江公路隧道。钱江隧道外径 15m,设计车速 80km/h,双管六车道通行,建成后与上海长江隧道并成为世界最大直径的盾构法隧道。

为研究水下盾构隧道疏散通道设置方式以及为钱江隧道和同类型隧道的疏散通道修建提供支撑,课题开展了水下隧道人员疏散逃生通道研究。

5.2　钱江隧道火灾危险性与危害性分析

5.2.1　钱江隧道的火灾危险性

公路隧道是一种地下建筑,其几何形状、内部环境以及功能用途与普通建筑有着非常大的区别,因此,在火灾起因、频率、蔓延特点、危害以及防治措施上,隧道火灾都与普通建筑有着不同的特性。

5.2.1.1　隧道火灾原因

对于钱江隧道,根据其结构、设备安装情况以及隧道内交通状况,引发火灾的原因主要有以下几种:

(1) 在隧道内行驶的车辆,由于其本身的故障而引发火灾。

公路隧道功能是供车辆行车,因此,隧道中的车辆是隧道内火灾最主要的火源,绝大部分隧道火灾都是由车辆着火引起的。

据统计,机动车火灾中,90%以上是自燃。车辆的自身故障,如紧急刹车时制动器起火、汽车化油器起火或自身的机电、设备着火往往能引燃车体,从而导致火灾。

(2) 交通事故引发火灾。

车辆在隧道内行驶时由于视线不好、地面湿滑等原因，容易发生与隧道壁或隧道内设施相撞或车辆连续相撞事故，撞击引燃燃料和车体从而引发火灾。

(3) 隧道内的设施、设备在运行过程中发生火灾。

隧道内往往安装了很多的电气线路和电气设备（照明灯、风机等），这些线路和设备在工作运行过程中有可能短路，从而造成隧道火灾。

(4) 人为因素引起火灾。

隧道在施工过程中由于工人操作不善或违禁用火等引燃隧道内可燃物可能导致火灾，恐怖活动也可能造成隧道的火灾。

(5) 其他原因引起火灾。

以上几种原因之外的火灾，如隧道外部发生火灾，快速行驶的车辆可能将隧道外正在燃烧的物体带入隧道，引燃隧道内的可燃物从而造成火灾。

5.2.1.2 隧道火灾发生频率

国外统计，隧道内火灾频率约为13.5次/亿车公里。日本吉田幸信在"公路隧道的防火设备"一文中介绍，每1亿车公里发生事故50起，其中火灾0.5起；英国的通风专家阿列克斯·西特统计，每1亿车公里发生火灾2起；而日本道路公团统计，从1964年至1979年共发生火灾31起，平均每1亿车公里发生火灾567起；1989年上海为修建延安东路隧道收集了大量资料，曾报道国外每1亿车公里发生隧道火灾20次，其中1%是油罐车起火，平均每座隧道18年发生一次火灾。

各地区统计资料变化幅度较大，除日本道路公团的567次太大可能有误外，其余在每1亿车公里0.5~20次之间。我国《公路隧道设计规范》JTGD70介绍，隧道火灾事故频率取为4次/亿车公里。

5.2.1.3 隧道火灾特点及危害

隧道结构和设施复杂、出入口少、疏散路线长、通风照明条件差，在通风的隧道内一旦发生火灾，其危害性极为严重。

(1) 烟气产生量大，温度高，能见度低，蔓延速度快。

隧道是近乎封闭的空间，在其中发生的火灾多为不完全燃烧，燃烧产生大量的烟雾和有毒气体CO等。同时由于很难进行自然排烟，热量不容易散发，烟气在高温产生的浮力和机械通风的作用下，会沿隧道纵向迅速蔓延。

(2) 车辆多，通道容易堵塞。

发生火灾时，如果交通控制不及时，大量车辆鱼贯而入，难以疏散，易造成严重堵塞。加之隧道内高温烟气蔓延速度快，极易造成火势顺车辆蔓延，扩大损失。

(3) 人员疏散困难。

当火灾发生时，由于隧道内径较小，加之障碍物多（车辆、隧道壁上分布的电缆架、消防箱等），能见度小，惊慌失措的逃难者，从车辆中逃出后，因无法辨别方向而乱冲乱撞，严重影响疏散速度，甚至造成跌倒踩伤的后果。

(4) 扑救难度大。

由于隧道出入口少，内部能见度低、障碍物多，能深入火场内部的消防人员有限；另一方面，隧道内壁经长时间的烘烤，辐射出大量的热量，消防人员将面临高温考验；加之隧道发生火灾后，当隧道控制中心因断电不能正常运行时，消防队员不能从外部直接观察起火点的燃烧情况，这些都大大增加了扑救难度。

(5) 通信困难，指挥不畅。

隧道内一旦断电，有线应急电话和无线电话的使用有可能受到影响，同时消防通信头盔等装备的缺乏，也造成了隧道内外通信联系的困难。

针对隧道火灾特点，防灾设计首先应保证隧道内人员的及时疏散，避免或减少人员伤亡；然后是尽可能保证隧道结构本身不受难以修复的破坏，保证其正常使用功能；最后才是减小隧道内车辆的损失。

5.2.2 钱江隧道火灾场景设计

隧道内绝大多数火灾都是由于车辆自燃或交通事故碰撞引起的汽车火灾事故。对于一个隧道，分析其可能发生的火灾场景之前，必须对隧道内的各种情况进行了解，包括隧道的几何尺寸、安装的设施、可燃物状况、着火及火灾蔓延的可能性、人员的分布等。

本节侧重研究钱江隧道江中盾构段的人员安全疏散与救援，因此火灾场景仅选择江中盾构隧道段进行分析。

5.2.2.1 隧道几何尺寸

钱江隧道江中盾构段采用泥水平衡盾构法的施工方法，双管单层双向六车道，不设紧急停车带。江南江北两工作井之间距离为3200m，采用通用楔形环方式，错缝拼装，斜螺栓连接。车道板右侧每隔80m设置一个逃生口和逃生滑梯，在行车道上方设置排烟道。在盾构井内设置车行横通道。在非火灾情况下采用洞口直接排放的通风方式，而在火灾情况下除出口段从出口排出外，其余经排烟道从排风井排出。隧道及接线工程按全封闭、全立交、六车道高速公路标准建设，设计速度连接线采用120km/h，过江隧道采用80km/h。盾构外径15.0m，行车道宽度2×（3.75＋3.75＋3.5）m，车道净高5m，左、右侧余宽0.25m，左侧向净宽0.5m，右侧向宽度0.75m，隧道盾构段长度为3.34km，如图5.2.1所示。

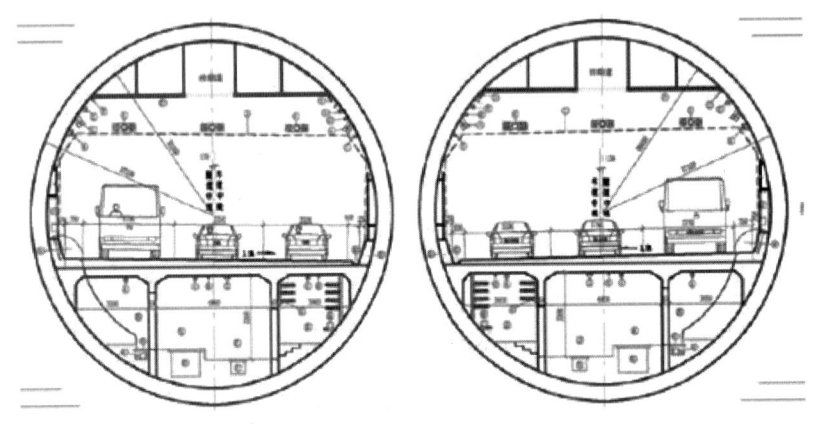

图5.2.1　钱江隧道盾构段横断面图

5.2.2.2 隧道内车辆状况与火灾规模

根据对钱江隧道项目影响区调查数据的分析与整理，得到隧道内车辆可能构成比例见表5.2.1。从表中可以看出，货车所占比例达到49.3%，客车比例占到50.7%；客车中小客车占有绝对的比重，占客车比例的86.1%以上；中型货车所占比例最大，占货车比例的40.4%，其次为小型货车和大型货车，拖挂车及集装箱车所占比例较大，二者合计占货车比例的10.5%。

钱江隧道内通行车辆构成比例　　表5.2.1

车型	小型货车	中型货车	大型货车	小型客车	大型客车	拖挂车	集装箱车	合计
比例	17.52%	19.94%	6.68%	43.67%	7.02%	2.12%	3.05%	100%

火灾规模的确定对于隧道防灾设施的设置选择影响很大，是制定预防策略、设计防火体系、选用防火设备等相关工作的基础和依据。

火灾规模的确定需考虑下列因素：

(1) 隧道运营管理制度

考虑为确保安全，对于长大隧道是否禁止或限制油罐车及装有易燃、易爆危险品的车辆通过隧道。

(2) 发生火灾的车辆数

车辆数对火灾规模具有直接影响，发生火灾的车辆数越多火灾规模则越大。

(3) 发生火灾车辆的类型

车辆类型对火灾规模影响很大，不同的车型，相应的汽油量是不同的，燃烧时的规模也差别很大，如小汽车和大型的载重卡车对应于不同的火灾规模。如果是货车，则与车辆装载货物的种类和数量有关，对于装有易燃、易爆危险品的货车，其发生火灾时的规模一般较大，造成的危害也大。

由于确定火灾规模时，要考虑的因素很多，而且大部分是非定量化的，因此要全面考虑上述因素，准确地预报或设定火灾规模是不容易的。通过对世界各国公路隧道火灾的调研，对于禁止或限制油罐车及装有易燃、易爆危险品车辆通过的隧道，其火灾规模的确定以轿车和大型载重卡车作为对象，一般分为以下三种火灾规模：

小型火灾：一辆轿车着火（相当于60升汽油）；

中型火灾：一辆载重卡车着火（相当于150升汽油），车上装有木材、塑料制品等可燃物，燃烧时引起大量烟雾；

大型火灾：两辆载重卡车（包括两辆公共汽车）相撞起火（相当于300升汽油）。

相应地，上述火灾规模对应的火灾热释放率为：小型火灾—3MW；中型火灾—20MW；大型火灾—50MW。

不同车型发生火灾时所对应的热释放功率见表5.2.2。

不同车型火灾时对应的热释放功率 表5.2.2

设计火灾—火灾热释放速率（PIARC）	
汽车种类	火灾热释放速率（MW）
1辆小客车	2.5
1辆大客车	5
1辆小货车	15
1辆巴士	20
1辆大货车及所载可燃物（一般物品）	20～30
1辆大货车及所载可燃物（危险物品）	50以上

隧道实际火灾的增长速度与可燃物的燃烧特性、储存状态、空间摆放形式、是否有自动喷水灭火系统、火场通风排烟条件等因素密切相关。火灾增长速率可以通过实验测定、模型计算、经验估算等方式得到。比如由欧洲九国参与的尤里卡（EUREKA）项目对废弃隧道内不同车型车辆所做火灾试验结果作为火源模拟依据，分析得到火灾热释放速率曲线如图5.2.2所示。而在火灾风险评估中都采用比较保守的假设，或通常考虑较极端的情况，有意忽略了火灾的衰减期，认为火灾以一定的增长速率α发展到最大值然后维持这个最大值，如图5.2.3所示。

本报告根据欧盟UPTUN隧道研究项目的最新成果，选择了下列线性增长火灾，火灾发烟率对应柴油和汽油的混合物燃烧，从火灾烟气生成来看，代表了最为不利的火灾（发烟量最大、发烟速度最快），如图5.2.4所示。

Linear curve	$\dot{Q}(t)=a_{g,L}t$	$0 \leqslant t_{max}$	$t_{max}=\dot{Q}_{max}/a_{g,L}$	$t_D\left(\dfrac{E_{tot}}{\dot{Q}_{max}}+t_{max}-\dfrac{a_{g,L}t_{max}^2}{2\dot{Q}_{max}}-\dfrac{\dot{Q}_{max}}{2\alpha_{D,L}}\right)$
Linear growth and decay	$\dot{Q}(t)=a_{g,L}t_{max}=\dot{Q}_{max}$	$t_{max}<t<t_D$		
Lacroix [6]	$\dot{Q}(t)=\dot{Q}_{max}-\alpha_{D,L}(t-t_D)$	$t_D<t<t_d$	$t_d=t_D+\dot{Q}_{max}/\alpha_{D,L}$	

其中：20MW时，$a_{g,L}=4$MW/min，$t_{max}=5$min，$a_{D,L}=0.5$MW/min，$t_D=25$min，$t_d=65$min；

50MW时，$a_{g,L}=10$MW/min，$t_{max}=5$min，$a_{D,L}=1.0$MW/min，$t_D=35$min，$t_d=85$min。

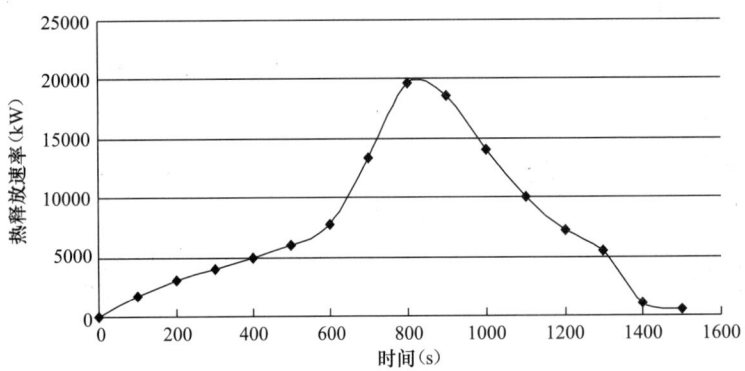

图 5.2.2　EUREKA 项目火灾热释放速率曲线

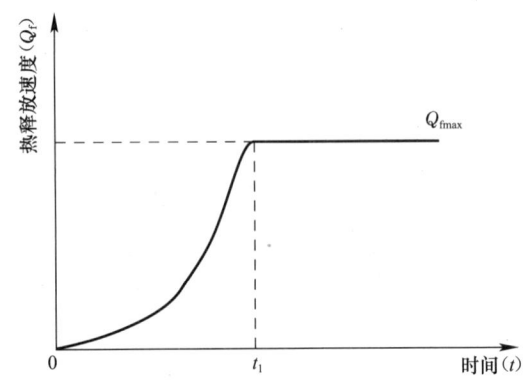

图 5.2.3　性能化设计中通常采用的热释放速率曲线

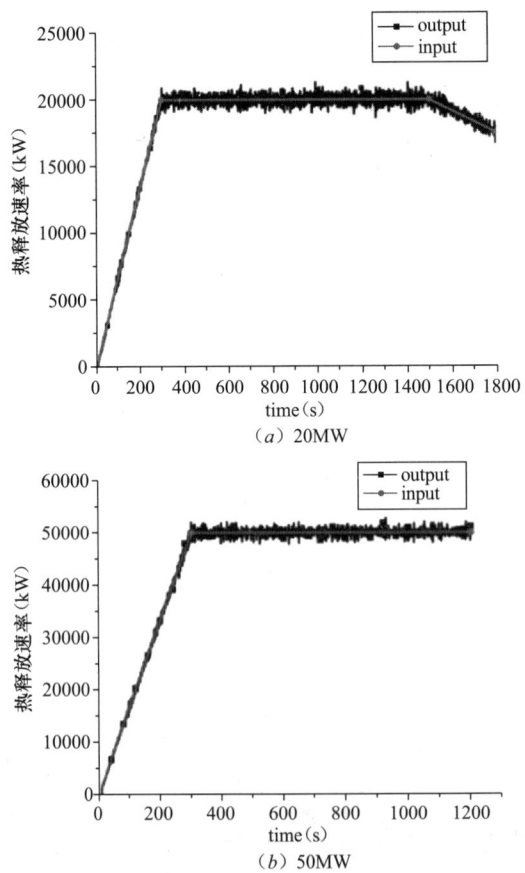

(a) 20MW

(b) 50MW

图 5.2.4　本节中所采用的热释放速率曲线

5.2.2.3 隧道内通风系统和运行方式

钱江隧道盾构段发生火灾时采用重点排烟方式,在隧道盾构段利用顶部富余的拱形空间作为排烟风道,每隔60m设置专用排烟风阀,风阀面积4000mm×1250mm,用于火灾时的重点排烟。在隧道两端明挖段车行道顶部悬挂射流风机,辅助诱导通风。以东线为例,防灾通风气流组织如图5.2.5所示,通风系统火灾模式控制见表5.2.3。

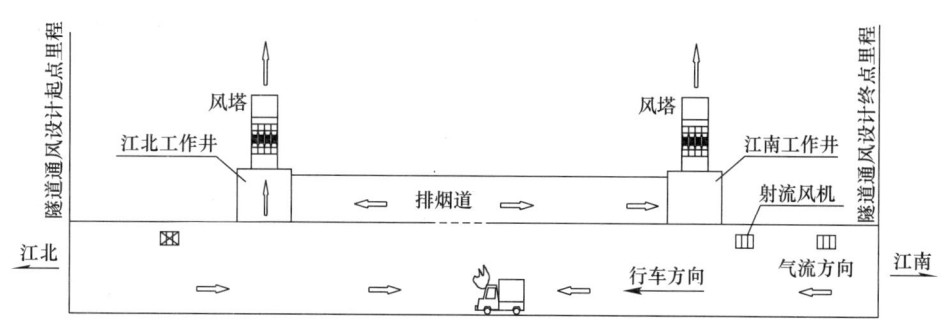

图5.2.5 盾构段发生火灾时通风气流组织

钱江隧道通风系统火灾模式控制表　　　　　　　　表5.2.3

火灾位置	风机编号	左线隧道			左线电缆廊道火灾	风机编号	右线隧道			右线电缆廊道火灾
		入口段	中部盾构段	出口段			入口段	中部盾构段	出口段	
入口段射流风机	ZS-1	开三台	开三台	×	×	—	YS-1	开三台	×	×	—
	ZS-2	开三台	开三台	×	×	—	YS-2	开三台	开三台	×	—
江南工作井射流风机	NPF-1~3	开二台	开一台	开一台	×	—	NPF-1~3	×	开一台	开一台	—
江北工作井射流风机	BPF-1~3	×	开一台	开一台	×	—	BPF-1~3	开三台	开一台	开一台	—
盾构段排烟口		始端共6个	火灾点及及后方2个,首部4个共6个	起火点后方2个,首部4个共6个	×	—		始端共6个	火灾点及及后方6个	起火点后方2个,首部4个共6个	—
出口段射流风机	ZS-3	×	逆转开二台	逆转开三台	×	—	YS-3	×	×	开三台	—
	ZS-4	×	×	逆转开三台	×	—	YS-4	×	×	开三台	—
电动组合式风阀		NFF-1开 NFF-2~5关 NFF-9关 NFF-6~8对应风机开启	BFF-1、BFF-9开 BFF-2~5关 BFF-6~8对应风机开启	BFF-1、BFF-9关 BFF-2~5开 BFF-6~8对应风机开启 NFF-1对应风机开启 NFF-2~5、NFF-9关 NFF-6~8与对应风机联动开启	×		BFF-1开 BFF-9关 BFF-2~5关 BFF-6~8对应风机开启	BFF-1、BFF-9开 BFF-2~5关 BFF-6~8对应风机开启 NFF-2~5、NFF-1关 NFF-6~8与对应风机联动开启			
相邻隧道射流风机		×	YS-1开3台,YS-4逆转开3台	×	×		×	ZS-1开3台,ZS-4逆转开3台	×	×	
工作井大卷门		关闭	关闭	关闭	关闭	关闭		关闭	关闭	关闭	关闭
安全通道射流风机	SPF-B-3-1	开启送风	开启送风	开启送风	开启送风			开启送风	开启送风	开启送风	开启送风
	SF-N-3-3 SF-N-3-4	开启	开启	开启	开启			开启	开启	开启	开启
信息反馈修正		IF ZFS-1<2.6m/s,射开1台,直至 ZFS-1>2.6m/s为止	IF ZFS-1<2.6m/s,射开1台,直至 BFS-1>2.6m/s为止	IF ZFS-2<2.6m/s,ZS-3、ZS-4射开1台,直至 ZFS-2>2.6m/s为止			IF YFS-1<2.6m/s,YS-1射开1台,直至 YFS-1>2.6m/s为止	IF YFS-1<2.6m/s,ZS-1射开1台,直至 YFS-1>2.6m/s为止	IF YFS-2<2.6m/s,YS-3、YS-4射开1台,直至 YFS-1>2.6m/s为止		
备注			交通阻滞					交通阻滞			

5.2.2.4 消防灭火设施

钱江隧道中除采用常规的灭火器、消火栓系统、火灾自动报警系统外,还设有水喷雾+泡沫联动自动灭火系统,为初期火灾的扑灭以及重大火灾的控制提供保障。本课题考虑到在火灾发生初期,主要是由通风排烟系统为人员逃生创造一个无烟、安全的逃生通道。因此在本报告的火灾模拟中,未考虑自动灭火系统的作用。

5.2.2.5 模拟火灾场景

根据本隧道为市政公路隧道,且通过全部为载客车量,大型车辆所占比例较小,根据上述分析,隧道内火灾规模可按 20MW 考虑。为验证防灾设计的可靠性，对 50MW 的火灾也进行了适当分析，见表 5.2.4。

模拟火灾场景　　　　　　　　　　　　　表 5.2.4

火灾场景	火源功率	起火位置	通风条件
1	20MW	盾构隧道中部	正常模式转火灾通风模式
2	50MW	盾构隧道中部	正常模式转火灾通风模式

根据以上分析，将钱江隧道盾构段内的火灾场景设置如下：

场景 1：车辆事故导致的 20MW 火灾，起火地点位于隧道中部。起火后 60s 气流组织按图 5.2.6 所示。起火区下游车辆继续驶出隧道，起火区上游车辆停止，人员通过疏散滑梯进入地下安全通道。

场景 2：车辆事故导致的 50MW 火灾，起火地点位于隧道中部。起火后 60s 气流组织按图 5.2.6 所示。起火区下游车辆继续驶出隧道，起火区上游车辆停止，人员通过疏散滑梯进入地下安全通道。

模拟的通风组织见图 5.2.6。

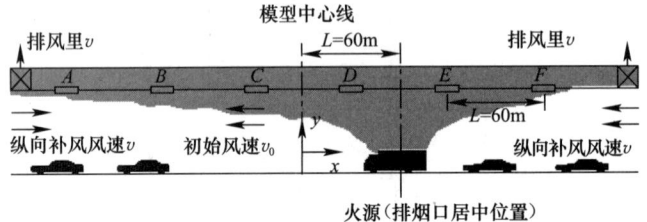

图 5.2.6　隧道模拟时的通风组织

5.2.3　火灾数值模拟方法

5.2.3.1　基本假定

火灾是一种失去控制的燃烧现象，其发生、发展和熄灭是一个随时间变化的复杂的物理化学过程，为了便于对隧道火灾进行数值模拟，作以下的基本假设与简化：

（1）火灾发生前，隧道内风流温度均匀，初始的建筑内部与外部温度相同；

（2）通风风流及火灾产生的烟气视为理想气体；

（3）烟气在隧道内流动过程中不再发生化学反应；

（4）隧道壁干燥无渗透；

（5）忽略阻碍物和人员对气流的阻碍，以及人员疏散时对气流的扰动影响。

5.2.3.2　初始及边界条件

（1）初始条件

火灾发生后，火区的燃烧蔓延与烟气的流动过程是非定常过程，控制方程的求解需要给出流场的初始参数。假设模拟区域内温度与室外环境温度均为 25℃，压力为 1 个标准大气压。在火灾模拟过程中，隧道两端为开口状态。

按照火灾场景设计中的设备启动顺序，模拟中的前 120s 是正常状态下的隧道通风情况，火灾发生从 $t=120$s 开始，$t=165$s 时正常工况下的风机关闭，$t=180$s 时排烟口打开，$t=210$s 时排烟风机和补风风机开始工作。

（2）边界条件

模拟假定围护结构材料为混凝土，为热厚边界条件，即围护结构传热按一维传热处理，并且假定外壁面温度与环境温度相同并保持不变。理论上，壁面速度应采用无滑移边界条件，即由于流体黏性作用，靠近壁面处的流体流速为零。但因为受到壁面黏性影响的这层流体（即边界层）相当薄，其厚度的数量级在 10^{-2} 左右，而网格划分又不能过细，所以在大涡模拟中壁面速度采用滑移模型，通常壁面速度取作临近网格节点速度的 3/4。

5.2.3.3 几何模型

本报告采用 FDS 软件进行隧道火灾烟气危害的数值模拟研究,所建立的几何模型如图 5.2.7 所示。

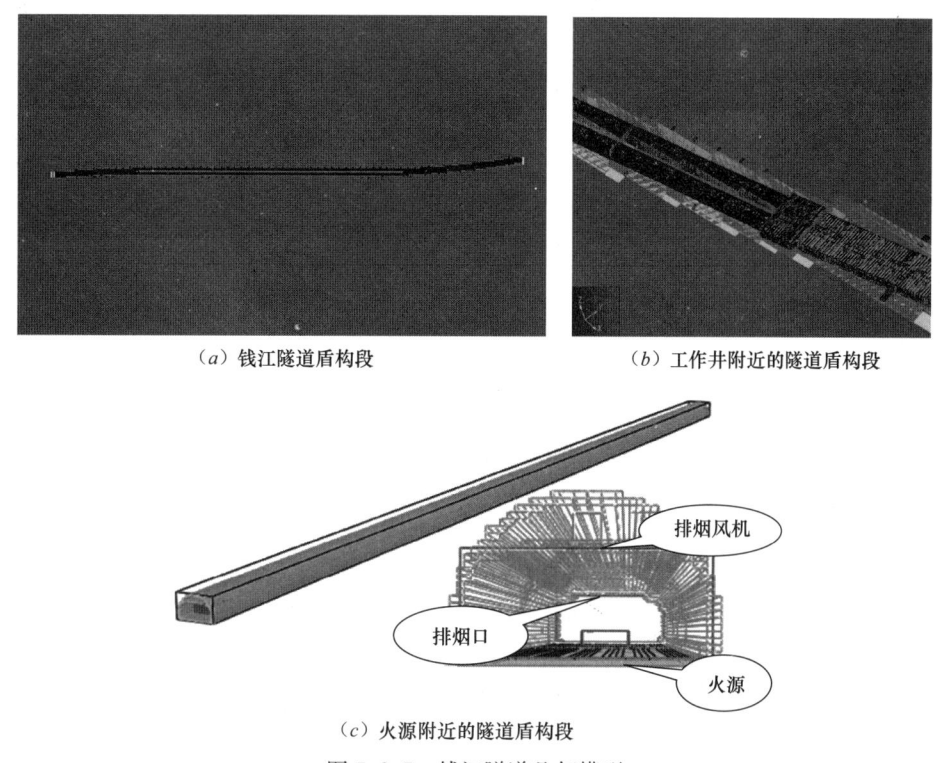

图 5.2.7 钱江隧道几何模型

5.2.3.4 计算网格的划分

为提高计算效率,采用 FDS 提供的"多重网格"功能。如图 5.2.8 所示,CFD 模型沿纵向将隧道划分为 5 个计算区域,其中计算区域 3 为火源所在区域。FDS 以网格作为最小计算单位,网格的大小是模型中最重要的参数,决定了模型内部偏微分方程在空间和时间上的精度。理论上讲,网格划分越细,计算结果越精确。但一个火灾场景通常有数十万甚至数百万的网格,以及成千上万个时间步。考虑到计算机的性能和对计算时间的控制,这种理论方法实践起来非常困难。因此,只能在模型精度和计算机性能之间寻取平衡点,合理地划分网格。网格尺寸对模拟结果的影响随着测试点与火源距离的缩短而增大。因此,本报告中各计算区域将采用不同的网格划分方式:即在受网格影响较大的火源周围,也是本节重点研究区域,采用较小网格尺寸;而对于远离火源的其他计算区域则适当放大网格尺寸,以此平衡计算机性能和计算时间,得到既合理又接近实际的模拟结果。

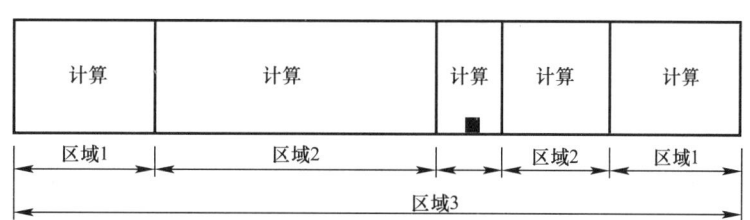

图 5.2.8 计算区域划分示意图(m)

根据 FDS 火灾模拟的网格精度要求:$\Delta = 0.1 D^*$,其中 D^* 为特征长度:

$$D^*\left(\frac{\dot{Q}}{\rho_\infty c_p T_\infty \sqrt{g}}\right)^{\frac{2}{5}}$$

对于20MW时，计算区域3的网格密度$\Delta<0.287\mathrm{m}$；50MW时，$\Delta<0.414\mathrm{m}$。

5.2.4 集中排烟模式下钱江隧道火灾危害性分析

隧道起火后，烟气在浮力和通风作用下在隧道内开始蔓延，隧道内的温度、能见度和有毒组分浓度分布也开始发生变化。而处于隧道中的人员，呼吸的空气来自于其脚下地面以上1.5~2m处的空气，因此，此范围的气体环境对隧道内的人员极为关键，如果在此范围内不能形成一个"可维持"状态，处于该位置的人员将因受到烟气的危害而影响其逃生甚至丧失生命。火灾烟气对人员的危害主要体现在三个方面：高温、遮光和有毒。对隧道中的人员来说，火灾危险条件通常按以下情况之一确定：

（1）高温

若隧道内某处2m高度的气体温度超过100℃，或地面高度处辐射热通量超过$2.5\mathrm{kW/m^2}$，认为该位置已达到了火灾危险状态。

（2）遮光

依据澳大利亚《消防工程师指引》，若隧道内2m高度处能见度小于10m，认为该位置已达到了火灾危险状态。

（3）烟气毒性

火灾中的热分解产物与燃烧材料有关，不同组分的生成量很难确定，对人体的影响也有较大差异，在消防安全分析预测中很难比较准确地定量描述。在工程应用中通常采用一种有效的简化处理方法：如果烟气的光密度不大于0.10D/m（即反射发光物体能见度不小于约10m），则视为各种毒性燃烧产物的体积分数在30min内不会达到人体的耐受极限，因此，此判据可以和烟气遮光性判据结合使用。

当隧道内某个位置达到上述三个条件的任何之一，便认为该处已经达到了火灾的危险状态，达到危险状态的时间减去着火时间便是该位置的可用人员安全疏散时间（ASET）。下面将利用上述三个判据（主要是温度和能见度判据），对所有火灾场景的FDS模拟结果进行分析，研究隧道内火灾烟气流动的规律，评价隧道内的气体环境，并得到隧道内不同位置处的可用人员安全疏散时间（ASET）。

5.2.4.1 隧道中部20MW的油类火灾（火灾场景1）

（1）火灾烟气发展特性

图5.2.9分别截取了火灾发生过程中各时间点的烟气发展图，$t=160\mathrm{s}$、170s和175s是指火灾发生后正常通风风机尚未关闭、关闭5s后以及关闭10s后的烟气发展情况；$t=180\mathrm{s}$、185s和205s分别表示排烟口打开、打开5s后和打开25s后的烟气分布图；$t=215\mathrm{s}$、240s及300s是反映排烟风机和补风风机打开5s后、30s后和90s后的烟气流动情况；$t=360\mathrm{s}$、420s、720s和1020s是表示排烟系统完全启动后以及火源功率逐渐稳定，这一过程的烟气发展状况。

由图可知，在正常风机关闭前烟气是以较快速度向下游流动，这对于非堵塞工况下起火区下游车辆能够快速驶出隧道时影响很小，但对于堵塞工况下需考虑下游人员的安全疏散方式，此时利用滑梯疏散比联络横通道要好，这时因为滑梯疏散距离近、能见度高。关闭正常风机之后烟气向下游的流动速度有所减缓，对下游的人员疏散是有利的；而排烟口刚打开时能很明显地看出烟气的分层情况，对人员疏散有利；随着排烟风机和补风风机的打开，烟气的蔓延区域得到了很好的控制，但火源下游30m到90m区域受到不利影响，烟气层也受到了很大的扰动，这时需考虑其对这地区人员疏散的不利影响；当火源功率逐渐稳定，而排烟系统也完全启动后，烟气被有效地控制在一定区域和高度上，如$t=720\mathrm{s}$所示，烟气也出现了很好的分层情况。而$t=720\mathrm{s}$与$t=1020\mathrm{s}$变化不大，说明此时排烟系统能够有效地控制烟气并使烟气趋于稳定。

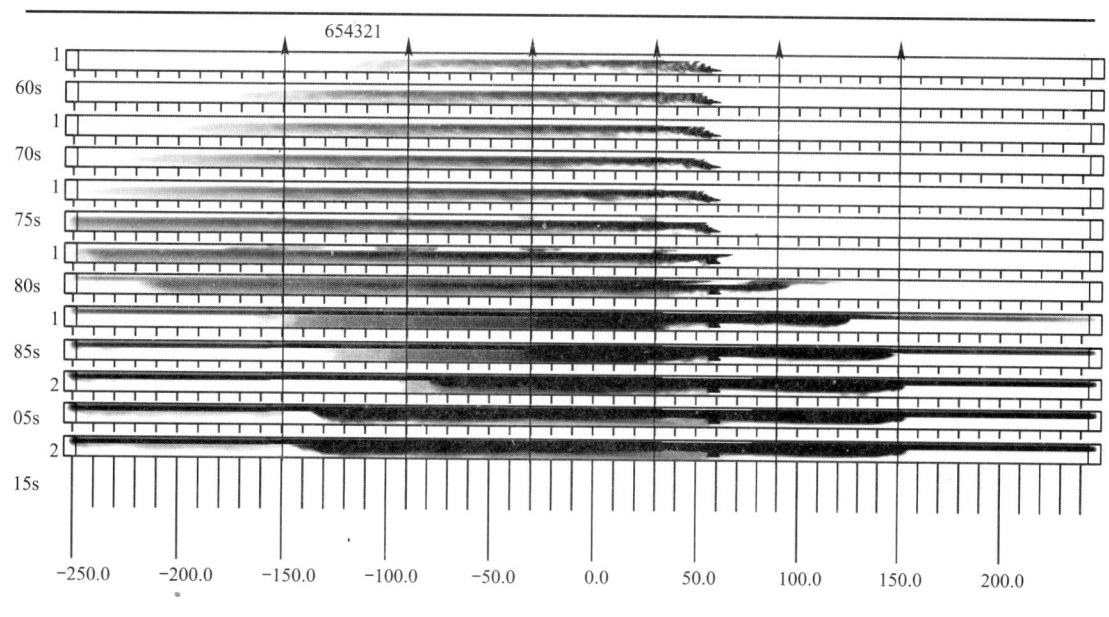

图 5.2.9　隧道中部发生 20MW 油类火灾时烟气发展情况

(2) 火场能见度发展特性

图 5.2.10 给出的是能见度分布图。可以看出，在正常风机关闭前后，火灾所产生的烟气对能见度的影响不大；打开排烟口 25s 后，也就是 $t=205s$ 时，烟气对能见度的影响区域达到最远；随着排烟风机和补风风机的打开，烟气的蔓延区域得到了很好的控制，能见度的影响区域被压缩到 1 号排烟口和 4 号排烟口之间，但对 3 号排烟口和 4 号排烟口之间的能见度有不利影响，部分区域能见度低于 10m，对疏散不利；当火源功率逐渐稳定，而排烟系统完全启动后，烟气被有效地控制在一定区域，对人员活动区域的能见度影响很小，如 $t=720s$ 所示，下部区域的能见度很高，而 $t=720s$ 和 $t=1020s$ 相比变化不大，说明隧道整体的能见度变化已经趋于稳定，这对人员安全疏散是十分有利的。

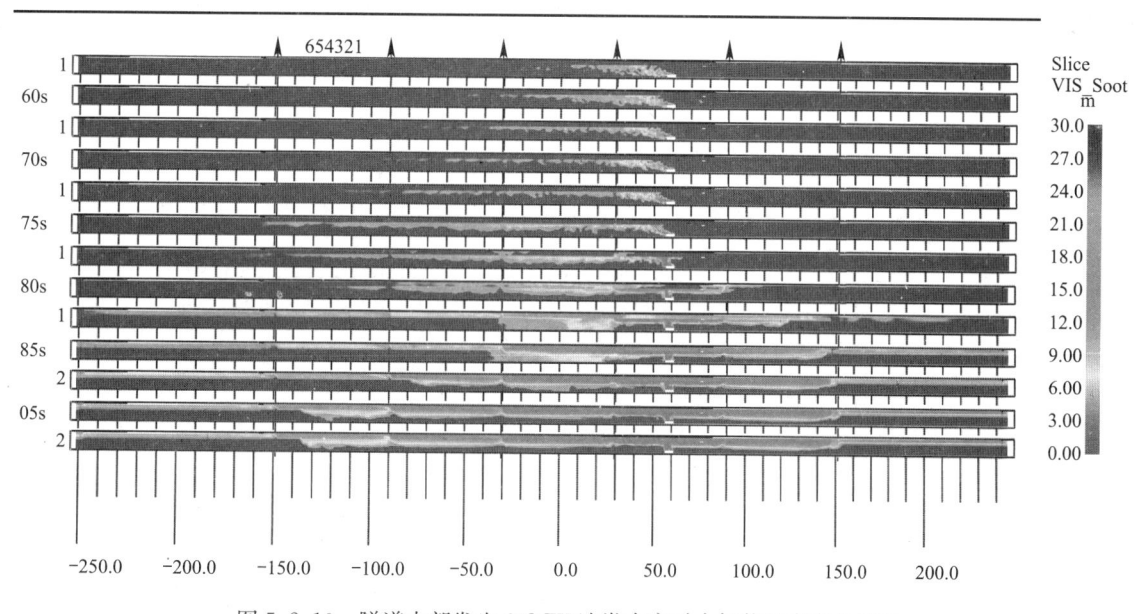

图 5.2.10　隧道中部发生 20MW 油类火灾时火场能见度变化情况

(3) 火场温度场发展特性

如图 5.2.11 所示为隧道内温度场的变化情况。温度的发展是和热烟一致的，随着热烟的流动，就会影响其周围的温度场，使之升温。在正常风机关闭前后，火灾所产生的热量对周围环境温度的影响不大；随着排烟口打开以及排烟风机和补风风机的打开，烟气通过排烟口进入烟道板上部，随之，烟道板上部温度开始上升；火源附近的温度很高，尤其是火源上方的烟道板附近的温度超过180℃；当火源功率逐渐稳定，而排烟系统也完全启动后，高温的烟气被有效地控制在一定区域，而达到 $t=720s$ 时，除了火源附近和烟道板上部区域的温度较高外，其余区域温度相对较低，不会对人员造成危害。

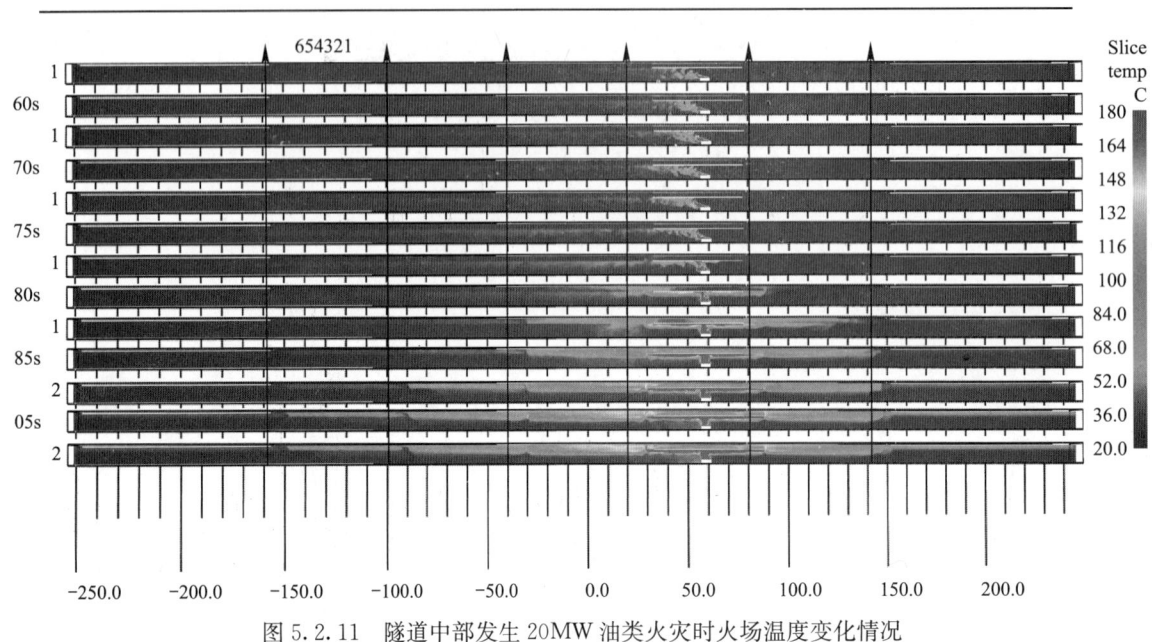

图 5.2.11　隧道中部发生 20MW 油类火灾时火场温度变化情况

（4）隧道速度场发展特性

如图 5.2.12 所示为隧道内速度场的变化情况。在正常风机关闭前隧道内部主要是纵向通风风速，大小在 5m/s 左右，而关闭正常风机之后速度就开始有所降低；而随着排烟口打开以及排烟风机和补风风机的打开，隧道内的通风环境有了很大的变动，也产生了一些不稳定，如 $t=300s$ 所示，隧道内的风场出现了紊乱的情况；当火源功率逐渐稳定，而排烟系统也完全启动后，隧道内的速度场环境逐渐稳定下来，360s 之后速度场就已趋于稳定。

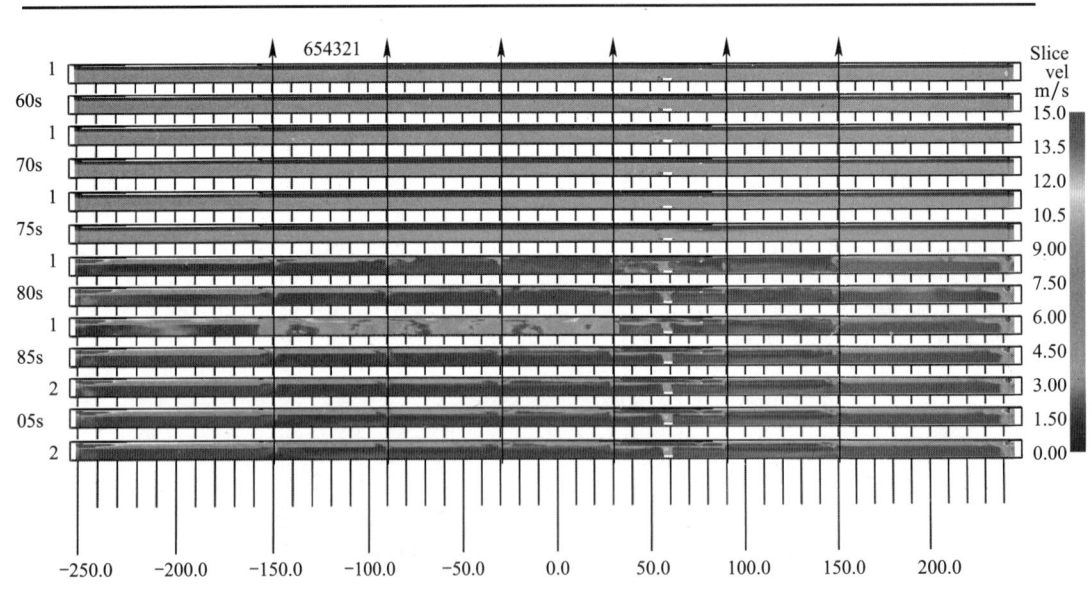

图 5.2.12　隧道中部发生 20MW 油类火灾时速度场变化情况

(5) 烟气层高度

如图5.2.13所示为各时刻烟气层高度图。可知，在正常风机关闭前后烟气层高度变化不大，说明纵向通风风速对烟气层的分层影响不大；而排烟口刚打开时烟气层高度还处于稳定状态，打开排烟口25s后，也就是$t=205s$时，烟气层出现了不利的扰动，烟气层高度也出现了波动；随着排烟风机和补风风机的打开，烟气的蔓延区域得到了很好的控制，但火源下游30m到90m区域受到不利影响，烟气层也受到了很大的扰动，烟气层高度在2m高度上徘徊；当火源功率逐渐稳定，而排烟系统也完全启动后，烟气被有效地控制在一定区域，如$t=720s$所示，烟气也出现了很好的分层情况，而$t=1020s$与$t=720s$的烟气层高度图几乎重合，说明$t=720s$时，烟气层高度已经趋于稳定。

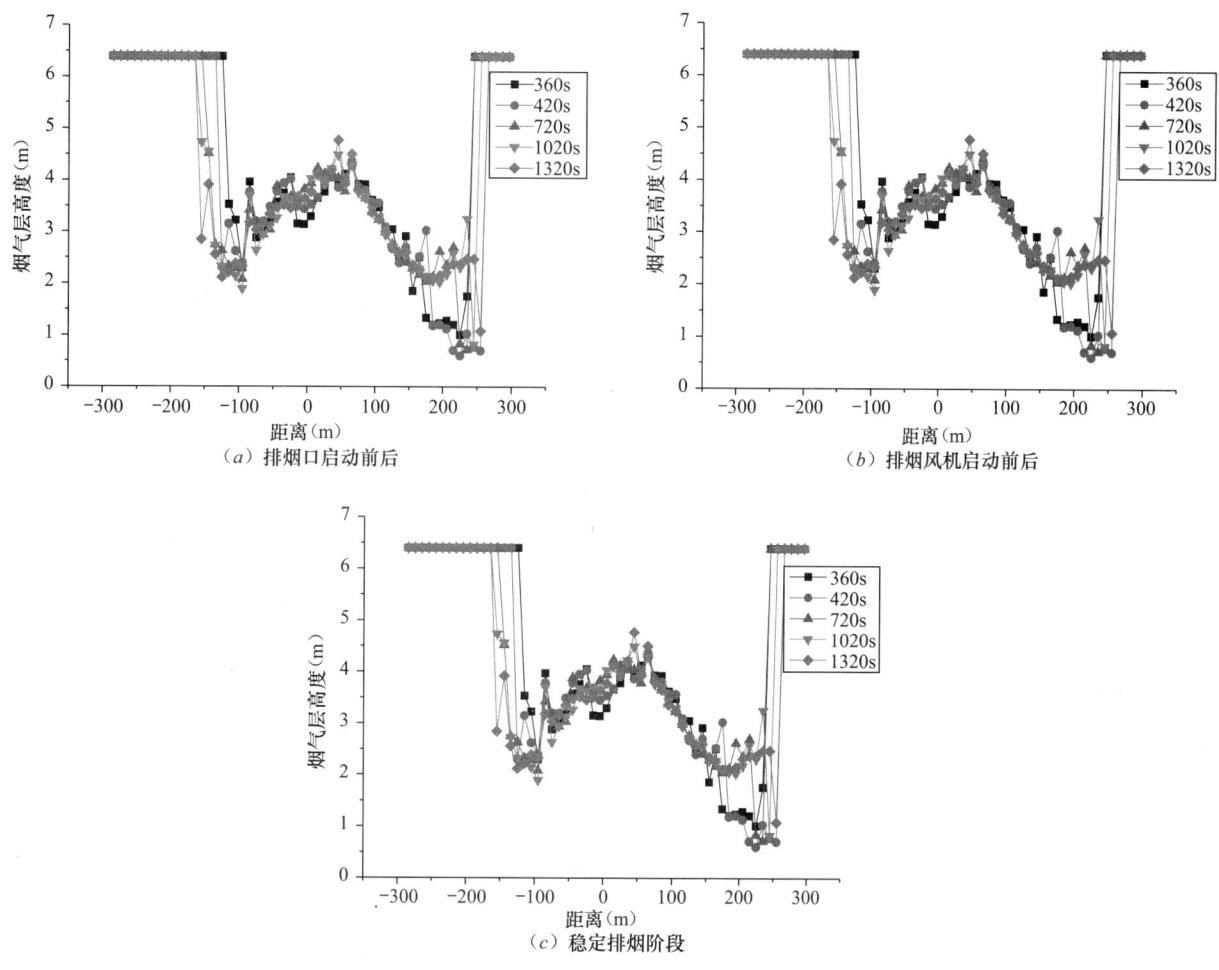

图5.2.13　隧道中部发生20MW油类火灾时不同时刻隧道内烟气层高度

(6) 可用人员安全疏散时间

根据上述对火灾烟气层高度、火场能见度和温度的分析，结合上文提出的火灾危险判据，对于隧道中部发生20MW的车辆火灾，其可用人员安全疏散时间如图5.2.14所示。可以看出，对于20MW的火灾，影响人员安全疏散的区域集中在火源上游的20m和下游的60m之间。隧道集中排烟系统能够将烟气有效控制在打开的六个排烟口范围之内，有利于隧道上、下游的人员安全疏散。

5.2.4.2　隧道中部50MW的油类火灾（火灾场景2）

(1) 火灾烟气发展特性

图5.2.15分别截取了火灾发生过程中各时间点的烟气发展图，$t=160s$、170s和175s是指火灾发生后正常通风风机尚未关闭、关闭5s后以及关闭10s后的烟气发展情况；$t=180s$、185s和205s分别表示排烟口打开、打开5s后和打开25s后的烟气分布图；$t=215s$、240s和300s是反映排烟风机和补

风风机打开 5s 后、30s 后和 90s 后的烟气流动情况；$t=360s$、420s、720s、1020s 和 1320s 是表示排烟系统完全启动后以及火源功率逐渐稳定，这一过程的烟气发展状况。

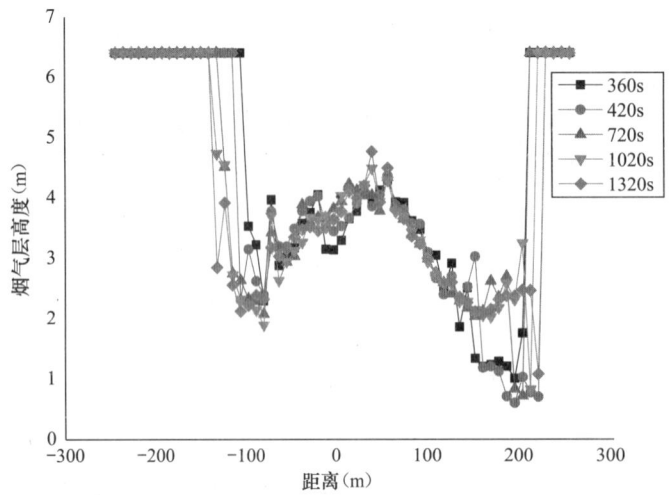

图 5.2.14　隧道中部发生 20MW 油类火灾时可用安全疏散时间

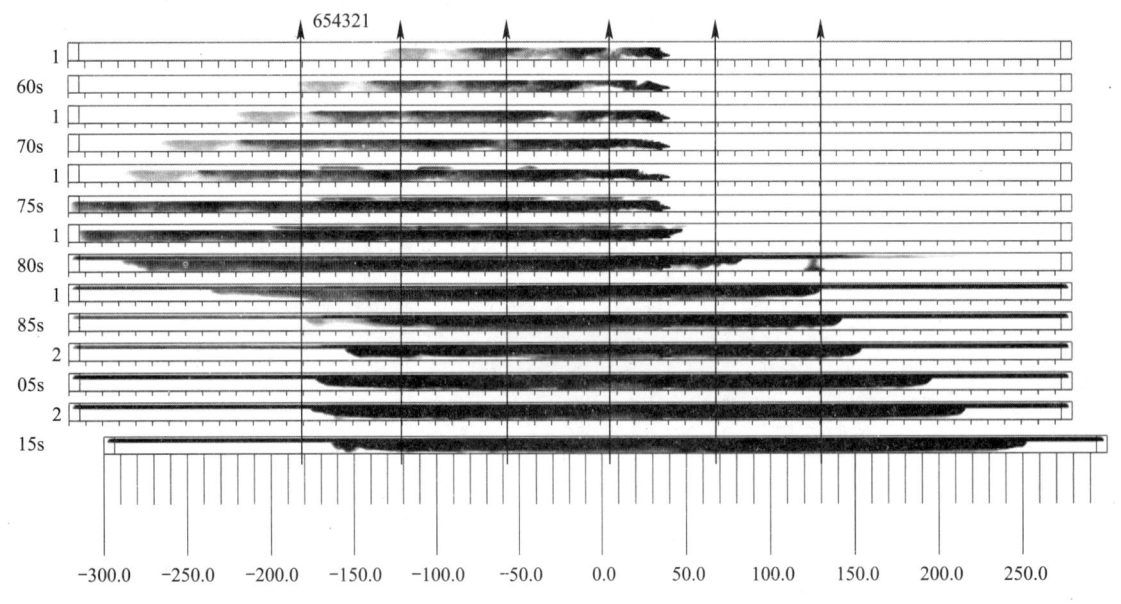

图 5.2.15　隧道中部发生 50MW 油类火灾时烟气发展情况

由图可知，与 20MW 火灾规模相比，50MW 火灾在由正常通风向事故通风转换的初始阶段，由于火灾烟气生成速度和总量均是增加，因此扩大了烟气对火灾下游的影响范围，这对于堵塞工况下的人员安全疏散是不利的。同时，排烟系统启动过程中引发的隧道流场变化对烟气层的扰动也得到加强，造成远离火源位置的烟气层提前下沉，这会给隧道人员逃生带来新的无法预知的风险。在排烟系统完全启动和火源稳定燃烧后，可以发现此时打开六个排烟口已不足以控制烟气的蔓延范围，大量烟雾会逃逸到排烟口的控制范围之外，从而对隧道人员安全疏散造成危险。这也说明了此时排烟系统的有效排烟速度是要小于火灾烟气的生成速度，因此应加大有效排烟量。

(2) 火场能见度发展特性

图 5.2.16 给出的是能见度分布图。火场能见度的发展趋势是与烟气的发展过程一致。值得指出的是，火源上游的能见度下降速度要快于下游，这对隧道人员疏散很不利。这是因为隧道起火后，处于火

源的上游车辆必须停下来，人员下车进行疏散，此时应充分利用就近疏散原则，因而利用车行道的滑梯进行疏散将比利用联络横通道进行疏散更具优势。

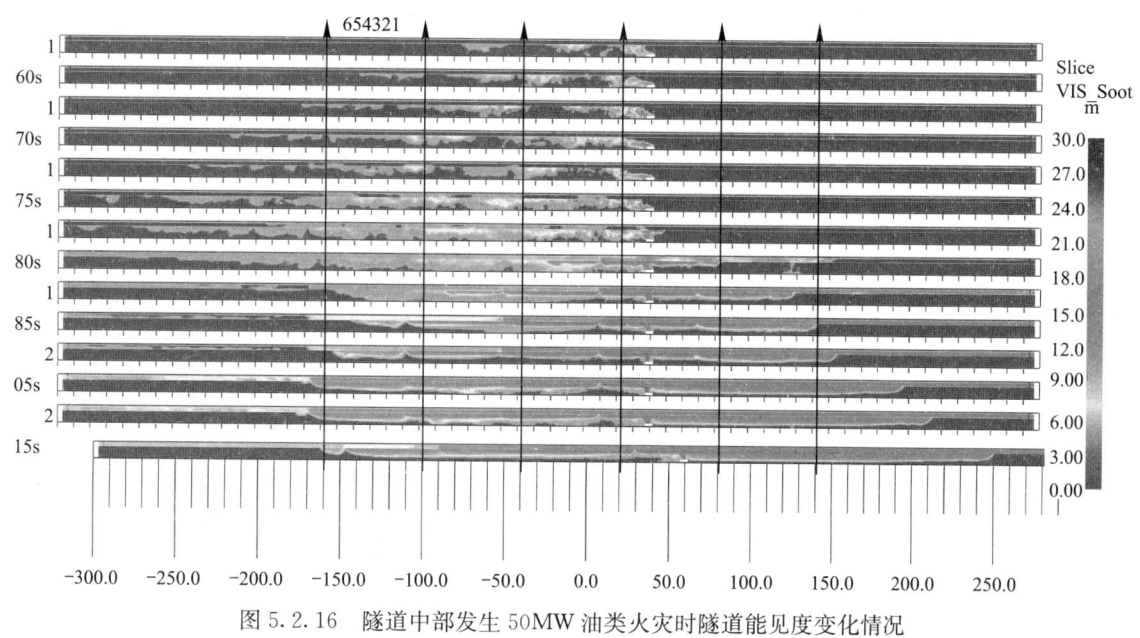

图 5.2.16　隧道中部发生 50MW 油类火灾时隧道能见度变化情况

（3）火场温度场发展特性

图 5.2.17 所示隧道内温度场的变化情况。对于 50MW 的火灾，火源上方的烟道板附近的温度超过 800℃，火源上下游 200m 范围内烟气温度也将超过 250℃，这时必须考虑到，高温不仅对人员的伤害大大增加，同时也加大了火灾在车辆之间蔓延的风险，并且这些高温的烟气有可能会损坏排烟设备。因此需要采取合适灭火措施来抑制火灾，并对排烟道内高温烟气进行稀释降温。

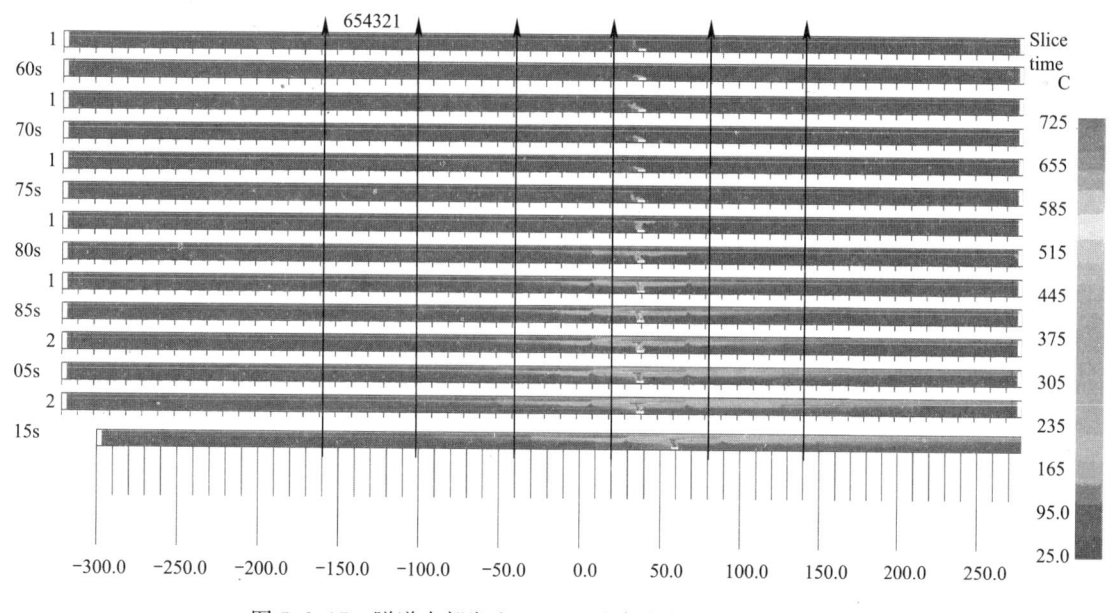

图 5.2.17　隧道中部发生 50MW 油类火灾时温度场变化情况

（4）隧道速度场发展特性

图 5.2.18 所示为隧道内速度场的变化情况。

（5）烟气层高度

如图 5.2.19 所示为的各时刻烟气层高度图。可知，对于 50MW 规模的火灾，在初始阶段，烟气层

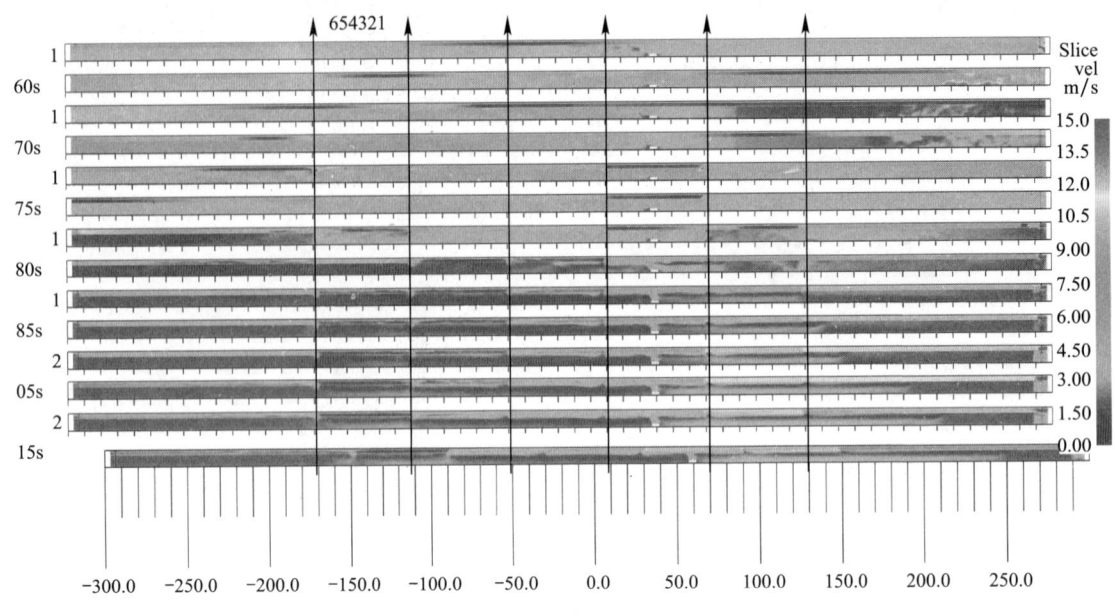

图 5.2.18　隧道中部发生 50MW 油类火灾时速度场变化情况

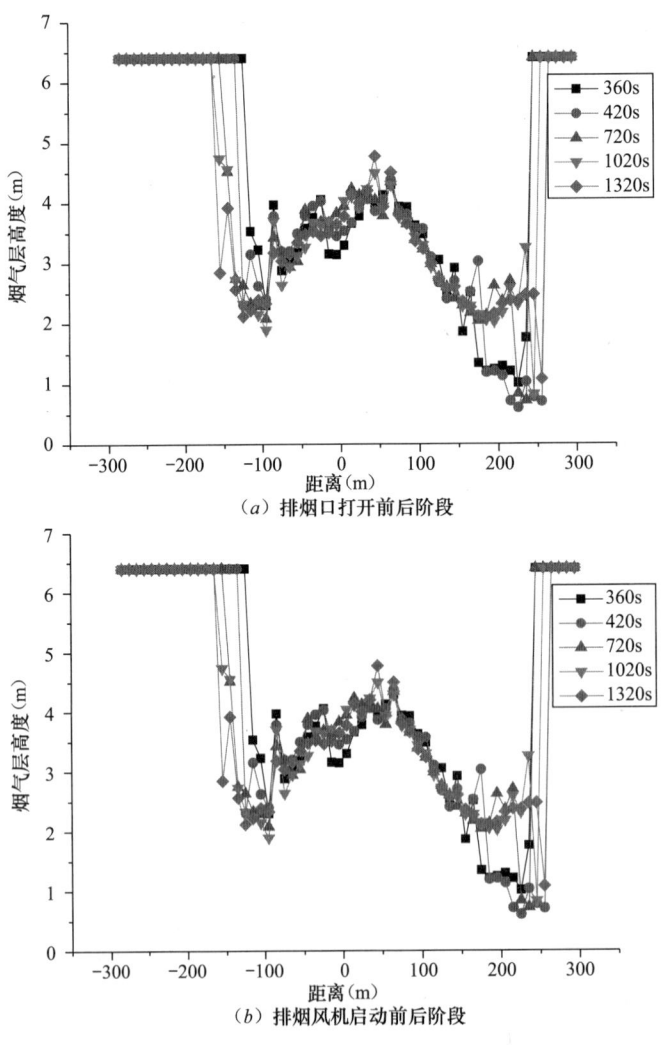

(a) 排烟口打开前后阶段

(b) 排烟风机启动前后阶段

图 5.2.19　隧道中部发生 50MW 油类火灾时不同时刻隧道内烟气层高度（一）

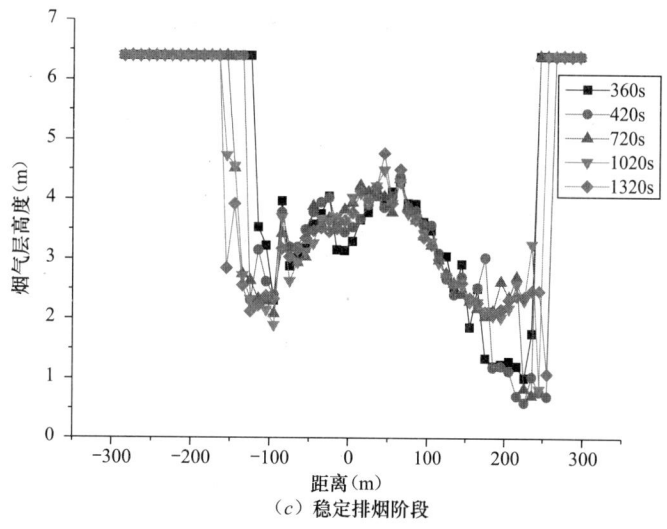

(c) 稳定排烟阶段

图 5.2.19 隧道中部发生 50MW 油类火灾时不同时刻隧道内烟气层高度（二）

即出现了不利的扰动，烟气层高度波动幅度很大，波动影响范围也扩大，这对人员安全疏散是不利的；随着排烟风机和补风风机的打开，虽然烟气向下游的蔓延得到了一定的控制，但烟气层受到的扰动依然很大，在火源下游 300m 范围内，烟气层高度均有可能下降至 2m 高度以下，这就需要及时疏散本区域的人员；当火源功率逐渐稳定，而排烟系统也完全启动后，下游烟气控制得到加强，但由于有效排烟量不足，火源上游烟气蔓延不断扩展，超过了排烟口控制范围，此时最危险的区域也将出现在火灾上游的 150m 距离附近。上述危险随着时间推移，在隧道内的位置不断变化，会给隧道人员安全疏散带来极大风险。因此对于 50MW 规模的大火灾，需要完善排烟系统，以期更好地控制火灾烟气有序流动。

（6）可用人员安全疏散时间

根据上述对火灾烟气层高度、火场能见度和温度的分析，结合上文提出的火灾危险判据，对于隧道中部发生 50MW 的车辆火灾，其可用人员安全疏散时间如图 5.2.20 所示。可以看出，对于 50MW 的火灾，影响人员安全疏散的区域集中在火源上游的 150m 和下游的 300m 之间。此时隧道集中排烟系统已不能将烟气有效控制在打开的六个排烟口范围之内，因此必须采用有效措施，保障隧道上、下游的人员安全疏散。

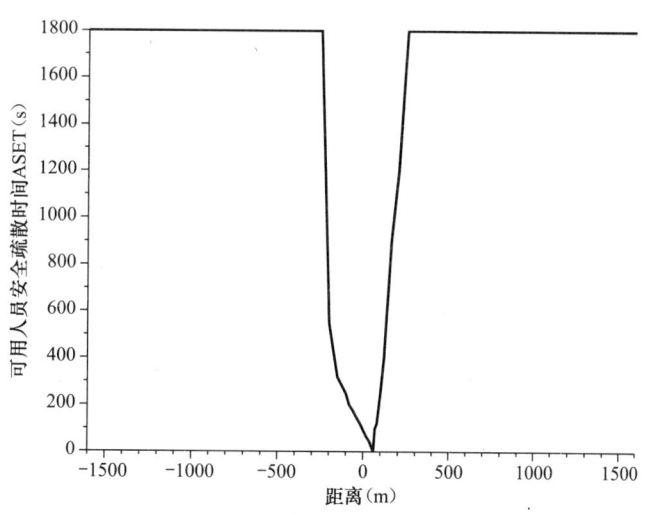

图 5.2.20 隧道中部发生 50MW 油类火灾时可用安全疏散时间

5.2.5 小结

本节采用数值模拟方法对钱江隧道的火灾烟气蔓延规律及危害性进行了分析,选取了 20MW 和 50MW 两者不同规模的火灾,通过分析隧道内的火灾烟气发展趋势、火场能见度和温度变化以及烟气层高度变化等,对比隧道火灾危险判据,获得了不同火灾场景下的可利用人员安全疏散时间 ASET。并对集中排烟系统的排烟效率进行了分析,确定了主要影响因素。本节主要结论如下:

(1)对于隧道中部发生的 20MW 火灾,影响人员安全疏散的区域集中在火源上游的 20m 和下游的 60m 之间。现有的隧道集中排烟系统能够将烟气有效控制在打开的六个排烟口范围之内,保障隧道上、下游的人员安全疏散。而在火源上游的 20m 和下游的 60m 之间利用滑梯疏散比联络横通道要好,这时因为滑梯疏散距离相对近、能见度高。

(2)对于隧道中部发生的 50MW 火灾,在由正常通风向事故通风转换的初始阶段,由于火灾烟气生成速度和总量均会增加,因此扩大了烟气对火灾下游的影响范围,这对堵塞工况下的人员安全疏散是不利的。同时,排烟系统启动过程中引发的隧道流场变化对烟气层的扰动也得到加强,造成远离火源位置的烟气层提前下沉,这会给隧道人员逃生带来了新的无法预知的风险。在排烟系统完全启动和火源稳定燃烧后,此时打开六个排烟口已不足以控制烟气的蔓延范围,大量烟雾会逃逸到排烟口的控制范围之外,从而对隧道人员安全疏散造成危险。说明此时排烟系统的有效排烟速度是要小于火灾烟气生成速度的,因此应加大有效排烟量。

5.3 全比例火灾试验与数值仿真研究

5.3.1 钱江隧道概况

钱江隧道在隧道顶部加设排烟通道,隧道营运时采用纵向通风,火灾时采用排烟通道排烟,控制烟气蔓延。图 5.3.1 为正常营运纵向通风,图 5.3.2 为隧道火灾时顶部排烟。

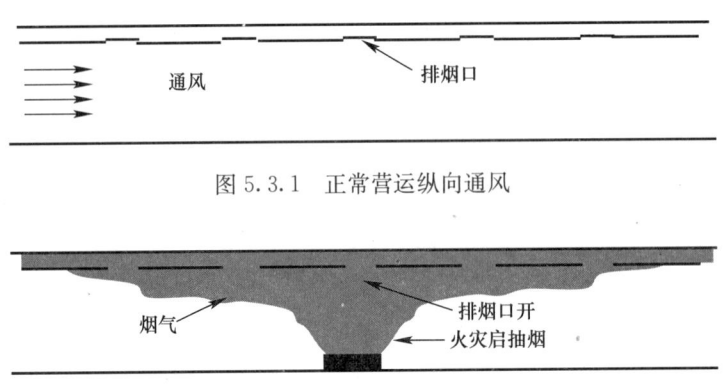

图 5.3.1 正常营运纵向通风

图 5.3.2 隧道火灾顶部排烟

5.3.2 钱江隧道火灾仿真研究

5.3.2.1 钱江隧道火灾场景设定

(1)火灾增长过程

火灾燃烧过程,包括火灾初期增长、充分燃烧过程、熄灭过程,如图 5.3.3 所示。火灾初期只是起火部位及其周围的可燃物着火燃烧。这时火灾好像在敞开的自由空间内进行的一样。在起火阶段后期,火灾范围迅速扩大,当房间温度达到一定值时,室内所有的可燃物都可发生燃烧。在火灾全面发展阶段的后期,随着室内可燃物的消耗,火灾的燃烧强度逐渐减弱,以致明火熄灭。

(2)火灾最大热释放速率设定

火灾经历了初期增长后,将达到充分燃烧阶段,这时火灾热释放速率将达到最大,并不再增长。我国《公路隧道通风照明设计规范》JTJ026.1 规定公路隧道火灾排烟的需风量,按 20MW 的火灾功率考虑。钱江隧道为特长公路隧道,其中的可燃危险品主要是汽车,分为小轿车、客车、大货车、重型货车

（HGV）以及油罐车等。通过文献资料的查阅，了解不同车辆火灾燃烧的热释放速度。

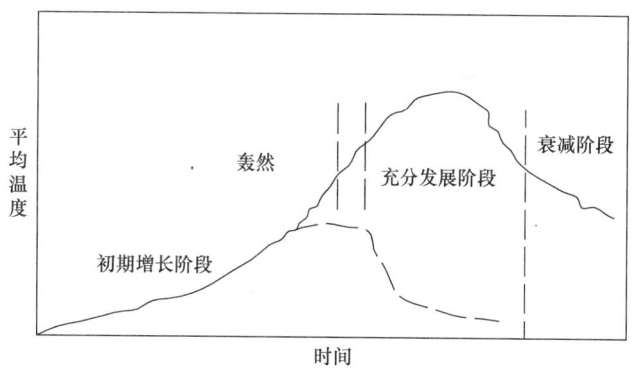

图 5.3.3　火灾增长过程

① 小轿车火灾

根据大量火灾试验数据统计，单辆小轿车燃烧过程的最大热释放速率为 1.5~8.9MW 之间，其达到最大热释放速率时间为 8~29min，平均时间 15min 左右，见表 5.3.1。

单辆小轿车火灾系列实验　　　　　　　　　　　　　　　　表 5.3.1

火灾试验	热值（GJ）	最大 HRR（MW）	达到最大 HRR 时间（min）
Ford Taunus 1.6	4	1.5	12
Datsun 160J sedan	4	1.8	10
Datsun 180B sedan	4	2	14
Fiat127	—	3.6	12
Renault Espace J11-II	7	6	8
Citroën BX	5	4.3	15
Austin Maestro	4	8.5	16
Opel Kadett6	—	4.9	11
Opel Kadett7	—	4.8	38
Renault5	2.1	3.5	10
Renault18	3.1	2.1	29
Small car	4.1	4.1	26
Large car	6.7	8.3	25
Trabant	3.1	3.7	11
Austin	3.2	1.7	27
Citroen	8	4.6	17
Renault	13.7	8.9	10

两辆小轿车火灾系列实验　　　　　　　　　　　　　　　　表 5.3.2

火灾试验	热值（GJ）	最大 HRR	达到最大 HRR 时间
Citroen BX+Peugeot 305	8.5	1.7	—
Small Car+Large Car	7.9	7.5	13
Large Car+Small Car	8.4	8.3	—
BMW+Renault5	—	10	—
Polo+Traban	5.4	5.6	29
Peugeot+Traban	5.6	6.2	40
Citroen+Trabant	7.7	7.1	20
Jetta+Ascona	10	8.4	55

三辆小轿车火灾系列实验			表 5.3.3
火灾试验	热值（GJ）	最大 HRR	达到最大 HRR 时间
Golf＋Trabant＋Fiesta	—	8.9	33

当两辆或三辆小轿车燃烧时，最大热释放速率为 1.7～8.9MW 之间，达到最大热释放速率的时间为 13～40min，见表 5.3.2 和表 5.3.3。

② 公共汽车

公共汽车火灾实验较少，两个火灾实验指出公共汽车的最大热释放速率为 30MW。达到最大热释放速率时间为 7～8min，见表 5.3.4。

公共汽车火灾系列实验			表 5.3.4
火灾试验	热值（GJ）	最大 HRR	达到最大 HRR 时间（min）
Volvo school bus	41	29	8
Bus test	—	30	7

③ 重型货车（HGV）

重型货车火灾时热释放速率离散较大，范围从 13MW 到 202MW。这主要与卡车上装载的货物有关，当卡车上装载的火灾荷载越多，荷载热值越大，火灾规模就越大，其值为 100MW 以上。重型货车达到最大热释放速率时间平均为 14 分钟左右，见表 5.3.5。

重载卡车（HGV）火灾系列实验			表 5.3.5
火灾试验	热值（GJ）	最大 HRR（MW）	达到最大 HRR 时间（min）
Citroen BX＋Peugeot 305	240	202	18
Runehamar test2	129	157	14
EUREKA 499	87	128	18
Runehamar test3	152	119	10
Runehamar test4	67	67	14
Benelux test14	19	26	12
Benelux test8，9，10	10	13，19，16	16，8，8
EUREKA 499	63	17	15

为分析钱江隧道不同火灾功率条件下的危险性，本文设定 3 种火源功率 5MW、20MW、50MW 进行分析

（3）火灾增长时间描述

在火灾初期增长阶段，可燃物释热能速率一般随时间会不断，对于火灾热释放速率的增长，有不同的模型来描述，包括线性增长、t^2 增长和指数增长模型，其中以 t^2 增长模型运用最多，即火灾热释放速率为：

$$Q = at^2 \tag{5.3.1}$$

式中　Q——火灾热释放速率（MW）；

　　　t——时间（s）；

　　　a——常数，与火灾增长类型有关。

上式中 a 为常数，描述火灾增长速率，一般根据火灾燃烧的材料特性，将火灾分为四种火灾增长类型，包括极快速、快速、中速、慢速四种。如图 5.3.4 所示为不同增长类型的火灾热释放速率增长过程，表 5.3.6 为不同火源成长模式的系数。

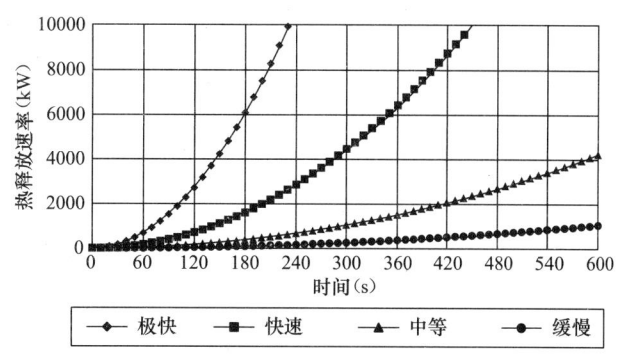

图 5.3.4 火灾热释放速率增长过程

火源成长模式的系数　　　　　表 5.3.6

项目 T-Squared Fire	成长系数（kW/s^2）	BTU（s^2）	成长时间 T_g（s）
缓慢	0.002931	0.002778	600
普通	0.01127	0.01111	300
快速	0.04689	0.04444	150
极快速	0.1878	0.1778	75

（4）火灾危险性判据

在隧道火灾中，烟气是威胁人员安全的主要因素。当烟气层某些参数增大到一定值时，便会对人员构成危害。因此可以根据影响人员疏散安全的参数，如烟气层温度、CO 浓度、能见度等，确定隧道内火灾对人员构成危险的条件。综合研究资料，隧道内火灾危险临界条件可按以下情况确定。

1）温度指标

当烟气界面维持在安全高度以上时，烟气对人的危害主要体现是热辐射，设定隧道上方 2m 以上空间平均温度不大于 180℃；

当烟气层降到人体安全高度以下，烟气对人的危害将是直接烧伤或吸入热气体引起的。当温度≤80℃时，人员有生存可能性；温度>80℃时，具有潜在危险甚至死亡，因此可用 80℃作为人眼特征高度（1.6m）处烟气危险临界温度。

2）能见度指标

一般烟气浓度较高则可视度降低，逃生时确定逃生途径和做出决定所需时间都会延长。为便于人员安全疏散，设定隧道内烟雾的减光度应小于 $0.1m^{-1}$。

3）烟气的毒性

当界面低于人眼特征高度时，也可根据其中有害燃烧产物的临界浓度判定是否达到了危险状态，例如当 CO 浓度达到 2500ppm 就对人构成严重危害。但火灾中的热分解产物及其浓度因燃烧材料不同而有所区别。由于可燃物各组分的热解产物种类和生成量比较复杂，其中的有毒、有害组分对人体的影响也有较大差异，在消防安全分析预测中很难准确地定量描述。因此，工程应用中通常采用一种有效的简化处理方法：如果烟气的减光度不大于 $0.1m^{-1}$，则视为各种毒性燃烧产物的浓度在 30min 内将不会达到人体的耐受极限。

5.3.2.2 隧道火灾模型建立

（1）火灾模拟软件简介

火灾是火失去控制并蔓延而形成的一种灾害性燃烧现象，它通常造成人或物的损失，具有破坏性的特点。针对隧道火灾的危险性分析，全尺寸的火灾实验是不可能实现的，现阶段一般选用模型实验和数值模拟技术进行分析。数值模拟分析由于具有周期短、结果直观的优点，被广泛应用。本次隧道救援站设置位置方案比选，选用美国 NIST 开发的一项火灾动态模拟软件 FDS（Fire Dynamics Simulator）进行分析研究。

火灾动力模拟软件（Fire Dynamics Simulator，简称 FDS）是最具特色的火灾烟气运动场模型，它全面地考虑了火灾烟气运动的各个分过程，湍流部分分别采用高级数值模拟方法直接模拟及大涡模拟处理，辐射换热采用了有限容积模型（Finite Volume Method）；燃烧模型基于 Huggett 提出的"状态关联"思想定量给出反应物与生成物之间的关系，根据湍流模型的不同分别采用混合分数模型（用于 LES）及有限反应模型（用于 DNS）；随同 FDS 同时还发布了后处理软件 Smokeview，它可以将 FDS 的计算结果图形化显示出来。同时 FDS 在模型的构建过程中较其他模型采用了尽可能少的假设，其理论基础坚实，能够描述很宽范围的火灾现象，代表了目前火灾烟气运动数值模拟的世界领先水平。

(2) 钱江隧道火灾模型

钱江隧道盾构段隧道全长 3.34km，为分析隧道内车辆着火后的火灾危险性和烟气蔓延规律，建立了钱江隧道火灾模拟数值模型，模拟汽车火灾在钱江隧道的情况。为减少数值计算的工作量，建立钱江隧道火灾数值模型为 800m，如图 5.3.5 所示。

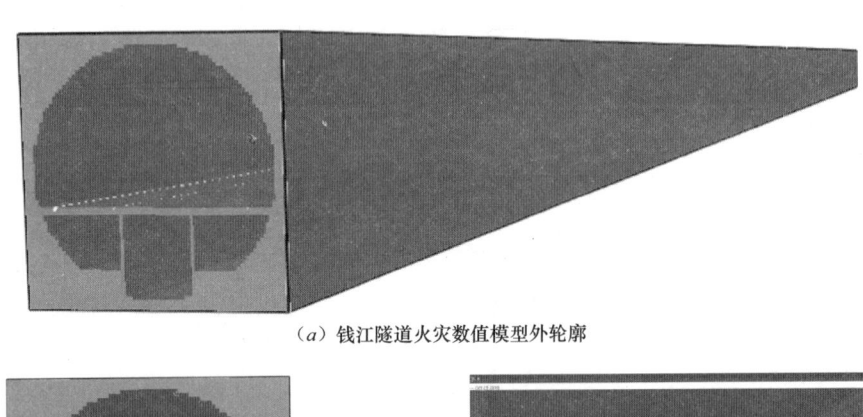

(a) 钱江隧道火灾数值模型外轮廓

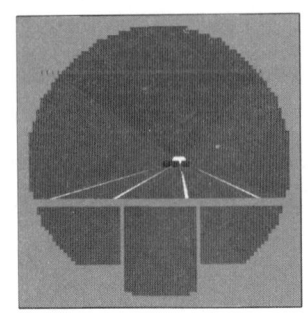

(b) 模型横断面

(c) 隧道内部设置

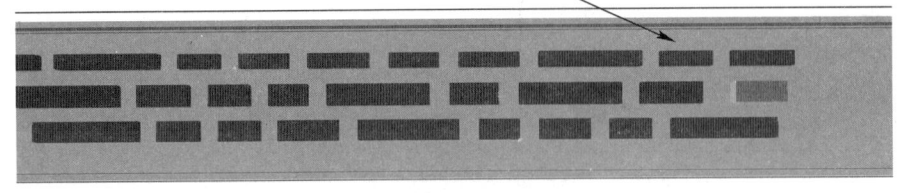

(d) 隧道内车辆堵塞

图 5.3.5 钱江隧道火灾模值模型

(3) 模拟设置工况

为分析钱江隧道火灾时的危险性，本文分别针对钱江隧道发生 5MW、20MW、50MW 三种不同火灾工况条件进行火灾模拟。隧道发生火灾后，隧道内通风设备（射流风机、轴流风机）由于受到高温烟气、烟灰粒子的影响，或火灾造成供电、控制信号的电缆失效，将可能造成整个通风系统不能正常运转，造成通风系统失效。工况隧道内将由运营通风工况转为无风工况或有微小风速工况，风速将不能阻止烟气向火区上游蔓延。本次模拟暂不考虑隧道内的通风排烟系统正常启动工况，设隧道内有 0.8m/s 的微风风速。

5.3.2.3 不同工况条件下的火灾模拟

(1) 小汽车火灾（5MW）

1) 烟气蔓延

图 5.3.6 是钱江隧道发生小汽车火灾（5MW）后 50s、200s、400s、600s、800s、900s 时隧道烟气蔓延过程。从图中可以看出，火灾初期燃烧释放的热功率较小，隧道内有一定的风速，火灾产生的烟气迅速向火区下游蔓延。但随着火灾规模的不断扩大，当火灾达到一定规模的时候，隧道风速不能阻止烟气逆流，烟气将向火区上游蔓延。模拟分析表明，烟气在 180s 时开始向火区上游蔓延，但由于整个燃烧功率较小，最大热释放速率为 5MW，达到 900s 时，烟气向上游蔓延的距离只有二三十米。因此，火灾上游人员通过上游人员疏散横通道疏散能够保证安全。

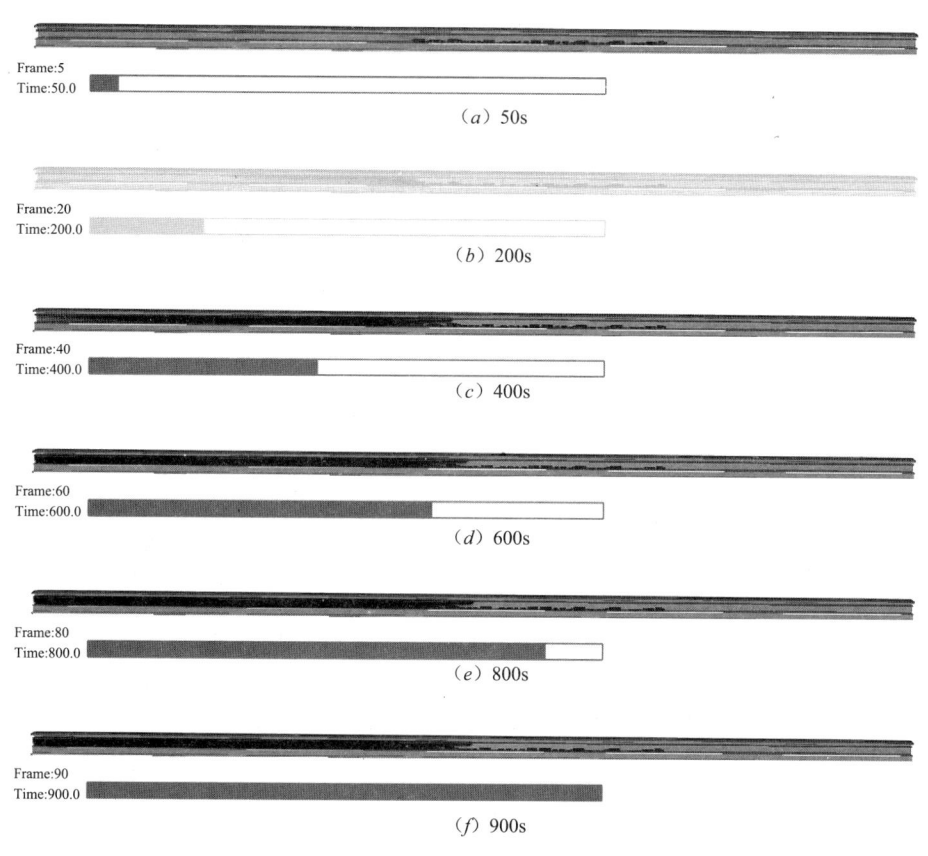

图 5.3.6 5MW 火灾隧道烟气蔓延图

2) 温度分布

图 5.3.7 是着火后 50s、200s、400s、600s、800s 时隧道温度分布图。从图中可以看出，隧道内的温度分布与烟气扩散过程基本一致。火灾初期，烟气主要向火区下游蔓延，隧道火区下游温度较高，当达到一定时间后，烟气产生了逆流，开始向火区上游蔓延，火区上游温度逐渐升高。

图 5.3.8 为钱江隧道发生火灾后，不同位置处的隧道横断面温度分布。如图所示，由于受到热烟气的影响，隧道发生 5MW 时的火灾时温度主要集中在隧道顶隔板，温度分层比较明显，隧道下层的温度相对较低。

3) 能见度分布

图 5.3.9 是隧道反生火灾后 50s、200s、400s、600s、800s 时隧道能见分布图。火灾中烟气是影响能见度的主要因素，能见度的变化规律与烟气的运动规律基本一致。火灾初期，由于燃烧产生的烟雾较少，隧道内能见度较高，这时便于人员疏散和防灾救援。随着火灾规模的不断扩大，火灾产生的烟雾不断增加，隧道内能见度不断降低。

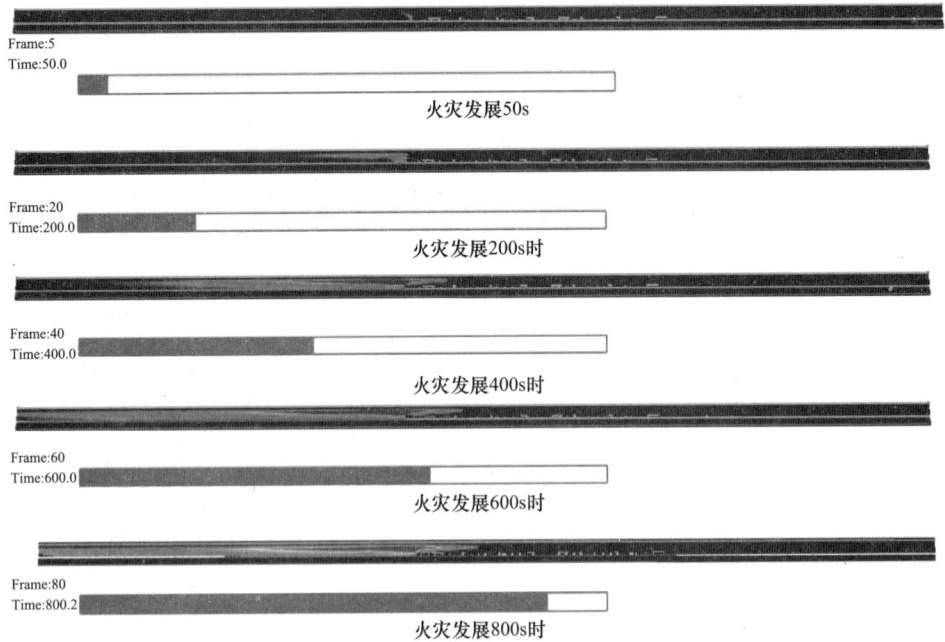

图 5.3.7 火灾隧道温度分布图

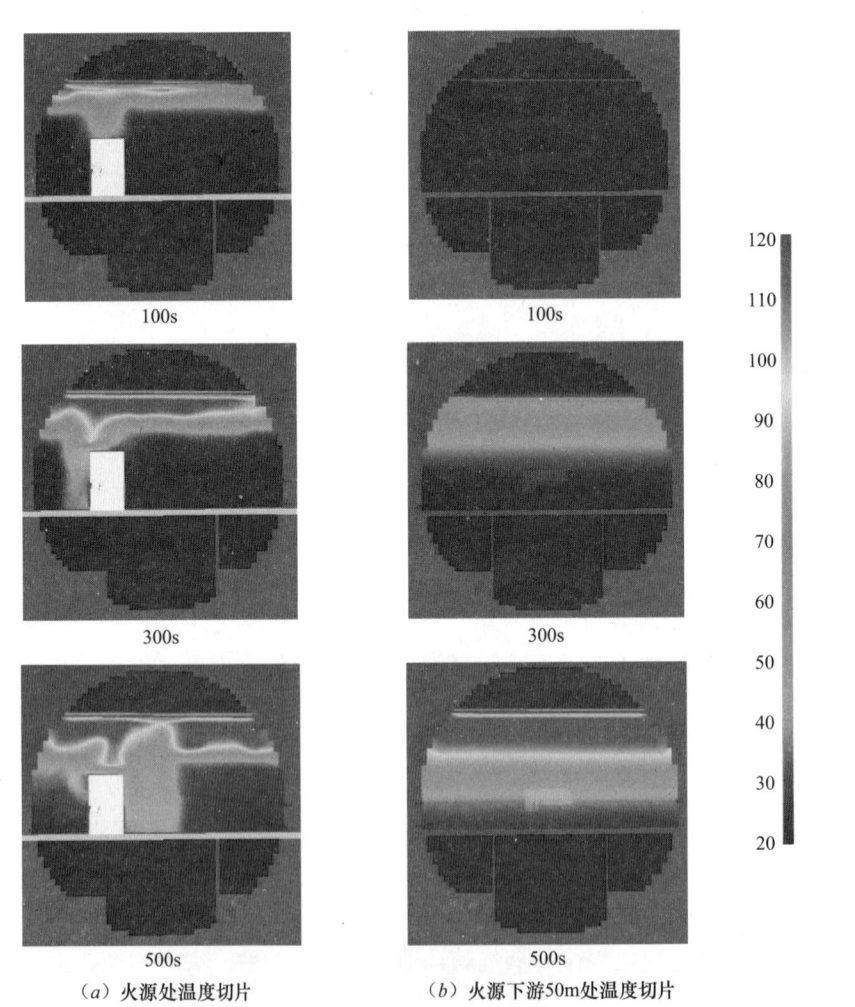

（a）火源处温度切片　　　　　（b）火源下游50m处温度切片

图 5.3.8 隧道不同位置处的横断面温度分布

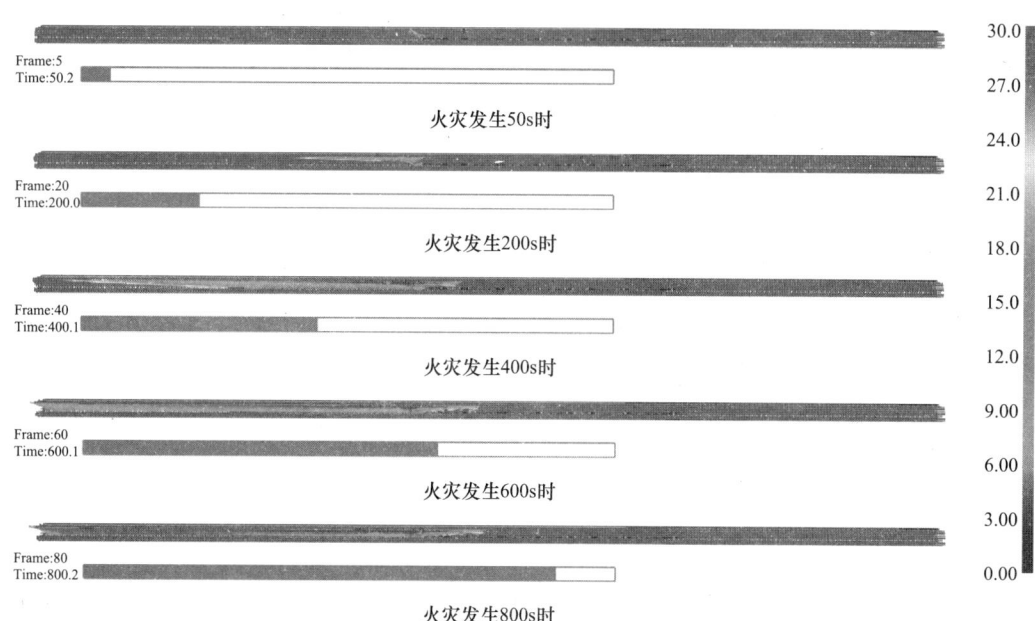

图 5.3.9 火灾隧道能见度分布图

图 5.3.10（a）中可以看出由于风速的影响，烟气迅速向火区下游蔓延，火区下游 20m 的人眼特征高度处的能见度在 220s 左右开始降低，随着火灾的发展能见度逐渐降低，在 320s 左右该处的能见度降到 10m 以下，320s 以后将非常不利于该处的人员疏散。火区下游离火区不同距离的人眼特征高度处的

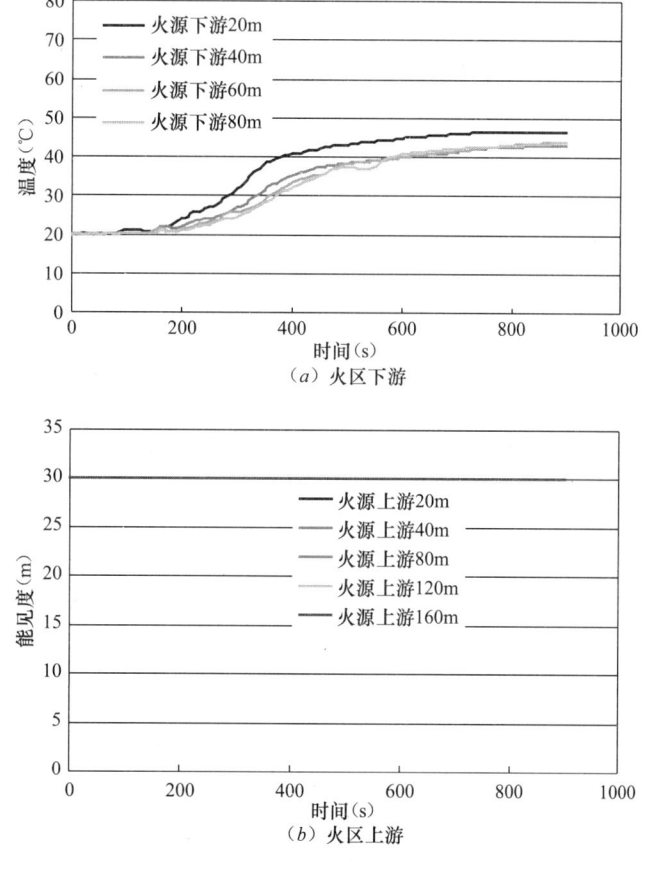

图 5.3.10 不同距离人眼特征高度 1.8m 能见度变化曲线

能见度在300~370s时间内能见度均开始迅速下降,在400s左右,火区下游160m范围内的能见度将至10m以下,因此400s以后火灾发展将严重影响下游人员安全疏散。图5.3.10（b）反映了火区上游人眼特征高度处能见度一直为30m,对火区上游的人员疏散基本上没有影响。

(2) 20MW火灾

1) 烟气蔓延

图5.3.11是隧道发生20MW火灾后100s、400s、600s、800s时隧道烟气蔓延过程。从图中可以看出,当发生20mw功率火灾时,在风速的影响下火灾产生的烟气迅速向火区下游蔓延,在400s后火区下游被烟气充满;由于隧道内风速小于火灾临界风速,烟气向火区上游蔓延。模拟分析表明,烟气在90s时开始向火区上游蔓延,火区上游烟气影响范围在150m左右。

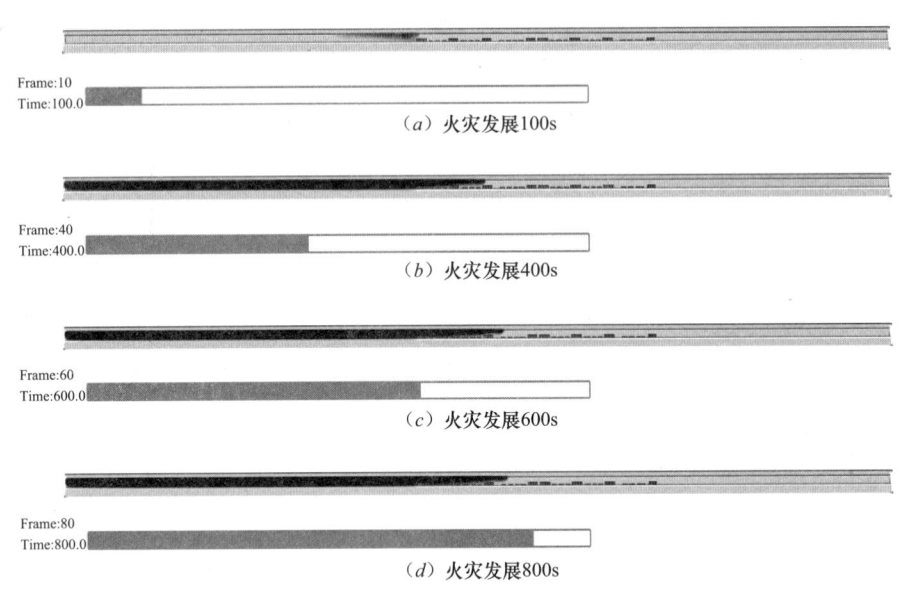

图5.3.11　20MW火灾隧道烟气蔓延图

2) 温度变化

图5.3.12是隧道火灾后100s、300s、500s、700s、900s时隧道温度分布图。20MW火灾时,隧道内温度场分布较5MW火灾时高,由于风速不能阻止烟气逆流,高温烟气将向隧道上、下游两端蔓延,影响人员疏散与防灾救援,但由于烟气在蔓延过程中,将产生传导、对流和辐射热损失,高温烟气将逐渐冷却,使烟气产生的温度影响范围并不大。模拟表明,隧道内火灾温度场对火区下游影响范围为200m左右,对火区上游影响很小。

3) 能见度

图5.3.13是20MW火灾后100s、300s、500s、700s、900s时隧道能见分布图。火灾初期,由于燃烧产生的烟雾较少,隧道内能见度较高,这时便于人员疏散和防灾救援。随着火灾规模的不断扩大,火灾产生的烟雾不断增加,隧道内能见度不断降低,当达到400s时烟雾已弥漫整个下游横通道。

图5.3.14为20MW火灾火源上下游不同距离人眼特征高度1.8m的能见度随时间变化曲线图。从图5.3.14（a）可以看出火区下游局火区20m位置人眼特征高度处的能见度在180s开始下降,在200s左右能见度将至10m以下,严重影响人员疏散与救援。火区下游距火区140m范围内的地方人眼特征高度的能见度在220s左右开始下降,在270s左右各处能见度将至10m以下。图5.3.14（b）说明火区上游局火区20m处人眼特征高度的能见度在400s左右开始下降,随着火灾的发展,其能见度逐渐下降至10m;40m处人眼特征高度的能见度在550s开始下降,距火区60m及更远的位置人眼特征高度的能见度基本没有变化。

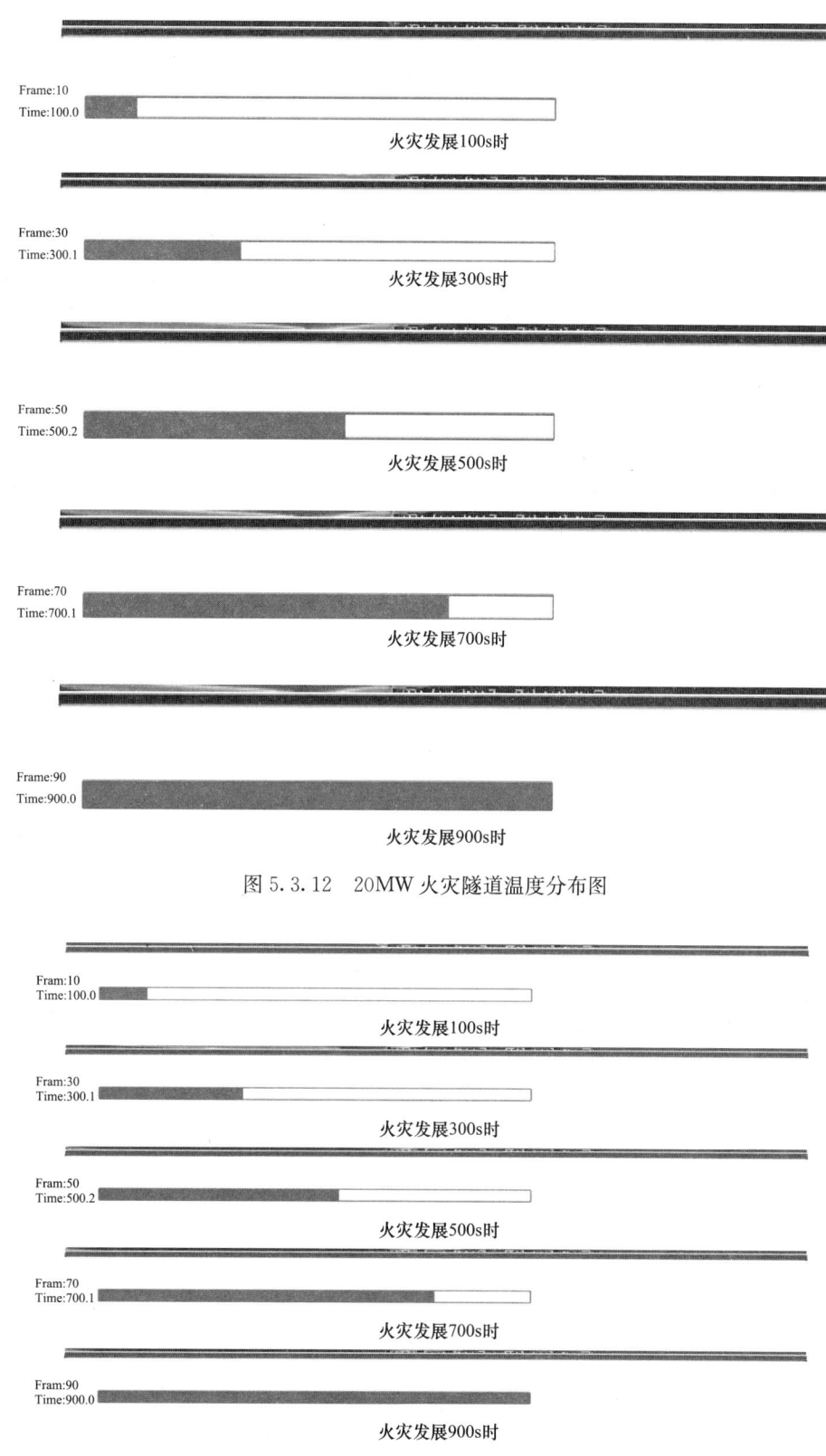

图 5.3.12　20MW 火灾隧道温度分布图

图 5.3.13　20MW 火灾隧道能见度分布图

(3) 50MW 火灾

1) 烟气蔓延

图 5.3.15 是着火后 190s、340s、600s、900s 时隧道烟气蔓延过程。从图中可以看出，汽车着火

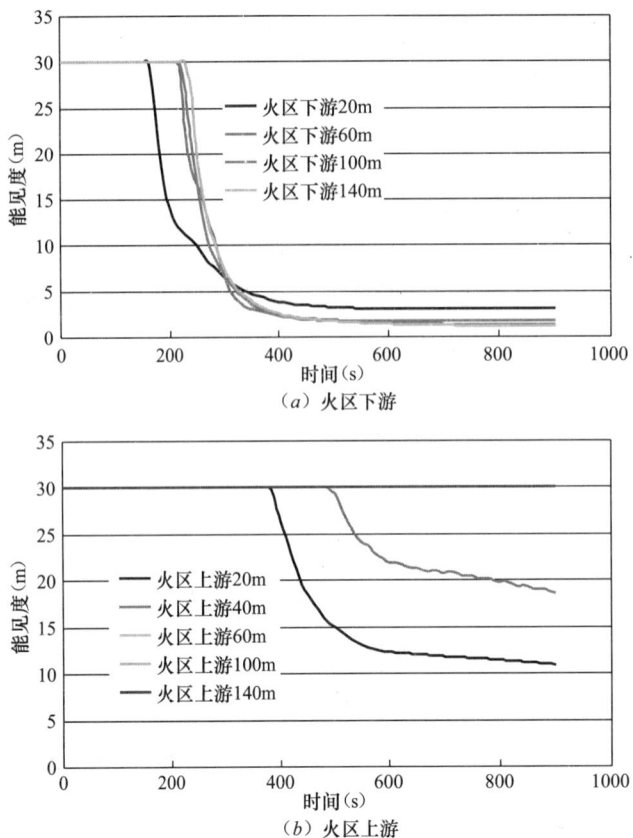

图 5.3.14 不同距离人眼特征高度 1.8m 能见度变化曲线

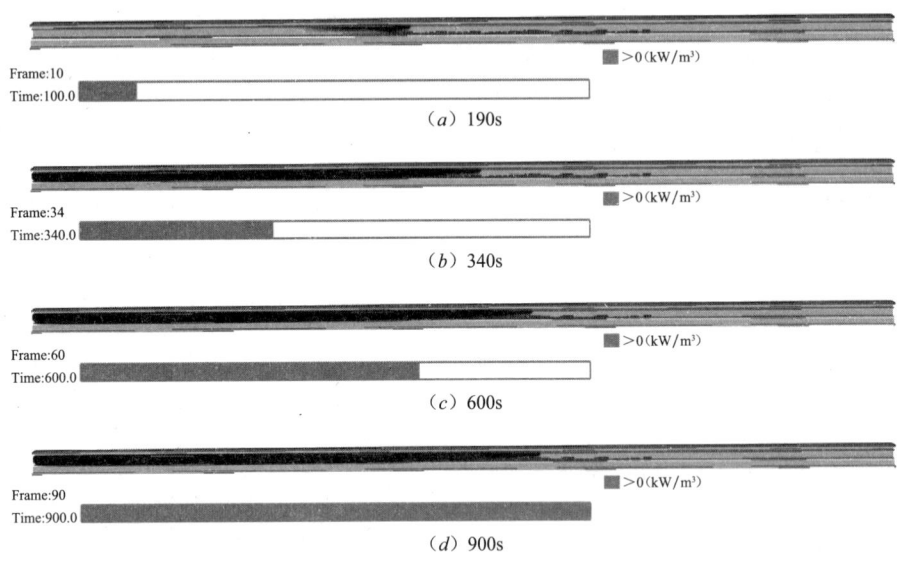

图 5.3.15 50MW 火灾隧道烟气蔓延图

后,由于火源功率大,燃烧速率快,在风速的影响下烟气迅速向火区下游蔓延,在 340s 时火区下游基本上被烟气充满。火区上游因风速未达到临界风速,上游段存在烟气回流,并随着火灾发展,回流长度逐渐增大,并趋于稳定。

2) 温度

图 5.3.16 是隧道火灾发生后 50s、200s、400s、800s 时隧道温度分布图。从图中可以看出,50MW 火

灾与 20MW 火灾时温度场分布规律基本一致，但 50MW 火灾燃烧产生的温度更高，温度的影响范围更远。

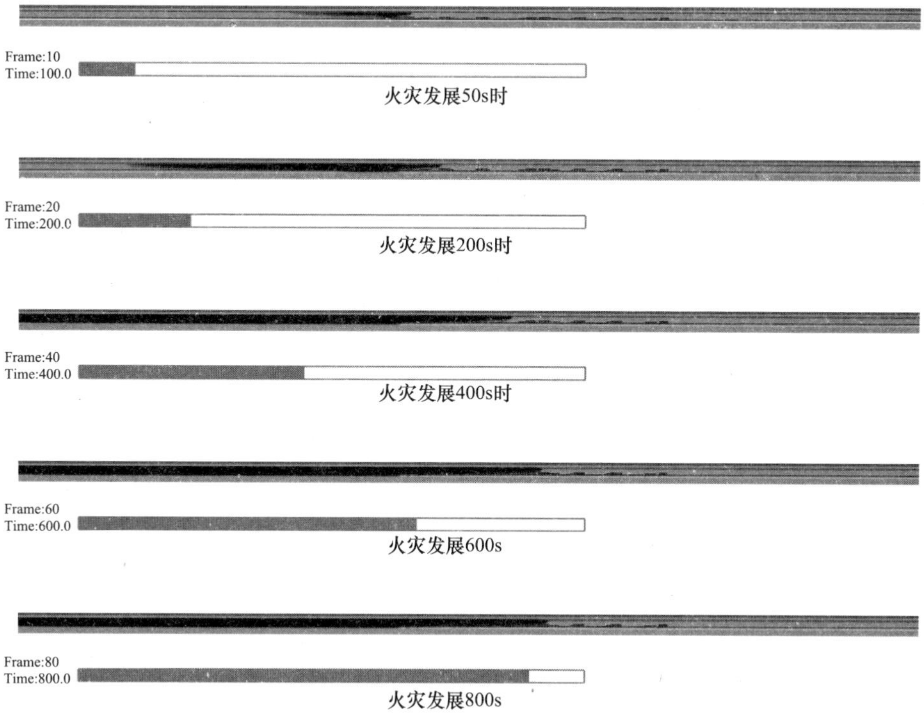

图 5.3.16　50MW 火灾隧道温度分布图

3）能见度

图 5.3.17 是着火后 100s、300s、500s、700s、900s 时隧道能见分布图。隧道内的能见度分布与隧道内的烟气蔓延过程相一致，随着烟气不断向隧道两端蔓延，隧道内的能见度不断降低，人员的逃生能力不断减弱。模拟表明，当火灾 400s 后，火区下游的能见度不足 10m，人员疏散困难。

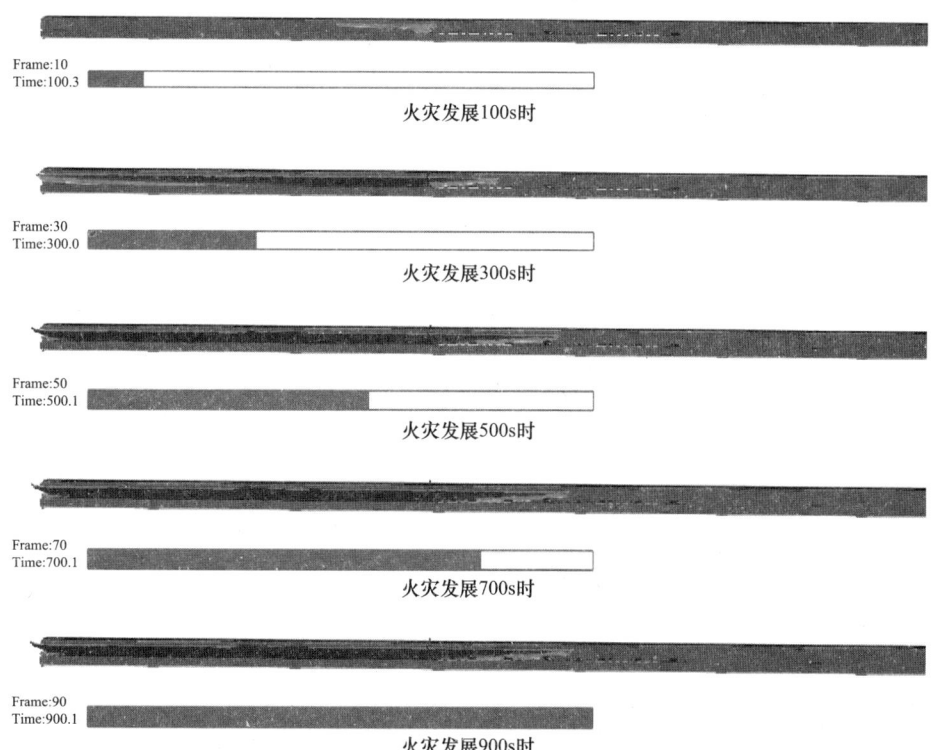

图 5.3.17　50MW 火灾隧道能见度分布图

图 5.3.18 为 50MW 火灾火源上、下游不同距离人眼特征高度能见度随时间变化曲线图。从图 5.3.18（a）可以看出在 200s 左右火区下游 20m 位置人烟特征高度的能见度开始下降，在 310s 左右该处能见度将至 10m 以下，对人员疏散就救援非常不利。随后在很短的时间内，火区下游能见度依次降低，在 400s 左右均将至 10m 以下，对人员疏散及救援非常不利。从图 5.3.18（b）可以看到，火区上游 20m、60m、80m 位置人眼特征高度的能见度分别在 370s、410s、550s 开始降低，并随着火灾规模的不断扩大逐渐降低至 10m 以下，影响人员疏散与救援；火区上游 80m 及更远的位置，能见度则没有变化。

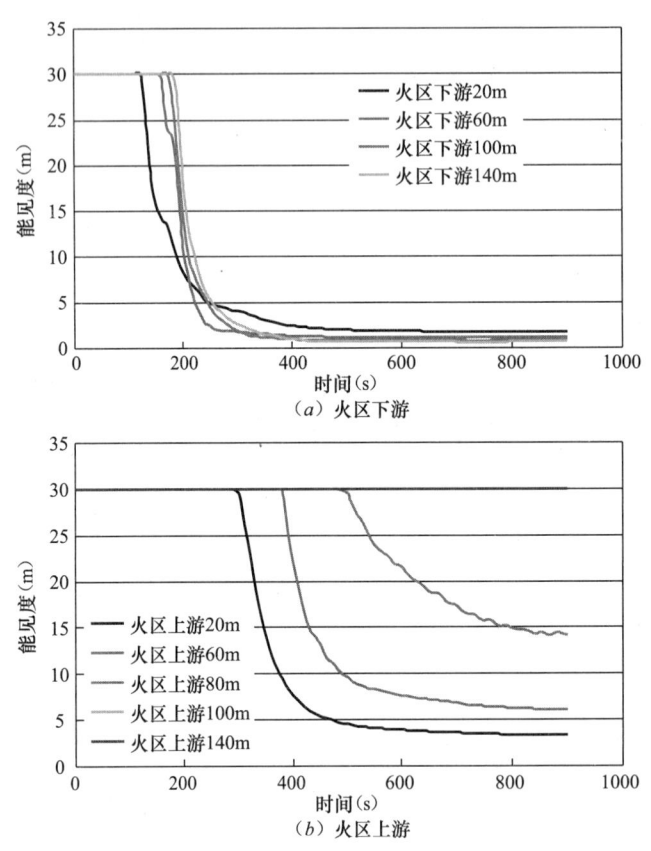

图 5.3.18 50MW 火不同距离人眼特征高度 1.8m 能见度变化曲线

5.3.2.4 小结

本节结合钱江隧道的特点，开展了钱江隧道火灾危险分析，通过建立钱江隧道火灾数值模型，分析了钱江隧道发生不同火灾功率条件下（5MW、20MW、50MW）的烟气蔓延规律，温度场、能见度随时间变化关系，分析了其人员安全疏散时间 ASET，获得钱江隧道火灾时的危险临界时间。

5.3.3 全比例火灾试验验证

针对钱江隧道集中排烟系统的设置优化，本课题在模拟隧道内开展了全比例通风排烟试验，以验证上述优化设置方案。

5.3.3.1 全比例模拟试验隧道

试验隧道按钱江隧道尺寸 1∶1 等比例建造，由隧道主体与辅助风道组成，其中隧道主体长约 100m，内宽 12.7m，内净高 6.7m，为钢筋混凝土结构，壁厚约 650mm，如图 5.3.19 所示。隧道顶部设置排烟风道，约 11m²。烟道底部开设 2 个间距 60m、面积可变（最大 12m²，6m×2m）的排烟口。辅助风道采用钢结构、轻质夹心板搭建，主体段内宽 9.0m，内净高 6.7m。风机房段采用钢筋混凝土结构，净宽 9.0m，高 10.8m。风机房及风道分为上、下两层，上层风机及风道用作排烟，下层风道及风机用于向主隧道内送风，控制隧道内纵向风速。试验风机和隧道顶部排烟设置如图 5.3.20 所示。

图 5.3.19 试验隧道外景、内景

（a）试验风机　　　　　　　　　　　　　（b）隧道顶部排烟道内景

图 5.3.20 试验风机和隧道顶部排烟设置图

5.3.3.2 试验方法

试验采用柴油池火，柴油标号为 0 号。油盘用钢板制成，壁厚 2.5mm，平面尺寸为 1.5m×1.5m，深度为 200mm，沿口焊有宽度为 50mm 的加强边，试验时油层厚度为 30mm，油层底部加入清水作垫层 100mm，以保证盘内油面离沿口的距离为 70mm。根据前期标定试验结果，单个油盘的火灾功率大约为 3.3～4.0MW，其燃烧强度为 1.47～1.78MW/m^2，见图 5.3.21。

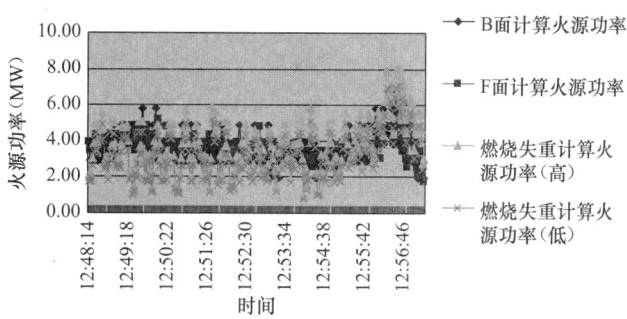

图 5.3.21 油池火源功率随时间的变化

试验选择了四种试验工况，如表5.3.7所示。其中工况1、2代表着钱江隧道设计工况，工况3、4代表着增大排烟口后的优化设置工况。

试验工况表　　　　　　　　　　　　　　　　　　　　　　　　　表5.3.7

工况	设计功率	试验火源	通风风速	排烟风量（两个排烟口）	排烟口大小
1	10MW	3个油池火（6.75m^2）	1.3m/s	130m^3/s	4m×1.25m 火源上、下游各打开一个
2	25MW	6个油池火（13.5m^2）	1.3m/s	130m^3/s	4m×1.25m 火源上、下游各打开一个
3	10MW	3个油池火（6.75m^2）	1.3m/s	130m^3/s	火源上游6m×2m 火源下游4m×2m
4	25MW	6个油池火（13.5m^2）	1.3m/s	130m^3/s	火源上游6m×2m 火源下游4m×2m

试验时，首先打开送风风机，调节隧道纵向风速至1.3m/s，然后打开排烟风机。接着点火并计时。试验过程中通过热点偶测量火灾温度分布的变化，通过高度标尺辨别火灾能见度和烟气层高度。本次试验未考虑通风系统从正常模式向排烟模式的过程。

5.3.3.3　试验结果分析

表5.3.8对试验结果进行了小结，图5.3.22和图5.3.23则分别给出了25MW火灾规模下，不同排烟口大小对应着火灾烟气发展过程。可以看出，在实际排烟过程中，烟气前锋抵达排烟口位置处，总是先倾向于绕过排烟口后流动，而后烟气再被排烟口向回抽，这与模拟过程中的烟气流动趋势一致。对于通长型的排烟口，增加其平行于隧道横向的长度，将减少上述的烟气绕流，从而使得排烟口更快和更有效地发挥排除火灾烟气作用，因此对提高排烟效果和效率有利。试验中采用增大的排烟口，对于小规模火灾（10MW），可用安全疏散时间增加了约80%，对大规模火灾（20MW），可用安全疏散时间增加了约170%，显著提高了人员安全疏散能力。

试验结果小结　　　　　　　　　　　　　　　　　　　　　　　　表5.3.8

工况	设计功率	稳定烟气层高度	烟气层稳定持续时间	烟气到达地面时间
1	10MW	约3.5m	142s	—
2	25MW	约3.0m	45s	53s
3	10MW	约3.5m	258s	—
4	25MW	约3.5m	125s	177s

5.3.3.4　小结

本节通过全尺度隧道排烟对比试验，研究了增大排烟口面积对提高集中排烟系统的排烟效果的影响作用。试验发现，在实际排烟过程中，烟气前锋抵达排烟口位置处，总是先倾向于绕过排烟口后流动，而后烟气再被排烟口向回抽，这与模拟过程中的烟气流动趋势一致。对于通长型的排烟口，增加其平行于隧道横向的长度，将减少上述的烟气绕流，从而使得排烟口更快和更有效地发挥排除火灾烟气作用，因此对提高排烟效果和效率有利。

试验中采用增大的排烟口，对于小规模火灾（10MW），可用安全疏散时间增加了约80%，对大规模火灾（20MW），可用安全疏散时间增加了约170%，显著提高了人员安全疏散能力。

建议扩大钱江隧道排烟口，其长边不宜小于6m，宽度不宜小于1.25m。通过本项优化设置，为钱江隧道在较大规模火灾下（>20MW）有效控制烟气蔓延，为隧道人员安全疏散获得更多的可用安全疏散时间，从而提高隧道安全疏散的保障。

图 5.3.22 排烟口大小为 4m×1.25m 时，25MW 油池火灾排烟试验过程

图 5.3.23　排烟大小为 6m×2m 和 4m×2m 时，25MW 油池火灾排烟试验过程

5.4 立体逃生模式下疏散模拟研究

5.4.1 钱江隧道人员疏散荷载计算

5.4.1.1 人员荷载密度

当隧道发生突发事件（如火灾），将造成隧道车辆堵塞，人员疏散荷载密度应考虑该工况条件下的人员疏散荷载情况。图5.4.1为钱江隧道交通堵塞工况车辆布置示意图。

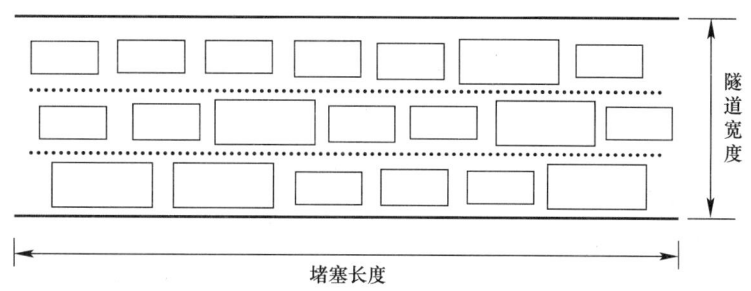

图5.4.1 钱江隧道交通堵塞工况车辆布置

钱江隧道疏散人员荷载密度，应考虑隧道内车型的构成、不同车型的载人数量、车道数和停车间距等因素，钱江隧道疏散人员荷载密度可根据式（5.4.1）计算：

$$P_{\mathrm{L}} = \frac{\kappa \sum_{i=1}^{n} \eta_{\mathrm{n}} p_{\mathrm{n}} \phi_{\mathrm{n}}}{\sum_{i=1}^{n} \eta_{\mathrm{n}} (L_{\mathrm{n}} + m)} \tag{5.4.1}$$

式中 P_{L}——隧道单位长度的人员荷载密度，人数/m；

η——车型的构成比例；

p_{n}——n 类车型的满载人数；

ϕ_{n}——n 类车型的人员载客系数；

L_{n}——n 类车型的车型长度；

κ——车道数；

m——停车间距。

5.4.1.2 人员荷载计算基本参数确定

（1）钱江隧道交通构成

根据钱江隧道交通量预测报告，隧道内车型构成比例见表5.4.1。

隧道内车型比例　　　　表5.4.1

车型	小型货车	中型货车	大型货车	小型客车	大型客车	拖挂车	集装箱车
比例	17.52%	19.94%	6.68%	43.67%	7.02%	2.12%	3.05%

（2）车辆特性统计及参数确定

在隧道发生火灾时，人员疏散速度与人员荷载密度有直接关系。而发生火灾时停于隧道内的各类车型的尺寸以及乘客数量对人员荷载有直接影响。通过对111种不同品牌和车型的小型货车、中型货车、大型货车、小型客车、大型客车、拖挂车、集装箱车等车辆长度和装载人数进行收集和统计，计算了各类车型的平均长度和载客人数，表5.4.2～表5.4.8为不同车型的基本数据。图5.4.2为不同类型车辆长度的统计。

小型货车统计   表 5.4.2

车辆型号	长×宽×高（m）	准乘人数
江淮微卡（HFC1020KR1WS）	4.99×1.742×2.1	2
江淮微卡（HFC1022KR1WS）	4.62×1.742×2.1	2
开瑞微卡（基本型）	4.356×1.603×1.894	2
金杯双排微卡（SY1027ASQ36）	4.775×1.69×2.08	4
解放微卡（CA1020K3E3-3）	4.701×1.89×2.06	2
东风双排微卡（DFA1020D77DE）	4.85×1.77×2.11	4
东风微卡（DFA1020S77DE）	4.85×1.77×2.1	2
吉奥单排微卡	4.33×1.535×1.685	2
哈飞微卡（基本型）	4.054×1.492×1.797	2
五菱微卡（LZW1025LBF）	4.115×1.56×1.84	2
长安双排微卡（SC1026S1）	4.39×1.475×1.87	4
唐骏欧铃（ZB1030ADB7F）	4.48×1.63×1.93	2
解放载货车（CA1041PK2EA81）	5.99×2.1×2.38	2
大运（CGC1047PB33E3）	5.995×2×2.3	2
福田宽体载货车（BJ1049V9JEA-KS1）	5.995×2.15×2.32	2

中型货车统计   表 5.4.3

车辆型号	长×宽×高（m）	准乘人数
福田奥铃 CTX 轻卡（BJ1151VKPFG-S）	8.445×2.27×2.5	3
东风多利卡轻卡（EQ1081TZ12D5）	7.995×2.33×2.55	3
时代领航·御威（BJ1120VHPFG-S）	8.475×2.31×2.45	3
东风凯普特轻卡（EQ5090XXYG12D6AC）	8.35×2.35×3.45	3
庆铃轻型（QL5150XWQFRJ）	9.6×2.485×3.67	3
解放金铃轻卡（CA5080XXYK35L6）	8.485×2.445×3.52	3
江淮威铃轻卡（HFC1120KR1）	8.35×2.27×2.42	3
依维柯跃进超利卡（NJ1080）	7.995×2.3×2.49	3
东风凯普特轻卡（EQ5150CCQL12DFAC）	8.35×2.33×3.45	3
金杯金骐轻卡（SY5093XXYBC-AA）	7.99×2.3×3.32	3

大型货车统计   表 5.4.4

车辆型号	长×宽×高（m）	准乘人数
解放 J6M 重卡（CA1310P63K1L6T4E）	11.98×2.495×3.53	3
东风天锦中卡（DFL1160BW）	11×2.5×1.84	3
解放悍威（J5M）重卡（CA5240CLXYP4K2L11T4）	12×2.5×4	3
北奔重卡	12×2.5×3.5	3
东风天锦中卡（DFL1160BW）	11×2.5×1.84	3
奔驰 Axor	9.755×2.5×2.937	2
长安重汽（SXQ1252G）	11×2.5×3	3
沃尔沃 FM 重卡（JHW1310F39A6）	10.5×2.5×3.028	3
东风柳汽霸龙 507 重卡（LZ1244PEL）	11.995×2.495×3.64	3
华菱重卡 260 马力（HN1200P29E8M3）	11.98×2.5×3.64	3

小型客车统计　　　　　　　　　　　　　　　　　　　　　　表 5.4.5

车　种	车辆品牌×型号	长×宽×高（m）	额定载客（人）
小客车	金旅牌 XML6532EA3 小型客车	5.28×1.7×2.066，2.24，1.98	5-9
	威麟牌 SQR6491 小型客车	4.87×1.92×2.13	10-12
	依维柯 NJ6556DA6S 小型客车	5.49×2×2.19，2.54，2.79	5-9
	东南牌 DN6492L3B 小型客车	4.945×1.695×1.97	11
	金杯牌 SY6543N3 小型客车	5.4，5.35×1.69×2.225	10-14
小型两厢轿车	夏利	（3.6-4）×（1.5-1.7）×（1.3-1.5）	5
小型三厢轿车	丰田	（4.1-4.4）×（1.3-1.5）×（2.3-2.6）	5
中型轿车	捷达	（4.3-4.7）×（1.7-1.8）×（1.3-1.5）	5
中大型轿车	日产	（4.6-4.9）×（1.7-1.9）×（1.3-1.6）	5
大型轿车	奔驰	（4.8-5.2）×（1.8-2）×（1.4-1.6）	5
中型越野车	三菱	（4.5-4.9）×（1.7-2）×（1.7-2）	5

大型客车车辆类型统计　　　　　　　　　　　　　　　　　　表 5.4.6

客车品牌	车辆型号	长×宽×高（m）	标配座位（座）
亚星客车	YZL6901TA	6.99×2.05×2.63	21+1
	JS690TA 悍马	8.345×2.46×3.18	42+1（中级）
	YBL6856HE3 百灵	8.545×2.45×3.27	33+1+1
宇通客车	ZK6117HC	11.495×2.55×3.6	65
	ZK6127HA	12×2.55×3.6	25-55
	ZK6899H	8.945×2.48×3.33	24-41
海格客车	KLQ6128G	12×2.55×3.15	31-40
	KLQ6850G	8540×2440×2900（3050）	21-30
金龙客车	XMQ6110C	10.6×2.5×3.3	24-60
	XMQ6129Y5	12×2.55×3.88（3.94）	53+1+1
青年客车	JNP6790T	7.995×2.45×3.35	24-33、31+1+1
	JNP6120s	12×2.55×4	27-50 或 51-58
中通客车	LCK6858H	8.54×2.45×3.33	24-39
	LCK6129HA-1	11.99×2.55×3.83	24-53
恒通客车	CKZ6127HBEV	12×2.55×3.26，3.385	80，72
	CKZ6146N4	13.67×2.5×3.06	39+1

拖挂车统计　　　　　　　　　　　　　　　　　　　　　　　表 5.4.7

车辆型号	长×宽×高（m）	准乘人数
程力威平板式挂车（CLW9400）	12.9×2.3×0.6	2
中集油罐式半挂车（CLY9406GRYC）	12×2.5×3.9	2
通亚油罐式半挂车（STY9400GSN）	13×2.5×3.95	2
中通粉粒物料运输式半挂车（ZTQ9400GFL100V）	10×2.5×3.97	2
中集粉粒物料运输式半挂车（ZJV9400GFLRJA）	10.75×2.5×3.995	2
中集挂车（ZJV9351JP）	12.25×2.49×1.49	2
华宇半挂车（LHY9400P）	12.4×2.48×1.58	2
中集半挂车（ZJV9403TD）	14.38×3×1.92	2
通亚低平板式挂车（STY9380TDP）	12.6×3×3.1	2
陆锋自卸式半挂车（LST9401TZX）	13×2.5×3.3	2
中集自卸式半挂车（ZJV9400ZZXDY）	13×2.5×3	2
中集栏板式半挂车（THT9382）	13×2.495×2.72	2
中集仓栅式半挂车（ZCZ9402CLXHJA）	13×2.5×3.95	2

集装箱车车辆类型统计		表5.4.8
车辆型号	长×宽×高（m）	准乘人数
中集集装箱式半挂车（THT9372TJZ）	16.465×2.48×1.725	2
中集集装箱式半挂车（ZJV9400TJZYK）	14.03×2.48×1.725	2
中集翼开启厢式半挂车（THT9271XYK）	12.98×2.545×3.98	2
恩信集装箱式半挂车（HEX9400XXYE）	16.45×2.48×1.8	2
中通集装箱式半挂车（ZTQ9400TJP）	12.3×2.48×1.54	2
万事达集装箱式半挂车（SDW9380TJZG）	14.92×2.5×1.81	2
华宇集装箱式半挂车（LHY9380TJZ）	16.46×2.48×1.75	2
华宇厢式半挂车（LHY9407XXY）	14.6×2.55×3.83	2
楚飞集装箱式半挂车（CLQ9380TJZ）	12.45×2.48×1.62	2
泰聘集装箱式半挂车（LHT9380TJZG）	14.98×2.5×1.7	2
通亚集装箱式半挂车（STY9280TJZG）	18.2×2.5×1.47	2
新科集装箱式半挂车（LXK9300TJZP）	14×2.5×1.6	2
楚胜厢式半挂车（CSC9401XXYE）	14.6×2.55×3.95	2

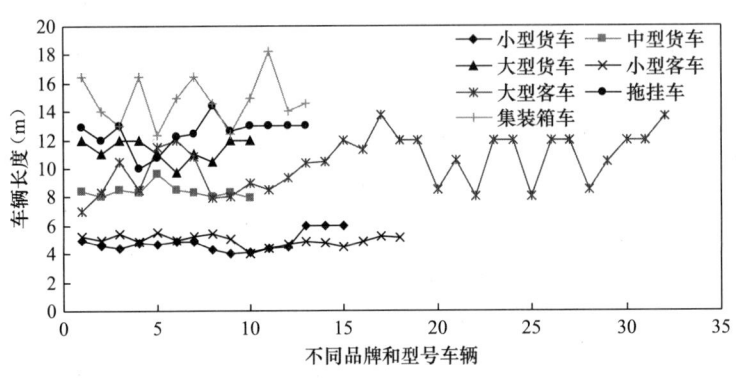

图5.4.2 不同类型车辆长度统计

5.4.1.3 钱江隧道人员荷载计算

根据钱江隧道交通量预测报告和上述统计数据，确定了钱江隧道人员荷载密度计算的基本参数表，如表5.4.9所示，同时车道数取3，平均停车间距取1m、1.5m、2m、3m、4m。车辆的载客系数ϕ考虑0.3～1.0八种工况计算。

汇总的计算参数表							表5.4.9
车型	小型货车	中型货车	大型货车	小型客车	大型客车	拖挂车	集装箱车
比例	17.52%	19.94%	6.68%	43.67%	7.02%	2.12%	3.05%
平均长度（m）	5	8	11	5	11	12	15
人数	2	3	3	5	45	2	2

经计算不同载客系数、不同停车间距的人员荷载密度不同，人员荷载密度如表5.4.10。

不同载客系数、不同停车间距的人员荷载密度									表5.4.10
	载客系数	0.3	0.4	0.5	0.6	0.7	0.8	0.9	1
	停车间距1.0m	0.754	1.006	1.257	1.508	1.76	2.011	2.263	2.514
	停车间距1.5m	0.709	0.946	1.182	1.418	1.654	1.89	2.128	2.363
P_L（人数/m）	停车间距2.0m	0.669	0.892	1.115	1.338	1.562	1.784	2.008	2.231
	停车间距3.0m	0.601	0.802	1.002	1.203	1.403	1.604	1.804	2.005
	停车间距4.0m	0.546	0.728	0.91	1.092	1.274	1.456	1.638	1.821

依据上表整理制图可得到不同载客系数、不同停车间距的人员荷载密度关系图，如图5.4.3所示。则由图中曲线的变化趋势可以看出：当停车间距一定时，载客系数越大，人员荷载密度越大，并呈线性关系；当载客系数一定时，停车间距越大，人员荷载密度越小，并且载客系数越大，人员荷载密度相差越大。所以在FDS+EVAC模拟中，根据实地考察，折中取停车间距为1.5m，载客系数分别考虑0.6、0.8、1.0，对应的人员荷载密度分别为1.418人/m、1.890人/m、2.363人/m。

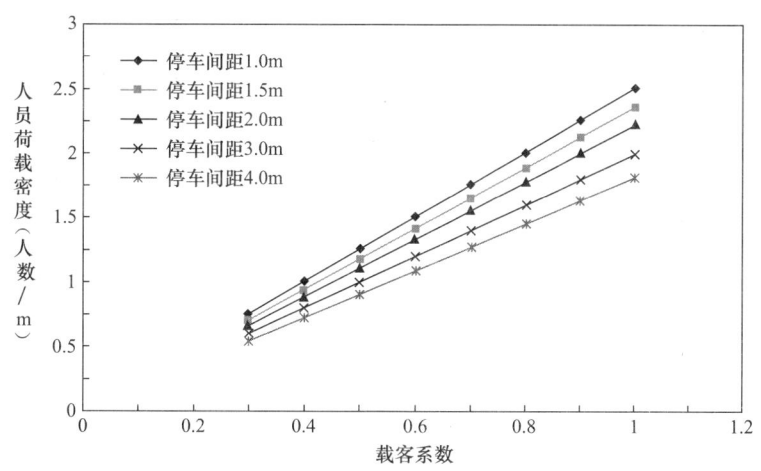

图5.4.3　不同载客系数、不同停车间距的人员荷载密度关系图

5.4.2　钱江隧道人员疏散时间经验公式计算

当隧道发生火灾事故时，隧道内的车辆和人员距离疏散口的位置呈现随机分布。为分析钱江隧道火灾时人员的最长可能逃离时间，火灾场景为：一大型客车发生火灾，车上人数为45人，客车车身长11m，火灾位置为某一疏散滑梯口处，该疏散滑梯设置为不可用状态。疏散滑梯间距为D，火源上游第一个疏散口需疏散1.5倍D长度范围内的人员，如图5.4.4所示。

人员必需安全疏散时间（RSET）是从火灾发生到建筑内某区域人员疏散到安全地点所用的时间。人员必需安全疏散时间按火灾报警时间、人员的疏散预动时间和人员从开始疏散到到达安全地点的行动时间之和。

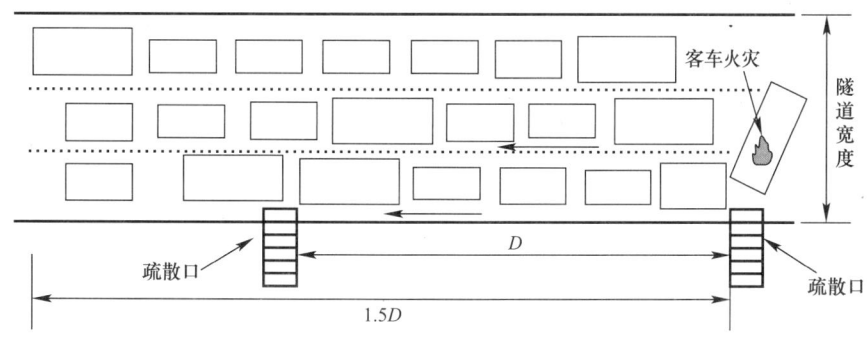

图5.4.4　钱江隧道客车火灾事故场景

（1）火灾报警时间和预动作时间

当隧道内客车发生火灾时，车上人员一般很快发现火灾并疏散，火灾报警时间和预动作时间，可忽略。如果火灾发生在其他车上，人员发现并确认火灾的时间则相对较长，其时间与火灾报警时间、人员的意识和行为状态等条件有关，并呈现一定的随机性。水下隧道的火灾报警系统一般设置有线性光纤感温火灾探测器和点型感温探测器，火灾报警时间和预动作时间设置为60～180s不等，考虑火灾报警时间和预动作时间为60s。

(2) 逃离时间

客车发生火灾，车内人员密集，人员行车比较困难，研究表明，人员在车内的疏散速度约为0.2~0.4m/s，取不利的疏散速度0.2m/s。本次客车长度为11m，最后排座位人员的撤离距离取为10m，则行动最慢的人员从车尾到达前车门的疏散时间为 $t_2=10/0.2=50s$。

受年龄、性别、身体状况以及周围人员行为的影响，火灾中的人员疏散速度存在一定的差异。为了研究问题的方便，将隧道内的人群视为人流处理，认为人流具有一定的密度、速度及流量，而不单独考虑人流内各个人员的具体特征。隧道内的人员行车速度一般在1.0~1.5m/s范围取值，本次取1.0m/s。

火灾时，隧道内随机分布的人员将从不同位置涌向疏散口处，由于疏散滑梯宽度小，通过能力有限，人员将大量聚积到滑梯口，并发生"拥塞"，这时人员的逃离时间主要取决于疏散口的通过能力，本次考虑疏散滑梯的通过能力为20人/min、40人/min、60人/min。

因此，隧道内逃离时间取值应该为：当距离最远处人员通过疏散滑梯时间大于隧道内全体人员通过疏散滑梯的时间，取人员到达疏散口时间加该部分人通过疏散滑梯的时间；反之，取火灾报警时间、预动作时间与隧道内全体人员通过疏散滑梯时间之和。

图5.4.5为钱江隧道车辆满载条件下不同滑梯间距和通过能力条件下的人员疏散时间，其中虚线为大客车人员从距离滑梯口最远处疏散所需的时间，实线为1.5倍滑梯间距范围内全体人员通过滑梯的疏散时间。如图5.4.5所示，不同滑梯通过能力条件下，疏散1.5倍滑梯间距范围内的全体人员时间远大于客车人员从距离最远处疏散通过滑梯的时间，表明水下隧道采用滑梯疏散，人员将在滑梯口积聚，排队等待疏散；同时提高滑梯的通过能力，将大幅提高人员的疏散时间；当减少疏散滑梯间距时，人员必需疏散时间减小，但减小幅度相对较小。

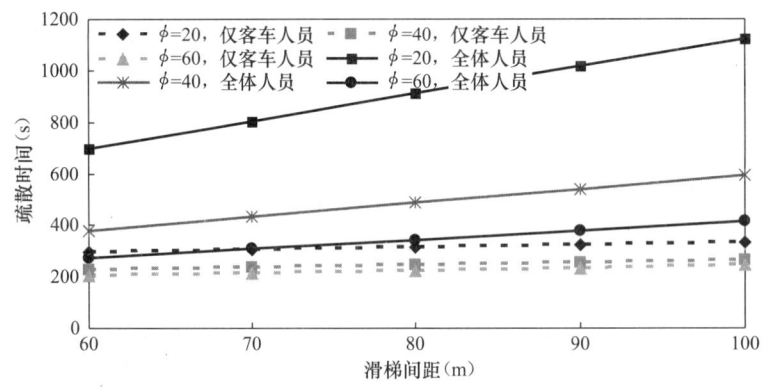

图5.4.5 车辆满载条件下的不同滑梯间距和通过能力下的疏散时间

5.4.3 钱江隧道人员疏散模拟

5.4.3.1 火灾模拟疏散软件 FDS+EVAC

FDS+EVAC软件是在火灾动力学模拟软件FDS上加上人员疏散的部分EVAC。FDS+EVAC使用机械运动的规律来跟踪人群在运算期间的轨迹。

FDS+EVAC视人员的疏散为三个有弹性的圆在二维平面上的运动。人员的椭圆形的身体被看做近似的三个相互重叠的圆，见图5.4.6，类似simulex，以及MASSEgress软件里的设置，参见图5.4.7。FDS+EVAC中人体的默认尺度以及各类型的人的自由步行速度见表5.4.11，每个人的身体直径，宽度与步行速度是一个均匀分布的随机数，这与simulex软件里身体直径和运动速度的分布是采取相同的方法来给成年男性、成年女性、儿童、老人分配。同时人体的身体参数可结合具体情况进行相应的设置。

火灾过程中，火灾本身会明显地影响人员疏散行动，它能够让人在这种环境中丧失应有的逃生能力，而且可能会堵塞疏散者的逃生路线。目前，在FDS+EVAC算法中已经考虑了烟气对人员移动速度的影响以及烟气毒性的影响：

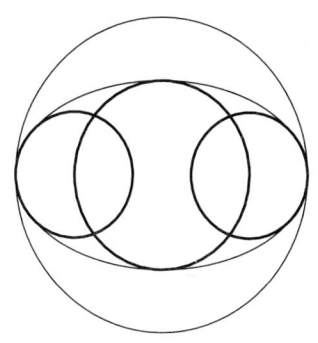

图 5.4.6 人体形状近似于三个相互重叠的圆

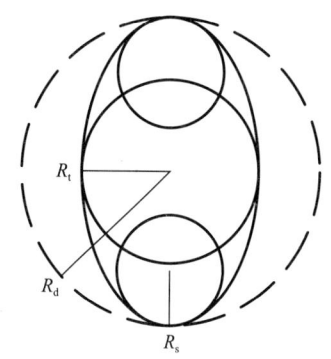

图 5.4.7 肩膀的圆周偏移值

FDS+EVAC 里的自由步行速度和身体尺寸　　　　　　　　　表 5.4.11

身体类型	R_d (m)	R_t/R_d	R_s/R_d	d_s/R_d	速度 (m/s)
成人	0.255±0.035	0.5882	0.3725	0.6275	1.25±0.30
男性	0.270±0.020	0.5926	0.3704	0.6296	1.35±0.20
女性	0.240±0.020	0.5833	0.3750	0.6250	1.15±0.20
小孩	0.210±0.015	0.5714	0.3333	0.6667	0.90±0.30
老人	0.250±0.020	0.6000	0.3600	0.6400	0.80±0.30

① 火灾会改变人员疏散路线，部分人员为了躲避火源，必须改变原有的撤离路线，而去选择向其他相对安全的出口移动，而不是选择最近的路线；

② 火灾会延长人员疏散时间，在火灾情况下，火灾不但会使一部分人的疏散路线变长，还有可能降低一些靠近火源的疏散出口的利用率，这样就会使其他疏散出口出现拥堵，同时疏散逆流还可能堵塞通道，从而降低人员的移动速度。

5.4.3.2 疏散滑梯通过能力模拟

(1) 模型建立及工况设定

1) 模型建立

钱江隧道每隔一定间距考虑设置纵向疏散滑梯。一旦发生火灾，隧道中的人主要通过疏散滑梯进行疏散，所以在此针对滑梯的通过能力进行模拟研究。

利用 FDS+EVAC 建立人员疏散模型的步骤包括：建立结构模型、设置疏散模型（疏散区域、疏散出口、疏散流场），设置人员初始位置（初始人数、人员类型、人员初始位置），如图 5.4.8 所示。本次模拟只进行单个疏散滑梯的通过能力模拟，组合疏散在后面进一步开展分析，模型设置为 120m，场景如图 5.4.9 所示。

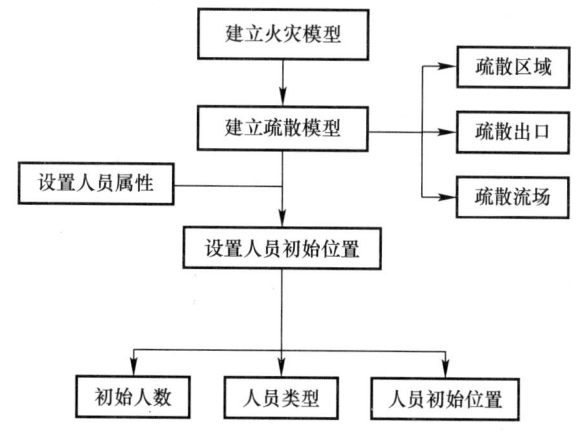

图 5.4.8 FDS+EVAC 人员疏散模型的建模流程

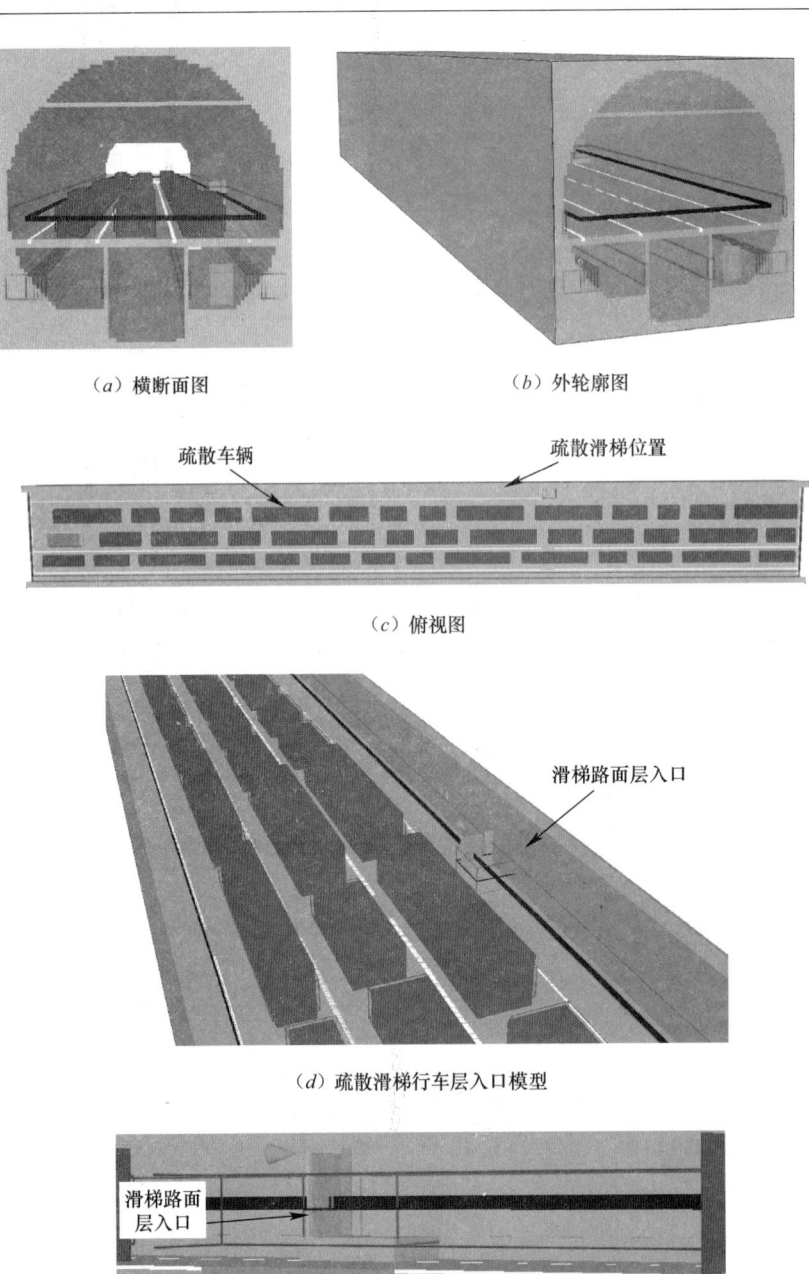

图 5.4.9 疏散滑梯模型

2)工况设置

在进行单个疏散滑梯通过能力模拟研究时,分别考虑不同的人员荷载密度 0.6、0.8、1.0,不同滑梯通过能力 10 人/min、20 人/min、30 人/min 时的人员疏散行为和疏散时间。设定工况如表 5.4.12 所示。

滑梯疏散工况设置　　　　　表 5.4.12

工　况	一	二	三	四	五	六	七	八	九
载客系数	0.6	0.6	0.6	0.8	0.8	0.8	1.0	1.0	1.0
通过能力（人/min）	10	20	30	10	20	30	10	20	30

(2) 滑梯疏散过程模拟

本次疏散模拟的场景是火灾发生在某一疏散滑梯口，该疏散滑梯无法使用，相邻的疏散滑梯承担了两疏散口间 80m 隧道段的疏散以及另一方向 40m 隧道段的人员疏散。在疏散开始后，司乘人员感知火灾发生后，离开车辆，并朝所模拟的疏散滑梯迅速移动。隧道发生火灾时，由于人员较多，在疏散口处很容易发生拥挤现象，出现疏散瓶颈。在疏散过程中，人的行走时间较短，致使各个疏散口的 RSET 较大的原因主要是在疏散口发生拥挤现象，人员在疏散口的等待时间较长。

现以载客系数为 0.8、疏散滑梯通过能力为 20 人/min 为例，模拟分析钱江隧道人员通过滑梯进行疏散的过程概况。在火灾发生前，人员随机分布在隧道中，如图 5.4.10 所示。

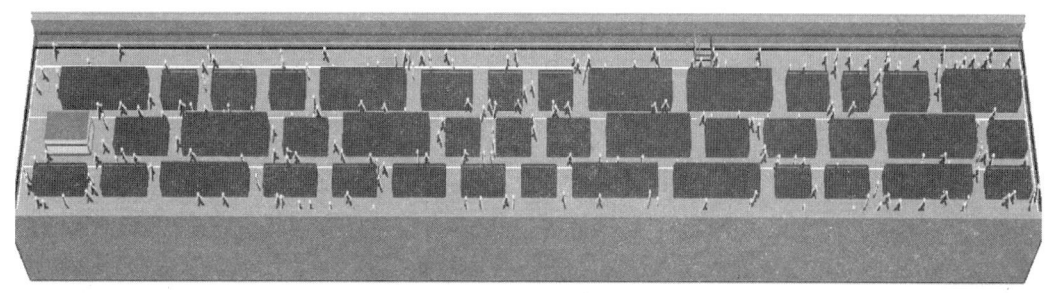

图 5.4.10　人员随机分布在隧道内

当隧道发生火灾后，司乘人员一般会经历一定的预响应时间，即察觉时间和响应时间，确认火灾后，司乘人员开展疏散移动。当疏散开展 35s 左右，在疏散出口则发生拥堵现象，随着时间的增加，拥堵现象越发明显，如图 5.4.11 所示。

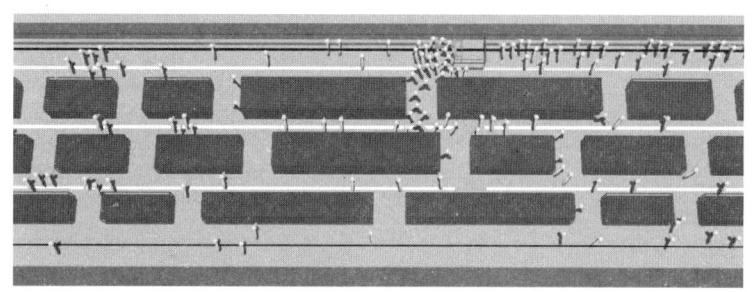

(a) 俯视图

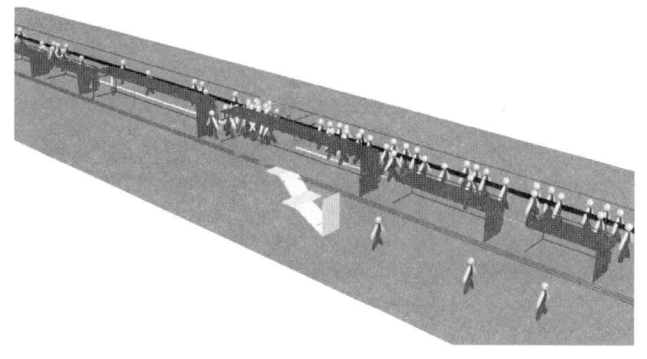

(b) 剖视图

图 5.4.11　当 $t=35s$ 时，疏散滑梯处出现轻微拥堵

通过观察不同时间疏散滑梯处的堵塞现象，见图 5.4.12、图 5.4.13，可以明显地看出，拥堵在疏散滑梯入口处的人员位置形状呈椭圆形，并随着时间的推移，该椭圆以疏散滑梯入口为基准，越变越小。这种现象也是由疏散滑梯入口的方向所决定的，被疏散人员看见疏散出口时，都朝出口进行移动，最终拥挤在疏散出口正对的方向，形成椭圆形状。

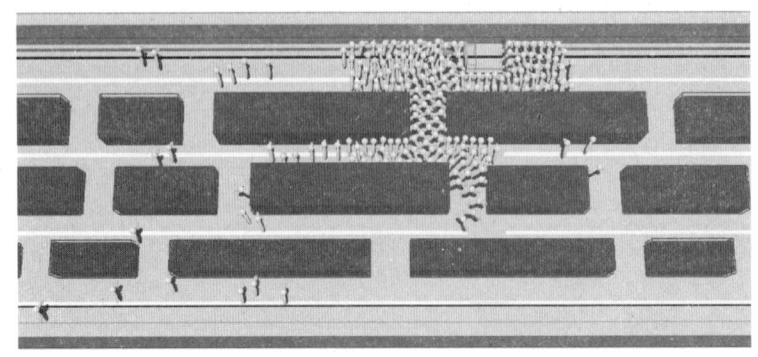

图 5.4.12　当 $t=80s$ 时，疏散滑梯处的疏散

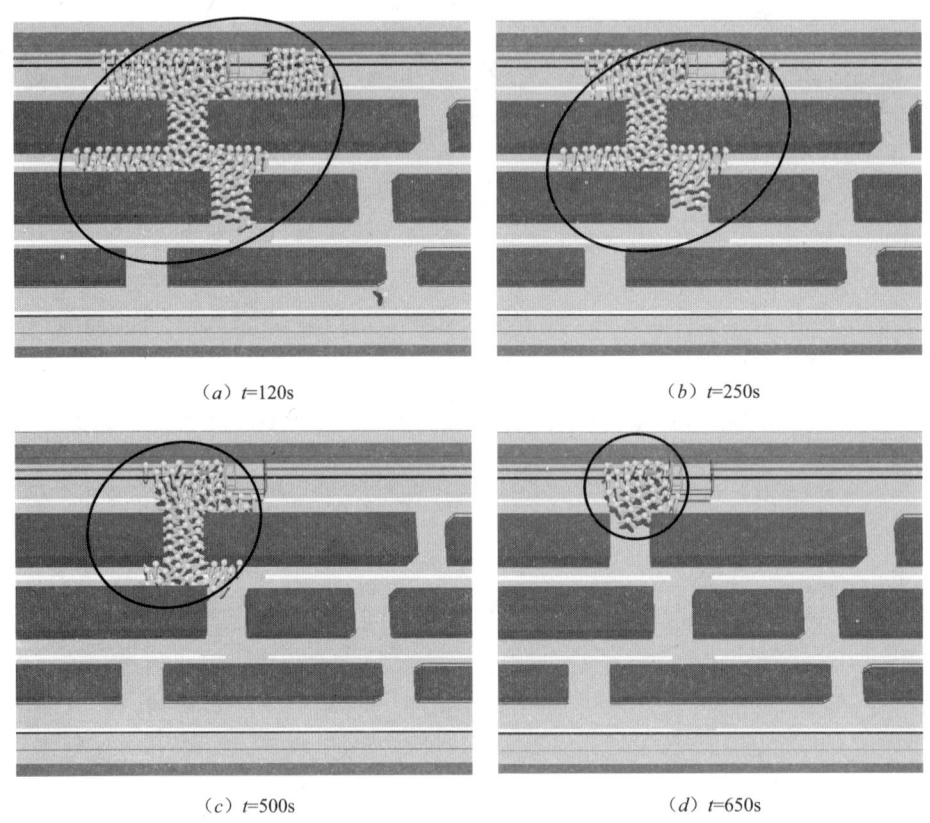

图 5.4.13　疏散滑梯堵塞的椭圆现象

在火灾进行到 780s 时，疏散滑梯处已无拥堵现象，所有人员均通过疏散滑梯进行疏散，如图 5.4.14 所示。

（3）不同工况下滑梯疏散模拟结果

在单个疏散滑梯模拟研究中，对前面拟定的 9 种工况进行模拟，并针对相应数据绘制成图，结合疏散基本理论分析如下：

1）工况 1：载客系数 0.6、滑梯通过能力 10 人/min。

图 5.4.15 为工况 1 时的人员通过能力。如图所示，随着越来越多的人朝向疏散楼梯移动，趋向滑

梯的人数逐渐增多。在 $t=50s$ 时，趋向滑梯人数达到峰值，说明在此时，疏散滑梯口处已出现严重堵塞现象，必需安全疏散时间主要由疏散的堵塞时间所决定，必需安全疏散时间为1074s。

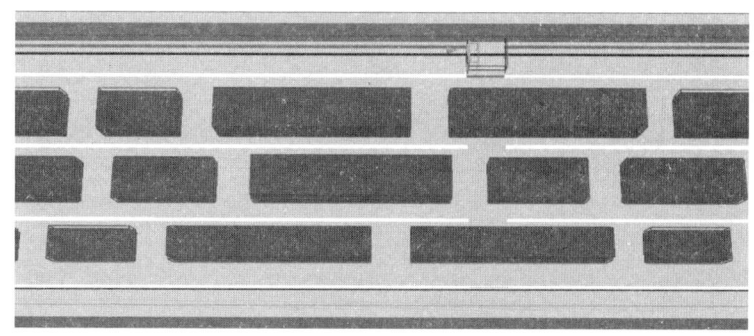

图 5.4.14　当 $t=780s$ 时，疏散滑梯的疏散完毕情况

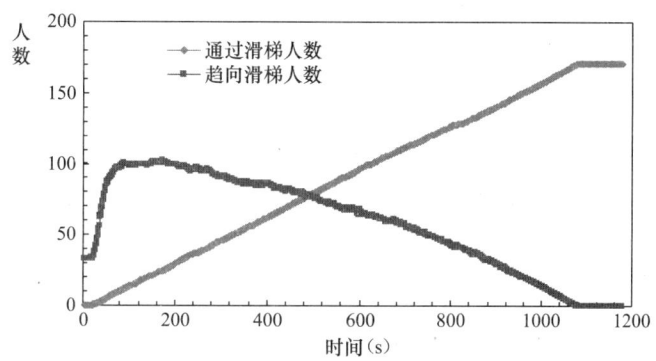

图 5.4.15　工况 1 滑梯疏散人数变化

2) 工况 2：载客系数 0.6、滑梯通过能力 20 人/min。

工况 2 与工况 1 载客系数和隧道物理尺寸一致，所以，趋向滑梯人数的变化趋势与工况 1 中相同，也是先增大、后逐渐减小的趋势。该工况，在 $t=577s$ 时，通过滑梯疏散人数达到最大值 171 人，必需安全疏散时间为 577s，如图 5.4.16 所示。

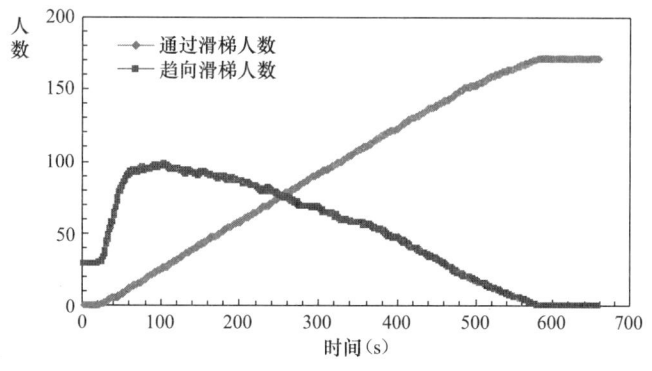

图 5.4.16　工况 2 滑梯疏散人数变化

3) 工况 3：载客系数 0.6、滑梯通过能力 30 人/min。

工况 3 在 $t=397s$ 时，通过滑梯疏散人数达到最大值 171 人，必需安全疏散时间为 397s，见图 5.4.17。

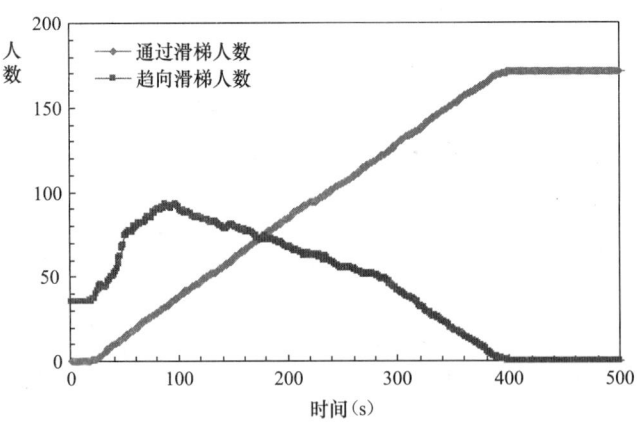

图 5.4.17　工况 3 滑梯疏散人数变化

4）工况 4：载客系数 0.8、滑梯通过能力 10 人/min。

增大载客系数为 0.8，则隧道内的人数变多，堵塞现象更为明显，堵塞时间更长。趋向滑梯人数也是先增后减的趋势，由于人数更多，后面逐渐减少的时间更长，相应的必需安全疏散时间更长。在 $t=$ 1507s 时，通过滑梯疏散人数达到最大值 227 人，必需安全疏散时间为 1507s，如图 5.4.18。

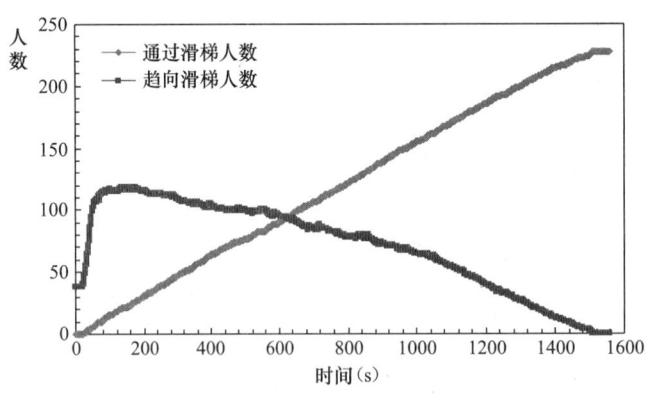

图 5.4.18　工况 4 滑梯疏散人数变化

5）工况 5：载客系数 0.8、滑梯通过能力 20 人/min。

增大滑梯通过能力为 20 人/min，则滑梯疏散速度显著提高，由图 5.4.19 中通过滑梯人数曲线的斜率便可看出。该工况，$t=768$s 时，通过滑梯疏散人数达到最大值 227 人，必需安全疏散时间为 768s，见图 5.4.19。

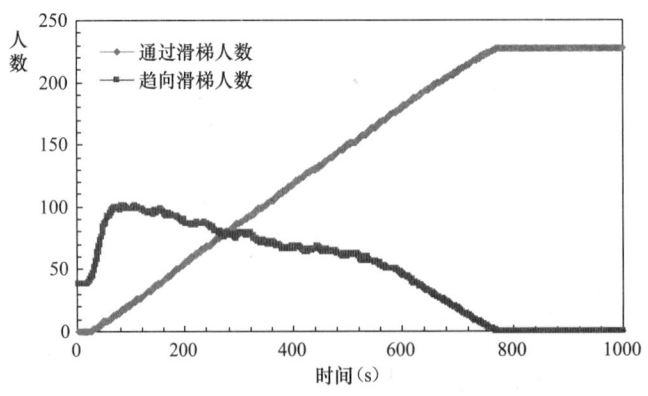

图 5.4.19　工况 5 滑梯疏散人数变化

6) 工况 6：载客系数 0.8、滑梯通过能力 30 人/min。

该工况，必需安全疏散时间为 512s，如图 5.4.20 所示。

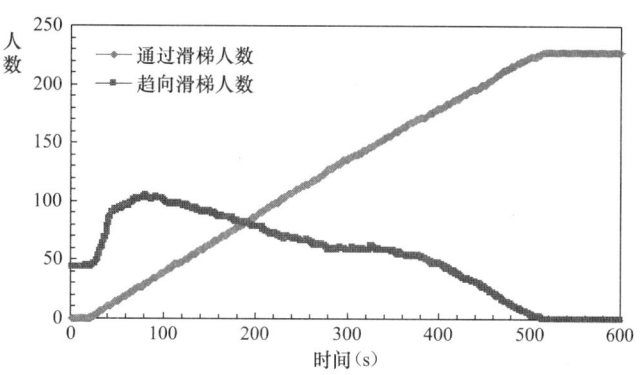

图 5.4.20　工况 6 滑梯疏散人数变化

7) 工况 7：载客系数 1.0、滑梯通过能力 10 人/min。

该工况，必需安全疏散时间为 1874s，如图 5.4.21 所示。

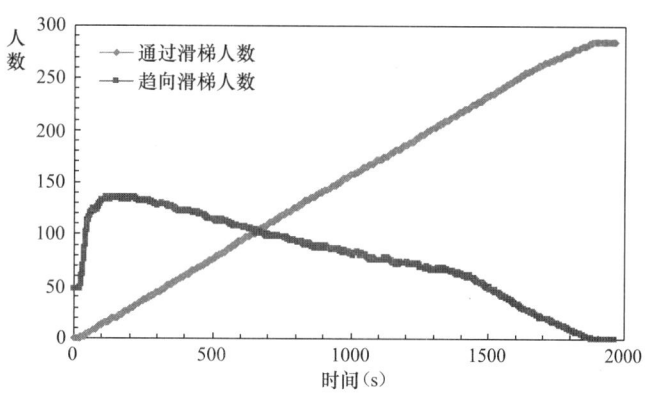

图 5.4.21　工况 7 滑梯疏散人数变化

8) 工况 8：载客系数 1.0、滑梯通过能力 20 人/min。

该工况，必需安全疏散时间为 956s，如图 5.4.22 所示。

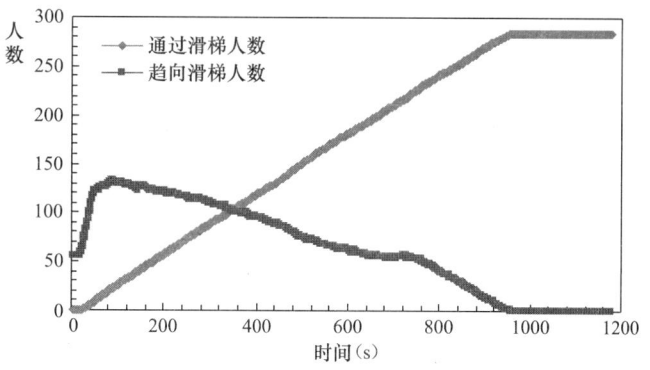

图 5.4.22　工况 8 滑梯疏散人数变化

9) 工况 9：载客系数 1.0、滑梯通过能力 30 人/min。

该工况，必需安全疏散时间为 630s，见图 5.4.23。

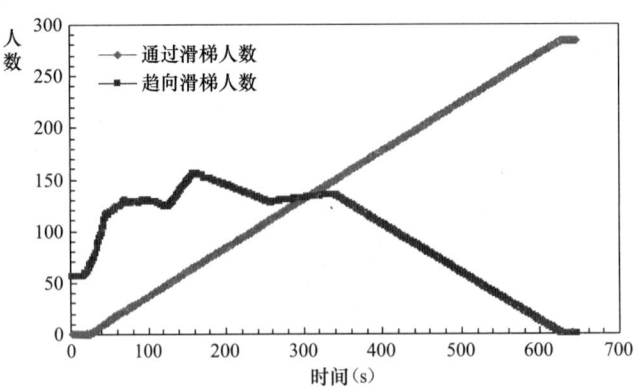

图 5.4.23 工况 9 滑梯疏散人数变化

根据上述 9 种工况模拟结果,各种工况下单个疏散滑梯的必需安全疏散时间如表 5.4.13 所示。

不同工况下,单个疏散滑梯的必需安全疏散时间　　　　　　　表 5.4.13

	载客系数	0.6	0.8	1
疏散滑梯通过能力(人/min)	10	1074	1507	1874
	20	577	768	956
	30	397	512	630

由图 5.4.24 可明显看出,当滑梯的通过能力相同时,增大载客系数,人员疏散的必需安全疏散时间(RSET)也明显变大,且 RSET 基本上与载客系数呈线性关系。

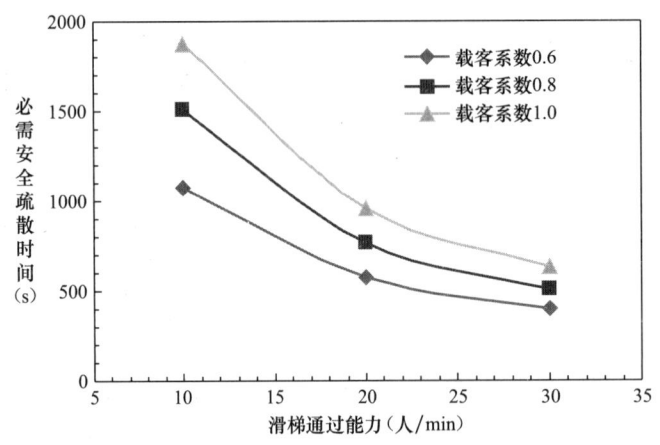

图 5.4.24　滑梯通过能力相同时,载客系数对 RSET 的影响

由图 5.4.25 可知,当隧道内的载客系数相同时,增大滑梯的通过能力,人员疏散的必需安全疏散时间(RSET)明显减小。另外,当滑梯的通过能力很小时,适当的增大滑梯的通过能力,能更大幅度的减少必需安全疏散时间。

5.4.3.3　疏散楼梯通过能力模拟
(1) 模型建立及工况设定
1) 模型建立
利用 FDS+EVAC 建立疏散楼梯的模型,即建立两个阶梯和一个平台,建立的疏散楼梯模型如图 5.4.26 所示。

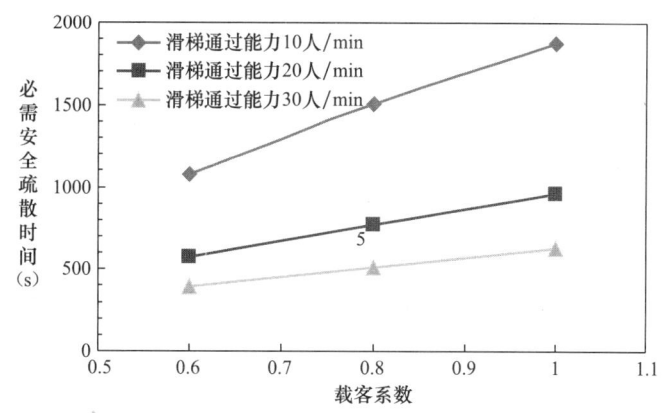

图 5.4.25　滑梯通过能力相同时，载客系数对 RSET 的影响

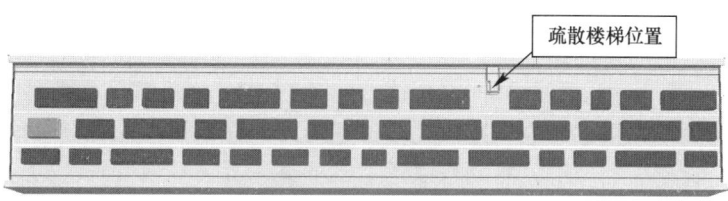

（a）疏散楼梯模型俯视图

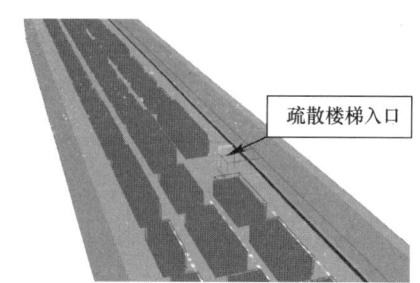

（b）疏散楼梯行车层入口模型

（c）疏散楼梯剖视图

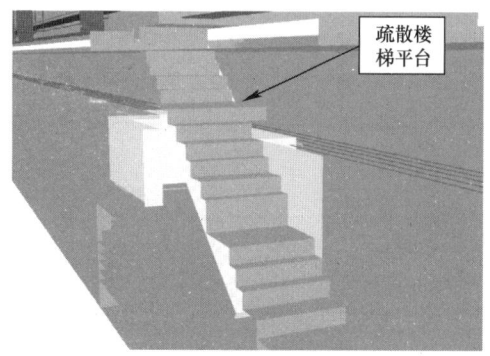

（d）疏散楼梯阶梯示意图

图 5.4.26　疏散楼梯模型

2) 工况设置

在进行单个疏散楼梯通过能力模拟研究时，分别考虑不同的人员荷载密度 0.6、0.8、1.0，不同滑梯通过能力 10 人/min、20 人/min、30 人/min 时的人员疏散行为和疏散时间。设定工况如表 5.4.14。

滑梯疏散工况设置　　　　　　　　表 5.4.14

工况	一	二	三	四	五	六	七	八	九
载客系数	0.6	0.6	0.6	0.8	0.8	0.8	1.0	1.0	1.0
通过能力（人/min）	10	20	30	10	20	30	10	20	30

(2) 楼梯疏散过程模拟

本次疏散模拟是当火灾发生在某一疏散滑梯（该疏散滑梯与一疏散楼梯相邻）发生火灾时，该疏散滑梯无法使用，相邻的疏散楼梯承担了两疏散口间 80m 隧道段的疏散以及另一方向 40m 隧道段的人员疏散。

利用疏散楼梯进行疏散与利用疏散滑梯进行疏散的疏散过程大致相同。均会由于隧道内人员较多，在疏散口处发生拥堵现象，并且在疏散口处，人员位置形状同样呈椭圆形。其不同的是：疏散滑梯基本上是一个一个的通过，必须等上一个人滑出滑梯，下一个人才进入滑梯进行疏散。而在疏散楼梯中，人员可以一个紧接着一个地进行疏散，偶尔还会出现逆行（在本次模拟中不考虑逆行）。

下面以载客系数为 0.6、疏散楼梯的速度折减系数 0.4 为例，分析人员在疏散楼梯内的疏散情况，如图 5.4.27 所示。

 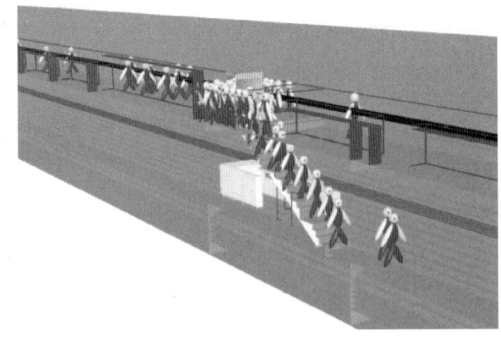

(a) 人员楼梯疏散过程　　　　　　(b) 人员楼梯疏散过程

图 5.4.27　钱江隧道楼梯人员疏散过程

图 5.4.28 是人们在疏散楼梯口的堵塞过程。如图所示，利用楼梯疏散过程同样与滑梯一样，由于隧道内的人员数量较多，在疏散楼梯口将发生疏散，存在椭圆形状，当增加人员的下行速度时，堵塞状况将得到一定的改善。

(3) 不同工况下楼梯疏散结果

在单个疏散楼梯模拟研究中，对前面拟定的 9 种工况进行模拟，并针对相应数据绘制成图，结合疏散基本理论分析如下：

1) 工况 1：载客系数 0.6、楼梯速度折减系数 0.2，见图 5.4.29。

就疏散楼梯通过人数和趋向人数的变化趋势来看，单个疏散楼梯与疏散滑梯的变化趋势一致，只是疏散楼梯的疏散速度更快，整体曲线的斜率更大。所以，在下面疏散楼梯模拟分析中，仅分析不同工况下单个疏散楼梯的必需安全疏散时间。由上图可知，必需安全疏散时间为 538s。

2) 工况 2：载客系数 0.6、楼梯速度折减系数 0.4。

该工况，必需安全疏散时间为 339s，见图 5.4.30。

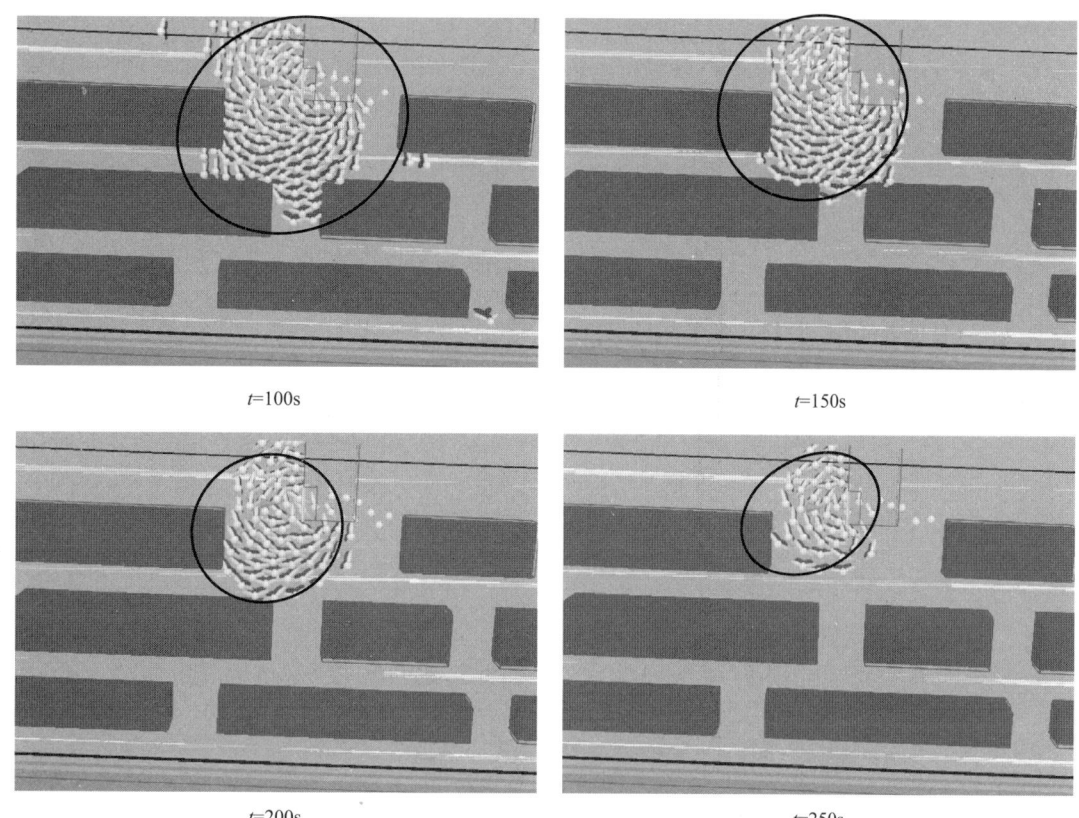

图 5.4.28 疏散楼梯堵塞

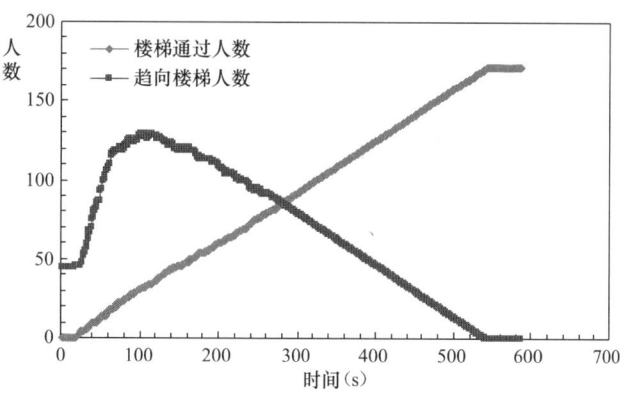

图 5.4.29 工况 1 楼梯疏散人数变化

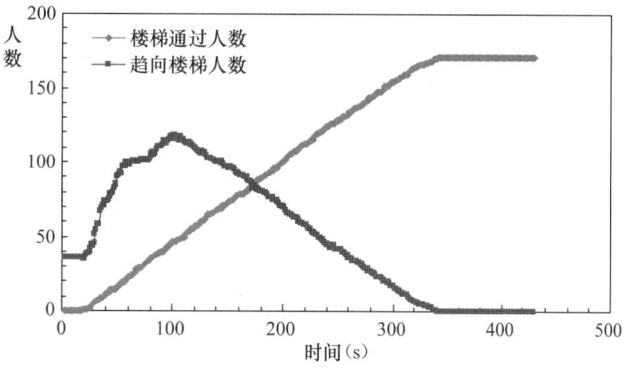

图 5.4.30 工况 2 楼梯疏散人数变化

3) 工况3：载客系数0.6、楼梯速度折减系数0.6。

该工况，必需安全疏散时间为262s，见图5.4.31。

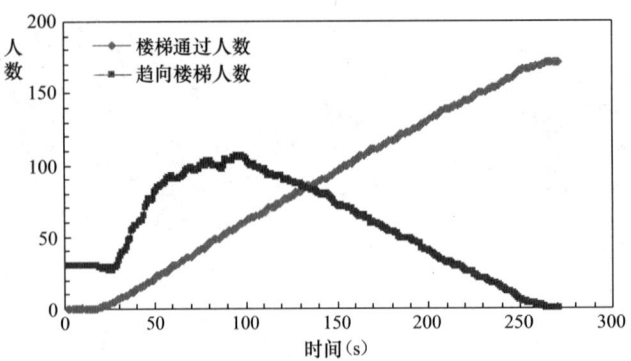

图5.4.31 工况3楼梯疏散人数变化

4) 工况4：载客系数0.8、楼梯速度折减系数0.2。

该工况，必需安全疏散时间为797s，如图5.4.32。

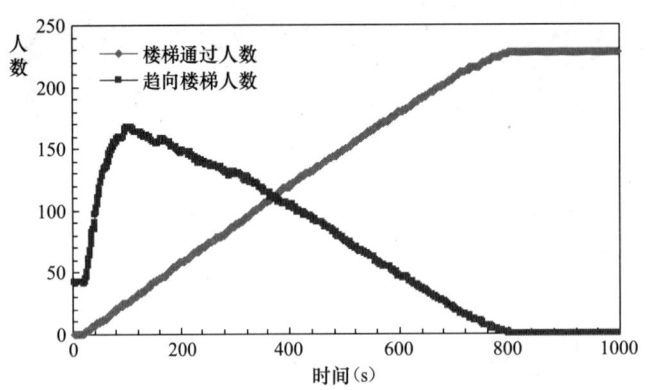

图5.4.32 工况4楼梯疏散人数变化

5) 工况5：载客系数0.8、楼梯速度折减系数0.4，如图5.4.33。

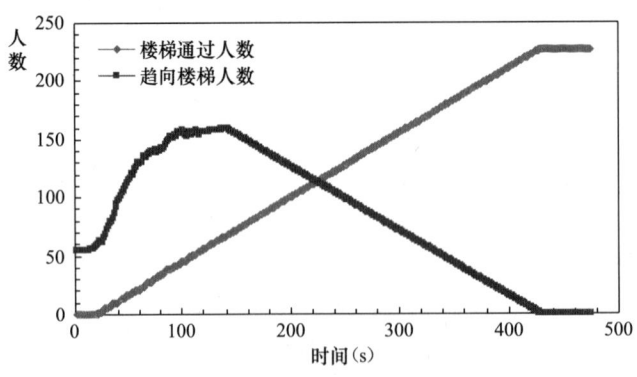

图5.4.33 工况5楼梯疏散人数变化

该工况，通过滑梯疏散人数达到最大值227人，必需安全疏散时间为426s。

6) 工况6：载客系数0.8、楼梯速度折减系数0.6，如图5.4.34。

该工况，必需安全疏散时间为303s。

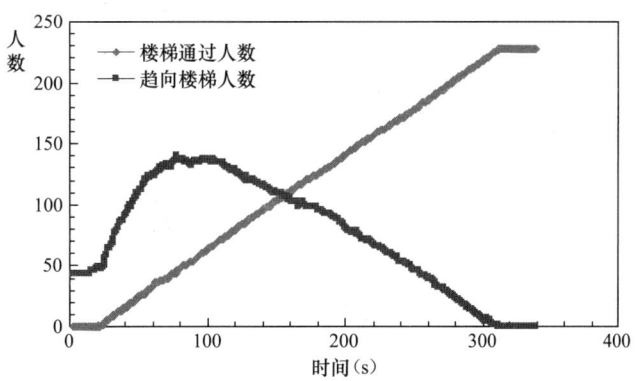

图 5.4.34　工况 6 楼梯疏散人数变化

7）工况 7：载客系数 1.0、楼梯速度折减系数 0.2。

该工况，通过滑梯疏散人数达到最大值 284 人，必需安全疏散时间为 969s，如图 5.4.35。

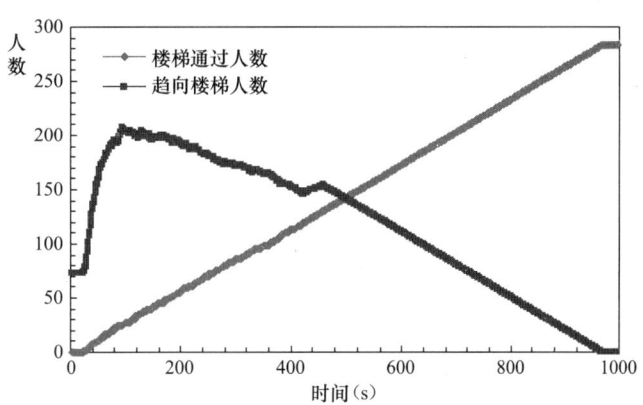

图 5.4.35　工况 7 楼梯疏散人数变化

8）工况 8：载客系数 1.0、楼梯速度折减系数 0.4。

该工况，必需安全疏散时间为 526s，见图 5.4.36。

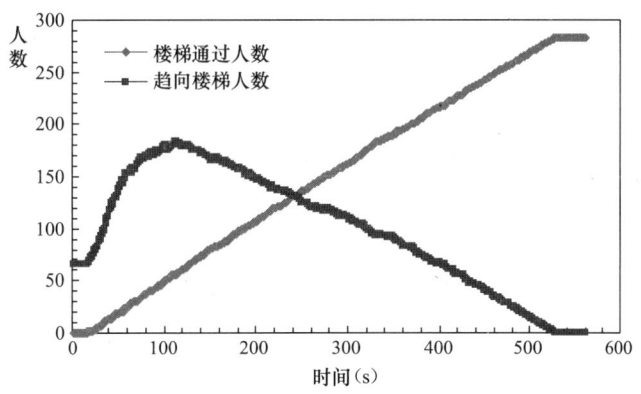

图 5.4.36　工况 8 楼梯疏散人数变化

9）工况 9：载客系数 1.0、楼梯速度折减系数 0.6。

工况下，必需安全疏散时间为 398s，如图 5.4.37。

根据上述 9 种工况模拟结果，整理各种工况下单个疏散滑梯的必需安全疏散时间如表 5.4.15 所示。

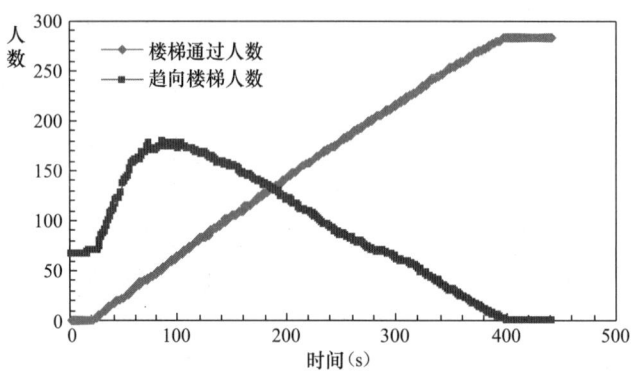

图 5.4.37 工况 9 楼梯疏散人数变化

不同工况下，单个疏散楼梯的必需安全疏散时间　　　　　　表 5.4.15

载客系数		0.6	0.8	1
疏散楼梯速度折减系数	0.2	538	797	969
	0.4	339	426	526
	0.6	262	310	398

由图 5.4.38 可知，当楼梯的速度折减系数相同时，增大载客系数，人员疏散的必需安全疏散时间（RSET）也明显变大。由图 5.4.39 可知，当隧道内的载客系数相同时，增大楼梯的速度折减系数，人员疏散的必需安全疏散时间（RSET）明显减小。另外，当楼梯的速度折减系数很小时，适当的增大楼梯的速度折减系数，能更大幅度的减少必需安全疏散时间。

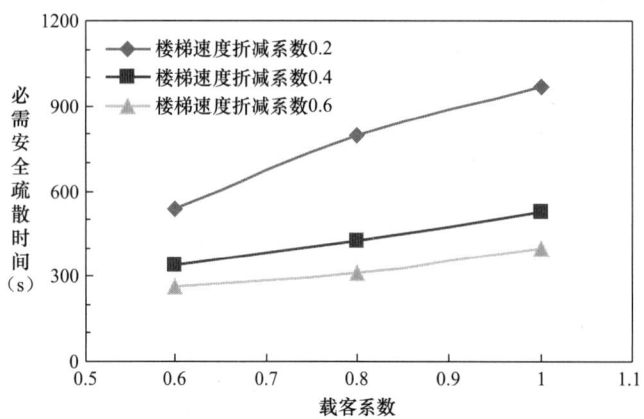

图 5.4.38 相同楼梯速度折减系数时，载客系数对 RSET 的影响

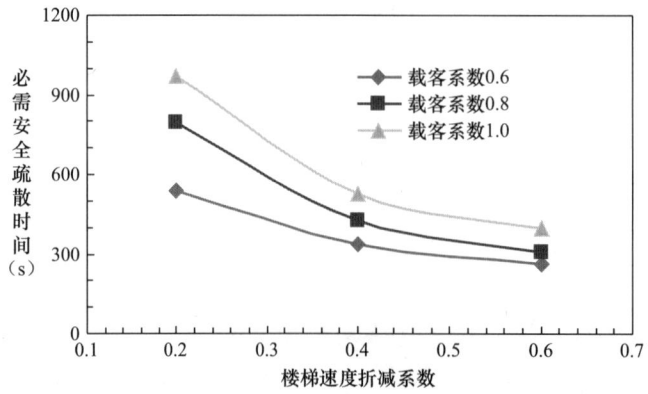

图 5.4.39 相同载客系数时，楼梯速度折减系数对 RSET 的影响

5.4.4 多疏散通道模拟
5.4.4.1 Simulex 软件

Simulex 疏散模拟属于"行为"模型，可以准确描绘出单个个体的运动轨迹和个体对环境刺激的反应以及个人特征等，可以表现接近真实的疏散行为和运动。该软件是一种用于大空间及结构复杂建筑物内人员疏散的软件包。允许用户利用建筑物的 CAD 平面图（各层之间以楼梯相连）来创建建筑物的三维模型。当用户定义了最终安全出口的位置后，该软件将自动计算整个建筑物空间内所有的疏散距离与路径。待疏散人员在建筑空间内的位置可以一个接一个的布置，也可以成组的布置。当建筑物内疏散人员定义可能疏散路径（potentialrouters）计算完成后，就可以开始人员疏散模拟了。

疏散人员的个体运动计算方法是以利用计算机技术对人员实际疏散行为的收集、分析而来的数据为基础的并依赖于人员的数量与计算机的性能。

Simulex 软件中制定疏散的几何学和独立的运动的方法时，所做假设如下：

① 人员的疏散速度是指在正常条件下，人员不受阻时的行走速度。

② 人员行走速度随人员密度的增加而下降。该情况下个体的行走速度是取决于与前面的个体之间的距离，同时考虑走在前面的人受阻碍而降低行走速度的影响。

③ 疏散个体都按着一定路线走向出口，人员向出口行走的方向总是与等距图中的等值线垂直。

④ Simulex 软件中个体体型尺寸有 4 种，分别为平均、男性、女性和儿童。当较多人员疏散的时候，根据人群类型，分配一定的体型尺寸，该尺寸和人群组成有关。

⑤ 模拟过程中允许疏散人员超越、旋转、侧向行走和小幅后退的情况。

在 Simulex 中，人员行走速度取决于进行方向前方相邻人员与其之间的距离。当一个行走的人的正前方有其他人员将会降低其行走速度，这里所说人员之间的距离指人员几何中心之间的直线距离。人员在楼梯中行走速度，较在水平地面行走速度要小。下楼梯的行走速度为水平地面行走速度的二分之一，上楼梯的行走速度为其 0.35 倍。人员正常条件下，如果行走不受阻碍，其行走速度一般在 0.8~1.7m/s 之间随机选取。人员行走速度与人员之间的距离关系如图 5.4.40 所示。

人体的垂直投影可以抽象为 3 个圆圈，一个大圆代表躯干，2 个小圆代表肩膀，其半径为 $R(s)$。大圆与小圆的圆心之间的距离为 s。如图 5.4.41 所示，确定了 $R(t)$、$R(s)$ 和 S，则可以确定一个人的几何尺寸。Simulex 软件中定义了 4 种不同类型的人体，其几何尺寸如表 5.4.16 所示。

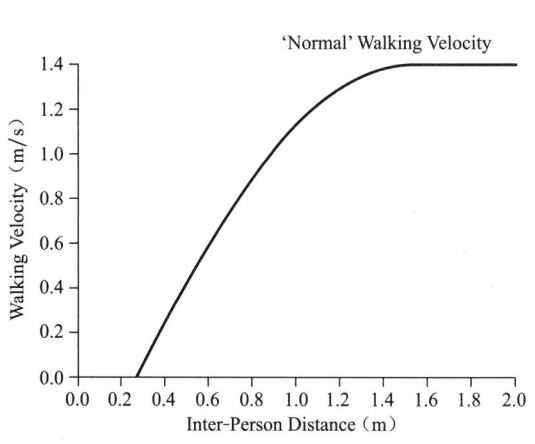

图 5.4.40 人员行走速度与人员之间的距离关系图

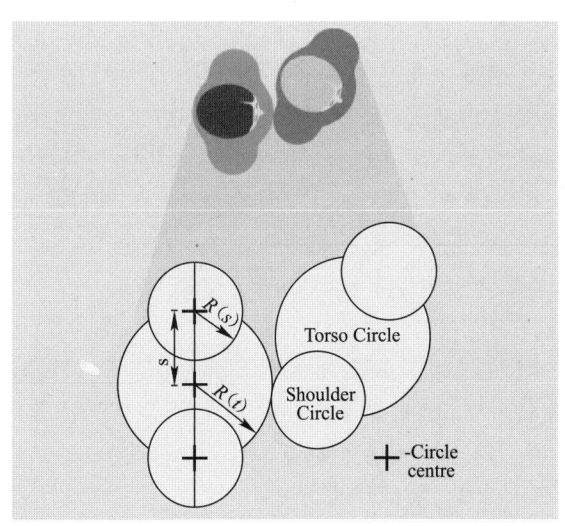

图 5.4.41 人员尺寸定义示意图

Simulex 软件中不同类型人员尺寸表　　　　　　　　　　　　　　　表 5.4.16

BodyType	R（t）	R（s）	S
Average	0.25	0.15	0.10
Male	0.27	0.17	0.11
Female	0.24	0.14	0.09
Child	0.24	0.12	0.07

当用户成组定义待疏散人员时，所选择的人员类型将决定其中各种形体人员所占的比例。不同类型人员中各种形体人员所占的比例分布如表 5.4.17 所示。

Simulex 软件中不同类型人员中各种形体人员所占的比例分布　　　表 5.4.17

Occupant type	%'Average'	%'Male'	%'Female'	%'Child'
Office staff	30	40	30	0
Commuters	30	30	30	10
Shoppers	30	20	30	20
Schoolchildren	10	10	10	70
Elderly	100	0	0	0
All Male	100	0	0	0
All Female	0	0	100	0
All Children	0	0	0	100

1）Simulex 软件人员疏散模拟步骤

① 根据建筑物的几何尺寸，用 CAD 建立平面图。

② 将建立的 CAD 平面图导入 Simulex 软件，然后定义人员疏散的出口位置、尺寸。如果是多层建筑，需先导入各个楼层的平面图，然后设置楼梯连接各个楼层，并定义楼梯的宽度和长度。

③ 定义各种疏散路线，并计算路线的距离地图。

④ 测试疏散路线。

⑤ 当疏散对象为单个或多个个体时，分别定义个体的体型；当疏散对象为群体时，选择人群类型，输入人群密度或数量。然后根据人员所处的具体位置，选择疏散路线。再根据实际情况定义疏散预响应时间。

⑥ 最后进行模拟，并保存相应的模拟文件。

2）模型建立及工况设置

① 模型建立

本课题以钱江隧道的 1360m 盾构段的为研究对象，运用 Simulex 建立模型模拟隧道人员疏散过程。每隔 80m 设置一个滑梯出口，每隔 240m 设置一个楼梯。同时在模拟中考虑是否设置横通道，研究横通道对人员疏散的影响。设置横通道时在隧道模型中设置两个横通道，横通道之间的距离为 800m。

具体建立模型示意图如图 5.4.42 所示。

② 工况设置

本课题根据车辆载客系数 ϕ、江中隧道段是否设置横通道、江中隧道段是否设置滑梯及楼梯、滑梯的通过能力等因素变量总共设置了 15 个疏散场景，对钱江隧道江中盾构段的人员的疏散情况进行了模拟计算。具体疏散场景如表 5.4.18 所示。

5.4.4.2　模拟结果分析

1）载客系数 $\phi=1.0$，模拟结果分析

当载客系数 $\phi=1.0$ 时，根据人员荷载计算，需疏散 3214 人，人员选择香港办公人员类型，均匀分布在隧道中。人员正常条件下，如果行走不受阻碍，其行走速度一般在 0.8～1.7m/s 之间随机选取。

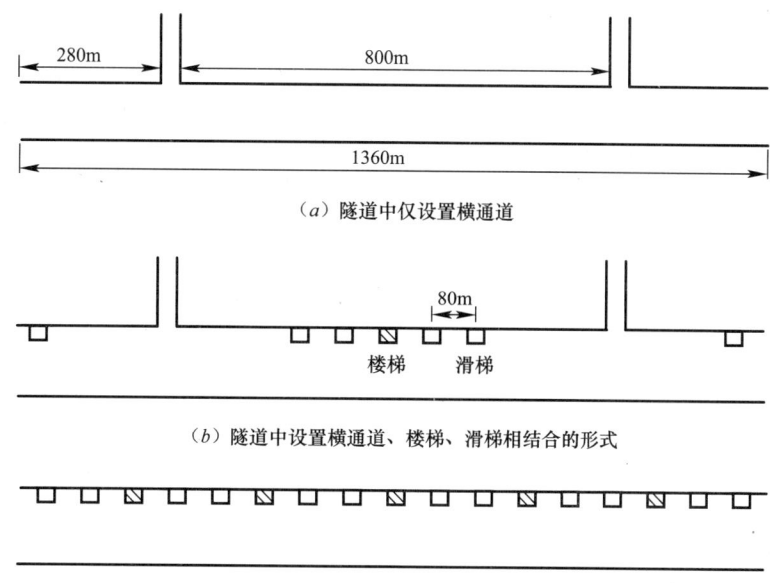

图 5.4.42　钱江隧道组合疏散示意图

疏散场景汇总表　　　　　　　　　　　　　　　　　　　　　　表 5.4.18

场景	载客系数 ϕ	隧道段是否设置横通道	隧道段是否设置滑梯及楼梯	滑梯通过能力
1-1	0.6	是	否	40 人/min
1-2	0.8	是	否	40 人/min
1-3	1.0	是	否	40 人/min
2-1	0.6	是	是	40 人/min
2-2	0.8	是	是	40 人/min
2-3	1.0	是	是	40 人/min
3-1	0.6	否	是	40 人/min
3-2	0.8	否	是	40 人/min
3-3	1.0	否	是	40 人/min
4-1	0.6	是	是	20 人/min
4-2	0.8	是	是	20 人/min
4-3	1.0	是	是	20 人/min
5-1	0.6	否	是	20 人/min
5-2	0.8	否	是	20 人/min
5-3	1.0	否	是	20 人/min

① 仅设置横通道，载客系数 $\phi=1.0$，滑梯通过能力 40 人/min。

隧道全路段 1360m 中，仅设置横通道，即 280m、1080m 两处横通道，横通道宽度为 2m，运用 Simulex 进行模拟计算可以得出隧道人员疏散结果分析如下。

当疏散开始时，隧道内所有人员趋向于两个疏散横通道。当 $t=5s$ 时，第一个人到达横通道处；当 $t=30s$ 时，横通道口处出现轻微堵塞现象；随着时间的推移，堵塞想象愈加严重，当 $t=380s$ 时，最后一个人到达横通道处等待疏散；当 $t=665s$ 时，所有人员疏散完毕。如图 5.4.43～图 5.4.45 所示。

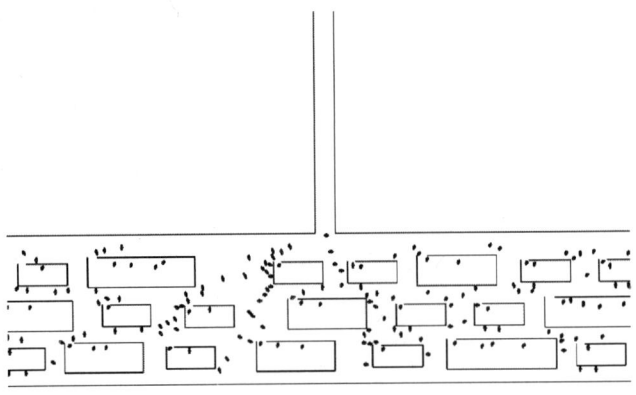

图 5.4.43　工况 1-3，$t=5s$ 时，横通道 Exith1 处的堵塞情况

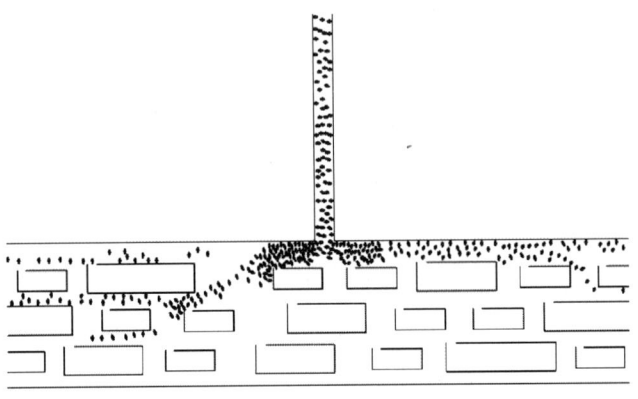

图 5.4.44　工况 1-3，$t=50s$ 时，横通道 Exith1 处的堵塞情况

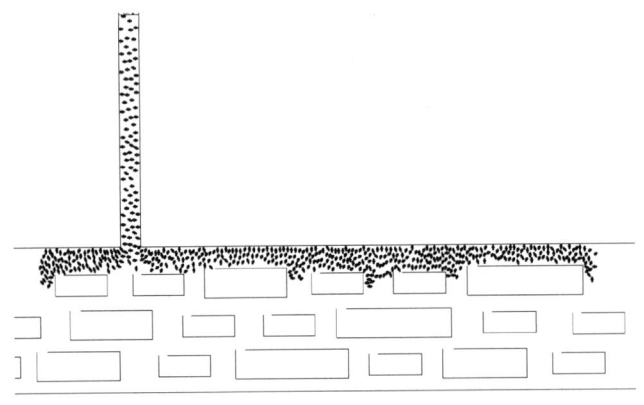

图 5.4.45　工况 1-3，$t=380s$ 时，横通道 Exith1 处的堵塞情况

在本次工况中，疏散横通道的宽度为 2m，模拟横通道的通过能力为 120 人/min，这与人员疏散实验结果一致，如图 5.4.46 所示。每个横通道担负前后 400m 范围内的人员疏散，疏散人员的行走时间均在 380s 之内，大多数疏散人员到达横通道处出现堵塞现象，等待疏散。不同疏散口的疏散人数及清空时间如表 5.4.19 所示。

工况 1-3，各个疏散出口的疏散人数及疏散时间结果　　表 5.4.19

出口类型	出口编号	离隧道入口距离（m）	疏散人数（人）	清空时间（s）
横通道	Exit h1	280	1616	665
横通道	Exit h2	1080	1598	660

由模拟结果可分析得出，当横通道设置间距为 800m 时，单个横通道担负距离过长，担负人数多，人员疏散时间较长，所以在隧道内仅设置横通道不能达到安全疏散标准，不建议使用。

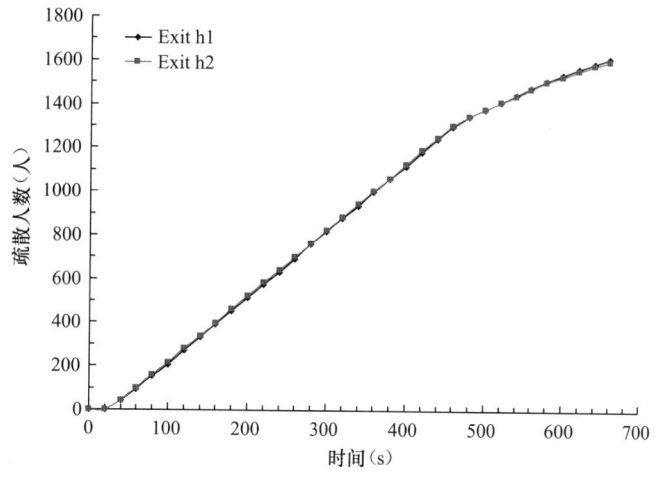

图 5.4.46　工况 1-3，不同疏散出口的疏散人数变化

② 设置横通道＋疏散滑梯、疏散楼梯，载客系数 $\phi=1.0$，滑梯通过能力 40 人/min。

隧道全路段 1360m 中，设置 2 条横通道、6 个疏散滑梯、1 个疏散楼梯，横通道宽 2m，疏散滑梯宽 0.76m，疏散楼梯宽 0.8m，运用 Simulex 进行模拟计算可以得出隧道人员疏散结果分析如下。

当疏散开始时，隧道内所有人员趋向于各个疏散出口处。疏散横通道担负前后 200m 范围内人员的疏散，疏散滑梯和楼梯担负前后 40m 范围内人员的疏散。当 $t=47$s 时，疏散滑梯及楼梯前后的疏散人员均到达疏散口处，滑梯/楼梯处发生拥堵，如图 5.4.47；当 $t=220$s 时，楼梯处的人员均疏散完毕，见图 5.4.48；当 $t=260$s 时，滑梯处的人员均疏散完毕，横通道处有明显堵塞现象，如图 5.4.49；当 $t=355$s 时，所有人员疏散完毕。

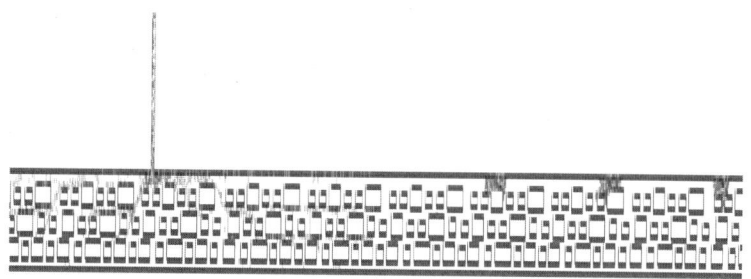

图 5.4.47　工况 2-3，$t=47$s 时，各个疏散口的疏散情况

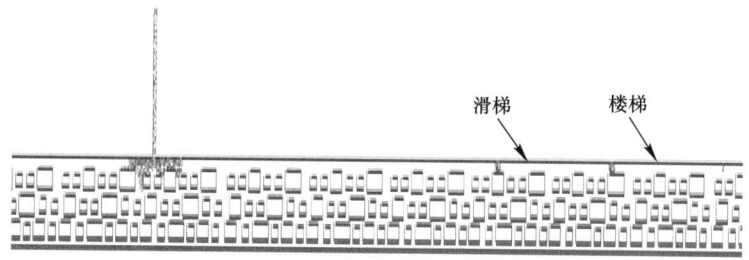

图 5.4.48　工况 2-3，$t=220$s 时，各个疏散口的疏散情况

在工况 2-3 中，假设楼梯和滑梯处的通过能力仅受疏散口宽度影响，滑梯和楼梯的通过能力均为 40 人/min，，不同疏散口的疏散人数及清空时间如表 5.4.20 所示，疏散人数变化情况见图 5.4.50。

当横通道与楼梯、滑梯组合疏散时，横通道疏散人数较楼梯、滑梯疏散人数多，这是因为在横通道处是水平疏散，其疏散能力比楼梯及滑梯的垂直疏散强，担负人数远大于楼梯/滑梯，如图 5.4.51 所示。

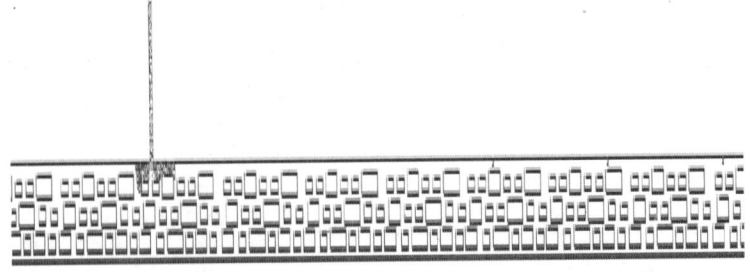

图 5.4.49　工况 2-3，$t=260s$ 时，各个疏散口的疏散情况

工况 2-3，各个疏散出口的疏散人数及疏散时间结果　　表 5.4.20

出口类型	出口编号	离隧道入口距离（m）	疏散人数（人）	清空时间（s）
滑梯	Exit 1	40	181	235
横通道	Exit h1	280	927	345
滑梯	Exit 7	520	195	245
滑梯	Exit 8	600	199	245
楼梯	Exit 9	680	192	220
滑梯	Exit 10	760	190	255
滑梯	Exit 11	840	184	260
横通道	Exit h2	1080	959	355
滑梯	Exit 17	1320	187	230

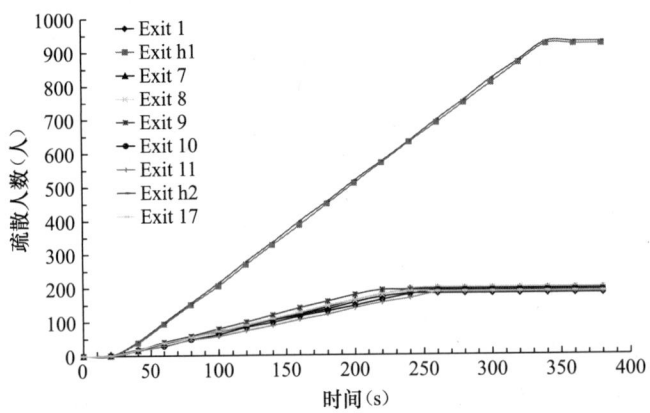

图 5.4.50　工况 2-3，不同疏散出口的疏散人数变化

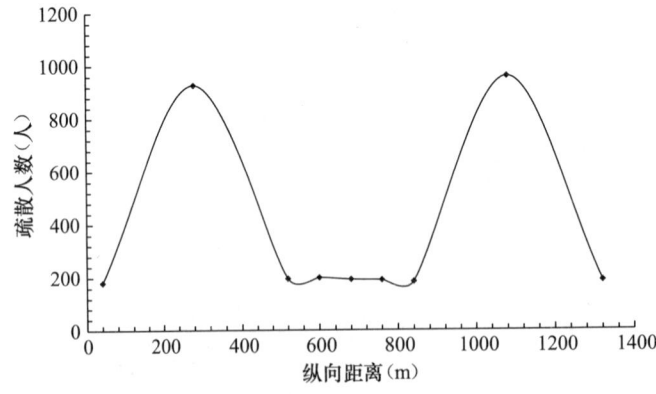

图 5.4.51　工况 2-3，各疏散出口通过人数

由于横通道疏散范围为前后 200m，在其疏散范围内人员的行走时间较长，并且人数较多，横通道处也会出现堵塞现象；疏散滑梯/楼梯的通过能力虽远不如横通道，但其疏散范围仅为前后 40m，人员可以很快到达疏散出口处等待疏散；所以滑梯/楼梯处的清空时间反而比横通道的清空时间短，考虑人

员到达滑梯/楼梯处，拉开滑梯/楼梯盖板的时间为60s，整理数据绘制曲线如图5.4.52所示。

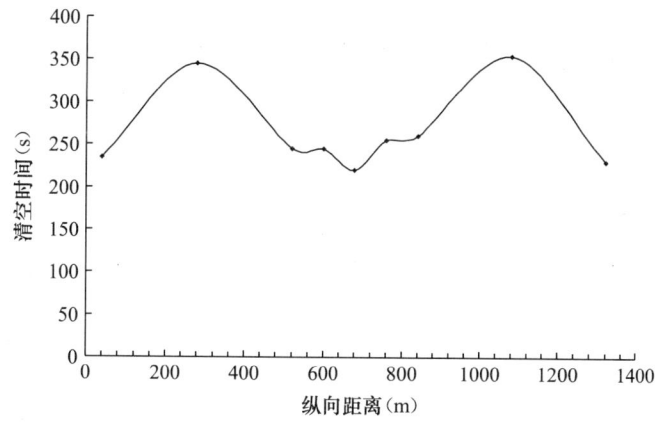

图 5.4.52　工况 2-3，各疏散出口疏散时间

位于纵向距离680m处的疏散楼梯清空时间最短，但由于本次模拟中假设滑梯和楼梯的通过能力相近，各个滑梯处的清空时间与楼梯的清空时间也相差不大；位于280m、1080m处的横通道的疏散范围大，其疏散时间较长。

③ 设置疏散滑梯、楼梯，无横通道，载客系数 $\phi=1.0$，滑梯通过能力 40 人/min。

隧道全路段1360m中，每隔80m设置一个疏散滑梯，共设置12个滑梯；每隔240m设置一个疏散楼梯，共设置5个楼梯，疏散滑梯宽0.76m，疏散楼梯宽0.8m，运用Simulex进行模拟计算可以得出隧道人员疏散结果如图5.4.53～图5.4.55所示。

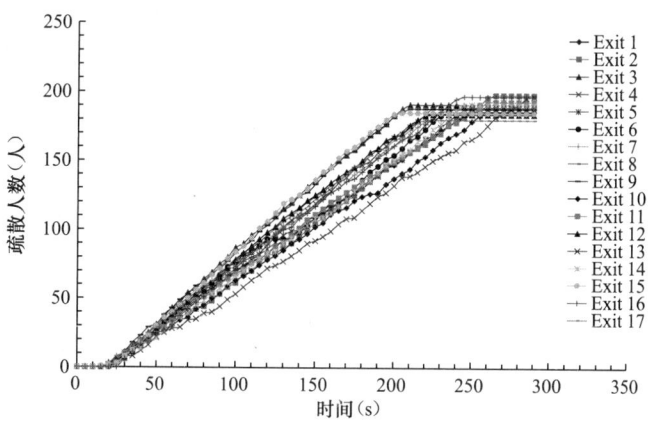

图 5.4.53　工况 3-3，不同疏散出口的疏散人数变化

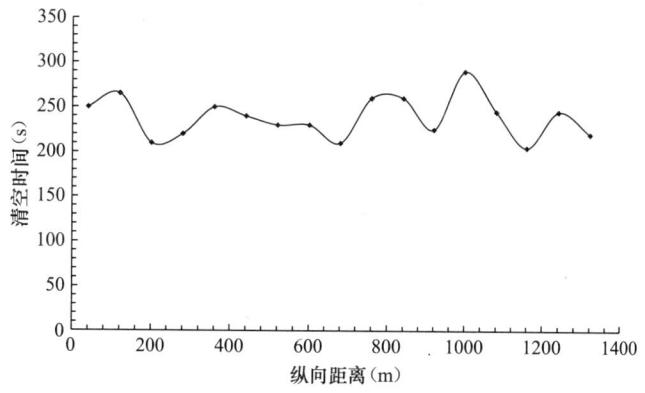

图 5.4.54　工况 3-3，不同疏散出口的疏散时间

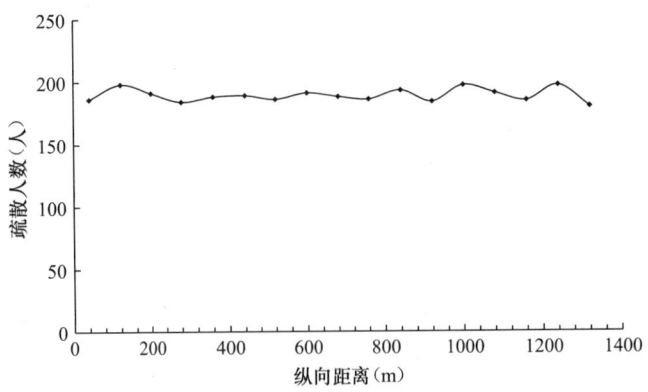

图 5.4.55 工况 3-3，不同疏散出口的疏散人数

当疏散开始时，隧道内所有人员趋向于各个疏散出口处。由于各个疏散口的疏散范围一致，均为前后 40m。在本次工况中，滑梯和楼梯的通过能力相差不大，所以各个疏散出口的疏散人数及清空时间相差接近。不同疏散口的疏散人数及清空时间如表 5.4.21 所示。

工况 3-3，各个疏散出口的疏散人数及疏散时间结果　　　　表 5.4.21

出口类型	出口编号	离隧道入口距离（m）	疏散人数（人）	清空时间（s）
滑梯	Exit 1	40	186	250
滑梯	Exit 2	120	198	265
楼梯	Exit 3	200	191	210
滑梯	Exit 4	280	184	220
滑梯	Exit 5	360	188	250
楼梯	Exit 6	440	189	240
滑梯	Exit 7	520	186	230
滑梯	Exit 8	600	191	230
楼梯	Exit 9	680	188	210
滑梯	Exit 10	760	186	260
滑梯	Exit 11	840	193	260
楼梯	Exit 12	920	184	225
滑梯	Exit 13	1000	197	290
滑梯	Exit 14	1080	191	245
楼梯	Exit 15	1160	185	205
滑梯	Exit 16	1240	197	245
滑梯	Exit 17	1320	180	220

④ 设置横通道＋疏散滑梯、楼梯，载客系数 $\phi=1.0$，滑梯通过能力 20 人/min。

隧道全路段 1360m 中，设置 2 条横通道、6 个疏散滑梯、1 个疏散楼梯，横通道宽 2m，疏散滑梯宽 0.76m，疏散楼梯宽 0.8m，滑梯的通过能力为 20 人/min，运用 Simulex 进行模拟计算可以得出隧道人员疏散结果分析如表 5.4.22 及图 5.4.56 和图 5.4.57 所示。

工况 4-3，各个疏散出口的疏散人数及疏散时间结果　　　　表 5.4.22

出口类型	出口编号	离隧道入口距离（m）	疏散人数（人）	清空时间（s）
滑梯	Exit 1	40	175	370
横通道	Exit h1	280	174	368
滑梯	Exit 7	520	175	370
滑梯	Exit 8	600	340	360
楼梯	Exit 9	680	175	368
滑梯	Exit 10	760	175	370
滑梯	Exit 11	840	175	370
横通道	Exit h2	1080	175	370
滑梯	Exit 17	1320	175	370

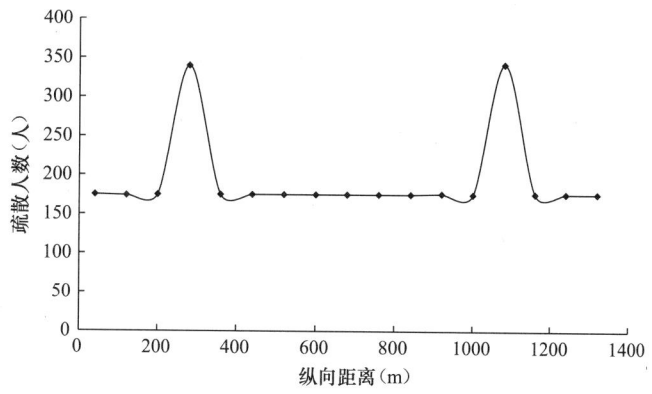

图 5.4.56　工况 4-3，不同疏散出口的疏散人数

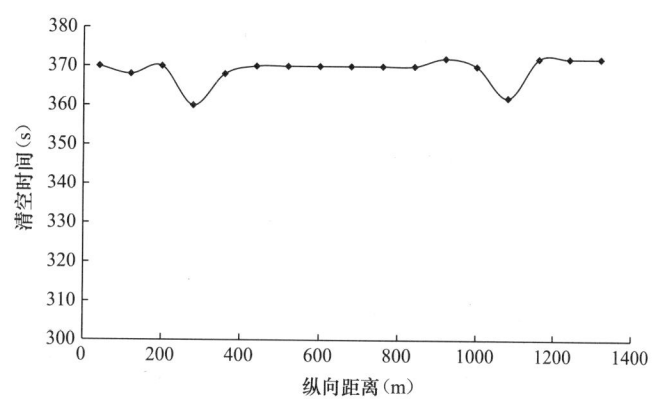

图 5.4.57　工况 4-3，各疏散出口清空时间

在工况 4-3 中，滑梯的通过能力仅为 20 人/min，远小于横通道的通过能力。尽管横通道的疏散范围广，人员行走时间长，但滑梯的通过能力小，在滑梯处堵塞严重，最后疏散时间长。本次工况的总疏散时间主要取决于疏散滑梯的疏散时间。由此可见，疏散滑梯的通过能力对人员疏散至关重要。

2）不同工况模拟疏散时间分析

当隧道内发生火灾时，人员是否安全逃离危险区域是我们最为关心的问题，而人员疏散总时间是衡量人员是否能安全疏散的重要因素。在本次组合疏散模拟中，针对是否设置横通道、不同载客系数、不同滑梯通过能力对人员疏散的影响，最后分析得到不同工况下总的人员疏散时间如下。

在不同疏散出口设置条件下，人员疏散时间随着载客系数的增大而增大。载客系数越大，疏散人数越多，疏散口的通过能力一定，各个疏散出口处的堵塞现象越严重，人员疏散时间增大。

分析不同疏散出口条件下，人员疏散时间，可得出以下结论：

当仅设置横通道时，由于横通道设置间距为 800m，疏散范围过大，疏散人数多，人员行走时间长，堵塞严重，相比设置滑梯、楼梯而言，总疏散时间长，不建议采用。

当设置疏散滑梯、楼梯，疏散滑梯的通过能力为 20 人/min 时，滑梯的通过能力较低，尽管横通道的疏散范围大，但横通道的通过能力远大于滑梯的通过能力，总疏散时间主要取决于滑梯处的人员疏散时间，设置横通道会减少横通道附近的疏散时间，但是对总疏散时间无影响，如图 5.4.58 所示。

当设置疏散滑梯、楼梯，疏散滑梯的通过能力为 40 人/min 时，疏散滑梯的通过能力较强，相比较而言，横通道疏散范围大，总疏散时间主要取决于横通道的人员疏散时间，所以设置横通道反而会增大人员疏散时间，见图 5.4.59。

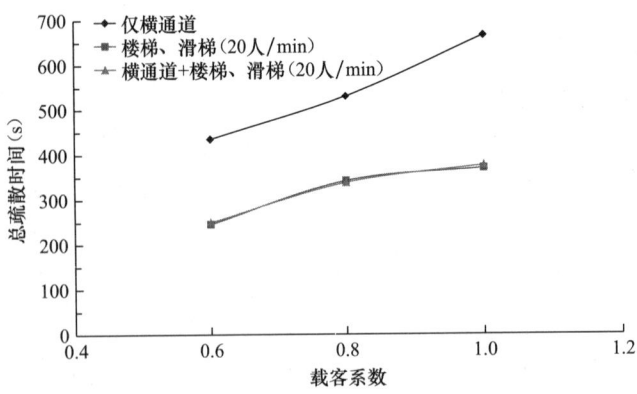

图 5.4.58 滑梯通过能力为 20 人/min 时，人员总疏散时间

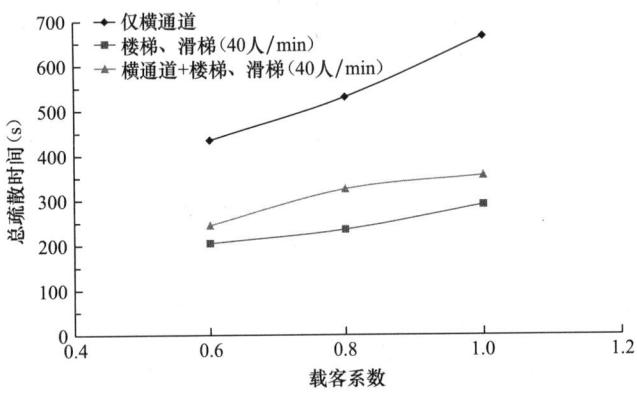

图 5.4.59 滑梯通过能力为 20 人/min 时，人员总疏散时间

由此可见，当疏散滑梯的通过能力较小时，人员总疏散时间主要取决于滑梯的疏散时间，设置横通道仅会减小横通道附近的疏散时间，对总疏散时间无影响；当疏散滑梯的通过能力较大时，人员总疏散时间主要取决于横通道的疏散时间，设置横通道会增大总疏散时间。疏散滑梯的通过能力会直接影响人员疏散时间及横通道的设置优势。当疏散滑梯的通过能力达到一定程度时，其疏散效率可高于设置横通道，并且其疏散范围内人员行走距离较短，对降低人员的危险性有着显著效果。

5.4.5 小结

本节结合国内外 111 种车辆，分析了各类车型的平均长度和载客人数，计算了钱江隧道的人员疏散荷载。在此基础之上，利用 FDS+EVAC，研究了疏散滑梯和楼梯不同人员荷载密度和通过条件下的人员疏散时间，结合单个通道模拟研究和人员疏散实验，开展了钱江隧道多疏散通道的人员模拟研究：

① 模拟表明，当人员大量拥挤在横通道时，2m 的横通道的通过能力为 120 人/min 左右，与实验数据推测的通过能力应为 100～185 人/min 之间符合。

② 比较设置横通道、横通道＋楼梯＋滑梯、楼梯＋滑梯三种水下隧道设置方式。

当仅设置横通道（间距 800m），由于横通道疏散人数多，人员行走时间长，总疏散时间较另两种方式长。

当疏散滑梯的通过能力为 20 人/min 时，横通道＋楼梯＋滑梯、楼梯＋滑梯两种方式的总疏散时间主要取决于滑梯处的人员疏散时间，设置横通道会减少横通道附近的疏散时间，但是对总疏散时间无影响。

当疏散滑梯的通过能力为 40 人/min 时，横通道＋楼梯＋滑梯、楼梯＋滑梯两种方式的总疏散时间主要取决于横通道的人员疏散时间，所以设置横通道反而会增大人员疏散时间。

研究表明，滑梯通过能力高时，楼梯＋滑梯疏散总时间小于横通道＋楼梯＋滑梯方式；滑梯通过能力低，楼梯＋滑梯疏散总时间与横通道＋楼梯＋滑梯方式疏散时间一致。因此，水下隧道仅考虑人员逃生效率因素时，设置楼梯＋滑梯组合方式较横通道＋楼梯＋滑梯方式好。

5.5 试验成果及应用

课题以在建的钱江特长隧道为依托，采用工程调研、理论分析、数值模拟等手段，展开了钱江隧道火灾危险性分析、全比例火灾试验、钱江隧道人员疏散模拟研究，得到如下结论：

（1）采用数值模拟方法对钱江隧道的火灾烟气蔓延规律及危害性进行了分析，选取了20MW和50MW两者不同规模的火灾，通过分析隧道内的火灾烟气发展趋势、火场能见度和温度变化以及烟气层高度变化等，对比隧道火灾危险判据，获得了不同火灾场景下的可利用人员安全疏散时间ASET。并对集中排烟系统的排烟效率进行了分析，确定了主要影响因素。

1）对于隧道中部发生的20MW火灾，影响人员安全疏散的区域集中在火源上游的20m和下游的60m之间。现有的隧道集中排烟系统能够将烟气有效控制在打开的六个排烟口范围之内，保障隧道上、下游的人员安全疏散。而在火源上游的20m和下游的60m之间利用滑梯疏散比联络横通道要好，这时因为滑梯疏散距离相对近、能见度高。

2）对于隧道中部发生的50MW火灾，在由正常通风向事故通风转换的初始阶段，由于火灾烟气生成速度和总量均是增加，因此扩大了烟气对火灾下游的影响范围，这对堵塞工况下的人员安全疏散是不利的。同时，排烟系统启动过程中引发的隧道流场变化对烟气层的扰动也得到加强，造成远离火源位置的烟气层提前下沉，这会给隧道人员逃生带来了新的无法预知的风险。在排烟系统完全启动和火源稳定燃烧后，此时打开六个排烟口已不足以控制烟气的蔓延范围，大量烟雾会逃逸到排烟口的控制范围之外，从而对隧道人员安全疏散造成危险。说明此时排烟系统的有效排烟速度是要小于火灾烟气的生成速度，因此应加大有效排烟量。

（2）通过建立钱江隧道火灾数值模型，分析了钱江隧道发生不同火灾功率条件下（5MW、20MW、50MW）的烟气蔓延规律，温度场、能见度随时间变化关系，分析了其人员安全疏散时间ASET，获得钱江隧道火灾时的危险临界时间。

通过全尺度隧道排烟对比试验，研究了增大排烟口面积对提高集中排烟系统的排烟效果的影响作用。试验发现，在实际排烟过程中，烟气前锋抵达排烟口位置处，总是先倾向于绕过排烟口后流动，而后烟气再被排烟口向回抽。对于通长型的排烟口，增加其平行于隧道横向的长度，将减少上述的烟气绕流，从而使得排烟口更快和更有效地发挥排除火灾烟气作用，因此对提高排烟效果和效率有利。

本研究建议扩大钱江隧道排烟口，其长边不宜小于6m，宽度不宜小于1.25m。通过本项优化设置，为钱江隧道在较大规模火灾下（＞20MW）有效控制烟气蔓延，为隧道人员安全疏散获得更多的可用安全疏散时间，从而提高隧道安全疏散的保障。

（3）结合国内外111种车辆，分析了各类车型的平均长度和载客人数，计算了钱江隧道的人员疏散荷载。在此基础之上，利用FDS＋EVAC，研究了疏散滑梯和楼梯不同人员荷载密度和通过条件下的人员疏散时间，结合单个通道模拟研究和人员疏散实验，开展了钱江隧道多疏散通道的人员模拟研究。

① 模拟表明，当人员大量拥挤在横通道时，2m的横通道的通过能力为120人/min左右，与实验数据推测的通过能力应为100～185人/min之间符合。

② 比较设置横通道、横通道＋楼梯＋滑梯、楼梯＋滑梯三种水下隧道设置方式：

当仅设置横通道（间距800m），由于横通道疏散人数多，人员行走时间长，总疏散时间较另两种方式长。

当疏散滑梯的通过能力为20人/min时，横通道＋楼梯＋滑梯、楼梯＋滑梯两种方式的总疏散时间主要取决于滑梯处的人员疏散时间，设置横通道会减少横通道附近的疏散时间，但是对总疏散时间无影响。

当疏散滑梯的通过能力为 40 人/min 时，横通道＋楼梯＋滑梯、楼梯＋滑梯两种方式的总疏散时间主要取决于横通道的人员疏散时间，所以设置横通道反而会增大人员疏散时间。

研究表明，滑梯通过能力高时，楼梯＋滑梯疏散总时间小于横通道＋楼梯＋滑梯方式；滑梯通过能力低，楼梯＋滑梯疏散总时间与横通道＋楼梯＋滑梯方式疏散时间一致。因此，水下隧道仅考虑人员逃生效率因素时，设置楼梯＋滑梯组合方式较横通道＋楼梯＋滑梯方式好。

第三篇　钱江隧道施工关键技术及相关研究

第1章　概　　述

1.1　背景及功能定位

(1) 研究背景

钱江隧道是世界上最大直径软土盾构隧道，江中最大埋深约38m，隧道跨径大、里程长、技术难度大，且地质条件复杂，工程的建造还需要克服汹涌江潮、地质松软等不利条件，施工难度颇大。

施工过程中遇到很多技术难题，从而引申出很多研究内容，如超大直径盾构开挖面稳定问题、盾构泥水处理问题、环境保护问题、隧道结构防灾问题、隧道安全疏散问题、数字化监控和安全运营等问题，需要由科研单位和建设方、施工方一起研究解决。

(2) 功能定位

《钱江隧道施工关键技术及相关研究》课题研究小组，基于钱江隧道这一世界标志性工程旨在解决工程实际问题以及后期运营需要解决的实际难题的同时，推动整个过江盾构隧道领域研究的水平。

1.2　工程建设面临的难点和挑战

钱塘江复杂的地质水文情况给超大直径盾构推进施工造成了极大的挑战，综合分析得出以下几个工程建设难点。

(1) 大型泥水平衡盾构超浅覆土进出洞

盾构进出洞在隧道施工中是一项高风险的控制点，在整个工程中起到头和尾的作用。对于超浅覆土条件下大型泥水平衡盾构进出洞而言，施工环节众多，工作量集中，各工种交叉施工频繁，设备、人员众多，施工风险之大可想而知。根据盾构法施工隧道建设的实践经验，盾构进出洞施工阶段的风险主要存在于以下四个工况。

1) 盾构机械的吊装和拼装风险辨识

盾构机作为大型机械设备，结构复杂，需要分块吊装后在工作井内拼装，且拼装需要相当一段时间。如果在雨期施工未做好排水工作或现场管理混乱，未按图纸要求安装，设备吊装过程中指挥不当等均可造成事故。

2) 盾构出发风险辨识

在盾构出发工况下，可能因土体加固不当、失效；施工工艺安排不当；盾构推力过大；盾构姿态不好；基座固定方式考虑不周；逆向（后退时）推力过大；开挖土体量大于上浮土体量等造成事故。

3) 盾构到达风险辨识

在盾构到达工况下，可能因临时挡土墙拆除不当，地层加固不当，止水帷幕失效，盾构到达时推力和掘进速度不当，盾构姿态控制不当和轴线控制不当等造成事故。

4) 临时工程和设备拆除事故

如果现场管理混乱，施工工序不当，施工人员安全意识淡薄等均可能造成事故。

(2) 钱塘江下长距离掘进

作为盾构施工核心设备，为了保证工程质量、安全和进度，必须确保盾构设备状态良好。但目前在国内外大直径泥水盾构长距离施工中，盾构总是出现诸多问题和故障。如：刀盘刀具不适应地层需要，刀具大批破坏掉落和刀盘磨损严重，而带压进仓进行刀具更换及压缩空气条件下动火焊接作业恢复刀盘安全风险较大，且工作效率较低，周期较长；在进行主机破碎机的维修和进排浆管阀的更换、耐磨保护工作期间，通常需要将盾构气垫舱压力降为常压，同时需要保证盾构掌子面压力的平衡和稳定，而这类维修及更换工作往往需要数天甚至数周才能完成，所以如何保证在气垫舱常压条件下掌子面的稳定是关键；盾构电控柜密封防护等级不足，发生泥浆管爆裂事件时，高压力泥浆冲进电控柜，破坏严重；液压式刀具监测系统无法有效地投入使用等。

（3）浅覆土施工

根据大量的文献资料及理论分析，发现在覆土厚度小于盾构直径的情况下，对地面的扰动最大，出现地面隆起及沉降的可能性最高。通过钱塘江主要有两个难度，一是有效覆土厚度非常小，盾构机穿越时极易造成河底被破坏漏水的现象；二是覆土厚度及土质组成的突然变化，需要及时调整开挖仓压力，前段掘进的参数大部分无法延续下来，需重新计算并选取相关的掘进参数，同时对洞内措施实施的时机进行重新修订。

（4）两隧道间净距小

1）近距离双线平行盾构隧道设计与施工在国内相似工程很少，这种情况下盾构隧道双线施工的相互影响、分析方法还不成熟，国内没有可直接借鉴的工程，国外类似工程和经验也很少，这给设计、施工提出了挑战。

2）先行隧道已施工完成，无法通过改变隧道自身的刚度或强度来抵抗后行隧道施工带来的影响，采取何种措施保证先行隧道在后行隧道施工中及通过后的安全。如果措施不完善，极有可能导致管片内力过大、开裂变形、接头螺栓断裂、漏水等灾难性后果。

3）平行隧道先后穿过此区段，后行隧道掘进时对隧道间土体产生二次扰动，使上覆土层的沉降产生叠加效应。同时，平行隧道间土体刚度降低，造成对先行隧道的地基约束力降低，在隧道两侧的土压力产生的压力差会导致隧道的偏移，增大隧道的变形。

（5）隧道断面大

盾构隧道施工中的掌子面稳定性与施工参数（如泥水比例、推进速度等）密切相关，若控制不好，将直接引起地表的沉陷或隆起以及掌子面塌陷等问题，危及施工安全。事实上，盾构隧道正面稳定性除与泥水盾构泥水仓的泥水压力有关外，还与多种施工效应密切相关，如法向挤压效应、竖向摩擦效应和环向摩擦效应等。

管片上浮问题是大断面盾构隧道施工中面临的一个较大问题。管片脱离盾尾后，因为建筑间隙的存在，需要及时进行注浆加固，在注浆浆液尚未凝固前，管片受到较大的上浮力作用，包括水浮力、浆液浮力或者泥浆浮力的作用。受浮力最大的管片为刚脱离盾壳并进行同步注浆后、浆液尚未初凝达到一定强度的管片段，此时，若上覆土荷载不足以抵抗管片受到的浮力，将产生管片上浮问题。

由于盾构刀盘本身重量大，当通过软弱地层时，由于下卧地层承载力不够，会造成刀盘下沉。在盾构推进过程中，刀盘与开挖面间的竖向摩擦效应会缓解刀盘下沉问题，所以在暂停掘进时，刀盘下沉问题会更为突出，而且即使在承载能力较好的情况下，施工振动（或者泥水盾构的泥浆与地层的共同作用）亦会使含水地层的承载力大为下降（严重时在某些地层中可能还会产生液化问题），进而产生刀盘下沉问题。值得注意的是，因为盾构本身重量分布不均会使盾构产生不均匀沉降，即刀盘处沉降量更大。

盾构施工造成的土体扰动是施工期沉降（或隆起）以及后期沉降的根本原因。事实上，盾构施工中及施工后的各种问题都可归因于土体扰动。土体扰动问题与盾构选型、各项设计参数、施工参数、施工工艺、施工速度，乃至地质条件、土体特性等多种因素有关。在大断面情况下，尤其是在复杂地质条件下，如何合理分析、有效减小施工期的土体扰动，尚待深入研究。

（6）长距离泥水输送

以往大直径隧道采用的是以膨润土泥水及沉淀池构成的分散泥水体系，取得了比较好的工程效果，但存在废弃泥浆排放量大、稳定性差、回收率低、泥浆指标难以控制、新浆材料用量大、泥水处理场地占地大等不足，并且在复杂地质情况和盾构推进速度较快时，开挖面稳定性较难控制。根据超大直径隧道具有泥水流量巨大、开挖面稳定性差等特点，新型泥水应具备良好的网状结构、控制黏土分散的能力、良好的剪切稀释特性、一定的结构强度、便于携带和悬浮土颗粒、失水较小、有利于泥膜的形成等特性；泥水处理设备应具备模块化、集成化、工厂化、自动化以及泥水回收率高等特性。

（7）盾构推进与道路结构同步施工

目前在国内越江隧道公路隧道内部道路同步施工的施工方法主要有两种形式：一种是首次应用于上海市延安东路隧道南线内部道路结构施工的同步施工方法，在随后的大连路隧道和翔殷路隧道等工程中也等到充分应用，但该技术只适用于单层公路隧道的施工；第二种是首次应用于上海复兴东路双层越江隧道工程，即在盾构掘进时，安装带有牛腿的成环管片，并同步在牛腿上铺设分割上、下层的道路板；但上下两层道路结构施工涉及牛腿位置的确定，管片拼装的灵活性较差，给盾构施工的轴线控制等环节造成不利的影响，且上层道路采用预制件形式，结构构件占用空间大并且其结构整体性和抗震性较差。同时，上述两种隧道内道路施工均为先掘后筑的施工方式，将盾构掘进施工和内部道路施工的工期的叠加，工期要求较长。

为克服上述技术方法的不足，需要在隧道工程施工时自行研究出一套超大直径盾构法盾构推进与现浇双层内部道路结构同步施工的方法，充分解决了隧道推进和隧道内部结构施工的同步问题，实现了真正意义上的隧道内道路结构同步施工。

（8）钱塘江防洪堤保护

防洪大堤是整个防洪体系的重要组成部分，其抗洪能力直接关乎堤防保护范围内人民生命财产安全。在上海若干越江隧道工程施工中，曾发生了大堤防汛墙底板渗水、防汛闸门变形、防汛墙倒塌等威胁堤防安全的事故。因此，盾构法越江隧道穿越大堤时，如何控制施工减少对大堤的扰动，以确保大堤的安全是十分重要的问题。

1.3 关键技术的决策、解决方案和创新点

（1）穿越抢险河

1）工程概况

东、西线各穿越一次抢险河。抢险河处隧道最小顶覆土约7.3m，平均顶覆土约8.0m，如图1.3.1所示。过浅的埋深给盾构穿越抢险河带来很大的施工难度。

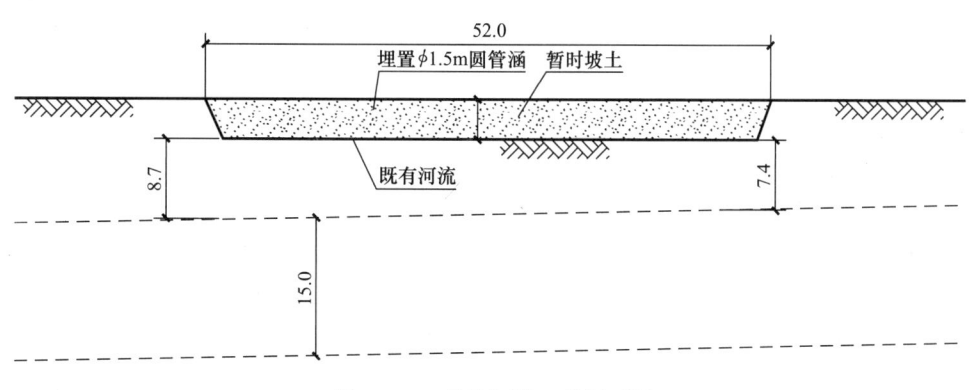

图1.3.1 抢险河处工程剖面图

2）施工对策

① 对抢险河进行回填土，回填高度与河岸相平；

② 在覆土中埋置2根直径1.5m的圆管，以保持抢险河河水的连通；

③ 盾构穿越抢险河后，挖除回填土，恢复河道；

④ 在抢险河影响范围内，采用剪力销管片。

(2) 穿越钱塘江大堤

1) 江北大堤概况，见图 1.3.2。

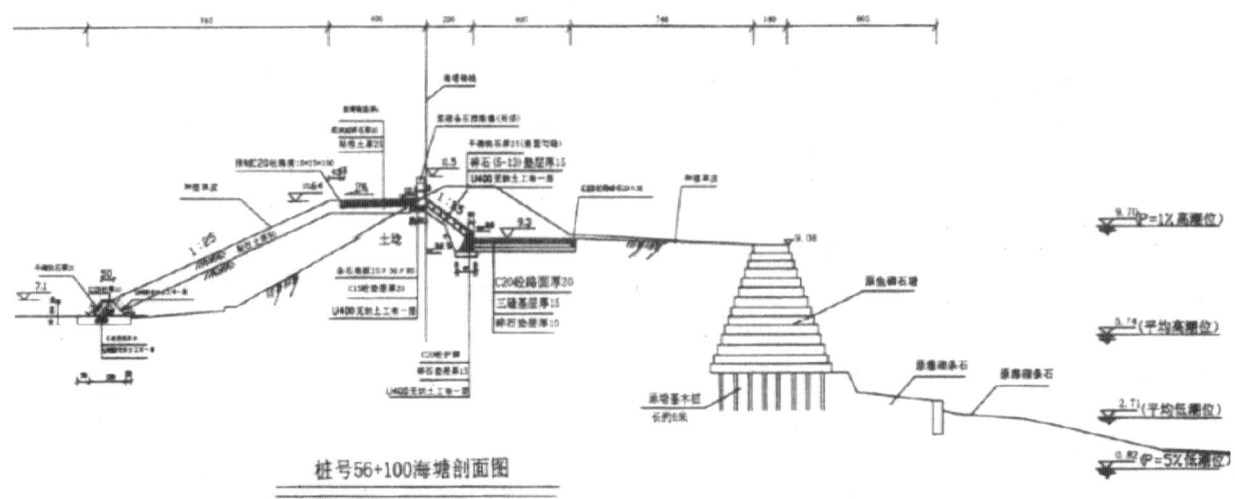

图 1.3.2　江北大堤标准断面图

江北大堤里程 RK12+320～RK12+370。覆土情况：主要土层有 2-2 砂质粉土、3-3 淤泥质黏土、4-1 淤泥质粉质黏土；覆土总厚为 16～23m。穿越主要土层：4-2 粉质黏土、5-2 粉质黏土、5-3 黏质粉土。

该大堤前身为明清时期鱼鳞石塘，后于 1997～2003 年新建成标准海塘。鱼鳞高达 5m 多，下有木桩支撑，石塘外侧设有二级砌石护坡及木排桩护脚防冲。标准海塘建成后，土埝顶面高程 8.87m，顶面宽 4m，外口设有浆砌条石防浪墙，墙顶高程 9.67m，土埝内坡为坡比 1:2.5 的土坡及植草保护。

2) 江南大堤概况，如图 1.3.3。

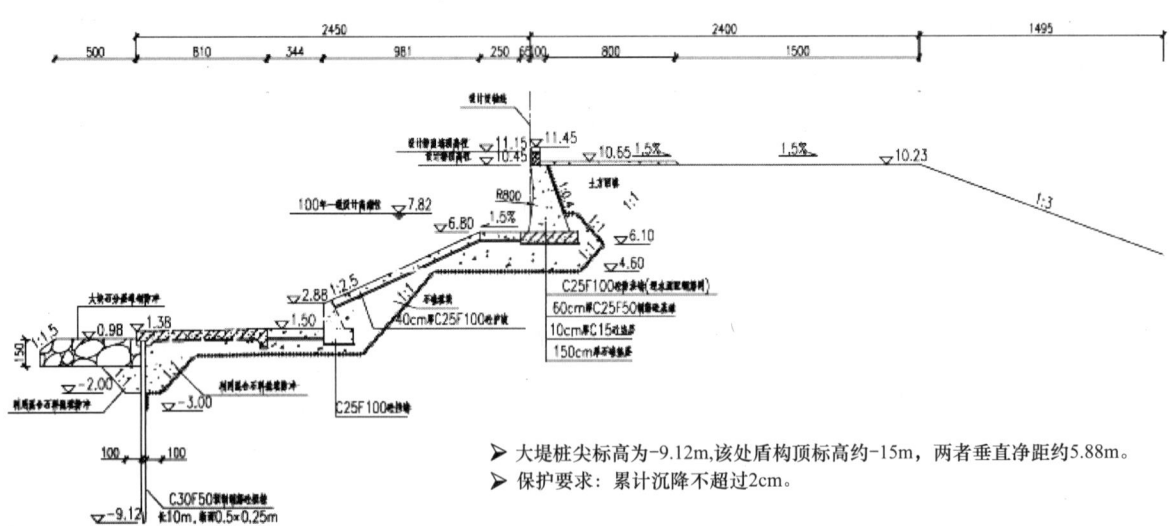

图 1.3.3　江南大堤标准断面图

江南大堤里程 RK14+660～RK14+720。覆土情况：主要土层有 1-1 填土、3-1 砂质粉土、3-2 粉砂；覆土总厚为 16～25m。穿越主要土层：4-1 淤泥质粉质黏土、4-2 粉质黏土、5-3 黏质粉土。

3) 施工对策

① 加密地面监测信息及时反馈；

② 根据地面监测数据，精确设定切口水压及注浆量；
③ 盾构匀速推进，推进过程中保持盾构机姿态稳定；
④ 在大堤影响范围内设置剪力销管片，增加隧道整体性。

(3) 盾构始发

1) 地质条件

隧道顶覆土 9.5m，处于浅覆土透水砂层中出洞，风险极大。盾构始发段工程地质情况见图 1.3.4。

2) 施工对策

① 严控出洞段地基加固质量；
② 合理设置降水井；
③ 精确设定切口水压；
④ 设置剪力销；
⑤ 泥水新浆材料进行合理选择，控制泥水质量。

(4) 盾构进洞

1) 工程概况

穿越的主要土层：④1 淤泥质粉质黏土、④2 粉质黏土（江北工作井）；③2 粉砂、④2 粉质黏土（江南工作井），如图 1.3.5 所示。

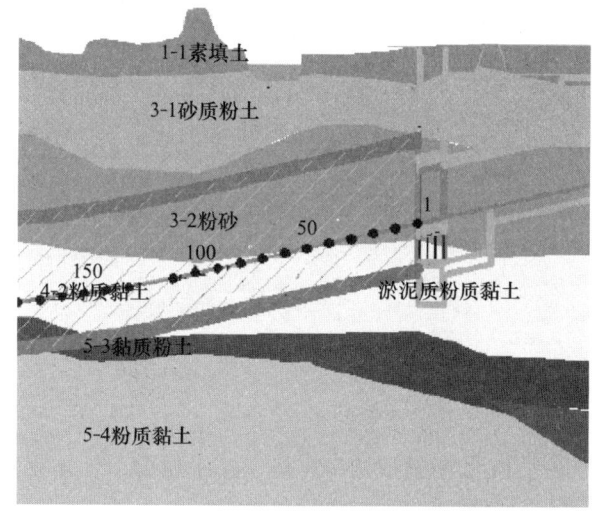

图 1.3.4 盾构始发段工程地质情况

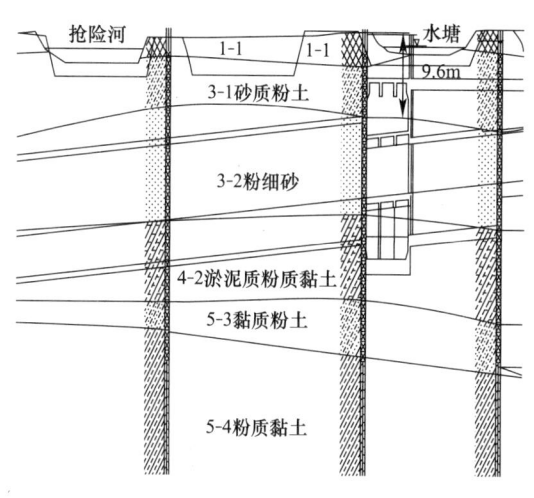

图 1.3.5 东线进洞纵断面图

坡度均为 2.8%。

进洞覆土仅为 9.6m（江南）和 8.9m（江北），属超浅覆土施工。

最大难点：③2 粉砂颗粒细、渗透性强，易产生流砂、管涌等不良地质现象。

2) 施工控制重点

① 土体加固质量；
② 轴线复测和盾构姿态控制；
③ 施工参数控制；
④ 进洞段管片拉紧措施；
⑤ 定向测量。

(5) 盾构接收

1) 工程概况

隧道顶覆土 9.5m，处于浅覆土透水砂层中出洞，风险极大，如图 1.3.6 所示。

2)施工对策

① 机头进入工作井前,在下部120°范围内安装外置式气囊。

② 机头进入工作井约2m,洞门圈四周安装气囊,并充气防止浆液漏进工作井。

(6)盾构整体调头

1)工程概况

盾构本体总重约2000t,见图1.3.7,一次性调头。

图1.3.6 盾构机接收　　　　　　　　图1.3.7 盾构机调头

2)施工对策

① 盾构调头总方案:盾构本体整体调头→车架拆分后重装。

② 盾构调头流程:采用钢基座盾构进洞→基座调平→整体调头180°→盾构平移。

(7)盾构长距离钱塘江底掘进

1)工程概况

① 江面宽约2300m,一次性掘进长度3245m。

② 水深3~4m,潮差一般为3~4m。

2)施工对策

盾构全程保护及备品备件、江底变形监测、根据水位监测数据调整切口水压、排泥接力泵、盾尾油脂压注、江底更换盾尾刷应急预案。

第 2 章 钱江隧道总体筹划

2.1 工程概述及目标

(1) 工程概述分析

钱江通道及接线工程全长 43.98km,它的建成将沟通钱塘江南北两岸三市(嘉兴、杭州、绍兴),连接沪杭高速、杭浦高速、杭甬高速、杭绍甬高速四条高速公路,为各高速公路间的相互连接提供一条快速通道。钱江隧道是其控制性、关键工程,其中西线隧道由南至北掘进,盾构在江北工作井调头,东线隧道由北至南掘进。

隧道衬砌采用钢筋混凝土通用环楔形管片,采用 1 台世界最大直径泥水平衡盾构机进行施工。钱江隧道具备的"大、长、深"三个特点。"大"——隧道开挖直径达到 15.43m,是目前世界上最大直径的盾构法隧道;"长"——盾构机一次性连续掘进距 3.2km,中间不设检修井;"深"——隧道在江底最深的埋深达到 23m。

(2) 工程质量目标

钱江隧道工程作为杭州市城市跨越式发展的标志性工程和工程施工技术装备,引领着世界软土隧道施工技术新水平影响广泛,备受社会各界广泛关注。因此,以"严格管理和施工行为,全面规范和提高安全、质量、文明施工等项目的管理水平,提升企业核心竞争力"为指导思想,按照《浙江省高速公路建设工程标准化工地管理规定》的要求,坚持隧道股份"争创优良工程,提供优质服务"的质量方针和质量保证体系程序文件标准,以"创建标化工地,确保工程优良"作为奋斗目标。

隧道股份钱江隧道项目经理部根据跨区域施工管理特点,结合交通部公路工程质量责任制、发改委等七部委《关于加强重大工程安全质量保障措施的通知》和隧道股份质量责任制的精神和要求,制订"建立健全激励机制加强第一责任人的质量责任意识,确保年度方针目标管理中的质量指标的实现和年度计划的顺利实施,追求质量卓越品牌"的质量管理责任制。具体做好以下四点:严格执行质量保证的各项管理制度;强化"谁承包谁负责"的原则;构筑有序有效的工程质量保障体系;加强过程控制管理,掌控质量状态。

钱江隧道工程具有点多面广、地域跨度大、工况条件差异大的特点,特别是盾构工作井制作、世界最大直径盾构机掘进施工,对施工现场的监控和管理带来一定难度。鉴于工程的特性,在《质量创优规划》过程中,施工单位应始终坚持"质量是整个工程施工管理最为重要的前提和基础,而质量标准化工地创建,既是门面形象工程,更是企业内在素质和整体管理水平的直接反映"的观点,并把工程质量达到优良级作为奋斗目标,并且针对工程施工各工序、各作业点的具体要求,按照《浙江省高速公路建设工程标准化工地管理规定》和质量保证体系程序文件标准,超前规划并把标准化工作贯穿于工程施工全过程,为目标的实现打下坚实的基础。

(3) 工程安全目标

项目安全管理贯穿整个工程项目全过程中,也是项目管理工作的重中之重。如何应对日益突出的安全事故,强化项目安全管理,是每一个工程项目、每一个项目管理人员需要高度重视的管理内容之一。钱江隧道施工作业庞大,技术复杂,做好施工现场的安全工作必然成为工程建设的第一大目标。

施工过程中认真贯彻执行《建筑法》、《建筑施工安全检查标准》、《浙江省建筑安全生产管理条例》和上级安全生产管理的有关规定等,进一步做好安全生产工作,保障社会稳定和企业经济发展,确保人民生命和国家财产安全。

施工期间现场管理目标:
1) 杜绝人身死亡、重伤事故;
2) 无重大的机械设备事故;
3) 无重大的交通和火灾事故;
4) 轻伤事故控制在3‰以下;
5) 安全技术措施交底率100%;
6) 重要作业安全监察到位率100%;
7) 施工现场安全达标率100%;
8) 施工现场文明施工达标率100%。

(4) 工程进度目标

工程建设开始时间为2008年1月8日,工期不含征地拆迁等前期工作,工程竣工时间2013年11月8日,总工期70个月。主要工程项目见表2.1.1。

主要工程项目　　　　　　　　　　　　　　　　表2.1.1

序 号	工程名称	序 号	工程名称
1	江南工作井及明挖段主体结构施工	8	左线盾构隧道掘进及拆卸
2	江北工作井及明挖段主体结构施工	9	右线盾构隧道掘进及拆卸
3	盾构机设计、制造、运输	10	路面及建筑装修施工
4	泥水系统采购(改造)安装调试	11	机电设备系统安装调试
5	管片模具采购及管片制作	12	附属工程施工(风塔、绿化等)
6	东(左)线盾构机下井组装、调试	13	竣工验收
7	西(右)线盾构机下井组装、调试		

2.2 施工总平面设计

2.2.1 现场平面布置

根据本工程施工总体部署和资源优化配置利用原则,对施工现场进行合理、高效地布置总平面。主要施工现场有大型临时设施场地、泥水处理场地、口字形构件制作和堆放场地、烟道板构件制作和堆放场地、盾构组装及推进辅助场地、管片临时堆场、混凝土搅拌站用地和辅材堆放场地等。

2.2.2 大型临时产地平面布置

办公区和生活区包括:
① 展示会议中心;
② 监理、施工管理人员现场办公区、现场试验中心;
③ 职工住宿、生活区。

(1) 办公区和生活区布置原则

考虑到场地因素和方便施工,办公区和职工生活区域分开布置,按照施工的人员组织和人力安排,必须满足主体工程施工高峰阶段1000名施工人员的办公、生活要求,江南占地面积约13000m^2,江北约2920m^2。

(2) 办公区域布置

办公区域共布置5幢施工管理用房。每幢办公楼包括30间办公室、1间会议室和1间洗手间。包含展示厅1座,设置绿化区带若干,以创造自然幽雅的环境。办公区内主要建筑见表2.2.1。

办公区主要建筑一览表　　　　　　　　　　　　　　　　　　　　　　表 2.2.1

序号	项目	结构形式	数量	面积（m²）	用途
1	办公楼	三层砖砌结构	5 幢	4500	办公（包含江南江北）
2	展示厅	二层框架结构	1 幢	1100	展示和会议
3	停车库	钢结构	2 幢	480	停车
4	工地试验中心	2 层砖砌结构	1 幢	600	试验

（3）职工生活区布置

生活区域主要包括多功能会议室、职工活动室、食堂、医务室、浴室、洗手间、洗衣房、烘干房、篮球场、生化处理系统等。

职工生活区内（包含江南、江北生活区）主要建筑见表2.2.2。

职工生活区主要建筑一览表　　　　　　　　　　　　　　　　　　　　　表 2.2.2

序号	项目	结构形式	数量	面积（m²）	用途
1	职工宿舍	二层砖砌结构	6 幢	3000	职工休息生活区域
2	食堂	二层砖砌结构	2 幢	1925	就餐
3	浴室	一层砖砌结构	4 间	150	洗澡用
4	洗手间	一层砖砌结构	6 间	150	厕所
5	洗衣房	一层砖砌结构	2 间	60	工作服清洗
6	开水房	一层砖砌结构	2 间	56	防暑降温
7	烘干房	一层砖砌结构	2 间	100	工作服烘干
8	医务室	一层砖砌结构	2 间	50	卫生防疫（包含在办公楼）
9	职工活动室	一层砖砌结构	2 间	400	文体活动（包含在展示厅）
10	篮球场		1 座	500	娱乐活动
11	防汛防台仓库	一层砖砌结构	1 间	200	防汛防台
12	生化处理系统		2 座	600	处理生活污、废水

（4）通信

在生活区、办公区设程控电话 100 门，配联网电脑 40 台，传真机 20 台，主要用于通信和图文交流。同时建立施工信息网，做好施工信息的远程传输和统计等工作。

2.2.3 辅助施工场地

包括泥水处理场、预制构件场地、混凝土搅拌站、管片临时堆场、盾构施工辅助场地、机修场地和材料临时堆场等。

根据现场条件，盾构推进所需管片只能由卡车直接从管片制作场地运至 JN01～JN04 地面上临时堆放，再由两台 50t 行车垂直运输至井底，然后电机车运输至盾构工作面。本平面布置同时考虑紧急情况下在同步结构施工预制构件堆放场地与管片堆放场地协调使用。

（1）泥水处理场

泥水处理场地布置在江南盾构工作井西侧的场地。泥水场地总占地面积约为 19400m²。场内主要布置处理子系统、调整子系统、新浆子系统、弃浆子系统和供水子系统等设备及相关管路。

（2）配合盾构安装施工场地

场地内设置盾构配件堆场。

(3) 预制构件施工场地

预制构件包含管片预制、口字形构件和烟道板预制。管片生产基地布置在厂区附近10km的管片生产基地。口字形构件和烟道板生产布置在场区施工区西侧，占地面积约41000m²。此区域内布置行车5台，其中，35t行车2台服务于"口"字形预制构件制作及堆放，10t桥行1台服务于仓库。15t行车2台服务于烟道板预制构件制作及堆放地。

(4) 混凝土搅拌站用地

在当地市场调查的基础上，为了保障混凝土的供应，本工程修建的混凝土搅拌站包括1台2m²机用于混凝土搅拌，一台1m²机用于砂浆搅拌、材料堆场以及一幢办公楼兼仓库和机修（约600m²），总占地面积约10000m²。

(5) 管片临时堆场及材料仓库场地

为加快施工进度，达到总体部署目标，前期盾构施工所需的所有材料只能够从JN04和JN01吊装孔垂直运输；待剩余的敞开段和暗埋段接通后，工程施工材料运输和人员进出全部由敞开段入口进入，因此场地布置要兼顾两方面材料运输。管片场地内布置50t行车2台，以实现场地内各类材料的地面吊运和运输。另外，场地内布置施工人员配套房间，包括更衣室、综合班室、料库（包括盾构耗材、废料回收、文明施工设施、安全设施、防汛防台、劳防用品仓库）。此部分总占地面积约3700m²。

(6) 盾构施工辅助用地

盾构组装：盾构采用分块运输后到现场养护、组装，设置临时堆场8000m²，配备360t行车一台用于盾构吊装。

盾构掘进：配备空压机房200m²、冷却水池（600m²×2m深）、35kV配电楼（750m²）、拌浆设施、材料堆场、注浆拌制系统、同步结构砂浆拌制系统和一个配套材料堆场4000m²（盾构组装完毕后进行改造）。

机修场地：4000m²。

盾构推进辅助场地：总占地面积约为13750m²。同时，盾构需要更换零件，配备盾构备用备品钢结构仓库（66m宽×21m宽×15m高）并设置20t行车一台用于运输，占地面积约1500m²。

2.2.4 施工用水用电

施工用水包含生产用水、生活用水和消防用水。本工程江南岸边段引入φ400mm自来水管1根，长度约6km。江北岸边段引入φ300mm自来水管1根，长度约4km。

施工供电包括盾构用电、结构用电。

盾构用电：盾构用电容量约2万kW，修建临时35kV变电站，由于盾构掘进电源必须保障，因此，由不同的两路电源供电（一用一备）：一路供电线路长7km，一路供电线路长13km。

结构施工用电：江南岸边段结构用电接驳10km长容量2050kVA结构用电；江北岸边段接驳7km2050kVA结构用电。

场区供电布置：在施工区域和临时设施区设置三排主线，每条主线设置供电分柜，按每60m配置一台。

2.2.5 临时设施

工地临时设施参照《杭州市建筑工地文明施工管理手册》的有关规定进行布置。

(1) 施工道路

工程根据现场的实际情况合理布置施工道路，施工道路采用钢筋混凝土路面，300mm厚渣+50mm碎石+300mm厚C30双层Φ16@200钢筋混凝土，道路宽度一般为12~14m。施工现场道路保持平整、无积水、无堆物。在使用中，道路如出现坑塘及下沉，及时修补，以保持平整和无积水。

(2) 施工护栏

井口的临边防护栏杆按照JGJ 59标准严格执行，工作结构井的临边防护栏杆凡涉及施工人员在结构层施工作业的都将制作标准型栏杆+挡水墙（600mm×300mm），挡墙顶预留孔洞设置栏杆，高度

1.2～1.5m。

(3) 排水、供电、供水设施

在施工场地内设置完善的排水系统，保证能在天降暴雨之时，及时汇聚、排出场地内的雨水和地面上的积水。具体措施如下：

1) 由于场地处于围垦地段，地势低洼，在施工道路中心设置直径400mm排水总管3根，在场地内设置排水明沟（250mm×300mm），用来收集地面上的雨污水，沿排水明沟每隔20～30m设一个集水井，在进入总管前设置三级沉淀系统。

2) 排水沟沟底坡度一般为3‰，以利保持地排水和道路畅通；集水井截面不小于0.6m×0.6m～0.8m×0.8m，沿外圈排水明沟每隔50m增设一个沉淀池和配套排水设施，工地上雨污水经沉淀后再排到工地外河道。同时配备一台600kVA的发电机，保障特殊紧急情况停电时需要排水。

2.3 施工进度筹划

2.3.1 工程总体部署

本工程主要包括江北岸边段、江南岸边段（剩余段）、盾构法隧道施工等3大部分。

工程初期借征地结束后，首先进行江北岸边段、江南剩余岸边段的施工。江南施工区域的生活区和办公用房布置必须考虑盾构法施工的需要，鉴于钱江隧道试验井项目已完成，进场后即可安排盾构机进场，并在西线工作井进行安装，待调试完成后，进行西线隧道的掘进。为加快管片及预制构件运输速度，提高盾构掘进效率，需尽快完成整个江南岸边段的结构施工，以满足管片和预制构件的水平运输条件，在江南剩余岸边段没有完成之前，盾构掘进所需的管片和口子件的运输采用垂直＋水平运输形式。

完成江北工作井及后续142m暗埋段的施工后，盾构到达江北工作井并进行盾构掉头，完成安装调试后进行东线隧道的掘进，到达江南东线工作井后结束隧道段掘进施工。在盾构掘进施工的同时，隧道内道路、烟道板施工，有条件时进行联络通道施工、西线机电安装。盾构进洞后进行素混凝土道路铺装层的施工，同时进行隧道内的设备安装、调试及内装饰，期间进行管理用房等的施工。

总体施工流程图如图2.3.1所示。

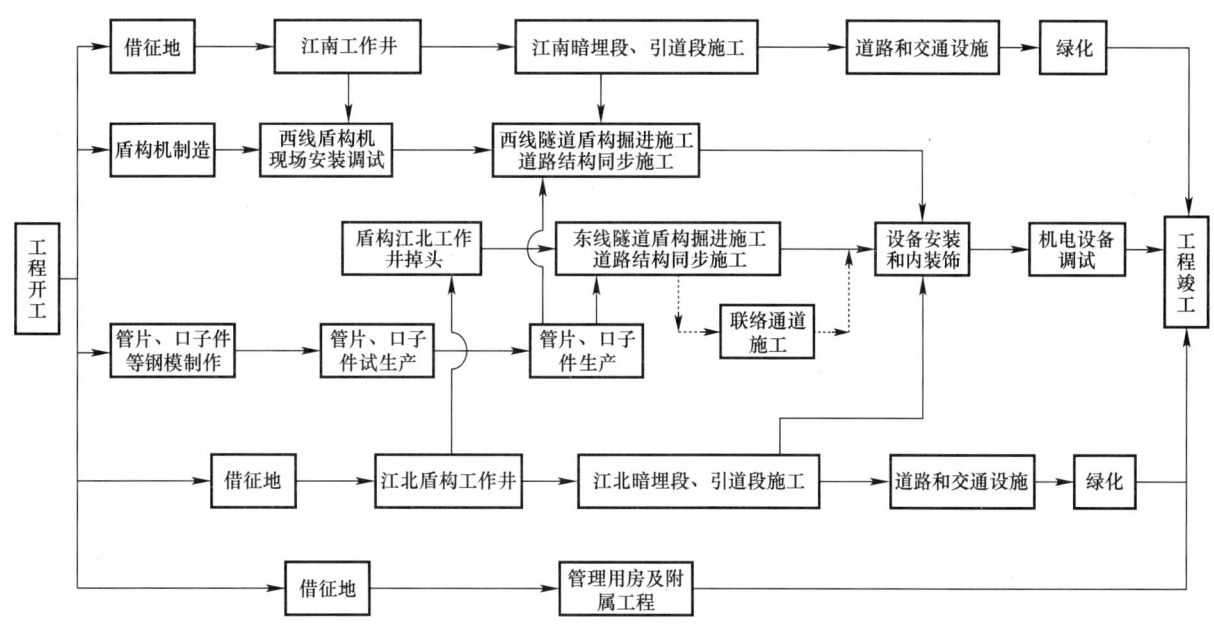

图2.3.1 钱江隧道总体施工流程表

2.3.2 工期总安排

本工程的总工期为70个月，施工总体计划表见表2.3.1所示。

施工总体计划表　　　　　　　　　　　表 2.3.1

ID	任务名称	Duration	Start	Finish	Predecessors	Resource Names
1	⊟总工期	1247d	01/01/10	05/31/13		
2	施工准备	90d	01/01/10	03/31/10		
3	⊟盾构机配套设备准备	90d	01/01/10	03/31/10		
4	盾构大件运输	60d	01/01/10	03/01/10		
5	盾构用电	30d	01/01/10	01/30/10		
6	泥水处理系统建造	90d	01/01/10	03/31/10		
7	⊟管片生产	833d	01/01/10	04/12/12		
8	钢模生产	80d	01/01/10	03/21/10		
9	管片试生产及拼装	34d	01/20/10	02/22/10		
10	西线管片生产	390d	02/23/10	03/19/11	9	
11	东线管片生产	390d	03/20/11	04/12/12	10	
12	⊟口子件生产	900d	01/01/10	06/18/12		
13	混凝土拌站施工	60d	01/01/10	03/01/10		
14	口子件生产场地修建	60d	01/01/10	03/01/10		
15	西线口子件生产	420d	03/02/10	04/25/11	14，13	
16	东线口子件生产	420d	04/26/11	06/18/12	13，15	
17	⊟江南岸边施工	1080d	01/01/10	12/15/12		
18	其余岸边段施工	300d	01/01/10	10/27/10		
19	附属工程施工（风塔等）	210d	05/26/11	12/21/11	30	
20	江南工作井西线内部结构施工	90d	05/26/11	08/23/11	30	
21	江南工作井东线内部结构施工	90d	09/17/12	12/15/12	34	
22	盾构进洞准备工作	60d	05/20/12	07/18/12	33	
23	⊟江北岸边施工	720d	01/01/10	12/21/11		
24	工作井及后续暗埋段施工…	390d	01/01/10	01/25/11		
25	盾构进洞准备工作	60d	03/27/11	05/25/11	30	
26	其余岸边段施工	390d	03/01/10	03/25/11		
27	附属工程施工（风塔、绿…	210d	05/26/11	12/21/11	30	
28	⊟江中段施工	1020d	03/02/10	12/15/12		
29	盾构安装调试	120d	03/02/10	06/29/10	4	
30	西线盾构掘进	330d	06/30/10	05/25/11	29	
31	西线隧道内道路及烟道板…	360d	07/30/10	07/24/11		
32	盾构江北工作井调头	120d	05/26/11	09/22/11	30	
33	东线隧道推进施工（325m/…	300d	09/23/11	07/18/12	32	
34	盾构拆卸	60d	07/19/12	09/16/12	33	
35	东线隧道内道路及烟道板…	360d	12/22/11	12/15/12	33	
36	⊟烟道板施工	510d	05/26/11	10/16/12		
37	烟道板施工（西线）	90d	05/26/11	08/23/11	30	
38	烟道板施工（东线）	90d	07/19/12	10/16/12	33	
39	⊟联络通道施工	270d	01/21/12	10/16/12		
40	江北侧	120d	01/21/12	05/19/12	33	
41	江中	120d	05/20/12	09/16/12	40	
42	江南侧	120d	06/19/12	10/16/12	33	
43	⊟机电设备安装	791d	02/23/11	04/23/13		
44	（西线）机电设备安装	791d	02/23/11	04/23/13		
45	（东线隧道）机电设备安装	479d	01/01/12	04/23/13		
46	（东线江南工作井）机电…	129d	12/16/12	04/23/13	21	

续表

ID	任务名称	Duration	Start	Finish	Predecessors	Resource Names
47	⊟建筑装饰工程	699d	05/26/11	04/23/13		
48	建筑装饰工程（西线）	150d	05/26/11	10/22/11	30	
49	建筑装饰工程（东线）	150d	10/26/12	03/24/13		
50	道路铺装、标识标线	30d	03/25/13	04/23/13	49	
51	设备联动调试	30d	04/24/13	05/23/13	50	
52	工程竣工验收	7d	05/24/13	05/30/13	51	
53	工程竣工通车	1d	05/31/13	05/31/13	52	

2.4 施工资源的需求及计划

2.4.1 主要施工人员配备

2.4.1.1 项目经理部人员配备

项目经理部配备人员100名，见表2.4.1。

项目经理部管理人员配备表　　　　　表2.4.1

序号	岗位	人数	序号	岗位	人数
1	项目经理	1	5	设计工程师	1
2	项目党支部书记	1		岩土工程师	1
3	项目副经理	1		工艺经理	1
	总工程师	1		测量工程师	3
4	盾构经理	1	6	盾构工程师	6
	质量主管	1		盾构堆场主管	1
	安全主管	1		泥水处理主管	1
	行政主管	1		场地主管	1
	商务主管	1		盾构设备工程师	1
	环境公关经理	1		机修和车辆主管	1
	测量主管	1		后勤经理	1
5	资料管理工程师	2	7	内部结构现场管理员	6
	安全工程师	2		盾构推进管理员	6
	电脑工程师	1		盾构施工助理员	6
	成本控制员	1		盾构堆场管理员	3
	行政管理员	1		盾构设备工程师	9
	财务员	1		盾构电气工程师	9
	工程量计量师	1		机修和车辆管理员	6
	盾构生产经理	1		泥水处理管理员	3
	设备经理	1		工艺工程师	2
	内部结构施工经理	1		技术员	8

2.4.1.2 盾构推进人员配备

盾构推进施工人员按三班二轮转方式进行配备，其中盾构每个推进班组配备人员80名，见表2.4.2。

盾构推进班组人员　　　　　表2.4.2

序号	岗位	人数	序号	岗位	人数
1	推进班长	1	4	电工	3
2	管片拼装	12	5	管道工	2
3	机械工	3	6	运输司机	9

续表

序号	岗位	人数	序号	岗位	人数
7	仓库吊运司机	2	13	电焊工	2
8	35t行车司机	1	14	同步注浆	2
9	起重工	8	15	辅助场地料管	1
10	测量	3	16	仓库辅助普工	2
11	涂料制作	16	17	推进辅助工	8
12	高压电值班	2	18	辅助场地普工	4

泥水处理系统施工人员按三班二轮转方式进行配置。泥水处理班组配备人员20名，见表2.4.3。

每个泥水处理系统班组人员　　　　　　　　　　　　　　　表2.4.3

序号	岗位	人数	序号	岗位	人数
1	泥水控制	2	6	新浆拌制普工	14
2	泥水检验	4	7	场地管理工	4
3	机械维修	4	8	取水、放浆	2
4	电器维修	4	9	行车司机	2
5	电焊工	2	10	起重工	2

为配合盾构施工，配备一个机电维修班组（见表2.4.4）和测量班组。

机电维修班组人员　　　　　　　　　　　　　　　　表2.4.4

序号	岗位	人数	序号	岗位	人数
1	机修工	9	3	电焊工	8
2	电工	10	4	普工	9

日班配备测量复测人员5名。

综上，盾构推进单班组需要配备施工人员为78人，另配备机电维修人员和日班测量复测人员，共计施工人员（80＋20）×3＋36＋5＝341人，因此，盾构法隧道推进需要配备施工人员341人。

盾构推进、泥水处理班组施工人员为三个班组两班组轮转，各班组执行每天"10-10-4"小时工作制。每天保证4小时的维修保养时间，维修保养时间为18：00～22：00，以保障盾构设备的正常运转，做到均衡施工。

2.4.1.3　内部结构人员配备

单条隧道道路结构施工人员配备200名，如表2.4.5。

单条隧道道路结构施工人员　　　　　　　　　　　　　表2.4.5

序号	岗位	人数	序号	岗位	人数
1	四级以上钢筋工	140	5	普工	140
2	四级以上木工	135	6	各类机械操作工、起重工和驾驶员	110
3	四级以上混凝土工	135	7	电工	15
4	电焊工	120	8	测量工	15

2.4.2　施工装备

2.4.2.1　主要施工机械设备

盾构法施工所需的主要机械设备见表2.4.6和表2.4.7，岸边段施工主要机械设备见表2.4.8～表2.4.18。

钱江通道工程圆隧道施工主要施工机械一览表　　　　表2.4.6

设备名称	规格	数量	单位	用途
盾构掘进机	φ15.43m泥水平衡	1	台	
同步注浆系统	双液浆	4	套	同步注浆
泥水处理系统	MS处理系统（3000m³/h）	1	套	泥水处理
	沙堡处理系统（1250m³/h）			
	沉淀池	2	套	
	三级处理（离心机、压滤机）	2	套	
吊车		1	辆	隧道内大型设备安装
叉车		1	辆	重型设备移装
工程车		1	辆	有升降臂、高空作业
皮卡		1	辆	人员、小型材料运输
双头车	35t	3	台	隧道内水平运输
行车	360t	1	台	盾构安装
行车	50t	2	台	地面及井下垂直运输
接管台车	10t	1	台	井下接泵管
卡车	10t	3	辆	运输
压浆泵	HP—013或海纳式	6	台	管道补压浆用
电焊机		6	台	焊接
排污泵	8/6AH-WARMAN PUMP	4	台	隧道内排污
挖掘机	1m³	2	台	沉淀池挖土
加温器		4	套	防水涂料制作
风机	SDF	4	台	隧道通风
风管	Φ1000	6000	m	隧道通风
电话总机	自动	1	台	施工通信用
测量仪器	WILDT2	3	台	隧道测量
测量仪器	SET2C	2	台	隧道测量
测量仪器	WILDNA2	3	台	隧道测量
空压机	0.9m³	5	台	气阀及盾尾油脂动力
低吸泵	2″	6	台	泥水设备排水
照明分段箱		52	台	隧道照明
行车	35t	3	台	预制件运输
	15t	2	台	预制件运输
	10t		台	材料运输
	20t	1	台	材料运输
自制行车	30t	1	台	内部结构安装

钱江通道工程隧道内道路同步施工主要机械一览表　　　　表2.4.7

设备名称	规格	数量	单位	用途
钢筋切断机	GQ60	2	台	切断钢筋
钢筋弯筋机	GW50	2	台	弯钢筋
电焊机	NB—350/200	4	台	焊接
木工圆锯机	MS109	1	台	木模加工
木工断料机	MSY804	1	台	木模加工
木工平刨机	MB504—1	1	台	木模加工
木工压刨机	MB106	1	台	木模加工
木工带锯机	MJ346A	1	台	木模加工
台式钻床	Z512—2	1	台	木模加工
镝灯	3.5kW	16	只	隧道照明
小太阳灯	1.5kW	10	只	隧道照明
插入式振捣器	ZN—50	4	只	混凝土振捣

续表

设备名称	规格	数量	单位	用途
混凝土固定泵		1	台	泵送混凝土
运输车		10	台	烟道板运输
定制行车		1	台	烟道板施工
潜水泵		3	台	隧道排水
强排水泵		1	台	隧道排水
平板振动机		1	台	混凝土试块制作
卷扬机	JK—1.5	1	台	拉直钢筋
弯管机	1.5寸~4寸	1	套	弯预埋管

地下连续墙施工主要施工机械一览表　　　　表 2.4.8

序号	名称	型号规格	单位	数量	用途
1	经纬仪	T2	台	4	测量放样
2	水准仪	DS3	台	4	
3	液压挖掘机	WY-100	台	4	挖导墙沟
4	空气压缩机	W-6/7	台	4	破碎障碍物
5	斗式装载机	WA-300	台	3	土方内驳
6	自卸卡车	东风 4.5t	台	6	
7	定型钢模	含配套附件	m²	300	导墙、道路等钢筋混凝土结构施工
8	插入式振动器	通用产品	台	8	
9	平板式振动器	通用产品	台	2	
10	钢跑板	1×6m/块	块	10	泥浆系统平台
11	冲拌箱	4m/只	只	6	
12	双轴拌浆机	4m/套	套	4	
13	土渣分离筛	自制	只	2	
14	旋流除渣器	600型	只	4	泥浆系统设备
15	双层振动筛	2DD-918型改造	只	2	
16	泥浆泵	3LM型（5kW）	只	6	
17	泥浆泵	4PL-250型（15kW）	只	4	
18	手拉葫芦	0.5-1.0t	只	6	
19	泥浆取样绞车	自制	台	2	
20	泥浆取样筒	1000cc	只	2	
21	泥浆取样盆		只	6	泥浆测试器具
22	泥浆测试仪器	机台用成套产品	套	2	
23	电子秒表	通用产品	块	2	
24	磅秤	100kg	台	2	
25	吸引胶管	Dg100×6m/根	根	80	泥浆输送管路
26	宝塔头法兰	Dg100（配吸引胶管）	只	80	泥浆输送管路
27	锦纶软管	Dg65（2.5″）	m	400	泥浆输送管路
28	消防快速接头	Dg65（配锦纶软管）	付	40	
29	液压抓斗	HSW2.8/800-1200型	台	2	成槽作业
29	液压抓斗	配套履带吊：90t LIEBHERR-HS855	台	2	成槽作业
30	液压抓斗	MHL-80120型	台	2	成槽作业
30	液压抓斗	配套履带吊：50t KH180-3型	台	2	成槽作业
31	履带吊	150t（日本）	台	4	
32	履带吊	50t（日本）	台	4	
33	履带吊	280t（日本）	台	2	
34	超声波测壁器	DM-686-Ⅲ型	套	3	钢筋笼等吊装作业
35	空气升液器	Dg100×28m/套	套	2	

续表

序号	名称	型号规格	单位	数量	用途
36	空气压缩机	0.9m/分通用产品	台	4	槽段质检
37	钢筋切断机	GQ40-A型（3kW）	台	3	清底换浆
38	钢筋成型机	GC40-1型（3kW）	台	3	
39	闪光对焊机	UN-100型（100kW）	台	2	地下连续墙钢筋笼制作和结构钢筋配料等
40	直流电焊机	AX-320×1型（14kW）	台	40	
41	接头管	J-790型 30m/套	套	4	墙体混凝土浇灌
42	混凝土导管	φ300或φ270 28m/套	套	8	
43	液压顶管机	自制200t/套	套	4	顶拔接头箱反力管

钻孔灌注桩施工主要施工机械一览表　　　　表2.4.9

序号	设备名称	型号	单位	数量
1	钻机	GPS-10型	台	18
2	泥浆泵	3PNL	台	4
3	泥浆泵	86NL	台	4
4	排浆泵	100NL	台	4
5	电焊机	BX1-300A，500A	台	12
6	经纬仪	蔡司020	台	2
7	水准仪	DJ—13	台	2
8	泥浆测试仪		套	2
9	吊车	QY—16	辆	4
10	导管	Φ258mm	米	200

SMW桩施工主要施工机械一览表　　　　表2.4.10

序号	名称	规格	单位	数量
1	搅拌桩机	PAS—120VAR	2	台
2	桩机	DH—508	4	部
3	拌浆桶	Sm-700-1	2	台
4	贮浆桶	SS-400-1	2	台
5	注浆泵	SYB50-50-1	3	台
6	空压机	W-3/7	1	台
7	挖机		2	台
8	吊机	16t	2	台
9	吊机	50t	2	台
10	振动锤	—	1	台
11	电箱	200A	2	只

旋喷桩施工主要施工机械一览表　　　　表2.4.11

序号	设备名称	型号及规格	单位	数量	用途
1	导孔钻机	G2—A	台	4	
2	旋喷桩机	JP76-2	台	8	
3		GPF-2	台	8	
4	拌浆桶	SM-700-1	台	8	三重管旋喷
5	贮浆桶	SS-400	台	8	
6	高压水泵	3D2-S	台	4	
7	灌浆泵	SGB6-10	台	8	
8	空压机	W-3/7G	台	4	

基坑开挖与地下结构施工主要施工机械一览表 表 2.4.12

序号	名称	型号规格	单位	数量	用途
1	破碎机	日本古河 2×200	台	4	破碎导墙
2	空压机	9m³	台	8	墙体凿毛
3	深井泵	100JC 型	台	50	井点降水
4	双节真空泵	2S-185 型	台	4	
5	蚌式抓斗	1m³	只	4	基坑挖土
6	履带吊	50t（日本）	台	8	
7	液压挖掘机	住友 S580，2m³	台	4	
8	液压挖掘机	卡特及 E300，1.6m³	台	4	
9	液压挖掘机	日立 2×220，0.6m³	台	4	
10	液压挖掘机	日立 2×60，0.25m³	台	2	
11	自卸卡车	15t 大通	辆	60	出土
12	油泵车	32~60MPa	套	2	施加支撑预应力
13	组合千斤顶	2×200t	套	4	
14	定型钢模板	3015 型（包括附件）	m²	2000	地下结构施工
15	插入式振动器	通用产品	只	30	
16	平板式振动器	通用产品	只	4	

道路施工主要施工机械一览表 表 2.4.13

序号	名称	型号	单位	数量	用途
1	沥青混凝土拌和机	ATP200 型	台	4	
2	沥青混凝土摊铺机	GF140 型	台	4	
3	混合料摊铺机	德国 ABG411 型	台	2	
4	振动压路机	6~14t 宝马双轮	台	2	
5	压路机	路友三轮	台	2	
6	压路机	15t 三轮	台	2	
7	洒水车		辆	2	

弃土和材料运输设备一览表 表 2.4.14

序号	名称	规格	单位	数量	用途
1	液压挖掘机	住友 S580，2m³	台	4	
2	液压挖掘机	日立 EX60，0.25m³	台	4	
3	自卸卡车	15t 大通	辆	40	出土
4	卡车	跃进 1041	辆	6	轻型材料运输

主要检测设备一览表 表 2.4.15

序号	名称	单位	数量	用途
1	200t 压力机	套	1	检测设备
2	摇摆振动机	套	1	检测设备
3	杠杆水泥抗折机	套	1	检测设备
4	净浆搅拌机	套	1	检测设备
5	重型击实仪	套	1	检测设备
6	土壤筛分法圆孔筛	套	1	检测设备
7	CBR 值测定仪	套	1	检测设备
8	压实度检测仪器	套	1	检测设备

续表

序号	名称	单位	数量	用途
9	土壤渗透仪	套	1	检测设备
10	灌砂法仪	套	1	检测设备
11	水泥稠度仪	套	1	检测设备
12	$1m^3$混凝土成型振动台	套	1	检测设备
13	砂渗透仪	套	1	检测设备
14	1～3000g电子秤	套	1	检测设备
15	水泥混凝土标准养护箱	套	1	检测设备
16	混凝土贯入助力仪	套	1	检测设备
17	30t压力机	套	1	检测设备
18	烘箱	套	12	检测设备
19	胶砂振动台	套	1	检测设备
20	胶砂搅拌机	套	1	检测设备
21	液塑限取值测定仪	套	1	检测设备
22	水泥蒸煮箱	套	1	检测设备
23	弯沉仪	套	1	检测设备
24	标准贯入仪	套	1	检测设备
25	环刀法仪器	套	1	检测设备
26	水泥负压筛	套	1	检测设备
27	泥浆技术指标测定仪	套	1	检测设备
28	水泥安定值测定仪	套	1	检测设备
29	100t压力机（万能）	套	1	检测设备

主要监测设备一览表　　　　　　　　　　　　表2.4.16

序号	名称	规格	单位	数量
1	精密水准仪及钢钢尺	WILD/ZEISS或相应牌号	台	1
2	（伺服加速度式）测斜仪	SINCO	台	1
3	钢弦式压力传感器或焊接式应变计（弦式）	SINCO/国产	台	1
4	磁性分层沉降仪	SINCO	台	1
5	尺式水位计	SINCO	台	1
6	经纬仪	ZEISS	台	1
7	收敛计	POSL	台	1
8	土（总）压力计，渗透压力计	SINCO/国产	台	1
9	经纬仪	J2	台	10
10	水平仪	S3	台	10
11	拓普慷全站仪	GTS-6	台	2

机电安装施工设备一览表　　　　　　　　　　　表2.4.17

序号	名称	单位	数量
1	砂轮切割机	台	2
2	电焊机	台	4
3	台钻	台	3
4	砂轮机	台	2
5	1t手动葫芦	只	6

续表

序号	名称	单位	数量
6	3t手动葫芦	只	2
7	5t手动葫芦	台	2
8	自制平板小车	辆	2
9	卷扬机	台	1
10	套丝机	台	1
11	升降机	辆	1
12	测量仪器（风速仪，转速表，风压测量仪，噪声仪等）		

主要施工接卸设备一览表　　表 2.4.18

序号	设备名称	生产厂家	型号规格	单位	数量	用途
1	PLC控制系统操作台	Enerpac		套	套	控制顶升、平移
2	液压泵站	Enerpac	SDT-SPID16	套	套	顶升、平移用
3	200t双作用千斤顶	威力	行程1200mm	台	台	盾构顶升用（2台备用）
4	100t双作用千斤顶	威力	行程1200mm	台	台	盾构顶升及平移用
5	50t螺旋千斤顶	上海千斤顶厂	行程200mm	台	台	施工备用
6	50t悬浮式滑动装置	无锡三信	行程50mm	台	台	平移滑脚
7	各种电锤	德国BOSH	TE16-C	台	台	钢板锚固用
8	水准仪/经纬仪			套	套	平移辅助测量
9	光栅尺		RQRS-5	套	套	位移传感器（2套备用）

2.4.2.2 主要施工机械设备管理

本工程涉及多种施工工艺，工程施工时施工机具用量大，且多种专业施工队在现场交叉施工，因此加强对现场的施工机具设备管理是相当重要的，项目管理部对现场的施工机具设备管理时，做到了以下要求：

（1）项目经理对现场施工设备管理负责。

（2）项目经理部设备员对设备的日常运行管理负责。

（3）专业施工队要有队长和专职设备员对本施工队的施工机具进行管理。

（4）项目经理部必须组织落实现场施工设备运行的管理网络。

（5）项目经理部根据施工进度编制施工机具进场计划表，有计划地安排各专业施工队伍的施工机具进退场。

（6）施工机具进场时，专业施工队提前一周将进场施工机具清单报项目管理部审核。施工机具进场后，项目管理部设备员必须对进场施工机具进行检查，检查施工机具状况是否符合施工要求，安全装置是否齐全，设备运行证是否有效，并填写机械设备进场检查验收表报工地监理审批。

（7）大型起重施工机械在施工现场安装后，还必须报劳动安全部门、技术部门组织验收检查，经确认合格后，方可投入使用。

（8）施工机具的操作人员必须持证上岗，项目管理部设备员应该配合项目管理部安全员，对操作人员进行培训上岗和检查上岗证。

（9）主要施工机具的使用实行机长负责制。当班机长必须是项目管理部认可的、具有经验的操作人员。

（10）主要施工机具在使用前，由机长负责对主要施工机具进行检查，由机长确认是否开机，并按实填写开机情况记录单。

(11) 主要施工机具运行记录由机长负责填写。填写内容包括：设备每天的使用情况、工作状态、零部件耗损及安全运行等。运行记录应如实反映设备的动态情况，实事求是地记录有关数据，字迹清楚。施工队设备员对运行记录中所填内容的负责检查。

(12) 运行记录于每月月底由施工队设备员汇总后交项目管理部设备员，项目管理部存档，为今后该设备的综合管理提供参考。

(13) 项目管理部设备员必须根据施工机具情况编制设备维修计划，督促施工队按计划维修保养设备。

(14) 主要施工机具运行中每天必须有不少于一小时的检查保养时间。

(15) 施工机具如未能严格管理，设备员不能及时发现和处理设备故障（隐患）而造成重大损失的，将根据有关规定追究相关人员及项目经理的责任。

第3章 钱江隧道盾构法施工技术

3.1 概述

盾构法施工在软土隧道建设中得到了广泛运用。钱江隧道采用德国海瑞克生产的 $\phi15.43m$ 大直径泥水平衡盾构进行掘进施工,为目前最大直径的泥水平衡盾构。在钱江隧道盾构法施工中,主要存在管片预制、盾构掘进、管片拼装方面的技术难点。本章详细介绍钱江隧道工程针对不同的工程问题采取的应对措施。

3.2 管片预制技术

上海隧道工程股份有限公司技术力量雄厚,拥有先进的专业生产设施和操作娴熟的员工队伍,实施严格的过程管理理念和生产模式,可生产各种规格隧道管片、钢筋混凝土管节以及桥梁预制构件。几十年来,伴随着上海隧道和轨道交通事业的发展历程,提供了上百种规格和型号的高精度、高强度、高抗渗的钢筋混凝土隧道管片。公司承担上海上中路和上海长江隧道超大直径高精度混凝土管片施工任务,在超大直径管片预制新领域中积累了丰富的生产经验。钱江隧道工程管片预制充分吸收利用已有工程的经验。

3.2.1 管片形式

钱江隧道东西线隧道共约 3244 环管片(不含负环)。管片衬砌环外径 15000mm,内径 13700mm,环宽 2000mm,壁厚 650mm。衬砌圆环分为 10 块:即标准块 7 块(B),邻接块 2 块(L)和封顶块 1 块(F)。管片环、纵向采用斜螺栓连接。环间采用 M30 纵向螺栓连接,块与块间以 M39 的环向螺栓相连。

3.2.2 管片工艺特点

钱江隧道工程在管片预制中有以下工艺特点(详见表 3.2.1)。

超大型管片生产工艺特点　　　　　　　　　　　　　　　　　　表 3.2.1

工艺内容	超大型管片工艺特点	超大型管片工艺研究及解决方法	取得的效果
钢模设计	混凝土收缩量与体积成正比,超大直径管片收缩量增加	通过长期数据统计,分析管片收缩量,制定钢模合理公差带,设计中将采用这一参数	上海长江隧道钢模已全部完成,管片精度符合要求
混凝土原材料	必须掺用多种胶凝材料	采用矿渣粉和粉煤灰组成矿物掺合料,降慢水化热进程和混凝土的自收缩	多种混凝土原材料工程运用中效果显著,保证了混凝土的质量
混凝土配合比设计	设计强度高,抗渗性能高,耐久性要求高,属于高性能混凝土	根据大体积混凝土特性,使用复合矿物掺合料、高效减水剂、控制水泥浆浆量	在上海长江隧道管片运用中,管片强度高富余量大,抗渗及耐久性符合要求
混凝土浇筑	不易均布,密实度难控制	①分区域布料,先两侧后中间,多分层;②保证振动棒的有效振动频率;③快插慢拔	预制的管片外观质量良好,密实程度好
管片起吊专用设备	管片体积大,自重重,安全性要求高	根据大型管片几何形状和受力情况,设计制造专用起吊工具:单臂侧向吊、双臂侧向吊、自落式水平吊、真空吸盘、横担式钢筋笼水平吊等	利用大型管片起吊专用设备,管片起吊平稳快捷,在多个大型隧道管片工程中,管片吊运质量得到保证

续表

工艺内容	超大型管片工艺特点	超大型管片工艺研究及解决方法	取得的效果
管片裂缝控制	管片体积大，水化热温度高，裂缝控制难度大	混凝土坍落度偏差小于1cm，严格控制收水，加强养护措施（①加盖塑料薄膜；②温水喷淋养护）	在上海长江隧道管片预制中，管片裂缝一直控制的良好，没有出现直接影响管片内在质量的裂缝
管片养护	管片体积大，温差大，低温蒸养，不同蒸养节奏养护难度大	管片蒸养温度控制在不大于55℃内，管片脱模后，进行降温，控制在温差范围内后进养护池养护，出池后再进行湿润养护	在大直径管片预制中，蒸养方案可行；上海长江隧道管片预制过程中养护得当，管片养护质量得到保证

3.2.3 超大直径高精度混凝土管片钢模

为满足施工进度要求，本工程新制作了4套钢模用于管片生产。

（1）钢模设计

根据钢模制作的成功经验，在钢模设计尤其是超大直径高精度钢模设计中要考虑的问题主要有3点：一是钢模的强度和刚度；二是钢模的精度；三是浇筑管片时操作要简便。

（2）钢模制造

超大直径高精度钢模的制造，关键在于先进的工艺。本工程钢模采用先进的结构件工艺、金加工工艺和先进的装配工艺，确保制造出高质量的钢模。

（3）钢模检测手段

超大直径高精度钢模的检测采用LIS手提式激光三维干扰仪测量系统、测量样板和其他量具（内径千分尺、深度千分尺、塞尺等）相结合的方法，可使测量尺寸更精确、简便和直接。

（4）钢模使用与维护

编制详细可行的钢模使用与维护规程，并严格实施，防止钢模的意外损害，保证其重复使用的精度。

3.2.4 管片预制质量

按照相关国家规范、地方规范、设计要求等对管片质量进行检验，包括管片尺寸、强度、抗渗漏、氯离子扩散系数等方面。严格经过检验合格后方可投入使用。

在管片试生产期间，选用不同钢模生产的管片进行混合试拼装，保证每套钢模生产的管片之间的拼装精度都能达到设计要求，满足盾构推进的需要。

3.2.5 管片预制流程

管片制作流程如下：

管片钢筋笼制作→钢模清理→钢筋笼入模→管片混凝土浇筑→蒸养、脱模、养生→预埋件→管片储运。

3.3 盾构掘进技术

钱江隧道为双向六车道，东线长度：LK12+005～LK15+250，长3245m；西线长度：RK12+002.21～RK15+244.893，长3242.683m。

管片环、纵向采用斜螺栓连接。环间采用M30纵向螺栓连接，块与块间以M39的环向螺栓相连。根据纵向是否设置剪力销的区别，分为[RQ]和[R]两种类型，管片根据隧道的埋深不同，分Ⅰ型、Ⅱ型、Ⅲ型三种不同情况的配筋，管片钢筋采用HPB235级、HRB335级。

3.3.1 施工工艺流程

本工程圆隧道部分采用1台盾构掘进施工，具体施工工艺流程见图3.3.1。

① 西线隧道由江南工作井出洞、推进、进洞→盾构在江北工作井调头至东线隧道→东线隧道出洞、推进、进洞→盾构拆除。

② 每条隧道施工过程中，"口"字形预制构件安装与盾构推进同步进行，一方面起到施工阶段隧道抗浮作用，另一方面提供管片、预制构件等材料运输的专用卡车行走基面，实现盾构快速推进。

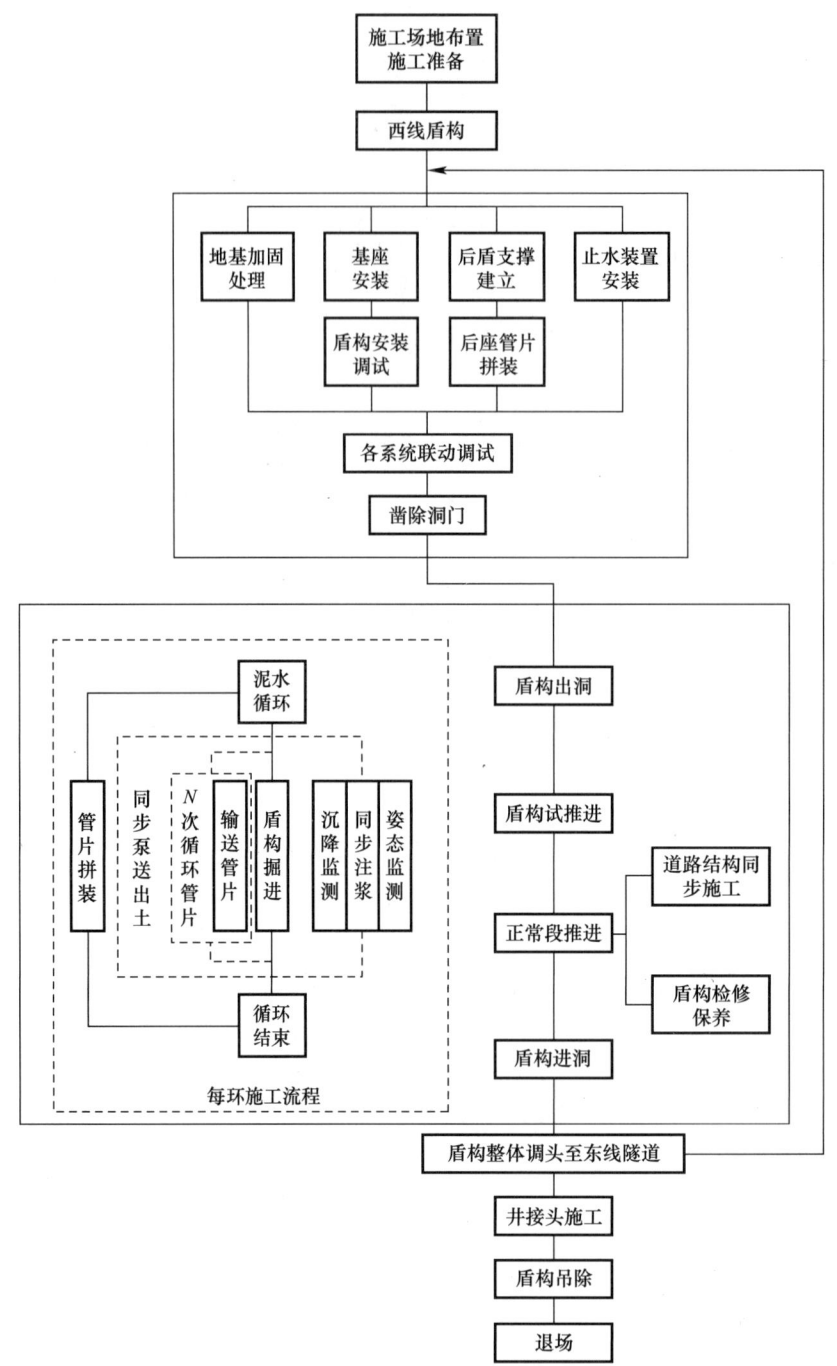

图 3.3.1 盾构施工总体流程图

③ 路面道路等其他结构采用现浇施工，滞后于尾部车架后方 100m，并实施分段分幅施工，保证运输线路畅通。

④ 每台盾构掘进一定距离后（约 2000m）拟安排一次检修，包括盾尾刷更换（实际更换时间、次数视盾尾钢丝刷磨损情况而定）。

⑤ 隧道贯通后，实施井接头和道路结构收尾施工。

3.3.2 盾构出洞

西线、东线隧道分别由江南工作井和江北工作井出洞，穿越的主要土层为③$_2$ 粉砂、④$_2$ 粉质黏土（江南工作井）；④$_1$ 淤泥质粉质黏土、④$_2$ 粉质黏土（江北工作井）。

钱江隧道盾构施工存在以下难点：

(1) 平曲线大断面出洞。本次盾构外径为15430mm，两条隧道出洞纵坡均为2.8%，造成盾构与洞圈间隙不均匀，给施工轴线控制和洞口止水工作带来较大难度。

(2) 采用了通用薄壁超宽管片技术。

(3) 浅覆土施工。本工程出洞覆土仅为9.6m（江南）和8.9m（江北），属超浅覆土施工。

(4) 不良地质条件影响。盾构在出洞段掘进中穿越渗透性较强的③$_2$粉砂，在一定的动水条件下易产生流砂、管涌等不良地质现象，很可能造成盾尾漏泥、漏砂，施工中需加以注意。

(5) 对地基加固的强度、封水性以及洞圈密封装置止水性能的要求高。

3.3.2.1 盾构出洞施工流程

盾构出洞流程见图3.3.2。

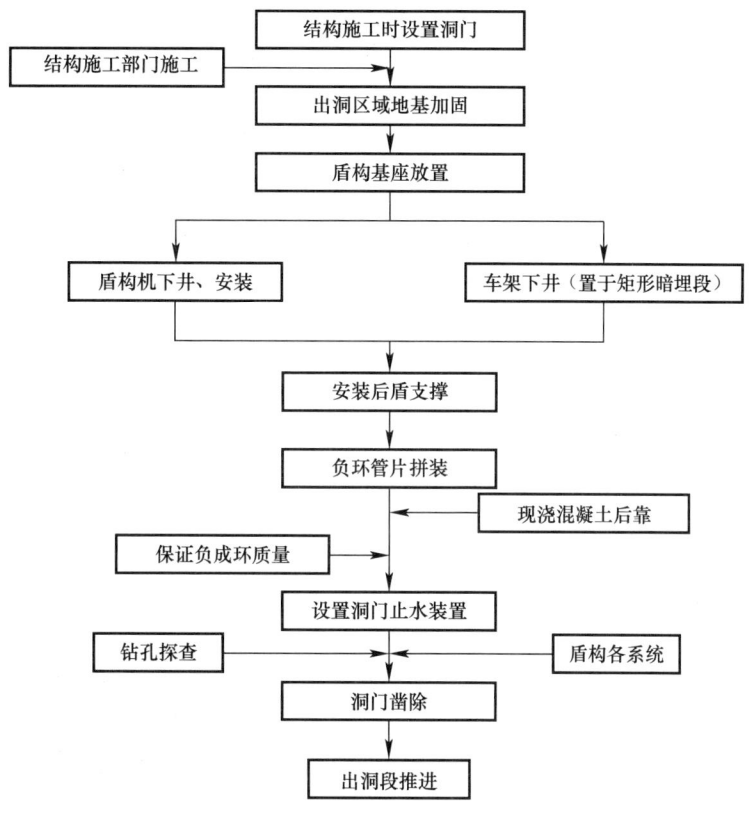

图3.3.2 盾构出洞流程图

3.3.2.2 出洞口地基加固

本工程盾构出洞采用深层搅拌桩方式进行加固，加固范围：厚度为17m（盾构掘进轴线方向），宽度为25m，加固深度30m；搅拌桩和工作井地下连续墙之间使用高压旋喷桩处理接缝，盾构始发或接收时在加固土体附近辅以降水。

为满足盾构进出洞要求，江南、江北工作井各设6口降水井（深39m，管径273mm）。

3.3.2.3 盾构基座安装

为保证盾构可以准确地按照设计轴线出洞，基座坡度按照设计坡度，东西线均为－2.8%。

西线隧道盾构基座采用钢筋混凝土现浇基础加设轨道的形式，并设置支撑加固。由于盾构机重量达3500t，此次盾构基座上共设4根盾构导向轨道。

东线隧道出洞盾构基座采用钢结构，该钢结构即为盾构整体调头的基座。

3.3.2.4 洞门口密封装置安装

钱江盾构出洞在洞圈预埋钢板上布置一个箱体结构（见图3.3.3）。该箱体按照实测盾构外形轮廓尺寸制造安装，并在此箱体内安装2道止水橡胶带和铰链板。另外在箱体上两道袜套之间沿外圈均匀布置12只压注浆液孔，以加强箱体密封效果。为加强抵抗泥水压力的能力，在井内壁沿洞圈安装3道钢刷，并在每2道钢刷之间布设12只油脂加注管。

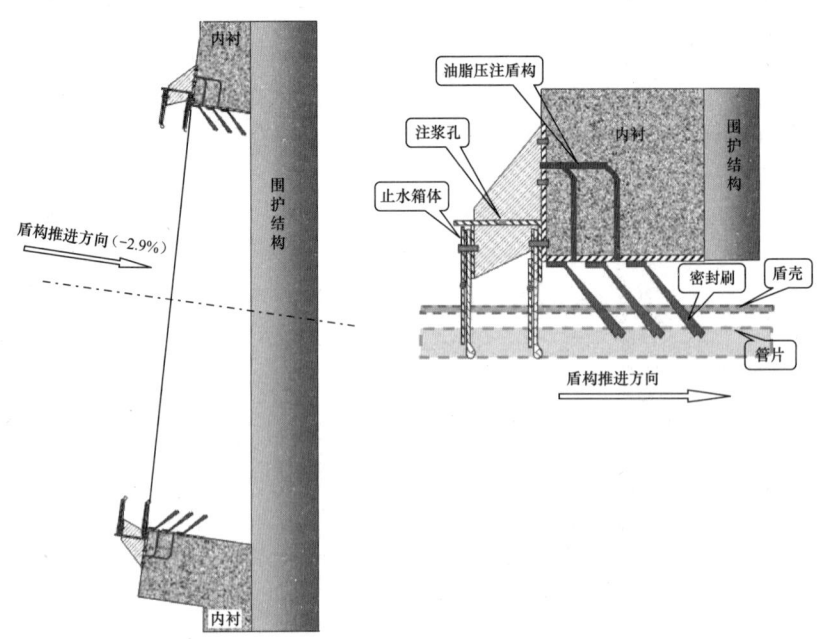

图3.3.3　洞门止水装置与盾构机相对位置示意图

3.3.2.5　后盾支撑体系建立

为使盾构推进得到一定的推力保证，需拼装盾构后座负环管片（含一环钢管片）。为确保后座负环的整体刚性、提高管片拼装的平整度和减少管片碎裂现象，所有负环管片设置为闭口环且采用错缝拼装。

负环管片的环向和纵向螺栓连接牢固后，分别逐环将初始3环负环推到符合要求的后座位置上。经复测及后座环管片达到拼装质量要求后，在最后一环负环管片和井壁之间浇筑C40钢筋混凝土后靠（离钢管片1m左右间隙）。在浇筑该部分混凝土的过程中，确保最后一环负环管片（该环为钢管片）的竖向面垂直于设计轴线，然后在现浇后靠与钢管片之间设钢支撑。在混凝土结构达到强度要求后进行后续负环管片的拼装及出洞施工。

为满足出洞需要，江南工作井西线设置了8环钢筋混凝土负环和1环钢管片，并现浇约3.7m宽的钢筋混凝土后靠，钢管片和后靠之间设置19根约1～1.5m长的ϕ609钢支撑。江北工作井东线设置10环钢筋混凝土负环和1环钢管片，并现浇约3.5m宽的钢筋混凝土后靠，钢管片和后靠之间设置19根1～1.5m长的ϕ609钢支撑。

3.3.2.6　盾构各系统安装、调试及验收

（1）盾构定位

盾构定位的准确程度主要依靠盾构基座就位的准确性，故在现浇钢筋混凝土基座前必须准确测量放样定位。在盾构吊装至盾构基座之前，先对现浇钢筋混凝土基座进行验收，确认基座位置准确，坡度符合要求。设置在基座上的轨道完全满足盾构定位及出洞时对于平整度、倾斜度和稳定性的要求，以确保盾构出洞时可以沿着导向轨道准确定位。在盾构基座安装验收合格后，在盾构基座上进行盾构机组装。

盾构车架放置于矩形暗埋段内。为满足1号车架下方船型垫块的铺设，在1号车架下方的暗埋段内现浇钢筋混凝土弧形板。

（2）盾构各系统调试及验收

在盾构机安装结束后，进行泥水系统的运行调试，检测整个系统的工作状态是否符合推进需要，并

反馈相关参数和技术指标,作为原始参考数据来指导出洞段的推进施工。

另外,还要求对同步注浆系统进行调试,检测整个系统的工作状态是否符合推进需要,并对所压注浆液的具体参数进行试验和总结。

上述各系统经盾构供应商联动调试并经相关部门验收合格后,方可进行盾构出洞施工。

3.3.2.7 盾构出洞及出洞段施工

首先对土体加固进行取芯检测,并在洞圈内打设水平探孔判断加固体的封水性。经检测,加固强度和封水性达到要求后进行盾构出洞施工。

(1) 洞门凿除

盾构在进行洞口混凝土凿除前做好一切出洞推进的准备工作。

为了凿除洞门工作的需要,预先在洞圈内搭设钢制脚手架。本工程采用风镐将洞门作粉碎性分层凿除处理。开凿、清除顺序:由上至下。洞门凿除连续施工,以尽量缩短作业时间,以减少正面土体的流失量。

整个作业过程中,由专职安全员进行全过程监督,杜绝安全事故隐患,确保人身安全,同时对洞口的密封止水装置采取必要的保护措施。

(2) 盾构出洞

对洞口混凝土凿除清理完毕,经检查洞口无杂物后,盾构立即进行推进和拼装施工。

此时以较快的施工速度将盾构切口推进至洞门内,然后开始建立泥水循环。出洞过程中密切保护洞口止水装置,保证洞口止水装置在盾构出洞时不被损坏。

(3) 主要施工参数控制

① 切口水压

出洞段施工时,由于盾构处于加固区域,且洞门还未封堵,切口水压的设定不宜过高。在前13m的盾构推进过程中,按照下限值设定切口水压,但必须能维持正常的泥水循环。

在已经完成洞门封堵后,对于盾构推进切口水压的设定值,现场施工中根据实际情况作适当的调整。

② 推进速度

出洞段推进时将速度控制在5～10mm/min左右。

③ 泥水管理

出洞段盾构推进过程中,盾构处于加固区内,泥水指标不宜过高。

④ 偏差流量

偏差流量的控制相当关键,一般控制在$3m^3$/min以内。出洞过程中大于此值时,采取措施补强止水装置。

(4) 后座管片设置

① 邻近洞口布置外弧面为钢板的特殊闭口环,其位置严格按照设计要求布置,然后根据井内净尺寸布置后座负环管片。

② 为保证后座管片环面平整度,负环均设置橡胶止水带。

③ 为减少盾构出洞时的推进阻力,盾构推进前在盾构外壳、轨道以及洞圈止水橡胶带上涂抹黄油,洞圈止水密封装置的箱体内注满油脂。

(5) 轴线控制

出洞段施工中,严格控制推进轴线,考虑到隧道的上浮,使盾构推进轴线略低于设计轴线。

(6) 同步注浆

盾构掘进至盾尾距井外壁一定距离后,开始进行同步注浆和壁后补压浆,逐渐充填衬砌背面环形建筑空隙,均采用单液浆。

结合实际工程情况,注浆量控制在理论建筑空隙的110%～140%(即22.6～$28.8m^3$),同时注意控制注浆压力,防止压力过大对洞口密封装置造成破坏影响。

（7）洞门封堵

盾尾壳体进入箱体后，该部位的建筑空隙会突变增大，在该阶段严格监控止水情况，同时调整上部120°范围内的铰链板。盾尾进入箱体5～10cm时进行通缝焊接，焊接结束后通过管片及止水装置上的注浆孔向背部建筑空隙内作适当的补压浆。

（8）泥水平衡建立

在盾构出洞前，在泥浆槽里要预制施工所需的浆液，单台盾构第一次造浆量为2500m³。泥浆采用常用的膨润土泥浆，配比见表3.3.1，并掺入HS系列泥水盾构专用处理剂（掺入量为1%～1.5%，即100m³泥浆中掺入1～1.5tHS）。

膨润土泥浆（1000kg）　　　　　　　表3.3.1

膨润土	水	纯碱	CMC
120kg	875.5kg	3kg	1.5kg

上述配比为指导配比，在施工过程中，现场设有泥水土工实验室，每环推进前测试调整槽内工作泥浆的主要指标，及时调整，使之达标，并做好记录。这样持续5环后，可观测到泥水指标变化的趋势，在指导配比的基础上做适当的调整。泥水监控是一个动态过程。

盾构在出洞段施工中，由于盾构处于加固土体区域，在不影响泥水系统正常输送平衡条件下，切口水压较低。当盾构穿越加固区后，随着推进距离增长，逐渐提高切口水压，从而达到正常的控制状态。

（9）路面"口"字形预制构件铺设

路面"口"字形预制构件的吊装同步于盾构推进，一方面起到施工阶段隧道抗浮作用，另一方面提供运输车辆行走基面，实现盾构快速推进。盾构在出洞过程中随着盾构与车架的前进，路面预制构件紧跟于前部车架后方吊装施工。

3.3.3 盾构推进

盾构出洞后推进过程可分为试推进和正常推进两个阶段。

3.3.3.1 150m试推进施工

（1）盾构试推进的控制重点

根据出洞前方的施工条件，隧道试推进距离为出洞后150m。

在试推进段施工中重点做好以下几项工作：

① 盾构操作人员用最短的时间对盾构机的操作方法、机械性能进行熟悉，较好地控制隧道轴线及地面沉降。

② 盾构出洞后，为了更好地掌握盾构施工的各类参数，此段施工时注意对推进参数的设定，地面变形与施工参数之间的关系，并对推进时的各项技术数据进行采集、统计、分析，然后对盾构推进施工参数进行调整，得到盾构继续前进后土层的活动信息，以对参数调整后的施工效果作出评价；在其后的施工中再进行"监测—调整—监测"的循环，最后确定盾构推进的施工参数设定范围。

③ 熟悉大直径超宽管片的拼装工艺，提高拼装质量。

④ 加强对盾构施工参数的采集，取得各种数据，并结合监测资料进行综合分析研究，掌握这台盾构在控制地面沉降、纠正轴线偏差等方面的特性，为以后的江底施工参数设定积累经验。

⑤ 掌握预制构件拼装工艺。

⑥ 加强与盾构供应商委派的技术人员之间的技术交流，尽快熟悉盾构及辅助设备的操作技巧。

⑦ 通过盾构供应商委派的技术人员的现场指导和培训，掌握该盾构机安全操作、维修保养和故障排除的技术。

（2）正常推进前的主要准备工作

隧道内两侧路面板的施工滞后于最后一节车架。在"口"字形预制构件脱出后部车架一定距离后（100m），即开始两侧路面板的现浇施工。

盾构推进初期，管片、浆液等工程材料只能由吊装孔吊入。待后续暗埋段和敞开段完成后即可由专用卡车通过引道段经暗埋段和同步施工路面运至盾构工作面。采用卡车运输避免了传统用电机车运输过程中的易出轨问题，且选用卡车为双头牵引，运输效率极高。

3.3.3.2 正常段施工

按照隧道工程股份有限公司完成的《大直径泥水平衡盾构长距离推进施工工法》实施。

(1) 控制标准

① 隧道质量控制标准参照《盾构法隧道施工及验收规程》。

② 在正常推进条件下，沉降值控制在规定范围内。由盾构推进引起的地面沉降不能影响周围建筑物和地下管线的安全。

(2) 地面沉降控制（信息化动态施工管理）

① 严格控制切口水压，波动范围控制在±0.02MPa以内。

② 现场建立监测信息交流沟通网络。

③ 借助"盾构法隧道施工智能化辅助决策系统"对施工参数的匹配进行合理调整减少地面沉降。

④ 及时充填盾尾建筑空隙，一般采用同步注浆及壁后补压浆工艺，对沉降量控制较大的范围作两次以上的注浆，补注浆材料宜采用双液浆。

⑤ 当盾构穿越建筑物时，必要时结合采用地面注浆加固措施来保护建筑物的稳定。

⑥ 根据沉降情况，及时调整泥水指标，以保证开挖面稳定。

(3) 掘进管理（主要施工参数控制）

根据理论计算结合实际施工效果及监测数据控制施工参数，实施动态参数控制管理。

① 切口水压设定

切口水压实际取值介于理论计算值的上下限之间，然后根据实际监测数据进行调整。

② 掘进速度

a. 盾构启动时，盾构司机检查千斤顶是否靠足，开始推进和结束推进之前速度不宜过快。每环掘进开始时，逐步提高掘进速度，防止启动速度过大。

b. 每环掘进过程中，掘进速度尽量保持均匀，减少波动，以保证切口水压的稳定和送、排泥管的畅通。

c. 推进速度的快慢必须满足每环掘进注浆量的要求，保证同步注浆系统始终处于良好的工作状态。

d. 在调整掘进速度的过程中，保持开挖面稳定。

③ 大刀盘控制

由于盾构直径大，在切削土体时刀盘周边刀相对线速度大，磨损相对较快。推进时利用刀盘磨损探测装置密切观察刀具磨损情况。

④ 掘削量的控制

根据理论计算公式计算出土体理论开挖量，并与盾构掘进实际掘削量比较，当发现掘削量过大时，立即检查泥水密度、黏度和切口水压，确保开挖面稳定。

⑤ 泥水指标控制

严格控制泥水的相对密度、黏度，使其满足推进要求。根据以往类似工程经验，每环需加入新浆$60\sim120m^3$。

⑥ 同步注浆

采用单液浆（配比见表3.3.2），控制注浆压力和注浆均匀性。注浆量为一般为理论建筑空隙的$110\%\sim140\%$（即$22.6\sim28.8m^3$）。

浆液主要材料配比（$1m^3$） 表3.3.2

浆液材料	黄沙	水	石灰	添加剂
用量	1180kg	250～300L	80kg	5～8kg

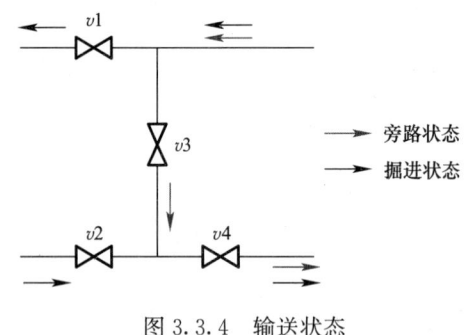

图 3.3.4 输送状态

(4) 泥水管理

通过对泥水配比、新浆加量的及时调整实现对泥水指标（相对密度、黏度、pH 值、析水量等）的有效控制，使其满足推进要求。

(5) 泥水输送

① 输送状态（见图 3.3.4）

主要有旁路状态、掘进状态、停止状态、接管状态、长期停止模式 5 种模式。

② 接力泵设置

根据盾构供应商提供的资料，盾构机共设一套送泥泵 P1-1，3 套排泥泵 P2.1～P2.3。

(6) 盾尾油脂的压注

本工程采用的盾构机的盾尾密封系统具有良好的可靠性和耐久性，其最大工作水压可达到 0.75MPa。盾尾设置 3 道密封钢丝刷和 1 道钢板刷，施工过程中可在各道密封刷之间利用自动供给油脂系统压注高止水性油脂，确保高水压作用下的止水可靠性。另外，盾尾配备了在紧急情况下进行紧急止水的装置，该装置可以反复多次使用。管片拼装机满足在调换最内 3 道盾尾密封时已成环管片的拆卸、拼装功能，盾尾密封刷的更换作业不影响和损坏紧急止水装置。

盾尾密封油脂系统具有自动注脂的功能，同时兼有手动控制的功能。各注脂管路上安装有电气控制的阀门和压力控制装置，并有压力、流量和压注总量显示功能。

盾尾油脂压注应定期、定量、定位压注。当发现盾尾有少量漏浆时，可以对漏浆部位及时进行补压盾尾油脂（见图 3.3.5）。

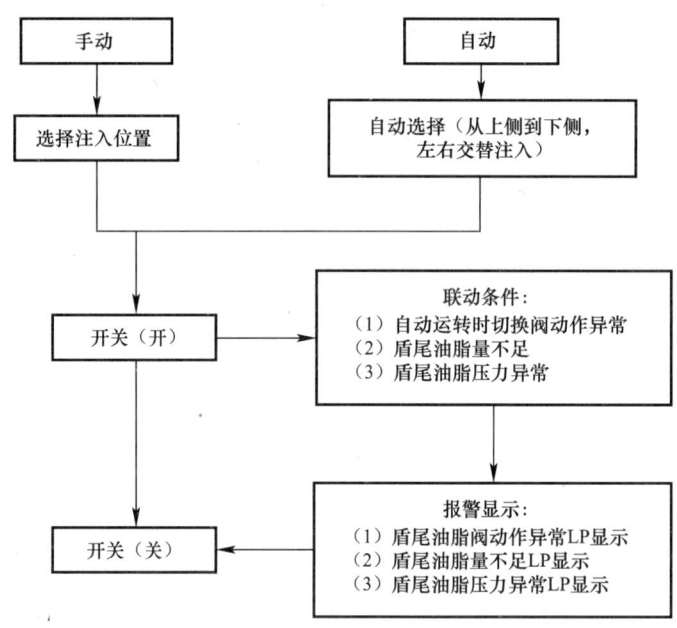

图 3.3.5 盾尾油脂压注示意图

选用日本松村石油化成株式会社的 ♯8000NP 盾尾油脂。每环使用量为 200～250kg。

(7) 轴线控制

① 确保长距离隧道的测量精度。

采用 GPS 静态测量方式布设 GPS 控制网完成地面平面和高程控制测量工作；联系测量采用 GPS 控制点加高精度激光投点仪来实现。高程传递采用高程导入法，同平面联系测量一样，在掘进过程中安排多次高程传递工作；盾构推进过程中多次对井下导线进行复核，以减少已建隧道位移对测量精度带来的误差。

② 管片选型。

使用《盾构隧道施工智能化管片选型软件》对下一环管片及下一阶段的管片进行科学预测和选定，并根据实际情况及时调整。

③ 盾构姿态控制。

为便于轴线控制，将千斤顶设置分成不同区域。在切口水压正确设定的前提下，严格控制各区域油压及千斤顶的行程，同时盾构司机根据盾构姿态监控系统提供的有关盾构空间位置及方位的连续更新的信息，随时调整盾构推进方向及姿态，合理纠偏，做到勤纠，减小单次纠偏量，实现盾构沿设计轴线方向推进。

④ 严格控制施工参数。

每环推进时正确设定切口水压，保证每环土砂量接近理论值，减小土体扰动。

⑤ 盾构推进尽可能做到连续性，减少不必要的停顿。

(8) 隧道抗浮

根据大型泥水平衡盾构施工经验，盾构施工过程中将使临近盾构的隧道产生"上浮"。

① 隧道的纵向变形监测

通过监测使施工人员及时了解隧道位移量，以便及时采取相应措施，如调整注浆部位及注浆量，配制质量更好的浆液等。

② 隧道抗浮措施

a. 严格控制隧道轴线。

b. 严格控制地面沉降。

c. 加强同步注浆管理。

d. 当发现隧道上浮量较大，且波及范围较远时应立即对已建隧道补压浆。

e. 确保每环管片之间紧密连接，在管片脱出盾尾后重新拧紧所有纵环向螺栓。

f. 及时铺设隧道道路预制构件。

(9) 隧道断面布置

隧道断面布置主要考虑合理利用空间，并考虑安全因素，井口通往盾构的所有管线和隧道内照明等其他设施均布置在同步施工路面防撞侧墙以上，以不影响隧道内道路同步施工（见图3.3.6）。

① 运输通道

盾构推进时现浇路面分段分幅浇筑，划分出施工材料通道和人行通道。

② 隧道照明

在隧道左、右上方每相隔4m各布置1个灯架，照明电缆和灯具固定在上面，高压和低压电缆布置在左侧风管下方。"口"字形预制构件内每相隔15m布置1个灯架照明电缆和灯具固定在上面。

③ 管路

隧道右侧布置1根ϕ600mm的送泥管和1根ϕ500mm的排泥管用于盾构推进泥水循环；隧道左侧布置2根ϕ125mm的进水管和2根ϕ150mm的空气管，为盾构工作面提供水和压缩空气，再布置一根ϕ200mm的排水管，用于盾构工作面排水。另外，在隧道内同步施工路面下布置一根ϕ150mm的排水管，用于隧道内排水。

④ 电缆、通信线路

高压和低压电缆均布置在隧道左上方，另外，在隧道右侧布置一根泄漏电缆，供隧道内使用移动电话，控制、通信电缆和光缆布置在隧道左侧。

⑤ 通风管

隧道左右上方各布置一条ϕ1800mm通风管，每隔4m用吊架固定。

(10) 接管排污处理

在后方车架接管处需采用特殊接管装置（有效接管长度10m），尽量减少或避免管路中的泥浆溢入隧道内。

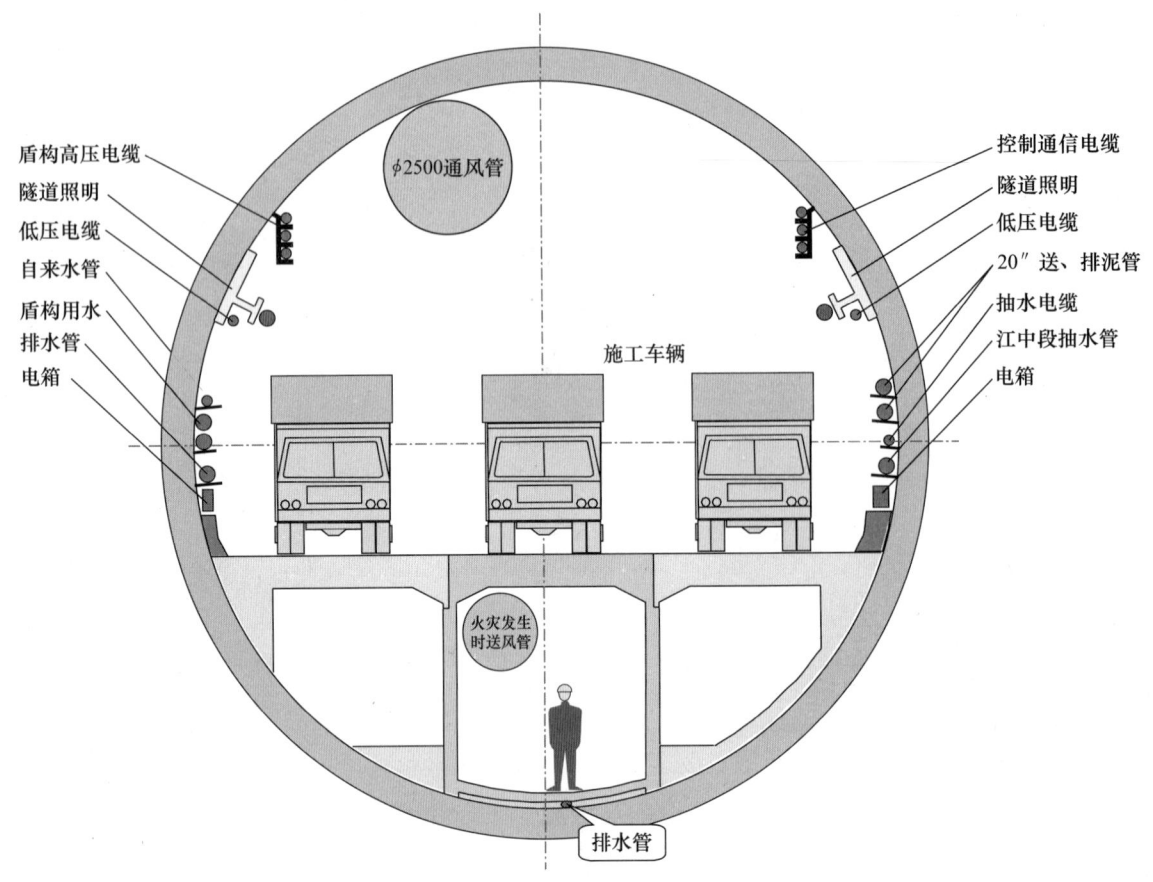

图 3.3.6　隧道断面布置示意图

(11) 隧道内通信

隧道内通信主要包括信息网络、视频监控、电话通信、无线通信系统。

3.3.4　盾构进洞

西线、东线盾构进洞穿越的主要土层为：④$_1$淤泥质粉质黏土、④$_2$粉质黏土（江北工作井）；③$_2$粉砂、④$_2$粉质黏土（江南工作井），均坡度为 2.8%，进洞覆土仅为 9.6m（江南）和 8.9m（江北），属超浅覆土施工，给地面沉降控制增加了难度。

3.3.4.1　盾构进洞施工准备

(1) 进洞口土体加固

根据盾构进洞段的土质情况，为保证盾构顺利进入接收井，需对进洞范围内的土体采取加固措施。钱江隧道工程工作井外盾构进洞处土体采用搅拌桩加固，加固厚度为 14m，宽度为 24m，加固深度 30m。搅拌桩和工作井地下连续墙之间使用高压旋喷桩处理接缝，盾构始发或接收时在加固土体附近辅以降水以保证盾构进洞的安全。

为满足盾构进出洞要求，江南、江北工作井各设 6 口降水井（深 39m，管径 273mm）。

(2) 接收井内布置

盾构接收井施工完成后对洞门位置的方位测量确认，在接收井内根据盾构进洞轴线构筑盾构接收基座，接收井内洞门封堵材料等各项工作全部准备就绪。

另外，为确保盾构进洞安全，防止进洞时水砂涌入接收井，在盾构进洞前必须安装好洞门扇形钢板。在扇形钢板上分别开设 8 只注浆孔，并装上球阀，以备今后注浆时使用。

另外，考虑到盾构进洞时洞门直径大，盾构进洞后洞门封堵需要一段时间，为确保洞门封堵期间施工安全，防止水土涌入接收井，在洞门内安装预埋气囊，盾构进洞后通过在气囊内充气使气囊膨胀来封闭管片与洞门之间的间隙。

（3）复核测量

在盾构进洞前100m时，进行一次定向测量作业。盾构贯通前的测量是复核盾构所处的方位、确认盾构姿态、评估盾构进洞时的姿态和拟定盾构进洞段的施工轴线、推进坡度的控制值和施工方案等的重要依据，以使盾构在此阶段的施工中始终按预定的方案实施，以良好的姿态进洞，准确就位在盾构接收基座上。

3.3.4.2 盾构进洞

（1）轴线控制

在该阶段推进施工中，为使盾构进洞的姿态与接收基座配合良好，并保证盾构外壳与洞圈间隙足够，重点保持对隧道轴线和盾构姿态控制的关注，确保盾构严格按照设计轴线推进，顺利准确进洞。

（2）其他施工要点

在盾构切口距洞门10m时，推进施工中主要采取了以下措施：

① 进洞段的推进速度控制在5～10mm/min。

② 在保证泥水系统正常运行的前提下，切口水压降为最低限度。

③ 密切观察洞门变形和刀盘力矩等参数的变化情况，一旦发现有异常情况应立即停止推进，采取相应对策。

④ 在确定洞口土体稳定条件下，可逐渐降低泥水黏度及相对密度指标，直至用清水替代。

⑤ 加快信息反馈速度，并加强作业人员之间的联系和交流，以实时化、信息化的施工提高精度和质量。

在盾构靠上洞门地下墙后，施工中严格执行了以下事项：

① 对成环管片（进洞段20m）连接件进行复紧，并用槽钢对管片进行紧固连接，避免盾构进洞过程中管片接缝张开等现象发生。

② 在调整槽内加满清水，清洗泥水管路，旁路清洗直至管路清水为止。

③ 通过洞门混凝土的开孔，进一步确认盾构的姿态和方位。

盾构盾尾脱出地下连续墙后，以最快的速度进行盾构的推进和管片的拼装工作，并安排人员密切注意基座、轨道及各支撑的状态，以保证盾构准确定位在盾构基座上，同时还安排了人员负责监控盾构与洞门四周间隙内有无漏泥。

3.3.4.3 洞门封堵

在洞口环脱出盾尾后，即进行洞口封堵工作（见图3.3.7）。

封堵完成后结合实际情况，从隧道内进行二次注浆，对进洞段10m范围内隧道周围建筑空隙压注双液浆填充加固。

3.3.4.4 盾构吊除及外运

西线盾构进洞后在江北井内整体调头至东线隧道，并完成由江北工作井至江南工作井的推进施工，进洞后将盾构解体并吊除，然后依次将后续车架推进至工作井内，分解后吊除。

3.3.5 盾构整体调头

3.3.5.1 总体施工方案

西线隧道在江北工作井进洞后，对盾构进行整体调头至东线隧道。其中，盾构机本体采用整体调头的方式，完成后，车架由特制超大44m跨距80t吊车从西线工作井分段吊出，从东线隧道暗埋段上的预留孔吊入安装。

钱江隧道工程盾构外径φ15430mm，整体长度15800mm，旋转直径22084mm，总体重量1800t，因为不均分布重量荷

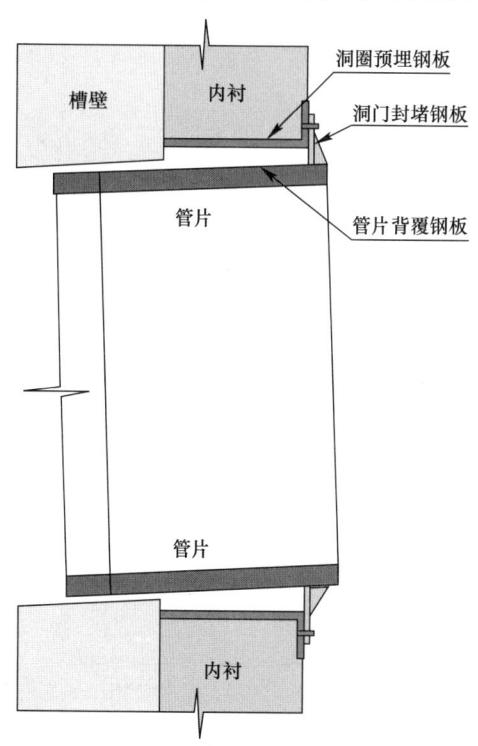

图3.3.7 洞口环钢板焊接图

载（纵向），重心靠近前端，离前端鼻尖 3200mm。

本工程采用了 PLC 整体同步顶升技术，通过调整可移位式盾构基座搁架（与盾构机焊接为一个可以动单元），达到盾构机的下降调平、平移、旋转、顶升调坡的目的。施工步骤概况如下：

（1）工作井施工完毕，对工作井底板进行找平处理后，底板上满铺 16mm 厚钢板，作为滑移的滑动摩擦面，根据滑移轨迹线，可以在不影响移动的前提下通过植入钢筋使钢板与混凝土底面连接固定。

（2）根据定位基线，在西侧工作井安装钢构基座搁架及平移悬浮式滑动支座。基座搁架按盾构前进方向 2.8% 的上坡坡度安装，并与工作井四壁进行支撑固定。

（3）盾构机完成土体掘进，靠自身顶力缓慢移动至基座搁架后，将盾构机与基座搁架进行焊接，成为可移位的单元。

（4）通过安装在基座搁架两侧的顶升千斤顶将基座搁架整体进行下降调坡，拆除临时支撑垫块，使盾构机由 2.8% 的坡度变成水平状态，使整个盾构机由悬浮式滑脚进行支撑。

（5）将整个盾构机（包括基座搁架）由西侧工作井推移到东侧工作井。

（6）摩擦面为高分子摩擦材料与涂油钢板进行摩擦，此种摩擦面的实验摩擦系数为 0.01，设计计算取摩擦系数为 0.05，并在滑脚两侧设置限位装置，保证平移的方向。

（7）顶推反力后背利用四周侧墙或在底板的钢板上焊接顶推支座，旋转反力后背采用在底板的钢板上焊接顶推支座的方法。

（8）通过 4 台 100t 的带铰点的旋转用千斤顶作为盾构机进行 180°旋转时的动力系统。

（9）搁架底部重心位置设置钢构旋转轴，旋转时绕转轴进行。

（10）利用 PLC 同步控制系统控制，实现平移、顶升的力和位移的实时可控，对盾构机移位进行三维精准控制，保证精度在 1mm 的要求范围内。

（11）旋转完成后，利用搁架两侧的顶升千斤顶，将基座搁架按沿盾构前进方向顶升调成 2.8% 的下坡，用临时垫块支撑搁架，从而完成整个转向工程。

3.3.5.2 主要施工工序

（1）工作井底板钢板铺设

1）钢板铺设

工作井施工完毕，对工作井底板进行找平处理后，底板上满铺 16mm 厚钢板，作为滑移的滑动摩擦面。工程对钢板作了如下要求：

① 钢板铺设前保证滑移工作井混凝土底板顶面高差不大于 2cm，平整度不大于 $5mm/m^2$；可以铺干砂或抹砂浆找平层进行找平处理。

② 各块钢板之间采用坡口焊，并保证接缝平整牢固。平移前进方向钢板铺设不能出现错台，特别注意平移方向前端钢板不能高出后端钢板，如出现错台必须进行打磨处理。

③ 焊缝长度要求：

滑脚平移、旋转区域，钢板焊缝须通长满焊，其余区域可间断焊。间断焊焊缝长 10cm@1000。

2）钢板固定

钢板铺设完毕后，利用乙炔枪对钢板烧孔，然后在混凝土底板上相对位置钻孔，孔径不小于 32mm，并植入 $\Phi 22$ 的钢筋伸入混凝土底板对钢板进行固定，植筋深度不小于 400mm，用砂浆填满混凝土孔，植筋完毕后钢板孔与钢筋间进行塞焊，并对焊接处进行打磨找平处理。植筋锚固点根据旋转要求布置成圆形，每点植 2 根 $\Phi 22$ 钢筋，2 筋间距 250mm。

（2）基座搁架支承体系组成及安装

1）基座搁架组成

① 可移位式盾构基座搁架由导轨、横梁、纵联、垫块、悬浮滑移装置、调坡千斤顶及弧形底座等组成。

② 导轨采用 100mm×120mm 方钢，共设置 4 根，均布于盾壳下部 60°圆弧内，外侧 2 根导轨紧贴盾壳，直接置于横梁顶部；中间 2 根导轨离盾壳 7mm，并通过楔形垫板置于横梁顶部。

③ 基座搁架共设 11 榀横梁，并通过纵联连成一体。横梁为变高度工字梁，在四组悬浮装置位置设有 14mm 厚的加劲肋。横梁两端设开口箱形柱，可内置调坡千斤顶，供搁架调坡用，箱柱顶设千斤顶弧形顶座，箱柱底设环形连接板可与调坡垫块螺栓连接。箱柱外侧上、下部可连横撑座板，以便盾构机到达和始发时基座搁架与井壁横撑固定。

④ 基座搁架共设 5 根 $\phi 500 \times 12$ 的纵联钢管，并与横梁焊成一体，形成平面框架体系，并承受盾构到达座入基座搁架时的水平顶力。为满足移位及组装分段需要，将分段处两横梁间的纵联分成四节，并用法兰和螺栓相连。盾构机到达和始发时，基座搁架通过两端的纵联法兰与井壁纵撑固定。

⑤ 基底搁架移位旋转时，在每榀搁架横梁下设置四个内力可控式悬浮滑移装置，滑移装置由顶座盒、液压缸、下垫板、滑块组成。顶座盒通过节点板与横梁下翼缘焊连。两端座盒除可承受滑移装置的水平力外，还可作为纵移千斤顶座。

⑥ 基座搁架旋转时，在盾构重心处设转轴，既便于旋转体定位，又可承受旋转时的水平力。在搁架四角的箱柱底部焊有供安装旋转千斤顶用的座板。转轴由上轴套和下轴心组成，上轴套顶板通过节点板与横梁下翼缘焊接。

⑦ 调坡千斤顶下设弧形底座，并与箱柱顶弧形顶座配合，可维持调坡过程中千斤中心受力。

⑧ 调坡垫块分上、下两节。安装在横梁箱柱下方，承受经由导轨、横梁、箱柱传递来的盾构荷载。每块垫块由两块槽形截面用螺栓连成箱形截面，以便于千斤顶调坡完成后，从千斤顶两侧进行垫块安装。

2）基座搁架安装

现场安装时根据定位基线，作为安装基线。

当盾构到达西侧接收井时，安装上节垫块，对应横梁编号为（1）～（11），使盾构为 2.8% 上坡。当盾构基座搁架在东侧工作井始发时，上、下节垫块合并安装，此时对应横梁号由（1）～（11）改为（1）～（11），使盾构变成 2.8% 下坡。

基座搁架安装调整完毕后，安装与工作井固定的井壁支撑。基座搁架前后井壁支撑连接位置为纵联 $\phi 500$ 钢管法兰盘，可将纵向井壁支撑连接件用螺栓与法兰盘连接。位置为（1）、（3）、（5）、（7）、（9）、（11）号横梁两端箱柱外侧上、下横撑座板处。可将横向井壁支撑与横撑座板焊接（或钻孔螺栓连接）。

3）注意事项

① 基座搁架加工完成，将搁架横梁、纵联、上节垫块组成一体后，在工厂进行交货前验收，重点检查导轨连接面的误差不得大于 3mm，其余质量按相关规范进行检验。

② 基座搁架提前运入施工现场，进行场地内整体预拼装。待顶升模拟试验合格后，将搁架分成四段进行吊装至工作井内进行实际安装工作。

③ 搁架在工作井安装时，标高控制主要是控制导轨连接面的标高，在保证导轨连接面标高满足要求的前提下，可以在支撑底部垫薄钢板进行找平；此时调坡千斤顶顶紧钢板，以保证盾构座入搁架时垫块与千斤顶同时受力。

④ 基座安装定位线、导轨顶面标高数据都依据甲方提供的定位基点进行放置，施工放线完毕后报甲方进行确认。

⑤ 到达东侧工作始发井后，注意支撑下的垫块安装顺序。

⑥ 在盾构座入基座架前，在尾段 4 榀横架梁三档间距焊装支承托板，以增加导轨受力。

（3）移位施工

1）液压设备选用

本次选用的千斤顶分为调坡用千斤顶、顶推用千斤顶、内力可控悬浮式滑动支座用千斤顶和旋转用铰式千斤顶四种。

① 调坡用千斤顶

调坡千斤顶安装在基座搁架箱柱内，上下均设弧形板，以保证在调坡过程中千斤顶中心受力。盾构机前段的(6)、(7)、(8)、(9)、(10)、(11)榀搁架安装12台顶力为200t的千斤顶，盾构机后段的第(1)、(3)、(5)榀搁架上共计安装6台顶力为100t的千斤顶，总共可以提供3000t的顶力，安全储备系数为1.67。

② 平移、旋转用千斤顶

采用双作用千斤顶，顶推力为50t、100t液压千斤顶和50t的螺旋千斤顶三种。摩擦系数按0.05考虑，考虑1.35的储备系数。盾构平移时需要121.5t的推力，考虑到千斤顶行程和工期需求等因素，千斤顶选用原则如下：

a. 盾构纵、横移时布置8台100t的千斤顶，纵移时千斤顶布置在第(1)榀或第(11)榀滑脚位置后端，横移时布置在(2)、(5)、(8)、(11)榀的箱柱端；

b. 旋转时布置4台200t的千斤顶，位置为第(5)、(11)榀的箱柱端侧。

③ 内力可控悬浮式滑动支座

根据荷载状况和转向的要求在每榀搁架的底部放置滑动支座，支座由千斤顶和高分子材料滑块组合而成。单块支座的尺寸为250mm×250mm，额定承载力为100t，根据荷载的需求支座可以通过螺栓连接组合使用，从而提供较大的承载力。

支座安装在顶座盒里，盾构机每个顶座盒里安装2个滑移支座。

④ PLC液压同步顶升控制系统

本工程对盾构机平移、旋转及就位后的靠拢对接要求均较高，其中对接精度要求在1mm范围内。这就对各个步骤的控制精度提出了较高的要求，因此采用成熟的PLC控制系统控制技术，保证各个施工步骤的施工精度满足相关要求。

本工程采用的PLC液压同步移位系统已在上中路越江工程盾构180°转向工程、上海音乐厅整体顶升与平移工程、北京英国大使馆旧址整体平移工程、上海真北路整体抬升工程、上海天山路房屋平移旋转工程、湖州屺风大桥整体抬升工程、浙赣线电气化改造工程等多个项目中成功应用。

2) 顶升调坡施工

① 前期准备工作

a. 顶升系统可靠性检验

元件的可靠性检验：元件的质量是系统质量的基础，为确保元件可靠，本系统选用的元件均为Enerpac的优质产品或国际品牌产品。在正式实施顶升前，将以70%～90%的顶升力在现场保压5h，再次确认密封的可靠性。

液压油的清洁度：液压油的清洁度是系统可靠的保证，本系统的设计和装配工艺，除严格按照污染控制的设计准则和工艺要求进行外，连接软管在工厂进行严格冲洗，封口后移至现场，现场安装完毕进行10次空载运行，以排除现场装配过程中可能意外混入的污垢。

力闭环的稳定性：所谓力闭环就是当系统设定好一定的力后，力的误差在5%内，当力超过此范围后，系统自动调整到设定值的范围；力闭环是本系统的基础，力闭环的调试利用死点加压，在工厂内逐台进行。

位置闭环的稳定性：所谓位置闭环就是当系统给光栅尺设定顶升高度后，当顶升高度超过此高度系统自动降至此高度，当顶升高度低于此高度系统自动升至此高度，保证系统顶升的安全性与同步性。

b. 现场提前模拟调坡施工

为了确保工期，保证顶升、落坡工作的一次性成功。液压设备和基座搁架提前进场，在基坑外进行预拼装，然后按照实际顶升的千斤顶布置与分组情况，对整个基座搁架进行预顶升、落坡的模拟顶升。以便能提早发现问题，解决问题，确保设备进入基坑后能够一次性顶升成功。

调试内容如下：

a) 液压系统检查

油缸安装牢固正确；

泵站与油缸之间的油管连接必须正确、可靠；

油箱液面,应达到规定高度;

备用液压油,加油必须经过滤油机;

液压系统运行是否正常,油路有无堵塞或泄漏;

液压油是否需要通过空载运行过滤清洁。

b)控制系统检查

系统安装就位并已调试完毕;

各路电源,其接线、容量和安全性都应符合规定;

控制装置接线、安装必须正确无误;

应保证数据通信线路正确无误;

PLC控制系统运行是否正常,液压系统对控制指令反应是否灵敏;

各传感器系统,保证信号正确传输;

系统能否升降自如;

光栅尺的工作情况;

各种阀的工作状况是否正常,是否需要更换。

c)成立顶升工程现场领导组

现场指挥组设总指挥1名,全面负责现场指挥作业,指挥组下设4个职能小组:分别是监测组、控制组、液压组和作业组,负责相关的工作,各职能小组设组长一名,与总指挥、副总指挥共同组成现场指挥组。

d)人员培训

所有参与顶升的施工的人员都进行工作的严格分工,在进入现场前进行充分的培训;

② 顶升千斤顶分组及泵站

a. 千斤顶分组

根据液压控制系统的性能,为便于顶升精度的控制,需对顶升千斤顶进行分组。钱江隧道工程整体顶升调坡时千斤顶分为两组,搁架左侧为一组,搁架右侧千斤顶为一组,光栅安装在第(1)、(11)榀箱柱两侧。

b. 泵站安装

顶升泵站共2台,安装在工作井内盾构边侧,不影响施工位置处。一台泵站控制顶升油缸、一台泵站控制悬浮滑脚。

c. 称重

a)为保证顶升过程的同步进行,在顶升前应测定每个顶升点处的实际荷载。

b)称重时依据计算顶升荷载,采用逐级加载的方式进行,在一定的顶升高度内(1~10mm),通过反复调整各组的油压,设定一组顶升油压值,使每个顶点的顶升压力与其上部荷载基本平衡。

c)为观察顶升处是否脱离,需用百分表测定其行程。

d)将每点的实测值与理论计算值比较,计算其差异量,由液压工程师和结构工程师共同分析原因,最终由领导组确定该点实测值能否作为顶升时的基准值。差异较大时作相应调整。

d. 正式顶升

本工程顶升分为下降调坡和整体向上顶升。试顶升后,观察若无问题,便进行正式顶升,千斤顶最大行程为1200mm。本次可以一次顶升(下降调坡)完毕。下降调坡时先进行向上顶升1cm左右,然后拆除支撑垫块,方可进行下降。

盾构机在西侧工作井进行下降调坡时采取"先调整成水平状态,然后整体下落"的方法。到达东侧工作井后采取"先水平旋转,然后整体顶升至第一榀高度,最后调整到设计坡度"的方法。

3)平移、旋转施工

本工程进行横、纵向多次换向平移。平移摩擦面为聚四氟乙烯板与钢板摩擦,顶推千斤顶布置及选用见上节"千斤顶选用"章节的介绍，平移反力后背利用井壁或焊接活动钢后背。平移要控制好具体平移的方向与距离，以便下步旋转工程的施工。

平移注意事项：

a. 平移施工步骤中的平移距离为理论计算值，现场平移施工前，要根据甲方提供的基点现场测量放出平移轨迹线，及时发现问题，避免现场实际情况变化较大，导致平移时井壁与壳体发生碰撞而不能顺利施工；

b. 因工作井空间有限，所以旋转施工时要求转轴的焊接位置要准确（允许误差 2cm），转轴要与钢板焊接牢固；

c. 为控制盾构平移距离的准确性，除电脑监控外，要在搁架及盾构壳体上做标识线，用经纬辅助测量；

d. 为控制平移方向的准确性，平移时设置限位装置。限位装置为角钢∟75×6，安装在平移时最外侧的滑脚边侧，左右各安装一个。限位装置与钢板通过间搁点焊焊接固定，注意焊缝尽量布置在两榀搁架之间的空隙内。最大限度地避免影响换向平移时滑脚的移动平面。

3.3.5.3 施工测量

本方案的监测指顶升、平移过程中为保证盾构的整体姿态所进行的监测，包括结构的平动、转动和倾斜。监测贯穿于整个施工全过程中。

(1) 监测目的

移位过程是一个动态过程，随着顶升、平移，基座搁架的倾斜率、水平高度等都要发生变化，为此要设置一整套监测系统。

(2) 监测部位及监测内容

① 位移观测：包括顶升（下落）位移监测，平移距离监测；

② 压力监测：包括顶升（顶推）油缸压力监测，悬浮滑脚压力监测。

(3) 监测方法

① 位移监测主要采用光栅尺进行。光栅尺的监测精度是 0.01，可以通过数据模块将监测数据实时反馈给 PLC 控制系统，辅助监测时利用水准仪和经纬仪。

② 压力监测通过安装在千斤顶上的压力传感器进行实时监测，并通过模块将数据实时反馈给 PLC 控制系统。

位移数据与压力数据均可实时反映在控制室的显示屏上。

(4) 监测点布置

顶升（下落）调坡时，光栅安装在第 1、11 榀箱柱两侧，共布置 4 个监测点。平移时布置在最外侧相应的滑脚上。

(5) 监测组织安排

监测计划应与顶升的施工计划相协调，并可在实施过程中改进，其监测结果，应及时反馈给现场总指挥。

监测时按以下原则安排：

① 预先制定的监测计划；

② 关键的施工环节进行必要的监测；

③ 特殊工况发生时，补充监测；

④ 监测结果出现异常时，补充监测。

3.3.5.4 应急措施

(1) 施工风险目标确定

施工过程中可能发生的突发事件可以根据事件的对象、性质、伤害与损失程度、可预见与可控程度进行等级划分，以对各类事件从管理与组织上采取对策。

1) 可控事件

对于施工前可预知的安全保障重点、技术工艺成熟的可控事件，施工组织管理上做到心知肚明，提前进行技术交底，提前采取相应对策，杜绝可控事件的发生。

2) 可预测事件

集中在本工程施工的技术重点、难点项目上，对可能引起施工安全、结构安全、人身安全、环境安全的关键部位、关键工序，采取技术方案充分论证，应用成熟工艺，技术交底明确，高素质人员实施，严格规范操作，认真检查，监控信息反馈。

3) 不可预见事件

如交通事故、火灾等难以预见事件，重点在全员安全意识提高，警钟长鸣，强化安全教育、安全管理，以及对这类突发事件的快速反应能力的提高，配备必需的安全器材。

(2) 应急措施

现根据本项目的施工特点及以往的施工经验，由项目部牵头成立应急预案小组，由总工程师、盾构专家、电脑专家、液压系统专家、机械专家及经验丰富的技术人员等组成。

具体应急措施如下：

1) 电脑控制系统故障

① 电脑控制系统因意外撞击而造成系统故障（死机、重启或者程序无反应等）：首先将系统设定一旦没有电脑信号，整个系统处于保压状态，并且发出警报，千斤顶锁死；其次，设置专门的空间安放电脑；再次，电脑操作室只允许技术人员或者相关人员进入，并为电脑资料作备份。

② 在操作界面上面设定专门的应急操作按钮。可以在紧急情况下启动该程序，使整个工程进入事先设定的闭锁状态，经过故障处理后，由总工程师决定是否继续开工。

③ 断电事故处理：为主控电脑配置专用的 UPS，提供不间断电源；在开机前，UPS 至少保证具有稳定运行半个小时的主控室用电量。由专业电工处理电线电路方面的问题。

④ 系统故障：立即由专业工程师对系统进行检查，尽快排除故障，现场应有足够的备品、备件；

2) 液压设备故障

① 泵站由于断电等原因不能正常提供动力：千斤顶具有自锁功能，关闭截止阀可由千斤顶内部的压力来支撑系统应用。

② 千斤顶压力异常处理：部署专人看管液压系统压力部分，发现问题，立即报告主控室，由主控室操作人员决定是否关闭截止阀，问题严重时，要求停止整个系统，解决具体事宜后，再行开机调试。

③ 千斤顶不能正常提供压力：可先用垫块支撑，然后由液压工程师维修或者更换千斤顶。

3.3.6 超大直径、超长隧道特殊施工技术

本工程采用 1 台直径达 15.43m 盾构一次掘进完成 2 条隧道，单条隧道长 3245m。存在众多施工难点，如大断面隧道抗浮，长距离通风和运输，由于长距离引起的测量偏差问题、盾尾钢丝刷和刀具的磨损更换问题和盾构大刀盘轴承检测和维修问题等。在盾构推进过程中，如处理不当，轻则耽误工期，重则可能危害整个工程的安全。因此在盾构推进过程中，采取了多种防范措施，以保证工程顺利施工。

3.3.6.1 隧道内通风

本隧道直径大、距离长，特别是当盾构进入上坡推进时，工作面产生的热量和潮气无法自然排出，成雾状聚集在工作面，同时隧道内运输施工材料的重型卡车也将产生大量废气。恶劣的空气环境对盾构设备和工作人员的身体情况带来不良影响，也严重影响测量工作的顺利进行。

盾构出洞后在矩形暗埋段入口安装风机，对隧道内通风。拟选用 2 条 VVΦ1800 帆布通风管将地面新鲜空气传送至车架尾部，通过后部车架上配备的通风系统将新鲜空气接力送到盾构工作面，同时车架上配备其他通风设备对盾构的辅助主要设备（变压器、液压装置、电器设备等）通风。在确保远距离通风要求的同时，有效改善作业环境。由于隧道距离长，在推进一定距离后设置接力风机。

根据计算选用了 SDF（c）－No13 和 SDF（c）－No11.5 隧道专用通风机作为施工通风设备。

由于通风距离长，工程考虑了分阶段布置通风。

第一阶段：使用1至2台风机供风，通风距离1500m，采用压入式通风。初期使用1台风机，掘进1500~2000m以后采用2台风机，2条管道通风（该阶段的通风布置见图3.3.8）。

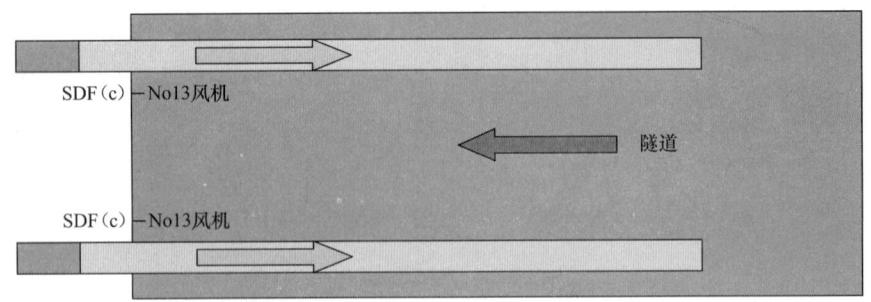

图3.3.8　第一阶段隧道内通风布置

第二阶段：当隧道掘进1500m后，使用4台风机供风。采用压入式通风与射流风机相结合的通风方案，即2条管路串联布置（具体布置见图3.3.9）。

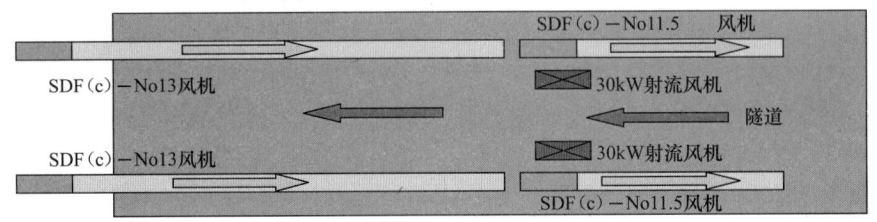

图3.3.9　第二阶段隧道内通风布置

3.3.6.2　施工运输

① 垂直运输（地面至井下运输）

西线盾构出洞施工时，隧道管片、同步注浆浆液、预制构件等工程材料由吊装孔吊入隧道。待引道段和暗埋段结构完成后，工程材料由专用车直接经引道段和暗埋段运输至井下隧道内。

② 水平运输（隧道内运输）

为了加快施工进度，随着盾构掘进，在盾构与车架同步架设中间"口"字形预制构件，作为运输通道。施工运输见图3.3.10。

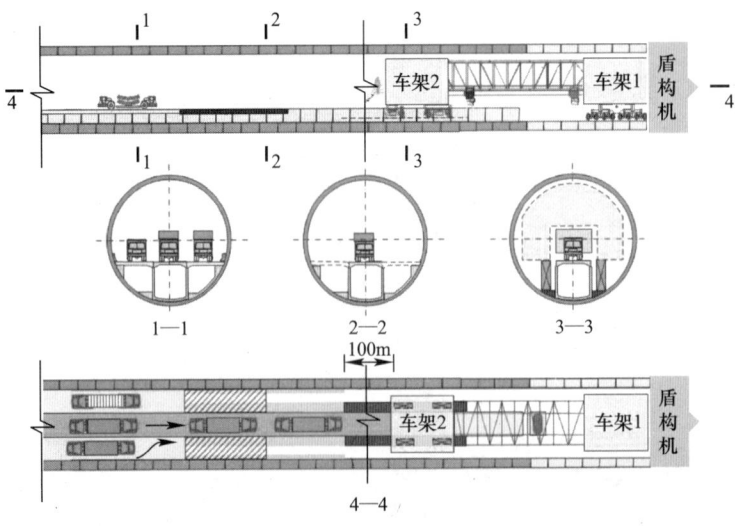

图3.3.10　隧道内施工运输示意图

道路预制结构由专用卡车运至盾构车架 2 前方，然后通过盾构前、后节车架之间连系梁上的起重设备进行吊装。

管片由专用卡车经隧道路面运输至盾构前、后车架之间的联系梁下，通过连系梁上的起重设备将管片驳运到管片运输机构上，由管片运输机构将管片输送到拼装区域。

盾构进排泥管分别采用 ϕ600 和 ϕ500 大直径管路输送泥水。

运输车辆清单如表 3.3.3 所示。

施工车辆一览表　　　　　　　　表 3.3.3

名称	数量	备注
斯太尔卡车	3	隧道内水平运输
双头车	3	运输管片、口子件等
搅拌车	1	隧道内运输同步注浆浆液
皮卡	1	人员、小型材料运输
工程车	1	有升降臂、隧道内攀高放电缆、测量用等
叉车	1	移动较重、大型设备
吊车	1	隧道内使用

3.3.6.3 测量

由于隧道施工距离相当长，测量当中的累积误差将相应增大，为了将轴线控制在设计要求范围之中，工程加密了定向测量的次数，科学布置各个观测传递点，使用先进的自动化测量系统，并及时检测和标定测量仪器，此外还规定测量人员应用不同类型的验算方式对每次的测量数据进行验算，确保测量报表所反映数据的高精度、低误差和无失误，进而为盾构准确进洞提供有力保证。

3.3.6.4 刀具更换

本工程盾构机刀盘、刀具设计按一次过江考虑，进入江北工作井调头时进行刀具更换，原则上中途不进行刀具更换。但在长距离盾构推进过程中，由于刀盘直径大，刀盘上刀具的线速度（尤其周边）较大，部分刀具可能会产生严重磨损，故必须考虑到异常情况下刀具的更换。

为确保长距离施工安全，盾构推进过程中根据磨损检测装置或刀盘扭矩、推力等施工参数来判断刀具磨损情况。一旦发现刀具磨损严重，应停止推进，更换刀具。刀具更换可通过盾构机上的安全通道在常压下作业。

3.3.6.5 盾尾更换

本隧道推进距离长，且大部分是在江中段施工，给部分机件设备材料的更换带来一定的难度。因此，西线隧道进洞后，对盾尾进行全面检查和整修，必要时进行盾尾钢丝刷更换。

若万一出现需要在推进中途进行盾尾钢丝刷更换的情况，则采用冻结法加固盾尾周围土体后，更换前 3 道盾尾钢丝刷。

施工流程如图 3.3.11 所示。

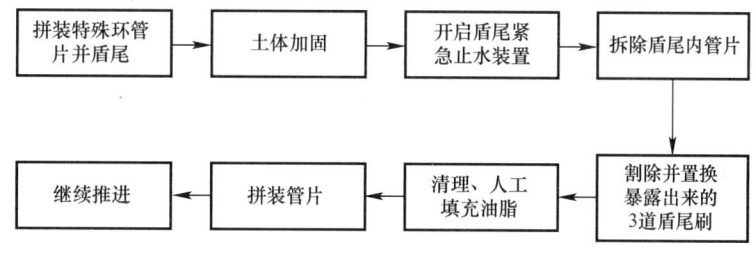

图 3.3.11　盾尾更换施工流程

（1）准备工作

在进行盾尾刷更换之前必须对盾尾刷的损耗情况、隧道及盾构周围的土质状况进行调查。在充分掌握施工条件后方可进行施工。

1) 盾尾刷检查

盾构推进一段距离后检查盾尾钢丝刷的磨损情况，通过在推进时观察盾尾漏浆等情况来判断。出现盾尾钢丝刷磨损严重或钢丝刷被结硬的浆块包裹的情况，及时采取措施更换盾尾钢丝刷。

2) 拼装特殊环管片

确定需要更换盾尾钢丝刷后，拼装带有预留孔的特殊环管片，然后继续推进拼装，并将特殊环管片推出盾尾。特殊环管片推出盾尾的距离应严格控制，为下一步工序施工奠定基础，保证冻结管施工位置的准确性和确保更换3道盾尾钢丝刷的空间。

(2) 土体加固

盾尾外围的土体采用冻结法进行加固。特殊环管片推出盾尾后通过管片上的预留倾斜孔打设冻结管，使其形成的冻结帷幕与盾尾相胶结，然后在冻结帷幕的保护下进行盾尾钢丝刷的检修。

1) 拟冻结孔布置

拟冻结孔布置如图3.3.12和图3.3.13所示，共布置冻结孔58个，弧长0.742m，布置测温孔5个，冻结深度3.5m，采用水平冻结方案，形成冻结体厚1.2m。

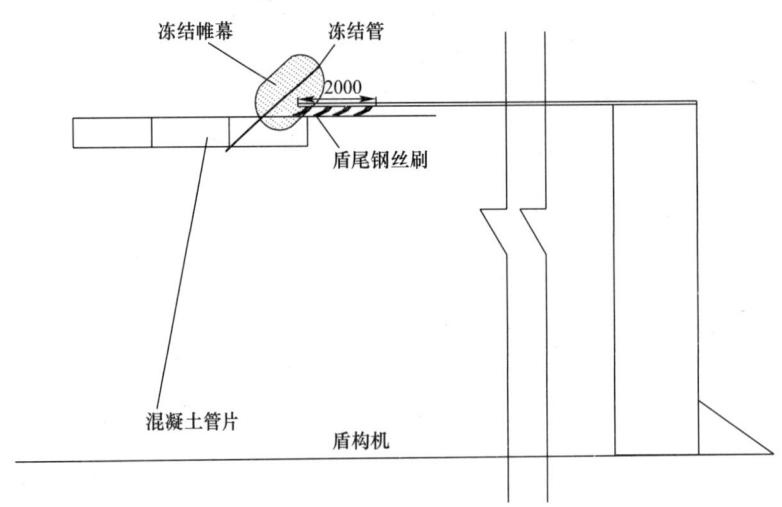

图 3.3.12　冻结孔剖面图

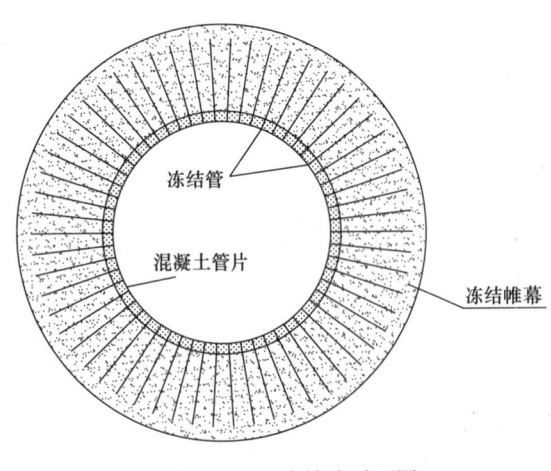

图 3.3.13　冻结孔平面图

2) 冻结孔施工

冻结管、测温管和供液管规格：

冻结管选用$\phi 108\times 8mm$ 20号低碳钢无缝钢管，采用跟管钻进丝扣连接外加焊接连接；供液管采用1″焊管；测温管采用$\phi 32\times 3mm$无缝钢管。

打钻设备选型：

打钻选用MD-50型钻机一台，电机功率20kW，钻孔使用灯光测斜，选用BW-250/50型泥浆泵一台，电机功率14.5kW。

3) 总需冷量及冻结设备

总需冷量：$Q=1.2\times 3.14qNHd=6.998$万大卡/小时

设备：根据需冷量选用W-YSLGF300Ⅱ螺杆机组电机功率100kW一套，设计工况制冷量8.6万大卡/小时。

冻结系统辅助设备

① 盐水循环泵选用 IS150-125～315 型 2 台，流量 200m³/h，电机功率 30kW；

② 冷却水循环选用 IS150-125～315 型 1 台，流量 200m³/h，电机功率 30kW，冷却塔选用 NBL-50 型二台，补充新鲜水 20m³/h。

4）用电负荷

总用电负荷约 200kW/h。在考虑线路电压损失较大的情况下，选用电压 750/450V. YC3×120＋2×35 低压橡套电缆一根，电压 750/450V. YC3×150＋2×50 低压橡套电缆一根。

5）工期安排

① 准备期 10 天；

② 钻孔下管及冻结站安装 30 天；

③ 冻结准备 5 天；

④ 积极冻结 40 天；

⑤ 盾构尾部检修 15 天；

⑥ 设备拆除 15 天；

⑦ 总工期 115 天。

（3）暴露盾尾

经验收，盾尾外围土体加固效果达到设计要求后，逐步拆除盾尾内的管片，暴露出盾尾内的 3 道钢丝刷，并同步焊接盾构止退装置，确保盾尾刷更换期间盾构机姿态的稳定，防止盾构机后退或磕头，影响盾尾冻结加固体。

（4）盾尾更换

由盾尾上部 12 点位置向两侧逐块割除原有损坏的盾尾钢丝刷。在重新焊接盾尾钢丝刷前，将盾尾上的浆块清理干净，并且磨平原先焊接钢丝刷的部位，检查盾尾油脂压注管路是否通顺。

焊接盾尾钢丝刷时注意位置准确，块与块之间连接紧密、焊接牢固。

盾尾钢丝刷更换完成后在钢丝刷内嵌入盾尾油脂，盾尾油脂填充完全充满，确保无漏点。

人工填充盾尾油脂完成后，逐步割除盾构止退装置并同步进行管片拼装作业。管片拼装完成后利用油脂泵继续向盾尾内压注盾尾油脂，直到各盾尾油脂压力传感器显示的压力值达到密封要求为止。

（5）清理工作面继续推进

工作面清理干净后即可恢复推进。推进时要注意盾构周围加固土体的影响，注意推力变化。

在盾尾更换期间，随时监控正面泥水的稳定情况，出现变化及时作出调整，保证开挖面的稳定。同时利用自动化测量系统对盾构进行监测，随时注意盾构姿态变化。

3.3.6.6 大刀盘轴承检测和检修

盾构机大刀盘轴承设计按一次掘进过江考虑，原则上中途不进行维修。但在超长距离盾构推进过程中，必须考虑到异常情况下大刀盘轴承的检修。

为确保盾构长距离施工安全，盾构推进过程中可以根据盾构供应商提供的检测方法检查盾构大刀盘轴承运转状况是否良好。当发现大刀盘轴承出现问题时应停止推进，并对正面土体进行加固后检修大刀盘轴承。

3.3.6.7 隧道内火灾

在长距离隧道施工中，一旦隧道内发生火灾险情，将给人员疏散及救援带来一定的难度，本工程制定了以下具有针对性的对策：

（1）配置必要的防灾设施

每辆运输卡车均配备灭火器。

在盾构机及车架内布置足够数量的灭火器材，同时配置氧气、防毒面具等设施。

配备便携式气体分析仪，每天由安全人员下井检测隧道内空气质量。

隧道内，在布置通风系统的基础上，间隔一定距离设置防火灾点站（仓库），内部布设必要的相关设施。

(2) 建立火灾报警系统

对隧道内运输车辆司机和隧道内工作人员进行防火、安全教育和培训，并不定期进行防灾演习，提高施工人员的防灾意识和逃生技能。

一旦发生火灾险情，立即利用报警装置向隧道内所有施工人员发出信号，同时通知地面控制室等相关部门，便于隧道内人员的快速疏散及地面救援人员的快速进入。

(3) 紧急疏散

在道路同步施工时，下部"口"字形预制构件空间兼作人员紧急疏散通道。当隧道内险情严重，人员无法从路面上部疏散时，便可通过此"口"字形预制构件内部空间实现快速撤离。

3.3.6.8　长距离泥水输送与泥水处理

工程专门编制了泥水输送计算软件，建立了可考虑不同直径掘削断面、不同土层状况、不同距离输送工况及不同施工参数等各类因素下的优化算法，利用直接面向对象、采用动态载入控件的编程方法，实现了科学、快捷、准确的计算，从而适时地给出每台接力泵的安装位置及最佳安装和启动时间。图3.3.14为部分计算界面。

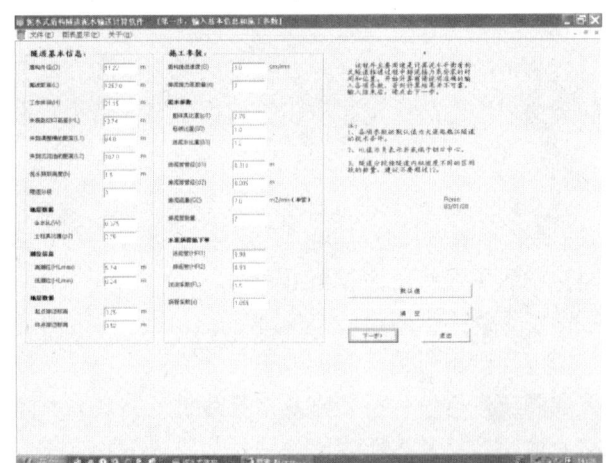
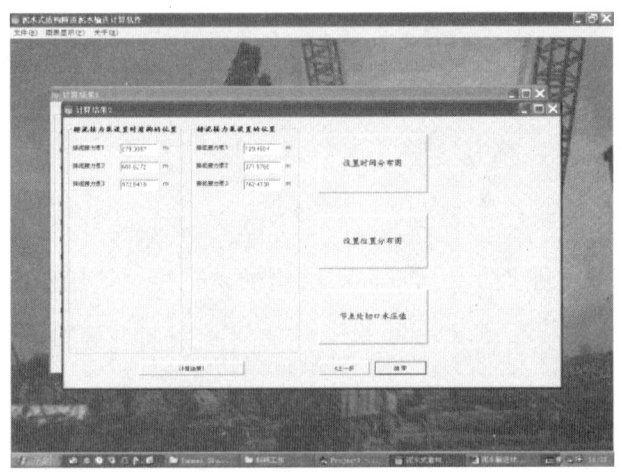
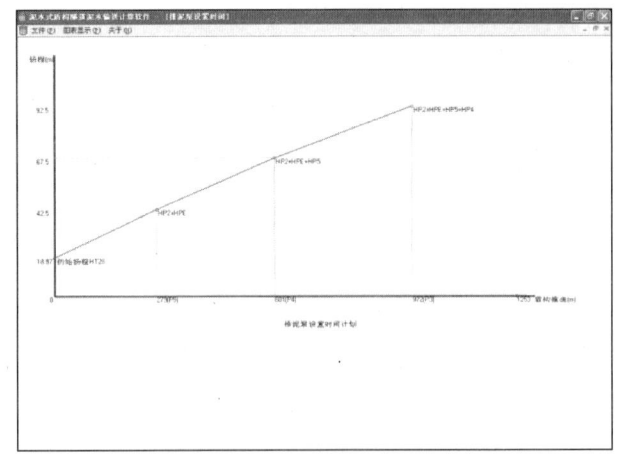

图3.3.14　泥水计算软件

施工过程中，根据实际情况选择使用耐磨性较高的管路；并通过自动化接管器和合理设置阀组位置，降低泥水流失量。同时安排专人专职巡查管路情况，发现损坏情况可及时进行更换。

3.3.6.9　大断面隧道施工期间抗浮问题

根据大型泥水平衡盾构施工经验，施工过程中将使临近盾构工作面的隧道产生"上浮"现象。隧道抗浮措施：

(1) 隧道道路施工采用同步施工方法，增加了隧道的承重，有利于隧道的抗浮。
(2) 严格控制隧道轴线。使盾构尽量沿着设计轴线推进，每环均匀纠偏，减少对土体的扰动。
(3) 严格控制地面沉降。
(4) 加强同步注浆管理。
(5) 当发现隧道上浮量较大，且波及范围较远时应立即采取对已建隧道补压浆，以割断泥水继续流失路径。补压浆要求均匀，压浆后浆液成环状。
(6) 加强隧道隆沉监测。
(7) 确保每环管片之间紧密连接，在管片脱出盾尾后重新拧紧所有纵环向螺栓。

3.3.6.10 盾构维修保养

钱江隧道工程一台盾构机单次掘进长度达到3245m，不可避免存在部分机械电器设备磨损、老化和更换等问题。因此施工过程中必须高度重视盾构设备的维修保养问题，制定严格的维修保养制度。特别是对施工中出现的一些当时不影响盾构推进的故障隐患、小故障等，必须及时排除，防止设备故障扩大或引发其他系统发生问题。对于日常工作中较难处理的问题，如刀具、盾尾刷的更换等，必须加强日常检查，同时事先制定相应的维修措施。

3.3.7 特殊穿越段技术措施

在隧道推进沿线，将遇到穿越江南鱼塘和抢险河、先后8次穿越防汛大堤及二堤、邻近丁坝等重大关键节点。

3.3.7.1 穿越江南鱼塘和抢险河

(1) 穿越鱼塘

根据地形、地质资料在江南工作井北侧约25m有一个横跨隧道、宽约60m、深约5m的鱼塘。鱼塘底部离隧道顶仅5.7m。为了保证盾构顺利穿越该区域，采取了如下措施：

1) 将隧道边线两侧各20m的鱼塘进行回填至地面平（约+6m），回填范围为：80m（东西方向）×60m（南北方向）×5m，回填方量约为24000m³。

2) 回填完毕后，因隧道顶覆土仍然很浅（约10.8m），且该处土层主要为3-1砂质粉土、3-2粉砂、4-2粉质黏土，土体渗透性较强，易出现冒浆现象。为此，在回填土体上方设置一层30cm厚的素混凝土层，防止盾构冒浆。素混凝土方量为：80m×60m×0.3m=1440m³。

3) 在泥浆中掺入HS系列高分子材料，以保证开挖面稳定，防止冒浆。切口进入鱼塘前按照1.5%的掺入量（约38t）加入HS系列高分子材料以建立泥浆体系，此后每环加入适量（0.8～1t）该材料以补充消耗量，该区域共需该材料62～68t。

(2) 穿越抢险河

在鱼塘与江南二堤之间为抢险河，抢险河横跨隧道、宽约53m、深约5m，抢险河底部离隧道顶仅7.5m。经调查，在非汛期时，该河段可进行回填。但汛期时，必须保证河道畅通。为了保证盾构顺利穿越该区域，需采取如下措施：

1) 抢在非汛期将隧道边线两侧各20m的抢险河进行回填至地面平（约+6m），回填范围为：90m（东西方向）×53m（南北方向）×5m，回填方量约为2.385万m³。

2) 回填完毕后，因隧道顶覆土仍然很浅（约12m），且该处土层主要为3-1砂质粉土、3-2粉砂、4-2粉质黏土，土体渗透性较强，易出现冒浆现象。为了保证盾构在汛期和非汛期均能顺利穿越该抢险河，回填完毕后，为提高土体密实性，在回填区域设置4排5m深的轻型井点（每排长度为53m，井点间距1.2m），在盾构穿越前预先进行降水。

3) 在泥浆中掺入HS系列高分子材料，以保证开挖面稳定，防止冒浆。切口进入鱼塘前按照1.5%的掺入量（约38t）加入HS系列高分子材料以建立泥浆体系，此后每环加入适量（0.8～1t）该材料以补充消耗量，该区域共需该材料60～65t。

3.3.7.2 穿越防汛大堤

本隧道采用1台盾构进行推进施工,根据推进路线,盾构将分别穿越江南二堤、江南大堤、江北大堤、江北二堤共4道大堤,详见表3.3.4。穿越顺序为:江南二堤→江南大堤→江北大堤→江北二堤→江北二堤→江北大堤→江南大堤→江南二堤,先后8次穿越防汛大堤。

过大堤时盾构主要穿越土层表 表3.3.4

序 号	穿越大堤	里 程	覆土深度	主要穿越土层
1	江南二堤	K15+020~K15+060	13.5~19.3m	3-2、4-2
2	江南大堤	K14+680~K14+720	16m~25m	3-2、4-2、5-3
3	江北大堤	K12+320~K12+360	16m~22m	4-1、4-2、5-2、5-3
4	江北二堤	K12+240~K15+260	10.3m~19.3m	4-1、4-2、4-3

其中,江北大堤为明清老海塘,该段海塘堤顶高程按百年遇标准设计,新修海塘基础以旧海塘基础为主,迎水侧沿塘坝轴线方向坝底以下设有宽度约4.2m,长度约6m的木桩,迎水侧有抛石。江南大堤即为萧围北线海塘,堤顶高程按50年一遇标准设计。经调查,该处海塘大堤会进行堤岸防护改造。

(1) 穿越大堤过程中的关键控制点

1) 盾构穿越大堤覆土厚度变化梯度大,盾构施工参数控制困难,从而给地面沉降控制带来困难。

2) 盾构先后穿越大堤时隧道之间净距离较小,最小不足10m,两次的土层扰动可能对大堤产生一定的影响。

3) 钱塘江潮汐特征突出,潮差较大,从而给盾构施工参数控制带来困难。

施工过程中采取了有效措施,严格控制大堤的变形,确保盾构推进质量,保证大堤的安全。

(2) 保护措施

穿越前预先对防汛大堤的结构形式、沉降变形情况以及完好性进行了充分的调查。按照设计提出的标准及相关方的要求,必要时对现有防汛大堤进行预先加固。在穿越过程中主要采取如下保护措施:

1) 跟踪监测

① 测点布置

按照设计要求的要求进行测点布设。

在上述需重点加密监测的区域内布设沉降监测时,视不同环境地质情况宜采用不同的布设方法。

测点布设要求:测点标志采用固定标志,布设时,采用冲击钻成孔,然后用水泥将道钉封牢。

② 监测频率

盾构出洞至切口距大堤15m前以及盾构机盾尾离开大堤15m后,对大堤沉降的监测频率调节至1次/天,待大堤沉降稳定后逐步降低监测频率。

盾构机距大堤前后15m范围内及在大堤正下方穿越时,对大堤的监测频率为每推进一环测一次且不少于2次/天,并及时将信息反馈于施工现场。

当实测差异沉降量或沉降速率较大时,根据实际情况适当增加测点和测频。

③ 报警值

大堤差异沉降按照相邻沉降点的累计沉降之差与沉降点点间距之比≥1/250的报警值执行(具体根据设计和有关部门相关要求)。达到报警值后立即上报防汛指挥部及大堤管理所等单位。

2) 穿越前准备工作

① 监测大堤的自然沉降

在盾构出洞前开始对大堤进行监测,掌握大堤的自然沉降量,为盾构穿越大堤提供参考数据。

② 施工参数优化

在盾构穿越大堤之前的施工过程中,及时总结出盾构所穿越土层的地质条件及其施工参数配置,以求达到盾构以最合理的施工参数穿越大堤。

③ 机械设备及检查

在盾构进入大堤影响范围之前,对盾构机进行机械设备(重点为推进、拼装施工设备)和压浆管路的检查和维护,对于存在故障和故障隐患的机械一律进行维修,对压浆管路进行一次彻底的清洗,保证穿越大堤过程中不发生机械故障和压浆管路堵塞情况。

3) 盾构穿越阶段

在穿越防汛大堤施工过程中主要采用的技术措施有以下几个方面:

① 严格控制施工参数

a. 切口水压:原则上根据切口水压的计算值(考虑到隧道上部覆土厚度和荷载变化,需计算每环切口水压值),实际施工中按照地面沉降结果进行调整。

b. 泥水指标:在施工期间采用高质量的泥水(高分子泥浆)输送到切口,使其能很好地支护正面土体,泥水指标根据监测数据进行实时调整。切口进入大堤前按照 1.5% 的掺入量(约 38t)加入 HS 系列高分子材料以建立泥浆体系,此后每环加入适量(0.8~1t)该材料以补充消耗量,大堤宽约为 35~50m,该区域共需该材料 60~70t。

c. 推进速度:过大堤施工时,尽量做到均衡施工,减少对周围土体的扰动,避免在途中有较长时间耽搁。一般控制在 15~30mm/min 之间。

d. 刀盘转速:正常情况下控制在 2r/min,过程中根据推进速度以及刀盘扭矩进行调节。

e. 盾构油脂压注控制:为了能顺利安全地穿越大堤,必须切实地做好盾尾油脂的压注工作。

f. 管片拼装控制:在管片拼装过程中,应当防止盾构机后退,并安排最熟练的拼装工进行拼装,减少拼装的时间,拼装结束之后,尽可能快地恢复推进,减少上方土体的沉降。

g. 盾构姿态控制:在盾构进入大堤影响范围内之前,盾构姿态应当尽可能地保持良好,尽可能地保证盾构匀速通过,减少盾构纠偏量和纠偏频率。

h. 同步注浆控制:严格控制同步注浆量和浆液质量。

② 盾构背部沉降控制

为了减小盾构穿越大堤过程中盾构机背部产生地面沉降,利用原盾构壳体的注浆孔对盾构壳体进行压注,在盾构推进时根据大堤变形的实际情况,向盾构上部压注一定量浆液以控制地面沉降。

③ 加强大堤监测

对大堤的变形、垂直位移和水平位移进行监测,并将监测数据及时反馈给相关部门指导施工。

④ 隧道稳定性控制

a. 隧道的纵向变形监测

在隧道管片上设立一定数量的隧道沉降观测标志,在盾构穿越防汛堤过程中,对每环管片的上浮情况及管片之间的错位情况进行监测。

b. 隧道抗浮措施

a) 严格控制隧道轴线。使盾构尽量沿着设计轴线推进,每环均匀纠偏,减少对土体的扰动。

b) 加强同步注浆管理,确保间隙能充分填满,有效阻止泥水后窜,引起管片上浮。

c) 确保每环管片之间紧密连接,在管片脱出盾尾后重新拧紧所有纵环向螺栓。

d) 特殊条件下,在泥水中增加堵漏剂,防止泥水后窜。

4) 穿越后技术措施

① 当盾构穿越大堤后,继续对大堤监测。

② 根据实际地面沉降情况,进行地面跟踪注浆和隧道内壁后补压浆。

5) 应急措施

① 成立大堤监护领导小组

为确保盾构顺利穿越大堤,施工队专门成立大堤监护领导小组。

在盾构机距大堤 15m 时，监护小组即进入工作状态，直至大堤沉降趋于稳定为止。监护小组成员 24 小时不间断值班，掌握盾构机运转状况，收集各项施工参数，对测量报表及监测报告等信息加以分析。有异常情况时，立即分析解决，切忌盲目施工。

② 盾构穿越大堤期间的防汛防台措施

加强对大堤的安全检查，做好对暴雨和大潮汛的防范工作。穿越大堤期间，作好应急准备工作，组织抢险队伍，备齐抢险物资。防汛器材如表 3.3.5。

防汛器材表　　　　　　　　　　　　　　　　表 3.3.5

器材名称	型　号	数　量
潜水泵	40mm/380V	8 台
低吸泵	40mm/380V	5 台
蛇皮袋		1500 只
浸塑管	50mm	2000m
白棕绳		500m
配电箱		50 只
大方楸		100 把
铁柄		100 根
铅丝	12 号	50kg
发电机	400kW	1 台
防水电筒		100 个

③ 盾构穿越大堤期间的应急技术措施

a. 盾尾漏浆对策

a）对渗漏部位集中压注盾尾油脂；

b）泥水中增加高分子堵漏剂，阻止泥水后窜；

c）实际情况允许的条件下，适当降低切口水压，渗漏抑制后即恢复正常，掘进一段距离后进行充分的壁后注浆；

d）上述措施效果不佳时，可采用聚氨酯在盾尾后一定距离处压注封堵；

e）安排好排水工作，保证进入盾构的泥水顺利排出隧道。

b. 冒浆对策

发现冒浆时，若是轻微的冒浆，在不降低切口水压下能进行推进的情况下，则适当加快推进速度，提高拼装效率，使盾构尽早穿过冒浆区。当冒浆严重，不能推进时，应采取如下措施：

a）适当降低切口水压；

b）提高泥水相对密度和黏度，稳定开挖面；

c）为了能使盾构向前推进，检查掘削土砂量，确认有无超挖；

d）掘进一段距离以后，进行充分的壁后注浆。

3.3.7.3　西线盾构临近江北丁坝推进

为满足海塘整体抗滑稳定安全要求，在石塘外侧沿线间隔新建短丁坝群，丁坝布置为坝长 50m，坝距 250m，丁坝结构采用单排桩式。丁坝垂直堤线布置，坝面高程 1.15m，坝面宽 6.35m，坝头段板桩长 18m，坝身段板桩长 11m，板桩顶部设有钢筋混凝土帽梁及联系梁相连成整体。西线隧道与江北丁坝的最小平面距离约 13m。

主要措施如下：

（1）根据设计图纸及相关方要求，为加强丁坝的抗冲刷能力，预先在丁坝两侧进行抛石（约 10000m³）。

（2）穿越前提前 1 个月对丁坝影响范围内隧道轴线两侧各 25m 内的水位和水深进行测量，以了解该区域的冲刷以及隧道顶部覆土厚度的变化情况。测量频率为2次/天。

(3) 在坝顶上设置沉降监测点，穿越期间跟踪观测（原则上推一环测一次）。

(4) 严格控制切口水压、推进速度、同步注浆等盾构施工参数。

(5) 在泥浆中掺入HS系列高分子材料，以保证开挖面稳定，防止冒浆。预按照1.5%的掺入量（约38t）加入HS系列高分子材料以建立泥浆体系，此后每环加入适量（0.8～1t）该材料以补充消耗量，该区域共需该材料58～63t。

3.3.7.4 盾构穿越沼气层

根据勘察报告，江北工作井附近Jz—III07—12孔Jz—III07—10地质勘察孔处深度24.3～33.10m有少量冒气现象，存在零星沼气。对此，采取如下措施：

(1) 隧道内配备沼气检测仪，能随时检测隧道内沼气含量。

(2) 隧道内加强通风，在隧道内原有通风设备的基础上再增加一套排风装置，即在口子件内安装2条VVΦ1800帆布通风管，选用SDF（c）—No13和SDF（c）—No11.5隧道专用通风机作为施工通风设备（各2台，共4台）。

(3) 推进过程中，通过沼气检测仪、排泥管路内异响或者密度变化以及排泥管路出口位置探测等方式，对是否存在沼气及其含量进行判断。如果含量较大，则在地面上增补勘探孔，进一步探明沼气，并另钻孔进行沼气释放，期间对地面沉降进行监测。

(4) 沼气释放完后，根据地面沉降情况，打设注浆孔对该沼气地层进行跟踪注浆。

3.3.7.5 盾构穿越期间洪水、潮汐影响

根据地质勘察报告及多方咨询，盾构施工区域钱塘江洪水、潮汐作用明显。由于钱塘江水动力条件复杂，测区盐官段河槽极不稳定，历史上曾发生大冲大淤的变化。钱塘江河床大幅度的冲淤会造成盾构覆土厚度的突变，从而给盾构施工参数控制带来困难，严重时可能引发冒浆。对此，特采取如下措施：

(1) 对盾构切口前100m至切口后100m，共200m长的轴线上方左右各2m的水域范围进行江底变形监测，频率为2次/天（必要时加密）。根据监测结果，掌握因冲刷导致的隧道顶覆土厚度变化情况，并因地制宜的适时调整切口水压、推进速度、泥浆指标等各项施工参数。

(2) 如果冲刷情况过于严重，可能会带来成型隧道上浮、切口冒浆等风险。因此，对冲刷严重的区域进行回填沙袋和抛石，以保证足够的覆土厚度。

3.4 管片拼装技术

钱江隧道工程采用了《盾构隧道施工智能化管片选型》软件，保证本工程管片拼装质量，从而提高隧道轴线控制精度。

3.4.1 管片接缝防水涂料的制作

(1) 管片制作及运输过程中会留下和粘上污物、油渍，为保证粘结力必须用钢丝刷、毛刷等专门工具对管片专设的防水槽及管片的端面进行清理。

(2) 防水橡胶密封垫的粘贴。管片选用同型的橡胶密封垫将其从上部套入，将需涂刷胶粘剂的面反转朝外，严格要求正确选用型号，严防搞错。

(3) 为防止雨天膨胀橡胶的超前遇水膨胀，在密封垫的遇水膨胀橡胶部分涂刷1～2遍缓膨胀涂料（晴天1遍、雨天2遍），雨天以防水雨布遮盖。

冬季气温较低时，橡胶密封垫在粘贴前放入烘房备用。

3.4.2 管片拼装及防水

由于本工程盾构直径大，管片拼装处在最高15m高的空间作业，单块管片的最大重量约16.3t，这无论在技术上、质量上、还是在安全方面的难度非常高，另外，预制构件的吊装要求与圆隧道有良好的接触面，因此必须重视管片拼装，重点做好隧道防水、整圆度等方面的控制，以保证技术、质量、安全方面的要求。

整个拼装过程中，及时根据当前盾构姿态、管片超前量等数据，合理选择管片旋转角度。

采用压缩永久变形小、应力松弛小、耐老化性能佳的三元乙丙橡胶与遇水膨胀橡胶复合而成的特殊断面的弹性密封垫，外端为遇水膨胀止水条，以双道防线加强防水。

为快速、方便地拼装衬砌管片，管片拼装机采用真空吸盘式夹持装置，拼装平稳、可靠，拼装机具备六个自由度，均可由人工操控（具备有线控制和无线遥控功能），各动作均为无级调速。

(1) 管片储运系统

盾构后部设置了管片储运机构，可以储存一环管片，并具有机械化连续输送至拼装区域的功能。盾构推进时可将管片按照拼装顺序逐块输送到管片储运机构上，待推进结束后，储运机构马上可以将管片逐块输送至拼装区域进行拼装作业。

(2) 管片拼装

① 盾构推进施工前

a. 加强后座。盾构出洞时要确保基准环环面平整，且与设计轴线垂直。

b. 管片在作防水处理之前必须对管片进行环面、端面的清理，然后再进行防水橡胶条的粘贴。

② 盾构推进中

a. 根据盾构报表中高程和平面的偏差值和盾壳与管片四周的间隙，严格控制盾构姿态，避免盾构卡住圆环管片。

b. 平衡控制盾构推进轴线，减少不必要的盾构推进纠偏，且每次纠偏量必须掌握在允许范围内。

c. 合理使用千斤顶，尽量保证环面受力均匀。

③ 管片拼装时

a. 整个拼装过程中，直线情况下应贯彻左转、右转相间隔布置的原则；平面曲线情况下，应及时根据当前盾构姿态、管片超前量等数据，合理选择管片旋转角度。

b. 在拼装过程中要清除盾尾处拼装部位的垃圾和杂物，同时必须注意管片定位的正确，尤其是第一块管片的定位会影响整环管片成环后的质量及与盾构的相对位置的良好度。

c. 每环管片拼装要精心，尽量做到管片接缝密贴，环面平整。

d. 拼装时，要确保"T"字接头平整。

e. 严格控制环面超前量。

f. 在每环管片成环后立即拧紧；在推进下一环时，在推进顶力的作用下，复紧纵向螺栓；当成环管片推出车架后，必须再次复紧纵、环向螺栓。

本工程选用衡力矩风动扳手，保证连接件紧固质量，同时降低劳动强度、加快进度。

g. 每一块管片拼装结束后，伸出千斤顶并控制到所需的顶力，再进行下一块管片的拼装，这样逐块进行，完成一环的拼装。

h. 拼装后及时调整千斤顶的顶力，防止盾构姿态发生突变。

(3) 管片防水

① 做好管片接缝防水涂料的粘贴工作。

② 如发现成环隧道接缝渗水，可利用管片注浆孔及时注浆或压注聚氨酯，以封堵渗水通道。

3.4.3 注浆

3.4.3.1 同步注浆

在施工时采取推进和注浆联动的方式。同步注浆应及时、量要充足，防止地面沉陷。由于隧道距离长，每环注浆量大，浆液输送考虑采用专用车输送至工作面。每环同步注浆量为理论建筑空隙的110%～140%（即22.6～28.8m^3）。

盾构推进同步注浆采用注浆量和注浆压力双参数控制，保证填充效果。同步注浆管路采用内置式，压注点为6点，每个注浆点可单独控制注浆压力和注浆量并有压力和流量及注浆总量显示，通常情况下同步注浆采用自动控制，施工人员通过盾构施工监控室随时掌握同步注浆情况，并根据盾构推进速度调整压浆流量，注浆压力在达到设定值后系统会自动暂停该路的同步注浆，待压力下降后自动恢复注浆。这样可以防止盲目注浆，影响已建隧道。

同步注浆系统配备备用注浆管路，在原有注浆管堵塞或失去功能后能及时将同步注浆管路切换至备用注浆管，保证盾构正常施工。

3.4.3.2 壁后补压浆

壁后注浆主要用于建筑物和地下管线的土体加固。在本工程中主要是江北大堤和江南大堤，当盾构穿越后，根据沉降情况，采取壁后补压浆的方法加固土体，直至稳定。另外当隧道自身发生位移变形等情况时，也需要采取补压浆措施进行控制。具体压浆视实际情况从管片注浆预留孔中注入地层，若效果不佳，可以从压浆孔向外打设压浆管压注。补压浆浆液采用双液浆，其配比根据实际情况适时调整。

第4章 钱江隧道内部结构

4.1 概述

钱江隧道内部结构如图4.1.1所示,包括了口字件、两侧压重块、现浇牛腿、路面板、防撞墙、铺装层、烟道板等部分。

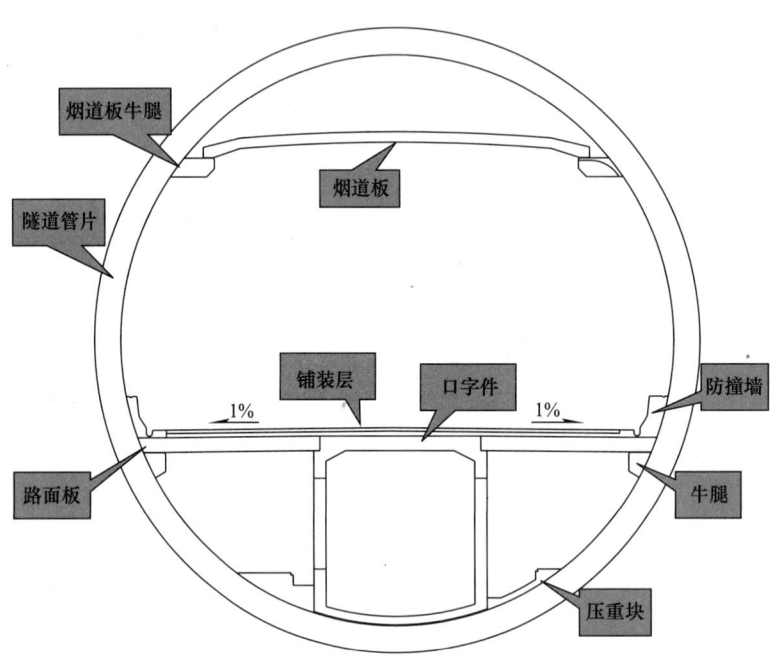

图4.1.1 钱江隧道内部结构

4.2 预制构件制作

4.2.1 生产制作流程

口字形预制构件和烟道板生产制作流程如图4.2.1所示:在钢筋成型车间内完成构件钢筋笼的制作,由台车运至35t行车处,吊入钢筋笼,立模加固,浇捣混凝土,收水、喷淋养护,达到强度要求后拆模,改用养护硬化剂养护。4天后吊运到养护区继续养护,达到100%强度后,移至储备区等待使用。

4.2.2 钢筋骨架、模板工艺流程

钢筋骨架、模板工艺流程如图4.2.2所示。

4.2.3 混凝土浇筑、养护工艺流程

混凝土浇筑、养护工艺流程如图4.2.3所示。由于生产的数量大,速度快,口字件和烟道板的养护采用喷养护剂养护。

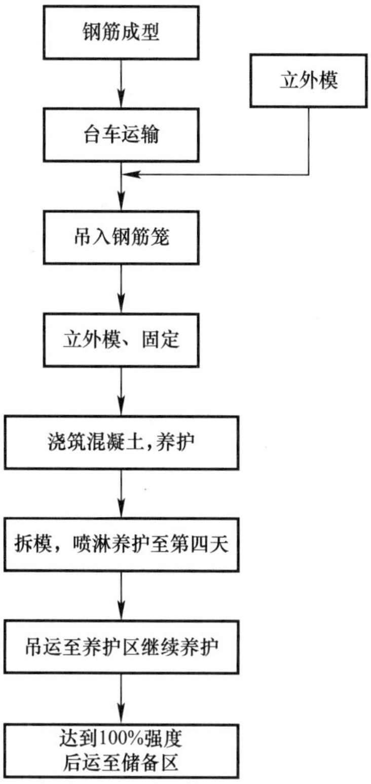

第4章 钱江隧道内部结构

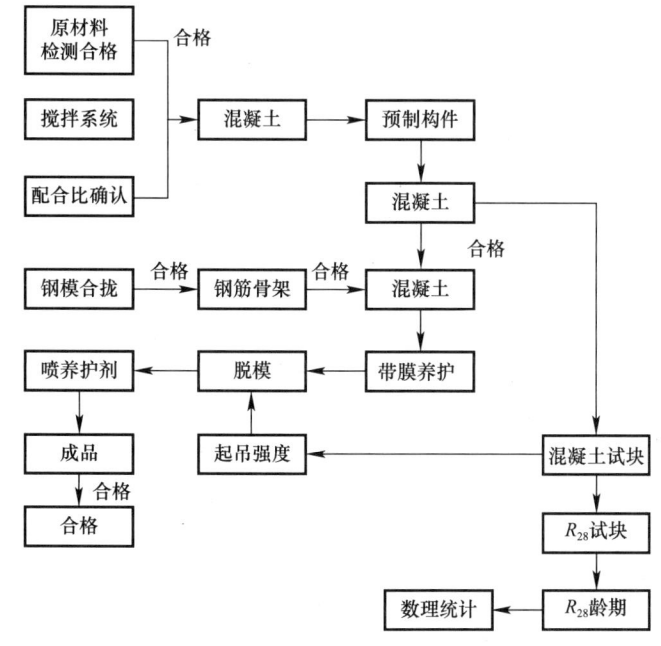

图 4.2.1　口字件和烟道板施工流程

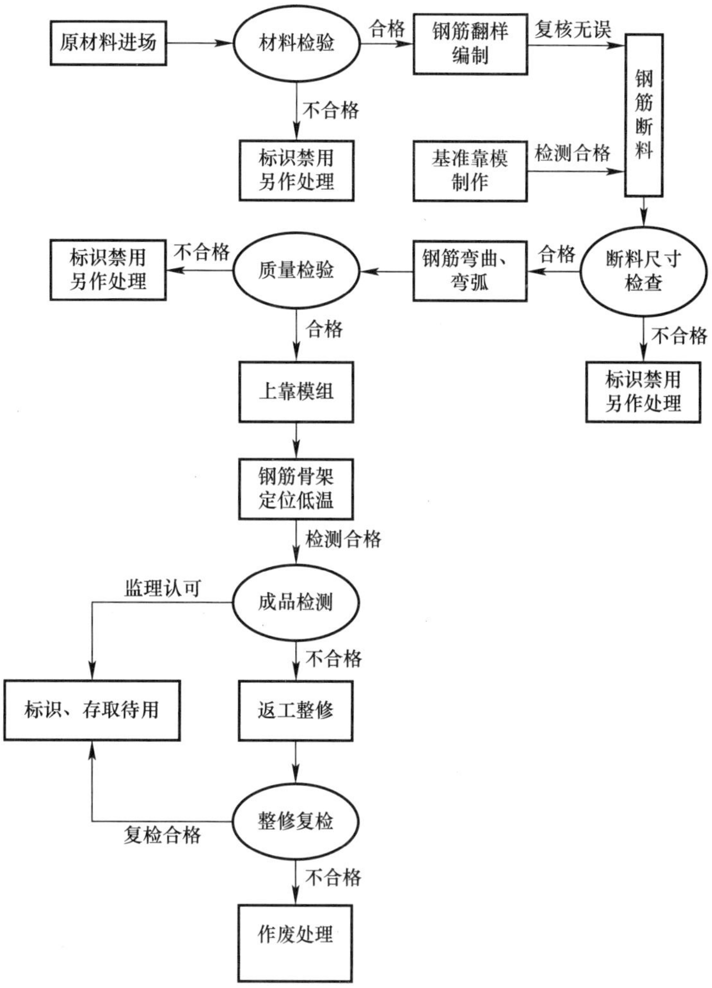

图 4.2.2　钢筋骨架、模板工艺流程图

图 4.2.3　混凝土浇筑、养护工艺流程图

4.3 预制构件安装

4.3.1 口字构件安装

预制构件安装就位前进行以下工作：先将隧道内的污泥和杂物清除掉，并将管片冲洗干净，拧紧管片纵环向螺栓；实测隧道轴线与设计轴线偏差；放样复核定位隧道中线位置。

口字件安装就位精度决定了内部结构的精度，且口字件设计沿隧道轴线呈非完全对称形式，因此口字件定位就显得比较关键。预制构件安装时：确认隧道轴线偏差是否在设计允许值范围内，在控制范围内时可按相对位置就定位；口字形预制构件之间接缝宜与管片环缝错开（变形缝位置处除外）；为确保弧形底部与管片充分接触，预制构件弧形底设置3块定位块并铺设砂浆垫层，确保受荷载均匀传递；预制构件吊运到位，2块预制构件之间的凹凸槽位置对准后，采用千斤顶微调纠偏。

4.3.2 烟道板安装

待路面结构及烟道板牛腿施工完成后并达到设计强度后，在隧道内架设特制的行车，行车设计满足吊装烟道板自重，由于烟道板长度较大，需提升烟道板到牛腿上方后旋转90°后平行放下。该部行车的要求很高制作难度较大，是烟道板安装速度和工程如期完成的关键之一。

另外，根据排烟设计，每60m设置烟道板，为面积约10m（长）×11m（宽）的现浇混凝土结构，需等到预制烟道板安装完毕后，在预留的孔洞位置架设脚手架、立模、浇筑混凝土。同时要保证下部道路的畅通，需在脚手架下部采用钢结构设置通道。考虑到脚手架的重复性，脚手架采用活动的门式钢结构形式。该部分混凝土结构为封闭的结构，只有下部一个预留孔，需从下部上穿后浇筑混凝土，难度较大，工程设置了专门的浇筑设备。

4.4 现浇混凝土结构

4.4.1 压重块施工

压重块的施工质量及轴线、标高精度将直接影响到后续各次施工的质量，因此要求施工前应准确测量，放出隧道中心轴线，水准控制点，每5环设置一轴线坐标及高程控制点并作明显标记。

施工主要分钢筋绑扎、模板、混凝土浇捣三道工序。

（1）钢筋制作严格按照设计及施工规范，为确保隧道内空气质量及安全，钢筋断料及成型在地面完成后由车辆运输至工作面安装。

（2）模板采用定型钢模，局部配置木模，模板固定结合口字形构件及管片螺栓焊接$\phi 14$拉杆螺栓。

（3）混凝土采用商品混凝土，由混凝土搅拌车运输至作业面泵送作业。混凝土要求采用插入式振捣器振捣密实充分，避免漏振、过振。

（4）混凝土的浇筑由于泵车没有办法送入，只能够采用泵送，内部结构采用同步施工，泵送距离约按100m设置更换。

（5）在路面板下部的混凝土浇筑时，架设沟槽模板，待混凝土强度达到设计强度后，铺设盖板，为了美观耐用，采用镀锌格栅形式。

4.4.2 现浇牛腿、路面板施工

工程牛腿、路面板整体现浇可加快施工进度，减少模板周转次数。在施工作业中主要注意以下控制措施：

（1）由测量现场精确放出车道中心线及水准控制点，并前后、左右各间距2.0m用钢筋设置一控制点，以精确控制路面板标高及路面坡度满足设计要求。

（2）施工前需凿出口字件顶部预留接驳器，牛腿位置植筋以保证与管片可靠连接。

（3）采用成套钢模板支架局部辅以木模支护，牛腿底模与管片接缝处内嵌橡胶条，防止漏浆影响结构质量。现浇牛腿、路面板与盾构掘进同步流水施工，兼顾养护要求及其他因素，单条隧道采用4套模板支架周转用以保证流水施工的顺利进行。

（4）按照设计要求注意安放预埋管，位置微调控制在2mm范围内，浇捣混凝土之前仔细核对有无遗漏预埋管。

（5）混凝土采用商品混凝土，为不影响盾构推进过程中管片及预制构件的运输，混凝土浇捣在盾构机维修保养时间段进行，通过混凝土搅拌车经由已建成的岸边段运输至作业面自卸作业。采用插入式振捣器振捣密实，避免漏振、过振，牛腿位置分层浇筑混凝土，分层振捣密实。

（6）混凝土带模养护至设计强度的70%（一般为3d）后拆模，且使用养护液喷涂养护，尽量减少洒水养护。拆模后现浇路面板区域设置隔离栏杆车辆禁止行驶，暂定养护28d后开放交通。

（7）牛腿施工采用植筋方式进行钢筋和管片的连接。本工程植筋结构采用A级植筋胶，严格要求采用专门配置的改性环氧树脂粘胶剂。

4.4.3 防撞侧石、铺装层施工

为保证圆隧道内路面标高、坡度以及通行净高满足设计要求，及防撞侧石外观平顺美观、过渡平缓。防撞侧石、铺装层须待隧道基本稳定后方可进行施工，为此需长时间连续的对隧道沉降进行观测，以指导该项工作。

（1）防撞侧石钢筋需与牛腿顶部预留钢筋焊接，隧道内现浇路面板通长钢筋遇施工缝需断开。钢筋间距、尺寸、数量按图施工，焊接饱满。施工时正确安装预埋件，防止遗漏。

（2）防撞侧石模板以平石面为基础，平石部分用2×6寸板衬垫，2×6寸板面标高与平石面标高相同。用2cm海绵粘贴在钢模底部，安装时模板与底部模板接触紧密。模板固定结合普通脚手管与焊接在管片螺栓上的$\phi 12$拉杆螺栓。

（3）调整防撞侧石模板线性至符合要求后方可浇捣混凝土，由于防撞侧石上口较小，浇捣混凝土较困难，故浇捣时下料应慢，防止倒角处产生气泡难以排出而产生麻面。为此，在浇捣时严格控制下料速度，采取分层下料、分层浇捣的方法。

（4）浇捣完成后及时收水养护，防止伸缩裂缝的产生。收水表面平整，收水不少于2次，防撞侧石浇捣后36h后拆模，拆模后及时去除上口倒角，及时用1：2的干白水泥进行防撞侧石的修补，2～3h后用细砂皮打磨光滑。

（5）混凝土铺装层施工：待盾构进洞后进行，根据施工轴线和设计轴线偏差，调整后进行施工。以道路中心线为界，分幅分仓进行。在满足交通要求的情况下，先完成一侧待达到强度后完成另一侧。

（6）要求混凝土供应速度与摊铺速度相适应，做到均衡供料，连续施工。每仓混凝土的摊铺、振捣、整平工作连续进行，不得中断。

第5章 钱江隧道岸边段（含工作井）

5.1 概述

钱江隧道岸边段包含江南岸边段、江北岸边段及附属工程。

江北岸边段：江北工作井里程从LK11+978到LK12+005，江北暗埋段里程从LK11+650到LK11+978，江北引道段里程从LK11+400到LK11+650。

江南岸边段：江南工作井里程从LK15+250到LK15+273，江南暗埋段里程从LK15+273到LK15+650，江南引道段里程从LK15+650到LK15+850。

岸边段主要的工程项目：

(1) 基坑围护施工：

根据开挖深度及地质情况，两岸边段的基坑围护采用以下四种形式：地下连续墙、SMW水泥土搅拌桩、搅拌桩重力式挡墙及放坡开挖（江北）。

(2) 土体加固施工：

工作井及暗埋段基坑坑底下3m内采用旋喷进行加固；敞开段围护部分采用SMW工法桩和重力式挡墙施工。

(3) 基坑支撑与开挖施工：

岸边段支撑体系采用钢筋混凝土支撑和$\phi 609$钢支撑相结合形式；支撑中部设置双排格构柱，并用连系梁连接，增加支撑系统的整体刚度。岸边段均采用明挖顺筑法施工，基坑开挖遵循竖向分层、纵向分区、分段，先支后挖，先中间后两侧，限时开挖的原则。

(4) 主体结构：

岸边段主体结构采用单层结构、双层结构和U形槽三种形式，底板下设置$\Phi 800$抗拔桩。

(5) 结构防水：

结构防水以自防水和防水卷材相结合形式，防水等级为二级，暗埋段侧墙采用结构自防水，顶板和底板结构采用外包防水卷材防水。

(6) 暗埋段的土方回填以机械回填为主，人工为辅。

(7) 附属工程包括管理中心、接线道路（桥梁）、风塔结构、污水处理厂及消防水池等。

5.2 岸边段建设条件

5.2.1 岸边段施工安排和顺序

在按阶段按区划征地拆迁及安置、施工交通组织、管线拆迁等前期工程完成后，及时进行明挖施工。

(1) 江北岸边段施工安排

江北岸边段采用连续施工，由深到浅依次进行。

第一阶段 LK11+860～LK12+005（工作井及后续4段暗埋段）。

第二阶段 LK11+400～LK11+860（暗埋段余下部分和敞开段）。

施工过程中如果有必要可以在施工区域增加封头墙，将施工区域分割成若干小的施工面，同时施工。

(2) 江南岸边段施工安排

LK15+392～LK15+850（暗埋段余下部分和敞开段）为整体由深向浅依次开挖。

(3) 施工顺序

岸边段施工总体施工顺序为：施工准备→围护结构施工→基坑加固及管井施工→降水施工→基坑开挖及支撑→结构施工→防水层施工→回填→附属工程及装饰装修施工。

5.2.2 岸边段施工计划

江南岸边段计划开工准备为开工后第1个月，主体结构施工计划工期12个月；江北岸边段计划开工准备为开工后第1个月，江北工作井及JB18～JB20主体结构计划工期15个月；整个岸边段工程主体结构总工期为23个月。

(1) 江北岸边段主要施工节点控制工期

① 第1个月～第3个月，完成江北大临设施的搭建，并做好施工准备。

② 第1个月～第2个月，完成江北场地平整和建筑物的拆除。

③ 第1个月～第14个月，完成江北工作井及后续四段暗埋段的施工，为盾构的进洞和掉头施工提供场所。

④ 第15个月～第23个月，完成江北剩余暗埋段及敞开段施工。

⑤ 第24个月～第42个月，完成江北装修安装及其他附属工程。

(2) 江南岸边段主要施工节点控制工期

① 第1个月～第3个月，完成江南大临设施的搭建，并做好施工准备。

② 第1个月～第12个月，完成江南暗埋段及敞开段施工。

③ 第13个月～第36个月，完成隧道内部结构、风塔及隧道管理中心大楼土建施工。

④ 第37个月～第42个月，完成机电安装、装饰装修及江南其他附属工程。

5.3 岸边段工程难点

在承建的钱江隧道试验井项目顺利完工后，通过现场的实践，对岸边段的施工有了充分的了解，总结岸边段的施工重难点主要有以下几个方面：

① 江南岸边段地处郊区偏僻地段，交通不便，可供施工使用的道路狭窄，施工机械设备进出及材料运输困难。同时，进行交叉施工工序较多，材料运输和地面交通组织是岸边段施工的重点和难点之一。

② 岸边段围护结构形式多样，起着围护结构和止水帷幕的双重作用，止水和降水效果的好坏以及施工进度的控制是岸边段施工的重点和难点之二。

③ 岸边段施工采用明挖法，基坑深，开挖宽度大。基坑的开挖顺序、出土方式及支护措施是岸边段施工的重点和难点之三。

④ 岸边段结构采用混凝土自防水和外加柔性防水层，施工缝和沉降缝设遇水膨胀橡胶止水条和钢边橡胶止水带。如何保证防水层的整体性和混凝土的密实性是岸边段施工的重点和难点之四。

⑤ 基坑开挖范围内，砂质粉土、粉砂渗透系数较大，浅层孔隙潜水与钱塘江江水补给关系密切，施工区域降水困难，这是岸边段施工的重点和难点之五。

⑥ 钱江隧道试验井完工后，在LK15+392处留有封头墙，并且，试验井JN04段围护结构和JN05段存在新老接头的问题。在接头的地方施工难度较高，容易渗漏。这是岸边段施工的重点和难点之六。

5.4 施工准备

(1) 场地平整

1) 清除施工用地范围内的建筑垃圾与障碍物；

2) 平整施工场地：通过现场踏勘，江南地形地貌与设计勘查图纸有较大的差别，需重新测绘地形地貌。根据相关调研计算，江南鱼塘面积约107111m^2，鱼塘深度约4m，设计标高+6.0m，江南场地回填方量约428000m^3。江北地面现状平均标高约+4.6m，设计标高+5.0m，经计算，江北场地约外运土方19000m^3进行场地平整。

(2) 施工场地维护

1) 施工场地围护采取全封闭隔离措施,根据业主提供的施工区域,该区域为网格式鱼塘深度约4m,应业主要求需在土地移交时对场区进行封闭,根据地形地貌测绘图,江南须沿着场区红线施工围堰长度约1026m,围堰为等边梯形(上底宽度12m,高度5m,放坡1:3),土方约10万m^3。对围堰进行加固、夯实后,在围堰上砖砌2.5m高的围墙。

2) 工地围墙内外侧自地面以上50cm内的砖墙用防水砂浆砌筑与粉刷。

(3) 施工道路

1) 施工道路的路基用压路机压实或人工夯实。

2) 拟在基坑两侧新筑施工道路,为大型施工机械提供必要的作业条件,由于大型设备多,施工车辆设备频繁,施工道路采用钢筋混凝土结构(14m宽+30cm塘渣+5cm碎石+30cm厚C30双层双向Φ16钢筋网片混凝土),与导墙、明沟筑成一体。

(4) 临时施工设施

1) 用于围护施工的临时设施:钢筋笼制作场和泥浆系统。

2) 用于结构施工的临时设施:现场试验室、木工间和木模加工场、钢筋间和钢筋加工场、支撑材料堆场,钢筋堆放仓库,其他材料堆场,防汛防台仓库。

5.5 围护结构施工

根据施工图设计,岸边段围护结构有地下连续墙、SMW水泥土搅拌桩、搅拌桩重力式挡墙、放坡开挖(江北)四种形式。

5.5.1 地下连续墙施工

5.5.1.1 地下连续墙工法

地下连续墙原则上按6m分幅,本工程地下连续墙施工采用由上海隧道工程公司编制的国家级工法:"地下连续墙液压抓斗工法"。主要工序见图5.5.1。

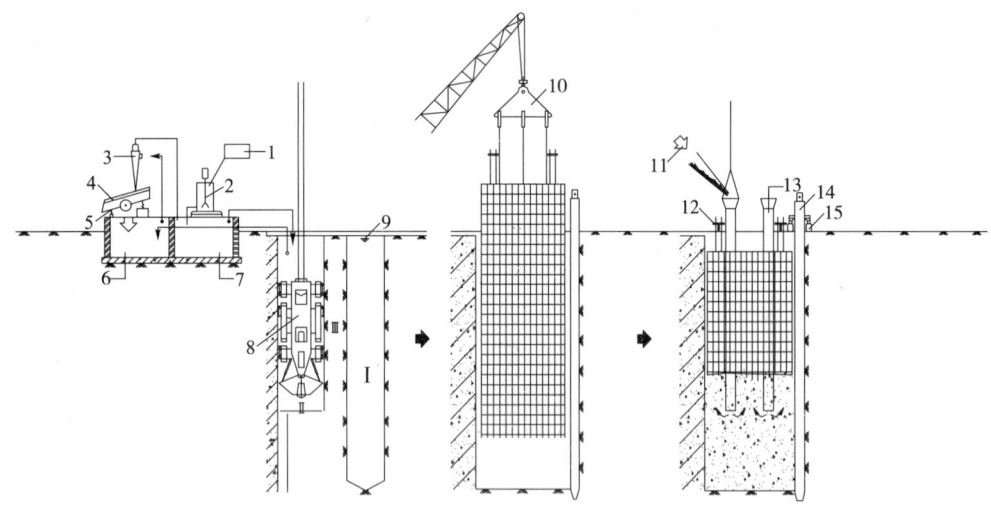

图5.5.1 "地下连续墙液压抓斗工法"主要工序示意图

1—(投入)膨润土CMC,纯碱;2—搅拌桶;3—旋流器;4—振动筛;5—排砂流槽;6—回收浆储存池(待处理浆);7—再生浆池;8—液压抓斗;9—护壁泥浆液位;10—吊钢筋笼专用吊具;11—浇灌混凝土;12—钢筋笼搁置吊点;13—混凝土导管;14—接头管(箱);15—专用顶拔设备

5.5.1.2 地下连续墙施工流程

地下连续墙施工流程图见图5.5.2。

(1) 导墙施工及降水施工

为了使导墙具有足够的刚度与良好的整体性,本工程导墙采用现浇钢筋混凝土结构。

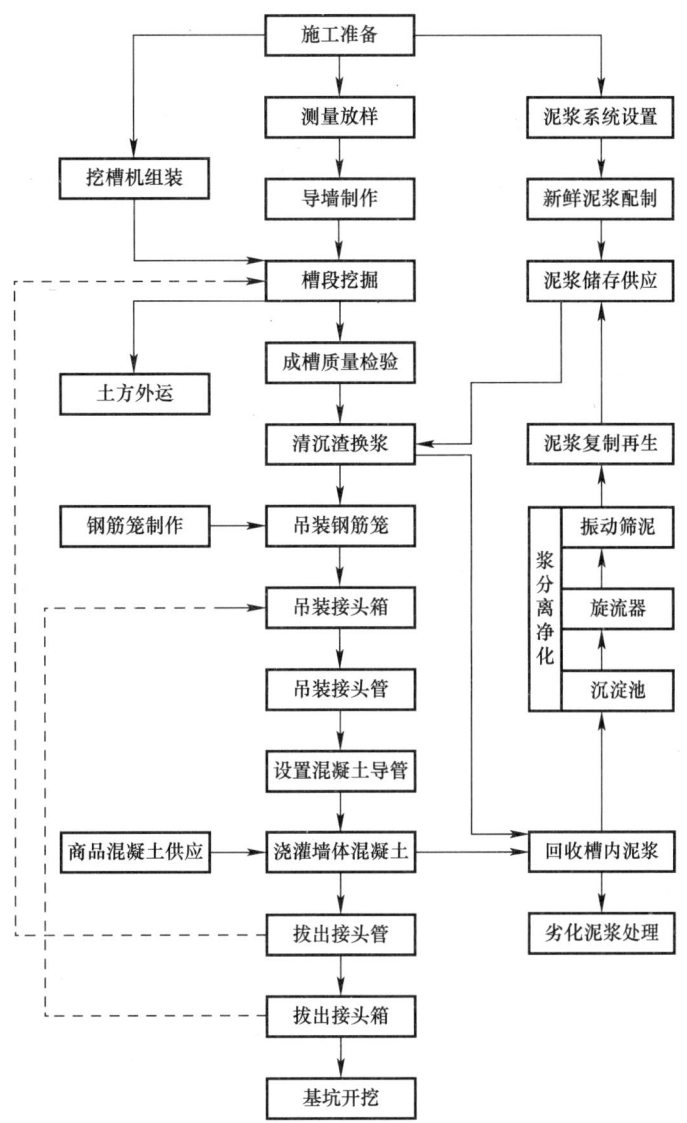

图 5.5.2 地下连续墙施工流程图

1) 导墙的墙趾应插入未经扰动的原状土层中。
2) 导墙的内净宽度与内壁面的垂直精度达到有关规范的要求。
3) 导墙混凝土浇筑完毕,拆除内模板之后,在导墙沟内设置上下两档、水平间距 2m 的对撑,并向导墙沟内回填土方,以免导墙产生位移。
4) 导墙混凝土自然养护到 70% 设计强度以上时,方可进行成槽作业。

(2) 泥浆系统

从控制泥浆的物理力学指标来保证槽段土体的稳定成槽时,选用黏度大、失水量小、形成护壁泥皮薄而韧性强的优质泥浆,确保槽段在成槽机械反复上下运动过程中土壁稳定,通过理论计算来确定和控制泥浆的各项指标,见表 5.5.1。

泥浆质量控制指标(普通泥浆)表　　　表 5.5.1

泥浆指标泥浆类别	漏斗黏度(秒)	密度(g/cm³)	酸碱度(pH值)	失水量(cc)	含砂量(%)	滤皮厚(mm)
新鲜泥浆	22～30	1.05～1.10	8.0～8.5	<10	<1	<1.5
再生泥浆	30～40	1.08～1.15	7.0～9.0	<15	<4	<2.0
挖槽时泥浆	22～60	1.05～1.25	7.0～10.0	<20	可以不测	可以不测
清孔后泥浆	22～30	1.05～1.15	7.0～10.0	<20	<4	<2.0
劣化泥浆	>60	>1.30	>12	>30	>10	>3.0

(3) 开挖槽段

1) 挖槽设备：合理选择成槽设备，配备德国利勃海尔 HS855HD 型成槽机和宝峨 SG35 型成槽机进行地下墙成槽施工。

2) 单元槽段的挖掘顺序：

① 先挖槽段两端的单孔，或者采用挖好第一孔后，跳开一段距离再挖第二孔的方法，使两个单孔之间留下未被挖掘过的隔墙，使抓斗在挖单孔时切土力均衡，可以有效地纠偏，保证成槽垂直度。

② 先挖单孔，后挖隔墙。因为孔间隔墙的长度小于抓斗开斗长度，抓斗能套住隔墙挖掘，同样能使抓斗切土力均衡，有效地纠偏。

③ 沿槽长方向套挖：待单孔和孔间隔墙都挖到设计深度后，再沿槽长方向套挖几斗，把凹凸面修理平整，保证槽段横向有良好的直线性。

④ 挖除槽底沉渣：抓斗下放到槽段设计深度上挖除槽底沉渣。

(4) 清底换浆

1) 置换法清底

在抓斗挖除槽底沉渣后，使用 Dg100 空气升液器，由起重机悬吊入槽，空气压缩机输送压缩空气，以泥浆反循环法吸除沉积在槽底部的土渣淤泥。

2) 升液器，开始置换槽底部不符合质量要求的泥浆。经过三级处理后外运。

(5) 钢筋笼制作

钢筋笼的制作和入槽安置允许偏差应符合表 5.5.2 的规定。

地下连续墙钢筋笼制作的允许偏差 表 5.5.2

项目	偏差	检查方法
钢筋笼长度	±50mm	钢尺量，每片钢筋网检查上、中、下三处
钢筋笼宽度	−20mm	
钢筋笼厚度	−10mm～0	

(6) 钢筋笼吊装

为了保证本工程地下墙的墙体质量，工程所有钢筋笼都采用整幅一次吊装就位。由于整钢筋笼是一个刚度极差的庞然大物，起吊时极易变形散架，发生安全事故，为此根据以往成功经验，采取以下技术措施：

1) 钢筋笼上设置纵、横向起吊桁架和吊点，见图 5.5.3，使钢筋笼起吊时有足够的刚度防止钢筋笼产生不可复原的变形。

2) 对于端头井拐角幅钢筋笼除设置纵、横向起吊桁架和吊点之外，另要增设"人字"桁架和斜杆进行加强，以防钢筋笼在空中翻转角度时发生变形。拐角幅钢筋笼加强方法示意图见图 5.5.4。

3) 钢筋笼整幅起吊采用一台 280t 履带式起重机和一台 150t 履带式起重机双机抬吊法。

4) 吊钢筋笼入槽后，用吊梁穿入钢筋笼最终吊环内，搁置在导墙顶面上。

(7) 浇灌墙体混凝土

1) 灌注地下墙的混凝土配合比按流态混凝土设计，强度等级应比设计强度提高一级配置，水灰比不应大于 0.6。

2) 规定导管水平布置距离不应大于 3m，距离槽段端部不应大于 1.5m，导管下端距槽底应为 300～500mm。

3) 混凝土浇灌要求符合下列规定：

① 钢筋笼沉放就位后应及时灌注混凝土，并不应超过 6h；

② 混凝土的初灌量应保证埋管深度不小于 500mm；

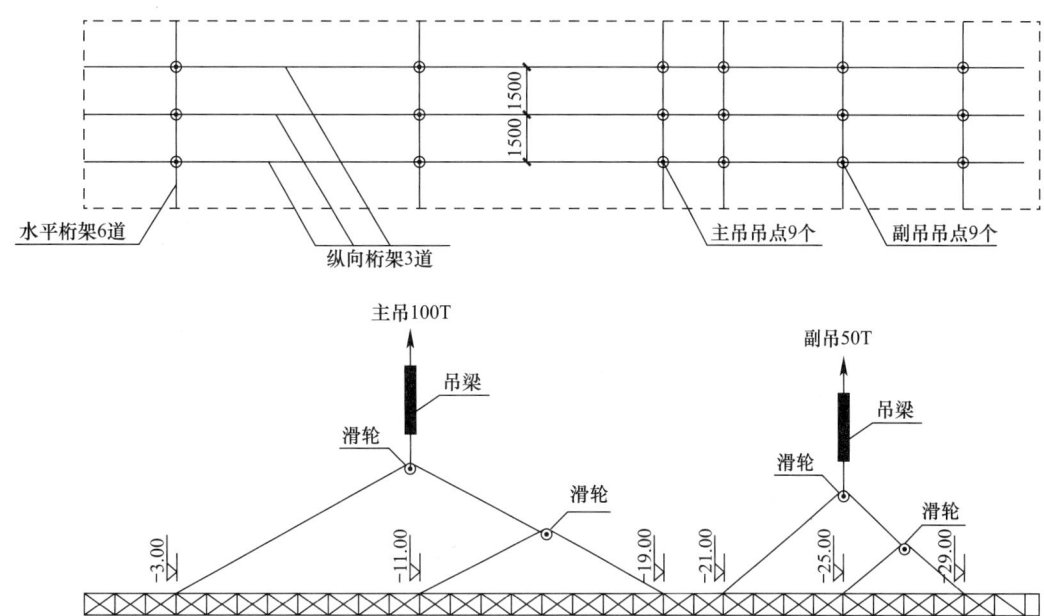

图 5.5.3　钢筋笼上纵、横向起吊桁架和吊点设置示意图

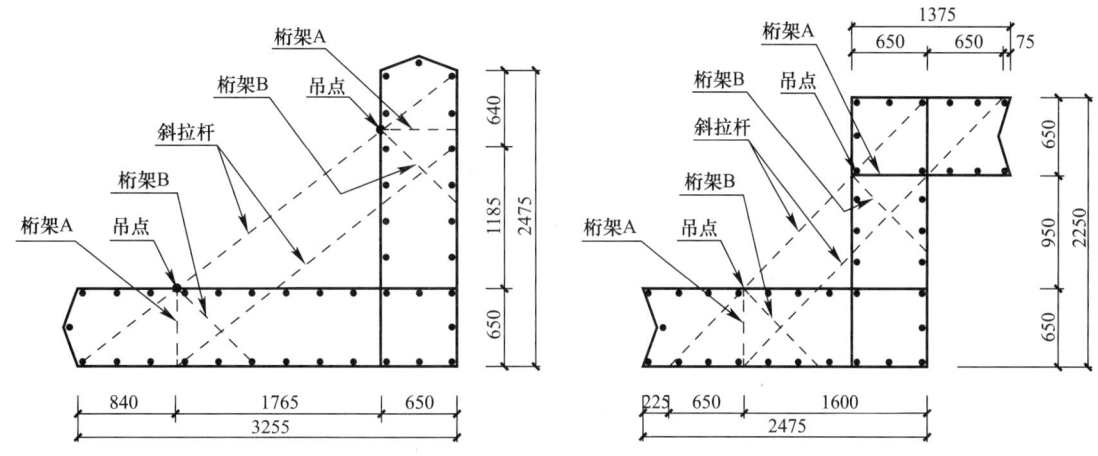

图 5.5.4　拐角钢筋笼加强方法示意图

③ 混凝土应均匀连续灌注，因故中断灌注时间不得超过 30min；

④ 混凝土灌注过程中，导管埋入混凝土深度应不小于 3.0m，相邻两导管内混凝土高差不应大于 0.5m。

(8) 墙底注浆

地下连续墙的墙底注浆管的埋设应垂直牢固，不发生变形，并在管底设置单向橡皮筏；浆液的配方和配比应按照加固的目的和加固地层状态进行设计，并通过试验进行调整。

(9) 其他相关参数

参考上海隧道工程公司地下连续墙工法。

5.5.1.3　地下连续墙施工关键技术措施

① 合理选择成槽设备，配备德国利勃海尔 HS855HD 型成槽机和宝峨 SG35 型成槽机进行地下墙成槽施工。

② 对于深度超过 30m 的地下墙，采取在反力箱的位置钻先导孔的技术措施，通过钻孔可以使液压抓斗的斗齿直接伸入孔内进行成槽，从而提高地下墙的成槽效率，并可确保成槽端头的垂直度要求。钻

先导孔选用GPS20型钻机正循环钻进，反循环清孔，反循环清孔时要求将孔内泥浆全部置换成膨润土泥浆，钻进深度略深于地下墙深度，钻孔孔径等于地下墙厚度，垂直度1/500。

③ 在3-2层粉砂内进行预降水处理，降低3-2层粉砂层内水头高度，保证槽壁稳定。拟采用喷射井点进行降水。

喷射井点延地下墙一周于基坑内侧布置，嵌幅的外侧需增加一根井点，井点深度16m，井点管长度15m，井点间距6m（即每幅一根），井点钻孔直径400mm（图5.5.5）。

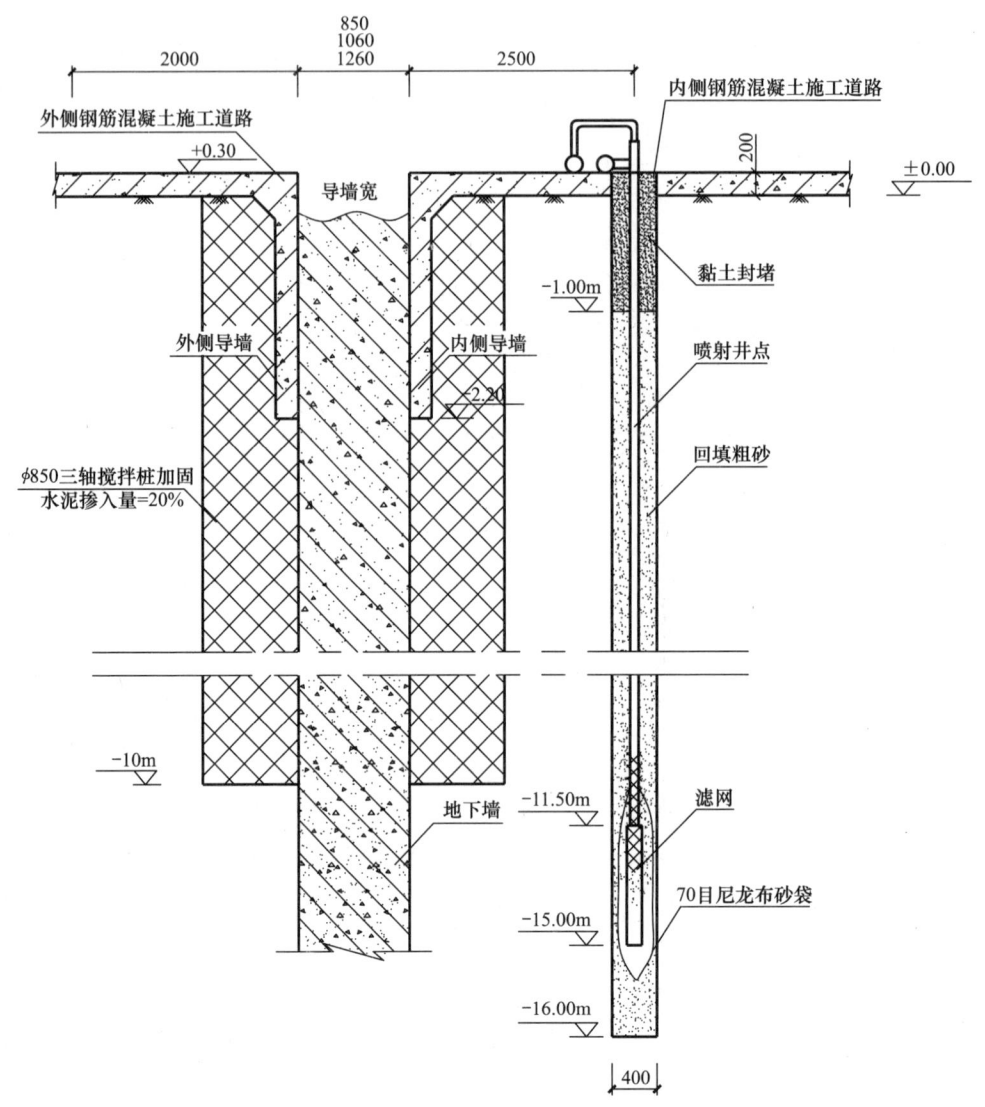

图5.5.5 地下连续墙预降水示意图（单位：mm）

④ 由于本工程超深，各道工序施工时间长，往往虽然扫孔、清孔后沉渣及泥浆各项指标满足要求，但是放钢筋笼、反力箱、导管等工序及在混凝土浇灌过程中，悬浮在泥浆中的砂又会沉下去，增加沉渣的厚度，沉渣厚度增加会增加地下墙接头、墙体夹泥的风险，增加混凝土浇灌的困难。因此为减少砂颗粒沉淀形成沉渣，必须要调整泥浆指标，增加泥浆悬浮砂的能力，对此确定槽泥浆黏度不少于30s。

另外加强清孔和扫孔力度，保证槽底泥浆相对密度小于1.17，减少沉渣厚度。

5.5.2 钻孔灌注桩施工

5.5.2.1 施工工艺及主要参数

钻孔灌注桩施工工艺流程见图5.5.6。

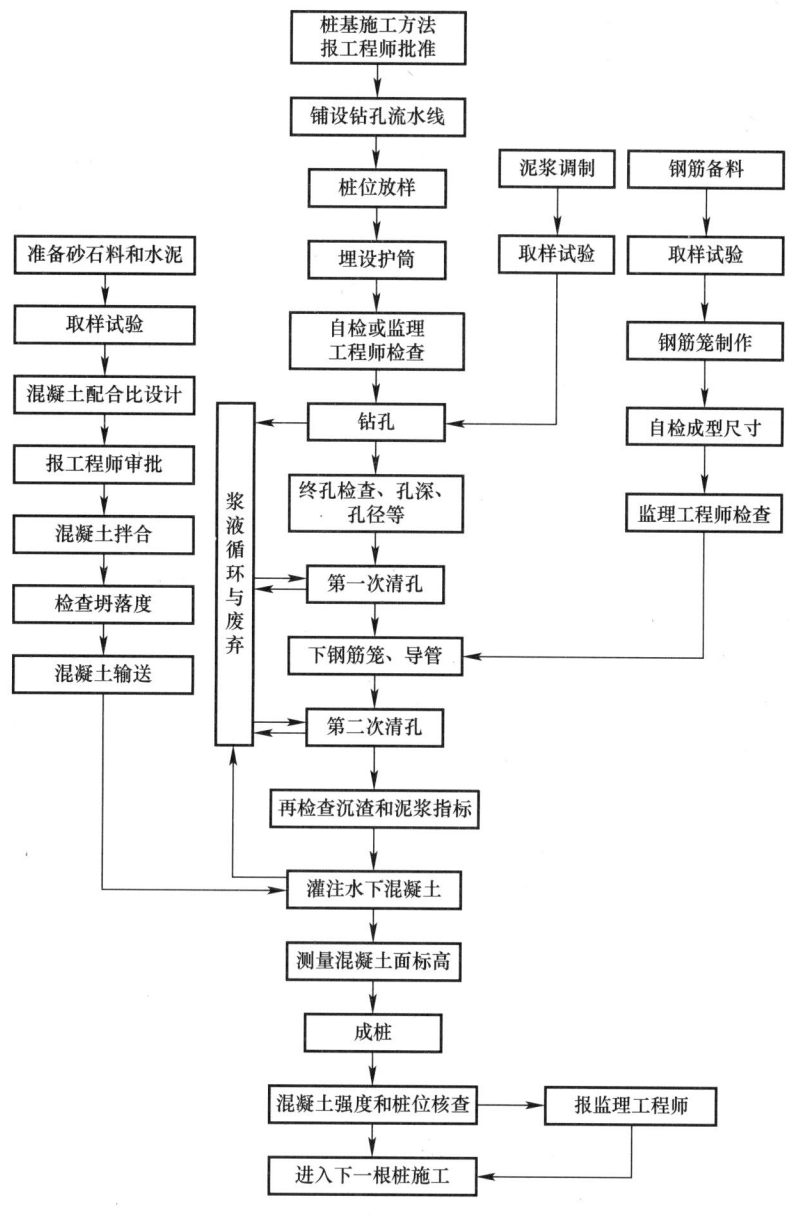

图 5.5.6 钻孔灌注桩施工流程图

钻孔灌注桩的主要施工参数见表 5.5.3 和表 5.5.4。

钻孔灌注桩主要施工参数表　　　　　　　　　　　　　　　表 5.5.3

下沉速度	提升速度	搅拌转速	浆液流量
0.5~0.8m/min	0.5m/min	30~50rad/min	40L/min

浆液配比表　　　　　　　　　　　　　　　表 5.5.4

规格	自来水	32.5 级水泥
重量比	0.75	1

5.5.2.2　施工关键技术

（1）测量放线：根据红线点，由技术人员测放出桩位。

（2）护筒施工

1）护筒应坚实、不漏水。护筒内径应比桩径稍大。护筒顶端至少应高出地面 0.3m。护筒埋设中心位置与桩位偏差≤20mm,倾斜度偏差不大于1‰。

2)护筒埋设完毕后,桩位中心点插上ф12钢筋,以利桩架就位对中,四周需用黏土回填、压实,防止钻孔时浆液漏失。

(3)泥浆的制备与处理

泥浆制备选用高塑性黏土或膨润土。泥浆指标应符合表5.5.5的要求。

制备泥浆的性能指标表　　　　　表5.5.5

项目	性能指标	检验方法
相对密度	1.1~1.15	泥浆比重计
黏度	10~25s	500~700mL漏斗法
含砂率	<6%	
胶体率	>95%	量杯法
失水量	<30mL/30min	失水量仪
泥皮厚度	1~3mm/30min	失水量仪
静切力	10min:50~100mg/cm²	静切力计
稳定性	<0.03g/cm²	
pH值	7~9	pH试纸

(4)钻进成孔

1)滑轮与钻盘中心孔、护筒的中心,应在同一铅垂线上。

2)钻进中,应注意第一、二根钻杆的进尺,保证钻具与孔的中心垂直。

3)钻进中需要根据地层的变化而变化钻进参数,及时采用相应的钻进速度,保证成孔质量,防止钻孔偏斜。

4)泥浆的控制:在黏土、粉质黏土地层中,泥浆的相对密度一般控制在1.1~1.3;在砂层和松散易塌的地层中,泥浆相对密度一般控制在1.2~1.4,黏度18~24s。

5)加接钻杆应先将钻具稍提离孔底,待泥浆循环2~3min后再加接钻杆。

(5)成孔检验

成孔质量标准要求满足表5.5.6的规定。

成孔质量标准表　　　　　表5.5.6

项目	允许偏差	检验方法
钻孔中心位置	30mm	用井径线
孔径	$-0.05d$,$+0.10d$	超声波测井仪
倾斜率	0.5%	超声波测井仪
孔深	比设计深度深300~500mm	核定钻头和钻杆长度

注:1. d 为桩的设计桩径。
　　2. 孔径允许偏差正值指平均断面,负值指个别断面。

(6)清孔施工

1)清孔时,孔内水位应保持在孔外水位1m以上。

2)第一次清孔:钻至设计深度后,停止进尺,钻具提离孔底10~20cm,保持泥浆正常循环,定时空转钻盘,以便把孔底残余泥块磨成泥浆排出,清孔时间约为30min。

3)第二次清孔时间一般为0.5~1h。第二次清孔后,孔底沉渣厚度应≤5cm,含砂量为4%左右。

(7)钢筋笼和格构柱制作和安放

1)钢筋笼加工制作。钢筋笼按图纸要求加工制作,钢筋笼的制作允许偏差见表5.5.7。

钢筋笼制作允许偏差　　　　　表5.5.7

主筋间距	箍筋间距或螺旋筋螺距	钢筋笼直径	钢筋笼长度
±10mm	±20mm	±10mm	±50mm

2）格构柱按图纸要求加工焊接，格构柱埋入结构底板部分应焊接止水片。

3）钢筋笼与格构柱安放：

① 钢筋笼与格构柱安放时须保证桩顶的设计标高，允许误差为±100mm。

② 钢筋笼下放时，应对准孔位中心，放至设计标高后应立即固定。

③ 钢筋笼安装入孔时和上下节笼或钢筋笼与格构柱进行对接施焊时，应使钢筋笼和格构柱保持垂直状态，对接钢筋笼时应两边对称施焊。

（8）混凝土灌注

1）浇灌的水下混凝土强度比设计的强度提高一级。

2）混凝土灌注前、清孔完毕后，应迅速安放混凝土漏斗与隔水橡皮球胆，并将导管提离孔底0.5m。混凝土初灌量必须保证能埋住导管0.8～1.3m。

3）在混凝土面接近钢筋笼底端时灌注速度应适当放慢，防止钢筋笼上浮，当混凝土进入钢筋笼底端1～2m后，适当提升导管，避免出料冲击过大或勾带钢筋笼。

4）桩身实际浇筑混凝土的数量不得小于桩身的计算体积的1.05倍，不应超过计算值的1.1倍。混凝土实际浇灌高度应高出桩顶2m以上。

5.5.3 SMW水泥土搅拌桩施工

5.5.3.1 施工流程及主要参数

SMW水泥土搅拌桩施工流程见图5.5.7，主要施工参数见表5.5.8和表5.5.9。

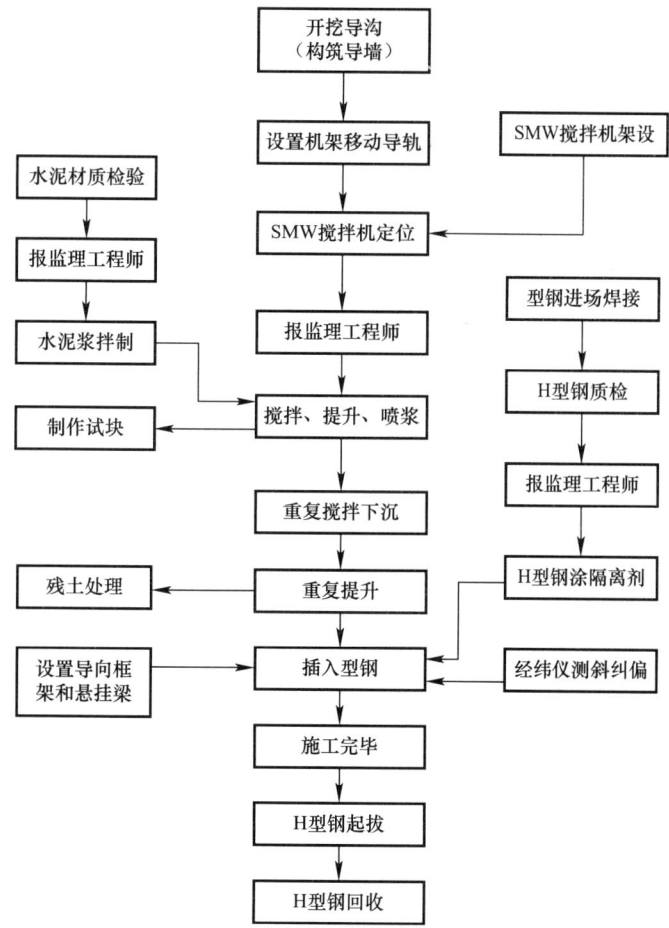

图5.5.7 SMW施工流程图

SMW水泥土搅拌桩主要施工参数表　　　　　表5.5.8

下沉速度	提升速度	搅拌转速	浆液流量
0.5～0.8m/min	0.5m/min	30～50rad/min	40L/min

浆液配比表　　　　　表5.5.9

规格	自来水	32.5级水泥
重量比	0.75	1

5.5.3.2　施工方法

SMW水泥土搅拌桩按照以下顺序进行施工：

（1）施工场地平整。

（2）桩位放样：桩位平面偏差不大于5cm。

（3）移动桩机到达作业位置，并调整桩架垂直度达到0.5%以上。

（4）搅拌下沉：搅拌头自上而下拌和下沉，直到钻头下沉钻进至桩底标高。

（5）注浆、搅拌、提升：开动灰浆泵，待纯水泥浆到达搅拌头后，按计算要求的速度提升搅拌头，边注浆、边搅拌、边提升，使水泥浆和原地基土充分拌和，至提升到离地面50cm处或桩顶设计标高后再关闭灰浆泵。

（6）重复搅拌下沉：再次将搅拌机边搅拌边下沉至桩底设计标高。

（7）重复搅拌提升：边搅拌边提升（不注浆）至自然地面，关闭搅拌机。

（8）H型钢插入：H型钢就位后，通过桩机定位装置控制，靠型钢自重或借助一定的外力（送桩锤）将型钢插入搅拌桩内。

（9）压顶圈梁制作：作为挡土的支护结构，每根桩必须通过桩顶连接共同作用。在不插入H型钢的桩内插入2根Φ12～16钢筋，然后制作压顶圈梁。

（10）回收H型钢：待地下主体结构完成后，用顶拔装置将H型钢从搅拌桩中顶拔出来。回收H型钢后，用6%～10%的水泥浆填充H型拔除后的空隙。

SMW水泥土搅拌桩的施工要点主要应包括：

（1）水泥宜采用32.5级、42.5级普通硅酸盐水泥，水泥掺入比宜为15%～17%，水灰比一般为0.70～1.0，根据地质情况和工期要求可掺加不同类型外加剂。

（2）严格控制注浆量和提升速度，防止出现夹心层或断浆情况。

（3）提升速度控制在50cm/min内。注浆泵出口压力控制在0.4～0.6MPa。

（4）桩与桩须搭接的工程应注意下列事项：

① 桩与桩搭接时间不应大于12h；如超过12h，则在第二根桩施工时增加注浆量20%，并减慢提升速度；如因相隔时间太长致使第二根桩无法搭接，则在设计认可下采取局部补桩或注浆措施；

② 尽可能在搅拌桩施工完成后30min内插入H型钢，若水灰比或水泥掺入量较大时，H型钢的插入时间可相应增加。

5.5.3.3　质量标准

① 施工中必须严格控制检查每根桩的水泥用量、桩长、搅拌头下降和提升速度、浆液流量、喷浆压力、成桩垂直度、H型钢吊装垂直度、标高等。

② H型钢、H型钢安装、桩体验收标准见表5.5.10～表5.5.12。

H型钢验收标准表　　　　　表5.5.10

	长度	截面高度	截面宽度	腹板中心线	型钢对接焊缝	型钢挠度
允许偏差	±20mm	±4mm	±3mm	±2mm	符合设计要求	10mm

H型钢安装验收标准表				表5.5.11
	型钢定位轴线	顶标高	型心转角	垂直度
允许偏差	±20mm	±4mm	±2°	3‰

搅拌桩桩体验收标准表				表5.5.12
	平行基坑方向桩位偏差	垂直基坑方向桩位偏差	垂直度	成桩深度
允许偏差	±30mm	±30mm	3‰	+100mm,-0mm

③ 搅拌桩桩体达到龄期28d后,应钻孔取芯测试其强度及抗压强度,应满足设计要求。

④ SMW桩体不允许出现大面积的湿迹和渗漏现象。若有渗漏及时封堵。

5.6 基坑降水、支撑与开挖

5.6.1 基坑降水

基坑降水的主要目的在于:

① 加固基坑内和坑底下的土体,提高坑内土体抗力,从而减少坑底隆起和围护结构的变形量,防止坑外地表过量沉降。

② 有利边坡稳定,防止纵向滑坡。

③ 疏干坑内地下水,方便挖掘机和工人在坑内施工作业。

④ 及时降低下部承压含水层的承压水水头高度,将其降至安全的水头高度,以防止基坑底部突涌的发生,确保施工时基坑底板的稳定性。

5.6.1.1 工程基坑降水方案

① 减压管井布置

江南主线结构布置15口降压井;在江北工作井和主线结构布置37口降压井,在工作井内布置2口降压井,作为观测井兼备用井。

② 真空疏干管井布置

主体结构范围单井有效抽水面积取150~200m²/口;江南主线结构123口,江北主线结构约145口(其中工作井6口),水位观测井22口,江北基坑深度小于5m采用双排轻型井点降水孔距1.2m,孔径50mm。

5.6.1.2 深井井点施工流程

深井井点施工流程见图5.6.1。

5.6.1.3 沉降预防措施

① 布置好沉降观测点,施工期间每天进行二次观测,沉降速率及累积沉降量严格按照设计要求控制。

② 在降水运行过程中随开挖深度加大逐步降低承压水头,避免过早抽水减压。留出未进行抽水的井(以基坑中心部位最具代表性)作为观测孔,在不同开挖深度的工况阶段,合理控制承压水头,在满足基坑稳定性要求前提下,防止承压水头过大降低,使降水对周边环境的影响减少到最低限度。

③ 采用信息化施工,对周边地面、邻近建(构)

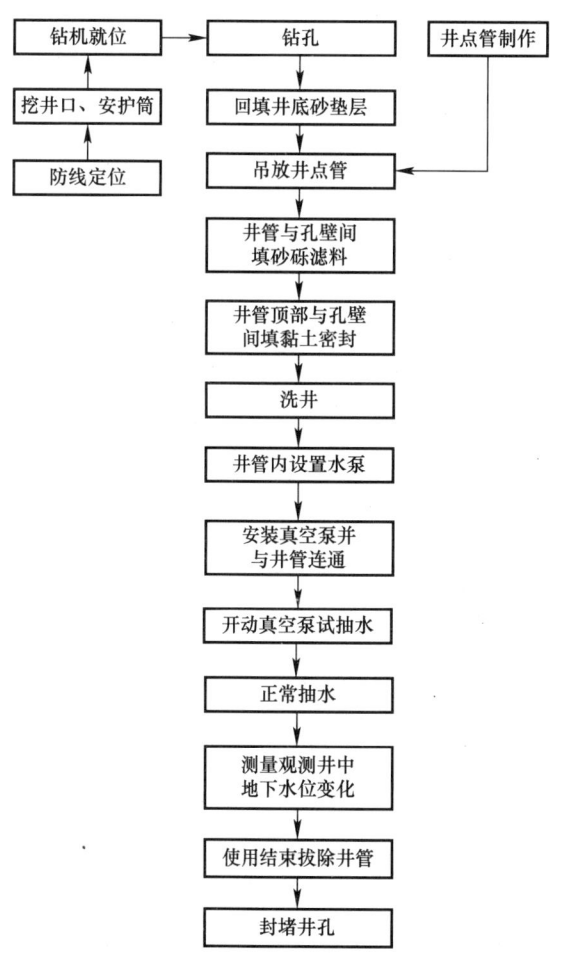

图5.6.1 深井井点施工流程图

进行位移监测，发现问题及时处理，调整抽水井及抽水流量，指导降水运行和开挖施工。

④ 及时整理基坑开挖和降水时的水位资料，位移监测资料必须及时送交现场项目部，以便绘制相关的图表、曲线，必要时调控降水运行。

⑤ 存在离基坑较近的重要构建筑物时，可在邻近建（构）筑物一侧设置几口观测井，必要时可以进行注水回灌。

5.6.1.4 降水技术要求

(1) 试运行

① 试运行之前，准确测定各井口和地面标高、静止水位，然后开始试运行，以检查抽水设备、抽水与排水系统能否满足降水要求。

② 在疏干井的成井施工阶段边施工边抽水，即完成一口投入降水运行一口，力争在基坑开挖前，将坑内土体含水量减小到最低限度。

(2) 降水运行

① 在基坑正式开挖时，基坑内的疏干井在基坑开挖前 20d 进行抽水，做到能及时降低连续墙内基坑中的地下水位。

② 坑内疏干井抽水时，潜水泵的抽水间隔时间自短至长，每次抽水井内水抽干后，立即停泵，以免电机烧坏。对于出水量较大的井每天开泵的抽水的次数相应要增多。

③ 抽水需要每天 24h 派人现场值班，并做好抽水记录，记录内容包括降水井涌水量 Q 和水头降 S，并在现场绘制流量 Q，观测孔（点）水位降、各监测点的观测资料、理论计算资料和施工进程（开挖深度）与时间的相关曲线，以掌握动态，指导降水运行达到最优。

④ 整个降水过程中备有双电源，和以最快速度交换电源的线路开关装置，以确保降水连续进行。

⑤ 降水结束提泵后及时将井注浆封闭，补好盖板。

(3) 降水运行的注意事项

① 做好基坑内的明排水准备工作，以防基坑开挖时遇降雨能及时将基坑内的积水抽干；

② 井管口设置醒目标志，做好标识工作，协同总包单位与挖机施工人员做好井管保护工作。

(4) 坑内降水井井管保护技术措施

① 井位尽可能靠近支撑边。

② 井管口设置醒目标志，做好标识工作。

③ 随着基坑开挖深度的不断加深，井管的暴露长度不断加大，井管沿纵向与每道支撑要及时焊接钢筋加固。

④ 协同总包单位与挖机施工人员做好井管保护工作。

5.6.1.5 深井构造与设计要求

(1) 井壁管：井壁管均采用焊接钢管，疏干井的井壁管直径均为 $\phi 273$ mm（外径）。

(2) 过滤器（滤水管）：降水井分段设计，所有滤水管外均包一层 30～40 目的尼龙网，滤水管的直径与井壁管的直径相同。

(3) 沉淀管：沉淀管主要起到过滤器不致因井内沉砂堵塞而影响进水的作用，沉淀管接在滤水管底部，直径与滤水管相同，长度为 1.00m。沉淀管底口用铁板封死。

(4) 井口：井口应高于地面以上 0.50m，以防止地表污水渗入井内，一般采用优质黏土，其深度不小于 3.00m。

(5) 填滤料（中粗砂）：疏干井从井底向上至地表以下 3.00m 均围填中粗砂。

(6) 填黏性土封孔：在黏土或滤砂的围填面以上采用优质黏土填至地表并夯实，并做好井口管外的封闭工作。

5.6.1.6 成井施工工艺与技术要求

成孔施工机械设备选用 GPS-10 型工程钻机及其配套设备。采用正反循环相结合回转钻进泥浆护壁的成孔工艺及下井壁管、滤水管，围填滤料、黏性土等成井工艺。

（1）测放井位：根据降水管井平面布置图测放井位，当布设的井点受地面障碍物或施工条件的影响时，现场可作适当调整。

（2）埋设护口管：护口管底口应插入原状土层中，管外应用黏性土或草辫子封严，防止施工时管外返浆，要求护口管上部高出地面 0.10~0.30m。

（3）安装钻机：机台应安装稳固水平，大钩对准孔中心，大钩、转盘与孔的中心三点成一线。

（4）钻进成孔：疏干井、降压井均一径到底。钻进开孔时吊紧大钩钢丝绳，轻压慢转，以保证开孔钻进的垂直度，成孔施工采用孔内自然造浆，钻进过程中泥浆密度控制在 1.10~1.15，当提升钻具或停工时，孔内必须压满泥浆，以防止孔壁坍塌。

（5）清孔换浆：钻孔钻至设计标高后，在提钻前将钻杆提至离孔底 0.50m，进行冲孔清除孔内杂物，同时将孔内的泥浆密度逐步调至 1.10，孔底沉淤<30cm，返出的泥浆内不含泥块为止。

（6）下井管：管子进场后，检查过滤器的缝隙是否符合设计要求。下管前必须测量孔深，孔深符合设计要求后，开始下井管，下管时在滤水管上下两端各设一套直径小于孔径5cm的扶正器（找正器），以保证滤水管能居中，井管焊接要牢固，垂直，下到设计深度后，井口固定居中。

（7）填滤料（中粗砂）：填滤料前在井管内下入钻杆至离孔底 0.30~0.50m，井管上口加闷头密封后，从钻杆内泵送泥浆进行边冲孔边逐步稀释泥浆，然后开小泵量按前述井的构造设计要求填入滤料，并随填随测填滤料的高度，直至滤料下入预定位置为止。

（8）井口填黏性土封闭：为防止泥浆及地表污水从管外流入井内，在地表以下回填 3.0m 厚黏性土封孔。

（9）洗井：在提出钻杆前利用井管内的钻杆接上空压机先进行空压机抽水，待井能出水后提出钻杆再用活塞洗井，活塞必须从滤水管下部向上拉，将水拉出孔口，对出水量很少的井可将活塞在过滤器部位上下窜动，冲击孔壁泥皮，此时向井内边注水边拉活塞。当活塞拉出的水基本不含泥砂后，再用空压机抽水洗井，吹出管底沉淤，直到水清不含砂为止。

（10）安泵试抽：成井施工结束后，在混合井内及时下入潜水泵与接真空管、排设排水管道、地面真空泵安装、电缆等，电缆与管道系统在设置时注意避免在抽水过程中不被挖土机、吊车等碾压、碰撞损坏，因此，现场要在这些设备上进行标识。抽水与排水系统安装完毕，即可开始试抽水。先采用真空泵与潜水泵交替抽水，真空抽水时管路系统内的真空度不宜小于-0.06MPa，以确保真空抽水的效果；

（11）排水：洗井及降水运行时用管道将水排至场地四周的明渠内，通过排水渠将水排入场外河道中，降水时间见表 5.6.1。

基坑降水运行时间统计 表 5.6.1

序号	疏干井		承压井		序号	疏干井		承压井	
	数量	时间（月）	数量	时间（月）		数量	时间（月）	数量	时间（月）
JN05	6	5	8	12	JB03	6	3		
JN06	6	5	7	12	JB04	8	3		
JN07	9	5			JB05	8	3		
JN08	9	5			JB06	8	4		
JN09	9	4			JB07	8	4		
JN10	9	4			JB08	10	4		
JN11	9	4			JB09	8	4		
JN12	6	4			JB10	8	4		
JN13	13	4			JB11	9	5		
JN14	8	3			JB12	10	5		
JN15	7	3			JB13	10	5		
JN16	6	3			JB14	12	5		
JN17	8	3			JB15	8	5	2	10
JN18	6	3			JB16	5	6	5	10

续表

序号	疏干井		承压井		序号	疏干井		承压井	
	数量	时间（月）	数量	时间（月）		数量	时间（月）	数量	时间（月）
JN19	6	2			JB17	5	6	5	12
JN20	6	2			JB18	5	6	5	12
					JB19	5	6	5	13
					JB20	5	7	5	14
					JB21	5	7	4	14
江北轻型井点	1				江北工作井	4	8	6	15

（12）封井：按设计要求进行封井。

5.6.2 基坑支撑

钢支撑的平面布置间距约 3m，深度方向间距在 3.3～6.4m 左右，混凝土支撑间距约 9m。

钢支撑的安装和使用须符合以下规定：

（1）每根钢支撑按总长度的不同配用一端固定段及一端活络段或两端活络段，在两支承点间，中间段最多不超过 3 节。钢支撑配置时将考虑每根总长度（活络段缩进时）比围护结构净距小 10～30cm，钢支撑在使用前进行地面拼装，并检查拼装质量。

（2）钢支撑安装前将先在围护结构墙或围檩上安装支承牛腿（也可在支承端板上焊接支承件）。钢支撑采用两点吊装，吊点一般在离端部 0.2L 左右为宜。钢支撑吊装就位时必须保证两端偏心块全为下偏心。

（3）钢支撑安装的容许偏差应符合下列规定：

① 支撑两端的标高差：不大于 20mm 及支撑长度的 1/600；

② 支撑挠曲度：不大于支撑长度的 1/1000；

③ 支撑水平轴线偏差：不大于 30mm；

④ 支撑中心标高及同层支撑顶面的标高差：±300mm。

（4）钢管支撑连接螺栓一定要全数栓上，以免影响钢支撑的拼接质量。

（5）支撑安装完毕后，其端面与围护墙面或围檩侧面应平行，并且及时检查各节点的连接状况，经确认符合要求后方可施加预应力。施加预应力后，再次检查并加固，其端板处空隙用微膨胀高强度等级水泥砂浆或细石混凝土填实。

（6）对施加支撑轴向预应力的液压装置要经常检查，使之运行正常，使量出的预应力值准确，每根支撑施加的预应力值要记录备查。

（7）钢支撑两端应有可靠的支托或吊挂措施，严防因围护变形或施工撞击而产生脱落事故。

（8）钢支撑的拆除时间一般按设计要求进行，具体参见表 5.6.2，否则应进行替代支承结构的强度及稳定安全核算后确定。钢支撑应分层堆放整齐，高度不超过四层，底层钢支撑下应安设垫木。钢支撑允许最大偏心轴力见表 5.6.3。

钢支撑的运行时间表　　　　表 5.6.2

序号	时间（月）	序号	时间（月）	序号	时间（月）	序号	时间（月）
JN05	7	JN12	5	JB13	6	JB03	3
JN06	7	JN13	5	JB14	7	JB04	3
JN07	7	JN14	5	JB15	7	JB05	4
JN08	6	JN15	4	JB16	7	JB06	4
JN09	6	JN16	4	JB17	7	JB07	5
JN10	6	JN17	3	JB18	8	JB08	5
JN11	6	JN18	3	JB19	8	JB09	5
				JB20	8	JB10	5
				JB21	8	JB11	6
				江北工作井	8	JB12	6

钢支撑允许最大偏心轴力表 表 5.6.3

长度（L）	6	8	10	12	14	16	18	20	22
轴力（kN）	3451	3410	3372	3347	3252	3015	2522	1995	1563

注：在基坑开挖与支撑施工中，应对地下墙的变形和地层移动进行监测。

5.6.3 基坑开挖方案

基坑开挖分段位置以设计图中的分节线为准，再向前延伸 1.5～3m。

基坑开挖过程中放坡坡度：1∶2.5。

5.6.3.1 基坑开挖基本方法

基坑开挖以机械挖土为主，人工修挖为辅。

（1）表层土方开挖

坑内表层土方采用液压挖掘机挖土，直接装车外运。

（2）第二层以下土方开挖

① 采用液压挖掘机挖土，并将土方喂给布置在坑外施工道路上携带 1.0m³ 蚌式抓斗的 50t 履带吊机，由履带吊机将土方垂直运出坑外装车外弃。

② 机械挖不到的死角用人工翻挖，喂给液压挖掘机。图 5.6.2 是基坑开挖方法示意图。

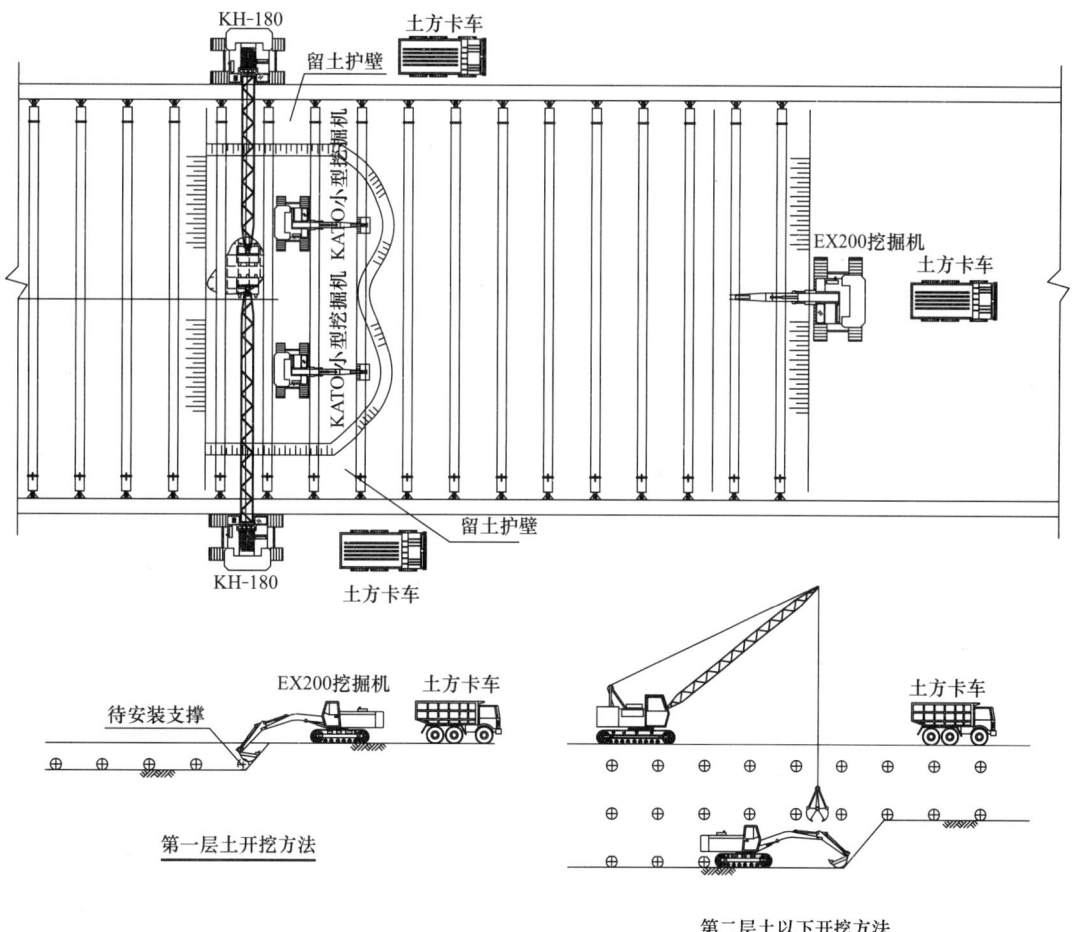

图 5.6.2 基坑开挖方法示意图

5.6.3.2 基坑开挖原则

基坑开挖应用"时空效应"理论原理，遵循"分层、分段挖土，做到随挖随撑限时完成"的原则。

① 基坑沿纵向分段分层开挖。开挖第一层土时，每小段长度不超过 12m。

② 在第二道及以下各道土层开挖中，每小段长度不超过 6m。各小段土方要在 16h 内挖完，随即在 8h 内安装好小段支撑，并施加好轴向预应力。

5.6.3.3 基坑开挖准备工作

① 凿除内侧导墙及路面

在基坑开挖前，先凿除原有路面结构及地下连续墙的内侧导墙，在基坑过程中，分层分段开挖凿除导墙一侧基坑内的加固土体。

② 准备支撑材料和施加支撑轴力的液压装置

钢支撑采用 ϕ609 钢管支撑。施加支撑轴力采用配套的抱箍式液压装置。

③ 布置测量网点

在基坑开挖前，先布置好每个基坑的测量网点，放出各轴线位置及地面标高，保证支撑的及时安装和控制挖土标高。

④ 进行技术交底

在基坑施工前，对全体施工人员进行技术交底。

⑤ 检查井点降水效果和地基加固龄期

当井点降水持续 20d 以上，地下水位已降至开挖面 0.5m 以下；到基坑底部时，基底加固土体已达到设计龄期或设计强度时，才进行底层开挖施工。

⑥ 配备施工机械

根据施工的工作量及工期要求，配备 20 台日产 KH180 型 50t 吊车及铲车、挖掘机等开挖基坑与吊装钢支撑的施工设备。

⑦ 落实好弃土地点

基坑开挖前，应落实好弃土场地。通往弃土地点的道路和桥梁应能承受大型出土车的荷载，否则应作加固处理。根据调研弃土场地距离达 30km。

5.6.3.4 基坑开挖

(1) 基坑开挖前必须具备的条件

① 基坑四周设置 60cm 挡墙＋安全栏杆，以防高空坠物和暴风洪水的影响。

② 场地周围及基坑内必须有足够的照明度。基坑四周不准堆放杂乱零散物质，确保施工人员行走安全，严防杂物滚落坑内伤及作业人员。

③ 现场必须备足用于本施工节段的已拼装好的符合质量要求的钢支撑。

(2) 开挖施工

基坑开挖主要依靠配备 1.0m³ 蚌式抓斗的 50t 大吊车进行挖土与垂直运土，并装车外弃。在抓斗挖不到的死角，用人工翻挖至抓斗。

① 在开挖前将分层位置、深度、各道支撑标高作图示意，使施工人员做到心中有数，以控制挖土深度，严禁超挖回填土。

② 基坑开挖施工必须遵循"先中间、后两边"的原则，即先将端头斜撑位置土体挖出，放出 1∶2.5 坡后挖中间段，在中间段挖土中也必须分层、分小段开挖，随挖随撑，每层深度控制在 1.50m 左右。

③ 每层挖土前，预先在前面设一超前集水井（0.6×0.6m～0.8×0.8m）作为基坑内排水之用，如遇暴雨季节，应增设集水井，并迅速排除坑内积水，使基坑始终处于无水状态。

④ 在最后一层开挖中应特别注意，当机械挖土离坑底标高 30cm 范围时，一律改用人工修整坑底并及时排除积水，保证底板垫层能铺在原状土上。

⑤ 随挖土深度逐层加深，及时凿除围护墙上的混凝土凸瘤与积土，对支撑腹下残留的陡峭土尖应及时清除，防止其倒塌伤人。

⑥ 分批分层开挖，抓斗上、下要避免碰撞支撑或伤人。

5.6.4 结构施工

内部结构由钢筋混凝土底板、内衬墙、顶板等构成，底板下铺设素混凝土垫层或倒滤砂垫层。

5.6.4.1 施工准备

① 为确保内衬墙质量，必须对地下墙面进行凿毛、清洗，使内衬混凝土和地下墙面紧密结合。施工凿毛工作随基坑开挖顺序而进行。

② 底板部位须将墙面凿 50mm 深的凹面，并将预留接驳器的位置露出，将钢筋插入接驳器内，以加强结构的整体性。

5.6.4.2 素混凝土垫层铺筑

① 素混凝土采用泵送商品混凝土，垫层厚 150mm 素混凝土＋50mm 防水细石混凝土（工作井垫层厚 300mm），由混凝土泵车布料杆直接卸料到坑底，人工铺平振实。

② 为防结构底板受地下水浮力损害，要求在浇灌素混凝土垫层前，先将泄水孔（$\phi 273$）立于砂垫层下。

5.6.4.3 钱江隧道试验井项目内部结构施工

钱江隧道试验井项目的围护结构施工完成后只满足盾构的安装和掘进要求，在盾构出洞后，钱江隧道试验井项目的内部结构需实施，主要包括：JN01 下沉段的素混凝土浇筑、工作井内部结构施工、中板混凝土的浇筑、吊装孔的封闭及风塔结构的施工。其中，中板的施工需在 JN01 内部搭设脚手架，由于已全部封闭，在材料的运输上，需较其他一般部位混凝土的浇筑难度大，而且，拆除脚手架后的运输上也必须采用人工运输约 100m 后从工作井吊到地面。另外，混凝土的运输也困难也较大，泵车无法到达，需采用泵送混凝土浇筑。距离约为 60m。

5.6.4.4 底板施工

① 深坑挖到标高后，要尽快完成底板浇捣工作，一般要求在 7 天内能完成，施工前要做好材料、设备和劳动力等各方面的准备工作。

② 底板泄水孔需待顶板混凝土达到强度后方可封顶。

5.6.4.5 侧墙施工

① 浇捣内衬墙前，要对地下墙和接缝进行堵漏、凿毛、清洗处理，堵漏要在初期尚处于"蠕动"状态，堵漏材料和工艺都要适应这个要求。

② 堵漏材料要满足具有延伸率大且能抵抗设计水压，又和混凝土基面有较好粘结力要求，堵漏施工要简单可行，但要精心操作。

③ 在工作井侧墙施工前，先安装盾构钢门洞环。

5.6.4.6 顶板施工

① 严格控制混凝土级配，保证混凝土强度等级和抗渗等级符合设计要求。

② 做好诱导缝或施工缝的工作。

③ 顶板混凝土的平整度满足相关的要求。

④ 加强养护，有条件情况下及早做好回填覆土工作，保护好防水卷材。

⑤ 做好顶板上防水卷材和涂料工作，特别在顶板和上翻梁间（地下墙）接缝处的卷材粘贴和涂料操作工作。

⑥ 内部结构施工结束之后的初期，应关注顶板部位是否出现裂缝和渗漏现象，并及时进行处理。

5.6.4.7 结构施工注意事项

① 结构浇混凝土应遵守有关规程要求，严格控制一次摊铺厚度或高度，随时观察模板支撑是否走模、跑模，发现问题立即停止浇灌，及时整治加固。

② 钢筋型号、布设、搭接长度等严格按设计及规范要求施工。

③ 本工程大量使用钢筋连接器，要求施工时必须严格按图纸要求进行连接。

④ 每次浇筑混凝土后，都必须预留施工缝。

5.6.4.8 主要工序施工方法

(1) 脚手架搭设和拆除

1) 脚手架搭设应满足以下使用要求：

① 有适当的宽度（或面积）、步架高度、离墙距离，能满足工人操作、材料堆置和运输的需要。

② 具有稳定的结构和足够的承载能力，能保证施工期间在可能出现的使用荷载（规定限值）的作用下不变形、不倾斜、不摇晃。

③ 与垂直运输设备及其作业面高度相适应，确保材料垂直运输转入水平运输的需要。搭拆进度能满足施工安排的需要。

2) 脚手架搭设应满足以下安全要求：

① 把好材料、加工和产品质量关，加强对架设工具的管理和维修保养工作，避免使用质量不合格的架设工具和材料。

② 确保脚手架具有稳定的结构和足够的承载力。

③ 认真处理脚手架地基，避免脚手架发生整体或局部沉降。

④ 加强使用过程中的检查，发现问题应及时解决。严格避免违章作业。

⑤ 六级以大风、大雾、大雨和大雪天气下应暂行在脚手架作业。雨雪后上架操作要有防滑措施。

3) 脚手架拆除：

① 拆除脚手架前，先划出工作区标志，禁止行人进入。

② 严格遵守拆除顺序，由上而下，后绑者先拆，先绑者后拆，一般是先拆栏杆、脚手板、剪刀撑，而后拆小横杆、大横杆、立杆等。

③ 统一指挥，上下呼应，动作协调，当解开与另一人有关的结扣时应先告知对方，以防坠落。材料工具要用滑轮和绳索运送，不得乱扔。

(2) 模板

1) 模板设计

① 模板设计做到不漏浆，并且在敲松和拆卸时不致损坏混凝土。

② 模板应牢固且不变形，模板的设计应考虑浇筑混凝土时的震动影响。

③ 金属模板必须有足够的厚度以保持不变形，所有的螺栓和铆钉必须是埋头式的，夹具销钉或其他联拉部件必须设计得能使模板连接牢固，并能使拆模时不损坏混凝土。表面不平整的金属模板不得使用。

2) 模板制作

① 模板应首选金属模板。用木材或其他材料制作的模板，要有足够的刚度，不漏浆。模板制作和存放必须防止木材的收缩而引起的翘曲和接缝张开。

② 混凝土外露面的木模板，必须以厚度均匀的刨光板制作，制成的模板必须不漏浆。模板的转角处应加嵌条或做成斜角。

③ 金属模板及其配件必须在模架上制作，要求下料尺寸准确，模板平直，转角光滑，接缝平顺，连接孔位置准确，并采取必要措施，以减少焊接变形。为避免漏浆，金属模板宜做成搭接或在拼缝镶嵌方木或软橡皮等。

④ 重复使用的模板应始终保持其所要求的形状、强度、刚度、不透水性和表面光滑。

⑤ 作为钢筋混凝土栏杆柱、护栏柱等小型外露构件的模板，应使用单块的宽板，或用标准的合适材料衬里。模板表面不允许有接缝。除非图纸另有说明，除去栏杆腹部槽孔外，所有裸露角均应削成 10mm×10mm 倒角。除栏杆上表面外，模板的每边都应有倒角斜面。

3) 模板的拆卸

① 施工单位如欲拆除模板，应提前 24h 通知监理工程师并取得同意。

② 模板的拆除，应保持不致由此而引起混凝土的损坏。在混凝土未达到足够的强度前不得拆模。

不承重的垂直模板，应在混凝土的强度能保持其表面和棱角不因拆除模板而损坏时，或在混凝土强度超过 2.5MPa 时方可拆除。承重模板应在混凝土的强度能承受自重时方能拆除。

③ 立柱等模板至少须在混凝土浇筑后 3d 方可拆除，其他小型构件的垂直模板应根据具体情况拆除。

④ 当采用干硬性混凝土及加有外掺剂的混凝土时，可根据试验求得的实际达到的强度决定拆模时间。

（3）钢筋

1）钢筋调直

① 钢筋不应存在有害的缺陷，如裂纹及迭层。经用钢丝刷或其他方法除锈及去污后的钢筋，其尺寸、横截面积和拉伸性能等应符合设计要求。

② 成盘或弯曲的钢筋的调直方法应取得监理工程师的批准，调直后钢筋的损伤不能超过截面的 5%。

2）截断与弯折

① 所有钢筋的弯折必须在温度为 +5℃ 以上时进行。

② 所有钢筋都应冷弯。

③ 弯曲半径按照图纸所示。用圆钢筋制成的箍筋，其末端应设 135° 弯钩。

3）安装、支撑与固定

① 不允许将钢筋放入或推入浇筑后未凝固的混凝土中，也不允许在浇筑过程中放入钢筋。

② 用混凝土保护层垫块时，其最大集料尺寸为 10mm，强度应与邻接混凝土强度相同。不允许使用片石、碎石或碎块、金属管和木块作垫块。

③ 构件有数层钢筋，且上层重量较大，在安装就位时，可使用特制的钢筋支架。支架应支承在下层钢筋上，不得直接支承在模板上。

4）钢筋接头

① 避免在最大应力处设置接头，并尽可能使接头交错排列，接头间距相互错开的距离应不小于 $35d$（d 为钢筋直径），且不小于 500mm。

② 热轧钢筋可按图纸所示采用搭接。

③ 焊接接头。

④ 钢筋焊接前，必须根据施工条件进行试焊，合格后方可施焊。

⑤ 焊接应优先采用闪光对焊法。

⑥ 布置在同一区段内（$35d$ 长度范围内，但不小于 500mm）的受拉钢筋接头，其截面积不得超过配筋总面积的 50%，在受压区内不受限制；如在装配式构件的连接处，不论受压或受拉均不受限制。

5）热轧钢筋接头采用闪光对焊时的要求

① 为保证闪光对焊的质量，待焊钢筋的焊接端应切割平整并且截面与轴线垂直。焊接端面彼此平行。焊接时被挤出接头外的熔渣应剔除。

② 焊接试件做试验时，将试件绕芯棒弯曲到 90° 作冷弯试验。冷弯试验时，焊接点位于弯曲的中点，并将接头内侧的镦粗部分去削除。试件经冷弯后，外侧的横向裂缝宽度不超过 0.15mm 时，才允许使用已确定的焊接参数。

6）热轧钢筋接头采用电弧焊时的要求

① 每当改变钢筋类别、直径、焊条型号或调换焊工时，应事先用相同的材料和所用焊接参数制作两个抗拉试件和两个冷弯试件。当焊接接头试验结果大于或等于所接钢筋的抗拉强度时，才允许正式施焊。

② 焊接点和钢筋弯曲处的间距应大于 $10d$（d 为焊接钢筋的直径）。

③ 当焊接现场气温为 5℃ 以下时，应对待焊接的钢筋进行预热。

④ 钢筋接头采用搭接或绑条电弧焊时，应尽量采用双面缝。

7）绑扎接头

① 在受拉区，圆钢筋绑扎连接的末端应做成135°弯钩；螺纹钢筋的绑扎接头做成90°弯钩。在受压区，直径等于或小于12mm的圆钢筋末端以及轴心受压构件任何直径的纵向钢筋末端均可不设弯钩，但搭接长度应不小于30d。

② 搭接接头应用铁丝扎牢，扎结在接头的中心和两端共三处。扎结可根据被扎钢筋的不同直径而采用0.7~1.6mm铁丝。

③ 在一个构件任一搭接区段内，搭接接头钢筋的截面积，对受拉钢筋不超过钢筋总面积的25%，对受压钢筋不超过钢筋总面积的50%。搭接区段系指构件任一截取的区段（30d）的长度，但不得小于50cm。

④ 同一根钢筋，两接头间距离不小于1.3倍搭接长度。绑扎接头与钢筋起弯点之间的距离不小于10d，且接头不得位于最大拉力截面处。

（4）结构混凝土浇筑

1）混凝土拌制

采用具有合格资质的混凝土搅拌站供应的商品混凝土。

2）混凝土运输

① 混凝土采用混凝土搅拌车运送。从开始拌合到送到最终位置的最长时间，应由试验室根据水泥初凝时间及施工气温确定，并应符合规范的规定。

② 无论什么情况，运输过程中不得加水。

③ 在炎热天气运送拌合料时，应经常进行混凝土坍落度的试验，以确定由于蒸发所造成水的损失，而下一批拌合的水灰比应按试验结果或监理工程师的要求进行调整。

3）混凝土浇筑

① 浇筑

a. 混凝土自由卸落高度不得超过2m。当采用导管或溜槽时，应保持导管或溜槽的干净，使用过程中要防止混凝土离析。

b. 混凝土应按水平层次浇筑，当用插入式振捣器时，振捣厚度不得超过30cm，用其他振捣器时，振捣厚度则不得超过15~30cm。每层混凝土应在前一层混凝土初凝前浇筑和振捣，以防止损害先浇的混凝土，同时要避免两层混凝土表面间脱开。

c. 混凝土初凝之后，模板不得振动，伸出的钢筋不得承受外力。

d. 当浇筑基础最下面一层混凝土时，应防止混凝土从地基吸收水分或水渗入混凝土内。基坑内应排水，在混凝土浇筑前，基坑底部不允许有积水。

e. 浇筑混凝土作业过程中，应随时检查预埋部件（螺栓、锚固筋等），如有任何位移，应及时矫正。

② 泵送混凝土

a. 在向模板中浇筑混凝土之前，应废弃首先泵出的混凝土，直到排出监理工程师认为满意的、质量一致的、和易性好的混合料为止。

b. 混凝土的泵送作业，应使混凝土连续喷出，且不产生气泡。泵送作业完成后，管道里面残留的混凝土应及时排出，并将全部设备彻底进行清洗。

4）混凝土振捣

① 振捣应在浇筑点和新浇筑混凝土面上进行，振捣器插入混凝土或拔出时速度要慢，以免产生空洞。

② 振捣器要垂直地插入混凝土内，并要插至前一层混凝土，以保证新浇混凝土与先浇混凝土良好结合，但插进深度不应超过5~10cm。

③ 振动应保持足够时间和强度，但时间不能持续太久，以免造成混凝土离析。不允许在模板内利用振捣器使混凝土长距离流动或运送混凝土。

④ 当使用插入式振捣器时，应避免碰撞模板、钢筋及其他预埋件，不得直接地或通过钢筋施加振动，与侧模应保持5～10cm的距离。

⑤ 模板角落以及振捣器不能达到的地方，应辅以插钎插捣，以保证混凝土表面平滑和密实。

⑥ 混凝土振捣后1.5～24h之间，不得受到振动。

5）施工缝

① 施工缝的表面应凿毛至露出集料，但不伤及集料和接缝的边棱。凿好后的表面应用清水洗刷干净，除去松散的颗粒。当混凝土还未完全凝固的时候，应尽可能将混凝土表面的浮浆及松散材料清除，不必要凿毛。

② 为确保在已硬化的混凝土与新浇混凝土的接缝中有充足的灰浆，应首先洗净和润湿表面，对垂直施工缝应刷一层水泥净浆，对水平缝应铺一层厚为1～2cm的1∶2水泥砂浆。新混凝土应在砂浆初凝前浇筑。施工缝不允许使用砂浆掺合料。

6）混凝土养护

① 施工要点

a. 混凝土浇筑完成后，应立即对混凝土养护，养护期应最少保持7d或监理工程师指示的天数。

b. 构件体积较大，水泥含量较高，或采用特别养护方法进行养护的构件。

c. 养护方法和持续时间，应使混凝土具有足够的耐久性和强度，且混凝土构件变形最小，避免混凝土过分泛白，不应有由混凝土收缩而引起的裂缝。

d. 结构物各构件，不论采用什么养护方法，在拆模前均应连续保持湿润。

e. 同样构件尽可能在同一条件下养护。养护用水的条件与拌合用水相同。

② 洒水养护

a. 洒水养护包括对未拆模板洒水和在混凝土表面上覆盖一层稻草、麻袋、砂或能延续保持湿润的吸水材料，但不能使混凝土产生不良的外观。

b. 洒水养护应根据气温情况，掌握恰当时间间隔，在养护期内保持表面湿润。当气温低于5℃时，应覆盖保温，不得向混凝土面上洒水。

③ 薄膜养护

a. 混凝土表面除特别指明只能用洒水养护外，可采用薄膜养护方法。

b. 在规定的整个养护期内，要防止薄膜损坏。任何覆盖薄膜被损坏或受其他扰动时，应立即另加薄膜覆盖。

c. 结构施工质量标准：

(a) 混凝土保护层最小厚度（mm）见表5.6.4。

混凝土保护层最小厚度表（mm） 表5.6.4

环境条件	构件类别	混凝土强度等级		
		≤C20	C25及C30	≥C35
室内正常环境	板、墙、壳	15		
	梁和柱	25		
露天或室内高湿度环境	板、墙、壳	40	40	40
	梁和柱	40	40	40

(b) 混凝土结构的允许偏差见表5.6.5。

混凝土结构的允许偏差表　　　　　表5.6.5

轮廓和标高	允许偏差
轮廓	
基础	10mm
墙、柱、梁	8mm
截面尺寸	＋8mm、－5mm
标高	±10mm
垂直度	
总高度≤5m	8mm
总高度＞5m	10mm
表面平整	
突变不平整度	3mm
渐变不平整度	10mm
预埋设施中心线位置	
预埋件	10mm
预埋螺栓	5mm
预留孔中心点	5mm
预留洞中心线位置不尽之处，按 GB50204 执行	15mm

5.6.5　基坑回填及建设场地恢复

本工程在结构完成后，必须进行覆土回填施工，同时，根据相关要求，在场地上建设的临时设施需要拆除。

5.6.5.1　施工流程

结构强度满足设计要求→分层回填→管线敷设→道路施工。现场的临时设施包括办公生活区、仓库、泥水场地、搅拌站、口子件场地、烟道板场地、管片堆场、盾构施工场地、材料堆场等非永久性建筑。待临时设施完成相关的工艺流程后，采用机械设备对建设场地的临时设施进行拆除、外运后，覆土达到设计标高要求。

5.6.5.2　基坑回填施工要点

（1）基坑回填料除淤泥、粉砂、杂土，有机质含量大于8％的腐殖土、过湿土和大于20cm石块外，其他均可回填。但结构的侧、顶板必须采用黏土回填，其宽度（厚度）不小于1.0m。

（2）各类回填土，使用前应分别取样测定其最大重度和最佳含水量并做压实试验，确定填料含水量控制范围、铺土厚度和压实密实度等参数。

（3）回填土为黏性土和砂质土时，应在最佳含水量时填筑，如含水量偏大应翻松、晾干或加干土拌均；如含水量偏低，可洒水润湿，并增加压实遍数或使用重型压实机械碾压。回填料为碎石类土时，回填或碾压前宜洒水湿润。

（4）必须在隧道结构达到设计强度后回填。基坑回填前，将基坑内排水、杂物清理干净，符合回填的虚土应压实，并经隐检合格后方可回填。

（5）基坑回填应分层、水平夯实；隧道结构两侧应水平、对称同时回填；基坑回填标高不一致时，应从底处逐层填压；基坑分段回填接槎处，已填土坡应挖台阶，其宽度不小于1m，高度不大于0.5m。

（6）基坑回填时机械或机具不得碰撞结构及防水保护层。结构两侧和顶板50cm范围内以及地下管线周围应采用人工使用小型机具夯填。基坑回填采用机械压碾时，宜薄填、慢行、先轻后重、反复压碾，并按机械性能控制行驶速度，碾压时搭接宽度不小于20cm。

（7）基坑回填碾压过程中，应取样检查回填土密度。基坑回填碾压密实度应满足地面工程设计要求。

（8）基坑雨期回填时应集中力量，分段施工，工序紧凑，取、运、填、平、压各环节紧跟作业，雨期施工，雨前应及时压完已填土层并将表面压平后，做成一定坡势。雨中不得填筑非透水性土壤。

5.7 岸边段监控监测

5.7.1 地面控制测量

钱塘江平面控制网分为基准网和首级网。隧道施工的平面控制测量可在其基础上进行。因为井口之间均是江面，处于江面之上，造成单边通视距离较长，而且，由于视线贴近江面，视线比较容易产生弯曲，进而影响平面控制精度。

因而，拟应用 GPS 静态测量方式布设 GPS 控制网完成地面平面测量工作。考虑到要保证地下导线控制网的起始基线边的高精度要求，首先应在隧道引道段及江南盾构工作井附近布设的合理的 GPS 控制网，保证起始基线边的精度在控制网中最优，并把用于联系测量的近井点一同布设进平面控制网中，并在这控制网中加设高精度全站仪（测角 0.5″、测距 1+1ppm·D），从而对 GPS 网增益。最终成果使用经过国家认证的相关平差软件进行严密平差。

（1）依据 GB/T18314《全球定位系统（GPS）测量规范》，GPS 控制网测量的技术见表 5.7.1。

GPS 控制网测量的技术要求　　　　　　　　　　　　　表 5.7.1

项目	要求
接收机类型	双频或单频
观测量	载波相位
接收机标称精度	5mm+1ppm*D
卫星高度角（°）	≥15
有效观测卫星数	≥5
观测时段长度（min）	≥90
数据采样间隔（s）	15
点位几何图形强度因子（PDOP）	<5
重复设站数	≥2
闭合环或附和路线中的边数	≤6
同步观测接收机台数	≥3

（2）GPS 网观测数据处理。

对 GPS 观测数据进行高精度的空间基线解算。

在基线质量检验符合标准后，进行 GPS 网的三维无约束平差。

在平面坐标系中，根据测绘院提供的首级控制网进行约束平差及精度评定，并得出相应的坐标、基线向量改正数、方位角、边长和方位的精度信息等。

5.7.2 高程控制测量

高程控制测量可在测绘部门提供的首级高程控制点的基础上实施，高程控制测量必须依据《国家一、二等水准测量规范》GB 12897 按国家二等水准的标准进行测设。

（1）高程控制测量的相关技术要求

① 选择良好的观测条件，在标尺分划线成像清晰而稳定时进行观测。

② 设置测站时，必须保证视线长度≤50m，前后视距差≤1m，前后视距累积差≤3m，视线离地面最低高度为 0.5m。

③ 往返观测照准标尺分划的顺序应符合规范要求。

④ 测站观测限差应该满足规范要求。

⑤ 每千米水准测量的高差偶然中误差应按下式计算：

$$M_\Delta = \pm \sqrt{(\Delta\Delta/L)/(4n)}$$

式中 M_Δ——高差偶然中误差（mm）；

Δ——水准路线测段往返高差不符值（mm）；

L——水准测段长度（km）；

n——往返测的水准路线测段数。

而每千米水准测量高差全中误差 $M_W = \pm \sqrt{(WW/L)/n} \leqslant \pm 2.0\text{mm}$

（2）越江高程传递测量

由于本工程的越江高程传递测量跨度很大，江面距离过长，因而采用以往惯用的越江水准是行不通的。拟采用 GPS 高程拟合的方法进行高程传递。而 GPS 测量的相关技术要求及数据处理可参照平面控制测量中 GPS 网的测量。

5.7.3 联系测量

5.7.3.1 平面联系测量

为实现地下控制导线起始方位的高精度，在江南盾构工作井采用陀螺经纬仪和垂准仪组合定向并采用双投点双定向的方法进行。采用陀螺经纬仪和垂准仪组合定向时应满足下列条件：

(1) 全站仪标称精度为 $1''$，$1\text{mm} + 1\text{ppm} \cdot D$；

(2) 陀螺经纬仪一次定精度应小于 $5''$；

(3) 垂准仪投点中误差应在 $\pm 1\text{mm}$ 之内；

(4) 同一边应定向 3 次，每次定向有两组定向成果，每测回间陀螺方位角较差应小于 $5''$，独立三次定向陀螺方位角平均值中误差应在 $\pm 2''$ 之内。

定向测量若采用陀螺仪与垂准仪联合定向方法，其定向精度取决于陀螺本身的定向精度。该方法的特点是：陀螺定向以前的各个环节的测量误差不累计；垂准仪投点误差始终作为一个误差常量影响横向贯通误差。

陀螺仪与垂准仪联合定向采用双投点、双定向的作业方法，使用一次定向中误差为 $5''$ 的陀螺仪，三次定向平均值的定向中误差可以达到 $2''$。并且使用全自动定向的陀螺进行定向，在定向精度、定向时间、定向操作上起到极大的提升作用。

在多次测量取中值的情况下，保证地下导线的起始边方位角中误差 $\leqslant \pm 2''$。并且在隧道推进中，每隔一定的时间组织进行测量，拟在掘进过程中进行 10~15 次。

5.7.3.2 高程传递

采用高程导入法。

作业方法如图 5.7.1 所示。

将钢尺悬挂在固定支架上，其零点向下放入竖井中，并在该端挂一重锤（一般为 10kg）。地面、地下各安置一台水准仪。由地面上的水准仪在起始水准点 A 的水准尺上读取，在钢尺上读取读数。由地下水准仪在钢尺上读取读数，在水准点 B 的水准尺上读取读数。应注意同时观测。

为了进行检核起见，应由地面 2~3 个水准点将高程传递到地下的两个水准点。传递时应用 2~3 个仪器高进行观测，由不同的仪器高所求得的地下水准点高程的不符值不应超过 2mm。并在计算时考虑到钢尺的温度和拉力改正。

同平面联系测量一样，应在掘进过程中安排 10~15 次高程传递工作。

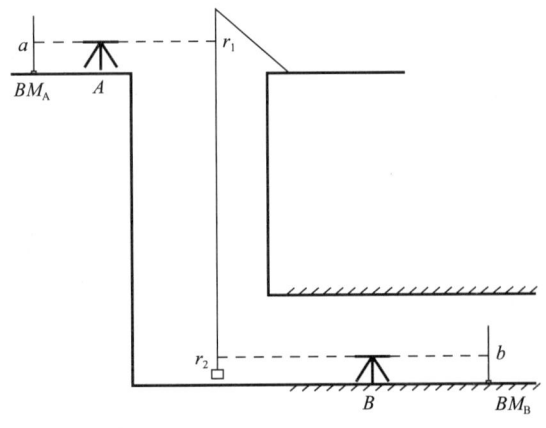

图 5.7.1 高程导入作业法

5.7.4 岸边段施工监测

为保证施工阶段沿线建（构）筑物、地下管线稳定，必须采取相应的监测手段来指导隧道施工，按照设计要求布设监测点，本工程分为岸边段监测和江中段监测。

岸边段主要监测内容包括：围护桩身水平位移监测（测斜）；围护体顶水平位移监测；围护体顶沉降监测；支撑轴力监测；基坑外地下水位监测；地表沉降观测；立柱隆沉；坑底隆起监测；围护体结构应力；围护体内外水土压力。

监测点的布设如下：

(1) 围护体水平位移（测斜）监测点

为掌握基坑开挖基坑围护墙体的侧向位移情况，在围护墙内预埋设测斜管。

测斜管绑扎方法：采用每节长 4m、ϕ70mmPVC 测斜管，用钢筋或铁丝固定在钢筋笼或型钢上，管底用布塞住，并套上管盖，管间接头用自攻螺栓拧紧，并用胶水密封。测斜内管壁有二组互为 90°的导向槽，使其中一组与基坑开挖边线垂直，用清水注入测斜管，管顶用布塞住，套上管盖。

(2) 围护体顶水平位移及沉降监测

掌握围护墙体顶的位移情况和基坑不同区段的水平、垂直方向上的位移差异，综合判断围护体系的稳定性。布点方法：在设计的测点位置预埋顶面刻有"×"字的钢筋。

(3) 支撑轴力监测

掌握支撑轴力随施工工况变化的情况，确保支护体系在墙后水土压力传来的水平荷载等作用下的安全稳定。采用在混凝土支撑内部钢筋上（预）设钢筋应力计的方法来监测其工作时的支撑轴力的变化。通过在钢支撑端头与围护墙之间安装轴力计方法对支撑轴力进行测试。轴力计在横撑端头布设，其一头与横撑连接，另一端与支撑面连接。

(4) 地下水位监测

基坑外水位监测：在基坑降水前将在基坑坑外埋设水位观测孔，以随时掌握坑外水位的变化，确保基坑及周边环境的安全。用 SH30 型钻机在孔位位置钻至设计深度，钻孔清孔后放入 PVC 水位管，水位管底部使用透水管，在其外侧用滤网扎牢，用黄沙回填孔。

(5) 基坑周围地表沉降监测

通过对地表沉降的监测，从而了解因相应位置土体的挖除对坑外土体的影响程度，分析土体及地下构筑物、地下管线的稳定情况。地面沉降监测点均需穿透路面。非混凝土路面采用钢筋埋入土体中，混凝土路面将结构层穿透埋设钢筋测点，测点周围加以保护。

(6) 立柱隆沉监测

掌握立柱随施工工况竖向变化的情况，确保立柱及支护体系在基坑开挖土体回弹作用下的安全稳定，了解支撑的挠度。立柱顶监测点布设在立柱上荷载最大的位置，通常布设在支撑多个交叉的位置。

(7) 坑底隆起监测

使用分层沉降仪测出预埋于土体内设计位置的各沉降标的移动量，以了解基坑内底部土体因基坑内土体的挖除而产生的垂直方向上的位移情况。用 SH30 型钻机在孔位位置钻至设计深度，钻孔清孔后放入预装有分层沉降环的 PVC 管，用适当比例的水泥-膨润土泥浆回填孔内。

(8) 周围建筑物沉降、地下管线沉降、位移监测

用水准仪观测设在建筑物上的测点的高程变化情况，了解建筑物受基坑施工的影响程度以及是否会影响到其正常使用。测点应布设在承重墙上，可在测点部位将 L 形测钉打入或埋入待测结构内，测钉与待测结构结合要可靠，不允许松动，并用（红色）油漆标明点号和保护标记，随时检查，保证测点在施工期间绝对不遭到破坏。

(9) 围护体结构应力监测

采用在连续墙内部钢筋上（预）设钢筋应力计的方法来监测其在基坑开挖过程中不同工况条件下的

受力情况，了解地下连续墙的中的竖向主钢筋在不同的工况和受力情况下的不同深度的应力及其变化情况。

在钢筋笼制作过程中将钢筋应力计焊接在主钢筋的相应位置上，各钢筋应力计的电缆汇集，沿同一根主钢筋向上引出，沿途要稳妥绑扎，在钢筋笼顶部（也就是连续墙顶部）位置处要加钢套管于电缆外以起保护作用，安装就位的钢筋应力计随钢筋笼一起放入槽壁，打入混凝土内。

（10）围护体内外水土压力监测

土压力可反映不同工况下围护体不同深处所受侧向水土压力的大小；孔隙水压力可以反映基坑内降水效果及土体内孔隙水压变化的情况，以综合分析地基土的稳定性和支护体系所受到的（水）土压力在基坑开挖过程中的变化情况。

连续墙采用挂布法、SMW采用钻孔法埋设土压力计和孔隙水压力计，埋设时先将传感器固定在相应深度的挂布上，在下钢筋笼的同时把挂布固定在钢筋笼上，随其一起下入槽壁内或将传感器固定在钢筋笼上再插入先前已钻好的孔内。

5.7.5 监测周期和频率

5.7.5.1 正常监测周期和频率

基坑工程监测频率的确定应满足能系统反应监测对象所测项目的重要变化过程而又不遗漏其变化时刻的要求；监测工作应贯穿于基坑工程和地下工程施工全过程；监测期应从基坑工程施工前开始，直至地下工程完成为止；对有特殊要求的基坑周边环境的监测应根据需要延续至变形趋于稳定后结束。

监测项目的监测频率应综合考虑基坑类别、基坑及地下工程的不同施工阶段以及周边环境、自然条件的变化和当地经验而确定，当监测值相对稳定时，可适当降低监测频率。

在无数据异常和事故征兆的情况下，开挖后现场仪器监测频率依据设计要求，参照表5.7.2进行。

岸边段监测频率　　　　　　　　表5.7.2

序号	监测项目	监测周期	监测频率
1	桩墙顶（支护结构圈梁围檩、冠梁、基坑坡顶等）水平位移、垂直沉降	全过程	开挖深度≤5m及基础底板完成后，1次/2天；其他1次/天
2	支撑轴力	支撑设置至拆除	
3	桩体侧向变形	全过程	
4	钢筋应力	全过程	
5	邻近房屋沉降、倾斜、裂缝	开挖至±0.00	
6	地下管线沉降与水平位移		
7	坑外地下水位、坑内地下水及基坑渗漏水状况	降水过程	1次/天
8	围护结构深层水平位移	全过程	1次/天
9	基坑周围地表沉降、裂缝、地面超载状况	开挖至回填	开挖深度≤5m及基础底板完成后，1次/2天；其他1次/天
10	基坑底部回弹和隆起	开挖至基础底板完	1次/天

5.7.5.2 提高监测频率情况

当出现下列情况之一时，提高监测频率：

1）监测数据达到报警值。

2）监测数据变化较大或者速率加快。

3）存在勘察未发现的不良地质。

4）超深、超长开挖或未及时加撑等违反设计工况施工。

5）基坑及周边大量积水、长时间连续降雨、市政管道出现泄漏。

6）基坑附近地面荷载突然增大或超过设计限值。

7）支护结构出现开裂。

8) 周边地面突发较大沉降或出现严重开裂。
9) 邻近建筑物突发较大沉降或出现严重开裂。
10) 基坑底部、侧壁出现管涌、渗漏或流沙等现象。
11) 基坑工程发生事故后重新组织施工。
12) 出现影响基坑及周边环境安全的异常情况。
13) 当有危险事故征兆时,应实时跟踪监测。

5.7.5.3 监测报警

(1) 监测报警值

根据规范、设计要求和以往经验提出,由监测项目的累计变化量和变化速率制共同控制。

(2) 风险控制

根据监测内容,选用钢支撑轴力及围护结构水平位移两项设定预警值,作为围护结构施工风险控制的标准,其判别标准如下:

$$F = 实测值/容许值$$

$F \geqslant 1$:报警;$1 > F > 0.8$:预警;$F \leqslant 0.8$:安全。

当安全性为预警时,应加密观测次数;当安全性为预警时,应立即停止对结构不利的施工行为,随时监测,并及时召集设计、施工及监测单位等进行会诊,对可能出现的各种情况做出估计和决策,并采取有效措施,不断完善与优化下一步的设计与施工。

(3) 报警制度

监测数据接近报警值时,在监测日报表上作预警记号,报告相关部门。

监测数据达到报警值时,以最快速度通知有关单位,并在监测日报表上盖报警专章,报告相关部门,提出相关建议。

监测数据持续大于报警值时,在监测日报表上盖报警专章,请相关单位召开现场专题讨论会。

第6章 钱江隧道施工关键技术研究

6.1 总概述

在上海经济高速发展带动下,作为长三角经济组成部分的浙江也呈现出蓬勃的经济实力。杭州的发展已经从西湖时代迈向了钱塘江时代,钱塘江隧道的建设成为了杭州经济发展的重要枢纽。借鉴上海城市发展的成功经验,隧道连通钱江两岸将逐渐成为杭州交通发展的首选。随着杭州庆春路隧道、钱江通道的逐步开工,钱塘江流域将修建越来越多的隧道。因此,本项目的研究将为杭州隧道的发展提供有力的技术支持,本项目成果的推广应用前景相当广泛。通过本项目研究,研发出具有我国自主知识产权和特色的、整体上达到国际领先水平的越江盾构隧道工程建设技术和标准。

(1)在隧道施工技术方面,满足在钱江流域建造大型盾构法施工隧道设计所必需的要求,为在钱江流域的隧道最优化交叉提供技术支持和标准;解决了大型盾构隧道在钱江流域特殊环境下施工的关键技术;探索了钱江流域大型盾构隧道施工的新型工艺;完善了我国隧道建设的体系;提升了行业的国际竞争力。

(2)在泥水处理和环保方面,依照研究内容,满足在钱江流域建造大型盾构法施工隧道设计所必需的要求;为在钱江流域的隧道泥水有效处理和环境保护提供了保证;解决了大型盾构隧道在钱江流域特殊环境下固化处理技术;探索了钱江流域大型盾构环保新工艺;完善了我国隧道建设泥水处理体系,提升了行业的国际竞争力。

(3)在隧道设计技术方面,依照研究内容,满足在钱江流域建造大型盾构法施工隧道设计所必需的要求;为在钱江流域的隧道最优化设计提供技术支持和标准;建立了高度集成的数字化监控平台。

(4)在隧道的风险控制与防灾技术方面,制定科学的隧道全寿命期风险管理与防灾控制措施;提升我国盾构隧道的管养水平,延长隧道使用周期。

(5)培养高水平的技术与管理人才,为我国超级跨海越江隧道的建设奠定坚实的技术基础。

6.2 钱江流域大型隧道工程精益施工技术及风险控制研究

6.2.1 概述

伴随经济高速发展和城市化进程不断深入,我国建设了越来越多的隧道工程。而盾构作为一种高效、安全的隧道施工方法,已经在众多工程中得到了成功的运用。除在城市地铁、市政管线隧道建设中采用小直径盾构以外,近年来,在城市地下快速路、越江隧道以及高速铁路隧道施工中开始更多地采用直径超过10m的大型盾构。隧道工程正朝着大直径、长距离、大埋设的方向发展。

得益于我国改革开放以来的大规模基础设施建设,包括隧道工程行业在内的建筑业一直处于高速发展中。建筑业在国民经济中的支柱产业地位不断加强,产业产值占国内生产总值的比重常年维持在6%以上。从历史数据看,建筑业年增长值从1978年的138.2亿元发展到2011年的32020亿元,持续年均增长15%以上。2011年,全国建筑业完成总产值117734亿元,比2010年增长了22.6%,首次突破10万亿大关。在隧道工程领域,近年来包括上海长江隧道、武汉长江隧道、广深港铁路客运专线狮子洋隧道等在内的一系列高难度大直径隧道的建设也折射出我国隧道工程的高速成长。

在加速发展的同时,建筑业的生产效率却非常低下,长期以来建筑业产值利润率维持在2%~3%,经济效益远低于全国第二产业的平均水平,且有逐年下降的趋势。施工方法粗放、技术进步滞后、人员素质总体水平不高、管理手段落后等都制约了我国建筑业的进一步发展。

因此，我们迫切需要新的理论和方法来支持隧道建设行业创新，采纳新的施工方法、管理手段来应对更多更复杂工程的挑战，进而显著地提高工程建设效率，协助整个隧道施工行业的进步。

和建筑业相对缓慢的施工、管理技术进步形成对比，在过去几十年其他行业的发展中，不断涌现出各种新的生产管理模式、思想，极大地促进了产业发展和升级。而精益思想就是一种在汽车、物流、机械乃至食品等行业得到运用和肯定的新生产管理理论。众多的研究及实践表明精益思想是一种适用于各行各业的理论体系，因此，本课题力图将精益思想引入到大型盾构隧道的建设中，建立盾构隧道精益施工理论，并结合建设中的钱江盾构隧道工程，探索盾构隧道精益施工在实际工程中的运用，力求改善盾构隧道工程的施工方法和管理理念，为大型盾构隧道工程的施工建设提供一个新的思路和参考。

6.2.2 大型盾构隧道精益施工理论和方法研究

6.2.2.1 盾构隧道精益施工理论基础

（1）盾构隧道精益施工概念和定义

从精益思想的基本原则和大型盾构隧道面临的施工特点、工程挑战出发，盾构隧道精益施工（Lean Tunneling）的定义为：

将精益思想和大型盾构隧道施工相结合，尽量消除隧道施工中的一切浪费，以保障隧道盾构顺利推进为核心，合理进行施工布置，优化上下游工序，将传统推动型施工改进为主要由盾构推进拉动的推拉结合型施工；在适当时间、适当地点，以满足隧道掘进需求为准则，各工序提供及时适量的施工供应，进行合理的隧道立体化施工活动，并通过反馈机制持续改善。

盾构隧道精益施工适用于大型盾构隧道建设，是为了优化大型盾构隧道工程立体化同步施工，转变现有隧道工程管理观念而提出的一种全新的施工思想体系。

（2）盾构隧道精益施工思想理论的基本原则

盾构隧道精益施工起源于精益思想，因此盾构隧道精益施工也建立在五个精益基本原则之上：价值、价值流、流动、推拉结合、尽善尽美，如图6.2.1所示。基于这五个基本原则，建立出一套符合盾构隧道精益施工思想的施工方法、管理体系。

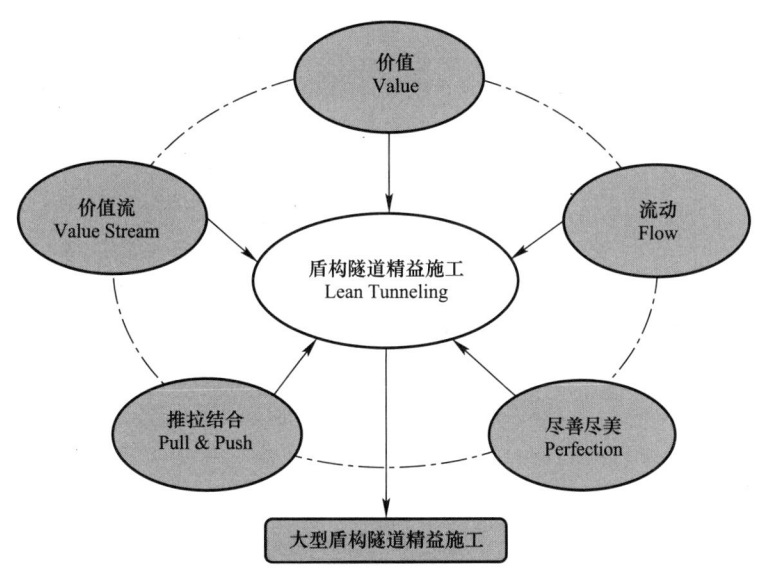

图 6.2.1　盾构隧道精益施工基本原则

1）价值

价值是盾构隧道精益施工的出发点。根据盾构隧道施工的特点，盾构隧道精益施工的价值应为："为满足盾构掘进的需求，各工序在适当时间、适当地点提供的适量、准确且及时的施工供应，以及配合盾构掘进进度，进行的合理隧道内部结构立体化施工活动。"

传统隧道施工，各部门根据盾构施工进度制定了相应的生产计划，并以完成生产计划的比例高低作为考核依据。以按时或提前完成本部门的计划任务作为实现最大价值的标准。这种基于预测盾构推进进度而制定的生产计划在实际施工中却偏离了"满足盾构施工进度"这一出发点。因为各部门是机械地遵守生产计划来工作，而实际的盾构施工却处在不停变化中，对原材料供应的时间、地点、种类、数量要求均可能随时改变。按照计划生产的产品配件在送达下一工序时，可能已不满足此时盾构掘进的特定需要。这影响了下一工序的正常进行，但由于完成了其本部门的生产计划，这些不满足盾构掘进实时需求的生产仍然被认为产生了价值。在盾构隧道精益施工中，仅有那些"在适当时间、适当地点提供的适量、准确且及时的施工供应"才被视为价值。

由盾构的施工流程可见，当盾构掘进时，浆液制备、管片制作、泥浆处理等工序才能有效的开展起来，盾构掘进的速度决定了上下游工序能否顺利开展。其他工序的生产质量，配合紧密程度则反过来成为可能制约或有利盾构掘进的因素。因此，盾构隧道精益施工认为处在核心的隧道掘进是所有施工步序的"顾客"，价值是那些"为满足盾构掘进的需求"而开展的工作。

综上可知，与传统的价值体系比较，盾构隧道精益施工价值标准从施工全局出发：每个工序的生产只有满足了相应的盾构掘进需求，才认为创造出了价值。若上游工序生产出过多的配件造成过量库存，这将被视作浪费，而不是价值。盾构推进状态发生改变时，需要的材料供应可能会相应发生变化，所以上游工序生产材料的数量和标准都由某个特定时刻盾构开挖的特定需求决定，满足了盾构特定需求的产品才认为是价值，仅按照生产计划生产的材料可能不符合要求，这也是一种浪费。真正的价值是当盾构掘进提出具体需要时，其他工序能迅速提供正确的施工供应。实时化生产也就成为盾构隧道精益施工的客观要求。

2）价值流

盾构隧道精益施工价值流指的是为完成全部隧道施工所必需的所有工序。

识别价值流是实施盾构隧道精益施工前提和起步点。从价值流的定义我们可以看到，价值流包括且仅包括隧道施工的所有必需工序。识别价值流也就意味着辨析不必要的工序，识别浪费，进而建立符合盾构隧道精益施工原则的价值流。在价值流分析中，可以把不同的工序分为以下几类：

① 真正工作

工作可以分为两种：真正工作和辅助工作。真正工作即能够创造价值的增值工作，如盾构掘进、管片生产、隧道内部结构施工等。盾构掘进显然是一种增值工作。其他工序的增值活动应该是根据隧道掘进实时特点提供了特定原材料、配件供应，而过量生产产品，或制作出不满足下游要求的产品均没有创造价值，不视为真正的工作。由于前期安排不合理造成的材料二次转运不是必需的运输活动，也不属于盾构隧道精益施工真正的工作。

② 辅助工作

辅助工作是指必要但不增加价值的活动。在实际施工中，有的工作虽然不能直接产生价值，却是不可或缺的，如场地清扫、设备维护、构件质量检查等；整洁的施工场地有利于运输，减少现场风险源；设备定期维护可避免设备突然损坏延误施工；管片入场时的质量检查则可避免拼装过程中管片误差、破损带来的返工。这些工作都能间接地提升施工质量和速度，所以也是盾构隧道精益施工的必要组成部分。应该重视此类辅助工作在工程中起到的有利作用。但这些辅助工作并不直接产生价值，因此在工程中应该合理安排，在完成辅助工作的同时，尽量减少其占用的时间、空间及人员。

③ 浪费

浪费是指不必要且不增加价值的活动。在价值和价值流的阐述中已经提到了盾构隧道精益施工中的浪费。传统施工认为的浪费主要有计划变更、上下游工序等待、返工等。而根据价值的定义，盾构隧道精益施工进一步把所有不满足盾构掘进需求的生产活动都认为是浪费。

从图6.2.2可以看到，在施工中，浪费常常占据了很大的比例，这反映了目前的粗放施工现状。盾构隧道精益施工最重要的一点就是要不断地识别浪费、消除浪费，将浪费的比例降到最低，追求"尽善尽美"。

盾构隧道精益施工要求以保障盾构隧道顺利掘进为核心来分析浪费和价值。根据盾构施工特点，并便于本课题后续的工程实例分析，将盾构隧道精益施工的主要浪费归纳并编号为以下几类：

W1，多余的原材料储存和积压：盾构隧道精益施工应由下游拉动，仅精准储备一定量的原材料，原材料的过多积压均视作浪费。需求稳定、可预测性较强的常规型产品，可以根据预测进行一定量生产（如管片、隧道内部预制构件等）；而需求波动较大、可预测性不强的材料配件（如泥浆），则要采用快速响应、延迟制造等技术，缩短反应时间，提高施工技术和管理水平。

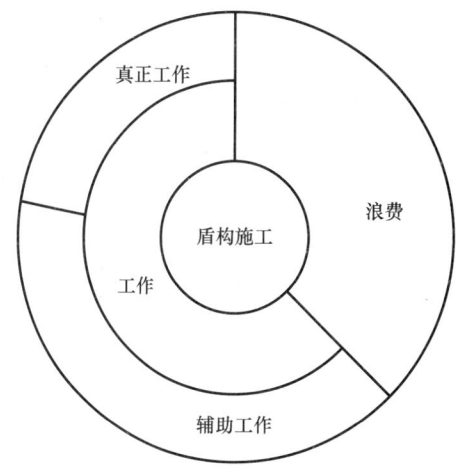

图 6.2.2 工作与浪费

W2，因盾构施工供应链上游不能按时供应或完成必要工序而造成下游施工等待，或因下游工序不能配合盾构掘进速度而影响整体进度：上游延误包括管片、泥浆不能及时运输到开挖面；管路接长速度慢，延误隧道掘进等。在大型盾构精益施工中，采用内部结构同步施工的方法，内部施工不及时视为下游工序延误。

W3，隧道掘进质量、速度不能满足施工要求：盾构掘进是隧道施工的核心，因此掘进的质量和速度决定了整体施工效果和进度。若隧道的掘进速度和质量出现问题，将对价值流上的所有工序产生影响。

W4，施工速度的波动：平稳的盾构掘进速度有利于创造稳定的价值流，减少对原材料、施工人员需求的波动。因此，在要求隧道掘进总体进度满足工期的同时，也要求各工序保持稳定的速度，减少波动。

W5，无效率或低效率的工序：工程中要对无效或低效工序进行分析。若不是工程必需的，应予以剔除。若是必需的，则应采取针对性方法，提高效率。

W6，不必要的设备、原材料移动：若没有合理的规划，原材料运输到工地时，常常随意堆放。当影响到施工进展、人员活动时，再盲目地搬运到其空闲场地，存在多次搬运的情况。这些不产生价值的原材料搬运既费时又影响其他正常工作的开展，被视作浪费。

W7，施工者的变化：施工人员变化可能影响此工序的进度，新的施工人员由于不熟悉工作，效率较低，影响到整个工程的价值流动，进而造成上下游工序的等待，这将违背盾构隧道精益施工价值流平稳流动的原则。

W8，不必要的立体施工工序：立体化施工指的是在同一空间范围内同时进行多个工种施工、多种材料的运输，或将同一截面在一段时间内交替轮流提供给不同工序使用。即使是大直径盾构隧道，其内部空间也较狭小，若要高速施工，必然存在立体化交叉作业。交叉作业一方面能够加速施工，另一方面也给施工管理带来了困难。因此应该尽量减少不必要交叉施工，合理安排必要交叉施工，降低各工序、各材料运输之间的相互干扰。

W9，其他浪费：包括人力资源的浪费、能源和设备的浪费等。施工环节的浪费较容易识别。但由于大型盾构隧道工程本身水、电等资源消耗量大，导致能源的浪费常常被忽略了。在大型工程中，还经常存在人员安排过量，造成窝工等较为严重的浪费现象。这些浪费也应在实施盾构隧道精益施工的过程中得到重视。

3）流动

盾构隧道精益施工的流动是在定义价值，正确识别价值流之后，将大型盾构隧道施工的所有必要工序以消除浪费为出发点，用最优的方式连接起来，形成一个连续、稳定的流，理想状态的流动没有干扰、没有中断、没有等待、没有排队，也没有浪费的动作。

盾构隧道精益施工流动的要点主要包括：

① 最优

大直径盾构隧道建设工序众多，涉及繁杂的立体化施工，可以有不同的施工组织方式，不同方式的效率会有很大的差别。盾构隧道精益施工要求在工程前期细化施工工序，充分了解工序的前后搭接情况，将施工流程用最合理的方式连接，并在工程实践中不断改进。

② 连续

要求上下游工序衔接顺畅，避免阻碍和等待。连续的流动能够减少 W2 类浪费。例如，公路盾构隧道内部要运输泥浆、搅拌混凝土等不同材料。若没有很好的运输组织，就可能形成不必要的交叉运输，各种原材料输送的相互避让不仅是时间上的浪费，也造成了下游工序的等待。管片运送和管片拼装应该密切配合，当盾构隧道推进距离较长时，容易出现管片运输不及时的情况，形成等待。

③ 稳定

最优的流动同时也应该是稳定的，只有稳定的流动才能保证连续，这也是消除 W4 类浪费的要求。单个或某几个工序施工速度过慢会影响上下游工作的开展，过快则给其他工序的配合造成压力。同时作业速度浮动过大会造成在不同时刻对原材料供应、施工人员数量、使用设备的需求波动，造成浪费。稳定的流动是所有工序形成默契，以相同的频率开展工作。

在实际工程中，要把沿隧道开挖价值流的所有相关工序集成起来考虑，摒弃传统工程仅追求各部门自身利润极大化而相互对立的观点，以满足隧道开挖的需求为共同目标，共同探讨最优策略，制定最佳的流动方式，逐步消除一切不产生价值的行为。

实施价值流流动的一个重要原则是下一节提到的推拉结合。

4）推拉结合

传统的施工方式为推动式。原材料采购部门根据制定的生产指导计划将大量原材料运输到场地存放；各工序根据收到的生产计划完成自身的任务，生产出来的产品、配件再次形成中间库存，等待下游工序的使用。这种生产方式的实质是忽略实际生产中经常存在的需求变化，而试图通过存储大量下游可能使用的产品来应对各种变更。一方面，为应付变更而存储的产品容易超过下游需求量，造成 W1 类浪费。另一方面，更可能出现的情况是，库存产品均按预先制定的标准要求生产，下游提出的实时需求却可能不是标准产品能够满足的，这时库存的产品就不能满足要求，需要返工，形成了 W2 及 W5 类浪费。

此外，由于推动式施工各部门之间缺乏配合，错误容易随着整个施工流程逐渐累积，对突发情况的应急反应较慢。

精益思想一个重要的概念就是"拉动"。拉动一词最简单的意思是，在下游工序提出要求之前，没有一个上游工序应该生产材料或提供配套服务。这意味着根据实际需求或消耗来生产，是一种下游向上游提出实际生产需要的生产控制方法。其特点是分散控制、灵活，具有较好的适应性。这种方法可以最大程度的减少浪费：每个上游产品都是根据下游的实时需求生产的，因此能够保证适用性，如果有错误也能及时发现纠正，同时还减少了库存浪费。

采用精益思想的制造企业，如汽车行业中，整个生产过程由最下游的工序拉动，如图 6.2.3 所示。根据生产指导计划，以价值流平稳流动为原则制定均衡生产顺序表并将计划发送给最下游的工序，图中即为工序 n。工序 n 将配件、原材料需求通过一定的信息流（常见的如 Kanban）迅速反馈给工序 $n-1$。

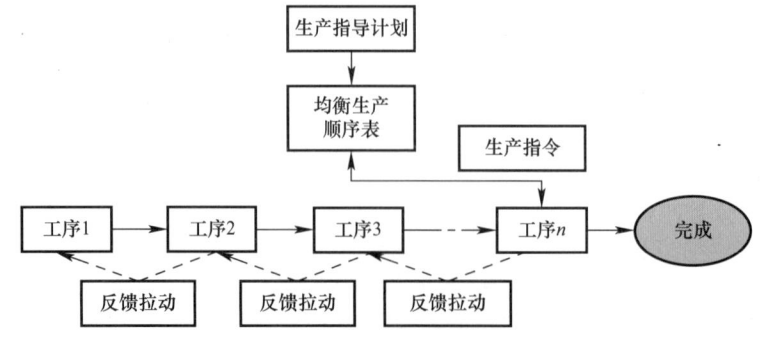

图 6.2.3　精益思想拉动生产示意

经过逐次信息流动，很快各个上游工序都得到了相邻下游提出的需求并开始生产，整个价值流沿着生产线流动起来。而任何的生产计划改变或者错误都能通过信息流迅速由下游反馈给上游每个工序。每个上游工序均由相邻的下游工序来拉动其工作。

根据盾构隧道施工的特点，盾构隧道精益施工不能照搬汽车行业的拉动生产，而应采取推拉结合，拉动为主的方法。大型盾构隧道施工最下游的工序是隧道内部道路铺设、设备安装等。隧道施工的特殊性在于隧道掘进速度决定和限制了整个工程的总体进度，上下游工序的开展都取决于盾构掘进状态。因此盾构隧道精益施工以保障隧道盾构顺利推进为核心，隧道的开挖拉动上游工序开展，同时推动下游工序作业。如图 6.2.4 所示，计划部门制定一周掘进计划，形成每天的均衡生产顺序表，发送给盾构推进工作组，当盾构准备开始掘进时，信息指令传递给上游环节，各环节迅速行动起来，为掘进提供适时、适量的服务。下游的隧道内部施工也被相应的推动起来，采用流水作业的方式，使内部施工节拍跟上盾构掘进的速度。

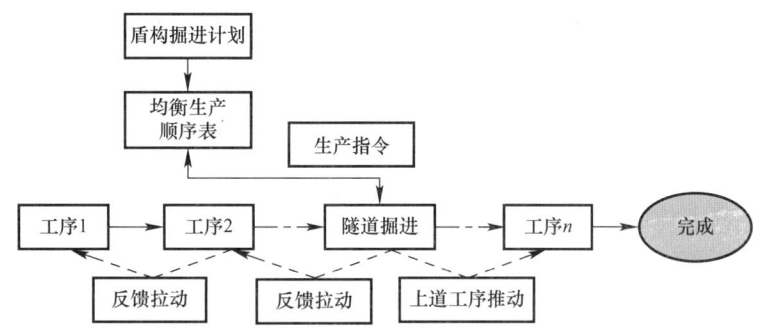

图 6.2.4　盾构隧道精益施工推拉结合型生产

5）尽善尽美

不断改进，追求完善是精益思想的核心之一。

在精确的确定价值、识别出整个价值流、建立起流动之后，整个工程以盾构掘进为核心，通过推拉结合的方式开展起来。在施工中我们会发现：价值流流动过程中能够暴露出价值流中隐藏的浪费。盾构隧道精益施工的原则贯彻越彻底，阻碍流动的障碍就会越显示出来。这就是我们追求尽善尽美的基础。

盾构隧道精益施工是动态的施工，对隧道施工各个步骤的改进和完善是不断循环的，每一次改进均消除一定浪费，形成新的价值流流动。新的浪费在下一循环暴露出来，再次改进，这种螺旋向上的循环使整个施工过程逐渐趋于合理，上下游工序的配合更加默契，价值流沿着整个施工过程更加顺利地流动。盾构隧道精益施工也要求整个团队不断地学习，不论是管理人员、技术人员，还是一线工人，都应各司其职、共同努力，愿意不断地接纳新的意见。

6.2.2.2　盾构隧道精益施工方法

盾构隧道精益施工的实现还要依赖于具体的施工管理方法，本节中将阐述实施盾构隧道精益施工的工程中可以采用的常见施工管理方法。

（1）盾构隧道精益施工 5S 现场管理

"5S"起源于日本，包括整理（Seiri）、整顿（Seiton）、清扫（Seiso）、清洁（Seiketsu）、素养（Shitsuke）五个项目，如图 6.2.5 所示。因为五个单词的首字母都是"S"，因此简称为 5S 管理。将 5S 和盾构隧道精益施工结合，可对施工现场工具、机械、材料及人员等生产要素进行有效的管理。5S 管理的成功实施可以创造一个整洁、科学合理的现场环境。建立符合盾构隧道精益施工原则的施工现场布置，有利于消除 W1、W6、W9 三类浪费。

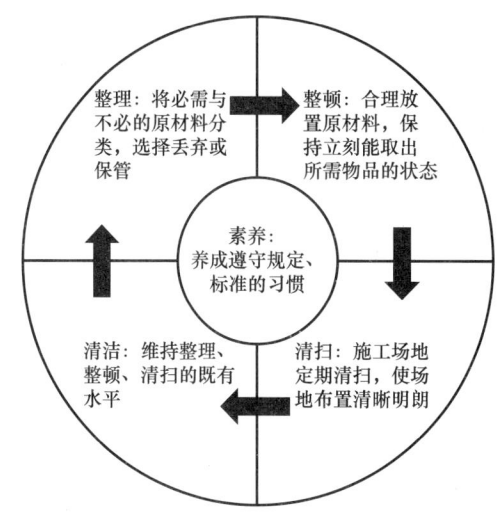

图 6.2.5　盾构隧道精益施工 5S 管理

1）整理

施工现场各种物料应该建立专门的堆放储存场所，整理工作应贯穿整个施工全过程，在正式施工开始之前应合理布置场地，将工地的生活、办公、施工区分开。施工区域各种材料的堆放应该相互分离、有序。在施工期间则应及时整理材料，将待加工的原材料、半成品以及成品各自分类放置，产生的废料、报废的残次品应及时运走。盾构隧道精益施工现场整理中，要从大型盾构施工的价值出发，在施工场所仅储存一定量产生价值的材料，减少过量堆放。

盾构隧道精益施工的整理还应重视常被忽略的各种工程文本材料整理。每个工地几乎都有专门的资料存放室或资料柜，但是资料的放置却常常处于无序状态。又或在工程开始的时候各项资料都精心分门别类，但随着工程开展，却产生新的资料不及时归类，工程人员查阅资料之后未放回原位或未及时归还等问题。这些都造成了资料缺失混乱，使得施工需要查找某些图纸，或审批需要某些文件时不能立即找到相关资料。

整理多余物品，精简施工空间，变乱而无序的现场为有序宽敞的现场，工人施工时通道畅通无阻，可减少工人日常运行和工作中的碰撞和阻挡，提高工作效率，保障施工安全。因此整理不仅有助于减少W9人力资源的浪费，也能对工程正常施工起促进作用。

2）整顿

盾构隧道精益施工的整顿是在整理的基础上，将整理确定的必须物料储存场所按盾构隧道精益施工价值流动方向进行具体安排。

各种材料的储存首先应便于存取，如大型预制构件的堆放场所应该位于主要道路旁，便于大型运输车辆的行驶。配套使用的小工具在工具柜上应相邻放置，方便取用。而泥水盾构工程中，由于渣土外运极易造成渣土掉落污染道路，因此泥水处理场所应避免置于主干道上。若某种构件需要经过多次的加工，这些工序的场地应该按从原材料到半成品到成品的顺序流水排列，避免往返运输。为隧道内部施工在现场生产的构件，其最后一步生产工序应安排在接近隧道运输入口的地方，便于后续运送。

整顿后的场地安排可以使现场施工人员在运输、吊装物品时按存放位置和数量准确实施，达到高效、简洁、明了的目的。物料的有序摆放可以将缺少、多余等情况暴露出来，便于及时更改采购、生产计划。出现丢失、损坏情况时也容易及时发现，及时解决问题，减少W1类浪费。

3）清扫

现场清扫应该定期、定时。将施工现场清扫干净，保持现场卫生，有助于保持施工人员的身心健康，创造舒服的施工条件。脏乱差的环境容易将施工现场潜在的危险和浪费隐藏起来，清扫可以暴露出这些问题。

某些工地日常施工环境较差，仅在应付相关部门检查时，暂停所有工程，突击清扫。这不仅起不到清扫应有的作用，还妨碍了工程的连续开展。因此盾构隧道精益施工的现场清扫应该做到以下几点：

① 建立清扫标准

清扫属于辅助工作，并不直接增加价值。其标准应从盾构掘进施工的价值出发来制定，清扫就是要创造出一个有利于盾构掘进施工的现场环境。

② 明确清扫时间

明确清扫时间包括两个方面。一方面，对于地面道路、仓库、隧道内部道路等各区域都应确定清扫的间隔时间，保证不产生扬尘、废物堆积。另一方面，2.2.2.2中提到，清扫等辅助工作并不直接产生价值，在工程中应该合理安排，尽量减少其占用的时间、空间及人员。在工程中，应该利用两次工作之间的间隔，或结束一天工作之前等的零碎时间进行清扫。

③ 建立清扫责任区

不同地点、工种的清扫应该有明确的责任人。自己使用的设备、工具或自己工作的区域，应在完成每段工作后自行清扫，责任落实到人。如隧道内部结构施工，各种工具常存放在紧邻施工段的已建成道路上，工具随着隧道推进向前搬运，每次搬运之后都要及时清扫之前的存储场地。内部构件浇筑之后，施工人员要及时冲洗混凝土残渣，避免硬化后给施工添加麻烦。在地面则应有专人负责公共场地日常清理。

④ 调查污染源

找出污染源，从源头解决污染问题，可以减少清扫的工作强度，提高清扫的效率。如道路的污染常常由渣土堆积场地污水外流或渣土外运时掉落造成，仅清扫不能根本解决问题，需要从源头上规范渣土的堆积，改进运输车的密封性。公路隧道内部混凝土浇筑后冲洗量大，常常是由于浇筑中混凝土外溢造成，规范工人施工行为，才能从源头上减少冲洗工作。

4）清洁

清洁就是要维护整理、整顿、清扫的效果，使施工现场长期保持最佳状态。整理、整顿、清扫这些辅助工作由于不能见到直接的价值产出，因此常常不能在整个施工过程中得到坚持，容易随着时间推移产生倦怠，清洁管理就是为保持整理、整顿、清扫前三项工作成果而制定的制度及标准。

清洁要重视标准化的执行。要保证前三项工作高质量的长期开展，就应规定执行的标准，避免因为要求变化或方法改变而导致现场整理、整顿、清扫工作执行不力，或前后不统一。

清洁还应组织考核检查。对施工现场，应按照标准要求，实行经常性检查和督导。

5）素养

整理、整顿、清扫、清洁均需要由人去完成的，因此5S现场管理的核心是人。实现5S仅依靠少数管理人员是不够的，必须依赖现场所有施工人员的共同参与。施工人员的文化水平普遍不高，因此必须强调素养的重要性。素养就是对工人行为和素质的要求，教育现场施工人员养成严格遵守5S管理的各项标准的习惯。素养是5S管理的核心。

素养的培养应该做到以下几点：

① 管理人员应起到示范作用。管理人员应该做好办公室、资料室等办公区域的整理、整顿、清扫工作，保持清洁状态，发挥榜样作用。

② 推行形式多样的素养提高、维持活动，采用评优、奖励等政策来鼓励施工人员执行5S的工作。

③ 素养的养成是长期的，贵在坚持，不能让工人认为5S管理仅是搞形式，在现场整洁度出现下降时，应该加强提醒，注意保持。

(2) 盾构隧道精益施工标准化

我国标准化研究和实施相对滞后，虽然近年随着施工企业认识不断提高，许多企业开始实施了标准化，但目前大多数还局限于管理制度上，或是起步于施工现场文明工地标准化层面上，施工过程中关键工序的作业标准化较少涉及。

大型盾构隧道精益施工的基本原则要求形成平稳的流动。平稳的流动能降低对施工人员数量、原材料储量要求的变化，有助于减少浪费。施工标准化则是达到平稳流动的一个重要手段。

标准化作业起源于制造业，是在对作业系统调查分析的基础上，将现行作业方法的每一操作程序和每一动作进行分解，以科学技术、规章制度和实践经验为依据，以安全、质量效益为目标，对作业过程进行改善，从而形成一种优化作业程序，逐步达到安全、准确、高效、省力的作业效果。Nakagawa等认为，建筑工程项目中重复的施工作业活动时间可以通过建立标准施工操作规程来控制，施工前对施工人员进行培训，让施工人员掌握标准化作业的操作规程，这有利于建筑工程质量与工期的控制。建筑工程中，施工人员流动性较大，新的施工人员往往不了解施工作业方法，容易造成质量不合格等W3类返工浪费，甚至发生安全事故，而建立起标准化作业操作规程可以一定程度上避免此类情况的出现。

大型盾构隧道施工中的盾构掘进，内部结构施工等都具有很强的重复性，通过建立标准化施工，可以规范这些工序，提高劳动效率和施工质量。

制定标准化作业的规程应考虑以下方面：

1）从盾构隧道精益施工基本原则出发，从质量、成本、计划等角度来设计标准化作业操作规范。盾构隧道精益施工某个工序的标准化作业规范应考虑其和上下游工序的衔接性。不仅要让施工人员能够根据标准来施工，还应让他们认识到任何工序在整个工程中都起到重要的作用，注意和上下游工友的配合。

2）应使用施工人员容易理解的文字，结合图片对标准化作业操作规程进行描述。施工人员的文化程度普遍不高，标准化规程的语言应便于理解，充分利用各种各样形象的图表来增加易读性。

3）标准化作业操作规程从盾构隧道精益施工消除浪费，形成持续稳定的价值流出发，应包括三个要素：完成一项工作所需时间、执行工作的流程或步骤顺序、完成一次标准化工作需要的原材料数量。在工程的施工组织设计中，虽然涉及不同工序的施工步骤和一些控制要点，但是对具体施工的指导性较弱，不能直接作为标准化施工规程。盾构隧道精益施工的标准化作业可以把施工组织设计作为基础资料，在此基础上，进一步细化工序。并以具体的工程实践经验作为确定工作时间、原材料数量等数据的依据。

4）标准化作业操作规程的内容应便于修正。标准化作业是将施工中最优秀的方法固定下来，使得不同的人来操作均能做到最好，发挥最大效率。但盾构隧道精益施工追求不断改善、尽善尽美，因此标准化也不是死板、一成不变的。标准需要不断地创新和改进，以此推动组织持续地进步。在实施过程中，要注意积累相关资料，为工作的进一步改善提供支持。

（3）盾构隧道精益施工运输模式

隧道施工中，原材料均需由地面运送至隧道内部；废土、废渣则需从内部向地表运输。通常将隧道工程的运输分为垂直运输和水平运输：垂直运输是指从地面到隧道平面（工作井）的运输；水平运输则为隧道内部运输。

垂直运输有两种模式。第一种，也是最常见的方法是利用吊装机械，将各种原材料、隧道内部施工工具通过工作井下吊至隧道平面。第二种垂直运输方式则是通过前期施工完成的敞开段及暗埋段，车辆直接运送材料到隧道平面。

水平运输也有两种运输方式，分别为无轨运输和有轨运输。两种方法中，泥水均由泥浆输送管道系统运输。区别在于有轨运输的盾构隧道施工中，管片、砂浆及其他材料采用在轨道上行驶的机车运输：随施工推进铺设临时轨道，由机车牵引斗车在窄轨上行驶（图6.2.6）。而无轨运输则直接使用运输车辆运载原材料，在隧道内部铺设的道路上行驶（图6.2.7）。

图6.2.6 盾构隧道有轨运输

图6.2.7 盾构隧道无轨运输

目前国内外盾构法施工广泛采用工作井吊装加隧道内部有轨运输系统的方式，尤其是城市地铁盾构隧道施工基本都采用有轨运输系统。有轨运输耗能较小，在长线隧道中，运输车辆进入隧道内产生的污染大，增大了隧道的通风压力，有轨运输能显著减少污染。此外，隧道内部空间狭小，有轨运输将人员通道和运输轨道分离，较为安全。但有轨运输的运能受到轨道设置的限制，在长线隧道中需要通过单轨加岔道或者多轨的方法来增加运能，许多学者也对隧道施工有轨运输最优化进行了研究。有轨运输的缺点在于固定的轨道灵活性较差，运输速度较慢，效率不高，工程初期设计的轨道系统基本决定了其运能，若在实际施工中出现运能短缺，想增加运输能力较为困难。

隧道内部无轨运输在工程中的运用较少。这是因为各种车辆行驶入隧道客观要求盾构的断面较大，小断面的隧道缺乏无轨运输的条件。无轨运输车辆成本比有轨运输高：需要购置或租用较多的车辆，且车辆日常运营费用比采用有轨运输大。此外，采用无轨运输时，由相同车辆完成材料从地面到隧道内部需求面的全过程运输显然较为合理，即垂直运输采用前文提到的第二种方法。这要求明挖段提前完成施工，使车辆能直接驶入盾构隧道内部。无轨运输的最大优势则在于其灵活性强，当出现运输不能满足施工对原材料需求的情况时，实时增加运输车辆即可提高运能。

大型盾构隧道的精益施工要求材料运输供应链由盾构掘进拉动，提供实时的原材料供应，这就要求运输供应链要有很强的灵活性。根据以上对水平有轨及无轨运输的比较可以看到，无轨运输方法的灵活性较强，合理的运输组织可以满足施工实时需求，而有轨方式则较难实现这一目标。此外，盾构隧道精益施工要求减少一切不必要的活动，避免多次运输。吊装加有轨的方式存在二次运输，两次转运之间不可避免地会产生临时堆积，不符合精益原则。无轨运输则可以实现从地面堆放点甚至从外部生产场地到隧道内部特定施工面的直接运输。因此，盾构隧道精益施工优先采用无轨运输模式，且应该根据不同的工程特点，遵循以下基本原则来制定运输方案：

1) 明确不同材料的运输车辆：大型盾构隧道施工需要众多原材料，由于不同材料的体积、重量、需求量相差较大，一类车辆较难满足所有材料的特定运输需求。工程前期设计阶段，在明确各种材料参数和需求量的基础上，应结合工程运输方案、隧道内部道路状态等因素来选取最合适的不同种类运输车辆。

2) 充分发挥车辆运能：工程中，混凝土、管片等应安排专用车辆运输。而盾构油脂、钢筋、施工工具、接长管线等则采用通用车辆运输。这类车辆应该充分发挥其运能，在现场 5S 整顿的基础上，沿行驶路线装载不同材料，保证每次运输发挥最大的运能，减少 W9 类浪费。

3) 加强运输车辆综合管理：在正常掘进阶段，施工原材料需求量非常大。如前文所述，随着推进距离增加，对运能的挑战也随之增大。盲目通过增加车辆数量的方法来满足掘进需求不够经济。没有合理的运输组织，增加车辆反而加重了隧道内部道路堵塞。应该利用盾构隧道精益施工思想，建立合理的运输供应链价值流流动，加强不同车辆之间的沟通协调。根据施工方案，可以交叉安排不同车辆的运输，充分发掘隧道内部有限道路的最大运输能力。

(4) 盾构隧道精益施工 PDCA 循环

尽善尽美是盾构隧道精益施工的基本原则之一。为了追求尽善尽美，在盾构施工的过程中需要不断地改善价值流，消除浪费，使价值流动越来越流畅，从而不断地接近完美的状态。而追求尽善尽美一个重要的工具就是 PDCA 循环。

PDCA 循环又称为戴明环，由美国质量管理专家戴明博士提出。如图 6.2.8 所示，P、D、C、A 四个英文字母分别代表了计划（Plan）、执行（Do）、检查（Check）、行动（Act）。PDCA 循环的基本思想是通过周而复始的循环，不停地解决工作中的问题，每个循环均解决一些问题，未解决的问题进入下一个循环，这样阶梯上升不断提升工作的水平。

PDCA 循环能够很好地和大型盾构隧道精益施工结合。因为盾构施工具有很强的重复性：构件生产、盾构推进和内部结构施工等工序都是处在不停地循环中，结合工程实际，可将盾构施工划分为不同的单元，每个单元的工作内容相似，可看作一个个的循环，这就为 PDCA 的实施创造了条件。

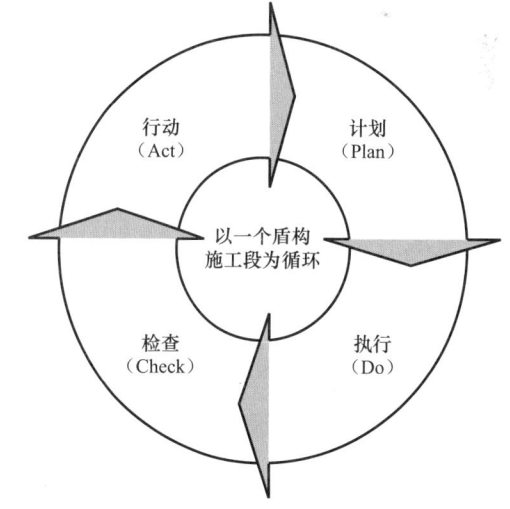

图 6.2.8 盾构隧道精益施工 PDCA 循环

PDCA 循环各部分主要应完成的工作包括：

1) 计划

分析上一个循环中出现问题、浪费的原因，提出切实、可行的解决措施。

将上一个循环，即上一个单元出现的问题总结出来，主要就是列出各种浪费。分析出现问题的原因，如缺乏决策；原材料未到位；准备工作未完成；延迟开工；计划变更等。

找到具体问题的原因之后，就要提出需采取的措施、改善方法。一个切实可行的措施应能回答以下问题（5W1H）：

① Why：为什么要制定这个措施，每个措施都要针对具体的问题，措施的目的是消除浪费，不针对具体问题而提出的新措施可能会增加不必要的工序，造成新的浪费；

② What：执行措施后要达到的目标，有了具体的目标才能评价一个措施的有效性；

③ Where：明确每个措施在哪个工序、哪个场地执行，没有确切的场地安排，在措施完成后可以需要搬运和移动，造成浪费；

④ Who：由谁负责完成，将任务落实到具体的施工人员上；

⑤ When：什么时候完成，在推拉式的盾构隧道精益施工中，每个工序完成的时间应该由相邻的下游或上游工序决定；

⑥ How：怎样执行。每个措施都应有清晰的实施步骤，保证一线施工人员能够按照步骤施工。

2）执行

在新的单元中，执行计划中指定的措施，形成新一轮价值流动。由于针对浪费采取了对应措施，每一个新施工段的价值流流动都应该比上一段更加流畅，平稳。

3）检查

及时把执行的结果与要求达到的目标进行对比。未达到预期目标的措施可认为还存在浪费，仍需要在下一个单元中解决。同时在循环中出现新的浪费也要记录下来。

4）行动

成功经验应总结出来，制定相应的标准，在后续的循环将标准将得到严格的贯彻。在此单元中出现的新问题则在下一个PDCA循环中解决。

6.2.2.3 小结

本节根据大型盾构隧道的特点，提出了盾构隧道精益施工理论。基于盾构隧道精益施工的5项基本原则，阐述了5S现场管理、施工标准化、运输模式以及PDCA循环等盾构隧道精益施工方法和理念。在具体的实践中，这些方法和理念，以及精益的原则不是相互独立的，而应在工程的不同方面融合运用。如精益运输模式的建立离不开良好的现场管理，采用5S理念构建的施工现场布置能够为运输提供便利。施工标准化的执行也离不开5S管理对工人素养的培养。PDCA循环更是要以现场管理、施工标准化等为基础，从盾构隧道精益施工的角度来回答5W1H六个问题，进而不断地减少9类浪费，改善价值流，加速推拉结合的流动，不断向尽善尽美状态前进。

6.2.3 钱江盾构隧道精益施工运用研究

6.2.3.1 钱江隧道施工方法及特点

（1）工程施工方法

根据主要技术标准及工程地质条件，经过多方研究及专家评审，钱江隧道采用一台德国海瑞克生产的 φ15.43m 大直径泥水平衡盾构进行掘进施工（如图6.2.9）。相同的盾构机已在上海长江隧桥工程中得到了成功应用，可提供一定的参考价值。

盾构隧道衬砌结构设计尺寸为内径13.7m，外径15m，衬砌厚0.65m，环宽2m。采用通用环管片（双楔形）错缝拼装。每环由10块管片构成，其中标准块7块，邻接块2块，封顶块1块，如图6.2.10所示。

根据现场地形、地貌和环境条件，以及施工方法的不同，结合工程初步设计，钱江隧道工程划分为三大施工段：

1）江南段：包括江南暗埋段和引道段，还有附属的风塔、管理中心用房等。

2）江中段：由于仅有一台盾构机可供使用，工程先从江南掘进西线隧道至江北后调头，再沿东线掘进回江南。

3）江北段：江北工作井、暗埋段、引道段和接线道路等。

图 6.2.9　15.43m 大直径泥水平衡盾构

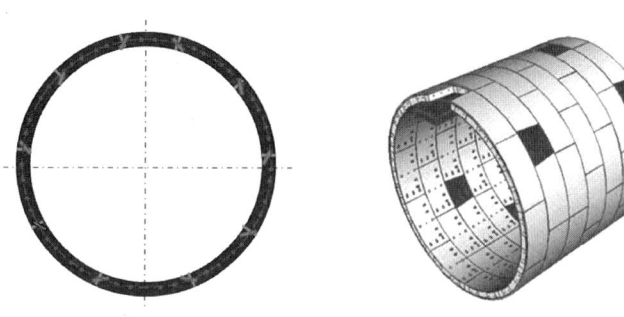

图 6.2.10　隧道管片衬砌

进场后先进行江南工作井及其相邻暗埋段施工，紧接着进行其余暗埋段及引道段、附属设施等的施工。隧道主体工程施工流程如图 6.2.11 所示。

1）西线隧道由江南工作井出洞、推进、进洞→盾构在江北工作井调头至东线隧道→东线隧道出洞、推进、进洞→盾构拆除。

2）东西线隧道掘进的泥水、渣土均由管道泵送运输，泥水场地设置在江南。管片由位于杭州萧山区的管片生产场运输至江南存储，再转运到施工隧道内。其他构件在江南施工现场制备、生产。

3）每条隧道施工过程中，"口"字形预制构件安装与盾构推进同步进行，一方面起到施工阶段隧道抗浮作用，另一方面提供管片、预制构件等材料运输的专用卡车行走基面，实现盾构快速推进。

4）路面道路等其他结构采用现浇施工，滞后于车架 2 后方 100m，并实施分段分幅施工，保证运输线路畅通。

5）每台盾构掘进一定距离后（约 2000m）安排一次检修，包括盾尾刷更换（实际更换时间、次数视盾尾钢丝刷磨损情况而定）。

6）隧道贯通后，实施井接头和道路结构收尾施工。

（2）隧道断面布置

虽然钱江隧道内径达 13.7m，但隧道内部的空间相对来说仍然较为狭小。断面布置应从合理利用空间出发。考虑安全因素，通往盾构的所有管线和隧道内照明等其他设施均布置在同步施工路面防撞侧墙以上，以不影响隧道内道路同步施工，如图 6.2.12 所示。

1）运输道路

盾构推进时现浇路面分段分幅浇筑。路面养护完成后，将路面划分为施工材料通道和人行通道。

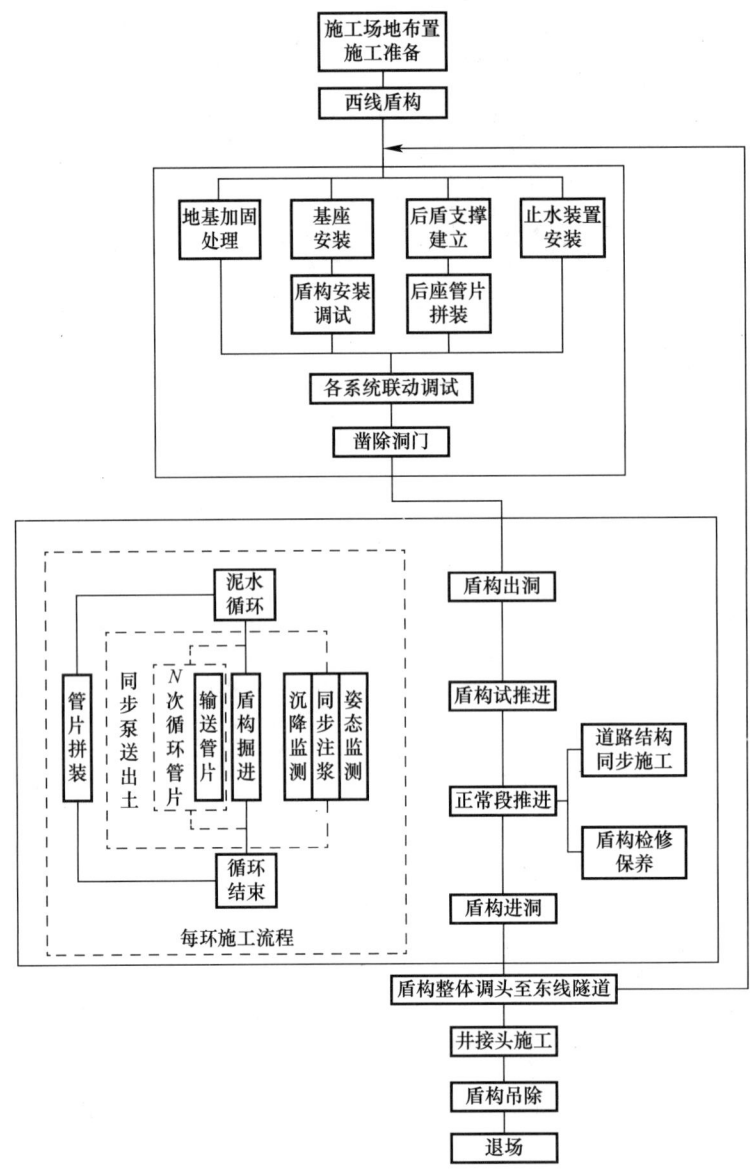

图 6.2.11　隧道主体工程施工流程

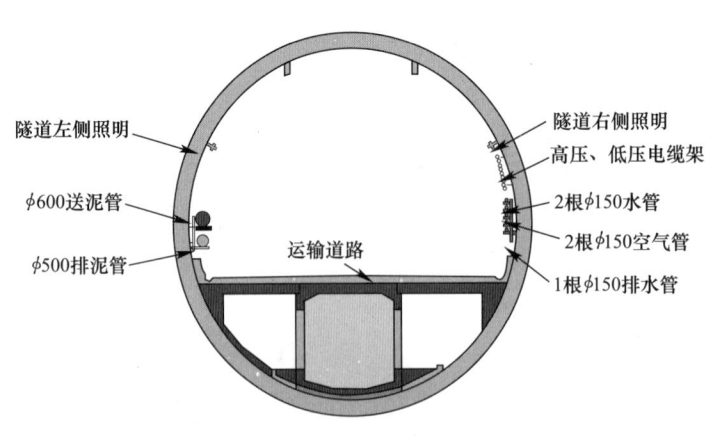

图 6.2.12　隧道断面布置

2）隧道照明

在隧道左、右侧上方每 6 环各布置 1 个灯架，照明电缆和灯具固定在上面。

3）管路

隧道左侧布置一根 $\phi 600mm$ 的送泥管和 1 根 $\phi 500m$ 的排泥管，用于盾构推进泥水循环；隧道右侧布置 2 根 $\phi 150mm$ 的冷却水管和 2 根 $\phi 150mm$ 的空气管，为盾构工作面提供水和压缩空气；布置一根 $\phi 150mm$ 的排水管，用于盾构工作面排水。

4）电缆、通信线路

高压和低压电缆均布置在隧道右上方。控制、通信电缆布置在隧道左上方。

（3）施工特点

钱江隧道工程的主要施工特点有：

1）仅由一台 15.43m 大直径泥水平衡盾构进行施工。

如 2.1.4 节中所述，大直径盾构施工和市政建设中常用的小直径盾构相比，具有许多新的特点，最重要的一点在于大型盾构隧道的施工工期较长。本工程仅有一台盾构机，往返进行总长超过 8km 的隧道施工，工期更加紧张。而钱江通道及接线工程是浙江省的重点工程，工期要求高。

2）施工场地的限制。

由于地理条件的限制，工程的大部分设施及盾构段的所有配套设施，如泥水系统、预制构件加工、施工场地等均只能布置在江南。江北仅考虑江北工作井、暗埋段、风塔及管理站的建设。根据工程经验，大直径盾构隧道的泥水处理系统，管片储存和构件生产占地面积较大。江南工作场地位于杭州市萧山郊区，原用途主要为鱼塘，场地借用虽然不存在市区施工时常见的房屋拆迁等问题，但将鱼塘回填处理、硬化转为可供施工场地的成本较大。若能合理布置各种设施，集约化用地，减小所需施工场地面积，一方面可以显著的降低成本，另一方面也便于日常管理，对工程效益具有重要意义。

3）材料运输距离长。

由于主要的施工配套设施均布置在江南，东线隧道自江北向江南掘进时，泥水、管片以及各种原材料均需要从江南利用已建成的西线隧道运输到东线施工隧道，最短运输距离约 4.5km，随着东线隧道掘进，最长的运输距离将超过 8km，给所有材料运输带来压力；泥水运送管道需要多次加压才能保证正常泵送；隧道运输断面较小，其他材料运输车辆在隧道内行驶慢，若运输方案不合理，将会限制隧道的正常掘进，形成 W2 类浪费。

综上所述，钱江隧道的特点决定了想要实现高效、快速施工，就必须采用科学、合理的施工方法和管理手段，因此本工程引入盾构隧道精益施工的思想，以此来指导隧道的施工，并探索盾构隧道精益施工这一全新理论在实际工程中的适用性。

在盾构隧道精益施工体系理论基础指导下，提出施工手段后，接下来将盾构隧道精益施工理论和钱江隧道工程的具体实际相结合，阐述精益理论在钱江隧道中的综合运用。

6.2.3.2 基于盾构隧道精益施工的现场规划管理

钱江隧道的施工现场以盾构隧道精益施工基本原则为基础，全面贯彻实行 5S 现场管理。

（1）现场布置规划

施工场地规划是确定各功能部分的空间位置，在节约用地和便于施工之间取得平衡。一个好的场地规划要保持材料和人员的流通顺畅、场地工作人员的安全、充分利用空间、方便场地控制和监控等。优化施工场地中临时设施的位置，让各个临时设施的物料、信息的流通量（运输费）最小，以便达到减小成本的目的。

由于江北条件的限制，钱江隧道的主要施工场地只能布置于江南，功能设置包括生活、办公、泥水处理、商品混凝土生产、预制构件生产、钢筋处理、管片堆放等部分。

结合江南现场长条形的形状特点，遵循盾构隧道精益施工的原则，功能区的平面布置如图 6.2.13 所示，现场的情况如图 6.2.14 所示。

在场地规划中主要考虑的要点包括：

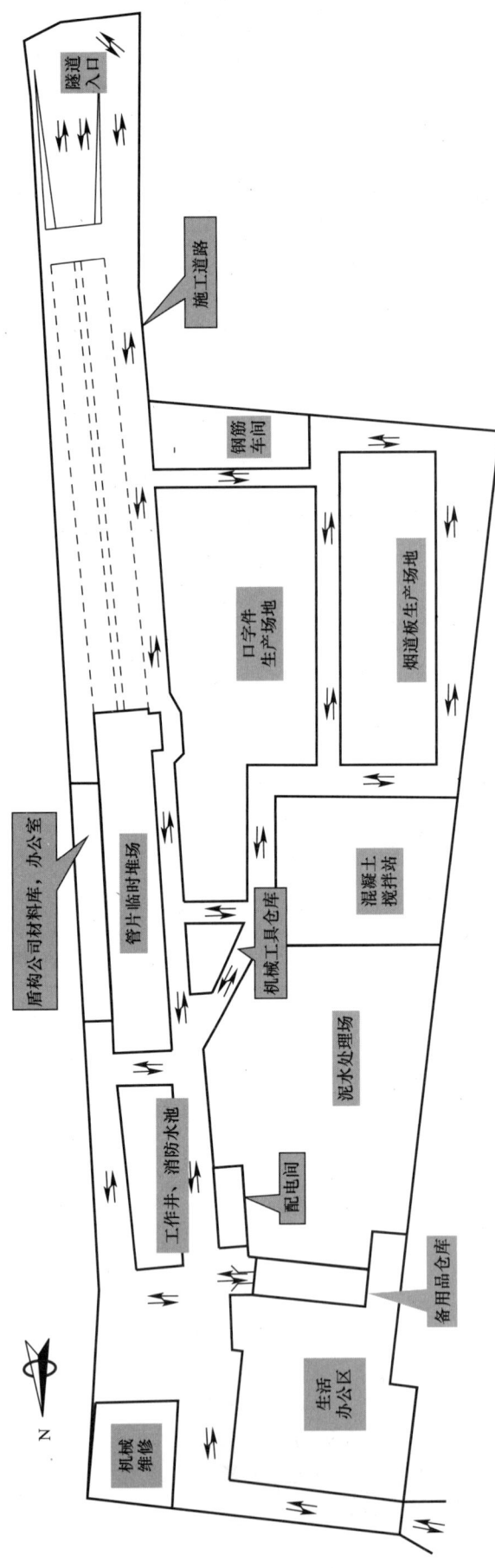

图 6.2.13 江南总平面图

（a）口字件生产场地　　　　　　　　　　（b）混凝土搅拌站

（c）管片临时堆场　　　　　　　　　　（d）运输干道

图 6.2.14　江南施工现场布置

1）遵循 5S 整理，明确功能分区。

整理是对现场初期规划安排的要求。合理场地规划的第一要点就是要明确分区，将生活、施工场地分离；不同材料堆放相互分离。

钱江隧道江南场地总体上分为生活办公区和施工区两部分。生活办公区包括了所有生活设施、总包办公楼、监理办公楼、试验中心和展示厅等。生活办公区布置于靠近工地入口西北角。工地人员及外访人员可方便进出生活办公区域而不和施工区域产生交叉。同时施工车辆出入工地也不经过生活办公区。实现了生活办公和施工场地分离。

在施工区设置泥水处理场、混凝土搅拌站、烟道板生产场地、钢筋车间等部分。钱江隧道现场大型构件如管片、口子件等均设置特定的存储地点。小型机械工具等存放于机械工具仓库内，分类放置，做好标示。混凝土搅拌站需要的水泥、砂石等配料则储存于搅拌站内，便于使用的同时也避免了对其他区域可能造成的污染。

2）减少 W9 类浪费，合理设置道路。

合理的道路设置有利于畅通的运输。同时从图 6.2.13 可以看到，钱江隧道施工现场设置一南北向的主要施工干道。将重要的功能分区布置于干道两边，便于大型车辆行驶。在场地西南角构件生产区域则设计便于行驶的回路，减少因车辆掉头引起的交通拥挤。机械维修和工作井之间的空地作为工程各种车辆的临时停放场所，同时也可为大型运输车辆调头提供场地。

3）遵循流动和 5S 整顿原则

钱江隧道施工现场不同物料的存储按照盾构隧道精益施工价值流动方向安排，形成类似于生产工厂流水线的形式。构件生产所需材料则遵循尽量靠近使用地点的原则储存。

口字件和烟道板生产的生产制作流程如图 6.2.15 所示，虚线框表示不同的生产分区。钢筋车间进行所有的钢筋工作，包括钢筋下料、钢筋笼制作等。混凝土搅拌站则负责生产商品混凝土。在钢筋车间和混凝土搅拌站完成上游工序生产后，将生产的钢筋笼和商品混凝土运送至口字件或烟道板生产场地。在生产场地完成构件的钢筋笼吊装，立模固定，混凝土浇筑、养护等全部工作。钢筋和混凝土生产可视作两个并行的上游工序，通过下游的构件生产指令来拉动。

遵循盾构隧道精益施工的流动原则，现场规划将口字件或烟道板生产场地布置在搅拌站、钢筋车间之间，使得构件生产所需的混凝土和钢筋笼运输距离减小到了最短。

管片储存、使用流程如图 6.2.16 所示。管片在管片生产场完成生产后，根据掘进的要求将一定量的管片运输到施工现场储存。在现场完成质量检验、编号及贴止水条后，再运输至隧道内部拼装。管片运输到隧道内的方法在工程前后期有所不同。工程前期，管片通过工作井吊运至隧道平面，再通过内部车辆转运至开挖面。明挖段完成施工后，则直接采用车辆从管片临时堆场运输到隧道内部施工面。

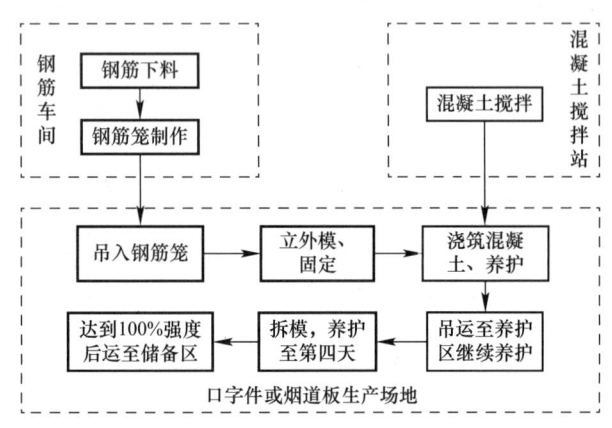

图 6.2.15 口字件或烟道板生产

图 6.2.16 管片储存、使用流程

为了便于两阶段的管片运输，在钱江工程现场，将管片临时堆场设置在工作井旁靠近运输干道的位置。工程前期，管片可以通过工作井水平、垂直吊运。明挖段完成后，运输车辆也可以方便地在干道上装载管片。盾构公司办公室、材料库设置在管片临时堆场东侧，便于材料的取用。此外，盾构公司办公室和管片临时堆场相邻设置还能让管理人员直观观察到管片的消耗情况，若管片的消耗速度产生变化，可以及时做出针对性的计划变更。

4) 减少 W6 类浪费。

在隧道工程现场，W6 类浪费产生的主要原因是原材料的二次搬运。根据流动原则并综合考虑其他因素进行的前期合理规划可以显著减少 W6 类浪费。

如图 6.2.13 所示，根据流动原则设置的管片临时堆放场不仅便于施工运输，且靠近工地入口。从生产场运输管片到钱江工地的车辆可以方便卸载后迅速掉头离开工地。这最大程度减少了外部车辆对工程本身的干扰。

同时管片和口字件堆场均位于工地主要施工干道两侧，主要施工干道宽度最大，且呈直线形，这间接保证了隧道内部施工需求最频繁、体积最大的两种大型构件能够方便的运输到隧道内部。

此外，钢筋及工人使用的机械工具均采用通用车辆运输；盾尾密封油脂、泥水管材等利用口字件双头车运送。将它们的存储场地设置于干道同侧，车辆可沿途装载不同材料，避免绕路或掉头。

(2) 现场管理

在现场管理中，钱江隧道按照盾构隧道精益施工 5S 理论，制定了具体、操作性强的现场管理制度。

1) 制定了定期清扫、冲洗制度。地表、隧道内部均设专人每天打扫。给施工人员创造一个尽量干净、舒适的环境。

根据天气情况和道路污染情况，地表道路定期进行清洗，保证工地道路无泥水、土块堆积。

2) 设置醒目的安全警示。在进入施工现场处设置安全规范提示板，提醒管理、施工、参观人员在进入工地现场前应做好的安全准备；各功能区入口处均设置明显提示，无关人员禁止进入；针对隧道内部运输容易超速的情况，每隔一定距离均设置了反光的限速提示板。

同时，现场对各种安全警示标志也制定了定期检查、清扫的制度，及时清洁各种警示牌上的油污；对破损的标志及时更换。

3) 定期检查现场，清理不需要的物品。隧道施工过程中对工具、材料的需求有所变化。钱江隧道按照以下原则进行整理，定期清理各种物品：三天以内使用一次的物品放在人员移动较少就可取到的地方；一星期使用一次的物品放在工作场所附近；一个月使用一次的物品放在工地仓库；工程后期不再使用的物品及时清理出场，避免多余原材料储存和积压，减少 W1 类浪费。

4) 隧道内部、地面现场的各种工具放置均做出了具体规定。隧道内部结构施工的日常使用工具放置在同步施工后一节已完成道路的两侧，并随施工推进及时移动。在一定时间内不再使用的工具则要求及时归还机械工具仓库，避免工具遗失、破坏。管片堆场、隧道内部均设置可以推动的工具架，以便于取用的原则分类放置日常工具。

5) 根据 5S 清扫寻找污染源的原则，本工程最主要的污染源为泥水。因此规定挖出的湿土先在场内暂堆，沥干之后驳运外弃。

6) 贯彻实施了 5S 素养要求。在工地入口处设置公告板，定期对表现优秀的施工队进行表扬，对出现的不符合 5S 管理规范的行为进行提醒。

（3）实施效果

经过现场实地调查，发现钱江隧道的总体现场规划较为合理，在施工中显示出主要的优点突出表现在：

1) 生活、施工区域的成功分离减少了施工干扰、保证了人员安全。

2) 不同功能区的合理位置安排使得现场未出现往返运输。所有的材料均能按照预定的价值流方向流动。

3) 道路规划合理。虽然施工现场有多种大型运输车辆，但在地面未发生运输冲突情况。回路的设置避免了不必要的车辆掉头。南北向施工干道考虑到了足够的预留宽度，装卸货时未出现影响其他车辆行驶的状况。即使在工程施工最高峰时期，工地现场也未出现运输车辆堵塞、排队的现象。

4) 钢筋车间、构件生产场地和混凝土搅拌站位于场地西南角，形成构件生产的完整功能区，消除了对其他施工作业的干扰。

5) 清扫标准得到了严格的执行，即使在夏季，场地也未出现严重的扬尘现象。

6) 某些工地的警示标志仅为应付上级检查，未起到实际作用。钱江隧道现场则通过合理的警示标志设置，对现场人员起到了很好的提醒作用，警示标志上的要求得到了较严格遵守。定期的清洁、更换保证了在工程后期所有的警示标志仍然保持正常使用的状态。

7) 隧道内部空间狭小，许多施工中的隧道内部均存在扬尘污染严重，污水较多，工具摆放随意的情况，工人工作环境差，对正常施工造成较大干扰。而推行盾构隧道精益施工 5S 管理的钱江隧道内部较为干净。各种施工工具摆放整齐，随施工推进移动，减少占用道路的面积。创造了整洁、舒适的施工环境。

8) 钱江隧道采用 PDCA 循环，针对现场存在的问题不断改善，不断提高管理水平。东线隧道掘进时，西线隧道内部仍有后续工作在进行。而车辆在西线隧道内行驶速度过快，容易对人员安全造成威胁。因此在加强对施工人员教育的同时，西线隧道内部增设了反光警示牌，运输车辆速度得到了很好的控制。

钱江隧道现场合理的规划、管理制度为工程实现盾构隧道精益施工提供了良好的环境基础。辅助工作的良好完成对施工起到了积极的促进作用。但在施工过程中也暴露出前期场地设置的一些问题：

1) 泥水处理场过于靠近生活办公区。隧道正常掘进中，泥水处理系统 24 小时连续运转，噪声较大，给工地人员的办公、休息造成一定的影响。

2）机械维修南侧空地除了供车辆停放以外无具体功能设置。随着施工的进展，一些废弃的材料、机械随意扔弃在此处，形成堆积。这一方面影响了施工环境，同时也给盾构公司办公楼的工作人员出入造成一定影响。

3）混凝土搅拌站办公室和盾构公司的办公室相距较远。而混凝土运输车辆和管片运输车辆分别由搅拌站和盾构公司管理，各自发出具体运输指令。在工程中，出现了两者之间缺乏沟通，两种车辆在隧道内部运输产生冲突的情况。场地设置上较远的距离成为影响交流配合的一个不利因素。

6.2.3.3 隧道内部同步施工

如前所述，钱江隧道采用一台盾构施工，工期较为紧张，因此项目采用隧道内部结构和隧道掘进同时开展的同步施工方法。

同步施工在小直径地铁隧道中较少采用。在大直径盾构隧道中，由于同步施工对各工序之间的协调及项目管理要求较高，也没有得到广泛的运用。本工程的施工总承包上海隧道工程股份有限公司是国内施工行业第一家上市的股份制公司和中国第一家设立博士后工作站的施工企业，拥有很强的技术能力，在上海复兴路东路隧道、上海长江隧道等的建设中也曾尝试同步施工工艺。考虑到钱江工程的具体情况，决定也采用同步施工方法。在借鉴已有工程经验的基础上，钱江隧道引入盾构隧道精益施工思想来进一步改进同步施工流程方法，希望得到更高效、合理的工程效果。

（1）内部结构施工工序

隧道完成内部施工后的隧道断面如图6.2.17所示；完成管片拼装后，放置预制口字件，然后浇筑两侧的压重块，再现浇牛腿，最后浇筑路面板。

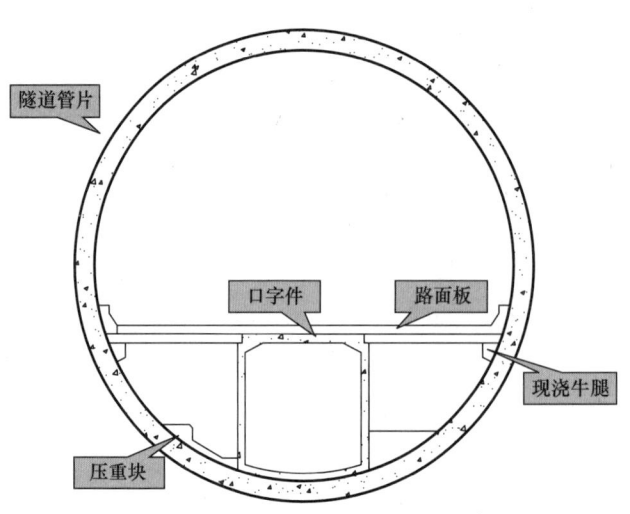

图6.2.17 隧道断面图

一个断面的详细内部施工流程如图6.2.18所示。

本课题中为了便于研究，把内部结构施工分为10个工序，按照施工先后顺序依次以S1～S10的形式进行编号。以下简要介绍每个工序包括的工作：

S1，口字件就位。

口字形状的预制构件被称作口字件，其高度为4.75m，宽度和管片（2m）相同。口字件安装固定后，运输各种原材料的车辆可以在口字件上行驶，为隧道内部运输提供便利。

口字件的安装在车架1、2间连系梁上进行。运输车辆将口字件运送至工作面。车架联系梁上的起吊设备（图6.2.19）将口字件翻转至吊装姿态。在技术人员的精确控制下，口字件逐渐翻转呈竖立状，下降到安装高度。吊运到位后，和相邻口字件的凹凸槽位置对准，并用千斤顶微调纠偏。

由于口字件的安装将占用运输通道和车架吊装设备。因此口字件的安装不能和管片吊运同时进行。

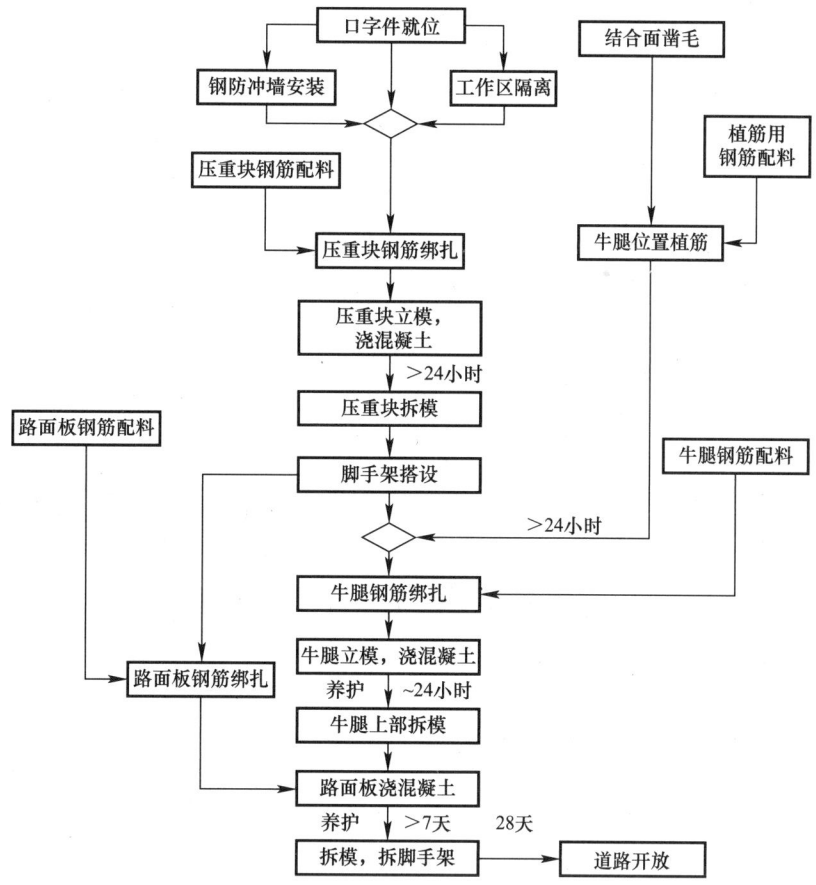

图 6.2.18 内部结构施工流程

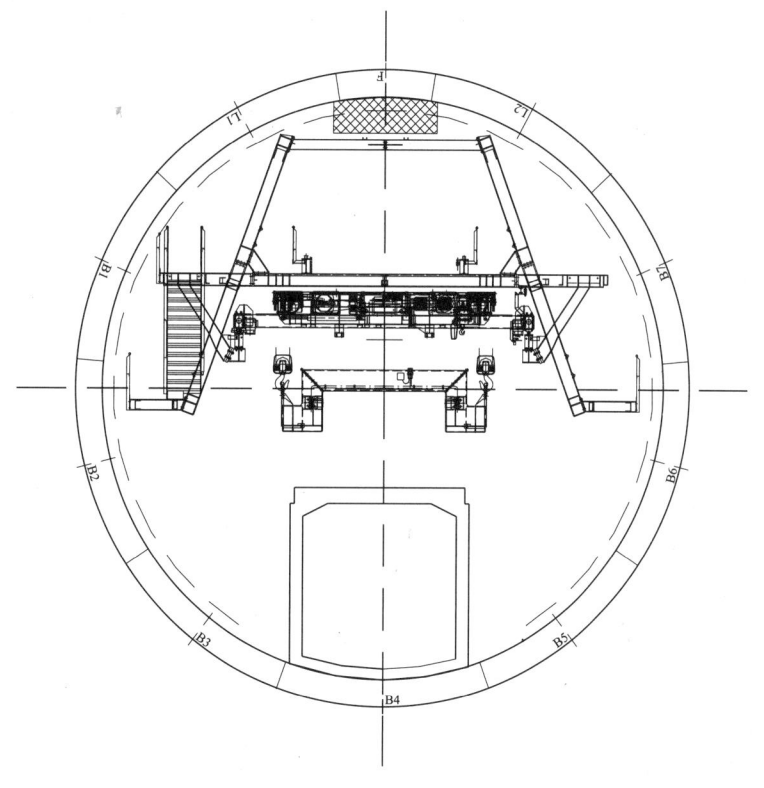

图 6.2.19 口字件吊装设备

口字件的安装和管片的吊运交替进行，可充分发挥隧道运输、施工效率。图6.2.20为口字件安装示意图，图6.2.21则为口字件安装现场过程。

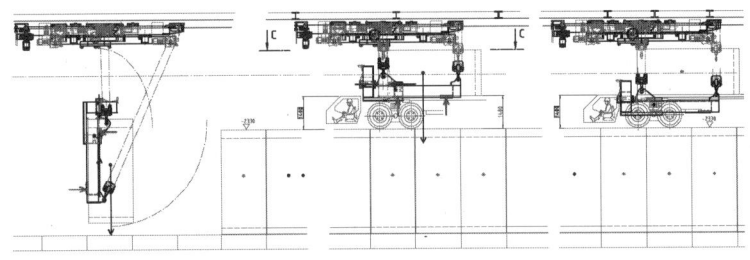

图6.2.20 口字件安装示意

（a）口字件运输到工作面

（b）口字件起吊

（c）口字件旋转下降

（d）口字件安装定位

图6.2.21 口字件安装过程

在口字件完成安装后，在口字件两侧安装钢制防冲墙（图6.2.22）。利用口字件预埋直螺纹接头固定在就位完毕的口字件上，保证工作面前沿无两肩道路构件区段有防冲墙。防冲墙在浇筑路面板前拆除。

S2，牛腿植筋。

此工序包括牛腿部位的凿毛和植筋。

牛腿是上部道路结构的支撑构件。在以往的隧道同步施工中，牛腿作为管片的组成部分，在管片生产时直接和管片浇筑为一个预制构件。这种方法限制了管片制作和拼装的灵活性，不利用盾构的轴线控制；内部结构

图6.2.22 钢防冲墙

质量受到隧道本身施工质量的影响较大。

在钱江隧道中，牛腿采用现浇方法施工。按质量规范要求，牛腿植筋后大于 24 小时方可进行钢筋绑扎。若按照正常工序，完成压重块施工后进行牛腿植筋，则中间有较长的等待时间，因此牛腿植筋工序安排在口字件吊装完成之后，压重块施工之前进行。且牛腿的植筋工作和压重块部位的施工冲突较小，在工期紧张时，两道工序合理配合，可以形成空间上的立体化施工。对工序进行微调减少了同步施工价值流中的等待。

如图 6.2.23 所示，牛腿凿毛和植筋作业在盾构机车架 2 上以工字钢焊接制作的平台上进行。现场施工情况如图 6.2.24 所示。

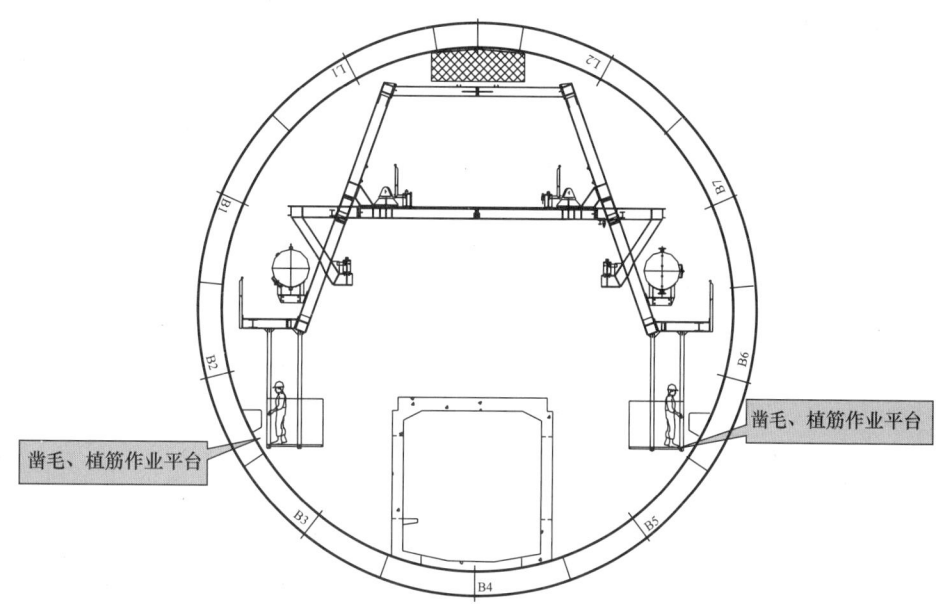

图 6.2.23 牛腿凿毛、植筋作业平台

（a）牛腿凿毛工作平台

（b）牛腿植筋

图 6.2.24 牛腿凿毛、植筋

S3，压重块模板。

此工序包括压重块的钢筋绑扎和立模。

在图 6.2.17 中可看到面向盾构掘进方向的左侧压重块位置设置排水沟，因此需要使用模板限位，以浇筑排水沟。该模板使用脚手架扣件固定就位于口字件吊装孔上。右侧压重块则为现浇素混凝土，不存在 S3 这一工序。压重块钢筋绑扎现场如图 6.2.25 所示。

图 6.2.25　压重块钢筋施工

S4，压重块施工。

此工序包括了压重块的混凝土浇筑、抹平、养护及拆模工作。

混凝土采用商品混凝土，由混凝土搅拌车运输到工作面，混凝土沿串筒放至压重块位置，同时采用插入式振捣棒振捣密实，并及时抹平混凝土表面，如图 6.2.26 和图 6.2.27 所示。浇筑 24 小时后拆模。

图 6.2.26　压重块浇筑示意图

图 6.2.27　压重块浇筑

S5，脚手架搭设。

牛腿和路面板施工均需要利用如图 6.2.28 所示的脚手架。脚手架的搭设在压重块初凝后进行。脚手架将作为牛腿模板的支撑，因此脚手架在牛腿模板之前搭设。

脚手架依次搭设出立杆、三角撑。现场如图 6.2.29 所示。

S6，牛腿模板。

此工序包括牛腿钢筋绑扎、立模及预埋管埋设。

牛腿位置的钢筋绑扎在脚手架上进行。牛腿位置采用两块模板拼接，通过适当构件传力于脚手架，再传力于管片和口字件。为了后期管线的布设，牛腿浇筑之前在绑扎好的钢筋网内设置预埋管。

图 6.2.30 为牛腿的钢筋绑扎。

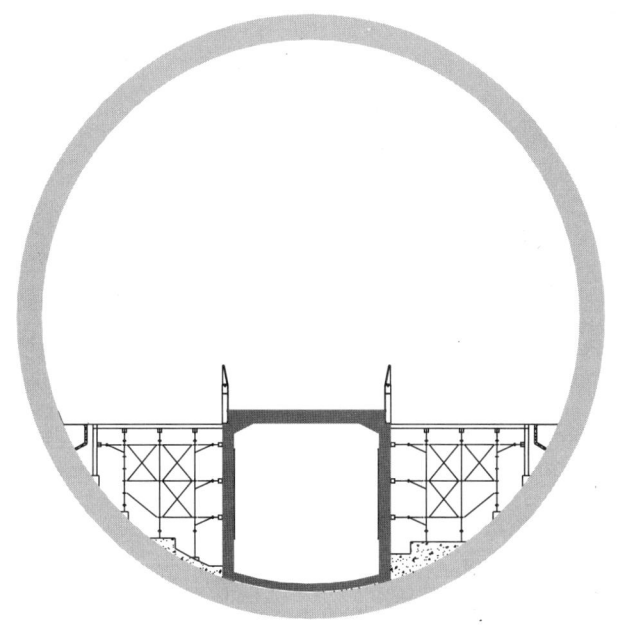
图 6.2.28　同步施工模架

图 6.2.29　脚手架搭设

图 6.2.30　牛腿钢筋绑扎

S7，牛腿现浇。

此步骤包括牛腿浇筑、养护、拆模。

混凝土从口字件顶面溜槽放至牛腿作业面，进行牛腿现浇。同时采用振捣棒进行振捣密实，牛腿浇筑如图 6.2.31 所示。完成浇筑的牛腿如图 6.2.32 所示。

牛腿拆模时分为两个步骤。第一步拆除上部模板，避免与路面板相应模板位置冲突。第二步在同步施工完成后，下部模板与脚手架同时拆除。

S8，路面板模板。

此工序包括了脚手架搭设的后续步骤：在立杆顶部安设螺旋顶托，架设横向主梁方钢。由于此项工作和牛腿养护、拆模的冲突较小，可以在牛腿养护、拆模的同时进行，形成空间上的同步施工。

完成主梁搭设后，依次布置纵向次梁、铺设模板。模板施工现场如图 6.2.33 所示。

S9，路面板钢筋。

路面板钢筋绑扎工作量较大，因此和混凝土浇筑独立为两个工序。钢筋在钢筋车间完成配料之后通过小型车辆运输到工作面。完成钢筋绑扎的现场如图 6.2.34 所示。

图 6.2.31 牛腿浇筑

图 6.2.32 现浇牛腿

（a）次梁搭设

（b）模板搭设

图 6.2.33 路面板模板施工

S10，路面板现浇。

此工序包括路面板的浇筑和养护，如图 6.2.35 所示。

图 6.2.34 路面板钢筋绑扎

在路面板浇筑 7 天后可以拆除模板和脚手架，28 天之后整个断面可以完全开放，用于车辆运输及机械、材料暂存。最终向施工开放的道路如图 6.2.36 所示。

（2）精益同步施工

前文中已将完成一个隧道断面内部施工全过程分解为 10 个主要工序。从图 6.2.17 可以看出，一个断面上除了少数工序可以进行立体化同时施工以外，大部分工序均需按照一定的先后顺序来进行。只有同时开展不同断面的施工，形成不间断的价值流动才能避免工作不连贯造成的浪费。因此，如何安排不同断面的内部施工，将这些工序进行合理组织，形成快速、高质量的精益同步施工是这一节的主要研究内容。

钱江隧道管片宽 2m，考虑到便于运输的钢筋下料成型长度、混凝土浇筑的开展等，将内部施工

图 6.2.35 路面板浇筑

图 6.2.36 同步施工完成

划分为不同施工段，每个施工段包括15环，长30m。和S2～S10工序不同，S1口字件就位随隧道推进进行，而不是等到隧道掘进完成15环后再整体施工，口字件的安装不和后续同步施工工序产生冲突。现场调查也表明口字件的安装紧跟掘进速度，能很好地被盾构掘进推动。因此我们主要聚焦于S2～S10共9道工序的安排。

根据钱江隧道工程的施工人员和机械、设备状况，对比相似工程掘进速度，预计钱江隧道工程完成一个施工段的内部结构施工需要10天。由于每天内部施工总时间为10小时，上午5小时，下午5小时，因此以0.5天为划分单位，一个施工段的进度可用表6.2.1表示。

单个施工段施工进度计划　　　　表6.2.1

	1AM	1PM	2AM	2PM	3AM	3PM	4AM	4PM	5AM	5PM	6AM	6PM	7AM	7PM	8AM	8PM	9AM	9PM	10AM	10PM
S2	■	■	■	■																
S3					■	■														
S4							■	■												
S5									■	■	■									
S6												■								
S7													■	■	■					
S8																■				
S9																	■	■		
S10																			■	■

盾构隧道精益施工是"将大型盾构隧道施工的所有必要工序以消除浪费为出发点，用最优的方式连接起来，形成一个连续、稳定的流，其中没有干扰、没有中断、没有等待、没有排队、也没有浪费的动作"。根据这一基本原则，内部施工进度应由工程限制性工序——"盾构掘进"的速度决定，形成符合盾构隧道精益施工原则的配合。相邻施工段的施工则应该形成拉动，创造稳定的价值流流动。若单位时间内只开展一个施工段的工程，施工速度慢，各工序的人员工作也不能连续进行作业。由图6.2.17可知，隧道内部结构属于重复性施工，断面之间的施工内容相似，相同工序在不同施工段所花费时间在良好的施工管理下可做到较为接近。因此可以采用几个相邻断面同步施工，流水搭接的方法。

由此，设计钱江隧道内部施工同时开展4个施工段，相邻的4个施工段同时开展不同的施工活动。隧道每完成15环掘进，就对内部施工形成一次推动，内部作业相应向前推进一个施工段。4个施工段依次向前移动，通过一次次的推动逐个完成每个施工段的内部结构施工。为便于叙述，将施工段按A_1～A_n的顺序依次进行编号。设4个处于同步施工的施工段为A_i，A_i+1，A_i+2，A_i+3，如图6.2.37所示。

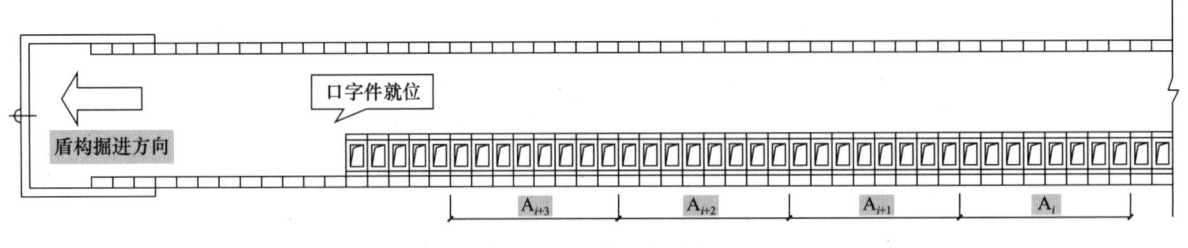

图6.2.37　施工段划分

根据上海长江隧道等相似隧道的工程经验以及钱江隧道试掘进的情况，钱江隧道预期正常施工掘进速度为每天12m，即6环/日，完成一个施工段30m的掘进需2.5天。内部施工若要和盾构掘进达到理想的推拉施工配合状态，形成精准的施工流，也应该每隔2.5天就有一30m施工段完成作业，同时一个新施工段立刻投入同步施工。设同步施工从A_i开始，结合表6.2.1单个施工段的施工速度，从A_i开始的 4 个施工段施工安排如表 6.2.2。

相邻施工段同步施工进度 表 6.2.2

	A_i	A_{i+1}	A_{i+2}	A_{i+3}
1AM	S2			
1PM	S2			
2AM	S2			
2PM	S2			
3AM	S3			
3PM	S3	S2		
4AM	S4	S2		
4PM	S4	S2		
5AM	S4	S2		
5PM	S5	S3		
6AM	S5	S3	S2	
6PM	S6	S4	S2	
7AM	S7	S4	S2	
7PM	S7	S4	S2	
8AM	S7	S5	S3	
8PM	S8	S5	S3	S2
9AM	S9	S6	S4	S2
9PM	S9	S7	S4	S2
10AM	S10	S7	S4	S2
10PM	S10	S7	S5	S3
11AM		S8	S5	S3
11PM		S9	S6	S4
12AM		S9	S7	S4
12PM		S10	S7	S4
13AM		S10	S7	S5
13PM			S8	S5
14AM			S9	S6
14PM			S9	S7
15AM			S10	S7
15PM			S10	S7
16AM				S8
16PM				S9
17AM				S9
17PM				S10
18AM				S10

进入正常施工后,应任何时刻均有 4 个施工段处于施工中,A_i 施工段完成所有工作后,紧邻 A_{i+3} 的后一施工段 A_{i+4} 立刻进入同步施工。所以同步施工以 2.5 天为一循环。一个循环内四个同步施工段的工作如表 6.2.2 中的虚线框。

$A_i \sim A_{i+3}$ 施工段的主要工作安排可如下。

A_i:S8 路面板模板;S9 路面板钢筋;S10 路面板现浇。

A_{i+1}:S6 牛腿模板;S7 牛腿现浇。

A_{i+2}:S4 压重块施工;S5 脚手架搭设。

A_{i+3}:S2 牛腿植筋;S3 压重块模板。

(3) 实施效果

为了研究同步施工的实施效果,课题组对钱江隧道的东线施工现场进行了较长时间的调研和数据收集。

1) 盾构推进

附录 A 的表格记录了钱江工程东线隧道在进入正常掘进之后 46~934 环之间的详细掘进信息。将附录 A 中数据进行处理,统计日掘进环数数据之后,可得到表 6.2.3。

东线日掘进量统计　　　　　　　　　　　　　表 6.2.3

日掘进环数	所占天数	总掘进环数
1	6	6
2	18	36
3	17	51
4	19	76
5	20	100
6	36	216
7	33	231
8	16	128
9	5	45
合计	170	889
平均日掘进环数		5.2

钱江隧道工程预期的掘进速度为每日 6 环。而从表 6.2.3 及图 6.2.38 可以看到,实际工程中,最快掘进速度达到了每日 9 环,日掘进量为 5、6、7 环的频率最高,分别占了掘进天数的 11.8%、21.2%、19.4%。平均掘进速度则为每日 5.2 环,略低于预期的掘进速度。

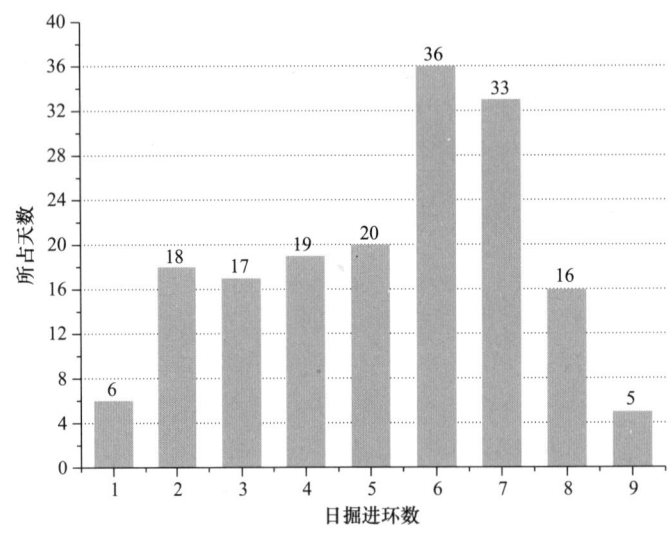

图 6.2.38　东线掘进速度统计

盾构掘进受到地质条件、掘进机性能多方面因素的影响,较难保证稳定的推进速度。从图 6.2.38 的柱状图可以看到,钱江隧道的掘进速度仍然存在较大的波动,日掘进 5、6、7 环的天数占比例最大,其总和也仅占总天数的 52.4%。在盾构隧道精益施工中,过大的波动属于 W4 类浪费,不利于创造稳定的价值流,也不利于其他工序的配合。但在附录 A 钱江隧道东线详细掘进记录中可以看到,掘进速度的波动较为规律,日掘进环数高峰和低谷基本交替出现。正常掘进中的低谷主要是由于盾构掘进一段距离后接长管道以及盾构机检修造成的停顿。而同步施工以 15 环为一段开展,一定程度上抵消了盾构掘进速度有规律的波动对同步施工的影响。尽管如此,由于盾构隧道精益施工的其他工序都要通过掘进来推拉,因此在实施盾构隧道精益施工过程中,除了关注内部施工工序改善,如何提高盾构掘进的稳定性、减少波动仍然是尚待解决的重要问题。

2)内部结构同步施工

在2012年3月16日~4月1日及8月27日~9月13日期间,课题组对钱江隧道东线内部结构施工进行了实地调查,并采用附录B中的表格记录了各工序的施工信息。将现场情况进行汇总,得到了完成不同施工段各个工序实际消耗时间情况,其详细记录见附录C。

以0.5天为基本单位,将不同施工段每个工序消耗的时间以及完成整个施工段的时间进行统计,并和表6.2.1的施工计划安排作对比,如表6.2.4。

东线日掘进量统计(单位:0.5天) 表6.2.4

	S2	S3	S4	S5	S6	S7	S8	S9	S10	施工段完成时间
A_7	—	—	—	2	2	3	1	2	2	—
A_8	3	2	2	2	2	3	1	2	2	19
A_9	3	2	3	2	2	3	1	2	2	20
A_{10}	4	2	3	2	1	3	1	1	2	19
A_{11}	4	2	3	2	1	3	1	2	2	20
A_{12}	4	1	2	2	1	2	2	—	—	—
A_{61}	—	1	3	2	1	3	1	2	2	—
A_{62}	3	2	3	2	1	3	2	3	1	20
A_{63}	3	2	3	2	2	3	2	2	2	21
A_{64}	3	2	3	2	1	3	1	2	2	19
A_{65}	4	2	2	2	1	4	1	2	2	20
A_{66}	4	2	3	1	2	3	—	—	—	—
A_{67}	4	1	3	1	—	—	—	—	—	—
平均完成时间	3.55	1.75	2.75	1.85	1.42	3	1.27	2	1.9	19.75
预期完成时间	4	2	3	2	1	3	1	2	2	20

从表6.2.4中可以看到,实际调研中完成一个施工段内部结构的时间在19~21个半天之间,平均为19.75个半天,和施工计划20个半天基本符合。S6及S8的完成速度比计划偏慢,S2、S3的完成速度比计划稍快。这说明结构同步施工安排是基本合理的,施工能力能够满足工程要求。

钱江隧道基本建立了推拉结合的施工状态。将表6.2.3隧道掘进速度和表6.2.4同步施工速度对比分析可以看到,内部结构施工速度基本和掘进速度相匹配。分析附录表C-1、C-2,施工段A_{11}、A_{65}、A_{66}分别在A_7、A_{61}、A_{62}完成后的下一个时间段就投入施工,仅A_{63}完成和开始A_{67}之间存在半天的停顿。这表明相邻施工段之间流动顺畅,一个施工段完成后,新的施工段能立刻投入施工状态。现场实地调查结果也表明,同时开展的四个施工段之间形成了较为密切的配合。同一工序的工作人员能够沿着施工段依次流动施工,较少出现等待造成W2类浪费的现象。

在工程进行的过程中,一线工人也在不断地改进施工流程。S4、S7、S10三道工序均涉及混凝土浇筑。在一线工人对工作进行微调后,使得A_i、A_{i+1}、A_{i+2}三个相邻施工段的S4、S7、S10能够安排在同一个半天进行,便于混凝土搅拌车以及相关施工队连续进行作业。由固定人员组成的混凝土作业组则形成了明确分工,分别负责和混凝土搅拌车配合、混凝土振捣及抹平养护等工作,工作效率随工程进展逐渐提高。

虽然钱江隧道的同步施工速度能满足隧道掘进的推动,施工能力相对隧道掘进速度甚至有一定富余。但根据收集的数据,内部施工速度仍有进一步提升的空间。尤其是S2植筋、S3压重块模板及S5脚手架工序,在钱江现场,这几道工序的工作安排较为松散,效率还可提高。

在钱江隧道同步施工中,由于种种原因,仍然未全面引入标准化作业的方法,施工细节上的改进也没有根据标准化作业原则记录下来。标准化作业应成为后续工程研究的一个重点。

6.2.3.4 基于盾构隧道精益施工的运输管理

隧道施工期间的材料水平运输主要有两种模式：有轨运输和无轨运输。若仅从供应链成本考虑，长距离运输采用有轨方式更加经济。但有轨运输灵活性较差，且公路隧道采用有轨运输较难开展内部结构的同步施工。盾构隧道精益施工要求从隧道施工全局出发确定价值，而不是以单个职能部门计算成本、价值，采用无轨运输模式可以同时满足隧道掘进和内部施工的要求，有利于盾构掘进价值流的平稳迅速流动，因此无轨运输的方式更加符合精益要求。

钱江隧道在西线隧道推进的初期，由于岸边明挖段尚未完成施工，因此盾构掘进所需的管片和口字件等采用垂直＋水平运输形式。材料和设备的运输通过工作井分多次进行运输：运输车辆将下井的材料和设备运输到管片临时堆场前的区域→50t 的吊车将材料吊到井下的运输设备上→井下运输设备运输到指定的位置。待江南岸边暗埋段完成施工后，工程材料构件则采用水平车辆运输，通过暗埋段隧道直接进入西线、东线盾构隧道内部。钱江隧道精益施工运输管理主要研究正常阶段的施工运输。

（1）运输方式

1）材料运输车辆

① 口字件：口字件体积大，高度为 4.75m，宽度为 2m。而隧道内部车架净高 3.5m，口字件只能放置成倾覆状态运输。倾覆状态下，4.75m 的长度一般运输车辆较难装载。工程设计了如图 6.2.39 所示的专用双头平板车，一次可运输两块口字件。但双头车的长度无法在隧道内部调头，因此车两头均设置驾驶室，不需要调头即可双向行驶。钱江隧道总共安排两辆双头车。

图 6.2.39　双头平板车

② 管片：在最初的设计中，管片计划采用和口字件相同的双头车进行运输，一次可运输 4 块管片。但双头车长度较长，行驶速度慢，在隧道内部和其他车辆相遇时，避让困难。按照隧道每天掘进 6 环的速度，双头车一天需要往返运输 18 次（60 块管片需 15 次，6 块口字件需 3 次），双头车将长期占用狭窄的隧道内部运输道路，对其他车辆的行驶造成严重影响，进而延误施工的正常进行，造成较多的 W2 类浪费。经过盾构隧道精益施工优化后，决定采用针对管片运输改造过的专用管片运输车，每车可运输 2 块管片，车辆运输速度、灵活性均较强。管片车总共有 3 辆，如图 6.2.40。由于隧道掘进 24 小时进行，因此管片车也 24 小时运输。白班工作时间为 7：30～19：30；夜班工作时间为 19：30～7：30。

③ 混凝土及同步注浆浆液：混凝土及同步注浆浆液均采用混凝土搅拌车运输，如图 6.2.41 所示。搅拌车共 5 辆，3 辆运送混凝土，2 辆运输同步注浆浆液。混凝土利用搅拌车运送到同步施工工作面，通过导管和溜槽进行浇筑作业。砂浆则通过搅拌车运送到车架 2 后方调头平台处，此处设置一搅拌罐，砂浆卸载到搅拌罐中，然后被泵送至固定砂浆罐，如图 6.2.42 所示。混凝土搅拌车工作时间和隧道同步施工相同，每日 10 小时。运送同步注浆浆液的搅拌车则 24 小时运输。

图 6.2.40 管片运输车

图 6.2.41 混凝土搅拌车

图 6.2.42 砂浆卸载

④ 钢筋及其他材料：内部结构施工所需的钢筋以及施工器械均采用通用的小型运输车辆进行运输。双头车除运输口字件外，还担任运输盾尾油脂和各类管道的工作。泥水则采用泥水盾构隧道通用的方式——管道进行泵送。

2）运输组织

隧道内部运输道路可分为两部分。图 6.2.43 中 1-1 剖面为已完成内部结构施工的部分，此部分所有车道向车辆开放，车辆可双向通行。2-2 剖面为单向通道，是隧道处在内部结构同步施工中的部分，此部分的口字件顶部作为运输道路，车辆只能单向通行，如图 6.2.44 所示。在单向通行的口字件顶部，混凝土搅拌车和管片车卸货后无法直接掉头，因此在车架 2 后方设置一个调头平台，如图 6.2.43 中的 3-3 剖面所示。混凝土搅拌车在浇筑完成后，继续向前行驶至调头平台，在此调头驶离隧道。管片车运输至车架 1、2 间的连系梁下，通过连系梁上的起重设备将管片驳运到管片运输机构上，完成管片卸载后，管片车倒车至此平台，然后调头驶离。运输口字件的车辆较长，双头车运输至盾构机车架 1 和车架 2 之间的连系梁下，再通过连系梁上的吊运设备将口子件吊至安装位置处进行安装。安装完成后，双头车直接反向行驶离开隧道。

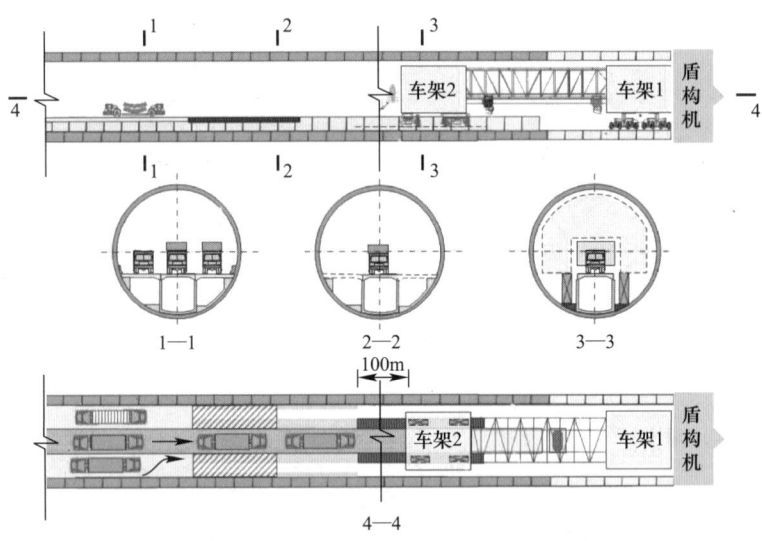

图 6.2.43 内部施工道路

图 6.2.44 同步施工单向通道

由于同步施工部分仅能供一辆车单向行驶，不同运输车辆同时进入此区域势必造成堵塞，而隧道内部避让、倒车均较困难，因此不同运输车辆之间的运输安排需要有很好的协调。钱江隧道精益施工运输要求遵循以下原则：

① 混凝土浇捣首选在盾构机维修保养时间段进行，混凝土搅拌车和管片车不同时运行。管片车和双头车交替运输，占用车架1、2下的车道。其他小型车辆运输较为灵活，可根据内部施工的需要随时运输。

② 若不同车辆同时进入隧道，产生运输冲突时，运输车辆的优先级别为：混凝土搅拌车＞管片车＞双头车＞其他运输车辆。

由于混凝土运输、浇筑必须在混凝土初凝之前完成，同一施工段需连续浇筑，因此混凝土搅拌车应优先通行。管片车和双头车在双向通行处等待，待混凝土搅拌车让出通道后再驶入。但在实际施工中，每车混凝土需要移动多次完成浇筑，两次浇筑之间工人要移动振捣、溜槽、串筒等设备。期间，搅拌车可行驶至调头平台，利用间隔时间避让管片车或同步注浆车等，待其他车辆迅速通过后，再倒车至浇筑点。

③ 小型运输车辆运送的同步施工所需钢筋等材料应在同步施工后方的临时储存点卸载，不进入前方单向道路，减少对口字件、管片等重要材料运输的干扰。

（2）实施效果

为了解实际工程中的运输情况，课题组在现场对主要的运输车辆情况进行了调查，采用如附录D的表格收集记录了混凝土及管片这两种主要材料的运输情况。

1）混凝土运输

表6.2.5是2012年9月2日至8日期间东线隧道同步施工混凝土运输情况统计。各项耗时的计算如式（6.2.1）：

$$\begin{cases} C_1 = T_2 - T_1, C_2 = T_3 - T_2 \\ C_3 = T_4 - T_3, C_4 = T_5 - T_4 \\ C_5 = T_6 - T_5, C_6 = T_6 - T_1 \end{cases} \tag{6.2.1}$$

钱江隧道东线混凝土运输　　　　表6.2.5

编号	1	2	3	4	5	6
日期	2012/9/2	2012/9/3	2012/9/4	2012/9/4	2012/9/5	2012/9/8
出发时间 T_1	13：42	9：55	14：16	15：00	9：35	15：46
到达同步施工单向通道时间 T_2	13：54	10：09	14：30	15：12	9：48	16：00
浇筑施工段	A_{62}	A_{61}	A_{63}	A_{64}	A_{63}	A_{63}
浇筑开始时间 T_3	13：55	10：10	14：32	15：13	9：50	16：08
浇筑完成时间 T_4	14：15	10：20	14：42	15：19	10：04	16：14
离开单向通道时间 T_5	14：18	10：22	14：43	15：20	10：05	16：15
返回岸边时间 T_6	14：30	10：32	14：54	15：31	10：17	16：27
去程耗时 C_1（min）	12	14	14	12	13	14
车辆卸载等待耗时 C_2（min）	1	1	2	1	2	8
浇筑耗时 C_3（min）	20	10	10	6	14	6
车辆驶离单向通道耗时 C_4（min）	3	2	1	1	1	1
返程耗时 C_5（min）	12	10	11	11	12	12
总耗时 C_6（min）	48	37	38	31	42	41
备注	牛腿浇筑	车道板浇筑	牛腿浇筑	压重块浇筑	牛腿浇筑	车道板浇筑

根据表6.2.5中的数据可以看到，钱江隧道的混凝土运输整体上较为通畅。图6.2.45是6次运输的往返行驶时间对比图。6次运输的去程时间均在12~14分钟之间，返程时间则在10~12分钟之间。这反映出混凝土搅拌车在隧道内的行驶没有受到阻碍和干扰。隧道西线及东线已完成部分为车辆的行驶提供了良好路况。

混凝土搅拌车在到达同步施工单向通道时，由于准备工作尚未做好，或前方道路被其他车辆占用，

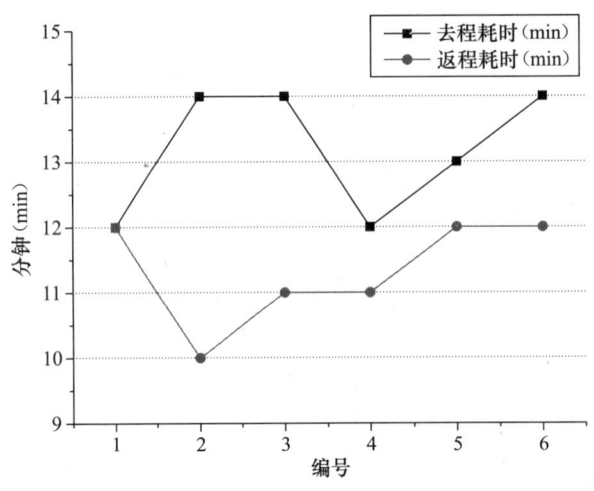

图 6.2.45 混凝土运输往返时间

在达到和开始浇筑之间可能存在等待时间 C_2,因此在现场也统计了这一部分时间。从表 6.2.5 可以看到,1～5 次调查中车辆卸载等待时间 C_2 均在 2 分钟内,现场施工人员及工具均在车辆到达前做好了准备工作,没有造成 W2 类浪费。第 6 次调查中,出现了 8 分钟等待时间,这是由于搅拌车到达时,2 号车架下的双头车即将完成口字件安装,混凝土车在等待其驶离后再进行浇筑。但总体上没有对正常的浇筑造成影响。

在现场调研中,混凝土车完成浇筑后均能按照预定运输方案,立即行驶至调头平台调头驶离工作面。从表 6.2.5 也可以看到,混凝土车辆驶离单向通道耗时 C_4 均控制在 2 分钟左右。

混凝土一次往返运输时间有所差别,这主要是由于不同构件浇筑所需时间不同造成的。牛腿位置空间狭小,振捣困难,因此浇筑时间更长,车道板和压重块的浇筑较为方便,耗时短。东线隧道掘进到 900 多环时,混凝土搅拌车一个往返耗时 C_6 均能控制在 50min 以内,混凝土运输链并没有产生供应紧张的情况。这说明钱江隧道的混凝土搅拌车运输安排是基本合理的。

2)管片运输

课题组于 2012 年 3 月 26 日、27 日,2012 年 9 月 5 日～7 日之间,对钱江隧道东线的管片运输进行了两次调研。两次调研的成果见表 6.2.6。其中 C_1～C_6 的计算同式(6.2.1)。

钱江隧道东线管片运输　　　　表 6.2.6

编号	1	2	3	4	5	6	7
日期	2012/3/26	2012/3/27	2012/3/27	2012/9/5	2012/9/6	2012/9/7	2012/9/7
出发时间 T_1	14:20	9:06	9:14	14:52	14:04	9:05	9:15
到达同步施工单向通道时间 T_2	14:35	9:20	9:30	15:06	14:19	9:20	9:29
吊装位置(环数)	200	204	206	1036	1040	1042	1044
吊装开始时间 T_3	14:50	9:23	9:52	15:10	14:25	9:25	9:35
吊装完成时间 T_4	14:58	9:32	10:02	15:18	14:35	9:33	9:45
离开卸货点时间 T_5	15:06	9:48	10:08	15:21	14:37	9:36	9:47
返回岸边时间 T_6	15:18	10:00	10:20	15:33	14:50	9:48	10:00
去程耗时 C_1(min)	15	14	16	14	15	15	14
吊装等待时间 C_2(min)	15	3	22	4	6	5	6
卸货耗时 C_3(min)	8	9	10	8	10	8	10
等待离开时间 C_4(min)	8	16	6	3	2	3	2
返程耗时 C_5(min)	12	12	12	12	13	12	13
总耗时 C_6(min)	58	54	66	41	46	43	45

图 6.2.46 是管片车往返时间对比图,可以看到,管片车的往返时间波动较小。返程时间 C_5 小于

去程 C_1。9月份管片车运输距离较3月增加约800环，即1600m，但运输时间上没有显著的区别。这主要因为在3月份东线掘进初期，西线隧道内部较多路段还在进行后续工作，车辆行驶受到一定影响。而到9月份时，西线隧道道路更加畅通，车辆运输速度也有所提高。运输距离的增加并没有导致运输时间的增长。

在三月份调查时发现，管片车到达单向通道时可能碰到混凝土搅拌车处在浇筑中的情况。有时混凝土搅拌车完成一整车浇筑后才驶离，未按照运输方案利用浇筑间隙让管片车进入，造成管片车较长时间的等待。在现场发现这一情况后，项经部协调了两个施工队的关系。在九月份的调查时，配合情况得到了改善。从图 6.2.47 可以看到，9月份管片车的等待时间 C_2 和 C_4 均得到了显著下降。这也说明盾构隧道精益施工要求各方积极参与，共同协作。

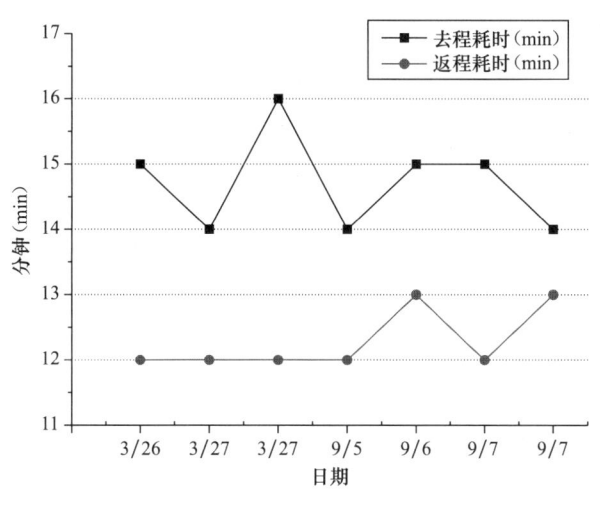

图 6.2.46　管片车运输往返时间　　　　　图 6.2.47　管片运输等待时间

从管片运输的往返总时间 C_6 来看，9月份时的总时间小于3月份，这主要归功于 C_2、C_4 时间的减少。钱江隧道的管片车安排能够满足施工需求。

通过以上对混凝土及管片的运输分析并结合现场的其他情况，钱江隧道精益运输的主要特点及建议有：

① 钱江隧道现场，混凝土搅拌站根据每天收到的内部施工计划进行生产，然后在同步施工队发出运输指令后，拉动混凝土搅拌车的运输。管片、同步注浆浆液及口字件的运输则由盾构推进控制室发出指令拉动进行。满足了盾构隧道精益施工反映盾构掘进实时需求的思想。避免了过量运输造成隧道内部原材料堆积。且现场调研显示，根据实时指令进行运输的方式能够满足掘进和同步施工需求，未出现因等待原材料运输而延误作业开展的情况。

② 混凝土搅拌车利用浇筑的间隙避让管片车或双头车是合理的。经过现场统计，两次浇筑之间移动设备需要约2分钟，而搅拌车行驶至调头平台再返回浇筑点所需时间也在2分钟左右，合理避让其他车辆不会造成同步施工 W2 类浪费。

③ 工程运输中解决了上一点提到的车辆避让问题。但在现场我们仍然看到，运输中存在的最大问题还是各运输单位之间沟通协调不够，产生了不必要的交叉运输，造成 W7 类浪费。在现场观察中多次出现了一段时间内多种运输车辆连续进入单向通行道路，高峰之后又无任何车辆的情况。如 2012 年 3 月 22 日 14：00～15：30 之间，隧道内部施工区域无任何车辆。15：30～16：00 之间却依次有 1 辆混凝土搅拌车，1 辆双头车及 2 辆管片运输车驶入。口字件吊装时间较长，两块口字件的吊装共花费 40 分钟，于 16：10 完成。15：45 到达作业面的管片车在等待 30 分钟后从 16：15 才能开始卸载，而两车管片卸载总共耗时仅 15 分钟。若优先卸载管片，可显著减少运输等待时间。在此期间，先行驶入浇筑牛腿中的搅拌车还避让了两次。而牛腿于 13：00 已具备浇筑条件，若在 14：00～15：30 之间浇筑，可避免和其他车辆的交叉运输作业。在工程中，如何加强各参与方的配合，齐心协作仍然是实现盾构隧道精益施工的难点之一。

④ 根据钱江隧道暴露出的不同施工队车辆配合问题，在后续工程中可以考虑将各种运输车辆的调度集

中在一起，在接到运输指令后，根据需求的优先程度，依次安排运输，最大程度减少隧道内部的交叉运输。

6.2.3.5 同类工程对比分析

(1) 工程实例 A

1) 工程概况

工程 A 为一越江公路隧道，全长约 5.3km，由两条 3 车道隧道构成。东、西线盾构段长度均约为 3.9km。衬砌环宽 2m，由 10 块通用楔形管片构成。工程采用一台直径为 14.93m 的大型泥水平衡盾构首先由江南工作井出发完成西线隧道掘进，然后调头从江北向南掘进东线隧道。盾构隧道内部结构采用预制和现浇相结合，口形构件预制，牛腿、混凝土铺装层等采用现浇混凝土结构。工程采用同步施工的方法同时开展隧道掘进和内部结构施工。

从工程 A 的概况可以看到，此工程的工程规模、施工方法均和钱江隧道有一定的可比性。以下主要介绍工程 A 的场地布置和运输方法，将其和钱江隧道进行对比。

2) 工程场地布置和运输方式

工程选择的运输方式一定程度上决定了场地布置需满足的原则。而具体的场地布置方案又决定了材料运输距离、转运次数等。两者相互影响、相互制约，因此将工程 A 的现场布置和运输系统同时进行分析。

和钱江隧道相似，工程 A 的主要施工场地也设置于隧道江南一侧，另一侧场地仅考虑辅助施工设施。工程 A 盾构正常掘进过程中江北施工场地约 13600m^2，主要满足西线盾构进洞调头及结构配套施工要求等。江南盾构掘进施工场地约 29700m^2，主要考虑盾构安装、口字件生产、隧道掘进施工及盾构拆卸等功能，布置管片堆放场地、同步注浆场地、材料设备库等设施。泥水处理场地和主要施工场地分离，位于江南场地北侧的江边。

工程 A 隧道也采用同步施工的方法，但在运输系统上选择了垂直吊运+隧道内部无轨水平运输的方法。管片由预制厂通过大型平板车运输到工地，进入现场后与口字件、泥水管路及其他施工材料通过地面布置的 4 台 32t 行车和 1 台 50t 行车进行卸车和吊运下井，注浆浆液直接由固定泵泵送下井；弃土及弃浆通过皮带机和管路系统输送至江边码头装船外运。隧道内部则采用车辆来装载不同材料，东、西线所需材料均从江南运送至隧道内部。

图 6.2.48 为工程 A 江南现场的平面布置。从图上可以看到，为便于行车吊运以及考虑周围环境限制，现场整体布置较为紧凑，场地利用效率较高。场地内部不同部分的分工明确。但根据盾构隧道精益施工现场布置以及运输基本原则，工程 A 仍然存在可以改进的地方：

① 钱江隧道仅设置一个大门，而工程 A 的出入口较多，这一方面不利于安全管理，另一方面每个大门均需要有门卫看守，增加了工程的人力成本，形成盾构隧道精益施工定义的 W9 类人力资源浪费。

② 工程泥水处理系统位于江南主要施工场地外北侧的江边。而注浆搅拌系统则如图 6.2.48，位于生活区西侧。两个系统相隔较远，均需考虑膨润土等相同材料的储存，在造成场地浪费的同时也不利于减少现场库存量。而钱江隧道的混凝土搅拌站、泥水、同步注浆系统相邻，只需在混凝土搅拌站内设置一个原材料堆场就能对三者的材料需求做出快速反馈。

③ 工程 A 口字件完成养护后，运输至位于西北角的堆放场地。在工作井南侧则有一可堆放 21 块口字件的临时堆场。口字件从堆放场地转运到此处等待行车吊运到井下。口字件从完成养护到最终使用之间存在多次运输，形成了 W6 类浪费。口字件为通用构件，在不改变现有场地布置的情况下，可以考虑在工程初期生产一定口字件放置于西北角。正常掘进过程中，则根据盾构的实时反馈拉动生产口字件，完成养护达到强度要求后直接运输至工作井南侧待用，西北角堆放场的口字件作为应急备用。由此在正常施工情况下可减少运输次数。

④ 工程使用的管片从大门 B 运输到工作井东、西侧堆放，管片再利用行车通过工作井吊运至井下。由于运送管片的平板车较长，无法直接调头，卸载管片后需要沿口字件养护场地和工作井之间的道路绕场地一圈后从大门 C 离开。外部管片平板车进入场地后运输距离较长，而且和场地内的运输产生交叉，造成堵塞。在现场，口字件临时堆场所占面积较大，在压缩其面积后，其南侧可作为管片堆场。这样管

第6章 钱江隧道施工关键技术研究

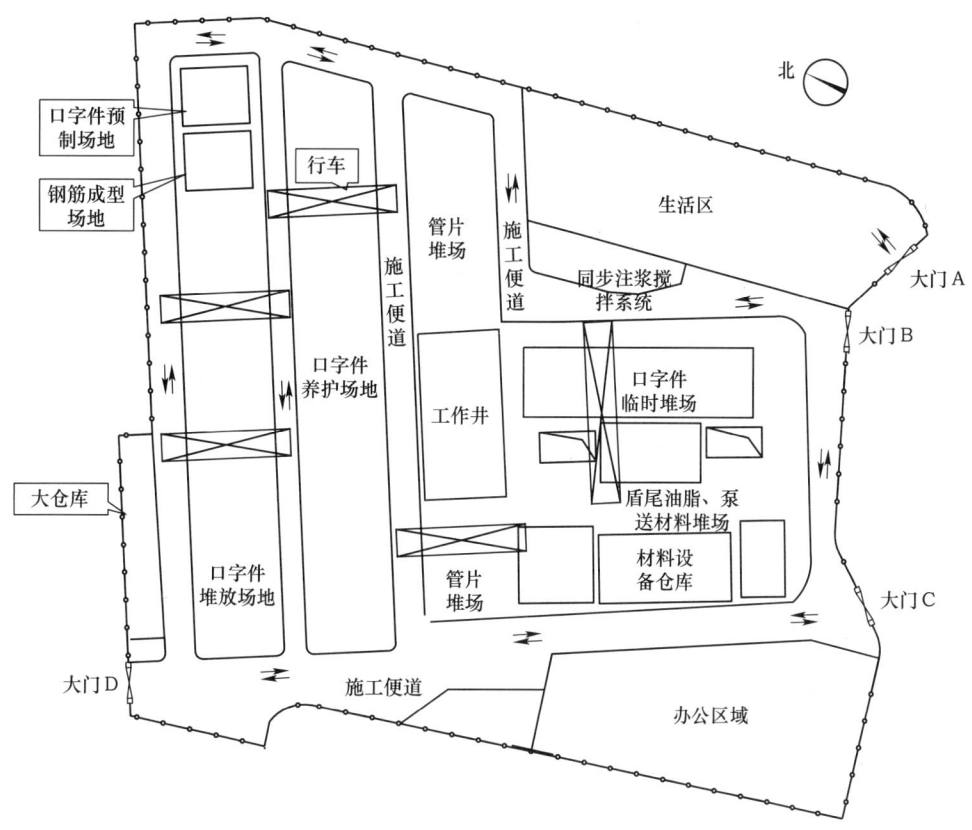

图 6.2.48 工程 A 江南场地布置

片从大门 B 进入后左转即到达管片堆场，卸载后可立刻从大门 C 离开，形成高效的运输价值流动。而根据了解，工程 A 在试掘进后也发现了管片场地设置不合理之处，进行了类似的布置改进。若能在前期设计阶段就根据盾构隧道精益施工原则考虑到此类因素，就可避免工程进行中的变更，降低浪费。

(2) 工程实例 B

1) 工程概况

工程 B 为一条全长 6.3km 的地下铁路隧道。其中盾构段全长 5.2km，采用一台 $\phi12.04m$ 的大型膨润土-气垫式泥水加压盾构施工。盾构区间采用钢筋混凝土管片衬砌，每环衬砌分 9 块，环宽为 1.8m。工程 B 为我国目前采用泥水平衡盾构在富水砂卵石地层中一次掘进距离最长、断面最大的隧道。隧道内径 10.5m，建成后隧道内部为有线双轨，供火车双向开行。由于双线铁轨铺设于现浇混凝土道路上，因此本工程也需要进行内部结构施工。B 虽然为铁路隧道，但和钱江隧道具有很大的相似性：两项工程均采用大直径泥水平衡盾构进行长距离掘进；隧道内部均需进行相似的混凝土现浇道路施工。

以下主要将工程 B 和钱江隧道的内部施工以及隧道内部运输方法进行对比。

2) 内部结构施工

隧道 B 运营阶段的铁轨采用在现浇混凝土路面上铺设的方法开展。在工程中，由于考虑到轨下的消防及疏散通道与盾构掘进平行施工干扰太大，所有隧道内部结构在盾构掘进完成后再开始施工。

由于隧道掘进和内部结构分两步施工，隧道 B 在掘进过程中施工组织比钱江隧道更为简单。各上下游工序仅需照顾到隧道掘进，而不受到同步施工的影响，预期隧道掘进速度为 8 环/日。但在实际开挖过程中，由于工程穿越的地层条件较差，进度受到限制，因此工程实际掘进速度约为 5 环/日。

在完成掘进后，根据施工进度计划，工程 B 至少还需要约 15 个月的时间进行隧道内部结构施工。而钱江隧道由于内部结构同步开展，在掘进完成后预期 3 个月就能结束隧道内部后续工作。

从工程 B 的基本施工情况可以看到，钱江隧道相对具有一定的工期优势。许多大型隧道工程未采用同步施工方法是基于同步施工会影响隧道掘进的认识。希望在减少同步施工干扰的情况下，通过加速开展隧道掘进来弥补结构单独施工造成的工期延长。但包括工程 B 在内的许多工程实践显示，隧道的掘进速度更多受到工程地质条件的影响，延迟同步施工并不能显著的提高掘进速度，反而大大增加了单独进行内部结构施工消耗的时间。而对于同步施工给施工组织带来的难题，可通过采用盾构隧道精益施工等方式，引入先进管理手段的方法来解决，以此不断提高施工效率。钱江隧道的实践表明进行合理的施工组织，可以将同步施工对隧道掘进的影响减少到最小。

3）水平运输方式

由于没有结构同步施工，工程 B 盾构推进阶段主要包括管片和砂浆料、轨线材料、泥浆管及其他辅助材料向盾构作业面的运输。

工程 B 的隧道内部水平运输系统采取单轨运输方式。在始发井内铺设窄轨，通过电瓶车牵引，进行管片、轨道、浆液和辅助材料的运输。隧道施工剖面如图 6.2.49 所示，隧道底部为施工运输窄轨，隧道右侧则为临时人行通道。

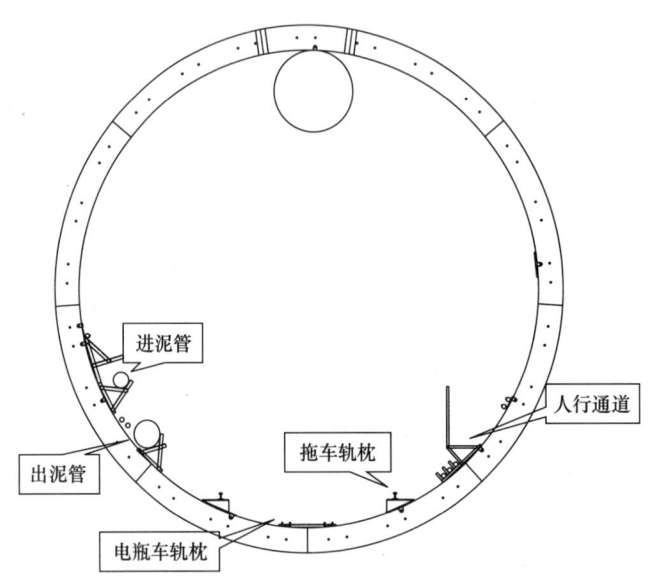

图 6.2.49　工程 B 隧道施工剖面

由于未进行同步施工，工程 B 每环掘进所需材料更加固定，包括约 22m³ 砂浆、9 块管片，以及定量的进排浆管、轨道、循环水及污水管、脚踏板和管片螺栓等材料。工程对材料运输管理进行了比钱江隧道更加精确化的设计。

根据盾构最大掘进长度（5.2km）、运输列车行驶速度（5km/h）、管片竖井吊放循环时间（15min）、管片洞内卸车循环时间（5min），计算单列列车完成一环管片运输最长用时 2.5h，而预期盾构掘进一环（1.8m）用时 1.5h。为保证盾构掘进的连续作业，采用两列管片运输编组列车。而每列管（轨）材运输列车可运输两循环管（轨）材，只需设置一列管（轨）材运输列车编组。因此共计采用三列运输列车进行编组。列车编组 1 和 2 由 1 节 45t 变频机车、3 节砂浆车、3 节管片车组成，列车编组 3 由 1 台材料车＋1 台人车＋1 台 15t 电瓶车组成。由于正常掘进阶段采用单轨运输，为满足错车需要，根据列车运输时间及盾构完成每循环时间计算，每 1.5km 设置一处道岔。

工程 B 的运输系统成功满足了盾构的掘进要求，较为精确的运输安排对工程具有很好指导性。但是也暴露出有轨运输常见的问题：

工程 B 轨道运输的速度较慢。机车行驶速度在 5km/h 左右，隧道掘进后期运送长度达 5km，单程约需 1h。而钱江采用不同车辆，运输速度较高。运输距离在 6~7km 时，混凝土搅拌车和管片车单程运输时间控制在 20 分钟以内，行驶速度较慢的双头车单程在 40 分钟以内。通过盾构隧道精益施工的运输安排，不同车辆之间也未出现较大冲突。

工程B仅列车编组3有一台人车。所有人员出入隧道均依靠此列车编组接送。而随掘进距离增加，列车一个往返需2h，常造成人员长时间等待，尤其是在非上下班或交班时段，管理人员及工人需临时进入隧道时等候台车时间常常在一小时以上。而钱江隧道由两辆专用的小型面包车接送人员，车辆速度和灵活性均远高于有轨运输。保证了工程中后期长距离掘进时地面或隧道内部等待接送车辆的时间最长不超过半小时。

6.2.3.6 小结

本课题以钱江隧道作为工程依托，研究了盾构隧道精益施工在隧道现场规划管理、同步施工以及运输管理等方面的初步运用情况。采用盾构隧道精益施工一定程度上优化了现场布置和同步施工，提高了运输效率，证明了盾构隧道精益施工在实际工程中的适用性。

从钱江隧道以及两个对比工程的分析可以看到，盾构隧道工程的场地安排、施工方法选择等都受到各种因素的影响和制约，并不能都按照理想化的方式来安排。采用盾构隧道精益施工可最大程度减轻各限制因素造成的影响，优化施工及管理，达到更好的社会、经济效益。

6.3 钱江流域大直径泥水平衡盾构开挖面稳定性研究

6.3.1 概述

盾构直径大小对目前的盾构结构体的制造不构成大的障碍，制约盾构直径的主要问题是盾构进出洞和推进时的正面稳定平衡技术问题。目前在软土地层或较坚硬的地层，正面问题主要还是复杂地层下的切削问题，而在砂性地层中的开挖面稳定要复杂得多。目前的平衡技术主要通过设置气囊调压提高平衡压力控制精度，另外通过精确的泥浆压力设置达到。通过这些努力盾构直径在软黏土中已达到的水平时15m左右，而在砂性或砂粘混合地层中15m级盾构推进尚属首次。

国内外已有不少大直径盾构开挖隧道的成功实例，如瑞士格劳后之隧道直径11.6m；1996年日本东京湾海底公路隧道建成，当时使用的泥水平衡盾构外径是14.14m，堪称当时世界之最。2001年11月，全球最大的"绿心隧道"（Green Heart）开始掘进，采用名为"极光"的气压调节式泥水盾构掘进机施工，这台由法国NFM公司制造的掘进机，外径达14.5m，长120m，总重3100t，推进距离长7.1km。施工中隧道平均掘进速度为10m/d。

在国内，使用大型盾构掘进建造隧道也不乏其例，其中具有代表性的是上海的3条黄浦江越江盾构隧道，分别修建于1967、1984和1994年，最大直径达11.31m。目前，上海已建成的上中路越江隧道外径为14.87m，上海崇明长江隧道直径为15.43m。可以说，对于15m左右大直径盾构的制造和使用，国内已积累一定经验，但对于超大直径的盾构隧道在砂性土且高涌潮差等复杂环境下的掘进尚需要进一步研究。

本课题主要针对钱江隧道特大型盾构隧道开挖面稳定性所面临的关键技术问题开展研究，主要研究内容包括以下几个方面：

1）对目前国内外复杂地层条件下开挖面的稳定理论适用范围、技术及工程应用实例进行收集和综合论证分析，找出超大直径泥水盾构有效泥浆支护压力的变化规律，研究其在钱江流域复杂环境的特殊性。

2）基于盾构隧道开挖面失稳破坏的细微观机理和强度特征试验结果，深入研究钱江隧道在砂性或砂黏土层中超大直径盾构开挖面的稳定机理。

3）通过数值仿真（PFC仿真模拟和FLAC数值仿真）和相关试验结果的对比分析，模拟钱江隧道超大直径泥水平衡盾构破坏整个发展过程。即在满足局部破坏的基本条件（$D<D_m$）的基础上，随着开挖面支撑压力的增大和减小可能出现的整体破坏形式；在拱顶出现无支护区时，出现表面剥落的塌陷破坏形式。在软硬不均的复合土层中，还可能在上硬下软的土层中出现侧向流动形式的冒顶破坏形式。

4）针对盾构机掘进控制技术和盾构机背填控制技术，通过数值仿真和理论分析进行必要参数的调整，如掘进速度、泥浆压力等，搞清钱江流域复杂环境下大直径盾构通过泥浆维持开挖面稳定的力学机理，综合分析钱江隧道盾构推进时地层的变化规律，建立钱江流域复杂环境条件下的泥水压力值和临界泥浆压力与地表沉降、分层沉降及埋深之间的关系，建立反映工作面稳定状况的水土压力-泥浆压力动态平衡方程。

5）钱江流域复杂条件下开挖面稳定判别标准及盾构掘进施工参数匹配标准研究，主要研究穿越超浅覆土、大堤、丁坝和高潮差复杂条件下大直径盾构开挖面在不同施工参数下的稳定变化特征，并与数值分析和已有大直径盾构试验结果进行对比分析，结合钱江流域的水文地质特点，建立理论模型和数值分析研究适合钱江隧道的合理掘进参数。

6.3.2 开挖面失稳破坏宏微观机理和强度特征实验研究

6.3.2.1 概述

泥水盾构通常在机械式盾构刀盘后方设置一道封闭隔板，隔板与刀盘间的空间称为泥水舱。把水、黏土及各种添加剂混合而成的泥浆经输送管道压入泥水舱，待泥浆充满泥水舱，如盾构机的推进系统（推进千斤顶）工作进发，则推进力经舱内泥浆传递到掘削面的土体上，即泥浆对掘削面上的土体作用有一定压力（与推进力对应），该压力称为泥浆压力。泥水盾构开挖面的稳定是依靠密封舱的压力泥浆来达到的。在开挖面，随着加压后的泥浆不断渗入土体，泥浆中的细粒成分填入土体孔隙形成渗透系数非常小的泥膜，泥膜形成后支承正面土体，并减小开挖面泥浆压力损失，施加的一定压力的泥浆即可有效地作用于开挖面。当泥水压力大于地下水压力时，泥水按达西定律渗入开挖面土体中，形成与土壤间隙成一定比例的悬浮颗粒，这些颗粒随泥水渗入到土体颗粒间的孔隙中，在"阻塞"和"架桥"效应的作用下，渗透到土体颗粒间隙的成一定比例的悬浮颗粒受分子间范德华力作用而被捕获，并积聚于土壤与泥水的接触表面形成泥膜，随着时间的推移，泥膜厚度不断增加，渗透抵抗力逐渐增强，产生平衡前方水土压力的泥水平衡效果。因此，泥水盾构开挖面无论是在推进阶段还是管片的拼装阶段都应该始终保持着一定厚度的泥膜，可防止开挖面的变形和崩塌，确保开挖面的稳定。

但是，一定压力的泥浆渗入开挖面前方的深度、体积以及形成泥膜的质量，在盾构的推进过程中一般是无法观测到的。此外，在泥水盾构工程领域的泥浆研制中，由于盾构推进是处于不同特性的地层和埋深，即处于复杂的应力状态下，不同的应力水平对泥浆特性有较大影响，同时影响泥浆的渗透性和保持开挖面稳定的泥膜特性和质量。因此，能否寻求一种直观而有效的方法来评判施工中泥浆质量是否满足开挖面稳定性的要求，并同时考虑不同地层条件及复杂的应力状态显得尤为重要。

如上所述，泥浆在压力作用下所形成的附于掘削面表面的泥膜，有助于胶结并稳定单个的土颗粒，但是泥膜在结构上并不具有足够的强度，来满足土体的整体稳定。故我们引入泥浆土的概念：在不同地层条件、不同应力水平下，泥水在一定压力作用下向开挖面渗入，包括泥膜在内一定影响深度范围内的土体即定义为泥浆土。通过分析泥水盾构推进过程中泥浆土结构性的改变，其外在表现即为土体强度的变化来评判施工中泥浆质量是否满足开挖面稳定性的要求。

一定压力的泥浆作用在开挖面上，泥浆中的水与细粒成分将通过地层间隙流入掘削地层：泥浆中的水向具有空隙的地层渗透，这对于土体和土粒骨架的稳定性将产生破坏作用，此外，渗透造成了泥浆失水，使得作用于开挖面有效支护压力的减少；而另一方面在泥浆中水分渗入地层的同时，泥浆中的一部分黏土细颗粒进入地层空隙，填补了部分空隙，使地层的渗透系数变小，并且可增加土的黏聚力。对于透水性差的过滤地层，由于过滤解质间水流产生解质摩擦力，引起过滤解质的压缩，透水性进一步降低，这都使得开挖面前方土体的空隙比发生改变，过滤量减少，同时引起土样各种力学特性的变化。所以，泥浆对开挖面前方土体的渗入、土体空隙大小的变化以及有效支护压力的大小三者相互作用对土体整体强度影响作用如何？是提高或是降低了土体的强度？另一方面，上述土的抗剪强度参数（如代表性的土体黏聚力 c、内摩擦角 φ）一般仅依据常规三轴压缩实验确定，该假定土的应力状态是轴对称的，但这往往与实际工程中土体的复杂受力情况不相同，尤其是对于超大直径的盾构隧道更不适用。

以上所述问题前提在于存在渗透成膜状态，即多发生于较高渗透性、无黏聚力的砂砾、砂土或粉土地层条件下，但在钱江隧道超大直径复杂多层土的地层和渗流下开挖面的稳定机理等关键问题均需要深入研究。

6.3.2.2 开挖面土体真三轴-微观耦合实验基本理念

有关开挖面稳定性的相关研究中,原位模型试验具有能够反应实际工程情况的优势,但是由于盾构施工的特点使其应用受到很大的限制,而对于开挖面发生失稳破坏的实际工程,由于监测资料匮乏令其研究价值存在一定折扣(秦建设,2005);离心机模型试验可在一定程度上模拟盾构施工过程,但是由于一系列不可避免的问题,影响了离心机模型试验在盾构隧道开挖面稳定性方面的研究,具体表现为(李福豪,2005):缩放比例因素与实际有差别,土的参数、荷载条件及几何形状不能够充分模拟,模拟开挖施工掘进的自动化技术在离心机中的落后使其难以模拟实际的加载及开挖过程。此外,在盾构隧道开挖面稳定性的研究中,土体黏聚力 c 及内摩擦角 φ 是两个关键性控制参数,其取值的合理性及准确性对开挖面支护压力大小的确定及开挖面稳定性的评价起决定性的作用(Anagnostou,1996)。因此,针对上一节所阐述问题,本课题将采用最基本且本质的实验方法——真三轴实验,来探索外部环境的改变对土体强度的影响。

另一方面,当外部环境发生改变,如:开挖引起的应力释放、泥水盾构泥浆向开挖面土体的渗入,若未采取及时支护等措施,原状土会逐步向扰动土转化(即:土体受力后的变形→强度衰减→破坏),而这一过程同时又是土体自身结构状态不断调整、结构强度逐渐丧失的过程(即"损伤过程")。因此,土体结构的损伤与宏观的力学性损伤必然具有特定的对应关系(胡瑞林,1999),对于泥水盾构工法这一特殊情况,还表现为一定压力泥浆作用下泥膜形成的结构状态与开挖面土体变形、强度特性之间存在的对应关系。

基于上述原因,课题提出了真三轴-微观耦合实验的基本理念。其中,对于"耦合",辞海中的解释为:两个(或两个以上)体系或运动形式之间通过各种相互作用而彼此影响的现象。在此即表现为宏观强度特性与微观结构性状态的相互对应关系,两者的有机结合与相互完善对于进一步开展开挖面的整体稳定性研究具有重大的指导意义。

6.3.2.3 开挖面土体真三轴-微观耦合实验设计

(1) 实验内容

泥水盾构施工中,泥浆向开挖面前方的渗入使得原状土体的结构和强度发生改变,这些变化是不同工况下泥水支护压力、泥水质量的综合反映,而土体强度和结构的变化又关系到开挖面的变形和地表沉降。根据上面提出的真三轴-微观耦合实验基本理念,开展真三轴-微观耦合实验,以实现定量化地刻画泥浆土的强度和结构变化,并以此为对象从微细观机理探讨开挖面的稳定性。

真三轴-微观耦合实验中,首先采用真三轴实验仪器,模拟不同的隧道埋深,不同的水平支护压力以及不同的隧道穿越土层(包括隧道断面的分层情况),通过具体参数定量地描述一定压力的泥浆作用下土体强度的变化以及变形情况。而根据泥浆土强度的指标,在变形允许的范围内,可以确定某一工况下合理的水平支护力,从而保证开挖面的稳定;由于泥浆土的强度指标是开挖土体特性、泥浆性能、地下水条件、隧道埋深、所处开挖地层的应力水平以及所设置的水平支护力等的综合反映,故可用以解释开挖面的稳定机理。此外,土体本身具有一定的灵敏度和结构性,在盾构的开挖扰动下,内部微观结构形态必然发生调整再造,而这种调整变化的外在反映就是强度和变形的增减,土体的强度发挥程度是与土体的变形紧密联系在一起的。土体结构性是决定各类土力学特性的一个最为根本的内在因素,因此,对于开挖面的稳定问题,其应成为土体变形、强度等力学特性变化的依据。为此,分别取在不同的盾构开挖面工况(不同的隧道埋深、不同的水平支护力以及不同的穿越土层情况)下经真三轴实验后的样本,采用环境扫描电镜、电动体视显微镜对泥膜、土样的形貌特征进行观察,定性刻画泥膜形成质量的好坏,并对泥浆土进行相应的结构分析,从微观机理上解释加入泥浆后强度变化的原因,并探索在受力过程中开挖面土体结构的变化机理及其对力学性质的影响。

(2) 实验仪器

根据上述试验内容和目的构想,我们开展了一系列实验研究,其中宏观实验在同济大学岩土工程试验中心进行，该试验中心为同济大学岩土及地下工程教育部重点实验室，实验采用能反映非对称性、复杂应力状态的真三轴仪器（True Triaxial Test Apparatus）。微观实验采用上海刑警803鉴定中心的环境扫描电子显微镜（The Field-Emission Environmental Scanning Electron Microscope），该仪器由荷兰菲利普NV公司生产，型号为XL30 ESEM-FEG，以及高级电动体视显微镜（Stereomicroscopy），由德国Carl Zeiss公司生产，型号为SteREO Discovery V12。

1）真三轴仪

实验所用真三轴实验系统（如图6.3.1所示）由上海深尔科科技有限公司与同济大学岩土工程试验中心共同研发，该系统硬件包括真三轴仪器、气压施加及控制台、GDS中主应力加荷系统以及可用于数据采集与处理的计算机；软件则包括各类数据相应的控制系统和处理程序、传感器的标定程序等。真三轴试验仪的主要的技术指标如表6.3.1所示。

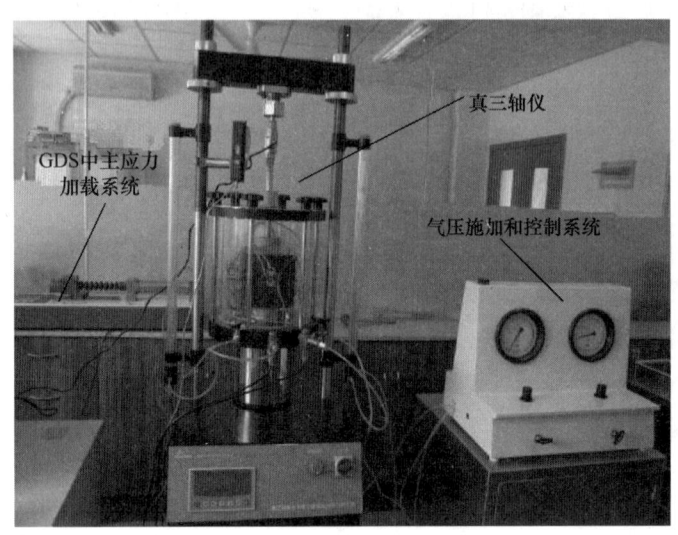

图6.3.1 真三轴实验系统

真三轴仪主要技术指标　　　　表6.3.1

项目		技术指标
试样尺寸（mm）		70×70×120
大主应力（MPa）		0～4
中主应力（MPa）		0～1.5
小主应力（MPa）		0～1
孔压（MPa）		0～1
体积变化（mL）		0～100
位移（mm）	大主应力方向	0～30
	中主应力方向	0～7
	小主应力方向	0～7
传感器精度（‰）		<3～5

真三轴试验仪是由一个立方体的土样，在周围压力即大主应力、中主应力、小主应力作用下，通过各种传感器（力传感器、位移传感器、体变传感器、孔隙压力传感器等），利用计算机进行信息采集，并根据相关的数学模型进行数据处理的一种特殊的土工试验仪器。较之只能反映土样在轴对称应力状态下变形和强度规律的常规三轴试验仪而言，真三轴试验仪能够在土样面上独立地施加三向不等的主应力，并量测相应三个主方向上的主应变，因此，可以模拟土体真实的应力状态。

① 真三轴试验仪的工作原理

实验所用真三轴仪是一种由刚柔混合施加三向主应力的真三轴仪。采用棱柱体试样，与圆柱形和正方体形试样相比，棱柱体试样能在一定程度上减小边界效应的影响。将制好的试样包含在一个特制的橡皮模内，并安置在刚性顶板和刚性底座之间，试样的中主应力由独立控制的液压加载装置提供，试样和中主应力加载装置均置于一个密封的压力室内，压力室由气压控制作为土样的固结压力和小主应力，刚性底座则通过千斤顶提供土样的大主应力。

真三轴试验仪在实验时，首先是向密封的压力室内注入气压，使土样在各向受到周围压力 σ_3 而固结，待土样固结稳定后，再通过竖向刚性板对土样施加竖向压力 σ_1，与此同时，按一定比例（中主应力比率 $b=(\sigma_2-\sigma_3)/(\sigma_1-\sigma_3)$）通过中主应力液压加载装置相应地对土样施加中主应力 σ_2。对于某一实验，土样的中主应力比率 b 和小主应力 σ_3 在整个试验过程中是维持不变的，这样，当小主应力 σ_3 保持不变，而大主应力 σ_1 和中主应力 σ_2 逐渐增大时，土样最终因受剪而破坏。按照以上方法，在不同的应力水平下用同一土样的若干个试件可分别进行不同性质的实验，如不排水剪、固结不排水剪和排水剪等，并可以考虑多种土体以及土层的分层情况，这样就可以得出每种土样在不同的受力状态下的三个主应力、三个主应变、孔隙水压力以及对应的变形情况。

② 真三轴试验仪的组成

真三轴试验仪主要由九部分组成（如图 6.3.2 真三轴仪构造所示），包括压力室、加压系统、排水系统和量测系统等，以下分别对其组成部分进行阐述。

- 压力室：由有机玻璃圆筒、铝合金底座、顶盖、连接顶盖和底板的六根不锈钢拉杆、传压活塞、活塞套以及中主应力的液压加载系统组成，并安装有各种位移计、主应力、反压力、排水、孔隙压力等管道以及各种传感器电缆相关紧固件接口与阀门。

- 轴向压力加荷传动系统：该系统由步进电机和计算机拖动的一组变速机械装置组成，通过精密的滚珠丝杆推进加荷平台向三轴压力室施加轴向荷载，可进行开环和闭环控制的应力式和应变式的三轴试验。

- 加荷台架：由基座、上横梁、加荷平台、直立型框架式反力装置组成，基座箱体内装有自动控制系统，排风装置以及单片机数显等独立控制装置。

- 中主应力控制系统：该系统由一组独立控制的液压加载装置组成，该装置由一个步进电机驱动且通过流量控制的应力式和应变式的试验条件的液压筒，可向试件施加中主应力，中主应力压力腔由柔性加压囊、刚性框架和盖板等所组成，柔性加压囊是一种特殊材料制成的加筋膜，它在平行于土样面的方向上不会产生变形，而在垂直于土样面的方向上则有足

图 6.3.2 真三轴仪构造
1—上横梁；2—轴向压力传感器；3—上排水量筒；4—压力室；5—小主应力方向位移传感器；6—中主应力方向位移传感器；7—轴向位移计；8—下排水量筒；9—GDS 中主应力加载系统；10—试样；11—油压千斤顶；12—轴向加压控制面板

够的变形量，以便能跟踪土样在侧向上的变形，同时也使中主应力能够均匀地施加到土样的表面上，加筋膜在平面方向上的尺寸稍大于土样的尺寸，这样可使土样在试验过程中其边缘始终与加筋膜保持紧密接触，从而消除边角应力的影响。

- 小主应力和反压力气压控制装置：该装置由一个自动控制的空气压缩机提供的气压源，通过高精度的调压阀、空气过滤器分别进入三轴压力室和反压力体变管，并有精密压力表监视施加试验压力的气压控制装置。

- 排水系统：土样的排水采用的是上、下双面排水，与土样直接接触的顶帽和底座上各有一个直径约为 35mm 的小圆槽，在圆槽内放上透水石，与圆槽相通的是一个排水小圆孔。做排水试验

时，可通过量筒量测试样在试验时的排水量。
- 各种相关传感器：各种相关传感器主要是指荷重传感器、孔压传感器、体变传感器、位移传感器等，仪器的计算机控制系统还附有传感器标定程序。
- 传感器的变送器接口装置：该装置可以提供各种传感器的供桥电压，并且将传感器信号进行滤波、放大，通过编码输入计算机。
- 数据采集与处理：在试验过程中，特别是在三向不同主应力作用下，在不同位置产生的位移、孔隙压力，按照规定的格式和要求有计算机自动进行实时采样，并且按照相关的数学模型进行数据处理，绘制各种相关的变化曲线如应力—应变曲线、孔压—时间关系曲线等。

2）环境扫描电子显微镜

普通扫描电镜的样品室和镜筒内均为高真空（约为 10～6 个大气压），只能检验导电导热或经导电处理的干燥固体样品。低真空扫描电镜可直接检验非导电导热样品，无须进行处理，但是低真空状态下只能获得背散射电子像。而环境扫描电镜除具有以上两种电镜的所有功能外，还具有以下几个主要特点：
- 样品室内的气压可大于水在常温下的饱和蒸汽压；
- 环境状态下可对二次电子成像；
- 观察样品的溶解、凝固、结晶等相变动态过程（在 −20～+20℃ 范围）；
- 可以直接观察分析，不需任何处理的含水样品和非导电样品，这样大大减小了对土体结构的扰动变化影响，使土样尽量保持原有的形貌。

环境扫描电镜可以对各种固体和液体样品进行形态观察和元素定性定量分析，对部分溶液进行相变过程观察，对于生物样品、含水样品、含油样品，既不需要脱水，也不必进行导电处理，可在自然的状态下直接观察二次电子图像并分析元素成分。因此环境扫描电镜对土体结构的扰动较为轻微，能反映试样的真实微观结构。本实验所用的为荷兰菲利普 NV 公司生产的型号为 XL30 ESEM-FEG 的环境扫描电子显微镜，如图 6.3.3 所示，其多功能镜头的分辨范围最小为 2nm。

(a)　　　　　　　　(b)

图 6.3.3　XL30 环境扫描电子显微镜

3）电动体视显微镜

研究级智能数字全自动立体显微镜（如图 6.3.4 所示），型号为 SteREO Discovery V12，采用系统控制器（SyCop）和人机交互控制器（H.I.P）控制显微镜的所有动作（自动倍数切换，自动聚焦，自动色温），自动化程度高，操作极为方便、舒适。能够检验试样剪切破裂断面的形态，切取的试样不需经脱水、导电等处理，便可直接进行观察。

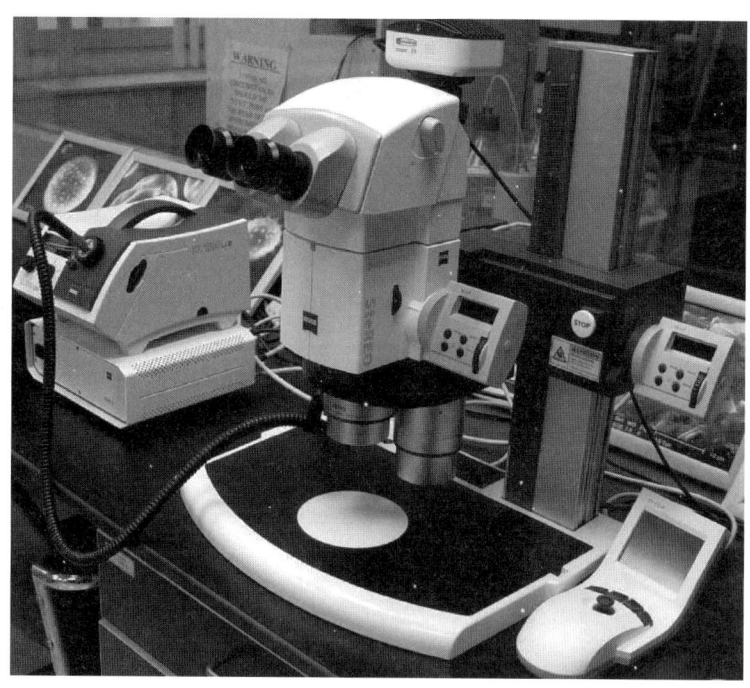

图 6.3.4　SteREO Discovery V12 电动体视显微镜

该型号显微镜在图像信息上具有超宽的视野范围、超大的景深、卓越的色彩重现、高对比度的图像等特点，此外，稳定性和超大的样品空间也使其广泛应用于材料研究、质控、生物及医学研究等众多领域。实验装置中的具体参数如表 6.3.2、表 6.3.3 所示。

物镜技术指标　　　　　　　　　　　　　　　　　　　　　　　表 6.3.2

Description Factor	FWD（mm）
NeoLumar S0，8x	80
NeoLumar S1，5x	30

目镜技术指标　　　　　　　　　　　　　　　　　　　　　　　表 6.3.3

WPL 10x/23 Br. foc		PL 16x/16 Br. foc		W 25x/10 foc	
放大倍率	样品范围（mm）	放大倍率	样品范围（mm）	放大倍率	样品范围（mm）
6.4x～80x	35.9～2.9	10.2x～128x	25～2.5	16x～200x	15.6～1.3
12x～150x	19.2～1.5	19.2x～240x	13.3～1.1	30x～375x	8.3～0.7

（3）实验方案设计及实验步骤

1）实验方法

实验采用的试样尺寸为 70mm×70mm×120mm，整个试样由密闭性且柔韧性很好的橡皮膜包裹。真三轴实验中加荷方向如图 6.3.5 所示，竖直向为大主应力 σ_1，根据不同埋深的泥水盾构上覆土压确定；中主应力 σ_2 用于模拟泥水盾构水平支护压力；小主应力 σ_3 为围压，按照盾构周边土体的初始应力水平设置。

实验采用的应力路径如图 6.3.6 所示，先将 σ_1、σ_2、σ_3 同步增加到初始的固结压力 σ_c，待试样充分固结后，保持 σ_3 不变，σ_1 和 σ_2 按一定比例逐渐增大直至发生剪切破坏，图中的 O 点（0，0，0）为初始状态，A（σ_c，σ_c，σ_c）为等向固结状态，B（σ_{1f}，σ_{2f}，σ_c）为剪切终止状态，AB 段为剪切过程，其中 AB 段的斜率 $\tan\alpha=b$，b 也称为中主应力比率。在中主应力 σ_2 方向上的两个侧面可以实现泥浆的注入。

$$\sigma_2 = b\sigma_1 + (1-b)\sigma_3 \qquad (6.3.1)$$

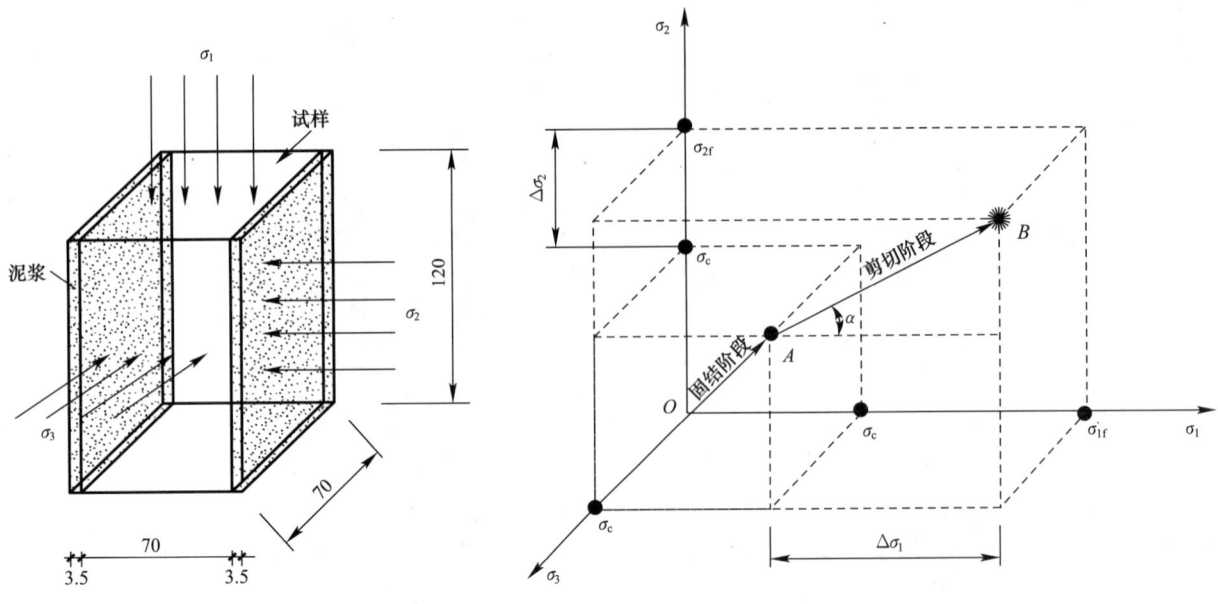

图 6.3.5 试样尺寸及加载方向　　　　图 6.3.6 真三轴实验应力路径

2) 实验参数的取值

在泥水盾构的实际推进过程中，泥水压力的设定主要是以开挖面的平衡为主要依据，国内普遍使用的是朗肯理论的静止土压力和主动土压力基本公式，并在此基础上加上一个浮动压力来设定的，一般情况下，泥水平衡盾构的浮动压力设为 20kPa。

➢ 按静止土压力计算水平支护压力 P_{su}：

$$P_{su} = P_1 + P_2 + P_3 = \gamma_w \cdot h + K_0 \cdot \gamma \cdot H + 20 \tag{6.3.2}$$

➢ 按主动土压力计算水平支护压力 P_{sl}：

$$\begin{aligned} P_{sl} &= P_1 + P_2' + P_3 \\ &= \gamma_w \cdot h + [(\gamma \cdot H) \cdot \tan^2(45° - \varphi/2) - 2c \cdot \tan(45° - \varphi/2)] + 20 \end{aligned} \tag{6.3.2a}$$

此外，上覆土压力 σ_v：

$$\sigma_v = \gamma_w \cdot h + \gamma \cdot H \tag{6.3.3}$$

以上计算公式中的水平支护压力均为盾构开挖轴线上的支护压力。其中：P_1 为水压力；P_2 为静止土压力；P_2' 为主动土压力；土压力 P_3 为浮动压力；γ_w 为水的重度（kN/m³）；h 为水位线至河床面高度（m）；γ 为土体湿重度（kN/m³）；H 为河床面至隧道中心埋深（m）；K_0 静止土压力系数。

为考虑不同的隧道埋深以及不同穿越土层的情况，分别取：覆土最浅控制断面（$C=0.8D$，其中 C 为隧道埋深、D 为隧道直径，大小取为 15m）；覆土最深控制断面（$C=1.8D$）和隧道典型穿越断面（$C=1.3D$）三种典型工况来进行实验参数取值的计算。

3) 实验材料的选取

① 实验所用土样

本工程盾构段里程为 K12+005～K15+250，长 3245m，盾构穿越的地层包括：②$_1$ 粉土层、②$_2$ 粉砂层、③$_1$、③$_2$ 淤泥质粉质黏土层、⑤$_1$ 层状粉土层、⑤$_2$ 淤泥质粉质黏土层、⑤$_4$ 粉质黏土层、⑥$_1$、⑥$_2$ 粉质黏土层、⑦$_2$ 粉砂层和⑧$_1$ 粉质黏土夹薄层粉砂层。

根据上节所描述的三种不同计算工况，选取有代表性的粉土层和粉砂土层。

② 实验所用泥浆

实验中所用泥浆主要取自上海隧道股份和同济大学根据实际工况所配置的浆液。

4) 实验材料的制备及真三轴实验步骤

粉土和粉砂土的制备及试实验步骤为：

我们采取重塑的方法，并为了消除试样初始各向异性的影响，对于粉土和粉砂土，将分五层称取土样采用分层湿捣法制样。具体如下：

① 制备重塑土样。

a. 将原状土体从土样筒中取出，并将土样切成碎块，拌合均匀，取代表性土样测定含水率；

b. 取足够的土样在 105~110℃ 温度下烘干，并将烘干的土样放在橡皮板上用木碾碾散；

c. 将碾散的烘干土样通过孔径 2mm 或 5mm 筛，取筛下足够量的土进行实验；

d. 以孔隙比 e 和含水量 ω 为主要控制指标，则：

试样干密度：$\rho_d = \rho_s/(1+e)$（g/cm³）

每个试样所需干土质量：$m_{ds} = \rho_d V$（g）

每个试样所需水量：$m_w = m_{ds}\omega$（g）

e. 按照上述计算结果称取一定土样平铺于搪瓷盘内，将所需水量均匀喷洒于土样上，充分拌匀后转入容器内盖紧，润湿养护 24h。

② 检查橡皮膜是否漏水、漏气，把检查好的橡皮膜套在承膜筒上，两端翻起并使橡皮膜紧贴于筒壁。

③ 排除管路中的封闭空气，并在底座上依次放上透水石、滤纸，将承膜筒移入真三轴仪，翻起橡皮膜两端，用橡皮筋将橡皮膜下端扎紧在底座上，分五次称取一定量养护后的土样，用小勺缓慢放进承模筒中，同时不断用小锤以相同的击实能量振捣，严格控制每层高度为 2.4cm。值得一提的是，振捣的能量可能会影响土的结构性，因此在振捣过程中应保证落高一致。制样过程中，应注意每层表面都需进行刨毛处理，保证试样的均匀性。达到标准高度 12cm 后，移除承模筒，并用量筒量取适量泥浆注入橡皮膜内土体，注意控制注入的速度，尽量保证泥浆充满试样整个侧壁（对于不加泥浆情况该步骤可以省略），将透水石和滤纸放在试样的上端，将橡皮膜上端翻贴于土样帽上，并用橡皮圈扎紧。

5）微观实验方法及步骤

微观实验取样时，为了避免边界条件的影响如上下底座在加荷过程中的对试样上下表面的挤压，此外，基于本实验目的是在于研究开挖面的稳定性，故样本均取自真三轴实验后试样侧面（σ_2 方向）中部。

粉土和粉砂土由于土颗粒粒径相对较大，宜用电动体视显微镜进行结构的观察，其方法和步骤简单，即将一定取样部位的样本（约 1cm×1cm×1cm），值得一提的是，观察表面应自然断裂且尽量平整。将样本置于载玻片并缓慢移于显微镜观察平台，设置物镜倍率，调整目镜直至观察视野中样本清晰、结构分明。

6.3.2.4 实验结果分析

首先对比分析砂性土在不同的应力条件下（一般埋深、深埋及浅埋）泥浆渗入对开挖面土体强度的影响规律，其中还包括探讨一般应力状态下，即中主应力效应的影响分析。此外，为定量刻画同时考虑一般应力状态及泥浆作用时的土体强度对泥水盾构开挖面的有效泥浆支护压力设定值的影响程度，本课题结合钱江隧道工程，运用村山公式进行了实例验证。对于渗透性较高、黏聚力较小的砂性土地层，要保持开挖面的稳定，关键之一是要充分利用泥膜的稳定机理，使其在满足特定性能要求的泥浆作用下快速形成封密。课题还对上软下硬复合地层中泥浆渗入对开挖面土体强度及变形特性影响进行了详细分析。

工程实际中泥水盾构推进过程一般可分为两个状态，即泥水盾构正常开挖状态（不排水状态）和泥水盾构进行管片拼装或检修时的停止推进状态（排水状态）（Barla，2008），因此，在实验的方案设计中可根据不同的研究内容及目的而选择相应的实验方法。

(1) 一般应力状态下泥浆作用对开挖面土体剪切强度影响分析

以钱江隧道为工程背景，基于隧道的不同埋深，本节进行了三种不同初始应力水平下两种土体的排水实验，具体的实验方案如表 6.3.4 所示，分别包括无泥浆作用的天然土样（砂性土 S）以及泥浆作用下的泥浆土，所用泥浆取自上海隧道工程股份公司试验中心，根据砂性土地层条件在现场所配制的浆液；b 为中主应力系数，该值的引入有助于研究中主应力对土体强度的影响程度。

砂性土真三轴实验方案　　　　表 6.3.4

初始围压（kPa）	中主应力系数 b	泥浆注入累积量（mL）	试样编号
100	0.4	0	S-1
		60	MS-1
125	0.4	0	S-2
		60	MS-2
150	0.4	0	S-3
		60	MS-3

实验过程中，表 6.3.4 中的试样在真三轴仪上每组均实验三次，取三次实验平均值作为测量结果。

1）泥浆作用对砂性土体强度特性的影响

对于砂性土，我们取最不利的工况条件观测泥浆渗透对土体强度的影响。即在 $b=0.4$ 情况，排水条件下围压不同时，泥浆作用前后试样的应力—应变关系如图 6.3.7 所示。

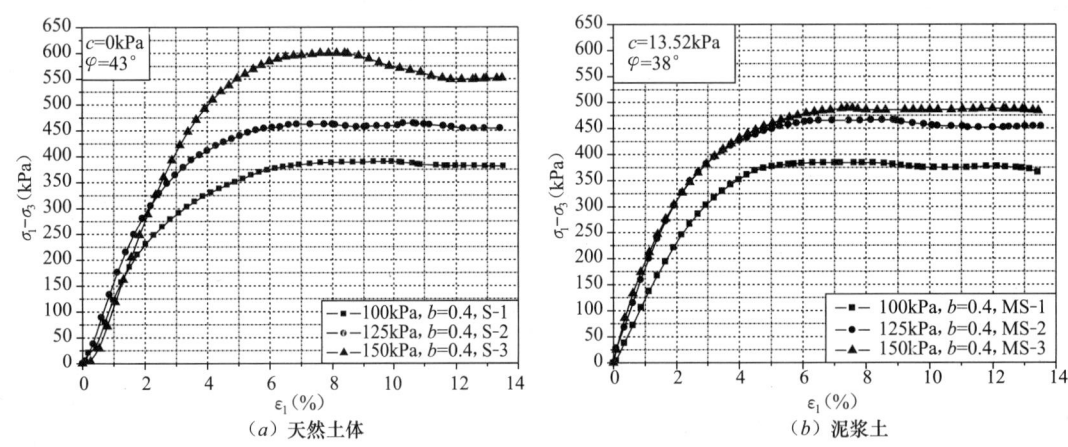

图 6.3.7　泥浆作用前后砂性土试样应力-应变关系（$b=0.4$）

由摩尔-库仑强度包络线得到的相应强度指标（如图 6.3.7）可知，在泥浆作用下，砂性土内摩擦角有所降低，这主要是由于随着泥浆支护压力的增大，泥浆中水的渗透作用也逐渐加强；渗透产生超孔隙水压力使颗粒间土体的接触压力降低，且水的渗透引起水膜厚度的增大，两者共同作用导致了颗粒间摩擦系数下降；同时，泥浆中土颗粒子也在压力作用下渗入土层，这些具有一定黏性特征的细小颗粒与土体颗粒以范德华力相胶结，增大了剪切滑移中的粒间接触面积，同时增大了土体颗粒间的咬合作用，宏观表现即为内聚力的增大。

由以上分析可知，泥浆作用对砂性土强度有着不可忽视的影响，特别是随着应力水平的提高，影响程度也相应变大，在此应力水平下，降低了 19%。这些强度变化特征定量地刻画和反映在摩尔-库伦强度包络线计算结果上，但土的强度仅由大主应力和小主应力所形成的最大剪应力决定，无法反映中主应力的影响。而以上的分析我们可知，不同的中主应力比率 b 值对天然土体强度的影响程度不能忽视，尤其是同时考虑泥浆作用下土体强度的变化。下一节将对中主应力效应进行分析，深入探讨一般应力状态下不同泥浆支护压力作用对泥水盾构开挖面土体剪切强度的影响。

2）中主应力效应影响分析

上一节我们采用摩尔-库仑强度准则，定量地刻画了不同土层在相应的泥浆作用下土体抗剪强度的变化，但由于是采用了单剪强度理论，未考虑中主应力对土体抗剪强度指标的放大效应。因此，该准则不能准确反映复杂应力状态下的工程实际。近年来国内外学者提出了不少考虑中主应力影响的破坏准则，较具有代表性的是空间滑动面强度准则，即 SMP 理论和三剪切角理论。

① 在 1974 年松岡元与中井照夫针对无黏性土空间滑动面概念提出了 SMP 准则，认为在三向主应力状态中，当由三个主应力所形成的三个剪应力达到某一组合时土体即发生剪切破坏。SMP 强度准则可表示为：

$$I_1 I_2 / I_3 = k_f \tag{6.3.4}$$

式中 3 个应力不变量分别为 $I_1 = \sigma_1 + \sigma_2 + \sigma_3$，$I_2 = \sigma_1\sigma_2 + \sigma_2\sigma_3 + \sigma_1\sigma_3$，$I_3 = \sigma_1\sigma_2\sigma_3$。$k_f$ 为材料常数，在三轴压缩条件下 $k_f = 8\tan^2\varphi_c + 9$，其中 φ_c 为三轴压缩状态下最大内摩擦角，引入中主应力比率 b，$b = (\sigma_2 - \sigma_3)/(\sigma_1 - \sigma_3)$，则式（6.3.5）可表示为：

$$\frac{I_1 I_2}{I_3} = \frac{[\sigma_1(1+b) + \sigma_3(2-b)][b(\sigma_1^2 - \sigma_3^2) + 2\sigma_1\sigma_3 + \sigma_3^2]}{\sigma_1\sigma_3[b(\sigma_1 - \sigma_3) + \sigma_3]} = k_f \tag{6.3.5}$$

令 φ_b 表示中主应力比率为 b 时最大内摩擦角，$\sin\varphi_b = (\sigma_1 - \sigma_3)/(\sigma_1 + \sigma_3)$，代入式（6.3.6）即可得到一般应力状态下不同 b 值所对应的内摩擦角 φ_b：

$$b(1+b) = \left(\frac{1+\sin\varphi_b}{1-\sin\varphi_b}\right)^3 + (2 + 4b - b^2 - k_f \cdot b)\left(\frac{1+\sin\varphi_b}{1-\sin\varphi_b}\right)^2$$
$$+ (5 - 2b - b^2 - k_f \cdot b - k_f)\frac{1+\sin\varphi_b}{1-\sin\varphi_b} + (2-b)(1-b) = 0 \tag{6.3.6}$$

② 2002 年，沈珠江提出了三剪切角理论，即用三个剪切角的组合来描述强度。可表示为：

$$\frac{1}{\sqrt{2}}\sqrt{\sin^2\varphi_{13} + \sin^2\varphi_{23} + \sin^2\varphi_{12}} = \sin\varphi_c \tag{6.3.7}$$

若考虑不同中主应力比率 b，则引用 φ_b 表示：

$$\sin\varphi_b = \sin\varphi_{13} = \sqrt{2\sin^2\varphi_c - \sin^2\varphi_{12} - \sin^2\varphi_{23}} \tag{6.3.8}$$

其中：$\sin\varphi_{13} = (\sigma_1 - \sigma_3)/(\sigma_1 + \sigma_3)$，$\sin\varphi_{23} = (\sigma_2 - \sigma_3)/(\sigma_2 + \sigma_3)$，$\sin\varphi_{12} = (\sigma_1 - \sigma_2)/(\sigma_1 + \sigma_2)$。式（6.3.8）经变换可得：

$$\sin\varphi_b = \sqrt{2\sin^2\varphi_c\left[\frac{(1-b)\sin\varphi_b}{1+b\sin\varphi_b}\right]^2 - \left[1 + \frac{b\sin\varphi_b}{(b-1)\sin\varphi_b}\right]^2} \tag{6.3.9}$$

③ 2005 年，孔德志结合真三轴试验结果，建议了一个一般应力状态下的等效内摩擦角，表示为：

$$\sin\varphi_b = \sin\varphi_c + \frac{b(1-b)(1-\sin\varphi_c)\sin^2\varphi_c}{[1+(b-1)\sin\varphi_c](1+b\sin\varphi_c)} \tag{6.3.10}$$

以上三种考虑中主应力效应的理论均是针对无黏性土，SMP 准则认为该纯摩擦型土质每个应力 Mohr 圆的切线都通过坐标原点，而在实际中，土并非完全摩擦型材料，强度破坏线一般不通过原点，故李刚推导了基于黏性土的中主应力公式，栾茂田推广了 SMP 准则，建立了一般黏性土一般应力状态与三轴压缩条件下强度参数之间的关系。假设粘结应力点 σ_0，即强度破坏线总是通过该公共点（如图 6.3.8）。则推广的 SMP 准则一般形式可表示为：

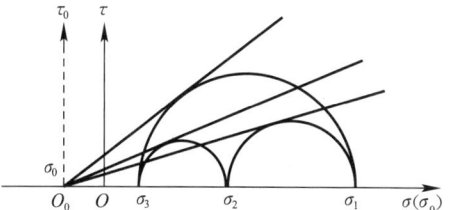

图 6.3.8 推广的 SMP 准则

$$I_1^0 I_2^0 / I_3^0 = [R(1+b) + (2-b)][b(R^2 - 1) + 2R + 1]/R[b(R-1) + 1] = A \tag{6.3.11}$$

式中：R 为广义大主应力与小主应力之比，即，$R = (\sigma_1 + \sigma_0)/(\sigma_3 + \sigma_0)$

将 $\sin\varphi_b = (R-1)/(R+1)$ 代入式（6.3.11），可进一步写成：

$$b(1+b)\left(\frac{1+\sin\varphi_b}{1-\sin\varphi_b}\right)^3 + (2 + 4b - b^2 - Ab)\left(\frac{1+\sin\varphi_b}{1-\sin\varphi_b}\right)^2$$
$$+ (5 - b^2 - 2b + Ab - A)\left(\frac{1+\sin\varphi_b}{1-\sin\varphi_b}\right) + (2-b)(1-b) = 0 \tag{6.3.12}$$

则由式（6.3.12）可确定一般黏性土在一般应力状态下不同 b 值对应的内摩擦角。其中 $A = 8\tan^2\varphi_c +$

9，$\tan^2\varphi_c = [(\sigma_1+\sigma_0)-(\sigma_3+\sigma_0)]^2/4(\sigma_1+\sigma_0)(\sigma_3+\sigma_0)$。

对于砂质土，一般应力状态下的内摩擦角 φ_b，即也可以通过非线性方程式 (6.3.7)、式 (6.3.9)、式 (6.3.10)、式 (6.3.12) 的迭代法进行求解确定。取不同的中主应力比率 $b=0.2, 0.4$，由以上无黏性土的三种理论得到的相应 φ_b 与 φ_c 关系如图 6.3.9 所示。

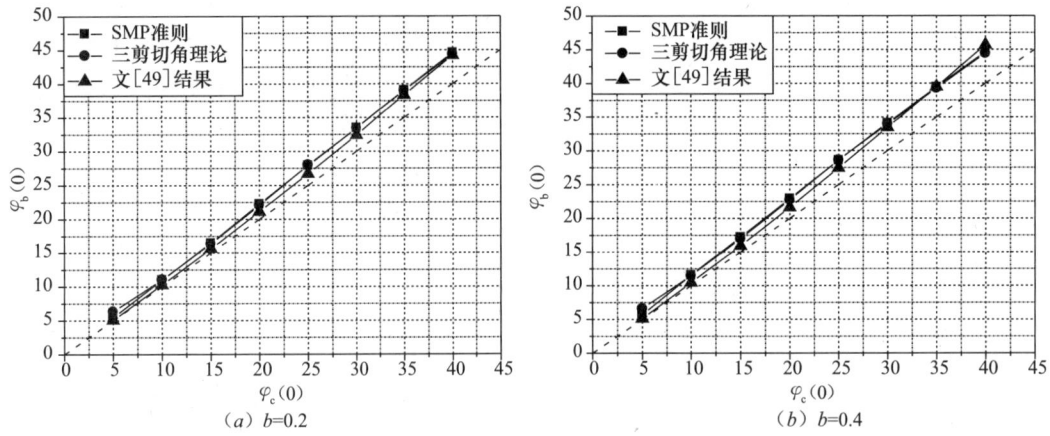

图 6.3.9　不同 b 值情况下一般应力状态内摩擦角 φ_b 与常规三轴压缩内摩擦角 φ_c 之间关系

从图 6.3.9 可看出，中主应力对内摩擦角 φ_b 的放大效应随着常规三轴压缩条件下内摩擦角 φ_c 的增大而增大。此外，SMP 准则和三剪切角理论对 φ_b 的预测结果几乎相等，而目前一些文献所建议的经验公式所得结果相对偏小，且当 φ_c 在 15°～30°区间取值时，与前二种理论结果相差较大。随着 b 值从 0.2 增大至 0.4，三种理论所得到的 φ_b 都有一定提高。

3) 实例验证

上两节中，通过实验结果定量地刻画了泥浆作用对天然砂性土强度的影响，并基于相关理论得到了不同中主应力比率 b 下，一般应力状态内摩擦角 φ_b 与常规三轴压缩内摩擦角 φ_c 的关系。这里将利用村山氏等学者提出的二维村山公式，以钱江隧道为例计算不同强度取值在一定安全系数下的最小泥浆支护压力，进而量化分析同时考虑一般应力状态以及泥浆作用的土体强度对开挖面有效泥浆支护压力 ΔP 取值的影响程度。

计算工况：选取盾构主要穿越的砂质粉土，相应的物理力学指标见地勘报告。该地层泥水盾构掘进所采用的浆液相对密度为 1.296，马氏黏度为 17.31s。

图 6.3.10 为考虑不同条件的土体强度系数取值时，泥水盾构开挖面的有效泥浆支护压力 ΔP 的计算结果。结果表明，采用摩尔-库伦强度理论时，泥浆作用对计算结果产生显著的影响：相对未考虑泥浆的渗透作用 (A)，考虑其作用时 (B) ΔP 增大了 53%；对于较接近工程实际的同时考虑一般应力状态以及泥浆作用的有效泥浆支护压力则处于上述两种方法计算结果之间，其中采用一般应力状态的三种不同理论计算结果相差不大，取 D (即采用三剪切角准则及考虑泥浆作用) 来进行具体分析，与 B 相比 ΔP 降低了 7%，而相对 A 提高了 42%，由此可见，泥浆渗透以及中主应力的影响均制约着有效泥浆支护压力的取值，而泥浆渗透的影响要更为显著。

(2) 黏性土层中泥水盾构开挖面稳定机理的宏微观研究

黏土类渗透性极低 ($K<10^{-8}$ m/s) 的地层一般较难观察到泥膜现象，更无法产生理想泥膜效果。因此砂质土层开挖面泥膜稳定机理不适用于黏性土层情况，图 6.3.11 为对砂质土体的真三轴实验，采用电动体视显微镜所观察到的泥浆作用下所形成的泥膜微观结构图，由图 6.3.11 中可以看出，砂质地层可视为具有一定过滤特性的过滤解质，泥浆作为过滤液首先流入地层，同时，悬浮在泥浆中的细小颗粒在此过滤解质的空隙入口处被捕获堆积而生成薄而致密的泥膜，该泥膜又可作为新增的过滤解质起过滤作用，这有效阻止了泥浆失水，且泥浆中细粒成分贯穿土体内部对土体间隙的填补使得土体空隙明显变小，在一定

程度上提高了土体强度，有助于土体结构稳定。因此，为研究黏性土地层开挖面的稳定机理，我们仍采用真三轴-微观耦合实验方法进行研究，对应泥浆体系为上海隧道股份和同济大学研发的泥浆。

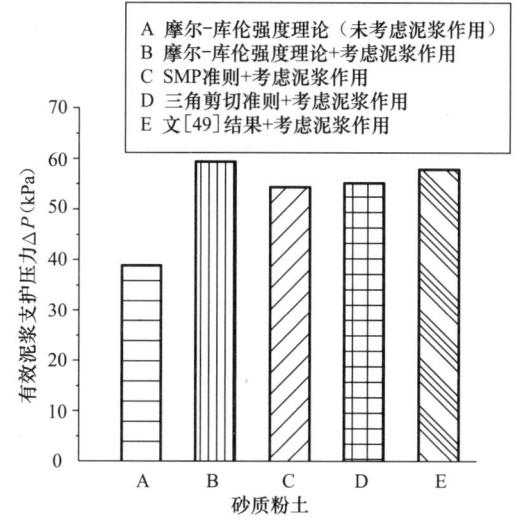

图 6.3.10　不同条件强度参数下有效泥浆支护压力 ΔP 计算结果

图 6.3.11　砂质土体中浆液作用下生成泥膜的微观结构

1) 不同应力水平下泥浆作用对土体强度特性影响

图 6.3.12（a）、（b）和（c）分别为围压 $\sigma_3 = 100$、125、150kPa 时，不同中主应力比率 b 下，泥浆土和天然土体的应力-应变关系。

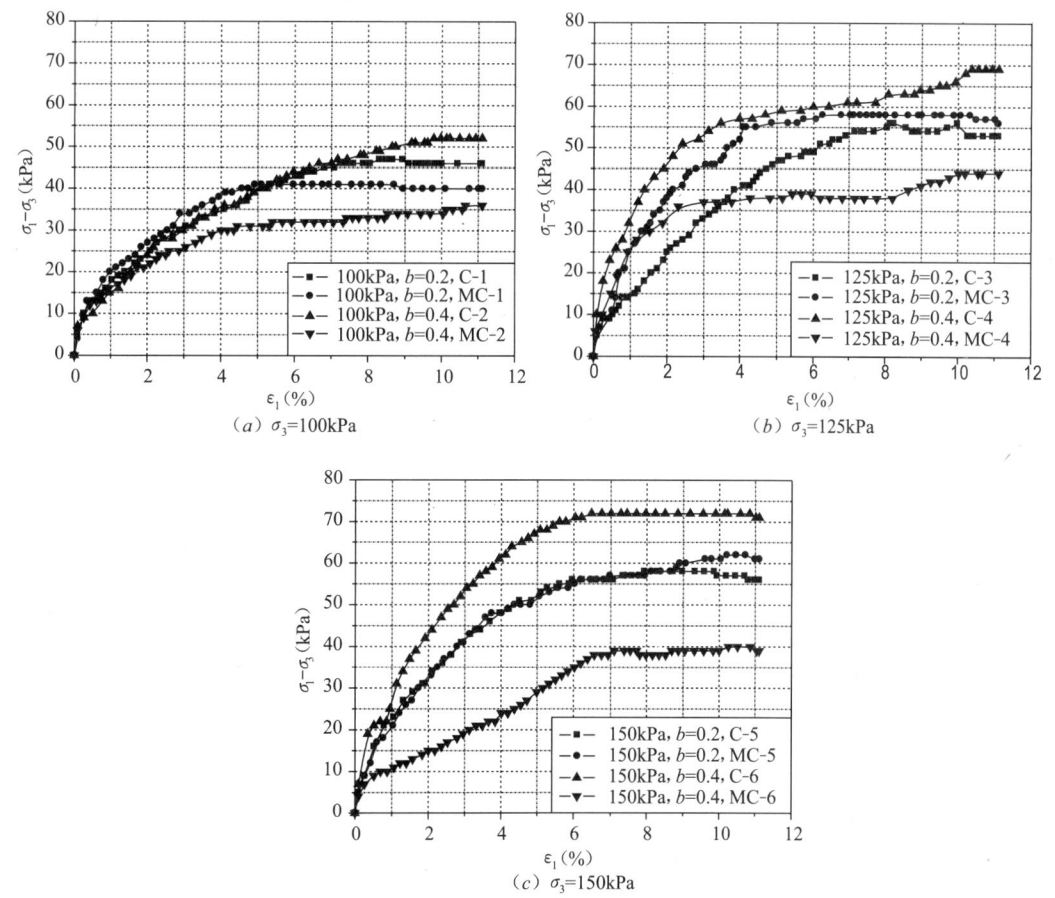

图 6.3.12　相同围压不同 b 值泥浆土（MC）与天然土体（C）应力-应变关系

由图可知：当 $b=0.4$ 时，泥浆土的强度均明显低于天然土体的强度，且随着围压的提高，两者之间强度差值也相应提高；而对于 $b=0.2$，当 $\sigma_3=100\text{kPa}$ 时，从整体上看，泥浆土的强度要略低于天然土体的强度，而随着围压的逐渐增大，$\sigma_3=125\text{kPa}$ 情况下，前者的强度要高于后者，如在 $\varepsilon_1=4\%$，相对天然土体，泥浆土的偏应力增大了约 27%，当围压增至 $\sigma_3=150\text{kPa}$，泥浆土强度随围压提高几乎保持不变，而随着天然土体强度的提高，两者强度基本重合。这主要是由于在适当的泥浆支护压力下，对于如黏土类透水性差的过滤解质，由于过滤解质间水流产生解质摩擦力，引起过滤解质的压缩，透水性降低，且挤压作用使得土体颗粒间距减小，相互间的范德华力增大，外在表现为泥浆作用使得土体强度略有所提高。此外，对于泥浆土，无论哪级围压，$b=0.4$ 所对应的强度均低于 $b=0.2$ 时相应围压下的强度，且两者之间的强度差值在中高围压下更明显。由此可见 b 值的增大也意味着泥浆渗透压力的增大，当泥浆中水的渗透力超过了过滤解质间的挤压压力，水的渗透占主导作用：增大了孔隙水压，降低了有效应力，导致土体强度的下降。

以上基于真三轴实验结果，初步提出了黏性土层中过滤解质挤压压缩的开挖面稳定机理，以下结合微观分析进行验证。采用环境扫描电子显微镜对特定应力水平下泥浆土及天然土体的微观结构进行观察。为了避免边界条件影响，如上下底座在加荷过程中对试样上下表面的挤压，故微观样本取至真三轴实验后中主应力方向试样的中部。图 6.3.13（a）、（b）分别为 $\sigma_3=125\text{kPa}$，$b=0.2$ 情况下，天然土体及泥浆土放大倍率×1000 时的微观结构图：天然土体结构松散，单体结构明显，孔隙率较大且相邻孔隙相连通；而泥浆土以小颗粒及扁平颗粒为主，颗粒与颗粒之间的胶结较为紧密，散体结构较少，孔隙率也明显小于天然土体的空隙率。这从微观上解释了图 6.3.12（b）中泥浆土的强度要高于正常土体的强度。图 6.3.14（a）、（b）分别为 $\sigma_3=150\text{kPa}$，$b=0.4$ 情况下，天然土体及泥浆土放大倍率×1000 时的微观结构图：相比图 6.3.13，随着应力水平的提高，天然土体及泥浆土颗粒均呈现出一定的方向性，且团簇状的情况越来越少，以更小的颗粒及扁平颗粒为主。天然土体结构致密，而泥浆土颗粒排列较松散，空隙率大且孔隙相连通并贯穿土体内部。这导致了泥浆土强度远低于天然土体的强度，也说明了随着应力水平的增大，当泥浆中水的渗透力超过了过滤解质间的挤压压力，会破坏土体天然结构、使其强度降低。

 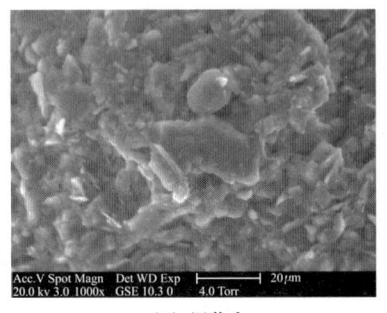

（a）天然土体　　　　　　　　　　（b）泥浆土

图 6.3.13　天然土体与泥浆土微观结构（×1000，$\sigma_3=125\text{kPa}$，$b=0.2$）

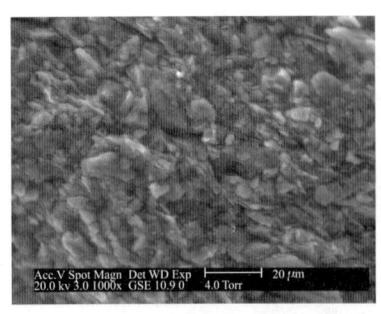 

（a）天然土体　　　　　　　　　　（b）泥浆土

图 6.3.14　天然土体与泥浆土微观结构（×1000，$\sigma_3=150\text{kPa}$，$b=0.4$）

2) 不同应力水平下泥浆作用对土体侧向变形特性影响

土体的侧向变形特性不仅对其内部的应力分布及侧向受力有直接影响，而且也影响到土体的竖向变形，影响到土体沉降的估计。图 6.3.15 (a)、(b) 分别为各级围压下，中主应力比率 $b=0.2$ 时，天然土体和泥浆土的中主应力-中主应变关系，图 6.3.16 (a)、(b) 分别为各级围压下，中主应力比率 $b=0.4$ 时，天然土体和泥浆土的中主应力-中主应变关系。

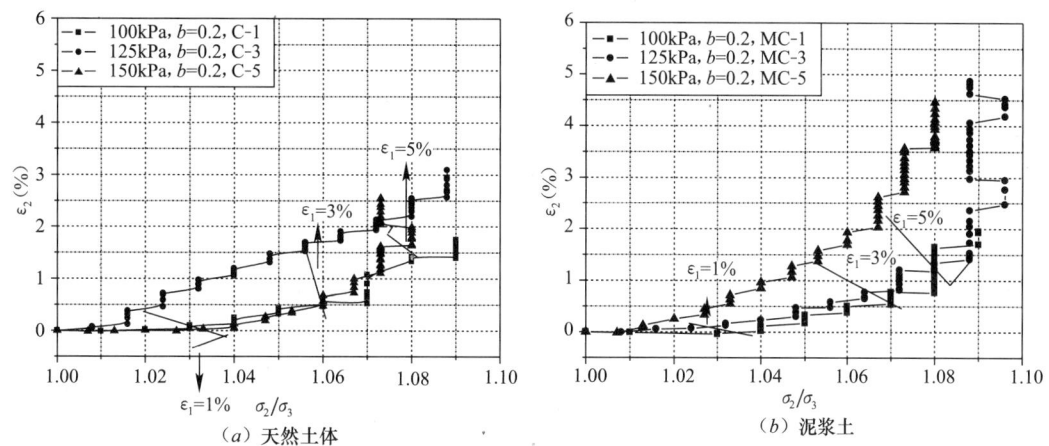

图 6.3.15　各级围压 $b=0.2$ 天然土体与泥浆土中主应力-应变关系

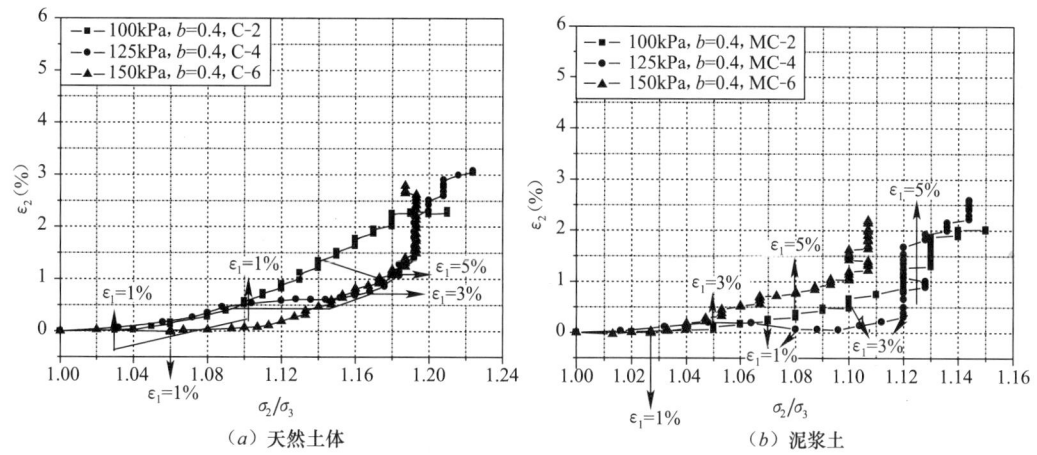

图 6.3.16　各级围压 $b=0.4$ 天然土体与泥浆土中主应力-应变关系

从图 6.3.16 (a)、(b) 可知，当 $\sigma_3=100$kPa 时，泥浆渗入后土体的侧向变形基本上未发生变化，且当出现特定的轴向变形（$\varepsilon_1=1\%$、3%、5%）时，泥浆土和天然土体几乎对应同样的中主应力及侧向变形，这与图 6.3.12 (a) 中两者强度相差不大相辅相成；随着围压增至 $\sigma_3=125$kPa 时，泥浆作用后土体的侧向变形明显变小，且在较大的侧向压力下能承受更大的变形，如当 $\sigma_2/\sigma_3=1.07$ 时，泥浆土的侧向应变仅为 0.8%，相应的轴向应变还未到 3%，而此时天然土体的侧向应变接近 2%，轴向应变也将近 5%，在此应力水平范围内，前者的强度也明显高于后者（图 6.3.12b）；而围压 $\sigma_3=150$kPa 时，泥浆土的侧向变形又有所增大。这可理解为解质挤压作用的发挥取决于一定的支护压力区间范围，当支护压力小于其压力下限值时，泥浆作用对土体强度和变形的影响均不大；当支护压力大于其压力上限值时，泥浆中水的渗透开始逐渐软化土体，导致了土体强度的降低、变形增大；而当支护压力处于上、下限之间时，挤压作用的发挥使得过滤解质的压缩，相互间的范德华力增大，透水性降低，外在表现为泥浆作用使得土体强度提高，变形量减小。

此外，当 $b=0.4$ 时，各级围压下泥浆土与天然土体的侧向变形相差不大，且均小于 $b=0.2$ 情况相应围压下分别对应的侧向变形量。这说明了各级围压下中主应力比率的提高能有效地提高天然土体的强度（图 6.3.12 所示）并减小其侧向变形，而对于泥浆土，随着中主应力比率的提高，各级围压下土体的强度及其侧向变形均明显降低。这说明应力水平的提高能有效地控制开挖面土体的侧向变形，但当考虑泥浆作用时，随着支护压力提高，泥浆中水的渗透软化作用超过了应力水平提高对土体强度的提高作用时，整体表现为泥浆土强度的降低。因此在分析开挖面的稳定时，应综合考虑各项因素，如不同的埋深以及支护压力取值的范围等。

(3) 砂性土层中不同类型泥浆泥水盾构开挖面稳定性研究

在泥水盾构工程领域的泥浆研制中，由于盾构推进是处于不同的地层和埋深，即处于复杂的应力状态下，不同的应力水平对泥浆特性有较大影响，同时影响泥浆的渗透性和保持开挖面稳定的泥膜质量。国内外在不同埋深的泥水盾构施工推进中发现，保持开挖面稳定的关键是泥膜的质量，且即使是在同一种泥浆作用下，天然土体的强度也会发生不同程度的变化，从而使开挖面的有效支护压力在一定的区间内上下波动。此外，由于工程实际中的泥浆渗入和复杂的应力水平有着密切关系，因此，我们进行了三种不同初始应力水平下的排水和不排水真三轴-微观耦合实验，具体实验方案如表 6.3.5 所示。实验中为分别研究不同泥浆介质在不同应力水平下的泥浆渗透规律及对土体强度和变形的影响，将实验试样分为三组：第一组为无任何泥浆作用的天然砂性土（S）；第二组为添加一定浓度高分子聚合物、活化剂等的泥浆（M2）作用的土样（M2S）；第三组为由清水、天然黏土、淀粉和固体碱构成的绿色泥浆（M3）作用的土样（M3S）。

两种不同泥浆 M2 和 M3 作用下的真三轴实验　　　　表 6.3.5

实验编号	实验条件	初始围压（kPa）	中主应力系数 b	泥浆注入累积量（mL）	试样编号
1	排水	100	0.40	0	S-1
				60	M2S-1、M3S-1
2	排水	125	0.40	0	S-2
				60	M2S-2、M3S-2
3	排水	150	0.40	0	S-3
				60	M2S-3、M3S-3
4	不排水	250	0.40	0	S-4
				60	M2S-4、M3S-4
5	不排水	275	0.40	0	S-5
				60	M2S-5、M3S-5
6	不排水	300	0.40	0	S-6
				60	M2S-6、M3S-6

实验过程中，表 6.3.5 中的试样在真三轴试验仪上每组均实验三次，取三次实验的平均值作为测量结果。在排水条件下，当围压不同时，试样 S、M2S 和 M3S 的大主应力-大主应变关系如图 6.3.17 所示：在中小围压下，泥浆土 M2S 的抗剪强度与天然土体差异不大，但当围压增至 $\sigma_3=150$ kPa 时，泥浆土 M2S 对应的抗剪强度要远低于天然土体的抗剪强度，这主要是由于随着围压的逐渐增大，当水的渗透作用大于泥膜颗粒间有效联结力时，在薄弱部位出现了不同程度的破坏，甚至贯穿到土体内部，外在表现就是相对强度的逐步降低。而绿色泥浆土 M3S 在中小围压下，其抗剪强度有较大提高，如对于强度峰值点 $\varepsilon_1=8.07\%$，其对应的偏应力与天然土体和泥浆土 M2S 所对应的偏应力相比，分别提高了 13% 和 12%，这有利于形成质量相对优良的泥膜（如图）。随着围压增至 $\sigma_3=150$ kPa 时，绿色泥浆土的抗剪强度仍与天然土体相当，体现出较好泥膜特性和抗渗性能。

在不排水条件下，当围压不同时，试样 S、M2S 和 M3S 的大主应力-大主应变关系如图 6.3.18 所示：随着围压的增大，泥浆土 M2S 抗剪强度明显下降；而绿色泥浆土 M3S 在中小围压下，其抗剪强度变化不大，只有当围压增至 $\sigma_3=300$ kPa 时，其抗剪强度才有明显降低，这说明绿色泥浆土 M3S 在不排水情况下也能形成质量良好的泥膜，有效阻止泥浆中水的渗透，保持泥水盾构推进过程中开挖面的稳定。

第 6 章 钱江隧道施工关键技术研究

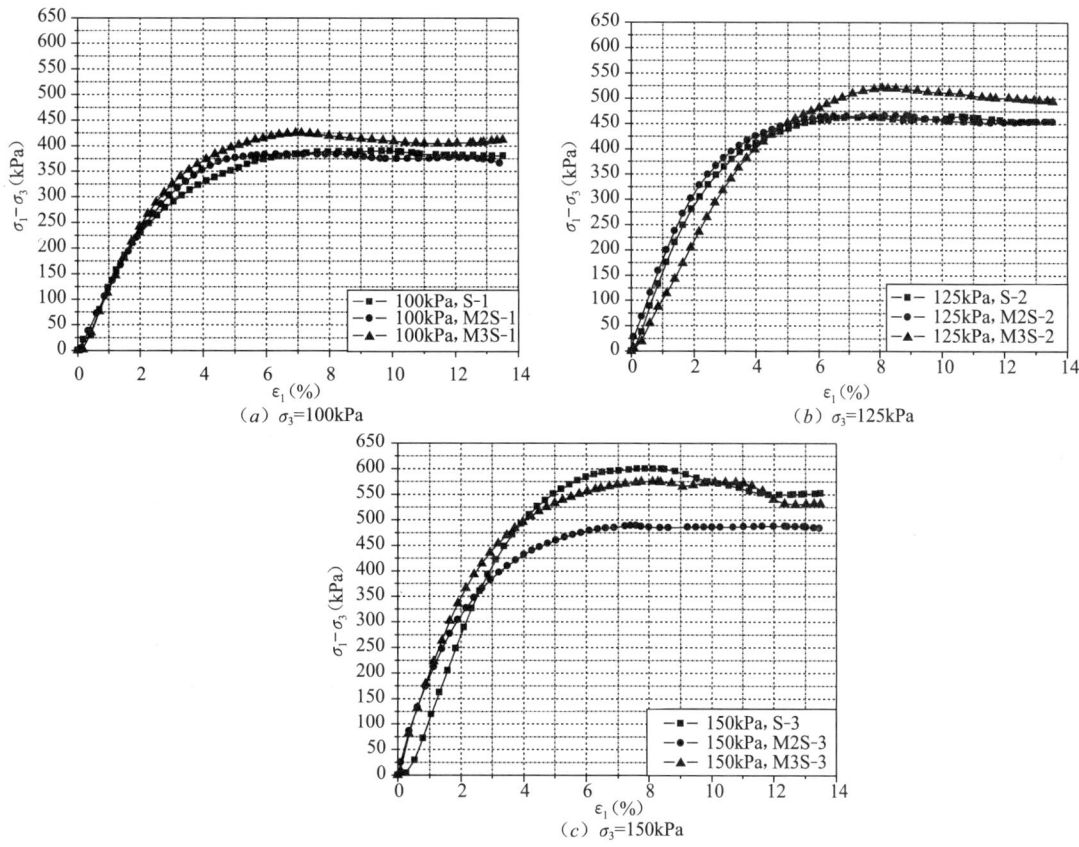

图 6.3.17 排水条件下不同围压时试样 S、M2S 和 M3S 的偏应力-应变关系

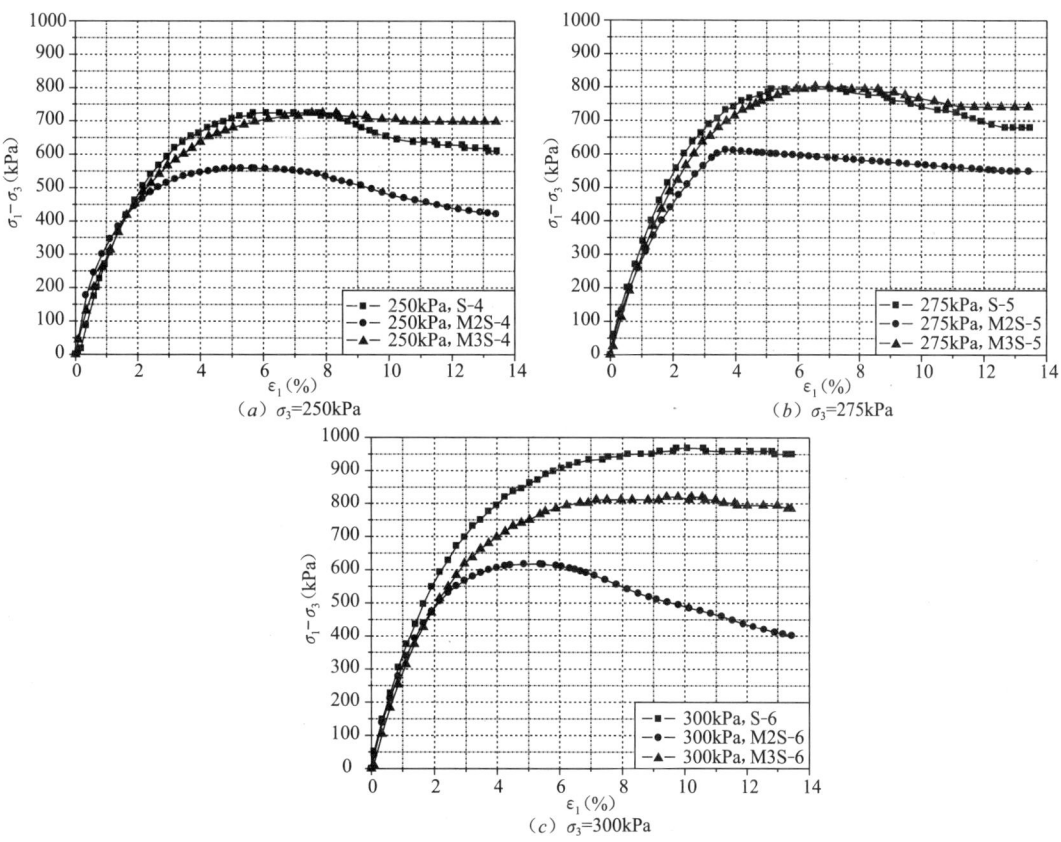

图 6.3.18 不排水条件下不同围压时试样 S、M2S 和 M3S 的偏应力-应变关系

581

此外，在排水和不排水情况下，不同围压时的泥浆土 M2S 和 M3S 也表现出上述类似的侧向变形特征。如图 6.3.19 和图 6.3.20 所示。值得注意的是，在同一最大轴向应变下，由于泥浆特性的不同，会出现不同的最大侧向变形。

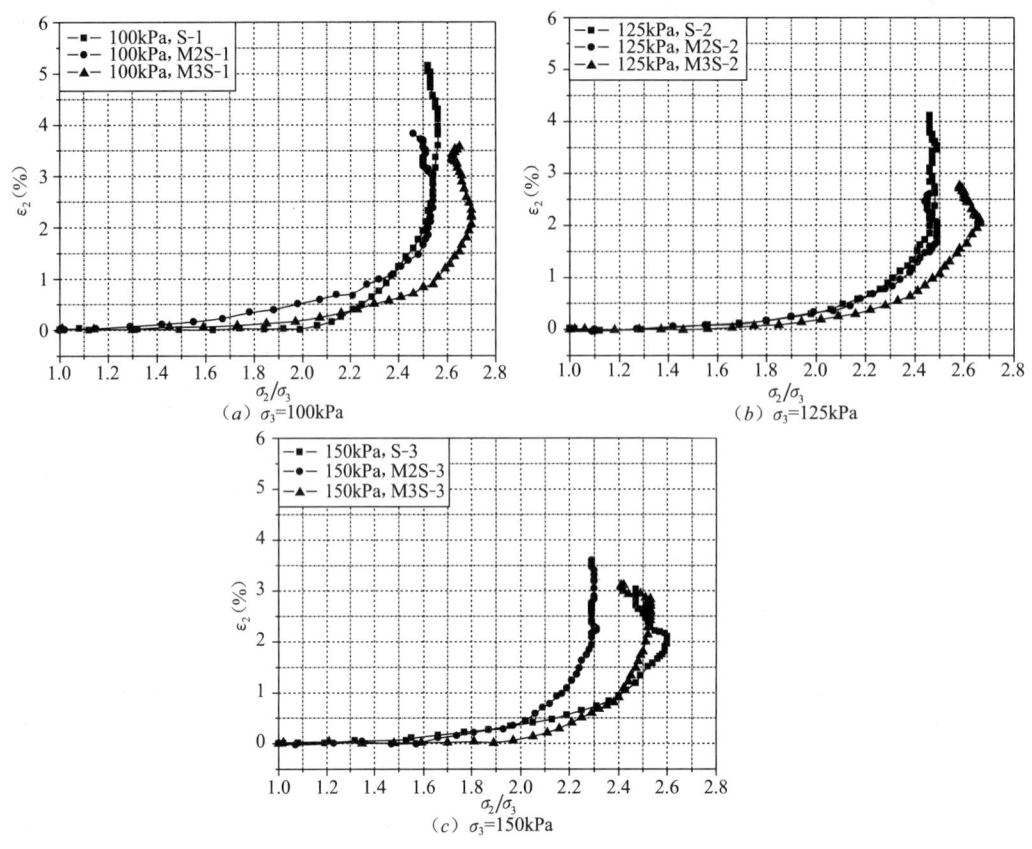

图 6.3.19　排水条件下不同围压时试样 S、M2S 和 M3S 的中主应力-中主应变关系

图 6.3.19 表明了泥浆在水平支护压力下向土体渗透方向的侧向变形特征，即中主应力与中主应变的关系。在排水条件下，无论围压大小，随着中主应力的逐渐提高，中主应变的增大均可描述为以下三个变化过程：平台期、过渡期及陡增期。平台期指随着中主应力的变化，中主应变几乎保持不变的阶段；陡增期指较小的中主应力变化量 $\Delta\sigma_2$ 对应着较大的中主应变变化量 $\Delta\varepsilon_2$，即中主应变几乎呈直线上升；过渡期即为上述两阶段的过渡阶段，此时中主应变缓和增大。

当处于中小围压时，泥浆土 M2S、M3S 的侧向变形均明显小于天然土体的侧向变形，且与泥浆土 M2S 相比，泥浆土 M3S 的平台期、过渡期明显较长，具体反映在侧向变形较小且发展较为缓慢，这表明在泥浆 M3 作用下土体抵抗变形的能力有所提升，提高了土体的强度。当围压增至 $\sigma_3=150\text{kPa}$ 时，泥浆土 M2S 的平台期明显缩小，变形发展急剧，而泥浆 M3 的成膜效应相对时间短且结构更致密，具有一定强度的泥膜有效地阻止了泥浆中水的进一步渗透（如图 6.3.20），故其侧向变形与天然土体相当，且明显小于泥浆 M2 作用下的侧向变形。

图 6.3.20 为不排水条件下试样 S、M2S 和 M3S 的水平支护压力和侧向变形关系。无论围压大小，泥浆土 M2S 的侧向变形发展最快，具体表现在平台期区间较短，且过渡阶段不明显，几乎直接由平台期发展到陡增期。而泥浆土 M3S 的侧向变形较小，明显小于天然土体的侧向变形，且随着围压的增大，表现为小变形的现象愈加明显。

为了进一步研究不同泥浆的渗透特性和泥膜的形成机理，在真三轴实验的基础上，我们采用电动体视显微镜进行了试样破坏断面的微观结构观察。图 6.3.21 和图 6.3.22 为排水条件下围压 $\sigma_3=150\text{kPa}$

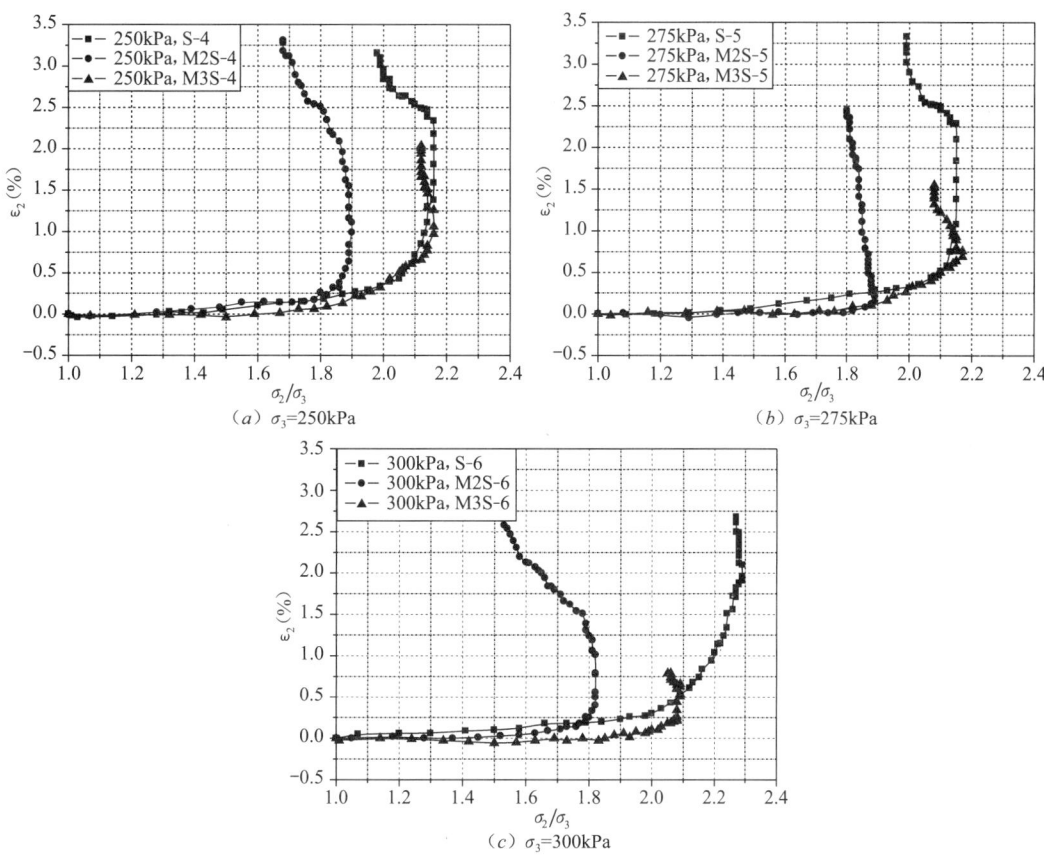

图 6.3.20 不排水条件下不同围压时试样 S、M2S 和 M3S 的中主应力-中主应变关系

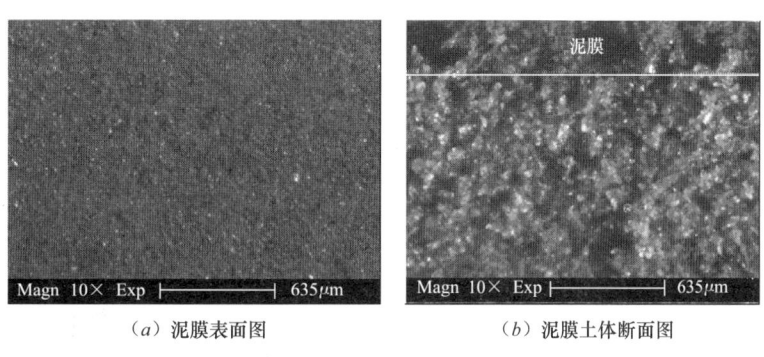

图 6.3.21 浆液 M2 作用下所生成泥膜的微观结构（$\sigma_3=150\text{kPa}$）

图 6.3.22 浆液 M3 作用下所生成泥膜的微观结构（$\sigma_3=150\text{kPa}$）

时的泥膜表面和断面图。由图中我们可以看出，高围压下泥浆 M2 作用生成的泥膜较薄，且泥膜表面出现了一条断裂带，一直延伸到土体内部；而泥浆 M3 作用下，生成的泥膜致密且厚实，且泥浆中细粒成分对土体间隙的填补使得土体空隙明显变小。由此可知，绿色泥浆 M3 能有效保持土体强度且抑制变形的发展，对于开挖面的稳定起着重要的作用。

上述实验结果表明：在不同的应力水平下，泥浆对开挖面前方土体的渗入、土体孔隙大小的变化以及有效支护压力的大小对开挖面土体的力学特性均起着至关重要的作用，具体表现为：在排水和不排水的条件下，泥浆渗入对砂质地层土体的强度和变形均有较大影响，且泥水盾构开挖中的泥浆在不同的应力水平下存在有效泥浆支护压力最大、最小值。当有效泥浆支护压力小于最小值时，泥水盾构开挖面的土体强度受泥浆渗透影响较小，与天然土体几无差异；当有效泥浆支护压力介于最大、最小值之间时，由于泥浆的渗透产生泥膜，并逐渐发挥泥膜效应，使得泥水盾构开挖面的土体强度有不同程度提高；而当有效泥浆支护压力大于最大值时，渗透压力超过了泥膜颗粒间的交联和胶结效应，使泥膜薄弱部位出现了不同程度的破坏，此时泥水盾构开挖面的土体强度由于泥浆渗透影响而迅速降低，如图 6.3.23 所示，图中 $(\sigma_1-\sigma_3)_{Mi}/(\sigma_1-\sigma_3)_s$ 表示泥浆 Mi 作用下泥浆土最大、最小应力差值与天然土体应力差值的比值，P_{Ui} 和 P_{Li}（$i=2,3$，代表泥浆编号：M2，M3）分别为有效泥浆支护压力的最大、最小值。在排水情况下，泥浆 M2 在复杂应力水平下的有效泥浆支护压力最大、最小值极限波动范围为 121kPa；而泥浆 M3 在复杂应力水平下的有效泥浆支护压力最大、最小值极限波动范围为 190kPa，变化幅度相比 M2 提高 57%，这将有利于开挖面的稳定和泥膜的形成。在不排水情况下，泥浆 M2 在复杂应力水平下的有效泥浆支护压力不存在最大、最小值；而泥浆 M3 在复杂应力水平下的有效泥浆支护压力最大、最小值极限波动范围为 222kPa，即在较大的泥浆支护压力变化区间内，该泥浆都能形成优质的泥膜，保持并提高了天然土体的强度，有利于开挖面的稳定。

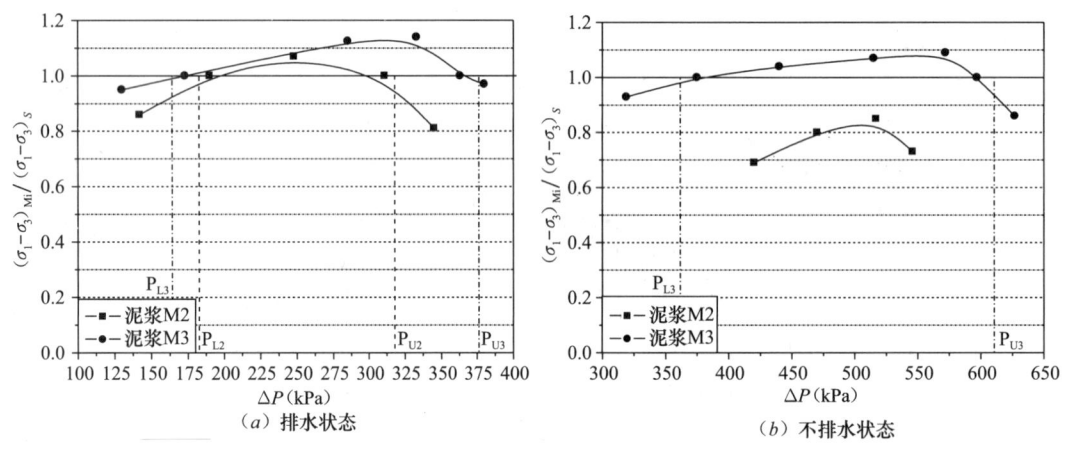

图 6.3.23 有效泥浆支护压力对土体强度的影响

（4）复合地层中泥浆渗入对开挖面土体强度及变形影响分析

在复合地层情况的真三轴实验中，上层粉质性土 C 及下层砂性土 S 分别对应的土样制备及真三轴实验步骤与上述一致。图 6.3.24 为粉质黏土和砂土分层情况的真三轴实验试样（已制于橡皮膜内），图 6.3.25 为本实验中在一定压力泥浆作用下，排水剪切破坏后试样的形态：具有一定厚度的泥膜已均匀形成于土体表面，且覆盖了两种土层的分层交界处，此外，还可以观察到比较明显的粉质黏土、砂性土破坏特征：粉质黏土比较接近理想的弹塑性材料，其破坏主要是变形达到一定值在应力-应变曲线上表现为有较长的屈服平台，没有峰值出现，试样破坏时没有明显的剪切带，主要表现为轴向的压缩；而砂性土比较接近脆性材料，峰值现象较为明显，破坏时有明显的剪切带痕迹。

本研究进行了三种不同初始应力水平上软下硬分层情况（Layed，简称"L"）的排水实验，具体的实验方案如表 6.3.6 所示，包括无泥浆作用的分层土样（上层粉质黏性土 C 及下层砂性土 S）以及泥浆

图 6.3.24　粉质黏土砂土分层实验　　　　图 6.3.25　粉质黏土砂土分层所形成泥膜外观

作用下的泥浆土（表示为 LM）。由于本节研究目的之一为探究开挖面土体失稳破坏机理，故取对该地层条件最不利的工况进行实验分析，选用的泥浆为工程所用的特性泥浆。

实验过程中，表 6.3.6 中的试样在真三轴仪上每组均实验三次，取三次实验的平均值作为测量结果。实验结果分为两部分进行分析：相同围压情况下正常土体、泥浆土的强度和变形比较以及各级围压情况下泥浆土的强度和变形比较。

分层情况真三轴实验方案　　　　表 6.3.6

初始围压（kPa）	中主应力系数 b	泥浆注入累积量（mL）	试样编号
100	0.4	0	L-1
		60	LM-1
125	0.4	0	L-2
		60	LM-2
150	0.4	0	L-3
		60	LM-3

1）相同应力水平下泥浆作用对分层土体强度及侧向变形特性影响

图 6.3.26（a）、（b）分别为中主应力系数 $b=0.4$ 时，围压 $\sigma_3=100$kPa 作用下正常土体 L 及泥浆土 LM 的大主应力-大主应变关系、中主应力-中主应变关系曲线。

由图 6.3.26（a）可知，当围压 $\sigma_3=100$kPa 在泥浆作用下，土体的强度明显增大，如在正常土体的峰值 $\varepsilon_1=8.73\%$ 处，最大偏应力 $(\sigma_1-\sigma_3)_{max}=72$kPa，而同一应变下，泥浆土 LM 对应的偏应力为 $(\sigma_1-\sigma_3)_{LM}=101$kPa，增大了约 40%，随着轴向变形的逐渐发展，正常土体在强度峰值后表现为有较长的屈服平台，而泥浆土的强度有持续增长趋势。图 6.3.26（b）为正常土体和泥浆土侧向变形曲线，两种土体的侧向变形规律与强度的变化规律相辅相成：泥浆土较高的强度使得土体在发生较小侧向变形的同时能够承受更大的压力，表现为侧向变形发展缓慢，且变形的平台阶段与过渡阶段区间较大，陡增阶段不明显；相对于泥浆土的侧向变形情况，正常土体的变形发展迅速，过渡阶段区间较小，在 $\sigma_2/\sigma_3=1.26$ 时即进入侧向变形的陡增阶段，此时 $\varepsilon_2=2.6\%$，而泥浆土 LM 在此侧压下对应的中主应变仅为 $\varepsilon_{2-LM}=1.09\%$，降低了 58%，此外，在陡增阶段，正常土体在侧向压力基本保持不变的情况下仍持续

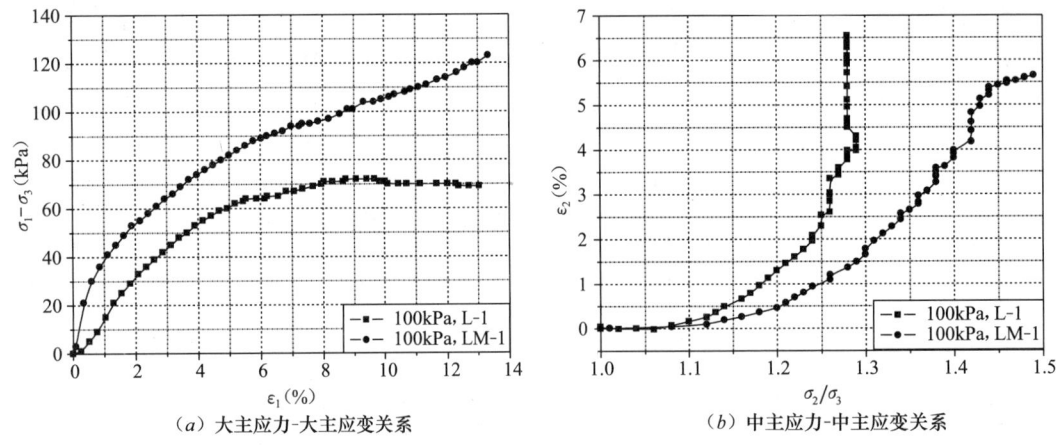

图 6.3.26 围压 $\sigma_3=100\mathrm{kPa}$ 作用下正常土体 L 及泥浆土 LM 的应力-应变关系

增长,而泥浆土在变形的陡增阶段仍表现出一定的结构强度;随着侧向压力的逐渐变大,侧向变形仍保持缓慢的发展趋势。

随着围压继续增大,如图 6.3.27 (a)、(b) 分别为围压 $\sigma_3=125\mathrm{kPa}$ 作用下正常土体及泥浆土的大主应力-大主应变关系、中主应力-中主应变关系曲线,图 6.3.28 (a)、(b) 分别为围压 $\sigma_3=150\mathrm{kPa}$ 作用下正常土体、泥浆土的大主应力-大主应变关系、中主应力-中主应变关系曲线。

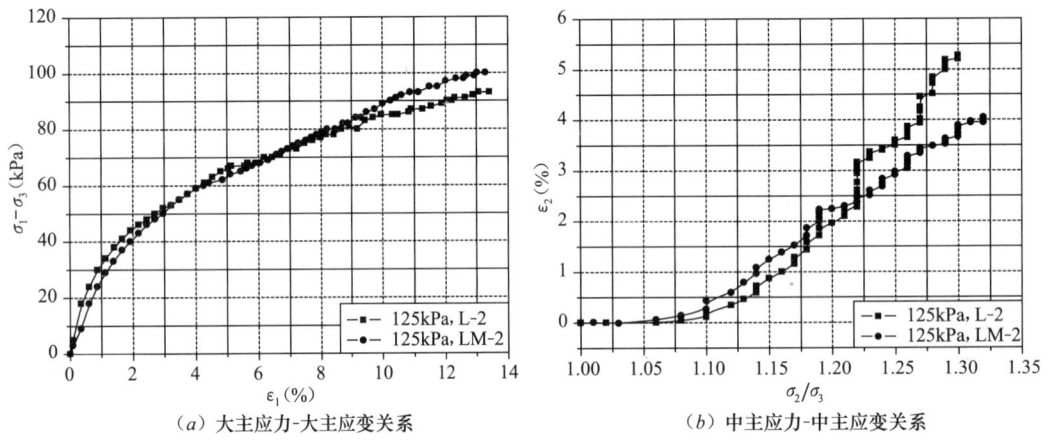

图 6.3.27 围压 $\sigma_3=125\mathrm{kPa}$ 作用下正常土体 L 及泥浆土 LM 的应力-应变关系

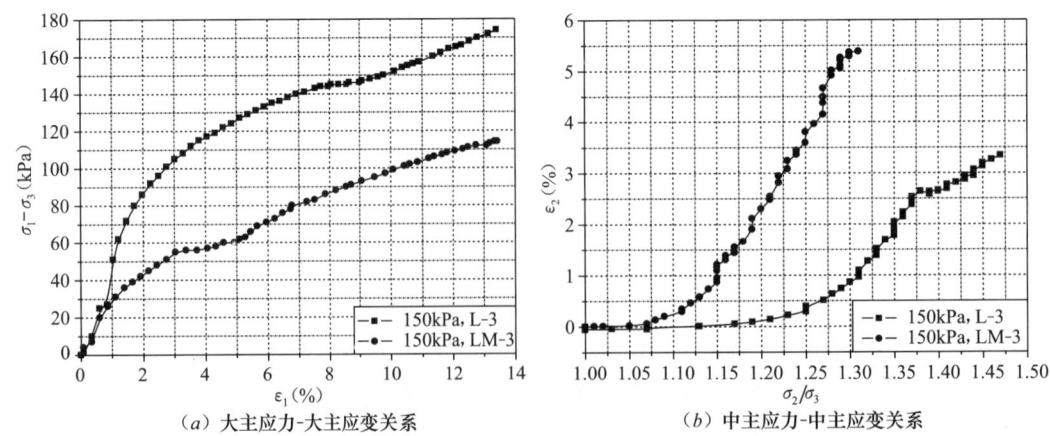

图 6.3.28 围压 $\sigma_3=150\mathrm{kPa}$ 作用下正常土体 L 及泥浆土 LM 的应力-应变关系

如图 6.3.27 所示，当围压 $\sigma_3=125$kPa 时泥浆土与正常土体的强度和变形曲线基本重合，而当围压增至 $\sigma_3=150$kPa 时，正常土体的强度明显大于泥浆土的强度，且其侧向变形发展速度及变形量都远远低于泥浆土的情况，对比围压 $\sigma_3=100$kPa 情况可知：围压 $\sigma_3=125$kPa 可视为泥浆 M1 作用下强度与变形变化的阀值。当围压 $\sigma_3<125$kPa 时，泥浆中水的渗透程度和速度小于土颗粒子渗透并填补土层空隙的能力和速度，泥浆中的土颗粒子很快填充地层间隙，并积聚于表面形成泥膜，泥膜的形成有效阻止了泥浆中水的渗透，表现为泥浆土强度较之正常土体有所提高；当围压 $\sigma_3>125$kPa 时，泥浆中水的渗透程度和速度大于土颗粒子渗透并填补土层空隙的能力和速度，在泥浆中的细粒成分与土颗粒发生堵塞交联作用、产生泥膜效应的过程中，已有大量的泥浆水渗入地层，破坏了土体的结构从而导致了土体强度的下降；而 $\sigma_3=125$kPa 为两状态间的过渡围压，在此围压下，泥浆中细粒成分渗入地层填充土体间隙，并逐渐积聚于表面形成泥膜，产生泥膜效应的作用在一定程度上平衡了由于泥浆中水的渗透作用导致土体结构的侵蚀破坏，使得泥浆 M1 作用下土体的强度和变形与正常土体相比相差甚小。

2）不同应力水平下泥浆土强度和变形特性分析

图 6.3.29（a）、（b）分别为中主应力系数 $b=0.4$ 时，各级围压作用下泥浆土 LM 的大主应力-大主应变关系、中主应力-中主应变关系曲线。

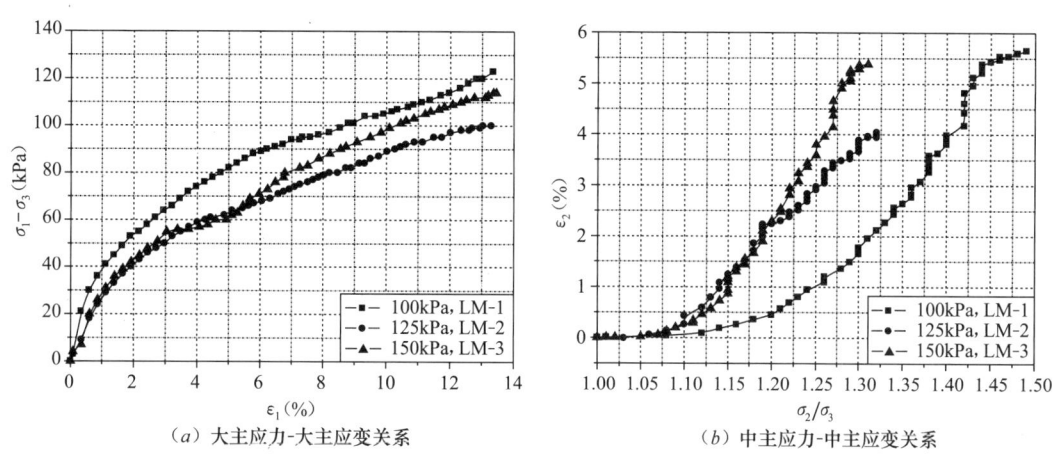

图 6.3.29 不同围压作用下泥浆土 LM 的应力-应变关系

正常土体的强度随着围压的增大而提高，相应的土体抵抗变形的能力越大，侧向变形也逐渐变小，而在泥浆作用下，强度和侧向变形的规律相对正常土体情况有了较大的改变（如图 6.3.29）：低围压 $\sigma_3=100$kPa 情况下对应着最大的土体强度，且土体侧向变形缓慢，平台阶段与过渡阶段区间较大，在允许的侧向变形下能够承受更大的侧向压力；随着围压的提高，$\sigma_3=125$kPa、$\sigma_3=150$kPa 两种围压情况下，当 $\varepsilon_1<6\%$，两者的强度曲线基本重合，当 $\varepsilon_1>6\%$ 时，围压 $\sigma_3=150$kPa 所对应的强度逐渐增大，但仍小于低围压 $\sigma_3=100$kPa 情况。值得注意的是，大主应变 $\varepsilon_1=6\%$ 正好相对应于 $\sigma_2/\sigma_3=1.2$，由图 6.3.29（b）可知，$\sigma_3=125$kPa、$\sigma_3=150$kPa 两种围压情况的侧向变形规律与强度变化规律基本相似：当 $\sigma_2/\sigma_3<1.2$，两者的侧向变形基本重合，当 $\sigma_2/\sigma_3>1.2$，围压 $\sigma_3=150$kPa 所对应的变形量逐渐增大，在最大侧压力 $\sigma_2/\sigma_3=1.32$ 处，与围压 $\sigma_3=125$kPa 相比，其最大侧向变形量增大了 33% 左右。

以上泥浆在不同围压作用下渗入土体引起土体强度和变形的变化规律可以归结为以下三者之间的相互作用关系：作用①，泥浆中的细粒成分对地层空隙填补，并与土体颗粒胶结、积聚于土体表面形成泥膜，产生泥膜效果；作用②，泥浆中水渗入地层侵蚀破坏土体结构；作用③，随着围压的提高土体本身强度的增大及变形量的减小。低围压 $\sigma_3=100$kPa 条件下，作用①占主导作用，其程度和发展速度大于作用③情况，泥膜很快形成并发挥作用阻止了水的进一步渗透，表现为强度最高，侧向变形量最小；而高围压条件下 $\sigma_3=150$kPa，作用③随着侧向压力的增大也转为主导角色，在一定程度上破坏了土体的结构，但是围压对强度的影响即作用②也不能忽略，两者相互作用、抵消，使强度和侧向变形呈现出如

图 6.3.29 的变化规律。由此可知,对于粉质黏土砂土分层情况,低应力水平条件下泥浆的渗入能在一定程度上提高土体的强度,减缓侧向变形的发展。

6.3.2.5 小结

本节采用真三轴－微观耦合实验基本理念,探究了不同地层情况在不同的应力条件下泥浆渗入对泥水盾构开挖面土体强度及变形特性的影响规律,并同时定量刻画了剪切强度变化对开挖面有效支护压力的影响程度,解决并合理诠释了国内外已有研究成果的争议(即泥浆渗透对原土体强度的影响),并得到以下主要结论:

(1) 对于砂性土,泥浆渗透作用以及中主应力的影响均制约着有效泥浆支护压力的取值,而泥浆作用的影响要更为显著,且中主应力系数的变化同样制约着泥浆作用对有效泥浆压力取值的影响程度。

(2) 同时考虑一般应力条件和泥浆作用下的土体强度参数能更真实的反映泥水盾构开挖面土体的实际状态,因此,在开挖面泥浆支护压力的计算、稳定性评价以及数值模拟分析中宜以一般应力状态下泥浆土的强度指标为参考对象,该值相对于天然土体强度指标的变化量可作为一种直观而有效的参数来评判施工中泥浆质量是否满足开挖面稳定性的要求。

(3) 过滤解质挤压作用的发挥取决于一定的支护压力区间范围,当支护压力小于其压力下限值时,泥浆作用对土体强度和变形的影响均不大;当支护压力大于其压力上限值时,泥浆中水的渗透开始逐渐软化土体,导致了土体强度的降低、变形增大;而当支护压力处于上、下限之间时,挤压作用的发挥使得过滤解质的压缩,相互间的范德华力增大,透水性降低,外在表现为泥浆作用使得土体强度提高,变形量减小。

(4) 应力水平的提高能有效地控制开挖面土体的侧向变形,但当考虑泥浆作用时,随着支护压力提高,泥浆中水的渗透软化作用超过了应力水平提高对土体强度的提高作用时,整体表现即为泥浆土强度的降低。因此,开挖面的稳定决定于多项因素,如隧道不同的埋深以及支护压力取值的范围等。

(5) 由于泥浆水与地层接触时,黏性土会发生软化,强度降低,且软化与时间有关,因此,泥水盾构在长时间停止掘削时,不宜单纯采用泥浆压力来保持开挖面的稳定,而应充分利用盾构本体正面挡板来保持地层的稳定。

(6) 无论排水或不排水条件下,泥浆渗入对砂性土体的强度和变形均有较大影响,泥水盾构推进过程中不同的泥浆均存在有效泥浆支护压力上、下限值,且变化范围与复杂应力水平密切相关,这种特殊现象是由于泥浆渗透的主导作用,直接决定着复杂应力水平下泥水盾构开挖面的稳定和土体强度的大小。

(7) 对于上软下硬复合地层情况,低应力水平条件下泥浆的渗入能在一定程度上提高土体的强度,减缓侧向变形的发展,但是,该地层条件所对应的有效泥浆支护压力上、下限值波动范围较小,即在泥水盾构施工中,有效泥浆支护压力宜控制在较小的区间取值,且不宜过大,并应充分利用盾构本体正面挡板来保持地层的稳定。

6.3.3 开挖面变形与失稳破坏的颗粒流数值模拟研究

6.3.3.1 概述

传统材料的研究一般可分为宏观、细观及微观三个层次,不同的研究层次,其研究对象及力学模型也有所不同,我国著名固体力学专家杨卫院士总结了固体力学界宏观、细观及微观三个层次上的研究方法及表征形式,如表 6.3.7 所示。

微观、细观及宏观损伤理论表征　　　　　　表 6.3.7

	微观	细观	宏观
研究范围(尺寸)	$\leqslant 10^{-4}$m	10^{-4}m～10^{-2}m	$\geqslant 10^{-2}$m
损伤几何	空位、断键、位错	孔洞、微裂纹、界面、局部化带	宏观裂纹试件尺寸
材料	物理方程	基本本构关系与界面模型	本构方程与损伤演化
方法	固体物理	连续介质力学与材料科学	连续介质力学

宏观土力学的研究方法是用连续介质理论来描述土体的宏观力学性质，这种方法的弊端是只描述现象，不能揭示本质，此外，大量的事实也表明：材料的力学性质对微观结构是敏感的（胡瑞林，1999）。上述亦是我们采用真三轴—微观耦合实验理念研究泥水盾构开挖面稳定性机理的主要原因，即通过结合土体的微观结构，分析揭示土体宏观力学性质的本质。

表 6.3.7 中有关尺寸量级上的分类法主要针对金属材料而言，也可较合理的适用于岩土体。但是对于工程土体，众所周知，工程土体的颗粒大小变化范围较大，包含从量级 10^{-6}m 的黏粒到量级 10^{-1}m 的块石，如表 6.3.8 所示。若根据表 6.3.8 的尺度分类法，对于离散的单个颗粒，黏粒组属于微观尺度研究范畴，而块石（碎石）则属于宏观尺度研究范围。然而，单个块石或碎石违背了连续介质力学中的连续性基本要求，是不能作为连续体对待的（Jiang，2008）。因此，土力学中不宜以确定的尺寸作为划分宏观、细观及微观的依据（颜海滨，2009）；若把土体作为连续材料，不考虑微观结构，那么无论土体尺度大小，均属于宏观范畴；如把土体视为颗粒材料，研究其微观结构特征，则无论颗粒尺度大小，均属于微观范畴。宏观和微观只是分析问题时所采取的不同立场及方法，上一章中我们采用宏观与微观相结合的方法，研究土体宏观现象下隐藏的微观机理，而同时微观机理又进一步解释、验证了宏观表象，两者相辅相成有助于把握事物的本质机理。

而在土力学研究中，土体除了微观和宏观特性以外，还有一类介于两者之间的特性，它既不是单个土颗粒的行为，也不是整个土体的行为；既不属于微观尺度，也不属于宏观尺度，即细观尺度，离散单元法便以此作为研究单元形式，离散元数值模拟克服了传统连续介质力学模型的宏观连续性假设，可将宏观力学特性与微观结构特征联系并定量化，成为目前研究散体介质细观力学行为的常用数值分析手段。对于盾构开挖面的失稳破坏状态，还可以有效地模拟颗粒间的相互作用问题，大变形问题，断裂、坍塌和流动问题等。基于此，本节首先简要介绍了离散单元法基本思想及颗粒流方法；接着，对双轴数值试验方法进行了介绍；最后，在文献阅读基础上，对前人关于数值试样制备的相关经验进行了总结，以期对后文盾构开挖面土体失稳破坏模式的数值模拟研究提供指导。

粒组划分标准　　　　　　　　　　　　　　　　　表 6.3.8

粒组名称		粒径范围（mm）		粒组统称
		《岩土工程勘查规范》 （GB 50021—2001）	《土的工程分类标准》 （GB J145—90）	
漂石（块石）粒 卵石（碎石）粒		>200 200～20	>200 200～60	巨粒
砾粒	粗砾	20～2	60～20	粗粒
	细砾		20～2	
砂粒		2～0.075	2～0.075	
粉粒 黏粒		<0.075	0.075～0.005 <0.005	细粒

6.3.3.2　离散单元法的基本思想

离散单元法的思想最早源于 1957 年 Alder 和 Wainwright 提出的分子动力学（molecular dynamics，MD）方法。1971 年 Cundall 提出了适用于岩石力学问题的离散单元法，并将其用于岩质边坡的渐进破坏分析。此后，Cundall 等（1979）将其推广至散粒土的细观力学行为分析。离散单元法（Discrete Element Method，DEM）的基本思想是将不连续体分离成若干离散单元的集合，单元间按实际问题情况选择合理的接触本构关系（体现为力与位移的关系），各单元满足运动方程（即牛顿第二运动定律），用时步迭代方法求解各单元运动方程，继而求得不连续体的整体运动形态。该法主要计算步骤可分为：（1）接触检索；（2）以单元间相对位移为基本变量，由力—相对位移关系得到两单元间法向和切向接触力，对单元在各接触点处与其他单元间的作用力以及其他物理场对单元作用所引起的外力（如流场作用下的拽曳力等）求合力和合力矩；（3）由牛顿第二运动定律求得单元的加速度，对其进行时间积分（通常采用显式中心差分格式），进而得到单元的速度、位移；（4）更新单元位置，进行下一循环。

离散单元法是一种显式求解的数值方法。"显式"是针对一个物理系统进行数值计算时所用的代数方程式的性质而言。在用显式法计算时，所有方程式一侧的量都是已知的，而另一侧的量只要用简单的代入法即可求得。采用显式求解时，假定在每一迭代时步内，每个单元仅对其相邻单元产生力的影响，这样，时步就需要取得足够小，以使显式法稳定（王泳嘉，1991）。由于无须建立大型刚度矩阵，该方法计算速度快，所需储存空间小，尤其适用于求解岩土体大变形及非线性问题。

离散单元法按其单元的几何形状特征可以分为块体离散元法与颗粒离散元法。块体离散元法一般用于节理岩体的破坏问题分析，其单元在三维条件下常用四面体元或六面体元，在二维条件下可以是任意多边形元；颗粒离散元法一般用于土体等散体颗粒介质的非连续变形分析，每个单元对应一个颗粒，颗粒单元具有明确的物理意义，其单元在三维条件下常用圆球或椭球，在二维条件下常用圆盘或椭圆，其单元分类见图6.3.30。

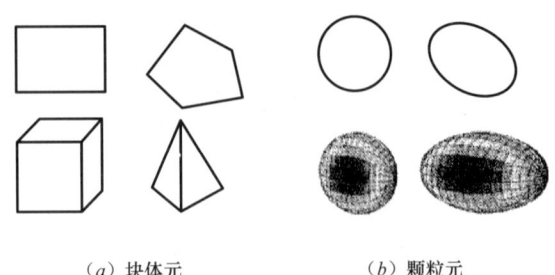

（a）块体元　　　（b）颗粒元

图 6.3.30　离散元的单元分类

6.3.3.3　颗粒流方法

基于离散单元法的基本思想，Cundall 加盟的 Itasca 公司开发了计算软件 PFC2D/3D（Particle Flow Code，即颗粒流计算程序），颗粒流程序的雏形为 Cundall 和 Strack 基于 FORTRAN 语言开发的二维 BALL 程序和三维 TRUBAL 程序，目前颗粒流程序已开发了自身的内嵌语言 FISH。颗粒流方法（PFC2D/3D）属于颗粒离散元的一种，其基本单元为纯圆颗粒单元（二维条件下为圆盘，三维条件下为圆球），其单元本身不可变形，但假设在很小的范围内颗粒之间可以以"软"接触的形式相互叠合，接触处有特殊的连接强度且"重叠"量的大小与接触力有关。

（1）颗粒流方法基本理论

就颗粒流方法而言，由于介质一开始就假定为离散体的集合，因而颗粒之间无变形协调的约束，但需满足平衡方程。如果作用于颗粒上的合力和合力矩不等于零，则不平衡力及不平衡力矩使得颗粒服从牛顿第二定律运动。颗粒的运动不是自由的，要受到周围接触颗粒的阻力限制，这种位移-阻力规律就相当于物理方程（本构关系），可为线性或为非线性。该计算按照时步迭代并遍布整个颗粒集合体，直到每一颗粒的不平衡力和不平衡力矩在足够小的允许值之内。

颗粒流方法以牛顿第二定律和力-位移定律为基础，采用显式时步循环运算规律，重复应用运动定律于颗粒上、力-位移定律于接触上，并且不断更新墙体位置。颗粒-颗粒间的接触或颗粒-墙体间的接触，在计算过程中自动形成或破坏，整个循环过程见图6.3.31。

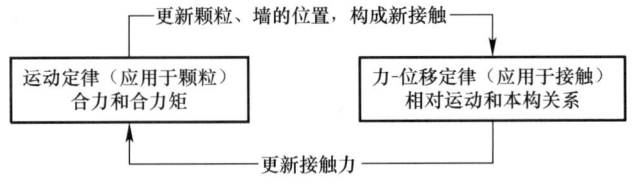

图 6.3.31　计算过程循环图

（2）接触本构模型

接触本构模型（或接触力-位移关系），定义了颗粒间接触力与接触点相对位移的关系。颗粒流方法提供的本构模型在力学机理上可分接触型和粘结型两类。接触型的本构模型反映了散体颗粒在接触点处的挤压和摩擦作用，常用于砂土的力学性质模拟。粘结型本构模型考虑将离散颗粒单元粘结起来，同时粘结可在一定的强度准则条件下断裂。

1）接触刚度模型（Contact-Stiffness Models）

PFC2D 提供了两种接触刚度模型，即线性接触模型与 Hertz-Mindlin 接触模型。

① 线性接触模型（Linear Contact Model）

接触刚度是根据两接触实体（颗粒—颗粒接触或颗粒—墙接触）的刚度求得。假设两接触实体 A

和 B 相互串联，其法向刚度、切向刚度分别为 $k_n^{[i]}$、$k_s^{[i]}$（i＝A，B）。法向割线刚度 K_n 可由下式计算：

$$K_n = \frac{k_n^{[A]} k_n^{[B]}}{k_n^{[A]} + k_n^{[B]}} \tag{6.3.13}$$

切向切线刚度 k_s 为

$$K_s = \frac{k_s^{[A]} k_s^{[B]}}{k_s^{[A]} + k_s^{[B]}} \tag{6.3.14}$$

② Hertz-Mindlin 接触模型（Hertz-Mindlin Contact Model）

Hertz-Mindlin 接触模型是基于 Hertz 理论和 Mindlin&Deresiewicz 理论的非线性接触模型，可考虑接触力与相对位移之间的近似非线性关系。由于该模型没有定义颗粒单元受张力的情况，所以不能与粘结模型连用。模型细观参数有细观剪切模量 Gu、细观泊松比 vu。法向割线刚度 K_n 为：

$$K_n = \left[\frac{2G_u \sqrt{2\bar{R}}}{3(1-v_u)} \right] \sqrt{U^n} \tag{6.3.15}$$

切向切线刚度 ks 为：

$$k_s = \left(\frac{2(G_u^2 3(1-v_u)\bar{R})^{1/3}}{2-v_u} \right) |F_i^n|^{1/3} \tag{6.3.16}$$

式中，U_n 为颗粒接触重叠量，F_{in} 为法向接触力大小。

对于颗粒-颗粒相互接触：

$$\bar{R} = \frac{2r_A r_B}{r_A + r_B}, G_u = \frac{1}{2}(G_u^A + G_u^B), v_u = \frac{1}{2}(v_u^A + v_u^B)$$

对于颗粒-墙相互接触：

$$\bar{R} = r_{ball}, G_u = G_u^{ball}, v_u = v_u^{ball}$$

式中，r 为颗粒的半径，A、B 为两个相互接触的颗粒。

2）滑移模型（Slip Model）

滑移模型是两个接触实体（颗粒-颗粒或颗粒-墙）的一种固有特性，该模型没有设定法向抗拉强度，允许颗粒在抗剪强度范围内发生滑动，该模型在接触粘结模型发生作用前一直有效。滑动模型可与接触刚度模型联用，也可与平行粘结模型同时发生作用。

滑移模型通过两接触实体的摩擦系数 μ 定义，若颗粒间重叠量 U_n 小于或等于零，则令法向或切向接触力等于零。发生滑动的判别条件为：

$$f_{max}^s = \mu |f_i^n| \tag{6.3.17}$$

当 $|f_i^s| > f_{max}^s$，发生滑移，且下一循环中：

$$f_i^s \leftarrow f_i^s (f_{max}^s / |f_i^s|) \tag{6.3.18}$$

3）粘结模型（Bonding Models）

PFC2D 提供了两种粘结模型，即接触粘结模型（Contact-Bond Model）和平行粘结模型（Parallel-Bond Model）。接触粘结模型在机理上相当于接触点处的刚性环粘结，粘结本身不可变形，当作用力大于粘结强度时，粘结断裂；平行粘结模型在机理上相当于接触面上的柔性胶粘结，粘结本身有刚度，可发生一定变形，同时当作用力大于粘结强度时，粘结断裂。

① 接触粘结模型（Contact-Bond Model）

接触粘结模型可以假想为在颗粒之间的接触点处作用有一对具有恒定法向刚度和切向刚度的弹簧，同时该对弹簧被赋予一定的法向粘结强度和切向粘结强度。当颗粒之间的法向接触力大小大于或等于其法向粘结强度时，粘结破坏并把法向、切向接触力赋值为零。当切向接触力大小大于或等于其切向粘结强度时，粘结断裂，但接触力不发生变化。当接触粘结模型生效时，滑移模型不生效。接触粘结模型可以传递力，但不能传递力矩。接触粘结模型的模型细观参数有法向粘结强度 F_c^n、切向粘结强度 F_c^s。

② 平行粘结模型（Parallel-Bond Model）

平行粘结模型可用于颗粒之间存在有限尺寸胶结材料情况的力学性质模拟。这种粘结建立颗粒间一种弹性相互作用关系，可与滑移模型和接触粘结模型同时存在。

平行粘结可以假想为一组具有恒定法向刚度与切向刚度的弹簧，均匀分布在两个颗粒的接触面内，这组弹簧可以与接触刚度模型中的接触弹簧平行使用。由于粘结刚度的存在，颗粒间接触点处的相对运动会在平行粘结处产生力和力矩作用，力和力矩的大小受到平行粘结强度的限制，当力和力矩大小超过粘结强度，粘结断裂，平行粘结模型失效。平行粘结模型的模型细观参数有法向粘结强度、切向粘结强度、法向粘结刚度、切向粘结刚度、粘结半径。

(3) 颗粒流中一些参数的计量方法

1) 颗粒数目的控制

颗粒数目的多少直接影响数值模拟的计算机耗时和其模拟结果的真实性，在对室内土力学试验进行模拟时，合理的方法是在不影响数值模拟结果的条件下尽可能选用较少的颗粒数量，但是颗粒数量也不能无限制的少，否则数值模拟会失去真实性。

针对上述问题，常规处理方法有两种（史旦达，2007）：一种是保持数值试样外观尺寸与室内试样相仿，适当放大数值试样颗粒的平均粒径，以减少生成的颗粒数量；另一种是保持数值试样颗粒平均粒径与室内试样一致，适当缩小数值试样的外观尺寸，以减少生成的颗粒数量。两种方法共同点都是要控制外观试样尺寸 $\bar{D}$ 与内部颗粒平均粒径 d_{50} 的比值 $\bar{D}/d_{50}$ 在某一范围内。Jensen 等（1999）曾对这一问题进行了研究，得到的结论是，当 $\bar{D}/d_{50}$ 的比值大于 $30\sim40$ 倍时，颗粒数量的多少将不会显著影响数值模拟结果。

此外，基于所模拟土体的颗粒级配曲线，蒋明镜（2003）根据不同的颗粒半径 $r_{(i)}$ 及其所对应的颗粒质量百分含量 $P_{(i)}$，提出了对应于某一颗粒半径 $r_{(i)}$ 所生成颗粒数目 $N_{(i)}$ 的计算公式：

$$N_{(i)} = \frac{P_{(i)}}{r_{(i)}^s \cdot P} \cdot N_0 \tag{6.3.19}$$

式中，N_0 为预先估计的所有半径颗粒的总数，参数 s 对于二维颗粒取 2，三维颗粒取 3，P 可由下式求得：

$$P = \sum_{i=1}^{n_p} \frac{P_{(i)}}{r_{(i)}^s} \tag{6.3.20}$$

式中，n_p 为颗粒半径的种数。

2) 孔隙率的算法

在设定了一定数量的颗粒数目 N_0 后，可由下式计算所生成试样的孔隙率 n_0：

$$N_0 = \frac{A(1-n_0)}{\pi \bar{R}^2}, \bar{R} = \frac{R_{\min} + R_{\max}}{2} \tag{6.3.21}$$

式中，A 为给定试样的面积，$R_{\min}$、$R_{\max}$ 分别为颗粒的最小和最大粒径。

若采用同一半径放大系数 m，此时试样的孔隙率 n 可由下式计算：

$$m = \sqrt{\frac{1-n}{1-n_0}} \tag{6.3.22}$$

6.3.3.4 土体细观参数标定的颗粒流模拟

在采用颗粒流方法对土体不同力学行为进行模拟时，细观参数的选择是否符合实际土体力学特性是影响数值模拟结果的主要因素之一，由于实际土体细观结构的客观复杂性和目前研究水平的局限性，人们通常还无法由室内细观试验准确得到土体颗粒之间的接触本构关系及其力学参数，也没有形成一套完善的细观力学理论来建立土体宏观响应与细观组构之间的定量关系。而 PFC2D 自带的围压伺服控制系统所提供的双轴数值试验环境可用于室内平面应变试验或室内双轴试验的模拟。双轴数值试验从颗粒介质的细观组构和接触特性出发，分析土体变形和强度变化的细观本质，可用于土体参数的细观标定以及宏观-细观力学量之间对应关系的研究。

(1) 双轴数值模拟试验

双轴数值试验的模拟大致可分为以下三个步骤：

1) 制样

PFC2D 数值模拟试样的制备一般采用的方法有：半径膨胀法（Radius expansion method），重力沉积法（Gravity sedimentation method），各向均匀压缩法（Isotropic-compression method），以及蒋明镜（2003）提出的分层欠压法（UCM，multi-layer with undercompaction method）。

对于预先指定试样的孔隙率问题，宜采用半径膨胀法。这种方法通过设定半径膨胀系数 m，循环调整颗粒粒径，直到生成的试样满足孔隙率的要求。但其缺点是制备较密实试样时，由于半径膨胀会引起颗粒间较大的重叠量，从而导致试样内部初始应力过大（史旦达，2007）。为了避免这一现象的产生，在颗粒生成过程中，可先生成小粒径的颗粒，然后逐渐将粒径放大，在无摩擦状态下通过循环达到平衡，直到满足指定的孔隙率要求。最后赋值摩擦系数。

对于对初始应力敏感且对初始孔隙率要求不高的问题，宜选择重力沉积法制样（史旦达，2007）。该方法不仅能够真实再现实际室内试验的重力沉积制样过程，而且制成的试样初始应力较小，其缺点在于初始孔隙率要通过调整重力沉积步数控制，且难以制成颗粒间接触力分布均匀、初始密实试样。

对于指定密实度较高的试样，可采用各向均匀压缩法。首先在足够大的面积内随机生成一定数量颗粒，面积的大小应能保证所生成的颗粒无重叠且颗粒间接触力为零；可通过以下两个步骤使生成的试样趋于密实：①设置较小的颗粒间摩擦系数，允许颗粒间产生相互错动滑移。②使墙体在应力/应变控制下发生相对运动，直到满足指定孔隙率或达到应力平衡状态时停止；最后重新设置新的代表研究土体特性的摩擦系数。由此可知，该方法可有效生成低孔隙率的密实试样，但由于边界效应，该法难以满足整个试样较均匀的密实性，特别是对于松散-中密状态试样的情况。针对上述问题，为了生成松散状态的试样，文献[88，89]中，作者对各向均匀压缩法进行了部分修正：颗粒-颗粒、墙-颗粒间的摩擦系数在整个制样过程中均保持不变-设置为可真实反映土体特性的数值，但是由于较大的摩擦系数在一定程度上限制了颗粒间滑移，在试样中很难避免形成较大的空隙。

分层欠压法可以在一定程度上弥补上述方法的不足之处，在满足不同要求密度的基础上，生成指定孔隙率的试样，并且通过参数调整控制试样的松散程度，避免由于颗粒重叠引起的试样内部不均匀应力，保证整个试样的均匀密实度。

对不同土质试样的三轴实验结果进行模拟时，由于对试样的初始孔隙率要求高，且为了保证整个试验具有较均匀的密实度，所以采用分层欠压法制样；在对开挖的模拟过程中，地层的形成由于考虑的土体范围较大、土颗粒数目较多，则采用重力沉积法制样。具体的实施步骤在第 6.4 节具体进行详述。

数值试验所需耗费的计算时间跟颗粒数量直接相关，在对土体试样进行数值模拟时，如果完全参考实际试验，那么土体颗粒数目及相应所需的计算时间将会相当惊人。根据双轴数值试样制备的相关经验总结，可在不影响数值试验结果的基础上，将实际的土体平均粒径适当放大来减少数值试样的颗粒数量，同时控制有效粒径比使数值试样的级配（如不均匀系数 C_u、曲率系数 C_c）接近实际土体试样。第 6.4 节中黏土及砂土的双轴数值试样制备方法均按照上述原则进行。

2) 固结

调用伺服控制系统，通过不断调整墙体的移动速度来达到并保持所需的固结应力。墙体的移动速度由下式决定：

$$\dot{u}^{(w)} = G(\sigma^{\text{measured}} - \sigma^{\text{required}}) = G \cdot \Delta\sigma \tag{6.3.23}$$

其中 σ^{measured} 为墙体上的实际应力值，根据量测的墙体-颗粒作用力及长度换算而成；σ^{required} 为所设定的目标固结应力值；参数 G 的推导过程如下：

在一个时步内因墙体运动而在墙上产生的最大力的增量为：

$$\Delta F^{(w)} = k_n^{(w)} N_c \dot{u}^{(w)} \Delta t \tag{6.3.24}$$

式中，N_c 为颗粒与墙的接触总数；$k_n^{(w)}$ 为所有颗粒与墙接触的平均接触刚度。则墙上平均应力的变化可表示为：

$$\Delta\sigma^{(w)} = \frac{k_n^{(w)} N_c \dot{u}^{(w)} \Delta t}{A} \tag{6.3.25}$$

式中，A 为墙体面积。为满足稳定性要求，墙上应力变化的绝对值应小于实际值与目标值之差的绝对值。在实际运算中，引入一个应力放松因子 α（缺省值为 0.5），则稳定条件可表示为：

$$|\Delta\sigma^{(w)}| < \alpha \cdot |\Delta\sigma| \tag{6.3.26}$$

将式（6.3.23）、式（6.3.25）代入式（6.3.26），可得到：

$$\frac{k_n^{(w)} N_c G |\Delta\sigma| \Delta t}{A} < \alpha \cdot |\Delta\sigma| \tag{6.3.27}$$

则参数 G 可表示为：

$$G \leqslant \frac{\alpha A}{k_n^{(w)} N_c \Delta t} \tag{6.3.28}$$

在每一个循环开始时，墙体速度由式（6.3.24）决定，而 G 值应满足式（6.3.28）。

3）加荷

通过自定义 FISH 函数对墙体加荷条件的控制，双轴数值模拟试验可以实现室内试验的单调和循环加荷条件（史旦达，2007）。单调加荷可分为应力控制及应变控制两种方式。循环加荷也可采用等应力幅和等应变幅两种控制方式。此外，根据实际模拟的需要，还可实现不同排水条件的加荷方式。在通常情况下，双轴数值试验的试样由干颗粒集合体组成，其加荷过程对应于室内试验的排水条件。加荷时，定义上、下墙体应力的平均值为大主应力 σ_1；左、右墙体应力的平均值为小主应力 σ_3；上、下墙体移动引起的应变为大主应变 ε_1；左、右墙体移动引起的应变为小主应变 ε_3；大、小主应变之和为体应变 ε_v。

(2) 细观参数变化对宏观特性影响规律研究

为分析并归纳各个细观参数变化对宏观力学响应的影响，以下研究均采用二维纯圆非均一粒径试样进行双轴数值模拟试验。

1）颗粒间摩擦系数 f

散粒体材料之间的作用主要是靠颗粒间的摩擦传递剪力，针对不同的颗粒间摩擦系数（$f=0.1\sim0.9$）对其相应宏观特性的影响，目前已有研究表明：随着颗粒间摩擦系数的增大，颗粒间相互作用相应变大，应力-应变曲线所对应的初始弹性模量及峰值强度也越大，但是曲线呈现出明显的软化特性，而小摩擦系数对应较理想的弹塑性关系；在体应变-应变曲线中，摩擦系数越大，相应的剪胀现象也越明显。当摩擦系数较小时（$f=0.1\sim0.3$），应力-应变曲线表现出硬化的特性。

2）空隙率 n

孔隙率对应力-应变曲线峰值强度的影响程度要小于摩擦系数对峰值强度的影响。对于同一试样，当摩擦系数取值较小时（$f<0.2$），空隙比 e（$e=n/(1-n)$）的变化对试样强度影响不大。当摩擦系数 $f>0.2$，随着空隙比的增大，强度逐渐减低，且减低幅度随着摩擦系数增大而增大，但当孔隙比增至某一数值后，强度变化趋于稳定。

一般情况下，孔隙率越小，应力-应变曲线的初始弹性模量越大，相应的峰值强度越高，达到峰值时所对应的轴向应变越小，并且表现出明显的软化特性；从体应变-应变曲线上看，孔隙率越小，相应的剪胀现象也就越明显。随着空隙率的增大，试样应力-应变曲线表现出硬化的特性。但是对于同一试样，当摩擦系数取值较小时（$f<0.2$），空隙率的变化对试样强度影响不大。

对于空隙率大小数值的确定，Deresiewicz（1958）对二维条件下等粒径圆盘的排列形式及其孔隙率分布进行了研究，结果表明：空隙率的变化范围为 0.0931～0.2146，分别对应"六边形排列"及"立方排列"，如图 6.3.32 所示。而对于一定级配分布的二维非均一粒径试样，空隙率的变化范围将变大，且最大、最小空隙率的具体取值还难以确定。根据室内试验模拟，

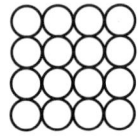 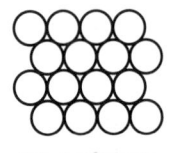

(a) 简单立方排列　　(b) 六边形排列

图 6.3.32　等粒径圆盘颗粒的排列方式

总结出如下经验（史旦达，2007）。当试样的初始孔隙率小于 0.2 时，其宏观力学表现接近于密砂的力学特性；反之，当试样的初始孔隙率大于 0.2 时，其宏观力学表现则接近于松砂。

最大和最小颗粒粒径比值 R_{max}/R_{min} 与空隙率呈函数关系，试验表明该值越大，应力-应变曲线峰值强度越高，软化现象也越明显。

3) 颗粒间接触刚度 k

不同的颗粒接触刚度取值对应力-应变曲线形状有较大影响，接触刚度越大，应力-应变曲线的初始弹性模量越大，其出现峰值所对应的轴向应变则降低。接触刚度对试样的峰值强度有影响，但并不显著，如当 k 由 1GPa 增大至 10GPa 时，其最大轴向应力增量在 15% 之内（池永，2002），而在体应变-应变曲线上，随着接触刚度的增大，试样表现出较明显的剪胀特性。

综上所述，颗粒单元细观参数的选取对其宏观力学特性有较大程度的影响，并且呈现一定的规律，如表 6.3.9 所示。合理利用这些规律，可以通过参数调整，得到与实际土体试样有相似的应力-应变关系、内摩擦角等宏观力学参数的颗粒流模拟试样。

PFC2D 数值模拟试样宏观力学响应的细观参数研究总结　　表 6.3.9

	初始弹性模量	峰值强度	峰值强度对应应变	理想弹塑性→软化	剪胀现象
摩擦系数 f（↑）	增大	增大	无影响	趋势明显	明显
孔隙率 n（↓）	增大	增大	降低	趋势明显	明显
R_{max}/R_{min}（↑）	无影响	增大	有非线性影响	有趋势	有非线性影响
颗粒接触刚度 k（↑）	增大	影响不明显	降低	影响不明显	明显

本课题将在此基础上，针对开挖面的土体变形和破坏情况进行深入的颗粒流数值模拟仿真分析，研究开挖面的失稳机理和破坏模式。

6.3.3.5 颗粒流数值模拟细观参数的确定

开挖面的失稳破坏，具有宏观上的不连续性和单个块体运动的随机性。如 Takehiro 等人通过土箱试验观察指出开挖面失稳可分为以下三个阶段：

1) Surface slip stage（面层滑动阶段）：开挖面处的土体表层部分地方出现滑动，直至滑动蔓延至整个开挖面区域；

2) Slide Stage（滑移阶段）：相对表层滑动阶段，土层深处开始出现滑移；

3) Outflow Stage（流动阶段）：土层中生成了连续变形和地层移动。

而根据实际施工过程中盾构开挖面前方土体的失稳对施工造成的影响，可以归纳为局部失稳和整体失稳两种形式。局部失稳土体的破坏主要发生在邻近盾构切口的附近，破坏的土体达不到地表，如图 6.3.33(a) 所示，但当局部失稳达到一定程度后，会发展至全局的整体塌方；整体失稳的破坏蔓延到了地表，形成了一个与地表连通的通道，在地表呈现出火山口的形状，如图 6.3.33(b) 所示。

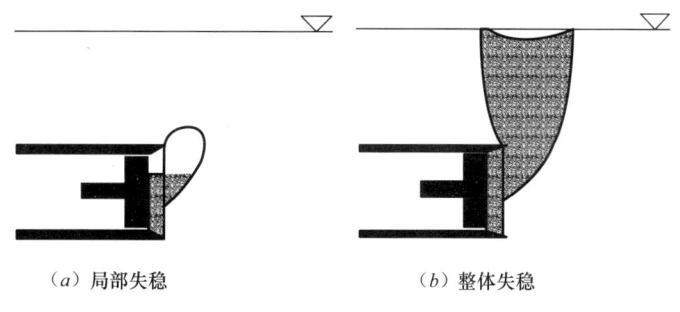

(a) 局部失稳　　　　　　(b) 整体失稳

图 6.3.33　开挖面失稳两种典型形式

离散单元法是目前研究散体介质细观力学行为的常用数值分析手段，这里采用的二维颗粒流方法属于离散单元法的一种。颗粒流方法克服了传统连续介质力学模型的宏观连续性假设，可以从细观层面上对土的工程特性进行数值模拟,并通过细观参数的研究来分析宏观力学行为。对于盾构开挖面稳定性分析的模拟问题,颗粒流方法可以有效地模拟砂性土颗粒间的相互作用问题,大变形问题,断裂、坍塌和流动问题等。

本研究采用颗粒离散单元法(PFC2D)研究在不同土质地层中超大直径泥水平衡盾构开挖面的失稳破坏机理,描述其发生→局部破坏→整体破坏的整个发展过程,包括对周围地层产生的影响,并通过对不同埋深情况下极限支护压力规律的研究,明确不同地层条件下由于支护压力不足或过大而造成的开挖面失稳破坏模式,为复杂地层极限支护压力解析解计算模型的确定提供支撑。

对土力学试验的模拟是颗粒离散元法的重要应用之一,通过与室内试验结果的对比分析,为进一步研究颗粒介质宏观力学行为的细观机理提供了依据。本节首先即以不同土质的三轴试验结果为基础,通过颗粒流方法(PFC2D)提供的双轴数值试验对三轴试验进行模拟,并对试验结果进行对比分析及反复校对,以确定进一步用于盾构推进、开挖过程数值模拟的细观参数。

1)砂土颗粒的"团颗粒"模拟方法概述

Mitchell(1993)研究表明,实际砂土颗粒一般都具有不同程度的角粒特征。史旦达(2007)总结了国内外几种常见砂的细观图像照片,如图 6.3.34 所示。本节中砂性土数值试样的制备根据钱江隧道砂质粉土物理力学性质指标及其颗粒级配曲线进行,该土体细观结构如图 6.3.35 所示。

  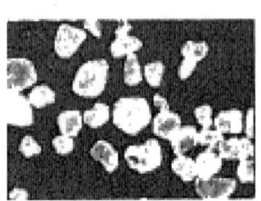

(a)福建标准砂　　　　(b)Toyoura砂　　　　(c)Ottawa砂

图 6.3.34　国内外几种常见砂的细观图像[85]

图 6.3.35　钱江隧道砂质粉土细观结构图像

颗粒形状是影响砂土内摩擦角的重要因素(Koerner,1968),Holubec 等学者(1973)对不同形状砂土的研究也表明:角粒特征越明显,砂土内摩擦角越大。而由图 6.3.34、图 6.3.35 可知,砂性土均呈现出一定的总体形状指标,如颗粒长短轴比。因此,直接采用二维圆盘单元来模拟砂质土体颗粒是不适当的,可以考虑采用多个圆形单元组合成呈某一长短轴比的组合颗粒块来模拟砂性土,凸现其角粒特征。

PFC2D 提供了"CLUMP"—"团颗粒"方法,以供非圆颗粒单元的二次开发,该方法将若干个团聚在一起的圆盘颗粒视为单一团颗粒,根据团聚形式的不同可以构造任意形状的团颗粒,圆盘颗粒之间可相互重叠也可不重叠。在算法上,仅考虑团颗粒与团颗粒之间的接触特性,而不考虑构成团颗粒的内部圆盘颗粒之间的接触及力的传递,团颗粒不发生破碎。本节即利用"团颗粒"方法开发形状近似椭圆的"椭圆团颗粒",根据所研究的钱江隧道砂质粉土细观结构分析,可取单元长短轴比 1.4 为例模拟砂质粉土颗粒。

进行椭圆团颗粒数值模拟时,首先生成初始纯圆颗粒试样,接着由"面积等效原则"和"质量等效原则"将其转换为对应的椭圆团颗粒,如图 6.3.36 所示。

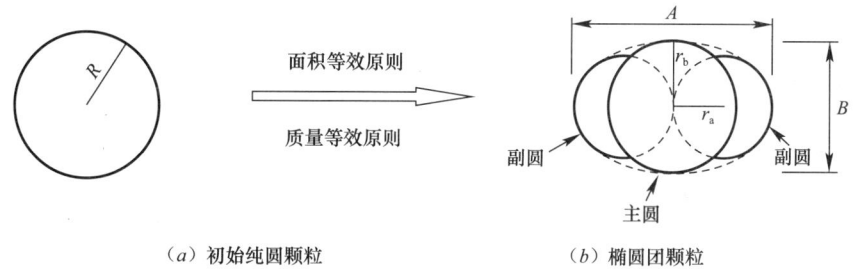

(a) 初始纯圆颗粒　　　　(b) 椭圆团颗粒

图 6.3.36　初始纯圆颗粒转换为椭圆团颗粒

假设初始纯圆颗粒半径为 R,组成椭圆团颗粒的中间圆盘颗粒半径为 r_1,两侧圆盘颗粒半径为 r_2;则长短轴比 m 可表示为:

$$m = \frac{2r_2}{r_1} \tag{6.3.29}$$

◀ 面积等效原则

初始纯圆颗粒转换为椭圆团颗粒时,应遵循"面积等效原则",即:

$$S_0 = S_1 + 2S_2 - 2S_{\text{overlap}} \tag{6.3.30}$$

式中,S_0 表示初始纯圆颗粒面积,S_1 表示椭圆团颗粒中间主圆颗粒面积,S_2 表示椭圆团颗粒两侧副圆颗粒面积,S_{overlap} 表示椭圆团颗粒主圆与副圆之间的重叠面积。

◀ 质量等效原则

椭圆团颗粒的质量是组成团颗粒的各个圆盘颗粒的质量之和,初始纯圆颗粒与椭圆团颗粒应遵循"质量等效原则",即:

$$\rho_0 S_0 = \rho' \sum_{i=1}^{n} S_i \tag{6.3.31}$$

式中,ρ_0 表示初始纯圆颗粒密度,S_0 表示初始纯圆颗粒面积,ρ' 表示组成团颗粒的圆盘颗粒密度,S_i 表示组成团颗粒的圆盘颗粒面积。

2) 数值试样制备

砂性土双轴试样宽 120mm、高 70mm。采用分层欠压法生成数值试样,具体的操作步骤如下所述:

① 根据分层欠压方法依次分五层生成初始的纯圆颗粒试样,最大粒径 2.2mm,最小粒径 0.7mm;

② 记录初始纯圆颗粒的圆心位置和粒径,根据指定的长短轴比 m,面积等效原则及质量等效原则计算主圆半径 r_1、两侧副圆半径 r_2 及团颗粒密度;

③ 删去纯圆颗粒,在相同位置生成椭圆团的主圆颗粒,两侧副圆在 0°~180°范围内随机定向生成,以消除初始制样各向异性的影响;

④ 保持侧墙和底墙固定,顶墙以 5m/s 的速度向下运动,直到达到指定的最终平均孔隙比 e,如当 $e=0.25$,则每增加一层的平均孔隙比可分别取值如下:$e_1=0.27$,$e_{1+2}=0.267$,$e_{1+2+3}=0.263$,

$e_{1+2+3+4}=0.258$,$e_{1+2+3+4+5}=e=0.25$;

⑤ 试样完全生成后，重新设置颗粒间摩擦系数；

⑥ 施加各向均等围压，围压 σ_0 大小分别取 100kPa、125kPa 和 150kPa 三种情况；图 6.3.37 为围压 $\sigma_0=100$kPa，固结结束后砂性土试样的数值模型及其局部放大图；

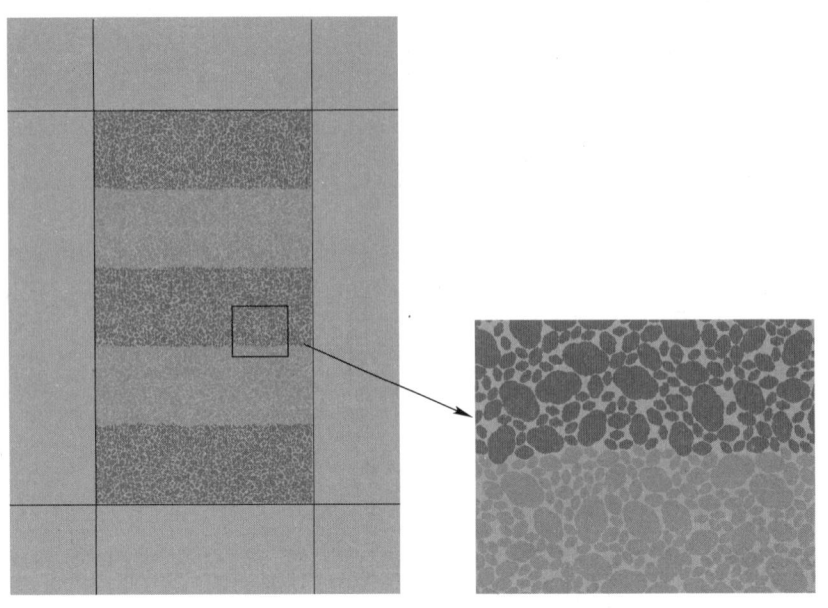

图 6.3.37 砂性土试样双轴试验数值模型

⑦ 加荷，试样加荷采用应变控制方式，上、下墙体加荷速率参照室内三轴试验情况取值，同时调整两侧墙体的位移，以保持试样围压 σ_0 的稳定。

3）细观参数设置

为了与同一试验条件下的室内试验曲线特征相匹配，同样需要进行一系列的数值模拟试验，反复调整数值模型的输入参数，直到数值试验结果与实际物理模型试验结果基本一致。基于前文的试验数据计量方法，记录整个加载阶段试样的轴线应变 ε_y、偏应力（$\sigma_y-\sigma_x$）的变化。砂性土试样颗粒流数值模型最终确定的细观力学参数取值如下：$k_n=1.0e8$N/m，$k_s=1.0e8$N/m，$f=0.85$。图 6.3.38 为不同围压情况下砂性土试样的应力-应变曲线。

由图 6.3.38 可知，颗粒流数值模拟试验与室内试验的应力-应变曲线比较吻合，但是随着围压的增大，PFC 模拟得到的应力-应变曲线的软化现象也愈加明显。这是由于在数值分析中，土颗粒假设为刚性体，在达到峰值后，颗粒间发生滑动，应力急剧降低，而在室内试验中，土颗粒可发生变形，延缓了应力降低速度。

6.3.3.6 颗粒流数值模拟的实现

（1）初始地层模型的建立

在对泥水盾构开挖、推进整个过程的颗粒流模拟分析中，需要将模型尺寸放大以考虑边界效应，但是若按照前节细观参数建模，那么所需的颗粒数目将需以百万计量，目前的计算机速度和容量还无法满足要求。故本节将参考离心机试验原理：缩小地层模型，并通过增加重力加速度使地层的初始应力水平接近实际的应力水平。

1）砂性土地层初始地层模型的建立

砂性土地层模型的形成及盾构推进初始状态模拟可分为以下三个过程：

① 地层模型尺寸宽 400mm，高 364mm，边界条件采用墙体单元（Wall）模拟，土体采用椭圆团颗粒模拟，颗粒级配同双轴模型试样，即粒径范围为 0.7～2.2mm，最终平均孔隙比 $e=0.25$。地层模型仍采用分层欠压法生成，椭圆团颗粒总数为 37005，如图 6.3.39（a）所示；

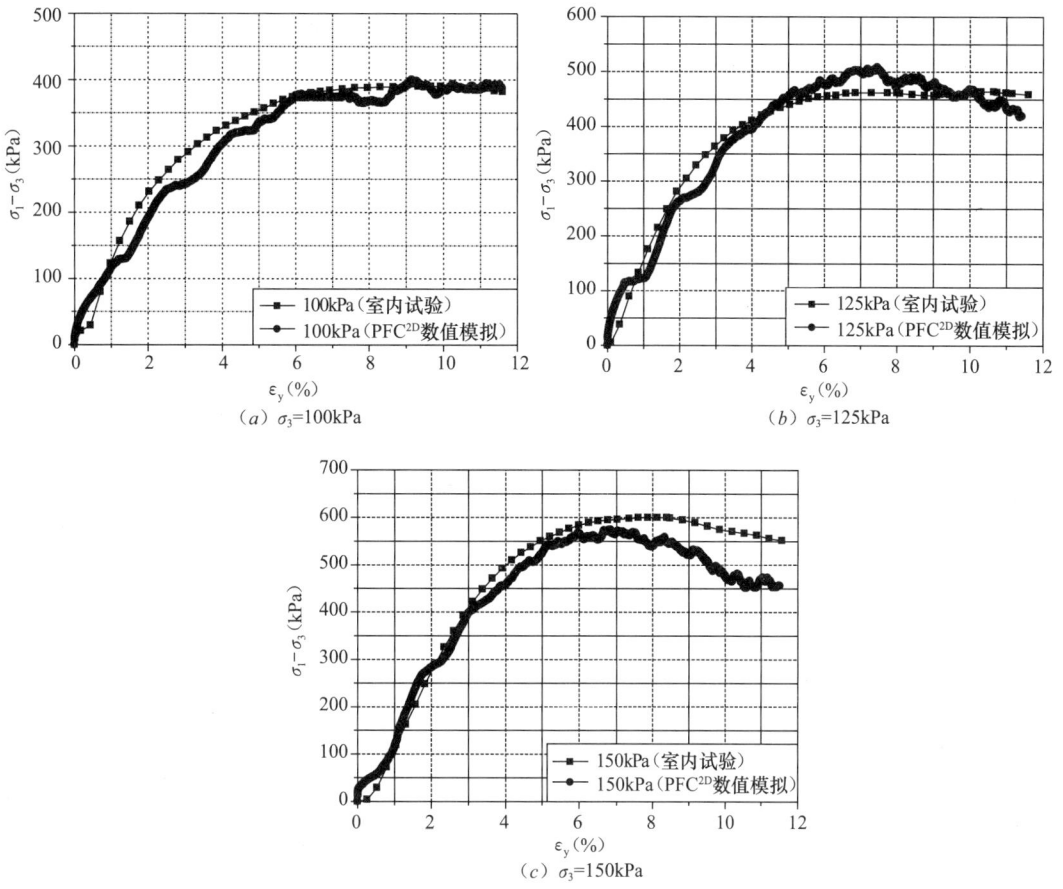

图 6.3.38 不同围压情况下砂性土试样应力-应变曲线

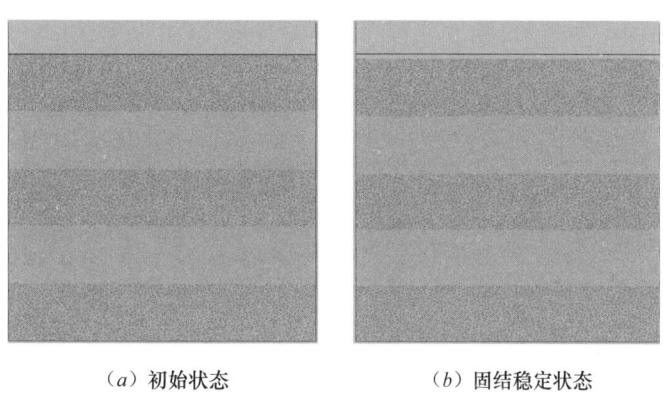

（a）初始状态　　　　　（b）固结稳定状态

图 6.3.39 地层形成及固结稳定状态（砂性土地层）

② 施加重力，将重力加速度设为 200g，使颗粒在重力作用下沉积、固结，并达到稳定状态，固结后模型高 359mm，如图 6.3.39（b）所示；

③ 盾构推进初始状态。盾构推进初始状态数值模型及其测量圆布置如图 6.3.40（a）所示，测量圆在相应网格中生成，每个网格尺寸为 25mm×25mm，盾构直径 $D=75$mm，图中盾构上覆埋深 $C=134$mm，即 $C=1.8D$。

众所周知，泥水盾构在砂性土地层开挖推进过程中，在开挖面处无论是推进阶段或是管片拼装阶段应始终保持一层渗透性非常小的泥膜，当刀盘刀头将泥膜包裹的土体切削后，新的泥膜很快会形成，周而复始，即这层泥膜始终保持着开挖面的稳定。在对砂性土地层泥水盾构推进过程的颗粒流模拟中，对于盾构开挖的初始状态,可假设在开挖面前方一定范围内已形成理想状态泥膜。通过第 6.2 节真三轴-微观耦合实验可知,泥浆中细颗粒的渗入、填补作用可在一定程度上提高土体的整体强度,因此,在颗粒流数值计算中,将通过设置于颗粒间的接触粘结模型模拟并实现泥膜效应,如图 6.3.40（b）所示,其中,该范围内接触粘结模型的设置同黏性土层中接触粘结模型的设定方法,初始粘结强度仍取为:n_bond=s_bond=100N。

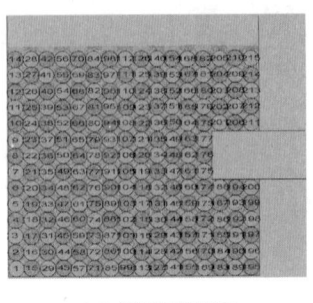 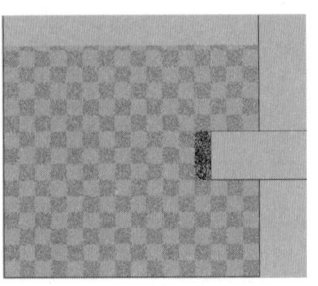

（a）测量圆布置图　　　　（b）模拟泥膜效应的接触粘结模型设置

图 6.3.40　盾构推进初始状态数值模型（$C=1.8D$,砂性土地层）

2) 砂黏性土复合地层初始地层模型的建立

砂黏性土复合地层模型的建立仍采用上述砂性土地层初始地层模型生成的方法,地层的形成及盾构推进初始状态模拟同样分为以下三个过程：

① 地层模型尺寸宽 400mm、高 357mm,边界条件采用墙体单元（Wall）模拟,下部砂性土采用椭圆团颗粒模拟,颗粒级配同双轴模型试样；上部黏性土采用圆盘单元模拟,颗粒级配同双轴模型试样。地层模型仍采用分层欠压法分别生成两种土质土层,椭圆团颗粒总数为 19255,圆盘颗粒总数约为 70000,如图 6.3.41（a）所示。

（a）初始状态　　　　　　　（b）固结稳定状态

图 6.3.41　地层形成及固结稳定状态（砂黏性土复合地层）

② 施加重力,将重力加速度设为 200g,使颗粒在重力作用下沉积、固结,并达到稳定状态,固结后模型高约 350mm,如图 6.3.41（b）所示。

③ 构推进初始状态。对于盾构顶部正好处于不同土层分界面情况,其盾构推进初始状态数值模型及其测量圆布置如图 6.3.42（a）所示,测量圆在相应网格中生成,每个网格尺寸为 25mm×25mm,盾构直径 $D=75$mm,图中盾构上覆埋深 $C=161$mm,即 $C=2.1D$。同砂性土层的接触粘结模型的设置方法,在上部黏性土层设置接触粘结模型以考虑黏土的凝聚力；对于下部砂性土层,则在开挖面前方一定范围内设置接触粘结模型以模拟形成的理想状态泥膜,如图 6.3.42（b）所示。

（2）颗粒流数值模拟方案的设计

众所周知,泥水盾构是利用向密封泥水舱中输入压力泥浆来支护开挖面土层,使盾构在开挖面有效

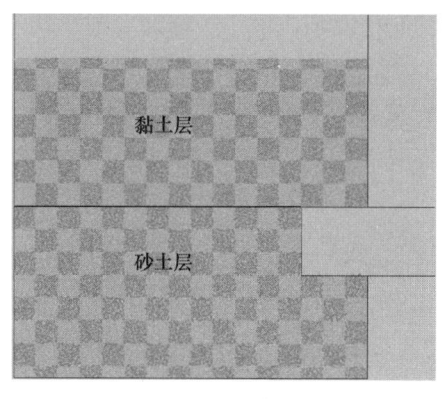 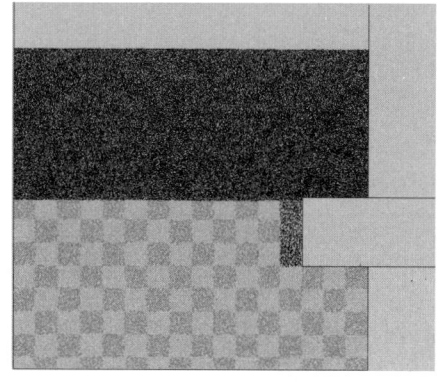

(a) 测量圆布置图　　　　　　　　(b) 接触粘结模型设置

图 6.3.42　盾构推进初始状态数值模型（$C=2.1D$，砂黏性土复合地层）

稳定的情况下向前掘进，故保持开挖面稳定的最好办法就是形成质量优良的泥膜，把泥水压力变换成平衡开挖面土压及水压的挤压压力。但是对于低渗透性土层，流入地层的泥浆过滤量少，泥膜的形成量极少，如黏土类渗透性极低的地层，由于过滤液几乎不流入，泥浆无法形成泥膜。因此，在本研究对混合地层中黏性土地层（$K=5.42e-7$）盾构施工开挖面稳定性分析的颗粒流数值模拟过程中，可以忽略泥膜效应，假设刀盘面即与开挖面土体密贴接触，对土层起支护作用。而对于泥水盾构在砂性土地层掘进过程中，前已述及，支护压力通过泥膜有效地作用于开挖面。故为确保开挖面的稳定，理想状态下的泥膜应具有两种主要功用：在开挖面土层表面，形成一层不透水泥膜，可使泥浆压力发挥有效的支护作用；泥浆中的细微黏粒在极短时间内渗入土层一定深度，有助于改善土层的自承能力。因此，本研究仅考虑泥水盾构在砂性土地层中的理想开挖状态，即在开挖面前方形成理想状态泥膜，可通过在开挖面前方一定范围内设置接触粘结模型的方法来实现，如图 6.3.42（b）所示。根据上述数值模拟方法及目的，对于每种地层条件，将取不同的盾构埋深进行研究，而每种埋深分别对应不同的开挖面支护应力，三种不同地层条件的颗粒流数值模拟方案如表 6.3.10 所示。以砂性土地层为例，根据设置于每个网格中心测量圆的量测数据，记录每个测量圆内的初始水平应力及初始竖向应力（以压为正）。

不同地层条件下颗粒流数值模拟方案　　　　表 6.3.10

地层条件	埋深 C（mm，$D=75$mm）	开挖面支护应力 σ_t（kPa）
砂性土	$C=1.1D$，$1.8D$，$2.5D$	50、200、300、500、600、700、800、900
砂黏性分层土	$C=2.1D$，$2.5D$	50、200、300、500、700、900

此外，本研究数值模拟分析的重点是不同工况下开挖面支护压力的变化对隧道周围土体的影响，观察支护压力逐渐增大（及减小）时，开挖面的失稳破坏状态。由于盾构开挖是一个逐渐推进的过程，故在颗粒流数值模拟方案设计中，设置合理的盾构推进速度及模拟开挖是两大关键问题。

在盾构隧道的施工过程中，开挖面支护压力也会随着盾构推进速度及进、出土量的变化而上下波动（刘仁鹏，2000）。当盾构推进速度大于刀盘开挖需要的速度时，刀盘正面阻力随之增加，刀盘会自动向后移动以增加进土量，则刀盘阻力会逐渐减小，直到盾构推进速度与刀盘开挖需要速度相吻合；相反，当盾构推进速度小于刀盘开挖需要的速度时，刀盘正面阻力减小，刀盘会自动向前移动以减小出土量，则刀盘阻力会逐渐增加，直到盾构推进速度与刀盘开挖需要速度相吻合。本研究颗粒流数值模拟中盾构推进速度的大小即参考上述思路和实际推进速度确定，在考虑计算时步及模拟时间限制的基础上，通过反复调整并最终确定：当盾构（Wall_7，Wall_8，Wall_9 组成的墙体模拟）的推进速度取值为 $v=0.01$m/s 时，所观测到的开挖面支护压力可保持在较稳定的取值区间，不会发生较大的波动。

在 PFC2D 软件中，当墙体单元作为边界条件或加载体时，其刚度必须大于颗粒单元的刚度，否则，即颗粒刚度大于墙体刚度时，则该颗粒可"穿墙而过"。在盾构的推进过程数值模拟中，对这一原则加以利用则可模拟所伴随的开挖现象：减小模拟盾构开挖面墙体单元的刚度直到颗粒可"逃逸"出墙体，则"穿墙而过"的颗粒可视为开挖掉的土体，记录开挖量并删除"逃逸"颗粒。随之而来的问题是，如何合理地确定开挖面墙体单元刚度，使在某一刚度取值下的开挖量与所施加的支护应力成正比，将由墙体刚度决定开挖量转化为主要由所施加的支护应力的大小决定开挖量。

对于开挖面应力 σ_s，其大小在盾构推进过程中 PFC2D 程序自行计算并记录，可通过墙体单元（Wall_9）的 FISH 函数 w_xfob（wadd9）直接读取确定。

盾构以一定的速度向前推进过程中，假设盾构直径 D（m），颗粒半径 r（m），土体孔隙比 e，模拟盾构开挖面的墙体单元（Wall_9）刚度 k_n（N/m），则墙体单元（Wall_9）所产生的不平衡力 F（N）可表达为：

$$F = \frac{D}{2r(1+e)} \cdot k_n r \tag{6.3.32}$$

令最初设定的开挖面的支护应力为 σ_t（kPa），经 $\sigma_t = F/D$ 变换，墙体刚度 k_{n_wall}，k_{s_wall} 与支护应力 σ_t 满足以下关系式：

$$k_{n\_wall} = k_{s\_wall} = 1000 \cdot \sigma_t \cdot 2(1+e) \cdot \lambda \tag{6.3.33}$$

式中，λ 为对公式的修正参数（如推进过程中土体孔隙比变化），无量纲，经数值计算反复比较验证，可取 $\lambda = 1.6$。

当模拟盾构开挖面的墙体单元（Wall_9）刚度 k_n 满足式（6.3.33），并以 $v = 0.01$m/s 的速度向前推进过程中，程序自行监测的开挖面应力 σ_s 接近最初设定的开挖面支护应力 σ_t 值，即可认为 $\sigma_s \approx \sigma_t$。仍以黏性土层为例，当埋深 $C = 1.44D$ 时，盾构推进过程中不同的开挖面支护应力 σ_t 与 PFC2D 程序自行记录的应力 σ_s 关系如图 6.3.43 所示，由此可知，无论开挖面支护应力 σ_t 所取何值，地层的侧向应力基本上能保持稳定，进一步验证了公式（6.3.33）的合理性及可行性。

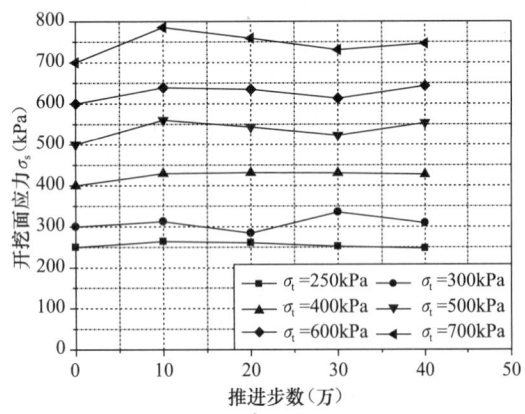

图 6.3.43 开挖面设定支护应力 σ_t 与程序计算应力 σ_s 关系

6.3.3.7 颗粒流数值模拟结果分析

这里研究的重点为不同土质地层中超大直径泥水平衡盾构开挖面的失稳破坏机理，描述其发生发展的整个过程，明确不同地层条件下由于支护压力不足或过大而产生的开挖面失稳破坏模式，因此分析的重点将放在开挖面的变形以及地层的变位。而地层应力大小及应力场分布，虽然与上述研究目的没有直接的联系，但是其与地层变位及位移场分布却有一定的相关性，因此，有必要对其展开研究，但仅以粉质黏土地层为例，分析不同埋深条件下盾构推进过程中开挖面支护应力变化对地层应力大小及应力场分布产生的影响。

在盾构推进过程中，为了追踪并记录地层中土体的变形状态及应力状态的变化，使用了测量圆（measure）的命令，该命令可以量测定义在测量圆内颗粒的应力、变位、空隙率、转动角度等土体参数，测量圆的量测结果将以 DAT 文件的形式输出。为了描述土体随盾构推进过程的变位情况，通过 FISH 语言指定测量圆将随颗粒位置的变化而变化，每个测量圆的中心位置 (x, y) 定义为所包含颗粒位置的平均值，即：

$$\begin{cases} x = \frac{1}{n} \sum_{i=1}^{n} x_i \\ y = \frac{1}{n} \sum_{i=1}^{n} y_i \end{cases} \tag{6.3.34}$$

式中，n 为某测量圆中颗粒的个数，(x_i, y_i) 为该测量圆中每个颗粒的位置。

(1) 开挖面支护应力变化对地层应力的影响

1) $C=1.44D$

当开挖面支护应力 σ_t 取值接近于盾构前方的初始侧向地应力时（$x_0=474\text{kPa}$），地层的侧向应力在盾构的推进过程中几乎未发生任何变化（如图 6.3.44 所示），但随着 σ_t 逐渐增大或逐渐减小，地层侧向应力的变化程度也愈显著，如图 6.3.45（a）、（b）分别为盾构推进 40 万步时，$\sigma_t=250\text{kPa}$、$\sigma_t=700\text{kPa}$ 地层侧向应力等值线图。

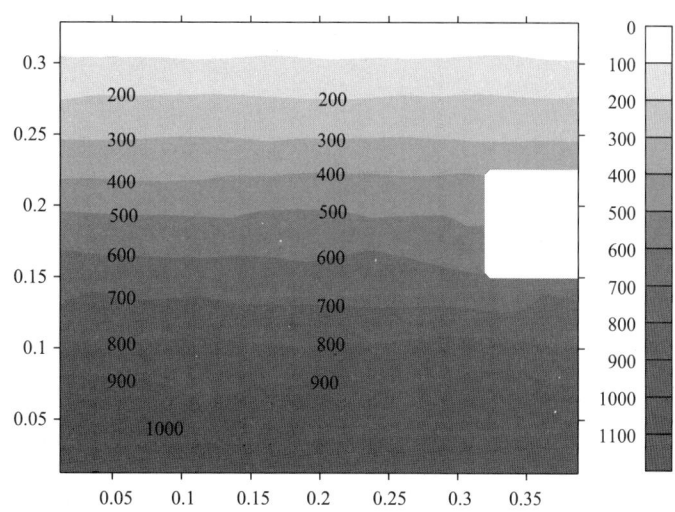

图 6.3.44　$\sigma_t=500\text{kPa}$ 时稳定的地层侧向应力等值线图（Cyc 40 万步，单位：kPa）

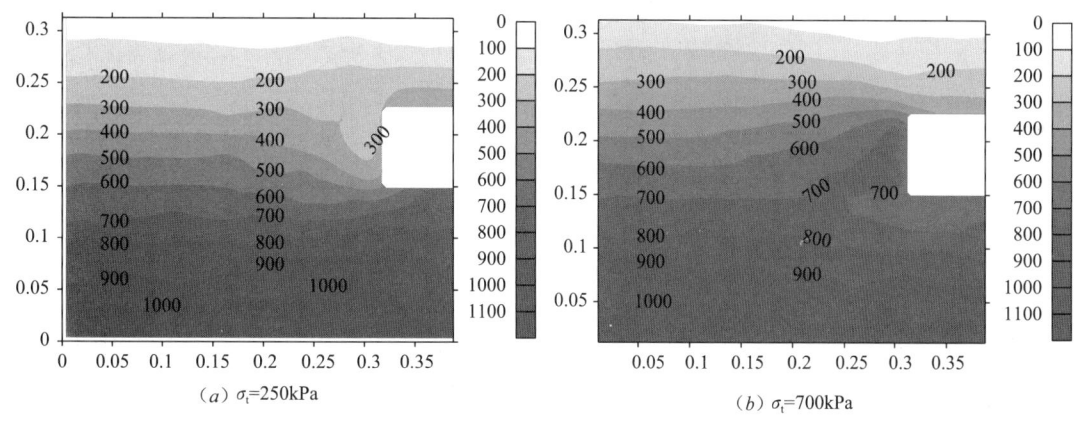

(a) $\sigma_t=250\text{kPa}$　　　　(b) $\sigma_t=700\text{kPa}$

图 6.3.45　地层侧向应力等值线图（Cyc 40 万步，单位：kPa）

图 6.3.46 分别为推进前的初始应力场状态以及不同开挖面支护应力情况下盾构向前推进 40 万步时地层应力场的分布情况。应力场由每个网格内的主应力值（大主应力 1，小主应力 3）及其主方向组成，其中线条长度表示主应力的相对大小，箭头方向表示主应力的方向（指向中心代表压应力）。主应力大小及主方向可由相应网格中测量圆所记录的 x、y 方向正应力 σ_x、σ_y，切应力 τ_{xy} 计算得到，表示为：

$$\begin{cases}\sigma_{1,2}=\dfrac{\sigma_x+\sigma_y}{2}\pm\sqrt{\left(\dfrac{\sigma_x-\sigma_y}{2}\right)^2+\tau_{xy}^2}\\ \alpha_0=\dfrac{1}{2}\arctan\left(\dfrac{2\tau_{xy}}{\sigma_x-\sigma_y}\right)\quad \alpha_0\in\left(-\dfrac{\pi}{2},\dfrac{\pi}{2}\right]\end{cases} \quad (6.3.35)$$

为形象地表示主应力的偏转程度，当大主应力相对初始方向（即竖直方向）的逆时针偏转角度绝对值大于 10°时，用蓝色标记该网格中的主应力值大小；当大主应力相对初始方向（即竖直方向）的顺时

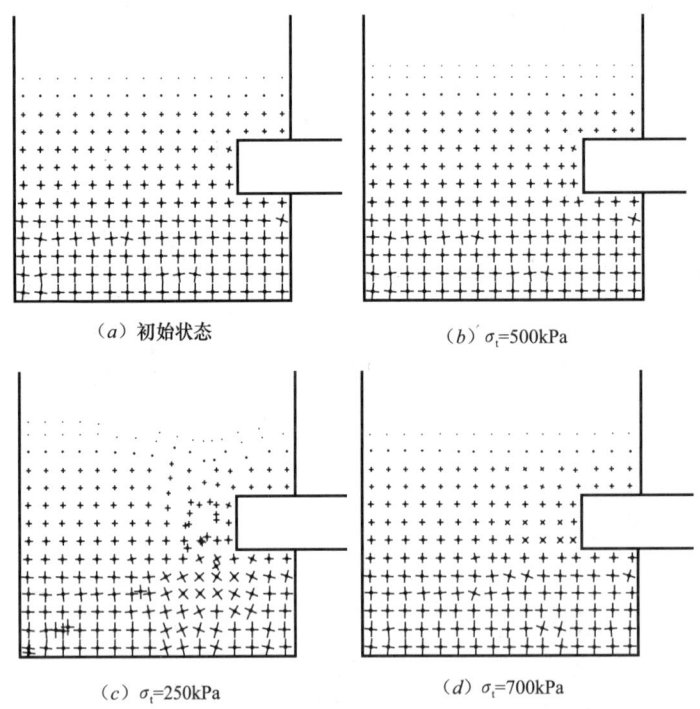

图 6.3.46　不同状态下地层应力场分布情况（Cyc 40 万步）

针偏转角度绝对值大于 10°时，用红色标记该网格中的主应力值大小。

由此可知，当开挖面的支护应力 σ_t 接近于盾构前方的初始侧向地应力时（$x_0=474$kPa），盾构推进过程中，地层中各点的主应力大小及方向与推进前的初始应力状态基本保持一致（如图 6.3.46b）。而当支护应力 $\sigma_t=250$kPa，700kPa 时，地层土体的应力状态相对初始状态均发生了较大的变化（如图 6.3.46c、d）：前者由于开挖面前部土体的应力松弛使得开挖面上部土体地层损失、应力值降低，并使得开挖面下部较大范围内土体主应力方向产生了显著偏转；后者的变化主要由于开挖面前部土体的应力集中，主要表现为开挖面前方应力值增大，大主应力方向朝向开挖面方向明显的偏转现象。相对于应力松弛，地层土体的应力状态因应力集中而受到的影响程度偏小，体现在主应力方向发生显著偏转的土体范围相对较小。

2）其他埋深情况（$C=0.77D$，$C=2.10D$）

上一节研究了 $C=1.44D$ 埋深情况开挖面支护应力变化对地层应力的影响，影响规律具有普遍性，但是对于特定的埋深情况也有其特殊性。

与 $C=1.44D$ 埋深情况相似，对于埋深 $C=0.77D$，$C=2.10D$，当开挖面支护应力 σ_t 取值接近于盾构前方的初始侧向地应力时（即分别对应 $x_0=317$kPa，$x_0=608$kPa），地层的侧向应力在盾构的推进过程中几乎未发生任何变化（如图 6.3.47a、b 所示），但随着 σ_t 的改变，地层侧向应力发生了显著的

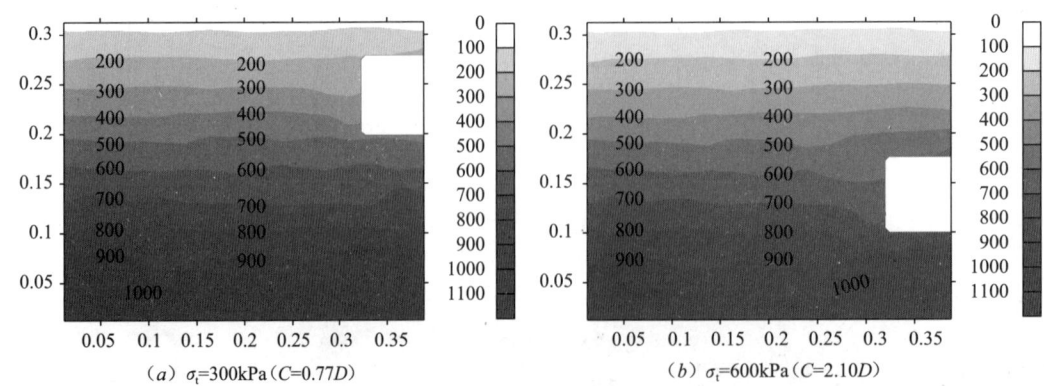

图 6.3.47　不同埋深情况下稳定的地层侧向应力等值线图（Cyc 40 万步，单位：kPa）

变化，如图 6.3.48（a）、（b）分别为盾构推进 40 万步时，σ_t＝700kPa（对应 C＝0.77D）、σ_t＝250kPa（对应 C＝2.10D）地层侧向应力等值线图。

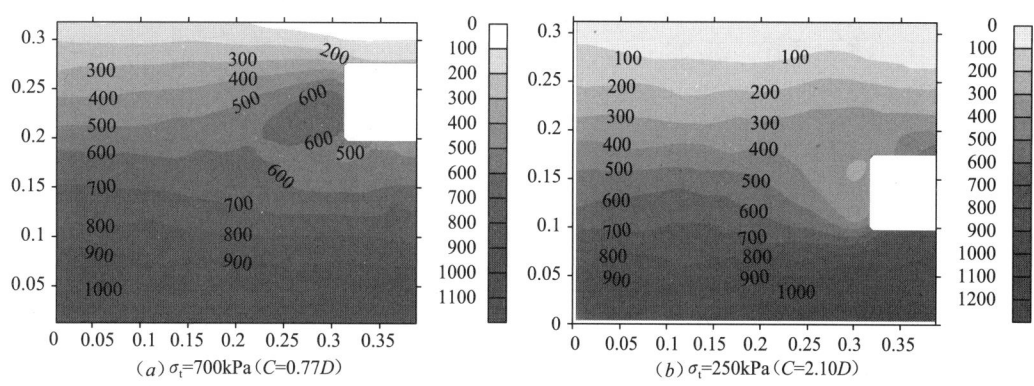

图 6.3.48　不同埋深情况下地层侧向应力等值线图（Cyc 40 万步，单位：kPa）

上述同样的现象也反映在地层应力场的分布情况上，如图 6.3.49、图 6.3.50 所示，分别对应于埋深 C＝0.77D、C＝2.1D 情况，当支护应力分别取 σ_t＝700kPa，σ_t＝250kPa 时，地层土体的应力状态相对初始状态均发生了明显的变化，但影响区域相对于相同条件下埋深 C/D＝1.44 情况，扩展范围更大、影响更广。对于埋深 C＝0.77D 情况，几乎整个开挖面范围内的土体初始应力状态将受到扰动并发生很大改变，这在一定程度上预示着开挖面的失稳破坏现象；对于后者（C＝2.10D），松动范围由开挖面前方呈弧状朝地层逐渐延伸、扩大，在地表可观察到明显的坍塌破坏现象。

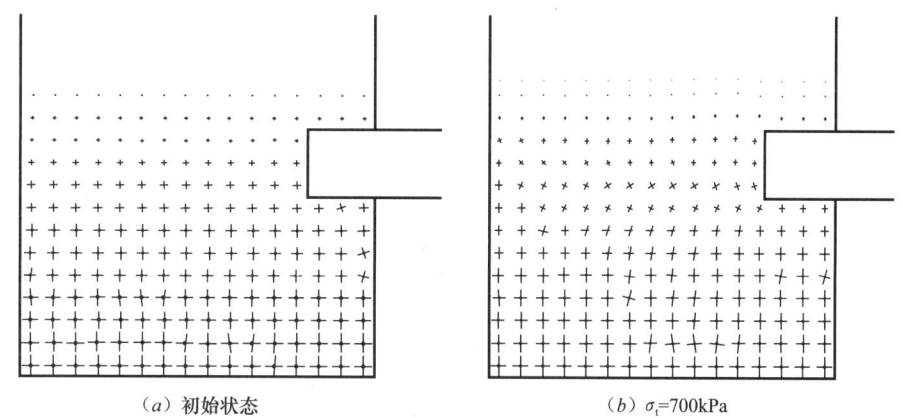

图 6.3.49　不同状态下地层应力场分布情况（C＝0.77D，Cyc 40 万步）

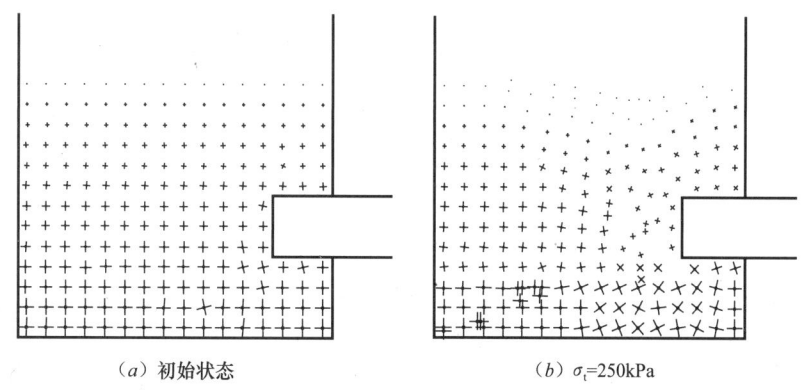

图 6.3.50　不同状态下地层应力场分布情况（C＝2.10D，Cyc 40 万步）

3) 小结

由上述分析可知，对于不同的埋深情况，开挖面支护应力过大或过小（相对初始侧向地应力）均会对地层应力大小及应力场分布产生较大的影响，而相对浅埋（$C=0.77D$）或深埋（$C=2.10D$）情况下的影响范围更广、程度更深，这与不同埋深条件所分别对应的开挖面初始侧向地应力有必然的联系，因此，我们引入了支护率的概念，并定义为：

$$f = \frac{\sigma_t}{\sigma_{x0}} \tag{6.3.36}$$

开挖面前方的应力实际为梯形分布，而对于最初设定的开挖面支护应力 σ_t 假设为均布荷载，为说明两者之间的关系，实现可比性，取盾构轴心处的应力值来代表开挖面所处地应力水平，即 x_0 为盾构轴心处的初始侧向地应力（单位：kPa）。表 6.3.11 为黏性土地层不同埋深条件下支护率 f 的计算结果。

不同埋深条件下支护率 f 计算结果（粉质黏土地层情况） 表 6.3.11

C	σ_{x0} (kPa)	$f\ (f=\sigma_t/\sigma_{x0})$					
$C=0.77D$	317	0.79	0.95	1.26	1.58	1.89	2.21
$C=1.44D$	474	0.53	0.63	0.84	1.05	1.27	1.48
$C=2.10D$	608	0.41	0.49	0.66	0.82	0.99	1.15

注：$\sigma_t=250$、300、400、500、600、700kPa。

一定范围内应力场的改变通常伴随着变位的发展，为了说明上述现象及进一步分析开挖面支护应力变化对地层土体状态的影响，下节中将具体探讨不同开挖面支护应力情况下地层土体在盾构开挖过程中位移场的变化。

(2) 砂性土地层开挖面变形与失稳破坏的数值模拟结果

盾构实际工程中偏重于关心较为直观的土体变形特征，尤其是开挖面的位移模式，故以下对开挖面稳定性颗粒流数值模拟结果的刻画和分析仅通过开挖面周围地层的变形情况来描述。

1) 开挖面的失稳破坏机理

当开挖面支护应力 $\sigma_t=50$kPa 时，对于不同的盾构埋深，均能观察到由于支护力不足而引起的开挖面塌陷破坏现象，如图 6.3.51～图 6.3.53 所示分别为 $C=1.1D$、$1.8D$、$2.5D$ 情况下，盾构向前推进 $(D/10)$ m 时，相应状态下地层土体变形图及位移场，其中位移场由箭头组成，箭头的方向表示位移方向，箭头的长短表示位移矢量的大小，该位移场描述的仅为当前状态下的位移矢量场。

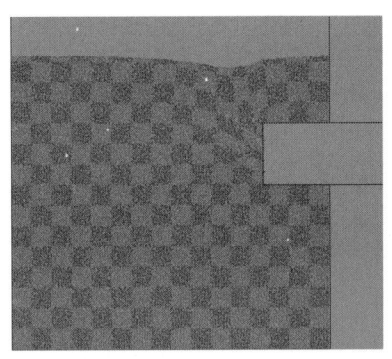 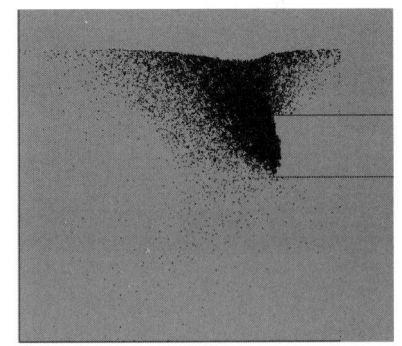

(a) 地层土体变形图　　(b) 地层土体位移场（最大位移：48.49mm）

图 6.3.51　埋深 $C=1.1D$（开挖面支护应力 $\sigma_t=50$kPa）

随着盾构埋深的逐渐增大，在砂性土层中，最大埋深由于支护力不足而引起的位移场所对应的最大位移最小，破坏模式表现为开挖面前方为楔形体，破坏区域顶部为烟囱状；对于 $C=1.1D$、$1.8D$，由于支护力不足开挖面出现较明显的整体失稳，失稳破坏蔓延到地表，并在地表呈现出火山口的形状。图 6.3.54 为盾构向前推进 $(D/10)$ m 处，相同开挖面支护应力 $\sigma_t=50$kPa 情况下，不同盾构埋深与地表

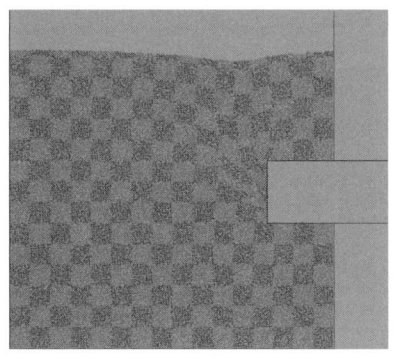 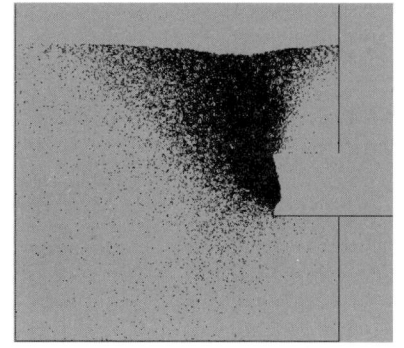

(a) 地层土体变形图　　　　　(b) 地层土体位移场（最大位移：51.31mm）

图6.3.52　埋深$C=1.8D$（开挖面支护应力$\sigma_t=50$kPa）

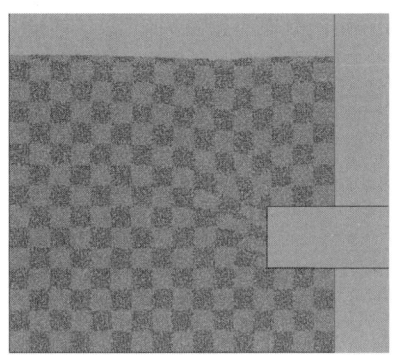 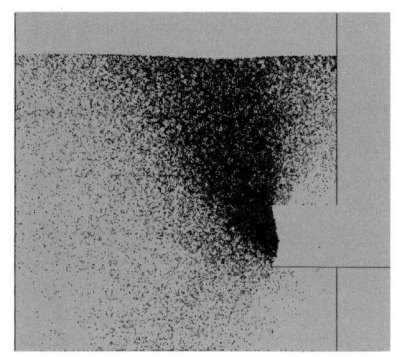

(a) 地层土体变形图　　　　　(b) 地层土体位移场（最大位移：44.25mm）

图6.3.53　埋深$C=2.5D$（开挖面支护应力$\sigma_t=50$kPa）

变位（包括x方向及y方向）的关系曲线。图6.3.54中每一点位移均取为所属测量圆所包括的所有颗粒位移的平均值，横坐标"0"表示开挖面的初始位置，纵坐标"0"表示初始位移，沉降量用负值表示。

由图6.3.54可知，盾构掘进过程对地表变位的影响主要表现为地表的沉降；$C=1.1D$埋深情况下，地表沉降量最大，但无论盾构的埋深所取何值，在浅埋情况下，由于开挖面支护应力的不足在地表所产生的沉降影响范围基本一致，且最大沉降量均发生于距开挖面约$0.5D$地表位置处。

土体在外力作用下的位移或变形是颗粒和集合体之间相互位置发生变化的结果。因此，为了进一步研究及补充完善上述不同埋深情况下开挖面失稳破坏的

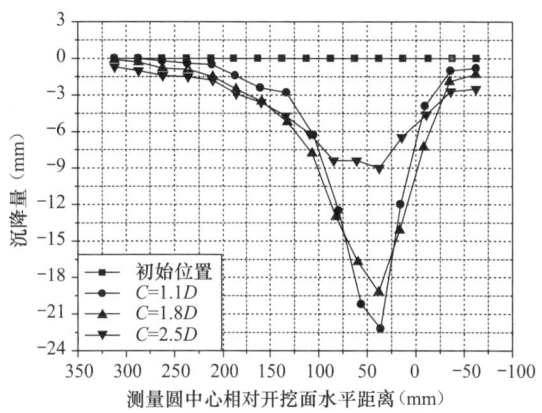

图6.3.54　支护力不足情况下不同盾构埋深与地表变位关系（$\sigma_t=50$kPa）

发展规律，以下开展对模拟砂土的椭圆团颗粒定向性的定量化分析，主要是针对外力作用下，地层土体颗粒相对于初始水平方向的转动角度。图6.3.55(a)、(b)、(c)分别为当$\sigma_t=50$kPa，三种埋深情况下盾构向前推进($D/10$)m时，地层土体颗粒转动角度等值线图。图中转动角度均取绝对值，每一点转动角度均取为所属测量圆所包括所有颗粒转动角度总和的平均值。

由图6.3.55可知，发生明显转动现象的土颗粒基本分布在开挖面周围一定区域内，且最大转动角度均出现在开挖面前方顶部附近，取该范围内测量圆所量测椭圆团颗粒长轴相对水平方向的偏转角度进行分析，如图6.3.56为对应不同埋深情况，当$\sigma_t=50$kPa时，地层中土体颗粒最大转动角度所在测量

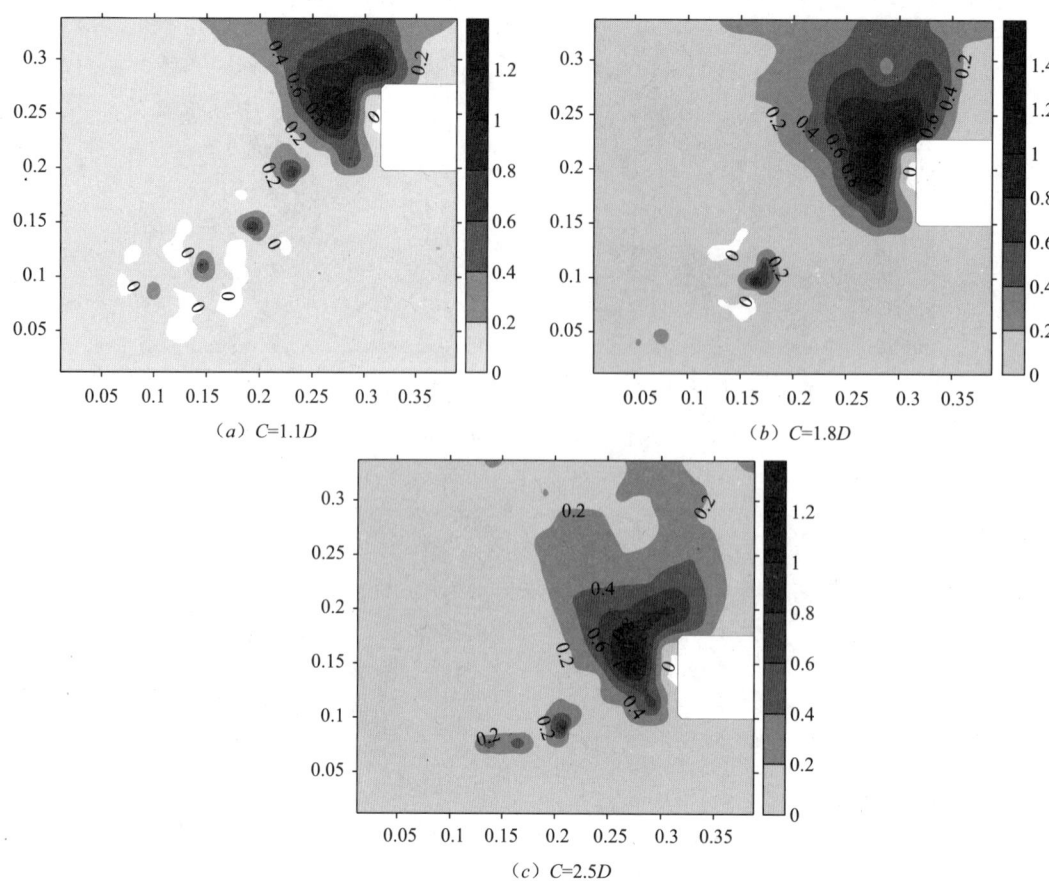

图 6.3.55　不同埋深情况下地层土体颗粒转动角度等值线图（$\sigma_t=50\text{kPa}$）

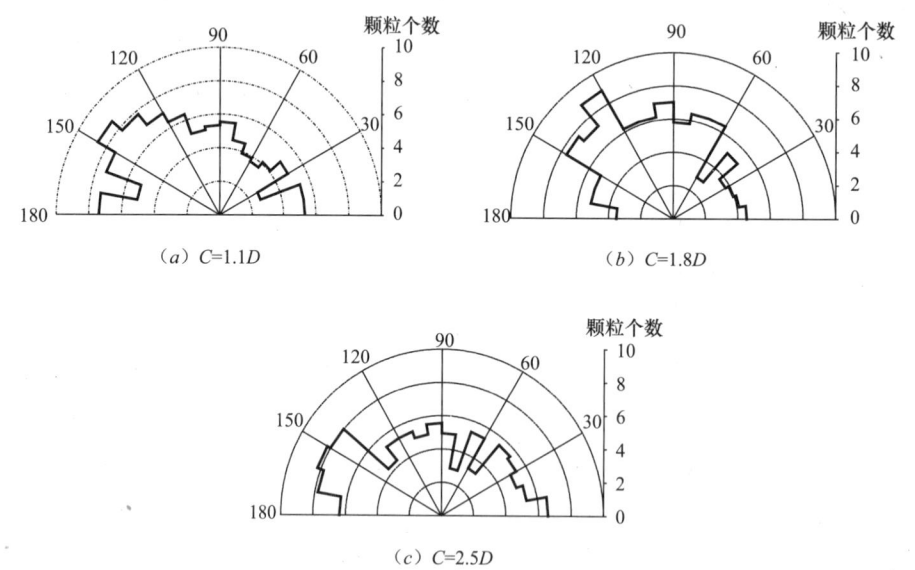

图 6.3.56　不同埋深情况下椭圆团颗粒长轴方向的玫瑰图（$\sigma_t=50\text{kPa}$）

圆所量测的椭圆团颗粒长轴方向的玫瑰图，反映了团颗粒长轴方向相对水平方向偏转角度的频数分布。当由于支护应力不足而导致开挖面塌陷破坏时，颗粒的长轴方向发生明显转动，偏转角度基本集中于 $120°\sim170°$ 之间，即说明在开挖面的失稳过程中，在破坏区域内颗粒的定向性发生明显变化，颗粒的转动朝向开挖面方向。

对于以上开挖面失稳破坏形式的描述，仅针对失稳现象发生且发展后的某一状态进行研究。为进一步研究开挖面的失稳破坏形式，取埋深 $C/D=1.8$，$\sigma_t=50\mathrm{kPa}$，具体分析开挖面坍塌破坏的整个发生、发展过程。图 6.3.57～图 6.3.60 分别为盾构不同推进步数时整个地层土体的变形及位移场变化图。

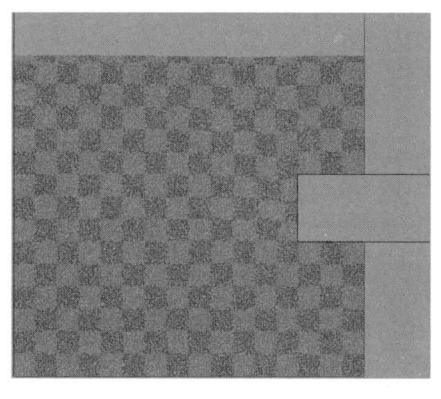
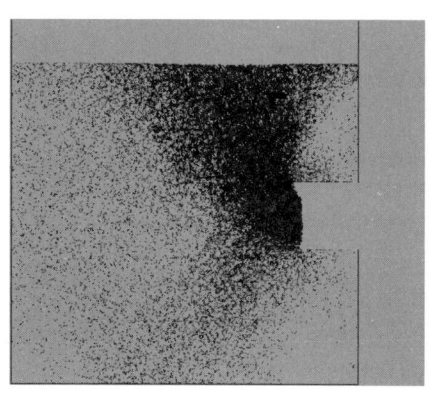

（a）地层土体变形图　　　　（b）地层土体位移场（最大位移：12.34mm）

图 6.3.57　盾构推进步数 Cyc=5 万步（$\sigma_t=50\mathrm{kPa}$，$C=1.8D$）

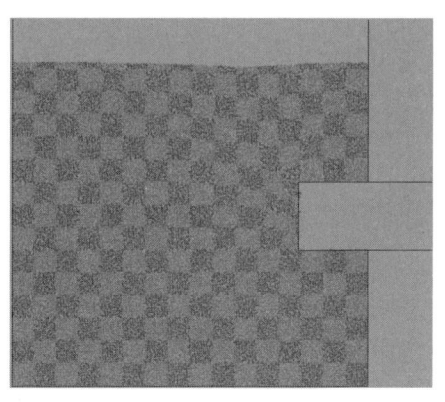
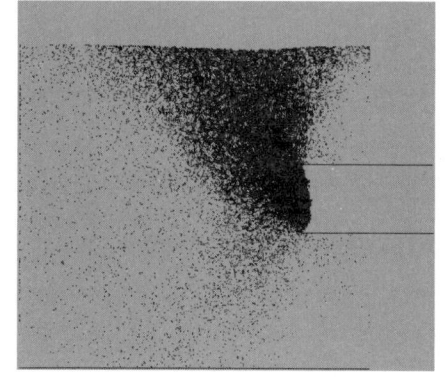

（a）地层土体变形图　　　　（b）地层土体位移场（最大位移：27.19mm）

图 6.3.58　盾构推进步数 Cyc=15 万步（$\sigma_t=50\mathrm{kPa}$，$C=1.8D$）

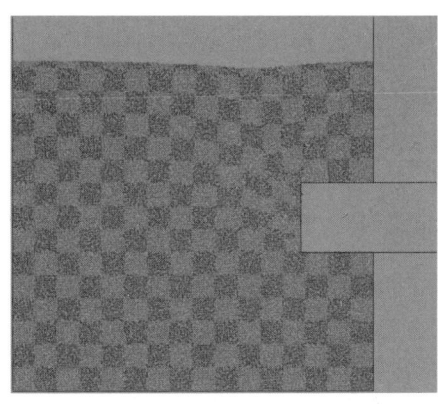
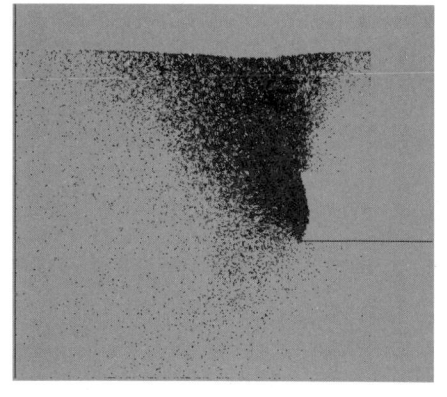

（a）地层土体变形图　　　　（b）地层土体位移场（最大位移：39.87mm）

图 6.3.59　盾构推进步数 Cyc=25 万步（$\sigma_t=50\mathrm{kPa}$，$C=1.8D$）

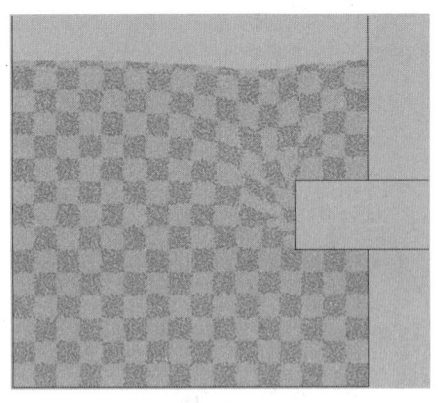 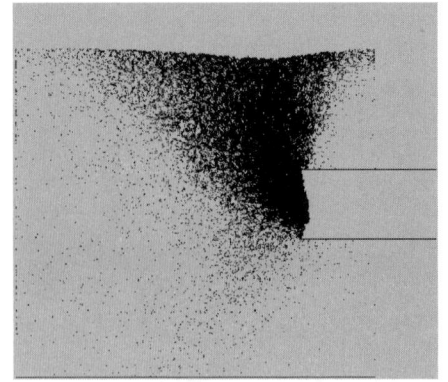

（a）地层土体变形图　　　　　　　（b）地层土体位移场（最大位移：47.54mm）

图 6.3.60　盾构推进步数 Cyc＝35 万步（σ_t＝50kPa，C＝1.8D）

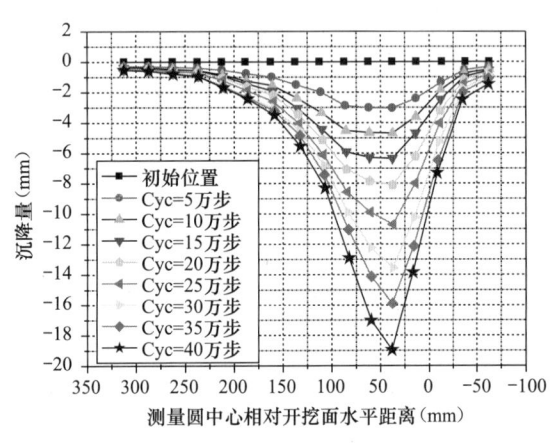

图 6.3.61　盾构推进步数与地表变位
关系（σ_t＝50kPa，C＝1.8D）

对于砂性土地层，由图 6.3.57～图 6.3.60 可知，当开挖面支护应力较小时，在盾构推进的初始阶段，即可观察到开挖面前方土体发生明显的变位，即失稳是一个瞬间的过程，并迅速传递至地表，随着盾构不断向前推进，地层土体的位移量继续增大，但基本上保持匀速的增长速度，如图 6.3.61 所示，为盾构推进过程中，推进步数与地表变位的发展关系曲线。图中每一点位移均取为所属测量圆所包括的所有颗粒位移的平均值，以零点表示测量圆的初始位置，正值表示沉降量。

根据上述分析，可得到如下结论：

① 与黏性土地层不同，砂性土地层开挖面的失稳是一个瞬间且匀速发展的过程；

② 随着盾构埋深的增大，开挖面失稳后掘进前方地表的沉降量逐渐减小，埋深较大时，地表最大沉降量明显减小，这说明随着埋深的增加，开挖面的破坏越难以发展至地表；

③ 地层土体位移场表明开挖面附近土体沉降量大于地表的沉降量，说明开挖面的失稳破坏由开挖面顶部向地表逐渐发展；

④ 由不同埋深下地层土体位移场可知，砂土地层开挖面的破坏模式基本上可以归纳为：开挖面前方为楔形状，在破坏区域顶部为烟囱状，且随着埋深的增大，由于土体颗粒间的拱效应，开挖面的坍塌并未发展至地表，这与三维有限差分数值模拟以及离心机试验结果一致。

2）开挖面支护应力变化对地层变位的影响

由于支护力不足而引起的地表沉降量随盾构埋深的增加而减小，为了进一步研究不同埋深情况下支护应力取值的大小对地层变位的影响，特取设置于地层表面以及盾构顶部土层测量圆的量测数据进行分析，开挖面支护应力分别取为 σ_t＝200、300、500、600、700、800、900kPa。图 6.3.62～图 6.3.64 分别为三种埋深情况下，盾构向前推进（$D/10$）m 处不同开挖面支护应力与地表及盾构顶部土层变位的关系曲线。图中每一点位移均取为所属测量圆所包括的所有颗粒位移的平均值，横坐标"0"表示开挖面的初始位置，纵坐标"0"表示初始位移，正值、负值分别代表隆起量、沉降量。

对于盾构埋深 C＝1.8D、2.5D 两种情况，开挖面支护应力的变化引起地表位移量较小，最大沉降和隆起量基本能控制在 1mm 之内（约 0.013D）。而随着量测点距地表深度的增加，地层变位对支护应力的改变略显敏感，主要表现为较小支护应力对应较大的沉降量，如图 6.3.65（a）、（b）所示，分别为该两种埋深情况下，σ_t＝200kPa 时，盾构向前推进 $D/10$m 处地层竖向位移等值线图，图中所示的竖

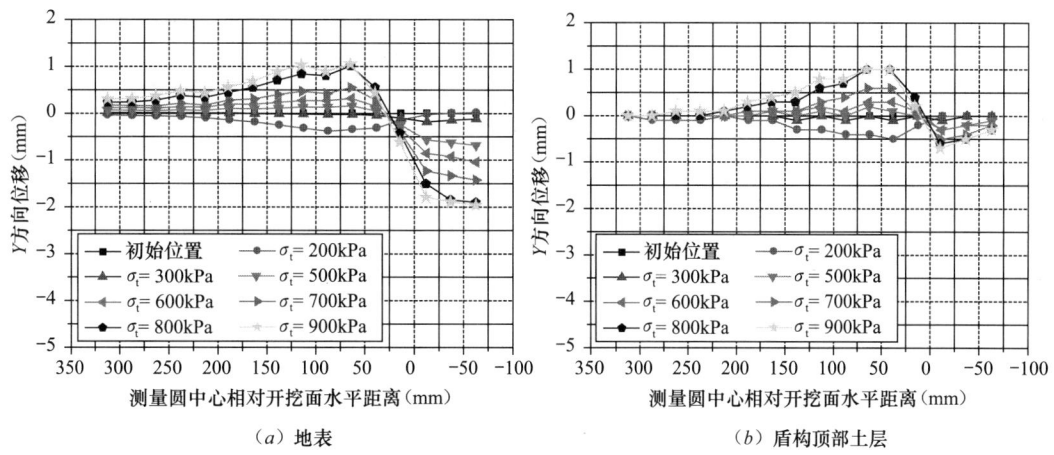

图 6.3.62　开挖面支护应力与地层变位关系（$C=1.1D$）

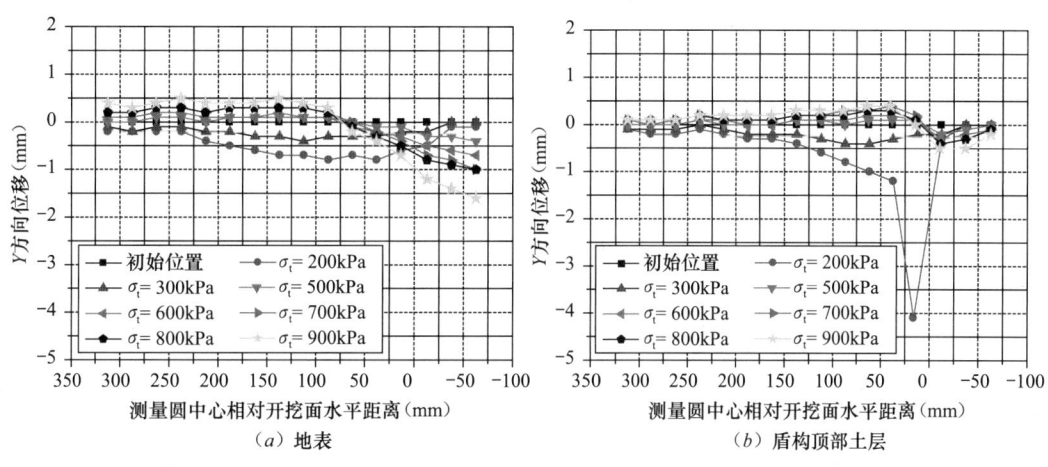

图 6.3.63　开挖面支护应力与地层变位关系（$C=1.8D$）

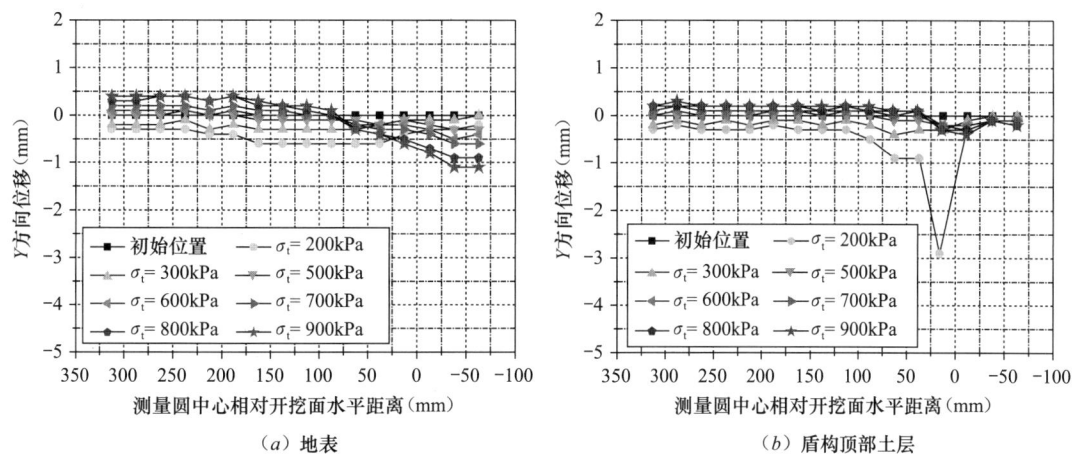

图 6.3.64　开挖面支护应力与地层变位关系（$C=2.5D$）

向位移值均为当前状态竖向位移与初始状态竖向位移的差值，负值、正值分别表示地层的沉降、隆起。由图 6.3.65 可知，最大地层变位表现为沉降，发生于盾构顶部，且地表位移量随盾构埋深的增加明显减小。图 6.3.66（a）、（b）分别为上述条件下，两种埋深情况所对应的地层土体颗粒转动角度等值线图。图中转动角度均取绝对值，每一点转动角度均取为所属测量圆所包括的所有颗粒转动角度总和的平均值。土体颗粒最大转动角度均位于盾构前顶部范围内，且在该支护应力下（$\sigma_t=200\text{kPa}$）发生偏转现象的土体颗粒仅集中于开挖面周围地层中，未能发展至地表；此外，转动角度亦随埋深的增大而减小。如图 6.3.67（a）、（b）分别为 $\sigma_t=300\text{kPa}$ 时，埋深 $C=1.8D$、$2.5D$ 所对应的地层土体颗粒转动角度等值线图，由图可知，相对于 $\sigma_t=200\text{kPa}$，该支护应力下地层土体颗粒的转动角度明显减小，验证了图 6.3.63、图 6.3.64 所刻画的地层变位与支护应力关系，即当 $\sigma_t=200\text{kPa}$ 增大至 300kPa 时，地层变位显著较小。

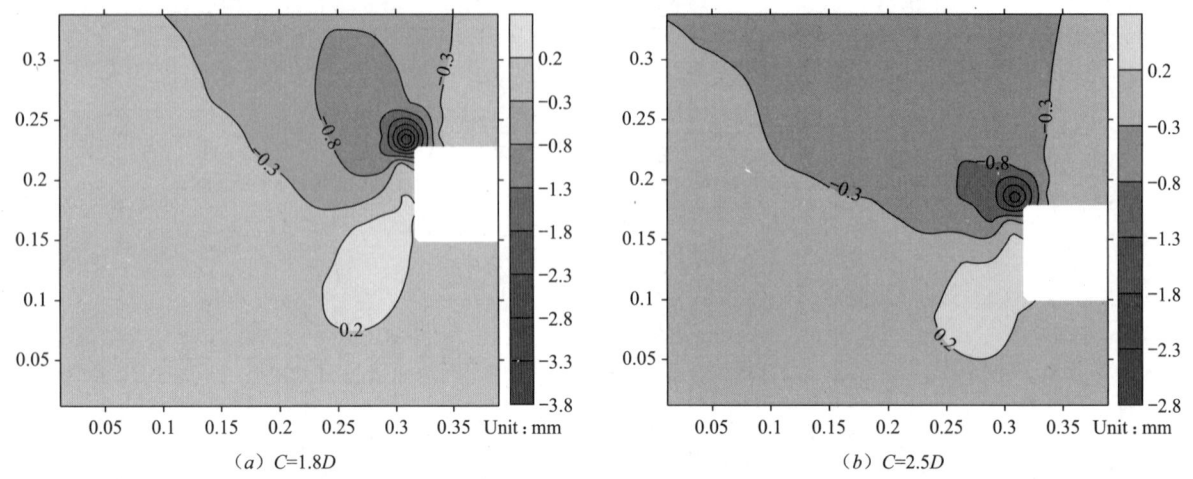

图 6.3.65 不同埋深情况下地层竖向位移等值线图（$\sigma_t=200\text{kPa}$）

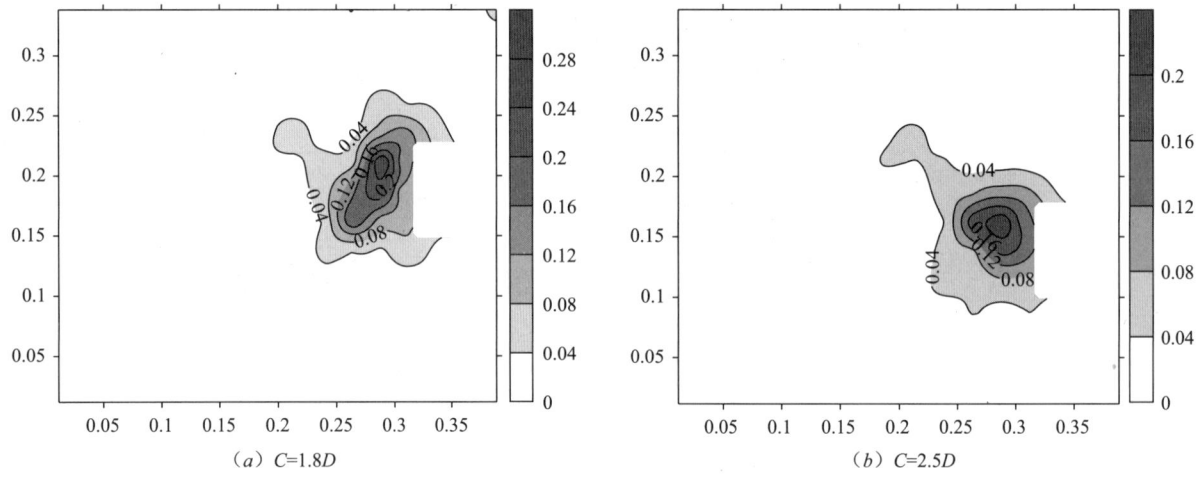

图 6.3.66 不同埋深情况下地层土体颗粒转动角度等值线图（$\sigma_t=200\text{kPa}$）

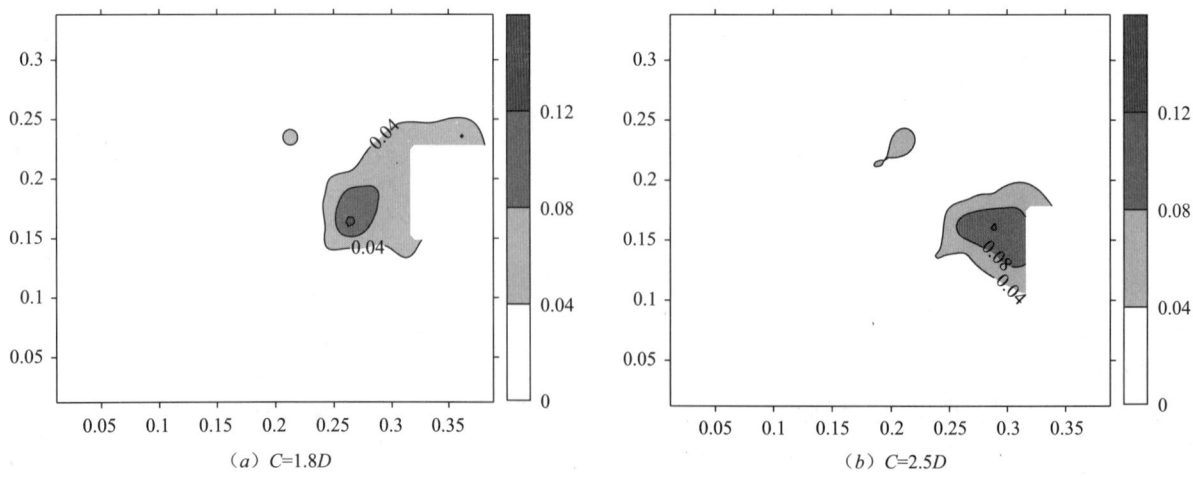

图 6.3.67 不同埋深情况下地层土体颗粒转动角度等值线图（$\sigma_t=300\text{kPa}$）

由上述分析可知，土体颗粒的细观结构分析是对宏观力学现象的有效验证和补充。

而对于 $C=1.1D$ 情况，地层最大变位量亦表现为沉降，但发生于地表；随着支护应力逐渐增大而引起的地表位移量较大，当 $\sigma_t > 700$kPa 时，地表的最大沉降和隆起量均大于 1mm（约 0.013D），如图 6.3.68 所示，为 $\sigma_t = 900$kPa 时盾构向前推进 $D/10$m 处地层竖向位移等值线图。

由上述分析可知：盾构在砂性土层开挖掘进过程中，对于上覆土层埋深较小情况，应注意支护应力变化的控制，特别是防止由于支护应力过大而引起的地表变位；随着盾构埋深的增大，地表变位减小，对支护应力改变的敏感程度逐渐降低，此时应注意控制由于支护应力过小而引起的地层沉降，主要发生在盾构顶部，但随着埋深的增大，开挖面支护应力的设定可以忽略过大埋深的影响。

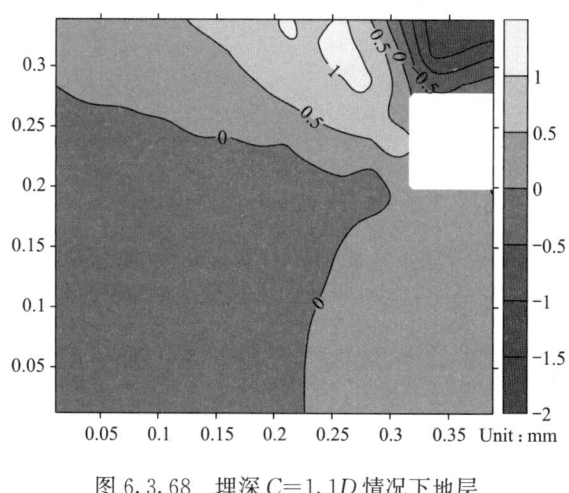

图 6.3.68　埋深 $C=1.1D$ 情况下地层竖向位移等值线图（$\sigma_t = 900$kPa）

3）初始粘结强度取值影响研究

如上所述，为模拟泥水盾构在砂性土层推进过程中开挖面前方始终保持的理想状态泥膜，数值模拟中通过设置于颗粒间的接触粘结模型实现，并将初始粘结强度取为：n_bond=s_bond=100N。而在实际的泥水盾构施工过程中，泥浆中细微粘粒的渗入在一定程度上改善原土体的自承能力，但由于泥膜的切削和形成是一个周而复始的过程，这就给准确评价泥浆渗透对天然土体强度的影响程度带来了困难。因此，为在数值模拟过程中考虑到这一影响因素，将进一步研究不同埋深条件下，不同初始粘结强度的取值对地层土体、开挖面变形的影响（取 n_bond=s_bond=50N、1N）。根据以上两节的分析结果，对应不同埋深仅取开挖面支护应力 $\sigma_t = 200$kPa、900kPa 两种情况进行探讨。

① $C=1.8D$，$C=2.5D$

如图 6.3.69 (a)、(b) 为 $C=1.8D$ 埋深情况下，$\sigma_t = 200$kPa 时，当初始粘结强度分别取 n_bond=s_bond=50N、1N 时，盾构向前推进 $D/10$m 处地层土体颗粒转动角度等值线图；如图 6.3.70 (a)、(b) 为 $C=1.8D$ 埋深情况下，$\sigma_t = 900$kPa 时，当初始粘结强度分别取 n_bond=s_bond=50N、1N 时，盾构向前推进 $D/10$m 处地层土体颗粒转动角度等值线图。

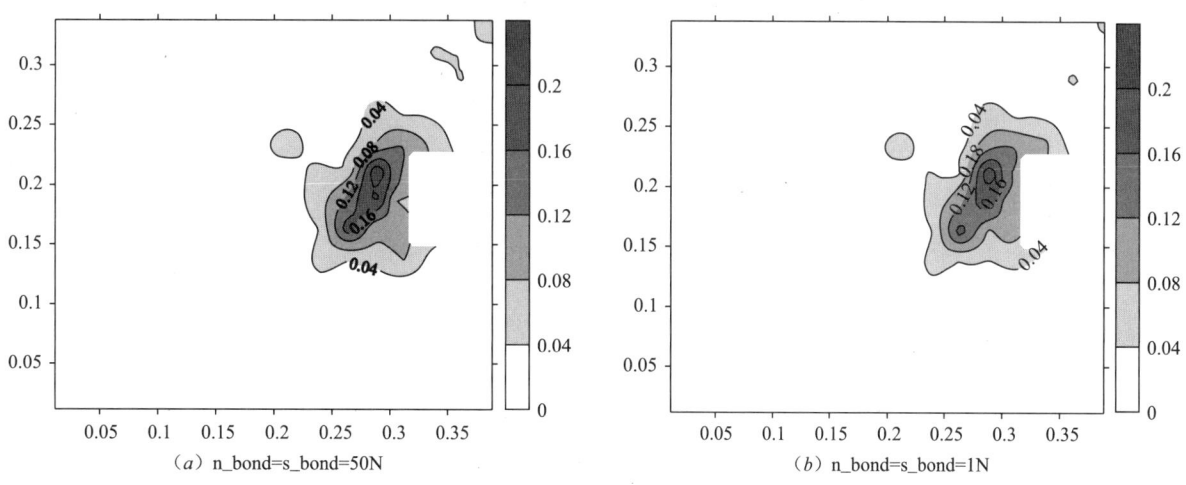

图 6.3.69　地层土体颗粒转动角度等值线图（$\sigma_t = 200$kPa，$C=1.8D$）

由图中计算结果分析可知，对于不同的开挖面支护应力 σ_t，当初始粘结强度分别取 n_bond=s_

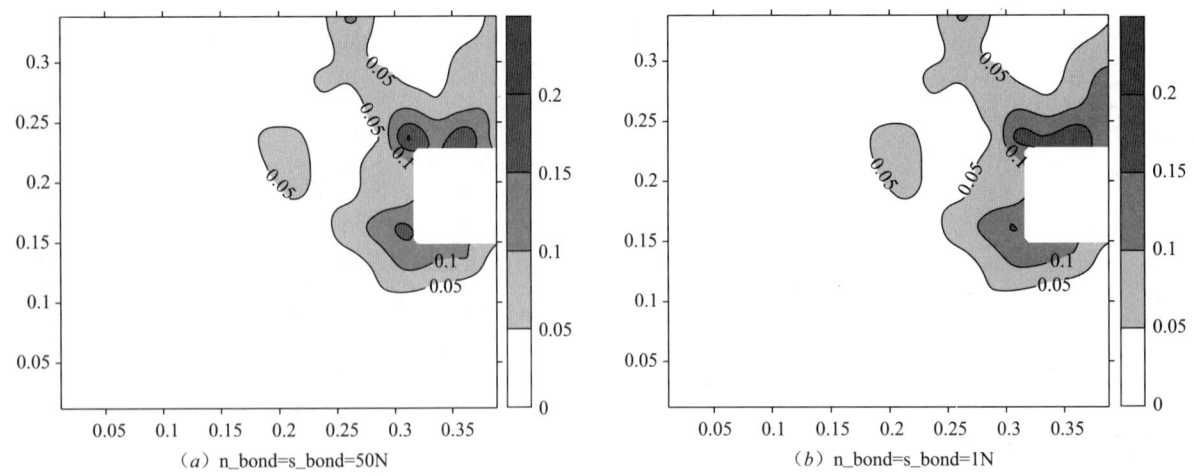

图 6.3.70 地层土体颗粒转动角度等值线图（$\sigma_t=900\text{kPa}$，$C=1.8D$）

bond=100N、50N、1N 时，整个地层土体颗粒的转动角度基本保持不变。而对于细观结构变化的宏观变形反映，在较大支护应力情况下，地层土体的位移也几乎未受影响，如图 6.3.71（a）、（b）所示，分别为 $\sigma_t=900\text{kPa}$，n_bond=s_bond=100N、1N 时盾构向前推进 $D/10$m 处地层竖向位移相对初始竖向位移的等值线图，其中等值线的负值、正值分别表示地层的沉降、隆起。而对于较小的支护应力情况，取地表以及盾构顶部土层所在测量圆监测数据进行分析，如图 6.3.72（a）、（b）分别为 $\sigma_t=200\text{kPa}$ 时盾构向前推进（$D/10$）m 处，不同初始粘结强度取值与地表变位、盾构顶部土层变位的关系曲线，由曲线变化规律可知：对于较小的支护应力情况，随着初始粘结强度取值的变化，地层土体的位移基本上保持不变。

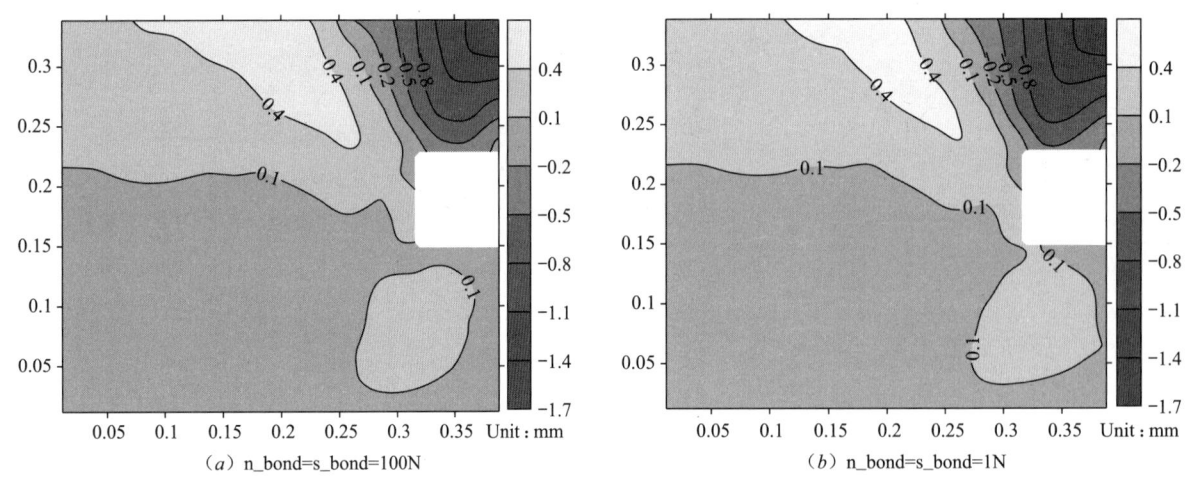

图 6.3.71 地层竖向位移等值线图（$\sigma_t=900\text{kPa}$，$C=1.8D$）

由分析结果可知：随着盾构埋深的增大，地层变位减小，开挖面支护应力的设定可以忽略过大埋深的影响。因此，对于埋深 $C=2.5D$ 情况，亦可认为：当开挖面支护应力 σ_t 在 200kPa~900kPa 之间取值，可以忽略不同初始粘结强度取值的变化对地层土体变位的影响。

② $C=1.1D$

图 6.3.73（a）、（b）为 $\sigma_t=200\text{kPa}$ 时，当初始粘结强度分别取 n_bond=s_bond=50N、1N 时，盾构向前推进 $D/10$m 处地层竖向位移相对初始竖向位移的等值线图。图 6.3.74（a）、（b）为 $\sigma_t=900\text{kPa}$ 时，当初始粘结强度分别取 n_bond=s_bond=50N、1N 时，盾构向前推进 $D/10$m 处地层竖向位移相对初始竖向位移的等值线图，其中等值线的负值、正值分别表示地层的沉降、隆起。

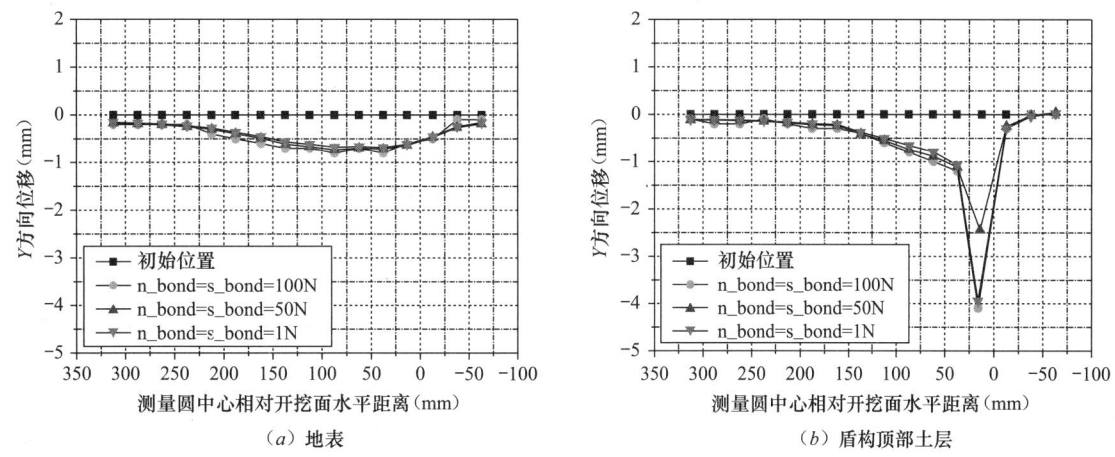

图 6.3.72 初始粘结强度与地层变位关系（$\sigma_t=200$kPa，$C=1.8D$）

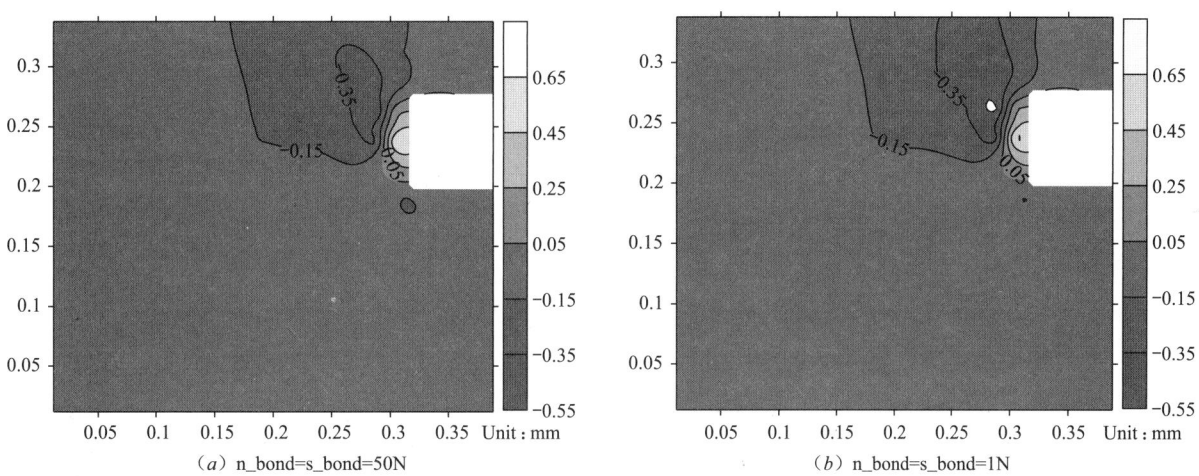

图 6.3.73 地层竖向位移等值线图（$\sigma_t=200$kPa，$C=1.1D$）

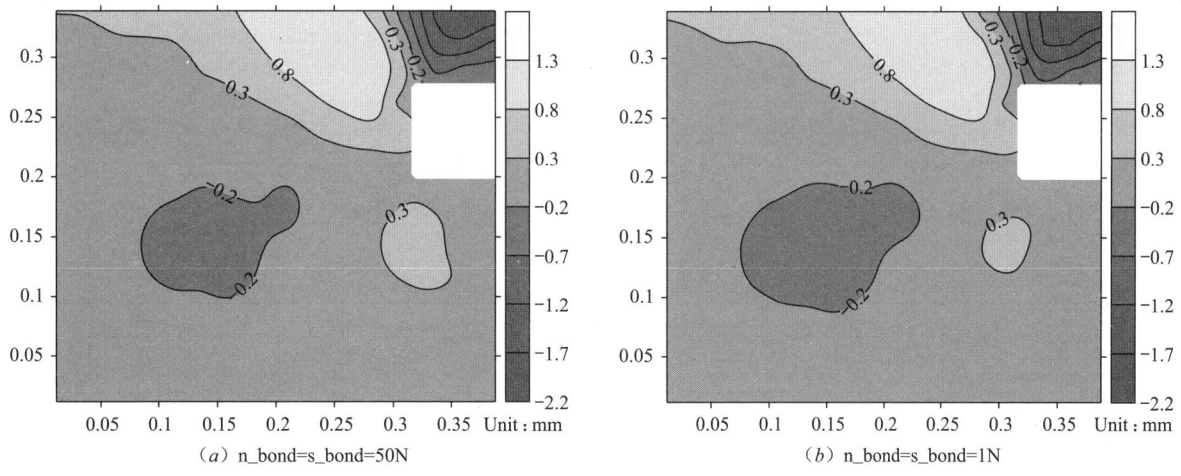

图 6.3.74 地层竖向位移等值线图（$\sigma_t=900$kPa，$C=1.1D$）

由图中计算结果分析可知，对于不同的开挖面支护应力 σ_t，当初始粘结强度分别取 n_bond＝s_bond＝100N、50N、1N 时，整个地层土体的变位基本一致；而对于宏观变形的内在细观结构的变化，经计算分析可知：地层土体颗粒的转动角度也几乎未受粘结强度变化的影响，如图 6.4.75（a）、（b），为 $\sigma_t=200$kPa，n_bond＝s_bond＝100N、1N 时盾构向前推进 $D/10$m 处地层土体颗粒转动角度等值线图。

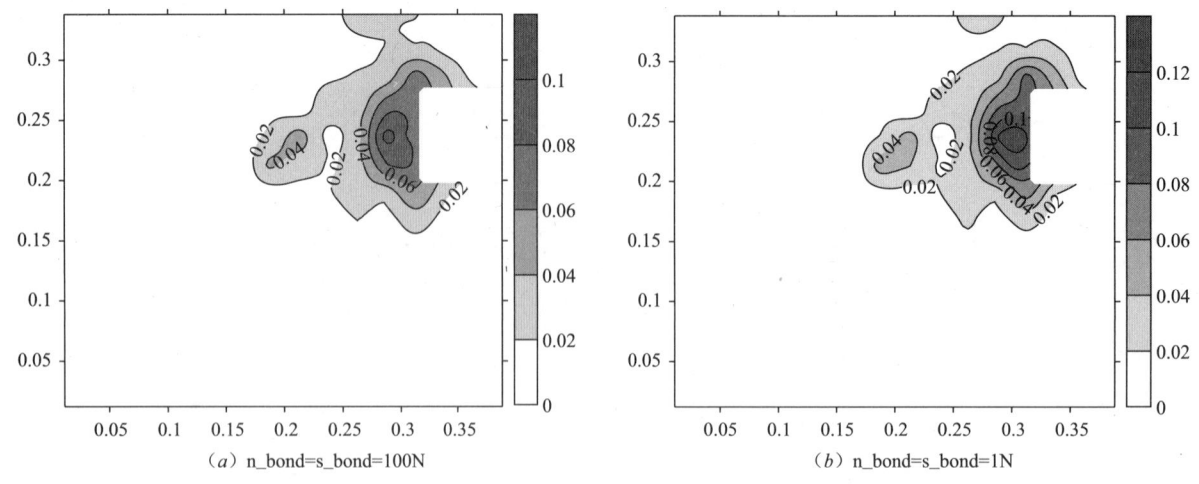

图 6.3.75 地层土体颗粒转动角度等值线图（$\sigma_t=200\text{kPa}$，$C=1.1D$）

综上所述，在泥水盾构开挖过程的颗粒流数值模拟中，当采用接触粘结模型模拟开挖面周而复始存在的理想状态泥膜，对于初始粘结强度取值的设置可以得到如下结论：当盾构埋深 C 处于 $1.1D\sim2.5D$，且开挖面支护应力 σ_t 在 $200\sim900\text{kPa}$ 之间取值，初始粘结强度取值的变化（n_bond=s_bond=$1\sim100\text{N}$）对地层土体变形的影响基本可以忽略。

(3) 砂黏性土复合地层开挖面变形与失稳破坏的数值模拟结果

为结合均匀地层对比分析不同埋深情况下分层土地层开挖面的稳定机理，本节将在前面基础上取同一埋深不同地层条件在相同支护应力下地层的变位情况进行研究，如表 6.3.12 所示。故以下分析将对表中两种埋深情况分别展开讨论。

砂黏性土复合地层颗粒流模拟方案　　　　表 6.3.12

埋深	地层条件		开挖面支护应力（kPa）
$C=2.1D$	分层土地层	粉质黏土地层	50、300、500、700
$C=2.5D$	分层土地层	砂性土地层	50、200、300、500、700、900

1) $C=2.1D$

① 开挖面的失稳破坏机理

对于该埋深情况下分层土地层条件，当 $\sigma_t=50\text{kPa}$、200kPa 时，均能观察到由于支护力不足而引起的地层土体位移急剧增大的现象，如图 6.3.76(a) 和图 6.3.77(a) 所示；图 6.3.76(b) 和图 6.3.77(b)

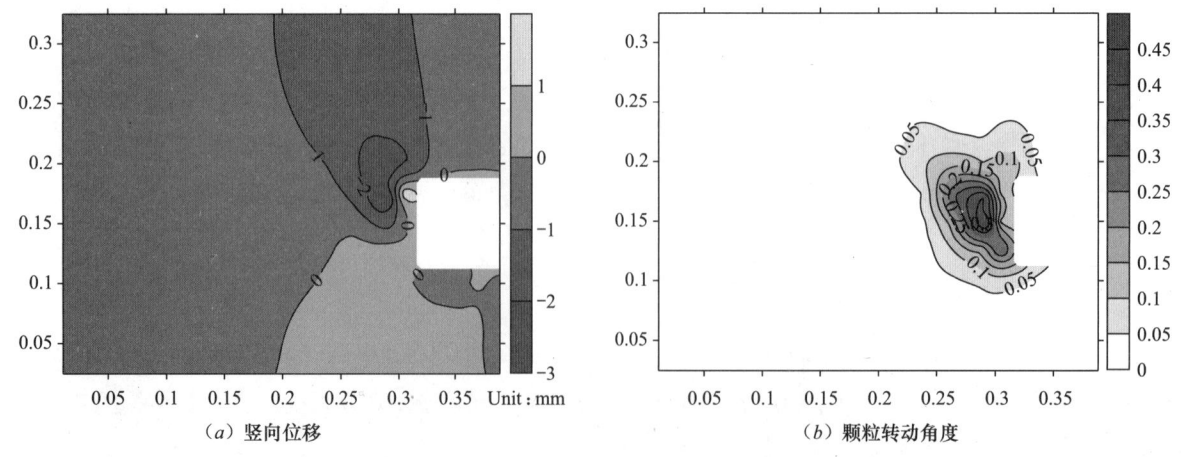

图 6.3.76　$C=2.1D$ 埋深情况下地层竖向位移、颗粒转动角度等值线图（$\sigma_t=200\text{kPa}$）

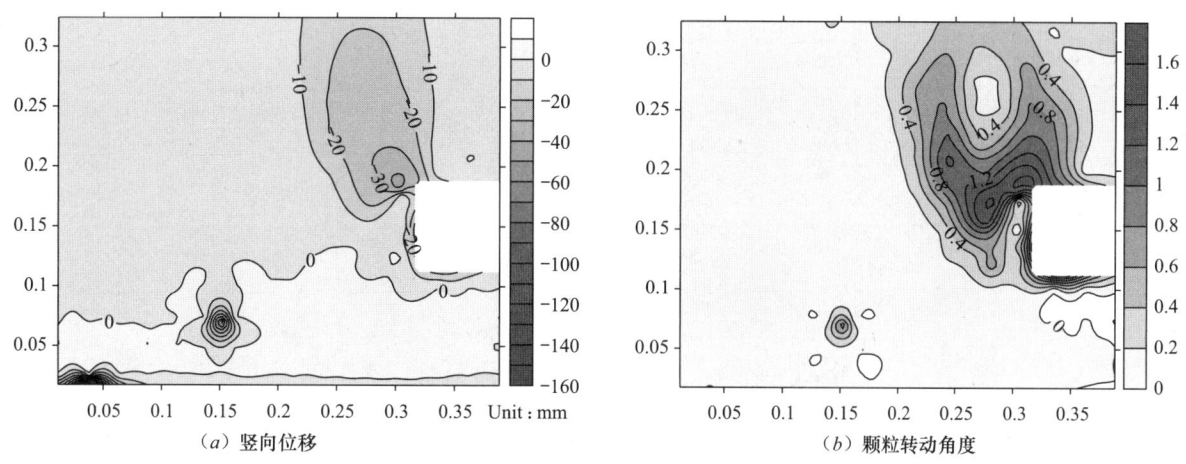

图 6.3.77 $C=2.1D$ 埋深情况下地层竖向位移、颗粒转动角度等值线图（$\sigma_t=50$kPa）

所示分别为 $\sigma_t=200$kPa、50kPa，盾构向前推进（$D/10$）m 时相应的地层竖向位移等值线图及土体颗粒转动角度等值线图。图中所示的竖向位移值均为当前状态竖向位移与初始状态竖向位移的差值，等值线的负值、正值分别表示地层的沉降、隆起；转动角度均取绝对值，为所属测量圆所包括的所有颗粒转动角度总和的平均值。

由上图可知，两种开挖面支护压力情况下，地层土体的最大转动角度均出现在开挖面前方顶部附近，且该处即对应地层土体最大竖向沉降量。但随着开挖面支护应力的减小，一定范围内土层间的拱效应逐渐弱化、消失，这一现象在细观表现为"拱顶"颗粒转动角度的减小，甚至未发生转动（转角归零，如图 6.3.77b 所示）；在宏观表现为地层土体的竖向位移量的急剧增大。图 6.3.78（a）、（b）为当开挖面支护应力 $\sigma_t=50$kPa，分别对应盾构在分层土地层及粉质黏性土地层开挖，向前推进（$D/10$）m 处，由于支护压力不足所产生的开挖面失稳破坏状态土体位移场：相对于黏性土层开挖面塌陷破坏形式（影响范围较大，呈盆状且引起较大的地表沉降），分层土地层条件下开挖面失稳对周围土体产生的扰动相对较小，破坏形式表现为开挖面前方为楔形体，破坏区域顶部为烟囱状，破坏由开挖面顶部向地表逐渐发展。

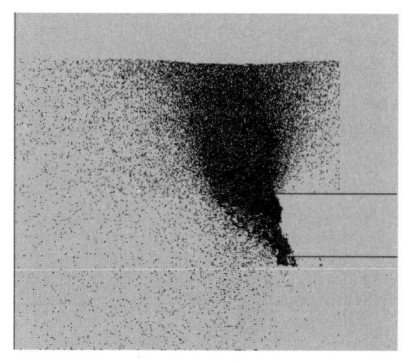 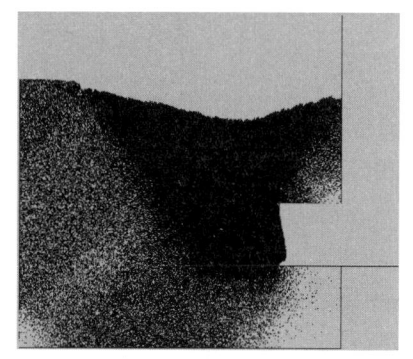

（a）分层土地层（最大位移：89mm）　　（b）黏性土地层（最大位移：123mm）

图 6.3.78 开挖面失稳破坏状态地层土体位移场（$C/D=2.10$，$\sigma_t=50$kPa）

对于以上开挖面失稳破坏形式的描述，仅针对失稳现象发生且发展后的某一状态进行研究。为进一步研究开挖面的失稳破坏形式，取该埋深情况，$\sigma_t=50$kPa，具体分析分层土地层开挖面坍塌破坏的整个发生、发展过程。图 6.3.79～图 6.3.82 分别为盾构不同推进步数时整个地层土体的变形及位移场变化图。

由此可知，与均匀砂性土地层情况相似，当盾构在分层土地层中下部砂土中推进，由于支护应力不

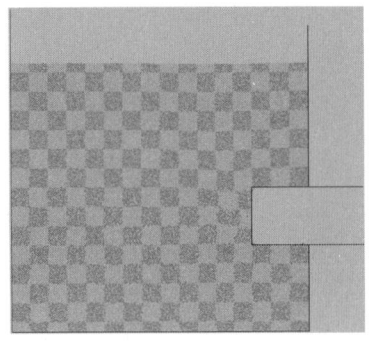
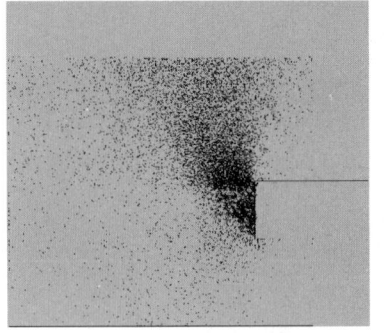

（a）地层土体变形图　　　　　　　（b）地层土体位移场

图 6.3.79　盾构推进步数 Cyc＝5 万步（$C/D=2.10$，$\sigma_t=50\text{kPa}$）

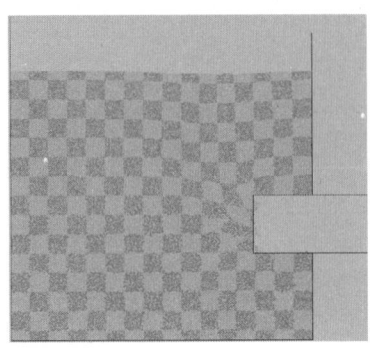

（a）地层土体变形图　　　　　　　（b）地层土体位移场

图 6.3.80　盾构推进步数 Cyc＝15 万步（$C/D=2.10$，$\sigma_t=50\text{kPa}$）

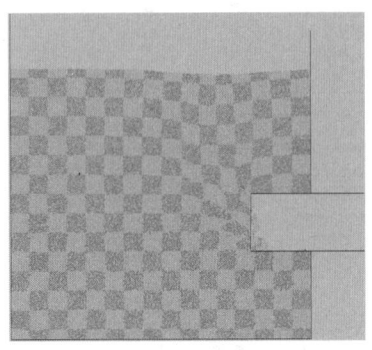

（a）地层土体变形图　　　　　　　（b）地层土体位移场

图 6.3.81　盾构推进步数 Cyc＝25 万步（$C/D=2.10$，$\sigma_t=50\text{kPa}$）

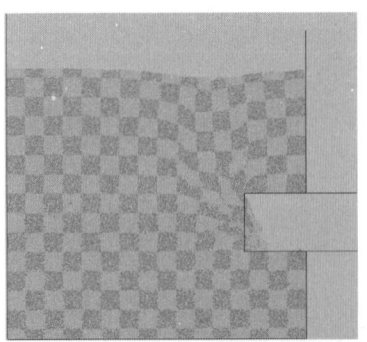
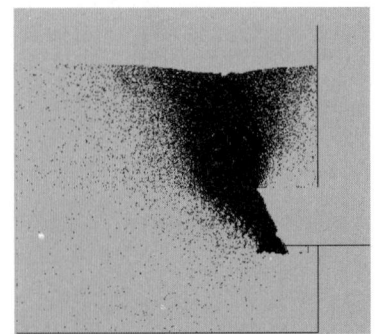

（a）地层土体变形图　　　　　　　（b）地层土体位移场

图 6.3.82　盾构推进步数 Cyc＝35 万步（$C/D=2.10$，$\sigma_t=50\text{kPa}$）

足引起的开挖面的失稳仍是一个瞬间的过程,且发生在推进的初始阶段,但由于上覆为粉质黏性土地层,变位向地表传递、发展相对滞缓;随着盾构继续向前推进,地层土体变位的增长和发展类似于盾构在均质黏性土地层推进情况,即也是一个位移积累,到一定程度加速发展的过程,如图6.3.83所示,为盾构推进过程中,推进步数与地表变位的发展关系曲线。图中每一点位移均取为所属测量圆所包括的所有颗粒位移的平均值,横坐标"0"表示开挖面的初始位置,纵坐标"0"表示初始位移,负值表示沉降量。

② 开挖面支护应力变化对地层变位的影响

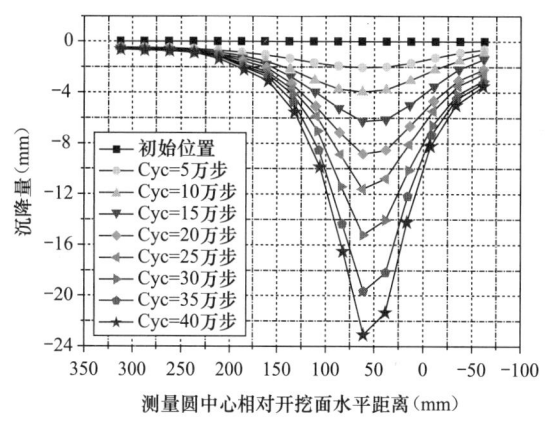

图6.3.83 盾构推进步数与地表变位关系 ($C/D=2.10$,$\sigma_t=50kPa$)

为了进一步研究该埋深情况下支护应力取值的大小对地层变位的影响,特取设置于地层表面以及盾构顶部土层测量圆的量测数据进行分析,开挖面支护应力分别取为$\sigma_t=300kPa$、$500kPa$、$700kPa$、$900kPa$。图6.3.84(a)、(b)为分层土地层条件下,盾构向前推进($D/10$)m处,不同开挖面支护应力与地表变位、盾构顶部土层变位的关系曲线。图中正值、负值分别代表隆起量、沉降量。

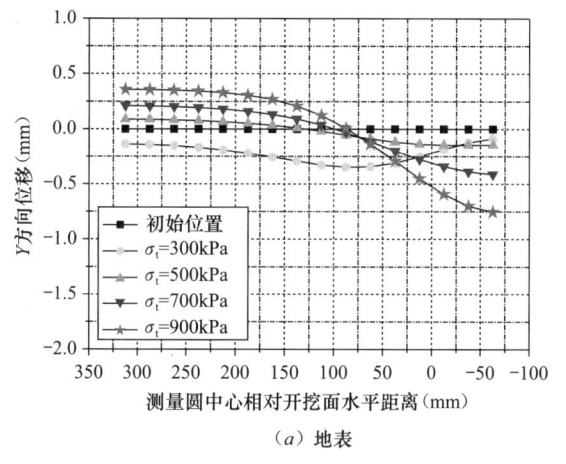
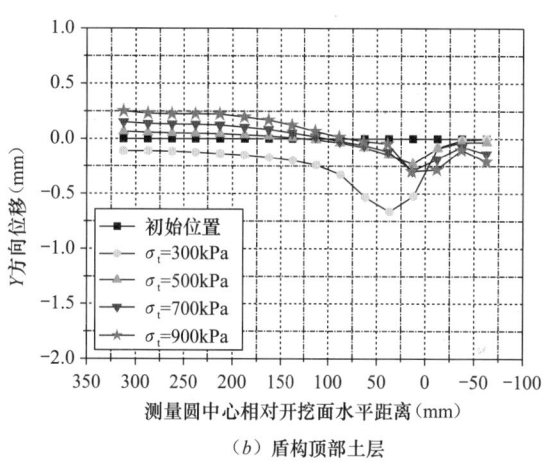

(a) 地表　　　　　　　　　　　　(b) 盾构顶部土层

图6.3.84 分层土地层支护应力与地层变位关系（$C/D=2.10$）

由图6.3.84可知,盾构在非均质分层土地层中推进,地层土体变形规律与均质砂性土地层条件下相似,即地层变位对支护应力的改变较不敏感,支护应力的变化引起地表位移量较小,最大沉降和隆起量控制在1mm之内。

2) $C=2.5D$

① 开挖面的失稳破坏机理

对于同一埋深,在分层土或均质砂性土地层条件下,当$\sigma_t=50kPa$、$200kPa$时,均能观察到由于支护力不足而引起的开挖面失稳破坏现象。如图6.3.85(a)、(b)所示为开挖面支护应力$\sigma_t=50kPa$情况下,分别对应盾构在分层土地层及砂性土地层开挖,向前推进($D/10$)m处,地层失稳状态的土体位移场。图6.3.86(a)、(b)为同一状态下当开挖面支护应力$\sigma_t=200kPa$,分层土及砂性土地层的竖向位移等值线图。

由此可知,当开挖面支护力过小而引起地层土体变形迅速发展时,分层土地层条件所对应的土体位移量要远大于均质砂性土地层情况下的位移量;但两种土层情况所对应的开挖面的失稳变形模式均表现为开挖面前方为楔形体,破坏区域顶部为烟囱状,位移等值线表明整个地层的最大沉降量发生在开挖面顶部土体,说明破坏由开挖面顶部向地表逐渐发展。

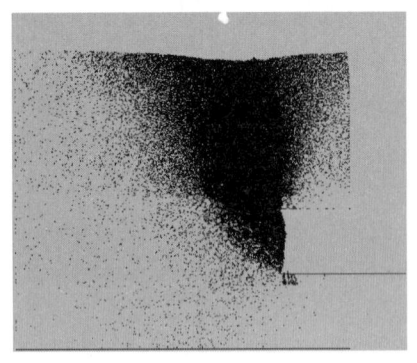 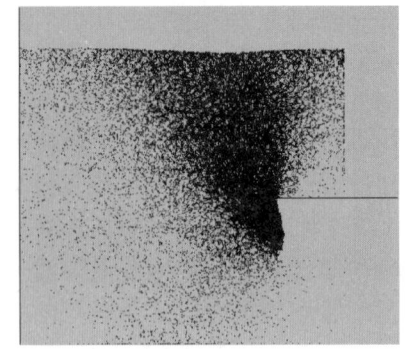

(a) 分层土地层（最大位移：100.7mm）　　　（b）砂性土地层（最大位移：44.25mm）

图 6.3.85　开挖面失稳破坏状态地层土体位移场（$C/D=2.50$，$\sigma_t=50$kPa）

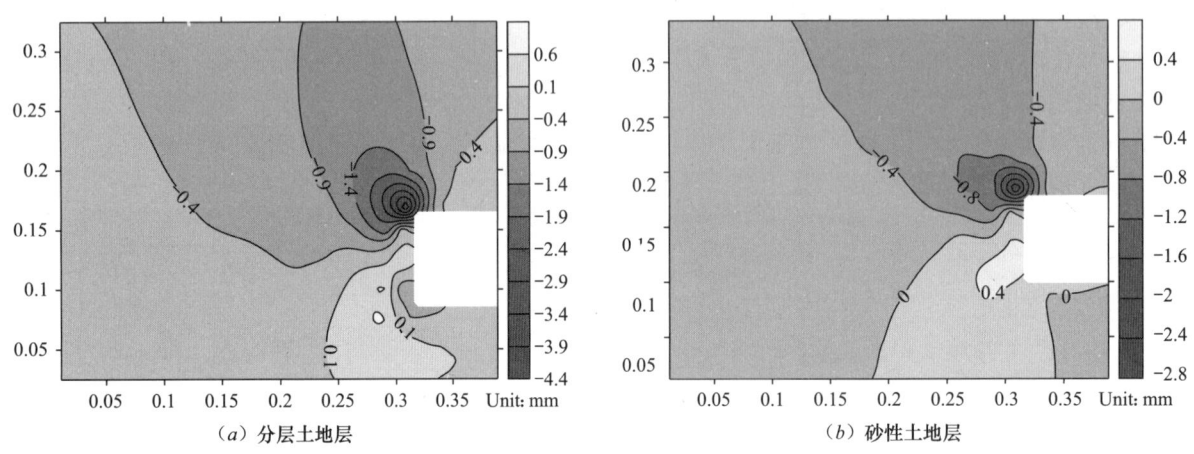

(a) 分层土地层　　　　　　　　　　　　(b) 砂性土地层

图 6.3.86　地层竖向位移等值线图（$C/D=2.50$，$\sigma_t=200$kPa）

② 开挖面支护应力变化对地层变位的影响

为了进一步研究该埋深情况下支护应力取值的大小对地层变位的影响，特取设置于地层表面以及盾构顶部土层测量圆的量测数据进行分析，开挖面支护应力分别取为 $\sigma_t=300$kPa、500kPa、700kPa、900kPa。图 6.3.87（a）、（b）为分层土地层条件下，盾构向前推进（$D/10$）m 处，不同开挖面支护应力与地表变位、盾构顶部土层变位的关系曲线。图中正值、负值分别代表隆起量、沉降量。

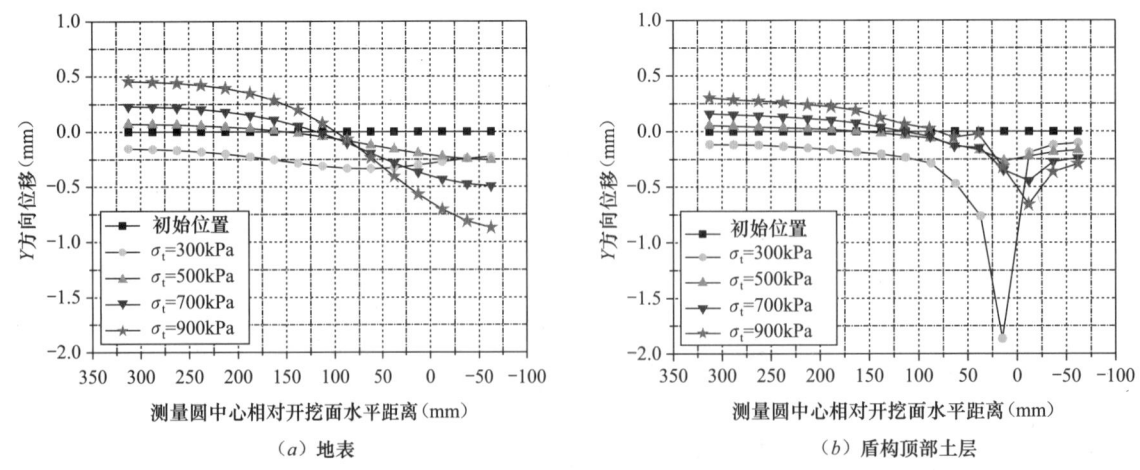

(a) 地表　　　　　　　　　　　　　　(b) 盾构顶部土层

图 6.3.87　分层土地层支护应力与地层变位关系（$C/D=2.50$）

由图 6.3.87 可知，盾构在非均质分层土地层中推进，支护应力的变化引起地表位移量较小，最大沉降和隆起量控制在 1mm 之内；但对于盾构顶部土层，当支护应力过小时，易引发较大的地层沉降量，如图 6.3.88（a）所示，为开挖面支护应力 $\sigma_t=300$kPa，盾构向前推进（$D/10$）m 时，分层土地层竖向位移等值线图，最大变位表现为沉降，发生在开挖面顶部，最大沉降量接近 2mm，但由于模拟砂土的椭圆团颗粒间拱效应，开挖面的沉陷并未发展至地表面，图 6.3.88（b）可很好说明这一现象，为同一条件下分层土地层土体颗粒转动角度等值线图，图中颗粒的转角基本集中于开挖面周围，且等值线性形状完整。而对于同一条件下的砂性土地层，地层土体位移量明显减小，最大沉降和隆起量均小于 1mm，如图 6.3.89 所示，为同一条件下砂性土地层的竖向位移等值线图。

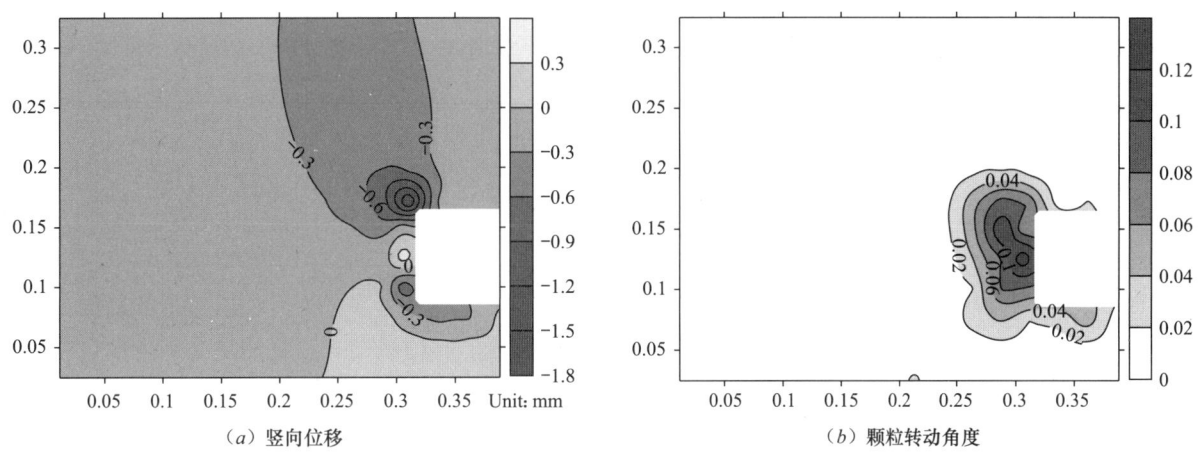

(a) 竖向位移　　　　　　　　　　　　(b) 颗粒转动角度

图 6.3.88　分层土地层竖向位移、颗粒转动角度等值线图（$C/D=2.50$，$\sigma_t=300$kPa）

结合前文分析结果可知，分层土地层土体变形规律与均质砂性土地层条件下相似，即地层变位对支护应力的改变较不敏感，在保证开挖面稳定的前提下，支护应力可在较大的波动范围内取值；但相对砂性土地层，分层土地层应特别注意防止由于支护应力过小产生的开挖面塌陷破坏现象。

6.3.3.8　小结

本节采用颗粒流数值模拟方法对砂性土层及砂黏性土复合地层盾构推进过程中支护应力变化引起地层土体的变形及开挖面的失稳破坏问题进行了研究，并得到了以下结论：

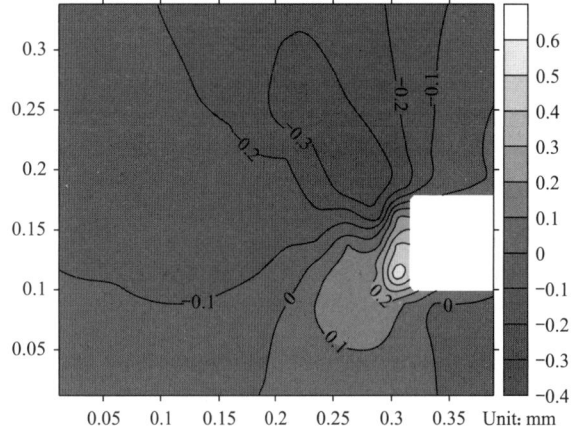

图 6.3.89　砂性土地层竖向位移等值线图（$C/D=2.50$，$\sigma_t=300$kPa）

（1）为在颗粒流数值模拟中实现开挖面的隆起破坏现象，支护应力需设置较大的数值（如当 $C=0.77D$ 时，$\sigma_t=500$kPa 即 $f=1.58$），这也反映在盾构推进实际工程中较少遇到开挖面的冒顶破坏问题，且支护压力过大产生地表隆起给工程造成的危害也不甚明显；

（2）随着开挖面支护应力的减小，开挖面前方失稳影响区域不断扩大，并逐渐发展至地表，但砂性土地层中土体变位所产生的拱效应可在承受较大压力的同时减缓甚至有效遏制变形的发展；

（3）相同盾构隧道直径情况下，开挖面极限支护应力随着埋深的增大而增大，埋深较大时，开挖面的失稳破坏越难以发展至地表，而当埋深增大到一定程度时，开挖面支护应力的设定可以不考虑埋深的影响；

（4）上软下硬分层土地层中开挖面失稳破坏模式与砂性土地层的失稳破坏模式相似，即表现为开挖面前方为楔形体，破坏区域顶部为烟囱状，最大沉降量发生在开挖面前方顶部附近，埋深较大时，土体颗粒间的拱效应将使得开挖面的塌陷破坏难以发展至地表面。但分层土地层土体位移量及失稳变形程度要远大于均质砂性土地层情况。

6.3.4 复杂地层盾构隧道开挖面宏观稳定性研究

盾构掘进是一个动态过程，施工过程中支护压力大小的控制决定了开挖面的稳定性问题及盾构推进对周围地层造成的影响程度，针对上述问题，在第6.3.3节中我们设计了颗粒流数值模拟方案，具体研究了不同地层情况下由于支护应力不足/过大引起的开挖面坍塌/隆起失稳破坏机理及其发生、发展整个过程，并通过对不同盾构埋深情况下临界支护压力规律的分析，明确并刻画了开挖面坍塌及隆起的失稳破坏模式。然而，盾构推进过程中开挖面支护压力的施加也是一个动态的过程（特别是对于复杂地层条件的大型盾构隧道），随着支护压力的增大或减小，地层围岩产生变位，若其变幅超过一定极限，将会引发开挖面变形甚至失稳破坏。而在盾构实际掘进过程中因支护压力过大产生地表隆起给工程造成的危害不甚明显，支护压力不足引起的开挖面失稳破坏、地表塌陷更是工程中所关注的问题，这一现象也反映在颗粒流数值模拟结果分析中，即开挖面的稳定性更易受支护压力逐渐减小状态的影响（变位反应更敏感），且坍塌失稳影响范围更广，程度更深。因此，下面将主要针对开挖面的塌陷失稳问题，结合其破坏机理及失稳滑动面模式，从宏观角度进一步开展对复杂地层盾构隧道开挖面的稳定性研究，建立适合于复杂地层的开挖面支护压力计算新方法（M-M模型），并将其应用到钱江隧道工程中。

6.3.4.1 概述

开挖面极限支护压力的确定是盾构推进过程中开挖面支护压力控制和保证开挖面稳定的前提，对于上述开挖面较常遇到的坍塌失稳问题，在数值方法确定其破坏模式的基础上，我们还必须采用合理的解析方法对其失稳问题进行描述。盾构隧道整体稳定性分析模型包括塑性极限分析法及极限平衡法两种常见的分析方法，但对于前者，求解过程较为烦琐，且很难满足盾构工程多样性条件，因此，基于极限平衡理论的三维楔形体模型，因其较为直观且相对简单而广泛应用于计算维持开挖面稳定的盾构支护力，成为被工程界广泛接受的方法之一。

楔形体模型在计算保证开挖面稳定所需的支护力是基于考虑开挖面前方滑动面的极限平衡条件，通过列出在水平方向和竖直方向的极限平衡方程，反复迭代滑裂面于水平方向的夹角 θ，求出盾构支护力的最大值，从而求出开挖面稳定时所需支护力的取值范围。在计算过程中有如下假设：

① 失稳破坏滑动面由楔形体和棱柱体构成；

② 土体为均匀且各向同性的刚塑性材料，服从莫尔-库仑破坏准则，滑裂面每一单元的抗剪强度公式为 $\tau = c + \sigma \tan\varphi$。

而根据 Mai 在1997年开展的离心机模型试验结果：均匀黏性土、砂性土地层开挖面的失稳破坏模式相差甚远，这一现象也在第6.3.3节开挖面变形与失稳破坏颗粒流数值模拟中得到较好的验证，如图6.3.90（a）、（b）所示，分别为同一支护应力条件下，均匀粉质黏土、砂性土地层土体位移场。在粉质黏性土地层中，由于土体颗粒间黏聚力的存在，破坏面自隧道仰拱向上部和两侧扩展，表现为下部较缓上部区域较大的盆状；对于砂性土地层中，主要破坏面基本由隧道两侧竖直向上直接发展至地表，呈狭窄的烟囱状。对于大型盾构所穿越的复合地层情况，如图6.3.91所示，为其中上软（黏土）下硬（砂

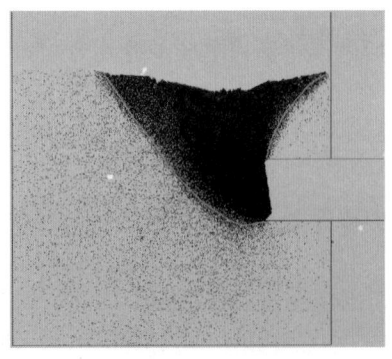 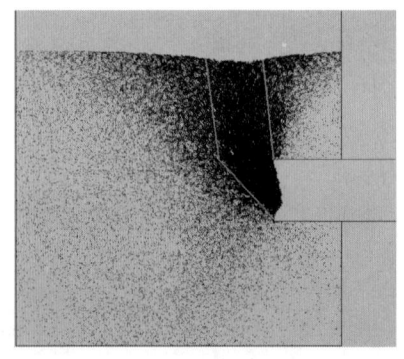

（a）粉质粘土地层　　　　　　　（b）砂性土地层

图6.3.90　不同地层条件开挖面塌陷失稳破坏模式

土）地层情况地层土体位移场：滑动面由开挖面底部逐渐发展至地表（可观察到以椭圆标记的明显破裂痕迹），且在上部黏性土层中呈现明显的盆状破坏模式。由此可知，传统楔形体模型假设的由开挖面前方楔形体及上部棱柱体组成的失稳破坏滑动面并不适用于黏性土及砂黏土复合地层情况。

此外，在楔形体计算模型中，开挖面前方假定滑动块受到上覆土体的作用力，其大小的合理取值直接关系到楔形体计算模型对开挖面临界支护压力大小确定的准确性和可靠性，因此，上覆土压力的取值是楔形体计算模型应用的关键参数之一。

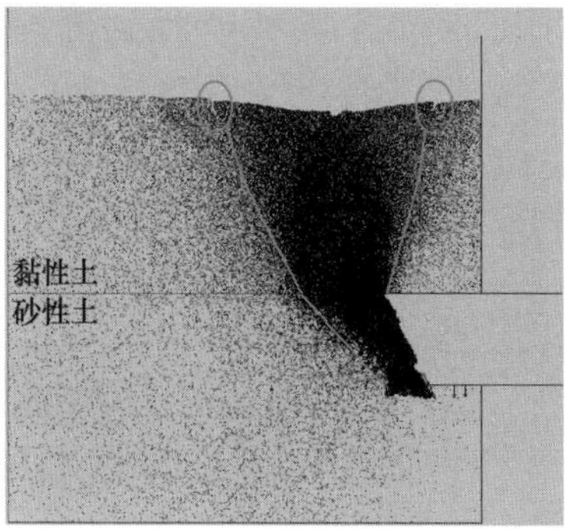

目前楔形体计算模型上覆土压力的确定方法主要有以下三种。

图 6.3.91 复合地层条件开挖面塌陷失稳破坏模式

（1）全覆土柱理论

即竖向地层压力等于拱顶上覆土的自重，该理论假设天然地面是弹性半空间，因而在任意竖直面和水平面上均无剪应力存在。则在天然地面下任意深度处的竖向应力可取作用于该水平面任意一单位面积上的土柱自重为：

$$\sigma_v = \gamma \cdot z \tag{6.3.37}$$

其中，σ_v 为垂直地层压力（kPa），γ 为上覆土的加权平均重度（kN/m³），z 为上覆土层厚度（m）。

该计算方法在土体变形很小的软土地层中较为合适（徐东，1999），当隧道的埋深较大或土质较硬时，土体松动产生的拱效应不可忽略，其计算结果显然不合理。

（2）普氏土压力理论

苏联学者普罗托吉雅柯诺夫以散体介质理论为基础，认为在松散介质中开挖隧道后，在其上方形成抛物线的平衡拱（压力拱），拱下土体以平均压力作用于衬砌上，则隧道衬砌受到的垂直地层压力为 $P=4a^2\gamma/3f$（kN/m）。则根据洞室跨度可得平均顶板压力 σ_v（kPa）：

$$\sigma_v = 2a\gamma/3f \tag{6.3.38}$$

式中，a 为隧道半宽（m），b 为冒落拱高度，$b=a/f$（m），f 为普氏系数，对松散土和黏性土可取 $f=\tan\varphi$，γ 为冒落岩体重度（kN/m³）。

普氏土压力理论认为竖向地层压力与隧道的埋深无关。显然，对不能形成压力拱的松软地层或埋深太浅的隧道，普氏理论是不适用的。

(3) 太沙基（Terzaghi）松动土压力理论

太沙基松动土压力理论是从应力传递概念出发，考虑了隧洞尺寸、埋深、土层的黏聚力和内摩擦角对土体稳定性的影响，认为隧洞在开挖以后，顶部的土体由重力作用而向下移动，在隧洞两侧至地面出现了两个剪切面。如图 6.3.92 所示，为太沙基松动土压力计算模型，取松动土体任意深度 z 处某一微小单元，建立竖向受力平衡方程：

$$2b\sigma_v + 2b\gamma dz = 2b(\sigma_v + d\sigma_v) + 2(c + K\sigma_v\tan\varphi)dz$$

式中，γ 为土体重度（kN/m³），c、φ 为土体的黏聚力及内摩擦角，K 为土体侧压力系数，b 为土条宽度的一半。

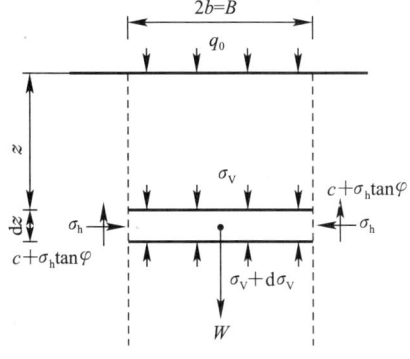

图 6.3.92 太沙基松动土压力计算模型（均质地层）

根据边界条件（$z=0$：$\sigma_v = q_0$，q_0 为地表荷载）可得到任意深度 z 的松动土压力计算公式：

$$\sigma_v = \frac{b(\gamma - c/b)}{K\tan\varphi}(1 - e^{\frac{-K\tan\varphi}{b}z}) + q_0 e^{\frac{-K\tan\varphi}{b}z} \tag{6.3.39}$$

当上覆土压力的厚度远大于盾构的外径时，由于隧道开挖引起上方土体发生位移，土体颗粒的相互错动使得土体颗粒之间应力传递，使得隧道上方周围土体对下移的土体有一定的阻碍作用，最终导致最小支护压力远远小于地层原始应力。基于以上认识，能够考虑土体颗粒间应力传递及拱效应作用的太沙基松动土压力理论计算隧道上覆土重的方法得到较为普遍的认可。

但是，在隧道实际工程中，上覆土层条件往往为多层，土体的非均质性将使剪切面并不连续的沿直线发展至地表，而是在不同的土层介质呈现不同的角度。因此传统的考虑单一土层情况的松动土压力计算方法并不适用于非均质性地层情况，复杂地层情况应用于楔形体计算模型的太沙基松动土压力计算方法还需要进一步展开探讨。

6.3.4.2 复杂地层开挖面松动土压力确定

(1) 传统太沙基松动土压力

太沙基基于滑动面为垂直面的假定（详见图 6.3.92）推导了 trap-door 松动土压力公式（式 6.3.39），公式应用对象主要考虑为无黏性土。

对于盾构隧道开挖面前方假定滑动块受到的上覆土压力，由于盾构的推进、开挖，开挖面前部土体可视为水平卸载，则在开挖面后部将会形成一个三维松动区域（即筒仓），而太沙基松动土压力计算公式是在假定平面应变条件下的二维结构受力计算分析得到的，不能反映盾构掘进中实际开挖面滑动区上方土体的三维松动区域，为此，不少学者（如秦建设，2005；郄彬，2008）假定松动区为柱体，将太沙基松动土压力扩展到三维空间考虑，计算模型如图 6.3.93 所示（仅考虑竖向作用力），取松动土体任意深度 z 处某一微小柱体单元，建立竖向受力平衡方程：

$$BL\sigma_v + BL\gamma dz = BL(\sigma_v + d\sigma_v) + 2(B+L)(c + K\sigma_v \tan\varphi)dz$$

式中，B、L 分别为土柱宽度、长度，根据边界条件（$z=0$：$\sigma_v = q_0$，q_0 为地表荷载）可得到任意深度 z 的三维松动土压力计算公式：

$$\sigma_v = \frac{BL\gamma - 2(B+L)c}{2(B+L)K\tan\varphi}(1 - e^{-\frac{2(B+L)K\tan\varphi}{BL}z}) + q_0 e^{-\frac{2(B+L)K\tan\varphi}{BL}z} \qquad (6.3.40)$$

此外，针对盾构隧道施工经常遇到的上覆成层地层情况，如图 6.3.94 所示，目前有两种处理方法将均质土层松动土压力理论扩展到此上覆土层为多层的地质条件：

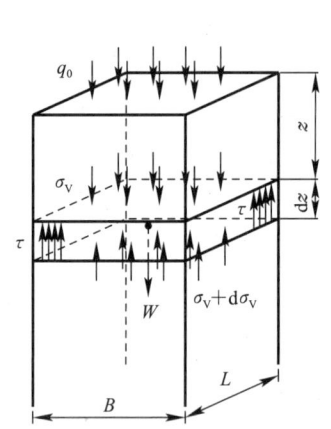

图 6.3.93 太沙基松动土压力三维扩展计算模型（均质地层）

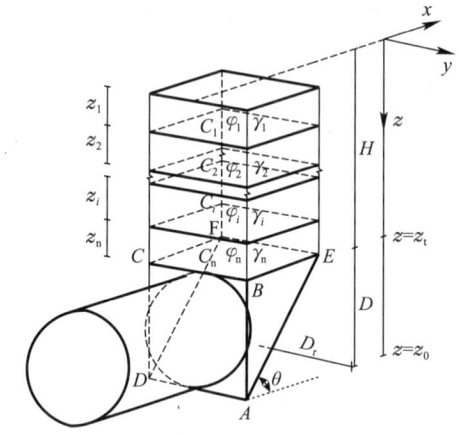

图 6.3.94 太沙基松动土压力三维扩展计算模型（成层地层）

1) 将成层土层转变为均质土层进行计算。分层土层的各项土体特性指标沿深度方向进行加权平均，即取：

$$\gamma = \sum_{i=1}^{n}\gamma_i h_i / H, \quad c = \sum_{i=1}^{n} c_i h_i / H, \quad \varphi = \sum_{i=1}^{n}\varphi_i h_i / H$$

2) 令土层 i 与土层 $i+1$ 之间的竖向作用力为 P_i，将土层 i 对土层 $i+1$ 的作用力（即 P_i）假设为超载考虑，计算思路同均质松动土压力计算方法，进行叠加后可得到成层地层太沙基三维松动土压力计算公式：

$$\sigma_v = P_n = \frac{BL\gamma_n - 2(B+L)c_n}{2(B+L)K_n\tan\varphi_n}(1-e^{-\frac{2(B+L)K_n\tan\varphi_n}{BL}z_n}) + \sum_{i=n-1}^{1}\frac{BL\gamma_i - 2(B+L)c_i}{2(B+L)K_i\tan\varphi_i}(1-e^{-\frac{2(B+L)K_i\tan\varphi_i}{BL}z_i})\prod_{j=n}^{i+1}e^{-\frac{2(B+L)K_j\tan\varphi_j}{BL}z_j}$$
$$+ q_0\prod_{k=1}^{n}e^{-\frac{2(B+L)K_k\tan\varphi_k}{BL}z_k} \tag{6.3.41}$$

(2) 改进太沙基松动土压力

太沙基通过砂土挡板下落后土体的破坏面的形式提出了竖向土条的概念,为了分析该假定对黏性土及不同埋深情况的适用性问题,秦建设采用有限差分(Flac3D)计算程序分析了不同埋深砂土及黏土中挡板下移量使得土体应力传递完全发挥后上覆土层的破坏变形情况,并得到如下结论:当埋深较浅时,无论砂土或黏土,滑动区域近似为等同挡板宽度的竖向土柱,与太沙基的假定相同,但随着埋深的增大,上覆土体位移区域稍大,滑动面的发展不再符合竖向土条假定,并且粉质黏性土中表现更明显。上述现象亦为离心机模型试验所验证(周小文,1999),如图 6.3.95 所示为随支护压力减小中砂模型($H/D=2.5$,H 为隧洞拱顶至地面的高度)土体的破坏模式,可见:塌落区域为隧洞拱冠以上土柱,其宽度在隧洞顶部基本等于隧洞直径,但随距地表深度的减小宽度逐渐增大。此外,由前文分析可知:随着盾构埋深的增大($C/D=2.5$),土拱现象越明显(相对于 $C/D=1.1$ 情况未观察到成拱现象);由颗粒转动角度描述的滑动面自隧道仰拱向上部和两侧扩展,表现为下部较缓上部区域较大。

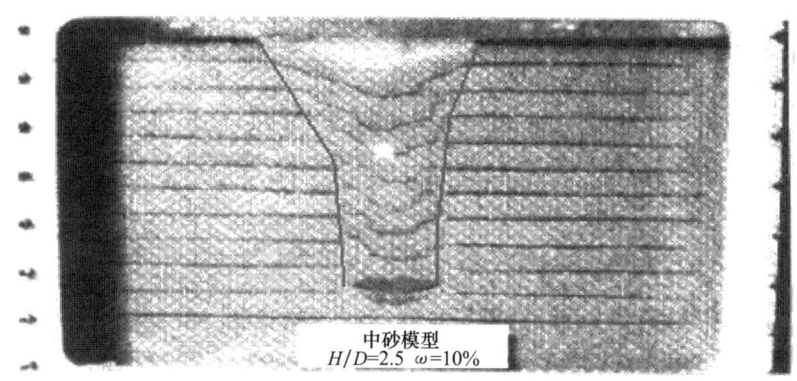

图 6.3.95 离心机模型破坏形态

以上用三种不同方法(有限差分、离散元数值模拟及离心机模型试验)的研究结论较好阐明了对太沙基松动土压力进行改进的原因,即无论粉质黏性土或砂性土地层,土条宽度并不为一恒定值,而是随距地表深度减小而逐渐增大,如图 6.3.96(a)所示,为均质地层改进太沙基松动土压力计算模型。模

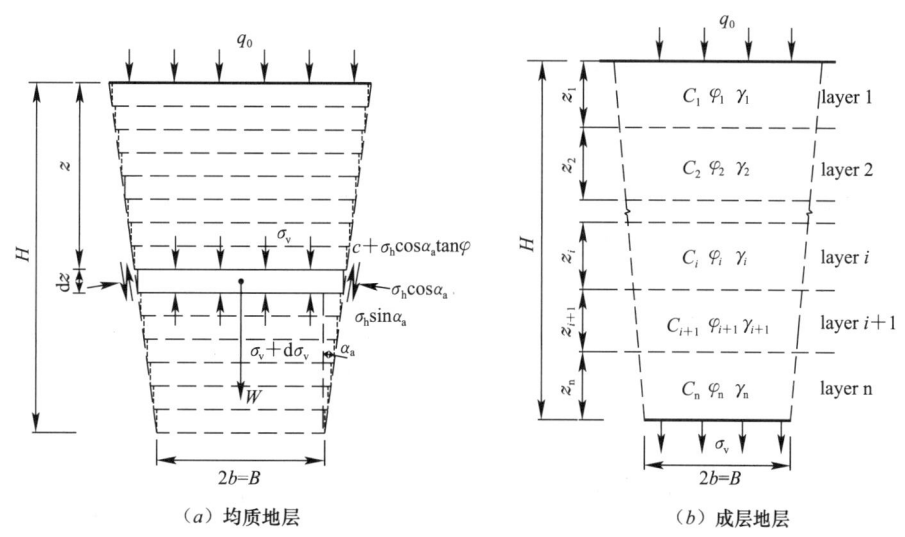

(a) 均质地层 (b) 成层地层

图 6.3.96 不同地层情况改进太沙基松动土压力计算模型

型中假设两侧滑移线与垂直方向的张开角均为 α_a，并将滑移线所包含的梯形破坏区域视为由无数宽度递增的矩形所组成。仍取松动土体任意深度 z 处某一微小单元进行分析，则该处对应矩形宽度 $2b+2(H-z)\tan\alpha_a$，建立竖向受力平衡方程：

$$\sigma_v \cdot [2b+2(H-z)\tan\alpha] + \gamma dz \cdot [2b+2(H-z)\tan\alpha]$$
$$= (\sigma_v + d\sigma_v) \cdot [2b+2(H-z)\tan\alpha] + 2(c+K\sigma_v\cos\alpha\tan\varphi)dz$$

根据边界条件（$z=0$：$\sigma_v=q_0$）可得到均质地层任意深度 z 的改进松动土压力计算公式：

$$\sigma_v = \left\{\frac{\gamma[b+(H-z)\tan\alpha_a]}{K\cos\alpha_a\tan\varphi - \tan\alpha_a} - \frac{c}{K\cos\alpha_a\tan\varphi}\right\} + [b+(H-z)\tan\alpha_a]^{\frac{K\cos\alpha_a\tan\varphi}{\tan\alpha_a}}$$
$$\cdot (b+H\tan\alpha_a)^{-\frac{K\cos\alpha_a\tan\varphi}{\tan\alpha_a}} \cdot \left[q_0 - \frac{\gamma(b+H\tan\alpha_a)}{K\cos\alpha_a\tan\varphi - \tan\alpha_a} + \frac{c}{K\cos\alpha_a\tan\varphi}\right] \tag{6.3.42}$$

而对于非均质地层情况，如图 6.3.96（b）所示，为成层地层改进太沙基松动土压力计算模型，令土层 i 与土层 $i+1$ 之间的竖向作用力为 P_i，且对于每层土层 i，将其上部土层的作用假设为超载考虑，则对于每层土层 i，可分别采用均质地层改进松动土压力计算方法，表达如下：

$$P_1 = \left\{\frac{\gamma_1[b+(H-z_1)\tan\alpha_{a1}]}{K_1\cos\alpha_{a1}\tan\varphi_1 - \tan\alpha_{a1}} - \frac{c_1}{K_1\cos\alpha_{a1}\tan\varphi_1}\right\} + [b+(H-z_1)\tan\alpha_{a1}]^{\frac{K_1\cos\alpha_{a1}\tan\varphi_1}{\tan\alpha_{a1}}}$$
$$\cdot (b+H\tan\alpha_{a1})^{-\frac{K_1\cos\alpha_{a1}\tan\varphi_1}{\tan\alpha_{a1}}} \cdot \left[\frac{c_1}{K_1\cos\alpha_{a1}\tan\varphi_1} - \frac{\gamma_1(b+H\tan\alpha_{a1})}{K_1\cos\alpha_{a1}\tan\varphi_1 - \tan\alpha_{a1}}\right] + q_0$$
$$\cdot [b+(H-z_1)\tan\alpha_{a1}]^{\frac{K_1\cos\alpha_{a1}\tan\varphi_1}{\tan\alpha_{a1}}} \cdot (b+H\tan\alpha_{a1})^{-\frac{K_1\cos\alpha_{a1}\tan\varphi_1}{\tan\alpha_{a1}}}$$

$$P_i = \left\{\frac{\gamma_i[b+(H-z_i)\tan\alpha_{ai}]}{K_i\cos\alpha_{ai}\tan\varphi_i - \tan\alpha_{ai}} - \frac{c_i}{K_i\cos\alpha_{ai}\tan\varphi_i}\right\} + [b+(H-z_i)\tan\alpha_{ai}]^{\frac{K_i\cos\alpha_{ai}\tan\varphi_i}{\tan\alpha_{ai}}}$$
$$\cdot (b+H\tan\alpha_{ai})^{-\frac{K_i\cos\alpha_{ai}\tan\varphi_i}{\tan\alpha_{ai}}} \cdot \left[\frac{c_i}{K_i\cos\alpha_{ai}\tan\varphi_i} - \frac{\gamma_i(b+H\tan\alpha_{ai})}{K_i\cos\alpha_{ai}\tan\varphi_i - \tan\alpha_{ai}}\right] + P_{i-1}$$
$$\cdot [b+(H-z_i)\tan\alpha_{ai}]^{\frac{K_i\cos\alpha_{ai}\tan\varphi_i}{\tan\alpha_{ai}}} \cdot (b+H\tan\alpha_{ai})^{-\frac{K_i\cos\alpha_{ai}\tan\varphi_i}{\tan\alpha_{ai}}}$$

$$P_n = \left\{\frac{\gamma_n[b+(H-z_n)\tan\alpha_{an}]}{K_n\cos\alpha_{an}\tan\varphi_n - \tan\alpha_{an}} - \frac{c_n}{K_n\cos\alpha_{an}\tan\varphi_n}\right\} + [b+(H-z_n)\tan\alpha_{an}]^{\frac{K_n\cos\alpha_{an}\tan\varphi_n}{\tan\alpha_{an}}}$$
$$\cdot (b+H\tan\alpha_{an})^{-\frac{K_n\cos\alpha_{an}\tan\varphi_n}{\tan\alpha_{an}}} \cdot \left[\frac{c_n}{K_n\cos\alpha_{an}\tan\varphi_n} - \frac{\gamma_n(b+H\tan\alpha_{an})}{K_n\cos\alpha_{an}\tan\varphi_n - \tan\alpha_{an}}\right]$$
$$+ P_{n-1} \cdot [b+(H-z_n)\tan\alpha_{an}]^{\frac{K_n\cos\alpha_{an}\tan\varphi_n}{\tan\alpha_{an}}} \cdot (b+H\tan\alpha_{an})^{-\frac{K_n\cos\alpha_{an}\tan\varphi_n}{\tan\alpha_{an}}}$$

将上述表达式进行叠加，可得到成层地层改进太沙基松动土压力计算公式：

$$\sigma_v = P_n = \left\{\frac{\gamma_n[b+(H-z_n)\tan\alpha_{an}]}{K_n\cos\alpha_{an}\tan\varphi_n - \tan\alpha_{an}} - \frac{c_n}{K_n\cos\alpha_{an}\tan\varphi_n}\right\} + [b+(H-z_n)\tan\alpha_{an}]^{\frac{K_n\cos\alpha_{an}\tan\varphi_n}{\tan\alpha_{an}}}$$
$$\cdot (b+H\tan\alpha_{an})^{-\frac{K_n\cos\alpha_{an}\tan\varphi_n}{\tan\alpha_{an}}} \cdot \left[\frac{c_n}{K_n\cos\alpha_{an}\tan\varphi_n} - \frac{\gamma_n(b+H\tan\alpha_{an})}{K_n\cos\alpha_{an}\tan\varphi_n - \tan\alpha_{an}}\right]$$
$$+ \sum_{i=n-1}^{1}\left\{\left\{\frac{\gamma_i[b+(H-z_i)\tan\alpha_{ai}]}{K_i\cos\alpha_{ai}\tan\varphi_i - \tan\alpha_{ai}} - \frac{c_i}{K_i\cos\alpha_{ai}\tan\varphi_i}\right\} + b+(H-z_i)\tan\alpha_{ai}\right\}^{\frac{K_i\cos\alpha_{ai}\tan\varphi_i}{\tan\alpha_{ai}}}$$
$$\cdot (b+H\tan\alpha_{ai})^{-\frac{K_i\cos\alpha_{ai}\tan\varphi_i}{\tan\alpha_{ai}}} \cdot \left[\frac{c_i}{K_i\cos\alpha_{ai}\tan\varphi_i} - \frac{\gamma_i(b+H\tan\alpha_{ai})}{K_i\cos\alpha_{ai}\tan\varphi_i - \tan\alpha_{ai}}\right]$$
$$\cdot \prod_{j=n}^{i+1}[b+(H-z_j)\tan\alpha_{aj}]^{\frac{K_j\cos\alpha_{aj}\tan\varphi_j}{\tan\alpha_{aj}}} \cdot (b+H\tan\alpha_{aj})^{-\frac{K_j\cos\alpha_{aj}\tan\varphi_j}{\tan\alpha_{aj}}}$$
$$+ q_0 \prod_{k=1}^{n}[b+(H-z_k)\tan\alpha_{ak}]^{\frac{K_k\cos\alpha_{ak}\tan\varphi_k}{\tan\alpha_{ak}}} \cdot (b+H\tan\alpha_{ak})^{-\frac{K_k\cos\alpha_{ak}\tan\varphi_k}{\tan\alpha_{ak}}} \tag{6.3.43}$$

上述改进太沙基松动土压力公式的推导均针对二维空间考虑，对于三维状态，其相应的计算模型如图所示。模型中假设两侧滑动面与垂直方向的张开角为 α_a，沿盾构轴线方向两滑动面与垂直方向的张开角为 θ_a，并将滑动面所包含的破坏区域视为由无数宽度递增的长方体所组成。

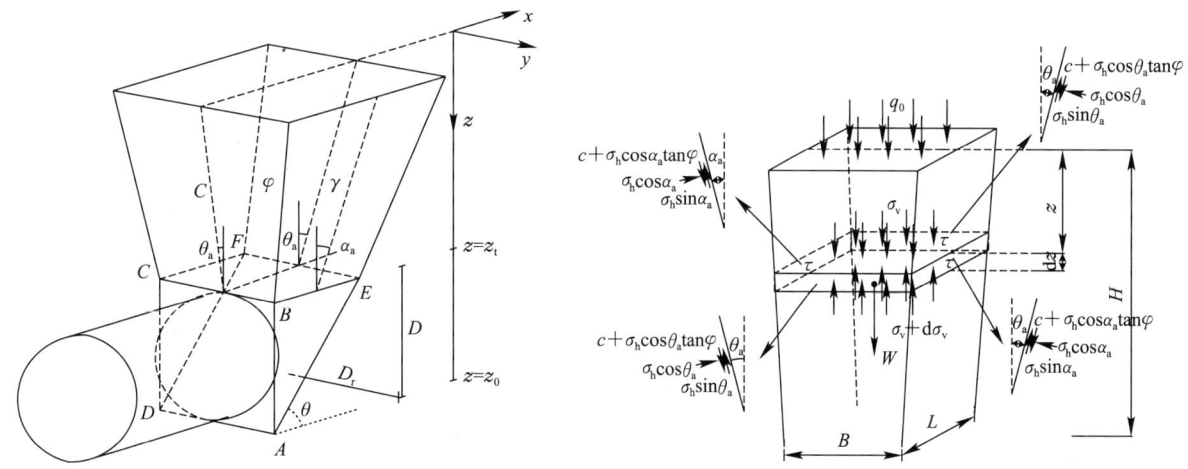

图 6.3.97 改进太沙基松动土压力三维扩展计算模型（均质地层）

仍取松动土体任意深度 z 处某一微小土层单元进行分析，该处对应长方体宽度、长度分别为 $B+2(H-z)\tan\alpha_a$、$L+2(H-z)\tan\theta_a$，建立竖向受力平衡方程：

$$\sigma_v\{[B+2(H-z)\tan\alpha_a][L+2(H-z)\tan\theta_a]\}+\gamma\{[B+2(H-z)\tan\alpha_a][L+2(H-z)\tan\theta_a]\}dz$$
$$=(\sigma_v+d\sigma_v)\{[B+2(H-z)\tan\alpha_a][L+2(H-z)\tan\theta_a]\}$$
$$+2\{(c+K\sigma_v\cos\alpha_a\tan\varphi)[L+2(H-z)\tan\theta_a]\}dz+2(c+K\sigma_v\cos\theta_a\tan\varphi)[B+2(H-z)\tan\alpha_a]dz$$

根据边界条件（$z=0$：$\sigma_v=q_0$）可得到三维状态下任意深度 z 的改进松动土压力计算公式：

$$\sigma_v = (B+2H\tan\alpha_a)^{n-m} \cdot (L+2H\tan\theta_a)^{-(n+m)} \cdot [B+2(H-z)\tan\alpha_a]^{m-n} \cdot [L+2(H-z)\tan\theta_a]^{m+n}$$
$$\cdot \left\{(B+2H\tan\alpha_a)^{m-n} \cdot (L+2H\tan\theta_a)^{n+m} \cdot \int_0^z \left[\gamma - 2c\frac{1}{L+2(H-z)\tan\theta_a} + \frac{1}{B+2(H-z)\tan\alpha_a}\right] \right.$$
$$\left. \cdot [B+2(H-z)\tan\alpha_a]^{n-m} \cdot [L+2(H-z)\tan\theta_a]^{-(m+n)}dz + q_0 \right\} \tag{6.3.44}$$

其中：

$$\begin{cases} m = \dfrac{K}{2}\left(\dfrac{\cos\theta_a\tan\varphi}{\tan\theta_a} + \dfrac{\cos\alpha_a\tan\varphi}{\tan\alpha_a}\right) \\ n = \dfrac{K}{2}\left(\dfrac{\cos\theta_a\tan\varphi}{\tan\theta_a} - \dfrac{\cos\alpha_a\tan\varphi}{\tan\alpha_a}\right) \end{cases}$$

6.3.4.3 复杂地层开挖面临界压力解析解（M-M 模型）

（1）传统楔形体模型

传统楔形体模型假定开挖面前方滑动区域为一棱柱体及一楔形体，且楔形块倾角为 θ，根据作用于楔形块力的平衡条件（图 6.3.98）可确定不同倾角 θ 所对应的开挖面 $ABCD$ 上的支护压力，通过一系列 θ 值迭代计算得到支护压力的最大值，即为确保开挖面稳定的临界（最小）支护压力值 P_{cr}。

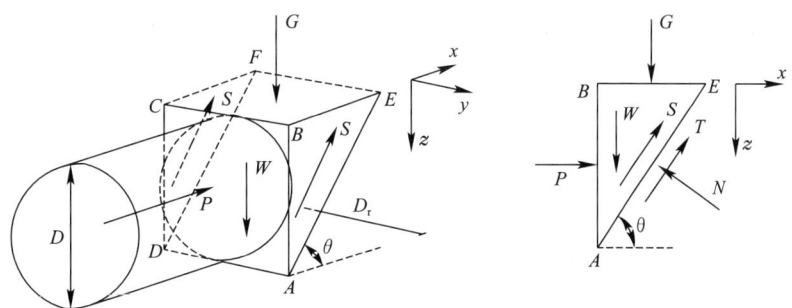

图 6.3.98 均质地层楔形体受力简图

由图 6.3.98 可知，开挖面前方滑动楔形体受力情况如下：
1) 工作仓中施加给开挖面的有效支护力 P。
2) 楔形体自重 W：
$$W = \frac{1}{2} D_r D^2 \cot\theta \cdot \gamma$$
3) 棱柱体对楔形体的作用力 G：
$$G = D_r D \cot\theta \cdot \sigma_v$$
其中，σ_v 为楔形体上方的竖向垂直荷载。

4) 楔形体侧向滑动面上的摩阻力 S（方向平行滑动面）及法向作用力 N'（方向垂直侧向滑动面）：
$$S = \frac{1}{2} D^2 \cot\theta (c + K_y \cdot \sigma_z \cdot \tan\varphi)$$
$$\sigma_z = \sigma_v + \frac{1}{3}\gamma D$$

5) 楔形体正面滑动面上的摩阻力 T（方向平行滑动面）及法向作用力 N（方向垂直滑动面）：
$$T = C + N\tan\varphi$$
$$C = (D_r D / \sin\theta) \cdot c$$

对上述作用力进行平衡分析，在竖直、水平方向分别列出平衡方程：
竖直方向：$\sum F_Z = 0 \quad G + W = (T + 2S)\sin\theta + N\cos\theta$
水平方向：$\sum F_X = 0 \quad P + (T + 2S)\cos\theta = N\sin\theta$

联立上述方程，并消去 N 可得到均质地层开挖面临界支护压力 P_{cr} 计算公式：
$$P_{cr} = \frac{1}{\eta}[\eta(G+W) - (2S+C)] \quad (6.3.45)$$

上式中：$\begin{cases} \eta = \sin\theta - \cos\theta\tan\varphi \\ \eta' = \cos\theta + \sin\theta\tan\varphi \end{cases}$

对于大型盾构隧道推进过程中经常遇到的开挖面前方成层地层情况，如图 6.3.99 所示。将整个滑动块沿水平方向平行切为 N 层土体厚度可不等的单元体，并假设每层土层 i 土体类型及特性相似，因此对于土层 i，同均质地层情况下的计算方

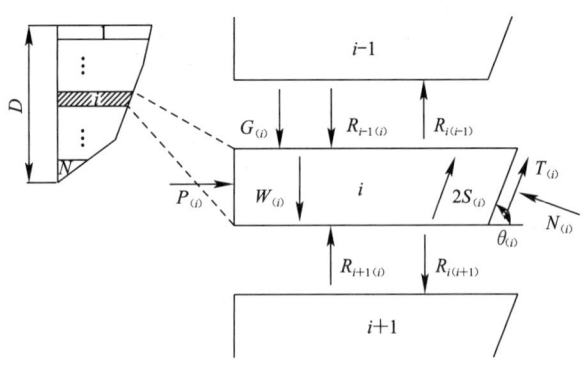

图 6.3.99 成层地层楔形体受力简图

法，在竖直、水平方向分别列出如下平衡方程：
$$\sum F_Z = 0, G_{(i)} + R_{i-1(i)} + W_{(i)} - R_{i+1(i)} + 2S_{(i)}\sin\theta_i + T_{(i)}\sin\theta_i - N_{(i)}\cos\theta_i = 0$$
$$\sum F_X = 0, P_{(i)} - 2S_{(i)}\cos\theta_i - T_{(i)}\cos\theta_i - N_{(i)}\sin\theta_i = 0$$

式中，$R_{i-1(i)}$、$R_{i+1(i)}$ 分别为上部 $i-1$ 层、下部 $i+1$ 层对 i 层的作用力，其余公式符号同均质地层情况。

引入 $T_{(i)} = C_{(i)} + N_{(i)}\tan\varphi_{(i)}$，联立上述两方程，并消去 $N_{(i)}$，可得到平衡方程：
$$G_{(i)} + W_{(i)} + R_{i-1(i)} - R_{i+1(i)} - 2S_{(i)}\frac{1}{\eta_{(i)}} - P_{(i)}\frac{\eta'_{(i)}}{\eta_{(i)}} - C_{(i)}\frac{1}{\eta_{(i)}} = 0 \quad (6.3.46)$$

上式中：$\begin{cases} \eta_{(i)} = \sin\theta_i - \cos\theta_i\tan\varphi_{(i)} \\ \eta'_{(i)} = \cos\theta_i + \sin\theta_i\tan\varphi_{(i)} \end{cases}$

根据连续性条件 $R_{i-1(i)} = R_{i(i-1)}$，并由边界条件 $R_{0(1)} = 0$ 及 $R_{N+1(N)} = 0$，令 $i = N$ 则式（6.3.46）可转变为：
$$R_{N-1(N)} = 2S_{(N)}\frac{1}{\eta_{(N)}} + P_{(N)}\frac{\eta'_{(N)}}{\eta_{(N)}} + C_{(N)}\frac{1}{\eta_{(N)}} - G_{(N)} - W_{(N)} = R_{N(N-1)}$$

则对于 $i = N-1$ 情况，进行叠加后有：

$$R_{N-2(N-1)} = 2S_{(N-1)}\frac{1}{\eta_{(N-1)}} + P_{(N-1)}\frac{\eta'_{(N-1)}}{\eta_{(N-1)}} + C_{(N-1)}\frac{1}{\eta_{(N-1)}} - G_{(N-1)} - W_{(N-1)}$$
$$+ 2S_{(N)}\frac{1}{\eta_{(N)}} + P_{(N)}\frac{\eta'_{(N)}}{\eta_{(N)}} + C_{(N)}\frac{1}{\eta_{(N)}} - G_{(N)} - W_{(N)} = R_{N-1(N-2)}$$

同理，当 $i=1$：

$$R_{0(1)} = 2S_{(1)}\frac{1}{\eta_{(1)}} + P_{(1)}\frac{\eta'_{(1)}}{\eta_{(1)}} + C_{(1)}\frac{1}{\eta_{(1)}} - G_{(1)} - W_{(1)}$$
$$+ 2\sum_{i=2}^{N}S_{(i)}\frac{1}{\eta_{(i)}} + \sum_{i=2}^{N}P_{(i)}\frac{\eta'_{(i)}}{\eta_{(i)}} + \sum_{i=2}^{N}C_{(i)}\frac{1}{\eta_{(i)}} - \sum_{i=2}^{N}G_{(i)} - \sum_{i=2}^{N}W_{(i)} = 0$$

由此，可得到成层地层楔形体模型开挖面临界支护压力计算公式：

$$2\sum_{i=1}^{N}S_{(i)}\frac{1}{\eta_{(i)}} + \sum_{i=1}^{N}P_{(i)}\frac{\eta'_{(i)}}{\eta_{(i)}} + \sum_{i=1}^{N}C_{(i)}\frac{1}{\eta_{(i)}} - \sum_{i=1}^{N}G_{(i)} - \sum_{i=1}^{N}W_{(i)} = 0 \tag{6.3.47}$$

(2) 改进楔形体模型（Modified wedge stability model）

传统楔形体模型假设的由开挖面前方楔形体及上部棱柱体组成的失稳破坏滑动面并不适用于黏性土及砂黏土复合地层情况。归纳总结不同研究手段对不同地层开挖面失稳破坏模式的刻画，如离心机模型试验（Mair）；有限元数值模拟（Selby）及颗粒流数值模拟，我们提出了改进楔形体模型，如图 6.3.100 所示，对于模型中开挖面前方楔形体，与水平方向倾角为 θ，并令其两侧滑动面与垂直方向的张开角为 α；对于上部滑动块，假设其两侧滑动面与垂直方向的张开角为 α_a，沿盾构轴线方向两滑动面与垂直方向的张开角为 θ_a。

对于上部滑动块部分我们已进行分析并推导出改进的太沙基松动土压力解析解，因此，本节将针对开挖面前方不同的楔形体张开角度 α，推导不同地层情况下改进楔形体模型开挖面临界支护压力解析解，计算模型简图如图 6.3.101 所示，考虑了开挖面前方分层地质情况，将整个楔形体滑动块沿水平方向平行切为 N 层土体厚度可不等的单元体，并假设每层土层 i 土体类型及特性相似，相应的倾角、张开角分别表示为 θ_i、α_i。

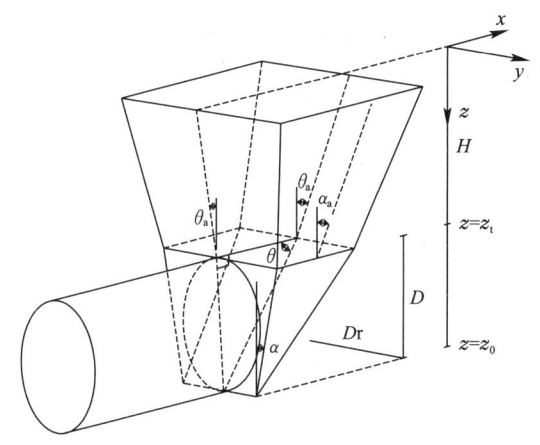

图 6.3.100　改进楔形体计算模型简图
（开挖面前部＋上部）

成层地层情况下改进楔形体模型前方滑动块的受力情况可参见图 6.3.99，则同分层地层传统楔形体模型临界支护压力的推导方法，该改进模型开挖面临界支护压力计算公式亦可由式（6.3.47）表达。但是，由于楔形体两侧张开角 α_i 的影响，式（6.3.47）中各项系数的计算公式将发生改变。根据图 6.3.101 所示几何关系并结合楔形体滑动面在 YOZ 面投影（如图 6.3.102 所示），对于任意高度 z，有如下关系：

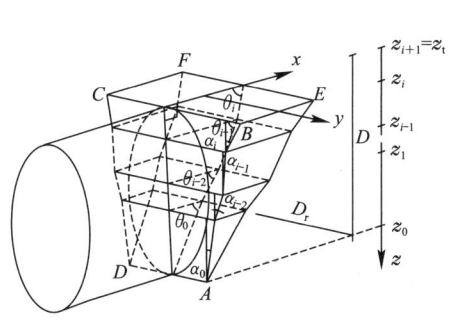

图 6.3.101　改进楔形体计算模型简图（开挖面前部）

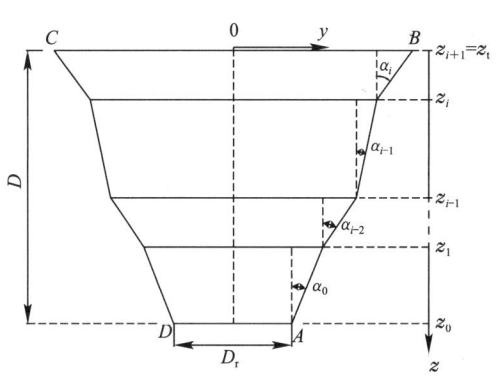

图 6.3.102　楔形体滑动面在 YOZ 面上的投影

$$x(z) = (z_i - z)\cot\theta_i + x(z_i)$$
$$= (z_i - z)\cot\theta_i + (z_0 - z_1)\cot\theta_0 + (z_1 - z_2)\cot\theta_1 + \cdots + (z_{i-1} - z_i)\cot\theta_{i-1}$$
$$= (z_i - z)\cot\theta_i + \sum_{k=1}^{i}(z_{k-1} - z_k)\cot\theta_{k-1}$$

$$y(z) = (z_i - z)\tan\alpha_i + y(z_i)$$
$$= (z_i - z)\tan\alpha_i + D_r/2 + (z_0 - z_1)\tan\alpha_0 + (z_1 - z_2)\tan\alpha_1 + \cdots + (z_{i-1} - z_i)\tan\alpha_{i-1}$$
$$= (z_i - z)\tan\alpha_i + D_r/2 + \sum_{k=1}^{i}(z_{k-1} - z_k)\tan\alpha_{k-1}$$

则式（6.3.47）中各项系数的计算公式可分别表达如下：

$$G = \sigma_v(z_t) \cdot 2y(z_t) \cdot x(z_t)$$

$$W_{(i)} = \int_{z_i}^{z_{i+1}} \gamma_{(i)} \cdot x(z) \cdot 2y(z)\mathrm{d}z$$

$$C_{(i)} = \int_{z_i}^{z_{i+1}} \frac{2y(z)}{\sin\theta_i} \cdot c_{(i)}\mathrm{d}z$$

$$S_{(i)} = \int_{z_i}^{z_{i+1}} x(z) \cdot [c_{(i)} + K_{y(i)} \cdot \sigma_z(z) \cdot \cos\alpha_i \cdot \tan\varphi_i]\mathrm{d}z$$

$$\sigma_z(z) = \left[\int_{z_t}^{z}(\sigma_v(z_t) + \gamma_{(i)} \cdot (z - z_t)) \cdot x(z) \cdot 2y(z)\mathrm{d}z\right] \bigg/ \int_{z_t}^{z} x(z) \cdot 2y(z)\mathrm{d}z$$

上述即为成层地层情况下改进楔形体模型临界支护压力的计算方法，值得一提的是，$\sigma_v(z_t)$ 为楔形体上方作用于面 $BCEF$ 的竖向垂直荷载，可根据相关公式进行计算。以下将其解析解推广到一般应用工况（如图 6.3.103 所示）。

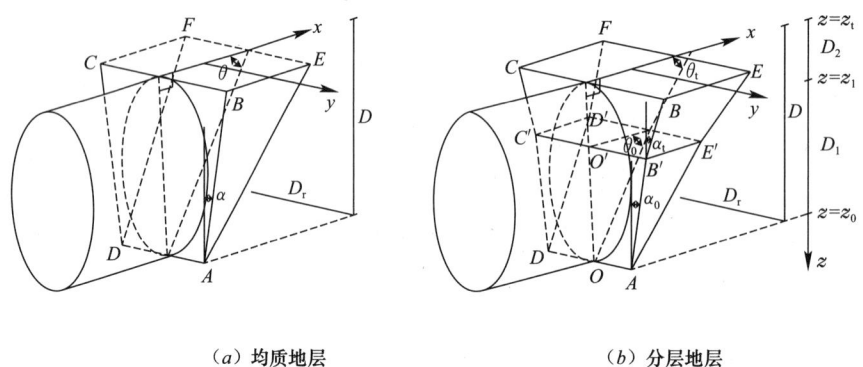

（a）均质地层　　　　　　（b）分层地层

图 6.3.103　改进楔形体模型临界支护压力解析解一般应用工况

> 均质地层，张开角、倾角分别为 α、θ（如图 6.3.103a 所示）。

$$P_{cr} = \frac{1}{\eta}[\eta(G + W) - (2S + C)] \tag{6.3.48}$$

式中

$$G = (D_r + 2D\tan\alpha)D\cot\theta \cdot \sigma_v(z_t) \tag{6.3.48a}$$

$$W = \frac{1}{2}\gamma \cdot D_r D^2 \cot\theta + \frac{2}{3}\gamma \cdot D^3 \cot\theta\tan\alpha \tag{6.3.48b}$$

$$C = \frac{D}{\sin\theta}(D\tan\alpha + D_r) \cdot c \tag{6.3.48c}$$

$$S = \frac{1}{2}D^2\cot\theta(c + K_y \cdot \sigma_z \cdot \cos\alpha \cdot \tan\varphi) \tag{6.3.48d}$$

$$\sigma_z = \frac{\int_{z_t}^{z_0} [\sigma_v(z_t) + \gamma \cdot (z-z_t)] \cdot (z_0-z)\cot\theta \cdot [D_r + 2(z_0-z)\tan\alpha]dz}{\int_{z_t}^{z_0} (z_0-z)\cot\theta \cdot [D_r + 2(z_0-z)\tan\alpha]dz}$$

$$= \frac{\cot\theta \cdot \left[\frac{1}{6}D^2 \cdot \sigma_v(z_t) \cdot (3D_r + 4D\tan\alpha) + \frac{1}{6}D^3 \cdot \gamma \cdot (D_r + D\tan\alpha)\right]}{\frac{1}{2}D_rD^2\cot\theta + \frac{2}{3}D^3\cot\theta\tan\alpha} \quad (6.3.48e)$$

当 $\alpha=0$，即为传统楔形体模型开挖面临界支护压力计算公式。

➤ 分层地层，张开角及倾角分别为 α_0、α_t 及 θ_0、θ_t（如图 6.3.103b 所示）。

$$P_{cr(1)}\frac{\eta'_{(1)}}{\eta_{(1)}} + P_{cr(2)}\frac{\eta'_{(2)}}{\eta_{(2)}} = G_{(1)} + G_{(2)} + W_{(1)} + W_{(2)} - 2S_{(1)}\frac{1}{\eta_{(1)}} - 2S_{(2)}\frac{1}{\eta_{(2)}} - C_{(1)}\frac{1}{\eta_{(1)}} - C_{(2)}\frac{1}{\eta_{(2)}}$$
$$P_{cr} = P_{cr(1)} + P_{cr(2)} \quad (6.3.49)$$

式中

$$G = G_{(1)} + G_{(2)}$$
$$= [(z_0-z_1)\cot\theta_0 + (z_1-z_t)\cot\theta_t][D_r + 2(z_0-z_1)\tan\alpha_0 + 2(z_1-z_t)\tan\alpha_t] \cdot \sigma_v(z_t)$$
$$(6.3.49a)$$

$$W = W_{(1)} + W_{(2)}$$
$$= \frac{1}{2}\gamma_0 \cdot D_r(z_0-z_1)^2\cot\theta_0 + \frac{2}{3}\gamma_0 \cdot (z_0-z_1)^3\tan\alpha_0\cot\theta_0$$
$$+ (z_1-z_t)\gamma_t\left\{\frac{1}{2}(z_1-z_t)[D_r + 2(z_0-z_1)\tan\alpha_0]\cot\theta_t + \frac{2}{3}(z_1-z_t)^2\tan\alpha_t\cot\theta_t\right.$$
$$\left. + (z_0-z_1)[D_r + 2(z_0-z_1)\tan\alpha_0]\cot\theta_0 + (z_0-z_1)(z_1-z_t)\tan\alpha_t\cot\theta_0\right\} \quad (6.3.49b)$$

$$C = C_{(1)} + C_{(2)}$$
$$= [D_r + (z_0-z_1)\tan\alpha_0](z_0-z_1) \cdot c_0/\sin\theta_0$$
$$+ [D_r + 2(z_0-z_1)\tan\alpha_0 + (z_1-z_t)\tan\alpha_t](z_1-z_t) \cdot c_t/\sin\theta_t \quad (6.3.49c)$$

$$S = S_{(1)} + S_{(2)}$$
$$= \frac{1}{2}(z_0-z_1)^2\cot\theta_0(c_0 + K_{y0} \cdot \sigma_{z0} \cdot \cos\alpha_0 \cdot \tan\varphi_0)$$
$$+ \frac{1}{2}(2(z_0-z_1)\cot\theta_0 + (z_1-z_t)\cot\theta_t)(z_1-z_t)(c_t + K_{yt} \cdot \sigma_{zt} \cdot \cos\alpha_t \cdot \tan\varphi_t) \quad (6.3.49d)$$

$$\sigma_{zt} = \frac{\int_{z_t}^{z_1} [\sigma_v(z_t) + \gamma_t \cdot (z-z_t)] \cdot [D_1\cot\theta_0 + (z_1-z)\cot\theta_1] \cdot [D_r + 2D_1\tan\alpha_0 + 2(z_1-z)\tan\alpha_t]dz}{\int_{z_t}^{z_1} [D_1\cot\theta_0 + (z_1-z)\cot\theta_1] \cdot [D_r + 2D_1\tan\alpha_0 + 2(z_1-z)\tan\alpha_t]dz}$$

$$= \left\{(D_r + 2D_1\tan\alpha_0)\left[\sigma_v(z_t)D_2(D_1\cot\theta_0 + \frac{1}{2}D_2\cot\theta_1) + \gamma_t D_2^2(\frac{1}{2}D_1\cot\theta_0 + \frac{1}{6}D_2\cot\theta_1)\right]\right.$$
$$\left. + 2\tan\alpha_t\left[\sigma_v(z_t)D_2^2(\frac{1}{2}D_1\cot\theta_0 + \frac{1}{3}D_2\cot\theta_1) + \gamma_t D_2^3(\frac{1}{6}D_1\cot\theta_0 + \frac{1}{12}D_2\cot\theta_1)\right]\right\}$$
$$/D_2\left[\frac{1}{2}D_2(D_r + 2D_1\tan\alpha_0)\cot\theta_t + \frac{2}{3}D_2^2\tan\alpha_t\cot\theta_t + D_1(D_r + 2D_1\tan\alpha_0)\cot\theta_0 + D_1D_2\tan\alpha_t\cot\theta_0\right]$$
$$(6.3.49e)$$

$$\sigma_{z0} = \frac{\int_{z_1}^{z_0} [\sigma_{zt} + \gamma_0 \cdot (z-z_1)] \cdot (z_0-z)\cot\theta_0 \cdot [D_r + 2(z_0-z)\tan\alpha_0]dz}{\int_{z_1}^{z_0} (z_0-z)\cot\theta_0 \cdot [D_r + 2(z_0-z)\tan\alpha_0]dz}$$

$$= \frac{\cot\theta_0 \cdot \left[\frac{1}{6} D_1^2 \cdot \sigma_{zt} \cdot (3D_r + 4D_1 \tan\alpha_0) + \frac{1}{6} D_1^3 \cdot \gamma_0 \cdot (D_r + D_1 \tan\alpha_0)\right]}{\frac{1}{2} D_r D_1^2 \cot\theta_0 + \frac{2}{3} D_1^3 \tan\alpha_0 \cot\theta_0} \tag{6.3.49f}$$

其中：γ_0、c_0、φ_0 及 γ_t、c_t、φ_t 分别为相应土层的土性参数：土体重度、黏聚力、内摩擦角。在此工况下，还可进一步推广为如下两种特殊工况，如图 6.3.104 所示。

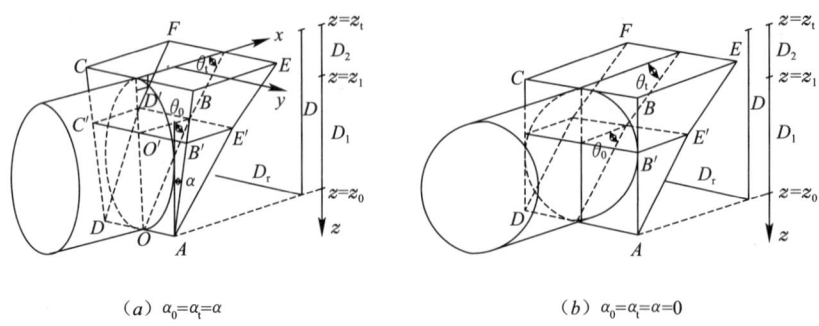

(a) $\alpha_0 = \alpha_t = \alpha$ (b) $\alpha_0 = \alpha_t = \alpha = 0$

图 6.3.104　改进楔形体模型临界支护压力解析解特殊应用工况（分层地层）

1) $\alpha_0 = \alpha_t = \alpha$（如图 6.3.104a 所示）

$G = G_{(1)} + G_{(2)}$
$= [(z_0 - z_1)\cot\theta_0 + (z_1 - z_t)\cot\theta_t](D_r + 2D\tan\alpha) \cdot \sigma_v(z_t)$

$W = W_{(1)} + W_{(2)}$
$= \frac{1}{2} \gamma_0 \cdot D_r (z_0 - z_1)^2 \cot\theta_0 + \frac{2}{3} \gamma_0 \cdot (z_0 - z_1)^3 \tan\alpha \cot\theta_0$
$\quad + (z_1 - z_t)\gamma_t \left\{ \frac{1}{2}(z_1 - z_t)[D_r + 2(z_0 - z_1)\tan\alpha]\cot\theta_t + \frac{2}{3}(z_1 - z_t)^2 \tan\alpha \cot\theta_t \right.$
$\quad \left. + (z_0 - z_1)[D_r + 2(z_0 - z_1)\tan\alpha]\cot\theta_0 + (z_0 - z_1)(z_1 - z_t)\tan\alpha \cot\theta_0 \right\}$

$C = C_{(1)} + C_{(2)}$
$= [D_r + (z_0 - z_1)\tan\alpha]\frac{(z_0 - z_1)}{\sin\theta_0} \cdot c_0 + [D_r + (z_0 - z_1 + D)\tan\alpha]\frac{(z_1 - z_t)}{\sin\theta_t} \cdot c_t$

$S = S_{(1)} + S_{(2)}$
$= \frac{1}{2}(z_0 - z_1)^2 \cot\theta_0 (c_0 + K_{y0} \cdot \sigma_{z0} \cdot \cos\alpha \cdot \tan\varphi_0)$
$\quad + \frac{1}{2}[2(z_0 - z_1)\cot\theta_0 + (z_1 - z_t)\cot\theta_t](z_1 - z_t)(c_t + K_{yt} \cdot \sigma_{zt} \cdot \cos\alpha \cdot \tan\varphi_t)$

$$\sigma_{zt} = \frac{\int_{z_t}^{z_1} [\sigma_v(z_t) + \gamma_t \cdot (z - z_t)] \cdot [D_1 \cot\theta_0 + (z_1 - z)\cot\theta_t] \cdot [D_r + 2(z_0 - z)\tan\alpha] dz}{\int_{z_t}^{z_1} [D_1 \cot\theta_0 + (z_1 - z)\cot\theta_t] \cdot [D_r + 2(z_0 - z)\tan\alpha] dz}$$

$= \left\{ D_r \cdot \left[\sigma_v(z_t) D_2 (D_1 \cot\theta_0 + \frac{1}{2} D_2 \cot\theta_t) + \gamma_t D_2^2 (\frac{1}{2} D_1 \cot\theta_0 + \frac{1}{6} D_2 \cot\theta_t)\right] \right.$
$\quad + \sigma_v(z_t) D_2 \tan\alpha [D_1 \cot\theta_0 \cdot (2D_1 + D_2) + D_2 \cot\theta_t \cdot (D_1 + \frac{2}{3} D_2)]$
$\quad \left. + \gamma_t \tan\alpha D_2^2 [D_1 \cot\theta_0 (D_1 + \frac{1}{3} D_2) + \frac{1}{6} D_2 \cot\theta_t (2D_1 + D_2)] \right\}$

$\quad / D_2 \left[\frac{1}{2} D_2 (D_r + 2D_1 \tan\alpha) \cot\theta_t + \frac{2}{3} D_2^2 \tan\alpha \cot\theta_t + D_1 (D_r + 2D_1 \tan\alpha) \cot\theta_0 + D_1 D_2 \tan\alpha \cot\theta_0 \right]$

$$\sigma_{z0} = \frac{\int_{z_1}^{z_0} [\sigma_{zt} + \gamma_0 \cdot (z-z_1)] \cdot (z_0-z)\cot\theta_0 \cdot [D_r + 2(z_0-z)\tan\alpha] dz}{\int_{z_1}^{z_0} (z_0-z)\cot\theta_0 \cdot [D_r + 2(z_0-z)\tan\alpha] dz}$$

$$= \frac{\cot\theta_0 \cdot \left[\frac{1}{6}D_1^2 \cdot \sigma_{zt} \cdot (3D_r + 4D_1\tan\alpha) + \frac{1}{6}D_1^3 \cdot \gamma_0 \cdot (D_r + D_1\tan\alpha)\right]}{\frac{1}{2}D_r D_1^2 \cot\theta_0 + \frac{2}{3}D_1^3 \tan\alpha\cot\theta_0}$$

2) $\alpha_0 = \alpha_t = \alpha = 0$（如图 6.3.104$b$ 所示）

$$G = G_{(1)} + G_{(2)}$$
$$= D_r[(z_0-z_1)\cot\theta_0 + (z_1-z_t)\cot\theta_t] \cdot \sigma_v(z_t)$$

$$W = W_{(1)} + W_{(2)}$$
$$= \gamma_0 \cdot \frac{D_r}{2}(z_0-z_1)^2\cot\theta_0 + \gamma_t \cdot \frac{D_r}{2}(z_1-z_t)[2(z_0-z_1)\cot\theta_0 + (z_1-z_t)\cot\theta_t]$$

$$C = C_{(1)} + C_{(2)}$$
$$= \frac{D_r(z_0-z_1)}{\sin\theta_0} \cdot c_0 + \frac{D_r(z_1-z_t)}{\sin\theta_t} \cdot c_t$$

$$S = S_{(1)} + S_{(2)}$$
$$= \frac{1}{2}(z_0-z_1)^2 \cot\theta_0 \cdot (c_0 + K_{y0} \cdot \sigma_{z0} \cdot \tan\varphi_0)$$
$$+ \frac{1}{2}(z_1-z_t)(2(z_0-z_1)\cot\theta_0 + (z_1-z_t)\cot\theta_t) \cdot (c_t + K_{yt} \cdot \sigma_{zt} \cdot \tan\varphi_t)$$

$$\sigma_{zt} = \frac{\int_{z_t}^{z_1}[\sigma_v(z_t) + \gamma_t \cdot (z-z_t)] \cdot [D_1\cot\theta_0 + (z_1-z)\cot\theta_1] \cdot D_r dz}{\int_{z_t}^{z_1}[D_1\cot\theta_0 + (z_1-z)\cot\theta_1] \cdot D_r dz}$$

$$= \frac{\sigma_v(z_t)\left(D_1\cot\theta_0 + \frac{1}{2}D_2\cot\theta_1\right) + \gamma_t D_2\left(\frac{1}{2}D_1\cot\theta_0 + \frac{1}{6}D_2\cot\theta_1\right)}{\frac{1}{2}D_2\cot\theta_t + D_1\cot\theta_0}$$

$$\sigma_{z0} = \frac{\int_{z_1}^{z_0}[\sigma_{zt} + \gamma_0 \cdot (z-z_1)] \cdot (z_0-z)\cot\theta_0 \cdot D_r dz}{\int_{z_1}^{z_0}(z_0-z)\cot\theta_0 \cdot D_r dz} = \sigma_{zt} + \frac{1}{3}D_1 \cdot \gamma_0$$

(3) 实例分析

1) 改进太沙基松动土压力（Modified Terzaghi model）

总结研究结果可知，对于楔形体上部竖向压力，有如下三种计算方法：

➢ 无土拱效应（N-SA）

在埋深较小情况下，可能出现无土拱效应的情况，此时根据全覆土柱理论，即竖向压力等于拱顶上覆土的自重：$\sigma_z = \gamma \cdot z$。

➢ 两维土拱效应（SA，2D）

包括传统松动土压力计算方法（T-SA，2D）及改进土压力计算方法（M-SA，2D），对于后者还可考虑不同张开角 α_a 对计算结果的影响。

➢ 三维土拱效应（SA，3D）

包括传统松动土压力三维扩展计算方法（T-SA，3D）及改进土压力计算方法（M-SA，3D），对于后者还将考虑不同张开角 α_a，θ_a 对计算结果的影响，但是对于计算公式中参数 L，$L = D \cdot \cot\theta$，θ 为下部楔形体与水平方向的倾角，因此，三维情况下竖向土压力的大小与开挖面临界支护压力的取值密切相关。

取背景工程钱江隧道工程的粉质黏土为例进行分析,当不考虑楔形体宽度 D_r 变化的影响时,模型简化为 $B=D$。上述三种计算方法所得的竖直压力分布情况如图 6.3.105（a）、（b）所示,分别为考虑两维、三维土拱效应计算结果。图中,当 $\alpha_a=\theta_a=90°$（3D）或 $\alpha_a=90°$（2D）时,即为无土拱作用（N-SA）情况,两种情况下上覆土压力的计算结果相等。

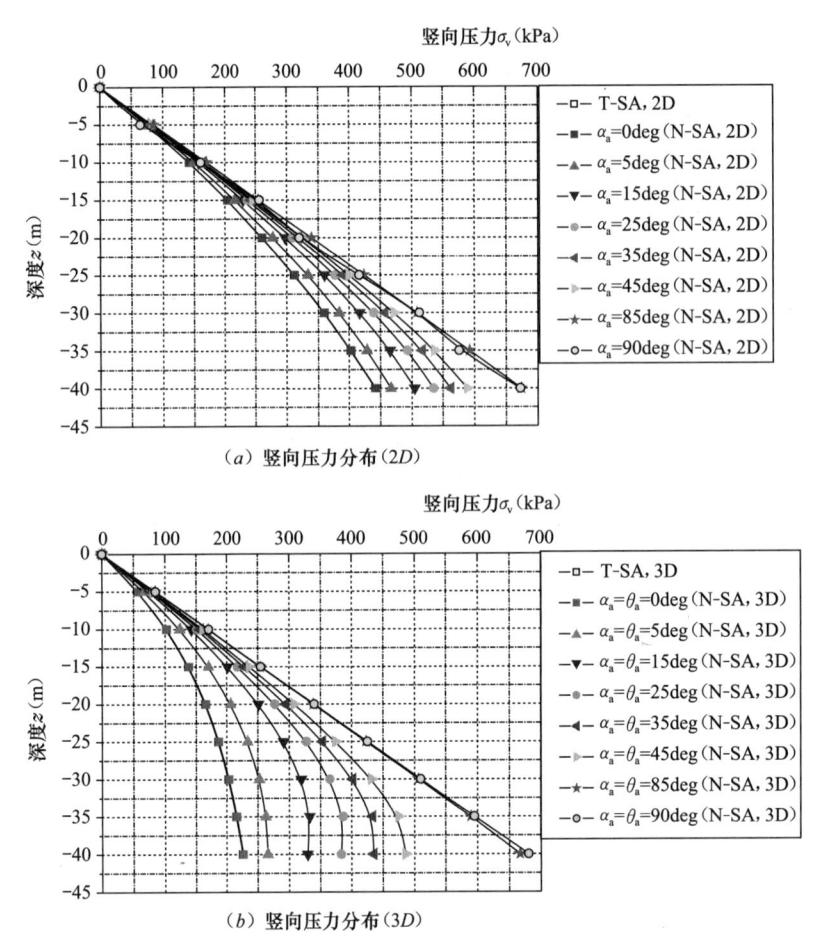

图 6.3.105 不同竖向压力计算方法结果比较

算例计算所用参数 表 6.3.13

项目	参数符号及取值			
开挖地层	重度（kN/m³）	内聚力 c（kPa）	内摩擦角 φ（°）	静止土压力系数 K_0
	17	11	11	0.7
隧道尺寸	直径 D（m）	最大埋深 C（m）	楔形体倾角 θ（°）	
	15	40	60	

注：楔形体倾角 θ 仅在三维计算中考虑；埋深 $C=H$（如图 6.3.100 所示），即隧道顶部至地表的距离。

由图可知,当 $\alpha_a=\theta_a=0°$（3D）或 $\alpha_a=0°$（2D）时,无论何种埋深情况下,传统松动土压力与改进松动土压力计算结果均取得较好的一致性,验证了本书 6.2.2 节所推导的竖直压力解析解的正确性。

二维情况下竖向压力计算结果远大于三维情况所对应的竖向压力值,但随着滑移线（面）张开角的逐渐增大,两者竖向压力值均接近于无土拱效应的情况。此外,考虑土拱效应与无土拱效应分别对应的竖向压力的差值随着深度的增大而明显增加,三维情况下两者差值更显著。太沙基松动土压力计算公式是建立在拱效应完全发挥的假设前提下,而拱效应的发挥需要一定的变形量,但是对于黏性土地层,特别是在埋深较大的情况下,较难有足够的位移量保证松动土压力完全发挥,故在实际应用中传统的松动土压力计算结果将偏小,而对于该地层的松动土压力滑动区域研究结果表明:滑动面不符合熟知的竖向土条假定,上覆土体区域稍大,即存在一定的张开角,这在一定程度上增大了竖向压力,使其接近于实际情况。

竖直压力的取值是楔形体模型开挖面临界支护压力合理确定的重要参数之一,利用表土层条件对不同埋深情况下竖向压力对临界支护压力的影响进行敏感性分析,如图6.3.106(a)、(b)所示,分别为二维、三维计算条件下的上覆土压力与传统楔形体模型临界支护压力之间的关系。其中,每种埋深情况下的竖向压力计算张开角均取$\alpha_a(=\theta_a)=0°、5°、15°、25°、35°、45°、90°$考虑。$\alpha_a=0°$对应图中T-SA,即为传统松动土压力计算方法,$\alpha_a=90°$对应图中N-SA,即为全覆土重计算方法。由图可知,临界支护压力随着埋深的增大而增大,且不同上覆土压力计算方法对临界支护压力取值的影响也愈加显著,如埋深$C=2.7D$情况下,临界支护压力理论可在194.157~418.916kPa之间取值,分别对应三维状态下传统松动土压力计算方法(T-SA,3D)及全覆土柱方法(N-SA)。但无论何种埋深情况,该土层在二维、三维计算条件下临界支护压力与竖向压力均呈正比关系,且所满足的直线方程(详见图6.3.106)斜率基本相同;对于与临界支护压力对应的楔形体倾角θ,在二维计算方法条件下,对于不同的埋深均取定值$\theta=58°$,而对于三维计算方法,由于倾角θ亦为竖向压力σ_v的函数,故θ将随竖向压力的变化而变化,这同时也诠释了当竖向压力采用全覆土计算方法时(θ与竖向压力无函数关系),不同埋深条件下θ仍取为定值$\theta=58°$,如图6.3.107所示。

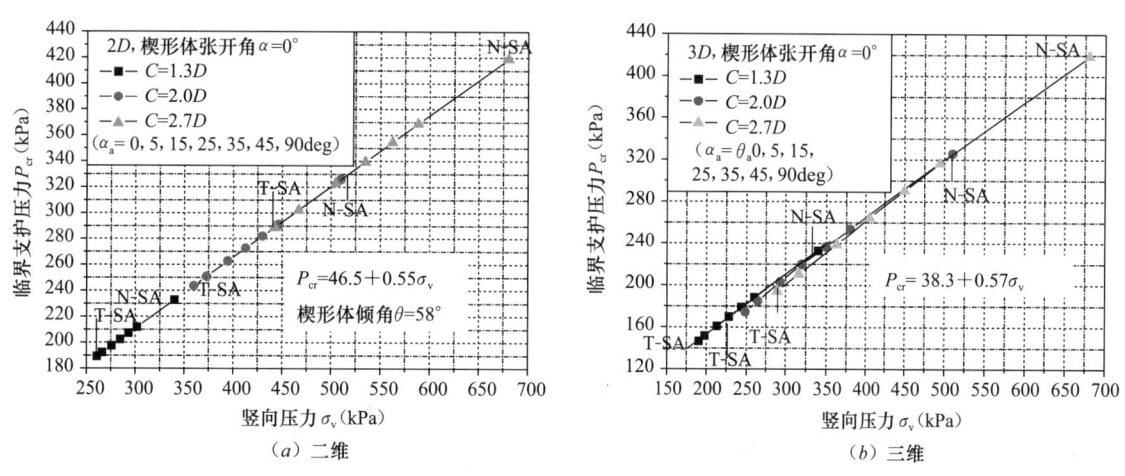

图6.3.106 开挖面临界支护压力与上覆土压力关系(传统楔形体模型)

在颗粒流数值模拟分析中我们提出了开挖面支护率的概念,即$f=\sigma_t/\sigma_{x0}$,若令σ_t为临界支护压力P_{cr},则相应的支护率即为开挖面临界支护率f_{cr}。如图6.3.108所示,为不同埋深情况下上覆土压力与开挖面临界支护率关系曲线。由图可知:无论二维或三维情况,临界支护率的变化规律是一致的,且均在$f_{cr}=0.5$~0.6之间取值,小于颗粒流数值模拟对该土层开挖面塌陷失稳破坏时极限支护率的建议($f_{cr}=0.8$)。

由此可知,上覆土压力在很大程度上影响着临界支护压力的取值,其不同计算公式的合理选取应紧密结合地层条件、埋深及土体实际的滑移状态加以考虑。

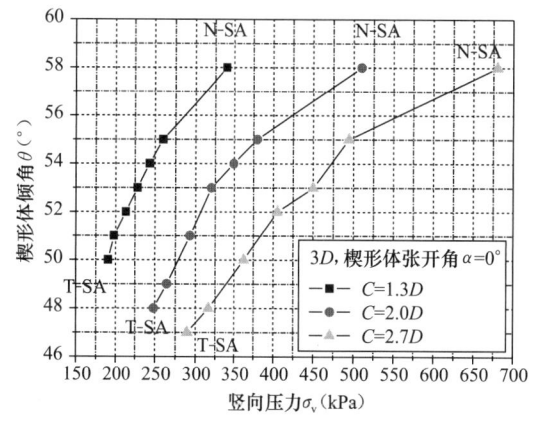

图6.3.107 楔形体临界倾角θ与上覆土压力关系(传统楔形体模型)

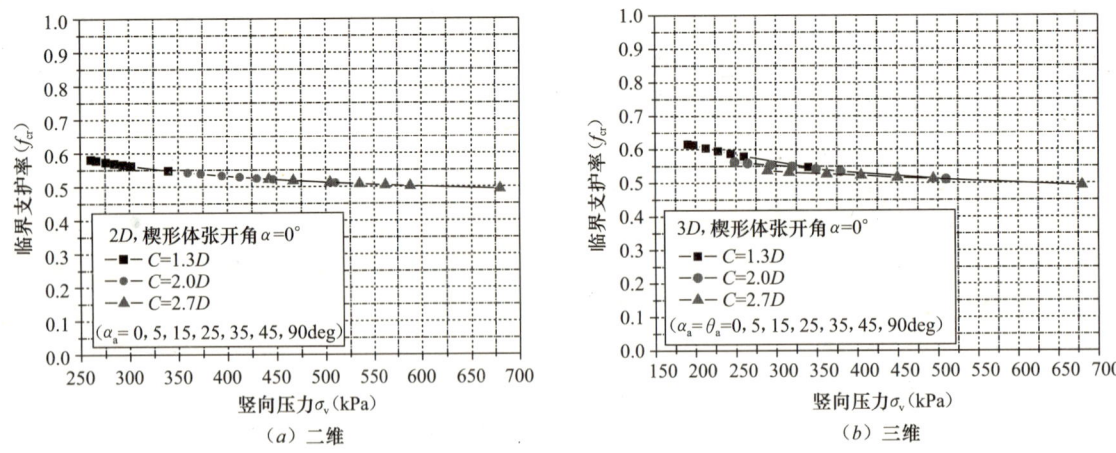

图 6.3.108 开挖面临界支护率与上覆土压力关系（传统楔形体模型）

2) 改进楔形体模型

由上节分析可知：当采用传统楔形体模型求解开挖面临界支护压力时，无论二维或三维状态，不同埋深情况下上覆土压力与临界支护压力均呈直线关系，而对于改进楔形体模型，仍采用图 6.3.106 所对应的计算工况及土层参数，并取楔形体两侧张开角 $\alpha=10°$（由相应颗粒流数值模拟结果估算所得）进行分析，不同埋深情况下上覆土压力与临界支护压力关系如图 6.3.109 所示。

由图 6.3.109 可知，对于改进楔形体模型，楔形体两侧的张开使得临界支护压力明显提高；但无论二维或三维状态，不同埋深条件下上覆土压力与临界支护压力也均呈一一对应的直线关系，且所满足关系式的斜率相近。而对于与临界支护压力对应的楔形体倾角 θ，相对于传统楔形体模型，改进楔形体模型情况下 θ 结果偏小（如图 6.3.110 所示），但是变化规律是一致的：二维条件下不同埋深均取定值，三维条件下 θ 随竖向压力的变化而变化。

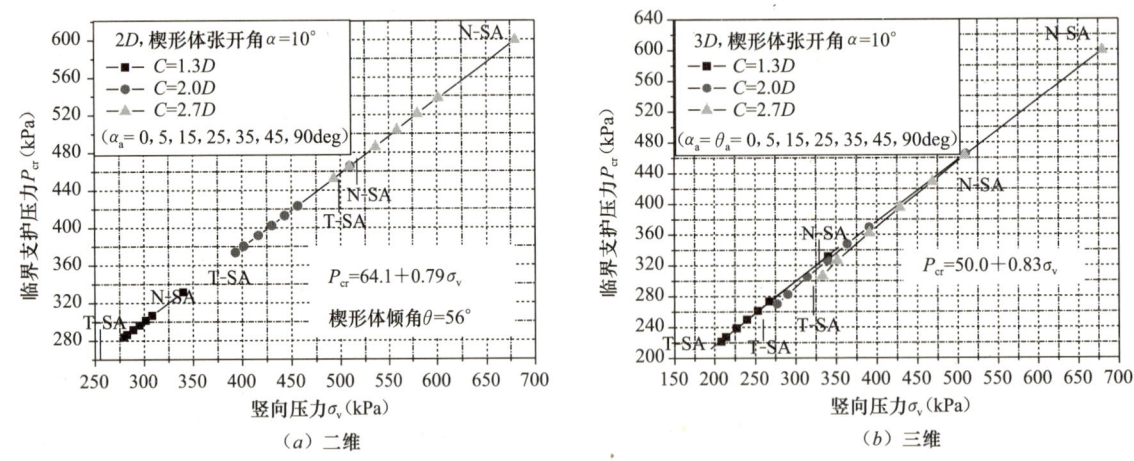

图 6.3.109 开挖面临界支护压力与上覆土压力关系（改进楔形体模型，$\alpha=10°$）

对于不同埋深情况下上覆土压力与开挖面临界支护率 f_{cr} 的关系，如图 6.3.111 所示：改进楔形体模型无论二维或三维情况，临界支护率明显大于图 6.3.108 中传统楔形体模型计算结果，且 f_{cr} 基本接近颗粒流数值模拟对该土层开挖面极限支护率的建议（$f_{cr}=0.8$），这在一定程度上验证了本研究所推导改进楔形体模型临界支护压力解析解的可行性。

当上覆土体允许足够的位移量时，则其对下部滑动块的作用力即为极限松动土压力；反之，则按照

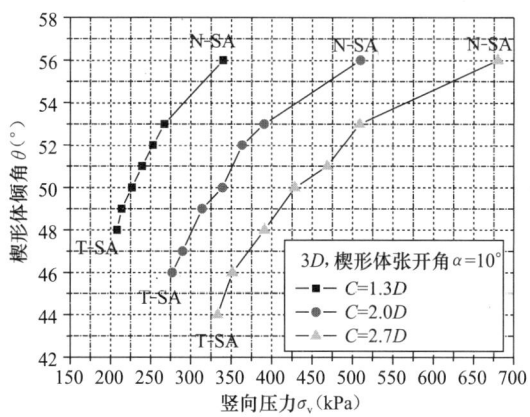

图 6.3.110 楔形体临界倾角 θ 与上覆土压力关系（改进楔形体模型，$\alpha=10°$）

全覆土柱进行计算。不同计算方法所得到的上覆土压差值较大，特别是三维状态下，如深度 $z=D=15\mathrm{m}$ 时，传统松动土压力计算方法（T-SA，3D）及全覆土柱方法（N-SA）差值达 $\Delta\sigma_v=117.5\mathrm{kPa}$。鉴于特定土层性质条件下，任意埋深情况无论二维或三维状态竖向压力与开挖面临界支护压力均呈一一对应的关系，因此，以下研究将取某一固定埋深，三维条件下的上覆土压力计算方法进行改进楔形体模型临界支护压力的进一步探讨。

采用背景工程钱江隧道覆土最浅控制断面进行分析（$C/D=0.8$），盾构掘进及其影响范围内土层参数见地勘报告，计算参数取表中参数按照厚度加权平均值进行考虑，如表 6.3.14 所示。地表水可以考虑为地表超载 q_0。

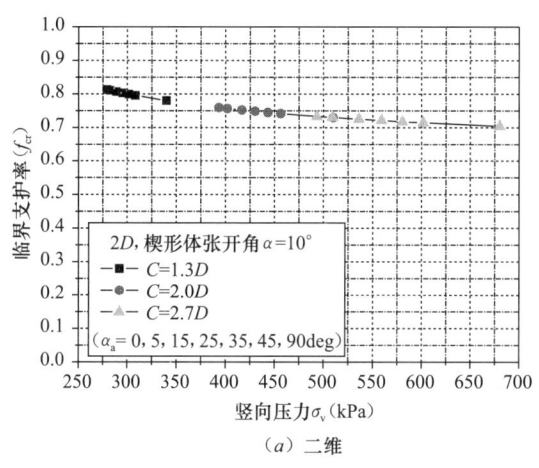

(a) 二维

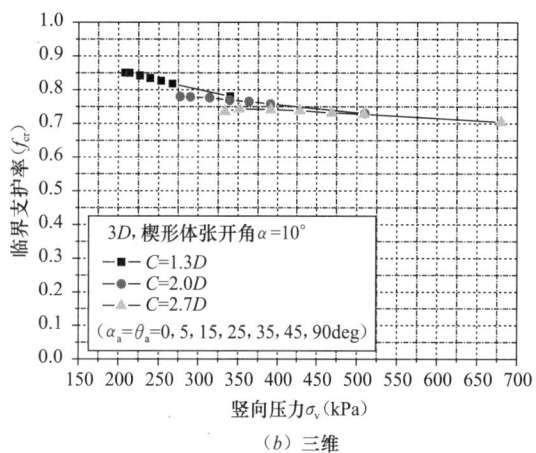

(b) 三维

图 6.3.111 开挖面临界支护率与上覆土压力关系（改进楔形体模型，$\alpha=10°$）

计算中所取工况土体参数表（$C=0.8D$）　　　　表 6.3.14

工况	总厚度 H_i (m)	内聚力 c (kPa)	内摩擦角 φ (°)	静止土压力系数 K_0	湿重度 γ (kN/m³)	地表超载 q_0 (kPa)
$C=0.8D=12\mathrm{m}$	46	13.31	20.43	0.49	18	182.9

为了求解该地层条件下支护力不足时开挖面发生整体坍塌失稳破坏所对应的临界支护压力 P_{cr}，假设楔形体上部松动土柱张开角 $\alpha_a=\theta_a$，楔形体两侧张开角 $\alpha=\alpha_a=\theta_a$（见图 6.3.112），该假设条件下临界支护压力与竖向压力关系如图 6.3.113 所示。由此可知：随着张开角 $\alpha=\alpha_a=\theta_a$ 逐渐增大，临界支护压力 P_{cr} 急剧提高，但与临界支护压力对应的楔形体倾角 θ 却保持不变（$\theta=55°$，满足 $45°+\varphi/2$）。相应而来的问题是如何判断同一计算条件下唯一的临界支护压力值？

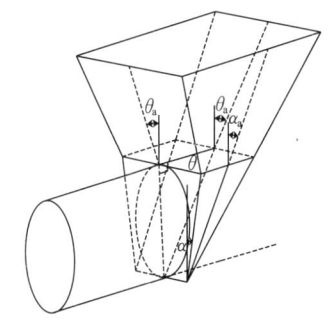

图 6.3.112 开挖面临界支护压力计算模型（整体坍塌失稳破坏）

由图 6.3.112 几何关系所示：当 $\theta=55°$，在上述假设条件下即可推出 $\alpha=35°$，对应 $P_{cr}=385.876\mathrm{kPa}$，说明了该改进楔形体模型临界支护压力计算方法的合理性。

6.3.4.4 小结

盾构开挖面临界支护压力的确定是保证盾构正常施工开挖面支护压力有效控制的前提，本研究在前

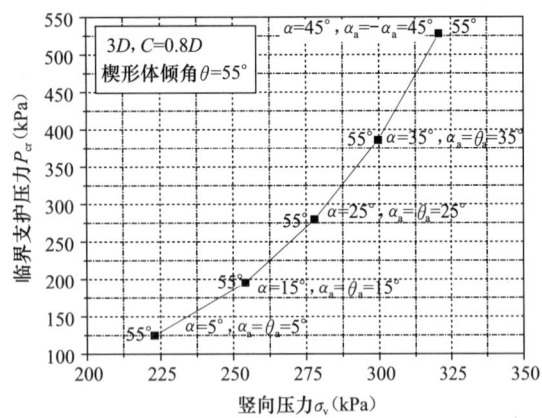

图 6.3.113 开挖面临界支护压力与上覆土压力关系（整体坍塌失稳破坏，$C=0.8D$）

人研究基础上，结合开挖面破坏机理及失稳滑动面模式的数值模拟结果，提出了改进的楔形体计算模型并推导了复杂地层开挖面临界支护压力计算方法（M-M模型）；通过对隧道开挖面上部土体拱效应滑动位移的研究，对普遍采用的二维太沙基土压力计算公式进行了改进及三维推广，建议了考虑土柱不同张开角的松动土压力计算方法并应用于临界支护压力计算模型中。基于数值模拟结果及前人所做的相关研究成果对改进的楔形体计算模型及其临界支护压力计算公式进行了验证，证明了本节所提出的复杂地层改进楔形体计算模型及其临界支护压力解析解是合理且可行的，并结合钱江隧道进行了实例验证分析，在后面的工程应用中，该法起到了有效的作用。

6.3.5 钱江涌潮对盾构隧道开挖面稳定性的影响研究

6.3.5.1 概述

潮高、潮差大是钱江涌潮的典型特点。当盾构隧道开挖穿越粉、砂性等高透水性土层时，由于开挖形成的临空面造成了水头的重分布，易于发生地下水渗流而导致开挖面的失稳破坏。同时，江面涌潮使得隧道穿越地层中孔压及开挖面处水头差产生剧烈变化，从而影响地下水渗流特性，为开挖面稳定性控制带来极其不利影响。所以，进行涌潮荷载下隧道穿越地层孔压、水头变化规律及渗流场分布特性研究，而且进行考虑渗流影响的开挖面稳定性分析，是保证盾构掘进施工安全的关键问题。因此，本节将对钱塘江越江隧道在涌潮作用下的开挖面稳定性作系统研究。

作为钱江涌潮对长大越江隧道施工及结构影响研究结构施工部分的重要问题，本节的主要研究内容包括：

（1）涌潮河段水位变化引起孔隙水压力分布和水头差变化规律；

（2）不同埋深条件下盾构隧道开挖面渗流稳定性分析。

6.3.5.2 渗流条件下隧道开挖面稳定性二维简化分析

（1）隧道计算截面与计算参数

钱江隧道全长 4.45km，盾构段长 3251m，隧道外径 15.43m。为便于分析说明，这里选取 5 个特征截面对钱江隧道开挖面稳定性进行分析。截面位置如图 6.3.114 所示，各截面处的土层分布及土层参数分别见表 6.3.15 和表 6.3.16。

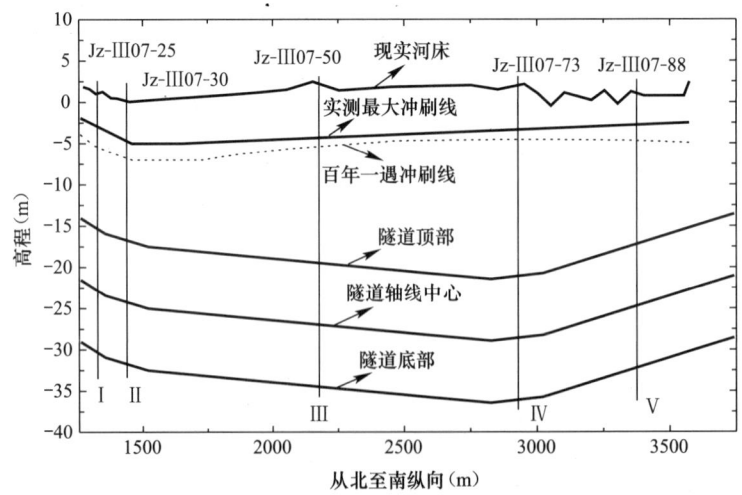

图 6.3.114 钱江隧道及计算截面位置

计算截面处的土层类型 表 6.3.15

截面Ⅰ

层 号	土层名称	层顶标高（m）	层 号	土层名称	层顶标高（m）
2-1	砂质粉土	1.55	5-2	粉质黏土	−20.52
3-2	粉砂	−3.32	5-3	粉质黏土	−23.42
4-1	淤泥质粉质黏土	−4.97	5-4	粉质黏土	−26.57
4-2	粉质黏土	−14.42	6-3	粉质黏土	−41.62
5-1	粉质黏土	−16.52			

截面Ⅱ

层 号	土层名称	层顶标高（m）	层 号	土层名称	层顶标高（m）
3-1	砂质粉土	0.04	5-2	粉质黏土	−19.46
3-2	粉砂	−4.96	5-3	粉质黏土	−26.16
4-1	淤泥质粉质黏土	−10.96	5-4	粉质黏土	−29.26
5-1	粉质黏土	−16.96	6-3	粉质黏土	−41.96

截面Ⅲ

层 号	土层名称	层顶标高（m）	层 号	土层名称	层顶标高（m）
2-1	砂质粉土	2.47	5-2	粉质黏土	−19.33
3-2	粉砂	−3.23	5-4	粉质黏土	−22.73
4-1	淤泥质粉质黏土	−10.93	6-3	粉质黏土	−42.93
5-1	粉质黏土	−15.03			

截面Ⅳ

层 号	土层名称	层顶标高（m）	层 号	土层名称	层顶标高（m）
2-1	砂质粉土	2.16	5-3	粉质黏土	−21.64
3-2	粉砂	−2.14	5-4	粉质黏土	−25.34
4-1	淤泥质粉质黏土	−13.39	6-1	粉质黏土	−44.04
5-1	粉质黏土	−17.74	6-2	粉质黏土	−50.49

截面Ⅴ

层 号	土层名称	层顶标高（m）	层 号	土层名称	层顶标高（m）
2-1	砂质粉土	1.29	5-3	粉质黏土	−23.21
3-2	粉砂	−3.62	5-4	粉质黏土	−26.81
4-1	淤泥质粉质黏土	−14.81	6-3	粉质黏土	−48.10
4-2	粉质黏土	−19.21			

土层参数 表 6.3.16

层 号	名 称	天然重度 γ	渗透系数		黏聚力 c	内摩擦角 φ
			垂直	水平		
		kN/m³	cm/s	cm/s	kPa	°
3-1	砂质粉土	19.5	1.40E-4	1.95E-4	8.5	27.1
3-2	粉砂	19.9	3.13E-4	3.58E-4	5.5	27.6
3-3	淤泥质黏土	18.3	2.08E-7	4.17E-7	12.3	6.2
4-1	淤泥质粉质黏土	18.0	2.87E-7	4.10E-7	15.9	4.8
4-2	粉质黏土	18.3	3.66E-7	5.25E-7	21.4	6.7
4-3	黏质粉土	18.9	2.86E-5	3.64E-5	14.6	11.9
5-1	粉质黏土	19.4	2.38E-7	3.70E-7	26.0	9.5
5-2	粉质黏土	19.5	7.75E-7	3.70E-7	28.9	13.4
5-3	黏质粉土	19.0	4.30E-4	6.72E-4	14.7	17.7
5-4	粉质黏土	18.7	2.51E-7	3.27E-7	24.5	10.7
6-2	黏质粉土	19.8	4.98E-4	7.42E-4	10.0	24.0
6-3	粉质黏土	18.8			27.6	9.1

(2) 考虑渗流影响的隧道开挖面稳定性二维简化数值模拟

1) 隧道开挖面稳定性数值模拟

将盾构隧道开挖面的稳定问题简化为二维平面应变问题，隧道开挖面稳定性的分析简图及有限元网格如图 6.3.115 所示。模型中左右两侧水平位移受到约束而竖向保持自由，对底边施加固定约束，隧道上下方土体施加固定约束，采用 15 节点三角形单元进行离散。隧道高度 $D=10\mathrm{m}$，上覆土层厚度为 C 为 10m，地表分布着均匀竖向荷载 q，在开挖面上作用均布支护压力 σ_t 以维持其稳定性。土体重度 $\gamma=17\mathrm{kN/m^3}$，考虑到弹性参数对极限支护压力影响很小，取弹性模量 $E=30\mathrm{MPa}$，泊松比 $\nu=0.35$。基于 Mohr-Coulomb 准则并采用关联流动法则的理想弹塑性进行分析，黏聚力取为 $c=2\mathrm{kPa}$、内摩擦角 φ 的变化范围为 $5°\sim45°$。

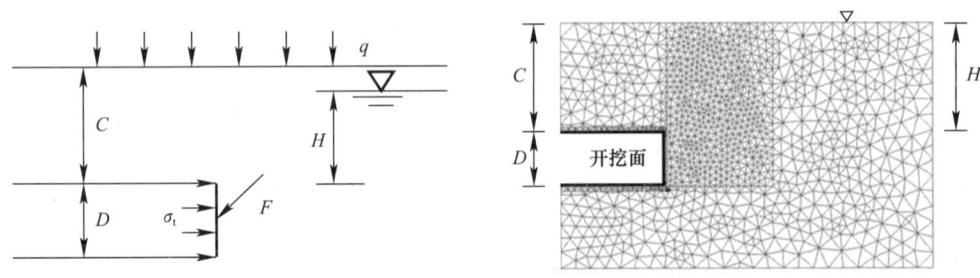

图 6.3.115　分析简图及有限元网格

通过设置不同的土体内摩擦角，得到支护压力与隧道开挖面中点位移关系曲线如图 6.3.116 所示。从图中可看出，随着支护压力减小，开挖面中点水平位移逐渐增大，当支护压力减小到一定值时，位移增大很快，在支护压力几乎不再减小的情况下，土体变形仍迅速增长，表明土体已达到破坏状态，所对应的支护压力值即为极限值。

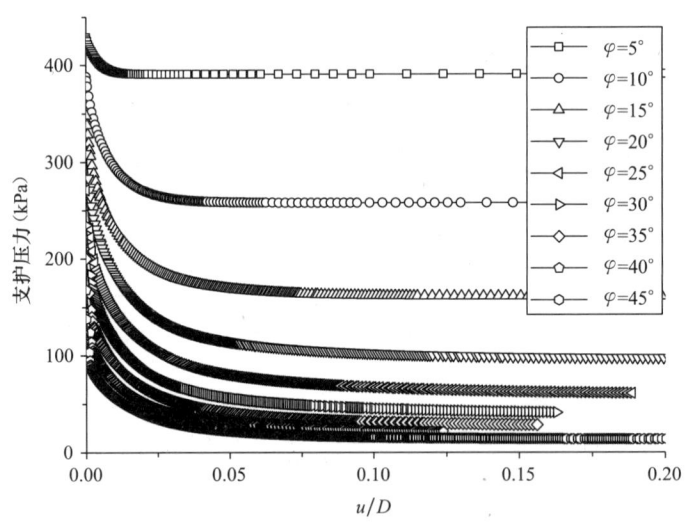

图 6.3.116　支护压力与隧道开挖面中点位移关系曲线（$C/D=1$）

当隧道直径一定时，开挖面破坏模式将与隧道埋深及土体强度有关。隧道埋深的变化将导致开挖面破坏模式存在差异，当 $C/D=0.5$、1、2 状态下得到的塑性应变分布图及位移矢量图如图 6.3.117 所示。开挖面前方有一个应变几乎为零的区域，该区域大小随着摩擦角增大而减小。从图中还可看出，只有隧道埋深较浅，且内摩擦角也较小时，破坏范围有开展到地表的趋势，即表现为整体破坏模式。而当隧道埋深足够深，且内摩擦角也较大时，破坏范围集中在开挖面附近，表现为局部破坏。当内摩擦角较大时，不同埋深下得到的破坏模式基本接近，均表现为局部破坏模式。

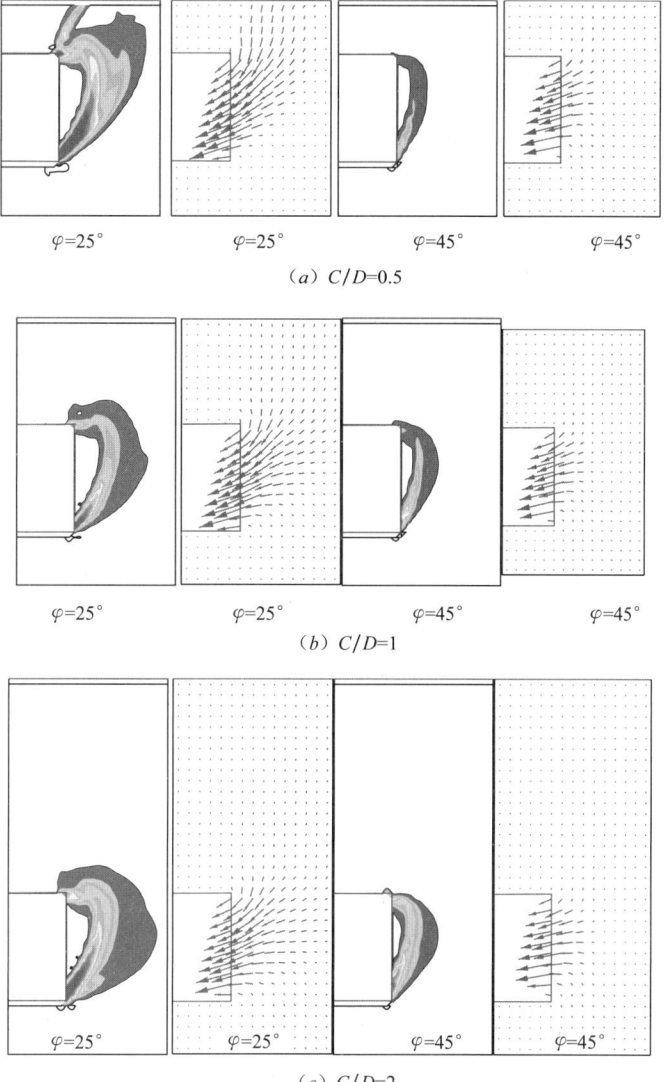

图 6.3.117 盾构隧道开挖面破坏模式

2) 盾构隧道开挖面渗流二维数值模拟

分析渗流对开挖面稳定性的影响，首先需要计算盾构隧道开挖引起的渗流场。但由于此渗流场的理论解难以得到，因而目前大多数研究都是采用数值模拟进行的。为简化分析，将渗流条件下的盾构隧道开挖面稳定性视为一个二维问题，如图 6.3.118 所示。图中 C 为上覆土层厚度，D 为隧道直径，H 为地下水位到隧道顶部的距离。采用理想弹塑性有限元数值模拟研究隧道开挖引起的渗流场分布。

假定地下水渗流服从 Darcy 定律，二维渗流方程为：

$$\frac{\partial}{\partial x}\left(k_x \frac{\partial \varphi}{\partial x}\right) + \frac{\partial}{\partial y}\left(k_y \frac{\partial \varphi}{\partial y}\right) = 0 \tag{6.3.50}$$

式中，k_x、k_y 分别为 x、y 方向的渗透系数；φ 为水头高度。采用如图 6.3.119 所示网格进行渗流分析，当隧道直径 $D=10\text{m}$，上覆土层厚度 $C=20\text{m}$，地下水位线位于地表时，孔隙水压力分布如图 6.3.120 所示。图 6.3.120 中地表处及开挖面处孔隙水压力为 0，相邻等值线间相差 1m 水头高度。

3) 渗流条件下盾构隧道开挖面稳定性二维数值模拟

根据前述的方法可以得到盾构隧道开挖引起的渗流场分布，并计算出各节点孔隙水压力。将渗流分析得到的孔隙水压力作为初始条件施加在节点上，采用相同网格对开挖面稳定性进行数值模拟分析。

为还原隧道开挖前的初始状态，在开挖面上施加矩形分布的支护压力，并将其大小设为隧道中心点

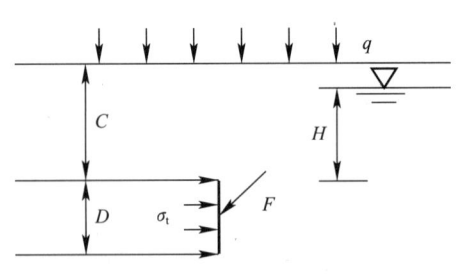

图 6.3.118 渗流条件下的隧道开挖面稳定性分析简图

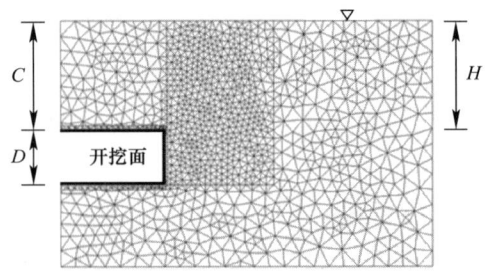

图 6.3.119 渗流分析有限元网格

处原始地层的侧向静止土压力。通过缓慢减小支护压力值,得到隧道中心点位移与支护压力关系 p-s 曲线。当 p-s 曲线出现陡降时认为开挖面破坏,此时的支护压力即为极限支护压力。在隧道直径为 5m 和 10m,上覆土厚度 20m,土体弹性模量为 8MPa,泊松比为 0.3,黏聚力为 2kPa,内摩擦角为 30°,土体干重度为 17kN/m³,饱和重度为 19kN/m³,渗透系数为 0.3×10^{-5} m/s,地表超载为零的情况下,数值模拟得到不同水位下隧道中心点位移和支护压力的关系如图 6.3.121 所示。

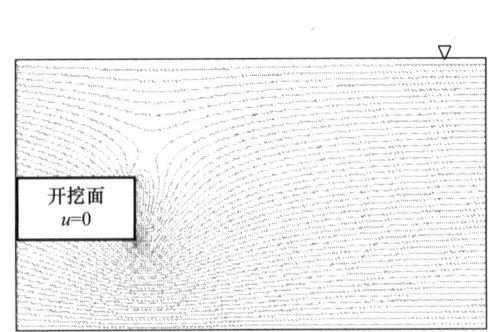

图 6.3.120 孔隙水压力分布

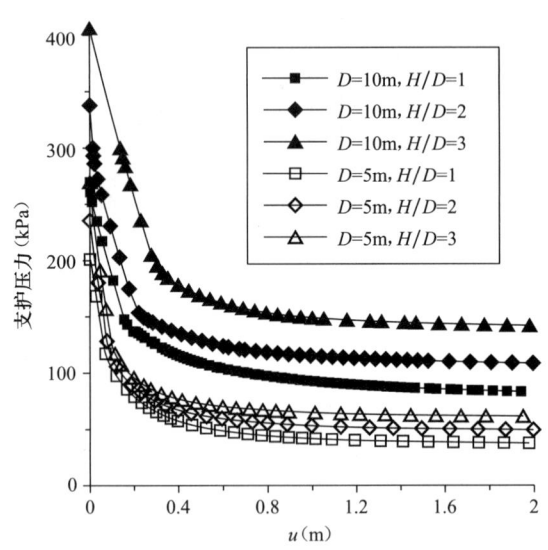

图 6.3.121 支护压力与隧道中心点位移的关系

图 6.3.122 为不同水位线情况下开挖面失稳破坏时的等效塑性应变云图,图中虚线表示无渗流条件提出的破坏模式。从图中可以看出在无渗流条件下的破坏模式与数值模拟结果十分接近,但是考虑渗流影响后该破坏模式与数值模拟有一定的差别,这表明渗流会影响开挖面失稳破坏模式。进一步说明了在分析渗流条件下隧道开挖面稳定性时应该考虑渗流对破坏模式的影响。

图 6.3.122 的对比还表明了渗流对破坏模式的影响主要是在开挖面的底部。在无渗流条件下开挖面底部处的大主应力方向竖直,根据 Mohr-Coulomb 准则,破坏模式假设隧道底部的破坏面(图中的虚线表示)与水平面的夹角为 $\pi/4+\varphi/2$ 是合理的。当存在渗流时,由于渗流力的影响开挖面底部处的大主应力方向发生了偏转而不再是竖直。根据 Mohr-Coulomb 准则,在渗流条件下隧道底部的破坏面也同样发生了偏转而与水平面的夹角也不再是 $\pi/4+\varphi/2$。

为了探究渗流条件下开挖面底部处大主应力方向的偏转角度,采用前述的数值模拟方法分析了不同隧道直径、不同水位高度、不同埋置深度及不同内摩擦角情况下开挖面底部处的大主应力方向,计算结果列于表 6.3.17~表 6.3.19 中,表中大主应力方向是指大主应力与竖直线的夹角。

不同直径及水位高度下的大主应力方向($C=20$m,$\varphi=30°$)   表 6.3.17

H/D	1.0	1.5	2.0	2.5	3.0
$D=5$m	17°	17°	17°	17°	17°
$D=10$m	16°	16°	16°	16°	17°

不同埋置深度下的大主应力方向（$D=10\text{m}$，$H=20\text{m}$，$\varphi=30°$） 表 6.3.18

C/D	1.0	1.5	2.0	2.5	3.0
	17°	16°	16°	16°	16°

不同内摩擦角下的大主应力方向（$D=10\text{m}$，$C=20\text{m}$，$H=20\text{m}$） 表 6.3.19

φ	10°	15°	20°	25°	30°	35°	40°
	15°	14°	13°	13°	16°	15°	13°

从表 6.3.17～表 6.3.19 可以看出，在渗流条件下隧道直径、水位高度、埋置深度及内摩擦角等因素都会对大主应力方向产生影响，但是这些因素对偏转角的大小影响都不大。为便于计算分析假设在渗流条件下开挖面底部处大主应力方向是一样的，其与竖直线的夹角为 15°。另外需要指出的是，这里研究的渗流影响主要分析水位线高度 H 不大于埋深 C 或 H 略大于 C（$H/C<1.5$）的情况，而当 H 远大于 C 时大主应力与竖直线的夹角会随着水位线高度的增加而增加，具体内容有待进一步分析。

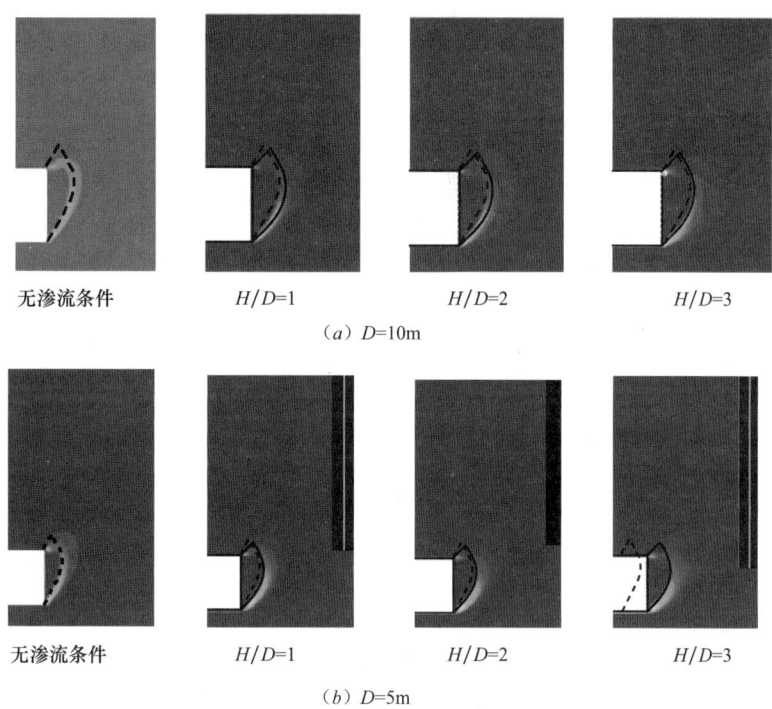

图 6.3.122 水位线对塑性应变分布的影响（$C=20\text{m}$，$\varphi=30°$）

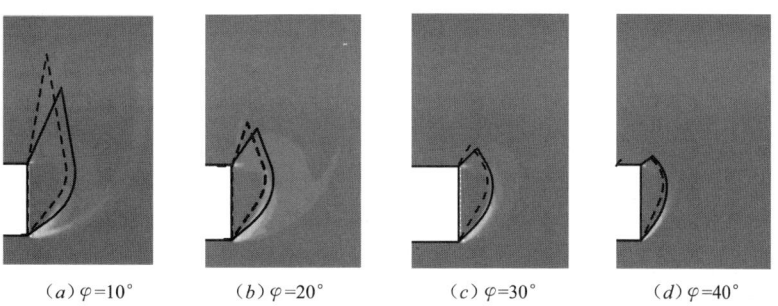

图 6.3.123 内摩擦角对塑性应变分布的影响（$D=10\text{m}$，$C=20\text{m}$，$H/D=2$）

注：图 6.3.122 和图 6.3.123 中虚线表示不考虑渗流的破坏模式，实线表示考虑渗流影响的破坏模式。

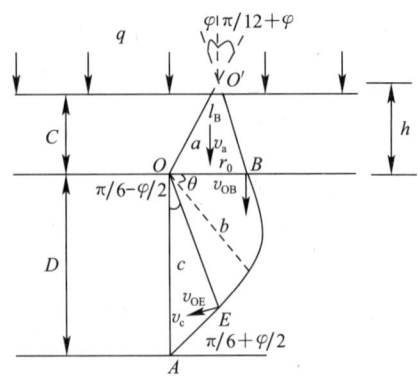

图 6.3.124 考虑渗流影响的破坏模式

(3) 考虑渗流影响的隧道开挖面稳定二维极限上限分析

1) 理论分析模型

要建立开挖面稳定性极限分析上限法，首先要有一个合理的破坏机制。前文已经分析了渗流对开挖面破坏模式影响，因此本节提出一个考虑渗流影响的开挖面失稳破坏模式。相比于不考虑渗流的破坏模式，渗流影响使得大主应力方向偏转了 $\pi/12$，故新模型中开挖面底部破坏线与水平线的夹角 β 为 $\pi/6+\varphi/2$。假设新破坏模式有两个刚性块体 a、c 和一剪切区 b 组成。如图 6.3.124 所示，块体 a 为三角形 $O'OB$，其中线 $O'B$ 和线 $O'O$ 与竖直方向的夹角分别为 φ 和 $\pi/12+\varphi$。块体 c 为 OAE，线 AE 与水平方向的夹角为 $\pi/6+\varphi/2$，线 OE 与竖直方向的夹角为 $\pi/6-\varphi/2$。剪切区 b 为一以对数螺旋线 BE 围成的剪切区 OBE，点 O 为对数螺线中心点，点 B 和点 E 分别为对数螺线的起点和终点。破坏面的几何尺寸为：

$$\begin{cases} h = \dfrac{r_0 \cos(\varphi+\pi/12)}{\sin(\pi/12+2\varphi)}\cos\varphi \\ r_0 = \dfrac{D\sin(\pi/3-\varphi/2)}{\cos\varphi \cdot \exp[(\pi/3+\varphi/2)\tan\varphi]} \\ l_B = \begin{cases} 0 & h-C \leqslant 0 \\ (h-C)[\tan(\pi/12+\varphi)+\tan\varphi] & h-C > 0 \end{cases} \end{cases}$$

通过构造相容速度场，并考虑渗流力作的功率，根据极限分析上限定理，可得：

$$P_{Wa}+P_{Wb}+P_{Wc}+P_q+P_F-P_t = D_a+D_b+D_c+D_{AE} \tag{6.3.51}$$

式中，P_{Wa}、P_{Wb}、P_{Wc} 为块体 a、b、c 重力所作功率；P_q 为地表超载 q 所作的功率；P_t 为支护压力 σ_t 所做的功率；D_a、D_{AE}、D_c 为块体 a、b、c 在间断面上的耗损功率；D_b 为块体 b 内耗损功率，分别为：

$$\begin{cases} P_{wa} = \dfrac{1}{2}\gamma v_a[r_0 h - l_B(h-C)] \\ P_{wb} = \dfrac{\gamma v_a r_0^2}{2(1+9\tan^2\varphi)}\left\{\left[\sin\left(\dfrac{\pi}{3}+\dfrac{\varphi}{2}\right)+3\tan\varphi\cos\left(\dfrac{\pi}{3}+\dfrac{\varphi}{2}\right)\right]\cdot\exp\left[3\left(\dfrac{\pi}{3}+\dfrac{\varphi}{2}\right)\tan\varphi\right]-3\tan\varphi\right\} \\ P_{wc} = \dfrac{\gamma D^2\sin(\pi/3-\varphi/2)\sin(\pi/6-\varphi/2)}{2\cos\varphi}\cdot\cos(\pi/3+\varphi/2)v_a\exp[(\pi/3+\varphi/2)\tan\varphi] \\ P_q = ql_B v_a \\ P_t = \sigma_t D v_a \exp[(\pi/3+\varphi/2)\tan\varphi]\sin(\pi/3+\varphi/2) \\ D_a = \{2h - l_B/[\tan(\pi/12+\varphi)+\tan\varphi]\}cv_a \\ D_b = D_{BE} = \dfrac{1}{2}cr_0 v_a \cot\varphi\{\exp[(2\pi/3+\varphi)\tan\varphi]-1\} \\ D_c = D\sin(\pi/6-\varphi/2)\exp[(\pi/3+\varphi/2)\tan\varphi]cv_a \end{cases}$$

P_F 为渗流力所做的功率，其值与渗流力大小及分布有关。渗流条件下滑动体受力平衡可通过土骨架有效作用力、土体有效重力及渗流力分析，也可通过土骨架有效作用力、土体饱和重力及滑动边界上孔隙水压力分析，因而可通过滑动边界上的孔隙水压力及浮力的合力计算渗流力。将破坏区域分为 A、B 两部分，A 部分为三角形也即为图 6.3.124 中块体 a 的位置，B 部分即为图 6.3.124 中块体 b 和 c 的位置。为简化分析，假设渗流力在破坏区域内均匀分布。区域 A 和 B 单位面积上水平和竖向方向的渗流力分量 f_{Ax}，f_{Ay}，f_{Bx} 和 f_{By} 分别表示为：

$$f_{Ax} = \dfrac{F_{Ax}}{A_A}, f_{Ay} = \dfrac{F_{Ay}}{A_A}, f_{Bx} = \dfrac{F_{Bx}}{A_B}, f_{By} = \dfrac{F_{By}}{A_B} \tag{6.3.52}$$

式中：A_A 和 A_B 为区域 A 和 B 的面积；F_{Ax}、F_{Ay}、F_{Bx} 和 F_{By} 分别为作用在区域 A 和 B 上渗流力的水平

和竖向分量。因而破坏面处渗流力 F 为：

$$F = \sqrt{(F_{Ax}+F_{Bx})^2+(F_{Ay}+F_{By})^2} \tag{6.3.53}$$

渗流力所做的总功率为：

$$P_F = P_{Fx} + P_{Fy} \tag{6.3.54}$$

式中，P_{Fx} 为水平渗流力所做的功率；P_{Fy} 为竖向渗流力所做的功率。对于块体 a，由于其速度方向竖向，因而：

$$P_{Fxa} = 0 \tag{6.3.55}$$

$$P_{Fya} = \frac{1}{2} f_{Ay} v_a [r_0 h - l_B(h-C)] \tag{6.3.56}$$

剪切区 b 内微元土体上渗流力所做的功率为：

$$\mathrm{d}P_{Fxb} = \frac{v_a}{2} f_{Bx} r_0^2 \exp(3\theta\tan\varphi)\sin\theta \mathrm{d}\theta \tag{6.3.57}$$

$$\mathrm{d}P_{Fyb} = \frac{v_a}{2} f_{By} r_0^2 \exp(3\theta\tan\varphi)\cos\theta \mathrm{d}\theta \tag{6.3.58}$$

积分，得：

$$P_{Fxb} = \frac{f_{Bx} v_a r_0^2}{2(1+9\tan^2\varphi)} \left\{ \left[-\cos\left(\frac{\pi}{3}+\frac{\varphi}{2}\right)+3\tan\varphi\sin\left(\frac{\pi}{3}+\frac{\varphi}{2}\right)\right] \times \exp\left[3\left(\frac{\pi}{3}+\frac{\varphi}{2}\right)\tan\varphi\right]+1 \right\} \tag{6.3.59}$$

$$P_{Fyb} = \frac{f_{By} v_a r_0^2}{2(1+9\tan^2\varphi)} \left\{ \left[\sin\left(\frac{\pi}{3}+\frac{\varphi}{2}\right)+3\tan\varphi\cos\left(\frac{\pi}{3}+\frac{\varphi}{2}\right)\right] \times \exp\left[3\left(\frac{\pi}{3}+\frac{\varphi}{2}\right)\tan\varphi\right]-3\tan\varphi \right\} \tag{6.3.60}$$

块体 c 上渗流力所做的功率为：

$$P_{Fxc} = \frac{f_{Bx} D^2}{4\cos\varphi}\sin\left(\frac{\pi}{3}-\frac{\varphi}{2}\right)\sin\left(\frac{\pi}{6}-\frac{\varphi}{2}\right)\cdot\sin\left(\frac{\pi}{3}+\frac{\varphi}{2}\right)v_a\exp\left[\left(\frac{\pi}{3}+\frac{\varphi}{2}\right)\tan\varphi\right] \tag{6.3.61}$$

$$P_{Fyc} = \frac{f_{By} D^2}{4\cos\varphi}\sin\left(\frac{\pi}{3}-\frac{\varphi}{2}\right)\sin\left(\frac{\pi}{6}-\frac{\varphi}{2}\right)\cdot\cos\left(\frac{\pi}{3}+\frac{\varphi}{2}\right)v_a\exp\left[\left(\frac{\pi}{3}+\frac{\varphi}{2}\right)\tan\varphi\right] \tag{6.3.62}$$

因而，可得：

$$P_{Fx} = P_{Fxa} + P_{Fxb} + P_{Fxc} \tag{6.3.63}$$

$$P_{Fy} = P_{Fya} + P_{Fyb} + P_{Fyc} \tag{6.3.64}$$

若记 $f=f_{Bx}$，$\alpha=f_{Ax}/f$，$\beta=f_{By}/f$。联立以上各式，可得考虑渗流条件下极限支护压力为：

$$\sigma_t = cN_c + qN_q + \gamma'DN_\gamma + fN_F \tag{6.3.65}$$

式中，N_c、N_q、N_γ、N_F 为土体黏聚力、地表超载、土体重度及渗流力的影响系数，分别为：

$$N_c = -\frac{1}{D\exp[(\pi/3+\varphi/2)\tan\varphi]\sin\left(\frac{\pi}{3}+\frac{\varphi}{2}\right)} \cdot \left\{ (2h-l_B/[\tan(\pi/12+\varphi)+\tan\varphi]) \right.$$
$$\left. + D\sin(\pi/6-\varphi/2)\exp[(\pi/3+\varphi/2)\tan\varphi] + r_0\cot\varphi\{\exp[(2\pi/3+\varphi)\tan\varphi]-1\} \right\}$$

$$N_q = \frac{l_B}{D\exp[(\pi/3+\varphi/2)\tan\varphi]\sin\left(\frac{\pi}{3}+\frac{\varphi}{2}\right)}$$

$$N_\gamma = \frac{1}{2D^2\exp[(\pi/3+\varphi/2)\tan\varphi]\sin\left(\frac{\pi}{3}+\frac{\varphi}{2}\right)} \cdot \left\{ r_0 h - l_B(h-C) + r_0^2 \cdot \right.$$
$$\left. \frac{\left[\sin\left(\frac{\pi}{3}+\frac{\varphi}{2}\right)+3\tan\varphi\cos\left(\frac{\pi}{3}+\frac{\varphi}{2}\right)\right]\exp\left[3\left(\frac{\pi}{3}+\frac{\varphi}{2}\right)\tan\varphi\right]-3\tan\varphi}{1+9\tan^2\varphi} \right.$$

$$+\frac{D^2\sin(\pi/3-\varphi/2)\sin(\pi/6-\varphi/2)}{\cos\varphi}\cdot\cos(\pi/3+\varphi/2)\exp[(\pi/3+\varphi/2)\tan\varphi]\Big\}$$

$$N_{S,F}=N_{S,FBx}+\alpha N_{S,FAy}+\beta N_{S,FBy}$$

$$N_{S,FBx}=\frac{1}{2D\exp[(\pi/3+\varphi/2)\tan\varphi]\sin\left(\frac{\pi}{3}+\frac{\varphi}{2}\right)}\cdot$$

$$\left\{r_0^2\frac{\left[-\cos\left(\frac{\pi}{3}+\frac{\varphi}{2}\right)+3\tan\varphi\sin\left(\frac{\pi}{3}+\frac{\varphi}{2}\right)\right]\exp\left[3\left(\frac{\pi}{3}+\frac{\varphi}{2}\right)\tan\varphi\right]+1}{1+9\tan^2\varphi}\right.$$

$$\left.+\frac{D^2\sin(\pi/3-\varphi/2)\sin(\pi/6-\varphi/2)}{\cos\varphi}\cdot\sin\left(\frac{\pi}{3}+\frac{\varphi}{2}\right)\exp[(\pi/3+\varphi/2)\tan\varphi]\right\}$$

$$N_{S,FAy}=\frac{r_0h-l_B(h-C)}{2D\exp\left[\left(\frac{\pi}{3}+\frac{\varphi}{2}\right)\tan\varphi\right]\sin\left(\frac{\pi}{3}+\frac{\varphi}{2}\right)}$$

$$N_{S,FBy}=\frac{1}{2D\exp[(\pi/3+\varphi/2)\tan\varphi]\sin\left(\frac{\pi}{3}+\frac{\varphi}{2}\right)}\cdot$$

$$\left\{r_0^2\frac{\left[\sin\left(\frac{\pi}{3}+\frac{\varphi}{2}\right)+3\tan\varphi\cos\left(\frac{\pi}{3}+\frac{\varphi}{2}\right)\right]\exp\left[3\left(\frac{\pi}{3}+\frac{\varphi}{2}\right)\tan\varphi\right]-3\tan\varphi}{1+9\tan^2\varphi}\right.$$

$$\left.+\frac{D^2\sin(\pi/3-\varphi/2)\sin(\pi/6-\varphi/2)}{\cos\varphi}\cdot\cos\left(\frac{\pi}{3}+\frac{\varphi}{2}\right)\exp[(\pi/3+\varphi/2)\tan\varphi]\right\}$$

2) 工程实例分析

钱江隧道是钱江通道及接线工程其中一部分，全长 4.45km，位于海宁盐官镇上游约 2.5km。拟建钱江隧道越江部分采用盾构方式，隧道盾构段长 3251m，隧道外径 15m。由于该隧道在水下开挖，部分盾构段遇到砂层需考虑渗流对开挖面稳定的影响。这里选取 5 个特征截面，采用上述的极限分析上限法及有限单元法对该工程进行分析。截面位置如图 6.3.114 所示，各截面处的土层分布及土层参数分别见表 6.3.15 和表 6.3.16。

在有限单元法分析中能够很好地模拟土体的分层变化，但在采用极限分析上限法计算时破坏面的形状难以确定。因此将隧道开挖面处视为均质土层，通过加权平均得到该土层的强度参数并由此来确定破坏面的形状，而隧道上方土层则按分层土体进行计算。计算得到的极限支护压力如图 6.3.125 所示。可以注意到除了第 V 截面外，其他截面处的塌落上限解与有限元结果趋势大致相同。这主要因为第 V 截面开挖面处土层分布极度不均（强度参数相差较大的土层厚度相当），通过加权平均的强度参数确定的破坏面不能很好反应实际情况。同时也表明了，当开挖面处土层的性质（主要是内摩擦角）分布较为均匀时，该方法分析分层土体开挖面稳定性的可行性。另外，从图中可以看出有限元法和极限分析上限法计算得到的极限支护压力都要比实测支护压力小。这是因为若开挖面处于极限状态则表明此时土体的位移很大，但对于实际

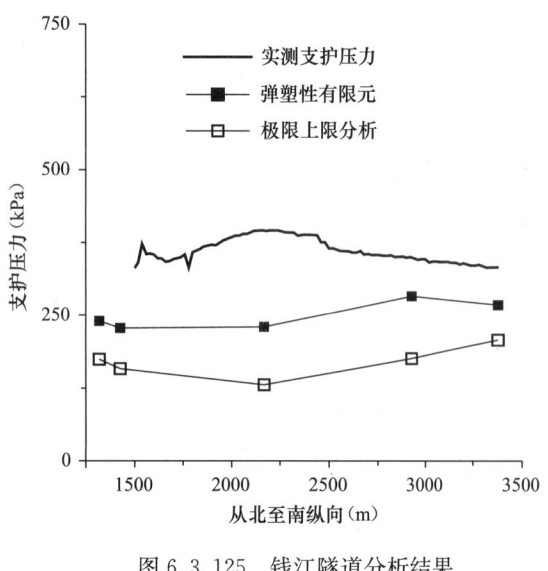

图 6.3.125　钱江隧道分析结果

工程来说则会对周边环境产生很大的影响，因此实际支护压力不宜太接近极限值。

6.3.5.3 钱江涌潮条件下三维盾构隧道开挖面稳定性分析

（1）盾构隧道开挖面稳定性三维分析

1）三维弹塑性有限元数值模拟

隧道埋深比设定为 $C/D=0.5$，$C/D=1$，$C/D=2$；以埋深比 $C/D=1$ 为例，三维隧道开挖面稳定的力学模型简图及有限元网格如图 6.3.126 所示，先采用 15 节点三角形单元生成平面横向模型，然后生成三维模型。隧道高度 $D=10m$，覆土厚度 C，地表面均匀分布竖向荷载 q，为保持开挖面稳定，开挖面上作用均布支护压力 σ_t，其中 q 和 σ_t 均以压为正。土体重度为 γ，黏聚力及内摩擦角分别为 c、φ。并采用基于 Mohr-Coulomb 准则的理想弹塑性关联模型，考虑到弹性参数不会影响极限荷载，取弹性模量 $E=30MPa$，泊松比 $\nu=0.3$。

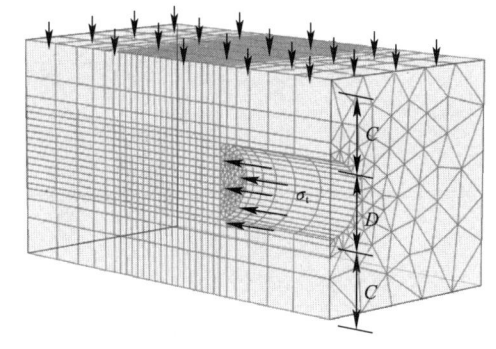

图 6.3.126 分析模型及有限元网格

考虑到半空间地基及刚性粗糙衬砌，模型中左右两侧约束其 x 方向位移，前后两侧约束 y 方向位移，底面及与衬砌接触面约束 x、y、z 三个方向位移。为了减小边界条件的简化对有限元分析的影响，隧道下部土体取厚度 C，开挖面后方长度取 2 倍隧道直径，开挖面前方长度取为 4 倍隧道直径。

对相同外部条件（地表超载 20kPa、土体内聚力 10kPa、土体内摩擦角 20°）下均质地基中不同埋深比的盾构隧道开挖面破坏模式如图 6.3.127。从图中可以看出，当埋深比较小时，土体破坏塑性区域主要集中在开挖面顶部和下部。随着埋深比的增大，土体塑性范围增大，失稳范围也增大，此时塑性区域主要集中在隧道周围，表现为局部失稳破坏。反之随着埋深比减小，土体破坏向地表延伸的现象较为明显。且从不同埋深比的应变云图中，我们发现开挖面处刚性三角形块的形状基本相同，并不随埋深比的改变而改变。破坏模式与二维结果相似。

由数值模拟得到不同隧道埋深比条件下极限支护压力与土体强度参数的关系如图 6.3.128 所示。从图中可看出，在当隧道埋深比一定时，极限支护压力随土体黏聚力和内摩擦角增大而减小。只有在当土体内摩擦角较小时（$\varphi<20°$），隧道埋深比才对支护压力有明显影响；而当 $\varphi>20°$ 时，极限支护压力则几乎不再受隧道埋深比影响。这是由于隧道埋深达到一定值时，开挖面上方土体的成拱效应导致破坏区域不再向地表扩展引起的。

2）三维极限平衡理论分析模型

将盾构隧道开挖面视为一面竖直的挡土墙，当开挖面失稳发生位移时，靠近开挖面的填土会随之移动，远离开挖面的填土会保持弹性状态。而这两部分土体之间一定存在一个过渡区域，在此区域中土体未有发生明显的变形，但在靠近发生较大变形土体的部分，应力会产生松弛。对于颗粒介质，应力传递是依靠接触面的互相作用来进行的。当介质的一个方向产生微小变形或应力松弛时，与之正交的方向极为容易形成卸荷拱。无数个卸荷拱背离填土方向的位移增长渐渐达到极限，即形成了极限平衡拱。由于平衡拱的存在，有限长度的开挖面产生微小位移时，墙后填土形成的滑裂体与假定的三角楔形体完全不同。以往有关开挖面背后填土滑裂形状的研究表明，当开挖面的宽高比为 0.8~1.0 时，开挖面前方土体破坏时滑裂体近似于图 6.3.129（a）所示的楔形截柱体，不同开挖面的高宽比 k 条件下滑裂体顶部的形状如图 6.3.129（b）所示。在这些试验结果的基础上，可以将楔形体模型加以完善使其能考虑到土压力分布的空间效应，既将楔形体模型改进为梯形楔形体模型。

① 梯形楔形体模型

开挖面破坏引起的原因有两种，一种是由于支护压力不足导致的塌落破坏，另一种则为支护压力过大引起的隆起破坏，这两种破坏模式分别对应于最小和最大支护压力，施加在开挖面上的支护压力须介于二者之间才能保持开挖面的稳定性。下面，采用三维楔形体模型分别分析计算塌落破坏及隆起破坏时

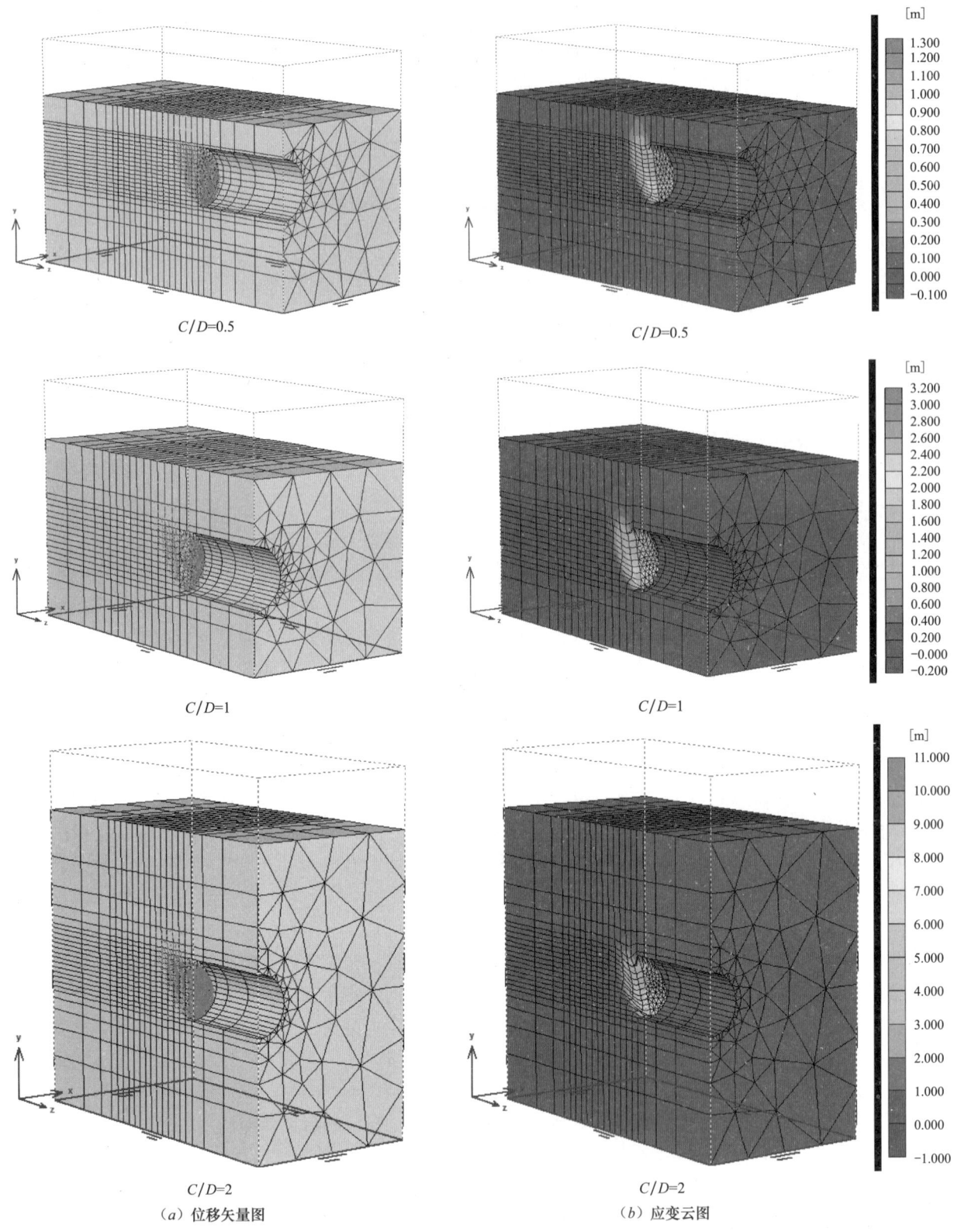

(a) 位移矢量图　　　　　　　　　(b) 应变云图

图 6.3.127　三维透视图

的极限支护压力。

当开挖面上的支护压力过小时,开挖面前方土体则会向隧道处塌落。假设开挖面塌落破坏模型为梯形楔形体模型(如图 6.3.130 所示)。模型中假设 $\beta=50°$,滑动块倾角 α,根据开挖面前方梯形楔形体

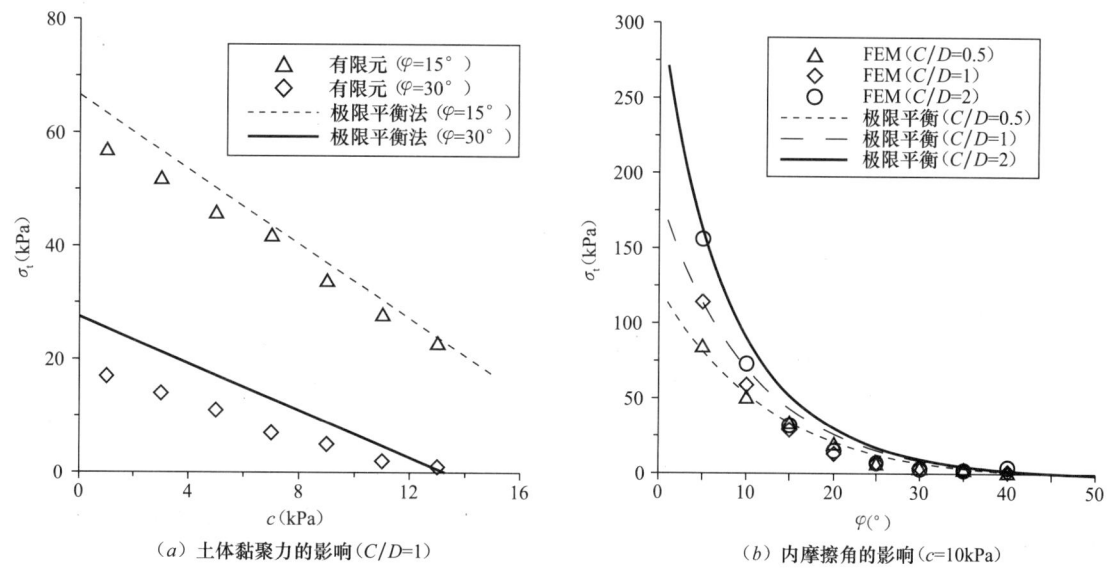

(a) 土体黏聚力的影响($C/D=1$) (b) 内摩擦角的影响($c=10$kPa)

图6.3.128 开挖面主动破坏时极限支护压力

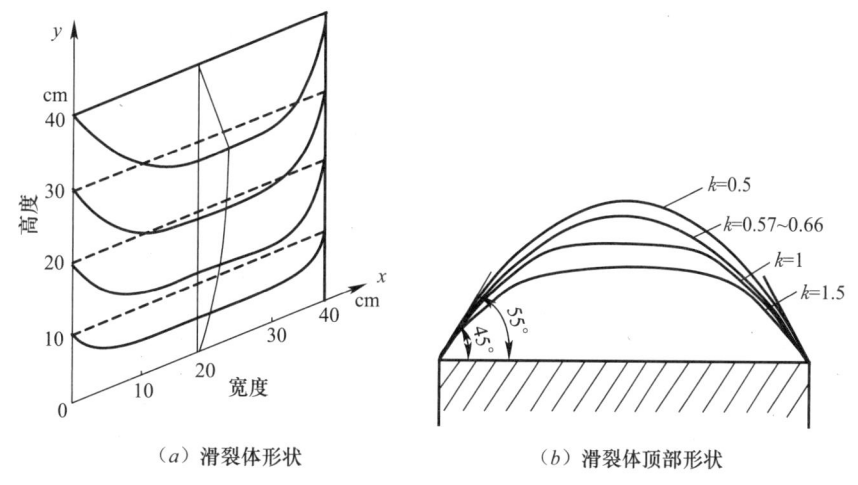

(a) 滑裂体形状 (b) 滑裂体顶部形状

图6.3.129 开挖面前方土体滑裂体的形状

的受力平衡，建立了极限支护压力的计算关系式。但模型中滑动块倾角 α 为未知量，需要通过优化搜索来获得支护压力的极值，而此时的 α 值对应为最危险破坏模式的滑动块倾角。

在建立楔形滑块受力平衡时，需用到其上部土体的松动土压力 σ_v，如图6.3.130(b)所示。当前有关松动土压力的计算大多是通过Terzaghi的理论进行的，然而该理论是通过矩形柱体受力平衡获得的，与梯形楔形体模型中楔形滑块的横截面形状不协调，因而需要建立一个与梯形滑块平衡模型协调的松动土压力计算模型。如图6.3.131所示，假设开挖面滑动区上方土体松动区域为一个梯形柱体，根据土柱单元受力平衡，可得：

$$A\sigma_v + A\gamma dz = A(\sigma_v + d\sigma_v) + 2B\left(1 + \frac{1-\cos\beta}{\tan\alpha\sin\beta}\right)(c + K_0\sigma_v\tan\varphi)dz \quad (6.3.66)$$

式中，A 为梯形截面的面积，可表示为：

$$A = \frac{B^2}{\tan\alpha}\left(1 - \frac{1}{\tan\alpha\tan\beta}\right) \quad (6.3.67)$$

由边界条件 $z=0$，$\sigma_v = P_0$，可得到任意深度处的三维太沙基松动土压力：

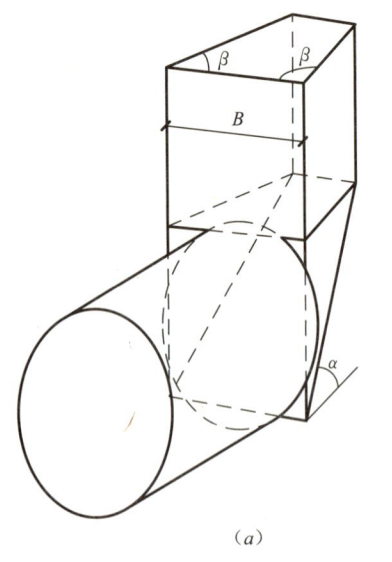
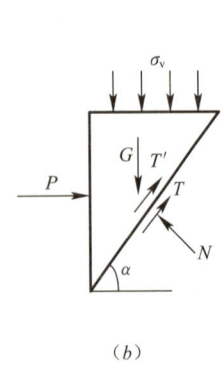
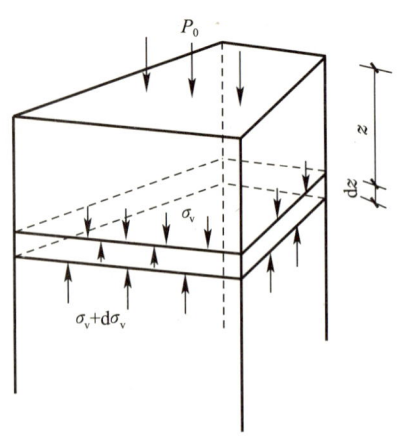

图 6.3.130　梯形楔形体计算模型及滑动块受力图　　　　图 6.3.131　松动土压力计算简图

$$\sigma_v = \frac{\gamma - \lambda c}{\lambda K_0 \tan\varphi}(1 - e^{-\lambda K_0 z \tan\varphi}) + P_0 e^{-\lambda K_0 z \tan\varphi} \quad (6.3.68)$$

$$\lambda = \frac{2\left(\tan\alpha + \dfrac{1}{\sin\beta} - \dfrac{1}{\tan\beta}\right)}{B\left(1 - \dfrac{1}{\tan\alpha\tan\beta}\right)} \quad (6.3.69)$$

为获得极限支护压力的表达式，需对楔形滑动块体进行受力平衡分析。首先根据滑块水平方向的受力平衡，得：

$$P = N\sin\alpha - T\cos\alpha - 2T'\cos\alpha\sin\beta \quad (6.3.70)$$

式中，P 为维持开挖面稳定所需的支护力；N、T 分别为滑动面上的法向作用力和摩阻力；T' 为楔形滑块侧面上的摩阻力，表示为：

$$T' = K_0 N' \quad (6.3.71)$$

式中，$N' = \gamma z$ 为滑动面上的法向作用力，其中 γ 为土体重度，z 为分析点的深度；$K_0 = 1 - \sin\varphi$ 为静止土体侧压力系数，其中 φ 为土体的内摩擦角。

再根据楔形滑块竖直方向的受力平衡，得：

$$P_v + G = N\cos\alpha + T\sin\alpha + 2T'\sin\alpha\sin\beta \quad (6.3.72)$$

式中，α 为一未知数；楔形滑块顶部受到的松动土压力合力为：

$$P_v = \frac{\sigma_v B^2}{\tan\alpha}\left(1 - \frac{1}{\tan\alpha\tan\beta}\right) \quad (6.3.73)$$

楔形滑块的重力为：

$$G = \frac{B^3 \gamma}{2\tan\alpha} - \frac{B^3 \gamma}{3\tan^2\alpha\tan\beta} \quad (6.3.74)$$

滑动面上的摩阻力为：

$$T = \frac{cB^2}{\sin\alpha}\left(1 - \frac{1}{\tan\alpha\tan\beta}\right) + N\tan\varphi \quad (6.3.75)$$

楔形滑块侧面上的摩阻力为：

$$T' = \frac{B^2}{2\tan\alpha\sin\beta}\left[c + K_0\left(\sigma_v + \frac{B\gamma}{3}\right)\tan\varphi\right] \quad (6.3.76)$$

将式 (6.3.73)～式 (6.3.76) 代入平衡方程式 (6.3.70) 和式 (6.3.72)，经化简，即可得到维持开挖面稳定的支护压力为：

$$P = \frac{\varepsilon B^2}{\tan\alpha}\left(\sigma_v + \frac{B\gamma}{2}\right)\left(1 - \frac{1}{\tan\alpha\tan\beta}\right) + \frac{\varepsilon B^3 \gamma}{6\tan^2\alpha\tan\beta} - B^2 c\left(\varepsilon + \frac{1}{\tan\alpha}\right)\left(1 - \frac{1}{\tan\alpha\tan\beta}\right)$$
$$- \frac{B^2}{\tan\alpha}\left[c + K_0\left(\sigma_v + \frac{B\gamma}{3}\right)\tan\varphi\right](\cos\alpha + \varepsilon\sin\alpha) \tag{6.3.77}$$

式中，$\varepsilon = \tan(\alpha - \varphi)$。

通过对式（6.3.77）中的楔形滑动块倾角 α 进行优化搜索，可得到极限支护压力的极限值。通过优化得到的 α 值对应于最危险破坏模式的滑动块倾角，得到的极限值即为支护压力的最优解。由于盾构隧道开挖面塌落破坏是在支护压力不足时产生的，因而通过搜索得到的极值是最大值。

当开挖面上的支护压力过大时，会将开挖面前方土体推出，进而造成地表隆起甚至破坏。如图6.3.132 所示，假设开挖面隆起破坏模型为矩形楔形体，滑动块倾角 α。忽略滑动块侧面摩擦力，根据开挖面前方梯形楔形体的受力平衡，建立了极限支护压力的计算关系式。与塌落模型一样，模型中滑动块倾角 α 为未知量，需要通过优化搜索来获得支护压力的极值。

在建立楔形滑块受力平衡时，需用到其上部土体的压力 σ_v，如图 6.3.133 所示，假设开挖面滑动区上方土体为一个矩形柱体，根据土柱单元受力平衡，可得：

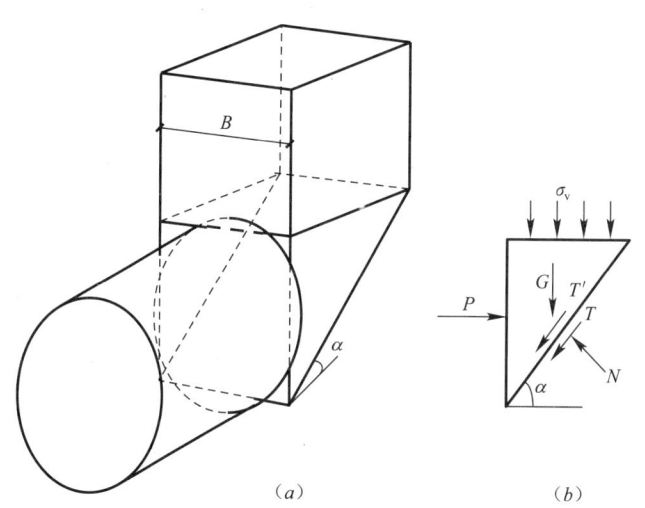

图 6.3.132 隆起破坏模型　　　　图 6.3.133 矩形柱体受力分析

$$A\sigma_v + A\gamma dz + 2B\left(1 + \frac{1}{\tan\alpha}\right)(c + K_0\gamma z\tan\varphi)dz = A(\sigma_v + d\sigma_v) \tag{6.3.78}$$

式中，A 为矩形截面的面积，可表示为：

$$A = B^2/\tan\alpha \tag{6.3.79}$$

由边界条件 $z=0$，$\sigma_v = P_0$，可得到任意深度处的 σ_v 值：

$$\sigma_v = P_0 + \gamma z + \frac{2(1 + \tan\alpha)}{B}\left(cz + \frac{1}{2}K_0\gamma z^2\tan\varphi\right) \tag{6.3.80}$$

接下来对楔形滑动块体进行受力平衡分析。首先根据滑块水平方向的受力平衡，得：

$$P = N\sin\alpha + T\cos\alpha + 2T'\cos\alpha \tag{6.3.81}$$

式中，P 为维持开挖面稳定所需的支护力；N、T 分别为滑动面上的法向作用力和摩阻力；T' 为楔形滑块侧面上的摩阻力，表示为：

$$T' = K_0 N' \tag{6.3.82}$$

式中，$N' = \gamma z$ 为滑动面上的法向作用力，其中 γ 为土体重度，z 为分析点的深度；$K_0 = 1 - \sin\varphi$ 为静止土体侧压力系数，其中 φ 为土体的内摩擦角。

再根据楔形滑块竖直方向的受力平衡，得：

$$P_v + G + T\sin\alpha + 2T'\sin\alpha = N\cos\alpha \tag{6.3.83}$$

式中，α 为一未知数；楔形滑块顶部受到的松动土压力合力为：

$$P_v = \sigma_v A \tag{6.3.84}$$

楔形滑块的重力为：

$$G = \frac{B^3 \gamma}{2\tan\alpha} \tag{6.3.85}$$

滑动面上的摩阻力为：

$$T = \frac{cB^2}{\sin\alpha} + N\tan\varphi \tag{6.3.86}$$

楔形滑块侧面上的摩阻力为：

$$T' = \frac{B^2}{2\tan\alpha}\left[c + K_0\left(\gamma C + \frac{B\gamma}{3}\right)\tan\varphi\right] \tag{6.3.87}$$

将式（6.3.84）~式（6.3.87）代入平衡方程式（6.3.81）和式（6.3.83），经化简，即可得到维持开挖面稳定的支护压力为：

$$P = \frac{\zeta B^2}{\tan\alpha}\left(\sigma_v + \frac{B\gamma}{2}\right) + cB^2(\zeta + \cot\alpha) + \frac{B^2}{\tan\alpha}\left[c + K_0\left(\gamma C + \frac{B\gamma}{3}\right)\tan\varphi\right](\zeta\sin\alpha + \cos\alpha) \tag{6.3.88}$$

式中，$\zeta = \dfrac{\sin\alpha + \tan\varphi\cos\alpha}{\cos\alpha - \tan\varphi\sin\alpha}$。

通过对式（6.3.88）中的楔形滑动块倾角 α 进行优化搜索，可得到极限支护压力的极限值。通过优化得到的 α 值对应于最危险破坏模式的滑动块倾角，得到的极限值即为支护压力的最优解。由于盾构隧道开挖面隆起破坏是在支护压力过大时产生的，因而通过搜索得到的极值是最小值。

② 考虑渗流的梯形楔形体模型

通过对破坏模型边界面上的孔隙水压力积分来考虑渗流力的思路，引入基于极限平衡法的梯形楔形体几何模型（见图 6.3.134）分析渗流条件下维持开挖面稳定的极限支护压力，利用限元计算结果（见图 6.3.134a），截取如图 6.3.134（b）中的楔形体作为模型中的滑动块，并提取开挖面、滑动块顶面 S_1 及斜面 S_2 上的孔隙水压力 p 并进行面积分（如式 6.3.89），其中开挖面上的孔压视为 0，最后得到如图 6.3.134（a）中所示的 F_{s1} 和 F_{s2}。

$$F_{s1}(\alpha) = \int_{S_1} p \cdot \mathrm{d}s$$

$$F_{s2}(\alpha) = \int_{S_2} p \cdot \mathrm{d}s \tag{6.3.89}$$

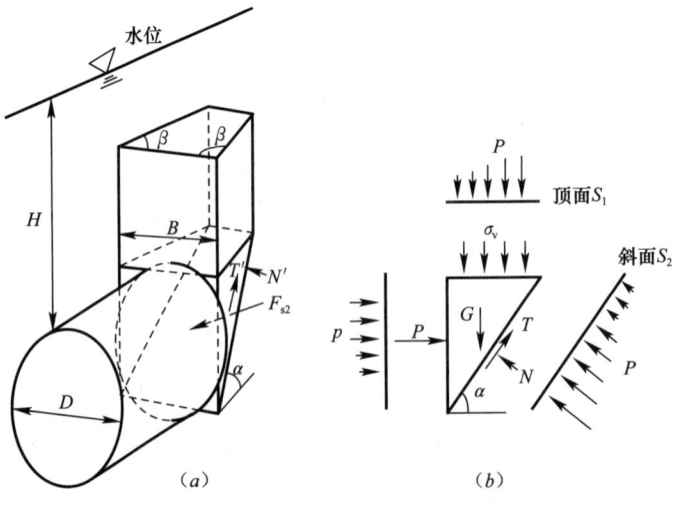

图 6.3.134 孔隙水压力作用下的受力模型示意图

式中，S_1 为滑动块的顶面，S_2 为滑动块的斜面，见图 6.3.134（b）。

根据图 6.3.134 所示的开挖面前方滑动块受力模型示意图，分别列出滑动块水平方向以及竖直方向的受力平衡方程：

$$P_w = N\sin\alpha - T\cos\alpha - 2T'\cos\alpha\sin\beta + F_{s2}\sin\alpha \\ P_v + G + F_{s1} = N\cos\alpha + T\sin\alpha + 2T'\sin\alpha\sin\beta \tag{6.3.90}$$

式中，P_w 为考虑渗流的开挖面支护力，P_v、G、N、T 和 T' 与上一节中的物理意义相同，计算式见（6.3.84）～式（6.3.87），不同之处在于土体强度参数取有效参数（有效黏聚力 c'、内摩擦角 φ'），采用饱和容重 γ_{sat}。

将（6.3.83）～式（6.3.86）代入并求解方程组式（6.3.90）然后得到最终考虑渗流的开挖面支护压力解 σ_{tw}：

$$\sigma_{tw} = \frac{\varepsilon}{\tan\alpha}\left(\sigma_v + \frac{B\gamma_{sat}}{2}\right)\left(1 - \frac{1}{\tan\alpha\tan\beta}\right) + \frac{\varepsilon B\gamma_{sat}}{6\tan^2\alpha\tan\beta} - c'\left(\varepsilon + \frac{1}{\tan\alpha}\right)\left(1 - \frac{1}{\tan\alpha\tan\beta}\right) \\ - \frac{1}{\tan\alpha}\left[c' + K_0\left(\sigma_v + \frac{B\gamma_{sat}}{3}\right)\tan\varphi'\right](\cos\alpha + \varepsilon\sin\alpha) + (\varepsilon F_{s1} + F_{s2}\sin\alpha)/B^2 \tag{6.3.91}$$

通过将上式与不考虑渗流条件下的支护压力计算公式对比，只增加了一项 $(\varepsilon F_{s1} + F_{s2}\sin\alpha)/B^2$，令：

$$F_w = (\varepsilon F_{s1} + F_{s2}\sin\alpha)/B^2 \tag{6.3.92}$$

式中，F_w 为作用在开挖面上的平均渗流力。

以上各式中，由隧道开挖面与滑动块正方形面积相等的原则得到 $B = D \cdot \sqrt{\pi}/2$，α 为滑动块倾角，β 为梯形的底角取为 $50°$，σ_v 为用太沙基公式求得的上部土压力，γ_{sat} 为土体重度，c' 为有效土体黏聚力，φ' 为有效土体内摩擦角，K_0 为静止土压力系数取为 $1 - \sin\varphi'$，计算因子 $\varepsilon = \tan(\alpha - \varphi')$。

(2) 钱江涌潮条件下盾构隧道开挖面渗流稳定性分析

1) 不同水位高度下孔隙水压力分布和水头差变化规律

虽然二维平面分析会简化边界条件和计算过程，但是实际工程中隧道的开挖是个三维问题。在原始土层中，孔隙水压力是呈均匀的层状分布的，现将隧道还原为三维问题，分析由于在隧道开挖过程中隧道前方的土体会形成临空的排水面，周围的水都会向着开挖面的方向发生渗流。在假定有足够的水源补给且地下水位没有发生变化的条件下，最终得到隧道模型的孔隙水压力分布如图 6.3.135 所示，从图中可以看出隧道开挖面附近的孔隙水压力等压线下凹现象明显，表明隧道开挖后水头能量发生损失。由势能等效原理可推知，水头损失的能量将作用在开挖面前方的土体上，使其与水一同产生下滑的趋势，此时若要保证隧道开挖面需要增大支护压力与之抵消。因而，在地下水存在的地域进行隧道开挖时，渗流将影响隧道开挖面的稳定性。

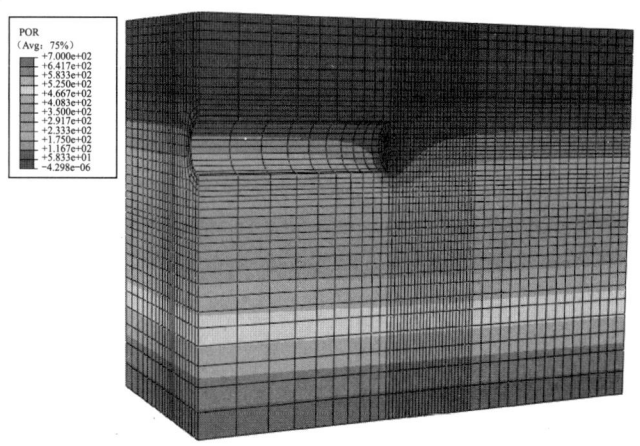

图 6.3.135 隧道模型计算的孔隙水压力分布云图

为了探究孔隙水压力分布的规律，在不同水头高度 H 条件下对隧道开挖面渗流进行了分析。分析模型如图 6.3.136 所示，隧道直径 D 为定值 10，埋深 C 为 30m，水位高度 H 分别为 5m、10m、15m、20m、25m。

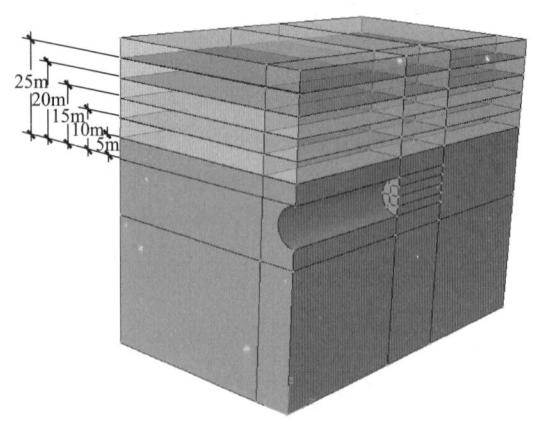

图 6.3.136　不同水位条件下隧道渗流分析模型

隧道渗流模型在五个不同水位下发生稳定渗流后，沿着通过隧道顶点的开挖面对称轴切取得到的孔隙水压力分布云图如图 6.3.137 所示。

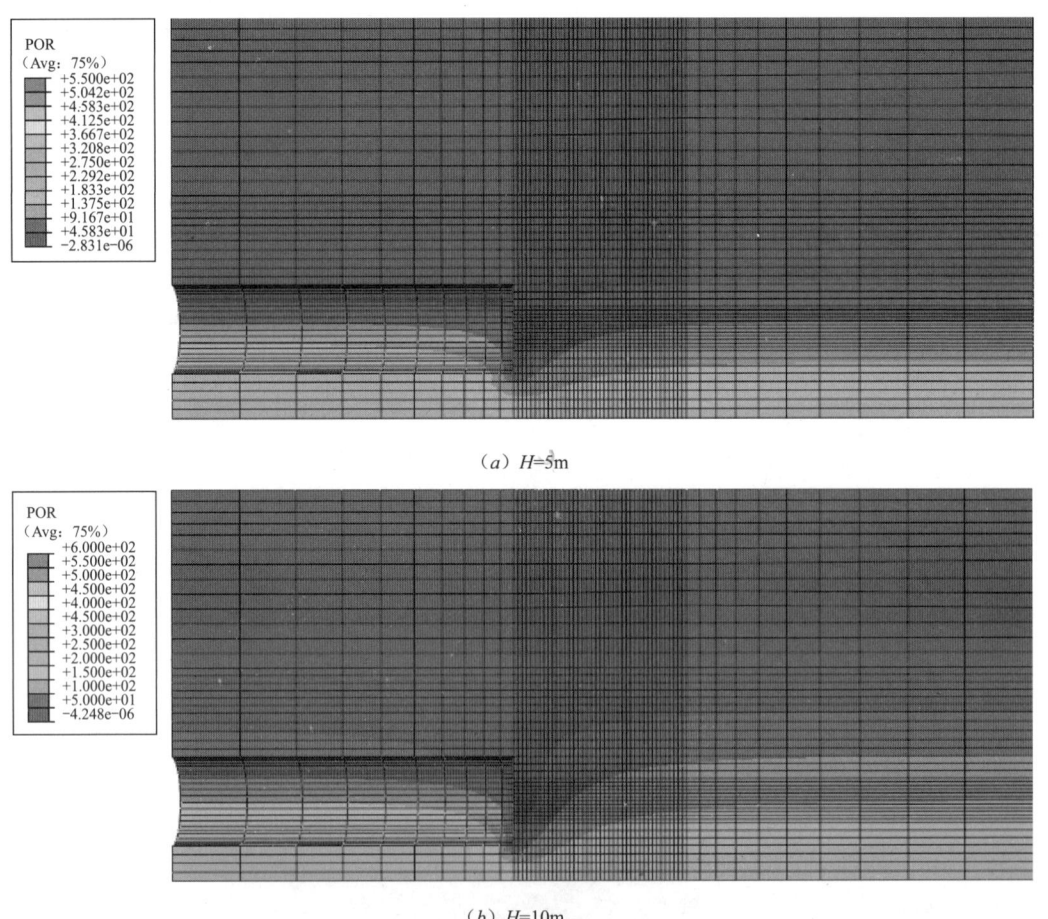

图 6.3.137　不同水位下隧道开挖面孔隙水压力分布（$C=30$m，$D=10$m）（一）

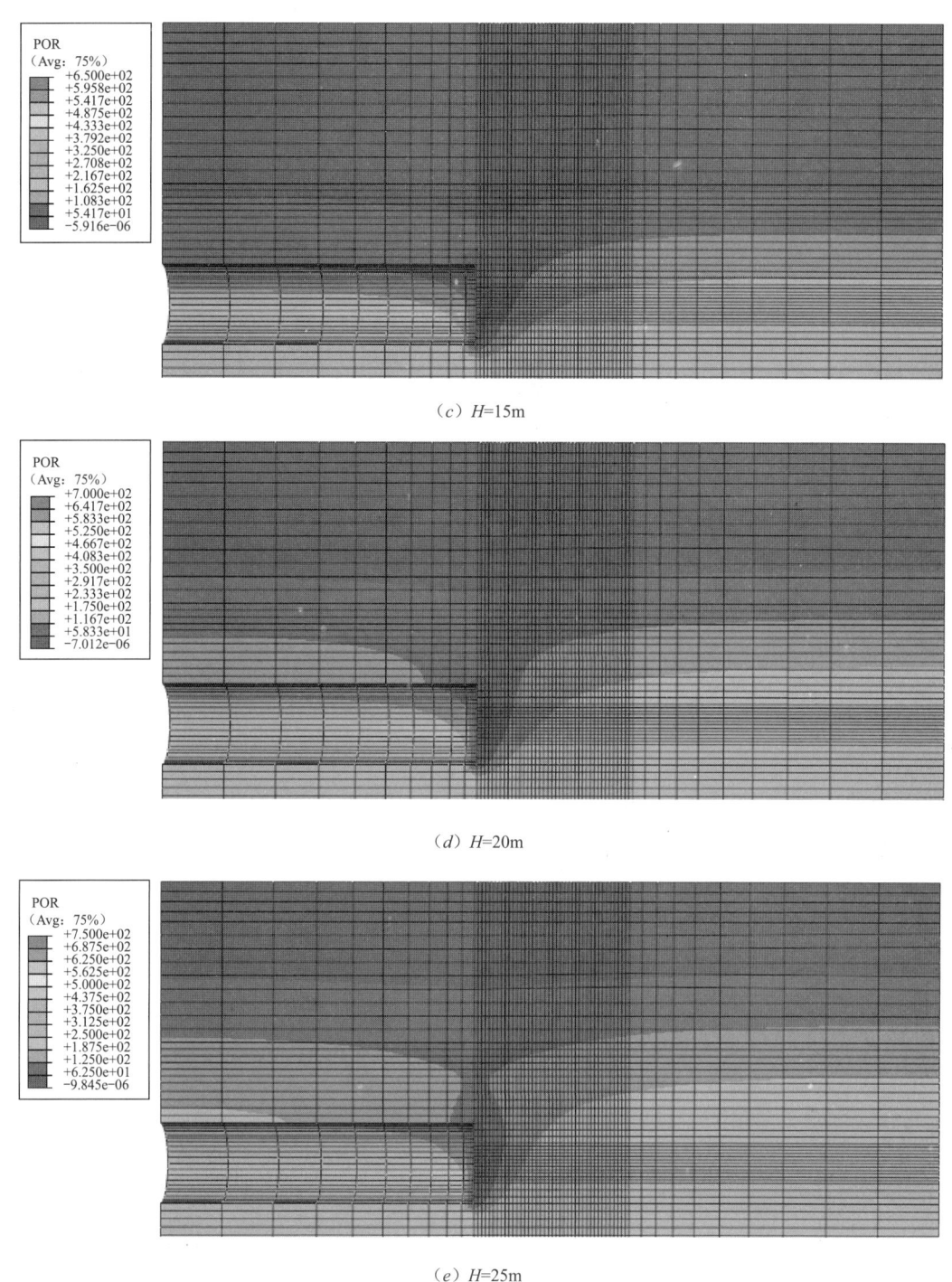

(c) $H=15$m

(d) $H=20$m

(e) $H=25$m

图 6.3.137　不同水位下隧道开挖面孔隙水压力分布（$C=30$m，$D=10$m）（二）

从以上五个水位条件下的孔隙水压力分布可看出，在其他条件都相同的情况下随着水位线 H 的不断升高，等压线下凹的趋势越来越明显，且影响范围也越来越大。为深入分析，分别沿着竖直方向（隧道顶点至地表）、水平方向（隧道中点至孔压近似层状分布处）提取孔压，如图 6.3.138 所示。最后得到了竖直方向上隧道开挖引起的孔压变化值随距离的变化关系，如图 6.3.139（a）所示；以及水平方向上，孔压值随距离的变化关系，如图 6.3.139（b）所示。

从图 6.3.139（a）中可以看出，当 H 为 5m，最大的孔压变化值为 50kPa，而 H 为 25m 时，最大孔压变化值达到 50kPa，且在同一个位置，孔压变化值随着 H 升高而增大。总的来说地下水位 H 越

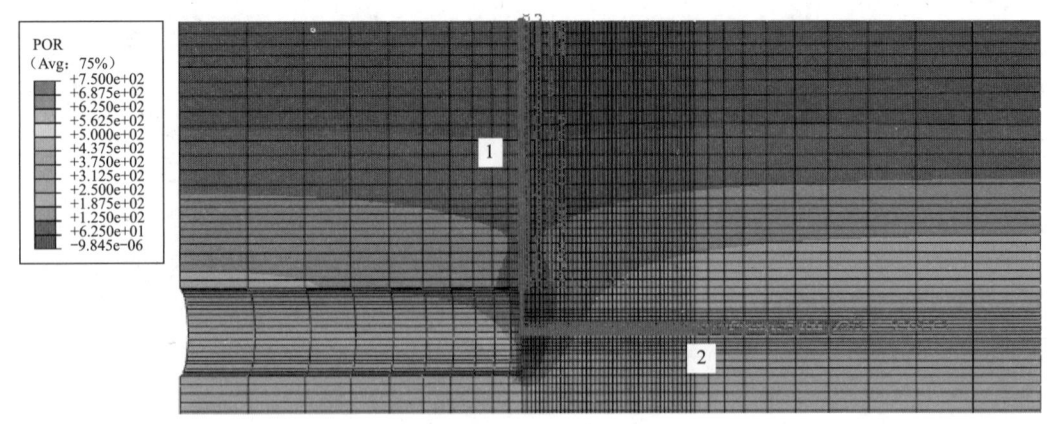

图 6.3.138　孔隙水压力分析位置示意图（$C=30$m，$D=10$m）

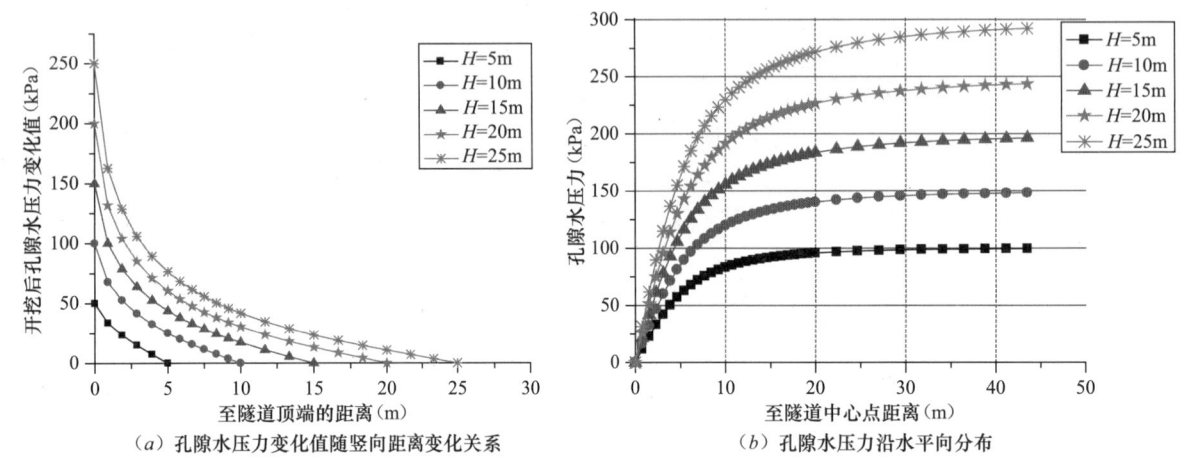

（a）孔隙水压力变化值随竖向距离变化关系　　（b）孔隙水压力沿水平向分布

图 6.3.139　五种水位下孔隙水压力变化分布规律（$C=30$m、$D=10$m）

大，由隧道开挖引起的孔隙水压力变化值就越大。从图 6.3.139（b）可以看出，水位高度 H 越大，则要在距离隧道开挖面越远的地方孔压才能恢复到原始水平，说明隧道开挖对孔压分布的影响范围也越大。综上，对隧道开挖面孔压分布的研究表明：地下水位越高，水头损失越大，因而为了保证开挖面稳定而施加的支护压力应加大。

2）涌潮条件下钱江隧道渗流分析

为考虑涌潮对隧道开挖面稳定的影响，首先需了解涌潮的特性。涌潮不同于一般的波浪在同一水平位置振动，其潮前水位和潮后水位有较大变化，且涌波在潮后水位振动，称之为间断波。本节运用涌潮模型和波压力的概念进行涌潮条件下的开挖面支护压力计算。涌潮模型示意图如图 6.3.140 所示，其中为 h_1 为潮前水深，h_2 为潮后水深，$\Delta h = h_2 - h_1$。

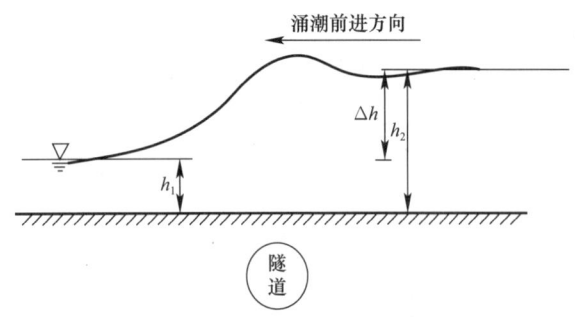

图 6.3.140　隧道上方涌潮模型示意图

涌潮在行进过程中不仅会引起水位上升，涌波的振动还会产生作用在河床表面的波压力。在上述涌潮模型的基础上，根据钱塘江涌潮水文勘测资料，在计算中取常水位为 2m，考虑计算情况最大潮差 7.26m，最大浪高 2.5m。通过求解浅水高阶方程，即可得到涌潮作用于河床面上的波压力计算结果，如图 6.3.141 所示。

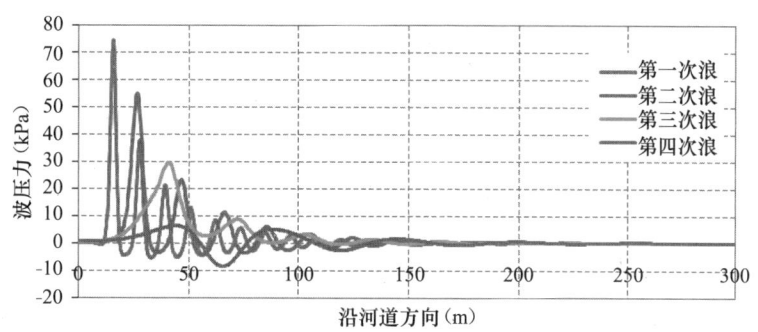

图 6.3.141 波压力结果图

为了简化分析,将涌潮视为不动波,将波压力视为地表超载作用在开挖面前方的梯形楔形体模型上。为分析最不利的情况,将波压力的波峰位于隧道顶部的河床上,如图 6.3.142 所示。根据太沙基松动土压力理论原理,隧道上部的松动土压力是对土柱单元进行受力平衡得到,因而等效地将波压力在梯形面积上积分并求其均值,即得到均布的等效波压力。根据求解得到的等效波压力,通过分析即可求解隧道开挖面上方的松动土压力。

在求解浅水高阶方程时,还可得到浪高情况,如图 6.3.143 所示。从图中可看出,钱江最大潮差的涌潮(7.26m)作用可分为四个阶段的浪,各浪的潮前、潮后水位和浪高详见表 6.3.20。

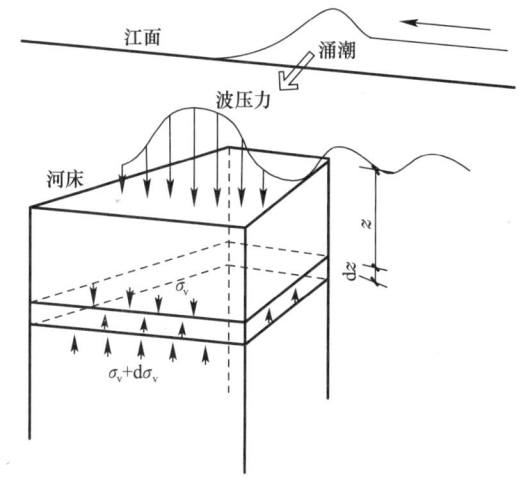

图 6.3.142 波压力作用示意图

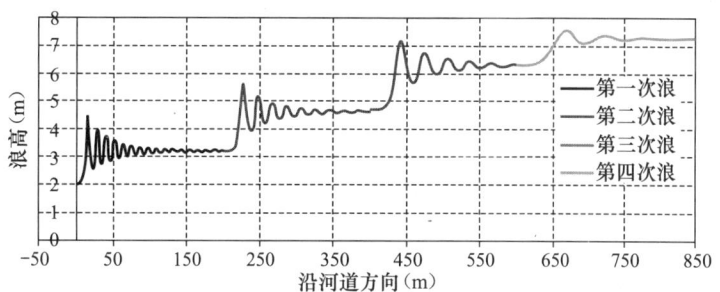

图 6.3.143 浪高示意图

涌潮作用下的水位变化　　　　　表 6.3.20

钱江涌潮 (7.26m)	潮前水深 h_1 (m)	潮后水深 h_2 (m)	浪高 (m)
第一浪	2	3.2	2.5
第二浪	3.2	4.7	2.5
第三浪	4.7	6.3	2.5
第四浪	6.3	7.26	1.3

3) 涌潮条件下开挖面支护压力的计算

从以上分析结果中得知,涌潮中每一次浪都伴随着水位的升高。当涌潮江水水位突然上升时,根据隧道穿越土层的渗透性,采用以下两种假设对开挖面稳定性进行分析:一是认为骤升的江水水位尚未形成稳定的渗流场,计算潮前水位的渗流场、增加的水压力视作地表超载,亦即在潮前水位 h_1 下计算隧道开挖面渗流,对应的河床超载应为波压力与相应超载($\Delta h \cdot \gamma_w$)的叠加;二是认为涨潮后江水水位提高并形成了稳定的渗流场,亦即在潮后水位 h_2 下计算隧道开挖面渗流,河床超载为波压力。两种假设下的受力情况如图 6.3.144 所示,对应的河床超载情况见表 6.3.21。

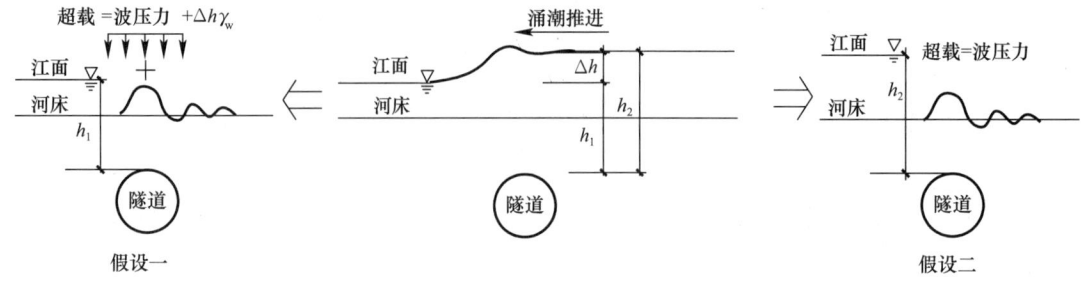

图 6.3.144　涌潮作用分析示意图

四次浪对应的等效波压力和静水压力的增加值　　　　表 6.3.21

涌潮阶段(潮前潮后水位)	假设一的河床超载	假设二的河床超载
第一浪(2.0～3.2m)	20.91kPa	32.91kPa
第二浪(3.2～4.7m)	27.41kPa	42.41kPa
第三浪(4.7～6.3m)	22.21kPa	38.21kPa
第四浪(6.3～7.26m)	5.81kPa	15.41kPa

接下来采用梯形楔形体几何模型计算隧道开挖面的极限支护压力,首先得到梯形楔形体滑块上上部的松动土压力。

$$P_n = \frac{\gamma_n - \kappa c_n}{\kappa K_{0n}\tan\varphi_n}(1 - e^{-\kappa K_{0n}z_n \tan\varphi_n}) + \sum_{i=1}^{n-1}\left\{\frac{\gamma_i - \kappa c_i}{\kappa K_{0i}\tan\varphi_i}(1 - e^{-\kappa K_{0i}z_i\tan\varphi_i})\prod_{j=i+1}^{n}e^{-\kappa K_{0j}z_j\tan\varphi_j}\right\} + q\prod_{k=1}^{n}e^{-\kappa K_{0k}z_k\tan\varphi_k} \tag{6.3.93}$$

式中,q 为分布在梯形面上河床超载。

求得滑块上的松动土压力 σ_v 之后,便可得出极限支护土压力计算公式:

$$P_{tw} = \frac{\varepsilon_a}{\tan\alpha}\left(\sigma_v + \frac{B\gamma_{asat}}{2}\right)\left(1 - \frac{1}{\tan\alpha\tan\beta}\right) + \frac{\varepsilon_a B\gamma_{asat}}{6\tan^2\alpha\tan\beta} - c'_a\left(\varepsilon_a + \frac{1}{\tan\alpha}\right)\left(1 - \frac{1}{\tan\alpha\tan\beta}\right)$$
$$- \frac{1}{\tan\alpha}\left[c'_a + K_{a0}\left(\sigma_v + \frac{B\gamma_{asat}}{3}\right)\tan\varphi'_a\right](\cos\alpha + \varepsilon_a\sin\alpha) + (\varepsilon_a F_{s1} + F_{s2}\sin\alpha)/B^2 \tag{6.3.94}$$

上式在最后一项为 0 时,通过优化搜索得到最大的 P_{tw} 值,即为不考虑渗流条件下的开挖面极限支护压力。

采用上述方法对钱江隧道的 5 个断面进行分析时,由于土体是分层变化的,采用极限平衡法计算时破坏面的形状难以确定。为了简化分析,将隧道开挖面深度范围内的土体视为均质土体,其强度参数为加权平均值,而隧道上方土层则按分层土体进行计算上部松动土压力。ε_a 和 K_{a0} 计算公式采用各层土体的加权平均。

分别采用两种假设得到的五个断面上未考虑渗流力的隧道开挖面极限支护压力的计算结果如图 6.3.145(a)～(e)所示。

从图 6.3.145 中可以看出,在五个断面中通过两种假设计算得到的未考虑渗流力的开挖面支护压力是随河床超载的增大而增大的,然而增大的数值很小。总的来说,用模型计算未考虑渗流力的开挖面支护压力时,得到的结果随地表超载的变化值不大。

为获得隧道从南至北极限支护压力的变化规律,选取第一浪作用下五个典型断面未考虑渗流时隧道上开挖面支护压力,如图 6.3.146 所示。从图中可看出,在河床超载相同的条件下,断面 5 所需的无水支护压力最大。这是因为截面 5 的隧道开挖面大部分处于土质条件较差的 4-1 层和 4-2 层淤泥质粉质黏土中。

第6章 钱江隧道施工关键技术研究

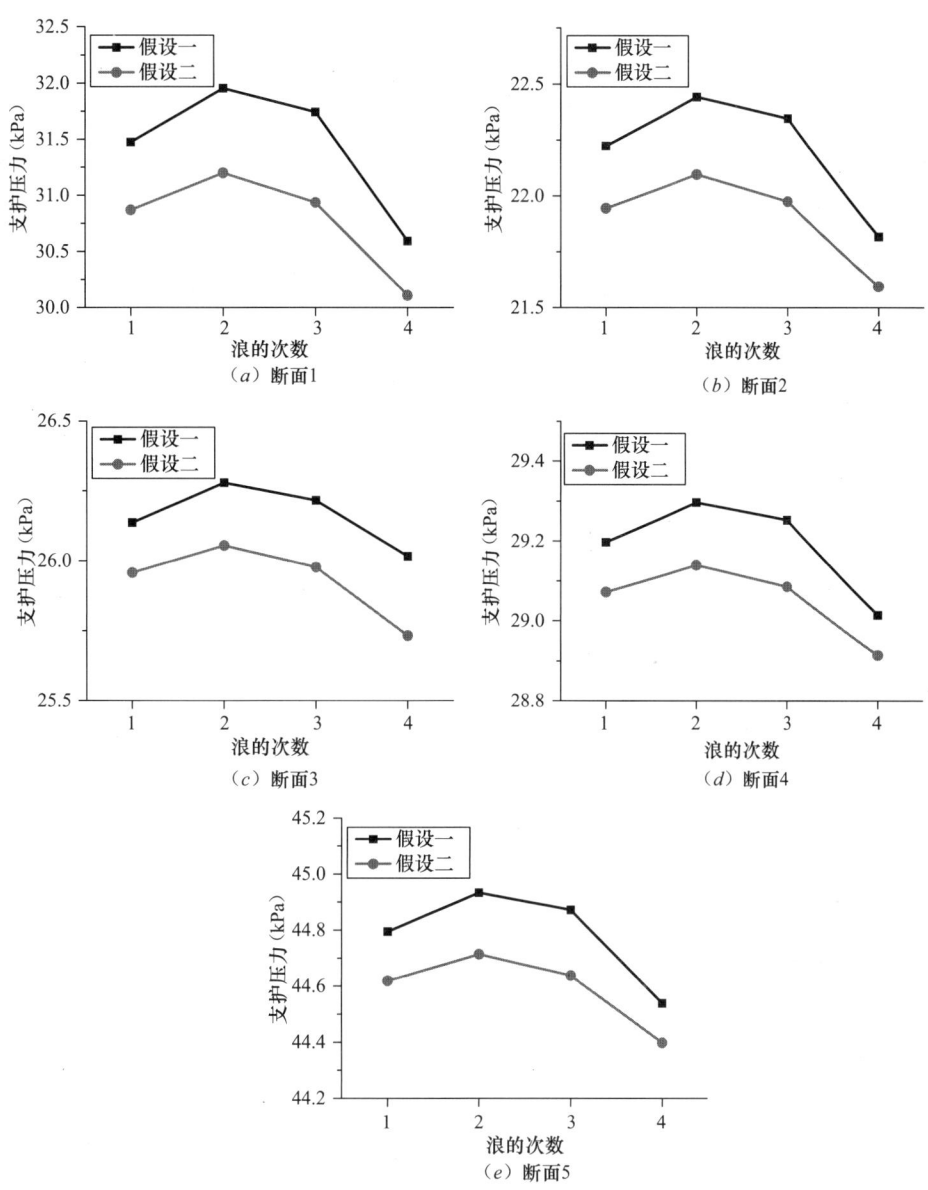

图 6.3.145　两种假设下得到的五个断面上未考虑渗流力的开挖面支护压力

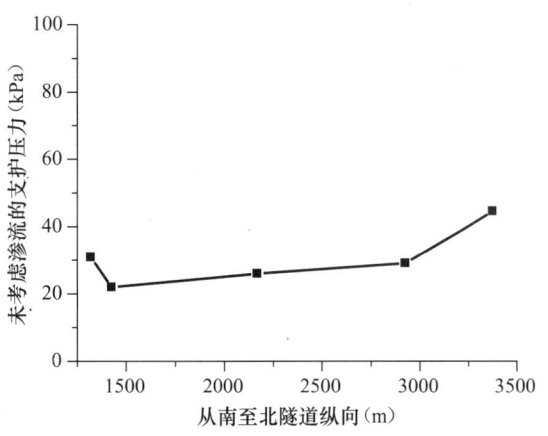

图 6.3.146　沿隧道纵向五个断面未考虑渗流力的开挖面支护压力

当涌潮江水水位突然上升时,根据隧道穿越土层的渗透性,采用所提到的两种假设对开挖面稳定性进行分析。一是认为江水水位骤升尚未形成稳定的渗流场,增加的水压力视作地表超载;二是认为涨潮后江水水位提高并形成了稳定的渗流场。根据水文地质资料可知,隧道所在区域最大浪高为2m,因此对水位骤升2m的情况进行分析,计算结果如图6.3.147和图6.3.148所示。图中表明两种假设条件下涌潮荷载对开挖面稳定性的影响均较小。其中第二种假设,即认为涨潮后江水水位提高并形成了稳定的渗流场对开挖面计算得到的塌落极限值要大于第一种假设,而隆起极限值却小于第一种假设,说明第二种假设是偏于安全的。

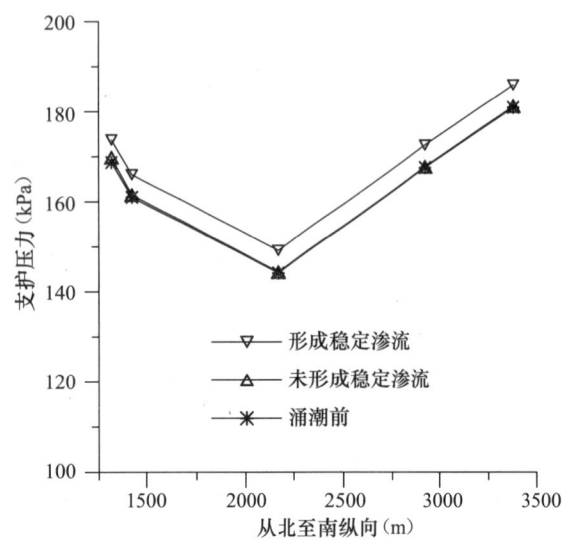

图6.3.147 涌潮对塌落破坏极限值的影响　　图6.3.148 涌潮对隆起破坏极限值的影响

4)分层土中渗流分析及平均渗流力求解

类似于前一节的分析,根据五个断面所处的土层情况进行建模,分层土视为均质土。其中断面2的土层模型如图6.3.149所示,其他截面与之类似。

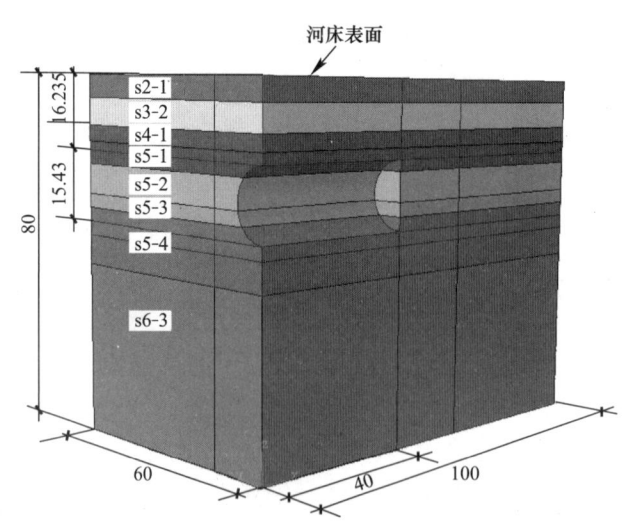

图6.3.149 断面2的模型图

取钱江隧道的常水位为2m,由于涌潮作用,水深由2m、3.2m、4.7m、6.3m、7.26m逐次递增。最后得到各断面发生稳定渗流前后的渗流场,如图6.3.150~图6.3.154所示为五个断面上在各水位条件下发生稳定渗流后的孔压云图。

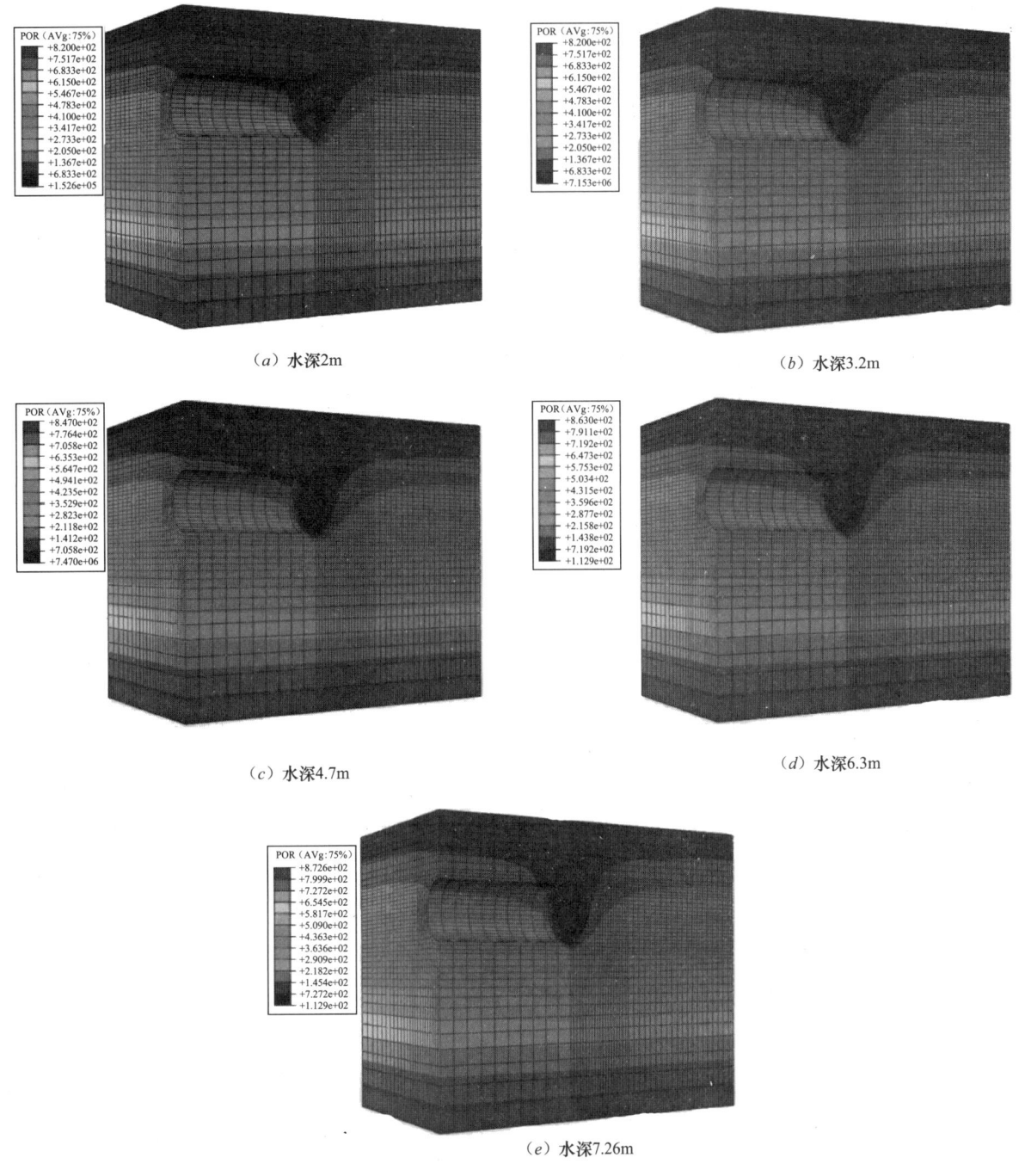

图 6.3.150 断面 1 在各水深条件的孔压分布

为得到楔形滑块滑动面上的渗流力将得到的孔压分布图上作如图 6.3.155（a）所示的剖面，并将图 6.3.155（b）中的滑块顶面及滑动面上的孔隙水压力提取出来，并进行面积分得到 F_{s1} 和 F_{s2}，开挖面平均渗流力为：

$$F_w = (\varepsilon_a F_{s1} + F_{s2}\sin\alpha)/B^2 \tag{6.3.95}$$

式中，$\varepsilon_a = \tan(\alpha - \varphi_a')$，$\varphi_a'$ 为隧道开挖面深度范围内各土层内摩擦角的加权平均值。

最后得到的五个断面在各个水位下的开挖面渗流力结果如图 6.3.156 所示。从图中可以看出，埋深最深处断面 4（23.145m）的平均渗流力最大，埋深最浅处截面 1（16.235m）的平均渗流力最小。

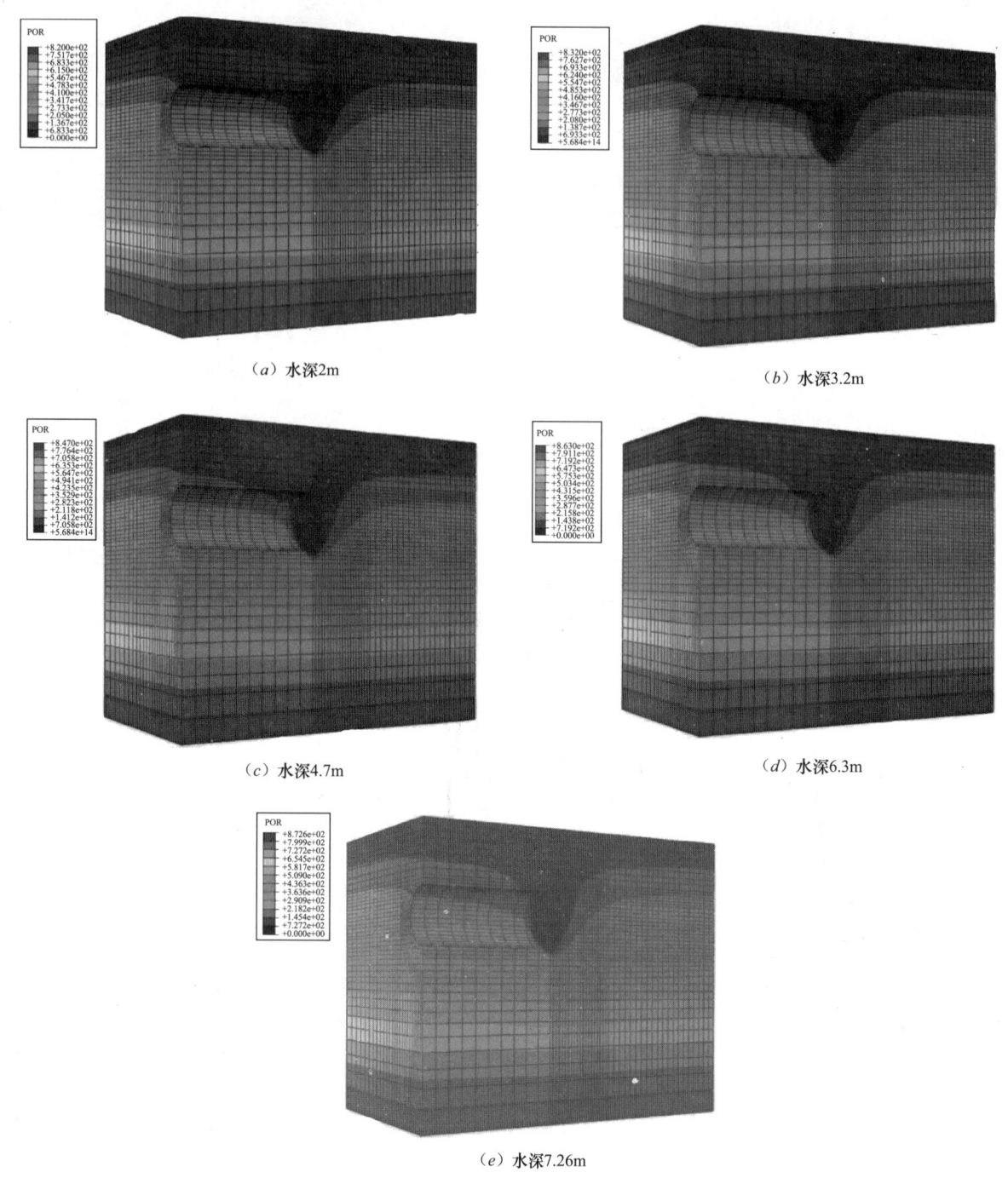

图 6.3.151 断面 2 在各水深条件的孔压分布

5) 钱江隧道五个断面开挖面支护压力

将两种假设下开挖面平均渗流力与对应的不考虑渗流条件下开挖面支护压力叠加后,即可得到钱塘江隧道在潮高为 7.26m 四阶段浪高条件下五个断面上考虑渗流的开挖面总支护压力,如图 6.3.157(a)～(e) 所示。

从以上各图中可看出,在第二种假设下,即认为涨潮后江水水位提高并形成了稳定的渗流场得到的开挖面支极限护压力要大于第一种假设,说明第二种假设是偏于安全的。

钱江涌潮(7.26m 潮差)作用下隧道从南至北断面 1～断面 5 采用两种假设得到的隧道开挖面极限支护压力如图 6.3.158 所示。从图中可知,在土质最差的断面 5 上,维持开挖面稳定所需的支护压力最

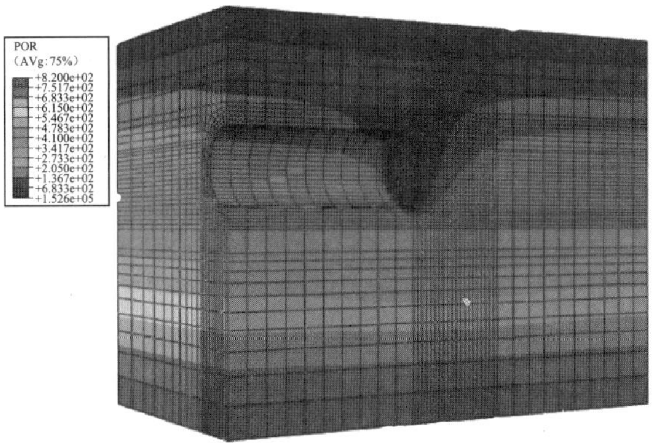

第 6 章 钱江隧道施工关键技术研究

(a) 水深2m

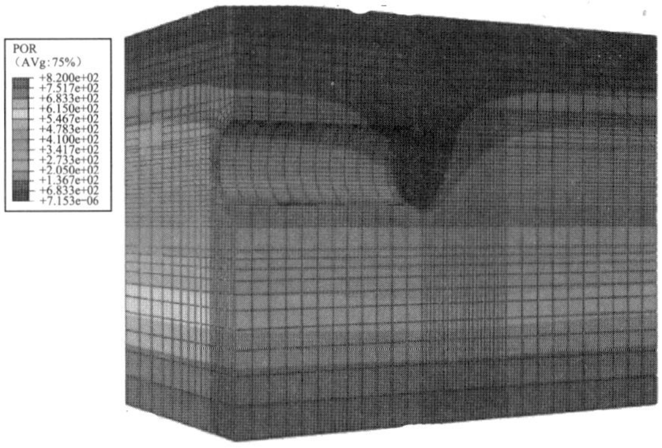

(b) 水深3.2m

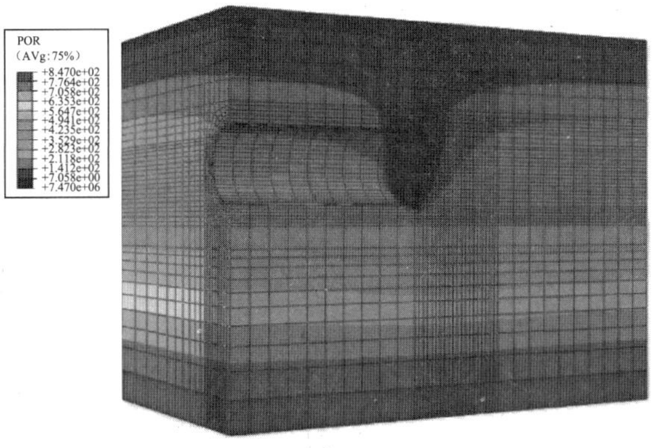

(c) 水深4.7m

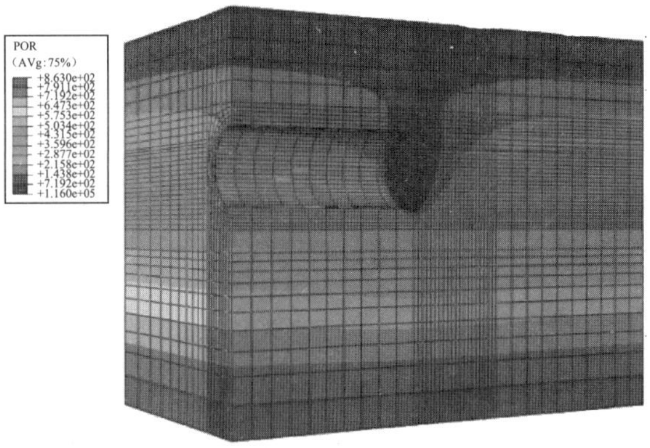

(d) 水深6.3m

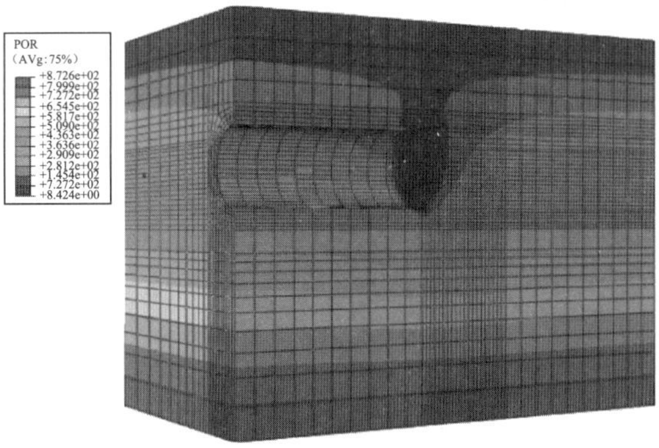

(e) 水深7.26m

图 6.3.152 断面 3 在各水深条件的孔压分布

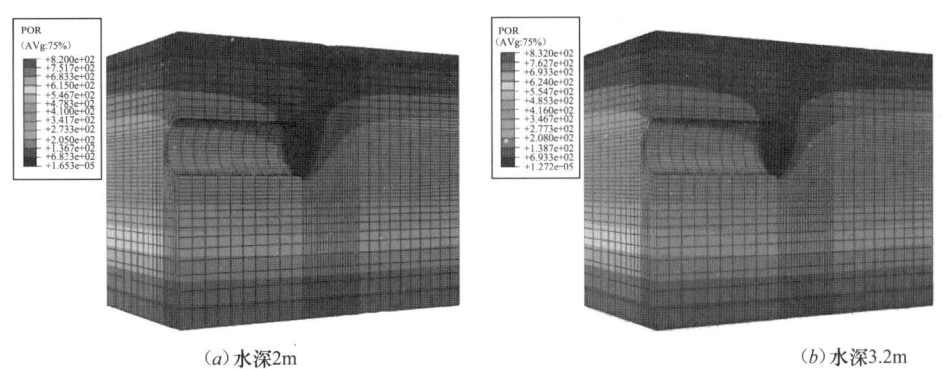

(a) 水深2m

(b) 水深3.2m

图 6.3.153 断面 4 在各水深条件的孔压分布（一）

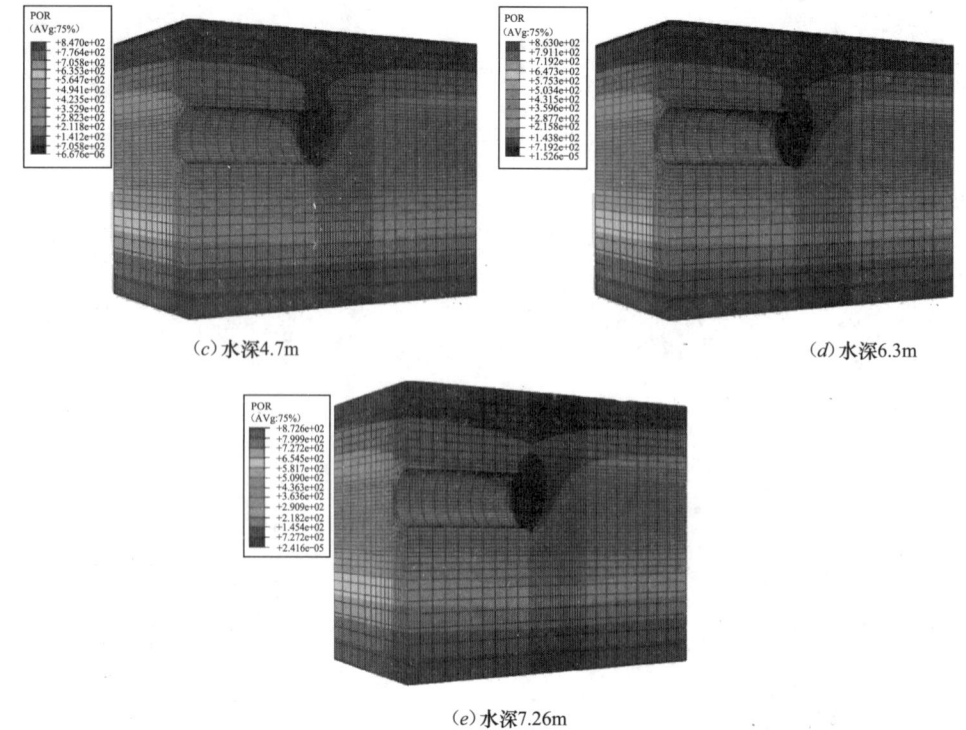

(c) 水深4.7m　　(d) 水深6.3m

(e) 水深7.26m

图 6.3.153　断面 4 在各水深条件的孔压分布（二）

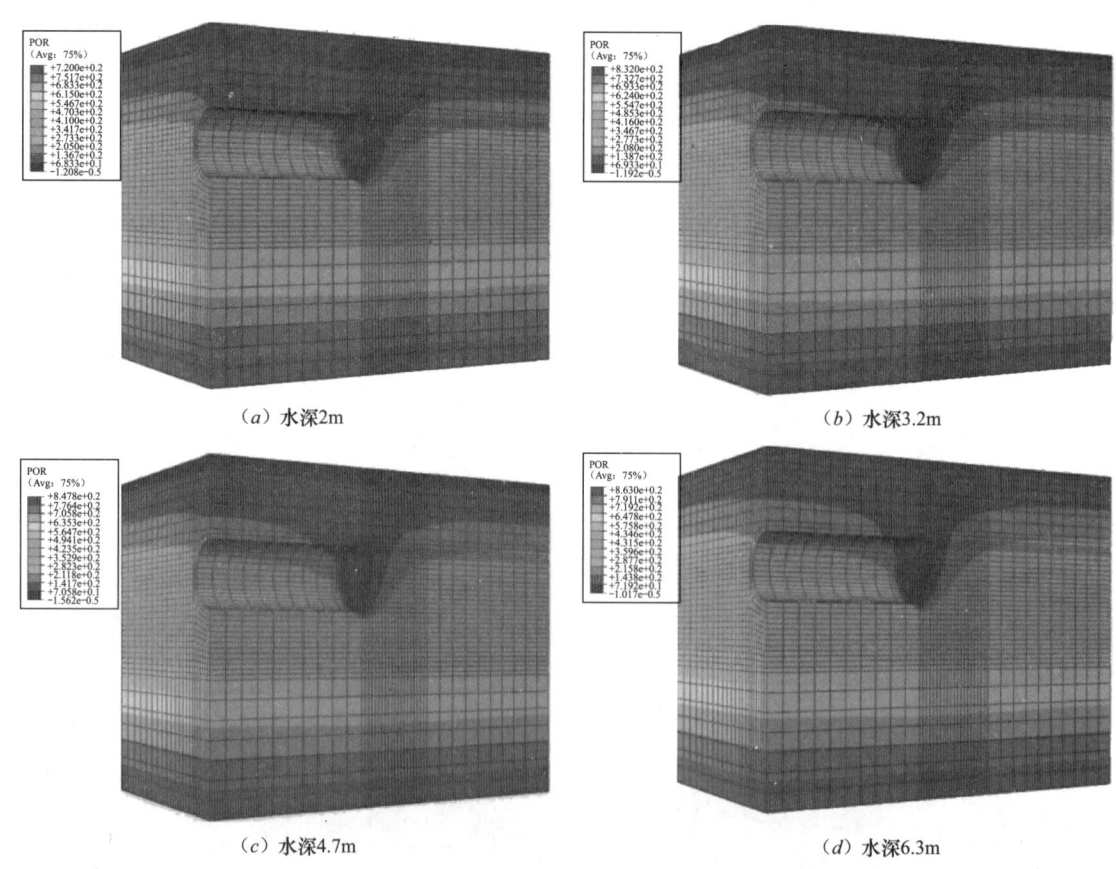

(a) 水深2m　　(b) 水深3.2m

(c) 水深4.7m　　(d) 水深6.3m

图 6.3.154　断面 5 在各水深条件的孔压分布（一）

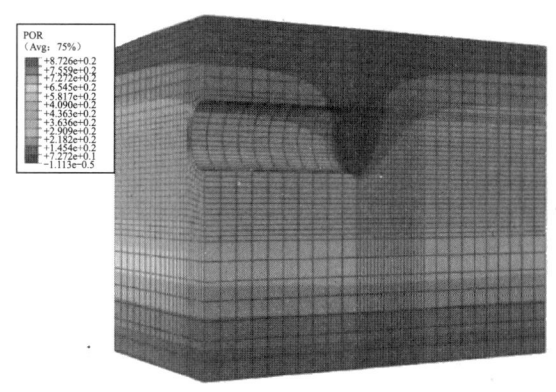

(e) 水深7.26m

图6.3.154 断面5在各水深条件的孔压分布(二)

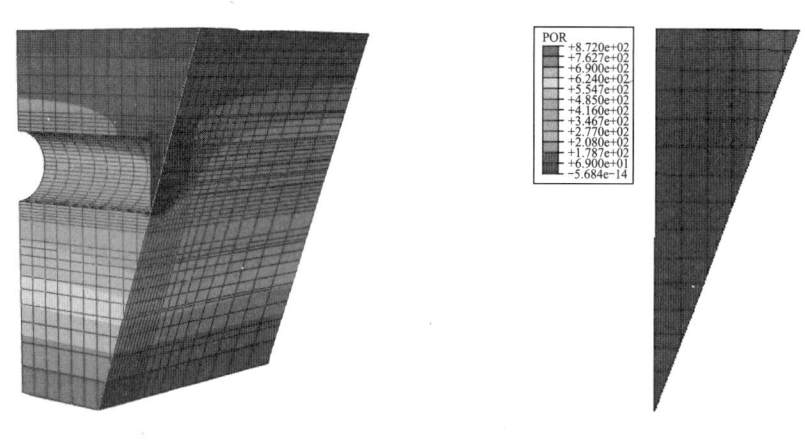

(a) 隧道模型剖面图　　　　(b) 渗流力积分面示意图

图6.3.155 隧道开挖面渗流力计算中的示意图

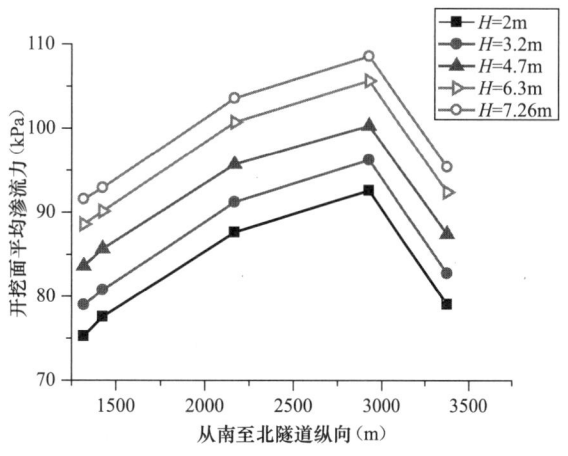

图6.3.156 五个断面在五个水位下的开挖面平均渗流力

大,埋深最深的断面4的开挖面支护压力次之,最小为断面2。

将五个断面在常水位下的极限支护压力与涌潮(7.26m潮差)作用下的极限支护压力进行对比,如图6.3.159所示。从图中可看出,涌潮的影响下,五个断面上维持开挖面稳定所需的支护压力都将增大,这表明在隧道施工过程中,应根据实际的水文地质条件考虑涌潮对开挖面稳定性的影响,避免发生

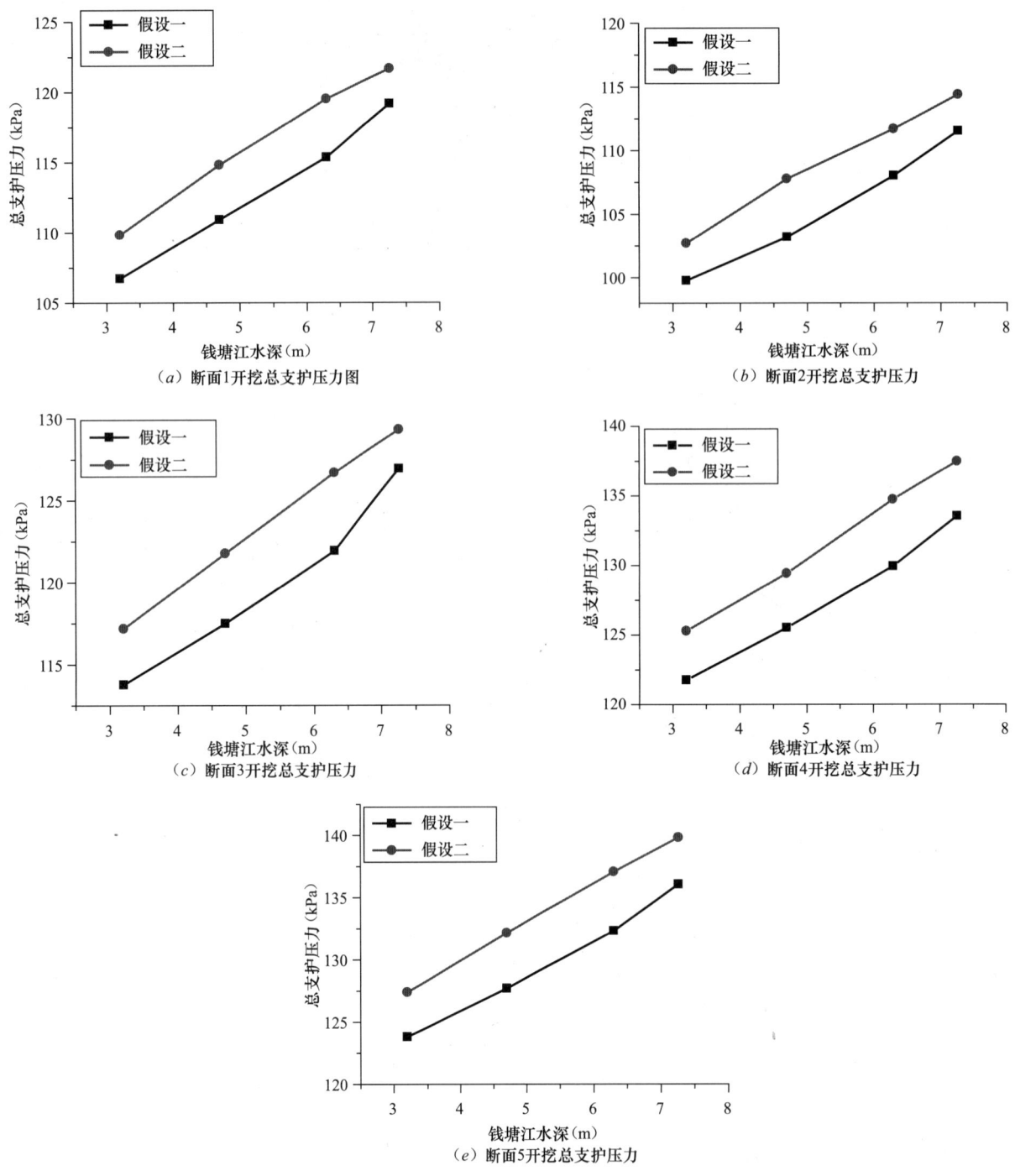

图 6.3.157 涌潮条件下开挖面稳定极限支护压力

由于开挖面支护压力不足而引起的开挖面失稳事故。

(3) 考虑泥浆渗透影响的开挖面稳定性分析

1) 理论分析模型

由于钱江隧道采用的是泥水平衡式盾构,开挖面是靠密封舱的压力泥浆来维持稳定的。当泥水渗入土体中,会形成一层渗透性很小的泥膜,通过泥膜,泥水压力能更加有效地作用于开挖面,防止开挖面坍塌,确保开挖面稳定。当土体间孔隙较大时,泥浆不能形成高质量的泥膜将渗入到土体一定距离,典型的泥浆渗透情况如图 6.3.160 所示。图 6.3.160 (a) 表明泥膜质量高,泥浆没有渗透到开挖面前方土体,因此支护压力完全施加在前方土骨架上。图 6.3.160 (b) 没有形成高质量的泥膜,泥浆渗入前

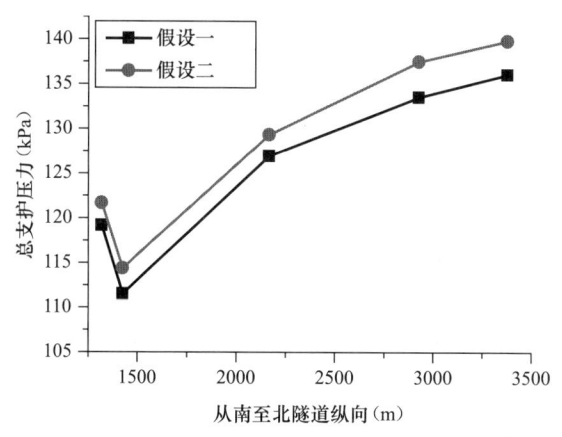
图6.3.158 断面5开挖总支护压力

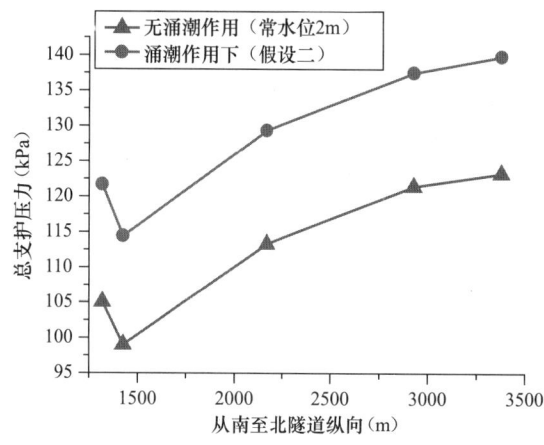
图6.3.159 涌潮前后开挖面总支护压力的对比

方较大距离，这对泥水盾构开挖时最不利的。图6.3.160(c)比较符合实际工程情况，泥浆渗入开挖面前方的土体进而产生过量孔隙水压力。

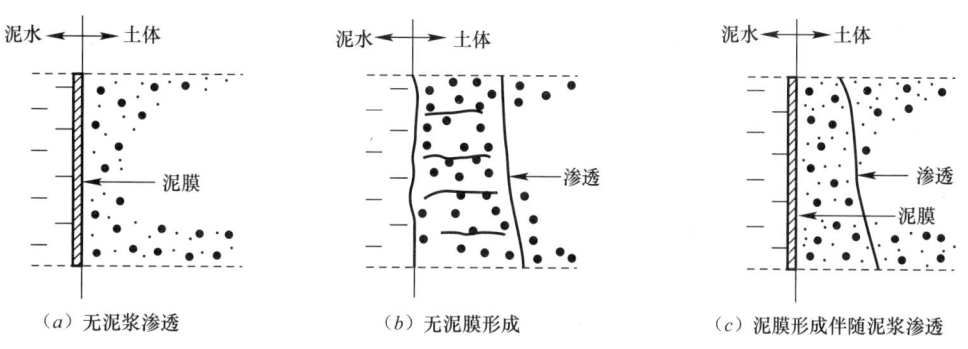
图6.3.160 泥浆渗透三种情况

泥水最大渗透距离可以表示为：

$$e_{\max} = \frac{\Delta p_s d_{10}}{2\tau_F} \tag{6.3.96}$$

式中，$e_{\max}$为泥水最大渗透距离；为过剩泥水压力，即泥水压力与初始孔隙水压力的差值；τ_F为泥浆的剪切强度；d_{10}为土层的特征粒径。

对于时刻t泥水的渗透距离e_t与最大渗透距离$e_{\max}$存在以下关系：

$$e_t = \frac{t}{b+t} e_{\max} \tag{6.3.97}$$

式中，b为实验参数，代表泥水渗透距离为时作用的时间，对于常用膨润土泥浆在粗砂中取60～180s，在细砂中取5～20s，甚至1s。因此在一定时间段内泥膜两侧压力差为：

$$\Delta p_f = e_t \frac{2\tau_F}{d_{10}} \tag{6.3.98}$$

假设刀盘旋转一周需要时间t_r，则可以得到一个平均渗透时间t_F，则有：

$$t_F = \frac{t_r}{\ln(1+t_r/b)} - b$$

假设通过泥膜渗透的泥浆水在开挖面地层中的流动是一维稳流，开挖地层为半封闭的含水层，则可以得到泥浆渗透产生的超孔隙水压力为：

$$\Delta p(x,z) = \Delta p_p(z) \exp(-x/\eta) \tag{6.3.99}$$

式中，Δp_p为泥膜外侧剩余泥浆压力，$\Delta p_p = \Delta p_s - \Delta p_f$；$\eta$为渗漏系数，$\eta = \sqrt{kH\bar{c}}$；$k$为土体的渗透系

数;H为开挖地层的厚度;$\tilde{c}$为开挖地层上覆隔水层的流体阻力系数。与泥浆渗透的有关参数见表6.3.22。

泥浆渗透有关参数　　　　表 6.3.22

τ_F	t_r	b	d_{10}	$\tilde{c}$
5kPa	10s	180s	100μm	10^9s

通过在开挖面前方滑动体上进行积分可以得到泥浆渗透产生的超孔隙水压力作用在滑动体上的力 S。这样考虑渗流及泥浆渗透作用时开挖面的总支护压力为:

$$P_t = P + W + S \qquad (6.3.100)$$

由于在计算超孔隙水压力 Δp 时,需要计算泥水支护压力和初始孔隙水压力的差值 Δp_s,因此需要进行迭代计算。先将不考虑泥浆渗透的泥浆支护压力作为初始条件,计算超孔隙水压力 Δp,然后计算由超孔隙水压力引起的作用在滑动体上的力 S,计算出新的泥浆支护压力 P_t。重复上述过程直到孔隙水压力分布达到平衡与稳定。

2) 钱江隧道工程分析

采用上述方法对钱江隧道的5个断面进行计算分析,同时为了对比,还采用有限元程序进行计算。显然土体是分层变化的,在有限单元法分析中能够很好地模拟,但在采用极限平衡法计算时破坏面的形状难以确定。因此将隧道开挖面处视为均质土层,通过加权平均得到该土层的强度参数并由此来确定破坏面的形状,而隧道上方土层则按分层土体进行计算。计算得到的极限支护压力如图6.3.161所示,可以注意到除了第Ⅴ截面塌落解,其他塌落及隆起解与有限元结果趋势大致相同。这主要因为第Ⅴ截面开挖面处土层分布极度不均(强度参数相差较大的土层厚度相当),通过加权平均的强度参数确定的破坏面不能很好反应实际情况。同时也表明了,当开挖面处土层的性质(主要是内摩擦角)分布较为均匀时,该方法分析分层土体开挖面稳定性的可行性。

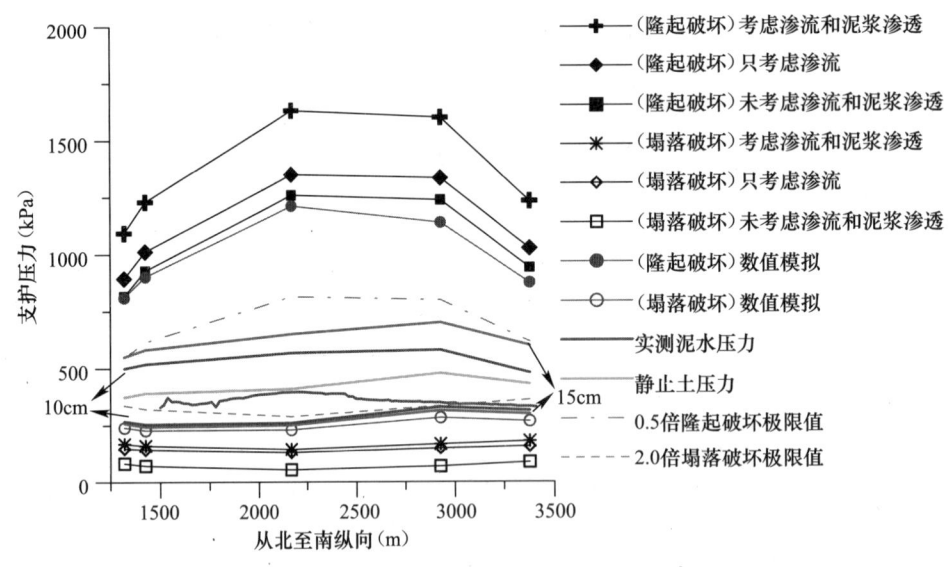

图 6.3.161　极限支护压力

另外,从图中可以看出实测支护压力介于塌落破坏和隆起破坏的极限值之间,但与这两极限值均有一定差距。因为对于实际工程来说,若开挖面处于极限状态则表明此时土体的位移很大,因此实际支护压力不应太接近极限值。为此书中还采用有限单元法计算当地表最大塌落或隆起位移为某一定值时的支护压力(如图6.3.161所示),可以看出当控制地表最大隆起位移为0.15m时,对应的支护压力大约仅为极限值的一半,因此在确定实际支护压力时万不可因隆起极限值较大而随意提高支护压力。另外图中还表明，对于塌落破坏其各控制位移（0.15m 和 0.1m）对应的支护压力与极限值较为接近，即在塌落极限值附近，较小的支护压力变化会引起较大的位移变化，因此在实际工程中应该避免将支护压力确定在该范围内。所以综上考虑渗流影响的分析，建议实际支护压力最好介于 $2\sigma_{tc}$ 和 $0.5\sigma_{tb}$ 之间（σ_{tc} 和 σ_{tb} 分别为塌落和隆起破坏的极限支护压力）。

6.3.5.4 小结

本节通过有限元数值模拟技术、极限平衡法及极限分析上限法，从二维简化及三维角度研究了钱江涌潮对盾构隧道开挖面稳定性的影响，分析结果表明：

（1）根据数值模拟得到盾构隧道开挖引起的渗流场，将渗流力叠加于塌落破坏和隆起破坏条件下的极限支护压力计算，获得了开挖面土体达到主动极限破坏和被动极限破坏时的支护压力值，实际施工时盾构密闭舱内实际的支护压力介于两者之间，能维持开挖面的稳定性。

（2）涌潮时，江水水位提高并形成稳定渗流场对开挖面稳定性影响要大于尚未形成稳定的渗流场，形成稳定渗流时对开挖面稳定性的影响较大，且渗流力随水位线呈近似线性关系。

（3）泥浆渗透的影响与开挖面上的支护压力有关，泥浆渗透的影响随极限支护压力的增大而增大。

6.3.5.5 钱江涌潮对开挖面稳定性影响的离心模型试验方案

由于离心状态下能够模拟真实的应力环境，因而通过隧道开挖面离心模型试验可以获得真实应力状态下开挖面的失稳破坏的过程。考虑到涌潮及地层中承压水头模拟的实际困难，通过进行不同水位条件下盾构隧道开挖面渗流稳定性离心模型试验来模拟不同潮高及不同承压水头高度的影响。试验采用同济大学 TLJ-150 复合型岩土离心试验机（图 6.3.162）进行不同水位线下的隧道开挖面稳定性试验，通过实时监测和数据处理获得土层中孔隙水压力分布规律、支护压力与开挖面土体位移的关系，为数值模拟和实用简化方法提供对比。

图 6.3.162 同济大学 TLJ-150 型复合岩土离心机

为合理观测开挖面附近土体的变形情况，通过制作一半隧道模型进行试验，模型箱一侧为透明玻璃，便于高分辨率监控摄像头实现监控和拍摄。根据隧道穿越地层的特性，选取隧道穿越区域易发生渗流的典型地层进行试验，采用粉砂、黏土制作不同的隧道地层模型，简单示意图如图 6.3.163 所示。在试样侧面设置一系列标记点，以便于跟踪观测开挖面附近土体的变形情况。试验关键在于初始地层侧压力的设定及控制，本试验用刚性支护面支护，通过线性控制器控制恢复开挖面处地层的初始侧向土压力，在试验过程中，控制线性制动器，使得刚性支护面不断后退，从而模拟支护压力逐渐减小的过程。并且在刚性支护面后使用位移计和力传感器可以获得隧道

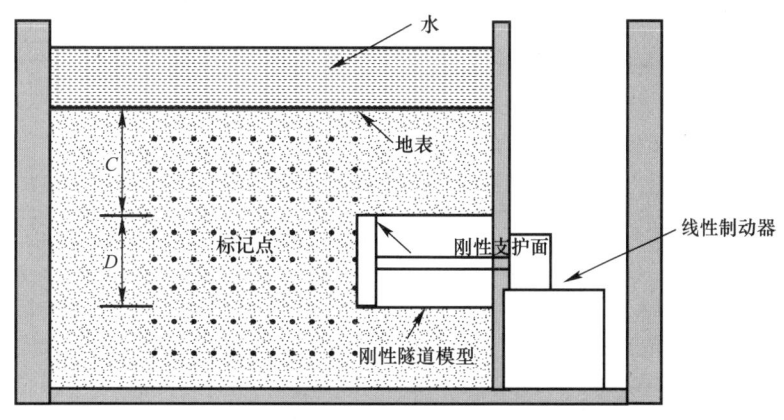

图 6.3.163 隧道开挖面稳定离心机模型试验

图 6.3.164　高清晰红外摄像机

开挖面逐渐失稳过程中的 $p\text{-}s$ 曲线。透过玻璃用高清晰摄像机（SCO-2080RP 三星红外一体枪式摄像机，图 6.3.164）跟踪监控，再通过 PIV 图像处理技术分析土体的变形过程（图 6.3.165），获得开挖面的破坏模式，结合 PIV 处理获得的开挖面处土体变形随时间的变化规律及孔压计量测的孔压随时间的变化规律，获得开挖面土体的支护压力—位移曲线。离心试验的相似比如表 6.3.23 所示，其中 N 为离心试验时的加速度的值。

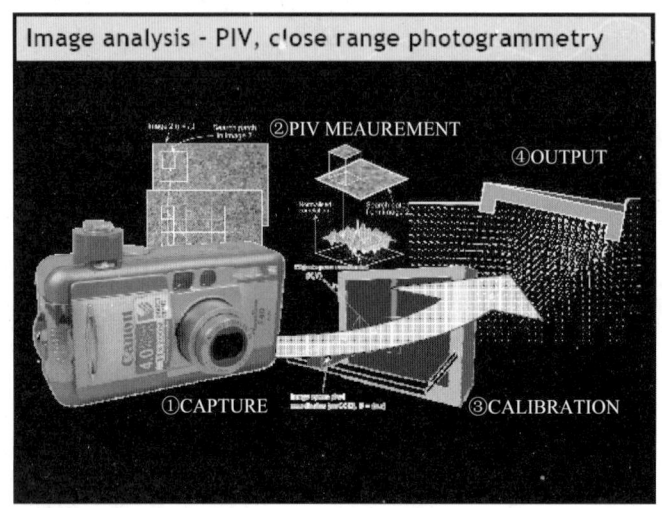

图 6.3.165　PIV 技术量测

常用离心试验的基本相似比（模型与原型采用相同土体）　　　　表 6.3.23

试验参数		单位	相似比尺（模型：原型）
基本	加速度	m/s²	N
	线性尺寸	m	$1/N$
	应力	kPa	1
	应变	—	1
土体	密度	kg/m³	1
	颗粒	—	1
结构构件	轴力	N	$1/N^2$
	弯矩	Nm	$1/N^3$
	轴向刚度（EA）	N	$1/N^2$
	抗弯刚度（EI）	Nm²	$1/N^4$
固结问题	时间	S	$1/N^2$
渗流问题	渗透系数	m/s	N
	黏滞性系数	Pa·s	1
	时间	s	$1/N^2$

试验用模型箱尺寸为 900mm×700mm×700mm（长×宽×高），其中正前方为一光滑玻璃板，另外三边及底部为铝合金钢板，模型箱内布置见图 6.3.166。

为模拟实际工程情况和获得隧道开挖面失稳破坏的规律，分别在不排水状态和不同水位线高度排水条件下进行四组隧道开挖面稳定性离心机模型试验。为避免土体与模型箱间摩擦导致的边界效应，在装样前还须在模型箱内壁涂上润滑剂。非渗流状态下的离心试验工况见表 6.3.24，渗流状态的下的离心试验工况见表 6.3.25。

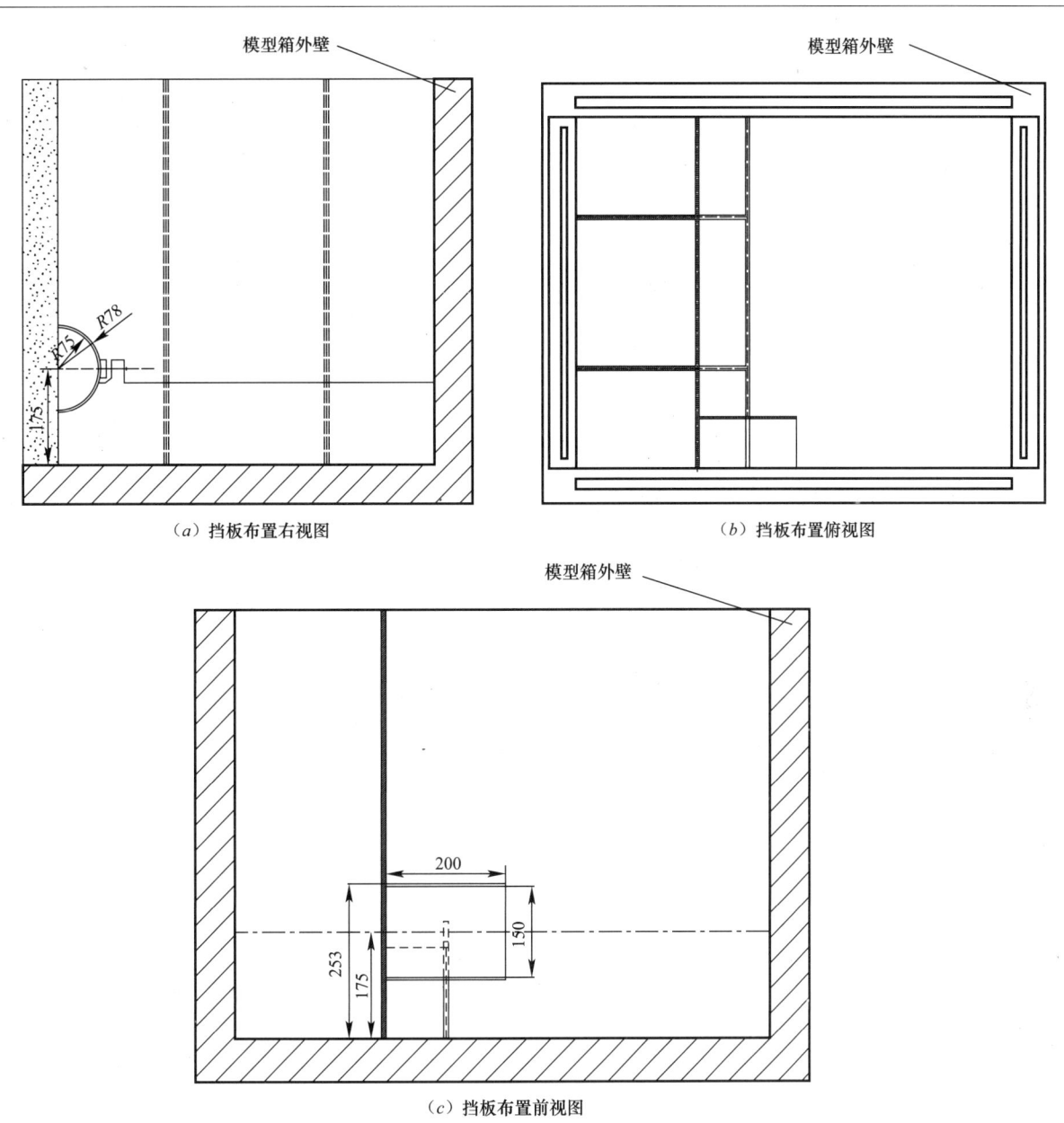

图 6.3.166 模型箱内挡板及隧道布置图

非渗流状态下的离心试验工况					表 6.3.24
	埋深比（C/D）	土体种类	加速度（g）	土体饱和度	水位距地表高度（mm）
第一组	1	砂土	100	0%	/
第二组	1	粉质黏土夹砂层	100	100%	0

渗流状态下的离心试验工况					表 6.3.25
	埋深比（C/D）	土体种类	加速度（g）	土体饱和度	水位距地表高度（mm）
第三组	1	粉质黏土夹砂层	100	100%	40
第四组	1	粉质黏土夹砂层	100	100%	80

为提供对比，第一组和第二组进行的是非渗流条件下的开挖面稳定性试验。试验过程为通过开启线性制动器（见图 6.3.167），使得刚性不排水支护面（具体构造见图 6.3.168）可以 0.05mm/s 的速度背

对开挖面移动,从而模拟支护压力逐渐减小的过程。高清摄像头会拍摄土体变化的整个过程,支护面后的位移传感器(图6.3.169a)和力传感器(图6.3.169b)会记录整个过程中的位移与力的变化等实时数据。然后结合PIV技术来处理影像结果可获得土体的位移场和等效塑性应变图,从而得出开挖面的破坏模式。并且对实时监测数据整理可获得开挖面土体位移与支护压力的关系曲线。

图6.3.167 线性制动器实物图

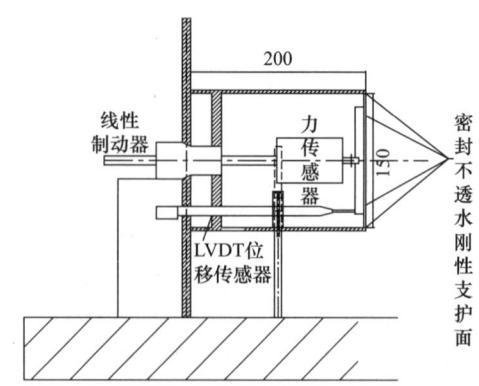

图6.3.168 不排水条件下的隧道支挡结构示意图

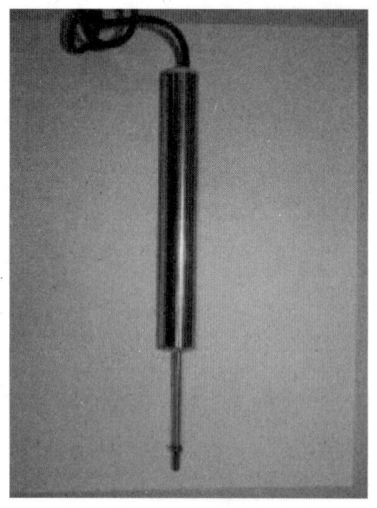

(a) LVDT位移计

(b) XH33型力传感器(最大量程500kg)

图6.3.169 测量仪器图

第三组和第四组模拟的是在渗流条件下的开挖面稳定性试验。试验过程同第一组和第二组大体相同,区别是模拟渗流条件下的开挖面稳定试验的刚性是支护面是可控的刚性排水支护面(具体构造见图6.3.170)。在离心加速度稳定并且开启线性制动器后,开启排水刚性支护面的电磁阀,使刚性排水支护面排水。排出的水会流进挡板后的蓄水囊中,并且为了保持水位稳定和供给,本实验要求有维持水位的排水线的挡板和给水箱进行补水。为能得到清晰的流场,给水箱所供给的液体为不同颜色的有色溶液。在开挖面土体埋设孔压传感器,跟踪观测开挖面附近土体的孔压分布及变化情况,进行试验获得渗流条件下开挖面支护压力与土体位移关系及开挖面破坏机理。

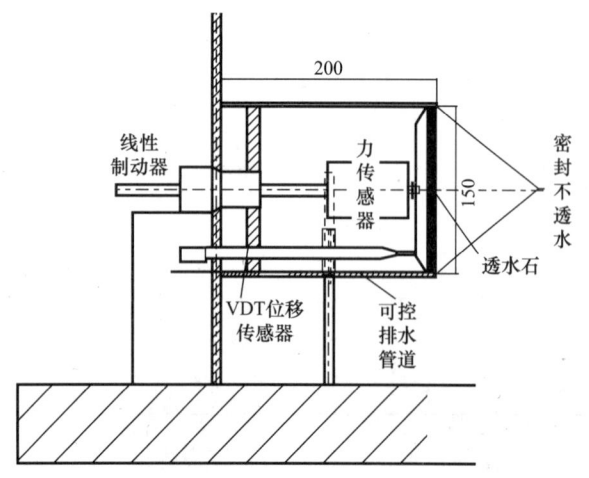

图6.3.170 渗流条件下的隧道支挡结构示意图

6.3.6 钱江隧道盾构掘进全过程前摄性隧道法及工程应用研究

6.3.6.1 概述

隧道工程项目特别是超大隧道工程具有投资大、施工周期长、施工项目多、施工技术复杂、不可预见风险因素多和对社会环境影响大等特点，属于高风险工程。目前，我国隧道建设，一旦发生风险通常找不到确切的责任人，政府和社会要为此买单。而且因为造成了不良的社会影响，对和谐社会建设有不利的作用，因此对隧道建设进行风险管理是势在必行的。

从严格意义上来说，目前在我国还没有哪个隧道工程项目使用风险管理技术进行修建。在世界范围内，由于瑞士高度重视隧道风险管理技术的研发和应用，通过研究、实践以及经验的积累，因而成就了瑞士隧道建设及其管理技术的世界领先地位。例如，瑞士勒奇山隧道成功地应用了风险管理技术对隧道建设进行管理，它是该隧道工程的核心管理技术。该项目总投资折合人民币近300亿，通过风险管理，使该隧道能按期、按质、按费用地完成，这证实了该技术的实用性。然而，在瑞士尽管风险管理的理念和模式已在各行业应用多年，特别是银行业，但风险管理在隧道工程中的应用，在瑞士并不是很长时间。在世界上，风险管理技术在隧道工程的应用是该工程领域的发展潮流。风险管理技术在中国隧道建设的应用是"新产品进入新市场"，具有很大的市场潜力。

风险管理是一个管理体系，它把主要风险因素的确定、应对措施的规划、执行以及负责者有机地联系起来，通过风险管理合约、定期报告和定期检查把各项措施落实到人和执行到位，并层层问责。风险管理通过甲方（投资者或业主）、设计人和施工人员的共同参与，能够提高他们之间的合作和相互信任。通过建立风险管理组织机构可以对隧道工程的质量进行全程的管理，把"特殊状态"下的重难点管理变为"常态管理"和全程管理。而我国目前盾构隧道的施工在风险管理上可以说是发展迅速的，但纵阅近些年的风险论文和研究报告，基本上均是甲方或关联方委托相关高校或科研单位开展的简单风险评估，与实际工程的风险控制和管理相去甚远，与国际上真正的风险控制理念也有很大差距，更无法在工程中实现前摄性的风险控制。

基于项目负责人近20年的盾构隧道科研和工程经验，我们首次提出了前摄性隧道法（Proactive tunneling method，简称PTM）。前摄性隧道法是指在隧道掘进前，基于对同类隧道历史资料的统计及未来可能发生情况的预测，在考虑其不确定性的基础上，预先对隧道掘进相关参数进行规划设计，并由此形成前摄性隧道法。毋庸置疑，合理科学的隧道掘进参数可以改善隧道掘进的效率，并能对隧道掘进土体的变形控制和开挖活动的顺利实施提供有效的指导和保障。因此，对前摄性隧道法进行研究，对于提升盾构隧道掘进效率和风险控制具有重要的现实意义。

本节将充分利用前面的试验和理论分析成果，并密切结合钱江隧道工程进行实际的前摄性隧道法及风险控制的研究工作。

6.3.6.2 工程背景

钱江隧道盾构段由江南工作井始发，沿西线依次穿越江南二堤、江南大堤、江北大堤和江北二堤，在江北工作井掉头并反向掘进回江南工作井。整个施工过程共8次穿越防汛大堤。由图6.3.171和图6.3.172可以看出，江南二堤、江北二堤均属于二线堤，距钱塘江较远。从施工安全和防汛安全考虑，穿越江北大堤和江南大堤为本次盾构施工的重点。因此，现场重点监测段可分为始发段、穿越江南大堤段、江中段和穿越江北大堤段进行分析。

钱江隧道掘进全过程重点关注的问题包括穿越大堤、江中不同埋深、不同地层段的开挖面稳定性和变形控制，关键是不同情况下掘进参数的确定，这里将基于前文的研究成果，构建前摄性隧道法及其在钱江隧道工程中的应用验证。

6.3.6.3 盾构隧道掘进全过程前摄性隧道法

（1）前摄性隧道法基本理念

本课题基于盾构隧道掘进全过程的特点，研究考虑下述两个目标的前摄性隧道法问题及其在钱江隧道工程中的应用：

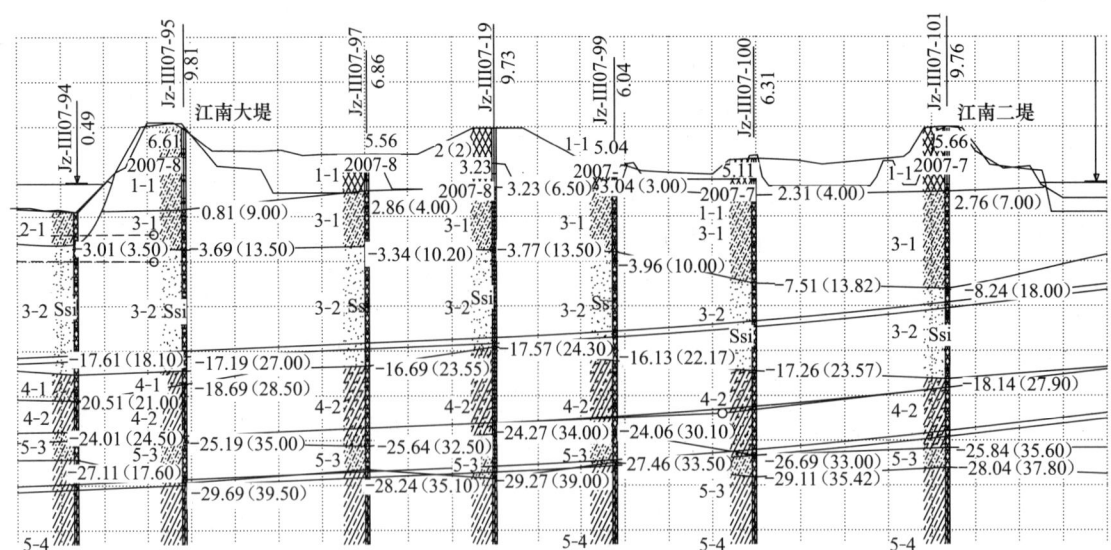

图 6.3.171 盾构穿越江南大堤纵剖面图

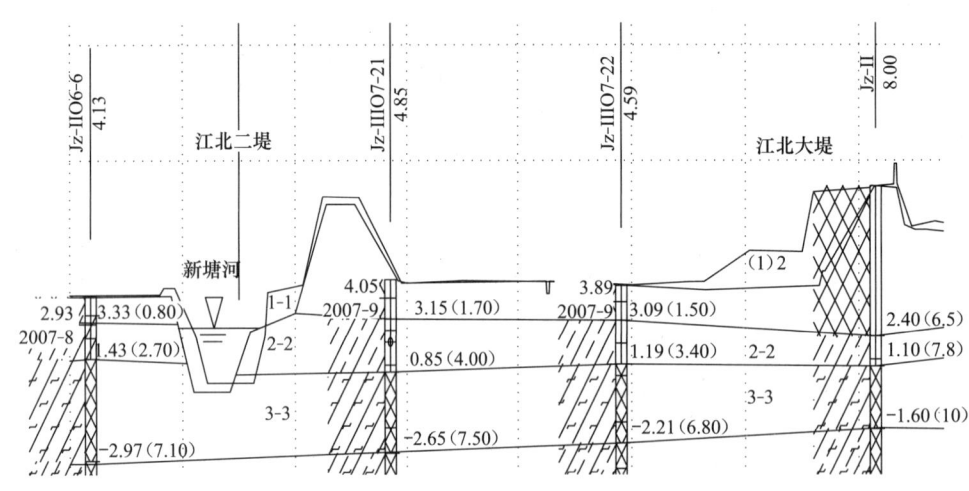

图 6.3.172 盾构穿越江北大堤纵剖面图

1) 掘进时间最短化（min-makespan）：即要求盾构隧道掘进活动尽可能早地安全完成；

2) 掘进参数鲁棒性最大化（max-robustness）：即要求盾构隧道设计掘进参数具有尽可能高的稳定性。

第一个目标对应于盾构隧道掘进的"紧迫性"特点，使得整个隧道掘进能够在最短的时间内完成；第二个目标对应于盾构隧道掘进的"不确定性"特点，使得掘进匹配参数在变化性环境中仍能发挥其指导作用。通过本课题的研究，可以形成综合考虑掘进时间和掘进参数鲁棒性的前摄性隧道法，进而提升盾构隧道的建设水平。

（2）盾构隧道掘进关键参数前摄性预测与控制

1) 隧道施工诱发沉降的关键因素

地层位移是隧道开挖施工不可避免的结果，隧道开挖引起原位应力释放，其仅有部分受到隧道支护设置的限制。实际上，隧道开挖不可能瞬间形成一个空隙并提供无限刚性衬砌来进行准确填充。因此在隧道埋深处将出现一定程度的地层变形，这将触发一系列位移，导致地表出现沉降，随着隧道埋深的减小这种情况变得愈加明显。

沉降主要是由三个方面的因素引起的：

- 隧道开挖引起的短期（或立即）沉降，是以下各项因素综合影响的结果：隧道工作面稳定性、掘进速率、安装隧道衬砌所需时间、机械化开挖隧道中填充盾尾空隙所需时间。沿隧道轴线的立即沉降出现在隧道工作面前方一定距离处，当盾尾注浆硬化到足以抵制任何进一步径向位移时沉降终止。
- 因隧道衬砌变形引起的沉降。它与浅埋、大直径隧道密切相关，但是在城市环境的机械化隧道工程中其影响很小，因为机械化城市隧道工程可很好地估计荷载，也能通过恰当设计的管片衬砌而轻松避免。
- 因以下原因造成的长期沉降：①初始固结（一般在超孔隙压力消散期间出现在黏性或可压缩土壤中）、②二次固结（一种土壤蠕动形式，其很大程度上受到土壤骨架屈服和压缩速率控制）。

盾构隧道掘进全过程中重点关注的是隧道施工诱发的短期沉降。在隧道开挖过程中，隧道周围未支护或部分支护的地层在应力释放时会向内移动。因此，挖出的岩土量总是高于完工洞室理论体积。这个额外的开挖量即为"地层损失"。

引起体积损失的位移大小取决于土壤类型、隧道掘进速率、隧道直径、开挖方法、临时初期支护形式和刚度。

在机械化施工隧道的特定情况下，造成地层损失的各个因素为：

- 隧道工作面的减压。盾构滚刀将泥土材料从隧道工作面挖下，在这个连续过程中，隧道工作面前方和周围影响区域的地层从工作面处挤出，引起工作面损失（图6.3.173a）。
- 便于盾构通过的前面隧道孔洞的轻微超挖。至少有两个因素导致盾构工作面的轻微超挖。首先，刀盘的直径稍大以减少盾壳被卡的机会，这通常通过焊接钢条或在盾壳外侧简单焊接一些"小齿球"得以实现。其次，盾构工作面超挖，便于盾构通过曲线段或仅按定线方向操纵盾构前进。当这些小齿球通过以后，地层便有机会向洞内径向移动（图6.3.173b）。开挖周边地层可能会在盾壳上面形成完全闭合（图6.3.173c），这取决于相对于掘进速率的土层变形速率。

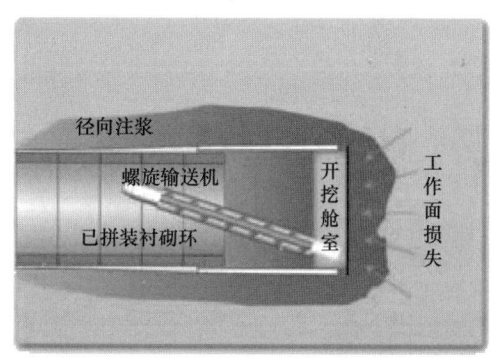

(a) 工作面损失

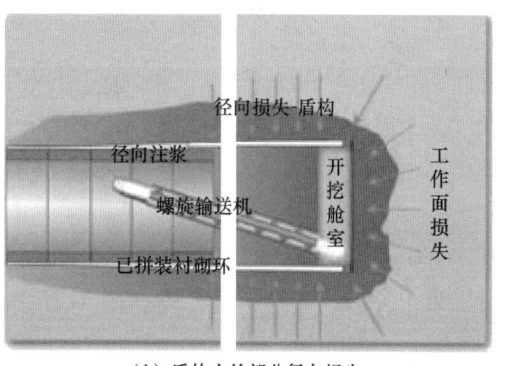

(b) 盾构上的部分径向损失

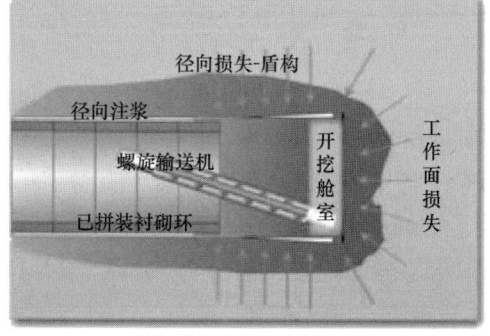

(c) 盾构的整个径向损失

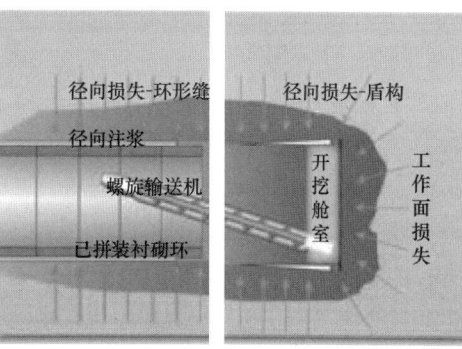

(d) 环形缝径向损失

图6.3.173　盾构掘进造成地层损失因素

- 在盾构内安装直径稍小的衬砌，而且一般用灌浆材料立即填充衬砌与地层之间的环状空隙。这样地层便有机会在衬砌之上进一步径向收敛，直到注浆完全填充空隙且足够坚硬以抵制土压为止，或者如果空隙没有恰当灌注的话（图6.3.173d）。

这两次径向位移之和（图6.3.173a、b）被称为径向损失。工作面损失与径向损失之和构成了隧道开挖引起的体积损失。

通过恰当的TBM掘进参数选择可适当地控制工作面损失和径向损失。实际上，在机械化开挖隧道中，如果适当地对隧道工作面加压，即合理地确定工作面支护压力，工作面损失非常有限，而且通过合适的注浆配比设计和定期维护注浆管线以避免堵塞，并在适当压力下进行充分注浆可精确地控制径向损失，实现盾构隧道掘进参数的前摄性预测和动态调整。

很显然，当采用TBM掘进时，工作面支护压力的确定在设计和施工阶段始终是最关键部分。但是国内外没有专门的建议或技术规范作为针对性的设计指导。目前通常采用不同的方法来评估开挖面稳定性条件和要求的工作面支护压力。

为达到盾构掘进所需稳定条件并满足城市环境下隧道开挖期间的其他优先要求，一般要求工作面压力设计值进行估计，即我们这里提出的前摄性参数设计，主要包括：

- 有效控制地表沉降和保护既有建（构）筑物；
- 保持水文-地质条件平衡。

2）前摄性预测理论模型分析——工作面支护压力设计

前已述及，国内外关于工作面支护压力的确定包括多种方法，本课题在总结前人研究的基础上，综合考虑了多个实际工程的历史统计规律，成功实现了盾构掘进的前摄性预测和控制，采用的分析方法可归纳如下：

① 未考虑土拱效应的理论模型

- 中国隧道设计规范法

$$\sigma_T = k\gamma h$$

砂层，$k=0.34\sim0.45$；黏土地层，$k=0.5\sim0.7$。
Jaky公式（砂层）：$k=1-\sin\varphi$
Brooker公式（黏性土层）：$k=0.95-\sin\varphi'$ (6.3.101)

式中，k为侧压力系数，φ和φ'分别为（似）内摩擦角，其他符号含义同前。

- 日本隧道设计规范法

$$\sigma_T = k\gamma h = 0.5\gamma h \quad (6.3.102)$$

式中符号含义同前。

- 预留压力法

$$\sigma_T = p_w + k\gamma' h + (10\sim20)\text{kPa} \quad (6.3.103)$$

式中符号含义同前。

- BROMS & BENNERMARK法

如图6.3.174所示。

$$\sigma_T = r(C+R) + q_s - N_{C_u} \text{ with } N \approx 6 \quad (6.3.104)$$

式中，γ为土壤密度，C_u为不排水粘结力，其他符号含义同前。

- DAVIS等人的方法（如图6.3.175所示）

$$N = 2 + 2\ln(C/R + 1) \text{[cylindrical]}$$
$$N = 4 \cdot \ln(C/R + 1) \text{[spherical]} \quad (6.3.105)$$

式中符号含义同前。

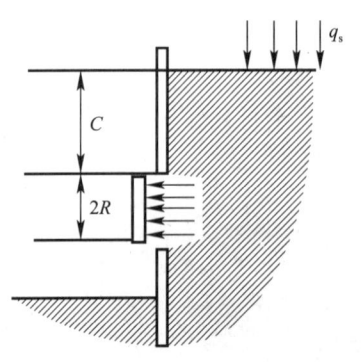

图6.3.174 BROMS & BENNERMARK法隧道工作面稳定性模型

② 考虑土拱效应的理论模型

- 太沙基松动土压力理论（如图6.3.176所示）

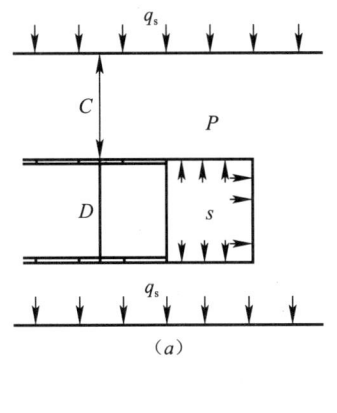

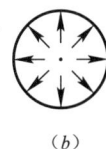

图 6.3.175 DAVIS 等人隧道工作面稳定性模型

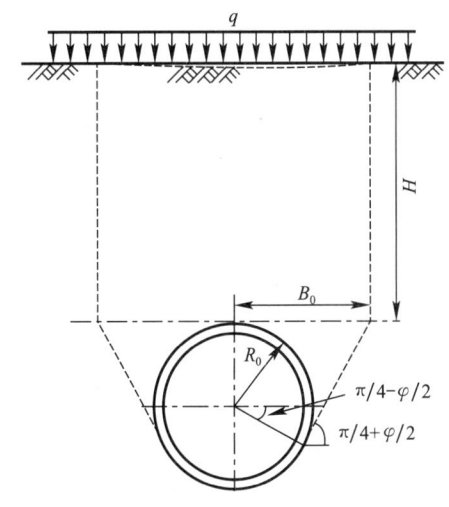

图 6.3.176 太沙基松动土压力理论模型

$$p_v = \frac{B_0(\gamma - c/B_0)}{K_0 \tan\varphi}(1 - e^{-K_0 \tan\varphi \cdot H/B_0}) + q e^{-K_0 \tan\varphi \cdot H/B_0}$$

其中：$B_0 = R \cdot \cot\left(\dfrac{\pi}{8} + \dfrac{\varphi}{4}\right)$ (6.3.106)

该计算中取：$q = 20/q = \gamma_w h_w$

式中符号含义同前。

➢ M-M 法

$$P_{cr} = \frac{1}{\eta}[\eta(G+W) - (2S+C)] \tag{6.3.107}$$

其中：

$$G = (D_r + 2D\tan\alpha)D\cot\theta \cdot \sigma_v(z_t)$$

$$W = \frac{1}{2}\gamma \cdot D_r D^2 \cot\theta + \frac{2}{3}\gamma \cdot D^3 \cot\theta \tan\alpha$$

$$C = \frac{D}{\sin\theta}(D\tan\alpha + D_r) \cdot c$$

$$S = \frac{1}{2}D^2\cot\theta(c + K_y \cdot \sigma_z \cdot \cos\alpha \cdot \tan\varphi)$$

$$\sigma_z = \frac{\int_{z_t}^{z_0}(\sigma_v(z_t) + \gamma \cdot (z-z_t)) \cdot (z_0-z)\cot\theta \cdot (D_r + 2(z_0-z)\tan\alpha)\mathrm{d}z}{\int_{z_t}^{z_0}(z_0-z)\cot\theta \cdot (D_r + 2(z_0-z)\tan\alpha)\mathrm{d}z}$$

$$= \frac{\cot\theta \cdot \left[\frac{1}{6}D^2 \cdot \sigma_v(z_t) \cdot (3D_r + 4D\tan\alpha) + \frac{1}{6}D^3 \cdot \gamma \cdot (D_r + D\tan\alpha)\right]}{\frac{1}{2}D_r D^2\cot\theta + \frac{2}{3}D^3\cot\theta\tan\alpha}$$

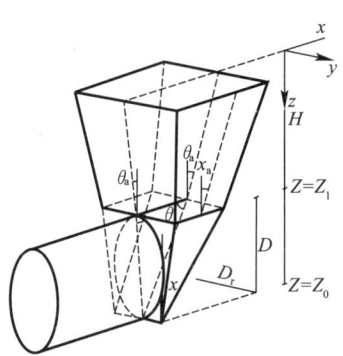

$$\sigma_v = \left(\frac{\gamma(b+(H-z)\tan\alpha_a)}{K\cos\alpha_a\tan\varphi - \tan\alpha_a} - \frac{c}{K\cos\alpha_a\tan\varphi}\right)$$

$$+ (b+(H-z)\tan\alpha_a)^{\frac{K\cos\alpha_a\tan\varphi}{\tan\alpha_a}} \cdot (b+H\tan\alpha_a)^{\frac{K\cos\alpha_a\tan\varphi}{\tan\alpha_a}} \cdot$$

$$\left[q_0 - \frac{\gamma(b+H\tan\alpha_a)}{K\cos\alpha_a\tan\varphi - \tan\alpha_a} + \frac{c}{K\cos\alpha_a\tan\varphi}\right],$$

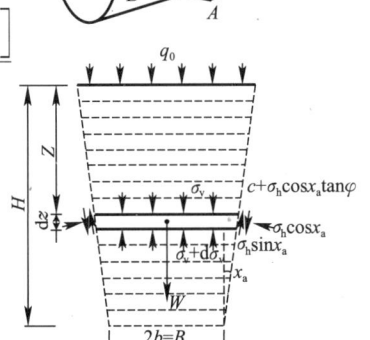

3）钱江隧道前摄性预测和风险控制分析

① 钱江隧道盾构穿越段三维地层划分和模型建立

钱江隧道盾构段由江南工作井始发，沿西线依次穿越江南二堤、江南大堤、江北大堤和江北二堤，在江北工作井掉头并反向掘进回江南工作井。本课题对盾构隧道穿越的地层进行了三维BIM模型的研究，根据盾构隧道所穿越的地层和建（构）筑物情况，可将穿越的地层概化为江南大堤段、江中段和江北大堤段。

A. 隧道东线

图6.3.177（a）～（h）为钱江隧道东线三维地质模型，其中图6.3.177（h）为隧道东线整体三维地层模型。

B. 隧道西线

图6.3.178（a）～（h）为钱江隧道西线三维地质模型，其中图6.3.178（h）为隧道东线整体三维地层模型。

表6.3.26给出了钱江隧道各岩土层常规土工物理力学性质指标。

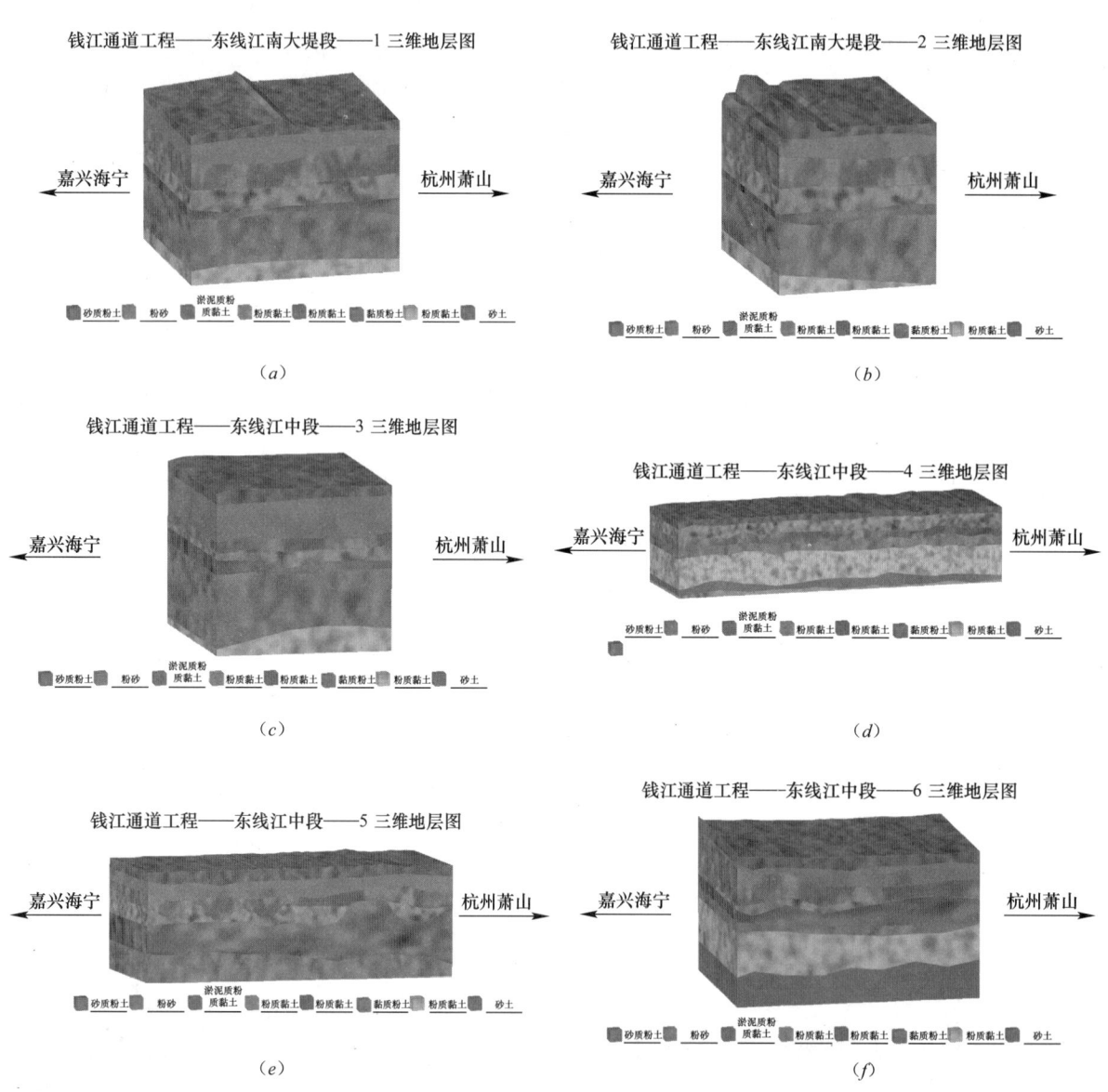

图6.3.177 钱江隧道东线三维地质模型（一）

第 6 章 钱江隧道施工关键技术研究

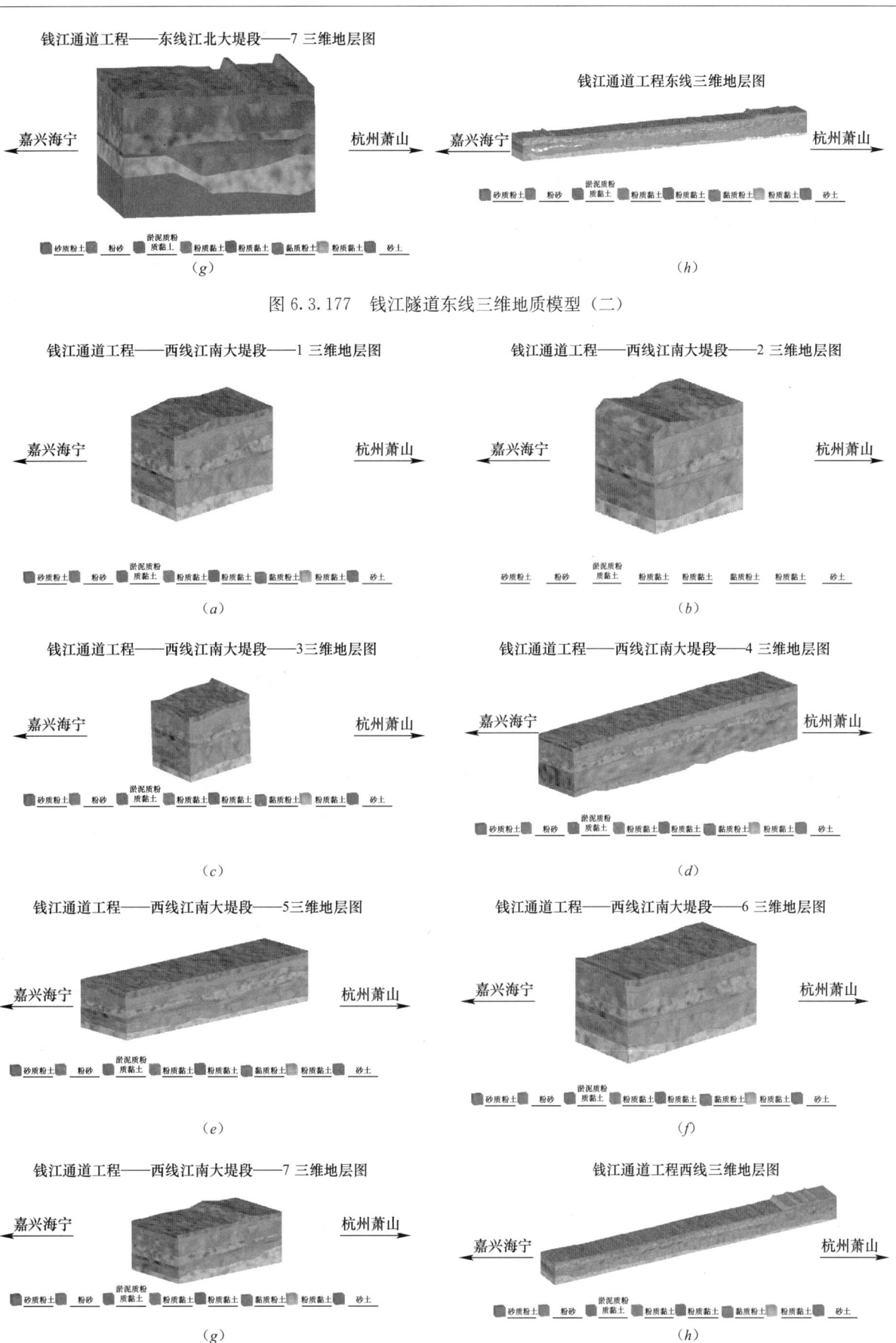

图 6.3.177 钱江隧道东线三维地质模型（二）

图 6.3.178 钱江隧道西线三维地质模型

钱江隧道各岩土层常规土工物理力学性质指标统计表　　　　表 6.3.26

地层编号	岩土名称	天然含水量 (%)	天然密度 (g/cm³)	天然孔隙比	塑性指数 (%)	液性指数	快剪 内摩擦角 (°)	快剪 凝聚力 (kPa)	压缩模量 (MPa)
1-1	素填土	30.36	1.83	0.94	7.69	0.89	25.66	11.40	8.47
2-1	砂质粉土	24.89	1.98	0.71	6.40	0.51	27.07	13.38	10.98
2-2	粉质黏土	28.31	1.93	0.81	14.68	0.49	14.74	33.29	4.96
3-1	砂质粉土	26.48	1.95	0.76	6.58	0.56	27.12	16.60	11.83
3-2	粉砂	23.84	1.99	0.67	6.20	0.59	27.95	10.96	12.28
3-3	淤泥质黏土	38.41	1.83	1.09	17.50	0.99	8.20	15.29	2.91
4-1	淤泥质粉质黏土	40.57	1.80	1.15	16.33	1.19	5.41	17.77	3.00
4-2	粉质黏土	33.95	1.83	1.03	14.03	1.04	7.43	22.32	3.54
4-3	黏质粉土	28.18	1.89	0.84	10.65	0.75	15.52	22.11	7.53
5-1	粉质黏土	27.56	1.94	0.79	15.19	0.51	12.36	31.83	5.75
5-2	粉质黏土	28.47	1.95	0.82	13.98	0.63	16.03	32.15	6.68
5-3	黏质粉土	31.06	1.90	0.88	9.44	0.92	20.29	16.18	6.40
5-4	粉质黏土	34.56	1.87	0.96	16.25	0.79	11.21	24.95	4.90

② 钱江隧道掘进参数前摄性设计计算研究成果

基于上面的理论分析模型，针对钱江隧道的工程实际情况，开展了钱江隧道工程掘进参数的前摄性设计研究，特别是针对最关键参数支护压力，在盾构开始掘进前即进行了前摄性预测，然后在掘进全过程中基于试验段的沉降和参数变化关系，确定盾构掘进全过程的匹配参数，及时提交盾构掘进组参考实施，有效地控制了盾构掘进过程中的施工风险。

如图 6.3.179 所示为钱江隧道轴线埋深（西线）埋深图示，在穿越大堤处变化相对较大，且钱塘江水深未计入。

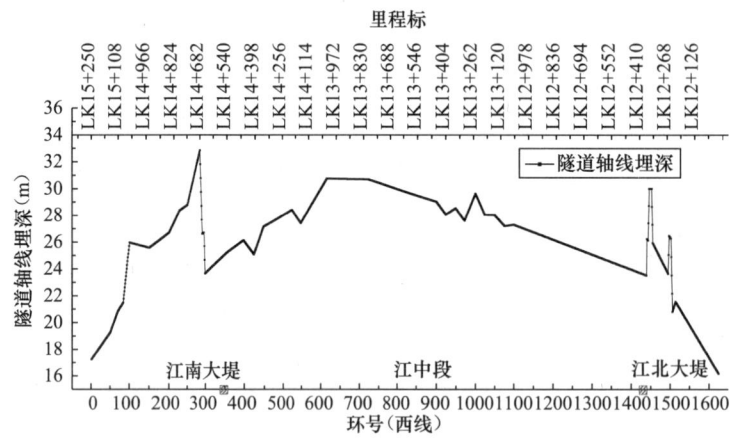

图 6.3.179　钱江隧道轴线埋深（西线）

A. 支护压力

图 6.3.180 和图 6.3.181 分别为基于前摄性隧道法和实际设定支护压力值的图示。需要说明的是，在保证沉降控制在要求范围内，课题组预先基于前摄性隧道法对关键的支护压力参数进行了前摄性设计研究，然后提交给施工单位参考实施。前摄性支护压力值是基于 M-M 法确定的，而实设支护压力值与其相当吻合，也就是说实际中的东西线支护压力值是按照 M-M 法进行的前摄性设计，前摄性支护压力值精确与否，检验的标准就是下面要分析的沉降数据。从分析结果看，采用前摄性支护压力值，有效地

控制了沉降，而且安全地穿越了大堤。

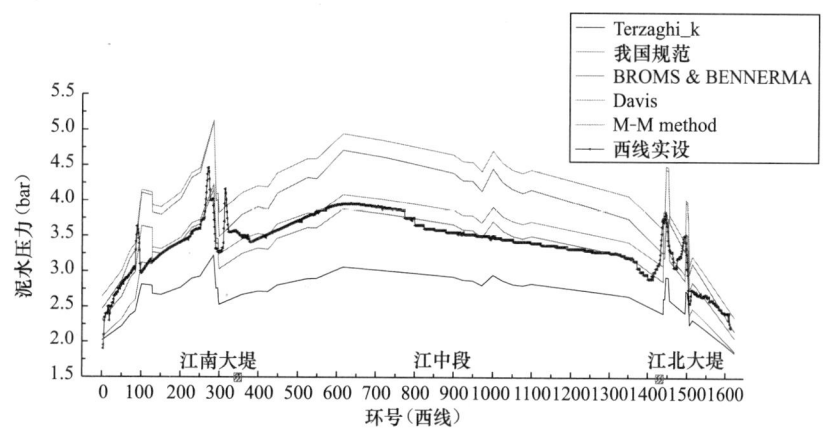

图 6.3.180　基于前摄性隧道法的支护压力设计值（西线）

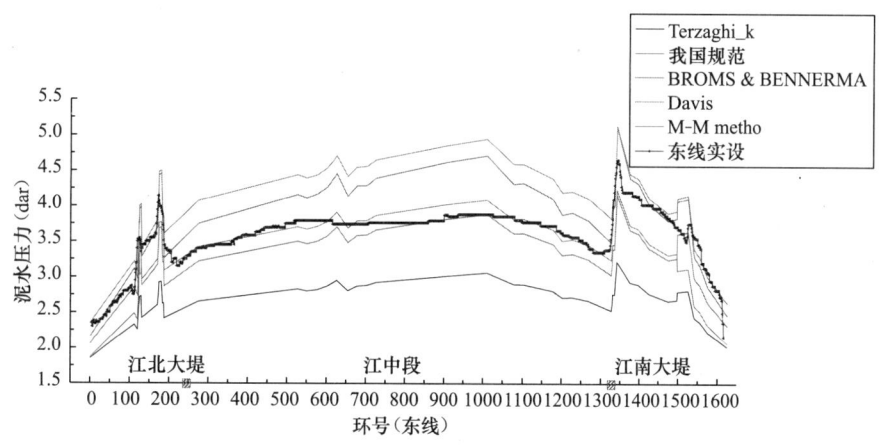

图 6.3.181　基于前摄性隧道法的支护压力设计值（东线）

需要说明的是：(1) 对于西线，江南大堤段环号为 260～320，江北大堤段环号为 1450～1500 左右；对于东线，江北大堤为 170～200，江南大堤段环号为 1330～1380 左右；(2) 图中所有压力值均以隧道轴线处为计算点。

表 6.3.27 给出了在盾构隧道开始掘进前，基于前摄性理论钱江隧道开挖面泥水支护压力建议值表，该表中的参考值对钱江隧道起到了有效的前摄性指导。

B. 注浆参数

基于前摄性隧道法，除支护压力外，其他掘进参数主要依据历史经验数据参考设定，再根据钱江隧道沉降值等实测参数变化情况动态调整。注浆参数主要包括注浆压力、注浆率、注浆量、相对密度和黏度等。

图 6.3.182 和图 6.3.183 分别为钱江隧道掘进全过程泥浆相对密度和黏度典型变化曲线。从泥浆相对密度和黏度全过程变化曲线可以看出，钱江隧道相对密度平均变化范围是 1.20～1.25；泥浆黏度平均变化范围是 17.5s～19s。

图 6.3.184 和图 6.3.185 分别为同步注浆量和注浆率全过程变化曲线图。很明显，钱江隧道全过程平均注浆率为 115%～125%。从后面的沉降分析可以看出，该注浆率基本合理，实现了沉降变化的有效控制，满足了工程要求。

表 6.3.27 基于前摄性理论钱江隧道开挖面泥水支护压力建议值表

分段	编号	工程里程标	环号(西线)	地层描述	潜在风险源	隧道轴线埋深(m)	泥水支护压力值(bar)		建议支护压力值(bar)
大堤段	1	LK15+250~LK14+900	1~175	隧道覆土地层为3-1、3-2土，穿越地层为3-2、4-2土，地层变化平稳，隧道埋深逐渐增加	无	17.3~26.2	已有工程/区段经验	2.10~3.45	2.25~3.45
							未考虑土拱效应	2.45~4.05	
							考虑土拱效应	2.05~2.75	
	2	LK14+900~LK14+650	175~300	覆土地层仍为3-1、3-2土，4-2土仍占主导，刀盘底部开始出现5-3土，隧道埋深逐渐增加	江南大堤	26.2~32.3	已有工程/区段经验	3.45~4.25	3.45~4.10
							未考虑土拱效应	4.05~5.05	
							考虑土拱效应	2.75~3.20	
江中段	3	LK14+650~LK14+400	300~425	覆土地层变为2-1、3-2土，穿越地层中3-2土逐渐消失，4-2、5-3和5-4土，且5-3、5-4土逐渐变为主要穿越地层	进入江中段，水深约为2.7~3.4m	23.7~26.0	已有工程/区段经验	3.25~3.55	3.05~3.40
							未考虑土拱效应	3.55~4.05	
							考虑土拱效应	2.40~2.50	
	4	LK14+400~LK13+400	425~925	覆土地层变为2-1、3-2、4-1土，穿越地层为5-4土，且5-4土所占比例超过75%，LK13+900附近至最大，穿越地层仍为5-3、5-4土，隧道埋深趋于稳定	水深3m左右	26.0~30.0~28.3	已有工程/区段经验	3.55~4.10~3.80	3.40~3.80~3.55
							未考虑土拱效应	4.05~4.50~4.25	
							考虑土拱效应	2.50~2.75~2.60	
	5	LK13+400~LK12+750	925~1250	覆土地层仍为2-1、3-2、4-1土，穿越断面上半部分4-2与5-1、5-2地层交替出现，下半部分仍为5-4土，穿越地层复杂，隧道埋深逐渐减小	穿越地层变化明显	28.3~26.0	已有工程/区段经验	3.80~3.55	3.55~3.40
							未考虑土拱效应	4.25~4.05	
							考虑土拱效应	2.65~2.50	
	6	LK12+750~LK12+370	1250~1440	覆土地层仍为2-1、3-2、4-1土，穿越断面主要为5-2地层；刀盘下小部分为5-3、5-4土，且逐渐减小		26.0~25.0	已有工程/区段经验	3.55~3.05	3.40~3.00
							未考虑土拱效应	4.05~3.65	
							考虑土拱效应	2.50~2.35	
大堤段	7	LK12+370~LK12+000	1440~1625	覆土地层为2-2、3-3、4-1土，穿越断面主要4-1、4-2土逐渐增加，4-2逐渐减小，隧道埋深继续减小，在大堤附近变化最大	江北大堤	30.0~16.3	已有工程/区段经验	3.75~1.85	3.65~2.00
							未考虑土拱效应	4.45~2.25	
							考虑土拱效应	2.75~1.85	

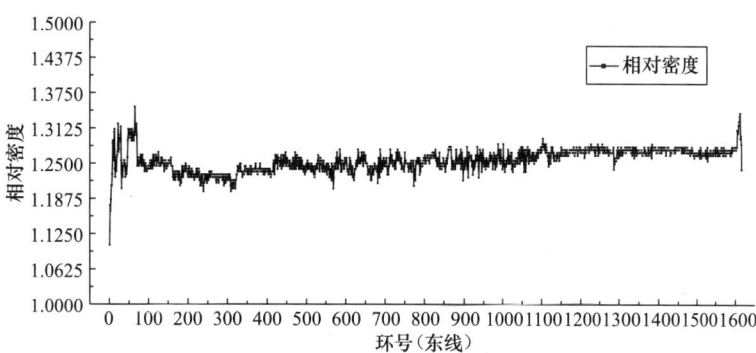

图 6.3.182　泥浆相对密度全过程变化曲线（东线）

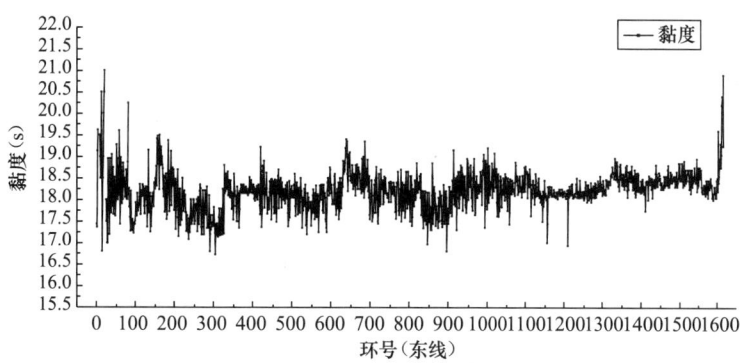

图 6.3.183　泥浆黏度全过程变化曲线（东线）

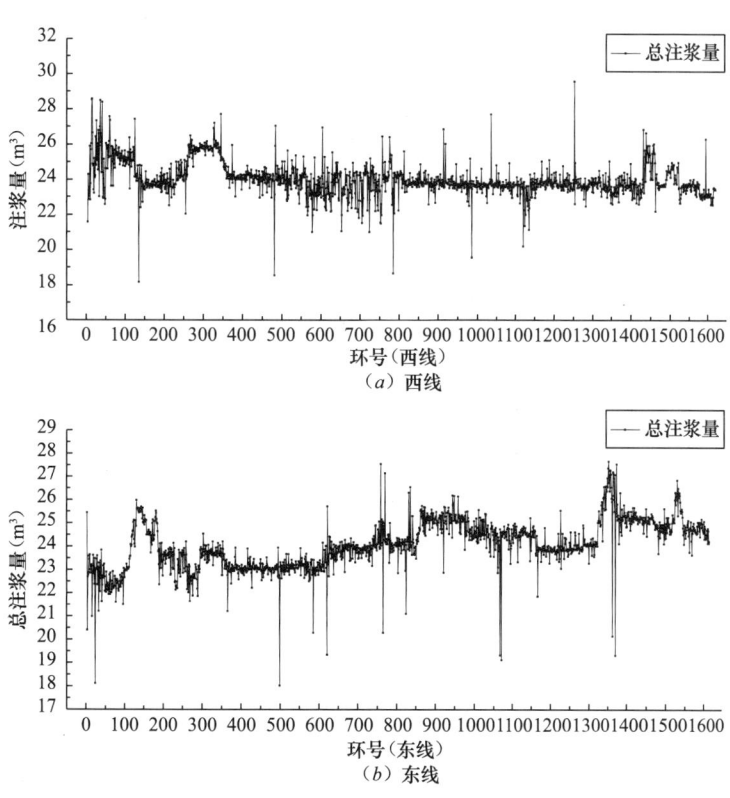

(a) 西线

(b) 东线

图 6.3.184　同步注浆量全过程变化曲线

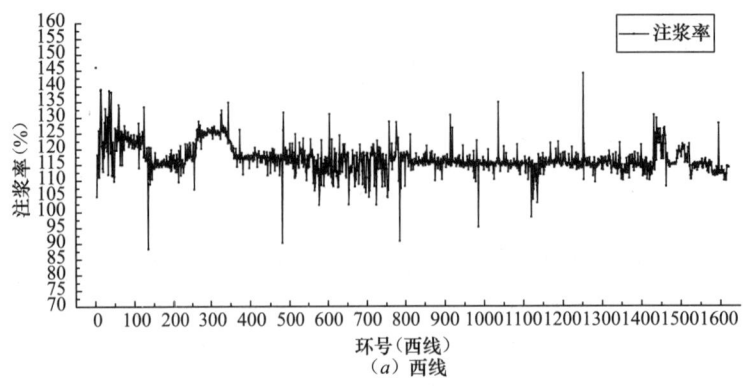

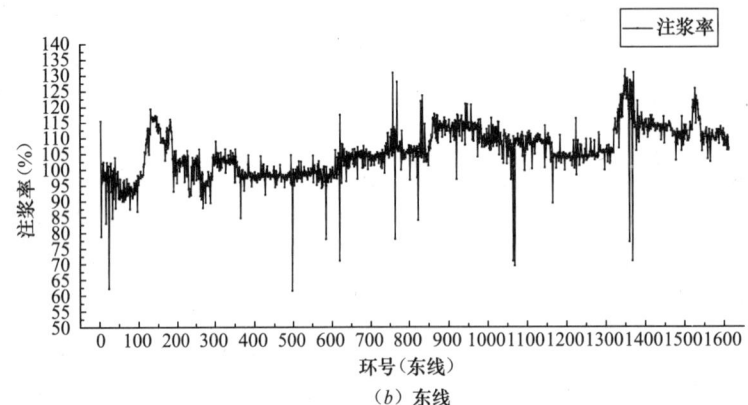

图 6.3.185　同步注浆率全过程变化曲线

注浆压力对于控制沉降起着至关重要的作用，图 6.3.186 为钱江隧道同步注浆压力全过程变化曲线，可以看出平均注浆压力为 0.6bar～0.9bar。图 6.3.187（a）和（b）为不同位置注浆管注浆量变化曲线，总体上注浆量分布较均匀，有利于保证注浆效果。

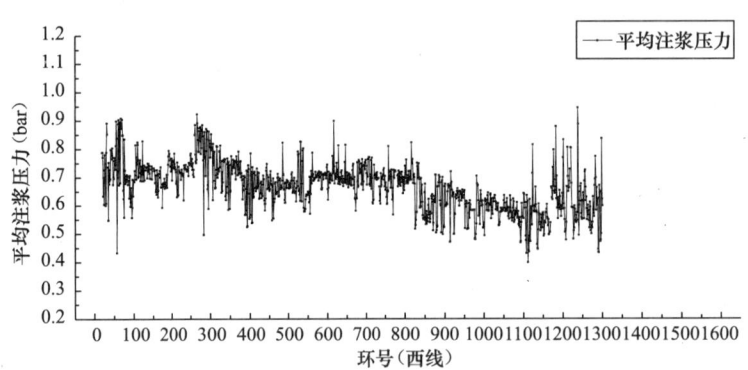

图 6.3.186　同步注浆压力全过程变化曲线（西线）

C. 掘进速率、盾构推力和刀盘扭矩

工程实践表明，掘进速率、盾构推力和刀盘扭矩等参数对盾构掘进过程也有着至关重要的影响，关键是要和其他掘进参数匹配，且波动在合理的范围内。例如，当隧道在低渗透性土壤中以较高的速度开挖时，盾构掘进速率等参数对隧道开挖面水头分布影响明显，导致作用在隧道开挖面上的渗透力发生显著变化。

图 6.3.188（a）和（b）为掘进速率全过程变化曲线，由图 6.3.188 可知，盾构穿越大堤时速率波动相对较大，整个推进过程掘进速率为 2.5～4.0cm/min，平均波动范围基本在合理范围之内。

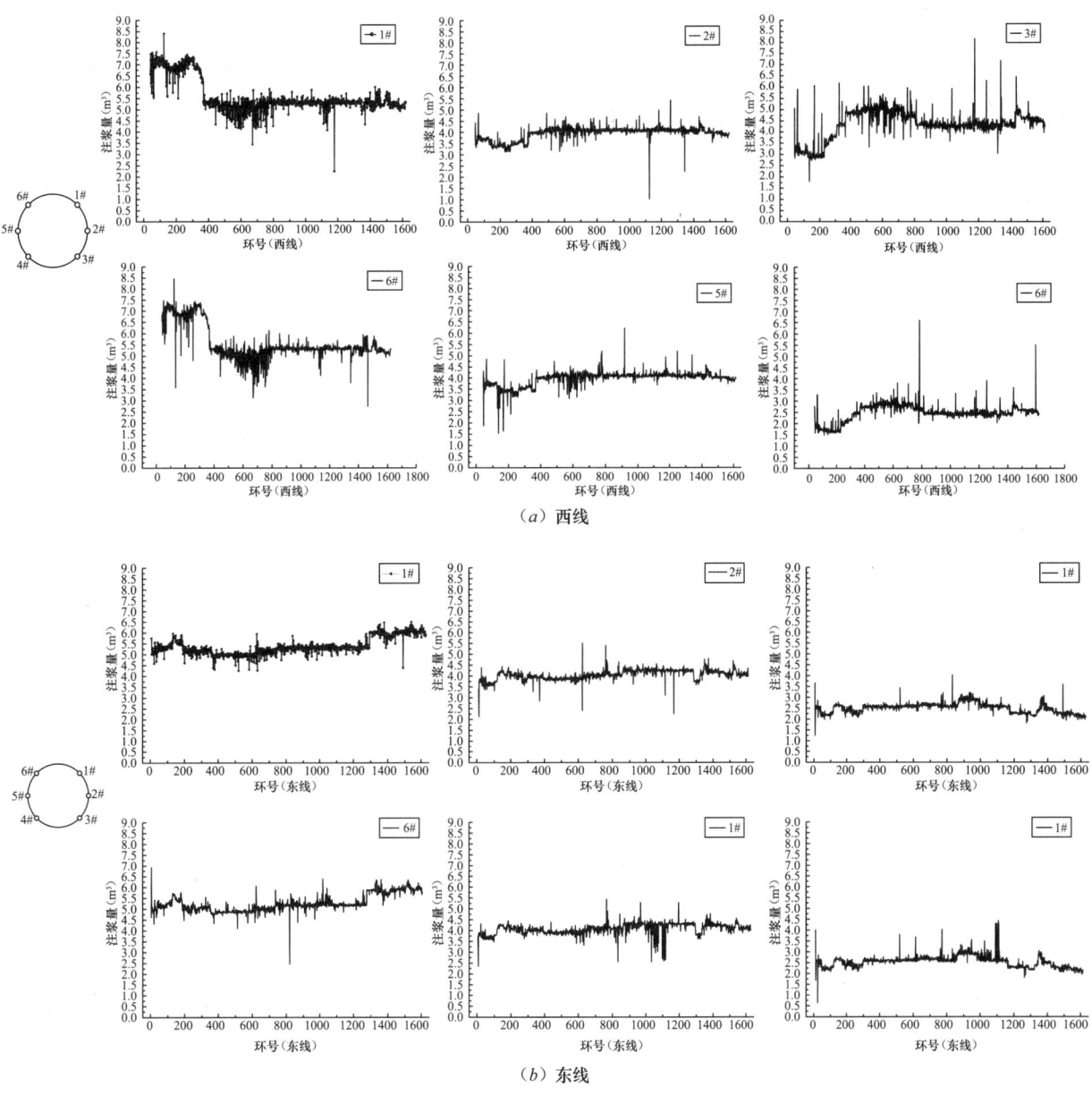

图 6.3.187 同步注浆各注浆管变化曲线

图 6.3.189（a）和（b）为盾构推力全过程变化曲线，由图 6.3.189 可知，同样地，盾构穿越大堤时推力波动相对较大，整个推进过程盾构推力为 4000～12000kN，平均波动范围也基本在合理范围之内。

图 6.3.190（a）和（b）为刀盘扭矩全过程变化曲线，由图 6.3.190 可知，整个推进过程刀盘扭矩为 2.5～4.5MN·m，相对于穿越的地层情况平均波动范围不大，完全在合理的变化范围之内。

本小节中重点研究了钱江隧道掘进参数的前摄性预设和风险控制方法，从实际工程的反馈分析来看，取得了较满意的结果，对钱江隧道的安全贯通起到了重要的指导意义，这一点从下节的沉降数据分析中得到了验证。

(3) 地表沉降监测数据分析

基于盾构隧道掘进全过程前摄性方法对钱江隧道的匹配施工参数进行了预设，正确与否的关键是钱江隧道工程实践中沉降是否得到合理的控制，以及满足工程自身及保护建（构）筑物的要求。

1) 盾构始发段地表沉降规律分析

如图 6.3.191 和图 6.3.192 所示为盾构在始发段的现场测点示意图。由图可知，分别在第 9 环、第

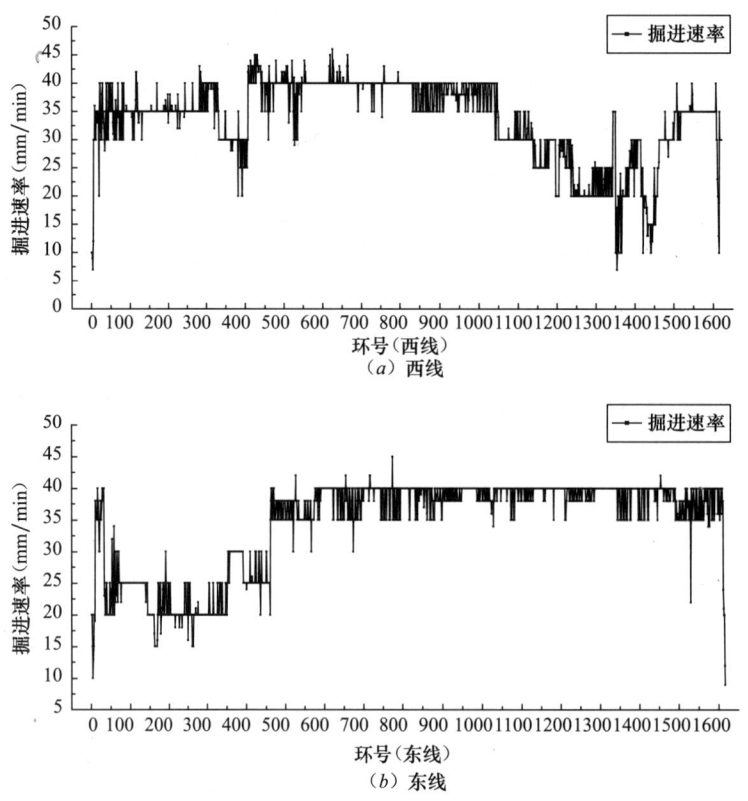

图 6.3.188　掘进速率全过程变化曲线

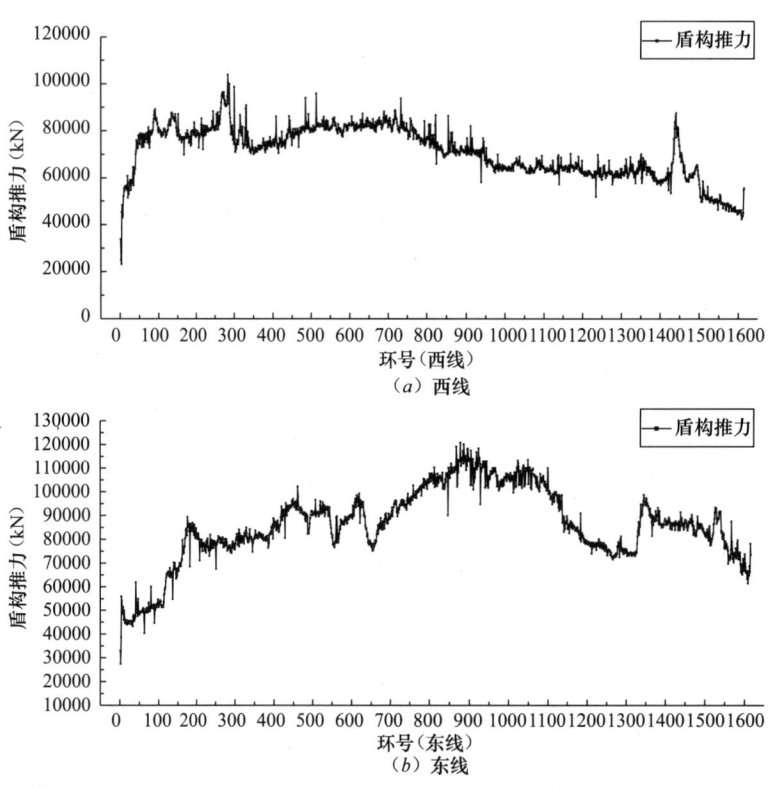

图 6.3.189　盾构推力全过程变化曲线

第6章 钱江隧道施工关键技术研究

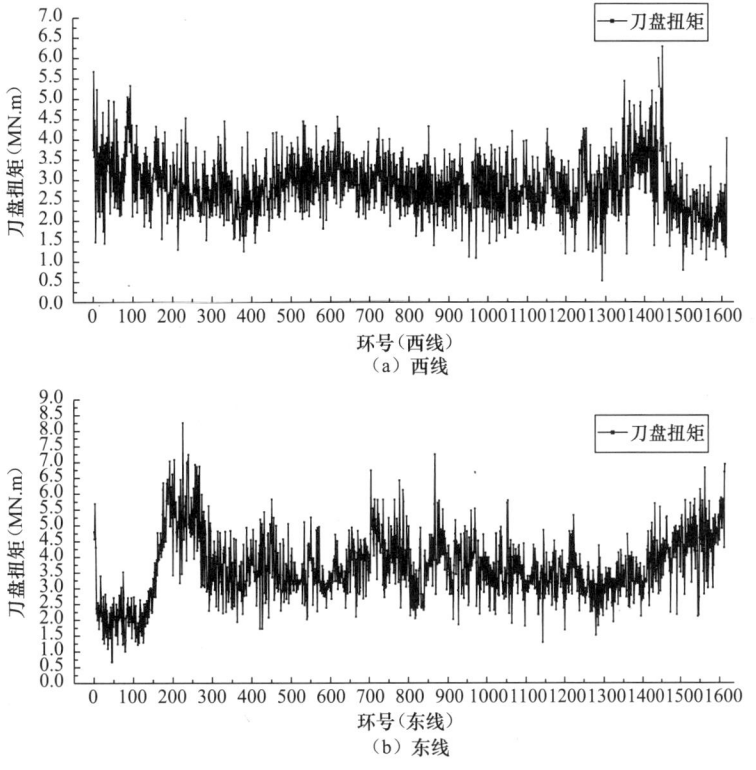

图 6.3.190 刀盘扭矩全过程变化曲线

18 环和第 28 环设置监测断面,在隧道轴线两侧各布置 4 个监测点,间距分别为 3、4、4、10m。由于 3 环至 28 环地表点位于混凝土地面上,因此采用开孔器在混凝土面开孔,布设沉降测点。

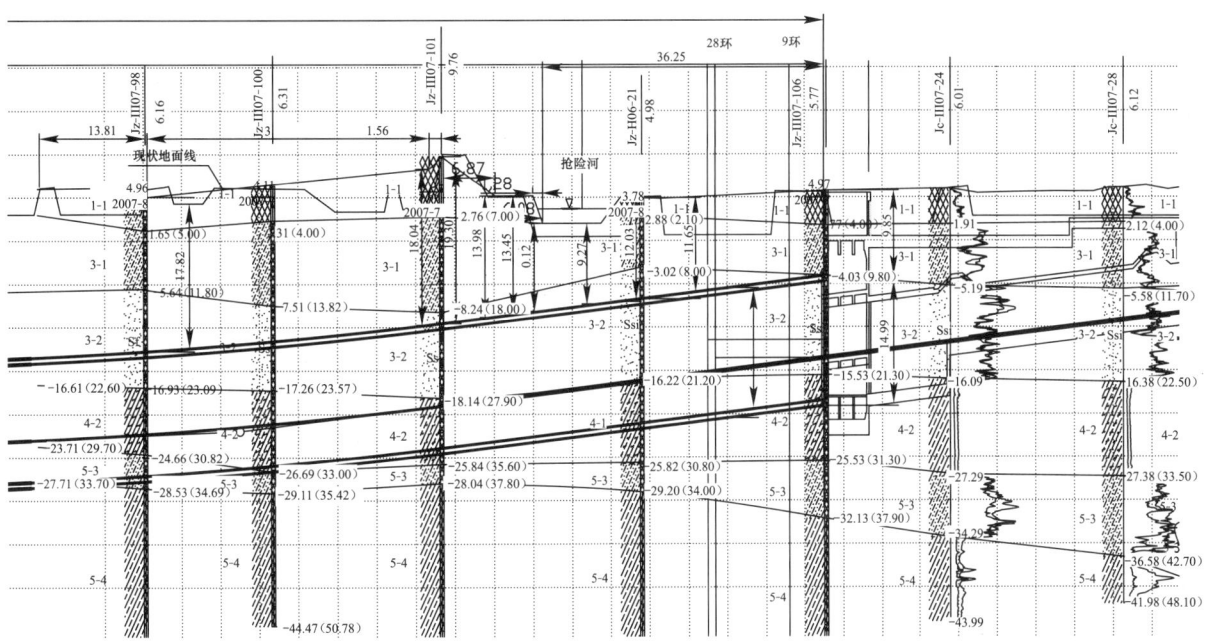

图 6.3.191 盾构始发段纵断面图

由图 6.3.193 中的地表竖向位移曲线可以看出,盾构推进至第 1 环和第 6 环时在第 9 环监测断面产生的都是沉降,而且随着盾构逐渐靠近监测断面,地表竖向位移也逐渐增大,直至推进至第 9 环,其上部地表位移表现为隆起,最大隆起值为 4.12mm,最大隆起发生在靠盾构轴线最近的测点。盾构在推进

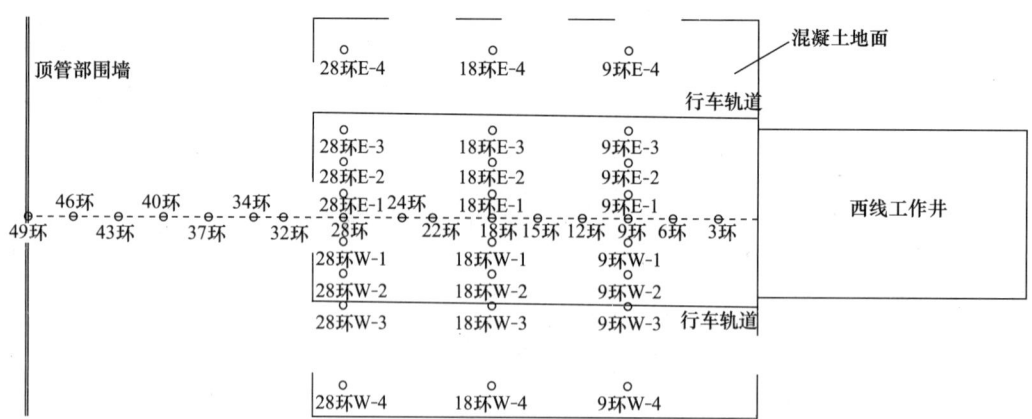

说明：1. 上图中3环至28环点位在混凝土地面上，帮采用开孔器开孔，布设沉降点。
2. 其中9、18、28环为监测断面，轴线两侧各4点，间距3、4、4、10m。

图 6.3.192 西线盾构始发井旁监测点布置图

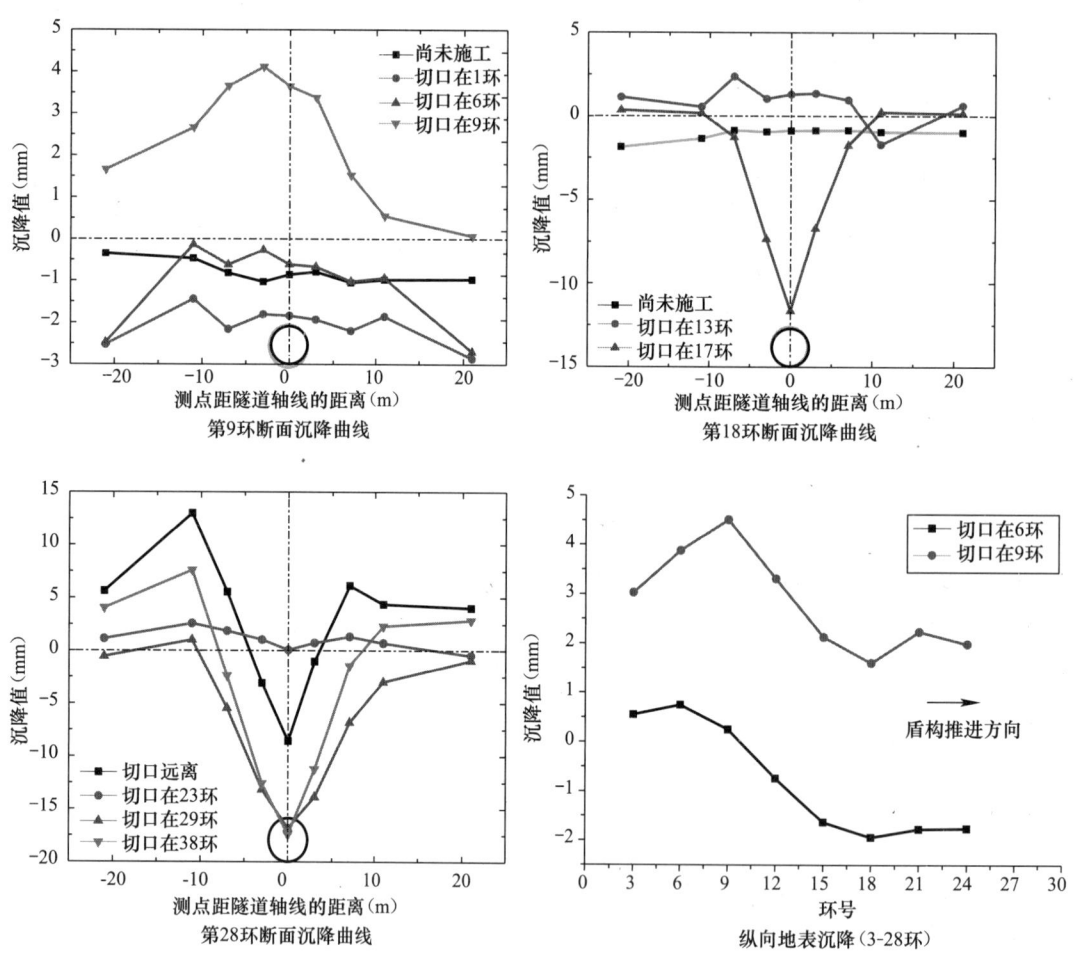

图 6.3.193 盾构始发段地表位移变化曲线（横向和纵向）

至13环和17环时，其在第18环断面地表分别产生了隆起和沉降，隆起的最大值为2.38mm，沉降的最大值为－11.66mm。隆起的最大点发生在隧道轴线的一侧，而沉降的最大点则发生于隧道轴线上，沉降槽形态基本符合Peck沉降槽理论。当盾构距离28环断面之前较远时，其在该断面产生了较为标准的沉降槽，而随着盾构距离28环断面越来越近，由于开挖面泥水压力等因素的影响，地表竖向位移逐渐变为隆起（推进至23环），当盾构进一步推进至28环以后时，其在第28环断面产生的沉降逐渐增大，并且随着盾构的远离，沉降槽宽度逐渐收敛，而最大沉降值有微量的增加，为－17.44mm（推进至38环）。

由图6.3.193纵向地表沉降曲线还可以看出，在盾构开挖面上部的地表竖向位移在整个轴线上是最大的，分别为0.75mm（第6环）和4.51mm（第9环）。在开挖面前方，轴线上部地表竖向位移逐渐减小，其中切口在第9环时，地表竖向位移在第18环断面达到最小值为1.61mm；切口在第6环时，地表竖向位移最小值同样发生在第18环断面，为－1.94mm。

综上所述，西线隧道在盾构始发阶段地表竖向位移呈现以下规律：

① 距离工作井较近的断面（如第9环断面），其在盾构推进过程中主要呈隆起的状态。随着盾构逐渐靠近监测断面，该断面上部地表位移由于开挖面泥水压力等因素会产生一定量的隆起，最大隆起点不在隧道轴线上部，而在最靠近隧道的一个监测点上。

② 在较远的断面，盾构在推进至距离监测断面一定的环数时，该断面上部地表隆起出现最大值，随后开始发生沉降，沉降槽形态符合Peck沉降槽理论，并且随着盾构越过监测断面且远离，沉降槽宽度逐渐收敛，但最大沉降值略有增加。

③ 随着盾构的推进，沿线土体整体发生一定量的隆起，并且在初始阶段（推进至第6环和第9环）沿线各点最大隆起均发生于切口上部地表；在切口前（待开挖区域）地表竖向位移逐渐下降，并在18环左右达到最沉降值。

2) 盾构穿越江南大堤段沉降规律分析

江南一线大堤为抛石围堤，围堤外侧仅为抛石护坡，无专门防冲结构措施。通过对该围堤进行板桩、浆砌块石护坡等加固，已将其改造为标准海塘。

① 监测方案及变形控制标准

A. 测点布置

沿轴线纵向监测点需加密，监测点间距4m。

在堤坝处布4条横断面，每个横向断面布点为推进轴线中心处布一点，左右60m范围内各布置13点。其中距中心线18m范围内监测点间距3m，18～60m范围内监测点间距6m。

在上述需重点加密监测的区域内布设沉降监测时，视不同环境地质情况宜采用不同的布设方法。

测点布设要求：测点标志采用固定标志，布设时，采用冲击钻成孔，然后用水泥将道钉封牢。

测点布置见图6.3.194。

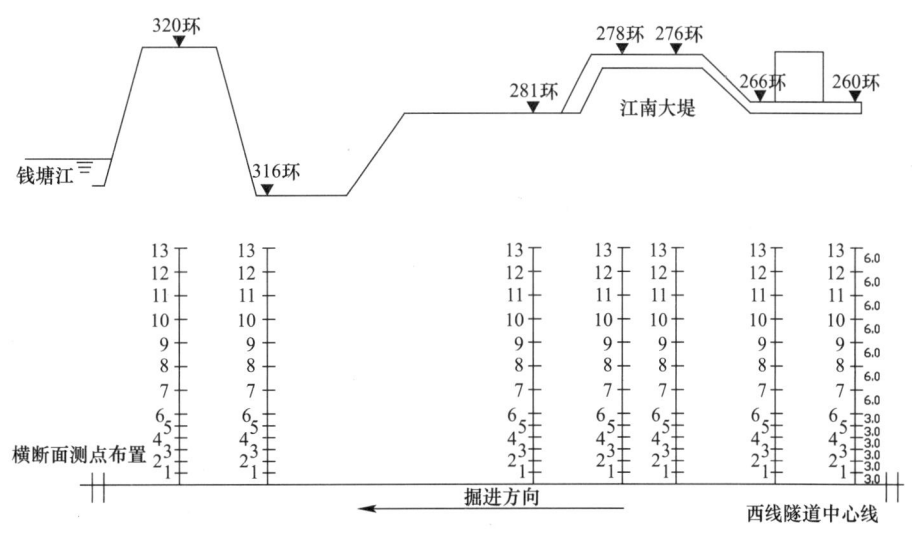

图6.3.194 江南大堤变形测点布置图

B. 监测频率

盾构出洞至切口距大堤（大堤坡脚或丁坝头部）15m前以及盾构机盾尾离开大堤15m后，对大堤沉降的监测频率调节至1次/天，待大堤沉降稳定后逐步降低监测频率。

盾构机距大堤前后15m范围内及在大堤正下方穿越时，对大堤的监测频率为每推进一环测一次，并及时将信息反馈于施工现场。

当实测差异沉降量或沉降速率较大时，根据实际情况适当增加测点和测频。

C. 报警值

大堤差异沉降按照相邻沉降点的累计沉降之差与沉降点点间距之比≥1/250的报警值执行（具体根据设计和有关部门相关要求）。达到报警值后立即上报防汛指挥部及大堤管理所等单位。

D. 动态信息传递

每一次测量成果都及时汇总给施工技术部门，以便于施工技术人员及时了解施工现状和相应区域变形情况，确定新的施工参数和注浆量等信息和指令，并传递给盾构推进面，使推进施工面及时作相应调整，最后通过监测确定效果，从而反复循环、验证、完善，确保大堤安全和隧道施工质量。

在监测成果上报施工技术部门的同时也上报给监理和业主单位。如出现变形值超过报警值应立即向有关部门报警。

E. 大堤变形控制标准

表6.3.28给出了江南大堤容许变形计算值。江南标准海塘分实施前和实施后，最终沉降分别为不超过5cm和2cm。

江南大堤容许变形计算值　　　　表6.3.28

	K	Z (m) 按坡脚取值	R (m)	n	V_S	δ_{max} (mm)
江南大堤	0.7	23.715	7.715	0.6	186.9x	21.3

根据Peck公式，对大堤沉降量进行计算：

$$\frac{i}{R} = K\left(\frac{Z}{2R}\right)^n \quad (6.3.108)$$

$$V_S = \sqrt{2\pi} \cdot i \cdot \delta_{max} \quad (6.3.109)$$

式中　　K——常数，黏土取1；砂土取0.63～0.82；

　　　　n——常数，黏土取1；砂土取0.36～0.97；

　　　　Z——隧道中心的埋深；

　　　　R——隧道半径；

　　　　δ_{max}——地面最大沉降量；

　　　　V_S——沉降槽体积，也称地层损失量（推进每米）。

② 盾构穿越江南大堤沉降规律分析

图6.3.195（a）～（d）为盾构穿越江南大堤时不同监测断面大堤地表竖向位移曲线。在切口到达第275环时，盾构在第275环监测断面没有产生有规律的竖向位移模式。当盾构逐渐靠近监测断面时，监测断面处大堤地表有隆起的趋势，并且随着切口通过监测断面而开始回落，当切口远离监测断面时，在断面处产生了明显的沉降槽，其中最大沉降发生于测点275环W-1，即隧道西侧距离轴线3m处的监测点，最大沉降-16.63mm。同时，随着切口的远离，隧道两侧测点W-8～W-13以及E-8～E-13（除了E-11）由于土体卸载回弹而产生了一定量的隆起，最大隆起量为3.06mm（测点W-11）。由279环监测断面位移曲线可以看出，切口的远离会造成江南大堤的沉降，但由于监测点布置在大堤混凝土结构上，刚度远大于下部土体，加之大堤桩基的影响，在该断面沉降并没有表现出明显的规律，但仍可以看出在横断面上远离隧道中轴的测点竖向沉降值明显小于隧道中心附近测点的位移，有的测点如W-13、W-11、W-10、W-9以及W-8甚至发生了微量的隆起。在穿越279环监测断面时最大沉降-20.13mm（测点E-4），最大隆起3.22mm（测点W-11），都在控制标准范围内。

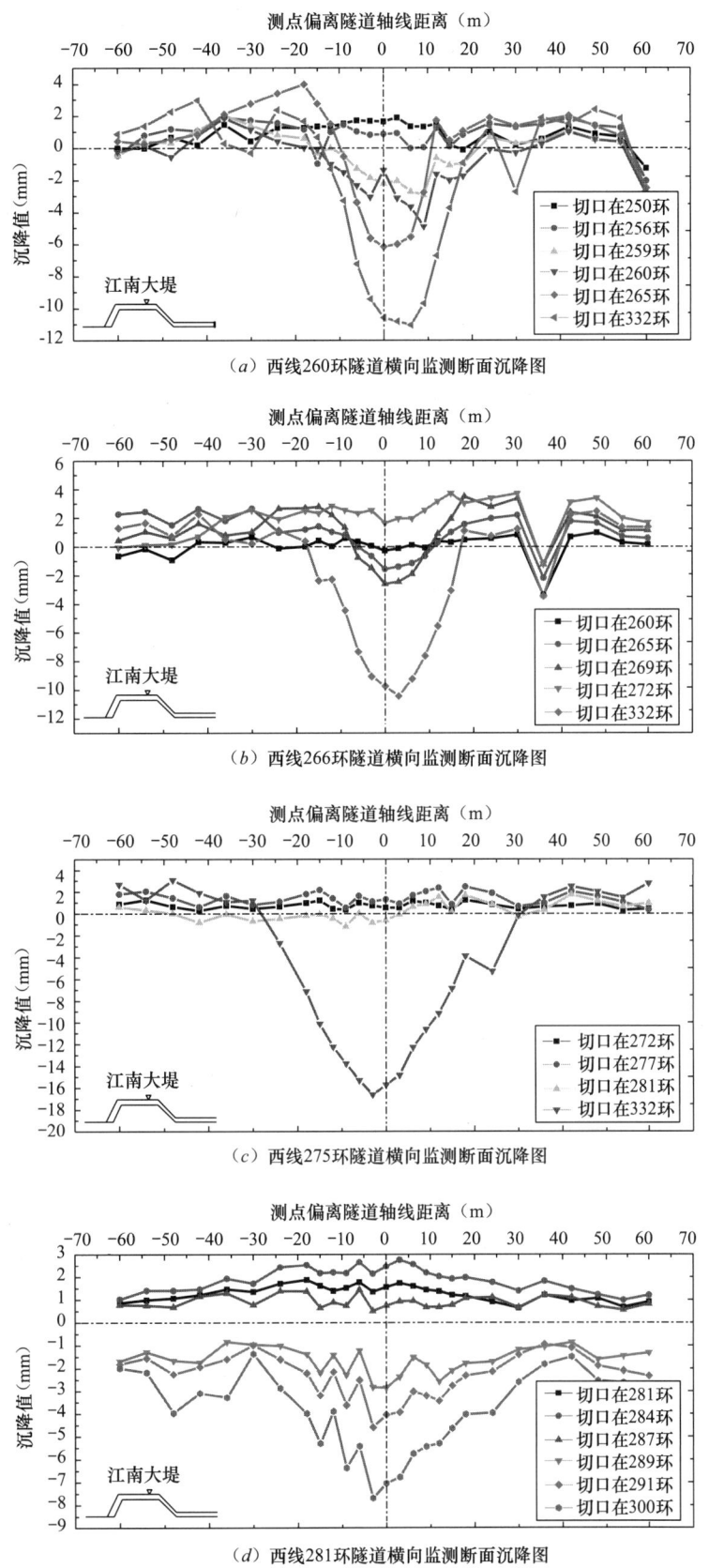

图 6.3.195 盾构穿越江南大堤隧道横向监测断面沉降图（一）

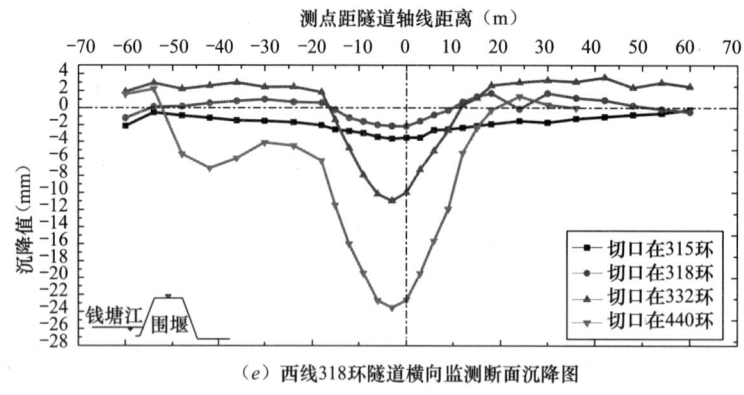

(e) 西线318环隧道横向监测断面沉降图

图 6.3.195　盾构穿越江南大堤隧道横向监测断面沉降图（二）

图 6.3.195（e）为盾构在穿越围堰时（第 318 环监测断面）围堰地表在盾构穿越的不同阶段的沉降曲线。由图可以看出地表随着切口逐渐靠近监测断面，其竖向位移发生一定量的隆起，隆起值在切口到达监测断面时达到最大。当盾构越过监测断面时，地表沉降逐渐加大，直到最后的 $-23.54\mathrm{mm}$，最大值发生在测点 W-1，而不是在轴线上部。同时可以看出，随着盾构的远离，测点 W-10 发生了较相邻测点更大的沉降。整个穿越过程均在隧道两侧产生了一定量的隆起，最大隆起发生在盾构推进至 332 环时（已越过监测断面）的测点 E-10，为 $3.55\mathrm{mm}$。

由上述分析，可以得到以下结论：

a. 西线江南大堤各监测断面地表沉降对称性较好，每个断面最大沉降发生在隧道轴线顶部上方附近。最大沉降发生在 318 环断面上，达到了 $-24\mathrm{mm}$ 左右。

b. 整个沉降发展趋势为：（a）盾构切口到达之前，地表沉降发展不明显，每个断面的沉降在 $\pm 2\mathrm{mm}$ 左右；（b）盾构切口到达到盾尾脱离之前，沉降发展继续，但幅值亦较小亦仅为 $\pm 2\mathrm{mm}$ 左右；（c）盾尾脱离后阶段，沉降继续发展，幅值较大，有些断面甚至超过了 $20\mathrm{mm}$。

c. 在（a）、（b）两个阶段，受开挖面泥水压力的影响，有些断面甚至出现稍微隆起。但以上两个阶段的累积沉降占最终沉降的比例很小，仅为 $30\%\sim40\%$，有些断面所占比例甚至低于 20%。

d. 此外（c）阶段的沉降不仅所占比例大，而且持续时间长，在盾尾脱离 $200\mathrm{m}$ 以后仍在继续发展，这显示了黏土地层盾构后期沉降大、持续时间久的特性。但有利的是（c）阶段的沉降变化速率小，因此对衬砌的内力和变形的影响相比前两个阶段要小。

3）盾构穿越江北大堤段沉降规律分析

盾构穿越的江北大堤前身为明清时期鱼鳞石塘，后于 1997～2003 年新建成标准海塘。由于鱼鳞石塘年代久远，带有历史古迹的性质，而且自身结构相对比较脆弱，因此，保护要求相当高。

同时，在下穿江北大堤前，盾构掘进需要先平行通过一道 $50\mathrm{m}$ 长的护塘桩式丁坝，坝址位于隧道上游、与西线隧道最小平面距离仅 $10\mathrm{m}$，丁坝坝头局部冲刷坑将影响盾构施工安全。为此，各参建单位组织实地勘测及专题研究论证，落实各项技术保障措施，确保世界最大直径盾构机能够安全、顺利、史无前例地穿越。

图 6.3.196 为江北大堤变形测点布置图。

图 6.3.197～图 6.3.202 分别为盾构穿越江北大堤时隧道横向监测断面沉降图。由沉降图可知，沉降变化由于受西线的影响，沉降槽为非对称的 Peck 槽形式，呈现的趋势总体上与隧道西线盾构穿越江南大堤相似。然而，与西线江南大堤相比，盾构切口到达到盾尾脱离之间，地表均发生明显的隆起，最大以 187 环为例达到了 $+21\mathrm{mm}$，最终沉降为 $+9.5\mathrm{mm}$ 左右。也就是说，盾构穿越大堤的总体规律为到达前呈现隆起状态，穿越后逐步发生沉降，盾尾脱出后沉降达到最大值。

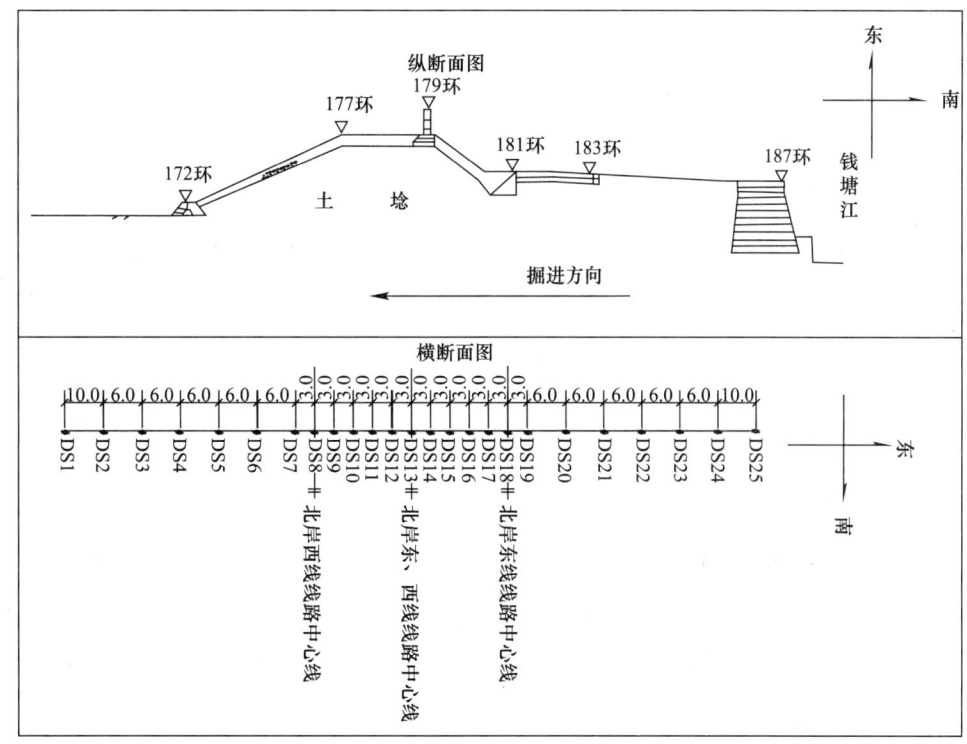

图 6.3.196　江北大堤变形测点布置图

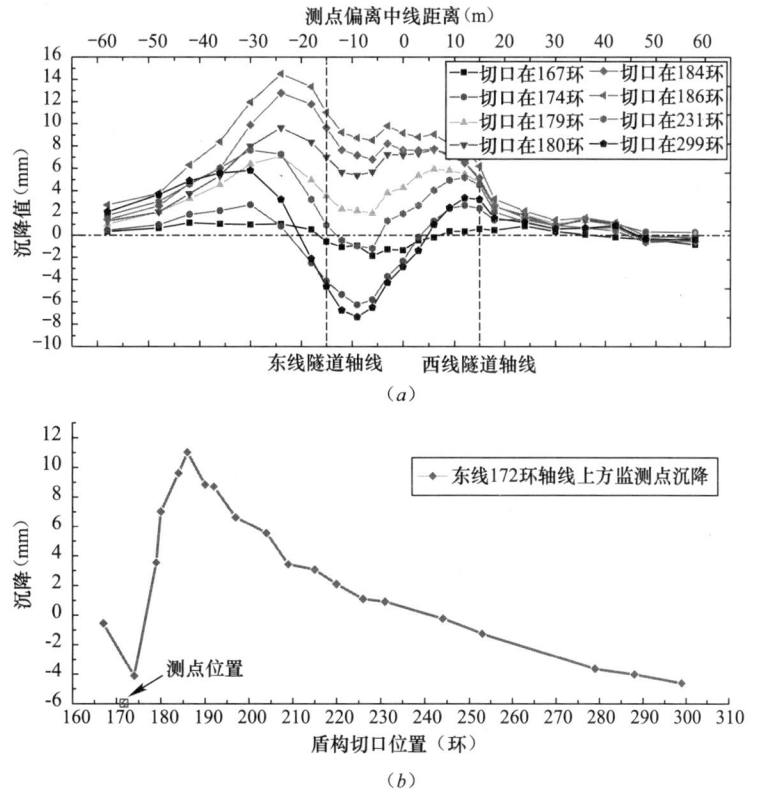

图 6.3.197　东线 172 环隧道横向监测断面沉降图

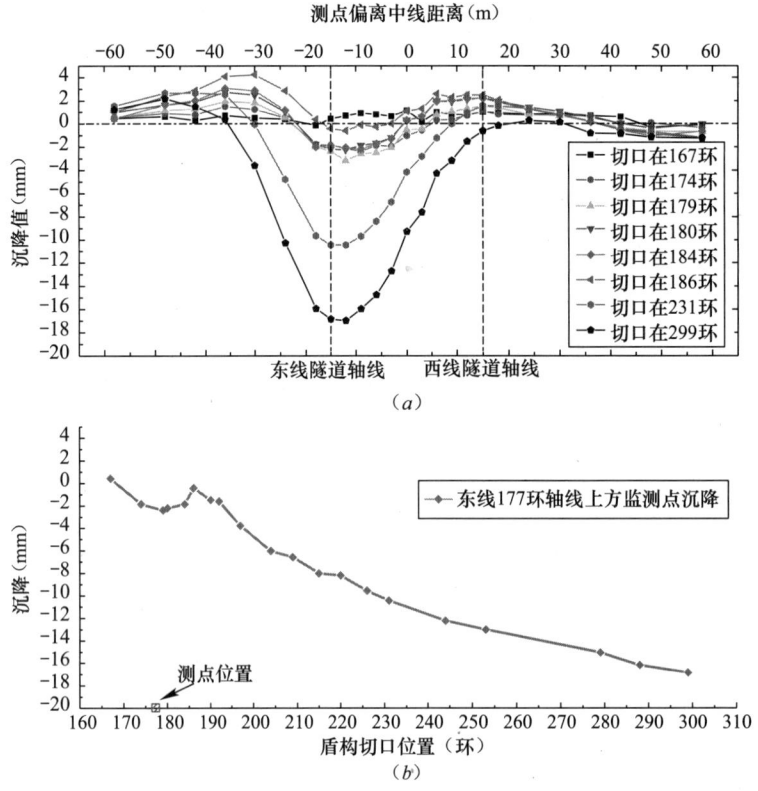

图 6.3.198 东线 177 环隧道横向监测断面沉降图

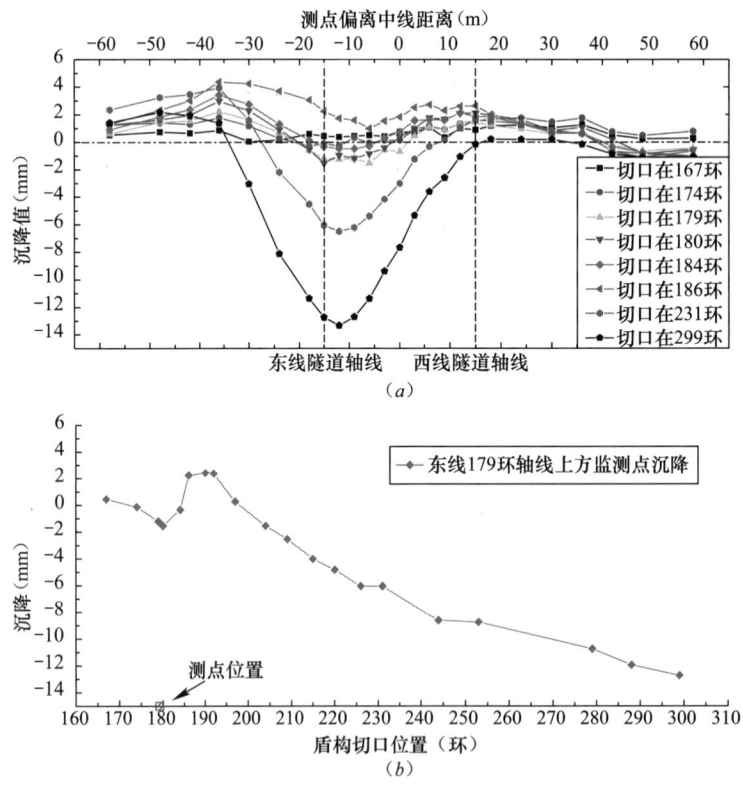

图 6.3.199 东线 179 环隧道横向监测断面沉降图

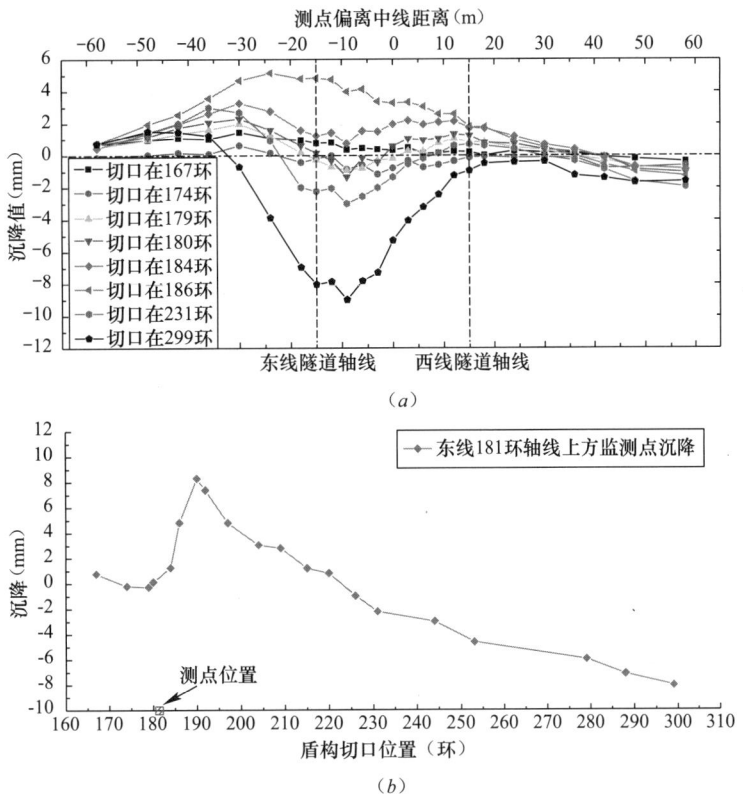

图 6.3.200 东线 181 环隧道横向监测断面沉降图

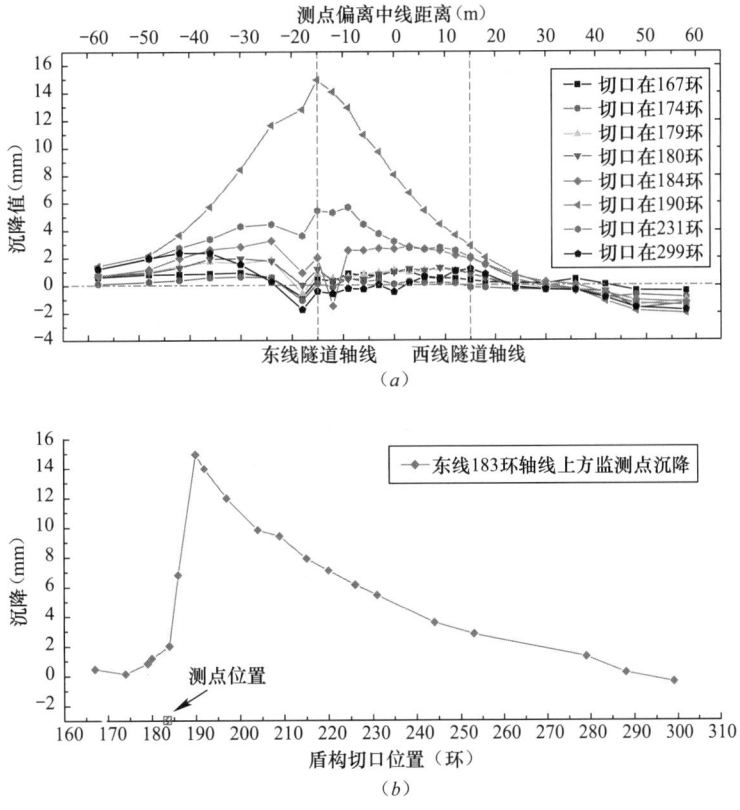

图 6.3.201 东线 183 环隧道横向监测断面沉降图

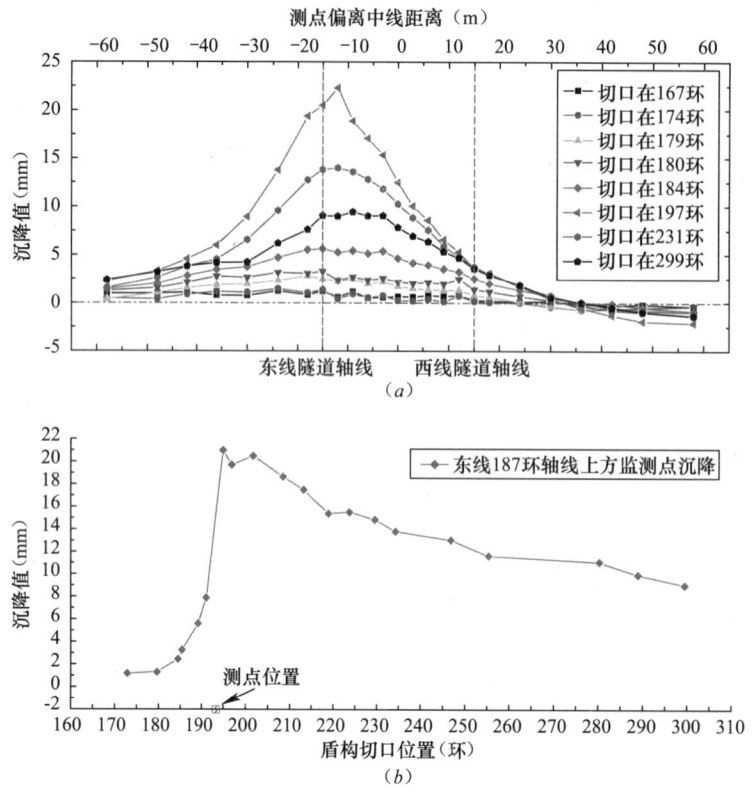

图 6.3.202 东线 187 环隧道横向监测断面沉降图

6.3.6.4 小结

基于盾构隧道掘进全过程的特点,本研究提出了双目标的前摄性隧道法,并在钱江隧道得到了成功实践,取得的成果可以归纳为:

(1) 针对钱江流域地层特点,建立了钱江隧道所穿越地层的三维可视化模型,并进行了有效的区段划分,为深化研究打下了坚实基础;

(2) 提出了前摄性隧道法基本理念,分析了盾构掘进诱发沉降的因素,并采用前摄性理论模型确定了工作面支护压力,实现了钱江隧道掘进参数的前摄性设计和动态调整;

(3) 成功地实现了钱江隧道掘进施工全过程的前摄性预测分析和风险控制,实际地表沉降监测数据验证了前摄性隧道法的可行性和可靠性,有效地控制了地表沉降风险,安全快速地叠次穿越了钱江江南和江北大堤。

6.4 钱江流域大直径盾构泥水处理及环境保护技术研究

6.4.1 概述

6.4.1.1 钱江隧道环境问题现状

21 世纪将是长、大隧道工程,地下空间大力开发利用的时代。近年来我国经济迅速崛起,交通、运输等基础设施的发展极大地促进了隧道修建技术的进步。隧道工程作为大型的交通建设项目,在施工过程中不可避免地会产生各种环境影响,其中废浆弃土就是其面临的主要环境问题之一。

隧道开挖要产生大量各种岩石碎块,或风化岩类与泥土的混合物等废渣,预计到钱江隧道建成后可产生 150~200 万 m^3 的土体。且工程结束后,需要还耕约 250 亩的施工用地。这些地方,如果处理不当,将会对区域环境造成严重的不良影响,侵占耕地,减少人均耕地面积和农作物的产量;占用或堵塞河道、沟谷,阻碍其正常的行洪排涝功能,可能引起洪水泛滥,引发新的水土流失现象;废渣倾泻入江,将对江河生态环境产生严重影响。另外,固体废弃物处理不当还可能造成对土壤的污染。如化学品及油料运输及使用过程中意外泄漏导致的土壤污染，水泥对施工区域土壤异质化，含化学品泥浆排放对土壤的污染，建筑垃圾对施工区域土壤的污染，绿化使用杀虫剂对土壤的污染。故如何实现在隧道施工过程中对周边的环境保护成为一个崭新的研究课题。

(1) 项目实施背景

钱江隧道是钱江通道及接线工程项目的控制性工程、关键工程。钱江隧道的建成将沟通钱塘江南北两岸，对加强钱塘江南北两岸各重要城市的相互联系和经济往来具有十分重要的意义。钱江隧道位于著名的观潮胜地——海宁盐官镇上游约 2.5km。其中隧道北出口位于海宁市辖区，隧道南出口位于杭州市辖区。隧道设计采用外径为 15.43m 的盾构法技术施工，建成后实现双管六车道通车，与上海长江隧道并成为世界最大直径的盾构法隧道。隧道设计行车速度 80km/h，隧道全长 4450m，其中江中盾构段长 3200m。建设工期预计 4 年。在钱江隧道盾构推进沿线上，尤其是在进出洞浅覆土施工段，盾构将穿越大量的浅层粉土及粉砂层，土层含水量丰富，渗透系数大，而且由于覆土较浅，为了保证盾构开挖面稳定，对护壁泥浆性能指标提出了更高的要求。因此，有必要根据这一特殊工况条件对泥浆配比进行研究，以保证泥浆性能。钱江隧道地处杭州市萧山规划的生态湿地，环境要求较高，但因钱塘江潮汐特征突出，不具备泥浆外运的条件，须对盾构的废浆弃土采用环保的方式处理处置并达到可利用的状态。研究从废浆泥水分离效果、弃土资源化利用、废浆弃土的生态工程处置等多个方面，对盾构推进泥浆弃土进行消纳和利用，为类似工程的环保要求提供参考。

(2) 泥水处理及环境保护现状

钱江隧道泥水处理系统是以法国 MS 泥水处理系统为主要处理模块，以德国莎堡泥水处理系统作为辅助处理设备的大型泥水处理群，最大处理能力可达 4100m³/h，期望分离粒径为 45μm。泥水处理系统简易流程如图 6.4.1 所示。

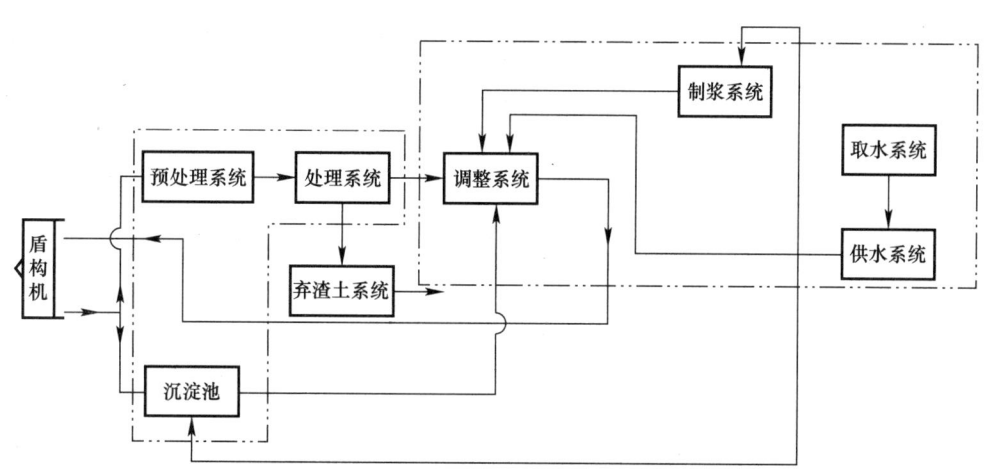

图 6.4.1 泥水系统简易流程图

根据钱江隧道的实际工况条件设计了 MS 泥水处理系统设备，主要包括一级滚动筛预处理系统、二级除砂除淤系统等。

一级滚动筛预处理系统：盾构机进入刮剥单元的流量为 2000～3000m³/h，可能带有的固体干土量为 300t/h。为了保证对 7mm 颗粒的分离和对泵送以及旋流器部分的保护，采用两个 φ2.4m 的滚动筛，带 7～8mm 的钢孔。这种滚动筛相对传统振动筛的优势在于：该设备可以充分可靠的工作，它不会将筛子堵住，而推进中的土层非常黏，会将常规的振动筛堵住。为了更适合黏土地质，采用滚动筛；对于较困难的地质条件，安装带喷射棒的清洗设备，用来疏通和清洗圆筒。在滚动筛周围设工作平台，用来安全合理的保养。

二级除砂除淤系统：从盾构机排出的所有泥水通过一个滚动筛收集，经下溢口泥水的分配箱及手动阀分流，然后分为 4 路供给旋流器。每个单元都配有一个特殊泵槽，由两个 Warman 泵的泵箱确保，可

以供给两个平行的 $\phi 750$mm 的旋流器。第一级旋流器的上溢口泥水进入一个储浆罐后,由 2 个 Warman 泵供给 24 个 $\phi 300$mm 的旋流器进行二级除淤。每台盾构机二级除淤总能力为 3200m³/h。这些旋流器设计保证 d_{50} 泥水分离在 0.04~0.08mm 左右。

现场共有两套独立的设备,容积均为 4460m³。在施工初期作为唯一处理系统存在,MS 系统开始运行,沉淀池主要起初步沉淀及缓冲应急作用,并且是莎堡处理系统振动脱水模块到过渡槽模块之间的过渡部分。集土坑与沉淀池为一体,故废浆主要由此堆积,拟对废弃泥浆进行三级处理,通过离心压滤等工艺,使泥水分离,便于监测与再利用。

6.4.1.2 内容简介

(1) 粉土及粉砂层盾构掘进施工进泥水的指标控制技术研究

1) MS 在特殊地层的适应性研究。作为主分离设备的 MS 已有一定程度的磨损,在粉土及粉砂层的泥水处理过程中,分离效果不佳,显得力不从心;根据前期调研及现场试验分析研究,MS 处理设备中的分离单元——旋流器磨损程度日趋严重,影响了整套 MS 设备的适应性;因此,结合钱江通道工程中粉土及粉砂层土质条件,寻找能够适合该土层分离条件的分离单元,对 MS 设备进行改进和优化,以提高其土层适应性,解决钱江通道泥水盾构穿越粉土及粉砂土层时原始设备的不足。

2) 影响制浆主材膨润土水化性能的制浆用水研究。根据前期的试验研究分析得出,由于采用钱塘江支流抢险河水作为制浆用水,水中含有的大量 Ca^{2+}、Mg^{2+} 离子影响了膨润土的水化性能,拌制的新浆重力稳定性差,影响了新拌泥水的浆液质量,不利于泥水平衡的建立。因此,针对制浆用水中的 Ca^{2+}、Mg^{2+} 离子,采用化学沉淀法,生成难溶的沉淀物,有效降低 Ca^{2+}、Mg^{2+} 离子含量,使制浆用水达到或接近采用自来水作为制浆用水的效果。

3) 适应于特殊地层的泥水材料及配比研究。采用不同的泥水材料,进行室内性能试验分析,同时针对所选取的泥水材料,做不同配合比试验,研究适应于钱江通道粉土及粉砂层地质条件的泥水材料及配合比,并通过现场试验,调整优化泥水配合比,以满足现场施工条件及要求。

4) 泥水参数指标的控制及优化研究。施工中如何合理地调整并控制泥水指标,以提供施工过程中所需的理想泥水指标,是泥水盾构施工的关键技术;因此,针对经过泥水处理系统处理后的泥水指标的调整、新浆加入量、加水量以及新浆加入的后续效应等进行试验,分析研究钱江通道粉土及粉砂层中泥水盾构施工泥水参数的最优控制指标。

(2) 钱江隧道盾构施工泥浆三级压滤处理零排放工艺技术研究

1) 压滤处理技术及流程研究

① 在充分分析工程地质条件的基础上统计汇总各种地层参数。
② 进行物质平衡计算。
③ 研究工程各类盾构废浆的压滤处理工艺流程。
④ 研究压滤设备运行的方案流程。
⑤ 研究压滤设备的组成和功能单元。
⑥ 工程现场试用,评估使用效果和综合成本。

由于试验研究的对象是指标差异较大的各类盾构弃浆,所以三级压滤处理的流程也不应是固定化的。需要根据外接盾构弃浆的种类和性质的变化,及时对应地调整试验流程。对于是否需要一次浓缩和二次助滤改良应以保证压滤机的分离效果和处理能力为准。各类泥浆应具备筛分后直接压滤的条件。压滤机本体通过 PLC 控制的每道工步应是可以根据情况适时调整的。

2) 泥浆的快速化学混凝技术研究

对来自钱江通道西线隧道不同地层(穿越江北大堤段、进洞段)的泥浆进行分析,测定一系列参数,包括酸碱性、相对密度、黏度、荷电性质等,并对基本成分进行检测。

① 按照工程泥浆的要求,配制工程泥浆,并从工程现场取土添加,得到模拟现场的工程泥浆。通过泥浆相关参数的测定,初步拟定 20 组以上复配方案,配方原则是无机盐/有机聚合物组合。

② 按照既定配方，在同一实验条件下实验混凝效果，对方案进行初步筛选。

③ 从不同施工现场（不同地域、不同地质条件）取回现场泥浆，用初步筛选的实验方案进行实验，进一步筛选合适配方。

④ 按照初步筛选的实验配方，从相关厂家购置工业试剂，优化复配试剂的相对用量，实验复配配方的放置稳定性。

⑤ 对来自工程现场的泥浆，对泥浆参数进行微调，通过单因素实验和正交试验，进一步优化试剂配方。

⑥ 对试剂配方进行成本核算。

⑦ 工程现场试用，检验试剂混凝效果，并按照效果对用量进行微调。

3) 工程泥浆助滤技术研究

① 为进一步的了解泥水盾构工程泥浆，对其进行各种配比的成分、性能分析。

② 通过对泥水盾构工程泥浆的物化性能分析研究，找出一种或几种一次性加入的低成本复配助滤改良药剂。药剂与泥浆产生快速化学或物理反应，能使泥浆的滤失量大大提高，方便泥浆在压滤处理时快速出水，提高压滤效率。

③ 研究如何控制因复配药剂加入造成的泥浆固含量增加所导致的压滤泥饼体积增加比例。

④ 对滤液进行分析，保证药效迅速充分的发挥后滤液中无残留药剂。要求使用复配药剂对泥浆助滤改良压滤后得到的滤液能够直接外排和进行再次制浆。滤液包括pH值在内的生化指标符合国家标准，不会对环境和泥浆体系的相关指标造成影响。

⑤ 当施工地质条件和泥浆、黏度等具体工况发生变化，致使现有的药剂配方无法对待处理泥浆进行有效的助滤改良时，现场改进药剂配比，同时找出配方中的各药剂添加比例及加入量的变化规律。

⑥ 研究药剂在使用过程中对人体及环境影响，评估其安全性。

（3）盾构废浆弃土的生态处置、资源化利用及相关环境问题研究

盾构推进时，旋转刀盘切削下来的土砂经搅拌装置搅拌后形成高浓度泥浆，用流体输送方式送到地面泥水分离系统。泥浆经过滚动筛、除砂器等物理分离处理后形成低浓度薄浆和高浓度厚浆。薄浆回用于泥水平衡盾构，厚浆排入弃浆池，久而久之表面干化为弃土。钱江隧道所在的位置是萧山规划的生态湿地，环境要求较高，盾构废浆弃土不适合外运，为了生态保护，需采用环保处理方式，实现生态资源化利用。具体需开展以下研究：

① 盾构废浆泥水分离特性的研究。包括其来源、产量、组成、基本的理化特性等；针对工程现有的不同分离工艺（滚动筛和除砂器处理系统）特点，优化浆液特性，并对盾构废浆进行固液分离试验，获取最优化泥水分离条件。

② 脱水干化后弃土的特性分析及资源化处理处置途径研究。对脱水干化的弃土进行特性分析，根据结果分析其资源化利用的方向并进行可行性研究，包括农用资源化利用和林业用土，以及利用盾构弃土进行环境功能材料的研发试验。

③ 构建兼有水质净化和盾构废浆/弃土消纳处置功能的人工湿地现场示范工程。与现有技术相比，本示范工程将废浆和弃土作为具有利用价值的资源封存起来，既解决了废浆和弃土的消纳问题，又体现了人工湿地的环境友好功能，结合利用盾构弃土研发的环境功能基质，以盾构余水、基地生活污水、周边河道景观水为对象，进行深度处理，并考察种植经济作物的示范效应，体现经济补偿作用。本示范采用生态工程的处置方式，运行成本低，易于管理维护。

④ 隧道施工过程对周边环境的影响评价及控制管理研究。对隧道施工过程中的噪声、光、大气、水质、弃土等环境因素进行综合调研和分析，并提出合适的措施和技术手段加以控制管理，寻求一条环保、生态的隧道施工方式。

⑤ 结合当地商业规划，研究弃土消纳模式。将水质净化、弃土处置、景观美化相结合，结合当地商业规划，建立弃土消纳模式，可能的应用方式包括：生态公园、绿地、开发区生活区以及基础设施建

设等，对其分别进行评估。

6.4.2 泥浆三级压滤处理零排放工艺技术研究

6.4.2.1 盾构掘进废浆零排放压滤处理技术机理

（1）压滤处理技术机理

为满足泥水盾构施工中的泥水指标要求，泥浆的处理采用滚筒筛结合两级旋流处理，处理后的泥浆重新回到盾构环流系统中循环使用。但分离精度再高的旋流分离设备也有其分离的极限，地层中的细微颗粒会在经二级分离设备处理后的泥浆中逐渐富集，如果不及时予以去除，则引起泥浆的相对密度和黏度上升，直接影响了泥浆的携渣能力及环流系统的泵送能力，进而影响到盾构机的掘进效率。

运用盾构物质平衡理论分析，计算出为保证循环泥浆相对密度的相对稳定，循环泥浆中需要去除的含有多余细微颗粒的泥浆量。在二级旋流分离设备不能完全达标时，从其处理后的泥浆中以一定的比例取出泥浆进行彻底的固液分离，分离出的干土可直接车运，并可根据实际情况经过一定的处理后达到资源化利用的要求，分离出的水则可返至泥水体系中循环利用，抑制泥浆相对密度的上升，保持体系的泥水物质平衡，达到盾构泥浆零排放的目标。

在综合比较了离心、压滤及使用固化剂干化处理等技术后，我们选择采用压滤技术来处理盾构废浆，其分离原理如下：

经过旋流分离的定量泥浆经过混凝沉降和助滤破胶后，经泥浆泵送入压滤机，在强大的泵压和隔膜压力下进入滤室泥浆的固体部分被滤布截留形成滤饼，液体部分透过过滤介质而排出滤室，从而达到固液分离的目的。

（2）化学作用的机理分析

1）泥浆的化学混凝作用机理

① 泥浆颗粒的特点

在光学显微镜下，泥浆中颗粒都应该是微型的单晶，自身具有完整的晶面，可观察到明显的晶棱和晶角。这类颗粒的表面积大，水化程度大，表面电荷密度高，稳定性好。

泥浆的沉降稳定性主要来源于大量的此类超微颗粒的存在。数量上占优势的此类颗粒导致泥浆具备了胶体的部分性质。混凝剂的主要作用对象是这类超微颗粒。正是因为这类颗粒的表面积大，才使得混凝剂主链上的带电荷基团与其作用强烈，其水化层充当了混凝过程的介质。

光学显微镜下，混凝后生成的混凝体中，超微颗粒呈随机取向，被链状高分子包夹裹带。这些超微颗粒之间的水化层被高分子化学键的张弛运动和胶粒与带电基团的静电作用而进一步压缩，双电层的束缚水大部分转化为自由水。泥浆的沉降稳定性消失，泥水分层，混凝体沉降至容器底部。整个混凝过程在 5min 左右，是双电量层束缚水不断脱附并在混凝体中扩散的过程。

② 超微颗粒的电位

由于泥浆的表面的吸附性能，对浆液中的正、负离子进行选择性吸附，吸附层的次级结构又可分为紧密层和扩散层，其中，紧密层所吸附的离子叫电位离子，紧密层与浆液本体的电位差，即为电位。

③ 浆液混凝原理

根据泥浆浆液的颗粒级配特点和电性质，在对其进行化学处理时，选择合适的凝集剂。

凝集剂包括凝聚剂与混凝剂。所谓凝聚剂就是在分散体系中加入无机电解质，通过电性中和，压缩双电层，降低电位，减少微粒间的排斥能，从而达到凝聚的目的。常用的无机凝聚剂有以氯化铁、硫酸铝、氢氧化钙、铵盐等。

所谓混凝剂就是利用带有许多活性官能团的高分子线状化合物能在分子上吸附多个微粒的能力，通过架桥作用将许多微粒聚集在一起，形成一些较大体积的松散絮团，从而达到混凝的目的。

④ 泥浆颗粒-混凝剂的作用

泥浆混凝剂与泥浆颗粒之间发生的相互作用主要有：

A. 向泥浆中加入带电性基团，让电性基团作用于泥浆中的胶体颗粒，降低其电位，使其处于不稳定状态。

B. 电位下降后的泥浆颗粒不稳定，它们之间的固有团聚作用力上升至主导地位，在外界强烈的蠕动下，团聚更大的胶体颗粒。

C. 混凝剂是分子量超过 500 万的高聚物，高聚物的分子链很长，达到微米级，能有泥浆颗粒之间产生强烈的桥联作用。

D. 桥联作用之后，高聚物分子中的化学键产生伸缩和弯曲振动，使泥浆颗粒之间发生接触、摩擦、碰撞等作用，颗粒的稳定性进一步丧失，从而生长团聚形成混凝体。

2) 助滤剂的破胶助滤作用机制

泥浆处理最终需要进入机械压滤流程，而影响压滤效率的因素有压差、入料性质粒度、黏度、浓度等性质。

① 压差的影响

压差越大，压滤效果越好，一般在生产中压差是一个固定范围。

② 粒度的影响

粒度可以被看作主导因，粒度越细，黏度越大，浓度越高，压滤效率低。显然，粒度越小的粒群，单位体积内的颗粒数越多，粒间孔隙越小，孔隙率也越小，粒群的渗透性越低，即滤饼的阻力越大，压滤效果差；同时，对于越细的物料，由于比表面积大，对于同样亲水程度的物料而言，滤饼中水化膜所占的比例就多，水化膜的存在导致了滤饼残留水分高。

③ 黏度的影响

此外，细物料越多，在压滤的过程中容易堵塞滤布，影响压滤速度。因此，加入助滤剂改善物料粒度，就可以提高过滤的速度和效率。

④ 助滤剂

助滤剂，就是在被过滤体系中加入的一种辅助型物质。该物质能改变原来滤液中颗粒分布及滤饼过滤性能，起促进过滤作用。由于助滤剂形成滤饼，具有无数细小微孔，可截留滤液中颗粒和胶状物质，不致阻塞过滤介质的通道。在滤液中，混入一定量的非压缩性助滤剂，能增加空隙，减小滤饼的压缩率，使过滤周期延长。某些具有表面活性的助滤剂，还捕吸一些极细胶状固体微粒，提高过滤效果，高精度大流量的液体过滤过程中助滤剂是不可缺少的。助滤剂必须骨架坚硬，富有单孔和复孔及多种形状的关系，使滤饼不能密实结聚。且具有较大的表面积和较高的空隙度，而且能够达到较高的滤速和理想的过滤精度。

6.4.2.2 研究目标及流程设计

(1) 研究目标

① 浆液的参数分析测试

对钱江通道盾构机掘进期间环流系统排泥泵直接排放的污浆和二级旋流器分离后的上溢流、底流泥浆以及调浆池内的多余泥浆进行分析，测定一系列参数，包括酸碱性、相对密度、黏度、荷电性质等，并对基本成分进行检测。

② 浆液的快速混凝

研究筛选由特定无机化合物，有机化合物和合成高分子化合物等配伍而成的混凝复配方案，实现泥浆的快速混凝。

- 相对密度指标：底流相对密度 1.3 以上，溢流为相对密度小于 1.1 的轻浆。
- 沉降速度：在 10～15min 以内。
- 处理速度：混凝浓缩处理的底流产率为 203m^3/小时。
- 药剂成本：干基控制在 5～20 元/m^3 以内。
- 环境测评：检测形成滤饼和滤液的总有机碳和重金属含量，达到或低于国家相关标准，处理过程不产生二次污染。

③ 新型助滤技术实现快速固液分离

通过低成本的破胶复合配方，达到将相对密度为 1.10~1.40 的浆液，在加入化学药剂后快速反应，使泥浆的胶体率快速降低，失水量增大，处理时间小于 1~3min，处理的耗材成本不大于 5~8 元/吨土。

④ 机械压滤对改良浆液的快速固液分离

对化学改良后的泥浆进行机械压滤，在 PLC 远程控制系统控制下实现浆液的快速固液分离。

(2) 工艺流程

① 混凝及助滤药剂的准备

针对不同的来浆，配置混凝剂与助滤剂。药剂为我公司拥有自主知识产权的复配药剂，混凝剂按 2‰~9‰ 比例进行水化配置，水化时间 30~40min，储备在混凝药剂罐里。助滤剂为粉剂直接加入混匀。

② 混凝沉降过程

泥水盾构机排出的废浆经过预筛、一二级筛分旋流处理后，溢流浆液或进入调浆池循环入井下，或进入下一级压滤处理系统。经筛分旋流系统处理后的浆液分溢流和筛下底流，溢流浆液进入反应泥浆罐，筛下底流直接进入待压滤浆罐，进行压滤，见图 6.4.2。

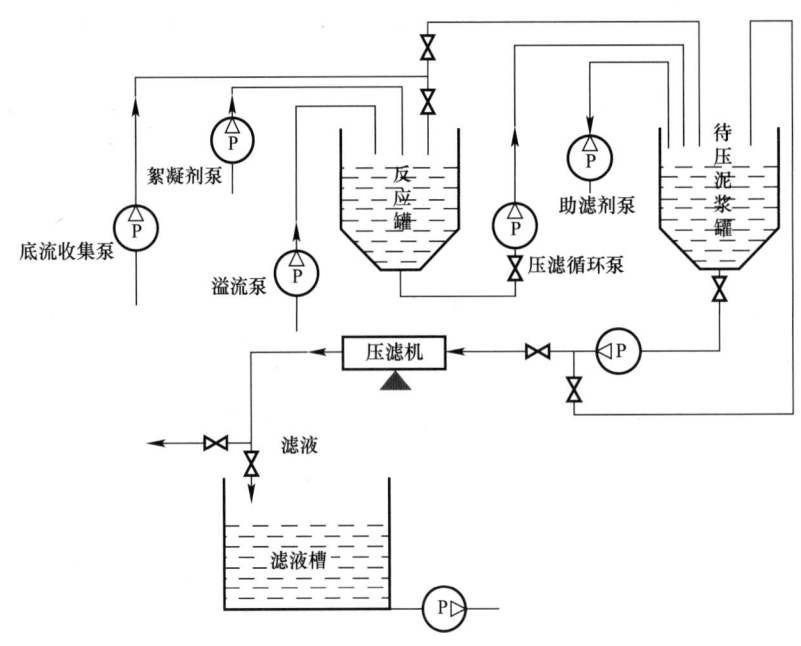

图 6.4.2 粉质黏土地层中泥浆压滤处理图

泥浆进入反应罐之前，经过检测，由 PLC 控制系统的设定程序换算，同步加入适量的混凝药剂，由反应罐内的液位计控制液位，当浆液至高液位时，停止送浆泵。经过反应罐内搅拌器的充分混合。浆液在反应罐中经过 5~10min 的混凝沉降，得到高黏度、高密度的泥浆，密度 1.4~1.5g/cm³ 左右。

③ 助滤反应过程

待混凝沉降反应完成时，经比重计自动检测达到设定值后发出信号，启动反应罐底部转移泵，送浆至待压泥浆罐，助滤剂泵同步地按比例加入助滤药剂，罐内有搅拌器，达到高液位后，转移泵与助滤剂泵同时停止，泥浆与助滤剂在罐内进行物理化学反应，形成透水性很好的易压滤泥浆。

④ 机械压滤

待压泥浆罐内疏水性增强的泥浆，经压滤进浆泵送入压滤机，快速形成滤液和滤饼。

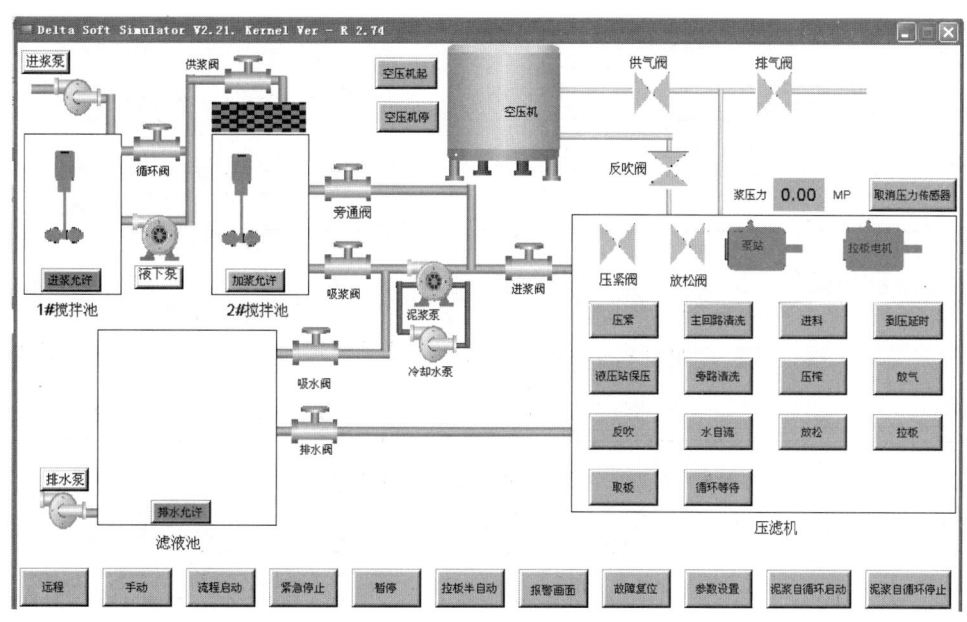

图 6.4.3　PLC 控制画面图

6.4.2.3　研究方法和实验过程

(1) 废浆压滤技术的研究

在钱江隧道工程中盾构机排出的污浆由排泥泵送入滚筒筛，筛余的泥浆经过两级旋流分离及沉淀后被 P1 泵送至盾构机循环使用。最为重要的就是控制进泥泥浆的密度，使其在某个地层掘进时保持相对稳定。而不是等到整个循环泥浆密度恶化、环流泵超负荷、盾构机扭矩过大推不动的时候，再不得不用清水置换，为避免泥浆循环体系容量超限的泥浆溢流而大量弃浆。

压滤系统的功用就是在黏土层旋流筛分设备不能分离出足够的渣土，不能将泥浆密度还原到掘进初期的低值时，取出一定比例的泥浆进行彻底的固液分离，通过分离出足够的低含水率（23%～27%以下）干土、回收足够的低固含（50mg/L 以下）滤液，将泥浆密度还原到掘进初期的所需值。

在整个地面泥水体系运行过程中最为重要的是通过循环泥浆的物质平衡计算，调整旋流筛分参数，提高前二级旋流分离渣土量，同时将透筛部分的高比重旋流器底流收集进压滤系统，充分利用掘进和管片安装的时间及时进行循环的旋流筛分和压滤处理，从泥浆体系中分离出足够的干泥，并还原回足够的清水，保证经 P1 泵下井的进泥泥浆比重稳定。

1) 基于工程地质条件的物质平衡计算

根据钱江隧道盾构工程地质概况可知：隧道全线以淤泥质粉质黏土、粉质黏土和黏质粉土为主。

① 相关地层参数

A. 基本穿越地层：

左线：3-2、4-2、5-2、5-4

右线：3-2、4-1、4-2、5-2、5-3、5-4

B. 地层颗分：如表 6.4.1。

地层颗分　　　　　　　　　　　　　　　　　　　　表 6.4.1

地层	名称	0.5-0.25 mm	0.25mm-75μm	75-60 μm	60-50 μm	50-40 μm	40-30 μm	30-20 μm	20-10 μm	10-5 μm	<5 μm	含水率	天然比重	颗粒密度
3-2	粉沙	3.22	53.69	4.67	3.23	3.6	4.17	5.23	7.78	7.09	7.44	23.84	1.99	2.69
4-1	淤粉	5.0	42.35	5.13	3.55	3.98	4.78	6.28	9.36	7.75	11.86	40.57	1.8	2.73
4-2	粉黏		35.5	6.16	4.78	5.53	6.46	8.0	11.25	9.11	13.25	33.95	1.83	2.73

续表

地层	名称	0.5-0.25 mm	0.25mm -75μm	75-60 μm	60-50 μm	50-40 μm	40-30 μm	30-20 μm	20-10 μm	10-5 μm	<5 μm	含水率	天然比重	颗粒密度
5-2	粉黏	9.24	15.67	4.72	3.65	4.46	5.7	8.0	13.76	12.8	22.0	28.47	1.95	2.73
5-3	黏粉	1.5	23.42	5.97	4.6	5.76	7.91	12.06	17.61	11.93	9.3	31.06	1.9	2.71
5-4	粉黏		19.72	5.31	4.07	4.9	6.11	8.32	14.0	13.64	23.71	34.56	1.87	2.74

② 物质平衡计算

A. 按最大掘进速度 4.5cm/min、最高进浆密度 1.25t/m³、进浆流量 2400m³/h 计算各地层的每环掘进时间、排浆密度及排浆流量，如表 6.4.2。

浆量指标 表 6.4.2

地层编号	进浆流量 m³/h	进浆密度 t/m³	颗粒密度 t/m³	隧道直径 m	掘进速度 cm/min	每环长度 m	每环掘进时间 min	地层密度 t/m³	地层含水率%	排浆密度 t/m³	排浆流量 m³/h
3-2	2400	1.25	2.69	15.43	4.5	2	45	1.99	23.84	1.372	2919
4-1	2400	1.25	2.73	15.43	4.5	2	45	1.8	40.57	1.322	2956
4-2	2400	1.25	2.73	15.43	4.5	2	45	1.83	33.95	1.341	2927
5-2	2400	1.25	2.73	15.43	4.5	2	45	1.95	28.47	1.361	2928
5-3	2400	1.25	2.71	15.43	4.5	2	45	1.9	31.06	1.349	2934
5-4	2400	1.25	2.74	15.43	4.5	2	45	1.87	34.56	1.342	2940

B. 按最大掘进速度 4.5cm/min、最高进浆密度 1.25t/m³、进浆流量 2400m³/h 计算各地层单位时间内进排浆物质的重量流量，如表 6.4.3。

浆液重量流量指标（t/h） 表 6.4.3

地层编号	进浆重量流量	实际进浆干重量	实际进浆水重量	每小时隧道质量	每小时隧道干土量	每小时隧道含水量	排浆总干物质量	排浆总水量	排浆重量流量
3-2	3000	963.64	2036.4	1004.7	765.18	239.52	1728.82	2275.89	4004.7
4-1	3000	963.64	2036.4	908.78	540.09	368.69	1503.72	2405.06	3908.8
4-2	3000	963.64	2036.4	923.92	610.25	313.67	1573.89	2350.04	3923.9
5-2	3000	963.64	2036.4	984.51	704.22	280.29	1667.86	2316.65	3984.5
5-3	3000	963.64	2036.4	959.27	661.32	297.95	1624.95	2334.31	3959.3
5-4	3000	963.64	2036.4	944.12	617.83	326.29	1581.47	2362.65	3944.1

C. 按最大掘进速度 4.5cm/min、最高进浆密度 1.25t/m³、进浆流量 2400m³/h 计算各地层单位时间内一、二级处理的出渣量，如表 6.4.4。

出渣量指标（t/h） 表 6.4.4

一级渣料干重量	一级渣料含水量	一级渣料重量	一级处理后排浆重量流量	二级渣料干重量	二级渣料含水量	二级渣料重量	二级处理后排浆重量流量
523.46	193.61	717.071	3287.6	131.5	48.622	180.08	3107.6
324.11	119.87	443.981	3464.8	110.3	40.791	151.076	3313.7
317.15	117.3	434.449	3489.5	156.9	58.03	214.926	3274.5
271.12	100.28	371.404	3613.1	193.4	71.524	264.902	3348.2
272.79	100.9	373.69	3585.6	248.5	91.92	340.443	3245.1
210.06	77.694	287.757	3656.4	175.6	64.966	240.616	3415.7

D. 按最大掘进速度 4.5cm/min、最高进浆密度 1.25t/m³、进浆流量 2400m³/h 计算各地层单位时间内需要三级处理浆量、出渣量及弃浆量，如表 6.4.5。

三级处理浆量、出渣量及弃浆量（t/h） 表 6.4.5

需三级处理的浆重量流量	三级处理后干渣量	三级处理后渣料含水量	三级处理后渣料总量（含水）	三级处理后的回浆重量流量	三级处理后回浆干物质重量	三级处理后回浆水重量	三级处理后弃浆量	三级处理后弃浆干物质重量	三级处理后弃浆水重量
406.76	140.6	35.141	175.707	2931.8	933.333	1998.5	-68.2	-21.7	-46.4574
120.26	38.81	9.7021	48.5104	3265.2	1030.52	2234.7	265.2	83.702	181.5082
326.37	109.6	27.405	137.025	3137.5	990.224	2147.3	137.5	43.404	94.12047
673.83	242.2	60.544	302.722	3045.5	961.175	2084.3	45.48	14.354	31.12734
365.54	124.3	31.079	155.397	3089.7	979.32	2110.4	89.74	28.443	61.29364
565.32	197.9	49.475	247.377	3168.4	997.854	2170.5	168.4	53.027	115.3429

E. 按最大掘进速度 4.5cm/min、最高进浆密度 $1.25t/m^3$、进浆流量 $2400m^3/h$ 计算各地层单位时间内各级处理后的泥浆密度、流量及最终弃浆量，如表 6.4.6。

处理后的泥浆比重、流量及最终弃浆量 表 6.4.6

排浆密度 t/m^3	排浆流量 m^3/h	一级处理后泥浆密度 t/m^3	一级处理后排浆流量 m^3/h	二级处理后泥浆密度 t/m^3	二级处理后排浆流量 m^3/h	三级处理后的回浆密度 t/m^3	三级处理后的回浆流量 m^3/h	三级处理后弃浆流量 m^3/h
1.372	2918.6	1.299	2530.4	1.277	2432.9	2345.5	2345.5	-54.5
1.322	2955.9	1.275	2717.3	1.257	2636.1	2612.2	2612.2	212.2
1.341	2926.6	1.296	2693.1	1.27	2577.6	2510	2510	110
1.361	2927.6	1.324	2728	1.295	2585.6	2436.4	2436.4	36.39
1.349	2933.9	1.312	2732.4	1.273	2548.7	2471.8	2471.8	71.79
1.342	2939.8	1.313	2785.5	1.286	2656.4	2534.7	2534.7	134.7

由上述各表可知，隧道掘进在各不同地层时的泥浆处理情况，在各地层中含有大量 $20\mu m$ 以下的颗粒，根据地层不同大约有 20%~40% 的细微颗粒不能由旋流器分离出来。通过上述计算若要维持掘进泥浆密度的稳定，每环约需要弃浆 $300\sim800m^3$。若采用压滤方式处理废弃泥浆，则需要 2~4 台容渣量为 10 立方的压滤机。为了验证压滤系统处理盾构泥浆的可行性，我们采用了一套小型的压滤系统对盾构泥浆进行工况试验。

2) 盾构废浆的处理流程

盾构废浆的一般处理流程如图 6.4.4 所示。

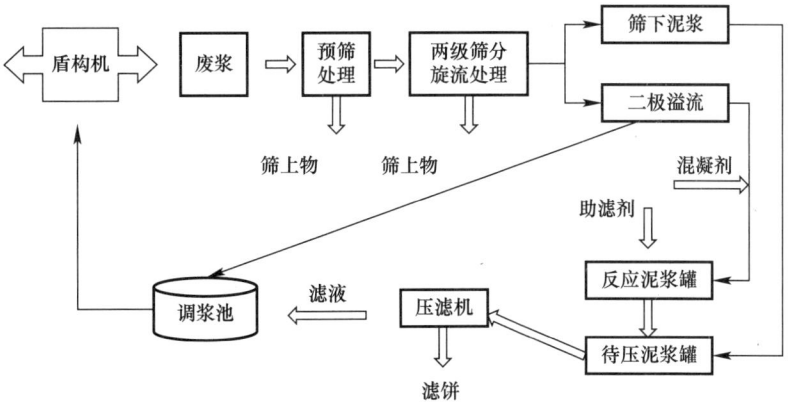

图 6.4.4　废浆处理流程图

整个工地需要用压滤系统处理的废浆主要有四种：盾构机排泥泵排出的污泥、MS泥浆处理系统旋流器底流、MS泥浆处理系统二级旋流上溢流及调浆池多余泥浆。四种废浆的具体处理流程如下：

① 盾构机排泥泵排出的污泥

从盾构机排泥泵出浆管路上接一支路，用流量为 $30m^3/h$ 的泥浆泵将废浆打至废浆处理系统的振动筛上，经振动筛分后流入助滤药剂添加室内添加助滤剂，添加了助滤剂的泥浆经搅拌均匀后流入沉淀浓缩池，再用泥浆泵将沉淀浓缩池内的泥浆打入待压滤储浆罐内，再将泥浆打入压滤机进行压滤，压滤后的形成的泥饼堆积在渣料场运出，滤液可以返回到调浆池或外排。

② MS泥浆处理系统旋流器底流

MS泥浆处理系统旋流器底流在流入收集池后，用流量为 $30m^3/h$ 的泥浆泵将底流废浆打至废浆处理系统的振动筛上，经振动筛分后流入助滤药剂添加室内添加助滤剂，添加了助滤剂的泥浆经搅拌均匀后流入沉淀浓缩池，再用泥浆泵将沉淀浓缩池内的泥浆打入待压滤储浆罐内，再将泥浆打入压滤机进行压滤，压滤后的形成的泥饼堆积在渣料场运出，滤液可以返回到调浆池或外排。

③ MS泥浆处理系统二级旋流上溢流及调浆池多余泥浆

MS泥浆处理系统二级旋流上溢流流入调浆池进行收集，与调浆池多余泥浆性状基本相同。用流量为 $80m^3/h$ 的泥浆泵将调浆池内废浆经过混流箱后打至浓缩罐1下部，同时通过螺杆泵将制备好的絮凝剂打入混流箱与泥浆进行充分混合。泥浆在浓缩罐1中进行浓缩，上层浓度小的通过顶部管路流向浓缩罐2的下部，下层浓度大的沉淀到浓缩罐1的底部。浓度小的泥浆在浓缩罐2中进行与浓缩罐1同样的过程，上层浓度小的泥浆或清液流入调浆池或外排，浓度大的沉淀到浓缩罐的底部。两个浓缩罐底部密度大的泥浆达到一定的浓度和量后，打开底部的阀门，流入到废浆处理系统的振动筛上，经振动筛分后流入助滤药剂添加室内添加助滤剂，添加了助滤剂的泥浆经搅拌均匀后流入沉淀浓缩池，再用泥浆泵将沉淀浓缩池内的泥浆打入待压滤储浆罐内，再将泥浆打入压滤机进行压滤，压滤后的形成的泥饼堆积在渣料场运出，滤液可以返回到调浆池或外排。

3) 压滤工艺流程

① 废浆的参数分析

对盾构机在不同黏性土地层的废浆进行分析，测定一系列参数，包括酸碱性、密度、黏度、荷电性质等，并对基本成分进行推测。在此基础上，应用物理化学原理，按照胶体化学的体系制定基本的药剂配比及处理方案。

② 混凝剂及助滤药剂的准备

针对不同的来浆，配置混凝剂与助滤剂。药剂为拥有自主知识产权的复配药剂。混凝剂按1‰～3‰比例进行水化配置，水化时间30～40min，储备在混凝药剂罐里。助滤剂按照30%～40%的高浓度配置，搅拌混合充分后，储备在助滤剂罐待用。

③ 混凝沉降过程

泥水盾构机经筛分旋流系统处理后的泥浆分溢流和筛下底流，溢流泥浆进入反应泥浆罐，筛下底流直接进入待压滤浆罐，进行压滤。

泥浆进入反应罐之前，经过检测，由PLC控制系统的设定程序换算，同步加入适量的混凝药剂，由反应罐内的液位计控制液位，当泥浆至高液位时，停止送浆泵。经过反应罐内搅拌器的充分混合，泥浆在反应罐中发生历时5～10min的混凝沉降，得到高黏度、高密度的泥浆，密度1.4～1.5g/cm³ 左右。

④ 助滤反应过程

待混凝沉降反应完成时，经比重计自动检测达到设定值后发出信号，启动反应罐底部转移泵，送浆至待压泥浆罐。助滤剂泵同步地按比例加入助滤药剂，罐内有搅拌器，达到高液位后，转移泵与助滤剂泵同时停止。泥浆与助滤剂在罐内进行物理化学反应，形成透水性很好的易压滤泥浆。

⑤ 机械压滤

待压泥浆罐内疏水性增强的泥浆，经压滤进浆泵送入压滤机，快速形成滤液和滤饼。

4）压滤设备的研究

① 压滤机运行方案流程

储浆槽进浆开启压滤泵，压滤机进浆压力到达设定值压滤泵停止，隔膜板进气压榨正反向吹风卸料管路清洗

设计参数：

■ 压滤机容渣量 2.3m^3，滤板尺寸 1.25m。

■ 具备隔膜压榨功能，减少后段进浆及保压时间。

■ 将压滤泵进浆流量 30m^3/h。

■ 采用滤板集中排水方式，具备正反向吹风功能。

■ 设备采用模块化组装方式，便于运输及安装。

设备组成及功能（图 6.4.5）：

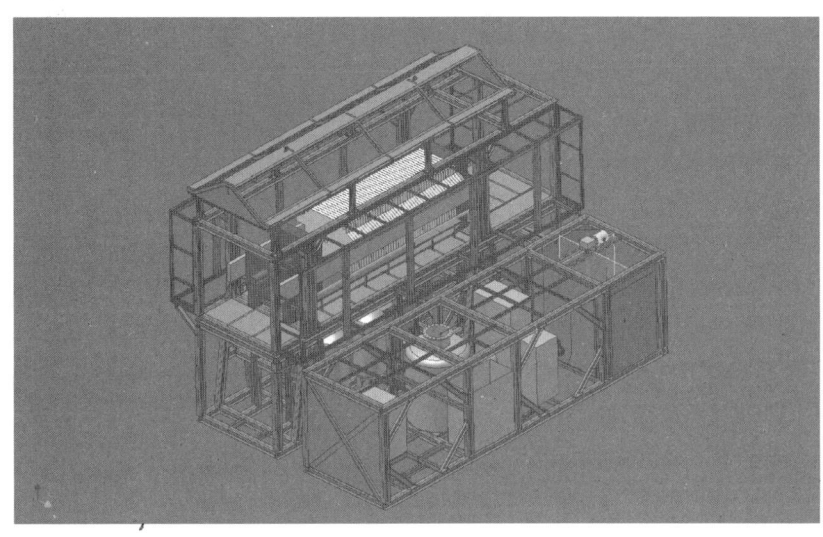

图 6.4.5　设备组成

系统由旋流筛分装置、泥浆存储调整装置、药剂制备装置、压滤机、泵管阀系统、滤液收集装置、空压机、配电及 PLC 控制系统组成。

② 设备组成及功能

本套系统由旋流筛分装置、泥浆存储调整装置、药剂制备装置、压滤机、泵管阀系统、滤液收集装置、空压机、配电及 PLC 控制系统组成，各系统功能如表 6.4.7 所示。

试验研究设备组成及功能一览表　　表 6.4.7

名称	功能	名称	功能
旋流筛分设备	去除污浆中的粗颗粒，减少压滤的处理量	泵管阀系统	输送压滤泥浆进入压滤机，并为泥浆提供压力
泥浆存储调整装置	存储搅拌待压泥浆，防沉淀	滤液收集装置	收集，存储及排放滤液
药剂制备装置	制备存储化学药剂	空压机及储气罐	提供压滤所需的挤压及吹气，提供各阀门动力
压滤机	较为彻底的实现固液分离		

（2）在钱江隧道工地的应用

试验设备（如图 6.4.6 所示）在 2011 年 3 月份进场。经过安装调试后，4 月份在钱江隧道施工现场开始使用。施工地层为淤泥质粉质黏土。根据废浆处理流程与现场工况条件，在调浆池中设置了一条管路，用于给压滤处理系统提供旋流器上溢流泥浆；在沉淀池中设置了一条管路，收集旋流器下溢流泥浆和滚筒筛筛出物，用于给压滤处理系统提供高比重的污浆。

图 6.4.6 试验设备现场布置图

在供给压滤处理系统处理泥浆同时取样，经过实验室小样试验，取得结果如表 6.4.8 所示。

实验室小样试验结果　　　　表 6.4.8

序号	压滤泥浆量 (mL)	混凝剂 (mL)	助滤剂 (g)	滤液 pH 值	压滤时间 (min)	压出水量 (mL)	饼厚 (mm)	饼重 (g)	滤饼含水率
1	440	10	5	6	15	275	30	271.3	27%
2	440	16	2+3	6	15	280	27	246.38	26%
3	440	12	1+4	6	15	290	30	272.89	27%
4	440	16	1+4	6	12	280	27	251.73	29%
5	440	27	1+4	6	12	290	30	242.62	27%
6	440	14	6	6	10	270	30	262.19	26%
7	440	12	1+4	6	10	275	30	256.23	27%
8	440	12	1+4	6	10	275	28	235.2	26%

在工地现场，经混凝和助滤处理后的泥浆，压滤机处理量约为每循环处理 10m³ 泥浆，单次处理周期 30min，处理后的泥浆成为含水率为 27% 可堆积的泥饼和清澈的滤液。大大减少了废弃泥浆的存储空间和降低了泥浆的运输及处置条件。滤液可返回至调浆池用于降低调浆池内泥浆的相对密度，实现泥水循环系统中水的平衡。排放的滤液达到国家二类排放标准。试验结果如图 6.4.7 所示。

（a）处理前的泥浆

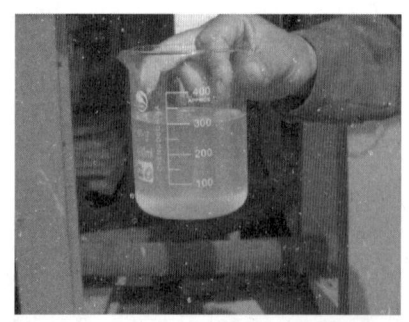 

（b）压滤后的清液和压滤后的滤饼

图 6.4.7 现场压滤试验结果

(3) 泥浆的快速化学混凝技术实验方案

1) 实验室的泥浆配制

泥浆配制方案：100g 膨润土加到 1024mL 水中，机械搅拌至均匀；测定 pH 为 7～8；向浆中加入适量纯碱，至 pH 达到 10～11；静置 24 小时以上，达到膨化效果。经测定，原浆黏度 22s。向膨化好的泥浆中加原土，调至相对密度为 1.18。经测定，泥浆黏度 21s，pH 为 9～10。

根据实验需要，可适当调节纯碱和原土的用量，得到不同酸碱度和黏度的泥浆。

按照化学沉降原理，泥浆稳定不易沉降的主要原因，一是制浆过程加入了稳定剂 CMC，另外泥浆明显荷电。制定基本方案是先中和泥浆电荷，使泥浆凝聚，再加高聚物搭桥聚沉。在实验过程中我们采用了 20 种以上的阳离子盐进行破胶实验。

反复比较不同聚合度的聚合物，实验从两种角度进行。①使等量的泥浆凝聚所需要的剂量；②等剂量的聚合物对等量的泥浆的聚沉效果。筛选合适的聚合度。

考虑到成本问题，实验了多种添加剂，主要考虑分散剂，达到促进沉降的效果。经过反复试验，确定无机盐，有机高分子及其聚合度，促进剂的基本成分，基本比例。

2) 试剂混配和存放问题

设置两组试验，分别称取两份所需试剂，混合均匀。第 1 组对照（实验室现混现配），第 2 组混合完全密封，第 3 组不密封，第 4 组已混配的工业试剂，24 小时后进行实验。

3) 复配配方的优化（现场泥浆，工业试剂）

泥浆（来自工地，pH 约为 12，高于实验室配制泥浆，相对密度 1.12～1.18，黏度 17s），聚合物 X（工业级，500～800 万），添加剂 A（分散剂），与 X 构成复配试剂：称取一定量的 X，一定质量的 A，两者混合后，加入 100mL 水溶解。

初步优化方案包括：针对相同的泥浆，调节 X 和 A 的相对含量，得到一系列实验效果的数据，通过出水量，出水时间和试剂成本三个指标进行比较，遴选出最佳配比。

4) 泥浆相对密度和黏度不同时，（最佳配比）复配试剂的用量

实际上，来自不同工程现场的泥浆参数会明显不同，因此本研究中试验了两个重要参数发生变化时，试剂配方的用量微调方案，以便指导现场施工。

以二次溢流的泥浆（泥浆 2）为基础，加水、纯碱，调节泥浆至所需的参数。取调节好的泥浆 100mL，边搅拌，边加入复合水剂，直到泥浆明显聚结沉降，记下所需试剂用量。

5) 正交试验

在正交实验过程中，因为三因素相互制约，无法完全实现设计的实验。在相对密度、pH 调节过程中，黏度变化很小，因此，此处先实现相对密度、pH 两组参数，同时记录实际的黏度。

根据正交实验原理，我们设计了以下实验。表 6.4.9。

正交试验表　　　　　　　　　　　　　　　表 6.4.9

A（相对密度）	1.21	1.19	1.17
B（pH）	8	10	12
C（黏度）	17	19	22

按下面九个实验点进行实验：
(1) A1B1C1、(2) A1B2C2、(3) A1B3C3、(4) A2B1C2、(5) A2B2C3、(6) A2B3C1、(7) A3B1C3、(8) A3B2C1、(9) A3B3C2。

按同样实验方案处理泥浆，记录配方用量、出水时间、出水量。

图 6.4.8 为实验进行絮凝实验的照片，700mL 泥浆可出水 320mL 左右，照片中显示，在复合絮凝剂加入后 5min 内，絮凝发生，照片的上层为出水层，下层为絮凝体。

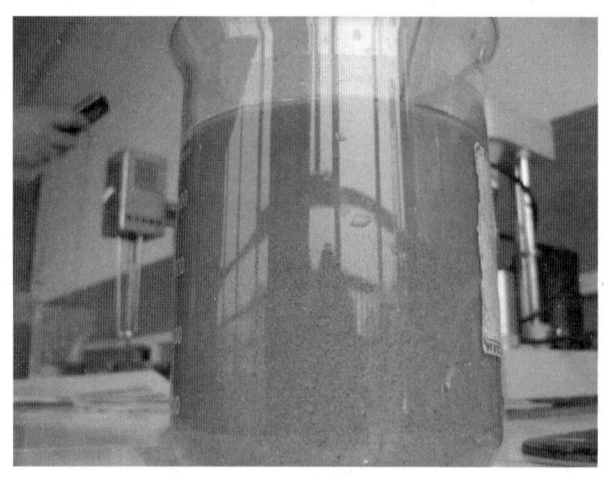

图 6.4.8 絮凝实验

(4) 工程泥浆助滤改良技术研究

1) 泥浆的快速压滤的基本处理思路

助滤阻力的计算。泥浆压滤时，压滤阻力（R_c）可用以下公式进行计算：

$$R_c = L_k \rho_s \alpha_m (1-\varepsilon)$$

式中，L_k 为滤饼厚度；ρ_s 为固体密度；α_m 为滤饼的质量比阻；ε 为滤饼空隙率。

从式中可以看出，当压滤的机械设备固定之后，主要造成压滤阻力的是滤饼的质量比阻和滤饼空隙率。所以，一方面要尽量降低滤饼的质量比阻，另一方面，要增加滤饼的空隙率。

助滤阻力的研究方法：

① 试验设备：试验设备是根据本项目的特殊需要自主制作的，主要是高强度 PE 和工程 PPR 制作而成，采用活塞式压力产生装置，压力来源为实验用耐火砖。

② 主体承压部件：主体承压部件为 $\phi 22.5 \times 100$mm 的 PPR 管，其截面积为 3799.4mm^2，即 3.7994cm^2。过滤部件为 0.4mm 定性滤纸，压力传递方式为活塞，密封方式为高弹含氟耐磨损橡胶。

③ 压力来源及大小：压力来源 4 块实验用耐火砖，每块重量为 3474.16g，一共产生 13896.64g 的重量。

图 6.4.9 为实验室实验阶段的照片。图中左上是系列复配助滤剂之一，右上是左边两个不同原浆压滤后的情况，明显不能成饼，而右边是两个添加了助滤剂之后的滤饼，含水量在 38%～42% 之间。图的左下是已经压过形成的滤饼，滤饼厚度为 20mm，也就是说，此实验装置中，水的单向行程是 20mm，因为，在实际压滤施工操作中，水是双向输运，那时的滤饼厚度为 40mm，正好与实验室的单向行程 20mm 相匹配。图的右下是实验室压滤装置实物图。

试验过程所用泥浆是自黑旋风公司取回的工地工程泥浆，标记为"原浆"，其性状为黄色、粒度均一的、细颗粒的泥浆，每次量取之前用力摇匀。试验时不添加任何其他化学成分。

仔细分析高黏度泥浆的形成原因，当掘进工程泥浆中的黏土含量和掘进过程中脱落的钻屑达到一定浓度时，泥浆就会因为盐侵并由电荷作用提供结构力而形成网状结构体，使泥浆的黏度上升，切力变大，流变性变差。一旦加入降黏剂，就能拆散空间网状结构，从而释放出自由水，达到降低黏度和切力的目的。

降黏剂的主要是中和颗粒的电荷效应，压缩双电层，破坏泥浆体系的电荷相互作用所形成的网架结构，释放出网架结构中的自由水，改善泥浆的流动性。

基于降黏机理分析，降黏剂应为含有强烈电荷的试剂，或者是有相当大的偶极矩的化学试剂。

2) 助滤剂研究主要结论

① 原浆压滤和添加助滤剂后压滤的效果对比

图 6.4.10 展示了是单纯对原浆进行压滤和添加助滤剂后再压滤的典型效果对比情况，同类数据为

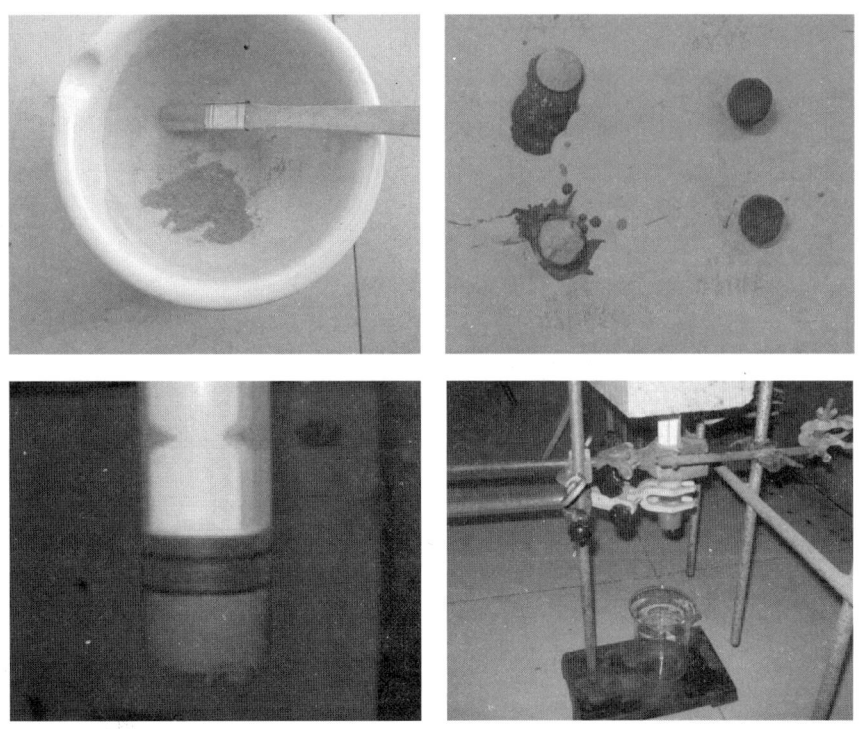

图 6.4.9 泥浆助滤实验

35 组。目标是探索和研究以下因素对压滤效果的影响。

- 不同类型的无机添加物；
- 不同类型的有机试剂；
- 不是聚合度的高分子化合物；
- 阴阳离子类的高分子化合物。

图 6.4.10 中，纵轴是以 g 为单位的出水量，横轴是以分钟为单位的时间。时间分割为 0～3、3～6、6～9、9～12、12～15、15～18、18～21min。

取一定体积的充分搅拌混合的原浆，按 0.5%～2% 的比例添加助滤剂，添加量比常规的助滤剂都少。

图 6.4.10 中下面一条线是原浆的压滤出水量随时间的曲线，下面是添加复合助滤剂后的曲线。

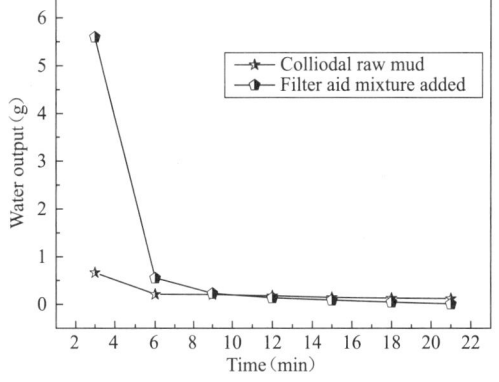

图 6.4.10 原浆的压滤曲线

从图原浆的压滤曲线，其出水量呈平坦下降趋势。结合复合助滤剂对原浆压滤不能成饼的照片可见，原浆不能直接实施压滤而脱水。

添加复合助滤剂之后，3 分钟内，出水量增加了 7 倍以上。曲线表明：（1）9 分钟以后，原浆出水量与添加助滤剂后的出水量持平，特别要强调的是，这是等量的泥浆已经在前 3 分钟大量出水量后，还能与原浆出水量持平。（2）从 9 分钟以后，添加后仍能保持良好的出水率，也就是说，复合助滤剂的助滤效果是长时间持续的。（3）已经比较好的助滤效果的条件下，后续的研究将要把助滤剂的前 3 分钟出水量进一步加大。

② 不同助滤剂压滤效果

图 6.4.11 是两种不同配比的助滤合剂出水量图，使用的是同源泥浆，以保持数据的可比性。图中处在高位的曲线表明，优化后的助滤合剂，即能在 3 分钟内快速出水，也能有后续的 3～21 分钟内持续地保持比较多的出水量，而未经优化的则不然，实验阶段做了 10 组的不同配比的助滤合剂。

实验室研究阶段初步完成后，即进行小试，小试装置的压滤体为金属材质，压力源为空气压缩机。

③ 压滤时间与出水量

图6.4.12是另一组复合助滤剂的受压出水量曲线。此组助滤剂能保持随时间的出水量越来越小，即，在压滤初期，出水量占泥浆含水量的大部分。

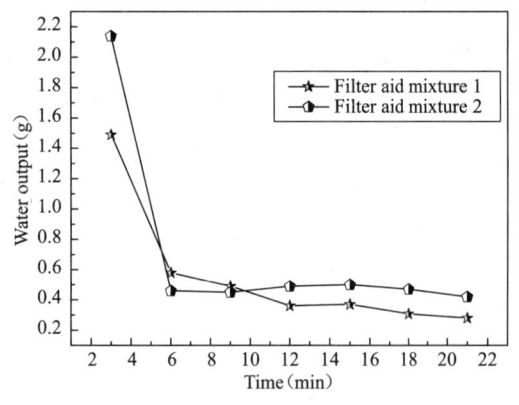

图6.4.11 不同助滤剂压滤效果比较　　　图6.4.12 复合助滤剂的受压出水量曲线

组合图6.4.13显示了两组不同的复合助滤剂的出水量情况，后一组在3分钟内的出水量明显优于前一组，而在前9分钟内的出水量总量则不及前一组，此研究是为了寻找适应不同压滤时间的压滤操作过程的助滤剂，为不同的压滤操作提供数据支持。

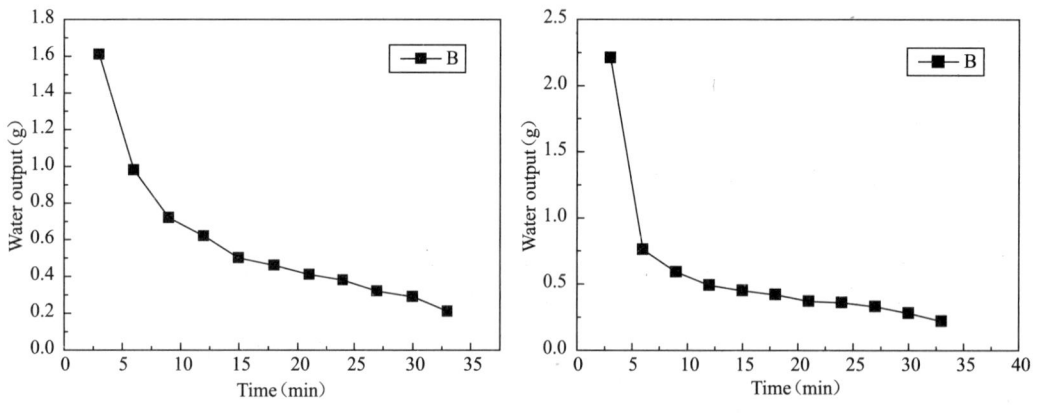

图6.4.13 不同复合助滤剂的出水量

④ 快速出水及适应性问题

图6.4.14则是为了针对性研究短时间出水量而设计的实验结果。用的也是两组不同的助滤合剂。

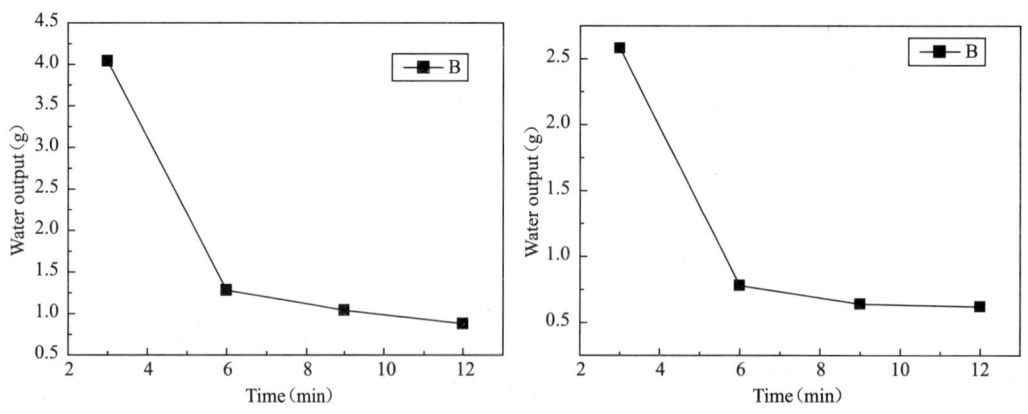

图6.4.14 不同复合助滤剂短时出水量

此实验中，前一组在 6 分钟内的出水量降低程度几乎一样，但是，前一组是后一组的 1.6 倍。

我们对不同地区的泥浆分别加入不同配比的助滤合剂，并进行了出水量研究。形成了不同粒度级配、不同有化学构成的泥浆的助滤方案。

对于低密度、低黏度泥浆，可以不添加胶体双电层压缩剂，只添加块体抗密实性添加剂。对于大密度、高黏度泥浆，则应该添加上述两类添加剂。这是为了减少复合助滤剂对泥浆性质的依赖性，增加普适性。

⑤ 后续优化分析

实验室研究的优势在于普选可能具有助滤性能的试剂，大量筛选和组合，再小量试验。此项研究还需要结合工程实际继续进行，以达到不断优化的目标。

小试必不可少，是将实验研究成果转移去实际操作设备。

工程试用中，则需要充分运用机械与试剂的配合，并将注意力放在动力学过程和机理方面。

（5）混凝-助滤配方的形成

在单纯降黏配方的基础上，结合混凝配方，通过反复试验，得出能达到一次性混凝、降黏目的的综合处理配方，使处理过的泥浆直接进入压滤机处理。

在混凝、降黏配方的基础上，拟定多种配伍方案，经过反复筛选，得出最佳处理试剂配方。

（6）具体处理方案的确定

按照既定的基本配方，取原泥浆密度为 $1.26g/cm^3$，原浆的黏度为 29.75s（500mL）。取原浆 700mL，加入膨化剂 10g 测其黏度为 6 分 23 秒 40（500mL）。取上述高黏度泥浆 100mL，即 126.43g 泥浆，测其 pH＝7，加入 6mL 混凝剂，然后加入碳酸钠 0.509g，调节 pH＝10，并搅拌使其混凝。

取混凝之后的上述泥浆 30g，加入 0.150g 筛选的处理配方，搅拌 1min。取出上述搅拌好的泥浆 15g，压滤 12min，成饼。

6.4.2.4 形成的主要研究成果

通过现场工况的实态缩小模型试验，确定了处理直接排放的二级旋流器分离后的上溢流、底流泥浆以及调浆池内的多余泥浆的工艺流程。

通过现场工况的实态缩小模型试验，确定了两次泥浆改良和压滤分离技术为核心的三级泥浆处理工艺的综合使用成本。

通过试验得出用本研究工法处理该工程泥浆的工作参数。

验证了通过本工法处理该工程泥浆的可行性。

对于难以压滤的黏性颗粒，需要采用特殊的工艺流程和装备，提高压滤工效。其特点是：

① 采用独特的 PLC 控制下的全自动分段进浆压滤技术，配置了两套压滤设备，第一段进浆先用专用液压柱塞泵快速填充滤室，形成滤饼；根据压力信号自动开启，转入第二段进浆工序，再用压缩空气对滤饼进行高压保压。

② 压滤机采用双泵进料，进浆速度快；隔膜压榨的压力高时间短，管道清洗、滤布角吹、反吹功能齐全，确保滤饼含水率低、滤布寿命长。

③ 快速拉板装置能够一次拉开多块滤板，确保滤饼卸料迅速，压滤辅助时间短。

④ 吹风时采用反向排气方式，清洗滤布，增强滤布抖动功能，加速滤饼的脱落。

⑤ 具备独特的自动加药系统，可根据泥浆相对密度的变化自动调整泥浆改良用化学药剂的加量和调整药剂泵流量。

由于采用以上的设计，压滤工效可提高一倍以上。

对于易于过滤的泥浆，根据工作过程的实际含水率状态，可以仅开启一级泵完成压滤，进一步减少使用功率和提高效率。

（1）化学混凝优化配方及实际成本核算

① 基本试剂配方

经过大量筛选，我们得出了由一种无机化合物 A 和高分子聚合物 X 构成的复合配方，其中 A 既为破胶剂，也同时作为聚合物的分散剂。聚合物为阴离子型，相对分子量在400万~800万之间。

配方组成：X（2‰）+A（4.5‰）

基本实验效果见表6.4.10。

基本实验效果　　表6.4.10

方案序号	1	2	3	方案序号	1	2	3
泥浆相对密度	1.19	1.19	1.19	出水时间（min）	5	4	4
X用量	2‰	2‰	2‰	复配试剂用量（mL）	3.9	3.3	3.6
A用量	4‰	4.5‰	5‰	配方用量/m³泥浆（L）	39	33	36
出水量（mL）	50	48	50	试剂成本/m³泥浆（元）	1.49	1.26	1.38

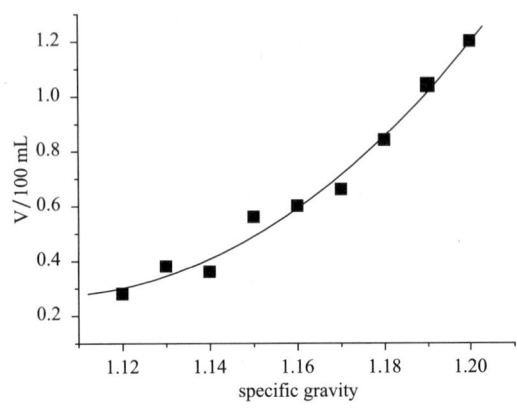

图6.4.15 不同相对密度泥浆的混凝实验

将试剂A和X固相混合均匀，密闭放置3~4天，无结块现象，对实验效果没有明显影响。但如暴露在空气中，容易结块，实验效果也会明显下降。因此，试剂混配后，应注意密闭、防潮，及时使用。

② 单因素配方微调方案

以优化的试剂配方，对不同相对密度的泥浆进行混凝实验，记录复配试剂的用量，如图6.4.15所示。

由图可以看出，随着泥浆相对密度增加，要使泥浆沉降所需的化学复配试剂随之增加。因此，针对不同比重的泥浆，试剂的用量需要做出相应的变化。

实验结果表明，黏度是泥浆沉降处理的重要因素，试剂的用量随着泥浆黏度的增加而变大。结果如表6.4.11。

实验结果　　表6.4.11

编号	相对密度	pH	黏度	用量 mL（配方1）	试剂成本/m³泥浆（元）
1	1.18	10	16	35.2	13.2
2			17	47.04	16.7
3			18	77.75	27.6
4			19	88.17	31.3
5			20	103.10	36.6
6			21	119.44	42.4

低浓度泥浆用此配方处理成本较低，如相对密度为1.18，pH=10，黏度仅为16~17s的泥浆，试剂处理成本仅为15元/m³左右，但随着黏度的增大，试剂成本明显升高。

同时，实验发现，泥浆中由于CMC含量升高，沉降后的上清液变得浑浊，相对密度变大，可至1.06~1.08，试验中要降低上清液的相对密度，可加入5%的氯化钙溶液2~3mL。

③ 正交试验结果

实验参数及结果见表6.4.12。

正交实验参数和结果　　表6.4.12

编号	相对密度	pH	黏度	用量（mL）
1	1.21	8	18	89.58
2	1.21	10	17	63.66
3	1.21	12	17	58.03

续表

编号	相对密度	pH	黏度	用量（mL）
4	1.19	8	17	81.69
5	1.19	10	17	50.42
6	1.19	12	17	41.41
7	1.17	8	16	41.41
8	1.17	10	16	41.41
9	1.17	12	17	41.41

由上述实验结果，泥浆的参数不同，上述两种配方均适用，但相对密度、pH 值发生改变，配方剂量明显不同。对低相对密度泥浆，pH 的改变对配方剂量影响不大，但相对密度上升到 1.19 以后，pH 影响较大，中性的泥浆需要的复配试剂量明显增大，可以采用加入工业纯碱，增大碱性后可以明显减少复配试剂的用量。

用极差分析法确定各因素对凝聚产生最大影响的指标：

$KA_1=(3.2+2.2+2)/3=2.60$

$KA_2=(3.3+1.6+1.2)/3=2.03$

$KA_3=(1.3+1.2+1.2)/3=1.23$

上面数据显示，相对密度越大，越难以凝聚，需要 PAM 的量越多。

$KB_1=(3.2+3.3+1.3)/3=2.6$

$KB_2=(2.2+1.6+1.2)/3=1.7$

$KB_3=(2+1.2+1.2)/3=1.5$

由上述结果可知，pH 越大，碱性越大，泥浆越容易凝聚，需要高分子聚合物的量越少。由此，我们可以推论，处理比重大，难以凝聚的泥浆，可以预先用 Na_2CO_3 加大碱性后再采用上述配方试剂处理。

(2) 助滤改良复合配方及成本核算

① 单纯降粘配方的形成

试验过程所用泥浆是自黑旋风公司取回的工地工程泥浆，标记为"原浆"，其性状为黄色、粒度均一的、细颗粒的泥浆，每次量取之前用力摇匀。泥浆粗颗粒含量高。试验时，加入过量的 X 进行混凝，以便在增加混凝后泥浆的黏度。

1 号~7 号配方用于降低泥浆黏度，实验结果如表 6.4.13。

不同配方的药剂对泥浆黏度的作用 表 6.4.13

编 号	0 号	1 号	2 号	3 号	4 号	5 号	6 号	7 号
漏完时间	101s	60s	66s	67s	54s	54s	48s	56s

实验中 0 号为未处理泥浆的黏度，可见处理前泥浆的黏度非常高，用工业黏度仪测定，达到 101s，经过处理后，泥浆黏度明显降低，而且不同配方的效果不同，其中，6 号配方降黏效果最好，是一种适用于工程泥浆降黏的有效的复合配方。

处理过程中，粉剂直接加放，水剂量取加入。实验工程上，应当配制成一定浓度后加入，那样，即能将降黏剂充分溶解分散，又能带下部分外加水，其降黏效果会更加理想。

② 泥浆综合助滤处理配方形成

经过反复筛选，得到的最佳综合处理配方：混凝剂 X（成分同上述化学混凝的高分子，2‰）、钠盐（调节 pH 值，1‰）、助滤剂（工业副产物）组成。

处理方法：取黏度泥浆 111.3g 泥浆中加入 10mL 混凝剂（由 2‰X+1‰Na_2CO_3 组成），搅拌使其混凝。取混凝之后的上述泥浆 30g，加入 0.150g 工业副产物，搅拌 1min。压滤 3min，出水 10.0g 左右，压滤12min，共出水12.8克，成饼，饼高24mm，饼重16.7g。

③ 成本核算

根据上述的处理配方，进行成本核算，如表6.4.14。

试剂成本核算表　　　　　　　　　　　　　　　表6.4.14

成分	每方需求量（kg）	成本（元）	成分	每方需求量（kg）	成本（元）
X	0.32	2.24	工业副产物	6.30	0.25
钠盐	0.16	0.4	总计		2.89

注：每方原浆1.26t。

6.4.2.5 实际使用效果

(1) 地质条件及原浆性状

以钱江通道工程粉质黏土地层形成的难处理泥浆为研究对象。测定泥浆的参数：密度、黏度、颗粒中位径、pH值等。

实验设备安装完毕时，工程已进入江北大堤段，此段为西线最后工段，地层为粉质黏土层，黄灰色、灰褐色，软塑～可塑，厚层状构造。含少量铁锰质氧化斑点，土质比较均匀，土刀切面稍具光滑。泥浆内固体颗粒非常细，运用旋流器筛分较难分离出来，大量的弃浆需要经过再次的处理。弃浆，以下称为原浆。详细的原浆参数见表6.4.15。

原浆参数分析测试　　　　　　　　　　　　　　表6.4.15

	pH	密度（g/cm³）	漏斗黏度	含沙量（%）	D_{50}（um）
原浆	7	1.27	18″98	0.5	9.78

(2) 盾构施工现场小型泥浆化学改良与压滤配合实验

每次取搅拌均匀的原浆440mL，按照既定的基本配方，加入一定量混凝剂，并搅拌使其混凝，对混凝后的泥浆定量加入助滤剂，搅拌均匀，压滤一定时间，成饼。实验压力为1MPa。具体的操作过程见图6.4.16～图6.4.19。

(3) 盾构施工现场大型泥浆化学改良与压滤配合实验

按照小型实验的配方，放大比例加入药剂，操作方法和先后次序与小型实验相同。压滤系统进浆压力0.6MPa，保压0.8MPa，隔膜0.9MPa。泥浆密度1.27g/cm³，试验结果如图6.4.20～图6.4.22所示。证明小型实验寻找出的配方是适合于进行工程运用的。

(4) 三种压滤方式结果对比

对上述泥浆，分别按照不加任何药剂进行压滤、按常规方式加入石灰进行泥浆调整然后压滤以及化

图6.4.16　混凝过程图

图 6.4.17 混凝反应沉降后图

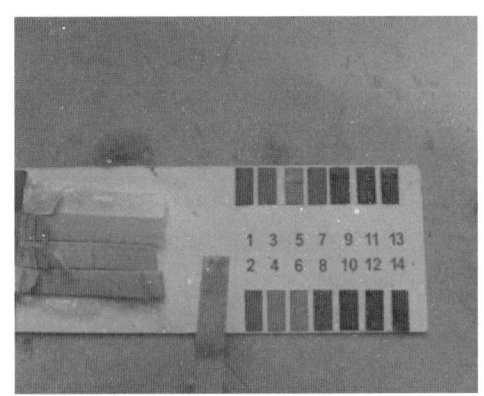 

图 6.4.18 滤液 pH 测试

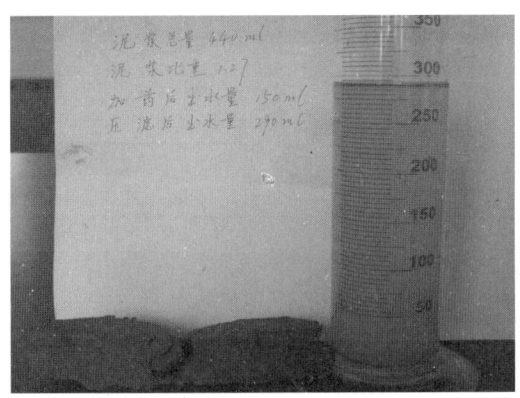

图 6.4.19 固液分离

 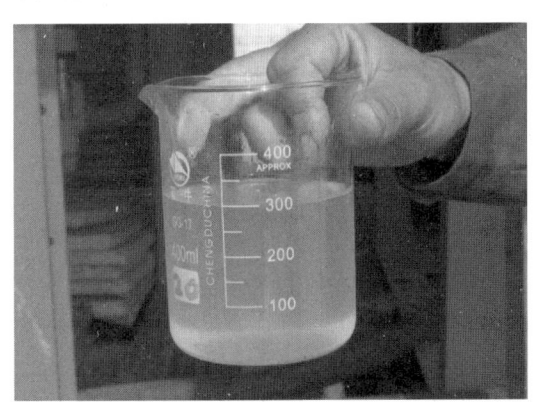

图 6.4.20 设备整体布置图　　　　　　图 6.4.21 工程应用中压滤滤液

图 6.4.22 工程应用中压滤滤饼

学改良与压滤相互配合三种方式进行了试验,试验结果如表 6.4.16 所示。

对比实验数据表   表 6.4.16

药剂类型	压滤时间	滤液 pH 值	滤饼厚度	滤饼含水率	备注
不加任何药剂	>2 小时	6~8	——	>40%	固液分离不彻底,无法形成滤饼
加石灰	20 分钟	13~14	35mm	<30%	材料成本低廉,后续处理费用高,滤液无法直接回用
加改良药剂	10 分钟	6~8	30mm	<28%	压滤效率成倍提高,成本适中,滤液可以直接回用,综合使用成本降低

(5) 不同配方下化学改良压滤试验结果

以粉质黏土地层泥浆为例,取二级漩流分离后的上溢流泥浆 440mL,加入一定量混凝剂,并搅拌使其混凝,对混凝后的泥浆定量加入助滤剂,搅拌均匀,压滤一定时间,成饼。实验压力为 1MPa。实验数据如表 6.4.17。

泥浆改良压滤实验表   表 6.4.17

序号	混凝剂(mL)	助滤剂(g)	泥浆 pH 值	滤液 pH 值	压滤时间(min)	压滤出水量(mL)	饼厚(mm)	饼重(g)	滤饼含水率
1	37	6	13	8	10	290	30	272.89	26%
2	35	6	13	8	12	275	28	258.68	27%
3	25	6	13	8	15	260	27	256.23	28%

(6) 混凝加助滤改良成本估算

初步核算:传统石灰处理,本身成本为 16 元/每立方浆;新型合剂处理,本身成本为 20~30 元/每立方浆。新型合剂处理的药剂成本高于传统方法,但是,这只是直接成本。如果计算滤液回收的水费节约和压滤时间缩短的效率增加值,再对比石灰处理工艺处理泥浆的产物达标排放所需花费的额外费用,新型合剂的综合使用成本低于石灰。

另外,传统方法可能产生的高碱性滤饼处置等相关环境保护和修复成本尚未计算在内。

(7) 压滤处理成本分析

经调查目前杭州附近的泥浆纯运输费用约为 50~80 元/m³,若采用废浆零排放压滤处理技术的成本构成(不含分离后的干土运输费用)如表 6.4.18。

盾构废浆零排放压滤处理技术成本构成表(不含分离后的干土运输费)   表 6.4.18

项目	电费	人工费	设备折旧	药剂消耗	备件消耗	成本合计
泥浆成本(元/m³)	0.68	0.36	0.48	20.00	0.11	21.63

(8) 处理后滤液的成分及环境风险评估

在泥浆的处理过程中，使用了两种以上的化学试剂，基本是水溶性试剂。泥浆处理后的滤饼目前暂时堆放，进一步资源化利用的研究与实践将在后续研究中涉及，上轻液一部分回用，用于原浆的调制，另一部分直接排放。滤液的再利用和排放，均不应对环境造成影响。因此，我们对滤液、未过滤泥浆上层清液进行了针对废水排放的环境许可性分析检测，其结果如表6.4.19：

废水排放的环境许可性分析　　　　表6.4.19

所测指标	国家标准（2004）	滤液	未过滤泥浆上层清液
pH	6～9	5.52	5.53
色度	50		
SS（固体悬浮物）	70	57.2	90.4
BOD5（5日生需氧量）	20		
COD（化学需氧量）	100	388.9	393.1
氨氮	15	11.3	11.6
磷酸盐	0.5	0.32	0.54
总汞	0.05		
总镉	0.1	0.00197	0.0011
总铬	1.5	0.00025	0.00039
总砷	0.5		
TOC（总有机碳）	20	9.37	9.66
油脂	10	7.82	7.99
矿物油	5	4.02	4.45
LAS（阴离子表面活性剂）	5	5.26	6.08

注：有关国家标准来自于：(1) 废水监测分析方法，第四版，2002；(2) 污水排放相关水质标准（2004）。pH值以外的其他指针的单位均为 $mg \cdot L^{-1}$。

测试结果表明，经过化学处理混凝，助滤的滤液符合废水排放标准，虽有个别指标，如砷、汞的含量未测得，但化学处理试剂中未涉及这两种物质。

因此，可以得出结论，本项目提供的泥浆处理技术，不会对环境造成明显影响。但滤饼的无序堆放不是长久之计，资源化利用才是一举两得的科学选择。

6.4.2.6 技术成果的工艺特点和结论

(1) 压滤处理技术的工艺特点

盾构泥浆的泥浆改良及压滤处理特别对于黏细物的分离，有其独特的优越性。两次泥浆改良过程，并不是将泥浆从极低密度提高至高密度的传统意义上的浓缩概念。这种反应是通过在泥浆反应罐与待压泥浆罐中先后两次加入不同的化学药剂实现的。此时泥浆改良的目的是将泥浆中的细微颗粒聚集成团，使之产生混凝沉降的效果，并辅之以助滤剂，使其形成透水通道，将难压泥浆变得好压，以提高压滤效率。带有泥浆改良的压滤系统与其他固液分离设备相比，过滤后的泥饼有更高的含固率、更高的分离效率，对于盾构泥浆经过压滤处理后泥饼含水率小于27%，滤液清澈透明，可作为清水重新返回调浆池使用。

(2) 化学改良技术特点

化学改良，是对待压滤的泥浆改变其化学物理性能，使其便于压滤。

混凝剂与助滤剂配合使用，可使之产生快速化学或物理反应，使泥浆的滤失量大大提高，在压滤处理时快速出水，提高压滤的效率。

一定的颗粒级配是对合剂的显微结构表征后完成的，不同直径的颗粒进行混配，降低了泥块体相的密实性，也是为水提供通道，达到助滤效果。

(3) 压滤流程及设备

钱江隧道工程现场小比例试验结果证明，采用独特的两次泥浆改良配合分段压滤技术对钱江隧道盾构施工中的废弃泥浆进行处理，能够达到废浆零排放的要求。若对处理设备根据工程规模进行同比例放大或增加，可以应用于工程实际。

(4) 化学混凝试剂配方

A（无机盐，也是分散剂）＋X（高聚物，阴离子型，分子量400万～800万），复配配方，放置过程中注意防潮。使用时按6.5‰的浓度以自来水配制，配置过程需搅拌。使用中，试剂的用量在34L/m^3泥浆左右，按照泥浆的具体参数，调节试剂用量，具体参见下文中现场模型试验结果。在泥浆混凝试剂加入后，适量添加助滤剂（低成本的工业副产物），直接进入压滤机，能达到理想的压滤脱水效果。

6.4.2.7 现场模型试验及工程应用

(1) 废浆处理机械设备系统

如图6.4.23所示，本系统主要应用于隧道、交通、基础处理等行业工程施工中废弃泥浆的处理。本系统将工程废浆集中处理为可堆积的渣土与滤液。系统在旋流筛分、进料，压滤、排水、卸料过程采用自动控制及监测。具有应用范围广、自动化程度高，检修及维护方便的特点。

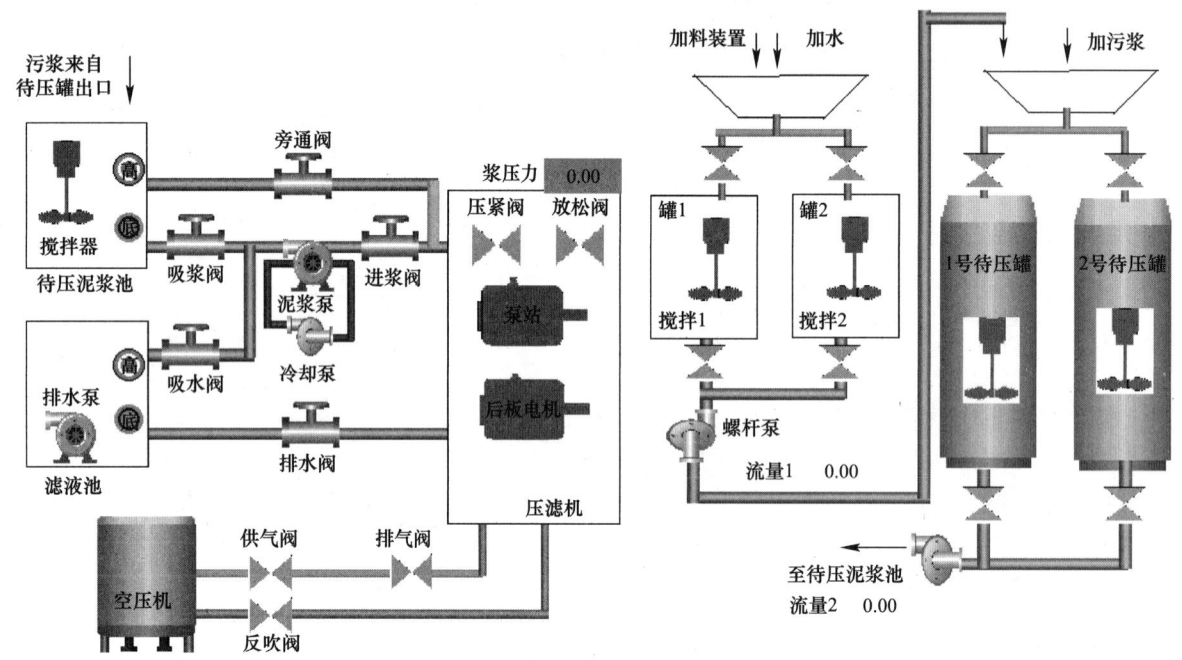

图6.4.23 泥浆处理系统效果图

结合钱江隧道工程的施工条件，本系统设置了中央控制室，将系统动力柜与控制柜放置其中，能够避免外界不良气候条件对电气元件的影响，并在中央控制室中安装空调，使操作人员及控制设备有一个相对舒适和安全的工作环境。设备顶部设有遮阳顶棚，四周通透，保证了设备具有良好的通风散热条件，使整套设备能够在较高的环境温度条件下正常工作。本系统布局紧凑，采用模块化设计，各功能模块采用标准集装箱的外形和连接方式，能够方便的起吊、运输及安装。

泥浆处理过程分为以下几个步骤：

污浆改性→筛分→旋流处理→压滤→滤液的酸碱中和。

待处理的废浆由外接泥浆泵泵送至泥浆罐中，同时用制浆机将制备好污浆改性药剂送至泥浆罐，搅拌后进入泥浆净化装置，经旋流筛分后的浆液自流如待压泥浆罐，筛分出的渣料由振动筛前端筛除。

泥浆泵将待压泥浆罐中的泥浆泵送至压滤机滤板间的密闭腔室，泥浆中的固相颗粒被滤布拦截并逐渐富集形成滤饼，滤液透过滤布流出进入滤液收集箱。泵送泥浆过程中滤饼逐渐增厚，压力逐渐升高，泵送泥浆流量逐渐减小。当压力达到设定值、过滤出水量很少时，说明滤饼形成，此时压滤机滤板拉开卸料。

泥浆处理自动化系统包含了在泥水盾构工程的地面泥浆体系中与泥浆处理有关的全部功能数据和控制。主要包括以下几个功能单元：①浆液混凝剂的自动制备；②浆液改良：混凝剂及助滤剂自动添加；③压滤流程自动控制。

处理现场模型设备外观见图 6.4.24 和图 6.4.25 所示。

图 6.4.24　泥浆处理设备现场照片一

图 6.4.25　泥浆处理设备现场照片二

（2）现场模拟试验—针对淤泥质粉质黏土

采集现场泥浆样品，以 BT-9300Z 型激光粒度分布仪作颗粒分析，结果如图 6.4.26 所示。淤泥质的泥浆颗粒中位径为 22.07μm，体积平均径：34.39μm，面积平均径：7.93μm。颗粒直径在 50um 以内的占 76%，近 50% 的颗粒在 20μm 以下。

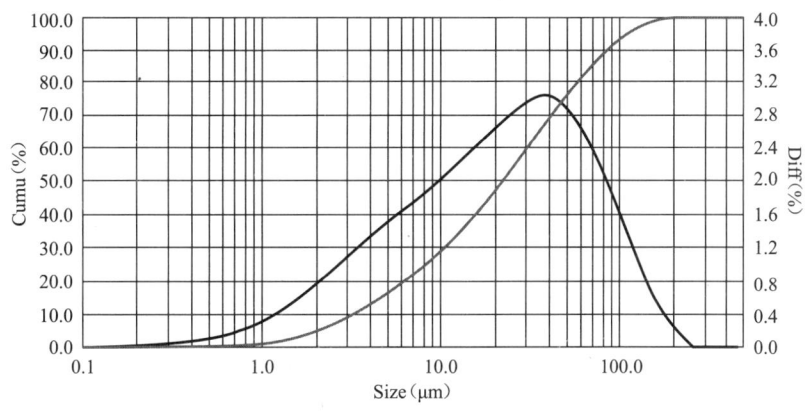

图 6.4.26　淤泥质废浆颗粒分布

现场泥浆，相对密度 1.31，加入混凝剂，至明显出水。加入助滤剂固体混合均匀，直接加入到混凝后的泥浆中，进入压滤程序，压力 1MPa，压滤时间 30min，达到固液分离的目的。

在工程现场，按照调整的混凝剂配方添加至明显出水，淤泥质泥浆处理现场效果分别如图 6.4.27 所示。

达到混凝效果后，及时加入助滤剂，进入压滤环节。从压紧到一定压力，时间控制在 2min，保持压力 7min，进入隔膜压榨程序保持 10min，然后放气，卸料，整个环节控制时间在半个小时左右。达到的压滤效果较好，滤饼含水率较低（20%），如图 6.4.28 所示，滤饼可以成型，适宜外运，或进一步加工为建筑材料。

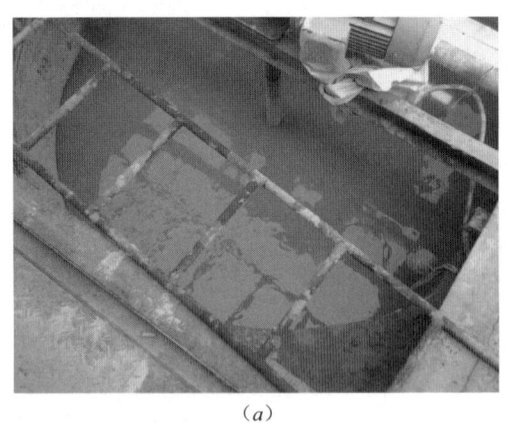 

(a) (b)

图 6.4.27 淤泥质泥浆混凝处理效果

(a) (b)

图 6.4.28 压滤后滤饼情况

每次处理泥浆 6.11m³。每天设备运行 4 个周期。工程现场运行试验试剂消耗情况如表 6.4.20。

现场泥浆处理加入药剂量及成本概算（相对密度调节前） 表 6.4.20

	100mL 水加入量（g）	浆量立方（m³）	每方浆药剂成本（元）		100mL 水加入量（g）	浆量立方（m³）	每方浆药剂成本（元）
A	0.4	6.11	7.55	工业副产物 2		6.11	3.61
X	0.45	6.11	8.17	净水剂		6.11	10.05
工业副产物 1		6.11	3.61				

从以上的实验结果看，试剂消耗量大，造成试剂成本较高。初步预算，总试剂成本在 33 元/m³。需要进一步优化处理方案。分析原因如下：现场土质主要为淤泥质，相对密度大（1.31），黏度大，从前期小样实验结果看，相对密度大、黏度高的淤泥质难以处理，试剂消耗量大，考虑通过先期加水降低相对密度和黏度，然后按照同样程序处理。另外本次实验在工序上做了调整，增加了隔膜反吹程序。实验结果如表 6.4.21。

工程现场泥浆处理加入药剂量及成本概算（比重调节后） 表 6.4.21

	100mL 水加入量（g）	浆量（m³）	每方浆药剂成本（元）		100mL 水加入量（g）	浆量（m³）	每方浆药剂成本（元）
X	0.4	4.73	8.66	工业副产物 2		4.73	1.07
A	0.45	4.73	2.99	净水剂		4.73	2.98
工业副产物 1		4.73	1.07				

现场采用滤液水回用的方式,直接将滤液水引入,降低泥浆相对密度,使泥浆的相对密度从 1.31 降低至 1.27。然后按照同样程序进行泥浆处理。淤泥质的相对密度从 1.31 降低到 1.27 后,黏度会明显降低,所需混凝剂、助滤剂的量会大大削减,每方仅需 17 元左右,试剂成本会降低 5 成以上,此方式取得良好效益。处理过程综合成本概算如表 6.4.22。

综合成本统计 表 6.4.22

序号	项目	每立方浆液费用（元）	备注	序号	项目	每立方浆液费用（元）	备注
1	压滤电耗	1.03		4	制浆费用	0.63	
2	压滤配件消耗	0.21		5	压滤设备折旧	0.96	
3	药剂费用	16.77			合计	19.6	

采集滤液水带回实验室进行环境指标检测,结果如表表 6.4.23。

滤液水的主要环境检测指标 表 6.4.23

所测指标	国家标准（2004）	滤液	所测指标	国家标准（2004）	滤液
pH	6～9	6.5	总镉	0.1	0.0023
色度	50 [3]		总铬	1.5	0.00031
SS（固体悬浮物）	70	70.4	总砷	0.5	
BOD5（5日生需氧量）	20		TOC（总有机碳）	20	9.97
COD（化学需氧量）	100	390.3	油脂	10	7.99
氨氮	15	10.9	矿物油	5	4.67
磷酸盐	0.5	1.05	LAS（阴离子表面活性剂）	5	5.95
总汞	0.05				

测试结果表明,经过化学处理混凝,压滤滤液的主要指标符合野外排放标准,不会对环境造成明显影响。

(3) 现场模拟试验——淤泥质黏土-黄色粉质黏土泥浆对比试验

在以上实验基础上,取样回实验室做小样试验,调整试剂配方,主要方案是:提高聚合物 X 的分子量,调整 X 与 A 的相对配比。然后按照修订的实际方案进行第二阶段的现场实验。本次实验泥浆分为两种,一种是为淤泥质黏土,另一种是黄色粉质黏土。

根据图 6.4.29 和图 6.4.30 所示,两种泥浆的分离分布有明显差异,淤泥质的泥浆颗粒中位径为 23.17um,体积平均径:35.83um,面积平均径:7.77um。而粉质黏土泥浆颗粒中位径:10.99um,体积平均径:16.40um,面积平均径:4.14um。可见,前者颗粒较大,颗粒直径在 50um 以内的占 74.7%,而后者却占到 94.8%,平均颗粒直径也相差两倍。

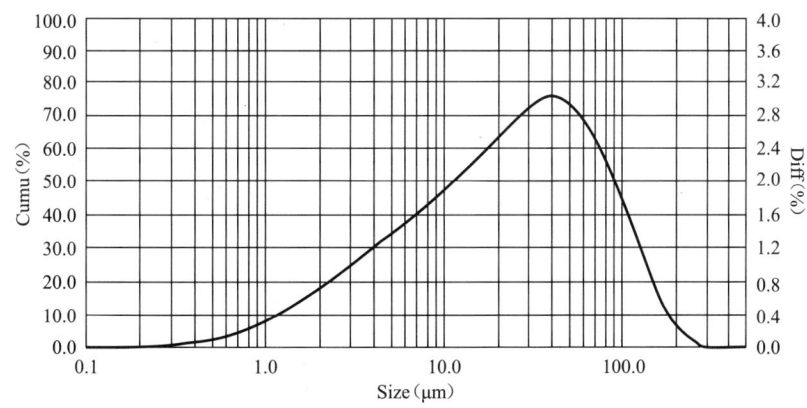

图 6.4.29 淤泥质泥浆粒度分布图

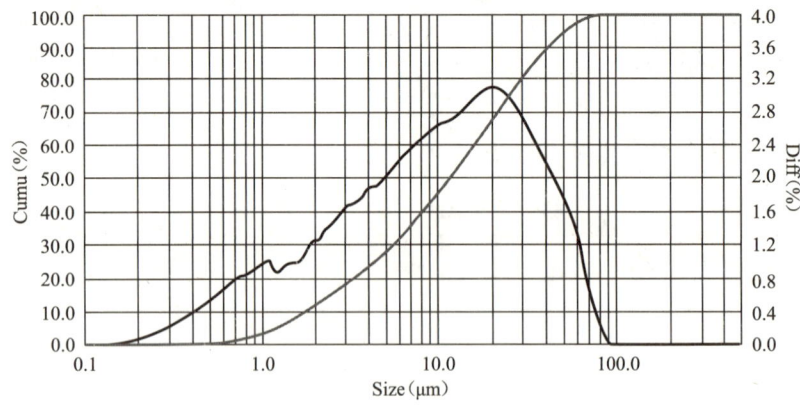

图 6.4.30　粉质黏土泥浆粒度分布图

因为泥浆偏酸性,直接加混凝剂处理效果差,为了达到较好的处理效果,在混凝剂加入之前,先以碱调节泥浆酸度至弱碱性(pH=9 左右)。然后,加入混凝剂至明显出水。

在工程现场,按照调整的混凝剂配方添加至明显出水,黄色粉质黏土泥浆处理现场效果如图 6.4.31。

(a) 混凝剂加入前

(b) 混凝剂加入后

图 6.4.31　黏土泥浆混凝处理效果

不同参数泥浆一个处理流程所需药剂量如表 6.4.24,混凝剂加入量的确定以表观出水明显,快速达到固液分层(时间 5 分钟左右)。不同性质的泥浆所需混凝剂的剂量差别明显,对于较低相对密度的泥浆(1.28),按照最后形成干土计算,淤泥泥浆每形成 1m³ 干土,需要加入混凝稀水剂 0.32m³,对于黄色黏土,相对密度仅为 1.23 的泥浆,达到同样的效果,需要混凝稀水剂 0.45m³,几乎是 1.5 倍,表明黏土质的泥浆由于颗粒小,分散度高,难于破胶,不易沉降,需要消耗更多的混凝剂。对于淤泥质泥浆,大相对密度(1.45)泥浆达到同样的混凝效果,需要消耗的混凝剂同样会增加,达到 0.57m³,对于大相对密度泥浆,建议采取先加水,降低相对密度,减小固液比,可以降低成本。

不同性质泥浆处理工序及对应时间　　　　　表 6.4.24

泥浆性质	相对密度	黏度	压紧 (min)	进浆保压 (min)	隔膜压榨 (min)	放气 (min)	松板卸料 (min)	总计时间 (min)
淤泥 1	1.43	25.45	2	7	10	0.3	10	29.3
淤泥 2	1.43	25.45	2	7	10	0.3	10	29.3
淤泥 3	1.28	18.96	2	10	7	0.3	10	29.3
淤泥 4	1.28	18.96	2	10	7	0.3	10	29.3
黏土 5	1.23	17.78	2	10	13	0.3	10	35.3
黏土 6	1.23	17.78	2	10	13	0.3	10	35.3

达到混凝效果后，及时加入助滤剂，进入压滤环节，本阶段对工艺流程进行了简化，加大隔膜进气量，从而使隔膜压力快速上升到所设定的压力。对于淤泥质泥浆，统一助滤剂剂量，进行压滤，压滤环节时间分配如表6.2.24，从压紧到一定压力，时间控制在2min，保持压力7min，进入隔膜压榨程序保持10min，然后放气，卸料，整个环节控制时间在半个小时以内。达到的压滤效果较好，滤饼含水率较低（20%左右），滤饼可以成型，适宜外运，或进一步加工为建筑材料。相对密度较小的淤泥质泥浆，可以相对调整进浆保压和隔膜压榨的时间（分别调整为10、7min），可以达到同样的实验效果。黏土泥浆难以混凝，混凝剂用量较大，所以考虑减少助滤剂的加入量。根据多次压滤实验，要达到同样的压滤效果，与淤泥质相比，需要延长隔膜压榨时间，从7min延长至13min，其他程序时间相同，可以达到相近的压滤效果，总时间超过半小时，为35min左右。

整个处理程序完成后，对处理试剂成本进行概算，按照试剂成本，计算得出，对三种泥浆，处理综合成本分别为每立方米34.83、17.53和19.03元。从成本看，淤泥质泥浆处理相对难度较低，成本相对较少；粉质黏土处理相对难度较高，成本相对较高。对底层重浆，可考虑先加水减低相对密度，然后再处理。水的来源可以实现循环用水，使用压滤的滤液。从实验结果看，压滤的滤液pH范围与泥浆相近，引入到浓浆，可达到降低试剂成本的目的。

泥浆处理过程所需试剂用量，处理结果及成本概算　　　　　　　　　表6.4.25

土质	泥浆性质			药剂加入量		饼厚(cm)	药剂成本(元)	综合成本(元)
	相对密度	黏度(s)	pH值	混凝剂(m^3/m^3)	助滤剂(kg/m^3)			
淤泥1	1.43	25.45	6.5	0.57	40	25	32	34.83
淤泥2	1.43	25.45	6.5	0.57	40	25	32	34.83
淤泥3	1.28	18.96	6.5	0.32	40	20	14.7	17.53
淤泥4	1.28	18.96	6.5	0.32	40	20	14.7	17.53
黏土5	1.23	17.78	6.5	0.45	20	20	16.2	19.03
黏土6	1.23	17.78	6.5	0.45	20	20	16.2	19.03

（4）现场模拟试验—针对砂性土废浆

本次实验针对含沙量高的砂性土废弃泥浆，相对密度1.21，呈灰色。颗粒分布如图6.4.32所示，此种泥浆颗粒较大，20μm以下的颗粒含量仅占18.3%，超过50%的颗粒粒径在50μm以上。初步判断此种泥浆固液分离难度较小。

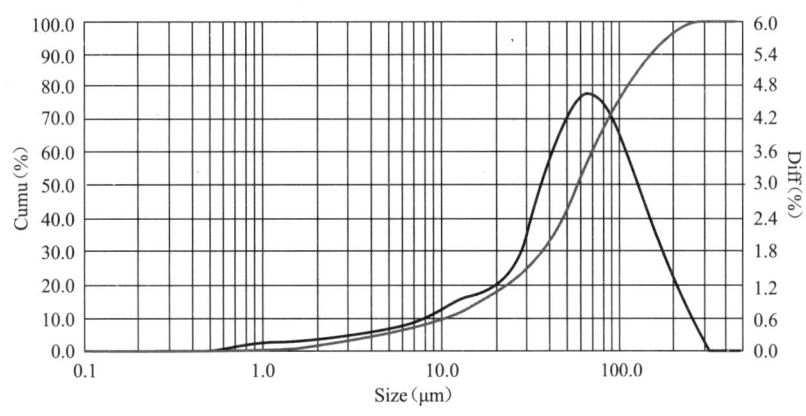

图6.4.32 砂性土质废浆颗粒分布图

首先进行小试，取废浆440mL，加入配制的混凝水剂（每100mL水中0.2gX+0.4gA）15mL，搅拌，5min左右出现混凝体，继续加入助滤剂（2.56g工业副产物1+2.56g工业副产物2+0.11g净水剂），进入压滤程序，能在20min内达到压滤效果，滤饼成型，含水率20%左右。对比试验表明，不加助滤剂，压滤可以进行，但效果不太理想，滤饼成型度较差。因此模型试验中加入助滤剂。

初试成功后，进入模型试验，实验药剂加入情况如表6.4.26。

砂性土废浆药剂使用情况　　　　　　　　　　　表6.4.26

	100mL水加入量	实际浆量（m³）	每立方米浆用药成本（元）		100mL水加入量	实际浆量（m³）	每立方米浆用药成本（元）
X	0.2	5	1.16	工业副产物2		5	1.16
A	0.4	5	0.88	净水剂		5	0.39
工业副产物1		5	1.16				

实验结果看出，针对碱性砂性土废浆，可以省去调碱程序，但加入助滤剂效果更好，整个处理程序试剂成本4.76元，综合处理成本概算如表6.4.27，处理成本低。

砂性土质废浆处理综合成本统计（每立方米浆）　　　　　　　　表6.4.27

序号	项目	每立方浆液费用	备注	序号	项目	每立方浆液费用	备注
1	压滤电耗	1.03		4	制浆费用	0.63	
2	压滤配件消耗	0.21		5	压滤设备折旧	0.96	
3	药剂费用	4.76			合计	7.59	

（5）现场模拟试验—针对复合土层废浆

本次实验针对复合地层的废浆。现场取浆，经测定，相对密度1.35。颗粒分布如图6.4.33，中位径32.05μm，20μm以下的颗粒占近37%，处理难度稍低于淤泥质黏土，但比砂性土质难度大一些。

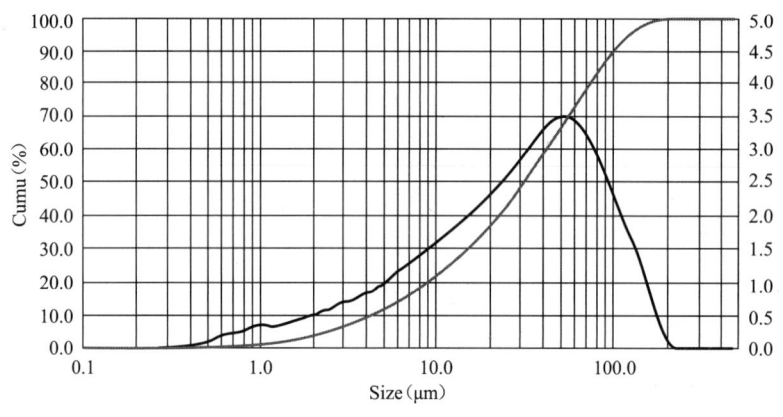

图6.4.33　复合土层废浆颗粒分布图

取样小试，浆液400mL，加入配制的混凝水剂（每100mL水中0.2gX＋0.4gA）50mL，搅拌，5min左右出现混凝体，根据表观形状，继续加入助滤剂，进入压滤程序，20min内达到压滤效果，滤饼成型，含水率20%左右。

在模型设备上进行现场试验，实验浆量4.5m³，药剂加入情况及成本概算如表6.4.28。

现场试验药剂加入情况及成本概算　　　　　　　　表6.4.28

	100mL水加入量（g）	浆量（m³）	每方成本（元）		100mL水加入量（g）	浆量（m³）	每方成本（元）
X	0.2	4.5	4.25	工业副产物1		4.5	1.92
A	0.4	4.5	3.25	工业副产物2		4.5	1.92

复合土质废浆处理现场模型实验表明，通过混凝处理，机械压滤，可以达到较为理想的处理效果，处理成本14.17元/m³（如表6.4.29）。

第6章 钱江隧道施工关键技术研究

复合土质废浆处理综合成本统计 表6.4.29

序号	项目	每立方浆液费用（元）	备注	序号	项目	每立方浆液费用（元）	备注
1	压滤电耗	1.03		4	制浆费用	0.63	
2	压滤配件消耗	0.21		5	压滤设备折旧	0.96	
3	药剂费用	11.34			合计	14.17	

（6）现场处理环境风险分析

现场模型试验后，均采集滤液和滤饼和实验前的废浆样品带回实验室进行主要环境指标的检测。多次检测结果类似，选择一两次结果进行阐述。

对压滤处理后的泥浆滤液进行了针对废水排放的环境许可性分析检测，其结果如表6.4.30。

滤液水主要环保指标 表6.4.30

所测指标	国家标准（2004）	滤液1（ppb）	滤液2（ppb）	滤液3（ppb）
pH	6～9	6.5	6.5	6.5
色度	50	40	55	42
SS（固体悬浮物）	70	51	58	55
BOD5（5日生需氧量）	20			
COD（化学需氧量）	100	320	384	390
氨氮（mg/L）	25	11.53	11.18	11.13
总氮（mg/L）				
总磷（mg/L）	1	2.86	4.23	5.71
总汞				
总镉（ppb）	0.1mg/L	0.048	0.067	0.029
总铬（ppb）	1.5mg/L	0.458	0.376	0.357
总砷（ppb）	0.5mg/L	0.099	0.062	0.066
总锰（ppb）	2mg/L	1.05	1.89	1.62
总铅（ppb）	1mg/L	0.19	0.26	0.33
总锡（ppb）		0.207	0.035	0.071

本次检测结果与前期检测结果相近，工程废浆水质属于轻度污染水，污染源主要来源于污染土质，前期对照实验已经表明，泥浆处理过程未产生新的污染源，不会对环境造成二次污染。

在整个盾构施工过程中滤液应作为一种资源加以利用，滤液的回用一是作为循环泥浆的相对密度调节；二是用于混凝剂配制；三是用于配置浆液；四是用于冲洗管路。在实验过程中少量滤液用于制备药剂和冲洗管路，其余全部用于调节泥浆的相对密度，及节约了水源，又降低了循环泥浆的相对密度，起到了良好的效果。

通过ICP-MS，对泥浆及滤饼中的重金属情况进行了检测，检测情况如表6.4.31。

废浆及滤饼中主要环保指标 表6.4.31

检测指标	处理前废浆	滤饼	农用污泥限量	
pH	6.5		<6.5	≥6.5
含水率		28%		
有机成分				
总氮	28.29	23.5		
总磷	8.5	3.08		
总硼			150mg/kg	150mg/kg
总铬	244.85mg/kg	315.36mg/kg	600mg/kg	1000mg/kg
总锰				

续表

检测指标	处理前废浆	滤饼	农用污泥限量	
总镍			100mg/kg	200mg/kg
总铜	43.69mg/kg	28.29mg/kg	250mg/kg	500mg/kg
总锌	135.17mg/kg	62.97mg/kg	500mg/kg	1000mg/kg
总砷	106.48mg/kg	12.84mg/kg	75mg/kg	75mg/kg
总银				
总镉	0.75mg/kg	0.22mg/kg	5mg/kg	20mg/kg
总汞			5mg/kg	15mg/kg
总铅	21.75mg/kg	20.81mg/kg	300mg/kg	1000mg/kg

结果表明：工程泥浆经过压滤后，滤饼的主要环境指标，尤其是重金属污染均未超标，不属于污染土，可以进行资源化利用，做简单的处理就可作为建筑填料。

(7) 现场试验主要结论

综上所述，本研究成果可成功应用于工程现场，针对不同性质的工程废浆，均能达到理想的处理效果。主要结论如下：

1) 现场应用之前，应先仔细分析废浆的性质，包括土质结构、相对密度、黏度和浆体的颗粒分布，调节实际处理方案，根据实际需要进行相对密度调节后，科学选择处理程序。

2) 为节约成本，科学处理，以旋流筛分设备预先筛分废浆，按相对密度（颗粒分布）分级，再进行处理，可提高达到设备利用率、节约试剂成本的目的。

3) 对大相对密度泥浆，为了节约试剂成本，可以以回用滤液降低泥浆相对密度，再按照轻浆方案处理，可以大大节约试剂成本。本方案已经在现场模型试验中得到证明。

4) 不同土质的废浆，处理程序和成本差别较大，除了调节相对密度以外，需考虑助滤剂添加的必要性。不同土质的药剂需求量差别较大，导致成本差异，处理 $1m^3$ 泥浆的成本在 7~35 元之间。

6.4.2.8 技术创新及性能优势

(1) 本方案的设计理念

1) 实现复合配方，一次性加入，简化操作程序。

2) 缩短作用时间，达到快速处理的目的。

3) 降低试剂成本，减小设备压力。

4) 缩短工程应用时间，提高施工效率。

(2) 创新点

1) 方法创新

① 对过程的可控因素进行合理有效分解，分别进行针对性的热力学、动力学和电化学方法研究，然后逐步优选形成最佳处理方案和步骤。

② 以分解式技术线路进行逐个突破，以整合式流程设计进行优化集成。

2) 关键技术创新

① 根据泥浆溶胶体系的特点，以"破胶脱水"为突破口，形成 3 个核心技术。

② 在高分子桥联、压缩双电层、破胶脱水、液体分子长程输运、胶体体相整体通透性改善、过滤黏滞阻尼机制的清除等方面，进行了系列研究和技术攻关。

③ 采用无机-有机的试剂复配，产生协同作用效果。

(3) 性能优势

1) 以相关的基础研究为支撑，将创新由底层延伸至实际应用领域。

2) 试剂处理步骤和工程机械设计同时进行，量身定制，功能结合，密切配合，高效低耗运行。

3) 处理过程的"分步流程"与"整合流程"相结合，为处理泥浆的多样性留下了充足的变通应对空间。

4）所用试剂之一是基础研究和运用实践证明了的、绿色化程度很高的工业产品，之二则是用改良土壤的、环境兼容性很好的工业产物，其余试剂是矿化程度高、不会进入大气和水体的工业产物。

5）所加试剂无毒无害，机械设备完成加料操作。

6）滤液的后处理和回用无障碍。

7）处理的压力低、时间短，过滤介质无堵塞和晶化结块，设计的维护相对简单易行。

8）泥浆处理的速度和滤饼的含水量要求相配合，根据滤饼后续资源要求，含水量可在19%~38%之间有效的调控，处理速度则留有余量，可在超负荷条件下快速处理完废浆。

9）经过分析检测，泥浆的改良-助滤化学试剂为环境友好型，不会造成二次污染。

6.4.3 盾构废浆弃土的生态处置和资源化利用

6.4.3.1 主要研究内容

盾构推进时，旋转刀盘切削下来的土砂经搅拌装置搅拌后形成高浓度泥浆，用流体输送方式送到地面泥水分离系统。泥浆经过滚动筛、除砂器等物理分离处理后形成低浓度薄浆和高浓度厚浆。薄浆回用于泥水平衡盾构，厚浆排入弃浆池，久而久之表面干化为弃土。钱江隧道所在的位置是萧山规划的生态湿地，环境要求较高，盾构废浆弃土不适合外运，为了生态保护，需对废浆进行环保处理和生态处置，并实现资源化利用。具体需开展以下研究。

（1）盾构废浆的泥水分离及脱水特性研究

研究盾构废浆的来源、产量、组成、基本的理化特性等；针对工程现有的不同分离工艺（滚动筛和除砂器处理系统）特点，优化浆液特性，并对盾构废浆进行固液分离试验，获取最优化泥水分离条件；采用恒压膜过滤法对盾构废弃泥浆进行试验室研究，选取比阻抗作为指标，考察混凝剂的投加对泥浆脱水性能的影响。

（2）盾构废浆余水的生态净化处理研究

利用人工湿地装置净化处理盾构废浆泥水分离所产生的余水、基地生活污水和周边景观河道水，观测其净化效果，并且分析水力停留时间及温度和季节变化对污染物去除效果的影响，了解其长期运行效果。同时，考察人工湿地净化盾构余水的可行性。

（3）废浆弃土的种植可行性研究

分别针对废浆弃土消纳人工湿地示范工程和暗埋段弃土消纳工程，考察植物在盾构废浆和弃土上直接种植的生长情况，用盆栽试验分析评价废浆弃土作为农用土或者植物培植土对农作物和植物生长的影响，并尽量改善其种植效，研究废浆弃土的农用资源化得可行性。

（4）人工湿地现场示范工程及低碳效应研究

对于盾构废浆和弃土的生态处置，提出了兼有水质净化和盾构废浆/弃土消纳处置功能的人工湿地装置的技术方案，并进行示范工程设计和建设。与现有技术相比，本示范工程将废浆和弃土作为具有利用价值的资源封存起来，既解决了废浆和弃土的消纳问题，又体现了人工湿地的环境友好功能。同时考察种植经济作物的示范效应，具备经济补偿效果。通过实验研究，对其低碳效应进行定量评价。

（5）盾构弃土制备功能材料及其改性研究

对脱水干化的弃土进行特性分析，根据结果分析提出一条可行的用弃土制备优质陶粒的技术路线；通过对陶粒在氮磷废水实际运用中水处理效果的研究，为弃土制备的基质材料在今后工程上的实际应用提供技术支持。

6.4.3.2 盾构废浆的泥水分离及脱水性能研究

盾构法是隧道工程的主要修建方法之一，在世界范围内应用广泛。在泥水盾构中，开挖土料与泥水混合形成高密度泥浆，由排浆泵及管道输送至地面处理。泥水盾构的出浆量一般为掘土体积的2~3倍，伴随着施工会产生大量的废弃泥浆。若不经妥善处理，必将危及周围的生态环境。钱江隧道地处杭州市萧山规划的生态湿地，环境要求较高，但因钱塘江潮汐特征突出，不具备泥浆外运的条件，因此，须对盾构废弃泥浆进行分离后再做进一步处理。

(1) 盾构废浆的泥水分离特性研究

目前，国内对于废浆泥水分离试验常见于对钻井废弃泥浆的研究，而关于隧道盾构废弃泥浆泥水分离的研究还鲜有报道。本工程针对泥浆分离处理环节，采用混凝分离的方法对盾构废弃泥浆进行试验室研究，主要是利用絮凝剂使泥浆中的悬浮胶体颗粒形成大的絮团，辅助机械搅拌使絮团更易沉降分离。这种处理方法不仅可以有效地减少泥浆体积，同时也在很大程度上减弱了废弃泥浆对周围环境的影响。试验得到的最优化分离条件为废弃泥浆的进一步处理提供了数据支持，也为钱江隧道盾构废弃泥浆综合治理提供了科学依据。

1) 试验材料仪器

① 实验材料

钱江隧道盾构段地质情况复杂，盾构推进时，主要出浆分两种，砂土泥浆和黏土泥浆。本试验材料取自钱江隧道施工现场已经干化的砂土和黏土，用自来水配制成不同性质的试验室用泥浆材料。

根据现场资料显示，盾构弃浆浓度为 $1.4g/cm^3$，pH 为 8~10，将采回土样按此标准配制为原状砂土泥浆和黏土泥浆进行混凝分离试验。

② 实验仪器

混凝试验搅拌机 ZR4-6 型；光电式浊度仪 GDS-3 型；酸度计 pH-3 型。

③ 实验试剂

明矾；三氯化铁；聚合氯化铝；聚丙烯酰胺（PAM）；盐酸（化学纯）；氢氧化钠（化学纯）。

2) 主要试验及方法

① 泥浆浓度对分离效果影响试验

取 300mL 浓度为 $1.4g/cm^3$ 的原浆，将泥浆密度分别调节至 $1.20g/cm^3$、$1.15g/cm^3$、$1.10g/cm^3$，加入同种絮凝剂，静置 180min，测定泥浆的上清液体积，观察比较不同浓度下的分离效果（如图 6.4.34），以确定最佳泥浆密度。

图 6.4.34　泥浆浓度对分离效果影响试验

② 絮凝剂对分离效果影响试验

取 300mL 泥浆样品，分别加入明矾、三氯化铁、聚合氯化铝、聚丙烯酰胺（PAM）混合并搅拌均匀，静置 15min，观察比较泥浆的泥水分离效果和沉降层的絮团大小（如图 6.4.35），以确定最佳絮凝剂。

③ 加药量对分离效果影响试验

取 300mL 泥浆样品，确定形成絮团所需的最小絮凝剂投加量（如图 6.4.36）。根据得出的最小絮凝剂投加量，分别取其 1/4、1/2、1、3/2、2 作为 5 组 600mL 泥浆样品的絮凝剂投加量，采用相同的水力条件（快速搅拌半分钟，转速约 300r/min；中速搅拌 6min，转速约 100r/min；慢速搅拌 6min，转速约 50r/min）。静置 10min 后记录上清液体积比并测定其浊度。

④ pH 对分离效果影响试验

取 6 组 600mL 泥浆样品，调节各样品的 pH。再分别加入相同剂量的絮凝剂，投加量由加药量试验

图 6.4.35　絮凝剂对分离效果影响试验

图 6.4.36　加药量对分离效果影响试验

确定（如图 6.4.37）。采用相同的水力条件（快速搅拌半分钟，转速约 300r/min；中速搅拌 6min，转速约 100r/min；慢速搅拌 6min，转速约 50r/min）。静置 10min 后记录上清液体积比并测定其浊度。

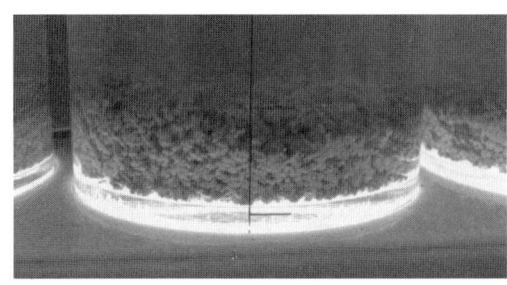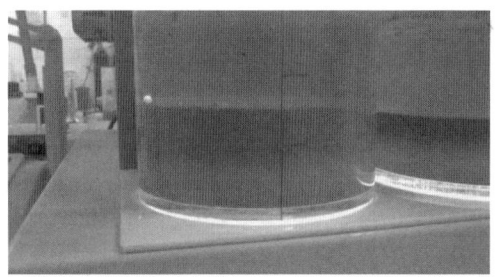

图 6.4.37　pH 对分离效果影响试验

⑤ 不同水力条件对分离效果影响试验

取 4 组 600mL 泥浆样品，调节 pH，加入最佳投药量。先启动搅拌机快速搅拌全部样品 1min，转速约 300r/min。4 组样品再分别以 20r/min、80r/min、140r/min、200r/min 搅拌 20min，静置 15min 后记录上清液体积比并测定其浊度（如图 6.4.38）。

3）实验结果与分析

① 泥浆浓度对分离效果的影响

泥水盾构出浆浓度高、黏度大，根据实际情况配制的试验室用泥浆材料浓度都在 $1.4g/cm^3$ 左右，如果直接添加絮凝剂，搅拌时摩擦阻力大，无法实现均匀搅拌，严重影响絮凝剂在泥浆内部的分散和絮凝。因此，加入絮凝剂前对泥浆进行加水稀释处理是必要的。

试验中发现，泥浆浓度大于 $1.20g/cm^3$ 时，絮凝过程中泥浆黏稠度较大，难于搅拌，泥水分离效

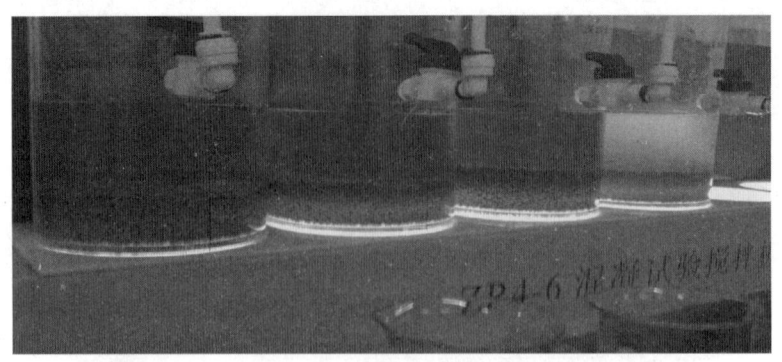

图 6.4.38 不同水力条件对分离效果影响试验

果不明显。试验结果表明,砂土泥浆较黏土泥浆分离效果要好,浓度为 1.20g/cm³、1.15g/cm³、1.10g/cm³ 的砂土泥浆样品静置 180min 后,滤液体积比分别达到 50%、60%、73%,考虑到浓度 1.40g/cm³ 的砂土泥浆调配到浓度 1.15g/cm³ 和 1.10g/cm³ 需要加入大量的水,加重了后期泥水分离负荷,而且滤液体积比的增大可能是因加不同比例的水所致,所以砂土泥浆稀释浓度取 1.20g/cm³ 为宜。

选取浓度为 1.20g/cm³、1.15g/cm³、1.10g/cm³ 的黏土泥浆样品静置 180min 后,滤液体积比分别为 20%、30%、55%,可以看出浓度为 1.10g/cm³ 的泥浆较浓度为 1.20g/cm³ 和 1.15g/cm³ 的泥浆在分离效率上有显著的提高,更利于进行泥水分离,所以黏土泥浆稀释浓度取 1.10g/cm³ 为宜。

② 絮凝剂对分离效果影响试验

不同药剂处理废弃砂土泥浆和黏土泥浆效果的比较结果见表 6.4.32 和表 6.4.33。结果表明,相同试验条件下聚丙烯酰胺(PAM)对砂土泥浆和黏土泥浆的絮凝效果是最好的,这与相关文献的研究结果比较一致。因此,选取 PAM 作为絮凝剂,考察加药量、pH、水力条件对砂土泥浆和黏土泥浆的混凝分离效果的影响。

各类絮凝剂对砂土泥浆泥水分离效果的比较 表 6.4.32

絮凝剂	絮凝剂浓度	泥水分离	絮团	絮凝剂	絮凝剂浓度	泥水分离	絮团
空白		差	无	聚铝	10g/L	较差	小
明矾	10g/L	较差	小	PAM	5g/L	好	大
三氯化铁	10g/L	差	极小				

各类絮凝剂对黏土泥浆泥水分离效果的比较 表 6.4.33

絮凝剂	絮凝剂浓度	泥水分离	絮团	絮凝剂	絮凝剂浓度	泥水分离	絮团
空白		差	无	聚铝	10g/L	较差	小
明矾	10g/L	差	极小	PAM	5g/L	好	大
三氯化铁	10g/L	差	极小				

③ 加药量对混凝分离效果的影响

絮凝剂及其优化投加量是影响泥水分离的首要因素,PAM 投加量对泥水分离效果的影响如图 6.4.39 所示。

如图 6.4.39 所示,颜色越深的条形柱代表混凝后生成的絮团越大。图中可以看出,随着 PAM 投加量的增加,团聚效果变明显,生成的絮团变大,上清液与底泥的体积比逐步递增,分离出的上清液浊度呈现出先增后降的趋势。主要原因是由于加药量小的情况下,团聚效果不明显,形成的絮团比较松散,而在没有达到适宜的投药量之前,这种松散絮团的数量会随着加药量的增大而增加,这就增加了絮团被搅拌打碎的机率,从而上清液浊度呈现出上升趋势;在达到适宜投药量之后,团聚效果明显,形成絮团变密实，搅拌提高了絮凝效率，从而上清液浊度呈现出下降趋势。在本试验中，混凝前砂土泥浆上清液的浊度为335NTU、体积比为0.48，混凝后分离效果最优组（5号）的上清液浊度为204NTU、体积比为0.67，故浓度为1.20g/cm³的砂土泥浆适宜的投药量为每600mL泥浆中加入18mL浓度为5g/L的PAM溶液，即最佳投药量为150mg/L。

由图6.4.40可以看出，不同加药量的样品在相同水力条件下，生成的絮团大小有显著的改善，上清液与底泥的体积比趋于稳定，浊度随着PAM投加量的增大呈现上升趋势。原因可能是由于搅拌过程中强烈的剪切作用打碎部分凝聚的絮团，而后形成大量细小的无机与有机胶体，致使浊度上升。在本试验中，混凝前黏土泥浆上清液的浊度为22.8NTU、体积比为0.5，混凝后分离效果最优组（4号）的上清液浊度为58.6NTU、体积比为0.67，故浓度为1.10g/cm³的黏土泥浆的最佳投药量为150mg/L。

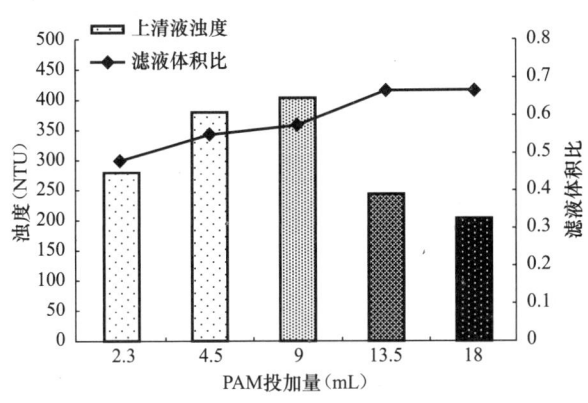 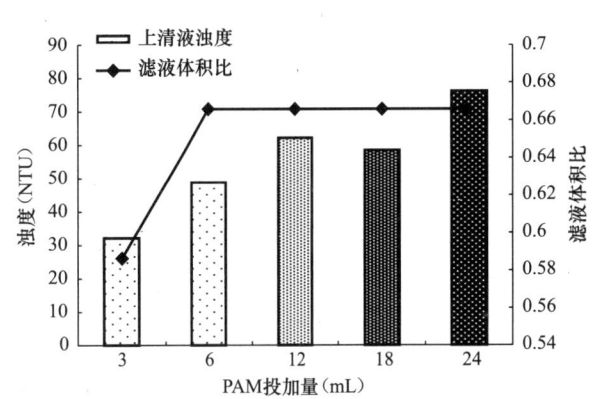

图6.4.39 砂土泥浆不同加药量下分离效果比较　　图6.4.40 黏土泥浆不同加药量下分离效果比较

④ pH对混凝分离效果的影响

在最佳絮凝剂投加量条件下（PAM投加量均为150mg/L），对砂土泥浆和黏土泥浆进行不同pH下泥水分离试验结果见图6.4.41。

如图6.4.41所示，颜色越深的条形柱代表混凝后样品生成的絮团越大。图中可以看出，砂土泥浆pH在5~6时，滤液澄清，浊度很低，但泥水分离效果较差，结成的絮团极小且团聚效果非常不明显，上清液体积仅占42%左右。随着pH的升高，泥水分离效果明显。pH在9~10时，上清液体积占67%，絮团变大，但滤液浊度很高。分析认为不同的pH条件下，PAM分子链中各种基团的离解度不同，使大分子链的电性中和及吸附架桥作用不同。当体系在酸性条件下，大多数形成不带电的基团，影响压缩双电层作用，不能形成大的絮团，分离效果有所下降。当pH过高时（如pH＝10.25的样品），聚合物分子中的基团水解，导致产物黏度降低，从而影响它的吸附架桥能力，致使形成的絮团不密实，故分离后滤液中固体颗粒浓度很高，形成悬浊液。试验结果表明，对于砂土泥浆，泥水分离最佳pH为8左右。

黏土泥浆普遍呈碱性，碱性环境加强了黏土自身的水化分散能力，使得性能很稳定。改变pH对黏土泥浆结构和Zeta电位产生一定影响，从而影响泥浆的泥水分离效果。有研究表明，pH在5.5~6.5范围内最利于黏土泥浆的分离。由图6.4.42可知，pH在6左右时分离效果最好，上清液体积接近70%，浊度在30NTU以下，团聚效果明显，形成的絮团较大。因此，黏土泥浆泥水分离比较适宜的pH为6左右。

⑤ 不同水力条件对混凝分离效果的影响

在最佳投药量和最佳pH条件下，采用不同水力条件进行试验。4组样品先全部以300r/min搅拌1min，再分别以20r/min、80r/min、140r/min、200r/min搅拌20min。静置15min后记录上清液体积比并测定其浊度。结果见图6.4.43。

如图6.4.43所示，颜色越深的条形柱代表样品生成的絮团越大。图中可以看出，搅拌机转速不同时，混凝分离的效果差异性很大。当转速从20r/min上升到80r/min时，滤液体积变化不大且浊度降

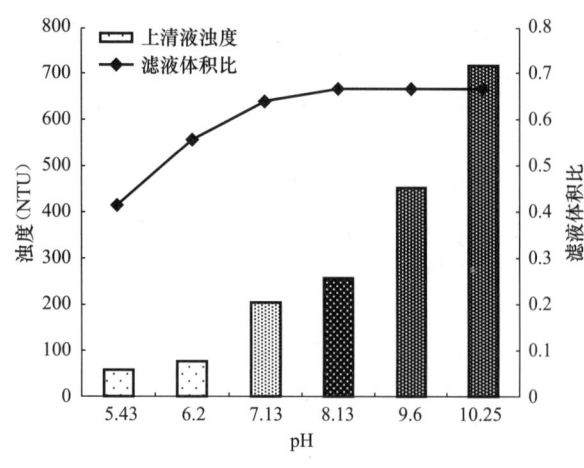

图 6.4.41　砂土泥浆不同 pH 下分离效果比较

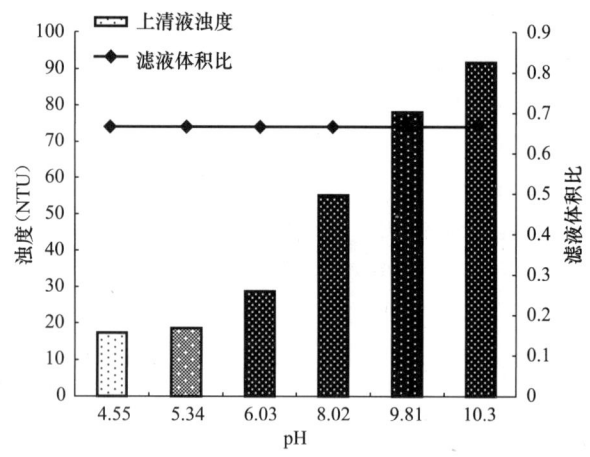

图 6.4.42　黏土泥浆不同 pH 下分离效果比较

低，但当转速上升至 140～200r/min 时，体积比呈下降趋势且浊度大幅升高，絮凝效果不好。这是因为转速提高时，絮团会被打散从而使浊度上升。综合各方面因素，选取 80r/min 作为砂土泥浆试验的适宜转速。

由图 6.4.44 可知，当转速为 80r/min 和 140r/min 时分离效果较好。此时浊度为 20NTU 左右，体积比为 67%，且生成的絮团较大。此外，转速为 80r/min 时的效果要比 20r/min 时好，这可能是因为适当的提高搅拌速率能增大颗粒之间的碰撞机率，从而提高絮凝效率。因此，选取 80r/min 作为黏土泥浆分离的适宜转速。

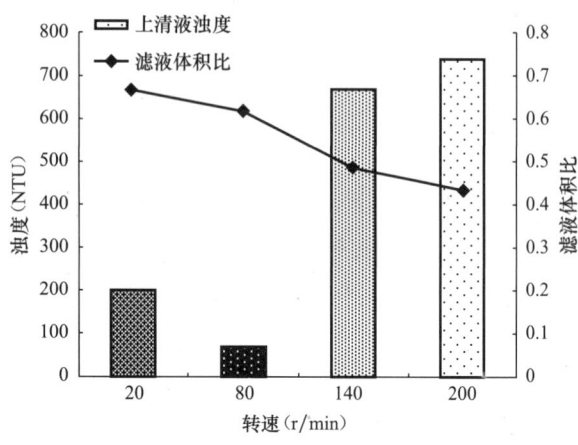

图 6.4.43　砂土泥浆不同水力条件下分离效果比较

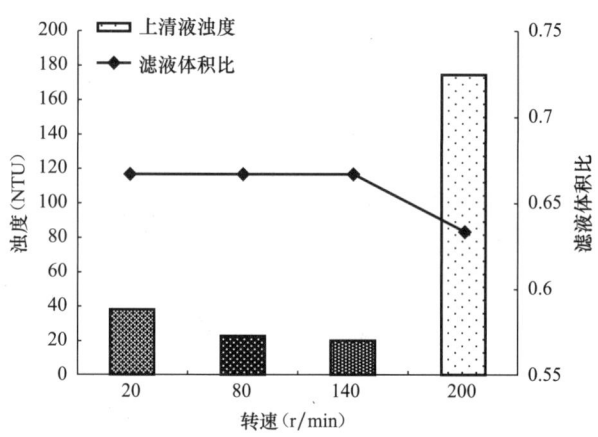

图 6.4.44　黏土泥浆不同水力条件下分离效果比较

4）结论

① 对于钱江隧道泥水盾构出浆中的典型砂土泥浆，由混凝分离试验结果可知，将 $1.40g/cm^3$ 浓度的原浆调至 $1.20g/cm^3$ 有利于实现高效的泥水分离；以聚丙烯酰胺作为絮凝剂，分离效果最好；混凝分离的最优化分离条件为：投药量为 150mg/L，pH 为 8 左右，水力条件为先以 300r/min 搅拌 1min，再以 80r/min 搅拌 20min。

② 对于钱江隧道泥水盾构出浆中的典型黏土泥浆，由混凝分离试验结果可知，将 $1.40g/cm^3$ 浓度的原浆调至 $1.10g/cm^3$ 有利于实现高效的泥水分离；以聚丙烯酰胺作为絮凝剂，分离效果最好；混凝分离的最优化分离条件为：投药量为 150mg/L，pH 为 6 左右，水力条件为先以 300r/min 搅拌 1min，再以 80r/min 搅拌 20min。

（2）盾构废浆的脱水特性研究

盾构废浆泥水分离后要进行脱水，针对该处理环节，采用恒压膜过滤法对盾构废弃泥浆进行试验室研究，选取比阻抗作为指标，考察混凝剂的投加对泥浆脱水性能的影响。观察在最佳泥浆密度及其附近密度泥浆混凝前后泥浆比阻的变化，以评估化学混凝法对盾构废浆脱水性能的影响，为废弃泥浆的脱水处理提供了数据支持，也为钱江隧道盾构废弃泥浆综合治理提供了科学依据。

1）实验材料仪器

① 试验材料

试验材料为取自钱江隧道工程现场已经干化的黏土，根据试验要求，分别配制密度为 $1.2g/cm^3$、$1.1g/cm^3$、$1.05g/cm^3$ 黏土泥浆作为试验泥浆材料。

② 试验装置

采用终端过滤装置（如图 6.4.45）考察盾构废浆过滤情况。终端过滤反应器是容积为 350mL 的有机玻璃杯式滤器，内设磁力搅拌桨，用于对膜的水力清洗；外加压力由高压氮气提供；料液从顶部带旋钮的孔中加入；滤液流入电子天平上的容器中，通过检测重力的变化再折算为体积。膜材料选用上海半岛实业有限公司净化器材厂的混合纤维素酯膜，直径为 65mm，孔径为 $45\mu m$。

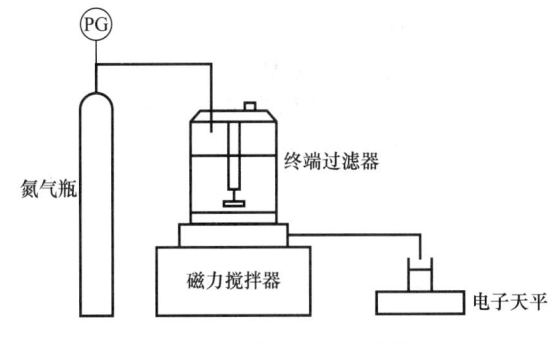

图 6.4.45 终端过滤试验装置

2）实验方法

① 废浆比阻的计算

过滤中的膜通量表达为：

$$J = \frac{\Delta V}{A\Delta t} = \frac{dV}{Adt} \tag{6.4.1}$$

式中，J 为膜通量 [L/($m^2 \cdot h$)]，ΔV 为滤液的体积，t 为过滤时间，A 为膜表面积。

同时过滤过程中通量满足达西（Darcy's law）方程：

$$J = \frac{\Delta P}{\mu R} \tag{6.4.2}$$

式中，ΔP 为膜两侧的压力差（Pa），μ 为透过液黏度（Pa·s），R 为过滤总阻力。

对盾构废浆的过滤，过滤阻力主要是膜面沉积层，即 ($R_m + R_c$)，因此式（6.4.2）可进一步表达为：

$$J = \frac{\Delta P}{\mu(R_m + R_c)} \tag{6.4.3}$$

$$R_c = r \cdot \frac{C \cdot V}{A} = r \cdot M \tag{6.4.4}$$

式中，r 为单位表示的泥浆比阻（m/kg），M 为沉积层密度（kg/m^2），C 为泥浆密度 kg/m^3。根据：

$$\frac{dV}{dt} = \frac{\Delta P \cdot A}{\mu\left(R_m + r \cdot \frac{C \cdot V}{A}\right)} \tag{6.4.5}$$

恒压过滤时，式（6.4.5）对时间积分：

$$\int_0^t dt = \int_0^V \left(\frac{\mu Cvr}{PA^2} + \frac{\mu R_m}{PA}\right)dV \tag{6.4.6}$$

$$\frac{t}{V} = \frac{\mu Cvr}{2PA^2} + \frac{\mu R_m}{PA} \tag{6.4.7}$$

式（6.4.7）说明，在恒压下过滤，t/V 与 V 成直线关系（斜率为 b），因此比阻公式为：

$$r = \frac{2PA^2}{\mu} \cdot \frac{b}{C} \tag{6.4.8}$$

② 混凝前后泥浆比阻的测定

分别配制密度为 $1.2g/cm^3$、$1.1g/cm^3$、$1.05g/cm^3$ 黏土泥浆，测定其混凝前后的泥浆比阻。

以混凝试验得出的最优化分离条件进行混凝反应，即黏土泥浆密度为 $1.1g/cm^3$，壳聚糖投加量为 $90mg/L$，pH 为 6.5，水力条件为先以 $300r/min$ 搅拌 1min，再以 $100r/min$ 搅拌 20min。等量换算其他密度下壳聚糖的投加量。

试验过程中压力控制在 0.1MPa，先用清洁的膜对蒸馏水进行过滤，测得初始通量，然后再对一定体积的泥浆混合液进行过滤，从产生滤液开始每 15s 记取一次滤液质量，过滤时间在 5min 左右，由所测值可以计算泥浆比阻。试验中为了便于比较，不仅需要避免不同膜片所带来的差异，而且需要考虑（不同阶段试验中）滤液温度不同所带来的影响，为此需采用相对通量值。相对通量值扣除了由不同膜片以及不同过滤温度所带来的差异，因此具有可比性。

3) 试验结果与分析

在最优混凝条件下，用不同密度泥浆的恒压膜过滤时间 t 与滤液体积 V，绘制成 t/V—V 的关系图，并与相应泥浆密度但没有混凝的泥浆过滤试验进行比较，同时观察过滤过程中阻塞过滤和沉积过滤的控制作用。黏土泥浆混凝前后的结果如图 6.4.46～图 6.4.48 所示。

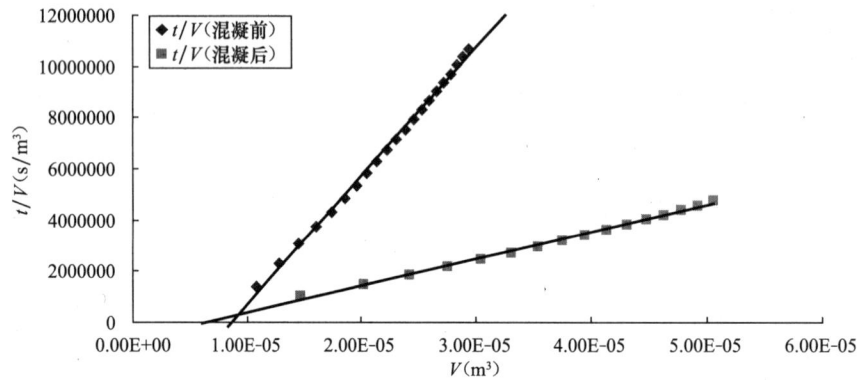

图 6.4.46 $1.2g/cm^3$ 黏土泥浆混凝前后 t/V—V 关系图

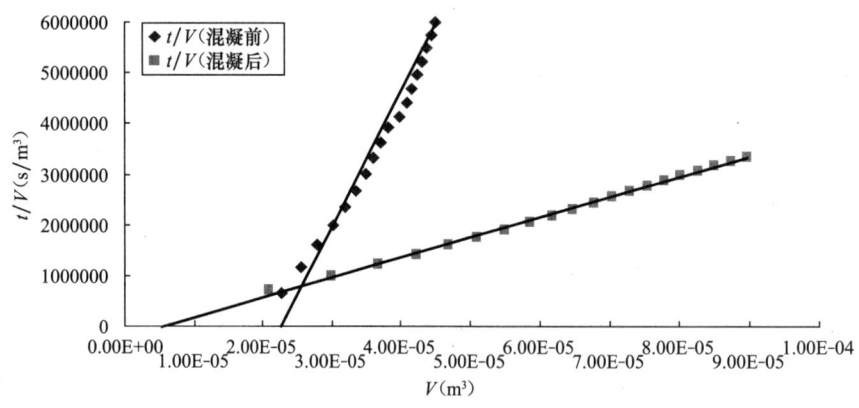

图 6.4.47 $1.1g/cm^3$ 黏土泥浆混凝前后 t/V-V 关系图

将 t/V—V 关系图线性拟合，由以上图中可以看出，不同密度泥浆混凝后的 t/V—V 直线的斜率都有所降低，由式（6.4.8）得知斜率与泥浆比阻成正比，及不同密度泥浆混凝前后比阻都有所减小，一定程度上改善了泥浆的脱水性能。

由以上各 t/V—V 关系图的斜率 b 和相应膜过滤参数（膜面积 $A=0.00332m^2$，$\mu=8.9\times10^{-4}Pa\cdot s$，压力 $P=0.1MPa$，和相应的泥浆密度 C）通过式（6.4.8）可求得不同泥浆密度混凝前后的泥浆比阻 α，见表 6.4.34。

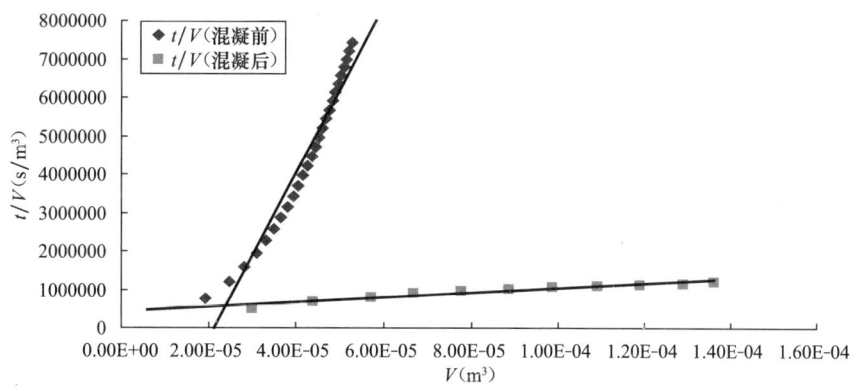

图 6.4.48　1.05g/cm³ 黏土泥浆混凝前后 t/V—V 关系图

不同密度黏土泥浆混凝前后的比阻 α　　　　表 6.4.34

黏土泥浆	1.20g/cm³ 混凝前	1.20g/cm³ 混凝后	1.10g/cm³ 混凝前	1.10g/cm³ 混凝后	1.05g/cm³ 混凝前	1.05g/cm³ 混凝后
α (m/kg)	1.21E+15	2.52E+14	5.68E+14	8.81E+13	4.57E+14	1.89E+13

由表可知，不同密度的黏土泥浆混凝后比阻都有所减小，并且密度越低，原浆的比阻越小，同时混凝前后比阻的变化也越大，考虑到稀释泥浆需要大量的水，会加重后期的泥水分离负荷，而且在密度为 1.1g/cm³ 的时候混凝后的污泥比阻已经减小到混凝前的 10% 左右，效果十分可观，故而仍旧选取 1.1g/cm³ 作为最佳的泥浆密度。

综上所述，实验采用恒压膜过滤的方法考察在最佳泥浆密度，甚至更低泥浆密度条件下，混凝前后泥浆比阻的改变。可以看出黏土泥浆在混凝后的比阻相对于混凝前有很大程度上的降低，并且最佳泥浆密度下的比阻混凝前后变化很大，整体综合效应相对来说最好。

6.4.3.3　盾构废浆余水的生态净化处理研究

考虑到对周边水体的环境保护，盾构余水需要达标后才能排放入地表水体。本文考虑用人工湿地这一生态工程的手段贵盾构余水进行处理，搭建装置模拟运行，观测其长期运行情况。同时针对实际运行中发生的水流短路问题，开展了对人工湿地水力效率的实验研究，为以后的工程运用提供了科学参考。

(1) 人工湿地盾构余水净化研究

1) 实验材料和装置

① 实验材料

天然沸石材料：产自浙江缙云县，为粒径 3~5cm 的块状物。

活性氧化铝材料：购自江苏某公司，主要用作自来水除氟材料。

水化硅酸钙材料：购自上海某公司，粒径 3~5cm。

芦苇植物：取自上海嘉定龙泽水生植物有限公司种植的芦苇，其根系发达，移栽时尽量保护新芽及根的完整性。试验前洗净泥土，分割成单株，移栽于模拟人工湿地中，种植间距为 15cm×15cm，每个装置种植数量为 21 株。

② 实验装置

采用 4 台自行设计的水平流潜流人工湿地装置，选用 8mmPVC 材料进行装置构建，每台的尺寸均为 1.3m×0.5m×0.70m（L×W×H），如图 6.4.49 所示。沿垂直方向来看，基质层厚度总共为 0.55m，其中有效水深为 0.47m，上覆土壤层为 0.10m，芦苇栽入土层中，其根系则可直达装置底部。沿水流方向来看，依次为进水槽，湿地装置和出水槽，在进水槽与湿地装置之间和出水槽与湿地装置之间均以穿孔板相隔，以保证布水和走水的均匀。进水槽、湿地装置和出水槽分别为 0.05m、1.20m 和 0.05m。

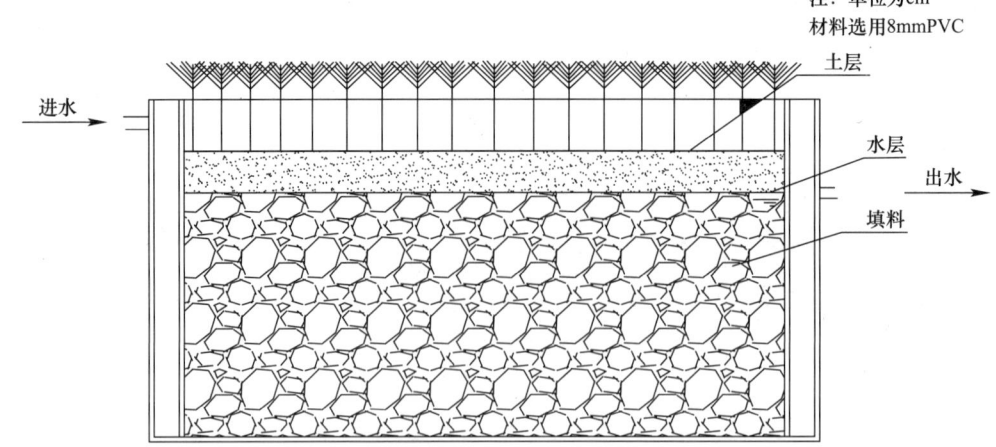

图 6.4.49　水平潜流人工湿地模拟装置

在 4 台人工湿地装置中，1 号和 2 号装置均选用天然沸石和活性氧化铝混合基质（重量比为 320kg/35kg）作为填料，记作 HW1 和 HW2；3 号装置选用天然沸石和水化硅酸钙混合基质（重量比为 280kg/24kg）作为填料，记作 HW3；4 号装置选用普通砾石（重量 537kg）作为单一填料，记作 HW4。其中，HW1、HW3 和 HW4 种有芦苇植物，HW2 不种植物。

由离心泵将景观水抽入大水槽内，再由蠕动泵向湿地装置连续进水，水力负荷常时采用 $0.3 m^3/(m^2 \cdot d)$，实验装置的实物图如图 6.4.50 所示：

图 6.4.50　水平潜流人工湿地模拟装置实物照

2）实验方法

装置于 2011 年 6 月 15 日至同年 7 月底启动，8 月开始正式运转，并定期（至少每月 3 次）采集水样分析。在 2012 年 4 月下旬至 6 月中旬，研究水力负荷对装置处理效果的影响。

本试验中各项指标测试方法如表 6.4.35 所示。水温使用温度传感器（HOBO Pendant UA-002），每 20 分钟记录一次温度数据，计算机 Excel 软件读取。

测试方法　　　　　　　　　　　　　　　　　　　　　　　表 6.4.35

测试指标	测试方法	测试指标	测试方法
COD	HACH 回流法	无机磷	钼锑抗比色法
总氮	碱性过硫酸钾-紫外分光光度法	pH	便携式 pH 计法
氨氮	水杨酸-次氯酸钠光度法	浊度	便携式浊度计法
硝态氮	紫外分光光度法	SS	烘干重量法
总磷	过硫酸钾氧化-分光光度法		

3)余水净化实验结果和分析

自 2011 年 8 月至 2012 年 10 月,连续 15 个月保持水力负荷为 0.3m³/(m²·d),进行人工湿地对植物园景观水体中各类污染物的去除效果试验,采用 4 台水平潜流人工湿地装置(HW1~HW2)平行运行,人工湿地装置的具体运行参数如表 6.4.36 所示。为便于比较不同湿地在污染物去除效果方面的差异,取每月多次测定的进出水数据的平均值作为当月的实验结果。本试验主要是为了考察基质和植物对运行效果的影响,于是取 HW1、HW2 和 HW4 为一实验组,而将 HW3 和 HW4 作为另一实验组,其中 HW4 主要是用于传统基质与功能基质的分析对照作用。

人工湿地装置的运行参数　　表 6.4.36

装置	HW1	HW2	HW3	HW4
流态	水平	水平	水平	水平
植物	芦苇	无	芦苇	芦苇
基质填料	天然沸石活性氧化铝	天然沸石活性氧化铝	天然沸石水化硅酸钙	砾石
混合方式	均匀混合	均匀混合	均匀混合	无
孔隙率(%)	42	38	57	41
水力停留时间(h)	15.04	15.04	15.04	15.04

装置运行期间,污染物去除效果可能会受季节温度变化的影响,通过连续 15 个月的监测,装置水温变化可分为三个阶段(平均温度):10℃以下(12、1、2 月),10~25℃(3、4、5、10、11 月),25℃以上(6、7、8、9 月)。

① 浊度的去除效果

试验期间,每月的平均进水浊度值为 27.9~66NTU。取某两次进水测定其悬浮物(SS)的浓度,当浊度为 27.2NTU 和 37.6NTU 时,所对应的 SS 浓度为 20.4mg/L 和 30.0mg/L。图 6.4.51 和图 6.4.52 分别给出了实验组 1 和实验组 2 对水浊度的去除效果。由图 6.4.51 可知,HW1 和 HW2 对浊度的去除率分别为 75.9%~98.9%(平均 87.9%)和 68.84%~97.8%(平均 86.5%),而 HW4 对浊度的去除率为 54.8%~91.7%(平均 77.6%)。由图 6.4.52 可知,HW3 对浊度的去除率为 70.4%~95.9%(平均 85%),说明天然沸石-活性氧化铝复合基质和天然沸石-水化硅酸钙复合基质对浊度的去除效果均要比普通砾石床好。人工湿地对浊度的去除主要是通过装置内部基质和植物根系的拦截过滤作用得以实现,本试验中较小的基质粒径和密集的植物根系对浊度的去除起到良好的作用。对比 HW1 和 HW2,由于前期植物还在生长阶段,因此两者的浊度去除效果相近,受植物影响不大。从 2012 年 7 月起,植物开始生长茂盛,HW1 内的植物根系越发变得密集,而 HW2 由于未种植物而缺少密集的根系,对颗粒物的拦截作用不如 HW1,因此从 8 月开始,HW2 对浊度的去除率相比于 HW1 稍差。

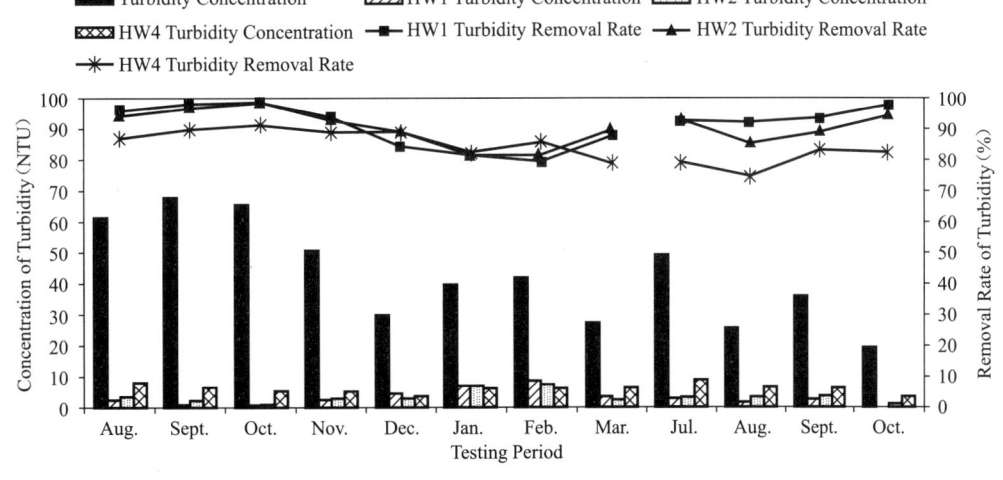

图 6.4.51　水平潜流人工湿地 1、2、4 号对浊度的去除效果

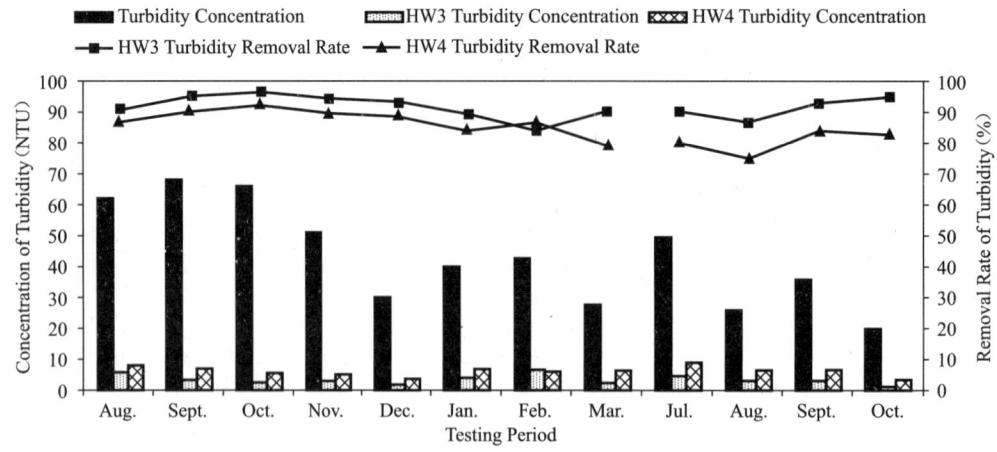

图 6.4.52　水平潜流人工湿地 3、4 号对浊度的去除效果

不同月份的温度变化对浊度的去除效果没有较明显的影响，HW1～HW3 和 HW4 的出水浊度大部分均能分别达到 5NTU 和 10NTU 以下。因此在 15 个月的湿地运行过程中，湿地对浊度的去除效率较高且稳定，受湿地类型和季节变化的影响较小。

② COD 的去除效果

水中的 COD 浓度普遍较低，平均进水浓度在 14.7～35.5mg/L 之间。由图 6.4.53 和图 6.4.54 可知，从整体的运行效果来看，2011 年 12 月起，各装置对 COD 的去除效率总体较稳定，HW1、HW2 和 HW3 的平均去除效率分别为 55.8%、54.9% 和 55.8%，HW4 的去除效果相对稍差，平均去除效率为 42.8%。虽然进水浓度存在一定波动，但前三者的出水 COD 浓度基本能稳定在 15mg/L 以下，而 HW4 则维持在 20mg/L 以下，可以达到地表水 II 类和 III 类标准。

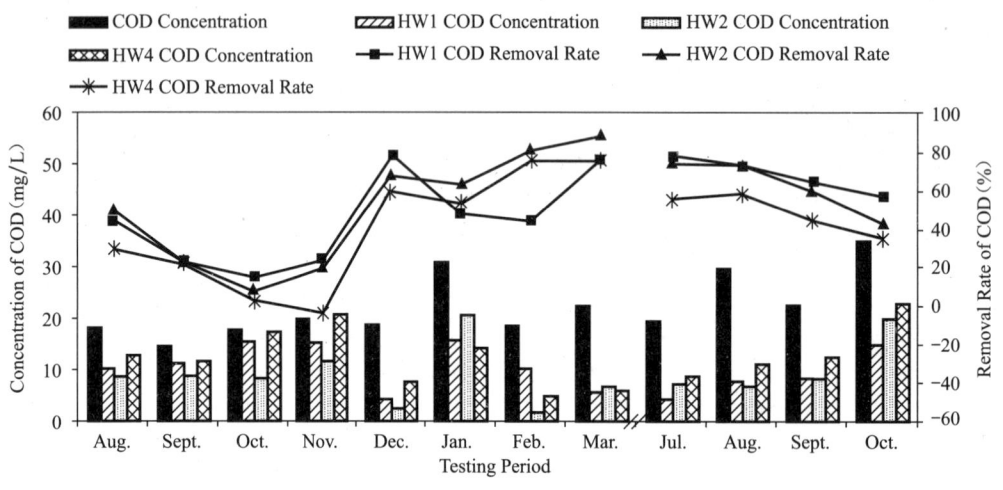

图 6.4.53　水平潜流人工湿地 1、2、4 号对 COD 的去除效果

随着系统运行时间的延长，填料及植物根系上的微生物数量不断增加，促进了湿地系统对有机物的氧化分解过程。在 2011 年 8 月装置启动和芦苇种植后至同年 12 月，水温随季节下降，但由于芦苇的生长和基质上的生物挂膜，所以 COD 的去除率仍有一定的增长趋势。

由于水中的有机物浓度比较低，所以潜流人工湿地对 COD 的去除率不是很高。但是天然沸石-活性氧化铝复合基质和天然沸石-水化硅酸钙复合基质对 COD 的去除效果仍优于普通砾石床，说明功能基质对污水中 COD 的去除效率有一定的提高。

③ TP 和 $PO_4^{3-}-P$ 的去除效果

装置运行期间，进水中的 TP 浓度为 0.08～0.32mg/L，大多集中在 0.15～0.30mg/L 之间，处于

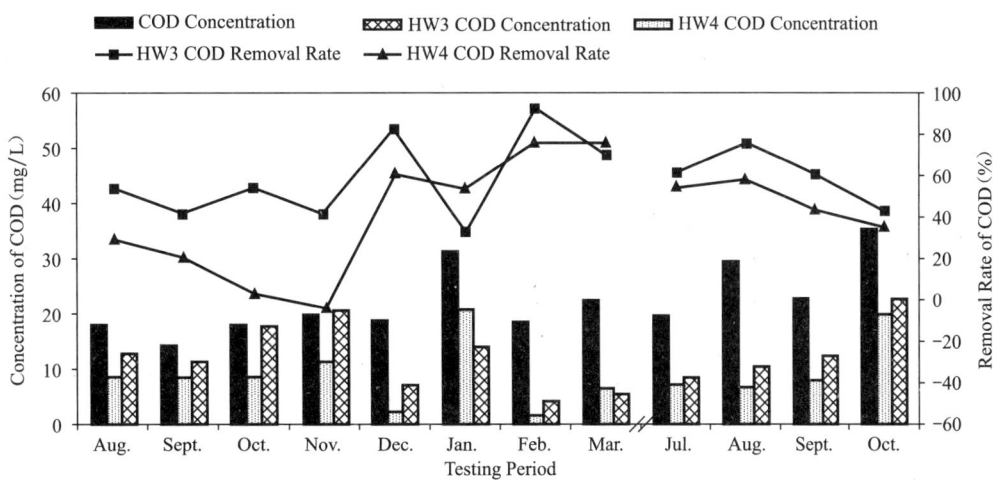

图 6.4.54 水平潜流人工湿地 3、4 号对 COD 的去除效果

地表水湖库标准中的 Ⅳ 至 Ⅴ 类水。图 6.4.55 和图 6.4.56 分别给出了实验组 1 和实验组 2 对水中 TP 的去除效果。由图 3.3.7 可知，HW1 和 HW2 对 TP 的去除率分别为 49.5%～95.2%（平均 77.1%）和 45.4%～83.1%（平均 73.0%），而 HW4 对 TP 的去除率为 0.12%～70.4%（平均 43.6%）。人工湿地对磷的去除主要依靠基质的吸附沉淀作用，植物的吸收作用也有利于景观水中磷的去除，因此种有芦苇植物的 HW1 对磷的去除效果略优于无植物的 HW2。

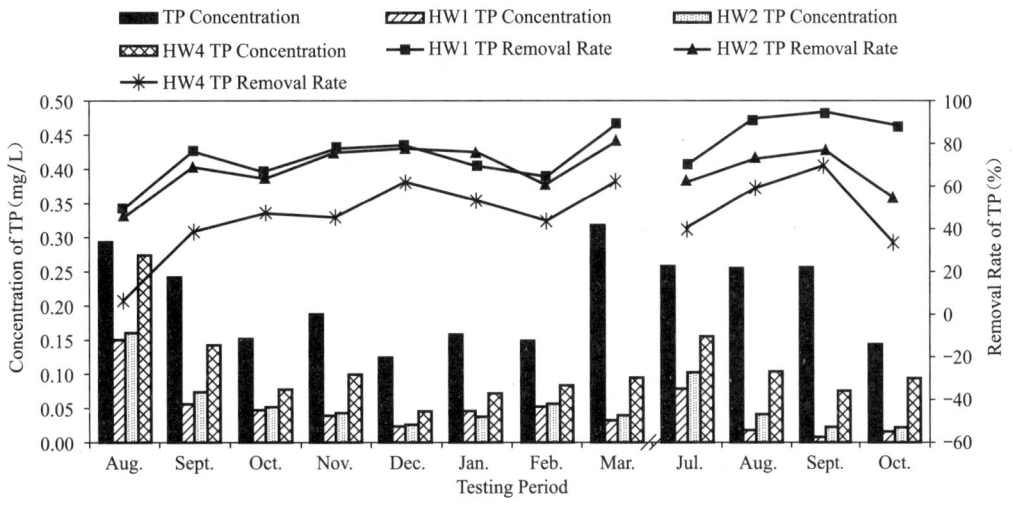

图 6.4.55 水平潜流人工湿地 1、2、4 号对 TP 的去除效果

由图 6.4.56 可知，HW3 对 TP 的去除率为 22.0%～78.1%（平均 60.8%），HW1～HW3 的出水 TP 浓度基本能够维持在 0.1mg/L 以下，而 HW4 相对去除效果较差，但其出水 TP 浓度基本也可维持在 0.2mg/L 以下。当进水中的有机磷通过微生物作用转化为无机磷后，水体中的磷主要以水溶性磷存在，它们可以通过吸附、沉淀和植物吸收等途径去除。无机 SS 中的磷则可通过基质和植物根系的拦截过滤或物理沉淀而去除。HW1 和 HW2 中的活性氧化铝基质所产生的 Al^{3+} 离子，HW3 中的水化硅酸钙基质所产生的 Ca^{2+} 离子，以及三台装置中的天然沸石基质所产生的 Ca^{2+}、Al^{3+}、Fe^{3+} 等多种离子很容易能吸附或晶析水体中的水溶性磷，从而达到去除可溶磷酸盐的目的。而 HW4 只能通过植物吸收和对 SS 的拦截作用来去除污染物，因此除磷效果较差。

2011 年 8 月，各装置的出水 TP 浓度均相对较高，主要是由于人工湿地系统刚开始运行，其对污染物的去除作用不稳定。

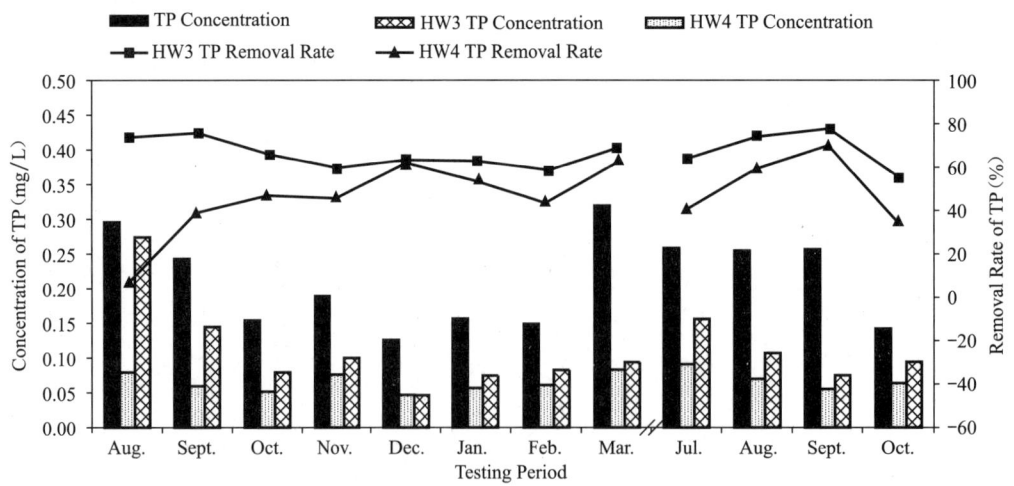

图 6.4.56　水平潜流人工湿地 3、4 号对 TP 的去除效果

图 6.4.57 和图 6.4.58 给出了 4 台水平潜流人工湿地装置对 $PO_4^{3-}-P$ 的去除效果，植物园河水

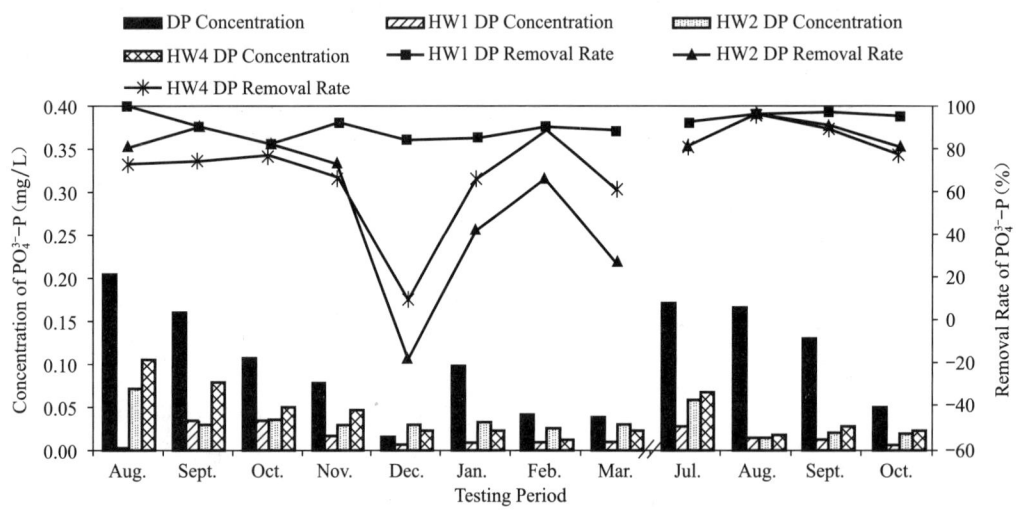

图 6.4.57　水平潜流人工湿地 1、2、4 号对 $PO_4^{3-}-P$ 的去除效果

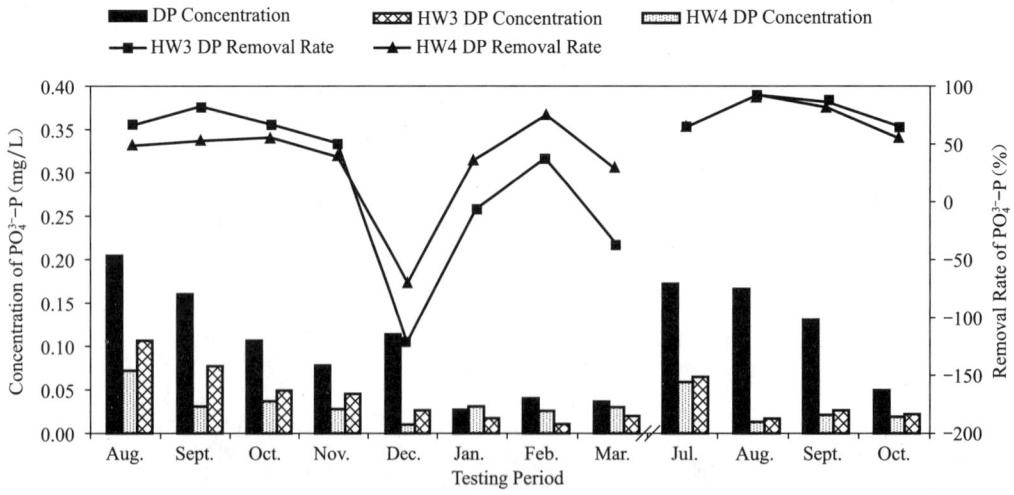

图 6.4.58　水平潜流人工湿地 3、4 号对 $PO_4^{3-}-P$ 的去除效果

PO_4^{3-}-P 平均进水浓度为 0.01~0.20mg/L，波动较大。由图可以看出，HW1 的去除效率最高且稳定，去除率基本维持在 70% 以上，最高可达 99%，说明人工湿地中的天然沸石-活性氧化铝复合基质和植物的作用对水体中的 PO_4^{3-}-P 有较好的沉淀和吸收。

从图中还可以发现，当 PO_4^{3-}-P 进水浓度在 0.11~0.20mg/L 时，各装置的去除效率均相对较高，基本在 55%~85% 之间。但当进水浓度在 0.10mg/L 以下时，除 HW1 以外，HW2~HW4 的去除率急剧降低，甚至多次出现负去除率的情况。一方面可能是由于进水的 PO_4^{3-}-P 浓度较低，而系统中植物又会将有机磷转化为 PO_4^{3-}-P，使得污水进入湿地后其 PO_4^{3-}-P 浓度反而增大，导致出水含量变高；另一方面则可能是因为原先已被吸附在基质和植物根茎表面的磷还未进行沉淀反应就随水被冲出系统，也会导致出水 PO_4^{3-}-P 浓度偏高。

④ TN 的去除效果

不同类型水平潜流人工湿地对 TN 的去除效果如图 6.4.59 和图 6.4.60 所示，在进水 TN 浓度为 0.54~1.91mg/L 时，四台装置 HW1~HW4 对 TN 的去除率分别为 38.3%~89.8%（平均 56.1%），18.5%~85.1%（平均 49.3%），27.6%~93.2%（平均 50.5%），8.4%~86.3%（平均 41.2%），虽然去除率波动较大，但是复合基质人工湿地装置对 TN 的平均去除率仍优于砾石基质人工湿地。

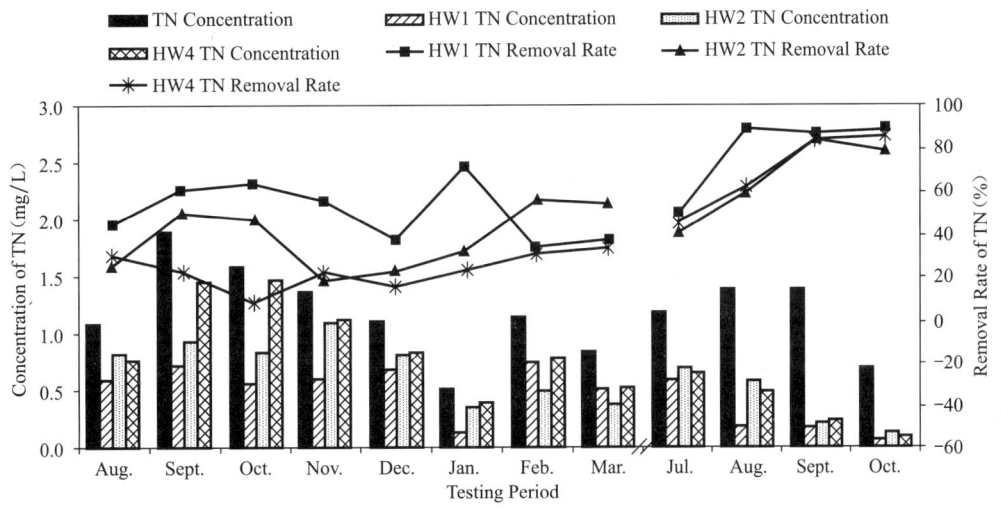

图 6.4.59 水平潜流人工湿地 1、2、4 号对 TN 的去除效果

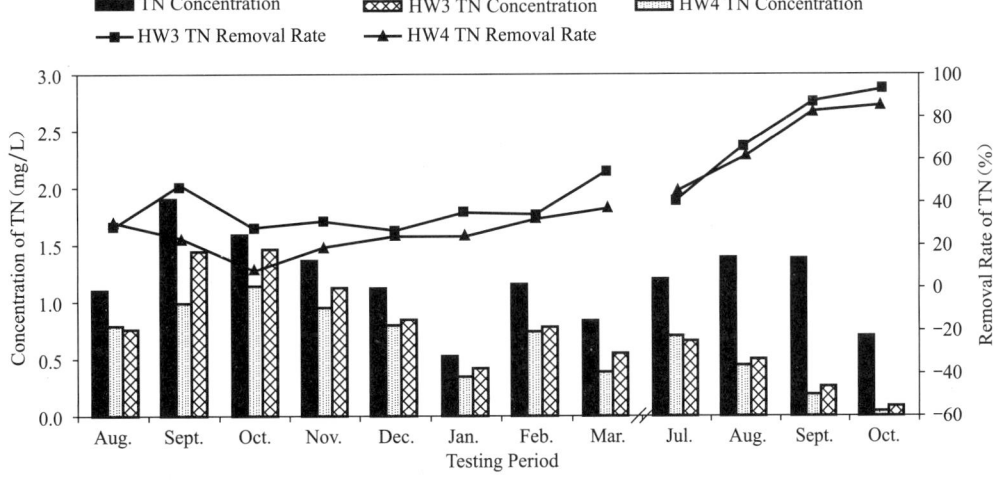

图 6.4.60 水平潜流人工湿地 3、4 号对 TN 的去除效果

其中11月份至1月份期间，由于受植物枯萎和低温影响，复合基质人工湿地对TN的去除率稍有下降，但随着气温上升，去除率总体呈上升趋势。尤其从2012年7月份开始，TN的去除率明显大幅上升，说明温度对TN的去除影响较大，这主要是由于TN的去除依靠微生物的硝化反硝化作用，冬季低温条件会降低微生物的活性，此作用受到抑制，而且冬季植物枯萎死亡会释放部分有机物质，也在一定程度上降低了氮的去除效果。有研究表明，低于10℃时系统硝化速率会明显下降，在5℃时反硝化效率很低。从出水TN浓度来看，除了11月份外，HW1～HW3的出水浓度基本均低于1mg/L，达到了地表III类水标准，HW4的出水浓度效果相对较差，但其出水浓度也能达到1.5mg/L以下。经检测，水中亚硝酸盐的浓度非常低，基本可以忽略不计，因此总氮的去除主要是受氨氮和硝酸盐氮的作用影响。

⑤ NH_4^+-N 的去除效果

图6.4.61和图6.4.62给出了4台水平潜流人工湿地装置对NH_4^+-N的去除效果，水平均NH_4^+-N进水浓度为0.03～0.17mg/L，浓度较低。四台装置HW1～HW4对NH_4^+-N的去除率分别为50.7%～94.1%（平均66.5%），44.0%～93.8%（平均57.9%），28.6%～93.7%（平均69.8%），8.4%～92.6%（平均52.8%）。从湿地类型来看，种有芦苇植物的HW1对NH_4^+-N的去除效果优于HW2，而含有天然沸石复合基质的HW1～HW3对NH_4^+-N的去除率均高于砾石基质的HW4，说明植物和基质类型对富营养化景观水中NH_4^+-N的去除效果影响较大。这是因为湿地系统中NH_4^+-N的去除主要是通过微生物的硝化作用和基质的吸附，植物吸收也有一定作用，因此虽然存在波动，但HW2对NH_4^+-N的平均去除率仍略低于HW1。天然沸石基质对NH_4^+-N又有较好的吸收作用，而植物根系的供氧可以促进NH_4^+-N的硝化，提高了去除率，使得出水浓度基本能够维持在0.05mg/L以下且较稳定。与之相比，HW4的砾石对NH_4^+-N的吸收较差，主要靠微生物硝化和植物吸收，因此去除率相对较低且不太稳定。

从图中可知，NH_4^+-N的去除率随温度变化并无明显相应的变化规律，说明其去除效果受季节的影响较小。

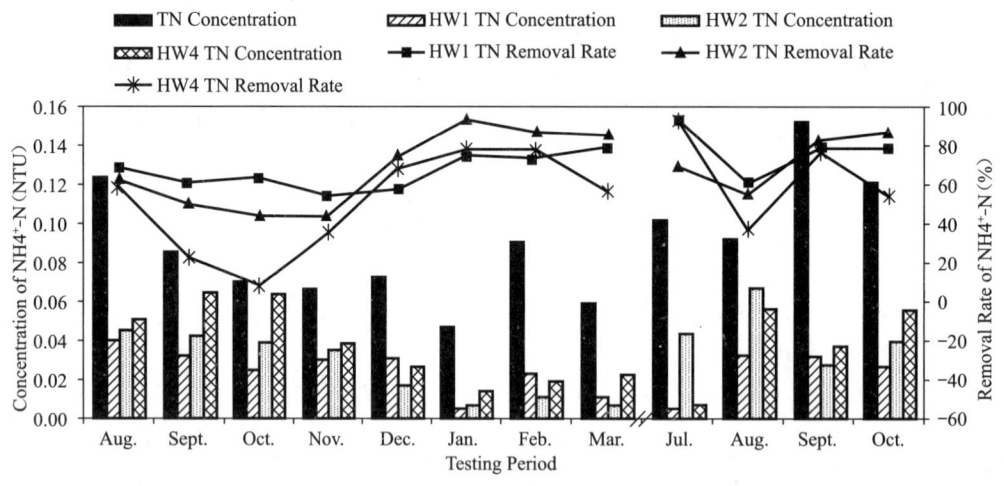

图6.4.61 水平潜流人工湿地1、2、4号对NH_4^+-N的去除效果

⑥ NO_3^--N 的去除效果

NO_3^--N的去除机制主要是微生物在厌氧状态下的反硝化作用。由图6.4.63和图6.4.64可见，在水温较低的运行期间（2011年11月至2012年3月），填充复合基质的潜流人工湿地装置对NO_3^--N的去除效果很不理想，甚至出现负去除率的现象（硝化作用大于反硝化作用），而且存在填充传统砾石基质的装置对NO_3^--N的去除率更高的情况。这一方面原因可能是由于低温会严重影响反硝化菌的活动，另一方面可能是由于装置启动后时间不长，反硝化菌群落繁殖尚不发达之故，两者造成了装置内的反硝

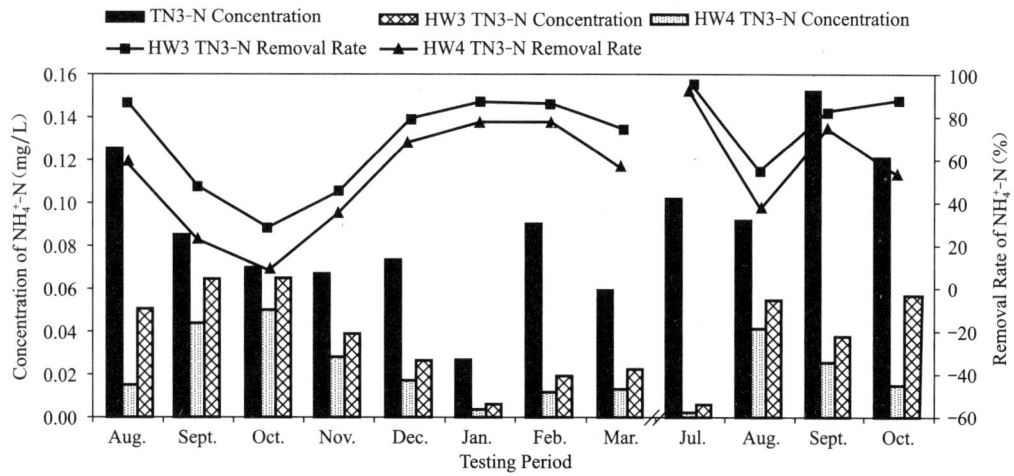

图 6.4.62 水平潜流人工湿地 3、4 号对 NH_4^+-N 的去除效果

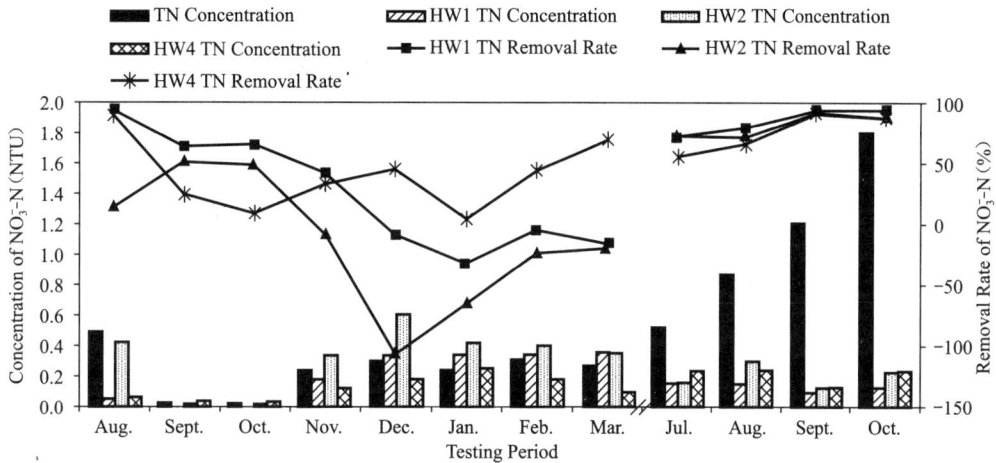

图 6.4.63 水平潜流人工湿地 1、2、4 号对 NO_3^--N 的去除效果

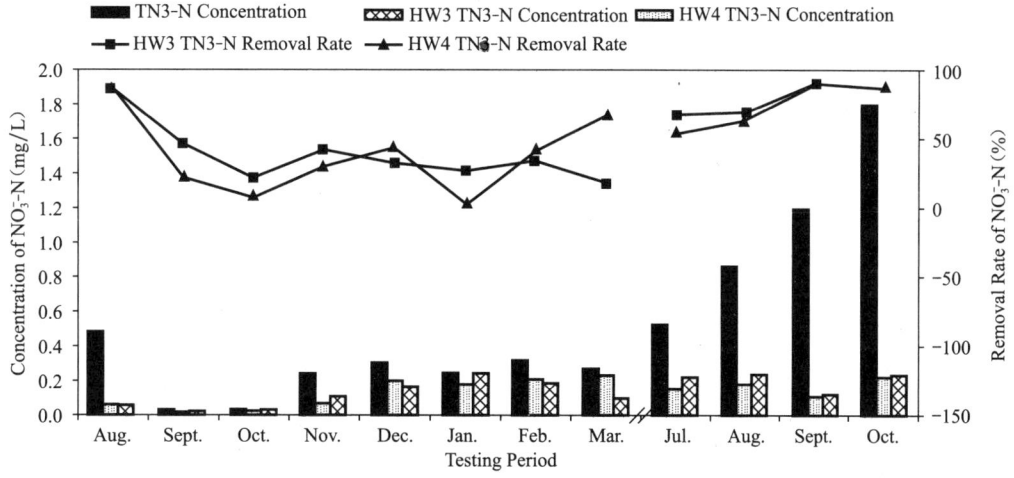

图 6.4.64 水平潜流人工湿地 3、4 号对 NO_3^--N 的去除效果

化作用不能正常进行而导致出水中硝酸盐浓度大于进水。但在 2012 年水温较高的季节,尽管 NO_3^--N 的浓度普遍高于 2011 年,但各装置对 NO_3^--N 均呈现出良好的去除性能,且有复合基质湿地去除效果

稍高于传统砾石基质的趋势。由此可见，稳定成熟的复合基质潜流人工湿地系统对 $NO_3^- -N$ 具有良好的去除性能。

4）水力停留时间对污染物去除效果的影响

为考察不同水力停留时间对水中污染物去除效果的影响，设计了 3 种停留时间，分别为 15、7.5、3.75h，对应的水力负荷分别为 0.3、0.6、1.2$m^3/(m^2 \cdot d)$，各停留时间均连续运行 20 天，重复 4~6 次试验，取多次进出水的平均值作为最终试验结果。为了减小温度变化对污染物去除效果的影响，考察时间选在 2012 年 4 月下旬至 6 月上旬，期间气温基本保持在 25℃左右。

① 不同水力停留时间下浊度的去除效果

由图 6.4.65 可知，在停留时间分别为 15、7.5、3.75h 时，HW1 和 HW2 对浊度的平均去除率分别达 72% 和 64% 以上，HW3 和 HW4 对浊度的平均去除率分别达 75% 和 60% 以上。当停留时间为 15h 时，四台装置的出水浊度均在 5NTU 以下。随着水力负荷的增大，出水浊度也逐渐升高至 10NTU 左右。由于人工湿地对浊度的去除率主要是通过 SS 沉降、基质的过滤和拦截作用，当水力负荷过大时，对应的断面流速较大，污水通过较强的冲刷和剪切作用将截留下的部分悬浮物又随水带出系统，导致出水浊度升高。总体来看，停留时间越短，浊度去除率越低。但即使在停留时间为 3.75h 时，仍保持较高的浊度去除率。考虑到停留时间越短，处理水量越多，根据实际需求，若只以提高植物园景观水体透明度为目的，采用相对较高的水力负荷是有可行性的。

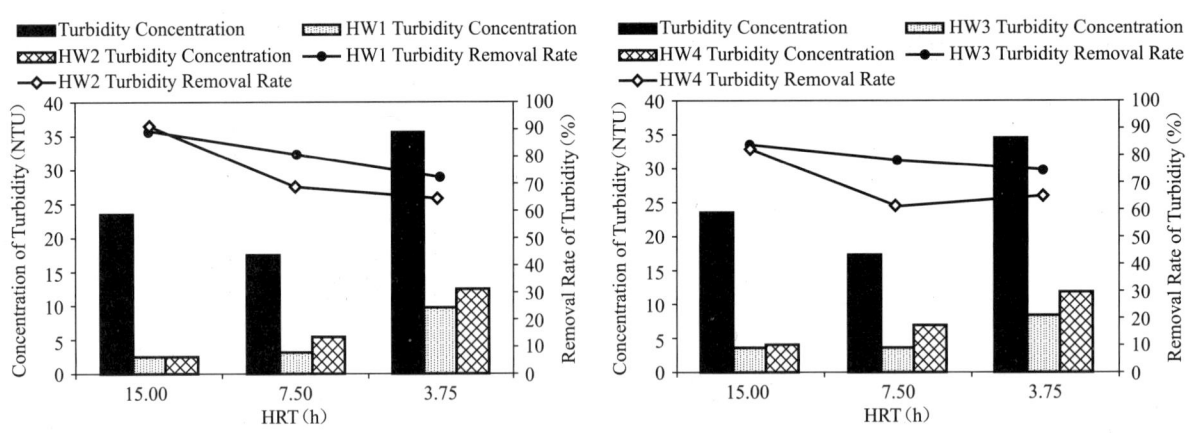

图 6.4.65　不同停留时间下浊度的去除效果

② 不同水力停留时间下 COD 的去除效果

水力停留时间对 COD 的去除效果影响较大。由图 6.4.66 可见，除 HW1 以外，其余三个湿地系统随着水力负荷的不断增加，对 COD 的去除率显著降低。当停留时间从 15h 减少至 3.75h 时，HW1 和 HW2 对 COD 的平均去除率均从 48.3% 降至 40.5% 和 24.3%，而 HW3 和 HW4 对 COD 的平均去除率则从 78.7% 和 80.9% 降至 26.7% 和 28.9%，下降幅度非常显著。由于湿地系统对 COD 的去除主要是依靠微生物的降解作用，当水力负荷过大时，景观水在湿地中的停留时间较短，对应的断面流速较大，使得根系微生物与污染物的接触时间变短，对污染物的分解利用有限而使其不能充分发挥降解吸收作用。

③ 不同水力停留时间下 TP 的去除效果

由图 6.4.67 可知，随着水力负荷的不断增加，湿地系统对 TP 的去除率逐渐降低。当停留时间从 15h 减少至 3.75h 时，HW1 和 HW2 对 TP 的平均去除率从 96.4% 和 92.5% 降至 63.0% 和 64.8%，HW3 和 HW4 对 TP 的平均去除率则从 71.4% 和 64.3% 降至 35.4% 和 12.5%。在人工湿地处理系统中，水体流经装置过程中，首先通过拦截过滤作用将悬浮态的磷去除，然后在微生物作用下将有机磷转化为无机磷，之后再通过植物吸收和基质吸附将磷从水体中去除。当水力负荷过大时，景观河水在湿地

第6章 钱江隧道施工关键技术研究

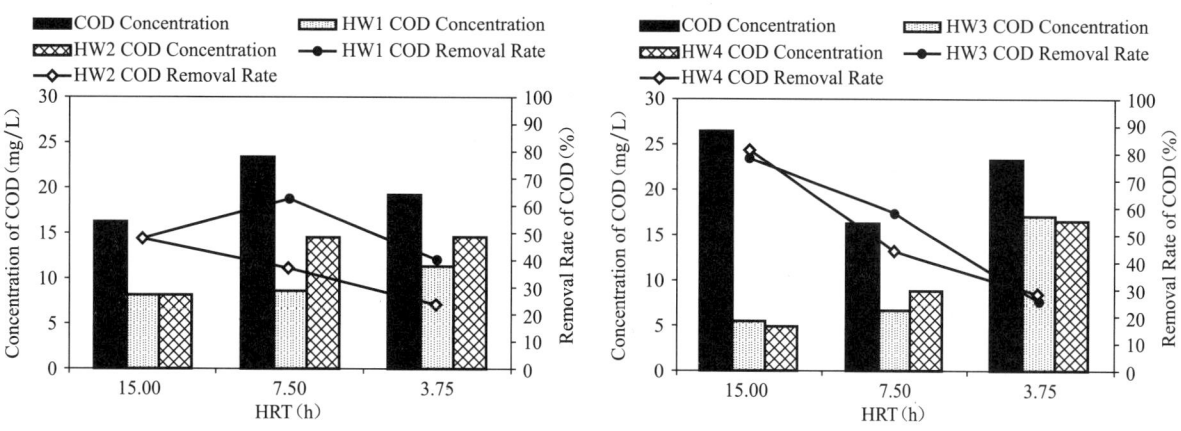

图 6.4.66 不同停留时间下 COD 的去除效果

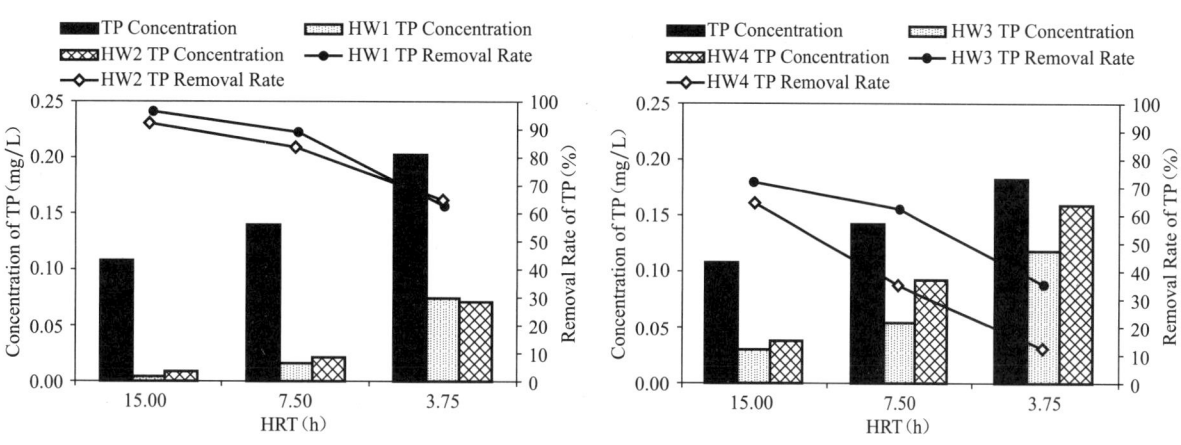

图 6.4.67 不同停留时间下 TP 的去除效果

系统中的停留时间过短,微生物对有机磷的矿化分解作用较难发生,使其难以被基质固定和植物吸收,而且此时水流对基质的冲击较大,可能会使原先已被吸附在基质和植物根茎表面的磷又随水冲出系统,造成总磷的去除率降低。当停留时间为 15h 和 7.5h 时,复合基质人工湿地 HW1~HW3 的出水总磷平均浓度均在 0.05mg/L 以下,净化效果较好。

④ 不同水力停留时间下 TN 的去除效果

由图 6.4.68 可见,水力停留时间对总氮的去除效果影响也较大。当停留时间从 15h 减少至 3.75h

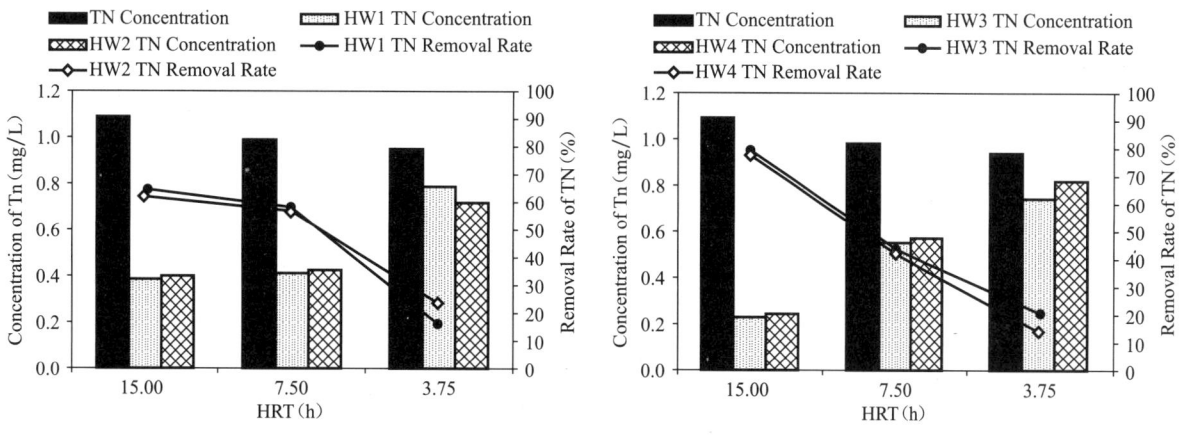

图 6.4.68 不同停留时间下 TN 去除效果

时，HW1 和 HW2 对 TN 的平均去除率从 64.4% 和 62.5% 降至 16.3% 和 23.5%，HW3 和 HW4 对 TN 的平均去除率则从 78.9% 和 77.8% 降至 21.4% 和 14.3%，该结论与文献报道一致，即水力负荷是影响人工湿地总氮去除效果的一个重要因素，一般污水停留时间越长，水力负荷越小，其去除率越高。湿地系统中氮的去除主要是通过微生物的硝化反硝化作用和植物的吸收作用，当停留时间过短时，污水因无法与填料上的微生物充分接触而不能进行硝化反硝化，有机氮不能得到充分降解，同时 NH_4^+-N 也不能充分硝化，可能会与硝化菌一起直接随水流出系统，导致去除率下降。

5）结论

通过四类水平潜流人工湿地装置为期长达 15 个月的连续运行，结果表明填充功能基质的人工湿地系统对各类污染物均有较好地去除效果，出水中考察的各类污染物指标均达到了景观环境用水的水质标准。

① 在水力负荷为 $0.3m^3/(m^2 \cdot d)$ 时，为期 15 个月的净化效果表明，4 台湿地装置对各类污染物均有一定的去除效果。与传统砾石床潜流湿地相比，采用天然沸石-活性氧化铝和天然沸石-水化硅酸钙复合基质的新型潜流湿地处理富营养化景观水体时可明显提高浊度、COD、TN、TP 和氨氮的净化效果，表明活性氧化铝、天然沸石和水化硅酸钙这三种功能基质可以有效强化人工湿地的净化能力。并且，在其他参数均相同的情况下，发现种有芦苇植物的 HW1 比无植物的 HW2 具有较优的净化效果，说明植物对污染物的去除有促进作用。

② 四种潜流人工湿地长期运行后对不同污染物的净化效果不同。浊度和 TP 的处理效果好且较稳定，HW1～HW3 的出水浓度基本能达到 5NTU 和 0.1mg/L 以下，而 HW4 也可维持在 10NTU 和 0.2mg/L 以下；COD 和 TN 的处理效果次之，但也较为稳定，HW1～HW3 的出水浓度基本能达到 15mg/L 和 1mg/L 以下，而 HW4 也可维持在 20mg/L 和 1.5mg/L 以下；而 PO_4^{3-}-P、NH_4^+-N 和 NO_3^--N 的去除率波动较大，相对不稳定。

③ 提高水力负荷导致所有污染指标的去除率降低，但不同的污染指标降低幅度不同：浊度的降低幅度很小，而 COD、TN 和 TP 则大幅下降。因此，如果只以改善透明度的景观效果为目的，可以考虑采用高水力负荷；而如果以营养盐的去除和水质的根本改善为目的，则宜采用低水力负荷运行为佳。

（2）工湿地装置的水力效率研究

在水处理（给水和废水处理）工程设计中，停留时间（指水或颗粒物质流动处理构筑物的时间）是使用最广泛的设计参数之一。在进行构筑物设计时，一般是按理想状态去进行设计的，但由于建成后的构筑物中往往存在着短流、回流和死角等不理想的水力条件，使水流的实际状态偏离理想状态很远，这将给设备的处理结果带来很大的影响。潜流人工湿地的设计中，对由水力停留时间分布（RTD）决定的水力学特性的理解成为设计的关键环节。

在实际运行过程中发现，有些污染物的处理效果不是非常理想（如 PO_4^{3-}-P、NO_3^--N 等），除了上一节提到的植物、温度和装置启动不稳定等因素影响，装置的水力条件也有可能对此造成影响。如果湿地装置存在短流或死角情况，河水进入湿地系统后可能会因为短流而直接通过捷径快速到达出水口，部分河水因为停留时间过短而无法得以净化；也有可能会因为死角而使得部分水体滞留在某些区域，虽然其有足够的时间发生各种物理化学和生物作用，但是却影响了出水中污染物去除效率的检测，为实验效果评价造成较大的误差。

基于此，本试验设计了一套不同布水方式的人工湿地装置，根据其通过脉冲示踪剂实验获得数据，绘制出水力停留时间分布（RTD）曲线，估算不同的停留时间以及水力效率评价指标，并探讨基质对湿地装置水力效率的影响，以期为设计高效率水平潜流人工湿地提供理论依据。

1）实验装置

试验共设计 5 个模拟人工湿地装置（A#～E#），其中布水方式共有 3 种，分别是一般推流式、左右折流式和完全混合式，如图 6.4.69 和 6.4.70 所示。构筑物的理想流动形态主要分为两种，理想推流型和理想完全混合型，因此左右折流式也属于推流式的一种特殊设计。理想推流是指进入构筑物的水流只有横向混合而没有纵向混合的流态,这是一种理想化了的水流形态,在生产性的处理设施中是不存在的。这种类型的流态十分简单,不存在回混的现象。理想完全混合是指入流水进入构筑物后,立即与全池水完全混合,池中各点工作状况完全一致的流态。本试验所设计的所有装置中,4台推流式装置(A♯~D♯)主要是用于研究水平潜流人工湿地的水力特性,而完全混合式装置E♯在移除搅拌器之后可以用于垂直流人工湿地的水力特性研究。

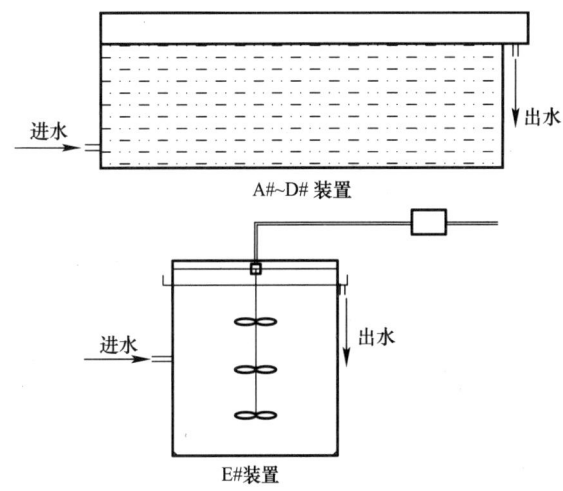

图6.4.69 模拟人工湿地装置剖面示意图

装置由有机玻璃箱体构建,除了装置B♯的有效体积为64L以外,其余4个装置的有效体积均为32L。装置A♯、C♯和D♯的尺寸均为0.8m×0.2m×0.2m($L\times W\times H$),装置A♯的流态为一般推流式,装置C♯和D♯的流态均为左右折流式,前者为稀疏型折流(3块挡板),后者为密集型折流(7块挡板);装置B♯的尺寸为0.8m×0.4m×0.2m($L\times W\times H$),流态为一般推流式;装置E♯为半径$r=0.17$m、桶高$h=0.4$m的圆柱形桶,装置E♯的流态为完全混合式。此套装置设计的目的主要是为了考察人工湿地不同长宽比和布水方式对装置水力效率的影响。装置运行时,由蠕动泵向湿地装置保持恒定进水。在研究基质潜流人工湿地装置的水力效率评价时,装置内部的基质层厚度为0.15m,基质选用粒径为0.8~1.2cm的陶粒,并铺一层天然沸石,粒径为3~5cm,主要用于防止陶粒基质上浮。

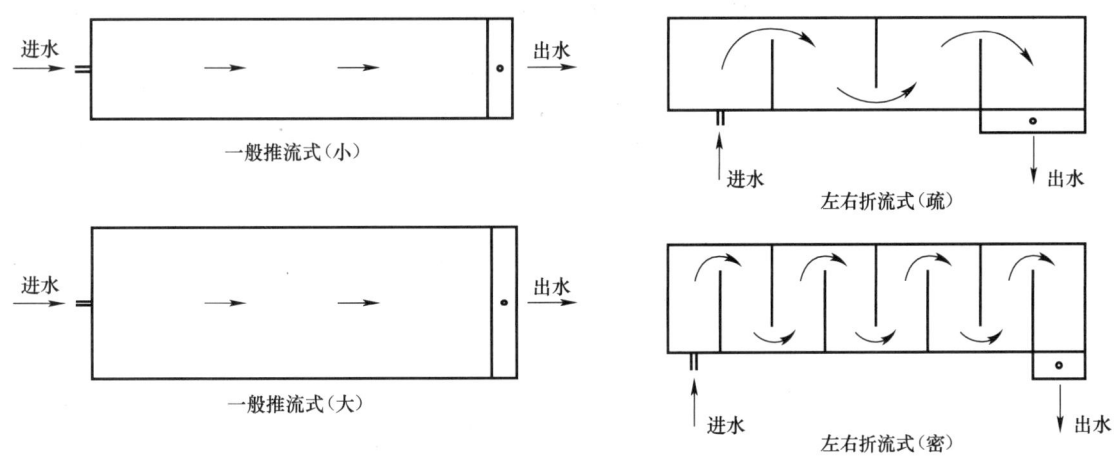

图6.4.70 模拟人工湿地装置俯视图

2)实验方法

① 静态吸附试验

如图6.4.71所示,选取NaCl为示踪剂,配制浓度分别为200mg/L和800mg/L的NaCl溶液各500mL,加入装填有600mL的陶粒和天然沸石的两个1L容量瓶中,每隔30min测定其溶液电导率的变化。经过12h的观察,两者电导率均无明显变化,说明这两种基质对示踪剂NaCl的吸附量很小。因此,试验过程中,基质吸附对示踪剂的影响可以忽略不计。

② 电导率与浓度的线性关系测试

NaCl溶液浓度和其对应的电导率并非只呈现简单的线性关系,当NaCl溶液为稀溶液时,其电导率随溶液浓度增加而线性增加;但当浓度增大到一定程度后,由于离子活度降低,电导率反而会下降。基于此,本试验配制0~1200mg/L的NaCl稀溶液,测试其电导率,如图6.4.72所示。由图可知,NaCl溶液浓度在1200mg/L以下时,溶液的电导率和浓度之间存在简单的线性关系,可以得到一元线性方程（$R_2=0.9995$），为本试验中示踪剂浓度的计算提供依据。

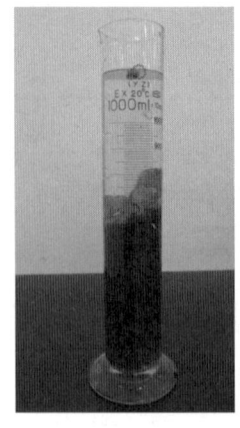

图 6.4.71　静态吸附试验照片

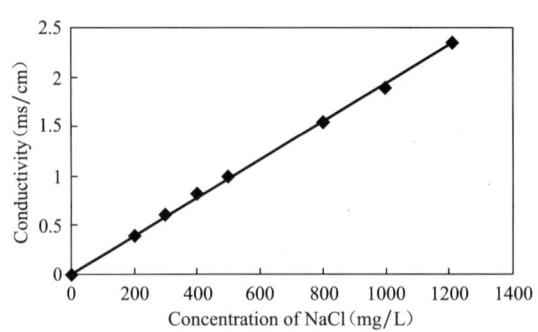

图 6.4.72　稀溶液中电导率和 NaCl 浓度的线性关系实验

③ 脉冲实验

试验开始前，在保持恒定进水（无示踪剂）的情况下，装置 A♯、C♯、D♯、E♯ 选用 20gNaCl 溶于 100mL 水中，装置 B♯ 选用 40gNaCl 溶于 200mL 水中，用大型针管抽取示踪剂溶液并在进水口注射，此方法可以使示踪剂溶液以脉冲方式在 5s 内进入装置，然后继续由蠕动泵保持恒定水流，进水流量的具体设置见表 6.4.37，每隔一定时间测定当前出水口的电导率和总出水的电导率值。

装置进水流量设置　　表 6.4.37

装置	进水流量 Q （$m^3 \cdot h^{-1}$）	装置	进水流量 Q （$m^3 \cdot h^{-1}$）
A（一般推流式-小）	21.33	D（左右折流-密）	21.33
B（一般推流式-大）	21.33	E（完全混合式）	21.33
C（左右折流-疏）	21.33		

3）数据处理方法

根据流体反应器的理论，利用脉冲示踪剂实验中所测得的示踪剂浓度相当于停留时间分布密度。因此可以对测得的电导率按照公式（6.4.9）进行标准化处理，如下所示：

$$N(t) = \frac{[E(t) - E_w] M_{NaCl} Q}{(\lambda_1 + \lambda_2) m} \tag{6.4.9}$$

式中，E 为电导率（S/m）；E_w 为进水的背景电导率（S/m）；M_{NaCl} 为 NaCl 摩尔质量（g/mol）；λ_1 为 Na^+ 离子的摩尔电导率，取值为 $5.01 \times 10^{-3} S \cdot m^2/mol$；$\lambda_2$ 为 Cl^- 离子的摩尔电导率，取值为 $7.63 \times 10^{-3} S \cdot m^2/mol$；$t$ 为从示踪实验开始的时间（h）；Q 为流量（m^3/h）；m 为加入的示踪剂总质量（g）；N 为标准化的停留时间分布密度（h^{-1}）。

4）水力效率评价方法

通常把处理构筑物水容积 V 与进水流量 Q 的比值称为表观停留时间 t_n，此定义是假设水流通过人工湿地时，水流质点都具有相同的停留时间。实际上，水进入处理构筑物后，便以不同的路线流过构筑物，同一时刻进入构筑物的水，其停留时间各不相同，一般不等于设计值，因此提出平均停留时间 t_m 的概念，其定义为停留时间分布曲线的重心位置，计算过程如式（6.4.10）所示。峰值停留时间 t_p 则定义为示踪剂出现最高浓度值的时间，即脉冲实验中电导率最高值的出现时间。

$$t_m = \int_0^\infty N(t) t dt / \int_0^\infty N(t) dt \tag{6.4.10}$$

① 有效体积比 e

Thackston 等通过对一些文献中关于浅水塘示踪实验的数据进行分析研究，发现人工湿地的形状对水力停留时间分布具有重要影响，于是提出有效体积比（e）的概念用于水力特征评价，其计算方法如下：

$$e = V_{\text{eff}}/V_{\text{total}} = t_m \cdot Q/(t_n \cdot Q) = t_m/t_n \quad (6.4.11)$$

式中，V_{eff} 表示为通过示踪剂的有效体积（m³），即示踪剂在潜流人工湿地中随水流动并最终能够迁移到出水口的有效空间；V_{total} 为总体积（m³），可表示为潜流人工湿地装置体积和介质空隙率的乘积，即人工湿地有效体积；

一般 e 值越趋近于 1，说明人工湿地中用于去除污染物的有效体积比例越大。有文献指出，当 $e>1$ 时，提示人工湿地中有"短路"情况存在，水流将会沿着优先的流通通道快速达到出水口，RTD 密度曲线很早即会出现峰值；当 $e<1$ 时，则提示人工湿地中有"回流"或"滞水区"等死角情况存在，水流进入这部分区域之后将很难再流到出水口。

② 水力效率 λ

水力效率（λ）可以综合分析水力停留时间（以有效体积比表征）和分布散度（以标准方差 σ_2 表征）对水力学性能的影响。有效体积比有时不能很好地反映湿地系统内部的水力学特征，因此水力效率概念的提出可以更好地对人工湿地的水力条件进行分析研究。其物理意义是湿地出水口示踪剂浓度达最大时所花费的时间（峰值停留时间 t_p，h）与表观水力停留时间之比，计算方法如下：

$$\lambda = t_p/t_n = e(1 - 1/N) = e(1 - \sigma_{02}) \quad (6.4.12)$$
$$N = 1/\sigma_{02} \quad (6.4.13)$$
$$\sigma_{02} = \sigma^2/t_n^2 \quad (6.4.14)$$
$$\sigma_2 = \int_0^\infty N(t - t_m)^2 \mathrm{d}t / \int_0^\infty N(t) \mathrm{d}t \quad (6.4.15)$$

上述所有公式中，N 为反应单元数，σ^2 为方差，可直接由水力停留时间分布函数确定，用于描述示踪剂浓度的响应曲线相对于分布平均值的分散范围（h²）。由于峰值停留时间 t_p 可以从水力停留时间分布密度曲线上直接读出，所以与 e 值相比，λ 的计算更为便捷。

③ 短路值 s

为了对比不同人工湿地的水力效率，有文献提出短路值，计算公式如式（6.4.16）所示。一般而言，水力停留时间分布密度曲线的出峰越陡，此时短路值 s 相对较大，反之则出峰会比较平缓。

$$s = t_{16}/t_{50} \quad (6.4.16)$$

式中，停留时间 t_{16} 和 t_{50} 分别定义为出口处示踪剂回收 16% 和 50% 时所需要的时间（h）。

5) 实验结果与讨论

① 无基质人工湿地装置的水力效率评价

通过脉冲示踪剂法对五个湿地装置进行测定，并根据式（6.4.9）对获得的电导率数据进行标准化处理，得到脉冲示踪剂试验的停留时间分布密度（RTD 曲线），如图 6.4.73 所示。

如图 6.4.73 所示，人工湿地装置 A#~D# 的停留时间分布是一条右端拖尾且类似于对数正态分布的曲线，而装置 E# 作为完全混合流态，其停留时间分布是一条逐渐下降的曲线，两者形态均基本接

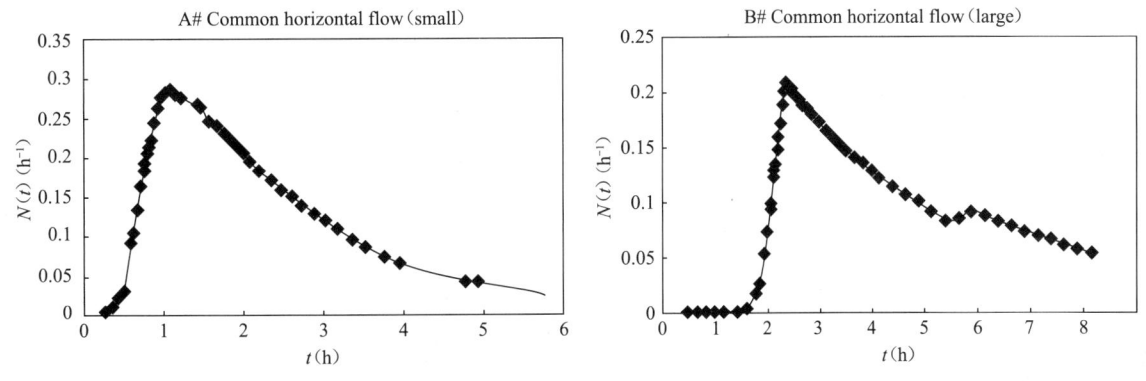

图 6.4.73 脉冲示踪剂试验获得的 RTD 密度曲线（一）

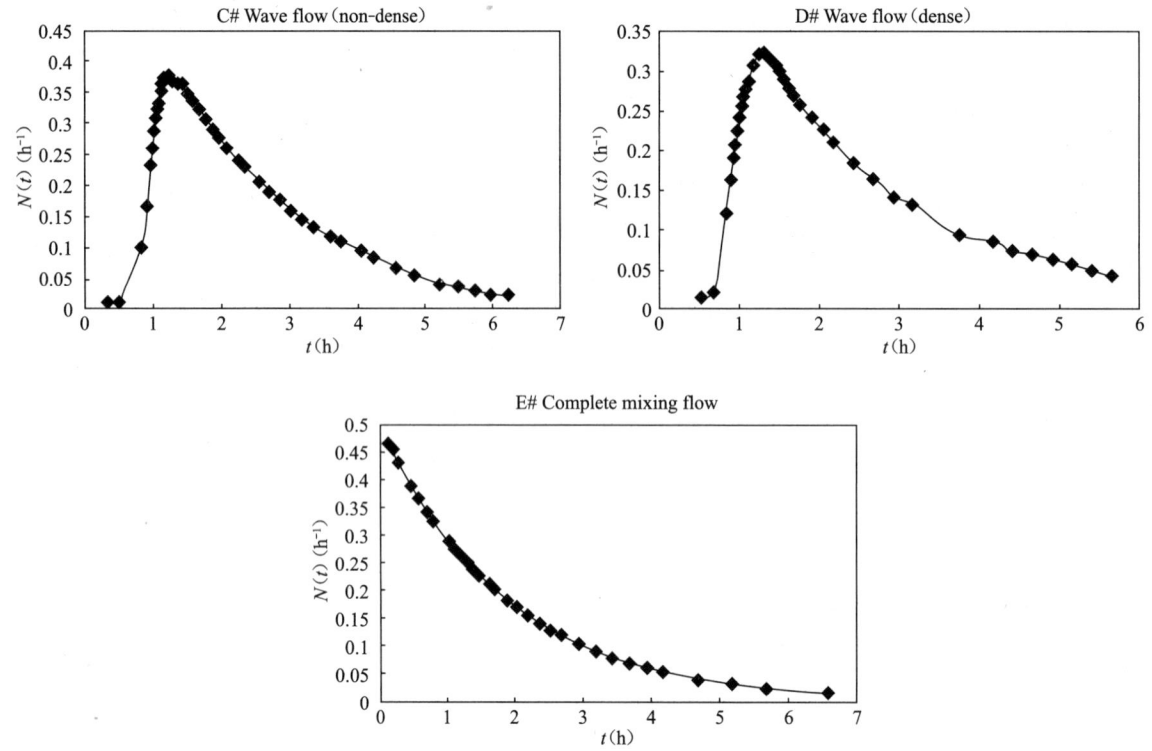

图 6.4.73 脉冲示踪剂试验获得的 RTD 密度曲线（二）

近生产性处理构筑物及理想完全混合型的理论分布函数曲线，说明该套装置符合试验要求。根据图 6.4.73 数据以及公式（6.4.10）～式（6.4.12）、式（6.4.16），可以直接计算不同流态下湿地装置 A♯～D♯ 的各个水力学参数，如表 6.4.38 所示。

基于脉冲示踪剂数据计算的相关水力学参数　　　　表 6.4.38

装置	t_m (h)	t_n (h)	t_{16} (h)	t_{50} (h)	t_p (h)	e	s	λ	5h 回收率 R（%）
A（一般推流式-小）	2.26	1.50	1.21	2.50	1.07	1.506	0.483	0.711	71.13
B（一般推流式-大）	5.14	3.00	2.72	4.83	2.37	1.715	0.562	0.789	51.13
C（左右折流-疏）	2.45	1.50	1.29	2.31	1.20	1.632	0.558	0.800	79.08
D（左右折流-密）	2.21	1.50	1.30	2.83	1.28	1.474	0.459	0.856	75.70

由表 6.4.38 可知，所有装置的有效体积比 e 均大于 1，而短路值 s 均小于 1，说明都存在"短路"现象。此种情况下，当 e 值或 s 值越大时，湿地装置的短路情况越严重。若按有效体积比排序，则为 D♯（左右折流-密）＜A♯（一般推流式-小）＜C♯（左右折流-疏）＜B♯（一般推流式-大），与按短路值排序的情况相同，表明左右折流式的短路情况较少，而一般推流式宽型装置的短路情况最为严重。从流态来看，密集型折流式的水流由于流经路径较为曲折，装置中的快速通道较少，因此短路情况较少，而宽型一般推流式装置内的水流很有可能未及时通过分子扩散或机械弥散流至装置两边，而是由中间的快速通道直接流向出水口，导致短路情况较为严重。如果按照水力效率进行评价，则为 D♯（左右折流-密）＞C♯（左右折流-疏）＞B♯（一般推流式-大）＞A♯（一般推流式-小），结合参照 5h 示踪剂回收率的计算结果，可以发现左右折流式装置的水力效率和示踪剂回收率均较高，表明采用这种流态的人工湿地更有利于污染物的去除。

② 基质潜流人工湿地装置的水力效率评价

为了考察基质在人工湿地中对水力效率的影响，试验中考虑在 A♯～D♯ 四个装置中添加陶粒作为滤料，并在其上方覆盖一层天然沸石防止轻质陶粒上浮，如图 6.4.74 所示。水处理过滤技术中，作为过滤介质的滤料是核心因素。滤料一般需要符合以下要求：a. 具有足够的机械强度；b. 具有足够的化学稳定性，避免影响水体水质；c. 具有适当的孔隙率和颗粒级配；d. 能够尽量就地取材，资源丰富且价格低廉。而陶粒作为一种低成本且对节约资源和保护环境有益的材料,在越来越多的研究中被采用。陶粒是将页岩或黏土进行粉碎和均化后,加入外加剂,然后经过高温烧胀制成。陶粒在许多方面具有较好的性能,它拥有良好的物理、化学和水力传导性能,机械强度够,比表面积大、孔隙率高,截污能力强,吸附能力好,并且水头损失小、工作周期长,是一种较为高效的滤料。

图 6.4.74 陶粒基质人工湿地装置水力效率评价试验照片

在保证一定孔隙率和水流通畅的情况下,通过脉冲示踪剂法测定进行电导率的测定,进水流量仍按照表 6.4.37 进行设置,各装置在装填陶粒滤料后的孔隙率情况如表 6.4.39 所示。

装置的孔隙率参数表　　　　　　　　　　　表 6.4.39

装置	基质	孔隙率（%）	装置	基质	孔隙率（%）
A（一般推流式-小）	陶粒（15cm）+天然沸石	45.31	C（左右折流-疏）	陶粒（15cm）+天然沸石	46.25
B（一般推流式-大）	陶粒（15cm）+天然沸石	55.31	D（左右折流-密）	陶粒（15cm）+天然沸石	42.19

对于获得的电导率数据,仍根据式（6.4.9）进行标准化处理,得到脉冲示踪剂试验的停留时间分布密度（RTD曲线）,如图 6.4.75 所示。

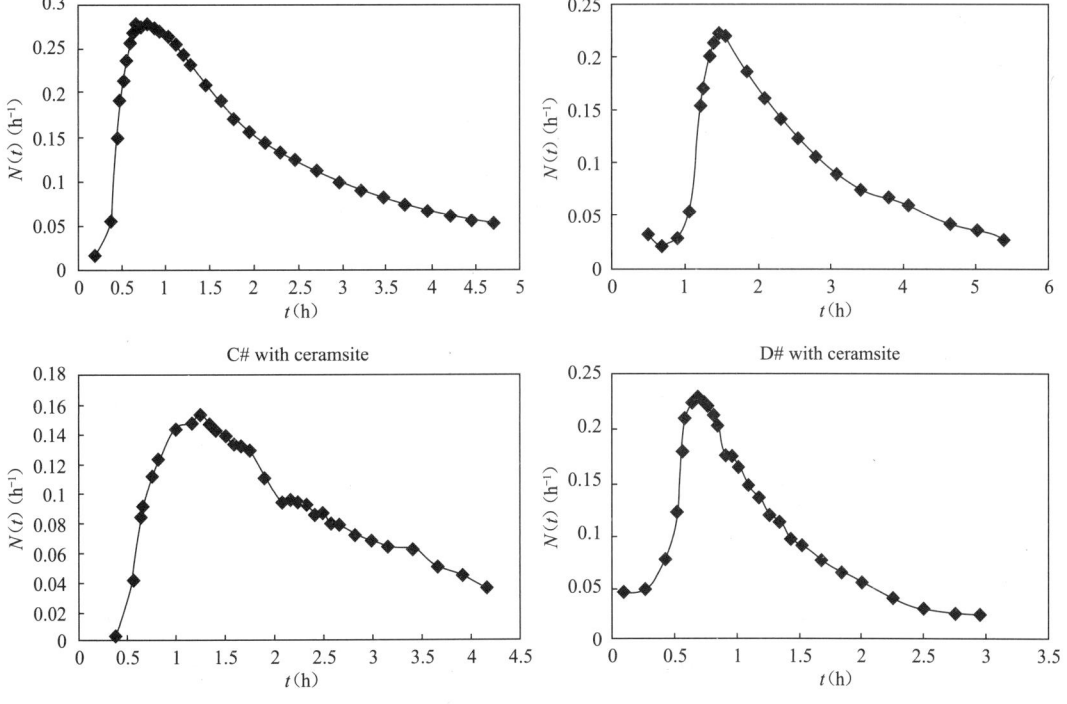

图 6.4.75 脉冲示踪剂试验获得的 RTD 密度曲线

如图 6.4.75 所示，装填有陶粒基质的人工湿地装置 A#～D# 的停留时间分布仍是一条右端拖尾且类似于对数正态分布的曲线。根据图 6.4.75 数据以及公式（6.4.10）～式（6.4.12）、式（6.4.16），计算不同布水方式下水平潜流湿地装置 A#～D# 的各个水力学参数，如表 6.4.40 所示。

基于脉冲示踪剂数据计算的相关水力学参数　　　　　表 6.4.40

装置（含陶粒）	t_m (h)	t_n (h)	t_{16} (h)	t_{50} (h)	t_p (h)	e	s	λ	3h 回收率 R (%)
A（一般推流式-小）	1.95	0.68	0.92	2.45	0.68	2.875	0.374	0.884	57.98
B（一般推流式-大）	2.38	1.66	1.67	4.08	1.43	1.436	0.408	0.776	40.74
C（左右折流-疏）	1.97	0.69	1.50	—	1.25	2.846	—	1.587	35.38
D（左右折流-密）	1.15	0.63	1.05	—	0.67	1.825	—	0.918	30.12

由表 6.4.40 可知，各装置的有效体积比 e 均大于 1，装置 A# 和装置 C# 甚至达到 2.8 以上，且除了装置 B# 之外，其余装置的有效体积比均大于不加陶粒的情况，装置 B# 的 e 值也只是略有降低，说明加入陶粒滤料后，更容易在系统内部发生水流的"短路"情况。由于陶粒基质为无规则形状的圆形颗粒，且粒径大小不一，因此堆积起来后容易产生基质孔隙分布不均的情况，从而在系统内形成多条"捷径"，水流直接走快速通道流向出水口，因此"短路"现象较为严重。同时从表中可以发现，由于在实验结束后，示踪剂的回收率仍不到 50%，因此无法计算出装置 C# 和 D# 的短路值 s，说明 s 的计算方法在潜流人工湿地的水力效率评价中并不合适。

如果按照水力效率进行评价，则发现装置 C# 的 λ 值大于 1。与不加基质的实验组相比，在进水流量相同的情况下，由于基质的存在使得各装置表观停留时间缩短，有效体积的缩小一般也会导致峰值停留时间降低，但是装置 C# 的出峰时间较晚，可能是示踪剂在某些区域的流动受阻，到达出水口的时间变长。所以，装置 C# 不适合用式（6.4.12）来计算水力效率。其余三个装置的水力效率均较高。同时结合参照 3h 示踪剂回收率的计算结果，可以发现一般推流式装置 A# 和 B# 的示踪剂回收率较高，说明在实际运行中水平潜流人工湿地更倾向于较简单的流动形式。

6）结论

水力停留时间是湿地处理效果和水力学优化设计考虑的重要因素。通过对不同布水方式的人工湿地装置进行脉冲示踪剂试验，并通过添加陶粒滤料来考察基质对水平潜流人工湿地水力效率的影响，获得了不同人工湿地装置的水力停留时间分布曲线，并计算出表观停留时间、平均停留时间和峰值停留时间。同时根据不同停留时间的对比关系计算不同装置的相对水力效率。

四台不同的无基质人工湿地装置，其中两台为一般推流式，另两台为左右折流式，若按照水力效率来排序，结果表明：左右折流式大于一般推流式，其中密集型折流式装置的水力效率最高，其有效体积比和短路值较其他几台装置低也佐证了这一点。

在人工湿地装置中添加陶粒基质后，四台装置的水力效率与不加基质的情况不同，总体而言，一般推流式的水平潜流人工湿地装置具有较高的水力效率和示踪剂回收率，更适合于实际工程应用。

利用对 RTD 曲线数据的分析，可以对潜流人工湿地的水力效率进行初步评价，为今后设计拥有较高水力效率的潜流人工湿地提供了理论依据和研究方法。当然，实际应用中还应考虑潜流人工湿地的长宽比以及基质的不同填充方式对水力效率的影响，并结合对水体中污染物的去除效果进一步验证上述水力效率的评价结果。

6.4.3.4　废浆弃土的种植可行性研究

在分析盾构废浆弃土植物养分性质、污染性质基础上，结合相关的标准与经验，初步判断其作为农用土或者植物培植土的可行性；在满足条件的前提下，优先进行农用资源化利用。农用资源化利用定位于农耕用土和绿化用土。

在废浆弃土消纳人工湿地示范工程中，由于要对废浆进行直接消纳并在消纳池上面直接铺设水培湿地，所以需要考察植物能否直接在盾构废浆中生长，故而需要进行泥浆种植可行性试验。

针对暗埋段弃土消纳工程，需要考察植物在盾构弃土上直接种植的生长情况，以便决定是否需要在弃土上面铺设土壤层进行植被种植，故而需要进行盆栽种植可行性试验，探究植物在弃土中的生长情况并尽量通过简单手段改善其种植效果。

(1) 废浆种植可行性实验

1) 实验材料和装置

实验材料采用钱江隧道工程基地现场带回的黏土图样，分别配成密度为 1.4g/cm^3、1.2g/cm^3、1.1g/cm^3 的泥浆，装置由无孔废纸桶和多孔菜篮拼装而成，如图 6.4.76 所示，选用的植物是美人蕉。

图 6.4.76　废浆种植试验装置

2) 实验结果

装置于 5 月 15 日开始运行，为防止泥浆直接暴露在阳光下会导致水分过度蒸发，故而将装置放置于实验室条件下。经过连续观察可以发现，泥浆一般在 2~3 天后即可自然沉降，并在上层形成一个有足够厚度的清水层，故而在盾构泥浆中的种植，到后期和水培湿地没有什么差别，不存在泥浆无法沉降导致影响生长效果的问题。经过两周的运行，如图 6.4.77、图 6.4.78 和图 6.4.79 所示，可以看到美人蕉生长情况正常，并有新叶长出，说明水培植物可以直接在盾构泥浆上直接铺设成为水培湿地。

图 6.4.77　5 月 15 日生长状况　　图 6.4.78　5 月 20 日生长状况　　图 6.4.79　5 月 26 日生长状况

3) 结论

泥浆种植试验经过两周的运行，可以知道美人蕉生长情况正常，并有新叶长出，说明水培植物可以直接在盾构泥浆上直接铺设成为水培湿地。

(2) 弃土种植可行性实验

1) 实验材料和装置

① 实验材料

实验材料有碎石、天然沸石、宝钢提供的粉煤灰和钱江隧道工程基地带回的盾构砂土和黏土，如图 6.4.80、图 6.4.81、图 6.4.82 和图 6.4.83 所示。试验装置为自行设计搭建的简易种植装置。

② 实验装置

盾构弃土的盆栽实验需要考察植物生长状况，另外，为了与人工湿地示范工程相结合，需要考察几种营养富集基质的脱氮除磷效果，所以要向土样中添加营养富集基质，故而需要对实验单元的脱氮除磷

图 6.4.80 砂土（左）和黏土（右）

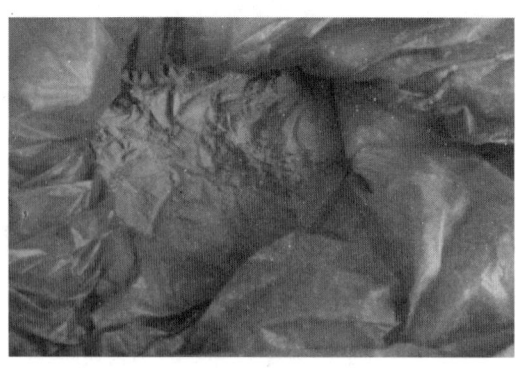

图 6.4.81 粉煤灰

图 6.4.82 碎石

图 6.4.83 天然沸石

效果进行测定，这就要求装置具有出水系统，以便可以方便地对出水水样进行采集。综合考虑各方面需求，以泥浆种植可行性实验所用的无孔废纸桶为主体，设计出了如图 6.4.84 所示实验装置。

如图 6.4.84（a）和图 6.4.84（b）所示，废纸桶底部桶壁上有三个小支脚，在支脚上铺设一块圆形隔板，隔板所用材料为铝塑板，如图 6.4.84（c）和图 6.4.84（d）所示。隔板的作用是支撑上方填料和土体，在隔板下方形成一个储水区。隔板上打有七个圆形孔洞，用来使水流入下放的储水区，在隔板靠近桶壁的位置有一个大的孔洞，用来插入取水管，在采集出水水样时利用虹吸现象进行取水。在填充填料时，先在隔板上方装填 7～8cm 的碎石，然后再碎石上方铺设一层纱网。纱网、碎石层和隔板共同构成一个隔离层，防止添加的土样下渗到隔水区，尽量避免取水管被下渗的土样堵塞。最后在上方按照需求装填土样。

2）实验方法

盾构弃土分为黏土和砂土，但是考虑到黏土的透水透气性能都很差，不适合植物生长，故而主要针对砂土进行研究，但是在盾构弃土中还有相当部分的黏土，故为了黏土的消纳，设置了三组砂土和黏土混合的单元组，分别按照砂土和黏土体积比为 2∶1、1∶1 和 1∶2 进行配比。

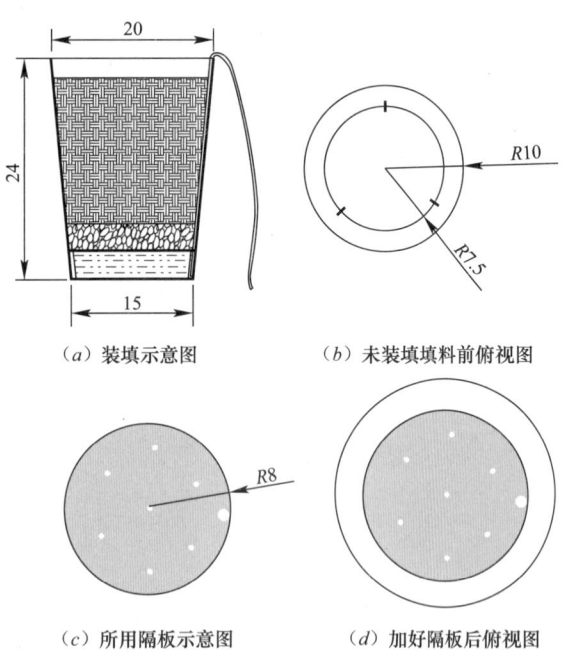

（a）装填示意图　　（b）未装填填料前俯视图

（c）所用隔板示意图　　（d）加好隔板后俯视图

图 6.4.84 装置设计示意图

考虑到所用土样仍有可能因为透水透气性能过差导致种植效果不佳，为了对土样的物理特性进行改性，最直接的方法就是加入一种基质作为骨架，加大土壤的孔隙度，故加入碎石作为骨架。同时考虑到项目与人工湿地脱氮除磷的联系，故另设单元组加入具有营养盐富集功能的基质作为添加材料，在此选择粉煤灰和天然沸石，基本设置如图6.4.85所示，纯土组各个试验单元分别用1-①、1-②、1-③、1-④表示，碎石组为2-①、2-②、2-③、2-④，粉煤灰组和沸石组以此类推。

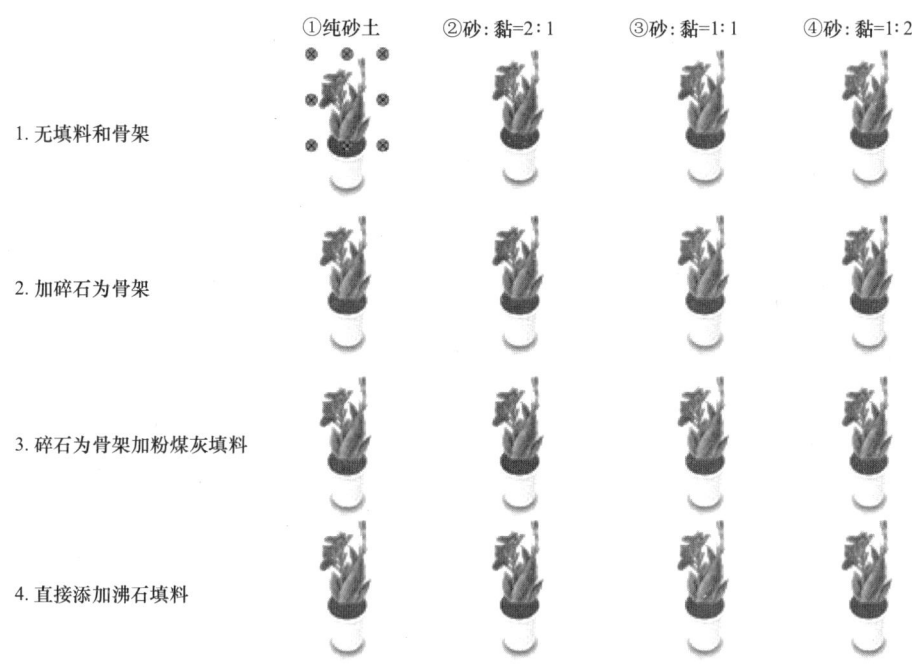

图 6.4.85　盆栽种植可行性实验装填示意图

实验选用美人蕉作为种植植物，每盆中种植2~3株植株，在栽种前选择较为强壮、生长状况相近的植株进行种植，并测量各植株的高度。浇灌时用配制的氮磷浓度较高的营养液，氨氮浓度约为1.5mg/L，总磷浓度约为1.7mg/L。水力停留时间为2d，并对装有氮磷富集基质的两组植株的进出水进行氮磷浓度的测定，观察脱氮除磷效果，同时观察植株生长状况并在同一角度进行拍照记录。

3）实验结果和分析

① 美人蕉生长情况

盆栽种植可行性实验从5月5日开始进行，截止至5月31日，各组美人蕉生长情况如图6.4.86~图6.4.88所示，具体生长数据见表6.4.41~表6.4.44。

5月5日生长状况

5月18日生长状况

5月31日生长状况

图 6.4.86　纯土组美人蕉生长情况

5月5日生长状况　　　　　5月18日生长状况　　　　　5月31日生长状况

图 6.4.87　碎石组美人蕉生长情况

5月5日生长状况　　　　　5月18日生长状况　　　　　5月31日生长状况

图 6.4.88　粉煤灰组和沸石组美人蕉生长情况

纯土组美人蕉生长数据　　　　　　　　　　　　　　　　　　表 6.4.41

	1-①	1-②	1-③	1-④
5月5日株高（cm）	19、20.5、14*	18.5、17	20、20	14、14、11
5月31日株高（cm）	25、28、22	27、24、20、21	28、26.5	20、21、19
备注	生出3支新芽	生出2支新芽，株高分别为20、21	生出2支新芽，已开花	生出3支新芽

*：每盆各植株株高分别记录，新芽只记录≥10cm的。

碎石组美人蕉生长数据　　　　　　　　　　　　　　　　　　表 6.4.42

	2-①	2-②	2-③	2-④
5月5日株高（cm）	18、20、15	15、15.5	17、23	23、16
5月31日株高（cm）	25、25、20	0、19.5	27、38	30、25
备注	—	一株枯死，长势不好	已生出花蕾	生出一支新芽

粉煤灰组美人蕉生长数据　　　　　　　　　　　　　　　　　　表 6.4.43

	3-①	3-②	3-③	3-④
5月5日株高（cm）	17、20、9	15、14.5、21	20.5、14	14、15、14
5月31日株高（cm）	22、25、14	20、20.5、24	25、20	20、21、19
备注	生出一支新芽	生出1支新芽	—	—

沸石组美人蕉生长数据　　　　　　　　　　　　　　　　　　表 6.4.44

	4-①	4-②	4-③	4-④
5月5日株高（cm）	19、16	14.5、18	17.5、20	27、16
5月31日株高（cm）	26、25	21、25	25.5、28	33、25、10
备注	生出一支新芽	生出一支新芽	生出一支新芽，已开花	生出四支新芽，一支株高为10

在图 6.4.86～图 6.4.88 中可以对美人蕉的生长情况有一个直观的感受，可以看出各组的美人蕉在经过一个月的生长，都有了明显的生长，有的甚至已经开花。从表 6.4.41～表 6.4.44 中可以对美人蕉的生长情况有一个更为具体的了解。纯土组、碎石组和沸石组的美人蕉普遍都长高了 8～10cm，粉煤灰组生长也很健康，但是增高没有另外三组的明显，可能是由于摆放的位置所限，接受的阳光照射没有另外三组那么充足。总体来说，各组的美人蕉都很茁壮，长势良好，而且各组之间并没有由于添加了填料或者基质表现出明显的长势差异，故而可以说明在盾构弃土上直接种植植物是可行的，不需要在弃土表面再铺设土壤层。不过还是建议在种植的植物周围铺撒一定的营养土，以保证各种植物都能健康生长。

② 粉煤灰和沸石对进水中氮磷的去除效果

经过一个月对粉煤灰组和沸石组进行脱氮除磷效果的测定，得到对总磷、氨氮和总氮的去除效果如图 6.4.89 和图 6.4.90 所示。

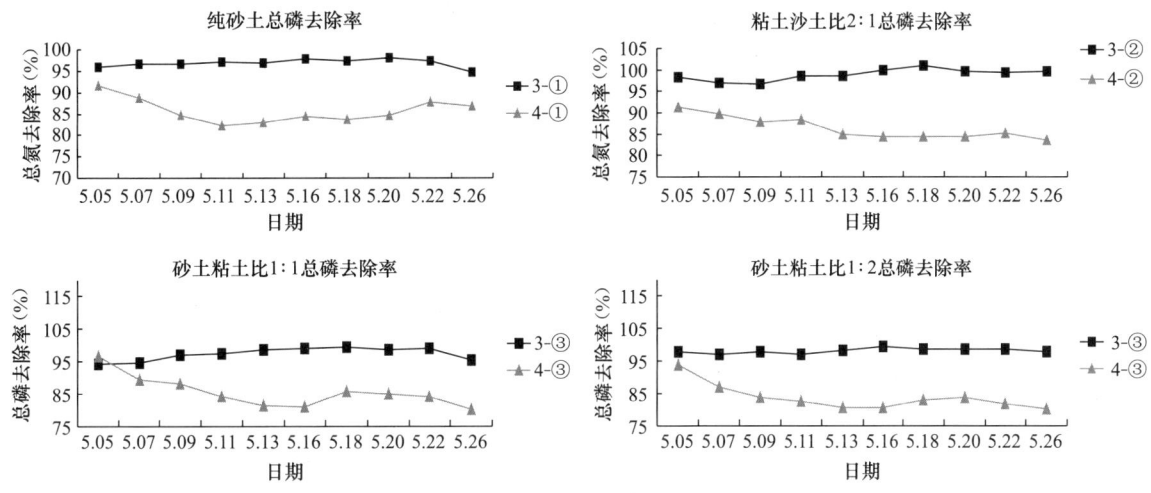

图 6.4.89　不同砂土、黏土配比各组中粉煤灰和沸石对总磷的去除率

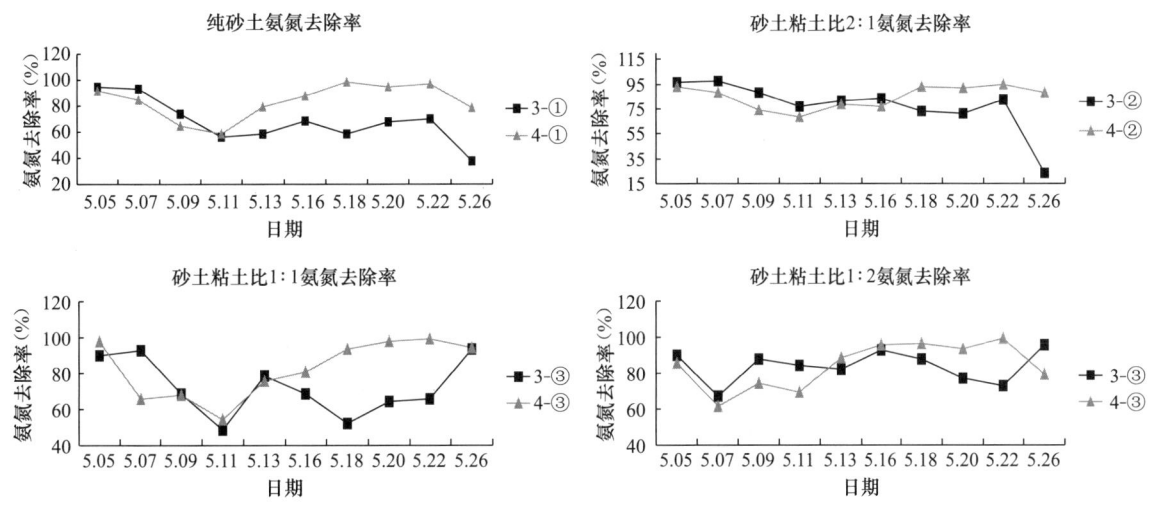

图 6.4.90　不同砂土、黏土配比各组中粉煤灰和沸石对氨氮的去除率

从图 6.4.89 中可以明显看出，粉煤灰对总磷有稳定高效的去除效率，基本都维持在 95% 以上，沸石对总磷的去除效率略逊于粉煤灰，且略有起伏，但是基本也都在 80% 以上，可见粉煤灰和沸石对于总磷均有十分好的去除效果。

从图 6.4.90 中可以看出，在试验初期，粉煤灰和沸石对氨氮的去除都不是很稳定，但是在 5 月 16 日以后，沸石组对于氨氮的去除率趋于稳定，基本都在 80% 以上，甚至有几次超过 90%，但是粉煤灰组对氨氮去除率并不稳定，起伏比较大，不过基本上也都有 60% 以上的去除率。

从图 6.4.91 可以看出，两组对总氮的去除率都很不乐观，尤其是粉煤灰组，到试验末期为止基本上一直都是出水总氮含量比进水高，在试验初期甚至高 2~3 倍，沸石组也有同样的问题，不过比粉煤灰组情况要好一些，在 5 月 16 日之后沸石组基本能够对总氮有去除率，到 5 月 20 日之后更是开始上升至 60% 以上，可以推测在未来的一段时间内会趋于稳定。针对这两组的情况可以推测土样中有一定的微生物释氮或者存在含氮有机物，导致初期出水总氮会有比进水高的情况。但是粉煤灰组出水总氮含量过高，所以推测粉煤灰中含有氮元素，导致出水总氮含量过高。

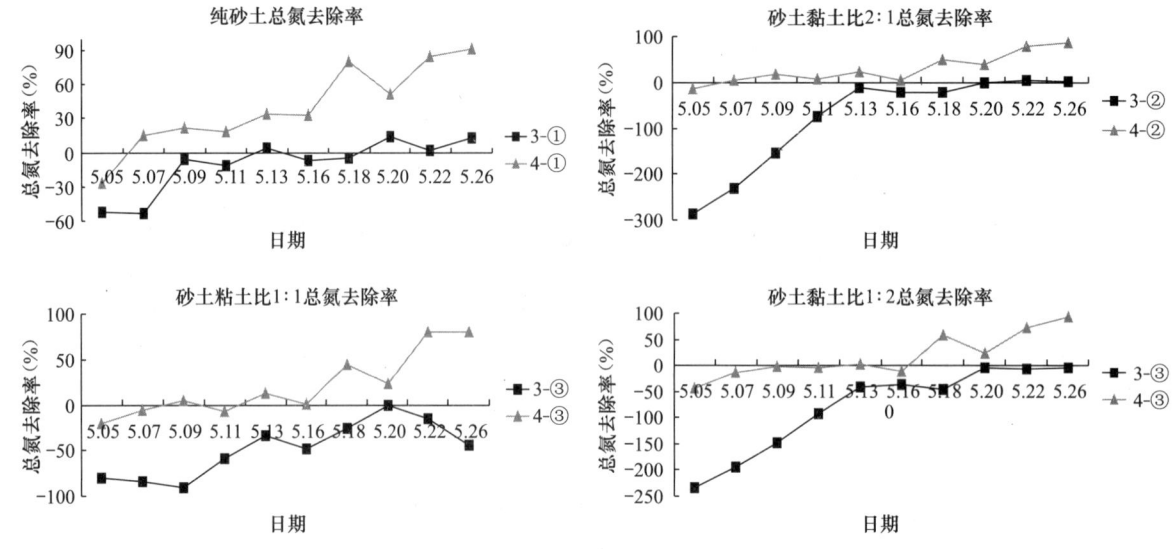

图 6.4.91　不同砂土、黏土配比各组中粉煤灰和沸石对总氮的去除率

总体来说，粉煤灰组和沸石组对于水中的氮磷元素有较高的去除效率，出水的氨氮和总磷浓度基本都可以维持在 0.5mg/L 以下，具有相当不错的环境效益。

4）结论

盆栽种植试验中各组的美人蕉在经过一个月的生长，都有了明显的生长，有的甚至已经开花。纯土组、碎石组和沸石组的美人蕉普遍都长高了 8~10cm，粉煤灰组生长也很健康，但是增高没有另外三组的明显，可能是由于摆放的位置所限，接受的阳光照射没有另外三组那么充足。总体来说，各组的美人蕉都很茁壮，长势良好，而且各组之间并没有由于添加了填料或者基质表现出明显的长势差异，故而可以说明在盾构弃土上直接种植植物是可行的，不需要在弃土表面再铺设土壤层。不过还是建议在种植的植物周围铺撒一定的营养土，以保证各种植物都能健康生长。粉煤灰组和沸石组对于水中的氮磷元素有较高的去除效率，出水的氨氮和总磷浓度基本都可以维持在 0.5mg/L 以下，具有相当不错的环境效益。

6.4.3.5　人工湿地现场示范工程及低碳效应研究

近年来我国城市化进程不断地加快，经济迅速崛起，交通、运输等基础设施的发展极大地促进了隧道修建技术的进步。隧道工程作为大型的交通建设项目，在建设和运营过程中不可避免地会产生各种环境影响，最为突出的是使城市原有的生态系统遭到了毁灭性的破坏。作为自然界最重要的生命支持系统，湿地具有稳定环境，物种基因保护及资源利用功能。作为重要的国土资源和自然资源，它与人类的生存、繁衍、发展息息相关。湿地与森林、海洋并称全球三大生态系统，被誉为"地球之肾"。湿地是地球上水陆相互作用形成的独特的生态系统，是自然界最富有生物多样性的生态景观和人类最重要的生存环境之一。湿地具有巨大的生态环境功能，在蓄洪防旱、调节径流、控制污染、调节气候、控制土壤侵蚀、美化环境等方面具有其他生态系统不可替代的作用。而湿地又具有其他城市自然生态系统不可替代的生态服务功能，被认为是陆地生态系统的最佳利用方式。城市中的湿地是城市生态资源最丰富的储藏地，具有改善城市居住环境，防洪抗旱，调节城市小气候，减轻城市"热岛效应"等多重生态功能，属于城市绿地生态系统不可缺少的部分。同时，也为城市居民提供休憩娱乐，在服务社会经济、文化、科学、美学和娱乐等方面起了极其重要的作用。

所以，钱江隧道工程选择以湿地形式的生态工程，来减少隧道施工和运营时对周边环境带来的影响。这样的生态工程，除了能体现环境效益、景观效益，还有积极的社会效益和部分经济效益。但我国景观建设起步较晚，人工湿地设计更属于新生事物，没有成熟的系统性科学理论和实践作为指导，可借鉴的经验和模式较少，这些都不利于人工湿地的建设。因此，对能够体现积极环保理念的人工湿地的设计理论与方法的研究，仍然显得非常必要。现场示范工程从平衡生态效益和社会效益的角度出发，探讨隧道工程建设中最突出的环境问题与生态维护之间的关系，就当前理论研究的情况，提出既解决主要环境问题又有生态效益的人工湿地设计的原则和设计要素，并结合具体实施例，通过对人工湿地示范工程实例进行观察和研究，提出优化设计建议。同时在实验室开展人工湿地碳排放通量的测定研究，结合人工湿地的水质净化情况，以低碳为考量，定性定量地对人工湿地的效果作出评价，以期对今后相关理论的研究和湿地项目的建设有参考作用。

(1) 设计思路

在盾构施工过程中，开挖土料与泥水混合形成高密度泥浆，由排浆泵及管道输送至地面，经过滚动筛、除砂器等物理分离形成工程上无法回用的厚浆，厚浆排入弃浆池，久而久之表层干化为弃土。泥水盾构的出浆量一般为掘土体积的2～3倍，若不经妥善处理，必将会对周边生态环境造成破坏。同时，盾构弃土均为地下深层土质，本身的污染性小，是极好的资源化材料，因此应加以适当处理，以利于今后的开发利用。

传统的泥浆处理技术有填埋法、固化法、土地耕作法等。普通的填埋法土方工程量比较大，并且不具备生态功能，可能会为环境安全留下隐患；固化法成本偏高，并且彻底改变了盾构弃土的物理性质，加大了资源化利用的难度；土地耕作法对地形地貌以及土壤结构要求较高，不易展开实施。

开发针对盾构废浆和弃土的生态方法可以有效解决这类环境问题。既能够有效储备废弃物资源，同时也不造成环境污染。采用生态人工湿地（Constructed Wetland，CW）是一种应用广泛的生态工程技术，指用人工筑成水池或沟槽，底面铺设防渗漏隔水层，填充一定深度的基质层，种植水生植物，利用基质、植物、微生物的物理、化学、生物协同作用使污水得到净化。传统人工湿地按照污水流动方式分为表面流人工湿地、水平潜流人工湿地和垂直潜流人工湿地。目前人工湿地普遍用于水质污染的净化和生态环境的改善，得到广泛的重视和发展。

示范工程的目的就是为了克服上述现有技术存在的缺陷而提供一种将废浆和弃土作为具有利用价值的资源封存起来，既解决了废浆和弃土的消纳问题，又起到净化水质的作用，低碳环保、运行成本低、易于管理维护的兼有水质净化和盾构废浆/弃土消纳处置功能的人工湿地装置。

示范工程的目的可以通过以下技术方案来实现：兼有水质净化和盾构废浆/弃土消纳处置功能的人工湿地，当待处理盾构废弃物为液态废浆时，湿地床包括废浆消纳区和设置在废浆消纳区上方的人工浮床区，或者，当待处理盾构废弃物为固状弃土时，湿地床包括弃土消纳区和设置在弃土消纳区上方的湿地植物区。

(2) 生态处置工艺流程和参数

1) 湿地处理工艺流程

考虑到盾构废水中的污染物浓度普遍不高，预处理可不设稳定塘，只设集水井；因SS浓度相对高，为避免发生堵塞，可置穿孔墙、进出水碎石区以及出水弯管。工艺流程如图6.4.92所示。

总体平面布置：根据消纳泥浆的物理性质，湿地设计为三个平行单元，1号人工湿地消纳液态废浆，2号人工湿地消纳废浆干化后的弃土，湿地区利用盾构黏土开发的基质材料，3号人工湿地消纳弃土，湿地区利用盾构砂土混合农耕土壤种植湿地植物。现场示范工程平面布置如图6.4.93所示。

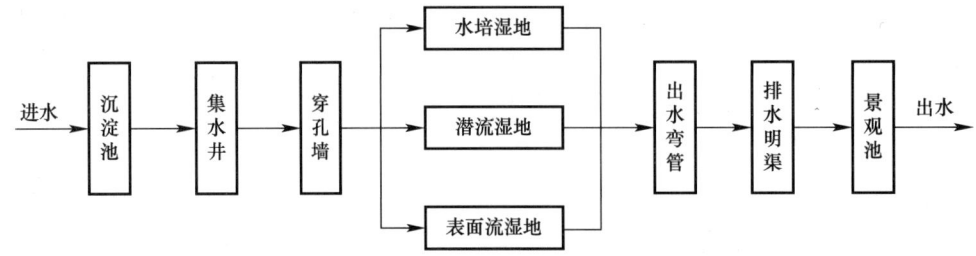

图 6.4.92 湿地处理工艺流程

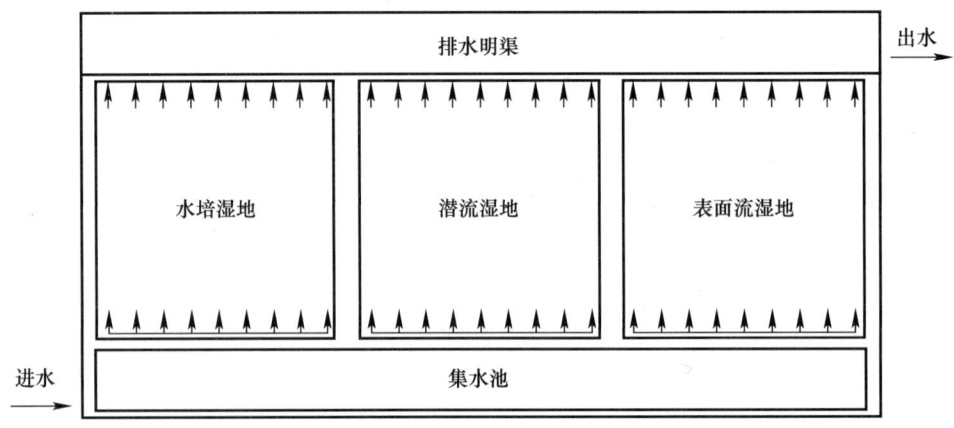

图 6.4.93 总体平面布置图

2) 示范工程参数设计

① 湿地表面积的设计

现场示范工程通过以下技术方案来实现：兼有水质净化和盾构废浆/弃土消纳处置功能的人工湿地，当待处理盾构废弃物为液态废浆时，所述的湿地床包括废浆消纳区和设置在废浆消纳区上方的人工浮床区，或者，当待处理盾构废弃物为固状弃土时，所述的湿地床包括弃土消纳区和设置在弃土消纳区上方的湿地植物区。根据现场选址情况，结合人工湿地污水处理工程技术规范，最终设计水培湿地、潜流湿地、表面流湿地的处理面积相同，为10m×10m；湿地主体位于地面以下，地面以上墙体高度超高不小于0.3m。人工浮床区水深为0.4～0.5m，过渡区为0.2～0.3m；废浆消纳区深度一般为3～5m，根据消纳处置量及地质条件加以调整；人工湿地植物区水深为0.2～0.3m、土壤层为0.4m，弃土消纳区深度一般为3～5m，根据消纳处置量及地质条件确定。

② 水力参数设计

根据人工湿地污水处理工程技术规范，主要水力设计参数见表6.4.45。

水力参数设计　　　　表 6.4.45

人工湿地类型	水力负荷 [m³/(m²·d)]	水力停留时间 (d)	人工湿地类型	水力负荷 [m³/(m²·d)]	水力停留时间 (d)
表面流人工湿地	<0.1	4～8	垂直潜流人工湿地	<1.0	1～3
水平潜流人工湿地	<0.5	1～3			

因此，水培湿地、潜流湿地、表面流湿地水力负荷为 $Q=10\text{m}^3/\text{d}$，总水力负荷为 $Q=30\text{m}^3/\text{d}$；由于设计中需要考虑暴雨等天气情况，湿地应具备10%～20%的超负荷能力，故最终设计总水力负荷为 $Q=50\text{m}^3/\text{d}$。借鉴有关经验，通过湿地横截面的平均流速 Q/A_c 不超过 8.6m/d 为宜，以避免对填料根茎结构的破坏。由于湿地处理面积不大，加之试运行时间在冬天，出于植物生长速度和卫生方面的考虑，水力停留时间控制在3d以内。

③ 水力管道计算

计算公式：

$$V = \pi R^2 \times S = \frac{Q}{t} \tag{6.4.17}$$

式中，V 为流量；R 为管径；S 为流速，0.5m/s；Q 为总流量，$Q=50\text{m}^3/\text{d}$；t 为停留时间，$t=3\text{d}$。

可以计算出 $R=0.011\text{m}$，所需管道直径太小，取给水管道最小值 $D=60\text{mm}$，出水管道最小值 $D=100\text{mm}$，可用 $DN10$ 的水利混凝土管，也可以用 $DN10$ 的 PVC 塑料管。

④ 结构设计

A. 进出水系统的布置

集水池与湿地床之间设有穿孔墙，通过穿孔墙进行均匀布水，穿孔墙的孔洞设于水面以下 0.1～0.2m 处。人工浮床或人工湿地与出水槽之间设有可控制液位的集水弯管，集水弯管并列设置，其数量根据实际需要调整。

B. 水力坡度

为了施工和排水的方便，及避免造成湿地系统发生回水，潜流湿地水力坡度采用 1% 左右，水培湿地和表面流湿地水力坡度采用 5% 左右。实际运行时，可以调节出水的水位以控制进出水的水头差来保证一定的水力坡度。

C. 填料的使用

水培湿地人工浮床通过植株根系的物理、化学、生物作用处理废水，床中无填料；潜流湿地底部铺设填料，根据填料粒径不同级配，由下往上依次为沸石、瓜子片和陶粒，厚度 0.35m，以此作为水处理基质材料；表面流湿地床土壤层主要由盾构砂土和农耕种植土壤混合组成，铺设厚度 0.4m。

D. 废浆消纳区、弃土消纳区的结构设计

废浆消纳人工湿地如图 6.4.94 所示，处置废浆通过泥浆泵及泥浆输送管道从废浆消纳区上部中央位置注入装置，其管口下部设置三角反射板，将泥浆分散进入到装置，同时加大颗粒碰撞，增进泥水分离。

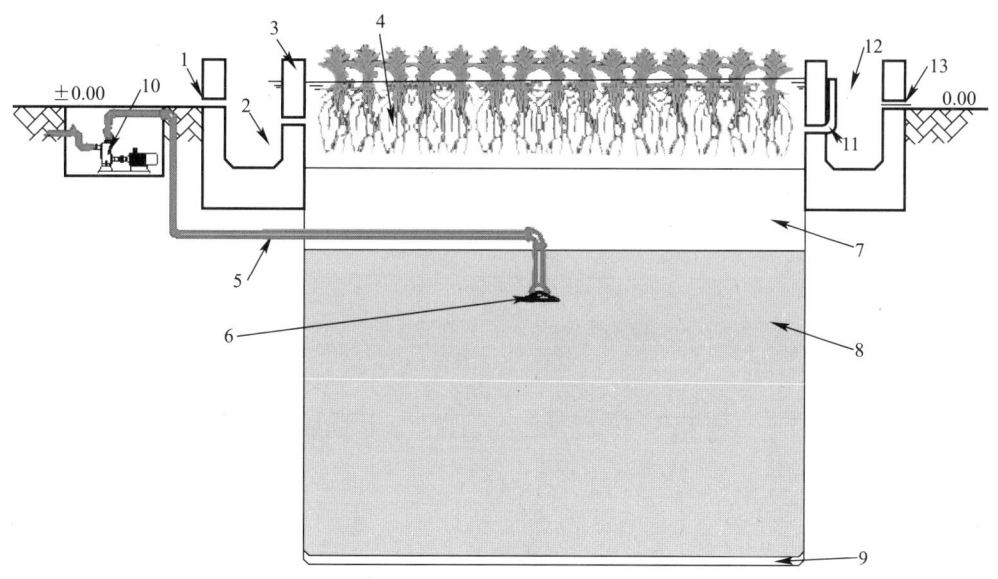

图 6.4.94 废浆消纳式人工湿地

1-进水管；2-集水池；3-穿孔墙；4-人工浮床区；5-泥浆输送管；6-三角反射挡板；7-过渡区；
8-弃浆消纳区；9-防渗层；10-泥浆泵；11-集水弯管；12-出水槽；13-出水管

弃土消纳人工湿地如图 6.4.95 所示，其特征在于，弃土一次性填入弃土消纳区中，弃土含水率应低于 20%。现场示范部分为表面流湿地和水平潜流湿地。

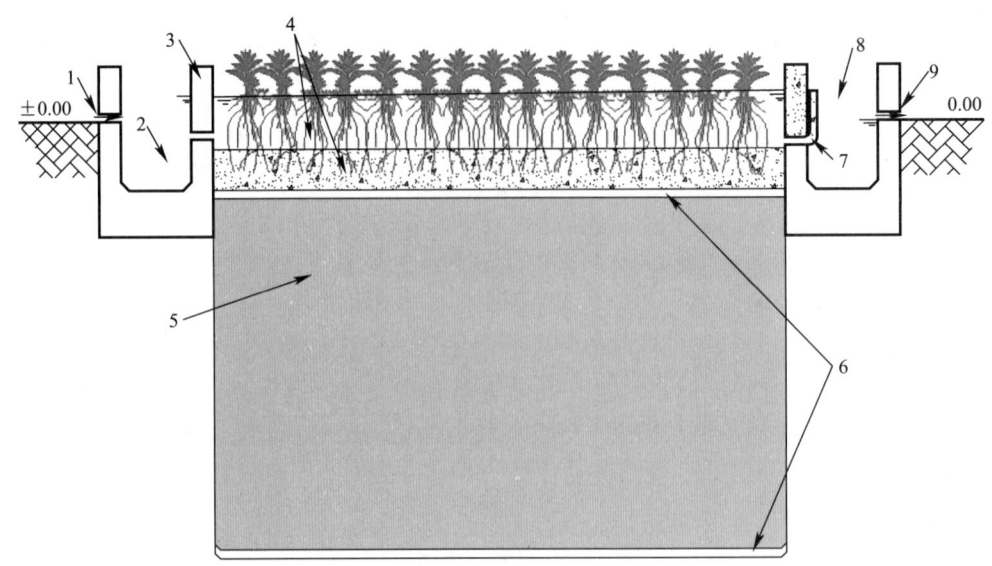

图 6.4.95　弃土消纳式人工湿地
1-进水管（口）；2-集水池；3-穿孔墙；4-人工湿地区；5-弃土消纳区；
6-防渗层；7-集水弯管；8-出水槽；9-出水管（口）

E. 防渗防堵塞设计

废浆消纳区底部、弃土消纳区底部及弃土消纳区与湿地植物区之间均设有防渗层，其侧面也应作防渗处理，防渗层渗透系数不应大于 $10^{-8}\,\mathrm{cm/s}$，可采用黏土层或聚乙烯薄膜等工程材料。

F. 植被选择

F.1 选用原则

a. 植物具有良好的生态适应能力和生态营建功能。

筛选净化能力强、抗逆性相仿、而生长量较小的植物，减少管理上尤其是对植物体后处理上的许多困难。一般应选用当地或本地区天然湿地中存在的植物。

b. 植物具有很强的生命力和旺盛的生长势。

- 抗冻、抗热能力；
- 抗病虫害能力；
- 对周围环境的适应能力。

c. 所引种的植物必须具有较强的耐污染能力。

水生植物对污水中的 BOD_5、COD、TN、TP 主要是靠附着生长在根区表面及附近的微生物去除的，因此应选择根系比较发达，对污水承受能力强的水生植物。

d. 植物的年生长期长。

人工湿地处理系统中常会出现因冬季植物枯萎死亡或生长休眠而导致功能下降的现象，因此，应着重选用常绿冬季生长旺盛的水生植物类型。

e. 所选择的植物将不对当地的生态环境构成威胁，具有生态安全性。

f. 具有一定的经济效益、文化价值、景观效益和综合利用价值。

由于所处理的污水不含有毒、有害成分，可以考虑其综合利用。

F.2 配置分析

a. 根据植物类型分析。

- 漂浮植物。
- 漂浮植物中常用作人工湿地系统处理的有水葫芦、大藻、水芹菜、李氏禾、浮萍、水蕹菜、豆瓣菜等。

- 根茎、球茎及种子植物。
- 这类植物主要包括睡莲、荷花、马蹄莲、慈姑、荸荠、芋、泽泻、菱角等。
- 挺水草本植物类型。
- 这类植物包括芦苇、茭草、香蒲、旱伞竹、皇竹草、蘼草、水葱、水莎草、纸莎草等，为人工湿地系统主要的植物选配品种。根据这类植物的生长特性，它们即可以搭配种植于水培人工湿地，也可以种植于表流式人工湿地系统中。
- 沉水植物类型。
- 沉水植物一般原生于水质清洁的环境，其生长对水质要求比较高，因此沉水植物只能用作人工湿地系统中最后的强化稳定植物加以应用，以提高出水水质。

b. 原生环境分析。

根据植物的原生环境分析，原生于实土环境的植物如美人蕉、芦苇、灯心草、旱伞竹、皇竹草、芦竹、薏米等，其根系生长有向土性，可配置于表面流湿地土壤中；如水葱、野茭、山姜、蘼草、香蒲、菖蒲等，由于其生长已经适应了无土环境，因此更适宜配置于水培人工湿地。

c. 养分需求分析。

根据植物对养分的需求情况分析，由于水培人工湿地系统填料之间的空隙大，植物根系与水体养分接触的面积较表流式人工湿地广，因此对于营养需求旺盛、植株生物量大、一年有数个萌发高峰的植物如香蒲、菖蒲、水葱、水莎草等植物适宜栽种于水培湿地；而对于营养生长与生殖生长并存，生长缓慢，一年只有一个萌发高峰期的一些植物如芦苇、茭草等则配置于表面流湿地系统。

d. 适应力分析。

一般高浓度污水主要集中在湿地工艺的前端部分。因此前端工艺部分一般选择耐污染能力强的植物，末端工艺由于污水浓度降低，可以考虑植物景观效果。

(3) 工程实施

图 6.4.96～图 6.4.107 为工程实施的设计图和施工现场图。

(4) 示范工程水质净化效果分析

示范工程现场如图 6.4.108～图 6.4.113 所示。

示范工程选择附近的天然河道水为处理对象，该河道附近建有多个化工厂、饲料厂，对河道水质造成一定的影响，本示范工程将重点考察对有机物及氮磷营养盐的去除效果。

隧道工地现场周边的天然水体经湿地进水口流入集水池中，再经穿孔墙进入湿地床。湿地床种植经济或景观植物，植物发达的根系提供了微生物栖息的场所，由于大量微生物的生长而形成生物膜。水流经生物膜时，悬浮颗粒物被植物根系阻挡截留；有机污染物通过生物膜的吸收、同化及异化作用而被除去；因植物根系对氧的传递释放，使其周围的环境中依次出现好氧、缺氧、厌氧状态，保证了水中的氮磷不仅能通过植物和微生物作为营养吸收，而且还可以通过硝化、反硝化作用将其除去，最后通过收割栽种植物将水中的污染物最终除去。经湿地床净化的水质通过集水弯管溢流进入出水槽，最终经出水口流出湿地，排入周边环境水体中，实现了水体的循环和水质的净化。

示范工程于 2011 年 11 月上旬开始试运行，并在 2012 年春节前进行了一个月的运行调试。在一个月的运行调试期间，初步考察了湿地对水中总氮总磷的去除效果，经测定，原水的总氮浓度约为 0.5mg/L，总磷浓度约为 0.12mg/L。

1) 水培湿地水质净化效果分析

通过测定进水水质和出水水质得到水培湿地对总氮和总磷的去除情况，结果如图 6.4.114 所示。

由图可以看出，水培湿地对总磷有较高的去除率，11 月 14 日，即运行一周后出水中的 TP 较进水中的 TP 的去除率即为 47.57%，并在随后的两周内逐渐升高。运行四周后出水中总磷的去除率接近 70%，随后有所滑落，但对总磷的去除率一直稳定在 45% 以上，即出水总磷浓度稳定在 0.06mg/L。水培湿地对总氮的去除呈相同的变化趋势，去除率最低为 13.47%，运行四周后达到最高去除率 41.73%。

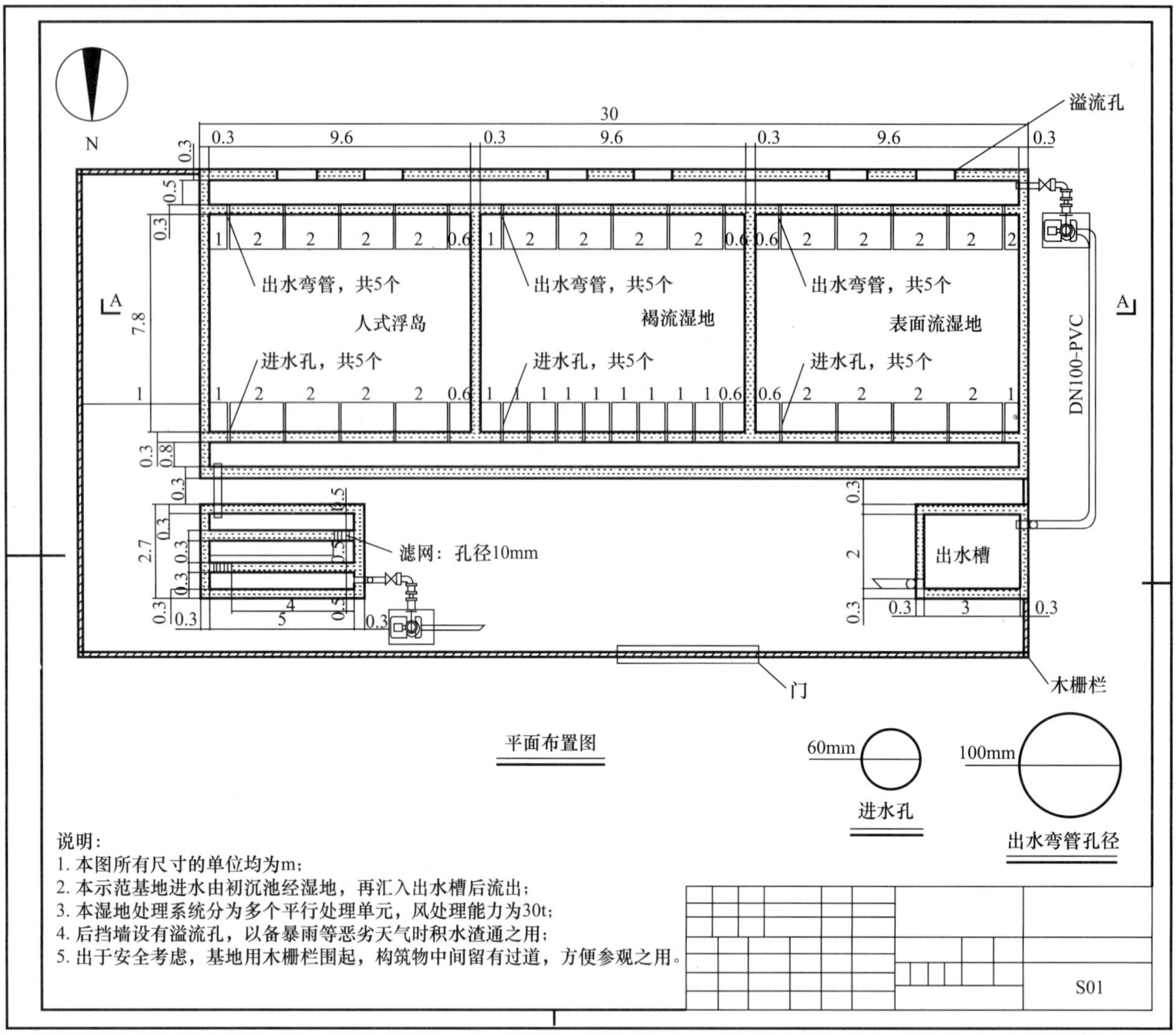

图 6.4.96 平面布置图

图 6.4.97 施工完成情况

2) 潜流湿地水质净化效果分析

潜流湿地对总磷和总氮的去除情况如图 6.4.115 所示。

由图 6.4.115 可知，潜流湿地对总磷的去除效果要优于对总氮的去除效果。潜流湿地对总磷和总氮的去除率随着时间的推移先上升后下降。其中潜流湿地对总氮的去除率最低为 9.46%，在运行四周后

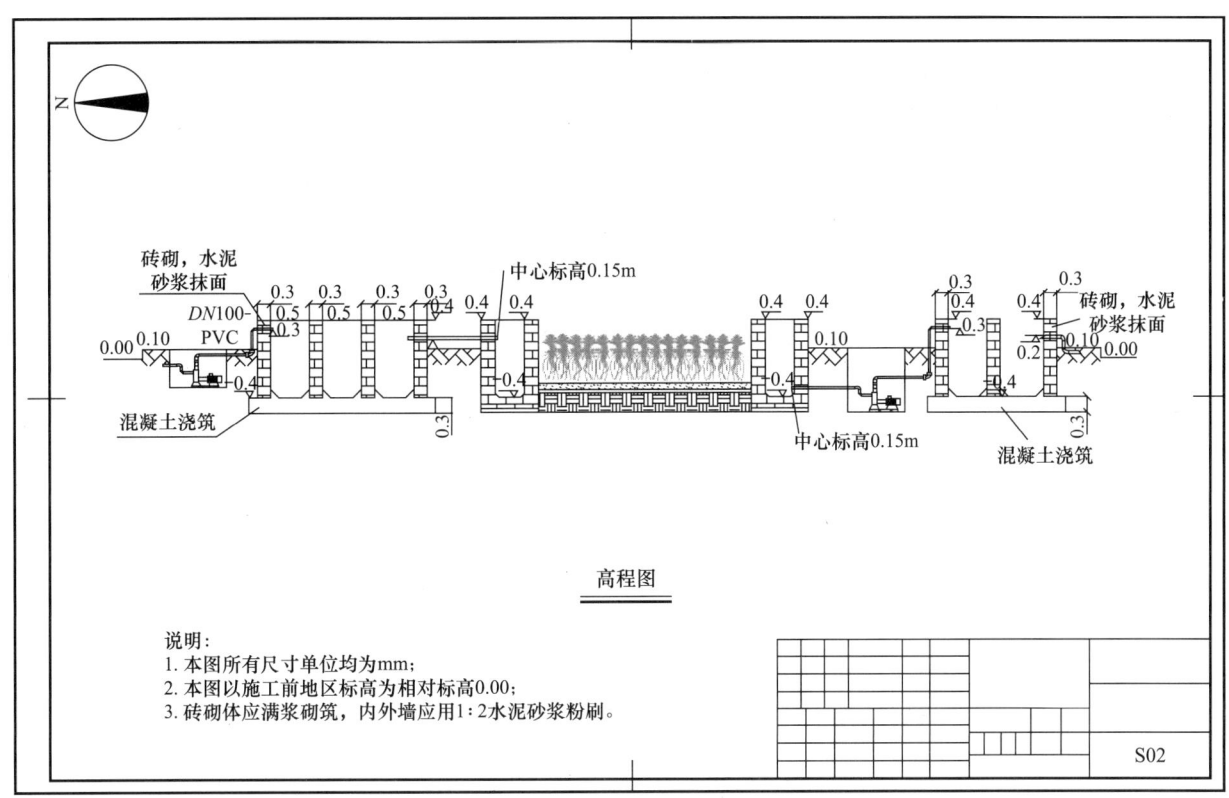

图 6.4.98　高程图

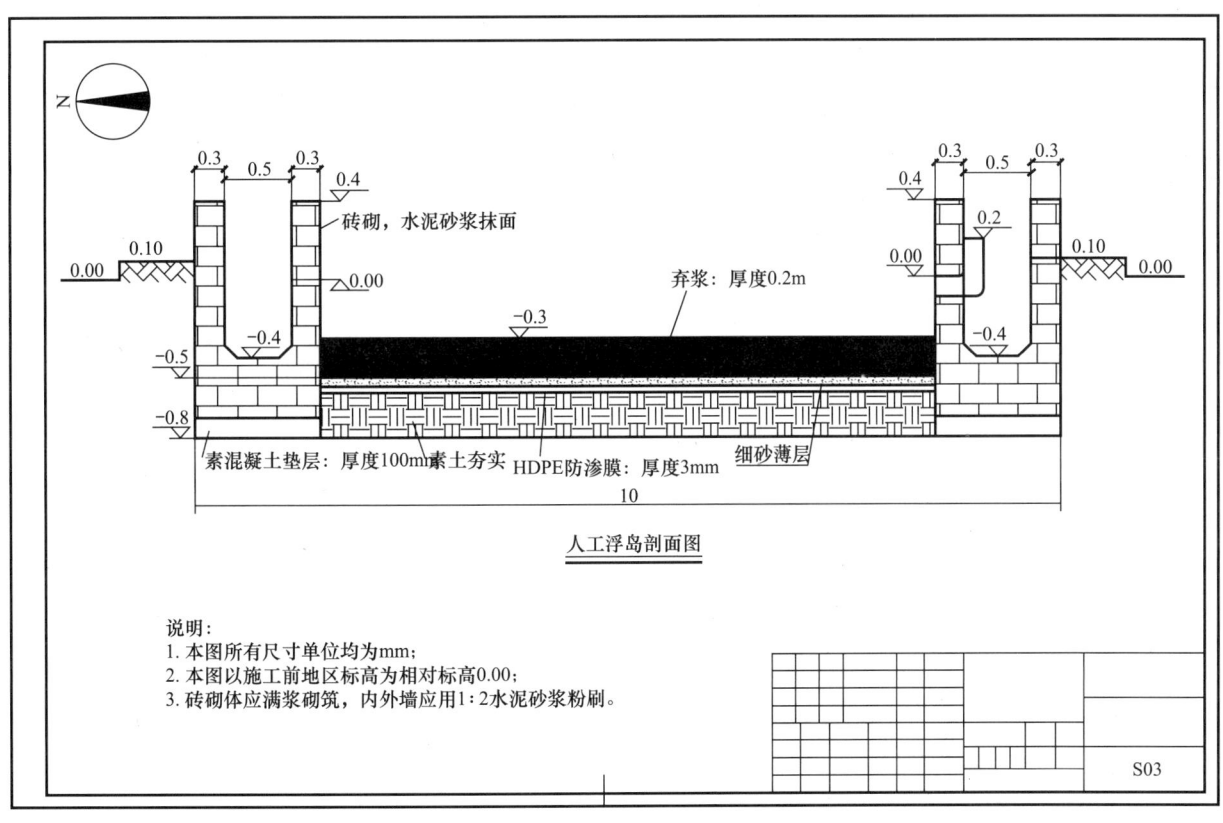

图 6.4.99　水培湿地剖面图

图 6.4.100　水培湿地现场照片

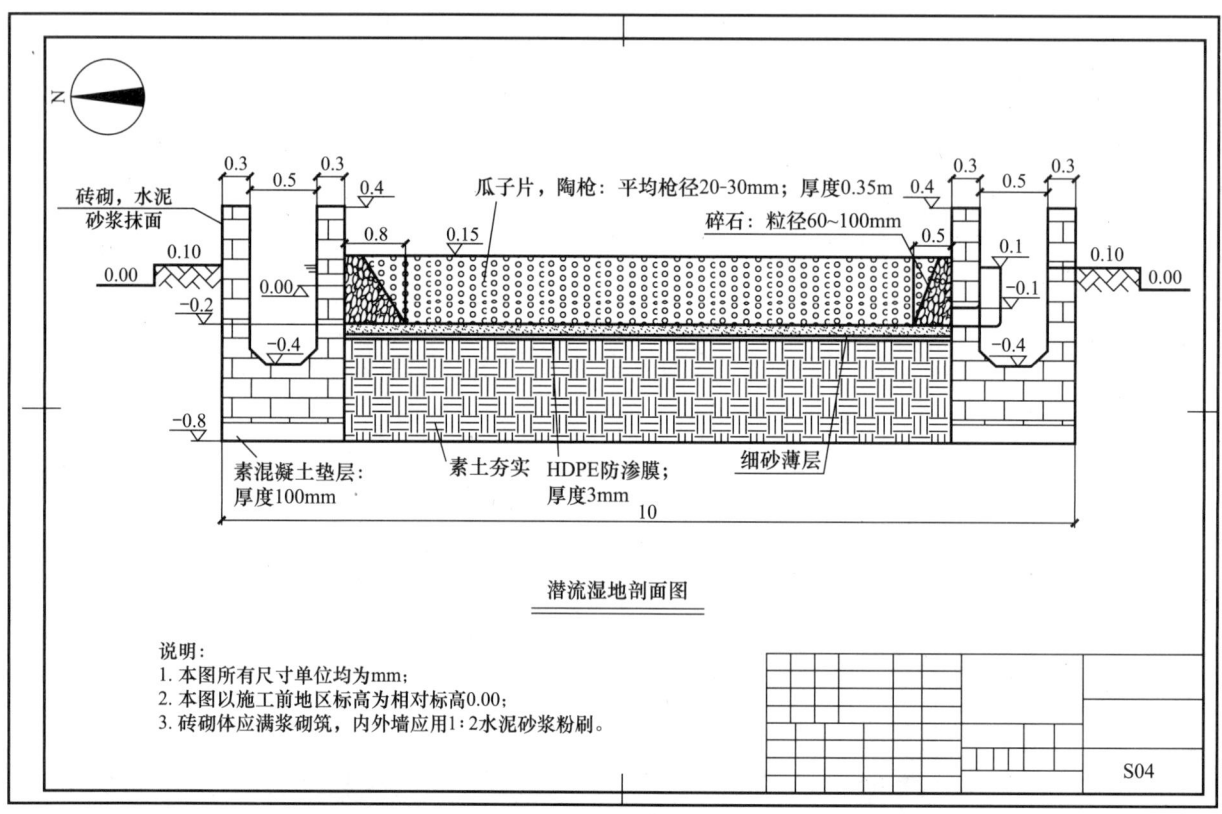

图 6.4.101　潜流湿地剖面图

图 6.4.102　潜流湿地施工照片

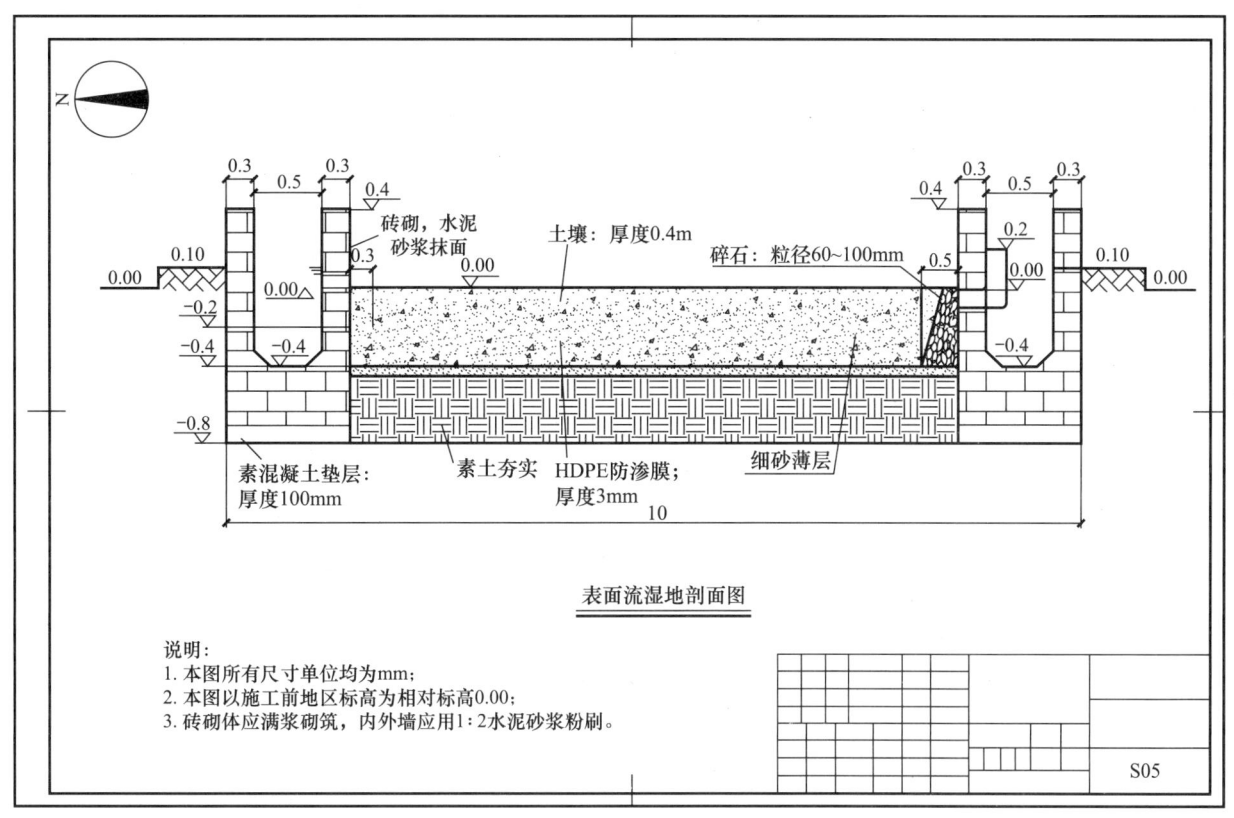

图 6.4.103　表面流湿地剖面图

图 6.4.104　表面流湿地现场照片

达到最高去除率 33.07%；对总磷的去除率最低为 62.66%，在运行五周后达到最高去除率 86.62%。

3）表面流湿地水质净化效果分析

表面流湿地对总氮和总磷的去除情况如图 6.4.116 所示。

由图 6.4.116 可知，表面流湿地对总氮的去除率随着时间的推移先上升后下降，对总磷的去除率随时间的变化趋势呈 M 形。其中潜流湿地对总氮的去除率最低为 5.62%，在运行五周后达到最高去除率 22.57%；对总磷的去除率最低为 51.58%，在运行四周后达到最高去除率 74.65%。

4）结论

水培湿地、潜流湿地和表面流湿地对总磷有着较好的祛除效果，平均去除率达到 50% 以上，即出水总磷浓度稳定在 0.05mg/L；湿地对总氮的去除率平均在 20% 左右，即出水总磷浓度约为 0.4mg/L。

（5）人工湿地低碳效益评价

目前，温室效应所带来的全球气候变化已经引起了各国的广泛关注，因此，碳减排也变成了环境保

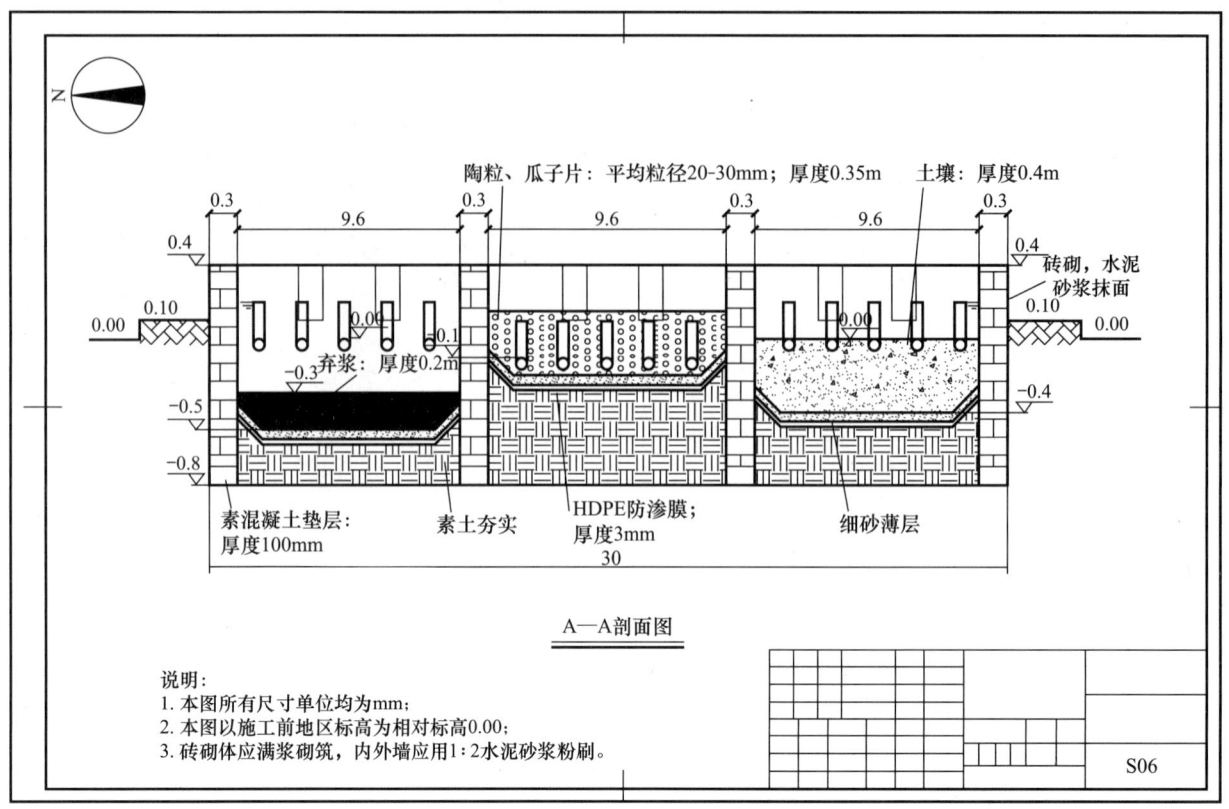

图 6.4.105 A-A 剖面图

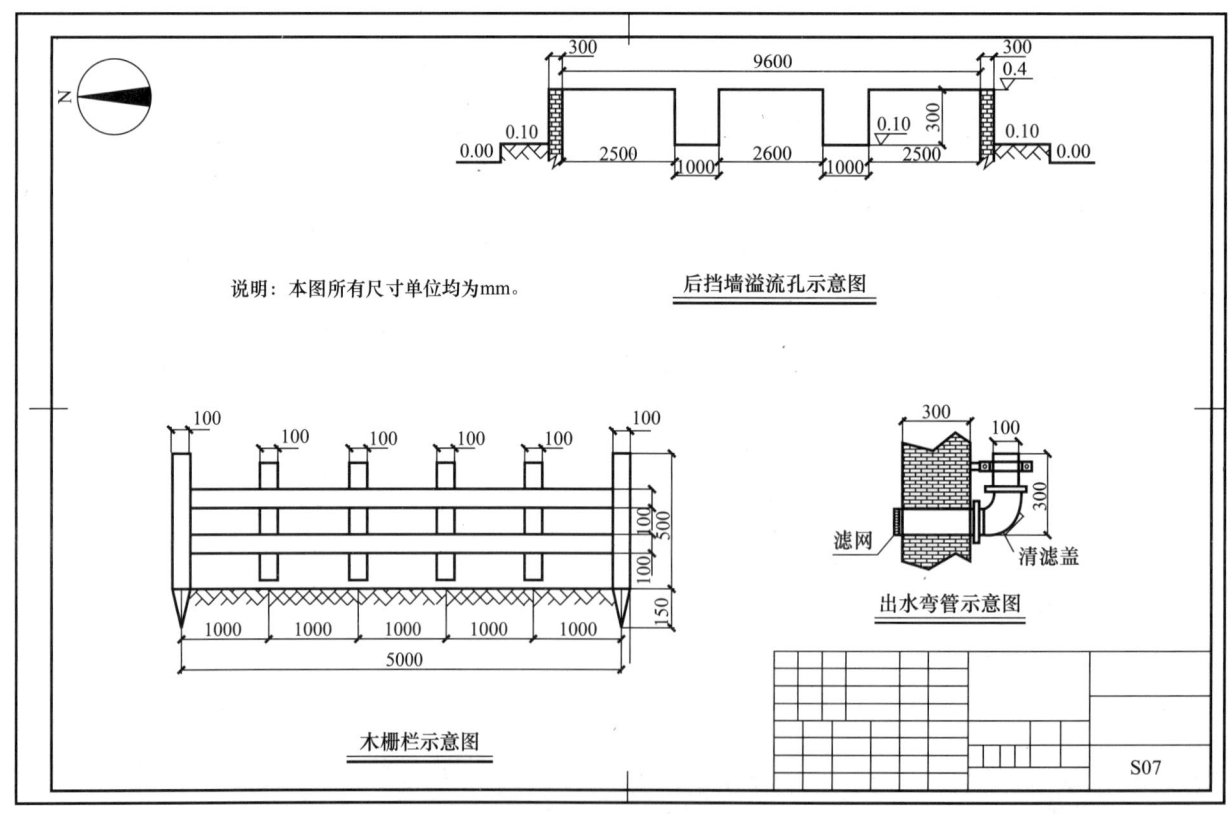

图 6.4.106 局部示意图

第 6 章 钱江隧道施工关键技术研究

图 6.4.107 现场局部照片

图 6.4.108 水培湿地

图 6.4.109 潜流湿地

图 6.4.110 表面流湿地

图 6.4.111 原水

图 6.4.112 集水池

图 6.4.113 出水槽

护的一个重要课题。湿地与森林、海洋并称全球三大生态系统。绿色植物在晴天时，通常每天每平方米叶片需吸收 5g 二氧化碳来进行光合作用。林木每生长 $1m^3$，平均吸收 1.83t 二氧化碳，释放氧气 1.62t。每公顷森林平均每年能吸收粉尘 50~80t。据测定，每公顷森林和公园绿地，每天可分别吸收固定 1050kg 和 900kg 二氧化碳。而湿地具有很强的固碳能力，达 $1.11\sim2.41kg \cdot m^{-2} \cdot a^{-1}$。湿地生态系统对维持大气中二氧化碳与氧气的动态平衡起着不可替代的作用。经计算，每公顷湿地一年可吸收二氧化碳 10 余吨，相当于燃烧约 90t 标准煤排放的二氧化碳量，同时，产生约 9t 氧气，吸纳空气中的尘埃 8.7t，可以在不影响工业发展的情况下实现减排目标，扩大了环境容量。按照国际通用的方法计算，固碳成本 1200 元/t，氧气平均价格 1000 元/t，则年固定二氧化碳效益价值 2.1 万元，年产生氧气的效益价值为 0.9 万元。

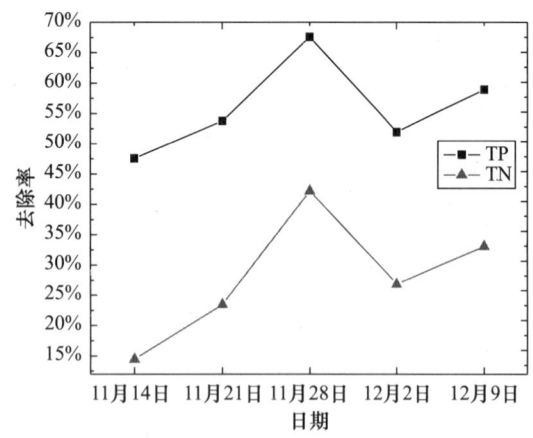

图 6.4.114 水培湿地对总氮和总磷的去除

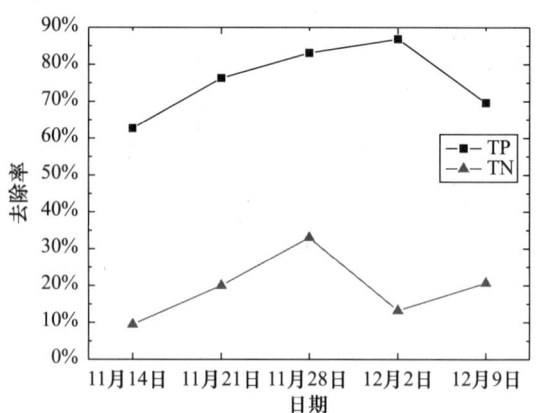

图 6.4.115 潜流湿地对总氮和总磷的去除

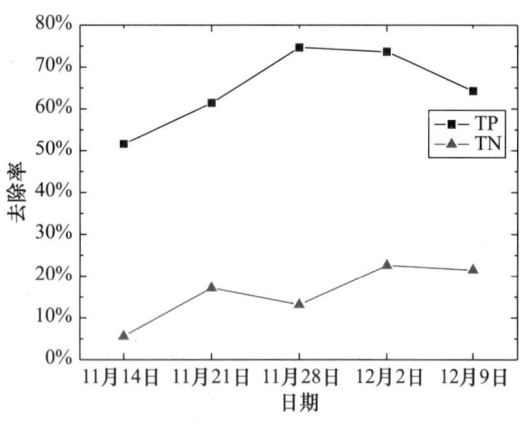

图 6.4.116 表面流湿地对总氮和总磷的去除

全球的自然湿地约占全球陆地面积的 6.4%，但其碳汇功能竟与占全球面积七成的海洋相当。显然，湿地单位面积的生态调节能力优于森林和海洋，所以，湿地弥足珍贵，尤其是湿地被誉为城市减排的"推手"和"助手"，减碳生存，湿地为先。

湿地中有机质的不完全分解，积累了大量碳和营养物质。湿地植物从大气中获取大量的二氧化碳，成为了巨大的碳库，在全球碳循环中发挥着重要作用。湿地是温室气体的"稳定器"，在大量吸收二氧化碳的同时，湿地又通过分解和呼吸作用以二氧化碳和甲烷的形式排放到大气中。湿地的碳循环过程受气候条件及人类活动的影响，实质上湿地能发挥"碳汇"和"碳源"两方面的作用。

碳汇：湿地中储存着大量的碳，由此说湿地是碳"汇"。湿地所积累的碳，对抑制大气中二氧化碳上升和全球变暖同样具有重要意义。当湿地的水热条件十分稳定时，其产生的泥炭不参与大气 CO_2 循环。所以湿地的有机质的积累有助于减缓由于矿质燃料的燃烧和人类活动而造成大气 CO_2 浓度的提高。据估算，全球湿地以每年 1mm 堆积速率计算，一年中将有 3.7 亿 t 碳在其中积累，由此可见，湿地是陆地生态系统中碳积累速率最快的生态系统之一，其吸收碳的速度要远远超过森林。一方面，湿地由于水分过于饱和的厌氧特性，积累了大量的无机碳和有机碳。另一方面，湿地中的微生物活动相对较弱，植物残体分解释放二氧化碳的过程十分缓慢，因此形成了富含有机质的湿地土壤和泥炭层，具有汇集或固定碳的极大潜力。

碳源：碳源是湿地向大气排放碳。森林的生长可以吸收并固定二氧化碳，是二氧化碳的吸收器、贮存库和缓冲器，反之，森林一旦遭到破坏，则变成了二氧化碳的排放源，湿地同样也可成为温室气体的释放源。湿地中有机残体的分解过程产生二氧化碳和甲烷。

被植物光合作用固定为有机物的碳或通过地上部植物茎、叶的呼吸作用再变为 CO_2 排入大气或通过土壤呼吸排入大气。土壤呼吸包括 3 个生物学过程——植物根呼吸、土壤微生物呼吸、土壤动物呼吸和一个非生物学过程——含碳物质化学氧化作用。土壤呼吸强度主要取决于土壤中有机质的数量及矿化速率、土壤微生物类群的数量及活性、土壤动植物的呼吸作用等。土壤 CO_2 排放实际是土壤中生物代谢和生物化学过程等所有因素的综合产物。

而一般来说 CH_4 产生有两种途径：一种是复杂有机物在细菌作用下产生某种简单有机酸，这种有机酸直接被产 CH_4 细菌利用产生 CH_4，或有机酸进一步降解生成 CO_2 和 H_2，CO_2 和 H_2 在产 CH_4 菌作用下生成 CH_4；另一种是复杂有机物在细菌作用下不经过产酸过程直接产生 CO_2 和 H_2。从复杂有机物分解为单糖开始，CH_4 产生的生物化学过程可归结为：

(1) 产酸途径

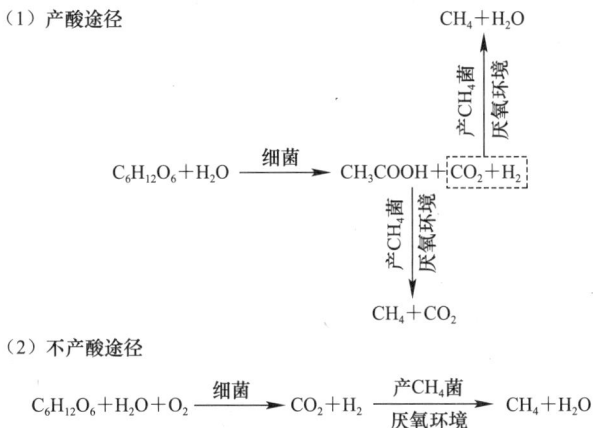

(2) 不产酸途径

$$C_6H_{12}O_6+H_2O+O_2 \xrightarrow{\text{细菌}} CO_2+H_2 \xrightarrow[\text{厌氧环境}]{\text{产}CH_4\text{菌}} CH_4+H_2O$$

无论通过哪种途径，产生 CH_4 必须具备：有机物和水分、厌氧环境、适于发酵菌和产 CH_4 菌生存和繁殖的温度。由于 CH_4 是在厌氧条件下产生的，所以产生 CH_4 的土壤环境主要有各类型的沼泽、较浅的水体及湿地水稻田。

如果湿地遭到破坏，会导致湿地土壤水分减少，土壤中微生物活力增强，失去碳积累的能力，加速了泥炭或草根层的有机质分解，增加了向大气碳的净释放量。这时，湿地就会由"碳汇"变成"碳源"，从而加剧全球变暖的进程。

如何保护湿地，使它尽可能多地发挥减缓气候负面变化的减少碳排放、把碳留住即宝贵的"碳汇"作用；而不是使湿地源源不断地把碳释出，向大气圈释放 CO_2 和 CH_4 等温室气体，产生恶劣的"碳源"效果。

目前的报道来看，对湿地碳排放的研究主要集中在天然湿地，而对人工湿地的关注较少。绝大多数还是把目光放在人工湿地对水质的净化处理研究上，本文在之前的人工湿地水质净化研究基础上，进一步拓展研究领域，建立实验装置，观测人工湿地的碳排放通量，以期对人工湿地的低碳效益做出定量评价。

1) 实验装置设计

实验装置主要分两部分，如图 6.4.117 所示，上部为气体采集箱，下部为人工湿地模拟装置。

采集箱分为暗（不透明）和明（透明）两种。暗箱箱体四周和顶部覆以绝热材料和反光铝箔，以保证其隔热性；明箱为有机玻璃制成。箱内均装有空气搅拌风扇，使箱内气体混合均匀；温度计，用来测量箱内气温；采气孔，与采气三通阀相连接。所有接口密封处理后再涂以硅胶密封。

人工湿地模拟装置分为进水区、实验区和出水区。实验区铺设基质和种植植物，可与气体采集箱闭合成一个整体，观测 CO_2 和 CH_4 的通量。

2) 实验方法

采样时盖上采气箱，向槽内注水密封，开启风扇，立即用带三通阀的 100mL 医用注射器平缓抽取第一个样品，每隔 10min 抽取下一个样品，共取 4 个样品，注入 100mL 的气袋中，带回实验室用气相色谱仪进行分析测定。

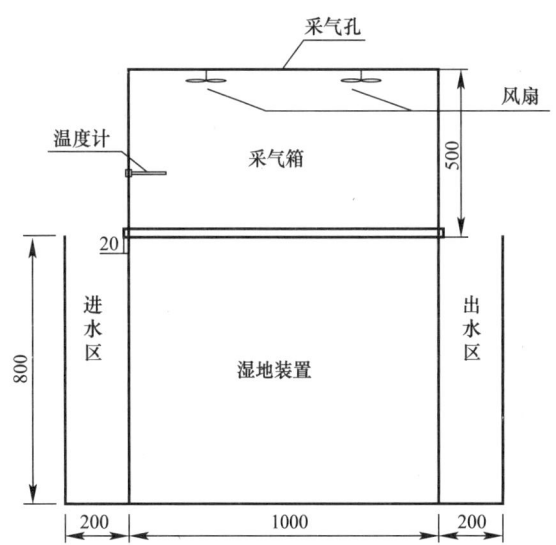

图 6.4.117 气体采集实验装置示意图

采用 HP5890Ⅱ型气相色谱仪，CH_4 和 CO_2 检测器均为离子火焰化检测器（FID），工作温度为

200℃，采用长度为 2m 的 60～80 目 XMS 填充物分离柱（直径 2mm）完成 CH_4 分离。CO_2 的分析采用长度为 2m 的 60～80 目的 PORAPAKQ 色谱柱（直径 2mm），工作柱温 55℃，载气为高纯 N_2，流量为 $30cm^3 \cdot min^{-1}$。

用以下公式计算通量：

$$F = \frac{M}{V_0} \frac{P}{P_0} \frac{T_0}{T} H \frac{dc}{dt} \tag{6.4.18}$$

式中，M 为摩尔质量，P_0 和 T_0 为理想气体标准状态下的空气压力和气温（分别为 1013.25hPa 和 273.15K），V_0 为目标化合物在标准状态下的摩尔体积，即 22.41L/mol，H 为正方体或长方体采样箱内气室高度，P 和 T 为采样时箱内的实际气压和气温，dc/dt 为箱内目标气体浓度随时间变化的回归曲线斜率。

3）实验内容

比较研究潜流、表面流、水培三种不同类型人工湿地和绿地的碳排放通量的时间季节差异及其低碳效应；植物、水位、基质对 CO_2 及 CH_4 排放的影响研究；探讨影响碳通量的主要因子；选取最优的人工湿地类型、植被等；对人工湿地示范工程进行低碳评价；并以此为依据进行隧道暗埋段的生态工程设计，对建设和管理提出相应的建议和措施。

6.4.3.6 盾构弃土制备功能材料及其改性研究

隧道施工产生的弃土被称为"建筑污泥"。目前的处置方案基本采取借地堆放的方法，而长时间的堆放，将占用大量的土地资源，造成一系列经济、生态、环境问题。

日本先端建设技术中心于 1999 年 11 月发布了"建筑污泥重复利用指南"，称因开挖工程生成的泥状渣料及泥水，其圆锥贯入指数＜$200kN/m^2$ 和轴压强＜$50kN/m^2$ 者为建筑污泥，它是由钻孔桩、泥水或盾构、地下连续墙等工法产生的。"指南"提出的建筑污泥再生资源化方法和利用途径见表 6.4.46。

再生资源化方法及用途　　　　表 6.4.46

再生资源化方法	形　状	主要用途	再生资源化方法	形　状	主要用途
烧成处理	粒状	骨料、排水沟材料	高度脱水处理	脱水饼	填土、回埋材料
高度稳定处理	粒状、块状	碎石、砂的代用品	稳定处理	改良土	填土、回埋材料
熔融处理	粒状、块状	碎石、石材的代用品	干燥处理	土、粉体	填土材料

作为提防培土、路基路面材料及混凝土材料已经得到了部分应用。这种资源化方法缺点是土方工程量大，并不具备生态功能，可能为环境留下安全隐患；操作复杂，在山区、丘陵地区不宜展开；路面路基、混凝土不易达到建材标准，还需要采用其他辅助手段进一步处理使其达标。由于受到施工现场、机械设备等因素制约，目前，只有少数几个国家采用了盾构弃土作为提防培土、路基路面材料及混凝土材料的资源化方法。

在此基础上，我们提出用盾构弃土来研发环境功能材料的资源化方案，在尽可能满足对材料性能的要求的同时，也要考虑尽可能节约资源和能源，尽可能减少对环境的污染。在研究、设计、制备材料以及使用材料产品时，把材料及其产品的整个寿命周期中，对环境的协调性作为重要评价指标，不仅要讲科学技术效益、经济效益，还要讲环境效益、社会效益，把材料科技与产业的发展目标与可持续性发展的大目标结合起来。

(1) 弃土基本性质的研究

1) 盾构土层基本土性分析

根据勘察文献可知，钱塘江施工地段共分 7 层，共有：

1 层——人工填土层，由近代文化期人类活动堆填；

2 层——全新世晚期冲海、海相相成因，主要为表层氧化层和现代河床沉积物；

3 层——全新世中期冲海、河口相成因，主要为粉性土；

4层——全新世中期海积成因,主要为软土;

5层——全新世早期冲海相、冲湖相沉积;

6层——晚更新世晚期冲湖相、海相沉积;

7层——晚更新世中期冲湖相沉积。

又可细致分为19个亚层,其中,本次隧道施工主要开挖的土层是3-2、4-2、5-3、5-4号土,以下是这四个土层的具体性质研究。

3-2层,粉砂。暗绿灰色、灰色,中密为主,局部密实,饱和,薄层状构造,一般单层厚0.5~5cm。砂质分选一般,局部夹粉土薄层,底部偶见黏性土微层理,土层均匀性略差。摇震反应迅速,刀切面粗糙,干强度低,韧性低。层厚:1.65~13.70m,平均层厚9.56m,顶板标高:−7.51~−1.40m,平均标高−4.06m。分布情况:本层分布于钱塘江江中及江南,江北岸缺失。

4-2层,粉质黏土,淤泥质粉质黏土。灰色,软塑~流塑,饱和,薄层状构造,一般单层厚度0.5~10cm不等。黏塑性一般,含薄层粉土膜或粉土团块,偶见黑色有机质斑点,土质不甚均匀。无摇震反应,刀切面稍有光滑,干强度高,韧性低。层厚:1.56~14.60m,平均层厚8.78m,顶板标高:−20.81~−13.46m,平均标高−16.77m。分布情况:基本全线有分布,江中局部地段有缺失。

5-3层,黏质粉土。灰黄色、黄灰色、灰色,稍密~中密,湿,薄层状构造,层理不太明显。含云母片碎屑,土层均匀性一般,顶部偶见黏性土微层理。摇震反应迅速,刀切面粗糙,干强度及韧性低。层厚:1.40~9.20m,平均层厚4.60m,顶板标高:−29.19~−18.05m,平均标高−22.87m。分布情况:本层全线局部地段分布。

5-4层,粉质黏土。褐灰色、灰色,软塑,厚层状构造。黏塑性一般,局部腐殖物碎屑,土质均匀,偶见泥质小结核。无摇震反应,刀切面稍有光滑,干强度中等,韧性中等。层厚:2.64~25.40m,平均层厚15.06m,顶板标高:−40.89~−22.72m,平均标高−28.00m。分布情况:本层全线分布。

上述四土层常规性质指标详情如表6.4.47所示。

2) 弃土粒径分布分析

根据勘测数据表6.4.47,本工程主要掘进土层为3-2、4-2、5-3、5-4层,其粒径分布如图6.4.118~图6.4.121所示。

其中,0.075~0.5mm为砂粒粒径,0.005~0.075mm为粉粒,<0.005mm为黏粒,弃土粒径中未出现大于0.5mm粒径的样本,可预期弃土的成分以黏粒、粉粒为主。

(2) 弃土制备基质材料陶粒的研究

1) 黏土类矿物的研究应用

经过以上分析,可以发现弃土的主要成分以黏粒、粉粒为主,也就是通常意义上的黏土。黏土矿物是地球表面的重要组成,粒度小,表面积大,利用它的可变电荷表面对金属离子的吸附、解吸、沉淀从而来控制重金属元素的迁移、富集。黏土矿物源在自界储量丰富,具有环境修复,环境净化和环境替代功能。拥有孔道结构的天然矿物在境变化、治理污染、修复环境方面的作用主要体现在它的高吸附性、孔道效应、氧化原性、催化效应、纳米效应等方面。利用黏土矿物材料治理污染、修复环境的是建立充分利用自然规律的基础上,体现了天然物质自净化作用的特点;利用此类物质进行金属废水处理,具有工艺相对简单、投资少、效果好且二次污染小等优点。由于黏土矿物具有复杂可控的、并可有效改造的结构及相应物化特征、良好的吸附、离子交换能、低廉的价格和丰富的储量,因而具有广泛的应用范围和较高的经济价值,在废水理领域表现出广阔的应用前景。

世界各国对天然黏土矿物在治理重金属污染方面的应用都非常重视。但目前对黏类吸附剂的研究多限于实验室范围,对廉价、高效黏土吸附剂产品的开发和工业化生以及吸附剂在废水处理中的工业化应用研究应引起重视。多年研究表明,实际黏土表面通常存在着一层薄的水膜,直接采用黏土矿物处理污染废水效果不是很明显,不能有地用于废水处理。为了提高黏土的利用率和再生率,大量研究主要集中在用改性黏土处理重金属离子废水。

表 6.4.47 钱江隧道各土层常规性质指标统计

地层编号	岩土名称		砂石%(mm) 20~10	砂石%(mm) 10~5	砂石%(mm) 5~2	砂粒%(mm) 2~1	砂粒%(mm) 1~0.5	砂粒%(mm) 0.5~0.25	砂粒%(mm) 0.25~0.075	粉粒(mm) 0.075~0.005	粘粒(mm) <0.005	天然含水量(%)	天然密度(g/cm³)	颗粒密度(g/cm³)	天然孔隙比	液限(%)	塑限(%)	塑性指数(%)	液性指数(%)	快剪 内摩擦角Φ(°)	快剪 凝聚力C(kPa)	固结快剪 内摩擦角Φ(°)	固结快剪 凝聚力C(kPa)	压缩系数	压缩模量(MPa)
3-2	粉砂	样本个数				106	255	254	250			236	258	266	247	65	65	57	25	64	56	125	122	212	209
		平均值				3.22	53.69	35.71	7.44			23.84	1.99	2.69	0.67	32.30	25.00	5.20	0.59	27.95	10.96	29.52	5.61	0.14	12.28
		最大值			11.00	91.00	97.00	18.00				30.50	2.18	2.74	0.86	42.00	29.20	8.90	0.95	29.50	13.00	31.00	16.00	0.21	15.75
		最小值			1.00	4.00	6.00	1.00				19.70	1.73	2.68	0.49	25.40	16.70	4.20	0.25	25.30	3.00	23.30	3.00	0.10	7.91
		标准差			2.59	18.04	19.97	3.19				2.25	0.06	0.01	0.07	3.22	2.86	0.97	0.19	1.19	2.11	1.39	2.28	0.02	1.80
		变异系数			0.80	0.32	0.55	0.43				0.09	0.03	0.00	0.10	0.10	0.11	0.16	0.32	0.04	0.19	0.05	0.41	0.17	0.15
		修正系数			1.13	1.03	1.06	1.05				1.01	1.00	1.00	1.01	1.02	1.02	1.04	1.11	0.99	0.96	0.99	0.94	0.98	0.98
		标准值			3.65	58.61	38.75	7.79				24.09	1.99	2.69	0.68	32.99	25.60	6.42	0.66	27.70	10.48	29.31	5.26	0.13	12.07
4-2	粉质黏土	样本个数			1	2	4	4				108	154	154	134	132	153	125	153	36	38	57	57	98	97
		平均值				36.50	51.25	13.25				33.95	1.85	2.73	1.63	34.14	20.13	14.03	1.04	7.43	22.32	12.84	21.04	0.65	3.34
		最大值			3.00	62.00	85.00	32.00				41.00	2.08	2.76	1.32	47.40	29.20	19.90	1.99	12.80	24.00	16.80	29.00	0.82	5.29
		最小值			3.00	24.00	25.00	10.00				28.00	1.65	2.69	0.81	27.80	13.60	11.20	0.46	4.50	14.00	9.20	17.00	0.32	2.06
		标准差					15.36	7.31				3.67	0.07	0.01	0.14	5.36	3.55	2.33	0.24	2.55	3.65	2.12	3.39	0.14	0.79
		变异系数					0.23	0.71				0.11	0.04	0.01	0.13	0.16	0.18	0.17	0.23	0.34	0.20	0.16	0.15	0.26	0.22
		修正系数					1.05	1.15				1.02	1.01	1.00	1.02	1.02	1.02	1.03	1.03	0.90	0.94	0.96	0.97	0.95	0.96
		标准值					38.75	11.86				34.56	1.84	2.73	1.05	34.94	20.67	14.38	1.07	6.69	21.07	12.36	20.33	0.52	3.41
5-3	黏质粉土	样本个数			2	60	64	64				112	112	112	112	105	104	80	99	36	33	62	49	94	79
		平均值			1.50	23.42	65.78	9.30				31.06	1.90	2.71	0.85	32.43	21.83	9.44	0.92	20.29	16.18	32.52	14.82	0.29	6.40
		最大值			2.00	64.00	98.00	58.00				38.40	2.08	2.73	1.10	38.80	29.70	14.50	1.74	31.70	27.00	33.90	28.00	0.49	9.95
		最小值			1.00	2.00	28.00	2.00				19.90	1.77	2.69	0.58	25.60	14.60	5.20	0.13	6.00	9.00	10.10	6.00	0.16	4.03
		标准差				14.53	15.36	7.31				3.72	0.05	0.01	0.10	3.08	3.28	3.15	0.29	8.92	4.95	6.80	7.66	0.10	1.69
		变异系数				0.59	0.23	0.71				0.12	0.03	0.00	0.11	0.09	0.15	0.33	0.32	0.44	0.31	0.30	0.52	0.33	0.26
		修正系数				1.13	1.05	1.15				1.02	1.00	1.00	1.00	1.02	1.03	1.06	1.05	0.87	0.91	0.93	0.87	0.94	0.95
		标准值				28.00	70.07	11.86				31.66	1.91	2.72	0.89	32.96	22.38	10.04	0.97	17.73	14.69	21.04	12.94	0.28	6.08
6-4	粉质黏土	样本个数			13	28	28					573	622	622	566	621	621	555	621	133	165	337	328	590	507
		平均值			19.72	50.04	23.71					74.56	1.87	2.74	0.95	28.23	21.66	16.25	0.79	11.21	31.95	15.33	24.49	0.41	4.90
		最大值			51.00	85.00	49.00					38.80	2.07	2.76	1.07	56.60	31.80	20.90	1.62	19.80	36.00	31.30	48.00	0.99	7.97
		最小值		0.00	6.00	36.00	8.00					27.60	1.71	2.69	0.74	24.70	13.00	12.10	0.16	3.50	16.00	10.80	19.00	0.10	3.22
		标准差		0.00	13.05	11.33	11.71					2.15	0.04	0.01	0.06	5.02	2.47	1.81	0.19	2.90	4.79	2.69	6.51	0.13	1.13
		变异系数			0.58	0.23	0.49					0.06	0.02	0.00	0.06	0.13	0.11	0.11	0.24	0.26	0.20	0.18	0.22	0.31	0.23
		修正系数			1.29	1.06	1.16					1.00	1.00	1.00	1.00	1.01	1.01	1.01	1.02	0.96	0.97	0.98	0.98	0.98	0.98
		标准值			29.14	70.36	27.56					34.71	1.87	2.74	0.97	38.58	21.83	16.38	0.80	10.78	24.29	15.08	23.98	0.40	4.81

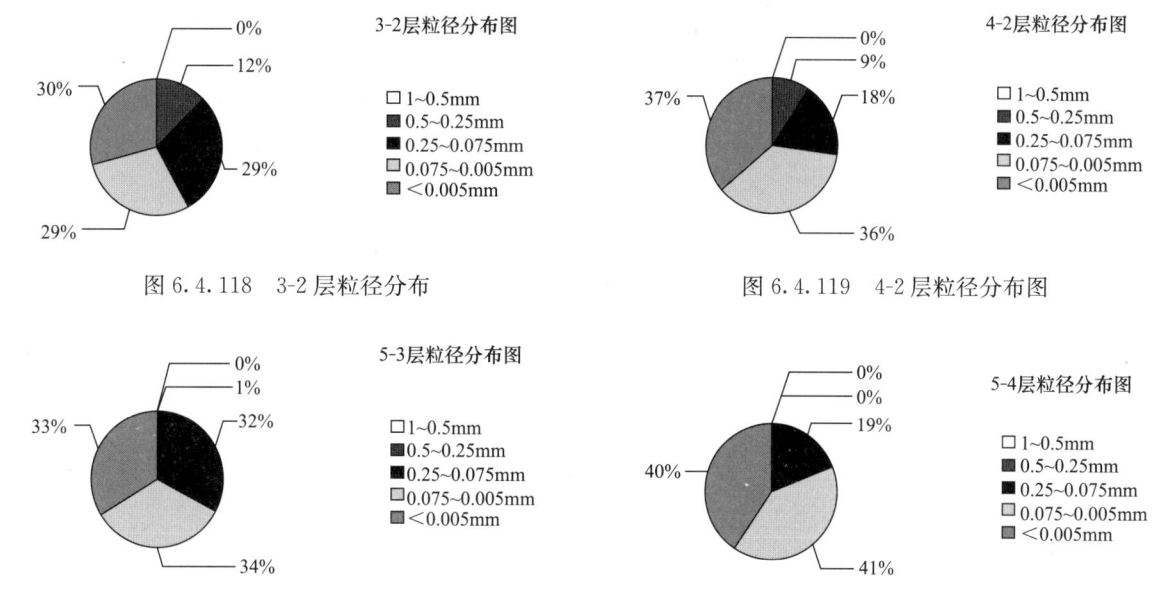

图 6.4.118　3-2 层粒径分布

图 6.4.119　4-2 层粒径分布图

图 6.4.120　5-3 层粒径分布图

图 6.4.121　5-4 层粒径分布

一般用于废水处理的黏土矿物是经过一次或二次处理，或将矿物熔烧成粒状大面积材料，进一步增强其吸附能力及吸附效果。有人认为：天然膨润土只要经过适当改性，其吸附性能可与活性炭相媲美。Su Hsia 等用十二烷基磺酸钠改性的蒙脱土吸附处理水溶液中的 Cu^{2+} 和 Zn^{2+}。R. Naseem 等将膨润土经 150～200℃ 活化后，其对水溶液中 Pb^{2+} 的去除率达 96% 以上。B. S. Krishna 等用经阳离子表面活性剂溴化十六烷基三甲铵改性后的高岭土、蒙脱土、柱状膨润土等来吸附水中的铬酸盐。E·AlvarezAyuso 和 A·GanchezSanchez 在实验室及半工业化实验中，用钙基蒙脱石和钠基蒙脱石对电镀工业废水中的重金属离子进行吸附研究，测定其对金属阳离子的滞留能力，发现用钠基蒙脱石处理电镀废水是一种有效的方法。Krikorian 等用蒸馏法对黏土进行改性后来吸附镉离子，发现 90% 以上的镉离子能够被去除。Mathialagan 等研究了影响蛭石吸附镉的主要因素，发现最适 pH 值为 6，吸附在 4h 达到平衡。孙家寿等用铝锆交联膨润土对 Cr^{6+} 进行吸附处理，结果表明：在每升水中加 12g 吸附剂，吸附 30min，吸附率接近 100%。同时，他们将累托石层孔材料用于含 Cr^{6+} 废水处理，取得理想效果。苏玉红等研究了单阳离子有机膨润土和阴-阳离子有机膨润土对模拟废水中 Pb^{2+} 的吸附性能。蒋引珊等人研究了膨润土对干电池溶液中重金属离子的吸附情况，结果表明，当膨润土质量浓度为 100～167g/L 时，其对铁的吸附量迅速增加，去除率达 97.5%。杨华明等对钙基膨润土进行改性处理，探讨其对废水中 Cr^{6+}、Cu^{2+} 的吸附。马小隆等也研究了酸改性后的钙基膨润土对 Pb^{2+} 离子的吸附性能。杜冬云等将钙基累托石在 300℃ 下煅烧后对 Cd^{2+} 的最大吸附量为 4mg/g，当废水浓度低于 25mg/L 时，可使废水处理达标排放。彭书传等的研究表明，纯凹凸棒石对 Cu^{2+}、Zn^{2+} 等温吸附曲线同时符合 Langmuir 和 BET 方程，他们还用盐酸活化凹凸棒石来吸附水中的 Cr^{3+}。

目前，用于污水处理的主要是膨润土、凹凸棒石、坡缕石、海泡石、硅藻土等几种，海泡石更多的是用于催化方面，黏土矿物在环境保护中还有其他的用途，如空气净化，土壤净化，地下水修复等，因此对黏土矿物应用的研究还有更大的发展前景。

2）黏土基陶粒原料的性能

原料的化学成分是导致陶粒膨胀的主要因素。陶粒成分按其化学成分可分为：（1）成陶组分：SiO_2、Al_2O_3 和 Fe_2O_3；（2）助熔组分：CaO、MgO、FeO、Na_2O 和 K_2O；（3）造气组分：在物料高温软化时产生气体，如 H_2O、H_2、N_2、CO、CO_2 和 S 等。这三者的含量直接影响到陶粒的质量。

陶粒的膨胀性是因其物料熔融体有一定黏度，并在烧熔时产生挥发性气体而导致的。陶粒膨胀系数的大小，取决于陶粒原料的膨胀性能。影响陶粒原料膨胀性能的因素很多，主要因素是：（1）原料的化学成分及各成分的含量;(2)焙烧工艺。陶粒原料的化学成分是陶粒膨胀的基础,焙烧工艺则是陶粒膨胀的条件。好的原料或配方得当的混合料,若焙烧工艺不行,也很难烧出超轻或轻重度陶粒。用于水处理填料的多孔陶粒的制备,主要采用高温焙烧工艺,烧成一定强度的表面粗糙和内部微孔结构发达的高孔隙率陶粒。在高温中实现的一系列化学反应,在具一定黏度的材料内部释出气体,气体的释出使材料膨胀,在液体状态的黏土内部形成了类似球形的孔洞,因而具有蜂窝状结构。有报道提出了可膨胀的黏土的理想化学成分,见表 6.4.48。

可膨胀的黏土的理想化学成分(%) 表 6.4.48

Al_2O_3	SiO_2	Fe_2O_3	CaO	MgO	SO_3	S	碱	烧失量
16~20	50~65	5~9	1~4	1.5~3.5	0~1.5	0~1.5	1.5~4.5	6~8

3)黏土制备陶粒的原理

选用盾构弃土为骨料,活性炭为造孔剂,其中活性炭是一类主要由含碳材料制成,外观呈黑色,内部孔隙发达、比表面积大、吸附能力强的微晶质碳素材料。作为一种普通的无机化工产品,其物理和化学性能稳定,无毒无味,在生产过程中能够长时间活化和炭化(化学法活化温度 550~600℃,物理法活化温度 850~900℃)。实验中采用活性炭做造孔剂,就是利用了活性炭的高活性和碳化温度范围宽的特点,以利于造孔。

制备陶粒的材料必须符合烧胀机理才能得到膨胀良好的均质多孔性陶粒,即陶粒原料(料粒或料球)必须具备两个基本条件才能膨胀:一是在膨胀温度下能够产生适当的黏度和表面张力;二是同时产生足够的气体。在膨胀温度时物料的内部黏度降低到一定程度,使物料在气体作用下得以膨胀;但黏度和表面张力又不能太小,以防止形成的气泡破裂。料球表面应比其内部有较高的黏度,一方面防止物料内部产生的气体外逸,另一方面减少料球热塑时的表面张力,如果气体的膨胀力过大,易使料球破碎,气体外逸;膨胀力太小,则不膨胀。物料在高温下的热膨胀是固相、液相、气相三相动态平衡的结果。

陶粒原料中,加热产生气体的物质一般为有机物、碳酸盐、硫化物、铁化物和某些矿物的结晶水,在高温下产生气体的反应可表示为:

① 有机质(以 C 表示)氧化和干馏

$$C + O_2 \longrightarrow CO_2 \uparrow (400 \sim 800℃)$$

$$2C + O_2 \longrightarrow 2CO \uparrow (400 \sim 800℃,缺氧条件下)$$

$$CO_2 + C \longrightarrow 2CO \uparrow (400 \sim 800℃,缺氧条件下)$$

② 碳酸盐的分解

$$CaCO_3 \longrightarrow CaO + CO_2 \uparrow (850 \sim 950℃)$$

$$MgCO_3 \longrightarrow MgO + CO_2 \uparrow (400 \sim 500℃)$$

③ 硫化物的分解和氧化

$$FeS_2 \longrightarrow FeS + S \uparrow (黄铁矿在近 900℃ 下)$$

$$S + O_2 \longrightarrow SO_2 \uparrow$$

$$4FeS_2 + 11O_2 \longrightarrow 2Fe_2O_3 + 8SO_2 \uparrow (1000 \pm 50℃)$$

$$2FeS + 3O_2 \longrightarrow 2FeO + 2SO_2 \uparrow (高温氧化气氛下)$$

④ 石膏的分解及硅酸二钙的生成

$$2CaSO_4 \longrightarrow 2CaO + 2SO_2 + O_2 \uparrow (1100℃ 左右)$$

$$CaSO_4 + SiO_2 \longrightarrow CaSiO_4 + SO_2 \uparrow (1100℃ 左右)$$

⑤ 氧化铁的分解与还原

$$2Fe_2O_3 + C \longrightarrow 4FeO + CO_2 \uparrow (1000 \sim 1300℃)$$

$$2Fe_2O_3 + 3C \longrightarrow 4Fe + 3CO_2 \uparrow (1000 \sim 1300℃)$$

$$Fe_2O_3 + C \longrightarrow 2FeO + CO \uparrow (1000 \sim 1300℃)$$

$$Fe_2O_3 + 3C \longrightarrow 2Fe + 3CO\uparrow (1000 \sim 1300℃)$$

目前认为，在高温作用下，陶粒原料中有机质（包括碳粒）和铁的氧化-还原反应所产生的CO和CO_2气体，是促使具有一定黏度的陶粒膨胀的主要原因，有助于陶粒内部膨胀和多孔结构的形成。

4）黏土制备陶粒的方法及工艺路线

将各种原料于105℃下烘干，然后粉碎并过100目（150μm）筛。按照一定配比将各种原料加水混匀，手工搓制成粒径在7～8mm的生料球。为防止生料球含水过多造成焙烧过程中开裂，先将生料球于105℃下干燥一定时间。将干燥后的生料球于一定温度下预热一定时间，然后焙烧、冷却，即得黏土陶粒。具体工艺流程图见图6.4.122。图6.4.123为烧制陶粒现场图。

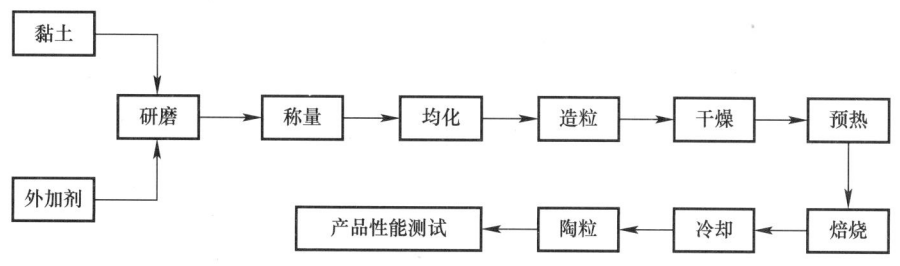

图6.4.122 陶粒制备工艺路线

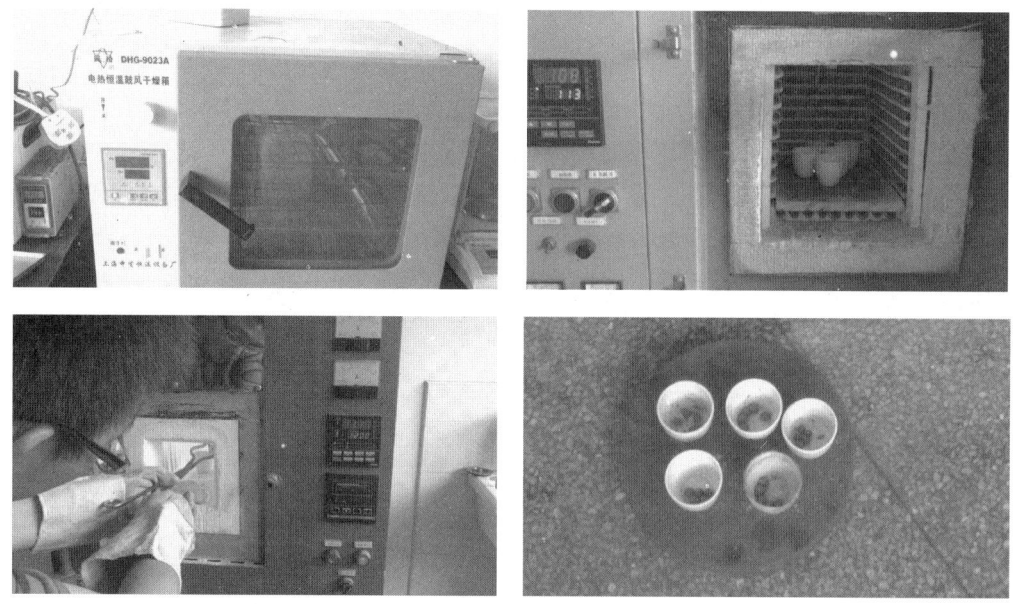

图6.4.123 烧制陶粒现场照片

造粒过程中，烧成作为最为重要的一个环节，直接决定陶粒的各项性能。确定烧成制度的目的是确定升温程序和烧结温度，以制备出吸附性能和强度兼顾的陶粒。烧成制度的确定取决于三个方面：一是取决于原料性能，二是取决于陶粒性状（性能与形状），三是须根据烧制TG-DTA分析结果进行确定。在陶粒的焙烧阶段，液相量很少，材料组分间的反应是依靠坯料颗粒的表面能和晶粒间的界面来推动。

成球完毕后，不能直接用于烧结，应选择合适的塑性球体养护方式非常重要。之后采用以下烧成制度进行烧结：烧成温度为1200℃；为保证造孔剂及改性材料充分发挥作用，在300～600℃、800～1000℃区间内要缓慢升温，其他区间快速升温，然后按要求保温后自然冷却。实验中选用烧成保温时间为10min。

5）原料配比的确定

根据黏土碳粉的化学成分，并参考Riley相图确定原料配比。Riley等经过研究，提出了一个以氧

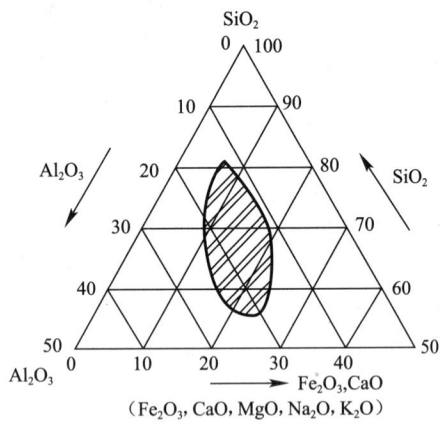

图 6.4.124 Riley 相图

化硅、氧化铝和熔融物（氧化铁、氧化钙、氧化镁、氧化钾、氧化钠）为3个顶点的相图（如图6.4.124），他们认为凡是原料组成在相图上特定区域内（阴影部分）几乎都具有膨胀功能。其中，SiO_2 53%～79%，Al_2O_3 10%～25%，Fe_2O_3，K_2O，Na_2O，CaO，MgO 等熔剂之和 13%～26%。

按照碳粉比例逐渐增大的顺序，设计几个不同配比烧制陶粒，配比及实验结果如表6.4.49所示。由表6.4.49可知，随着碳粉比例的增加，陶粒的颜色由黄变黑，陶粒强度逐渐降低。将表中不同配料的化学成分进行计算，对照Riley相图，发现碳粉含量如果超过20%，则配料的 SiO_2 含量不在相图的相应范围内，不能烧成符合要求的陶粒，与实验结果相符。因此，在保证质量的前提下，最佳配比碳粉黏土暂定为1∶9（质量比）。

陶粒配比及试验结果　　表 6.4.49

编号	含碳量（%）	烧胀系数	表观密度（kg/m³）	1h吸水率（%）	比表面积（m²/g）	筒压强度（MPa）
1	0	0.870	236.347	1.367	0.966	0.9
2	5	1.568	117.853	13.341	2.961	0.6
3	10	1.502	118.738	14.555	13.454	0.5
4	15	1.283	125.062	15.136	15.959	0.1
5	20	1.007	143.891	10.806	20.258	0.05

6）焙烧条件的优化

① 正交试验水平及结果

根据前期试验得知，陶粒的焙烧温度及达到焙烧温度后的停留时间（焙烧温度保持时间）影响着陶粒内部结构的形成和性能指标。本实验选择预热温度、焙烧温度、焙烧温度保持时间三因素，运用正交试验设计法，进行最佳配比陶粒焙烧条件的优化试验，因素水平安排见表6.4.50，试验结果见表6.4.51。

因素水平安排表　　表 6.4.50

水平	A 预热温度（℃）	B 焙烧温度（℃）	C 焙烧保持时间（min）
1	300	1100	4
2	400	1150	7
3	500	1200	10

正交试验结果　　表 6.4.51

编号	A	B	C	堆积密度（kg/m³）	颗粒强度（N）	1h吸水率（%）
1	1	1	1	208	532	16.77
2	1	2	2	170	695	12.39
3	1	3	3	113	782	13.64
4	2	1	2	183	551	14.11
5	2	2	3	146	628	12.23
6	2	3	1	131	826	11.89
7	3	1	3	184	463	20.35
8	3	2	2	158	659	15.77
9	3	3	1	120	924	10.73

② 焙烧条件对陶粒性能的影响

窑的预热温度对陶粒性能影响不大，烧成温度和保持时间对陶粒的颗粒强度影响显著，颗粒强度随着温度的升高而增大，这是因为温度越高，陶粒表面玻化越充分，产生的液相物质慢慢渗入孔隙结构中，内部结构致密化，使得陶粒颗粒强度增大，但是当烧成温度保持时间超过一定范围时，内部形成的致密小孔结构相互连通形成大孔结构，将会降低陶粒的颗粒强度。陶粒的堆积密度和吸水率均随着温度的升高而降低，因为合适的高温使陶粒表面产生适量的液相，达到烧成温度时陶粒表面黏度适宜，内部剩余碳在高温条件燃烧产生的气体向外逸出，陶粒膨胀形成内部的多孔中空结构，同时液相包裹表面，形成一层隔水釉层包裹表面，表面裂纹减少，使陶粒的堆积密度和吸水率减小。

确定最优烧成条件时，窑的预热温度及烧成温度均可选择最优水平 A2、B3，烧成温度保持时间对颗粒强度影响最显著，因此选择水平 C2，最终确定实验室制陶粒最优焙烧条件为 A2-B3-C2。

③ 微观结构分析

制得多孔陶粒吸附材料如图 6.4.125 所示，陶粒表面和内部具有大量的孔隙，且孔隙结构复杂，因而孔隙结构是陶粒吸附能力的决定因素，而吸附能力的大小是陶粒净水效能优劣的决定因素。孔隙发育，存在许多表面龟裂与晶格缺陷，呈絮状结构。气孔形貌如图 6.4.126 所示，大量密闭气孔使陶粒的体积密度与水相当，可以确保陶粒基质投放在水中时降低水流阻力，保证吸附过程充分进行。图 6.4.127 是陶粒表面形貌，可以看出，陶粒表面粗糙，呈多孔状，利于吸附的进行。这样的表面特征一方面使得陶粒具有较高的比表面积，另一方面能够提供大量的金属离子空位，具有相当高的过剩自由能，在水溶液中容易形成表面羟基结构，有利于增强陶粒的吸附能力。由烧制成型的陶粒表面和截面 SEM 照片可见，表面及内部有众多微孔及通道。较大的表面粗糙度对水流具有更强的重分布能力。

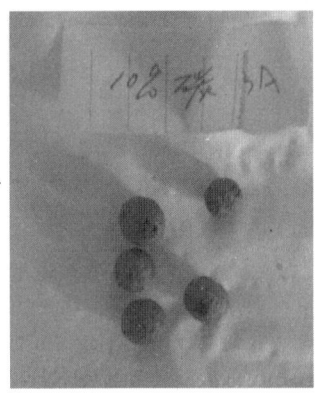 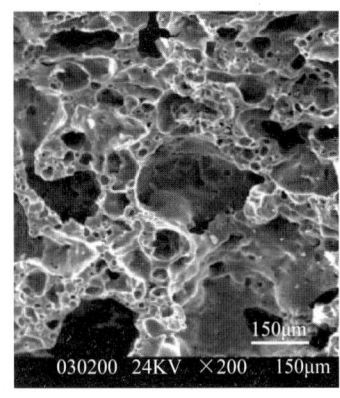 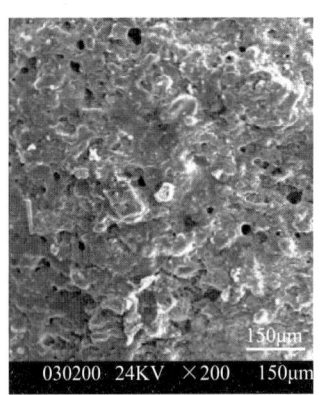

图 6.4.125　制备的黏土陶粒　　图 6.4.126　气孔形貌　　图 6.4.127　陶粒表面形貌

7）结论

以盾构弃土和刚碳粉为原料烧制陶粒的最佳配比（干基）为：弃土 90%，刚碳粉 10%；最佳烧制条件为：窑预热温度 400℃，焙烧温度 1200℃，焙烧时间 7min。以最优试验方案制得的陶粒，堆积密度为 105kg/m³，筒压强度为 0.5MPa，1h 吸水率为 11.0%，满足 GB/T 17431.1—2010 所规定的普通轻集料 200 级的技术要求，其作为功能基质的水处理性能有待进一步考证。

（3）陶粒的改性研究

1）陶粒的制备

本试验采用的黏土取自钱江隧道盾构废弃黏土，粉煤灰取自上海某钢铁公司，作为陶粒的骨料。陶粒中添加的外加剂包括：活性炭、水化硅酸钙（简称 CSH）、氯化钙、氯化铁和硫酸镁。其中盾构废弃黏土和活性炭材料的主要化学成分如表 6.4.52 所示。可见，盾构废弃黏土的主要无机化学成分基本在理想黏土陶粒原料的化学成分范围内，同时，活性炭较高的碳含量提供了充足的发气物质，满足了制备黏土陶粒的基本要求。

原料主要无机化学成分（%） 表 6.4.52

盾构废弃黏土	Al_2O_3	SiO_2	Fe_2O_3	TiO_2	活性炭	C
	13.38	68.69	6.48	0.59		81.76

所有原料和外加剂均需要在105℃下烘干，然后经过粉碎和研磨并过100目（150μm）筛。

分别将原料和外加剂按照不同的质量比例进行配比，混合均匀后加水稀释到可以手工搓成型的程度，搓成粒径在7～9mm的生料球，其含水率控制在20%以下。为防止生料球含水过多造成焙烧过程中开裂将其置于105℃的恒温烘箱内烘干，干燥时间3h，并测定干燥后的生料球的体积。待烘干后，将生料球放入坩埚送入普通箱式电阻炉内恒温预热，温度400℃，时间20min。预热时间一到，快速将放有陶粒试样的坩埚送入高温电阻炉内恒温焙烧，恒温焙烧温度设定为1200℃，时间4min。待炉温降至1000℃时将陶粒取出，罩上保温罩放在试验室地坪上缓慢冷却至室温，适时测定试样的体积和质量。

采用《轻集料试验方法》GB/T 17431.2中的强度测定方法，进行陶粒的颗粒强度测试。

2）实验方法

将洗净的陶粒各取5粒装入100mL锥形瓶内，加入50mL的模拟废水，放置在恒温振荡器内，温度为28℃，振速为70r/min。另取以同规格的锥形瓶，加入50mL模拟废水以作空白对照。在间隔一定时间后，每次取2mL锥形瓶中的上清液，将2mL的上清液加入50mL的具塞比色管中，加蒸馏水稀释至标线。向比色管中加入1mL10%（m/V）抗坏血酸，30s后加2mL钼酸盐，放置15min，用10mm比色皿，于700nm波长下，以蒸馏水为参比，测量吸光度。根据总磷标准曲线得到不同时间点出水的磷酸盐浓度值。静态吸附试验主要研究陶粒去除水中磷酸盐的各个影响因素：包括陶粒的种类、振荡时间等，分析除磷效果较好的陶粒种类以及反应时间。

3）实验结果与分析

① 添加活性炭和水化硅酸钙作为外加剂

以盾构废弃黏土为主要原料，选取作为人工湿地基质对磷具有稳定和高效去除效果的水化硅酸钙和活性炭粉进行不同的配比作为外加剂。其中，前三组陶粒只添加水化硅酸钙作为唯一外加剂，而后三组则添加活性炭粉和水化硅酸钙的混合外加剂，活性炭的添加量维持在10%（参考前期最优方案得出）。原料烧结的配比方案如表6.4.53所示。

陶粒试验原料配比方案（%） 表 6.4.53

陶粒样品	1号	2号	3号	4号	5号	6号
黏土	95	90	85	85	80	75
碳粉	—	—	—	10	10	10
水化硅酸钙	5	10	15	5	10	15

A. 外加剂对陶粒颗粒强度的影响

分别测定不同水化硅酸钙配比的陶粒颗粒强度（表中颗粒强度是指陶粒单个颗粒的强度，其值为至少10个颗粒受力的平均值），结果如表6.4.54和图6.4.128～图6.4.133所示。

陶粒颗粒强度 表 6.4.54

陶粒样品	1号	2号	3号	4号	5号	6号
颗粒强度（N）	783.73	1246.03	727.77	378.29	459.71	268.80

由图6.4.128～图6.4.131可知，当骨料和水化硅酸钙的含量一定时，添加活性炭粉会对陶粒颗粒强度的影响起负效应。未添加碳粉作为外加剂的陶粒1～3#，其颗粒强度均达到700N以上，而相对应的陶粒4～6号的颗粒强度均在500N以下，这是由于含碳量较大时，陶粒烧制过程中会产生较大的内部空隙，使球体的外壳变薄且表面形成较多的裂纹，导致强度大大降低。当骨料和活性炭粉的含量一定时，添加不同含量的水化硅酸钙，其强度也会发生相应的变化，从表中数据可知，当CSH的添加量为

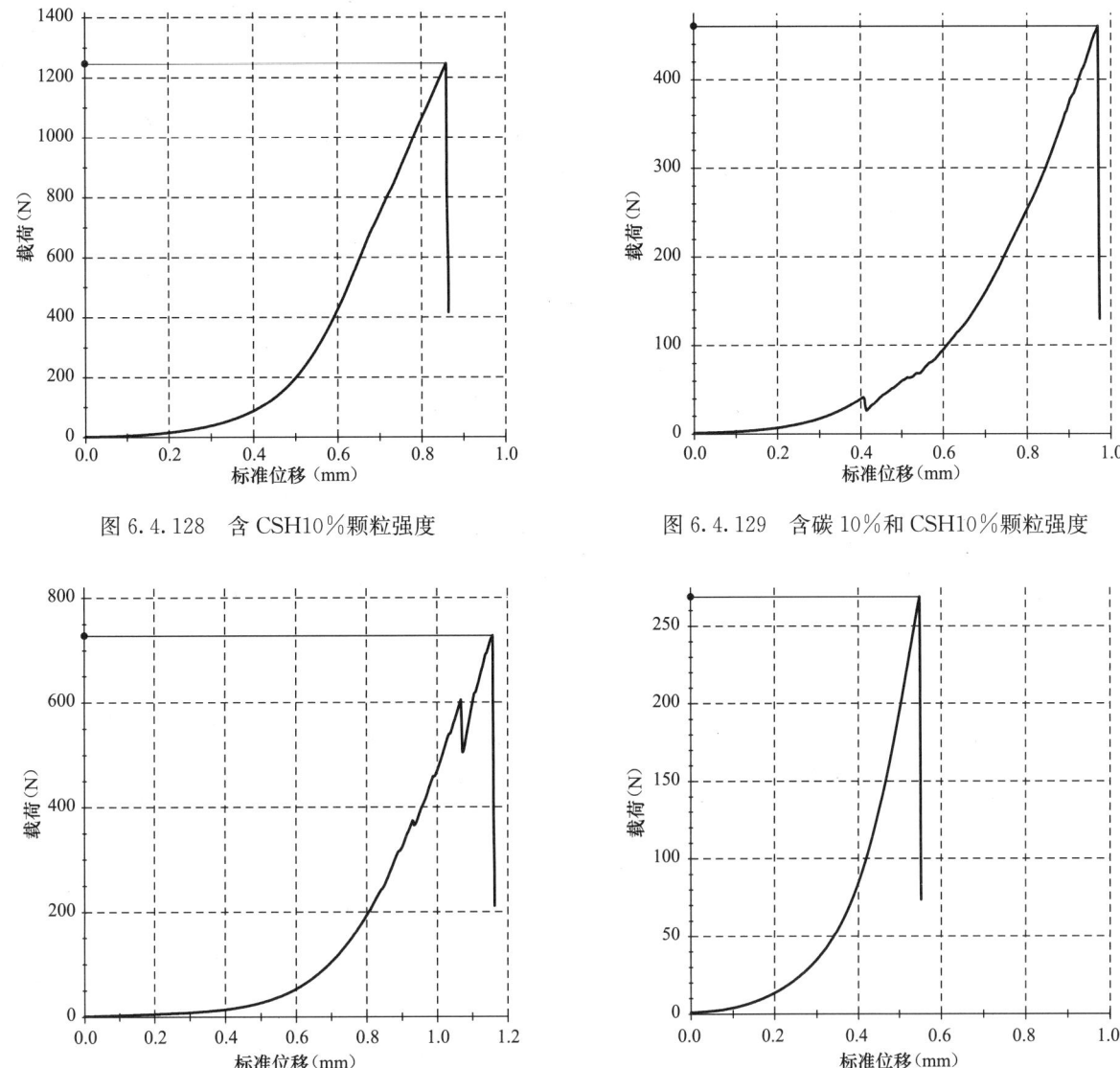

图 6.4.128 含 CSH10%颗粒强度

图 6.4.129 含碳 10%和 CSH10%颗粒强度

图 6.4.130 含 CSH15%颗粒强度

图 6.4.131 含碳 10%和 CSH15%颗粒强度

10%时,其强度均高于另外两种配比,若陶粒在实际应用中作为轻集料使用,可以选择一个较好强度的配比进行制备。

试验结果表明,添加水化硅酸钙为外加剂的陶粒颗粒强度比添加活性炭粉的要高,且10%的 CSH 添加量具有相对较好的强度。

B. 陶粒去除模拟废水中磷酸盐的静态试验

本试验以自制模拟废水为原水,通过连续48h的静态烧杯试验,考察水化硅酸钙外加剂及其含量对陶粒除磷效果的影响。实验测定结果如图6.4.134和图6.4.135所示。

由图6.4.132和图6.4.133可知,在仅添加水化硅酸钙为外加剂的情况下,陶粒对磷的去除率在9.9%～25.3%之间,含CSH15%的陶粒3#的除磷效率优于其他两种。而加入了活性炭粉和水化硅酸钙两种外加剂的陶粒4～6号,对磷的去除率在14.5%～26.8%之间,三种陶粒的除磷效率变化趋势基本一致,说明加入碳粉之后不仅提高了除磷效率,同时降低了钙对磷去除的影响作用。

从图中可以发现,6种加钙的陶粒均在6h时达到最高去除率,随着反应时间增加去除率逐渐降低,在24h后,去除率又逐渐升高,分析认为:试验初期,原水中的磷与陶粒中的钙发生晶析反应,生成 HAP(羟基磷酸钙),随着反应时间的延长,溶液 pH 开始逐渐降低,此时 HAP 的溶解度开始升高,

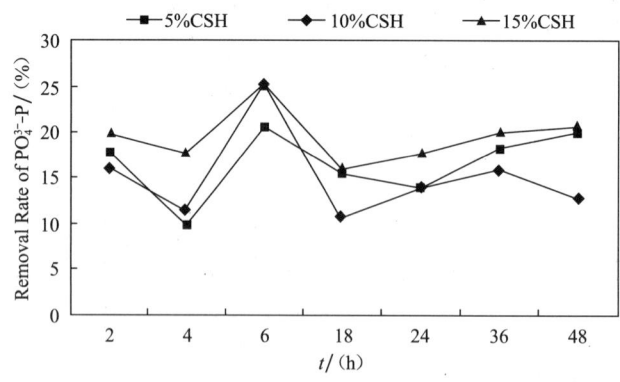

图 6.4.132　1～3 号陶粒对磷的去除率

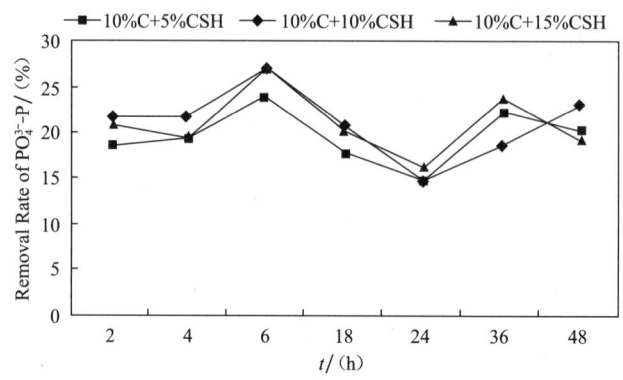

图 6.4.133　4～6 号陶粒对磷的去除率

从而导致除磷效率的降低。试验后期，两者的反应达到平衡，陶粒对磷的去除率又再次升高并趋于稳定。

② 添加活性炭和钙盐、铁盐、镁盐作为外加剂

由于水化硅酸钙作为外加剂添加至陶粒中对于其除磷效果的作用一般，于是本试验尝试选择含有钙、铁、镁的化学试剂作为新的外加剂，再次制备陶粒并进行强度测定和静态吸附试验。以盾构废弃黏土和粉煤灰共同作为骨料，选择活性炭粉为共有外加剂（添加量均为 10%），同时添加氯化钙、氯化铁和硫酸镁为新外加剂，原料烧结的配比方案如表 6.4.55 所示。

陶粒试验原料配比方案（%）　　　　表 6.4.55

陶粒样品	1 号	2 号	3 号	4 号	5 号	6 号
粉煤灰	40	40	40	40	40	45
黏土	40	40	40	40	40	45
碳粉	10	10	10	10	10	10
氯化钙	10			5	5	
氯化铁		10		5		
硫酸镁			10		5	

A. 外加剂对陶粒颗粒强度的影响

分别测定不同外加剂配比的陶粒颗粒强度（表中颗粒强度是指陶粒单个颗粒的强度，其值为至少 10 个颗粒受力的平均值），结果如表 6.4.56 和图 6.4.134～图 6.4.139 所示。

陶粒颗粒强度　　　　表 6.4.56

陶粒样品	1 号	2 号	3 号	4 号	5 号	6 号
颗粒强度（N）	232.57	171.48	58.39	99.60	419.49	179.01

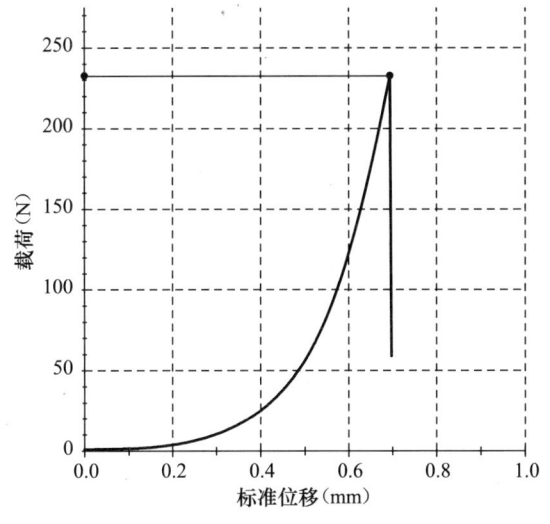

图 6.4.134　1 号颗粒强度

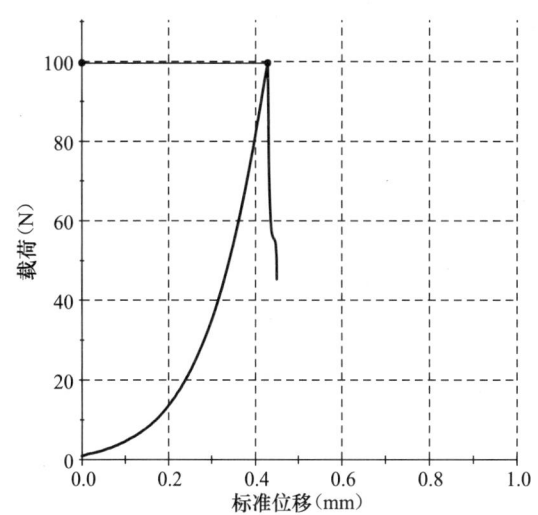

图 6.4.135　4 号颗粒强度

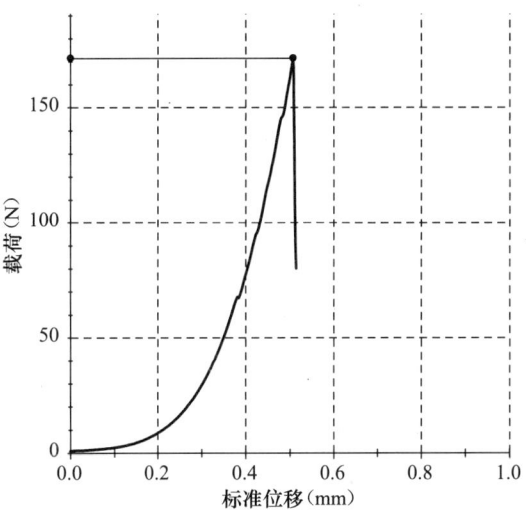

图 6.4.136　2 号颗粒强度

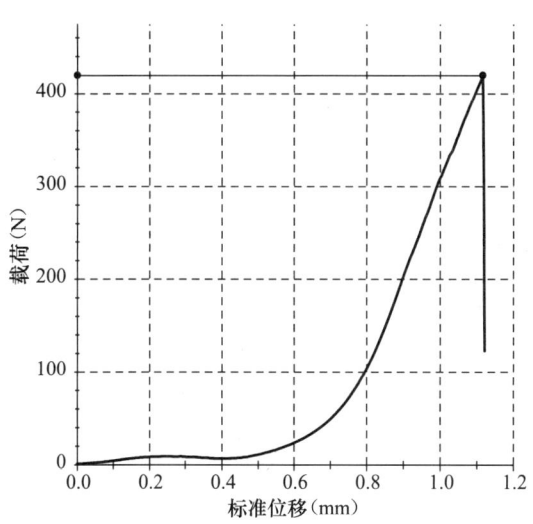

图 6.4.137　5 号颗粒强度

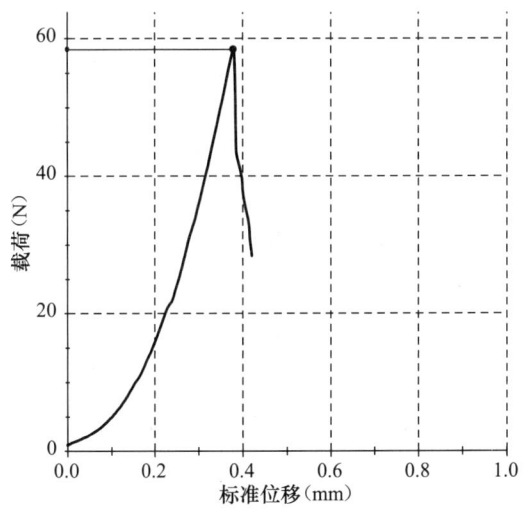

图 6.4.138　3 号颗粒强度

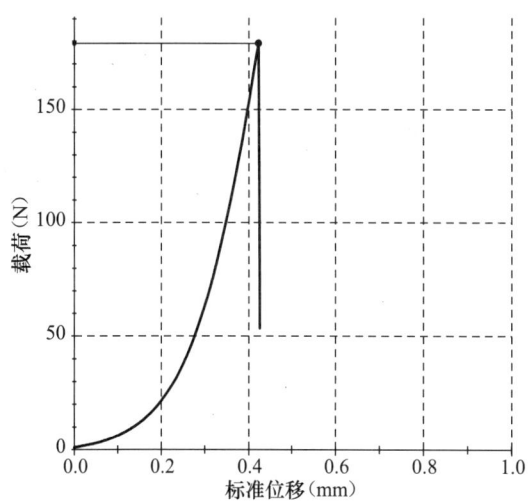

图 6.4.139　6 号颗粒强度

由以上图表可知，以粉煤灰和黏土共同作为骨料的陶粒普遍强度较低，这应该与盾构黏土的含量较低有关，此强度偏低，不符合优质轻集料的要求，但仍可用于水处理作为填料基质。

B. 陶粒去除模拟废水中磷酸盐的静态试验

试验测试结果如图 6.4.140 所示。

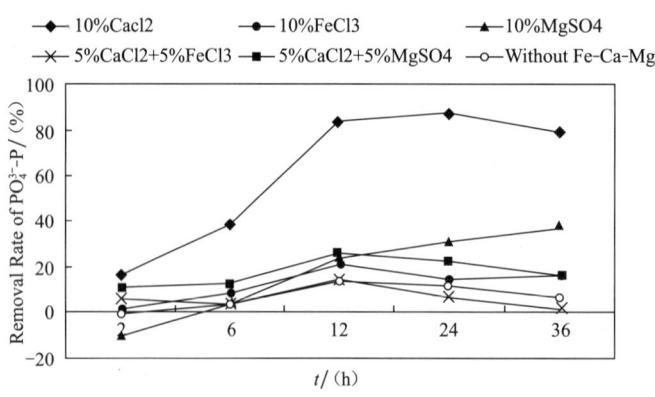

图 6.4.140　1~6号陶粒对磷的去除率

由图可知，除4#陶粒以外，添加钙、铁、镁盐的陶粒对磷的去除率基本均高于6#陶粒，说明新的三种外加剂均有除磷效果。4#陶粒可能在原料配比中存在混合不均的情况而导致其钙铁含量低于理论配比。从图中可以发现，加入10%氯化钙的陶粒在24h时对磷的去除率达到86.1%，随着反应时间的延长，去除率略有降低，但直至36h时去除率仍达75%以上，其除磷效果较优。

综上所述，试验结果表明陶粒的种类不同，其对废水中磷酸盐的去除率不同。加入钙、铁、镁盐的陶粒对于磷均有一定的去除效果，其中添加10%氯化钙的陶粒对磷的去除效果最好，去除率最高可达85%以上。

4）结论

在以盾构废弃黏土为主要骨料制备陶粒的研究基础上，通过添加不同的外加剂和配比试验，尝试制备可用于水处理的功能基质。同时，对所制备的陶粒进行强度测试和静态吸附试验，研究其对废水中磷酸盐的去除效果。研究结果表明：

利用盾构废弃黏土为主要骨料，添加活性炭粉和水化硅酸钙作为外加剂制备陶粒。通过对陶粒进行颗粒强度测试，结果表明，添加水化硅酸钙为外加剂的陶粒颗粒强度比添加活性炭粉的要高，且10%的CSH添加量具有相对较好的强度。而以粉煤灰和黏土共同作为骨料的陶粒普遍强度较低，这应该与盾构黏土的含量较低有关。如果需要制备具有一定强度要求的陶粒，可以适当选择含有较高黏土配比的方案。

以盾构废弃黏土和粉煤灰共同作为骨料，选择活性炭粉为共有外加剂（添加量均为10%），同时添加氯化钙、氯化铁和硫酸镁为新外加剂制备改性陶粒。通过利用改性陶粒去除模拟废水中磷酸盐的静态试验结果表明，陶粒的种类不同，其对废水中磷酸盐的去除率不同。加入钙、铁、镁盐的陶粒对于磷均有一定的去除效果，其中添加10%氯化钙的陶粒对磷的去除效果最佳，去除率最高可达85%以上。

水化硅酸钙虽然作为人工湿地基质时具有较高的除磷能力，但把它作为外加剂时所制备的陶粒对废水中磷酸盐的去除效果一般。分析原因，可能是在陶粒烧制过程中，水化硅酸钙的化学成分和性质在高温下发生变化所致。由于时间有限，未能进一步探究原因，建议后续研究可采用扫描电镜分别对烧制前后的陶粒进行成分变化的分析，为开发新型功能基质提供理论基础。

6.5 钱江流域大型隧道数值化监控和安全运营管理综合技术研究

6.5.1 概述

6.5.1.1 研究背景

隧道，作为公路交通的特殊构造物，分析其交通环境和运营管理需求，具有以下特点：

其一，环境恶劣，容易发生灾害和事故。

行驶中的车辆排放出的有害气体及固态微粒，车轮所携带的尘土及卷起的尘埃，因隧道内空间的限制以及过往车辆对空气的搅拌，导致污染的空气不能很快扩散、消失，导致隧道内部空气环境非常恶劣，可见度也受到影响。

因隧道位置一般在地面以下、水面以下或山体中，因此有着丰富的渐沥水，同时由于洞内外温差的作用，使得隧道内常常处于很潮湿的环境中，路面条件也不利于交通安全。

钱江隧道作为大断面盾构隧道，位于钱塘江水体以下，其长度超过4km，空气环境会更差，还会受到钱江潮汐，经常出现的大雾、强降雨等恶劣气候的影响，路面环境也会更为恶劣。

钱江隧道作为高速公路隧道，还具有车速快，车流量大，交通事故、汽车自燃等灾害发生的可能性更大。

其二，发生灾害事故时，救灾、疏散难度大，效果差。

由于隧道内交通繁忙，加上环境恶劣和空间场地的限制，从而使得在灾难发生后救灾难度大，疏散工作困难而效果较差。

钱江隧道作为大型高速公路隧道，中间不设联络通道，疏散逃生依靠下层专用通道进行，这是经研究分析后的一种优于传统方式的一种新的逃生模式的设计，但也正因其逃生模式不同于一般隧道，可以借鉴的管理经验较少。

其三，隧道环保节能要求迫切，设备维护成本高。

隧道运营管理过程中，通排风、给排水、照明等需求，使其成为能源消耗大户，根据重庆市公路隧道用电量统计，每公里隧道一年的电费高达40余万元，隧道的环保节能的需求十分迫切。

隧道运营管理过程中，由于设备数量众多，如果使用不当或者管理不善，必然导致设备故障多，寿命短；

钱江隧道作为大型隧道，里程较长，其通排风、给排水、照明等设备多，能源消耗也相应地更大，设备的使用和管理要求更高，因而节能和降本的潜力也更大。

鉴于以上几个问题，本课题将对隧道全数字化监控平台和隧道安全运营管理进行研究，通过计算机软件的研发，使本课题的研究成果在钱江隧道得到应用。

隧道综合监控系统和安全运营管理系统的建立，可使指挥中心的管理人员能对隧道内部实施交通流量和交通运行状况的监视，及时发现各种异常情况并采取应急处理措施，将防灾、救灾方案的研究成果，通过计算机系统来高效执行，从而进行有效的指挥调度，确保隧道的正常运营。

同时，数字化监控也有助于管养单位掌握隧道本体以及隧道中各类机电设备的健康度信息，及时了解隧道的运行状态，合理使用隧道设备，为隧道管养降本增效。此外，计算机系统中的监控信息，也有助于实现全省其他路段的交通信息共享，有效地调配交通资源。

对于钱江隧道这样重要的高速公路隧道，使用一流的全数字化的监控管理平台和运营管理平台来支撑，进行一流的交通组织管理，营造人、车、路环境的和谐与畅通，保护国家和人民的财产免受损失，同时先进的平台能够达到隧道节能降耗、延长设备寿命等目的，有很大的社会经济效益。

6.5.1.2 研究意义

（1）隧道监控平台

1）建立大型隧道综合监控指挥中心，将监视控制管理进行集中，已经成为近年来的标准应用需求，目前国内外诸多系统集成商提供的解决方案中，在中央监控系统的实现上，还基本上仍旧采用物理位置上相对集中，但各个子系统相互独立的孤岛方式，或根据特定的需求定制化地进行点对点的数据交换，各个系统间的信息互通没有实现真正意义的数据共享，系统综合集成程度较低，导致在操作和管理上效率不高，尤其在面对突发事件时，需要人工地协调各子系统的控制功能，通过对不同的各子系统的操作，来完成一套应急流程，这势必会影响到监控指挥中心的职能作用的正常发挥。本研究课题旨在建立一个一体化的数字化监控应用平台，所有子系统集成在同一数字化平台之上，平台汇聚所有子系统的信息，达到真正的信息共享，消除信息孤岛。

在同一平台上提供一体化的人机界面，淡化子系统之间界限，在中控室操作台的任一台操作站上，可监控所有各子系统的工作状态并发出相应控制指令，从而便于操作管理人员高效地完成操作、监视、控制、管理和维护，提高操作人员面对突发事件的反应速度；同时，由于各个客户终端之间均为冗余配置关系，在任何时刻，只要有一台客户端可用，所有系统都能正常操作，大大提高了系统的可靠性。平台的这种特点，可以减少中控室内客户端的设置，使监控室操作台简洁而整齐，方便维护和管理。

2）传统的二维平台有其优越性，通过对设备的平面布置图的处理，能将整条隧道的某一类设备设计在同一监控界面上进行状态展现，供操作人员进行操作控制，但是这种表现方式在直观性，易理解性上，则有所欠缺。在二维的一体化监控的基础上，引入三维仿真技术进行监控界面的展现，能使操作人员更加直观地看到隧道的建筑结构，设备安装的位置、箱体的布置、线缆的走向，通过键盘鼠标的操作，在三维界面上进行视角的改变、位置的漫游，使得操作人员有身临其境的感受。

三维仿真技术的引入，为隧道监控带来了一个全新的展示视角。

第一，新员工进入工作岗位时，需要较长时间的系统培训工作，以及熟悉隧道内的建筑体结构、交通环境、设备安装位置、线缆走向等情况，以便日后维护，三维系统能够大大缩短新员工的培训时间，能在最短的时间里熟悉隧道内的情况，达到尽早上岗的目的。

第二，隧道运营管理工作人员在日常的运维的过程中，可以通过三维系统的监控界面进行一些应急事件的实战演练，三维展示手段通过与视频系统提供的现场实时画面相结合，能够方便地让中控室内的指挥人员准确、及时地建立起现场的立体概貌，演练人员有身临其境的感受，达到很好的演练目的。

第三，当隧道内真正发生紧急事件的时候，摄像机等监控手段因照明、能见度等条件的限制而失去效用时，处理人员能在中控室的三维隧道界面上，快速了解现场情况，迅速做出处理决策。三维监控系统将提供准确的救援、疏散线路的引导，及时获知周边设备、装置信息的情况，分析并下达正确的应急处置指令，极大的提高应急事件处置的效率。

3）在大型隧道综合监控系统中，引入智能控制矩阵的思想，结合隧道内某里程区域的交通信息、设备组运行信息、环境信息、事件信息等形成矩阵的输入，矩阵内部对输入信息进行处理，形成对该里程区域所有设备组的最优控制输出，形成一个多输入、多输出的系统，使得隧道内风机、水泵等机电设备的运行更加合理，在降低操作员工作强度，提高工作效率的同时，通过控制矩阵的优化控制，也能够提高隧道内各个设备组的控制精度，设备的使用将凸显节能高效的优势。同时设备智能控制矩阵内置设备养护数据库，能够根据实际设备的运转情况，记录并跟踪它们的累计运行时间、累计故障次数、累计开关次数、预计使用寿命等信息，通过合理的使用调配，提高各类设备的整体使用寿命，显著降低隧道运维成本。

（2）隧道运营安全管理系统

高速公路隧道运营安全存在哪些安全隐患，运营管理部门需要采取哪些措施才能保证隧道运营安全，人们应该接受怎样的服务水平，隧道使用者可接受的安全指标究竟有多大，隧道安全的薄弱环节和隐患对社会和个人可能会造成多大的损失，这些问题，只有通过对现有公路隧道运营的分析和评价才能发现其根源，以便采取相应的对策和方案。因此，开展高速公路隧道运营安全管理应用研究，具有十分重要的现实意义。

隧道运营综合安全管理系统在隧道建成后的形成隧道特有的运营管理体系、交通管制措施、日常运营安全保障技术、突发事件应急措施等。预期该系统应用为保证隧道的运营安全、保障过江隧道通行效率、提高隧道运营期间灾害应急处置能力发挥重要的作用，同时有效地提高隧道工程处理突发事件的能力，形成科学、有效、反应迅速的应急工作机制，确保运营安全。

对高速公路隧道运营安全的综合评价，是以公众在隧道内安全而有序行车为目的，通过隧道事故预防措施，减少事故隐患，防止隧道内外安全事故的发生。

通过高效的具备应急管理功能的运营安全管理软件，能在隧道发生事故/事件时，及时采取措施，从而将事故/事件所引起的损失减到最小。

6.5.2 钱江隧道数字化监控技术研究

6.5.2.1 钱江隧道三维监控平台的研究

（1）隧道全数字化监控平台架构

全数字化监控平台采用典型的性能高、可弹性扩展的分布式 C/S 架构，结构上分为以下三层：

采集层：专用于数据采集，完成与外部系统之间的数据交换；

服务层：专用于配置管理、数据管理和高级应用功能；

展示层：主要用于 HMI（人机交互工作站节点）功能，在操作员工作站上实现。系统层次如图 6.5.1 所示。

图 6.5.1 平台架构图

全数字化监控平台的数据采集层支持多种数据源，比如实时数据库 iHyperDB、一体化监控指挥平台全数字化监控平台、OPCServer 等，并且可方便地进行扩展。本系统中主要采用的是 OPC 数据源采集。

（2）全数字化监控平台系统运行推荐环境

1）硬件环境

➢ 应用服务器：

处理器：2CPU 或以上（每个 CPU 双核或四核），⩾2.4GHz

内存配置：⩾4G

硬盘配置：⩾80G

网卡：100M/1000M 自适应

➢ 数据库服务器：

处理器：2CPU 或以上（每个 CPU 双核或四核），≥2.4GHz

内存配置：≥4G

硬盘配置：≥1TB

网卡：100M/1000M 自适应

➢ 客户端：

处理器：≥1.8GHz 的 X86 兼容的处理器

内存配置：≥2G

硬盘配置：≥80G

网卡：100M/1000M

显卡：显存 1GB 或以上

显示器：支持最高分辨率为 1920×1080

2）软件环境

➢ 应用服务器：

操作系统：Microsoft Windows 2003 Server/Microsoft Windows 2008 Server

➢ 数据库服务器：

操作系统：Microsoft Windows 2003 Server/Microsoft Windows 2008 Server

数据库：SQL Server 2008/Oracle10g、11g/IBM DB2/PostgreSql9

➢ 客户端：

操作系统：Microsoft Windows XP ＋ SP2 及以上/Microsoft Windows 7

（3）全数字化监控平台构成

全数字化监控平台的主要构成如图 6.5.2 所示。

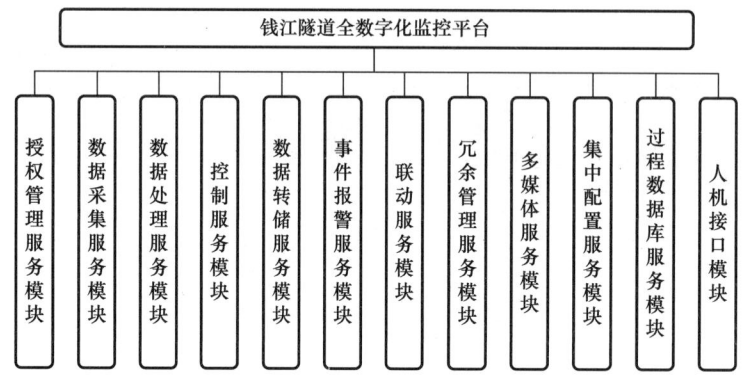

图 6.5.2 平台功能模块构成图

在这个架构上，各类异构系统进行集成对平台各功能模块进行实现，经过分析认为，全数字化监控平台应至少具备如下功能模块：授权管理服务模块、数据采集服务模块、数据处理服务模块、控制服务模块、数据转储服务模块、事件报警服务模块、联动服务模块、冗余管理服务模块、多媒体服务模块（包括视频监控、DLP 大屏幕、交通 LED 情报板等）、集中配置服务模块、过程数据库服务模块、HMI 模块（包括组态子模块、趋势子模块、集中配置客户模块）等。

其中，各大服务模块是系统运行的核心，HMI 是用户展示的窗口，服务的安全稳定、高效可靠，HMI 界面是否美观易用，以及三维仿真模块是否能够反映隧道结构体的实际情况，直接决定了用户对于全数字化监控平台产品的使用体验，因此，做好平台服务、HMI 模块和三维仿真模块的开发和实现技术的研究，是整个全数字化监控平台规划研究的关键。

1) 授权管理服务模块

如图 6.5.3 所示，授权管理服务模块包括用户管理、群组管理、授权项管理、权限控制，该模块主要实现将系统内的各种资源（如画面、菜单项、按钮、分区等）的访问权限授予特定群组或者特定用户，用户使用用户名和密码能够登录到数字化平台所创建的系统，并根据预先授予的权限对系统进行操作。

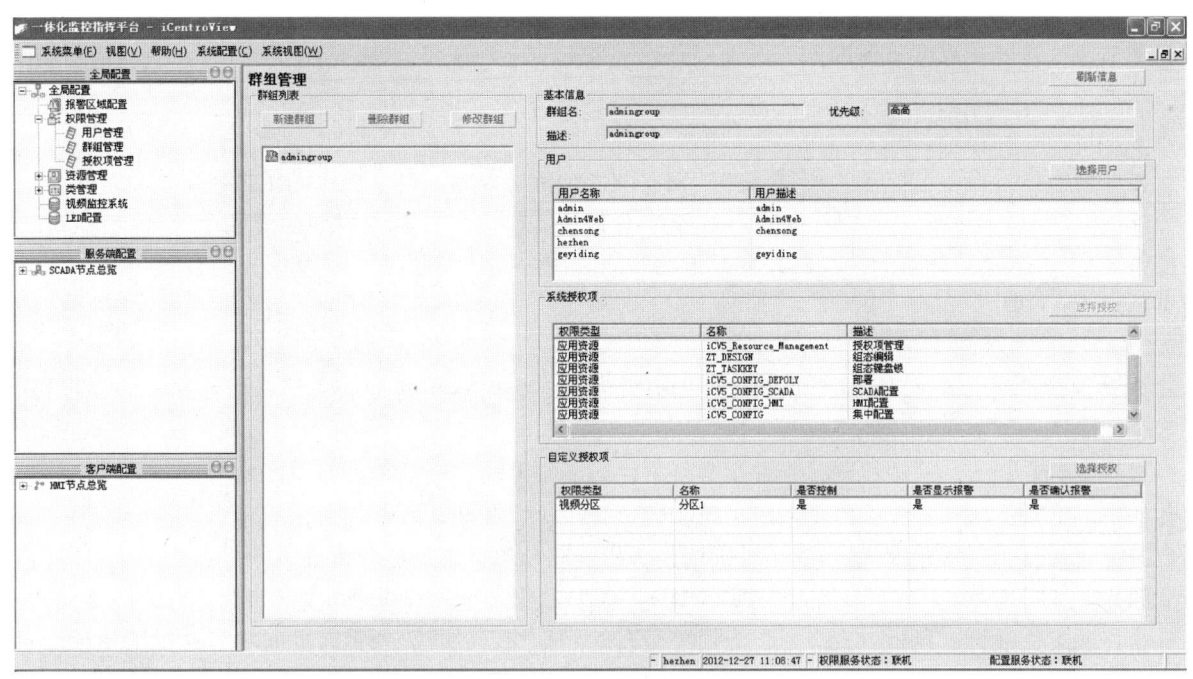

图 6.5.3　授权管理

授权管理系统提供了一套专门面向监控领域的高性能和高安全性授权系统。它可对监控系统中需要授权的各类资源，如变量、联动动作、视频摄像头等进行集中配置和管理，并能在客户端和服务端实现高性能授权，满足实现监控的高安全性要求，实现分布式授权验证。

在授权管理系统中，既可以设置系统授权项，如群组管理、用户管理、组态编辑、部署等，也可以设置自定义的授权项。

2) 数据采集服务模块

数据采集服务模块与设备层设备进行数据通信，实现设备数据的采集和下发，该服务模块本身是一个框架，能够载入各种驱动子模块，包括平台本身支持的通用接口协议驱动（如 MODBUS/TCP、OPC、SNMP 等）以及平台提供的驱动开发框架所开发的非标设备的驱动程序，载入这些驱动子模块后，数据采集服务模块能够与设备层设备进行数据交互、指令下发等。

3) 数据处理服务模块

数据处理模块实现平台上层服务（事件报警服务、数据转储服务等）与数据采集模块之间的沟通，数据采集模块所采集上来的设备状态信息通过本模块实现 TAG 点信息的生成，供平台上层模块使用，同时本模块也接收平台上层模块（如控制服务）的指令，通过设置 TAG 点的方式，下发给数据采集模块，实现对设备的参数设置和控制。

平台的数据处理，主要由数据采集和数据处理两个模块配合实现，数据采集模块主要负责将各种不同类型的设备中的数据，按照统一的接口提供给过程数据库。过程数据库模块则担负着过程数据的采集、控制指令的下发、时间及报警的判断和生成等功能。历史趋势模块可以根据配置对过程数据库中的实时数据压缩并保存下来，可以支持超过 3 个月的保存周期，同时为整个系统提供了统一的数据访问接口，使得系统能够将历史数据统一保存下来，供客户端显示和查询，也提供给历史数据转储服务、事件报警服务等模块使用。

4）控制服务模块

接收来自客户端的用户操作命令，转换成控制指令，通过数据处理模块下发给数据采集模块，进行设备参数设置和控制。

5）数据转储服务模块

实现监控历史数据、事件及报警的转储，根据配置的数据存储目标信息将需要转储的数据存储到相应的数据源（各种关系型数据库如 Oracle、DB2、SQLServer 等），以满足用户进行历史监控过程的追溯、制作报表等需求。

6）事件报警服务模块

在平台中设置设备监控点的报警条件，或者设置设备报警点，当监控点满足报警条件时，平台通过报警 TIPS 的方式提示用户，并且报警列表控件中实时更新显示报警内容（如节点名称、设备、点位、监控值等），提供用户确认的手段，并将报警的时间、用户确认的事件、报警恢复的时间记录下来，以便事后追溯。

7）联动服务模块

提供自动联动服务、手动联动服务、定时联动服务、延时启动联动服务等，以便平台收到报警时，运行着的应用系统作出相应的反应。

本系统具有强大的联动机制。当发生某种事件或者报警时，联动机制将自动触发已经配置好的各种自动或手动的动作项，大大提高了系统的自动化、智能化。在联动时不仅可以完全自动执行，也可以由用户进行直接干预（手动模式），判断及确认是否执行联动预案，功能非常强大。

图 6.5.4 是本系统中的一个消防报警的案例。当任一节点感知发生火灾事件时，会通过系统的联动服务，将触发交通灯、风机、大屏幕、广播等设备的已经配置的报警预案，同时将所有信息及状态同步通知到每一个子节点。

如图 6.5.5 所示，对于每一次的报警或者重大事件的发生时，所有的重要信息，包括时间、操作人、事件的描述等，将实时显现，并写入数据库，方便事后查阅。

8）冗余管理服务模块

本模块是为了保证系统运行可靠性而设计的，当运行在服务器上的平台服务端程序发生异常时，或者因某些硬件环境的原因（如服务器 CPU、硬盘、内存、操作系统、网络环境等）导致平台宕机时，系统能够通过本模块实现冗余切换，将整个系统平台和应用切换到备用服务器上继续运行。

钱江隧道综合监控系统 SCADA 节点可通过平台的冗余管理系统，实现双机热备，即可以实现在两台服务器上同时部署监控系统的服务端软件，使用其中一台为主服务器节点，另一台为备用服务器节点（即冗余节点），当主节点发生故障时（操作系统故障、网络故障、硬盘故障、掉电等），在线监控应用立即切换至备用节点上，继续运行，冗余管理配置相关界面如图 6.5.6 所示。

9）多媒体服务模块

本模块需提供视频监控、DLP 大屏幕、交通 LED 情报板等多媒体设备的支持，为客户端提供多媒体服务，使得客户端能够实现隧道内视频监控、大屏幕的控制、隧道内 LED 情报板的控制等应用。

多媒体系统包含视频监控（见图 6.5.8），大屏幕监控，LED 屏控（见图 6.5.7），语音广播等，其中视频监控和大屏幕监控是其特色和强项。这些监控模块不仅功能强大，而且都设计为独立模块，既可以很好地集成在本系统中，也可以独立运行，或者和第三方监控系统集成。同时，它们在结构上支持多种硬件部署方案，允许不同类型的硬件混合使用。此外，多媒体监控服务还可以根据登录用户的优先级进行冲突处理。

通过配置管理工具，可以配置视频监控、大屏幕监控、LED 屏和广播等功能。

10）集中配置服务模块

应用系统开发人员在使用全数字化监控平台进行应用开发时，往往是一个团队联合开发，而不是一

第 6 章 钱江隧道施工关键技术研究

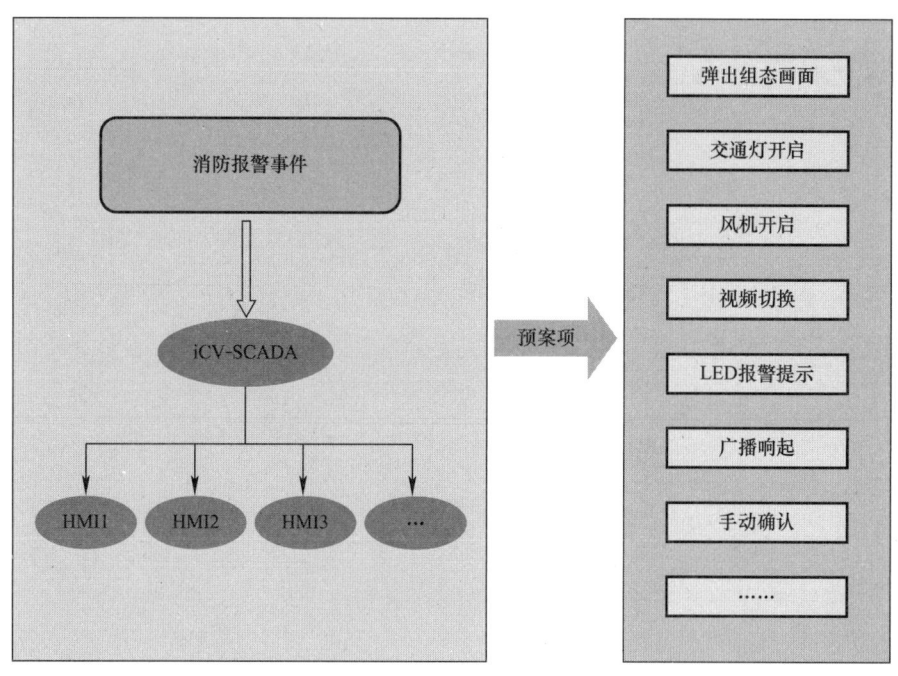

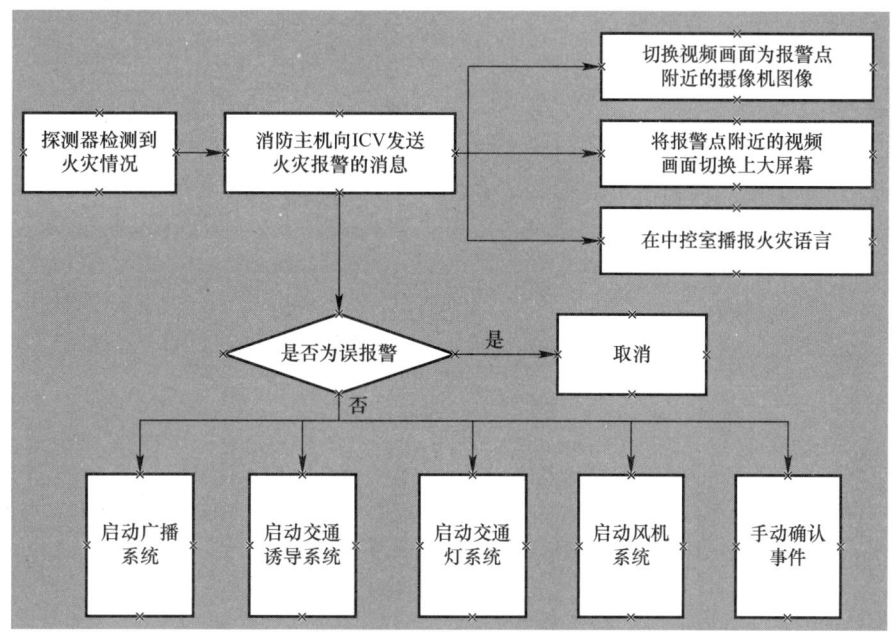

图 6.5.4 联动举例

两个人单独开发，因此需要对应用系统内的开发产品进行配置管理，集中配置服务模块将很好地解决团队开发中资源共享、版本控制、冲突管理等问题，为应用开发团队提供很好的支持。

如图 6.5.9 集中配置系统原理图所示，该系统能够实现整个分布式系统中各个节点上的数据、组态画面等应用系统资源的统一管理，用户不再需要到各个不同的节点通过人工方式更新节点上的组态画面或者驱动及变量。所有的工作都可以由集中配置服务实现统一的配置、管理、分发。这样不但可以简化在分布式系统下的数据、画面的配置管理工作，更能通过集中管理保证在应用开发过程中开发产品版本的一致性和统一性。此外还支持多用户的协同工作，设计了多用户操作的配置冲突管理机制。

所有的配置信息存储到数据库中，便于维护、冗余、备份、恢复、迁移。

所有配置相关的操作保留历史记录，并记录操作日志，便于回溯。

图 6.5.5　联动应急处置举例

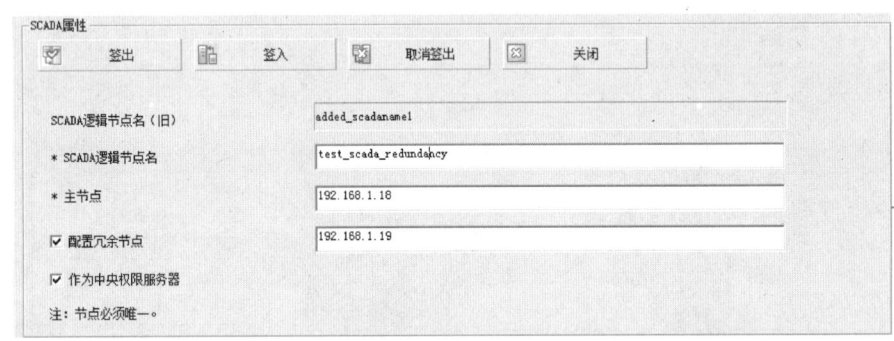

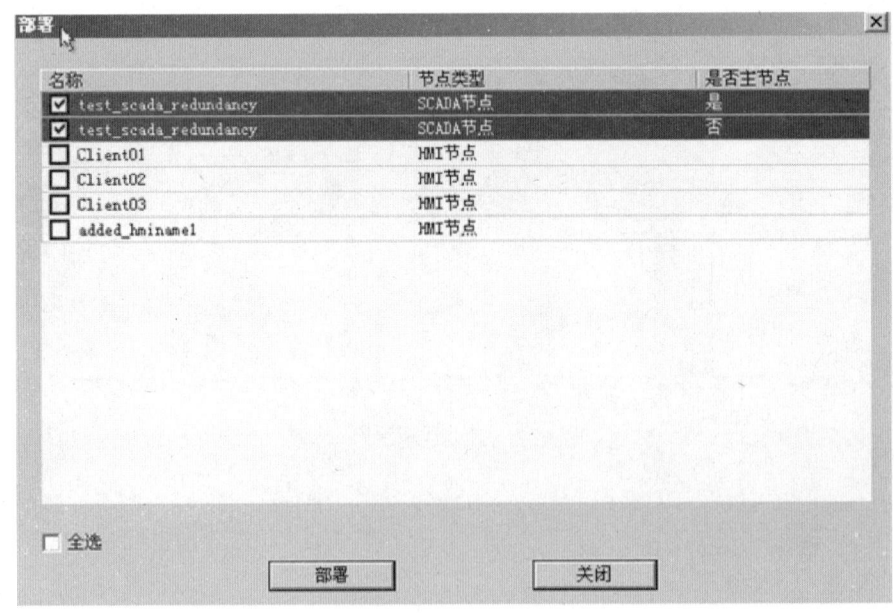

图 6.5.6　冗余管理

11）过程数据库服务模块

设备实时监控信息保存在过程数据库中，能够使系统的实时性得到很好的保证，同时也实现信息的充分共享，服务端的应用程序能够通过本地接口就可以访问过程数据库中的数据，而远程系统也能够通过本模块所提供的远程数据访问接口，实现远程的数据共享。

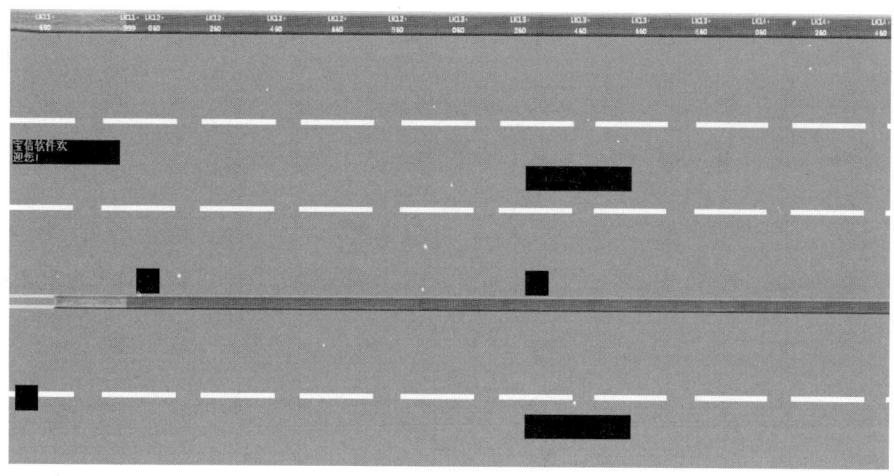

图 6.5.7　可变情报板 LED 屏的监控

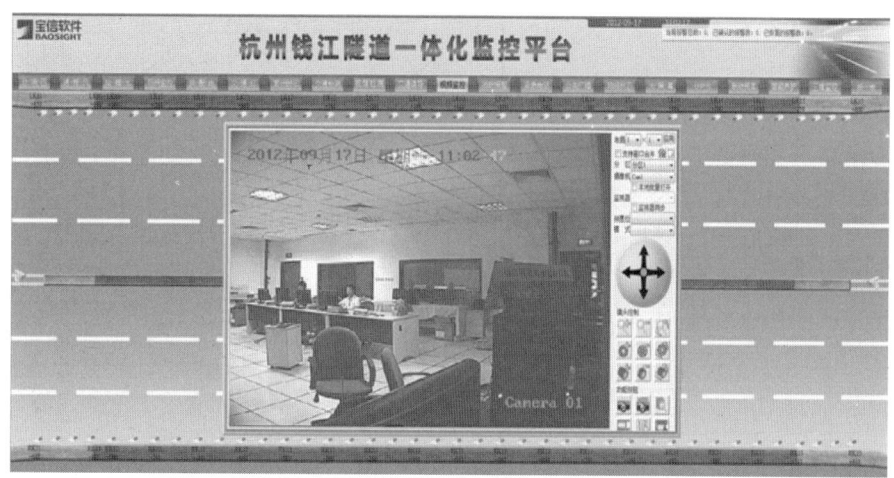

图 6.5.8　视频监控

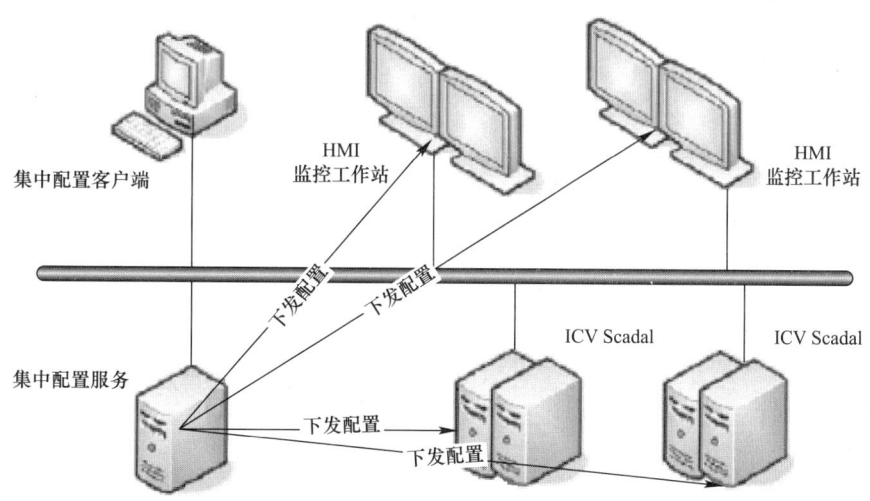

图 6.5.9　集中配置系统原理图

12）HMI 模块

包括组态子模块、趋势子模块、集中配置客户模块等，组态的设计思路是工业控制软件中比较常用的方式，其好处在于，无须复杂编程即可实现较为复杂的设备监控功能和较好的动态界面展示效果，用户通过鼠标拖拽、简单配置、少量脚本编制，即能完成画面制作；趋势模块设计成通用 ActiveX 控件，加载在组态画面上，通过 TAG 点的简单配置，即能实现某一个或几个同类的监控点的趋势显示和趋势分析；集中配置的客户模块在支持传统能够设备模式的基础上，加入了支持对象模式的设计，将设备看成一个个对象，其监控点看成对象的属性，而控制操作则为对象的操作方法，并且支持对象的继承，使得监控系统的实现更加符合人的一般思维，具有面向对象软件开发的特点。

人机界面系统可以非常直观地将现场控制设备与所制作的应用子系统监控页面内组态对象对应起来。更好地还原现场的设备分布和工作状态，同时对控制设备的控制接口做了透明化的封装，使用者无须关心如何对设备的控制，只需轻松点击按钮就可实现对设备的操控。

由于对设备状态改变的同步刷新，不仅在界面上能看到设备的实时状态，同时具备动画效果。

另外，作为平台软件，也需要符合可扩展性，即平台在支持众多类型、众多品牌、众多型号的设备的驱动外，如选择驱动列表之外的硬件设备、新的接口、新的协议，平台应能提供针对新设备的驱动的开发方法，以及驱动开发完成后能够模块化地被载入平台内运行，从而与原有系统合为一个有机整体。这就要求平台有一个驱动开发框架，这是针对平台可扩展性的一个重要的研究内容。

作为一个通用的软件平台，我们将平台的开放性也作为研究内容之一，即研究对平台服务器侧资源的远程访问接口，第三方用户能够通过平台提供的 API，访问由平台搭建的监控系统中的资源，比如系统内的设备的监控信息（Tag 点数值等），第三方的编程人员也能通过平台 API 编写软件，向设备发送控制指令。当然在满足开放性的同时，远程数据访问接口也具备一定的安全性，比如调用远程接口之前必须进行身份的验证，同时对于 API 的保密性也应有相应的措施，等等。

(4) 主体界面的研究成果

三维技术的隧道全数字化监控平台（见图 6.5.10），作为本专题的主要研究内容，下面将重点介绍三维技术在钱江隧道工程中的应用。

图 6.5.10　三维仿真模块界面布局

1) 三维仿真模块的功能目标描述
➤ 用三维虚拟现实技术模拟展示钱江双管隧道，实现场景的漫游操作。
➤ 创建基于钱江双管隧道的虚拟三维模型，隧道内结构（包括里程标记、车行通道、疏散滑梯通道、救援逃生通道、电缆通道、排烟通道等）的基本形态与现场基本一致。

> 实现对钱江双管隧道内监控设备的相关 TAG 信息进行管理，用户可以在三维画面中动态查看 TAG 点的实时数据及设备的运行状态。

2) 三维仿真模块的总体界面布局结构

> 三维效果隧道效果主界面展示区域，主要展示隧道内设备安装位置、运行及故障情况，并可点击相关设备进行控制操作，同时可以不同角度对隧道进行观看和浏览；其三维立体效果，能带给用户身临其境的感觉。
> 该区域为视频监控实时画面。
> 该区域为实时显示车流信息的显示与分析数据。
> 此处为集中控制区域，主要是对于风机和交通灯的集中控制。
> 信息统计功能，主要用于展示交通信息流量统计，统计内容主要是历史的车流量总量，除数字统计界面外，还可以切换至趋势图；除一些控制功能较多的子系统外，该界面将始终展示。
> 为报警状态提示窗口，包含一些报警事件的重要信息。

3) 三维仿真系统的框架设计

三维仿真系统的框架设计如图 6.5.11～图 6.5.14 所示。

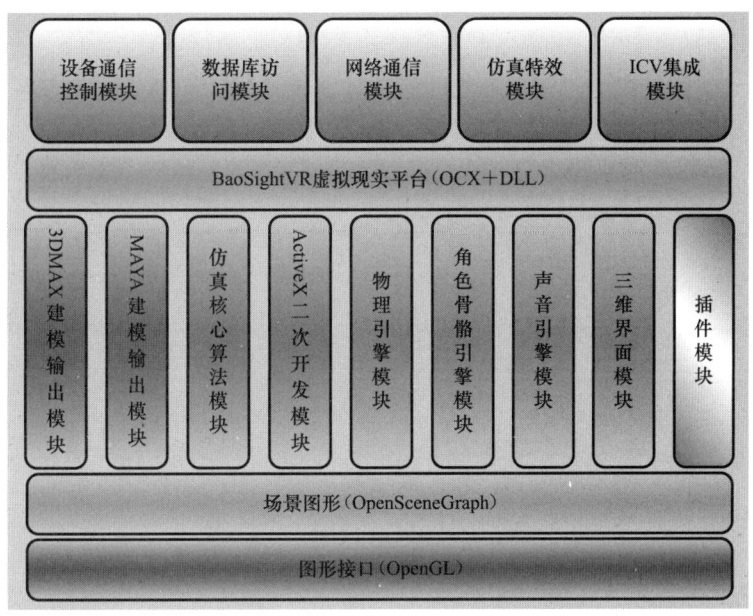

图 6.5.11　系统虚拟平台框架图

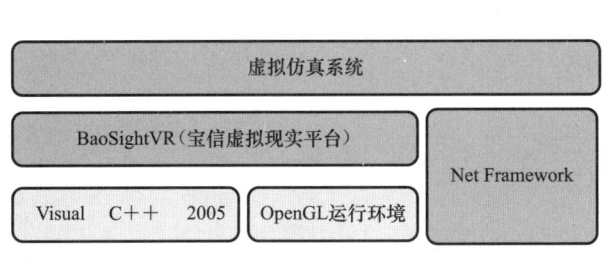

图 6.5.12　系统应用框架（1）　　　　图 6.5.13　系统应用框架（2）

4) 三维仿真系统的特性

> 高效内核

平台的内核采用高效的场景图引擎 OSG，而 OSG 本身就具备了许多其他仿真软件目前并不具备的

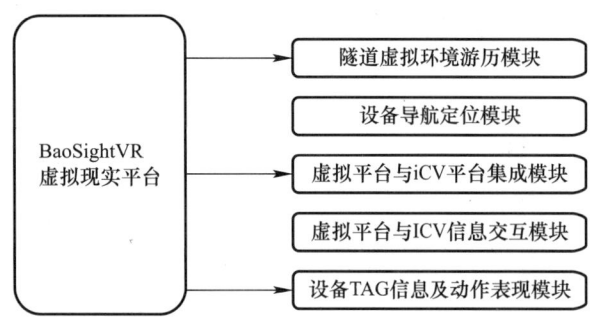

图 6.5.14　三维仿真应用系统模块结构

先进特性，通过对各类遍历场景图的算法进行优化，具备了高效率的场景图结构与访问方法。

➢ 高度开放性

平台运用了插件技术使平台高度开放，可在内核之上挂接多种仿真引擎。目前已经成功集成了声音引擎 OpenAl，物理引擎 NvPhysx，骨骼动画 Cal3D，三维界面引擎 CEGUI 等。除此之外还可以针对不同行业编写领域仿真模块。

➢ 易扩展性

通过用 C++编写 DLL 实现二次开发，可使仿真平台支持数据库操作，集成网络通信模块，与自动化控制系统结合，访问 PLC 系统控制信号，与其他软件系统无缝集成等。

➢ 易用性

平台将基础实用的各种仿真功能封装进 ActiveX 控件，以 OCX 控件的形式提供功能接口，使得快速开发仿真系统成为可能，也给那些对三维虚拟仿真并不是很了解的行业领域专业人士提供了开发自己专业领域内的仿真软件的途径。

➢ 多建模工具支持

平台支持当今最为先进的几大三维建模及动画软件 3DSMAX、MAYA 等，通过对应的模型读取插件可以直接支持与读入这些三维软件的工作结果，无论在模型的生产效率与场景的真实性方面都有很好的保障。此外，由 Autodesk 系列软件设计的模型可经过转换导入 3DSMAX 为平台提供支持。

➢ 多语言环境支持

平台支持 C++、C♯、VB 等语言的编程环境。

5）三维仿真系统与常见三维设计软件的区别

设计软件产生模型数据，BaoSightVR 平台使用这些产生的数据作应用开发。

设计软件进行可视化设计，BaoSightVR 平台进行交互式设计。

专业设计软件产生专业的三维模型，BaoSightVR 平台对这些设计成果进行集成展示。

设计软件应用局限与设计软件，BaoSightVR 平台可对不同的应用做应用扩展。

6）三维仿真系统与平台的集成方案

➢ 宝信虚拟现实平台 BaoSightVR 与 ICV 的集成

BaoSightVR 虚拟仿真以一个 ActiveX 控件的形式嵌入到 ICV 平台的组态画面中，并提供一系列三维仿真接口。

➢ 信息交互

ActiveX 提供一些属性及方法，iCV 通过这些属性或方法将信息传递给三维，比如三维展示源文件的路径。

三维 ActiveX 控件提供一些事件，事件的参数及参数内容与 iCV 约定好。三维展示需要与 iCV 交互时，就触发事件。iCV 在组态脚本中响应这些事件，按照业务要求编写脚本。

➢ 三维原始数据读写

三维控件数据的读写，由三维控件直接调用 CVRDA 提供的接口。iCV 提供接口说明，并在开发过程中提供技术支持。

项目负责人负责提供详细的数据范围、动作逻辑给三维开发的负责人，双方约定好 Tag 点名称。

➢ 多媒体集成

三维场景中的多媒体展示不展示实际内容，仅作示意。

点击三维场景中的多媒体部分，进入具体的多媒体监控画面，多媒体监控画面以下方式实现：

三维控件触发事件，并将多媒体相关的操作信息作为参数传递给组态脚本，其他逻辑由组态实现。

7）功能模块设计

➢ 隧道环境游历模块设计

如图 6.5.15 所示，在本系统中用户可以通过键盘的"W、S、A、D、Q、E"等键位来控制视角前、后、左、右、上、下的移动；通过键盘方向键"Left、Right、Up、Down"控制视角的旋转；并且可以穿越各种设备、厂房来查看被遮挡住的设备，提供导航图功能使用户可以在虚拟的环境中掌握方向。

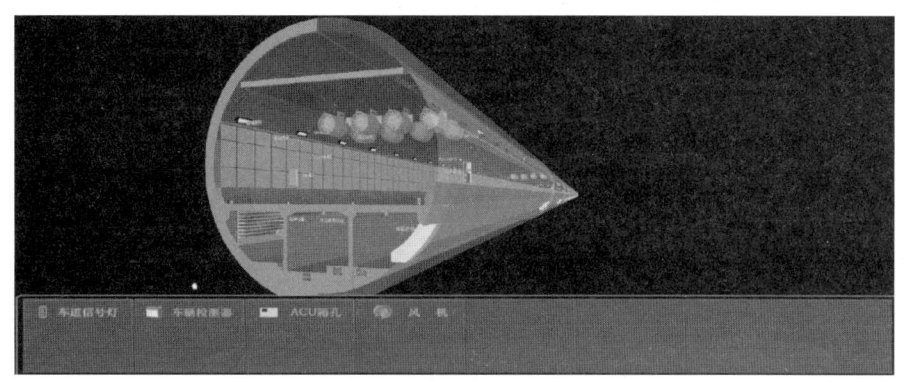

图 6.5.15 隧道环境游历模块界面

➢ 监控设备导航定位

如图 6.5.16 和图 6.5.17 所示，在隧道内存在很多类型的箱柜、标记等设备，设备导航定位模块主要是解决对隧道内物体的快速查找、定位。在平面导航图上选择某一类型的设备后，点击设备图标后三维视图可快速切换到该设备所在的位置。

图 6.5.16 监控设备导航定位界面 1

➢ 虚拟平台与一体化监控指挥平台集成模块设计

在电脑系统中注册 BaoSightVR 控件后，可在组态画面中插入该控件，控件的大小可以随意调节，控件内显示内容应能适应控件大小的改变，可通过脚本编辑器编写脚本的方式调用执行控件的相关仿真接口。具体操作如图 6.5.18 和图 6.5.19 所示。

➢ 虚拟平台与一体化监控平台信息交互模块的设计

一体化监控平台调用虚拟组件：

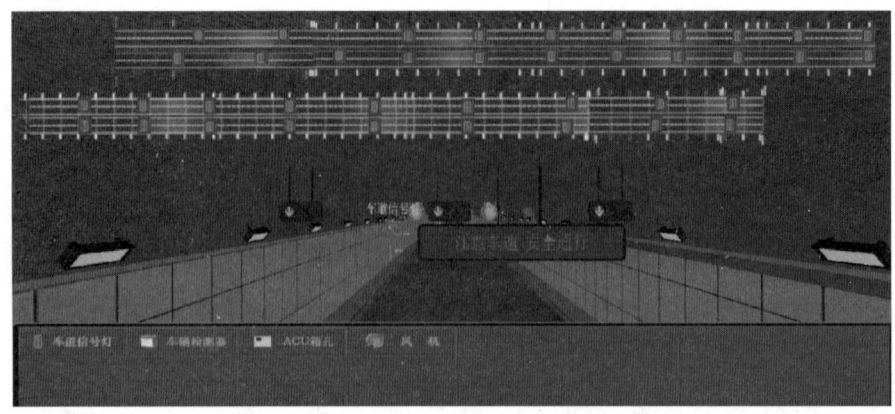

图 6.5.17 监控设备导航定位界面 2

图 6.5.18 ActiveX 控件载入界面

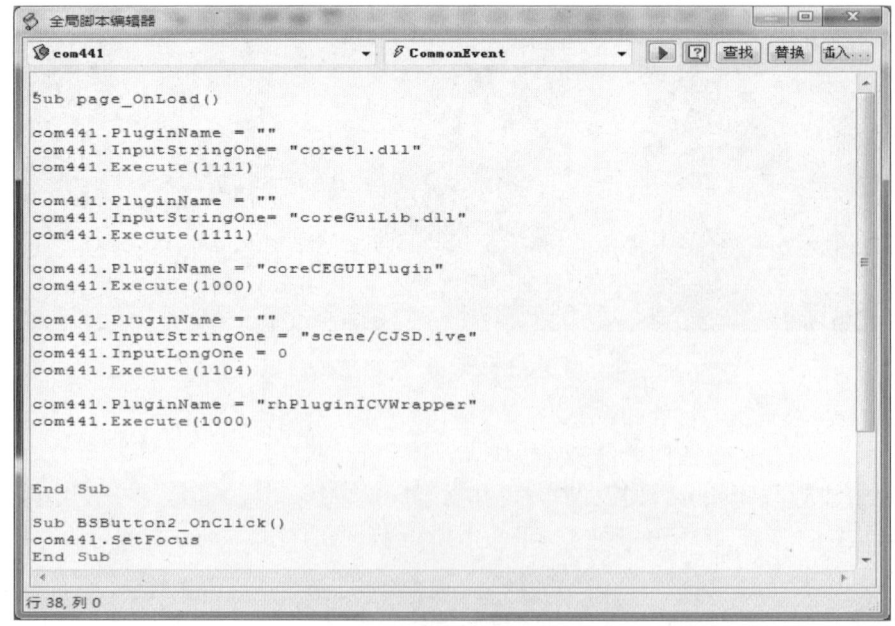

图 6.5.19 ActiveX 控件脚本编辑界面

通过脚本编辑器调用控件方法如下：

```
com441.PluginName = ""
com441.InputStringOne= "coretl.dll"
com441.Execute(1111)

com441.PluginName = ""
com441.InputStringOne= "coreGuiLib.dll"
com441.Execute(1111)

com441.PluginName = "coreCEGUIPlugin"
com441.Execute(1000)

com441.PluginName = ""
com441.InputStringOne = "scene/CJSD.ive"
com441.InputLongOne = 0
com441.Execute(1104)

com441.PluginName = "rhPluginICVWrapper"
com441.Execute(1000)
```

虚拟组件调用一体化监控平台接口：

在虚拟平台内部通过调用 CVRDA 提供的接口执行一体化监控平台的相关 TAG 信息读取功能（RDA_Init、RDA_Page_RegisterNTF、RDA_Page_Read_Ascii 等相关函数）。

虚拟平台触发事件反馈给一体化监控平台作相关调用：

通过脚本响应虚拟平台的事件反馈接口 com441_CommonEvent()，可获取虚拟平台相关交互信息，双击监控设备可返回该仿真设备的名称给一体化监控平台。

➤ 监控设备 TAG 信息表现及动作表现举例

车检器检测数据的表现（见图 6.5.20），信号灯的红绿状态表现与其实际 TAG 值相对应。

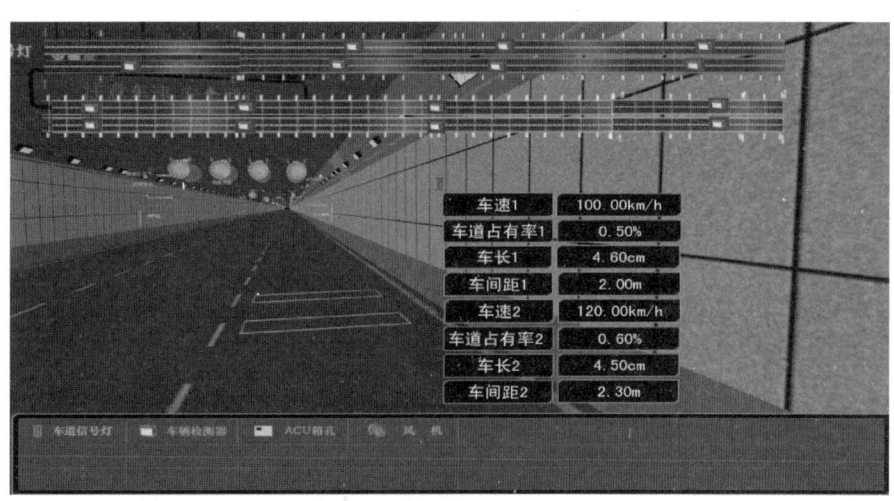

图 6.5.20　车检器 TAG 信息表现

车道信号灯 TAG 信号表现，信号灯的红绿状态表现与其实际 TAG 值相对应（见图 6.5.21）。

图 6.5.21　信号灯状态表现

仿真风机模型的正转、反转及停转，COVI 检测设备的监控值，与 TAG 信号实际值相对应（见图 6.5.22）。

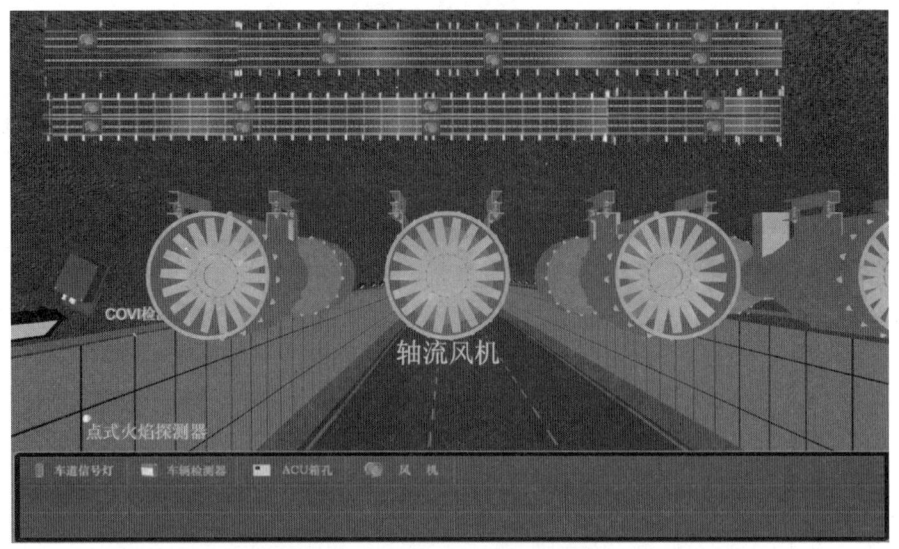

(a)

(b)

图 6.5.22 风机和 COVI 设备 TAG 信号表现

8) 典型组态画面

➢ 总貌图

该系统中，以总貌图（见图 6.5.23）作为登录页面，将系统中主要信息状态第一时间展现在使用者面前。总貌图中涵盖了 6 大功能区域，因为本着简单友好的界面设计原则，所以有些功能和三维界面中的极为相似，让人使用起来简单明了。

① 在总貌图中的区域为主菜单区域，主要是系统中其他子功能系统的连接，例如通排风子系统、交通灯子系统、监控子系统等。

② 在图中所展示的为系统中主要设备的实时状态界面，是使用者对系统现有主要设备的状态一目了然。

③ 为图例，对各种设备状态的显示做一个说明。

④ 此区域为风机和交通灯的集中控制操作接口，点击进入集中控制面板，可对风机或者交通灯进行批量操作。

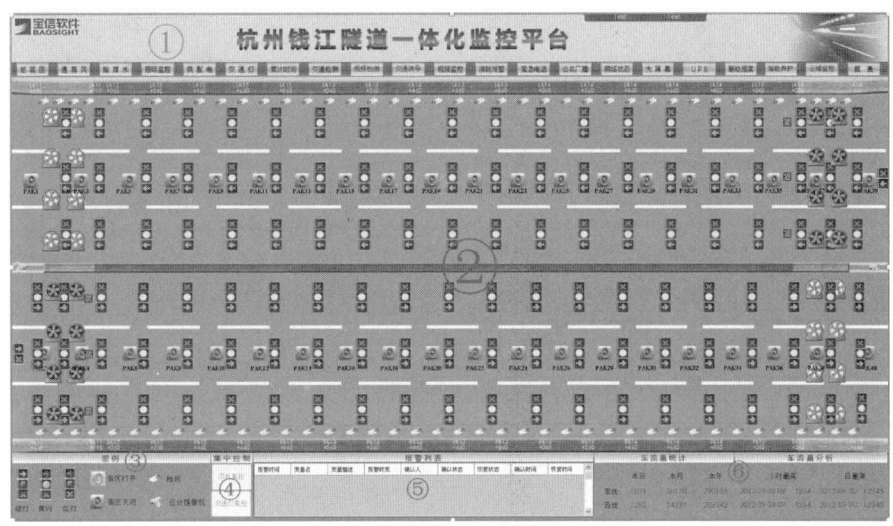

图 6.5.23　总貌图

⑤ 为报警状态提示窗口，包含一些报警事件的重要信息。

⑥ 该区域是车流信息的实时显示与分析。

➤ 交通信号灯监控界面

由于系统中的界面设计（见图 6.5.24）本着简洁美观、操作简单、见图识意的原则。所以在此仅列举一个较为常用的交通控制子系统作为说明案例。

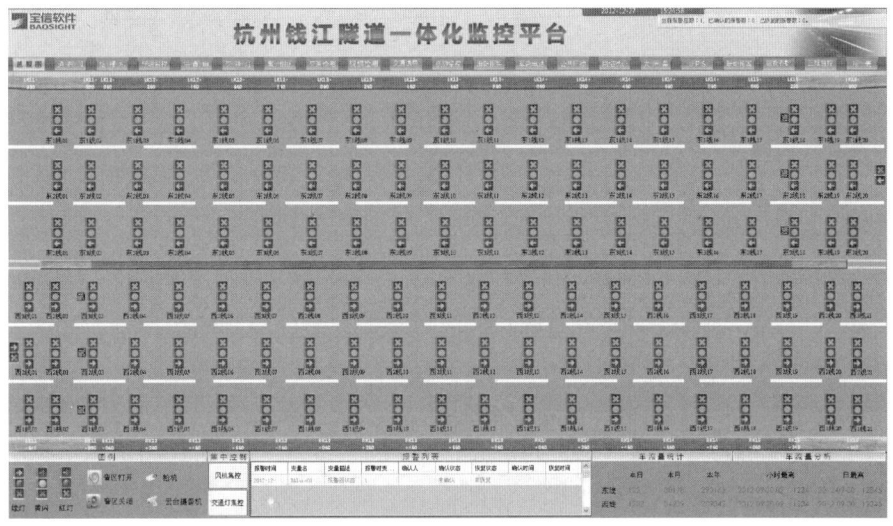

图 6.5.24　交通信号灯状态监视界面

在此界面中主要是对交通灯的控制。当使用者点击界面中任一交通灯图标时，将会弹出交通灯单一控制对话框，如图 6.5.25 所示。

在控制对话框中，将显示正在操作的交通灯序号，点击其中黄色的按钮就会控制此交通灯的状态，并且实时显示在界面上。

同时单击集中控制面板中的交通灯集控，将会弹出集中控制对话框。在集中控制对话框中可以对交通灯进行批量操作，如图 6.5.26 所示。

6.5.2.2　钱江隧道智能控制矩阵的研究

（1）钱江隧道智能控制矩阵架构

设备智能控制矩阵为了应对现代化隧道的发展趋势，应对隧道中越来越多种类的电气设备的集中协

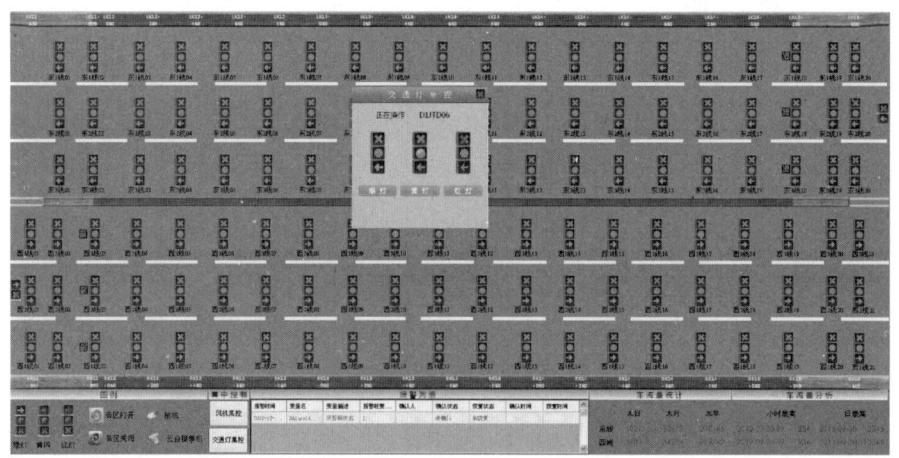

图 6.5.25　交通信号灯单控界面

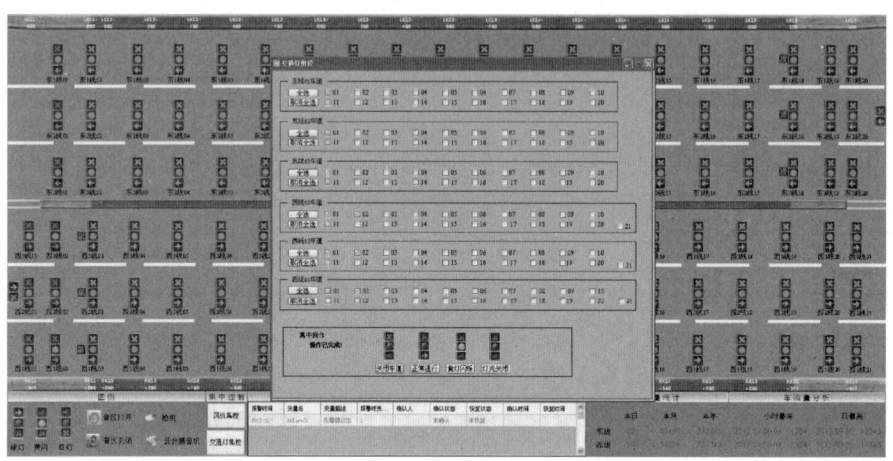

图 6.5.26　交通信号灯集中控制界面

调控制,从纯设备的方向出发,不再颗粒状孤立地划分设备,协同地对各类设备进行整合处理。这里,我们对同类设备引入集群的概念:如隧道左线射流风机集群、右线射流风机集群、左线水泵集群、右线水泵集群、左线照明集群、右线照明集群等。

这种以集群为出发点的控制方式,不仅可以简化现有智能管理层智能联动的配置过程,使整个综合监控系统的结构变得更加清晰,同时可以让系统管理员或操作员更加关注应用系统本身的配置,关注各子系统间的逻辑扭转关系,而不再把时间耗费在控制指令与设备接口的对应关系方面。

由图 6.5.27 可见,引入设备智能控制矩阵后,设备将整合成一个个集群,而不再是颗粒状孤立的单独设备。

设备智能控制矩阵在逻辑上作为现场控制器 PLC 与智能控制应用层组态平台之间的中间件,主要完成对智能控制应用层控制指令的接收、解析、预处理、下发,对现场控制器状态的收集、整理、打包、上传。它将所搜集到的设备信息进行过滤,并根据内置的智能控制算法进行分析处理,在得到优化控制指令源后,将指令输出到现场控制器层,由现场控制层执行指令。

智能控制矩阵由 PLC 控制模块负责处理与设备之间的信息传递,并基于 PLC 功能模块,进行机电设备与环境仪表、时间顺序、交通流实时数据之间的对应处理,而与养护数据库的接口由组态平台开发,并负责总体设备间的优先级与联动处理。本课题所研究的智能控制矩阵物理架构如图 6.5.28 所示。

(2) 钱江隧道智能控制矩阵实验环境搭建

如图 6.5.29 所示,实验室环境算法开发主体基本完成,实现了智能控制矩阵与养护数据库的连接,

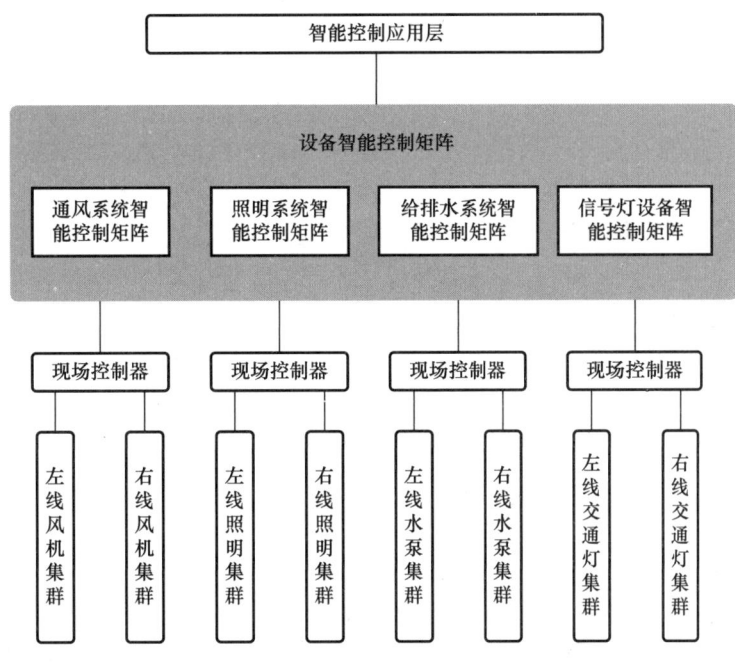

图 6.5.27 智能控制矩阵架构图示

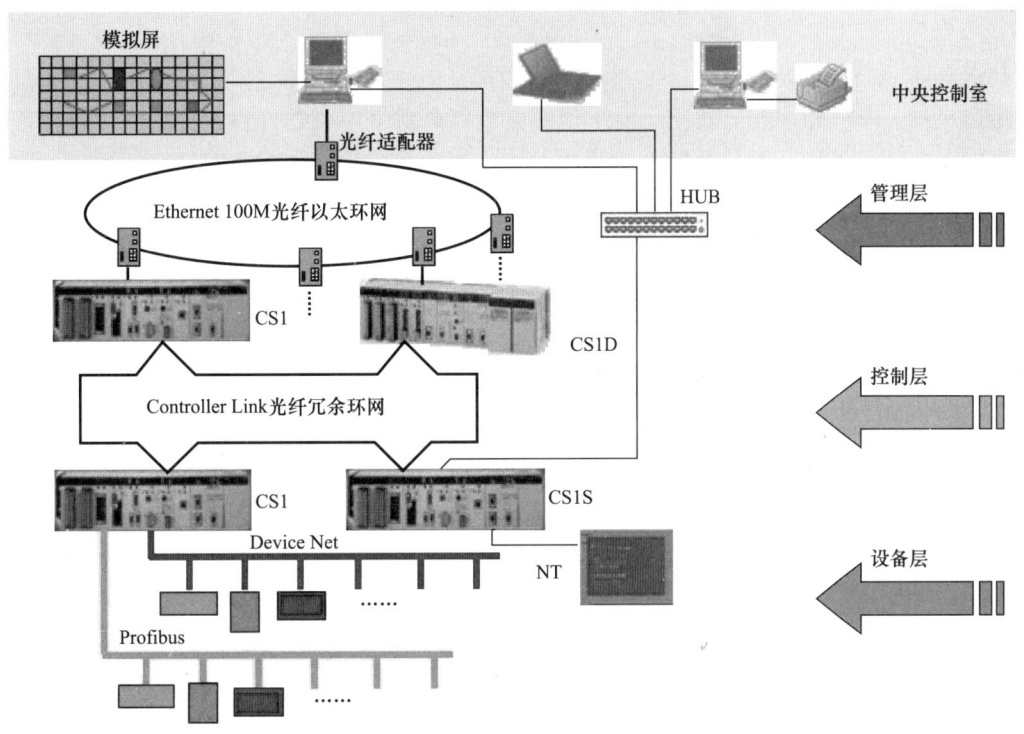

图 6.5.28 智能控制矩阵架构图示

并能根据策略实时选择最合适的单体设备进行启动;实现了通风程序基于前馈式算法的程序功能块,并通过了实验室环境的测试;实现了设备组中对最合适单体设备启停策略的功能块,并通过了实验室环境的测试;实现了通风功能块中实现隧道空气环境污染时联动,并在空气指标恢复正常后无扰切换回正常工况的功能。

(3) 养护数据库的建立及应用

基于课题研究中期所实现的养护数据库设想,在实验室环境进行了搭建,并和钱江隧道监控平台实现了无缝衔接。

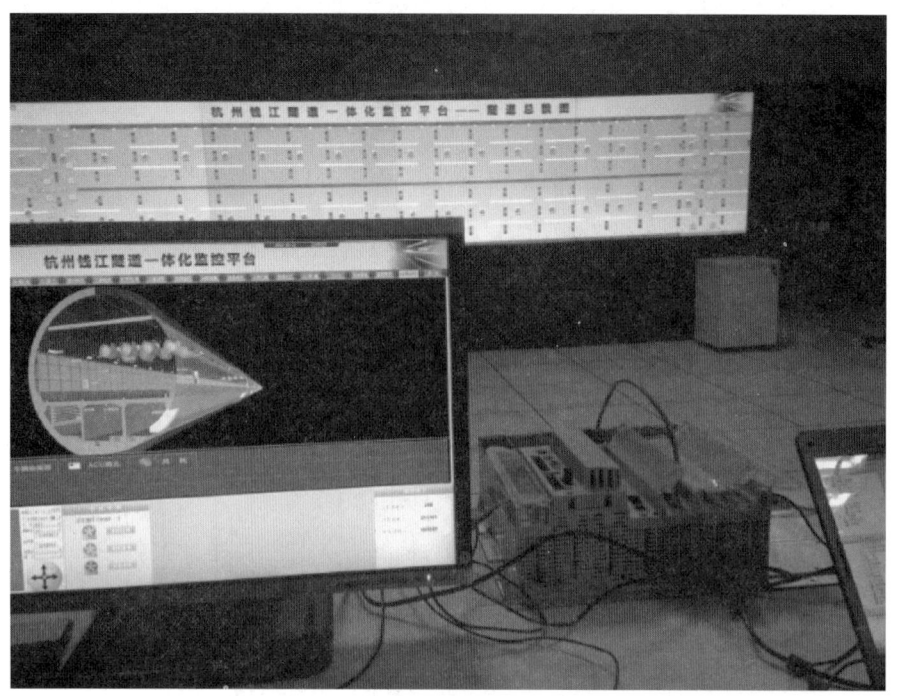

图 6.5.29 实验室环境搭建实景图

在根据控制矩阵算法策略得到具体的 ΔN 数量之后,就要据此确定具体开启或者关闭哪些风机,在钱江通道中,隧道全线一共 8 组风机,每组 4 台风机,常规状态每组风机的开启矩阵如下,由设备养护数据库根据每个设备已运行时间、开启次数、故障历时等,综合确定具体的开启次序。

$$\begin{matrix} & 次序1 & 次序2 & 次序3 & 次序4 \\ 风机1 & 1 & 4 & 3 & 2 \\ 风机2 & 2 & 1 & 4 & 3 \\ 风机3 & 3 & 2 & 1 & 4 \\ 风机4 & 4 & 3 & 2 & 1 \end{matrix}$$

如果采用风机状态表的形式,则输出如下:

风机状态表(其中每组风机开关建议的输出为字节形式,字节中的每一位分别代表组中每台风机的开关建议,0 表示关,1 表示开)见表 6.5.1。

风机状态表 表 6.5.1

编号	字段名	类型	是否为空	说明
1	RECORDTIME	DATETIME	NOT NULL	记录时服务器的系统时间
2	AREA	NUMBER (1, 0)	NOT NULL	区分隧道:1 东线;2 西线
3	JFAN_NO1	NUMBER (1, 0)	NOT NULL	第 1 组风机开关建议(1 开,0 关)
4	JFAN_NO2	NUMBER (1, 0)	NOT NULL	第 2 组风机开关建议(1 开,0 关)
5	JFAN_NO3	NUMBER (1, 0)	NOT NULL	第 3 组风机开关建议(1 开,0 关)
6	JFAN_NO4	NUMBER (1, 0)	NOT NULL	第 4 组风机开关建议(1 开,0 关)

如表 6.5.2 所示,监控平台通过从 PLC 实时接收到的某组风机开启数据 ΔN,通过 SQL 语句,从数据库中查询到该组中的 4 台风机的已运行时间、开启次数、故障历时等参数,综合判断出 4 台风机的启停优先级别,再按照 ΔN 来选择有限级别靠前的 N 台风机启动或停止。

风机养护信息表　　　　　　　　　　　　　表 6.5.2

编号	字段名	类型	是否为空	说明
1	AREA	INT	NOT NULL	区分隧道：1 东线；2 西线
2	JFANGRP	INT	NOT NULL	1～4
3	JFANNO	INT	NOT NULL	1～4
4	RUNTIME	INT	NOT NULL	已运行时间
5	OPENTIMES	INT	NOT NULL	开启次数
6	ERRORTIME	INT	NOT NULL	故障历时

（4）智能控制矩阵中前馈式控制算法的建立

首先，我们选取隧道内最典型、最关键的设备控制系统——通风系统作为应用对象，利用智能控制矩阵来实现对隧道内射流风机的优化控制。

随着我国高速公路建设事业的大力发展，公路隧道大量涌现。为了保证隧道的长期安全、稳定、经济运营，隧道必须采用合理的通风系统设计。

隧道通风系统用于降低隧道内污染物浓度，其采用的控制方法是智能控制矩阵设计的核心。由于隧道通风系统是一个离散、多变量的大时滞系统，智能控制矩阵难以建立其精确的数学模型，这也是以往隧道通风控制常具有较大的滞后性的原因，导致无法及时有效的降低污染物浓度，不利于隧道内司乘人员的身心健康。

本科研课题需对所选隧道的实际工况以及各种通风方式优缺点进行分析，了解隧道各种通风方式的机理，以及本隧道采用双竖井送排风加射流通风的纵向通风方式的优越性。通过对隧道 CO、VI、风速、车流量等相关通风数据的计算，加深对隧道通风系统的认识，最终结合本隧道采用纵向通风方式的实际情况，通过对各种通风控制方法的分析比较，确定采用何种通风控制方法。

在本次课题的研究中，我们将在智能控制矩阵中采用前馈式控制算法来实现基于交通流量、环境变量以及特殊工况等的设备控制策略。

城市交通流具有很强的动态性，对于通过隧道的车流量，通常由天气、时段等因素决定，呈现出很高的非线性和不确定性。控制系统获得实时的交通流数据是实现相应控制策略的基础。通过现场传感器（CO 传感器，车流、车速等计量装置）获得数据都属于过往数据，由现场数据，形成控制决策来启动风机调节通风量是有着很大时间惯性与滞后的一个过程。如果根据现场直接量测的数据进行控制，那么往往当我们满足某一个时间段量测数据下的通风需要的时候，此时的实际通风量需求已经不是从前面那个时间段获取数据下的通风量需求了，如图 6.5.30 所示。

在图 6.5.30 中，t_1 时刻，通过交通流的检测，得到需要开启风机进行通风的风量为 Q_1，当经过通风控制决策、启动风机、进行通风，最后在 t_2 时刻达到 t_1 时刻所需要的隧道通风量，但是由于在该过程中，隧道交通情况一直在变化，t_2 时刻隧道所需的风量已经变为 Q_2。这样，我们前面根据 t_1 时刻进行的通风控制变得意义不大。

可以看出只有根据现有交通流情况，在通风控制策略下风机能够提供隧道所需的风量的时间里，能够正确预测一定时间间隔后隧道车流的情况，进而得到隧道需求的风量是非常必要的，如图 6.5.31 所示。

在图 6.5.31 中，t_1 时刻，根据交通流情况我们预测 t_2 时刻的交通流情况进而得到 t_2 时刻所需的风量 Q_2。从 t_1 时刻开始我们就根据 t_2 时刻的风量对风机进行控制，保证在 t_2 时刻的通风量能够完成满足隧道通风需要。这里的一个前提是 t_1、t_2 两时刻间隔不长，一般在 15min 左右，这样能够保证在该时间间隔中隧道交通流不会出现大幅度的突变或其他异常情况，从而避免该时间间隔内风量不满足隧道风量需求等情况的出现。

常规模式下，检测元件主要为 COVI 仪、风速仪、车检器、视频分析仪等设备，执行元件为射流风机，控制对象是 CO 浓度和 VI 浓度，在智能控制矩阵实时运行时，首先监控平台根据车检器和视频分

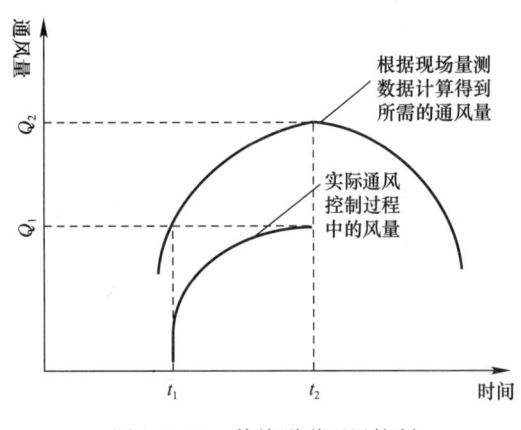

图 6.5.30 传统隧道通风控制

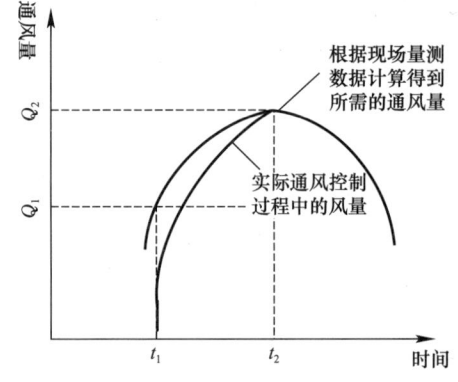

图 6.5.31 基于预报的隧道通风控制

析仪测得的交通流数据与隧道内交通事件，通过 I/O 服务器记录到数据库中。在数据库中，由数据库触发器完成数据的初步处理工作，传输至设备智能控制矩阵，控制矩阵利用交通流预测模型得到下一个控制周期（如 10min）的交通流，并结合 COVI 仪表检测元件测得浓度反馈值，通过环境分析模型计算出下一控制周期的 CO、VI 的浓度的预测增量，由反馈浓度（取平均值）、预测增量、目标浓度确定 CO、VI 的偏差量，这两个偏差量和当时的风速 WS 作为智能模糊控制器的输入量，经过模糊推理得出需要增加的风机的台数，再结合矩阵中的风机设备的养护数据库，获得实际需要风机开启（关闭）的台数及位置。然后获得新的环境动态，进入下一个控制周期。

前馈式控制逻辑的流程如图 6.5.32 和图 6.5.33 所示。

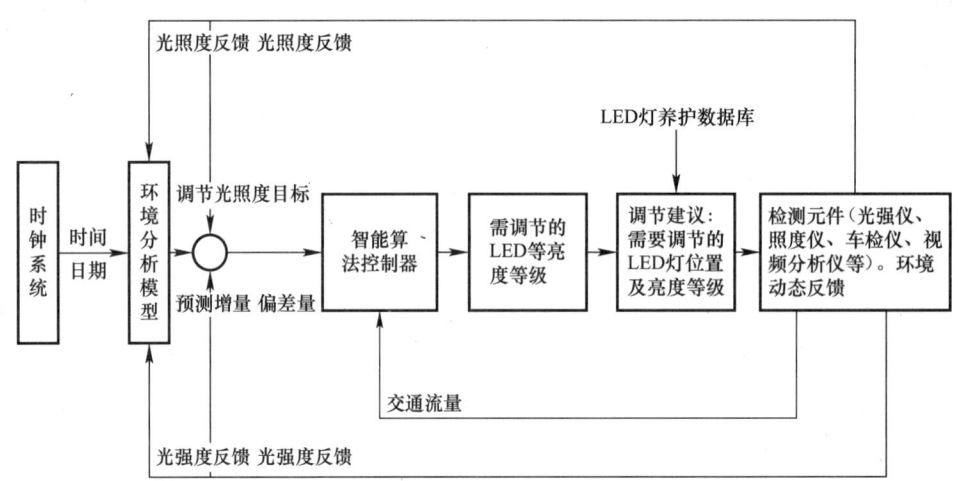

图 6.5.32 前馈式控制逻辑流程图（1）

现场控制器（PLC）可直接根据给出的建议风机运行方式来进行风机的启停控制，也可以在监控平台的实时数据库中（养护数据库是基于历史数据库而设立的，和实时数据库性质不同）增设一个风机状态表，把建议风机运行方式记录到风机状态表中，可由终端操作人员来确定是否按照风机状态表来完成对风机的控制（具体的方式可以是，组态平台设置专门的后台调度程序，该调度每分钟扫描一次实时数据库的风机状态表部分，当发现风机状态表发生变化时，读取风机建议运行方式，并根据风机建议运行方式向现场控制器发送风机控制信号，完成对风机的智能控制）。

（5）实现智能控制矩阵在隧道空气环境污染严重工况下的自动联动

对一个控制算法和策略，仅仅在正常工况条件下判定他运行的效果是远远不够的，在特殊工况下，有无相应完善的应对策略往往更为重要。

我们在算法功能块的编制以及在监控平台接口调用上，都充分考虑了各种可能的工况以及需要应对的措施，可以说，智能控制矩阵的鲁棒性是有保证的，在实验室环境，我们测试了一氧化碳浓度超标触

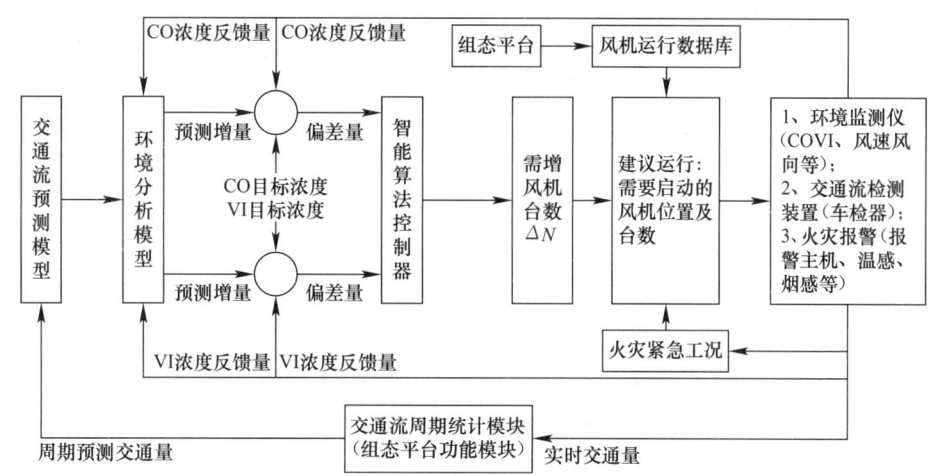

图 6.5.33　前馈式控制逻辑流程图（2）

发条件下的应对情况，效果令人满意。

智能控制矩阵实现了对传统报警联动功能的无缝嵌入，并且配置较之传统方式更为简洁、明了。

在实验室环境下，当一氧化碳浓度的 Tag 点的值达到不同的程度，而开启不同数量的风机，系统将每个风机的在养护数据库中的属性数据，如开启次数和累计运行时间等，作为选择开启风机个体的判定条件之一。

下一步重点在钱江隧道现场进行大数据流量的测试，检测系统的稳定性与实时性是否能达到现场应用的要求。

（6）实现智能控制矩阵实现隧道光照环境的优化控制

在钱江隧道中，结合智能控制矩阵的前馈式控制方式，根据照度仪、亮度仪等参数，在满足车道照明的情况下，在不同天气及时间条件下，根据照度仪、亮度仪数值的反馈，对隧道内 LED 照明灯具实现精细化的逐级调光，经过实验室环境测试，发现在一天中的大部分时间段，LED 灯具 80% 调光亮度就已满足需求，智能控制矩阵的建立，恰恰可以最大限度地发挥 LED 灯具的长处，通过控制算法实时微调各照明回路的光照亮度，不仅进一步节省电能，而且避免了之前普通灯具频繁开关照明回路造成的灯具元器件损耗。

（7）智能控制矩阵在节能减排上的贡献成果

我们以通风系统作为研究对象为例，当设备智能控制矩阵根据前馈式控制策略计算得出需要增减的风机数量后，通风系统将进入一个新的运行状态，而逐渐趋近于设计标准。在前馈式控制的基础上，由于单纯从风机启停的角度，能够达到风机总体运行时间和启停的次数之间的平衡，达到既可以满足系统通风需求又可以延长设备寿命，并节能降耗的效果。

钱江隧道照明系统采用高效节能的 LED 隧道灯作为主要照明设施，通过智能控制矩阵的前馈式控制系统，预期实现比原荧光灯＋传统控制方式照明方案节能 30%～40%，降低照明系统维护成本，减少环境污染和光污染，建立一个优质高效、经济舒适和安全可靠的隧道照明环境。

6.5.3　钱江隧道安全运营管理技术研究

6.5.3.1　隧道运营综合安全管理应急流程及预案的研究

安全管理应急流程和预案界定了灾害和事件发生前、过程中及结束后，每个运维管理人员、组织、部门的职责，以便于每个运维管理人员都知晓在发生灾害和突发事件时，各个运维管理人员应该做什么、如何做、自己如何逃生或者指挥大家逃生、自救以及相应的响应策略，资源准备和如何使用等情况，应急预案是针对可能发生的灾害和重大突发事件的影响、后果的严重程度，为应急准备、应急响应、应急指挥等各方面预先做出的详细安排，是开展及时、有序、有效的事件应急救援工作的指导纲要。

隧道综合运营安全管理应急预案将成为隧道安全运营期间综合有力、统一指挥、规范有序、科学高效的突发事件应急管理体系中的必要组成部分，提高应对突发事件的应急处置能力。一旦发生突发事件，能以最快的速度、最短的时间、最大的效能，有序地实施处置，努力把危害和损失降低到最低限度。

(1) 各类应急事件的处置流程的研究

1) 应急事件处理工作流程

应急事件处理工作流程如图 6.5.34 所示。

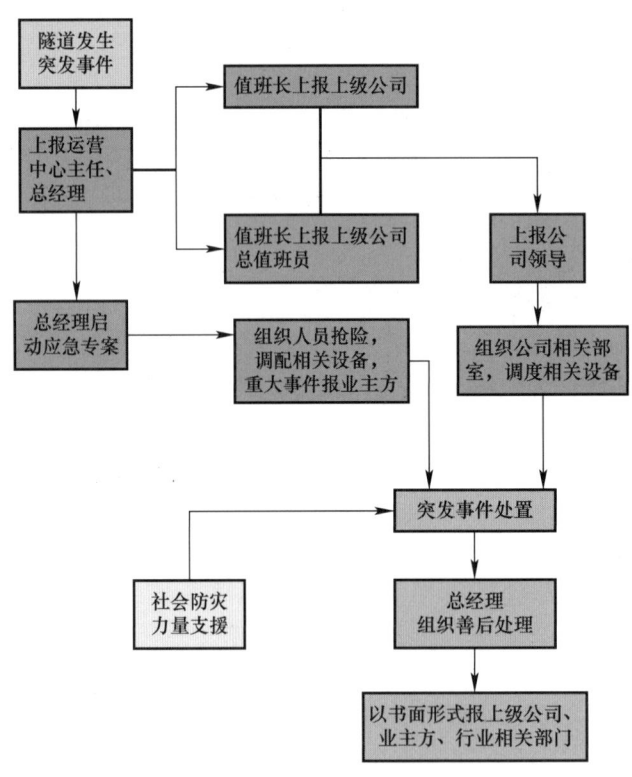

图 6.5.34　应急事件处理工作流程

2) 应急预案处置原则

发生紧急情况，应贯彻、执行"动作反应快速、传递信息准确、控制事态有方、团结协作互助"的方针，做到：发现险情及时，定位判断正确，信息通报无误，组织抢险有序，各方协调周全。力求把各类重大故障（病害）、突发事件所造成的损失和影响降到最低程度，确保运行畅通、安全，必须严格执行以下原则：

① 全面贯彻和执行《应急处置预案》预定流程，通力合作、以防为主，防抢结合，减灾救难，确保畅通，确保安全。

② 反应快速：全面提高快速反应机制，做到发现险情快，主动出击快，处置速度快，反馈信息快。

③ 避免事态扩大：应付各类突发事件，力求把损失和影响降到最低程度，防止事态扩大，要有利、有节、有章、有序地处理处置。

④ 信息畅通无误：保持灵敏高效通畅的通信联络，做好信息情况收集、传递、跟踪、反馈和汇总整理，并做到信息准确无误。

⑤ 协调互助：按照各类既定的应急专案做好紧急处理工作，与公安、专业救灾部门及社会联动单位进行报警、协调或求援。

⑥ 措施得当：对于不同灾害事故，应针对应采取积极、有效的针对性措施，最大限度地减轻灾害及其造成的损失。

3）隧道应急事件处理一般程序
① 接受系统设备和人工报警信号,确定何时、何地发生情况。
② 区分事故类型及其严重性,确认所采用的紧急情况处理程序。
③ 现场指挥按照紧急情况处理程序,安排人员处理各类紧急情况。
④ 现场指挥或配合善后处理。
⑤ 事后书面报告。

(2) 各类应急事件的分类的研究

1）灾害性气候的分类

灾害性气候是指在一定的气候环境中,产生突发的或从气象台提前预知的恶劣环境气候,如防范措施不当,则会给隧道设施的运行安全带来不良甚至严重的后果。

根据不同天气情况,可分为大雾、暴雨、冰雪、寒潮、台风等各类特殊天气事件。判别是否属特殊天气的主要依据为：降水量、降雪厚度、能见度、风力等信息。特殊天气的分类和严重程度判别可根据当地气象局天气指引相关规定分别启动相应的应急保障预案。针对钱江隧道而言,钱塘江的汛期对隧道的影响也是必须要预见的,对于主要的灾害性气候,列于表6.5.3。

隧道灾害性气候分类表　　　　　　表6.5.3

类　别	名　　称	类　别	名　　称
灾害性气候	台风	灾害性气候	冰雹
	暴雨		暴雪
	高温		道路结冰
	低温		沙尘暴
	大雾		潮汛
	雷电		台风季节隧道设施高空坠落
	大风		

2）突发应急事件的分类

突发应急事件（见表6.5.4）是在当班过程中发生频率较高的工作。其主要包括：车辆抛锚牵引、道路养护、交通保卫、交通事故、车辆火灾、化学危险品事故；反恐、刑事犯罪分子的破坏等各类需及时处置的紧急事件等工作。

隧道突发事件分类表　　　　　　表6.5.4

类　别	名　　称	类　别	名　　称
突发事件	隧道治安事件	突发事件	隧道交通事故
	隧道化学危险品、有毒气体泄漏		临时非机动车辆和行人通行
	隧道设施爆炸事件		监控系统电脑病毒
	突发事件紧急逃生		食物中毒
	隧道爆炸水淹		节日交通高峰
	隧道运行中的异常情况		重要交通保卫任务专案
	隧道火灾事故		管理用房火灾
	隧道内发现可疑物品		隧道超限车辆误入
	隧道接到炸弹威胁等恐怖电话		

突发应急事件处理首要任务是收集事件的相关资料,通知相关人员,并采取对应措施。在整个操作过程中,当值值班长是负责人,负责全权处理各项常规事件在情况严重无法正常处理的情况下,应及时通知相关负责领导,启动突发事件应急预案。

3）隧道设备故障应急事件的分类

隧道设备故障应急事件（见表6.5.5）也是在当班过程中发生频率较高的工作。其主要包括强、弱电监控设备在运行使用过程中发生故障等一些突发情况。

隧道设备故障应急事件分类表　　　　　　表 6.5.5

类别	名称	类别	名称
隧道设备损坏	隧道主电源失电	隧道设备损坏	隧道通风系统故障
	隧道照明系统故障		隧道排水系统故障
	隧道CCTV系统故障		隧道给水系统故障
	隧道无线通信系统故障		隧道消防管爆裂
	隧道广播系统故障		

隧道设备故障应急事件处理首要任务是收集事件的相关信息，通知相关维护人员，并采取对应维修措施。在整个操作过程中，当值值班长是负责人，负责全权处理各项常规事件在情况严重无法正常处理的情况下，启动隧道设备故障应急事件预案。

(3) 各类紧急突发事件应急预案的研究

1) 概述

任何灾害与突发事件都有一个发生、发展和消除的过程，这个过程中的每个环节都受到多种因素和条件的综合影响，带有很强的综合性和系统性。一旦灾害与突发事件发生，对灾害与突发事件感知的快、慢、正、误，是能否控制灾情使之不致扩大的关键，因感知迟缓或报警延误而使灾情迅速发展的事例时有所见。因此，为了在最短时间内感知灾害与突发事件的发生并控制其发展，为了在灾害与突发事件发生后实行有效的紧急情况处理，把灾害与突发事件损失减到最小，我们针对可能发生的主要灾害与突发事件，建立了以隧道监控、信息、报警、灭灾和抢险设备、事故处理为依托的运营综合安全管理系统。

运营综合安全管理系统将结合隧道运营及综合监控系统设计，明确其运营安全管理技术需求，优化其运营管理方案；收集已有运营隧道灾害管理预案，针对不同灾害类型编制相应的风险控制预案；分析隧道运营保护和养护要求，结合隧道运营安全保护及养护指导方案，与综合监控系统进行无缝集成。

① 应急预案制订的必要性

应急预案只是一个行动计划，是在紧急、突发状况下的行动计划，要求所有相关人员清楚岗位职责与任务，清楚信息沟通与联系，掌握救援知识，掌握救援资源与紧急处置原则与方法。

② 应急预案的基本任务

应急预案的基本任务是在突发事故状况下的快速反应与救援能力，使之能在最短时间内查清事故源，控制事故发展，尽快消除事故后果，提高急救援现场应急救和支援的综合素质，以最大限度降低事故危害，减少事故损失。

钱江隧道的应急管理预案，对应各类紧急的突发事件，分类如表 6.5.6 所示。

隧道应急预案分类表　　　　　　表 6.5.6

类别	应急预案名称	类别	应急预案名称
灾害性气候应急处置专案	防台风应急处理预案	灾害性气候应急处置专案	防冰雹应急处理预案
	防暴雨应急处理预案		防暴雪应急处理预案
	防高温应急处理预案		防道路结冰应急处理预案
	防低温应急处理预案		防沙尘暴应急处理预案
	防大雾应急处理预案		防汛应急处理预案
	防雷电应急处理预案		台风季节隧道设施高空坠落应急处理预案
	防大风应急处理预案		

续表

类　别	应急预案名称	类　别	应急预案名称
突发事件应急处理预案	隧道治安事件应急处理预案	突发事件应急处理预案	隧道交通事故应急处理预案
	隧道化学危险品、有毒气体泄漏应急处理预案		临时非机动车辆和行人通行应急处理预案
	隧道设施爆炸事件应急处理预案		监控系统电脑病毒应急处理预案
	突发事件紧急逃生应急处理预案		食物中毒应急处理预案
	隧道爆炸水淹应急处理预案		节日交通高峰应急处理预案
	隧道运行中的异常情况应急处理预案		重要交通保卫任务专案
	隧道火灾事故紧急应急预案		管理用房火灾应急专案
	隧道内发现可疑物品紧急处理预案		隧道超限车辆误入应急处理预案
	隧道接到炸弹威胁等恐怖电话应急处理预案		
隧道设备损坏应急处理预案	隧道主电源失电应急处理预案	隧道设备损坏应急处理预案	隧道通风系统故障应急处理预案
	隧道照明系统故障应急处理预案		隧道排水系统故障应急处理预案
	隧道CCTV系统故障应急处理预案		隧道给水系统故障应急处理预案
	隧道无线通信系统故障应急处理预案		隧道消防管爆裂应急处理预案
	隧道广播系统故障应急处理预案		

隧道运营安全管理应急预案将成为隧道安全运营期间综合有力、统一指挥、规范有序、科学高效的突发事件应急管理体系中的必要组成部分，提高应对突发事件的应急处置能力。一旦发生突发事件，能以最快的速度、最短的时间、最大的效能，有序地实施处置，努力把危害和损失降低到最低限度。

高速公路隧道运营安全管理系统应急预案规定了隧道发生灾害，紧急事件、重特大安全事故的处置办法和管理要求。主要内容如下：

- 灾害和突发事件报警、报告种类。
- 现场实行管理层分级制，明确各个部门并率员参加营救、处理后事等任务职责。
- 明确应急预案中成立事故应急救援指挥机构人员，负责统一指挥人员及联络方式。
- 明确相关单位或个人的具体分工和联络方式，服从应急救援指挥机构的调度，提供有关支援。
- 应急组织机构及职责：应急组织机构设总指挥、副总指挥、现场保护组、抢救组、维护秩序组、后勤组，并须明确各机构的职责。
- 隧道紧急情况处理报告：向业主方、上级领导、上级部门、桥隧信息中心、公安、专业救灾部门口头和书面报告处置工作时，必须提及以下细节：

事故性质原因及方位；

事故发生时间和当前状况；

涉及事故的车辆和设备数量；

人员伤亡情况；

临时交通隔离或封闭情况；

交通拥堵情况；

是否已向向外界发出求救信息；

主要处置事项。

2）隧道运营综合安全管理系统应急预案作用

应急预案应界定灾害和突发事件发生前、发生过程中及结束后，每个运维管理人员、组织、部门的职责，以便于每个运维管理人员都知晓在发生灾害和突发事件时，各个运维管理人员应该做些什么、如何做、自己如何逃生或者指挥大家逃生、自救以及相应的响应策略，资源准备和如何使用等情况，应急预案是针对可能发生的灾害和重大突发事件的影响、后果的严重程度，为应急准备、应急响应、应急指挥等各方面预先做出的详细安排，是开展及时、有序、有效的事件应急救援工作的指导纲要，其主要作用如下：

- 预案应明确救援体系和范围,使应急准备和管理工作不是无据可依,无章可循,便于平时培训和演习工作的开展;
- 应急预案的编制有利于对灾害和突发事件做出及时的应急响应,对灾害和突发事件发生后能及时有效地进行控制,确保应急处理工作高效、有序的开展,最大限度地减少人员和财产损失;
- 应急预案应成为各类灾害和突发事件的应急基础,通过编制现有的已知事件的应急预案,确保目前应急预案的做够灵活通用,对于少数事先无法预知的其他突发事件,可起到基本的应急作用。在此基础上,可以针对性的完善此类事件的专项应急预案,有针对性地制定应急措施、进行专项应急准备和演习;
- 当发生超过自身应急能力的重特大事件时,便于及时与上级部门取得联系,协调应急救援资源的调配事宜;

3)几类常见应急事件应急预案

① 防汛抗台应急预案

每年夏季在进入主汛期的时候,又恰逢雨量偏多,突发性暴雨、台风随时可能出现,为确隧道安全度汛、车辆的安全通行,根据其他隧道养护管理经验,结合钱江隧道的特点,参照《气象灾害预警信号及防御指引》,特制定本应急专案。

- 防汛抗台准备程序

a. 加强设备的维修保养。每年五月份前将公司管辖范围内各类水泵、排水管道、阀门、各水泵控制柜进行一次维修保养,以确保隧道内所有水泵能正常工作,排水系统运行正常。同时对防汛防台的备用泵在汛期前作一次的维修保养,确保能正常使用。

b. 为确保排水畅通,汛期前对各泵房内的集水井及隧道内横截沟污泥作一次清泥疏通工作,除按日常维修计划进行外,在汛期增加清除密度。另外,加强对设施的检查。

c. 对地面管辖范围内的窨井、下水道全面清除污泥,加强检查力度,一旦发现问题及时组织力量清理。

d. 对隧道内各漏水点作详细的普查,特别对隧道内和房屋的原渗漏点和影响安全用电的位置重点检查,发现问题,及时采取措施。

e. 在雷雨集中的季节前,对隧道范围内的避雷装置和接地装置进行检测。对供电系统设备做好继电保护和电气试验,确保安全用电。在台风季节来临前对隧道受风设施进行普查,如标识等,发现问题应及时解决。如遇难以解决的问题,应在 24 小时内向总公司养护部、项目公司、城市快速路监控中心和局应急中心。

f. 做好汛期物资准备,确保安全度汛。储备应急用的潜水泵、排水管、足够的草包、蛇皮袋、铁锹以及晚间施工所用的防爆手电筒等。

- 防汛抗台气象类别分析

按照国家气象局气象警报分为蓝色、黄色、橙色、红色四种,类别主要分为雾、风、暴雨、冰雹、雪灾、道路结冰五种,根据钱江地区的气象环境,发生比较多的是台风、暴雨。

a. 黄色预警信号。

台风黄色预警信号:24 小时内可能或者已经受热带气旋影响,沿海或者陆地平均风力达 6 级以上,或者阵风 8 级以上并可能持续。

暴雨黄色预警信号：6小时内降雨量将达50mm以上，或者已达50mm以上且降雨可能持续，或者1小时内降雨量将达35mm以上，或者已达35mm以上且降雨可能持续。

b. 台风橙色、红色预警警报、暴雨橙色、红色预警警报。

台风橙色预警警报：12小时内可能或者已经受热带气旋影响，沿海或者陆地平均风力达10级以上，或者阵风12级以上并可能持续。

台风红色预警警报：6小时内可能或者已经受热带气旋影响，沿海或者陆地平均风力达12级以上，或者阵风达14级以上并可能持续。

暴雨橙色预警警报：3小时内降雨量将达50mm以上，或者已达50mm以上且降雨可能持续。

暴雨红色预警警报：3小时内降雨量将达100mm以上，或者已达100mm以上且降雨可能持续，或者1小时内降雨量将达60mm以上，或者已达60mm以上且降雨可能持续。

➢ 防汛抗台应急事件实施程序

a. 防汛防台期间由交通监控员负责接收气象信息并及时做好记录，收到市气象台发出的台风、暴雨、高潮、雷雨大风蓝色预警信号和潮位达到4.2m预报后，即向值班长和总值班长汇报，情况紧急向养护公司总经理汇报。公司组织人员对要害部位和重点预防项目进行检查，并及时与公司养护部联系。收到市气象台发出的台风、暴雨、雷雨大风的黄色预警信号后，公司领导加强值班。

b. 当收到市气象台发出的台风、暴雨、雷雨大风的橙色及红色以上灾害预警信号或潮位达到4.5m，养护公司总经理启动防汛防台预案，抢险队伍应迅速到单位集结待命，防汛器材应处于备用状态。

c. 值班长立即通知变电站切断户外标识灯箱电源。各岗位人员应坚守岗位，不得擅自离岗，及时进行抢修以防突发事故发生。迎战台风的准备情况应及时报公司养护部、城市快速路监控中心和应急中心。

d. 交通监控员在收到市气象台发出的台风、暴雨、高潮、雷雨大风的黄色及黄色以上灾害预警信号后，应调整广播、情报板内容，向过往隧道的驾驶员传递气象信息，提醒驾驶员慢速行驶。

e. 巡检员（电力值班员）在汛期必须每班去每个泵房巡视，检查设备是否完好，检查集水井内水位情况。暴雨前，必须对集水井采取预抽空措施。暴雨时，必须加强对各泵房间巡查（日、夜班）。巡检员巡视情况必须在泵房间记录簿上详细记录。

f. 中控电力调度加强监视，发现泵房水位超高报警或水泵启动异常，立即通知巡检员去现场检查，采取措施。如不能立即解决，报值班长或总指挥。

g. 如防汛防台预案已启动，值班长须报告防汛防台领导小组，领导小组组织落实人员抢修，并做好异常情况处理记录。巡检员对变配电间及其楼面、屋顶的清扫检查，及时清理垃圾，特别防止塑料袋堵塞下水道口引起屋顶、泵房积水，以保证用电安全。

h. 巡检作业必须注意安全，车辆必须慢速行驶，非紧急情况，一般不可登高作业。

i. 台风、暴雨、高潮、雷雨大风等灾害天气影响隧道通行时，值班长作为第一责任人，调度当班有关人员进行现场处理，同时报告总值班长，并由总值班长负责向公司总经理、总公司养护部、项目公司及市政应急中心。

j. 台风、暴雨、高潮、雷雨大风等灾害天气影响隧道通行时，除立即组织现场抢险，必要时由公司总经理指派抢险支援组人员进行支援，同时向养护公司求救，养护公司予以人力和物力支援。紧急情况，如：隧道水泵不能及时抽水等，应向消防部门求救，情报板告知隧道行车注意安全。

k. 台风、暴雨、高潮、雷雨大风等灾害天气警报解除后，公司应立即组织人员对隧道设施设备情况进行巡检，发现病害和故障，立即组织抢修，确保通行安全。同时，将台风对设施设备造成的影响情况在24小时内报总公司养护部、项目公司、市政应急中心。

② 冰雪天交通应急预案

在严寒或降雪天气的情况下，隧道道口路面通常可能发生路面结冰、消防管道爆裂等事故，影响隧道通车功能的正常发挥。为了确保隧道设施设备在严寒或降雪天气能保持正常工作状态和过往设施车辆的安全通行，参照《气象灾害预警信号及防御指引》，特制定本应急专案。

> 防冻防雪预防准备程序

a. 土建维修班负责在12月份以前对管辖区域内外露的水管进行防冻处理。

b. 主任工程师负责进行防冻、防雪的物资准备和查点工作。

c. 主任工程师在12月前组织完成冬季前设备设施的普查。

d. 交通监控员收到严重冰冻或雪灾、道路结冰橙色预警信号后通知值班长，报运维公司总经理或总值班长。

e. 主任工程师和总值班长分别安排车辆管理责任人，对车辆进行防冻预防处理，如放尽水箱水，更换燃油，添加防冻液等。

f. 值班长通知隧道冲洗工作的负责人停止夜间各类隧道冲洗工作；并向牵引人员通报信息，要求牵引车辆轮胎使用柔性防滑链。

> 防冻防雪应急处理实施程序

a. 隧道光过渡段、敞开段路面为冰害的易发区域，应重点防范。当发生路面积冰预兆时，值班长应组织巡检员、运行管理人员以及其他当班人员将钠盐直接均匀铺撒在积水或潮湿路段，并将草包垫铺设于该区域路面上，作为防结冰的应急处理。

b. 巡检员或道口牵引排堵员发现路面结冰、积雪，影响车辆正常通行，应立即报告值班长。

c. 发现上述情况，值班长作为第一责任人，调度当班有关人员进行现场处理，同时报告总值班长。总值班长负责向运维公司总经理、公司养护部及快速路监控中心报告，启动防冻防雪预案。

d. 交通监控员应调整广播、情报板内容，向过往隧道的驾驶员传递隧道路面结冰、积雪信息，并将道口的电子限速板减为40km/h，提醒驾驶员慢速行驶。

e. 在发现隧道路面有少量结冰、积雪现象时，值班长应组织牵引排堵员用清扫车进行积雪清除工作。

f. 隧道路面出现大面积结冰时，值班长应组织巡检员用高压水枪破冰，并迅速将碎冰与积水清除。

g. 在紧急处置中发现人员紧缺而领导小组成员尚未到岗时（含夜间或节假日），值班长可调动公司其他当班组人员协同处理。若公司现场人力不足时，可按向交警110指挥中心、邻近消防中队、有偿组织路人协助的先后顺序发生出救援信息，同时报告总值班长，总值班长负责向运维公司总经理、总公司养护部及快速路监控中心报告。

h. 在发生严重冰冻期间，巡检人员应在中午检查消防管道，抽检消防栓及消防阀门。

> 紧急处置后的善后工作

a. 进行紧急处置后，值班长负责提出应急物资补缺申请，养护管理部负责落实。

b. 路面结冰、积雪清除后，值班长组织草包回收等路面清理工作。

c. 紧急处理完毕后，应立即组织人员对隧道设施设备情况进行巡检，发现故障，立即组织抢修，确保通行安全。

d. 事件和造成的影响情况在24小时内报运维公司总经理、公司养护部、市政应急中心。

③ 大雾天交通应急预案

为了确保大雾天气车辆顺利地从隧道过江，参照《气象灾害预警信号及防御指引》的要求，特制定本专案。

> 大雾天气紧急处置如下：

a. 在岗人员得到气象预测有迷雾天出现时，立即通知值班长，值班长将信息通报给总值班长和运维公司总经理，作好应急准备。

b. 在公司总经理未到岗前，由值班长在中控室统一指挥，调度各在岗人员，交通监控员应保持与市、区指挥部、客、车轮渡航运公司的联系。

c. 总值班长和公司总经理到达后到中控室指挥，运行管理部经理到江南道口实施现场调度指挥，运行管理部副经理到江北道口实施现场调度指挥，值班长实施现场管理。

d. 交通监控员重点监视道口交通情况，若机动车辆聚集混乱，通知公安局请求警力支援。

e. 交通监控员通知道口牵引排堵人员、设施巡视员和巡检员加强道口巡查与秩序维持，保证机动车辆正常通行。

f. 交通监控员加强对道口宣传安全事项。

g. 值班长通知隧道内及电气设备房工作人员暂停检修工作，同时迅速做好恢复工作。

h. 紧急处理完毕后，应立即组织人员对隧道设施设备情况进行巡检，发现故障，立即组织抢修，确保通行安全。

i. 将事件和造成的影响情况在24小时内报运维公司养护部、市政应急中心。

④ 隧道设备故障应急预案

为确保大隧道设备、设施的正常运转和隧道的安全畅通，结合隧道的特点，特制定本应急预案。当系统设备发生严重故障，现场人员无法修复时，启动本专案。

➤ 抢修工作程序：

a. 在岗人员发现设备故障，巡检员到现场进行功能性检修。无法排除故障应报告值班长，由值班长填写"设备、设施故障报修单"报修。

b. 重大故障发现后，发现人应采取有效措施，防止其扩大成事故并报告值班长。

c. 值班长立即报告总值班长和公司总经理，启动本预案，同时由总值班长通知总工程师要求抢修。

d. 值班长指挥巡检员和其他当班人员进行紧急处置，保障隧道正常运行最低的设备运行标准。

e. 抢修人员应在1小时（休假日2小时）内到达现场处理。

f. 若条件许可并经指挥许可，应以抢修形式连续作业，直至处理完毕。无法修复时，可先采取临时应急措施，降低其危害安全的程度，请厂商或专业维修人员进行检修，之后按设计要求恢复正常状态。

g. 维修完成后，值班长进行功能性验收，专业主管进行技术性验收。验收完毕后，总工程师负责对故障销项。

h. 设备抢修完毕后，应立即组织人员进行临时措施的恢复，恢复设备正常工作状态。同时，公司总经理负责将事件和造成的影响情况在24小时内向总公司养护部、城市快速路监控中心和应急中心报告。

➤ 抢修工作流程图

抢修工作流程如图6.3.35所示。

⑤ 重大交通事故应急预案

在隧道内发生车辆抛锚、事故时，为了保证牵引信息及时传递、牵引工作得到及时、全面和全过程的监控，全面快速做好牵引排堵工作，提高隧道牵引效率，确保隧道安全畅通，特制定本应急专案。

➤ 重大交通事故应急预案实施程序

a. 交通监控员获悉车辆事故信息后，将事故点画面切至主监视器，确认获悉的信息准确后，立即通知巡检技工赶赴现场。

b. 交通监控员应立即通知牵引人员到现场进行牵引除障工作，同时报清车类、位置。

c. 交通监控员应立即通知路政人员到现场进行查证，同时报清车类、位置。

d. 接到交通监控员指令后，隧道区域巡检人员应立即第一时间到现场采取安全措施，到现场进行交通指挥，疏导被阻车道的车辆有序地借道行驶，保证车辆事故只影响一条车道畅通。了解事件经过，向交通监控员报告现场情况和初步判断。在交警或牵引人员或路政人员到达后，配合他们做好现场测量、物损计量等处理工作。

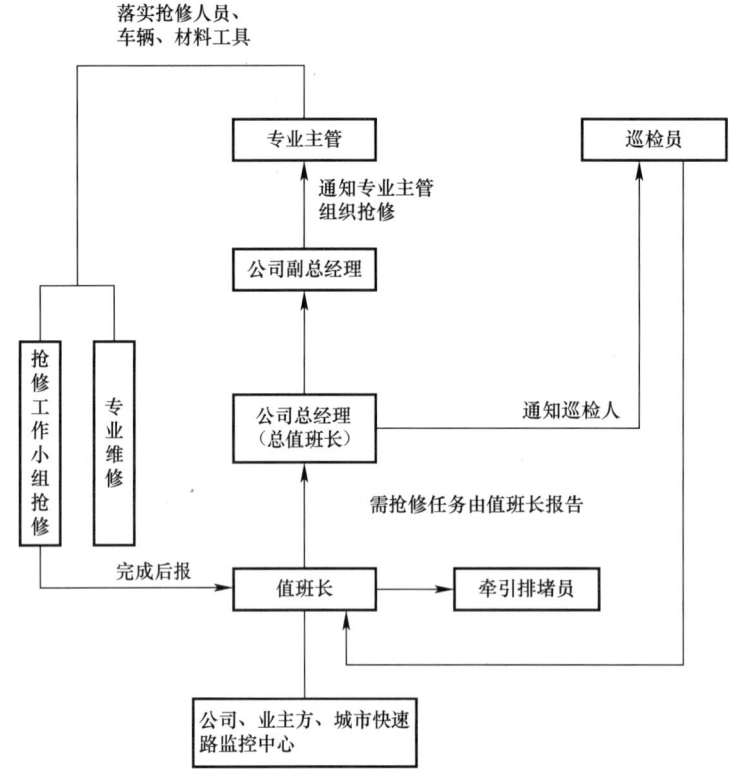

图 6.5.35 工作流程图

e. 处理完毕后,清除遗留在路面的垃圾,如需清理玻璃、机油等大量物品,应及时向值班长或交通监控员报告,值班长迅速组织巡检技工前往清理和清扫。

f. 值班长助理发现车辆事故后,变换情报板内容,向顾客传递车辆事故信息。当现场处理完毕,人员全部撤离时,变换情报板内容,将情报板恢复至正常显示状态。

g. 在车辆事故处理中,值班长助理负责广播的全程配合,提醒进入隧道的车辆注意安全。

h. 开启广播通知进入隧道的车辆注意安全,并保持广播内容的连续性。播放广播的步骤和要求见表 6.5.7。

播放步骤　　　　　　　　　　　　　　　　　　　　　　　　　　表 6.5.7

步 骤	时间要求	播放要求	播放内容
1	1 分钟之内	对抛锚点、事故点按现场情况宣传广播,相同广播内容重复五次	隧道发生车辆抛锚(事故)…
2	工作人员正赶往现场时	对抛锚点、事故点至堵塞点依次重复广播,直至工作人员到现场	工作人员正赶往现场…
3	工作人员在现场处理时	继续对抛锚点、事故点至堵塞点依次重复广播,直至事故点撤离	工作人员正在现场处理…
4	事故现场处理完毕后	继续对抛锚点、事故点至堵塞点依次重复广播,直至恢复正常通车	事故现场已处理完毕…

i. 在车辆事故处理中,值班长助理负责对现场全过程监视。在获悉车辆事故信息后,即将主监视器切至事故点进行监视,并保持到现场处理完毕。同时进行全过程录像。

j. 当交通事故导致单管隧道完全堵塞,在 15 分钟内无法开通一条车道,值班长应启动隧道运行调整方案,经交警同意命令运行管理员封锁道口,在交警配合下进行隧道交通调整。

k. 当单孔隧道内发生恶性交通事故,造成车辆无法移动,人员需立即离开隧道时,值班长同时启动紧急逃生预案。

l. 隧道发生事故后,有油料泄漏时,值班长应组织现场人员清理油污,将草包等送往现场铺垫在油污区域的路面上,将油吸干净。

m. 紧急处理完毕后,应立即组织人员对隧道设施设备情况进行巡检,发现病害和故障,立即组织抢修。确保通行安全。同时，将事件和造成的影响情况在 24 小时内报总公司养管部、项目公司、市政应急中心。

(4) 应急预案实施后的评估机制的研究

应急预案实施后的总结评估工作，是应急处置工作的一个重要环节，也是及时总结经验教训，改进工作方法，完善隧道高质量的应急预案和提高应急处置能力的一项重要工作。

应急预案实施后评估工作应坚持"客观、公正、科学"的原则，力求准确、精简、高效。

1) 评估目的和方法

通过评估，判断应急预案的质量和效率，发现存在的问题，总结经验教训，寻找有效的解决手段，为下一轮应急处置工作提供有效借鉴信息；修订完善隧道突发事件各专项应急预案，进一步健全应急管理体系和运行机制。

对承担隧道突发事件应急处置工作的部门和个人表现给予客观公正的评价，并以此作为突发事件应急处置工作奖惩的重要依据。

评估工作应坚持定性评估与定量评估相结合，以定性评估为主；坚持专家评估与专业技术人员评估相结合，以专家评估为主的方法进行评估。

2) 评估内容和程序

① 评估内容

➢ 突发事件的起因、性质、影响、后果、责任。

➢ 突发事件预测、预警的及时和准确性、预防措施的有效性、应急决策的科学性、指挥和行动协调能力、应急保障能力、现场处置能力、恢复重建能力。

➢ 突发事件管理体制、组织机构设置和运行机制的合理性、有效性。

➢ 总结突发事件处置中的正面经验和负面教训。

➢ 概算突发事件处置取得的效果和付出的代价以及应急投入与收益比差。

➢ 对参与突发事件应急处置的部门和个人给予客观公正的评价。

➢ 各方面对突发事件应急管理的认识程度、观念和理念。

② 评估程序

➢ 参与突发事件处置和应急救援全过程，搜集评估信息。

➢ 突发事件处置结束后，应急预案评估小组召开评估会议，对评估信息汇总分析，集体讨论得出评估结论。

➢ 评估小组向业主和上级相关部门提交评估报告。

➢ 对评估工作进行小结。

3) 评估报告内容

突发事件的发生时间、空间、成因、危害强度、危害范围、人财物损失、危机影响诸情况的详细描述。

突发事件应急预案的具体执行情况，各项应急对策的有效性评判；应急预案个案案例经验的总结，存在的不足和应当吸取的教训，并提出预案修订相关建议。

突发事件处置管理全过程，包括各级应急管理工作责任人对突发事件的监测预警、预防措施，贯彻执行上级应急指示和命令，处置程序、采取方法、时机把握、应急成本和最后结果以及管理漏洞的详细描述。

对整个突发事件管理中的成效和不足的总结，为完善突发事件管理工作提供有效对策建议。

对参与突发事件应急处置工作的部门和个人的评价意见。

4) 评估结果处理

应急预案评估小组向业主提交突发事件处置总结报告和应急预案修改建议。

由业主审定总结报告并做出预案修改决定。

应急预案评估小组协同并指导各专项预案制定部门修改预案，并报业主同意后，由业主办公室予以印发。

以后评估结论为案例，加强应急管理工作理论研究，为隧道的突发事件预案演练提供参考依据。

业主根据评估小组对突发事件处置工作参与部门和个人的评价，做出相应的奖惩处理。

5) 应急预案实施评估表

应急预案实施评估表见表6.5.8。

应急预案实施评估表 表6.5.8

序号	项目		预案文本描述	实际实施情况
1	预案启止情况（时间、节点）	启动时间		
		应急人员到岗时间		
		应急物资、设备到位时间		
		封闭交通时间		
		人员、物资、设备等撤离时间		
		开放交通时间		
		预案结束时间		
2	天气情况	风力等级		
		降雨量/降雪量/雾级		
		其他		
3	应急人员、队伍动用情况	序号	种类	数量	种类	数量
		1				
		2				
4	现场应急处置流程（附不同流程图片，至少3张）			
5	应急物资、设备动用情况	序号	种类	数量	种类	数量
		1				
		2				
6	信息处理情况	收到警报、预案启动等通知的时间		
		上报上级相关部门的时间		
		收到预案结束通知的时间		
7	其他情况			
总体评估结论（主要描述尚待改进之处）				
单位负责人：			时间：	

（5）应急预案实施的培训与演练的研究

1) 应急预案的培训

应急预案培训就是使所有相关人员了解并掌握应急预案的全部内容及相关知识，达到熟练掌握预案内容及要求，明确职责和履行职责的具体程序。

① 培训的目标要求

清楚使命、职责、任务、资源、联系。

➤ 使命：实施应急救援的总体目标；

➤ 职责：岗位的工作内容及责任；

➤ 资源：实现任务的方法和资源；

➤ 联系：在应急预案实施中，相互间信息的沟通与传递。

② 培训的方式

➤ 自学；

- 讲座；
- 模拟；
- 练习。

③ 培训的内容

针对不同的人员和不同的预案培训的内容和要求各不相同，以下仅介绍事故应急救援的主要相关人员为对象所必需的基本培训内容和特殊条件下的应急救援培训。

- 基本培训

基本培训是指对参与应急行动的所有相关人员进行的最低程度的培训。要求应急救援人员了解和掌握识别基本的应急救援基本程序、各项措施，应急报警行动，应急人员职责、信息发布与沟通、组织、救援与现场恢复等。

处于发现险情报警的岗位人员培训并使之了解、掌握：

a. 危险显现特征及潜在后果；

b. 自身的责任及作用；

c. 可以利用的必须资源；

d. 事故初期的操作和程序；

e. 事故的报警与人员撤离。

事故预防和紧急抢险人员培训并使之了解、掌握：

a. 危险的识别与分级；

b. 风险评价技术；

c. 自救设备选择与使用；

d. 危险控制技术及消除操作；

e. 危险物质的消除技术与程序。

专业应急救援人员培训并使之了解、掌握：

a. 识别、确认危险状况；

b. 应急救援预案岗位功能与作用；

c. 特种防护器材选择与使用；

d. 危险评估和风险评价技术；

e. 各类危险专业控制技术；

f. 事故救援；

g. 事故消除与系统恢复程序及技术；

h. 常用的危险化学、生物、放射的术语和表达形式。

应急救援指挥人员培训并使之了解、掌握：

a. 应急救援预案的启动；

b. 协调与指导应急行动的指令与反馈；

c. 合理调用应急资源；

d. 信息的发布时机与报告事宜；

e. 后勤支援的管理；

f. 外部系统的支持；

g. 应急救援总结与事故善后处理。

- 应急救援人员的特殊培训

基本应急预案培训提供了一般情况应急预案培训，但在实际救援过程中，救援人员可能处于化学伤害、物理伤害、放射性伤害等特殊危险之中，掌握一般的应急救援技术是远远不能保护这些人员安全的，特殊培训主要是针对这种特殊状态下的事故应急救援培训，主要有接触危险化学物品受限空间营救、沸腾液体扩展蒸汽爆炸等专业培训。特殊抢险救援人员培训应由具有资质的专门机构培训，并取得合格证书。

接触危险化学品

a. 危险化学品的理化性质及危险特性，如爆炸、燃烧、聚合、反应等知识；

b. 对人的侵害途经及浓度，包括：短时间接触允许浓度、最高允许浓度、危险浓度；

c. 急救与治疗要点；

d. 撤离要求；

e. 防护知识、技术与设备。

受限空间的抢险救援人员培训

a. 受限空间是指缺少氧气或充满有毒气体及有爆炸危险的浓缩气体的隧道空间，需要使用呼吸防护设备的应急救援；

b. 受限空间危险的辨识知识；

c. 有害气体的物理化学特性；

d. 应急救援程序和行动计划；

e. 营救过程意外情况应对处置。

2) 应急预案的训练和演习

① 应急预案的训练

应急预案训练与演习是检验培训效果、测试设备和保证系统的应急预案和程序有效的最佳方法。其目的是：

使应急救援人员能进入"实战状态"，熟悉各类应急预案程序和操作；

明确自身的职责，提高应急救援行动协调与实战水平；

应急管理人员检验和评估应急预案的有效性、充分性，以不断完善应急救援预案。

一般来说，训练和演习是相互联系，但又不完全相同的。

➢ 应急预案基础训练

基础训练一般指应急队伍的队列、体能、防护装备、通信设备的使用训练，目的是训练应急抢险队伍的良好战斗意志、作用及个人防护、通信设备的使用。

➢ 应急预案专项训练

专项训练是针对一定的专项应急抢险任务进行的训练，是提高应急队伍实战水平的关键，包括：专业知识、事故源清、现场技术等，目的是使应急队伍具备相应的抢险专业技术，提高救援水平。

➢ 应急预案战术训练

战术训练主要指：应急队伍的综合训练和各专项技术的综合运用。通过训练使各级指挥人员和抢险人员具备良好的组织指挥能力和实际应变能力。

应急队伍的训练可采取自训、互训、岗位训练和脱产训练，分散训练和集中训练。一般来说，为提高应急抢险水平，多种形式综合使用。不论任何训练都应制订训练计划，并进行考核与总结。

② 应急预案的演习

➢ 应急预案演习的必要性

应急预案演习是一种以假设为前提的应急抢险预案"实战"操作，是检验、评价和保持应急抢险能力的重要手段。可在事故真正发生前暴露预案和程序的缺陷；发现应急资源、设备、人力方面存在的问题；其作用是：

提高应急人员应急救援能力和水平；

进一步明确各自的岗位与职责；

改善各应急部门、机构之间的协调能力；

增强应对突发重大事故的认识和社会防范意识。

➢ 应急预案演习应考虑的因素

应急预案有关应急工作的具体要求；

面临的风险性质及大小；

演习的成本及资金情况；

应急组织资源准备情况；

国家及地方政府的要求。

➢ 应急预案演习的策划与准备

成立演习策划小组；

确定演习任务与参与范围；

编写演习方案；

确定演习现场规则；

确定演习日期；

分发演习工作文件；

指定培训和评价人员；

演习前培训。

➢ 演习总结

应急演习结束后，对演习的效果做出评价，并提交演习报告，详细说明演习过程中发现的问题，包括不足项、整改项和改进项。

不足项：可能导致在紧急事件发生时，不能确保应急组织或应急抢险体系有能力采取合理应对措施，保护公众的安全与健康。

整改项：虽然对应急救援工作目标未受到根本影响，但实现过程中存在缺陷。

在有两种情况下，整改项可列为不足项：一是一个组织存在两个或以上整改项，共同作用可影响保护公众安全与健康能力的；二是一个组织在多次演练过程中，反复出现前次演练发现的整改项。

改进项：指应急准备过程中应予改善的问题。

每年会按照上述程序组织各类应急预案的培训和演练，以提高现场应急抢险和救援的综合素质，以最大限度降低事故危害，减少损失，保证设施的安全畅通运行。

6.5.3.2　隧道运营安全管理内容转化成计算机软件输入输出参数的研究

（1）预案触发的逻辑关系

通过分析和研究，钱江隧道运营安全管理系统与宝信一体化监控指挥平台进行集成，完成各类报警事件源和预案的可视化管理和执行。根据应急事件的发生和处置过程。具体实现的关键技术，通过对报警事件源的管理、预案的管理、报警事件源与预案的关联管理、预案的执行，予以实现。其输入参数和输出参数，预案触发的逻辑关系如图6.5.36所示。

在宝信一体化监控指挥平台iCentroView的报警联动系统中，通过自动的和手工的触发，联动服务接收到信息，确定联动执行动作，通过服务端的联动服务，或者发送消息给SCADA服务端，直接触发相应预案，或者通过客户端的动作来执行联动预案，预案的执行原理如图6.5.37所示。

（2）报警事件源管理

报警事件源，是指在隧道运营安全管理系统中，触发联动预案或应急预案的事件源，根据隧道运行的特点，分为报警源和事件源两类。

报警源：它可以是系统中一些智能化监控设备的监控参数的值超过或低于某限值，比如对于隧道的安全造成威胁或危害的环境指标等；也可以是系统中的报警，如火灾报警、设备故障、电源异常、照明异常等；另外也有一些条件的组合，比如两个监控参数同时满足一定条件时，在系统中定义为触发条件成立。

事件源：它一般是指应急事件的发生，对于这些事件，监控人员可能是通过人工或者信息媒体感知

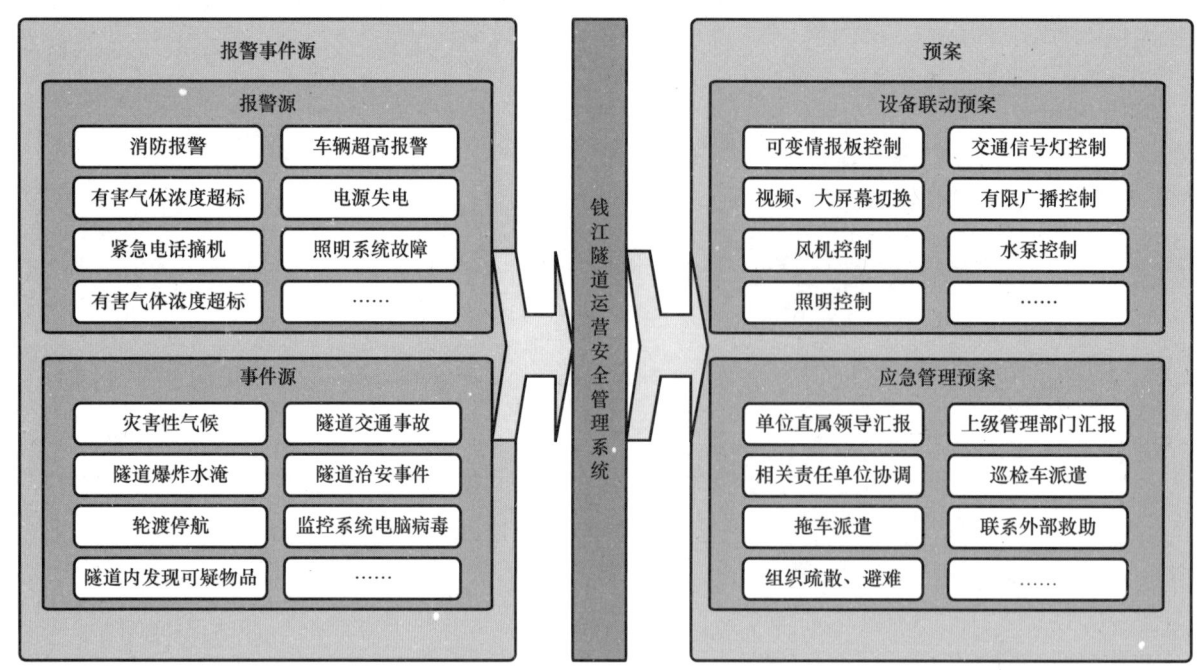

图 6.5.36　预案触发逻辑关系图

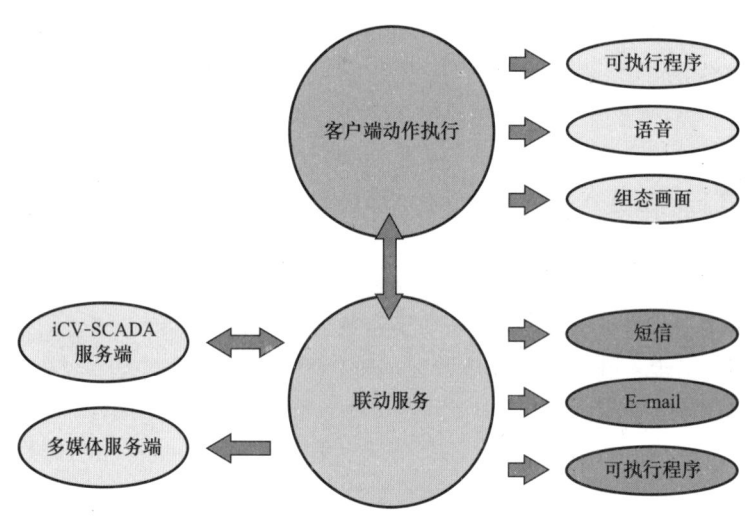

图 6.5.37　预案执行原理

而非设备监控系统自动获得，比如某些交通事故、灾害天气、社会治安事件等，这些事件同样会对隧道运营的安全带来威胁，有的甚至能在短时间内加剧或者蔓延、扩散的可能。

本系统提供对报警事件源的添加、修改、删除、浏览、导入、导出的功能，在系统建设时，将已知的报警事件源进行分类、整理并录入系统，对于目前未知的报警事件源，可以在系统运行过程中逐步实现添加，目前已知的隧道运营过程中的报警事件源举例如下：

灾害性气候报警事件源；

隧道交通事故报警事件源；

隧道火灾事故报警事件源；

不间断电源系统报警事件源；

隧道紧急电话摘机报警事件源；

隧道消防管爆裂报警事件源；

隧道治安报警事件源；

隧道化学危险品、有毒气体泄漏报警事件源；

隧道设施爆炸报警事件源；

隧道爆炸事故报警事件源；

隧道水淹事故报警事件源；

隧道内发现可疑物品报警事件源；

恐怖威胁报警事件源；

临时非机动车辆和行人通行报警事件源；

监控系统电脑病毒报警事件源；

食物中毒报警事件源；

节日交通高峰事件源；

接到重要交通保卫任务事件源

管理用房火灾报警事件源；

隧道超限车辆误入报警事件源；

隧道主电源失电报警事件源；

隧道各系统故障报警事件源；

隧道运行中的其他异常情况报警事件源。

(3) 预案项的管理

预案项，是指一项预先决定的执行方案，即当某一触发事件成立时，或发生某一报警时，系统中预先配置好的需要执行的一系列操作。根据隧道运行的特点，系统平台内将预案分为设备控制预案和应急预案两类。

设备控制预案项：事件发生时，隧道运营管理部门的监控管理人员需要对一系列设备进行操作，包括对事件进行辅助复核的相关监视系统设备，消灾、减灾用设备，疏散、引导用设备等，系统中设置设备控制预案的意义在于在事件发生时，系统对设备控制过程的标准化和规律化。

应急预案项：事件发生时，隧道运营管理部门需要在第一时间内进行汇报、协调资源、指挥救灾、疏散引导，过程是繁多的，容易顾此失彼，因此需要有效管理、有序管理，对于每一种类型的事件，形成固定的、标准的、规范的应急响应和指挥预案。

本系统提供对联动预案的添加、修改、删除、浏览、导入、导出的功能，以便项目实施人员围绕应急预案，建立完善的应急信息库。在系统建设时，将已知的预案项目进行分类、整理并录入系统，对于目前尚未列入系统的预案，一旦确定在某种事件发生的情况下需要执行，可以在系统运行过程中实现添加。

隧道运营安全管理系统设备联动控制预案库举例如下：

可变情报板控制；

交通信号灯控制；

公共广播控制；

隧道内风机控制；

隧道内水泵控制；

隧道内照明控制；

语音报警联动控制；

客户端视频切换；

大屏幕布局改变；

大屏幕视频切换；

客户端画面切换；

客户端预案执行过程显示与确认；

通过客户端指导监控管理人员执行应急管理预案，如：

向单位直属领导汇报；

向上级管理部门汇报；

相关责任单位的协调；

巡检车的派遣；

拖车派遣；

联系外部救助；

组织疏散避难；

其他工作。

(4) 预案的管理

预案与预案项之间为一对多的关系，定义为一系列预案项的集合。比如某一组风机的控制、某一组交通灯的控制、某几个水泵的控制、某一块情报板控制、视频弹出、大屏幕控制、广播响起，这些预案项，归为一个预案，取唯一的 ID 或名称为"隧道东线 K11+200 火灾报警联动预案"。

钱江隧道运营安全管理系统的预案管理包括预案的新增、编辑和删除的功能。

预案的类型可以分为：

灾害性气候预案；

隧道交通事故预案；

隧道火灾事故预案；

不间断电源系统报警预案；

隧道紧急电话摘机预案；

隧道消防管爆裂报警预案；

隧道治安报警事件预案；

隧道化学危险品、有毒气体泄漏报警事件预案；

隧道设施爆炸报警事件预案；

隧道爆炸事故报警事件预案；

隧道水淹事故报警事件预案；

隧道内发现可疑物品报警事件预案；

恐怖威胁报警事件预案；

临时非机动车辆和行人通行报警事件预案；

监控系统电脑病毒报警事件预案；

食物中毒报警事件预案；

节日交通高峰事件预案；

接到重要交通保卫任务事件预案；

管理用房火灾报警事件预案；

隧道超限车辆误入报警事件预案；

隧道主电源失电报警事件预案；

隧道各系统故障报警事件预案；

隧道运行中的其他异常情况报警事件预案。

(5) 报警事件源与预案的关联管理

系统中添加了报警事件源和预案后，那些信息都是静态的，需要将报警事件源和预案建立关联关系，比如火警的报警源与火警的相关预案相互关联，当发生火警时触发相关火警的设备联动预案和应急指挥预案；隧道水淹的事件源与隧道水淹的设备联动预案和应急指挥预案相关联，当发生隧道水淹事件时，触发相关水淹的设备联动预案和应急指挥预案等。

这种关联是交叉的，多对多的关联，即同一报警事件源触发多个预案项目（比如火警触发切换视频大屏、启动风机水泵、汇报上级领导等），同一种预案可以被多种事件触发，比如火警需要切换视频大屏幕，发生治安事件也需要切换视频大屏；灾害天气需要发布信息至情报板，交通事故也同样需要发布信息至情报板等。

后期的报警事件源和预案的添加，同样需要做这样的关联，修改已有的执行方案，添加新的执行方案等，用户可以在后期系统运行期间实现，关联管理的系统界面举例如图 6.5.38 所示。

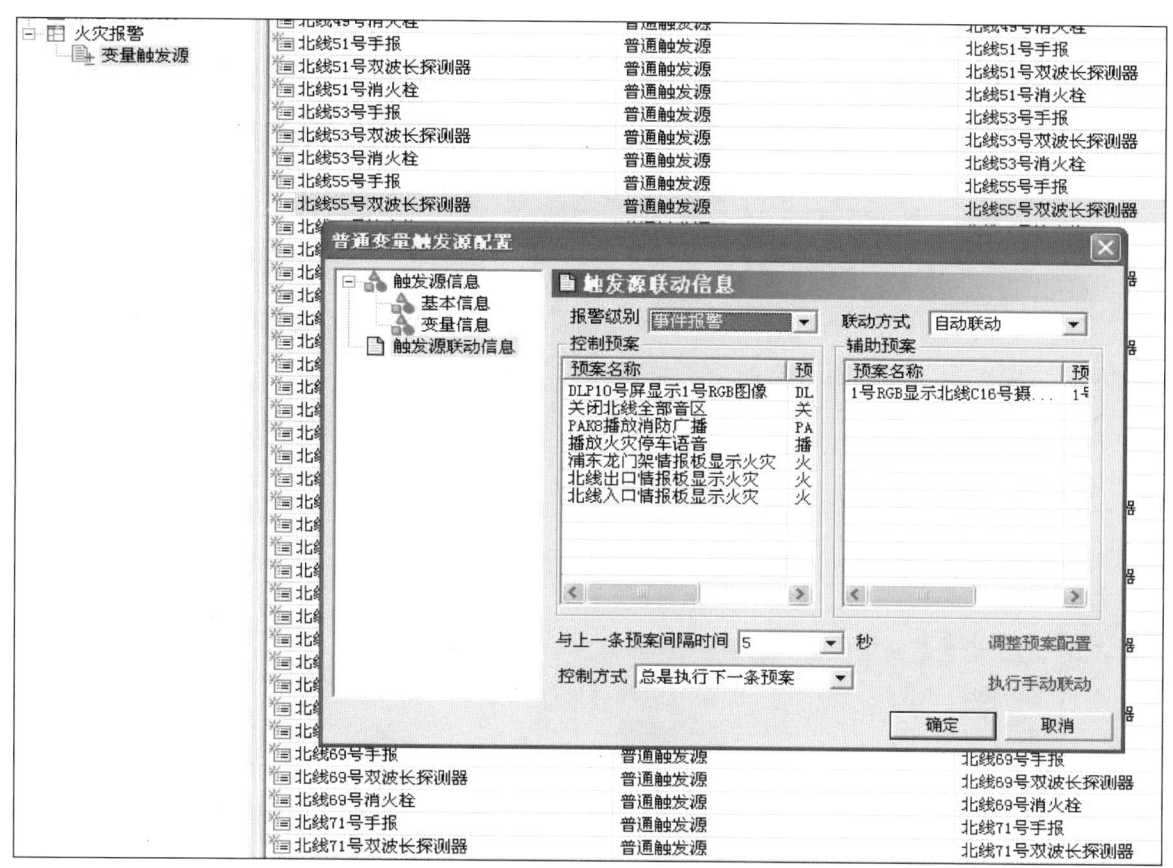

图 6.5.38　关联管理的系统界面举例

(6) 报警/事件的获取与联动的执行

通过在本系统的数据采集功能中进行自动化数据采集，获取设备参数、环境参数，当设备参数和环境参数的值超过所配置的限值时，系统中获取一个报警事件；通过在本系统中进行人工操作，系统获取人工感知事件。

钱江隧道运营安全管理系统，引入了确认机制，联动的执行可以是手动的或者是自动的，也可以是延时启动的。当运营安全管理系统获取到报警或事件发生的信息时，系统根据预先配置好的执行方案，进行手动、自动、延时启动设备控制预案或应急管理预案。

在充分集成的基础上，可以方便地按照预先定义的业务规则和逻辑关系，实现基于事件的连锁控制功能，从而保证在触发条件成立时，各设备和系统按照预先定义的规则自动完成其功能；异常情况时，按照规则自动执行联动预案，提高应急事件处理效率；正常情况时，按照预案组织交通和运行维护，降低成本。在系统正常运行期间，用户根据实际需要能够调整修改报警事件源和联动预案的配置，提供了优化联动预案手段。

在发生报警联动时，用户可以清楚地看到联动的执行过程，在客户端操作站的界面上，提供了报警信息的显示，以及本报警所触发的所有联动动作的执行状态，用户通过此界面可以获知系统发生了什么事件，目前已经执行了哪些联动动作，成功与否，还有哪些动作未执行等等。

图 6.5.39 描述了火警事件发生、判断、联动执行、结束收尾的整个过程。

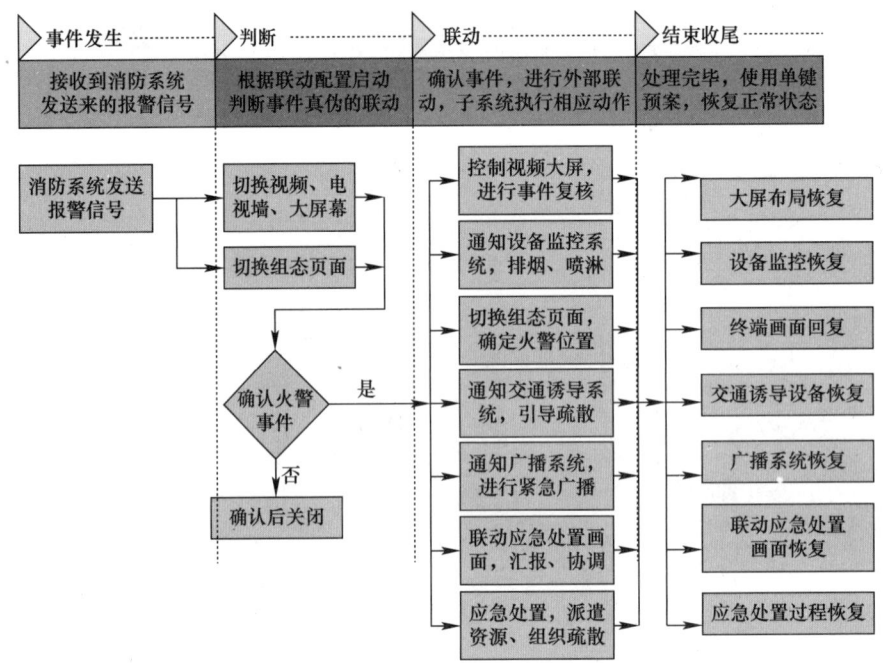

图 6.5.39 关联管理的系统界面举例

6.5.3.3 隧道运营综合安全管理应用系统的研究

（1）事件报警模块的研究

1）事件报警模块概要

事件报警模块包含了以下子模块：

事件报警服务子模块：主要提供报警与事件报告，该模块是通过发送报警来报告需要确认的关键消息（如块的值超过了报警限时）及通过发送事件来报告那些不需要确认的非关键信息。

报警列表子模块：显示当前系统中的报警信息。在报警列表中，可以完成报警确认，报警删除的功能。报警列表同时具有报警过滤、排序的功能。当报警到来时，使用报警音响和浮动窗口形式提醒操作员。

事件报警接受子模块：提供给其他程序接口，供其将事件报警消息发送给事件报警服务。

事件报警 API 子模块：事件报警服务提供的远程获取当前发生的事件和报警的调用接口，供其他应用程序获取事件和报警，如制作当前报警列表。

2）事件报警模块功能子模块设计

事件报警模块详细情况如图 6.5.40～图 6.5.43 所示，事件报警功能模块列于表 6.5.9。

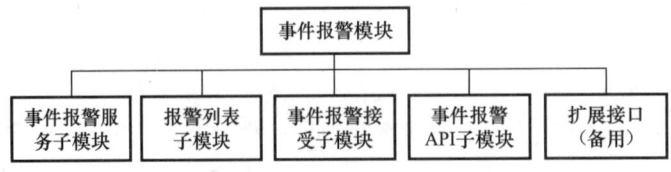

图 6.5.40 事件报警模块图

第 6 章 钱江隧道施工关键技术研究

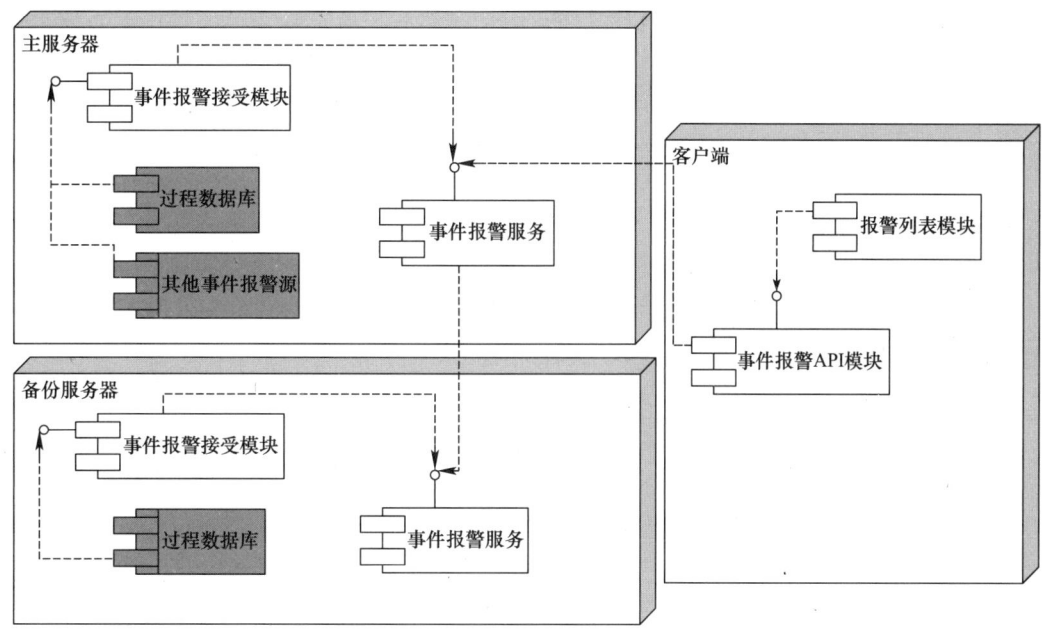

图 6.5.41 事件报警模块功能子模块部署图

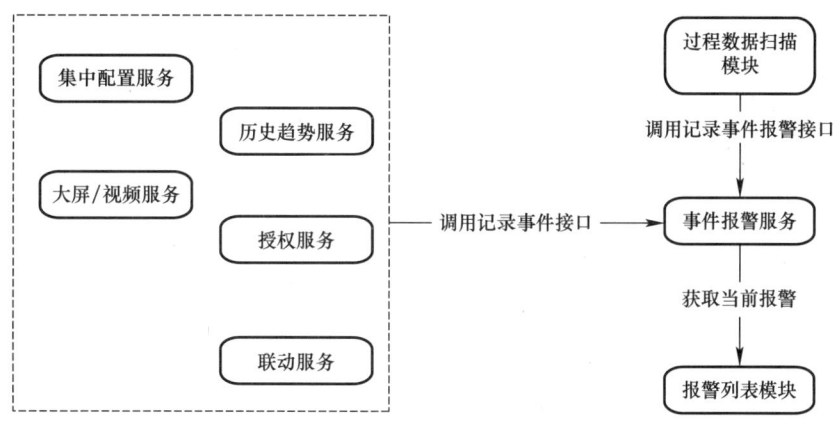

图 6.5.42 事件报警模块进程关系图

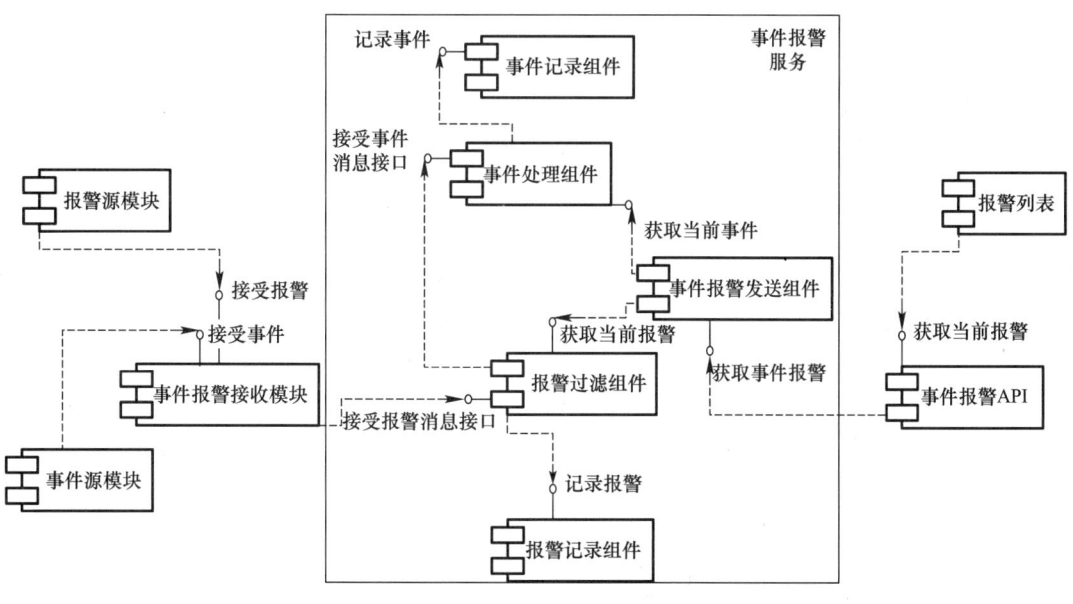

图 6.5.43 事件报警模块组件图

事件报警功能模块列表　　　　　　　　　　　　　　　　　　　　　　表 6.5.9

设计模块	对应功能模块或功能点	备注	设计模块	对应功能模块或功能点	备注
EAService.exe	事件报警服务子模块		EAAcceptor.dll	事件报警接受子模块	
AlmSum.ocx	报警列表子模块		EAAPI.dll	事件报警 API 子模块	

（2）事件报警服务子模块的研究

1）事件报警服务子模块概述

事件报警服务子模块的主要任务是通过事件报警接受子模块提供的接口从事件和报警源那里获取到报警和事件，并通过事件报警发送子模块提供的接口将其发送给事件和报警目的地，其功能包含：

可以向报警事件目的地分发报警和事件（注册/分发机制）。

实现支持变量报警，操作员事件，系统事件以及支持报警区域和报警级别。

实现本地存储报警和事件。

实现按报警优先级过滤：一旦启动按报警优先级过滤，可以按预先设置的报警级别过滤掉优先级比较低的变量报警。

实现雪崩报警的处理：一旦启动按报警区过滤，可以过滤掉某个或多个报警区的变量报警。

提供报警和事件的冗余：通过调用 RMDSAPI 将报警和事件从活动服务器中发送到非活动服务器上，从而实现报警和事件的冗余。为了解决主备机切换时报警的丢失，采取在备份服务器上建立一个缓存，存储一定时间范围内的当前报警，当备机切换成主机时，它会检查从主机获取的报警和自己缓存中的报警，如果从主机那里获得报警包含了自己缓存中的报警，则删除缓存中的报警就可以了，否则要将自己缓存中报警添加到从主机获取的报警中。

提供过滤方案的冗余：从联动那边获取到的过滤方案，通过调用 RMDSAPI 将其从活动服务器中发送到非活动服务器上，从而实现报警和事件的冗余。

2）事件报警服务子模块设计

事件报警服务子模块流程及主要的类和类图见图 6.5.44 和图 6.5.45，表 6.5.10 为事件报警服务子模块主要的类的详细分类。

事件报警服务子模块主要的类列表　　　　　　　　　　　　　　　　　　表 6.5.10

类名	类的类型	主要职责
CEAManage	控制类	程序运行的入口，负责启动相关的线程
CEADataProcessThread	控制类	负责主备机之间的数据传输，备机从主机那里获得数据
CEASer	控制类	负责侦听客户端连接及向刚注册的客户端发送历史报警
CEASender	控制类	负责发送报警给那些已经注册的客户端
CEAEventSender	控制类	负责发送事件给那些已经注册的客户端
CShrdMemoryRead	边界类	负责从进程之间的共享队列中获取数据：报警，事件和过滤条件
CEAClientList	实体类	负责管理客户端信息链表
CEAClient	实体类	存储客户端信息
CAlarmFilter	控制类	对报警进行过滤：按优先级或报警区
CEventProcess	控制类	对事件进行操作：存储，传事件给事件发送线程，发送事件到备机上
CTriggerFilter	实体类	存储过滤类型：按优先级过滤，按报警区过滤
CAlarmProcess	控制类	负责对报警进行处理：存储，传报警给报警发送线程，发送报警到备机上
CAlarmStore	控制类	负责 BDB 的操作：插入，删除，更新，查找等

续表

类 名	类的类型	主要职责
CSQLiteOperator	控制类	负责 SQLite 的操作：插入，删除，查找等
CAlarmAuth	控制类	验证权限
CEAServiceInfo	实体类	保存服务器的基本信息

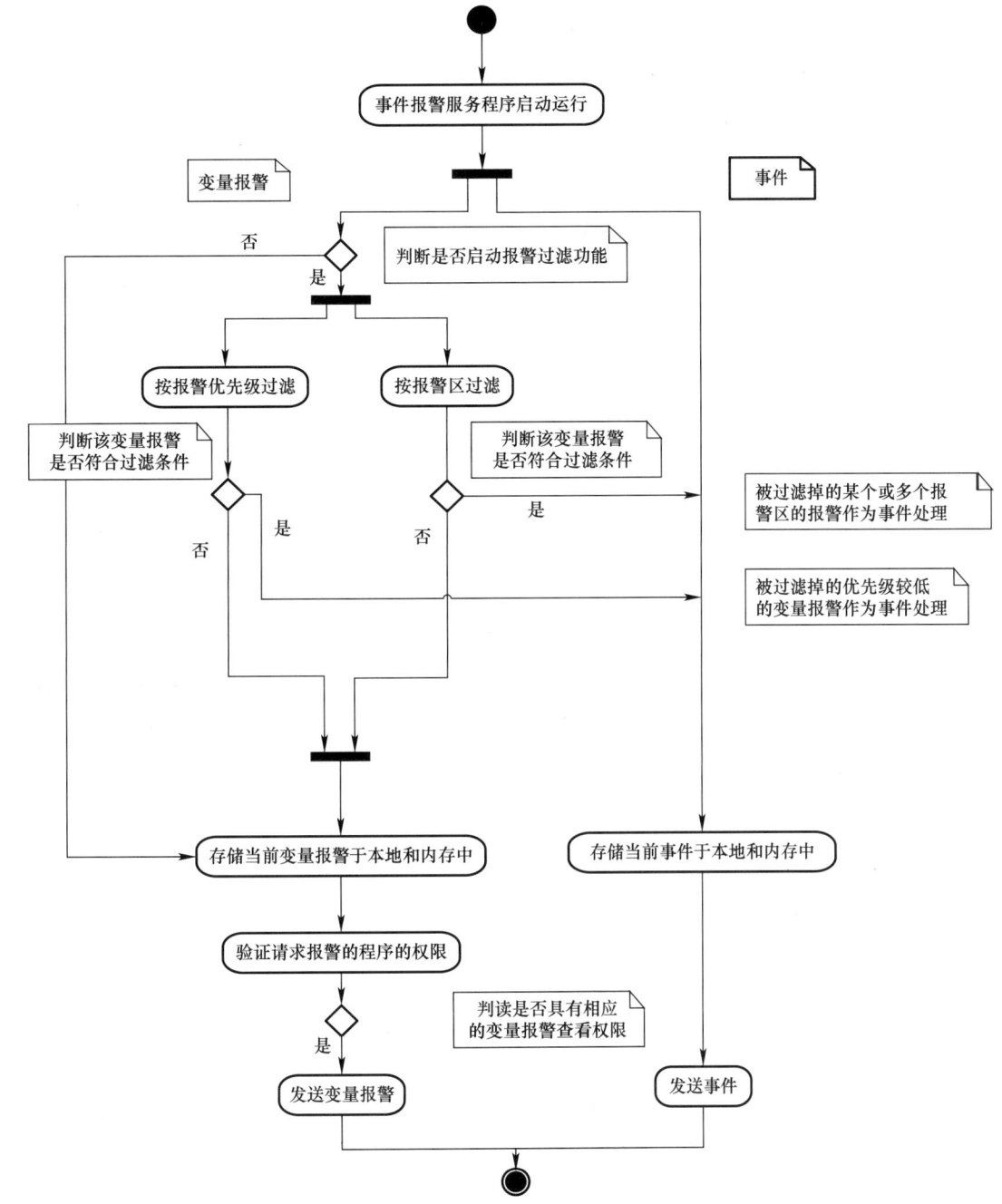

图 6.5.44　事件报警服务子模块流程图

（3）事件报警接受子模块研究

1）事件报警接受子模块概述

事件报警接受子模块主要任务是提供给其他程序接口，供其将报警和事件及报警过滤条件发送给报警事件服务。

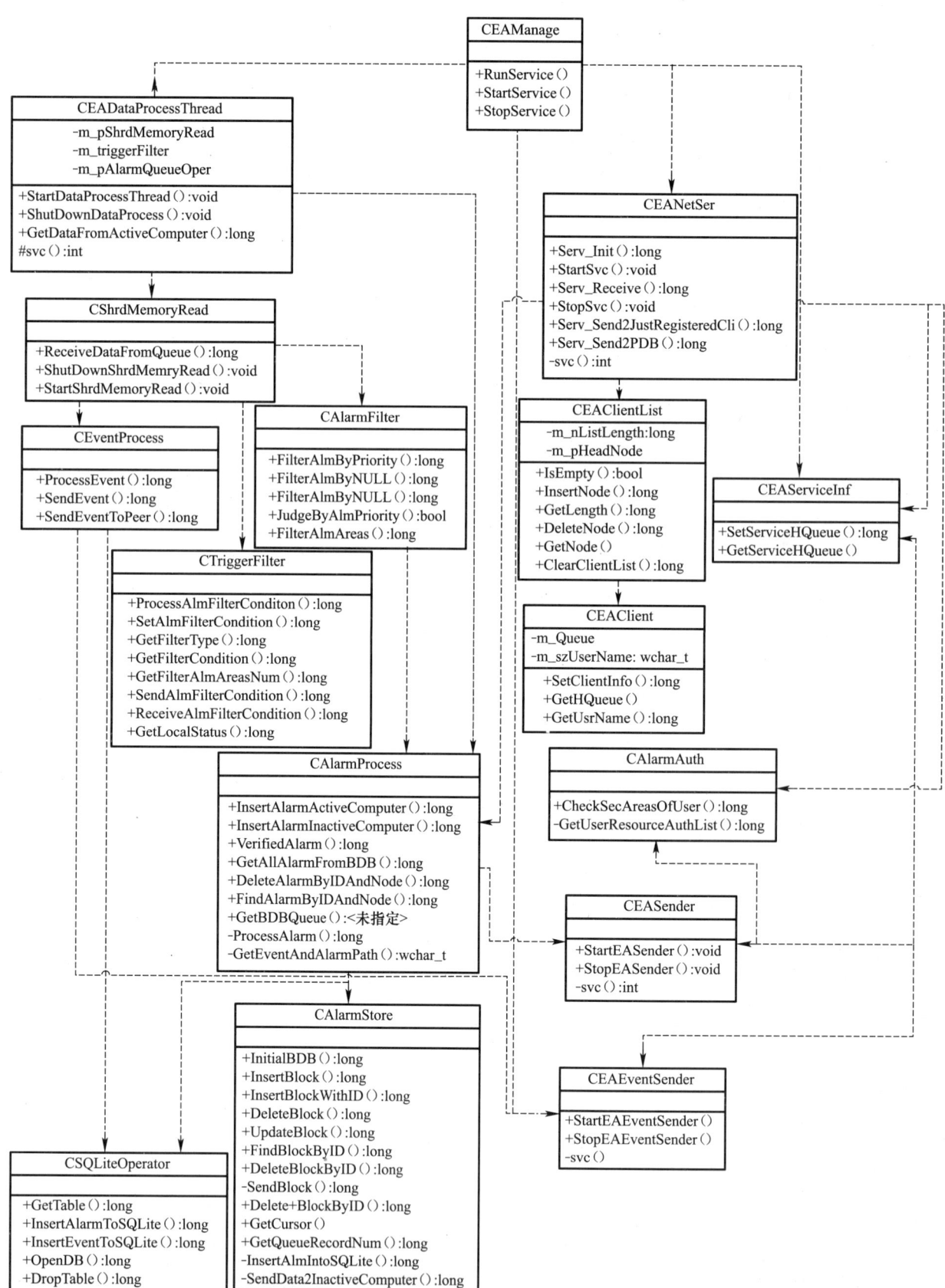

图 6.5.45 事件报警服务子模块主要的类和类图

2) 事件报警接受子模块设计

事件报警接受模块提供的 API 接口分类见表 6.5.11，主要类和类图见图 6.5.46 所示。

接口列表　　　　　　　　　　　　　　　　　　表 6.5.11

接口定义	描　述
longEA_SendAlarm（TAlm_BlockAlm &blk_alm, char * szAreas, long lAlmAreasNum, char * szSecAreas, long lAlmSecAreasNum）	发送一条变量报警，返回值：标准错误代码（下同）
long EA_SendEventMsg（TAlm_EventMsg &event_msg, char * szAreas, long lAlmAreasNum）	发送一条事件
longEA_SendVerifiedAlarm（TAlm_VerifiedBlockAlm &verified_msg, char * szAreas, long lAlmAreasNum, char * szSecAreas, long lAlmSecAreasNum）	发送一条确认的变量报警
long EA_SendAlmFilterCondition（longlFilterType, char * szFilterMsg, long lAlmAreasNum）	发送过滤条件

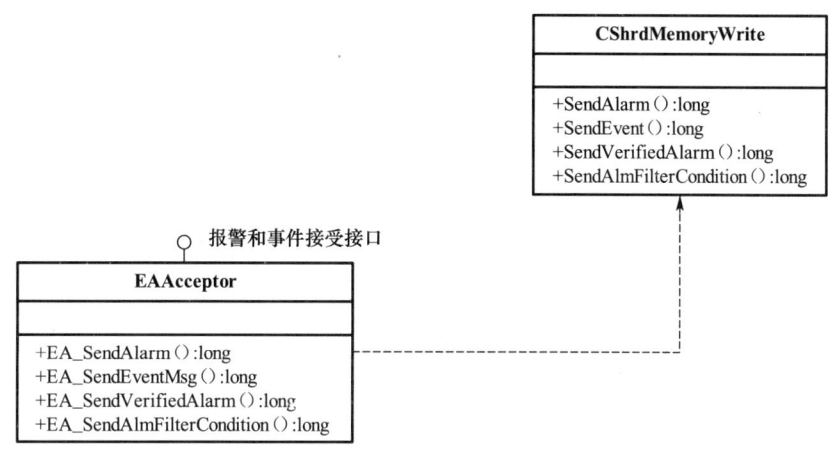

图 6.5.46　主要类和类图

(4) 事件报警 API 子模块的研究

1) 事件报警 API 子模块概述

事件报警 API 子模块的主要任务是提供给其他程序接口，供其从事件报警服务那边获取到当前的报警和事件。

2) 事件报警 API 子模块的接口

事件报警 API 模块对外提供的 API 接口见表 6.5.12 所示，主要类图如图 6.5.47 所示。

接口列表　　　　　　　　　　　　　　　　　　表 6.5.12

接　口	描　述
long EA_Register（HALARM * pHalarm, PFN_AlmCallBack fnAlmCallBack, char * szUserName, long lEAType）	带用户名进行注册，向本节点相关 SCADA 节点获取报警/事件信息，注册报警之后，相关的报警/事件信息将会自动"推送"到本节点
long EA_Unregister（HALARM hAlm）	注销注册请求
long EA_Ack（HALARM hAlm, TAlm_ID * pAlmId, char * szNodeName）	确认一条变量报警
long EA_Delete（HALARM hAlm, TAlm_ID * pAlmId, char * szNodeName）	删除一条变量报警
EA_Register_Read（HALARM * pHalarm, PFN_AlmCallBack fnAlmCallBack, char * szNodeName, long lEAType, char * szAlmAreas, long lAlmAreasNum, char * szEvtAreas, long lEvtAreasNum）	不带用户名进行注册，获取到特定 SCADA 节点上的报警/事件信息，注册报警之后，报警/事件信息将会自动"推送"到本节点

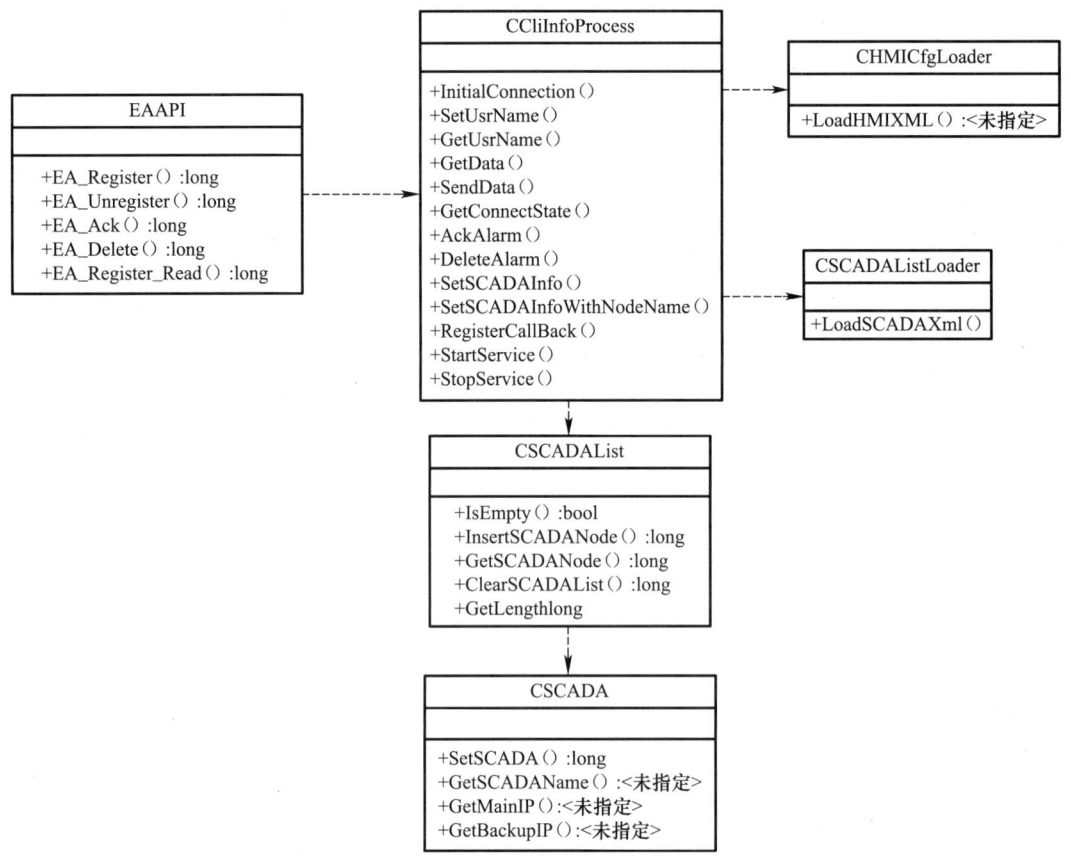

图 6.5.47 事件报警 API 子模块的主要类图

(5) 报警列表子模块的研究

1) 报警列表子模块概述

报警列表显示当前系统中的报警信息。在报警列表中，可以完成报警确认、报警删除的功能。实时报警列表同时具有报警过滤、排序的功能。当报警到来时，使用报警音响和提示窗口的形式提醒操作员。

在显示上，报警列表能够作为一个 OCX 控件，嵌入到组态中。同时也提供一个以浮动窗口方式显示的独立程序。在实现上，浮动窗口形式的报警列表显示。

2) 报警列表子模块的设计

浮动式实时报警列表对外提供如下的 API 接口见表 6.5.13，其子模块主要类如表 6.5.14 所示，类图如图 6.5.48 所示。

接口列表　　　　　　　　　　　　　　　　　　　表 6.5.13

接口定义	描　述
ULONG DeleteSel ()	删除报警列表中当前选中的报警，返回值：标准错误代码（下同）
ULONG ConfirmSel ()	确认报警列表中当前选中的报警
ULONG ConfirmAll ()	确认报警列表中当前的所有报警
ULONG Config ()	显示报警列表配置界面
ULONG About ()	显示报警列表"关于……"信息
ULONG EnableAlmSound ()	设置报警列表是否启用报警音响，具有 Get/Set 方法
ULONG EnableMultiConfirm ()	设置报警列表是允许一次确认多个报警，具有 Get/Set 方法
ULONG EnableAlmDelete ()	设置是否在报警列表中删除报警，具有 Get/Set 方法
ULONG FreezeScrollOnClick ()	设置报警列表是否在鼠标点中时停止滚动报警列表，具有 Get/Set 方法
ULONG ShowToolbar ()	设置报警列表是否显示工具条，具有 Get/Set 方法
ULONG ShowStatusBar ()	设置报警列表是否显示状态栏，具有 Get/Set 方法
ULONG Refresh ()	刷新报警列表控件

报警列表子模块的主要类列表　　　　　　　　　　　　　　　　　　　　表 6.5.14

类　　名	类的类型	主要职责
CAlarmingListWnd	边界	报警列表窗口
CAlarmingFilterEval	辅助类	报警过滤条件判断
CAlarmingFilterList	实体	报警过滤条件列表
CAlarmingFilter	实体	报警过滤条件
CAlarmingDisplayStyle	实体	本地存储报警列表的显示方式
CAlarmingHelper	辅助类	包含所有报警信息和配置属性
CAlarmingTrayNotifier	边界	快捷报警提示窗口，当新报警到来时，在系统的托盘区显示便捷报警信息
CAlarmingSourceValueCollector	边界	获取报警来源变量值
CAlarming	实体	存储报警信息

报警列表子模块的类图如图 6.5.48 所示。

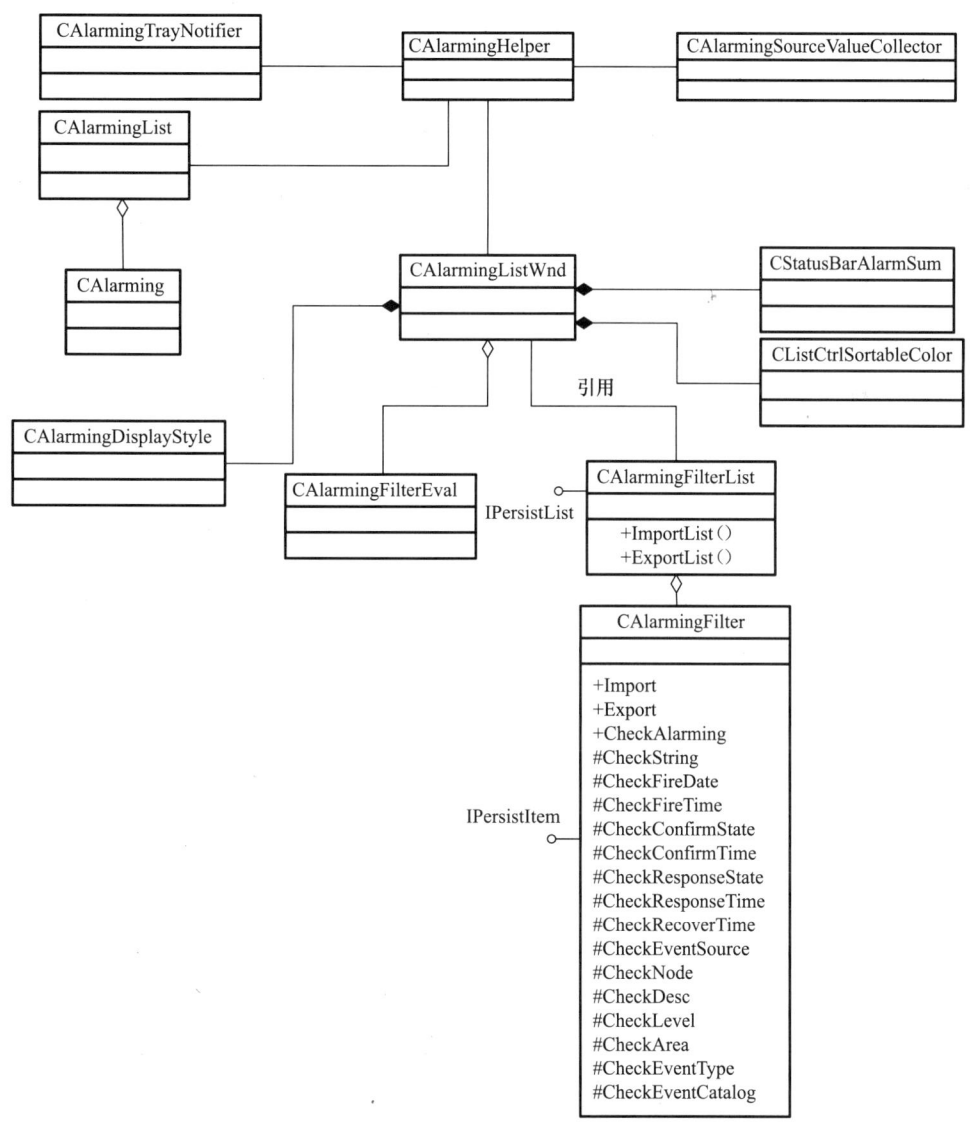

图 6.5.48　报警列表子模块的主要类图

(6) 事件报警模块的基本表的设计

E-R 图如图 6.5.49 所示,表 6.5.15 和表 6.5.16 详细说明了报警表和事件表相关参数。

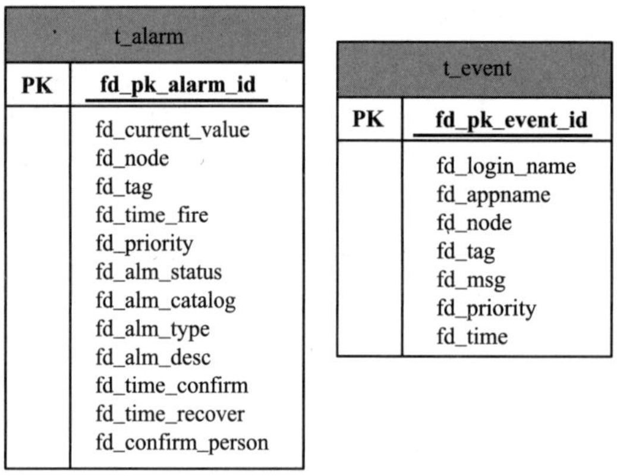

图 6.5.49 E-R 图

报警表　　　　　　　　　　　　　　　　　　　　　　　　　　表 6.5.15

字段名	字段说明	数据类型	长度	索引	NOT NULL	PK	FK	Default	备注
fd_pk_alarm_id	报警 ID	Integer		√	√	√			
fd_current_value	当前值	Varchar	64						
fd_node	节点名称	Varchar	32		√				
fd_tag	对应报警变量	Varchar	32		√				
fd_timefire	报警开始时刻	char	22	√					
fd_priority	报警优先级	Integer			√				
fd_alm_status	报警状态	Varchar	20		√				
fd_alm_catalog	报警分类	Varchar	10		√				
fd_alm_type	报警类型	Integer							
fd_alm_desc	报警描述	Varchar	64						
fd_time_confirm	报警确认时刻	char	22						
fd_time_recover	报警恢复时刻	char	22						
fd_confirm_person	确认用户	Varchar	32						

事件表　　　　　　　　　　　　　　　　　　　　　　　　　　表 6.5.16

字段名	字段说明	数据类型	长度	索引	NOT NULL	PK	FK	Default	备注
fd_pk_event_id	报警 ID	Integer		√	√	√			
fd_login_name	登录用户	Varchar	32						
fd_appname	应用程序名	Varchar	32						
fd_node	节点名称	Varchar	32						
fd_tag	对应事件变量	Varchar	32						
fd_msg	事件描述	Varchar	64		√				
fd_time	事件发生时刻	char	22		√				

(7) 联动管理模块的研究

1) 概要

报警和事件发生后,需要触发相应的预案来应对该报警/事件,因此运营安全管理系统设计联动管理模块。

联动管理模块与授权管理系统集成后,用户可通过 iCentroView 中的授权管理系统进行用户、群组、授权项的创建,并在用户登录后进行权限判断,根据用户权限确定该用户是否具有配置权限。用户可根据权限进行报警事件源和预案的配置。

联动管理模块与隧道监控系统中的设备监控、环境监控部分的集成后,能进行设备参数、环境参数中配置,设置报警条件。完成设备控制预案设置的功能。完成自动监视报警和自动控制预案的关联功能。

在设备参数、环境参数满足报警触发条件时,触发报警;并执行所配置的设备自动控制预案。

2)联动管理模块的功能模块设计

联动管理模块的功能模块详细划分见表 6.5.17。

联动管理模块的功能模块列表 表 6.5.17

设计模块	对应功能模块或功能点	备注
CRService.exe	联动服务	
SchedularTrigger.dll	定时触发源	
EventTrigger.dll	事件触发源	
SchemeExec.dll	预案执行	
SchemeItemExec.dll	预案项执行	
SendSMS.dll	发送短信	
SendEMail.dll	发送电子邮件	
Delay.dll	延时	
CVNDK.dll	TCP 通信	
CRSCfg.dll	联动配置	
CRSMonitor.dll	联动监视客户端	含联动监视界面和手动执行界面
ResponseInit.dll	联动客户端预案项执行	
Speech.dll	客户端语音播报	
ExeManage.dll	调用可执行程序	

联动服务主要包含三部分:触发源、预案执行和动作。详细划分如图 6.5.50 所示。

图 6.5.51~图 6.5.53 详细描述了联动管理模块的功能模块部署、组件构成及模块的进程关系和数据流向。

(8)定时触发源的研究

1)定时触发源概述

定时触发源模块是为了使联动系统能够按照指定的时间触发联动预案;定时触发源由用户配置,由联动服务自动进行判定是否到达指定时间。

2)定时触发源功能设计

配置信息格式如图 6.5.54 所示。

定时触发源的处理流程见图 6.5.55 所示。

3)定时触发源的接口

定时触发源读取配置信息后进行定周期的判定,当定时时间到达时调用预案执行的接口触发联动预案执行,因此本身不提供被其他模块调用的接口。

定时触发源的主要类和对象如表 6.5.18 所示,图 6.5.56 给出了其主要类图情况。

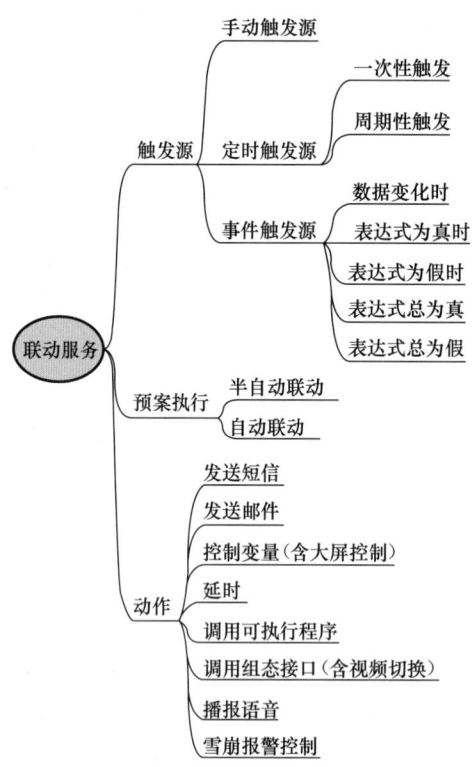

图 6.5.50　联动管理模块的功能模块组成

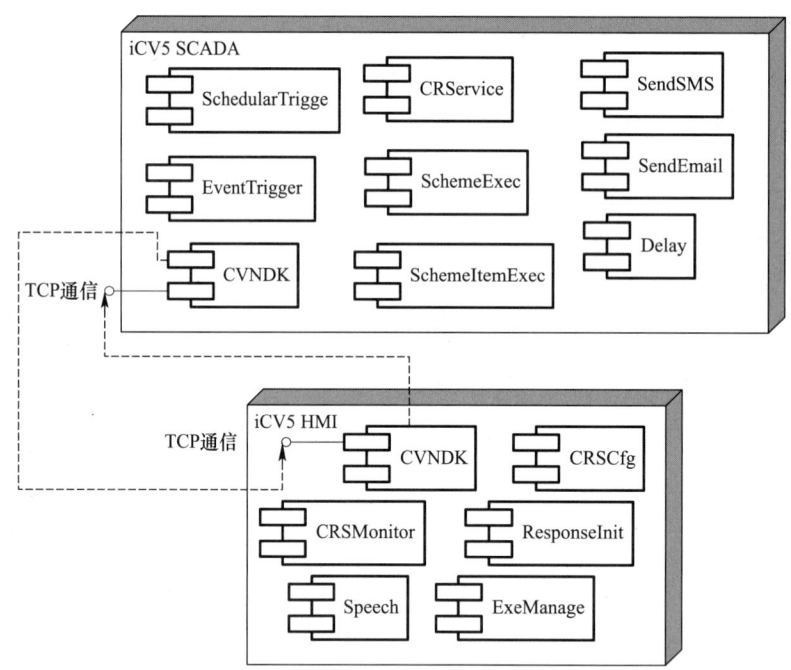

图 6.5.51　联动管理模块的功能模块部署图

主要类列表　　　　　　　　　　　　　　　　　　　　　表 6.5.18

类　名	类的类型	主要职责	类　名	类的类型	主要职责
CSchedularTriggerType	控制类	定时类型触发源控制类	CSchedularTrigger	实体类	定时触发源信息
CSchedularTriggerList	控制类	定时触发源信息列表			

第6章 钱江隧道施工关键技术研究

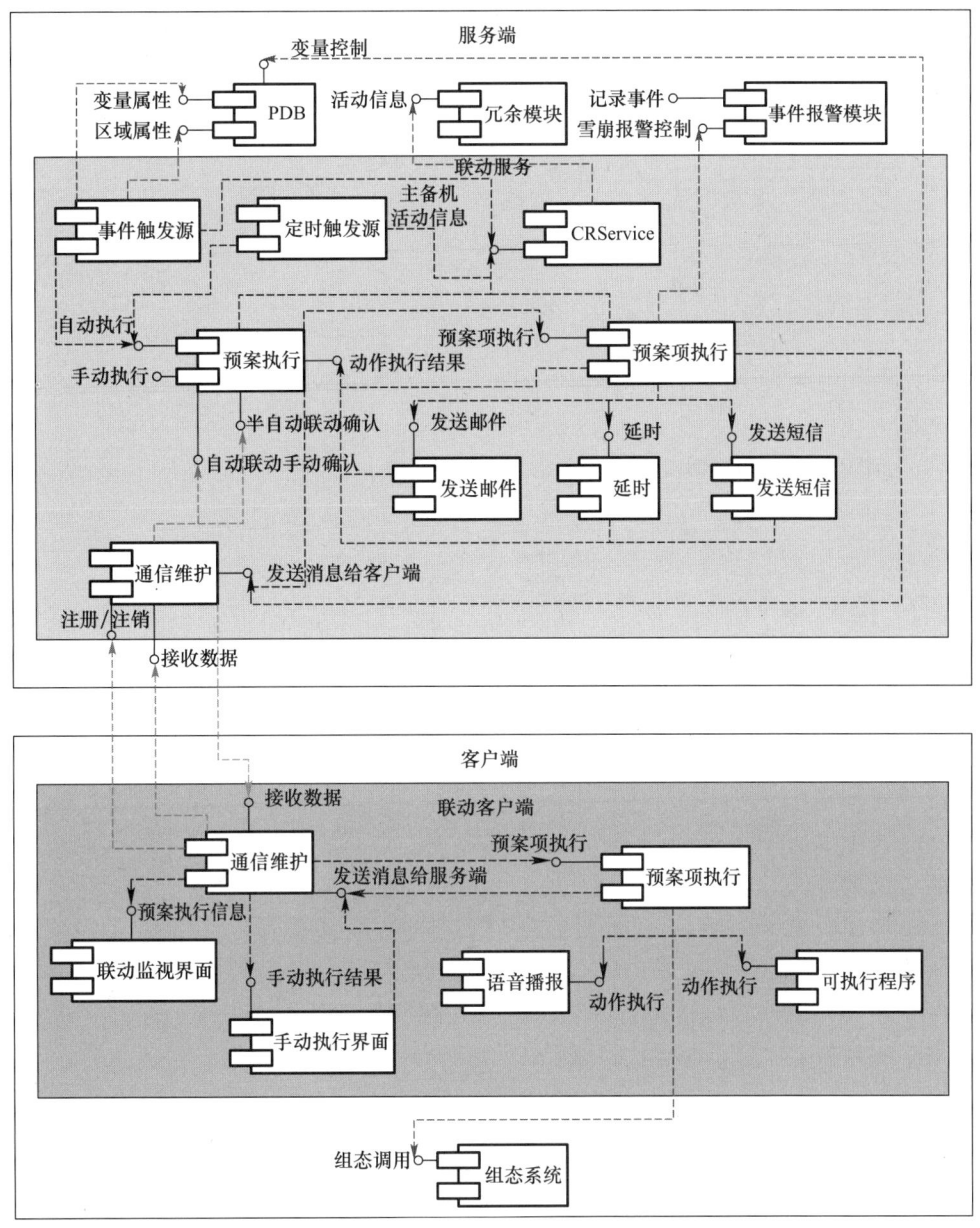

图 6.5.52 联动管理模块的功能模块组件图

(9) 事件触发源的研究

1) 事件触发源概述

事件触发源模块是为了使联动系统能够在一定的条件满足时触发联动预案;事件触发源由用户配置,由联动服务自动进行判定是否满足触发条件。

配置信息格式如图 6.5.57 所示。

2) 事件触发源的处理流程图

图 6.5.58 描述了事件触发源的处理流程,图 6.5.59 则对其中的逻辑表达式的判断流程进行了说明,图 6.5.60~图 6.5.64 分别详细介绍了事件类型为数据变化时、事件类型为真、假、总为真和总为假时的处理流程情况。

3) 事件触发源的接口

事件触发源读取配置信息后进行定周期的判定,当逻辑表达式满足时调用预案执行的接口触发联动

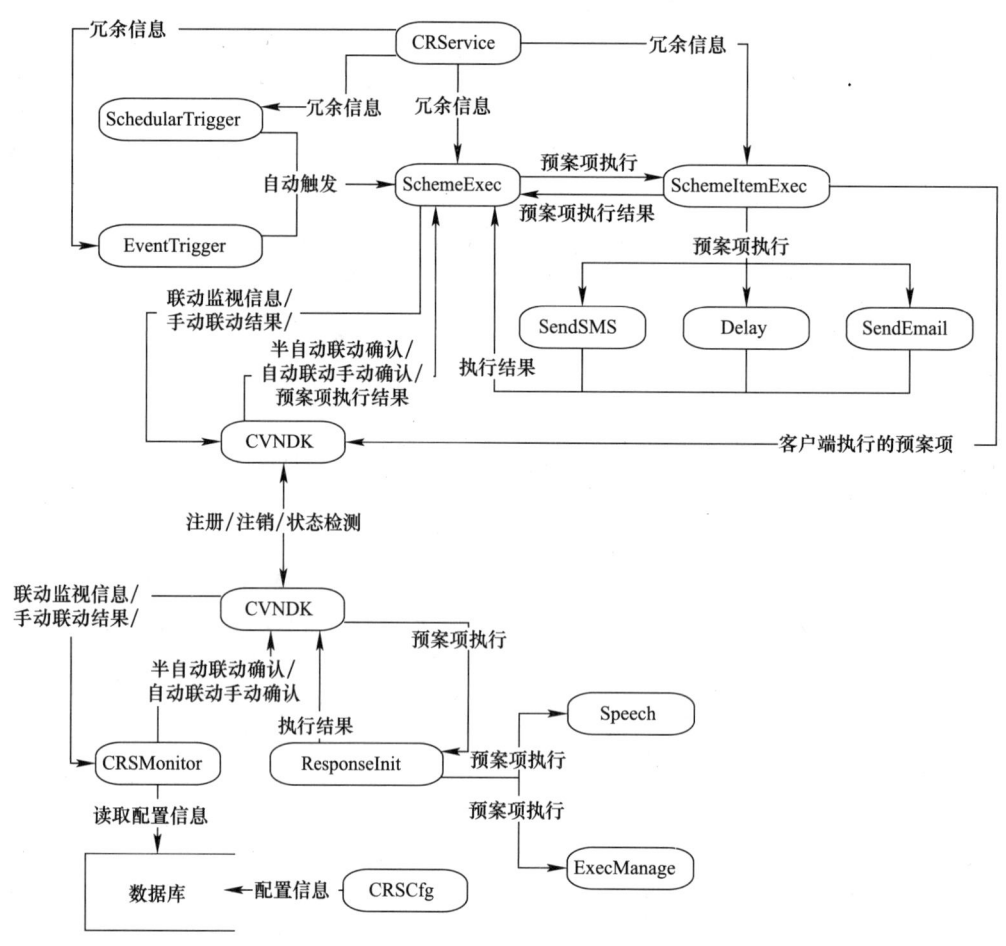

图 6.5.53 联动管理模块的进程关系图和数据流向图

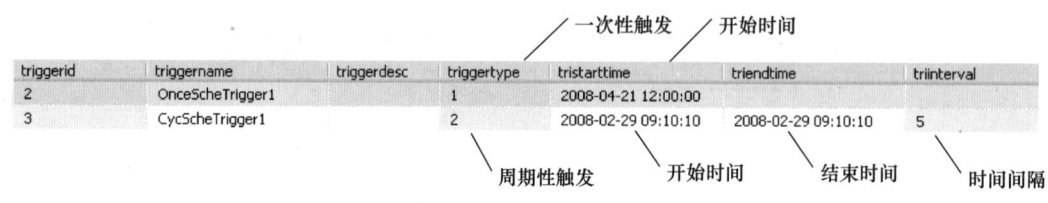

图 6.5.54 配置信息格式

预案执行,因此本身不提供对外的接口。

4) 事件触发源的主要类和对象

主要类列于表 6.5.19,主要类图见图 6.5.65。

主要类列表　　　　　　　　　　　　　　　　表 6.5.19

类　名	类的类型	主要职责	类　名	类的类型	主要职责
CEventTriggerType	控制类	事件类型触发源控制类	CEventTrigger	实体类	事件触发源信息
CEventTriggerList	控制类	事件触发源信息列表			

(10) 预案执行模块的研究

1) 预案执行模块概述

预案执行模块是为了响应触发信息,执行用户预先配置好的预案项。

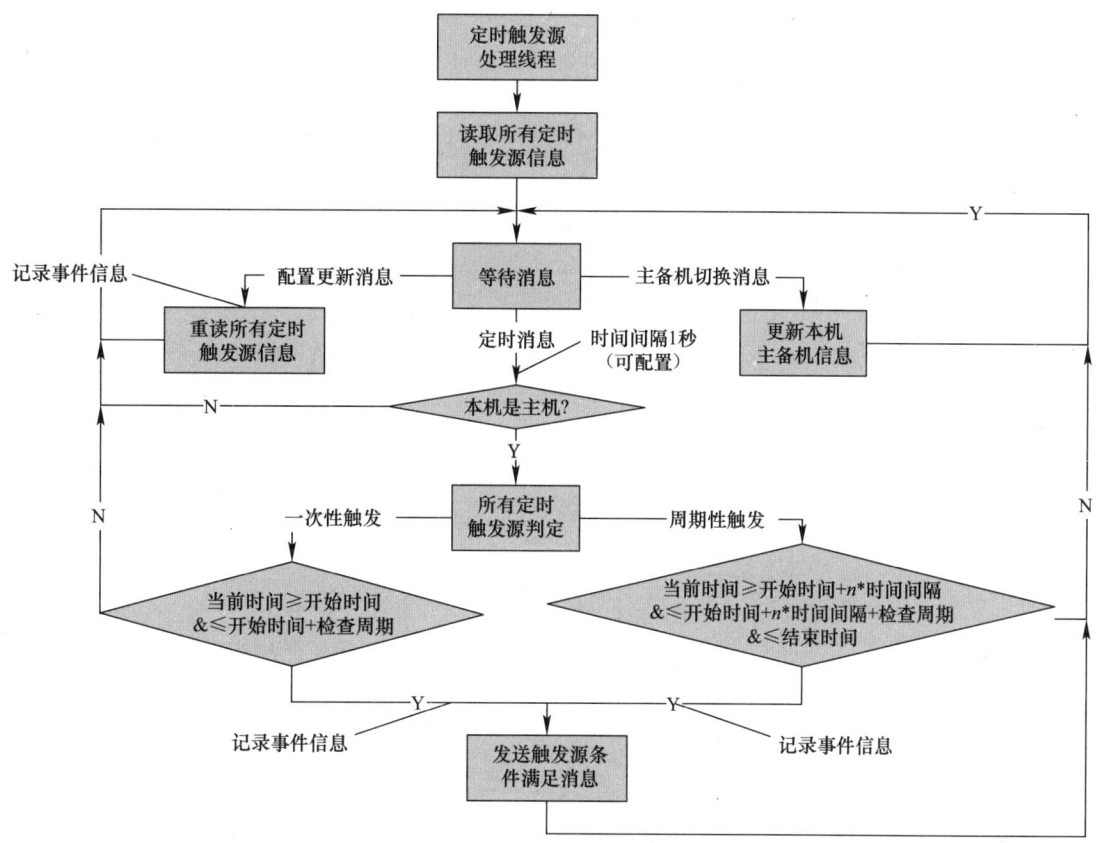

图 6.5.55　定时触发源处理流程

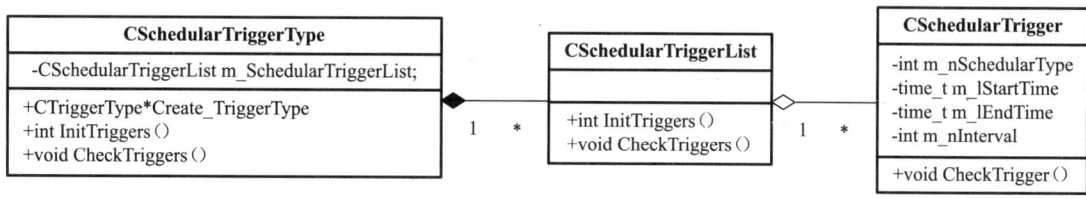

图 6.5.56　定时触发源主要类图

triggerid	triggername	triggerdesc	triggerexpr	triexprettype	triexpretkeeptime
4	EventTrigger1	事件触发源事件变化时触发	Tag1.F_CV>1	1	0
5	EventTrigger2	事件触发源事件为真时触发	Tag1.F_CV>1	2	0
6	EventTrigger3	事件触发源事件为假时触发	Tag1.F_CV>1	3	0
7	EventTrigger4	事件触发源事件总为真时触发	Tag1.F_CV>1	4	10
8	EventTrigger5	事件触发源事件总为假时触发	Tag1.F_CV>1	5	75

图 6.5.57　配置信息格式

2) 预案执行模块的处理流程

预案执行模块流程见图 6.5.66，图 6.5.67 和图 6.5.68 分别为半自动和自动联动预案执行流程。

3) 预案执行模块的接口

预案执行模块的接口见表 6.5.20 所示。

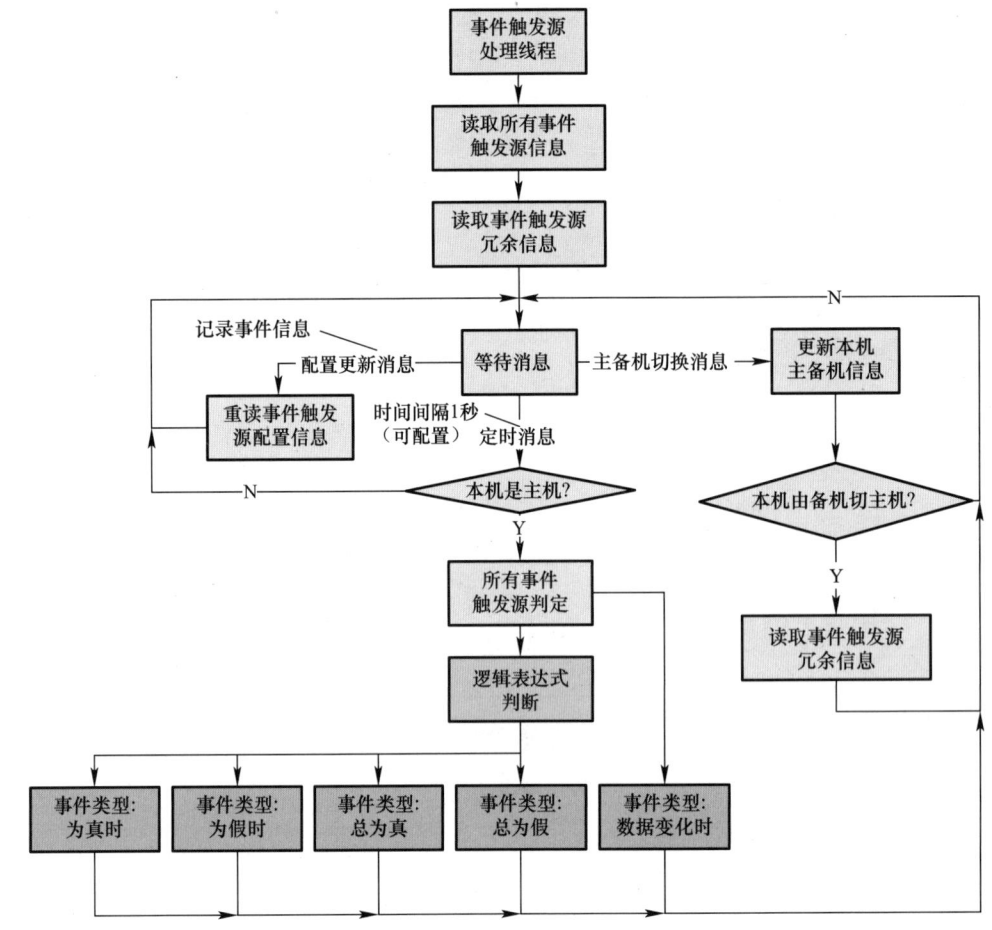

图 6.5.58　事件触发源的处理流程

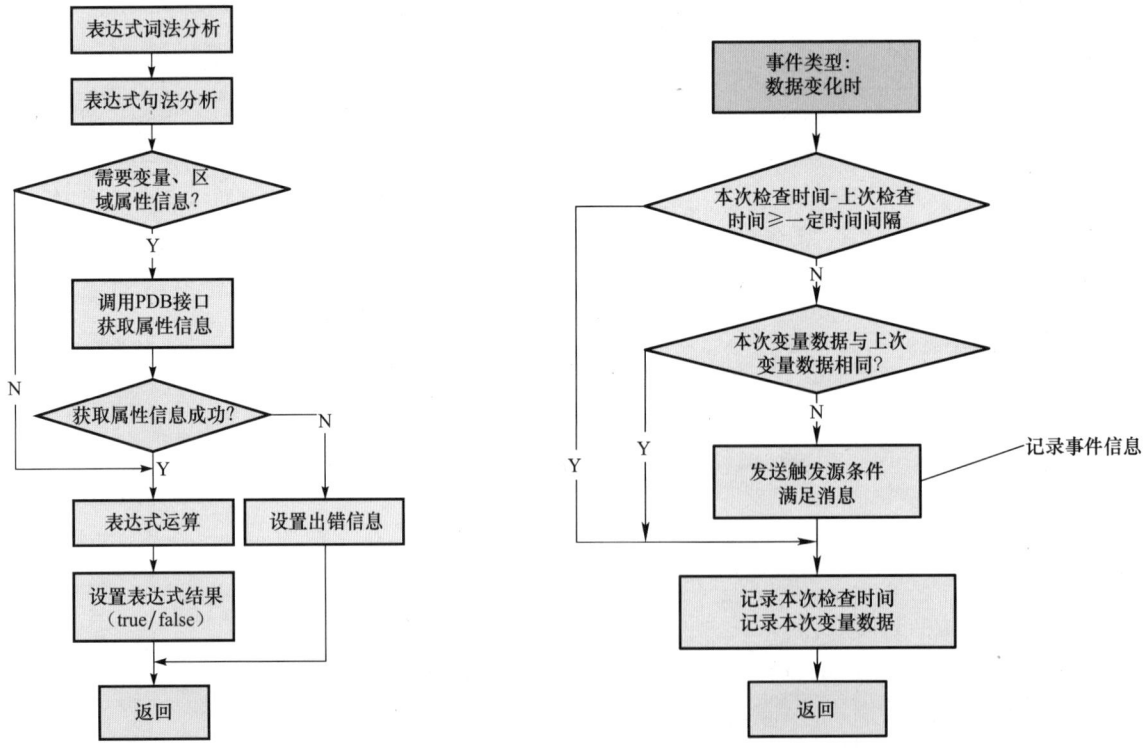

图 6.5.59　逻辑表达式的判断流程图　　　　图 6.5.60　事件类型为数据变化时流程图

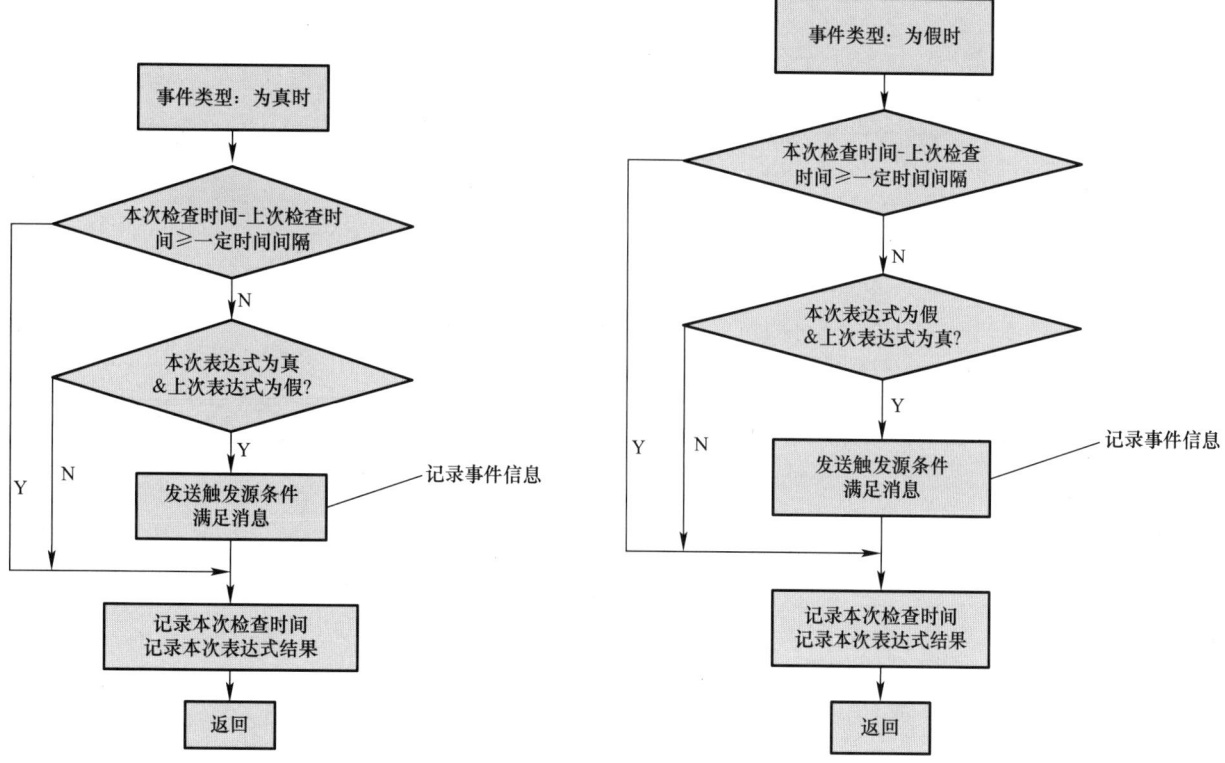

图 6.5.61 事件类型为真时处理流程图

图 6.5.62 事件类型为假时处理流程图

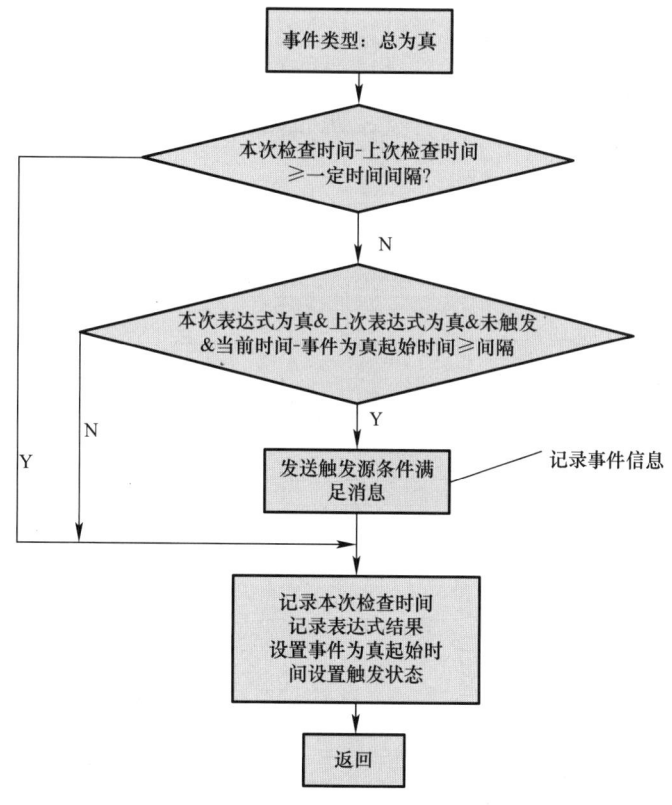

图 6.5.63 事件类型总为真时处理流程图

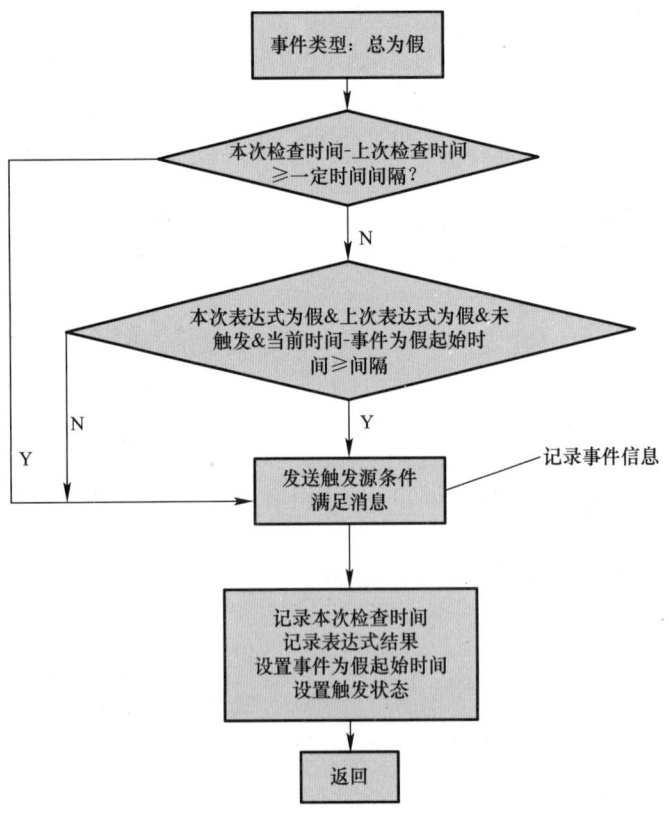

图 6.5.64 事件类型总为假时处理流程图

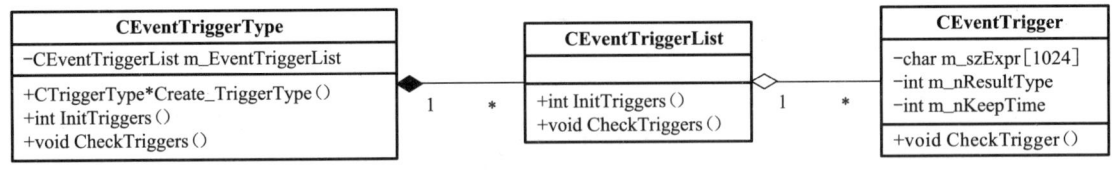

图 6.5.65 主要类图

预案执行模块的接口表　　　　　　　　　　表 6.5.20

消息类型	消息子类型	说　明	接口引用者	对应需求用例
CRS_SCHEMERUN_TYPE	CRS_MANUTRIGGER_SUBTYPE	手动触发预案	联动客户端	43093
CRS_SCHEMERUN_TYPE	CRS_AUTOTRIGGER_SUBTYPE	自动触发预案	定时触发源 事件触发源	43099
CRS_SCHEMERUN_TYPE	CRS_CLIENTOPERATE_SUBTYPE	预案项确认	联动客户端	43116
CRS_SCHEMERUN_TYPE	CRS_ACTIONRET_SUBTYPE	预案项执行结果	服务端预案项执行模块；联动客户端	43109 51792 51793 51795 51796 51797 51798 51799 61127

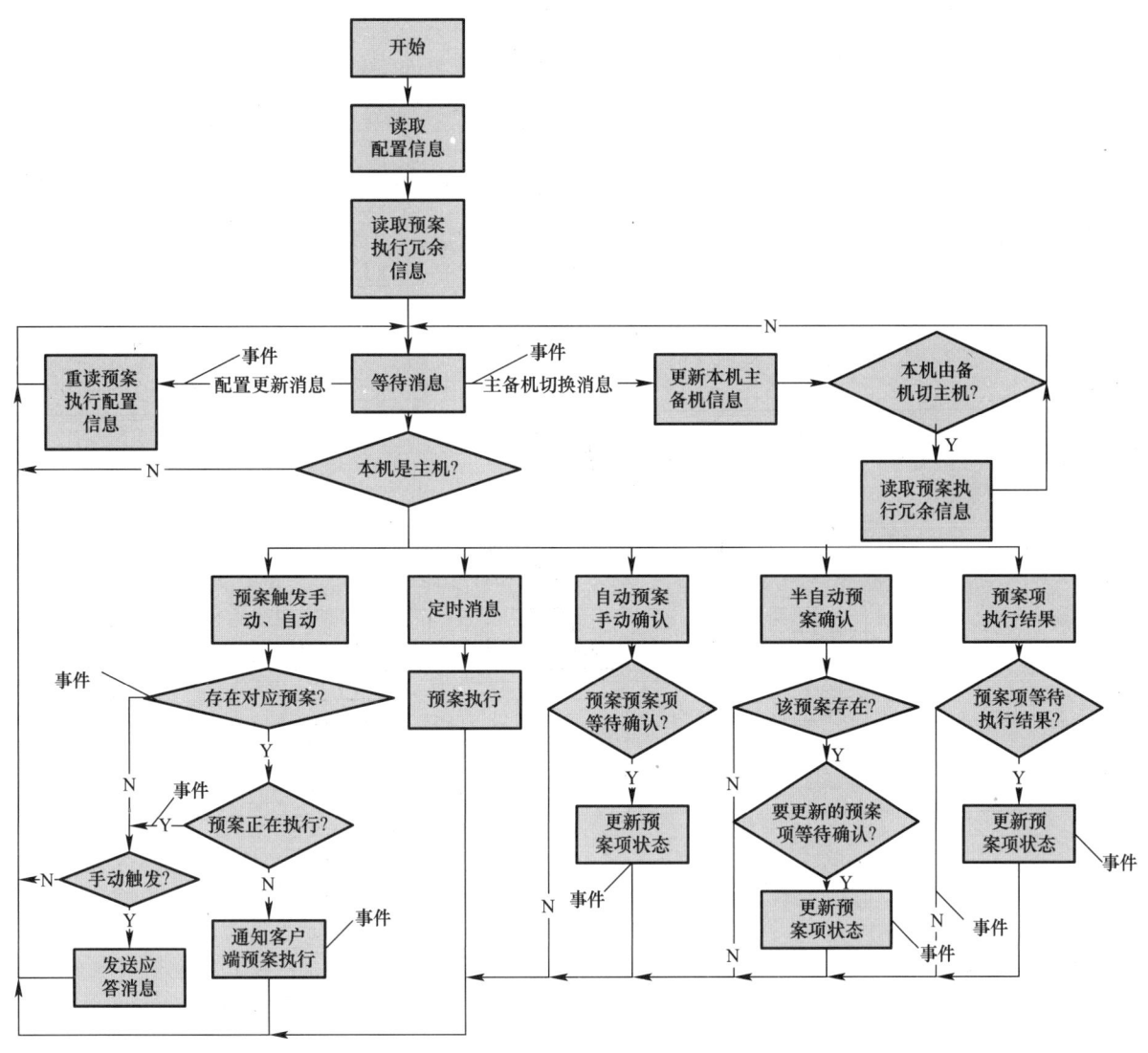

图 6.5.66　预案执行模块流程图

4）预案执行模块的主要类和对象

预案执行模块主要的类列于表 6.5.21。

预案执行模块的主要类列表　　　　　　　　表 6.5.21

类　名	类的类型	主要职责	类　名	类的类型	主要职责
CSchemeThread	控制类	预案执行线程	CAutoScheme	实体类	自动执行预案
CSchemeList	控制类	当前执行的预案列表	CHalfAutoScheme	实体类	半自动执行预案
CScheme	实体类	预案基类			

预案执行模块主要的类图如图 6.5.69 所示。

(11) 预案项执行模块的研究

1）预案项执行模块概述

联动预案项执行部分主要是执行在手动、自动、半自动联动中配置的需要执行的动作，按执行的方式和位置不同分为服务端执行动作和客户端执行动作。其中服务端执行动作为：发送短信、发送电子邮件、雪崩报警控制、变量控制和延时操作。客户端执行动作为：组态调用、播放语音和调用外部 exe 程序。

2）预案项执行模块组件设计

预案项执行模块组件构成情况见图 6.5.70，预案项执行处理流程和客户端处理流程分别见图 6.5.71 和图 6.5.72。

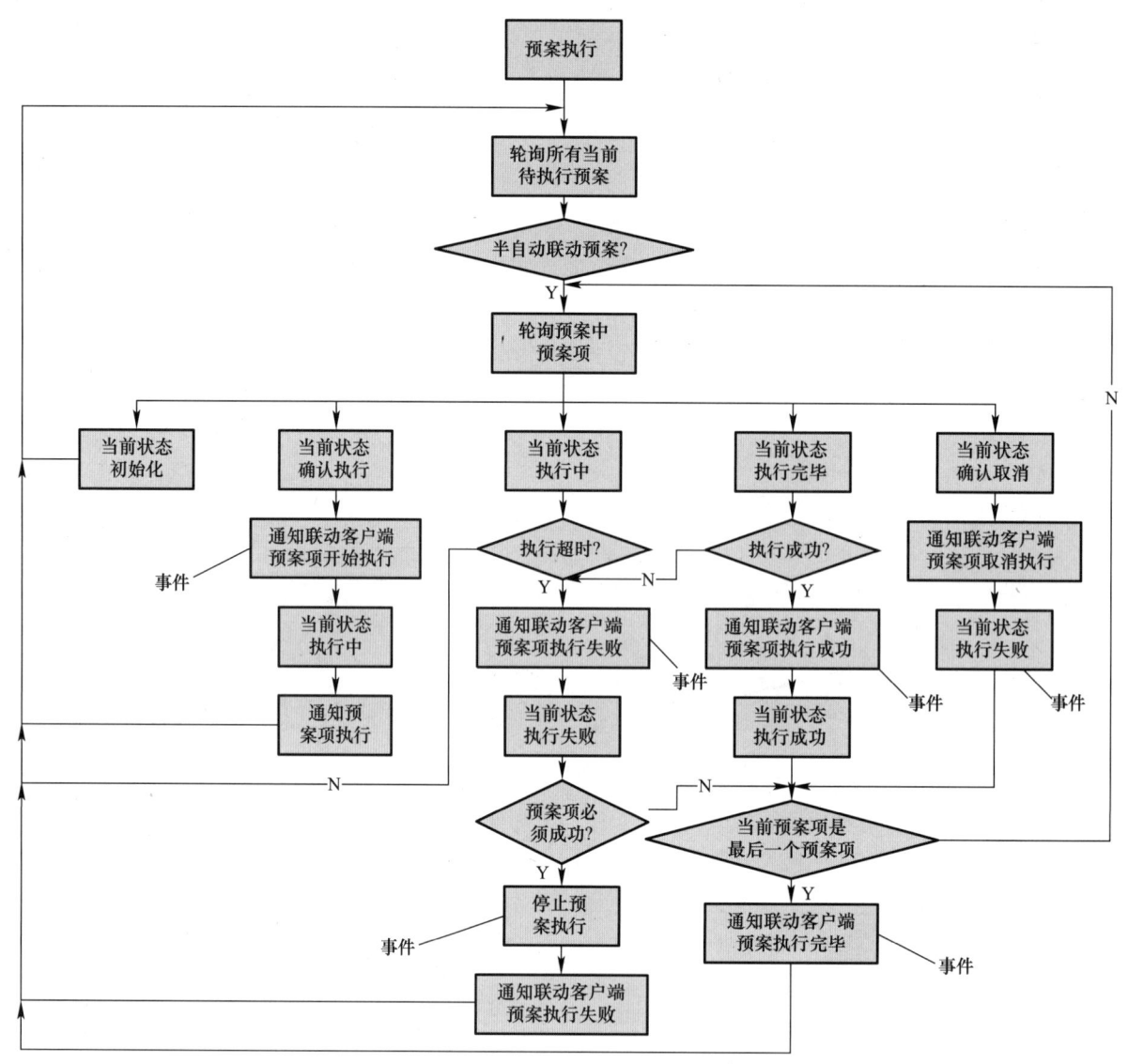

图 6.5.67 半自动联动预案执行流程图

3）预案项执行模块接口

预案项执行模块接口列表见表 6.5.22。

预案项执行模块接口列表　　　　　　　　　　　　　　　　　表 6.5.22

接口或接口类名称	说　明	接口引用者	本文链接
DoResponse	动作执行接口	预案执行模块	预案执行模块基本设计

4）预案项执行模块主要的类和对象

预案项执行模块类列表见表 6.5.23。

预案项执行模块类列表　　　　　　　　　　　　　　　　　　表 6.5.23

类　名	类的类型	主要职责
ClinkResponseApp	实体类	负责动作的初始化，调用和结果返回
CResponse	边界类	动作超类
CResponseEmail	实体类	发送邮件类，调用 SendEmail.dll 动态库
CResponseSMS	实体类	发送短信类，调用 SendSMS.dll 动态库
CResponseEventAlarm	实体类	报警与事件类，调用报警与事件接口
CResponseClientMsg	实体类	发送客户端消息类，使用 CVNDK 向客户端发送消息

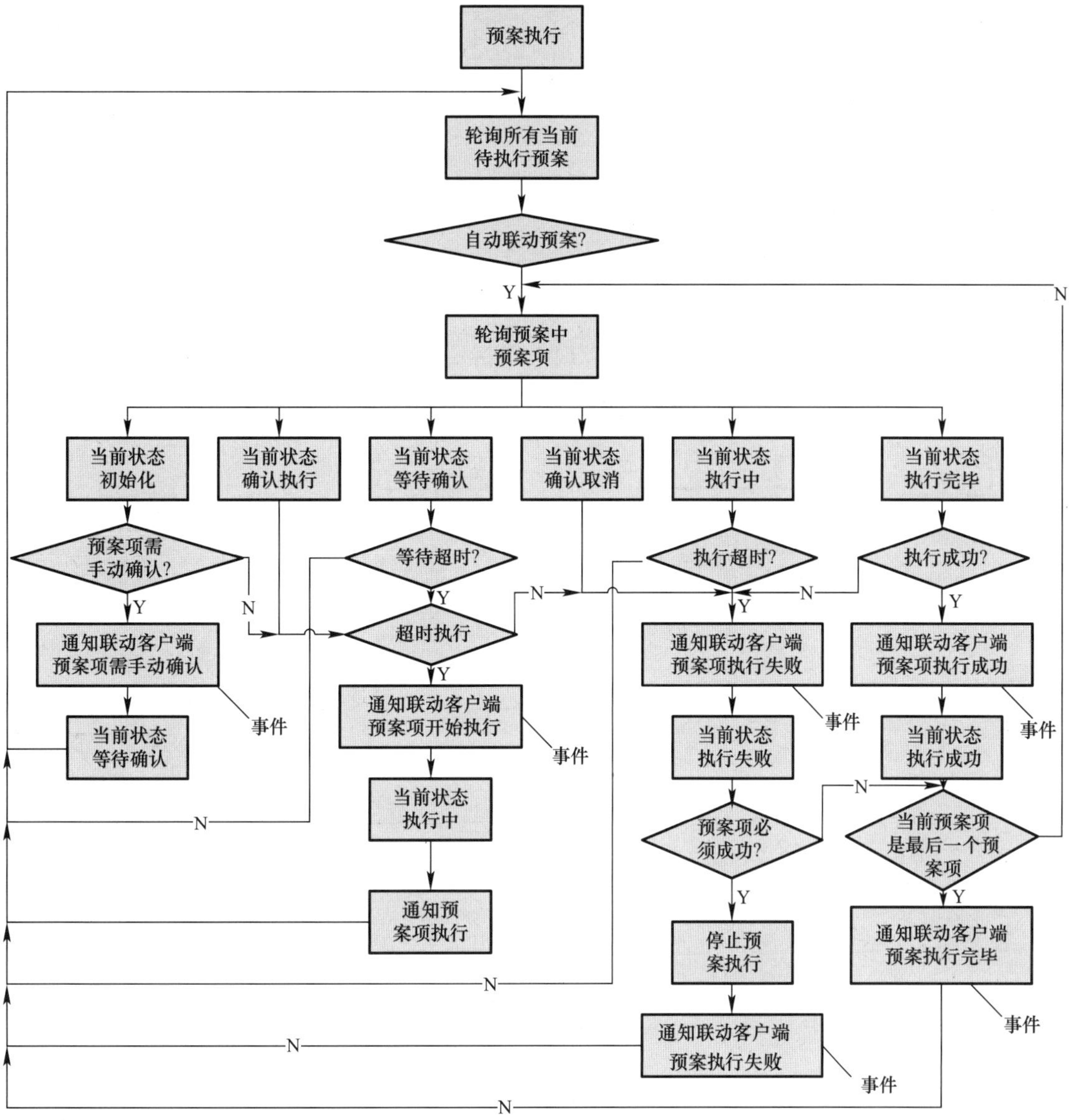

第 6 章 钱江隧道施工关键技术研究

图 6.5.68 自动联动预案执行流程图

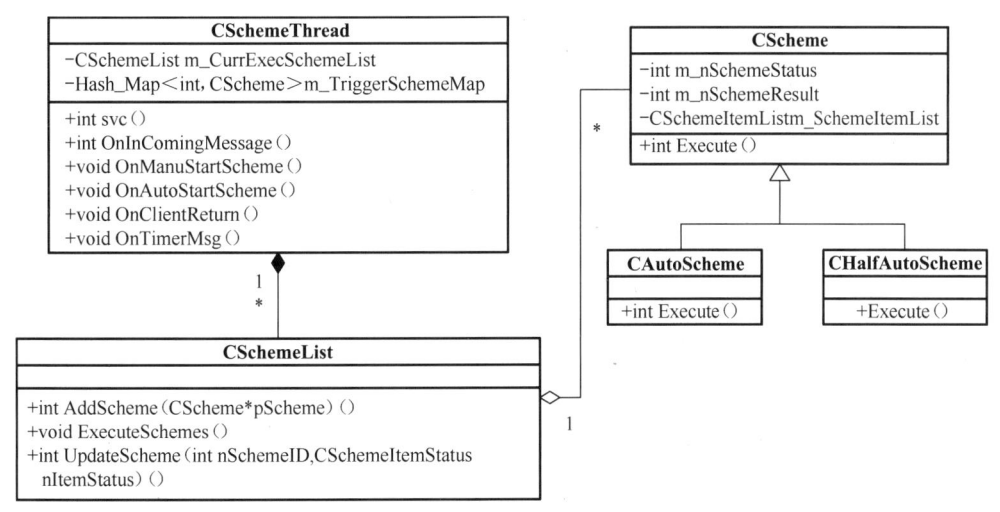

图 6.5.69 预案执行模块的主要类图

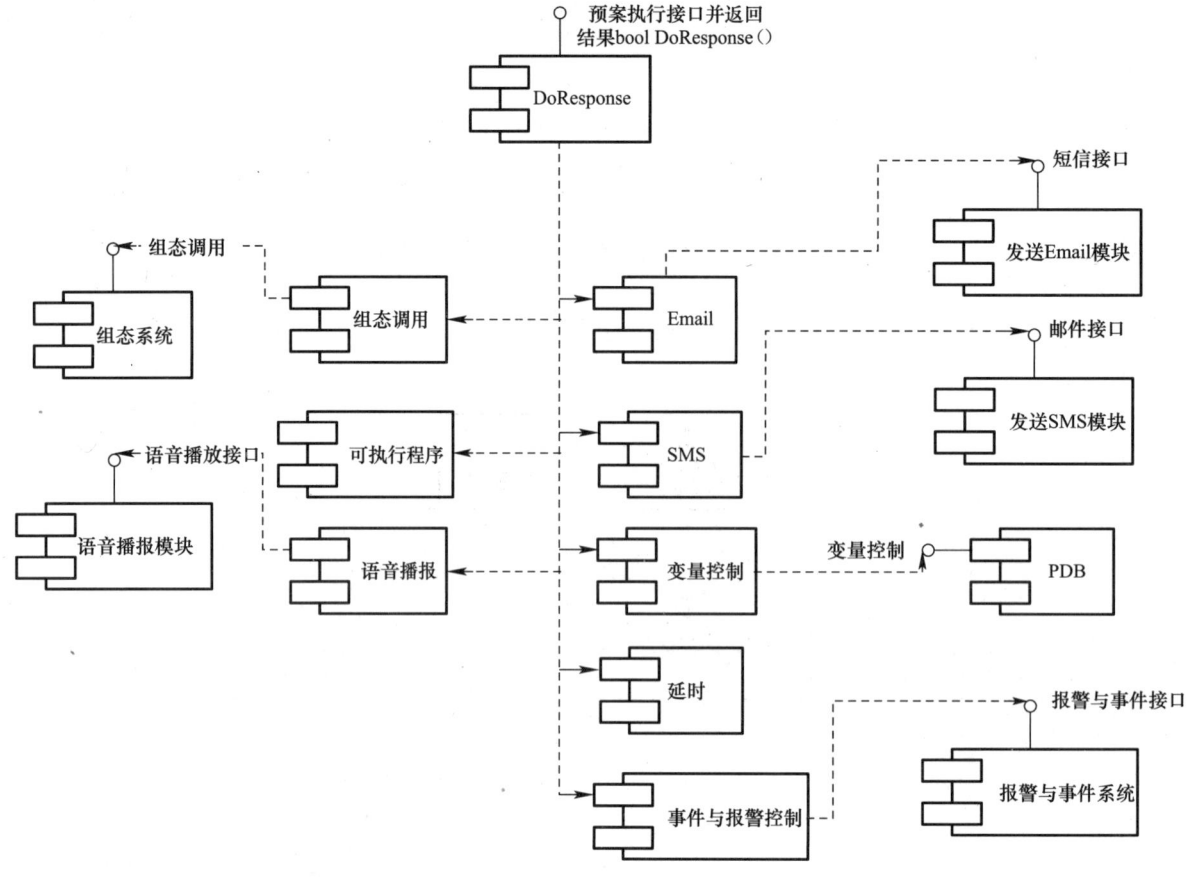

图 6.5.70 预案项执行模块组件图

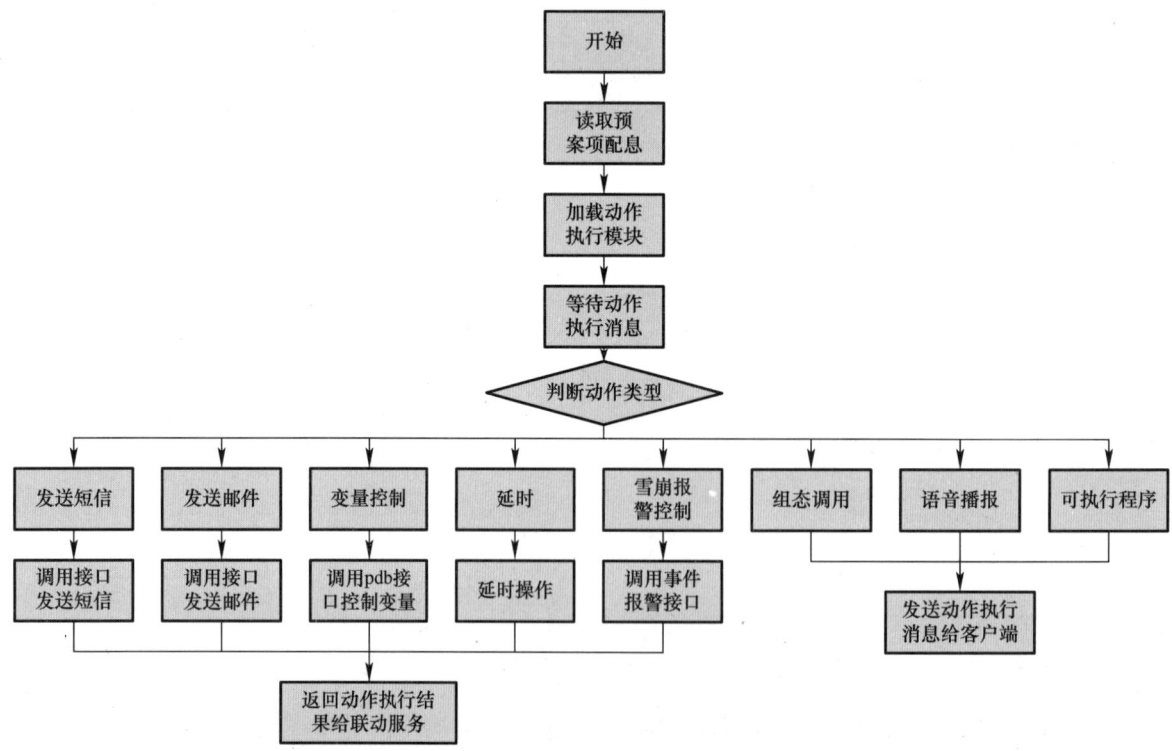

图 6.5.71 预案项执行处理流程图

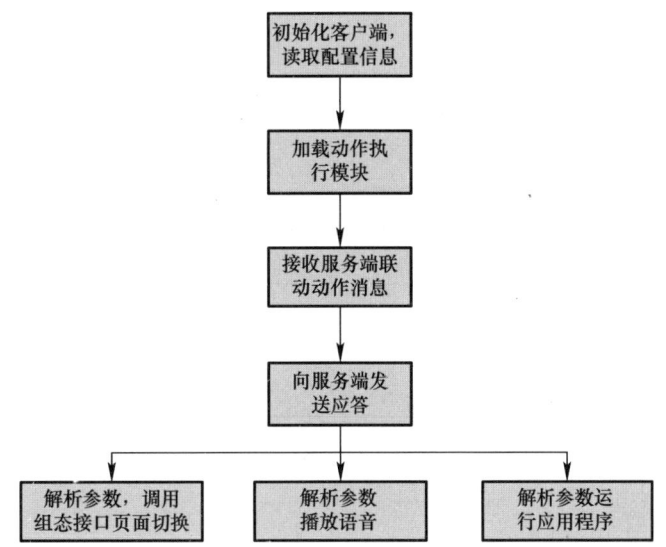

图 6.5.72　预案项执行客户端处理流程图

主要类图如图 6.5.73 所示。

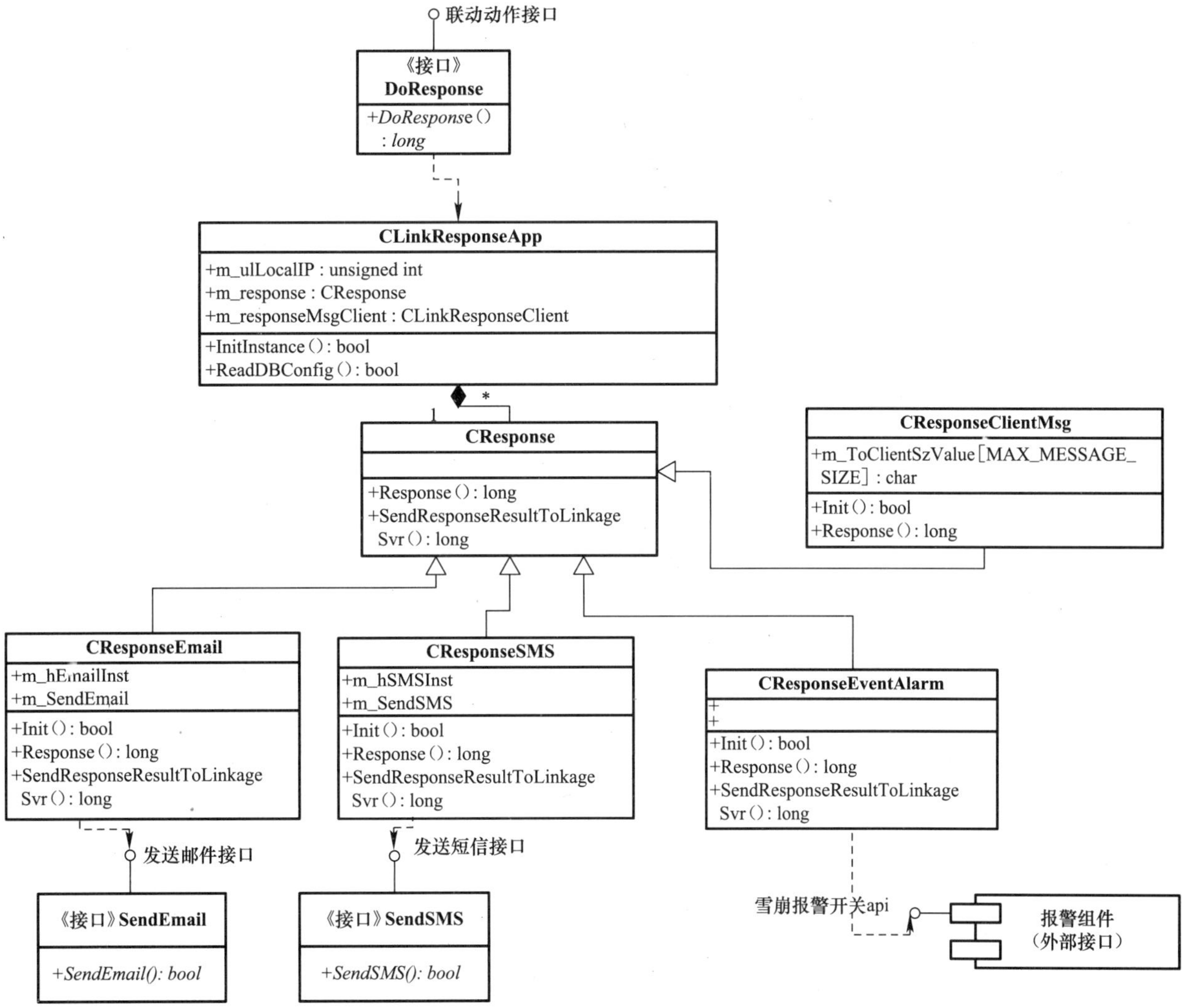

图 6.5.73　预案项执行客户端处理主要类图

(12) 联动管理模块的基本表的设计

1) E-R 图

E-R 图如图 6.5.74 所示。

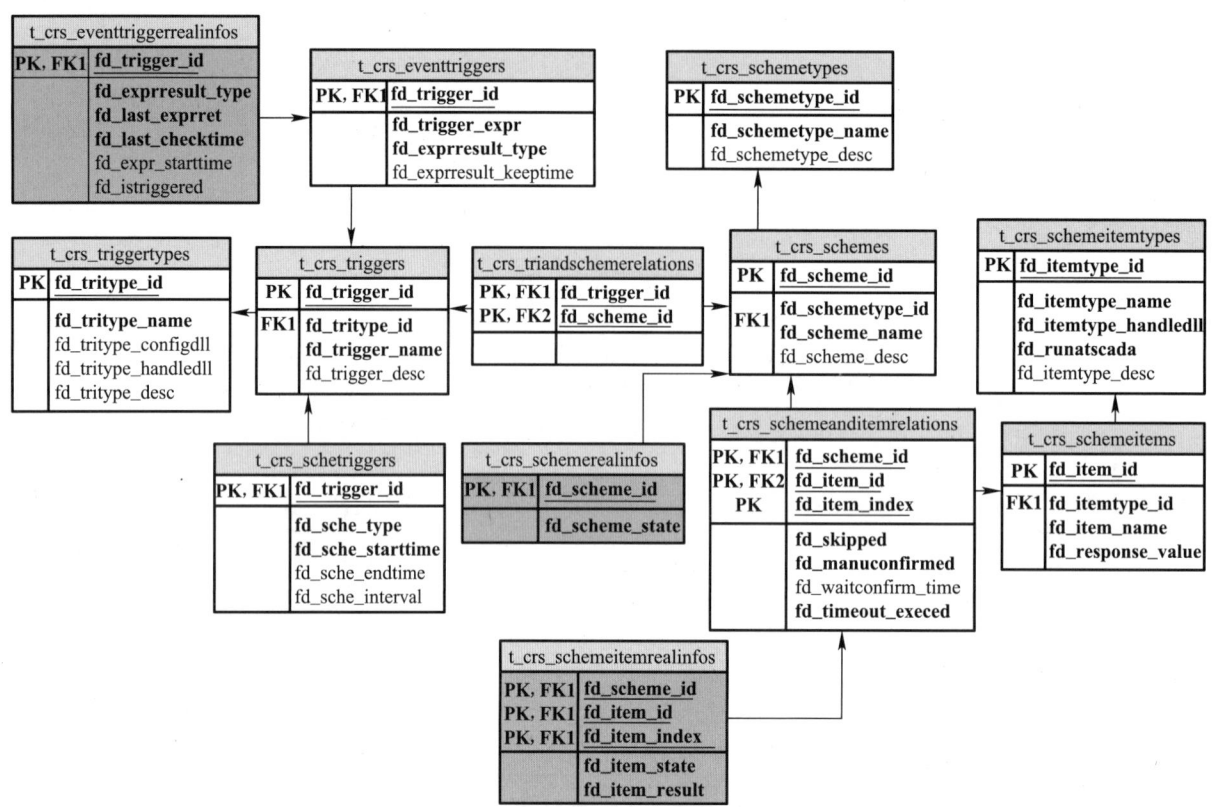

图 6.5.74　E-R 图

2) 主要数据表的设计

用来记录联动触发源类型信息及触发源对应的配置动态库名称、触发源判断动态库名称表格参照表 6.5.24。

表 t_crs_triggertypes　　　　　　　　　　　　　　　　　　　　　表 6.5.24

字段名	字段说明	数据类型	长度	索引	NOT NULL	PK	FK	Default	备注
fd_tritype_id	触发源类型标识	Small Signed Number	4	是	是	是			
fd_tritype_name	触发源类型名称	SBCS VarChar	32	否	是	否			
fd_tritype_configdll	配置触发源对应的动态库	SBCS VarChar	256	否	否	否			
fd_tritype_handledll	判断是否触发的动态库名称	SBCS VarChar	256	否	否	否			
fd_tritype_desc	触发源类型描述	SBCS VarChar	128	否	否	否			

用于记录触发源公共信息表格参照表 6.5.25。

表 t_crs_triggers　　　　　　　　　　　　　　　　　　　　　表 6.5.25

字段名	字段说明	数据类型	长度	索引	NOT NULL	PK	FK	Default	备注
fd_trigger_id	触发源 id	Small Signed Number	4	是	是	是	否		
fd_tritype_id	触发源类型 id	Small Signed Number	4	否	是	否	是		
fd_trigger_name	触发源名称	SBCS VarChar	32	否	是	否	否		
fd_trigger_desc	触发源描述	SBCS VarChar	128	否	否	否	否		

记录定时触发源信息表格参照表 6.5.26。

表 t_crs_schetriggers　　　　表 6.5.26

字段名	字段说明	数据类型	长度	索引	NOT NULL	PK	FK	Default	备注
fd_trigger_id	触发源 id	Small Signed Number	4	是	是	是	是		
fd_sche_type	定时触发源类型	Small Signed Number	4	否	是	否	否		
fd_sche_starttime	定时触发源开始时间	Small Date & Time	19	否	是	否	否		
fd_sche_endtime	定时触发源结束时间	Small Date & Time	19	否	否	否	否		
fd_sche_interval	定时触发时间间隔	Small Signed Number	4	否	否	否	否		

记录事件触发源信息表格参照表 6.5.27。

表 t_crs_eventtriggers　　　　表 6.5.27

字段名	字段说明	数据类型	长度	索引	NOT NULL	PK	FK	Default	备注
fd_trigger_id	触发源 id	Small Signed Number	4	是	是	是	是		
fd_trigger_expr	事件触发源表达式	SBCS VarChar	256	否	是	否	否		
fd_exprresult_type	事件触发源表达式结果类型	Small Signed Number	4	否	是	否	否		
fd_exprresult_keeptime	事件触发结果持续时间，以秒为单位	Small Signed Number	4	否	否	否	否		

记录触发源和预案的对应关系表格参照表 6.5.28。

表 t_crs_triandschemerelations　　　　表 6.5.28

字段名	字段说明	数据类型	长度	索引	NOT NULL	PK	FK	Default	备注
fd_trigger_id	触发源 id	Small Signed Number	4	是	是	是	是		
fd_scheme_id	预案 id	Small Signed Number	4	否	是	否	是		

记录预案配置信息表格参照表 6.5.29。

表 t_crs_schemes　　　　表 6.5.29

字段名	字段说明	数据类型	长度	索引	NOT NULL	PK	FK	Default	备注
fd_scheme_id	预案 id	Small Signed Number	4	是	是	是	否		
fd_schemetype_id	预案类型 id	Small Signed Number	4	否	是	否	是		
fd_scheme_name	预案名称	SBCS VarChar	32	否	是	否	否		
fd_scheme_desc	预案描述	SBCS VarChar	128	否	否	否	否		

用来区分不同的预案执行规则表格参照表 6.5.30。

表 t_crs_schemetypes　　　　表 6.5.30

字段名	字段说明	数据类型	长度	索引	NOT NULL	PK	FK	Default	备注
fd_schemetype_id	预案类型 id	Small Signed Number	4	是	是	是	否		
fd_schemetype_name	预案类型名称	SBCS VarChar	32	否	是	否	否		
fd_schemetype_desc	预案类型描述	SBCS VarChar	128	否	否	否	否		

用来记录预案中包含的预案项表格参照表 6.5.31。

表 t_crs_schemeanditemrelations 表 6.5.31

字段名	字段说明	数据类型	长度	索引	NOT NULL	PK	FK	Default	备注
fd_scheme_id	预案 id	Small Signed Number	4	是	是	是	是		
fd_item_id	预案项 id	Small Signed Number	4	是	是	是	是		
fd_item_index	预案项顺序	Small Signed Number	4	是	是	是	否		
fd_skipped	是否可跳过	Small True/False	1	否	是	否	否		
fd_manuconfirmed	是否需要手动确认	Small True/False	1	否	是	否	否		
fd_waitconfirm_time	手动确认等待时间	Small Signed Number	4	否	否	否	否		
fd_timeout_execed	超出等待事件是否执行	Small True/False	1	否	是	否	否		

记录所有的预案项信息表格参照表 6.5.32。

表 t_crs_schemeitems 表 6.5.32

字段名	字段说明	数据类型	长度	索引	NOT NULL	PK	FK	Default	备注
fd_item_id	预案项 id	Small Signed Number	4	是	是	是	否		
fd_itemtype_id	预案项类型 id	Small Signed Number	4	否	是	否	是		
fd_item_name	预案项名称	SBCS VarChar	32	否	是	否	否		
fd_response_value	预案项响应值	SBCS VarChar	128	否	否	否	否		

记录预案项处理类型信息表格参照表 6.5.33。

表 t_crs_schemeitemtypes 表 6.5.33

字段名	字段说明	数据类型	长度	索引	NOT NULL	PK	FK	Default	备注
fd_itemtype_id	预案项类型 id	Small Signed Number	4	是	是	是	否		
fd_itemtype_name	预案项类型名称	SBCS VarChar	32	否	是	否	否		
fd_itemtype_handledll	预案项处理动态库	SBCS VarChar	256	否	否	否	否		
fd_runatscada	预案项是否在服务端执行	Small True/False	1	否	是	否	否	true	
fd_itemtype_desc	预案项类型描述	SBCS VarChar	128	否	否	否	否		

记录事件触发源实时信息表格参照表 6.5.34。

表 t_crs_eventtriggerrealinfos 表 6.5.34

字段名	字段说明	数据类型	长度	索引	NOT NULL	PK	FK	Default	备注
fd_trigger_id	触发源 id	Small Signed Number	4	是	是	是	是		
fd_exprresult_type	事件触发源结果类型	Small Signed Number	4	否	是	否	否		
fd_last_exprret	上次表达式返回值	SBCS VarChar	256	否	是	否	否		
fd_last_checktime	上次表达式判定时间	Small Date&Time	19	否	否	否	否		
fd_expr_starttime	表达式满足起始时间	Small Date&Time	19	否	否	否	否		
fd_istriggered	是否触发过	Small True/False	1	否	否	否	否		

记录预案执行状态信息表格参照表 6.5.35。

表 t_crs_schemerealinfos 表 6.5.35

字段名	字段说明	数据类型	长度	索引	NOT NULL	PK	FK	Default	备注
fd_scheme_id	预案 id	Small Signed Number	4	是	是	是	是		
fd_scheme_state	预案执行状态	Small Signed Number	4	否	是	否	否		

记录预案项执行状态信息表格参照表 6.5.36。

表 t_crs_schemeitemrealinfos　　　　　　表 6.5.36

字段名	字段说明	数据类型	长度	索引	NOT NULL	PK	FK	Default	备注
fd_scheme_id	预案id	Small Signed Number	4	是	是	是	是		
fd_item_id	预案项id	Small Signed Number	4	是	是	是	是		
fd_item_index	预案项顺序	Small Signed Number	4	是	是	是	否		
fd_item_state	预案项状态	Small Signed Number	4	否	是	否	否		
fd_item_result	预案项执行结果	Small Signed Number	4	否	是	否	否		

(13) 运营安全管理系统主要应用功能的研究和设计

1) 报警事件源和预案项的录入和后期维护功能

系统中监控参数变量设置：本系统与隧道监控系统进行集成，在隧道监控系统中，所监控的设备运行参数和隧道内的环境参数，作为系统中的变量存在，设置这些变量的上限、上上限、下限、下下限，对于这些参数变量的配置，平台提供导入导出的功能，画面设计举例如图 6.5.75～图 6.5.79 所示。

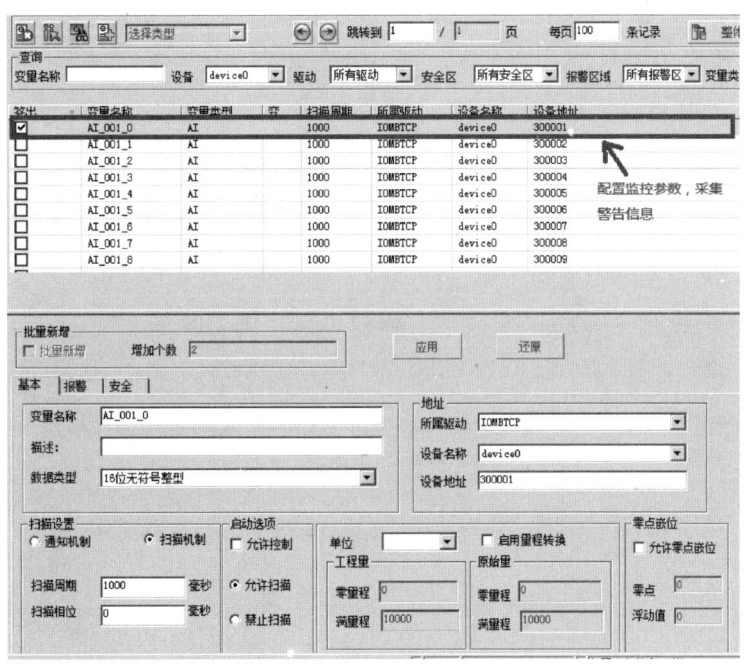

图 6.5.75　监控参数配置

系统中的预案设置：本系统与隧道监控系统进行集成，本系统对隧道监控系统中的自动控制设备的联动预案提供了添加、修改、删除的功能，画面设计举例如图 6.5.80 所示。

2) 报警事件源和预案的分类维护

报警事件源和预案项的分类管理见图 6.5.81 和图 6.5.82。

3) 管理预案用户的授权

授权过程主要包括对用户的管理（如用户信息的添加、修改、删除等）、群组的管理（群组信息的添加、修改、删除，选择用户加入群组等）、授权项的管理及对用户授权（本系统主要描述实现预案管理的集中配置功能对用户授权的功能）。设计如图 6.5.83 和图 6.5.84 所示。

用户登录系统后，需要对系统进行配置时，系统将判断该用户对"集中配置"授权项的权限设定，确定该用户是否具备配置权限。

4) 联动的执行

根据联动方案的执行方法，进行联动配置时，提供三种选项，即手工联动、自动联动、延时自动启动，如图 6.5.85～图 6.5.87 所示。

图 6.5.76 报警的配置

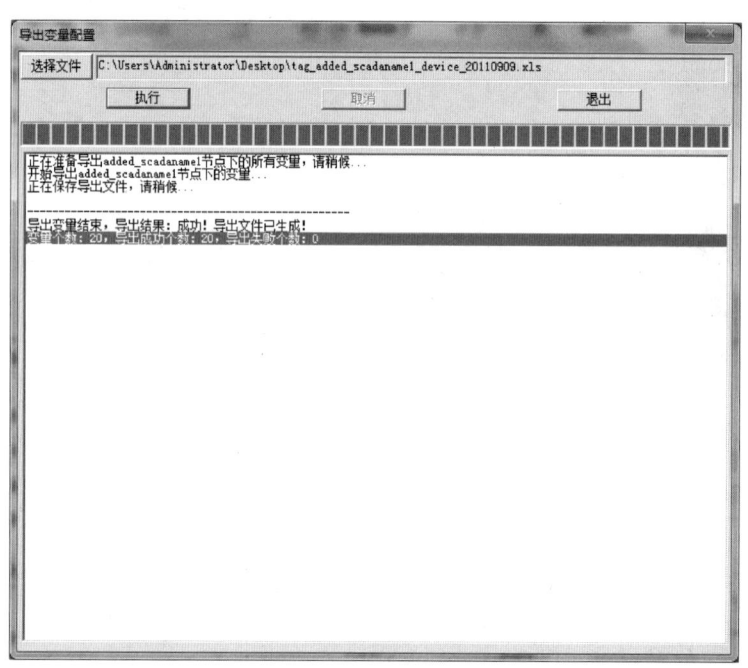

图 6.5.77 变量的导出

5)联动执行的可视化

在联动预案被触发时,系统自动切换到联动监视主页面(见图 6.5.88)。

对于客户端可见的预案,用户可以监视这些预案的执行状态(执行中、执行完毕)以及预案包含的每个预案项的执行过程和执行状态。

预案和预案项的执行状态根据服务端的反馈进行实时刷新;根据预案项的配置,用户可以手动干预某些单个预案项的执行过程。

第 6 章 钱江隧道施工关键技术研究

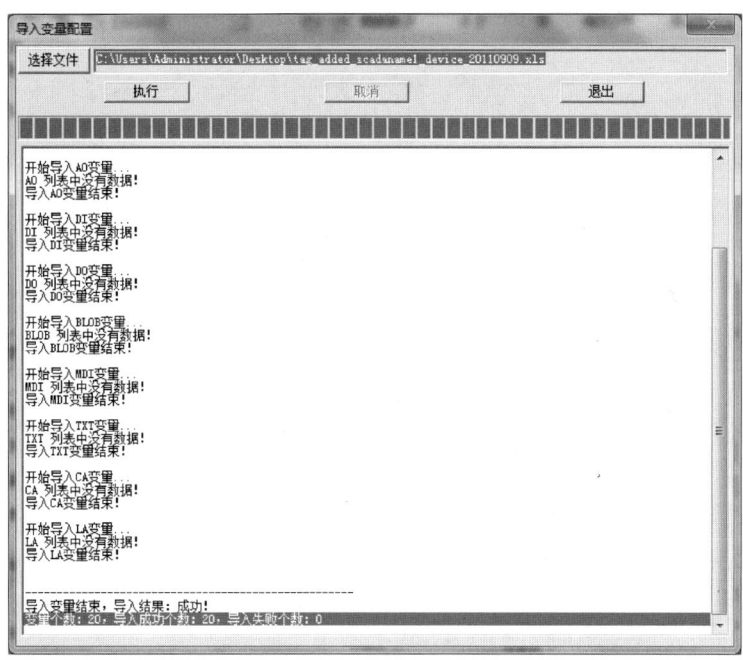

图 6.5.78 变量的导入

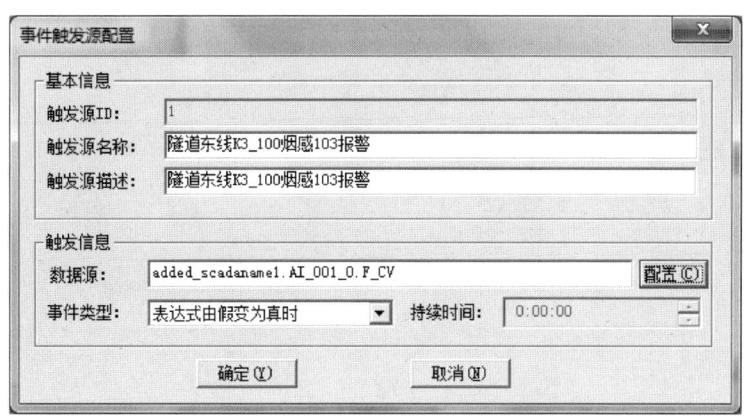

图 6.5.79 报警事件源的配置

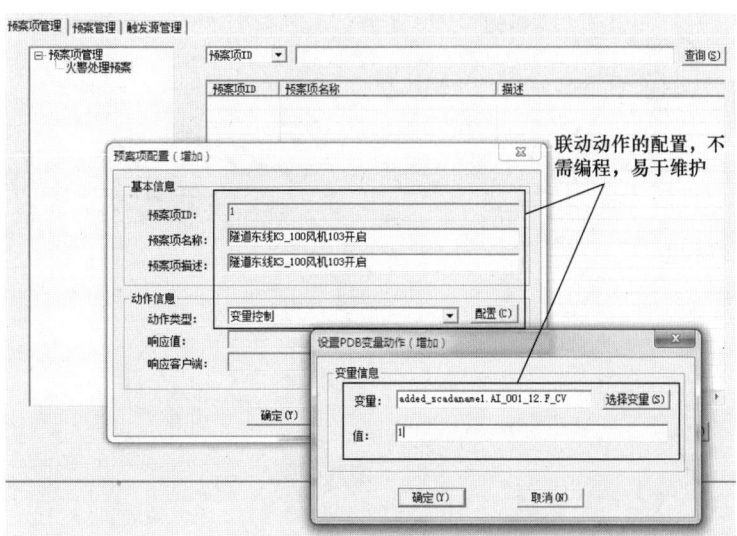

图 6.5.80 预案项的配置

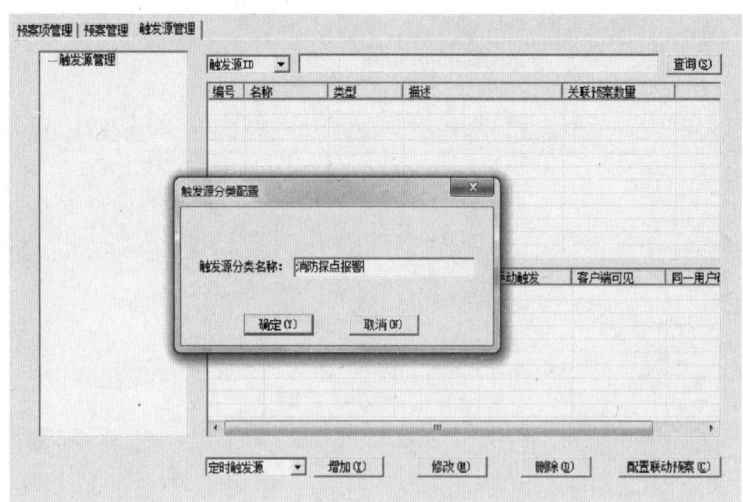

图 6.5.81 报警事件源的分类管理

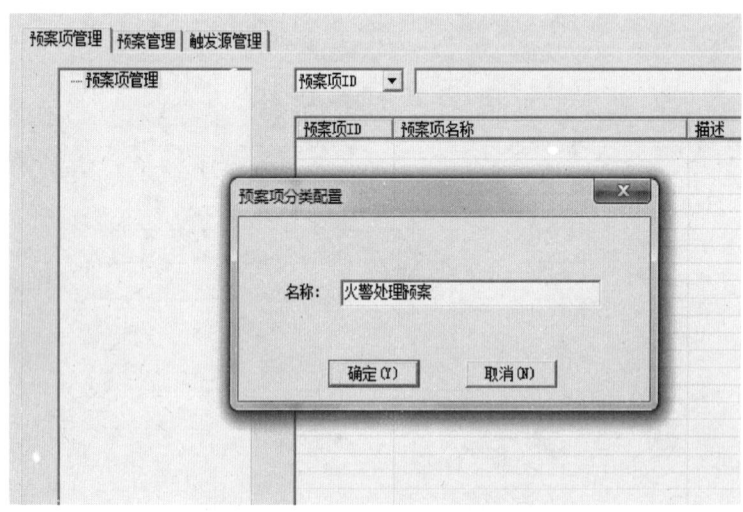

图 6.5.82 预案项的分类管理

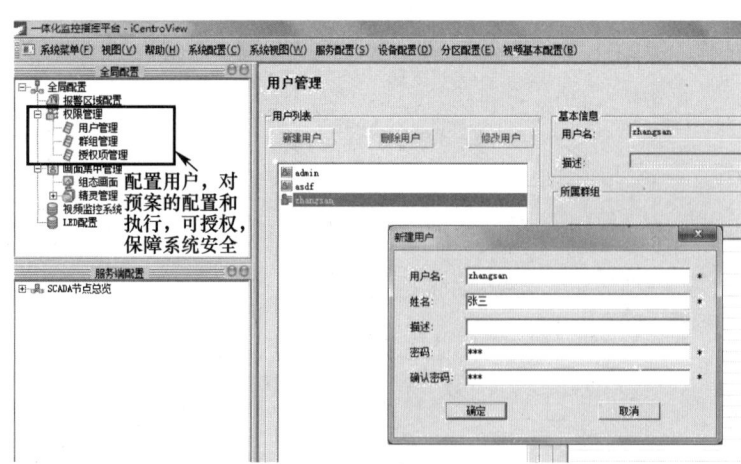

图 6.5.83 用户的创建

用户可以选择确认或取消整个预案的执行。

用户可以按照预案名称进行模糊查询，如果预案名称为空，则显示所有监视中的预案信息。

第 6 章　钱江隧道施工关键技术研究

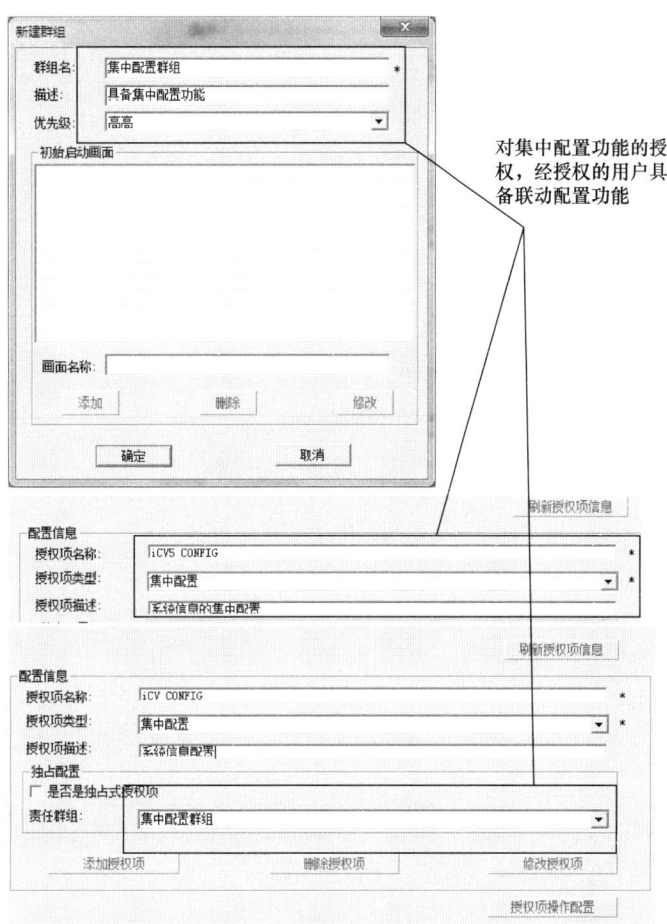

图 6.5.84　对授权项的授权

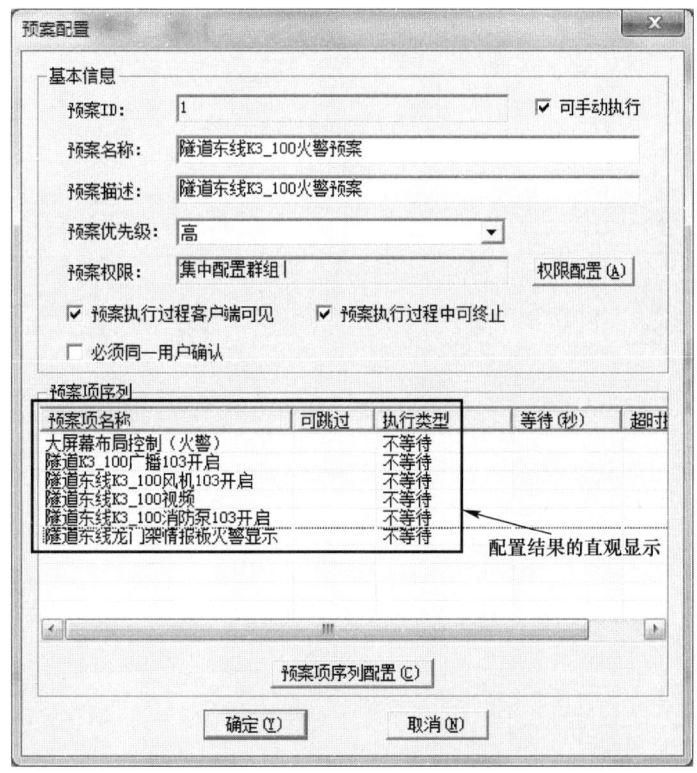

图 6.5.85　手动联动配置

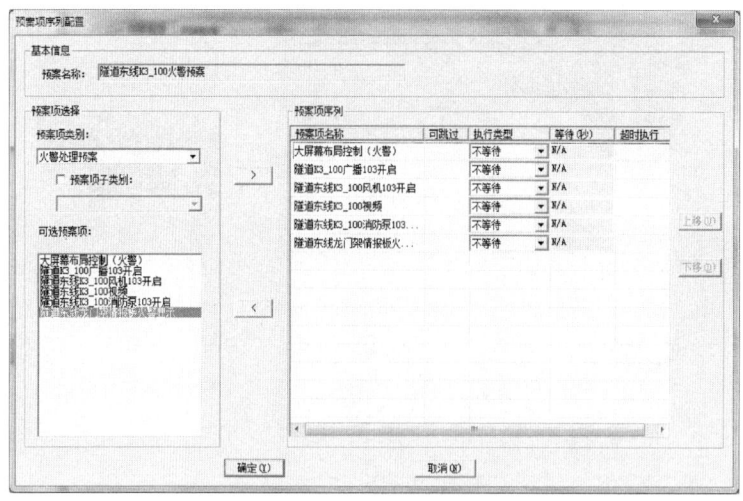

图 6.5.86 自动联动配置

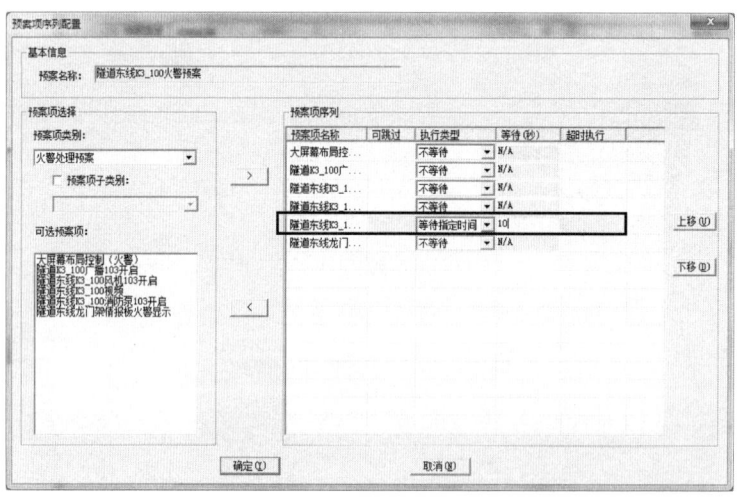

图 6.5.87 联动延时执行配置

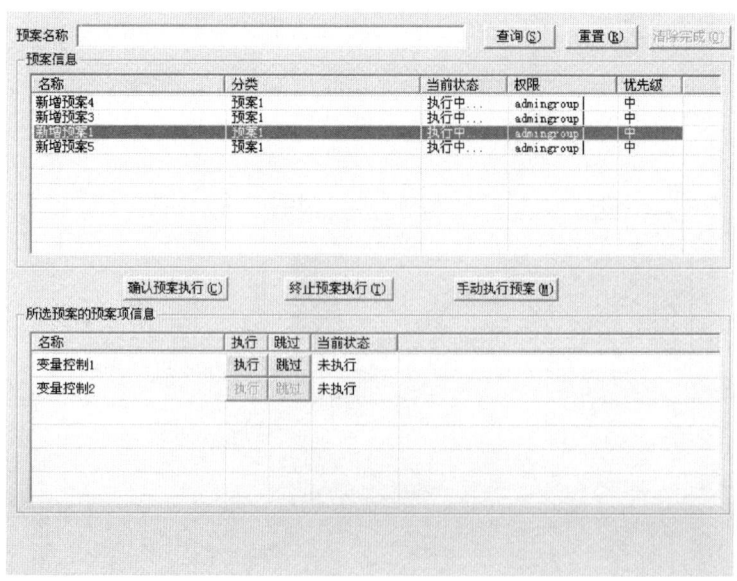

图 6.5.88 联动监视

用户可以清除查询状态,显示所有监视中的预案信息。

预案执行完毕后,用户可以选中该条预案信息,将其从列表显示中清除,清除后该条预案信息将不再能出现。

隧道运营综合安全管理系统平台运行流程如下:

运营综合安全管理系统将灾害和突发事件感知与灾害与突发事件初始控制联系起来,充分结合综合监控系统的设计使用,如自动喷淋系统、隧道入口信息显示系统、广播系统、通风排烟系统等,力求把灾害刚一出现时就加以排除或使之得到抑制。若灾情或事件失控,灾害将急剧扩大,救灾将十分困难。此外,隧道现场值班管理人员将根据报警信息灾害和事件类型及严重性,启动相关应急处理专案,运营综合安全管理系统流程图,详见图 6.5.89。

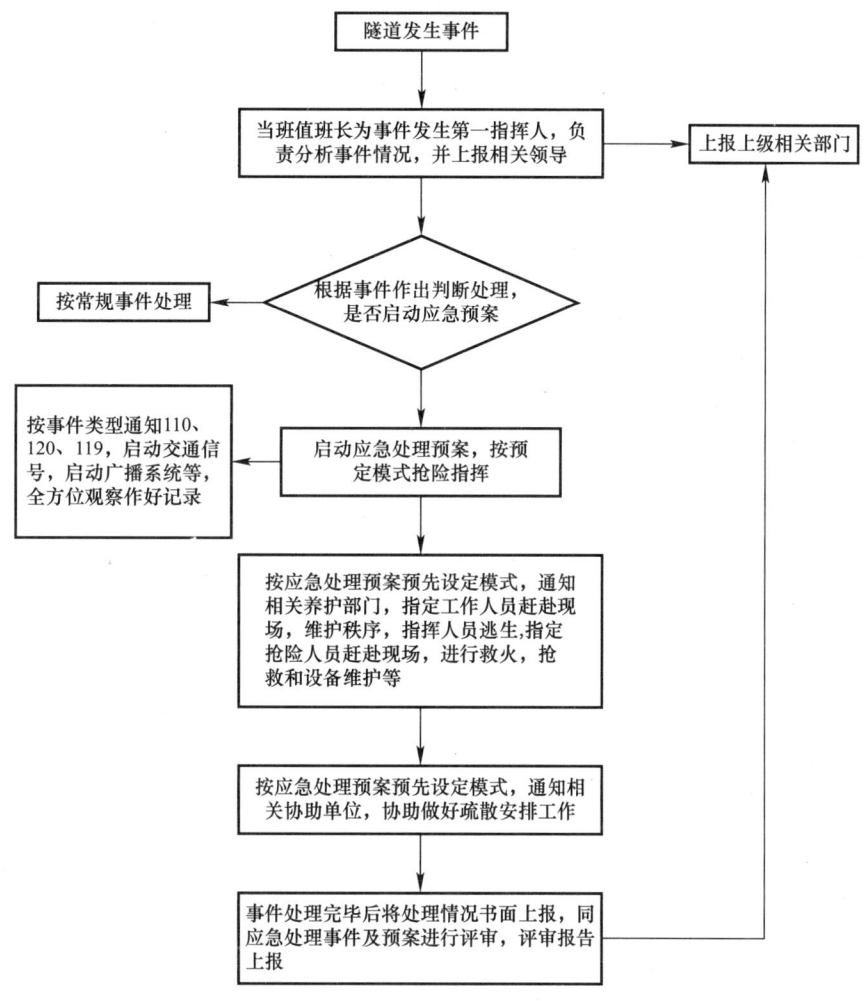

图 6.5.89 运营综合安全管理系统流程图

在保证运营畅通的同时,一方面应保证感知仪器设备的自动化程度和灵敏程度,包括烟感器、火灾自动报警装置、广播设备、通风排烟设备、给排水设备等,使之随时处于完好状态;另一方面还需要依靠运营综合安全管理系统,帮助监控人员及时安排处理灾害和突发事件。

灾害和突发事件都是由某种灾害或事件源所引起,如火灾的灾害源是明火和可燃物,爆炸的灾害源是可燃气体或易爆化学品等。在灾害和突发事件发生之前采取控制灾源的措施,控制、防止甚至杜绝灾害和突发事件的发生是运营综合安全管理系统的首要任务和最高目标。所以隧道运营安全管理系统、运行方式以及事件处理的安排实施也是十分重要的,详见图 6.5.90。

隧道运营综合安全管理系统运行流程如下:

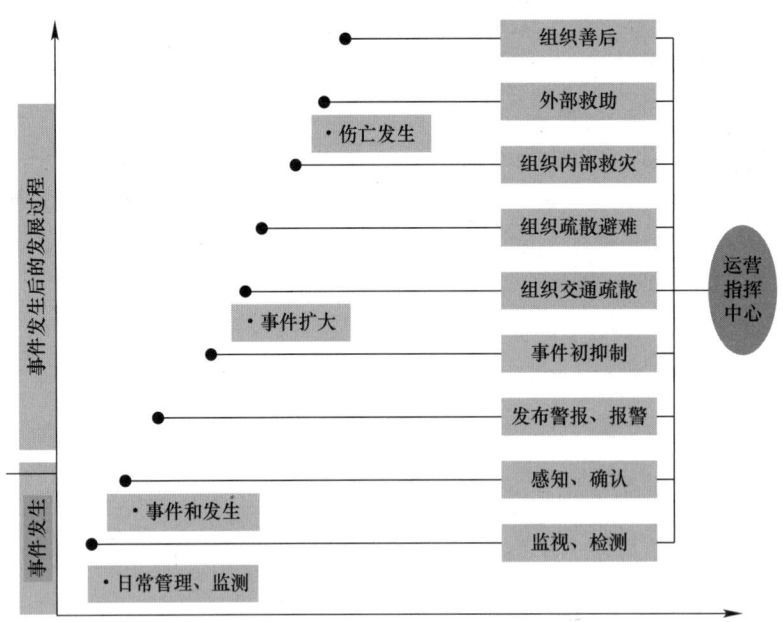

图 6.5.90　隧道运营安全管理系统图

① 隧道灾害和突发事件的早期控制系统运转

灾害都是由某种灾害源所引起，如火灾的灾害源是明火和可燃物，爆炸的灾害源是可燃气体或易爆化学品等。在灾害发生之前采取控制灾源的措施，防止甚至杜绝灾害的发生，是综合安全管理系统的首要任务和最高目标。

② 及时发现灾害和突发事件信息

一旦灾害和突发事件发生，对灾害和突发事件感知的快、慢、正、误，是能否控制灾情和突发事件使之不致扩大的关键，因感知迟缓或报警延误而使灾情和突发事件迅速发展的事例时有所见。为避免出现这种情况，一方面应保证感知仪器设备的自动化程度和灵敏程度，包括烟感器、火灾自动报警装置等，使之随时处于完好状态；另一方面还需要依靠人工监视系统，如及时检查在隧道通道等重点部位设置的 CCTV 闭路电视监视系统等，以防自动系统失灵。此外，还应组织综合巡视员实行定时巡视检查，以保证及时发现和验证灾情和突发事件。

③ 及时传递灾害和突发事件信息

灾情和突发事件被仪器感知后，信息传输到隧道监控室（中央控制室），经计算机处理和人工的判断和证实后，才能发出警报和向外报警。这一过程越短对救灾越有利，我们将建立报告程序，通过有线广播系统、无线和有线两种通信系统发出警报和各种救灾指令，必要时向城市防灾部门报警，等待救援和报告隧道信息中心。

④ 及时处置灾害和突发事件

灾害和突发事件感知系统应与灾害初始控制系统自动联系起来，如自动喷淋系统、隧道入口信息显示系统、电路切断系统、通风排烟系统等，力求把灾害和突发事件刚一出现时就加以排除或使之得到抑制。若灾情和突发事件失控，将急剧扩大，救灾将十分困难。此外，现场值班人员将根据报警信息灾害和事故类型及严重性，启动相关应急预案。

⑤ 隧道灾害和突发事件扩大后的救灾系统运转

当灾害和突发事件在初始阶段失去控制，开始扩大和蔓延后，安全管理系统开始启动运转，按预先设定的应急流程实施。

⑥ 人员安全撤出

在隧道中，有长时间在其中工作的人员，也有短时因故滞留的乘客。为了使大量对隧道环境不熟悉又没有受过防灾训练的乘客不受伤害，最有效的途径就是在隧道监控室和工作人员的组织和引导下，在灾害没有危及生命之前撤离灾害和突发事件现场。要做到这一点，保证最低限度的照明和适当数量的清洁空气是必要的，同时要对烟和有害气体等加以阻隔和排除，并以广播、灯光指示牌等加以引导。

⑦ 实行有效的灭灾

灾害和突发事件开始扩大后，除组织人员疏散外，应动员一切内部和外部的人力物力将灾害和突发事件在最短时间内进行处理，同时求助市防灾中心、公安部门、消防部门等。鉴于隧道内灾害和突发事件从外部救援比较困难，故主要应依靠内部的救灾设施。

⑧ 物质抢救

为了减轻灾害中的物质损失，不应寄希望于内部或外部的人员进行抢救或抢运，因为与物相比，救人更为重要，在组织人员疏散时同时组织抢救物资是不现实的，因此为减少物质损失的最有效措施应当是尽快控制和消除灾害。

⑨ 隧道应急的指挥和管理系统运转

为了使以上运营安全管理系统能正常运转，在灾害和突发事件发生时能有效地起到有效的救援作用，应建立与隧道使用性质和规模相应的综合安全应急指挥和管理系统，图 6.5.91 为隧道应急指挥运转图。

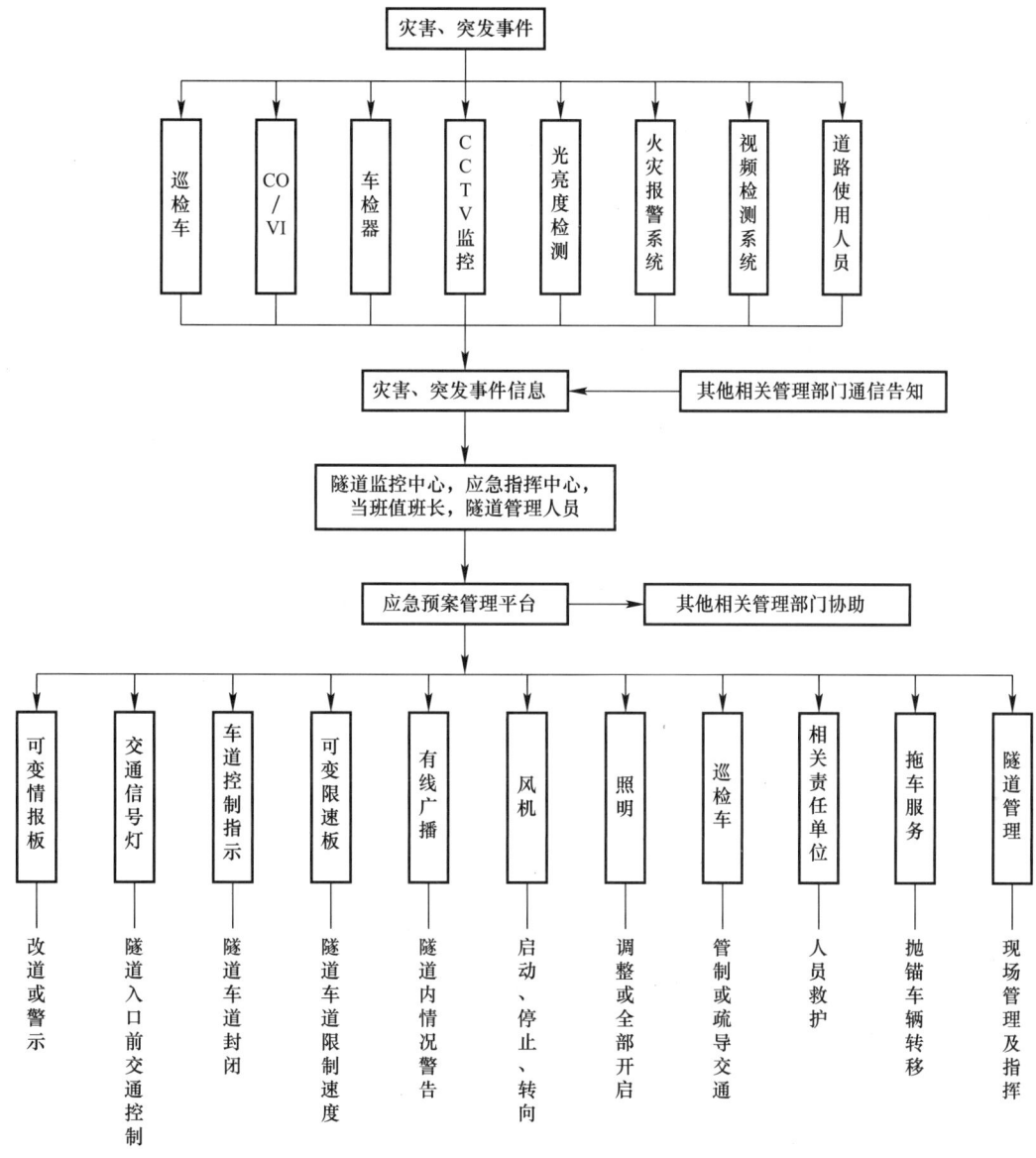

图 6.5.91　隧道应急指挥运转图

6.5.3.4 运营安全管理系统应用效果

运营安全管理系统报警联动信息的配置如图 6.5.92 所示。

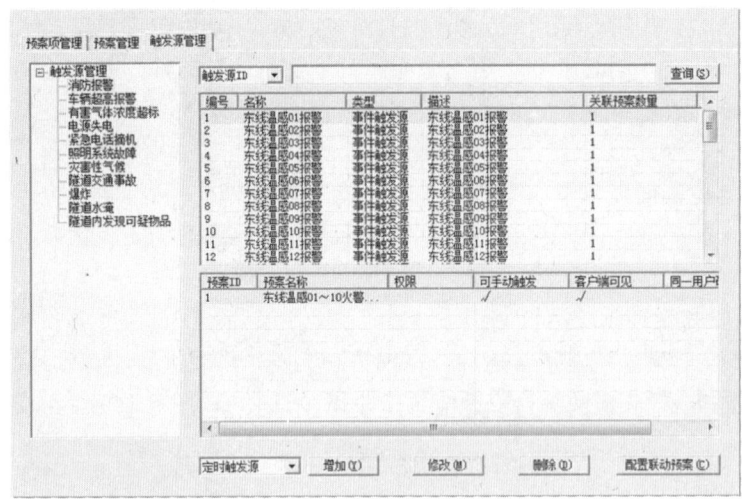

图 6.5.92 触发源和预案配置

运营安全管理系统对火灾报警反馈如图 6.5.93 所示。

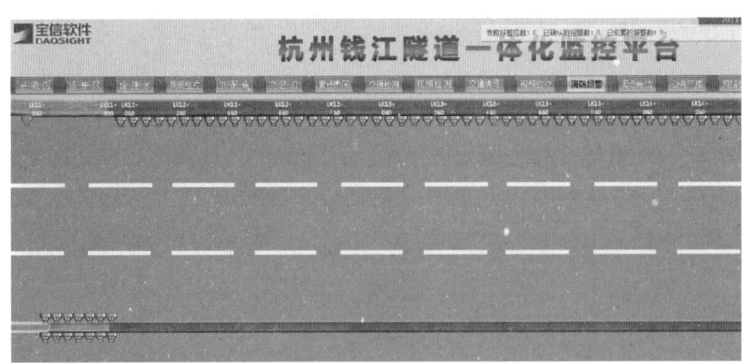

图 6.5.93 火警里程信息平面图

运营安全管理系统在火灾模式下,自动联动着火点附近的排烟风机等设备画面如图 6.5.94 所示。

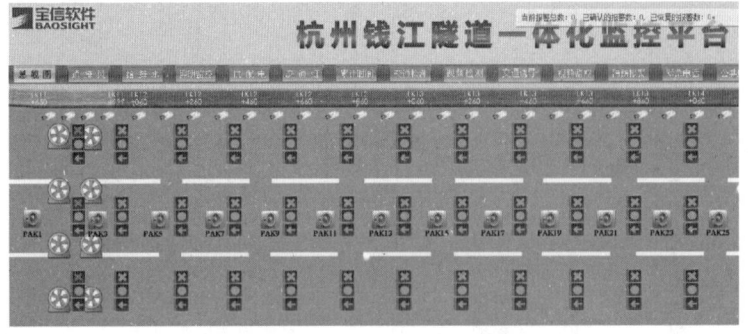

图 6.5.94 自动联动效果

运营安全管理系统通过监控平台,联动视频、广播等系统的画面如图 6.5.95～图 6.5.98 所示。

第6章 钱江隧道施工关键技术研究

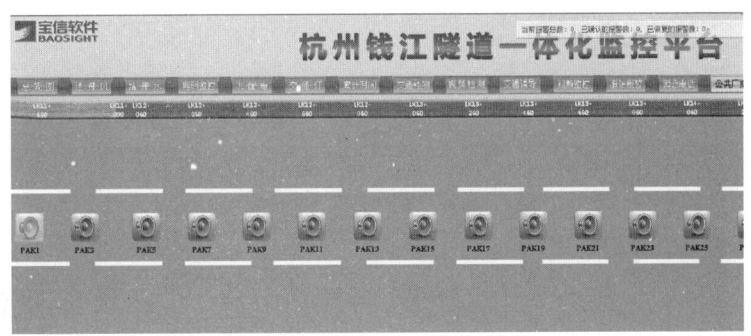

图 6.5.95 广播联动

图 6.5.96 画面和设备联动

 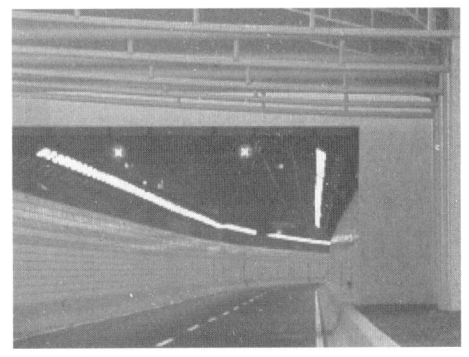

图 6.5.97 交通诱导系统和交通信号灯联动

图 6.5.98 预案执行过程的跟踪,应急处置工作的执行

863

附录　工程大事记

- 2003年7月1日、8月31日 杭州市政府、市交通局分别组织了钱江隧道线位方案论证会。
- 2003年11月17日 浙江省交通厅主持召开"杭州湾萧山通道工程通行净尺度和技术要求论证报告"审查会。
- 2004年11月 杭州市交通局主持召开桥梁与隧道方案比较专题报告评审会。
- 2005年9月 浙江省发改委组织召开"杭州市区钱塘江越江通道近期建设规划"专家评审会。
- 2006年4月18日 杭州、嘉兴、绍兴交通局联合召开钱江通道及接线工程预可行性研究隧道方案专题预审查会。
- 2006年8月11日 杭州市交通集团公司召开项目公司组建会。
- 2007年1月30日 钱江隧道建设项目合作框架协议签字仪式（杭州市交通局局长王水法和上海隧道工程股份有限公司董事长陈彬在签字席上签字，建立了本项目的友好合作关系）。
- 2007年11月21日 钱江隧道试验井初步设计审查会在杭州金溪山庄举行。
- 2008年1月8日 钱江隧道试验井开工典礼，市委书记王国平，市长蔡奇等相关领导出席典礼，杭州市交通局、杭州市公路局等相关主管部门领导应邀参加，并共同为钱江隧道工程奠基。
- 2008年10月16日 浙江省发改委下发浙发改函〔2008〕229号《省发改委关于钱江通道及接线工程项目核准批复的函》，标志着钱江通道及接线工程项目正式核准。
- 2008年10月29日 杭州市委书记王国平一行莅临指导钱江隧道项目工程。
- 2008年12月18日 钱江隧道主体工程开工仪式在钱江隧道江南工作井举行，市委书记王国平，市长蔡奇等相关政府领导出席仪式，杭州市交通局、杭州市公路局等领导应邀参加，上海隧道工程股份有限公司董事长陈彬做了重要发言，王书记宣布钱江隧道工程正式开工。
- 2009年2月18日 钱江隧道工程金融服务商洽会在杭州建元隧道发展有限公司大会议室举行，来自中国银行、工商银行、农业银行、浦东发展银行、招商银行等沪、杭两地多家银行代表参加了本次商洽会。
- 2009年5月12日 钱江隧道初步设计评审会在萧山索菲特世外桃源度假酒店举行，邀请相关方面专家及各级相关单位参加，对本项目初步设计方案提出了宝贵的意见和建议。
- 2009年7月1日 钱江隧道25.4亿元银团贷款合同签订。
- 2009年7月5日 钱江隧道试验井最后一块顶板浇筑完成，标志着钱江隧道江南工作井主体结构的基本完工。
- 2009年7月17日 钱江隧道补充初步设计评审会在萧山索菲特世外桃源度假酒店举行，钱江隧道初步设计方案获得通过。
- 2009年8月6日 钱江隧道盾构吊装仪式在江南工作井举行，浙江省交通运输厅厅长郭剑彪，副厅长徐纪平等一行人莅临参加并正式揭幕吊装仪式，郭厅长针对夏季高温问题对工地工作者进行了慰问并分发了慰问品。随后在工地会议室，一同听取了钱江隧道工程建设情况的汇报。
- 2009年9月3日 杭州市市长蔡奇率领市区两级政府的有关领导赴钱江隧道项目建设工地视察并听取了相关工程的进展情况，蔡市长也对本项目给予了厚望并提出了宝贵的建议。
- 2009年10月13日 浙江省总工会领导莅临钱江隧道建设工地指导，随后在钱江隧道会议展示厅内听取了施工、业主单位针对工程概况的介绍，提出了宝贵的意见，对该项目也给予了高度的重视和评价。

附录 工程大事记

- 2009年10月16日 上海城建集团总裁张焰一行在隧道股份总经理杨磊的陪同下参观了钱江隧道建设工地并参观了钱江隧道会议展示厅，听取了越江一部及杭州建元隧道发展有限公司相关领导的工作情况汇报，会后并给予了评价及针对相关问题的应对意见及建议，对整个钱江隧道项目寄予了厚望。
- 2009年11月5日 钱江隧道及接线工程过江隧道段施工监理开标工作在浙江省招标投标交易中心召开，英泰克工程顾问（上海）有限公司在此次投标中成功中标，成为钱江隧道段施工监理单位。
- 2009年12月22日 钱江隧道及接线工程过江隧道段第三方监测在浙江省招标投标交易中心顺利开标，上海新地海洋工程技术有限公司在此次投标中成功中标，成为钱江隧道段第三方监测单位。
- 2009年12月26日 钱江隧道"钱江通泰号"盾构始发仪式在杭州钱江隧道江南工作井施工现场顺利举行。
- 2010年1月25日 杭州市交通工程质量安全监督局下发杭交监发【2010】10号关于印发钱江隧道试验井项目交工质量监测意见书的函，标志着钱江隧道试验井项目符合技术标准及设计和规范要求，符合交工验收条件，于2010年2月3日召开了交工验收会议，顺利完成了钱江隧道试验井的交工验收。
- 2010年3月23日 杭州建元隧道发展有限公司在杭州天元大厦组织召开了钱江隧道防灾及救援专题设计评审会，对中铁第四勘察设计院集团有限公司和浙江省交通规划设计研究院共同完成的《钱江通道及接线工程钱江隧道防灾及救援专题设计》进行了审查。
- 2010年4月19日 钱江通道西线盾构出洞施工。
- 2010年5月24日 杭州市委书记黄坤明一行莅临指导钱江隧道项目工程并听取了相关工程的进展情况。
- 2010年6月8日 杭州市副市长沈坚一行视察钱江隧道工地现场，随后在钱江隧道展示厅会议室内由杭州市交通局局长陈伟，上海隧道工程股份有限公司总经理杨磊，上海建元投资有限公司总经理宋晓东共同签署了钱江隧道投资协议书。
- 2010年6月29日、30日 在杭州举行钱江隧道工程咨询顾问组专家聘任仪式暨召开专家咨询顾问组第一次会议。
- 2010年6月16日-6月23日 钱江隧道工程盾构顺利通过抢险河。
- 2010年11月4日 钱江隧道工程参建单位在江南工地隧道内进行消防演练
- 2010年11月7日 钱江隧道盾构到达西线最低点第643环。
- 2010年11月10日 浙江省副省长王建满率省发改委、省交通厅、省公路局及杭州市交通相关部门领导一行赴钱江隧道工地考察调研。
- 2010年12月21日 钱江隧道江北工作井封底。
- 2012年3月20日 钱江隧道东线盾构顺利穿越江北明清大堤。
- 2012年10月23日 浙江省委常委、杭州市委书记、杭州市人大常委会主任黄坤明，杭州市委常委、常务副市长杨戍标，杭州市委常委、秘书长许勤华等领导率市人大、杭州市政协、杭州市发改委、杭州市交通运输局等单位相关负责人对钱江隧道工程进行了现场检查，杭州市交通运输局党委书记、局长范建军等人陪同。
- 2013年1月18号 钱江隧道东西双线全线贯通。

附　录

附录 A　钱江隧道东线掘进统计

环号	推进开始时间	推进结束时间	环号	推进开始时间	推进结束时间
46	2012/2/13 16:20	2012/2/13 17:30	83	2012/2/26 2:55	2012/2/26 4:09
47	2012/2/16 11:20	2012/2/16 14:30	84	2012/2/26 8:21	2012/2/26 10:42
48	2012/2/16 17:30	2012/2/16 19:30	85	2012/2/26 12:12	2012/2/26 14:40
49	2012/2/16 22:46	2012/2/16 23:58	86	2012/2/26 17:18	2012/2/26 18:54
50	2012/2/17 2:03	2012/2/17 3:09	87	2012/2/26 22:08	2012/2/26 23:30
51	2012/2/17 9:10	2012/2/17 11:25	88	2012/2/27 1:55	2012/2/27 3:08
52	2012/2/18 9:26	2012/2/18 10:47	89	2012/2/27 8:00	2012/2/27 9:20
53	2012/2/18 13:15	2012/2/18 14:40	90	2012/2/27 13:19	2012/2/27 14:41
54	2012/2/18 18:00	2012/2/18 19:15	91	2012/2/27 20:25	2012/2/27 21:38
55	2012/2/18 23:00	2012/2/19 0:52	92	2012/2/27 23:21	2012/2/28 0:44
56	2012/2/19 3:53	2012/2/19 5:30	93	2012/2/28 2:50	2012/2/28 4:00
57	2012/2/19 8:25	2012/2/19 11:30	94	2012/2/28 6:55	2012/2/28 9:29
58	2012/2/19 16:55	2012/2/19 18:00	95	2012/2/28 11:30	2012/2/28 14:02
59	2012/2/19 23:52	2012/2/20 1:50	96	2012/2/28 19:28	2012/2/28 21:00
60	2012/2/20 4:30	2012/2/20 5:45	97	2012/2/28 22:40	2012/2/28 23:50
61	2012/2/20 8:10	2012/2/20 12:42	98	2012/2/29 20:25	2012/2/29 23:40
62	2012/2/20 3:00	2012/2/20 20:01	99	2012/3/1 1:50	2012/3/1 3:06
63	2012/2/20 22:16	2012/2/20 23:43	100	2012/3/1 5:15	2012/3/1 6:26
64	2012/2/21 2:48	2012/2/21 4:15	101	2012/3/1 8:13	2012/3/1 10:33
65	2012/2/21 6:31	2012/2/21 8:00	102	2012/3/1 12:45	2012/3/1 14:23
66	2012/2/21 9:45	2012/2/21 10:50	103	2012/3/1 15:45	2012/3/1 17:06
67	2012/2/21 12:55	2012/2/21 13:55	104	2012/3/2 3:15	2012/3/2 5:23
68	2012/2/21 16:00	2012/2/21 16:58	105	2012/3/2 6:48	2012/3/2 8:10
69	2012/2/21 21:45	2012/2/21 22:45	106	2012/3/2 17:20	2012/3/2 19:17
70	2012/2/22 1:14	2012/2/22 2:10	107	2012/3/2 21:25	2012/3/2 23:12
71	2012/2/22 3:51	2012/2/23 2:10	108	2012/3/3 0:39	2012/3/3 3:36
72	2012/2/23 4:23	2012/2/23 5:33	109	2012/3/3 5:52	2012/3/3 7:18
73	2012/2/23 9:36	2012/2/23 11:18	110	2012/3/3 9:51	2012/3/3 11:21
74	2012/2/24 15:40	2012/2/24 19:40	111	2012/3/3 12:51	2012/3/3 14:15
75	2012/2/24 22:05	2012/2/24 23:40	112	2012/3/3 15:56	2012/3/3 17:35
76	2012/2/25 1:15	2012/2/25 2:40	113	2012/3/3 19:53	2012/3/3 21:54
77	2012/2/25 4:11	2012/2/25 5:38	114	2012/3/4 0:40	2012/3/4 3:00
78	2012/2/25	2012/2/25 8:37	115	2012/3/4 4:28	2012/3/4 6:00
79	2012/2/25 13:45	2012/2/25 15:08	116	2012/3/4 8:45	2012/3/4 11:03
80	2012/2/25 17:10	2012/2/25 18:38	117	2012/3/4 13:00	2012/3/4 15:00
81	2012/2/25 20:35	2012/2/25 22:00	118	2012/3/4 16:33	2012/3/4 17:55
82	2012/2/26 0:10	2012/2/26 1:25	119	2012/3/4 20:38	2012/3/4 21:55

续表

环号	推进开始时间	推进结束时间	环号	推进开始时间	推进结束时间
120	2012/3/5 0:00	2012/3/5 1:32	166	2012/3/15 21:58	2012/3/16 3:40
121	2012/3/5 3:15	2012/3/5 4:32	167	2012/3/16 5:30	2012/3/16 7:35
122	2012/3/5 5:56	2012/3/5 7:26	168	2012/3/16 10:12	2012/3/16 12:20
123	2012/3/5 9:47	2012/3/5 11:02	169	2012/3/16 14:45	2012/3/16 16:30
124	2012/3/5 13:51	2012/3/5 15:17	170	2012/3/16 18:48	2012/3/16 20:12
125	2012/3/5 16:52	2012/3/5 18:15	171	2012/3/16 21:58	2012/3/16 23:30
126	2012/3/5 20:38	2012/3/5 21:55	172	2012/3/17 1:15	2012/3/17 2:38
127	2012/3/6 0:02	2012/3/6 1:29	173	2012/3/17 4:20	2012/3/17 5:55
128	2012/3/6 4:15	2012/3/6 5:20	174	2012/3/17 8:20	2012/3/17 9:29
129	2012/3/7 3:09	2012/3/7 4:40	175	2012/3/17 11:01	2012/3/17 12:55
130	2012/3/7 6:05	2012/3/7 7:53	176	2012/3/17 18:02	2012/3/17 19:21
131	2012/3/7 9:57	2012/3/7 11:45	177	2012/3/17 23:15	2012/3/18 1:25
132	2012/3/7 14:22	2012/3/7 15:50	178	2012/3/18 3:40	2012/3/18 5:18
133	2012/3/8 0:50	2012/3/8 2:03	179	2012/3/18 7:10	2012/3/18 8:40
134	2012/3/8 4:15	2012/3/8 5:26	180	2012/3/18 10:25	2012/3/18 11:55
135	2012/3/8 19:25	2012/3/8 21:40	181	2012/3/18 13:47	2012/3/18 15:10
136	2012/3/9 13:10	2012/3/9 14:20	182	2012/3/18 16:30	2012/3/18 18:09
137	2012/3/9 16:35	2012/3/9 18:29	183	2012/3/18 19:35	2012/3/18 21:20
138	2012/3/9 20:56	2012/3/9 22:22	184	2012/3/18 23:45	2012/3/19 1:05
139	2012/3/10 12:25	2012/3/10 14:08	185	2012/3/19 2:35	2012/3/19 3:50
140	2012/3/10 16:50	2012/3/10 18:51	186	2012/3/19 7:15	2012/3/19 8:40
141	2012/3/10 20:26	2012/3/10 21:46	187	2012/3/19 12:08	2012/3/19 14:35
142	2012/3/10 23:22	2012/3/11 0:40	188	2012/3/19 16:32	2012/3/19 18:28
143	2012/3/11 2:02	2012/3/11 3:22	189	2012/3/19 20:50	2012/3/19 22:05
144	2012/3/11 7:00	2012/3/11 9:50	190	2012/3/19 23:35	2012/3/20 0:15
145	2012/3/11 11:50	2012/3/11 13:41	191	2012/3/20 2:30	2012/3/20 3:58
146	2012/3/11 15:40	2012/3/11 17:55	192	2012/3/20 5:20	2012/3/20 6:45
147	2012/3/11 19:10	2012/3/11 20:57	193	2012/3/20 9:05	2012/3/20 11:19
148	2012/3/11 23:15	2012/3/12 1:32	194	2012/3/20 13:35	2012/3/20 14:57
149	2012/3/12 3:40	2012/3/12 5:30	195	2012/3/20 16:33	2012/3/20 17:53
150	2012/3/12 8:15	2012/3/12 10:00	196	2012/3/20 19:05	2012/3/20 20:45
151	2012/3/12 12:10	2012/3/12 14:02	197	2012/3/20 22:20	2012/3/21 0:00
152	2012/3/12 15:50	2012/3/12 17:30	198	2012/3/21 1:35	2012/3/21 3:00
153	2012/3/12 18:55	2012/3/12 20:50	199	2012/3/21 4:45	2012/3/21 6:15
154	2012/3/12 23:30	2012/3/13 1:50	200	2012/3/21 18:52	2012/3/21 20:28
155	2012/3/13 3:30	2012/3/13 6:40	201	2012/3/21 22:08	2012/3/22 0:12
156	2012/3/13 8:00	2012/3/13 9:35	202	2012/3/22 1:35	2012/3/22 2:54
157	2012/3/13 11:25	2012/3/13 13:05	203	2012/3/22 4:12	2012/3/22 5:28
158	2012/3/13 15:25	2012/3/13 17:04	204	2012/3/22 8:20	2012/3/22 10:35
159	2012/3/13 19:30	2012/3/13 21:20	205	2012/3/22 13:51	2012/3/22 15:30
160	2012/3/13 23:06	2012/3/14 0:50	206	2012/3/22 17:25	2012/3/22 21:22
161	2012/3/14 2:30	2012/3/14 4:40	207	2012/3/22 23:06	2012/3/23 0:21
162	2012/3/15 0:10	2012/3/15 5:15	208	2012/3/23 1:37	2012/3/23 3:05
163	2012/3/15 8:40	2012/3/15 10:50	209	2012/3/23 5:19	2012/3/23 6:50
164	2012/3/15 13:41	2012/3/15 16:02	210	2012/3/23 8:30	2012/3/23 10:20
165	2012/3/15 17:40	2012/3/15 20:12	211	2012/3/23 11:45	2012/3/23 13:53

附 录

续表

环号	推进开始时间	推进结束时间	环号	推进开始时间	推进结束时间
212	2012/3/23 15：30	2012/3/23 17：20	258	2012/3/31 18：30	2012/3/31 19：55
213	2012/3/23 18：45	2012/3/23 20：39	259	2012/3/31 22：30	2012/3/31 23：45
214	2012/3/24 3：13	2012/3/24 4：45	260	2012/4/1 2：45	2012/4/1 5：10
215	2012/3/24 6：08	2012/3/24 7：36	261	2012/4/1 6：45	2012/4/1 8：35
216	2012/3/24 10：10	2012/3/24 12：00	262	2012/4/1 11：50	2012/4/1 13：19
217	2012/3/24 13：20	2012/3/24 15：05	263	2012/4/1 14：55	2012/4/1 16：45
218	2012/3/24 18：15	2012/3/24 19：58	264	2012/4/1 19：00	2012/4/1 20：23
219	2012/3/24 22：12	2012/3/24 23：31	265	2012/4/1 22：10	2012/4/1 23：35
220	2012/3/25 1：00	2012/3/25 2：16	266	2012/4/2 1：10	2012/4/2 2：30
221	2012/3/25 3：52	2012/3/25 5：09	267	2012/4/2 3：50	2012/4/2 5：15
222	2012/3/25 13：14	2012/3/25 16：35	268	2012/4/2 6：35	2012/4/2 7：55
223	2012/3/25 20：49	2012/3/25 22：29	269	2012/4/2 10：22	2012/4/2 12：07
224	2012/3/26 0：35	2012/3/26 2：31	270	2012/4/2 13：55	2012/4/2 15：13
225	2012/3/26 3：58	2012/3/26 5：15	271	2012/4/2 17：40	2012/4/2 19：30
226	2012/3/26 6：32	2012/3/26	272	2012/4/2 22：00	2012/4/2 23：15
227	2012/3/26 9：45	2012/3/26 11：35	273	2012/4/3 0：42	2012/4/3 1：53
228	2012/3/26 13：00	2012/3/26 14：40	274	2012/4/3 4：15	2012/4/3 5：40
229	2012/3/26 17：46	2012/3/26 19：52	275	2012/4/3 9：45	2012/4/3 11：00
230	2012/3/26 21：24	2012/3/26 23：05	276	2012/4/3 14：40	2012/4/3 16：02
231	2012/3/27 0：20	2012/3/27 1：47	277	2012/4/3 17：45	2012/4/3 18：58
232	2012/3/27 3：05	2012/3/27 4：30	278	2012/4/3 21：45	2012/4/3 23：10
233	2012/3/27 5：58	2012/3/27 7：20	279	2012/4/4 1：40	2012/4/4 3：25
234	2012/3/27 11：30	2012/3/27 13：15	280	2012/4/4 5：00	2012/4/4 6：55
235	2012/3/27 15：15	2012/3/27 17：00	281	2012/4/4 22：15	2012/4/5 1：41
236	2012/3/27 18：25	2012/3/27 19：50	282	2012/4/5 3：06	2012/4/5 4：18
237	2012/3/27 22：11	2012/3/27 23：41	283	2012/4/5 5：40	2012/4/5 7：00
238	2012/3/28 1：15	2012/3/28 2：36	284	2012/4/5 10：10	2012/4/5 11：36
239	2012/3/28 4：45	2012/3/28 6：05	285	2012/4/5 13：29	2012/4/5 14：59
240	2012/3/29 4：15	2012/3/29 6：28	286	2012/4/5 16：28	2012/4/5 17：53
241	2012/3/29 8：00	2012/3/29 9：42	287	2012/4/5 19：17	2012/4/5 20：40
242	2012/3/29 11：30	2012/3/29 12：45	288	2012/4/5 22：10	2012/4/5 23：30
243	2012/3/29 14：45	2012/3/29 15：55	289	2012/4/6 4：20	2012/4/6 5：30
244	2012/3/29 18：15	2012/3/29 19：25	290	2012/4/6 7：15	2012/4/6 8：31
245	2012/3/29 21：47	2012/3/29 23：15	291	2012/4/6 18：24	2012/4/6 19：32
246	2012/3/30 0：30	2012/3/30 2：20	292	2012/4/6 21：25	2012/4/6 22：50
247	2012/3/30 3：35	2012/3/30 5：05	293	2012/4/7 0：16	2012/4/7 1：40
248	2012/3/30 6：31	2012/3/30 8：00	294	2012/4/7 4：20	2012/4/7 5：34
249	2012/3/30 11：15	2012/3/30 12：20	295	2012/4/7 8：25	2012/4/7 9：50
250	2012/3/30 14：20	2012/3/30 15：25	296	2012/4/7 11：22	2012/4/7 13：51
251	2012/3/30 16：45	2012/3/30 17：50	297	2012/4/7 15：15	2012/4/7 16：34
252	2012/3/30 19：25	2012/3/30 20：50	298	2012/4/7 18：40	2012/4/7 20：08
253	2012/3/30 22：15	2012/3/31 1：40	299	2012/4/7 22：55	2012/4/8 0：12
254	2012/3/31 4：35	2012/3/31 6：20	300	2012/4/8 1：50	2012/4/8 3：15
255	2012/3/31 8：50	2012/3/31 10：20	301	2012/4/8 4：25	2012/4/8 6：02
256	2012/3/31 12：00	2012/3/31 13：25	302	2012/4/9 4：15	2012/4/9 6：13
257	2012/3/31 15：18	2012/3/31 16：54	303	2012/4/9 8：13	2012/4/9 9：47

续表

环号	推进开始时间	推进结束时间	环号	推进开始时间	推进结束时间
304	2012/4/9 16:25	2012/4/9 17:52	350	2012/4/19 23:31	2012/4/20 0:35
305	2012/4/9 19:20	2012/4/9 20:50	351	2012/4/20 14:00	2012/4/20 15:40
306	2012/4/9 23:20	2012/4/10 0:42	352	2012/4/20 17:30	2012/4/20 18:52
307	2012/4/10 3:45	2012/4/10 5:00	353	2012/4/20 20:23	2012/4/20 21:30
308	2012/4/10 6:25	2012/4/10 7:55	354	2012/4/20 23:33	2012/4/21 0:53
309	2012/4/10 13:15	2012/4/10 15:42	355	2012/4/21 2:12	2012/4/21 3:19
310	2012/4/10 18:38	2012/4/10 20:00	356	2012/4/21 5:16	2012/4/21 6:35
311	2012/4/10 21:40	2012/4/10 22:59	357	2012/4/21 8:00	2012/4/21 9:20
312	2012/4/11 2:00	2012/4/11 3:20	358	2012/4/21 12:12	2012/4/21 13:37
313	2012/4/11 5:05	2012/4/11 6:20	359	2012/4/21 15:30	2012/4/21 16:54
314	2012/4/11 9:38	2012/4/11 11:11	360	2012/4/21 19:35	2012/4/21 20:47
315	2012/4/11 13:52	2012/4/11 17:38	361	2012/4/21 22:00	2012/4/21 23:10
316	2012/4/11 19:34	2012/4/11 20:52	362	2012/4/22 0:20	2012/4/22 1:30
317	2012/4/11 22:10	2012/4/11 23:34	363	2012/4/22 2:50	2012/4/22 3:47
318	2012/4/12 1:00	2012/4/12 2:20	364	2012/4/22 5:52	2012/4/22 7:00
319	2012/4/12 5:15	2012/4/12 6:27	365	2012/4/22 9:50	2012/4/22 11:05
320	2012/4/12 10:11	2012/4/12 11:33	366	2012/4/22 13:10	2012/4/22 14:25
321	2012/4/12 14:06	2012/4/12 15:15	367	2012/4/22 16:20	2012/4/22 17:25
322	2012/4/12 17:11	2012/4/12 18:15	368	2012/4/22 19:25	2012/4/22 22:20
323	2012/4/12 19:23	2012/4/12 23:35	369	2012/4/22 22:20	2012/4/22 23:21
324	2012/4/13 9:55	2012/4/13 11:53	370	2012/4/23 0:42	2012/4/23 1:50
325	2012/4/13 14:20	2012/4/13 20:37	371	2012/4/23 3:00	2012/4/23 4:00
326	2012/4/13 22:25	2012/4/13 23:40	372	2012/4/23 5:30	2012/4/23 6:55
327	2012/4/14 1:35	2012/4/14 2:04	373	2012/4/23 8:00	2012/4/23 9:58
328	2012/4/16 11:03	2012/4/16 12:00	374	2012/4/23 12:20	2012/4/23 13:28
329	2012/4/16 15:50	2012/4/16 17:03	375	2012/4/23 15:25	2012/4/23 16:45
330	2012/4/16 19:50	2012/4/16 21:02	376	2012/4/23 18:50	2012/4/23 21:00
331	2012/4/16 22:45	2012/4/17 0:41	377	2012/4/23 23:37	2012/4/24 0:47
332	2012/4/17 3:10	2012/4/17 4:16	378	2012/4/24 2:10	2012/4/24 3:05
333	2012/4/17 6:00	2012/4/17 7:18	379	2012/4/24 5:00	2012/4/24 6:50
334	2012/4/17 9:57	2012/4/17 11:47	380	2012/4/24 8:20	2012/4/24 9:38
335	2012/4/17 13:16	2012/4/17 14:35	381	2012/4/24 11:20	2012/4/24 12:40
336	2012/4/17 17:12	2012/4/17 21:52	382	2012/4/24 14:10	2012/4/24 15:13
337	2012/4/18 2:00	2012/4/18 3:44	383	2012/4/24 16:25	2012/4/24 17:50
338	2012/4/18 5:15	2012/4/18 6:36	384	2012/4/24 19:40	2012/4/24 21:30
339	2012/4/18 8:46	2012/4/18 10:20	385	2012/4/24 23:16	2012/4/25 0:25
340	2012/4/18 12:38	2012/4/18 13:45	386	2012/4/25 1:50	2012/4/25 3:00
341	2012/4/18 16:28	2012/4/18 17:34	387	2012/4/25 4:15	2012/4/25 5:26
342	2012/4/18 20:34	2012/4/18 21:41	388	2012/4/25 20:00	2012/4/25 21:00
343	2012/4/18 23:10	2012/4/19 0:19	389	2012/4/25 23:58	2012/4/26 1:10
344	2012/4/19 1:50	2012/4/19 2:56	390	2012/4/26 2:30	2012/4/26 3:42
345	2012/4/19 4:43	2012/4/19 6:11	391	2012/4/26 5:20	2012/4/26 6:35
346	2012/4/19 7:28	2012/4/19 9:20	392	2012/4/26 11:50	2012/4/26 17:52
347	2012/4/19 10:55	2012/4/19 12:10	393	2012/4/26 21:50	2012/4/26 23:33
348	2012/4/19 16:15	2012/4/19 18:20	394	2012/4/27 1:40	2012/4/27 3:10
349	2012/4/19 20:35	2012/4/19 22:25	395	2012/4/27 4:45	2012/4/27 6:20

续表

环号	推进开始时间	推进结束时间	环号	推进开始时间	推进结束时间
396	2012/4/27 8:00	2012/4/27 9:26	444	2012/5/8 16:05	2012/5/8 17:30
397	2012/4/27 11:11	2012/4/27 12:24	445	2012/5/8 18:50	2012/5/8 20:12
398	2012/4/27 13:50	2012/4/27 15:25	446	2012/5/8 21:51	2012/5/8 23:22
399	2012/4/27 17:56	2012/4/27 18:52	447	2012/5/9 0:32	2012/5/9 1:58
400	2012/4/27 20:30	2012/4/27 22:00	448	2012/5/9 3:28	2012/5/9 5:25
401	2012/4/27 23:40	2012/4/28 1:06	449	2012/5/9 7:01	2012/5/9 8:09
402	2012/4/27 2:40	2012/4/27 5:05	450	2012/5/9 10:15	2012/5/9 11:45
403	2012/4/28 7:46	2012/4/28 8:42	451	2012/5/9 13:06	2012/5/9 17:15
404	2012/4/28 10:51	2012/4/28 12:30	452	2012/5/9 18:40	2012/5/9 19:55
405	2012/4/28 14:00	2012/4/28 16:03	453	2012/5/9 21:20	2012/5/9 22:24
407	2012/4/28 22:10	2012/4/29 2:05	454	2012/5/10 0:00	2012/5/10 1:16
408	2012/4/29 3:35	2012/4/29 6:08	455	2012/5/10 2:53	2012/5/10 4:20
409	2012/4/29 8:08	2012/4/29 9:27	456	2012/5/10 6:10	2012/5/10 8:45
410	2012/4/29 11:50	2012/4/29 13:03	457	2012/5/10 13:00	2012/5/10 14:41
411	2012/4/29 14:41	2012/4/29 15:56	458	2012/5/10 16:05	2012/5/10 17:27
412	2012/4/29 17:33	2012/4/29 18:48	459	2012/5/10 19:40	2012/5/10 21:00
413	2012/4/29 20:25	2012/4/29 21:47	460	2012/5/10 22:41	2012/5/13 0:50
414	2012/4/30 0:03	2012/4/30 1:22	461	2012/5/13 4:12	2012/5/13 5:52
415	2012/4/30 2:45	2012/4/30 4:15	462	2012/5/13 9:30	2012/5/13 10:23
416	2012/4/30 6:00	2012/4/30 7:35	463	2012/5/13 12:45	2012/5/13 13:48
417	2012/4/30 13:35	2012/4/30 14:54	464	2012/5/13 17:45	2012/5/13 21:00
419	2012/5/3 17:48	2012/5/3 21:41	465	2012/5/14 1:45	2012/5/14 2:45
420	2012/5/3 23:13	2012/5/4 0:25	466	2012/5/14 4:12	2012/5/14 5:42
421	2012/5/4 4:48	2012/5/4 5:16	467	2012/5/14 6:48	2012/5/14 7:55
422	2012/5/4 7:54	2012/5/4 9:55	468	2012/5/14 10:15	2012/5/14 11:15
423	2012/5/4 11:47	2012/5/4 14:15	469	2012/5/14 14:30	2012/5/14 15:35
424	2012/5/4 16:51	2012/5/4 18:05	470	2012/5/14 16:55	2012/5/14 18:05
425	2012/5/4 19:25	2012/5/4 20:45	471	2012/5/14 20:45	2012/5/14 21:45
426	2012/5/4 22:16	2012/5/4 23:46	472	2012/5/14 23:45	2012/5/15 0:46
427	2012/5/5 20:05	2012/5/5 21:49	473	2012/5/15 2:06	2012/5/15 4:20
428	2012/5/5 23:23	2012/5/6 0:35	474	2012/5/15 6:30	2012/5/15 7:50
429	2012/5/6 2:13	2012/5/6 4:07	475	2012/5/15 9:30	2012/5/15 10:35
430	2012/5/6 6:11	2012/5/6 7:30	476	2012/5/15 12:40	2012/5/15 13:35
431	2012/5/6 10:31	2012/5/6 11:50	477	2012/5/15 16:15	2012/5/15 17:30
432	2012/5/6 15:03	2012/5/6 16:30	478	2012/5/15 18:50	2012/5/15 19:58
433	2012/5/6 18:06	2012/5/6 19:38	479	2012/5/15 23:30	2012/5/16 0:15
434	2012/5/6 21:30	2012/5/6 22:47	480	2012/5/16 1:47	2012/5/16 2:45
435	2012/5/7 0:24	2012/5/7 1:42	481	2012/5/16 4:15	2012/5/16 5:08
436	2012/5/7 3:17	2012/5/7 5:17	482	2012/5/16 6:44	2012/5/16 8:01
437	2012/5/7 6:39	2012/5/7 8:30	483	2012/5/16 9:40	2012/5/16 10:48
438	2012/5/7 12:00	2012/5/7 13:45	484	2012/5/16 13:00	2012/5/16 13:55
439	2012/5/7 18:00	2012/5/7 19:20	485	2012/5/16 15:40	2012/5/16 16:45
440	2012/5/7 21:32	2012/5/7 22:52	486	2012/5/16 17:35	2012/5/16 18:35
441	2012/5/8 0:23	2012/5/8 1:38	487	2012/5/16 22:30	2012/5/16 23:17
442	2012/5/8 3:20	2012/5/8 4:35	488	2012/5/17 0:45	2012/5/17 1:37
443	2012/5/8 6:29	2012/5/8 9:41	489	2012/5/17 4:23	2012/5/17 5:15

续表

环号	推进开始时间	推进结束时间	环号	推进开始时间	推进结束时间
490	2012/5/17 6:43	2012/5/17 8:43	536	2012/5/25 18:22	2012/5/25 19:38
491	2012/5/17 12:40	2012/5/17 13:48	537	2012/5/25 21:35	2012/5/25 22:37
492	2012/5/17 15:17	2012/5/17 16:16	538	2012/5/26 0:10	2012/5/26 1:13
493	2012/5/17 18:58	2012/5/17 20:02	539	2012/5/26 3:17	2012/5/26 4:19
494	2012/5/18 2:05	2012/5/18 3:00	540	2012/5/26 5:57	2012/5/26 6:55
495	2012/5/18 7:00	2012/5/18 7:55	541	2012/5/26 10:05	2012/5/26 11:45
496	2012/5/18 21:25	2012/5/18 22:22	542	2012/5/26 13:51	2012/5/26 15:45
497	2012/5/19 0:20	2012/5/19 1:17	543	2012/5/26 17:25	2012/5/26 18:17
498	2012/5/19 2:45	2012/5/19 3:45	544	2012/5/26 21:06	2012/5/26 22:03
499	2012/5/19 6:00	2012/5/19 7:00	545	2012/5/26 23:29	2012/5/27 0:30
500	2012/5/19 9:52	2012/5/19 10:43	546	2012/5/27 2:26	2012/5/27 3:21
501	2012/5/19 12:35	2012/5/19 13:27	547	2012/5/27 4:59	2012/5/27 5:50
502	2012/5/19 15:32	2012/5/19 16:26	548	2012/5/27 7:28	2012/5/27 8:23
503	2012/5/19 18:04	2012/5/19 18:51	549	2012/5/27 11:30	2012/5/27 12:30
504	2012/5/19 22:05	2012/5/19 23:00	550	2012/5/27 14:05	2012/5/27 15:00
505	2012/5/20 0:25	2012/5/20 1:30	551	2012/5/27 18:40	2012/5/27 19:31
506	2012/5/20 3:20	2012/5/20 4:16	552	2012/5/27 21:10	2012/5/27 22:03
507	2012/5/20 5:35	2012/5/20 6:30	553	2012/5/27 23:22	2012/5/28 0:12
508	2012/5/20 7:52	2012/5/20 8:49	554	2012/5/28 2:27	2012/5/28 3:09
509	2012/5/20 11:40	2012/5/20 12:34	555	2012/5/28 4:47	2012/5/28 5:39
510	2012/5/20 14:35	2012/5/20 15:28	556	2012/5/28 6:55	2012/5/28 8:53
511	2012/5/20 17:19	2012/5/20 18:33	557	2012/5/28 10:58	2012/5/28 11:52
512	2012/5/20 20:20	2012/5/20 21:50	558	2012/5/28 13:34	2012/5/28 14:25
513	2012/5/20 23:20	2012/5/21 0:15	559	2012/5/28 17:26	2012/5/28 18:18
514	2012/5/21 2:30	2012/5/21 3:40	560	2012/5/28 20:07	2012/5/28 20:59
515	2012/5/21 5:10	2012/5/21 6:50	561	2012/5/28 22:45	2012/5/28 23:35
516	2012/5/21 9:12	2012/5/21 19:08	562	2012/5/29 2:07	2012/5/29 4:32
517	2012/5/22 2:30	2012/5/22 5:05	563	2012/5/29 6:19	2012/5/29 7:14
518	2012/5/22 6:30	2012/5/22 8:36	564	2012/5/29 10:16	2012/5/29 11:30
519	2012/5/22 16:30	2012/5/23 3:20	565	2012/5/29 15:13	2012/5/29 16:24
520	2012/5/23 7:59	2012/5/23 14:36	566	2012/5/29 18:36	2012/5/29 20:25
521	2012/5/23 17:29	2012/5/23 18:35	567	2012/5/29 22:12	2012/5/29 23:34
522	2012/5/23 19:58	2012/5/23 21:25	568	2012/5/30 0:50	2012/5/30 1:48
523	2012/5/23 22:50	2012/5/23 23:48	569	2012/5/30 18:36	2012/5/30 20:10
524	2012/5/24 2:05	2012/5/24 3:30	570	2012/5/30 22:19	2012/5/30 23:13
525	2012/5/24 4:40	2012/5/24 5:33	571	2012/5/31 0:55	2012/5/31 1:48
526	2012/5/24 6:58	2012/5/24 7:50	572	2012/5/31 3:01	2012/5/31 3:54
527	2012/5/24 9:35	2012/5/24 10:50	573	2012/5/31 5:14	2012/5/31 6:09
528	2012/5/24 12:53	2012/5/24 13:55	574	2012/5/31 8:05	2012/5/31 9:05
529	2012/5/24 16:55	2012/5/24 17:50	575	2012/5/31 10:45	2012/5/31 11:42
530	2012/5/24 20:35	2012/5/24 21:58	576	2012/5/31 13:10	2012/5/31 14:02
531	2012/5/24 23:26	2012/5/25 0:23	577	2012/5/31 15:40	2012/5/31 16:40
532	2012/5/25 2:11	2012/5/25 3:30	578	2012/5/31 18:45	2012/5/31 19:35
533	2012/5/25 5:01	2012/5/25 5:51	579	2012/5/31 21:55	2012/5/31 22:46
534	2012/5/25 9:36	2012/5/25 12:04	580	2012/6/1 0:15	2012/6/1 1:04
535	2012/5/25 14:00	2012/5/25 16:36	581	2012/6/1 3:17	2012/6/1 4:07

附　录

续表

环号	推进开始时间	推进结束时间	环号	推进开始时间	推进结束时间
582	2012/6/1 5:33	2012/6/1 6:20	628	2012/6/10 8:40	2012/6/10 21:35
583	2012/6/1 8:00	2012/6/1 9:05	629	2012/6/10 23:35	2012/6/11 0:30
584	2012/6/1 11:05	2012/6/1 12:00	630	2012/6/11 2:00	2012/6/11 2:51
585	2012/6/1 14:10	2012/6/1 15:05	631	2012/6/11 4:15	2012/6/11 5:10
586	2012/6/1 16:45	2012/6/1 17:40	632	2012/6/11 7:25	2012/6/11 8:24
587	2012/6/1 21:15	2012/6/1 22:20	633	2012/6/11 12:31	2012/6/11 14:31
588	2012/6/1 23:45	2012/6/2 0:30	634	2012/6/11 16:47	2012/6/11 17:43
589	2012/6/2 3:45	2012/6/2 4:31	635	2012/6/11 19:50	2012/6/11 20:45
590	2012/6/2 7:00	2012/6/2 7:45	636	2012/6/11 22:25	2012/6/11 23:17
591	2012/6/2 9:30	2012/6/2 10:27	637	2012/6/12 0:58	2012/6/12 2:00
592	2012/6/2 12:05	2012/6/2 13:00	638	2012/6/12 3:20	2012/6/12 4:10
593	2012/6/2 14:30	2012/6/2 15:20	639	2012/6/12 6:20	2012/6/12 7:10
594	2012/6/2 17:10	2012/6/2 18:02	640	2012/6/12 12:03	2012/6/12 13:26
595	2012/6/2 19:08	2012/6/2 19:56	641	2012/6/12 15:41	2012/6/12 16:50
596	2012/6/2 23:50	2012/6/3 0:36	642	2012/6/12 18:30	2012/6/12 19:29
597	2012/6/3 2:38	2012/6/3 3:30	643	2012/6/12 21:20	2012/6/12 22:08
598	2012/6/3 4:43	2012/6/3 5:30	644	2012/6/13 0:15	2012/6/13 1:15
599	2012/6/3 10:30	2012/6/3 11:30	645	2012/6/13 3:00	2012/6/13 3:55
600	2012/6/3 13:50	2012/6/3 14:45	646	2012/6/13 5:35	2012/6/13 6:25
601	2012/6/3 15:58	2012/6/3 19:00	647	2012/6/13 8:20	2012/6/13 9:14
602	2012/6/3 19:25	2012/6/3 20:20	648	2012/6/13 10:57	2012/6/13 12:01
603	2012/6/4 1:41	2012/6/4 2:34	649	2012/6/13 14:46	2012/6/13 15:35
604	2012/6/4 4:55	2012/6/4 5:50	650	2012/6/13 17:27	2012/6/13 18:17
605	2012/6/4 7:07	2012/6/4 7:57	651	2012/6/13 20:00	2012/6/13 20:52
606	2012/6/4 10:10	2012/6/4 11:25	652	2012/6/13 22:40	2012/6/13 23:55
607	2012/6/4 13:15	2012/6/4 14:45	653	2012/6/14 1:20	2012/6/14 2:12
608	2012/6/4 16:30	2012/6/4 17:35	654	2012/6/14 5:30	2012/6/14 6:20
609	2012/6/4 19:20	2012/6/4 20:13	655	2012/6/14 8:04	2012/6/14 9:00
610	2012/6/4 21:52	2012/6/4 22:36	656	2012/6/14 11:11	2012/6/14 12:00
611	2012/6/5 0:20	2012/6/5 1:15	657	2012/6/14 15:05	2012/6/14 16:34
612	2012/6/5 3:57	2012/6/5 4:47	658	2012/6/14 18:37	2012/6/14 19:40
613	2012/6/5 10:25	2012/6/5 11:20	659	2012/6/14 21:00	2012/6/14 22:39
614	2012/6/5 13:25	2012/6/5 14:40	660	2012/6/15 0:09	2012/6/15 1:09
615	2012/6/5 16:30	2012/6/5 17:35	661	2012/6/15 2:36	2012/6/15 3:27
616	2012/6/5 19:00	2012/6/5 20:24	662	2012/6/15 5:40	2012/6/15 6:35
617	2012/6/5 22:22	2012/6/5 23:17	663	2012/6/15 9:27	2012/6/15 10:28
618	2012/6/6 5:00	2012/6/6 5:53	664	2012/6/15 13:26	2012/6/15 14:23
619	2012/6/7 22:00	2012/6/7 23:24	665	2012/6/15 17:42	2012/6/15 18:42
620	2012/6/8 22:10	2012/6/8 23:20	666	2012/6/15 21:13	2012/6/15 22:02
621	2012/6/9 6:45	2012/6/9 9:13	667	2012/6/16 0:08	2012/6/16 0:52
622	2012/6/9 11:20	2012/6/9 13:26	668	2012/6/16 2:35	2012/6/16 3:25
623	2012/6/9 16:35	2012/6/9 17:29	669	2012/6/16 5:42	2012/6/16 6:40
624	2012/6/9 20:00	2012/6/9 21:50	670	2012/6/16 8:41	2012/6/16 9:34
625	2012/6/9 23:15	2012/6/10 0:10	671	2012/6/16 11:16	2012/6/16 12:17
626	2012/6/10 1:50	2012/6/10 2:44	672	2012/6/16 14:05	2012/6/16 15:00
627	2012/6/10 5:10	2012/6/10 6:12	673	2012/6/16 16:43	2012/6/16 17:34

续表

环号	推进开始时间	推进结束时间	环号	推进开始时间	推进结束时间
674	2012/6/16 20:12	2012/6/16 20:57	720	2012/6/25 1:15	2012/6/25 2:03
675	2012/6/16 23:00	2012/6/17 0:06	721	2012/6/25 3:57	2012/6/25 4:45
676	2012/6/17 2:18	2012/6/17 3:15	722	2012/6/25 12:40	2012/6/25 13:30
677	2012/6/17 5:26	2012/6/17 6:24	723	2012/6/25 15:35	2012/6/25 16:23
678	2012/6/17 12:35	2012/6/17 13:27	724	2012/6/25 18:35	2012/6/25 19:32
679	2012/6/17 16:04	2012/6/17 17:00	725	2012/6/25 21:35	2012/6/25 22:26
680	2012/6/17 20:16	2012/6/17 21:24	726	2012/6/26 1:07	2012/6/26 2:00
681	2012/6/17 22:52	2012/6/18 0:19	727	2012/6/26 3:58	2012/6/26 4:47
682	2012/6/18 2:15	2012/6/18 3:10	728	2012/6/26 8:00	2012/6/26 8:52
683	2012/6/18 5:01	2012/6/18 7:07	729	2012/6/26 11:10	2012/6/26 11:53
684	2012/6/18 18:22	2012/6/18 19:15	730	2012/6/26 13:20	2012/6/26 14:10
685	2012/6/19 13:55	2012/6/19 15:30	731	2012/6/26 15:05	2012/6/26 16:55
686	2012/6/19 17:46	2012/6/19 19:06	732	2012/6/26 18:50	2012/6/26 19:40
687	2012/6/20 0:32	2012/6/20 3:45	733	2012/6/26 21:47	2012/6/26 22:34
688	2012/6/20 7:58	2012/6/20 9:03	734	2012/6/27 0:50	2012/6/27 1:44
689	2012/6/20 12:37	2012/6/20 14:41	735	2012/6/27 3:23	2012/6/27 4:10
690	2012/6/20 17:36	2012/6/20 18:24	736	2012/6/27 6:15	2012/6/27 7:14
691	2012/6/20 21:05	2012/6/20 22:31	737	2012/6/27 10:00	2012/6/27 10:55
692	2012/6/21 0:15	2012/6/21 1:28	738	2012/6/27 12:40	2012/6/27 13:40
693	2012/6/21 3:07	2012/6/21 4:04	739	2012/6/27 18:58	2012/6/27 19:40
694	2012/6/21 8:15	2012/6/21 9:15	740	2012/6/27 21:20	2012/6/27 22:10
695	2012/6/21 10:50	2012/6/21 11:45	741	2012/6/28 3:00	2012/6/28 3:50
696	2012/6/21 14:45	2012/6/21 16:00	742	2012/6/28 9:45	2012/6/29 2:30
697	2012/6/21 17:20	2012/6/21 18:07	743	2012/6/29 5:00	2012/6/29 6:05
698	2012/6/21 23:15	2012/6/22 0:52	744	2012/6/29 9:01	2012/6/29 10:17
699	2012/6/22 3:13	2012/6/22 4:30	745	2012/6/29 13:58	2012/6/29 14:45
700	2012/6/22 6:16	2012/6/22 7:24	746	2012/6/29 16:33	2012/6/29 18:21
701	2012/6/22 10:10	2012/6/22 11:05	747	2012/6/29 20:30	2012/6/29 21:30
702	2012/6/22 12:30	2012/6/22 13:25	748	2012/6/29 23:00	2012/6/29 23:59
703	2012/6/22 15:40	2012/6/22 16:35	749	2012/6/30 2:30	2012/6/30 3:18
704	2012/6/22 18:20	2012/6/22 19:20	751	2012/6/30 8:50	2012/6/30 9:48
705	2012/6/22 22:10	2012/6/22 23:02	752	2012/6/30 12:30	2012/6/30 13:22
706	2012/6/23 0:43	2012/6/23 3:21	753	2012/6/30 15:13	2012/6/30 16:06
707	2012/6/23 5:34	2012/6/23 6:20	754	2012/6/30 18:39	2012/6/30 19:30
708	2012/6/23 10:05	2012/6/23 11:05	755	2012/6/30 21:45	2012/6/30 22:42
709	2012/6/23 13:50	2012/6/23 14:37	756	2012/7/1 0:20	2012/7/1 1:10
710	2012/6/23 16:45	2012/6/23 17:35	757	2012/7/1 2:25	2012/7/1 3:26
711	2012/6/23 19:28	2012/6/23 20:17	758	2012/7/1 5:12	2012/7/1 6:05
712	2012/6/23 23:40	2012/6/24 0:25	759	2012/7/1 18:33	2012/7/1 20:05
713	2012/6/24 2:31	2012/6/24 3:35	760	2012/7/1 22:35	2012/7/1 23:45
714	2012/6/24 5:51	2012/6/24 6:40	761	2012/7/2 2:30	2012/7/2 3:35
715	2012/6/24 8:45	2012/6/24 9:40	762	2012/7/2 5:45	2012/7/2 7:12
716	2012/6/24 11:25	2012/6/24 12:18	763	2012/7/2 18:38	2012/7/2 19:50
717	2012/6/24 16:45	2012/6/24 17:55	764	2012/7/3 3:10	2012/7/3 4:25
718	2012/6/24 19:20	2012/6/24 20:10	765	2012/7/3 6:50	2012/7/3 7:40
719	2012/6/24 22:41	2012/6/24 23:30	766	2012/7/3 9:59	2012/7/3 12:13

附 录

续表

环号	推进开始时间	推进结束时间	环号	推进开始时间	推进结束时间
767	2012/7/3 14:28	2012/7/3 16:17	813	2012/7/16 15:45	2012/7/16 16:35
768	2012/7/3 17:56	2012/7/3 19:30	814	2012/7/16 22:08	2012/7/16 23:26
769	2012/7/4 1:55	2012/7/4 2:50	815	2012/7/17 3:05	2012/7/17 3:53
770	2012/7/4 4:35	2012/7/4 5:45	816	2012/7/17 6:25	2012/7/17 7:30
771	2012/7/5 0:10	2012/7/5 1:00	817	2012/7/17 9:40	2012/7/17 11:10
772	2012/7/5 5:30	2012/7/5 6:53	818	2012/7/17 14:10	2012/7/17 16:15
773	2012/7/8 12:30	2012/7/8 13:04	819	2012/7/17 18:20	2012/7/17 19:40
774	2012/7/8 19:56	2012/7/8 21:47	820	2012/7/17 23:00	2012/7/17 23:47
775	2012/7/9 0:12	2012/7/9 1:37	821	2012/7/18 1:22	2012/7/18 2:10
776	2012/7/9 3:46	2012/7/9 5:09	822	2012/7/18 4:10	2012/7/18 5:00
777	2012/7/9 6:55	2012/7/9 9:35	823	2012/7/18 8:05	2012/7/18 9:10
778	2012/7/9 12:21	2012/7/9 13:16	824	2012/7/18 11:25	2012/7/18 12:15
779	2012/7/9 16:20	2012/7/9 17:16	825	2012/7/18 14:20	2012/7/18 15:15
780	2012/7/9 19:12	2012/7/9 20:02	826	2012/7/18 17:15	2012/7/18 18:54
781	2012/7/9 22:10	2012/7/9 23:09	827	2012/7/18 20:53	2012/7/18 21:45
782	2012/7/10 1:01	2012/7/10 1:59	828	2012/7/19 0:22	2012/7/19 1:10
783	2012/7/10 3:50	2012/7/10 4:43	829	2012/7/19 3:12	2012/7/19 4:00
784	2012/7/10 18:50	2012/7/10 19:34	832	2012/7/20 9:00	2012/7/20 10:02
785	2012/7/10 22:04	2012/7/10 22:54	833	2012/7/20 20:50	2012/7/20 22:10
786	2012/7/11 1:51	2012/7/11 2:42	834	2012/7/21 1:32	2012/7/21 2:35
787	2012/7/11 8:30	2012/7/11 11:17	835	2012/7/21 5:50	2012/7/21 6:50
788	2012/7/11 13:54	2012/7/11 14:40	836	2012/7/21 12:45	2012/7/21 14:21
789	2012/7/11 16:55	2012/7/11 18:25	837	2012/7/21 17:30	2012/7/21 18:21
790	2012/7/11 21:13	2012/7/12 0:07	838	2012/7/21 21:30	2012/7/21 22:38
791	2012/7/12 2:12	2012/7/12 3:10	839	2012/7/22 1:00	2012/7/22 2:10
792	2012/7/12 6:19	2012/7/12 9:16	840	2012/7/22 5:20	2012/7/22 6:15
793	2012/7/12 14:25	2012/7/12 15:25	841	2012/7/22 12:15	2012/7/22 14:21
794	2012/7/12 18:40	2012/7/12 19:54	842	2012/7/22 18:15	2012/7/22 19:32
795	2012/7/12 21:53	2012/7/12 23:28	843	2012/7/22 22:55	2012/7/23 0:05
796	2012/7/13 1:37	2012/7/13 2:24	844	2012/7/23 2:50	2012/7/23 3:27
797	2012/7/13 4:10	2012/7/13 5:11	845	2012/7/23 6:50	2012/7/23 7:42
798	2012/7/13 8:42	2012/7/13 9:42	846	2012/7/23 11:50	2012/7/23 12:40
799	2012/7/13 13:00	2012/7/13 14:07	847	2012/7/23 17:08	2012/7/23 18:15
800	2012/7/13 18:45	2012/7/13 20:17	848	2012/7/23 20:00	2012/7/23 21:10
801	2012/7/13 22:41	2012/7/14 0:35	849	2012/7/23 23:40	2012/7/24 0:25
802	2012/7/14 2:30	2012/7/14 3:20	850	2012/7/24 2:35	2012/7/24 3:40
803	2012/7/14 5:16	2012/7/14 6:16	851	2012/7/24 6:00	2012/7/24 7:45
804	2012/7/14 8:30	2012/7/14 9:50	852	2012/7/24 9:59	2012/7/24 11:00
805	2012/7/14 12:15	2012/7/14 13:30	853	2012/7/24 12:57	2012/7/24 14:15
806	2012/7/14 15:25	2012/7/14 16:20	854	2012/7/24 16:22	2012/7/24 17:19
807	2012/7/14 19:30	2012/7/14 20:25	855	2012/7/24 18:55	2012/7/24 19:45
808	2012/7/14 23:45	2012/7/15 0:35	856	2012/7/24 21:50	2012/7/24 23:26
809	2012/7/15 2:45	2012/7/15 3:52	857	2012/7/25 1:15	2012/7/25 2:20
810	2012/7/15 9:10	2012/7/15 10:40	858	2012/7/25 4:40	2012/7/25 5:45
811	2012/7/15 13:40	2012/7/15 16:08	859	2012/7/25 12:59	2012/7/25 13:50
812	2012/7/16 11:30	2012/7/16 12:11	860	2012/7/25 15:46	2012/7/25 16:43

续表

环号	推进开始时间	推进结束时间	环号	推进开始时间	推进结束时间
861	2012/7/25 18:50	2012/7/25 19:45	898	2012/8/1 5:05	2012/8/1 5:56
862	2012/7/25 22:00	2012/7/25 23:05	899	2012/8/1 8:30	2012/8/1 9:26
863	2012/7/26 1:00	2012/7/26 2:10	900	2012/8/1 11:03	2012/8/1 12:55
864	2012/7/26 4:35	2012/7/26 5:30	901	2012/8/1 14:54	2012/8/1 16:50
865	2012/7/26 7:05	2012/7/26 8:00	902	2012/8/1 18:31	2012/8/1 19:20
866	2012/7/26 10:23	2012/7/26 11:18	903	2012/8/1 22:58	2012/8/2 0:15
867	2012/7/26 13:08	2012/7/26 14:02	904	2012/8/2 2:14	2012/8/2 3:13
868	2012/7/26 18:38	2012/7/26 19:49	905	2012/8/2 5:03	2012/8/2 6:29
869	2012/7/26 23:17	2012/7/27 1:13	906	2012/8/2 9:00	2012/8/2 10:09
870	2012/7/27 3:32	2012/7/27 4:32	907	2012/8/2 16:10	2012/8/2 17:44
871	2012/7/27 6:47	2012/7/27 7:48	908	2012/8/2 19:20	2012/8/2 21:40
872	2012/7/27 9:48	2012/7/27 10:40	909	2012/8/3 0:34	2012/8/3 1:30
873	2012/7/27 13:31	2012/7/27 14:50	910	2012/8/9 10:55	2012/8/9 12:02
874	2012/7/27 16:47	2012/7/27 17:42	911	2012/8/9 16:50	2012/8/9 17:46
875	2012/7/27 19:10	2012/7/27 20:01	912	2012/8/9 21:40	2012/8/9 22:30
876	2012/7/27 22:31	2012/7/27 23:34	913	2012/8/10 2:42	2012/8/10 4:00
877	2012/7/28 1:00	2012/7/28 2:27	914	2012/8/10 12:20	2012/8/10 16:48
878	2012/7/28 3:38	2012/7/28 4:30	915	2012/8/10 20:15	2012/8/11 0:30
879	2012/7/28 7:30	2012/7/28 8:40	916	2012/8/11 3:50	2012/8/11 6:30
880	2012/7/28 10:28	2012/7/28 12:45	917	2012/8/11 12:11	2012/8/11 13:05
881	2012/7/28 16:18	2012/7/28 17:37	918	2012/8/11 21:30	2012/8/11 22:37
882	2012/7/28 19:31	2012/7/28 20:21	919	2012/8/12 3:00	2012/8/12 3:52
883	2012/7/28 22:40	2012/7/28 23:24	920	2012/8/12 6:40	2012/8/12 7:36
884	2012/7/29 1:38	2012/7/29 2:43	921	2012/8/12 9:51	2012/8/12 11:07
885	2012/7/29 4:18	2012/7/29 5:12	922	2012/8/12 13:22	2012/8/12 14:14
886	2012/7/29 6:45	2012/7/29 7:38	923	2012/8/12 18:16	2012/8/12 19:35
887	2012/7/29 13:05	2012/7/29 14:20	924	2012/8/12 22:30	2012/8/12 23:30
888	2012/7/29 16:43	2012/7/29 17:55	925	2012/8/13 1:40	2012/8/13 2:45
889	2012/7/29 20:15	2012/7/29 21:21	926	2012/8/13 5:20	2012/8/13 6:50
890	2012/7/29 23:30	2012/7/30 0:22	927	2012/8/13 10:09	2012/8/13 11:07
891	2012/7/30 1:57	2012/7/30 3:41	928	2012/8/13 14:10	2012/8/13 15:00
892	2012/7/30 6:33	2012/7/30 7:29	929	2012/8/13 18:25	2012/8/13 19:21
893	2012/7/30 14:18	2012/7/30 15:09	930	2012/8/13 22:05	2012/8/13 22:58
894	2012/7/30 17:42	2012/7/30 18:37	931	2012/8/14 1:05	2012/8/14 1:55
895	2012/7/30 21:07	2012/7/30 22:29	932	2012/8/14 4:05	2012/8/14 5:00
896	2012/7/31 0:53	2012/7/31 1:49	933	2012/8/14 8:39	2012/8/14 9:27
897	2012/7/31 20:46	2012/7/31 22:18	934	2012/8/14 19:45	2012/8/14 20:45

附录

附录B 隧道内部施工调研表格

日期							
工序编号[a]							
地点（施工段节数）							
开始时间							
结束时间							
总耗时							
施工人数							
现场其他情况记录							

注：a 为工序编号；S1. 口字件就位；S2. 牛腿植筋；S3. 压重块模板；S4. 压重块施工；S5. 脚手架搭设；S6. 牛腿模板；S7. 牛腿现浇；S8. 路面板模板；S9. 路面板钢筋；S10. 路面板现浇。

附录C 东线同步施工进度

相邻施工段同步施工进度-1　　　　　　　　　　　附表 C-1

	A_7	A_8	A_9	A_{10}	A_{11}	A_{12}
2012/3/16 PM	S5	S2				
2012/3/17 AM	S5	S2				
2012/3/17 PM	S6	S2				
2012/3/18 AM	S6	S3				
2012/3/18 PM	S7	S3	S2			
2012/3/19 AM	S7	S4	S2			
2012/3/19 PM	S7	S4	S2			
2012/3/20 AM	S8	S5	S3	S2		
2012/3/20 PM	S9	S5	S3	S2		
2012/3/21 AM	S9	S6	S4	S2		
2012/3/21 PM	S10	S6	S4	S2		
2012/3/22 AM	S10	S7	S4	S3		
2012/3/22 PM		S7	S5	S3	S2	
2012/3/23 AM		S7	S5	S4	S2	
2012/3/23 PM		S8	S6	S4	S2	
2012/3/24 AM		S9	S6	S4	S2	
2012/3/24 PM		S9	S7	S5	S3	
2012/3/25 AM		S10	S7	S5	S3	
2012/3/25 PM		S10	S7	S6	S4	S2
2012/3/26 AM			S8	S7	S4	S2
2012/3/26 PM			S9	S7	S4	S2
2012/3/27 AM			S9	S7	S5	S2
2012/3/27 PM			S10	S8	S5	S3
2012/3/28 AM			S10	S9	S6	S4
2012/3/28 PM				S10	S7	S4
2012/3/29 AM				S10	S7	S5
2012/3/29 PM					S7	S5
2012/3/30 AM					S8	S6
2012/3/30 PM					S9	S7
2012/3/31 AM					S9	S7
2012/3/31 PM					S10	S8
2012/4/1 AM					S10	S8
完成时间	—	9.5 天	10 天	9.5 天	10 天	—

相邻施工段同步施工进度-2

附表 C-2

	A_{61}	A_{62}	A_{63}	A_{64}	A_{65}	A_{66}	A_{67}
2012/8/27 PM	S3	S2					
2012/8/28 AM	S4	S2					
2012/8/28 PM	S4	S2					
2012/8/29 AM	S4	S3					
2012/8/29 PM	S5	S3	S2				
2012/8/30 AM	S5	S4	S2				
2012/8/30 PM	S6	S4	S2				
2012/8/31 AM	S7	S4	S3				
2012/8/31 PM	S7	S5	S3				
2012/9/1 AM	S7	S5	S4				
2012/9/1 PM	S8	S6	S4				
2012/9/2 AM	S9	S7	S4	S2			
2012/9/2 PM	S9	S7	S5	S2			
2012/9/3 AM	S10	S7	S5	S2			
2012/9/3 PM	S10	S8	S6	S3			
2012/9/4 AM		S8	S6	S3	S2		
2012/9/4 PM		S9	S7	S4	S2		
2012/9/5 AM		S9	S7	S4	S2		
2012/9/5 PM		S9	S7	S4	S2		
2012/9/6 AM		S10	S8	S5	S3		
2012/9/6 PM			S8	S5	S3	S2	
2012/9/7 AM			S9	S6	S4	S2	
2012/9/7 PM			S9	S7	S4	S2	
2012/9/8 AM			S10	S7	S5	S2	
2012/9/8 PM			S10	S7	S5	S3	
2012/9/9 AM				S8	S6	S3	
2012/9/9 PM				S9	S7	S4	S2
2012/9/10 AM				S9	S7	S4	S2
2012/9/10 PM				S10	S7	S4	S2
2012/9/11 AM				S10	S7	S5	S2
2012/9/11 PM					S8	S6	S3
2012/9/12 AM					S9	S6	S4
2012/9/12 PM					S9	S7	S4
2012/9/13 AM					S10	S7	S4
2012/9/13 PM					S10	S7	S5
完成时间	—	10 天	10.5 天	9.5 天	10 天	—	—

附录

附录 D 施工运输调研表格

日期					
车辆类型[a]					
出发时间					
到达同步施工单向通道时间					
卸载位置（环数）					
卸货开始时间					
卸货完成时间					
离开卸货点时间					
返回岸边时间					
其他情况记录					

注：a 为车辆类型：1. 管片运输车；2. 混凝土搅拌车；3. 双头车。

参 考 文 献

[1] 张风祥,傅德明,杨国祥. 盾构隧道施工技术手册[R]. 北京:人民交通出版社,2005.
[2] 江中孚,傅德明. 日本盾构隧道新技术资料汇编[M]. 上海隧道工程股份有限公司技术中心,2006:11-17.
[3] 黄德中,傅德明,丁志诚. 上海上中路越江隧道工程[C]. 大直径隧道与城市轨道交通工程技术. 2005 上海国际隧道工程研讨会文集. 上海:同济大学出版社,2005:67-73.
[4] 余暄平,沈永东,凌宇峰. 超大直径超长距离隧道盾构施工技术初探[C]//大直径隧道与城市轨道交通工程技术,2005 上海国际隧道工程研讨会文集. 上海:同济大学出版社,2005:12-24.
[5] 靳世鹤. 南京长江隧道不良地质对施工的影响及应对措施[C]. 地下工程施工与风险防范技术. 2007 第三届中国国际隧道工程研讨会文集. 上海:同济大学出版社,2007:5-58.
[6] 周文波,丁志诚,郑宜枫等. 超大直径土压平衡盾构施工对外滩历史保护建筑群的影响及控制技术[C]. 地下工程建设与环境和谐发展. 第四届中国国际隧道工程研讨会文集. 上海:同济大学出版社,2009:3-17.
[7] 董哲仁. 日本盾构施工技术新进展. 水利水电技术,2001,Vol. 32(2):29-32.
[8] 沈珠江. 理论土力学. 北京:中国水利水电出版社,2002.
[9] 韦良文. 泥水盾构隧道施工土体稳定性分析与试验研究:[博士学位论文]. 上海:同济大学土木工程学院,2007.
[10] 蔡红霞,胡小梅,俞涛. 虚拟仿真原理与应用. 上海:上海大学出版社 2010.
[11] 何江华. 计算机仿真. 合肥:中国科学技术大学出版社,2010.
[12] 石教英. 虚拟现实基础及使用算法.[M]. 北京:科学出版社,2002.
[13] 黄文丽,卢碧江,杨志刚,景宁. VRML 语言入门与应用. 北京:中国铁道出版社,2003.
[14] 赵忠杰. 公路隧道机电工程. 北京:人民交通出版社,2011.
[15] 王耀南. 智能控制系统. 长沙:湖南大学出版社,2006.
[16] 文定都,谢永芳. 基于模糊控制的水温控制系统. 中南工业大学信息科学与工程学院,湖南冶金职业技术学院.
[17] 韩直. 公路隧道运营安全技术. 北京:人民交通出版社 2012.3.
[18] 张立媛. 高速公路隧道安全评价与应急管理技术研究. 重庆交通大学硕士论文,2011. 11.
[19] 许宏科. 高速公路隧道安全运营管理及其综合评价研究. 长安大学博士学位论文,2007.
[20] 齐忠文. 特长隧道的智能控制. 北京交通大学工程硕士专业论文,2007.
[21] 朱德康. 基于智能控制的隧道通风节能系统的研究. 湖南大学硕士生专业论文,2007.
[22] 陈雪萍. 公路隧道前馈式智能模糊通风控制系统的研究. 广东工业大学硕士学位论文,2008.
[23] 马俊峰. 高等级公路隧道运营管理策略. 北京:交通部公路科学研究院论文,2006.
[24] 李振宇,周建峰,龚英菊. 基于 VRML 与 JAVA 的三维城市交通仿真系统论文,2009.
[25] Ambrosini R D. Material damping vs. radiation damping in soil-structure interaction analysis. Computers and Geotechnics,2006,33(2):86-92.
[26] Apsel R. Dynamic Green's functions for layered media and application to boundary-value problems. San Diego:California University Department of Applied Mechanics and Engineering Sciences,1979.
[27] Biot M A. Bending of an infinite beam on an elastic foundation. Journal of Applied Mechanics,ASME,1937,4(1):1-7.
[28] Dobry R,Gazetas G. Simple method for dynamic stiffness and damping of floating pilegroups. Geotechnique,1988,38(4):557-574.
[29] Gazetas G,Dobry R. Simple radiation damping model for piles and footings. Journal of the Geotechnical Engineering Division,ASCE,1984,110(6):937-956.
[30] Gazetas G,Dobry R. Horizontal Response of Piles in Layered Soils. Journal of Geotechnical Engineering,1984,110(1):20-40.
[31] Hindy A,Novak M. Earthquake response of underground pipelines. Earthquake Engineering and Structural Dy-

namics, 1979, 7 (5): 451-476.

[32] Horner G C, Pilkey W D. The Riccati transfer matrix method. Journal of Mechanics Design, ASME, 1977, 100 (2): 297-302.

[33] Kausel E. Dynamic stiffness and seismic response of sleeved piles [R]. Research ReportR80-12, Dept. of Civil Engineering. , MIT, Cambridge, Mass, 1980.

[34] Kausel E. An explicit solution for the Green's functions for dynamic loads in layeredmedia [R]. Research Report r81-13, Department of Civil Engineering, MIT, 1981.

[35] Kausel E, Waas G, Roesset J M. Dynamic analysis of footings on layered media. Journal ofthe Engineering Mechanics Division, 1975, 101 (5): 679-693.

[36] Kaynia A M, Kausel E. Dynamics of piles and pile groups in layered soil media. Earthquake Engineering and Structural Dynamics, 1991, 10 (8): 386-401.

[37] Klar A, Vorster T E B, Soga K, et al. Soil-pipe interaction due to tunnelling: comparison between Winkler and elastic continuum solutions. Geotechnique, 2005, 55 (6): 461-466.

[38] Makris N, Gazetas G. Displacement phase differences in a harmonically oscillating pile. Geotechnique, 1993, 43 (1): 135-150.

[39] Marshall A M, Klar A, Mair R J. Tunneling beneath buried pipes: view of soil strain and itseffect on pipeline behavior [J]. Journal of Geotechnical and Geoenvironmental Engineering, ASCE, 2010, 136 (12): 1664-1672.

[40] Matlock H. Soil-pile interaction in liquefiable cohesionless soil during earthquake loading.

[41] Myklestad N O. A new method of calculating natural modes of uncoupled bending vibration of airplane wings and other types of beams. Journal of Aeronautis Science, 1944, 11: 153-162.

[42] Naggar EI, Novak M. Nonlinear lateral interation in pile dynamics. Soil Dynamics and Earthquake Engineering, 1995, 14 (3): 141-157.

[43] Nogami T, Novak M. Soil-pile interaction in vertical vibration. Earthquake Engineering and Structural Dynamics, 1976, 4: 277-293. [20] Novak M. Dynamic stiffness and damping of piles. Canadian Geotechnical Journal, 1974, 11 (4): 574-598.

[44] Novak M. Vertical vibration of floating piles. Journal of the Engineering Mechanics Division, 1977, 103 (1): 153-168.

[45] Novak M, Aboul-Ella F, Nogami T. Dynamic soil reactions for plane strain case. Journal of the Engineering Mechanics Division, 1978, 104 (4): 953-959.

[46] Novak M, Beredugo Y O. Vertical vibration of embedded footings. Journal of the Soil Mechanics and Foundations Division, 1972, 98 (12): 1291-1310.

[47] Novak M, Sachs K. Torsional and coupled vibrations of embedded footings. Earthquake engineering and structural dynamics, 1973, 2 (1): 11-33.

[48] Newmark N M, Hall W J. Pipeline design to resist fault displacement. 1975.

[49] Parlllelee R A, Ludtke C A. Seismic soil-structure interaction of buried pipelines. Oakland: 1975.

[50] Proh M A. A general method for calculating critical speeds of flexible rotors. Journal of Applied Mechanics, 1945, 12 (3): 142-148.

[51] Takada S, Tanabe K. Three-dimensional seismic response analysis of buried continuous or jointed pipelines. Journal of Pressure Vessel Technology. 1987, 109 (1): 35-42.

[52] Takada S, Horimouchi N, Tsubakimoto T. Earthquake resistance evaluation of service junctions in a small diameter steel pipeline. Oakland: 1988.

[53] Takada S, Higashi S. Shell model FEM analysis for jointed buried pipelines. Beijing: Science Press, 1990.

[54] Takada S, Tanabe K. Three-dimensional seismic response analysis of buried continuous or jointed pipelines. Journal of Pressure Vessel Technology, 1987, 109 (1): 35-42.

[55] Varun. A Simplified Model for Lateral Response of Caisson Foundations. Civil and Environmental Engineering, Georgia Institute of Technology, 2006.

[56] Varun, Assimaki D, Gazetas G. A simplified model for lateral response of large diameter caisson foundations—Line-

ar elastic formulation. Soil Dynamics and Earthquake Engineering, 2009, 29 (2): 268-291.
[57] Vesic A B. Bending of beam resting on isotropic elastic solid. Journal of the Engineering Mechanics Division, ASCE, 1961, 87 (2): 35-53.
[58] Wolf J P. Consistent lumped-parameter models for unbounded soil: Physical representation. Earthquake engineering and structural dynamics, 1991, 20 (1): 11-32.
[59] Wolf J P. Spring-dashpot-mass models for foundation vibrations. Earthquake engineering and structural dynamics, 1997, 26 (9): 931-949.
[60] Zhong X, Zhu W, Huang Z, et al. Effect of joint structure on joint stiffness for shield tunnel lining. Tunneling and Underground Space Technology, 2006, 21: 406-407.
[61] 陈希海. 钱塘江涌潮动力分析. 河口与海岸工程, 1993, 1: 35-50.
[62] 戴宏伟, 陈仁朋, 陈云敏. 地面新施工荷载对临近地铁隧道纵向变形的影响分析研究. 岩土工程学报, 2006, 28 (3): 312-316.
[63] 丁美. 重型工业厂房健康监测关键技术研究. 同济大学博士学位论文, 2008.
[64] 韩英才, Novak M. 水平荷载作用下群桩的动力特性的研究. 土木工程学报, 1992, 25 (5): 24-33.
[65] 黄娟, 彭立敏, 李晓英等. 隧道振动响应研究进展. 中国铁道科学, 2009, 30 (2): 60-65.
[66] 姜攀元, 管攀峰, 叶蓉. 软土盾构隧道的纵向变形分析. 地下工程与隧道, 1999 (4): 2-6.
[67] 蒋通, 田治见宏. 地基-结构动力相互作用分析方法. 上海: 同济大学出版社, 2009.
[68] 雷震宇, 吴宪迎, 袁明. 建筑物桩基对地铁隧道振动传播影响的有限元分析. 城市轨道交通研究, 2011, 14 (12): 28-31.
[69] 李未. Roe-Upwind有限体积模型及对涌潮形成动力机制的数值研究. 河海大学博士学位论文, 2006.
[70] 李怡闻, 周健. 土-结构动力相互作用分析打桩引起相邻隧道振动. 岩土工程学报, 2007, 29 (1): 60-65.
[71] 廖少明, 白廷辉, 彭芳乐等. 盾构隧道纵向沉降模式及其结构响应. 地下空间与工程学报, 2006, 2 (4): 566-570.
[72] 林炳尧. 钱塘江涌潮特性. 北京: 海洋出版社, 2008.
[73] 林炳尧, 黄世昌, 潘存鸿. 涌波的基本性质. 长江科学院院报, 2003, 20 (6): 12-15.
[74] 林炳尧, 余炯. 涌潮三个基本问题研究. 河口与海岸工程, 1998, 1: 40-52.
[75] 刘卫丰, 刘维宁, DEGRANDE G. 地铁列车运行引起地表振动的预测模型及其试验验证. 振动工程学报, 2010, 23 (4): 373-379.
[76] 刘卫丰, 刘维宁, Gupta S. 等. 地下列车移动荷载作用下隧道及自由场的动力响应解. 振动与冲击, 2008, 27 (5): 81-84.
[77] 潘存鸿, 林炳尧, 毛献忠. 钱塘江涌潮二维数值模拟. 海洋工程, 2007, 25 (1): 50-56.
[78] 申跃奎, 地铁激励下振动的传播规律及建筑物隔振减振研究. 同济大学博士学位论文, 2007.
[79] 邵俊江, 李永盛. 潮汐荷载引起沉管隧道沉降计算方法. 同济大学学报 (自然科学版), 2003, 31 (6): 657-662.
[80] 邵卫云, 毛根海, 刘国华. 钱塘江涌潮压力的分析与研究. 水动力学研究与进展A辑, 2002, 17 (5): 604-610.
[81] 邵卫云, 毛根海, 刘国华. 钱塘江涌潮压力的动态测试与分析研究. 浙江大学学报 (工学版), 2002, 36 (3): 247-251.
[82] 宋洋. 涌潮冲击排桩式丁坝的数值模拟和动力性状研究. 浙江大学硕士学位论文, 2006.
[83] 汪继文, 刘儒勋. 间断解问题的有限体积法. 计算物理, 2001, 18 (2): 97-105.
[84] 吴小刚. 交通荷载作用下软土地基中管道的受力分析模型研究. 浙江大学博士学位论文, 2004.
[85] 吴小刚, 张土乔, 王直民. 交通荷载下管土耦合模型的关键问题述评. 科技通报, 2006, 22 (2): 231-236.
[86] 小泉淳, 西野健三, 村上博智. シールドトンネルの軸方向性のモデルについて. 土木学会論文集, 1988: 79-88.
[87] 徐建. 建筑振动工程手册. 北京: 中国建筑工业出版社, 2001.
[88] 徐凌. 盾构隧道纵向沉降性态研究. 同济大学博士学位论文, 2005.
[89] 严人觉, 韩清宇, 王贻荪. 基础半空间理论概论. 北京: 中国建筑工业出版社, 1981.
[90] 余占奎. 软土盾构隧道纵向设计方法研究. 同济大学博士学位论文, 2006.
[91] 俞剑, 张陈蓉, 黄茂松. 被动状态下地埋管线的地基模量. 岩石力学与工程学报, 2012, 31 (1): 123-132.

参考文献

[92] 张厚美, 过迟, 付德明. 圆形隧道装配式衬砌接头刚度模型研究. 岩土工程学报, 2000, 22 (3): 309-313.

[93] 张健, 方杰, 范波芹. VOF方法理论与应用综述. 水利水电科技进展, 2005, 25 (2): 67-70.

[94] 赵晖, 蔡袁强, 徐长节. 涌潮荷载下桩式丁坝的动力响应. 水利学报, 2008, 39 (1): 14-19.

[95] 志波由纪夫, 川島一彦, 大日方尚己, 等. シールドトンネルの耐震解析による長手方向覆工剛性の評価法. 土木学会論文集, 1988: 319-327.

[96] 志波由纪夫, 川島一彦, 大日方尚己, 等. 応答変位法によるシールドトンネルの地震.

[97] 時断面力の算定法. 土木学会論文集, 1989: 385-394.

[98] 周宁, 袁勇. 越江盾构隧道纵向变形曲率与管环渗漏的关系. 同济大学学报（自然科学版）, 2009, 37 (11): 1446-1451, 1501.

[99] Shao-Ming Liao, Fang-Le Peng, Shui-Long Shen. Analysis of shearing effect on tunnel induced by load transfer along longitudinal direction [J]. Tunnelling and Underground Space Technology, 2008, 23: 421-430.

[100] Shao-Ming Liao, Jian-Hang Liu, Ru-lu Wang, Zhi-Ming Li. Shield tunneling and environment protection in Shanghai soft ground [J]. Tunnelling and Underground Space Technology, 2009, 24: 454-465.

[101] Shao-Ming Liao, Wen-Lin Li, Yao-Yao Fan, Xun Sun, Zhen-Hao Shi. A model test on lateral loading performance of secant pile walls [J]. Journal of Performance of Constructed Facilities, ASCE, 2012.

[102] 廖少明. 圆形隧道纵向剪切传递效应研究 [D]. 上海: 同济大学, 2002.

[103] 廖少明, 杨俊龙, 奚程磊等. 盾构近距离穿越施工的工作面土压力研究 [J]. 岩土力学, 2005, 26 (11): 1127-1130.

[104] 刘建航, 廖少明. 盾构法隧道隧道施工风险监控要点 [J]. 上海地下工程风险管理专题, 2007.

[105] 廖少明, 侯学渊. 盾构法隧道信息化施工控制 [J]. 同济大学学报, 2002, 30 (11): 1305-1310.

[106] 高立群, 廖少明. 盾构近距离穿越施工条件下软土力学行为的室内模拟实验研究 [J]. 结构工程师, 2004, 11 (增): 334-338.

[107] 小泉淳. 官林星译. 盾构隧道管片设计-从容许应力设计法到极限状态设计法 [M]. 北京: 中国建筑工业出版社, 2012.

[108] 日本土木学会. 朱伟译. 隧道标准规范【盾构篇】及解说 [M]. 北京: 中国建筑工业出版社, 2011.

[109] 李伟平. 钱江盾构隧道工程设计概述 [J]. 公路, 2011, (8): 253-259.

[110] 丁光莹, 万波. 钱江隧道超大直径盾构施工的关键技术及挑战 [J]. 地下交通工程与工程安全, 2011, 126-131.

[111] 孙文昊. 钱江通道及接线工程钱江隧道设计综述 [J]. 现代隧道技术, 2011, 48 (6): 82-87.

[112] A RShahidi, M Vafaeian. Analysis of longitudinal profile of the tunnels in the active faulted zone and designing the flexible lining (for Koohrang-III tunnel) [J]. Tunnelling and Underground Space Technology, 2005, 20: 213-221.

[113] Aphichat Sramoon, Mitsutaka Sugimoto, Kouji Kayukawa. Theoretical model of shield behavior during excavation. II: Application [J]. Journal of Geotechnical and Geoenvironmental Engineering, 2002, 128 (2): 156-165.

[114] C B M Blom. Design philosophy of concrete linings for tunnels in soft soils [D]. Delft University of Technology, The Netherlands, 2002.

[115] C. B. M. Blom, E. J. Van der Horst, P. S. Jovanovic. Three-dimensional structural analyses of the shield-driven "Green Heart" tunnel of the high-speed line South [J]. Tunnelling and Underground Space Technology, 1999, 14 (2): 217-224.

[116] Climent Molins, Oriol Arnau. Experimental and analytical study of the structural response of segmental tunnel linings based on an in situ loading test. Part 1: test configuration and execution [J]. Tunnelling and Underground Space Technology, 2011, 26 (6): 764-777.

[117] H. H. Mo, J. S. Chen. Study on inner force and dislocation of segments caused by shield machine attitude [J]. Tunnelling and Underground Space Technology, 2008 (23): 281-291.

[118] M. A. Meguid, O. Saada, M. A. Nunes, J. Mattar. Physical modeling of tunnels in soft ground: a review [J]. Tunnelling and Underground Space Technology, 2008, 23: 185-198.

[119] Misutaka Sugimoto, Aphichat Sramoon, Shinji Konishi, Yutaka Sato. Simulation of shield tunneling behavior along a curved alignment in a multilayered ground [J]. Journal of geotechnical and geoenvironmental engineering,

ASCE,2007:684-694.

[120] Mitsutaka Sugimoto, Aphichat Sramoon. Theoretical model of shield behavior during excavation. I: theory [J]. Journal of Geotechnical and Geoenvironmental Engineering, 2002, 128 (2): 138-155.

[121] O. Arnau, C. Molins, C. B. M. Blom, J. C. Walraven. Longitudinal time-dependent response of segmental tunnel linings [J]. Tunnelling and Underground Space Technology, 2012, 28: 98-108.

[122] Oriol Arnau, Climent Molins. Experimental and analytical study of the structural response of segmental tunnel linings based on an in situ loading test. Part 2: numberical simulation [J]. Tunnelling and Underground Space Technology, 2011, 26 (6): 778-788.

[123] P. P. Oreste. The importance of longitudinal stress effects on the static conditions of the final lining of a tunnel [J]. Tunnelling and Underground Space Technology, 2002, 17: 21-32.

[124] T. A. Working Group No. 2. Guidelines for the design of shield tunnel lining [J]. Tunnelling and underground space technology, 2000, 15 (3): 303-331.

[125] Xu Huang, Hongwei Huang, Jie Zhang. Flattening of jointed shield-driven tunnel induced by longitudinal differential settlements [J]. Tunnelling and Underground Space Technology, 2012, 31: 20-32.

[126] 陈伟, 彭振斌, 唐孟雄. 盾构管片工作性能试验研究 [J]. 岩石力学与工程学报, 2004, 23 (6): 959-963.

[127] 陈俊生, 莫海鸿. 盾构隧道管片施工阶段力学行为的三维有限元分析 [J]. 岩石力学与工程学报, 2006, 25 (S2): 3482-3489.

[128] 何川, 曾东洋. 砂性地层中地铁盾构隧道管片结构受力特征研究 [J]. 岩土力学, 2007, 28 (5): 909-914.

[129] 黄钟晖. 盾构法隧道错缝拼装衬砌受力机理的研究 [D]. 上海: 同济大学, 2001.

[130] 赵旭峰, 王春苗, 孙景林, 孔祥利. 盾构近接隧道施工力学行为分析 [J]. 岩土力学, 2007, 28 (2): 409-414.

[131] 朱合华, 丁文其, 李晓军. 盾构隧道施工力学形态模拟及工程应用 [J]. 土木工程学报, 2000, 33 (3): 98-103.

[132] 周翠英, 牟春梅. 软土破裂面的微观结构特征与强度的关系. 岩土工程学报, 2005, Vol. 27 (10): 1136-1141.

[133] 胡胜利, 乔世珊. 泥水式盾构机－盾构机系列讲座之三. 建筑机械, 2000, Vol. 4: 21-25.

[134] 项兆池, 楼如岳, 傅德明. 最新泥水盾构技术. 上海: 上海隧道工程股份有限公司, 2001.

[135] 邓忠义. 泥水平衡开挖面稳定性研究 [硕士学位论文]. 上海: 同济大学土木工程学院, 2005.

[136] 王天宝, 刘锋, 任英莲. 环保型泥浆助剂的生产与应用. 地质与勘探. 2005, Vol. 36 (3): 79-80.

[137] Amanullah Md. Shale-drilling mud interactions [PhD thesis]. University of London, Sep., 1993.

[138] Amanullah Md. A novel method to evaluate the formation damage potential of drilling fluids. J. Pet. Technol., Nov., 2003: 51-52.

[139] Amanullah Md, Long Yu. Environment friendly fluid loss additives to protect the marine environment from the detrimental effect of mud additives. Journal of Petroleum Science and Engineering. 2005, Vol. 48: 199-208.

[140] 马素德, 郭焱, 蒲春生等. 马铃薯变性淀粉用作钻井液降失水剂的研究. 西安石油大学学报, 2004, Vol. 19 (6): 44-47.

[141] 山崎广宣. 泥水盾构的开挖面稳定及掘削管理. 1982.

[142] P. Fritz, R. Hermanns Stengele, A. Heinz. Modified bentonite slurry for slurry shields in highly permeable soils. 4th International Symposium Geotechnical Aspect of Underground Construction in Soft Ground, Toulouse, France, 2002.

[143] P. Fritz. Slurry shield tunneling in highly permeable ground. 12th Panamerican Conference on Soil Mechanics and Geotechnical Engineering, 39th U. S. Rock Mechanics Symposium, Cambridge MA, June 22-25, 2003.

[144] Neeraj S. Nandurdikar, Nicholas E. Takach, Stefan Z. Miska. Chemically Improved Filter Cakes for Drilling Wells. Journal of Energy Resources Technology. December, 2002, Vol. 124: 223-230.

[145] George M. Filz, Tiffany Adams, Richard R. Davidson. Stability of Long Trenches in Sand Supported by Bentonite-water Slurry. Journal of Geotechnical and Geoenvironmental engineering. 2004, Vol. 9: 915-921.

[146] Patrick J. Fox. Analytical solutions for stability of slurry trench. Journal of Geotechnical and Geoenvironmental Engineering, 2004, Vol. 130 (7): 749-758.

[147] Jiin Song Tsai, Chia Chyi Chang, Lee-Der Jou. Lateral Extrusion Analysis of Sandwiched Weak Soil in Slurry

Trench. Journal of Geotechnical and Geoenvironmental Engineering, 1998, Vol. 124 (11): 1082-1090.

[148] 秦建设. 盾构施工开挖面变形与破坏机理研究: [博士学位论文]. 南京: 河海大学, 2005.

[149] Broms B. B., Bennermark H. Stability of clay at vertical openings. Journal of the Soil Mechanics and Foundations, 1967, Vol. 93 (1): 71-94.

[150] Kimura T., Mair J. R.. Centrifugal testing of model tunnels in soft clay. Proc. 10th Int. Conf. Mechanical and Foundation Engineering (Stocklom), 1981, 2, 319-322.

[151] Davis E. H., Gunn M. J., Mair R. J.. Stability of shallow tunnels and underground openings in cohesive material. Getechnique, 1980, Vol. 30 (4): 397-416.

[152] Kimura T., Mair R. J. Centrifugal testing of model tunnels in soft clay. Proceedings of the 10th International Conference on Soil Mechanics and Foundation Engineering, Stockholm, Rotterdam, 1981: 319-322.

[153] 李昀. 软土中超大直径泥水平衡盾构开挖面稳定性研究: [博士学位论文]. 上海: 同济大学土木工程学院, 2008.

[154] Leca E., Dormieux L. Upper and lower bound solutions for the face stability of shallow circular tunnels in frictional material. Geotechnique, 1990, Vol. 40 (4): 581-606.

[155] Chambon P., Corté J. F. Shallow tunnels in cohesionless soil: Stability of tunnel face. ASCE Journal of Geotechnical Engineering, 1994, Vol. 120: 1148-1165.

[156] Leca E., Dormieux L. Contribution à l'étude de la stabilité du front de taille d'un tunnel en milieu coherent (Contribution to the analysis of the face stability of a tunnel excavated in cohesive ground). Rev. Franç. Géotech 61, décembre 1992: 5-16 (in French).

[157] Soubra A. H. Three-dimensional face stability analysis of shallow circular tunnels. International Conference on Geotechnical and Geological Engineering, Melbourne, Australia, November 19-24, 2000: 1-6.

[158] Soubra A. H. Kinematical approach to the face stability analysis of shallow circular tunnels. 8th International Symposium on Plasticity, Canada, British Columbia, 2002: 443-445.

[159] Mair R. J.. Settlement effects of bored tunnels. Session Report, Proc. Geotechnical Aspects of Underground Construction in Soft Ground (eds Mair R. J. & Taylor R. N.). Balkema, 1996: 43-53.

[160] 杨小礼. 线性与非线性破坏准则下岩土极限分析方法及其应用: [博士学位论文]. 长沙: 中南大学, 2002.

[161] Janssen H. A.. Versuche über Getreidedruck in Silozellen. Zeitschrift des Vereins deutscher Ingenieure, 1895, Vol. 35: 1045-1049 (in German).

[162] Horn M.. Horizontal earth pressure on perpendicular tunnel face. Hungarian National Conference of the Foundation Engineer Industry, Budapest, 1961 (In Hungarian).

[163] Anagnostou G., Kovari K.. The Face Stability of Slurry-Shield-Driven Tunnels. Tunnelling and Underground Space Technology, 1994, Vol. 9 (2): 165-174.

[164] Jancsecz S., Steiner W.. Face support for a large mix-shield in heterogeneous ground conditions. In Tunneling' 94, Institution of Mining and Metallurgy, London, 1994.

[165] Belter B., Heiermann W., Katzenbach R., et. al.. NBS KolnRhein/Main-Neue Wege bei der Umsetzung von Verkehrsprojekten. Bauingenieur, 1999, Vol. 74 (1): 1-7.

[166] 魏刚. 顶管工程土与结构的性状及理论研究: [博士学位论文]. 杭州: 浙江大学, 2005.

[167] Broere W.. Tunnel Face Stability & New CPT Applications: [PhD thesis]. Delft University of Technology, Delft, 2001.

[168] Muller Kirchenbauer H.. Stability of slurry trenches in inhomogeneous subsoil. 9th International Conference on Soil Mechanics and Foundation Engineering, 1977: 125-132.

[169] Anagnostou G., Kovári K.. Face Stability in Slurry and EPB Shield Tunnelling. Tunnels and Tunnelling, 1996, Vol. 28 (12): 27-29.

[170] Monnet J, Chafois S, Chapeau C, et al.. Theoretical and experimental studies of a tunnel face in a gravel site. In: pietruszczak S, Pande G N, Numerical Models in Geomechanics, Numog III, 1989: 497-514.

[171] 李昀, 张子新. 泥浆渗透对盾构开挖面稳定性的影响研究. 地下空间与工程学报, 2007, Vol. 3 (4): 720-725.

[172] H Balthaus. Tunnel face stability in slurry shield tunneling. Proceedings of the twelfth International Conference on

Soil Mechanics and Foundation Engineering, Rio de Janeiro, 1989, 8: 13-18.

[173] Kanayasu S., Kubota I., Shikibu N.. Stability of face during shield tunneling-Asurvey of Japanese shield tunneling. Underground Construction in Soft Ground, Rotterdam, 1995, Balkema: 337-343.

[174] 刘金龙, 栾茂田, 袁凡凡等. 中主应力对砂土抗剪强度影响的分析. 岩土力学, 2005, Vol. 26 (12): 1931-1935.

[175] 栾茂田, 许成顺, 刘占阁等. 一般应力条件下土的抗剪参数探讨. 大连理工大学学报, 2004, Vol. 44 (2): 271-276.

[176] 方开泽. 土的破坏准则-考虑中主应力的影响. 华东水利学院学报, 1986, Vol. 14 (2): 70-81.

[177] 孙德安, 姚仰平, 殷宗泽. 基于SMP准则的双屈服面弹塑性模型的三维化. 岩土工程学报, 1999, Vol. 21 (5): 631-634.

[178] 孔德志, 朱俊高. 无黏性土的一种破坏准则. 岩土力学, 2005, Vol. 26 (1): 101-104.

[179] P. K. Woodward. Earth pressure coefficients based on the Lade-Duncan failure criterion. Engineering structures, 1995, Vol. 19 (9): 733-737.

[180] 庄心善, 李德贤, 何怡. 基于Lade－Duncan屈服准则的土压力计算. 土工基础, 2007, Vol. 21 (5): 40-42.

[181] 杨荣根, 刘忠玉, 李昊. 考虑中间主应力影响的主动土压力计算. 郑州大学学报（工学版）, 2006, Vol. 27 (1): 27-30.

[182] 应捷, 廖红建, 蒲武川. 平面应变状态下基于统一强度理论的土压力计算. 岩石力学与工程学报, 2004, Vol. 23 (增1): 4315-4318.

[183] Argyle D N. An investigation into the collapse of tunnel headings in dense sand. England: Cambridge University Engineering Tripos, 1976.

[184] Aspden R. Collapse of unline tunnels with headings in dense sand. England: Cambridge University Engineering Tripos, 1976.

[185] 程展林, 吴忠明, 徐言勇. 砂基中泥浆盾构法隧道施工开挖面稳定性试验研究. 长江科学院, 2001, Vol. 18 (5): 53-55.

[186] Hisatake M., Eto T., Murakami T. Stability and failure mechanisms of a tunnel face with a shallow depth. Proceedings of the 8th Congress of the International Society for Rock Mechanics, International Society for Rock Mechanics, 1995: 587-591.

[187] Atkinson J. H., Potts D. M.. Stability of shallow circular tunnel in cohesionless soil. Geotechnique, 1977, Vol. 27 (2): 203-215.

[188] MairR. J., Taylor R. N.. Bored tunnelling in the urban environment. Proceedings of the 14th International Conference on Soil Mechanics and Foundation Engineering, Rotterdam, 1997: 2353-2385.

[189] MairR. J.. Centrifuge modelling of tunnel construction in soft clay: [PhD thesis]. Cambridge University, 1979.

[190] 周小文, 濮家骝, 包承纲. 砂土中隧洞开挖稳定机理及松动土压力研究. 长江科学院院报, 1999, Vol. 16 (4): 9-14.

[191] Selby A. R.. Surface movements caused by tunnelling in two-layer soil. Engineering Geology of Underground Movements Bell, F. G. et al. (eds.), Geological Society Engineering Geology Special Publicarion, 1988, 5: 71-77.

[192] G. Gioda, G. Swoboda. Developments and applications of the numerical analysis of tunnels in continuous media. International Journal for Numerical and Analytical Methods in Geomechanics, 1999, Vol. 23: 1393-1405.

[193] 朱焕春. PFC及其在矿山崩落开采研究中的应用. 岩石力学与工程学报, 2006, Vol. 25 (9): 1927-1931.

[194] Thomas Kasper, Gunther Meschke. A 3D finite element simulation model for TBM tunnlling in soft ground. International Journal for Numerical and Analytical Methods in Geomechanics, 2004, Vol. 28: 1441-1460.

[195] 朱伟, 秦建设, 卢廷浩. 砂土中盾构开挖面变形与破坏数值模拟研究. 岩土工程学报, 2005, Vol. 27 (8): 897-902.

[196] 王泳嘉, 邢纪波. 离散单元法在岩土力学中的应用. 沈阳: 东北工学院出版社, 1991.

[197] Manuel J. Melis Maynar, Luis E. Medina Rodríguez. Discrete numerical model for analysis of earth pressure balance tunnel excavation. Journal of Geotechnical and Geoenvironmental Engineering, 2005, Vol. 131 (10): 1234-

1242.

[198] T. Domon, T. Konda, K. Nishimura, M. Matsui. Model tests on face stability of tunnels in granular material. In Negro Jr. and Ferreira, editors, Tunnels andMetropolises, Rotterdam, Balkema, 1998: 229-234.

[199] 胡群芳. 基于地层变异的盾构隧道工程风险分析及其应用研究: [博士学位论文]. 上海: 同济大学土木工程学院, 2006.

[200] 李福豪. 土壤问题的数值与物理模型研究. 南京: 河海大学学术交流报告, 2005.

[201] 胡瑞林, 李向全, 官国琳, 王思敬. 土体微结构力学-概念. 观点. 核心. 地球学报, 1999, Vol. 20 (2): 150-156.

[202] 周云东, 张坤勇, 戴兆婷. 真三轴试验中初始各向异性的消除. 低温建筑技术, 2005, Vol. 6: 105-106.

[203] Marco Barla. Numerical simulation of the swelling behaviour around tunnels based on special triaxial tests. Tunnelling and Underground Space Technology, Sep., 2008, Vol. 23 (5): 508-521.

[204] Huang Wenxiong, SUN De'an, Scott W. Sloan. Analysis of the failure mode and softening behaviour of sands in true triaxial tests. International Journal of Solids and Structures, 2007, Vol. 44 (5): 1423-1437.

[205] Yu Maohong. Advances in strength theories for materials under complex stress state in 20th century. Applied Mechanics Reviews, 2002, Vol. 55 (3): 169-218.

[206] Matsuoka H., Nakai T.. Stress-deformation and strength characteristics of soil under three different principal stresses. //Proc Japan Soc Civil Engrs, 1974, Vol. 232: 59-70.

[207] 李刚, 谢云, 陈正汉. 平面应变状态下黏性土破坏时的中主应力公式. 岩石力学与工程学报, 2004, Vol. 23 (18): 3174-4177.

[208] P. Fritz. Additives for slurry shields in highly permeable ground. Rock Mechanics and Rock Engineering, 2007, Vol. 40 (1): 81-95.

[209] 颜海滨. 结构性土力学特征与贯入机理的宏微观分析: [硕士学位论文]. 上海: 同济大学土木工程学院, 2009.

[210] Jiang M. J., Zhu H. H., Harris D.. Classical and non-classical kinematic fields of two-dimensional penetration tests on granular ground by discrete element method analyses. Granular Matters, 2008, Vol. 10: 439-455.

[211] Cundall P A.. A computer model for simulating progressive large scale movements in blocky rock systems. Proceeding of the symposium of the international society for rock mechanics, Nancy 2, No. 8, 1971.

[212] Cundall P A., Strack O D L.. A discrete numerical model for granular assemblies. Geotechnique, 1979, Vol. 29 (1): 47-65.

[213] 史旦达. 单调与循环加荷条件下砂土力学性质: [博士学位论文]. 上海: 同济大学土木工程学院, 2007.

[214] Jensen R P., Bosscher P J., Plesha M E., et al. DEM simulation of granular media-structure interface: effects of surface roughness and particle shape. International Journal for Numerical and Analytical Methods in Geomechanics, 1999, Vol. 23: 531-547.

[215] Jiang M. J., Konrad J. M., Leroueil S.. An efficient technique for generating homogeneous specimens for DEM studies. Computers and Geotechnics, 2003, Vol. 30: 579-597.

[216] Thornton C.. Numerical simulation of deviatoric shear deformation of granular media. Geotechnique, 2000, Vol. 50 (1): 43-53.

[217] Masson S., Martinez J.. Micromechanical analysis of the shear behavior of granular material. Journal of Engineering Mechanics, ASCE 2001, Vol. 127 (10): 1007-1016.

[218] 周健, 池毓蔚, 池永等. 砂土双轴试验的颗粒流模拟. 岩土工程学报, 2000, Vol. 22 (6): 701-705.

[219] Deresiewicz H.. Mechanics of granular matter, in: Advances in Applied Mechanics. eds: Dryden, Karman, Kuerti, New York: Academic Press, 1958, Vol. 5: 233-305.

[220] 池永. 土的工程力学性质的细观研究-应力应变关系剪切带的颗粒流模拟: [博士学位论文]. 上海: 同济大学土木工程学院, 2002.

[221] Leca E., Panet M.. Application du Calcul à la Rupture à la stabilité du front de taille d'un tunnel. Revue Française de Géotechnique, 1988, Vol. 43: 5-19.

[222] Mitchell J. K.. Fundamentals of soil behavior. Wiley, New York, 1993.

[223] Koerner R. M.. The behavior of cohensionless soils formed from various minerals: [PhD thesis]. Duke Universi-

[224] Holubec I., D Appolonia E.. Effect of particle shape on engineering properties of granular soils. ASTM, 1973, STP 523: 304-318.

[225] 刘仁鹏, 刘万京. 泥水加压盾构技术综述. 世界隧道, 2000, Vol. 6: 1-5.

[226] C. W. W. Ng.. Bored tunnels. Geotechnical aspects of underground construction in soft gorund-Bakker et al (eds), 2006: 43-54.

[227] 徐东, 周顺华, 黄广军等. 上海黏土的成拱能力探讨. 上海铁道大学学报, 1999, Vol. 20 (6): 49-55.

[228] 郅彬, 杨更社. 盾构施工隧道开挖面上覆土压力的研究. 施工技术, 2008, Vol. 12 (37): 246-248.

[229] Terzaghi K.. Theoretical Soil Mechanics. New York: John Wiley&Sons, Inc., 1943.

[230] AdamBezuijen. The influence of grout and bentonite slurry on the process of TBM tunnelling. Geomechanics and Tunnelling, 2009, Vol. 2 (3): 294-303.

[231] 陈希海. 钱塘江涌潮动力分析. 河口与海岸工程, 1993, 1: 35-50.

[232] 李末. Roe-Upwind 有限体积模型及对涌潮形成动力机制的数值研究. 河海大学博士学位论文, 2006.

[233] 林炳尧, 余炯. 涌潮三个基本问题研究. 河口与海岸工程, 1998, 1: 40-52.

[234] 潘存鸿, 林炳尧, 毛献忠. 钱塘江涌潮二维数值模拟. 海洋工程, 2007, 25 (1): 50-56.

[235] 邵俊江, 李永盛. 潮汐荷载引起沉管隧道沉降计算方法. 同济大学学报（自然科学版）, 2003, 31 (6): 657-662.

[236] 邵卫云, 毛根海, 刘国华. 钱塘江涌潮压力的分析与研究. 水动力学研究与进展A辑, 2002, 17 (5): 604-610.

[237] Varun. A Simplified Model for Lateral Response of Caisson Foundations. Civil and Environmental Engineering, Georgia Institute of Technology, 2006.

[238] 王梦恕. 二十一世纪是隧道及地下空间大发展的年代 [J]. 铁道建筑技术, 2005, (1).

[239] 高辛财, 刘维宁. 隧道施工期间的环境保护分析与对策 [J]. 铁道建筑技术, 2003, (1): 38-40.

[240] 王冀川. 川东北地区钻井废弃泥浆固化法处理技术及运用 [J]. 科技创业月刊, 2007 (11): 185-187.

[241] 何纶, 周风山, 刘榆等. 钻井完井废弃物固化处理技术及其工业应用 [J]. 钻井液与完井液, 2007, 24 (增刊): 55-58.

[242] 伍丹丹, 杨旭, 李颖等. 土地处理法处理钻探泥浆的土壤特性研究 [J]. 污染防治技术, 2006, 19 (3): 3-5.

[243] 肖遥, 王蓉沙, 邓皓. 废弃钻井液化学强化固液分离处理 [J]. 中国环境科学, 2000, 20 (5): 453-456.

[244] 黎钢, 朱墨, 钱家麟. 用固液分离方法处理水基废弃钻井液 [J]. 钻井液与完井液, 1999, 16 (3): 22-24.

[245] 杨星. 废弃钻井液固液分离技术研究 [J]. 钻井液与完井液, 2004, 21 (3): 19-22.

[246] 周风山, 曾光, 何纶等. 废弃钻井液固液分离技术研究进展 [J]. 钻井液与完井液, 2007, 24 (增): 59-64.

[247] Tuncan, MT. StabilizationofPetroleum contaminated drilling wastes by additives [J]. Proceedingsof the International Offshoreand Polar Engineering Conference, 1997: 95-953.

[248] 朱墨. 废钻井液无害化处理的室内研究 [J]. 钻井液与完液, 1995, 12 (3): 8-13.

[249] Antonio. J. Deigado, SA and Per Sorensen. Low Temperature Distillation Technology. Spe46601, 1998 (6): 55-58.

[250] 龙安厚. 废钻井液无害化处理发展概况 [J]. 西部探矿工程, 2003 (3): 165-168.

[251] 邓皓. 3 种油田常用废泥浆的再利用技术 [J]. 环境科学研究, 1996, 9 (6): 11-14.

[252] 张建国. 固液分离法处理废钻井液的实验研究 [J]. 油气田环境保护, 2001, 11 (1): 30-33.

[253] 曾垂刚. 泥水盾构泥浆循环技术的探讨. 隧道建设, 2009, 29 (2): 161-165.

[254] 何川, 曾东洋. 盾构隧道结构及施工对环境的影响. 成都: 西南交通大学出版社, 2007.

[255] Li Y, Emeriault F, Kastner R. Stability analysis of large slurry shield-driven tunnel in soft clay. Tunnelling and Underground Space Technology, 2009, 24 (4): 472-481.

[256] Shen JQ, Jin XL, Li Y, et al. Numerical simulation of cutterhead and soil interaction in slurry shield tunneling. Engineering Computations, 2009, 26 (7/8): 985-1005.

[257] Palla BJ, Shah DO. Stabilization of high ionic strength slurries using the synergistic effects of a mixed surfactant system. Journal of Colloid and Interface Science, 2000, 233 (1): 102-111.

参考文献

[258] 谢水祥，蒋官澄，陈勉等. 利用化学强化分离-无害化技术处理废弃油基钻井液. 环境工程学报，2011，5（2）：425-430.

[259] 黎钢，朱墨，钱家麟等. 用固液分离方法处理水基废弃钻井液. 钻井液与完井液，2000，16（3）：22-24.

[260] 周风山，曾光，何纶等. 废弃钻井完井液固液分离技术研究进展. 钻井液与完井液，2007，24（增）：59-64.

[261] Wong S S, Teng T T, Ahmad A L, et al. Treatment of pulp and paper mill wastewater by polyacrylamide (PAM) in polymer induced flocculation. Hazard Mater, 2006, 135：378-388.

[262] Liang Z, Wang Y, Zhou Y, et al. Variables affectingmelanoidins removal from molasses wastewater by coagulation/flocculation. Sep PurifTechnol, 2009, 68：382-389.

[263] 王传兴，李向涛，武玉民. 两性聚丙烯酰胺水分散体系的絮凝性. 中国海洋大学学报，2011，41（1/2）：125-128.

[264] Laue C, Hunkeler D. Chitosan-graft-acrylamide polyelectrolytes：Synthesis, flocculation, and modeling. Journal of Applied Polymer Science, 2006, 102（1）：885-896.

[265] Penner D, Lagaly G. Influence of anions on the theological properties of clay mineral dispersions. Applied Clay Science, 2001, 19（1/6）：131-142.

[266] 叶雅文，张建国，邓皓. 对国内废泥浆固液分离与后处理的研究. 石油天然气学报，1990，8（3）：46-52.

[267] 六百仓，黄尔，鲁金凤等. 混凝工艺水力条件的优化与絮体尺寸特性的研究. 环境工程学报，2010，4（9）：1967-1972.

[268] 刘海龙，王东升，王敏等. 强化混凝对水力条件的要求. 中国给水排水，2006，22（5）：1-4.

[269] 王胡坤. 工业污泥处理与利用分析［J］. 工业安全与环保. 2005, Vol. 31 No. 3.

[270] 唐净，郑金余. 浙北地区内河航道土方综合利用新思路［J］. 环境污染与防治. 2009，12：109-111.

[271] 孟庆玲. 建筑污泥再生资源化及其利用［J］. 铁道建筑，2001，1：12.

[272] 缪志萍，刘汉龙. 疏浚土工程特性的试验研究［J］. 四川建筑科学研究，2005，6：109-112.

[273] 朱小春. 对山区公路建设环境中环境保护问题的思考［J］. 工程设计与建设，2005，3：48-52.

[274] 朱伟等. 工程废弃土的再生资源利用技术［J］. 再生资源研究，2001，6：32-35.

[275] 朱利中，陈宝梁. 有机膨润土在废水处理中的应用及其进展. 环境科学进展，1998，6（3）：53-61.

[276] Su-Hsia Lin, Ruey-Shin Juang. Heavy metal removal from water by sorption usingsurfactantmodified montmorillonite. Tournal of Hazardous Materials, 2002, B92：315-316.

[277] R. Naseem and S. S. Tahir. Removal of Pb（Ⅱ） from aqueous/acidic solutions byusingbentonite as an adsorbent ［Z］.

[278] B. S. Krishna., D. S. R. Murty., B. S. J aiPrakash. Surfactant modified clay as adsorbentfor chromate ［J］. Applied Clay Science, 2001, 20：65-71.

[279] E. Alvarez-Ayuso, A. Ganchez2Sanchez. Removal of heavy metals from waste watersby natural and Naexchanged bentonite ［J］. Clays and Clay Minerals; 2003, 51（5）：475-480.

[280] Krikorian, Nadine, Martin, et al. Extraction of selected heavy metals using modifiedclays. Journalof Environmental Science and Engineering, 2005, 40（3）：601-608.

[281] Mathialagan and Viraraghavan. Adsorption of cadmium from aqueous solutions byvermiculite. Separation Science and Technology, 2003, 38（1）：57-76.

[282] 孙家寿，刘羽. 铝锆交联膨润土对废水中铬的吸附研究［J］. 非金矿，2000，23（3）：13-14.

[283] 孙家寿，刘羽. 交联黏土矿吸附特性研究（Ⅶ）-铝锆交联膨润土对废水中铬的吸附研究［J］. 武汉化工学院学报，2000，22（4）：37-39.

[284] 孙家寿，张泽强. 累托石层孔材料在废水处理中的应用研究（Ⅰ）-含Cr（Ⅵ）废水的处理［J］. 武汉化工学院学报，2002，24（1）：51-54.

[285] 苏玉红，王强. 有机膨润土对重金属离子吸附性能研究［J］. 新疆有色金属，2002，3：24-26.

[286] 杨华明，张华. Ca-基膨润土制备重金属废水吸附剂的研究［J］. 金属矿山，2004，9：57-59.

[287] 马小隆，刘晓明. 钙基膨润土的改性方法及对Pb^{2+}吸附性能的研究［J］. 有色矿冶，2005，21（4）：44-47.

[288] 杜冬云，孙文. 钙基累托石对模拟废水中镉的吸附［J］. 离子交换与吸附，2004，20（6）：519-525.

[289] 彭书传，李辉夫. 纯凹凸棒石吸附Cu^{2+}的实验研究［J］. 安徽农业大学学报，2005，32（2）：212-215.

[290] 彭书传, 黄川徽. 坡缕石对 Zn^{2+} 的吸附性能及吸附工艺条件优化研究 [J]. 岩石矿物学杂志, 2004, 23 (3): 282-286.

[291] 陈天虎, 史晓莉. 水悬浮体系中凹凸棒石与 Cu^{2+} 作用机理 [J]. 高校地质学报, 2004, 10 (3): 385-391.

[292] 彭书传, 黄川徽. 盐酸活化凹凸棒石吸附 Cr^{3+} 工艺条件的优化研究 [J]. 合肥工业大学学报 (自然科学版), 2003, 26 (3): 332-335.

[293] 杨时元. 陶粒原料性能及其找寻方向的探讨 [J]. 建材地质, 1997, 14-20.

[294] 张明华, 张美琴, 张子平. 煤矸石陶粒的膨化机理及其研制明. 吉林建材, 1999 (4): 8-14.

[295] Riley C M. Relation of Chemical Properties to the Bloating of Clays [J]. American Ceramic Society, 1951, 34 (4): 121-128.

[296] 迟培云, 张连栋, 钱强. 利用淤积海泥烧制超轻陶粒研究 [J]. 新型建筑材料, 2002, (3): 28-30.

[297] 张静文, 徐淑红, 陈玲等. 正交试验设计在电镀污泥烧制陶粒中的应用 [J]. 环保科技, 2009, 15 (1): 29-32.

[298] 赵学敏. 湿地: 人与自然和谐共存的家园 [M]. 北京: 林业出版社, 2005.

[299] 催心红. 建设湿地园林, 改善生态环境 [J]. 中国园林, 2001, (5): 60-64.

[300] 潮洛蒙, 李小凌, 俞孔坚二城市湿地的生态功能 [J]. 城市问题, 2003, (3): 9-12.

[301] Cooper, P. What can we learn from old wetlands? Lessons that have been learned and some that may have been forgotten over the past 20 years [J]. Desalination, 2009, 246 (1-3): 11-26.

[302] Dan, T. H., Quang, L. N., Chiem, N. H., etc. Treatment of high-strength wastewater in tropical constructed wetlands planted with Sesbania sesban: Horizontal subsurface flow versus vertical downflow [J]. Ecological Engineering, 2011, 37 (5): 711-720.

[303] Sim, C. H., Yusoff, M. K., Shutes, B., etc. Nutrient removal in a pilot and full scale constructed wetland, Putrajaya city, Malaysia [J]. Journal of Environmental Management, 2008, 88 (2): 307-317.

[304] Lee, S., Maniquiz, M. C., Kim, L. H. Characteristics of contaminants in water and sediment of a constructed wetland treating piggery wastewater effluent [J]. Journal of Environmental Sciences, 2010, 22 (6): 940-945.

[305] Bruch, I., Fritsche, J., Bänninger, D., etc. Improving the treatment efficiency of constructed wetlands with zeolite-containing filter sands [J]. Bioresource Technology, 2011, 102 (2): 937-941.

[306] Fountoulakis, M. S., Terzakis, S., Chatzinotas, A., etc. Pilot-scale comparison of constructed wetlands operated under high hydraulic loading rates and attached biofilm reactors for domestic wastewater treatment [J]. Science of the Total Environment, 2009, 407 (8): 2996-3003.

[307] Xinshan, S., Qin, L., Denghua, Y. Nutrient removal by hybrid subsurface flow constructed wetlands for high concentration ammonia nitrogen wastewater [A]. In 2010: 1461-1468.

[308] Nicholson, D. K., Woods, S. L., Istok, J. D., etc. Reductive dechlorination of chlorophenols by a pentachlorophenol-acclimated methanogenic consortium [J]. Applied and Environmental Microbiology, 1992, 58 (7): 2280-2286.

[309] 沈万斌, 赵涛, 刘鹏等. 人工湿地环境经济价值评价及实例研究 [J]. 环境科学研究, 2005, (02): 70-73+83.

[310] 沈耀良, 王宝贞. 人工湿地系统的除污机理 [J]. 江苏环境科技, 1997, (03): 1-6.

[311] Alasino, N., Mussati, M. C., Scenna, N. Wastewater treatment plant synthesis and design [J]. Industrial and Engineering Chemistry Research, 2007, 46 (23): 7497-7512.

[312] García, J., Rousseau, D. P. L., Morató, J., etc. Contaminant removal processes in subsurface-flow constructed wetlands: A review [J]. Critical Reviews in Environmental Science and Technology, 2010, 40 (7): 561-661.

[313] 吴德意. 粉煤灰合成的沸石的改性方法 [P]. CN101733069A, 2010-06-16, 2010.

[314] Nagyová, S., Koval'aková, M., Fricová, O., etc. Characterization of Copper-Modified ZSM-5 with Sorbed Pyridine Using Nuclear Magnetic Resonance Spectroscopy [J]. Applied Magnetic Resonance, 2012, 43 (3): 431-442.

[315] 杨敬梅, 雷晓玲, 齐龙等. 陶粒在废水除磷中的试验研究 [J]. 环境科学与技术, 2011, (S2): 51-54.

[316] 朱乐辉, 朱衷榜. 水处理滤料——球形轻质陶粒的研制 [J]. 环境保护, 2000, (01): 35-36+39.

[317] Boujelben, N., Bouzid, J., Elouear, Z., etc. Phosphorus removal from aqueous solution using iron coated nat-

参考文献

ural and engineered sorbents [J]. Journal of Hazardous Materials, 2008, 151 (1): 103-110.

[318] 孙志. 活性氧化铝和方解石的除磷性能及其在人工湿地中的应用研究 [D]. 硕士, 上海交通大学 2012.

[319] 董阳. 水化硅酸钙与沸石强化人工湿地处理水中低浓度氮磷研究 [D]. 硕士, 上海交通大学 2012.

[320] 袁东海, 高士祥, 景丽洁等. 几种黏土矿物和黏土对溶液中磷的吸附效果 [J]. 农村生态环境, 2004, 20 (4): 5.

[321] Giraldi, D., de' Michieli Vitturi, M., Zaramella, M., etc. Hydrodynamics of vertical subsurface flow constructed wetlands: Tracer tests with rhodamine WT and numerical modelling [J]. Ecological Engineering, 2009, 35 (2): 265-273.

[322] Thackston, E. L., Shields Jr, F. D., Schroeder, P. R. Residence time distributions of shallow basins [J]. Journal of Environmental Engineering, 1987, 116 (6): 1319-1332.

[323] Chazarenc, F., Merlin, G., Gonthier, Y. Hydrodynamics of horizontal subsurface flow constructed wetlands [J]. Ecological Engineering, 2003, 21 (2-3): 165-173.

[324] Persson, J., Somes, N. L. G., Wong, T. H. F. Hydraulics efficiency of constructed wetlands and ponds. In 1999; Vol. 40, 291-300.

[325] Ta, C. T., Brignal, W. J. Application of computational fluid dynamics technique to storage reservoir studies [J]. Water Science and Technology, 1998, 37 (2): 219-226.

[326] 高桂青. 改性陶粒的制备及其强化过滤的试验研究 [D]. 硕士, 南昌大学 2005.

[327] 相会强, 李冬, 巩有奎等. 粉煤灰陶粒在废水处理中的应用 [J]. 辽宁工程技术大学学报, 2006, (S2): 290-292.

[328] 丁文明, 黄霞. 废水吸附法除磷的研究进展 [J]. 环境污染治理技术与设备, 2002, (10): 23-27.

[329] 龚洛书, 刘巽伯, 董金道等. 轻集料及其试验方法. 第二部分: 轻集料试验方法 [M]. 中国建筑科学研究院建筑工程材料及制品研究所, 国家建筑材料工业局标准化研究所, 1998

[330] 刘伟, 袁学勤, 欧洲公路隧道运营安全技术的启示 [J]. 现代隧道技术, 2001

[331] 何川等. 公路隧道通风系统前馈式智能模糊控制. 西南交通大学学报. 2005.